МЕДИЦИНСКИЙ СЛОВАРЬ

АНГЛИЙСКИЙ
НЕМЕЦКИЙ
ФРАНЦУЗСКИЙ
ИТАЛЬЯНСКИЙ
РУССКИЙ

MEDICAL DICTIONARY

**ENGLISH
GERMAN
FRENCH
ITALIAN
RUSSIAN**

Approx. 12 000 terms

«RUSSO»
MOSCOW
1998

МЕДИЦИНСКИЙ СЛОВАРЬ

**АНГЛИЙСКИЙ
НЕМЕЦКИЙ
ФРАНЦУЗСКИЙ
ИТАЛЬЯНСКИЙ
РУССКИЙ**

Около 12 000 терминов

«РУССО»
МОСКВА
1998

УДК 61(038)
ББК 5
М42

Авторы:

Черняк И.М, Болотина А.Ю., Котельникова Г.П.,
Морозов Н.В.

М42   Медицинский словарь (английский, немецкий, французский, итальянский, русский) / Черняк И.М. и др. — М.: РУССО, 1998
856 с.

ISBN 5-88721-078-8

Словарь содержит около 12 000 терминов по всем разделам медицины и смежных естественных наук, в том числе по медицинской генетике, биохимии, иммунологии, космической медицине, организации здравоохранения, медицинской технике.

Английские термины в словаре снабжены эквивалентами на немецком, французском, итальянском и русском языках. Словарь содержит указатели немецких, французских, итальянских и русских терминов, с помощью которых легко можно отыскать нужный эквивалент на любом из этих языков.

Словарь предназначен для преподавателей и студентов медицинских вузов, специалистов-медиков, переводчиков, а также для широкого круга читателей, интересующихся зарубежной медицинской литературой.

УДК 61(038)
ББК 5 + 81.2-4

СПРАВОЧНОЕ ИЗДАНИЕ

ЧЕРНЯК
Иосиф Моисеевич и др.

МЕДИЦИНСКИЙ СЛОВАРЬ

АНГЛИЙСКИЙ
НЕМЕЦКИЙ
ФРАНЦУЗСКИЙ
ИТАЛЬЯНСКИЙ
РУССКИЙ

Ответственный за выпуск
ЗАХАРОВА Г.В.

Редакторы:

ГАЛКИНА Н.П.
ГВОЗДЕВА Т.Ф.
КОЛПАКОВА Г.М.
МИТРОВИЧ В.Л.

Лицензия ЛР № 090103
от 28.10.1994

Подписано в печать 02.12.97. Формат 70х100/$_{16}$. Бумага офсетная № 1. Гарнитура таймс. Печать офсетная. Печ. л. 53,5. Тираж 2060 экз.   Заказ № 2704

«РУССО», 117071, Москва, Ленинский пр-т., д. 15, к. 325. Телефон/факс 237 2502.

Отпечатано в Московской типографии № 2 ВО «Наука», 121099, Москва, Шубинский пер., д. 6.

ISBN 5-88721-078-8

© «РУССО», 1998

Репродуцирование (воспроизведение) данного издания любым способом без договора с издательством запрещается.

ПРЕДИСЛОВИЕ

За последнее десятилетие во много раз возрос обмен информацией между медиками разных стран. Научная литература — монографическая, периодическая, тезисы и материалы съездов и конференций — несет колоссальную актуальную информацию, позволяющую ориентироваться в современных направлениях научных исследований, овладевать новейшими методами диагностики и лечения и применять их.

Наряду с англоязычной издается много литературы на немецком, французском, итальянском и русском языках.

Многоязычный медицинский словарь не выходил с 1969 года, а быстрый прогресс медицинской науки ввел в обиход множество новых терминов.

Предлагаемый словарь содержит около 12 000 терминов по всем разделам медицины и смежных естественных наук, в том числе по медицинской генетике, биохимии, иммунологии, космической медицине, организации здравоохранения, медицинской технике.

Составители словаря, имеющие большой опыт научной и литературной работы в медицине, использовали современную монографическую и периодическую научную литературу, словари и справочники на соответствующих языках. Русские термины выверялись по энциклопедическому словарю медицинских терминов.

Английские термины в словаре снабжены эквивалентами на немецком, французском, итальянском и русском языках. Словарь содержит указатели немецких, французских, итальянских и русских терминов, с помощью которых легко можно отыскать нужный эквивалент на любом из этих языков.

Словарь предназначен для преподавателей и студентов медицинских вузов, специалистов-медиков, переводчиков, а также для широкого круга читателей, интересующихся зарубежной медицинской литературой.

Авторы с благодарностью примут замечания и пожелания, которые просят направлять по адресу:
117071, Москва, Ленинский проспект, д. 15, к. 325.
Издательство «РУССО». Телефон / факс 237-2502.

Авторы

О ПОЛЬЗОВАНИИ СЛОВАРЕМ

Ведущие английские термины расположены в словаре в алфавитном порядке, при этом составные термины рассматриваются как слитно написанные слова.
Например:

    abducent nerve
    abduction
    abduction splint
    abductor

Словарная статья состоит из терминов на английском, немецком, французском, итальянском и русском языках, расположенных столбцом. Все ведущие английские термины пронумерованы в пределах каждой из букв алфавита для возможности отыскания английских, немецких, французских, итальянских и русских терминов по указателям. Таким образом, словарная статья имеет, например, следующий вид:

L211   *e*   lingual bone
       d   Zungenbein *n*
       f   os *m* hyoïde
       i   osso *m* ioide
       r   подъязычная кость *f*

Пояснения заключены в круглые скобки и набраны курсивом.
Например:

    разминание *n* (*приём массажа*)

Синонимичные варианты перевода помещены в квадратные скобки.
Например:

    красная [тропическая] потница *f* следует читать: красная потница *f*, тропическая потница *f*

Факультативная часть термина помещена в круглые скобки.
Например:

    (гем)ангиоматоз *m* следует читать: гемангиоматоз *m*, ангиоматоз *m*;
    Herz(wand)aneurysma *n* следует читать: Herzwandaneurysma *n*, Herzaneurysma *n*

Для ссылки с одного термина на другой используется помета *see*. Например:

carcinosis *see* carcinomatosis

Для перевода с немецкого, французского, итальянского и русского языков следует пользоваться помещенными в конце словаря указателями, в которых все термины имеют буквенно-цифровое обозначение, соответствующее обозначению при ведущем английском термине.

В переводах разные значения разделяются цифрами, близкие по смыслу варианты — точкой с запятой, синонимичные варианты — запятой.

ПОМЕТЫ, ПРИНЯТЫЕ В СЛОВАРЕ

e — английский термин
d — немецкий термин
f — французский термин
i — итальянский термин
r — русский термин

f — женский род
m — мужской род
n — средний род
pl — множественное число

АНГЛИЙСКИЙ АЛФАВИТ

Aa	Gg	Nn	Uu
Bb	Hh	Oo	Vv
Cc	Ii	Pp	Ww
Dd	Jj	Qq	Xx
Ee	Kk	Rr	Yy
Ff	Ll	Ss	Zz
	Mm	Tt	

A

A1   *e*   abdomen
     d   Abdomen *n*, Bauch *m*
     f   abdomen *m*, ventre *m*
     i   addome *m*
     r   живот *m*

A2   *e*   abdominal aorta
     d   Bauchaorta *f*
     f   aorte *f* abdominale
     i   aorta *f* addominale
     r   брюшная аорта *f*

A3   *e*   abdominal breathing *see* abdominal respiration

A4   *e*   abdominal cavity
     d   Abdominalhöhle *f*, Bauchhöhle *f*
     f   cavité *f* abdominale
     i   cavità *f* addominale
     r   брюшная полость *f*

A5   *e*   abdominal dropsy *see* ascites

A6   *e*   abdominal hernia
     d   Abdominalhernie *f*, Bauchwandbruch *m*
     f   hernie *f* abdominale
     i   ernia *f* addominale
     r   грыжа *f* живота

A7   *e*   abdominal inguinal ring
     d   innerer Leistenring *m*
     f   anneau *m* inguinal interne
     i   anello *m* inguinale interno
     r   внутреннее паховое кольцо *n*

A8   *e*   abdominal line
     d   Bauchlinie *f*
     f   ligne *f* blanche
     i   linea *f* alba
     r   белая линия *f* живота

A9   *e*   abdominal pregnancy
     d   Abdominalgravidität *f*, Bauchhöhlenschwangerschaft *f*
     f   grossesse *f* abdominale
     i   gravidanza *f* extrauterina addominale
     r   брюшная внематочная беременность *f*

A10   *e*   abdominal respiration
     d   Abdominalatmung *f*
     f   respiration *f* abdominale
     i   respirazione *f* addominale
     r   брюшное [диафрагмальное] дыхание *n*

A11   *e*   abdominal tuberculosis
     d   Abdominalphthise *f*, Bauch(höhlen)tuberkulose *f*
     f   tuberculose *f* abdominale
     i   tuberculosi *f* addominale
     r   туберкулёз *m* органов брюшной полости

A12   *e*   abducent nerve
     d   Nervus *m* abducens
     f   nerf *m* abducens
     i   nervo *m* abducente
     r   отводящий нерв *m*

A13   *e*   abduction
     d   Abduktion *f*, Abspreizen *n*
     f   abduction *f*
     i   abduzione *f*
     r   абдукция *f*, отведение *n*

A14   *e*   abduction splint
     d   Abduktionsschiene *f*
     f   attelle *f* descendante
     i   stecca *f* d'abduzione
     r   отводящая [абдукционная] шина *f*

A15   *e*   abductor
     d   Abduktor *m*, Abduktionsmuskel *m*
     f   abducteur *m*
     i   abduttore *m*
     r   отводящая мышца *f*

A16   *e*   aberrant goiter
     d   akzessorische Struma *f*, Nebenkropf *m*
     f   goitre *m* aberrant
     i   gozzo *m* aberrante
     r   аберрантный [добавочный, эктопический] зоб *m*

A17   *e*   abortion
     d   Abort *m*, Fehlgeburt *f*
     f   avortement *m*
     i   aborto *m*
     r   аборт *m*

A18   *e*   abrachia
     d   Armlosigkeit *f*
     f   abrachie *f*
     i   abrachia *f*
     r   абрахия *f*

A19   *e*   Abrikosoff's [Abrikosov's] tumor
     d   Abrikosow-Tumor *m*, Myoblastenmyom *n*, granuläres Neurom *n*

ABSCESS

	f	tumeur *f* d'Abricossoff
	i	tumore *m* di Abrikossoff
	r	опухоль *f* Абрикосова, зернисто-клеточная миобластома *f*

A20   *e*   **abscess**
      d   Abszeß *m*
      f   abcès *m*
      i   ascesso *m*
      r   абсцесс *m*

A21   *e*   **absolute diet**
      d   Totalfasten *n*
      f   diète *f* absolue
      i   digiuno *m* assoluto
      r   полное голодание *n*

A22   *e*   **absolute refractory period**
      d   absolute Refrakterperiode *f*
      f   période *f* réfractaire absolue
      i   periodo *m* refrattario assoluto
      r   абсолютный рефрактерный период *m*

A23   *e*   **absorbable ligature**
      d   absorbierbare Ligatur *f*, Katgutunterbindung *f*
      f   ligature *f* résorbable
      i   filo *m* di catgut
      r   рассасывающаяся лигатура *f*

A24   *e*   **absorbent cotton**
      d   absorbierende Watte *f*
      f   coton *m* absorbant [hydrophile]
      i   ovatta *f* assorbente
      r   гигроскопическая вата *f*

A25   *e*   **absorption**
      d   Absorption *f*, Aufnahme *f*
      f   absorption *f*, résorption *f*
      i   assorbimento *m*
      r   абсорбция *f*, поглощение *n*, всасывание *n*

A26   *e*   **abstinence**
      d   Abstinenz *f*, Enthaltung *f*; Enthaltsamkeit *f*
      f   abstinence *f*
      i   astinenza *f*
      r   абстиненция *f*, воздержание *n*

A27   *e*   **abstinence syndrome**
      d   Abstinenzsyndrom *n*
      f   syndrome *m* d'abstinence
      i   sindrome *f* da astinenza
      r   абстинентный синдром *m*

A28   *e*   **abutment**
      d   Stützzahn *m*
      f   about *m*
      i   dente *m* di sostegno
      r   опорный зуб *m* (*протеза*)

A29   *e*   **acanthokeratoma**
      d   Akanthokeratom *n*, Keratoakanthom *n*
      f   kérato-acantome *m*

      i   mollusco *m* sebaceo, cheratoacantoma *m*
      r   кератоакантома *f*, псевдокарциноматозный [сальный] моллюск *m*

A30   *e*   **acanthoma**
      d   Akanthom *n*
      f   acanthome *m*
      i   acantoma *m*
      r   акантома *f*

A31   *e*   **acapnia**
      d   Akapnie *f*, Kohlensäuremangel *m* im Blut
      f   acapnie *f*, hypocapnie *f*
      i   acapnia *f*
      r   акапния *f*, гипокапния *f*

A32   *e*   **acariasis, acarinosis, acarodermatitis**
      d   1. Acariasis *f*, Milbenbefall *m* 2. Skabies *f*, Krätze *f*
      f   1. acariase *f* 2. gale *f*, scabies *f*
      i   1. acariasi *f* 2. scabbia *f*
      r   1. акариаз *m* 2. (зудневая) чесотка *f*

A33   *e*   **accessory chromosome**
      d   akzessorisches Chromosom *n*
      f   chromosome *m* accessoire
      i   monosoma *m*
      r   добавочная хромосома *f*

A34   *e*   **accessory gland**
      d   Zusatzdrüse *f*, akzessorische Drüse *f*
      f   glande *f* accessoire
      i   ghiandola *f* accessoria
      r   добавочная железа *f*

A35   *e*   **accessory nasal sinus**
      d   Nasennebenhöhle *f*
      f   sinus *m* accessoire nasal
      i   cavità *f* nasale accessoria
      r   околоносовая пазуха *f*, придаточная пазуха *f* носа

A36   *e*   **accessory sign, accessory symptom**
      d   Begleitsymptom *n*, Zusatzsymptom *n*
      f   signe *m* accessoire
      i   sintomo *m* accessorio
      r   акцессорный [дополнительный] симптом *m*

A37   *e*   **accessory spleen**
      d   Nebenmilz *f*
      f   rate *f* accessoire
      i   milza *f* accessoria
      r   добавочная селезёнка *f*

A38   *e*   **accident**
      d   Unfall *m*
      f   accident *m*
      i   accidente *m*
      r   несчастный случай *m*

A39   *e*   **acclima(tiza)tion**

	d	Akklimatisation f, Umweltanpassung f, Klimaanpassung f
	f	acclimatation f
	i	acclimatazione f
	r	акклиматизация f
A40	e	accommodation
	d	Akkommodation f
	f	accommodation f
	i	accomodazione f
	r	аккомодация f
A41	e	accommodation reflex
	d	Akkommodationsreflex m
	f	réflexe m d'accommodation
	i	riflesso m di accomodazione
	r	аккомодационный рефлекс m
A42	e	accommodative strabismus
	d	Akkommodativschielen n
	f	strabisme m accommodatif
	i	strabismo m da accomodazione
	r	аккомодационное косоглазие n
A43	e	accoucheur's hand
	d	Geburtshelferhand f
	f	main f d'accoucheur
	i	mano f da ostetrico
	r	кисть f акушера
A44	e	acephaly
	d	Azephalie f
	f	acéphalie f
	i	acefalia f
	r	ацефалия f
A45	e	acervulus
	d	Hirnsand m
	f	sable m cérébral, acervule m
	i	sabbia f cerebrale
	r	мозговой песок m
A46	e	acetabulum
	d	Hüftgelenkpfanne f
	f	acétabule m, cavité f cotyloïde
	i	acetabolo m
	r	вертлужная впадина f
A47	e	acetone
	d	Aceton n
	f	acétone f
	i	acetone m
	r	ацетон m
A48	e	acetone bodies pl
	d	Acetonkörper m pl, Ketonkörper m pl
	f	corps m pl cétoniques [acétoniques]
	i	corpi m pl chetonici
	r	кетоновые тела n pl
A49	e	acetonuria
	d	Acetonurie f, Ketonurie f
	f	acétonurie f
	i	acetonuria f
	r	ацетонурия f, кетонурия f
A50	e	acetylcholine
	d	Acetylcholin n
	f	acétylcholine f
	i	acetilcolina f
	r	ацетилхолин m
A51	e	acetylcholinesterase
	d	Acetylcholinesterase f
	f	acétylcholinestérase f
	i	acetilcolinesterasi f
	r	ацетилхолинэстераза f
A52	e	achalasia
	d	Achalasie f
	f	achalasie f
	i	acalasia f
	r	ахалазия f
A53	e	ache
	d	Schmerz m
	f	douleur f
	i	dolore m
	r	боль f
A54	e	Achilles jerk, Achilles reflex
	d	Achillessehnenreflex m
	f	réflexe m achiléen [du tendon d'Achille]
	i	riflesso m achilleo
	r	ахиллов рефлекс m
A55	e	Achilles tendon
	d	Achillessehne f, Fersensehne f
	f	tendon m d'Achille
	i	tendine m di Achille
	r	ахиллово [пяточное] сухожилие n
A56	e	achillorrhaphy
	d	Achillo(r)rhaphie f
	f	achillorraphie f
	i	achillorrafia f
	r	сшивание n ахиллова сухожилия
A57	e	achlorhydria
	d	Achlorhydrie f
	f	a(na)chlorhydrie f
	i	acloridria f
	r	ахлоргидрия f
A58	e	achloropsia
	d	Achloropsie f, Deuteranopie f
	f	deutéranopie f, achloro(ble)psise f
	i	acloropsia f
	r	дейтеранопия f
A59	e	achondroplasia
	d	Achondroplasie f, Chondrodystrophie f
	f	achondroplasie f, chondrodystrophie f
	i	acondroplasia f, condrodistrofia f
	r	ахондроплазия f, хондродистрофия f
A60	e	achondroplastic dwarfism
	d	achondroplastischer Zwergwuchs m, achondroplastischer Nanismus m

ACHROMATIC THRESHOLD

	f	nanisme m achondroplastique
	i	nanismo m acondroplastico
	r	хондродистрофическая карликовость f
A61	e	**achromatic threshold**
	d	achromatische Schwelle f
	f	seuil m achromatique
	i	soglia f della sensazione acromatica
	r	порог m зрительного ощущения
A62	e	**achromatic vision, achromatopsia, achromatopsy**
	d	Achromatopsie f, totale Farbenblindheit f
	f	achroma(top)sie f
	i	acromatopsia f
	r	ахроматопсия f, цветовая слепота f
A63	e	**achromotrichia**
	d	Achromotrichie f, Pigmentlosigkeit f der Haare
	f	achromotrichie f
	i	acromotrichia f
	r	ахромотрихия f
A64	e	**achylia, achylosis**
	d	Achylie f, Saftlosigkeit f
	f	achylie f
	i	achilia f
	r	ахилия f
A65	e	**acidaminuria**
	d	Aminoacidurie f
	f	aminoacidurie f
	i	aminoaciduria f
	r	аминоацидурия f
A66	e	**acid-base balance, acid-base equilibrium**
	d	Säure-Basen-Gleichgewicht n
	f	équilibre m acide-base [acido-basique]
	i	equilibrio m acido-base [acido-basico]
	r	кислотно-щелочное равновесие n
A67	e	**acid cell**
	d	Parietalzelle f der Magenschleimhaut, Belegzelle f
	f	cellule f bordante [pariétale]
	i	cellula f acida [parietale]
	r	париетальный гландулоцит m, обкладочная клетка f
A68	e	**acid-forming**
	d	säurebildend
	f	acidifère
	i	acidogeno
	r	кислотообразующий
A69	e	**acid gland**
	d	Magenfundusdrüse f
	f	glande f fundique
	i	ghiandola f acidofila
	r	собственная железа f желудка, фундальная железа f
A70	e	**acidity**
	d	Acidität f, Säuregehalt m
	f	acidité f
	i	acidità f
	r	кислотность f
A71	e	**acidophil adenoma**
	d	azidophiles Hypophysenadenom n
	f	adénome m acidophile
	i	adenoma m acidofilo
	r	ацидофильная аденома f гипофиза
A72	e	**acidophilic leukocyte**
	d	eosinophiler Leukozyt m, Eosinophil m
	f	éosinophile m, leucocyte m éosinophile, granulocyte m acidophile
	i	leucocito m eosinofilo
	r	эозинофил m, ацидофильный [эозинофильный] лейкоцит m, ацидофильный гранулоцит m
A73	e	**acidosis**
	d	Acidose f
	f	acidose f
	i	acidosi f
	r	ацидоз m
A74	e	**acid phosphatase**
	d	saure Phosphatase f
	f	phosphatase f acide
	i	fosfatasi f acida
	r	кислая фосфатаза f
A75	e	**aciduria**
	d	Acidurie f
	f	acidurie f
	i	aciduria f
	r	ацидурия f
A76	e	**acinotubular gland**
	d	tubulär-alveolare Drüse f
	f	glande f tubulo-acineuse [tubulo-alvéolaire]
	i	ghiandola f tubulo-acinosa [tubulo-alveolare composta]
	r	трубчато-альвеолярная железа f
A77	e	**acinus**
	d	Azinus m
	f	acinus m
	i	acino m
	r	ацинус m
A78	e	**acme**
	d	Akme f
	f	acmé m
	i	acme f
	r	акме n
A79	e	**acne**
	d	Acne f, Akne f, Finnenausschlag m
	f	acné(s) f (pl)

ACROMEGALY

	i	acne *f*
	r	угри *m pl*
A80	*e*	**acneform syphilid**
	d	akneartiges pustulöses Syphilid *n*
	f	syphilide *f* acnéiforme pustuleuse
	i	sifiloderma *m* pustuloso acneiforme
	r	угревидный пустулёзный сифилид *m*
A81	*e*	**acne rosacea**
	d	Rosazea *f*, Rotfinnen *f pl*, Kupferfinnen *f pl*
	f	acné *f* rosacée [rosée]
	i	acne *f* rosacea
	r	розовые угри *m pl*
A82	*e*	**acne simplex, acne vulgaris**
	d	gewöhnlicher Finnenausschlag *m*
	f	acné *f* vulgaire
	i	acne *f* volgare [giovanile]
	r	обыкновенные угри *m pl*
A83	*e*	**acnitis**
	d	Aknitis *f*
	f	acnitis *f*
	i	acnitis *f*
	r	акнит *m*, папулонекротический туберкулёз *m* кожи
A84	*e*	**acorea**
	d	Akorie *f*, Pupillenlosigkeit *f*
	f	acorée *f*
	i	atretopsia *f*, acorea *f*
	r	акория *f*, отсутствие *n* зрачка
A85	*e*	**acoria**
	d	Akorie *f*, Unersattlichkeit *f*, Gefräßigkeit *f*
	f	acorie *f*; polyphagie *f*
	i	aplestia *f*, bulimia *f*
	r	отсутствие *n* чувства насыщения, полифагия *f*
A86	*e*	**acoustic cell**
	d	Haarzelle *f* des Cortischen [spiralen] Organs
	f	cellule *f* de Corti
	i	cellula *f* ciliata
	r	волосковая клетка *f*, клетка *f* Корти
A87	*e*	**acoustic papilla**
	d	Cortisches Organ *n*, Spiralorgan *n*
	f	organe *m* de Corti, papille *f* spirale
	i	organo *m* del Corti
	r	спиральный [кортиев] орган *m*
A88	*e*	**acquired hemolytic icterus**
	d	erworbene hämolytische Gelbsucht *f*
	f	ictère *m* hémolytique acquis
	i	ittero *m* emolitico acquisito
	r	болезнь *f* Гайема—Видаля
A89	*e*	**acquired immune-deficiency syndrome**
	d	erworbenes Immundefektsyndrom *n*
	f	syndrome *m* d'immunodéficience [d'immunodépression] acquis
	i	sindrome *f* da immunodeficienza acquisita
	r	синдром *m* приобретённого иммунодефицита, СПИД
A90	*e*	**acquired immunity**
	d	erworbene Immunität *f*
	f	immunité *f* acquise
	i	immunità *f* acquisita
	r	приобретённый иммунитет *m*
A91	*e*	**acquired reflex**
	d	bedingter [erworbener] Reflex *m*
	f	réflexe *m* acquis
	i	riflesso *m* condizionato
	r	условный [приобретённый] рефлекс *m*
A92	*e*	**acrania**
	d	Akranie *f*
	f	acrânie *f*
	i	acrania *f*
	r	акрания *f*
A93	*e*	**acroarthritis**
	d	Akroarthritis *f*, Entzündung *f* der Extremitätengelenke
	f	acroarthrite *f*
	i	acroartrite *f*, artrite *f* della estremità
	r	артрит *m* дистальных отделов конечностей
A94	*e*	**acroasphyxia**
	d	Akroasphyxie *f*
	f	acroasphyxie *f*, asphyxie *f* locale des extrémités
	i	acroasfissia *f*, acrocianosi *f*
	r	акроасфиксия *f*, симптом *m* мёртвых пальцев, болезнь *f* Рейно
A95	*e*	**acrocephalia**
	d	Akrozephalie *f*, Spitzschädel *m*, Turmschädel *m*
	f	acrocéphalie *f*, oxycéphalie *f*
	i	acrocefalia *f*
	r	акроцефалия *f*, башенный череп *m*, оксицефалия *f*
A96	*e*	**acrodynia**
	d	Akrodynie *f*
	f	acrodynie *f*
	i	acrodinia *f*
	r	акродиния *f*
A97	*e*	**acromacria**
	d	Arachnodaktylie *f*, Spinnenfingrigkeit *f*
	f	acromacrie *f*, arachnodactylie *f*
	i	aracnodattilia *f*, sindrome *f* di Marfan
	r	арахнодактилия *f*, паучья кисть *f*
A98	*e*	**acromegaly**
	d	Akromegalie *f*
	f	acromégalie *f*

	i	acromegalia *f*
	r	акромегалия *f*
A99	*e*	**acromicria**
	d	Akromikrie *f*
	f	acromicrie *f*
	i	acromicria *f*
	r	акромикрия *f*
A100	*e*	**acromion**
	d	Akromion *n*
	f	acromion *m*
	i	acromion *m*
	r	акромион *m*
A101	*e*	**acrophobia**
	d	Akrophobie *f*, Höhenangst *f*, Höhenfurcht *f*
	f	acrophobie *f*
	i	acrofobia *f*
	r	акрофобия *f*
A102	*e*	**ACTH** *see* **adrenocorticotrophic hormone**
A103	*e*	**actin**
	d	Aktin *n*
	f	actine *f*
	i	actina *f*
	r	актин *m*
A104	*e*	**actinic dermatosis**
	d	Aktinodermatose *f*, Strahlendermatose *f*
	f	actinodermatose *f*
	i	dermatosi *f* attinica
	r	актинодерматоз *m*, фотодерматоз *m*
A105	*e*	**actinodermatitis**
	d	Aktinodermatitis *f*, Strahlendermatitis *f*
	f	dermatite *f* actinique
	i	attinodermatite *f*, dermatite *f* attinica
	r	лучевой [актинический] дерматит *m*, фотодерматит *m*
A106	*e*	**actinomycosis**
	d	Aktinomykose *f*, Strahlenpilzkrankheit *f*
	f	actinomycose *f*
	i	actinomicosi *f*
	r	актиномикоз *m*
A107	*e*	**active chronic hepatitis**
	d	aktive chronische Hepatitis *f*
	f	hépatite *f* chronique active
	i	epatite *f* cronica attiva (ECA)
	r	активный хронический гепатит *m*
A108	*e*	**active electrode**
	d	aktive Elektrode *f*
	f	électrode *f* active
	i	elettrodo *m* attivo
	r	активный электрод *m*
A109	*e*	**active hyperemia**
	d	aktive Hyperämie *f*
	f	hyperémie *f* active
	i	iperemia *f* attiva
	r	артериальная [активная] гиперемия *f*
A110	*e*	**active immunity**
	d	aktive Immunität *f*
	f	immunité *f* active
	i	immunità *f* attiva
	r	активный иммунитет *m*
A111	*e*	**acupuncture**
	d	Akupunktur *f*, Nadelstechen *n*
	f	acupuncture *f*
	i	agopuntura *f*
	r	акупунктура *f*, иглоукалывание *n*
A112	*e*	**acute abdomen**
	d	akutes Abdomen *n*, akuter Bauch *m*
	f	abdomen *m* aigu
	i	addome *m* acuto
	r	острый живот *m*
A113	*e*	**acute abscess**
	d	akuter Abszeß *m*
	f	abcès *m* chaud
	i	ascesso *m* acuto
	r	острый абсцесс *m*
A114	*e*	**acute articular rheumatism**
	d	akute rheumatische Arthritis *f*, akuter Gelenkrheumatismus *m*
	f	rhumatisme *m* articulaire aigu
	i	reumatismo *m* articolare acuto
	r	острый ревматический (поли)артрит *m*
A115	*e*	**acute ascending paralysis**
	d	akute aufsteigende Paralyse *f*, Landry-Syndrom *n*
	f	paralysie *f* ascendante aiguë, paralysie *f* de Landry
	i	paralisi *f* ascendente acuta, malattia *f* di Guillain-Barré
	r	острый восходящий паралич *m*, паралич *m* Ландри
A116	*e*	**acute contagious conjunctivitis, acute epidemic conjunctivitis**
	d	akute epidemische Augenbindehautentzündung *f*
	f	conjonctivite *f* épidémique aiguë
	i	congiuntivite *f* contagiosa acuta
	r	острый эпидемический конъюнктивит *m*
A117	*e*	**acute heart failure**
	d	akute Herzinsuffizienz *f*
	f	insuffisance *f* cardiaque
	i	insufficienza *f* cardiaca, scompenso *m* cardiaco acuto
	r	острая сердечная недостаточность *f*
A118	*e*	**acute isolated myocarditis**
	d	akute isolierte Myokarditis *f*, Fiedler-Myokarditis *f*

	f	myocardite f de Fiedler
	i	miocardite f idiopatica [di Fiedler]
	r	идиопатический [злокачественный] миокардит m Абрамова—Фидлера
A119	e	acute radiation syndrome
	d	akutes Strahlensyndrom n, akute Strahlenkrankheit f
	f	maladie f aiguë des irradiations
	i	sindrome f acuta radioattiva [da radiazioni]
	r	острый лучевой синдром m, острая лучевая болезнь f
A120	e	acute surgery
	d	Noteingriff m
	f	opération f d'urgence
	i	operazione f d'urgenza
	r	неотложная операция f
A121	e	acute vascular purpura
	d	hämorrhagische Vaskulitis f, Kapillarotoxikose f, Schoenlein-Henoch-Krankheit f
	f	purpura m de Schoenlein-Henoch
	i	malattia f di Schoenlein-Henoch, peliosi f reumatica
	r	геморрагический васкулит m, капилляротоксикоз m, болезнь f Шенлейна—Геноха
A122	e	acute yellow atrophy
	d	akute gelbe Leberatrophie f
	f	atrophie f jaune aiguë du foie
	i	atrofia f giallo-acuta del fegato
	r	жёлтая дистрофия f печени, острая жёлтая атрофия f печени
A123	e	acyanoblepsia, acyanoblepsy, acyanopsia
	d	Tritanopie f
	f	tritanopie f, tritanopsie f
	i	tritanopia f, cecità f per l'azzurro
	r	тританопия f
A124	e	adactylia, adactylism, adactyly
	d	Adaktylie f
	f	adactylie f
	i	adattilia f
	r	адактилия f
A125	e	adamantinoma, adamantoblastoma
	d	Adamantinom n, Adamantoblastom n
	f	adamantinome m
	i	adamantinoma m, adamantoblastoma m, ameloblastoma m
	r	адамантинома f, амелобластома f, адамантобластома f
A126	e	Adam's apple
	d	Adamsapfel m
	f	pomme f d'Adam
	i	pomo m d'Adamo
	r	адамово яблоко n
A127	e	Adams-Stokes disease, Adams-Stokes syndrome
	d	Adams-Stokes-Syndrom n
	f	syndrome m d'Adams-Morgagni-Stokes
	i	sindrome f (cardiaca) di Adams-Stokes [di Morgagni]
	r	синдром m Адамса—Морганьи—Стокса
A128	e	adaptability
	d	Anpassungsfähigkeit f
	f	adaptabilité f
	i	adattabilità f
	r	адаптивность f, приспособляемость f
A129	e	adaptation
	d	Adaptation f, Anpassung f
	f	adaptation f
	i	adattamento m
	r	адаптация f, приспособление n
A130	e	Addison's anemia
	d	Addison-Biermer-Anämie f, (kryptogenetische) perniziöse Anämie f
	f	anémie f pernicieuse, maladie f d'Addison-Biermer
	i	anemia f perniciosa di Addison-Biermer, crisi f addisoniana
	r	болезнь f Аддисона—Бирмера, пернициозная анемия f
A131	e	additive effect
	d	Summationseffekt m
	f	effet m additif
	i	sinergismo m
	r	аддитивный эффект m лекарственных веществ, аддитивный синергизм m
A132	e	adduction
	d	Adduktion f, Anziehung f
	f	adduction f
	i	adduzione f
	r	аддукция f, приведение n (конечностей)
A133	e	adenectomy
	d	Adenektomie f, Drüsenentfernung f
	f	adénectomie f
	i	adenectomia f
	r	удаление n железы
A134	e	adenectopia
	d	Adenektopie f, Drüsenverlagerung f
	f	adénectopie f
	i	adenectopia f, ectopia f ghiandolare
	r	эктопия f железы
A135	e	adenine
	d	Adenin n
	f	adénine f
	i	adenina f
	r	аденин m

ADENITIS

A136   *e*   **adenitis**
         d   Adenitis *f*
         f   adénite *f*
         i   adenite *f*
         r   аденит *m*

A137   *e*   **adenoacanthoma**
         d   Adenoakanthom *n*, Adenokankroid *n*
         f   adénoacanthome *m*
         i   adenoacantoma *m*
         r   аденоакантома *f*, аденоканкроид *m*

A138   *e*   **adenocarcinoma**
         d   Adenokarzinom *n*, Drüsen(gewebs)krebs *m*
         f   adénocarcinome *m*
         i   adenocarcinoma *m*
         r   аденокарцинома *f*, железистый рак *m*

A139   *e*   **adenocyst, adenocystoma**
         d   Adenokystom *n*, Zystadenom *n*
         f   cystadénome *m*
         i   cistoadenoma *m*
         r   цистаденома *f*

A140   *e*   **adenocyte**
         d   Adenozyt *m*
         f   adénocyte *m*
         i   adenocito *m*
         r   аденоцит *m*

A141   *e*   **adenoepithelioma**
         d   Adenoepitheliom *n*
         f   adénoépithéliome *m*
         i   adenoepitelioma *m*
         r   аденоэпителиома *f*

A142   *e*   **adenofibroma**
         d   Adenofibrom *n*, Fibroadenom *n*
         f   adénofibrome *m*, fibroadénome *m*
         i   adenofibroma *m*, fibroadenoma *m*
         r   фиброаденома *f*, аденофиброма *f*

A143   *e*   **adenohypophysis**
         d   Adenohypophyse *f*, Hypophysenvorderlappen *m*
         f   adénohypophyse *f*
         i   adenoipofisi *f*, ipofisi *f* ghiandolare [anteriore]
         r   аденогипофиз *m*, передняя доля *f* гипофиза

A144   *e*   **adenoidectomy**
         d   Adenektomie *f*
         f   adénectomie *f*
         i   adenoidectomia *f*
         r   удаление *n* аденоидов

A145   *e*   **adenoiditis**
         d   Adenoiditis *f*
         f   adénoïdite *f*
         i   adenoidite *f*
         r   аденоидит *m*, ретроназальная ангина *f*

A146   *e*   **adenoids** *pl*
         d   Adenoide *n pl*, adenoide Vegetationen *f pl*
         f   adénoïdes *m pl*
         i   vegetazioni *f pl* adenoidi
         r   аденоиды *m pl*

A147   *e*   **adenoid tissue**
         d   adenoides [lymphatisches] Gewebe *n*
         f   tissu *m* lymphoïde
         i   tessuto *m* linfatico
         r   лимф(аден)оидная ткань *f*

A148   *e*   **adenolymphocele**
         d   Adenolymphozele *f*, zystische Lymphknotenvergrößerung *f*
         f   adénolymphocèle *f*
         i   adenolinfocele *m*
         r   киста *f* лимфатического узла

A149   *e*   **adenolymphoma**
         d   Adenolymphom *n*
         f   adénolymphome *m*, adénome *m* lymphomateux
         i   adenolinfoma *m*
         r   аденолимфома *f*, папиллярная лимфоматозная цистаденома *f*, бранхиогенная аденома *f*

A150   *e*   **adenoma**
         d   Adenom *n*
         f   adénome *m*
         i   adenoma *m*
         r   аденома *f*

A151   *e*   **adenomatosis**
         d   Adenomatose *f*
         f   adénomatose *f*
         i   adenomatosi *f*
         r   аденоматоз *m*

A152   *e*   **adenomatous goiter**
         d   adenomatöser Kropf *m*
         f   goitre *m* nodulaire
         i   gozzo *m* adenomatoso
         r   аденоматозный [узловой] зоб *m*

A153   *e*   **adenomatous polyp**
         d   Drüsenpolyp *m*
         f   adénome *m* polypoïde
         i   adenoma *m* polipoide
         r   аденоматозный [железистый] полип *m*, полипоидная аденома *f*

A154   *e*   **adenomyoma**
         d   Adenomyom *n*
         f   adénomyome *m*
         i   adenomioma *m*
         r   аденомиома *f*

A155   *e*   **adenomyometritis**
         d   Adenomyometritis *f*
         f   adénomyométrite *f*
         i   adenomiometrite *f*
         r   аденомиометрит *m*

A156　e　adenopathy
　　　d　Adenopathie *f*
　　　f　adénopathie *f*, lymphadénopathie *f*
　　　i　adenopatia *f*
　　　r　аденопатия *f*, лимфаденопатия *f*

A157　e　adenosarcoma
　　　d　Adenosarkom *n*
　　　f　adénosarcome *m*, sarcoadénome *m*
　　　i　adenosarcoma *m*
　　　r　аденосаркома *f*

A158　e　adenosine
　　　d　Adenosin *n*, Adeninribosid *n*
　　　f　adénosine *f*
　　　i　adenosina *f*
　　　r　аденозин *m*

A159　e　adenosine diphosphate
　　　d　Adenosindiphosphat *n*
　　　f　adénosine-diphosphate *m*
　　　i　adenosina *f* difosfata
　　　r　аденозиндифосфат *m*,
　　　　　аденозиндифосфорная кислота *f*

A160　e　adenosine monophosphate
　　　d　Adenosinmonophosphat *n*
　　　f　adénosine-monophosphate *m*
　　　i　adenosina *f* monofosfata
　　　r　аденозинмонофосфат *m*,
　　　　　аденозин(моно)фосфорная
　　　　　кислота *f*

A161　e　adenosine triphosphate
　　　d　Adenosintriphosphat *n*,
　　　　　Adenosintriphosphorsäure *f*
　　　f　adénosine-triphosphate *m*
　　　i　adenosina *f* trifosfata
　　　r　аденозинтрифосфат *m*,
　　　　　аденозинтрифосфорная кислота *f*

A162　e　adenotonsillectomy
　　　d　Adenotonsillektomie *f*
　　　f　adénotonsillectomie *f*
　　　i　adenotonsillectomia *f*
　　　r　аденотонзиллэктомия *f*

A163　e　adenovirus
　　　d　Adenovirus *n*
　　　f　adénovirus *m*
　　　i　adenovirus *m*
　　　r　аденовирус *m*

A164　e　adequate diet
　　　d　adäquate Kost *f*
　　　f　régime *m* alimentaire
　　　i　dieta *f* adequata, regime *m* alimentare
　　　r　целесообразный режим *m* питания

A165　e　adherent leukoma
　　　d　Leukoma *n* adhärens
　　　f　leucome *m* adhérent
　　　i　leucoma *m* aderente
　　　r　сращённое бельмо *n*

A166　e　adherent pericardium *see* adhesive pericarditis

A167　e　adherent placenta
　　　d　angewachsene Plazenta *f*
　　　f　placenta *m* accreta
　　　i　placenta *f* accreta
　　　r　приросшая плацента *f*

A168　e　adhesion
　　　d　1. Adhäsion *f*, Verklebung *f*
　　　　　2. Anhaftung *f*
　　　f　1. adhésion *f* 2. symphyse *f*,
　　　　　commissure *f*
　　　i　1. aderenza *f* 2. adesione *f*
　　　r　1. слипание *n*, прилипание *n*
　　　　　2. сращение *n*, спайка *f*

A169　e　adhesive inflammation
　　　d　adhäsive Entzündung *f*
　　　f　inflammation *f* adhésive
　　　i　infiammazione *f* adesiva
　　　r　адгезивное [слипчивое]
　　　　　воспаление *n*

A170　e　adhesive pericarditis
　　　d　adhäsive Perikarditis *f*
　　　f　péricardite *f* adhésive
　　　i　pericardite *f* adesiva
　　　r　спаечный [слипчивый, адгезивный]
　　　　　перикардит *m*

A171　e　adhesive plaster, adhesive tape
　　　d　Heftpflaster *n*
　　　f　emplâtre *m* adhésif
　　　i　impiastro *m* adesivo, cerotto *m* adesivo
　　　r　липкий пластырь *m*,
　　　　　лейкопластырь *m*

A172　e　adhesive pleurisy
　　　d　Rippenfellverwachsung *f*
　　　f　pleurésie *f* sèche
　　　i　pleurite *f* adesiva
　　　r　адгезивный плеврит *m*

A173　e　adiastole
　　　d　Adiastolie *f*, fehlende Diastole *f*
　　　f　adiastolie *f*
　　　i　adiastolia *f*
　　　r　адиастолия *f*

A174　e　adipocele
　　　d　Lipozele *f*, Adipozele *f*, Fettbruch *m*
　　　f　lipocèle *f*, adipocèle *f*
　　　i　adipocele *m*
　　　r　липоцеле *n*

A175　e　adiponecrosis
　　　d　Adiponekrose *f*, Fettnekrose *f*
　　　f　adiponécrose *f*
　　　i　liponecrosi *f*
　　　r　адипонекроз *m*, жировой некроз *m*

A176　e　adiposalgia
　　　d　Dercum-Krankheit *f*

	f	adipose *f* douloureuse, maladie *f* de Dercum
	i	adiposi *f* dolorosa, malattia *f* di Dercum
	r	болезнь *f* Деркума
A177	*e*	**adipose capsule**
	d	Fettkapsel *f* der Niere
	f	capsule *f* adipeuse du rein
	i	capsula *f* adiposa del rene
	r	жировая капсула *f* почки, околопочечная [паранефральная] клетчатка *f*
A178	*e*	**adipose cell**
	d	Lipozelle *f*, Adipozelle *f*, Fettzelle *f*, Lipozyt *m*
	f	lipocyte *m*, cellule *f* adipeuse
	i	adipocito *m*, cellula *f* adiposa
	r	липоцит *m*, жировая клетка *f*
A179	*e*	**adiposuria**
	d	Adiposurie *f*, Lipurie *f*
	f	adiposurie *f*, lipurie *f*
	i	adiposuria *f*, lipuria *f*
	r	липурия *f*
A180	*e*	**adipsia**
	d	Adipsie *f*, Durstlosigkeit *f*
	f	adipsie *f*
	i	adipsia *f*
	r	адипсия *f*, отсутствие *n* жажды
A181	*e*	**adnexa** *pl*
	d	Adnexe *m pl*, Anhangsgebilde *n pl*
	f	annexes *f pl* de l'utérus
	i	annessi *m pl*
	r	придатки *m pl* матки
A182	*e*	**adnexitis**
	d	Adnexitis *f*, Adnexentzündung *f*
	f	annexite *f*, salpingo-ovarite *f*
	i	annessite *f*
	r	аднексит *m*, сальпингоофорит *m*
A183	*e*	**adolescence**
	d	Adoleszenz *f*, Junglingsalter *n*
	f	adolescence *f*
	i	adolescenza *f*
	r	юношеский [пубертатный] возраст *m*
A184	*e*	**adolescent insanity**
	d	Adoleszentenwahnsinn *m*
	f	démence *f* juvénile [précoce]
	i	demenza *f* precoce
	r	юношеский [подростковый] психоз *m*
A185	*e*	**ADP** see **adenosine diphosphate**
A186	*e*	**adrenal cortex**
	d	Nebennierenrinde *f*
	f	corticosurrénale *f*, cortex *m* surrénal
	i	corteccia *f* surrenale
	r	кора *f* надпочечника
A187	*e*	**adrenalectomy**
	d	Adrenalektomie *f*, Nebennierenentfernung *f*
	f	adrénalectomie *f*
	i	adrenalectomia *f*, surren(al)ectomia *f*
	r	адреналэктомия *f*, эпинефрэктомия *f*, адренэктомия *f*
A188	*e*	**adrenal glands** *pl*
	d	Nebennieren *f pl*
	f	glandes *f pl* surrénales
	i	ghiandole *f pl* surrenali
	r	надпочечники *m pl*
A189	*e*	**adrenaline**
	d	Adrenalin *n*
	f	adrénaline *f*
	i	adrenalina *f*
	r	адреналин *m*
A190	*e*	**adrenocortical hormone**
	d	Kortikosteroid *n*
	f	corticostéroïde *m*
	i	ormone *m* corticosurrenale
	r	(адрено)кортикостероид *m*, кортикостероидный гормон *m*
A191	*e*	**adrenocortical insufficiency**
	d	Nebennniereninsuffizienz *f*, Addison-Krankheit *f*
	f	maladie *f* d'Addison
	i	ipocorticoidismo *m*
	r	недостаточность *f* коры надпочечников, аддисонова болезнь *f*
A192	*e*	**adrenocorticotrop(h)ic hormone, adrenocorticotrophin**
	d	adrenokortikotropes Hormon *n*, Adrenokortikotropin *n*
	f	hormone *f* adrénocorticotrope, adrénocorticotrophine *f*
	i	ormone *m* adrenocorticotropo, (adreno)corticotropina *f*
	r	адренокортикотропный гормон *m*, адренокортикотропин *m*
A193	*e*	**adrenogenital syndrome**
	d	adrenogenitales Syndrom *n*
	f	syndrome *m* adrénogénital
	i	sindrome *f* adrenogenitale
	r	адреногенитальный синдром *m*
A194	*e*	**adrenolytic**
	d	adrenolytisches Mittel *n*
	f	adrénolytique *m*
	i	adrenolitico *m*
	r	адреноблокирующее [адренолитическое] средство *n*
A195	*e*	**adrenoreceptor**
	d	adrenergischer Rezeptor *m*
	f	récepteur *m* adrénergique
	i	recettore *m* adrenergico

AFFECTIVE INSANITY

	r	адренорецептор m, адренергический рецептор m
A196	e	**adrenosterone**
	d	Adrenosteron n
	f	adrénostérone f
	i	adrenosterone m
	r	адреностерон m
A197	e	**adsorbent**
	d	Adsorbens n, Adsorptionsmittel n
	f	adsorbant m
	i	adsorbente m
	r	адсорбент m, адсорбирующее средство n
A198	e	**adult**
	d	1. Erwachsene m 2. Volljährige m
	f	1. adulte m 2. majeur m
	i	1. adulto m 2. maggiorenne m
	r	1. взрослый m 2. совершеннолетний m
A199	e	**advancement flap**
	d	Verschiebelappen m
	f	greffe f déplacée
	i	lembo m trasferito
	r	перемещаемый лоскут m
A200	e	**adventitia**
	d	Adventitia f, Adventitialhülle f
	f	adventice f
	i	avventizia f, tunica f avventizia [esterna]
	r	адвентиция f, адвентициальная оболочка f
A201	e	**adventitial cell**
	d	Adventitialzelle f, Perizyt m
	f	cellule f de Rouget, péricyte m
	i	pericito m, cellula f avventiziale
	r	перицит m, адвентициальная клетка f
A202	e	**adventitious cyst**
	d	falsche Zyste f
	f	pseudokyste m
	i	pseudocisti f
	r	ложная киста f, кистоид m
A203	e	**adynamia**
	d	Adynamie f, Kraftlosigkeit f
	f	adynamie f
	i	adinamia f
	r	адинамия f
A204	e	**adynamia episodica hereditaria**
	d	Gamstorp-Syndrom n
	f	myatonie f périodique, maladie f de Gamstorp
	i	malattia f di Gamstorp
	r	семейная эпизодическая адинамия f, болезнь f Гамсторп
A205	e	**adynamic ileus**
	d	adynamischer [paralytischer] Ileus m
	f	iléus m adynamique [paralytique]
	i	ileo m adinamico [paralitico]
	r	паралитическая непроходимость f кишечника
A206	e	**aeration**
	d	1. Aeration f 2. Blutoxygenation f
	f	1. aération f 2. saturation f du sang en oxygène
	i	1. aerazione f 2. ossigenazione f
	r	1. аэрация f 2. сатурация f [насыщение n] крови кислородом
A207	e	**aerobe**
	d	Aerobier m, Anaerobier m
	f	aérobie m
	i	aerobio m
	r	аэроб m
A208	e	**aeroembolism**
	d	Luftembolie f
	f	aéroembolisme m
	i	aeroembolismo m
	r	воздушная эмболия f
A209	e	**aeroneurosis**
	d	Aeroneurose f
	f	aéronévrose f
	i	aeronevrosi f
	r	аэроневроз m
A210	e	**aerophagia, aerophagy**
	d	Aerophagie f
	f	aérophagie f
	i	aerofagia f
	r	аэрофагия f
A211	e	**aerophobia**
	d	Aerophobie f
	f	aérophobie f
	i	aerofobia f
	r	аэрофобия f
A212	e	**aerospace medicine**
	d	Luft- und Raumfahrtmedizin f
	f	médecine f aéronautique et cosmonautique
	i	medicina f aeronautica ed astronautica
	r	авиационная и космическая медицина f
A213	e	**aerotherapy**
	d	1. Aerotherapie f 2. Barotherapie f
	f	1. aérothérapie f 2. barothérapie f
	i	aeroterapia f
	r	1. аэротерапия f 2. баротерапия f
A214	e	**affect**
	d	1. Affekt m 2. Emotion f
	f	1. affect m 2. émotion f
	i	1. affetto m 2. emozione f
	r	1. аффект m 2. эмоция f
A215	e	**affective insanity**
	d	manisch-depressive Psychose f
	f	psychose f maniaque-dépressive

AFFERENT FIBER

       i psicosi *f* maniaco-depressiva
       r маниакально-депрессивный психоз *m*

A216 *e* **afferent fiber**
       d afferente Nervenfaser *f*
       f fibre *f* nerveuse afférente
       i fibra *f* afferente
       r афферентное [центростремительное] нервное волокно *n*

A217 *e* **afferent nerve**
       d afferenter [sensorischer] Nerv *m*
       f nerf *m* afférent
       i nervo *m* afferente
       r афферентный [центростремительный, чувствительный] нерв *m*

A218 *e* **affinity**
       d Affinität *f*, Verwandtschaft *f*
       f affinité *f*
       i affinità *f*
       r сродство *n*

A219 *e* **African trypanosomiasis**
       d (afrikanische) Trypanosomiasis *f*, Schlafkrankheit *f*
       f trypanosomiase *f* africaine, maladie *f* du sommeil
       i tripanosomiasi *f* africana, malattia *f* del sonno
       r африканский трипаносомоз *m*, сонная болезнь *f*

A220 *e* **afterbirth**
       d Nachgeburt *f*, Plazenta *f*, Mutterkuchen *m*
       f placenta *m*
       i seconda *f*, secondine *f pl*, annessi *m pl* fetali
       r послед *m*

A221 *e* **aftercataract**
       d sekundärer Star *m*
       f cataracte *f* secondaire
       i cateratta *f* secondaria
       r вторичная катаракта *f*

A222 *e* **aftereffect**
       d Nachwirkung *f*
       f post-action *f*
       i effetto *m* secondario [posteriore]
       r последействие *n*

A223 *e* **agalactia**
       d Agalaktie *f*
       f agalactie *f*, agalaxie *f*
       i agalassia *f*, agalattia *f*
       r агалактия *f*

A224 *e* **agammaglobulinemia**
       d Agammaglobulinämie *f*
       f agammaglobulinémie *f*
       i agammaglobulinemia *f*
       r агаммаглобулинемия *f*

A225 *e* **agastric anemia**
       d agastrische Anämie *f*
       f anémie *f* agastrique
       i anemia *f* agastrica
       r агастрическая анемия *f*

A226 *e* **age**
       d Alter *n*, Lebensalter *n*
       f âge *m*
       i età *f*
       r возраст *m*

A227 *e* **agenesis**
       d Agenesie *f*
       f agénésie *f*
       i agenesia *f*
       r агенезия *f*, аплазия *f*

A228 *e* **ageusia**
       d Ageusie *f*
       f agueusie *f*, ageustie *f*
       i ageusia *f*
       r агевзия *f*

A229 *e* **agglutination**
       d Agglutination *f*, Zusammenballung *f*
       f agglutination *f*
       i agglutinazione *f*
       r агглютинация *f*

A230 *e* **agglutinative thrombus**
       d Agglutinationsthrombus *m*, Koagulationsthrombus *m*
       f thrombus *m* de coagulation
       i trombo *m* da coagulazione
       r агглютинационный [коагуляционный] тромб *m*

A231 *e* **agglutinin**
       d Agglutinin *n*
       f agglutinine *f*
       i agglutinina *f*
       r агглютинин *m*

A232 *e* **agglutinogen**
       d Agglutinogen *n*
       f agglutinogène *m*
       i agglutinogeno *m*
       r агглютиноген *m*

A233 *e* **aggression**
       d Aggression *f*
       f aggression *f*
       i aggressione *f*
       r агрессия *f*

A234 *e* **agnail**
       d Niednagel *m*
       f envie *f*
       i pipita *f*
       r заусенец *m*, заусеница *f*

A235 *e* **agnathia, agnathy**
       d Agnathie *f*, Kieferlosigkeit *f*

	f	agnathie f
	i	agnatia f
	r	агнатия f
A236	e	**agnosia**
	d	Agnosie f
	f	agnosie f
	i	agnosia f
	r	агнозия f
A237	e	**agonist**
	d	Agonist m, agonistischer Muskel m
	f	agoniste m
	i	muscolo m sinergico, agonista m
	r	агонист m, мышца-агонист f
A238	e	**agoraphobia**
	d	Agoraphobie f, Platzangst f
	f	agoraphobie f
	i	agorafobia f
	r	агорафобия f
A239	e	**agrammatism**
	d	Agrammatismus m, Dysgrammatismus m, ungrammatische Ausdrucksweise f
	f	agrammatisme m
	i	agrammatismo m
	r	аграмматизм m
A240	e	**agranulocytosis**
	d	Agranulozythämie f, Agranulozytose f
	f	agranulocytose f
	i	agranulocitosi f
	r	агранулоцитоз m
A241	e	**agraphia**
	d	Agraphie f, Schreibunfähigkeit f
	f	agraphie f
	i	agrafia f
	r	аграфия f
A242	e	**agyria**
	d	Agyrie f, Fehlen n der Hirnwindungen
	f	agyrie f
	i	agiria f
	r	агирия f
A243	e	**AIDS** see **acquired immune-deficiency syndrome**
A244	e	**ailment**
	d	Leiden n; Unwohlsein n
	f	indisposition f, malaise m
	i	indisposizione f, malattia f
	r	недомогание n
A245	e	**air bath**
	d	Luftbad n
	f	bain m d'air
	i	bagno m d'aria
	r	воздушная ванна f
A246	e	**airborne infection**
	d	Tröpfcheninfektion f
	f	infection f par l'air [par gouttelettes]
	i	contagio m mediante l'aria, infezione f delle vie respiratorie
	r	воздушно-капельная инфекция f
A247	e	**air cells** pl
	d	1. Lungenalveolen f pl, Lungenbläschen n pl 2. Cellulae pl pneumaticae
	f	1. alvéoles m pl pulmonaires 2. cellules f pl etmoïdales
	i	1. alveoli m pl polmonari 2. cellule f pl aeree
	r	1. альвеолы f pl лёгкого 2. воздухоносные ячейки f pl костей черепа
A248	e	**air embolism** see **aeroembolism**
A249	e	**airplane splint** see **abduction splint**
A250	e	**air sac** see **alveolar sac**
A251	e	**airsickness**
	d	Luftkrankheit f
	f	mal m de l'air
	i	mal m d'aria
	r	укачивание n в самолёте
A252	e	**air sinus**
	d	Nasennebenhöhle f, Paranasalissinus m
	f	sinus m nasal
	i	seno m aereo [paranasale]
	r	околоносовая пазуха f, придаточная пазуха f носа
A253	e	**air swallowing** see **aerophagia**
A254	e	**air vesicle**
	d	Alveole f, Lungenbläschen n
	f	alvéole m pulmonaire
	i	alveolo m polmonare
	r	альвеола f лёгкого, лёгочная альвеола f
A255	e	**airway**
	d	Luftwege m pl, Atemwege m pl
	f	voies f pl respiratoires
	i	vie f pl respiratorie [aeree]
	r	дыхательные пути m pl
A256	e	**akamushi disease**
	d	Tsutsugamushifieber n
	f	tsutsugamushi m, fièvre f fluviale du Japon
	i	tsutsugamushi f, febbre f fluviale del Giappone
	r	цуцугамуши f
A257	e	**akinesia, akinesis**
	d	Akinesie f, Akinese f
	f	akinésie f
	i	acinesia f
	r	акинезия f, акинез m
A258	e	**akinetic**
	d	bewegungslos
	f	acinétique

	i	acinetico
	r	акинетический, неподвижный
A259	*e*	akinetic catatonia
	d	katatonischer Stupor *m*, Stupor *m* mit Muskelstarre
	f	stupeur *f* catatonique
	i	stupore *m* catatonico
	r	кататонический ступор *m*
A260	*e*	akinetic epilepsy
	d	akinetischer Epilepsieanfall *m*
	f	crise *f* épileptique acinétique
	i	epilessia *f* acinetica
	r	акинетический эпилептический припадок *m*
A261	*e*	alanine
	d	Alanin *n*
	f	alanine *f*
	i	alanina *f*
	r	аланин *m*
A262	*e*	alarm reaction
	d	Alarmreaktion *f*
	f	réaction *f* d'alarme
	i	reazione *f* di allarme
	r	реакция *f* тревоги (*при стрессе*)
A263	*e*	alastrim
	d	Alastrim *f*, weiße Pocken *pl*, Milchpocken *pl*
	f	alastrim *m*, variole *f* blanche
	i	alastrim *m*, variola *f* minor
	r	аластрим *m*
A264	*e*	Albers-Schönberg disease
	d	Albers-Schönberg-Krankheit *f*, Marmorknochenkrankheit *f*
	f	maladie *f* d'Albers-Schönberg, maladie *f* des os marmoréens
	i	malattia *f* di Albers-Schönberg, osteopetrosi *f*
	r	болезнь *f* Альберс-Шенберга, врождённый системный остеопетроз *m*, мраморная болезнь *f*
A265	*e*	albinism(us)
	d	Albinismus *m*
	f	albinisme *m*
	i	albinismo *m*
	r	альбинизм *m*
A266	*e*	albino
	d	Albino *m*
	f	albinos *m*
	i	albino *m*
	r	альбинос *m*
A267	*e*	albugo
	d	Albugo *m*, Leukom *n*, weißer Hornhautfleck *m*
	f	leucome *m*, albugo *m*
	i	leucoma *m*
	r	бельмо *n*, лейкома *f*
A268	*e*	albumen, albumin
	d	Albumin *n*
	f	albumine *f*
	i	albumina *f*
	r	альбумин *m*
A269	*e*	albumin-globulin ratio
	d	Albumin-Globulin-Quotient *m*
	f	quotient *m* albumineux du sérum
	i	rapporto *m* A/G [albumina-globulina]
	r	альбумин-глобулиновый коэффициент *m*
A270	*e*	albuminous degeneration
	d	albuminoide Degeneration *f*, trübe Schwellung *f*
	f	dégénérescence *f* albumineuse [albuminoïde]
	i	degenerazione *f* albuminoide
	r	альбуминоидное перерождение *n*, мутное набухание *n*
A271	*e*	albuminuria
	d	Albuminurie *f*, Proteinurie *f*
	f	albuminurie *f*
	i	albuminuria *f*
	r	альбуминурия *f*, протеинурия *f*
A272	*e*	alcohol
	d	Alkohol *m*
	f	alcool *m*
	i	alcol(e) *m*, alcool *m*
	r	алкоголь *m*, спирт *m*
A273	*e*	alcoholic insanity
	d	Alkoholpsychose *f*
	f	psychose *f* alcoolique
	i	psicosi *f* alco(o)lica
	r	алкогольный психоз *m*
A274	*e*	alcoholism
	d	1. Alkoholismus *m*, Trinksucht *f* 2. Alkoholintoxikation *f*, Alkoholvergiftung *f*
	f	alcoolisme *m*
	i	1. alco(o)lismo *m* 2. intossicazione *f* alco(o)lica
	r	1. алкоголизм *m* 2. алкогольное отравление *n*
A275	*e*	alcoholization
	d	Alkoholisierung *f*
	f	alcoolisation *f*
	i	alcolizzazione *f*
	r	алкоголизация *f*
A276	*e*	aldosterone
	d	Aldosteron *n*
	f	aldostérone *f*
	i	aldosterone *m*
	r	альдостерон *m*
A277	*e*	aldosteronism
	d	Aldosteronismus *m*, Hyperaldosteronismus *m*
	f	aldostéronisme *m*

	i	(iper)aldosteronismo *m*
	r	(гипер)альдостеронизм *m*
A278	*e*	**aleukemic myelosis**
	d	aleukämische Myelose *f*
	f	myélose *f* aleucémique
	i	mielosi *f* aleucemica
	r	алейкемический миелоз *m*, остеомиелофиброз *m*
A279	*e*	**aleukia** *see* **agranulocytosis**
A280	*e*	**alexia**
	d	Alexie *f*, Leseunfähigkeit *f*, Wortblindheit *f*
	f	alexie *f*
	i	alessia *f*
	r	алексия *f*, словесная слепота *f*
A281	*e*	**alimentary canal** *see* **alimentary tract**
A282	*e*	**alimentary diabetes**
	d	alimentäre Glykosurie *f*
	f	glycosurie *f* alimentaire
	i	diabete *m* alimentare
	r	алиментарная глюкозурия *f*
A283	*e*	**alimentary dystrophy**
	d	alimentäre Dystrophie *f*
	f	dystrophie *f* alimentaire
	i	edema *m* da fame [carenziale]
	r	алиментарная дистрофия *f*
A284	*e*	**alimentary therapy**
	d	Diätbehandlung *f*, Diättherapie *f*, Heilkosttherapie *f*
	f	diététique *f* thérapeutique
	i	dietetica *f* clinica
	r	диетотерапия *f*, лечебное питание *n*
A285	*e*	**alimentary tract**
	d	Verdauungskanal *m*, Gastrointestinaltrakt *m*
	f	tube *m* digestif
	i	tubo *m* digestivo [digerente]
	r	пищеварительный [желудочно-кишечный] тракт *m*
A286	*e*	**alimentation**
	d	Ernährung *f*
	f	alimentation *f*
	i	alimentazione *f*
	r	кормление *n*; питание *n*
A287	*e*	**alkalemia** *see* **alkalosis**
A288	*e*	**alkaline phosphatase**
	d	alkalische Phosphatase *f*
	f	phosphatase *f* alcaline
	i	fosfatasi *f* alcalina
	r	щелочная фосфатаза *f*
A289	*e*	**alkaloid**
	d	Alkaloid *n*
	f	alcaloïde *m*
	i	alcaloide *m*
	r	алкалоид *m*
A290	*e*	**alkalosis**
	d	Alkalose *f*, Alkalämie *f*, Blut-pH-Erhöhung *f*
	f	alcalose *f*
	i	alcalosi *f*
	r	алкалоз *m*
A291	*e*	**allantois**
	d	Allantois *f*
	f	allantoïde *f*
	i	allantoide *f*
	r	аллантоис *m*
A292	*e*	**allele, allelomorph**
	d	Allel *n*, Genpaar *n*
	f	allèle *m*, allélomorphe *m*
	i	allele *m*, allelomorfo *m*
	r	аллель *m*, аллеломорф *m*
A293	*e*	**allergen**
	d	Allergen *n*
	f	allergène *m*
	i	allergene *m*
	r	аллерген *m*
A294	*e*	**allergic**
	d	allergisch, überempfindlich
	f	allergique
	i	allergico
	r	аллергический
A295	*e*	**allergiology** *see* **allergology**
A296	*e*	**allergization**
	d	Allergisierung *f*, Sensibilisierung *f*
	f	allergisation *f*
	i	allergizzazione *f*
	r	аллергизация *f*, сенсибилизация *f*
A297	*e*	**allergology**
	d	Allergologie *f*
	f	allergologie *f*
	i	allergologia *f*
	r	аллергология *f*
A298	*e*	**allergy**
	d	Allergie *f*
	f	allergie *f*
	i	allergia *f*
	r	аллергия *f*
A299	*e*	**allocortex**
	d	Allokortex *m*
	f	allocortex *m*
	i	allocorteccia *f*
	r	аллокортекс *m*
A300	*e*	**allograft**
	d	Allotransplantat *n*, Homotransplantat *n*
	f	allogreffe *f*, homogreffe *f*
	i	omotrapianto *m*, omoinnesto *m*
	r	аллотрансплантат *m*, гомотрансплантат *m*

ALLOKERATOPLASTY

A301	e	allokeratoplasty
	d	Allokeratoplastik f, Homokeratoplastik f
	f	allokératoplastie f
	i	omocheratoplastica f
	r	аллокератопластика f, гомокератопластика f
A302	e	allopathy
	d	Allopathie f
	f	allopathie f
	i	allopatia f, medicina f ortodossa
	r	аллопатия f
A303	e	allorhythmia
	d	Allorhythmie f
	f	allorythmie f
	i	alloritmia f
	r	аллоритмия f
A304	e	allosome
	d	Allosom n, Geschlechtschromosom n, Heterochromosom n
	f	allosome m, hétérochromosome m
	i	allosoma m, eterocromosoma m
	r	аллосома f
A305	e	allotransplantation
	d	Allotransplantation f, Homotransplantation f
	f	allotransplantation f
	i	omoinnesto m, innesto m omoplastico, alloinnesto m
	r	аллотрансплантация f, гомотрансплантация f
A306	e	allotriophagy
	d	Allotriophagie f
	f	allotriophagie f
	i	allotriofagia f
	r	аллотриофагия f
A307	e	allotropic
	d	allotrop
	f	allotrope
	i	allotrop(ic)o
	r	аллотропный
A308	e	alopecia
	d	Alopezie f, Haarausfall m, Kahlköpfigkeit f
	f	alopécie f
	i	alopecia f
	r	алопеция f, облысение n
A309	e	alpha cell
	d	Alpha-Zelle f
	f	cellule f alpha
	i	cellula f (ipofisaria) alfa
	r	ацидофильный инсулоцит m, альфа-клетка f (панкреатических островков)
A310	e	alpha rays pl
	d	Alpha-Strahlung f
	f	rayons m pl alpha
	i	raggi m pl alfa
	r	альфа-излучение n
A311	e	alterative inflammation
	d	alterative Entzündung f
	f	inflammation f altérative
	i	infiammazione f alterativa
	r	альтеративное воспаление n
A312	e	alternate hemianesthesia
	d	alternierende Hemianästhesie f
	f	hémianesthésie f alterne
	i	emianestesia f crociata
	r	альтернирующая гемианестезия f
A313	e	alternate hemiplegia
	d	alternierende Hemiplegie f, alternierende Lähmung f
	f	hémiplégie f alterne, paralysie f alterne
	i	emiplegia f alterna
	r	альтернирующая гемиплегия f, альтернирующий паралич m
A314	e	alternating pulse
	d	alternierender [wechselnder] Puls m
	f	pouls m alternant
	i	polso m alternante
	r	альтернирующий [перемежающийся] пульс m
A315	e	altitude sickness
	d	Höhenkrankheit f
	f	mal m de l'altitude
	i	mal m di montagna
	r	высотная болезнь f
A316	e	altitudinal hemianopsia
	d	Horizontalhemianopsie f
	f	hémianopsie f horizontale
	i	emianopsia f orizzontale
	r	горизонтальная гемианопсия f
A317	e	alveolar abscess
	d	Alveolarabszeß m
	f	abcès m alvéolaire
	i	ascesso m alveolare
	r	альвеолярный абсцесс m
A318	e	alveolar cell carcinoma
	d	Alveolarzellenkarzinom n
	f	carcinome m alvéolaire
	i	carcinoma m a cellule alveolari
	r	альвеолярно-клеточный рак m
A319	e	alveolar ectasia
	d	Alveolarektasie f
	f	emphysème m vicariant [compensateur]
	i	ectasia f alveolare
	r	викарная [компенсаторная] эмфизема f лёгких
A320	e	alveolar sac
	d	Alveolarsäckchen n

	f	saccule m alvéolaire
	i	sacco m alveolare
	r	альвеолярный мешочек m
A321	e	**alveolodental cyst**
	d	alveolodentale Zyste f
	f	kyste m alvéolo-dentaire
	i	cisti f alveolodentaria
	r	околозубная [челюстная] киста f
A322	e	**alveolotomy**
	d	Alveolotomie f, Alveolenschnitt m
	f	alvéolotomie f
	i	alveolotomia f
	r	альвеолотомия f
A323	e	**alveolus**
	d	Alveole f
	f	alvéole m
	i	alveolo m
	r	альвеола f
A324	e	**alymphocytosis**
	d	Alymphozytose f
	f	alymphocytose f
	i	alinfocitosi f
	r	алимфоцитоз m
A325	e	**amalgam**
	d	Amalgam n
	f	amalgame m
	i	amalgama m
	r	амальгама f
A326	e	**amastia**
	d	Amastie f
	f	amastie f
	i	amastia f
	r	амастия f
A327	e	**amaurosis**
	d	Amaurose f, totale Blindheit f
	f	amaurose f
	i	amaurosi f
	r	амавроз m, полная слепота f
A328	e	**amaurotic familial idiocy**
	d	familiäre amaurotische Idiotie f
	f	idiotie f amaurotique familiale
	i	idiozia f amaurotica familiare
	r	(семейная) амавротическая идиотия f
A329	e	**amazia** see **amastia**
A330	e	**ambidexterity**
	d	Ambidextrie f, Beidhändigkeit f
	f	ambidextrie f
	i	ambidestrismo m
	r	амбидекстрия f, двуправорукость f
A331	e	**ambisexuality**
	d	1. Bisexualität f 2. Doppelsexualität f, Hermaphroditismus m, Zwittrigkeit f
	f	1. bisexualité f 2. hermaphrodisme m
	i	1. bisessualità f 2. ermafroditismo m
	r	1. (ам)бисексуальность f 2. гермафродитизм m
A332	e	**ambivalence**
	d	Ambivalenz f
	f	ambivalence f
	i	ambivalenza f
	r	амбивалентность f, психическая двойственность f
A333	e	**amblyopia**
	d	Amblyopie f, Schwachsichtigkeit f
	f	amblyopie f
	i	ambliopia f
	r	амблиопия f
A334	e	**ambos** see **anvil**
A335	e	**ambulance**
	d	Nothilfewagen m; Kranken(transport)wagen m
	f	ambulance f
	i	autoambulanza f
	r	машина f скорой помощи; санитарный транспорт m
A336	e	**ameba**
	d	Amöbe f
	f	amibe f
	i	ameba f
	r	амёба f
A337	e	**amebiasis, amebic dysentery, amebiosis, amebism**
	d	Amöbiasis f, Amöbenruhr f, Amöbendysenterie f
	f	amibiase f, dysenterie f amibienne
	i	amebiasi f, dissenteria f amebica
	r	амёбиаз m, амёбная дизентерия f
A338	e	**amelanotic melanoma**
	d	melaninloses Melanom n
	f	mélanome m amélanique [achromique]
	i	melanoma m amelanotico
	r	беспигментная [амеланотическая] меланома f
A339	e	**amelia**
	d	Amelie f
	f	amélie f
	i	amelia f
	r	амелия f
A340	e	**amelioration**
	d	1. Abnahme f der Krankheitserscheinungen 2. Verbesserung f des Allgemeinbefindens
	f	amélioration f
	i	1. alleviamento m, alleggerimento m 2. miglioramento m
	r	1. ослабление n проявлений болезни 2. улучшение n общего состояния
A341	e	**ameloblast**
	d	Ameloblast m, Adamantoblast m, Ganoblast m, Zahnschmelzbildner m

AMELOBLASTOMA

	f	améloblaste *m*, adamantoblaste *m*
	i	ameloblasto *m*, adamantoblasto *m*
	r	амелобласт *m*, адамантобласт *m*
A342	*e*	**ameloblastoma**
	d	Ameloblastom *n*, Adamantinom *n*
	f	améloblastome *m*, adamantinome *m*
	i	ameloblastoma *m*, adamantinoma *m*
	r	амелобластома *f*, адамантинома *f*
A343	*e*	**amenorrhea**
	d	Amenorrhoe *f*
	f	aménorrhée *f*
	i	amenorrea *f*
	r	аменорея *f*
A344	*e*	**amentia**
	d	Amentia *f*, amentielles Syndrom *n*
	f	amentia *f*
	i	amenza *f*
	r	аменция *f*, аментивный синдром *m*
A345	*e*	**ametria**
	d	Ametrie *f*, Gebärmutterlosigkeit *f*
	f	aplasie *f* d'utérus
	i	ametria *f*, agenesia *f* uterina
	r	аплазия *f* матки
A346	*e*	**ametropia**
	d	Ametropie *f*, Fehlsichtigkeit *f*
	f	amétropie *f*
	i	ametropia *f*
	r	аметропия *f*
A347	*e*	**amide**
	d	Amid *n*
	f	amide *m*
	i	amid(e) *m*
	r	амид *m*
A348	*e*	**amimia**
	d	Amimie *f*, Mimikverlust *m*
	f	amimie *f*
	i	amimia *f*
	r	амимия *f*
A349	*e*	**amino acid**
	d	Aminosäure *f*
	f	aminoacide *m*
	i	aminoacido *m*
	r	аминокислота *f*
A350	*e*	**aminoacidemia**
	d	Aminoacidämie *f*, Hyperaminoacidämie *f*
	f	aminoacidémie *f*
	i	iperaminoacidemia *f*
	r	(гипер)аминоацидемия *f*
A351	*e*	**aminoaciduria**
	d	Aminoacidurie *f*
	f	aminoacidurie *f*
	i	aminoaciduria *f*
	r	аминоацидурия *f*
A352	*e*	**aminopeptidase** *f*
	d	Aminopeptidase *f*
	f	aminopeptidase *f*
	i	aminopeptidasi *f*
	r	аминопептидаза *f*
A353	*e*	**aminopherase, aminotransferase**
	d	Aminotransferase *f*, Transaminase *f*
	f	aminotransférase *f*, transaminase *f*
	i	aminotransferasi *f*, transaminasi *f*
	r	аминотрансфераза *f*, трансаминаза *f*
A354	*e*	**amitosis**
	d	Amitose *f*
	f	amitose *f*
	i	amitosi *f*
	r	амитоз *m*
A355	*e*	**ammonia**
	d	Ammoniak *n*
	f	ammoniac *m*
	i	ammoniaca *f*
	r	аммиак *m*
A356	*e*	**amnesia**
	d	Amnesie *f*, Gedächtnislücke *f*, Erinnerungsverlust *m*
	f	amnésie *f*
	i	amnesia *f*
	r	амнезия *f*
A357	*e*	**amnestic syndrome**
	d	amnestisches Syndrom *n*, Korsakoff-Syndrom *n*
	f	syndrome *m* de Korsakoff
	i	sindrome *f* amnesica [di Korsakoff]
	r	корсаковский [амнестический] синдром *m*
A358	*e*	**amniocentesis**
	d	Amniozentese *f*
	f	amniocentèse *f*
	i	amniocentesi *f*
	r	амниоцентез *m*
A359	*e*	**amnion**
	d	Amnion *n*, Eihaut *f*, Wasserhaut *f*
	f	amnios *m*
	i	amnio(s) *m*
	r	амнион *m*, амниотическая оболочка *f*
A360	*e*	**amnionic** *see* **amniotic**
A361	*e*	**amniorrhexis**
	d	Amniorrhexis *f*, Amnioruptur *f*, Eihautzerreißung *f*
	f	amniorrhexis *f*
	i	amniorressi *f*
	r	разрыв *m* плодных оболочек
A362	*e*	**amniotic**
	d	amniotisch
	f	amniotique
	i	amniotico
	r	амниотический

A363	e	amniotic fluid
	d	Fruchtwasser n
	f	liquide m amniotique
	i	liquido m amniotico
	r	околоплодные воды f pl
A364	e	amniotomy
	d	Amniotomie f, Amnioninzision f, Eihautschnitt m
	f	amniotomie f
	i	amniotomia f
	r	амниотомия f
A365	e	amoeba see ameba
A366	e	amok
	d	Amok m, Amoklaufen n
	f	amok m
	i	amok m
	r	амок m
A367	e	amorphous
	d	amorph
	f	amorphe
	i	amorfo
	r	аморфный
A368	e	AMP see adenosine monophosphate
A369	e	ampelotherapy
	d	Ampelotherapie f, Traubenkur f, Weintraubenbehandlung f
	f	ampélothérapie f
	i	botrioterapia f
	r	виноградолечение n, ампелотерапия f
A370	e	amphiarthrosis
	d	Amphiarthrose f, Plangelenk n
	f	amphiarthrose f
	i	anfiartrosi f
	r	амфиартроз m, плоский сустав m
A371	e	amphoric breathing, amphoric rale, amphoric respiration
	d	amphorisches Atmen n
	f	respiration f amphorique
	i	respirazione f anforica
	r	амфорическое дыхание n
A372	e	amphotonia, amphotony
	d	Amphotonie f
	f	amphotonie f
	i	anfotonia f
	r	амфотония f
A373	e	ampoule, ampule
	d	Ampulle f
	f	ampoule f
	i	fiala f, ampolla f
	r	ампула f (стеклянная запаянная ёмкость)
A374	e	ampulla
	d	Ampulle f (erweiterter Abschnitt eines röhrenförmigen Hohlorgans)
	f	ampoule f (dilatation de forme arrondie de l'organe creux)
	i	ampolla f
	r	ампула f (расширенная часть круглого полого органа)
A375	e	amputation
	d	Amputation f
	f	amputation f
	i	amputazione f
	r	ампутация f
A376	e	amusia
	d	Amusie f, musikalische Aphasie f
	f	amusie f
	i	amusia f
	r	амузия f
A377	e	amyelia
	d	Amyelie f
	f	amyélie f
	i	amielia f
	r	амиелия f
A378	e	amylase
	d	Amylase f
	f	amylase f
	i	amilasi f
	r	амилаза f
A379	e	amyloid kidney
	d	Amyloidniere f, Wachsniere f, Speckniere f
	f	rein m amyloïde
	i	rene m amiloide
	r	амилоидная почка f
A380	e	amyloidosis
	d	Amyloidose f
	f	amyloïdose f, amylose f
	i	amiloidosi f
	r	амилоидоз m
A381	e	amylolysis
	d	1. Stärkehydrolyse f, Stärkespaltung f 2. Stärkeverdauung f
	f	amylolyse f, amylohydrolyse f
	i	amilolisi f
	r	1. гидролиз m крахмала 2. переваривание n крахмала
A382	e	amylopectinosis
	d	Amylopektinose f, Andersen-Krankheit f
	f	maladie f d'Andersen, glycogénose f type IY (de Cori)
	i	malattia f di Gierke, glicogenosi f
	r	гликогеноз m IY типа, амилопектиноз m, болезнь f Андерсена
A383	e	amyotonia
	d	Amyotonie f, Myatonie f, Muskelatonie f
	f	amyotonie f, myatonie f

	i	amiotonia *f*
	r	амиотония *f*
A384	*e*	**amyotrophic lateral sclerosis**
	d	amyotrophische Lateralsklerose *f*
	f	sclérose *f* latérale amyotrophique
	i	sclerosi *f* laterale amiotrofica
	r	амиотрофический латеральный склероз *m*
A385	*e*	**amyotrophy**
	d	Amyotrophie *f*, Myatrophie *f*, Muskelatrophie *f*
	f	amyotrophie *f*
	i	amiotrofia *f*, atrofia *f* muscolare
	r	амиотрофия *f*
A386	*e*	**anabolic**
	d	Anabolikum *n*, anabolisches Mittel *n*
	f	anabolisant *m*
	i	anabolico *m*
	r	анаболическое средство *n*
A387	*e*	**anabolism**
	d	Anabolismus *m*
	f	anabolisme *m*
	i	anabolismo *m*
	r	анаболизм *m*
A388	*e*	**anacrotism**
	d	Anakrotie *f*
	f	anacrotisme *m*
	i	anacrotismo *m*
	r	анакрота *f*
A389	*e*	**anacusis**
	d	totale Taubheit *f*
	f	anacousie *f*
	i	sordità *f*
	r	полная глухота *f*
A390	*e*	**anadicrotism** see **anacrotism**
A391	*e*	**anaerobe**
	d	Anaerobier *m*, anaerober Mikroorganismus *m*
	f	anaérobie *m*
	i	anaerobio *m*, microrganismo *m* anaerobio
	r	анаэроб *m*, анаэробный микроорганизм *m*
A392	*e*	**anal**
	d	anal
	f	anal
	i	anale
	r	анальный, заднепроходный
A393	*e*	**anal atresia**
	d	Analatresie *f*
	f	atrésie *f* anale
	i	atresia *f* anale
	r	анальная атрезия *f*, неперфорированный анус *m*
A394	*e*	**analeptic**
	d	Analeptikum *n*, Exzitans *n*, Anregungsmittel *n*
	f	analeptique *m*
	i	analettico *m*
	r	аналептик *m*, аналептическое средство *n*
A395	*e*	**anal fissure**
	d	Analfissur *f*, Afterschrunde *f*
	f	fissure *f* anale
	i	ragade *f* anale
	r	трещина *f* заднего прохода
A396	*e*	**anal fistula**
	d	Analfistel *f*, Afterfistel *f*
	f	fistule *f* anale
	i	fistola *f* anale
	r	свищ *m* заднего прохода
A397	*e*	**analgesia**
	d	Analg(es)ie *f*
	f	analgésie *f*
	i	analgesia *f*
	r	аналг(ез)ия *f*
A398	*e*	**analgesic**
	d	Analgetikum *n*
	f	analgésique *m*
	i	analgesico *m*
	r	анальгетик *m*, болеутоляющее [аналгезирующее] средство *n*
A399	*e*	**analgia** see **analgesia**
A400	*e*	**anal orifice** see **anus**
A401	*e*	**analysis**
	d	1. Analyse *f* 2. Psychoanalyse *f*
	f	1. analyse *f* 2. psychanalyse *f*
	i	1. analisi *f* 2. psicanalisi *f*
	r	1. анализ *m* 2. психоанализ *m*
A402	*e*	**analyst**
	d	Psychoanalytiker *m*
	f	psychanalyste *m*
	i	psicanalista *m*, *f*
	r	психоаналитик *m*
A403	*e*	**anamnesis**
	d	Anamnese *f*, Vorgeschichte *f*
	f	anamnèse *f*
	i	anamnesi *f*
	r	анамнез *m*
A404	*e*	**anaphase**
	d	Anaphase *f*
	f	anaphase *f*
	i	anafase *f*
	r	анафаза *f*
A405	*e*	**anaphrodisia**
	d	Anaphrodisie *f*
	f	anaphrodisie *f*
	i	anafrodisia *f*

	r	анафродизия *f*, половая холодность *f*
A406	*e*	**anaphylactic**
	d	anaphylaktisch
	f	anaphylactique
	i	anafilattico
	r	анафилактический
A407	*e*	**anaphylaxis**
	d	Anaphylaxie *f*
	f	anaphylaxie *f*
	i	anafilassi *f*
	r	анафилаксия *f*
A408	*e*	**anaplasia**
	d	Anaplasie *f*
	f	anaplasie *f*
	i	anaplasia *f*
	r	анаплазия *f*, катаплазия *f*
A409	*e*	**anasarca**
	d	Anasarka *f*, Hautwassersucht *f*
	f	anasarque *f*
	i	anasarca *f*
	r	анасарка *f*
A410	*e*	**anastigmatic**
	d	anastigmatisch
	f	anastigmatique
	i	anastigmatico
	r	анастигматический
A411	*e*	**anastomosis**
	d	Anastomose *f*
	f	anastomose *f*
	i	anastomosi *f*
	r	анастомоз *m*, соустье *n*
A412	*e*	**anatomical**
	d	anatomisch
	f	anatomique
	i	anatomico
	r	анатомический
A413	*e*	**anatomical snuffbox**
	d	anatomische Tabatière *f*
	f	tabatière *f* anatomique
	i	tabacchiera *f* anatomica
	r	анатомическая табакерка *f*
A414	*e*	**anatomist**
	d	Anatom *m*
	f	anatomiste *m*
	i	anatomista *m*
	r	анатом *m*
A415	*e*	**anatomy**
	d	Anatomie *f*
	f	anatomie *f*
	i	anatomia *f*
	r	анатомия *f*
A416	*e*	**anatoxin**
	d	Anatoxin *n*, entgiftetes Toxin *n*
	f	anatoxine *f*
	i	anatossina *f*
	r	анатоксин *m*
A417	*e*	**ancon(e)al**
	d	Ellenbogen..., kubital
	f	cubital
	i	cubitale
	r	локтевой
A418	*e*	**anconitis**
	d	Ellenbogenarthritis *f*
	f	anconite *f*
	i	anconite *f*
	r	артрит *m* локтевого сустава
A419	*e*	**ancylo...** see **ankylo...**
A420	*e*	**Andernach's ossicles** *pl*
	d	Nahtdoppler *m pl*, Nahtknochen *m pl*
	f	os *m pl* wormiens
	i	ossa *f pl* wormiane suturali [di Andernach]
	r	вставочные [вормиевы] кости *f pl*
A421	*e*	**angioblastoma**
	d	Angioblastom *n*
	f	angioblastome *m*
	i	angioblastoma *m*
	r	ангиобластома *f*
A422	*e*	**angiocardiography**
	d	Angiokardiographie *f*
	f	angiocardiographie *f*
	i	angiocardiografia *f*
	r	ангиокардиография *f*, кардиоангиография *f*, рентгеновазокардиография *f*
A423	*e*	**angiocavernoma**
	d	Angiokavernom *n*, kavernöses Hämangiom *n*
	f	cavernome *m*
	i	(angio)cavernoma *m*, emangioma *m* cavernoso
	r	кавернозная гемангиома *f*, кавернома *f*
A424	*e*	**angiocholecystitis**
	d	Angiocholezystitis *f*
	f	angiocholécystite *f*
	i	angiocolecistite *f*
	r	холецистохолангит *m*, ангиохолецистит *m*
A425	*e*	**angiocholitis**
	d	Angiocholitis *f*, Cholangitis *f*
	f	angiocholite *f*, cholangite *f*
	i	angiocolite *f*, colangite *f*
	r	ангиохолит *m*, холангит *m*
A426	*e*	**angioedema** see **angioneurotic edema**
A427	*e*	**angiofibroma**
	d	Angiofibrom *n*, Gefäßfibrom *n*
	f	angiofibrome *m*

ANGIOGRAPHY

	i	angiofibroma *m*
	r	(гем)ангиофиброма *f*
A428	*e*	angiography
	d	Angiographie *f*
	f	angiographie *f*
	i	angiografia *f*
	r	ангиография *f*
A429	*e*	angiokeratoma
	d	Angiokeratom *n*
	f	angiokératome *m*
	i	angiocheratoma *m*
	r	ангиокератома *f*
A430	*e*	angiolipoma
	d	Angiolipom *n*
	f	angiolipome *m*
	i	angiolipoma *m*
	r	ангиолипома *f*
A431	*e*	angiolith
	d	Angiolith *m*
	f	angiolithe *m*
	i	angiolito *m*
	r	ангиолит *m*
A432	*e*	angiolithic sarcoma
	d	Psammom *n*, Sandgeschwulst *f*
	f	psammome *m*
	i	psammoma *m*
	r	псаммома *f*
A433	*e*	angiologia, angiology
	d	Angiologie *f*
	f	angiologie *f*
	i	angiologia *f*
	r	ангиология *f*
A434	*e*	angiolupoid
	d	Angiolupoid *n*
	f	angiolupoïde *m*
	i	angiolupoide *m*
	r	ангиолюпоид *m*
A435	*e*	angioma
	d	Angiom *n*, Gefäßgeschwulst *f*
	f	angiome *m*
	i	angioma *m*
	r	ангиома *f*, сосудистая опухоль *f*
A436	*e*	angiomatosis
	d	Angiomatose *f*, multiples Angiom *n*
	f	angiomatose *f*
	i	angiomatosi *f*
	r	ангиоматоз *m*
A437	*e*	angioneuredema *see* angioneurotic edema
A438	*e*	angioneurosis
	d	Angioneurose *f*
	f	angionévrose *f*
	i	angioneurosi *f*
	r	ангионевроз *m*, вегетативно-сосудистая дистония *f*
A439	*e*	angioneurotic edema
	d	angioneurotisches Ödem *n*, Quincke-Ödem *n*
	f	œdème *m* de Quincke [angioneurotique]
	i	edema *m* angioneurotico [di Quincke]
	r	отёк *m* Квинке, ангионевротический отёк *m*
A440	*e*	angiopathy
	d	Angiopathie *f*
	f	angiopathie *f*
	i	angiopatia *f*
	r	ангиопатия *f*
A441	*e*	angioplasty
	d	Gefäßplastik *f*
	f	angioplastie *f*
	i	angioplastica *f*
	r	сосудистая пластика *f*
A442	*e*	angiorrhaphy
	d	Gefäßnaht *f*
	f	angiorraphie *f*
	i	angiorrafia *f*
	r	сосудистый шов *m*
A443	*e*	angiosarcoma
	d	Angiosarkom *n*
	f	angiosarcome *m*
	i	angiosarcoma *m*
	r	ангиосаркома *f*, ангиопластическая саркома *f*
A444	*e*	angiospasm
	d	Angiospasmus *m*, Gefäßkrampf *m*
	f	angiospasme *m*
	i	angiospasmo *m*
	r	ангиоспазм *m*
A445	*e*	angiotensin
	d	Angiotensin *n*
	f	angiotensine *f*
	i	angiotensina *f*
	r	ангиотензин *m*, гипертензин *m*
A446	*e*	angle of iris
	d	vorderer Augenkammerwinkel *m*
	f	angle *m* irido-cornéen, angle *m* de la chambre antérieure
	i	angolo *m* iridocorneale
	r	радужно-роговичный угол *m*, угол *m* передней камеры глаза
A447	*e*	angular blepharitis
	d	Lidwinkelentzündung *f*
	f	blépharite *f* angulaire
	i	blefarite *f* angolare
	r	ангулярный блефарит *m*
A448	*e*	angular gyre
	d	Gyrus *m* angularis
	f	gyrus *m* angulaire
	i	circonvoluzione *f* angolare
	r	угловая извилина *f*

ANKYLOSIS

A449   *e*   **angular stomatitis**
       d   Mundwinkelentzündung *f*
       f   perlèche *f*, stomatite *f* angulaire
       i   perlèche *f*, stomatite *f* angolare
       r   заеда *f*, ангулит *m*, ангулярный стоматит *m*

A450   *e*   **anhidrosis**
       d   Anhidrose *f*, Schweißlosigkeit *f*
       f   anhidrose *f*
       i   anidrosi *f*
       r   ангидроз *m*

A451   *e*   **anhidrotic ectodermal dysplasia**
       d   anhidrotische ektodermale Dysplasie *f*, Siemens-Syndrom *n*
       f   dysplasie *f* ectodermique an(h)idrotique, maladie *f* de Christ-Siemens-Touraine
       i   displasia *f* ectodermica anidrotica
       r   синдром *m* Сименса, врождённая ангидротическая эктодермальная дисплазия *f*

A452   *e*   **anhydrous**
       d   wasserlos
       f   anhydre
       i   anidro, privo d'acqua
       r   безводный

A53   *e*   **anicteric virus hepatitis**
       d   anikterische [gelbsuchtslose] Virushepatitis *f*
       f   hépatite *f* à virus anictérique
       i   epatite *f* virale anitterica
       r   безжелтушный вирусный гепатит *m*

A454   *e*   **anidrosis** *see* **anhidrosis**

A455   *e*   **aniridia**
       d   Aniridie *f*, Regenbogenhautfehlen *n*
       f   aniridie *f*
       i   aniridia *f*
       r   аниридия *f*, иридеремия *f*

A456   *e*   **anisochrom(as)ia**
       d   Anisochrom(as)ie *f*
       f   anisochromasie *f*
       i   anisocromasia *f*
       r   анизохромазия *f*, анизохромия *f*

A457   *e*   **anisocoria**
       d   Anisokorie *f*
       f   anisocorie *f*
       i   anisocoria *f*
       r   анизокория *f*

A458   *e*   **anisocytosis**
       d   Anisozytose *f*
       f   anisocytose *f*
       i   anisocitosi *f*
       r   анизоцитоз *m*

A459   *e*   **anisometropia**
       d   Anisometropie *f*
       f   anisométropie *f*, asymétropie *f*
       i   anisometropia *f*
       r   анизометропия *f*, гетерометропия *f*

A460   *e*   **anisophoria**
       d   Anisophorie *f*
       f   anisophorie *f*
       i   anisoforia *f*
       r   анизофория *f*

A461   *e*   **anisotropal, anisotropic, anisotropous**
       d   anisotrop
       f   anisotrope
       i   anisotropo
       r   анизотропный

A462   *e*   **ankle bone**
       d   Sprungbein *n*, Talus *m*
       f   astragale *m*
       i   astragalo *m*
       r   таранная кость *f*

A463   *e*   **ankle jerk** *see* **Achilles jerk**

A464   *e*   **ankle joint**
       d   oberes Sprunggelenk *n*
       f   articulation *f* tibio-tarsienne, articulation *f* du cou-de-pied
       i   articolazione *f* tibiotarsica
       r   голеностопный сустав *m*

A465   *e*   **ankle reflex** *see* **Achilles jerk**

A466   *e*   **ankyloblepharon**
       d   Ankyloblepharon *n*, Lidrandverwachsung *f*
       f   ankyloblépharon *m*
       i   anchiloblefaro *m*
       r   анкилоблефарон *m*

A467   *e*   **ankylodactylia, ankylodactyly**
       d   Ankylodaktylie *f*
       f   ankylodactylie *f*
       i   anchilodattilia *f*
       r   сращение *n* пальцев

A468   *e*   **ankyloglossia**
       d   Ankyloglossie *f*
       f   ankyloglossie *f*
       i   anchiloglossia *f*
       r   анкилоглоссия *f*

A469   *e*   **ankylosing spondylitis**
       d   ankylosierende Spondylarthritis *f*, Strümpell-Bechterew-Krankheit *f*
       f   spondylarthrite *f* ankylosante, maladie *f* de von Bechterew
       i   spondilite *f* anchilosante, malattia *f* di Strümpell-Marie, malattia *f* di Pierre-Marie-Strümpell-Bechterew
       r   болезнь *f* Бехтерева, анкилозирующий спондилоартрит *m*

A470   *e*   **ankylosis**
       d   Ankylose *f*, Gelenkversteifung *f*
       f   ankylose *f*

	i	anchilosi *f*
	r	анкилоз *m*
A471	*e*	ankylostomiasis
	d	Ankylostomiasis *f*, Hakenwurmkrankheit *f*
	f	ankylostomose *f*, ankylostomiase *f*
	i	anchilostomiasi *f*
	r	анкилостомоз *m*
A472	*e*	ankylotomia
	d	Ankylotomie *f*
	f	ankylotomie *f*
	i	anchilotomia *f*
	r	рассечение *n* укороченной уздечки языка
A473	*e*	annular cartilage
	d	Ringknorpel *m*
	f	cartilage *m* cricoïde
	i	cartilagine *f* cricoide
	r	перстневидный [кольцевидный] хрящ *m*
A474	*e*	anocutaneous line
	d	Anokutanlinie *f*
	f	ligne *f* ano-cutanée
	i	linea *f* anocutanea
	r	аноректальная линия *f*
A475	*e*	anodontia
	d	Anodontie *f*, Zahnlosigkeit *f*
	f	anodontie *f*
	i	anodonzia *f*
	r	адентия *f*, анодонтия *f*
A476	*e*	anomaly
	d	Anomalie *f*
	f	anomalie *f*
	i	anomalia *f*
	r	аномалия *f*
A477	*e*	anonychia, anonychosis
	d	Anonychie *f*, Nägelfehlen *n*
	f	anonychie *f*
	i	anonichia *f*
	r	анонихия *f*
A478	*e*	anophthalmia *f*
	d	Anophthalmie *f*
	f	anophtalmie *f*
	i	anoftalmia *f*
	r	анофтальм *m*
A479	*e*	anopsia
	d	Anopsie *f*
	f	anopsie *f*
	i	anopsia *f*
	r	анопсия *f*
A480	*e*	anorch(id)ism
	d	Anorch(id)ie *f*
	f	anorchidie *f*
	i	anorchismo *m*, anorchidia *f*
	r	анорхизм *m*
A481	*e*	anorexia
	d	Anorexie *f*
	f	anorexie *f*
	i	anoressia *f*
	r	анорексия *f*
A482	*e*	anoscope
	d	Anoskop *m*, Afterspiegel *m*
	f	anuscope *m*, anoscope *m*
	i	anoscopio *m*
	r	аноскоп *m*, ректальное зеркало *n*
A483	*e*	anoscopy
	d	Anoskopie *f*, Analspiegelung *f*, Afterspiegelung *f*
	f	anuscopie *f*, anoscopie *f*
	i	anoscopia *f*
	r	аноскопия *f*
A484	*e*	anosmia
	d	Anosmie *f*
	f	anosmie *f*
	i	anosmia *f*
	r	аносмия *f*
A485	*e*	anosognosia
	d	Anosognosie *f*, Nosoagnosie *f*
	f	anosognosie *f*
	i	anosognosia *f*
	r	анозогнозия *f*, синдром *m* Антона—Бабинского
A486	*e*	anovular
	d	anovulatorisch
	f	anovulatoire
	i	anovulare, anovulatorio
	r	ановуляторный
A487	*e*	anovular [anovulational] menstruation
	d	anovulatorischer [monophasischer] Menstruationszyklus *m*
	f	menstruation *f* anovulaire
	i	ciclo *m* mestruale anovulatorio
	r	ановуляторный [монофазный] менструальный цикл *m*
A488	*e*	anovulatory *see* anovular
A489	*e*	antacid
	d	Antazidum *n*, ant(i)azides Mittel *n*
	f	antiacide *m*
	i	antiacido *m*
	r	антацидное средство *n*
A490	*e*	antecedent sign
	d	Prodrom *n*, Vorläufer *m*, Vorbote *m*
	f	prodrome *m*
	i	antecedente *m*, prodromo *m*
	r	продром *m*, предвестник *m* болезни
A491	*e*	antecurvature, anteflexion
	d	Anteflexion *f*
	f	antéflexion *f*
	i	antiflessione *f*
	r	антефлексия *f*

A492	e	antehypophysis *see* adenohypophysis
A493	e	antemetic
	d	Antiemetikum *n*, brechreizhemmendes Mittel *n*
	f	antiémétique *m*
	i	ant(i)emetico *m*
	r	противорвотное средство *n*
A494	e	antenatal
	d	antenatal, pränatal
	f	anténatal
	i	prenatale
	r	антенатальный
A495	e	anterograde amnesia
	d	anterograde Amnesie *f*
	f	amnésie *f* antérograde
	i	amnesia *f* anterograda
	r	антероградная амнезия *f*
A496	e	anthracosilicosis
	d	Anthrakosilikose *f*
	f	anthracosilicose *f*
	i	antracosilicosi *f*
	r	антракосиликоз *m*, силикоантракоз *m*
A497	e	anthracosis
	d	Anthrakose *f*
	f	anthracose *f*
	i	antracosi *f*
	r	антракоз *m*
A498	e	anthrax
	d	Anthrax *m*, Milzbrand *m*
	f	anthrax *m*
	i	carbonchio *m*
	r	сибирская язва *f*
A499	e	anthropogeny
	d	Anthropogenese *f*
	f	anthropogenèse *f*
	i	antropogenesi *f*
	r	антропогенез *m*
A500	e	anthropology
	d	Anthropologie *f*
	f	anthropologie *f*
	i	antropologia *f*
	r	антропология *f*
A501	e	anthropometry
	d	Anthropometrie *f*
	f	anthropométrie *f*
	i	antropometria *f*
	r	антропометрия *f*
A502	e	antianaphylaxis
	d	Antianaphylaxie *f*
	f	antianaphylaxie *f*
	i	antianafilassi *f*
	r	антианафилаксия *f*
A503	e	antibacterial
	d	antibakteriell
	f	antibactérien
	i	antibatterico
	r	антибактериальный
A504	e	antibiogram
	d	Antibiogramm *n*
	f	antibiogramme *m*
	i	antibiogramma *m*
	r	антибиограмма *f*
A505	e	antibiotic
	d	Antibiotikum *n*
	f	antibiotique *f*
	i	antibiotico *m*
	r	антибиотик *m*
A506	e	antibiotic-resistant
	d	antibiotika-resistent, antibiotika-unempfindlich
	f	antibiorésistant
	i	antibiotico-resistente, ribelle agli antibiotici
	r	антибиотикорезистентный, устойчивый к антибиотикам
A507	e	antibody
	d	Antikörper *m*
	f	anticorps *m*
	i	anticorpo *m*
	r	антитело *n*
A508	e	antibody deficiency disease, antibody deficiency syndrome
	d	Antikörpermangelsyndrom *n*
	f	agammaglobulinémie *f*
	i	agammaglobulinemia *f*
	r	синдром *m* дефицита антител
A509	e	anticholinergic
	d	anticholinergisches Mittel *n*
	f	anticholinergique *m*
	i	anticolinergico *m*
	r	антихолинергическое средство *n*
A510	e	anticholinesterase
	d	Anticholinesterase *f*
	f	anticholinestérase *f*
	i	anticolinesterasi *f*
	r	антихолинэстераза *f*
A511	e	anticoagulant
	d	Antikoagulans *n*, gerinnungshemmendes Mittel *n*, Antithrombotikum *n*
	f	anticoagulant *m*
	i	anticoagulante *m*
	r	антикоагулянт *m*, противосвёртывающее средство *n*
A512	e	antidiuretic hormone
	d	antidiuretisches Hormon *n*, Adiuretin *n*, Vasopressin *n*
	f	hormone *f* antidiurétique
	i	ormone *m* antidiuretico, vasopressina *f*

ANTIDOTE

	r	антидиуретический гормон *m*, вазопрессин *m*
A513	e	**antidote**
	d	Antidot *n*, Gegengift *n*
	f	antidote *m*
	i	antidoto *m*
	r	антидот *m*, противоядие *n*
A514	e	**antifebrile**
	d	antipyretisch, fiebersenkend
	f	antipyrétique
	i	antifebbrile, antipiretico
	r	жаропонижающий
A515	e	**antigen**
	d	Antigen *n*
	f	antigène *m*
	i	antigene *m*
	r	антиген *m*
A516	e	**antigenic**
	d	antigen
	f	antigénique
	i	antigenico
	r	антигенный
A517	e	**antihemorrhagic**
	d	blutstillend
	f	antihémorragique
	i	antiemorragico
	r	кровоостанавливающий
A518	e	**antihemorrhagic vitamin**
	d	antihämorrhagisches Vitamin *n*, Vitamin *n* K
	f	vitamine *f* K, vitamine *f* antihémorragique
	i	vitamina *f* antiemorragica, vitamina *f* K
	r	витамин *m* K
A519	e	**antihistaminic**
	d	antihistaminisch
	f	antihistaminique
	i	antistaminico
	r	антигистаминный, антигистаминовый
A520	e	**anti-immune**
	d	immunosuppressiv
	f	immunodépresseur
	i	immunodepressivo
	r	иммунодепрессивный
A521	e	**anti-inflammatory**
	d	antiphlogistisch, antiinflammatorisch
	f	antiinflammatoire
	i	antinfiammatorio, antiflogistico
	r	противовоспалительный
A522	e	**antimetabolite**
	d	Antimetabolit *m*, Stoffwechselantagonist *m*
	f	antimétabolite *m*
	i	antimetabolita *m*
	r	антиметаболит *m*
A523	e	**antimetropia**
	d	Antimetropie *f*
	f	antimétropie *f*, anisométropie *f* mixte
	i	antimetropia *f*
	r	антиметропия *f*, сложная анизометропия *f*
A524	e	**antimicrobial, antimicrobic**
	d	antimikrobiell, antibakteriell
	f	antimicrobien, antibactérien
	i	antimicrobico
	r	антимикробный, противомикробный
A525	e	**antimycotic agent**
	d	Antimykotikum *n*, fungizides [pilztötendes] Mittel *n*, Fungizid *n*
	f	fongicide *m*
	i	antimicotico *m*
	r	противогрибковое средство *n*, фунгицид *m*
A526	e	**antioxidant**
	d	Antioxydans *n*
	f	antioxydant *m*
	i	antiossidante *m*
	r	антиоксидант *m*
A527	e	**antiperistalsis**
	d	Antiperistaltik *f*
	f	antipéristaltisme *m*
	i	antiperistalsi *f*
	r	антиперистальтика *f*
A528	e	**antiphlogistic** *see* **anti-inflammatory**
A529	e	**antiplasmin**
	d	Antiplasmin *n*, Antifibrinolysin *n*
	f	antiplasmine *f*
	i	antiplasmina *f*
	r	антиплазмин *m*, антифибринолизин *m*
A530	e	**antipyretic** *see* **antifebrile**
A531	e	**antirabic**
	d	antirabisch
	f	antirabique
	i	antirabbico
	r	антирабический
A532	e	**antirachitic vitamin**
	d	antirachitisches Vitamin *n*, Vitamin *n* D
	f	vitamine *f* antirachitique, vitamine *f* D
	i	vitamina *f* antirachitica, vitamina *f* D
	r	противорахитический витамин *m*, витамин *m* D
A533	e	**antiscorbutic vitamin**
	d	antiskorbutisches Vitamin *n*, Vitamin *n* C
	f	vitamine *f* antiscorbutique, vitamine *f* C
	i	vitamina *f* antiscorbut(ic)a, vitamina *f* C

AORTA

	r	противоцинготный витамин *m*, витамин *m* C
A534	*e*	antisepsis
	d	Antiseptik *f*
	f	antisepsie *f*
	i	antisepsi *f*
	r	антисептика *f*
A535	*e*	antiseptic
	d	Antiseptikum *n*, Keimbekämpfungsmittel *n*
	f	antiseptique *m*
	i	antisettico *m*
	r	антисептик *m*, антисептическое средство *n*
A536	*e*	antiserum
	d	Antiserum *n*, Immunserum *n*
	f	antisérum *m*
	i	antisiero *m*
	r	иммунная сыворотка *f*, антисыворотка *f*
A537	*e*	antispasm(od)ic
	d	antispastisch, krampflösend, spasmolytisch
	f	antispasmodique, antispastique, spasmolytique
	i	antispasmolitico, antispastico
	r	антиспазматический, спазмолитический
A538	*e*	antistalsis *see* antiperistalsis
A539	*e*	antisterility vitamin
	d	Antisterilitätsvitamin *n*, Vitamin *n* E, Tokopherol *n*
	f	tocophérol *m*, vitamine *f* E
	i	tocoferolo *m*, vitamina *f* E
	r	токоферол *m*, витамин *m* E
A540	*e*	antithrombin
	d	Antithrombin *n*
	f	antithrombine *f*
	i	antitrombina *f*
	r	антитромбин *m*
A541	*e*	antitoxic
	d	antitoxisch
	f	antitoxique
	i	antitossico
	r	антитоксический
A542	*e*	antitoxic serum
	d	antitoxisches Serum *n*, Antitoxinserum *n*
	f	sérum *m* antitoxique
	i	siero *m* antitossico
	r	антитоксическая сыворотка *f*
A543	*e*	antitoxin
	d	Antitoxin *n*, Gegengift *n*
	f	antitoxine *f*
	i	antitossina *f*
	r	антитоксин *m*
A544	*e*	antiviral
	d	antiviral, Antivirus...
	f	antiviral
	i	antivirale
	r	противовирусный
A545	*e*	antiviral immunity
	d	Antivirusimmunität *f*
	f	immunité *f* antivirale
	i	immunità *f* antivirale
	r	противовирусный иммунитет *m*
A546	*e*	antral
	d	antral, Antrum...
	f	antral
	i	antrale
	r	антральный
A547	*e*	antrotomy
	d	Antrotomie *f*, Warzenfortsatzeröffnung *f*
	f	antrotomie *f*
	i	antrotomia *f*
	r	антротомия *f*, мастоидотомия *f*
A548	*e*	anuresis, anuria
	d	Anurie *f*, Harnlosigkeit *f*
	f	anurie *f*
	i	anuria *f*
	r	анурия *f*, отсутствие *n* мочеиспускания
A549	*e*	anus
	d	Anus *m*, After *m*
	f	anus *m*
	i	ano *m*
	r	анус *m*, задний проход *m*
A550	*e*	anvil
	d	Amboß *m*
	f	enclume *f*
	i	incudine *f*
	r	наковальня *f* (*слуховая косточка*)
A551	*e*	anxiety
	d	Angst *f*
	f	anxiété *f*
	i	ansia *f*, ansietà *f*, paura *f*, angoscia *f*
	r	чувство *n* тревоги, тревожное беспокойство *n*, страх *m*
A552	*e*	anxiety neurosis, anxiety state
	d	Angstneurose *f*
	f	névrose *f* d'angoisse, anxiété *f* paroxystique
	i	neurosi *f* d'ansia, stato *m* d'ansia [ansioso]
	r	невроз *m* страха
A553	*e*	aorta
	d	Aorta *f*, Körperschlagader *f*, Hauptschlagader *f*
	f	aorte *f*
	i	aorta *f*
	r	аорта *f*

AORTAL

A554   *e*   aortal
     d   aortal, Aorten...
     f   aortique
     i   aortico
     r   аортальный

A555   *e*   aortectasia, aortectasis
     d   Aortenerweiterung *f*, Aortenektasie *f*
     f   aortectasie
     i   aortectasia *f*, dilatazione *f* dell'aorta
     r   расширение *n* аорты

A556   *e*   aortic *see* aortal

A557   *e*   aortic aneurysm
     d   Aortenaneurysma *n*
     f   anévrysme *m* de l'aorte
     i   aneurisma *m* aortico
     r   аневризма *f* аорты

A558   *e*   aortic arch
     d   Aortenbogen *m*
     f   arc *m* de l'aorte
     i   arco *m* aortico
     r   дуга *f* аорты

A559   *e*   aortic arch syndrome
     d   Aortenbogensyndrom *n*, Takayasu-Syndrom *n*, pulslose Krankheit *f*
     f   syndrome *m* de Takayas(h)u, maladie *f* des femmes (ou hommes) sans pouls
     i   sindrome *f* dell'arco aortico
     r   синдром *m* дуги аорты, синдром *m* Такаясу, болезнь *f* отсутствия пульса

A560   *e*   aortic bulb
     d   Aortenbulbus *m*
     f   bulbe *m* aortique
     i   bulbo *m* aortico
     r   луковица *f* аорты

A561   *e*   aortic foramen
     d   Hiatus *m* aorticus
     f   orifice *m* aortique du diaphragme
     i   iato *m* aortico
     r   аортальное отверстие *n* диафрагмы

A562   *e*   aortic incompetence, aortic insufficiency
     d   Aorteninsuffizienz *f*
     f   insuffisance *f* aortique
     i   insufficienza *f* aortica
     r   недостаточность *f* клапана аорты, аортальная недостаточность *f*

A563   *e*   aortic septal defect
     d   offener Botallo-Gang *m*
     f   persistance *f* du canal artériel
     i   pervietà *f* del forame ovale
     r   незаращение *n* артериального протока

A564   *e*   aortic sinus
     d   Aortensinus *m*
     f   sinus *m* de l'aorte [de Valsalva]
     i   seno *m* aortico
     r   синус *m* аорты

A565   *e*   aortic stenosis
     d   Aortenstenose *f*
     f   sténose *f* aortique
     i   stenosi *f* aortica
     r   аортальный стеноз *m*, стеноз *m* устья аорты

A566   *e*   aortic valve
     d   Aortenklappe *f*
     f   valvule *f* aortique
     i   valvola *f* aortica
     r   клапан *m* аорты, аортальный клапан *m*

A567   *e*   aortitis
     d   Aortitis *f*
     f   aortite *f*
     i   aortite *f*
     r   аортит *m*

A568   *e*   aortography
     d   Aortographie *f*
     f   aortographie *f*
     i   aortografia *f*
     r   аортография *f*

A569   *e*   aortoiliac occlusive disease
     d   Leriche-Syndrom *n*, Aortenbifurkations-Syndrom *n*
     f   syndrome *m* de Leriche
     i   sindrome *f* di Leriche, occlusione *f* aortoiliaca
     r   аортоподвздошная окклюзия *f*, синдром *m* Лериша

A570   *e*   aortosclerosis
     d   Aortensklerose *f*
     f   athérosclérose *f* aortique
     i   sclerosi *f* aortica
     r   атеросклероз *m* аорты

A571   *e*   apathetic
     d   apathisch, gleichgültig
     f   apathique
     i   apatico
     r   апатичный

A572   *e*   apathy
     d   Apathie *f*, Gleichgültigkeit *f*
     f   apathie *f*
     i   apatia *f*
     r   апатия *f*, атимормия *f*, болезненное безразличие *n*

A573   *e*   apepsi(ni)a
     d   Magensaftmangel *m*, Apepsie *f*
     f   apepsie *f*
     i   apepsia *f*
     r   апепсия *f*

A574   *e*   aperture
     d   Foramen *n*, Öffnung *f*
     f   détroit *m*, trou *m*, foramen *m*

APOCRINE GLAND

	i	apertura *f*, forame *m*
	r	апертура *f*, отверстие *n*
A575	*e*	**apex**
	d	Apex *m*, Spitze *f*
	f	apex *m*
	i	apice *m*
	r	верхушка *f*
A576	*e*	**apex pneumonia** *see* **apical pneumonia**
A577	*e*	**aphakia**
	d	Aphakie *f*, Linsenfehlen *n*
	f	aphakie *f*
	i	afachia *f*
	r	афакия *f*
A578	*e*	**aphasia**
	d	Aphasie *f*
	f	aphasie *f*
	i	afasia *f*
	r	афазия *f*
A579	*e*	**aphonia**
	d	Aphonie *f*
	f	aphonie *f*
	i	afonia *f*
	r	афония *f*
A580	*e*	**aphrodisia**
	d	Aphrodisie *f*, Geschlechtstriebsteigerung *f*
	f	aphrodisie *f*
	i	erotomania *f*
	r	афродизия *f*, эротизм *m*
A581	*e*	**aphtha**
	d	Aphthe *f*
	f	aphte *m*
	i	afta *f*
	r	афта *f*
A582	*e*	**aphthosa**
	d	Aphthenseuche *f*, Maul- und Klauenseuche *f*
	f	fièvre *f* aphteuse
	i	afta *f* epizootica, febbre *f* aftosa
	r	ящур *m*
A583	*e*	**aphthous**
	d	aphthös, Aphthen...
	f	aphteux
	i	aftoso
	r	афтозный
A584	*e*	**aphthous fever** *see* **aphthosa**
A585	*e*	**apical**
	d	apikal
	f	apical
	i	apicale
	r	апикальный
A586	*e*	**apical beat**
	d	Herzspitzenstoß *m*

	f	choc *m* précordial [du cœur]
	i	itto *m* apicale
	r	верхушечный толчок *m*
A587	*e*	**apical granuloma**
	d	Zahngranulom *n*, Wurzelgranulom *n*
	f	granulome *m* apical
	i	granuloma *m* apicale
	r	зубная [периапикальная, прикорневая] гранулёма *f*
A588	*e*	**apical pericementitis**
	d	apikale Periodontitis *f*
	f	périodontite *f* apicale
	i	periodontite *f* apicale
	r	верхушечный периодонтит *m*
A589	*e*	**apical pneumonia**
	d	Apexpneumonie *f*, Lungenspitzenentzündung *f*
	f	pneumonie *f* apicale
	i	polmonite *f* apicale
	r	верхушечная пневмония *f*
A590	*e*	**apicotomy**
	d	Apikotomie *f*, Zahnwurzelspitzenresektion *f*
	f	apicectomie *f*, apicotomie *f*
	i	apicectomia *f*
	r	апикотомия *f*, апикэктомия *f*
A591	*e*	**apinealism**
	d	Fehlen *n* der Epiphyse
	f	apinéalisme *m*
	i	apinealismo *m*
	r	а(нти)пинеализм *m*
A592	*e*	**aplasia**
	d	Aplasie *f*
	f	aplasie *f*
	i	aplasia *f*
	r	аплазия *f*, агенезия *f*
A593	*e*	**aplastic**
	d	aplastisch
	f	aplastique
	i	aplastico
	r	апластический
A594	*e*	**apnea**
	d	Apnoe *f*, Atemstillstand *m*
	f	apnée *f*
	i	apnea *f*
	r	апноэ *n*
A595	*e*	**apocrine**
	d	apokrin
	f	apocrine
	i	apocrino
	r	апокринный
A596	*e*	**apocrine gland**
	d	apokrine Drüse *f*
	f	glande *f* apocrine
	i	ghiandola *f* apocrina
	r	апокринная железа *f*

APOENZYME

A597　e　apoenzyme, apoferment
　　　d　Apoenzym n, Apoferment n
　　　f　apoenzyme m, apoferment m
　　　i　apoenzima m
　　　r　апоэнзим m, апофермент m

A598　e　aponeurosis
　　　d　Aponeurose f
　　　f　aponévrose f
　　　i　aponeurosi f
　　　r　апоневроз m

A599　e　apophysary, apophyseal, apophysial
　　　d　zur Apophyse gehörend
　　　f　apophysaire
　　　i　apofisario
　　　r　апофизарный

A600　e　apophysis
　　　d　Apophyse f
　　　f　apophyse f
　　　i　apofisi f
　　　r　апофиз m

A601　e　apoplexy
　　　d　Apoplexie f
　　　f　apoplexie f, ictus m apoplectique
　　　i　1. apoplessia f 2. insulto m al cuore
　　　r　1. апоплекия f 2. инсульт m

A602　e　appendectomy
　　　d　Appendektomie f
　　　f　appendectomie f
　　　i　appendicectomia f
　　　r　аппендэктомия f

A603　e　appendicitis
　　　d　Appendizitis f
　　　f　appendicite f
　　　i　appendicite f
　　　r　аппендицит m

A604　e　appendicostomy
　　　d　Appendikostomie f
　　　f　appendicostomie f
　　　i　appendicostomia f
　　　r　аппендикостомия f

A605　e　appendix
　　　d　Appendix f, Wurmfortsatz m
　　　f　appendice m
　　　i　appendice f (vermiforme)
　　　r　аппендикс m, червеобразный отросток m

A606　e　apperception
　　　d　Apperzeption f
　　　f　ap(p)erception f
　　　i　appercezione f
　　　r　апперцепция f

A607　e　appetite
　　　d　Appetit m, Eßlust f
　　　f　appétit m
　　　i　appetito m
　　　r　аппетит m

A608　e　applicator
　　　d　Applikator m
　　　f　applicateur m
　　　i　applicatore m
　　　r　аппликатор m

A609　e　approach
　　　d　Zugang m, Zugangsweg m
　　　f　abord m chirurgical
　　　i　approccio m
　　　r　доступ m

A610　e　apraxia f
　　　d　Apraxie f, Handlungsunfähigkeit f
　　　f　apraxie f
　　　i　aprassia f
　　　r　апраксия f

A611　e　aprosexia
　　　d　Aprosexia f
　　　f　aprosexie f
　　　i　aprosessia f
　　　r　апрозексия f

A612　e　aptyalia, aptyalism
　　　d　Asialie f, Aptyalismus m
　　　f　aptyalisme m
　　　i　aptialismo m
　　　r　асиалия f, аптиализм m

A613　e　apyretic
　　　d　fieberlos, fieberfrei
　　　f　apyrétique
　　　i　apiretico
　　　r　апиретический

A614　e　apyrexia
　　　d　Apyrexie f, Fieberlosigkeit f
　　　f　apyrexie f
　　　i　apiressia f
　　　r　апирексия f

A615　e　apyrexial see apyretic

A616　e　aqueductal intubation
　　　d　Intubierung f des Sylvius-Aquäduktes
　　　f　intubation f de l'aquéduc de Sylvius
　　　i　intubazione f dell'acquedotto di Silvio
　　　r　интубация f сильвиева водопровода

A617　e　aqueous humor
　　　d　Augenkammerwasser n, Kammerwasser n
　　　f　humeur f aqueuse
　　　i　umore m acqueo
　　　r　водянистая влага f, внутриглазная жидкость f

A618　e　arachnidism
　　　d　Arachnidismus m
　　　f　arachnidisme m, aranéisme m
　　　i　aracnoidismo m
　　　r　арахнидизм m, аранейдизм m

A619　e　arachnitis see arachnoiditis

A620	e	arachnodactyly
	d	Arachnodaktylie f, Spinnenfingrigkeit f
	f	arachnodactylie f
	i	aracnodattilia f
	r	арахнодактилия f
A621	e	arachnoidal
	d	arachnoidal
	f	arachnoïdien
	i	aracnoideo
	r	арахноидальный
A622	e	arachnoidal membrane, arachnoidea, arachnoides
	d	Arachnoidea f
	f	arachnoïde f
	i	aracnoide f
	r	паутинная оболочка f
A623	e	arachnoidism see arachnidism
A624	e	arachnoiditis
	d	Arachnoiditis f
	f	arachnoïdite f
	i	aracnoidite f
	r	арахноидит m
A625	e	arachnoid space
	d	subarachnoidaler Raum m
	f	espace m (sous-)arachnoïdien
	i	spazio m aracnoideo
	r	подпаутинное [субарахноидальное] пространство n
A626	e	arachnoid villi pl
	d	Pacchioni-Granulationen f pl
	f	granulations f pl de Pacchioni, granulations f pl arachnoïdiennes
	i	villi m pl aracnoidei
	r	арахноидальные [пахионовы] грануляции f pl
A627	e	araneism see arachnidism
A628	e	arch of foot
	d	Fußgewölbe n
	f	voûte f plantaire
	i	arco m del piede
	r	свод m стопы
A629	e	arcuate eminence
	d	Eminentia f arcuata
	f	eminentia arcuata
	i	eminenza f arcuata
	r	дугообразное возвышение n (височной кости)
A630	e	areflexia
	d	Areflexie f, Reflexfehlen n, Reflexlosigkeit f
	f	aréflexie f
	i	areflessia f
	r	арефлексия f
A631	e	areolar gland
	d	Areoladrüse f
	f	glande f mammaire accessoire
	i	ghiandola f areolare
	r	железа f окололососкового кружка
A632	e	areometer
	d	Areometer n
	f	aréomètre m
	i	areometro m
	r	ареометр m
A633	e	argentaffin cells pl
	d	argentaffine [argentophile] Zellen f pl
	f	cellules f pl argentaffines [argyrophiles]
	i	cellule f pl argentaffini
	r	кишечные аргентаффиноциты m pl, аргентаффинные [аргентофильные] клетки f pl
A634	e	Argyll Robertson symptom, Argyll Robertson pupil
	d	reflektorische Pupillenstarre f, Argyll-Robertson-Zeichen n
	f	signe m d'Argyll Robertson
	i	segno m [fenomeno m] di Argyll Robertson
	r	синдром m Аргайлла Робертсона, рефлекторная неподвижность f зрачков
A635	e	argyria, argyriasis, argyrism, argyrosis
	d	Argyrose f, Argyrie f
	f	argyrie f, argyrose f
	i	argirosi f, argiria f
	r	аргироз m, аргирия f
A636	e	ariboflavinosis
	d	Ariboflavinose f, Alaktoflavinose f, Vitamin-B_2-Mangel m
	f	ariboflavinose f
	i	ariboflavinosi f
	r	арибофлавиноз m
A637	e	arm
	d	Arm m
	f	bras m
	i	braccio m, estremità f superiore
	r	рука f (от плеча до кисти)
A638	e	armed tapeworm
	d	Schweinebandwurm m
	f	taenia m armé
	i	tenia f armata [solium]
	r	вооружённый [свиной] цепень m
A639	e	armored heart
	d	Panzerherz n
	f	péricardite f constrictive
	i	cuore m corazzato [a corazza]
	r	панцирное сердце n
A640	e	armpit
	d	Achselhöhle f, Achselgrube f
	f	aisselle f

	i	ascella *f*
	r	подмышечная впадина *f*
A641	e	Arnold's bundle
	d	frontale Brückenbahn *f*
	f	faisceau *m* fronto-pontin [d'Arnold]
	i	fascio *m* di Arnold [frontopontino]
	r	лобно-мостовой путь *m*, пучок *m* Арнольда
A642	e	arrhenoblastoma
	d	Arrhenoblastom *n*, Androblastom *n*
	f	arrhénoblastome *m*, androblastome *m*
	i	arrenoblastoma *m*
	r	арренобластома *f*, андробластома *f*, маскулинома *f*
A643	e	arrhythmia
	d	Arrhythmie *f*, Rhythmusstörung *f*
	f	arythmie *f*
	i	aritmia *f*
	r	аритмия *f*
A644	e	arseniasis
	d	Arsenintoxikation *f*
	f	arsenicisme *m*
	i	intossicazione *f* da arsenico
	r	интоксикация *f* мышьяком
A645	e	artefact *see* artifact
A646	e	arteria
	d	Arterie *f*, Schlagader *f*
	f	artère *f*
	i	arteria *f*
	r	артерия *f*
A647	e	arterial hemangioma *see* arterial spider
A648	e	arterial hyperemia
	d	arterielle [aktive] Hyperämie *f*
	f	hyperémie *f* artérielle [active]
	i	iperemia *f* arteriosa
	r	артериальная [активная] гиперемия *f*
A649	e	arterialization
	d	Arterialisation *f*
	f	artérialisation *f*
	i	arterializzazione *f*
	r	артериализация *f*
A650	e	arterial nephrosclerosis
	d	Arterionephrosklerose *f*, arteriosklerotische Nierenschrumpfung *f*
	f	artérionéphrosclérose *f*
	i	nefrosclerosi *f* arteriosa
	r	атеросклеротический нефросклероз *m*, артерионефросклероз *m*
A651	e	arterial pressure
	d	Arterialdruck *m*, Schlagaderdruck *m*, arterieller Blutdruck *m*
	f	pression *f* artérielle
	i	pressione *f* arteriosa
	r	артериальное давление *n*
A652	e	arterial spider
	d	Spidernävus *m*, Spinnennävus *m*, Spinnenmal *n*
	f	nævus *m* vasculaire aranéen
	i	angioma *m* aracneiforme, spider *m* nevo
	r	паукообразная [звездчатая] гемангиома *f*, паукообразный невус *m*
A653	e	arterial tension *see* arterial pressure
A654	e	arteriectasia
	d	Arteriektasie *f*, Arterienerweiterung *f*
	f	artériectasie *f*
	i	arteriectasia *f*
	r	артериэктазия *f*
A655	e	arteriectomy
	d	Arteriektomie *f*, Arterienentfernung *f*
	f	artériectomie *f*
	i	arteriectomia *f*
	r	артериэктомия *f*, удаление *n* артерии
A656	e	arteriography
	d	1. Arteriographie *f*, Arterienkontrastdarstellung *f* 2. Sphygmographie *f*, Pulskurvenschreibung *f*
	f	artériographie *f*
	i	arteriografia *f*
	r	1. артериография *f* 2. сфигмография *f*
A657	e	arteriolar nephrosclerosis
	d	Arteriolonephrosklerose *f*
	f	néphrosclérose *f* artériolaire
	i	nefrosclerosi *f* arteriolare
	r	артериолонефросклероз *m*, артериолосклеротический [гипертонический] нефросклероз *m*
A658	e	arteriole
	d	Arteriole *f*
	f	artériole *f*
	i	arteriola *f*
	r	артериола *f*
A659	e	arteriolonephrosclerosis *see* arteriolar nephrosclerosis
A660	e	arteriolosclerosis
	d	Arteriolosklerose *f*
	f	artériolosclérose *f*
	i	arteriolosclerosi *f*
	r	артериолосклероз *m*
A661	e	arteriomalacia
	d	Arteriomalazie *f*, Schlagadererweichung *f*
	f	artériomalacie *f*
	i	arteriomalacia *f*
	r	размягчение *n* стенок артерии

ARTHROSCOPY

A662 e arterionephrosclerosis *see* arteriolar nephrosclerosis

A663 e arterioplasty
  d Arterioplastik *f*, Arterienrekonstruktion *f*, Schlagaderwiederherstellung *f*
  f artérioplastie *f*
  i arterioplastica *f*
  r пластика *f* артерии

A664 e arteriorrhagia
  d Arteriorrhagie *f*, Arterialblutung *f*
  f artériorragie *f*
  i arteriorragia *f*
  r артериальное кровотечение *n*

A665 e arteriosclerosis
  d Arteriosklerose *f*
  f artériosclérose *f*
  i arteriosclerosi *f*
  r артериосклероз *m*

A666 e arteriosclerosis obliterans
  d obliterierende Arteriosklerose *f*
  f artériosclérose oblitérante
  i arteriosclerosi *f* obliterante
  r облитерирующий атеросклероз *m*

A667 e arteriosclerotic aneurysm
  d arteriosklerotisches Aneurysma *n*
  f anévrysme *m* artériosclérotique
  i aneurisma *m* arteriosclerotico
  r атеросклеротическая аневризма *f*

A668 e arteriotomy
  d Arteriotomie *f*, Schlagadereröffnung *f*
  f artériotomie *f*
  i arteriotomia *f*
  r артериотомия *f*

A669 e arteriovenous fistula
  d arteriovenöse Fistel *f*
  f fistule *f* artérioveineuse
  i fistola *f* arterovenosa
  r артериовенозный свищ *m*

A670 e arteritis
  d Arteritis *f*, Arterienentzündung *f*
  f artérite *f*
  i arterite *f*
  r артериит *m*

A671 e artery *see* arteria

A672 e arthral
  d Gelenk...
  f articulaire
  i articolare
  r суставной

A673 e arthralgia
  d Arthralgie *f*, Gelenkschmerz *m*
  f arthralgie *f*
  i artalgia *f*
  r артралгия *f*

A674 e arthritis
  d Arthritis *f*, Gelenkentzündung *f*
  f arthrite *f*
  i artrite *f*
  r артрит *m*

A675 e arthritis deformans
  d deformierende Arthritis *f*
  f arthrite *f* déformante
  i artrite *f* deformante, artrosi *f*
  r деформирующий артрит *m*

A676 e arthrocentesis
  d 1. Arthrozentese *f*, Gelenkinzision *f* 2. Gelenkpunktion *f*
  f 1. arthrotomie *f* 2. arthrocentèse *f*
  i artrocentesi *f*
  r 1. артротомия *f* 2. пункция *f* сустава

A677 e arthrodesis
  d Arthrodese *f*
  f arthrodèse *f*
  i artrodesi *f*
  r артродез *m*

A678 e arthrodial cartilage *see* articular cartilage

A679 e arthrodynia *see* arthralgia

A680 e arthrography
  d Arthrographie *f*
  f arthrographie *f*
  i artrografia *f*
  r артрография *f*

A681 e arthrology
  d Arthrologie *f*, Gelenkkunde *f*
  f arthrologie *f*
  i artrologia *f*
  r артрология *f*

A682 e arthrolysis
  d Arthrolyse *f*
  f arthrolyse *f*
  i artrolisi *f*
  r артролиз *m*

A683 e arthropathia, arthropathy
  d Arthropathie *f*
  f arthropathie *f*
  i artropatia *f*
  r артропатия *f*

A684 e arthroplasty
  d Arthroplastik *f*, Gelenkplastik *f*
  f arthroplastie *f*, arthroplasie *f*
  i artroplastica *f*
  r артропластика *f*

A685 e arthroscopy
  d Arthroskopie *f*
  f arthroscopie *f*
  i artroscopia *f*
  r артроскопия *f*

ARTHROSIS

A686   e   arthrosis
           d   Arthrose f, Osteoarthrose f
           f   arthrose f
           i   artrosi f
           r   (остео)артроз m

A687   e   arthrotomy
           d   Arthrotomie f
           f   arthrotomie f
           i   artrotomia f
           r   артротомия f

A688   e   Arthus phenomenon
           d   Arthus-Phänomen n
           f   phénomène m d'Arthus
           i   fenomeno m di Arthus
           r   феномен m Артюса

A689   e   articular cartilage
           d   Gelenkknorpel m
           f   cartilage m articulaire
           i   cartilagine f articolare
           r   суставной хрящ m

A690   e   articular crescent *see* articular meniscus

A691   e   articular disk
           d   Gelenkscheibe f
           f   disque m articulaire
           i   disco m articolare
           r   суставной диск m

A692   e   articular fracture
           d   Gelenkbruch m
           f   fracture f articulaire
           i   frattura f articolare
           r   внутрисуставной перелом m

A693   e   articular meniscus
           d   Gelenkmeniskus m
           f   ménisque m articulaire
           i   menisco m articolare
           r   суставной мениск m

A694   e   articulation
           d   1. Gelenk n, Artikulation f
              2. Artikulation f
           f   articulation f
           i   articolazione f
           r   1. сустав m 2. артикуляция f

A695   e   artifact
           d   Artefakt m
           f   artéfact m
           i   artefatto m
           r   артефакт m

A696   e   artificial
           d   künstlich
           f   artificiel
           i   artificiale
           r   искусственный

A697   e   artificial ankylosis *see* arthrodesis

A698   e   artificial anus
           d   Kunstafter m
           f   anus m artificiel
           i   ano m preternaturale
           r   противоестественный задний проход m

A699   e   artificial denture
           d   Zahnprothese f
           f   prothèse f dentaire
           i   protesi f dentaria
           r   зубной протез m

A700   e   artificial immunity
           d   künstliche Immunität f
           f   immunité f artificielle
           i   immunità f artificiale
           r   прививочный [поствакцинальный] иммунитет m

A701   e   artificial kidney
           d   künstliche Niere f, Hämodialysator m, Dialyseapparat m
           f   rein m artificiel
           i   rene m artificiale
           r   гемодиализатор m, аппарат m «искусственная почка»

A702   e   artificial pacemaker
           d   künstlicher Herzschrittmacher m
           f   stimulateur m cardiaque
           i   stimolatore m cardiaco artificiale, pacemaker m
           r   электрокардиостимулятор m, искусственный водитель m ритма

A703   e   artificial (pulmonary) respiration
           d   künstliche Lungenbeatmung f, assistierte Beatmung f
           f   respiration f (pulmonaire) artificielle
           i   respirazione f (polmonare) artificiale
           r   вспомогательная искусственная вентиляция f лёгких, искусственное дыхание n

A704   e   arytenoid cartilage
           d   Gießbeckenknorpel m
           f   cartilage m aryténoïde
           i   cartilagine f aritenoide
           r   черпаловидный хрящ m

A705   e   asanguinous
           d   blutlos
           f   exsangue
           i   esangue
           r   бескровный

A706   e   asbestosis
           d   Asbestose f
           f   asbestose f
           i   asbestosi f
           r   асбестоз m

A707   e   ascariasis
           d   Askaridiasis f, Spulwurmkrankheit f
           f   ascaridiase f, ascaridiose f
           i   ascaridosi f
           r   аскаридоз m

ASPIRATION

A708   *e*   **ascarid**
       d   Askaride *f*, Spulwurm *m*
       f   ascaride *m*, ascaris *m*
       i   ascaride *m*
       r   аскарида *f*

A709   *e*   **ascaridiasis** *see* **ascariasis**

A710   *e*   **ascending aorta**
       d   aufsteigende Aorta *f*
       f   aorte *f* ascendante
       i   aorta *f* ascendente
       r   восходящая аорта *f*

A711   *e*   **ascending colon**
       d   aufsteigender Grimmdarm *m*
       f   côlon *m* ascendant
       i   colon *m* ascendente
       r   восходящая ободочная кишка *f*

A712   *e*   **ascending hemiplegia**
       d   aufsteigende Hemiplegie *f*
       f   hémiplégie *f* ascendante
       i   emiplegia *f* ascendente
       r   односторонний восходящий паралич *m*

A713   *e*   **ascending neuritis**
       d   aufsteigende Neuritis *f*
       f   névrite *f* ascendante
       i   neurite *f* ascendente
       r   восходящий [иррадиирующий] неврит *m*

A714   *e*   **ascending paralysis**
       d   aufsteigende Paralyse *f*
       f   paralysie *f* ascendante
       i   paralisi *f* ascendente
       r   восходящий паралич *m*

A715   *e*   **ascites**
       d   Aszites *m*, Bauchwassersucht *f*, Hydrops *m* der Bauchhöhle
       f   ascite *f*
       i   ascite *f*
       r   асцит *m*, брюшная водянка *f*

A716   *e*   **ascitic**
       d   aszitisch
       f   ascitique
       i   ascitico
       r   асцитический

A717   *e*   **ascorbic acid**
       d   Ascorbinsäure *f*
       f   acide *m* ascorbique
       i   acido *m* ascorbico
       r   аскорбиновая кислота *f*

A718   *e*   **asemia** *see* **asymbolia**

A719   *e*   **asepsis**
       d   Aseptik *f*
       f   asepsie *f*
       i   asepsi *f*
       r   асептика *f*

A720   *e*   **aseptic**
       d   aseptisch, keimfrei
       f   aseptique
       i   asettico
       r   асептический

A721   *e*   **aseptic necrosis**
       d   aseptische Nekrose *f*
       f   nécrose *f* aseptique
       i   necrosi *f* asettica
       r   асептический некроз *m*

A722   *e*   **asexual**
       d   1. geschlechtslos, ungeschlechtlich 2. asexuell
       f   asexuel
       i   asessuale
       r   1. бесполый 2. асексуальный

A723   *e*   **asexual reproduction**
       d   ungeschlechtliche Fortpflanzung *f*
       f   reproduction *f* asexuée [asexuelle, agame]
       i   riproduzione *f* asessuata
       r   бесполое размножение *n*

A724   *e*   **asialia, asialism** *see* **aptyalia**

A725   *e*   **asiderotic anemia**
       d   Eisenmangelanämie *f*
       f   anémie *f* ferriprive [sidéropénique]
       i   anemia *f* ferripriva
       r   железодефицитная анемия *f*

A726   *e*   **asparaginase**
       d   Asparaginase *f*
       f   asparaginase *f*
       i   asparaginasi *f*
       r   аспарагиназа *f*

A727   *e*   **asparagine**
       d   Asparagin *n*
       f   asparagine *f*
       i   asparagina *f*
       r   аспарагин *m*

A728   *e*   **aspergillosis**
       d   Aspergillose *f*
       f   aspergillose *f*
       i   aspergillosi *f*
       r   аспергиллёз *m*

A729   *e*   **aspermatism, aspermia**
       d   Aspermatismus *m*, Aspermie *f*
       f   aspermatisme *m*, aspermie *f*
       i   aspermatismo *m*, aspermia *f*
       r   асперматизм *m*, аспермия *f*

A730   *e*   **asphyxia**
       d   Asphyxie *f*, Erstickung *f*
       f   asphyxie *f*
       i   asfissia *f*; soffocazione *f*
       r   асфиксия *f*, удушье *n*

A731   *e*   **aspiration**
       d   Aspiration *f*

ASPIRATION BIOPSY

	f	aspiration f
	i	aspirazione f
	r	аспирация f
A732	e	aspiration biopsy
	d	Aspirationsbiopsie f, Saugbiopsie f
	f	biopsie f par aspiration
	i	biopsia f per aspirazione, agobiopsia f
	r	аспирационная биопсия f
A733	e	aspirator
	d	Aspirator m, Aspirationsapparat m
	f	aspirateur m
	i	aspiratore m chirurgico
	r	аспиратор m, отсасыватель m
A734	e	assay
	d	Analyse f, Probe f
	f	analyse f
	i	prova f, analisi f
	r	анализ m
A735	e	assident sign, assident symptom see accessory sign
A736	e	assimilation
	d	Assimilation f
	f	assimilation f
	i	assimilazione f
	r	ассимиляция f
A737	e	association tract
	d	Assoziativ(nerven)bahn f
	f	fibres f pl d'association intrahémisphériques
	i	tratto m associativo
	r	ассоциативный нервный путь m
A738	e	associative aphasia
	d	assoziative Aphasie f
	f	aphasie f de conductibilité
	i	afasia f di associazione
	r	проводниковая афазия f
A739	e	associative reaction
	d	1. sekundäre Reaktion f 2. Nebenreaktion f
	f	réaction f secondaire
	i	reazione f associativa
	r	1. вторичная реакция f 2. побочная реакция f
A740	e	astasia
	d	Astasie f, Stehunfähigkeit f
	f	astasie f
	i	astasia f
	r	астазия f
A741	e	astasia-abasia
	d	Astasie-Abasie f
	f	astasie-abasie f
	i	astasia-abasia f
	r	астазия-абазия f
A742	e	asteatosis
	d	Asteatosis f
	f	astéatose f
	i	asteatosi f
	r	астеатоз m
A743	e	astereognosis
	d	Astereognosie f, Stereoagnosie f
	f	astéréognosie f
	i	astereognosia f, stereoagnosia f
	r	астереогноз m
A744	e	asthenia
	d	Asthenie f
	f	asthénie f
	i	astenia f
	r	астения f
A745	e	asthenic
	d	asthenisch
	f	asthénique
	i	astenico
	r	астенический
A746	e	asthenopia
	d	Asthenopie f
	f	asthénopie f
	i	astenopia f
	r	астенопия f
A747	e	asthma
	d	Asthma n
	f	asthme m
	i	asma f
	r	астма f
A748	e	asthmatic
	d	asthmatisch
	f	asthmatique
	i	asmatico
	r	астматический
A749	e	astigma see astigmatism
A750	e	astigmatic
	d	astigmatisch
	f	astigmatique
	i	astigmatico
	r	астигматический
A751	e	astigmatism
	d	Astigmatismus m
	f	astigmatisme m
	i	astigmatismo m
	r	астигматизм m
A752	e	astigmatism against the rule
	d	inverser Astigmatismus m
	f	astigmatisme m inverse
	i	astigmatismo m inverso
	r	обратный астигматизм m
A753	e	astigmatism with the rule
	d	direkter Astigmatismus m
	f	astigmatisme m direct
	i	astigmatismo m diretto
	r	прямой астигматизм m

A754 e astigmic see astigmatic

A755 e astragalus see ankle bone

A756 e **astroblastoma**
 d Astroblastom n
 f astroblastome m
 i astroblastoma m
 r астробластома f

A757 e **astrocyte**
 d Astrozyt m
 f astrocyte m
 i astrocito m
 r астроцит m, астроглиоцит m, астроглиальная клетка f

A758 e **astrocytoma**
 d Astrozytom n
 f astrocytome m
 i astrocitoma m
 r астроцитома f

A759 e astroglia cell see astrocyte

A760 e **astrosphera**
 d Astrosphäre f
 f astrosphère f
 i astrosfera f
 r астросфера f

A761 e **asyllabia**
 d Asyllabie f
 f asyllabie f
 i asillabia f
 r литеральная алексия f

A762 e **asymbolia**
 d Asymbolie f, Asemie f
 f asymbolie f
 i asimbolia f
 r асимболия f

A763 e **asymmetrical chondrodystrophy**
 d Dyschondroplasie f, Chondrodysplasie f, Ollier-Syndrom n
 f chondrodystrophie f, chondrodysplasie f, maladie f d'Ollier
 i discondroplasia f, condrodisplasia f
 r хондроматоз m костей, дисхондроплазия f, болезнь f Оллье

A764 e **asymptomatic**
 d asymptomatisch, symptomlos
 f asymptomatique
 i asintomatico
 r бессимптомный

A765 e **asynclitism**
 d Asynklitismus m
 f asynclitisme m
 i asinclitismo m
 r асинклитизм m

A766 e **asynergia, asynergy**
 d Asynergie f
 f asynergie f
 i asinergia f
 r асинергия f, диссинергия f

A767 e **asystole, asystolia**
 d Asystolie f
 f asystolie f
 i asistolia f
 r асистолия f

A768 e **ataraxia**
 d Ataraxie f, Gleichmut m
 f ataraxie f
 i atarassia f
 r атараксия f

A769 e **atavism**
 d Atavismus m
 f atavisme m
 i atavismo m
 r атавизм m

A770 e **ataxia**
 d Ataxie f
 f ataxie f
 i atassia f
 r атаксия f

A771 e **ataxic aphasia**
 d motorische [verbale] Aphasie f, Broca-Aphasie f
 f aphasie f motrice pure
 i afasia f di Broca [motoria]
 r моторная [вербальная] афазия f, афазия f Брока

A772 e **ataxic gait**
 d ataktischer Gang m
 f démarche f ataxique
 i andatura f atassica
 r атактическая походка f

A773 e ataxy see ataxia

A774 e **atelectasis**
 d Atelektase f
 f atélectasie f
 i atelectasia f
 r ателектаз m

A775 e **atelia, ateliosis**
 d Atelie f, Ateliose f
 f atélie f, atéliose f
 i atelia f
 r ателия f, ателиоз m (недоразвитие какого-л. органа)

A776 e **athelia**
 d Athelie f
 f athélie f
 i atelia f
 r ателия f, отсутствие n сосков молочных желёз

A777 e **atheroma, atheromatous plaque**
 d atherosklerotische Plaque f
 f plaque f athérosclérotique

ATHEROSCLEROSIS

        i   placca *f* aterosclerotica
        r   атеросклеротическая бляшка *f*

A778   *e*   **atherosclerosis**
        d   Atherosklerose *f*
        f   athérosclérose *f*
        i   aterosclerosi *f*
        r   атеросклероз *m*

A779   *e*   **atherosclerotic**
        d   atherosklerotisch
        f   athérosclérotique
        i   aterosclerotico
        r   атеросклеротический

A780   *e*   **atherosis** *see* **atheroma**

A781   *e*   **athetosis**
        d   Athetose *f*
        f   athétose *f*
        i   atetosi *f*
        r   атетоз *m*

A782   *e*   **athlete's foot**
        d   interdigitale Epidermophytie *f* der Zehen
        f   pied *m* d'athlète, épidermophytie *f* interdigitale
        i   epidermofizia *f* interdigitale, piede *m* d'atleta
        r   межпальцевая эпидермофития *f*

A783   *e*   **athlete's heart**
        d   Sportlerherz *n*
        f   cœur *m* d'athlète
        i   cuore *m* d'atleta
        r   спортивное сердце *n*

A784   *e*   **athrepsia, athrepsy**
        d   Athrepsie *f*, Säuglingsatrophie *f*
        f   athrepsie *f*
        i   atrepsia *f*
        r   атрепсия *f*

A785   *e*   **athymia**
        d   1. Athymie *f*, Emotionsschwäche *f* 2. Thymuslosigkeit *f*
        f   athymie *f*
        i   1. atimia *f* 2. assenza *f* del timo
        r   1. атимия *f* 2. отсутствие *n* вилочковой железы

A786   *e*   **athyreosis, athyroidism, athyrosis**
        d   Athyreose *f*, Schilddrüsenlosigkeit *f*
        f   athyréose *f*, athyroïdie *f*
        i   atireosi *f*, atiroidismo *m*
        r   атиреоз *m*

A787   *e*   **atlas**
        d   Atlas *m*, I Halswirbel *m*
        f   atlas *m*
        i   atlante *m*
        r   атлант *m*

A788   *e*   **atocia**
        d   weibliche Sterilität *f*
        f   atocie *f*, stérilité *f* chez la femme
        i   sterilità *f* femminea
        r   женское бесплодие *n*

A789   *e*   **atonia, atonicity, atony**
        d   Atonie *f*
        f   atonie *f*
        i   atonia *f*
        r   атония *f*

A790   *e*   **atopic dermatitis, atopic eczema**
        d   Atopic-Dermatitis *f*
        f   eczéma *m* atopique
        i   dermatite *f* atopica
        r   диффузный нейродермит *m*, атопический дерматит *m*, эндогенная экзема *f*, диатезная почесуха *f*

A791   *e*   **atopy**
        d   Atopie *f*
        f   atopie *f*
        i   atopia *f*
        r   атопия *f*

A792   *e*   **ATP** *see* **adenosine triphosphate**

A793   *e*   **atraumatic needle**
        d   atraumatische Nadel *f*
        f   aiguille *f* atraumatique
        i   ago *m* atraumatico
        r   атравматическая игла *f*

A794   *e*   **atresia**
        d   Atresie *f*
        f   atrésie *f*
        i   atresia *f*
        r   атрезия *f*

A795   *e*   **atrial appendage** *see* **auricular appendage**

A796   *e*   **atrial complex**
        d   Vorhofkomplex *m*
        f   complexe *m* auriculaire, onde *f* P
        i   complesso *m* atriale
        r   предсердный комплекс *m*

A797   *e*   **atrial extrasystole**
        d   Vorhofextrasystole *f*
        f   extrasystole *f* auriculaire
        i   extrasistole *f* atriale
        r   предсердная экстрасистола *f*

A798   *e*   **atrial fibrillation**
        d   Vorhofflimmern *n*
        f   fibrillation *f* auriculaire
        i   fibrillazione *f* atriale
        r   мерцание *n* предсердий

A799   *e*   **atrial flutter**
        d   Vorhofflattern *n*
        f   tachysystolie *f* auriculaire
        i   flutter *m* atriale
        r   трепетание *n* предсердий

ATTENUATION

A800   *e*   atrial septal defect
         d   Vorhofseptumdefekt *m*, atrioseptaler Defekt *m*
         f   communication *f* interauriculaire, défaut *m* du septum interauriculaire
         i   difetto *m* settale interatriale
         r   дефект *m* межпредсердной перегородки

A801   *e*   atrial sound
         d   Vorhofton *m*
         f   ton *m* auriculaire
         i   tono *m* atriale, quarto tono *m* cardiaco
         r   предсердный [четвёртый] тон *m*

A802   *e*   atrial tachycardia
         d   Vorhoftachykardie *f*
         f   tachycardie *f* auriculaire
         i   tachicardia *f* atriale
         r   предсердная тахикардия *f*

A803   *e*   atrichia
         d   Atrichie *f*, Atrichose *f*, Alopezie *f*
         f   atrichie *f*, atrichose *f*
         i   atrichia *f*
         r   атрихия *f*, алопеция *f*, атрихоз *m*

A804   *e*   atrioventricular block
         d   Atrioventrikularblock *m*
         f   bloc *m* atrio-ventriculaire [auriculo-ventriculaire]
         i   blocco *m* atrioventricolare
         r   атриовентрикулярная блокада *f*

A805   *e*   atrioventricular bundle
         d   Atrioventrikularbündel *n*, His-Bündel *n*
         f   faisceau *m* atrio-ventriculaire, faisceau *m* de His
         i   fascio *m* atrioventricolare, fascio *m* di His
         r   предсердно-желудочковый [атриовентрикулярный] пучок *m*, пучок *m* Гиса

A806   *e*   atrioventricular dissociation
         d   atrioventrikuläre Dissoziation *f*, Vorhofkammerdissoziation *f*
         f   dissociation *f* atrio-ventriculaire
         i   dissociazione *f* atrioventricolare
         r   атриовентрикулярная [предсердно-желудочковая] диссоциация *f*

A807   *e*   atrioventricular nodal rhythm *see* atrioventricular rhythm

A808   *e*   atrioventricular node
         d   Atrioventrikularknoten *m*, Aschoff-Tawara-Knoten *m*
         f   nœud *m* atrio-ventriculaire
         i   nodo *m* atrioventricolare [di Aschoff-Tawara]
         r   предсердно-желудочковый [атриовентрикулярный] узел *m*, узел *m* Ашоффа—Тавары

A809   *e*   atrioventricular rhythm
         d   Atrioventrikular(knoten)rhythmus *m*, Knotenrhythmus *m*
         f   rythme *m* nodal [auriculo-ventriculaire, atrio-ventriculaire]
         i   ritmo *m* giunzionale
         r   атриовентрикулярный [нодальный, узловой] ритм *m* сердца

A810   *e*   atrioventricular valve
         d   Atrioventrikularklappe *f*
         f   valvule *f* atrio-ventriculaire [auriculo-ventriculaire]
         i   valvola *f* atrioventricolare
         r   предсердно-желудочковый [атриовентрикулярный] клапан *m*

A811   *e*   atrium
         d   Vorhof *m*, Atrium *n*
         f   oreillette *f*
         i   atrio *m*
         r   предсердие *n*

A812   *e*   atrophic rhinitis
         d   atrophische Rhinitis *f*
         f   rhinite *f* atrophique
         i   rinite *f* atrofica
         r   атрофический ринит *m*

A813   *e*   atrophoderma, atrophodermia
         d   Atrophodermie *f*, Hautatrophie *f*
         f   atrophodermie *f*
         i   atrofodermia *f*, atrofia *f* cutanea
         r   атрофодермия *f*

A814   *e*   atrophy
         d   Atrophie *f*, Schwund *m*
         f   atrophie *f*
         i   atrofia *f*
         r   атрофия *f*

A815   *e*   attack
         d   Anfall *m*
         f   accès *m*, crise *f*
         i   attacco *m*, accesso *m*, crisi *f*
         r   приступ *m*, припадок *m*

A816   *e*   attending physician
         d   behandelnder Arzt *m*
         f   médecin *m* traitant
         i   medico *m* curante
         r   лечащий врач *m*

A817   *e*   attenuated virus vaccine
         d   abgeschwächter Virusimpfstoff *m*
         f   virus-vaccin *m* atténué
         i   vaccino *m* attenuato
         r   ослабленная вирусная вакцина *f*

A818   *e*   attenuation
         d   Attenuierung *f*, Abschwächung *f* der Virulenz
         f   atténuation *f*

ATTIC

- *i* attenuazione *f*
- *r* аттенуация *f*

A819 *e* **attic**
- *d* Attikus *m*, Paukenhöhlenkuppel *f*, Gipfelbucht *f*
- *f* attique *m*
- *i* attico *m*, recesso *m* epitimpanico
- *r* аттик *m*, надбарабанное углубление *n*

A820 *e* **attitudinal reflex**
- *d* Haltungsreflex *m*, posturaler Reflex *m*
- *f* réflexe *m* statique
- *i* riflesso *m* posturale
- *r* статический [постуральный] рефлекс *m*

A821 *e* **atypical**
- *d* atypisch
- *f* atypique
- *i* atipico
- *r* атипичный, атипический

A822 *e* **atypical verrucous endocarditis**
- *d* Libman-Sacks-Endokarditis *f*
- *f* endocardite *f* de Libman-Sacks, syndrome *m* de Libman-Sacks
- *i* endocardite *f* verrucosa atipica, endocardite *f* di Libman-Sacks
- *r* волчаночный эндокардит *m*, эндокардит *m* Либмана—Сакса, синдром *m* Капоши—Либмана—Сакса

A823 *e* **audiogram**
- *d* Audiogramm *n*
- *f* audiogramme *m*
- *i* audiogramma *f*
- *r* аудиограмма *f*

A824 *e* **audiology**
- *d* Audiologie *f*, Gehörkunde *f*
- *f* audiologie *f*
- *i* audiologia *f*
- *r* аудиология *f*

A825 *e* **audiometer**
- *d* Audiometer *n*
- *f* audiomètre *m*
- *i* audiometro *m*
- *r* аудиометр *m*

A826 *e* **audiometry**
- *d* Audiometrie *f*, Hörprüfung *f*
- *f* audiométrie *f*
- *i* audiometria *f*
- *r* аудиометрия *f*

A827 *e* **auditory**
- *d* auditiv, Gehör...
- *f* auditif
- *i* (a)uditivo
- *r* слуховой

A828 *e* **auditory acuty**
- *d* Hörschärfe *f*
- *f* acuité *f* auditive
- *i* finezza *f* di udito
- *r* острота *f* слуха

A829 *e* **auditory ganglion**
- *d* Corti-Organ *n*
- *f* ganglion *m* de Corti
- *i* ganglio *m* spirale del Corti [spirale della coclea]
- *r* спиральный ганглий *m* улитки, кортиев ганглий *m*

A830 *e* **auditory hairs** *pl*
- *d* Haarzellen *f pl*, Gehörhaarzellen *f pl*
- *f* cils *m pl* [poils *m pl*] auditifs
- *i* cellule *f pl* sensoriali ciliate
- *r* слуховые волоски *m pl*, стереоцилии *f pl*

A831 *e* **auditory meatus**
- *d* Gehörgang *m*
- *f* canal *m* auditif
- *i* meato *m* acustico
- *r* слуховой проход *m*

A832 *e* **auditory vertigo**
- *d* Menière-Syndrom *n*
- *f* vertige *m* de Menière, maladie *f* de Menière
- *i* malattia *f* di Menière
- *r* болезнь *f* Меньера, лабиринтопатия *f*

A833 *e* **Auerbach's plexus**
- *d* Auerbach-Plexus *m*
- *f* plexus *m* d'Auerbach
- *i* plesso *m* mioenterico di Auerbach
- *r* ауэрбаховское [мышечно-кишечное] сплетение *n*

A834 *e* **Aujeszky's disease**
- *d* Aujeszky-Krankheit *f*, Pseudowut *f*
- *f* maladie *f* d'Aujeszky, pseudorage *f*
- *i* malattia *f* di Aujeszky, pseudorabbia *f*
- *r* болезнь *f* Ауески, ложное бешенство *n*, инфекционный бульбарный паралич *m*

A835 *e* **aura**
- *d* Aura *f*
- *f* aura *f*
- *i* aura *f*
- *r* аура *f*

A836 *e* **aural nystagmus**
- *d* Labyrinthnystagmus *m*, Vestibularnystagmus *m*
- *f* nystagmus *m* vestibulaire [labyrinthique]
- *i* nistagmo *m* vestibolare [labirintico]
- *r* лабиринтный нистагм *m*

A837 *e* **aurantiasis cutis**
- *d* Aurantiasis *f*, Xanthochromie *f*

	f	aurantiasis f cutis, xantochromie f
	i	aurantiasi f
	r	аурантиаз m, ксантохромия f
A838	e	auricular appendage, auricular appendix
	d	Herzohr n
	f	auricule f cardiaque
	i	auricola f
	r	ушко n предсердия
A839	e	auricular cartilage
	d	Ohrknorpel m
	f	cartilage m auriculaire
	i	cartilagine f auricolare
	r	хрящ m ушной раковины
A840	e	auricular complex see atrial complex
A841	e	auricular fibrillation see atrial fibrillation
A842	e	auricular flutter see atrial flutter
A843	e	auricular tachycardia see atrial tachycardia
A844	e	auriculotemporal nerve syndrome
	d	aurikulotemporales Syndrom n, periaurikulotemporale Hyperhidrosis f
	f	syndrome m auriculo-temporal
	i	sindrome f auricolotemporale, sindrome f di Frey
	r	аурикулотемпоральный синдром m, околоушно-височный гипергидроз m
A845	e	aurotherapy
	d	Aurotherapie f, Chrysotherapie f, Goldbehandlung f
	f	aurothérapie f, chrysothérapie f
	i	auroterapia f
	r	ауротерапия f
A846	e	auscultation
	d	Auskultation f, Abhöhren n
	f	auscultation f
	i	auscultazione f, ascoltazione f
	r	аускультация f, выслушивание n
A847	e	auscultatory percussion
	d	auskultatorische Perkussion f
	f	percussion f auscultatoire
	i	percussione f auscultata
	r	аускультаторная перкуссия f
A848	e	Australian X encephalitis
	d	Murray-Tal-Enzephalitis f
	f	encéphalite f australienne
	i	encefalite f australiana
	r	энцефалит m долины Муррея, австралийский энцефалит m
A849	e	autism
	d	Autismus m
	f	autisme m
	i	autismo m
	r	аутизм m
A850	e	autoallergy
	d	Autoallergie f, Autoaggression f
	f	auto-allergie f, auto-agression f
	i	autoallergia f, autoimmunità f
	r	аутоаллергия f, аутоагрессия f, эндоаллергия f
A851	e	autoantibody
	d	Autoantikörper m
	f	auto-anticorps m
	i	autoanticorpo m
	r	аутоантитело n, аутоиммунное антитело n
A852	e	autoantigen
	d	Autoantigen n, körpereigenes Antigen n
	f	auto-antigène m
	i	autoantigene m
	r	аутоантиген m
A853	e	autoclave
	d	Autoklav m
	f	autoclave m
	i	autoclave f
	r	автоклав m, паровой стерилизатор m
A854	e	autocytolysin see autolysin
A855	e	autocytolysis, autodigestion see autolysis
A856	e	autoeroti(ci)sm
	d	Autoerotismus m, Narzißmus m
	f	auto-érotisme m, autophilie f
	i	autoerotismo m
	r	аутоэротизм m, нарциссизм m
A857	e	autogenous vaccine
	d	Autovakzine f
	f	autovaccin m
	i	vaccino m autogeno
	r	аутовакцина f
A858	e	autograft
	d	Autotransplantat n, Eigen(gewebe)transplantat n
	f	autogreffon m
	i	autoinnesto m, innesto m autoplastico
	r	аутотрансплантат m
A859	e	autohemotherapy
	d	Autohämotherapie f, Eigenblutbehandlung f
	f	autohémothérapie f
	i	autoemoterapia f
	r	аутогемотерапия f
A860	e	auto(hemo)transfusion
	d	Eigenbluttransfusion f
	f	autohémotransfusion f
	i	autotrasfusione f
	r	ауто(гемо)трансфузия f

A861	e	**autohypnotism**			i	autofagia *f*
	d	Eigenhypnose *f*, Selbsthypnose *f*			r	аутофагия *f*
	f	autohypnose *f*		A872	e	**autophilia** *see* **autoeroti(ci)sm**
	i	autoipnotismo *m*		A873	e	**autophony**
	r	аутогипноз *m*, самовнушение *n*			d	Autophonie *f*, Tympanophonie *f*
A862	e	**autoimmune disease**			f	autophonie *f*, tympanophonie *f*
	d	Autoimmunkrankheit *f*			i	autofonia *f*
	f	maladie *f* auto-immune			r	аутофония *f*, тимпанофония *f*
	i	malattia *f* autoimmune		A874	e	**autoplast** *see* **autograft**
	r	аутоиммунная болезнь *f*		A875	e	**autoplasty**
A863	e	**autoimmunity**			d	Autoplastik *f*
	d	Autoimmunität *f*, Eigenimmunität *f*			f	autoplastie *f*
	f	auto-immunité *f*			i	autoplastica *f*
	i	autoimmunità *f*			r	аутопластика *f*
	r	аутоиммунная реакция *f*		A876	e	**autopsia, autopsy**
A864	e	**autoimmunization**			d	Autopsie *f*, Obduktion *f*, Leichen(er)öffnung *f*
	d	Autoimmunisierung *f*, Eigenimmunisierung *f*			f	autopsie *f*, nécropsie *f*
	f	auto-immunisation *f*			i	autopsia *f*
	i	autoimmunizzazione *f*			r	аутопсия *f*, вскрытие *n* трупа
	r	аутоиммунизация *f*		A877	e	**autosexualism** *see* **autoeroticism**
A865	e	**autoinfection**		A878	e	**autosite**
	d	Autoinfektion *f*			d	Autosit *m*
	f	auto-infection *f*			f	(fœtus-)autosite *m*
	i	autoinfezione *f*			i	autosita *f*
	r	аутоинфекция *f*, эндогенная инфекция *f*			r	(плод-)аутозит *m*
A866	e	**autoinoculation**		A879	e	**autosome**
	d	Autoinokulation *f*			d	Autosom *n*
	f	auto-inoculation *f*			f	autosome *m*
	i	autoinoculazione *f*			i	autosoma *m*
	r	аутоинокуляция *f*			r	аутосома *f*
A867	e	**autointoxication**		A880	e	**autosuggestion**
	d	Autointoxikation *f*			d	Autosuggestion *f*
	f	auto-intoxication *f*			f	autosuggestion *f*
	i	autointossicazione *f*			i	autosuggestione *f*
	r	аутоинтоксикация *f*, эндогенная интоксикация *f*			r	аутосуггестия *f*, самовнушение *n*
A868	e	**autolysin**		A881	e	**autotransplantat** *see* **autograft**
	d	Autolysin *n*		A882	e	**autumnal catarrh**
	f	autolysine *f*			d	Heufieber *n*
	i	autolisina *f*			f	fièvre *f* [rhume *m*] des foins
	r	аутолизин *m*			i	febbre *f* da fieno
A869	e	**autolysis**			r	сенная лихорадка *f*
	d	Autolyse *f*		A883	e	**avascular**
	f	autolyse *f*			d	avaskulär, gefäßlos
	i	autolisi *f*			f	avasculaire
	r	аутолиз *m*, самопереваривание *n*			i	avascolare
A870	e	**autonomic**			r	бессосудистый
	d	autonom		A884	e	**aviation medicine**
	f	autonomique			d	Luftfahrtmedizin *f*, Aeromedizin *f*
	i	autonomo			f	médecine *f* aéronautique
	r	автономный			i	medicina *f* aerea
A871	e	**autophagia**			r	авиационная медицина *f*
	d	Autophagie *f*		A885	e	**avitaminosis**
	f	autophagie *f*				

BACILLARY DYSENTERY

        d Avitaminose *f*,
           Vitaminmangelkrankheit *f*
        f avitaminose *f*
        i avitaminosi *f*
        r авитаминоз *m*

A886 *e* **avivement**
        d Wundrandexzision *f*,
           Wundausschneidung *f*
        f avivement *m*
        i asportazione *f* delle margini di un ferita
        r иссечение *n* краёв раны

A887 *e* **avulsion**
        d Avulsion *f*
        f avulsion *f*
        i avulsione *f*
        r авульсия *f*, экзерез *m*

A888 *e* **axial hyperopia**
        d Achsenhyperopie *f*
        f hypermétropie *f* axiale
        i ipermetropia *f* assiale
        r осевая дальнозоркость *f*

A889 *e* **axial myopia**
        d Achsenmyopie *f*
        f myopie *f* axiale
        i miopia *f* assiale
        r осевая близорукость *f*

A890 *e* **axial neuritis**
        d axiale [parenchymatöse] Neuritis *f*
        f névrite *f* axiale
        i neurite *f* parenchimatosa
        r аксиальный [паренхиматозный] неврит *m*

A891 *e* **axillar cavity, axillar space** *see* **armpit**

A892 *e* **axillary**
        d axillar
        f axillaire
        i ascellare
        r аксиллярный, подмышечный

A893 *e* **axillary fold**
        d Achselfalte *f*
        f pli *m* axillaire
        i piega *f* [plica *f*] ascellare
        r подмышечная складка *f*

A894 *e* **axis cylinder** *see* **axon(e)**

A895 *e* **axis deviation**
        d Achsenabweichung *f*
        f déviation *f* axiale
        i deviazione *f* assiale [dell'asse]
        r отклонение *n* (электрической) оси сердца

A896 *e* **axoaxonic synapse**
        d axo-axonische Synapse *f*
        f synapse *f* axo-axonale

        i sinapsi *f* assoassonica
        r аксо-аксональный синапс *m*

A897 *e* **axodendritic synapse**
        d axodendritische Synapse *f*
        f synapse *f* axodendritique
        i sinapsi *f* assodendritica
        r аксодендритический синапс *m*

A898 *e* **axolemma**
        d Axolemm *n*
        f axolemme *m*
        i assolemma *m*
        r аксолемма *f*

A899 *e* **axon(e)**
        d Axon *n*, Achsenzylinder *m*
        f axon *m*
        i assone *m*
        r аксон *m*

A900 *e* **axosomatic synapse**
        d axosomatische Synapse *f*
        f synapse *f* axosomatique
        i sinapsi *f* assosomatica
        r аксосоматический синапс *m*

A901 *e* **azo dyes** *pl*
        d Azofarbstoffe *m pl*
        f colorants *m pl* azoïques
        i azocoloranti *m pl*, coloranti *m pl* azoici
        r азокрасители *m pl*

A902 *e* **azoospermia**
        d Azoospermie *f*
        f azoospermie *f*
        i azoospermia *f*
        r азооспермия *f*

A903 *e* **azotemia**
        d Azotämie *f*
        f azotémie *f*
        i azotemia *f*
        r (гипер)азотемия *f*

A904 *e* **azoturia**
        d Azoturie *f*
        f azoturie *f*, hyperazoturie *f*
        i azoturia *f*
        r (гипер)азотурия *f*

A905 *e* **azygous**
        d azygisch, azygos, unpaarig
        f azygos
        i azygos
        r одиночный, непарный

B

B1 *e* **bacillary dysentery**
      d Bazillendysenterie *f*, Bazillenruhr *f*, Bakterienruhr *f*

BACILLARY LAYER

	f	dysenterie *f* bacillaire
	i	dissenteria *f* bacillare
	r	бациллярная [бактериальная] дизентерия *f*

B2   *e*   **bacillary layer**
      d   Stäbchen- und Zäpfchenschicht *f*
      f   couche *f* des cellules à cônes et à bâtonnets
      i   strato *m* dei bastoncelli
      r   слой *m* палочек и колбочек (в сетчатке глаза)

B3   *e*   **bacillus**
      d   Bazillus *m*
      f   bacille *m*
      i   bacillo *m*
      r   бацилла *f*

B4   *e*   **back**
      d   Rücken *m*
      f   dos *m*
      i   dorso *m*, schiena *f*
      r   спина *f*

B5   *e*   **backbone**
      d   Wirbelsäule *f*, Rückgrat *n*
      f   colonne *f* vertébrale, rachis *m*
      i   colonna *f* vertebrale
      r   позвоночник *m*

B6   *e*   **bacteremia**
      d   Bakteriämie *f*
      f   bactériémie *f*
      i   batteriemia *f*
      r   бактериемия *f*

B7   *e*   **bacterial**
      d   bakteriell
      f   bactérien
      i   batterico
      r   бактериальный

B8   *e*   **bacterial aneurysm**
      d   septisches [mykotisches] Aneurysma *n*
      f   anévrysme *m* bactérien
      i   aneurisma *m* settico [di origine batterica]
      r   септическая [микотическая] аневризма *f*

B9   *e*   **bactericide**
      d   Bakterizid *n*
      f   bactéricide *m*
      i   battericida *f*
      r   бактерицидное вещество *n*, бактерицид *m*

B10   *e*   **bacteriocholia**
      d   Bakteriocholie *f*
      f   bactériocholie *f*
      i   batteriocolia *f*
      r   бактериохолия *f*

B11   *e*   **bacteriological**
      d   bakteriologisch
      f   bactériologique
      i   batteriologico
      r   бактериологический

B12   *e*   **bacteriologist**
      d   Bakteriologe *m*, Bakterienforscher *m*
      f   bactériologiste *m*
      i   batteriologo *m*
      r   бактериолог *m*

B13   *e*   **bacteriology**
      d   Bakteriologie *f*
      f   bactériologie *f*
      i   batteriologia *f*
      r   бактериология *f*

B14   *e*   **bacteriolysin**
      d   Bakteriolysin *n*
      f   bactériolysine *f*
      i   batteriolisina *f*
      r   бактериолизин *m*

B15   *e*   **bacteriolysis**
      d   Bakteriolyse *f*, Bakterienauflösung *f*
      f   bactériolyse *f*
      i   batteriolisi *f*
      r   бактериолиз *m*, лизис *m* микробов

B16   *e*   **bacteriophage**
      d   Bakteriophage *m*, Phage *m*
      f   bactériophage *m*
      i   batteriofago *m*
      r   бактериофаг *m*, фаг *m*

B17   *e*   **bacteriophobia**
      d   Bakteriophobie *f*, Bakterienangst *f*, Bakterienfurcht *f*
      f   bactériophobie *f*
      i   batteriofobia *f*
      r   бактериофобия *f*

B18   *e*   **bacteriostasis**
      d   Bakteriostase *f*, Bakterienhemmung *f*
      f   bactériostase *f*
      i   batteriostasi *f*
      r   бактериостаз *m*

B19   *e*   **bacteriostatic**
      d   Bakteriostatikum *n*, Bakterienhemmstoff *m*
      f   bactériostatique *f*
      i   batteriostatico *m*
      r   бактериостатик *m*

B20   *e*   **bacteriotoxin**
      d   Bakteriotoxin *n*, Bakteriengift *n*
      f   bactériotoxine *f*
      i   batteriotossina *f*
      r   бактериальный токсин *m*

B21   *e*   **bacteriotropin**
      d   Bakteriotropin *n*
      f   bactériotropine *f*
      i   batteriotropina *f*
      r   бактериотропин *m*

B22	e	bacter(i)uria
	d	Bakteriurie f
	f	bactériurie f, microburie f
	i	batteriuria f
	r	бактериурия f
B23	e	bad breath
	d	Halitosis f, übler Mundgeruch m
	f	mauvaise haleine f
	i	alito m cattivo
	r	дурной запах m изо рта
B24	e	bagassosis
	d	Bagassose f, Zuckerrohrstaublungenerkrankung f
	f	bagassose f
	i	bagassosi f
	r	багассоз m
B25	e	bag of waters
	d	Amnion n, Fruchtblase f
	f	amnios m
	i	sacco m amniotico
	r	амнион m
B26	e	balance
	d	Gleichgewicht n
	f	bilan m, équilibre m
	i	bilancio m
	r	равновесие n, баланс m
B27	e	balanced diet
	d	balancierte Kost f
	f	régime m équilibré
	i	dieta f bilanciata
	r	сбалансированное питание n
B28	e	balanic hypospadias
	d	glanduläre Hypospadie f
	f	hypospadias m balanique
	i	ipospadia f balanica
	r	гипоспадия f полового члена, стволовая гипоспадия f
B29	e	balanitis
	d	Balanitis f, Eichelentzündung f
	f	balanite f
	i	balanite f
	r	баланит m
B30	e	balanoposthitis
	d	Balanoposthitis f, Eichel- und Vorhautentzündung f
	f	balano-posthite f
	i	balanopostite f
	r	баланопостит m
B31	e	balanorrhagia
	d	Balanorrhagie f
	f	balanorragie f
	i	balanorragia f
	r	баланоррагия f
B2	e	balantidiasis
	d	Balantidiasis f, Balantidienruhr f
	f	balantidiase f, balantidiose f
	i	balantidiasi f
	r	балантидиаз m
B33	e	baldness
	d	Alopezie f, Kahlköpfigkeit f
	f	alopécie f, psilose f
	i	alopecia f
	r	алопеция f, облысение n
B34	e	ball-and-socket joint
	d	Nußgelenk n, Enarthrose f
	f	énarthrose f
	i	articolazione f sferoidale
	r	чашеобразный [ореховидный] сустав m, энартроз m
B35	e	ballistocardiogram
	d	Ballistokardiogramm n
	f	balistocardiogramme f
	i	ballistocardiogramma f
	r	баллистокардиограмма f
B36	e	ballistocardiography
	d	Ballistokardiographie f
	f	balistocardiographie f
	i	ballistocardiografia f
	r	баллистокардиография f
B37	e	balloon cell
	d	Zelle f mit Zeichen der Ballondystrophie
	f	cellule f de ballon
	i	cellula f balloniforme
	r	баллонная клетка f
B38	e	ballottement
	d	Ballotement n, Ballotieren n
	f	ballottement m
	i	ballottamento m
	r	баллотирование n
B39	e	ball thrombus
	d	Kugelthrombus m
	f	thrombus m globulaire
	i	trombo m a palla
	r	шаровидный тромб m
B40	e	balm
	d	Balsam m
	f	baume m
	i	balsamo m
	r	бальзам m
B41	e	balneotherapy
	d	Bäderbehandlung f
	f	balnéothérapie f, balnéation f
	i	balneoterapia f
	r	бальнеотерапия f
B42	e	balsam see balm
B43	e	Bamberger-Marie disease
	d	Marie-Bamberger-Krankheit f
	f	périostose f de Bamberger-Marie
	i	malattia f di Bamberger e Marie
	r	периостоз m Бамбергера—Мари

BANDAGE

B44   e   bandage
     d   Bandage *f*; Binde *f*; Verband *m*
     f   bandage *m*; pansement *m*
     i   benda *f*; fascia *f*; bendaggio *m*
     r   бандаж *m*; бинт *m*; повязка *f*

B45   e   band cell
     d   Basalzelle *f*
     f   cellule *f* basale
     i   cellula *f* [leucocito *m*] a nastro
     r   базальная клетка *f*

B46   e   band keratitis
     d   gürtelförmige Hornhauttrübung *f*, Bandkeratitis *f*
     f   kératite *f* en bandelette [fasciculaire]
     i   cheratite *f* fascicolare
     r   пучковидный кератит *m*

B47   e   band neutrophil *see* band cell

B48   e   Banti's disease, Banti's syndrome
     d   Banti-Syndrom *n*
     f   maladie *f* de Banti, syndrome *m* bantien
     i   malattia *f* [morbo *m*] di Banti, splenomegalia *f* congestizia
     r   синдром *m* Банти, гепатолиенальный фиброз *m*

B49   e   barber's itch
     d   Bartflechte *f*
     f   sycosis *m*
     i   follicolite *f* della barba
     r   обыкновенный сикоз *m* (*в области бороды и усов*); паразитарный сикоз *m*

B50   e   barbiturates *pl*
     d   Barbiturate *n pl*
     f   barbiturates *m pl*
     i   barbiturici *m pl*
     r   барбитураты *m pl*

B51   e   barbiturism
     d   Barbiturismus *m*
     f   barbiturisme *m*
     i   barbiturismo *m*
     r   барбитур(ат)изм

B52   e   baresthesia *f*
     d   Barästhesie *f*
     f   baresthésie *f*
     i   barestesia *f*
     r   барестезия *f*

B53   e   baritosis
     d   Baritose *f*
     f   barytose *f*
     i   baritosi *f*
     r   барит(ин)оз *m*

B54   e   baro(re)ceptor
     d   Barorezeptor *m*
     f   barorécepteur *m*
     i   barocettore *m*
     r   барорецептор *m*

B55   e   barotitis media
     d   Barotitis *f*
     f   otite *f* barotraumatique
     i   aerotite *f* media
     r   бароотит *m*, аэроотит *m*

B56   e   barotrauma
     d   Barotrauma *n*
     f   barotraumatisme *m*
     i   barotrauma *m*
     r   баротравма *f*

B57   e   Barr chromatin body
     d   Barr-Körperchen *n*, Geschlechtschromatin *n*
     f   corpuscule *m* de Barr, chromatine *f* sexuelle
     i   corpo *m* di Barr, cromatina *f* sessuale
     r   половой хроматин *m*, тельце *n* Барра

B58   e   barrel chest
     d   Faßthorax *m*, Emphysemthorax *m*
     f   thorax *m* en tonneau
     i   torace *m* a botte
     r   бочкообразная грудная клетка *f*

B59   e   barren
     d   unfruchtbar, steril
     f   stérile, infécond
     i   sterile, infecondo
     r   бесплодный

B60   e   barrenness
     d   Unfruchtbarkeit *f*
     f   stérilité *f*, infécondité *f*
     i   sterilità *f*, infecondità *f*
     r   бесплодие *n*

B61   e   bartholinitis
     d   Bartholinitis *f*
     f   bartholinite *f*
     i   bartolinite *f*
     r   бартолинит *m*

B62   e   Bartholin's gland
     d   Bartholin-Drüse *f*
     f   glande *f* de Bartholin
     i   ghiandola *f* di Bartholin
     r   бартолинова железа *f*, большая железа *f* преддверия

B63   e   bartonellosis
     d   Bartonellose *f*, Oroyafieber *n*, Carrion-Krankheit *f*
     f   bartonellose *f*, maladie *f* de Carrion
     i   bartonellosi *f*, malattia *f* di Carrion
     r   бартонеллёз *m*

B64   e   baryglossia, barylalia
     d   Barylalie *f*
     f   barylalie *f*, baryglossie *f*
     i   barilalia *f*
     r   барилалия *f*

B65   e   basal anesthesia *see* basal narcosis

B66 e basal cell
     d Basalzelle f
     f cellule f basale
     i cellula f basale
     r базальный эпидермоцит m, базальная клетка f

B67 e basal cell carcinoma, basal cell epithelioma
     d Basaliom n, Basalzellenkarzinom n, Basalzellenepitheliom n
     f basaliome m, épithélioma m cutané basocellulaire
     i basalioma m, carcinoma m [epitelioma m] basocellulare
     r базалиома f, базально-клеточный рак m, базально-клеточная эпителиома f

B68 e basal cell layer
     d Basalzellenschicht f
     f couche f basale de l'épiderme
     i strato m delle cellule basali
     r базальный слой m эпидермиса

B69 e basal ganglion
     d Basalganglion n
     f ganglion m basal
     i ganglio m della base
     r базальное [подкорковое] ядро n (мозга)

B70 e basal lamina
     d Basalmembran f
     f membrane f basale
     i lamina f basale
     r базальная [основная] пластинка f

B71 e basal metabolism
     d Basalstoffwechsel m, Grundstoffwechsel m
     f métabolisme m basal
     i metabolismo m basale
     r основной обмен m

B72 e basal narcosis
     d Basisnarkose f, Basalanästhesie f
     f narcose f de base, anesthésie f de base
     i anestesia f basale
     r базисный наркоз m, базис-наркоз m

B73 e basal scull fracture
     d Schädelbasisbruch m
     f fracture f de la base du crâne
     i frattura f della base cranica
     r перелом m основания черепа

B74 e basement lamina see basal lamina

B75 e basement membrane see basilar membrane

B76 e base of bladder
     d Harnblasengrund m
     f bas-fond m de la vessie
     i base f della vescica
     r дно n мочевого пузыря

B77 e basic diet
     d alkalisierende Kost f
     f diète f alcaline
     i dieta f di base, regime m basico
     r ощелачивающая диета f

B78 e basilar artery
     d Basilararterie f
     f artère f basilaire
     i arteria f basilare
     r базилярная артерия f

B79 e basilar cell see basal cell

B80 e basilar membrane
     d Basilarmembran f
     f membrane f basilaire
     i membrana f basilare
     r базальная [основная] мембрана f

B81 e basilar vertebra
     d Lendenwirbel m V
     f vertèbre f lombaire V
     i vertebra f basilare
     r пятый поясничный позвонок m

B82 e basilic vein
     d königliche Vene f, laterale subkutane Armvene f
     f veine f basilique
     i vena f basilica
     r латеральная подкожная вена f руки

B83 e basioccipital bone
     d Hirnbasis-Hinterhaupt-Knochen m, Schädelbasisknochen m
     f os m basioccipital
     i osso m basioccipitale
     r клиновидно-затылочная кость f

B84 e basiotribe
     d Basiothryptor m, Schädelzertrümmerer m
     f basiotribe m
     i basiotribo m
     r кефалокраниокласт m, базиотриб m

B85 e basket cell
     d Korbzelle f
     f cellule f à corbeille
     i cellula f dei canestri
     r миоэпителиоцит m, корзинчатая клетка f

B86 e basocyte see basophilic leucocyte

B87 e basocytosis
     d basophile Leukozytose f
     f basocytose f
     i basocitosi f
     r базофильный лейкоцитоз m

BASOPHIL

B88   e   **basophil**
     d   1. basophile Zelle *f* 2. basophil
     f   1. cellule *f* basophile 2. basophile
     i   1. cellula *f* basofila 2. basofilo
     r   1. базофильная клетка *f* 2. базофильный

B89   e   **basophil adenoma**
     d   basophiles Hypophysenadenom *n*
     f   adénome *m* hypophysaire basophile
     i   adenoma *m* basofilo
     r   базофильная аденома *f* гипофиза

B90   e   **basophil granules** *pl*
     d   basophile Granulen *n pl*, basophile Körnchen *n pl*
     f   granulation *f* basophile
     i   granulazione *f* basofila
     r   базофильная зернистость *f*

B91   e   **basophilia**
     d   Basophilie *f*
     f   basophilie *f*
     i   basofilia *f*
     r   базофилия *f*

B92   e   **basophilic leukemia**
     d   Basophilenleukämie *f*
     f   leucémie *f* basophile
     i   leucemia *f* basofila
     r   базофильный лейкоз *m*

B93   e   **basophilic leukocyte**
     d   basophiler Leukozyt *m*, Basophiler *m*
     f   granulocyte *m* basophile, basophile *m*
     i   leucocito *m* basofilo
     r   базофильный гранулоцит *m*, базофил *m*, базофильный лейкоцит *m*

B94   e   **basophilism** *see* **basophilia**

B95   e   **basophobia**
     d   Basophobie *f*, Gehangst *f*
     f   basophobie *f*
     i   basofobia *f*
     r   базофобия *f*, боязнь *f* ходьбы

B96   e   **bath**
     d   Bad *n*
     f   bain *m*
     i   bagno *m*
     r   ванна *f*

B97   e   **bathmotropic**
     d   bathmotrop
     f   bathmotrope
     i   batmotropo
     r   батмотропный

B98   e   **bathophobia**
     d   Bathophobie *f*, Tiefenangst *f*, Tiefenfurcht *f*
     f   bathophobie *f*
     i   batofobia *f*
     r   батофобия *f*, боязнь *f* глубины

B99   e   **bathyaesthesia**
     d   Bathyästhesie *f*, Tiefensensibilität *f*, Tiefenempfindlichkeit *f*
     f   bathyesthésie *f*
     i   batiestesia *f*
     r   батиэстезия *f*

B100   e   **bathyanesthesia**
     d   Bathyanästhesie *f*, Tiefenanästhesie *f*
     f   bathyanesthésié *f*
     i   batianestesia *f*
     r   батианестезия *f*

B101   e   **battle fatigue, battle neurosis**
     d   Kriegsneurose *f*
     f   névrose *f* de guerre
     i   nevrosi *f* di guerra
     r   невроз *m* военного времени

B102   e   **Bazin's disease**
     d   Bazin-Erythem *n*
     f   érythème *m* induré (de Bazin)
     i   eritema *m* indurato di Bazin
     r   индуративный туберкулёз *m* кожи, болезнь *f* Базена, индуративная эритема *f*

B103   e   **B bile**
     d   B-Galle *f*
     f   B-bile *f*
     i   bile *f* B
     r   порция *f* B жёлчи, пузырная жёлчь *f*

B104   e   **beaded hair**
     d   Spindelhaarkrankheit *f*, Monilethrix *f*
     f   monilethrix *m*
     i   monilethrix *m*, capelli *m pl* moniliformi
     r   монилетрикс *m*, четкообразная аплазия *f* волос

B105   e   **bearing down**
     d   Preßwehen *f pl*
     f   travail *m* obstétrique [de l'accouchement]
     i   doglie *f pl (di parto)*
     r   потуги *f pl*

B106   e   **beat**
     d   Pulsschlag *m*
     f   battement *m* (du pouls)
     i   battito *m* (del polso)
     r   удар *m* пульса

B107   e   **Bechterew-Mendel reflex**
     d   Mendel-Bechterew-Reflex *m*, Dorsum-pedis-Reflex *m*
     f   réflexe *m* de von Bechterew-Mendel, réflexe *m* tarso-phalangien
     i   reflesso *m* di Bechterew-Mendel
     r   рефлекс *m* Бехтерева—Менделя, тыльно-стопный рефлекс *m*

B108   e   **Bechterew's disease**
     d   Bechterew-von-Strümpell-Marie-

	Krankheit *f*, ankylosierende Spondylarthritis *f*	
	f maladie *f* de von Bechterew, spondylarthrite *f* ankylosante	
	i malattia *f* di Bechterew, spondilite *f* anchilosante	
	r болезнь *f* Бехтерева, анкилозирующий спондилоартрит *m*	

B109 *e* **Becker's disease**
 d Becker-Krankheit *f*, obliterierende Kardiomyopathie *f*
 f cardiomyopathie *f* oblitérante
 i malattia *f* di Becker
 r облитерирующая кардиомиопатия *f*, болезнь *f* Беккера

B110 *e* **bed**
 d Bett *n*
 f lit *m* d'hôpital
 i letto *m*
 r (больничная) койка *f*

B111 *e* **Bednar's aphtae**
 d Bednar-Aphthen *f pl*, Kachexieaphthen *f pl* der Neugeborenen
 f aphtes *m pl* de Bednar
 i afte *f pl* di Bednar
 r афты *f pl* Беднара, афты *f pl* новорождённых

B112 *e* **bedpan**
 d Schieber *m*, Steckbecken *n*
 f bassin *m* de malade
 i padella *f*
 r подкладное судно *n*

B113 *e* **bed rest**
 d Bettruhe *f*
 f alitement *m*
 i riposo *m* a letto
 r постельный режим *m*

B114 *e* **bedsore**
 d Dekubitus *m*, Druckstelle *f*, Druckgeschwür *n*
 f décubitus *m*
 i ulcera *f* da decubito
 r пролежень *m*

B115 *e* **bed-wetting**
 d nächtliche Enurese *f*, nächtliches Bettnässen *n*
 f énurèse *f*, énurésie *f*
 i enuresi *f*
 r ночное недержание *n* мочи, энурез *m*

B116 *e* **beef tapeworm**
 d Rinder(finnen)bandwurm *m*
 f tænia *m* inerme
 i *Taenia saginata*
 r бычий [невооружённый] цепень *m*

B117 *e* **beer heart**
 d Bierherz *n*, Biertrinkerkardiomyopathie *f*
 f cœur *m* de bière, miocardie *f* éthylique
 i cuore *m* da birra
 r пивное сердце *n*

B118 *e* **behavior**
 d Verhalten *n*
 f comportement *m*
 i comportamento *m*
 r поведение *n*

B119 *e* **behaviorism**
 d Behaviorismus *m*
 f béhaviorisme *m*
 i behaviorismo *m*
 r бихевиоризм *m*

B120 *e* **Behçet's disease, Behçet's syndrom**
 d Behçet-Krankheit *f*, Behçet-Syndrom *n*
 f syndrome *m* de Behçet
 i malattia *f* di Behçet
 r болезнь *f* [синдром *m*] Бехчета

B121 *e* **belching**
 d Aufstoßen *n*, Eruktation *f*
 f éructation *f*
 i eruttazione *f*, flato *m*, rutto *m*
 r отрыжка *f*

B122 *e* **Bell's delirium, Bell's mania**
 d Bell-Manie *f*, azotämische Enzephalopathie *f*
 f manie *f* [maladie *f*, délire *m*] de Bell
 i mania *f* di Bell, encefalopatia *f* azotica acuta
 r мания *f* Белла, острая психотическая азотемическая энцефалопатия *f*

B123 *e* **Bell's palsy**
 d Bell-Lähmung *f*, periphere Fazialislähmung *f*
 f prosopoplégie *f*
 i paralisi *f* del nervo facciale [di Bell]
 r прозопоплегия *f*, паралич *m* Белла

B124 *e* **belly**
 d Abdomen *n*, Bauch *m*
 f ventre *m*, abdomen *m*
 i ventre *m*, pancia *f*
 r живот *m*

B125 *e* **belly-button**
 d Nabel *m*
 f ombilic *m*
 i ombelico *m*
 r пупок *m*

B126 *e* **belonephobia**
 d Nadelangst *f*, Nadelfurcht *f*
 f bélonéphobie *f*

BENCE JONES PROTEIN

	i	belonefobia f
	r	белонофобия f
B127	e	Bence Jones protein
	d	Bence-Jones-Eiweißkörper m
	f	protéine f de Bence-Jones
	i	proteina f di Bence-Jones
	r	белок m Бенс-Джонса
B128	e	bends
	d	Dekompressionskrankheit f
	f	maladie f des caissons
	i	malattia f da decompressione [dei cassoni]
	r	декомпрессионная [кессонная] болезнь f
B129	e	benign
	d	gutartig
	f	bénin
	i	benigno
	r	доброкачественный
B130	e	benign bone aneurysm
	d	gutartige aneurysmatische Knochenzyste f
	f	kyste m osseux solitaire
	i	cisti f aneurismatica di osso
	r	аневризматическая киста f кости
B131	e	benign dry pleurisy
	d	epidemische Pleurodynie f, Bornholmer-Krankheit f
	f	pleurésie f sèche épidémique, maladie f de Bornholm
	i	malattia f di Bornholm, pleurodinia f epidemica
	r	сухой доброкачественный плеврит m, эпидемическая плевродиния f
B132	e	benign familial icterus
	d	hereditäre konstitutionelle [idiopathische] Hyperbilirubinämie f, Gilbert-(Meulengracht-)Krankheit f, intermittierender juveniler Ikterus m
	f	ictère m familial congénital de Crigler et Najjar [congénital non hémolitique]
	i	malattia f di Gilbert, ittero m familiare non emolitico
	r	семейная негемолитическая желтуха f, синдром m Жильбера—Мейленграхта
B133	e	benign inoculation (lympho)reticulosis
	d	Katzenkratzkrankheit f, benigne Lymphoretikulose f
	f	maladie f des griffes de chat, lymphoréticulose f bénigne d'inoculation
	i	linforeticulosi f benigna di inoculazione, malattia f da graffio di gatto
	r	болезнь f кошачьих царапин, доброкачественный лимфоретикулёз m
B134	e	benign nephrosclerosis
	d	gutartige Nephrosklerose f
	f	néphrosclérose f bénigne
	i	nefrosclerosi f benigna, nefroangiosclerosi f
	r	артериолонефросклероз m, артериолосклеротический [гипертонический, доброкачественный] нефросклероз m
B135	e	benign paroxysmal peritonitis
	d	Peritonitis f bei periodischer Krankheit
	f	maladie f périodique (de Reimann), péritonite f [abdominalgie f] périodique paroxystique bénigne
	i	peritonite f parossistica familiare benigna
	r	периодическая (семейная) болезнь m, периодический перитонит m
B136	e	beriberi
	d	Beriberi f, Ceylonkrankheit f, Reisesserkrankheit f
	f	béribéri m
	i	beriberi m
	r	бери-бери f
B137	e	Berlin's disease
	d	Berlin-Trübung f, ödemartige Netzhauttrübung f
	f	commotion f de la rétine
	i	commozione f della retina
	r	берлиновское помутнение n сетчатки
B138	e	berlock dermatitis, berloque dermatitis
	d	phototoxische Dermatitis f, Berloque-Dermatitis f
	f	dermatite f «breloque»
	i	dermatite f da bergamotto
	r	брелоковый дерматит m, брелок-дерматит m
B139	e	berylliosis
	d	Berylliose f, Berylliumvergiftung f
	f	bérylliose f
	i	berilliosi f
	r	бериллиоз m
B140	e	bestiality
	d	Bestialität f
	f	bestialité f
	i	bestialità f
	r	скотоложство n, зоофилия f
B141	e	beta-adrenergic
	d	beta-adrenergisch
	f	bêta-adrénergique
	i	beta-adrenergico
	r	бета-адренергический

B142	e	beta cells *pl*
	d	1. Beta-Zellen *f pl* des Hypophysenvorderlappens 2. B-Zellen *f pl*, basophile Pankreasinselzellen *f pl*
	f	1. bêta-cellules *f pl*, ß-adénocytes *m pl* basophiles 2. insulocytes *m pl* basophiles
	i	1. cellule *f pl* beta dell'ipofisi 2. cellule *f pl* beta del pancreas
	r	1. бета-клетки *f pl* (*гипофиза*), β-базофильные аденоциты *m pl* 2. бета-клетки *f pl* (*поджелудочной железы*), базофильные инсулоциты *m pl*
B143	e	beta rays *pl*
	d	Beta-Strahlen *m pl*
	f	rayons *m pl* bêta, rayonnement *m* bêta
	i	raggi *m pl* beta, radiazioni *f pl* beta
	r	бета-излучение *n*, бета-лучи *m pl*
B144	e	beta waves *pl*
	d	Beta-Hirnstromwellen *f pl*, Beta-Wellen *f pl*
	f	bêta-ondes *f pl*
	i	onde *f pl* beta
	r	бета-волны *f pl*
B145	e	betel
	d	Betel *m*
	f	bétel *m*
	i	betel *m*
	r	бетель *m*
B146	e	betweenbrain
	d	Zwischenhirn *n*
	f	diencéphale *m*
	i	diencefalo *m*
	r	(про)межуточный мозг *m*
B147	e	Betz cells *pl*
	d	Betz-Riesenpyramidenzellen *f pl*
	f	cellules *f pl* de Betz, cellules *f pl* gigantopyramidales
	i	cellule *f pl* piramidali giganti [gigantopiramidali, di Bec, di Betz]
	r	гигантопирамидальные нейроны *m pl*, гигантские пирамидальные клетки *f pl*, клетки *f pl* Беца
B148	e	bezoar
	d	Bezoar *m*
	f	bézoard *m*
	i	bezoario *m*
	r	безоар *m*
B149	e	biaxial joint
	d	Doppelaxengelenk *n*
	f	jointure *f* biaxiale
	i	articolazione *f* biassiale
	r	двухосный сустав *m*
B150	e	bicameral
	d	zweikammerig
	f	à deux chambres, à deux cavités, biloculaire
	i	biloculare
	r	двухкамерный, двуполостной
B151	e	biceps
	d	Bizipitalmuskel *m*, Zweikopfmuskel *m*
	f	muscle *m* biceps
	i	bicipite *m*, muscolo *m* bicipite
	r	двуглавая мышца *f*, бицепс *m*
B152	e	bicipital fascia
	d	Bizeps(muskel)faszie *f*
	f	fascia *m* du muscle biceps
	i	fascia *f* bicipitale
	r	фасция *f* Пирогова, апоневроз *m* двуглавой мышцы плеча
B153	e	biconcave lens
	d	Bikonkavlinse *f*
	f	lentille *f* biconcave
	i	lente *f* biconcava
	r	двояковогнутая линза *f*
B154	e	biconvex lens
	d	Bikonvexlinse *f*
	f	lentille *f* biconvexe
	i	lente *f* biconvessa
	r	двояковыпуклая линза *f*
B155	e	bicornate, bicornuate, bicornute
	d	zweihornig
	f	bicorne
	i	bicorne
	r	двурогий
B156	e	bicuspid tooth
	d	Prämolar(zahn) *m*, Bikuspidat *m*
	f	prémolaire *f*
	i	dente *m* premolare, premolare *m*
	r	премоляр *m*, малый коренной зуб *m*
B157	e	bicuspid valve
	d	Mitralklappe *f*
	f	valvule *f* mitrale [atrio-ventriculaire, bicuspide]
	i	valvola *f* bicuspid(al)e [atrioventricolare sinistra]
	r	левый атриовентрикулярный [митральный, двустворчатый] клапан *m*
B158	e	bidactyly
	d	Bidaktylie *f*, Zweifingrigkeit *f*
	f	bidactylie *f*
	i	bidattilia *f*
	r	бидактилия *f*, двупалость *f*
B159	e	Biermer's anemia, Biermer's disease
	d	Biermer-Anämie *f*, perniziöse Anämie *f*
	f	anémie *f* pernicieuse, maladie *f* d'Addison-Biermer
	i	anemia *f* perniciosa [di Biermer]

	r	пернициозная анемия f, болезнь f Аддисона — Бирмера
B160	e	Bier's amputation
	d	Bier-Amputation f
	f	amputation f de Bier
	i	amputazione f alla Bier
	r	ампутация f по Биру
B161	e	bifid
	d	zweigeteilt
	f	bifide
	i	bifido, biforcato
	r	расщеплённый, раздвоенный
B162	e	bifocal eyeglasses
	d	Bifokalbrille f, Zweistärkebrille f
	f	lunettes f pl bifocales
	i	occhiali m pl bifocali
	r	бифокальные очки pl
B163	e	bifocal lens
	d	Bifokallinse f
	f	lentille f bifocale
	i	lente f bifocale
	r	бифокальная очковая линза f
B164	e	bifocals, bifocal spectacles see bifocal eyeglasses
B165	e	bifurcation
	d	Bifurkation f, Gabelung f, Zweiteilung f
	f	bifurcation f
	i	biforcazione f
	r	бифуркация f, раздвоение n
B166	e	bigeminal pregnancy
	d	Zwillingsschwangerschaft f
	f	grossesse f gémellaire [double]
	i	gravidanza f gemellare
	r	двуплодная беременность f
B167	e	bigeminal pulse, bigeminal rhythm, bigeminy
	d	Bigeminie f, Bigeminusrhythmus m
	f	bigéminisme m, bigéminie f
	i	bigeminismo m, polso m [ritmo m] bigemino
	r	бигеминия f
B168	e	bilateral
	d	bilateral, zweiseitig, beidseitig
	f	bilatéral
	i	bilaterale
	r	билатеральный, двусторонний
B169	e	bile
	d	Galle f, Fel n
	f	bile f
	i	bile f
	r	жёлчь f
B170	e	bile acid
	d	Gallensäure f
	f	acide m biliaire
	i	acido m biliare
	r	жёлчная кислота f
B171	e	bile ducts pl
	d	Gallengänge m pl
	f	conduits m pl biliaires
	i	(con)dotti m pl biliari [cistici]
	r	жёлчные протоки m pl
B172	e	bile papilla
	d	Vater-Papille f, Duodenalpapille f
	f	grande caroncule f (duodénale), papille f de Vater
	i	papilla f duodenale maggiore [di Vater]
	r	фатеров сосок m, большой сосочек m двенадцатиперстной кишки
B173	e	bile peritonitis
	d	gallige Peritonitis f
	f	péritonite f biliaire
	i	peritonite f biliare
	r	жёлчный перитонит m
B174	e	bile pigment hemoglobin
	d	Choleglobin n, Verdohämoglobin n
	f	choléglobine f
	i	coleglobina f
	r	холеглобин m, вердогемоглобин m
B175	e	bile pigments pl
	d	Gallenfarbstoffe m pl
	f	pigments m pl biliaires
	i	pigmenti m pl biliari
	r	жёлчные пигменты m pl
B176	e	bilharziasis
	d	Bilharziose f, Schistosomiasis f
	f	bilharziose f, schistosomiase f
	i	bilharziosi f, schistosomiasi f
	r	бильгарциоз m, шистосомоз m
B177	e	biliary cirrhosis
	d	biliäre Leberzirrhose f, Gallenstauungszirrhose f
	f	cirrhose f biliaire; cirrhose f cholostatique
	i	cirrosi f biliare [colestatica]
	r	билиарный [холестатический] цирроз m печени
B178	e	biliary fistula
	d	Gallenfistel f
	f	fistule f biliaire
	i	fistola f biliare
	r	жёлчный свищ m
B179	e	bilious temperament
	d	cholerisches Temperament n
	f	tempérament m cholérique
	i	temperamento m bilioso [colerico]
	r	холерический темперамент m
B180	e	bilious typhoid
	d	Paratyphobazillose f
	f	paratyphobacillose f

	i	febbre *f* tifoide biliare
	r	паратифобациллёз *m*
B181	*e*	**bilirubin**
	d	Bilirubin *n*
	f	bilirubine *f*
	i	bilirubina *f*
	r	билирубин *m*
B182	*e*	**bilirubinemia**
	d	Bilirubinämie *f*
	f	bilirubinémie *f*
	i	bilirubinemia *f*
	r	билирубинемия *f*
B183	*e*	**bilirubinuria**
	d	Bilirubinurie *f*
	f	bilirubinurie *f*
	i	bilirubinuria *f*
	r	билирубинурия *f*
B184	*e*	**biliverdin(e)**
	d	Biliverdin *n*
	f	biliverdine *f*
	i	biliverdina *f*
	r	биливердин *m*
B185	*e*	**bilobate**
	d	zweilappig, bilobar
	f	bilobé
	i	bilob(at)o
	r	двудольный
B186	*e*	**bilocular stomach**
	d	Sanduhrmagen *m*
	f	estomac *m* biloculaire
	i	stomaco *m* biloculare [a clessidra]
	r	двуполостной желудок *m*, желудок *m* в виде песочных часов
B187	*e*	**bimanual examination**
	d	bimanuelle Untersuchung *f*
	f	examen *m* bimanuel
	i	esame *m* a due mani
	r	двуручное [бимануальное] исследование *n*
B188	*e*	**bimanual version**
	d	bimanuelle Wendung *f*
	f	version *f* bimanuelle
	i	rivolgimento *m* [versione *f*] a due mani
	r	двуручный [бимануальный] акушерский поворот *m*
B189	*e*	**binasal hemianopsia**
	d	binasale Hemianopsie *f*
	f	hémianopsie *f* binasale
	i	emianopsia *f* binasale
	r	биназальная гемианопсия *f*
B190	*e*	**binaural**
	d	binaural, beidohrig
	f	binaural
	i	bi(n)aurale
	r	бинауральный
B191	*e*	**binder**
	d	Bandage *f*, Bauchbinde *f*, Leibbinde *f*
	f	bandage *m*
	i	legante *m*, legaccio *m*
	r	бандаж *m*
B192	*e*	**binocular parallax**
	d	binokulare Parallaxe *f*, beidäugige Sehlinienablenkung *f*
	f	parallaxe *f* binoculaire
	i	parallasse *f* binoculare
	r	бинокулярный параллакс *m*
B193	*e*	**binotic** see **binaural**
B194	*e*	**binovular twins**
	d	zweieiige Zwillinge *m pl*
	f	jumeaux *m pl* bivitellins
	i	gemelli *m pl* biovulari [bicoriali, dizigotici]
	r	двуяйцовые близнецы *m pl*
B195	*e*	**bioassay**
	d	Biotest *m*, biologische Prüfung *f*
	f	essai *m* biologique *(des médicaments)*
	i	assaggio *m* biologico *(dei farmaci)*
	r	биологическое исследование *n* (лекарственных веществ, биопрепаратов)
B196	*e*	**biocenosis**
	d	Biozönose *f*
	f	biocénose *f*
	i	biocenosi *f*
	r	биоценоз *m*
B197	*e*	**biochemistry**
	d	Biochemie *f*
	f	biochimie *f*
	i	biochimica *f*
	r	биохимия *f*
B198	*e*	**bioelectric potential**
	d	bioelektrisches Potential *n*
	f	potentiel *m* bioélectrique
	i	potenziale *m* bioelettrico
	r	биопотенциал *m*, биоэлектрический потенциал *m*
B199	*e*	**bioflavonoid**
	d	Bioflavonoid *n*
	f	bioflavonoïde *m*
	i	bioflavonoide *m*
	r	биофлавоноид *m*
B200	*e*	**biogenetic law**
	d	biogenetisches Gesetz *n*, biogenetische Grundregel *f*, Rekapitulationstheorie *f*
	f	loi *f* biogénétique
	i	teoria *f* della recapitolazione
	r	биогенетический закон *m*, правило *n* рекапитуляции
B201	*e*	**biological assay** see **bioassay**
B202	*e*	**biological glue**
	d	Fibrinkleber *m*

	f	colle f biologique
	i	collante m biologico, Tissucol m, colla f di fibrina umana
	r	биологический [фибриновый] клей m

B203   e   **biological half-life**
    d   biologische Halbwertzeit f
    f   période f biologique, demi-vie f biologique
    i   emivita f biologica
    r   период m биологического полувыведения

B204   e   **biological vector**
    d   biologischer Überträger m
    f   vecteur m biologique
    i   vettore m biologico
    r   биологический [специфический] переносчик m

B205   e   **biomechanics**
    d   Biomechanik f
    f   biomécanique f
    i   biomeccanica f
    r   биомеханика f

B206   e   **biometrics, biometry**
    d   Biometrie f
    f   biométrie f
    i   biometria f
    r   биометрия f

B207   e   **biopsy**
    d   Biopsie f, Probeexzision f
    f   biopsie f
    i   biopsia f
    r   биопсия f

B208   e   **biorhythm**
    d   Biorhythmus m
    f   biorythme m
    i   bioritmo m
    r   биоритм m

B209   e   **biosynthesis**
    d   Biosynthese f
    f   biosynthèse f
    i   biosintesi f
    r   биосинтез m

B210   e   **biotelemetry**
    d   Biotelemetrie f
    f   biotélémétrie f
    i   biotelemetria f
    r   биотелеметрия f

B211   e   **biotransformation**
    d   Biotransformation f
    f   biotransformation f
    i   biotrasformazione f
    r   биотрансформация f

B212   e   **Biot's breathing, Biot's respiration**
    d   Biot-Atmung f
    f   respiration f de Biot
    i   respiro m di Biot
    r   биотовское дыхание n, дыхание n Биота

B213   e   **biotype**
    d   Biotyp m
    f   biotype m
    i   biotipo m
    r   биотип m

B214   e   **bipartite uterus**
    d   zweigeteilter Uterus m
    f   utérus m double vrai, utérus m didelphe
    i   utero m biloculare
    r   двойная матка f

B215   e   **bipennate muscle**
    d   doppeltgefiederter Muskel m
    f   muscle m bipenné
    i   muscolo m bipennato
    r   двуперистая мышца f

B216   e   **bipolar cell**
    d   bipolare Nervenzelle f
    f   neurone m bipolaire
    i   cellula f [neurone m] bipolare
    r   биполярный нейрон m

B217   e   **bipolar lead**
    d   bipolare Ableitung f, EKG-Extremitätenableitung f, EKG-Standardableitung f
    f   dérivation f bipolaire
    i   derivazione f bipolare
    r   двухполюсное [биполярное] отведение n ЭКГ

B218   e   **bipolar neuron** see **bipolar cell**

B219   e   **bipolar version** see **bimanual version**

B220   e   **bird face**
    d   Vogelgesicht n
    f   faciès m d'oiseau
    i   faccia f ad uccello
    r   «птичье» лицо n

B221   e   **birth**
    d   1. Geburt f 2. Entbindung f, Geburt f
    f   1. naissance f 2. accouchement m
    i   1. nascita f 2. parto m
    r   1. рождение n 2. роды pl

B222   e   **birth canal**
    d   Geburtskanal m, Geburtsweg m
    f   canal m génital [pelvi-génital], filière f pelvi-génitale
    i   canale m del parto
    r   родовой канал m, родовые пути m pl

B223   e   **birth certificate**
    d   Geburtsattest n
    f   acte m de naissance
    i   certificato m di nascita
    r   свидетельство n о рождении

BLADDER

B224   *e*   **birth control**
       d   Geburtenkontrolle *f*,
            Geburtenregelung *f*
       f   régulation *f* des naissances
       i   controllo *m* delle nascite
       r   регулирование *n* рождаемости

B225   *e*   **birth injury** *see* **birth trauma**

B226   *e*   **birthmark**
       d   Nävus *m*, Muttermal *n*
       f   nævus *m*
       i   voglia *f*, nevo *m*
       r   родимое пятно *n*, невус *m*

B227   *e*   **birth palsy**
       d   zerebrale Kinderlähmung *f*
       f   paralysie *f* obstétricale
       i   paralisi *f* ostetrica
       r   акушерский [родовой] паралич *m*

B228   *e*   **birth rate**
       d   Geburtenzahl *f*;
            Geburtenkoeffizient *m*
       f   natalité *f*; taux *m* de natalité
       i   natalità *f*; tasso *m* [quoziente *m*] di natalità
       r   рождаемость *f*; коэффициент *m* рождаемости

B229   *e*   **birth trauma**
       d   Geburtsverletzung *f*, Geburtstrauma *n*
       f   traumatisme *m* obstétrical
       i   trauma *m* da parto
       r   родовая травма *f*

B230   *e*   **bisexual**
       d   bisexuell, zweigeschlechtlich
       f   bisexué, hermaphrodite
       i   bisessuale, ermafrodito
       r   двуполый, бисексуальный

B231   *e*   **bite**
       d   1. Biß *m*, Stich *m* 2. Biß *m* *(der Zähne)*, Gebiß *n*, Okklusion *f*
       f   1. morsure *f*, piqûre *f* 2. occlusion *f*
       i   1. morso *m*, puntura *f* 2. commettitura *f* dei denti, occlusione *f* dentale
       r   1. укус *m* 2. прикус *m*, окклюзия *f*

B232   *e*   **bite gauge**
       d   Kaukraftmesser *m*
       f   gnathodynamomètre *m*
       i   dinamometro *m* della forza del morso
       r   гнатодинамометр *m*

B233   *e*   **bitemporal hemianopsia**
       d   bitemporale Hemianopsie *f*
       f   hémianopsie *f* bitemporale
       i   emianopsia *f* bitemporale
       r   битемпоральная гемианопсия *f*

B234   *e*   **biting strength**
       d   Kau(muskel)kraft *f*
       f   force *f* des muscles masticateurs
       i   forza *f* dei muscoli masticatori
       r   сила *f* жевательных мышц

B235   *e*   **bitters**
       d   Bitterstoffe *m pl*
       f   amers *m pl*
       i   amari(canti) *m pl*
       r   горькие вещества *n pl*, горечи *f pl*

B236   *e*   **bivalent chromosome**
       d   Bivalent *n*, Bivalentchromosom *n*
       f   chromosome *m* bivalent, diade *f*
       i   cromosoma *m* bivalente, bivalente *m*
       r   бивалент *m*, бивалентная хромосома *f*

B237   *e*   **Björk's syndrome**
       d   Karzinoidsyndrom *n*
       f   carcinoïdose *f*, syndrome *m* de Björk
       i   sindrome *m* da carcinoide [di Björk]
       r   карциноидный синдром *m*

B238   *e*   **black cataract**
       d   schwarzer Star *m*
       f   cataracte *f* noire
       i   cateratta *f* nera
       r   бурая [чёрная] катаракта *f*

B239   *e*   **black-dot ringworm**
       d   Kopfhaartrichophytie *f*
       f   trichophytie *f* du cuir chevelu, teigne *f* tondante trichophytique
       i   tigna *f* tricofitica [tonsurante]
       r   трихофития *f* волосистой части головы, стригущий лишай *m*

B240   *e*   **black fever**
       d   Felsengebirgsfieber *n*
       f   fièvre *f* pourprée des Montagnes Rocheuses
       i   febbre *f* maculosa delle Montagne Rocciose
       r   пятнистая лихорадка *f* Скалистых гор

B241   *e*   **black lung**
       d   Lungenanthrakose *f*, Kohlenstaublunge *f*
       f   anthracose *f*
       i   antracosi *f*
       r   антракоз *m* лёгких

B242   *e*   **blackwater fever**
       d   Schwarzwasserfieber *n*
       f   fièvre *f* bilieuse hémoglobinurique
       i   emoglobinuria *f* da malaria
       r   гемоглобинурийная [черноводная] лихорадка *f*

B243   *e*   **bladder**
       d   1. Blase *f* 2. Harnblase *f*
       f   1. vésicule *f* 2. vessie *f*
       i   1. bolla *f*, vescica *f* 2. vescica *f* urinaria
       r   1. пузырь *m* 2. мочевой пузырь *m*

BLADDER HERNIA

B244   *e*   **bladder hernia**
       d   Blasenhernie *f*, Harnblasenbruch *m*
       f   hernie *f* de la vessie
       i   ernia *f* della vescica urinaria
       r   грыжа *f* мочевого пузыря

B245   *e*   **bladder triangle**
       d   Harnblasendreieck *n*
       f   trigone *m* de Lieutaud
       i   trigono *m* di Lieutaud
       r   треугольник *m* мочевого пузыря, треугольник *m* Льето

B246   *e*   **blast injury**
       d   Explosionstrauma *n*
       f   traumatisme *m* dû à une explosion
       i   trauma *m* d'esplosione
       r   взрывная травма *f*, поражение *n* ударной волной

B247   *e*   **blastocyst**
       d   Blastozyste *f*, Keimblase *f*
       f   blastocyste *m*
       i   blastocisti *f*
       r   бластоциста *f*, зародышевый пузырёк *m*

B248   *e*   **blastoderm**
       d   Blastoderm *n*, Keimhaut *f*
       f   blastoderme *m*
       i   blastoderma *m*
       r   бластодерма *f*

B249   *e*   **blastodermic vesicle** *see* **blastocyst**

B250   *e*   **blastoma**
       d   Blastom *n*
       f   blastome *m*
       i   blastoma *m*
       r   бластома *f*

B251   *e*   **blastomycosis**
       d   Blastomykose *f*, Sproßpilzerkrankung *f*
       f   blastomycose *f*
       i   blastomicosi *f*
       r   бластомикоз *m*

B252   *e*   **blastophthoria**
       d   Blastophtorie *f*
       f   blastophtorie *f*
       i   blastoftoria *f*
       r   бластофтория *f*

B253   *e*   **blastopore**
       d   Blastoporus *m*, Urmund *m*
       f   blastopore *m*
       i   blastoporo *m*
       r   бластопор *m*, первичный рот *m*

B254   *e*   **blastula**
       d   Blastula *f*
       f   blastula *f*
       i   blastula *f*
       r   бластула *f*

B255   *e*   **bleeding**
       d   1. Blutung *f* 2. Aderlaß *m*
       f   1. hémorragie *f* 2. saignée *f*
       i   1. emorragia *f* 2. salasso *m*
       r   1. кровотечение *n* 2. кровопускание *n* (венесекцией)

B256   *e*   **bleeding time**
       d   Blutungszeit *f*
       f   temps *m* d'hémorragie
       i   tempo *m* di emorragia
       r   время *m* кровотечения

B257   *e*   **blennemesis**
       d   Schleimbrechen *n*
       f   vomissement *m* de mucus
       i   vomito *m* di muco
       r   рвота *f* слизью

B258   *e*   **blennophthalmia**
       d   Bindehautentzündung *f*, katarrhalische Konjunktivitis *f*
       f   conjonctivite *f* catarrhale
       i   blenoftalmia *f*, congiuntivite *f* catarrale
       r   катаральный конъюнктивит *m*

B259   *e*   **blennorrhagia, blennorrhea**
       d   1. Blennorrhoe *f* 2. Gonorrhoe *f*, Tripper *m*
       f   1. blennorrhée *f* 2. gonorrhée *f*
       i   1. blenorrea *f* 2. gonorrea *f*
       r   1. бленнорея *f* 2. гонорея *f*

B260   *e*   **blepharadenitis**
       d   Blepharadenitis *f*, Meibomitis *f*, Liddrüsenentzündung *f*
       f   blépharadénite *f*
       i   blefaroadenite *f*
       r   мейбомит *m*, блефараденит *m*

B261   *e*   **blepharectomy**
       d   Blepharektomie *f*, Augenlidexzision *f*
       f   blépharectomie *f*
       i   blefarectomia *f*
       r   иссечение *n* века

B262   *e*   **blepharedema**
       d   Augenlidödem *n*, Lidschwellung *f*
       f   œdème *m* des paupières
       i   blefaredema *m*, edema *m* palpebrale
       r   отёк *m* век

B263   *e*   **blepharitis**
       d   Blepharitis *f*, Lidrandentzündung *f*
       f   blépharite *f*
       i   blefarite *f*
       r   блефарит *m*

B264   *e*   **blepharoadenitis** *see* **blepharadenitis**

B265   *e*   **blepharochalasis**
       d   Blepharochalasis *f*, Lidhauterschlaffung *f*
       f   blépharochalasis *f*
       i   blefarocalasia *f*
       r   блефарохалазис *m*

B266　e　**blepharoclonus**
　　　d　Blepharoklonus *m*, klonischer Lidkrampf *m*
　　　f　blépharospasme *m* clonique
　　　i　blefaroclono *m*
　　　r　клонический блефароспазм *m*, блефаротик *m*

B267　e　**blepharoedema** *see* **blepharedema**

B268　e　**blepharophimosis**
　　　d　Blepharophimosis *f*
　　　f　blépharophimosis *m*
　　　i　blefarofimosi *f*
　　　r　блефарофимоз *m*, срастание *n* глазной щели

B269　e　**blepharoplasty**
　　　d　Blepharoplastik *f*
　　　f　blépharoplastie *f*
　　　i　blefaroplastica *f*
　　　r　блефаропластика *f*

B270　e　**blepharoplegia**
　　　d　Blepharoplegie *f*, Augenlidlähmung *f*
　　　f　blépharoplégie *f*
　　　i　blefaroplegia *f*
　　　r　блефароплегия *f*

B271　e　**blepharoptosis**
　　　d　Blepharoptose *f*
　　　f　ptosis *m*, blépharoptose *f*
　　　i　blefaroptosi *f*
　　　r　блефароптоз *m*

B272　e　**blepharopyorrhea**
　　　d　Blepharopyorrhoe *f*, Augenlideiterung *f*
　　　f　blépharoblennorrhée *f*
　　　i　blefarocongiuntivite *f* purulenta
　　　r　гнойный блефароконъюнктивит *m*

B273　e　**blepharorrhaphy**
　　　d　Blepharorrhaphie *f*, Augenlidnaht *f*
　　　f　blépharorraphie *f*, tarsorrhaphie *f*
　　　i　blefarorrafia *f*
　　　r　блефарорафия *f*, тарзорафия *f*

B274　e　**blepharospasm**
　　　d　Blepharospasmus *m*, Augenlidmuskelkrampf *m*
　　　f　blépharospasme *m*
　　　i　blefarospasmo
　　　r　блефароспазм *m*

B275　e　**blepharostat**
　　　d　Blepharostat *m*, Lidhalter *m*
　　　f　blépharostat *m*
　　　i　blefarostato *m*
　　　r　блефаростат *m*

B276　e　**blepharostenosis** *see* **blepharophimosis**

B277　e　**blepharosynechia**

BLOOD

　　　d　Blepharosynechie *f*, Augenlidverwachsung *f*
　　　f　blépharosynéchie *f*
　　　i　blefarosinechia *f*
　　　r　спайка *f* век

B278　e　**blepharotomy**
　　　d　Blepharotomie *f*
　　　f　blépharotomie *f*
　　　i　blefarotomia *f*
　　　r　блефаротомия *f*

B279　e　**blind**
　　　d　blind
　　　f　aveugle
　　　i　cieco
　　　r　слепой

B280　e　**blind gut**
　　　d　Blinddarm *m*, Zökum *n*
　　　f　cæcum *m*
　　　i　intestino *m* cieco
　　　r　слепая кишка *f*

B281　e　**blindness**
　　　d　Blindheit *f*
　　　f　cécité *f*
　　　i　cecità *f*
　　　r　слепота *f*

B282　e　**blind spot**
　　　d　blinder Fleck *m*
　　　f　scotome *m* absolu
　　　i　punto *m* cieco, macchia *f* cieca
　　　r　слепое пятно *n*

B283　e　**blister**
　　　d　Bläschen *n*; Blase *f*, Hautblase *f*
　　　f　bulle *f*; urticaire *f*
　　　i　vescicola *f*
　　　r　пузырь *m*; волдырь *m*

B284　e　**bloating**
　　　d　Aufblähung *f*
　　　f　ballonnement *m*
　　　i　gonfiore *m*
　　　r　вздутие *n*

B285　e　**block**
　　　d　Block *m*, Blockade *f*
　　　f　bloc *m*, blocage *m*
　　　i　blocco *m*
　　　r　блокада *f* (*сердца*)

B286　e　**blockade**
　　　d　1. Rezeptorenblockierung *f* 2. Passagestörung *f*, Verstopfung *f*
　　　f　1. blocage *m* à novocaïne 2. blocage *m* intestinal
　　　i　1. blocco *m* novocainico 2. ostruzione *f* intestinale
　　　r　1. блокада *f* рецепторов 2. нарушение *n* проходимости, закупорка *f*

B287　e　**blood**

BLOOD-BRAIN BARRIER

    d Blut *n*
    f sang *m*
    i sangue *m*
    r кровь *f*

B288 *e* blood-brain barrier
    d Bluthirnschranke *f*
    f barrière *f* hémato-encéphalique
    i barriera *f* ematoencefalica
    r гематоэнцефалический барьер *m*

B289 *e* blood capillary
    d Blutkapillare *f*, Kapillare *f*
    f capillaire *m* (sanguin)
    i capillare *m* sanguigno
    r кровеносный капилляр *m*, гемокапилляр *m*

B290 *e* blood cast
    d Blutzylinder *m*
    f cylindre *m* hématique
    i cilindro *m* ematico
    r кровяной цилиндр *m*

B291 *e* blood cell
    d Blutzelle *f*, Blutkörperchen *n*
    f globule *m* sanguin
    i globulo *m* (del sangue), cellula *f* ematica
    r клетка *f* крови

B292 *e* blood clot
    d Thrombus *m*, Blutgerinnsel *n*
    f caillot *m* sanguin, cruor *m*
    i trombo *m*, coagulo *m* ematico
    r кровяной свёрток *m*, кровяной сгусток *m*

B293 *e* blood clotting, blood coagulation
    d Blutgerinnung *f*
    f coagulation *f* sanguine
    i coagulazione *f* ematica
    r свёртывание *n* крови

B294 *e* blood corpuscle *see* blood cell

B295 *e* blood count
    d Blutkörperchenzählung *f*
    f numération *f* globulaire
    i conta *f* ematica, emocitometria *f*
    r подсчёт *m* клеток крови

B296 *e* blood culture
    d Blutkultur *f*
    f hémoculture *f*
    i emocoltura *f*
    r гемокультура *f*

B297 *e* blood cyst
    d Blutzyste *f*
    f hématocyste *m*
    i cisti *f* ematica
    r гематоциста *f*, кровяная киста *f*

B298 *e* blood disk *see* blood platelet

B299 *e* blood donor
    d Blutspender *m*
    f donneur *m* du sang
    i donatore *m* di sangue
    r донор *m* крови

B300 *e* blood group
    d Blutgruppe *f*
    f groupe *m* sanguin
    i gruppo *m* sanguigno
    r группа *f* крови

B301 *e* blood group antibodies *pl*
    d Blutgruppenantikörper *m pl*
    f anticorps *m pl* des groupes sanguins
    i anticorpi *m pl* dei gruppi sanguigni
    r групповые антитела *n pl* крови

B302 *e* blood group antigen
    d Blutgruppenantigen *n*, Isoantigen *n*
    f isoantigène *m*
    i antigene *m* del gruppo sanguigno
    r изоантиген *m*, групповой антиген *m*

B303 *e* blood grouping
    d Blutgruppenbestimmung *f*
    f détermination *f* du groupe sanguin
    i determinazione *f* del gruppo sanguigno
    r определение *n* группы крови

B304 *e* bloodless
    d blutlos, blutleer
    f exsangue, anémique
    i incruento
    r бескровный, обескровленный

B305 *e* bloodless operation
    d blutlose Operation *f*
    f opération *f* non sanglante
    i operazione *f* incruenta
    r бескровная хирургическая операция *f*

B306 *e* blood plasma
    d Blutplasma *n*
    f plasma *m* sanguin
    i plasma *m* sanguigno
    r плазма *f* крови

B307 *e* blood platelet
    d Thrombozyt *m*, Blutplättchen *n*
    f thrombocyte *m*, plaquette *f*
    i trombocito *m*, piastrina *f*
    r тромбоцит *m*, кровяная пластинка *f*

B308 *e* blood poisoning
    d Septikämie *f*, Pyämie *f*
    f septicémie *f*; pyémie *f*
    i setticemia *f*; piemia *f*
    r септицемия *f*; пиемия *f*

B309 *e* blood pressure
    d Blutdruck *m*
    f pression *f* artérielle
    i pressione *f* del sangue [ematica]
    r кровяное давление *n*

B310	e	blood quotient
	d	Färbeindex m
	f	index m colorimétrique
	i	quoziente m ematico
	r	цветной показатель m крови

B311	e	blood sedimentation rate
	d	Blutsenkungsgeschwindigkeit f
	f	vitesse f de sédimentation globulaire [sanguine]
	i	velocità f di eritrosedimentazione, VES
	r	скорость f оседания эритроцитов, СОЭ

B312	e	blood serum
	d	Blutserum n, Serum n
	f	sérum m (sanguin)
	i	siero m sanguigno
	r	сыворотка f крови

B313	e	blood smear
	d	Blutausstrich m
	f	frottis m de sang
	i	striscio m ematico
	r	мазок m крови

B314	e	blood spitting
	d	Blutspucken n, Hämoptysis f
	f	hémoptysie f
	i	emottisi f, sbocco m di sangue
	r	кровохарканье n

B315	e	bloodstream
	d	Blutstrom m
	f	circulation f
	i	corrente f sanguigna, torrente m circolatorio
	r	кровоток m

B316	e	bloodsucking
	d	blutsaugend
	f	hématophage
	i	sanguisuga
	r	кровососущий

B317	e	blood test
	d	Blutanalyse f, Blutprobe f
	f	analyse f du sang
	i	analisi f del sangue
	r	анализ m крови

B318	e	blood transfusion
	d	Bluttransfusion f, Blutübertragung f
	f	transfusion f
	i	trasfusione f del sangue
	r	переливание n крови

B319	e	blood typing see blood grouping

B320	e	blood urea nitrogen
	d	Blutharnstoffstickstoff m
	f	azote m uréique du sang
	i	azoto m ureico del sangue
	r	мочевинный азот m крови

B321	e	blood-vascular system
	d	Blutgefäßsystem n
	f	appareil m circulatoire, système m cardio-vasculaire
	i	sistema m circolatorio, apparato m circolatorio
	r	кровеносная система f

B322	e	blood vessel
	d	Blutgefäß n
	f	vaisseau m sanguin
	i	vaso m sanguigno
	r	кровеносный сосуд m

B323	e	bloodworm
	d	im Blut parasitierende Helminthe f
	f	parasite m hématozoaire
	i	ematobio m
	r	кровепаразит m

B324	e	bloody
	d	1. hämorrhagisch 2. blutig 3. Blut...
	f	1. hémorragique 2. sanguinolent 3. sanguin, de sang
	i	1. emorragico 2. sanguinolento 3. sanguigno
	r	1. геморрагический 2. кровянистый 3. кровяной

B325	e	bloody sweat
	d	blutiger Schweiß m, Hämhidrosis f
	f	hémathidrose f
	i	ematidrosi f
	r	гем(ат)идроз m, кровавый пот m

B326	e	blotch
	d	Fleck m, Makula f
	f	macule f
	i	macchia f
	r	пятно n (элемент сыпи)

B327	e	Blount's disease
	d	Blount-Syndrom n
	f	maladie f de Blount
	i	sindrome f di Blount
	r	болезнь f Бланта, деформирующий остеохондроз m большеберцовой кости

B328	e	blue
	d	blau, zyanotisch
	f	cyanotique
	i	cianotico, blu
	r	цианотичный, синюшный

B329	e	blue asphyxia
	d	blaue Asphyxie f (des Neugeborenen)
	f	asphyxie f bleue du nouveau-né
	i	asfissia f livida (dei neonati)
	r	синяя асфиксия f (новорождённого)

B330	e	blue baby
	d	zyanotisches Kleinkind n, Blausucht f des Neugeborenen
	f	bébé m bleu
	i	bambino m cianotico [blu]

BLUE BLINDNESS

	r	новорождённый ребёнок *m* с пороком сердца синего типа
B331	*e*	blue blindness
	d	Tritanopie *f*, Blaublindheit *f*
	f	tritanopie *f*
	i	tritanopia *f*
	r	тританопия *f*
B332	*e*	blue cataract
	d	Cataracta *f* coerulea
	f	cataracte *f* bleue [coronaire]
	i	cateratta *f* cerulea
	r	голубая катаракта *f*
B333	*e*	blue nevus
	d	blauer Nävus *m*
	f	nævus *m* bleu
	i	nevo *m* ceruleo
	r	голубой [синий, меланоформный] невус *m*
B334	*e*	blue pus bacillus
	d	Pyozyaneusbakterie *f*
	f	bacille *m* pyocyanique
	i	*Pseudomonas Aeruginosa*
	r	синегнойная палочка *f*
B335	*e*	blunt-hook
	d	stumpfer Geburtshaken *m*
	f	crochet *m* mousse
	i	uncino *m* ottuso
	r	акушерский крючок *m*
B336	*e*	Bockhart's impetigo
	d	Bockhart-Impetigo *f*
	f	impétigo *m* de Bockhart
	i	impetigine *f* follicolare di Bockhart
	r	стафилококковое импетиго *n*, импетиго *n* Боккхарта
B337	*e*	body
	d	1. Körper *m* 2. Leib *m* 3. Leiche *f* 4. Körperchen *n*
	f	1. corps *m* 2. tronc *m* 3. cadavre *m* 4. corpuscule *m*
	i	1. corpo *m* 2. tronco *m* 3. cadavere *m* 4. corpuscolo *m*
	r	1. тело *n* 2. туловище *n* 3. труп *m* 4. тельце *n*
B338	*e*	body area *see* body surface
B339	*e*	body cavity
	d	Körperhöhle *f*
	f	cavité *f* du corps
	i	cavità *f* del corpo
	r	полость *f* тела
B340	*e*	body louse
	d	Kleiderlaus *f*
	f	pou *m* du corps
	i	pidocchio *m* delle vesti
	r	платяная вошь *f*
B341	*e*	body mechanics
	d	Bewegungsbiomechanik *f*
	f	biomécanique *f* des mouvements
	i	biomeccanica *f* dei movimenti
	r	биомеханика *f* движений
B342	*e*	body surface
	d	Körperoberfläche *f*
	f	surface *f* du corps
	i	superficie *f* corporea
	r	поверхность *f* тела
B343	*e*	body temperature
	d	Körpertemperatur *f*
	f	température *f* du corps
	i	temperatura *f* corporea
	r	температура *f* тела
B344	*e*	body type
	d	Somatotyp *m*, Körperbau *m*
	f	constitution *f*
	i	tipo *m* somatico, somatotipo *m*
	r	телосложение *n*
B345	*e*	body weight
	d	Körpergewicht *n*
	f	poids *m* du corps
	i	peso *m* del corpo
	r	вес *m* тела
B346	*e*	body-weight ratio
	d	Körperlänge-Gewichtsindex *m*
	f	proportion *f* de taille au poids du corps
	i	rapporto *m* peso-altezza
	r	весоростовой показатель *m*
B347	*e*	Boeck's disease
	d	Besnier-Boeck-Schaumann-Krankheit *f*, Sarkoidose *f*
	f	sarcoïdose *f*, maladie *f* de Besnier-Boeck-Schaumann
	i	sarcoidosi *f*, malattia *f* di Besnier-Boeck-Schaumann
	r	саркоидоз *m*, болезнь *f* Бека (—Бенье—Шауманна)
B348	*e*	boil
	d	Furunkel *m*
	f	furoncle *m*
	i	foruncolo *m*
	r	фурункул *m*
B349	*e*	bolus
	d	1. Bolus *m* 2. Globulus *m*, Klumpen *m*
	f	1. globule *m* 2. bol *m* alimentaire
	i	1. bolus *f* 2. bolo *m* alimentare
	r	1. шарик *m* 2. пищевой комок *m*
B350	*e*	bone
	d	1. Knochen *m*, Bein *n* 2. Knochengewebe *n*
	f	1. os *m* 2. tissu *m* osseux
	i	1. osso *m* 2. tessuto *m* osseo
	r	1. кость *f* 2. костная ткань *f*

B351	e	bone abscess
	d	Knochenabszeß m
	f	abcès m ossifluent
	i	ascesso m osseo
	r	абсцесс m кости
B352	e	bone cell
	d	Osteozyt m, Knochenzelle f
	f	ostéocyte m, cellule f osseuse
	i	osteocito m, cellula f ossea
	r	остеоцит m, костная клетка f
B353	e	bone corpuscle see bone cell
B354	e	bone-cutting forceps pl
	d	Knochenzange f
	f	emporte-pièce m
	i	pinza f ossivora
	r	костные кусачки pl
B355	e	bone graft
	d	Knochentransplantat n
	f	greffe f osseuse
	i	innesto m osseo
	r	костный трансплантат m
B356	e	bone-holding forceps pl
	d	Knochen-Faßzange f
	f	pince f coupante [à séquestre]
	i	pinza f ossea [a sequestro]
	r	костные щипцы pl
B357	e	bone marrow
	d	Knochenmark n
	f	moelle f osseuse
	i	midollo m osseo
	r	костный мозг m
B358	e	bone-marrow cavity
	d	Knochenmarkhöhle f
	f	cavité f médullaire
	i	cavità f midollare
	r	костно-мозговая полость f
B359	e	bone plate
	d	Platte f für Osteosynthese
	f	plaque f pour l'ostéosynthèse
	i	placca f per l'osteosintesi
	r	пластина f для остеосинтеза
B360	e	bone resorption
	d	Knochenresorption f
	f	résorption f osseuse
	i	riassorbimento m osseo
	r	резорбция f кости
B361	e	bone sclerosis
	d	Osteosklerose f, Knochensklerose f
	f	ostéosclérose f
	i	osteosclerosi f
	r	остеосклероз m
B362	e	bone sensibility
	d	Pallästhesie f, Vibrationsempfindung f
	f	pallesthésie f, sensibilité f vibratoire
	i	pallestesia f
	r	паллестезия f, вибрационная чувствительность f
B363	e	bony crepitus
	d	Knochenkrepitation f
	f	crépitation f osseuse
	i	crepitio m osseo
	r	костная крепитация f
B364	e	bony labyrinth
	d	knöchernes Labyrinth n
	f	labyrinthe m osseux
	i	labirinto m osseo
	r	костный лабиринт m
B365	e	borborygmus
	d	Borborygmus m, gurrendes Darmgeräusch n
	f	borborygme m
	i	borborigmo m, borboglio m, gorgolio m
	r	урчание n (кишечника)
B366	e	border cells pl
	d	Grenzzellen f pl
	f	cellules f pl limitantes
	i	cellule f pl limiti [confini]
	r	пограничные клетки f pl
B367	e	borderline psychosis see borderline state
B368	e	borderline rays pl
	d	Grenzröntgenstrahlung f, Bucky-Strahlen m pl
	f	rayons m pl de Bucky, rayons-limites m pl
	i	radiazione f di Bucky, raggi m pl di Bucky
	r	излучение n [лучи m pl] Букки, пограничное рентгеновское излучение n
B369	e	borderline state
	d	Grenzzustand m
	f	état m frontière
	i	stato m di frontiera
	r	пограничное состояние n
B370	e	Bornholm disease
	d	Bornholmer-Krankheit f, epidemische Pleurodynie f
	f	pleurodynie f épidémique
	i	malattia f di Bornholm, mialgia f epidemica
	r	борнхольмская болезнь f, эпидемическая плевродиния f
B371	e	Botallo's duct
	d	Ductus m Botalli
	f	canal m artériel [de Botal]
	i	dotto m arterioso di Botallo
	r	артериальный [боталлов] проток m
B372	e	Botkin's disease

BOTRYOID SARCOMA

- *d* epidemische virale Hepatitis *f*, Botkin-Krankheit *f*
- *f* hépatite *f* épidémique, maladie *f* de Botkin
- *i* epatite *f* A, epatite *f* virale
- *r* инфекционный [эпидемический] гепатит *m*, болезнь *f* Боткина, гепатит *m* A

B373 *e* **botryoid sarcoma**
- *d* botryoides Sarkom *n*, Traubenpolyp *m*, embryonales Rhabdomyosarkom *n*
- *f* sarcome *m* botryoïde
- *i* sarcoma *m* botrioide
- *r* ботриоидная [гроздевидная] саркома *f*, ботриоидный полип *m*, эмбриональная рабдомиосаркома *f*

B374 *e* **botulin**
- *d* Botulinum-Toxin *n*, Botulin *n*
- *f* toxine *f* botulinique
- *i* tossina *f* botulinica
- *r* ботулотоксин *m*, ботулинический токсин *m*

B375 *e* **botulism**
- *d* Botulismus *m*, Botulinum-Vergiftung *f*, Allantiasis *f*
- *f* botulisme *m*, allantiasis *m*
- *i* botulismo *m*
- *r* ботулизм *m*, аллантиазис *m*, ихтиизм *m*

B376 *e* **botulism antitoxin**
- *d* Botulismus-Antitoxin *n*
- *f* sérum *m* antibotulique
- *i* siero *m* antibotulinico
- *r* противоботулиническая сыворотка *f*

B377 *e* **Bouchard's disease**
- *d* Gastrektasie *f*, Magenerweiterung *f*
- *f* gastrectasie *f*
- *i* malattia *f* di Bouchard
- *r* гастрэктазия *f*, болезнь *f* Бушара

B378 *e* **bougie**
- *d* Bougie *f*, Dehnungsbougie *f*, Dehnsonde *f*
- *f* bougie *f*
- *i* sonda *f*, dilatatore *m*
- *r* буж *m*

B379 *e* **bougie à boule**
- *d* bulböse Bougie *f*
- *f* bougie *f* de Guyon
- *i* dilatatore *m* a bulbo
- *r* головчатый буж *m*

B380 *e* **bougi(e)nage**
- *d* Bougierung *f*
- *f* bougirage *m*
- *i* dilatazione *f*
- *r* бужирование *n*

B381 *e* **Bouillaud's disease**
- *d* rheumatisches Fieber *n*
- *f* rhumatisme *m* articulaire aigu, maladie *f* de Bouillaud
- *i* malattia *f* di Bouillaud, febbre *f* reumatica
- *r* активный ревматизм *m*, болезнь *f* Сокольского—Буйо

B382 *e* **boundary membrane**
- *d* Grenzmembran *f*, Basalmembran *f*
- *f* membrane *f* basale
- *i* membrana *f* basale
- *r* пограничная мембрана *f*

B383 *e* **bouquet fever**
- *d* Dengue-Fieber *n*, Siebentagefieber *n*
- *f* fièvre *f* rouge, dengue *f*
- *i* dengue *f*
- *r* денге *f*, лихорадка *f* денге

B384 *e* **boutonneuse fever**
- *d* Marseille-Fieber *n*, zentral- und südamerikanisches Zeckenbißfieber *n*
- *f* fièvre *f* boutonneuse méditerranéenne, fièvre *f* de Marseille
- *i* febbre *f* bottonosa
- *r* марсельская лихорадка *f*

B385 *e* **bovine heart**
- *d* Oxenherz *n*
- *f* cœur *m* de bœuf
- *i* cuore *m* bovino
- *r* бычье сердце *n*

B386 *e* **bowel**
- *d* Darm *m*
- *f* intestin *m*
- *i* intestino *m*
- *r* кишка *f*

B387 *e* **Bowen's disease**
- *d* Bowen-Krankheit *f*, intraepidermaler Hautkrebs *m*, linsenartige Dyskeratose *f*
- *f* maladie *f* de Bowen, dyskératose *f* lenticulaire et en disques
- *i* malattia *f* di Bowen
- *r* болезнь *f* Боуэна, дискоидный чечевицеобразный дискератоз *m*

B388 *e* **Bowman's capsule**
- *d* Bowman-Kapsel *f*, Nierenknäuelchenkapsel *f*, Glomeruluskapsel *f*
- *f* capsule *f* de Bowman
- *i* capsula *f* di Bowman
- *r* капсула *f* почечного клубочка, боуменова капсула *f*

B389 *e* **box-note**
- *d* Perkussionskorbschall *m*
- *f* tympanisme *m*, son *m* tympanique
- *i* suono *m* polmonare timpanico
- *r* коробочный перкуторный тон *m* (при эмфиземе лёгких)

B390 e **brachial artery**
 d Oberarmarterie *f*
 f artère *f* brachiale
 i arteria *f* brachiale
 r плечевая артерия *f*

B391 e **brachial birth palsy**
 d Armplexuslähmung *f* des Neugeborenen
 f plexite *f* brachiale du nouveau-né
 i paralisi *f* ostetrica del plesso brachiale
 r травматический плексит *m* новорождённого

B392 e **brachialgia**
 d Brachialgie *f*
 f brachialgie *f*
 i brachialgia *f*
 r брахиалгия *f*

B393 e **brachial plexus**
 d Brachial(nerven)plexus *m*, Armnervengeflecht *n*
 f plexus *m* brachial
 i plesso *m* brachiale
 r плечевое сплетение *n*

B394 e **brachycardia** see bradycardia

B395 e **brachycephaly**
 d Brachyzephalie *f*, Kurzköpfigkeit *f*
 f brachycéphalie *f*
 i brachicefalia *f*
 r брахицефалия *f*

B396 e **brachych(e)ilia**
 d Brachycheilie *f*, Kurzlippigkeit *f*
 f brachychéilie *f*
 i brachicheilia *f*
 r брахихейлия *f*

B397 e **brachycrania**
 d Kurzkopf *m*
 f brachycrânie *f*
 i brachicrania *f*
 r брахикрания *f*

B398 e **brachydactylia**
 d Brachydaktylie *f*, Kurzfingrigkeit *f*
 f brachydactylie *f*
 i brachidattilia *f*
 r брахидактилия *f*

B399 e **brachygnathia**
 d Brachygnathie *f*
 f brachygnathie *f*
 i brachignatia *f*
 r брахигнатия *f*

B400 e **brachymetacarp(al)ia**
 d Brachymetakarpie *f*, Mittelhandknochenverkürzung *f*
 f brachymétacarpie *f*
 i brachimetacarpia *f*
 r брахиметакарпия *f*

B401 e **brachymorphia**
 d Brachymorphie *f*
 f brachymorphie *f*
 i brachimorfia *f*
 r брахиморфия *f*

B402 e **brachyphalangia, brachyphalangy**
 d Brachyphalangie *f*, Kurzfingrigkeit *f*
 f brachyphalangie *f*
 i brachifalangismo *m*
 r брахифалангия *f*

B403 e **brachytherapy**
 d Nahbestrahlung *f*
 f radiothérapie *f* de contact
 i plesioterapia *f*
 r близкофокусная лучевая терапия *f*

B404 e **bradyarrhythmia**
 d Bradyarrhythmie *f*
 f bradyarythmie *f*
 i bradiaritmia *f*
 r брадиаритмия *f*, брадисистолическая аритмия *f*

B405 e **bradyarthria** see bradylalia

B406 e **bradycardia**
 d Bradykardie *f*, Herzschlagverlangsamung *f*
 f bradycardie *f*
 i bradicardia *f*
 r брадикардия *f*

B407 e **bradyglossia** see bradylalia

B408 e **bradykinesia**
 d Bradykinesie *f*, Bewegungsverlangsamung *f*
 f bradycinésie *f*, bradykinésie *f*
 i bradicinesia *f*
 r брадикинезия *f*

B409 e **bradylalia**
 d Bradylalie *f*
 f bradylalie *f*
 i bradilalia *f*
 r брадилалия *f*

B410 e **bradypepsia**
 d Bradypepsie *f*
 f bradypepsie *f*
 i bradipepsia *f*
 r брадипепсия *f*

B411 e **bradyphasie, bradyphemia** see bradylalia

B412 e **bradyphrenia**
 d Bradyphrenie *f*
 f bradyphrénie *f*, bradypsychie *f*
 i bradifrenia *f*
 r брадифрения *f*

B413 e **bradypnea**
 d Bradypnoe *f*, Atmungsverlangsamung *f*
 f bradypnée *f*

BRADYPRAGIA

        i   bradipnea *f*
        r брадипноэ *n*

B414 *e* **bradypragia**
        d Bradypraxie *f*, Tätigkeitsverlangsamung *f*
        f bradypraxie *f*, bradypragie *f*
        i bradipragia *f*
        r брадипраксия *f*

B415 *e* **bradypsychia** see **bradyphrenia**

B416 *e* **bradysphygmia**
        d Bradysphygmie *f*, Pulsverlangsamung *f*
        f bradysphygmie *f*
        i bradisfigmia *f*
        r брадисфигмия *f*

B417 *e* **bradyteleokinesis**
        d Bradyteleokinese *f*
        f bradytéléokinèse *f*
        i braditeleocinesia *f*
        r брадителекинезия *f*

B418 *e* **bradytocia**
        d verzögerte Geburt *f*
        f bradytocie *f*
        i parto *m* tardivo
        r замедленные роды *pl*

B419 *e* **braille**
        d Braille-Schrift *f*
        f écriture *f* [alphabet *m*] (de) Braille
        i alfabeto *m* Braille per ciechi
        r точечная азбука *f* Брайля

B420 *e* **brain**
        d Gehirn *n*, Hirn *n*, Großhirn *n*
        f encéphale *m*, cerveau *m*
        i cervello *m*, encefalo *m*
        r головной мозг *m*

B421 *e* **brain abscess**
        d Gehirnabszeß *m*
        f abcès *m* cérébral
        i ascesso *m* cerebrale
        r абсцесс *m* головного мозга

B422 *e* **brain bladder**
        d Hirnbläschen *n*
        f vésicule *f* cérébrale, vésicule *f* céphalique
        i vescicola *f* cerebrale
        r мозговой пузырь *m*

B423 *e* **braincase**
        d Gehirnschädel *m*, Hirnschädel *m*, Schädel *m*
        f crâne *m* cérébral
        i neurocranio *m*
        r мозговой череп *m*

B424 *e* **brain concussion**
        d Gehirnerschütterung *f*
        f commotion *f* cérébrale
        i commozione *f* cerebrale
        r сотрясение *n* головного мозга

B425 *e* **brain death**
        d Hirntod *m*
        f mort *f* cérébrale, déanimation *f*
        i morte *f* cerebrale
        r смерть *f* мозга

B426 *e* **brain mantle**
        d Großhirnrinde *f*, Gehirnrinde *f*
        f cortex *m* cérébral, manteau *m*, cortex *m*
        i corteccia *f* cerebrale
        r кора *f* головного мозга, кора *f* больших полушарий, мантия *f*

B427 *e* **brain sand**
        d Hirnsand *m*
        f sable *m* cérébral, acervule *m*
        i acervolo *m*, sabbia *f* cerebrale
        r мозговой песок *m*

B428 *e* **brainstem**
        d Hirnstamm *m*, Stammhirn *n*
        f tronc *m* cérébral
        i tronco *m* cerebrale
        r ствол *m* (головного) мозга

B429 *e* **brain swelling**
        d Hirnschwellung *f*
        f œdème *m* cérébral
        i tumefazione *f* cerebrale, edema *m* cerebrale
        r набухание *n* головного мозга

B430 *e* **brain waves**
        d Hirnstromwellen *f pl*
        f ondes *f pl* d'électro-encéphalogramme
        i onde *f pl* cerebrali
        r волны *f pl* электроэнцефалограммы

B431 *e* **branch**
        d Ast *m*, Zweig *m*
        f branche *f*
        i ramo *m*
        r ветвь *f*

B432 *e* **branched-chain ketoaciduria**
        d Ahornsirupkrankheit *f*, Leucinose *f*, Menkes-Syndrom *n*
        f maladie *f* des urines à odeur du sirop d'érable
        i malattia *f* delle urine a sciroppo d'acero
        r болезнь *f* кленового сиропа, валинолейцинурия *f*

B433 *e* **branchial arch**
        d Kiemenbogen *m*
        f arc *m* branchial
        i arco *m* branchiale
        r жаберная [висцеральная] дуга *f*

B434 *e* **branchial clefts**
        d Kiemenspalten *f pl*

BRIDGE CORPUSCLE

	f	fentes f pl branchiales
	i	fessure f pl branchiali
	r	жаберные щели f pl
B435	e	**branchial cyst**
	d	branchiogene Zyste f
	f	kyste m branchiogène [branchial]
	i	cisti f branchiale
	r	бранхиогенная киста f
B436	e	**branchial fistula**
	d	Kiemengangfistel f, branchiogene Fistel f
	f	fistule f branchiale
	i	fistola f branchiale
	r	бранхиогенный свищ m
B437	e	**branchiogenic carcinoma**
	d	Kiemengangkarzinom n, branchiogenes Karzinom n
	f	cancer m branchiogène
	i	branchioma m
	r	бранхиогенный рак m
B438	e	**branchiogenic cyst** see branchial cyst
B439	e	**brash**
	d	Pyrosis f, Sodbrennen n
	f	pyrosis m
	i	pirosi f
	r	изжога f
B440	e	**breast**
	d	Brustdrüse f, Mamma f
	f	glande f mammaire
	i	seno m, mammella f, petto m
	r	молочная железа f
B441	e	**breast amputation**
	d	Brustamputation f, Mammaamputation f, Mastektomie f
	f	mammectomie f, mastectomie f
	i	mastectomia f
	r	мастэктомия f, ампутация f молочной железы
B442	e	**breastbone**
	d	Brustbein n, Sternum n
	f	sternum m
	i	sterno m
	r	грудина f
B443	e	**breast feeding**
	d	Brusternährung f, Bruststillung f
	f	allaitement m
	i	allattamento m (al seno)
	r	грудное [естественное] вскармливание n
B444	e	**breast milk**
	d	Brustmilch f, Muttermilch f
	f	lait m de femme
	i	latte m di donna
	r	грудное молоко n

B445	e	**breast pump**
	d	Brustmilchpumpe f, Muttermilchpumpe f
	f	tire-lait m
	i	tiralatte m
	r	молокоотсасыватель m
B446	e	**breathing**
	d	Atmen n, Atmung f
	f	respiration f
	i	respirazione f
	r	дыхание n
B447	e	**breathing capacity**
	d	Lungenvitalkapazität f
	f	capacité f pulmonaire vitale
	i	capacità f vitale respiratoria
	r	жизненная ёмкость f лёгких
B448	e	**breath sounds** pl
	d	Atemgeräusche n pl
	f	bruits m pl respiratoires
	i	rumori m pl respiratori
	r	дыхательные шумы m pl
B449	e	**breech** see buttocks
B450	e	**breech delivery**
	d	Steißgeburt f, Beckenendlagegeburt f
	f	accouchement m à la présentation du siège
	i	parto m nella presentazione podalica
	r	роды pl при ягодичном предлежании
B451	e	**breech presentation**
	d	Steißlage f, Beckenendlage f
	f	présentation f du siège
	i	presentazione f podalica
	r	ягодичное предлежание n (плода)
B452	e	**bregma, bregmatic fontanel**
	d	Bregma n
	f	bregma m
	i	bregma m, fontanella f anteriore
	r	брегма f
B453	e	**brickmaker's anemia**
	d	Ankylostomiasis f
	f	ankylostomiase f, anémie f des mineurs
	i	anchilostomiasi f, uncinariosi f, anemia f dei minatori
	r	анкилостомная анемия f
B454	e	**bridge**
	d	1. Nasenbrücke f 2. Zahnbrücke f
	f	1. racine f du nez 2. pont m, prothèse f intercalée
	i	1. radice f del naso 2. ponte m, protesi f a ponte
	r	1. переносица f 2. мостовидный зубной протез m
B455	e	**bridge corpuscle**
	d	Desmosom n, Interzellularbrücke f

73

BRIDGEWORK

f	desmosome *m*; pont *m* intercellulaire
i	desmosoma *m*
r	десмосома *f*; межклеточный мостик *m*

B456   *e*   **bridgework**
- *d*   Zahnbrücke *f*
- *f*   pont *m*, prothèse *f* intercalée
- *i*   ponte *m* dentario, protesi *f* a ponte
- *r*   мостовидный зубной протез *m*

B457   *e*   **bridle**
- *d*   Frenulum *n*
- *f*   frein *m*
- *i*   frenulo *m*
- *r*   уздечка *f*

B458   *e*   **Bright's disease**
- *d*   Bright-Krankheit *f*, Glomerulonephritis *f*
- *f*   maladie *f* de Bright, glomérulonéphrite *f*
- *i*   malattia *f* di Bright
- *r*   гломерулонефрит *m*, брайтова болезнь *f*

B459   *e*   **Brill's [Brill-Zinsser] disease**
- *d*   Brill-Krankheit *f*, sporadisches Fleckfieber *n*
- *f*   maladie *f* de Brill, typhus *m* exanthématique endémique
- *i*   malattia *f* di Brill-Zinsser, febbre *f* tifoide
- *r*   болезнь *f* Брилла, спорадический сыпной тиф *m*

B460   *e*   **brittle diabetes**
- *d*   labiler Diabetes *m*
- *f*   diabète *m* labile
- *i*   diabete *m* instabile
- *r*   лабильный диабет *m*

B461   *e*   **broad ligament**
- *d*   breites Mutterband *n*
- *f*   ligament *m* large de l'utérus
- *i*   legamento *m* largo dell'utero
- *r*   широкая связка *f* матки

B462   *e*   **broad-spectrum antibiotic**
- *d*   Breitspektrumantibiotikum *n*
- *f*   antibiotique *m* de spectre d'activité large
- *i*   antibiotici *m pl* a largo spettro
- *r*   антибиотик *m* широкого спектра действия

B463   *e*   **broad tapeworm**
- *d*   breiter Bandwurm *m*
- *f*   bothriocéphale *m*, *Diphyllobothrium latum*
- *i*   botriocefalo *m*, *Diphyllobotrium latum*
- *r*   широкий лентец *m*

B464   *e*   **Broca's aphasia**
- *d*   Broca-Aphasie *f*, efferente motorische Aphasie *f*
- *f*   aphasie *f* de Broca, aphasie *f* motrice
- *i*   afasia *f* di Broca
- *r*   моторная афазия *f*, афазия *f* Брока

B465   *e*   **Broca's gyrus**
- *d*   Broca-Gyrus *m*
- *f*   circonvolution *f* de Broca [frontale inférieure]
- *i*   circonvoluzione *f* di Broca
- *r*   нижняя лобная извилина *f*, извилина *f* Брока

B466   *e*   **bromhidrosis**
- *d*   Bromhidrosis *f*
- *f*   brom(h)idrose *f*, osmhidrose *f*
- *i*   bromidrosi *f*
- *r*   бромидроз *m*

B467   *e*   **bromide acne**
- *d*   Bromakne *f*
- *f*   acné *m* bromique
- *i*   bromoderma *m*, acne *f* bromica
- *r*   угревидно-пустулёзная бромодерма *f*, бромистые угри *m pl*

B468   *e*   **bromi(ni)sm**
- *d*   Bromismus *m*, Bromvergiftung *f*
- *f*   bromisme *m*
- *i*   bromismo *f*
- *r*   бромизм *m*

B469   *e*   **bronchadenitis**
- *d*   Bronchiallymphknotenentzündung *f*, Bronchadenitis *f*
- *f*   bronchoadénite *f*
- *i*   linfadenite *f* bronchiale
- *r*   бронхаденит *m*

B470   *e*   **bronchial asthma**
- *d*   Bronchialasthma *n*
- *f*   asthme *m* bronchique
- *i*   asma *f* bronchiale
- *r*   бронхиальная астма *f*

B471   *e*   **bronchial breath sounds**
- *d*   Bronchialatmung *f*
- *f*   respiration *f* bronchique
- *i*   respiro *m* bronchiale
- *r*   бронхиальное дыхание *n*

B472   *e*   **bronchial calculus**
- *d*   Broncholith *m*, Bronchialstein *m*
- *f*   broncholithe *m*, calcul *m* bronchique
- *i*   calcolo *m* bronchiale
- *r*   бронхолит *m*, бронхиальный конкремент *m*

B473   *e*   **bronchial gland**
- *d*   1. tracheobronchialer Lymphknoten *m* 2. Bronchopulmonallymphknoten *m* 3. Bronchialdrüse *f*
- *f*   1. glande *f* lymphatique trachéobronchique 2. glande *f* lymphatique bronchio-pulmonaire 3. glande *f* bronchique
- *i*   1. linfonodo *m* bronchiale 2. nodo *m*

BRONCHOMYCOSIS

        linfatico broncopolmonare
        3. ghiandola *f* bronchiale
   r 1. трахеобронхиальный лимфатический узел *m*
        2. бронхолёгочный лимфатический узел *m* 3. железа *f* бронха

B474 *e* **bronchial pneumonia** *see* **bronchopneumonia**

B475 *e* **bronchial respiration** *see* **bronchial breath sounds**

B476 *e* **bronchial tree**
       d Bronchialbaum *m*
       f arbre *m* bronchique
       i albero *m* bronchiale
       r бронхиальное дерево *n*

B477 *e* **bronchial voice** *see* **bronchophony**

B478 *e* **bronchiectasis**
       d Bronchiektasie *f*, Bronchialerweiterung *f*
       f bronchectasie *f*
       i bronchiettasia *f*
       r бронхоэктаз *m*

B479 *e* **bronchiolar carcinoma**
       d bronchiolo-alveolares Karzinom *n*
       f épithélioma *m* bronchiolaire
       i carcinoma *m* bronchiolare
       r бронхиолоальвеолярный рак *m*

B480 *e* **bronchiole**
       d Bronchiolus *m*, Bronchiole *f*
       f bronchiole *f*
       i bronchiolo *m*
       r бронхиола *f*

B481 *e* **bronchiolitis**
       d Bronchiolitis *f*, Kapillarbronchitis *f*
       f bronchiolite *f*, bronchite *f* capillaire
       i bronchiolite *f*
       r бронхиолит *m*, капиллярный бронхит *m*

B482 *e* **bronchitis**
       d Bronchitis *f*, Bronchienentzündung *f*
       f bronchite *f*
       i bronchite *f*
       r бронхит *m*

B483 *e* **bronchobiliary fistula**
       d bronchobiliäre Fistel *f*
       f fistule *f* broncho-hépatique
       i fistola *f* broncobiliare
       r бронхопечёночный свищ *m*

B484 *e* **bronchocandidiasis**
       d Bronchokandidiasis *f*, Bronchomoniliasis *f*
       f candidose *f* bronchique
       i candidosi *f* dei bronchi
       r кандидоз *m* бронхов

B485 *e* **bronchocavernous respiration**
       d amphorisches Atmen *n*, Krugatmen *n*
       f respiration *f* amphorique
       i respiro *m* anforico
       r амфорическое дыхание *n*

B486 *e* **bronchocele**
       d Bronchozele *f*
       f bronchocèle *f*
       i broncocele *m*
       r бронхолёгочная киста *f*, бронхоцеле *n*

B487 *e* **bronchocolic fistula**
       d Bronchus-Darm-Fistel *f*
       f fistule *f* broncho-colique
       i fistola *f* broncocolica
       r бронхокишечный свищ *m*

B488 *e* **bronchoconstriction**
       d Bronchostenose *f*, Bronchokonstriktion *f*, Bronchuszusammenziehung *f*
       f bronchosténose *f*
       i broncocostrizione *f*
       r бронхостеноз *m*

B489 *e* **bronchoesophageal fistula**
       d Bronchus-Speiseröhre-Fistel *f*
       f fistule *f* broncho-œsophagienne
       i fistola *f* broncoesofagea
       r бронхопищеводный свищ *m*

B490 *e* **bronchoesophagoscopy**
       d Bronchoösophagoskopie *f*
       f broncho-œsophagoscopie *f*
       i broncoesofagoscopia *f*
       r бронхоэзофагоскопия *f*

B491 *e* **bronchofibroscopy**
       d Fiberbronchoskopie *f*
       f bronchofibroscopie *f*
       i broncofibroscopia *f*
       r бронхофиброскопия *f*

B492 *e* **bronchography**
       d Bronchographie *f*
       f bronchographie *f*
       i broncografia *f*
       r бронхография *f*

B493 *e* **broncholith** *see* **bronchial calculus**

B494 *e* **broncholithiasis**
       d Broncholithiasis *f*, Bronchialsteinleiden *n*
       f broncholithiase *f*
       i broncolitiasi *f*
       r бронхолитиаз *m*

B495 *e* **bronchomoniliasis** *see* **bronchocandidiasis**

B496 *e* **bronchomycosis**
       d Bronchialmykose *f*, Bronchialpilzkrankheit *f*, Bronchuspilzerkrankung *f*

BRONCHOPANCREATIC FISTULA

	f	bronchomycose f, bronchite f mycosique
	i	broncomicosi f
	r	бронхомикоз m

B497   e   **bronchopancreatic fistula**
      d   bronchopankreatische Fistel f
      f   fistule f bronchopancréatique
      i   fistola f broncopancreatica
      r   бронхопанкреатический свищ m

B498   e   **bronchophony**
      d   Bronchophonie f
      f   bronchophonie f
      i   broncofonia f
      r   бронхофония f

B499   e   **bronchoplasty**
      d   Bronchoplastik f
      f   bronchoplastie f
      i   broncoplastica f
      r   бронхопластика f

B500   e   **bronchopleural fistula**
      d   Bronchopleuralfistel f
      f   fistule f bronchopleurale
      i   fistola f broncopleurica
      r   бронхоплевральный свищ m

B501   e   **bronchopneumonia, bronchopneumonitis**
      d   Bronchopneumonie f, Herdpneumonie f
      f   bronchopneumonie f, pneumonie f focale
      i   broncopneumonite f, broncopolmonite f
      r   бронхопневмония f, очаговая пневмония f

B502   e   **bronchopulmonary**
      d   bronchopulmonär
      f   broncho-pulmonaire
      i   broncopolmonare
      r   бронхолёгочный

B503   e   **bronchopulmonary segment**
      d   Bronchopulmonalsegment n
      f   segment m du poumon
      i   segmento m broncopolmonare
      r   бронхолёгочный сегмент m, сегмент m лёгкого

B504   e   **bronchopulmonary sequestration**
      d   Lungensequestration f
      f   séquestration f pulmonaire
      i   sequestrazione f broncopolmonare
      r   лёгочная секвестрация f

B505   e   **bronchorrhea**
      d   Bronchorrhoe f
      f   bronchorrhée f
      i   broncorrea f
      r   бронхорея f

B506   e   **bronchoscope**
      d   Bronchoskop n
      f   bronchoscope m
      i   broncoscopio m
      r   бронхоскоп m

B507   e   **bronchoscopy**
      d   Bronchoskopie f, Bronchusspiegelung f
      f   bronchoscopie f
      i   broncoscopia f
      r   (трахео)бронхоскопия f

B508   e   **bronchospasm**
      d   Bronchospasmus m, Bronchialmuskelkrampf m
      f   bronchospasme m
      i   broncospasmo m
      r   бронхоспазм m

B509   e   **bronchospirography**
      d   Bronchospirographie f
      f   bronchospirographie f
      i   broncospirografia f
      r   бронхоспирография f

B510   e   **bronchospirometry**
      d   Bronchospirometrie f
      f   bronchospirométrie f
      i   broncospirometria f
      r   бронхоспирометрия f

B511   e   **bronchotomy**
      d   Bronchotomie f, Bronchuseröffnung f
      f   bronchotomie f
      i   broncotomia f
      r   бронхотомия f

B512   e   **bronchus**
      d   Bronchus m
      f   bronche f
      i   bronco m
      r   бронх m

B513   e   **brown atrophy**
      d   braune Atrophie f
      f   atrophie f brune
      i   atrofia f bruna
      r   бурая атрофия f

B514   e   **brown lung induration**
      d   braune Lungeninduration f
      f   induration f brune essentielle du poumon, hémosidérose f pulmonaire essentielle
      i   emosiderosi f del polmone, indurimento bruno m del polmone
      r   бурое уплотнение n лёгких, гемосидероз m лёгких

B515   e   **brow presentation**
      d   Stirnlage f
      f   présentation f du front
      i   presentazione f di fronte
      r   лобное предлежание n

B516   e   **brucellin**
      d   Brucellin n

BULBAR CONJUNCTIVA

	f	mélitine *f*, abortine *f*
	i	brucellina *f*
	r	бруцеллин *m*
B517	*e*	brucellosis
	d	Brucellose *f*
	f	brucellose *f*
	i	brucellosi *f*
	r	бруцеллёз *m*
B518	*e*	bruise
	d	1. Ekchymose *f*, Blutgeschwulst *f* 2. Kontusion *f*
	f	1. suffusion *f*, ecchymose *f* 2. contusion *f*
	i	1. ecchimosi *f*, travaso *m* di sangue, lividura *f* 2. ferita *f* contusa, contusione *f*
	r	1. кровоподтёк *m*, синяк *m* 2. ушиб *m*
B519	*e*	bruit
	d	Geräusch *n*
	f	bruit *m*
	i	rumore *m*, рантоло *m*
	r	аускультативный феномен *m* [шум *m*, тон *m*]
B520	*e*	Brunner's gland
	d	Zwölffingerdarmdrüse *f*, Brunner-Drüse *f*
	f	glande *f* de Brunner [duodénale]
	i	ghiandola *f* di Brunner
	r	дуоденальная [бруннерова] железа *f*
B521	*e*	brush border
	d	Bürstensaum *m*
	f	bordure *f* en brosse
	i	orletto *m* a spazzola
	r	щёточная каёмка *f* (*кишечной ворсинки*)
B522	*e*	bubo
	d	Bubo *m*
	f	bubon *m*
	i	bubbone *m*
	r	бубон *m*
B523	*e*	bubonic plague
	d	Bubonenpest *f*
	f	peste *f* bubonique
	i	peste *f* bubbonica
	r	бубонная чума *f*
B524	*e*	bubonocele
	d	Leistenhernie *f*
	f	hernie *f* inguinale, bubonocèle *f*
	i	bubbonocele *m*
	r	паховая канальная грыжа *f*
B525	*e*	bubonuli *pl*
	d	Bubonuli *m pl*
	f	bubonules *m pl*
	i	bubbonuli *m pl*
	r	бубонули *pl*
B526	*e*	bucardia *see* bovine heart
B527	*e*	buccal cavity
	d	1. Vorraum *m* des Mundes 2. Zahnkarieshöhle *f* an der bukkalen Zahnseite
	f	1. vestibule *m* de la bouche 2. chambre *f* pulpaire, cavité *f* dentaire (du plan buccal)
	i	1. cavità *f* orale 2. carie *f* dentale della superficie boccale
	r	1. преддверие *n* полости рта 2. кариозная полость *f* на щёчной поверхности зуба
B528	*e*	buccinator
	d	Backenmuskel *m*
	f	muscle *m* buccinateur
	i	boccinatore *m*
	r	щёчная мышца *f*
B529	*e*	buckled aorta
	d	Pseudokoarktation *f* der Aorta
	f	pseudocoarctation *f* aortique
	i	pseudocoartazione *f* aortica
	r	псевдокоарктация *f* аорты
B530	*e*	Bucky's rays *see* borderline rays
B531	*e*	budding, bud fission
	d	Knospenbildung *f*
	f	gemmation *f*, gemmiparité *f*
	i	gemmazione *f*
	r	почкование *n*
B532	*e*	bud of urethra
	d	Harnröhrenbulbus *m*
	f	bulbe *m* de l'urètre
	i	bulbo *m* dell'uretra
	r	луковица *f* мочеиспускательного канала
B533	*e*	buffer solution
	d	Puffer *m*, Pufferlösung *f*
	f	solution *f* tampon
	i	soluzione *f* tampone
	r	буфер *m*, буферный раствор *m*
B534	*e*	buffy coat
	d	lichte Schicht *f* des Blutklumpens
	f	couche *f* claire du caillot sanguin
	i	trombo *m* bianco, testa *f* del trombo
	r	светлый слой *m* кровяного сгустка
B535	*e*	buggery *see* bestiality
B536	*e*	bulb
	d	Bulbus *m*, Zwiebel *f*
	f	bulbe *m*
	i	bulbo *m*
	r	луковица *f*
B537	*e*	bulbar conjunctiva
	d	Bulbusbindehaut *f*, Augapfelbindehaut *f*
	f	conjonctive *f* bulbaire

BULBAR PALSY

        i congiuntiva *f* bulbare
        r конъюнктива *f* глазного яблока

B538   *e* **bulbar palsy, bulbar paralysis**
        d Bulbärparalyse *f*
        f paralysie *f* bulbaire
        i paralisi *f* bulbare
        r бульбарный паралич *m*

B539   *e* **bulbar tractotomy**
        d Bulbärtraktotomie *f*
        f tractotomie *f* bulbaire
        i trattotomia *f* bulbare
        r бульбарная трактотомия *f*

B540   *e* **bulbitis**
        d Bulbitis *f*
        f bulbite *f*
        i bulbite *f*
        r бульбит *m*

B541   *e* **bulbocavernous reflex**
        d bulbokavernöser Reflex *m*
        f réflexe *m* bulbo-caverneux
        i riflesso *m* bulbocavernoso
        r бульбокавернозный рефлекс *m*

B542   *e* **bulb of eye**
        d Augapfel *m*
        f globe *m* oculaire
        i globo *m* [bulbo *m*] oculare
        r глазное яблоко *n*

B543   *e* **bulbourethral gland**
        d Bulbourethraldrüse *f*, Cowper-Drüse *f*
        f glande *f* bulbo-urétrale [de Cowper]
        i ghiandola *f* bulbouretrale [di Cowper]
        r бульбоуретральная [куперова] железа *f*

B544   *e* **bulimia**
        d Bulimie *f*, Heißhunger *m*
        f boulimie *f*
        i bulimia *f*
        r булимия *f*

B545   *e* **bulla**
        d Hautblase *f*
        f bulle *f*
        i bolla *f*
        r пузырь *m* (элемент сыпи)

B546   *e* **bullet forceps** *pl*
        d Kugelzange *f*
        f tire-balles *m*
        i pinza *f* per asportazione dei proiettili
        r пулевые щипцы *pl*

B547   *e* **bullous**
        d bullös
        f bulleux
        i bolloso
        r буллёзный

B548   *e* **bullous emphysema**
        d bullöses Lungenemphysem *n*
        f emphysème *m* pulmonaire bulleux
        i enfisema *m* polmonare bolloso
        r буллёзная эмфизема *f* лёгких

B549   *e* **bullous fever**
        d ansteckender Pemphigus *m*, Pemphigusfieber *n*
        f pemphigus *m* aigu fébrile
        i pemfigo *m* acuto
        r контагиозная пузырчатка *f*

B550   *e* **bundle**
        d Bündel *n*
        f faisceau *m*
        i fascio *m*
        r пучок *m*

B551   *e* **Bürger's disease**
        d Bürger-Krankheit *f*, obliterierende Thrombangiitis *f*, arterielle Verschlußkrankheit *f*
        f maladie *f* de Buerger, thromboangéite *f* oblitérante
        i morbo *m* di Bürger, tromboangioite *f* obliterante
        r болезнь *f* Бюргера, облитерирующий тромбангиит *m*

B552   *e* **burrowing hairs** *pl*
        d eingewachsene Haare *n pl*
        f cheveux *m pl* incarnés
        i capelli *m pl* incarniti
        r вросшие волосы *m pl*

B553   *e* **bush yaws** *pl*
        d Waldframbösie *f*, brasilische Frambösie *f*
        f pian *m*, framboesia *f*
        i framboesia *f* di bosco [del Brasile], leishmaniosi *f* americana [brasiliana]
        r тропическая фрамбезия *f*

B554   *e* **buttocks**
        d Gesäß *n*, Gesäßbacken *f pl*, Hinterbacken *f pl*
        f fesse *f*
        i natiche *f pl*
        r ягодицы *f pl*

B555   *e* **buttonhole fracture**
        d Lochbruch *m*
        f fracture *f* perforante
        i frattura *f* perforante
        r дырчатый перелом *m*

B556   *e* **butyrometer**
        d Butyrometer *n*
        f butyromètre *m*
        i butirrometro *m*
        r бутирометр *m*

B557   *e* **bypass**
        d Bypaß *m*, Anastomose *f*, Umgehungsweg *m*
        f anastomose *f*, shunt *m*
        i anastomosi *f* artificiale, by-pass *m*
        r обходной анастомоз *m*, шунт *m*

B558 e **byssinosis**
d Byssinose *f*, Baumwollpneumokoniose *f*, Baumwollstaublunge *f*
f byssinose *f*
i bissinosi *f*
r биссиноз *m*

B559 e **Bywaters' syndrome**
d Crush-Syndrom *n*, Bywaters-Syndrom *n*, Quetschungssyndrom *n*
f toxicose *f* traumatique
i sindrome *f* da schiacciamento [di Bywaters], crush-syndrome *f*
r травматический токсикоз *m*, синдром *m* Байуотерса, краш-синдром *m*

C

C1 e **cachectic**
d kachektisch, abgezehrt
f cachectique
i cachettico
r кахектический

C2 e **cachectic aphthae**
d Kachexieaphthen *f pl*
f maladie *f* de Riga
i aftosi *f* cachettica
r болезнь *f* Риги

C3 e **cachectic edema**
d kachektisches Ödem *n*
f œdème *m* cachectique
i edema *m* cachettico
r кахектический отёк *m*

C4 e **cachectic fever**
d viszerale Leishmaniose *f*, Kala-Azar *f*
f leishmaniose *f* viscérale, kala-azar *m*, fièvre *f* cachectique
i leishmaniosi *f* viscerale, kala-azar *m*
r висцеральный лейшманиоз *m*, кахектическая лихорадка *f*

C5 e **cachexia**
d Kachexie *f*, Abzehrung *f*, Kräfteverfall *m*
f cachexie *f*
i cachessia *f*
r кахексия *f*

C6 e **cachinnation**
d grundloses Lachen *n*
f rire *m* spasmodique
i riso *m* isterico, cachinno *m*
r истерический [беспричинный] смех *m*

C7 e **cacosmia**
d Kakosmie *f*
f cacosmie *f*
i cacosmia *f*
r какосмия *f*

C8 e **cadaver**
d Leiche *f*
f cadavre *m*
i cadavere *m*
r труп *m*

C9 e **cadaveric, cadaverous**
d Leichen...
f cadavérique
i cadaverico
r трупный

C10 e **cadaveric rigidity**
d Leichenstarre *f*, Totenstarre *f*
f rigidité *f* cadavérique
i rigidità *f* cadaverica
r трупное окоченение *n*

C11 e **caffei(ni)sm**
d Koffeinismus *m*
f caféi(ni)sme *m*
i caffeismo *m*
r кофеинизм *m*

C12 e **caisson disease**
d Caissonkrankheit *f*, Druckluftkrankheit *f*, Dekompressionskrankheit *f*, Taucherkrankheit *f*
f maladie *f* des caissons
i malattia *f* dei cassoni [da decompressione]
r декомпрессионная [кессонная] болезнь *f*

C13 e **calcaneal bone**
d Kalkaneusbein *n*, Fersenbein *n*
f calcanéum *m*
i calcagno *m*
r пяточная кость *f*

C14 e **calcaneal spur**
d Fersenbeinsporn *m*
f éperon *m* calcanéen
i sperone *m* calcaneale
r пяточная шпора *f*

C15 e **calcar**
d 1. Sporn *m* 2. Hauthorn *m*
f 1. éperon *m* 2. corne *f* cutanée
i 1. sperone *m* 2. corno *m* cutaneo
r 1. шпора *f* 2. кожный рог *m*

C16 e **calcareous metastasis**
d Kalkmetastase *f*
f métastase *f* calcaire
i metastasi *f* calcarea
r известковый метастаз *m*

C17 e **calcarine fissure, calcarine sulcus**
d Sulcus *m* calcarinus
f scissure *f* calcarine

	i	scissura f calcarina
	r	шпорная [зрительная] борозда f
C18	e	**calciferol**
	d	Kalziferol n, Vitamin n D
	f	calciférol m, vitamine f D
	i	calciferolo m, vitamina f D
	r	кальциферол m, витамин m D
C19	e	**calcification**
	d	Kalzifikation f, Verkalkung f
	f	calcification f
	i	calcificazione f
	r	обызвествление n, кальцификация f
C20	e	**calcified pericardium**
	d	Zuckergußherz n
	f	péricardite f calcifiée [calleuse]
	i	pericardite f calcifica
	r	глазурное сердце n
C21	e	**calcinosis**
	d	Kalzinose f, Kalkablagerung f
	f	calcinose f
	i	calcinosi f
	r	кальциноз m
C22	e	**calcitonin**
	d	Kalzitonin n
	f	calcitonine f
	i	calcitonina f
	r	кальцитонин m
C23	e	**calculus**
	d	Konkrement n, Stein m
	f	calcul m
	i	calcolo m
	r	конкремент m, камень m
C24	e	**calf**
	d	Wade f
	f	mollet m
	i	polpaccio m
	r	икра f (ноги)
C25	e	**calf bone**
	d	Wadenbein n
	f	péroné m
	i	perone m, fibula f
	r	малоберцовая кость f
C26	e	**calicectasis**
	d	Kalikektasie f, Nierenkelcherweiterung f
	f	calicectasie f
	i	calicectasia f
	r	расширение n почечных чашек
C27	e	**calicotomy**
	d	Nierenkelchschnitt m
	f	calicotomie f
	i	calicotomia f
	r	каликотомия f
C28	e	**calix**
	d	Nierenkelch m
	f	calice m rénal
	i	calice m renale
	r	почечная чашка f
C29	e	**callositas, callosity**
	d	Hautschwiele f, Schwiele f, Verschwielung f
	f	callosité f, callus m
	i	callo m, callosità f
	r	(кожная) мозоль f, омозолелость f
C30	e	**callous**
	d	schwielig, kallös
	f	calleux
	i	calloso
	r	мозолистый, каллёзный
C31	e	**callous ulcer**
	d	kallöses Geschwür n
	f	ulcère m calleux
	i	ulcera f callosa
	r	каллёзная язва f
C32	e	**caloric quotient**
	d	Kalorienäquivalent n
	f	quotient m calorique
	i	quoziente m [equivalente m] calorico
	r	калорический эквивалент m
C33	e	**calori(fi)c value**
	d	Brennwert m, kalorischer Wert m
	f	caloricité f
	i	valore m calorico
	r	калорийность f
C34	e	**calorimeter**
	d	Kalorimeter n
	f	calorimètre m
	i	calorimetro m
	r	калориметр m
C35	e	**calorimetry**
	d	Kalorimetrie f
	f	calorimétrie f
	i	calorimetria f
	r	калориметрия f
C36	e	**calvaria, calvarium**
	d	Schädelgewölbe n
	f	voûte f crânienne [du crâne], calotte f crânienne
	i	volta f cranica [del cranio]
	r	свод m черепа
C37	e	**calvities**
	d	Alopezie f, Kahlköpfigkeit f
	f	alopécie f
	i	calvizie f
	r	алопеция f, облысение n
C38	e	**calyx** see **calix**
C39	e	**cameloid cell**
	d	Ovalozyt m, Elliptozyt m
	f	ovalocyte m, elliptocyte m
	i	ovalocito m, ellittocita m
	r	овалоцит m

C40 e camisole
  d Zwangsjacke *f*
  f camisole *f* de force
  i camicia *f* di forza
  r смирительная рубашка *f*

C41 *e* campimeter
  d Kampimeter *n*, Gesichtsfeldmesser *m*
  f campimètre *m*
  i campimetro *m*
  r кампиметр *m*

C42 *e* canal
  d Kanal *m*
  f canal *m*
  i canale *m*, (con)dotto *m*
  r канал *m*, проток *m*

C43 *e* cancellous bone
  d Knochenschwammsubstanz *f*
  f os *m* spongieux
  i osso *m* spugnoso, spongiosa *f*
  r губчатое вещество *n* кости

C44 *e* cancer
  d Krebs *m*, Karzinom *n*
  f cancer *m*, carcinome *m*
  i cancro *m*, carcinoma *m*
  r рак *m*, карцинома *f*

C45 *e* cancer en cuirasse
  d Panzerkrebs *m*
  f cancer *m* en cuirasse
  i cancro *m* a corazza
  r панцирный рак *m*

C46 *e* cancerigenic *see* carcinogenic

C47 *e* cancerophobia
  d Kanzerophobie *f*
  f cancérophobie *f*
  i cancrofobia *f*
  r канцерофобия *f*, карцинофобия *f*

C48 *e* cancroid
  d Kankroid *n*, Hautkrebs *m*
  f cancroïde *m*
  i cancroide *m*
  r канкроид *m*

C49 *e* candidiasis
  d Kandidose *f*, Kandidamykose *f*
  f candidose *f*
  i candidiosi *f*, candidiasi *f*
  r кандидоз *m*, кандидамикоз *m*

C50 *e* canicola fever
  d Kanikolafieber *n*, Stuttgarter Hundeseuche *f*, Stuttgarter Hundefieber *n*
  f leptospirose *f*
  i leptospirosi *f*, febbre *f* canicolare
  r собачья [штуттгартская] лихорадка *f*

C51 *e* canine fossa
  d Oberkiefergrube *f*
  f fosse *f* canine
  i fossa *f* canina
  r собачья [клыковая] ямка *f*

C52 *e* canine spasm
  d sardonisches Lachen *n*
  f rire *m* sardonique
  i riso *m* sardonico
  r сардонический смех *m*

C53 *e* canine tooth
  d Eckzahn *m*
  f canine *f*, dent *f* canine
  i dente *m* canino, canino *m*
  r клык *m*

C54 *e* canker sore
  d geschwürige Stomatitis *f*
  f stomatite *f* gangréneuse [nécrotique]
  i ulcera *f* aftosa, stomatite *f* ulcerosa
  r гангренозный [язвенный, гангренозно-язвенный] стоматит *m*

C55 *e* cannabism
  d Haschischismus *m*, Kannabismus *m*
  f cannabisme *m*, hachichisme *m*
  i cannabismo *m*
  r гашишизм *m*, каннабизм *m*

C56 *e* cannonball pulse *see* Corrigan's pulse

C57 *e* cannula
  d Kanüle *f*
  f canule *f*
  i cannula *f*
  r канюля *f*

C58 *e* cantering rhythm
  d Galopprhythmus *m*
  f rythme *m* de galop
  i ritmo *m* di galoppo
  r ритм *m* галопа

C59 *e* canthoplasty
  d Kanthoplastik *f*
  f canthoplastie *f*
  i cantoplastica *f*
  r кантопластика *f*

C60 *e* canthus
  d Augenwinkel *m*
  f angle *m* palpébral, canthus *m*
  i canto *m*, angolo *m* palpebrale
  r угол *m* глаза

C61 *e* cap
  d 1. Decke *f* 2. Kappe *f* 3. Portiokappe *f*
  f 1. couvercle *m* 2. calotte *f*, bonnet *m* 3. cape *f* cervicale
  i 1. coperchio *m* 2. cappello *m* del medico 3. cappa *f* cervicale anticoncezionale
  r 1. крышка *f* 2. медицинская

CAPILLARECTASIA

           шапочка *f* 3. противозачаточный колпачок *m*

C62   *e*   capillarectasia
       d   Kapillarerweiterung *f*
       f   capillarectasie *f*
       i   ectasia *f* capillare
       r   капиллярэктазия *f*

C63   *e*   capillaroscopy
       d   Kapillaroskopie *f*
       f   capillaroscopie *f*
       i   capillaroscopia *f*
       r   капилляроскопия *f*

C64   *e*   capillar permeability
       d   Kapillardurchlässigkeit *f*
       f   perméabilité *f* capillaire
       i   permeabilità *f* dei capillari
       r   проницаемость *f* капилляров

C65   *e*   capillary
       d   Kapillare *f*
       f   capillaire *m*
       i   vaso *m* capillare
       r   капилляр *m*

C66   *e*   capillary nevus
       d   Kapillarhämangiom *n*
       f   nævus *m* capillare
       i   nevo *m* capillare
       r   капиллярная гемангиома *f* (кожи)

C67   *e*   capillary pulse
       d   Kapillarpuls *m*
       f   pouls *m* capillaire, signe *m* de Quincke
       i   polso *m* capillare
       r   (пре)капиллярный пульс *m*, симптом *m* Квинке

C68   *e*   capillus
       d   Kopfhaar *n*
       f   cheveu *m*
       i   capello *m*
       r   волос *m* (на голове)

C69   *e*   capitate bone
       d   Kopfbein *n*
       f   os *m* capitatum
       i   osso *m* capitato
       r   головчатая кость *f*

C70   *e*   capitular joint
       d   kostovertebrales Gelenk *n*
       f   articulation *f* costo-vertébrale
       i   articolazione *f* della testa della costa
       r   рёберно-позвоночный сустав *m*

C71   *e*   capsomere
       d   Kapsomer *n*
       f   capsomère *m*
       i   capsomero *m*
       r   капсомер *m*

C72   *e*   capsular antigen
       d   Kapselantigen *n*, Hüllenantigen *n*
       f   antigène *m* K
       i   antigene *m* K, antigene *m* capsulare
       r   капсульный антиген *m*, К-антиген *m*

C73   *e*   capsular cataract
       d   Kapselstar *m*
       f   cataracte *f* capsulaire
       i   cateratta *f* capsulare
       r   сумочная [капсулярная] катаракта *f*

C74   *e*   capsular glaucoma
       d   Kapselglaukom *n*
       f   glaucome *m* capsulaire
       i   glaucoma *m* capsulare
       r   капсулярная глаукома *f*

C75   *e*   capsule
       d   Kapsel *f*
       f   capsule *f*
       i   capsula *f*
       r   капсула *f*

C76   *e*   capsulitis
       d   Kapselentzündung *f*
       f   capsulite *f*
       i   capsulite *f*
       r   воспаление *n* капсулы, капсулит *m*

C77   *e*   capsulotomy
       d   Kapsulotomie *f*, Kapselschnitt *m*
       f   capsulotomie *f*
       i   capsulotomia *f*
       r   капсулотомия *f*

C78   *e*   caput
       d   Kopf *m*
       f   tête *f*
       i   testa *f*, capo *m*
       r   головка *f*

C79   *e*   carate
       d   Pinta *f*, Carate *f*
       f   caraté *m*, pinta *f*
       i   pinta *f*
       r   пинта *f*, карате *f*

C80   *e*   carbamide
       d   Karbamid *n*, Harnstoff *m*
       f   carbamide *m*, urée *f*
       i   carbamide *f*, urea *f*
       r   мочевина *f*, карбамид *m*

C81   *e*   carb(o)hemoglobin
       d   Karbhämoglobin *n*
       f   carbhémoglobine *f*
       i   carboemoglobina *f*
       r   карбгемоглобин *m*

C82   *e*   carbohydrate metabolism
       d   Kohlenhydratstoffwechsel *m*
       f   métabolisme *m* glucidique
       i   metabolismo *m* dei carboidrati
       r   углеводный обмен *m*

C83	e	carbohydrates *pl*
	d	Kohlenhydrate *n pl*
	f	hydrates *m pl* de carbone, glucides *m pl*
	i	carboidrati *m pl*
	r	углеводы *m pl*
C84	e	carbolic acid
	d	Karbolsäure *f*, Phenol *n*
	f	acide *m* carbolique [phénique], phénol *m*
	i	acido *m* carbolico [fenico], fenolo *m*
	r	фенол *m*, карболовая кислота *f*
C85	e	carbon dioxide, carbonic acid
	d	Kohlendioxid *n*
	f	anhydride *m* [gaz *m*] carbonique
	i	biossido *m* di carbonio, anidride *f* carbonica
	r	углекислый газ *m*, двуокись *f* углерода
C86	e	carbon monoxide
	d	Kohlenmonoxid *n*
	f	monoxyde *m* de carbone
	i	ossido *m* di carbonio
	r	оксид *m* углерода
C87	e	carboxyhemoglobin
	d	Carboxyhämoglobin *n*
	f	carboxyhémoglobine *f*
	i	carbossiemoglobina *f*
	r	карбоксигемоглобин *m*
C88	e	carboxylase
	d	Carboxylase *f*
	f	carboxylase *f*
	i	carbossilasi *f*
	r	карбоксилаза *f*
C89	e	carbuncle
	d	Karbunkel *m*
	f	anthrax *m*
	i	favo *m*
	r	карбункул *m*
C90	e	carcinogen
	d	Kanzerogen *n*, krebserzeugender Stoff *m*
	f	cancérogène *m*, carcinogène *m*
	i	cancerogeno *m*
	r	канцероген *m*, канцерогенное вещество *n*
C91	e	carcinogenesis
	d	Karzinogenese *f*, Kanzerogenese *f*
	f	carcinogenèse *f*
	i	cancerogenesi *f*, oncogenesi *f*
	r	канцерогенез *m*
C92	e	carcinogenic
	d	kanzerogen
	f	cancérogène, cancérigène
	i	cancerogen(ic)o
	r	канцерогенный

C93	e	carcinoid
	d	Karzinoid *n*
	f	carcinoïde *m*
	i	carcinoide *m*
	r	карциноид *m*, аргентаффинома *f*
C94	e	carcinoid syndrome
	d	Karzinoidsyndrom *n*
	f	syndrome *m* carcinoïde
	i	sindrome *f* da carcinoide
	r	карциноидный синдром *m*
C95	e	carcinoma *see* cancer
C96	e	carcinoma in situ
	d	intraepitheliales Karzinom *n*
	f	carcinome *m* intraépitélial
	i	carcinoma *m* in situ [intraepitelia]
	r	внутриэпителиальный рак *m*
C97	e	carcinomatosis
	d	Karzinomatose *f*, Karzinose *f*
	f	carcinomatose *f*, carcinose *f*
	i	carcinomatosi *f*, carcinosi *f*
	r	карциноматоз *m*
C98	e	carcinomatous
	d	karzinomatös
	f	carcinomateux
	i	carcinomatoso
	r	раковый, карциноматозный
C99	e	carcinosis *see* carcinomatosis
C100	e	cardia
	d	Kardia *f*, Magenmund *m*
	f	cardia *m*
	i	cardias *m*
	r	кардиальное отверстие *n*, кардия *f*
C101	e	cardiac
	d	kardial, Herz...
	f	cardiaque
	i	cardiaco
	r	сердечный
C102	e	cardiac accident
	d	Herzanfall *m*, Herzattacke *f*
	f	crise *f* cardiaque
	i	attacco *m* cardiaco
	r	сердечный приступ *m*
C103	e	cardiac achalasia
	d	Kardiospasmus *m*, Magenmundachalasie *f*, Magenmundkrampf *m*
	f	cardiospasme *m*, achalasie *f* du cardia
	i	cardiospasmo *m*, acalasia *f* cardiaca
	r	кардиоспазм *m*, ахалазия *f* кардии
C104	e	cardiac aneurysm
	d	Herz(wand)aneurysma *n*
	f	anévrisme *m* [anévrysme *m*] du cœur
	i	aneurisma *m* cardiaco
	r	аневризма *f* сердца

CARDIAC ARREST

C105　　e　cardiac arrest
　　　　d　Herzstillstand *m*, Asystolie *f*
　　　　f　asystolie *f*, arrêt *m* cardiaque
　　　　i　arresto *m* cardiaco
　　　　r　асистолия *f*, остановка *f* сердца

C106　　e　cardiac asthma
　　　　d　Herzasthma *n*
　　　　f　asthme *m* cardiaque
　　　　i　asma *m* cardiaco
　　　　r　сердечная астма *f*

C107　　e　cardiac catheterization
　　　　d　Herzkatheterisierung *f*
　　　　f　cathétérisme *m* cardiaque
　　　　i　cateterizzazione *f* cardiaca
　　　　r　катетеризация *f* сердца

C108　　e　cardiac cirrhosis
　　　　d　kardiale Leberzirrhose *f*, Stauungsleberzirrhose *f*
　　　　f　cirrhose *f* cardiaque
　　　　i　cirrosi *f* cardiaca
　　　　r　сердечный цирроз *m* печени

C109　　e　cardiac decompensation *see* cardiac failure

C110　　e　cardiac dropsy
　　　　d　kardiales Ödem *n*
　　　　f　œdèmes *m pl* cardiaques
　　　　i　edema *m* cardiaco
　　　　r　сердечные отёки *m pl*

C111　　e　cardiac enlargement *see* cardiectasia

C112　　e　cardiac failure
　　　　d　Herzinsuffizienz *f*
　　　　f　insuffisance *f* [décompensation *f*] cardiaque
　　　　i　insufficienza *f* cardiaca, scompenso *m* cardiaco
　　　　r　сердечная недостаточность *f*

C113　　e　cardiachalasia *see* cardiac achalasia

C114　　e　cardiac impulse
　　　　d　Herzstoß *m*
　　　　f　impulsion *f* cardiaque
　　　　i　pulsazione *f* cardiaca, battito *m* [impulso *m*] cardiaco
　　　　r　сердечный толчок *m*

C115　　e　cardiac index
　　　　d　Herzindex *m*
　　　　f　indice *m* cardiaque
　　　　i　indice *m* cardiaco
　　　　r　сердечный индекс *m*

C116　　e　cardiac infarction
　　　　d　Myokardinfarkt *m*, Herzinfarkt *m*
　　　　f　infarctus *m* du myocarde
　　　　i　infarto *m* cardiaco [del miocardio]
　　　　r　инфаркт *m* миокарда

C117　　e　cardiac insufficiency *see* cardiac failure

C118　　e　cardiac lung
　　　　d　Stauungslunge *f*
　　　　f　poumon *m* cardiaque
　　　　i　polmone *m* cardiaco [da stasi]
　　　　r　застойное лёгкое *n*

C119　　e　cardiac massage
　　　　d　Herzmassage *f*
　　　　f　massage *m* cardiaque
　　　　i　massaggio *m* cardiaco
　　　　r　массаж *m* сердца

C120　　e　cardiac monitor
　　　　d　Herzmonitor *m*, Herzüberwachungsgerät *n*
　　　　f　moniteur *m* cardiaque
　　　　i　monitore *m* cardiaco
　　　　r　кардиомонитор *m*

C121　　e　cardiac muscle
　　　　d　Herzmuskel *m*, Myokard *n*
　　　　f　myocarde *m*
　　　　i　miocardio *m*
　　　　r　миокард *m*, сердечная мышца *f*

C122　　e　cardiac neurosis *see* cardioneurosis

C123　　e　cardiac output
　　　　d　Herzminutenvolumen *n*
　　　　f　débit *m* cardiaque
　　　　i　gittata *f* cardiaca
　　　　r　сердечный выброс *m*, минутный объём *m* кровообращения

C124　　e　cardiac pericardium
　　　　d　Epikard *n*
　　　　f　épicarde *m*, péricarde *m* viscéral
　　　　i　epicardio *m*
　　　　r　эпикард *m*

C125　　e　cardiac sound
　　　　d　Herzton *m*
　　　　f　bruit *m* cardiaque
　　　　i　tono *m* cardiaco
　　　　r　тон *m* сердца

C126　　e　cardiac symphysis
　　　　d　Perikardverwachsung *f*
　　　　f　symphyse *f* péricardique
　　　　i　pericardiosinfisi *f*
　　　　r　сращение *n* перикарда

C127　　e　cardiac tamponade
　　　　d　Herztamponade *f*
　　　　f　tamponnade *f*, tamponnement *m* du cœur
　　　　i　tamponamento *m* del cuore
　　　　r　тампонада *f* сердца

C128　　e　cardiac ventricle
　　　　d　Herzkammer *f*
　　　　f　ventricule *m* du cœur
　　　　i　ventricolo *m* del cuore
　　　　r　желудочек *m* сердца

C129　　e　cardialgia

CARDIOPHOBIA

    d   1. Kardialgie *f* 2. Sodbrennen *n*
    f   1. cardialgie *f* 2. pyrosis *m*
    i   1. cardialgia *f* 2. pirosi *f*
    r   1. кардиалгия *f* 2. изжога *f*

C130   *e*   **cardiectasia**
    d   Herzdilatation *f*, Herzerweiterung *f*
    f   cardiectasie *f*, dilatation *f* du cœur
    i   cardiectasia *f*, cardiodilatazione *f*
    r   кардиэктазия *f*, расширение *n* сердца

C131   *e*   **cardiectomy**
    d   Kardiaresektion *f*
    f   cardiectomie *f*
    i   cardiectomia *f*
    r   резекция *f* кардиальной части желудка

C132   *e*   **cardinal points** *pl*
    d   Kardinalpunkte *m pl (des Sehsystems)*
    f   points *m pl* cardinaux (de l'œil)
    i   punti *m pl* cardinali
    r   кардинальные точки *f pl (оптической системы глаза)*

C133   *e*   **cardioangiography**
    d   Angiokardiographie *f*
    f   angiocardiographie *f*
    i   angiografia *f* cardiaca
    r   ангиокардиография *f*, кардиоангиография *f*

C134   *e*   **cardiocentesis**
    d   Herzpunktion *f*
    f   cardiocentèse *f*
    i   cardiocentesi *f*
    r   пункция *f* сердца

C135   *e*   **cardiocirrhosis** *see* **cardiac cirrhosis**

C136   *e*   **cardioclasia, cardioclasis** *see* **cardiorrhexis**

C137   *e*   **cardiodynia**
    d   Kardialgie *f*
    f   cardialgie *f*
    i   cardiodinia *f*
    r   кардиалгия *f*

C138   *e*   **cardiogram**
    d   Kardiogramm *n*
    f   cardiogramme *m*
    i   cardiogramma *m*
    r   кардиограмма *f*

C139   *e*   **cardiograph**
    d   Kardiograph *m*
    f   cardiographe *m*
    i   cardiografo *m*
    r   кардиограф *m*

C140   *e*   **cardiologist**
    d   Kardiologe *m*
    f   cardiologue *m*
    i   cardiologo *m*
    r   (врач-)кардиолог *m*

C141   *e*   **cardiology**
    d   Kardiologie *f*, Herzkunde *f*
    f   cardiologie *f*
    i   cardiologia *f*
    r   кардиология *f*

C142   *e*   **cardiomalacia**
    d   Kardiomalazie *f*, Herzmuskelerweichung *f*
    f   cardiomalacie *f*
    i   cardiomalacia *f*
    r   маляция *f* [размягчение *n*] миокарда

C143   *e*   **cardiomegaly**
    d   Kardiomegalie *f*, Herzvergrößerung *f*
    f   cardiomégalie *f*
    i   cardiomegalia *f*
    r   кардиомегалия *f*, расширение *n* сердца

C144   *e*   **cardiomyoliposis**
    d   Fettherz *n*, Herzverfettung *f*
    f   dégénérescence *f* graisseuse du cœur, cœur *m* gras
    i   cardiolipomatosi *f*
    r   жировая дистрофия *f* миокарда

C145   *e*   **cardiomyopathy**
    d   Kardiomyopathie *f*, Herzmuskelkrankheit *f*
    f   cardiomyopathie *f*
    i   cardiomiopatia *f*
    r   кардиомиопатия *f*

C146   *e*   **cardioneurosis**
    d   Kardioneurose *f*, Herzneurose *f*
    f   névrose *f* cardiaque, cœur *m* irritable
    i   cardionevrosi *f*, cuore *m* irritabile [nervoso, da sforzo]
    r   кардионевроз *m*, невроз *m* сердца

C147   *e*   **cardio-omentopexy**
    d   Omentokardiopexie *f*
    f   omentocardiopexie *f*
    i   cardioomentopessia *f*
    r   оментокардиопексия *f*

C148   *e*   **cardiopathy**
    d   Kardiopathie *f*
    f   cardiopathie *f*
    i   cardiopatia *f*
    r   кардиопатия *f*

C149   *e*   **cardiopericardiopexy**
    d   Kardioperikardiopexie *f*
    f   cardio-péricardopexie *f*
    i   cardiopericardiopessia *f*
    r   кардиоперикардиопексия *f*

C150   *e*   **cardiophobia**
    d   Kardiophobie *f*
    f   cardiophobie *f*

CARDIOPLASTY

        i   cardiofobia *f*
        r кардиофобия *f*

C151   *e* **cardioplasty**
        d Kardioplastik *f*, Magenmundplastik *f*
        f cardioplastie *f*
        i   cardioplastica *f*
        r кардиопластика *f*

C152   *e* **cardioplegia**
        d Kardioplegie *f*, Herzlähmung *f*
        f cardioplégie *f*
        i   cardioplegia *f*
        r кардиоплегия *f*

C153   *e* **cardioptosis**
        d Kardioptose *f*, Herztiefstand *m*
        f cardioptose *f*
        i   cardioptosi *f*, malattia *f* di Rummo
        r опущение *n* сердца, висячее сердце *n*

C154   *e* **cardiopulmonary**
        d kardiopulmonal
        f cardio-pulmonaire
        i   cardiopolmonare
        r сердечно-лёгочный, кардиопульмональный

C155   *e* **cardiopulmonary index**
        d Herz-Lungen-Koeffizient *m*, Martin-Index *m*
        f indice *m* cardio-pulmonaire
        i   indice *m* cardiopolmonare
        r сердечно-лёгочный коэффициент *m*

C156   *e* **cardiorrhaphy**
        d Herzmuskelnaht *f*
        f cardiorrhaphie *f*
        i   cardiorrafia *f*
        r кардиорафия *f*

C157   *e* **cardiorrhexis**
        d Kardiorrhexis *f*, Herzruptur *f*, Herzzerreißung *f*
        f cardiorrhexie *f*
        i   cardiorressi *f*
        r кардиорексис *m*, разрыв *m* сердца

C158   *e* **cardiosclerosis**
        d Kardiosklerose *f*, Myokardfibrose *f*
        f cardiosclérose *f*
        i   cardiosclerosi *f*
        r кардиосклероз *m*, миокардиосклероз *m*

C159   *e* **cardiospasm** see **cardiac achalasia**

C160   *e* **cardiovalvulotomy**
        d Kardiovalvulotomie *f*
        f (cardio)valvulotomie *f*
        i   valvolotomia *f* cardiaca
        r вальвулотомия *f*

C161   *e* **cardiovascular**
        d kardiovaskulär
        f cardio-vasculaire
        i   cardiovascolare
        r сердечно-сосудистый, кардиоваскулярный

C162   *e* **cardiovascular system**
        d kardiovaskuläres System *n*
        f système *m* cardio-vasculaire
        i   sistema *m* cardiovascolare
        r сердечно-сосудистая система *f*

C163   *e* **cardioversion**
        d Kardioversion *f*
        f défibrillation *f* (électrique), cardioversion *f*
        i   cardioversione *f*
        r электроимпульсная терапия *f*, кардиоверсия *f*

C164   *e* **carditis**
        d Karditis *f*, Herzentzündung *f*
        f cardite *f*
        i   cardite *f*
        r кардит *m*

C165   *e* **carer**
        d Fürsorgerin *f*
        f garde-malade *f*
        i   infermiere *m*, infermiera *f*
        r работник *m* отдела социального обеспечения, диспансерная сестра *f*, сиделка *f*

C166   *e* **caries**
        d Karies *f*
        f carie *f*
        i   carie *f*
        r кариес *m*

C167   *e* **carinate abdomen**
        d Kahnbauch *m*
        f abdomen *m* scaphoïde
        i   addome *m* a barca [carenato]
        r втянутый [ладьевидный] живот *m*

C168   *e* **carminative**
        d Karminativum *n*
        f carminatif *m*
        i   carminativo *m*
        r ветрогонное средство *n*

C169   *e* **carneous mole**
        d Fleischmole *f*
        f môle *f* charnue
        i   mola *f* carnosa
        r мясистый занос *m*

C170   *e* **carnification**
        d Karnifikation *f*
        f carnification *f*
        i   carnificazione *f*
        r карнификация *f*

C171   *e* **carnitine**
        d Karnitin *n*
        f carnitine *f*

CARTILAGE

	i	carnitina *f*
	r	карнитин *m*
C172	*e*	**carotene**
	d	Karotin *n*
	f	carotène *m*, carotine *f*
	i	carotene *m*
	r	каротин *m*
C173	*e*	**carotid**
	d	Karotis...
	f	carotidien
	i	carotideo
	r	каротидный
C174	*e*	**carotid artery**
	d	Karotis *f*, Halsschlagader *f*, Kopfschlagader *f*
	f	artère *f* carotide, carotide *f*
	i	arteria *f* carotide
	r	сонная артерия *f*
C175	*e*	**carotid body**
	d	Karotisknötchen *n*
	f	glomus *m* carotidien
	i	glomo *m* carotideo
	r	каротидный [сонный] гломус *m*, межсонный параганглий *m*
C176	*e*	**carotid body tumor**
	d	Karotiskörpergeschwulst *f*, Karotisgabeltumor *m*
	f	paragangliome *m* carotidien
	i	tumore *m* del glomo carotideo
	r	хемодектома *f*, каротидная опухоль *f*, каротидная параганглиома *f*
C177	*e*	**carotid bulb** *see* **carotid sinus**
C178	*e*	**carotid-cavernous fistula**
	d	karotis-kavernöse Fistel *f*
	f	fistule *f* carotido-caverneuse
	i	fistola *f* carotideocavernosa
	r	каротидно-кавернозный свищ *m*
C179	*e*	**carotid ganglion**
	d	Karotisganglion *n*
	f	ganglion *m* carotidien, ganglion *m* de Bock
	i	ganglio *m* carotideo [di Bock]
	r	сонный ганглий *m*
C180	*e*	**carotid sinus**
	d	Karotissinus *m*
	f	sinus *m* carotidien
	i	seno *m* carotideo
	r	сонный [каротидный] синус *m*
C181	*e*	**carotid sinus syncope**
	d	Karotissinusohnmacht *f*
	f	syncope *f* vaso-vagotonique
	i	sincope *f* del seno carotideo
	r	синокаротидный [вазовагальный] обморок *m*
C182	*e*	**carotin** *see* **carotene**

C183	*e*	**carpal**
	d	karpal, Handwurzel...
	f	carpien
	i	carpale
	r	запястный, карпальный
C184	*e*	**carpal articulation**
	d	proximales Handgelenk *n*
	f	articulation *f* radio-carpienne
	i	articolazione *f* intercarpica
	r	лучезапястный сустав *m*
C185	*e*	**carpal tunnel syndrome**
	d	Karpaltunnelsyndrom *n*
	f	syndrome *m* du canal carpien
	i	sindrome *f* del tunnel carpale
	r	синдром *m* карпального канала
C186	*e*	**carphologia, carphology**
	d	Karphologie *f*, Crocidismus *m*, Flockenlesen *n*
	f	carphologie *f*, crocidisme *m*
	i	carfologia *f*, crocidismo *m*
	r	карфология *f*, кроцидизм *m*
C187	*e*	**carpopedal spasm**
	d	Karpopedalspasmus *m*, Hand- und Fußkrampf *m*
	f	spasme *m* carpo-pédal
	i	spasmo *m* carpopedalico
	r	карпопедальный спазм *m*
C188	*e*	**carpoptosia, carpoptosis**
	d	Karpoptose *f*, Fallhand *f*
	f	main *f* tombante
	i	mano *f* cadente
	r	падающая кисть *f*
C189	*e*	**carrier**
	d	Überträger *m*
	f	porteur *m* de germes
	i	portatore *m*, veicolo *m*
	r	переносчик *m*, носитель *m* (*возбудителя инфекции*)
C190	*e*	**carrier cell**
	d	Phagozyt *m*, Freßzelle *f*
	f	phagocyte *m*
	i	fagocito *m*
	r	фагоцит *m*
C191	*e*	**Carrion's disease**
	d	Peruwarze *f*, Bartonellose *f*, Carrion-Krankheit *f*, Oroyafieber *n*
	f	maladie *f* de Carrion, verruga *m* du Pérou, bartonellose *f*
	i	malattia *f* di Carrion, bartonellosi *f*
	r	бартонеллёз *m*, перуанская бородавка *f*, болезнь *f* Карриона, лихорадка *f* Ороя
C192	*e*	**cartilage**
	d	1. Knorpel *m* 2. Knorpelgewebe *n*
	f	cartilage *m*

CARTILAGE CELL

     i cartilagine *f*
     r 1. хрящ *m* 2. хрящевая ткань *f*

C193 *e* cartilage cell, cartilage corpuscle
     d Knorpelzelle *f*, Chondrozyt *m*
     f chondrocyte *m*, cellule *f* cartilagineuse
     i condrocito *m*, cellula *f* cartilaginea
     r хондроцит *m*, хрящевая клетка *f*

C194 *e* cartilaginoid *see* chondroid

C195 *e* cartilaginous
     d knorpelig
     f cartilagineux
     i cartilagineo, condrale
     r хрящевой

C196 *e* cartilaginous joint
     d Knorpelgelenk *n*
     f synchondrose *f*
     i sincondrosi *f*
     r синхондроз *m*, хрящевое соединение *n*

C197 *e* cascade stomach
     d Kaskadenmagen *m*
     f estomac *m* en cascade
     i stomaco *m* a cascata
     r каскадный желудок *m*

C198 *e* case
     d 1. Fall *m*, Kasus *m* 2. Kasten *m*, Behälter *m*
     f 1. cas *m* 2. caisse *f*
     i 1. caso *m* 2. cassa *f*
     r 1. случай *m (заболевания)* 2. ящик *m*, контейнер *m*

C199 *e* caseation *see* caseous degeneration

C200 *e* case-control study
     d Fall-Kontroll-Studie *f*
     f étude *f* cas-témoin
     i studio *m* caso-controllo
     r исследование *n* «случай—контроль»

C201 *e* case history
     d Krankheitsgeschichte *f*
     f anamnèse *f*
     i anamnesi *f*
     r анамнез *m* заболевания

C202 *e* casein
     d Kasein *n*
     f caséine *f*
     i caseina *f*
     r казеин *m*

C203 *e* caseous degeneration, caseous necrosis
     d Verkäsungsnekrose *f*, käsige Degeneration *f*, käsige Nekrose *f*
     f nécrose *f* caséeuse
     i degenerazione *f* caseosa
     r творожистый [казеозный] некроз *m*, казеоз *m*

C204 *e* caseous pneumonia
     d käsige Pneumonie *f*
     f pneumonie *f* caséeuse
     i tubercolosi *f* polmonare caseosa
     r казеозная пневмония *f*

C205 *e* cast
     d 1. Abguß *m*, Moulage *f* 2. Harnzylinder *m*
     f 1. moulage *m* 2. cylindre *m* urinaire
     i 1. modello *m*, stampo *m* 2. cilindro *m*
     r 1. отливка *f (зубного протеза)* 2. цилиндр *m (мочевой)*

C206 *e* castor oil
     d Kastoröl *n*, Rizinusöl *n*
     f huile *f* de ricin
     i olio *m* di ricino
     r касторовое [клещевинное] масло *n*

C207 *e* castrate
     d Kastrat *m*, Eunuch *m*
     f castrat *m*
     i castrato *m*
     r кастрат *m*

C208 *e* castration
     d Kastration *f*, Keimdrüsenentfernung *f*, Entmannung *f*
     f castration *f*
     i castrazione *f*
     r кастрация *f*

C209 *e* casualty
     d 1. Unfall *m* 2. Verunglückte *m*, *f*
     f 1. accident *m* 2. victime *f* de l'accident
     i 1. infortunio *m*, incidente *m* 2. vittima *f* dell'accidente
     r 1. несчастный случай *m* 2. жертва *f* несчастного случая

C210 *e* catabolism
     d Katabolismus *m*
     f catabolisme *m*
     i catabolismo *m*
     r катаболизм *m*

C211 *e* catabolite
     d Katabolit *m*, Stoffwechselendprodukt *n*, Abbauprodukt *n*
     f catabolite *m*
     i catabolita *f*
     r катаболит *m*, продукт *m* катаболизма

C212 *e* catalase
     d Katalase *f*
     f catalase *f*
     i catalasi *f*
     r каталаза *f*

C213 *e* catalepsy

	d	Katalepsie f
	f	catalepsie f
	i	catalessia f
	r	каталепсия f
C214	e	**catalysis**
	d	Katalyse f
	f	catalyse f
	i	catalisi f
	r	катализ m
C215	e	**catalyst, catalyzer**
	d	Katalysator m
	f	catalyseur m
	i	catalizzatore m
	r	катализатор m
C216	e	**catamnesis**
	d	Katamnese f
	f	catamnèse f
	i	catamnesi f
	r	катамнез m
C217	e	**cataphasia**
	d	Kataphasie f
	f	cataphasie f
	i	catafasia f
	r	катафазия f
C218	e	**cataphoresis**
	d	Elektrophorese f
	f	électrophorèse f
	i	cataforesi f
	r	электрофорез m
C219	e	**cataplasm**
	d	Kataplasma n, warmer Breiumschlag m
	f	cataplasmes m pl
	i	cataplasma m
	r	припарки f pl
C220	e	**cataplexy**
	d	Kataplexie f
	f	cataplexie f
	i	cataplessia f
	r	катаплексия f, аффективная адинамия f
C221	e	**cataract**
	d	Katarakt f, grauer Star m
	f	cataracte f
	i	cateratta f
	r	катаракта f
C222	e	**catarrh**
	d	Katarrh m, katarrhalische Entzündung f
	f	catarrhe m
	i	catarro m
	r	катаральное воспаление n
C223	e	**catarrhal**
	d	katarrhalisch
	f	catarrhal
	i	catarrale
	r	катаральный
C224	e	**catarrhal croup**
	d	Pseudokrupp m
	f	faux croup m, croup m spasmodique, laringite f striduleuse
	i	falso crup m, laringite f stridula
	r	ложный круп m
C225	e	**catarrhal fever**
	d	Katarrh m der Atemwege, grippaler Infekt m
	f	catarrhe m aigu des voies respiratoires
	i	febbre f catarrale, influenza f
	r	острое респираторное заболевание n
C226	e	**catarrhal inflammation** *see* catarrh
C227	e	**catarrhal jaundice**
	d	infektiöse Hepatitis f
	f	hépatite f infectieuse
	i	ittero m catarrale
	r	инфекционный гепатит m, катаральная желтуха f
C228	e	**catarrhal ophthalmia**
	d	katarrhalische Augenbindehautentzündung f
	f	conjonctivite f [ophtalmie f] catarrhale
	i	congiuntivite f catarrale [acuta semplice]
	r	катаральный конъюнктивит m
C229	e	**catastrophic reaction**
	d	Katastrophenreaktion f
	f	réaction f de catastrophe (de K.Goldstein)
	i	reazione f di Goldstein
	r	реакция f катастрофы
C230	e	**catatonia, catatony**
	d	Katatonie f, katatonisches Syndrom n
	f	catatonie f, syndrome m catatonique
	i	catatonia f
	r	кататония f, кататонический синдром m
C231	e	**cat-cry syndrome**
	d	Katzenschreisyndrom n
	f	syndrome m du «cri du chat», syndrome m de Lejeune
	i	sindrome f di Lejeune
	r	болезнь f [синдром m] кошачьего крика
C232	e	**catecholamines** pl
	d	Katecholamine n pl
	f	catécholamines f pl
	i	catecolamine f pl
	r	катехоламины m pl
C233	e	**caterpillar dermatitis**
	d	Raupendermatitis f
	f	dermatite f caterpillaire
	i	dermatite f da larve
	r	гусеничный дерматит m

C234	e	caterpillar-hair ophthalmia
	d	Raupenhaarophthalmie *f*
	f	ophtalmie *f* noueuse
	i	congiuntivite *f* nodosa
	r	нодозная [узелковая] офтальмия *f*
C235	e	catgut
	d	Katgut *n*
	f	catgut *m*
	i	catgut *m*
	r	кетгут *m*
C236	e	catharsis
	d	1. Katharsis *f*, Darmreinigung *f*, Abführung *f* 2. Psychokatharsis *f*
	f	1. purgation *f* 2. (psycho)catharsis *f*
	i	1. purgazione *f*, catarsi *f* 2. psicocatarsi *f*
	r	1. очищение *n* кишечника 2. (психо)катарсис *m*
C237	e	cathepsin
	d	Kathepsin *n*
	f	cathepsine *f*
	i	catepsina *f*
	r	катепсин *m*, тканевая протеиназа *f*
C238	e	catheter
	d	Katheter *m*
	f	cathéter *m*
	i	catetere *m*
	r	катетер *m*
C239	e	catheterization
	d	Katheterismus *m*, Katheterung *f*
	f	cathétérisme *m*
	i	cateterizzazione *f*
	r	катетеризация *f*
C240	e	catlin(g)
	d	Amputationsmesser *n*
	f	bistouri *m* de Liston
	i	bisturi *m* amputante
	r	ампутационный нож *m*
C241	e	cat liver fluke
	d	Katzen(leber)egel *m*, *Opisthorchis felineus*
	f	*Distoma sibiricum, Opisthorchis felineus*
	i	*Opisthorchis felineus*
	r	кошачья двуустка *f*
C242	e	cat-scratch disease, cat-scratch fever
	d	Katzenkratzkrankheit *f*
	f	maladie *f* des griffures de chat
	i	malattia *f* da graffio di gatto, linforeticulosi *f* benigna di inoculazione
	r	болезнь *f* от кошачьих царапин, фелиноз *m*
C243	e	caudal
	d	kaudal, schwanzwärts
	f	caudal
	i	caudale
	r	каудальный, хвостовой
C244	e	caudal anesthesia
	d	Kaudalanästhesie *f*, Sakralanästhesie *f*
	f	anesthésie *f* caudale
	i	anestesia *f* sacrale
	r	сакральная [каудальная] анестезия *f*
C245	e	caudate lobe
	d	geschwänzter Leberlappen *m*
	f	lobe *m* caudé du fois
	i	lobo *m* caudato [di Spigelio]
	r	хвостатая [спигелиева] доля *f* печени
C246	e	caudatum
	d	Schweifkern *m*
	f	noyau *m* caudé
	i	nucleo *m* caudato
	r	хвостатое ядро *n*
C247	e	causalgia
	d	Kausalgie *f*
	f	causalgie *f*
	i	causalgia *f*
	r	каузалгия *f*, каузалгический синдром *m*
C248	e	causal treatment
	d	kausale Behandlung *f*
	f	traitement *m* étiotrope
	i	terapia *f* eziotropa, cura *f* causale
	r	этиотропное лечение *n*
C249	e	caustic, cauterant
	d	Ätzmittel *n*
	f	caustique *m*
	i	caustico *m*
	r	прижигающее средство *n*
C250	e	cauterization
	d	Kauterisation *f*, Ätzung *f*, Verätzung *f*
	f	cautérisation *f*
	i	cauterizzazione *f*
	r	прижигание *n*
C251	e	cautery
	d	Kauter *m*
	f	cautère *m*
	i	cauterio *m*
	r	термокаутер *m*, прибор *m* для прижигания
C252	e	cava
	d	Hohlvene *f*
	f	veine *f* cave
	i	cava *f*, vena *f* cava
	r	полая вена *f*
C253	e	caval valve
	d	Klappe *f* der unteren Hohlvene, Hohlvenenklappe *f*
	f	valvule *f* d'Eustache

CELIAC GANGLION

- *i* valvola *f* di Eustachio [della vena cava inferiore]
- *r* заслонка *f* нижней полой вены, евстахиева заслонка *f*

C254 *e* **cavern**
- *d* Kaverne *f*
- *f* caverne *f*
- *i* caverna *f*
- *r* каверна *f*

C255 *e* **cavernitis**
- *d* Kavernitis *f*, Schwellkörperentzündung *f*
- *f* cavernite *f*
- *i* cavernite *f*
- *r* каовернит *m*

C256 *e* **cavernoma**
- *d* Kavernom *n*, kavernöses Hämangiom *n*
- *f* cavernome *m*
- *i* emangioma *m* cavernoso, cavernoma *m*
- *r* кавернозная гемангиома *f*, каверном *f*

C257 *e* **cavernositis** see cavernitis

C258 *e* **cavernous**
- *d* kavernös
- *f* caverneux
- *i* cavernoso
- *r* пещеристый, кавернозный

C259 *e* **cavernous body**
- *d* Schwellkörper *m*
- *f* corps *m* caverneux
- *i* corpo *m* cavernoso
- *r* пещеристое [кавернозное] тело *n*

C260 *e* **cavernous hemangioma** see cavernoma

C261 *e* **cavernous lymphangiectasis**
- *d* kavernöses Lymphangiom *n*
- *f* lymphangiome *m* caverneux
- *i* linfangioma *m* cavernoso
- *r* кавернозная [пещеристая] лимфангиома *f*

C262 *e* **cavitation**
- *d* Höhlenbildung *f*
- *f* cavitation *f*
- *i* cavitazione *f*
- *r* кавернообразование *n*

C263 *e* **cavity**
- *d* Kavum *n*, Höhle *f*, Hohlraum *m*
- *f* cavité *f*
- *i* cavità *f*, cavo *m*
- *r* полость *f*

C264 *e* **C-bile**
- *d* C-Galle *f*
- *f* bile *f* C, bile *f* hépatique
- *i* bile *f* epatico
- *r* порция *f* C жёлчи, печёночная жёлчь *f*

C265 *e* **cebocephalus**
- *d* Zebozephalus *m*, Kebozephalus *m*
- *f* cébocéphale *m*
- *i* cebocefalo *m*
- *r* цебоцефал *m*

C266 *e* **cecal**
- *d* zökal
- *f* cæcal
- *i* cecale
- *r* слепокишечный

C267 *e* **cecofixation, cecopexy**
- *d* Zökumfixation *f*, Typhlopexie *f*, Blinddarmanheftung *f*
- *f* cæcopexie *f*, typhlopexie *f*
- *i* cecopessia *f*
- *r* цекопексия *f*, тифлопексия *f*

C268 *e* **cecoplication**
- *d* Zökoplikation *f*, Zökumraffung *f*
- *f* cæcoplicature *f*
- *i* cecoplicazione *f*
- *r* цекопликация *f*

C269 *e* **cecostomy**
- *d* Zökostomie *f*, Typhlostomie *f*
- *f* cæcostomie *f*, typhlostomie *f*
- *i* cecostomia *f*
- *r* цекостомия *f*, тифлостомия *f*

C270 *e* **cecotomy**
- *d* Zökotomie *f*, Typhlotomie *f*
- *f* cæcotomie *f*, typhlotomie *f*
- *i* cecotomia *f*
- *r* цекотомия *f*, тифлотомия *f*

C271 *e* **cecum**
- *d* Zökum *n*, Blinddarm *m*
- *f* cæcum *m*
- *i* cieco *m*
- *r* слепая кишка *f*

C272 *e* **celiac**
- *d* abdominal, Bauch...
- *f* abdominal, ventral, cœliaque
- *i* celiaco
- *r* абдоминальный, брюшной

C273 *e* **celiac disease**
- *d* Glutenkrankheit *f*, Glutenzöliakie *f*
- *f* maladie *f* cœliaque, cœliakie *f*
- *i* morbo *m* celiaco, malattia *f* celiaca, enteropatia *f* da glutine
- *r* глютеновая болезнь *f*, глютеночувствительная целиакия *f*

C274 *e* **celiac ganglion**
- *d* Zöliakalganglion *n*, Bauchhöhlenganglion *n*
- *f* ganglion *m* cœliaque [semi-lunaire]

CELIAC PLEXUS

	i	ganglio *m* celiaco
	r	чревный ганглий *m*
C275	*e*	celiac plexus
	d	Sonnengeflecht *n*
	f	plexus *m* solaire [cœliaque]
	i	plesso *m* celiaco
	r	солнечное сплетение *n*
C276	*e*	celioscopy
	d	Peritoneoskopie *f*, Laparoskopie *f*
	f	cœlioscopie *f*, laparoscopie *f*
	i	peritoneoscopia *f*, laparoscopia *f*
	r	перитонеоскопия *f*, лапароскопия *f*, целиоскопия *f*
C277	*e*	cell
	d	Zelle *f*
	f	cellule *f*
	i	cellula *f*
	r	1. клетка *f* 2. ячейка *f*
C278	*e*	cell center
	d	Zentrosom *m*, Zentralkörper *m*
	f	centrosome *m*
	i	centrosoma *m*, corpo *m* centrale
	r	центросома *f*, центральное тельце *n*
C279	*e*	cell-color ratio
	d	Färbeindex *m*
	f	valeur *f* globulaire [hémoglobinique]
	i	valore *m* emoglobinico [globulare]
	r	цветной показатель *m* крови
C280	*e*	cell culture
	d	Zellkultur *f*
	f	culture *f* cellulaire
	i	coltura *f* cellulare
	r	культура *f* клеток
C281	*e*	cell division
	d	Zellteilung *f*
	f	division *f* cellulaire
	i	divisione *f* cellulare
	r	деление *n* клеток
C282	*e*	cell drinking
	d	Pinozytose *f*
	f	pinocytose *f*
	i	pinocitosi *f*, idrofagocitosi *f*
	r	пиноцитоз *m*
C283	*e*	cell immunity
	d	Zellimmunität *f*, zelluläre Immunität *f*
	f	immunité *f* cellulaire
	i	immunità *f* cellulare
	r	клеточный иммунитет *m*
C284	*e*	cell inclusion
	d	Zytoplasmaeinschluß *m*
	f	inclusion *f* cytoplasmatique
	i	inclusione *f* cellulare, paraplasma *m*
	r	цитоплазматическое включение *n*
C285	*e*	cell membrane
	d	Zellmembran *f*, Zytolemm *n*
	f	membrane *f* cellulaire
	i	membrana *f* cellulare [plasmatica]
	r	клеточная оболочка *f*, плазматическая мембрана *f*, цитолемма *f*
C286	*e*	cell respiration
	d	Zellatmung *f*
	f	respiration *f* cellulaire
	i	respirazione *f* cellulare
	r	клеточное дыхание *n*
C287	*e*	cellular infiltration
	d	Zellinfiltration *f*, zelluläre Infiltration *f*
	f	infiltration *f* cellulaire
	i	infiltrato *m* cellulare
	r	клеточная инфильтрация *f*
C288	*e*	cellular pathology
	d	Zellpathologie *f*
	f	pathologie *f* cellulaire
	i	patologia *f* cellulare
	r	целлюлярная [клеточная] патология *f*
C289	*e*	cellulitis
	d	Zellulitis *f*, Zellgewebsentzündung *f*
	f	cellulite *f*
	i	cellulite *f*
	r	целлюлит *m*
C290	*e*	cellulose
	d	Zellstoff *m*
	f	cellulose *f*
	i	cellulosa *f*
	r	целлюлоза *f*, клетчатка *f*
C291	*e*	celom, celoma
	d	Coelom *n*, Zölom *n*
	f	cœlome *m*
	i	celoma *m*
	r	целом *m*, вторичная полость *f*
C292	*e*	celomic
	d	zölomisch
	f	cœlomique
	i	celomatico
	r	целомический
C293	*e*	cementocyte
	d	Zementozyt *m*
	f	cémentocyte *m*
	i	cementocito *m*
	r	цементоцит *m*
C294	*e*	cenesthesia
	d	Koenästhesie *f*
	f	cénesthésie *f*, cœnestésie *f*
	i	cenestesia *f*
	r	сенестезия *f*, общее чувство *f*
C295	*e*	cenophobia
	d	Kenophobie *f*, Agoraphobie *f*
	f	kénophobie *f*, cénophobie *f*
	i	cenofobia *f*
	r	кенофобия *f*, агорафобия *f*

C296 e censor
 d intrapsychische Zensur f
 f censure f (intrapsychique)
 i censura f
 r внутрипсихическая цензура f

C297 e center
 d 1. Zentrum n 2. Nervenzentrum n
 f 1. centre m 2. centre m nerveux
 i 1. centro m 2. centro m nervoso
 r 1. центр m 2. нервный центр m

C298 e central angiospastic retinitis, central angiospastic retinopathy see central serous retinopathy

C299 e central inhibition
 d Zentralhemmung f
 f inhibition f centrale
 i inibizione f centrale
 r центральное торможение n

C300 e central lobe of cerebrum
 d Zentrallappen m (des Gehirns)
 f lobe m central (du cerveau)
 i lobo m centrale (dell'encefalo)
 r островок m, центральная доля f (головного мозга)

C301 e central nervous system
 d Zentralnervensystem n
 f système m nerveux central
 i sistema m nervoso centrale
 r центральная нервная система f

C302 e central neuritis
 d zentrale [axiale] Neuritis f
 f névrite f centrale [axiale]
 i neurite f centrale [assiale]
 r центральный [аксиальный] неврит m

C303 e central paralysis
 d Zentrallähmung f, Pyramidenbahnlähmung f
 f paralysie f spastique
 i paralisi f centrale
 r центральный [спастический, пирамидный] паралич m

C304 e central pneumonia
 d Hiluspneumonie f, zentrale Lungenentzündung f
 f pneumonie f centrale
 i polmonite f centrale
 r центральная [прикорневая] пневмония f

C305 e central serous retinopathy
 d zentrale seröse Netzhautentzündung f
 f rétinopathie f séreuse centrale
 i retinopatia f sierosa centrale
 r центральная серозная ретинопатия f, центральный экссудативный ретинит m

C306 e central spindle see cleavage spindle

C307 e central tendon of diaphragm
 d Zwerchfellsehnenzentrum n
 f tendon m central du diaphragme
 i tendine m centrale del diaframma
 r сухожильный центр m диафрагмы

C308 e central terminal electrode
 d indifferente Elektrode f, Wilson-Elektrode f
 f électrode f de référence
 i elettrodo m centrale
 r нулевой электрод m, центральная терминаль f Уилсона

C309 e central vision
 d Zentralsehen n, Makulasehen n
 f vision f centrale
 i visione f centrale
 r центральное [макулярное, фовеальное] зрение n

C310 e centrifuga(liza)tion
 d Zentrifugierung f
 f centrifugation f
 i centrifugazione f
 r центрифугирование n

C311 e centrifuge
 d Zentrifuge f
 f centrifugeuse f
 i centrifuga f
 r центрифуга f

C312 e centrilobular emphysema
 d zentrilobuläres Lungenemphysem n
 f emphysème m pulmonaire centrolobulaire
 i enfisema m centrolobulare
 r центрилобулярная эмфизема f лёгких

C313 e centriole
 d Zentriol n
 f centriole m
 i centriolo m
 r центриоль f

C314 e centroacinar cell
 d zentroazinäre Zelle f
 f cellule f de Langerhans [centroacineuse]
 i cellula f di Langerhans [centroacinosa]
 r клетка f Лангерганса, центроацинозная клетка f

C315 e centromere
 d Zentromer n, Kinetochor n
 f centromère m
 i centromero m, costrizione f primaria
 r центромера f, кинетохор m

C316 e cephalalgia
 d Kephalgie f, Kopfschmerz m

CEPHALIC

	f	céphalalgie *f*
	i	cefalalgia *f*
	r	головная боль *f*, цефалгия *f*
C317	*e*	cephalic
	d	Kephal..., Zephal...
	f	céphalique
	i	cefalico
	r	1. головной 2. черепной
C318	*e*	cephalic index
	d	Kephalindex *m*, Schädelindex *m*
	f	indice *m* céphalique
	i	indice *m* cefalico
	r	черепной индекс *m*
C319	*e*	cephalic presentation
	d	Kopflage *f*
	f	présentation *f* céphalique
	i	presentazione *f* cefalica
	r	головное предлежание *n* (плода)
C320	*e*	cephalic tetanus
	d	Gesichtsstarrkrampf *m*, Kephalotetanus *m*
	f	tétanos *m* céphalique de Rose
	i	tetano *m* cefalico di Rose
	r	лицевой столбняк *m*, головной столбняк *m* Розе
C321	*e*	cephalic version
	d	Kephalversion *f*, Kopfwendung *f*
	f	version céphalique
	i	versione *f* cefalica
	r	акушерский поворот *m* на головку
C322	*e*	cephalic vesicle
	d	Hirnblase *f*
	f	vésicule *f* cérébrale [céphalique]
	i	vescicola *f* cefalica
	r	мозговой пузырь *m*
C323	*e*	cephalin
	d	Kephalin *n*
	f	céphaline *f*
	i	cefalina *f*
	r	кефалин *m*
C324	*e*	cephalocele
	d	Kephalozele *f*, Hirnbruch *m*, Gehirnhernie *f*
	f	céphalocèle *f*
	i	encefalocele *m*
	r	цефалоцеле *n*, черепно-мозговая грыжа *f*
C325	*e*	cephalocentesis
	d	Gehirnpunktion *f*, Kephalozentese *f*, Hirnpunktion *f*
	f	céphalocentèse *f*
	i	encefalocentesi *f*
	r	пункция *f* головного мозга
C326	*e*	cephalometrics, cephalometry
	d	Kephalometrie *f*, Kraniometrie *f*
	f	céphalométrie *f*, craniométrie *f*
	i	cefalometria *f*, craniometria *f*
	r	кефалометрия *f*, краниометрия *f*
C327	*e*	cephalopagus
	d	Kephalopagus *m*, Kraniopagus *m*
	f	céphalopage *m*, craniopage *m*
	i	cefalopago *m*, craniopago *m*
	r	краниопаг *m*, цефалопаг *m*
C328	*e*	cephalothoracopagus
	d	Kephalothorakopagus *m*
	f	céphalothoracopage *m*
	i	cefalotoracopago *m*
	r	цефалоторакопаг *m*
C329	*e*	cephalotomy
	d	Kephalotomie *f*, Kraniotomie *f*, Schädeleröffnung *f*
	f	céphalotomie *f*, craniotomie *f*
	i	cefalotomia *f*, craniotomia *f*
	r	краниотомия *f*, цефалотомия *f*
C330	*e*	cephalotribe
	d	Kephalotripter *m*, Kephalotrib *m*, Schädelzertrümmerer *m*
	f	céphalotribe *m*
	i	cefalotribo *m*
	r	кефалотриб *m*
C331	*e*	cephalotrigeminal angiomatosis
	d	Sturge-Weber-Krankheit *f*, enzephalotrigeminale Angiomatose *f*
	f	angiomatose *f* céphalotrigéminale, syndrome *m* de Sturge-Weber-Krabbe
	i	sindrome *f* di Sturge-Weber, angiomatosi *f* encefalotrigeminale
	r	синдром *m* Стерджа—Вебера—Краббе, энцефалотригеминальный ангиоматоз *m*
C332	*e*	cephalotripsy
	d	Kephalotripsie *f*, Schädelzertrümmerung *f*
	f	céphalotripsie *f*
	i	cefalotripsia *f*
	r	кефалотрипсия *f*
C333	*e*	cerasin
	d	Kerasin *n*
	f	cérasine *f*, kérasine *f*
	i	cerasina *f*
	r	керазин *m*
C334	*e*	ceratin
	d	Keratin *n*, Hornsubstanz *f*
	f	kératine *f*
	i	cheratina *f*
	r	кератин *m*
C335	*e*	ceratitis
	d	Keratitis *f*, Hornhautentzündung *f*
	f	kératite *f*
	i	cheratite *f*
	r	кератит *m*
C336	*e*	cerclage

CEREBROMENINGITIS

	d	Cerclage *n*
	f	cerclage *m*
	i	cerchiaggio *m*
	r	серкляж *m*
C337	*e*	**cerebellar**
	d	zerebellar
	f	cérébelleux
	i	cerebellare
	r	мозжечковый
C338	*e*	**cerebellar tonsil**
	d	Kleinhirntonsille *f*
	f	amygdale *f* cérébelleuse, tonsille *f* du cervelet
	i	tonsilla *f* del cervelletto
	r	миндалина *f* мозжечка
C339	*e*	**cerebellopontile [cerebellopontine] angle**
	d	Kleinhirnbrückenwinkel *m*
	f	angle *m* ponto-cérébelleux
	i	angolo *m* pontocerebellare
	r	мостомозжечковый угол *m*
C340	*e*	**cerebello-thalamic tract**
	d	zerebello-thalamische Bahn *f*
	f	faisceau *m* cérébello-thalamique
	i	fascio *m* cerebello-talamico
	r	мозжечково-таламический путь *m*
C341	*e*	**cerebellum**
	d	Zerebellum *n*, Kleinhirn *n*
	f	cervelet *m*
	i	cervelletto *m*
	r	мозжечок *m*
C342	*e*	**cerebral**
	d	zerebral, Hirn..., Gehirn...
	f	cérébral
	i	cerebrale
	r	церебральный
C343	*e*	**cerebral abscess**
	d	Gehirnabszeß *m*
	f	abcès *m* cérébral
	i	ascesso *m* cerebrale
	r	абсцесс *m* головного мозга
C344	*e*	**cerebral concussion**
	d	Gehirnerschütterung *f*
	f	commotion *f* cérébrale
	i	commozione *f* cerebrale
	r	сотрясение *n* (головного) мозга
C345	*e*	**cerebral cortex**
	d	Hirnrinde *f*
	f	cortex *m* cérébral
	i	corteccia *f* cerebrale
	r	кора *f* больших полушарий
C346	*e*	**cerebral deafness**
	d	zerebrale [zentrale] Taubheit *f*
	f	surdité *f* centrale
	i	sordità *f* centrale
	r	центральная глухота *f*
C347	*e*	**cerebral hemisphere**
	d	Gehirnhemisphäre *f*
	f	hémisphère *m* cérébral
	i	emisfero *m* del cervello [cerebrale]
	r	полушарие *n* большого мозга
C348	*e*	**cerebral hemorrhage**
	d	Hirnblutung *f*, Enzephalorrhagie *f*
	f	hémorragie *f* cérébrale
	i	emorragia *f* cerebrale
	r	кровоизлияние *n* в мозг
C349	*e*	**cerebral hernia**
	d	Hirnhernie *f*
	f	encéphalocèle *f*
	i	ernia *f* cerebrale
	r	(черепно-)мозговая грыжа *f*
C350	*e*	**cerebral palsy**
	d	Zerebralparalyse *f*
	f	paralysie *f* corticale
	i	paralisi *f* cerebrale
	r	корковый паралич *m*
C351	*e*	**cerebral sinus**
	d	Hirnsinus *m*
	f	sinus *m* de la dure-mère
	i	seno *m* della dura madre
	r	синус *m* [пазуха *f*] твёрдой мозговой оболочки
C352	*e*	**cerebral sphingolipidosis**
	d	zerebromakuläre Degeneration *f*, amaurotische Idiotie *f*
	f	idiotie *f* amaurotique, dégénérescence *f* cérébro-maculaire
	i	lipidosi *f* sfingomielinica
	r	(семейная) амавротическая идиотия *f*, церебромакулярная дегенерация *f*
C353	*e*	**cerebral ventricle**
	d	Gehirnventrikel *m*, Hirnkammer *f*
	f	ventricule *m* du cerveau
	i	ventricolo *m* cerebrale
	r	желудочек *m* (головного) мозга
C354	*e*	**cerebriform tongue**
	d	Furchenzunge *f*
	f	langue *f* cérébriforme [plicaturée, scrotale]
	i	lingua *f* cerebriforme
	r	складчатый язык *m*
C355	*e*	**cerebromalacia**
	d	Zerebromalazie *f*, Gehirnerweichung *f*, Hirnerweichung *f*
	f	cérébromalacie *f*
	i	cerebromalacia *f*, encefalomalacia *f*
	r	энцефаломаляция *f*, размягчение *n* мозга
C356	*e*	**cerebromeningitis**
	d	Meningoenzephalitis *f*
	f	méningo-encéphalite *f*, céphaloméningite *f*

CEREBROPATHIA

	i	meningoencefalite *f*
	r	менингоэнцефалит *m*
C357	*e*	cerebropathia, cerebropathy
	d	Enzephalopathie *f*, Zerebropathie *f*, Enzephalose *f*
	f	encéphalopathie *f*
	i	cerebropatia *f*
	r	энцефалопатия *f*, церебропатия *f*
C358	*e*	cerebropsychosis
	d	organische Psychose *f*
	f	psychose *f* organique
	i	psicosi *f* organica
	r	органический психоз *m*
C359	*e*	cerebrosclerosis
	d	Zerebrosklerose *f*, Gehirnsklerose *f*
	f	cérébrosclérose *f*
	i	cerebrosclerosi *f*
	r	энцефалосклероз *m*
C360	*e*	cerebrose
	d	Zerebrose *f*
	f	cérébrose *f*
	i	cerebrosio *m*, D-galattosio *m*
	r	цереброза *f*, галактоза *f*
C361	*e*	cerebrosis see cerebropathia
C362	*e*	cerebrospinal fever
	d	Zerebrospinalmeningitis *f*
	f	méningite *f* cérébro-spinale épidémique
	i	febbre *f* cerebrospinale
	r	менингококковый [эпидемический цереброспинальный] менингит *m*
C363	*e*	cerebrospinal fluid
	d	Zerebrospinalflüssigkeit *f*, Rückenmarkflüssigkeit *f*
	f	liquide *m* céphalo-rachidien, liquor *m*
	i	liquido *m* cefalorachidiano [cerebrospinale], liquor *m* cefalorachidiano
	r	цереброспинальная [спинномозговая] жидкость *f*, ликвор *m*
C364	*e*	cerebrospinal meningitis see cerebrospinal fever
C365	*e*	cerebrospinal tract
	d	Zerebrospinalbahn *f*, Pyramidenbahn *f*
	f	voie *f* pyramidale
	i	via *f* piramidale
	r	пирамидный [кортико-спинальный] путь *m*
C366	*e*	ceruloplasmin
	d	Zeruloplasmin *n*
	f	cérul(é)oplasmine *f*, cœrul(é)oplasmine *f*
	i	ceruloplasmina *f*
	r	церулоплазмин *m*
C367	*e*	cerumen
	d	Zerumen *n*, Ohrenschmalz *n*
	f	cérumen *m*
	i	cerume *m*
	r	ушная сера *f*
C368	*e*	ceruminous deafness
	d	Ohrenschmalztaubheit *f*
	f	surdité *f* cérumineuse
	i	sordità *f* prodotta dal cerume
	r	ослабление *n* слуха, обусловленное наличием серной пробки
C369	*e*	ceruminous gland
	d	Ohrenschmalzdrüse *f*, Zeruminaldrüse *f*
	f	glande *f* cérumineuse
	i	ghiandola *f* ceruminosa
	r	церуминозная [серная] железа *f*
C370	*e*	cervical
	d	zervikal
	f	cervical
	i	cervicale
	r	1. шейный, цервикальный 2. шеечный
C371	*e*	cervical adenitis
	d	Halslymphknotenentzündung *f*
	f	adénite *f* [lymphadénite *f*] cervicale
	i	linfadenite *f* cervicale
	r	шейный лимфаденит *m*
C372	*e*	cervical canal
	d	Zervikalkanal *m*, Zervixkanal *m*, Gebärmutterhalskanal *m*
	f	cavité *f* cervicale
	i	canale *m* cervicale
	r	канал *m* шейки матки, цервикальный канал *m*
C373	*e*	cervical fistula
	d	Halsfistel *f*
	f	fistule *f* cervicale
	i	fistola *f* cervicale
	r	свищ *m* шеи
C374	*e*	cervical gland
	d	1. Zervikaldrüse *f* 2. Halslymphknoten *m*
	f	glande *f* cervicale
	i	1. ghiandola *f* cervicale dell'utero 2. linfonodo *m* cervicale
	r	1. шеечная железа *f* матки 2. шейный лимфатический узел *m*
C375	*e*	cervical pregnancy
	d	Zervikalschwangerschaft *f*
	f	grossesse *f* cervicale
	i	gravidanza *f* ectopica
	r	шеечная беременность *f*
C376	*e*	cervical rib
	d	Halsrippe *f*
	f	côte *f* cervicale

	i	costa *f* cervicale
	r	шейное ребро *n*
C377	*e*	cervicectomy
	d	Zervixamputation *f*, Gebärmutterhalsentfernung *f*
	f	cervicectomie *f*
	i	cervicectomia *f*
	r	трахелэктомия *f*, удаление *n* шейки матки
C378	*e*	cervicitis
	d	Zervizitis *f*, Zervixentzündung *f*, Gebärmutterhalsentzündung *f*
	f	cervicite *f*
	i	cervicite *f*
	r	цервицит *m*
C379	*e*	cervicothoracic ganglion
	d	Sternganglion *n*
	f	ganglion *m* cervico-thoracique
	i	ganglio *m* stellato [cervico-toracico]
	r	шейно-грудной [звёздчатый] ганглий *m*
C380	*e*	cesarean delivery, cesarean operation, cesarean section
	d	Kaiserschnitt *m*, Kaiserschnittentbindung *f*, Schnittentbindung *f*
	f	opération *f* césarienne, césarienne *f*
	i	taglio *m* cesareo
	r	кесарево сечение *n*
C381	*e*	cesspool fever
	d	Bauchtyphus *m*
	f	fièvre *f* typhoïde
	i	tifo *m* addominale
	r	брюшной тиф *m*
C382	*e*	cestode
	d	Zestode *m*, Bandwurm *m*
	f	cestode *m*
	i	cestode *m*
	r	ленточный червь *m*, цестод *m*
C383	*e*	chagoma
	d	Chagom *n*
	f	chagome *m*
	i	chagoma *m*
	r	«шагома» *f* (*поражение кожи при болезни Шагаса*)
C384	*e*	chalasia, chalasis
	d	Chalasie f
	f	chalasie *f*
	i	calasia *f*
	r	халазия *f*
C385	*e*	chalazion
	d	Chalazion *n*, Hagelkorn *n*
	f	chalazion *m*
	i	calazio *m*
	r	халазион *m*
C386	*e*	chalcosis
	d	Chalkose *f*
	f	chalcose *f*
	i	calcosi *f*
	r	халькоз *m*
C387	*e*	chalicosis
	d	Chalikose *f*
	f	chalicose *f*, silicose *f*, cailloute *f*
	i	calicosi *f*
	r	халикоз *m*
C388	*e*	chalkstone
	d	Tophus *m*, Gichtknoten *m*
	f	tophus *m*
	i	tofo *m*
	r	(подагрический) тофус *m*
C389	*e*	chalone
	d	Chalon *n*
	f	chalone *f*
	i	calone *m*
	r	кейлон *m*, халон *m*
C390	*e*	chancre
	d	Schanker *m*
	f	chancre *m*
	i	ulcera *f* luetica, sifiloma *m* primario
	r	шанкр *m*
C391	*e*	chancroid
	d	weicher Schanker *m*, Chankroid *n*
	f	chancre *m* mou, chancroïde *m*, chancrelle *f*
	i	ulcera *f* luetica [venerea]
	r	мягкий шанкр *m*, шанкроид *m*
C392	*e*	channel
	d	Kanal *m*
	f	canal *m*
	i	canale *m*
	r	канал *m*
C393	*e*	chapped lips *pl*
	d	aufgesprungene Lippen *f pl*
	f	lèvres *f pl* gercées
	i	labbra *f pl* screpolate
	r	потрескавшиеся губы *f pl*
C394	*e*	character
	d	1. Charakter *m* 2. Merkmal *n*; Symptom *n*
	f	1. caractère *m* 2. signe *m*, symptôme *m*
	i	1. carattere *m* 2. segno *m*, sintomo *m*
	r	1. характер *m* 2. признак *m*, симптом *m*
C395	*e*	charcoal
	d	Holzkohle *f*
	f	charbon *m* de bois
	i	carbone *m* vegetale [di legno]
	r	древесный уголь *m*
C396	*e*	Charcot-Marie-Tooth atrophy
	d	neurale progressive Muskelatrophie *f*

f amyotrophie *f* péronière de Charcot-Marie-Tooth
i atrofia *f* muscolare peroneale, sindrome *f* di Charcot-Marie-Tooth
r наследственная невральная амиотрофия *f* Шарко—Мари—Тута

C397 *e* charge nurse
d Stationsschwester *f*
f infirmière *f* soignante
i infermiera *f* di corsia
r палатная медицинская сестра *f*

C398 *e* charlatanism
d Kurpfuscherei *f*
f charlatanisme *m*
i ciarlataneria *f*
r шарлатанство *n*

C399 *e* cheek
d Wange *f*, Backe *f*
f joue *f*
i guancia *f*
r щека *f*

C400 *e* cheek bone
d Jochbein *n*
f os *m* jugal [zygomatique]
i osso *m* zigomatico [malare], zigomo *m*
r скуловая кость *f*

C401 *e* cheek muscle
d Wangenmuskel *m*, Backenmuskel *m*
f muscle *m* buccinateur
i muscolo *m* buccinatore
r щёчная мышца *f*, мышца *f* щеки

C402 *e* cheek tooth
d Molar *m*, Mahlzahn *m*
f molaire *f*
i molare *m*
r моляр *m*, большой коренной зуб *m*

C403 *e* cheesy pneumonia *see* caseous pneumonia

C404 *e* cheilitis
d Cheilitis *f*, Lippenentzündung *f*
f chéilite *f*
i cheilite *f*
r хейлит *m*

C405 *e* cheiloplasty
d Cheiloplastik *f*, Lippenplastik *f*
f chéiloplastie *f*
i cheiloplastica *f*
r хейлопластика *f*

C406 *e* cheilosis
d Cheilosis *f*
f chéilosis *m*, chéilite *f* exfoliatrice
i cheilosi *f*
r хейлоз *m*

C407 *e* cheirospasm

d Cheirospasmus *m*, Schreibkrampf *m*
f chéirospasme *m*, crampe *f* des écrivains
i cheirospasmo *m*, crampo *m* degli scrivani
r писчий спазм *m*, графоспазм *m*, писчая судорога *f*

C408 *e* cheloid
d Keloid *n*
f chéloïde *f*
i cheloide *f*
r келоид *m*

C409 *e* chemical prophylaxis *see* chemoprophylaxis

C410 *e* chemist
d Apotheker *m*
f pharmacien *m*, apothicaire *m*
i farmacista *m*
r аптекарь *m*

C411 *e* chemoceptor *see* chemoreceptor

C412 *e* chemodectoma
d Chemodectom *n*, nichtchromaffines Paragangliom *n*
f chémodectome *m*, paragangliome *m* non chromaffine
i chemodectoma *m*, paraganglioma *m* non cromaffine
r каротидная хемодектома *f*, нехромаффинная параганглиома *f*

C413 *e* chemoimmunology
d Immunochemie *f*
f immunochimie *f*
i immunochimica *f*
r иммунохимия *f*

C414 *e* chemoprophylaxis
d Chemoprophylaxe *f*
f chimioprophylaxie *f*, prophylaxie *f* médicamenteuse
i chemioprofilassi *f*
r химиопрофилактика *f*

C415 *e* chemoreceptor
d Chemorezeptor *m*
f chémorécepteur *m*
i chemio(re)cettore *m*
r хемо(ре)цептор *m*

C416 *e* chemoreceptor tumor *see* chemodectoma

C417 *e* chemosis
d Chemosis *f*, Konjunktivalödem *n*, Bindehautschwellung *f*
f chémosis *m*
i chemosi *f*
r хемоз *m*

C418 *e* chemosynthesis
d Chemosynthese *f*

	f	chimiosynthèse *f*
	i	chemiosintesi *f*
	r	хемосинтез *m*
C419	*e*	**chemotaxis, chemotaxy**
	d	Chemotaxis *f*
	f	chimiotaxie *f*, chimiotactisme *m*
	i	chemiotassi *f*, chemiotattismo *m*
	r	хемотаксис *m*
C420	*e*	**chemotherapeutic index**
	d	chemotherapeutischer Index *m*
	f	indice *m* chimiothérapique
	i	indice *m* chemioterapico
	r	химиотерапевтический индекс *m*
C421	*e*	**chest**
	d	Thorax *m*, Brustkorb *m*
	f	thorax *m*
	i	torace *m*
	r	грудная клетка *f*
C422	*e*	**chest lead (of ECG)**
	d	Brustwandableitung *f* (des EKG)
	f	déviation *f* thoracale (d'ECG)
	i	derivazione *f* toracica (d'ECG)
	r	грудное отведение *n* (ЭКГ)
C423	*e*	**chewing force**
	d	Kaumuskelkraft *f*
	f	force *f* des masséters
	i	forza *f* dei muscoli masticatori
	r	сила *f* жевательных мышц
C424	*e*	**Cheyne-Stokes respiration**
	d	Cheyne-Stokes-Atmung *f*
	f	respiration *f* de Cheyne-Stokes [intermittente, périodique]
	i	respiro *m* di Cheyne-Stokes [periodico]
	r	дыхание *n* Чейна—Стокса
C425	*e*	**chiasm(a)**
	d	1. Chiasma *n* 2. Sehnervenkreuzung *f*
	f	1. chiasma *m* 2. chiasma *m* optique
	i	1. chiasma *m* 2. chiasma *m* ottico
	r	1. хиазма *f* 2. зрительный перекрест *m*
C426	*e*	**chiasma syndrome**
	d	Chiasmasyndrom *n*
	f	syndrome *m* chiasmatique
	i	sindrome *f* chiasmatica
	r	хиазмальный синдром *m*
C427	*e*	**chick antipellagra factor**
	d	Pantothensäure *f*
	f	acide *m* pantothénique
	i	acido *m* pantotenico
	r	пантотеновая кислота *f*
C428	*e*	**chicken breast**
	d	Hühnerbrust *f*, Kielbrust *f*
	f	thorax *m* en carène [en bréchet]
	i	torace *m* carenato
	r	килевидная грудная клетка *f*, килевидная [куриная] грудь *f*
C429	*e*	**chickenpox**
	d	Varicella *f*, Windpocken *pl*, Schafpocken *pl*, Wasserpocken *pl*
	f	varicelle *f*
	i	varicella *f*
	r	ветряная оспа *f*
C430	*e*	**chief cell of stomach**
	d	Hauptzelle *f* des Magens
	f	cellule *f* principale [pariétale] (gastrique)
	i	cellula *f* adelomorfa (di stomaco)
	r	главный гландулоцит *m* (желудка)
C431	*e*	**chilblain**
	d	Frostbeule *f*
	f	gelure *f* du premier degré, froidure *f*
	i	gelone *m*, eritema *m* pernio
	r	лёгкое отморожение *n*
C432	*e*	**childbirth**
	d	Geburt *f*, Entbindung *f*
	f	accouchement *m*
	i	parto *m*
	r	роды *pl*
C433	*e*	**childhood**
	d	Kindheit *f*; Kindesalter *n*
	f	enfance *f*
	i	infanzia *f*
	r	детство *n*, детский возраст *m*
C434	*e*	**childhood muscular dystrophy**
	d	pseudohypertrophische Muskeldystrophie *f*
	f	myopathie *f* pseudo-hypertrophique (de Duchenne de Boulogne)
	i	distrofia *f* muscolare pseudoipertrofica
	r	псевдогипертрофическая миопатия *f*
C435	*e*	**chill**
	d	Schüttelfrost *m*
	f	frisson *m*
	i	brivido *m* (di freddo)
	r	озноб *m*
C436	*e*	**chill of death**
	d	Leichenkälte *f*
	f	refroidissement *m* du cadavre
	i	raffreddamento *m* di cadavere
	r	трупное охлаждение *n*
C437	*e*	**chimera**
	d	Chimäre *f*
	f	chimère *f*
	i	chimera *f*, mosaico *m*
	r	химера *f*, мозаик *m*
C438	*e*	**chimney sweep's cancer**
	d	Schornsteinfegerkrebs *m*, Skrotalhautkarzinom *n*, Skrotumkarzinom *n*

CHIN

	f	cancer *m* des ramoneurs
	i	cancro *m* squamocellulare degli spazzacamini
	r	рак *m* трубочистов
C439	*e*	**chin**
	d	Kinn *n*
	f	menton *m*
	i	mento *m*
	r	подбородок *m*
C440	*e*	**«Chinese restaurant» syndrome**
	d	Syndrom *n* des chinesischen Restaurants
	f	syndrome *m* du restaurant chinois
	i	sindrome *f* del ristorante cinese
	r	синдром *m* китайского ресторана
C441	*e*	**chin jerk**
	d	Kinnreflex *m*, Mandibularreflex *m*
	f	réflexe *m* mandibulaire
	i	riflesso *m* mandibolare
	r	мандибулярный рефлекс *m*
C442	*e*	**chiropractic**
	d	Chiropraxis *f*
	f	chiropractie *f*
	i	chiropratica *f*
	r	хиропрактика *f*
C443	*e*	**chitin**
	d	Chitin *n*
	f	chitine *f*
	i	chitina *f*
	r	хитин *m*
C444	*e*	**chloasma**
	d	Chloasma *n*
	f	chloasma *m*
	i	cloasma *m*
	r	хлоазма *f*
C445	*e*	**chloraemia**
	d	Hyperchlorämie *f*
	f	hyperchlorémie *f*
	i	cloremia *f*
	r	гиперхлоремия *f*
C446	*e*	**chlorinated**
	d	chloriert
	f	chloré
	i	clorurato
	r	хлорированный
C447	*e*	**chlorinated lime**
	d	Chlorkalk *m*
	f	chlorure *m* de chaux
	i	cloruro *m* di calce
	r	хлорная известь *f*
C448	*e*	**chlorine**
	d	Chlor *n*
	f	chlore *m*
	i	cloro *m*
	r	хлор *m*
C449	*e*	**chloroformism**
	d	Chloroformabusus *m*
	f	chloroformisme *m*, chloroformomanie *f*
	i	cloroformismo *m*
	r	хлороформомания *f*
C450	*e*	**chloroleukaemia, chloroma**
	d	Chloroleukämie *f*, Chloroleukose *f*
	f	chlorome *m*, maladie *f* de Balfour
	i	cloroma *m*, sarcoma *m* granulocitico [mieloide]
	r	хлорлейкоз *m*, хлорлейкемия *f*, хлорома *f*
C451	*e*	**chloropenia**
	d	Chloropenie *f*, Hypochlorämie *f*
	f	chloropénie *f*, hypochlorémie *f*
	i	cloropenia *f*
	r	гипохлоремия *f*
C452	*e*	**chlorop(s)ia**
	d	Chloropsie *f*, Grünsehen *n*, Grünsichtigkeit *f*
	f	chloropsie *f*
	i	cloropsia *f*
	r	хлоропсия *f*
C453	*e*	**chlorosis, chlorotic anemia**
	d	Chlorose *f*, Bleichsucht *f*, Chloranämie *f*
	f	chlorose *f*
	i	clorosi *f*, anemia *f* clorotica
	r	ранний [ювенильный] хлороз *m*
C454	*e*	**choanae** *pl*
	d	Choanen *f pl*
	f	choanes *m pl*
	i	coane *f pl*
	r	хоаны *f pl*
C455	*e*	**choanal polypus**
	d	retronasaler [choanaler] Polyp *m*
	f	polype *m* rétronasal [choanal]
	i	polipo *m* coanale
	r	ретроназальный [хоанальный] полип *m*
C456	*e*	**chocolate cyst**
	d	Schokoladenzyste *f*
	f	kyste *m* endométrioïde de l'ovaire, kyste *m* chocolat
	i	cisti *f* cioccolata (dell'ovaio)
	r	эндометриоидная кистома *f* яичника, шоколадная киста *f*
C457	*e*	**choked disk**
	d	Stauungspapille *f*, Papillenödem *n* (des Auges)
	f	stase *f* papillaire
	i	papilla *f* da stasi
	r	застойный диск *m* [сосок *m*] (зрительного нерва)
C458	*e*	**cholangetic jaundice**
	d	Retentionsikterus *m*
	f	ictère *m* mécanique

    i   ittero *m* colestatico
    r   обтурационная [застойная, механическая] желтуха *f*

C459 *e* **cholangiocarcinoma**
    d Cholangiokarzinom *n*, Gallengangskarzinom *n*, cholangiozellulärer Krebs *m*
    f   cholangiocarcinome *m*, épitélioma *m* cholangiocellulaire
    i   colangiocarcinoma *m*, colangioma *m* maligno
    r   холангиоцеллюлярный рак *m*, холангиокарцинома *f*

C460 *e* **cholangioenterostomy**
    d Cholangioenterostomie *f*
    f   cholangio-entérostomie *f*, hépato-entérostomie *f*
    i   colangioenterostomia *f*
    r   холангиоэнтеростомия *f*

C461 *e* **cholangiography**
    d Cholangiographie *f*, Gallengangskontrastdarstellung *f*
    f   cholangiographie *f*
    i   colangiografia *f*
    r   холангиография *f*

C462 *e* **cholangiohepatitis**
    d Cholangiohepatitis *f*
    f   hépato-cholangite *f*, cholangio-hépatite *f*
    i   colangioepatite *f*
    r   гепатохолангит *m*, холангиогепатит *m*

C463 *e* **cholangiolitic cirrhosis**
    d cholangiolitische Leberzirrhose *f*
    f   cirrhose *f* cholangiolitique
    i   cirrosi *f* colangiotica
    r   холангиолитический цирроз *m* печени

C464 *e* **cholangiolitic hepatitis**
    d cholangiolitische Leberentzündung *f*
    f   cholangiolite *f*
    i   epatite *f* colestatica
    r   холангиолитический гепатит *m*

C465 *e* **cholangiolitis**
    d Cholangiolitis *f*
    f   cholangiolite *f*
    i   colangiolite *f*
    r   холангиолит *m*

C466 *e* **cholangioma**
    d Cholangiom *n*, Gallengangstumor *m*, Gallenwegsgeschwulst *f*
    f   cholangiome *m*
    i   colangioma *m*
    r   холангиома *f*, аденома *f* жёлчных путей

C467 *e* **cholangioscopy**
    d Cholangioskopie *f*
    f   cholangioscopie *f*
    i   colangioscopia *f*
    r   холангиоскопия *f*

C468 *e* **cholangitis**
    d Cholangitis *f*, Angiocholitis *f*
    f   cholangite *f*, angiocholite *f*
    i   colangite *f*, angiocolite *f*
    r   холангит *m*, ангиохолит *m*

C469 *e* **cholate**
    d Cholat *n*
    f   cholate *m*
    i   colato *m*
    r   холат *m*

C470 *e* **cholecalciferol**
    d Cholekalziferol *n*, Vitamin *n* D_3
    f   colécalciférol *m*, cholécalciférol *m*, vitamine *f* D_3
    i   colecalciferolo *m*, vitamina *f* D_3
    r   холекальциферол *m*, витамин *m* D_3

C471 *e* **cholechrome**
    d Gallenpigment *n*
    f   pigment *m* biliaire
    i   pigmento *m* biliare
    r   жёлчный пигмент *m*

C472 *e* **cholecystangiography**
    d Cholezystangiographie *f*
    f   angiocholécystographie *f*
    i   colangiografia *f*
    r   внутривенная холеграфия *f*, внутривенная холангиохолецистография *f*

C473 *e* **cholecystectasia**
    d Cholezystektasie *f*
    f   cholécystectasie *f*
    i   colecistectasia *f*
    r   холецистэктазия *f*

C474 *e* **cholecystectomia**
    d Cholezystektomie *f*
    f   cholécystectomie *f*
    i   colecistectomia *f*
    r   холецистэктомия *f*

C475 *e* **cholecystenterostomy**
    d Cholezystenterostomie *f*
    f   cholécysto-entérostomie *f*
    i   colecistenterostomia *f*
    r   холецистэнтеростомия *f*

C476 *e* **cholecyst(is)**
    d Gallenblase *f*
    f   vésicule *f* biliaire, cholécyste *m*
    i   colecisti *f*, cistifellea *f*
    r   жёлчный пузырь *m*

C477 *e* **cholecystitis**
    d Cholezystitis *f*, Gallenblasenentzündung *f*
    f   cholécystite *f*
    i   colecistite *f*
    r   холецистит *m*

CHOLECYSTOCOLOSTOMY

C478   e   cholecystocolostomy
       d   Cholezystokolostomie f,
          Gallenblasen-Kolon-Anastomose f,
          Gallenblasen-Dickdarm-Fistelung f
       f   cholécysto-colostomie f
       i   colecistocolostomia f
       r   холецистоколостомия f

C479   e   cholecystoduodenostomy
       d   Cholezystoduodenostomie f,
          Gallenblasen-Zwölffingerdarm-
          Anastomose f, Gallenblasen-
          Duodenum-Fistelung f
       f   cholécysto-duodénostomie f
       i   colecistoduodenostomia f
       r   холецистодуоденостомия f

C480   e   cholecystogastrostomy
       d   Cholezystogastrostomie f,
          Gallenblasen-Magen-Anastomose f,
          Gallenblasen-Magen-Fistelung f
       f   cholécysto-gastrostomie f
       i   colecistogastrostomia f
       r   холецистогастростомия f

C481   e   cholecystography
       d   Cholezystographie f,
          Gallenblasenröntgendarstellung f
       f   cholécystographie f
       i   colecistografia f
       r   холецистография f

C482   e   cholecystokinin
       d   Cholezystokinin n
       f   cholécystokinine f
       i   colecistochinina f
       r   холецистокинин m

C483   e   cholecystopexy
       d   Cholezystopexie f,
          Gallenblasenfixierung f
       f   cholécystopexie f
       i   colecistopessi f
       r   холецистопексия f

C484   e   cholecystorrhaphy
       d   Cholezystorrhaphie f,
          Gallenblasennaht f
       f   cholecystorrhaphie f
       i   colecistorrafia f
       r   холецисторафия f

C485   e   cholecystostomy
       d   Cholezystostomie f
       f   cholécystostomie f
       i   colecistostomia f
       r   холецистостомия f

C486   e   cholecystotomy
       d   Cholezystotomie f
       f   cholécystotomie f
       i   colecistotomia f
       r   холецистотомия f

C487   e   choledochoduodenostomy
       d   Choledochoduodenostomie f,
          Choledochus-Zwölffingerdarm-
          Anastomose f, Gallengangs-
          Zwölffingerdarm-Fistelung f
       f   cholédocho-duodénostomie f
       i   coledocoduodenostomia f
       r   холедоходуоденостомия f

C488   e   choledocholithiasis
       d   Choledocholithiasis f
       f   cholédocholithiase f
       i   coledocolitiasi f
       r   холедохолитиаз m

C489   e   choledochoplasty
       d   Choledochoplastik f,
          Choledochusplastik f
       f   cholédochoplastie f
       i   coledocoplastica f
       r   холедохопластика f

C490   e   choledochostomy
       d   Choledochostomie f
       f   cholédochostomie f
       i   coledocostomia f
       r   холедохостомия f

C491   e   choledochotomy
       d   Choledochotomie f,
          Choledochusinzision f,
          Gallengangseröffnung f
       f   cholédochotomie f
       i   coledocotomia f
       r   холедохотомия f

C492   e   choleglobin
       d   Choleglobin n, Verdoglobin n
       f   choléglobine f, verdoglobine f
       i   coleglobina f, verdoglobina f
       r   вердо(гемо)глобин m, холеглобин m

C493   e   cholehemia see cholemia

C494   e   cholelith
       d   Cholelith m, Gallenstein m
       f   hépatolithe m, calcul m biliaire
       i   calcolo m biliare
       r   жёлчный [печёночный] конкремент m, гепатолит m, жёлчный камень m

C495   e   cholelithiasis
       d   Cholelithiasis f, Gallensteinkrankheit f, Gallensteinleiden n
       f   lithiase f biliaire, cholélithiase f
       i   colelitiasi f
       r   желчнокаменная болезнь f, холелитиаз m

C496   e   cholemesis
       d   Cholemesis f, Galleerbrechen n
       f   cholémèse f
       i   colemesi f, vomito m biliare
       r   жёлчная рвота f

C497   e   cholemia
       d   Cholämie f

	f	cholémie *f*
	i	colemia *f*
	r	холемия *f*
C498	*e*	**choleperitonitis**
	d	Choleperitonitis *f*, Gallenperitonitis *f*
	f	péritonite *f* biliaire
	i	coleperitonite *f*, peritonite *f* biliare
	r	жёлчный [билиарный] перитонит *m*
C499	*e*	**cholera**
	d	Cholera *f*
	f	choléra *m*
	i	colera *m*
	r	холера *f*
C500	*e*	**cholera bacillus**
	d	Choleravibrio *m*
	f	vibrion *m* cholérique
	i	vibrione *m* colerico
	r	холерный вибрион *m*
C501	*e*	**choleresis**
	d	Cholerese *f*, Gallenabsonderung *f*
	f	cholérèse *f*
	i	coleresi *f*
	r	желчеотделение *n*, холерез *m*
C502	*e*	**cholerrhagia**
	d	Cholerrhagie *f*, Gallenfluß *m*
	f	cholerragie *f*
	i	colerragia *f*
	r	истечение *n* жёлчи
C503	*e*	**cholestasia, cholestasis**
	d	Cholestase *f*, Gallenstauung *f*
	f	choléstase *f*
	i	colestasi *f*
	r	холестаз *m*, жёлчный стаз *m*
C504	*e*	**cholesteatoma**
	d	Cholesteatom *n*, Perlgeschwulst *f*
	f	cholestéatome *m*
	i	colesteatoma *m*, tumore *m* perlaceo
	r	холестеатома *f*, жемчужная опухоль *f*
C505	*e*	**cholesterin** *see* **cholesterol**
C506	*e*	**cholesterinemia** *see* **cholesterolemia**
C507	*e*	**cholesterinosis** *see* **cholesterosis**
C508	*e*	**cholesterol**
	d	Cholesterin *n*
	f	cholestérol *m*, cholestérine *f*
	i	colesterolo *m*
	r	холестерин *m*
C509	*e*	**cholesterolemia**
	d	Hypercholesterinämie *f*
	f	cholestérinémie *f*
	i	colesterolemia *f*
	r	(гипер)холестеринемия *f*
C510	*e*	**cholesterosis**
	d	Cholesterosis *f*, Cholesteatose *f*
	f	cholestérinose *f* extracellulaire
	i	colesterosi *f*
	r	ксантоматоз *m*, внеклеточный холестериноз *m*, холестероз *m*
C511	*e*	**choleverdin**
	d	Biliverdin *n*
	f	biliverdine *f*
	i	biliverdina *f*
	r	биливердин *m*
C512	*e*	**choline**
	d	Cholin *n*
	f	choline *f*
	i	colina *f*
	r	холин *m*
C513	*e*	**cholinergic**
	d	cholinergisch
	f	cholinergique
	i	colinergico
	r	холинергический
C514	*e*	**cholinesterase**
	d	Cholinesterase *f*
	f	cholinestérase *f*
	i	colinesterasi *f*
	r	холинэстераза *f*
C515	*e*	**cholinoreceptor**
	d	Cholinorezeptor *m*, cholinergisches System *n*
	f	récepteur *m* cholinergique
	i	recettore *m* colinergico
	r	холинорецептор *m*, холинореактивная структура *f*, холинергическая система *f*
C516	*e*	**cholorrhea** *see* **cholerrhagia**
C517	*e*	**chondral**
	d	chondral, knorpelig
	f	chondral
	i	condrale, cartilagineo
	r	хрящевой
C518	*e*	**chondrification**
	d	Chondrifikation *f*
	f	chondrification *f*
	i	condrificazione *f*
	r	хрящевая трансформация *f*
C519	*e*	**chondritis**
	d	Chondritis *f*, Knorpelentzündung *f*
	f	chondrite *f*
	i	condrite *f*
	r	хондрит *m*
C520	*e*	**chondroblast**
	d	Chondroblast *m*, Knorpelbildungszelle *f*
	f	chondroblaste *m*, cellule *f* cartilagineuse jeune
	i	condroblasto *m*
	r	хондробласт *m*

CHONDROBLASTOMA

C521   *e*   **chondroblastoma**
       d   Chondroblastom *n*
       f   chondroblastome *m*
       i   condroblastoma *m*
       r   хондробластома *f*, хондроматозная остеобластома *f*

C522   *e*   **chondrocalcinosis**
       d   Chondrokalzinose *f*
       f   chondrocalcinose *f*
       i   condrocalcinosi *f*
       r   хондрокальциноз *m*

C523   *e*   **chondroclast**
       d   Chondroklast *m*, Knorpelfreßzelle *f*
       f   chondroclaste *m*
       i   condroclasto *m*
       r   хондрокласт *m*

C524   *e*   **chondrocyte**
       d   Chondrozyt *m*, Knorpelzelle *f*
       f   chondrocyte *m*, cellule *f* cartilagineuse
       i   condrocito *m*, cellula *f* cartilaginea
       r   хондроцит *m*, хрящевая клетка *f*

C525   *e*   **chondrodystrophy**
       d   Chondrodystrophie *f*, Achondroplasie *f*
       f   chondrodystrophie *f*
       i   condrodistrofia *f*
       r   хондродистрофия *f*, ахондроплазия *f*

C526   *e*   **chondroectodermal dysplasia**
       d   chondroektodermale Dysplasie *f*, Ellis-Van Creveld-Syndrom *n*
       f   dysplasie *f* chondro-ectodermique, maladie *f* d'Ellis-Van Creveld
       i   displasia *f* condroectodermica, sindrome *f* di Ellis-Van Creveld
       r   синдром *m* Эллиса—Ван Кревельда, хондроэктодермальная дисплазия *f*

C527   *e*   **chondrofibroma**
       d   Chondrofibrom *n*
       f   chondromyxome *m*
       i   condrofibroma *m*, fibrocondroma *m*
       r   хондромиксоидная фиброма *f*, хондромиксома *f*

C528   *e*   **chondroid**
       d   knorpelig, knorpelartig
       f   chondroïde
       i   condroide
       r   хрящевидный, хрящеподобный

C529   *e*   **chondroma**
       d   Chondrom *n*, Knorpelgeschwulst *f*
       f   chondrome *m*
       i   condroma *m*
       r   хондрома *f*

C530   *e*   **chondromalacia**
       d   Chondromalazie *f*, Knorpelerweichung *f*
       f   chondromalacie *f*
       i   condromalacia *f*
       r   хондромаляция *f*

C531   *e*   **chondromatosis**
       d   Chondromatose *f*
       f   chondromatose *f*
       i   condromatosi *f*
       r   хондроматоз *m*

C532   *e*   **chondromucin, chondromucoid**
       d   Chondromukoid *n*
       f   chondromucoïde *m*
       i   condromucoide *m*
       r   хондромукопротеид *m*, хондромукоид *m*

C533   *e*   **chondroplast** see **chondroblast**

C534   *e*   **chondroplasty**
       d   Chondroplastik *f*, Knorpelplastik *f*
       f   chondroplastie *f*
       i   condroplastica *f*
       r   пластика *f* хряща

C535   *e*   **chondrosarcoma**
       d   Chondrosarkom *n*, Knorpelsarkom *n*
       f   chondrosarcome *m*, sarcome *m* chondroblastique
       i   condrosarcoma *m*
       r   хондросаркома *f*

C536   *e*   **Chopart's joint**
       d   Chopart-Gelenk *n*
       f   articulation *f* médiotarsienne [de Chopart]
       i   articolazione *f* mediotarsale [di Chopart]
       r   поперечный сустав *m* предплюсны, шопаров сустав *m*

C537   *e*   **chorda**
       d   Chorda *f*, Strang *m*, Saite *f*
       f   corde *f*
       i   corda *f*
       r   хорда *f*

C538   *e*   **chorditis**
       d   Chorditis *f*
       f   cordite *f*
       i   cordite *f*
       r   воспаление *n* голосовых связок

C539   *e*   **chordoma**
       d   Chordom *n*, Chordagewebegeschwulst *f*
       f   (noto)chordome *m*
       i   cordoma *m*
       r   хордома *f*

C540   *e*   **chordotomy**
       d   Chordotomie *f*
       f   cordotomie *f*
       i   cordotomia *f*
       r   хордотомия *f*

CHRISTMAS DISEASE

C541 e chorea
 d Chorea *f*
 f chorée *f*
 i corea *f*
 r хорея *f*

C542 e choreic insanity
 d choreischer Wahnsinn *m*
 f psychose *f* choréique
 i psicosi *f* coreica
 r хореический психоз *m*

C543 e choreic movement
 d Veitstanzbewegungen *f pl*
 f mouvements *m pl* choréiques
 i movimento *m* coreico
 r хореический гиперкинез *m*

C544 e choreoathetosis
 d Choreoathetose *f*
 f choréo-athétose *f*
 i coreoatetosi *f*
 r хореоатетоз *m*

C545 e choreomania
 d Choreomanie *f*, Tanzwut *f*
 f chorémanie *f*
 i corea *f* major [epidemica]
 r большая хорея *f*, хореомания *f*

C546 e choreophrasia
 d Choreophrasie *f*
 f choréophrasie *f*
 i coreofrasia *f*
 r хореофразия *f*

C547 e chorioallantoic placenta
 d kindliche Plazenta *f*
 f placenta *m* (chorio-)allantoïdien
 i placenta *f* corioallantoidea [fetale]
 r плодная плацента *f*

C548 e chorioepithelioma
 d Chorionkarzinom *n*
 f choriocarcinome *m*
 i corioepitelioma *m*
 r хориокарцинома *f*, хорионэпителиома *f*

C549 e choriomeningitis
 d Choriomeningitis *f*
 f chorioméningite *f*
 i coriomeningite *f* linfocitaria
 r хориоменингит *m*

C550 e chorion
 d Chorion *n*, Zottenhaut *f*
 f chorion *m*
 i corio(n) *m*
 r хорион *m*, ворсинчатая оболочка *f*

C551 e chorionic gonadotropin
 d Choriongonadotropin *n*
 f gonadotrop(h)ine *f* chorionique
 i gonadotropina *f* corionica
 r хорионический гонадотропин *m*

C552 e chorionic villi *pl*
 d Chorionzotten *f pl*
 f villosités *f pl* choroïdiennes
 i villi *m pl* coriali [corionici]
 r ворсинки *f pl* хориона

C553 e chorioretinitis
 d Chorioretinitis *f*,
   Netz- und Aderhautentzündung *f*
 f choriorétinite *f*
 i corioretinite *f*
 r хориоретинит *m*,
   ретинохориоидит *m*

C554 e choristia
 d Choristie *f*
 f chorista *m pl*
 i coristia *f*
 r хористия *f*

C555 e choristoblastoma
 d Choristoblastom *n*
 f choristoblastome *m*
 i coristoblastoma *m*
 r хористобластома *f*

C556 e choristoma
 d Choristom *n*
 f choristome *m*
 i coristoma *m*
 r хористома *f*

C557 e choroid, choroidea
 d Chor(i)oidea, Aderhaut *f*
 f choroïde *f*
 i coroide(a) *f*
 r хориоидеа *f*, собственно сосудистая оболочка *f* глаза

C558 e choroideremia
 d Chorioideremie *f*
 f choroïdérémie *f*
 i assenza *f* congenita della coroide
 r хориоидеремия *f*, врождённое отсутствие *n* собственно сосудистой оболочки глаза

C559 e choroiditis
 d Chorioiditis *f*, Aderhautentzündung *f*
 f choroïdite *f*
 i coroidite *f*
 r хориоидит *m*

C560 e choroidopathy
 d Chorioidose *f*, Aderhautdegeneration *f*
 f choroïdose *f*
 i coroidosi *f*
 r дегенерация *f* хориоидеи
   [собственно сосудистой оболочки глаза]

C561 e choroidoretinitis *see* chorioretinitis

C562 e choroidosis *see* choroidopathy

C563 e Christmas disease
 d Christmas-Krankheit *f*, Hämophilie *f* B

CHRISTMAS FACTOR

      f   maladie *f* de Christmas, hémophilie *f* B
      i   malattia *f* di Christmas, emofilia *f* B
      r   болезнь *f* Кристмаса, гемофилия *f* B

C564   *e*   **Christmas factor**
      d   Christmas-Faktor *m*, Blutgerinnungsfaktor *m* IX, antihämophiles Globulin *n* B
      f   facteur *m* IX [antihémophilique B, Christmas]
      i   fattore *m* IX [Christmas, tromboplastinico plasmatico B]
      r   фактор *m* IX (*свёртывания крови*), кристмас-фактор *m*

C565   *e*   **chromaffin body**
      d   1. Paraganglion *n* 2. Chromaffinkörper *m*
      f   1. paraganglion *m* 2. corps *m* chromaffine
      i   1. paraganglio *m* 2. granulo *m* cromaffine
      r   1. параганглий *m*, гломус *m* 2. хромаффинное тельце *n*

C566   *e*   **chromaffin cell**
      d   chromaffine Zelle *f*, Chromaffinzelle *f*
      f   cellule *f* chromaffine
      i   cellula *f* cromaffine [gialla, argentaffine]
      r   хромаффиноцит *m*, хромаффинная клетка *f*

C567   *e*   **chromaffin system**
      d   chromaffines System *n*
      f   système *m* chromaffine
      i   sistema *m* cromaffine
      r   хромаффинная ткань *f*, хромаффинная система *f*

C568   *e*   **chromatic**
      d   1. chromatisch, Farb... 2. Chromatin...
      f   1. chromatique 2. chromatinien
      i   cromatico
      r   1. цветной, цветовой, хроматический 2. хроматиновый

C569   *e*   **chromatic aberration**
      d   chromatische Aberration *f*, Farbenaberration *f*
      f   aberration *f* chromatique
      i   aberrazione *f* cromatica
      r   хроматическая аберрация *f*

C570   *e*   **chromatic audition** *see* **color hearing**

C571   *e*   **chromatic fiber**
      d   Chromonema *n*
      f   chromonème *m*
      i   cromonema *m*
      r   хромонема *f*

C572   *e*   **chromatic vision** *see* **chromatopsia**

C573   *e*   **chromatid**
      d   Chromatide *f*
      f   chromatide *f*
      i   cromatide *m*, cromatidio *m*
      r   хроматида *f*

C574   *e*   **chromatin**
      d   Chromatin *n*
      f   chromatine *f*
      i   cromatina *f*
      r   хроматин *m*

C575   *e*   **chromatin nucleolus**
      d   Chromozentrum *n*
      f   chromocentre *m*
      i   cromocentro *m*, nucleo *m* di cromatina
      r   хромоцентр *m*

C576   *e*   **chromatinolysis** *see* **chromatolysis**

C577   *e*   **chromatism**
      d   1. Chromatismus *m*, abnorme Pigmentablagerung *f* 2. chromatische Aberration *f*
      f   1. chromatisme *m* 2. aberration *f* chromatique
      i   1. cromatismo *m* 2. aberrazione *f* cromatica
      r   1. нарушение *n* пигментации 2. хроматическая аберрация *f*

C578   *e*   **chromatography**
      d   Chromatographie *f*
      f   chromatographie *f*
      i   cromatografia *f*
      r   хроматография *f*

C579   *e*   **chromatolysis**
      d   Chromatolyse *f*
      f   chromatolyse *f*
      i   cromatolisi *f*
      r   хроматолиз *m*, тигролиз *m*

C580   *e*   **chromatophore**
      d   Chromatophor *n*, Pigmentzelle *f*
      f   chromatophore *m*, cellule *f* chromatophore
      i   cromatoforo *m*
      r   хроматофор *m*, пигментофор *m*, хроматобласт *m*

C581   *e*   **chromatopsia**
      d   Chromatopsie *f*, Farbensehen *n*
      f   chromatopsie *f*
      i   cromatopsia *f*
      r   хроматопсия *f*, цветовое зрение *n*

C582   *e*   **chromatosis**
      d   1. Pigmentdermatose *f* 2. Hyperpigmentierung *f*
      f   1. dermatose *f* pigmentaire 2. hyperpigmentation *f*
      i   1. cromatosi *f* 2. pigmentazione *f*
      r   1. пигментный дерматоз *m* 2. гиперпигментация *f*

C583	e	chrom(h)idrosis		
	d	Chromhidrosis f		
	f	chromidrose f		
	i	cromidrosi f		
	r	хромидроз m		

C583
- e chrom(h)idrosis
- d Chromhidrosis f
- f chromidrose f
- i cromidrosi f
- r хромидроз m

C584
- e chromoblastomycosis
- d Chromo(blasto)mykose f
- f chromoblastomycose f, dermatite f verruqueuse
- i cromoblastomicosi f, cromomicosi f
- r веррукозный дерматит m, хромо(бласто)микоз m

C585
- e chromocenter see chromatin nucleolus

C586
- e chromocystoscopy
- d Chromozystoskopie f
- f chromocystoscopie f
- i cromocistoscopia f
- r хромоцистоскопия f

C587
- e chromogen
- d 1. Chromogen n 2. pigmentbildender Mikroorganismus m
- f chromogène m
- i cromogeno m
- r 1. хромоген m 2. пигментообразующий микроб m

C588
- e chromolipid
- d 1. Lipochrom n 2. Lipofuszin n, Abnutzungspigment n
- f 1. lipochrome m, chromolipoïde m 2. lipofuscine f
- i 1. lipocromo m, cromolipide m 2. lipofuscina f
- r 1. каротиноид m, липохром m 2. липофусцин m, бурый пигмент m

C589
- e chromomycosis see chromoblastomycosis

C590
- e chromophilic, chromophilous
- d chrom(at)ophil
- f chrom(at)ophile
- i cromofilo
- r хромофильный, хромаффинный

C591
- e chromophobe adenoma
- d chromophobes Adenom n
- f adénome m chromophobe
- i adenoma m ipofisario cromofobo
- r хромофобная [главноклеточная] аденома f гипофиза

C592
- e chromoprotein
- d Chromoprotein n, Chromoproteid n
- f chromoprotéide m, chromoprotéine f
- i cromoproteina f, cromoproteide f
- r хромопротеид m

C593
- e chromosomal
- d chromosomal
- f chromosomique
- i cromosomico
- r хромосомный

C594
- e chromosome
- d Chromosom n
- f chromosome m
- i cromosoma m
- r хромосома f

C595
- e chromosome mapping
- d Chromosomenkartierung f
- f carte f chromosomique
- i mappatura f cromosomica
- r картирование n хромосом

C596
- e chromosome set
- d Chromosomensatz m
- f génome m chromosomique
- i corredo m cromosomico
- r набор m хромосом

C597
- e chronaxis
- d Chronaxie f
- f chronaxie f
- i cronassia f
- r хронаксия f

C598
- e chronic
- d chronisch
- f chronique
- i cronico
- r хронический

C599
- e chronic alcoholic delirium
- d Korsakoff-Psychose f
- f psychose f polynévritique [de Korsakoff]
- i psicosi f di Korsakoff
- r корсаковский психоз m

C600
- e chronic alcoholism
- d chronischer Alkoholismus m
- f alcoolisme m chronique
- i alcolismo m [etilismo m] cronico
- r хронический алкоголизм m

C601
- e chronic anterior polymyelitis see creeping palsy

C602
- e chronic carcinoma
- d Skirrhus m, Szirrhus m, szirrhöser Krebs m
- f squirrhe m, cancer m squirrheux
- i scirro m, carcinoma m scirroso [fibroso]
- r скирр m, фиброкарцинома f, фиброзный рак m

C603
- e chronic coccogenic sycosis
- d chronische staphylogene Bartflechte f
- f sycosis m habituel
- i sicosi f volgare [stafilococcica, stafilogena]
- r обыкновенный [простой, стафилогенный] сикоз m

C604	e	chronic cystic mastitis
	d	zystische Mastopathie *f*, Mammafibroadenomatose *f*
	f	mastopathie *f* chronique kystique, maladie *f* kystique de la mamelle
	i	mastopatia *f* fibrocistica, malattia *f* cronica cistica
	r	диффузная мастопатия *f*, фиброаденоматоз *m* молочной железы
C605	e	chronic dementia
	d	chronischer Schwachsinn *m*, chronische Verblödung *f*
	f	démence *f* chronique
	i	demenza *f* cronica
	r	хроническое слабоумие *n*
C606	e	chronic familial icterus, chronic familial jaundice
	d	familiäre hämolytische Anämie *f*, Minkowski-Chauffard-Syndrom *n*
	f	ictère *m* chronique familial, maladie *f* de Minkowski-Chauffard
	i	ittero *m* familiare cronico, sferocitosi *f* eredofamiliare
	r	(микро)сфероцитарная анемия *f*, болезнь *f* Минковского—Шоффара
C607	e	chronic progressive hereditory chorea
	d	chronische progressive hereditäre Chorea *f*, Huntington-Chorea *f*
	f	chorée *f* de Huntington [héréditaire]
	i	corea *f* di Huntington [generativa]
	r	хорея *f* Гентингтона, наследственная прогрессирующая хроническая хорея *f*
C608	e	chronological age
	d	chronologisches Alter *n*
	f	âge *m* chronologique
	i	età *f* cronologica [anagrafica]
	r	календарный возраст *m*
C609	e	chronophotography
	d	Chronophotographie *f*
	f	chronophotographie *f*
	i	cronofotografia *f*
	r	хронофотография *f*, фотохронометраж *m*
C610	e	chronotropic
	d	chronotrop
	f	chronotrope
	i	cronotropo
	r	хронотропный
C611	e	chrysiasis
	d	Chrysiasis *f*, Goldausschlag *m*
	f	chrysiase *f*
	i	crisiasi *f*, crisodermatosi *f*
	r	хризиаз *m*
C612	e	chrysotherapy
	d	Chrysotherapie *f*, Goldbehandlung *f*
	f	chrysothérapie *f*, aurothérapie *f*
	i	crisoterapia *f*
	r	хризотерапия *f*, ауротерапия *f*
C613	e	chthonophagia, chthonophagy
	d	Geophagie *f*, Erdessen *n*
	f	géophagie *f*, géophagisme *m*
	i	geofagia *f*
	r	геофагия *f*, хтонофагия *f*
C614	e	chylangioma
	d	Chylangiom *n*
	f	chylangiome *m*
	i	chilangioma *m*
	r	лимфангиома *f*, хилангиома *f*
C615	e	chyle
	d	Chylus *m*, Milchsaft *m*
	f	chyle *m*
	i	chilo *m*
	r	хилус *m*, млечный сок *m*
C616	e	chylocele
	d	Chylozele *f*
	f	chylocèle *f*
	i	chilocele *m*
	r	хилоцеле *n*
C617	e	chylocyst
	d	Chylozyste *f*
	f	citerne *f* du chyle
	i	cisterna *f* del chilo [di Pecquet]
	r	млечная [хилёзная] цистерна *f*
C618	e	chylomicron
	d	Chylomikron *n*
	f	chylomicron *m*
	i	chilomicrone *m*
	r	хиломикрон *m*
C619	e	chylopericardium
	d	Chyloperikard *n*
	f	chylopéricarde *m*
	i	chilopericardio *m*
	r	хилоперикард *m*
C620	e	chyloperitoneum
	d	Chyloperitoneum *n*
	f	chylopéritoine *m*
	i	chiloperitoneo *m*
	r	хилоперитонеум *m*, хилёзный асцит *m*
C621	e	chylothorax
	d	Chylothorax *m*
	f	chylothorax *m*
	i	chilotorace *m*
	r	хилоторакс *m*
C622	e	chylous
	d	chylös
	f	chyleux
	i	chiloso
	r	хилёзный

C623	e	chyme			i	tarso *m* palpebrale
	d	Chymus *m*			r	хрящ *m* века, тарзальная пластинка *f*
	f	chyme *m*				
	i	chimo *m*		C634	e	ciliary disk
	r	химус *m*			d	Ziliarring *m*
C624	e	chymotrypsin			f	orbiculus ciliairis, orbe *m* ciliaire
	d	Chymotrypsin *n*			i	orbicolo *m* ciliare
	f	chymotrypsine *f*			r	ресничный [цилиарный] кружок *m*
	i	chimotripsina *f*		C635	e	ciliary ganglion
	r	химотрипсин *m*			d	Ziliarganglion *n*
C625	e	chymotrypsinogen			f	ganglion *m* ciliaire
	d	Chymotrypsinogen *n*			i	ganglio *m* ciliare
	f	chymotrypsinogène *m*			r	ресничный ганглий *m*
	i	chimotripsinogeno *m*		C636	e	ciliary margin
	r	химотрипсиноген *m*			d	1. Ziliarrand *m* der Iris 2. Ziliarrand *m* des Lids
C626	e	cicatricial alopecia			f	1. marge *f* ciliaire 2. bord *m* du tarse palpébral
	d	Alopecia *f* atrophicans				
	f	pseudo-pélade *f* (de Brocq), alopécie *f* atrophique			i	1. margine *m* ciliare 2. margine *m* del tarso palpebrale
	i	alopecia *f* cicatriziale			r	1. ресничный край *m* (радужки) 2. край *m* хряща века
	r	псевдопелада *f*, атрофическая алопеция *f*				
C627	e	cicatricial conjunctivitis		C637	e	ciliary reflex
	d	Augenpemphigus *m*			d	Lidschlußreflex *m*, Blinzelreflex *m*
	f	pemphigus *m* oculaire			f	réflexe *m* de clignement
	i	pemfigo *m* oculare [cicatriziale]			i	riflesso *m* ciliare [congiuntivale]
	r	пузырчатка *f* глаз			r	мигательный рефлекс *m*
C628	e	cicatricial contracture		C638	e	ciliary ring *see* ciliary disk
	d	Narbenkontraktur *f*		C639	e	ciliary staphyloma
	f	contracture *f* cicatricielle			d	Ziliarstaphylom *n*
	i	retrazione *f* [contrattura *f*] cicatriziale			f	staphylome *m* ciliaire
	r	рубцовая контрактура *f*			i	stafiloma *m* ciliare
C629	e	cicatricial kidney			r	цилиарная стафилома *f* склеры
	d	Schrumpfniere *f*, Narbenniere *f*		C640	e	ciliary zonule
	f	rein *m* contracté			d	Zonulaapparat *m*
	i	rene *m* grinzo [atrofico, gottoso], nefrosclerosi *f*			f	zonule *f* de Zinn
	r	сморщенная почка *f*			i	zonula *f* ciliare [di Zinn]
C630	e	cicatrix			r	ресничный поясок *m*
	d	1. Narbe *f* 2. Narbengewebe *n*		C641	e	ciliated epithelium
	f	1. cicatrice *f* 2. tissu *m* cicatriciel			d	Flimmerepithel *n*, Ziliarepithel *n*
	i	1. cicatrice *f* 2. tessuto *m* cicatriziale			f	épithélium *m* cilié [à cils vibratiles]
	r	1. рубец *m* 2. рубцовая ткань *f*			i	epitelio *m* cigliato
C631	e	cicatrization			r	ресничатый [мерцательный] эпителий *m*
	d	Vernarbung *f*, Narbenbildung *f*				
	f	cicatrisation *f*		C642	e	cinder
	i	cicatrizzazione *f*			d	Staubkorn *n*, Körnchen *n*
	r	рубцевание *n*			f	grain *m* de poussière
C632	e	ciliary body			i	bruscolo *m*
	d	Ziliarkörper *m*, Strahlenkörper *m*			r	соринка *f* (*в глазу*)
	f	corps *m* ciliaire		C643	e	cineangiographia
	i	corpo *m* ciliare			d	Röntgenvasokinematographie *f*
	r	ресничное [цилиарное] тело *n*			f	cinéangiographie *f*
C633	e	ciliary cartilage			i	cineangiografia *f*
	d	Ziliarknorpel *m*			r	рентгеновазокинематография *f*, рентгеноангиокинематография *f*
	f	tarse *m* palpébral				

CINE(MATO)FLUOROGRAPHY

C644   *e*   **cine(mato)fluorography, cinematoradiography**
     d   Röntgenkinematographie *f*
     f   cinéradiographie *f*, radiocinématographie *f*
     i   cineradiografia *f*
     r   рентгенокинематография *f*, кинорентгенография *f*

C645   *e*   **cineradiography, cineroentgenography** see **cine(mato)fluorography**

C646   *e*   **circadian rhythm**
     d   Zirkadianrhythmus *m*
     f   rythme *m* circadien
     i   ritmo *m* circadiano
     r   циркадный [суточный, циркадианный] ритм *m*

C647   *e*   **circinate retinitis, circinate retinopathy**
     d   zirzinäre Retinitis *f*, kreisförmige Retinopathie *f*
     f   rétinite *f* circinée
     i   retinopatia *f* circinata
     r   кольцевидный [круговой] ретинит *m*

C648   *e*   **circle of Willis**
     d   Gefäßkranz *m* an der Hirnbasis
     f   cercle *m* de Willis [artériel du cerveau]
     i   circolo *m* [poligono *m*] arterioso di Willis
     r   артериальный круг *m* большого мозга, виллизиев круг *m*

C649   *e*   **circular**
     d   zirkulär
     f   circulaire
     i   circolare
     r   круговой, циркулярный

C650   *e*   **circular psychosis**
     d   manisch-depressives [zirkuläres] Irresein *n*, Zyklophrenie *f*, Zyklothymie *f*
     f   psychose *f* maniaque-dépressive, cyclothymie *f*, cyclophrénie *f*
     i   ciclotimia *f*, psicosi *f* maniaco-depressiva
     r   маниакально-депрессивный [циркулярный] психоз *m*, циклофрения *f*

C651   *e*   **circulation**
     d   Zirkulation *f*, Kreislauf *m*
     f   circulation *f*
     i   circolazione *f*, circolo *m*
     r   кровообращение *n*

C652   *e*   **circulatory**
     d   Zirkular...
     f   circulatoire
     i   circolatorio
     r   циркуляторный

C653   *e*   **circulatory arrest**
     d   Kreislaufstillstand *m*
     f   arrêt *m* de la circulation
     i   arresto *m* circolatorio
     r   прекращение *n* кровообращения

C654   *e*   **circulatory system**
     d   Kreislaufsystem *n*
     f   appareil *m* circulatoire
     i   apparato *m* [sistema *m*] vascolare
     r   кровеносная система *f*

C655   *e*   **circumcision**
     d   Zirkumzision *f*, Vorhautabtragung *f*, Beschneidung *f*
     f   circoncision *f*, péritomie *f*
     i   circoncisione *f*
     r   обрезание *n* (крайней плоти)

C656   *e*   **circumnevic vitiligo**
     d   Sutton-Krankheit *f*
     f   naevus *m* de Sutton
     i   vitiligine *f* perinevica, nevo *m* di Sutton
     r   невус *m* Саттона, приобретённая центробежная лейкодерма *f*

C657   *e*   **circumscribed cerebral atrophy**
     d   umschriebene Hirnatrophie *f*, Pick-Krankheit *f*
     f   maladie *f* de Pick
     i   morbo *m* di Pick
     r   предстарческая ограниченная атрофия *f* головного мозга, болезнь *f* Пика

C658   *e*   **circumscribed myxedema**
     d   papulöse Hautmuzinose *f*
     f   myxœdème *m* (cutané) circonscrit prétibial
     i   mixedema *m* circoscritto pretibiale
     r   узловатый муциноз *m* кожи, претибиальная микседема *f*

C659   *e*   **circumscribed peritonitis**
     d   umschriebene Peritonitis *f*
     f   péritonite *f* circonscrite
     i   peritonite *f* circoscritta
     r   отграниченный перитонит *m*

C660   *e*   **circumscribed scleroderma**
     d   fokale [lokale] Sklerodermie *f*
     f   sclérodermie *f* circonscrite
     i   sclerodermia *f* circoscritta
     r   очаговая [ограниченная] склеродермия *f*

C661   *e*   **circumvascular**
     d   perivaskulär
     f   périvasculaire
     i   perivascolare
     r   периваскулярный, околососудистый

C662	e	cirrhosis of liver			f	clamp *m*, pince *f*
	d	Leberzirrhose *f*			i	pinza *f* chirurgica
	f	cirrhose *f* hépatique			r	зажим *m*
	i	cirrosi *f* epatica [volgare]		C674	e	clasmatocyte
	r	цирроз *m* печени			d	Histiozyt *m*, Klasmatozyt *m*
C663	e	cirrhotic			f	clasmatocyte *m*, histiocyte *m*
	d	zirrhotisch, zirrhös			i	clasmatocito *m*
	f	cirrhotique			r	оседлый макрофаг *m*,
	i	cirrotico				клазматоцит *m*
	r	цирротический		C675	e	classic typhus
C664	e	cirsectomy			d	epidemischer Flecktyphus *m*
	d	Krampfaderentfernung *f*			f	typhus *m* épidémique [exanthématique]
	f	cirsectomie *f*			i	tifo *m* petecchiale
	i	cirsectomia *f*			r	(эпидемический) сыпной тиф *m*
	r	иссечение *n* варикозно расширенного участка вены		C676	e	claudication
C665	e	cirsomphalos			d	Hinken *n*
	d	Medusenhaupt *n*			f	claudication *f*
	f	tête *f* de Méduse			i	claudicazione *f*, zoppia *f*
	i	cirsonfalo *m*, *caput Medusae*			r	хромота *f*
	r	голова *f* Медузы		C677	e	claustrophobia
C666	e	cissa			d	Klaustrophobie *f*
	d	Parorexie *f*, anomale Eßlust *f*			f	claustrophobie *f*
	f	parorexie *f*, allotriophagie *f*			i	claustrofobia *f*
	i	parossia *f*, picacismo *m*			r	клаустрофобия *f*
	r	извращённый аппетит *m*		C678	e	clavicle *see* collarbone
C667	e	cistern		C679	e	clavicle dislocation
	d	Zisterne *f*			d	Klavikularluxation *f*, Schlüsselbeinverrenkung *f*
	f	citerne *f*			f	luxation *f* de la clavicule
	i	cisterna *f*			i	lussazione *f* della clavicola
	r	цистерна *f*, полость *f*			r	вывих *m* ключицы
C668	e	cistron		C680	e	clavus *see* callositas
	d	Cistron *n*		C681	e	clawfoot
	f	cistron *m*			d	Krallenfuß *m*
	i	cistrone *m*			f	pied *m* en griffe
	r	цистрон *m*			i	piede *m* equino-varo [torto congenito]
C669	e	citric acid cycle			r	когтеобразная стопа *f*
	d	Citratzyklus *m*, Citronensäurezyklus *m*, Krebs-Zyklus *m*		C682	e	clawhand
	f	cycle *m* citrique [de Krebs]			d	Krallenhand *f*
	i	ciclo *m* dell'acido citrico [di Krebs]			f	main *f* en griffe
	r	цикл *m* трикарбоновых кислот			i	mano *f* ad artiglio
C670	e	citrulline			r	птичья [когтистая] лапа *f*, когтистая кисть *f*
	d	Citrullin *n*		C683	e	cleansing enema
	f	citrulline *f*			d	Reinigungsklistier *n*
	i	citrullina *f*			f	lavement *m* évacuateur
	r	цитруллин *m*			i	clisma *m* di pulizia
C671	e	citta, cittosis *see* cissa			r	очистительная клизма *f*
C672	e	cladosporiosis		C684	e	clearance
	d	Kladosporiose *f*			d	Clearance *f*, Reinigungskoeffizient *m*, Klärwert *m*
	f	cladosporiose *f*			f	cléarance *f*
	i	cladosporiosi *f*			i	clearance *m*, indice *m* d'eliminazione
	r	кладоспориоз *m*				
C673	e	clamp				
	d	Klemme *f*				

CLEAR LAYER

	r	клиренс *m*, коэффициент *m* очищения
C685	*e*	**clear layer**
	d	Stratum *n* lucidum
	f	couche *f* claire de l'épiderme
	i	strato *m* lucido
	r	блестящий слой *m* эпидермиса
C686	*e*	**cleavage**
	d	1. Zellteilung *f* 2. Zerstückelung *f*; Segmentierung *f*
	f	1. division *f* 2. clivage *m*
	i	1. divisione *f* 2. fessurazione *f*, clivaggio *m*
	r	1. деление *n* (клеток) 2. дробление *n*
C687	*e*	**cleavage cavity**
	d	Blastozöle *f*, Blastozystenhöhle *f*
	f	blastocèle *m*
	i	blastocele *m*
	r	бластоцель *f*
C688	*e*	**cleavage fracture**
	d	Rißbruch *m*
	f	fracture *f* par déchirement [par rupture]
	i	frattura *f* da scollamento [osteocartilaginea]
	r	отрывной перелом *m*
C689	*e*	**cleavage spindle**
	d	Teilungsspindel *m*
	f	fuseau *m* de segmentation
	i	fuso *m* di segmentazione
	r	веретено *n* деления
C690	*e*	**cleft**
	d	Spalte *f*, Fissur *f*
	f	fissure *f*, fente *f*
	i	fessura *f*
	r	щель *f*, расщелина *f*
C691	*e*	**cleft hand**
	d	Spalthand *f*
	f	main *f* en trident
	i	mano *f* bifida
	r	расщеплённая кисть *f*
C692	*e*	**cleft lip**
	d	Hasenscharte *f*, Lippenspalte *f*, Cheiloschisis *f*
	f	bec-de-lièvre *m*, chéiloschisis *m*
	i	labbro *m* leporino, cheiloschisi *f*, labioschisi *f*
	r	расщелина *f* губы, заячья губа *f*, хейлосхизис *m*
C693	*e*	**cleft palate**
	d	Gaumenspalte *f*, Palatoschisis *f*, Wolfsrachen *m*
	f	division *f* vélo-palatine, palatoschisis *f*
	i	palatoschisi *f*
	r	расщелина *f* нёба, «волчья пасть» *f*
C694	*e*	**cleidocranial dysostosis**
	d	Dysostosis *f* cleidocranialis
	f	dysostose *f* cléido-crânienne
	i	disostosi *f* cleidocranica
	r	ключично-черепной [клейдокраниальный] дизостоз *m*
C695	*e*	**cleidotomy**
	d	Kleidotomie *f*, Schlüsselbeindurchtrennung *f*
	f	cléidotomie *f*, clavicotomie *f*
	i	cleidotomia *f*
	r	клейдотомия *f*
C696	*e*	**cleptomania**
	d	Kleptomanie *f*, Stehltrieb *m*
	f	cleptomanie *f*
	i	cleptomania *f*
	r	клептомания *f*
C697	*e*	**click**
	d	Click *m*
	f	claquement *m*, click *m*
	i	clic *m*
	r	щелчок *m*, щёлкающий звук *m*
C698	*e*	**clidocranial dysostosis** *see* **cleidocranial dysostosis**
C699	*e*	**climacteric**
	d	Klimakterium *n*, Klimax *f*
	f	climatère *m*, âge *m* critique
	i	climaterio *m*
	r	климакс *m*, климактерический период *m*, климактерий *m*
C700	*e*	**climacteric hot flush**
	d	klimakterische Hitzewallung *f*
	f	afflux *m* climatérique
	i	afflusso *m* climaterico
	r	климактерические приливы *m pl* крови
C701	*e*	**climatic bubo**
	d	klimatischer Bubo *m*
	f	lymphogranulome *m* vénérien, bubon *m* climatique
	i	linfogranuloma *m* venereo
	r	паховый лимфогранулематоз *m*
C702	*e*	**climatotherapy**
	d	Klimatotherapie *f*
	f	climatothérapie *f*
	i	climatoterapia *f*
	r	климатотерапия *f*
C703	*e*	**clinic**
	d	1. Poliklinik *f* 2. Klinik *f*
	f	1. polyclinique *f* 2. clinique *f*
	i	1. poliambulatorio *m* 2. clinica *f*
	r	1. поликлиника *f* 2. клиника *f*
C704	*e*	**clinical**
	d	klinisch
	f	clinique
	i	clinico
	r	клинический

C705   e   **clinical medicine**
          d   klinische Medizin *f*
          f   médecine *f* clinique
          i   medicina *f* clinica
          r   клиническая медицина *f*

C706   e   **clinical thermometer**
          d   Fieberthermometer *n*
          f   thermomètre *m* médical
          i   termometro *m* clinico
          r   медицинский (максимальный) термометр *m*

C707   e   **clinocephaly**
          d   Klinozephalie *f*, Sattelkopf *m*
          f   clinocéphalie *f*
          i   clinocefalia *f*
          r   седловидный [клиноцефалический] череп *m*

C708   e   **clinodactyly**
          d   Klinodaktylie *f*
          f   clinodactylie *f*
          i   clinodattilia *f*
          r   клинодактилия *f*

C709   e   **clitoridectomy**
          d   Klitorisentfernung *f*
          f   clitoridectomie *f*
          i   clitoridectomia *f*
          r   иссечение *n* клитора

C710   e   **clitoris**
          d   Klitoris *f*, Kitzler *m*
          f   clitoris *m*
          i   clitoride *f*
          r   клитор *m*

C711   e   **cloaca**
          d   Kloake *f*
          f   cloaque *m*
          i   cloaca *f*
          r   клоака *f*

C712   e   **clone**
          d   Klon *m*
          f   clone *m*
          i   clone *m*
          r   клон *m*

C713   e   **clonic spasm**
          d   klonischer Krampf *m*
          f   spasme *m* clonique
          i   spasmo *m* clonico
          r   клоническая судорога *f*

C714   e   **clonograph** *m*
          d   Clonograph *m*
          f   clonographe *m*
          i   clonografo *m*
          r   клонограф *m*

C715   e   **clonchiasis, clonorchiosis**
          d   Clonorchiasis *f*, Clonorchosis *f*
          f   clonorchiase *f*
          i   clonorchiasi *f*
          r   клонорхоз *m*

C716   e   **clonospasm, clonus**
          d   Klonus *m*, Schüttelkrampf *m*
          f   clonus *m*, trépidation *f* épileptoïde
          i   clono *m*, tetano *m* incompleto
          r   клонус *m*

C717   e   **Cloquet's hernia**
          d   Schenkelbruch *m*, Cloquet-Hernie *f*
          f   hernie *f* pectinéale [de Cloquet]
          i   ernia *f* pettinea di Cloquet
          r   гребешковая бедренная грыжа *f*, грыжа *f* Клоке

C718   e   **closed-angle glaucoma**
          d   Winkelblockglaukom *n*
          f   glaucome *m* à angle fermé, glaucome *m* congestif
          i   glaucoma *m* ad angolo chiuso
          r   закрытоугольная глаукома *f*

C719   e   **closed(-chest) cardiac massage**
          d   indirekte [geschlossene] Herzmassage *f*
          f   massage *m* cardiaque externe [cardiaque à thorax fermé]
          i   massaggio *m* cardiaco esterno [cardiaco a torace chiuso]
          r   непрямой [наружный, закрытый] массаж *m* сердца

C720   e   **closed fracture**
          d   geschlossener Knochenbruch *m*
          f   fracture *f* fermée
          i   frattura *f* chiusa
          r   закрытый перелом *m*

C721   e   **closed injury**
          d   geschlossenes Trauma *n*
          f   trauma *m* fermé
          i   ferita *f* chiusa
          r   закрытая травма *f*

C722   e   **clostridial myonecrosis**
          d   Gasbrand *m*, Gasgangrän *f*, Gasödem *n*
          f   gangrène *f* foudroyante [gazeuse], œdème *m* malin
          i   mionecrosi *f* anaerobica, cancrena *f* gassosa
          r   газовая гангрена *f*

C723   e   **closure**
          d   Verschluß *m*
          f   fermeture *f*
          i   chiusura *f*
          r   смыкание *n*, закрытие *n*

C724   e   **clot**
          d   1. Koagulum *n*, Gerinnsel *n* 2. Thrombus *m*
          f   1. caillot *m* 2. thrombus *m*
          i   1. coagulo *m* 2. trombo *m*
          r   1. сгусток *m* 2. тромб *m*

CLOTTING ENZYMES

C725   e   clotting enzymes *pl*
       d   Gerinnungsenzyme *n pl*
       f   enzymes *m pl* du système de la coagulation du sang
       i   fermenti *m pl* di coagulazione
       r   ферменты *m pl* свёртывающей системы крови

C726   e   clotting factor *see* coagulation factor

C727   e   clotting time
       d   Gerinnungszeit *f*
       f   temps *m* de coagulation
       i   tempo *m* di coagulazione
       r   время *n* свёртывания (*крови*)

C728   e   clouding of consciousness
       d   Bewußtseintrübung *f*
       f   obnubilation *f*
       i   obnubilamento *m* della coscienza
       r   помрачение *n* сознания

C729   e   clownism
       d   Klownismus *m*, Faxensyndrom *n*
       f   clownisme *m*
       i   clownismo *m*
       r   клоунизм *m*

C730   e   clubbing
       d   Trommelschlägelfinger *m pl*, Kolbenfinger *m pl*
       f   hippocratisme *m* digital, doigts *m pl* hippocratiques [en baguette de tambour]
       i   ippocratismo *m* digitale
       r   барабанные пальцы *m pl*

C731   e   clubfoot
       d   Klumpfuß *m*
       f   pied *m* bot
       i   piede *m* equino-varo
       r   врождённая деформация *f* стопы, косолапость *f*

C732   e   clubhand
       d   Klumphand *f*
       f   main *f* bote
       i   mano *f* torta, talipomano *f*
       r   деформация *f* кисти, косорукость *f*

C733   e   clunes *pl*
       d   Gesäßbacken *f pl*, Nates *f pl*
       f   fesses *f pl*
       i   natiche *f pl*
       r   ягодицы *f pl*

C734   e   clysma, clyster
       d   Klistier *n*, Klysma *n*, Einlauf *m*
       f   clystère *m*, lavement *m*
       i   clistere *m*, clisma *f*
       r   клизма *f*

C735   e   coagulant
       d   Koagulans *n*, Koagulationsmittel *n*, Gerinnungsmittel *n*
       f   coagulant *m*
       i   coagulante *m*
       r   коагулянт *m*

C736   e   coagulation
       d   Koagulation *f*, Gerinnung *f*
       f   coagulation *f*
       i   coagulazione *f*
       r   коагуляция *f*, свёртывание *n* (*крови*)

C737   e   coagulation factor
       d   Gerinnungsfaktor *m*
       f   facteur *m* de coagulation
       i   fattore *m* di coagulazione
       r   фактор *m* свёртывания (*крови*)

C738   e   coagulation necrosis
       d   Koagulationsnekrose *f*, trockene Nekrose *f*
       f   nécrose *f* de coagulation [d'homogénéisation]
       i   necrosi *f* da coagulazione
       r   сухой [коагуляционный] некроз *m*

C739   e   coagulation time *see* clotting time

C740   e   coalescence
       d   Koaleszenz *f*
       f   coalescence *f*
       i   coalescenza *f*
       r   коалесценция *f*

C741   e   coal miner's disease
       d   Anthrakose *f*
       f   anthracose *f*, pneumomélanose *f*
       i   antracosi *f*
       r   антракоз *m*

C742   e   coarctation
       d   Koarktation *f*
       f   coarctation *f*
       i   coartazione *f*
       r   коарктация *f*

C743   e   coastal erysipelas
       d   Onchozerkose *f*
       f   onchocercose *f*, maladie *f* de Robles
       i   oncocercosi *f*
       r   онхоцеркоз *m*

C744   e   coat
       d   Hülle *f*; Haut *f*
       f   membrane *f*; tunique *f*
       i   tunica *f*
       r   оболочка *f*

C745   e   coated tongue
       d   belegte Zunge *f*
       f   langue *f* chargée
       i   lingua *f* patinata
       r   обложенный язык *m*

C746   e   cobbler's chest
       d   Schusterbrust *f*, Trichterbrust *f*
       f   thorax *m* en entonnoir [de cordonnier]

	i	torace *m* ad imbuto	C757	*e*	coccygeal sinus
	r	воронкообразная грудная клетка *f*, «грудь *f* сапожника»		*d*	Steißbeinfistel *f*
				f	fossette *f* coccygienne
C747	*e*	cocainism		*i*	seno *m* pilonidale
	d	Kokainismus *m*, Kokainsucht *f*		*r*	эпителиальный копчиковый ход *m*
	f	cocaïnisme *m*	C758	*e*	coccygodynia
	i	cocainismo *m*		*d*	Kokzygodynie *f*, Kokzyalgie *f*, Steißbeinschmerz *m*
	r	кокаинизм *m*, кокаиномания *f*		*f*	coccygodynie *f*, névralgie *f* coccygienne
C748	*e*	cocarcinogen		*i*	coccialgia *f*
	d	Kokarzinogen *n*		*r*	кокцигодиния *f*
	f	facteur *m* cocarcinogène	C759	*e*	coccyx
	i	cocarcinogeno *m*		*d*	Steißbein *n*
	r	коканцерогенный фактор *m*		*f*	coccyx *m*
C749	*e*	coccal		*i*	coccige *m*
	d	Kokken...		*r*	копчик *m*
	f	coccien	C760	*e*	cochlea
	i	coccico		*d*	Schnecke *f*, Cochlea *f*, Kochlea *f*
	r	кокковый		*f*	cochlée *f*
C750	*e*	Coccidia *pl*		*i*	coclea *f*
	d	Kokzidien *f pl*		*r*	улитка *f (внутреннего уха)*
	f	coccidies *f pl*	C761	*e*	cochlear
	i	coccidi *m pl*		*d*	Schnecken..., kochlear
	r	кокцидии *f pl*		*f*	cochléaire, cochléen
C751	*e*	coccidiomycosis		*i*	cocleare
	d	Kokzidiomykose *f*, Wüstenfieber *n*		*r*	кохлеарный
	f	coccidio(ïdo)mycose *f*, maladie *f* de Californie	C762	*e*	cochlear duct
	i	coccidioidomicosi *f*, mal *m* di California		*d*	Schneckengang *m*
	r	кокцидиоидоз *m*, кокцидиоидомикоз *m*, калифорнийская лихорадка *f*		*f*	limaçon *m* membraneux
				i	dotto *m* cocleare
				r	улитковый проток *m*, канал *m* [проток *m*] улитки
C752	*e*	coccus	C763	*e*	cochlear joint
	d	Kokkus *m*, Kokke *f*, Kugelbakterium *n*		*d*	Schraubengelenk *n*
	f	coccus *m*		*f*	articulation *f* en vis
	i	cocco *m*		*i*	articolazione *f* a troclea, ginglimo *m*
	r	кокк *m*		*r*	винтовой сустав *m*
C753	*e*	coccyalgia, coccydynia, coccygalgia *see* coccygodynia	C764	*e*	cochleo-orbicular [cochleopalpebral] reflex
				d	Kochleopalpebralreflex *m*, kochleopalpebraler [kochleo-orbikularer] Reflex *m*
C754	*e*	coccygeal body		*f*	réflexe *m* auriculo-palpébral [cochléopalpébral]
	d	Steißbeinglomus *n*		*i*	riflesso *m* acusticopalpebrale
	f	glomus *m* coccygien, glande *f* coccygienne		*r*	ауропальпебральный [кохлеопальпебральный] рефлекс *m*
	i	glomo *m* coccigeo			
	r	копчиковое тельце *n*, копчиковый гломус *m*			
C755	*e*	coccygeal ganglion	C765	*e*	cochleopupillary reflex
	d	Steißbeinganglion *n*		*d*	Kochleopupillarreflex *m*
	f	ganglion *m* impair [de Walther]		*f*	réflexe *m* cochléo-pupillaire [oto-pupillaire]
	i	ganglio *m* coccigeo [di Walther]		*i*	riflesso *m* cocleopupillare
	r	непарный [копчиковый] ганглий *m*		*r*	улиткозрачковый [кохлеопупиллярный] рефлекс *m*,
C756	*e*	coccygeal joint			
	d	Steißbeingelenk *n*			
	f	articulation *f* coccygienne			
	i	articolazione *f* sacrococcigea			
	r	крестцово-копчиковый сустав *m*			

			кохлеарная [отогенная] зрачковая реакция f
C766	e		cod liver oil
	d		Lebertran m
	f		huile f de foie de morue
	i		olio m di fegato di merluzzo
	r		рыбий жир m
C767	e		codon
	d		Codon n
	f		codon m
	i		codon(e) m
	r		кодон m
C768	e		coefficient of relationship
	d		Verwandtschaftskoeffizient m
	f		coefficient m de parenté
	i		coefficiente m di parentela
	r		коэффициент m родства
C769	e		coelom see celom
C770	e		coenzyme
	d		Koenzym n
	f		coenzyme m
	i		coenzima m
	r		кофермент m, коэнзим m
C771	e		cofactor
	d		Kofaktor m
	f		cofacteur m
	i		cofattore m
	r		кофактор m
C772	e		coferment see coenzyme
C773	e		coffee-ground vomit
	d		Kaffeesatzbrechen n
	f		vomissement m noir [en mare de café]
	i		vomito m caffeario
	r		рвота f «кофейной гущей»
C774	e		cogwheel breathing, cogwheel respiration
	d		sakkadiertes Atmen n
	f		respiration f syncopale [saccadée]
	i		respiro m interrotto
	r		прерывистое [саккадированное] дыхание n
C775	e		coilonychia
	d		Koilonychie f
	f		koïlonychie f, coïlonychie f
	i		coilonichia f
	r		койлонихия f, ложкообразный [вогнутый] ноготь m
C776	e		coition, coitus
	d		Koitus m, Kohabitation f, Begattung f, Beischlaf m
	f		coït m
	i		coito m
	r		коитус m, половое сношение n, половой акт m
C777	e		cold
	d		Erkältung f
	f		rhume m (banal), refroidissement m
	i		raffreddore m, freddo m
	r		простуда f; насморк m
C778	e		cold abscess
	d		kalter Abszeß m
	f		abcès m froid
	i		ascesso m freddo
	r		холодный абсцесс m
C779	e		cold agglutination
	d		Kälteagglutination f
	f		agglutination f froide
	i		agglutinazione f a freddo
	r		холодовая агглютинация f
C780	e		cold allergy
	d		Kälteallergie f
	f		allergie f froide
	i		allergia f da esposizione al freddo
	r		холодовая аллергия f
C781	e		cold cautery see cryocautery
C782	e		cold hemolysin
	d		Kältehämolysin n
	f		hémolysine f biphasique de Donath et Landsteiner
	i		emolisina f a freddo
	r		двухфазный гемолизин m Доната—Ландштейнера
C783	e		cold test
	d		Kältetest m
	f		épreuve f du froid
	i		prova f fredda
	r		холодовая проба f
C784	e		cold urticaria
	d		Kälteurtikaria f
	f		urticaire f à frigore
	i		orticaria f da freddo
	r		холодовая крапивница f
C785	e		colectomy
	d		Kolektomie f, Dickdarmresektion f
	f		colectomie f
	i		colectomia f
	r		колэктомия f
C786	e		colibacillus see colon bacillus
C787	e		colic
	d		Kolik f
	f		colique f
	i		colica f
	r		колика f
C788	e		coli infection
	d		Koli-Infektion f
	f		colibacillose f
	i		colibacillosi f
	r		коли-инфекция f, коли-бактериоз m
C789	e		colitis
	d		Kolitis f

COLOBOMA

    f   colite *f*
    i   colite *f*
    r   колит *m*

C790 *e* **collagen**
    d Kollagen *n*
    f   collagène *m*
    i   collageno *m*
    r   коллаген *m*

C791 *e* **collagen disease, collagenosis**
    d Kollagenose *f*, Kollagenkrankheit *f*
    f   maladie *f* du collagène, collagénose *f*
    i   collagenopatia *f*, malattia *f* del collagene
    r   коллагеноз *m*, системная болезнь *f* соединительной ткани

C792 *e* **collagenous fiber**
    d Kollagenfaser *f*
    f   fibre *f* collagène
    i   fibra *f* collagena
    r   коллагеновое волокно *n*

C793 *e* **collapse**
    d Kollaps *m*
    f   collapsus *m*
    i   collasso *m*
    r   коллапс *m*

C794 *e* **collapse delirium**
    d Kollapsdelirium *n*
    f   délire *m* de collapsus
    i   delirio *m* di collasso
    r   делирий *m* коллапса

C795 *e* **collapse therapy**
    d Kollapsbehandlung *f*
    f   collapsothérapie *f*
    i   collassoterapia *f*
    r   коллапсотерапия *f*

C796 *e* **collapsing pulse** see **Corrigan's pulse**

C797 *e* **collar bone**
    d Schlüsselbein *n*
    f   clavicule *f*
    i   clavicola *f*
    r   ключица *f*

C798 *e* **collateral circulation**
    d Kollateralkreislauf *m*, Umgehungskreislauf *m*
    f   circulation *f* collatérale
    i   circolazione *f* collaterale
    r   коллатеральное кровообращение *n*

C799 *e* **collateral eminence**
    d Eminentia *f* collateralis
    f   éminence *f* collatérale [de Meckel]
    i   eminenza *f* collaterale
    r   коллатеральное [меккелево] возвышение *n*

C800 *e* **collateral hyperemia**
    d Kollateralhyperämie *f*
    f   hyperémie *f* collatérale
    i   iperemia *f* collaterale
    r   коллатеральная гиперемия *f*

C801 *e* **collecting tubule**
    d gerades Nierenkanälchen *n*
    f   tube *m* de Bellini [droit]
    i   tubulo *m* di Bellini [retto]
    r   прямой почечный каналец *m*

C802 *e* **colliquative necrosis**
    d Kolliquationsnekrose *f*, Verflüssigungsnekrose *f*
    f   nécrose *f* colliquative [de liquéfaction]
    i   necrosi *f* colliquativa
    r   влажный [колликвационный] некроз *m*

C803 *e* **collodion**
    d Kollodium *n*
    f   collodion *m*
    i   collodio *m*
    r   коллодий *m*

C804 *e* **colloid**
    d Kolloid *n*
    f   colloïde *m*
    i   colloide *m*
    r   коллоид *m*

C805 *e* **colloid adenoma**
    d Kolloidadenom *n*
    f   adénome *m* colloïde
    i   adenoma *m* colloide
    r   фолликулярная [коллоидная] аденома *f*

C806 *e* **colloid cancer, colloid carcinoma**
    d Kolloidkarzinom *n*, Gallertkrebs *m*
    f   épithélioma *m* [cancer *m*] colloïde
    i   carcinoma *m* colloide [gelatinoso]
    r   слизеобразующий [коллоидный, мукоидный, слизистый] рак *m*

C807 *e* **colloid degeneration**
    d Kolloiddegeneration *f*, Kolloidentartung *f*
    f   dégénérescence *f* colloïde
    i   degenerazione *f* colloide
    r   коллоидная дистрофия *f*

C808 *e* **colloid goiter**
    d Kolloidstruma *f*
    f   goitre *m* colloïde
    i   gozzo *m* colloide
    r   коллоидный зоб *m*

C809 *e* **colloidoclastic shock**
    d kolloidoklastischer Schock *m*
    f   crise *f* colloïdoclasique
    i   shock *m* colloidoclastico
    r   коллоидокластический шок *m*

C810 *e* **coloboma**
    d Kolobom *n*

COLOCUTANEOUS FISTULA

	f	colobome m
	i	coloboma m
	r	колобома f
C811	e	**colocutaneous fistula**
	d	Kolon-Haut-Fistel f
	f	fistule f colique externe
	i	fistola f esterna del colon
	r	наружный свищ m толстой кишки
C812	e	**colon**
	d	Kolon n
	f	côlon m
	i	colon m
	r	ободочная кишка f
C813	e	**colon bacillus**
	d	Kolibakterium n
	f	colibacille m
	i	colibacillo m
	r	кишечная палочка f
C814	e	**colonic fistula**
	d	Dickdarmfistel f
	f	fistule f colique
	i	fistola f del colon
	r	свищ m толстой кишки
C815	e	**colonic motility**
	d	Dickdarmperistaltik f
	f	péristaltisme m
	i	motilità f intestinale
	r	перистальтика f толстой кишки
C816	e	**colonoscope**
	d	Kolonoskop n
	f	colonoscope m
	i	coloscopio m
	r	колоноскоп m
C817	e	**colonoscopy**
	d	Kolonoskopie f
	f	colonoscopie f
	i	coloscopia f
	r	колоноскопия f
C818	e	**colony**
	d	1. Bakterienkolonie f 2. Zellenkolonie f
	f	1. colonie f bactérienne 2. colonie f cellulaire
	i	colonia f
	r	1. бактериальная колония f 2. колония f клеток
C819	e	**colopexia, colopexy**
	d	Kolopexie f, Dickdarmfixation f
	f	colopexie f
	i	colopessia f
	r	колопексия f
C820	e	**coloptosis**
	d	Koloptose f
	f	coloptose f
	i	coloptosi f
	r	колоптоз m
C821	e	**color amblyopia**
	d	Dichromasie f, partielle Farbenblindheit f
	f	dichromasie f
	i	dicromasia f
	r	дихромазия f
C822	e	**color hearing**
	d	Phonopsie f, Farbenhören n
	f	phonopsie f, audition f colorée [chromatique]
	i	pseudocromestesia f
	r	фонопсия f, цветной слух m
C823	e	**color hemianopsia**
	d	Hemichromatopsie f
	f	hémichromatopsie f
	i	emicromatopsia f
	r	гемихроматопсия f
C824	e	**color index**
	d	Färbeindex m
	f	index m colorimétrique
	i	indice m colorimetrico
	r	цветной показатель m (крови)
C825	e	**Colorado tick fever**
	d	Colorado-Zeckenfieber n
	f	fièvre f à tiques du Colorado
	i	febbre f da zecche del Colorado
	r	лихорадка f Колорадо, колорадская клещевая лихорадка f
C826	e	**colorimeter**
	d	Kolorimeter n, Farbenmesser m
	f	colorimètre m
	i	colorimetro m
	r	колориметр m
C827	e	**colorimetry**
	d	Kolorimetrie f, Farbenmessung f
	f	colorimétrie f
	i	colorimetria f
	r	колориметрия f
C828	e	**colostomy**
	d	Kolostomie f
	f	colostomie f
	i	colostomia f
	r	колостомия f
C829	e	**colostric, colostrous**
	d	Kolostrum..., Vormilch...
	f	de colostrum
	i	del colostro
	r	молозивный
C830	e	**colostrum**
	d	Kolostrum n, Vormilch f, Kolostralmilch f
	f	colostrum m
	i	colostro m
	r	молозиво n
C831	e	**colotomy**

COLPOTOMY

    d Kolotomie *f*, Dickdarmschnitt *m*, Dickdarmeröffnung *f*
    f colotomie *f*
    i colotomia *f*
    r колотомия *f*

C832 *e* **colpeurynter**
    d Kolpeurynter *m*, Scheidendehner *m*
    f colpeurynter *m*
    i colpeurinter *m*
    r кольпейринтер *m*

C833 *e* **colpeurysis**
    d Kolpeuryse *f*, operative Scheidendehnung *f*
    f dilatation *f* vaginale avec un colpeurynter
    i colpeurisi *f*
    r кольпейриз *m*

C834 *e* **colpitis**
    d Kolpitis *f*, Vaginitis *f*, Scheidenentzündung *f*
    f colpite *f*, vaginite *f*
    i colpite *f*, vaginite *f*
    r кольпит *m*

C835 *e* **colpohysterectomy**
    d Kolpohysterektomie *f*
    f colpohystérectomie *f*
    i colpoisterectomia *f*
    r влагалищная экстирпация *f* матки

C836 *e* **colpohysteropexy**
    d Kolpohysteropexie *f*
    f hystéropexie *f* vaginale, colpohystéropexie *f*
    i colpoisteropessia *f*
    r вагинофиксация *f* матки

C837 *e* **colpomicroscopy**
    d Kolpomikroskopie *f*, Scheidenmikroskopie *f*
    f colpomicroscopie *f*
    i colpomicroscopia *f*
    r кольпомикроскопия *f*

C838 *e* **colpomyomectomy**
    d Kolpomyomektomie *f*, Scheidenmyomentfernung *f*
    f colpomyoméctomie *f*
    i colpomiomectomia *f*
    r влагалищная миомэктомия *f*

C839 *e* **colpoperineoplasty**
    d Kolpoperineoplastik *f*, Scheidendammplastik *f*
    f colpopérinéoplastie *f*
    i colpoperineoplastica *f*
    r кольпоперинеопластика *f*

C840 *e* **colpopexy**
    d Kolpopexie *f*, Scheidenfixierung *f*, Vaginafixierung *f*
    f colpopexie *f*
    i colpopessia *f*
    r вагинофиксация *f*, кольпопексия *f*

C841 *e* **colpoplasty, colpopoiesis**
    d Kolpoplastik *f*, Scheidenwiederherstellung *f*
    f colpoplastie *f*
    i colpoplastica *f*
    r кольпопоэз *m*

C842 *e* **colpoptosis**
    d Scheidenprolaps *m*, Scheidenvorfall *m*
    f colpoptose *f*, colpocèle *f*
    i colpoptosi *f*, colpocele *m*
    r выпадение *n* влагалища

C843 *e* **colporrhagia**
    d Kolporrhagie *f*, Scheidenblutung *f*
    f colporragie *f*, élytrorragie *f*
    i colporragia *f*
    r влагалищное кровотечение *n*

C844 *e* **colporrhaphy**
    d Kolporrhaphie *f*, Scheidennaht *f*
    f colporraphie *f*, élytrorraphie *f*
    i colporrafia *f*
    r кольпорафия *f*

C845 *e* **colporrhexis**
    d Kolporrhexis *f*, Scheidenriß *m*
    f colporrhexis *f*
    i colporressi *f*
    r кольпорексис *m*, разрыв *m* влагалища

C846 *e* **colposcope**
    d Kolposkop *n*, Scheidenspiegel *m*, Vaginalspekulum *n*
    f colposcope *m*
    i colposcopio *m*
    r кольпоскоп *m*

C847 *e* **colposcopy**
    d Kolposkopie *f*, Scheidenspiegelung *f*, Vaginoskopie *f*
    f colposcopie *f*
    i colposcopia *f*
    r кольпоскопия *f*

C848 *e* **colpospasm**
    d Kolpospasmus *m*, Scheidenkrampf *m*, Scheidenspasmus *m*, Vaginismus *m*
    f colpospasme *m*, vaginisme *m*
    i colpospasmo *m*
    r вагинизм *m*, кольпоспазм *m*

C849 *e* **colpostat**
    d Kolpostat *m*
    f colpostat *m*
    i colpostat *m*
    r кольпостат *m*

C850 *e* **colpotomy**
    d Kolpotomie *f*, Scheidenschnitt *m*, Scheideneröffnung *f*, Vaginotomie *f*
    f colpotomie *f*, élytrotomie *f*

COLUMN

	i	colpotomia *f*
	r	кольпотомия *f*
C851	*e*	column
	d	1. Columna *f*, Säule *f* 2. Bündel *n*
	f	1. colonne *f* 2. faisceau *m*
	i	1. colonna *f* 2. fascio *m*
	r	1. *анат.* столб *m* 2. пучок *m* (*волокон*)
C852	*e*	columnar epithelium
	d	Zylinderepithel *n*, (hoch)prismatisches Epithel *n*
	f	épithélium *m* cylindrique
	i	epitelio *m* cilindrico
	r	цилиндрический эпителий *m*
C853	*e*	coma
	d	Koma *n*
	f	coma *m*
	i	coma *m*
	r	кома *f*
C854	*e*	comatose
	d	komatös
	f	comateux
	i	comatoso
	r	коматозный
C855	*e*	combined sclerosis
	d	funikuläre Myelose *f*
	f	sclérose *f* combinée (de la moelle), myélose *f* funiculaire
	i	sclerosi *f* combinata
	r	фуникулярный миелоз *m*, комбинированный склероз *m*
C856	*e*	combined treatment
	d	Kombinationsbehandlung *f*
	f	thérapie *f* complexe
	i	terapia *f* integrata
	r	комбинированное лечение *n*
C857	*e*	combined version
	d	kombinierte [klassische] Wendung *f*
	f	version *f* par manœuvres mixtes [de Braxton-Hicks]
	i	versione *f* di Braxton-Hicks [bimanuale]
	r	классический [комбинированный наружно-внутренний] акушерский поворот *m*
C858	*e*	Comby's sign
	d	Koplik-Flecke *m pl*
	f	signe *m* de Koplik
	i	segno *m* di Koplik
	r	пятна *n pl* Филатова—Коплика
C859	*e*	comedo
	d	Komedo *m*, Mitesser *m*
	f	comédon *m*
	i	comedone *m*
	r	комедон *m*, чёрный угорь *m*
C860	*e*	comedocarcinoma
	d	Komedokarzinom *n*
	f	comédocarcinome *m*
	i	comedocarcinoma *m*
	r	угревидный рак *m*, комедокарцинома *f*
C861	*e*	commensalism
	d	Kommensalismus *m*
	f	commensalisme *m*
	i	commensalismo *m*
	r	комменсализм *m*
C862	*e*	comminuted fracture
	d	Splitterbruch *m*, Zertrümmerungsbruch *m*
	f	fracture *f* comminutive
	i	frattura *f* comminuta
	r	оскольчатый перелом *m*
C863	*e*	commissural ch(e)ilitis
	d	Kommissurencheilitis *f*
	f	chéilite *f* commissurale
	i	perlèche *m*
	r	ангулярный стоматит *m*, ангулярный хейлит *m*
C864	*e*	commissure
	d	1. Schädelknochennaht *f* 2. Augenwinkel *m* 3. Kommissur *f* 4. Lippenkommissur *f*
	f	1. suture *f* du crâne 2. commissure *f* des paupières 3. commissure *f* 4. commissure *f* des lèvres
	i	1. commessura *f* del cranio 2. commessura *f* delle palpebre 3. commessura *f* 4. commessura *f* labiale
	r	1. шов *m* черепа 2. угол *m* глазной щели 3. спайка *f*, комиссура *f* 4. спайка *f* губ
C865	*e*	common acne
	d	Acne *f* vulgaris
	f	acné *f* vulgaire
	i	acne *f* volgare [giovanile]
	r	обыкновенные угри *m pl*
C866	*e*	common bile duct
	d	gemeinsamer Leberblasengang *m*
	f	canal *m* cholédoque
	i	coledoco *m*, dotto *m* biliare comune
	r	общий жёлчный проток *m*
C867	*e*	common cold *see* cold
C868	*e*	common gall duct *see* common bile duct
C869	*e*	common hepatic duct
	d	gemeinsamer Lebergang *m*
	f	canal *m* hépatique commun
	i	dotto *m* epatico comune
	r	общий печёночный проток *m*
C870	*e*	common wart
	d	gewöhnliche Warze *f*
	f	verrue *f* vulgaire

COMPOUND

- *i* verruca *f* volgare, porro *m*
- *r* простая [обыкновенная] бородавка *f*

C871 *e* communicable disease
- *d* Ansteckungskrankheit *f*
- *f* maladie *f* infectieuse
- *i* malattia *f* contagiosa [trasmissibile]
- *r* заразная болезнь *f*

C872 *e* community hygiene
- *d* Kommunalhygiene *f*
- *f* hygiène *f* sociale
- *i* igiene *f* sociale
- *r* социальная гигиена *f*

C873 *e* compact bone
- *d* kompakte Knochensubstanz *f*
- *f* tissu *m* compact
- *i* osso *m* compatto [duro]
- *r* компактное вещество *n* кости

C874 *e* comparative anatomy
- *d* vergleichende Anatomie *f*
- *f* anatomie *f* comparée
- *i* anatomia *f* comparata
- *r* сравнительная анатомия *f*

C875 *e* compatibility
- *d* Kompatibilität *f*
- *f* compatibilité *f*
- *i* compatibilità *f*
- *r* совместимость *f*

C876 *e* compensatory atrophy
- *d* Ersatzatrophie *f*, substitutive Atrophie *f*
- *f* atrophie *f* substitutive
- *i* atrofia *f* compensatoria
- *r* заместительная атрофия *f*

C877 *e* compensatory hypertrophy
- *d* Kompensationshypertrophie *f*
- *f* hypertrophie *f* compensatrice
- *i* ipertrofia *f* compensatoria
- *r* компенсаторная [рабочая, функциональная] гипертрофия *f*

C878 *e* competitive antagonist
- *d* Antimetabolit *m*
- *f* antimétabolite *m*
- *i* antimetabolita *m*
- *r* антиметаболит *m*

C879 *e* complaint
- *d* Beschwerde *f*, Klage *f*
- *f* plainte *f*, problème *m*
- *i* sintomo *m* soggettivo
- *r* жалоба *f*

C880 *e* complement
- *d* Komplement *n*
- *f* complément *m*
- *i* complemento *m*
- *r* комплемент *m*

C881 *e* complemental air
- *d* Komplementärluft *f*
- *f* air *m* complémentaire [de réserve]
- *i* aria *f* complementare
- *r* резервный объём *m* вдоха

C882 *e* complement fixation test
- *d* Komplement-Fixationstest *m*, Komplementbindungsreaktion *f*, Komplementablenkungsreaktion *f*
- *f* réaction *f* de fixation du complément
- *i* test *m* di fissazione del complemento
- *r* реакция *f* связывания комплемента

C883 *e* complete abortion
- *d* vollendeter Abort *m*
- *f* avortement *m* complet
- *i* aborto *m* completo
- *r* полный аборт *m*

C884 *e* complete antibody
- *d* vollständiger [kompletter] Antikörper *m*
- *f* anticorps *m* complet
- *i* anticorpo *m* completo
- *r* полное антитело *n*

C885 *e* complete cataract
- *d* totaler Star *m*, totale Katarakt *f*
- *f* cataracte *f* totale [complète]
- *i* cateratta *f* completa
- *r* полная катаракта *f*

C886 *e* complete color blindness
- *d* Achromatopsie *f*, absolute [vollständige] Farbenblindheit *f*
- *f* achromatopsie *f*
- *i* acromatopsia *f*
- *r* ахроматопсия *f*, цветовая слепота *f*

C887 *e* complete denture
- *d* Totalzahnprothese *f*
- *f* prothèse *f* dentaire complète
- *i* protesi *f* dentaria completa
- *r* полный зубной протез *m*

C888 *e* complex
- *d* Komplex *m*
- *f* complexe *m*
- *i* complesso *m*
- *r* 1. комплекс *m* 2. психический комплекс *m*

C889 *e* complicated fracture
- *d* komplizierte Fraktur *f*, komplizierter Bruch *m*
- *f* fracture *f* compliquée
- *i* frattura *f* complicata
- *r* осложнённый перелом *m*

C890 *e* complication
- *d* Komplikation *f*
- *f* complication *f*
- *i* complicazione *f*, complicanza *f*
- *r* осложнение *n*

C891 *e* compound

COMPOUND FRACTURE

	d	Zusammensetzung *f*
	f	composé *m*
	i	composto *m*
	r	соединение *n*; смесь *f*
C892	e	compound fracture *see* complicated fracture
C893	e	compound joint
	d	zusammengesetztes Gelenk *n*
	f	articulation *f* composée
	i	articolazione *f* compos(i)ta
	r	сложный сустав *m*
C894	e	compound protein *see* conjugated protein
C895	e	compress
	d	Kompresse *f*, Umschlag *m*
	f	compresse *f*
	i	compressa *f*
	r	компресс *m*
C896	e	compression
	d	Kompression *f*, Zusammendrücken *n*
	f	compression *f*
	i	compressione *f*
	r	сдавление *n*, компрессия *f*
C897	e	compression bandage
	d	Druckverband *m*
	f	bandage *m* compressif
	i	bendaggio *m* compressivo
	r	давящая повязка *f*
C898	e	compression syndrome *see* crush syndrome
C899	e	compulsion
	d	Drang *m*
	f	compulsion *f*
	i	compulsione *f*, coazione *f*
	r	навязчивое влечение *n*
C900	e	compulsive act(ion)
	d	Zwangshandlung *f*
	f	action *f* forcée [d'obsession]
	i	atto *m* compulsivo
	r	навязчивое действие *n*
C901	e	computer diagnosis
	d	Computerdiagnostik *f*
	f	diagnostic *m* par voie d'ordinateur
	i	diagnosi *f* per mezzo di una calcolatrice
	r	компьютерная диагностика *f*
C902	e	computer tomography
	d	Computertomographie *f*
	f	tomographie *f* par voie d'ordinateur
	i	tomografia *f* computerizzata
	r	компьютерная томография *f*
C903	e	concave lens
	d	Zerstreuungslinse *f*, Konkavglas *n*
	f	lentille *f* divergente
	i	lente *f* concava
	r	рассеивающая [отрицательная] линза *f*
C904	e	concavoconvex lens
	d	Konkavkonvexlinse *f*, Meniskusglas *n*
	f	lentille *f* concave-convexe
	i	lente *f* concavo-convessa
	r	выпукло-вогнутая линза *f*
C905	e	concealed hemorrhage
	d	innere Blutung *f*
	f	hémorragie *f* interne
	i	emorragia *f* nascosta [occulta]
	r	внутреннее кровотечение *n*
C906	e	concentration
	d	Konzentration *f*
	f	concentration *f*
	i	concentrazione *f*
	r	концентрация *f*
C907	e	concentric lamella
	d	Havers-Lamella *f*
	f	lamelle *f* de Havers
	i	lamella *f* concentrica
	r	пластинка *f* остеона, гаверсова пластинка *f*
C908	e	conception
	d	Konzeption *f*, Empfängnis *f*
	f	conception *f*
	i	concepimento *m*, concezione *f*
	r	зачатие *n*
C909	e	conchal cartilage
	d	Ohrmuschelknorpel *m*
	f	cartilage *m* auriculaire
	i	cartilagine *f* dell'orecchio
	r	хрящ *m* ушной раковины
C910	e	conchotome
	d	Konchotom *n*
	f	chonchotome *m*
	i	concotomo *m*
	r	конхотом *m*
C911	e	concomitant symptom
	d	Begleitsymptom *n*
	f	symptôme *m* concomitant
	i	sintomo *m* concomitante
	r	факультативный симптом *m*
C912	e	concrement, concretion
	d	Konkrement *n*, Stein *m*
	f	concrétion *f*, calcul *m*
	i	concremento *m*, calcolo *m*
	r	конкремент *m*, камень *m*
C913	e	concussion
	d	Erschütterung *f*
	f	commotion *f*
	i	commozione *f*
	r	сотрясение *n*
C914	e	condensation
	d	Kondensation *f*

CONFABULATION

	f	condensation *f*
	i	condensazione *f*
	r	конденсация *f*
C915	*e*	**condenser**
	d	Kondensor *m*
	f	condens(at)eur *m*
	i	condensatore *m*
	r	конденсор *m*
C916	*e*	**condensing osteitis**
	d	sklerosierende Osteomyelitis *f*
	f	ostéomyélite *f* [ostéite *f*] de Garré
	i	osteosclerosi *f*, osteomielite *f* di Garré
	r	склерозирующий остеомиелит *m*, остеомиелит *m* Гарре
C917	*e*	**conditioned reflex**
	d	bedingter Reflex *m*
	f	réflexe *m* conditionné [conditionnel]
	i	riflesso *m* condizionato
	r	условный рефлекс *m*
C918	*e*	**conditioned stimulus**
	d	bedingter Reiz *m*
	f	stimulus *m* conditionnel
	i	stimolo *m* condizionato
	r	условный [сигнальный] раздражитель *m*
C919	*e*	**conditioning**
	d	Konditionierung *f*
	f	conditionnement *m*
	i	condizionamento *m*
	r	кондиционирование *n* (*психотерапевтический метод*)
C920	*e*	**condom**
	d	Kondom *n*, Präservativ *n*
	f	préservatif *m*, condom *m*
	i	profilattico *m*, condom *m*
	r	презерватив *m*, кондом *m*
C921	*e*	**conducting system of heart**
	d	Leitsystem *n* des Herzens
	f	système *m* de conduction du cœur
	i	sistema *m* di conduzione del cuore
	r	проводящая система *f* сердца
C922	*e*	**conduction**
	d	Konduktion *f*, Überleitung *f*, Leitung *f*
	f	conduction *f*
	i	conduzione *f*
	r	проведение *n*
C923	*e*	**conduction anesthesia**
	d	Leitungsanästhesie *f*
	f	anesthésie *f* de conduction
	i	anestesia *f* da conduzione
	r	проводниковая анестезия *f*
C924	*e*	**conduction aphasia**
	d	Leitungsaphasie *f*
	f	aphasie *f* de conductibilité [de conduction]
	i	afasia *f* di conduzione
	r	проводниковая афазия *f*
C925	*e*	**conductive deafness**
	d	Schalleitungstaubheit *f*
	f	surdité *f* de conduction [de transmission]
	i	sordità *f* da conduzione
	r	кондуктивная глухота *f*
C926	*e*	**conductivity**
	d	Leitungsfähigkeit *f*
	f	conductibilité *f*, conduction *f*
	i	conduttività *f*
	r	проводимость *f*
C927	*e*	**conductor**
	d	Konduktor *m*
	f	conducteur *m*
	i	conduttore *m*
	r	проводник *m*
C928	*e*	**condylar joint**
	d	Ellipsoidgelenk *n*, Eigelenk *n*
	f	condylarthrose *f*, articulation *f* condylienne
	i	articolazione *f* ellissoidale [ovoide]
	r	эллипсоидный [яйцевидный] сустав *m*
C929	*e*	**condyle**
	d	Kondylus *m*, Gelenkknorren *m*
	f	condyle *m*
	i	condilo *m*
	r	мыщелок *m*
C930	*e*	**condyloma**
	d	Kondylom *n*
	f	condylome *m*
	i	condiloma *m*
	r	кондилома *f*
C931	*e*	**cone**
	d	Zapfen *m* (der Netzhaut)
	f	cône *m* rétinien
	i	cono *m* retinico
	r	колбочка *f* сетчатки
C932	*e*	**cone of light**
	d	Lichtreflex *m*
	f	cône *m* lumineux de Wilde [visuel]
	i	cono *m* luminoso di Wilde
	r	световой конус *m*, световой рефлекс *m*
C933	*e*	**cone vision**
	d	Tagessehen *n*, photopisches Sehen *n*
	f	vision *f* photopique [diurne]
	i	visione *f* fotopica [diurna]
	r	дневное [фотопическое] зрение *n*
C934	*e*	**confabulation**
	d	Konfabulation *f*
	f	confabulation *f*
	i	confabulazione *f*
	r	конфабуляция *f*

C935 e confluent smallpox
 d konfluierende Pocken *pl*
 f variole *f* confluente
 i vaiolo *m* confluente
 r сливная оспа *f*

C936 e confusion
 d Verwirrtheit *f*, Verworrenheit *f*
 f confusion *f* mentale
 i confusione *f* mentale
 r спутанность *f* сознания

C937 e congelation
 d Kongelation *f*
 f congélation *f*
 i congelamento *m*
 r отморожение *n*

C938 e congelation urticaria *see* cold urticaria

C939 e congenital aplastic anemia
 d angeborene aplastische Anämie *f*, Fanconi-Syndrom *n*
 f anémie *f* de Fanconi, syndrome *m* de Fanconi
 i anemia *f* aplastica congenita [di Fanconi]
 r анемия *f* [синдром *m*] Фанкони

C940 e congenital displastic angiectasia
 d Klippel-Trenaunay-Syndrom *n*
 f nævus *m* variqueux ostéo-hypertrophique, syndrome *m* de Klippel-Trenaunay
 i angectasia *f* displastica congenita, sindrome *f* di Klippel-Trenaunay-Weber
 r синдром *m* Клиппеля—Треноне, остеогипертрофический варикозный невус *m*

C941 e congenital erythropoietic porphyria
 d angeborene erythropoetische Porphyrie *f*
 f porphyrie *f* congénitale, maladie *f* de Günther
 i porfiria *f* eritropoietica congenita, morbo *m* di Günther
 r эритропоэтическая уропорфирия *f*, врождённая порфирия *f*

C942 e congenital hemolytic icterus, congenital hemolytic jaundice
 d angeborene hämolytische Anämie *f*, mikrosphärozytäre hämolytische Anämie *f*
 f maladie *f* de Minkowski-Chauffard, anémie *f* à sphérocytes
 i ittero *m* emolitico congenito [emolitico costituzionale]
 r (микро)сфероцитарная анемия *f*, болезнь *f* Минковского—Шоффара

C943 e congenital ichthyosiform erythroderma
 d kongenitale ichthyosiforme Erythrodermie *f*
 f érythrodermie *f* ichtyosiforme congénitale (de Brocq et Lenglet)
 i eritrodermia *f* di Brocq [ittiosiforme congenita]
 r врождённая ихтиозиформная эритродермия *f*, ихтиозиформный дерматоз *m* Брока

C944 e congenital immunity
 d angeborene Immunität *f*
 f immunité *f* congénitale [innée]
 i immunità *f* congenita [innata]
 r наследственный [врождённый] иммунитет *m*

C945 e congenital syphilis
 d Heredosyphilis *f*, angeborene Syphilis *f*
 f syphilis *f* congénitale [héréditaire]
 i sifilide *f* congenita
 r врождённый сифилис *m*

C946 e congestion
 d Kongestion *f*, Hyperämie *f*
 f congestion *f*, hyperémie *f*
 i iperemia *f*, congestione *f*
 r гиперемия *f*

C947 e congestive heart failure
 d kongestive Herzinsuffizienz *f*, Stauungsinsuffizienz *f*
 f insuffisance *f* cardiaque
 i scompenso *m* cardiaco congestizio, insufficienza *f* cardiaca
 r сердечная недостаточность *f*

C948 e congestive liver
 d Stauungsleber *f*
 f foie *m* de stase
 i fegato *m* da stasi, iperemia *f* epatica
 r застойная печень *f*

C949 e conglutination
 d Konglutination *f*
 f conglutination *f*
 i conglutinazione *f*
 r конглютинация *f*

C950 e congruent points *pl*
 d korrespondierende Netzhautpunkte *m pl*
 f points *m pl* correspondants
 i punti *m pl* congruenti della retina
 r корреспондирующие точки *f pl* сетчатки

C951 e conical cornea
 d Hornhautkegel *m*, Keratokegel *m*, Keratokonus *m*
 f kératocône *m*
 i cheratocono *m*

r кератоконус m, коническая роговица f

C952 e coniosis
d Koniose f, Staubkrankheit f, Staublungenerkrankung f
f coniose f
i coniosi f
r кониоз m

C953 e conization
d Gebärmutterhalskonisation f
f conisation f (du col utérin)
i conizzazione f
r конизация f

C954 e conjoined manipulation
d bimanuelle Untersuchung f
f procédé m bimanuel
i manipolazione f a due mani
r двуручное исследование n

C955 e conjoined tendon
d Leistensichel f, Henle-Band n
f tendon m conjoint
i tendine m congiunto, legamento m di Henle, falce f inguinale
r паховый серп m, серповидный апоневроз m, связка f Генле

C956 e conjoined twins pl
d befestigte Zwillinge m pl
f jumeaux m pl conjoints
i gemelli m pl congiunti
r соединённые близнецы m pl

C957 e conjugate
d Konjugate f
f conjugata, diamètre m promonto-rétropubien
i coniugata f
r конъюгата f

C958 e conjugate deviation of eyes
d gleichgerichtete Augenachsenabweichung f
f déviation f conjuguée des yeux
i deviazione f coniugata degli occhi
r содружественные движения n pl глаз

C959 e conjugated protein
d konjugiertes Protein n
f protéide m
i proteina f coniugata
r протеид m, сложный белок m

C960 e conjugation
d Konjugation f
f conjugaison f
i coniugazione f
r конъюгация f

C961 e conjunctiva
d Konjunktiva f, Bindehaut f
f conjonctive f
i congiuntiva f
r конъюнктива f

C962 e conjunctival
d konjunktival, Bindehaut...
f conjonctival
i congiuntivale
r конъюнктивальный

C963 e conjunctival reflex see ciliary reflex

C964 e conjunctivitis
d Konjunktivitis f, Bindehautentzündung f
f conjonctivite f
i congiuntivite f
r конъюнктивит m

C965 e connective tissue
d Bindegewebe n
f tissu m conjonctif
i tessuto m connettivo
r соединительная ткань f

C966 e connective tissue disease
d Kollagenerkrankung f, Bindegewebskrankheit f
f collagénose f, maladie f du collagène
i connettivopatia f, malattia f del connettivo
r коллагеноз m, системное заболевание n соединительной ткани

C967 e consciousness
d Bewußtsein n
f conscience f, connaissance f
i coscienza f, stato m di coscienza
r сознание n

C968 e consecutive aneurysm
d diffuses Aneurysma n
f anévrysme m diffus
i aneurisma m diffuso
r диффузная аневризма f

C969 e consensual reaction
d konsensuelle Reaktion f
f réaction f consensuelle (à la lumière)
i reazione f consensuale
r содружественная реакция f

C970 e consent to surgery
d Zustimmung f zur Operation
f consentement m du malade à l'opération
i consenso m all'operazione
r согласие n на операцию

C971 e conservative treatment
d konservative Behandlung f
f traitement m conservateur
i trattamento m conservativo
r консервативное лечение n

C972 e consolidate

CONSOLIDATION

	d	zusammenwachsen
	f	se consolider
	i	consolidarsi
	r	срастаться (*о переломе*)
C973	*e*	**consolidation**
	d	Konsolidierung *f*
	f	consolidation *f*
	i	consolidamento *m*
	r	консолидация *f*
C974	*e*	**constipation**
	d	Konstipation *f*, Obstipation *f*, Stuhlverstopfung *f*
	f	constipation *f*
	i	costipazione *f*
	r	запор *m*, констипация *f*
C975	*e*	**constitution**
	d	Konstitution *f*, Körperzustand *m*, Körperverfassung *f*
	f	constitution *f*, habitus *m*
	i	costituzione *f* (fisica)
	r	конституция *f*, телосложение *n*
C976	*e*	**constitutional hepatic dysfunction**
	d	hereditäre [konstitutionelle, nichthämolytische, idiopathische] Hyperbilirubinämie *f*, Gilbert-(Meulengracht-)Krankheit *f*
	f	hyperbilirubinémie *f* constitutionnelle
	i	epatopatia *f* costituzionale, sindrome *f* di Gilbert
	r	синдром *m* Жильбера—Мейленграхта, семейная негемолитическая желтуха *f*
C977	*e*	**constriction**
	d	Konstriktion *f*
	f	constriction *f*
	i	costrizione *f*
	r	сужение *n*; сжатие *n*
C978	*e*	**constriction ring**
	d	Bandl-Kontraktionsring *m*
	f	anneau *m* de Bandl [de rétraction]
	i	anello *m* di Bandl [di contrazione]
	r	сжимающее кольцо *n* Бандля
C979	*e*	**constrictive pericarditis**
	d	konstriktive Perikarditis *f*
	f	péricardite *f* constrictive
	i	pericardite *f* costrittiva
	r	констриктивный [сдавливающий] перикардит *m*
C980	*e*	**constrictor muscle**
	d	Konstriktor *m*
	f	constricteur *m*
	i	muscolo *m* costrittore, costrittore *m*
	r	констриктор *m* (*мышца*)
C981	*e*	**consultant**
	d	beratender Arzt *m*
	f	consultant *m*
	i	consulente *m*
	r	консультант *m* (*врач*)
C982	*e*	**consultation**
	d	Konsultation *f*, Beratung *f*
	f	consultation *f*
	i	consulto *m*
	r	консультация *f*
C983	*e*	**consulting hours** *pl*
	d	Sprechstunde *f*
	f	heures *f pl* de consultation(s)
	i	ore *f pl* di consultazione
	r	приёмные часы *pl* (*врача*)
C984	*e*	**consulting room**
	d	Arztzimmer *n*
	f	cabinet *m* de consultation (d'un médecin)
	i	gabinetto *m* del medico
	r	кабинет *m* врача
C985	*e*	**contact**
	d	Kontakt *m*
	f	contact *m*
	i	contatto *m*
	r	соприкосновение *n*, контакт *m*
C986	*e*	**contact dermatitis**
	d	Kontaktdermatitis *f*
	f	dermatite *f* de contact
	i	dermatite *f* da contatto
	r	контактный дерматит *m*
C987	*e*	**contact infection**
	d	Kontaktinfektion *f*
	f	infection *f* par contact direct
	i	eteroinfezione *f*
	r	контактная инфекция *f*
C988	*e*	**contact lens**
	d	Kontaktlinse *f*
	f	lentille *f* de contact
	i	lente *f* a contatto
	r	контактная линза *f*
C989	*e*	**contagious aphthae**
	d	Maul- und Klauenseuche *f*, Aphthenseuche *f*
	f	fièvre *f* aphteuse
	i	afta *f* epizootica
	r	ящур *m*, афтозная лихорадка *f*
C990	*e*	**contagious disease** *see* **communicable disease**
C991	*e*	**contagious ecthyma**
	d	pustulöse kontagiöse Dermatitis *f*
	f	dermatite *f* pustuleuse contagieuse
	i	ectima *m* contagioso
	r	контагиозный пустулёзный дерматит *m*
C992	*e*	**contagiousness**
	d	Kontagiosität *f*, Ansteckfähigkeit *f*
	f	contagiosité *f*
	i	contagiosità *f*
	r	контагиозность *f*

C993	e	contamination
	d	Kontamination f, Verunreinigung f
	f	contamination f
	i	contaminazione f
	r	контаминация f, загрязнение n
C994	e	continence
	d	Kontinenz f
	f	continence f
	i	continenza f
	r	1. умеренность f, воздержание n
		2. способность f удерживать мочу и кал
C995	e	continued fever
	d	ständiges Fieber n
	f	fièvre f continue
	i	febbre f continua
	r	постоянная лихорадка f
C996	e	continuous murmur
	d	diastolisch-systolisches Geräusch n
	f	souffle m systolo-diastolique
	i	soffio m sistolodiastolico
	r	систолодиастолический шум m
C997	e	continuous suture
	d	fortlaufende Naht f
	f	suture f continue
	i	sutura f continua
	r	непрерывный шов m
C998	e	contraception
	d	Kontrazeption f, Schwangerschaftsverhütung f
	f	contraception f
	i	contraccezione f
	r	контрацепция f
C999	e	contraceptive
	d	Kontrazeptivum n, Antikonzeptionsmittel n, Empfängnisverhütungsmittel n
	f	contraceptif m
	i	mezzo m antifecondativo [anticoncezionale, contraccettivo], anticoncezionale m, antifecondativo m
	r	противозачаточное средство n, контрацептив m
C1000	e	contracted kidney
	d	Schrumpfniere f
	f	rein m contracté, néphrosclérose f
	i	rene m grinzo, nefrosclerosi f
	r	сморщенная почка f
C1001	e	contracted pelvis
	d	enges Becken n
	f	bassin m rétréci
	i	bacino m ristretto
	r	узкий таз m
C1002	e	contractile
	d	kontraktil
	f	contractile
	i	contrattile
	r	сократительный
C1003	e	contractility
	d	Kontraktilität f, Kontraktionsfähigkeit f
	f	contractilité f
	i	contrattilità f
	r	сократимость f
C1004	e	contraction
	d	Kontraktion f, Zusammenziehung f
	f	contraction f
	i	contrazione f
	r	сокращение n
C1005	e	contracture
	d	Kontraktur f
	f	contracture f
	i	contrattura f
	r	контрактура f
C1006	e	contraindication
	d	Kontraindikation f, Gegenanzeige f
	f	contre-indication f
	i	controindicazione f
	r	противопоказание n
C1007	e	contralateral
	d	kontralateral
	f	contralatéral
	i	controlaterale
	r	контралатеральный
C1008	e	contrast medium
	d	Röntgenkontrastmittel n
	f	substance f de contraste
	i	mezzo m di contrasto
	r	(рентено)контрастное вещество n
C1009	e	control
	d	1. Kontrolle f, Aufsicht f 2. Kontrollversuch m
	f	contrôle m
	i	1. controllo m 2. prova f di controllo
	r	1. проверка f, контроль m, регуляция f 2. контрольный опыт m
C1010	e	controlled hypotension
	d	kontrollierte Hypotonie f
	f	hypotension f contrôlée
	i	ipotensione f controllata
	r	искусственная [контролируемая, управляемая] гипотензия f
C1011	e	controlled respiration
	d	kontrollierte Atmung f
	f	respiration f contrôlée
	i	respiro m controllato
	r	управляемое дыхание n
C1012	e	contused wound
	d	Quetschungswunde f
	f	plaie f contuse
	i	ferita f contusa
	r	ушибленная рана f

CONTUSION

C1013 e contusion
 d Kontusion *f*; Prellung *f*; Quetschung *f*
 f contusion *f*
 i contusione *f*
 r ушиб *m*, контузия *f*

C1014 e conus
 d 1. Konus *m* 2. Skleralstaphylom *n*
 f 1. cône *m* 2. sclérectasie *f*
 i 1. cono *m* 2. sclerectasia *f*
 r 1. конус *m* 2. истинная стафилома *f* склеры

C1015 e convalescense
 d Rekonvaleszenz *f*, Genesung *f*
 f convalescence *f*
 i convalescenza *f*
 r выздоровление *n*

C1016 e convalescent
 d Rekonvaleszent *m*, Genesende *m*
 f convalescent *m*
 i convalescente *m*
 r выздоравливающий *m*

C1017 e convalescent carrier
 d Rekonvaleszent-Keimträger *m*
 f (re)convalescent *m*
 i portatore *m* convalescente
 r реконвалесцент-бациллоноситель *m*

C1018 e convergence
 d Konvergenz *f*
 f convergence *f*
 i convergenza *f*
 r конвергенция *f*

C1019 e convergent strabismus
 d Einwärtsschielen *n*
 f strabisme *m* convergent
 i strabismo *m* convergente
 r сходящееся [конвергирующее] косоглазие *n*, эзотропия *f*

C1020 e converging meniscus
 d Konvergenzmeniskus *m*, Sammelmeniskus *m*
 f ménisque *m* convergent
 i menisco *m* convergente
 r собирательный [положительный] мениск *m*

C1021 e conversion
 d Konversion *f*
 f conversion *f*
 i conversione *f*
 r 1. трансформация *f* 2. изменение *n* положения тела плода

C1022 e conversion hysteria
 d Konversionshysterie *f*
 f hystérie *f* de conversion
 i isteria *f* di conversione
 r конверсионная истерия *f*

C1023 e convex lens
 d Konvexlinse *f*, Sammellinse *f*
 f lentille *f* convergente
 i lente *f* convessa
 r собирательная [положительная] линза *f*

C1024 e convolution
 d 1. Konvolution *f* 2. Gyrus *m*, Hirnwindung *f*, Windung *f*
 f circonvolution *f*
 i circonvoluzione *f*
 r 1. изгиб *m*, скручивание *n* 2. извилина *f* большого мозга

C1025 e convulsion
 d Konvulsion *f*, Zuckung *f*, Zuckungskrampf *m*
 f convulsion *f*
 i convulsione *f*
 r конвульсия *f*

C1026 e convulsive therapy
 d Krampfbehandlung *f*
 f thérapie *f* convulsivante
 i terapia *f* convulsivante
 r судорожная терапия *f*

C1027 e Cooley's anemia
 d Erythroblastenanämie *f*, Cooley-Anämie *f*
 f anémie *f* [maladie *f*] de Cooley, thalassémie *f* majeure
 i talassemia *f* maggiore, anemia *f* eritroblastica mediterranea [di Cooley]
 r большая талассемия *f*, анемия *f* Кули, эритробластическая анемия *f*

C1028 e Coombs' test
 d Coombstest *m*
 f réaction *f* de Coombs
 i test *m* di Coombs [all'antiglobulina]
 r реакция *f* Кумбса

C1029 e coordination
 d Koordination *f*
 f coordination *f*
 i coordinazione *f*
 r координация *f*

C1030 e copper cataract
 d Chalkose *f* der Linse, Kupferstar *m*
 f chalcose *f* oculaire
 i calcosi *f* di cristallino
 r халькоз *m* хрусталика, медная катаракта *f*

C1031 e copremesis
 d Koterbrechen *n*, Miserere *n*
 f vomissements *m pl* fécaloïdes
 i copremesi *f*, vomito *m* fecaloide
 r каловая рвота *f*, копремезис *m*

C1032 e coprolalia
 d Koprolalie *f*, Koprophrasie *f*
 f coprolalie *f*

    i coprolalia *f*
    r копролалия *f*

C1033 *e* **coprolith**
    d Koprolith *m*, Kotstein *m*, Fäkalstein *m*
    f coprolithe *m*, calcul *m* fécaloïde
    i coprolito *m*
    r каловый конкремент *m* [камень *m*], копролит *m*

C1034 *e* **coprophagy**
    d Koprophagie *f*, Kotessen *n*
    f coprophagie *f*, scatophagie *f*
    i coprofagia *f*
    r копрофагия *f*, скатофагия *f*

C1035 *e* **coprophrasia** *see* **coprolalia**

C1036 *e* **coproporphyrin**
    d Koproporphyrin *n*
    f coproporphyrine *f*
    i coproporfirina *f*
    r копропорфирин *m*

C1037 *e* **coprostanol, coprosterin, coprosterol**
    d Koprosterol *n*, Koprosterin *n*, Koprostanol *n*
    f coprostérol *m*, coprostanol *m*
    i coprostanolo *m*, coprosterolo *m*
    r копростерин *m*, копростанол *m*

C1038 *e* **coprostasis**
    d Koprostase *f*
    f coprostase *f*
    i coprostasi *f*
    r копростаз *m*

C1039 *e* **copulation**
    d Kopulation *f*
    f copulation *f*
    i copulazione *f*
    r копуляция *f*

C1040 *e* **coral calculus**
    d Korallenstein *m*, Korallenkonkrement *n*
    f calcul *m* coralliforme [dendritique]
    i calcolo *m* coralliforme [a stampo]
    r коралловидный конкремент *m*

C1041 *e* **coralliform cataract**
    d Korallenkatarakt *f*, Korallenstar *m*
    f cataracte *f* coralliforme
    i cateratta *f* coralliforme
    r коралловидная катаракта *f*

C1042 *e* **cord**
    d 1. Strang *m*, Band *n* 2. Saite *f*; Chorda *f*
    f corde *f*
    i corda *f*, cordone *m*
    r 1. канатик *m*, связка *f* 2. струна *f*, хорда *f*

C1043 *e* **cordotomy**
    d Chordotomie *f*
    f cordotomie *f*
    i cordotomia *f*
    r хордотомия *f*

C1044 *e* **cordy pulse**
    d drahtiger Puls *m*
    f pouls *m* tendu
    i polso *m* teso
    r напряжённый [твёрдый] пульс *m*

C1045 *e* **corectasia, corectasis**
    d Pupillenerweiterung *f*
    f mydriase *f*
    i corectasia *f*
    r мидриаз *m*

C1046 *e* **core pneumonia** *see* **central pneumonia**

C1047 *e* **corestenoma**
    d Miosis *f*, Pupillenverengung *f*
    f myosis *m*
    i corestenoma *m*
    r миоз *m*

C1048 *e* **corn** *see* **callositas**

C1049 *e* **cornea**
    d Cornea *f*, Kornea *f*, Augenhornhaut *f*
    f cornée *f*
    i cornea *f*
    r роговица *f*

C1050 *e* **corneal**
    d korneal
    f cornéal, cornéen
    i corneale
    r роговичный

C1051 *e* **corneal dystrophy**
    d Hornhautdystrophie *f*
    f dystrophie *f* cornéenne
    i distrofia *f* corneale
    r дистрофия *f* роговицы

C1052 *e* **corneal lens**
    d Kornealkontaktlinse *f*
    f lentille *f* cornéenne
    i lente *f* corneale
    r роговичная [корнеальная] контактная линза *f*

C1053 *e* **corneal microscope**
    d Spaltlampenmikroskop *m*
    f lampe *f* à fente
    i microscopio *m* a lampa a fessura
    r щелевая лампа *f*

C1054 *e* **corneal reflex** *see* **ciliary reflex**

C1055 *e* **corneal staphyloma**
    d Hornhautstaphylom *n*
    f staphylome *m* cornéen [antérieur]
    i stafiloma *m* corneale
    r передняя [роговичная] стафилома *f*

CORNEOIRITIS

C1056   e   **corneoiritis**
      d   Keratoiritis *f*, Iridokeratitis *f*
      f   kérato-iritis *f*
      i   cheratoirite *f*
      r   кератоирит *m*

C1057   e   **corneoplasty**
      d   Keratoplastik *f*, Hornhautplastik *f*, Hornhautübertragung *f*
      f   kératoplastie *f*
      i   cheratoplastica *f*
      r   кератопластика *f*, пересадка *f* роговицы

C1058   e   **corneous**
      d   hornig, hornartig
      f   cornéen
      i   corneo
      r   роговой

C1059   e   **corneum**
      d   Hornschicht *f* der Haut
      f   couche *f* cornée (d'épiderme)
      i   strato *m* corneo (dell'epidermide)
      r   роговой слой *m* кожи

C1060   e   **corniculate cartilage**
      d   Hörnchenknorpel *m*, Santorini-Knorpel *m*
      f   cartilage *m* de Santorini [corniculé]
      i   cartilagine *f* corniculata [di Santorini]
      r   рожковидный [санториниев] хрящ *m*

C1061   e   **cornification**
      d   Verhornung *f*, Keratinisierung *f*
      f   kératinisation *f*
      i   cheratinizzazione *f*
      r   ороговение *n*, кератинизация *f*

C1062   e   **coronal suture**
      d   Kranznaht *f*
      f   suture *f* coronale
      i   sutura *f* coronale [frontoparietale]
      r   венечный шов *m* (черепа)

C1063   e   **coronaria** see **coronary artery**

C1064   e   **coronarism** see **coronary insufficiency**

C1065   e   **coronary artery**
      d   Koronararterie *f*
      f   artère *f* coronaire
      i   arteria *f* coronaria
      r   венечная артерия *f*

C1066   e   **coronary artery disease**
      d   koronare Herzkrankheit *f*
      f   maladie *f* coronarienne [ischémique du cœur]
      i   coronaropatia *f*, cardiopatia *f* ischemica
      r   ишемическая [коронарная] болезнь *f* сердца

C1067   e   **coronary cataract**
      d   Kranzstar *m*
      f   cataracte *f* coronaire
      i   cateratta *f* coronaria
      r   венечная [коронарная] катаракта *f*

C1068   e   **coronary insufficiency**
      d   Koronarinsuffizienz *f*
      f   insuffisance *f* coronaire [coronarienne]
      i   insufficienza *f* coronarica
      r   коронарная недостаточность *f*

C1069   e   **coronary sinus**
      d   Koronarsinus *m*
      f   sinus *m* coronaire
      i   seno *m* coronario
      r   венечный [коронарный] синус *m*

C1070   e   **coronary thrombosis**
      d   Koronar(arterien)thrombose *f*
      f   thrombose *f* coronaire
      i   trombosi *f* coronarica
      r   коронаротромбоз *m*

C1071   e   **coronary valve**
      d   Koronarklappe *f*
      f   valvule *f* de Thebesius [du sinus coronaire]
      i   valvola *f* di Thebesius [del seno coronario]
      r   заслонка *f* венечного синуса, тебезиев клапан *m*

C1072   e   **corpse**
      d   Leiche *f*
      f   cadavre *m*
      i   cadavere *m*
      r   труп *m*

C1073   e   **corpulence, corpulency**
      d   Korpulenz *f*, Beleibtheit *f*
      f   obésité *f*
      i   obesità *f*, corpulenza *f*
      r   тучность *f*

C1074   e   **corpuscle**
      d   1. Teilchen *n*, Körperchen *n* 2. Blutzelle *f*
      f   corpuscule *m*
      i   1. corpuscolo *m* 2. globulo *m*
      r   1. частица *f*, тельце *n* 2. клетка *f* крови

C1075   e   **corpuscular**
      d   korpuskulär
      f   corpusculaire
      i   corpuscolare
      r   корпускулярный

C1076   e   **corpus luteum hormone**
      d   Progesteron *n*, Gelbkörperhormon *n*
      f   progestérone *f*
      i   progesterone *m*
      r   прогестерон *m*

C1077	e	Corrigan's pulse
	d	Corrigan-Puls *m*
	f	pouls *m* de Corrigan
	i	polso *m* scoccante di Corrigan
	r	пульс *m* Корригена
C1078	e	cortex
	d	Kortex *m*, Rinde *f*
	f	cortex *m*
	i	corteccia *f*
	r	кора *f* (органа)
C1079	e	cortex of hair shaft
	d	Haarrinde *f*
	f	cortex *m* du poil
	i	corteccia *f* di pelo
	r	кора *f* (волоса)
C1080	e	cortical
	d	kortikal
	f	cortical
	i	corticale
	r	кортикальный, корковый
C1081	e	cortical blindness
	d	Rindenblindheit *f*
	f	cécité *f* corticale
	i	cecità *f* corticale
	r	корковая слепота *f*
C1082	e	cortical bone
	d	Rindenknochen *m*
	f	couche *f* corticale de l'os
	i	osso *m* corticale
	r	кортикальный слой *m* кости
C1083	e	cortical cataract
	d	Rindenstar *m*
	f	cataracte *f* corticale
	i	cateratta *f* corticale
	r	корковая [кортикальная] катаракта *f*
C1084	e	cortical hormone
	d	Nebennierenrindenhormon *n*
	f	hormone *f* corticosurrénale
	i	ormone *m* corticosurrenale
	r	гормон *m* коры надпочечника
C1085	e	corticalization
	d	Kortikalisation *f*
	f	corticalisation *f*
	i	corticalizzazione *f*
	r	кортикализация *f*
C1086	e	corticoid *see* corticosteroid
C1087	e	corticospinal
	d	kortikospinal
	f	corticospinal
	i	corti(co)spinale
	r	кортико-спинальный
C1088	e	corticosteroid
	d	Kortikosteroid *n*
	f	cortico(stéro)ïde *m*
	i	cortico(stero)ide *m*
	r	(адрено)кортикостероид *m*
C1089	e	corticosterone
	d	Kortikosteron *n*
	f	corticostérone *f*
	i	corticosterone *m*
	r	кортикостерон *m*
C1090	e	corticotropic hormone, corticotropin
	d	adrenokortikotropes Hormon *n*
	f	hormone *f* adrénocorticotrope
	i	ormone *m* adrenocorticotropo, corticotropina *f*, ACTH
	r	адренокортикотропный гормон *n*
C1091	e	Corti's cells *pl*
	d	Corti-Zellen *f pl*, Haarzellen *f pl*
	f	cellules *f pl* de Corti
	i	cellule *f pl* ciliate [di Corti]
	r	волосковые клетки *f pl*, клетки *f pl* Корти
C1092	e	cortisone
	d	Cortison *n*
	f	cortisone *f*
	i	cortisone *m*
	r	кортизон *m*
C1093	e	coruscation
	d	Photopsie *f*
	f	photopsie *f*
	i	fotopsia *f*
	r	фотопсия *f*
C1094	e	coryza
	d	Rhinitis *f*, Schnupfen *m*
	f	coryza *m*, rhinite *f*
	i	rinite *f* acuta, coriz(z)a *f*
	r	ринит *m*, насморк *m*
C1095	e	cosmetic
	d	kosmetisch
	f	cosmétique
	i	cosmetico
	r	косметический
C1096	e	cosmic rays *pl*
	d	Weltraumstrahlung *f*
	f	rayons *m pl* cosmiques
	i	raggi *m pl* cosmici
	r	космическое излучение *n*, космические лучи *m pl*
C1097	e	costal
	d	kostal, Rippen...
	f	costal
	i	costale
	r	рёберный
C1098	e	costal arch reflex
	d	Rippenbogenreflex *m*
	f	réflexe *m* du rebord costal
	i	riflesso *m* del arco costale
	r	рёберный [костоабдоминальный] рефлекс *m*

COSTAL PLEURA

C1099   e   costal pleura
           d   Rippenfell *n*, Rippenpleura *f*
           f   plèvre *f* costale [pariétale]
           i   pleura *f* costale
           r   рёберная плевра *f*

C1100   e   costal pleurisy
           d   Rippenfellentzündung *f*, kostale Pleuritis *f*
           f   pleurésie *f* costale
           i   pleurite *f* costale
           r   пристеночный плеврит *m*

C1101   e   costal respiration
           d   Rippenatmung *f*, Brustkorbatmung *f*
           f   respiration *f* costale
           i   respirazione *f* costale
           r   грудное дыхание *n*

C1102   e   costicartilage
           d   Rippenknorpel *m*
           f   cartilage *m* costal
           i   cartilagine *f* costale
           r   рёберный хрящ *m*

C1103   e   costoclavicular line
           d   Parasternallinie *f*, Kostoklavikularlinie *f*
           f   ligne *f* parasternale
           i   linea *f* parasternale
           r   парастернальная [окологрудинная] линия *f*

C1104   e   costotome
           d   Kostotom *n*, Rippenschere *f*, Rippenzange *f*
           f   ostéotome *m*
           i   costotomo *m*
           r   рёберные ножницы *pl*, костотом *m*

C1105   e   costotomy
           d   Kostotomie *f*, Rippendurchschneidung *f*
           f   costectomie *f*
           i   costotomia *f*
           r   резекция *f* ребра

C1106   e   costotransverse joint
           d   kostotransversales Gelenk *n*
           f   articulation *f* costo-transversaire
           i   articolazione *f* costotrasversaria
           r   рёберно-поперечный сустав *m*

C1107   e   costovertebral joint
           d   kostovertebrales Gelenk *n*
           f   articulation *f* costo-vertébrale
           i   articolazione *f* costovertebrale
           r   рёберно-позвоночный сустав *m*

C1108   e   cothromboplastin
           d   Antifibrinolysin *n*
           f   facteur *m* VII [delta], cothromboplastine *f*, proconvertine *f*
           i   fattore *m* VII, cotromboplastina *f*
           r   фактор *m* VII свёртывания крови, антифибринолизин *m*

C1109   e   cotton (wool)
           d   Watte *f*, Baumwollwatte *f*
           f   coton *m*, ouate *f*
           i   cotone *m* idrofilo, ovatta *f*
           r   вата *f*

C1110   e   cotyloid cavity
           d   Hüftgelenkpfanne *f*
           f   cavité *f* cotyloïde
           i   cavità *f* cotiloidea, acetabolo *m*
           r   вертлужная впадина *f*

C1111   e   cotyloid joint
           d   Nußgelenk *n*
           f   énarthrose *f*
           i   articolazione *f* sferoidale
           r   чашеобразный [ореховидный] сустав *m*

C1112   e   couching
           d   Starstich *m*, Starstechen *n*
           f   abaissement *m* du cristallin, réclinaison *f* de la cataracte
           i   lussazione *f* del cristallino
           r   реклинация *f* катаракты

C1113   e   cough
           d   Husten *m*
           f   toux *f*
           i   tosse *f*
           r   кашель *m*

C1114   e   cough syncope
           d   Kehlkopfkrise *f*
           f   syncope *f* laryngée, ictus *m* laryngé
           i   sincope *f* laringea
           r   беттолепсия *f*, кашлевой обморок *m*

C1115   e   counterdepressant
           d   Antidepressivum *n*, Thymoleptikum *n*
           f   antidépresseur *m*, thymo-analeptique *m*
           i   controdepressivo *m*
           r   антидепрессант *m*, тимолептическое средство *n*

C1116   e   counterincision, counteropening
           d   Gegeninzision *f*, Gegenöffnung *f*
           f   contre-incision *f*, contre-ouverture *f*
           i   controapertura *f*
           r   контрапертура *f*

C1117   e   counter poison
           d   Gegengift *n*, Antidot *n*
           f   contrepoison *m*, antidote *m*
           i   antidoto *m*
           r   противоядие *n*, антидот *m*

C1118   e   counting cell, counting chamber
           d   Zählkammer *f*
           f   cytohématimètre *m*
           i   camera *f* di Thoma-Zeiss, ematocitometro *m*
           r   счётная камера *f*, гематоцитометр *m*

C1119 e coupled beat, coupled pulse, coupled rhythm, coupling
      d Bigeminie f, doppelschlägiger Puls m
      f bigéminie f, rythme m bigéminé
      i bigeminismo m, accoppiamento m
      r бигеминия f

C1120 e course
      d Verlauf m
      f cours m
      i decorso m (della malattia)
      r течение n (болезни)

C1121 e couveuse
      d Couveuse f
      f couveuse f, incubateur m
      i incubatrice f
      r кувез m, инкубатор m

C1122 e covered anus
      d Analatresie f, bedeckter After m
      f imperforation f de l'anus
      i ano m imperforato
      r неперфорированный анус m, атрезия f заднего прохода

C1123 e cover glass, coverslip
      d Deckglas n, Deckplättchen n
      f couvre-objets m
      i vetrino m coprioggetto
      r покровное стекло n

C1124 e cow face
      d Hypertelorismus m, Augenwinkelabstandvergrößerung f
      f hypertélorisme m oculaire
      i ipertelorismo m oculare
      r глазной гипертелоризм m

C1125 e cowl muscle
      d Kappenmuskel m
      f muscle m trapèze
      i muscolo m trapezoid(al)e, trapezio m
      r трапециевидная мышца f

C1126 e cowperitis
      d Cowperitis f
      f cowpérite f
      i cowperite f
      r куперит m, воспаление n куперовых желёз

C1127 e cowpox
      d Kuhpocken pl
      f vaccine f
      i eruzione f vaioloso
      r коровья оспа f

C1128 e coxalgia
      d Koxalgie f, Hüftgelenkschmerz m
      f coxalgie f
      i coxalgia f
      r коксалгия f

C1129 e coxitis
      d Koxitis f, Hüftgelenkentzündung f
      f coxite f
      i coxite f
      r коксит m

C1130 e coxodynia see coxalgia

C1131 e coxotuberculosis see coxitis

C1132 e crab (louse)
      d Filzlaus f
      f pou m du pubis
      i crostaceo m, pidocchio m del pube
      r лобковая вошь f, площица f

C1133 e cracked heel
      d plantare Furchenkeratose f
      f kératose f crevassée du talon
      i fissurazione f plantare, cheratoma m plantare solcato
      r бороздчатый подошвенный кератоз m

C1134 e cracked-pot resonance, cracked-pot sound
      d Geräusch n des gesprungenen Topfes
      f bruit m de pot fêlé
      i rumore m [eco m] di pentola fessa
      r звук m [симптом m] треснувшего горшка

C1135 e cramp
      d Krampf m, Spasmus m
      f crampe f, spasme m
      i crampo m, spasmo m
      r 1. болезненная судорога f, спазм m
         2. профессиональная судорога f

C1136 e cranial
      d kranial, Schädel...
      f crânien
      i cranico, craniale
      r черепной

C1137 e cranial arteritis
      d Temporalarteriitis f, Riesenzellenarteriitis f
      f artérite f temporale
      i arterite f craniale [temporale]
      r гигантоклеточный [гранулематозный, краниальный] артериит m

C1138 e cranial capacity
      d Schädelvolumen n
      f capacité f crânienne
      i capacità f cranica
      r объём m черепа

C1139 e cranial decompression
      d Hirndekompression f, Hirndruckentlastung f
      f décompression f crânienne
      i decompressione f cranica
      r хирургическая декомпрессия f головного мозга

CRANIAL FOSSA

C1140   *e*   **cranial fossa**
         d   Schädelgrube *f*
         f   fosse *f* crânienne
         i   fossa *f* cranica
         r   черепная ямка *f*

C1141   *e*   **cranial index**
         d   Schädelindex *m*
         f   indice *m* crânien
         i   indice *m* cranico
         r   черепной индекс *m*

C1142   *e*   **cranial nerve**
         d   Hirnnerv *m*
         f   nerf *m* crânien
         i   nervo *m* cranico
         r   черепной [черепно-мозговой] нерв *m*

C1143   *e*   **cranial puncture** *see* **craniopuncture**

C1144   *e*   **craniocele**
         d   Kraniozele *f*, Hirnbruch *m*, Enzephalozele *f*
         f   hernie *f* cérébrale
         i   encefalocele *m*
         r   (черепно-)мозговая грыжа *f*

C1145   *e*   **craniocerebral**
         d   kraniozerebral
         f   craniocérébral
         i   craniocerebrale
         r   черепно-мозговой, краниоцеребральный

C1146   *e*   **cranioclasia, cranioclasis**
         d   Kranioklasie *f*
         f   crânioclasie *f*
         i   cranioclasia *f*
         r   краниоклазия *f*

C1147   *e*   **cranioclast**
         d   Kranioklast *m*, Schädelquetscher *m*, Schädelbrecher *m*
         f   céphalotribe *m*, crânioclaste *m*
         i   cranioclasto *m*
         r   краниокласт *m*, краниотрактор *m*, костные акушерские щипцы *pl*

C1148   *e*   **craniocleidodysostosis**
         d   Dysostosis *f* cleidocranialis
         f   dysostose *f* cléido-crânienne héréditaire
         i   disostosi *f* cleidocranica
         r   ключично-черепной дизостоз *m*

C1149   *e*   **craniofacial dysostosis**
         d   Dysostosis *f* craniofacialis
         f   dysostose *f* crânio-faciale héréditaire
         i   disostosi *f* craniofacciale
         r   черепно-лицевой дизостоз *m*

C1150   *e*   **craniology**
         d   Kraniologie *f*, Schädellehre *f*
         f   craniologie *f*
         i   craniologia *f*
         r   краниология *f*

C1151   *e*   **craniomalacia**
         d   Kraniomalazie *f*, Kraniotabes *f*, Schädelerweichung *f*
         f   craniomalacie *f*, craniotabès *m*
         i   craniomalacia *f*
         r   размягчение *n* костей черепа

C1152   *e*   **craniometaphysial dysplasia**
         d   kraniometaphysäre Dysplasie *f*
         f   dysplasie *f* crânio-métaphysaire
         i   displasia *f* craniometafisaria
         r   краниометафизарная дисплазия *f*

C1153   *e*   **craniometry**
         d   Kraniometrie *f*, Schädelmessung *f*
         f   craniométrie *f*
         i   craniometria *f*
         r   краниометрия *f*

C1154   *e*   **craniopagus**
         d   Kraniopagus *m*, Kephalopagus *m*
         f   craniopage *m*
         i   craniopago *m*
         r   краниопаг *m*, цефалопаг *m*

C1155   *e*   **craniopharyngioma**
         d   Kraniopharyngiom *n*
         f   craniopharyngiome *m*, kyste *m* suprasellaire [de la poche de Rathke]
         i   craniofaringioma *m*, tumore *m* della tasca di Rathke
         r   краниофарингиома *f*, опухоль *f* кармана Ратке

C1156   *e*   **cranioplasty**
         d   Kranioplastik *f*, Schädelplastik *f*
         f   cranioplastie *f*
         i   cranioplastica *f*
         r   краниопластика *f*

C1157   *e*   **craniopuncture**
         d   Schädelpunktion *f*
         f   ponction *f* sous-occipitale [ventriculaire]
         i   puntura *f* sottoccipitale
         r   пункция *f* в полости черепа

C1158   *e*   **cranioschisis**
         d   Kranioschisis *f*
         f   cranioschisis *m*
         i   cranioschisi *f*
         r   краниосхизис *m*

C1159   *e*   **cranioscierosis**
         d   Kraniosklerose *f*, Schädelhyperostose *f*
         f   craniosclérose *f*
         i   craniosclerosi *f*
         r   краниосклероз *m*, гиперостоз *m* черепа

C1160   *e*   **craniospinal**
         d   kraniospinal
         f   craniospinal
         i   craniospinale
         r   краниоспинальный

C1161 e craniotabes
 d Kraniotabes f, Kraniomalazie f, Schädelerweichung f
 f craniotabès m
 i craniotabe f
 r краниотабес m

C1162 e craniotomy
 d 1. Kraniotomie f, Schädeleröffnung f 2. Schädelbohrung f, Schädeltrepanation f
 f 1. craniotomie f, céphalotomie f 2. trépanation f
 i craniotomia f
 r 1. краниотомия f, цефалотомия f 2. трепанация f черепа

C1163 e cranium
 d Kranium n, Schädel m
 f crâne m
 i cranio m
 r череп m

C1164 e crater
 d Ulkuskrater m
 f cratère m d'ulcère
 i cratere m (di una ulcera)
 r кратер m язвы

C1165 e creatine
 d Kreatin n
 f créatine f
 i creatina f
 r креатин m

C1166 e creatinemia
 d Kreatinämie f
 f créatinémie f
 i creatinemia f
 r креатинемия f

C1167 e creatinine
 d Kreatinin n
 f créatinine f
 i creatinina f
 r креатинин m

C1168 e creatinuria
 d Kreatinurie f
 f créatinurie f
 i creatinuria f
 r креатинурия f

C1169 e creeping eruption, creeping myiasis
 d Hautmyasis f
 f dermomyiase f, éruption f larvaire
 i vermi m pl migranti, creeping disease m
 r дермомиаз m, кожный миаз m

C1170 e creeping palsy
 d Aran-Duchenne-Krankheit f, progressive spinale Muskelatrophie f
 f atrophie f musculaire progressive, amyotrophie f d'Aran-Duchenne
 i atrofia f di Aran-Duchenne [muscolare progressiva]
 r прогрессирующая мышечная атрофия f

C1171 e creeping ulcer
 d migrierendes [kriechendes, weiterfressendes] Geschwür n
 f ulcère m serpigineux
 i ulcera f serpiginosa
 r ползучая [серпигинозная] язва f

C1172 e cremaster
 d Kremaster m
 f crémaster m
 i cremastere m, muscolo m cremastere
 r мышца f, поднимающая яичко, кремастер m

C1173 e cremasteric reflex
 d Kremasterreflex m
 f réflexe m crémastérien
 i riflesso m cremasterico
 r кремастер-рефлекс m, кремастерный рефлекс m

C1174 e cremation
 d Kremation f, Einäscherung f, Leichenverbrennung f
 f crémation f
 i cremazione f
 r кремация f

C1175 e crenotheraphy
 d Krenotherapie f, Balneotherapie f
 f crénothérapie f
 i creno(balneo)terapia f
 r лечение n минеральными водами, кренотерапия f

C1176 e crepitant
 d krepitierend, knisternd
 f crépitant
 i crepitante
 r крепитирующий

C1177 e crepitant rale
 d Knisterrasseln n, Knister(rassel)geräusch n
 f râles m pl crépitants
 i rantolo m crepitante
 r крепитирующие хрипы m pl

C1178 e crepitation, crepitus
 d Krepitation f, Knistern n
 f crépitation f
 i crepitio m, crepitazione f
 r крепитация f

C1179 e crescent cell
 d Sichelzelle f, Drepanozyt m
 f drépanocyte m, érythrocyte m falciforme, cellule f en faucille
 i drepanocito m, cellula f falciforme
 r дрепаноцит m, менискоцит m

C1180 e crescent cell anemia
      d Sichelzellenanämie f
      f drépanocytose f, anémie f drépanocytaire
      i anemia f falciforme [a cellule falciformi]
      r серповидно-клеточная анемия f

C1181 e cresol
      d Kresol m
      f crésol m
      i cresolo m
      r крезол m, метилфенол m

C1182 e crest
      d Kamm m
      f crête f
      i cresta f
      r гребень m, гребешок m

C1183 e cretin
      d Kretin m
      f crétin m
      i cretino m
      r кретин m

C1184 e cretinism, cretinoid idiocy
      d Kretinismus m
      f crétinisme m
      i cretinismo m
      r кретинизм m

C1185 e crib death
      d Tod m in der Krippe
      f mort f au berceau
      i morte f improvvisa in culla [improvvisa del neonato]
      r «смерть f в колыбели»

C1186 e cribrate, cribriform
      d siebförmig, siebartig
      f cribriforme
      i cribriforme, cribroso
      r сетчатый, решётчатый

C1187 e cribriform plate, cribrum
      d Siebplatte f
      f lame f criblée de l'ethmoïde
      i lamina f cribrosa dell'osso etmoidale
      r решётчатая пластинка f

C1188 e cricoarytenoid joint
      d Krikoarytaenoidgelenk n
      f articulation f crico-aryténoïdenne
      i articolazione f cricoaritenoidea
      r перстнечерпаловидный сустав m

C1189 e cricoid cartilage
      d Ringknorpel m
      f cartilage m cricoïde
      i cartilagine f cricoide, cricoide f
      r перстневидный хрящ m

C1190 e cricotomy
      d Krikotomie f
      f cricotomie f
      i cricotomia f
      r крикотомия f

C1191 e Crimean hemorrhagic fever
      d hämorrhagisches Krimfieber n
      f fièvre f hémorragique de Crimée
      i febbre f emorragica di Crimea
      r крымская геморрагическая лихорадка f

C1192 e criminal abortion
      d krimineller Abort m
      f avortement m criminal
      i aborto m criminoso
      r криминальный аборт m

C1193 e cripple
      d Invalide m, Krüppel m
      f invalide m
      i invalido m
      r калека m, f

C1194 e crisis
      d 1. Krise f 2. Krise f, Anfall m
      f 1. crise f (de maladie) 2. crise f
      i crisi f
      r 1. кризис m болезни 2. криз m

C1195 e crocodile skin
      d Krokodilhaut f
      f sauriasis m
      i ittiosi f, cute f di coccodrillo, sauridermia f
      r ихтиоз m, саурназ m, диффузная кератома f

C1196 e Crohn's disease
      d Crohn-Krankheit f, regionale Enteritis f
      f iléite f régionale, maladie f de Crohn
      i malattia f [morbo m] di Crohn, ileocolite f granulomatosa
      r болезнь f Крона, гранулематозная болезнь f

C1197 e crossbreed
      d Bastard m, Hybride f
      f hybride m
      i ibrido m
      r гибрид m

C1198 e cross circulation
      d Kreuzblutzirkulation f
      f circulation f croisée
      i circolazione f crociata
      r перекрёстное кровообращение n

C1199 e crossed cylinders pl
      d gekreuzte Zylinder m pl
      f cylindres m pl croisés de Jackson
      i cilindri m pl crociati di Jackson
      r скрещённые цилиндры m pl, кроссцилиндры m pl

C1200 e crossed diplopia f
      d Kreuzdiplopie f

CRURAL RING

      f diplopie *f* croisée [hétéronyme]
      i diplopia *f* eteronima
      r перекрёстная [разноимённая] диплопия *f*

C1201 *e* **crossed embolism**
      d paradoxe Embolie *f*
      f embolie *f* paradoxale (de Conheim)
      i embolia *f* crociata
      r парадоксальная эмболия *f*

C1202 *e* **crossed hemianesthesia**
      d alternierende Hemianästhesie *f*
      f hémianesthésie *f* croisée [alterne]
      i emianestesia *f* crociata
      r альтернирующая [перекрёстная] гемианестезия *f*

C1203 *e* **crossed hemiplegia**
      d alternierende Hemiplegie *f*, alternierende Lähmung *f*
      f hémiplégie *f* alterne
      i paralisi *f* crociata, emiplegia *f* alterna
      r альтернирующая гемиплегия *f*, альтернирующий паралич *m*

C1204 *e* **crossed-leg palsy**
      d Spitzfußgang *m*
      f steppage *m*
      i andatura *f* steppante
      r перонеальная [петушиная] походка *f*, степпаж *m*

C1205 *e* **crossed paralysis** *see* **crossed hemiplegia**

C1206 *e* **cross-eye**
      d Esotropie *f*, Einwärtsschielen *n*
      f strabisme *m* convergent, ésotropie *f*
      i strabismo *m* convergente, esotropia *f*
      r сходящееся [конвергирующее] косоглазие *n*, эзотропия *f*

C1207 *e* **cross infection**
      d Kreuzinfektion *f*
      f infection *f* croisée
      i infezione *f* crociata
      r перекрёстная инфекция *f*

C1208 *e* **crossing-over**
      d Crossing-over *n*
      f crossing-over *m*, enjambement *m* des chromosomes
      i crossing-over *m*, scambio *m* tra cromatidi analoghi
      r кроссинговер *m*

C1209 *e* **cross legs** *pl*
      d Scherenbeine *n pl*, X-Beine *n pl*
      f *genu valgum*, genou *m* cagneux
      i gambe *f pl* a X
      r X-образные ноги *f pl*

C1210 *e* **cross reaction**
      d Kreuzreaktion *f*
      f réaction *f* croiseé
      i reazione *f* crociata
      r перекрёстная реакция *f*

C1211 *e* **cross section**
      d Querschnitt *m*
      f section *f* transversale
      i sezione *f* trasversale
      r поперечный разрез *m*

C1212 *e* **crossway**
      d Nervenkreuzung *f*
      f décussation *f*
      i crocevia *m*
      r перекрест *m* нервных волокон

C1213 *e* **croup**
      d Krupp *m*, Larynxdiphtherie *f*
      f croup *m*, laryngite *f* diphtérique
      i croup *m*, laringite *f* difterica
      r круп *m*

C1214 *e* **croupous bronchitis**
      d kruppöse Bronchitis *f*
      f bronchite *f* croupale [pseudo-membraneuse]
      i bronchite *f* crupale
      r крупозный [острый фибринозный] бронхит *m*

C1215 *e* **croupous membrane**
      d Diphtheriepseudomembran *f*, Pseudomembran *f*
      f pseudo-membrane *f*
      i membrana *f* crupale, pseudomembrana *f*
      r ложная плёнка *f*

C1216 *e* **croupous pneumonia**
      d kruppöse Pneumonie *f*
      f pneumonie *f* crupale [lobaire]
      i polmonite *f* crupale [lobare, fibrinosa]
      r крупозная [фибринозная, долевая] пневмония *f*, плевропневмония *f*

C1217 *e* **crown of tooth**
      d Zahnkrone *f*
      f couronne *f* de la dent
      i corona *f* del dente
      r коронка *f* зуба

C1218 *e* **crude urine**
      d provisorischer Harn *m*
      f urine *f* primitive
      i urina *f* primitiva
      r провизорная [первичная] моча *f*

C1219 *e* **crural hernia**
      d Femoralhernie *f*, Oberschenkelbruch *m*
      f hernie *f* crurale [fémorale]
      i ernia *f* crurale [femorale]
      r бедренная грыжа *f*

C1220 *e* **crural ring**
      d Femoralring *m*
      f anneau *m* crural

CRUSH INJURY

| | i | anello m crurale [femorale] |
| | r | бедренное кольцо n |

C1221 | e | crush injury
      | d | Quetschverletzung f
      | f | lésion f par écrasement
      | i | ferita f contusa, contusione f
      | r | повреждение n от раздавливания

C1222 | e | crush syndrome
      | d | Crush-Syndrom n, Quetschungssyndrom n, Zermalmungssyndrom n
      | f | syndrome m d'écrasement
      | i | sindrome f da schiacciamento
      | r | краш-синдром m, травматический токсикоз m, синдром m длительного раздавливания

C1223 | e | crust
      | d | 1. Hülle f 2. Kruste f 3. Borke f, Schorf m
      | f | 1. enveloppe f, tunique f, membrane f 2.3. croûte f
      | i | 1. tegumento m 2.3. crosta f
      | r | 1. оболочка f 2. корка f 3. струп m

C1224 | e | crusted ringworm
      | d | Favus m, Erbgrind m
      | f | favus m, teigne f favique
      | i | favo m, tigna f favosa
      | r | фавус m, парша f

C1225 | e | crutch
      | d | Krücke f
      | f | béquille f
      | i | gruccia f
      | r | костыль m

C1226 | e | crutch palsy
      | d | Krückenlähmung f
      | f | paralysie f des béquilles, syndrome m des béquillards
      | i | paralisi f da gruccia
      | r | костыльный паралич m

C1227 | e | cryanesthesia
      | d | Kälteanästhesie f
      | f | cryanesthésie f
      | i | crioanestesia f
      | r | анестезия f охлаждением

C1228 | e | cryesthesia
      | d | Kryoästhesie f
      | f | cryesthésie f
      | i | crioestesia f
      | r | повышенная чувствительность f к холоду

C1229 | e | cryocautery
      | d | Kryokauterisation f
      | f | cryocoagulation f
      | i | criocauterio m
      | r | криокоагуляция f, криокаустика f

C1230 | e | cryostat
      | d | Kryostat m
      | f | cryostat m
      | i | criostato m
      | r | криостат m

C1231 | e | cryosurgery
      | d | Kryochirurgie f, Kältechirurgie f
      | f | cryochirurgie f
      | i | criochirurgia f
      | r | криохирургия f

C1232 | e | cryotherapy
      | d | Kryotherapie f, Kältetherapie f
      | f | cryothérapie f
      | i | crioterapia f, frigoterapia f
      | r | криотерапия f

C1233 | e | crypt
      | d | Krypte f
      | f | crypte f
      | i | cripta f
      | r | крипта f

C1234 | e | cryptitis
      | d | Kryptitis f, Kryptenentzündung f
      | f | cryptite f
      | i | follicolite f
      | r | криптит m

C1235 | e | cryptococcosis
      | d | Kryptokokkose f, Torulose f, europäische Blastomykose f
      | f | cryptococcose f, blastomycose f européenne, torulose f
      | i | criptococcosi f
      | r | криптококкоз m, торулёз m, европейский бластомикоз m

C1236 | e | Cryptococcus
      | d | Kryptokokkus m
      | f | *Cryptococcus*
      | i | criptococco m
      | r | криптококк m

C1237 | e | cryptogen(et)ic
      | d | kryptogenetisch
      | f | cryptogénique
      | i | criptogenetico, criptogeno
      | r | криптогенный

C1238 | e | cryptogenic septicemia
      | d | kryptogene Sepsis f
      | f | septicémie f cryptogénétique
      | i | setticemia f criptogenetica
      | r | криптогенный сепсис m

C1239 | e | cryptoinfection
      | d | verborgene [latente, stumme] Infektion f
      | f | infection f latente
      | i | infezione f criptogenetica
      | r | скрытая [немая, латентная, криптогенная] инфекция f

C1240 | e | cryptomenorrhea

	d	Kryptomenorrhoe f, verborgene Monatsblutung f	C1251	e	cubital joint
	f	cryptoménorrhée f		d	Ellenbogengelenk n
	i	criptomenorrea f, amenorrea f apparente		f	articulation f du coude
	r	ложная аменорея f, криптоменорея f		i	articolazione f cubitale [del gomito]
				r	локтевой сустав m

C1241 e **cryptophthalmia, cryptophthalmus**
     d Kryptophthalmus m
     f cryptophtalmie f, cryptophthalmos m
     i criptoftalmia f, criptoftalmo m
     r криптофтальм m

C1242 e **cryptorch(id)ism**
     d Kryptorchismus m
     f cryptorchidie f, cryptorchidisme m
     i criptorchidia f, criptorchidismo m
     r крипторхизм m

C1243 e **crystal**
     d Kristall m
     f cristal m
     i cristallo m
     r кристалл m

C1244 e **crystalline capsule**
     d Linsenkapsel f
     f cristalloïde m, capsule f du cristallin
     i capsula f del cristallino, cristalloide m
     r капсула f хрусталика

C1245 e **crystalline lens**
     d Linse f (des Auges)
     f cristallin m
     i cristallino m
     r хрусталик m

C1246 e **crystal rash**
     d Schweißfriesel m
     f suette f miliaire
     i miliaria f cristallina [sudorale]
     r кристаллическая потница f

C1247 e **Cuban itch**
     d Alastrim f, Weißpocken pl
     f alastrim m, paravariole f
     i alastrim m, vaiolo m minor
     r аластрим m, белая оспа f

C1248 e **cubital**
     d kubital, Ellenbogen...
     f cubital
     i cubitale
     r кубитальный, локтевой

C1249 e **cubital bone**
     d Elle f
     f coude m, cubitus m
     i osso m cubitale [ulnare]
     r локтевая кость f

C1250 e **cubital fossa**
     d Ellenbogengrube f
     f fosse f cubitale
     i fossa f cubitale [ulnare]
     r локтевая ямка f

C1252 e **cucullaris** see **cowl muscle**

C1253 e **cul-de-sac**
     d Divertikel n
     f cul-de-sac m, diverticule m
     i cul-de-sac m, cul m di sacco, diverticolo m
     r слепой мешок m, замкнутое пространство n

C1254 e **culdoscopy**
     d Kuldoskopie f, Douglas-Raum-Spiegelung f
     f culdoscopie f, pélycoscopie f
     i culdoscopia f
     r кульдоскопия f, дугласкопия f

C1255 e **culture**
     d Bakterienkultur f
     f culture f (bactérienne)
     i coltura f
     r культура f микроорганизма, микробная культура f

C1256 e **culture medium**
     d Kulturmedium n, Nährboden m
     f milieu m de culture
     i mezzo m di coltura, terreno m
     r питательная среда f

C1257 e **cumulative action, cumulative effect**
     d Kumulativwirkung f
     f effect m cumulatif
     i cumulazione f
     r функциональная кумуляция f

C1258 e **cuneiform cartilage**
     d Keilknorpel m
     f cartilage m cunéiforme [de Wrisberg, de Morgagni]
     i cartilagine f cuneiforme [di Wrisberg]
     r клиновидный [врисбергов] хрящ m

C1259 e **cuniculus**
     d Krätzmilbenkanal m
     f sillon m de la gale
     i cunicolo m
     r чесоточный ход m

C1260 e **cup** see **cupping glass**

C1261 e **cupping**
     d Schröpfen n
     f application f des ventouses
     i coppettazione f
     r лечение n (медицинскими) банками

C1262 e **cupping glass**
     d Schröpfglas m, Schröpfkopf m

CURABLE

- *f* ventouse *f*
- *i* coppetta *f*, ventosa *f*
- *r* медицинская банка *f*

C1263 *e* **curable**
- *d* heilbar
- *f* curable
- *i* guaribile
- *r* излечимый

C1264 *e* **curare**
- *d* Kurare *n*
- *f* curare *m*
- *i* curaro *m*
- *r* курape *n*

C1265 *e* **curariform, curarimimetic**
- *d* kurareähnlich
- *f* curarimimétique
- *i* curariforme, curaromimetico
- *r* курареподобный

C1266 *e* **curative**
- *d* kurativ, heilend
- *f* curatif
- *i* curativo
- *r* лечебный

C1267 *e* **curative dose**
- *d* therapeutische Dosis *f*
- *f* dose *f* efficace
- *i* dose *f* curativa
- *r* лечебная доза *f*

C1268 *e* **cure**
- *d* 1. Genesung *f* 2. Behandlungsmethode *f*; Heilmethode *f*
- *f* 1. convalescence *f* 2. cure *f*
- *i* 1. guarigione *f* 2. metodo *m* terapeutico
- *r* 1. излечивание *n* 2. метод *m* лечения

C1269 *e* **curet** *see* **curette**

C1270 *e* **curettage**
- *d* Kürettage *f*, Kürettierung *f*, Abrasion *f*
- *f* curettage *m*
- *i* curettage *m*, curettaggio *m*, abreazione *f*, raschiamento *m*
- *r* кюретаж *m*, выскабливание *n*

C1271 *e* **curette**
- *d* Kürette *f*
- *f* curette *f*
- *i* curetta *f*, curette *f*
- *r* кюретка *f*

C1272 *e* **curettement** *see* **curettage**

C1273 *e* **Curling's ulcer**
- *d* Curling-Ulkus *n*
- *f* ulcère *m* de Curling
- *i* ulcera *f* di Curling
- *r* острая трофическая язва *f* Курлинга

C1274 *e* **current of injury**
- *d* Demarkationspotential *n*, Verletzungspotential *n*
- *f* potentiel *m* de démarcation [de lésion]
- *i* corrente *m* di demarcazione
- *r* демаркационный потенциал *m*, потенциал *m* повреждения

C1275 *e* **Curschmann's disease**
- *d* Zuckergußleber *f*
- *f* foie *m* glacé
- *i* fegato *m* a zucchero candito, malattia *f* di Curschmann, glissonite *f*
- *r* глазурная [засахаренная] печень *f*

C1276 *e* **curvature of spine**
- *d* Wirbelsäulenverkrümmung *f*
- *f* déviation *f* du rachis [de la colonne vertébrale]
- *i* curvatura *f* della spina dorsale
- *r* искривление *n* позвоночника

C1277 *e* **curve**
- *d* Kurve *f*
- *f* courbe *f*
- *i* curva *f*
- *r* кривая *f*

C1278 *e* **Cushing's disease**
- *d* Cushing-Krankheit *f*
- *f* maladie *f* de Cushing
- *i* morbo *m* di Cushing
- *r* болезнь *f* (Иценко—)Кушинга

C1279 *e* **cushion**
- *d* Kissen *n*
- *f* coussin *m*, oreiller *m*
- *i* cuscino *m*
- *r* подушка *f*

C1280 *e* **cusp**
- *d* Zipfel *m*, Klappensegel *n*
- *f* valvule *f*
- *i* cuspide *f*
- *r* створка *f* (клапана сердца)

C1281 *e* **cuspid, cuspidate tooth** *see* **canine tooth**

C1282 *e* **cuspidor**
- *d* Speibecken *n*
- *f* crachoir *m*
- *i* sputacchiera *f*
- *r* плевательница *f*

C1283 *e* **cutaneous dropsy**
- *d* Ödem *n*, Wassersucht *f*
- *f* œdème *m*
- *i* edema *m*
- *r* отёк *m* кожи

C1284 *e* **cutaneous flap**
- *d* Hautlappen *m*
- *f* greffe *f* cutanée [dermique]
- *i* lembo *m* cutaneo
- *r* кожный лоскут *m*

CYCLITIS

C1285 e **cutaneous fungus**
　　　d Dermatophyt m, Hautpilz m
　　　f dermatophyte m, champignon m des teignes
　　　i dermatofita m
　　　r дерматофит m, дерматомицет m

C1286 e **cutaneous horn**
　　　d Hauthorn m
　　　f corne f cutanée
　　　i corno m cutaneo
　　　r кожный рог m

C1287 e **cutaneous muscle**
　　　d Hautmuskel m
　　　f muscle m peaucier [superficiel]
　　　i muscolo m cutaneo
　　　r (под)кожная мышца f

C1288 e **cutaneous reflex**
　　　d Hautreflex m
　　　f réflexe m cutané
　　　i riflesso m cutaneo
　　　r кожный рефлекс m

C1289 e **cutaneous test**
　　　d Kutanprobe f, Hautprobe f
　　　f test m cutané
　　　i prova f cutanea, test m cutaneo
　　　r кожная проба f

C1290 e **cutaneous tuberculosis**
　　　d Hauttuberkulose f
　　　f tuberculodermie f
　　　i scrofuloderma m
　　　r туберкулёз m кожи

C1291 e **cuticle**
　　　d 1. Epidermis f 2. Kutikula f, Häutchen n
　　　f 1. épiderme m 2. cuticule f
　　　i 1. epidermide f 2. cuticola f
　　　r 1. эпидермис m 2. кутикула f

C1292 e **cuticle of root sheath**
　　　d Haarhäutchen n
　　　f cuticule f du cheveu
　　　i cuticola f del pelo
　　　r кутикула f волоса

C1293 e **cutting tooth**
　　　d Schneidezahn m
　　　f dent f incisive, incisive f
　　　i dente m incisivo
　　　r резец m

C1294 e **cuvet, cuvette**
　　　d Küvette f
　　　f cuvette f
　　　i cuvetta f
　　　r кювета f

C1295 e **cyanide**
　　　d Cyanid n, Zyanid n
　　　f cyanure m
　　　i cianuro m
　　　r цианид m

C1296 e **cyanocobalamin**
　　　d Cyanokobalamin n, Vitamin n B_1
　　　f cyanocobalamine f, vitamine f B_1
　　　i cianocobalamina f
　　　r цианокобаламин m, витамин m B_1

C1297 e **cyanosis**
　　　d Zyanose f
　　　f cyanose f
　　　i cianosi f
　　　r цианоз m

C1298 e **cyanotic**
　　　d zyanotisch
　　　f cyanotique
　　　i cianotico
　　　r цианотический

C1299 e **cyanotic congenital heart disease**
　　　d angeborener zyanotischer Herzfehler m
　　　f maladie f bleue
　　　i cardiopatia f congenita cianogena
　　　r порок m сердца синего типа

C1300 e **cyanotic induration**
　　　d Stauungsinduration f, zyanotische Verhärtung f
　　　f induration f de stase [cyanotique]
　　　i indurazione f da stasi [cianotica]
　　　r застойная [цианотическая] индурация f

C1301 e **cyanotic kidney**
　　　d Stauungsniere f
　　　f rein m de stase [cardiaque]
　　　i iperemia f renale
　　　r застойная почка f

C1302 e **cyanuria**
　　　d Zyanurie f
　　　f cyanurie f
　　　i cianuria f
　　　r цианурия f

C1303 e **cycle**
　　　d Zyklus m
　　　f cycle m
　　　i ciclo m
　　　r цикл m

C1304 e **cyclic(al)**
　　　d zyklisch
　　　f cyclique
　　　i ciclico
　　　r циклический

C1305 e **cyclitis**
　　　d Zyklitis f, Ziliarkörperentzündung f
　　　f cyclite f
　　　i ciclite f
　　　r циклит m

CYCLOPEAN EYE

C1306   e   **cyclopean eye**
       d   Zyklopie *f*, Einäugigkeit *f*, Monophthalmie *f*
       f   cyclopie *f*
       i   ciclopia *f*
       r   циклопия *f*

C1307   e   **cyclophrenia**
       d   Zyklophrenie *f*, manisch-depressives Irresein *n*
       f   cyclophrénie *f*
       i   ciclofrenia *f*
       r   маниакально-депрессивный психоз *m*, циклофрения *m*

C1308   e   **cyclopia** see **cyclopean eye**

C1309   e   **cycloplegia**
       d   Zykloplegie *f*, Ziliarmuskellähmung *f*
       f   cycloplégie *f*
       i   cicloplegia *f*
       r   паралич *m* аккомодации, циклоплегия *f*

C1310   e   **cyclotomy**
       d   Zyklotomie *f*
       f   cyclotomie *f*
       i   ciclotomia *f*
       r   циклэктомия *f*, рассечение *n* ресничного тела

C1311   e   **cylinder**
       d   1. Zylinderlinse *f* 2. Harnzylinder *m*
       f   1. lentille *f* cylindrique 2. cylindre *m* urinaire
       i   1. lente *f* cilindrica 2. cilindro *m*
       r   1. цилиндрическая линза *f* 2. (мочевой) цилиндр *m*

C1312   e   **cylindrical bronchiectasis**
       d   Zylinderbronchiektasie *f*
       f   bronchectasie *f* cylindrique
       i   bronchiettasia *f* cilindrica
       r   цилиндрический бронхоэктаз *m*

C1313   e   **cylindrical epithelium**
       d   Zylinderepithel *n*
       f   épithélium *m* cylindrique
       i   epitelio *m* cilindrico
       r   цилиндрический эпителий *m*

C1314   e   **cylindrical lens**
       d   Zylinderlinse *f*
       f   lentille *f* cylindrique
       i   lente *f* cilindrica
       r   цилиндрическая линза *f*

C1315   e   **cylindroid**
       d   Urinzylindroid *n*, Zylindroid *n*
       f   cylindroïde *m*
       i   cilindroide *m*
       r   (мочевой) цилиндроид *m*

C1316   e   **cylindroma**
       d   Zylindrom *n*, Hyalinzylindergeschwulst *f*
       f   cylindrome *m*
       i   cilindroma *m*
       r   цилиндрома *f*

C1317   e   **cylindruria**
       d   Zylindrurie *f*
       f   cilindrurie *f*
       i   cilindruria *f*
       r   цилиндрурия *f*

C1318   e   **cynophobia**
       d   Kynophobie *f*
       f   cynophobie *f*
       i   cinofobia *f*
       r   кинофобия *f*

C1319   e   **cynorexia**
       d   Zynorexie *f*, Bulimie *f*, Heißhunger *m*
       f   cynorexie *f*, boulimie *f*
       i   bulimia *f*
       r   булимия *f*, кинорексия *f*

C1320   e   **cyst**
       d   1. Zyste *f* 2. Blase *f*
       f   1. kyste *m* 2. vésicule *f*, bulle *f*
       i   1. cisti *f* 2. bolla *f*, vescica *f*
       r   1. киста *f* 2. пузырь *m*

C1321   e   **cystadenocarcinoma**
       d   Zystadenokarzinom *n*
       f   cystadénocarcinome *m*
       i   cistoadenocarcinoma *m*
       r   цистаденокарцинома *f*

C1322   e   **cystadenoma**
       d   Zystadenom *n*, Adenokystom *n*
       f   cyst(o)adénome *m*
       i   cistoadenoma *m*, adenoma *m* cistico
       r   цистаденома *f*, кистозная аденома *f*

C1323   e   **cystalgia**
       d   Zystalgie *f*
       f   cystalgie *f*, cystodynie *f*
       i   cistalgia *f*
       r   цисталгия *f*

C1324   e   **cystectomy**
       d   Zystektomie *f*, Harnblasenexstirpation *f*
       f   cystectomie *f*
       i   cistectomia *f*
       r   цистэктомия *f*

C1325   e   **cysteine**
       d   Zystein *n*
       f   cystéine *f*
       i   cisteina *f*
       r   цистеин *m*

C1326   e   **cystic**
       d   1. Blasen... 2. Harnblasen... 3. zystisch, kystös
       f   1. vésical, cystique 2. vésiculaire, vésiculeux 3. kystique
       i   1. vescicolare 2. cistico

CYSTOGRAPHY

	r	1. пузырный 2. мочепузырный 3. кистозный
C1327	e	cystic acne
	d	Zystenakne f
	f	acné f confluée
	i	acne f cistica
	r	сливные обыкновенные угри m pl
C1328	e	cystic disease
	d	Zystenniere f
	f	rein m kystique
	i	rene m cistico
	r	поликистоз m почки, кистозная почка f
C1329	e	cystic duct
	d	Zystikus m, Gallenblasen(ausfuhrüngs)gang m
	f	canal m cystique
	i	dotto m cistico
	r	пузырный проток m
C1330	e	cysticercoid
	d	Zystizerkoid n
	f	cysticercoïde m
	i	cisticercoide m
	r	цистицеркоид m
C1331	e	cysticercosis
	d	Zystizerkose f, Blasenwurmbefall m
	f	cysticercose f
	i	cisticercosi f
	r	цистицеркоз m
C1332	e	cysticercus
	d	Zystizerkus m, Blasenwurm m
	f	cysticerque m
	i	cisticerco m
	r	цистицерк m
C1333	e	cystic goiter
	d	Zystenstruma f, Zystenkropf m
	f	goitre m kysteux
	i	gozzo m cistico
	r	кистозный зоб m
C1334	e	cystic hyperplasia
	d	glandulär-zystische Hyperplasie f
	f	hyperplasie f glandulo-kystique de l'endomètre
	i	iperplasia f cistica
	r	железисто-кистозная гиперплазия f
C1335	e	cystic kidney see cystic disease
C1336	e	cystic medial necrosis
	d	zystische Medionekrose f (der Aorta)
	f	médionécrose f idiopathique de l'aorte
	i	necrosi f cistica della tunica media dell'aorta
	r	кистозный медионекроз m аорты
C1337	e	cystic mole
	d	Blasenmole f, Traubenmole f
	f	môle f, môle f hydatiforme (vésiculaire)
	i	mola f idatiforme
	r	пузырный занос m
C1338	e	cysticolithectomy
	d	Zystikus-Lithektomie f
	f	cysticolithectomie f
	i	cisticolitectomia f
	r	камнесечение n пузырного протока
C1339	e	cysticotomy
	d	Zystikotomie f
	f	cysticotomie f
	i	cisticotomia f
	r	рассечение n пузырного протока
C1340	e	cystic polyp
	d	zystischer Polyp m
	f	polype m kystique
	i	polipo m idatideo
	r	кистовидный [кистозный] полип m
C1341	e	cystine
	d	Zystin n
	f	cystine f
	i	cistina f
	r	цистин m
C1342	e	cystine storage disease, cystinosis
	d	Zystinose f, Zystinspeicherkrankheit f, Abderhalden-Fanconi-Syndrom n
	f	cystinose f
	i	cistinosi f
	r	цистиноз m, синдром m Абдергальдена—Фанкони, гликофосфаминный диабет m
C1343	e	cystinuria
	d	Zystinurie f
	f	cystinurie f
	i	cistinuria f
	r	цистинурия f
C1344	e	cystitis
	d	Zystitis f, Harnblasenentzündung f
	f	cystite f
	i	cistite f
	r	цистит m
C1345	e	cystitome see cystotome
C1346	e	cystocele
	d	Zystozele f
	f	cystocèle f
	i	cistocele m
	r	цистоцеле n
C1347	e	cystofibroma
	d	Zystoadenofibrom n
	f	cystofibrome m utérin
	i	cistofibroma m
	r	цист(аден)офиброма f
C1348	e	cystography

143

CYSTOID

	d	Zystographie *f*, Harnblasenröntgendarstellung *f*
	f	cystographie *f*
	i	cistografia *f*
	r	(рентгено)цистография *f*
C1349	*e*	**cystoid**
	d	Zystoid *n*, Pseudozyste *f*
	f	pseudokyste *f*
	i	cistoide *m*, cistiforme *m*
	r	ложная киста *f*, кистоид *m*
C1350	*e*	**cystolithiasis**
	d	Zystolithiasis *f*, Blasensteinleiden *n*
	f	cystolithiase *f*
	i	cistolitiasi *f*
	r	цистолитиаз *m*
C1351	*e*	**cystoma**
	d	Zystom *n*, Kystom *n*
	f	cystome *m*
	i	cistoma *m*, tumore *m* cistico
	r	кистома *f*, циста *f*, опухолевая киста *f*
C1352	*e*	**cystoplasty**
	d	Zystoplastik *f*, Harnblasenplastik *f*
	f	cystoplastie *f*
	i	cistoplastica *f*
	r	цистопластика *f*
C1353	*e*	**cystopyelitis**
	d	Zystopyelitis *f*, Harnblasen- und Nierenbeckenentzündung *f*
	f	cystopyélite *f*
	i	cistopielite *f*
	r	пиелоцистит *m*, цистопиелит *m*
C1354	*e*	**cystorrhagia**
	d	Harnblasenblutung *f*
	f	cystorragie *f*
	i	cistorragia *f*
	r	кровотечение *n* из мочевого пузыря
C1355	*e*	**cystorrhaphia**
	d	Zystorrhaphie *f*
	f	cystorraphie *f*
	i	cistorrafia *f*
	r	наложение *n* шва на мочевой пузырь
C1356	*e*	**cystorrhea**
	d	Zystorrhoe *f*
	f	cystorrhée *f*
	i	cistorrea *f*
	r	слизистые выделения *n pl* из мочевого пузыря
C1357	*e*	**cystoscope**
	d	Zystoskop *n*, Harnblasenspiegel *m*
	f	cystoscope *m*
	i	cistoscopio *m*
	r	цистоскоп *m*
C1358	*e*	**cystostomy**
	d	Zystostomie *f*, Harnblasenfistelung *f*
	f	cystostomie *f*
	i	cistostomia *f*
	r	цистостомия *f*
C1359	*e*	**cystotome**
	d	Zystotom *n*
	f	cystotome *m*
	i	cistotomo *m*
	r	капсулотом *m*, цистотом *m*
C1360	*e*	**cytidine**
	d	Cytidin *n*
	f	cytidine *f*
	i	citidina *f*
	r	цитидин *m*
C1361	*e*	**cytobiology** *see* **cytology**
C1362	*e*	**cytochrome**
	d	Cytochrom *n*
	f	cytochrome *m*
	i	citocromo *m*
	r	цитохром *m*
C1363	*e*	**cytochrome oxidase**
	d	Cytochromoxidase *f*, Warburg-Atmungsenzym *n*
	f	cytochrome-oxydase *f*
	i	citocromossidasi *f*
	r	цитохромоксидаза *f*, дыхательный фермент *m* Варбурга
C1364	*e*	**cytodiagnosis**
	d	Zytodiagnostik *f*, Zelldiagnostik *f*
	f	cytodiagnostic *m*
	i	citodiagnosi *f*
	r	цитологическая диагностика *f*, цитодиагностика *f*
C1365	*e*	**cytogenetics**
	d	Zytogenetik *f*, Zellgenetik *f*
	f	cytogénétique *f*
	i	citogenetica *f*
	r	цитогенетика *f*
C1366	*e*	**cytology**
	d	Zytologie *f*, Zellenlehre *f*
	f	cytologie *f*
	i	citologia *f*
	r	цитология *f*
C1367	*e*	**cytolysin**
	d	Zytolysin *n*
	f	cytolysine *f*
	i	citolisina *f*
	r	цитолизин *m*
C1368	*e*	**cytolysis**
	d	Zytolyse *f*, Zell(en)auflösung *f*
	f	cytolyse *f*
	i	citolisi *f*
	r	цитолиз *m*
C1369	*e*	**cytolysosome**
	d	Zytolysosom *n*, autophagozytäre Vakuole *f*

DACTYLOSCOPY

	f	cytolysome m
	i	citolisosoma m
	r	аутолизосома f, цитолизосома f

C1370   e   **cytomegalic inclusion disease**
     d   Zytomegalie f, Einschlußkörperchenkrankheit f
     f   cytomégalie f, maladie f des inclusions cytomégaliques
     i   malattia f ad inclusioni citomegaliche, sindrome f citomegalica
     r   цитомегалия f, инклюзионная болезнь f

C1371   e   **cytomegalovirus**
     d   Zytomegalovirus n, Zytomegalievirus n
     f   cytomégalovirus m
     i   citomegalovirus m, virus m citomegalico
     r   вирус m цитомегалии

C1372   e   **cytomorphology**
     d   Zytomorphologie f, Zellmorphologie f
     f   cytomorphologie f
     i   citomorfologia f, morfologia f cellulare
     r   цитоморфология f

C1373   e   **cytopathology**
     d   Zytopathologie f, Zellpathologie f
     f   cytopathologie f
     i   citopatologia f
     r   цитопатология f

C1374   e   **cytopenia**
     d   Zytopenie f
     f   cytopénie f
     i   citopenia f
     r   цитопения f

C1375   e   **cytoplasm**
     d   Zytoplasma n, Protoplasma n, Zellplasma n
     f   cytoplasme m
     i   citoplasma m
     r   цитоплазма f

C1376   e   **cytoplasmic inheritance**
     d   zytoplasmatische Vererbung f
     f   hérédité f cytoplasmique
     i   ereditarietà f citoplasmatica
     r   цитоплазматическая [внехромосомная, внеядерная, неменделевская] наследственность f

C1377   e   **cytosis**
     d   Zytose f
     f   cytose f
     i   citosi f
     r   цитоз m

C1378   e   **cytostatic**
     d   zytostatisch
     f   cytostatique
     i   citostatico
     r   цитостатический

C1379   e   **cytotoxic**
     d   zytotoxisches Mittel n
     f   remède m cytotoxique
     i   citotossico m
     r   цитотоксическое средство n

C1380   e   **cytotoxin**
     d   Zytotoxin n, Zellgift n
     f   cytotoxine f
     i   citotossina f
     r   цитотоксин m

C1381   e   **cytotrophoblast**
     d   Zytotrophoblast m
     f   cytotrophoblaste m
     i   citotrofoblasto m
     r   цитотрофобласт m, слой m Лангханса

D

D1   e   **dacry(o)adenitis**
     d   Dakryoadenitis f, Tränendrüsenentzündung f
     f   dacry(o)adénite f
     i   dacrioadenite f
     r   дакриоаденит m

D2   e   **dacryocystitis**
     d   Dakryozystitis f, Tränensackentzündung f
     f   dacryocystite f
     i   dacriocistite f
     r   дакриоцистит m

D3   e   **dacryocystotomy**
     d   Tränensackschnitt m, Tränensackeröffnung f
     f   dacryocystotomie f
     i   dacriocistotomia f
     r   рассечение n слёзного мешка

D4   e   **dacryolith**
     d   Dakryolith m, Tränensackstein m
     f   dacryolithe m, calcul m lacrymal
     i   dacriolito m
     r   слёзный камень m [конкремент m]

D5   e   **dactylogryposis**
     d   Daktylogrypose f, Fingerverkrümmung f
     f   dactylogrypose f
     i   dattilogriposi f
     r   дактилогрипоз m

D6   e   **dactyloscopy**
     d   Daktyloskopie f, Fingerabdruckuntersuchung f
     f   dactyloscopie f
     i   dattiloscopia f
     r   дактилоскопия f

D7	e	daily dose
	d	Tagesdosis *f*
	f	dose *f* quotidienne
	i	dose *f* giornaliera
	r	суточная доза *f*
D8	e	daltonism
	d	Daltonismus *m*, Farbenblindheit *f*
	f	daltonisme *m*
	i	daltonismo *m*
	r	дальтонизм *m*
D9	e	damage
	d	Beschädigung *f*, Verletzung *f*
	f	lésion *f*
	i	danno *m*, lesione *f*
	r	повреждение *n*
D10	e	dandruff
	d	Kopfschuppen *f pl*
	f	pellicules *f pl*
	i	forfora *f*
	r	перхоть *f*
D11	e	dandy fever *see* dengue
D12	e	dark-field microscope
	d	Dunkelfeldmikroskop *n*
	f	microscope *m* à fond noir
	i	microscopio *m* a campo scuro
	r	темнопольный микроскоп *m*
D13	e	Darling's disease
	d	Darling-Krankheit *f*, Histoplasmose *f*
	f	histoplasmose *f*, maladie *f* de Darling
	i	malattia *f* di Darling, istoplasmosi *f*
	r	гистоплазмоз *m*, болезнь *f* Дарлинга
D14	e	d'arsonvalization
	d	Arsonvalisation *f*
	f	darsonvalisation *f*
	i	darsonvalizzazione *f*
	r	дарсонвализация *f*
D15	e	dartos
	d	Fleischhaut *f* des Hodensacks
	f	dartos *m*
	i	dartos *m*
	r	мясистая оболочка *f* мошонки
D16	e	deactivation
	d	1. Inaktivierung *f* 2. Entaktivierung *f*
	f	1. inactivation *f* 2. désactivation *f*
	i	deattivazione *f*
	r	1. инактивация *f* 2. дезактивация *f*
D17	e	dead
	d	tot
	f	mort
	i	morto
	r	мёртвый
D18	e	dead fingers
	d	Akroasphyxie *f*, Raynaud-Phänomen *n*
	f	acroasphyxie *f*, maladie *f* de Raynaud
	i	acroasfissia *f*, acrocianosi *f*
	r	акроасфиксия *f*, симптом *m* мёртвых пальцев
D19	e	dead space
	d	Totraum *m*
	f	espace *m* mort
	i	spazio *m* morto
	r	вредное [мёртвое] пространство *n*
D20	e	deaf
	d	taub
	f	sourd
	i	sordo
	r	глухой
D21	e	deaf-mute
	d	taubstumm
	f	sourd-muet
	i	sordomuto
	r	глухонемой
D22	e	deafness
	d	Taubheit *f*
	f	surdité *f*
	i	sordità *f*, ipoacusia *f*
	r	глухота *f*
D23	e	deamination
	d	Desaminierung *f*
	f	désamination *f*
	i	deaminazione *f*
	r	дезаминирование *n*
D24	e	death
	d	Tod *m*
	f	mort *f*
	i	morte *f*
	r	смерть *f*
D25	e	death rate
	d	Todesrate *f*, Sterblichkeitsziffer *f*, Sterblichkeit *f*, Mortalität *f*
	f	index *m* de mortalité; mortalité *f*
	i	tasso *m* di mortalità; mortalità *f*
	r	коэффициент *m* смертности; смертность *f*
D26	e	death struggle
	d	Agonie *f*
	f	agonie *f*
	i	agonia *f*
	r	агония *f*
D27	e	decalcification
	d	Dekalzifikation *f*
	f	décalcification *f*
	i	decalcificazione *f*
	r	декальцинация *f*, декальцификация *f*
D28	e	decapsulation
	d	Dekapsulation *f*, Entkapselung *f*
	f	décapsulation *f*
	i	decapsulazione *f*
	r	декапсуляция *f*

DEFICIENCY

D29   *e*   decay
       d   Zerfall *m*, Zersetzung *f*; Putreszenz *f*
       f   désagrégation *f*, décomposition *f*; putréfaction *f*
       i   disintegrazione *f*, putrefazione *f*
       r   разложение *n*; гниение *n*

D30   *e*   dechloridation, dechlorination, dechloruration
       d   Dechlorierung *f*
       f   déchloration *f*
       i   declorurazione *f*
       r   дехлорирование *n* (воды)

D31   *e*   decidua, deciduous membrane
       d   Dezidua *f*
       f   membrane *f* déciduale
       i   decidua *f*
       r   отпадающая [децидуальная] оболочка *f*

D32   *e*   deciduous tooth
       d   Milchzahn *m*
       f   dent *f* lactéale [de lait, temporaire]
       i   dente *m* di latte [deciduo]
       r   молочный [выпадающий] зуб *m*

D33   *e*   decoction
       d   Absud *m*, Dekokt *n*
       f   décoction *f*
       i   decotto *m*, decozione *f*
       r   отвар *m*

D34   *e*   decompression
       d   Dekompression *f*, Druckentlastung *f*
       f   décompression *f*
       i   decompressione *f*
       r   декомпрессия *f*

D35   *e*   decompression disease, decompression sickness
       d   Dekompressionskrankheit *f*, Caissonkrankheit *f*, Taucherkrankheit *f*
       f   mal *m* de décompression
       i   malattia *f* da decompressione [dei cassoni]
       r   декомпрессионная болезнь *f*

D36   *e*   decontamination
       d   Dekontamination *f*, Entkeimung *f*; Entaktivierung *f*
       f   décontamination *f*, désinfection *f*
       i   decontaminazione *f*
       r   деконтаминация *f*, обезвреживание *n*, обеззараживание *n*

D37   *e*   decortication
       d   Dekortikation *f*
       f   décortication *f*
       i   decorticazione *f*
       r   декортикация *f*

D38   *e*   decrease
       d   abnehmen
       f   diminuer
       i   diminuire
       r   уменьшаться, снижаться; стихать

D39   *e*   deer-fly fever
       d   Tularämie *f*
       f   tularémie *f*
       i   tularemia *f*
       r   туляремия *f*

D40   *e*   defecation
       d   Defäkation *f*, Stuhlentleerung *f*
       f   défécation *f*
       i   defecazione *f*
       r   дефекация *f*

D41   *e*   defect
       d   Defekt *m*
       f   défaut *m*
       i   difetto *m*, deficit *m*
       r   дефект *m*, недостаток *m*

D42   *e*   defense reflex
       d   Schutzreflex *m*
       f   réflexe *m* de défense
       i   riflesso *m* di difesa
       r   защитный рефлекс *m*

D43   *e*   deferent duct
       d   Samenleiter *m*
       f   canal *m* déférent
       i   dotto *m* deferente
       r   семявыносящий [семенной] проток *m*

D44   *e*   defervescence
       d   Entfieberung *f*
       f   défervescence *f*
       i   defervescenza *f*
       r   снижение *n* температуры тела (при лихорадке)

D45   *e*   defibrillation
       d   Defibrillation *f*
       f   défibrillation *f*
       i   defibrillazione *f*
       r   дефибрилляция *f*

D46   *e*   defibrillator
       d   Defibrillator *m*
       f   défibrillateur *m*
       i   defibrillatore *m*
       r   дефибриллятор *m*

D47   *e*   defibrinated blood
       d   defibriniertes Blut *n*
       f   sang *m* défibriné
       i   sangue *m* defibrinato
       r   дефибринированная кровь *f*

D48   *e*   deficiency
       d   Mangel *m*
       f   insuffisance *f*, déficience *f*
       i   deficienza *f*, deficit *m*, carenza *f*
       r   недостаточность *f*

DEFINITIVE HOST

D49 e definitive host
     d Endwirt *m*
     f hôte *m* définitif [primaire]
     i ospite *m* definitivo
     r окончательный [дефинитивный] хозяин *m* *(паразита)*

D50 e defurfuration
     d kleinförmige Abschuppung *f*
     f desquamation *f* furfuracée
     i forfora *f*, desquamazione *f* forforosa
     r отрубевидное шелушение *n*

D51 e degeneration
     d Degeneration *f*, Entartung *f*
     f dégénération *f*, dégénérescence *f*
     i degenerazione *f*, decadimento *m*
     r дегенерация *f*

D52 e degenerative
     d degenerativ
     f dégénératif
     i degenerativo
     r дегенеративный

D53 e degree
     d Grad *m*, Stufe *f*; Phase *f*
     f degré *m*; étape *f*; stade *m*; phase *f*
     i grado *m*, fase *f*, stadio *m*
     r степень *f*; этап *m*; стадия *f*; фаза *f*

D54 e dehydration
     d Dehydratation *f*, Wasserentzug *m*, Entwässerung *f*
     f déshydratation *f*
     i disidratazione *f*
     r обезвоживание *n*, дегидратация *f*

D55 e dehydrogenase
     d Dehydrogenase *f*
     f déshydrogénase *f*
     i deidrogenasi *f*
     r дегидрогеназа *f*

D56 e dehydrogenation
     d Dehydrierung *f*
     f déshydrogénation *f*
     i deidrogenazione *f*
     r дегидрогенизация *f*, дегидрирование *n*

D57 e delayed dentition
     d verspäteter Zahndurchbruch *m*
     f dentition *f* retardée
     i dentizione *f* tardiva
     r запоздалое развитие *n* зубов

D58 e delirium
     d Delirium *n*, delirantes Syndrom *n*
     f délire *m*
     i delirio *m*
     r делирий *m*, делириозный синдром *m*

D59 e delirium alcoholicum *see* delirium tremens

D60 e delirium of persecution *see* delusion of persecution

D61 e delirium tremens
     d alkoholischer Wahn *m*
     f délire *m* aigu alcoolique, *delirium tremens*
     i delirio *m* tremante, *delirium tremens*
     r алкогольный делирий *m*, белая горячка *f*

D62 e delivery
     d Geburt *f*, Niederkunft *f*, Entbindung *f*
     f accouchement *m*
     i parto *m*
     r роды *pl*, родоразрешение *n*

D63 e deltoid
     d Deltamuskel *m*
     f muscle *m* deltoïde, deltoïde *m*
     i deltoide *m*
     r дельтовидная мышца *f*

D64 e delusion
     d Wahn *m*
     f délire *m*
     i illusione *f*
     r бред *m*

D65 e delusional insanity
     d halluzinations-paranoische Psychose *f*
     f psychose *f* hallucinatoire paranoïaque
     i psicosi *f* allucinatoria
     r галлюцинаторно-параноидный психоз *m*

D66 e delusion of grandeur
     d Größenwahn *m*, Megalomanie *f*
     f délire *m* ambitieux [de grandeur]
     i megalomania *f*
     r бред *m* величия

D67 e delusion of negation
     d nihilistischer Wahn *m*, Verneinungswahn *m*
     f délire *m* de négation
     i delirio *m* ipocondriaco del Cotard
     r ипохондрический бред *m* Котара, нигилистический бред *m*, нигилистическая парафрения *f*

D68 e delusion of persecution
     d Verfolgungswahn *m*
     f délire *m* de persécution
     i delirio *m* di persecuzione
     r бред *m* преследования, персекуторный бред *m*

D69 e demarcation
     d Demarkation *f*
     f démarcation *f*
     i demarcazione *f*
     r демаркация *f*

D70 e dementia

DENTAL PULP

	d	Demenz f, Schwachsinn m, Geistesschwäche f
	f	démence f
	i	demenza f
	r	слабоумие n, деменция f
D71	e	demineralization
	d	Demineralisation f
	f	déminéralisation f
	i	demineralizzazione f
	r	деминерализация f
D72	e	demucosation
	d	Schleimhautentfernung f
	f	mucoclasie f
	i	asportazione f della mucosa
	r	демукозация f
D73	e	demulcent
	d	milderndes Mittel n
	f	émollient m
	i	demulcente m, demulgente m, emolliente m
	r	мягчительное средство n
D74	e	demyelination, demyelinization
	d	Demyelinisation f
	f	démyélinisation f
	i	demielinizzazione f
	r	демиелинизация f
D75	e	dendrite, dendron
	d	Dendrit n
	f	dendrite m
	i	dendrite m
	r	дендрит m
D76	e	denervation
	d	Denervierung f, Entnervung f
	f	dénervation f
	i	denervazione f
	r	денервация f
D77	e	dengue
	d	Dengue-Fieber n, Siebentagefieber n
	f	dengue f, fièvre f rouge
	i	dengue f, febbre f rossa [rompiossa]
	r	денге f, лихорадка f денге
D78	e	densimetry
	d	Densimetrie f
	f	densimétrie f
	i	densimetria f
	r	денсиметрия f
D79	e	dental
	d	dental, Zahn...
	f	dentaire, dental
	i	dentale, dentario
	r	зубной
D80	e	dental bulb
	d	Zahnpapille f, Dentalpapille f
	f	papille f dentaire
	i	papilla f dentaria
	r	зубной сосочек m
D81	e	dental calculus
	d	Zahnstein m
	f	tartre m [calcul m] dentaire
	i	tartaro m dentario
	r	зубной камень m
D82	e	dental caries
	d	Dentalkaries f
	f	carie f dentaire
	i	carie f dentaria [dentale]
	r	кариес m зуба
D83	e	dental cement
	d	Zahnzement m
	f	cément m dentaire
	i	cemento m
	r	цемент m (зуба)
D84	e	dental deposit
	d	Zahnbelag m
	f	dépôt m (dentaire), plaque f dentaire
	i	placca f [patina f] dentaria
	r	зубной налёт m
D85	e	dental drill engine
	d	Bohrmaschine f
	f	fraise f
	i	trapano m da dentista [odontoiatrico]
	r	бормашина f
D86	e	dental fistula
	d	Zahnfistel f
	f	fistule f gingivale
	i	fistola f gengivale
	r	десневой свищ m
D87	e	dental forceps
	d	Zahn(extraktions)zange f
	f	forceps m dental
	i	pinza f per estrazioni dentarie
	r	зубоврачебные щипцы pl
D88	e	dental granuloma
	d	Dentalgranulom n, Periapikalgranulom n
	f	granulome m apical
	i	granuloma f periapicale
	r	зубная [периапикальная, прикорневая] гранулёма f
D89	e	dental neck
	d	Zahnhals m
	f	collet m de la dent
	i	colletto m del dente
	r	шейка f зуба
D90	e	dental orthopedics
	d	Orthodontie f
	f	orthodontie f
	i	ortodonzia f
	r	ортодонтия f
D91	e	dental pulp
	d	Zahnpulpa f
	f	pulpe f dentaire

DENTATE FISSURE

	i	polpa *f* dentaria
	r	пульпа *f* зуба
D92	*e*	**dentate fissure**
	d	Sulcus *m* hippocampi
	f	sillon *m* de l'hippocampe
	i	solco *m* dell'ippocampo
	r	борозда *f* гиппокампа [аммонова рога, морского конька]
D93	*e*	**dentate gyre**
	d	Gyrus *m* dentatus
	f	corps *m* godronné, circonvolution *f* godronnée
	i	giro *m* dentato
	r	зубчатая извилина *f*
D94	*e*	**dentin**
	d	Dentin *n*, Zahnbein *n*, Elfenbein *n*
	f	dentine *f*
	i	dentina *f*
	r	дентин *m*
D95	*e*	**dentinal tubules** *pl*
	d	Zahnkanälchen *n*
	f	canalicules *m pl* dentinaires
	i	canalicoli *m pl* della dentina
	r	дентинные [зубные] канальцы *m pl*
D96	*e*	**dentist**
	d	Dentist *m*, Zahnarzt *m*
	f	(médecin-)dentiste *m*
	i	dentista *m*
	r	зубной врач *m*
D97	*e*	**dentition**
	d	Dentition *f*, Zahnung *f*, Zahndurchbruch *m*
	f	dentition *f*
	i	dentizione *f*
	r	прорезывание *n* зубов
D98	*e*	**denture**
	d	Zahnprothese *f*
	f	prothèse *f* dentaire
	i	dentiera *f*, dentatura *f*
	r	зубной протез *m*
D99	*e*	**denudation**
	d	Denudation *f*
	f	dénudation *f*
	i	denudazione *f*
	r	денудация *f*
D100	*e*	**deodorant, deodorizer**
	d	desodorierendes Mittel *n*, Desodorans *n*
	f	désodorisant *m*, déodorant *m*
	i	deodorante *m*
	r	дезодорирующее средство *n*, дезодорант *m*
D101	*e*	**deontology**
	d	Deontologie *f*
	f	déontologie *f*
	i	deontologia *f*
	r	деонтология *f*
D102	*e*	**deossification**
	d	Deossifikation *f*, Knochenerweichung *f*
	f	décalcification *f*
	i	deossificazione *f*
	r	декальцинация *f* кости
D103	*e*	**deoxycholic acid**
	d	Desoxycholsäure *f*
	f	acide *m* désoxycholique
	i	acido *m* desossicolico
	r	дезоксихолевая кислота *f*
D104	*e*	**deoxyribonuclease**
	d	Desoxyribonuklease *f*
	f	désoxyribonucléase *f*
	i	desossiribonucleasi *f*, DNAsi *f*
	r	дезоксирибонуклеаза *f*
D105	*e*	**deoxyribonucleic acid**
	d	Desoxyribonukleinsäure *f*, DNS
	f	acide *m* désoxyribonucléique, ADN
	i	acido *m* desossiribonucleico, ADN
	r	дезоксирибонуклеиновая кислота *f*, ДНК
D106	*e*	**depersonalization**
	d	Depersonalisation *f*
	f	dépersonnalisation *f*
	i	depersonalizzazione *f*
	r	деперсонализация *f*
D107	*e*	**dephosphorylation**
	d	Dephosphorylierung *f*
	f	déphosphorylation *f*
	i	defosforilazione *f*
	r	дефосфорилирование *n*
D108	*e*	**depigmentation**
	d	Depigmentierung *f*, Pigmentverlust *m*
	f	dépigmentation *f*
	i	depigmentazione *f*
	r	депигментация *f*
D109	*e*	**depilation**
	d	Depilation *f*, Enthaarung *f*
	f	dépilation *f*
	i	depilazione *f*
	r	депиляция *f*
D110	*e*	**depilatory**
	d	Enthaarungsmittel *n*, Haarentfernungsmittel *n*
	f	dépilatoire *m*
	i	depilatorio *m*
	r	депиляторий *m*
D111	*e*	**depletion**
	d	Erschöpfung *f*, Auszehrung *f*
	f	déplétion *f*, épuisement *m*
	i	deplezione *f*
	r	истощение *n*
D112	*e*	**depolarization**

DERMATOPLASTY

D113 e **depression**
    d Depression *f*
    f dépression *f*, syndrome *m* dépressif
    i depressione *f*, sottoslivellamento *m*
    r депрессия *f*, депрессивный синдром *m*

D114 e **derangement**
    d 1. Störung *f* 2. Geistesstörung *f*
    f 1. dérangement *m* 2. détérioration *f* mentale
    i 1. scompaginamento *m* 2. disturbo *m* psichico
    r 1. расстройство *n*, нарушение *n* 2. психическое расстройство *n*

D115 e **Dercum's disease**
    d Dercum-Krankheit *f*
    f adipose *f* douloureuse, maladie *f* de Dercum
    i malattia *f* di Dercum, adiposi *f* [lipomatosi *f*] dolorosa
    r болезнь *f* Деркума, адипозалгия *f*, болезненный липоматоз *m*

D116 e **derma**
    d Derma *n*; Haut *f*, Kutis *f*
    f derme *m*
    i derma *m*
    r дерма *f*, собственно кожа *f*

D117 e **dermabrasion**
    d Dermabrasion *f*, Hautabschleifung *f*
    f dermabrasion *f*
    i dermoabrasione *f*, abrasione *f* cutanea
    r дермабразия *f*

D118 e **dermal**
    d dermal; kutan, Haut...
    f cutané
    i dermico, cutaneo
    r кожный

D119 e **dermal papillae**
    d Hautpapillen *f pl*
    f papilles *f pl* dermiques
    i papille *f pl* dermiche
    r сосочки *m pl* дермы, кожные сосочки *m pl*

D120 e **dermal sensation**
    d Hautempfindung *f*, Hautgefühl *n*
    f sens *m* cutané
    i sensibilità *f* cutanea
    r кожная чувствительность *f*

D121 e **dermatitis**
    d Dermatitis *f*, Hautentzündung *f*
    f dermatite *f*
    i dermatite *f*
    r дерматит *m*

D122 e **dermatoalloplasty** see **dermatohomoplasty**

D123 e **dermatoautoplasty**
    d Hautautotransplantation *f*
    f autoplastie *f* cutanée, autotransplantation *f*
    i autotrapianto *m*
    r аутотрансплантация *f* кожи

D124 e **dermatofibroma**
    d Dermatofibrom *n*, Hautfibrom *n*
    f dermatofibrome *m*
    i fibroma *m* cutaneo
    r дерматофиброма *f*, фиброма *f* кожи

D125 e **dermatoglyphics**
    d Dermatoglyphik *f*
    f dermatoglyphique *f*
    i dermatoglifi *f*
    r дерматоглифика *f*

D126 e **dermatoheteroplasty**
    d Heterotransplantation *f*, Xenotransplantation *f*
    f hétérotransplantation *f*, hétérogreffe *f*
    i innesto *m* cutaneo eteroplastico
    r ксенотрансплантация *f*, гетеротрансплантация *f*

D127 e **dermatohomoplasty**
    d Allotransplantation *f* [Homotransplantation *f*] der Haut
    f homoplastie *f* cutanée
    i innesto *m* cutaneo omoplastico
    r аллотрансплантация *f* [гомопластика *f*] кожи

D128 e **dermatologist**
    d Dermatologe *m*, Hautfacharzt *m*
    f dermatologue *m*, dermatologiste *m*
    i dermatologo *m*
    r дерматолог *m*

D129 e **dermatology**
    d Dermatologie *f*, Hautkrankheitslehre *f*
    f dermatologie *f*
    i dermatologia *f*
    r дерматология *f*

D130 e **dermatolysis**
    d Dermatolyse *f*, Hautschlaffheit *f*
    f dermatolysie *f*, chalazodermie *f*
    i dermatolisi *f*
    r дерматолиз *m* Алибера, вялая кожа *f*, халазодермия *f*

D131 e **dermatophyte**
    d Dermatophyt *m*, Hautpilz *m*
    f dermophyte *m*
    i dermatofita *m*
    r дерматофит *m*, дерматомицет *m*

D132 e **dermatoplasty**
    d Dermatoplastik *f*, Hautplastik *f*

DERMATOSCLEROSIS

	f	dermatoplastie *f*
	i	dermatoplastica *f*
	r	кожная пластика *f*
D133	*e*	**dermatosclerosis**
	d	Dermatosklerose *f*
	f	dermatosclérose *f*
	i	dermatosclerosi *f*, sclerodermia *f*
	r	дерматосклероз *m*
D134	*e*	**dermatosis**
	d	Dermatose *f*
	f	dermatose *f*
	i	dermatosi *f*
	r	дерматоз *m*
D135	*e*	**dermatozoonosis**
	d	Dermatozoonose *f*, Hautschmarotzertum *n*, Hautparasitenbefall *m*
	f	dermatozoonose *f*
	i	dermatozoonosi *f*
	r	дерматозооноз *m*
D136	*e*	**dermic**
	d	dermal; kutan, Haut...
	f	dermique; cutané
	i	(epi)dermico
	r	дермальный; кожный
D137	*e*	**dermitis** *see* **dermatitis**
D138	*e*	**dermoid (cyst)**
	d	Dermoid *n*, Dermoidzyste *f*
	f	kyste *m* dermoïde, dermoïde *m*
	i	dermoide *f*, cisti *f* dermoide
	r	дермоид *m*, дермоидная киста *m*
D139	*e*	**Descemet's membrane**
	d	Descemet-Membran *f*
	f	membrane *f* de Descemet
	i	membrana *f* di Descemet
	r	десцеметова оболочка *f*, задняя пограничная пластинка *f* роговицы
D140	*e*	**descending aorta**
	d	absteigende Aorta *f*
	f	aorte *f* descendante
	i	aorta *f* discendente
	r	нисходящая аорта *f*
D141	*e*	**descriptive anatomy**
	d	Beschreibungsanatomie *f*
	f	anatomie *f* descriptive
	i	anatomia *f* descrittiva
	r	описательная анатомия *f*
D142	*e*	**desmoid**
	d	Desmoid *n*, harte Bindegewebsgeschwulst *f*
	f	desmoïde *m*, tumeur *f* desmoïde
	i	desmoide *m*, tumore *m* desmoide
	r	десмоид *m*, десмоидная опухоль *f*, десмоидная фиброма *f*
D143	*e*	**desmosome**
	d	Desmosom *n*
	f	desmosome *m*
	i	desmosoma *m*
	r	десмосома *f*
D144	*e*	**desoxyribonucleic acid** *see* **deoxyribonucleic acid**
D145	*e*	**desquamation**
	d	Desquamation *f*, Abschuppung *f*
	f	desquamation *f*
	i	desquamazione *f*
	r	десквамация *f*, шелушение *n*
D146	*e*	**desquamative gingivitis**
	d	desquamative Zahnfleischentzündung *f*
	f	gingivite *f* desquamative
	i	gengivite *f* desquamativa
	r	десквамативный гингивит *m*
D147	*e*	**detachment of retina**
	d	Retinaablösung *f*, Netzhautablösung *f*
	f	décollement *m* de la rétine
	i	distacco *m* della retina
	r	отслойка *f* сетчатки
D148	*e*	**detergent**
	d	Detergens *n*, Waschmittel *n*
	f	détersif *m*, détergent *m*
	i	detergente *m*, detersivo *m*
	r	детергент *m*, моющее средство *n*
D149	*e*	**deterioration**
	d	Verschlechterung *f*
	f	détérioration *f*
	i	deterioramento *m*
	r	ухудшение *n*
D150	*e*	**detoxication**
	d	Detoxikation *f*, Entgiftung *f*
	f	détoxication *f*
	i	disintossicazione *f*
	r	дезинтоксикация *f*
D151	*e*	**detumescence**
	d	Detumeszenz *f*
	f	détumescence *f*
	i	detumescenza *f*
	r	детумесценция *f*, уменьшение *n* припухлости
D152	*e*	**developmental anomaly**
	d	Entwicklungsanomalie *f*
	f	anomalie *f* (du développement)
	i	anomalia *f* dello sviluppo
	r	аномалия *f* развития
D153	*e*	**deviance, deviation**
	d	1. Deviation *f*, Ablenkung *f*, Abweichung *f* 2. Anomalie *f*
	f	1. déviation *f* 2. anomalie *f*
	i	1. deviazione *f* 2. anomalia *f*
	r	1. отклонение *n* 2. аномалия *f*
D154	*e*	**devil's grip**

	d	epidemische Pleurodynie *f*, Bornholmer-Krankheit *f*
	f	pleurodynie *f* épidémique
	i	mialgia *f* [pleurodinia *f*] epidemica, malattia *f* di Bornholm
	r	эпидемическая плевродиния *f*
D155	*e*	**dextran**
	d	Dextran *n*
	f	dextrane *m*
	i	destrano *m*
	r	декстран *m*
D156	*e*	**dextrin**
	d	Dextrin *n*
	f	dextrine *f*
	i	destrina *f*
	r	декстрин *m*
D157	*e*	**dextrocardia**
	d	Dextrokardie *f*
	f	dextrocardie *f*
	i	destrocardia *f*
	r	декстрокардия *f*
D158	*e*	**dextrose**
	d	Dextrose *f*
	f	dextrose *f*, D-glucose *f*
	i	destrosio *m*
	r	D-глюкоза *f*, декстроза *f*
D159	*e*	**diabetes**
	d	Diabetes *m*
	f	diabète *m*
	i	diabete *m*
	r	диабет *m*
D160	*e*	**diabetic**
	d	diabetisch
	f	diabétique
	i	diabetico
	r	диабетический
D161	*e*	**diadochokinesia, diadochokinesis**
	d	Diadochokinese *f*
	f	diadococinésie *f*
	i	diadococinesi *f*
	r	диадохокинез *m*
D162	*e*	**diagnosis**
	d	Diagnose *f*; Diagnostik *f*
	f	diagnostic *m*; diagnose *f*
	i	diagnosi *f*; diagnostica *f*
	r	диагноз *m*; диагностика *f*
D163	*e*	**diagonal conjugate**
	d	Conjugata *f* diagonalis
	f	diamètre *m* promonto-sous-pubien
	i	coniugata *f* diagonale
	r	диагональная конъюгата *f*
D164	*e*	**dialysis**
	d	Dialyse *f*
	f	dialyse *f*
	i	dialisi *f*
	r	диализ *m*
D165	*e*	**diapedesis**
	d	Diapedese *f*
	f	diapédèse *f*
	i	diapedesi *f*
	r	диапедез *m*
D166	*e*	**diaphanoscopy**
	d	Diaphanoskopie *f*
	f	diaphanoscopie *f*
	i	diafanoscopia *f*
	r	диафаноскопия *f*
D167	*e*	**diaphragm**
	d	Diaphragma *n*, Scheidenwand *f*, Zwerchfell *n*
	f	diaphragme *m*
	i	diaframma *m*
	r	диафрагма *f*
D168	*e*	**diaphragmatic breathing**
	d	Zwerchfellatmung *f*, Bauchatmen *n*
	f	respiration *f* diaphragmatique [abdominale]
	i	respirazione *f* diaframmatica
	r	диафрагмальное [брюшное] дыхание *n*
D169	*e*	**diaphragmatic hernia**
	d	Zwerchfellhernie *f*, Zwerchfellbruch *m*, Diaphragmatozele *f*
	f	hernie *f* diaphragmatique
	i	ernia *f* diaframmatica
	r	диафрагмальная грыжа *f*
D170	*e*	**diaphragmatic pleura**
	d	Zwerchfellpleura *f*
	f	plèvre *f* diaphragmatique
	i	pleura *f* diaframmatica
	r	диафрагмальная плевра *f*
D171	*e*	**diaphragmatic pleurisy**
	d	Zwerchfellpleuritis *f*
	f	pleurésie *f* diaphragmatique
	i	pleurite *f* diaframmatica
	r	диафрагмальный [базальный] плеврит *m*
D172	*e*	**diaphragmatocele** see **diaphragmatic hernia**
D173	*e*	**diaphysis**
	d	Diaphyse *f*
	f	diaphyse *f*
	i	diafisi *f*
	r	диафиз *m*
D174	*e*	**diarrhea**
	d	Diarrhoe *f*, Durchfall *n*
	f	diarrhée *f*
	i	diarrea *f*
	r	понос *m*, диарея *f*
D175	*e*	**diarthrodial cartilage**
	d	Gelenkknorpel *m*
	f	cartilage *m* articulaire

DIARTHRODIAL JOINT

         i cartilagine *f* diartrodiale
         r суставной хрящ *m*

D176 *e* **diarthrodial joint, diarthrosis**
         d Gelenk *n*, Synovialgelenk *n*, Diarthrose *f*
         f diarthrose *f*, articulation *f*
         i diartrosi *f*, articolazione *f* sinoviale [mobile]
         r сустав *m*, диартроз *m*

D177 *e* **diaschisis**
         d Diaschisis *f*
         f diaschisis *f*
         i diaschisi *f*
         r диасхиз *m*, феномен *m* Монакова

D178 *e* **diastase**
         d Diastase *f*
         f diastase *f*
         i diastasi *f*
         r диастаза *f*

D179 *e* **diastema**
         d Diastema *n*
         f diastème *m*
         i diastema *m*
         r диастема *f*

D180 *e* **diastematomyelia** *see* **diplomyelia**

D181 *e* **diaster**
         d Diaster *m*
         f diaster *m*
         i diaster *m*
         r диастер *m*

D182 *e* **diastole**
         d Diastole *f*, Herzerschlaffungsphase *f*
         f diastole *f*
         i diastole *f*
         r диастола *f*

D183 *e* **diastolic murmur**
         d diastolisches Herzgeräusch *n*
         f souffle *m* diastolique
         i soffio *m* diastolico
         r диастолический шум *m*

D184 *e* **diastolic pressure**
         d diastolischer Blutdruck *m*
         f pression *f* artérielle diastolique
         i pressione *f* diastolica
         r диастолическое артериальное давление *n*

D185 *e* **diastolic shock**
         d protodiastolischer Herzstoß *m*
         f bruit *m* de galop protodiastolique
         i shock *m* cardiaco protodiastolico
         r протодиастолический сердечный толчок *m*

D186 *e* **diathermocoagulation**
         d Diathermokoagulation *f*
         f diathermocoagulation *f*
         i diatermocoagulazione *f*
         r диатермокоагуляция *f*

D187 *e* **diathermy**
         d Diathermie *f*
         f diathermie *f*
         i diatermia *f*
         r диатермия *f*

D188 *e* **diathesis**
         d Diathese *f*
         f diathèse *f*
         i diatesi *f*
         r диатез *m*

D189 *e* **dichotomy**
         d Dichotomie *f*, Zweiteilung *f*
         f dichotomie *f*
         i dicotomia *f*
         r разделение *n* на две части

D190 *e* **dichromasia, dichromasy, dichromatism, dichromatopsia**
         d Dichromasie *f*, Zweifarbensichtigkeit *f*
         f dichromatisme *m*, dichroma(top)sie *f*
         i dicromatismo *m*, dicromatopsia *f*
         r дихромазия *f*

D191 *e* **dicrotic pulse**
         d dikroter [doppelschlägiger] Puls *m*
         f pouls *m* dicrote
         i polso *m* dicroto
         r дикротический пульс *m*

D192 *e* **dictyoma**
         d Dictyoma *f* retinae
         f dictyome *m*
         i dictioma *m*
         r диктиома *f*, медуллобластома *f* клетчатки

D193 *e* **die**
         d sterben
         f mourir
         i morire
         r умирать

D194 *e* **diet**
         d 1. Nahrungsration *f* 2. Diät *f*
         f 1. régime *m* alimentaire 2. diète *f*
         i 1. regime *m* alimentare 2. dieta *f*
         r 1. режим *m* питания, пищевой режим *m* 2. диета *f*

D195 *e* **diet cure** *see* **dietotherapy**

D196 *e* **dietetics**
         d Diätetik *f*, Diätkunde *f*, Ernährungslehre *f*
         f diététique *f*
         i dietetica *f*
         r диетология *f*

D197 *e* **dietitian**
         d Diätetiker *m*
         f diététicien *m*, diététiste *m*

	i	dietologo *m*, dietista *m*
	r	диетолог *m*
D198	*e*	**dietotherapy, diet therapy**
	d	Diätbehandlung *f*, Diättherapie *f*
	f	diétothérapie *f*
	i	dietoterapia *f*
	r	диетотерапия *f*
D199	*e*	**differential blood count**
	d	Leukozytendifferentialbild *n*
	f	formule *f* leucocytaire du sang, leucogramme *m*
	i	conta *f* leucocitaria
	r	лейкоцитарная формула *f*
D200	*e*	**differential diagnosis**
	d	Differentialdiagnose *f*
	f	diagnostic *m* différentiel
	i	diagnosi *f* differenziale
	r	дифференциальный диагноз *m*
D201	*e*	**differential threshold**
	d	Unterscheidungsschwelle *f*
	f	seuil *m* différentiel [de discrimination]
	i	soglia *f* differenziale
	r	дифференциальный [разностный] порог *m*, порог *m* различения
D202	*e*	**differentiation**
	d	1. Differenzierung *f* 2. Differentialdiagnostik *f*
	f	1. différenciation *f* 2. diagnostic *m* différentiel
	i	1. differenziazione *f* 2. diagnostica *f* differenziale
	r	1. дифференцировка *f* 2. дифференциальная диагностика *f*
D203	*e*	**diffuse**
	d	diffus
	f	diffus
	i	diffuso
	r	диффузный
D204	*e*	**diffuse peritonitis**
	d	diffuse [generalisierte] Bauchfellentzündung *f*
	f	péritonite *f* diffuse [généralisée]
	i	peritonite *f* diffusa
	r	общий [разлитой, генерализованный, диффузный] перитонит *m*
D205	*e*	**diffusion**
	d	Diffusion *f*
	f	diffusion *f*
	i	diffusione *f*
	r	диффузия *f*
D206	*e*	**digastric muscle**
	d	zweibäuchiger Kiefermuskel *m*
	f	muscle *m* digastrique
	i	muscolo *m* digastrico
	r	двубрюшная мышца *f*
D207	*e*	**digestion**
	d	Digestion *f*, Verdauung *f*
	f	digestion *f*
	i	digestione *f*
	r	пищеварение *n*
D208	*e*	**digestive**
	d	digestiv, verdauend
	f	digestif
	i	digestivo, digerente
	r	пищеварительный, дигестивный
D209	*e*	**digestive system**
	d	Verdauungssystem *n*
	f	appareil *m* digestif
	i	apparato *m* digerente
	r	пищеварительный аппарат *m*, пищеварительная система *f*
D210	*e*	**digestive tract**
	d	Verdauungstrakt *m*, Verdauungskanal *m*
	f	tube *m* digestif
	i	canale *m* alimentare
	r	пищеварительный [желудочно-кишечный] тракт *m*
D211	*e*	**Di Guglielmo's disease**
	d	Di Guglielmo-Erythrämie *f*, akute Erythrämie *f*
	f	érythromyélose *f* aiguë, maladie *f* de Di Guglielmo
	i	malattia *f* di Di Guglielmo, mielosi *f* eritremica acuta
	r	эритромиелоз *m*, болезнь *f* Ди Гульельмо
D212	*e*	**dilatation**
	d	Dilatation *f*, Erweiterung *f*
	f	dilatation *f*
	i	dilatazione *f*
	r	дилатация *f*, расширение *n*
D213	*e*	**dilatator**
	d	1. Dilatator *m*, Erweiterungsmuskel *m* 2. Dilatator *m*, Dehnungsinstrument *n*
	f	dilatateur *m*
	i	dilatatore *m*
	r	1. мышца-расширитель *f* 2. дилататор *m*, расширитель *m*
D214	*e*	**dilation** *see* **dilatation**
D215	*e*	**dilator** *see* **dilatator**
D216	*e*	**dilution**
	d	Verdünnung *f*, Auflösen *n*
	f	dilution *f*
	i	diluizione *f*
	r	разбавление *n*, разведение *n*
D217	*e*	**dimple**
	d	Grübchen *n*
	f	fossette *f*
	i	fossetta *f*
	r	ямочка *f*

DIOXIDE

D218   e   **dioxide**
     d   Dioxid *n*
     f   dioxyde *m*
     i   diossido *m*, biossido *m*
     r   диоксид *m*, двуокись *f*

D219   e   **dipeptidase**
     d   Dipeptidase *f*
     f   dipeptidase *f*
     i   dipeptidasi *f*
     r   дипептид-гидролаза *f*, дипептидаза *f*

D220   e   **dipeptide**
     d   Dipeptid *n*
     f   dipeptide *m*
     i   dipeptide *m*
     r   дипептид *m*

D221   e   **diphtheria**
     d   Diphtherie *f*
     f   diphtérie *f*
     i   difterite *f*
     r   дифтерия *f*

D222   e   **diphtheria bacillus**
     d   Diphtheriebazillus *m*, Diphtheriebakterium *n*
     f   bacille *m* diphtérique
     i   bacillo *m* difterico di Löffler
     r   дифтерийная бактерия *f*, дифтерийная палочка *f*

D223   e   **diphtherial anatoxin**
     d   Diphtherieanatoxin *n*
     f   anatoxine *f* diphtérique
     i   anatossina *f* difterica
     r   дифтерийный анатоксин *m*

D224   e   **diphtheritic**
     d   diphtherisch
     f   diphtérique
     i   difterico
     r   дифтерийный

D225   e   **diphyllobothriasis**
     d   Diphyllobothriose *f*, Fischbandwurmbefall *m*
     f   bothriocéphalose *f*
     i   botriocefalasi *f*, difillobotriasi *f*
     r   дифиллоботриоз *m*, ботриоцефалёз *m*

D226   e   **diplegia**
     d   Diplegie *f*, doppelseitige Lähmung *f*
     f   diplégie *f*
     i   diplegia *f*
     r   диплегия *f*

D227   e   **diplobacillus, diplobacteria**
     d   Diplobazillus *m*, Diplobakterium *n*
     f   diplobacille *m*
     i   diplobacillo *m*
     r   диплобактерия *f*, диплобацилла *f*

D228   e   **diplococcus**
     d   Diplokokkus *m*
     f   diplocoque *m*
     i   diplococco *m*
     r   диплококк *m*

D229   e   **diplomyelia**
     d   Diplomyelie *f*, Rückenmarkverdoppelung *f*
     f   diastématomyélie *f*, diplomyélie *f*
     i   diplomielia *f*
     r   диастематомиелия *f*, дипломиелия *f*, удвоение *n* спинного мозга

D230   e   **diplopia**
     d   Diplopie *f*, Doppeltsehen *n*, Doppeltsichtigkeit *f*
     f   diplopie *f*
     i   diplopia *f*
     r   диплопия *f*, двоение *n* в глазах

D231   e   **diplosome**
     d   Diplosom *n*
     f   diplosome *m*
     i   diplosoma *m*
     r   диплосома *m*

D232   e   **dipsomania**
     d   Dipsomanie *f*, Trunksucht *f*
     f   dipsomanie *f*
     i   dipsomania *f*
     r   дипсомания *f*, истинный запой *m*

D233   e   **direct ophthalmoscopy**
     d   direkte Ophthalmoskopie *f*
     f   ophtalmoscopie *f* directe
     i   oftalmoscopia *f* diretta
     r   офтальмоскопия *f* в прямом виде, прямая офтальмоскопия *f*

D234   e   **direct percussion**
     d   Direktperkussion *f*, unmittelbares Abklopfen *n*
     f   percussion *f* directe [immédiate]
     i   percussione *f* diretta
     r   непосредственная перкуссия *f*

D235   e   **direct transfusion**
     d   Direkttransfusion *f*, direkte Bluttransfusion *f*
     f   transfusion *f* directe
     i   trasfusione *f* diretta
     r   прямое переливание *n* крови

D236   e   **direct vision**
     d   zentrales Sehen *n*, Makulasehen *n*
     f   vision *f* directe [centrale, fovéale]
     i   visione *f* diretta [centrale]
     r   центральное [макулярное, фовеальное] зрение *n*

D237   e   **disability**
     d   1. Arbeitsunfähigkeit *f* 2. Invalidität *f*
     f   1. incapacité *f* de travail 2. invalidité *f*
     i   1. inabilità *f* al lavoro 2. invalidità *f*

DISPOSABLE SYRINGE

    r 1. нетрудоспособность *f*
       2. инвалидность *f*

D238 *e* **disaccharide**
    d Disaccharid *n*
    f disaccharide *m*
    i disaccaride *m*
    r дисахарид *m*

D239 *e* **disaggregation**
    d Zergliederung *f*
    f 1. désagrégation *f* 2. désagrégation *f* psychique
    i disaggregazione *f*
    r 1. разделение *n* (*на составляющие*)
       2. психическое расщепление *n*

D240 *e* **disappearing bone disease**
    d massive traumatische Osteolyse *f*
    f maladie *f* de Gorham, ostéolyse *f* massive idiopathique
    i sindrome *f* di Gorham
    r массивный травматический остеолиз *m*, болезнь *f* Горхема, исчезающая кость *f*

D241 *e* **discharge**
    d 1. Absonderung *f*, Exkretion *f*
       2. Sekretion *f*
    f 1. excrétion *f* 2. sécrétion *f*
    i 1. escrezione *f* 2. prodotti *m pl* di secrezione
    r 1. выделение *n*, экскреция *f*
       2. секреция *f*

D242 *e* **discoblastula**
    d Keimscheibe *f*
    f blastodisque *m*
    i discoblastula *f*
    r зародышевый диск *m*

D243 *e* **discrete**
    d separat, getrennt
    f séparé, isolé, détaché
    i separato, distinto
    r отдельный, раздельный

D244 *e* **disease**
    d Krankheit *f*, Erkrankung *f*
    f maladie *f*
    i malattia *f*, morbo *m*, affezione *f*
    r болезнь *f*

D245 *e* **disinfectant**
    d Desinfektionsmittel *n*, Desinfiziens *n*, Entkeimungsmittel *n*
    f désinfectant *m*
    i disinfettante *m*
    r дезинфицирующее средство *n*, дезинфектант *m*

D246 *e* **disinfection**
    d Desinfektion *f*, Desinfizierung *f*, Entkeimung *f*
    f désinfection *f*
    i disinfezione *f*
    r дезинфекция *f*

D247 *e* **disintegration**
    d 1. Zerfall *m* 2. Desintegration *f*
    f décomposition *f*, désintégration *f*
    i disintegrazione *f*
    r 1. распад *m*, разложение *n*
       2. дезинтеграция *f*

D248 *e* **disintoxication**
    d Desintoxikation *f*
    f désintoxication *f*
    i disintossicazione *f*
    r дезинтоксикация *f*

D249 *e* **disinvagination**
    d Desinvagination *f*
    f désinvagination *f*
    i disinvaginazione *f*
    r дезинвагинация *f*

D250 *e* **disk**
    d Diskus *m*, Scheibe *f*
    f disque *m*
    i disco *m*
    r диск *m*

D251 *e* **dislocation**
    d Dislokation *f*, Luxation *f*, Verrenkung *f*
    f luxation *f*, dislocation *f*
    i lussazione *f*
    r вывих *m*

D252 *e* **disorder**
    d Störung *f*
    f trouble *m*
    i disturbo *m*
    r расстройство *n*, нарушение *n*

D253 *e* **dispersing electrode**
    d indifferente Elektrode *f*
    f électrode *f* indifférente
    i elettrodo *m* indifferente
    r индифферентный электрод *m*

D254 *e* **dispersion**
    d Dispersion *f*
    f dispersion *f*
    i dispersione *f*
    r дисперсия *f*

D255 *e* **displacement**
    d Ektopie *f*, Fehllagerung *f*
    f ectopie *f*
    i spostamento *m*, dislocazione *f*
    r эктопия *f*, смещение *n* органа, неправильное положение *n*

D256 *e* **disposable syringe**
    d Einmalgebrauchsspritze *f*, Einwegspritze *f*
    f seringue *f* à usage unique [à jeter]
    i siringa *f* monouso [a perdere]
    r шприц *m* однократного [одноразового] пользования

DISSECTING ANEURYSM

D257   e   **dissecting aneurysm**
         d   Aneurysma *n* dissecans
         f   anévrysme *m* disséquant
         i   aneurisma *m* dissecante
         r   расслаивающая аневризма *f*

D258   e   **dissection**
         d   1. Sektion *f*, Autopsie *f*, Obduktion *f* 2. Durchtrennung *f*
         f   1. dissection *f* 2. dissection *f*, discision *f*
         i   dissezione *f*
         r   1. вскрытие *n*, анатомирование *n* 2. рассечение *n*

D259   e   **disseminated**
         d   disseminiert
         f   disséminé
         i   disseminato
         r   диссеминированный, рассеянный

D260   e   **disseminated sclerosis**
         d   multiple Sklerose *f*
         f   sclérose *f* disséminée
         i   sclerosi *f* disseminata
         r   рассеянный [множественный] склероз *m*

D261   e   **disseminated tuberculosis**
         d   disseminierte Tuberkulose *f*
         f   tuberculose *f* disséminée
         i   tubercolosi *f* disseminata
         r   диссеминированный туберкулёз *m*

D262   e   **dissociated**
         d   dissoziiert
         f   dissocié
         i   dissociato
         r   диссоциированный

D263   e   **dissociation**
         d   Dissoziation *f*
         f   dissociation *f*
         i   dissociazione *f*
         r   диссоциация *f*

D264   e   **distal**
         d   distal
         f   distal
         i   distale
         r   дистальный

D265   e   **distance ceptor**
         d   Fernrezeptor *m*, Telerezeptor *m*
         f   télérécepteur *m*
         i   telerecettore *m*
         r   дистантный рецептор *m*, дистант-рецептор *m*, телерецептор *m*

D266   e   **distensibility**
         d   Dehnbarkeit *f*
         f   extensibilité *f*
         i   distensibilità *f*
         r   растяжимость *f*

D267   e   **distension, distention**
         d   1. Dehnung *f* 2. Erweiterung *f*
         f   distension *f*
         i   distensione *f*
         r   1. растяжение *n* 2. расширение *n*

D268   e   **distichia, distichiasis**
         d   Distichiasis *f*
         f   distichiase *f*
         i   distichia *f*
         r   дистихиаз *m*

D269   e   **distillation**
         d   Destillation *f*
         f   distillation *f*
         i   distillazione *f*
         r   дистилляция *f*

D270   e   **distilled water**
         d   destilliertes Wasser *n*
         f   eau *f* distillée
         i   acqua *f* distillata
         r   дистиллированная вода *f*

D271   e   **distomatosis, distomiasis**
         d   Distomatose *f*
         f   distomatose *f*
         i   distomatosi *f*, distomiasi *f*
         r   дистоматоз *m*

D272   e   **distraction**
         d   1. Distorsion *f*, Zerrung *f* 2. psychische Erregung *f*
         f   1. distorsion *f* du ligament 2. agitation *f* psychique
         i   1. distrazione *f (del tendine)*, distorsione *f* 2. agitazione *f* psichica
         r   1. дисторсия *f*, растяжение *n* *(связки)* 2. психическое возбуждение *n*

D273   e   **distress**
         d   Unwohlsein *n*
         f   malaise *m*
         i   sofferenza *f*, dolore *m*
         r   недомогание *n*

D274   e   **disturbance**
         d   Störung *f*
         f   trouble *m*
         i   disturbo *m*, affezione *f*
         r   расстройство *n*, нарушение *n*

D275   e   **diuresis**
         d   Diurese *f*, Harnausscheidung *f*
         f   diurèse *f*
         i   diuresi *f*
         r   диурез *m*

D276   e   **diuretic**
         d   Diuretikum *n*, harntreibendes Mittel *n*
         f   diurétique *m*
         i   diuretico *m*
         r   мочегонное средство *m*, диуретик *m*

D277   e   **diurnal**
         d   Tages...

DOSIMETRY

    f diurne
    i diurno
    r дневной

D278 *e* **divergence**
    d Divergenz *f*, Auseinandergehen *n*
    f divergence *f*
    i divergenza *f*
    r дивергенция *f*, расхождение *n*

D279 *e* **divergent**
    d divergent
    f divergent
    i divergente
    r дивергентный

D280 *e* **divergent strabismus**
    d Exotropie *f*, Auswärtsschielen *n*
    f exotropie *f*, strabisme *m* divergent
    i strabismo *m* divergente
    r расходящееся [дивергирующее] косоглазие *n*, экзотропия *f*

D281 *e* **diver's palsy, diver's paralysis**
    d Caissonkrankheit *f*, Taucherkrankheit *f*
    f maladie *f* des caissons
    i paralisi *f* dei cassoni [da decompressione]
    r кессонная болезнь *f*

D282 *e* **diverticulosis**
    d Divertikulose *f*
    f diverticulose *f*
    i diverticolosi *f*
    r дивертикулёз *m*

D283 *e* **diverticulum**
    d Divertikel *n*, Ausstülpung *f*
    f diverticule *m*
    i diverticolo *m*
    r дивертикул *m*

D284 *e* **divided dose**
    d geteilte Dosis *f*
    f dose *f* fractionnée
    i dose *f* frazionaria [frazionata]
    r дробная доза *f*

D285 *e* **division**
    d Teilung *f*
    f division *f*
    i divisione *f*
    r деление *n*

D286 *e* **dizygotic twins** *pl*
    d zweieiige [dizygote] Zwillinge *m pl*
    f jumelles *f pl* dizygotes
    i gemelli *m pl* dizigotici
    r двуяйцовые [дизиготные] близнецы *m pl*

D287 *e* **dizziness**
    d Schwindel *m*, Vertigo *f*
    f vertige *m*
    i capogiro *m*, vertigine *f*
    r головокружение *n*

D288 *e* **doctor**
    d Arzt *m*, Doktor *m*
    f médecin *m*, docteur *m*
    i dottore *m*, medico *m*
    r врач *m*, доктор *m*

D289 *e* **dolichocolon**
    d Dolichokolon *n*
    f dolichocôlon *m*
    i dolicocolon *m*
    r долихоколон *m*

D290 *e* **dominant gene**
    d Dominantgen *n*
    f gène *m* dominant
    i gene *m* dominante
    r доминантный ген *m*

D291 *e* **dominant hemisphere**
    d dominierende Hirnhemisphäre *f*
    f hémisphère *m* dominant
    i emisfero *m* dominante
    r доминантное полушарие *n*

D292 *e* **dominant inheritance**
    d dominanter Erbgang *m*
    f hérédité *f* dominante
    i eredità *f* dominante
    r доминантное наследование *n*

D293 *e* **donor**
    d Spender *m*
    f donneur *m*
    i donatore *m*
    r донор *m*

D294 *e* **dorsal**
    d dorsal, Rücken...
    f dorsal
    i dorsale
    r дорсальный, спинной, тыльный

D295 *e* **dosage**
    d Dosierung *f*, Dosieren *n*
    f dosage *m*
    i dosaggio *m*
    r дозирование *n*

D296 *e* **dosage rate** *see* **dose rate**

D297 *e* **dose**
    d Dosis *f*
    f dose *f*
    i dose *f*
    r доза *f*

D298 *e* **dose rate**
    d Dosisleistung *f*
    f dose *f* de rayonnement
    i dose *f* di radiazione
    r мощность *f* дозы (*излучения*)

D299 *e* **dosimetry**
    d Dosimetrie *f*, Strahlungsmessung *f*
    f dosimétrie *f*

DOUBLE CONSCIOUSNESS

    i dosimetria *f*
    r дозиметрия *f*

D300 *e* **double consciousness**
    d Bewußtseinsspaltung *f*
    f double conscience *f*, dédoublement *m* de conscience
    i coscienza *f* doppia
    r раздвоение *n* сознания

D301 *e* **double vision** *see* **diplopia**

D302 *e* **douche**
    d Dusche *f*
    f douche *f*
    i doccia *f*
    r душ *m*

D303 *e* **Douglas' pouch**
    d Douglas-Raum *m*
    f cul-de-sac *m* de Douglas (*chez la femme*)
    i spazio *m* [cavo *m*] di Douglas
    r прямокишечно-маточное углубление *n*, дугласово пространство *n*, дугласов карман *m*

D304 *e* **Down's syndrome**
    d Down-Krankheit *f*, Mongolismus *m*
    f syndrome *m* de Down, mongolisme *m*
    i mongolismo *m*, sindrome *f* di Down
    r болезнь *f* Дауна

D305 *e* **dragée**
    d Dragee *f*
    f dragée *f*
    i confetto *m*
    r драже *n*, засахаренные пилюли *f pl*

D306 *e* **drain, drainage tube**
    d Abflußrohr *n*, Dränagerohr *n*
    f tube *m* à drainage
    i tubo *m* di drenaggio
    r дренажная трубка *f*

D307 *e* **drainage**
    d Dränage *f*, Drainage *f*
    f drainage *m*
    i drenaggio *m*
    r дренирование *n*, дренаж *m*

D308 *e* **drepanocythemia, drepanocytic anemia, drepanocytosis**
    d Sichelzellenanämie *f*, Drepanozytose *f*
    f anémie *f* drépanocytaire, drépanocytose *f*
    i drepanocitosi *f*, anemia *f* drepanocitica, anemia *f* a cellule falciformi
    r дрепаноцитарная [серповидноклеточная] анемия *f*

D309 *e* **dressing**
    d 1. Verband *m* 2. Verbandmaterial *n*
    f 1. pansement *m*, bandage *m* 2. matériaux *m pl* de pansement
    i 1. medicazione *f* 2. materiale *m* di bendaggio
    r 1. перевязка *f* 2. перевязочный материал *m*

D310 *e* **drill**
    d Bohrer *m*, Zahnbohrer *m*
    f fraise *f*
    i trapano *m*
    r сверло *m*, стоматологический бор *m*

D311 *e* **drop**
    d Tropfen *m*
    f goutte *f*
    i goccia *f*
    r капля *f*

D312 *e* **drop hand**
    d Fallhand *f*
    f main *f* tombante
    i mano *f* cadente
    r падающая кисть *f*

D313 *e* **drop heart**
    d Tropfenherz *n*
    f cœur *m* «en goutte»
    i cuore *m* a goccia, cardioptosi *f*
    r капельное сердце *n*, сердце *n* астеника

D314 *e* **droplet infection**
    d Tröpfcheninfektion *f*
    f infection *f* par gouttelettes
    i infezione *f* da goccioline
    r воздушно-капельная инфекция *f*

D315 *e* **drug**
    d 1. Arzneimittel *n*, Medikament *n*, Heilmittel *n* 2. Rauschgift *n*
    f drogue *f*
    i 1. farmaco *m*, medicinale *m* 2. droga *f*, stupefacente *m*
    r 1. лекарственное средство *n*, лекарство *n* 2. наркотик *m*

D316 *e* **drug addiction, drug dependance**
    d 1. Drogenabhängigkeit *f* 2. Rauschgiftsucht *f*
    f 1. pharmacodépendance *f* 2. narcomanie *f*
    i 1. farmacodipendenza *f* 2. tossicomania *f* da narcotici
    r 1. лекарственная зависимость *f* 2. наркомания *f*

D317 *e* **druggist**
    d Apotheker *m*
    f pharmacien *m*
    i farmacista *m*
    r аптекарь *m*, провизор *m*

D318 *e* **drug habit** *see* **drug addiction**

D319 *e* **drug rash**
    d Arzneiexanthem *n*
    f éruption *f* médicamenteuse

	i	eritema *m* da farmaci
	r	лекарственная [медикаментозная] сыпь *f*
D320	*e*	drug resistance
	d	Medikamentenunempfindlichkeit *f*
	f	résistance *f* aux médicaments
	i	farmacoresistenza *f*
	r	лекарственная устойчивость *f*
D321	*e*	drum (head)
	d	Trommelfell *n*
	f	membrane *f* du tympan
	i	membrana *f* timpanica [del timpano]
	r	барабанная перепонка *f*
D322	*e*	dry gangrene
	d	trockener Brand *m*
	f	gangrène *f* sèche
	i	cancrena *f* secca
	r	сухая гангрена *f*
D323	*e*	dry rale
	d	trockene Rasselgeräusche *n pl*
	f	râles *m pl* secs
	i	rantoli *m pl* secchi
	r	сухие хрипы *m pl*
D324	*e*	Dubin-Johnson syndrome
	d	Dubin-Johnson-Syndrom *n*, konjugierte Hyperbilirubinämie *f*
	f	syndrome *m* de Dubin-Johnson
	i	sindrome *f* di Dubin-Johnson
	r	синдром *m* Дубина—Джонсона
D325	*e*	duct
	d	Duktus *m*, Gang *m*
	f	canal *m*, conduit *m*
	i	dotto *m*, condotto *m*
	r	проток *m*; канал *m*
D326	*e*	dullness
	d	Dämpfung *f*
	f	matité *f*
	i	ottusità *f*
	r	притупление *n* (*перкуторного звука*)
D327	*e*	dumb
	d	stumm
	f	muet
	i	muto
	r	немой
D328	*e*	dumping (syndrome)
	d	Dumping-Syndrom *n*
	f	syndrome *m* de chasse, *англ.* dumping syndrome
	i	sindrome *f* postgastrectomia, *англ.* dumping-syndrome
	r	демпинг-синдром *m*
D329	*e*	duodenal bulb
	d	Duodenalbulbus *m*
	f	bulbe *m* duodénal
	i	bulbo *m* duodenale
	r	луковица *f* двенадцатиперстной кишки
D330	*e*	duodenojejunal flexure
	d	Duodenum-Jejunum-Übergang *m*, Zwölffingerdarm-Leerdarm-Übergang *m*
	f	angle *m* duodéno-jéjunal
	i	flessura *f* duodenodigiunale
	r	дуоденоеюнальный изгиб *m*, двенадцатиперстно-тощекишечный изгиб *m*
D331	*e*	dwarf
	d	Zwerg *m*
	f	nain *m*
	i	nano *m*
	r	карлик *m*
D332	*e*	dwarfishness, dwarfism
	d	Nanismus *m*, Zwergwuchs *m*
	f	nanisme *m*
	i	nanismo *m*
	r	карликовость *f*
D333	*e*	dynamic ileus
	d	dynamischer Ileus *m*
	f	iléus *m* dynamique
	i	ileo *m* dinamico
	r	динамическая непроходимость *f* кишечника
D334	*e*	dysenteric
	d	dysenterisch
	f	dysentérique
	i	dissenterico
	r	дизентерийный
D335	*e*	dysentery
	d	Dysenterie *f*, Ruhr *f*
	f	dysenterie *f*
	i	dissenteria *f*
	r	дизентерия *f*
D336	*e*	dysentery bacillus
	d	Dysenteriebakterie *f*
	f	bacille *m* dysentérique
	i	bacillo *m* dissenterico
	r	дизентерийная бактерия *f*
D337	*e*	dysesthesia
	d	Dysästhesie *f*, Empfindungsstörung *f*
	f	dysesthésie *f*
	i	disestesia *f*
	r	дизестезия *f*
D338	*e*	dysfunction
	d	Dysfunktion *f*, Funktionsstörung *f*, Fehlfunktion *f*
	f	dysfonction *f*, dysfonctionnement *m*
	i	disfunzione *f*
	r	дисфункция *f*
D339	*e*	dysgeusia
	d	Dysgeusie *f*, Geschmacksstörung *f*
	f	dysgueusie *f*

DYSMENORRHEA

- *i* disgeusia *f*
- *r* дисгевзия *f*, извращение *n* вкуса

D340   *e*   **dysmenorrhea**
- *d* Dysmenorrhoe *f*
- *f* dysménorrhée *f*
- *i* dismenorrea *f*
- *r* дисменорея *f*

D341   *e*   **dysostosis**
- *d* Dysostose *f*
- *f* dysostose *f*
- *i* disostosi *f*
- *r* дизостоз *m*

D342   *e*   **dyspareunia**
- *d* Dyspareunie *f*
- *f* dyspareunie *f*
- *i* dispareunia *f*
- *r* диспареуния *f*

D343   *e*   **dyspepsia**
- *d* Dyspepsie *f*, Verdauungsstörung *f*
- *f* dyspepsie *f*
- *i* dispepsia *f*
- *r* диспепсия *f*, расстройство *n* пищеварения

D344   *e*   **dyspeptic**
- *d* dyspeptisch
- *f* dyspeptique, dyspepsique
- *i* dispeptico
- *r* диспептический

D345   *e*   **dysphagia, dysphagy**
- *d* Dysphagie *f*, Schluckstörung *f*
- *f* dysphagie *f*
- *i* disfagia *f*
- *r* дисфагия *f*

D346   *e*   **dysphasia**
- *d* Dysphasie *f*, Sprachkoordinationsstörung *f*
- *f* dysphasie *f*
- *i* disfasia *f*
- *r* дисфазия *f*

D347   *e*   **dysphonia**
- *d* Dysphonie *f*, Stimmbildungsstörung *f*
- *f* dysphonie *f*
- *i* disfonia *f*
- *r* дисфония *f*

D348   *e*   **dysplasia**
- *d* Dysplasie *f*
- *f* dysplasie *f*
- *i* displasia *f*
- *r* дисплазия *f*

D349   *e*   **dyspnea**
- *d* Dyspnoe *f*, Atemnot *f*
- *f* dyspnée *f*
- *i* dispnea *f*
- *r* одышка *f*

D350   *e*   **dystonia**
- *d* Dystonie *f*, Tonusstörung *f*
- *f* dystonie *f*
- *i* distonia *f*
- *r* дистония *f*

D351   *e*   **dystopia**
- *d* Dystopie *f*, Fehllage *f*
- *f* dystopie *f*
- *i* distopia *f*, ectopia *f*
- *r* дистопия *f*, атопия *f*, аллотопия *f*

D352   *e*   **dystrophic**
- *d* dystrophisch
- *f* dystrophique
- *i* distrofico
- *r* дистрофический

D353   *e*   **dystrophy**
- *d* Dystrophie *f*
- *f* dystrophie *f*
- *i* distrofia *f*
- *r* дистрофия *f*

E

E1   *e*   **ear**
- *d* Ohr *n*
- *f* oreille *f*
- *i* orecchio *m*
- *r* ухо *n*

E2   *e*   **earache**
- *d* Otalgie *f*, Ohrenschmerz *m*
- *f* otalgie *f*
- *i* otalgia *f*
- *r* оталгия *f*

E3   *e*   **ear bones** *pl*
- *d* Gehörknöchelchen *n pl*
- *f* osselets *m pl* de l'oreille
- *i* ossicini *m pl* dell'udito
- *r* слуховые косточки *f pl*

E4   *e*   **ear cough**
- *d* Ohrhusten *m*
- *f* toux *f* auriculaire
- *i* tosse *f* auricolare
- *r* ушной кашель *m*

E5   *e*   **ear crystals** *pl*
- *d* Statokonien *f pl*, Otolithen *m pl*, Statolithen *m pl*
- *f* statoconies *f pl*, otolithes *m pl*, poussière *f* auditive
- *i* otoliti *m pl*, statoconi *m pl*, otoconi *m pl*
- *r* статоконии *m pl*, отолиты *m pl*

E6   *e*   **ear dust** *see* **ear crystals**

E7   *e*   **ear lobe**
- *d* Ohrläppchen *n*

	f	lobule *m* de l'oreille
	i	lobulo *m* dell'orecchio
	r	долька *f* ушной раковины, мочка *f* уха
E8	*e*	**early diastolic murmur**
	d	protodiastolisches Geräusch *n*
	f	souffle *m* protodiastolique
	i	soffio *m* protodiastolico
	r	протодиастолический шум *m*
E9	*e*	**earth-eating**
	d	Geophagie *f*, Erdessen *n*
	f	géophagie *f*, géophagisme *m*
	i	geofagia *f*
	r	геофагия *f*, землеедство *n*
E10	*e*	**earwax**
	d	Ohrenschmalz *n*, Zerumen *n*
	f	cérumen *m*
	i	cerume *m*
	r	ушная сера *f*
E11	*e*	**Eberth's bacillus**
	d	Typhusbakterium *n*
	f	bacille *m* typhique [d'Eberth]
	i	bacillo *m* tifico [di Eberth]
	r	брюшнотифозная палочка *f*
E12	*e*	**eburnation**
	d	Eburnifikation *f*
	f	éburnation *f*, éburnification *f*
	i	eburnizzazione *f*, eburneazione *f*
	r	эбурнеация *f*
E13	*e*	**eccentric vision**
	d	peripheres Sehen *n*
	f	vision *f* périphérique [indirecte]
	i	visione *f* periferica
	r	периферическое зрение *n*
E14	*e*	**ecchondroma**
	d	Ekchondrom *n*
	f	ecchondrome *m*
	i	eccondroma *m*
	r	экхондрома *f*
E15	*e*	**echinococcosis**
	d	Echinokokkose *f*, Hundebandwurmerkrankung *f*
	f	échinococcose *f*
	i	echinococcosi *f*
	r	эхинококкоз *m*
E16	*e*	**echinococcus**
	d	Echinokokkus *m*, Blasenwurm *m*
	f	échinocoque *m*
	i	echinococco *m*
	r	эхинококк *m*
E17	*e*	**echinococcus cyst**
	d	Echinokokkuszyste *f*
	f	kyste *m* échinococcique [hydatique]
	i	cisti *f* da echinococco
	r	эхинококковая [гидатидная] киста *f*
E18	*e*	**echography**
	d	Echographie *f*
	f	échographie *f*
	i	ecografia *f*
	r	эхография *f*
E19	*e*	**echolalia, echophrasia, echospeech**
	d	Echolalie *f*, Echophrasie *f*
	f	écholalie *f*
	i	ecolalia *f*
	r	эхолалия *f*, эхофразия *f*
E20	*e*	**eclampsia**
	d	Eklampsie *f*
	f	éclampsie *f*
	i	eclampsia *f* gravidica
	r	эклампсия *f*
E21	*e*	**ecmnesia**
	d	Ekmnesie *f*
	f	ecmnésie *f*
	i	ecmnesia *f*
	r	экмнезия *f*
E22	*e*	**ecological system**
	d	ökologisches System *n*
	f	système *m* écologique
	i	sistema *m* ecologico
	r	экологическая система *f*, экосистема *f*
E23	*e*	**Economo's disease**
	d	Economo-Krankheit *f*
	f	maladie *f* de von Economo [de Cruchet], encéphalite *f* léthargique [épidémique]
	i	encefalite *f* epidemica [letargica], nona *f*
	r	эпидемический летаргический энцефалит *m* Экономо
E24	*e*	**ecstrophy** *see* **exstrophy**
E25	*e*	**ectasia, ectasis**
	d	Ektasie *f*, Erweiterung *f*, Ausdehnung *f*
	f	ectasie *f*
	i	ectasia *f*, dilatazione *f*
	r	эктазия *f*, расширение *n*
E26	*e*	**ectatic emphysema**
	d	vikariierendes Lungenemphysem *n*
	f	emphysème *m* vicariant
	i	enfisema *m* vicariante
	r	викарная [компенсаторная] эмфизема *f* лёгких
E27	*e*	**ecthyma**
	d	Ekthyma *n*
	f	ecthyma *m*
	i	ectima *m*
	r	эктима *f*
E28	*e*	**ectocardia**
	d	Ektokardie *f*
	f	ectocardie *f*

ECTODERM

	i	ectocardia *f*, ectopia *f* cardiaca
	r	эктопия *f* сердца
E29	*e*	ectoderm
	d	Ektoderm *n*, aüßeres Keimblatt *n*
	f	ectoderme *m*, ectoblaste *m*
	i	ectoderma *m*, ectoblasto *m*
	r	эктодерма *f*
E30	*e*	ectoparasite
	d	Ektoparasit *m*, Außenschmarotzer *m*
	f	ectoparasite *m*
	i	ectoparassita *m*
	r	эктопаразит *m*
E31	*e*	ectopia
	d	Ektopie *f*, Fehllagerung *f*
	f	ectopie *f*
	i	ectopia *f*
	r	эктопия *f*
E32	*e*	ectopic pregnancy
	d	Extrauteringravidität *f*
	f	grossesse *f* ectopique [extra-utérine]
	i	gravidanza *f* extrauterina [ectopica]
	r	внематочная [эктопическая] беременность *f*
E33	*e*	ectopic rhythm
	d	heterotopischer [ektopischer] Rhythmus *m*
	f	rythme *m* ectopique
	i	ritmo *m* ectopico
	r	гетеротопный [эктопический] ритм *m* сердца
E34	*e*	ectopy *see* ectopia
E35	*e*	ectotoxin *see* exotoxin
E36	*e*	ectromelia
	d	Ektromelie *f*, angeborene Gliedmaßenverstümmelung *f*
	f	ectromélie *f*
	i	ectromelia *f*
	r	эктромелия *f*
E37	*e*	ectropion, ectropium
	d	Ektropium *n*, Auswärtskehrung *f*
	f	ectropion *m*
	i	ectropion *m*
	r	эктропион *m*, выворот *m*
E38	*e*	eczema
	d	Ekzem *n*
	f	eczéma *m*
	i	eczema *m*
	r	экзема *f*
E39	*e*	eczematoid seborrhea
	d	seborrhoisches Ekzem *n*
	f	eczéma *m* séborrhéique
	i	seborrea *f* eczematoide
	r	себорейная экзема *f*
E40	*e*	eczematous
	d	ekzematisch
	f	eczémateux
	i	eczematoso
	r	экзематозный
E41	*e*	eczematous impetigo
	d	impetiginisiertes Ekzem *n*
	f	eczéma *m* impétigineux
	i	eczema *m* impetiginoso
	r	импетигинозная экзема *f*
E42	*e*	edema
	d	Ödem *n*; Wassersucht *f*
	f	œdème *m*
	i	edema *m*
	r	отёк *m*; водянка *f*
E43	*e*	edematous
	d	ödematös, wassersüchtig
	f	œdémateux
	i	edematoso
	r	отёчный
E44	*e*	edentate, edentulous
	d	zahnlos
	f	édenté
	i	sdentato
	r	беззубый
E45	*e*	edge
	d	Rand *m*
	f	marge *f*
	i	margine *m*
	r	край *m*
E46	*e*	effective dose
	d	wirksame Dosis *f*
	f	dose *f* effective
	i	dose *f* efficace
	r	эффективная доза *f*
E47	*e*	efferent
	d	efferent
	f	efférent
	i	efferente
	r	эфферентный
E48	*e*	efferent fiber
	d	efferente Nervenfaser *f*
	f	fibre *f* (nerveuse) efférente
	i	fibra *f* efferente
	r	эфферентное [центробежное] нервное волокно *n*
E49	*e*	efficiency
	d	Wirksamkeit *f*
	f	efficacité *f*
	i	efficienza *f*
	r	эффективность *f*
E50	*e*	effleurage
	d	Streichung *f*
	f	effleurage *m*
	i	sfioramento *m*
	r	поглаживание *n* (*приём массажа*)
E51	*e*	effort syndrome

ELECTIVE OPERATION

	d	Effort-Syndrom *n*, Da-Costa-Syndrom *n*, neurozirkulatorische Dystonie *f*
	f	asthénie *f* neuro-circulatoire, cœur *m* irritable, névrose *f* cardiaque
	i	sindrome *f* di Da Costa, astenia *f* neurocircolatoria
	r	нейроциркуляторная дистония *f*, невроз *m* сердца
E52	e	**effusion**
	d	Exsudation *f*
	f	effusion *f*
	i	versamento *m*, trasudazione *m*
	r	выпотевание *n*, экссудация *f*
E53	e	**egg**
	d	Ei *n;* Eizelle *f*
	f	ovule *m*
	i	uovo *m*, ovulo *m*
	r	яйцо *n;* яйцеклетка *f*
E54	e	**egg albumin**
	d	Ovalbumin *n*, Eialbumin *n*
	f	ovalbumine *f*
	i	ovalbumina *f*
	r	овальбумин *m*, яичный альбумин *m*
E55	e	**egophony**
	d	Ägophonie *f*, Ziegenmeckern *n*
	f	égophonie *f*, voix *f* chevrotante
	i	egofonia *f*
	r	эгофония *f*
E56	e	**Egyptian chlorosis**
	d	ägyptische Chlorose *f*, Ankylostomiasis *f*, Tunnelanämie *f*
	f	ankylostomiase *f*, chlorose *f* d'Egypte
	i	anchilostomiasi *f*
	r	анкилостомная анемия *f*, египетский хлороз *m*
E57	e	**Egyptian hematuria**
	d	urogenitale Schistosomiasis *f*, Blasenbilharziose *f*, ägyptische Hämaturie *f*
	f	schistosomiase *f* urogénitale
	i	ematuria *f* egiziana
	r	мочеполовой шистосомоз *m*
E58	e	**ejaculation**
	d	Ejakulation *f*, Samenguß *m*
	f	éjaculation *f*
	i	eiaculazione *f*
	r	эякуляция *f*
E59	e	**ejaculatory canal, ejaculatory duct**
	d	Ausspritzungsgang *m* des Samenleiters
	f	canal *m* éjaculateur
	i	dotto *m* eiaculatore
	r	семявыбрасывающий [семяизвергающий] проток *m*
E60	e	**elastase**
	d	Elastase *f*
	f	élastase *f*
	i	elastasi *f*
	r	эластаза *f*, панкреатопептидаза *f* E
E61	e	**elastic membrane**
	d	elastische Membran *f*, elastische Hülle *f*
	f	membrane *f* élastique
	i	membrana *f* elastica
	r	эластическая оболочка *f*
E62	e	**elasticity**
	d	Elastizität *f*
	f	élasticité *f*
	i	elasticità *f*
	r	эластичность *f*, упругость *f*
E63	e	**elastinase** *see* **elastase**
E64	e	**elastoma**
	d	Elastom *n*
	f	élastome *m*
	i	elastoma *m*
	r	эластическая псевдоксантома *f*, эластома *f* кожи
E65	e	**elastosis**
	d	Elastose *f*
	f	élastose *f*
	i	elastosi *f*
	r	эластоз *m*
E66	e	**elation**
	d	Euphorie *f*
	f	euphorie *f*
	i	euforia *f*, esaltazione *f*
	r	эйфория *f*
E67	e	**elbow**
	d	Ellenbogen *m*
	f	coude *m*
	i	gomito *m*
	r	локоть *m*
E68	e	**elbow bone**
	d	Elle *f*, Ulna *f*
	f	cubitus *m*
	i	cubito *m*, ulna *f*
	r	локтевая кость *f*
E69	e	**elbow jerk** *see* **elbow reflex**
E70	e	**elbow joint**
	d	Ellenbogengelenk *n*
	f	articulation *f* du coude
	i	articolazione *f* cubitale [del gomito]
	r	локтевой сустав *m*
E71	e	**elbow reflex**
	d	Ellenbogenreflex *m*, Trizepsreflex *m*
	f	réflexe *m* tricipital
	i	riflesso *m* del tricipite
	r	разгибательно-локтевой рефлекс *m*, рефлекс *m* с трёхглавой мышцы плеча
E72	e	**elective operation**
	d	planmäßige [geplante] Operation *f*
	f	opération *f* planifiée

ELECTRIC ANESTHESIA

        i   chirurgia *f* elettiva [in elezione]
        r   плановая операция *f*

E73   *e*   **electric anesthesia** *see* electroanesthesia

E74   *e*   **electric burn**
        d   Elektroverbrennung *f*, Stromverbrennung *f*
        f   brûlure *f* électrique
        i   ustione *f* da elettricità
        r   ожог *m* электрическим током

E75   *e*   **electric cardiac pacemaker**
        d   elektrischer Herzschrittmacher *m*
        f   stimulateur *m* cardiaque, pacemaker *m* artificiel
        i   segnapassi *m* elettrico, pacemaker *m*, stimolatore *m* cardiaco artificiale
        r   электрокардиостимулятор *m*, искусственный водитель *m* ритма

E76   *e*   **electric cautery** *see* electrocauterization

E77   *e*   **electric chorea**
        d   blitzartige Dubini-Chorea *f*
        f   chorée *f* électrique de Dubini
        i   corea *f* elettrica, malattia *f* di Dubini, mioclonia *f* elettrica
        r   молниеносная [электрическая] хорея *f* Дубини

E78   *e*   **electric convulsive therapy, electric shock**
        d   Elektroschock *m*
        f   électrochoc *m*, convulsivothérapie *f*
        i   elettroshock *m*, shock *m* elettrico
        r   электрошок *m*, электроконвульсивная [электросудорожная] терапия *f*

E79   *e*   **electroanesthesia**
        d   Elektroanästhesie *f*
        f   électroanesthésie *f*
        i   elettroanestesia *f*
        r   электроанестезия *f*

E80   *e*   **electrocardiogram**
        d   Elektrokardiogramm *n*, EKG
        f   électrocardiogramme *m*, ECG
        i   elettrocardiogramma *m*, ECG
        r   электрокардиограмма *f*, ЭКГ

E81   *e*   **electrocardiograph**
        d   Elektrokardiograph *m*, EKG-Schreiber *m*
        f   électrocardiographe *m*
        i   elettrocardiografo *m*
        r   электрокардиограф *m*

E82   *e*   **electrocardiographic interval**
        d   elektrokardiographisches Intervall *n*
        f   intervalle *m* électrocardiographique
        i   intervallo *m* elettrocardiografico
        r   электрокардиографический интервал *m*

E83   *e*   **electrocardiographic monitor**
        d   EKG-Monitor *m*, EKG-Sichtgerät *n*, EKG-Überwachungsgerät *n*
        f   moniteur *m* cardiaque [électrocardiographique]
        i   monitore *m* dell'elettrocardiografia
        r   электрокардиографический монитор *m*

E84   *e*   **electrocardiographic wave**
        d   Herzstromkurvenzacke *f*, EKG-Zacke *f*
        f   onde *f* (d'électrocardiogramme)
        i   onda *f* elettrocardiografica
        r   зубец *m* ЭКГ

E85   *e*   **electrocardiography**
        d   Elektrokardiographie *f*
        f   électrocardiographie *f*
        i   elettrocardiografia *f*
        r   электрокардиография *f*

E86   *e*   **electrocauterization**
        d   Galvanokaustik *f*, Elektrokaustik *f*
        f   galvanocautérisation *f*
        i   elettrocauterizzazione *f*
        r   гальванокаустика *f*, электрокаустика *f*

E87   *e*   **electrocoagulation**
        d   Elektrokoagulation *f*
        f   électrocoagulation *f*
        i   elettrocoagulazione *f*
        r   электрокоагуляция *f*

E88   *e*   **electrode**
        d   Elektrode *f*
        f   électrode *f*
        i   elettrodo *m*
        r   электрод *m*

E89   *e*   **electrodiagnosis**
        d   Elektrodiagnostik *f*
        f   électrodiagnostic *m*
        i   elettrodiagnosi *f*
        r   электродиагностика *f*

E90   *e*   **electrodialysis**
        d   Elektrodialyse *f*
        f   électrodialyse *f*
        i   elettrodialisi *f*
        r   электродиализ *m*

E91   *e*   **electroencephalogram**
        d   Elektroenzephalogramm *n*, EEG
        f   électroencéphalogramme *m*
        i   elettroencefalogramma *m*, EEG
        r   электроэнцефалограмма *f*, ЭЭГ

E92   *e*   **electroencephalography**
        d   Elektroenzephalographie *f*
        f   électroencéphalographie *f*

EMACIATION

	i elettroencefalografia *f*	
	r электроэнцефалография *f*	
E93	*e* electrolepsy *see* electric chorea	
E94	*e* electrolytic imbalance	
	d Elektrolytentgleisung *f*	
	f déséquilibre *m* électrolytique	
	i squilibrio *m* elettrolitico	
	r дисбаланс *m* электролитов	
E95	*e* electromyogram	
	d Elektromyogramm *n*, Muskelaktionsstromkurve *f*	
	f électromyogramme *m*	
	i elettromiogramma *m*	
	r электромиограмма *f*, ЭМГ	
E96	*e* electromyography	
	d Elektromyographie *f*, Muskelaktionsstromkurvenschreibung *f*	
	f électromyographie *f*	
	i elettromiografia *f*	
	r электромиография *f*	
E97	*e* electronarcosis	
	d Elektronarkose *f*	
	f électronarcose *f*	
	i elettronarcosi *f*	
	r электронаркоз *m*	
E98	*e* electron microscope	
	d Elektronenmikroskop *n*	
	f microscope *m* électronique	
	i microscopio *m* elettronico	
	r электронный микроскоп *m*	
E99	*e* electrophoresis	
	d Elektrophorese *f*	
	f électrophorèse *f*	
	i elettroforesi *f*, ionoterapia *f*	
	r электрофорез *m*	
E100	*e* electroplexy *see* electric convulsive therapy	
E101	*e* electropyrexia	
	d Elektropyrexie *f*	
	f électropyrexie *f*	
	i elettropiressia *f*	
	r электропирексия *f*, электрическая гипертермия *f*	
E102	*e* electroretinography	
	d Elektroretinographie *f*, Netzhautaktionsstromaufzeichnung *f*	
	f électrorétinographie *f*	
	i elettroretinografia *f*	
	r электроретинография *f*	
E103	*e* electrotherapeutics, electrotherapy	
	d Elektrotherapie *f*, Elektrobehandlung *f*	
	f électrothérapie *f*	
	i elettroterapia *f*	
	r электролечение *n*, электротерапия *f*	
E104	*e* electrothermy	

	d Diathermie *f*, Thermopenetration *f*	
	f diathermie *f*	
	i elettrotermia *f*, diatermia *f*	
	r диатермия *f*	
E105	*e* electrotome	
	d Elektrotom *n*	
	f bistouri *m* électrique	
	i bisturi *m* elettrico	
	r электронож *m*	
E106	*e* electrotonus	
	d Elektrotonus *m*	
	f électrotonus *m*	
	i elettrotono *m*	
	r электротон *m*	
E107	*e* eleidin	
	d Eleidin *n*	
	f éléidine *f*	
	i eleidina *f*	
	r элеидин *m*	
E108	*e* elemental diet	
	d Formeldiät *f*	
	f régime *m* équilibré	
	i dieta *f* bilanciata, regime *m* dietetico equilibrato	
	r элементная диета *f*	
E109	*e* elementary granules *pl*	
	d Hämokonien *f pl*, Blutstäubchen *n pl*	
	f hémoconies *f pl*	
	i emoconi *m pl*, chilomicroni *m pl*	
	r гемоконии *f pl*	
E110	*e* elephantiasis, elephant leg	
	d Elephantiasis *f*	
	f éléphantiasis *m*	
	i elefantiasi *f*	
	r слоновость *f*, элефантиаз *m*	
E111	*e* elimination	
	d Eliminierung *f*	
	f élimination *f*	
	i eliminazione *f*	
	r выделение *n*, экскреция *f*	
E112	*e* ellipsoidal joint	
	d Ellipsoidgelenk *n*	
	f articulation *f* ellipsoïde	
	i articolazione *f* ellissoidale [ovoide]	
	r эллипсоидный сустав *m*	
E113	*e* elliptocyte	
	d Elliptozyt *m*, Ovalozyt *m*	
	f elliptocyte *m*, ovalocyte *m*	
	i ellittocita *m*, ovalocito *m*	
	r овалоцит *m*	
E114	*e* elongation	
	d Elongation *f*	
	f élongation *f*	
	i allungamento *m*	
	r удлинение *n*, вытяжение *n*	
E115	*e* emaciation	

EMANATION

	d	Abmagerung f, Abzehrung f, Auszehrung f
	f	émaciation f
	i	emaciazione f
	r	исхудание n, истощение n
E116	e	**emanation**
	d	Emanation f
	f	émanation f
	i	emanazione f
	r	эманация f
E117	e	**emanotherapy**
	d	Emanationstherapie f
	f	émanothérapie f
	i	emanoterapia f
	r	радонотерапия f
E118	e	**emasculation**
	d	Emaskulation f, Entmannung f, Kastration f
	f	émasculation f
	i	emasculazione f
	r	эмаскуляция f
E119	e	**embalming**
	d	Balsamierung f
	f	embaumement m
	i	imbalsamazione f
	r	бальзамирование n
E120	e	**embolectomy**
	d	Embolektomie f, Embolusentfernung f
	f	embolectomie f
	i	embolectomia f
	r	эмболэктомия f
E121	e	**embolism**
	d	Embolie f
	f	embolie f
	i	embolia f
	r	эмболия f
E122	e	**embololalia**
	d	Embololalie f, Embolophrasie f
	f	embololalie f, embolophrasie f
	i	embololalia f, embolofrasia f
	r	эмбололалия f, эмболофразия f
E123	e	**embolophasia, embolophrasia** see embololalia
E124	e	**embolus**
	d	Embolus m
	f	embole m
	i	embolo m
	r	эмбол m
E125	e	**embrional rhabdomyosarcoma**
	d	botryoides [traubenähnliches] Sarkom n, embryonales Rhabdomyosarkom n
	f	sarcome m botryoïde
	i	rabdomiosarcoma m embrionale
	r	ботриоидная [гроздевидная] саркома f, эмбриональная рабдомиосаркома f, ботриоидный полип m
E126	e	**embrocation**
	d	Einreibung f
	f	friction f
	i	frizione f
	r	втирание n (мази)
E127	e	**embryo**
	d	Embryo m, Keim m
	f	embryon m
	i	embrione m
	r	зародыш m, эмбрион m
E128	e	**embryocardia**
	d	Embryokardie f, Pendelrhythmus m des Herzens
	f	embryocardie f, rythme m fœtal
	i	embriocardia f, ritmo m fetale
	r	маятникообразный ритм m сердца, эмбриокардия f
E129	e	**embryogenesis**
	d	Embryogenese f, Keim(lings)entwicklung f
	f	embryogenèse f
	i	embriogenesi f, embriogenia f
	r	эмбриональное развитие n, эмбриогенез m
E130	e	**embryology**
	d	Embryologie f, Keimentwicklungslehre f
	f	embryologie f
	i	embriologia f
	r	эмбриология f
E131	e	**embryoma of kidney**
	d	Nierenadenosarkom n, Wilms-Tumor m
	f	tumeur f de Wilms, adénosarcome m embryonnaire du rein
	i	nefroblastoma m, tumore m di Wilms
	r	опухоль f Вильмса, эмбриональная нефрома f
E132	e	**embryonal**
	d	embryonal, Keim...
	f	embryonnaire
	i	embrionale
	r	зародышевый, эмбриональный
E133	e	**embryonal cell**
	d	Embryonalzelle f
	f	cellule f embryonnaire
	i	cellula f embrionale
	r	эмбриональная клетка f
E134	e	**embryonal leukemia**
	d	Stammzellenleukämie f
	f	leucémie f aiguë [à cellules souches]
	i	leucemia f a cellule staminali
	r	недифференцируемый лейкоз m, эмбриональная лейкемия f

E135 e embryonic disk
 d Embryonalanlage *f*, Keimscheibe *f*
 f disque *m* embryonnaire, blastodisque *m*
 i disco *m* germinale [germinativo]
 r зародышевый диск *m*

E136 e embryopathy
 d Embryopathie *f*
 f embryopathie *f*
 i embriopatia *f*
 r эмбриопатия *f*

E137 e embryotomy
 d Embryotomie *f*, operative Fruchtzerstückelung *f*
 f embryotomie *f*
 i embriotomia *f*
 r плодоразрушающая операция *f*, эмбриотомия *f*

E138 e embryotoxon
 d Embryotoxon *n*
 f embryotoxon *m*
 i embriotoxon *m*
 r эмбриотоксон *m*

E139 e emergency
 d Urgenz *f*
 f aide *f* d'urgence
 i emergenza *f*, urgenza *f*
 r неотложная [срочная, экстренная] помощь *f*

E140 e emergency department
 d Unfallabteilung *f*
 f service *m* d'urgence
 i posto *m* di pronto soccorso
 r отделение *n* неотложной помощи

E141 e emergency operation
 d Notfalloperation *f*
 f opération *f* urgente
 i operazione *f* d'urgenza
 r экстренная [неотложная] хирургическая операция *f*

E142 e emesis
 d Vomitus *m*, Erbrechen *n*
 f vomissement *m*
 i emesi *f*, vomito *m*
 r рвота *f*

E143 e emetic
 d Emetikum *n*, Brechmittel *n*
 f émétique *m*, vomitif *m*
 i emetico *m*
 r рвотное средство *n*

E144 e emiction
 d Miktion *f*, Harnlassen *n*, Harnen *n*
 f miction *f*
 i minzione *f*
 r мочеиспускание *n*

E145 e eminence
 d Vorsprung *m*, Vorwölbung *f*
 f protubérance *f*; éminence *f*
 i eminenza *f*, protuberanza *f*
 r выступ *m*, возвышение *n*, бугор(ок) *m*

E146 e emissarium, emissary vein
 d Vena *f* emissaria
 f veine *f* émissaire
 i vena *f* emissaria
 r эмиссарная вена *f*

E147 e emission
 d 1. Ejakulation *f* 2. Emission *f*
 f 1. éjaculation *f* 2. émission *f*
 i 1. eiaculazione *f* 2. emissione *f*
 r 1. извержение *n* (*семени*) 2. эмиссия *f*, излучение *n*

E148 e emmenagogue
 d Emmenagogum *n*
 f emménagogue *m*
 i emmenagogo *m*
 r средство *n*, вызывающее *или* усиливающее менструации

E149 e emmetropia
 d Emmetropie *f*
 f emmétropie *f*
 i emmetropia *f*
 r эмметропия *f*, эмметропическая [соразмерная] рефракция *f* глаза

E150 e emotion
 d Emotion *f*
 f émotion *f*
 i emozione *f*
 r эмоция *f*

E151 e emotional lability
 d Gemütslabilität *f*
 f labilité *f* affective
 i labilità *f* emotiva
 r аффективная [эмоциональная] лабильность *f*

E152 e emotional tone
 d affektiver Tonus *m*
 f tonus *m* affectif
 i tono *m* affettivo
 r аффективный [эмоциональный] тонус *m*

E153 e emphysema
 d Emphysem *n*
 f emphysème *m*
 i enfisema *m*
 r эмфизема *f*

E154 e emphysematous
 d emphysematös
 f emphysémateux
 i gassoso, enfisematoso
 r эмфизематозный

EMPHYSEMATOUS CHOLECYSTITIS

E155   *e*   emphysematous cholecystitis
         d   Pneumocholezystitis *f*
         f   pneumocholécystite *f*
         i   colecistite *f* enfisematosa
         r   газовый [эмфизематозный] холецистит *m*, пневмохолецистит *m*

E156   *e*   emphysematous gangrene, emphysematous phlegmon
         d   Gasgangrän *f*, Gasödem *n*, Gasbrand *m*
         f   gangrène *f* gazeuse [foudroyante]
         i   cancrena *f* gassosa
         r   газовая гангрена *f*

E157   *e*   empiricism
         d   1. Empirismus *m* 2. Erfahrungsheilkunde *f*, Quacksalberei *f*
         f   1. empirisme *m* 2. métier *m* de guérisseur
         i   1. empirismo *m* 2. ciarlataneria *f*
         r   1. эмпиризм *m* 2. знахарство *n*

E158   *e*   empyema
         d   Empyem *n*
         f   empyème *m*
         i   empiema *f*
         r   эмпиема *f*

E159   *e*   empyema of pericardium
         d   Perikardempyem *n*
         f   péricardite *f* purulente, pyopéricarde *m*, pyopéricardite *f*
         i   piopericardio *m*
         r   эмпиема *f* перикарда, гнойный перикардит *m*, пиоперикардиум *m*

E160   *e*   emulsion
         d   Emulsion *f*
         f   émulsion *f*
         i   emulsione *f*
         r   эмульсия *f*

E161   *e*   enamel
         d   Zahnschmelz *m*
         f   émail *m*
         i   smalto *m*
         r   (зубная) эмаль *f*

E162   *e*   enamel organ
         d   Schmelzorgan *n*
         f   organe *m* de l'émail
         i   organo *m* dello smalto
         r   эмалевый [зубной] орган *m*

E163   *e*   enanthem, enanthema
         d   Enanthem *n*, Schleimhautausschlag *m*
         f   énanthème *m*
         i   enantema *m*
         r   энантема *f*

E164   *e*   enantiomerism
         d   optische Isomerie *f*
         f   isomérie *f* optique
         i   enantiomerismo *m*
         r   оптическая изомерия *f*

E165   *e*   enarthroidal joint, enarthrosis
         d   Enarthrose *f*, Nußgelenk *n*
         f   énarthrose *f*
         i   enartrosi *f*, articolazione *f* sferoidea [a sfera]
         r   ореховидный сустав *m*

E166   *e*   en bloc resection, en bloc removal
         d   En-bloc-Exstirpation *f*
         f   résection *f* en bloc
         i   asportazione *f* in blocco
         r   удаление *n* единым блоком

E167   *e*   encapsulation
         d   Einkapselung *f*
         f   encapsulation *f*
         i   incapsulamento *m*
         r   инкапсуляция *f*

E168   *e*   encarditis *see* endocarditis

E169   *e*   encephalic
         d   zerebral, Enzephalon..., Gehirn..., Hirn...
         f   cérébral
         i   encefalico
         r   мозговой

E170   *e*   encephalic vesicle
         d   Hirnblase *f*
         f   vésicule *f* cérébrale
         i   vescicola *f* encefalica
         r   мозговой пузырь *m*

E171   *e*   encephalitis
         d   Enzephalitis *f*, Gehirnentzündung *f*
         f   encéphalite *f*
         i   encefalite *f*
         r   энцефалит *m*

E172   *e*   encephalocele
         d   Enzephalozele *f*, Kraniozele *f*, Hirnbruch *m*
         f   encéphalocèle *f*
         i   encefalocele *m*
         r   энцефалоцеле *n*, мозговая грыжа *f*

E173   *e*   encephalography
         d   Enzephalographie *f*, Hirnschreibung *f*
         f   encéphalographie *f*
         i   encefalografia *f*
         r   энцефалография *f*

E174   *e*   encephaloid cancer
         d   medullärer Krebs *m*, medulläres Karzinom *n*, Medullarkrebs *m*
         f   cancer *m* médullaire [encéphaloïde]
         i   carcinoma *m* midollare
         r   медуллярный [мозговидный] рак *m*

E175   *e*   encephaloid sarcoma
         d   Rundzellensarkom *n*
         f   sarcome *m* encéphaloïde [globocellulaire]

ENDOANEURYSMORRHAPHY

- *i* sarcoma *m* a cellule rotonde
- *r* круглоклеточная саркома *f*

E176 *e* **encephalomalacia**
- *d* Enzephalomalazie *f*, Hirnerweichung *f*
- *f* encéphalomalacie *f*, ramollissement *m* cérébral
- *i* encefalomalacia *f*, rammollimento *m* cerebrale
- *r* энцефаломаляция *f*, размягчение *n* мозга

E177 *e* **encephalomeningitis**
- *d* Enzephalomeningitis *f*, Meningoenzephalitis *f*
- *f* méningo-encéphalite *f*
- *i* encefalomeningite *f*
- *r* менингоэнцефалит *m*

E178 *e* **encephalomeningocele**
- *d* Enzephalomeningozele *f*
- *f* encéphalo-méningocèle *f*
- *i* encefalomeningocele *m*
- *r* энцефаломенингоцеле *n*

E179 *e* **encephalomyelitis**
- *d* Enzephalomyelitis *f*
- *f* encéphalo-myélite *f*
- *i* encefalomielite *f*
- *r* энцефаломиелит *m*

E180 *e* **encephalomyeloradiculitis**
- *d* Enzephalomyeloradikulitis *f*
- *f* encéphalo-myéloradiculite *f*
- *i* encefalomieloradicolite *f*
- *r* энцефаломиело(поли)радикулит *m*

E181 *e* **encephalorrhagia**
- *d* Enzephalorrhagie *f*, Hirnblutung *f*
- *f* encéphalorrhagie *f*
- *i* encefalorragia *f*
- *r* кровоизлияние *n* в мозг

E182 *e* **encephalosclerosis**
- *d* Zerebralsklerose *f*, Hirnsklerose *f*
- *f* sclérose *f* cérébrale
- *i* sclerosi *f* cerebrale
- *r* склероз *m* головного мозга

E183 *e* **encephalotomy**
- *d* Enzephalotomie *f*
- *f* encéphalotomie *f*
- *i* encefalotomia *f*
- *r* рассечение *n* ткани головного мозга

E184 *e* **enchondral** see **endochondral**

E185 *e* **enchondroma**
- *d* Enchondrom *n*, Knorpelgeschwulst *f*
- *f* enchondrome *m*
- *i* encondroma *n*
- *r* энхондрома *f*

E186 *e* **encopresis**
- *d* Enkopresis *f*, Einkoten *n*, Stuhlinkontinenz *f*
- *f* encoprésie *f*
- *i* encopresi *f*, incontinenza *f* alvina [fecale]
- *r* энкопрез *m*, недержание *n* кала

E187 *e* **encysted pleurisy**
- *d* eingesackte [abgekapselte] Pleuritis *f*
- *f* pleurésie *f* enkystée
- *i* pleurite *f* incistata
- *r* осумкованный плеврит *m*

E188 *e* **endangeitis, endangiitis**
- *d* Endovaskulitis *f*
- *f* endovasculite *f*
- *i* endoangioite *f*
- *r* эндоваскулит *m*

E189 *e* **endarteritis**
- *d* Endarteriitis *f*
- *f* endartérite *f*
- *i* endoarterite *f*
- *r* эндартериит *m*

E190 *e* **end bud, end bulb**
- *d* Krause-Endkolben *m*, Nervenendkörperchen *n*
- *f* corpuscule *m* de Krause
- *i* corpuscolo *m* terminale, gomitolo *m* terminale di Krause
- *r* концевое нервное тельце *n*

E191 *e* **endemia**
- *d* Endemie *f*
- *f* endémie *f*
- *i* endemia *f*
- *r* эндемия *f*

E192 *e* **endemic hematuria**
- *d* endemische Hämaturie *f*
- *f* hématurie *f* endémique
- *i* scistosomiasi *f*, ematuria *f* endemica
- *r* мочеполовой шистосомоз *m*

E193 *e* **endemic paralytic vertigo** see **epidemic vertigo**

E194 *e* **endemic typhus**
- *d* endemisches Fleckfieber *n*, Rattenrickettsiose *f*
- *f* typhus *m* murin [mexicain]
- *i* tifo *m* endemico [murino]
- *r* блошиный эндемический [эндемический сыпной] тиф *m*, крысиный риккетсиоз *m*

E195 *e* **endlobe**
- *d* Hinterhauptlappen *m*
- *f* lobe *m* occipital
- *i* lobo *m* occipitale
- *r* затылочная доля *f* головного мозга

E196 *e* **endoaneurysmorrhaphy**
- *d* Endoaneurysmorrhaphie *f*
- *f* endoanévrysmorraphie *f*
- *i* endoaneurismorrafia *f*

ENDOANGIITIS

	r	эндоаневризморафия *f*, операция *f* Матаса
E197	*e*	endoangiitis *see* endangeitis
E198	*e*	endoarteritis *see* endarteritis
E199	*e*	endobronchial tube
	d	bronchoskopische Röhre *f*
	f	tube *m* endoscopique
	i	tubo *m* endobronchiale
	r	бронхоскопическая трубка *f*
E200	*e*	**endocardiac, endocardial**
	d	endokardial, intrakardial
	f	endocardiaque, endocardique
	i	endocardico
	r	внутрисердечный
E201	*e*	**endocardial sclerosis**
	d	Endokardfibrose *f*, Endokardfibroelastose *f*
	f	fibro-élastose *f* endocardique
	i	fibroelastosi *f* endocardica
	r	(суб)эндокардиальный фиброэластоз *m*, фиброэластический миоэндокардит *m*
E202	*e*	**endocarditis**
	d	Endokarditis *f*
	f	endocardite *f*
	i	endocardite *f*
	r	эндокардит *m*
E203	*e*	**endocardium**
	d	Endokard *n*, Herzinnenhaut *f*
	f	endocarde *m*
	i	endocardio *m*
	r	эндокард *m*
E204	*e*	**endocervical**
	d	endozervikal, intrazervikal
	f	endocervical
	i	endocervicale
	r	эндоцервикальный, внутришеечный
E205	*e*	**endocervicitis**
	d	Endozervizitis *f*
	f	endocervicite *f*
	i	endocervicite *f*, endometrite *f* cervicale
	r	эндоцервицит *m*
E206	*e*	**endochondral**
	d	enchondral
	f	en(do)chondral
	i	endocondrale
	r	эн(до)хондральный, внутрихрящевой
E207	*e*	**endochondral ossification**
	d	enchondrale Ossifikation *f*, Knorpelossifikation *f*
	f	ossification *f* enchondrale
	i	ossificazione *f* endocondrale
	r	эн(до)хондральное окостенение *n*
E208	*e*	**endocranium**
	d	Endokranium *n*, harte Hirnhaut *f*
	f	dure-mère *f* crânienne
	i	endocranio *m*
	r	твёрдая мозговая оболочка *f*
E209	*e*	**endocrine**
	d	endokrin, innensekretorisch
	f	endocrine
	i	endocrino
	r	эндокринный
E210	*e*	**endocrine gland**
	d	endokrine Drüse *f*, Endokrindrüse *f*, Hormondrüse *f*
	f	glande *f* endocrine
	i	ghiandola *f* endocrina
	r	железа *f* внутренней секреции, инкреторная [эндокринная] железа *f*
E211	*e*	endocrine therapy *see* endocrinotherapy
E212	*e*	**endocrinology**
	d	Endokrinologie *f*
	f	endocrinologie *f*
	i	endocrinologia *f*
	r	эндокринология *f*
E213	*e*	**endocrinotherapy**
	d	Endokrinotherapie *f*
	f	endocrinothérapie *f*, hormonothérapie *f*
	i	endocrinoterapia *f*
	r	гормонотерапия *f*, гормональная терапия *f*
E214	*e*	endoderm *see* entoblast
E215	*e*	**endoenzyme**
	d	Endoenzym *n*, Zellenzym *n*
	f	endoenzyme *m*
	i	endoenzima *m*, enzima *m* endocellulare
	r	внутриклеточный фермент *m*
E216	*e*	**endogenic, endogenous**
	d	endogen
	f	endogène
	i	endogeno
	r	эндогенный
E217	*e*	**endointoxication**
	d	Autointoxikation *f*, endogene Toxikose *f*
	f	endo-intoxication *f*, auto-intoxication *f*, toxicose *f* endogène
	i	autointossicazione *f*
	r	аутоинтоксикация *f*
E218	*e*	**endolymph(a)**
	d	Endolymphe *f*

	f	endolymphe *f*
	i	endolinfa *f*
	r	эндолимфа *f*
E219	*e*	**endolymphatic duct**
	d	Endolymphgang *m*
	f	canal *m* endolymphatique
	i	dotto *m* endolinfatico
	r	эндолимфатический проток *m*
E220	*e*	**endolymphatic hydrops**
	d	Ménière-Krankheit *f*, Labyrinthhydrops *m*
	f	syndrome *m* [maladie *f*] de Ménière
	i	idrope *m* endolinfatico, sindrome *f* di Ménière
	r	болезнь *f* Меньера
E221	*e*	**endolysin**
	d	Endolysin *n*
	f	endolysine *f*, lysine *f* bactériophagique
	i	endolisina *f*
	r	эндолизин *m*
E222	*e*	**endometriosis**
	d	Endometriose *f*, Endometrium-Heteropathie *f*
	f	endométriose *f*
	i	endometriosi *f*
	r	эндометриоз *m*, эндометриоидная гетеротопия *f*
E223	*e*	**endometritis**
	d	Endometritis *f*, Gebärmutterschleimhautentzündung *f*
	f	endométrite *f*
	i	endometrite *f*
	r	эндометрит *m*
E224	*e*	**endometrium**
	d	Endometrium *n*, Gebärmutterschleimhaut *f*
	f	endomètre *m*
	i	endometrio *m*
	r	эндометрий *m*
E225	*e*	**endomitosis**
	d	Endomitose *f*
	f	endomitose *f*
	i	endomitosi *f*
	r	эндомитоз *m*
E226	*e*	**endomyocarditis**
	d	Endomyokarditis *f*
	f	endomyocardite *f*
	i	endomiocardite *f*
	r	эндомиокардит
E227	*e*	**endoparasite**
	d	Endoparasit *m*, Innenschmarotzer *m*
	f	endoparasite *m*
	i	endoparassita *f*
	r	эндопаразит *m*
E228	*e*	**endopeptidase**
	d	Endopeptidase *f*
	f	endopeptidase *f*
	i	endopeptidasi *f*
	r	эндопептидаза *f*
E229	*e*	**endoperiarteritis**
	d	Panarteriitis *f*
	f	panartérite *f*
	i	endoperiarterite *f*
	r	панартериит *m*
E230	*e*	**endoperimyocarditis**
	d	Pankarditis *f*
	f	pancardite *f*
	i	pancardite *f*
	r	панкардит *m*
E231	*e*	**endophlebitis**
	d	Endophlebitis *f*, Veneninnenhautentzündung *f*
	f	endophlébite *f*
	i	endoflebite *f*
	r	эндофлебит *m*
E232	*e*	**endophthalmitis**
	d	Endophthalmitis *f*
	f	endophtalmie *f*, endophtalmite *f*
	i	endoftalmite *f*
	r	эндофтальмит *m*
E233	*e*	**endoplasmic reticulum**
	d	endoplasmatisches Retikulum *n*
	f	réticulum *m* endoplasmique
	i	reticolo *m* endoplasmatico
	r	эндоплазматическая [цитоплазматическая] сеть *f*, эндоплазматический ретикулюм *m*
E234	*e*	**endoscope**
	d	Endoskop *n*
	f	endoscope *m*
	i	endoscopio *m*
	r	эндоскоп *m*
E235	*e*	**endoscopic biopsy**
	d	endoskopische Biopsie *f*
	f	biopsie *f* par voie endoscopique
	i	biopsia *f* endoscopica
	r	эндоскопическая биопсия *f*
E236	*e*	**endoscopy**
	d	Endoskopie *f*, Körperhöhlenspiegelung *f*
	f	endoscopie *f*
	i	endoscopia *f*
	r	эндоскопия *f*
E237	*e*	**endosteum**
	d	Endost *n*
	f	endosteum *m*
	i	endostio *m*
	r	эндост *m*
E238	*e*	**endothelial**
	d	endothelial
	f	endothélial

ENDOTHELIOCYTE

	i	endoteliale
	r	эндотелиальный
E239	*e*	**endotheliocyte**
	d	Endotheliozyt *m*, Endothelzelle *f*
	f	endothéliocyte *m*, cellule *f* endothéliale
	i	endoteliocito *m*
	r	эндотелиоцит *m*, эндотелиальная клетка *f*
E240	*e*	**endothelioma**
	d	Endotheliom *n*, Endothelgeschwulst *f*
	f	endothéliome *m*
	i	endotelioma *f*
	r	эндотелиома *f*
E241	*e*	**endotheliosis**
	d	Endotheliose *f*
	f	endothéliose *f*
	i	endoteliosi *f*
	r	эндотелиоз *m*
E242	*e*	**endothelium**
	d	Endothel(ium) *n*
	f	endothélium *m*
	i	endotelio *m*
	r	эндотелий *m*
E243	*e*	**endotoxin**
	d	Endotoxin *n*
	f	endotoxine *f*
	i	endotossina *f*
	r	эндотоксин *m*
E244	*e*	**endotracheal anesthesia**
	d	Endotrachealnarkose *f*, Intratrachealnarkose *f*
	f	anesthésie *f* endotrachéale
	i	anestesia *f* endotracheale
	r	эндотрахеальная анестезия *f*
E245	*e*	**endotracheal intubation**
	d	endotracheale Intubation *f*
	f	intubation *f*, tubage *m* endotrachéal
	i	intubazione *f* endotracheale
	r	эндотрахеальная [интратрахеальная] интубация *f*
E246	*e*	**endotrachelic, endotrachelous** *see* **endocervical**
E247	*e*	**endovasculitis** *see* **endangeitis**
E248	*e*	**end-plate**
	d	Endplatte *f*
	f	plaque *f* motrice [terminale, neuro-musculaire]
	i	placca *f* motrice [terminale]
	r	концевая пластинка *f*
E249	*e*	**end-to-end anastomosis**
	d	End-zu-End-Anastomose *f*
	f	anastomose *f* termino-terminale
	i	anastomosi *f* termino-terminale
	r	анастомоз *m* «конец в конец»
E250	*e*	**endyma** *see* **ependyma**
E251	*e*	**enema**
	d	Klistier *n*, Klysma *n*, Einlauf *m*
	f	lavement *m*, clystère *m*
	i	clistere *m*, clisma *m*
	r	клизма *f*
E252	*e*	**enlargement**
	d	Vergrößerung *f*
	f	1. dilatation *f* 2. tuméfaction *f*
	i	aumento *m*, dilatazione *f*, ipertrofia *f*
	r	1. расширение *n*, увеличение *n* 2. опухание *n*, припухлость *f*
E253	*e*	**enophthalmia, enophthalmos**
	d	Enophthalmie *f*
	f	énophtalmie *f*
	i	enoftalmo *m*
	r	энофтальм *m*
E254	*e*	**enostosis**
	d	Enostose *f*
	f	énostose *f*
	i	enostosi *f*
	r	эностоз *m*
E255	*e*	**ensiform cartilage process, ensisternum**
	d	Schwertfortsatz *m*
	f	appendice *m* ensiforme [xiphoïde]
	i	cartilagine *f* ensiforme, processo *m* ensiforme [xifoideo]
	r	мечевидный отросток *m*
E256	*e*	**enteric**
	d	enteral, intestinal
	f	intestinal, entérique
	i	enterico
	r	кишечный
E257	*e*	**enteric fever**
	d	Abdominaltyphus *m*
	f	typhus *m* abdominal
	i	febbre *f* tifoide, tifo *m* addominale, ileotifo *m*
	r	брюшной тиф *m*
E258	*e*	**enteritis**
	d	Enteritis *f*, Dünndarmentzündung *f*, Dünndarmkatarrh *m*
	f	entérite *f*
	i	enterite *f*
	r	энтерит *m*
E259	*e*	**enteroanastomosis** *see* **enteroenterostomy**
E260	*e*	**enterobiasis**
	d	Enterobiasis *f*, Enterobiose *f*, Oxyuriasis *f*
	f	oxyurose *f*, oxyurase *f*
	i	enterobiasi *f*
	r	энтеробиоз *m*, оксиуроз *m*
E261	*e*	**enterochromaffin cells** *pl*

ENTEROTOXIN

	d	argentaffine [enterochromaffine] Zellen *f pl*
	f	cellules *f pl* entérochromaffines
	i	cellule *f pl* enterocromaffini
	r	кишечные аргентаффиноциты *m pl*
E262	e	**enterococcus**
	d	Enterokokkus *m*
	f	entérocoque *m*
	i	enterococco *m*
	r	фекальный стрептококк *m*, энтерококк *m*
E263	e	**enterocolitis**
	d	Enterokolitis *f*, Dünndarm-Dickdarmentzündung *f*
	f	entérocolite *f*
	i	enterocolite *f*
	r	энтероколит *m*
E264	e	**enterocolostomy**
	d	Enterokolostomie *f*
	f	entérocolostomie *f*
	i	enterocolostomia *f*
	r	энтероколостомия *f*
E265	e	**enterocutaneous fistula**
	d	enterokutane Fistel *f*, äußere Darmfistel *f*
	f	fistule *f* entérocutanée
	i	fistola *f* enterocutanea
	r	наружный кишечный свищ *m*
E266	e	**enterocyst, enterocystoma**
	d	Enterozyste *f*, Enterozystom *n*, Enterokystom *n*
	f	entérokystome *m*
	i	enterocistoma *m*
	r	энтерокистома *f*, энтероцистома *f*
E267	e	**enteroenterostomy**
	d	Enteroenterostomie *f*
	f	entéro-entérostomie *f*
	i	entero-enterostomia *f*, enteroanastomosi *f*
	r	энтероэнтеростомия *f*
E268	e	**enterogastric reflex**
	d	enterogastrischer Reflex *m*
	f	réflexe *m* entérogastrique
	i	riflesso *m* gastroenterico
	r	энтерогастральный рефлекс *m*
E269	e	**enterogastritis**
	d	Gastroenteritis *f*, Magen-Darm-Entzündung *f*
	f	gastro-entérite *f*
	i	gastroenterite *f*
	r	гастроэнтерит *m*
E270	e	**enterolyth**
	d	Enterolith *m*, Darmstein *m*, Intestinalstein *m*
	f	entérolithe *m*
	i	enterolito *m*
	r	кишечный конкремент *m* [камень *m*], энтеролит *m*
E271	e	**enteronitis** *see* **enteritis**
E272	e	**enteroparesis**
	d	Darmparese *f*
	f	parésie *f* entérique
	i	paresi *f* intestinale
	r	парез *m* кишечника
E273	e	**enteroplasty**
	d	Enteroplastik *f*, Darmplastik *f*
	f	entéroplastie *f*
	i	enteroplastica *f*
	r	интестинопластика *f*, энтеропластика *f*
E274	e	**enteroptosia, enteroptosis**
	d	Enteroptose *f*
	f	entéroptose *f*
	i	enteroptosi *f*
	r	опущение *n* органов брюшной полости
E275	e	**enterorrhagia**
	d	Enterorrhagie *f*, Darmblutung *f*
	f	entérorragie *f*, hémorragie *f* intestinale
	i	enterorragia *f*, emorragia *f* intestinale
	r	кишечное кровотечение *n*
E276	e	**enterorrhaphy**
	d	Enterorrhaphie *f*, Darmnaht *f*
	f	entérorraphie *f*
	i	enterorrafia *f*
	r	кишечный шов *m*, энтерорафия *f*, ушивание *n* раны кишки
E277	e	**enteroscopy**
	d	Enteroskopie *f*, Darmspiegelung *f*
	f	entéroscopie *f*
	i	enteroscopia *f*
	r	интестиноскопия *f*
E278	e	**enterospasm**
	d	Enterospasmus *m*, Darmkrampf *m*, Eingeweidekrampf *m*
	f	entérospasme *m*
	i	enterospasmo *m*, spasmo *m* intestinale
	r	энтероспазм *m*
E279	e	**enterostomy**
	d	Enterostomie *f*
	f	entérostomie *f*
	i	enterostomia *f*
	r	энтеростомия *f*
E280	e	**enterotomy**
	d	Enterotomie *f*, Darmeröffnung *f*
	f	entérotomie *f*
	i	enterotomia *f*
	r	энтеротомия *f*
E281	e	**enterotoxin**
	d	Enterotoxin *n*
	f	entérotoxine *f*

ENTEROVIRUS

	i enterotossina *f*
	r энторотоксин *m*
E282	*e* **enterovirus**
	d Enterovirus *n*
	f entérovirus *m*
	i enterovirus *m*
	r энтеровирус *m*
E283	*e* **entoblast, entoderm**
	d Entoderm *n*, Entoblast *m*
	f hypoblaste *m*, endoblaste *m*, feuillet *m* interne
	i endoblasto *m*
	r энтодерма *f*, энтобласт *m*
E284	*e* **entropion**
	d Entropium *n*, Einwärtskehrung *f* des Lides
	f entropion *m*
	i entropion *m*
	r энтропион *m*, заворот *m* века внутрь
E285	*e* **enucleation**
	d Enukleation *f*, Entkernung *f*, Ausschälung *f*
	f énucléation *f*
	i enucleazione *f*
	r энуклеация *f*, вылущение *n*
E286	*e* **enuresis**
	d Enuresis *f*, nächtliches Bettnässen *n*
	f énurèse *f*, énurésie *f*
	i enuresi *f*, incontinenza *f* urinaria
	r энурез *m*, ночное недержание *n* мочи
E287	*e* **environment**
	d Umgebung *f*
	f milieu *m*, environnement *m*
	i ambiente *m*
	r (окружающая) среда *f*
E288	*e* **enzygotic twins** *pl*
	d eineiige [monozygote] Zwillinge *m pl*
	f jumeaux *m pl* univitellins [homozygotes]
	i gemelli *m pl* monozigotici
	r однояйцовые [монозиготные] близнецы *m pl*
E289	*e* **enzymatic**
	d enzymatisch
	f enzymique
	i enzimatico
	r ферментный, энзимный
E290	*e* **enzyme**
	d Enzym *n*, Ferment *n*
	f enzyme *m*
	i enzima *m*
	r фермент *m*, энзим *m*
E291	*e* **enzyme activity**
	d Enzymaktivität *f*
	f activité *f* d'enzyme [enzymatique]
	i attività *f* enzimatica
	r активность *f* фермента
E292	*e* **enzymic** *see* **enzymatic**
E293	*e* **enzymology**
	d Enzymlehre *f*
	f enzymologie *f*
	i enzimologia *f*
	r энзимология *f*
E294	*e* **eonism**
	d Eonismus *m*, Transvestitismus *m*
	f éonisme *m*
	i travestitismo *m*
	r эонизм *m*, трансвестизм *m*
E295	*e* **eosinocyte** *see* **eosinophil(e)**
E296	*e* **eosinopenia**
	d Eosinopenie *f*, Eosinophilenmangel *m*
	f éosinopénie *f*
	i eosinopenia *f*
	r эозинопения *f*
E297	*e* **eosinophil(e)**
	d eosinophiler Granulozyt *m*, Eosinophil *m*
	f éosinophile *m*, granulocyte *m* acidophile
	i eosinofilo *m*, granulocita *m* eosinofilo [acidofilo]
	r ацидофильный гранулоцит *m*, эозинофил *m*
E298	*e* **eosinophilia**
	d Eosinophilie *f*, Eosinophilenvermehrung *f*
	f éosinophilie *f*
	i eosinofilia *f*
	r эозинофильный лейкоцитоз *m*, эозинофилия *f*
E299	*e* **eosinophilic adenoma**
	d eosinophiles Adenom *n*
	f adénome *m* éosinophile de l'hypophyse
	i adenoma *m* eosinofilo
	r ацидофильная [эозинофильная] аденома *f* гипофиза
E300	*e* **eosinophilic granuloma**
	d eosinophiles Granulom *n*
	f granulome *m* éosinophile
	i granuloma *m* eosinofilo
	r эозинофильная гранулёма *f*, болезнь *f* Таратынова, доброкачественная ретикулёма *f*
E301	*e* **eosinophil(ocyt)ic leukemia**
	d eosinophile Leukämie *f*
	f leucémie *f* à éosinophiles
	i leucemia *f* eosinofila
	r эозинофильный лейкоз *m*

E302   e   epactal bone
- d   Suturalknochen *m*
- f   os *m* épactal
- i   osso *m* suturale [epactale]
- r   вставочная [шовная] кость *f* черепа, вормиева кость *f*

E303   e   ependyma
- d   Ependym *n*
- f   épendyme *m*
- i   ependima *m*
- r   эпендима *f*, эпендимный эпителий *m*

E304   e   ependymal cell
- d   Ependymzelle *f*, Ependymozyt *m*
- f   cellule *f* épendymaire
- i   cellula *f* ependimale
- r   эпендимоцит *m*, эпендимная клетка *f*

E305   e   ependymal cyst
- d   Ependymzyste *f*
- f   kyste *m* épendymaire
- i   cisti *f* ependimale
- r   эпендимарная [коллоидная] киста *f*

E306   e   ependymitis
- d   Ependymitis *f*, Ependymentzündung *f*
- f   épendymite *f*
- i   ependimite *f*
- r   эпендим(ат)ит *m*

E307   e   ependymocyte *see* ependymal cell

E308   e   ependymoma
- d   Ependymom *n*, Neuroepitheliom *n*
- f   épendymo(blasto)me *m*, épendymogliome *m*
- i   ependimoma *m*
- r   эпендимома *f*, эпендимальная глиома *f*

E309   e   epicanthus, epicanthal fold
- d   Epikanthus *m*, Oberlidhautfalte *f*, Mongolenfalte *f*
- f   épicanthus *m*
- i   epicanto *m*
- r   эпикантус *m*

E310   e   epicardium
- d   Epikard *n*
- f   épicarde *m*
- i   epicardio *m*
- r   эпикард *m*

E311   e   epicondyle
- d   Epikondylus *m*
- f   épicondyle *m*
- i   epicondilo *m*
- r   надмыщелок *m*

E312   e   epicondylitis
- d   Epikondylitis *f*, Epikondylusentzündung *f*
- f   épicondylite *f*
- i   epicondilite *f*
- r   эпикондилит *m*

E313   e   epidemic
- d   Epidemie *f*
- f   épidémie *f*
- i   epidemia *f*
- r   эпидемия *f*

E314   e   epidemic cerebrospinal meningitis
- d   epidemische zerebrospinale Meningitis *f*
- f   méningite *f* cérébro-spinale (épidémique)
- i   meningite *f* cerebrospinale epidemica
- r   менингококковый [цереброспинальный эпидемический] менингит *m*

E315   e   epidemic encephalitis *see* Economo's desease

E316   e   epidemic hepatitis, epidemic jaundice
- d   epidemische Gelbsucht *f*, Botkin-Krankheit *f*, infektiöse (virale) Hepatitis *f*, Hepatitis *f* A
- f   hépatite *f* épidémique, maladie *f* de Botkin
- i   epatite *f* virale di tipo A, malattia *f* di Botkin
- r   инфекционный [вирусный] гепатит *m*, гепатит *m* A, болезнь *f* Боткина

E317   e   epidemic keratoconjunctivitis
- d   epidemische Keratokonjunktivitis *f*
- f   kératoconjonctivite *f* épidémique
- i   cheratocongiuntivite *f* epidemica
- r   эпидемический [аденовирусный] кератоконъюнктивит *m*

E318   e   epidemic paroti(di)tis
- d   epidemische Parotitis *f*, Mumps *m*, Ziegenpeter *m*
- f   parotidite *f* épidémique, oreillons *m pl*
- i   parotite *f* epidemica, orecchioni *m pl*
- r   эпидемический паротит *m*, свинка *f*

E319   e   epidemic roseola
- d   Röteln *pl*
- f   rubéole *f*, roséole *f* épidémique
- i   rubeola *f*, roseola *f*, rosolia *f*
- r   краснуха *f*

E320   e   epidemic stomatitis
- d   Maul- und Klauenseuche *f*
- f   fièvre *f* aphteuse
- i   febbre *f* [stomatite *f*] aftosa
- r   ящур *m*

E321   e   epidemic typhus
- d   epidemisches Fleckfieber *n*
- f   typhus *m* épidémique [pétéchial, exanthémique]
- i   tifo *m* epidemico [esantematico, petecchiale]
- r   сыпной (эпидемический) тиф *m*

E322	e	epidemic vertigo		r	плоскоклеточный [эпидермоидный] рак *m*
	d	Gerlier-Syndrom *n*, endemischer paralytischer Schwindel *m*			
	f	maladie *f* de Gerlier, vertige *m* paralysant	E333	e	epidermoid (cyst) *see* epidermal cyst
	i	vertigine *f* paralizzante, malattia *f* di Gerlier	E334	e	epidermolysis
				d	Epidermolysis *f*, Epithelablösung *f*, Oberhautablösung *f*
	r	синдром *m* Жерлье, эндемическое паралитическое головокружение *n*		f	épidermolyse *f*
				i	epidermolisi *f*
E323	e	epidemiologic history		r	эпидермолиз *m*
	d	epidemiologische Anamnese *f*	E335	e	epidermomycosis *see* epidermatomycosis
	f	anamnèse *f* épidémiologique			
	i	anamnesi *f* epidemiologica	E336	e	epidermophytosis
	r	эпидемиологический анамнез *m*		d	Epidermophytie *f*
E324	e	epidemiology		f	épidermophytie *f*
	d	Epidemiologie *f*		i	epidermofizia *f*
	f	épidémiologie *f*		r	эпидермофития *f*
	i	epidemiologia *f*	E337	e	epididymectomy, epididymidectomy
	r	эпидемиология *f*		d	Epididymektomie *f*, Nebenhodenexzision *f*
E325	e	epiderm(a) *see* epidermis		f	épididymectomie *f*
E326	e	epidermal		i	epididimectomia *f*
	d	epidermal		r	эпидидимэктомия *f*
	f	épidermique	E338	e	epididymis
	i	epidermico		d	Epididymis *f*, Nebenhoden *m*
	r	эпидермальный		f	épididyme *m*
E327	e	epidermal cyst		i	epididimo *m*
	d	Epidermoidzyste *f*		r	придаток *m* яичка, эпидидимис *m*
	f	kyste *m* épidermique [épidermoïde]	E339	e	epididymitis
	i	cisti *f* epidermica		d	Epididymitis *f*, Nebenhodenentzündung *f*
	r	эпидермальная [эпидермоидная] киста *f*		f	épididymite *f*
E328	e	epidermatic, epidermic *see* epidermal		i	epididimite *f*
				r	эпидидимит *m*
E329	e	epidermatomycosis	E340	e	epididymo-orchitis
	d	Epidermomykose *f*		d	Epididymoorchitis *f*, Orchoepididymitis *f*, Nebenhoden- und Hodenentzündung *f*
	f	épidermomycose *f*			
	i	micosi *f* epidermica		f	orchi-épididymite *f*, épididymo-orchite *f*
	r	эпидермомикоз *m*			
E330	e	epidermatoplasty		i	epididimo-orchite *f*
	d	Hautplastik *f* mittels Epidermalstückchen		r	орхиэпидидимит *m*
	f	épidermatoplastie *f*	E341	e	epidural anesthesia, epidural block
	i	innesto *m* epidermico, epidermoplastica *f*		d	Epiduralanästhesie *f*, Periduralanästhesie *f*
	r	кожная пластика *f* лоскутами эпидермиса		f	anesthésie *f* épidurale [péridurale]
E331	e	epidermis		i	anestesia *f* epidurale
	d	Epidermis *f*, Oberhaut *f*		r	эпидуральная [перидуральная] анестезия *f*
	f	épiderme *m*	E342	e	epidural space
	i	epidermide *f*		d	Epiduralraum *m*
	r	эпидермис *m*		f	espace *m* épidural, cavité *f* épidurale
E332	e	epidermoid cancer, epidermoid carcinoma		i	spazio *m* epidurale [peridurale]
	d	Plattenepithelkarzinom *n*		r	эпидуральное пространство *n*
	f	carcinome *m* épidermoïde	E343	e	epidurography
	i	carcinoma *m* epidermoide		d	Epidurographie *f*, Peridurographie *f*

	f	épidurographie f
	i	epidurografia f
	r	эпидурография f, перидурография f
E344	e	epigastric
	d	epigastrisch
	f	épigastrique
	i	epigastrico
	r	надчревный, эпигастральный
E345	e	epigastric hernia
	d	Oberbauchbruch m, Epigastrozele f
	f	hernie f épigastrique
	i	ernia f epigastrica
	r	эпигастральная [надчревная] грыжа f
E346	e	epigastrium
	d	Epigastrium n, Oberbauch m
	f	épigastre m, région f épigastrique
	i	epigastrio m, regione f epigastrica
	r	надчревье n, эпигастрий m, эпигастральная область f
E347	e	epiglottis
	d	Epiglottis f, Kehldeckel m
	f	épiglotte f
	i	epiglottide f
	r	надгортанник m
E348	e	epilation
	d	Epilation f, Enthaarung f, Haarentfernung f
	f	épilation f, dépilation f
	i	depilazione f
	r	эпиляция f, удаление n волос
E349	e	epilepsy
	d	Epilepsie f, Fallsucht f
	f	épilepsie f
	i	epilessia f
	r	эпилепсия f
E350	e	epileptic
	d	epileptisch
	f	épileptique
	i	epilettico
	r	эпилептический
E351	e	epileptic equivalent
	d	Epilepsieäquivalent n
	f	équivalent m épileptique
	i	equivalente m epilettico
	r	эпилептический эквивалент m
E352	e	epileptiform
	d	epileptiform
	f	épileptiforme
	i	epilettiforme
	r	эпилептиформный, эпилептоидный
E353	e	epileptiform neuralgia
	d	Trigeminusneuralgie f
	f	névralgie f essentielle du trijumeau
	i	nevralgia f del trigemino
	r	невралгия f тройничного нерва
E354	e	epileptoid see epileptiform
E355	e	epiloia
	d	tuberöse Sklerose f, Bourneville-Syndrom n
	f	épiloïa f, sclérose f tubéreuse, maladie f de Bourneville
	i	epiloia f, sclerosi f tuberosa
	r	туберозный склероз m, болезнь f Бурневилля, эпилойя f
E356	e	epimysium
	d	Epimysium n
	f	épimysium m
	i	epimisio m
	r	наружный перимизий m, эпимизий m
E357	e	epineurium
	d	Epineurium n
	f	épinèvre m
	i	epinevrio m
	r	эпиневрий m
E358	e	epionychium see eponychium
E359	e	epipharynx
	d	Epipharynx m, Nasenrachenraum m, Rhinopharynx m
	f	rhinopharynx m, nasopharynx m
	i	rinofaringe f, epifaringe f
	r	носовая часть f глотки, носоглотка f, эпифаринкс m
E360	e	epiphora
	d	Epiphora f, Tränenträufeln n, Retentionstränenfluß m
	f	épiphora f
	i	epifora f
	r	ретенционное слезотечение n, эпифора f
E361	e	epiphysial aseptic necrosis
	d	Epiphysennekrose f, Nekrose f der Knochenepiphyse
	f	nécrose f aseptique du condyle d'humérus
	i	necrosi f asettica del condilo omerale
	r	эпифизеонекроз m
E362	e	epiphysial cartilage, epiphysial disk
	d	Epiphysenknorpel m, Epiphysenplatte f
	f	cartilage m épiphysaire [de conjugaison], cartilage m conjugal
	i	cartilagine f epifisaria [di coniugazione]
	r	эпифизарный хрящ m, эпифизарная пластинка f
E363	e	epiphysial line
	d	Epiphysenlinie f
	f	ligne f épiphysaire
	i	linea f epifisaria
	r	эпифизарная линия f

EPIPHYSIOLYSIS

E364   e   **epiphysiolysis**
     d   Epiphyseolysis f, Epiphysenlösung f
     f   épiphyséolyse f
     i   epifisiolisi f
     r   эпифизеолиз m

E365   e   **epiphysis**
     d   Epiphyse f, Epiphysis f, Zirbeldrüse f
     f   épiphyse f
     i   epifisi f
     r   эпифиз m

E366   e   **epiphyte**
     d   Hautpilz m, Dermatophyt m
     f   dermatophyte m
     i   dermatofita m
     r   кожный паразитический грибок m

E367   e   **epiplocele**
     d   Epiplozele f, Netzbruch m, Netzhernie f
     f   épiplocèle f, omentocèle f
     i   ernia f epiploica, epiplocele m
     r   грыжа f сальника

E368   e   **epiploectomy**
     d   Omentektomie f, Netzausschneiden n, Netzentfernung f, Netzabtragung f
     f   résection f de l'épiploon
     i   omentectomia f
     r   иссечение n сальника

E369   e   **epiploon**
     d   Epiploon n, Omentum n, großes Netz n
     f   grand épiploon m
     i   epiploon m, grande omento m
     r   большой сальник m

E370   e   **episclera**
     d   Episklera f
     f   épisclérotique f
     i   episclera f
     r   эписклера f

E371   e   **episcleritis**
     d   Episkleritis f
     f   épisclérite f
     i   episclerite f
     r   эписклерит m

E372   e   **episioplasty**
     d   Episioplastik f, Vulvaplastik f
     f   épisioplastie f
     i   episioplastica f
     r   пластика f вульвы

E373   e   **episiotomy**
     d   Episiotomie f, Scheidendammschnitt m
     f   épisiotomie f
     i   episiotomia f
     r   эпизиотомия f

E374   e   **epispadia, epispadias**
     d   Epispadie f, Hyperspadie f, obere Harnröhrenspalte f
     f   épispadias m, anaspadias m
     i   epispadia f
     r   эписпадия f

E375   e   **epistasis**
     d   Epistase f
     f   épistase f
     i   epistasi f
     r   эпистаз m

E376   e   **epistaxis**
     d   Epistaxis f, Nasenblutung f
     f   épistaxis f
     i   epistassi f
     r   носовое кровотечение n

E377   e   **epistropheus**
     d   Epistropheus m, Axis m, zweiter Halswirbel m
     f   axis m, épistrophée f
     i   epistrofeo m, seconda vertebra f cervicale
     r   эпистрофей m, второй шейный позвонок m

E378   e   **epithalamus**
     d   Epithalamus m
     f   épithalamus m
     i   epitalamo m
     r   эпиталамус m, надталамическая область f

E379   e   **epithelial**
     d   epithelial, Epithel...
     f   épithélial
     i   epiteliale
     r   эпителиальный

E380   e   **epithelial cancer**
     d   Krebs m, Karzinom n
     f   cancer m, carcinome m
     i   cancro m, carcinoma m
     r   рак m, карцинома f

E381   e   **epithelioid**
     d   epithelioid, epithelartig, epithelähnlich
     f   épithélioïde
     i   epitelioide
     r   эпителиоидный

E382   e   **epithelium**
     d   Epithelium n, Epithelgewebe n
     f   épithélium m
     i   epitelio m
     r   эпителий m, эпителиальная ткань f

E383   e   **epitrichium**
     d   Periderma n, Oberhaut f der Kutis
     f   périderme m
     i   periderma m, epitrichio m
     r   перидерма f, надкожица f

E384   e   **epitympanum**

	d	Epitympanon *n*, Paukenhöhlenkuppelraum *m*
	f	attique *m*, récessus *m* épitympanique
	i	recesso *m* epitimpanico
	r	надбарабанное углубление *n*, эпитимпанум *m*
E385	*e*	**epizootic**
	d	epizootisch
	f	épizootique
	i	epizootico
	r	эпизоотический
E386	*e*	**épluchage**
	d	Wundtoilette *f*
	f	toilette *f* d'une plaie
	i	toilette *f* della ferita
	r	санация *f* [туалет *m*] раны
E387	*e*	**eponychium**
	d	Eponychium *n*, Nageloberhäutchen *n*
	f	éponychium *m*, périonyx *m*
	i	eponichio *m*
	r	надногтевая пластинка *f*, эпонихий *m*
E388	*e*	**epoophoron**
	d	Epoophoron *n*, Parovarium *n*, Nebeneierstock *m*
	f	époophore *m*
	i	epooforon *m*, parovaio *m*, organo *m* di Rosenmüller
	r	придаток *m* яичника, орган *m* Розенмюллера
E389	*e*	**epulis**
	d	Epulis *f*, Zahnfleischgranulationsgeschwulst *f*
	f	épulis *m*, épulide *f*, épulie *f*
	i	epulide *f*
	r	эпулис *m*
E390	*e*	**equatorial plate**
	d	Äquatorialplatte *f*, Äquatorialscheibe *f*
	f	plaque *f* [couronne *f*] équatoriale
	i	disco *m* [piastra *f*] equatoriale
	r	экваториальная пластинка *f*
E391	*e*	**equator of crystalline lens**
	d	Augenlinsenäquator *m*
	f	équateur *m* du cristallin
	i	equatore *m* del cristallino
	r	экватор *m* хрусталика
E392	*e*	**equator of eyeball**
	d	Augapfeläquator *m*
	f	équateur *m* du globe oculaire
	i	equatore *m* del bulbo oculare
	r	экватор *m* глаза
E393	*e*	**equilibration**
	d	Gleichgewichtswiederherstellung *f*
	f	équilibration *f*
	i	equilibramento *m*
	r	сохранение *n* равновесия; восстановление *n* равновесия
E394	*e*	**equine gait**
	d	Steppergang *m*, Spitzfußgang *m*
	f	steppage *m*, démarche *f* flasque
	i	passo *m* steppante
	r	перонеальная [петушиная] походка *f*, степпаж *m*
E395	*e*	**equinia**
	d	Rotz *m*, Maliasmus *m*
	f	morve *f*, équinia *f*
	i	morva *f*, farcino *m*, cimurro *m*, moccio *m*
	r	сап *m*
E396	*e*	**equinovarus**
	d	Equinovarus *m*, Spitzfuß *m*
	f	pied *m* bot varus équin
	i	piede *m* equino-varo
	r	конская стопа *f*
E397	*e*	**erasion**
	d	Abrasion *f*, Auskratzung *f*
	f	abrasion *f*
	i	abrasione *f*, raschiamento *m*, raschiatura *f*
	r	выскабливание *n*, абразия *f*
E398	*e*	**Erb-Charcot disease**
	d	Erb-Charcot-Krankheit *f*, spastische Spinalparalyse *f*
	f	paraplégie *f* spasmodique familiale (de Strümpell-Lorrain)
	i	paralisi *f* spinale spastica, malattia *f* di Erb-Charcot
	r	спастическая параплегия *f* Штрюмпелля, болезнь *f* Эрба—Шарко—Штрюмпелля
E399	*e*	**erection**
	d	Erektion *f*
	f	érection *f*
	i	erezione *f*
	r	эрекция *f*
E400	*e*	**ergometry**
	d	Ergometrie *f*, Belastungsmessung *f*, Arbeitsleistungsmessung *f*
	f	ergométrie *f*
	i	ergometria *f*
	r	эргометрия *f*
E401	*e*	**ergot**
	d	Mutterkorn *n*
	f	ergot *m* de seigle
	i	segale *f* cornuta, ergot *m*
	r	спорынья *f*
E402	*e*	**ergotherapy**
	d	Ergotherapie *f*, Arbeitstherapie *f*
	f	ergothérapie *f*
	i	ergoterapia *f*
	r	трудовая терапия *f*, трудотерапия *f*
E403	*e*	**ergotism**

EROGENOUS ZONE

- *d* Ergotismus *m*,
  Mutterkorn(alkaloid)vergiftung *f*
- *f* ergotisme *m*
- *i* ergotismo *m*
- *r* эрготизм *m*

E404 *e* erogenous zone
- *d* erogene Zone *f*
- *f* zone *f* érogène
- *i* zona *f* ero(to)gena
- *r* эрогенная зона *f*

E405 *e* erosion
- *d* Erosion *f*
- *f* érosion *f*
- *i* erosione *f*
- *r* эрозия *f*

E406 *e* erosive
- *d* erosiv, erosionshervorrufend
- *f* érosif
- *i* erosivo
- *r* эрозивный, вызывающий эрозию

E407 *e* eroti(ci)sm
- *d* Erotismus *m*
- *f* érotisme *m*
- *i* erotismo *m*
- *r* эротизм *m*, афродизия *f*

E408 *e* erotogenic
- *d* erogen
- *f* érogène
- *i* erotogeno
- *r* эрогенный

E409 *e* erotogenic zone *see* erogenous zone

E410 *e* erotomania
- *d* Erotomanie *f*, Hypersexualität *f*
- *f* érotomanie *f*
- *i* erotomania *f*
- *r* эротомания *f*, гиперафродизия *f*

E411 *e* erotophobia
- *d* Erotophobie *f*
- *f* érotophobie *f*
- *i* erotofobia *f*
- *r* эротофобия *f*

E412 *e* eructation
- *d* Aufstoßen *n*, Rülpsen *n*
- *f* éructation *f*
- *i* eruttazione *f*
- *r* отрыжка *f*

E413 *e* eruption
- *d* Eruption *f*, Ausschlag *m*, Hautausschlag *m*
- *f* éruption *f*
- *i* eruzione *f*
- *r* сыпь *f*, высыпание *n*

E414 *e* erysipelas
- *d* Erysipel *n*, Wundrose *f*, Rose *f*, Rotlauf *m*
- *f* érysipèle *m*, érésipèle *m*
- *i* erisipela *f*
- *r* рожа *f*

E415 *e* erysipeloid
- *d* Erysipeloid *n*, Wanderrose *f*
- *f* érysipèle *m* erratique
- *i* erisipeloide *m*, mal *m* rossino
- *r* эризипелоид *m*, ползучая эритема *f*

E416 *e* erythema
- *d* Erythem *n*, Hautrötung *f*
- *f* érythème *m*, éruption *f* érythémateuse
- *i* eritema *m*
- *r* эритема *f*

E417 *e* erythema threshold
- *d* minimale Erythemdosis *f*
- *f* dose *f* érythémateuse minima
- *i* dose *f* eritematosa minima
- *r* эритемная доза *f*

E418 *e* erythematous
- *d* erythematös
- *f* érythémateux
- *i* eritematoso
- *r* эритематозный

E419 *e* erythematous syphilid
- *d* syphilitische Roseola *f*
- *f* roséole *f* syphilitique
- *i* roseola *f* sifilitica
- *r* сифилитическая розеола *f*

E420 *e* erythrasma
- *d* Erythrasma *n*
- *f* érythrasma *m*
- *i* eritrasma *m*
- *r* эритразма *f*

E421 *e* erythremia
- *d* Erythrämie *f*, Osler-Vaquez-Krankheit *f*
- *f* érythrémie *f*, polycythémie *f*
- *i* eritremia *f*, policitemia *f* vera
- *r* истинная полицитемия *f*, эритремия *f*, болезнь *f* Вакеза—Ослера

E422 *e* erythroblast
- *d* Erythroblast *m*
- *f* érythroblaste *m*
- *i* eritroblasto *m*
- *r* эритробласт *m*, нормобласт *m*

E423 *e* erythroblastic anemia
- *d* Erythroblastenanämie *f*, Cooley-Anämie *f*
- *f* anémie *f* de Cooley, anémie *f* érythroblastique familiale
- *i* anemia *f* eritroblastica
- *r* большая талассемия *f*, анемия *f* Кули, эритробластическая анемия *f*

E424 *e* erythroblastosis
- *d* Erythroblastose *f*
- *f* érythroblastose *f*

	i	eritroblastosi *f*
	r	эритробластоз *m*
E425	*e*	**erythrocyte**
	d	Erythrozyt *m*, rotes Blutkörperchen *n*
	f	érythrocyte *m*
	i	eritrocito *m*, emazia *f*, globulo *m* rosso
	r	эритроцит *m*
E426	*e*	**erythrocyte sedimentation rate**
	d	Erythrozytensenkungsgeschwindigkeit *f*, Blutsenkungsgeschwindigkeit *f*, BSG
	f	(vitesse *f* de) sédimentation *f* globulaire, VSG
	i	velocità *f* di eritrosedimentazione, VES
	r	скорость *f* [реакция *f*] оседания эритроцитов, СОЭ
E427	*e*	**erythrocytic**
	d	erythrozytär, Erythrozyten...
	f	érythrocytaire
	i	eritrocitico
	r	эритроцитарный
E428	*e*	**erythrocytopenia**
	d	Erythrozytopenie *f*, Erythrozytenmangel *m*
	f	érythrocytopénie *f*
	i	eritrocitopenia *f*
	r	эритроцитопения *f*
E429	*e*	**erythroderma, erythrodermatitis, erythrodermia**
	d	Erythrodermie *f*, Erythrodermatitis *f*
	f	érythrodermie *f*
	i	eritrodermia *f*
	r	эритродермия *f*
E430	*e*	**erythrokeratodermia**
	d	Erythrokeratodermie *f*
	f	érythro-kératodermie *f*
	i	eritrocheratodermia *f*
	r	эритрокератодермия *f*
E431	*e*	**erythroleukemia, erythroleukosis**
	d	Erythroleukämie *f*, Erythroleukomyelose *f*, erythroleukämische Myelose *f*, akute Erythroblastose *f*, Di Guglielmo-Erythrämie *f*
	f	érythromyélose *f* aiguë, maladie *f* de Di Guglielmo
	i	eritroleucemia *f*, malattia *f* di Di Guglielmo
	r	эритромиелоз *m*, эритролейкемия *f*, эритролейкоз *m*, болезнь *f* Ди Гульельмо
E432	*e*	**erythromelalgia**
	d	Erythromelalgie *f*, Mitchell-Krankheit *f*
	f	érythromélalgie *f*
	i	eritromelalgia *f*, malattia *f* di Mitchell
	r	эритромелалгия *f*, болезнь *f* Митчелла
E433	*e*	**erythromelia**
	d	Erythromelie *f*
	f	érythromélie *f*
	i	eritromelia *f*
	r	атрофический хронический акродерматит *m*, эритромелия *f*
E434	*e*	**erythron**
	d	Erythron *m*
	f	érythron *m*, organe *m* érythrocytaire
	i	eritrone *m*
	r	эритрон *m*
E435	*e*	**erythropenia** *see* **erythrocytopenia**
E436	*e*	**erythroplasia**
	d	Erythroplasie *f*
	f	érythroplasie *f*
	i	eritroplasia *f*
	r	эритроплазия *f*
E437	*e*	**erythropoiesis**
	d	Erythro(zyto)poese *f*, Erythrozytenbildung *f*
	f	érythro(cyto)poïèse *f*
	i	eritropoiesi *f*
	r	эритро(цито)поэз *m*
E438	*e*	**erythropoietic hormone**
	d	Erythropoietin *n*
	f	érythropoïétine *f*
	i	eritropoietina *f*
	r	эритропоэтин *m*
E439	*e*	**erythropoietic porphyria**
	d	erythropoietische Porphyrie *f*
	f	porphyrie *f* érythropoïétique
	i	porfiria *f* eritropoietica
	r	эритропоэтическая порфирия *f*
E440	*e*	**erythropsia**
	d	Erythropsie *f*, Rotsehen *n*
	f	érythropsie *f*
	i	eritropsia *f*
	r	эритропсия *f*
E441	*e*	**erythropsine**
	d	Erythropsin *n*, Rhodopsin *n*, Sehpurpur *m*
	f	érytropsine *f*, rhodopsine *f*, pourpre *m* rétinien
	i	porpora *f* retinica, rodopsina *f*
	r	родопсин *m*, зрительный пурпур *m*
E442	*e*	**eschar**
	d	Schorf *m*
	f	escarre *f*, eschare *f*
	i	escara *f*
	r	струп *m*
E443	*e*	**esophageal**

ESOPHAGEAL DIVERTICULUM

    d ösophageal, Speiseröhren...
    f œsophagien
    i esofageo
    r пищеводный

E444 *e* **esophageal diverticulum**
    d Speiseröhrendivertikel *n*
    f diverticule *m* de l'œsophage
    i diverticolo *m* esofageo
    r дивертикул *m* пищевода

E445 *e* **esophageal hiatus**
    d Ösophagushiatus *m*
    f orifice *m* œsophagien du diaphragme
    i iato *m* esofageo
    r пищеводное отверстие *n* диафрагмы

E446 *e* **esophageal lead**
    d Ösophagusableitung *f*
    f dérivation *f* œsophagienne
    i derivazione *f* esofagea
    r пищеводное отведение *n* ЭКГ

E447 *e* **esophageal varices** *pl*
    d Ösophagusvarizen *f pl*
    f varices *f pl* œsophagiennes
    i varici *f pl* esofagee
    r варикозное расширение *n* вен пищевода

E448 *e* **esophagectasia, esophagectasis**
    d Ösophagektasie *f*, Ösophagusdilatation *f*, Speiseröhrenerweiterung *f*
    f dilatation *f* de l'œsophage
    i esofagectasia *f*
    r эзофагэктазия *f*

E449 *e* **esophagectomy**
    d Ösophagektomie *f*, Ösophagusexzision *f*, Speiseröhrenentfernung *f*
    f œsophagectomie *f*
    i esofagectomia *f*
    r эзофагэктомия *f*

E450 *e* **esophagism**
    d Ösophagospasmus *m*, Speiseröhrenkrampf *m*
    f œsophagospasme *m*
    i spasmo *m* esofageo, esofagismo *m*
    r эзофагоспазм *m*

E451 *e* **esophagitis**
    d Ösophagitis *f*, Speiseröhrenentzündung *f*
    f œsophagite *f*
    i esofagite *f*
    r эзофагит *m*

E452 *e* **esophagogastrostomy**
    d Ösophagogastrostomie *f*, Speiseröhren-Magen-Anastomose *f*
    f œsophago-gastrostomie *f*
    i esofagogastrostomia *f*
    r гастроэзофагостомия *f*, эзофагогастростомия *f*

E453 *e* **esophagojejunostomy**
    d Ösophagoenterostomie *f*, Speiseröhrenjejunostomie *f*
    f œsophago-jéjunostomie *f*
    i esofago-digiunostomia *f*
    r эзофагоеюноанастомия *f*

E454 *e* **esophagoplasty**
    d Ösophagoplastik *f*
    f œsophagoplastie *f*
    i esofagoplastica *f*
    r эзофагопластика *f*, пластика *f* пищевода

E455 *e* **esophagoscopy**
    d Ösophagoskopie *f*, Speiseröhrenspiegelung *f*
    f œsophagoscopie *f*
    i esofagoscopia *f*
    r эзофагоскопия *f*

E456 *e* **esophagospasm** *see* **esophagism**

E457 *e* **esophagostenosis**
    d Ösophagostenose *f*, Speiseröhrenverengerung *f*
    f œsophagosténose *f*, rétrécissement *m* de l'œsophage
    i stenosi *f* esofagea
    r сужение *n* [структура *f*] пищевода

E458 *e* **esophagostomy**
    d Ösophagostomie *f*, Speiseröhrenfistelung *f*
    f œsophagostomie *f*
    i esofagostomia *f*
    r эзофагостомия *f*

E459 *e* **esophagotomy**
    d Ösophagotomie *f*, Speiseröhreneröffnung *f*
    f œsophagotomie *f*
    i esofagotomia *f*
    r эзофаготомия *f*

E460 *e* **esophagus**
    d Ösophagus *m*, Speiseröhre *f*
    f œsophage *m*
    i esofago *m*
    r пищевод *m*

E461 *e* **esophoria**
    d Esophorie *f*
    f ésophorie *f*
    i esoforia *f*
    r эзофория *f*

E462 *e* **esotropia**
    d Esotropie *f*, Einwärtsschielen *n*
    f ésotropie *f*, strabisme *m* convergent
    i esotropia *f*, strabismo *m* convergente
    r сходящееся косоглазие *n*, эзотропия *f*

E463 *e* **espundia**

	d Espundia f, südamerikanische Schleimhautleishmaniasis f	
	f espundia f, leishmaniose f cutanéo-muqueuse	
	i espundia f, leishmaniosi f americana mucocutanea	
	r бразильский кожно-слизистый лейшманиоз m, эспундия f	

E464 e **essential amino acid**
    d essentielle Aminosäure f
    f acide m aminé indispensable [aminé essentiel]
    i aminoacido m essenziale
    r незаменимая аминокислота f

E465 e **essential hypertension**
    d essentieller Bluthochdruck m
    f hypertension f artérielle essentielle
    i ipertensione f essenziale
    r эссенциальная гипертония f

E466 e **esterification**
    d Ätherifikation f
    f éthérification f
    i esterificazione f
    r этерификация f

E467 e **esthesiometry**
    d Ästhesiometrie f, Empfindungsmessung f
    f esthésiométrie f
    i estesiometria f
    r эстезиометрия f

E468 e **estrogen**
    d Östrogen n, östrogenes Hormon n
    f œstrogène m, hormone f œstrogène
    i estrogeno m, ormone m estrogeno
    r эстроген m, эстрогенный гормон m, женский половой гормон m

E469 e **ethmoidal**
    d ethmoidal, Siebbein...
    f ethmoïdal
    i etmoidale
    r этмоидальный, решётчатый

E470 e **ethmoid bone**
    d Siebbein n
    f ethmoïde m
    i etmoide m
    r решётчатая кость f

E471 e **ethmoid cell**
    d Siebbeinhöhle f
    f cellule f ethmoïdale
    i cellula f etmoidale
    r ячейка f [пазуха f] решётчатой кости

E472 e **ethmoiditis**
    d Ethmoiditis f, Siebbeinentzündung f
    f ethmoïdite f
    i etmoidite f
    r этмоидит m

E473 e **etiologic**
    d ätiologisch
    f étiologique
    i eziologico
    r этиологический

E474 e **etiology**
    d Ätiologie f, Krankheitsursachenlehre f
    f étiologie f
    i eziologia f
    r этиология f

E475 e **etiotropic**
    d ätiotrop
    f étiotrope
    i causale
    r этиотропный

E476 e **euchromatin**
    d Euchromatin n
    f euchromatine f
    i eucromatina f
    r эухроматин m

E477 e **euchromosome**
    d Euchromosom n, Autosom n
    f autosome m, euchromosome m
    i autosoma m
    r аутосома f, эухромосома f

E478 e **eugenics**
    d Eugenik f
    f eugénique f, eugénie f, eugénisme m
    i eugenica f, eugenetica f
    r евгеника f

E479 e **eunuchoid**
    d Eunuchoid m
    f eunuchoïde m
    i eunucoide m
    r евнухоид m

E480 e **euphoria**
    d Euphorie f
    f euphorie f
    i euforia f
    r эйфория f

E481 e **eustachian** see **eustachian tube**

E482 e **eustachian tonsil**
    d Tubentonsille f, Tubenmandel f
    f amygdale f tubaire
    i tonsilla f tubarica
    r трубная [тубарная] миндалина f

E483 e **eustachian tube**
    d Eustachio-Tube f, Ohrtrompete f
    f trompe f d'Eustache
    i tuba f uditiva [di Eustachio]
    r слуховая [евстахиева] труба f

E484 e **eustachian valve**
    d Klappe f der unteren Hohlvene
    f valve f d'Eustache

	i	valvola *f* di Eustachio [della vena cava inferiore]
	r	заслонка *f* нижней полой вены, евстахиева заслонка *f*
E485	e	**eustachitis**
	d	Eustachitis *f,* Ohrtrompetenentzündung *f,* Tubenkatarrh *m*
	f	eustachite *f*
	i	salpingite *f* eustachiana
	r	тубоотит *m*, евстахиит *m*
E486	e	**euthanasia**
	d	Euthanasie *f*
	f	euthanasie *f*
	i	eutanasia *f*
	r	эйтаназия *f*
E487	e	**evacuant**
	d	Abführmittel *n*, Purgativum *n*
	f	purgatif *m*
	i	evacuante *m*, purgante *m*
	r	слабительное (средство) *n*
E488	e	**evacuation**
	d	Entleerung *f*
	f	évacuation *f*
	i	evacuazione *f*
	r	опорожнение *n*
E489	e	**evagination**
	d	Evagination *f*
	f	évagination *f*
	i	evaginazione *f*
	r	эвагинация *f*
E490	e	**evaporation**
	d	Evaporation *f*, Verdunstung *f*
	f	évaporation *f*
	i	evaporazione *f*
	r	испарение *n*; выпаривание *n*
E491	e	**eventration**
	d	Eventration *f*
	f	éventration *f*
	i	protrusione *f* dell'omento
	r	эвентрация *f*
E492	e	**eversion** *see* **ectropion**
E493	e	**evisceration**
	d	Eviszeration *f*
	f	éviscération *f*
	i	eviscerazione *f*
	r	эвисцерация *f*
E494	e	**evolution**
	d	Evolution *f*
	f	évolution *f*
	i	evoluzione *f*
	r	эволюция *f*
E495	e	**Ewing's tumor**
	d	Ewing-Sarkom *n*
	f	sarcome *m* d'Ewing, endothéliome *m* osseux
	i	sarcoma *m* di Ewing
	r	опухоль *f* [саркома *f*, болезнь *f*] Юинга
E496	e	**exacerbation**
	d	Exazerbation *f*
	f	exacerbation *f*
	i	esacerbazione *f*
	r	обострение *n* болезни, усиление *n* симптомов болезни, экзацербация *f*
E497	e	**examination**
	d	Untersuchung *f (des Patienten)*
	f	examen *m* médical
	i	esame *m*
	r	обследование *n (пациента)*
E498	e	**exanthem(a)**
	d	Exanthem *n*, Hautausschlag *m*
	f	exanthème *m*
	i	esantema *m*
	r	экзантема *f*
E499	e	**exanthematous**
	d	exanthematisch
	f	exanthématique, exanthémateux
	i	esantematoso
	r	экзантематозный
E500	e	**exarticulation**
	d	Exartikulation *f*, Abgliederung *f*
	f	désarticulation *f*
	i	disarticolazione *f*
	r	экзартикуляция *f*, вычленение *n*
E501	e	**excavation**
	d	Exkavation *f*, Aushöhlung *f*
	f	excavation *f*
	i	escavazione *f*
	r	экскавация *f*
E502	e	**excessive sweating**
	d	Hyperhidrosis *f*, vermehrtes Schwitzen *n*
	f	hyperhidrose *f*
	i	iperidrosi *f*, diaforesi *f*
	r	гипергидроз *m*, избыточная потливость *f*
E503	e	**exchange transfusion**
	d	Austauschbluttransfusion *f*, Blutaustausch *m*
	f	exsanguino-transfusion *f*, transfusion *f* d'échange [totale]
	i	exsanguinotrasfusione *f*
	r	обменное переливание *n* крови, кровезамена *f*
E504	e	**excision**
	d	Exzision *f*, Ausschneidung *f*
	f	excision *f*
	i	escissione *f*
	r	иссечение *n*, эксцизия *f*

E505	e	excitability	E516	e	exercise machine
	d	Erregbarkeit *f*		d	Turngerät *n*
	f	excitabilité *f*		f	exerciseur *m*
	i	eccitabilità *f*		i	attrezzo *m* ginnico
	r	возбудимость *f*		r	тренажёр *m*
E506	e	excitation, excitement	E517	e	exfetation *see* ectopic pregnancy
	d	Erregung *f*	E518	e	exfoliation
	f	excitation *f*		d	Exfoliation *f*, Abblätterung *f*, Abschilferung *f*
	i	eccitazione *f*, agitazione *f*		f	exfoliation *f*
	r	возбуждение *n*		i	esfoliazione *f*, desquamazione *f*
E507	e	excochleation		r	эксфолиация *f*
	d	Exkochleation *f*, Auslöffeln *n*	E519	e	exfoliative dermatitis
	f	excochléation *f*		d	Wilson-Brocq-Krankheit *f*
	i	escavazione *f*		f	dermatite *f* exfoliative généralisée de Wilson-Brocq
	r	экскохлеация *f*, вычерпывание *n*		i	dermatite *f* esfoliativa
E508	e	excoriation		r	эритродермия *f* Вильсона—Брока, подострый генерализованный эксфолиативный дерматит *m*
	d	Exkoriation *f*, Hautabschürfung *f*, Abschürfung *f*			
	f	excoriation *f*	E520	e	exfoliative dermatitis of infancy
	i	escoriazione *f*, scorticatura *f*		d	exfoliative Dermatitis *f* der Neugeborenen
	r	экскориация *f*, ссадина *f*, царапина *f*		f	dermatite *f* exfoliative des nouveau-nés, maladie *f* de Ritter
E509	e	excrement		i	dermatite *f* esfoliativa del neonato
	d	Exkremente *n pl*, Kot *m*		r	эксфолиативный дерматит *m* новорождённых, кератолиз *m* новорождённых, болезнь *f* Риттера
	f	excréments *m pl*			
	i	escremento *m*, feci *f pl*	E521	e	exhalation *see* expiration
	r	экскременты *pl*, кал *m*	E522	e	exhaustion
E510	e	excrescense		d	Erschöpfung *f*, Ermattung *f*
	d	Auswuchs *m*, Wucherung *f*		f	inanition *f*, épuisement *m*
	f	excroissance *f*		i	esaurimento *m*, spossatezza *f*
	i	escrescenza *f*		r	истощение *n*, изнеможение *n*
	r	вырост *m*, нарост *m*	E523	e	exhaustion psychosis
E511	e	excretion		d	Erschöpfungspsychose *f*, Erschöpfungswahn *m*
	d	Exkretion *f*, Ausscheidung *f*, Absonderung *f*, Ausfluß *m*		f	délire *m* d'inanition
	f	excrétion *f*		i	delirio *m* da inanizione, psicosi *f* da esaurimento
	i	escrezione *f*		r	психоз *m* [делирий *m*] истощения
	r	экскреция *f*, выделение *n*	E524	e	exhibitionism
E512	e	excretory		d	Exhibitionismus *m*
	d	exkretorisch, ausscheidend		f	exhibitionnisme *m*
	f	excrétoire, excréteur		i	esibizionismo *m*
	i	escretore, escretorio		r	эксгибиционизм *m*
	r	экскреторный, выделительный	E525	e	exhumation
E513	e	excretory duct		d	Exhumation *f*, Leichenausgrabung *f*
	d	Exkretionsgang *m*, Ausscheidungsgang *m*		f	exhumation *f*
	f	canal *m* excréteur		i	esumazione *f*
	i	(con)dotto *m* escretorio		r	эксгумация *f*
	r	выводной проток *m*	E526	e	exocardial murmur
E514	e	exenteration *see* evisceration		d	exokardiales Geräusch *n*
E515	e	exercise		f	souffle *m* extracardiaque
	d	Belastungsübung *f*			
	f	exercice *m*			
	i	esercizio *m* fisico			
	r	(физическое) упражнение *n*			

EXOCRINE GLAND

	i	rumore *m* ectocardico
	r	экзокардиальный шум *m*
E527	*e*	**exocrine gland**
	d	exokrine Drüse *f*, Exkretionsdrüse *f*
	f	glande *f* exocrine [à sécrétion externe]
	i	ghiandola *f* esocrina
	r	железа *f* внешней секреции, экзокринная железа *f*
E528	*e*	**exoenzyme** *see* **extracellular enzyme**
E529	*e*	**exogenic, exogenous**
	d	exogen
	f	exogène
	i	esogeno
	r	экзогенный
E530	*e*	**exopeptidase**
	d	Exopeptidase *f*
	f	exopeptidase *f*
	i	esopeptidasi *f*
	r	экзопептидаза *f*
E531	*e*	**exophoria**
	d	Exophorie *f*, Heterophorie *f*, latentes Auswärtsschielen *n*, Nachaußenschielen *n*
	f	exophorie *f*
	i	esoforia *f*
	r	экзофория *f*
E532	*e*	**exophthalmic goiter**
	d	Glotzaugenkrankheit *f*, Basedow-Krankheit *f*
	f	goitre *m* exophtalmique, maladie *f* de Basedow
	i	gozzo *m* esoftalmico, malattia *f* di Graves
	r	диффузный токсический зоб *m*, базедова болезнь *f*
E533	*e*	**exophthalmos, exophthalmus**
	d	Exophthalmus *m*, Glotzauge *n*
	f	exophthalmie *f*
	i	esoftalmo *m*
	r	экзофтальм *m*
E534	*e*	**exostosis**
	d	Exostose *f*
	f	exostose *f*
	i	esostosi *f*
	r	экзостоз *m*, хондральная остеома *f*
E535	*e*	**exotoxin**
	d	Exotoxin *n*
	f	exotoxine *f*
	i	esotossina *f*
	r	экзотоксин *m*
E536	*e*	**exotropia**
	d	Exotropie *f*, Auswärtsschielen *n*
	f	exotropie *f*
	i	esotropia *f*, strabismo *m* divergente
	r	расходящееся [дивергирующее] косоглазие *n*, экзотропия *f*
E537	*e*	**expansive delusion**
	d	Größenwahn *m*, Megalomanie *f*
	f	mégalomanie *f*, manie *f* de grandeur
	i	delirio *m* di grandezza [espansivo]
	r	бред *m* величия, мегаломания *f*
E538	*e*	**expectant treatment**
	d	symptomatische [abwartende] Behandlung *f*
	f	traitement *m* symptomatique
	i	trattamento *m* sintomatico
	r	симптоматическое лечение *n*
E539	*e*	**expectorant**
	d	auswurfförderndes Mittel *n*, Abhustemittel *n*
	f	expectorant *m*
	i	espettorante *n*
	r	отхаркивающее (средство) *n*
E540	*e*	**expectoration**
	d	Expektoration *f*
	f	expectoration *f*
	i	espettorazione *f*
	r	отделение *n* мокроты
E541	*e*	**experiment**
	d	Experiment *n*, Versuch *m*
	f	expérience *f*
	i	esperimento *m*, prova *f*, test *m*
	r	эксперимент *m*, опыт *m*
E542	*e*	**expiration**
	d	Ausatmung *f*
	f	expiration *f*
	i	espirazione *f*
	r	выдох *m*
E543	*e*	**expiratory**
	d	expiratorisch, ausatmend
	f	expiratoire
	i	espiratorio
	r	экспираторный, выдыхательный
E544	*e*	**expiratory reserve volume**
	d	expiratorisches Reservevolumen *n*
	f	volume *m* de réserve expiratoire
	i	volume *m* di riserva espiratoria, VRE
	r	резервный объём *m* выдоха
E545	*e*	**expiratory resistance**
	d	Ausatmungswiderstand *m*
	f	résistance *f* à l'expiration
	i	resistenza *f* espiratoria
	r	сопротивление *n* выдоху [дыханию на выдохе]
E546	*e*	**exploration**
	d	Exploration *f*, Ausforschung *f*
	f	exploration *f*
	i	esplorazione *f*
	r	исследование *n*

EXTIRPATION

E547　e　exploratory operation
　　　d　explorative Operation *f*
　　　f　opération *f* exploratrice
　　　i　operazione *f* esplorativa
　　　r　диагностическая хирургическая операция *f*

E548　e　exploratory puncture
　　　d　Probepunktion *f*, Probeeinstich *m*
　　　f　ponction *f* exploratrice
　　　i　puntura *f* esplorativa
　　　r　пробная пункция *f*

E549　e　expression
　　　d　Aussehen *n*
　　　f　expression *f*
　　　i　espressione *f*
　　　r　выражение *n* лица

E550　e　expressive aphasia
　　　d　expressive Aphasie *f*, Wortstummheit *f*
　　　f　aphasie *f* expressive [motrice]
　　　i　afasia *f* espressiva
　　　r　моторная [вербальная, экспрессивная] афазия *f*

E551　e　exsanguination
　　　d　Exsanguination *f*, Ausblutung *f*
　　　f　exsanguination *f*
　　　i　dissanguamento *m*
　　　r　обескровливание *n*

E552　e　exsiccosis
　　　d　Exsikkose *f*, Entwässerung *f*
　　　f　exsiccose *f*
　　　i　deidratazione *f* dell'organismo
　　　r　обезвоживание *n* организма, эксикоз *m*

E553　e　exstrophy
　　　d　Ekstrophie *f*, Ausstülpung *f*
　　　f　exstrophie *f*, extroversion *f*
　　　i　estrofia *f*, estroversione *f*
　　　r　экстрофия *f*, выворот *m*

E554　e　extended resection
　　　d　erweiterte Resektion *f*
　　　f　résection *f* étendue
　　　i　resezione *f* allargata
　　　r　расширенная резекция *f*

E555　e　extension
　　　d　Extension *f*, Traktion *f*
　　　f　extension *f*
　　　i　estensione *f*, trazione *f*
　　　r　вытяжение *n*, тракция *f*

E556　e　extensor
　　　d　Extensor(muskel) *m*, Streckmuskel *m*, Strecker *m*
　　　f　extenseur *m*
　　　i　estensore *m*
　　　r　разгибатель *m*, экстензор *m*

E557　e　external acoustic [auditory] meatus, external auditory foramen
　　　d　äußerer Gehörgang *m*
　　　f　canal *m* [conduit *m*] auditif extérieur
　　　i　meato *m* acustico esterno
　　　r　наружный слуховой проход *m*

E558　e　external cardiac massage
　　　d　indirekte [äußere, geschlossene, extrathorakale] Herzmassage *f*
　　　f　massage *m* cardiaque externe
　　　i　massaggio *m* cardiaco esterno
　　　r　непрямой [наружный, закрытый] массаж *m* сердца

E559　e　external carotid artery
　　　d　äußere Kopfarterie *f*, äußere Kopfschlagader *f*
　　　f　artère *f* carotide externe
　　　i　arteria *f* carotide esterna
　　　r　наружная сонная артерия *f*

E560　e　external ear
　　　d　äußeres Ohr *n*
　　　f　oreille *f* externe
　　　i　orecchio *m* esterno
　　　r　наружное ухо *n*

E561　e　external genitalia *pl*, external genitals *pl*
　　　d　äußere Genitalien *n pl*, äußere Geschlechtsorgane *n pl*
　　　f　appareil *m* génital extérieur
　　　i　genitali *m pl* esterni
　　　r　наружные половые органы *m pl*

E562　e　external respiration
　　　d　äußere Atmung *f*
　　　f　respiration *f* externe
　　　i　respirazione *f* esterna
　　　r　внешнее дыхание *n*

E563　e　external strabismus *see* exotropia

E564　e　external version
　　　d　äußere Wendung *f*
　　　f　version *f* par manœuvres externes
　　　i　versione *f* esterna
　　　r　наружный акушерский поворот *m*

E565　e　exteroceptive
　　　d　exterozeptiv
　　　f　extéroceptif
　　　i　esterocettivo
　　　r　экстероцептивный

E566　e　exteroceptor
　　　d　Extero(re)zeptor *m*
　　　f　extérocepteur *m*
　　　i　esterocettore *m*
　　　r　экстеро(ре)цептор *m*

E567　e　extirpation
　　　d　Exstirpation *f*
　　　f　extirpation *f*

EXTRACAPSULAR EXTRACTION

    i estirpazione *f*
    r экстирпация *f*

E568 *e* **extracapsular extraction**
    d extrakapsuläre Kataraktextraktion *f*
    f extraction *f* extracapsulaire (de la cataracte)
    i estrazione *f* extra capsulare
    r экстракапсулярная экстракция *f* катаракты

E569 *e* **extracellular enzyme**
    d extrazelluläres Enzym *n*, Exoenzym *n*
    f exoenzyme *m*
    i esoenzima *m*, enzima *m* extracellulare
    r экзофермент *m*, внеклеточный фермент *m*

E570 *e* **extrachromosomal inheritance**
    d extrachromosomale Vererbung *f*
    f hérédité *f* cytoplasmique [extrachromosomique]
    i eredità *f* citoplasmatica [extracromosomica]
    r цитоплазматическая [внехромосомная, экстрахромосомная] наследственность *f*

E571 *e* **extracorporeal circulation**
    d Extrakorporalkreislauf *m*
    f circulation *f* extracorporelle
    i circolazione *f* extracorporea
    r искусственное кровообращение *n*, экстракорпоральное кровообращение *n*

E572 *e* **extracranial**
    d extrakranial, extrakraniell
    f extracrânial
    i extracranico
    r экстракраниальный, внечерепной

E573 *e* **extract**
    d 1. Extrakt *m*, Auszug *m* 2. ausziehen
    f 1. extrait *m* 2. extirper
    i 1. estratto *m* 2. estrarre, estirpare
    r 1. экстракт *m*, вытяжка *f* 2. экстрагировать, вырывать (зуб)

E574 *e* **extraction**
    d Extraktion *f*
    f extraction *f*
    i estrazione *f*
    r экстракция *f*

E575 *e* **extradural empyema**
    d Epiduralempyem *n*
    f abcès *m* extradural [épidural]
    i empiema *m* epidurale
    r эпидуральный абсцесс *m*

E576 *e* **extranuclear inheritance** *see* **extrachromosomal inheritance**

E577 *e* **extraperitoneal**
    d extraperitoneal
    f extrapéritonéal
    i extraperitoneale
    r внебрюшинный, экстраперитонеальный

E578 *e* **extrapleural pneumothorax**
    d extrapleuraler Pneumothorax *m*
    f pneumothorax *m* extrapleural
    i pneumotorace *m* extrapleurico
    r экстраплевральный пневмоторакс *m*

E579 *e* **extrapyramidal**
    d extrapyramidal
    f extrapyramidal
    i extrapiramidale
    r экстрапирамидальный

E580 *e* **extrasystole**
    d Extrasystole *f*
    f extrasystole *f*
    i extrasistole *f*
    r экстрасистола *f*

E581 *e* **extrauterine pregnancy** *see* **ectopic pregnancy**

E582 *e* **extravasation**
    d Extravasation *f*
    f extravasation *f*
    i stravaso *m*, trasudazione *f*
    r транссудация *f*

E583 *e* **extravascular**
    d extravaskulär
    f extravasculaire
    i extravascolare
    r экстраваскулярный, внесосудистый

E584 *e* **extravascular fluid**
    d extravaskuläre Flüssigkeit *f*
    f liquide *m* extravasculaire
    i liquido *m* extravascolare
    r экстраваскулярная жидкость *f*

E585 *e* **extremity**
    d Extremität *f*, Gliedmaße *f*
    f extrémité *f*
    i estremità *f*
    r конечность *f*

E586 *e* **extrinsic**
    d äußerlich
    f extrinsèque
    i estrinseco
    r внешний

E587 *e* **extrinsic factor**
    d Cyanokobalamin *n*, Vitamin *n* B_{12}
    f cyanocobalamine *f*, vitamine *f* B_{12}
    i fattore *m* estrinseco, cianocobalamina *f*, vitamina *f* B_{12}
    r цианокобаламин *m*, витамин *m* B_{12}, антианемический фактор *m*

E588 *e* **extrusion**
    d Extrusion *f*; Expulsion *f*

FACE

	f extrusion f, expulsion f
	i estrusione f, espulsione f
	r 1. вытеснение n 2. смещение n (органа)
E589	e extubation
	d Extubation f
	f extubation f, détubage m
	i estubazione f
	r экстубация f
E590	e exudate
	d Exsudat n
	f exsudat m
	i essudato m
	r экссудат m
E591	e exudation
	d Exsudation f, Exsudatabsonderung f
	f exsudation f
	i essudazione f
	r экссудация f
E592	e exudative diathesis
	d exsudative Diathese f
	f diathèse f exsudative
	i diatesi f essudativa
	r экссудативно-катаральный [атопический] диатез m
E593	e exudative inflammation
	d exsudative Entzündung f
	f inflammation f exsudative
	i infiammazione f essudativa
	r экссудативное воспаление n
E594	e eye
	d Auge n
	f œil m
	i occhio m
	r глаз m
E595	e eyeball
	d Augapfel m
	f globe m oculaire
	i globo m [bulbo m] oculare
	r глазное яблоко n
E596	e eyebrow
	d Augenbraue f
	f sourcil m
	i sopracciglio m
	r бровь f
E597	e eye capsule
	d Tenon-Kapsel f
	f capsule f de Tenon
	i capsula f del Telone, fascia f del bulbo oculare
	r влагалище n глазного яблока, тенонова капсула f
E598	e eye-closure reflex
	d Augenlidschlußreflex m, Zwinkerreflex m, Blinzelreflex m
	f réflexe m de clignement
	i riflesso m di chiusura degli occhi [auricolopalpebrale]
	r мигательный рефлекс m
E599	e eye-ear plane
	d orbital-aurikuläre Ebene f
	f plan m orbito-auditif [auriculo-orbitaire, de Virchow, de Francfort]
	i piano m auricolo-orbitale [di Virchow]
	r глазнично-ушная [франкфуртская] горизонталь f
E600	e eyeground, eyegrounds pl
	d Augenhintergrund m
	f fond m d'œil
	i fondo m dell'occhio
	r глазное дно n
E601	e eyelash
	d Augenwimper f, Wimperhaar n
	f cil m
	i ciglio m
	r ресница f
E602	e eyelid
	d Augenlid n, Lid n
	f paupière f
	i palpebra f
	r веко n
E603	e eye memory
	d visuelles Gedächtnis n
	f mémoire f visuelle
	i memoria f visiva
	r зрительная память f
E604	e eyepiece
	d Okular n
	f oculaire m du microscope
	i oculare m di microscopio
	r окуляр m микроскопа

F

F1	e Faber's anemia
	d achlorhydrische Anämie f, achylische Chloranämie f
	f anémie f achlorhydrique
	i anemia f acloridrica [di Faber]
	r ахлоргидрическая анемия f
F2	e fabism see favism
F3	e fabrication, fabulation
	d Konfabulation f
	f confabulation f
	i confabulazione f
	r конфабуляция f
F4	e face
	d Gesicht n

FACE AGUE

    f face *f*
    i faccia *f*, viso *m*
    r лицо *n*

F5 *e* face ague
    d Trigeminusneuralgie *f*, Prosopalgie *f*, Gesichtsneuralgie *f*
    f névralgie *f* faciale [essentielle du trijumeau]
    i nevralgia *f* facciale [del trigemino]
    r невралгия *f* тройничного нерва, тригеминальная невралгия *f*

F6 *e* face presentation
    d Gesichtslage *f*
    f présentation *f* de la face
    i presentazione *f* di faccia
    r лицевое предлежание *n* плода

F7 *e* facial
    d Gesichts...
    f facial
    i facciale
    r лицевой

F8 *e* facial cleft
    d Gesichtsspalte *f*
    f fissure *f* faciale
    i fessura *f* facciale
    r расщелина *f* лица

F9 *e* facial hemiatrophy
    d einseitige Gesichtshemiatrophie *f*, Romberg-Syndrom *n*, Gesichtsschwund *m*
    f hémiatrophie *f* faciale progressive de Romberg, maladie *f* de Romberg
    i emiatrofia *f* facciale, malattia *f* di Romberg
    r прогрессирующая гемиатрофия *f* лица, болезнь *f* Ромберга

F10 *e* facial hemiplegia
    d Fazialhemiplegie *f*, Gesichtshemiplegie *f*
    f hémiplégie *f* faciale
    i emiplegia *f* facciale
    r гемиплегия лица *f*

F11 *e* facial index
    d Gesichtsindex *m*
    f index *m* facial
    i indice *m* facciale
    r лицевой индекс *m*

F12 *e* facial palsy, facial paralysis
    d Bell-Lähmung *f*, periphere Fazialislähmung *f*
    f paralysie *f* de Bell, paralysie *f* faciale périphérique, prosoplégie *f*
    i paralisi *f* di Bell [facciale]
    r паралич *m* Белла

F13 *e* facial spasm, facial tic
    d Gesichts(nerven)krampf *m*, Fazialisspasmus *m*
    f tic *m* de la face [convulsif]
    i tic *m* facciale [convulsivo]
    r тик *m* лица

F14 *e* facial trophoneurosis *see* facial hemiatrophy

F15 *e* facioplegia *see* facial palsy

F16 *e* facultative parasite
    d fakultativer Schmarotzer *m*
    f parasite *m* facultatif
    i parassita *m* facoltativo
    r факультативный паразит *m*

F17 *e* failure
    d Insuffizienz *f*
    f insuffisance *f*, déficience *f*
    i insufficienza *f*, deficit *m*
    r недостаточность *f*

F18 *e* faint, fainting fit
    d Ohnmacht *f*
    f syncope *f*
    i svenimento *m*, deliquio *m*
    r обморок *m*

F19 *e* falciform cartilage
    d mediale Gelenkscheibe *f*
    f ménisque *m* interne
    i menisco *m* mediale
    r медиальный мениск *m* коленного сустава

F20 *e* falciparum malaria
    d perniziöse Malaria *f*, Tropenfieber *n*
    f fièvre *f* tropicale, paludisme *m* à falciparum
    i malaria *f* terzana maligna
    r тропическая малярия *f*

F21 *e* falcula
    d Kleinhirnsichel *f*
    f faux *f* du cervelet
    i falce *f* cerebellare
    r серп *m* мозжечка

F22 *e* **Fallopian tube**
    d Eileiter *m*, Tuba *f* Falloppii
    f trompe *f* utérine [de Fallope]
    i ovidotto *m*, tuba *f* uterina, tromba *f* di Fallopio
    r фаллопиева [маточная] труба *f*

F23 *e* **Fallot's tetrad**
    d Fallot-Tetralogie *f*
    f tétrade *f* [tétralogie *f*] de Fallot
    i tetrade *f* [tetralogia *f*] di Fallot
    r тетрада *f* Фалло

F24 *e* **Fallot's tetralogy** *see* **Fallot's tetrad**

F25 *e* **false anemia**
    d Pseudoanämie *f*
    f pseudo-anémie *f*
    i anemia *f* falsa
    r псевдоанемия *f*

F26 e **false cyst**
　　d Pseudozyste *f*, falsche Zyste *f*, Zystoid *n*
　　f pseudokyste *f*, kystoïde *m*
　　i cisti *f* falsa
　　r ложная киста *f*. кистоид *m*

F27 e **false glottis**
　　d falsche Stimmritze *f*
　　f fausse glotte *f*
　　i glottide *f* falsa
　　r ложная голосовая щель *f*, щель *f* преддверия

F28 e **false joint**
　　d Pseudarthrose *f*, Scheingelenk *n*
　　f pseudarthrose *f*
　　i pseudoartrosi *f*
　　r ложный сустав *m*, псевдоартроз *m*

F29 e **false nucleolus**
　　d Chromozentrum *n*
　　f chromocentre *m*
　　i nucleolo *m* falso
　　r хромоцентр *m*

F30 e **false pelvis**
　　d großes Becken *n*
　　f grand bassin *m*
　　i grande pelvi *f*, pelvi *f* falsa, grande bacino *m*
　　r большой таз *m*

F31 e **familial dysautonomia**
　　d Riley-Day-Syndrom *n*, familiäre autonome Dysfunktion *f*
　　f syndrome *m* de Riley-Day, dysautonomie *f* familiale
　　i disautonomia *f* familiare, sindrome *f* di Riley-Day
　　r синдром *m* Райли—Дея, семейная вегетативная дисфункция *f*

F32 e **familial nonhemolytic jaundice**
　　d hereditärer konstitutioneller Ikterus *m*, Gilbert-(Meulengracht-)Krankheit *f*
　　f syndrome *m* de Meulengracht, ictère *m* juvénile intermittent
　　i ittero *m* congenito non emolitico
　　r синдром *m* Жильбера—Мейленграхта, семейная негемолитическая желтуха *f*

F33 e **familial spinal muscular atrophy**
　　d erbliche spinale Muskelatrophie *f*, Kugelberg-Welander-Krankheit *f*
　　f atrophie *f* musculaire spinale héréditaire
　　i atrofia *f* muscolare spinale familiare
　　r болезнь *f* Кугельберга—Веландера, наследственная мышечная спинальная проксимальная атрофия *f*

F34 e **fangotherapy**
　　d Fangotherapie *f*, Schlammbehandlung *f*
　　f pélothérapie *f*
　　i fangoterapia *f*, lutoterapia *f*
　　r грязелечение *n*

F35 e **faradization, faradotherapy**
　　d Faradisierung *f*, Faradotherapie *f*
　　f faradisation *f*
　　i faradizzazione *f*
　　r фарадизация *f*

F36 e **farcy**
　　d Hautrotz *m*
　　f farcin *m*, morve *f* cutanée
　　i farcino *m*, morva *f* (cutanea), cimurro *m*
　　r кожный сап *m*

F37 e **farmer's skin**
　　d Landmannshaut *f*
　　f peau *f* de paysan
　　i pelle *f* del marinaio
　　r ромбовидная кожа *f* шеи, кожа *f* крестьянина

F38 e **farsightedness**
　　d Weitsichtigkeit *f*, Übersichtigkeit *f*, Hypermetropie *f*
　　f hypermétropie *f*
　　i ipermetropia *f*
　　r дальнозоркость *f*, гиперметропия *f*

F39 e **fascia**
　　d Faszie *f*, Muskelbinde *f*
　　f fascia *m*
　　i fascia *f*
　　r фасция *f*

F40 e **fascicular keratitis**
　　d Bändchen-Keratitis *f*, Wanderphlyktäne *f*, Hornhautrandphlyktäne *f*
　　f kératite *f* fasciculaire [en bandelette]
　　i cheratite *f* fascicolare
　　r пучковидный кератит *m*, блуждающая фликтена *f* роговицы

F41 e **fascicular sarcoma**
　　d Spindelzellsarkom *n*
　　f sarcome *m* fasciculé
　　i sarcoma *m* fusocellulare
　　r веретеноклеточная саркома *f*

F42 e **fasci(i)tis**
　　d Fasziitis *f*, Faszienentzündung *f*
　　f fascite *f*
　　i fascite *f*
　　r фасцит *m*

F43 e **fasciotomy**
　　d Fasziotomie *f*, Faszienschnitt *m*
　　f fasciotomie *f*
　　i fasciotomia *f*
　　r фасциотомия *f*

FASTNESS

F44   *e*   fastness
       d   Resistenz *f*, Widerstandsfähigkeit *f*
       f   résistance *f*
       i   resistenza *f*
       r   устойчивость *f* (*микроорганизмов*)

F45   *e*   fat
       d   1. Fett *n* 2. Fettgewebe *n*
       f   1. graisse *f* 2. tissu *m* adipeux
       i   1. grasso *m* 2. tessuto *m* adiposo
       r   1. жир *m* 2. жировая ткань *f*

F46   *e*   fat cell
       d   Fettzelle *f*
       f   cellule *f* adipeuse, lipocyte *m*
       i   adipocito *m*, cellula *f* adiposa
       r   липоцит *m*, жировая клетка *f*

F47   *e*   fat embolism
       d   Fettembolie *f*
       f   embolie *f* graisseuse
       i   embolia *f* grassosa
       r   жировая эмболия *f*

F48   *e*   fatigability
       d   Ermüdbarkeit *f*, Erschöpfbarkeit *f*
       f   fatigabilité *f*
       i   faticabilità *f*
       r   утомляемость *f*

F49   *e*   fatigue
       d   Ermüdung *f*, Ermattung *f*, Müdigkeit *f*
       f   fatigue *f*
       i   fatica *f*, sforzo *m*
       r   утомление *n*, усталость *f*

F50   *e*   fat metabolism
       d   1. Fettmetabolismus *m*
           2. Lipidmetabolismus *m*,
           Lipidstoffwechsel *m*
       f   métabolisme *m* lipidique
       i   metabolismo *m* lipidico
       r   1. жировой обмен *m* 2. липидный обмен *m*

F51   *e*   fat necrosis
       d   Fettgewebsnekrose *f*
       f   nécrose *f* adipeuse, stéatonécrose *f*
       i   steatonecrosi *f*
       r   жировой некроз *m*, адипонекроз *m*

F52   *e*   fat-soluble
       d   fettlösbar
       f   liposoluble
       i   liposolubile
       r   жирорастворимый

F53   *e*   fatty acid
       d   Fettsäure *f*
       f   acide *m* gras
       i   acido *m* grasso
       r   жирная кислота *f*

F54   *e*   fatty degeneration
       d   adipose Degeneration *f*, Fettdystrophie *f*
       f   dégénérescence *f* graisseuse, stéatose *f*
       i   steatosi *f*, degenerazione *f* grassa
       r   жировая [липидная] дистрофия *f*

F55   *e*   fatty heart
       d   Fettherz *n*
       f   cœur *m* adipeux
       i   cuore *m* adiposo
       r   «жирное» сердце *n*

F56   *e*   fatty stools
       d   Fettstuhl *m*, Steatorrhoe *f*
       f   diarrhée *f* graisseuse, stéatorrhée *f*
       i   diarrea *f* grassa, steatorrea *f*
       r   стеаторея *f*

F57   *e*   fatty tissue
       d   Fettgewebe *n*
       f   tissu *m* adipeux
       i   tessuto *m* adiposo
       r   жировая ткань *f*

F58   *e*   faucial tonsil
       d   Gaumenmandel *f*
       f   amygdale *f* palatine
       i   tonsilla *f* [amigdala *f*] palatina
       r   нёбная миндалина *f*

F59   *e*   favid
       d   Favid *n*
       f   favide *m*
       i   favide *m*
       r   фавид *m*

F60   *e*   favism
       d   Favismus *m*, Bohnenkrankheit *f*
       f   favisme *m*
       i   favismo *m*
       r   фавизм *m*

F61   *e*   favus
       d   Favus *m*, Erbgrind *m*
       f   favus *m*
       i   favo *m*, tigna *f* favosa
       r   фавус *m*, парша *f*

F62   *e*   febrile
       d   febril, fieberhaft
       f   fébrile
       i   febbrile
       r   лихорадочный, фебрильный

F63   *e*   fecal
       d   fäkal, kotig
       f   fécal
       i   fecale
       r   каловый, фекальный

F64   *e*   fecal fistula
       d   Fäkalfistel *f*, Kotfistel *f*
       f   fistule *f* stercorale
       i   fistola *f* stercoracea
       r   каловый свищ *m*

F65   *e*   fecal incontinence
       d   Stuhlinkontinenz *f*
       f   encoprésie *f*

	i	incontinenza *f* fecale [alvina]
	r	недержание *n* кала
F66	*e*	**fecalith**
	d	Kotstein *m*, Fäkalstein *m*, Koprolith *m*
	f	coprolithe *m*
	i	coprolito *m*
	r	каловый конкремент *m*, каловый камень *m*, копролит *m*
F67	*e*	**fecaloma**
	d	Fäkalom *n*
	f	fécalome *m*
	i	fecaloma *m*
	r	каловая опухоль *f*
F68	*e*	**fecal vomiting**
	d	Koterbrechen *n*, fäkales Erbrechen *n*, Miserere *n*
	f	vomissements *m pl* fécaloïdes
	i	vomito *m* fecaloide
	r	каловая рвота *f*
F69	*e*	**feces**
	d	Kot *m*, Stuhl *m*, Fäzes *pl*, Fäkalien *pl*
	f	excréments *m pl*
	i	feci *f pl*
	r	кал *m*, фекалии *pl*, экскременты *pl*
F70	*e*	**fecundation**
	d	Befruchtung *f*, Fecundatio *f*
	f	fécondation *f*
	i	fecondazione *f*
	r	оплодотворение *n*
F71	*e*	**feeblemindedness**
	d	Oligophrenie *f*
	f	oligophrénie *f*
	i	frenastenia *f*, oligofrenia *f*
	r	олигофрения *f*
F72	*e*	**feedback**
	d	Rückkopplung *f*
	f	rétroaction *f*
	i	controregolazione *f*, feedback *m*, retroreazione *f*
	r	обратная связь *f*
F73	*e*	**feeding**
	d	Füttern *n*, Nähren *n*, Ernährung *f*
	f	alimentation *f*
	i	alimentazione *f*, nutrizione *f*
	r	питание *n*, кормление *n*
F74	*e*	**feeling**
	d	1. Empfindung *f* 2. Gefühl *n*
	f	1. sensation *f* 2. sens *m*
	i	1. sensazione *f* 2. sentimento *m*
	r	1. ощущение *n* 2. чувство *n*
F75	*e*	**felon**
	d	unguinales Panaritium *n*
	f	panaris *m* périunguéal
	i	patereccio *m*
	r	ногтевой панариций *m*
F76	*e*	**female hormone**
	d	Östrogen *n*, östrogenes Hormon *n*, weibliches Keimdrüsenhormon *n*
	f	œstrogène *m*, hormone *m* œstrogène
	i	ormone *m* femminile
	r	эстроген *m*, эстрогенный гормон *m*, женский половой гормон *m*
F77	*e*	**female pseudohermaphroditism**
	d	weiblicher Pseudohermaphroditismus *m*
	f	pseudo-hermaphrodisme *m* féminin
	i	pseudoermafroditismo *m* femminile
	r	женский псевдогермафродитизм *m*
F78	*e*	**feminism**
	d	Feminismus *m*
	f	féminisme *m*
	i	femminismo *m*
	r	феминизм *m*
F79	*e*	**feminization**
	d	Verweiblichung *f*
	f	féminisation *f*
	i	femminilizzazione *f*
	r	феминизация *f*
F80	*e*	**femoral hernia**
	d	Femoralhernie *f*, Oberschenkelhernie *f*
	f	hernie *f* fémorale [crurale]
	i	ernia *f* femorale [crurale]
	r	бедренная грыжа *f*
F81	*e*	**femoral muscle**
	d	mittlerer Schenkelmuskel *m*
	f	muscle *m* crural [vaste intermédiaire]
	i	muscolo *m* vasto intermedio
	r	широкая промежуточная мышца *f* бедра
F82	*e*	**femorocele** *see* **femoral hernia**
F83	*e*	**femur**
	d	1. Femur *n*, Oberschenkelknochen *m* 2. Femur *n*, Oberschenkel *m*
	f	fémur *m*
	i	1. coscia *f* 2. femore *m*
	r	1. бедренная кость *f* 2. бедро *n*
F84	*e*	**fenestrated forceps**
	d	1. gefensterte [durchlöcherte] Klemme *f* 2. gefensterte [durchlöcherte] Polypenzange *f*
	f	1. pince *f* de Potts 2. pince *f* à polypes fenêtrée
	i	1. pinza *f* emostatica a branche finestrate 2. forcipe *m* per estrarre i polipi
	r	1. окончатый зажим *m* 2. полипные окончатые щипцы *pl*
F85	*e*	**fenestration operation**
	d	Fenestration *f*, Fensterungsoperation *f*
	f	fénestration *f*

FERMENT

- F86   *e*   **ferment**
  - *d*   Ferment *n*, Enzym *n*
  - *f*   ferment *m*, enzyme *m*
  - *i*   fermento *m*, enzima *m*
  - *r*   фермент *m*

- F87   *e*   **fermentation**
  - *d*   1. Fermentation *f*, Fermentierung *f* 2. Gärung *f*
  - *f*   fermentation *f*
  - *i*   fermentazione *f*
  - *r*   1. ферментация *f*, ферментативное брожение *n* 2. брожение *n*

- F88   *e*   **fermentative dyspepsia**
  - *d*   Gärungsdyspepsie *f*
  - *f*   dyspepsie *f* de fermentation
  - *i*   dispepsia *f* fermentativa
  - *r*   бродильная диспепсия *f*

- F89   *e*   **ferrihemoglobin**
  - *d*   Methämoglobin *n*
  - *f*   méthémoglobine *f*
  - *i*   ferroemoglobina *f*
  - *r*   метгемоглобин *m*

- F90   *e*   **ferritin**
  - *d*   Ferritin *n*
  - *f*   ferritine *f*
  - *i*   ferritina *f*
  - *r*   ферритин *m*

- F91   *e*   **fertile**
  - *d*   fertil, fruchtbar
  - *f*   fertile
  - *i*   fertile
  - *r*   фертильный, способный к деторождению

- F92   *e*   **fertility**
  - *d*   Fertilität *f*, Fruchtbarkeit *f*
  - *f*   fertilité *f*
  - *i*   fertilità *f*
  - *r*   плодовитость *f*, фертильность *f*

- F93   *e*   **fertilization**
  - *d*   Befruchtung *f*
  - *f*   fertilisation *f*
  - *i*   fertilizzazione *f*
  - *r*   оплодотворение *n*

- F94   *e*   **fertilized ovum**
  - *d*   befruchtete Eizelle *f*
  - *f*   ovule *m*
  - *i*   uovo *m* fecondato
  - *r*   оплодотворённая яйцеклетка *f*

- F95   *e*   **fester**
  - *d*   Eiterung *f*
  - *f*   suppuration *f*
  - *i*   suppurazione *f*
  - *r*   нагноение *n*

- F96   *e*   **fetal**
  - *i*   finestrazione *f*
  - *r*   фенестрация *f*
  - *d*   fetal, fötal
  - *f*   fœtal
  - *i*   fetale
  - *r*   плодный, фетальный

- F97   *e*   **fetal erythroblastosis**
  - *d*   Erythroblastose *f* der Neugeborenen, fetale Erythroblastose *f*
  - *f*   érythroblastose *f* fœtale, maladie *f* hémolytique du nouveau-né
  - *i*   eritroblastosi *f* fetale
  - *r*   гемолитическая болезнь *f* новорождённых, эритробластоз *m* новорождённых

- F98   *e*   **fetal placenta**
  - *d*   fetale Plazenta *f*
  - *f*   placenta *m* fœtal
  - *i*   parte *f* fetale della placenta
  - *r*   плодная плацента *f*

- F99   *e*   **fetal rhythm**
  - *d*   Pendelrhythmus *m* des Herzens
  - *f*   rythme *m* pendulaire
  - *i*   ritmo *m* pendolare
  - *r*   маятникообразный ритм *m* сердца, эмбриокардия *f*

- F100   *e*   **fetid**
  - *d*   stinkend
  - *f*   fétide
  - *i*   fetido
  - *r*   дурно пахнущий, вонючий

- F101   *e*   **fetid sweat**
  - *d*   stinkender Schweiß *m*, Bromhidrosis *f*
  - *f*   brom(h)idrose *f*
  - *i*   bromidrosi *f*
  - *r*   бромидроз *m*, зловонный пот *m*

- F102   *e*   **fetus**
  - *d*   Fetus *m*, Frucht *f*
  - *f*   fœtus *m*
  - *i*   feto *m*
  - *r*   плод *m*

- F103   *e*   **fever**
  - *d*   Fieber *n*
  - *f*   fièvre *f*
  - *i*   febbre *f*, piressia *f*
  - *r*   лихорадка *f*

- F104   *e*   **fever blister, fever sore**
  - *d*   Fieberbläschen *n*
  - *f*   herpès *m* buccal
  - *i*   erpete *m* labiale
  - *r*   лихорадка *f* на губе

- F105   *e*   **fever therapy**
  - *d*   pyrogene Behandlung *f*, Hyperthermiebehandlung *f*
  - *f*   pyrothérapie *f*, thérapie *f* pyrogène
  - *i*   piretoterapia *f*
  - *r*   пиротерапия *f*, искусственная гипертермия *f*, пирогенная терапия *f*

FIBROLIPOMA

F106   *e*   **fiber**
        d   Fiber *f*, Faser *f*
        f   fibre *f*
        i   fibra *f*
        r   волокно *n*

F107   *e*   **fiber optics**
        d   Faseroptik *f*
        f   optique *f* des fibres
        i   fiberottica *f*
        r   волоконная оптика *f*

F108   *e*   **fiberscope**
        d   Fiberskop *n*
        f   fibroscope *m*
        i   fibroscopio *m*
        r   волоконный эндоскоп *m*, фиброскоп *m*

F109   *e*   **fibril**
        d   Fibrille *f*
        f   fibrille *f*
        i   fibrilla *f*
        r   фибрилла *f*, волоконце *n*

F110   *e*   **fibrillary chorea**
        d   Morvan-Syndrom *n*, Morvan-Krankheit *f*
        f   syndrome *m* de Morvan, chorée *f* fibrillaire de Morvan
        i   malattia *f* di Morvan, corea *f* fibrillare
        r   синдром *m* [болезнь *f*, хорея *f*] Морвана

F111   *e*   **fibrillation**
        d   Fibrillation *f*, fibrilläre Zuckungen *f pl*
        f   fibrillation *f*
        i   fibrillazione *f*
        r   фибриллярное подёргивание *n*, фибрилляция *f*

F112   *e*   **fibrin**
        d   Fibrin *n*
        f   fibrine *f*
        i   fibrina *f*
        r   фибрин *m*

F113   *e*   **fibrin glue**
        d   Fibrinkleber *m*
        f   colle *f* fibrineuse
        i   collante *m* biologico, colla *f* di fibrina umana
        r   биологический [фибриновый] клей *m*

F114   *e*   **fibrinase**
        d   Faktor *m* XIII, Fibrinase *f*
        f   facteur *m* XIII, fibrinase *f*
        i   fattore *m* XIII, fibrinasi *f*
        r   фириназа *f*, фактор *m* XIII (свёртывания крови)

F115   *e*   **fibrinogen**
        d   Fibrinogen *n*, Blutgerinnungsfaktor *m* I
        f   fibrinogène *m*
        i   fibrinogeno *m*
        r   фибриноген *m*, фактор *m* I (свёртывания крови)

F116   *e*   **fibrinogenopenia**
        d   Fibrinogenmangel *m*
        f   fibrinogénopénie *f*, hypofibrinogénémie *f*
        i   fibrinogenopenia *f*
        r   гипофибриногенемия *f*

F117   *e*   **fibrinolysin**
        d   Fibrinolysin *n*, Plasmin *n*
        f   fibrinolysine *f*
        i   fibrinolisina *f*
        r   плазмин *m*, фибринолизин *m*

F118   *e*   **fibrinolysis**
        d   Fibrinolyse *f*
        f   fibrinolyse *f*
        i   fibrinolisi *f*
        r   фибринолиз *m*

F119   *e*   **fibroadenoma**
        d   Fibroadenom *n*, Adenofibrom *n*
        f   fibroadénome *m*
        i   fibroadenoma *m*
        r   фиброаденома *f*, аденофиброма *f*

F120   *e*   **fibroblast**
        d   Fibroblast *m*
        f   fibroblaste *m*
        i   fibroblasto *m*
        r   фибробласт *m*

F121   *e*   **fibrocystic disease of breasts**
        d   fibrozystische Mastopathie *f*
        f   mastopathie *f* fibro-kystique
        i   mastopatia *f* cistica
        r   кистозно-фиброзная мастопатия *f*

F122   *e*   **fibrocystic disease of pancreas**
        d   Pankreasfibrose *f*, Mukoviszidose *f*
        f   mucoviscidose *f*, pancréatite *f* fibro-kystique
        i   fibrosi *f* cistica del pancreas, mucoviscidosi *f*
        r   муковисцидоз *m*, кистозный панкреофиброз *m*

F123   *e*   **fibrocyte** *see* **fibroblast**

F124   *e*   **fibroelastosis**
        d   Fibroelastose *f*
        f   fibro-élastose *f*
        i   fibroelastosi *f*
        r   фиброэластоз *m*

F125   *e*   **fibrokeratoma**
        d   Hauthorn *n*, Fibrokeratom *n*
        f   corne *f* cutanée, papillome *m* corné
        i   fibrocheratoma *m*
        r   кожный рог *m*, фиброкератома *f*

F126   *e*   **fibrolipoma**

FIBROMA

	d	Fibrolipom *n*
	f	fibrolipome *m*
	i	fibrolipoma *m*
	r	фиболипома *f*, липофиброма *f*
F127	e	**fibroma**
	d	Fibrom *n*
	f	fibrome *m*
	i	fibroma *m*
	r	фиброма *f*
F128	e	**fibromatosis**
	d	Fibromatose *f*
	f	fibromatose *f*
	i	fibromatosi *f*
	r	фиброматоз *m*
F129	e	**fibromyoma**
	d	Fibromyom *n*
	f	fibromyome *m*
	i	fibromioma *m*
	r	фибромиома *f*
F130	e	**fibromyositis**
	d	Fibromyositis *f*, Muskelbindegewebsentzündung *f*
	f	fibromyosite *f*
	i	fibromiosite *f*
	r	фиброзный миозит *m*
F131	e	**fibrosarcoma**
	d	Fibrosarkom *n*
	f	fibrosarcome *m*
	i	fibrosarcoma *m*
	r	фибросаркома *f*
F132	e	**fibrosis**
	d	Fibrose *f*
	f	fibrose *f*
	i	fibrosi *f*
	r	фиброз *m*
F133	e	**fibrous**
	d	1. fibrös 2. faserig, faserartig
	f	fibreux
	i	fibroso
	r	1. фиброзный 2. волокнистый
F134	e	**fibrous ankylosis**
	d	fibröse Ankylose *f*
	f	ankylose *f* fibreuse
	i	anchilosi *f* fibrosa
	r	фиброзный анкилоз *m*
F135	e	**fibrous cancer**
	d	Fibrokarzinom *n*, Faserkrebs *m*, Szirrhus *m*, Skirrhus *m*
	f	cancer *m* squirrheux, squirrhe *m*
	i	scirro *m*, carcinoma *m* scirroso [fibroso]
	r	фиброзный рак *m*, скирр *m*
F136	e	**fibrous cavernitis**
	d	Peyronie-Krankheit *f*, Penisinduration *f*
	f	maladie *f* de Peyronie, sclérose *f* des corps caverneux
	i	cavernite *f* fibrosa, malattia *f* di Peyronie
	r	болезнь *f* Пейрони, фибропластическая индурация *f* полового члена
F137	e	**fibrous goiter**
	d	Riedel-Struma *f*, fibröser Kropf *m*
	f	goitre *m* fibreux
	i	gozzo *m* fibroso
	r	струма *f* Риделя, фиброзный зоб *m*, фиброзный тиреоидит *m*
F138	e	**fibrous polyp**
	d	fibröser Polyp *m*
	f	polype *m* fibreux
	i	polipo *m* fibroso
	r	фиброзный полип *m*
F139	e	**fibular**
	d	fibular
	f	fibulaire, péronéen
	i	fibulare, peroniero
	r	малоберцовый
F140	e	**Fiedler's myocarditis**
	d	Fiedler-Myokarditis *f*, idiopathische Myokarditis *f*
	f	myocardite *f* idiopathique [de Fiedler]
	i	miocardite *f* (idiopatica) di Fiedler
	r	идиопатический [злокачественный] миокардит *m*, миокардит *m* (Абрамова—) Фидлера
F141	e	**figure-of-eight bandage**
	d	Achterbinde *f*, Achtertourenverband *m*
	f	bandage *m* en huit de chiffre
	i	fasciatura *f* ad otto
	r	восьмиобразная повязка *f*
F142	e	**fig wart**
	d	spitze Feigwarze *f*
	f	condylome *m* acuminé
	i	condiloma *m* acuminato, cresta *f* di gallo
	r	остроконечная бородавка *f* [кондилома *f*]
F143	e	**filament**
	d	Filament *n*
	f	filament *m*
	i	filamento *m*
	r	филамент *m*, нитевидное образование *n*
F144	e	**Filatov's disease**
	d	Filatow-Dukes-Krankheit *f*, scharlachähnliche Röteln *pl*, vierte Krankheit *f*
	f	rubéole *f* scarlatiniforme, maladie *f* de Filatow-Dukes, quatrième maladie *f*
	i	malattia *f* di Filatov-Dukes

	r	скарлатинозная краснуха *f*, болезнь *f* Филатова—Дьюкса, четвёртая болезнь *f*
F145	e	**Filatov's spots**
	d	Koplik-Flecke *m pl*, Belski-Filatow-Zeichen *n (bei Masern)*
	f	taches *f pl* de Filatow, taches *f pl* de Koplik
	i	macchie *f pl* di Filatov
	r	пятна *n pl* Бельского—Филатова—Коплика, пятна *n pl* Филатова
F146	e	**filiform**
	d	filiform, fadenförmig
	f	filiforme
	i	filiforme
	r	нитевидный, филиформный
F147	e	**filiform pulse**
	d	fadenförmiger Puls *m*
	f	pauls *m* filiforme
	i	polso *m* filiforme
	r	нитевидный пульс *m*
F148	e	**filling**
	d	Füllung *f*, Plombe *f*
	f	plomb *m*
	i	piombatura *f*, otturazione *f*
	r	пломба *f*
F149	e	**filling defect**
	d	Füllungsdefekt *m*
	f	image *f* lacunaire
	i	immagine *f* lacunare
	r	дефект *m* наполнения
F150	e	**filter**
	d	Filter *n*
	f	filtre *m*
	i	filtro *m*
	r	фильтр *m*
F151	e	**filterable**
	d	filtrierbar
	f	filtrable
	i	filtrabile
	r	фильтрующийся
F152	e	**filtrate**
	d	Filtrat *n*
	f	filtrat *m*
	i	filtrato *m*
	r	фильтрат *m*
F153	e	**filtration**
	d	Filtration *f*, Filtrierung *f*
	f	filtration *f*
	i	filtrazione *f*
	r	фильтрация *f*
F154	e	**filtration angle**
	d	Kammerwinkel *m*, Kammerbucht *f*
	f	angle *m* de la chambre antérieure (de l'œil)
	i	angolo *m* di filtrazione [iridocorneale]
	r	радужно-роговичный угол *m*, угол *m* передней камеры *(глаза)*
F155	e	**final host**
	d	Endwirt *m*
	f	hôte *m* définitif
	i	ospite *m* definitivo
	r	окончательный [дефинитивный] хозяин *m* паразита
F156	e	**finger**
	d	Finger *m*
	f	doigt *m*
	i	dito *m*
	r	палец *m* руки
F157	e	**fingernail**
	d	Nagel *m*
	f	ongle *m*
	i	unghia *f*
	r	ноготь *m*
F158	e	**first aid**
	d	Ersthilfe *f*
	f	premiers soins *m pl*
	i	primo [pronto] soccorso *m*
	r	первая помощь *f*, первая доврачебная помощь *f*
F159	e	**first-aid kit**
	d	Taschenapotheke *f*, Reiseapotheke *f*
	f	pharmacie *f* portative [de poche, de voyage]
	i	farmacia *f* portatile, cassetta *f* chirurgica [di pronto soccorso]
	r	аптечка *f* первой помощи
F160	e	**first dentition**
	d	erste Dentition *f*, erste Zahnung *f*
	f	première dentition *f*, dentition *f* de lait
	i	dentizione *f* di latte
	r	прорезывание *n* молочных зубов
F161	e	**first intention**
	d	Primärheilung *f*
	f	cicatrisation *f* par première intention
	i	guarigione *f* per prima intenzione
	r	заживление *n* первичным натяжением
F162	e	**fishskin disease**
	d	Ichthyosis *f*, Fischschuppenkrankheit *f*
	f	ichtyose *f*
	i	ittiosi *f*
	r	ихтиоз *m*
F163	e	**fissure**
	d	1. Fissur *f*, Spalte 2. Furche *f* 3. Rhagade *f*, Schrunde *f*
	f	1. fissure *f* 2. scissure *f*, sillon *m*, incisure *f* 3. fente *f*
	i	1. fessura *f* 2. solco *m* 3. scissura *f*
	r	1. трещина *f* 2. борозда *f* 3. щель *f*, расщелина *f*
F164	e	**fissure of Rolando**

	d	Rolando-Furche f, Zentralfurche f
	f	sillon m central de l'insula
	i	scissura f centrale [di Rolando]
	r	центральная [роландова] борозда f
F165	e	**fissure of Sylvius**
	d	Sylvius-Furche f, Lateralfurche f
	f	scissure f de Sylvius [latérale]
	i	scissura f laterale [di Sylvius]
	r	латеральная [сильвиева] борозда f
F166	e	**fissured tongue**
	d	Furchenzunge f, Faltenzunge f
	f	langue f plicaturée [scrotale]
	i	lingua f a pliche [scrotale]
	r	складчатый язык m
F167	e	**fistula**
	d	Fistel f
	f	fistule f
	i	fistola f
	r	свищ m, фистула f
F168	e	**fit**
	d	1. Attacke f, Anfall m 2. Krampfanfall m
	f	1. attaque f, crise f 2. paroxysme m
	i	1. convulsione f, attacco m 2. parossismo m
	r	1. припадок m, приступ m 2. судорожный припадок m
F169	e	**fitness**
	d	Fitness f
	f	forme f
	i	forma f, alta condizione f fisica
	r	тренированность f, хорошая физическая форма f
F170	e	**fixation**
	d	Fixation f, Fixierung f
	f	fixation f
	i	fissazione f
	r	фиксация f
F171	e	**fixation of the complement**
	d	Komplementbindung f
	f	fixation f du complément
	i	fissazione f del complemento
	r	связывание n комплемента
F172	e	**fixed denture**
	d	nichtherausnehmbare Zahnprothese f
	f	prothèse f dentaire fixe
	i	protesi f odontoiatrica fissa
	r	несъёмный зубной протез m
F173	e	**fixed dressing**
	d	immobilisierender Verband m
	f	bandage m immobilisateur [contentif]
	i	fasciatura f immobilizzante
	r	иммобилизующая повязка f
F174	e	**fixed idea**
	d	fixe Idee f
	f	idée f fixe
	i	idea f fissa
	r	навязчивая идея f
F175	e	**fixed rate pacemaker, fixed rate pulse generator**
	d	asynchroner Elektrokardiostimulator m
	f	cardiostimulateur m asynchrone
	i	stimolatore m asincrono del cuore
	r	асинхронный электрокардиостимулятор m
F176	e	**flagellum**
	d	Flagellum n, Geißel f
	f	flagelle m
	i	flagello m
	r	жгутик m
F177	e	**flail joint**
	d	Schlottergelenk n
	f	articulation f ballante congénitale
	i	articolazione f lassa
	r	болтающийся [разболтанный] сустав m
F178	e	**Flajani's disease**
	d	Basedow-Krankheit f
	f	maladie f de Basedow, goitre m exophtalmique
	i	gozzo m basedowiano, ipertiroidismo m, tireotossicosi f
	r	диффузный токсический зоб m, базедова болезнь f, болезнь f Грейвса
F179	e	**flank**
	d	Körperflanke f, Flanke f
	f	flanc m
	i	fianco m
	r	боковая область f живота
F180	e	**flank bone**
	d	Darmbein n
	f	os m iliaque
	i	osso m iliaco
	r	подвздошная кость f
F181	e	**flap**
	d	Lappen m, Hautlappen m
	f	greffe f, greffon m, transplant m
	i	lembo m, innesto m
	r	лоскут m
F182	e	**flap amputation**
	d	Lappenamputation f
	f	amputation f à lambeau unique
	i	amputazione f a lembi
	r	лоскутная ампутация f
F183	e	**flash keratoconjunctivitis**
	d	Lichtstrahlenkeratokonjunktivitis f
	f	photoophthalmie f
	i	fotoftalmia f
	r	фотоофтальмия f
F184	e	**flask**

	d	Kolben m, Phiole f, Flasche f
	f	fiole f, flacon m
	i	fiasca f, fiasco m, matraccio m
	r	колба f; склянка f; флакон m
F185	e	**flat chest**
	d	platter Brustkorb m, flache Brust f
	f	thorax m aplati
	i	torace m tisico
	r	плоская грудная клетка f
F186	e	**flat condyloma**
	d	flaches [breites] Kondylom n, flache Feigwarze f
	f	condylome m plat
	i	condiloma m piano
	r	широкая [плоская] кондилома f
F187	e	**flatfoot**
	d	Plattfuß m, Platypodie f
	f	pied m plat, platypodie f
	i	piede m piatto
	r	плоскостопие n
F188	e	**flat hand**
	d	flache Hand f
	f	main f plate
	i	mano f piatta
	r	плоская кисть f
F189	e	**flat papular syphilid**
	d	flaches papulöses Syphilid n
	f	syphilide f papuleuse lenticulaire
	i	sifilide f lenticolare
	r	папулёзный лентикулярный сифилид m
F190	e	**flat pelvis**
	d	flaches Becken n, Flachbecken n
	f	bassin m plat
	i	bacino m piatto
	r	плоский таз m
F191	e	**flatulence, flatus**
	d	Flatuleszenz f, Blähung f, Darmblähung f, Darmgase n pl
	f	flatulence f, météorisme m
	i	flatulenza f, loffa f
	r	метеоризм m, кишечные газы m pl
F192	e	**flat wart**
	d	flache [juvenile] Warze f
	f	verrue f plane juvénile
	i	verruca f piana [piatta]
	r	плоская [юношеская] бородавка f
F193	e	**flavin(e)**
	d	Flavin n
	f	flavine f
	i	flavina f
	r	флавин m
F194	e	**flea-borne typhus**
	d	endemisches Fleckfieber n, Rattenrickettsiose f
	f	typhus m murin [mexicain]
	i	tifo m endemico [murino]
	r	блошиный эндемический тиф m, крысиный риккетсиоз m
F195	e	**Flechsig's column**
	d	Flechsig-Bahn f
	f	faisceau m de Flechsig
	i	fascio m spinocerebellare dorsale [di Flechsig]
	r	дорсальный спинномозжечковый путь m, пучок m Флексига
F196	e	**flection** *see* **flexion**
F197	e	**Fleischmann's bursa**
	d	Bursa f sublingualis
	f	bourse f séreuse sublinguale
	i	borsa f sottolinguale
	r	подъязычная сумка f
F198	e	**fleshy mole**
	d	Fleischmole f
	f	môle f charnue
	i	mola f carnosa
	r	мясистый занос m
F199	e	**flexion**
	d	Flexion f, Biegung f
	f	flexion f, fléchissement m
	i	flessione f
	r	сгибание n
F200	e	**Flexner's bacillus**
	d	Flexner-Dysenteriebakterie f
	f	bacille m dysentérique de Flexner
	i	bacillo m dissenterico di Flexner
	r	дизентерийная бактерия f Флекснера
F201	e	**flexor**
	d	Flexor(muskel) m, Beuger m
	f	fléchisseur m
	i	flessore m
	r	сгибатель m
F202	e	**flexure**
	d	Flexur f, Biegung f; Krümmung f
	f	flexion f
	i	flessura f
	r	изгиб m, перегиб m
F203	e	**floating kidney**
	d	Wanderniere f
	f	rein m flottant, néphroptose f
	i	rene m mobile
	r	блуждающая [подвижная] почка f
F204	e	**floating patella**
	d	tanzende Kniescheibe f
	f	ballottement m de la rotule
	i	rotula f flottante
	r	баллотирование n надколенника
F205	e	**flocculation, flocculence**
	d	Flockung f, Ausflockung f
	f	floculation f

FLOPPY VALVE SYNDROME

	i	flocculazione *f*
	r	флокуляция *f*
F206	*e*	**floppy valve syndrome**
	d	Mitralklappenprolapssyndrom *n*
	f	syndrome *m* du prolapsus des valvules mitrales
	i	sindrome *f* da insufficienza mitralica
	r	синдром *m* пролабирования створок митрального клапана
F207	*e*	**fluctuation**
	d	Fluktuation *f*
	f	fluctuation *f*
	i	fluttuazione *f*
	r	флюктуация *f*
F208	*e*	**fluid balance**
	d	Flüssigkeitsgleichgewicht *n*
	f	équilibre *m* hydro-électrolytique
	i	bilancio *m* idrico
	r	водно-электролитный [водно-солевой] баланс *m*
F209	*e*	**fluorescence**
	d	Fluoreszenz *f*
	f	fluorescence *f*
	i	fluorescenza *f*
	r	флюоресценция *f*
F210	*e*	**fluoridation, fluorination**
	d	Fluoridierung *f*, Fluorierung *f*
	f	fluoration *f*, fluorisation *f*
	i	fluorurazione *f*
	r	фторирование *n*
F211	*e*	**fluororoentgenography**
	d	Schirmbildaufnahme *f*
	f	fluorographie *f*
	i	fotofluorografia *f*
	r	флюорография *f*
F212	*e*	**fluorosis**
	d	Fluorose *f*
	f	fluorose *f*
	i	fluorosi *f*
	r	флюороз *m*
F213	*e*	**flush**
	d	Flush *n*, Blutwallung *f*
	f	afflux *m*
	i	afflusso *m*, caldana *f*
	r	прилив *m* крови *(к лицу)*
F214	*e*	**foam**
	d	Schaum *m*
	f	écume *f*
	i	schiuma *f*
	r	пена *f*
F215	*e*	**foam cell**
	d	Schaumzelle *f*, Xanthomzelle *f*
	f	cellule *f* écumeuse
	i	cellula *f* schiumosa
	r	ксантомная [пенистая] клетка *f*

F216	*e*	**focal alopecia**
	d	kreisförmiger Haarausfall *m*
	f	alopécie *f* en aires
	i	alopecia *f* areata, area *f* Celsi
	r	гнёздная [очаговая, круговая] алопеция *f*
F217	*e*	**focal nephritis**
	d	Herdnephritis *f*
	f	néphrite *f* en foyers
	i	nefrite *f* focale
	r	очаговый нефрит *m*
F218	*e*	**focus**
	d	1. Herd *m*, Fokus *m* 2. Brennpunkt *m*, Fokus *m*
	f	foyer *m*
	i	1. focolaio *m* 2. fuoco *m*
	r	1. очаг *m* 2. фокус *m*
F219	*e*	**fold**
	d	Falte *f*
	f	pli *m*
	i	piega *f*, plica *f*
	r	складка *f*
F220	*e*	**folic acid**
	d	Folsäure *f*
	f	acide *m* folique
	i	acido *m* folico
	r	фолиевая кислота *f*
F221	*e*	**folk medicine**
	d	Volksmedizin *f*, Volksheilkunde *f*
	f	médecine *f* populaire
	i	medicina *f* popolare
	r	народная медицина *f*
F222	*e*	**follicle**
	d	Follikel *m*
	f	follicule *m*
	i	follicolo *m*
	r	фолликул *m*
F223	*e*	**follicle-stimulating hormone**
	d	follikelstimulierendes Hormon *n*
	f	hormone *f* folliculostimulante
	i	ormone *m* follicolo-stimolante
	r	фолликулостимулирующий гормон *m*
F224	*e*	**follicular**
	d	follikulär
	f	folliculaire
	i	follicolare
	r	фолликулярный
F225	*e*	**follicular goiter**
	d	parenchymatöser Kropf *m*
	f	goitre *m* parenchymateux
	i	gozzo *m* parenchimatoso
	r	паренхиматозный зоб *m*
F226	*e*	**follicular hormone**
	d	Östrogen *n*, östrogenes Hormon *n*, weibliches Keimdrüsenhormon *n*

FORCEPS DELIVERY

- *f* œstrogène *m*, hormone *f* œstrogène
- *i* ormone *m* follicolare
- *r* эстроген *m*, эстрогенный гормон *m*, женский половой гормон *m*

F227 *e* **follicular impetigo**
- *d* follikuläre Eiterflechte *f*
- *f* impétigo *m* de Bockhart, impétigo *m* circumpilaire
- *i* impetigine *f* di Bockhart
- *r* фолликулярное импетиго *n*, импетиго *n* Бокхарта

F228 *e* **follicular lymphoma**
- *d* großfollikuläres Lymphom *n*, Brill-Symmers-Krankheit *f*
- *f* lymphome *m* gigantofolliculaire, syndrome *m* macrofolliculaire de Brill-Symmers
- *i* linfoma *m* follicolare, morbo *f* di Brill-Symmers
- *r* гигантофолликулярная лимфома *f*, болезнь *f* Брилла—Симмерса

F229 *e* **follicular mucinosis**
- *d* muzinöse Alopezie *f*, follikuläre Hautmuzinose *f*
- *f* mucinose *f* folliculaire
- *i* mucinosi *f* follicolare
- *r* фолликулярный муциноз *m* кожи, муцинозная алопеция *f*

F230 *e* **follicular ovarian cell**
- *d* Follikelepithelzelle *f*
- *f* épithéliocyte *m* folliculaire
- *i* cellula *f* follicolare dell'ovaio
- *r* фолликулярный эпителиоцит *m*

F231 *e* **follicular pharyngitis**
- *d* follikuläre Pharyngitis *f*
- *f* pharyngite *f* granuleuse
- *i* faringite *f* follicolare
- *r* гранулёзный фарингит *m*

F232 *e* **follicular syphilid**
- *d* follikuläres Syphilid *n*
- *f* syphilide *f* folliculaire
- *i* sifiloderma *m* follicolare
- *r* лихеноидный [папулёзный милиарный] сифилид *m*

F233 *e* **folliculitis**
- *d* Follikulitis *f*, Follikelentzündung *f*
- *f* folliculite *f*
- *i* follicolite *f*
- *r* фолликулит *m*

F234 *e* **fomentation**
- *d* heiße Packung *f*, heißer Umschlag *m*
- *f* fomentation *f*
- *i* fomentazione *f*
- *r* горячий компресс *m*

F235 *e* **fontanel(le)**
- *d* Fontanelle *f*
- *f* fontanelle *f*
- *i* fontanella *f*
- *r* родничок *m*

F236 *e* **food**
- *d* Nahrung *f*, Speise *f*
- *f* aliment *m*
- *i* cibo *m*, alimento *m*
- *r* пища *f*

F237 *e* **food poisoning**
- *d* Nahrungsmittelvergiftung *f*
- *f* toxicose *f* alimentaire
- *i* intossicazione *f* alimentare
- *r* пищевое отравление *n*

F238 *e* **foot**
- *d* Fuß *m*
- *f* pied *m*
- *i* piede *f*
- *r* стопа *f*

F239 *e* **foot-and-mouth disease**
- *d* Maul- und Klauenseuche *f*, Klauenseuche *f*
- *f* fièvre *f* [stomatite *f*] aphteuse
- *i* afta *f* epizootica, febbre *f* [stomatite *f*] aftosa
- *r* ящур *m*

F240 *e* **foot clonus**
- *d* Fußklonus *m*
- *f* clonus *m* du pied
- *i* clono *m* del piede
- *r* клонус *m* стопы

F241 *e* **foot(ing) presentation**
- *d* Fußlage *f*
- *f* présentation *f* du pied
- *i* presentazione *f* podalica
- *r* ножное предлежание *n* (плода)

F242 *e* **foramen**
- *d* Öffnung *f*, Loch *n*, Foramen *n*
- *f* orifice *m*
- *i* foro *m*
- *r* отверстие *n*

F243 *e* **forced respiration**
- *d* forcierte Lungenventilation *f*, Hyperventilation *f*
- *f* hyperventilation *f*
- *i* respirazione *f* forzata
- *r* гипервентиляция *f*

F244 *e* **forceps**
- *d* 1. Klemme *f* 2. Zange *f*
- *f* 1. pince *f* 2. forceps *m*
- *i* 1. pinza *f* 2. forcipe *m*
- *r* 1. зажим *m* 2. щипцы *pl*

F245 *e* **forceps delivery**
- *d* Zangengeburt *f*
- *f* accouchement *m* au forceps
- *i* parto *m* mediante forcipe
- *r* родоразрешение *n* посредством акушерских щипцов

203

FOREARM

F246 *e* **forearm**
   d Unterarm *m*
   f avant-bras *m*
   i avambraccio *m*
   r предплечье *n*

F247 *e* **forebrain**
   d Vorderhirn *n*
   f cerveau *m* antérieur
   i prosencefalo *m*, cervello *m* anteriore
   r передний мозг *m*

F248 *e* **forefinger**
   d Zeigefinger *m*
   f index *m* (*doigt*)
   i indice *m* (*dito*)
   r указательный палец *m*, II палец *m* кисти

F249 *e* **forehead**
   d Stirn *f*
   f front *m*
   i fronte *f*
   r лоб *m*

F250 *e* **foreign body**
   d Fremdkörper *m*
   f corps *m* étranger
   i corpo *m* estraneo
   r инородное тело *n*

F251 *e* **foreign protein**
   d Fremdeiweiß *n*, fremdartiges Eiweiß *n*
   f protéine *f* étrangère
   i proteina *f* eterologa
   r чужеродный белок *m*

F252 *e* **foreign serum**
   d Fremdserum *n*, heterologes Serum *n*
   f sérum *m* hétérologue
   i siero *m* eterologo
   r гетерологичная сыворотка *f*

F253 *e* **forekidney**
   d Vorniere *f*, Pronephros *m*
   f pronéphros *m*
   i pronefro *m*
   r предпочка *f*, пронефрос *m*

F254 *e* **Forel's bundle**
   d Forel-Bündel *n*
   f faisceau *m* lenticulaire de Forel
   i fascio *m* di Forel
   r пучок *m* Фореля

F255 *e* **foremilk**
   d Kolostralmilch *f*, Erstmilch *f*
   f colostrum *m*, lait *m* colostral
   i colostro *m*
   r молозиво *n*

F256 *e* **forensic medicine**
   d Gerichtsmedizin *f*
   f médecine *f* légale
   i medicina *f* legale
   r судебная медицина *f*

F257 *e* **forensic psychiatry**
   d Gerichtspsychiatrie *f*
   f psychiatrie *f* médico-légale
   i psichiatria *f* legale
   r судебная психиатрия *f*

F258 *e* **foreskin**
   d Vorhaut *f*, Präputium *n*
   f prépuce *m*
   i prepuzio *m*
   r крайняя плоть *f*

F259 *e* **forest yaws**
   d lateinamerikanische Haut- und Schleimhautleishmaniasis *f*, Waldframbösie *f*, brasilianische Himbeerkrankheit *f*
   f framboesia *f*
   i leishmaniosi *f* americana cutanea
   r лесная [бразильская] фрамбезия *f*

F260 *e* **formative osteitis**
   d sklerosierende Osteomyelitis *f*, Garré-Osteomyelitis *f*
   f ostéomyélite *f* de Garré
   i osteomielite *f* sclerosante
   r склерозирующий остеомиелит *m*, остеомиелит *m* Гappe

F261 *e* **Fort Bragg fever**
   d prätibiales Fieber *n*
   f fièvre *f* de Fort Bragg
   i febbre *f* di Fort Bragg
   r лихорадка *f* Форта Брегга

F262 *e* **fossa**
   d Grube *f*
   f fosse *f*
   i fossa *f*
   r ямка *f*, углубление *n*

F263 *e* **fourchette**
   d Schamlippenbändchen *n*
   f fourchette *f* de la vulve
   i forchetta *f*, frenulo *m* delle grandi labbra
   r уздечка *f* половых губ

F264 *e* **Fournier's disease**
   d Hodensackgangrän *f*, akuter Skrotalbrand *m*
   f gangrène *f* de Fournier
   i cancrena *f* acuta dei genitali
   r гангрена *f* Фурнье

F265 *e* **fourth disease** *see* **Filatov's disease**

F266 *e* **fourth venereal disease**
   d vierte Geschlechtskrankheit *f*, inguinale Lymphogranulomatose *f*
   f quatrième maladie *f* vénérienne, lymphogranulomatose *f* inguinale subaiguë

	i	linfogranulomatosi f inguinale, quarta malattia f venerea, malattia f di Nicolas-Favre
	r	паховый лимфогранулематоз m, четвёртая венерическая болезнь f
F267	e	fourth ventricle
	d	vierter Hirnventrikel m
	f	quatrième ventricule m
	i	quarto ventricolo m
	r	четвёртый желудочек m (головного мозга)
F268	e	fractional dose
	d	geteilte Dosis f
	f	dose f fractionnée
	i	dose f frazionata
	r	дробная доза f
F269	e	fracture
	d	Bruch m, Fraktur f
	f	fracture f
	i	frattura f
	r	перелом m
F270	e	fragility
	d	Brüchigkeit f
	f	fragilité f
	i	fragilità f
	r	ломкость f
F271	e	fragment
	d	Fragment n, Bruchstück n
	f	fragment m
	i	frammento m
	r	фрагмент m, отломок m
F272	e	fraise
	d	Fräser m
	f	fraise f
	i	fresa f
	r	фреза f
F273	e	frambesia
	d	Frambösie f
	f	framboesia f
	i	framboesia f
	r	фрамбезия f
F274	e	framework
	d	1. Stroma n 2. Brückenprothese f
	f	1. stroma m 2. prothèse f intercalée, pont m
	i	1. stroma m 2. protesi f dentaria
	r	1. строма f 2. мостовидный зубной протез m
F275	e	Frankfurt (horizontal) plane
	d	Frankfurter Horizontale f, Ohr-Augen-Ebene f
	f	plan m de Francfort, plan m orbito-auditif
	i	piano m orizzontale di Francoforte
	r	глазнично-ушная [франкфуртская] горизонталь f
F276	e	Franklin's disease
	d	Schwerkettenkrankheit f, Franklin-Krankheit f
	f	maladie f des chaînes lourdes, syndrome m de Franklin
	i	malattia f delle catene pesanti [di Franklin]
	r	болезнь f тяжёлых цепей
F277	e	fraternal twins pl
	d	zweieiige [dizygote] Zwillinge m pl
	f	jumeaux m pl bivitellins [dizygotes]
	i	gemelli m pl biovulari
	r	двуяйцовые [дизиготные] близнецы m pl
F278	e	freckles pl
	d	Epheliden f pl, Sommersprossen f pl
	f	taches f pl. de rousseur
	i	efelidi f pl., lentiggini f pl
	r	веснушки f pl
F279	e	free gingiva
	d	Zahnfleischrand m
	f	liséré m gingival
	i	gengiva f libera
	r	десневой край m, краевая [свободная] десна f
F280	e	freeze-drying
	d	Gefriertrocknung f, Lyophilisierung f
	f	lyophilisation f
	i	liofilizzazione f
	r	лиофилизация f
F281	e	freezing
	d	Einfrierung f, Vereisung f
	f	congélation f
	i	congelamento m
	r	замораживание n
F282	e	French chalk
	d	Talkum n
	f	talc m
	i	talco m
	r	тальк m
F283	e	frenectomy
	d	Frenektomie f, Zungenbändchenexzision f
	f	frénectomie f
	i	frenulectomia f
	r	френэктомия f
F284	e	frenum
	d	Bändchen n, kleiner Zügel m, Frenulum n
	f	frein m
	i	freno m, frenulo m
	r	уздечка f
F285	e	friction murmur, friction sound
	d	Reibegeräusch n
	f	frottement m
	i	soffio m di sfregamento
	r	шум m трения

FRIEDLÄNDER'S BACILLUS

F286   e **Friedländer's bacillus**
- d Friedländer-Bakterie *f*
- f bacille *m* de Friedländer
- i bacillo *m* di Friedländer
- r палочка *f* Фридлендера, клебсиелла *f* пневмонии

F287   e **Friedländer's disease**
- d obliterierende Arteriitis *f*
- f artérite *f* oblitérante
- i endoarterite *f* obliterante
- r облитерирующий эндартериит *m*

F288   e **frigidity**
- d Frigidität *f*
- f frigidité *f*, anaphrodisie *f*
- i frigidità *f*
- r половая холодность *f*, фригидность *f*

F289   e **frog tongue**
- d Ranula *f*, Fröschleingeschwulst *f*, Unterzungengeschwulst *f*
- f ranule *f*, grenouillette *f*
- i ranula *f*, cisti *f* sublinguale
- r ранула *f*, подъязычная ретенционная киста *f*

F290   e **frontal gyre**
- d Stirnwindung *f*
- f circonvolution *f* frontale
- i giro *m* frontale
- r лобная извилина *f*

F291   e **frontal lobe**
- d Frontallapen *m* (des Gehirns), Stirnlappen *m*
- f lobe *m* frontal
- i lobo *m* frontale
- r лобная доля *f* (головного мозга)

F292   e **frontal sinusitis**
- d Stirn(bein)höhlenentzündung *f*
- f sinusite *f* frontale
- i sinusite *f* frontale
- r двусторонний фронтит *m*

F293   e **frontonasal duct**
- d Stirnbein-Nasengang *m*
- f canal *m* fronto-nasal
- i canale *m* frontonasale
- r лобно-носовой канал *m*

F294   e **frontopontine bundle, frontopontine tract**
- d frontale Brückenbahn *f*
- f faisceau *m* fronto-pontin
- i fascio *m* frontopontino
- r лобно-мостовой путь *m*

F295   e **front-tap reflex**
- d Periostreflex *m*
- f réflexe *m* périosté
- i riflesso *m* periosteo
- r периостальный рефлекс *m*

F296   e **Froriep's induration**
- d fibröse Myositis *f*
- f myosite *f* fibreuse
- i miosite *f* fibrosa
- r фиброзный миозит *m*

F297   e **frostbite**
- d Kongelation *f*, Erfrierung *f*
- f gelure *f*, congélation *f*
- i congelamento *m*
- r отморожение *n*

F298   e **frosted heart**
- d Zuckergußherz *n*
- f cœur *m* glacé, péricardite *f* calcifiante
- i pericardite *f* calcifica, cuore *m* a corazza
- r глазурное сердце *m*

F299   e **frosted liver**
- d Zuckergußleber *f*
- f foie *m* glacé
- i fegato *m* a zucchero candito
- r глазурная печень *f*

F300   e **frost itch**
- d Frostjucken *n*, Winterjucken *n*
- f prurit *m* hivernal
- i prurito *m* da freddo
- r зимняя почесуха *f*

F301   e **frozen section**
- d Gefrierschnitt *m*
- f coupe *f* à la congélation
- i sezione *f* congelata
- r замороженный срез *m*

F302   e **fructose**
- d Fructose *f*, Fruchtzucker *m*, Lävulose *f*
- f fructose *m*
- i fruttosio *m*
- r фруктоза *f*

F303   e **frustration**
- d Frustration *f*
- f frustration *f*
- i frustrazione *f*
- r фрустрация *f*

F304   e **fulguration**
- d Fulguration *f*, Elektroblitzbehandlung *f*
- f fulguration *f*
- i folgorazione *f*
- r фульгурация *f*

F305   e **full denture**
- d Voll(zahn)prothese *f*, totale Prothese *f*
- f prothèse *f* dentaire totale
- i protesi *f* dentaria totale
- r полный зубной протез *m*

F306   e **fulminant**
- d fulminant, blitzartig
- f fulminant, fulgurant, foudroyant

	i	fulminante
	r	фульминантный, молниеносный
F307	*e*	fulminating *see* fulminant
F308	*e*	fumigation
	d	Fumigation *f*, Räucherung *f*
	f	fumigation *f*
	i	fumigazione *f*, suffumigio *m*
	r	фумигация *f*, окуривание *n*
F309	*e*	function
	d	Funktion *f*
	f	fonction *f*
	i	funzione *f*
	r	функция *f*
F310	*e*	functional murmur
	d	Funktionalgeräusch *n*
	f	souffle *m* fonctionnel
	i	soffio *m* funzionale [innocente]
	r	функциональный шум *m* сердца
F311	*e*	functional residual air, functional residual capacity
	d	funktionelle Residualkapazität *f* der Lungen, funktionelle Restluft *f*
	f	capacité *f* résiduelle fonctionnelle
	i	capacità *f* residua funzionale
	r	функциональная остаточная ёмкость *f* лёгких
F312	*e*	fundus gland
	d	Magenfundusdrüse *f*
	f	glande *f* du fond de l'estomac
	i	ghiandola *f* gastrica
	r	собственная железа *f* желудка, фундальная железа *f*
F313	*e*	fungal
	d	mykotisch
	f	mycosique
	i	fungino
	r	грибковый
F314	*e*	fungicide
	d	Fungizid *n*, Antimykotikum *n*
	f	fungicide *m*
	i	fungicida *m*
	r	фунгицид *m*
F315	*e*	fungous *see* fungal
F316	*e*	fungous foot
	d	Maduramykose *f*, Madurafuß *m*
	f	pied *m* de Madura, mycétome *m* du pied
	i	piede *m* di Madura, micetoma *m* del piede
	r	мадурская стопа *f*, мадуромикоз *m*
F317	*e*	fungus
	d	Fungus *m*, Pilz *m*; Schwamm *m*
	f	champignon *m*; fongus *m*
	i	fungo *m*
	r	гриб *m*; паразитический грибок *m*
F318	*e*	funicle
	d	Funikulus *m*, Strang *m*
	f	funicule *m*, cordon *m*
	i	funicolo *m*
	r	канатик *m*
F319	*e*	funicular hydrocele
	d	Funikulushydrozele *f*, Samenstranghydrozele *f*
	f	hydrocèle *f* funiculaire [du cordon]
	i	idrocele *m* funicolare
	r	водянка *f* [киста *f*] семенного канатика, фуникулоцеле *n*
F320	*e*	funiculitis
	d	Funikulitis *f*, Samenstrangentzündung *f*
	f	funiculite *f*
	i	funicolite *f*
	r	фуникулит *m*
F321	*e*	funnel breast, funnel chest
	d	Trichterbrust *f*
	f	thorax *m* en entonnoir
	i	torace *m* ad imbuto
	r	воронкообразная грудная клетка *f*, «грудь *f* сапожника»
F322	*e*	funnel-shaped pelvis
	d	Trichterbecken *n*
	f	bassin *m* en entonnoir
	i	bacino *m* ad imbuto
	r	воронкообразный таз *m*
F323	*e*	fur
	d	Belag *m*, Zungenbelag *m*
	f	enduit *m* (de la langue)
	i	patina *f* linguale
	r	налёт *m* (на языке)
F324	*e*	furred tongue
	d	belegte Zunge *f*
	f	langue *f* chargée
	i	lingua *f* saburrale
	r	обложенный язык *m*
F325	*e*	furrowed tongue
	d	Furchenzunge *f*
	f	langue *f* plicaturée
	i	lingua *f* a pliche [scrotale]
	r	складчатый язык *m*
F326	*e*	furuncle
	d	Furunkel *m*, Eiterbeule *f*
	f	furoncle *m*
	i	foruncolo *m*
	r	фурункул *m*
F327	*e*	furunculosis
	d	Furunkulose *f*
	f	furonculose *f*
	i	foruncolosi *f*
	r	фурункулёз *m*
F328	*e*	fused kidney
	d	Fusionsniere *f*, Hufeisenniere *f*
	f	rein *m* en fer de cheval

FUSIFORM

i rene *m* fuso
r подковообразная почка *f*

F329 *e* **fusiform**
d spindelförmig
f fusiforme, fuselé
i fusiforme
r веретенообразный

F330 *e* **fusiform gyre**
d mittlere Windung *f* des Hinterhaupt-Schläfenlappens
f circonvolution *f* occipito-temporale médiale
i circonvoluzione *f* temporo-occipitale laterale, lobulo *m* fusiforme
r медиальная затылочно-височная извилина *f*

F331 *e* **fusion**
d Fusion *f*, Vereinigung *f*
f fusion *f*
i fusione *f*
r слияние *n*

G

G1 *e* **gait**
d Gang *m*, Gangart *f*
f démarche *f*
i andatura *f*
r походка *f*

G2 *e* **galactoblast**
d Kolostralkörperchen *n*
f galactoblaste *m*
i galattoblasto *m*
r молозивное тельце *n*

G3 *e* **galactocele**
d Galaktozele *f*, Milchzyste *f*
f galactocèle *f*
i galattocele *m*
r галактоцеле *n*, молочная киста *f*

G4 *e* **galactogogue**
d milchtreibendes Mittel *n*
f galactogène *m*
i galattogeno *m*, galattagogo *m*
r средство *n*, усиливающее лактацию

G5 *e* **galactometer**
d Laktometer *n*, Milchmesser *m*
f galactomètre *m*, lactodensimètre *m*
i galattometro *m*
r галактометр *m*

G6 *e* **galactophore, galactophorous duct**
d Milchbrustgang *m*, Milchgang *m*
f canal *m* galactophore
i dotto *m* galattoforo
r млечный проток *m*

G7 *e* **galactopoiesis**
d Galaktopoese *f*, Milchbildung *f*
f galactopoïèse *f*
i galattopoiesi *f*
r секреция *f* молока

G8 *e* **galactopoietic hormone**
d luteo(mamma)tropes Hormon *n*, Prolaktin *n*, Mammotropin *n*
f prolactine *f*, hormone *f* galactogène [lactogène, lutéotrope]
i prolactina *f*, ormone *m* galattagogo
r пролактин *m*, лактогенный [лютеотропный] гормон *m*

G9 *e* **galactorrhea**
d Galaktorrhoe *f*, Milchfluß *m*
f galactorrhée *f*
i galattorrea *f*
r галакторея *f*

G10 *e* **galactosamine**
d Galaktosamin *n*, Chondrosamin *n*
f D-galactosamine *f*, chondrosamine *f*
i galattosamina *f*, condrosamina *f*
r галактозамин *m*, хондрозамин *m*

G11 *e* **galactose**
d Galaktose *f*
f galactose *f*
i galattosio *m*
r галактоза *f*

G12 *e* **galactose diabetes** *see* **galactosuria**

G13 *e* **galactosemia**
d Galaktosämie *f*
f galactosémie *f*
i galattosemia *f*
r галактоземия *f*

G14 *e* **galactosuria**
d Galaktosurie *f*
f galactosurie *f*
i galattosuria *f*
r галактозурия *f*

G15 *e* **galactotherapy**
d Galaktotherapie *f*, Laktotherapie *f*
f galactothérapie *f*
i galattoterapia *f*
r (га)лактотерапия *f*

G16 *e* **galacturia**
d Galakturie *f*, Chylurie *f*
f chylurie *f*, galacturie *f*
i galatturia *f*, chiluria *f*
r хилурия *f*, галактурия *f*, лимфурия *f*

G17 *e* **galenicals** *pl*, **galenics** *pl*
d galenische Heilmittel *n pl*, galenische Präparate *n pl*, Galenika *n pl*
f préparations *f pl* galéniques
i preparati *m pl* galenici
r галеновы препараты *m pl*

G18	*e*	**gall**
	d	Galle *f*, Fel *n*
	f	bile *f*
	i	bile *f*
	r	жёлчь *f*
G19	*e*	**gallbladder**
	d	Gallenblase *f*
	f	vésicule *f* biliaire
	i	colecisti *f*, cistifellea *f*, vescichetta *f* biliare
	r	жёлчный пузырь *m*
G20	*e*	**gall duct**
	d	Gallengang *m*
	f	canal *m* biliaire
	i	dotto *m* biliare
	r	жёлчный проток *m*
G21	*e*	**gallop (rhythm)**
	d	Galopprhythmus *m*
	f	bruit *m* de galop
	i	ritmo *m* di galoppo
	r	ритм *m* галопа
G22	*e*	**gallstone**
	d	Gallenstein *m*
	f	calcul *m* biliaire
	i	calcolo *m* biliare
	r	жёлчный камень *m*, жёлчный конкремент *m*
G23	*e*	**gallstone colic**
	d	Gallensteinkolik *f*
	f	colique *f* biliaire [hépatique]
	i	colica *f* biliare
	r	жёлчная колика *f*
G24	*e*	**gallstone ileus**
	d	Gallensteinileus *m*
	f	iléus *m* biliaire
	i	ileo *m* biliare
	r	желчнокаменная непроходимость *f* кишечника
G25	*e*	**galvanic cautery** *see* **galvanocautery**
G26	*e*	**galvanic skin reflex, galvanic skin response**
	d	galvanische Hautreaktion *f*
	f	réflexe *m* psycho-galvanique
	i	risposta *f* galvanica cutanea
	r	кожно-гальваническая [психогальваническая] реакция *f*, кожно-гальванический рефлекс *m*
G27	*e*	**galvanization**
	d	Galvanisation *f*, Gleichstrombehandlung *f*
	f	galvanisation *f*
	i	galvanizzazione *f*
	r	гальванизация *f*
G28	*e*	**galvanocautery**
	d	Galvanokaustik *f*, Elektrokauterisation *f*
	f	galvanocautérisation *f*
	i	elettrocauterizzazione *f*
	r	гальванокаустика *f*, электрокаустика *f*
G29	*e*	**galvanotaxis**
	d	Galvanotaxis *f*
	f	galvanotaxie *f*, galvanotaxis *f*
	i	galvanotassi *f*
	r	гальванотаксис *m*
G30	*e*	**galvanotherapy**
	d	Galvanotherapie *f*, Gleichstrombehandlung *f*
	f	galvanothérapie *f*
	i	galvanoterapia *f*
	r	гальванотерапия *f*
G31	*e*	**galvanotropism** *see* **galvanotaxis**
G32	*e*	**gamete**
	d	Gamet *m*, Geschlechtszelle *f*
	f	gamète *m*
	i	gamete *m*
	r	гамета *f*
G33	*e*	**gametocyte**
	d	Gametozyt *m*
	f	gamétocyte *m*
	i	gametocito *m*
	r	гаметоцит *m*
G34	*e*	**gametogenesis**
	d	Gametogenese *f*
	f	gamétogenèse *f*
	i	gametogenesi *f*
	r	гаметогенез *m*
G35	*e*	**gametokinetic hormone**
	d	follikelstimulierendes Hormon *n*
	f	hormone *f* folliculostimulante
	i	ormone *m* follicolo-stimolante
	r	фолликулостимулирующий гормон *m*
G36	*e*	**gamma globulin**
	d	Gammaglobulin *n*, Immunoglobulin *n*
	f	gamma-globuline *f*
	i	gammaglobulina *f*, immunoglobulina *f*
	r	гамма-глобулин *m*
G37	*e*	**gammagraphy**
	d	Gammagraphie *f*
	f	gammagraphie *f*
	i	gammagrafia *f*
	r	гаммаграфия *f*
G38	*e*	**gamma rays** *pl*
	d	Gamma-Strahlung *f*
	f	rayons *m pl* gamma
	i	raggi *m pl* gamma
	r	гамма-излучение *n*
G39	*e*	**gangliated cord**

GANGLIECTOMY

	d	Sympathikusganglienkette f, Grenzstrang m
	f	tronc m du grand sympathique
	i	tronco m simpatico m
	r	симпатический ствол m
G40	e	**gangliectomy**
	d	Gangliektomie f, Ganglionentfernung f
	f	gangliectomie f
	i	gangliectomia f
	r	ганглионарная симпатэктомия f, ганглиэктомия f
G41	e	**gangliitis** see **ganglionitis**
G42	e	**gangliocyte** see **ganglion cell**
G43	e	**ganglioma** see **ganglioneuroma**
G44	e	**ganglion**
	d	Ganglion n, Nervenknoten m
	f	ganglion m
	i	ganglio m
	r	ганглий m, нервный узел m
G45	e	**ganglion cell**
	d	Ganglienzelle f
	f	cellule f ganglionnaire
	i	cellula f gangliare
	r	ганглиозная [ганглионарная] клетка f
G46	e	**ganglionectomy** see **gangliectomy**
G47	e	**ganglioneuroma**
	d	Ganglioneurom n, Gangliom n
	f	ganglioneurome m
	i	ganglioneuroma m, neuroma m gangliare
	r	ганглионеврома f, ганглиома f, ганглионарная неврома f
G48	e	**ganglionic blocking agent**
	d	Ganglioblocker m, Ganglioplegikum n
	f	ganglioplégique m
	i	ganglioplegico m
	r	ганглиоблокирующее средство n
G49	e	**ganglionitis**
	d	Ganglionitis f, Ganglienentzündung f
	f	ganglionite f
	i	ganglionite f
	r	ганглионит m
G50	e	**ganglioplegic** see **ganglionic blocking agent**
G51	e	**ganglioside**
	d	Gangliosid n
	f	ganglioside m
	i	ganglioside m
	r	ганглиозид m, сиалогликолипид m
G52	e	**gangrene**
	d	Gangrän f, Brand m
	f	gangrène f
	i	cancrena f, gangrena f
	r	гангрена f
G53	e	**gangrenous**
	d	gangränös, brandig
	f	gangréneux
	i	cancrenoso, gangrenoso
	r	гангренозный
G54	e	**Gardner's syndrome**
	d	Gardner-Syndrom n, erbliche mesenchymale Dysplasie f
	f	syndrome m de Gardner
	i	sindrome f di Gardner
	r	синдром m Гарднера
G55	e	**gargle**
	d	gurgeln
	f	(se) gargariser
	i	gargarizzare
	r	полоскать горло
G56	e	**gargoylism**
	d	Gargoylismus m, Pfaundler-Hurler-Syndrom n
	f	gargoylisme m, gargoïlisme m
	i	gargoilismo m, sindrome f di Hurler
	r	гаргоилизм m
G57	e	**Garré's disease**
	d	sklerosierende Osteomyelitis f
	f	ostéomyélite f [ostéite f] de Garré
	i	osteomielite f di Garré
	r	остеомиелит m Гарре, склерозирующий остеомиелит m
G58	e	**Gartner's bacillus**
	d	Gärtner-Bazillus m
	f	bacille m de Gaertner
	i	bacillo m di Gärtner
	r	палочка f Гертнера
G59	e	**Gartner's cyst**
	d	Zyste f des Gärtner-Gangs
	f	kyste m du canal de l'époophore
	i	cisti f del dotto di Gärtner [del dotto dell'epooforon]
	r	киста f гертнерова хода
G60	e	**gas abscess**
	d	Gasabszeß m
	f	abcès m gazeux
	i	ascesso m gassoso
	r	газовый абсцесс m, абсцесс m при газовой гангрене
G61	e	**gas bacillus antitoxin**
	d	Gasbrandantitoxin n
	f	sérum m antigangréneux
	i	siero m antigangrenoso
	r	противогангренозная сыворотка f
G62	e	**gas embolism**
	d	Gasembolie f
	f	embolie f gazeuse

	i	embolia *f* gassosa		*i*	dilatazione *f* gastrica
	r	газовая эмболия *f*		*r*	острое расширение *n* желудка
G63	*e*	gas(eous) gangrene, gas phlegmon	G73	*e*	gastric dyspepsia
	d	Gasbrand *m*, Gasödem *n*, Gasphlegmone *f*		*d*	gastrogene Dyspepsie *f*
				f	dyspepsie *f* gastrogène
	f	gangrène *f* gazeuse [foudroyante], phlegmon *m* gazeux		*i*	dispepsia *f* gastrica
				r	гастрогенная [желудочная] диспепсия *f*
	i	cancrena *f* gassosa			
	r	газовая гангрена *f*, газовая флегмона *f*	G74	*e*	gastric follicle
				d	Magenfundusdrüse *f*
G64	*e*	gasserectomy		*f*	glande *f* fundique
	d	Gasser-Ganglion-Ektomie *f*		*i*	ghiandola *f* gastrica
	f	gassérectomie *f*		*r*	собственная железа *f* желудка, фундальная железа *f*
	i	gasserectomia *f*			
	r	иссечение *n* ганглия тройничного нерва, иссечение *n* гассерова узла	G75	*e*	gastric indigestion *see* gastric dyspepsia
G65	*e*	Gasserian duct			
	d	Müller-Gang *m*	G76	*e*	gastric juice
	f	canal *m* de Müller		*d*	Magensaft *m*
	i	dotto *m* di Müller		*f*	suc *m* gastrique
	r	парамезонефрический проток *m*		*i*	succo *m* gastrico
				r	желудочный сок *m*
G66	*e*	Gasserian ganglion			
	d	Gasser-Ganglion *n*	G77	*e*	gastric lavage
	f	ganglion *m* de Gasser		*d*	Magenspülung *f*
	i	ganglio *m* di Gasser		*f*	lavage *m* de l'estomac
	r	ганглий *m* тройничного нерва, гассеров узел *m*		*i*	lavanda *f* gastrica
				r	промывание *n* желудка
G67	*e*	gastralgia	G78	*e*	gastric pyrosis
	d	Gastralgie *f*, Magenschmerz *m*		*d*	Sodbrennen *n*
	f	gastralgie *f*		*f*	pyrosis *m*
	i	gastralgia *f*		*i*	pirosi *f* (gastrica)
	r	гастралгия *f*		*r*	изжога *f*
G68	*e*	gastrectasia, gastrectasis	G79	*e*	gastric secretin *see* gastrin
	d	Gastrektasie *f*, Magenerweiterung *f*	G80	*e*	gastric ulcer
	f	gastrectasie *f*		*d*	Magengeschwür *n*, Magenulkus *n*
	i	gastrectasia *f*		*f*	ulcère *m* gastrique [de l'estomac]
	r	гастрэктазия *f*, расширение *n* желудка		*i*	ulcera *f* gastrica
				r	язва *f* желудка
G69	*e*	gastrectomy	G81	*e*	gastric volvulus
	d	Gastrektomie *f*, Magenexstirpation *f*		*d*	Magenvolvulus *m*, Magentorsion *f*
	f	gastrectomie *f*		*f*	volvulus *m* gastrique
	i	gastrectomia *f*		*i*	volvolo *m* intestinale
	r	гастрэктомия *f*, экстирпация *f* желудка		*r*	заворот *m* желудка
G70	*e*	gastric	G82	*e*	gastrin
	d	Magen...		*d*	Gastrin *n*
	f	gastrique		*f*	gastrine *f*
	i	gastrico		*i*	gastrina *f*
	r	желудочный		*r*	гастрин *m*, желудочный секретин *m*
G71	*e*	gastric antrum	G83	*e*	gastritis
	d	Magenantrum *n*		*d*	Gastritis *f*
	f	antre *m* pylorique		*f*	gastrite *f*
	i	antro *m* pilorico		*i*	gastrite *f*
	r	антральный отдел *m* желудка		*r*	гастрит *m*
G72	*e*	gastric dilation	G84	*e*	gastroatonia
	d	akute Magenerweiterung *f*		*d*	Magenatonie *f*, Magenerschlaffung *f*
	f	dilatation *f* aiguë de l'estomac		*f*	atonie *f* gastrique

GASTROCARDIAC SYNDROME

	i	atonia *f* gastrica
	r	атония *f* желудка

G85   *e*   gastrocardiac syndrome
       d   Gastrokardialsyndrom *n*
       f   syndrome *m* gastro-cardiaque
       i   complesso *m* sintomatico gastrocardiaco, sindrome *f* di Roemheld
       r   гастрокардиальный [желудочно-сердечный] синдром *m*

G86   *e*   gastrocele
       d   1. Gastrozele *f*, Magenbruch *m*, Magenhernie *f* 2. Urdarm *m*, Archenteron *n*
       f   1. gastrocèle *f* 2. archentéron *m*
       i   1. gastrocele *m* 2. archenteron *m*
       r   1. гастроцеле *n* 2. первичная кишка *f*, архэнтерон *m*

G87   *e*   gastrochronorrhea *see* gastrorrhea

G88   *e*   gastrocoele *see* gastrocele

G89   *e*   gastrocolic omentum *see* greater omentum

G90   *e*   gastrodisk
       d   Keimscheibe *f*
       f   disque *m* embryonnaire [germinatif]
       i   area *f* [placca *f*] embrionaria
       r   зародышевый [эмбриональный] диск *m*

G91   *e*   gastroduodenitis
       d   Gastroduodenitis *f*
       f   gastroduodénite *f*
       i   gastroduodenite *f*
       r   гастродуоденит *m*

G92   *e*   gastroduodenoscopy
       d   Gastroduodenoskopie *f*
       f   gastroduodénoscopie *f*
       i   gastroduodenoscopia *f*
       r   гастродуоденоскопия *f*

G93   *e*   gastroduodenostomy
       d   Gastroduodenostomie *f*
       f   gastroduodénostomie *f*
       i   gastroduodenostomia *f*
       r   гастродуоденостомия *f*

G94   *e*   gastrodynia *see* gastralgia

G95   *e*   gastroenteritis
       d   Gastroenteritis *f*
       f   gastro-entérite *f*
       i   gastroenterite *f*
       r   гастроэнтерит *m*

G96   *e*   gastroenteroanastomosis
       d   Gastroenteroanastomose *f*, Magen-Darm-Anastomose *f*
       f   gastro-entéroanastomose *f*, anastomose *f* gastro-intestinale
       i   gastroenteroanastomosi *f*
       r   гастроэнтероанастомоз *m*

G97   *e*   gastroenterocolitis
       d   Gastroenterokolitis *f*
       f   gastro-entérocolite *f*
       i   gastroenterocolite *f*
       r   гастроэнтероколит *m*

G98   *e*   gastroenterology
       d   Gastroenterologie *f*
       f   gastro-entérologie *f*
       i   gastroenterologia *f*
       r   гастроэнтерология *f*

G99   *e*   gastroenterostomy *see* gastroenteroanastomosis

G100   *e*   gastroesophagostomy
       d   Gastroösophagostomie *f*
       f   œsophago-gastrostomie *f*
       i   gastroesofagostomia *f*
       r   гастроэзофагостомия *f*, эзофагогастростомия *f*, эзофагофундостомия *f*

G101   *e*   gastrohepatic omentum
       d   kleines Netz *n*
       f   petit épiploon *m*
       i   piccolo omento *m*
       r   малый сальник *m*

G102   *e*   gastrointestinal fistula
       d   Magen-Darm-Fistel *f*
       f   fistule *f* gastro-intestinale
       i   fistola *f* gastrointestinale
       r   желудочно-кишечный свищ *m*

G103   *e*   gastrojejunostomy
       d   Gastrojejunostomie *f*, Magen-Leerdarm-Verbindung *f*
       f   gastro-jéjunostomie *f*
       i   gastrodigiunostomia *f*
       r   гастроеюностомия *f*

G104   *e*   gastrolavage *see* gastric lavage

G105   *e*   gastronesteostomy *see* gastrojejunostomy

G106   *e*   gastropexy
       d   Gastropexie *f*
       f   gastropexie *f*
       i   gastropessia *f*
       r   гастропексия *f*

G107   *e*   gastroplasty
       d   Gastroplastik *f*, Magenplastik *f*
       f   gastroplastie *f*
       i   gastroplastica *f*
       r   гастропластика *f*

G108   *e*   gastroptosia, gastroptosis
       d   Gastroptose *f*, Magensenkung *f*
       f   gastroptose *f*

	i	gastroptosi *f*
	r	гастроптоз *m*
G109	*e*	**gastropylorectomy**
	d	Pylorektomie *f*, Pylorusresektion *f*
	f	gastro-pylorectomie *f*
	i	gastropilorectomia *f*
	r	пилорэктомия *f*
G110	*e*	**gastrorrhagia**
	d	Magenblutung *f*, Gastrorrhagie *f*
	f	gastrorragie *f*
	i	gastrorragia *f*
	r	желудочное кровотечение *n*
G111	*e*	**gastrorrhaphy**
	d	Gastrorrhaphie *f*
	f	gastrorraphie *f*
	i	gastrorrafia *f*
	r	ушивание *n* (дефекта стенки) желудка
G112	*e*	**gastrorrhea**
	d	Gastrosukkorrhoe *f*
	f	gastrosuccorrhée *f*
	i	gastrorrea *f*
	r	гастросуккорея *f*
G113	*e*	**gastroscope**
	d	Gastroskop *n*, Magenspiegel *m*
	f	gastroscope *m*
	i	gastroscopio *m*
	r	гастроскоп *m*
G114	*e*	**gastroscopy**
	d	Gastroskopie *f*, Magenspiegelung *f*
	f	gastroscopie *f*
	i	gastroscopia *f*
	r	гастроскопия *f*
G115	*e*	**gastrospasm**
	d	Gastrospasmus *m*, Magenkrampf *m*
	f	gastrospasme *m*
	i	gastrospasmo *m*
	r	гастроспазм *m*
G116	*e*	**gastrosplenic ligament, gastrosplenic omentum**
	d	Magen-Milz-Ligament *n*
	f	ligament *m* gastro-splénique
	i	legamento *m* gastrolienale
	r	желудочно-селезёночная связка *f*
G117	*e*	**gastrostomosis, gastrostomy**
	d	Gastrostomie *f*, Magenfistelung *f*
	f	gastrostomie *f*
	i	gastrostomia *f*
	r	гастростомия *f*
G118	*e*	**gastrotomy**
	d	Gastrotomie *f*, Magenschnitt *m*
	f	gastrotomie *f*
	i	gastrotomia *f*
	r	гастротомия *f*
G119	*e*	**gastrulation**

	d	Gastrulation *f*
	f	gastrulation *f*
	i	gastrulazione *f*
	r	гаструляция *f*
G120	*e*	**Gaucher's disease**
	d	Gaucher-Krankheit *f*
	f	maladie *f* de Gaucher
	i	malattia *f* di Gaucher, lipidosi *f* glucosilcerebrosidica
	r	болезнь *f* Гоше
G121	*e*	**gauze**
	d	Gaze *f*, Mull *m*, Verbandmull *m*
	f	gaze *f*
	i	garza *f*
	r	марля *f*
G122	*e*	**Gee's disease**
	d	Zöliakie *f*, Gee-Heubner-Herter-Krankheit *f*
	f	maladie *f* cœliaque [de Gee]
	i	malattia *f* celiaca [di Gee], celiachia *f*
	r	целиакия *f*, болезнь *f* Ги—Гертера—Гейбнера
G123	*e*	**gelatin**
	d	Gelatine *f*
	f	gélatine *f*
	i	gelatina *f*
	r	желатина *f*, желатин *m*
G124	*e*	**gelatinous ascites**
	d	peritoneales Pseudomyxom *n*
	f	ascite *f* gélatineuse, maladie *f* gélatineuse du péritoine
	i	pseudomixoma *m* peritoneale
	r	псевдомиксома *f* брюшной полости
G125	*e*	**gelatinous polyp**
	d	myxomatöser Polyp *m*
	f	polype *m* myxomateux
	i	polipo *m* mixomatoso
	r	миксоматозный полип *m*
G126	*e*	**gelatinous tissue**
	d	gallertiges Bindegewebe *n*
	f	tissu *m* gélatineux [muqueux]
	i	tessuto *m* gelatinoso [connettivo mucoso]
	r	студенистая соединительная ткань *f*
G127	*e*	**Gelinau's syndrome**
	d	Narkolepsie *f*
	f	narcolepsie *f*
	i	narcolessia *f*, sindrome *f* di Gélineau
	r	нарколепсия *f*
G128	*e*	**gemistocyte, gemistocytic cell**
	d	plasmatischer Astrozyt *m*
	f	astrocyte *m* protoplasmique
	i	astrocito *m* protoplasmatico
	r	плазматический астроцит *m*
G129	*e*	**genal gland**
	d	Wangendrüse *f*

GENE

	f	glande *f* jugale
	i	ghiandola *f* buccale
	r	щёчная железа *f*

G130 *e* gene
 d Gen *n*
 f gène *m*
 i gene *m*
 r ген *m*

G131 *e* genealogy
 d Genealogie *f*
 f généalogie *f*
 i genealogia *f*
 r 1. генеалогия *f* 2. родословная *f*

G132 *e* general adaptation reaction, general adaptation syndrome
 d allgemeines Adaptationssyndrom *n*
 f syndrome *m* général d'adaptation
 i sindrome *f* generale da adattamento
 r (общий) адаптационный синдром *m*

G133 *e* general anesthesia
 d Vollnarkose *f*, Allgemeinanästhesie *f*
 f anesthésie *f* générale, narcose *f*
 i anestesia *f* generale
 r наркоз *m*

G134 *e* generalist *see* general practitioner

G135 *e* generalized
 d generalisiert, allgemein
 f généralisé
 i generalizzato
 r генерализованный

G136 *e* general peritonitis
 d generalisierte Bauchfellentzündung *f*
 f péritonite *f* généralisée [diffuse, totale]
 i peritonite *f* diffusa [generalizzata]
 r общий [разлитой, генерализованный, диффузный] перитонит *m*

G137 *e* general practitioner
 d Allgemeinarzt *m*
 f médecin *m* généraliste
 i medico *m* generico
 r врач *m* общей практики

G138 *e* generation
 d Generation *f*
 f génération *f*
 i generazione *f*
 r поколение *n*, генерация *f*

G139 *e* genesis
 d Genese *f*, Entstehung *f*
 f genèse *f*
 i genesi *f*, origine *f*
 r генез *m*, происхождение *n*

G140 *e* genetic code
 d genetischer Kode *m*
 f code *m* génétique
 i codice *m* genetico
 r генетический код *m*

G141 *e* genetic engineering
 d Gentechnologie *f*
 f engineering *m* génétique, génothérapie *f*
 i ingegneria *f* genetica
 r генная инженерия *f*

G142 *e* genetic immunity
 d angeborene Immunität *f*, natürliche Resistenz *f*
 f immunité *f* naturelle [innée]
 i immunità *f* naturale
 r наследственный иммунитет *m*, естественная резистентность *f*

G143 *e* genetic linkage
 d Genenkopplung *f*
 f linkage *m* [enchaînement *m*] des gènes
 i accoppiamento *m* dei geni
 r сцепление *n* генов

G144 *e* genetics
 d Genetik *f*, Vererbungslehre *f*
 f génétique *f*
 i genetica *f*
 r генетика *f*

G145 *e* Gengou-Moreschi phenomenon
 d Komplementbindung *f*
 f fixation *f* du complément
 i fissazione *f* del complemento
 r связывание *n* комплемента

G146 *e* geniculate body
 d Kniehöcker *m*
 f corps *m* genouillé
 i corpo *m* genicolato
 r коленчатое тело *n*

G147 *e* geniculate ganglion
 d Ganglion *n* geniculis
 f ganglion *m* géniculé
 i ganglio *m* genicolato
 r ганглий *m* коленца

G148 *e* geniculate neuralgia
 d Hunt-Neuralgie *f*, Hunt-Syndrom *n*
 f névralgie *f* du ganglion géniculé, syndrome *m* de Hunt
 i nevralgia *f* del ganglio genicolato, sindrome *f* di R. Hunt
 r синдром *m* коленчатого ганглия, синдром *m* Ханта

G149 *e* geniculocalcarine tract
 d Sehstrahlung *f*, Gratiolet-Strahlung *f*
 f radiations *f pl* optiques (de Gratiolet)
 i tratto *m* genicolo-calcarino
 r зрительная лучистость *f*, пучок *m* Грасиоле

GERIATRICS

G150　e　genital
　　　d　geschlechtlich, Geschlechts..., sexuell, genital
　　　f　génital
　　　i　genitale
　　　r　половой, генитальный

G151　e　genital corpuscles *pl*
　　　d　Genitalkörperchen *n pl*
　　　f　corpuscules *m pl* génitaux
　　　i　corpuscoli *m pl* genitali
　　　r　генитальные тельца *n pl*

G152　e　genital gland
　　　d　Geschlechtsdrüse *f*, Keimdrüse *f*, Gonade *f*
　　　f　glande *f* génitale [sexuelle], gonade *f*
　　　i　testicolo *m*, ovaio *m*
　　　r　половая железа *f*, гонада *f*

G153　e　genital phase
　　　d　Genitalstadium *n*
　　　f　phase *f* génitale
　　　i　fase *f* genitale
　　　r　генитальная фаза *f*

G154　e　genitals *pl*
　　　d　Genitalien *n pl*, Geschlechtsorgane *n pl*
　　　f　genitalia *m pl*, organes *m pl* génitaux
　　　i　organi *m pl* genitali, genitali *m pl*
　　　r　половые органы *m pl*, гениталии *pl*

G155　e　genital stage *see* genital phase

G156　e　genitourinary fistula
　　　d　Urogenitalfistel *f*
　　　f　fistule *f* génito-urinaire [uro-génitale]
　　　i　fistola *f* urogenitale
　　　r　мочеполовой свищ *m*

G157　e　genitourinary system
　　　d　Urogenitalsystem *n*, Urogenitaltrakt *m*
　　　f　appareil *m* génito-urinaire [uro-génital]
　　　i　sistema *m* [apparato *m*] urogenitale
　　　r　мочеполовой аппарат *m*, мочеполовая система *f*

G158　e　genodermatosis
　　　d　Genodermatose *f*
　　　f　génodermatose *f*
　　　i　genodermatosi *f*
　　　r　генодерматоз *m*

G159　e　genome
　　　d　Genom *n*
　　　f　génome *m*
　　　i　genoma *m*
　　　r　геном *m*

G160　e　genotype
　　　d　Genotyp *m*
　　　f　génotype *m*
　　　i　genotipo *m*
　　　r　генотип *m*

G161　e　gentian violet
　　　d　Gentianaviolett *n*
　　　f　violet *m* de gentiane
　　　i　violetto *m* di genziana
　　　r　генциановый фиолетовый *m*, генцианвиолет *m*

G162　e　genus
　　　d　Gattung *f*
　　　f　genre *m*
　　　i　genere *m*
　　　r　род *m*

G163　e　genyantrum
　　　d　Oberkieferhöhle *f*, Antrum *n* Highmori
　　　f　sinus *m* maxillaire, antre *m* d'Highmore
　　　i　seno *m* mascellare, antro *m* di Highmore
　　　r　верхнечелюстная [гайморова] пазуха *f*

G164　e　geographical tongue
　　　d　Landkartenzunge *f*
　　　f　langue *f* géographique, glossite *f* exfoliative
　　　i　lingua *f* geografica, glossite *f* esfoliativa marginata
　　　r　«географический» язык *m*

G165　e　geomedicine
　　　d　Geomedizin *f*, geographische Medizin *f*
　　　f　médecine *f* géographique
　　　i　geomedicina *f*
　　　r　географическая медицина *f*

G166　e　geophagia, geophagism, geophagy, geotragia
　　　d　Geophagie *f*, Erdessen *n*
　　　f　géophagie *f*, géophagisme *m*
　　　i　geofagia *f*
　　　r　геофагия *f*, землеедство *n*

G167　e　geotrichosis
　　　d　Geotrichose *f*
　　　f　géotrichose *f*
　　　i　geotricosi *f*
　　　r　геотрихоз *m*

G168　e　Gerdy's hyoid fossa
　　　d　Karotisdreieck *n*, Gerdy-Grübchen *n*
　　　f　trigone *m* carotidien, fosse *f* de Malgaigne
　　　i　triangolo *m* carotideo superiore, fossa *f* di Gerdy
　　　r　сонный треугольник *m*, подъязычная ямка *f* Жерди

G169　e　geriatrics, geriatric therapy
　　　d　Geriatrie *f*, Altersheilkunde *f*
　　　f　gériatrie *f*

215

	i	geriatria *f*, terapia *f* geriatrica
	r	гериатрия *f*
G170	*e*	**Gerlach's tonsil**
	d	Tubenmandel *f*
	f	amygdale *f* tubaire
	i	tonsilla *f* tubarica [di Gerlach]
	r	трубная [тубарная] миндалина *f*
G171	*e*	**Gerlier's syndrome**
	d	Gerlier-Krankheit *f*
	f	syndrome *m* de Gerlier, vertige *m* paralysant
	i	malattia *f* di Gerlier, vertigine *f* paralizzante
	r	паралитическое головокружение *n*, синдром *m* Жерлье
G172	*e*	**germ**
	d	1. Keim *m* 2. Mikroorganismus *m*
	f	germe *m*
	i	germe *m*
	r	1. зачаток *m*; зародыш *m* 2. микроорганизм *m*
G173	*e*	**German measles**
	d	Rubella *f*, Röteln *pl*, Rubeola *f*
	f	rubéole *f*
	i	rosolia *f*
	r	краснуха *f*
G174	*e*	**germinal aplasia**
	d	Germinalaplasie *f*
	f	aplasie *f* germinale
	i	aplasia *f* germinale
	r	герминативная аплазия *f*
G175	*e*	**germinal epithelium**
	d	Keimepithel *n*
	f	épithélium *m* germinal célomique
	i	epitelio *m* ovarico
	r	зародышевый целомический эпителий *m*, поверхностный эпителий *m* яичника
G176	*e*	**germinative layer**
	d	Keimschicht *f*
	f	couche *f* germinative [de Malpighi]
	i	strato *m* germinativo dell'epidermide
	r	ростковый слой *m* эпидермиса, мальпигиев слой *m*
G177	*e*	**germ layer**
	d	Keimblatt *n*
	f	entoblaste *m*
	i	strato *m* germinativo
	r	зародышевый листок *m*, зародышевый пласт *m*
G178	*e*	**geroderma**
	d	Geroderma *n*, Greisenhaut *f*
	f	gérodermie *f*
	i	gerodermia *f*
	r	геродермия *f*
G179	*e*	**gerontology**
	d	Gerontologie *f*, Alternsforschung *f*
	f	gérontologie *f*
	i	gerontologia *f*
	r	геронтология *f*
G180	*e*	**gerontophilia**
	d	Gerontophilie *f*
	f	gérontophilie *f*
	i	gerontofilia *f*
	r	геронтофилия *f*
G181	*e*	**gerontotherapeutics** *see* **geriatrics**
G182	*e*	**gestation**
	d	Gravidität *f*, Schwangerschaft *f*
	f	grossesse *f*, gravidité *f*
	i	gestazione *f*, gravidanza *f*
	r	беременность *f*
G183	*e*	**Ghon's focus, Ghon's primary lesion**
	d	Ghon-Herd *m*, tuberkulöser Primärherd *m*
	f	foyer *m* de Ghon, complexe *m* primaire
	i	nodulo *m* di Ghon
	r	очаг *m* Гона, первичный туберкулёзный аффект *m*
G184	*e*	**giant cell**
	d	Riesenzelle *f*
	f	cellule *f* géante
	i	cellula *f* gigante
	r	гигантская клетка *f*
G185	*e*	**giant cell granuloma**
	d	Riesenzellengranulom *n*
	f	granulome *m* des cellules géantes
	i	granuloma *m* gigantocellulare
	r	гигантоклеточная гранулёма *f*
G186	*e*	**giant cell hepatitis**
	d	angeborene Riesenzellenhepatitis *f*
	f	hépatite *f* à cellules géantes du nouveau-né
	i	epatite *f* gigantocellulare
	r	гигантоклеточный врождённый гепатит *m*
G187	*e*	**giant cell myeloma**
	d	Riesenzellenmyelom *n*, Osteoklastom *n*, Osteoklastentumor *m*
	f	ostéoclastome *m*, tumeur *f* à cellules géantes des os, sarcome *m* myélogène
	i	tumore *m* a cellule giganti [gigantocellulare]
	r	остео(бласто)кластома *f*, миелоидная опухоль *f*, гигантоклеточная опухоль *f* кости
G188	*e*	**giant cell sarcoma**
	d	Riesenzellensarkom *n*, bösartiges Osteoblastoklastom *n*
	f	sarcome *m* ostéoclastique, ostéoclastome *m* malin
	i	sarcoma *m* gigantocellulare

GINGIVAL ENLARGEMENT

	r	злокачественная остеобластокластома *f*, гигантоклеточная саркома *f*
G189	e	giant cell tumor of bone *see* giant cell myeloma
G190	e	giant fibroadenoma
	d	Riesenfibroadenom *n*
	f	fibroadénome *m* géant du sein, adénofibromyxome *m* du sein
	i	fibroadenoma *m* gigantocellulare
	r	листовидная опухоль *m* молочной железы, гигантская фиброаденома *f* молочной железы
G191	e	giant follicular lymphoblastoma
	d	großfollikuläres Lymphoblastom *n*, Brill-Symmers-Krankheit *f*
	f	lymphome *m* gigantofolliculaire, syndrome *m* macrofolliculaire de Brill-Symmers
	i	linfoma *m* gigantocellulare, malattia *f* di Brill-Symmers
	r	гигантофолликулярная лимфома *f*, болезнь *f* Брилла—Симмерса
G192	e	giant hypertrophic gastritis
	d	Ménétrier-Krankheit *f*, gigantische hypertrophische Gastritis *f*
	f	gastrite *f* hypertrophique géante, maladie *f* de Ménétrier
	i	gastrite *f* ipertrofica gigante
	r	болезнь *f* Менетрие, опухолевидный [гигантский гипертрофический] гастрит *m*
G193	e	giantism *see* gigantism
G194	e	giant urticaria
	d	Quincke-Ödem *n*, angioneurotisches Ödem *n*, Riesenurtikaria *f*
	f	urticaire *f* géante, œdème *m* de Quincke
	i	edema *m* di Quincke [angioneurotico]
	r	отёк *m* Квинке, ангионевротический отёк *m*, гигантская крапивница *f*
G195	e	giardiasis
	d	Giardiasis *f*, Lambliasis *f*
	f	lambliase *f*
	i	lambliasi *f*, giardiasi *f*
	r	лямблиоз *m*
G196	e	giddiness
	d	Schwindel *m*
	f	vertige *m*
	i	vertigini *f pl*, capogiro *m*
	r	головокружение *n*
G197	e	Gierke's respiratory bundle
	d	Gierke-Bündel *n*, Solitärbündel *n*
	f	faisceau *m* solitaire
	i	fascio *m* solitario
	r	одиночный путь *m* [пучок *m*]
G198	e	gigantism
	d	Gigantismus *m*, Riesenwuchs *m*, Makrosomie *f*
	f	gigantisme *m*, macrosomie *f*
	i	gigantismo *m*
	r	гигантизм *m*, макросомия *f*
G199	e	gikiyami
	d	japanisches Siebentagefieber *n*
	f	fièvre *f* automnale [de sept jours]
	i	febbre *f* (giapponese) dei sette giorni
	r	осенняя [семидневная] лихорадка *f*, лептоспироз *m* Нанукайями
G200	e	Gilbert's disease
	d	Gilbert-(Meulengracht-)Krankheit *f*, hereditäre Hyperbilirubinämie *f*
	f	maladie *f* de Gilbert, cholémie *f* simple familiale
	i	colemia *f* familiare, malattia *f* di Gilbert
	r	синдром *m* Жильбера—Мейленграхта, семейная негемолитическая желтуха *f*
G201	e	gill cleft
	d	Kiemenspalte *f*
	f	fente *f* branchiale
	i	fessura *f* branchiale
	r	жаберная щель *f*
G202	e	Gilles de la Tourette's disease
	d	Gilles de la Tourette-Krankheit *f*
	f	maladie *f* de Gilles de la Tourette
	i	malattia *f* di Gilles de la Tourette [dei tic multipli]
	r	синдром *m* Жилль де ла Туретта, болезнь *f* Туретта
G203	e	gin-drinkers' liver
	d	alkoholische Leberzirrhose *f*
	f	cirrhose *f* alcoolique
	i	cirrosi *f* alco(o)lica
	r	алкогольный цирроз *m* печени
G204	e	gingiva
	d	Gingiva *f*, Zahnfleisch *n*
	f	gencive *f*
	i	gengiva *f*
	r	десна *f*
G205	e	gingival abscess
	d	Zahnfleischabszeß *m*
	f	abcès *m* gingival
	i	ascesso *m* gengivale
	r	1. десневой абсцесс *m* 2. острый одонтогенный периостит *m*
G206	e	gingival crevice
	d	Gingivasulcus *m*
	f	sillon *m* gingival
	i	solco *m* gengivale
	r	десневая борозда *f*
G207	e	gingival enlargement

217

GINGIVAL FISTULA

	d	Zahnfleischschwellung f
	f	tuméfaction f gingivale
	i	tumefazione f gengivale
	r	набухание n дёсен
G208	e	**gingival fistula**
	d	Zahnfleischfistel f
	f	fistule f gingivale
	i	fistola f gengivale
	r	десневой свищ m
G209	e	**gingival pocket**
	d	Zahnfleischtasche f
	f	poche f gingivale
	i	tasca f gengivale
	r	(зубо)десневой карман m
G210	e	**gingivectomy**
	d	Gingivektomie f, Zahnfleischentfernung f
	f	gingivectomie f
	i	gengivectomia f
	r	гингивэктомия f
G211	e	**gingivitis**
	d	Gingivitis f, Zahnfleischentzündung f
	f	gingivite f
	i	gengivite f
	r	гингивит m
G212	e	**gingivostomatitis**
	d	Gingivostomatitis f, Zahnfleisch- und Mundschleimhautentzündung f
	f	gingivo-stomatite f
	i	gengivostomatite f
	r	гингивостоматит m
G213	e	**ginglymoid joint, ginglymus**
	d	Scharniergelenk n, Ginglymus m
	f	ginglyme m, articulation f trochléenne
	i	ginglimoide m
	r	блоковидный [шарнирный] сустав m
G214	e	**girdle pain**
	d	Gürtelschmerz m
	f	douleur f cordonale
	i	dolore m a cintura
	r	опоясывающая боль f
G215	e	**gland**
	d	Drüse f
	f	glande f
	i	ghiandola f
	r	железа f
G216	e	**glanders**
	d	Rotz m
	f	morve f
	i	morva f, cimurro m
	r	сап m
G217	e	**glanders bacillus**
	d	Rotzbakterium n
	f	bacille m de la morve
	i	bacillo m della morva
	r	палочка f сапа
G218	e	**glandular epithelium**
	d	Drüsenepithel n
	f	épithélium m glandulaire
	i	epitelio m ghiandolare
	r	железистый эпителий m
G219	e	**glandular mastitis**
	d	Brustdrüsenparenchymentzündung f
	f	mastite f parenchymateuse
	i	mastite f parenchimatosa
	r	паренхиматозный мастит m
G220	e	**glandular plague**
	d	Bubonenpest f
	f	peste f bubonique
	i	peste f bubbonica
	r	бубонная чума f
G221	e	**glans**
	d	Glans f
	f	gland m (de la verge)
	i	glande m
	r	головка f (полового члена)
G222	e	**glasses** pl
	d	Brille f
	f	lunettes f pl
	i	occhiali m pl, lenti f pl
	r	очки pl
G223	e	**glass pox**
	d	Alastrim f, Weißpocken pl
	f	alastrim m
	i	alastrim m, vaiolo m minor [bianco]
	r	аластрим m, белая оспа f
G224	e	**glassy degeneration**
	d	Wachsnekrose f, wachsige Degeneration f, Zenker-Muskeldegeneration f
	f	dégénérescence f cireuse, nécrose f hyaline de Zenker
	i	degenerazione f ialina
	r	восковидный [ценкеровский] некроз m, восковидная [стекловидная] дистрофия f
G225	e	**glaucoma**
	d	Glaukom n, Star m
	f	glaucome m
	i	glaucoma m
	r	глаукома f
G226	e	**glaucomatous halo**
	d	glaukomatöser Ring m
	f	halo m glaucomateux
	i	anello m glaucomatoso
	r	глаукоматозное кольцо n
G227	e	**Glénard's disease**
	d	Enteroptose f, Glénard-Krankheit f
	f	splanchnoptose f, viscéroptose f
	i	enteroptosi f, splancnoptosi f
	r	спланхноптоз m, висцероптоз m

GLOMUS TUMOR

G228   e   **glenoid cavity**
      d   Gelenkhöhle *f*
      f   cavité *f* articulaire
      i   cavità *f* glenoidea
      r   полость *f* сустава

G229   e   **glia**
      d   Glia *f*, Neuroglia *f*
      f   glie *f*, névroglie *f*
      i   glia *f*, nevroglia *f*
      r   (нейро)глия *f*

G230   e   **glia cell**
      d   Gliazelle *f*, Neurogliazelle *f*
      f   gliocyte *m*
      i   cellula *f* gliale
      r   глиоцит *m*, (нейро)глиальная клетка *f*

G231   e   **gliding joint**
      d   Amphiarthrose *f*
      f   amphiarthrose *f*
      i   artrodia *f*, articolazione *f* piana
      r   плоский сустав *m*, амфиартроз *m*

G232   e   **glioblastoma**
      d   Glioblastom *n*
      f   glioblastome *m*, gliome *m* à cellules indifférenciées
      i   glioblastoma *m*
      r   глиобластома *f*

G233   e   **glioma**
      d   Gliom *n*
      f   gliome *m*
      i   glioma *m*
      r   глиома *f*

G234   e   **gliomatosis**
      d   Gliomatose *f*, Glioblastose *f*
      f   gliomatose *f*
      i   gliomatosi *f*
      r   глиоматоз *m*

G235   e   **gliosis**
      d   Gliose *f*, Gliahyperplasie *f*
      f   gliose *f*
      i   gliosi *f*
      r   глиоз *m*

G236   e   **Glisson's capsule**
      d   Glisson-Kapsel *f*, Leberbindegewebskapsel *f*
      f   capsule *f* de Glisson
      i   capsula *f* fibrosa perivascolare di Glisson, periepate *m*
      r   фиброзная оболочка *f* печени, глиссонова капсула *f*

G237   e   **global aphasia**
      d   totale Aphasie *f*
      f   aphasie *f* globale
      i   afasia *f* globale
      r   тотальная афазия *f*

G238   e   **globin**
      d   Globin *n*
      f   globine *f*
      i   globina *f*
      r   глобин *m*

G239   e   **globinometer**
      d   Hämoglobinometer *n*
      f   hémomètre *m*, hémoglobinomètre *m*
      i   emoglobinometro *m*, emometro *m*
      r   гемоглобинометр *m*

G240   e   **globoid leukodystrophy**
      d   diffuse infantile familiäre Hirnsklerose *f*, Krabbe-Syndrom *n*
      f   maladie *f* de Krabbe, leucodystrophie *f* de Krabbe
      i   leucodistrofia *f* globoide, malattia *f* di Krabbe
      r   болезнь *f* Краббе—Бенеке, глобоидно-клеточная лейкодистрофия *f* Краббе, диффузный инфантильный склероз *m* Краббе

G241   e   **globulin**
      d   Globulin *n*
      f   globuline *f*
      i   globulina *f*
      r   глобулин *m*

G242   e   **globulinuria**
      d   Globulinurie *f*
      f   globulinurie *f*
      i   globulinuria *f*
      r   глобулинурия *f*

G243   e   **globus hystericus**
      d   hysterischer Halsknäuel *m*
      f   globe *m* [boule *f*] hystérique
      i   globo *m* [bolo *m*] isterico
      r   истерический комок *m*

G244   e   **glomangioma** *see* glomus tumor

G245   e   **glomerulonephritis**
      d   Glomerulonephritis *f*
      f   glomérulonéphrite *f*
      i   glomerulonefrite *f*
      r   гломерулонефрит *m*

G246   e   **glomerulosclerosis**
      d   Glomerulosklerose *f*
      f   glomérulosclérose *f*
      i   glomerulosclerosi *f*
      r   гломерулосклероз *m*

G247   e   **glomus**
      d   Glomus *n*
      f   glomus *m*
      i   glomo *m*
      r   гломус *m*

G248   e   **glomus tumor**
      d   Glomustumor *m*, Angioneuromyom *n*
      f   glomangiome *m*, tumeur *f* glomique

GLOSSITIS

-       *i* tumore *m* glomico,
  angioneuromioma *m*
-       *r* гломусная опухоль *f*,
  ангионевромиома *f*,
  гломусангиома *f*

G249 *e* **glossitis**
- *d* Glossitis *f*, Zungenentzündung *f*
- *f* glossite *f*
- *i* glossite *f*
- *r* глоссит *m*

G250 *e* **glossolabiolaryngeal [glossolabiopharyngeal] paralysis**
- *d* progrediente Bulbarparalyse *f*
- *f* paralysie *f* bulbaire progressive
- *i* paralisi *f* bulbare progressiva
- *r* прогрессирующий бульбарный паралич *m*

G251 *e* **glossolysis** *see* **glossoplegia**

G252 *e* **glossopalatine arch**
- *d* vorderer Gaumenbogen *m*
- *f* pilier *m* antérieur du voile du palais
- *i* arco *m* glossopalatino
- *r* нёбно-язычная дужка *f*

G253 *e* **glossopharyngeal**
- *d* glossopharyngeal, Zungen-Rachen...
- *f* glosso-pharyngien
- *i* glossofaringeo
- *r* языкоглоточный

G254 *e* **glossoplegia**
- *d* Glossoplegie *f*, Zungenlähmung *f*
- *f* glossoplégie *f*
- *i* glossoplegia *f*
- *r* глоссоплегия *f*

G255 *e* **glossoptosia, glossoptosis**
- *d* Glossoptosis *f*, Zungenzurücksenken *n*
- *f* glossoptose *f*
- *i* glossoptosi *f*
- *r* глоссоптоз *m*

G256 *e* **glottis**
- *d* Glottis *f*, Stimmritze *f*
- *f* glotte *f*
- *i* glottide *f*
- *r* голосовая щель *f*

G257 *e* **glucagon**
- *d* Glukagon *n*
- *f* glucagon *m*
- *i* glucagone *m*
- *r* глюкагон *m*

G258 *e* **glucocorticoid**
- *d* Glukokortikoid *n*
- *f* glucocorticoïde *m*, glucocorticostéroïde *m*
- *i* glicocorticoide *m*
- *r* глюкокортикоид *m*

G259 *e* **glucosamine**
- *d* Glukosamin *n*, Aminoglukose *f*
- *f* glucosamine *f*, glycosamine *f*
- *i* glicosamina *f*
- *r* глюкозамин *m*

G260 *e* **glucose**
- *d* Glukose *f*, Traubenzucker *m*, Dextrose *f*
- *f* glucose *m*
- *i* glucos(i)o *m*
- *r* глюкоза *f*

G261 *e* **glucosidase**
- *d* Glykosidase *f*
- *f* glucosidase *f*
- *i* glucosidasi *f*
- *r* глюкозидаза *f*

G262 *e* **glucoside**
- *d* Glykosid *n*
- *f* glucoside *m*
- *i* glucoside *m*
- *r* глюкозид *m*

G263 *e* **glucosuria**
- *d* Glykosurie *f*
- *f* glucosurie *f*, glycosurie *f*
- *i* glicosuria *f*
- *r* глюкозурия *f*

G264 *e* **glucuronic acid**
- *d* Glukuronsäure *f*
- *f* acide *m* glucuronique
- *i* acido *m* glucuronico
- *r* глюкуроновая кислота *f*

G265 *e* **glutamic acid**
- *d* Glutaminsäure *f*
- *f* acide *m* glutamique
- *i* acido *m* glutamico
- *r* глутаминовая кислота *f*

G266 *e* **glutaminase**
- *d* Glutaminase *f*
- *f* glutaminase *f*
- *i* glutaminasi *f*
- *r* глутаминаза *f*

G267 *e* **glutamine**
- *d* Glutamin *n*
- *f* glutamine *f*
- *i* glutamina *f*
- *r* глутамин *m*

G268 *e* **glutaminic acid** *see* **glutamic acid**

G269 *e* **gluteal fold**
- *d* Gesäßfalte *f*
- *f* pli *m* fessier
- *i* piega *f* glutea
- *r* ягодичная складка *f*

G270 *e* **glutenin**
- *d* Glutenin *n*
- *f* gluténine *f*

	i	glutenina *f*
	r	глютенин *m*
G271	*e*	**gluteus**
	d	Gesäßmuskel *m*
	f	muscle *m* fessier
	i	gluteo *m*, muscolo *m* gluteo
	r	ягодичная мышца *f*
G272	*e*	**glycemia**
	d	Glykämie *f*
	f	glycémie *f*
	i	glicemia *f*
	r	гликемия *f*
G273	*e*	**glycine**
	d	Glyzin *n*, Glykokoll *n*
	f	glycocolle *m*, glycine *f*, acide *m* aminoacétique
	i	glicina *f*
	r	глицин *m*, гликокол *m*
G274	*e*	**glycinemia**
	d	Glyzinämie *f*
	f	glycinémie *f*
	i	glicinemia *f*
	r	(гипер)глицинемия *f*
G275	*e*	**glycinuria**
	d	Glyzinurie *f*
	f	glycinurie *f*
	i	glicinuria *f*
	r	глицинурия *f*
G276	*e*	**glycocoll** *see* **glycine**
G277	*e*	**glycogen**
	d	Glykogen *n*
	f	glycogène *m*
	i	glicogeno *m*
	r	гликоген *m*
G278	*e*	**glycogenesis**
	d	Glykogenie *f*, Glykogenbildung *f*
	f	glycogenèse *f*
	i	glicogenesi *f*
	r	гликогенез *m*
G279	*e*	**glycogenosis, glycogen storage disease**
	d	Glykogenose *f*, Glykogenspeicherkrankheit *f*
	f	glycogénose *f*, maladie *f* glycogénique
	i	glicogenosi *f*, morbo *m* di Gierve
	r	гликогеноз *m*, гликогеновая болезнь *f*
G280	*e*	**glycolysis**
	d	Glykolyse *f*
	f	glycolyse *f*
	i	glicolisi *f*
	r	гликолиз *m*
G281	*e*	**glycoprotein**
	d	Glykoprotein *n*, Glykoproteid *n*
	f	glycoprotéine *f*, glycoprotéide *m*

	i	glicoproteina *f*, glicoproteide *m*
	r	гликопротеид *m*, гликопротеин *m*
G282	*e*	**glycuronic acid** *see* **glucuronic acid**
G283	*e*	**gnathoplasty**
	d	Kieferplastik *f*
	f	gnathoplastie *f*
	i	gnatoplastica *f*
	r	пластика *f* челюсти
G284	*e*	**gnotobiology**
	d	Gnotobiologie *f*
	f	gnotobiologie *f*, gnotoxénologie *f*
	i	gnotobiosi *f*
	r	гнотобиология *f*, гнотобиотика *f*
G285	*e*	**gnotobiote**
	d	Gnotobiot *m*
	f	gnotobiote *m*
	i	gnotobiota *m*
	r	гнотобиотное животное *n*, гнотобиот *m*
G286	*e*	**gnotobiotics** *see* **gnotobiology**
G287	*e*	**goblet cell**
	d	Becherzelle *f*
	f	cellule *f* caliciforme
	i	cellula *f* caliciforme [mucipara]
	r	бокаловидная клетка *f*
G288	*e*	**goggles** *pl*
	d	Schutzbrille *f*
	f	lunettes *f pl* de protection [protectrices]
	i	occhiali *m pl* di protezione
	r	защитные очки *pl*
G289	*e*	**goiter**
	d	Kropf *m*, Struma *f*
	f	goitre *m*, strume *m*
	i	gozzo *m*
	r	зоб *m*, струма *f*
G290	*e*	**gonad** *see* **genital gland**
G291	*e*	**gonadotrop(h)ic hormone, gonadotrop(h)in**
	d	Gonadotropin *n*
	f	hormone *f* gonadotrope, gonadotrop(h)ine *f*
	i	ormone *m* gonadotropo, gonadotropina *f*
	r	гонадотропный гормон *m*, гонадотропин *m*
G292	*e*	**gonarthrotomy**
	d	Kniearthrotomie *f*, Kniegelenköffnung *f*
	f	gonarthrotomie *f*
	i	gonartrotomia *f*
	r	артротомия *f* коленного сустава
G293	*e*	**goniometer**
	d	Goniometer *n*
	f	goniomètre *m*

GONOCOCCUS

	i	goniometro *m*
	r	угломер *m*, гониометр *m*
G294	*e*	**gonococcus**
	d	Gonokokkus *m*
	f	gonocoque *m*
	i	gonococco *m*
	r	гонококк *m*
G295	*e*	**gonocyte**
	d	Keimzelle *f*
	f	gonocyte *m*
	i	gonocito *m*, cellula *f* germinale
	r	гоноцит *m*, первичная половая клетка *f*
G296	*e*	**gonorrhea**
	d	Gonorrhoe *f*, Tripper *m*
	f	gonorrhée *f*
	i	gonorrea *f*, blenorragia *f*
	r	гонорея *f*
G297	*e*	**gonorrheal arthritis**
	d	gonorrhoische Arthritis *f*
	f	arthrite *f* gonococcique
	i	artrite *f* blenorragica
	r	гонорейный артрит *m*
G298	*e*	**Goormaghtigh's cells** *pl*
	d	Goormaghtigh-Zellen *f pl*, juxtavaskuläre Zellen *f pl*
	f	cellules *f pl* de Goormaghtigh
	i	cellule *f pl* di Goormaghtigh [iuxtaglomerulari]
	r	юкставаскулярные клетки *f pl*, клетки *f pl* Гормагтига
G299	*e*	**goose flesh**
	d	Gänsehaut *f*
	f	peau *f* ansérine
	i	pelle *f* d'oca
	r	«гусиная кожа» *f*
G300	*e*	**goose gait**
	d	Entengang *m*, Watschelgang *m*
	f	démarche *f* de canard
	i	andatura *f* d'oca
	r	утиная походка *f*
G301	*e*	**Gorham's disease**
	d	Gorham-Krankheit *f*, massive traumatische Osteolyse *f*
	f	syndrome *m* de Gorham
	i	malattia *f* di Gorham, osteolisi *f* progressiva
	r	болезнь *f* Горхема, травматический массивный остеолиз *m*
G302	*e*	**gouge**
	d	Meißel *m*
	f	gouge *f*
	i	sgorbia *f*
	r	долото *n*
G303	*e*	**gout**
	d	Gicht *f*
	f	goutte *f*, podagre *f*
	i	gotta *f*, podagra *f*
	r	подагра *f*
G304	*e*	**goutiness**
	d	Uratdiathese *f*
	f	diathèse *f* urique [goutteuse]
	i	diatesi *f* urica [gottosa]
	r	мочекислый диатез *m*
G305	*e*	**Graafian follicle**
	d	Graaf-Follikel *m*, Bläschenfollikel *m* des Eierstocks
	f	follicule *m* de De Graaf, follicule *m* ovarien
	i	follicolo *m* di De Graaf
	r	везикулярный фолликул *m* яичника, граафов пузырёк *m*
G306	*e*	**graduated**
	d	graduiert
	f	gradué
	i	graduato
	r	градуированный
G307	*e*	**Graefe's knife**
	d	Graefe-Starmesser *n*
	f	bistouri *m* de Graefe
	i	coltello *m* di Graefe
	r	катарактальный нож *m* Грефе
G308	*e*	**graft**
	d	Transplantat *n*
	f	greffon *m*, transplant *m*
	i	innesto *m*, trapianto *m*
	r	трансплантат *m*
G309	*e*	**grafting**
	d	Transplantation *f*
	f	greffe *f*, transplantation *f*
	i	trapianto *m*
	r	трансплантация *f*
G310	*e*	**grand mal**
	d	großer epileptischer Anfall *m*
	f	crise *f* épileptique majeure
	i	grande male *m*
	r	большой эпилептический припадок *m*
G311	*e*	**granular**
	d	granulär, granulös, körnig
	f	granulé, granuleux
	i	granulare
	r	зернистый
G312	*e*	**granular cell myoblastoma, granular cell tumor**
	d	Granularzellmyoblastom *n*, Myoblastenmyom *n*, Abrikosow-Tumor *n*
	f	myoblastome *m* à cellules granuleuses, tumeur *f* d'Abricossoff, rhabdomyome *m* granulocellulaire
	i	mioblastoma *m*, tumore *m* di Abrikossoff

	r	зернисто-клеточная миобластома f, опухоль f Абрикосова, эмбриональная рабдомиобластома f
G313	e	granular endoplasmic reticulum
	d	granuläres endoplasmatisches Retikulum n
	f	réticulum m endoplasmique granulaire
	i	reticolo m endoplasmatico granulare
	r	гранулярная [зернистая] эндоплазматическая сеть f
G314	e	granular kidney
	d	körnige Nierenschrumpfung f
	f	néphrocirrhose f
	i	rene m sclerotico
	r	зернистая почка f, нефроцирроз m
G315	e	granular layer
	d	Granularschicht f der Epidermis
	f	couche f granuleuse
	i	strato m granuloso
	r	зернистый слой m эпидермиса
G316	e	granular leukocyte
	d	Granulozyt m
	f	granulocyte m
	i	granulocito m
	r	гранулоцит m, зернистый лейкоцит m
G317	e	granular lids pl
	d	Trachom n
	f	trachome m
	i	tracoma m
	r	трахома f
G318	e	granulation (tissue)
	d	Granulationsgewebe n
	f	(tissu m de) granulation f
	i	tessuto m di granulazione
	r	грануляционная ткань f, грануляция f
G319	e	granule
	d	Granulum n
	f	granule m
	i	granulo m
	r	гранула f
G320	e	granulocyte see granular leukocyte
G321	e	granulocytic leukemia
	d	Granulozytenleukämie f
	f	leucose f myéloïde
	i	leucemia f granulocitica
	r	миелолейкоз m
G322	e	granulocytopenia
	d	Granulozytopenie f, Hypogranulozytose f
	f	granulocytopénie f
	i	granulocitopenia f
	r	гранулоцитопения f
G323	e	granulocytopoiesis
	d	Granulozytopoese f
	f	granulocytopoïèse f
	i	granulocitopoiesi f
	r	гранулоцитопоэз m
G324	e	granulocytosis
	d	Granulozytose f
	f	granulocytose f
	i	granulocitosi f
	r	гранулоцитоз m
G325	e	granuloma
	d	Granulom n
	f	granulome m
	i	granuloma m
	r	гранулёма f
G326	e	granulomatosis
	d	Granulomatose f
	f	granulomatose f
	i	granulomatosi f
	r	гранулематоз m
G327	e	granulomatous colitis
	d	granulomatöse Kolitis f
	f	colite f granulomateuse
	i	colite f granulomatosa
	r	гранулематозный колит m
G328	e	granulomatous inflammation
	d	granulomatöse Entzündung f
	f	inflammation f granulomateuse
	i	infiammazione f granulomatosa
	r	гранулематозное воспаление n
G329	e	granulosa cell tumor
	d	Granulosazelltumor m, Follikulom n
	f	épithélioma m de la granulosa, folliculome m
	i	tumore m a cellule della granulosa
	r	гранулёзоклеточная опухоль f, фолликулома f, фолликулярная аденома f яичника, базальный рак m яичника
G330	e	granulosa lutein cell
	d	granulierte Luteinzelle f
	f	lutéocyte m granuleux
	i	cellula f luteinica della granulosa
	r	зернистый лютеоцит m, гранулёзолютеиновая клетка f
G331	e	grape cure
	d	Ampelotherapie f, Traubenkur f
	f	ampélothérapie f
	i	ampeloterapia f
	r	виноградолечение n, ампелотерапия f
G332	e	grape sugar
	d	Traubenzucker m, Glukose f, Dextrose f
	f	glucose m, dextrose m
	i	glucosio m, destrosio m
	r	виноградный сахар m, D-глюкоза f

GRAPHIC APHASIA

G333   e   graphic aphasia *see* graphomotor aphasia

G334   e   graphology
     d   Graphologie *f*
     f   graphologie *f*
     i   grafologia *f*
     r   графология *f*

G335   e   graphomotor aphasia
     d   Agraphie *f*, Schreibunfähigkeit *f*
     f   agraphie *f*
     i   afasia *f* grafomotoria
     r   аграфия *f*

G336   e   graphospasm
     d   Graphospasmus *m*, Schreibkrampf *m*
     f   graphospasme *m*
     i   grafospasmo *m*
     r   писчий спазм *m*, графоспазм *m*

G337   e   grasp reflex
     d   Greifreflex *m*
     f   réflexe *m* de préhension
     i   riflesso *m* di prensione
     r   хватательный рефлекс *m*

G338   e   grass bacillus
     d   Heustäbchen *n*, Heubazillus *m*, Subtilisbazillus *m*
     f   *Bacillus subtilis*
     i   *Bacillus subtilis*
     r   сенная палочка *f*

G339   e   Gratiolet's fibers *see* geniculocalcarine tract

G340   e   gravel
     d   Harngries *m*, Harnsand *m*
     f   gravelle *f*
     i   sedimento *m* urinario
     r   мочевой песок *m*

G341   e   Graves' disease
     d   Basedow-Krankheit *f*
     f   maladie *f* de Basedow, goitre *m* exophtalmique
     i   malattia *f* di Graves, morbo *m* di Basedow
     r   базедова болезнь *f*

G342   e   gravidic retinitis
     d   Schwangerschaftsretinopathie *f*
     f   rétinopathie *f* gravidique
     i   retinopatia *f* gravidica
     r   токсогравидарная ретинопатия *f*

G343   e   gravidism, gravidity *see* gestation

G344   e   gravitational ulcer
     d   variköses Geschwür *n*
     f   ulcère *m* variqueux
     i   ulcera *f* varicosa
     r   варикозная язва *f*

G345   e   gray fiber
     d   myelinlose Nervenfaser *f*
     f   fibre *f* nerveuse amyélinique
     i   fibra *f* amielinica
     r   безмякотное [безмиелиновое] нервное волокно *n*

G346   e   gray hepatization, gray induration
     d   graue Hepatisation *f* (der Lunge)
     f   hépatisation *f* grise du poumon
     i   epatizzazione *f* grigia
     r   серое [белое] опеченение *n* (лёгких)

G347   e   gray matter
     d   graue Hirnsubstanz *f*
     f   substance *f* grise
     i   sostanza *f* grigia
     r   серое вещество *n* (мозга)

G348   e   great alveolar cell
     d   große Alveolarzelle *f*
     f   grande cellule *f* alvéolaire
     i   grande cellula *f* alveolare
     r   большой альвеолоцит *m*, большая альвеолярная клетка *f*

G349   e   greater circulation
     d   großer Blutkreislauf *m*
     f   grande circulation *f*
     i   grande circolazione *f*
     r   большой круг *m* кровообращения

G350   e   greater omentum
     d   großes Netz *n*
     f   grand épiploon *m*
     i   grande omento *m*
     r   большой сальник *m*

G351   e   greater trochanter
     d   großer Rollhügel *m*
     f   grand trochanter *m*
     i   grande trocantere *m*
     r   большой вертел *m*

G352   e   great toe
     d   Großzehe *f*, Hallux *m*
     f   gros orteil *m*
     i   alluce *m*
     r   первый [большой] палец *m* стопы

G353   e   green blindness
     d   Deuteranopie *f*, Grünblindheit *f*
     f   deutéranopie *f*
     i   deuteranopia *f*
     r   дейтеранопия *f*

G354   e   Greenhow's disease
     d   Melanodermie *f*
     f   mélanodermie *f*
     i   melanodermia *f*
     r   меланодермия *f*

G355   e   green-stick fracture
     d   Grünholz-Fraktur *f*
     f   fracture *f* en bois vert
     i   infrazione *m*, frattura *f* a legno verde

GUANIDINE

	r	надлом *m*, перелом *m* по типу зелёной ветки
G356	e	**grenz rays** *pl*
	d	Grenzstrahlen *m pl*, Bucky-Strahlen *m pl*
	f	rayons *m pl* de Bucky, rayons-limites *m pl*
	i	raggi *m pl* di Bucky [limiti]
	r	излучение *n* [лучи *m pl*] Букки, пограничное рентгеновское излучение *n*
G357	e	**Griesinger-Kussmaul sign**
	d	Kussmaul-Puls *m*
	f	pouls *m* de Griesinger-Kussmaul
	i	segno *m* di Griesinger
	r	пульс *m* Гризингера—Куссмауля
G358	e	**Griesinger's disease**
	d	Paratyphobazillose *f*
	f	paratyphobacillose *f*
	i	malattia *f* di Griesinger
	r	паратифобациллёз *m*, жёлчный тифоид *m*
G359	e	**griffin-claw (hand)**
	d	Krallenhand *f*
	f	main *f* en griffe
	i	mano *f* ad artiglio
	r	птичья лапа *f*, когтистая кисть *f*
G360	e	**grip** *see* **grippe**
G361	e	**gripes**
	d	Kolik *f*, Darmkolik *f*
	f	colique *f* intestinale
	i	colica *f* intestinale
	r	кишечная колика *f*
G362	e	**grippe**
	d	Grippe *f*, Influenza *f*
	f	grippe *f*
	i	grippe *f*, influenza *f*
	r	грипп *m*
G363	e	**gristle**
	d	Knorpel *m*
	f	cartilage *m*
	i	cartilagine *f*
	r	хрящ *m*
G364	e	**groin**
	d	Leiste *f*
	f	aine *f*
	i	inguine *m*
	r	пах *m*
G365	e	**groin ulcer**
	d	venerisches Granulom *n*
	f	granulome *m* vénérien
	i	granuloma *m* inguinale
	r	венерическая [язвенная тропическая] гранулёма *f*
G366	e	**groove**
	d	Furche *f*, Sulcus *m*
	f	sillon *m*, pli *m*, scissure *f*
	i	solco *m*, piega *f*, fessura *f*
	r	борозда *f*, складка *f*
G367	e	**grooved probe**
	d	Furchensonde *f*
	f	sonde *f* [cathéter *m*] de Nélaton
	i	sonda *f* scanalata
	r	желобоватый зонд *m*
G368	e	**grooved tongue**
	d	Faltenzunge *f*
	f	langue *f* plicaturée
	i	lingua *f* scrotale [solcata]
	r	складчатый язык *m*
G369	e	**ground itch**
	d	Hautankylostomiasis *f*
	f	ankylostomiase *f* cutanée
	i	anchilostomiasi *f* cutanea, dermatite *f* vescicolosa
	r	анкилостомидоз *m* кожи, земляная чесотка *f*
G370	e	**growing ovarian follicle**
	d	wachsender Ovarialfollikel *m*
	f	follicule *m* ovarien croissant
	i	follicolo *m* ovarico in via di accrescimento
	r	зреющий [растущий] яичниковый фолликул *m*
G371	e	**growth**
	d	Wachstum *n*
	f	croissance *f*
	i	crescita *f*
	r	рост *m*
G372	e	**growth factor**
	d	Wachstumsfaktor *m*
	f	facteur *m* de croissance
	i	fattore *m* di crescita
	r	фактор *m* роста
G373	e	**growth hormone**
	d	Somatotropin *n*, somatotropes Hormon *n*, Wachstumshormon *n*
	f	somatotropine *f*, hormone *f* de croissance
	i	ormone *m* della crescita [somatotropo], somatotropina *f*
	r	соматотропный гормон *m*, соматотропин *m*, гормон *m* роста
G374	e	**growth-onset diabetes**
	d	juveniler Diabetes *m*
	f	diabète *m* juvénile
	i	diabete *f* giovanile
	r	юношеский диабет *m*
G375	e	**guanidine**
	d	Guanidin *n*
	f	guanidine *f*
	i	guanidina *f*
	r	гуанидин *m*

G376	e	guanine
	d	Guanin *n*
	f	guanine *f*
	i	guanina *f*
	r	гуанин *m*

G377	e	guanylic acid
	d	Guanosinphosphorsäure *f*
	f	acide *m* guanylique [guanosine-monophosphorique]
	i	acido *m* guanilico
	r	гуаниловая [гуанозинфосфорная] кислота *f*

G378	e	Guarnieri's bodies *pl*
	d	Guarnieri-Einschlußkörperchen *n pl*
	f	corps *m pl* [corpuscules *m pl*] de Guarnieri
	i	corpi *m pl* di Guarnieri
	r	тельца *n pl* Гуарниери

G379	e	Gubler's syndrome
	d	Gubler-Hemiplegie *f*, gekreuzte Lähmung *f*
	f	hémiplégie *f* croisée
	i	paralisi *f* di Gubler, emiplegia *f* crociata
	r	перекрёстная гемиплегия *f*

G380	e	guillotine
	d	Guillotinenmesser *n*
	f	guillotine *f* [amygdalotome *m*] de Sluder-Ballenger
	i	tonsilotomo *m*, adenotomo *m*
	r	гильотинный нож *m*

G381	e	guillotine amputation
	d	Amputation *f* ohne Lappen
	f	amputation *f* sans lambeaux
	i	amputazione *f* circolare [senza lembi, a mannaia]
	r	гильотинная ампутация *f*

G382	e	Guinea worm
	d	Guineawurm *m*, Medinawurm *m*
	f	ver *m* de Guinée
	i	verme *m* di Medina, dracunculosi *f*
	r	ришта *f*

G383	e	Gullstrand's lamp
	d	Spaltlampe *f*
	f	lampe *f* à fente
	i	lampada *f* a fessura
	r	щелевая лампа *f*

G384	e	gum
	d	Zahnfleisch *n*, Gingiva *f*
	f	gencive *f*
	i	gengiva *f*
	r	десна *f*

G385	e	gumboil
	d	Zahnfleischabszeß *m*
	f	abcès *m* gingival, fluxion *f* dentaire
	i	ascesso *m* gengivale
	r	абсцесс *m* десны, флюс *m*

G386	e	gumma
	d	Gumma *n*, Gummiknoten *m*
	f	gomme *f*
	i	gomma *f*
	r	гумма *f*

G387	e	gummatous syphilid
	d	gummöses Syphilid *n*
	f	syphilide *f* gommeuse, gomme *f* syphilitique cutanée
	i	gomma *f* sifilitica
	r	гуммозный сифилид *m*, сифилитическая гумма *f*

G388	e	Gumprecht's shadows *pl*
	d	Gumprecht-Kernschatten *m pl*
	f	corps *m pl* [corpuscules *m pl*] de Gumprecht
	i	ombre *f pl* di Gumprecht
	r	тельца *n pl* Боткина—Гумпрехта, тени *f pl* Гумпрехта

G389	e	gum resection *see* gingivectomy

G390	e	gunshot wound
	d	Schußwunde *f*
	f	blessure *f* par arme à feu
	i	ferita *f* d'arma da fuoco
	r	огнестрельная рана *f*

G391	e	gustatory cell
	d	Geschmackszelle *f*
	f	cellule *f* gustative
	i	cellula *f* gustativa
	r	вкусовая клетка *f*

G392	e	gustatory sweating syndrome
	d	aurikulotemporales Syndrom *n*
	f	syndrome *m* auriculo-temporal
	i	sindrome *f* auricolotemporale
	r	аурикулотемпоральный синдром *m*, околоушно-височный гипергидроз *m*

G393	e	gutter wound
	d	Tangentialschußwunde *f*
	f	blessure *f* par arme à feu tangentielle
	i	ferita *f* tangenziale
	r	касательное ранение *n*

G394	e	gynandroblastoma
	d	Gynandroblastom *n*
	f	arrhénoblastome *m*, androblastome *m*
	i	ginandroblastoma *m*
	r	арреноблacтома *f*, андробластома *f*

G395	e	gynecologist
	d	Gynäkologe *m*
	f	gynécologue *m*, gynécologiste *m*
	i	ginecologo *m*
	r	врач-гинеколог *m*

G396	e	gynecology
	d	Gynäkologie *f*, Frauenheilkunde *f*
	f	gynécologie *f*

	i	ginecologia *f*
	r	гинекология *f*
G397	*e*	**gynecomastia, gynecomasty**
	d	Gynäkomastie *f*
	f	gynécomastie *f*
	i	ginecomastia *f*
	r	гинекомастия *f*
G398	*e*	**gypsum**
	d	Gips *m*
	f	gypse *m*
	i	gesso *m*
	r	гипс *m*
G399	*e*	**gyrus**
	d	Gyrus *m*, Gehirnwindung *f*, Hirnwindung *f*
	f	circonvolution *f*
	i	giro *m*, circonvoluzione *f*
	r	извилина *f* мозга

H

H1	*e*	**habit**
	d	Gewohnheit *f*
	f	habitude *f*
	i	abitudine *f*
	r	привычка *f*
H2	*e*	**habit chorea, habit spasm**
	d	Tic *m*, Muskelzucken *n*
	f	tic *m*
	i	tic *m*, ticchio *m*
	r	тик *m*
H3	*e*	**habitual abortion**
	d	habituelle Fehlgeburt *f*
	f	avortement *m* habituel
	i	aborto *m* abituale
	r	привычный выкидыш *m*
H4	*e*	**hacking**
	d	Hackmassage *f*
	f	hachure *f*
	i	massaggio *m* a percussione
	r	рубление *n* (*приём массажа*)
H5	*e*	**Haff disease**
	d	Haffkrankheit *f*
	f	maladie *f* de Haff
	i	malattia *f* di Haff
	r	гаффская [юксовско-сартланская] болезнь *f*
H6	*e*	**hair**
	d	Haar *n*, Crinis *m*; Härchen *n*
	f	cheveu *m*, poil *m*
	i	pelo *m*, capello *m*
	r	волос *m*, волосок *m*
H7	*e*	**hair ball**

	d	Trichobezoar *m*, Haargeschwulst *f*
	f	trichobézoard *m*
	i	tricobezoar *m*
	r	трихобезоар *m*
H8	*e*	**hair bulb**
	d	Haarbulbus *m*, Haarzwiebel *f*
	f	bulbe *m* pileux
	i	bulbo *m* pilifero
	r	луковица *f* волоса
H9	*e*	**hair cast** *see* **hair ball**
H10	*e*	**hair follicle**
	d	Haarfollikel *m*, Haarbalg *m*
	f	follicule *m* pileux
	i	follicolo *m* pilifero
	r	фолликул *m* (волоса), волосяной мешочек *m*
H11	*e*	**hairless**
	d	haarlos
	f	sans cheveux, chauve
	i	calvo, glabro
	r	безволосый
H12	*e*	**hair-matrix carcinoma**
	d	Trichobasaliom *n*
	f	trichobasaliome *m*
	i	tricobasalioma *m*
	r	трихобазалиома *f*
H13	*e*	**hair papilla**
	d	Haarpapille *f*
	f	papille *f* pileuse
	i	papilla *f* pilifera
	r	сосочек *m* волоса, волосяной сосочек *m*
H14	*e*	**hairy heart**
	d	Zottenherz *n*
	f	cœur *m* villeux
	i	cuore *m* villoso
	r	ворсинчатое [волосатое] сердце *n*
H15	*e*	**hairy mole**
	d	Haarnävus *m*
	f	nævus *m* pileux pigmentaire
	i	neo *m* peloso
	r	волосяной пигментный невус *m*
H16	*e*	**hairy tongue**
	d	schwarzer Haarzunge *f*
	f	langue *f* noire pileuse [noire villeuse]
	i	lingua *f* nera pelosa
	r	волосатый [«чёрный»] язык *m*
H17	*e*	**hallucinosis**
	d	Halluzinose *f*
	f	hallucinose *f*
	i	allucinosi *f*
	r	галлюциноз *m*, галлюцинаторный синдром *m*
H18	*e*	**hallux**
	d	Hallux *m*, Großzehe *f*

HAMARTOMA

	f	hallux *m*
	i	alluce *m*
	r	первый [большой] палец *m* стопы
H19	e	**hamartoma**
	d	Hamartom *n*
	f	hamartome *m*
	i	amartoma *m*
	r	гамартома *f*, прогонобластома *f*
H20	e	**hamatum** *see* **hooked bone**
H21	e	**hammer**
	d	Malleus *m*, Hammer *m*
	f	marteau *m*
	i	martello *m*
	r	молоточек *m*
H22	e	**hammer finger**
	d	Hammerfinger *m*
	f	doigt *m* en marteau
	i	dito *m* a martello (della mano)
	r	молоткообразный палец *m* кисти
H23	e	**hammer nose**
	d	Rhinophym *n*, Knollennase *f*, Pfundnase *f*
	f	rhinophyma *m*
	i	rinofima *m*
	r	ринофима *f*, шишковидный [«винный»] нос *m*
H24	e	**hammer toe**
	d	Hammerzehe *f*
	f	orteil *m* en marteau
	i	dito *m* a martello (del piede)
	r	молоткообразный палец *m* стопы
H25	e	**hand**
	d	Hand *f*
	f	main *f*
	i	mano *f*
	r	кисть *f* руки
H26	e	**hanging drop**
	d	hängender Tropfen *m*
	f	goutte *f* en suspension
	i	goccia *f* pendente
	r	висячая капля *f*
H27	e	**hanging heart**
	d	Tropfenherz *n*
	f	cœur *m* «en goutte»
	i	cuore *m* sospeso
	r	висячее сердце *n*
H28	e	**hangnail**
	d	Niednagel *m*
	f	envie *f*
	i	pipita *f*
	r	заусенец *m*, заусеница *f*
H29	e	**hangover**
	d	Katzenjammer *m*
	f	mal *m* aux cheveux
	i	malessere *m* dopo la sbornia
	r	похмельный синдром *m*, похмелье *n*
H30	e	**Hansen's bacillus**
	d	Hansen-Bazillus *m*, Leprabakterium *n*
	f	bacille *m* de Hansen [de la lèpre]
	i	bacillo *m* di Hansen
	r	палочка *f* лепры [проказы], палочка *f* Гансена
H31	e	**haptoglobin**
	d	Haptoglobin *n*
	f	haptoglobine *f*
	i	aptoglobina *f*
	r	гаптоглобин *m*
H32	e	**hard cataract**
	d	Phakosklerose *f*, Linsenverhärtung *f*, Altersstar *m*
	f	phacosclérose *f*
	i	sclerosi *f* di cristallino
	r	факосклероз *m*
H33	e	**hard chancre**
	d	harter Schanker *m*
	f	chancre *m* induré
	i	sifiloma *m* duro [primario]
	r	твёрдый шанкр *m*
H34	e	**hard palate**
	d	harter Gaumen *m*
	f	palais *m* dur
	i	palato *m* duro
	r	твёрдое нёбо *n*
H35	e	**hard papilloma**
	d	Hauthorn *n*
	f	corne *f* cutanée
	i	cheratoma *m*, corno *m* cutaneo
	r	кожный рог *m*, роговая кератома *f* кожи
H36	e	**hard pulse**
	d	harter [gespannter] Puls *m*
	f	pouls *m* dur
	i	polso *m* duro
	r	напряжённый [твёрдый] пульс *m*
H37	e	**hard rays** *pl*
	d	harte Röntgenstrahlen *m pl*
	f	rayonnement *m* dur
	i	raggi *m pl* X duri
	r	коротковолновое [жёсткое] рентгеновское излучение *n*
H38	e	**hard sore** *see* **hard chancre**
H39	e	**harelip**
	d	Lippenspalte *f*, Hasenscharte *f*, Cheiloschisis *f*
	f	bec-de-lièvre *m*, chéiloschisis *m*
	i	labbro *m* leporino, cheiloschisi *f*
	r	расщелина *f* губы, заячья губа *f*
H40	e	**hare's eye**
	d	Lagophthalmus *m*, Hasenauge *n*
	f	lagophtalmie *f*

	i	lagoftalmo *m*, lagoftalmia *f*
	r	лагофтальм *m*, «заячий глаз» *m*
H41	*e*	**hasheesh** *see* **hashish**
H42	*e*	**Hashimoto's disease**
	d	Hashimoto-Thyreoiditis *f*
	f	goitre *m* lymphomateux de Hashimoto
	i	struma *m* linfomatoso, tiroidite *f* di Hashimoto
	r	зоб *m* Хасимото, лимфоматозный [лимфоцитарный] зоб *m*, лимфоматозный тиреоидит *m*
H43	*e*	**hashish**
	d	Haschisch *n*
	f	ha(s)chisch *m*
	i	hashish *m*, ascisc *m*
	r	гашиш *m*
H44	*e*	**haustra** *pl*
	d	Haustra *n pl*
	f	*haustra coli*
	i	haustra *m pl*
	r	гаустры *pl*
H45	*e*	**haut mal**
	d	großer epileptischer Anfall *m*
	f	haut mal *m*, grand mal *m*
	i	attacco *m* epilettico, grande male *m*
	r	большой эпилептический припадок *m*
H46	*e*	**Haverhill fever**
	d	Haverhill-Fieber *n*
	f	fièvre *f* de Haverhill
	i	febbre *f* di Haverhill
	r	хейверхиллская [стрептобациллярная] лихорадка *f*
H47	*e*	**Haversian canal**
	d	Havers-Kanal *m*
	f	canal *m* de Havers
	i	canale *m* di Havers
	r	гаверсов канал *m*, канал *m* остеона
H48	*e*	**hay bacillus**
	d	Heubazillus *m*, Subtilisbazillus *m*
	f	*Bacillus subtilis*
	i	bacillo *m* da fieno
	r	сенная палочка *f*
H49	*e*	**Hayem-Widal disease**
	d	Hayem-Widal-Krankheit *f*, Wärmeautoantikörperanämie *f*, erworbene autoimmune hämolytische Anämie *f*
	f	maladie *f* de Hayem-Widal
	i	anemia *f* di Hayem-Widal
	r	болезнь *f* Гайема—Видаля
H50	*e*	**hay fever**
	d	Heufieber *n*, Pollenkrankheit *f*
	f	fièvre *f* des foins
	i	febbre *f* da fieno
	r	поллиноз *m*, сенная лихорадка *f*

H51	*e*	**head**
	d	Kopf *m*; Caput *n*
	f	tête *f*
	i	1. testa *f* 2. capo *m*
	r	1. голова *f* 2. головка *f*
H52	*e*	**head kidney**
	d	Pronephros *m*, Vorniere *f*
	f	pronéphros *m*
	i	pronefro *m*
	r	предпочка *f*, головная почка *f*, пронефрос *m*
H53	*e*	**head louse**
	d	Kopflaus *f*
	f	pou *m* de la tête
	i	pidocchio *m* dei capelli
	r	головная вошь *f*
H54	*e*	**head mirror**
	d	Stirnspiegel *m*, Kopfspiegel *m*
	f	miroir *m* frontal
	i	specchio *m* frontale
	r	лобный рефлектор *m*, лобное зеркало *n*
H55	*e*	**head nod**
	d	Salaamkrampf *m*, Nickkrampf *m*
	f	tic *m* de Salaam
	i	spasmo *m* nutans
	r	кивательная [салаамова] судорога *f*, салаамов тик *m*
H56	*e*	**head nurse**
	d	Oberschwester *f*
	f	infirmière *f* en chef
	i	infermiera *f* capo
	r	старшая [главная] медицинская сестра *f*
H57	*e*	**head presentation**
	d	Kopflage *f*
	f	présentation *f* de la tête
	i	presentazione *f* cefalica
	r	головное предлежание *n* плода
H58	*e*	**headache**
	d	Kopfschmerz *m*
	f	céphalalgie *f*
	i	cefalea *f*
	r	головная боль *f*
H59	*e*	**headgut**
	d	Vorderdarm *n*
	f	intestin *m* antérieur
	i	intestino *m* anteriore, proenteron *m*
	r	передняя кишка *f*
H60	*e*	**Head's line, Head's zone**
	d	Head-Zone *f*
	f	zone *f* de Head
	i	zona *f* di Head
	r	зона *f* (Захарьина—)Геда
H61	*e*	**head tetanus**

HEALER

    d Gesichtsstarrkrampf *m*
    f tétanos *m* céphalique de Rose
    i tetano *m* cefalico
    r лицевой столбняк *m*, головной столбняк *m* Розе

H62 *e* **healer**
    d Heiler *m*, Volksmediziner *m*
    f guérisseur *m*
    i guaritore *m*, healer *m*
    r знахарь *m*, целитель *m*

H63 *e* **healing**
    d Ausheilung *f*
    f cicatrisation *f*
    i cicatrizzazione *f*
    r заживление *n* (раны)

H64 *e* **healing by primary intention**
    d Primärheilung *f*
    f cicatrisation *f* par première intention
    i guarigione *f* per prima intenzione
    r заживление *n* первичным натяжением

H65 *e* **healing by secondary intention**
    d Sekundärheilung *f*
    f cicatrisation *f* par deuxième intention [médiate]
    i guarigione *f* per seconda intenzione
    r заживление *n* вторичным натяжением

H66 *e* **health**
    d Gesundheit *f*
    f santé *f*
    i salute *f*
    r здоровье *n*

H67 *e* **health resort**
    d Heilbad *n*
    f station *f* thermale [balnéaire, climatique]
    i stazione *f* di cura [termale, balneare]
    r курорт *m*

H68 *e* **healthy**
    d gesund
    f sain
    i sano
    r здоровый

H69 *e* **hearing**
    d Hören *n*; Gehör *n*
    f ouïe *f*
    i udito *m*
    r слух *m*

H70 *e* **hearing impairment**
    d Hörschädigung *f*, Hörminderung *f*
    f hypocousie *f*
    i ipoacusia *f*, deficit *m* uditivo
    r тугоухость *f*, ослабление *n* слуха, гипакузия *f*

H71 *e* **heart**
    d Herz *n*, Cor *n*
    f cœur *m*
    i cuore *m*
    r сердце *n*

H72 *e* **heart block**
    d Herzblock *m*
    f blocage *m* cardiaque
    i blocco *m* cardiaco
    r блокада *f* сердца

H73 *e* **heartburn**
    d Sodbrennen *n*, Pyrosis *f*
    f pyrosis *m*
    i pirosi *f*
    r изжога *f*

H74 *e* **heart failure**
    d Herzversagen *n*, Herzinsuffizienz *f*
    f insuffisance *f* cardiaque
    i insufficienza *f* cardiaca
    r сердечная недостаточность *f*

H75 *e* **heart hurry**
    d Tachykardie *f*, Herzjagen *n*
    f tachycardie *f*
    i tachicardia *f*
    r тахикардия *f*

H76 *e* **heart-lung machine**
    d Herz-Lungen-Maschine *f*
    f appareil *m* circulatoire artificiel
    i macchina *f* cardiopolmonare
    r аппарат *m* искусственного кровообращения

H77 *e* **heart rate**
    d Herzrate *f*
    f fréquence *f* cardiaque
    i frequenza *f* cardiaca
    r частота *f* сердцебиений

H78 *e* **heart sac**
    d Herzbeutel *m*, Perikard *n*
    f péricarde *m*
    i pericardio *m*
    r перикард *m*, околосердечная сумка *f*

H79 *e* **heart sound**
    d Herzton *m*
    f bruit *m* du cœur
    i tono *m* cardiaco
    r тон *m* сердца

H80 *e* **heart stroke**
    d 1. Herzstoß *m* 2. Stenokardie *f*
    f 1. choc *m* du cœur [précordial] 2. angine *f* de poitrine, sténocardie *f*
    i 1. itto *m* della punta 2. stenocardia *f*, angina pectoris
    r 1. сердечный толчок *m* 2. приступ *m* стенокардии

H81 *e* **heat apoplexy, heat exhaustion, heat hyperpyrexia**

	d	Hitzeschlag *m*
	f	coup *m* de chaleur
	i	colasso *m* da calore
	r	тепловой удар *m*
H82	*e*	**heat-labile**
	d	thermolabil
	f	thermolabile
	i	termolabile
	r	термолабильный

H83   *e*   **heat prostration** *see* **heat apoplexy**

H84   *e*   **heat rash**
     d   Miliaria *f* rubra
     f   miliaire *f* rouge
     i   miliaria *f* rubra
     r   красная [тропическая] потница *f*

H85   *e*   **heat stroke** *see* **heat apoplexy**

H86   *e*   **heavy chain disease**
     d   Schwerkettenkrankheit *f*
     f   maladie *f* des chaînes lourdes
     i   malattia *f* delle catene pesanti
     r   болезнь *f* тяжёлых цепей

H87   *e*   **hebephrenic schizophrenia**
     d   Jugendirresein *n*, Hebephrenie *f*
     f   1. héboïdophrénie *f*, schizophrénie *f* héboïde 2. hébéphrénie *f*
     i   schizofrenia *f* ebefrenica
     r   гебоидная шизофрения *f*, гебоидофрения *f*, гебефрения *f*

H88   *e*   **Hebra's prurigo**
     d   Hebra-Krankheit *f*, Hebra-Juckblattern *pl*
     f   prurigo *m* de Hebra
     i   prurigine *f* di Hebra
     r   пруриго *n* Гебры

H89   *e*   **hectic fever**
     d   hektisches Fieber *n*
     f   fièvre *f* hectique
     i   febbre *f* ettica
     r   гектическая лихорадка *f*

H90   *e*   **hedonism**
     d   Hedonismus *m*
     f   hédonisme *m*
     i   edonismo *m*
     r   гипергедония *f*, гедонизм *m*

H91   *e*   **heel**
     d   Ferse *f*
     f   talon *m*
     i   calcagno *m*
     r   пятка *f*

H92   *e*   **heel bone**
     d   Fersenbein *n*, Calcaneus *m*
     f   calcanéum *m*
     i   calcagno *m*
     r   пяточная кость *f*

H93   *e*   **Heerfordt's desease**
     d   Heerfordt-Syndrom *n*, Uveoparotitis *f*
     f   syndrome *m* de Heerfordt, uvéo-parotidite *f*
     i   sindrome *f* di Heerfordt
     r   увеопаротит *m*, синдром *m* Хеерфордта

H94   *e*   **Hegar's dilator**
     d   Hegar-Stift *m*
     f   bougie *f* de Hegar
     i   dilatatore *m* di Hegar
     r   буж *m* Гегара

H95   *e*   **height**
     d   Wuchs *m*, Körperhöhe *f*
     f   taille *f*
     i   altezza *f*
     r   рост *m*

H96   *e*   **Held's bundle**
     d   Held-Bündel *n*
     f   faisceau *m* de Held
     i   fascio *m* tetto-spinale [di Held]
     r   преддверно-спинномозговой путь *m*, пучок *m* Гельда

H97   *e*   **helicotrema**
     d   Helicotrema *n*, Schneckenloch *n*
     f   hélicotrème *m*
     i   elicotrema *m*
     r   геликотрема *f*

H98   *e*   **heliopathy**
     d   Heliopathie *f*
     f   héliopathie *f*
     i   eliopatia *f*
     r   гелиопатология *f*, гелиопатия *f*

H99   *e*   **heliotherapy**
     d   Heliotherapie *f*, Sonnen(strahlen)behandlung *f*
     f   héliothérapie *f*
     i   elioterapia *f*
     r   гелиотерапия *f*

H100   *e*   **helix**
     d   1. Helix *f*, Ohrleiste *f*, Ohrkrempe *f* 2. Spirale *f*
     f   1. hélix *m* 2. spirale *f*
     i   1. elice *f* 2. spirale *f*
     r   1. завиток *m* ушной раковины 2. спираль *f*

H101   *e*   **helminth**
     d   Helminthe *f*, Darmwurm *m*, Eingeweidewurm *m*
     f   helminthe *m*
     i   elminto *m*
     r   гельминт *m*, паразитический червь *m*, глист *m*

H102   *e*   **helminthagogue**
     d   Anthelminthikum *n*, Wurmmittel *n*
     f   remède *m* antihelminthique
     i   elmintagogo *m*, vermifugo *m*

HELMINTHIASIS

	r	противоглистное [противогельминтное] средство n
H103	e	**helminthiasis**
	d	Helminthiasis f, Wurmkrankheit f
	f	helminthiase f
	i	elmintiasi f
	r	гельминтоз m
H104	e	**helminthology**
	d	Helminthologie f
	f	helminthologie f
	i	elmintologia f
	r	гельминтология f
H105	e	**Helweg's bundle**
	d	Helweg-Bündel n
	f	faisceau m de Helweg, faisceau m olivo-spinal
	i	fascio m olivo-spinale
	r	оливоспинномозговой [треугольный] пучок m, пучок m Гельвега
H106	e	**hemadsorption**
	d	Hämadsorption f
	f	hémadsorption f
	i	emoadsorbimento m
	r	гемадсорбция f
H107	e	**hemagglutination**
	d	Hämagglutination f
	f	hémagglutination f
	i	emoagglutinazione f
	r	гемагглютинация f
H108	e	**hemagglutinin**
	d	Hämagglutinin n
	f	hémagglutinine f
	i	emoagglutinina f
	r	гемагглютинин m, гемагглютинирующее антитело n
H109	e	**hemangiectasia**
	d	Hämangiektasie f, Blutgefäßerweiterung f
	f	hémangiectasie f
	i	emoangiectasia f
	r	гемангиэктазия f
H110	e	**hemangioblast** m
	d	Hämangioblast m
	f	hémangioblaste m
	i	emangioblasto m
	r	гемангиобласт m
H111	e	**hemangioblastoma**
	d	Hämangioblastom n
	f	hémangioblastome m
	i	emangioblastoma m
	r	ангиоретикулёма f, гемангиобластома f
H112	e	**hemangioendothelioma**
	d	Hämangioendotheliom n
	f	hémangioendothéliome m
	i	emangioendotelioma m
	r	гемангиоэндотелиома f
H113	e	**hemangiofibroma**
	d	Hämangiofibrom n
	f	hémangiofibrome m
	i	emangiofibroma m
	r	гемангиофиброма f, склерозирующая ангиома f, ангиофиброма m
H114	e	**hemangioma**
	d	Hämangiom n
	f	hémangiome m
	i	emangioma m
	r	гемангиома f, сосудистый невус m
H115	e	**hemangiomatosis**
	d	Hämangiomatose f
	f	hémangiomatose f
	i	emangiomatosi f
	r	(гем)ангиоматоз m
H116	e	**hemangiopericytoma**
	d	Hämangioperizytom n
	f	hémangiopéricytome m
	i	emangiopericitoma m
	r	гемангиоперицитома f
H117	e	**hemangiosarcoma**
	d	Hämangiosarkom n
	f	hémangiosarcome m
	i	emangiosarcoma m
	r	гемангиосаркома f, злокачественная гемангиома f
H118	e	**hemarthron, hemarthros, hemarthrosis**
	d	Hämarthrose f, Gelenkbluterguß m
	f	hémarthrose f
	i	emartrosi f
	r	гемартроз m
H119	e	**hematemesis**
	d	Hämatemesis f, Bluterbrechen n
	f	hématémèse f
	i	ematemesi f
	r	кровавая рвота f, гематемезис m
H120	e	**hematherapy** see **hemotherapeutics**
H121	e	**hemat(h)idrosis**
	d	Hämhidrosis f, Blutschwitzen n
	f	hémathidrose f
	i	ematidrosi f
	r	гем(ат)идроз m, кровавый пот m
H122	e	**hematin**
	d	Hämatin n
	f	hématine f
	i	ematina f
	r	гематин m
H123	e	**hematocele**
	d	Hämatozele f
	f	hématocèle f

	i	ematocele m
	r	гематоцеле n
H124	e	**hematocolpos**
	d	Hämatokolpos m
	f	hématocolpos m
	i	ematocolpo m
	r	гематокольпос m
H125	e	**hematocrit**
	d	Hämatokrit m
	f	hématocrite m
	i	ematocrito m
	r	гематокрит m
H126	e	**hematocyst** see **hemorrhagic cyst**
H127	e	**hematocytoblast** see **hemocytoblast**
H128	e	**hematogenesis** see **hemopoiesis**
H129	e	**hematologist**
	d	Hämatologe m
	f	hématologue m, hématologiste m
	i	ematologo m
	r	врач-гематолог m
H130	e	**hematology**
	d	Hämatologie f, Blutlehre f
	f	hématologie f
	i	ematologia f
	r	гематология f
H131	e	**hematolysis** see **hemolysis**
H132	e	**hematoma**
	d	Hämatom n, Bluterguß m
	f	hématome m
	i	ematoma m
	r	гематома f
H133	e	**hematomphalocele**
	d	Hämatomphalozele f, Blutnabelbruch m
	f	hernie f ombilicale hémorragique
	i	ernia f ombelicale emorragica
	r	пупочная грыжа f, содержащая кровь
H134	e	**hematomyelia**
	d	Hämatomyelie f
	f	hématomyélie f
	i	ematomielia f
	r	гематомиелия f
H135	e	**hematophagus**
	d	Hämatophag m
	f	hématophage m
	i	ematofago m
	r	гематофаг m
H136	e	**hematopoiesis** see **hemopoiesis**
H137	e	**hematopoietic system**
	d	Blutbildungssystem n
	f	système m hématopoïétique
	i	sistema m ematopoietico
	r	кроветворная система f, система f кроветворения
H138	e	**hematoporphyrin**
	d	Hämatoporphyrin n
	f	hématoporphyrine f
	i	ematoporfirina f
	r	гематопорфирин m
H139	e	**hematosalpinx**
	d	Hämatosalpinx f, Eileiterhämatom n
	f	hématosalpinx m
	i	ematosalpinge f
	r	гематосальпинкс m
H140	e	**hematosepsis**
	d	Septikämie f
	f	septicémie f
	i	setticemia f
	r	септицемия f
H141	e	**hematotoxin** see **hemotoxin**
H142	e	**hematoxylin**
	d	Hämatoxylin n
	f	hématoxyline f
	i	ematossilina f
	r	гематоксилин m
H143	e	**hematuria**
	d	Hämaturie f, Blutharnen n
	f	hématurie f
	i	ematuria f
	r	гематурия f
H144	e	**heme**
	d	Häm n, Ferrohäm n, Ferroprotoporphyrin n
	f	hème m, ferrohème m
	i	eme m
	r	гем m, железопорфирин m
H145	e	**hemeralopia**
	d	Hemeralopie f
	f	héméralopie f
	i	emeralopia f
	r	дневная слепота f
H146	e	**hemialgia**
	d	Hemialgie f
	f	hémialgie f
	i	emialgia f
	r	гемиалгия f
H147	e	**hemiamyosthenia** see **hemiparesis**
H148	e	**hemianesthesia**
	d	Hemianästhesie f, Halbseitenanästhesie f
	f	hémianesthésie f
	i	emianestesia f
	r	гемианестезия f
H149	e	**hemianop(s)ia**
	d	Hemianopsie f, Halbseitenblindheit f
	f	hémianop(s)ie f

	i	emianop(s)ia *f*
	r	гемианоп(с)ия *f*
H150	*e*	**hemiataxia**
	d	Hemiataxie *f*, Halbseitenataxie *f*
	f	hémiataxie *f*
	i	emiatassia *f*
	r	гемиатаксия *f*
H151	*e*	**hemiatrophy**
	d	Hemiatrophie *f*, Halbseitenatrophie *f*
	f	hémiatrophie *f*
	i	emiatrofia *f*
	r	гемиатрофия *f*
H152	*e*	**hemiballism**
	d	Hemiballismus *n*
	f	hémiballisme *m*, syndrome *m* du corps de Lewis
	i	emiballismo *m*
	r	гемибаллизм *m*, синдром *m* льюисова тела
H153	*e*	**hemicephalalgia**
	d	Hemikranie *f*, Halbseitenkopfschmerz *m*
	f	hémicrânie *f*
	i	emicrania *f*
	r	гемикрания *f*
H154	*e*	**hemichorea**
	d	Hemichorea *f*
	f	hémichorée *f*
	i	emicorea *f*
	r	гемихорея *f*
H155	*e*	**hemicolectomy**
	d	Hemikolektomie *f*, Dickdarmteilentfernung *f*
	f	hémicolectomie *f*
	i	emicolectomia *f*
	r	гемиколэктомия *f*
H156	*e*	**hemicorporectomy**
	d	Hemikorporektomie *f*
	f	hémicorporectomie *f*, amputation *f* translombaire
	i	emicorporectomia *f*, amputazione *f* translombare
	r	гемикорпорэктомия *f*, транслюмбарная ампутация *f*
H157	*e*	**hemicrania**
	d	Migräne *f*; Hemikranie *f*, Halbseitenkopfschmerz *m*
	f	migraine *f*; hémicrânie *f*
	i	emicrania *f*
	r	мигрень *f*; гемикрания *f*
H158	*e*	**hemiepilepsia**
	d	halbseitiger Epilepsieanfall *m*
	f	hémiépilepsie *f*
	i	emiepilessia *f*
	r	односторонний эпилептический припадок *m*
H159	*e*	**hemiglossectomy**
	d	halbseitige Zungenresektion *f*
	f	hémiglossectomie *f*
	i	emiglossectomia *f*
	r	резекция *f* половины языка
H160	*e*	**hemihepatectomy**
	d	Hemihepatektomie *f*, Leberteilentfernung *f*
	f	hémihépatectomie *f*
	i	emiepatectomia *f*
	r	гемигепатэктомия *f*, гепатолобэктомия *f*
H161	*e*	**hemikarion**
	d	Kern *m* mit haploidem Chromosomensatz
	f	hémicaryon *m*
	i	emicarion *m*
	r	ядро *n* с гаплоидным набором хромосом
H162	*e*	**hemilaminectomy**
	d	Hemilaminektomie *f*
	f	hémilaminectomie *f*
	i	emilaminectomia *f*
	r	гемиламинэктомия *f*
H163	*e*	**hemilaryngectomy**
	d	Hemilaryngektomie *f*, halbseitige Kehlkopfentfernung *f*
	f	hémilaryngectomie *f*
	i	emilaringectomia *f*
	r	гемиларингэктомия *f*
H164	*e*	**hemilateral**
	d	hemilateral, halbseitig
	f	hémilatéral
	i	unilaterale, monolaterale
	r	односторонний
H165	*e*	**hemilateral chorea** *see* **hemichorea**
H166	*e*	**hemimelia**
	d	Hemimelie *f*, Peromelie *f*
	f	hémimélie *f*
	i	emimelia *f*
	r	гемимелия *f*
H167	*e*	**heminephrectomy**
	d	Heminephrektomie *f*, halbseitige Nierenentfernung *f*
	f	héminéphrectomie *f*
	i	eminefrectomia *f*
	r	геминефрэктомия *f*
H168	*e*	**hemiopic pupillary reaction**
	d	Wernicke-Zeichen *n*
	f	réaction *f* hémiopique de Wernicke
	i	reazione *f* pupillare emiopica, segno *m* di Wernicke
	r	симптом *m* Вернике, гемианопическая зрачковая реакция *f*, гемианопическая неподвижность *f* зрачков
H169	*e*	**hemiparaplegia**

	d	Hemiparaplegie *f*
	f	hémiparaplégie *f*
	i	emiparaplegia *f*
	r	паралич *m* одной нижней конечности
H170	*e*	**hemiparesis**
	d	Hemiparese *f*
	f	hémiparésie *f*
	i	emiparesi *f*
	r	гемипарез *m*
H171	*e*	**hemiplegia**
	d	Hemiplegie *f*, Halbseitenlähmung *f*
	f	hémiplégie *f*
	i	emiplegia *f*
	r	гемиплегия *f*
H172	*e*	**hemiplegic gait**
	d	hemiplegischer Gang *m*
	f	démarche *f* hémiplégique
	i	andatura *f* emiplegica
	r	гемиплегическая походка *f*
H173	*e*	**hemipyonephrosis**
	d	Hemipyonephrose *f*
	f	hémipyonéphrose *f*
	i	emipionefrosi *f*
	r	гемипионефроз *m*
H174	*e*	**hemisphere**
	d	Hemisphäre *f*, Gehirnhalbkugel *f*
	f	hémisphère *m*
	i	emisfero *m*
	r	полушарие *n*
H175	*e*	**hemispherectomy**
	d	Hemisphärektomie *f*, Großhirnhemisphärenentfernung *f*
	f	hémisphérectomie *f*
	i	emisferectomia *f*
	r	гемисферэктомия *f*
H176	*e*	**hemisporosis**
	d	Hemisporose *f*
	f	hémisporose *f*
	i	emisporosi *f*
	r	гемиспороз *m*, ооспороз *m*, спорэндомикоз *m*
H177	*e*	**hemistrumectomy**
	d	Hemistrumektomie *f*
	f	hémistrumectomie *f*
	i	emistrumectomia *f*
	r	гемиструмэктомия *f*, гемитиреоидэктомия *f*
H178	*e*	**hemisystole**
	d	Hemisystolie *f*
	f	hémisystolie *f*
	i	emisistole *f*
	r	гемисистолия *f*
H179	*e*	**hemoagglutinin** *see* **hemagglutinin**
H180	*e*	**hemoalkalimeter**
	d	Hämoalkalimeter *n*
	f	hémoalcalimètre *m*
	i	emoalcalimetro *m*
	r	гемоалкалиметр *m*, аппарат *m* Ван-Слайка
H181	*e*	**hemobilia**
	d	Hämobilie *f*
	f	hémobilie *f*
	i	emobilia *f*
	r	гемобилия *f*
H182	*e*	**hemoblast** *see* **hemocytoblast**
H183	*e*	**hemoblastosis**
	d	Hämoblastose *f*
	f	hémoblastose *f*
	i	emoblastosi *f*
	r	гемобластоз *m*
H184	*e*	**hemoccult test**
	d	Verfahren *n* zum Nachweis vom Blut im Stuhl
	f	test *m* du sang occulte dans les selles
	i	ricerca *f* del sangue occulto nelle feci
	r	исследование *n* на скрытую кровь в кале
H185	*e*	**hemocholecystitis**
	d	Hämocholezystitis *f*
	f	hémocholécystite *f*
	i	emocolecistite *f*
	r	гемохолецистит *m*
H186	*e*	**hemochromatosis**
	d	Hämochromatose *f*
	f	hémochromatose *f*
	i	emocromatosi *f*
	r	гемохроматоз *m*, сидерофилия *f*
H187	*e*	**hemoconcentration**
	d	Bluteindickung *f*
	f	hémoconcentration *f*
	i	emoconcentrazione *f*
	r	сгущение *n* крови
H188	*e*	**hemocytoblast**
	d	Hämozytoblast *m*
	f	hémocytoblaste *m*
	i	emocitoblasto *m*
	r	гемоцитобласт *m*
H189	*e*	**hemocytozoon**
	d	Erythrozytenparasit *m*
	f	hémocytozoaire *m*
	i	emocitozoo *m*
	r	паразит *m*, внедряющийся в клетки крови
H190	*e*	**hemodialysis**
	d	Hämodialyse *f*, Blutdialyse *f*
	f	hémodialyse *f*
	i	emodialisi *f*
	r	гемодиализ *m*
H191	*e*	**hemodialyzer**

HEMODILUTION

	d	Dialysegerät *n*, Dialyseapparat *m*, künstliche Niere *f*
	f	hémodialyseur *m*, rein *m* artificiel
	i	emodializzatore *m*
	r	искусственная почка *f*, гемодиализатор *m*

H192 *e* **hemodilution**
 d Hämodilution *f*, Blutverdünnung *f*
 f hémodilution *f*
 i emodiluizione *f*
 r гидремия *f*, гемодилюция *f*, разжижение *n* крови

H193 *e* **hemodynamics**
 d Hämodynamik *f*
 f hémodynamique *f*
 i emodinamica *f*
 r гемодинамика *f*

H194 *e* **hemogenesis** see **hemopoiesis**

H195 *e* **hemoglobin**
 d Hämoglobin *n*, Hb
 f hémoglobine *f*
 i emoglobina *f*
 r гемоглобин *m*

H196 *e* **hemoglobinemia**
 d Hämoglobinämie *f*
 f hémoglobinémie *f*
 i emoglobinemia *f*
 r гемоглобинемия *f*

H197 *e* **hemoglobinopathy**
 d Hämoglobinopathie *f*
 f hémoglobinopathie *f*, hémoglobinose *f*
 i emoglobinopatia *f*
 r гемоглобинопатия *f*, гемоглобиноз *m*

H198 *e* **hemoglobinuria**
 d Hämoglobinurie *f*
 f hémoglobinurie *f*
 i emoglobinuria *f*
 r гемоглобинурия *f*

H199 *e* **hemoglobinuric fever**
 d Schwarzwasserfieber *n*
 f fièvre *f* [hémoglobinurique *f*] quinine
 i febbre *f* emoglobinurica
 r гемоглобинурийная лихорадка *f*

H200 *e* **hemoglobinuric nephrosis**
 d hämoglobinurische Nephrose *f*
 f néphrose *f* hémoglobinurique
 i nefrosi *f* emiglobinurica
 r гемоглобинурийный нефроз *m*

H201 *e* **hemogram**
 d Hämogramm *n*, Blutbild *n*
 f hémogramme *m*
 i emogramma *m*
 r гемограмма *f*

H202 *e* **hemolipase**
 d Blutlipase *f*
 f lipase *f* du sang, hémolipase *f*
 i lipasi *f* ematica, emolipasi *f*
 r липаза *f* крови

H203 *e* **hemolysin**
 d Hämolysin *n*
 f hémolysine *f*
 i emolisina *f*
 r гемолизин *m*

H204 *e* **hemolysis**
 d Hämolyse *f*, Blutkörperchenauflösung *f*
 f hémolyse *f*
 i emolisi *f*
 r гемолиз *m*, эритроцитолиз *m*

H205 *e* **hemolytic jaundice**
 d hämolytischer Ikterus *m*
 f ictère *m* hémolytique
 i ittero *m* emolitico
 r гемолитическая желтуха *f*

H206 *e* **hemolytic-uremic syndrome**
 d hämolytisch-urämisches Syndrom *n*, Gasser-Syndrom *n*
 f syndrome *m* de Gasser [hémolytique et urémique]
 i sindrome *f* emolitico-uremica [di Gasser]
 r болезнь *f* [синдром *m*] Гассера, гемолитико-уремический синдром *m*

H207 *e* **hemopericardium**
 d Hämoperikard *n*
 f hémopéricarde *m*
 i emopericardio *m*
 r гемоперикард *m*

H208 *e* **hemoperitoneum**
 d Hämoperitoneum *n*, Hämaskos *m*
 f hémopéritoine *m*
 i emoperitoneo *m*
 r гемоперитонеум *m*, лапарогеморрагия *f*

H209 *e* **hemophilia**
 d Hämophilie *f*
 f hémophilie *f*
 i emofilia *f*
 r гемофилия *f*

H210 *e* **hemophiliac**
 d Hamophiler *m*
 f hémophilique *m*
 i emofiliaco *m*
 r больной *m* гемофилией

H211 *e* **hemophilic**
 d hämophilisch
 f hémophilique
 i emofiliaco
 r гемофилический

H212	*e*	hemophilic joint *see* hemarthron
H213	*e*	hemophthalmia, hemophthalmus
	d	Hämophthalmus *m*, Glaskörperblutung *f*
	f	hémophtalmie *f*
	i	emoftalmo *m*
	r	гемофтальм *m*
H214	*e*	hemopneumopericardium
	d	Hämopneumoperikard *n*
	f	hémopneumopéricarde *m*
	i	emopneumopericardio *m*
	r	гемопневмоперикард *m*
H215	*e*	hemopneumothorax
	d	Hämopneumothorax *m*
	f	hémopneumothorax *m*
	i	emopneumotorace *m*
	r	гемопневмоторакс *m*
H216	*e*	hemopoiesis
	d	Hämatopoese *f*, Blutbildung *f*
	f	hémopoïèse *f*, hématopoïèse *f*
	i	emopoiesi *f*
	r	кроветворение *n*, гемопоэз *m*
H217	*e*	hemopoietin
	d	Hämopoetin *n*
	f	hémopoïétine *f*
	i	emopoietina *f*
	r	гемопоэтин *m*, гемопоэтический фактор *m*
H218	*e*	hemoptysis
	d	Hämoptoe *f*, Blutspucken *n*, Bluthusten *n*
	f	hémoptysie *f*
	i	emottisi *f*
	r	кровохарканье *n*
H219	*e*	hemorrhage
	d	Hämorrhagie *f*, Blutung *f*, Blutausfluß *m*
	f	hémorragie *f*
	i	emorragia *f*
	r	кровотечение *n*; кровоизлияние *n*
H220	*e*	hemorrhagic
	d	hämorrhagisch
	f	hémorragique
	i	emorragico
	r	геморрагический, кровоточащий
H221	*e*	hemorrhagic cyst
	d	Hämatozyste *f*, Blutzyste *f*
	f	kyste *m* hématique
	i	ematocele *m*, cisti *f* ematica
	r	гематоциста *f*, кровяная киста *f*
H222	*e*	hemorrhagic fever
	d	(epidemisches) hämorrhagisches Fieber *n*
	f	fièvre *f* hémorragique
	i	febbre *f* emorragica
	r	геморрагическая лихорадка *f*
H223	*e*	hemorrhagic infarct
	d	hämorrhagischer [roter] Infarkt *m*
	f	infarctus *m* hémorragique [rouge]
	i	infarto *m* emorragico [rosso]
	r	геморрагический [красный] инфаркт *m*
H224	*e*	hemorrhagic nephritis
	d	Nephritis *f* mit ausgesprochener Hämaturie
	f	néphrite *f* hématurique
	i	nefrite *f* ematurica
	r	гематурический нефрит *m*
H225	*e*	hemorrhagic pian
	d	Peruwarze *f*, Bartonellose *f*, Carrion-Krankheit *f*, Oroyafieber *n*
	f	bartonellose *f*, maladie *f* de Carrion
	i	malattia *f* di Carrion
	r	бартонеллёз *m*, перуанская бородавка *f*, болезнь *f* Карриона, лихорадка *f* Ороя
H226	*e*	hemorrhagic shock
	d	Blutungsschock *m*
	f	choc *m* hémorragique
	i	shock *m* emorragico [ipovolemico]
	r	геморрагический шок *m*
H227	*e*	hemorrhagic vasculitis
	d	hämorrhagische Vaskulitis *f*, Schoenlein-Henoch-Syndrom *n*
	f	maladie *f* [purpura *m*] de Schoenlein-Henoch
	i	malattia *f* di Schoenlein-Henoch
	r	геморрагический васкулит *m*, капилляротоксикоз *m*, болезнь *f* Шенлейна—Геноха
H228	*e*	hemorrheology
	d	Hämorrheologie *f*
	f	hémorrhéologie *f*, rhéologie *f* du sang
	i	emoreologia *f*, reologia *f* del sangue
	r	реология *f* крови
H229	*e*	hemorrhoid
	d	Hämorrhoidalknoten *m*
	f	hémorroïde *f*
	i	emorroide *f*
	r	геморроидальный узел *m*
H230	*e*	hemorrhoidectomy
	d	Hämorrhoidektomie *f*, Hämorrhoidalknotenentfernung *f*
	f	hémoroïdectomie *f*
	i	emorroidectomia *f*
	r	геморроидэктомия *f*
H231	*e*	hemorrhoids *pl*
	d	Hämorrhoiden *f pl*
	f	hémorroïdes *f pl*
	i	emorroidi *f pl*
	r	геморрой *m*
H232	*e*	hemosalpinx *see* hematosalpinx

HEMOSIDERIN

H233   *e*   **hemosiderin**
          d   Hämosiderin *n*
          f   hémosidérine *f*
          i   emosiderina *f*
          r   гемосидерин *m*

H234   *e*   **hemosiderosis**
          d   Hämosiderose *f*
          f   hémosidérose *f*
          i   emosiderosi *f*
          r   гемосидероз *m*

H235   *e*   **hemospermia**
          d   Häm(at)ospermie *f*
          f   hématospermie *f*
          i   emospermia *f*
          r   гем(ат)оспермия *f*

H236   *e*   **hemosporidiosis**
          d   Hämosporidiose *f*
          f   hémosporidiose *f*
          i   emosporidiosi *f*
          r   гемоспоридиоз *m*

H237   *e*   **hemostasia, hemostasis**
          d   Hämostase *f*, Blutstillung *f*
          f   hémostase *f*, hémostasie *f*
          i   emostasi *f*
          r   гемостаз *m*, остановка *f* кровотечения

H238   *e*   **hemostatic forceps**
          d   Arterienklemme *f*, Blutgefäßklemme *f*
          f   pince *f* hémostatique
          i   pinza *f* emostatica
          r   кровоостанавливающий зажим *m* [пинцет *m*]

H239   *e*   **hemotherapeutics, hemotherapy**
          d   Hämotherapie *f*, Bluttherapie *f*
          f   hémothérapie *f*
          i   emoterapia *f*
          r   гемотерапия *f*

H240   *e*   **hemothorax**
          d   Hämothorax *m*
          f   hémothorax *m*
          i   emotorace *m*
          r   гемоторакс *m*

H241   *e*   **hemotoxin**
          d   Hämotoxin *n*, Blutgift *n*
          f   hémotoxine *f*
          i   emotossina *f*
          r   гемотоксин *m*

H242   *e*   **Henle's glands** *pl*
          d   Henle-Drüsen *f pl*
          f   glandes *f pl* tubuleuses de Henle
          i   ghiandole *f pl* di Henle
          r   железы *f pl* Генле

H243   *e*   **Henle's loop**
          d   Henle-Schleife *f*
          f   anse *f* de Henle
          i   ansa *f* di Henle
          r   петля *f* нефрона, петля *f* Генле

H244   *e*   **Hensen's duct**
          d   Hensen-Gang *m*
          f   canal *m* de Hensen
          i   meato *m* di Hensen
          r   соединяющий проток *m*, проток *m* Гензена

H245   *e*   **heparin**
          d   Heparin *n*
          f   héparine *f*
          i   eparina *f*
          r   гепарин *m*

H246   *e*   **hepatalgia**
          d   Hepatalgie *f*, Leberschmerz *m*
          f   hépatalgie *f*
          i   epatalgia *f*
          r   гепаталгия *f*

H247   *e*   **hepatatrophia, hepatatrophy**
          d   Leberatrophie *f*
          f   atrophie *f* hépatique
          i   atrofia *f* epatica
          r   атрофия *f* печени

H248   *e*   **hepatectomy**
          d   Hepatektomie *f*, Leberresektion *f*
          f   hépatectomie *f*
          i   epatectomia *f*
          r   резекция *f* печени

H249   *e*   **hepatic colic**
          d   Leberkolik *f*, Gallenkolik *f*
          f   colique *f* hépatique [biliaire]
          i   colica *f* epatica
          r   печёночная [жёлчная] колика *f*

H250   *e*   **hepatic flexure**
          d   rechte [hepatische] Kolonflexur *f*
          f   angle *m* droit du côloh
          i   flessura *f* destra del colon
          r   правый изгиб *m* ободочной кишки, печёночный изгиб *m*

H251   *e*   **hepatic insufficiency**
          d   Leberinsuffizienz *f*
          f   insuffisance *f* hépatique
          i   insufficienza *f* epatica
          r   печёночная недостаточность *f*

H252   *e*   **hepatic lamina**
          d   Leberbalken *m*, Lebertrabekel *f*
          f   lame *f* hépatique
          i   lamina *f* [travata *f*] epatica
          r   печёночная балка *f* [трабекула *f*, пластинка *f*]

H253   *e*   **hepaticoduodenostomy**
          d   Hepatikoduodenostomie *f*
          f   hépaticoduodénostomie *f*
          i   epaticoduodenostomia *f*
          r   гепатикодуоденостомия *f*

HEPATOLIENOMEGALY

H254 *e* **hepaticoenterostomy**
   d 1. Hepatikocholezystoenterostomie *f*
      2. Hepatikoenterostomie *f*
   f 1. hépatico-cholécysto-entérostomie *f*
      2. hépatico-entérostomie *f*
   i epaticoenterostomia *f*
   r 1. гепатикохолецистоэнтеростомия *f*
      2. гепатикоэнтеростомия *f*

H255 *e* **hepaticogastrostomy**
   d Hepatikogastrostomie *f*
   f hépaticogastrostomie *f*
   i epaticogastrostomia *f*
   r гепатикогастростомия *f*

H256 *e* **hepaticojejunostomia** *f*
   d Hepatikojejunostomie *f*
   f hépaticojéjunostomie *f*
   i epaticodigiunostomia *f*
   r гепатикоеюностомия *f*

H257 *e* **hepaticostomy**
   d Hepatikostomie *f*
   f hépaticostomie *f*
   i epaticostomia *f*
   r гепатикостомия *f*

H258 *e* **hepaticotomy**
   d Hepatikotomie *f*
   f hépaticotomie *f*
   i epaticotomia *f*
   r гепатикотомия *f*

H259 *e* **hepatic segment**
   d Lebersegment *n*
   f segment *m* du foie
   i segmento *m* epatico
   r сегмент *m* печени

H260 *e* **hepatitis**
   d Hepatitis *f*, Leberentzündung *f*
   f hépatite *f*
   i epatite *f*
   r гепатит *m*

H261 *e* **hepatization**
   d Hepatisation *f*
   f hépatisation *f*
   i epatizzazione *f*
   r опеченение *n*, гепатизация *f*

H262 *e* **hepatocellular jaundice**
   d hepatozelluläre Gelbsucht *f*,
      Leberparenchymikterus *m*
   f ictère *m* parenchymateux
   i ittero *m* epatocellulare
      [parenchimatoso]
   r паренхиматозная [печёночная] желтуха *f*

H263 *e* **hepatocholangioenterostomy**
   d Hepatocholangioenterostomie *f*
   f hépatocholangio-entérostomie *f*
   i epatocolangioenterostomia *f*
   r гепатохолангиоэнтеростомия *f*

H264 *e* **hepatocholangitis**
   d Hepatocholangitis *f*, Cholangiohepatitis *f*
   f hépato-cholangite *f*
   i epatocolangite *f*
   r гепатохолангит *m*, холангиогепатит *m*

H265 *e* **hepatocyte**
   d Hepatozyt *m*, Leberzelle *f*
   f hépatocyte *m*, cellule *f* hépatique
   i epatocito *m*
   r гепатоцит *m*, печёночная клетка *f*

H266 *e* **hepatoduodenostomy**
   d Hepatoduodenostomie *f*
   f hépato-duodénostomie *f*
   i epatoduodenostomia *f*
   r гепатодуоденостомия *f*

H267 *e* **hepatodynia** see **hepatalgia**

H268 *e* **hepatogenous jaundice** see **hepatocellular jaundice**

H269 *e* **hepatography**
   d Hepatographie *f*, Leberröntgendarstellung *f*
   f hépatographie *f*
   i epatografia *f*
   r гепатография *f*

H270 *e* **hepatojugular reflux**
   d hepatojugulärer Reflux *m*
   f reflux *m* hépato-jugulaire
   i riflusso *m* epatogiugulare
   r печёночно-яремный рефлюкс *m*

H271 *e* **hepatolenticular degeneration, hepatolenticular disease**
   d hepatolentikuläre Degeneration *f*, Wilson-Krankheit *f*
   f dégénérescence *f* hépato-lenticulaire, maladie *f* de Wilson
   i degenerazione *f* epatolenticolare, malattia *f* di Wilson
   r гепатоцеребральная дистрофия *f*, болезнь *f* Вильсона—Коновалова, гепатолентикулярная дегенерация *f*

H272 *e* **hepatolienal fibrosis**
   d hepatolienale Fibrose *f*, Banti-Syndrom *n*
   f syndrome *m* de Banti
   i sindrome *f* di Banti
   r гепатолиенальный фиброз *m*, синдром *m* Банти

H273 *e* **hepatolienography**
   d Hepatolienographie *f*
   f hépato-liénographie *f*
   i epatolienografia *f*
   r гепатолиенография *f*

H274 *e* **hepatolienomegaly** see **hepatosplenomegaly**

HEPATOLITHIASIS

H275　*e*　**hepatolithiasis**
　　　d　Hepatolithiasis *f*, Lebersteinleiden *n*
　　　f　lithiase *f* hépatique [biliaire]
　　　i　litiasi *f* intraepatica
　　　r　гепатолитиаз *m*

H276　*e*　**hepatology**
　　　d　Hepatologie *f*
　　　f　hépatologie *f*
　　　i　epatologia *f*
　　　r　гепатология *f*

H277　*e*　**hepatoma**
　　　d　Hepatom *n*, Lebertumor *m*
　　　f　hépatome *m*
　　　i　epatoma *m*
　　　r　гепато(адено)ма *f*

H278　*e*　**hepatomegalia, hepatomegaly**
　　　d　Hepatomegalie *f*, Lebervergrößerung *f*
　　　f　hépatomégalie *f*
　　　i　epatomegalia *f*
　　　r　гепатомегалия *f*

H279　*e*　**hepatonephric syndrome**
　　　d　Leber-Nieren-Syndrom *n*
　　　f　syndrome *m* hépato-rénal
　　　i　epatonefrite *f*
　　　r　гепаторенальный [печёночно-почечный, почечно-печёночный] синдром *m*, гепатонефроз *m*

H280　*e*　**hepatoperitonitis**
　　　d　Perihepatitis *f*
　　　f　périhépatite *f*
　　　i　epatoperitonite *f*
　　　r　перигепатит *m*

H281　*e*　**hepatopexie**
　　　d　Hepatopexie *f*, Leberfixation *f*
　　　f　hépatopexie *f*
　　　i　epatopessia *f*
　　　r　гепатопексия *f*

H282　*e*　**hepatoptosia, hepatoptosis**
　　　d　Hepatoptose *f*, Lebersenkung *f*
　　　f　hépatoptose *f*
　　　i　epatoptosi *f*
　　　r　гепатоптоз *m*

H283　*e*　**hepatorenal syndrome** see **hepatonephric syndrome**

H284　*e*　**hepatorrhaphy**
　　　d　Hepatorrhaphie *f*, Lebernaht *f*
　　　f　hépatorraphie *f*
　　　i　epatorrafia *f*
　　　r　гепаторафия *f*

H285　*e*　**hepatosplenography** see **hepatolienography**

H286　*e*　**hepatosplenomegaly**
　　　d　Hepatosplenomegalie *f*
　　　f　hépato-splénomégalie *f*
　　　i　epatosplenomegalia *f*
　　　r　гепатоспленомегалия *f*

H287　*e*　**hepatotomy**
　　　d　Hepatotomie *f*, Leberschnitt *m*
　　　f　hépatotomie *f*
　　　i　epatotomia *f*
　　　r　гепатотомия *f*

H288　*e*　**hepatotoxemia**
　　　d　Hepatotoxämie *f*
　　　f　hépatotoxémie *f*
　　　i　epatotossiemia *f*
　　　r　гепатотоксемия *f*

H289　*e*　**hereditary**
　　　d　hereditär, angeboren, vererbt
　　　f　héréditaire, congénital
　　　i　ereditario
　　　r　наследственный

H290　*e*　**hereditary chorea**
　　　d　Huntington-Chorea *f*
　　　f　chorée *f* héréditaire
　　　i　corea *f* ereditaria [di Huntington]
　　　r　хорея *f* Гентингтона, наследственная хорея *f*

H291　*e*　**hereditary hemorrhagic teleangiectasia**
　　　d　hereditäre hämorrhagische Teleangiektasie *f*, Osler-Krankheit *f*
　　　f　syndrome *m* d'Osler-Rendu, télangiectasie *f* hémorragique héréditaire
　　　i　teleangectasia *f* emorragica ereditaria, malattia *f* di Rendu-Osler
　　　r　синдром *m* Ослера—Рандю, наследственная геморрагическая телеангиэктазия *f*

H292　*e*　**hereditary spherocytosis**
　　　d　hereditäre Sphärozytose *f*, Kugelzellenanämie *f*
　　　f　sphérocytose *f* héréditaire
　　　i　sferocitosi *f* ereditaria
　　　r　микро(сферо)цитарная [шаровидно-клеточная] анемия *f*

H293　*e*　**heredity**
　　　d　Heredität *f*, Vererbung *f*, Erblichkeit *f*
　　　f　hérédité *f*
　　　i　eredità *f*
　　　r　наследственность *f*

H294　*e*　**hermaphrodism** see **hermaphroditism**

H295　*e*　**hermaphrodite**
　　　d　Hermaphrodit *m*, Zwitter *m*
　　　f　hermaphrodite *m*
　　　i　ermafrodito *m*
　　　r　гермафродит *m*

H296　*e*　**hermaphroditism**
　　　d　Hermaphroditismus *m*, Zwittertum *n*, Zwittrigkeit *f*

	f	hermaphrodisme m
	i	ermafrodi(ti)smo m
	r	гермафродитизм m, амбисексуальность f, бисексуализм m, интерсексуализм m
H297	e	hernia
	d	Hernie f, Bruch m
	f	hernie f
	i	ernia f
	r	грыжа f
H298	e	hernial sac
	d	Bruchsack m
	f	sac m herniaire
	i	sacco m erniario
	r	грыжевой мешок m
H299	e	herniology
	d	Herniologie f, Bruchlehre f
	f	herniologie f
	i	erniologia f
	r	герниология f
H300	e	hernioplasty
	d	Hernioplastik f, Bruchplastik f
	f	hernioplastie f
	i	ernioplastica f
	r	герниопластика f
H301	e	herniorrhaphy
	d	Herniorrhaphie f, Bruchnaht f
	f	herniorraphie f
	i	erniorrafia f
	r	герниорафия f
H302	e	herniotomy
	d	Herniotomie f, Bruchschnitt m
	f	herniotomie f
	i	erniotomia f
	r	грыжесечение n
H303	e	heroic
	d	starkwirkend
	f	héroïque, énergique
	i	eroico
	r	сильнодействующий
H304	e	herpes
	d	Herpes m, Bläschenausschlag m
	f	herpès m
	i	erpes m, herpes m
	r	герпес m
H305	e	herpesvirus
	d	Herpesvirus n
	f	virus m herpétique
	i	virus m erpetico
	r	вирус m герпеса
H306	e	herpetic fever
	d	Herpesfieber n, herpetisches Fieber n
	f	fièvre f herpétique
	i	febbre f erpetica
	r	герпетическая лихорадка f
H307	e	herpetic keratitis
	d	Herpeskeratitis f
	f	kératite f herpétique
	i	cheratite f erpetica
	r	герпетический кератит m
H308	e	heterochromatin
	d	Heterochromatin n
	f	hétérochromatine f
	i	eterocromatina f
	r	гетерохроматин m
H309	e	heterochromia
	d	Heterochromie f der Regenbogenhaut
	f	hétérochromie f, hétérophtalmie f
	i	eterocromia f
	r	гетерохромия f (радужки), гетерофтальм m
H310	e	heterochromosome
	d	Heterochromosom n, Geschlechtschromosom n
	f	hétérochromosome m
	i	eterocromosoma m
	r	гетерохромосома f, половая хромосома f
H311	e	heterogamy
	d	Heterogamie f
	f	hétérogamie f
	i	eterogamia f, anisogamia f
	r	гетерогамия f
H312	e	heterogenetic antigens pl
	d	heterogene [kreuzreagierende] Antigene n pl
	f	antigènes m pl hétérogènes
	i	antigeni m pl eterogenetici
	r	гетерогенные [гетерофильные, перекрёстно реагирующие] антигены m pl
H313	e	heterograft
	d	Heterotransplantat n, Xenotransplantat n
	f	hétérogreffe f, greffe f hétéroplastique
	i	eteroinnesto m
	r	ксенотрансплантат m, гетеротрансплантат m
H314	e	heterokeratoplasty
	d	Heterokeratoplastik f
	f	hétérokératoplastie f
	i	eterocheratoplastica f
	r	ксенокератопластика f, гетерокератопластика f
H315	e	heterologous graft see heterograft
H316	e	heterologous protein
	d	Fremdeiweiß n, fremdartiges Eiweiß n
	f	protéine f étrangère
	i	proteina f eterologa
	r	чужеродный белок m
H317	e	heterologous twins pl

HETEROMETROPIA

	d	dizygote [zweieiige] Zwillinge m pl
	f	jumeaux m pl hétérozygotes [bivitellins]
	i	gemelli m pl dizigotici [biovulari]
	r	двуяйцовые [дизиготные] близнецы m pl

H318 e **heterometropia**
  d Heterometropie f
  f anisométropie f, hétérométropie f
  i eterometropia f
  r анизометропия f, гетерометропия f

H319 e **heteronymous diplopia**
  d heteronyme Diplopie f
  f diplopie f hétéronyme [croisée]
  i diplopia f crociata
  r разноимённая [перекрёстная] диплопия f

H320 e **heteronymous hemianopsia**
  d heteronyme Hemianopsie f
  f hémianopsie f hétéronyme
  i emianopsia f eteronima
  r гетеронимная [разноимённая] гемианопсия f

H321 e **heterophil antigens** see **heterogenetic antigens**

H322 e **heterophoria**
  d Heterophorie f, latentes Schielen n
  f hétérophorie f
  i eteroforia f
  r гетерофория f, скрытое косоглазие n

H323 e **heterophthalmus** see **heterochromia**

H324 e **heteroplasia**
  d Heteroplasie f
  f hétéroplasie f
  i eteroplasia f, alloplasia f
  r гетероплазия f

H325 e **heteroplastic graft** see **heterograft**

H326 e **heteroplastic osteoma**
  d extraossales [heteroplastisches] Osteom n
  f ostéome m hétéroplastique
  i osteoma m eteroplastico
  r экстраоссальная [эктопическая] остеома f

H327 e **heteroplasty**
  d Heteroplastik f
  f hétéroplastie f
  i eteroplastica f
  r ксенопластика f, гетеропластика f

H328 e **heterosexuality**
  d Heterosexualität f, Normalgeschlechtlichkeit f
  f hétérosexualité f
  i eterosessualità f
  r гетеросексуальность f

H329 e **heterosome** see **heterochromosome**

H330 e **heterotopia**
  d Heterotopie f
  f hétérotopie f
  i eterotopia f
  r гетеротопия f

H331 e **heterotopic pregnancy**
  d Extrauterinschwangerschaft f
  f grossesse f extra-utérine [ectopique]
  i gravidanza f ectopica
  r внематочная беременность f

H332 e **heterotransplant** see **heterograft**

H333 e **heterotransplantation**
  d Heterotransplantation f
  f hétérogreffe f, hétérotransplantation f
  i eterotrapianto m, eteroplastica f
  r ксенотрансплантация f, гетеротрансплантация f

H334 e **heterotrichosis**
  d Heterotrichosis f
  f hétérotrichie f
  i eterotricosi f
  r гетеротрихоз m

H335 e **heterotropia**
  d Heterotropie f, Schielen n, Strabismus m
  f hétérotropie f, strabisme m
  i eterotropia f, strabismo m
  r косоглазие n, гетеротропия f, страбизм m

H336 e **heterotropic chromosome**
  d heterotropes Chromosom n
  f chromosome m hétérotropique
  i cromosoma m eterotropico
  r гетеротропная хромосома f

H337 e **heterotropy** see **heterotropia**

H338 e **heterozygosis, heterozygosity**
  d Heterozygotie f
  f hétérozygose f
  i eterozigosi f
  r гетерозиготность f

H339 e **heterozygote**
  d Heterozygote f
  f hétérozygote m
  i eterozigote m
  r гетерозигота f

H340 e **Heubner's disease**
  d Heubner-Krankheit f
  f endartérite f de Heubner
  i malattia f di Heubner
  r гейбнеровский эндартериит m

H341 e **hexacanth**
  d Onkosphäre f

HIP BONE

	f	oncosphère *f*
	i	esacanto *m*
	r	онкосфера *f* (эхинококка)
H342	*e*	**hexadactilism**
	d	Hexadaktylie *f*, Sechsfingrigkeit *f*
	f	hexadactylie *f*
	i	esadattilia *f*
	r	шестипалость *f*
H343	*e*	**hexokinase**
	d	Hexokinase *f*
	f	hexokinase *f*
	i	esochinasi *f*
	r	гексокиназа *f*
H344	*e*	**hexose**
	d	Hexose *f*
	f	hexose *m*
	i	esoso *m*
	r	гексоза *f*
H345	*e*	**hiatal [hiatus] hernia**
	d	Hiatushernie *f*, Zwerchfellhernie *f*
	f	hernie *f* hiatale [diaphragmatique]
	i	ernia *f* iatale
	r	грыжа *f* пищеводного отверстия, хиатальная грыжа *f*
H346	*e*	**hibernation**
	d	Hibernation *f*, Winterschlaf *m*
	f	hibernation *f*
	i	ibernazione *f*
	r	зимняя спячка *f*, гибернация *f*
H347	*e*	**hibernoma**
	d	Hibernom *n*
	f	hibernome *m*
	i	ibernoma *m*
	r	гибернома *f*
H348	*e*	**hiccough, hiccup**
	d	Singultus *m*, Schluckauf *m*
	f	hoquet *m*
	i	singhiozzo *m*
	r	икота *f*
H349	*e*	**hidebound disease**
	d	generalisierte Sklerodermie *f*
	f	sclérodermie *f* généralisée
	i	sclerodermia *f* generalizzata
	r	генерализованная склеродермия *f*
H350	*e*	**hidradenitis**
	d	Hidradenitis *f*, Schweißdrüsenentzündung *f*
	f	hidradénite *f*
	i	idrosadenite *f*
	r	гидраденит *m*
H351	*e*	**hidrocystoma**
	d	Hidrokystom *n*, Schweißdrüsenzyste *f*
	f	hidrocystome *m*
	i	idrocistoma *m*
	r	гидроцистома *f*, гидрокистома *f*
H352	*e*	**hidrosadenitis** *see* **hidradenitis**
H353	*e*	**hidrosis**
	d	Hidrosis *f*, Schweißabsonderung *f*
	f	hidrose *f*
	i	idrosi *f*
	r	гидроз *m*
H354	*e*	**high lithotomy**
	d	suprapubische Lithotomie *f*
	f	lithotomie *f* haute
	i	litotomia *f* alta
	r	надлобковое камнесечение *n*
H355	*e*	**Highmore's antrum**
	d	Oberkieferhöhle *f*, Antrum *n* Highmori
	f	sinus *m* maxillaire
	i	antro *m* di Highmore, seno *m* mascellare
	r	верхнечелюстная [гайморова] пазуха *f*
H356	*e*	**high steppage gait**
	d	Steppergang *m*, Hahnengang *m*
	f	steppage *m*, démarche *f* flasque
	i	andatura *f* steppante, steppage *m*
	r	перонеальная [петушиная] походка *f*, степпаж *m*
H357	*e*	**hindbrain**
	d	Rautenhirn *n*, Rhombenzephalon *n*
	f	rhombencéphale *m*
	i	rombencefalo *m*
	r	ромбовидный мозг *m*
H358	*e*	**hind kidney**
	d	Nachniere *f*, Metanephros *m*
	f	métanéphros *m*
	i	metanefro *m*
	r	метанефрос *m*, дефинитивная [вторичная] почка *f*
H359	*e*	**hindwater**
	d	1. Amnionhydrorrhoe *f* 2. restliches Fruchtwasser *n*
	f	1. hydrorhée *f* amniotique 2. liquide *m* amniotique
	i	1. idrorrea *f* amniotica 2. liquido *m* amniotico posteriore
	r	1. амниональная гидрорея *f* 2. околоплодные воды *f pl*
H360	*e*	**hinge joint**
	d	Scharniergelenk *n*, Winkelgelenk *n*, Ginglymus *m*
	f	ginglyme *m*
	i	ginglimo *m*
	r	шарнирный [блоковидный] сустав *m*
H361	*e*	**hip bone**
	d	Hüftbein *n*
	f	os *m* iliaque

HIP JOINT

- *i* ilio *m*, osso *m* dell'anca
- *r* тазовая кость *f*

H362 *e* hip joint
- *d* Hüftgelenk *n*
- *f* articulation *f* coxo-fémorale
- *i* articolazione *f* dell'anca
- *r* тазобедренный сустав *m*

H363 *e* hippocampal fissure
- *d* Ammonshornfurche *f*
- *f* sillon *m* de l'hippocampe
- *i* solco *m* dell'ippocampo
- *r* борозда *f* гиппокампа, борозда *f* аммонова рога

H364 *e* Hippocratic face
- *d* Hippokrates-Gesicht *n*, Facies *f* abdominalis
- *f* faciès *m* hippocratique
- *i* faccia *f* ippocratica
- *r* лицо *n* [маска *f*] Гиппократа

H365 *e* Hippocratic oath
- *d* Eid *m* des Hippokrates
- *f* Serment *m* d'Hippocrate
- *i* giuramento *m* d'Ippocrate
- *r* клятва *f* Гиппократа

H366 *e* Hippocratic sound, Hippocratic succussion
- *d* Hippokrates-Plätschergeräusch *n*
- *f* succussion *f* hippocratique
- *i* rumore *m* a mormorio ippocratico
- *r* шум *m* плеска Гиппократа

H367 *e* hippus
- *d* Hippus *m*, springende Pupillen *f pl*
- *f* hippus *m* pupillaire
- *i* hippus *m* pupillare
- *r* гиппус *m*, ритмическое сужение *n* и расширение *n* зрачков

H368 *e* hirsuties, hirsutism
- *d* Hirsutismus *m*
- *f* hirsutisme *m*
- *i* irsutismo *m*
- *r* гирсутизм *m*

H369 *e* hirudin
- *d* Hirudin *n*
- *f* hirudine *f*
- *i* irudina *f*
- *r* гирудин *m*

H370 *e* hirudiniasis
- *d* Hirudiniasis *f*, Blutegelbefall *m*
- *f* hirudiniase *f*
- *i* irudiniasi *f*
- *r* гирудиноз *m*

H371 *e* Hirudo
- *d* Hirudo *m*, Blutegel *m*
- *f* hirudinée *f*
- *i* sanguisuga *f*
- *r* пиявка *f*

H372 *e* histamine
- *d* Histamin *n*
- *f* histamine *f*
- *i* istamina *f*
- *r* гистамин *m*

H373 *e* histidine
- *d* Histidin *n*
- *f* histidine *f*
- *i* istidina *f*
- *r* гистидин *m*

H374 *e* histidinemia
- *d* Histidinämie *f*
- *f* histidinémie *f*
- *i* istidinemia *f*
- *r* гистидинемия *f*

H375 *e* histidinuria
- *d* Histidinurie *f*
- *f* histidinurie *f*
- *i* istidinuria *f*
- *r* гистидинурия *f*

H376 *e* histiocyte
- *d* Histiozyt *m*
- *f* histiocyte *m*
- *i* istiocito *m*
- *r* макрофаг *m*, гистиоцит *m*

H377 *e* histiocytoma
- *d* Hystiozytom *n*
- *f* hystiocytome *m*
- *i* istiocitoma *m*
- *r* гистиоцитома *f*, ксантофиброма *f*

H378 *e* histiocytosis
- *d* Histiozytose *f*
- *f* histiocytose *f*
- *i* istiocitosi *f*
- *r* гистиоцитоз *m*

H379 *e* histiocytosis X
- *d* Histiozytose *f* X
- *f* histiocytose *f* X
- *i* istiocitosi *f* X
- *r* болезнь *f* Хенда—Шюллера—Крисчена, гистиоцитоз *m* X

H380 *e* histoautoradiography see historadiography

H381 *e* histochemistry
- *d* Histochemie *f*
- *f* histochimie *f*
- *i* istochimica *f*
- *r* гистохимия *f*

H382 *e* histocompatibility
- *d* Histokompatibilität *f*, Gewebeverträglichkeit *f*
- *f* histocompatibilité *f*
- *i* istocompatibilità *f*
- *r* тканевая совместимость *f*, гистосовместимость *f*

H383	e	histodiagnosis			i	istoplasmosi f
	d	Histodiagnose f, histologische Diagnose f			r	гистоплазмоз m
	f	diagnostic m histologique		H393	e	historadiography
	i	diagnosi f istologica			d	Historadiographie f
	r	гистологический диагноз m			f	historadiographie f
					i	istoradiografia f
H384	e	histodifferentiation			r	гисторадиография f
	d	Histodifferenzierung f, Gewebedifferenzierung f		H394	e	histotome
	f	différenciation f histologique, différentialité f des tissus			d	Mikrotom n
					f	microtome m
	i	istodifferenziazione f			i	microtomo m
	r	дифференцировка f тканей			r	микротом m

H385 e histogenesis, histogeny
 d Histogenese f, Gewebebildung f
 f histogenèse f
 i istogenesi f
 r гистогенез m

H386 e histogram
 d Histogramm n
 f histogramme m
 i istogramma m
 r гистограмма f

H387 e histoincompatibility
 d Histoinkompatibilität f, Gewebeunverträglichkeit f
 f histo-incompatibilité f
 i istoincompatibilità f
 r тканевая несовместимость f

H388 e histology
 d Histologie f, Gewebelehre f
 f histologie f
 i istologia f
 r гистология f

H389 e histone
 d Histon n
 f histone f
 i istone m
 r гистон m

H390 e histonectomy
 d periarterielle Sympathektomie f, Leriche-Operation f
 f sympathectomie f périartérielle, opération f de Leriche
 i simpatectomia f periarteriale, operazione f di Leriche
 r периартериальная симпатэктомия f, операция f по Леришу

H391 e histopathology
 d Histopathologie f
 f histopathologie f
 i istopatologia f
 r гистопатология f

H392 e histoplasmosis
 d Histoplasmose f
 f histoplasmose f

H395 e histotoxic anoxia
 d histotoxische Anoxie f
 f hypoxie f [anoxie f] histotoxique
 i anossia f istotossica
 r гистотоксическая гипоксия f

H396 e histotropic
 d histotrop
 f histotrope
 i istotropo
 r гистотропный

H397 e hives
 d Urtikaria f, Nesselausschlag m
 f urticaire f
 i orticaria f
 r крапивница f

H398 e hoarseness
 d Heiserkeit f
 f enrouement m
 i raucedine f
 r хриплость f, осиплость f

H399 e Hodgkin's disease
 d Hodgkin-Krankheit f, Lymphogranulomatose f
 f maladie f de Hodgkin, lymphogranulomatose f maligne
 i malattia f di Hodgkin
 r лимфогранулематоз m, болезнь f Ходжкина

H400 e Hofbauer cell
 d Hofbauer-Zelle f (des Chorions)
 f cellule f de Hofbauer
 i cellula f di Hofbauer
 r клетка f Кащенко—Хофбауэра

H401 e Hoffmann's bacillus
 d Hoffmann(-Wellenhof)-Bakterium n, Pseudodiphtheriebakterium n
 f bacille m de Hoffmann
 i bacillo m di Hoffmann, corinebatterio m pseudodifterico
 r ложнодифтерийная [псевдодифтерийная] палочка f, палочка f Гофманна

H402 e holarthritis
 d Polyarthritis f
 f polyarthrite f

HOLLOW BACK

- *i* panartrite *f*
- *r* полиартрит *m*

H403 *e* **hollow back**
- *d* Lordose *f*
- *f* lordose *f*
- *i* iperlordosi *f*
- *r* лордоз *m*

H404 *e* **hollow foot**
- *d* Hohlfuß *m*
- *f* pied *m* creux
- *i* piede *m* cavo
- *r* полая стопа *f*

H405 *e* **Holmgren-Golgi canals** *pl*
- *d* Golgi-Apparat *m*
- *f* appareil *m* [complexe *m*] de Golgi
- *i* apparato *m* [complesso *m*] di Golgi
- *r* пластинчатый комплекс *m*, аппарат *m* Гольджи

H406 *e* **holocrine gland**
- *d* holokrine Drüse *f*
- *f* glande *f* holocrine
- *i* ghiandola *f* olocrina
- *r* голокринная железа *f*

H407 *e* **holoenzyme**
- *d* Holoenzym *n*
- *f* holoenzyme *f*
- *i* oloenzima *m*
- *r* холофермент *m*, голофермент *m*

H408 *e* **holosystolic murmur**
- *d* holosystolisches Geräusch *n*
- *f* souffle *m* holosystolique
- *i* soffio *m* olosistolico
- *r* пансистолический шум *m*

H409 *e* **homeopathy**
- *d* Homöopathie *f*
- *f* homéopathie *f*
- *i* omeopatia *f*
- *r* гомеопатия *f*

H410 *e* **homeostasis, homeostatic equilibrium**
- *d* Homöostase *f*
- *f* homéostase *f*
- *i* omeostasi *f*
- *r* гомеостаз *m*

H411 *e* **homocystinuria**
- *d* Homozystinurie *f*
- *f* homocystinurie *f*
- *i* omocistinuria *f*
- *r* гомоцистинурия *f*

H412 *e* **homoeroticism** *see* **homosexuality**

H413 *e* **homogametic**
- *d* homogametisch
- *f* homogamétique
- *i* omogametico
- *r* гомогаметный

H414 *e* **homogenate**
- *d* Homogenat *n*
- *f* homogénate *m*
- *i* omogenato *m*
- *r* гомогенат *m*

H415 *e* **homogeneous** *see* **homogenous**

H416 *e* **homogenetic cortex**
- *d* Neokortex *m*, Neopallium *n*
- *f* néocortex *m*
- *i* cortice *m* omogenetico
- *r* новая [гомогенетическая] кора *f*, неокортекс *m*

H417 *e* **homogenization**
- *d* Homogenisierung *f*
- *f* homogén(é)isation *f*
- *i* omogenizzazione *f*
- *r* гомогенизация *f*

H418 *e* **homogenous**
- *d* homogen, gleichartig
- *f* homogène
- *i* omogeneo
- *r* гомогенный, однородный

H419 *e* **homograft**
- *d* Homotransplantat *n*, homologes Transplantat *n*
- *f* homogreffe *f*
- *i* alloinnesto *m*, innesto *m* omologo [omoplastico]
- *r* аллотрансплантат *m*, гомотрансплантат *m*

H420 *e* **homokeratoplasty**
- *d* Homokeratoplastik *f*
- *f* homokératoplastie *f*
- *i* omocheratoplastica *f*
- *r* аллокератопластика *f*, гомокератопластика *f*

H421 *e* **homologous chromosomes** *pl*
- *d* homologe Chromosomen *n pl*
- *f* chromosomes *m pl* homologues
- *i* cromosome *m pl* omologhi
- *r* гомологичные хромосомы *f pl*

H422 *e* **homologous graft** *see* **homograft**

H423 *e* **homology**
- *d* Homologie *f*
- *f* homologie *f*
- *i* omologia *f*
- *r* гомология *f*

H424 *e* **homonymous diplopia**
- *d* homonyme Diplopie *f*
- *f* diplopie *f* homonyme
- *i* diplopia *f* omonima
- *r* одноимённая диплопия *f*

H425 *e* **homonymous hemianopsia**
- *d* homonyme Hemianopsie *f*
- *f* hémianopsie *f* homonyme [latérale]
- *i* emianopsia *f* omonima

HORNY LAYER

    r гомонимная [одноимённая] гемианопсия *f*

H426 *e* **homoplastic graft** see **homograft**

H427 *e* **homoplasty**
    d Homoplastik *f*
    f homoplastie *f*
    i omoplastica *f*
    r аллопластика *f*

H428 *e* **homosexuality**
    d Homosexualität *f*
    f homosexualité *f*
    i omosessualità *f*
    r гомосексуализм *m*

H429 *e* **homotransplant** see **homograft**

H430 *e* **homozygosity**
    d Homozygotie *f*, Gleicherbigkeit *f*
    f homozygotie *f*, homozygotisme *m*
    i omozigosi *f*
    r гомозиготность *f*

H431 *e* **homozygote**
    d Homozygote *f*
    f homozygote *m*
    i omozigote *m*
    r гомозигота *f*

H432 *e* **honeycomb lung**
    d Honigwabenlunge *f*
    f poumon *m* en rayon de miel
    i polmone *m* a favo d'alveare
    r сотовое [решётчатое] лёгкое *n*

H433 *e* **honeycomb ringworm, honeycomb tetter**
    d Favus *m*, Erbgrind *m*
    f favus *m*, teigne *f* faveuse
    i favo *m*, tigna *f* favosa
    r фавус *m*, парша *f*

H434 *e* **hook**
    d Haken *m*
    f crochet *m*
    i uncino *m*
    r крючок *m*

H435 *e* **hooked bone**
    d Hakenbein *n*
    f os *m* crochu
    i osso *m* uncinato
    r крючковатая [крючковидная] кость *f*

H436 *e* **hookless tapeworm**
    d unbewaffneter Bandwurm *m*, Rinderbandwurm *m*
    f Taenia inermis
    i tenia *f* inerme
    r невооружённый [бычий] цепень *m*

H437 *e* **hookworm**
    d Hakenwurm *m*, Ankylostoma *n*
    f ankylostome *m*
    i anchilostoma *m* duodenale
    r анкилостома *f*

H438 *e* **hookworm disease**
    d Hakenwurmkrankheit *f*, Ankylostomiasis *f*, Tunnelkrankheit *f*
    f ankylostomiase *f*, ankylostomose *f*
    i anchilostomiasi *f*
    r анкилостомидоз *m*

H439 *e* **hordeolum**
    d Hordeolum *n*, Gerstenkorn *n*
    f orgelet *m*
    i orzaiolo *m*
    r ячмень *m* (на глазу)

H440 *e* **horizontal heart**
    d Liegeherz *n*, horizontales Herz *n*
    f cœur *m* d'hypersthénique
    i cuore *m* orizzontale
    r лежачее сердце *n*

H441 *e* **hormone**
    d Hormon *n*
    f hormone *f*
    i ormone *m*
    r гормон *m*

H442 *e* **hormone therapy**
    d Hormontherapie *f*, Hormonbehandlung *f*
    f hormonothérapie *f*
    i ormonoterapia *f*
    r гормонотерапия *f*, гормональная терапия *f*

H443 *e* **hormonogenesis, hormonopoiesis**
    d Hormonbildung *f*, Hormonproduktion *f*
    f hormonopoïèse *f*
    i ormonogenesi *f*, ormonopoiesi *f*
    r гормонопоэз *m*

H444 *e* **hormonotherapy** see **hormone therapy**

H445 *e* **horn**
    d Horn *n*
    f corne *f*
    i corno *m*
    r 1. рог *m* 2. кожный рог *m*

H446 *e* **hornification**
    d Verhornung *f*, Keratinisation *f*
    f kératinisation *f*
    i cheratinizzazione *f*, corneificazione *f*
    r ороговение *n*, кератинизация *f*

H447 *e* **horny**
    d Horn...
    f corné
    i corneo
    r роговой

H448 *e* **horny layer**
    d Hornschicht *f*

	f	couche f cornée
	i	strato m corneo
	r	роговой слой m

H449 e horopter
d Horopter m
f horoptère m
i orottero m
r гороптер m

H450 e horror
d Angst f, Furcht f
f crainte f
i ansietà f, paura f, angoscia f
r страх m, боязнь f

H451 e horsepox
d Pferdeblattern f pl, Variola f equina
f équinia f
i vaiolo m equino
r эквина f, оспа f лошадей

H452 e horseshoe kidney
d Hufeisenniere f
f rein m en fer de cheval
i rene m a ferro di cavallo
r подковообразная почка f

H453 e Hortega cell
d Hortega-Zelle f, Mikrogliazelle f
f cellule f de Hortega, microgliocyte m
i cellula f di Hortega, microgliacito m
r глиальный макрофаг m, микроглиоцит m, клетка f Ортеги

H454 e Horton's cephalalgia
d Horton-Syndrom n, Histamin-Kopfschmerz m
f syndrome m de Horton
i sindrome f di Horton
r синдром m Хортона, гистаминовая цефалгия f

H455 e hospice
d Hospiz n
f hospice m
i ospizio m
r хоспис m, приют m для безнадёжно больных

H456 e hospital
d Hospital n, Krankenhaus n
f hôpital n
i ospedale m
r больница f, госпиталь m

H457 e hospital admission
d Krankenhausaufnahme f
f hospitalisation f
i ricovero m in ospedale, ospedalizzazione f
r госпитализация f

H458 e hospital attendant
d Sanitäter m, Krankenpfleger m, Krankenwärter m
f infirmier m
i infermiere m
r санитар m

H459 e hospital bed
d Krankenhausbett n
f lit m d'hôpital
i letto m ospedaliero
r койка f (в стационаре), больничная койка f

H460 e hospital nurse
d Krankenschwester f, Krankenzimmerschwester f
f infirmière f soignante
i infermiera f ospedaliera
r палатная медицинская сестра f

H461 e host
d 1. Wirtsorganismus m, Wirt m 2. Transplantatempfänger m
f 1. hôte m 2. récipient m du transplant
i 1. ospite m 2. recettore m dell'innesto
r 1. хозяин m паразита 2. реципиент m трансплантата

H462 e hot flush
d Hitzewallung f, Hitzerötung f
f bouffée f de chaleur
i caldana f, vampata f di calore
r прилив m (в климактерическом периоде)

H463 e hourglass stomach
d Sanduhrmagen m
f estomac m biloculaire
i stomaco m a clessidra
r двуполостной желудок m, желудок m в виде песочных часов

H464 e housefly
d Hausfliege f
f mouche f commune
i mosca f comune [domestica]
r комнатная муха f

H465 e housemaid's knee
d präpatellare Bursitis f
f bursite f prépatellaire
i borsite f prepatellare
r препателлярный бурсит m

H466 e house physician
d Krankenhausarzt m
f médecin m résident
i medico m residente
r врач m, живущий при больнице

H467 e human immunodeficiency virus, HIV
d Virus m des erworbenen Immundefektsyndroms
f virus m de l'immunodéficience humaine, VIH
i virus m dell'immunodeficienza umana

HYALINOSIS

	r	вирус *m* иммунодефицита человека, вирус *m* СПИДа
H468	e	**human pinworm**
	d	Kinderwurm *m*
	f	oxyure *m* vermiculaire
	i	ossiuro *m*
	r	острица *f*
H469	e	**human placental lactogen**
	d	humanes Plazentalaktogen *m*
	f	hormone *f* lactosomatotrope chorionique
	i	lattogeno *m* placentare umano, somatomammotropina *f* corionica umana
	r	хорионический лактосоматотропный гормон *m*
H470	e	**humeral**
	d	Humerus...
	f	huméral
	i	omerale
	r	плечевой
H471	e	**humeral head**
	d	Humeruskopf *m*
	f	tête *f* de l'humérus
	i	capo *m* omerale
	r	головка *f* плеча
H472	e	**humeroradial joint**
	d	Humeroradialgelenk *n*, Oberarmknochen-Speichen-Gelenk *n*
	f	articulation *f* huméro-radiale
	i	articolazione *f* omeroradiale
	r	плечелучевой сустав *m*
H473	e	**humeroulnar joint**
	d	Humeroulnargelenk *m*, Oberarmknochen-Ellen-Gelenk *n*
	f	articulation *f* huméro-cubitale
	i	articolazione *f* omeroulnare
	r	плечелоктевой сустав *m*
H474	e	**humid tetter**
	d	feuchtes [nässendes] Ekzem *n*
	f	eczéma *m* humide
	i	eczema *m* umido
	r	мокнущая экзема *f*
H475	e	**humor**
	d	Humor *m*, Flüssigkeit *f*
	f	humeur *f*
	i	umore *m*, liquido *m* corporeo [extracellulare]
	r	внутренняя среда *f* организма
H476	e	**hunger**
	d	Hunger *m*
	f	faim *f*
	i	fame *f*
	r	голод *m*
H477	e	**hunger cure**
	d	Hungerbehandlung *f*
	f	cure *f* de jeûne
	i	cura *f* del digiuno, dieta *f* assoluta
	r	лечебное голодание *n*, нестиатрия *f*
H478	e	**hunger pain**
	d	Nüchternschmerz *m*
	f	douleur *f* à jeûne
	i	morsi *m pl* della fame, dolore *m* da fame
	r	голодная боль *f*
H479	e	**hunger swelling**
	d	Hungerödem *n*
	f	œdème *m* de dénutrition [de famine]
	i	edema *m* da fame
	r	голодный отёк *m*
H480	e	**Hunter's glossitis**
	d	Hunter-Glossitis *f*, atrophische Glossitis *f*, atrophische Zungenentzündung *f*
	f	glossite *f* de Hunter, langue *f* de Hunter
	i	glossite *f* (atrofica) di Hunter
	r	гунтеровский глоссит *m*, гунтеровский язык *m*
H481	e	**Huntington's chorea**
	d	Huntington-Chorea *f*
	f	chorée *f* de Huntington [héréditaire, chronique]
	i	corea *f* di Huntington
	r	хорея *f* Гентингтона
H482	e	**Hunt's neuralgia**
	d	Hunt-Neuralgie *f*, Hunt-Syndrom *n*
	f	névralgie *f* du ganglion géniculé, névralgie *f* de Hunt
	i	nevralgia *f* di Ramsay Hunt
	r	синдром *m* коленчатого ганглия, синдром *m* Ханта
H483	e	**Hürthle cell adenoma**
	d	Hürthle-Zellen-Adenom *m*, oxyphiles Schilddrüsenadenom *n*
	f	adénome *m* à cellules de Hürthle, adénome *m* oncocytaire thyroïdien
	i	adenoma *m* a cellule di Hürthle
	r	оксифильная аденома *f* щитовидной железы, аденома *f* из клеток Гюртле
H484	e	**hyaline**
	d	Hyalin *n*
	f	hyaline *f*
	i	ialina *f*
	r	гиалин *m*
H485	e	**hyalinosis**
	d	Hyalinose *f*, hyaline Degeneration *f*
	f	hyalinose *f*
	i	ialinosi *f*
	r	гиалиноз *m*, гиалиновое перерождение *n*, гиалиновая дистрофия *f*

H486	e	hyalitis
	d	Hyalitis f, Glaskörperentzündung f
	f	hyalite f
	i	ialite f
	r	воспаление n стекловидного тела
H487	e	hyaloid membrane
	d	Glaskörpermembran f
	f	membrane f hyaloïde
	i	membrana f ialoidea
	r	капсула f стекловидного тела
H488	e	hyaloma
	d	Hyalom n
	f	hyalome m
	i	ialoma m cutaneo
	r	гиалома f
H489	e	hyalomere
	d	Hyalomer n
	f	hyalomère m
	i	ialomero m
	r	гиаломер m
H490	e	hyaloplasm(a)
	d	Hyaloplasma n, homogenes Grundplasma n
	f	hyaloplasme n
	i	ialoplasma m
	r	гиалоплазма f, цитоплазматический матрикс m
H491	e	hyaluronic acid
	d	Hyaluronsäure f
	f	acide m hyaluronique
	i	acido m ialuronico
	r	гиалуроновая кислота f
H492	e	hyaluronidase
	d	Hyaluronidase f
	f	hyaluronidase f
	i	ialuronidasi f
	r	гиалуронидаза f
H493	e	hybaroxia see hyperbaric oxygenation
H494	e	hybrid
	d	Hybride f, Bastard m, Mischling m
	f	hybride m
	i	ibrido m
	r	гибрид m
H495	e	hybridization
	d	Hybridisierung f
	f	hybridation f
	i	ibridizzazione f
	r	гибридизация f
H496	e	hydatid
	d	Hydatide f, Echinokokkenblase f, Hundebandwurmfinne f
	f	hydatide f, kyste m hydatique [échinococcique]
	i	idatide f, cisti f idatidea
	r	гидатида f, эхинококковая киста f
H497	e	hydatid(iform) mole
	d	Blasenmole f, Traubenmole f
	f	môle f hydatiforme [hydatoïde, vésiculaire]
	i	mola f idatidea [idatiforme, vescicolare]
	r	пузырный занос m, хорионаденома f
H498	e	hydatidostomy
	d	Hydatidostomie f, Echinokokkenzystenöffnung f
	f	hydatidostomie f
	i	idatidostomia f
	r	эхинококкэктомия f
H499	e	hydatid tapeworm
	d	Echinokokkus m, Blasenwurm m
	f	échinocoque m
	i	echinococco m, Echinococcus granulosus
	r	эхинококк m
H500	e	hydradenitis see hidradenitis
H501	e	hydralazine syndrome
	d	Hydralazin-Syndrom n
	f	syndrome m hydralazinique
	i	sindrome f idralazinica
	r	гидралазиновая болезнь f, гидралазиновый синдром m
H502	e	hydramnion, hydramnios
	d	Hydramnion n, Fruchtwasservermehrung f
	f	hydramnios m
	i	idramnios m
	r	многоводие n, гидрамнион m
H503	e	hydranencephaly
	d	Hydranenzephalie f
	f	hydranencéphalie f
	i	idranencefalia f
	r	гидроанэнцефалия f
H504	e	hydrarthron, hydrarthrosis, hydrarthrus
	d	Hydrarthrose f, Gelenkwassersucht f
	f	hydrarthrose f
	i	idrartrosi f, idrartro m
	r	гидрартроз m, водянка f сустава
H505	e	hydremic edema
	d	hydrämisches [onkotisches] Ödem n
	f	œdème m oncotique
	i	edema m idremico
	r	онкотический отёк m
H506	e	hydrencephalocele
	d	Hydroenzephalozele f
	f	hydrocéphalocèle f, hydrencéphalocèle f

	i	idroencefalocele *m*
	r	(гидро)энцефалоцеле *n*

H507 *e* **hydroblepharon**
  d Hydroblepharon *n*, Augenlidödem *n*
  f œdème *m* de la paupière
  i edema *m* della palpebra
  r отёк *m* века

H508 *e* **hydrocalycosis**
  d Hydrokalikose *f*
  f hydrocalycose *f*
  i idrocalicosi *f*
  r гидрокаликоз *m*

H509 *e* **hydrocardia** see **hydropericardium**

H510 *e* **hydrocele**
  d Hydrozele *f*, Wasserbruch *m*
  f hydrocèle *f*
  i idrocele *m*
  r гидроцеле *n*, водянка *f* оболочек яичка

H511 *e* **hydrocelectomy**
  d Hydrozelenexzision *f*, Wasserbruchentfernung *f*
  f hydrocélectomie *f*
  i idrocelectomia *f*
  r иссечение *n* гидроцеле

H512 *e* **hydrocephalic idiocy**
  d hydrozephalische Idiotie *f*
  f idiotie *f* hydrocéphalique
  i idiozia *f* idrocefalica
  r гидроцефальная идиотия *f*

H513 *e* **hydrocephalocele** see **hydrencephalocele**

H514 *e* **hydrocephalus**
  d Hydrozephalie *f*, Hydrozephalus *m*, Wasserkopf *m*
  f hydrocéphalie *f*
  i idrocefalia *f*, idrocefalo *m*
  r гидроцефалия *f*, водянка *f* головного мозга

H515 *e* **hydrochloric acid**
  d Chlorwasserstoffsäure *f*, Salzsäure *f*
  f acide *m* chlorhydrique
  i acido *m* cloridrico
  r соляная [хлористоводородная] кислота *f*

H516 *e* **hydrocyanic acid**
  d Blausäure *f*, Cyanwasserstoffsäure *f*
  f acide *m* cyanhydrique
  i acido *m* prussico [cianidrico]
  r синильная [цианистоводородная] кислота *f*

H517 *e* **hydrocyanism**
  d Blausäurevergiftung *f*, Cyanvergiftung *f*
  f hydrocyanisme *m*

  i idrocianismo *m*
  r отравление *n* синильной кислотой

H518 *e* **hydrogenation**
  d Hydrogenisierung *f*
  f hydrogénation *f*
  i idrogenazione *f*
  r гидрогенизация *f*

H519 *e* **hydrogen number**
  d Wasserstoffzahl *f*
  f nombre *m* hydrogéné
  i numero *m* idrogeno
  r водородное число *n*

H520 *e* **hydrolabyrinth**
  d Hydrolabyrinth *n*
  f hydrolabyrinthe *m*
  i idrope *m* labirintico
  r водянка *f* лабиринта

H521 *e* **hydrolase**
  d Hydrolase *f*
  f hydrolase *f*
  i idrolasi *f*
  r гидролаза *f*

H522 *e* **hydrolyase**
  d Dehydratase *f*, Hydrolyase *f*
  f déshydratase *f*
  i deidratasi *f*
  r дегидратаза *f*, гидролиаза *f*

H523 *e* **hydrolysis**
  d Hydrolyse *f*
  f hydrolyse *f*
  i idrolisi *f*
  r гидролиз *m*

H524 *e* **hydrolyzing enzyme** see **hydrolase**

H525 *e* **hydroma** see **hygroma**

H526 *e* **hydromassage**
  d Hydromassage *f*, Unterwassermassage *f*; Wasserstrahlmassage *f*
  f hydromassage *m*
  i idromassaggio *m*
  r гидромассаж *m*

H527 *e* **hydromeningocele**
  d Hydromeningozele *f*
  f hydroméningocèle *f*
  i idromeningocele *m*
  r гидроменингоцеле *n*

H528 *e* **hydromyelia**
  d Hydromyelie *f*
  f hydromyélie *f*
  i idromielia *f*
  r гидромиелия *f*

H529 *e* **hydronephrosis**
  d Hydronephrose *f*, Wassersackniere *f*
  f hydronéphrose *f*
  i idronefrosi *f*
  r гидронефроз *m*

HYDROPATHY

H530   e   hydropathy *see* hydrotherapy

H531   e   **hydropericardium**
     d   Hydroperikardium *n*, Herzbeutelwassersucht *f*
     f   hydropéricarde *m*
     i   idropericardio *m*
     r   гидроперикард *m*

H532   e   **hydrophobia**
     d   Hydrophobie *f*, Wasserscheu *f*
     f   hydrophobie *f*
     i   idrofobia *f*
     r   гидрофобия *f*, водобоязнь *f*

H533   e   **hydrophthalmia, hydrophthalmos, hydrophthalmus**
     d   Hydrophthalmus *m*, Wasserauge *n*, Ochsenauge *n*
     f   hydrophthalmie *f*
     i   idroftalmo *m*
     r   гидрофтальм *m*

H534   e   hydroplasma *see* hyaloplasm

H535   e   **hydropneumothorax**
     d   Hydropneumothorax *m*
     f   hydropneumothorax *m*
     i   idropneumotorace *m*
     r   гидропневмоторакс *m*, пневмогидроторакс *m*

H536   e   **hydrosalpinx**
     d   Hydrosalpinx *f*
     f   hydrosalpinx *m*
     i   idrosalpinge *f*
     r   гидросальпинкс *m*

H537   e   **hydrotherapy**
     d   Hydrotherapie *f*, Wasserbehandlung *f*
     f   hydrothérapie *f*
     i   idroterapia *f*
     r   водолечение *n*, гидротерапия *f*

H538   e   **hydrothorax**
     d   Hydrothorax *m*, Brustwassersucht *f*
     f   hydrothorax *m*
     i   idrotorace *m*
     r   гидроторакс *m*

H539   e   **hydroureter**
     d   Hydroureter *m*
     f   hydruretère *m*, urétérohydrose *f*
     i   idrouretere *m*
     r   водянка *f* мочеточников

H540   e   **hydroxylase**
     d   Hydroxylase *f*
     f   hydroxylase *f*
     i   idrossilasi *f*
     r   гидроксилаза *f*

H541   e   **hydroxynervone**
     d   Hydroxynervon *n*
     f   oxynervone *m*
     i   ossinervone *m*
     r   оксинервон *m*

H542   e   **hydruria**
     d   Polyurie *f*, Harnflut *f*
     f   hydrurie *f*
     i   poliuria *f*, idruria *f*
     r   полиурия *f*

H543   e   **hygiene**
     d   Hygiene *f*
     f   hygiène *f*
     i   igiene *f*
     r   гигиена *f*

H544   e   **hygroma**
     d   Hygrom *n*, Wassergeschwulst *f*
     f   hygroma *m*
     i   igroma *m*
     r   гигрома *f*

H545   e   **hygrometer**
     d   Hygrometer *n*
     f   hygromètre *m*
     i   igrometro *m*
     r   гигрометр *m*

H546   e   **hygroscopic**
     d   hygroskopisch
     f   hygroscopique
     i   igroscopico
     r   гигроскопический

H547   e   hygrostomia *see* hypersalivation

H548   e   **hymen**
     d   Hymen *m*, Jungfernhäutchen *n*
     f   hymen *m*
     i   imene *m*
     r   девственная плева *f*, гимен *m*

H549   e   **hymenolepiasis**
     d   Hymenolepiasis *f*
     f   hyménolépidose *f*
     i   imenolepiasi *f*
     r   гименолепидоз *m*

H550   e   **hymenotomy**
     d   Hymenotomie *f*
     f   hyménotomie *f*
     i   imenotomia *f*
     r   гименотомия *f*

H551   e   **hyoglossal muscle**
     d   Zungenbeinzungenmuskel *m*
     f   muscle *m* hyoglosse
     i   muscolo *m* ioglosso
     r   подъязычно-язычная мышца *f*

H552   e   **hyoid bone**
     d   Zungenbein *n*
     f   os *m* hyoïde
     i   osso *m* ioide
     r   подъязычная кость *f*

H553   e   **hyopharyngeus**
     d   mittlerer Schlundschnürer *m*

	f	muscle m hyo-pharyngien, muscle m constricteur moyen du pharynx
	i	muscolo m costrittore medio del faringe
	r	подъязычно-глоточная мышца f, средний констриктор m глотки
H554	e	hypacusia, hypacusis *see* hearing impairment
H555	e	hypalbuminemia *see* hypoalbuminemia
H556	e	hypalgesia, hypalgia
	d	Hypalgesie f, Schmerzunterempfindlichkeit f
	f	hypoalgésie f
	i	ipoalgesia f
	r	гипалгия f, гипалгезия f
H557	e	hyperacidity
	d	Hyperacidität f
	f	hyperacidité f
	i	iperacidità f
	r	повышенная кислотность f
H558	e	hyperacusia, hyperacusis
	d	Hyperakusis f
	f	hyper(a)cousie f, hyperacusie f
	i	iperacusia f
	r	гиперакузия f
H559	e	hyperaldosteronism
	d	Hyperaldosteronismus m
	f	hyperaldostéronisme m
	i	iperaldosteronismo m
	r	(гипер)альдостеронизм m
H560	e	hyperalgesia, hyperalgie
	d	Hyperalgesie f, Hyperalgie f, Schmerzüberempfindlichkeit f
	f	hyperalgésie f
	i	iperalgesia f
	r	гипералгезия f
H561	e	hyperalimentation
	d	Überernährung f
	f	suralimentation f
	i	iperalimentazione f
	r	избыточное питание n, переедание n
H562	e	hyperammonemia
	d	Hyperammonämie f, Ammoniak(spiegel)erhöhung f im Blut
	f	hyperammoniémie f
	i	iperammonemia f
	r	гипераммониемия f
H563	e	hyperbaric chamber
	d	Überdruckkammer f (für Sauerstoffüberdrucktherapie)
	f	chambre f hyperbarique
	i	camera f iperbarica per l'ossigenazione
	r	барокамера f для гипербарической оксигенации
H564	e	hyperbaric oxygenation, hyperbaric oxygen therapy
	d	hyperbare Sauerstoffbehandlung f, hyperbare Oxygenierung f, Sauerstoffüberdrucktherapie f
	f	oxybarothérapie f
	i	ossigenazione f iperbarica
	r	гипербарическая оксигенация f, оксибаротерапия f, барооксигенация f, гипербарооксигенотерапия f
H565	e	hyperbilirubinemia
	d	Hyperbilirubinämie f
	f	hyperbilirubinémie f
	i	iperbilirubinemia f
	r	гипербилирубинемия f
H566	e	hyperbrachycephaly
	d	Hyperbrachyzephalie f
	f	hyperbrachycéphalie f
	i	iperbrachicefalia f
	r	гипербрахицефалия f
H567	e	hyperbulia
	d	Hyperbulie f
	f	hyperboulie f
	i	iperbulia f
	r	гипербулия f
H568	e	hypercalcemia
	d	Hyperkalzämie f
	f	hypercalcémie f
	i	ipercalcemia f
	r	гиперкальциемия f
H569	e	hypercalci(n)uria, hypercalcuria
	d	Hyperkalziurie f
	f	hypercalciurie f
	i	ipercalciuria f
	r	гиперкальциурия f
H570	e	hypercapnia, hypercarbia
	d	Hyperkapnie f
	f	hypercapnie f
	i	ipercapnia f
	r	гиперкапния f
H571	e	hypercementosis
	d	Hyperzementose f
	f	hypercémentose f
	i	ipercementosi f
	r	гиперцементоз m, оссифицирующий периодонтит m
H572	e	hyperchloremia
	d	Hyperchlorämie f, Chlorerhöhung f im Blut
	f	hyperchlorémie f
	i	ipercloremia f
	r	гиперхлоремия f
H573	e	hyperchlorhydria
	d	Hyperchlorhydrie f

	f	hyperchlorhydrie *f*
	i	ipercloridria *f*
	r	гиперхлоргидрия *f*
H574	*e*	**hypercholester(in)emia, hyperholesterolemia**
	d	Hypercholesterinämie *f*
	f	hypercholestérinémie *f*, hypercholestérolémie *f*
	i	ipercolesterolemia *f*
	r	гиперхолестеринемия *f*
H575	*e*	**hyperchromasia, hyperchromatism, hyperchromia**
	d	Hyperchromie *f*, Hyperchromasie *f*
	f	hyperchromie *f*
	i	ipercromia *f*, ipercromatosi *f*
	r	гиперхром(аз)ия *f*
H576	*e*	**hyperchromic anemia**
	d	hyperchrome Anämie *f*
	f	anémie *f* hyperchrome
	i	anemia *f* ipercromica
	r	гиперхромная анемия *f*
H577	*e*	**hyperchylia**
	d	Hyperchylie *f*, Magensaftüberproduktion *f*
	f	hyperchylie *f*
	i	iperchilia *f*
	r	гиперхилия *f*
H578	*e*	**hypercinesia, hypercinesis** see **hyperkinesia**
H579	*e*	**hypercorticoidism**
	d	Hyperkortizismus *m*
	f	hypercorticisme *m*
	i	ipercorticoidismo *m*
	r	гиперкортицизм *m*
H580	*e*	**hypercryalgesia, hypercryesthesia**
	d	Kälteüberempfindlichkeit *f*
	f	hypercryesthésie *f*
	i	ipercrioestesia *f*
	r	повышенная чувствительность *f* к холоду
H581	*e*	**hypercythemia**
	d	Hyperzythämie *f*, Blutzellenvermehrung *f*; Erythrozytenvermehrung *f* im Blut
	f	polycythémie *f*
	i	policitemia *f*, eritrocitosi *f*
	r	эритроцитоз *m*, полицитемия *f*
H582	*e*	**hyperdynamia**
	d	Hyperdynamie *f*
	f	hyperdynamie *f*
	i	iperdinamismo *m*
	r	гипердинамия *f*
H583	*e*	**hyperemesis**
	d	Hyperemesis *f*, unstillbares Erbrechen *n*
	f	hyperémèse *f*, hyperémésie *f*
	i	iperemesi *f*
	r	неукротимая рвота *f*
H584	*e*	**hyperemia**
	d	Hyperämie *f*, Blutfülle *f*
	f	hyperémie *f*
	i	iperemia *f*
	r	гиперемия *f*
H585	*e*	**hyperergia**
	d	Hyperergie *f*, immunologische Überempfindlichkeit *f*
	f	hyperergie *f*
	i	iperergia *f*
	r	гиперергия *f*
H586	*e*	**hyperergic encephalitis**
	d	allergische Enzephalitis *f*
	f	encéphalite *f* allergique
	i	encefalite *f* allergica
	r	аллергический энцефалит *m*
H587	*e*	**hypererythrocythemia** see **hypercythemia**
H588	*e*	**hyperesthesia**
	d	Hyperästhesie *f*, Berührungsüberempfindlichkeit *f*
	f	hyperesthésie *f*
	i	iperestesia *f*
	r	гиперестезия *f*
H589	*e*	**hyperextension**
	d	Hyperextension *f*, Muskelüberdehnung *f*
	f	hyperextension *f*
	i	iperestensione *f*
	r	гиперэкстензия *f*
H590	*e*	**hyperflexion**
	d	Hyperflexion *f*
	f	hyperflexion *f*
	i	iperflessione *f*
	r	гиперфлексия *f*, чрезмерное сгибание *n*
H591	*e*	**hypergalactosis**
	d	Hypergalaktie *f*, Milchsekretionssteigerung *f*
	f	hypergalactie *f*
	i	ipergalattia *f*
	r	гипергалактия *f*
H592	*e*	**hypergammaglobulinemia**
	d	Hypergammaglobulinämie *f*
	f	hypergammaglobulinémie *f*
	i	ipergammaglobulinemia *f*
	r	гипергаммаглобулинемия *f*
H593	*e*	**hypergenitalism**
	d	Hypergenitalismus *m*
	f	hypergénitalisme *m*
	i	ipergenitalismo *m*
	r	гипергенитализм *m*
H594	*e*	**hypergeusia**

	d	Hypergeusie *f*, Geschmacksüberempfindlichkeit *f*
	f	hypergueusie *f*
	i	ipergeusia *f*
	r	гипергевзия *f*, вкусовая гиперестезия *f*
H595	*e*	**hyperglobulia, hyperglobulism** *see* **hypercythemia**
H596	*e*	**hyperglobulinemic purpura**
	d	Waldenström-Makroglobulinämie *f*
	f	macroglobulinémie *f* de Waldenström
	i	macroglobulinemia *f* di Waldenström
	r	макроглобулинемия *f* [макроглобулинемическая пурпура *f*] Вальденстрема
H597	*e*	**hyperglycemia**
	d	Hyperglykämie *f*, Blutzuckererhöhung *f*
	f	hyperglycémie *f*
	i	iperglicemia *f*
	r	гипергликемия *f*
H598	*e*	**hyperglycosuria**
	d	Hyperglykosurie *f*
	f	hyperglycosurie *f*
	i	iperglicosuria *f*
	r	высокая гликозурия *f*
H599	*e*	**hypergonadism**
	d	Hypergonadismus *m*, Keimdrüsenüberfunktion *f*
	f	hypergonadisme *m*
	i	ipergonadismo *m*
	r	гипергонадизм *m*
H600	*e*	**hyperhemoglobinemia**
	d	Hyperhämoglobinämie *f*
	f	hyperhémoglobulinémie *f*
	i	iperemoglobinemia *f*
	r	очень высокая гемоглобинемия *f*
H601	*e*	**hyper(h)idrosis**
	d	Hyperhidrosis *f*, vermehrtes Schwitzen *n*
	f	hyper(h)idrose *f*
	i	iperidrosi *f*
	r	гипергидроз *m*
H602	*e*	**hyperhydrochloria** *see* **hyperchlorhydria**
H603	*e*	**hyperinosemia, hyperinosis**
	d	Hyperinosämie *f*, Hyperinose *f*
	f	hyperinose *f*
	i	iperinosi *f*
	r	гипериноз *m*
H604	*e*	**hyperinsulinism**
	d	Hyperinsulinismus *m*, Insulinüberschuß *m*
	f	hyperinsulinisme *m*
	i	iperinsulinismo *m*
	r	гиперинсулинизм *m*

H605	*e*	**hyperkalemic periodic paralysis**
	d	hyperkaliämische periodische Lähmung *f*
	f	paralysie *f* hyperkaliémique périodique
	i	paralisi *f* periodica iperkaliemica
	r	гиперкалиемический периодический паралич *m*
H606	*e*	**hyperkal(i)emia**
	d	Hyperkaliämie *f*
	f	hyperkaliémie *f*
	i	iperkaliemia *f*, iperpotassiemia *f*
	r	гиперкалиемия *f*
H607	*e*	**hyperkeratinization, hyperkeratosis**
	d	Hyperkeratose *f*
	f	hyperkératose *f*
	i	ipercheratinizzazione *f*, ipercheratosi *m*
	r	гиперкератоз *m*
H608	*e*	**hyperketonuria**
	d	Hyperketonurie *f*
	f	cétonurie *f*
	i	iperchetonuria *f*
	r	кетонурия *f*
H609	*e*	**hyperkinesia, hyperkinesis**
	d	Hyperkinese *f*; Hyperkinesie *f*, Hypermotilität *f*
	f	hypercinésie *f*, hyperkinésie *f*; hypermotilité *f*
	i	ipercinesia *f*
	r	гиперкинез *m*; гиперкинезия *f*, гипермотильность *f*
H610	*e*	**hyperkinetic syndrome**
	d	hyperkinetisches Syndrom *n*
	f	syndrome *m* hypercinétique
	i	sindrome *f* ipercinetica
	r	гиперкинетический синдром *m*
H611	*e*	**hyperleukocytosis**
	d	Hyperleukozytose *f*, Leukozyten(zahl)erhöhung *f*
	f	hyperleucocytose *f*
	i	iperleucocitosi *f*
	r	гиперлейкоцитоз *m*
H612	*e*	**hyperlipemia, hyperlipoidemia**
	d	Hyperlipämie *f*
	f	hyperlipémie *f*
	i	iperlipemia *f*
	r	(гипер)липемия *f*
H613	*e*	**hypermastia**
	d	1. Hypermastie *f*, Mammahypertrophie *f* 2. Polymastie *f*, überzählige Brustdrüsen *f pl*
	f	1. hypermastie *f* 2. polymastie *f*
	i	1. ipermastia *f* 2. polimastia *f*
	r	1. гипермастия *f* 2. полимастия *f*
H614	*e*	**hypermature cataract**

	d	überreife Katarakt *f*
	f	cataracte *f* hypermûre
	i	cateratta *f* ipermatura
	r	перезрелая катаракта *f*
H615	e	**hypermenorrhea**
	d	Hypermenorrhoe *f*, verstärkte Regelblutung *f*
	f	hyperménorrhée *f*
	i	menorragia *f*
	r	гиперменорея *f*, меноррагия *f*
H616	e	**hypermetria**
	d	Hypermetrie *f*
	f	hypermétrie *f*
	i	ipermetria *f*
	r	гиперметрия *f*
H617	e	**hypermetropia** *see* **hyperopia**
H618	e	**hypermimia**
	d	Hypermimie *f*
	f	hypermimie *f*
	i	ipermimia *f*
	r	гипермимия *f*
H619	e	**hypermnesia**
	d	Hypermnesie *f*, gesteigerte Gedächtnisleistung *f*
	f	hypermnésie *f*
	i	ipermnesia *f*
	r	гипермнезия *f*
H620	e	**hypermotility**
	d	Hypermotilität *f*, verstärkte Bewegung *f*
	f	hypermotilité *f*
	i	ipermotilità *f*
	r	гипермотильность *f*, гиперкинезия *f*
H621	e	**hypernephroma**
	d	Hypernephrom *n*, hypernephroider Tumor *m*
	f	hypernéphrome *m*
	i	ipernefroma *m*
	r	гипернефрома *f*, рак *m* почки
H622	e	**hypernutrition** *see* **hyperalimentation**
H623	e	**hyperopia**
	d	Hyperopie *f*, Hypermetropie *f*, Weitsichtigkeit *f*
	f	hypermétropie *f*
	i	ipermetropia *f*
	r	дальнозоркость *f*, гиперметропия *f*
H624	e	**hyperopia of curvature**
	d	Refraktionsweitsichtigkeit *f*
	f	hypermétropie *f* de réfraction
	i	ipermetropia *f* di rifrazione
	r	рефракционная дальнозоркость *f*
H625	e	**hyperorexia**
	d	Hyperorexie *f*, Bulimie *f*, Polyphagie *f*
	f	boulimie *f*, hyperoréxie *f*
	i	bulimia *f*
	r	булимия *f*, волчий голод *m*, кинорексия *f*
H626	e	**hyperosmia**
	d	Hyperosmie *f*, Geruchsüberempfindlichkeit *f*
	f	hyperosmie *f*
	i	iperosmia *f*
	r	гиперосмия *f*
H627	e	**hyperostosis**
	d	Hyperostose *f*
	f	hyperostose *f*
	i	iperostosi *f*
	r	гиперостоз *m*
H628	e	**hyperoxia**
	d	Hyperoxie *f*, Oxygenüberschuß *m*
	f	hyperoxie *f*
	i	iperossia *f*
	r	гипероксия *f*
H629	e	**hyperparasitism**
	d	Hyperparasitismus *m*
	f	hyperparasitisme *m*
	i	iperparassitismo *m*
	r	гиперпаразитизм *m*
H630	e	**hyperparathyroidism**
	d	Hyperparathyreoidismus *m*, Nebenschilddrüsenüberfunktion *f*
	f	hyperparathyroïdie *f*, hyperparathyroïdisme *m*
	i	iperparatiroidismo *m*
	r	гиперпаратиреоз *m*, гиперпаратиреоидизм *m*
H631	e	**hyperperistalsis**
	d	Hyperperistaltik *f*
	f	hyperpéristaltisme *m*
	i	iperperistalsi *f*
	r	усиленная перистальтика *f*
H632	e	**hyperphalangism**
	d	Hyperphalangismus *m*, Phalangenüberzahl *f*
	f	hyperphalangie *f*, hyperphalangisme *m*
	i	iperfalangismo *m*
	r	гиперфалангия *f*
H633	e	**hyperphoria**
	d	Hyperphorie *f*, latentes Höhenschielen *n*
	f	hyperphorie *f*
	i	iperforia *f*
	r	гиперфория *f*
H634	e	**hyperphosphatemia**
	d	Hyperphosphatämie *f*
	f	hyperphosphatémie *f*
	i	iperfosfatemia *f*
	r	гиперфосфатемия *f*
H635	e	**hyperphosphaturia**

HYPERTENSIVE RETINOPATHY

- d Hyperphosphaturie *f*
- f hyperphosphaturie *f*
- i iperfosfaturia *f*
- r гиперфосфатурия *f*

H636 e **hyperpigmentation**
- d Hyperpigmentierung *f*, Überpigmentierung *f*
- f hyperpigmentation *f*
- i iperpigmentazione *f*
- r гиперпигментация *f*

H637 e **hyperpituitarism**
- d Hyperpituitarismus *m*, Hypophysenüberfunktion *f*
- f hyperpituitarisme *m*
- i iperpituitarismo *m*
- r гиперпитуитаризм *m*

H638 e **hyperplasia**
- d Hyperplasie *f*
- f hyperplasie *f*
- i iperplasia *f*
- r гиперплазия *f*

H639 e **hyperplastic inflammation**
- d hyperplastische [produktive] Entzündung *f*
- f inflammation *f* hyperplastique
- i infiammazione *f* iperplastica
- r продуктивное [пролиферативное] воспаление *n*

H640 e **hyperplastic osteoarthritis** *see* **hypertrophic pulmonary osteoarthropathy**

H641 e **hyperpnea** *see* **hyperventilation**

H642 e **hyperpotassemia** *see* **hyperkal(i)emia**

H643 e **hyperprochoresis** *see* **hyperperistalsis**

H644 e **hyperproteinemia**
- d Hyperproteinämie *f*
- f hyperprotéinémie *f*
- i iperproteinemia *f*
- r гиперпротеинемия *f*

H645 e **hyperpyrexia**
- d Hyperpyrexie *f*
- f hyperpyrexie *f*
- i iperpiressia *f*
- r гиперпирексия *f*, гипертермия *f*

H646 e **hyperreflexia**
- d Hyperreflexie *f*, Reflexsteigerung *f*
- f hyperréflexie *f*, hyperréflectivité *f*
- i iperreflessia *f*
- r гиперрефлексия *f*

H647 e **hypersalivation**
- d Hypersalivation *f*, vermehrte Speichelsekretion *f*
- f ptyalisme *m*, sialorrhée *f*
- i ipersalivazione *f*, ptialismo *m*
- r гиперсаливация *f*, птиализм *m*, сиалорея *f*

H648 e **hypersecretion**
- d Hypersekretion *f*, Sekretionssteigerung *f*
- f hypersécrétion *f*
- i ipersecrezione *f*
- r гиперсекреция *f*

H649 e **hypersensitivity**
- d Hypersensibilität *f*, Überempfindlichkeit *f*
- f hypersensibilité *f*
- i ipersensibilità *f*
- r гиперергия *f*, повышенная чувствительность *f*

H650 e **hypersialosis** *see* **hypersalivation**

H651 e **hypersomnia**
- d Schlafsucht *f*, Somnolenz *f*
- f hypersomnie *f*
- i ipersonnia *f*
- r гиперсомния *f*, сомнолентность *f*

H652 e **hypersplenism**
- d Hypersplenismus *m*, Milzüberfunktion *f*
- f hypersplénisme *m*, hypersplénie *f*
- i ipersplenismo *m*
- r гиперспленический синдром *m*, гиперспленизм *m*

H653 e **hypersteatosis**
- d Hypersteatose *f*, vermehrte Talgabsonderung *f*
- f séborrhée *f*
- i seborrea *f*
- r себорея *f*, (гипер)стеатоз *m*

H654 e **hypertensin**
- d Hypertensin *n*, Angiotensin *n*
- f hypertensine *f*, angiotensine *f*
- i ipertensina *f*
- r ангиотензин *m*, гипертензин *m*

H655 e **hypertension**
- d Hypertension *f*, Hypertonie *f*, Bluthochdruck *m*
- f hypertension *f*
- i ipertensione *f*
- r гипертензия *f*, гипертония *f*

H656 e **hypertensive encephalopathy**
- d Hochdruckenzephalopathie *f*
- f encéphalopathie *f* hypertensive
- i encefalopatia *f* ipertensiva
- r гипертоническая энцефалопатия *f*

H657 e **hypertensive retinopathy**
- d Hochdruckretinopathie *f*
- f rétinopathie *f* hypertonique [angiospastique]
- i retinopatia *f* ipertensiva

HYPERTHERMIA

   r гипертоническая
    [ангиоспастическая] ретинопатия *f*

H658 *e* **hyperthermia**
   d Hyperthermie *f*,
    Körpertemperaturerhöhung *f*
   f hyperthermie *f*
   i ipertermia *f*
   r гипертермия *f*, перегревание *n* организма

H659 *e* **hyperthymia**
   d Hyperthymie *f*
   f hyperthymie *f*
   i ipertimia *f*
   r гипертимия *f*

H660 *e* **hyperthyroidism**
   d Hyperthyreoidismus *m*, Hyperthyreose *f*
   f hyperthyroïdie *f*, hyperthyroïdisme *m*
   i ipertiroidismo *m*
   r гипертиреоз *m*, гипертиреодизм *m*

H661 *e* **hypertrichiasis, hypertrichosis**
   d Hypertrichose *f*, Haarvermehrung *f*
   f hypertrichose *f*
   i ipertricosi *f*, irsutismo *m*
   r гипертрихоз *m*, политрихия *f*

H662 *e* **hypertrophia** *see* **hypertrophy**

H663 *e* **hypertrophic pulmonary osteoarthropathy**
   d Marie-Bamberger-Syndrom *n*
   f ostéo-arthropathie *f* hypertrophiante pneumonique de (Pierre) Marie, syndrome *m* de Marie-Bamberger
   i osteoartropatia *f* polmonare ipertrofica, malattia *f* di Marie
   r лёгочная остеодистрофия *f*, лёгочная гипертрофическая остеопатия *f*, синдром *m* Мари—Бамбергера

H664 *e* **hypertrophic ringworm**
   d Trichophytiegranulom *n*
   f granulome *m* trichophytique
   i granuloma *m* tricofitico
   r трихофитийная гранулёма *f*

H665 *e* **hypertrophy**
   d Hypertrophie *f*
   f hypertrophie *f*
   i ipertrofia *f*
   r гипертрофия *f*

H666 *e* **hypertropia**
   d Hypertropie *f*, Aufwärtsschielen *n*
   f hypertropie *f*, strabisme *m* sursumvergent
   i ipertropia *f*
   r косоглазие *n* кверху, гипертропия *f*

H667 *e* **hyperuricemia**
   d Hyperurikämie *f*, Lesch-Nyhan-Syndrom *n*
   f hyperuricémie *f*
   i iperuricemia *f*
   r гиперурикемия *f*, синдром *m* Леша—Найхана

H668 *e* **hypervaccination**
   d Hyperimmunisation *f*, Überimmunisierung *f*
   f hyperimmunisation *f*
   i supervaccinazione *f*
   r гипериммунизация *f*

H669 *e* **hyperventilation**
   d Hyperventilation *f*, Lungenüberlüftung *f*
   f hyperventilation *f*
   i iperventilazione *f*
   r гипервентиляция *f*, гиперпноэ *n*

H670 *e* **hypervitaminosis**
   d Hypervitaminose *f*, Vitaminüberschuß *m*
   f hypervitaminose *f*
   i ipervitaminosi *f*
   r гипервитаминоз *m*

H671 *e* **hypervolemia**
   d Hypervolämie *f*, Blutvolumenvermehrung *f*
   f hypervolémie *f*, pléthore *f*
   i ipervolemia *f*, pletora *f*
   r плетора *f*, гиперволемия *f*

H672 *e* **hypesthesia**
   d Hypästhesie *f*, reduzierte Berührungsempfindlichkeit *f*
   f hypesthésie *f*
   i ipostesia *f*, iposensibilità *f*
   r гипестезия *f*

H673 *e* **hyphedonia**
   d Hyphedonie *f*
   f hyphédonie *f*
   i ipoestesia *f* sessuale
   r гифедония *f*, половая гипестезия *f*, гипогедония *f*

H674 *e* **hyphema**
   d Hyphaema *n*, Augenkammereinblutung *f*
   f hyphéma *m*, hypohéma *m*
   i ifema *m*
   r гифема *f*

H675 *e* **hyphidrosis** *see* **hypohidrosis**

H676 *e* **hypnagogic hallucinations** *pl*
   d hypnagoge Halluzinationen *f pl*
   f hallucinations *f pl* hypnagogiques
   i allucinazioni *f pl* ipnagogiche
   r гипнагогические галлюцинации *f pl*

H677 *e* **hypnolepsy**
   d Hypnolepsie *f*, Schläfrigkeit *f*

HYPOCHROMIA

	f	hypnolepsie *f*
	i	ipnolessi *f*, narcolessia *f*
	r	гипнолепсия *f*
H678	*e*	**hypnosis**
	d	Hypnose *f*
	f	hypnose *f*
	i	ipnosi *f*
	r	гипноз *m*
H679	*e*	**hypnotic (drug)**
	d	Hypnagogum *n*, Schlafmittel *n*
	f	hypnotique *m*
	i	sonnifero *m*
	r	снотворное средство *n*
H680	*e*	**hypnotic sleep**
	d	Hypnoseschlaf *m*
	f	sommeil *m* hypnotique
	i	stato *m* ipnotico
	r	гипнотический сон *m*
H681	*e*	**hypnotism** *see* **hypnosis**
H682	*e*	**hypoacidity** *see* **hypochlorhydria**
H683	*e*	**hypoacusis** *see* **hypacusia**
H684	*e*	**hypoalbuminemia**
	d	Hypoalbuminämie *f*
	f	hypoalbuminémie *f*
	i	ipoalbuminemia *f*
	r	гипоальбуминемия *f*
H685	*e*	**hypoalimentation**
	d	Unterernährung *f*
	f	sous-alimentation *f*
	i	ipoalimentazione *f*
	r	недостаточное питание *n*
H686	*e*	**hypobaropathy**
	d	Höhenkrankheit *f*; Bergkrankheit *f*
	f	hypobaropathie *f*, mal *m* de montagne [de l'altitude]
	i	ipobaropatia *f*, malattia *f* delle altitudini, mal *m* di montagna
	r	высотная [горная] болезнь *f*
H687	*e*	**hypoblast**
	d	Hypoblast *m*, Primärentoderm *n*
	f	hypoblaste *m*
	i	ipoblasto *m*, endoderma *m*
	r	первичная энтодерма *f*
H688	*e*	**hypobulia**
	d	Hypobulie *f*
	f	hypoboulie *f*
	i	ipobulia *f*
	r	гипобулия *f*
H689	*e*	**hypocalcemia**
	d	Hypokalzämie *f*
	f	hypocalcémie *f*
	i	ipocalcemia *f*
	r	гипокальциемия *f*
H690	*e*	**hypocapnia**
	d	Hypokapnie *f*
	f	hypocapnie *f*
	i	ipocapnia *f*
	r	гипокапния *f*
H691	*e*	**hypochloremia**
	d	Hypochlorämie *f*, Blutchlormangel *m*
	f	hypochlorémie *f*
	i	ipocloremia *f*
	r	гипохлоремия *f*
H692	*e*	**hypochlorhydria**
	d	Hypochlorhydrie *f*, verminderte Magensäuresekretion *f*
	f	hypochlorhydrie *f*
	i	ipocloridria *f*
	r	гипохлоргидрия *f*
H693	*e*	**hypochloruria**
	d	Hypochlorurie *f*
	f	hypochlorurie *f*
	i	ipocloruria *f*
	r	гипохлорурия *f*
H694	*e*	**hypocholester(in)emia, hypocholesterolemia**
	d	Hypocholesterinämie *f*
	f	hypocholestérolémie *f*
	i	ipocolesterolemia *f*
	r	гипохолестеринемия *f*
H695	*e*	**hypocholia**
	d	Hypocholie *f*, verminderte Gallenproduktion *f*
	f	hypocholie *f*
	i	ipocolia *f*, oligocolia *f*
	r	гипохолия *f*
H696	*e*	**hypochondria, hypochondriasis**
	d	Hypochondrie *f*
	f	hypoc(h)ondrie *f*
	i	ipocondria *f*
	r	ипохондрия *f*, ипохондрический синдром *m*
H697	*e*	**hypochondrial reflex**
	d	Hypochondriumreflex *m*
	f	réflexe *m* hypocondrique
	i	riflesso *m* ipocondri(a)co
	r	гипохондральный рефлекс *m*
H698	*e*	**hypochondrium**
	d	Hypochondrium *n*, Unterrippengegend *f*
	f	hypocondre *m*
	i	ipocondrio *m*
	r	подрёберная область *f*
H699	*e*	**hypochromasia, hypochromatism** *see* **hypochromia**
H700	*e*	**hypochromemia** *see* **hypochromic anemia**
H701	*e*	**hypochromia**
	d	Hypochrom(as)ie *f*

HYPOCHROMIC ANEMIA

        f hypochromie *f*
        i ipochromia *f*
        r гипохром(аз)ия *f*

H702 *e* **hypochromic anemia**
        d hypochrome Anämie *f*
        f anémie *f* hypochrome
        i anemia *f* ipocromica
        r гипохромная анемия *f*

H703 *e* **hypochylia**
        d Hypochylie *f*, Magensaftunterproduktion *f*
        f hypochilie *f*
        i ipochilia *f*
        r гипохилия *f*

H704 *e* **hypocinesia** see **hypokinesia**

H705 *e* **hypocorticoidism**
        d Hypokortizismus *m*
        f hypocorticisme *m*
        i ipocorticoidismo *m*
        r гипокортицизм *m*

H706 *e* **hypocystotomy**
        d Dammzystotomie *f*, perineale Zystotomie *f*
        f cystotomie *f* périnéale
        i cistotomia *f* perineale
        r промежностная цистотомия *f*

H707 *e* **hypodactylia, hypodactylism, hypodactyly**
        d Hypodaktylie *f*, Fingerminderzahl *f*; Zehenminderzahl *f*
        f hypodactylie *f*
        i ipodattilia *f*
        r гиподактилия *f*

H708 *e* **hypoderm** see **hypodermis**

H709 *e* **hypodermic injection**
        d Subkutaninjektion *f*
        f injection *f* sous-cutanée
        i iniezione *f* ipodermica
        r подкожная инъекция *f*

H710 *e* **hypodermic needle**
        d Subkutankanüle *f*
        f aiguille *f* hypodermique
        i ago *m* ipodermico
        r игла *f* для подкожных инъекций

H711 *e* **hypodermis**
        d Unterhautzellgewebe *n*, Subkutis *f*
        f hypoderme *m*, tissu *m* sous-cutané
        i ipoderma *m*, tessuto *m* adiposo sottocutaneo
        r подкожная жировая клетчатка *f*, гиподерма *f*

H712 *e* **hypodynamia**
        d Hypodynamie *f*
        f hypodynamie *f*
        i ipodinamismo *m*
        r гиподинамия *f*

H713 *e* **hypoergia, hypoergy** see **hyposensitiveness**

H714 *e* **hypofunction**
        d Hypofunktion *f*, Unterfunktion *f*
        f hypofonction *f*
        i ipofunzione *f*
        r гипофункция *f*

H715 *e* **hypogalactia**
        d Hypogalaktie *f*, Milchsekretionsverminderung *f*
        f hypogalactie *f*
        i ipogalattia *f*
        r гипогалактия *f*

H716 *e* **hypogammaglobulinemia**
        d Hypogammaglobulinämie *f*
        f hypogammaglobulinémie *f*
        i ipogammaglobulinemia *f*
        r гипогаммаглобулинемия *f*

H717 *e* **hypogastric region, hypogastrium**
        d Hypogastrium *n*, Unterbauchregion *f*, Unterbauchgegend *f*
        f hypogastre *m*
        i ipogastrio *m*
        r подчревье *n*, гипогастрий *m*, гипогастральная область *f*

H718 *e* **hypogenitalism**
        d Hypogenitalismus *m*, Unterentwicklung *f* der Geschlechtsorgane
        f hypogénitalisme *m*
        i ipogenitalismo *m*
        r гипогенитализм *m*

H719 *e* **hypogeusia**
        d Hypogeusie *f*, Geschmacksunterempfindlichkeit *f*
        f hypogeusie *f*
        i ipogeusia *f*
        r гипогевзия *f*

H720 *e* **hypoglossal eminence**
        d Trigonum *n* nervi hypoglossi
        f trigone *m* de l'hypoglosse
        i trigono *m* dell'ipoglosso
        r треугольник *m* подъязычного нерва

H721 *e* **hypoglycemia**
        d Hypoglykämie *f*, Blutzuckerverringerung *f*
        f hypoglycémie *f*
        i ipoglicemia *f*
        r гипогликемия *f*

H722 *e* **hypoglycogenolysis**
        d Hypoglykogenolyse *f*, Glykogenolysehemmung *f*, verminderte Glykogenspaltung *f*
        f hypoglycogénolyse *f*

	i	ipoglicogenolisi *f*		*d*	Hypomastie *f*, Brustunterentwicklung *f*
	r	недостаточный гликогенолиз *m*		*f*	hypomastie *f*
H723	*e*	**hypogonadism**		*i*	ipomastia *f*
	d	Hypogonadismus *m*, Keimdrüsenunterfunktion *f*		*r*	гипомастия *f*
	f	hypogonadisme *m*	H733	*e*	**hypomenorrhea**
	i	ipogonadismo *m*		*d*	Hypomenorrhoe *f*, schwache Regelblutung *f*
	r	гипогонадизм *m*		*f*	hypoménorrhée *f*
H724	*e*	**hypogonadotropic hypogonadism**		*i*	ipomenorrea *f*
	d	hypogonadotroper Hypogonadismus *m*		*r*	гипоменорея *f*
	f	hypogonadisme *m* [syndrome *m*] hypogonadotropique	H734	*e*	**hypometabolism**
	i	ipogonadismo *m* ipogonadotropico		*d*	Hypometabolismus *m*, Stoffwechseleinschränkung *f*
	r	вторичный гипогонадизм *m*, гипогонадотропизм *m*, гипогонадотропный синдром *m*		*f*	hypométabolisme *f*
				i	ipometabolismo *m*
				r	пониженный обмен *m* веществ
H725	*e*	**hypohidrosis**	H735	*e*	**hypomnesia**
	d	Hypohidrosis *f*, vermindertes Schwitzen *n*		*d*	Hypomnesie *f*, Erinnerungsschwäche *f*
	f	hipohidrose *f*		*f*	hypomnésie *f*
	i	ipoidrosi *f*		*i*	ipomnesia *f*
	r	гипогидроз *m*		*r*	гипомнезия *f*, ослабление *n* памяти
			H736	*e*	**hypomotility** see **hypokinesia**
H726	*e*	**hypohydrochloria** see **hypochlorhydria**	H737	*e*	**hypomyotonia**
H727	*e*	**hypoinsulinism**		*d*	Hypomyotonie *f*, Muskelhypotonie *f*, Muskeltonusschwäche *f*
	d	Hypoinsulinismus *m*, Insulinmangel *m*		*f*	hypomyotonie *f*
	f	hypo-insulinisme *m*		*i*	ipomiotonia *f*
	i	ipoinsulinismo *m*		*r*	гипотония *f* мышц
	r	гипоинсулинизм *m*, инсулярная недостаточность *f*	H738	*e*	**hyponatremia**
				d	Hyponatriämie *f*
H728	*e*	**hypokalemia**		*f*	hyponatrémie *f*
	d	Hypokaliämie *f*		*i*	iponatriemia *f*
	f	hypokaliémie *f*		*r*	гипонатриемия *f*
	i	ipokaliemia *f*	H739	*e*	**hypoparathyroidism**
	r	гипокалиемия *f*		*d*	Hypoparathyreoidismus *m*, Nebenschilddrüsenunterfunktion *f*
H729	*e*	**hypokalemic periodic paralysis**		*f*	hypoparathyroïdisme *m*, hypoparathyroïdie *f*
	d	hypokaliämische periodische Lähmung *f*		*i*	ipoparatiroidismo *m*
	f	paralysie *f* périodique familiale intermittente		*r*	гипопапатиреоз *m*
	i	paralisi *f* periodica ipokaliemica	H740	*e*	**hypopharingeal diverticulum**
	r	гипокалиемический периодический семейный паралич *m*		*d*	Zenker-Divertikel *n*, Ösophagusdivertikel *n*
				f	diverticule *m* hypopharyngien
H730	*e*	**hypokinesia, hypokinesis**		*i*	diverticolo *m* di Zenker
	d	Hypokinesie *f*; Hypokinese *f*		*r*	ценкеровский дивертикул *m*
	f	hypokinésie *f*, hypocinésie *f*, hypokinèse *f*, hypocinèse *f*	H741	*e*	**hypopharinx**
	i	ipocinesia *f*		*d*	Hypopharynx *m*, Kehlkopfrachen *m*, Laryngopharynx *m*
	r	гипокинезия *f*; гипокинез *m*		*f*	hypopharynx *m*
H731	*e*	**hypomania**		*i*	ipofaringe *f*
	d	Hypomanie *f*		*r*	гортанная часть *f* глотки, гипофаринкс *m*
	f	hypomanie *f*			
	i	ipomania *f*	H742	*e*	**hypophoria**
	r	гипоманиакальное состояние *n*, гипомания *f*		*d*	Hypophorie *f*, latentes Nachuntenschielen *n*
H732	*e*	**hypomastia, hypomazia**			

HYPOPHOSPHATEMIA

	f	hypophorie *f*
	i	ipoforia *f*
	r	гипофория *f*
H743	*e*	**hypophosphatemia**
	d	Hypophosphatämie *f*
	f	hypophosphatémie *f*
	i	ipofosfatemia *f*
	r	гипофосфатемия *f*
H744	*e*	**hypophosphaturia**
	d	Hypophosphaturie *f*
	f	hypophosphaturie *f*
	i	ipofosfaturia *f*
	r	гипофосфатурия *f*
H745	*e*	**hypophrenia**
	d	Hypophrenie *f*
	f	hypophrénie *f*
	i	ipofrenia *f*
	r	гипофрения *f*
H746	*e*	**hypophyseal**
	d	hypophysär
	f	hypophysaire
	i	ipofisario
	r	гипофизарный
H747	*e*	**hypophysectomy**
	d	Hypophysektomie *f*, Hypophysentfernung *f*
	f	hypophysectomie *f*
	i	ipofisectomia *f*
	r	гипофизэктомия *f*
H748	*e*	**hypopiesis** *see* **hypotension**
H749	*e*	**hypopituitarism**
	d	Hypopituitarismus *m*, Hypophysenunterfunktion *f*
	f	hypopituitarisme *m*
	i	ipopituitarismo *m*
	r	гипопитуитаризм *m*
H750	*e*	**hypoplasia**
	d	Hypoplasie *f*
	f	hypoplasie *f*
	i	ipoplasia *f*
	r	гипоплазия *f*, гипогенезия *f*
H751	*e*	**hypoplastic anemia**
	d	hypoplastische Anämie *f*
	f	anémie *f* hypoplastique
	i	anemia *f* ipoplastica
	r	гипопластическая анемия *f*
H752	*e*	**hypopotassemia** *see* **hypokalemia**
H753	*e*	**hypoproteinemia**
	d	Hypoproteinämie *f*
	f	hypoprotéinémie *f*
	i	ipoproteinemia *f*
	r	гипопротеинемия *f*
H754	*e*	**hypoprothrombinemia**
	d	Hypoprothrombinämie *f*
	f	hypoprothrombinémie *f*
	i	ipoprotrombinemia *f*
	r	гипопротромбинемия *f*
H755	*e*	**hypoptyalism**
	d	Hypoptyalismus *m*, Hyposalivation *f*, Oligosialie *f*
	f	hypoptialisme *m*, hyposalivation *f*, oligoptyalisme *m*
	i	oligosialia *f*, iposialia *f*
	r	гипосаливация *f*, олигоптиализм *m*, гипосиалия *f*, олигосиалия *f*
H756	*e*	**hypopyon**
	d	Hypopyon *n*, Augenvorderkammervereiterung *f*
	f	hypopyon *m*, hypopion *m*
	i	ipopion *m*
	r	гипопион *m*
H757	*e*	**hypopyon keratitis, hypopion ulcer**
	d	Hypopyongeschwür *n*, Hypopyonkeratitis *f*
	f	kératite *f* à hypopyon, ulcère *m* serpigineux de la cornée
	i	cherato-ipopion *m*
	r	ползучая язва *f* роговицы, гипопион-кератит *m*
H758	*e*	**hyposalivation** *see* **hypoptyalism**
H759	*e*	**hyposecretion**
	d	Hyposekretion *f*, Sekretionsverminderung *f*
	f	hyposécrétion *f*
	i	iposecrezione *f*
	r	гипосекреция *f*
H760	*e*	**hyposensitiveness**
	d	Hyposensibilität *f*, Unterempfindlichkeit *f*
	f	hypergie *f*
	i	ipoergia *f*, iposensibilità *f*
	r	гипергия *f*
H761	*e*	**hyposmia**
	d	Hyposmie *f*, Geruchsunterempfindlichkeit *f*, Geruchsschwäche *f*
	f	hyposmie *f*
	i	iposmia *f*
	r	гипосмия *f*
H762	*e*	**hypospadia**
	d	Hypospadie *f*
	f	hypospadias *m*
	i	ipospadia *f*
	r	гипоспадия *f*
H763	*e*	**hypostasis, hypostatic congestion**
	d	Hypostase *f*, Senkungsblutfülle *f*
	f	hypostase *f*, hyperémie *f* [congestion *f*] hypostatique
	i	ipostasi *f*
	r	гипостаз *m*, гипостатическая гиперемия *f*

H764	e	**hypostatic pneumonia**
	d	Stauungspneumonie f
	f	pneumonie f hypostatique
	i	polmonite f ipostatica
	r	гипостатическая [застойная] пневмония f
H765	e	**hyposthenia**
	d	Hyposthenie f, allgemeine Körperschwäche f; Kräfteverfall m
	f	hyposthénie f
	i	ipostenia f, debolezza f
	r	физическая слабость f
H766	e	**hyposthenuria**
	d	Hyposthenurie f
	f	hyposthénurie f
	i	ipostenuria f
	r	гипостенурия f
H767	e	**hypotension**
	d	Hypotension f, Hypotonie f, Blutunterdruck m
	f	hypotension f
	i	ipotensione f
	r	гипотензия f, гипотония f
H768	e	**hypotensive, hypotensor**
	d	Hypotensivum n, Antihypertonikum n, blutdrucksenkendes Mittel n
	f	remède m hypotensif
	i	farmaco m ipotensivo
	r	гипотензивное средство n
H769	e	**hypothalamic obesity**
	d	hypothalamische Fettsucht f
	f	obésité f hypothalamique
	i	obesità f ipotalamica
	r	диэнцефальное [гипоталамическое, церебральное] ожирение n
H770	e	**hypothalamus**
	d	Hypothalamus m
	f	hypothalamus m
	i	ipotalamo m
	r	гипоталамус m, гипоталамическая область f
H771	e	**hypothenar (eminence), hypothenar prominence**
	d	Hypothenar n, Antithenar n, Kleinfingerballen m
	f	éminence f hypothénar
	i	ipotenar m, eminenza f ipotenar
	r	возвышение n мизинца, гипотенар m
H772	e	**hypothermia**
	d	Hypothermie f, Körperunterkühlung f
	f	hypothermie f
	i	ipotermia f
	r	гипотермия f, охлаждение n организма
H773	e	**hypothymia**
	d	Hypothymie f
	f	hypothymie f
	i	ipotimia f
	r	гипотимия f
H774	e	**hypothyroidism**
	d	Hypothyreoidismus m, Hypothyreose f
	f	hypothyroïdisme m
	i	ipotiroidismo m
	r	гипотиреоз m, гипотиреоидизм m
H775	e	**hypotonia**
	d	Hypotonie f, Hypotension f
	f	hypotonie f
	i	ipotonia f
	r	гипотония f, гипотензия f
H776	e	**hypotrichosis**
	d	Hypotrichose f, Haarverminderung f, Oligotrichie f
	f	hypotrichose f
	i	ipotrichia f, ipotricosi f
	r	гипотрихоз m, гипотрихия f, олиготрихоз m, олиготрихия f
H777	e	**hypotrophy**
	d	Hypotrophie f
	f	hypotrophie f
	i	ipotrofia f
	r	гипотрофия f
H778	e	**hypotropia**
	d	Hypotropie f, Abwärtsschielen n
	f	hypotropie f, strabisme m déorsumvergent
	i	ipotropia f
	r	косоглазие n книзу, гипотропия f
H779	e	**hypouresis**
	d	Oligurie f
	f	oligurie f
	i	oliguria f
	r	олигурия f
H780	e	**hypoventilation**
	d	Hypoventilation f, Lungenunterbelüftung f
	f	hypoventilation f
	i	ipoventilazione f
	r	гиповентиляция f
H781	e	**hypovitaminosis**
	d	Hypovitaminose f, Vitaminmangel m
	f	hypovitaminose f
	i	ipovitaminosi f
	r	гиповитаминоз m
H782	e	**hypovolemia**
	d	Hypovolämie f, Blutvolumenverringerung f, Oligämie f
	f	hypovolémie f
	i	ipovolemia f
	r	олигемия f, гиповолемия f

HYPOVOLEMIC SHOCK

H783   e   **hypovolemic shock** *see* **hemorrhagic shock**

H784   e   **hypoxanthine**
- d   Hypoxanthin *n*
- f   hypoxanthine *f*
- i   ipoxantina *f*
- r   гипоксантин *m*

H785   e   **hypoxemia**
- d   Hypoxämie *f*, Blutsauerstoffverminderung *f*
- f   hypoxémie *f*
- i   ipossiemia *f*
- r   гипоксемия *f*, апоксемия *f*

H786   e   **hypoxia**
- d   Hypoxie *f*, Gewebssauerstoffmangel *m*
- f   hypoxie *f*
- i   ipossia *f*
- r   гипоксия *f*, апоксия *f*, кислородное голодание *n*

H787   e   **hypsicephaly**
- d   Hypsizephalie *f*, Turmschädeligkeit *f*, Spitzköpfigkeit *f*
- f   acrocéphalie *f*, hypsicéphalie *f*
- i   ipsicefalia *f*, ossicefalia *f*
- r   акроцефалия *f*, оксицефалия *f*, гипсицефалия *f*

H788   e   **hypsistaphylia**
- d   Hypsistaphylie *f*, Steilgaumen *m*
- f   hypsistaphylie *f*
- i   ipsistafilia *f*
- r   арковидное нёбо *n*, гипсистафилия *f*

H789   e   **hypsocephaly** *see* **hypsicephaly**

H790   e   **hypsophobia**
- d   Hypsophobie *f*, Höhenfurcht *f*, Höhenangst *f*
- f   hypsophobie *f*
- i   ipsofobia *f*
- r   гипсофобия *f*

H791   e   **Hyrtl's recess**
- d   Kuppelraum *m*, Attikus *m*
- f   attique *m*
- i   attico *m*, recesso *m* epitimpanico
- r   надбарабанное углубление *n*

H792   e   **hysteratresia**
- d   Hysteratresie *f*, Gebärmutteratresie *f*
- f   hystératrésie *f*
- i   atresia *f* della cavità uterina
- r   атрезия *f* матки

H793   e   **hysterectomy**
- d   Hysterektomie *f*, Gebärmutterentfernung *f*
- f   hystérectomie *f*
- i   isterectomia *f*
- r   экстирпация *f* матки, гистерэктомия *f*

H794   e   **hystereurynther**
- d   Metreurynter *m*, Hystereurynter *m*, Gebärmutterhalserweiterer *m*
- f   métreurynter *m*
- i   dilatatore *m* dell'utero
- r   метрейринтер *m*

H795   e   **hystereurysis**
- d   Gebärmutterhalserweiterung *f*
- f   métreuryse *f*
- i   dilatazione *f* dell'utero
- r   метрейриз *m*

H796   e   **hysteria**
- d   Hysterie *f*
- f   hystérie *f*
- i   isteria *f*
- r   истерия *f*, истерический невроз *m*

H797   e   **hysterical amblyopia**
- d   hysterische Blindheit *f*
- f   amblyopie *f* hystérique
- i   ambliopia *f* isterica
- r   истерический амавроз *m*, истерическая амблиопия *f*, психогенная слепота *f*

H798   e   **hysterical insanity, hysterical psychosis**
- d   Hysteriepsychose *f*
- f   psychose *f* hystérique
- i   psicosi *f* isterica
- r   истерический психоз *m*

H799   e   **hysterics**
- d   hysterischer Anfall *m*
- f   accès *m* hystérique
- i   attacco *m* isterico
- r   истерический припадок *m*

H800   e   **hysteritis**
- d   Metritis *f*, Gebärmutterentzündung *f*
- f   métrite *f*
- i   metrite *f*
- r   метрит *m*

H801   e   **hysterocatalepsy**
- d   Hysterokatalepsie *f*
- f   hystérocatalepsie *f*
- i   catalessi(a) *f* isterica
- r   истерокаталепсия *f*

H802   e   **hysterocele**
- d   Hysterozele *f*, Gebärmutterbruch *m*
- f   hystérocèle *f*, métrocèle *f*
- i   isterocele *m*, uterocele *m*
- r   гистероцеле *n*, грыжа *f* матки

H803   e   **hysterocervicotomy**
- d   Hysterozervikotomie *f*
- f   hystérocervicotomie *f*
- i   isterocervicotomia *f*
- r   трахелотомия *f*, дисцизия *f* шейки матки

IATROGENIC

H804   e   **hysterogenic point, hysterogenic spot, hysterogenic zone**
       d   hysterogene Zone *f*
       f   zone *f* hystérogène
       i   zona *f* isterogena
       r   истерогенная зона *f*

H805   e   **hysterography**
       d   Hysterographie *f*
       f   hystérographie *f*, métrographie *f*
       i   isterografia *f*
       r   метрография *f*, гистерография *f*

H806   e   **hysterolaparotomy**
       d   Hysterolaparotomie *f*, abdominale Hysterektomie *f*
       f   hystérolaparotomie *f*, hystérotomie *f* abdominale
       i   isterolaparotomia *f*
       r   абдоминальная гистеротомия *f*

H807   e   **hysteromania**
       d   Hysteromanie *f*, Nymphomanie *f*, Mannstollheit *f*
       f   nymphomanie *f*, cythéromanie *f*
       i   isteromania *f*
       r   нимфомания *f*, андромания *f*

H808   e   **hysteromyoma**
       d   Uterusmyom *n*, Gebärmuttermyom *n*
       f   hystéromyome *m*, myome *m* utérin
       i   mioma *m* uterino
       r   миома *f* матки

H809   e   **hysteromyomectomy**
       d   Hysteromyomektomie *f*, Gebärmuttermyomentfernung *f*
       f   myomectomie *f*
       i   isteromiomectomia *f*
       r   миомэктомия *f*

H810   e   **hysteropexy**
       d   Hysteropexie *f*, Gebärmutteranheftung *f*, Uterusfixation *f*
       f   hystéropexie *f*
       i   isteropessi *f*
       r   гистеропексия *f*

H811   e   **hysteropsychosis** see **hysterical insanity**

H812   e   **hysteroptosia, hysteroptosis**
       d   Hysteroptose *f*, Gebärmuttersenkung *f*, Metroptose *f*
       f   hystéroptose *f*, métroptose *f*
       i   isteroptosi *f*, abbassamento *m* dell'utero
       r   гистероптоз *m*, выпадение *n* матки

H813   e   **hysterorrhexis**
       d   Hysterorrhexis *f*, Gebärmutterriß *m*, Uterusruptur *f*
       f   métrorrhexie *f*
       i   metrorressi *f*
       r   разрыв *m* матки, гистерорексис *m*

H814   e   **hysterosalpingography**
       d   Hysterosalpingographie *f*
       f   hystéro-salpingographie *f*, métro-salpingographie *f*
       i   isterosalpingografia *f*
       r   метросальпингография *f*, гистеросальпингография *f*

H815   e   **hysteroscope**
       d   Hysteroskop *n*, Gebärmutterspiegel *m*
       f   hystéroscope *m*, utéroscope *m*
       i   isteroscopio *m*
       r   гистероскоп *m*

H816   e   **hysteroscopy**
       d   Hysteroskopie *f*, Gebärmutterspiegelung *f*
       f   hystéroscopie *f*, utéroscopie *f*
       i   isteroscopia *f*
       r   гистероскопия *f*

H817   e   **hysterospasm**
       d   Uterospasmus *m*, Gebärmutterkrampf *m*
       f   trismus *m* de l'utérus
       i   spasmo *m* uterino, isterospasmo *m*
       r   спазм *m* матки

H818   e   **hysterotomy**
       d   Hysterotomie *f*, Gebärmuttereröffnung *f*, Uterotomie *f*
       f   hystérotomie *f*, métrotomie *f*, utérotomie *f*
       i   isterotomia *f*
       r   гистеротомия *f*

H819   e   **hysterotrachelorrhaphy**
       d   Hysterotrachelorrhaphie *f*
       f   hystérotrachélorrhaphie *f*
       i   isterotrachelorrafia *f*
       r   гистеротрахелорафия *f*

H820   e   **hysterotrachelotomy** see **hysterocervicotomy**

H821   e   **hysterotraumatism**
       d   traumatische Hysterie *f*
       f   hystérie *f* traumatique, hystérotraumatisme *m*
       i   isteria *f* traumatica
       r   травматическая истерия *f*

H822   e   **hysterotrismus** see **hysterospasm**

H823   e   **hysterotubography** see **hysterosalpingography**

I

I1   e   **iatrogenic**
      d   iatrogen
      f   iatrogène
      i   iatrogeno
      r   ятрогенный

I2	e	ice blindness			d	eineiige [monozygote] Zwillinge *m pl*
	d	Gletscherbrand *m*, Schneeblindheit *f*			f	jumeaux *m pl* homozygotes [univitellins]
	f	cécité *f* des neiges			i	gemelli *m pl* monozigotici
	i	cecità *f* da neve			r	однояйцовые [монозиготные] близнецы *m pl*
	r	снежная слепота *f*				
I3	e	ichor, ichorous pus		I12	e	identify
	d	jauchiger Eiter *m*, Jauche *f*			d	feststellen, bestimmen
	f	pus *m* ichoreux, ichor *m*			f	identifier, déterminer
	i	icore *m*, pus *m* icoroso			i	determinare, fissare, definire
	r	ихорозный [гнилостный, путридный] гной *m*			r	устанавливать, определять
I4	e	ichthyosis		I13	e	ideokinetic apraxia
	d	Ichthyosis *f*, Fischschuppenkrankheit *f*			d	ideokinetische Apraxie *f*
	f	ichtyose *f*			f	apraxie *f* idéokinétique [idéomotrice]
	i	ittiosi *f*			i	aprassia *f* ideocinetica
	r	ихтиоз *m*			r	идеокинетическая апраксия *f*
I5	e	icing liver		I14	e	ideomotion
	d	Zuckergußleber *f*			d	ideomotorische [psychomotorische] Reaktion *f*
	f	foie *m* glacé			f	acte *m* [réflexe *m*] idéomoteur
	i	fegato *m* a zucchero candito			i	reazione *f* ideomotoria
	r	глазурная [засахаренная] печень *f*			r	идеомоторный акт *m*, идеомоторная реакция *f*
I6	e	icterohemolytic anemia				
	d	familiäre hämolytische Anämie *f*, Minkowski-Chauffard-Krankheit *f*, Minkowski-Chauffard-Gänsslen-Syndrom *n*		I15	e	idiocy
					d	Idiotie *f*, Blödsinnigkeit *f*
					f	idiotie *f*, idiotisme *m*
					i	idiozia *f*
	f	maladie *f* de Minkowski-Chauffard, anémie *f* hémolytique congénitale			r	идиотия *f*
	i	anemia *f* itteroemolitica, malattia *f* di O.Minkowski e A.-M.-E. Chauffard		I16	e	idiopathic
					d	idiopathisch
					f	idiopathique
					i	idiopatico
	r	гемолитическая микросфероцитарная анемия *f*, болезнь *f* Минковского—Шоффара			r	идиопатический
				I17	e	idiopathic retroperitoneal fibrosis
					d	Retroperitonealfibrose *f*, Ormond-Syndrom *n*
I7	e	icterohemorrhagic fever			f	fibrose *f* rétropéritonéale chronique idiopathique, syndrome *m* d'Ormond
	d	ikterohämorrhagische Leptospirose *f*, Weil-Krankheit *f*			i	fibrosi *f* retroperitoneale idiopatica
	f	leptospirose *f* ictérigène			r	болезнь *f* Ормонда, ретроперитонеальный фиброз *m*, фиброзный периуретерит *m*
	i	leptospirosi *f* itteroemorragica				
	r	желтушный лептоспироз *m*, болезнь *m* Васильева—Вейля				
I8	e	icterus		I18	e	idiosyncrasy
	d	Ikterus *m*, Gelbsucht *f*			d	Idiosynkrasie *f*
	f	ictère *m*			f	idiosyncrasie *f*
	i	ittero *m*			i	idiosincrasia *f*
	r	желтуха *f*			r	идиосинкразия *f*
I9	e	idea of reference		I19	e	idioventricular rhythm
	d	Beziehungswahn *m*			d	idioventrikulärer Rhythmus *m*
	f	délire *m* de relation			f	rythme *m* idioventriculaire
	i	delirio *n* sensitivo di rapporto [di relazione]			i	ritmo *m* idioventricolare
	r	бред *m* отношения			r	идиовентрикулярный ритм *m* сердца
I10	e	ideational apraxia				
	d	ideatorische Apraxie *f*				
	f	apraxie *f* idéatoire		I20	e	ileectomy
	i	aprassia *f* ideatoria			d	Ileumresektion *f*
	r	идеаторная апраксия *f*			f	iléo-colectomie *f*
I11	e	identical twins *pl*				

	i	ileectomia *f*
	r	резекция *f* подвздошной кишки
I21	*e*	**ileitis**
	d	Ileitis *f*, Krummdarmentzündung *f*
	f	iléite *f*
	i	ileite *f*
	r	илеит *m*
I22	*e*	**ileocecal intussusception**
	d	Ileozökaleinstülpung *f*
	f	invagination *f* iléocæcale
	i	intussuscezione *f* [invaginazione *f*] ileocecale
	r	илеоцекальная инвагинация *f*
I23	*e*	**ileocecal valve**
	d	Ileozökalklappe *f*, Bauhin-Klappe *f*
	f	valvule *f* de Bauhin [iléo-cæcale]
	i	valvola *f* ileocecale
	r	илеоцекальный клапан *m*, баугиниева [илеоцекальная] заслонка *f*
I24	*e*	**ileocecostomy**
	d	Ileozökostomie *f*
	f	iléo-cæcostomie *f*
	i	ileocecostomia *f*
	r	илеоцекостомия *f*
I25	*e*	**ileocolic valve** *see* **ileocecal valve**
I26	*e*	**ileoproctostomy, ileorectostomy**
	d	Ileorektostomie *f*, Ileoproktostomie *f*, Krummdarm-Mastdarm-Verbindung *f*
	f	iléo-proctostomie *f*, iléo-rectostomie *f*
	i	ileoproctostomia *f*
	r	илеопроктостомия *f*, илеоректостомия *f*
I27	*e*	**ileosigmoidostomy**
	d	Ileosigmoidostomie *f*, Krummdarm-Sigmoideum-Verbindung *f*
	f	iléo-sigmoïdostomie *f*
	i	ileosigmoidostomia *f*
	r	илеосигмо(идо)стомия *f*
I28	*e*	**ileostomy**
	d	Ileostomie *f*
	f	iléostomie *f*
	i	ileostomia *f*
	r	илеостомия *f*
I29	*e*	**ileotomy**
	d	Ileotomie *f*, Ileumschnitt *m*, Krummdarmeröffnung *f*
	f	iléotomie *f*
	i	ileotomia *f*
	r	илеотомия *f*
I30	*e*	**ileotransversostomy**
	d	Ileotransversostomie *f*
	f	iléo-transversostomie *f*
	i	ileotrasversostomia *f*
	r	илеотрансверзостомия *f*
I31	*e*	**ileum**

	d	Ileum *n*, Krummdarm *m*
	f	iléon *m*
	i	ileo *m*
	r	подвздошная кишка *f*
I32	*e*	**ileus**
	d	Ileus *m*, Darmverschluß *m*
	f	iléus *m*
	i	ileo *m* [occlusione *f*] intestinale
	r	непроходимость *f* кишечника
I33	*e*	**iliac region** *see* **inguinal region**
I34	*e*	**ilium**
	d	Darmbein *n*
	f	iléum *m*, os *m* iliaque
	i	ileo *m*, ilio *m*
	r	подвздошная кость *f*
I35	*e*	**ill**
	d	Kranke *m*
	f	malade *m*
	i	malato *m*
	r	больной *m*
I36	*e*	**illness**
	d	Krankheit *f*
	f	maladie *f*
	i	malattia *f*, patologia *f*, affezione *f*
	r	болезнь *f*
I37	*e*	**image**
	d	Bild *n*; Abbildung *f*
	f	image *f*
	i	immagine *f*
	r	изображение *n*, (зрительный) образ *m*
I38	*e*	**imbalance**
	d	Gleichgewichtsstörung *f*
	f	déséquilibre *m*
	i	squilibrio *m*, sbilancio *m*
	r	дисбаланс *m*, нарушение *n* равновесия
I39	*e*	**imbecile**
	d	Imbeziller *m*
	f	imbécile *m*
	i	imbecille *m*
	r	слабоумный *m*, имбецильный
I40	*e*	**imbecility**
	d	Imbezillität *f*
	f	imbécillité *f*, démence *f*
	i	imbecillità *f*, oligofrenia *f*
	r	имбецильность *f*, слабоумие *n*
I41	*e*	**imbibition**
	d	Imbibition *f*
	f	imbibition *f*
	i	imbibizione *f*
	r	впитывание *n*, поглощение *n*
I42	*e*	**immature cataract**
	d	unreifer Star *m*

IMMEDIATE AGGLUTINATION

    f   cataracte *f* immaturée
    i   cateratta *f* immatura
    r   незрелая [набухающая] катаракта *f*

I43   *e*   **immediate agglutination**
    d   Primärheilung *f*, Primärverklebung *f*
    f   cicatrisation *f* par première intention
    i   guarigione *f* per prima intenzione, prima intenzione *f*
    r   заживление *n* первичным натяжением

I44   *e*   **immediate allergy**
    d   Sofortallergie *f*, allergische Sofortreaktion *f*
    f   allergie *f* immédiate
    i   ipersensibilità *f* immediata
    r   аллергическая реакция *f* немедленного типа

I45   *e*   **immediate auscultation**
    d   Direktauskultation *f*
    f   auscultation *f* immédiate [directe]
    i   auscultazione *f* immediata [diretta]
    r   прямая [непосредственная] аускультация *f*

I46   *e*   **immediate percussion**
    d   Direktperkussion *f*
    f   percussion *f* immédiate [directe]
    i   percussione *f* diretta [immediata]
    r   непосредственная перкуссия *f*

I47   *e*   **immediate transfusion**
    d   Direkttransfusion *f*
    f   transfusion *f* immédiate [directe]
    i   trasfusione *f* diretta
    r   прямое переливание *n* крови

I48   *e*   **immersion system**
    d   Immersionssystem *n*
    f   système *m* d'immersion
    i   immersione *f*
    r   иммерсионная система *f* (микроскопа)

I49   *e*   **immobilization**
    d   Immobilisation *f*, Immobilisierung *f*, Ruhigstellung *f*, Stillstellung *f*
    f   immobilisation *f*
    i   immobilizzazione *f*
    r   иммобилизация *f*

I50   *e*   **immune globulin**
    d   Immunoglobulin *n*
    f   immunoglobuline *f*
    i   immunoglobulina *f*
    r   иммуноглобулин *m*

I51   *e*   **immune response**
    d   Immunreaktion *f*, Immunantwort *f*
    f   réaction *f* immunitaire, immunoréaction *f*
    i   reazione *f* [risposta *f*] immunitaria
    r   иммунный ответ *m*, иммунологическая реакция *f*

I52   *e*   **immune serum**
    d   Immunserum *n*
    f   sérum *m* immun
    i   siero *m* immune
    r   иммунная сыворотка *f*

I53   *e*   **immunity**
    d   Immunität *f*
    f   immunité *f*
    i   immunità *f*
    r   иммунитет *f*

I54   *e*   **immunization**
    d   Immunisierung *f*
    f   immunisation *f*
    i   immunizzazione *f*
    r   иммунизация *f*

I55   *e*   **immunodepressant, immunodepressor** see **immunosuppressive agent**

I56   *e*   **immunodiagnosis**
    d   Immunodiagnostik *f*
    f   immunodiagnostic *m*
    i   immunodiagnosi *f*
    r   иммунодиагностика *f*

I57   *e*   **immunogen**
    d   Immunogen *n*
    f   immunogène *m*
    i   immunogeno *m*
    r   иммуноген *m*

I58   *e*   **immunoglobulin** see **immune globulin**

I59   *e*   **immunology**
    d   Immunologie *f*
    f   immunologie *f*
    i   immunologia *f*
    r   иммунология *f*

I60   *e*   **immunopathology**
    d   Immunopathologie *f*
    f   immunopathologie *f*
    i   immunopatologia *f*
    r   иммунопатология *f*

I61   *e*   **immunosensitivity**
    d   Immunosensitivität *f*
    f   immunosensibilité *f*
    i   immunosensibilità *f*
    r   иммуночувствительность *f*

I62   *e*   **immunosuppressant** see **immunosuppressive agent**

I63   *e*   **immunosuppression**
    d   Immunosuppression *f*, Immunabwehrhemmung *f*
    f   immunosuppression *f*
    i   immunosoppressione *f*
    r   подавление *n* иммунного ответа

I64   *e*   **immunosuppressive agent**

	d	Immunosuppressivum *n*, Immunodepressant *m*
	f	immunosuppresseur *m*
	i	immunosoppressivo *m*, immunosoppressore *m*
	r	иммунодепрессивное средство *n*
I65	*e*	**immunotherapy** *f*
	d	Immunotherapie *f*
	f	immunothérapie *f*
	i	immunoterapia *f*
	r	иммунотерапия *f*
I66	*e*	**impacted fracture**
	d	eingekeilter Bruch *m*
	f	fracture *f* engrenée
	i	frattura *f* incuneata
	r	вколоченный перелом *m*
I67	*e*	**impacted tooth**
	d	impakter Zahn *m*
	f	dent *f* incluse [enclavée]
	i	dente *m* ritenuto
	r	ретенированный [непрорезавшийся] зуб *m*
I68	*e*	**impairment**
	d	1. Störung *f* 2. Schädigung *f*, Läsion *f* 3. Insuffizienz *f*
	f	1. trouble *m* 2. lésion *f* 3. insuffisance *f*, déficience *f*
	i	1. disturbo *m* 2. disfunzione *f* 3. deficienza *f*
	r	1. расстройство *n* 2. повреждение *n* 3. недостаточность *f*
I69	*e*	**imperforate anus**
	d	Analatresie *f*
	f	atrésie *f* anale
	i	ano *m* imperforato
	r	анальная атрезия *f*, неперфорированный анус *m*
I70	*e*	**imperforate hymen**
	d	Hymenalatresie *f*
	f	hymen *m* imperforé
	i	imene *m* imperforato
	r	заращённая [непробо́дённая] девственная плева *f*
I71	*e*	**impetigo**
	d	Impetigo *f*, Eiterflechte *f*, Eitergrind *m*
	f	impétigo *m*
	i	impetigine *f*
	r	импетиго *n*
I72	*e*	**implant**
	d	Implantat *n*
	f	implant *m*
	i	impianto *m*
	r	имплантат *m*
I73	*e*	**implantation**
	d	Implantation *f*, Einpflanzung *f*
	f	implantation *f*
	i	impianto *m*
	r	имплантация *f*
I74	*e*	**imposed insanity** *see* **induced insanity**
I75	*e*	**impotence, impotency**
	d	Impotenz *f*, Zeugungsschwäche *f*, Mannesschwäche *f*
	f	impotence *f*
	i	impotenza *f*
	r	импотенция *f*, половое бессилие *n*
I76	*e*	**impression**
	d	1. Impression *f*, Hineindrücken *n* 2. Abdruck *m*
	f	impression *f*
	i	1. impressione *f* 2. impronta *f*, modello *m*
	r	1. вдавливание *n* 2. оттиск *m*, слепок *m*
I77	*e*	**impressive aphasia**
	d	sensorische Aphasie *f*
	f	aphasie *f* sensorielle
	i	afasia *f* sensoriale
	r	сенсорная афазия *f*
I78	*e*	**improve**
	d	1. verbessern 2. sich bessern
	f	1. améliorer 2. s'améliorer
	i	migliorare
	r	1. улучшать 2. улучшаться
I79	*e*	**impulse**
	d	Impuls *m*
	f	impulsion *f*
	i	impulso *m*
	r	1. импульс *m* 2. нервный импульс *m*
I80	*e*	**inactivation**
	d	Inaktivation *f*
	f	inactivation *f*
	i	inattivazione *f*
	r	инактивация *f*
I81	*e*	**inadequate diet**
	d	inadäquate [unpassende] Kost *f*
	f	régime *m* inadéquat
	i	alimentazione *f* inadeguata
	r	неподходящее питание *n*, неадекватная диета *f*
I82	*e*	**inanition**
	d	Inanition *f*, Hungerkachexie *f*, alimentäre Dystrophie *f*
	f	inanition *f*, dystrophie *f* alimentaire
	i	inanizione *f*
	r	алиментарная дистрофия *f*
I83	*e*	**inborn**
	d	angeboren, kongenital
	f	congénital
	i	congenito
	r	врождённый

INBORN REFLEX

I84   e   **inborn reflex**
         d   unbedingter [angeborener] Reflex *m*
         f   réflexe *m* inconditionné [inconditionnel]
         i   riflesso *n* incondizionato
         r   безусловный [врождённый] рефлекс *m*

I85   e   **incarcerated hernia**
         d   eingeklemmter Bruch *m*, eingeklemmte Hernie *f*
         f   hernie *f* étranglée
         i   ernia *f* strozzata
         r   ущемлённая грыжа *f*

I86   e   **incarial bone**
         d   Zwischenscheitelbein *n*, Inka-Knochen *m*
         f   os *m* interpariétal, os *m* de l'Inca
         i   osso *m* interparietale
         r   межтеменная кость *f*, кость *f* инков

I87   e   **incest**
         d   Inzest *m*, Blutschande *f*
         f   inceste *m*
         i   incesto *m*
         r   инцест *m*, кровосмешение *n*

I88   e   **incidence**
         d   Inzidenz *f*
         f   incidence *f*, morbidité *f*
         i   incidenza *f*
         r   заболеваемость *f*

I89   e   **incipient abortion**
         d   beginnende Fehlgeburt *f*
         f   avortement *m* incipiens
         i   aborto *m* incipiente
         r   начавшийся аборт *m*

I90   e   **incised wound**
         d   Schnittwunde *f*
         f   blessure *f* par incision
         i   ferita *f* da taglio
         r   резаная рана *f*

I91   e   **incision**
         d   Inzision *f*, Schnitt *m*, Einschnitt *m*
         f   incision *f*
         i   incisione *f*
         r   разрез *m*

I92   e   **incisor tooth**
         d   Schneidezahn *m*
         f   incisive *f*
         i   dente *m* incisivo, incisivo *m*
         r   резец *m* (зуб)

I93   e   **inclusion bodies** *pl*
         d   Einschlußkörperchen *n pl*
         f   inclusions *f pl* cytoplasmatiques
         i   inclusioni *f pl* endonucleari, corpi *m pl* inclusi
         r   внутриклеточные включения *n pl*

I94   e   **incompatibility**
         d   Inkompatibilität *f*, Unverträglichkeit *f*
         f   incompatibilité *f*
         i   incompatibilità *f*
         r   несовместимость *f*

I95   e   **incompetence, incompetency**
         d   Insuffizienz *f*
         f   insuffisance *f*
         i   incompetenza *f*
         r   недостаточность *f* (функции)

I96   e   **incomplete abortion**
         d   unvollständige Fehlgeburt *f*
         f   avortement *m* incomplet
         i   aborto *m* incompleto
         r   неполный аборт *m*

I97   e   **incomplete fracture**
         d   inkompletter Bruch *m*, Knochenfissur *f*
         f   fracture *f* incomplète
         i   frattura *f* incompleta
         r   неполный перелом *m*, трещина *f* кости

I98   e   **incongruent nystagmus**
         d   dissoziierter Nystagmus *m*
         f   nystagmus *m* dissocié
         i   nistagmo *m* dissociato
         r   диссоциированный нистагм *m*

I99   e   **incontinence**
         d   Inkontinenz *f*
         f   incontinence *f*
         i   incontinenza *f*
         r   недержание *n*

I100   e   **incoordination**
         d   Inkoordination *f*, Koordinationsstörung *f*
         f   discoordination *f*
         i   incoordinazione *f*
         r   дискоординация *f*, некоординированность *f*

I101   e   **increase**
         d   Zunahme *m*
         f   accroissement *m*, augmentation *f*
         i   aumento *m* accrescimento *m*
         r   прирост *m*, увеличение *n*

I102   e   **incrustation**
         d   Verkrustung *f*
         f   incrustation *f*
         i   incrostazione *f*
         r   образование *n* корочки [струпа]

I103   e   **incubation**
         d   Inkubation *f*
         f   incubation *f*
         i   incubazione *f*
         r   инкубация *f*

I104   e   **incubation period**
         d   Inkubationsperiode *f*

INDOXYL

	f	période *f* d'incubation
	i	periodo *m* di incubazione
	r	инкубационный [латентный, скрытый] период *m*
I105	*e*	**incubator**
	d	Inkubator *m*
	f	incubateur *m*
	i	incubatrice *f*
	r	инкубатор *m*
I106	*e*	**incurable**
	d	unheilbar
	f	incurable
	i	incurabile
	r	неизлечимый
I107	*e*	**incus**
	d	Amboß *m*
	f	enclume *f*
	i	incudine *f*
	r	наковальня *f* (среднего уха)
I108	*e*	**index**
	d	Index *m*
	f	index *m*, indice *m*
	i	indice *m*
	r	индекс *m*, показатель *m*
I109	*e*	**index ametropia**
	d	Brechungsametropie *f*
	f	amétropie *f* de réfraction
	i	ametropia *f* di rifrazione
	r	рефракционная аметропия *f*
I110	*e*	**Indian hemp**
	d	indischer Hanf *m*, Haschisch *n*, Marihuana *n*, Charas *n*
	f	ha(s)chisch *m*
	i	canapa *f*, hashish *m*
	r	гашиш *m*
I111	*e*	**indican**
	d	Indikan *n*
	f	indican *m*
	i	indicano *m*
	r	индикан *m*
I112	*e*	**indicanuria**
	d	Indikanurie *f*
	f	indicanurie *f*
	i	indicanuria *f*
	r	индиканурия *f*
I113	*e*	**indication**
	d	Indikation *f*, Anzeige *f*
	f	indication *f*
	i	indicazione *f*
	r	показание *n* (напр. к лечению)
I114	*e*	**indicator**
	d	Indikator *m*, Anzeiger *m*
	f	indicateur *m*
	i	indicatore *f*
	r	индикатор *m*
I115	*e*	**indifferent electrode**
	d	indifferente Elektrode *f*
	f	électrode *f* indifférente
	i	elettrodo *m* indifferente
	r	индифферентный электрод *m*
I116	*e*	**indigestion**
	d	Indigestion *f*, Verdauungsstörung *f*
	f	indigestion *f*, dyspepsie *f*
	i	indigestione *f*
	r	расстройство *n* пищеварения, диспепсия *f*
I117	*e*	**indirect fracture**
	d	indirekter Bruch *m*
	f	fracture *f* indirecte
	i	frattura *f* indiretta
	r	непрямой перелом *m*
I118	*e*	**indirect lead**
	d	indirekte Ableitung *f* (des EKG)
	f	dérivation *f* standard
	i	derivazione *f* indiretta
	r	стандартное [классическое] отведение *n* ЭКГ
I119	*e*	**indirect ophthalmoscopy**
	d	indirekte Ophthalmoskopie *f*
	f	ophtalmoscopie *f* indirecte
	i	oftalmoscopia *f* indiretta
	r	офтальмоскопия *f* в обратном виде, обратная офтальмоскопия *f*
I120	*e*	**indirect transfusion**
	d	indirekte Transfusion *f*
	f	transfusion *f* indirecte
	i	trasfusione *f* indiretta
	r	непрямое переливание *n* крови
I121	*e*	**indirect vision**
	d	peripheres Sehen *n*
	f	vision *f* périphérique [indirecte]
	i	visione *f* periferica [indiretta]
	r	периферическое зрение *n*
I122	*e*	**indisposition**
	d	Unwohlsein *n*
	f	indisposition *f*
	i	indisposizione *f*, malessere *m*
	r	недомогание *n*
I123	*e*	**indole**
	d	Indol *n*
	f	indol *m*
	i	indolo *m*
	r	индол *m*
I124	*e*	**indolent ulcer**
	d	1. persistiesendes Geschwür *n* 2. schmerzloses Geschwür *n*
	f	ulcère *m* chronique indolent
	i	ulcera *f* dura indolente
	r	1. незаживающая язва *f* 2. безболевая язва *f*
I125	*e*	**indoxyl**

INDUCED ABORTION

	d	Indoxyl *n*
	f	indoxyle *m*
	i	indossile *m*
	r	индоксил *m*
I126	e	**induced abortion**
	d	künstlicher Abort *m*
	f	avortement *m* artificiel
	i	aborto *m* provocato
	r	искусственный аборт *m*
I127	e	**induced hypotension**
	d	gesteuerte Hypotension *f*, gesteuerte Blutdrucksenkung *f*
	f	hypotension *f* contrôlée
	i	ipotensione *f* indotta [dirigibile]
	r	искусственная [контролируемая, управляемая] гипотензия *f*
I128	e	**induced insanity**
	d	induziertes Irresein *n*, Induktionsirresein *n*
	f	psychose *f* induite
	i	psicosi *f* indotta, follia *f* a due
	r	индуцированный психоз *m*
I129	e	**induction**
	d	Induktion *f*
	f	induction *f*
	i	induzione *f*
	r	индукция *f*
I130	e	**induration**
	d	Induration *f*, Verhärtung *f*
	f	induration *f*
	i	indurazione *f*
	r	индурация *f*, уплотнение *n*
I131	e	**industrial hygiene**
	d	Arbeitshygiene *f*
	f	hygiène *f* industrielle [du travail]
	i	igiene *f* del lavoro
	r	гигиена *f* труда, профессиональная гигиена *f*
I132	e	**inebriation**
	d	Intoxikation *f*; Trunkenheit *f*
	f	ivresse *f*
	i	ebbrezza *f*, intossicazione *f*
	r	интоксикация *f*; опьянение *n*
I133	e	**inertia**
	d	Trägheit *f*
	f	inertie *f*
	i	inerzia *f*
	r	1. инерция *f* 2. инертность *f*
I134	e	**infancy**
	d	Kleinkindesalter *n*
	f	première enfance *f*, bas âge *m*
	i	infanzia *f*
	r	младенчество *n*, ранний детский возраст *m*
I135	e	**infant**
	d	Säugling *m*; Kleinkind *n*
	f	bébé *m*
	i	infante *m*; lattante *m*
	r	младенец *m*
I136	e	**infantile cerebral paralysis**
	d	zerebrale Kinderlähmung *f*
	f	paralysie *f* infantile cérébrale, encéphalopathie *f* résiduelle infantile
	i	paralisi *f* cerebrale infantile
	r	детский церебральный паралич *m*
I137	e	**infantile hypothyroidism**
	d	Kretinismus *m*, angeborene Hypothyreose *f*
	f	crétinisme *m*, hypothyroïdie *f* congénitale
	i	ipotiroidismo *m* infantile, cretinismo *m*
	r	кретинизм *m*, врождённый гипотиреоз *m*
I138	e	**infantile muscular atrophy**
	d	infantile spinale Muskelatrophie *f*, Werdnig-Hoffmann-Krankheit *f*
	f	amyotrophie *f* spinale infantile de Werdnig-Hoffmann
	i	amiotrofia *f* ereditaria spinale
	r	наследственная спинальная амиотрофия *f*, болезнь *f* Вердинга—Гоффмана
I139	e	**infantile pellagra**
	d	Kwashiorkor *m*, infantile Pellagra *f*
	f	pellagre *f* infantile, kwashiorkor *m*
	i	pellagra *f* infantile
	r	детская пеллагра *f*, квашиоркор *m*
I140	e	**infantilism**
	d	Infantilismus *m*
	f	infantilisme *m*
	i	infantilismo *m*
	r	инфантилизм *m*
I141	e	**infarct(ion)**
	d	Infarkt *m*
	f	infarctus *m*
	i	infarto *m*
	r	инфаркт *m*
I142	e	**infect**
	d	anstecken
	f	infecter
	i	infettare
	r	инфицировать
I143	e	**infection**
	d	Infektion *f*
	f	infection *f*
	i	infezione *f*
	r	инфекция *f*
I144	e	**infection atrium**
	d	Eingangspforte *f* der Infektion
	f	point *m* de pénétration (de l'infection)
	i	punto *m* di penetrazione (dell'infezione)
	r	входные ворота *pl* инфекции

INFLUENZA BACILLUS

I145   *e*   infectious chorea
       d   Chorea *f* minor, Chorea *f* infectiosa
       f   chorée *f* mineure des enfants [de Sydenham]
       i   corea *f* infettiva [di Sydenham]
       r   малая хорея *f*

I146   *e*   infectious disease
       d   Infektionskrankheit *f*
       f   maladie *f* infectieuse
       i   malattia *f* infettiva
       r   инфекционная болезнь *f*

I147   *e*   infectious hepatitis
       d   epidemische Gelbsucht *f*, Botkin-Krankheit *f*, Hepatitis *f* A
       f   hépatite *f* épidémique, maladie *f* de Botkin
       i   epatite *f* virale di tipo A [infettiva], malattia *f* di Botkin
       r   инфекционный эпидемический гепатит *m*, гепатит *m* A, болезнь *f* Боткина

I148   *e*   infectious mononucleosis
       d   infektiöse Mononukleose *f*, Pfeiffer-Drüsenfieber *n*, Monozytenangina *f*
       f   mononucléose *f* infectieuse, angine *f* à monocytes
       i   mononucleosi *f* infettiva
       r   инфекционный мононуклеоз *m*

I149   *e*   infective disease *see* infectious disease

I150   *e*   infective embolism
       d   Bakterialembolie *f*
       f   embolie *f* bactérienne [microbienne]
       i   embolia *f* batterica
       r   бактериальная эмболия *f*

I151   *e*   infecundity
       d   Frauensterilität *f*, Unfruchtbarkeit *f*
       f   stérilité *f*, infécondité *f*
       i   infecondità *f*, infertilità *f*, sterilità *f*
       r   женское бесплодие *n*

I152   *e*   inferior ganglion of glossopharyngeal nerve
       d   Ganglion *n* petrosum
       f   ganglion *m* inférieur du nerf glossopharyngien, ganglion *m* d'Andersch
       i   ganglio *m* inferiore del nervo glossofaringeo, ganglio *m* petroso [di Andersch]
       r   узел *m* Андерша, нижний [внечерепной] ганглий *m* языкоглоточного нерва

I153   *e*   inferior radioulnar joint
       d   unteres Speichenellengelenk *n*
       f   articulation *f* radio-cubitale inférieure
       i   articolazione *f* radioulnare distale
       r   дистальный лучелоктевой сустав *m*

I154   *e*   inferior strait
       d   Beckenausgang *m*
       f   détroit *m* inférieur, orifice *m* inférieur du bassin
       i   apertura *f* inferiore della pelvi
       r   нижняя апертура *f* таза, тазовый выход *m*

I155   *e*   infertility
       d   Infertilität *f*
       f   infertilité *f*
       i   infertilità *f*
       r   инфертильность *f*

I156   *e*   infestation
       d   Infestation *f*
       f   infestation *f*
       i   infestazione *f*
       r   инвазия *f*

I157   *e*   infiltrate
       d   Infiltrat *n*
       f   infiltrat *m*
       i   infiltrato *m*
       r   инфильтрат *m*

I158   *e*   infiltration
       d   Infiltration *f*, Eindringen *n*
       f   infiltration *f*
       i   infiltrazione *f*
       r   инфильтрация *f*

I159   *e*   infiltration anesthesia
       d   Infiltrationsanästhesie *f*
       f   anesthésie *f* par infiltration
       i   anestesia *f* per infiltrazione
       r   инфильтрационная анестезия *f*

I160   *e*   infirmity
       d   Schwäche *f*
       f   décrépitude *f*, faiblesse *f*
       i   decrepitezza *f*, debilitazione *f*, debolezza *f*
       r   слабость *f*

I161   *e*   inflammation
       d   Entzündung *f*
       f   inflammation *f*
       i   infiammazione *f*, flogosi *f*
       r   воспаление *n*

I162   *e*   inflammatory edema
       d   Entzündungsödem *n*
       f   œdème *m* inflammatoire
       i   edema *m* infiammatorio
       r   воспалительный отёк *m*

I163   *e*   influenza
       d   Influenza *f*, Grippe *f*
       f   influenza *f*, grippe *f*
       i   influenza *f*
       r   грипп *m*, инфлюэнца *f*

I164   *e*   influenza bacillus
       d   Influenzabazillus *m*, Pfeiffer-Bazillus *m*

	f	bacille *m* de Pfeiffer
	i	bacillo *m* di Pfeiffer [influenzale]
	r	палочка *f* Пфейффера [инфлюэнцы]
I165	e	**informational ribonucleic acid**
	d	Informationsribonukleinsäure *f*
	f	acide *m* ribonucléique messager
	i	acido *m* ribonucleico messaggero, RNA *m* messaggero
	r	информационная [матричная] рибонуклеиновая кислота *f*
I166	e	**infrared rays** *pl*
	d	Infrarotstrahlung *f*
	f	rayons *m pl* infrarouges
	i	raggi *m pl* infrarossi
	r	инфракрасное излучение *n*
I167	e	**infusion**
	d	1. Infusion *f*, Eingießung *f* 2. Infus *n*, Aufguß *m*
	f	1. injection *f* 2. infusion *f*
	i	1. infusione *f* 2. infuso *m*
	r	1. вливание *n* 2. настой *m*
I168	e	**infusional anesthesia**
	d	Infusionsnarkose *f*
	f	anesthésie *f* intraveineuse
	i	anestesia *f* endovenosa
	r	внутривенный наркоз *m*
I169	e	**ingestion**
	d	Ingestion *f*, Nahrungsaufnahme *f*
	f	ingestion *f*
	i	ingestione *f*
	r	приём *m* внутрь
I170	e	**ingrown hair**
	d	eingewachsenes Haar *n*
	f	cheveu *m* incarné
	i	capello *m* incarnato
	r	вросший волос *m*
I171	e	**ingrown toenail**
	d	eingewachsener Nagel *m*
	f	ongle *m* incarné
	i	unghia *f* incarnata
	r	вросший ноготь *m*
I172	e	**inguinal canal**
	d	Leistenkanal *m*
	f	canal *m* inguinal
	i	canale *m* inguinale
	r	паховый канал *m*
I173	e	**inguinal colostomy**
	d	Littré-Kolostomie *f*
	f	colostomie *f* de Littré
	i	colostomia *f* inguinale
	r	колостомия *f* по Литтре
I174	e	**inguinal hernia**
	d	Inguinalhernie *f*, Leistenbruch *m*
	f	hernie *f* inguinale
	i	ernia *f* inguinale
	r	паховая грыжа *f*
I175	e	**inguinal region**
	d	Leistengegend *f*
	f	région *f* inguinale
	i	regione *f* inguinale
	r	паховая область *f*
I176	e	**inguinal ring**
	d	Leistenring *m*
	f	anneau *m* inguinal
	i	anello *m* inguinale
	r	паховое кольцо *n*
I177	e	**inguinoscrotal hernia**
	d	Leisten-Hoden-Bruch *m*
	f	hernie *f* inguino-scrotale
	i	ernia *f* inguinoscrotale
	r	пахово-мошоночная грыжа *f*
I178	e	**inhalant**
	d	Inhalationsmittel *n*
	f	comprimé *m* inhalant
	i	inalante *m*
	r	ингаляционное лекарственное средство *n*
I179	e	**inhalation**
	d	Inhalation *f*
	f	inhalation *f*
	i	inalazione *f*
	r	ингаляция *f*
I180	e	**inhalation anesthesia**
	d	Inhalationsnarkose *f*
	f	anesthésie *f* par inhalation
	i	anestesia *f* per inalazione
	r	ингаляционный наркоз *m*
I181	e	**inhaler**
	d	Inhalator *m*, Inhalationsapparat *m*
	f	inhalateur *m*
	i	inalatore *m*
	r	ингалятор *m*
I182	e	**inheritance**
	d	Erblichkeit *f*, Vererbung *f*
	f	hérédité *f*
	i	ereditarietà *f*
	r	наследственность *f*
I183	e	**inherited disease**
	d	vererbte Krankheit *f*
	f	maladie *f* héréditaire
	i	malattia *f* ereditaria
	r	наследственная болезнь *f*
I184	e	**inhibition**
	d	Inhibition *f*, Hemmung *f*
	f	inhibition *f*
	i	inibizione *f*
	r	угнетение *n*, торможение *n*, подавление *n*
I185	e	**inhibitor**

	d	Inhibitor *m*, Hemmstoff *m*, Hemmungsmittel *n*
	f	inhibiteur *m*
	i	inibitore *m*
	r	ингибитор *m*
I186	*e*	inject
	d	injizieren, einspritzen
	f	injecter
	i	iniettare
	r	впрыскивать, делать инъекцию
I187	*e*	injection
	d	Injektion *f*, Einspritzung *f*
	f	injection *f*
	i	iniezione *f*
	r	инъекция *f*, впрыскивание *n*
I188	*e*	injector
	d	Injektor *m*
	f	injecteur *m*
	i	iniettore *m*
	r	впрыскиватель, инжектор *m*; шприц *m*
I189	*e*	injure
	d	verletzen
	f	blesser
	i	ledere, traumatizzare, ferire
	r	повредить, ранить
I190	*e*	injury
	d	Verletzung *f*; Wunde *f*; Beschädigung *f*; Trauma *n*
	f	lésion *f*; trauma *m*; blessure *f*
	i	danno *m*, trauma *m*, lesione *f*, ferita *f*
	r	повреждение *n*; травма *f*; ранение *n*
I191	*e*	inlet
	d	Eingangsöffnung *f*
	f	orifice *m* d'admission
	i	apertura *f*, ingresso *m*
	r	входное отверстие *n*
I192	*e*	inner ear *see* internal ear
I193	*e*	innervation
	d	Innervation *f*, Nervenversorgung *f*
	f	innervation *f*
	i	innervazione *f*
	r	иннервация *f*
I194	*e*	innominate artery
	d	Armkopfarterie *f*
	f	artère *f* anonyme, tronc *m* artériel innominé
	i	arteria *f* anonima, tronco *m* brachiocefalico
	r	безымянная артерия *f*, плечеголовной ствол *m*
I195	*e*	innominate bone
	d	Hüftbein *n*
	f	os *m* iliaque
	i	osso *m* dell'anca
	r	безымянная [тазовая] кость *f*
I196	*e*	innominate cartilage
	d	Ringknorpel *m*
	f	cartilage *m* cricoïde
	i	cartilagine *f* cricoide
	r	перстневидный хрящ *m*
I197	*e*	inoculation
	d	Inokulation *f*, Impfen *n*, Impfung *f*
	f	inoculation *f*
	i	inoculazione *f*
	r	инокуляция *f*
I198	*e*	inoperable
	d	unoperierbar, inoperabel
	f	inopérable
	i	inoperabile
	r	неоперабельный, инoперабельный
I199	*e*	inorganic murmur
	d	funktionelles Herzgeräusch *n*
	f	souffle *m* fonctionnel
	i	soffio *m* fisiologico
	r	функциональный шум *m* сердца
I200	*e*	inosinic acid
	d	Inosinsäure *f*
	f	acide *m* inosique
	i	acido *m* inosinico
	r	инозиновая кислота *f*
I201	*e*	inotropic
	d	inotrop
	f	inotrope
	i	inotropo
	r	инотропный
I202	*e*	in-patient
	d	Kranke *m* in stationärer Behandlung
	f	malade *m* hospitalisé
	i	paziente *m* ricoverato [degente]
	r	стационарный больной *m*
I203	*e*	inquest
	d	gerichtsmedizinisches Gutachten *n*
	f	expertise *f* médico-légale
	i	perizia *f* medico-legale
	r	судебно-медицинская экспертиза *f*
I204	*e*	insanity
	d	1. Geisteskrankheit *f*, Psychose *f* 2. Handlungsunfähigkeit *f*
	f	1. psychose *f*, insanité *f* 2. incapacité *f*
	i	1. insania *f*, pazzia *f* 2. incapacità *f*
	r	1. психическое заболевание *n*, психоз *m* 2. недееспособность *f*
I205	*e*	insecticide
	d	Insektizid *n*
	f	insecticide *m*
	i	insetticida *m*
	r	инсектицид *m*, инсектицидное вещество *n*
I373	*e*	insolation
	d	1. Insolation *f*, Sonnenbestrahlung *f* 2. Heliose *f*, Sonnenstich *m*

INSOMNIA

	f	1. insolation *f* 2. coup *m* de soleil
	i	1. insolazione *f* 2. colpo *m* di sole
	r	1. инсоляция *f* 2. солнечный удар *m*
I374	*e*	**insomnia**
	d	Schlaflosigkeit *f*, Agrypnie *f*, Insomnie *f*
	f	insomnie *f*
	i	insonnia *f*
	r	бессонница *f*
I375	*e*	**inspection**
	d	Inspektion *f*
	f	inspection *f*, examen *m* physique
	i	ispezione *f*, esame *m*
	r	визуальное исследование *n*, осмотр *m*
I376	*e*	**inspiration**
	d	Inspiration *f*, Einatmen *n*, Einatmung *f*
	f	inspiration *f*
	i	inspirazione *f*
	r	вдыхание *n*, вдох *m*
I377	*e*	**inspiratory capacity**
	d	Inspirationskapazität *f*
	f	capacité *f* inspiratoire
	i	capacità *f* inspiratoria
	r	ёмкость *f* вдоха
I378	*e*	**inspiratory reserve volume**
	d	inspiratorischer Reservevolumen *n*
	f	volume *m* de réserve inspiratoire
	i	volume *m* di riserva inspiratoria
	r	резервный объём *m* вдоха
I379	*e*	**inspissated cerumen**
	d	Zeruminalpfropf *m*, Ohrenschmalzpfropf *m*
	f	bouchon *m* de cérumen
	i	tappo *m* di cerume
	r	серная пробка *f*
I380	*e*	**instillation**
	d	Instillation *f*
	f	instillation *f*
	i	instillazione *f*
	r	вливание *n* по капле, инстилляция *f*
I381	*e*	**instinct**
	d	Instinkt *m*; Trieb *m*
	f	instinct *m*
	i	istinto *m*
	r	инстинкт *m*
I382	*e*	**instrumentarium**
	d	Instrumentarium *n*
	f	instrumentation *f*
	i	strumentario *m*
	r	инструментарий *m*
I383	*e*	**insufficiency**
	d	Insuffizienz *f*
	f	insuffisance *f*
	i	insufficienza *f*, deficit *m*
	r	недостаточность *f*
I384	*e*	**insufflation**
	d	Insufflation *f*, Einblasung *f*
	f	insufflation *f*
	i	insufflazione *f*
	r	инсуффляция *f*, вдувание *n*
I385	*e*	**insulin**
	d	Insulin *n*
	f	insuline *f*
	i	insulina *f*
	r	инсулин *m*
I386	*e*	**insulinoma** see **islet cell adenoma**
I387	*e*	**insulin shock**
	d	Insulinschock *m*
	f	choc *m* insulinique
	i	shock *m* insulinico
	r	инсулиновый шок *m*
I388	*e*	**insuloma** see **islet cell adenoma**
I389	*e*	**insult**
	d	1. Schädigung *f*, Verletzung *f*; Trauma *n* 2. Insult *m*
	f	1. lésion *f* 2. hémorragie *f* cérébrale, apoplexie *f*
	i	1. lesione *f*, trauma *m* 2. insulto *m*
	r	1. повреждение *n*, травма *f* 2. инсульт *m*
I390	*e*	**insusceptibility**
	d	Unempfänglichkeit *f*
	f	insusceptibilité *f*
	i	immunità *f*
	r	невосприимчивость *f*
I391	*e*	**intact**
	d	intakt
	f	intact
	i	intatto
	r	неповреждённый, цельный
I392	*e*	**intake**
	d	Einnahme *f*
	f	prise *f*
	i	presa *f*
	r	приём *m* (пищи, лекарства)
I393	*e*	**intellect, intelligence**
	d	Intellekt *m*, Intelligenz *f*
	f	intellect *m*
	i	intelletto *m*
	r	интеллект *m*
I394	*e*	**intensive care unit**
	d	Abteilung *f* für Intensivtherapie, Intensivpflegestation *f*
	f	service *m* de thérapie intensive
	i	terapia *f* intensiva
	r	отделение *n* интенсивной терапии
I395	*e*	**intention tremor**
	d	Intentionstremor *m*, Intentionszittern *n*

	f	trémor *m* intentionnel
	i	tremore *m* intenzionale
	r	интенционный тремор *m*
I396	e	**interbrain**
	d	Zwischenhirn *n*, Dienzephalon *n*
	f	diencéphale *m*
	i	diencefalo *m*
	r	(про)межуточный мозг *m*
I397	e	**intercalary neuron** *see* **internuncial neuron**
I398	e	**intercapillary cell**
	d	Mesangialzelle *f*
	f	mésangiocyte *m*
	i	cellula *f* mesangiale
	r	мезангиоцит *m*, мезангиальная клетка *f*
I399	e	**intercapillary glomerulosclerosis**
	d	interkapillare Glomerulosklerose *f*, Kimmelstiel-Wilson-Syndrom *n*
	f	glomérulosclérose *f* diabétique
	i	glomerulosclerosi *f* (inter)capillare
	r	диабетический [интеркапиллярный] гломерулосклероз *m*, синдром *m* Киммелстила—Уилсона
I400	e	**intercarotid body**
	d	Karotiskörper *m*, Karotisknötchen *n*
	f	glomus *m* carotidien
	i	glomo *m* carotico
	r	сонный [каротидный] гломус *m*, межсонный параганглий *m*
I401	e	**intercarpal joints** *pl*
	d	Interkarpalgelenke *n pl*
	f	articulations *f pl* carpiennes
	i	articolazioni *f pl* intercarpici
	r	межзапястные суставы *m pl*
I402	e	**intercellular digestion**
	d	Interzellularverdauung *f*, Extrazellularverdauung *f*
	f	digestion *f* extracellulaire
	i	digestione *f* intercellulare
	r	внеклеточное переваривание *n*
I403	e	**intercostal neuralgia**
	d	Interkostalneuralgie *f*
	f	névralgie *f* intercostale
	i	nevralgia *f* intercostale
	r	межрёберная невралгия *f*
I404	e	**intercourse**
	d	Geschlechtsverkehr *m*, Beischlaf *m*
	f	coït *m*, copulation *f*
	i	concubito *m*, coito *m*, copula *f*, accoppiamento *m* sessuale
	r	половое сношение *n*
I405	e	**intercurrent disease**
	d	interkurrente Erkrankung *f*
	f	maladie *f* intercurrente
	i	malattia *f* intercorrente
	r	интеркуррентная болезнь *f*
I406	e	**interferon**
	d	Interferon *n*
	f	interféron *m*
	i	interferone *m*
	r	интерферон *m*
I407	e	**interkinesis**
	d	Interkinese *f*, Interphase *f*
	f	intercinèse *f*, interkinèse *f*
	i	interfase *f*
	r	интерфаза *f*, интеркинез *m*
I408	e	**interlobitis, interlobar pleurisy** *see* **interlobular pleurisy**
I409	e	**interlobular duct**
	d	Interlobulargang *m*
	f	canal *m* interlobulaire
	i	condotto *m* [dotto *m*] interlobulare
	r	междольковый проток *m*
I410	e	**interlobular pleurisy**
	d	interlobäre Pleuritis *f*, Interlobarpleuritis *f*
	f	pleurésie *f* interlobaire, scissurite *f*
	i	pleurite *f* interlobare
	r	междолевой плеврит *m*
I411	e	**intermaxilla, intermaxillary bone**
	d	Intermaxillarknochen *m*, Zwischenkieferknochen *m*
	f	prémaxillaire *m*
	i	osso *m* incisivo
	r	резцовая кость *f*
I412	e	**intermediary host**
	d	Zwischenwirt *m*
	f	hôte *m* intermédiaire
	i	ospite *m* intermedio
	r	промежуточный хозяин *m* (паразита)
I413	e	**intermediate ganglia** *pl*
	d	Intermediärganglien *n pl*
	f	ganglions *m pl* intermédiaires
	i	gangli *m pl* intermedi
	r	промежуточные ганглии *m pl*
I414	e	**intermediate host** *see* **intermediary host**
I415	e	**intermedin**
	d	Intermedin *n*, melanozytenstimulierendes Hormon *n*
	f	intermédine *f*, hormone *f* mélano(cyto)stimulante
	i	intermedina *f*, ormone *m* stimolante i melanociti
	r	меланоцитостимулирующий гормон *m*, интермедин *m*
I416	e	**intermittent claudication**
	d	intermittierendes Hinken *n*
	f	claudication *f* intermittente

INTERMITTENT FEVER

        i   zoppaggine *f* intermittente
        r перемежающаяся хромота *f*

I417   *e* intermittent fever
      d intermittierendes Fieber *n*
      f fièvre *f* intermittente
      i febbre *f* intermittente
      r перемежающаяся [интермиттирующая] лихорадка *f*

I418   *e* intermittent insanity
      d manisch-depressives Irresein *n*
      f psychose *f* maniaque dépressive
      i psicosi *f* maniaco-depressiva
      r маниакально-депрессивный психоз *m*, циклофрения *f*

I419   *e* intermittent pulse
      d aussetzender Puls *m*
      f pouls *m* intermittent
      i polso *m* intermittente
      r интермиттирующий пульс *m*

I420   *e* intermittent torticollis
      d intermittierender Schiefhals *m*
      f torticolis *m* spasmodique [spastique]
      i torcicollo *m* intermittente
      r спастическая кривошея *f*

I421   *e* intern
      d Pflichtassistent *m*, Intern *m*
      f interne *m*
      i interno *m*
      r интерн *m*

I422   *e* internal ear
      d Innenohr *n*
      f oreille *f* interne
      i orecchio *m* interno
      r внутреннее ухо *n*

I423   *e* internal hemorrhage
      d innere Blutung *f*
      f hémorragie *f* interne
      i emorragia *f* interna [occulta]
      r внутреннее кровотечение *n*

I424   *e* internal medicine
      d innere Medizin *f*
      f thérapie *f*
      i medicina *f* interna
      r терапия *f*

I425   *e* internal respiration
      d Gewebsatmung *f*
      f respiration *f* tissulaire
      i respirazione *f* interna [tessutale]
      r тканевое дыхание *n*

I426   *e* internal strabismus
      d Einwärtsschielen *n*
      f strabisme *m* convergent, ésotropie *f*
      i strabismo *m* convergente, esotropia *f*
      r сходящееся [конвергирующее] косоглазие *n*, эзотропия *f*

I427   *e* internist
      d Internist *m*, Facharzt *m* für innere Medizin
      f thérapeute *m*, interniste *m*
      i internista *m*, terapeuta *m*
      r терапевт *m*

I428   *e* internodal segment
      d Ranvier-Schnürring *m*
      f segment *m* de Ranvier
      i segmento *m* internodale [di Ranvier]
      r перехват *m* узла, перехват *m* Ранвье

I429   *e* internuncial neuron
      d Interneuron *n*, Schaltneuron *n*, Zwischenneuron *n*
      f neurone *m* intercalaire
      i neurone *m* internunciale
      r вставочный [ассоциативный, промежуточный] нейрон *m*

I430   *e* interoceptor
      d Interozeptor *m*
      f intérocepteur *m*
      i interocettore *m*
      r интеро(ре)цептор *m*

I431   *e* interosseous fascia
      d interossäre Faszie *f*
      f fascia *m* interosseux
      i membrana *f* interossea
      r межкостная фасция *f*

I432   *e* interparietal bone *see* incarial bone

I433   *e* interphalangeal joints *pl*
      d Interphalangealgelenke *n pl*, Fingergliederzwischengelenke *n pl*
      f articulations *f pl* interphalangiennes
      i articolazioni *f pl* interfalangee
      r межфаланговые суставы *m pl*

I434   *e* interpolated extrasystole
      d interpolierte Extrasystole *f*
      f extrasystole *f* interpolée
      i extrasistole *f* interpolata
      r вставочная [интерполированная] экстрасистола *f*

I435   *e* interrupted suture
      d Einzelstichnaht *f*, Einzelknopfnaht *f*
      f suture *f* à points séparés
      i sutura *f* intercisa
      r узловой [прерывистый] шов *m*

I436   *e* interscapulum
      d Interskapulargegend *f*
      f région *f* interscapulaire
      i regione *f* interscapolare
      r межлопаточная область *f*

I437   *e* intersexuality
      d Intersexualität *f*
      f intersexualité *f*
      i intersessualità *f*
      r интерсексуальность *f*

I438　e　interstitial cell
　　　d　Interstitialzelle f
　　　f　cellule f interstitielle
　　　i　cellula f interstiziale
　　　r　интерстициоцит m, интерстициальная клетка f

I439　e　interstitial emphysema
　　　d　interstitielles Emphysem n
　　　f　emphysème m interstitiel
　　　i　enfisema m interstiziale
　　　r　интерстициальная эмфизема f лёгких

I440　e　interstitial keratitis
　　　d　interstitielle Keratitis f
　　　f　kératite f interstitielle
　　　i　cheratite f interstiziale
　　　r　интерстициальный кератит m

I441　e　interstitial pneumonia
　　　d　interstitielle Pneumonie f
　　　f　pneumonie f interstitielle aiguë
　　　i　polmonite f interstiziale
　　　r　интерстициальная [межуточная] пневмония f

I442　e　interstitial pregnancy
　　　d　interstitielle Eileiterschwangerschaft f
　　　f　grossesse f tubaire interstitielle
　　　i　gravidanza f interstiziale [intramurale]
　　　r　интерстициальная трубная беременность f

I443　e　interstitial tissue
　　　d　interstitielles Gewebe n
　　　f　tissu m interstitiel, interstice m
　　　i　tessuto m interstiziale
　　　r　интерстициальная [межуточная] ткань f

I444　e　intersystole
　　　d　Intersystole f, Zwischensystole f, intersystolisches Intervall n
　　　f　intervalle m intersystolique
　　　i　intersistole f
　　　r　интерсистолический интервал m

I445　e　intertrigo
　　　d　Intertrigo f, Wundsein n
　　　f　intertrigo m
　　　i　intertrigine f
　　　r　опрелость f, интертриго n, интертригинозный дерматит m

I446　e　intervertebral disk
　　　d　Zwischenwirbelscheibe f
　　　f　disque m intervertébral
　　　i　disco m intervertebrale
　　　r　межпозвоночный диск m

I447　e　intervertebral ganglion
　　　d　Spinalganglion n, Intervertebralganglion n
　　　f　ganglion m spinal
　　　i　ganglio m spinale
　　　r　спинномозговой [спинальный, межпозвоночный] ганглий m

I448　e　intestinal angina
　　　d　Bauchangina f
　　　f　angor m intestinal
　　　i　ischemia f intestinale cronica
　　　r　брюшная жаба f, субдиафрагмальная стенокардия f

I449　e　intestinal colic
　　　d　Darmkolik f
　　　f　colique f abdominale
　　　i　colica f intestinale
　　　r　кишечная колика f

I450　e　intestinal dyspepsia
　　　d　Darmdyspepsie f
　　　f　dyspepsie f intestinale
　　　i　dispepsia f intestinale
　　　r　кишечная диспепсия f

I451　e　intestinal fistula
　　　d　Darmfistel f
　　　f　fistule f intestinale
　　　i　fistola f intestinale
　　　r　кишечный свищ m

I452　e　intestinal flora
　　　d　Darmflora f
　　　f　flore f intestinale
　　　i　flora f intestinale
　　　r　кишечная микрофлора f

I453　e　intestinal glands pl
　　　d　Darmkrypten f pl, Lieberkühn-Krypten f pl
　　　f　cryptes f pl intestinales
　　　i　ghiandole f pl intestinali, cripte f pl di Galeazzi
　　　r　кишечные [либеркюновы] крипты f pl

I454　e　intestinal lipodystrophy
　　　d　intestinale Lipodystrophie f, Whipple-Krankheit f
　　　f　lipodystrophie f intestinale, maladie f [syndrome m] de Whipple
　　　i　lipodistrofia f intestinale, malattia f di Whipple
　　　r　кишечная липодистрофия f, болезнь f Уиппла

I455　e　intestinal motility
　　　d　intestinale Motilität f
　　　f　motilité f intestinale
　　　i　motilità f intestinale
　　　r　моторика f кишечника

I456　e　intestinal obstruction
　　　d　Darmverschluß m
　　　f　obstruction f intestinale
　　　i　occlusione f intestinale
　　　r　непроходимость f кишечника

I457　e　intestinal villus

INTESTINE

        d Darmzotte *f*
        f villosité *f* intestinale
        i villo *m* intestinale
        r кишечная ворсинка *f*

I458 *e* **intestine**
        d 1. Intestinum *n*, Darm *m*, Enteron *n* 2. Darm *m*
        f intestin *m*
        i intestino *m*
        r 1. кишечник *m* 2. кишка *f*

I459 *e* **intima**
        d Intima *f*, Gefäßinnenhaut *f*
        f intima *f*
        i intima *m*
        r внутренняя оболочка *f* сосуда, интима *f*

I460 *e* **intolerance**
        d Intoleranz *f*, Unverträglichkeit *f*
        f intolérance *f*
        i intolleranza *f*
        r интолерантность *f*, непереносимость *f*

I461 *e* **intoxication**
        d 1. Intoxikation *f*, Vergiftung *f* 2. Alkoholrausch *m*
        f 1. intoxication *f* 2. enivrement *m*, ivresse *f*
        i 1. intossicazione *f* 2. ubriachezza *f*, ebbrezza *f*
        r 1. интоксикация *f*, отравление *n* 2. алкогольное опьянение *n*

I462 *e* **intra-articular fracture**
        d Intraartikularbruch *m*
        f fracture *f* intraarticulaire
        i frattura *f* intrarticolare
        r внутрисуставной перелом *m*

I463 *e* **intra-atrial block**
        d intraatrieller Block *m*
        f blocage *m* intraauriculaire
        i blocco *m* intratriale
        r внутрипредсердная блокада *f*

I464 *e* **intracanalicular fibroadenoma**
        d intrakanikuläres Fibroadenom *n*
        f fibroadénome *m* intracanaliculaire (du sein)
        i fibroadenoma *m* intracanalicolare (della mammella)
        r интраканаликулярная фиброаденома *f* (молочной железы)

I465 *e* **intracardiac catheter**
        d intrakardialer Katheter *m*
        f cathéter *m* intracardiaque
        i catetere *m* intracardiaco
        r кардиальный катетер *m*

I466 *e* **intracardiac lead**
        d intrakardiale Ableitung *f*
        f dérivation *f* intracardiaque
        i derivazione *f* intracardiaca
        r внутриполостное [интракардиальное] отведение *n* ЭКГ

I467 *e* **intracellular digestion**
        d Intrazellularverdauung *f*
        f digestion *f* intracellulaire
        i digestione *f* intracellulare
        r внутриклеточное пищеварение *n*

I468 *e* **intracellular fluid**
        d Intrazellularflüssigkeit *f*
        f liquide *m* intracellulaire
        i liquido *m* intracellulare
        r внутриклеточная жидкость *f*

I469 *e* **intracerebral hemorrhage**
        d intrazerebrale Blutung *f*
        f hémorragie *f* intracérébrale
        i emorragia *f* intracerebrale
        r внутримозговое кровоизлияние *n*

I470 *e* **intracranial hemorrhage**
        d Intrakranialblutung *f*
        f hémorragie *f* intracrânienne
        i emorragia *f* endocranica
        r внутричерепное кровоизлияние *n*

I471 *e* **intracranial pressure**
        d intrakranieller Druck *m*, Schädelinnendruck *m*
        f pression *f* intracrânienne
        i pressione *f* endocranica
        r внутричерепное давление *n*

I472 *e* **intradermal nevus**
        d intradermales Geburtsmal *n*
        f nævus *m* intradermique
        i nevo *m* endodermico
        r интрадермальный невус *m*

I473 *e* **intraductal carcinoma**
        d intraduktaler Krebs *m*
        f épithélioma *m* tubulé
        i carcinoma *m* intraduttale
        r внутрипротоковый рак *m*

I474 *e* **intraductal papilloma**
        d intraduktales Papillom *n*
        f papillome *m* canaliculaire (du sein)
        i papilloma *m* intraduttale (della mammella)
        r внутрипротоковая папиллома *f* (молочной железы)

I475 *e* **intraocular fluid**
        d Kammerwasser *n*
        f humeur *f* aqueuse
        i liquido *m* endoculare
        r камерная [водянистая] влага *f* глаза

I476 *e* **intraocular pressure, intraocular tension**
        d Intraokulardruck *m*, Augenbinnendruck *m*

INVERSION

- *f* pression *f* intraoculaire
- *i* pressione *f* endoculare
- *r* внутриглазное давление *n*

I477 *e* **intraosseous osteosynthesis**
- *d* intraossale Osteosynthese *f*
- *f* ostéosynthèse *f* intraosseuse
- *i* osteosintesi *f* intraossea
- *r* внутрикостный остеосинтез *m*

I478 *e* **intraperitoneal pregnancy**
- *d* Bauchhölengravidität *f*
- *f* grossesse *f* abdominale
- *i* gravidanza *f* intraperitoneale
- *r* брюшная беременность *f*

I479 *e* **intratracheal anesthesia**
- *d* Intratrachealnarkose *f*
- *f* anesthésie *f* intratrachéale
- *i* anestesia *f* endotracheale
- *r* эндотрахеальный [интратрахеальный] наркоз *m*

I480 *e* **intratracheal intubation**
- *d* endotracheale Intubation *f*
- *f* intubation *f* intratrachéale
- *i* intubazione *f* endotracheale
- *r* эндотрахеальная [интратрахеальная] интубация *f*

I481 *e* **intrauterine device**
- *d* intrauterines Kontrazeptivum *n*
- *f* contraceptif *m* intra-utérin
- *i* contraccettivo *m* intrauterino
- *r* внутриматочное противозачаточное средство *n*

I482 *e* **intravenous anesthesia**
- *d* intravenöse Narkose *f*
- *f* anesthésie *f* intraveineuse
- *i* anestesia *f* endovenosa
- *r* внутривенный наркоз *m*

I483 *e* **intravenous drip**
- *d* intravenöse Tropfinfusion *f*
- *f* infusion *f* goutte-à-goutte
- *i* fleboclisi *f* a goccia
- *r* капельное внутривенное вливание *n*

I484 *e* **intraventricular block**
- *d* intravenrikulärer Block *m*
- *f* blocage *m* intraventriculaire
- *i* blocco *m* endoventricolare
- *r* внутрижелудочковая блокада *f*

I485 *e* **intrinsic albuminuria**
- *d* echte Proteinurie *f*, Nierenproteinurie *f*
- *f* albuminurie *f* intrinsèque [rénale]
- *i* albuminuria *f* intrinseca
- *r* истинная [почечная] протеинурия *f*

I486 *e* **introducer**
- *d* Intubator *m*
- *f* introducteur *m*, intubateur *m*
- *i* introduttore *m*, intubatore *m*
- *r* интубатор *m*, интродуктор *m*

I487 *e* **intubation**
- *d* Intubation *f*
- *f* intubation *f*
- *i* intubazione *f*
- *r* интубация *f*

I488 *e* **intubation tube**
- *d* Intubationstubus *m*
- *f* tube *m* pour intubation
- *i* tubo *m* per intubazione
- *r* интубационная трубка *f*

I489 *e* **intubator** see **introducer**

I490 *e* **inulin**
- *d* Inulin *n*
- *f* inuline *f*
- *i* inulina *f*
- *r* инулин *m*

I491 *e* **invagination**
- *d* Invagination *f*, Intussuszeption *f*
- *f* invagination *f*, intussusception *f*
- *i* invaginazione *f*
- *r* инвагинация *f*

I492 *e* **invalid**
- *d* Invalide *m*
- *f* invalide *m*
- *i* invalido *m*, mutilato *m*
- *r* инвалид *m*

I493 *e* **invalidism, invalidity**
- *d* Invalidität *f*
- *f* invalidité *f*
- *i* invalidità *f*
- *r* инвалидность *f*

I494 *e* **invalid's cup**
- *d* Schnabeltasse *f*, Krankentasse *f*
- *f* théière *f* pour malades
- *i* tazza *f* con beccuccio
- *r* поильник *m*

I495 *e* **invalid's wheel chair**
- *d* Rollstuhl *m*
- *f* fauteuil *m* roulant
- *i* sedia *f* a rotelle
- *r* кресло-коляска *n*

I496 *e* **invasion**
- *d* 1. Invasion *f*
  2. Infektionskrankheitsbeginn *m*
- *f* 1. invasion *f* 2. origine *f* de la maladie
- *i* invasione *f*
- *r* 1. инвазия *f*, внедрение *n* микроорганизма 2. начало *n* заболевания

I497 *e* **inversion**
- *d* Inversion *f*
- *f* inversion *f*
- *i* inversione *f*
- *r* инверсия *f*

I498   e   **inversion of chromosomes**
      d   Chromosomeninversion *f*
      f   inversion *f* des chromosomes
      i   inversione *f* cromosomica
      r   инверсия *f* хромосом

I499   e   **inversion of uterus**
      d   Uterusumstülpung *f*
      f   inversion *f* utérine
      i   inversione *f* dell'utero
      r   выворот *m* матки

I500   e   **invertase**
      d   Invertase *f*
      f   invertase *f*
      i   invertasi *f*
      r   инвертаза *f*

I501   e   **inverted reflex**
      d   Paradoxalreflex *m*
      f   réflexe *m* paradoxal
      i   riflesso *m* invertito
      r   парадоксальный рефлекс *m*

I502   e   **investigatory reflex**
      d   Orientierungsreflex *m*, Einstellungsreflex *m*
      f   réflexe *m* d'orientation
      i   riflesso *m* investigativo [di orientamento]
      r   ориентировочный [исследовательский] рефлекс *m*

I503   e   **involution**
      d   Involution *f*
      f   involution *f*
      i   involuzione *f*
      r   инволюция *f*

I504   e   **involutional depression, involutional melancholy**
      d   Involutionsdepression *f*, Altersmelancholie *f*
      f   dépression *f* [mélancolie *f*] d'involution, dépression *f* présénile
      i   depressione *f* [malinconia *f*] involutiva
      r   инволюционная [пресенильная] депрессия *f* [меланхолия *f*]

I505   e   **involutional phychosis**
      d   Involutionspsychose *f*
      f   psychose *f* présénile
      i   psicosi *f* involutiva
      r   инволюционный [предстарческий, пресенильный] психоз *m*

I506   e   **iodine**
      d   Jod *n*
      f   iode *m*
      i   iodio *m*
      r   йод *m*

I507   e   **iodism**
      d   Jodismus *m*
      f   iodisme *m*
      i   iodismo *m*
      r   йодизм *m*

I508   e   **iodopsin**
      d   Jodopsin *n*
      f   iodopsine *f*
      i   iodopsina *f*
      r   йодопсин *m*

I509   e   **ionization**
      d   Ionisation *f*
      f   ionisation *f*
      i   ionizzazione *f*
      r   ионизация *f*

I510   e   **iridectomy**
      d   Iridektomie *f*
      f   iridectomie *f*
      i   iridectomia *f*
      r   иридэктомия *f*

I511   e   **iridencleisis**
      d   Iridenkleisis *f*
      f   iridencléisis *f*
      i   iridencleisi *f*
      r ириденклейзис *m*

I512   e   **iridiagnosis** *see* **iridodiagnosis**

I513   e   **iridocorneal angle**
      d   Kammerwinkel *m*
      f   angle *m* irido-cornéen
      i   angolo *m* iridocorneale [di filtrazione]
      r   радужно-роговичный угол *m*

I514   e   **iridocorneal dysgenesis**
      d   irido-korneale Dysgenesie *f*
      f   dysgénésie *f* mésodermique cornéenne et irienne (de Rieger)
      i   sindrome *f* di Rieger
      r   синдром *m* Ригера

I515   e   **iridocyclitis**
      d   Iridozyklitis *f*, Regenbogenhaut-Strahlenkörperentzündung *f*
      f   iridocyclite *f*
      i   iridociclite *f*
      r   иридоциклит *m*

I516   e   **iridodiagnosis**
      d   Iridodiagnose *f*, Regenbogenhautdiagnose *f*
      f   iridodiagnostic *m*
      i   iridodiagnosi *f*
      r   иридодиагностика *f*

I517   e   **iridodonesis**
      d   Iridodonesis *f*, Irisschwanken *n*
      f   iridodonésis *m*, iridodonèse *f*
      i   iridodonesi *f*
      r   иридодонез *m*, дрожание *n* радужной оболочки

I518   e   **iridoparalysis, iridoplegia**
      d   Iridoplegie *f*, Iridoparalyse *f*, Irismuskulaturlähmung *f*
      f   iridoplégie *f*

ISCHURIA

	i	iridoplegia *f*
	r	иридоплегия *f*
I519	*e*	iridotomy
	d	Iridotomie *f*, Irisdurchschneidung *f*
	f	iridotomie *f*
	i	iridotomia *f*
	r	иридотомия *f*
I520	*e*	iris
	d	Iris *f*, Regenbogenhaut *f*
	f	iris *m*
	i	iride *f*
	r	радужка *f*, радужная оболочка *f*
I521	*e*	iritis
	d	Iritis *f*, Regenbogenhautentzündung *f*
	f	iritis *f*
	i	irite *f*
	r	ирит *m*
I522	*e*	iritomy *see* iridotomy
I523	*e*	iron-deficiency anemia
	d	Eisenmangelanämie *f*
	f	anémie *f* ferriprive
	i	anemia *f* da carenza di ferro
	r	железодефицитная анемия *f*
I524	*e*	irotomy *see* iridotomy
I525	*e*	irradiation
	d	Irradiation *f*, Bestrahlung *f*
	f	irradiation *f*
	i	irradiazione *f*
	r	воздействие *n* излучением
I526	*e*	irreducible hernia
	d	irreponibler Bruch *m*
	f	hernie *f* irréductible
	i	ernia *f* irriducibile
	r	невправимая грыжа *f*
I527	*e*	irresponsibility
	d	Unzurechnungsfähigkeit *f*
	f	irresponsibilité *f*
	i	irresponsabilità *f*
	r	невменяемость *f*
I528	*e*	irreversible reaction
	d	irreversible Reaktion *f*
	f	réaction *f* irréversible
	i	reazione *f* irreversibile
	r	необратимая реакция *f*
I529	*e*	irrigation
	d	Irrigation *f*, Spülung *f*, Ausspülen *n*
	f	irrigation *f*
	i	irrigazione *f*
	r	ирригация *f*, орошение *n*
I530	*e*	irritability
	d	Irritabilität *f*, Reizbarkeit *f*
	f	irritabilité *f*, excitabilité *f*
	i	irritabilità *f*
	r	раздражимость *f*
I531	*e*	irritable bowel [irritable colon] syndrome
	d	irritables Kolon *n*, Reizkolon *n*, Syndrom *n* des irritablen Kolons
	f	syndrome *m* du côlon irritable, colopathie *f* fonctionnelle
	i	sindrome *f* da colon irritabile, colopatia *f* mucosa, colon *m* spastico
	r	синдром *m* раздражённой толстой кишки
I532	*e*	irritation
	d	1. Irritation *f* 2. Erregung *f*
	f	1. irritation *f* 2. excitation *f*
	i	irritazione *f*
	r	1. раздражение *n* 2. возбуждение *n*
I533	*e*	ischemia
	d	Ischämie *f*, lokale Blutleere *f*
	f	ischémie *f*, anémie *f* locale
	i	ischemia *f*
	r	ишемия *f*, местная анемия *f*
I534	*e*	ischemic disease
	d	ischämische [koronare] Herzkrankheit *f*
	f	maladie *f* coronarienne [ischémique du cœur]
	i	cardiopatia *f* ischemica
	r	ишемическая [коронарная] болезнь *f* сердца
I535	*e*	ischialgia
	d	Ischialgie *f*
	f	ischialgie *f*
	i	ischialgia *f*, sciatica *f*
	r	ишиалгия *f*
I536	*e*	ischiatic hernia, ischiocele
	d	Gesäßhernie *f*, Glutealhernie *f*
	f	hernie *f* ischiatique
	i	ernia *f* ischiatica
	r	седалищная грыжа *f*
I537	*e*	ischiodynia, ischioneuralgia *see* ischialgia
I538	*e*	ischiopagus
	d	Ischiopagus *m*
	f	ischiopage *m*
	i	ischiopago *m*
	r	ишиопаг *m*
I539	*e*	ischiorectal abscess
	d	Ischiorektalabszeß *m*
	f	abcès *m* ischiorectal
	i	ascesso *m* ischiorettale
	r	ишиоректальный абсцесс *m*
I540	*e*	ischium
	d	Ischium *n*, Sitzbein *n*
	f	ischium *m*
	i	ischio *m*
	r	седалищная кость *f*
I541	*e*	ischuria

ISLET CELL

	d	Ischurie *f*, Harnverhaltung *f*
	f	ischurie *f*
	i	iscuria *f*
	r	ишурия *f*, задержка *f* мочи
I542	*e*	**islet cell**
	d	Inselzelle *f*
	f	cellule *f* insulaire
	i	cellula *f* insulare
	r	инсулоцит *m*, островковая клетка *f*
I543	*e*	**islet cell adenoma**
	d	Insulom *n*, Inselzelladenom *n*
	f	adénome *m* insulaire (du pancréas)
	i	1. insulinoma *m*, adenoma *m* insulocellulare 2. glucagoma *m* 3. vipoma *m*
	r	инсулома *f*, незидиобластома *f*
I544	*e*	**isoagglutinin**
	d	Isoagglutinin *n*
	f	isoagglutinine *f*
	i	isoagglutinina *f*
	r	изоагглютинин *m*
I545	*e*	**isoantibody**
	d	Isoantikörper *m*
	f	isoanticorps *m*
	i	isoanticorpo *m*
	r	изоиммунное антитело *n*, изоантитело *n*
I546	*e*	**isoantigen**
	d	Isoantigen *n*
	f	isoantigène *m*
	i	isoantigene *m*
	r	изоантиген *m*, групповой [гомологичный] антиген *m*
I547	*e*	**isochromosome**
	d	Isochromosom *n*
	f	isochromosome *m*
	i	isocromosoma *m*
	r	изохромосома *f*
I548	*e*	**isocortex**
	d	Isokortex *m*
	f	isocortex *m*
	i	isocorteccia *f*
	r	новая кора *f* (головного мозга)
I549	*e*	**isoenzyme**
	d	Isoenzym *n*
	f	isoenzyme *m*
	i	isoenzima *f*
	r	изофермент *m*, изоэнзим *m*
I550	*e*	**isogamete**
	d	Isogamet *m*
	f	isogamète *m*
	i	isogamete *m*
	r	изогамета *f*
I551	*e*	**isohemoagglutinin** *see* **isoagglutinin**
I552	*e*	**isoimmunization**
	d	Isoimmunisation *f*, Isoimmunisierung *f*
	f	iso-immunisation *f*
	i	isoimmunizzazione *f*
	r	изоиммунизация *f*
I553	*e*	**isolate**
	d	isolieren
	f	isoler
	i	isolare
	r	выделять (*напр. культуру*)
I554	*e*	**isolated dextrocardia**
	d	isolierte Dextrokardie *f*
	f	dextrocardie *f* isolée
	i	destrocardia *f* isolata
	r	изолированная декстрокардия *f*
I555	*e*	**isolation**
	d	Isolation *f* (*der Kranken*)
	f	isolation *f* (*des malades*)
	i	isolamento *m* (*dei malati*)
	r	изоляция *f* (*больных*)
I556	*e*	**isoleucine**
	d	Isoleucin *n*
	f	isoleucine *f*
	i	isoleucina *f*
	r	изолейцин *m*
I557	*e*	**isomerase**
	d	Isomerase *f*
	f	isomérase *f*
	i	isomerasi *f*
	r	изомераза *f*
I558	*e*	**isomerism**
	d	Isomerie *f*
	f	isomérie *f*
	i	isomerismo *m*
	r	изомерия *f*
I559	*e*	**isometric**
	d	isometrisch
	f	isométrique
	i	isometrico
	r	изометрический
I560	*e*	**isometropia**
	d	Isometropie *f*, Refraktionsgleichheit *f*, Brechkraftgleichheit *f*
	f	isométropie *f*
	i	isometropia *f*
	r	изометропия *f*
I561	*e*	**isosthenuria**
	d	Isosthenurie *f*, Harnstarre *f*
	f	isosthénurie *f*
	i	isostenuria *f*
	r	изостенурия *f*
I562	*e*	**isotonic**
	d	isotonisch
	f	isotonique
	i	isotonico
	r	изотонический

JERK

I563   *e*   isozyme *see* isoenzyme

I564   *e*   isthmus
       d   Isthmus *m*
       f   isthme *m*
       i   istmo *m*
       r   перешеек *m*

I565   *e*   itch(ing)
       d   1. Jucken *n* 2. Skabies *f*, Krätze *f*
       f   1. prurit *m* 2. gale *f*
       i   1. prurito *m*, prudore *m* 2. scabbia *f*
       r   1. зуд *m* 2. чесотка *f*

I566   *e*   itch mite
       d   Krätzmilbe *f*
       f   mite *f* de la gale
       i   acaro *m* della scabbia
       r   чесоточный клещ *m*

J

J1   *e*   jacket
      d   Korsett *n*, Leibeskorsett *n*
      f   corset *m*
      i   corsetto *m*
      r   (фиксирующий) корсет *m*

J2   *e*   Jacob's membrane
      d   Stäbchen- und Zäpfchenschicht *f*
      f   membrane *f* de Jacob
      i   strato *m* dei coni e dei bastoncelli
      r   мембрана *f* Джейкоба, слой *m* палочек и колбочек

J3   *e*   Jacobson's cartilage
      d   Jacobson-Knorpel *m*
      f   cartilage *m* vomérien (de Huschke), cartilage *m* de Jacobson
      i   cartilagine *f* vomeronasale [di Jacobson]
      r   сошниково-носовой хрящ *m* (Якобсона)

J4   *e*   jactitation
      d   Jaktation *f*
      f   jact(it)ation *f*
      i   agitazione *f*
      r   беспокойное состояние *n* [метание *n*] больного

J5   *e*   Japanese B encephalitis
      d   japanische B-Enzephalitis *f*
      f   encéphalite *f* japonaise B
      i   encefalite *f* giapponese B
      r   японский (комариный) энцефалит *m*

J6   *e*   jaundice
      d   Gelbsucht *f*, Ikterus *m*
      f   ictère *m*, jaunisse *f*
      i   ittero *m*
      r   желтуха *f*

J7   *e*   jaundice of the newborn
      d   Neugeborenenikterus *m*
      f   ictère *m* des nouveau-nés
      i   ittero *m* del neonato
      r   желтуха *f* новорождённых

J8   *e*   jaw jerk
      d   Mandibularreflex *m*, Masseterreflex *m*, Unterkieferreflex *m*
      f   réflexe *m* mandibulaire
      i   riflesso *m* mandibolare
      r   мандибулярный рефлекс *m*

J9   *e*   jaw joint
      d   Unterkiefergelenk *n*
      f   articulation *f* temporo-mandibulaire
      i   articolazione *f* temporomandibolare
      r   (височно-)нижнечелюстной сустав *m*

J10   *e*   jejunal syndrome
       d   Entleerungssyndrom *n*, Dumping-Syndrom *n*
       f   *англ.* dumping syndrome, syndrome *m* de chasse
       i   dumping-syndrome *f*
       r   демпинг-синдром *m*, синдром *m* сбрасывания

J11   *e*   jejunectomy
       d   Jejunektomie *f*, Leerdarmentfernung *f*
       f   jéjunectomie *f*
       i   digiunectomia *f*
       r   еюнэктомия *f*, резекция *f* тощей кишки

J12   *e*   jejunitis
       d   Jejunitis *f*, Leerdarmentzündung *f*
       f   jéjunite *f*
       i   digiunite *f*
       r   воспаление *n* тощей кишки

J13   *e*   jejunoileostomy
       d   Jejunoileostomie *f*
       f   jéjuno-iléostomie *f*
       i   digiunoileostomia *f*
       r   еюноилеостомия *f*

J14   *e*   jejunostomy
       d   Jejunostomie *f*, Jejunumfistelung *f*
       f   jéjunostomie *f*
       i   digiunostomia *f*
       r   еюностомия *f*

J15   *e*   jerk
       d   1. Zuckung *f*, Krampf *f* 2. Sehnenreflex *m*
       f   1. crampe *f* 2. réflexe *m* tendineux
       i   1. urto *m*, scossa *f* 2. riflesso *m* 3. spasmo *m* clonico
       r   1. судорожное подёргивание *n* 2. сухожильный рефлекс *m*

JERK FINGER

J16   e   jerk finger
      d   schnellender [federnder] Finger *m*
      f   doigts *m pl* à ressort
      i   dita *m pl* a scatto
      r   пружинящие пальцы *m pl*, стенозирующий тендовагинит *m*

J17   e   jerk nystagmus
      d   Stoßnystagmus *m*, Rucknystagmus *m*
      f   nystagmus *m* à ressort
      i   nistagmo *m* a scosse
      r   толчкообразный нистагм *m*

J18   e   jerky respiration
      d   unterbrochene Atmung *f*
      f   respiration *f* syncopale
      i   respiro *m* interrotto
      r   прерывистое дыхание *n*

J19   e   jet injector
      d   Düseninjektor *m*, Injektionspistole *f*
      f   injecteur *m* pneumatique (sans aiguille)
      i   iniettore *m* senza ago
      r   безыгольный инъектор *m*

J20   e   joint
      d   Gelenk *n*
      f   jointure *f*, articulation *f*
      i   giuntura *f*, articolazione *f*
      r   сустав *m*, сочленение *n*

J21   e   joint mouse
      d   Gelenkmaus *f*
      f   souris *f* articulaire
      i   corpo *m* libero endoarticolare
      r   суставная мышь *f*, артремфит *m*

J22   e   jugal bone
      d   Jochbein *n*, Wangenbein *n*
      f   os *m* malaire [zygomatique]
      i   osso *m* malare [zigomatico], zigomo *m*
      r   скуловая кость *f*

J23   e   jugular
      d   jugular
      f   jugulaire
      i   giugulare
      r   яремный

J24   e   jugular bulb
      d   Bulbus *m* jugularis
      f   bulbe *m* jugulaire
      i   bulbo *m* giugulare
      r   луковица *f* внутренней яремной вены

J25   e   jugular ganglion
      d   Ganglion *n* jugularis
      f   ganglion *m* jugulaire
      i   ganglio *m* giugulare
      r   яремный ганглий *m*

J26   e   juice
      d   1. Saft *m* 2. Verdauungssaft *m*
      f   1. suc *m* 2. suc *m* gastrique
      i   1. succo *m* 2. succo *m* gastrico
      r   1. сок *m* 2. пищеварительный сок *m*

J27   e   jump flap, jump graft
      d   Sprunglappen *m*, Wanderlappen *m*
      f   greffe *f* migratoire [mobile]
      i   innesto *m* migratorio
      r   мигрирующий лоскут *m*

J28   e   jumps
      d   1. Tic *m* 2. Alkoholdelirium *n*
      f   1. tic *m* 2. délire *m* alcoolique
      i   1. tic *m* 2. delirio *m* alcolico
      r   1. тик *m* 2. алкогольный делирий *m*, белая горячка *f*

J29   e   junction nevus
      d   junktionaler Pigmentnävus *m*
      f   nævus *m* de la zone de jonction, mélanome *m* jonctionnel
      i   nevo *m* giunzionale
      r   пограничный [юнкциональный] невус *m*

J30   e   jungle yellow fever
      d   Dschungelgelbfieber *n*, Buschgelbfieber *n*
      f   fièvre *f* jaune sylvestre [jaune de la jungle]
      i   febbre *f* gialla della giungla
      r   жёлтая лихорадка *f* джунглей

J31   e   juvenile arrhythmia
      d   Sinusarrhythmie *f*, juvenile Arrhythmie *f*
      f   arythmie *f* juvénile [sinusale]
      i   aritmia *f* giovanile [sinusale]
      r   синусовая аритмия *f*

J32   e   juvenile chorea
      d   Chorea *f* minor, Sydenham-Chorea *f*
      f   chorée *f* mineure des enfants [rhumatismale, de Sydenham]
      i   corea *f*, danza *f* di S. Vito
      r   малая хорея *f*

J33   e   juvenile neutrophil
      d   juveniler neutrophiler Granulozyt *m*
      f   granulocyte *m* neutrophile juvénile
      i   metamielocito *m* neutrofilo
      r   юный нейтрофил *m*

J34   e   juvenile osteomalacia
      d   1. juvenile Osteomalazie *f* 2. Rachitis *f*
      f   1. ostéomalacie *f* juvénile 2. rachitisme *m*
      i   1. osteomalacia *f* giovanile 2. rachitismo *m*
      r   1. юношеская остеомаляция *f* 2. рахит *m*

J35   e   juvenile pelvis
      d   infantiles [juveniles] Becken *n*
      f   bassin *m* juvénile [infantile]
      i   bacino *m* giovanile
      r   инфантильный [юношеский] таз *m*

J36	e	juvenile rheumatoid arthritis
	d	juvenile Rheumatoidarthritis *f*
	f	polyarthrite *f* aiguë infantile
	i	artrite *f* reumatoide giovanile
	r	ювенильный ревматоидный артрит *m*
J37	e	juxtacortical osteogenic sarcoma
	d	juxtakortikales Osteosarkom *n*
	f	ostéosarcome *m* périostéal
	i	sarcoma *m* iuxta-corticale osteogenico
	r	паростальная [периостальная оссифицирующая, периостальная юкстакортикальная] саркома *f*
J38	e	juxtaglomerular apparatus, juxtaglomerular body
	d	juxtaglomerulärer Apparat *m*
	f	appareil *m* juxta-glomérulaire
	i	apparato *m* iuxta-glomerulare, cuscinetto *m* polare
	r	юкстагломерулярный комплекс *m*

K

K1	e	**kakosmia**
	d	Kakosmie *f*
	f	cacosmie *f*
	i	cacosmia *f*
	r	какосмия *f*
K2	e	**kala-azar**
	d	Kala-Azar *f*, viszerale Leishmaniose *f*
	f	kala-azar *m*, leishmaniose *f* viscérale
	i	leishmaniosi *f* viscerale, kala-azar *m*
	r	индийский [восточно-африканский] висцеральный лейшманиоз *m*, кала-азар *m*
K3	e	**kallikrein**
	d	Kallikrein *n*
	f	kallicréine *f*
	i	callicreina *f*
	r	кининогенин *m*, калликреин *m*
K4	e	**Kaposi's varicelliform eruption**
	d	Kaposi-Syndrom *n*
	f	pustulose *f* varioliforme [vaccinale aiguë], eczéma *m* herpétiforme
	i	eruzione *f* varicelliforme di Kaposi, eczema *m* erpetico
	r	вариолиформный пустулёз *m*, герпетиформная экзема *f*, синдром *m* Капоши
K5	e	**karyoclasis** *see* **karyorrhexis**
K6	e	**karyogamy**
	d	Karyogamie *f*
	f	caryogamie *f*
	i	cariogamia *f*
	r	кариогамия *f*
K7	e	**karyogram**
	d	Karyogramm *n*
	f	caryogramme *m*, idiogramme *m*
	i	cariogramma *m*
	r	идиограмма *f*, кариограмма *f*
K8	e	**karyokinesis**
	d	Karyokinese *f*, Mitose *f*
	f	caryocinèse *f*, mitose *f*
	i	cariocinesi *f*, mitosi *f*
	r	митоз *m*, кариокинез *m*
K9	e	**karyolymph**
	d	Karyolymphe *f*
	f	caryolymphe *f*
	i	cariolinfa *f*
	r	кариолимфа *f*
K10	e	**karyolysis**
	d	Karyolyse *f*, Zellkernauflösung *f*
	f	caryolyse *f*
	i	cariolisi *f*
	r	кариолиз(ис) *m*
K11	e	**karyon**
	d	Karyon *n*, Zellkern *m*, Nukleus *m*
	f	caryon *m*
	i	nucleo *m* cellulare
	r	клеточное ядро *n*
K12	e	**karyoplasm**
	d	Karyoplasma *n*, Kernplasma *n*, Nukleoplasma *n*
	f	caryoplasme *m*
	i	carioplasma *m*, nucleoplasma *m*
	r	кариоплазма *f*, нуклеоплазма *f*
K13	e	**karyorrhexis**
	d	Karyorrhexis *f*
	f	caryorrhexis *f*
	i	cariorressi *f*
	r	кариорексис *m*
K14	e	**karyosome**
	d	Karyosom *n*
	f	caryosome *m*
	i	cariosoma *m*, cromocentro *m*
	r	хромоцентр *m*
K15	e	**karyotheca**
	d	Zellkernmembran *f*
	f	caryothèque *f*, membrane *f* nucléaire
	i	carioteca *f*, membrana *f* nucleare
	r	кариолемма *f*, ядерная оболочка *f*, кариотека *f*
K16	e	**karyotype**
	d	Karyotyp *m*
	f	caryotype *m*
	i	cariotipo *m*
	r	кариотип *m*
K17	e	**katathermometer**

KATAYAMA DISEASE

	d	Katathermometer *n*
	f	catathérmomètre *m*
	i	catatermometro *m* (di Hill)
	r	кататермометр *m*
K18	*e*	**Katayama disease**
	d	Katayamasyndrom *n*, japanische Schistosomiasis *f*
	f	maladie *f* de Katayama, schistosomiase *f* japonaise
	i	schistosomiasi *f* giapponese, malattia *f* di Katayama
	r	японский шистосомоз *m*, болезнь *f* Катаямы
K19	*e*	**keeled chest**
	d	Hühnerbrust *f*, Kielbrust *f*
	f	thorax *m* en carène [en bréchet]
	i	torace *m* carenato
	r	килевидная грудная клетка *f*, килевидная [куриная] грудь *f*
K20	*e*	**keloid**
	d	Keloid *n*
	f	chéloïde *f*
	i	cheloide *f*
	r	келоид *m*
K21	*e*	**keracele** *see* **keratocele**
K22	*e*	**keratectasia**
	d	Keratektasie *f*, Hornhautektasie *f*
	f	kératectasie *f*
	i	cheratectasia *f*
	r	кератэктазия *f*
K23	*e*	**keratinization**
	d	Keratinisation *f*, Verhornung *f*
	f	kératinisation *f*
	i	cheratinizzazione *f*
	r	ороговение *n*, кератинизация *f*
K24	*e*	**keratitis**
	d	Keratitis *f*, Hornhautentzündung *f*
	f	kératite *f*
	i	cheratite *f*
	r	кератит *m*
K25	*e*	**keratocele**
	d	Keratozele *f*, Hornhauthernie *f*, Descemetocele *f*
	f	kératocèle *f*
	i	cheratocele *m*
	r	десцеметоцеле *n*, кератоцеле *n*, грыжа *f* десцеметовой оболочки
K26	*e*	**keratoconjunctivitis**
	d	Keratokonjunktivitis *f*
	f	kératoconjonctivite *f*
	i	cheratocongiuntivite *f*
	r	кератоконъюнктивит *m*
K27	*e*	**keratoconus**
	d	Keratokonus *m*, Hornhautkonus *m*
	f	kératocône *m*, cornée *f* conique
	i	cheratocono *m*
	r	кератоконус *m*
K28	*e*	**keratodermia**
	d	Keratodermie *f*
	f	kératodermie *f*
	i	cheratodermia *f*, cheratosi *f*
	r	кератодермия *f*
K29	*e*	**keratoectasia** *see* **keratectasia**
K30	*e*	**keratogenous membrane**
	d	Nagelmatrix *f*
	f	matrice *f* de l'ongle
	i	matrice *f* ungueale
	r	матрица *f* ногтя
K31	*e*	**keratoglobus**
	d	Keratoglobus *m*, kugelige Hornhautvorwölbung *f*
	f	kératoglobe *m*, cornée *f* globuleuse
	i	cheratoglobo *m*
	r	кератоглобус *m*
K32	*e*	**keratolysis**
	d	Keratolyse *f*, Hornhautauflösung *f*
	f	kératolyse *f*
	i	cheratolisi *f*
	r	кератолиз *m*, эксфолиативный дерматит *m*
K33	*e*	**keratoma**
	d	Keratom *n*, Horngeschwulst *f*, Hornschichtverdickung *f*
	f	kératome *m*
	i	cheratoma *m*
	r	кератома *f*
K34	*e*	**keratomalacia**
	d	Keratomalazie *f*, Hornhauterweichung *f*
	f	kératomalacie *f*
	i	cheratomalacia *f*
	r	кератомаляция *f*, расплавление *n* роговицы
K35	*e*	**keratomycosis**
	d	Keratomykose *f*, Hornhautpilzerkrankung *f*
	f	kératomycose *f*
	i	cheratomicosi *f*
	r	кератомикоз *m*
K36	*e*	**keratoplasty**
	d	Keratoplastik *f*, Hornhautübertragung *f*
	f	kératoplastie *f*
	i	cheratoplastica *f*
	r	кератопластика *f*, пересадка *f* роговицы
K37	*e*	**kerato(r)rhexis**
	d	Hornhautruptur *f*, Hornhautzerreißung *f*
	f	rupture *f* de la cornée
	i	cheratoressi *f*
	r	разрыв *m* роговицы

KINETIC ATAXY

K38　*e*　**keratoscleritis**
　　　d　Keratoskleritis *f*, Sklerokeratitis *f*
　　　f　kératosclérite *f*
　　　i　cheratosclerite *f*
　　　r　кератосклерит *m*

K39　*e*　**keratoscope**
　　　d　Keratoskop *n*
　　　f　kératoscope *m*
　　　i　cheratoscopio *m*
　　　r　кератоскоп *m*

K40　*e*　**keratoscopy**
　　　d　Keratoskopie *f*
　　　f　kératoscopie *f*
　　　i　cheratoscopia *f*
　　　r　кератоскопия *f*

K41　*e*　**keratosis**
　　　d　Keratose *f*
　　　f　kératose *f*
　　　i　cheratosi *f*
　　　r　кератоз *m*

K42　*e*　**keratotomy**
　　　d　Keratotomie *f*
　　　f　kératotomie *f*
　　　i　cheratotomia *f*
　　　r　кератотомия *f*

K43　*e*　**kerectasis** *see* **keratectasia**

K44　*e*　**kerion**
　　　d　Kerion *n*
　　　f　kérion *m*
　　　i　kerion *m*, tigna *f* flogistica
　　　r　инфильтративно-нагноительная трихофития *f*, фавозный керион *m*, трихофитоидный фавус *m* волосистой части головы

K45　*e*　**kernicterus**
　　　d　Kernikterus *m*
　　　f　ictère *m* nucléaire
　　　i　kernittero *m*, kernicterus *m*
　　　r　ядерная желтуха *f*

K46　*e*　**ketone**
　　　d　Keton *n*
　　　f　cétone *f*
　　　i　chetone *m*
　　　r　кетон *m*

K47　*e*　**ketone body**
　　　d　Ketonkörper *m*, Acetonkörper *m*
　　　f　corps *m* cétonique
　　　i　corpo *m* chetonico
　　　r　кетоновое [ацетоновое] тело *n*

K48　*e*　**ketonuria**
　　　d　Ketonurie *f*, Acetonurie *f*
　　　f　cétonurie *f*, acétonurie *f*
　　　i　chetonuria *f*, acetonuria *f*
　　　r　ацетонурия *f*, кетонурия *f*

K49　*e*　**ketosis**
　　　d　Ketose *f*
　　　f　cétose *f*
　　　i　chetosi *f*
　　　r　кетоз *m*, синдром *m* накопления кетоновых тел

K50　*e*　**Kew Gardens fever**
　　　d　vesikulose Rickettsiose *f*
　　　f　rickettsiose *f* varicelliforme
　　　i　rickettsiosi *f* acari
　　　r　везикулёзный риккетсиоз *m*, пятнистая лихорадка *f* Кью-Гардена

K51　*e*　**kidney**
　　　d　Niere *f*, Ren *m*
　　　f　rein *m*
　　　i　rene *m*
　　　r　почка *f*

K52　*e*　**Kimmelstiel-Wilson disease [syndrome]**
　　　d　Kimmelstiel-Wilson-Syndrom *n*, diabetische interkapillare Glomerulosklerose *f*
　　　f　glomérulosclérose *f* intercapillaire, syndrome *m* de Kimmelstiel-Wilson
　　　i　glomerulosclerosi *f* diabetica intercapillare, sindrome *f* di Kimmelstiel-Wilson
　　　r　диабетический интеркапиллярный гломерулосклероз *m*, синдром *m* Киммелстила—Уилсона

K53　*e*　**kinase**
　　　d　Kinase *f*
　　　f　kinase *f*
　　　i　chinasi *f*
　　　r　киназа *f*

K54　*e*　**kinesiatrics** *see* **kinesitherapy**

K55　*e*　**kinesiology**
　　　d　Kinesiologie *f*
　　　f　cinésiologie *f*, kinésiologie *f*
　　　i　cinesiologia *f*
　　　r　физиология *f* движений

K56　*e*　**kinesitherapy**
　　　d　Kinesiotherapie *f*
　　　f　kinésithérapie *f*, cinésithérapie *f*
　　　i　cinesiterapia *f*
　　　r　кинезитерапия *f*, лечебная физкультура *f*

K57　*e*　**kinesthesia, kinesthetic sense**
　　　d　Kinästhesie *f*
　　　f　kinesthésie *f*
　　　i　cinestesia *f*
　　　r　кинестезия *f*, мышечно-суставное [мышечное] чувство *n*

K58　*e*　**kinetic ataxy**
　　　d　Bewegungsataxie *f*
　　　f　ataxie *f* locomotrice
　　　i　atassia *f* dinamica [motoria]

KINETIC TREMOR

	r	динамическая [локомоторная] атаксия *f*
K59	*e*	kinetic tremor
	d	kinetischer Tremor *m*, Bewegungstremor *m*
	f	tremblement *m* intentionnel
	i	tremore *m* intenzionale
	r	интенционное [динамическое, кинетическое] дрожание *n*
K60	*e*	kinin
	d	Kinin *n*
	f	kinine *f*
	i	chinina *f*
	r	кинин *m*
K61	*e*	kion
	d	Gaumenzäpfchen *n*
	f	luette *f*
	i	ugola *f*
	r	нёбный язычок *m*
K62	*e*	kionitis
	d	Kionitis *f*, Gaumenzäpfchenentzündung *f*
	f	kionite *f*
	i	chionite *f*, infiammazione *f* della ugola
	r	воспаление *n* нёбного язычка
K63	*e*	kiss of life
	d	Lungenbeatmung *f* von Mund-zu-Mund
	f	respiration *f* artificielle «bouche-à-bouche»
	i	respirazione *f* artificiale bocca a bocca
	r	искусственная вентиляция *f* лёгких изо рта в рот
K64	*e*	Klebs-Loeffler bacillus
	d	Klebs-Löffler-Bazillus *m*, Diphtheriebazillus *m*, Diphtheriebakterium *n*
	f	bacille *m* de Klebs-Löffler
	i	bacillo *m* di Klebs-Löffler
	r	дифтерийная палочка *f*
K65	*e*	kleptomania
	d	Kleptomanie *f*, Stehltrieb *m*
	f	cleptomanie *f*, kleptomanie *f*
	i	cleptomania *f*
	r	клептомания *f*
K66	*e*	kneading
	d	Knetmassage *f*
	f	pétrissage *m*, malaxation *f*
	i	impastamento *m*
	r	разминание *n* (*приём массажа*)
K67	*e*	knee
	d	Knie *n*
	f	genou *m*
	i	ginocchio *m*
	r	колено *n*
K68	*e*	knee cap
	d	Kniescheibe *f*, Patella *f*
	f	rotule *f*
	i	patella *f*
	r	надколенник *m*
K69	*e*	knee joint
	d	Kniegelenk *n*
	f	articulation *f* du genou
	i	articolazione *f* del ginocchio
	r	коленный сустав *m*
K70	*e*	knee pan *see* knee cap
K71	*e*	knee reflex
	d	Kniereflex *m*, Patellarreflex *m*
	f	réflexe *m* patellaire
	i	riflesso *m* patellare
	r	коленный [пателлярный] рефлекс *m*
K72	*e*	knife
	d	Skalpell *n*
	f	scalpel *m*, bistouri *m*
	i	coltello *m*, bisturi *m*
	r	хирургический нож *m*, скальпель *m*
K73	*e*	knock-knee
	d	X-Bein *n*
	f	*genu valgum*, genou *m* cagneux
	i	ginocchio *m* valgo
	r	вальгусное искривление *n* коленного сустава
K74	*e*	knot
	d	Knoten *m*
	f	nœud *m*
	i	nodo *m*
	r	узел *m*
K75	*e*	Koch's bacillus
	d	Koch-Bazillus *m*, Tuberkelbakterium *n*
	f	bacille *m* de Koch; bacille *m* tuberculeux
	i	bacillo *m* di Koch, *Mycobacterium tuberculosis*
	r	микобактерия *f* туберкулёза, туберкулёзная палочка *f*, бактерия *f* Коха
K76	*e*	koilonychia
	d	Koilonychie *f*
	f	koïlonychie *f*
	i	coilonichia *f*
	r	койлонихия *f*, ложкообразный [вогнутый] ноготь *m*
K77	*e*	Kojewnikoff's epilepsy
	d	Kojewnikoff-Epilepsie *f*
	f	épilepsie *f* de Kojewnikoff
	i	sindrome *f* di Kojewnikoff
	r	кожевниковская [континуальная, корковая] эпилепсия *f*
K78	*e*	kolp... *see* colp...
K79	*e*	koniocortex

	d	Koniokortex *m*
	f	koniocortex *m*
	i	corteccia *f* granulare, coniocorteccia *f*
	r	кониокортекс *m*, пылевидная кора *f* (большого мозга)
K80	*e*	**koniosis**
	d	Koniose *f*, Staubkrankheit *f*
	f	coniose *f*
	i	coniosi *f*
	r	кониоз *m*
K81	*e*	**Koplik's spots** *pl*
	d	Koplik-Flecke *m pl*
	f	taches *f pl* de Koplik
	i	segni *m pl* [macchie *f pl*] di Koplik
	r	пятна *n pl* Филатова (—Коплика)
K82	*e*	**Korsakoff's psychosis**
	d	Korsakoff-Psychose *f*, polyneuritische Psychose *f*
	f	psychose *f* de Korsakoff, psychose-polynévrite *f*
	i	psicosi *f* di Korsakoff
	r	корсаковский [полиневритический] психоз *m*
K83	*e*	**kryo...** *see* **cryo...**
K84	*e*	**kubisagari**
	d	Gerlier-Syndrom *n*
	f	maladie *f* de Gerlier, vertige *m* paralysant, kubisagari *m*
	i	malattia *f* di Gerlier, vertigine *f* paralizzante [epidemica]
	r	синдром *m* Жерлье, эндемическое паралитическое головокружение *n*
K85	*e*	**Kulchitzky cell**
	d	Kulchitzky-Zelle *f*
	f	cellule *f* de Kulchitsky
	i	cellula *f* K [enterocromaffine]
	r	кишечный аргентаффиноцит *m*, клетка *f* Кульчицкого
K86	*e*	**Kupffer cell**
	d	Kupffer-Sternzelle *f*
	f	cellule *f* de Kupffer
	i	cellula *f* stellata di Kupffer
	r	звездчатый ретикулоэндотелиоцит *m*, клетка *f* Купфера, звездчатая эндотелиальная клетка *f*
K87	*e*	**Kussmaul's disease**
	d	Kussmaul-Meier-Syndrom *n*
	f	maladie *f* de Kussmaul et Meier, périartérite *f* noueuse
	i	malattia *f* di Kussmaul, periarterite *f* nodosa
	r	узелковый периартериит *m*, болезнь *f* Куссмауля—Мейера
K88	*e*	**kwashiorkor**
	d	Kwashiorkor *m*
	f	kwashiorkor *m*
	i	kwashiorkor *m*
	r	квашиоркор *m*, детская пеллагра *f*
K89	*e*	**kyphoscoliosis**
	d	Kyphoskoliose *f*
	f	cyphoscoliose *f*
	i	cifoscoliosi *f*
	r	кифосколиоз *m*
K90	*e*	**kyphosis**
	d	Kyphose *f*
	f	cyphose *f*
	i	cifosi *f*
	r	кифоз *m*

L

L1	*e*	**labial gland**
	d	Lippendrüse *f*
	f	glande *f* labiale
	i	ghiandola *f* labiale
	r	губная железа *f*
L2	*e*	**lability**
	d	Labilität *f*, Unbeständigkeit *f*
	f	labilité *f*
	i	labilità *f*
	r	неустойчивость *f*, лабильность *f*
L3	*e*	**labioplasty**
	d	Cheiloplastik *f*, Lippenplastik *f*
	f	chéiloplasie *f*
	i	cheiloplastica *f*
	r	пластика *f* губы, хейлопластика *f*
L4	*e*	**labor**
	d	Geburt *f*, Entbindung *f*, Niederkunft *f*
	f	accouchement *m*
	i	parto *m*
	r	роды *pl*
L5	*e*	**laboratory**
	d	Laboratorium *n*
	f	laboratoire *m*
	i	laboratorio *m*
	r	лаборатория *f*
L6	*e*	**laboratory assistant**
	d	Laborant *m*
	f	laborantin *m*
	i	laboratorista *m*
	r	лаборант *m*
L7	*e*	**labor bed**
	d	Gebärbett, Entbindungsbett *n*
	f	lit *m* d'accouchement
	i	letto *m* di parto
	r	кровать *f* для рожениц
L8	*e*	**labor pains** *pl*
	d	Geburtswehen *f pl*
	f	douleurs *f pl* de l'accouchement

LABYRINTH

	i	doglie f pl
	r	родовые схватки f pl
L9	e	**labyrinth**
	d	Labyrinth n
	f	labyrinthe m
	i	labirinto m
	r	лабиринт m
L10	e	**labyrinthectomy**
	d	Labyrinthektomie f, Labyrinthentfernung f
	f	labyrinthectomie f
	i	labirintectomia f
	r	лабиринтэктомия f
L11	e	**labyrinthine angiospasm**
	d	Lermoyez-Syndrom n
	f	syndrome m de Lermoyez
	i	sindrome f di Lermoyez
	r	синдром m Лермуайе
L12	e	**labyrinthine deafness**
	d	periphere Taubheit f, Labyrinthentaubheit f, Schneckentaubheit f
	f	surdité f labyrinthienne
	i	sordità f labirintica [cocleare]
	r	периферическая [лабиринтная, улитковая] глухота f
L13	e	**labyrinthine nystagmus**
	d	Labyrinthnystagmus m, Labyrinthaugenzittern n
	f	nystagmus m labyrinthique [vestibulaire]
	i	nistagmo m labirintico [vestibolare]
	r	лабиринтный нистагм m
L14	e	**labyrinthine reflex**
	d	Labyrinthreflex m
	f	réflexe m labyrinthique
	i	riflesso m labirintico
	r	лабиринтный рефлекс m
L15	e	**labyrinthine vertigo**
	d	Labyrinthschwindel m, Menière-Syndrom n
	f	syndrome m de Menière, vertige m labyrinthique
	i	sindrome f di Menière, vertigine f labirintica [parossistica]
	r	синдром m Меньера
L16	e	**labyrinthitis**
	d	Labyrinthentzündung f
	f	labyrinthite f, otite f interne
	i	labirintite f, otite f interna
	r	лабиринтит m, внутренний отит m
L17	e	**labyrinthotomy**
	d	Labyrinthotomie f, Labyrinthinzision f
	f	labyrinthotomie f
	i	labirintotomia f
	r	лабиринтотомия f
L18	e	**lacerated wound, laceration**
	d	Rißwunde f
	f	plaie f par déchirure [déchirée, lacérée]
	i	ferita f lacera
	r	рваная рана f
L19	e	**lacrimal bay** see **lacrimal lake**
L20	e	**lacrimal duct**
	d	Tränengang m
	f	canal m lacrymal
	i	canalicolo m lacrimale
	r	слёзный каналец m
L21	e	**lacrimal fistula**
	d	Tränensackfistel f
	f	fistule f lacrymale
	i	fistola f lacrimale
	r	фистула f слёзного мешка
L22	e	**lacrimal lake**
	d	Tränensee m, Tränenbucht f
	f	lac m lacrymal
	i	lago m lacrimale
	r	слёзное озеро n
L23	e	**lacrimal sac**
	d	Tränensack m
	f	sac m lacrymal
	i	sacco m lacrimale
	r	слёзный мешок m
L24	e	**lacrimation**
	d	Tränensekretion f
	f	lacrymation f
	i	lacrimazione f
	r	гиперсекреторное слезотечение n, лакримация f
L25	e	**lacrimator**
	d	Tränengas n
	f	gaz m lacrymogène
	i	sostanza f lacrimogena
	r	отравляющее вещество n слезоточивого действия, лакриматор m
L26	e	**lactagogue**
	d	milchtreibendes Mittel n
	f	galactogogue m
	i	lattagogo m, galattagogo m
	r	вещество n, усиливающее лактацию
L27	e	**lactalbumin**
	d	Laktalbumin n
	f	lactalbumine f
	i	lattalbumina f
	r	лактальбумин m
L28	e	**lactase**
	d	Laktase f, ß-Galaktosidase f
	f	lactase f
	i	lattasi f
	r	ß-галактозидаза f, лактаза f
L29	e	**lactation**

	d	Laktation *f*
	f	lactation *f*
	i	lattazione *f*, allattamento *m*
	r	лактация *f*
L30	*e*	**lacteal cyst**
	d	Galaktozele *f*, Milchzyste *f*
	f	galactocèle *f*
	i	galattocele *m*
	r	галактоцеле *n*, молочная киста *f*
L31	*e*	**lacteal fistula**
	d	Milchgangfistel *f*
	f	fistule *f* mammaire
	i	fistola *f* lattea
	r	свищ *m* млечного протока
L32	*e*	**lactic acid**
	d	Milchsäure *f*
	f	acide *m* lactique
	i	acido *m* lattico
	r	молочная кислота *f*
L33	*e*	**lactiferous duct**
	d	Milchgang *m*
	f	canal *m* galactophore
	i	dotto *m* galattoforo [lattifero]
	r	млечный проток *m*
L34	*e*	**lactiferous sinus**
	d	Milchgangsinus *m*
	f	sinus *m* galactophore
	i	seno *m* lattifero
	r	млечный синус *m*
L35	*e*	**lactobutirometer**
	d	Butyrometer *n*
	f	lactobutyromètre *m*
	i	lattobutirometro *m*
	r	бутирометр *m*
L36	*e*	**lactocele** see **lacteal cyst**
L37	*e*	**lactochrome** see **lactoflavin**
L38	*e*	**lactodensimeter**
	d	Laktodensimeter *n*
	f	galactomètre *m*, lactodensimètre *m*
	i	lattodensimetro *m*
	r	лактоденсиметр *m*
L39	*e*	**lactoflavin**
	d	Riboflavin *n*, Laktoflavin *n*, Vitamin *n* B$_2$
	f	lactoflavine *f*, riboflavine *f*, vitamine *f* B$_2$
	i	lattoflavina *f*, riboflavina *f*, vitamina *f* B$_2$
	r	рибофлавин *m*, лактофлавин *m*, витамин *m* B$_2$
L40	*e*	**lactogenic hormone**
	d	Laktationshormon *n*, Laktogen *n*
	f	prolactine *f*, hormone *f* lactogène
	i	ormone *m* lattogeno, prolattina *f*
	r	пролактин *m*, лактоген *m*
L41	*e*	**lactoglobulin**
	d	Laktoglobulin *n*
	f	lactoglobuline *f*
	i	lattoglobulina *f*
	r	лактоглобулин *m*
L42	*e*	**lactorrhea**
	d	Laktorrhoe *f*, Milchfluß *m*, Galaktorrhoe *f*
	f	lactorrhée *f*
	i	galattorrea *f*
	r	галакторея *f*
L43	*e*	**lactose**
	d	Laktose *f*, Milchzucker *m*
	f	lactose *f*
	i	lattosio *m*
	r	лактоза *f*, молочный сахар *m*
L44	*e*	**lactosuria**
	d	Laktosurie *f*
	f	lactosurie *f*
	i	lattosuria *f*
	r	лактозурия *f*
L45	*e*	**lactotrop(h)in** see **lactogenic hormone**
L46	*e*	**laevulose**
	d	Lävulose *f*, Fructose *f*, Fruchtzucker *m*
	f	lévulose *f*, fructose *f*
	i	levulosio *m*, fruttosio *m*
	r	фруктоза *f*, левулёза *f*
L47	*e*	**Lafora's disease**
	d	Myoklonusepilepsie *f*
	f	épilepsie *f* myoclonique, myoclono-épilepsie *f*
	i	mioclonoepilessia *f*, malattia *f* di Unverricht
	r	миоклонус-эпилепсия *f*
L48	*e*	**lagophthalmia, lagophthalmos**
	d	Lagophthalmie *f*, Augenschlußunfähigkeit *f*
	f	lagophtalmie *f*
	i	lagoftalmo *m*
	r	лагофтальм *m*
L49	*e*	**lag phase**
	d	Latenzphase *f*
	f	phase *f* de latence
	i	periodo *m* [fase *f*] di latenza
	r	латентная фаза *f* (*роста бактерий*)
L50	*e*	**laked blood, laky blood**
	d	hämolysiertes Blut *n*
	f	sang *m* laqué
	i	sangue *m* emolizzato
	r	лаковая [гемолизированная] кровь *f*
L51	*e*	**lambdoidal suture**
	d	Lambdanaht *f*
	f	suture *f* lambdoïde

	i	sutura *f* lambdoidea
	r	ламбдовидный шов *m* (*черепа*)
L52	e	**lambliasis**
	d	Lambliasis *f*, Lamblienbefall *m*
	f	lambliase *f*
	i	giardiasi *f*
	r	лямблиоз *m*
L53	e	**lamella**
	d	Lamelle *f*
	f	lamelle *f*
	i	lamella *f*
	r	тонкая пластинка *f*; чешуйка *f*; тонкий слой *m*
L54	e	**lamellar cataract**
	d	Schichtstar *m*, Cataracta *f* zonularis
	f	cataracte *f* zonulaire
	i	cateratta *f* zonulare
	r	зонулярная [слоистая] катаракта *f*
L55	e	**lamellated corpuscle**
	d	Vater-Pacini-Lamellenkörperchen *n*
	f	corpuscule *m* de (Vater-) Pacini
	i	corpuscolo *m* lamellato di Pacini
	r	пластинчатое тельце *n*, тельце *n* (Фатера—)Пачини
L56	e	**lamina**
	d	Lamina *f*, Platte *f*
	f	lame *f*
	i	lamina *f*
	r	пластинка *f*
L57	e	**laminated clot**
	d	Schichtgerinnsel *n*
	f	thrombus *m* lamellaire
	i	coagulo *m* laminare
	r	слоистый тромб *m*
L58	e	**laminated cortex**
	d	Neokortex *m*, Neopallium *n*
	f	néocortex *m*
	i	allocortex *m*, corteccia *f* eterogenetica
	r	новая кора *f*, неокортекс *m*
L59	e	**laminated epithelium**
	d	Schichtepithel *n*
	f	épithélium *m* stratifié
	i	epitelio *m* stratificato
	r	многослойный эпителий *m*
L60	e	**laminectomy**
	d	Laminektomie *f*
	f	laminectomie *f*
	i	laminectomia *f*
	r	ламинэктомия *f*, рахиотомия *f*
L61	e	**lance, lancet**
	d	Lanzette *f*, Lanze *f*, Lanzenmesser *n*
	f	lancette *f*
	i	lancetta *f*, bisturi *m*
	r	ланцет *m*
L62	e	**lanceolate needle**
	d	Lanzettennadel *f*
	f	lance *f*
	i	ago *m* da lancetta
	r	игла-копьё *n*, ланцетная игла *f*
L63	e	**Langerhans' island**
	d	Langerhans-Insel *f*, Pankreasinsel *f*
	f	îlot *m* de Langerhans [pancréatique]
	i	isola *f* pancreatica [di Langerhans]
	r	панкреатический островок *m*, островок *m* Лангерганса
L64	e	**Langhans' cell**
	d	Langhans-Riesenzelle *f*
	f	cellule *f* de Langhans
	i	cellula *f* di Langhans
	r	клетка *f* Лангханса
L65	e	**lanugo (hair)**
	d	Lanugohaare *n pl*, Flaumhaare *n pl*, Wollhaare *n pl*
	f	lanugo *m*
	i	lanugine *f*
	r	пушковые волосы *m pl*
L66	e	**laparohysterectomy**
	d	Laparohysterektomie *f*
	f	laparohystérectomie *f*
	i	laparoisterectomia *f*
	r	абдоминальная экстирпация *f* матки, абдоминальная гистерэктомия *f*
L67	e	**laparoscope**
	d	Laparoskop *n*, Abdominoskop *n*
	f	laparoscope *m*
	i	laparoscopio *m*
	r	лапароскоп *m*, перитонеоскоп *m*
L68	e	**laparoscopy**
	d	Laparoskopie *f*, Peritoneoskopie *f*, Bauchhöhlenspiegelung *f*
	f	laparoscopie *f*
	i	laparoscopia *f*
	r	перитонеоскопия *f*, лапароскопия *f*, целиоскопия *f*
L69	e	**laparotomy**
	d	Laparotomie *f*, Bauchschnitt *m*, Bauchhöhleneröffnung *f*
	f	laparotomie *f*
	i	laparotomia *f*
	r	лапаротомия *f*, чревосечение *n*
L70	e	**lardaceous liver**
	d	Amyloidleber *f*
	f	foie *m* amyloïde
	i	amiloidosi *f* epatica
	r	амилоидная печень *f*
L71	e	**lardaceous spleen**
	d	Speckmilz *f*, Schinkenmilz *f*
	f	rate *f* lardacée
	i	milza *f* lardacea
	r	сальная [ветчинная] селезёнка *f*
L72	e	**large bowel, large intestine**

	d	Dickdarm *m*
	f	gros intestin *m*
	i	intestino *m* crasso
	r	толстая кишка *f*
L73	e	**larvicide**
	d	Larvizidum *n*
	f	larvicide *m*
	i	larvicida *m*
	r	ларвицид *m*
L74	e	**laryngeal reflex**
	d	Kehlkopfreflex *m*, Hustenreflex *m*
	f	réflexe *m* laryngé
	i	riflesso *m* laringeo
	r	кашлевой рефлекс *m*
L75	e	**laryngeal syncope**
	d	Larynxkrise *f*, Kehlkopfkrise *f*
	f	ictus *m* laryngé, syncope *f* laryngée
	i	sincope *f* [vertigine *f*] laringea
	r	беттолепсия *f*, кашлевой обморок *m*, гортанный криз *m*, гортанное головокружение *n*
L76	e	**laryngeal ventricle**
	d	Kehlkopftasche *f*
	f	ventricule *m* laryngé
	i	ventricolo *m* laringeo di Morgagni
	r	гортанный желудочек *m*, желудочек *m* гортани
L77	e	**laryngeal vertigo** *see* **laryngeal syncope**
L78	e	**laryngectomy**
	d	Laryngektomie *f*, Kehlkopfausschneidung *f*
	f	laryngectomie *f*
	i	laringectomia *f*
	r	ларингэктомия *f*
L79	e	**laryngitis**
	d	Laryngitis *f*, Kehlkopfentzündung *f*
	f	laryngite *f*
	i	laringite *f*
	r	ларингит *m*
L80	e	**laryngocele**
	d	Laryngozele *f*
	f	laryngocèle *f*
	i	laringocele *m*
	r	ларингоцеле *n*, воздушная киста *f* гортани
L81	e	**laryngoparalysis, laryngoplegia**
	d	Kehlkopfmuskellähmung *f*
	f	laryngoplégie *f*
	i	laringoplegia *f*
	r	паралич *m* гортани
L82	e	**laryngoscope**
	d	Laryngoskop *n*, Kehlkopfspiegel *m*
	f	laryngoscope *m*
	i	laringoscopio *m*
	r	ларингоскоп *m*
L83	e	**laryngoscopy**
	d	Laryngoskopie *f*, Kehlkopfspiegelung *f*
	f	laryngoscopie *f*
	i	laringoscopia *f*
	r	ларингоскопия *f*
L84	e	**laryngospasm**
	d	Laryngospasmus *m*, Kehlkopfkrampf *m*, Glottiskrampf *m*
	f	laryngospasme *m*
	i	laringospasmo *m*
	r	ларингоспазм *m*
L85	e	**laryngostenosis**
	d	Laryngostenose *f*, Kehlkopfstenose *f*, Kehlkopfverengerung *f*
	f	laryngosténose *f*
	i	laringostenosi *f*
	r	ларингостеноз *m*
L86	e	**laryngostomy**
	d	Laryngostomie *f*
	f	laryngostomie *f*
	i	laringostomia *f*
	r	ларингостомия *f*
L87	e	**laryngotomy**
	d	Laryngotomie *f*, Kehlkopfschnitt *m*, Kehlkopferöffnung *f*
	f	laryngotomie *f*
	i	laringotomia *f*
	r	ларинготомия *f*
L88	e	**laryngotracheotomy**
	d	Laryngotracheotomie *f*, Kehlkopf-Luftröhren-Schnitt *m*
	f	laryngotrachéotomie *f*
	i	laringotracheotomia *f*
	r	ларинготрахеотомия *f*
L89	e	**larynx**
	d	Larynx *m*, Kehlkopf *m*
	f	larynx *m*
	i	laringe *f*
	r	гортань *f*
L90	e	**laser**
	d	Laser *m*
	f	laser *m*
	i	laser *m*
	r	лазер *m*
L91	e	**lassitude**
	d	Erschöpfung *f*; Ermüdung *f*
	f	lassitude *f*
	i	stanchezza *f*
	r	слабость *f*, вялость *f*, бессилие *n*
L92	e	**late chlorosis**
	d	Spätchlorose *f*
	f	chlorose *f* tardive
	i	clorosi *f* tardiva
	r	поздний хлороз *m*, эссенциальная железодефицитная анемия *f*

LATE DIASTOLIC MURMUR

L93   *e*   late diastolic murmur
       d   präsystolisches Geräusch *n*
       f   souffle *m* présystolique
       i   soffio *m* presistolico
       r   пресистолический шум *m*

L94   *e*   latency
       d   Latenz *f*
       f   latence *f*
       i   latenza *f*
       r   латентность *f*

L95   *e*   latent
       d   latent, verborgen, versteckt
       f   latent
       i   latente
       r   скрытый, латентный

L96   *e*   latent gout
       d   Uratdiathese *f*, Harnsäurediathese *f*
       f   diathèse *f* goutteuse [urique]
       i   gotta *f* latente
       r   мочекислый диатез *m* (латентная форма подагры)

L97   *e*   latent period
       d   1. Latenzperiode *f*
           2. Inkubationsperiode *f*
       f   1. période *f* de latence 2. période *f* d'incubation
       i   1. periodo *m* [tempo *m*] di latenza
           2. periodo *m* di incubazione
       r   1. латентный период *m*
           2. инкубационный период *m*

L98   *e*   latent tetany
       d   latente Tetanie *f*
       f   tétanie *f* latente
       i   tetania *f* latente
       r   скрытая тетания *f*

L99   *e*   latent typhoid
       d   latenter Abdominaltyphus *m*
       f   typhus *m* ambulatoire
       i   febbre *f* tifoide ambulatoria
       r   амбулаторный брюшной тиф *m*

L100   *e*   lateral ventricle
       d   Seitenventrikel *m*
       f   ventricule *m* latéral
       i   ventricolo *m* laterale
       r   боковой желудочек *m* (головного мозга)

L101   *e*   laughing gas
       d   Lachgas *n*, Lustgas *n*
       f   gaz *m* hilarant, protoxyde *m* d'azote
       i   gas *m* esilarante, protossido *m* d'azoto
       r   закись *f* азота, веселящий газ *m*

L102   *e*   lavage
       d   Lavage *f*, Spülung *f*
       f   lavage *m*
       i   lavaggio *m*
       r   ирригация *f*, лаваж *m*, промывание *n* (полости)

L103   *e*   laxative
       d   Laxans *n*, Laxativ *n*, Abführmittel *n*
       f   laxatif *m*
       i   lassativo *m*
       r   послабляющее лекарственное средство *n*

L104   *e*   lead
       d   1. Blei *n* 2. Ableitung *f*
       f   1. plomb *m* 2. dérivation *f*
       i   1. piombo *m* 2. derivazione *f*
       r   1. свинец *m* 2. отведение *n*

L105   *e*   lead colic
       d   Bleikolik *f*
       f   colique *f* saturnine
       i   colica *f* saturnina
       r   свинцовая колика *f*

L106   *e*   lead palsy, lead paralysis
       d   Bleilähmung *f*
       f   paralysie *f* saturnine
       i   paralisi *f* saturnina
       r   свинцовый паралич *m*

L107   *e*   lead-rubber apron
       d   Bleigummischürze *f*
       f   tablier *m* opaque [protecteur]
       i   grembiule *m* da piombo
       r   свинцовый защитный фартук *m*

L108   *e*   lead-rubber gloves *pl*
       d   Schutzhandschuhe *m pl*
       f   gants *m pl* opaques [protecteurs]
       i   manopole *f pl* da piombo
       r   (рентгено)защитные перчатки *f pl*

L109   *e*   leak
       d   Anastomoseninsuffizienz *f*
       f   insuffisance *f* de l'anastomose
       i   deiscenza *f* dell'anastomosi
       r   расхождение *n* анастомоза

L110   *e*   lecithin
       d   Lezithin *n*
       f   lécithine *f*
       i   lecitina *f*
       r   лецитин *m*

L111   *e*   leech
       d   Blutegel *m*
       f   sangsue *f*
       i   sanguisuga *f*, mignatta *f*
       r   пиявка *f*

L112   *e*   left-handed
       d   linkshändig
       f   gaucher
       i   mancino
       r   леворукий

L113   *e*   left ventricular failure
       d   Linksherzversagen *n*
       f   insuffisance *f* ventriculaire gauche

	i	insufficienza *f* ventricolare sinistra
	r	левожелудочковая недостаточность *f*
L114	*e*	leg
	d	1. Bein *n*, untere Extremität *f*
		2. Unterschenkel *m*
	f	1. pied *m* 2. jambe *f*
	i	gamba *f*
	r	1. нога *f* 2. голень *f*
L115	*e*	legal psychiatry
	d	Gerichtspsychiatrie *f*, forensische Psychiatrie *f*
	f	psychiatrie *f* légale
	i	psichiatria *f* legale
	r	судебная психиатрия *f*
L116	*e*	leg holder
	d	Beinhalter *m*
	f	support *m* de jambes, porte-jambe *m*
	i	appoggiogamba *f*
	r	ногодержатель *m*
L117	*e*	Leiner's disease
	d	Leiner-Krankheit *f*, Erythrodermia *f* desquamativa der Neugeborenen
	f	maladie *f* de Leiner-Moussous, érythrodermie *f* desquamative des nourrissons
	i	malattia *f* di Leiner-Moussous, eritrodermia *f* desquamativa dei neonati
	r	десквамативная эритродермия *f* новорождённых, болезнь *f* Лейнера—Муссу
L118	*e*	leiomyofibroma
	d	Leiomyofibrom *n*
	f	léiomyofibrome *m*
	i	leiomiofibroma *m*
	r	лейомиофиброма *f*, фибролейомиома *f*
L119	*e*	leiomyoma
	d	Leiomyom *n*
	f	léiomyome *m*, liomyome *m*
	i	leiomioma *m*
	r	лейомиома *f*
L120	*e*	leishmaniasis, leishmaniosis
	d	Leishmaniasis *f*, Leishmaniose *f*
	f	leishmaniose *f*
	i	leishmaniosi *f*
	r	лейшманиоз *m*
L121	*e*	lemmocyte
	d	Lemmozyt *m*, Schwann-Zelle *f*
	f	lemmocyte *m*, cellule *f* de Schwann
	i	lemmocito *m*
	r	леммоцит *m*, шванновская клетка *f*
L122	*e*	lens
	d	Linse *f*
	f	1. lentille *f* 2. lentille *f* cristalline, cristallin *m*
	i	1. lente *f* 2. cristallino *m*
	r	1. линза *f* 2. хрусталик *m*
L123	*e*	lens fibers *pl*
	d	Linsenfasern *f pl*
	f	fibres *f pl* cristalliniennes
	i	fibre *f pl* del cristallino
	r	волокна *n pl* хрусталика
L124	*e*	lensometer
	d	Linsenmeßgerät *n*
	f	dioptrimètre *m*
	i	lentometro *m*
	r	диоптриметр *m*, линзометр *m*
L125	*e*	lenticular progressive degeneration
	d	Wilson-Krankheit *f*, hepatolentikuläre Degeneration *f*
	f	maladie *f* de Wilson, dégénérescence *f* lenticulaire progressive
	i	morbo *m* di Wilson, degenerazione *f* lenticolare progressiva
	r	гепатоцеребральная дистрофия *f*, болезнь *f* Вильсона—Коновалова, прогрессирующая лентикулярная дегенерация *f*
L126	*e*	lenticular syphilid
	d	lentikuläres Syphilid *n*
	f	syphilide *f* lenticulaire
	i	sifilide *f* lenticolare, sifiloderma *m* papuloso
	r	лентикулярный сифилид *m*
L127	*e*	lentiform bone
	d	Erbsenbein *n*
	f	os *m* pisiforme
	i	osso *m* pisiforme
	r	гороховидная кость *f*
L128	*e*	lentiform nucleus
	d	Linsenkern *m*
	f	noyau *m* lenticulaire
	i	nucleo *m* lentiforme
	r	чечевицеобразное ядро *n*
L129	*e*	lentiginosis
	d	Lentiginose *f*
	f	lentiginose *f*
	i	lentigginosi *f*
	r	лентигиноз *m*, генерализованный лентикулярный меланоз *m*
L130	*e*	lentiglobus
	d	Lentiglobus *m*, Lentikonus *m*
	f	lentiglobe *m*, lenticône *m*
	i	lentiglobo *m*
	r	лентиглобус *m*
L131	*e*	lentigo
	d	Lentigo *f*, Linsenfleck *m*
	f	lentigo *m*
	i	lentiggine *f*
	r	лентиго *n*
L132	*e*	lepra cell
	d	Leprazelle *f*
	f	cellule *f* lépreuse

LEPROMA

	i	cellula *f* leprosa
	r	лепрозная клетка *f*, клетка *f* Вирхова

L133   *e*   **leproma**
    d   Leprom *n*
    f   léprome *m*
    i   leproma *m*, granuloma *m* leproso
    r   лепрома *f*, лепроматозная гранулёма *f*, лепрозный бугорок *m*

L134   *e*   **leprosarium**
    d   Leprosorium *n*, Lepraheim *n*, Leprasiedlung *f*
    f   léproserie *f*
    i   lebbrosario *m*
    r   лепрозорий *m*

L135   *e*   **leprosy**
    d   Lepra *f*, Aussatz *m*
    f   lèpre *f*, léprose *f*
    i   lebbra *f*
    r   лепра *f*, проказа *f*

L136   *e*   **leprosy bacillus**
    d   Leprabazillus *m*
    f   bacille *m* de Hansen
    i   bacillo *m* di Hansen
    r   палочка *f* лепры [проказы], палочка *f* Гансена

L137   *e*   **leptocyte**
    d   Leptozyt *m*
    f   leptocyte *m*, cellule-cible *f*
    i   leptocito *m*
    r   планоцит *m*, лептоцит *m*

L138   *e*   **leptomeningitis**
    d   Leptomeningitis *f*
    f   leptoméningite *f*
    i   leptomeningite *f*
    r   лептоменингит *m*

L139   *e*   **leptospira** *pl*
    d   Leptospiren *f pl*
    f   leptospires *f pl*
    i   leptospire *f pl*
    r   лептоспиры *f pl*

L140   *e*   **leptospiral jaundice**
    d   Leptospirose *f* mit Gelbsucht
    f   leptospirose *f* ictérigène
    i   leptospirosi *f* itterica
    r   желтушный лептоспироз *m*, лептоспирозная желтуха *f*

L141   *e*   **leptospirosis**
    d   Leptospirose *f*, Leptospirenerkrankung *f*
    f   leptospirose *f*
    i   leptospirosi *f*
    r   лептоспироз *m*

L142   *e*   **lesbianism**
    d   lesbische Liebe *f*, weibliche Homosexualität *f*
    f   lesbianisme *m*
    i   lesb(ian)ismo *m*, tribadismo *m*, saffismo *m*
    r   лесбийская любовь *f*

L143   *e*   **lesion**
    d   Läsion *f*, Schädigung *f*, Verletzung *f*
    f   lésion *f*
    i   lesione *f*, ferita *f*
    r   поражение *n*, повреждение *n*

L144   *e*   **lesser omentum**
    d   kleines Netz *n*
    f   petit épiploon *m*
    i   piccolo omento *m*, piccolo epiploon *m*
    r   малый сальник *m*

L145   *e*   **lesser pancreas**
    d   hakenförmiger Fortsatz *m* der Bauchspeicheldrüse, kleine Bauchspeicheldrüse *f*
    f   pancréas *m* accessoire, petit pancréas *m*, crochet *m* du pancréas
    i   processo *m* uncinato del pancreas
    r   крючковидный отросток *m* поджелудочной железы, малая поджелудочная железа *f*

L146   *e*   **lesser trochanter**
    d   kleiner Rollhügel *m*
    f   petit trochanter *m*
    i   piccolo trocantere *m*
    r   малый вертел *m*

L147   *e*   **lethal dose**
    d   letale [tödliche] Dosis *f*
    f   dose *f* létale
    i   dose *f* letale
    r   смертельная [летальная] доза *f*

L148   *e*   **lethality**
    d   Letalität *f*
    f   lét(h)alité *f*
    i   letalità *f*
    r   летальность *f*

L149   *e*   **lethargic encephalitis**
    d   Economo-Krankheit *f*, Schlafkrankheit *f*
    f   encéphalite *f* léthargique, maladie *f* de von Economo [de Cruchet]
    i   encefalite *f* epidemica [letargica]
    r   эпидемический летаргический энцефалит *m* Экономо

L150   *e*   **lethargy**
    d   Lethargie *f*
    f   léthargie *f*
    i   letargia *f*
    r   летаргия *f*, летаргический сон *m*

L151   *e*   **leucine**
    d   Leucin *n*
    f   leucine *f*
    i   leucina *f*
    r   лейцин *m*

L152 e leucocyte *see* leukocyte
L153 e leucocyturia
  d Leukozyturie *f*, Leukozytenausscheidung *f* im Harn
  f leucocyturie *f*
  i leucocituria *f*
  r лейкоцитурия *f*

L154 e leukemia
  d Leukämie *f*, Leukose *f*, Weißblutigkeit *f*
  f leucémie *f*
  i leucemia *f*, leucosi *f*
  r лейкоз *m*, лейкемия *f*

L155 e leukemic retinitis, leukemic retinopathy
  d leukämische Retinopathie *f*
  f rétinopathie *f* leucémique
  i retinite *f* [retinopatia *f*] leucemica
  r лейкемическая ретинопатия *f*

L156 e leukemoid reaction
  d leukämoide Reaktion *f*
  f réaction *f* leucémoïde
  i reazione *f* leucemoide
  r лейкемоидная реакция *f*

L157 e leukocidin
  d Leukozidin *n*
  f leucocidine *f*
  i leucocidina *f*
  r лейкоцидин *m*

L158 e leukocyte
  d Leukozyt *m*, weißes Blutkörperchen *n*
  f leucocyte *m*
  i leucocito *m*, globulo *m* bianco
  r лейкоцит *m*

L159 e leukocytogenesis *see* leukopoiesis

L160 e leukocytolysis
  d Leukozytolyse *f*, Leuklysis *f*
  f leucolyse *f*, leucocytolyse *f*
  i leucocitolisi *f*
  r лейколиз *m*, лейкоцитолиз *m*, лейкодиерез *m*, лейкоцитодиерез *m*

L161 e leukocytopenia *see* leukopenia

L162 e leukocytopoiesis *see* leukopoiesis

L163 e leukocytosis
  d Leukozytose *f*, gutartige Leukozytenvermehrung *f*
  f leucocytose *f*
  i leucocitosi *f*
  r лейкоцитоз *m*

L164 e leukokeratosis
  d Leukokeratose *f*
  f leucokératose *f*
  i leucocheratosi *f*
  r лейкокератоз *m*

L165 e leukolysis *see* leukocytolysis

L166 e leukoma
  d Keratoleukom *n*, weißer Hornhautfleck *m*
  f leucome *m*
  i leucoma *m*
  r бельмо *n*, лейкома *f*

L167 e leukonychia
  d Leukonychie *f*, Leukom *m* [Weißfleckigkeit *f*] der Nägel
  f leuconychie *f*
  i leuconichia *f*
  r лейконихия *f*

L168 e leukopedesis
  d Leuko(dia)pedese *f*
  f leucopédèse *f*
  i leucopedesi *f*
  r лейко(диа)педез *m*

L169 e leukopenia
  d Leukozytopenie *f*, verminderte Leukozytenzahl *f*
  f leucopénie *f*
  i leucopenia *f*
  r лейкопения *f*

L170 e leukopoiesis
  d Leukopoese *f*, Leukozytenbildung *f*
  f leucopoïèse *f*
  i leucopoiesi *f*
  r лейкопоэз *m*, лейкоцитопоэз *m*, лейкогенез *m*

L171 e leukorrhagia, leukorrhea
  d Leukorrhoe *f*, weißer Ausfluß *m*
  f leucorragie *f*
  i leucorragia *f*, leucorrea *f*
  r бели *pl*

L172 e leukosarcoma(tosis)
  d Leukosarkomatose *f*
  f leucosarcomatose *f*
  i leucosarcomatosi *f*, leucosarcoma *m*
  r лейкосаркоматоз *m* (Штернберга)

L173 e leukosis *see* leukemia

L174 e leukotrichia
  d Leukotrichie *f*
  f leucotrichie *f*
  i leucotrichia *f*
  r врождённое поседение *n*, лейкотрихия *f*

L175 e levator muscle
  d Hebermuskel *m*
  f muscle *m* élévateur
  i muscolo *m* elevatore
  r поднимающая мышца *f*

L176 e levulose
  d Lävulose *f*, Fructose *f*, Fruchtzucker *m*

LEVULOSURIA

	f	lévulose f
	i	levulosio m, fruttosio m
	r	фруктоза f, левулёза f
L177	e	**levulosuria**
	d	Lävulosurie f, Fructosurie f
	f	lévulosurie f
	i	levulosuria f
	r	фруктозурия f, левулезурия f
L178	e	**Leydig's cell**
	d	Leydig-Zwischenzelle f, Hodenzwischenzelle f
	f	cellule f de Leydig
	i	cellula f di Leydig
	r	гландулоцит m яичка, клетка f Лейдига
L179	e	**libido**
	d	Libido f, Geschlechtstrieb m
	f	libido f
	i	libido f
	r	половое влечение n, либидо n
L180	e	**Libman-Sacks endocarditis**
	d	Libman-Sacks-Endokarditis f, lupöse Endokarditis f, Lupus-Endokarditis f
	f	endocardite f de Libman-Sacks
	i	endocardite f di Libman-Sacks
	r	волчаночный эндокардит m, эндокардит m Либмана—Сакса
L181	e	**lichen**
	d	Lichen m, Flechte f
	f	lichen m
	i	lichen m
	r	лихен m, лишай m
L182	e	**lichenification, lichenization**
	d	Lichenifikation f, Lichenifizierung f, Lichenisation f
	f	lichénification f, lichénisation f
	i	lichenificazione f
	r	лихенизация f, лихенификация f
L183	e	**lid**
	d	Augenlid n, Palpebra f
	f	paupière f
	i	palpebra f
	r	веко n
L184	e	**lid reflex**
	d	Kornealreflex m
	f	réflexe m cornéen
	i	riflesso m congiuntivale [corneale]
	r	корнеальный [роговичный] рефлекс m
L185	e	**lie**
	d	Fruchtlage f
	f	présentation f
	i	posizione f fetale
	r	положение n плода
L186	e	**Lieberkuehn's follicle, Lieberkuehn's gland**
	d	Lieberkühn-Krypte f, Intestinaldrüse f, Darmdrüse f
	f	glande f de Lieberkühn, crypte f intestinale
	i	ghiandola f di Lieberkühn [intestinale]
	r	либеркюнова железа f, кишечная крипта f
L187	e	**lienculus**
	d	akzessorische Milz f, Nebenmilz f
	f	rate f supplémentaire
	i	milza f accessoria
	r	добавочная селезёнка f
L188	e	**lienectomy**
	d	Splenektomie f, Milzextirpation f
	f	splénectomie f
	i	splenectomia f
	r	спленэктомия f
L189	e	**lienitis**
	d	Lienitis f, Splenitis f, Milzentzündung f
	f	splénite f
	i	splenite f
	r	спленит m, лиенит m
L190	e	**lienography**
	d	Lienographie f, Splenographie f
	f	splénographie f
	i	splenografia f
	r	лиенография f
L191	e	**Lieutaud's body**
	d	Blasendreieck n
	f	triangle m de Lieutaud
	i	trigono m di Lieutaud [vescicale]
	r	мочепузырный треугольник m, треугольник m Льето
L192	e	**life**
	d	Leben n
	f	vie f
	i	vita f
	r	жизнь f
L193	e	**ligament**
	d	Ligamentum n, Band n
	f	ligament m
	i	legamento m
	r	связка f
L194	e	**ligamentopexis, ligamentopexy**
	d	Ligamentopexie f
	f	opération f d'Alexander-Adams
	i	legamentopessi f
	r	операция f Александера—Адамса
L195	e	**ligation**
	d	Unterbindung f, Abbinden n
	f	ligature f, pansement m
	i	legatura f, allacciatura f
	r	лигирование n, перевязка f
L196	e	**ligature**

LINKAGE

        d Ligatur *f*, Unterbindungsfaden *m*
        f ligature *f*, filament *m*
        i legatura *f*, laccio *m*, filo *m*
        r лигатура *f*

L197 *e* **ligature needle**
        d Unterbindungsnadel *f*
        f aiguille *f* à ligature
        i ago *m* per legatura
        r лигатурная игла *f*

L198 *e* **ligature sign**
        d Rumpel-Leede-Phänomen *n*
        f signe *m* du tortillon [du garrot]
        i segno *m* del laccio
        r симптом *m* жгута

L199 *e* **light adaptation**
        d Helladaptation *f*, Lichtanpassung *f*
        f adaptation *f* à la lumière
        i adattamento *m* alla luce
        r световая адаптация *f*

L200 *e* **light threshold**
        d Sehschwelle *f*
        f seuil *m* visuel
        i soglia *f* dello stimolo visivo
        r порог *m* зрительного ощущения

L201 *e* **light treatment**
        d Lichtbehandlung *f*, Phototherapie *f*
        f photothérapie *f*
        i fototerapia *f*
        r светолечение *n*, фототерапия *f*

L202 *e* **lignin**
        d Lignin *n*
        f lignine *f*
        i lignina *f*
        r лигнин *m*

L203 *e* **lilliputian hallucination**
        d Mikrohalluzinationen *f pl*
        f hallucination *f* lilliputienne
        i allucinazione *f* lillipuziana
        r микроптические галлюцинации *f pl*, микрогаллюцинации *f pl*

L204 *e* **limb**
        d Glied *n*, Extremität *f*
        f membre *m*
        i estremità *f*, arto *m*, membro *m*
        r конечность *f*

L205 *e* **limb lead**
        d Extremitätenableitung *f*
        f dérivation *f* des membres
        i derivazione *f* dell'arto
        r отведение *n* ЭКГ с конечностей

L206 *e* **liminal stimulus**
        d Schwellenreiz *m*
        f stimulus *m* liminaire [liminal]
        i stimolo *m* liminale [soglia]
        r пороговый раздражитель *m*

L207 *e* **limnemia**
        d Malariakachexie *f*
        f cachexie *f* paludéenne
        i cachessia *f* malarica
        r малярийная кахексия *f*

L208 *e* **linear amputation**
        d lineare Amputation *f*, Guillotineamputation *f*
        f amputation *f* de guillotine
        i amputazione *f* a mannaia
        r гильотинная ампутация *f*

L209 *e* **line of demarcation**
        d Demarkationslinie *f*
        f ligne *f* de démarcation
        i linea *f* di demarcazione
        r демаркационная линия *f*

L210 *e* **line of fixation**
        d Fixationsaxe *f*, Gesichtslinie *f*, Sehachse *f*
        f axe *m* visuel, axe *m* de fixation
        i asse *m* visivo, linea *f* visiva
        r зрительная линия *f*, ось *f* [линия *f*] фиксации

L211 *e* **lingual bone**
        d Zungenbein *n*
        f os *m* hyoïde
        i osso *m* ioide
        r подъязычная кость *f*

L212 *e* **lingual goiter**
        d Zungengrundstruma *f*
        f goitre *m* lingual
        i gozzo *m* linguale
        r зоб *m* корня языка

L213 *e* **lingual gyre**
        d Gyrus *m* occipitotemporalis medialis
        f cinquième circonvolution *f* occipitale, lobule *m* lingual
        i giro *m* [lobulo *m*] linguale
        r язычная [медиальная затылочно-височная] извилина *f*

L214 *e* **lingual tonsil**
        d Zungenmandel *f*
        f amygdale *f* linguale
        i tonsilla *f* linguale
        r язычная [четвёртая] миндалина *f*

L215 *e* **linguatuliasis**
        d Linguatuliasis *f*, Zungenwurmbefall *m*
        f linguatulose *f*
        i porocefalosi *f*
        r лингватулёз *m*

L216 *e* **liniment**
        d Liniment(um) *n*
        f liniment *m*
        i linimento *m*
        r линимент *m*, мазь *f*

L217 *e* **linkage**

LINOLEIC ACID

	d	Genenkopplung *f*
	f	linkage *m*
	i	linkage *m*
	r	сцепление *n* (генов)
L218	*e*	**linoleic acid**
	d	Linolsäure *f*
	f	acide *m* linoléique
	i	acido *m* linoleico
	r	линолевая кислота *f*
L219	*e*	**linolenic acid**
	d	Linolensäure *f*
	f	acide *m* linolénique
	i	acido *m* linolenico
	r	линоленовая кислота *f*
L220	*e*	**lint**
	d	Scharpie *f*, Leinwand *f*
	f	charpie *f*
	i	filaccia *f*
	r	корпия *f*
L221	*e*	**lip**
	d	Lippe *f*, Labium *n*
	f	lèvre *f*
	i	labbro *m*
	r	губа *f*
L222	*e*	**lipase**
	d	Lipase *f*
	f	lipase *f*
	i	lipasi *f*
	r	липаза *f*
L223	*e*	**lipemia**
	d	Lipämie *f*
	f	lipémie *f*, lipidémie *f*
	i	lipemia *f*
	r	липемия *f*
L224	*e*	**lipid**
	d	Lipid *n*
	f	lipide *m*
	i	lipide *m*
	r	липид *m*
L225	*e*	**lipid histiocytosis**
	d	lipoide Histiozytose *f*, Niemann-Pick-Krankheit *f*
	f	histiocytose *f* lipoïdique essentielle, maladie *f* de Niemann-Pick
	i	istiocitosi *f* lipidica, malattia *f* di Niemann-Pick
	r	болезнь *f* Ниманна—Пика, липоидный гистиоцитоз *m*
L226	*e*	**lipid pneumonia**
	d	Lipoidpneumonie *f*
	f	pneumonie *f* lipoïdique [lipidique]
	i	polmonite *f* lipidica
	r	липоидная пневмония *f*, олеопневмония *f*
L227	*e*	**lipid proteinosis**
	d	Urbach-Wiethe-Krankheit *f*, Haut- und Schleimhaut-Hyalinose *f*, Lipid-Proteinose *f*
	f	lipoïdoprotéinose *f*, protéinose *f* lipoïdique, maladie *f* d'Urbach-Wiethe
	i	proteinosi *f* lipidica, malattia *f* di Urbach-Wiethe
	r	гиалиноз *m* кожи и слизистых оболочек, липоидный протеиноз *m*, болезнь *f* Урбаха—Витте
L228	*e*	**lipidosis**
	d	Lipidose *f*, Lipidspeicherkrankheit *f*
	f	lipidose *f*
	i	lipidosi *f*, lipoidosi *f*
	r	липидоз *m*
L229	*e*	**lipiduria** *see* **lipuria**
L230	*e*	**lipochondrodystrophy**
	d	Lipochondrodystrophie *f*, Pfaundler-Hurler-Krankheit *f*, Gargoylismus *m*
	f	lipochondrodystrophie *f*
	i	lipocondrodistrofia *f*
	r	гаргоилизм *m*, липохондродистрофия *f*, хондроостеодистрофия *f*
L231	*e*	**lipochrome**
	d	Lipochrom *n*
	f	lipochrome *m*, carotinoïde *m*
	i	lipocromo *m*, carotinoide *m*
	r	липохром *m*, каротиноид *m*
L232	*e*	**lipodystrophy**
	d	Lipodystrophie *f*
	f	lipodystrophie *f*
	i	lipodistrofia *f*
	r	липодистрофия *f*
L233	*e*	**lipofibroma**
	d	Lipofibrom *n*
	f	lipofibrome *m*
	i	lipofibroma *m*
	r	липофиброма *f*
L234	*e*	**lipofuscin**
	d	Lipofuszin *n*, Abnutzungspigment *n*, Alterspigment *n*
	f	lipofuscine *f*
	i	lipofuscina *f*
	r	липофусцин *m*
L235	*e*	**lipogranuloma**
	d	Lipogranulom *n*
	f	lipogranulome *m*
	i	lipogranuloma *m*
	r	липогранулёма *f*, стеатогранулёма *f*
L236	*e*	**lipogranulomatosis**
	d	Lipogranulomatose *f*
	f	lipogranulomatose *f*
	i	lipogranulomatosi *f*
	r	липогранулематоз *m*
L237	*e*	**lipoic acid**
	d	Lipoinsäure *f*, Liponsäure *f*

	f	acide *m* lipoïque
	i	acido *m* lipoico
	r	липоевая кислота *f*
L238	*e*	lipoid *see* lipid
L239	*e*	**lipoid granuloma**
	d	Xanthom *n*
	f	xanthome *m*
	i	xantoma *m*
	r	ксантома *f*
L240	*e*	**lipoid granulomatosis**
	d	1. Xanthomatose *f*
		2. Lipogranulomatose *f*
	f	1. xanthomatose *f*
		2. lipogranulomatose *f*
	i	xantomatosi *f*
	r	1. ксантоматоз *m*, экстрацеллюлярный холестериноз *m* 2. липогранулематоз *m*
L241	*e*	**lipoid nephrosis**
	d	Lip(o)idnephrose *f*
	f	néphrose *f* lipoïdique
	i	nefrosi *f* lipoidea
	r	липоидный нефроз *m*
L242	*e*	**lipoidosis**
	d	Lipoidose *f*
	f	lipoïdose *f*
	i	lipoidosi *f*
	r	липоидоз *m*
L243	*e*	**lipoma**
	d	Lipom *n*, Fettgewebsgeschwulst *f*
	f	lipome *m*
	i	lipoma *m*
	r	липома *f*, жировик *m*
L244	*e*	**lipomatosis**
	d	Lipomatose *f*, umschriebene Fettgewebswucherung *f*
	f	lipomatose *m*
	i	lipomatosi *f*
	r	липоматоз *m*
L245	*e*	**lipomelanic reticulosis**
	d	lipomelanotische Hautretikulose *f*
	f	réticulose *f* cutanée lipomélanique
	i	reticoloendoteliosi *f* lipomelanotica
	r	синдром *m* Потрие—Воренже, дерматопатическая лимфаденопатия *f*, липомеланотический ретикулёз *m* кожи
L246	*e*	**lipometabolism**
	d	Fettmetabolismus *m*, Fettstoffwechsel *m*
	f	métabolisme *m* lipidique [des graisses]
	i	metabolismo *m* lipidico [dei grassi]
	r	жировой [липидный] обмен *m*
L247	*e*	liponephrosis *see* lipoid nephrosis
L248	*e*	**lipophagic intestinal granulomatosis**
	d	intestinale Lipodystrophie *f*, Whipple-Krankheit *f*
	f	lipodystrophie *f* intestinale, maladie *f* de Whipple
	i	lipodistrofia *f* intestinale, malattia *f* di Whipple
	r	интестинальная липодистрофия *f*, липогранулематоз *m* брыжейки, болезнь *f* Уиппла
L249	*e*	**lipoprotein**
	d	Lipoprotein *n*, Lipoproteid *n*
	f	lipoprotéine *f*
	i	lipoproteina *f*
	r	липопротеид *m*, липопротеин *m*
L250	*e*	liposis *see* lipomatosis
L251	*e*	**lipuria**
	d	Lipurie *f*, Fettharnen *n*
	f	lipurie *f*
	i	lipuria *f*
	r	липурия *f*
L252	*e*	**liquefaction degeneration, liquefactive necrosis**
	d	Verflüssigungsnekrose *f*
	f	nécrose *f* de liquéfaction
	i	necrosi *f* colliquativa
	r	влажный [колликвационный] некроз *m*
L253	*e*	**Lisfranc's joints** *pl*
	d	Lisfranc-Gelenk *n*
	f	articulation *f* de Lisfranc
	i	articolazione *f* di Lisfranc [tarsometatarsale]
	r	предплюсне-плюсневые суставы *m pl*, сустав *m* Лисфранка
L254	*e*	**listeriosis**
	d	Listeriose *f*
	f	listérellose *f*, listériose *f*
	i	listeriosi *f*
	r	листериоз *m*, листереллёз *m*
L255	*e*	**lithiasis**
	d	Lithiasis *f*
	f	lithiase *f*
	i	litiasi *f*, calcolosi *f*
	r	камнеобразование *n*, литиаз *m*
L256	*e*	**lithopedion, lithopedium**
	d	Lithopädion *n*, Steinkind *n*
	f	lithopédion *m*
	i	litopedio *m*
	r	литопедион *m*
L257	*e*	**lithotomy**
	d	Lithotomie *f*, Steinschnitt *m*
	f	lithotomie *f*
	i	litotomia *f*
	r	литотомия *f*, камнесечение *n*

L258	e	**lithotripsy**
	d	Lithotripsie f, Steinzertrümmerung f
	f	lithotripsie f
	i	litotripsia f, litotrissia f
	r	литотрипсия f, камнедробление n
L259	e	**lithotriptor** see lithotrite
L260	e	**lithotrite**
	d	Lithoklast m, Lithotriptor m, Steinzertrümmerer m
	f	lithotriteur m, brise-pierre m
	i	litotribo m, litotritore m
	r	литотриптор m, камнедробитель m
L261	e	**lithotrity** see lithotripsy
L262	e	**litigious paranoia**
	d	Streitsucht f
	f	paranoïa f querulente (processive)
	i	querulomania f
	r	сутяжная паранойя f
L263	e	**little finger**
	d	Kleinfinger m
	f	auriculaire m, petit doigt m
	i	dito m mignolo
	r	мизинец m
L264	e	**Littré's glands** pl
	d	Littré-Drüsen f pl, Harnröhrenschleimdrüsen f pl
	f	glandes f pl de Littré
	i	ghiandole f pl di Littré [uretrali]
	r	уретральные железы f pl, железы f pl Литтре
L265	e	**liver**
	d	Leber f, Hepar n
	f	foie m
	i	fegato m
	r	печень f
L266	e	**liver acinus**
	d	Leberazinus m
	f	acinus m hépatique
	i	acino m epatico
	r	ацинус m печени, железистый ацинус m
L267	e	**liver filtrate factor**
	d	Pantothensäure f
	f	acide m pantothénique
	i	acido m pantotenico
	r	пантотеновая кислота f
L268	e	**liver fluke**
	d	Leberegel f
	f	douve f hépatique
	i	trematode m epatico
	r	печёночная двуустка f
L269	e	**liver starch**
	d	Glykogen n, Leberstärke f
	f	glycogène m
	i	glicogeno m
	r	гликоген m
L270	e	**live vaccine**
	d	Lebendvakzine f, Lebendimpfstoff m
	f	vaccin m vivant
	i	vaccina f vivente
	r	живая вакцина f
L271	e	**lividity, livor**
	d	Lividität f, Zyanose f
	f	cyanose f
	i	livore m
	r	цианоз m
L272	e	**loasis** see loiasis
L273	e	**lobar pneumonia**
	d	Lobärpneumonie f, Lappenpneumonie f
	f	pneumonie f lobaire
	i	polmonite f lobare
	r	долевая [лобарная] пневмония f, лобит m
L274	e	**lobar sclerosis**
	d	Lobärsklerose f, Lappensklerose f
	f	sclérose f lobaire
	i	sclerosi f lobare
	r	лобарный склероз m
L275	e	**lobe**
	d	Lobus m, Lappen m
	f	lobe m
	i	lobo m
	r	доля f, долька f
L276	e	**lobectomy**
	d	Lobektomie f, Lappenexstirpation f, Lappenentfernung f
	f	lobectomie f
	i	lobectomia f
	r	лобэктомия f
L277	e	**lobotomy**
	d	Lobotomie f
	f	lobotomie f
	i	lobotomia f
	r	лоботомия f
L278	e	**lobster-claw hand**
	d	Spalthand f
	f	main f en trident
	i	mano f fessa
	r	расщеплённая кисть f
L279	e	**lobule**
	d	Lobulus m, Läppchen n
	f	lobule m
	i	lobulo m
	r	долька f
L280	e	**local anemia** see local asphyxia
L281	e	**local anesthesia**
	d	Lokalanästhesie f, örtliche Schmerzausschaltung f
	f	anesthésie f locale [locorégionale]

LOGOPATHY

    i   anestesia *f* locale
    r   местная анестезия *f*

L282 *e*   **local asphyxia**
    d Ischämie *f*
    f   ischémie *f*
    i   asfissia *f* locale
    r   ишемия *f*

L283 *e*   **local immunity**
    d Lokalimmunität *f*
    f   immunité *f* tissulaire
    i   immunità *f* locale
    r   тканевой [«местный»] иммунитет *m*

L284 *e*   **localization**
    d Lokalisation *f*, Lokalisierung *f*
    f   localisation *f*
    i   localizzazione *f*
    r   локализация *f*

L285 *e*   **localized nodular tenosynovitis**
    d Riesenzellensynoviom *n*, riesenzelliges Sehnenscheidengeschwulst *f*, knötige Tenosynovitis *f*
    f   ténosynovite *f* nodulaire, synovialome *m* bénin
    i   tenosinovite *f* nodulare localizzata
    r   гигантоклеточная опухоль *f* сухожильного влагалища, узловатый тендосиновит *m*, гигантоклеточная [доброкачественная, ксантоматозная] синовиома *f*

L286 *e*   **local tumor invasion**
    d lokale Tumorausbreitung *f*
    f   diffusion *f* locale de la tumeur
    i   invasione *f* locale del tumore
    r   местное распространение *n* опухоли

L287 *e*   **lochia** *pl*
    d Lochien *f pl*, Wochenfluß *m*
    f   lochies *f pl*
    i   lochi *m pl*
    r   лохии *pl*

L288 *e*   **lochiometra**
    d Wochenflußverhaltung *f*
    f   lochiométrie *f*
    i   lochiometria *f*
    r   лохиометра *f*, застой *m* лохий в матке

L289 *e*   **lock finger**
    d schnellender [federnder] Finger *m*
    f   doigt *m* à ressort
    i   dito *m* a scatto
    r   стенозирующий тендовагинит *m*, пружинящие пальцы *m pl*

L290 *e*   **lockjaw**
    d Trismus *m*, Kaumuskelkrampf *m*, Kiefersperre *f*
    f   trismus *m*

    i   trisma *m*
    r   тризм *m*

L291 *e*   **locomotor ataxy**
    d lokomotorische Ataxie *f*
    f   ataxie *f* locomotrice
    i   atassia *f* locomotoria
    r   динамическая [локомоторная] атаксия *f*

L292 *e*   **Loeffler's bacillus**
    d Klebs-Löffler-Bakterie *f*, Diphtheriebazillus *m*, Diphtheriebakterium *n*
    f   bacille *m* de Klebs-Löffler
    i   bacillo *m* di Löffler
    r   дифтерийная палочка *f*

L293 *e*   **Loeffler's disease, Loeffler's endocarditis**
    d Löffler-Endokarditis *f*
    f   endocardite *f* de Löffler
    i   endocardite *f* di Löffler
    r   фибропластический эндокардит *m*, эндокардит *m* Леффлера

L294 *e*   **Loevit's cell**
    d Erythroblast *m*
    f   érythroblaste *m*
    i   eritroblasto *m*
    r   эритробласт *m*

L295 *e*   **Loewenthal's bundle**
    d Löwenthal-Bündel *n*
    f   faisceau *m* vestibulo-spinal
    i   fascio *m* di Löwenthal [vestibolo-spinale]
    r   преддверно-спинномозговой пучок *m*, пучок *m* Гельда, пучок *m* Левенталя

L296 *e*   **logamnesia, logagnosia**
    d Worttaubheit *f*
    f   logamnésie *f*
    i   logamnesia *f*
    r   корковая сенсорная афазия *f*, словесная глухота *f*

L297 *e*   **logaphasia**
    d motorische Aphasie *f*, Wortstummheit *f*
    f   aphasie *f* motrice
    i   afasia *f* motoria [di Broca]
    r   афазия *f* Брока

L298 *e*   **logoneurosis**
    d Logoneurose *f*
    f   logonévrose *f*
    i   logoneurosi *f*
    r   логоневроз *m*

L299 *e*   **logopathy**
    d Logopathie *f*
    f   logopathie *f*
    i   logopatia *f*
    r   логопатия *f*

LOGOPEDIA

L300 e **logopedia, logopedics**
   d Logopädie *f*, Sprachheilkunde *f*
   f logopédie *f*
   i logopedia *f*
   r логопедия *f*

L301 e **logoplegia**
   d Paralyse *f* des Sprachbildungsapparats
   f logoplégie *f*
   i logoplegia *f*
   r паралич *m* артикуляционного аппарата

L302 e **logorrhea**
   d Logorrhoe *f*, pathologischer Redefluß *m*
   f logorrée *f*
   i logorrea *f*
   r логорея *f*, патологическая болтливость *f*

L303 e **logospasm**
   d Stottern *n*
   f logospasme *m*
   i linguaggio *m* esplosivo
   r судорожная речь *f*

L304 e **logotherapy**
   d Logotherapie *f*, Sprachtherapie *f*, Sprach(heil)behandlung *f*
   f logothérapie *f*
   i logoterapia *f*
   r логотерапия *f*

L305 e **loiasis**
   d Loiasis *f*, Kalabarbeule *f*, Loa-loa-Befall *m*
   f loasis *f*, œdème *m* de Calabar
   i loiasi *f*, filariasi *f* cutanea
   r лоаоз *m*, калабарская опухоль *f*

L306 e **loin**
   d Lende *f*, Lumbus *m*
   f région *f* lombaire
   i regione *f* lombare, lombo *m*
   r поясница *f*

L307 e **long bone**
   d Röhrenknochen *m*
   f os *m* long
   i osso *m* lungo
   r длинная трубчатая кость *f*

L308 e **longevity**
   d Langlebigkeit *f*
   f longévité *f*, macrobie *f*
   i longevità *f*
   r долголетие *n*, долгожительство *n*

L309 e **longitudinal fracture**
   d Längsbruch *m*
   f fracture *f* longitudinale
   i frattura *f* longitudinale
   r продольный перелом *m*

L310 e **longitudinal lie**
   d Längslage *f* (des Fetus)
   f présentation *f* droite
   i presentazione *f* destra, posizione *f* longitudinale
   r продольное положение *n* плода

L311 e **longitudinal sinus**
   d Sagittalsinus *m*
   f sinus *m* longitudinal
   i seno *m* sagittale
   r сагиттальный синус *m*

L312 e **long sight, longsightedness**
   d Weitsichtigkeit *f*, Übersichtigkeit *f*, Hyperopie *f*, Hypermetropie *f*
   f hypermétropie *f*
   i ipermetropia *f*
   r дальнозоркость *f*, гиперметропия *f*

L313 e **loop**
   d Schlinge *f*, Schleife *f*
   f anse *f*
   i ansa *f*
   r петля *f*

L314 e **loose body**
   d Gelenkmaus *f*
   f souris *f* articulaire
   i artrolito *m*, corpo *m* articolare
   r суставная мышь *f*

L315 e **loose skin**
   d schlaffe Haut *f*
   f chalazodermie *f*
   i cute *f* lassa
   r вялая кожа *f*, халазодермия *f*

L316 e **lordoscoliosis**
   d Lordoskoliose *f*
   f lordoscoliose *f*
   i lordoscoliosi *f*
   r лордосколиоз *m*

L317 e **lordosis**
   d Lordose *f*
   f lordose *f*
   i lordosi *f*
   r лордоз *m*

L318 e **lordotic albuminuria**
   d lordotische Proteinurie *f*
   f protéinurie *f* lordotique
   i albuminuria *f* lordotica
   r лордотическая протеинурия *f*

L319 e **lordotic pelvis**
   d lordotisches Becken *n*
   f bassin *m* lordotique
   i bacino *m* lordotico
   r лордозный таз *m*

L320 e **loupe**
   d Lupe *f*, Vergrößerungsglas *n*
   f loupe *f*
   i lente *f* d'ingrandimento
   r лупа *f*

L321	e	louse
	d	Laus f, Pedikulum n
	f	pou m
	i	pidocchio m
	r	вошь f
L322	e	lousiness
	d	Verlausung f, Läusebefall m, Pedikulose f
	f	pédiculose f, phtiriase f
	i	pediculosi f
	r	вшивость f, педикулёз m
L323	e	lower jaw
	d	Unterkiefer m
	f	mandibule f, maxillaire m inférieur
	i	mandibola f
	r	нижняя челюсть f
L324	e	low salt diet
	d	Salzmangeldiät f
	f	régime m de restriction en sel
	i	dieta f iposodica
	r	диета f с ограничением поваренной соли
L325	e	low salt [low sodium] syndrome, low sodium diet
	d	Salzmangelsyndrom n
	f	syndrome m de carence saline
	i	sindrome f da iposodiemia
	r	синдром m потери солей
L326	e	loxia
	d	Schiefhals m, Torticollis m
	f	torticolis m
	i	torcicollo m
	r	кривошея f
L327	e	lozenge
	d	Pastille f
	f	pastille f
	i	pasticca f, pastiglia f
	r	пастилка f, лепёшка f
L328	e	lucid interval
	d	freies Intervall n
	f	intervalle m lucide
	i	intervallo m lucido
	r	светлый промежуток m (напр. психоза)
L329	e	lumbago
	d	Lumbago f, Hexenschuß m, Lendenschmerz m
	f	lumbago m
	i	lombaggine f
	r	люмбаго n
L330	e	lumbar
	d	lumbal, Lenden...
	f	lombaire
	i	lombare
	r	поясничный
L331	e	lumbar flexure
	d	Lendenflexur f der Wirbelsäule
	f	lordose f lombaire
	i	lordosi f lombare
	r	поясничный лордоз m
L332	e	lumbarization
	d	Lumbalisation f
	f	lumbalisation f
	i	lombarizzazione f
	r	люмбализация f
L333	e	lumbar puncture
	d	Lumbalpunktion f
	f	ponction f lombaire
	i	puntura f lombare
	r	поясничная [люмбальная] пункция f
L334	e	lumberman's itch
	d	Winterprurigo f
	f	prurigo m hivernal
	i	prurito m [dermatite f] invernale
	r	зимняя почесуха f
L335	e	lumbricoid, lumbricus
	d	Spulwurm m
	f	ascaride m
	i	ascaride m
	r	аскарида f
L336	e	lumen
	d	Lichtung f
	f	lumière f
	i	lume m
	r	просвет m
L337	e	luminescence
	d	Lumineszenz f
	f	luminescence f
	i	luminescenza f
	r	люминесценция f
L338	e	luminophore
	d	Luminophor m
	f	luminophore m
	i	luminoforo m
	r	люминофор m
L339	e	luminous flux
	d	Lichtstrom m
	f	flux m lumineux
	i	flusso m luminoso
	r	световой поток m
L340	e	lunacy
	d	Geistesgestörtheit f, Irrsinn m, Wahnsinn m
	f	trouble m mental
	i	alienazione f mentale
	r	психическое расстройство n
L341	e	lunar bone
	d	Mondbein n
	f	os m semi-lunaire

	i	osso *m* semilunare
	r	полулунная кость *f*
L342	*e*	**lunar caustic**
	d	Höllenstein *m*, Silbernitrat *n*
	f	nitrate *m* d'argent
	i	nitrato *m* d'argento
	r	ляпис *m*, нитрат *m* серебра
L343	*e*	**lung**
	d	Lunge *f*, Pulmo *m*
	f	poumon *m*
	i	polmone *m*
	r	лёгкое *n*
L344	*e*	**lupoid nephritis**
	d	lupoide Nephritis *f*
	f	néphrite *f* lupique
	i	epatite *f* lupoide
	r	волчаночный нефрит *m*
L345	*e*	**lupoid sycosis**
	d	lupoide Sykose *f*
	f	sycose *f* lupoïde
	i	sicosi *f* lupoide
	r	люпоидный сикоз *m*
L346	*e*	**lupus**
	d	fressende Flechte *f*, Lupus *m*
	f	lupus *m*
	i	lupus *m*
	r	волчанка *f*
L347	*e*	**Luschka's tonsil**
	d	Rachenmandel *f*
	f	amygdale *f* pharyngienne [de Luschka]
	i	tonsilla *f* faringea
	r	носоглоточная [третья] миндалина *f*
L348	*e*	**luteal hormone**
	d	Progesteron *n*
	f	progestérone *f*
	i	progesterone *m*, ormone *m* luteinico
	r	прогестерон *m*
L349	*e*	**luteal phase**
	d	Lutealphase *f*
	f	phase *f* lutéinique
	i	fase *f* luteinica
	r	лютеиновая [прогестероновая] фаза *f*
L350	*e*	**lutein cell**
	d	Luteinzelle *f*
	f	cellule *f* lutéinique
	i	cellula *f* luteinica
	r	лютеоцит *m*, лютеиновая клетка *f*
L351	*e*	**luteosterone** *see* **luteal hormone**
L352	*e*	**luteotropic hormone, luteotropin**
	d	luteotropes [laktotropes] Hormon *n*, Luteotropin *n*, Laktationshormon *n*
	f	hormone *f* lutéotrope, galactine *f*
	i	ormone *m* luteotropo, prolattina *f*
	r	пролактин *m*, лютеотропный гормон *m*, лактоген *m*
L353	*e*	**lutin** *see* **luteal hormone**
L354	*e*	**luxation**
	d	Luxation *f*, Verrenkung *f*
	f	luxation *f*
	i	lussazione *f*
	r	вывих *m*
L355	*e*	**Luys' body**
	d	Luys-Körper *m*, subthalamischer Kern *m*
	f	corps *m* de Luys
	i	nucleo *m* di Luys [subtalamico]
	r	подбугорное ядро *n*, люисово тело *n*
L356	*e*	**lycorexia**
	d	Bulimie *f*, Wolfshunger *m*, Heißhunger *m*
	f	boulimie *f*
	i	licoressia *f*, bulimia *f*
	r	булимия *f*
L357	*e*	**lying-in hospital**
	d	Entbindungsheim *n*
	f	maternité *f*, maison *f* d'accouchement
	i	casa *f* di maternità, clinica *f* ostetrica
	r	родильный дом *m*
L358	*e*	**lying-in period**
	d	Puerperium *n*, Wochenbett *n*, Wochenbettzeit *f*
	f	puerpéralité *f*, période *f* puerpérale
	i	puerperio *m*
	r	послеродовой [пуэрперальный] период *m*, пуэрперий *m*
L359	*e*	**lymph**
	d	Lymphe *f*
	f	lymphe *f*
	i	linfa *f*
	r	лимфа *f*
L360	*e*	**lymphaden**
	d	Lymphknoten *m*
	f	ganglion *m* lymphatique
	i	linfonodo *m*
	r	лимфатический узел *m*
L361	*e*	**lymphadenitis**
	d	Lymphadenitis *f*, Lymphknotenentzündung *f*
	f	lymphadénite *f*
	i	linfadenite *f*
	r	лимфаденит *m*
L362	*e*	**lymphadenography**
	d	Lymphadenographie *f*, Lymphknotenröntgendarstellung *f*
	f	lymphadénographie *f*
	i	linfadenografia *f*
	r	лимфаденография *f*

LYMPH FOLLICLE

L363   e   **lymphadenoid goiter, lymphadenoid thyroiditis**
     d   Hashimoto-Thyreoiditis *f*
     f   goitre *m* lymphomateux de Hashimoto
     i   tiroidite *f* di Hashimoto
     r   зоб *m* Хасимото, лимфоматозный зоб *m*, лимфоматозный тиреоидит *m*

L364   e   **lymphadenomatosis**
     d   Lymphadenomatose *f*
     f   lymphadénomatose *f*
     i   linfadenomatosi *f*
     r   множественное увеличение *n* лимфатических узлов

L365   e   **lymphadenosis**
     d   Lymphadenose *f*
     f   lymphadénose *f*
     i   linfadenosi *f*
     r   лимфаденоз *m*

L366   e   **lymphangeitis** *see* **lymphangitis**

L367   e   **lymphangiectasia, lymphangiectasis**
     d   Lymphangiektasie *f*, Lymphgefäßerweiterung *f*
     f   lymphangiectasie *f*
     i   linfangectasia *f*
     r   лимфангиэктазия *f*, расширение *n* лимфатического сосуда

L368   e   **lymphangiitis** *see* **lymphangitis**

L369   e   **lymphangioendothelioma**
     d   Lymphangioendotheliom *n*
     f   lymphangio-endothéliome *m*
     i   linfangioendotelioma *m*
     r   лимфангиоэндотелиома *f*, лимфангиоэндотелиальная саркома *f*

L370   e   **lymphangiography**
     d   Lymphangiographie *f*, Röntgen(kontrast)darstellung *f* der Lymphknoten
     f   lymphangiographie *f*
     i   linfangiografia *f*
     r   лимфангиография *f*

L371   e   **lymphangioma**
     d   Lymphangiom *n*
     f   lymphangiome *m*
     i   linfangioma *m*
     r   лимфангиома *f*

L372   e   **lymphangitis**
     d   Lymphangiitis *f*, Lymphgefäßentzündung *f*
     f   lymphangite *f*
     i   linfangite *f*
     r   лимфангиит *m*

L373   e   **lymphatic gland** *see* **lymph gland**

L374   e   **lymphatic infantilism**
     d   Primordialzwergwuchs *m*
     f   nanisme *m* primordial [de Paltauf]
     i   nanismo *m* primordiale
     r   примордиальный нанизм *m*, карликовость *f* Пальтауфа

L375   e   **lymphatic leukemia** *see* **lymphocytic leukemia**

L376   e   **lymphatic node** *see* **lymph gland**

L377   e   **lymphatic stroma**
     d   retikuläres Stroma *n*
     f   stroma *m* réticulaire
     i   stroma *m* reticolare
     r   ретикулярная строма *f*

L378   e   **lymphatic system**
     d   Lymphsystem *n*, lymphatisches System *n*
     f   système *m* lymphatique
     i   sistema *m* linfatico
     r   лимфатическая система *f*

L379   e   **lymphatic tissue**
     d   Lymphgewebe *n*
     f   tissu *m* lymphatique
     i   tessuto *m* linfatico
     r   лимфо(адено)идная ткань *f*

L380   e   **lymphatic vessel**
     d   Lymphgefäß *n*
     f   vaisseau *m* lymphatique
     i   vaso *m* linfatico
     r   лимфатический сосуд *m*

L381   e   **lymphatism**
     d   Lymphatismus *m*
     f   lymphatisme *m*
     i   linfatismo *m*
     r   экссудативно-катаральный диатез *m*, лимфатизм *m*

L382   e   **lymph cell**
     d   Lymphozyt *m*, Lymphzelle *f*
     f   lymphocyte *m*
     i   linfocito *m*
     r   лимфоцит *m*

L383   e   **lymph circulation**
     d   Lymphzirkulation *f*
     f   circulation *f* lymphatique
     i   circolazione *f* linfatica
     r   лимфообращение *n*

L384   e   **lymphedema**
     d   Lymphödem *n*
     f   lymphœdème *m*
     i   linfedema *m*
     r   лимфедема *f*, лимфангиэктатический отёк *m*

L385   e   **lymph follicle**
     d   Lymphnodulus *m*, Lymphfollikel *m*, Lymphknötchen *n*
     f   follicule *m* lymphatique

LYMPH GLAND

- *i* follicolo *m* linfatico
- *r* лимфоидный узелок *m*, лимфатический фолликул *m*

L386
- *e* **lymph gland, lymph node**
- *d* Lymphknoten *m*, Lymphdrüse *f*
- *f* ganglion *m* lymphatique
- *i* linfonodo *m*, linfoghiandola *f*
- *r* лимфатический узел *m*, лимфатическая железа *f*

L387
- *e* **lymphoblast**
- *d* Lymphoblast *m*
- *f* lymphoblaste *m*
- *i* linfoblasto *m*
- *r* лимфобласт *m*

L388
- *e* **lymphoblastic leukemia**
- *d* Lymphoblastenleukämie *f*
- *f* leucose *f* aiguë à lymphoblastes
- *i* leucemia *f* linfatica acuta
- *r* лимфобластный лейкоз *m*, острый лимфолейкоз *m*

L389
- *e* **lymphoblastosis**
- *d* Lymphoblastose *f*
- *f* lymphoblastose *f*
- *i* linfoblastosi *f*
- *r* лимфобластоз *m*

L390
- *e* **lymphocytic choriomeningitis**
- *d* Lymphozytenchoriomeningitis *f*, lymphozytäre Choriomeningitis *f*
- *f* carioméningite *f* lymphocytaire
- *i* coriomeningite *f* linfocitaria
- *r* лимфоцитарный хориоменингит *m*, острый лимфоцитарный менингит *m* Армстронга

L391
- *e* **lymphocytic leukemia**
- *d* chronisch-lymphatische Leukämie *f*
- *f* leucémie *f* lymphoïde chronique
- *i* leucemia *f* linfocitica cronica
- *r* хронический лимфоидный лейкоз *m*, хронический лимфолейкоз *m*

L392
- *e* **lymphocytoblast** see **lymphoblast**

L393
- *e* **lymphocytopenia** see **lymphopenia**

L394
- *e* **lymphocytopoiesis**
- *d* Lymphozytopoese *f*, Lymphozytenbildung *f*
- *f* lymphopoïèse *f*
- *i* linfocitopoiesi *f*
- *r* лимфопоэз *m*, лимфоцитообразование *n*

L395
- *e* **lymphoduct** see **lymphatic vessel**

L396
- *e* **lymphoepithelioma**
- *d* Lymphoepitheliom *n*
- *f* lympho-épithélioma *m*
- *i* linfoepitelioma *m*
- *r* лимфоэпителиома *f*, опухоль *f* [саркома *f*] Шминке

L397
- *e* **lymphoglandula** see **lymph gland**

L398
- *e* **lymphogranuloma**
- *d* Lymphogranulom *n*
- *f* lymphogranulome *m*
- *i* linfogranuloma *m*
- *r* лимфогранулёма *f*

L399
- *e* **lymphogranulomatosis**
- *d* Lymphogranulomatose *f*, Hodgkin-Krankheit *f*
- *f* lymphogranulomatose *f*
- *i* linfogranulomatosi *f*, morbo *m* di Hodgkin
- *r* лимфогранулематоз *m*

L400
- *e* **lymphography**
- *d* Lymphangiographie *f*, Lymphographie *f*
- *f* lymphographie *f*
- *i* linfografia *f*
- *r* (рентгено)лимфография *f*

L401
- *e* **lymphoid cell** see **lymph cell**

L402
- *e* **lymphoid leukemia** see **lymphocytic leukemia**

L403
- *e* **lymphoid ring**
- *d* Waldeyer-Rachenring *m*, lymphatischer Rachenring *m*
- *f* anneau *m* lymphatique de Waldeyer
- *i* anello *m* linfatico [di Waldeyer]
- *r* лимфатическое глоточное [лимфатическое вальдейерово] кольцо *n*

L404
- *e* **lymphoid tissue** see **lymphatic tissue**

L405
- *e* **lymphokinesis** see **lymph circulation**

L406
- *e* **lymphoma**
- *d* Lymphom *n*, Lymphadenom *m*
- *f* lymphome *m*
- *i* linfoma *m*
- *r* лимфома *f*

L407
- *e* **lymphomatosis**
- *d* Lymphomatose *f*
- *f* lymphomatose *f*
- *i* linfomatosi *f*
- *r* лимфоматоз *m*

L408
- *e* **lymphopenia**
- *d* Lymphopenie *f*, Lymphozytopenie *f*
- *f* lymphopénie *f*
- *i* linfocitopenia *f*
- *r* лимфопения *f*

L409
- *e* **lymphopoiesis**
- *d* Lymphopoese *f*, Lymphozytenbildung *f*
- *f* lymphopoïèse *f*
- *i* linfopoiesi *f*
- *r* лимфопоэз *m*

L410
- *e* **lymphorrhagia, lymphorrhea**

	d	Lymphorrhoe f, Lymphorrhagie f, Lymphausfluß m
	f	lymphorragie f, lymphorrhée f
	i	linforragia f, linforrea f
	r	лимфорея f, лимфоррагия f
L411	e	**lymphosarcoma**
	d	Lymphosarkom n, bösartiges Lymphom n
	f	lymphosarcome m, lymphome n malin
	i	linfosarcoma m
	r	лимфосаркома f, злокачественная лимфома f
L412	e	**lymphosarcomatosis**
	d	Lymphosarkomatose f
	f	lymphosarcomatose f
	i	linfosarcomatosi f
	r	лимфосаркоматоз m
L413	e	**lymph scrotum**
	d	Hodensackelephantiasis f
	f	lymphoscrotum m
	i	elefantiasi f scrotale
	r	слоновость f мошонки
L414	e	**lymphuria**
	d	Lymphurie f
	f	lymphurie f
	i	linfuria f
	r	хилурия f, лимфурия f
L415	e	**lyophilization**
	d	Lyophilisierung f, Gefriertrocknung f
	f	lyophilisation f
	i	liofilizzazione f
	r	лиофилизация f
L416	e	**lysine**
	d	Lysin n
	f	lysine f
	i	lisina f
	r	лизин m
L417	e	**lysis**
	d	Lysis f, Lösung f, Auflösung f
	f	lysis f
	i	lisi f, dissoluzione f
	r	лизис m
L418	e	**lysozyme**
	d	Lysozym n
	f	lysozyme m
	i	lisozima m
	r	лизоцим m
L419	e	**lyssophobia**
	d	Pseudorabies f, Pseudolyssa f
	f	peste f de cocar, pseudorage f, maladie f d'Aujeszky
	i	pseudorabbia f
	r	ложное бешенство n

M

M1	e	**macrobiosis**
	d	Langlebigkeit f
	f	macrobiose f, macrobie f
	i	longevità f
	r	долголетие n, долгожительство n
M2	e	**macrocephalia, macrocephaly**
	d	Makrozephalie f, Großköpfigkeit f
	f	macrocéphalie f
	i	macrocefalia f
	r	макроцефалия f, мегалоцефалия f
M3	e	**macrocheilia, macrochilia**
	d	Makrocheilie f, Riesenlippen f pl
	f	macrochéilie f
	i	macrocheilia f
	r	макрохейлия f
M4	e	**macrocyte, macroerythrocyte**
	d	Makrozyt m, vergrößerter Erythrozyt m
	f	macrocyte m
	i	macrocito m, megalocito m
	r	макроцит m
M5	e	**macroglia**
	d	Makroglia f
	f	macroglie f
	i	macroglia f
	r	астроцитарная нейроглия f, макроглия f
M6	e	**macroglossia**
	d	Makroglossie f, Zungenvergrößerung f
	f	mégaloglossie f
	i	macroglossia f
	r	макроглоссия f, мегалоглоссия f
M7	e	**macromastia, macromazia**
	d	Mammahypertrophie f, Brustdrüsenvergrößerung f
	f	macromastie f
	i	macromastia f
	r	макромастия f, гигантомастия f, мегаломастия f
M8	e	**macromelia**
	d	Makromelie f, Großgliedrigkeit f
	f	macromélie f
	i	macromelia f
	r	макромелия f
M9	e	**macrophage, macrophagocyte**
	d	Makrophag m
	f	macrophage m
	i	macrofago m
	r	макрофаг m, макрофагоцит m
M10	e	**macropsia**
	d	Makropsie f
	f	macrop(s)ie f

MACROSCOPY

-     *i*   macropsia *f*
-     *r*   макропсия *f*

M11   *e*   **macroscopy**
-     *d*   Makroskopie *f*
-     *f*   macroscopie *f*
-     *i*   macroscopia *f*
-     *r*   макроскопия *f*

M12   *e*   **macrosomia**
-     *d*   Makrosomie *f*, Gigantismus *m*, Riesenwuchs *m*
-     *f*   macrosom(at)ie *f*, gigantisme *m*
-     *i*   macrosomia *f*, ipersomia *f*
-     *r*   гигантизм *m*, макросомия *f*

M13   *e*   **macula**
-     *d*   Fleck *m*
-     *f*   macule *f*
-     *i*   macula *f*
-     *r*   пятно *n*

M14   *e*   **macular degeneration**
-     *d*   Makuladegeneration *f*
-     *f*   dégénérescence *f* maculaire
-     *i*   degenerazione *f* maculare
-     *r*   дегенерация *f* [дистрофия *f*] жёлтого пятна, макулодистрофия *f*

M15   *e*   **macular erythema**
-     *d*   Roseola *f*, fleckiges Erythem *n*
-     *f*   roséole *f*
-     *i*   roseola *f*
-     *r*   розеола *f*, пятнистая эритема *f*

M16   *e*   **macule** *see* **macula**

M17   *e*   **mad**
-     *d*   wahnsinnig, irrsinnig, gestört
-     *f*   dément
-     *i*   pazzo, demente
-     *r*   душевнобольной, психически больной

M18   *e*   **Madelung's neck**
-     *d*   Madelung-Fetthals *m*
-     *f*   maladie *f* de Madelung, lipomatose *f* cervicale symétrique
-     *i*   collo *m* di Madelung, lipoma *m* diffuso del collo
-     *r*   синдром *m* Маделунга, симметричный диффузный липоматоз *m* шеи

M19   *e*   **Madura boil, Madura foot, maduromycosis**
-     *d*   Madurafuß *m*, Fußmykose *f*
-     *f*   pied *m* de Madura, maduromycose *f*
-     *i*   maduromicosi *f*, piede *m* di Madura
-     *r*   мадурская стопа *f*, мадуромикоз *m*

M20   *e*   **maggot**
-     *d*   Fliegenlarve *f*
-     *f*   larve *f* de mouche
-     *i*   larva *f* della mosca
-     *r*   личинка *f* мухи

M21   *e*   **magnetotherapy**
-     *d*   Magnetotherapie *f*
-     *f*   magnétothérapie *f*
-     *i*   magnetoterapia *f*
-     *r*   магнитотерапия *f*

M22   *e*   **major gene**
-     *d*   Hauptgen *n*
-     *f*   gène *m* majeur [principal]
-     *i*   gene *m* maggiore
-     *r*   главный ген *m*

M23   *e*   **major surgery**
-     *d*   großer chirurgischer Eingriff *m*
-     *f*   grande chirurgie *f*
-     *i*   alta chirurgia *f*
-     *r*   большая хирургическая операция *f*

M24   *e*   **mal de Cayenne**
-     *d*   Elephantiasis *f*
-     *f*   éléphantiasis *m*, mal *m* de Cayenne
-     *i*   elefantiasi *f*
-     *r*   элефантиаз *m*, слоновость *f*

M25   *e*   **malabsorption**
-     *d*   Malabsorption *f*
-     *f*   malabsorption *f*
-     *i*   malassorbimento *m*
-     *r*   мальабсорбция *f*, нарушение *n* всасывания

M26   *e*   **malacoplakia** *see* **malakoplakia**

M27   *e*   **malaise**
-     *d*   Unwohlsein *n*, Übelsein *n*
-     *f*   malaise *f*
-     *i*   malessere *m*, indisposizione *f*
-     *r*   недомогание *n*

M28   *e*   **malakoplakia**
-     *d*   Malakoplakie *f*
-     *f*   malacoplasie *f*
-     *i*   malacoplachia *f*
-     *r*   малакоплакия *f*

M29   *e*   **malar bone**
-     *d*   Jochbein *n*
-     *f*   os *m* malaire
-     *i*   osso *m* malare [zigomatico]
-     *r*   скуловая кость *f*

M30   *e*   **malaria**
-     *d*   Malaria *f*, Sumpffieber *n*, Paludismus *m*
-     *f*   paludisme *m*, malaria *f*
-     *i*   malaria *f*
-     *r*   малярия *f*

M31   *e*   **malarial hemoglobinuria**
-     *d*   Malariahämoglobinurie *f*
-     *f*   hémoglobinurie *f* paludéenne
-     *i*   emoglobinuria *f* da malaria
-     *r*   малярийная гемоглобинурия *f*

M32   *e*   **maldigestion**
-     *d*   Maldigestion *f*, Fehlverdauung *f*

MALPIGHIAN LAYER

- *f* trouble *m* digestif
- *i* dispepsia *f*
- *r* расстройство *n* пищеварения

M33 *e* **male**
- *d* 1. Mann *m*; Wesen *n* männlichen Geschlechts 2. männlich, maskulin
- *f* 1. mâle *m* 2. mâle
- *i* 1. maschio *m* 2. maschile
- *r* 1. особь *f* мужского пола 2. мужской

M34 *e* **male hormone**
- *d* männliches Keimdrüsenhormon *n*, männliches Testosteron *n*
- *f* hormone *f* androgène, testostérone *f*
- *i* testosterone *m*, ormone *m* maschile
- *r* андроген *m*, мужской половой гормон *m*, тестостерон *m*

M35 *e* **malformation**
- *d* Mißbildung *f*, Fehlbildung *f*
- *f* malformation *f*
- *i* malformazione *f*
- *r* порок *m* развития

M36 *e* **malfunction**
- *d* Funktionsstörung *f*, Fehlfunktion *f*
- *f* trouble *m* de la fonction
- *i* disturbo *m* di una funzione, disfunzione *f*
- *r* нарушение *n* функции

M37 *e* **Malgaigne's fossa**
- *d* Karotisdreieck *n*, Halsschlagaderdreieck *n*
- *f* triangle *m* carotidien supérieur, triangle *m* de Malgaigne
- *i* triangolo *m* carotideo [di Malgaigne]
- *r* сонный треугольник *m*

M38 *e* **Malherbe's calcifying epithelioma**
- *d* Malherbe-Epitheliom *n*
- *f* épithélioma *m* calcifié (de Malherbe)
- *i* epitelioma *m* calcifico di Malherbe
- *r* эпителиома *f* Малерба, обызвествлённая эпителиома *f*

M39 *e* **malignancy**
- *d* Malignität *f*, Bösartigkeit *f*
- *f* malignité *f*
- *i* malignità *f*
- *r* злокачественность *f*

M40 *e* **malignant adenoma**
- *d* bösartiges Adenom *n*
- *f* adénome *m* malin
- *i* adenoma *m* maligno
- *r* деструирующая [злокачественная] аденома *f*

M41 *e* **malignant carbuncle**
- *d* Milzbrandkarbunkel *m*
- *f* anthrax *m*
- *i* pustola *f* maligna
- *r* сибиреязвенный карбункул *m*

M42 *e* **malignant lentigo**
- *d* präkanzeröse Melanose *f*, bösartige Lentigo *f*
- *f* lentigo *m* malin
- *i* lentigo *f* maligna, melanosi *f* di Dubreuilh
- *r* предраковый меланоз *m*, злокачественное лентиго *n*

M43 *e* **malignant nephrosclerosis**
- *d* bösartige Nephrosklerose *f*
- *f* néphrosclérose *f* maligne, sclérose *f* maligne de Fahr
- *i* arteriosclerosi *f* renale, nefrosclerosi *f* maligna
- *r* нефросклероз *m* Фара, артериолонекротический [злокачественный] нефросклероз *m*

M44 *e* **malingerer**
- *d* Simulant *m*, Krankheitsvortäuscher *m*
- *f* simulateur *m*
- *i* simulatore *m*
- *r* симулянт *m*

M45 *e* **malleolus**
- *d* Malleolus *m*, Hämmerchen *n*, Knöchel *m*
- *f* malléole *f*
- *i* malleolo *m*
- *r* лодыжка *f*

M46 *e* **mallet finger**
- *d* Hammerfinger *m*
- *f* doigt *m* en marteau
- *i* dito *m* a martello
- *r* молоткообразный палец *m*

M47 *e* **malleus**
- *d* Malleus *m*, Hammer *m*
- *f* marteau *m*
- *i* martello *m*
- *r* молоточек *m*

M48 *e* **malnutrition**
- *d* Malnutrition *f*
- *f* malnutrition *f*
- *i* malnutrizione *f*
- *r* недостаточность *n* или нарушение *n* питания

M49 *e* **malpighian glomerulus**
- *d* Malpighi-Körperchen *n*, Nierenglomerulus *m*
- *f* glomérule *m* de Malpighi
- *i* glomerulo *m* di Malpighi
- *r* почечный [мальпигиев] клубочек *m*

M50 *e* **malpighian layer**
- *d* Malpighi-Schicht *f*, Keimschicht *f* der Oberhaut
- *f* couche *f* de Malpighi
- *i* strato *m* malpighiano [spinoso]
- *r* ростковый [мальпигиев] слой *m* эпидермиса

MALPOSITION

M51   e   malposition
         d   Ektopie *f*, Fehllagerung *f*, Dystopie *f*
         f   malposition *f*; ectopie *f*; dislocation *f*
         i   malposizionamento *m*, anomalia *f* di posizione
         r   неправильное положение *n*, смещение *n* органа, эктопия *f*, дистопия *f*

M52   e   malrotation
         d   Malrotation *f*, Fehlrotation *f*, abnorme Drehung *f*, Rotationsstörung *f*
         f   malrotation *f* intestinale
         i   malrotazione *f*, rotazione *f* anomala
         r   незавершённый поворот *m*, мальротация *f* (кишечника)

M53   e   **Malta fever**
         d   Maltafieber *n*, Brucellose *f*
         f   fièvre *f* de Malte, brucellose *f*
         i   febbre *f* di Malta [maltese, melitense, mediterranea, ondulante], brucellosi *f*
         r   бруцеллёз *m*, мальтийская лихорадка *f*

M54   e   **maltose**
         d   Maltose *f*, Malzzucker *m*
         f   maltose *f*
         i   maltosio *m*
         r   мальтоза *f*, солодовый сахар *m*

M55   e   **mammalgia** *see* **mastodynia**

M56   e   **mammary duct** *see* **milk duct**

M57   e   **mammary gland, mamma**
         d   Brustdrüse *f*, Milchdrüse *f*
         f   glande *f* mammaire
         i   ghiandola *f* mammaria
         r   молочная [грудная] железа *f*

M58   e   **mammectomy** *see* **mastectomy**

M59   e   **mammitis** *see* **mastitis**

M60   e   **mammography**
         d   Mammographie *f*
         f   mammographie *f*, mastographie *f*
         i   mammografia *f*, mastografia *f*
         r   маммография *f*, мастография *f*

M61   e   **mammoplasty**
         d   Brustplastik *f*, Mammaplastik *f*
         f   mammoplastie *f*
         i   mammoplastica *f*
         r   пластика *f* молочной железы

M62   e   **mancinism**
         d   Linkshändigkeit *f*
         f   sinistralité *f*, gaucherie *f*
         i   mancinismo *m*
         r   леворукость *f*

M63   e   **mandible, mandibula**
         d   Unterkiefer *m*
         f   mandibule *f*
         i   mandibola *f*
         r   нижняя челюсть *f*

M64   e   **mandibular joint**
         d   Unterkiefergelenk *n*
         f   articulation *f* temporo-mandibulaire
         i   articolazione *f* temporomandibolare
         r   височно-нижнечелюстной [нижнечелюстной] сустав *m*

M65   e   **mandrel, mandril, mandrin**
         d   Mandrin *m*
         f   mandrin *m*
         i   mandrino *m*
         r   мандрен *m*

M66   e   **maneuver** *see* **manipulation**

M67   e   **mania**
         d   Manie *f*, Wahn *m*, Sucht *f*
         f   manie *f*
         i   mania *f*
         r   мания *f*

M68   e   **maniac**
         d   Maniacus *m*, Süchtiger *m*
         f   maniaque *m*
         i   maniaco *m*
         r   человек *m*, страдающий манией, маньяк *m*

M69   e   **manic-depressive insanity, manic-depressive psychosis**
         d   manisch-depressives Irresein *n*, Zyklothymie *f*, Zyklophrenie *f*
         f   psychose *f* maniaque dépressive, cyclothymie *f*
         i   psicosi *f* maniaco-depressiva
         r   маниакально-депрессивный психоз *m*, циклофрения *f*

M70   e   **manifestation**
         d   Manifestation *f*, Erscheinung *f*, Aüßerung *f*
         f   manifestation *f*
         i   manifestazione *f*
         r   проявление *n* [манифестация *f*] болезни

M71   e   **manifest hyperopia**
         d   ausgeprägte Weitsichtigkeit *f*
         f   hypermétropie *f* manifeste
         i   iperopia *f* manifesta
         r   явная дальнозоркость *f*

M72   e   **manikin**
         d   Phantom *n*
         f   fantôme *m*
         i   manichino *m*
         r   фантом *m*

M73   e   **manipulation**
         d   Manipulation *f*, Handgriff *m*
         f   manipulation *f*, manœuvre *f*
         i   manipolazione *f*, manovra *f*
         r   манипуляция *f*, ручной приём *m*

MASK

M74   e   mantle
            d   Hülle f, Umhüllung f; Rinde f
            f   manteau m (cérébral)
            i   mantello m, pallio m
            r   мантия f; кора f

M75   e   Mantoux reaction, Mantoux test
            d   Mantoux-Reaktion f, Mendel-Mantoux-Tuberkulinprobe f
            f   réaction f de Mantoux, intradermoréaction f à la tuberculine
            i   intradermoreazione f [test m] di Mantoux
            r   реакция f Манту

M76   e   maple sugar disease, maple syrup disease
            d   Ahornsirupkrankheit f
            f   maladie f des urines à odeur du sirop d'érable
            i   malattia f delle urine a sciroppo d'acero
            r   болезнь f кленового сиропа, валинолейцинурия f

M77   e   mappy tongue
            d   Landkartenzunge f
            f   langue f géographique
            i   lingua f geografica
            r   «географический» язык m

M78   e   marantic [marasmic] thrombus
            d   Stauungsthrombus m
            f   thrombus m marastique
            i   trombo m marantico
            r   марантический [застойный] тромб m

M79   e   marasmus
            d   Marasmus m
            f   marasme m
            i   marasma m
            r   маразм m

M80   e   marble bones pl
            d   Marmorknochenkrankheit f, angeborene Osteopetrosis f, Albers-Schönberg-Krankheit f
            f   ostéopétrose f familiale, maladie f d'Albers-Schœnberg
            i   osteopetrosi f, malattia f di Albers-Schönberg
            r   мраморная болезнь f, врождённый системный остеопетроз m

M81   e   Marchand's adrenals pl
            d   Marchand-Nebennieren f pl, akzessorische Nebennieren f pl
            f   glandes f pl surrénales accessoires
            i   surreni m pl accessori
            r   добавочные надпочечники m pl

M82   e   margin
            d   Rand m; Grenze f
            f   marge f
            i   margine m
            r   край m, граница f

M83   e   marginal gingivitis
            d   marginale Gingivitis f
            f   gingivite f marginale
            i   gengivite f marginale
            r   краевой [маргинальный] гингивит m

M84   e   marginal gyre
            d   obere Stirnwindung f
            f   circonvolution f frontale supérieure, première circonvolution f frontale
            i   circonvoluzione f frontale superiore
            r   верхняя лобная извилина f

M85   e   Marie's disease, Marie-Strümpell disease
            d   ankylosierende Spondylarthritis f, Bechterew-von-Strümpell-Marie-Krankheit f
            f   spondylarthrite f ankylosante, maladie f de von Bechterew
            i   spondilite f anchilosante, malattia f di Strümpell-Marie
            r   болезнь f Бехтерева [Штрюмпелля—Бехтерева—Мари], анкилозирующий спондилоартрит m

M86   e   marihuana, marijuana
            d   indischer Hanf m, Haschisch n, Marihuana n, Charas n
            f   ha(s)chisch m
            i   canapa f indica, hashish m
            r   гашиш m, марихуана f

M87   e   marked
            d   ausgesprochen
            f   manifesté
            i   manifesto
            r   выраженный

M88   e   marrow
            d   Knochenmark n
            f   moelle f
            i   midollo m
            r   костный мозг m

M89   e   Marseilles fever
            d   Marseille-Fieber n, Mittelmeerzeckenfieber n
            f   fièvre f de Marseille, fièvre f boutonneuse méditerranéenne
            i   febbre f di Marsiglia, dermotifo m benigno
            r   марсельская лихорадка m

M90   e   marsupialization
            d   Marsupialisation f
            f   marsupialisation f
            i   marsupializzazione f
            r   марсупиализация f

M91   e   mask

MASK OF PREGNANCY

        d Maske *f*
        f masque *m*
        i maschera *f*
        r маска *f*

M92 *e* **mask of pregnancy**
        d Schwangerschaftschloasma *n*
        f masque *m* de grossesse
        i cloasma *m* gravidico
        r хлоазма *f* беременных

M93 *e* **masochism**
        d Masochismus *m*, passive Algolagnie *f*
        f masochisme *m*
        i masochismo *m*
        r мазохизм *m*, пассивная альголагния *f*

M94 *e* **mason's lung**
        d Pneumokoniose *f*, Staublunge *f*
        f pneumoconiose *f*
        i pneumoconiosi *f*
        r пневмокониоз *m*

M95 *e* **massage**
        d Massage *f*
        f massage *m*
        i massaggio *m*
        r массаж *m*

M96 *e* **masseur**
        d Masseur *m*, Massagespezialist *m*
        f masseur *m*
        i massaggiatore *m*
        r 1. массажист *m* 2. массажёр *m*

M97 *e* **mass movement**
        d starke Peristaltik *f*
        f péristaltisme *m*
        i peristalsi *f*
        r усиленная перистальтика *f*

M98 *e* **massotherapy**
        d Heilmassage *f*
        f massothérapie *f*
        i massoterapia *f*
        r лечебный массаж *m*

M99 *e* **mass screening**
        d Screening *m*, Siebtestung *f*, prophylaktische Massenuntersuchung *f*
        f англ. screening, dépistage *m* de masse
        i depistage *m*, depistaggio *m*
        r скрининг *m* (*массовое обследование с целью выявления лиц с определённой болезнью*)

M100 *e* **mastadenitis** *see* **mastitis**

M101 *e* **mastalgia** *see* **mastodynia**

M102 *e* **mast cell**
        d Mastzelle *f*, Mastozyt *m*
        f mastocyte *m*, labrocyte *m*
        i mastcellula *f*, mastocito *m*
        r лаброцит *m*, тучная клетка *f*, мастоцит *m*

M103 *e* **mastectomy**
        d Mammaamputation *f*, Mastektomie *f*, Brustdrüsenentfernung *f*
        f mastectomie *f*
        i mastectomia *f*
        r мастэктомия *f*, ампутация *f* молочной железы

M104 *e* **mastication**
        d Kauen *n*, Kauakt *m*
        f mastication *f*
        i masticazione *f*
        r жевание *n*

M105 *e* **mastitis**
        d Mastitis *f*, Brustdrüsenentzündung *f*
        f mastite *f*
        i mastite *f*
        r мастит *m*, грудница *f*

M106 *e* **mastocyte** *see* **mast cell**

M107 *e* **mastocytosis**
        d Mastozytose *f*, Mastzellenvermehrung *f*
        f mastocytose *f*
        i mastocitosi *f*
        r мастоцитоз *m*

M108 *e* **mastodynia**
        d Mastodynie *f*, Mastalgie *f*
        f mastodynie *f*
        i mastalgia *f*, mastodinia *f*
        r мастодиния *f*, масталгия *f*

M109 *e* **mastoid antrum, mastoid cavity**
        d Warzenfortsatzhöhle *f*
        f antre *m* mastoïdien
        i antro *m* timpanico
        r полость *f* сосцевидного отростка височной кости

M110 *e* **mastoid bone**
        d Warzenfortsatz *m*
        f mastoïde *f*
        i processo *m* mastoideo
        r сосцевидный отросток *m* (*височной кости*)

M111 *e* **mastoid cells** *pl*, **mastoid sinuses** *pl*
        d Cellulae *f pl* mastoideae
        f cellules *f pl* mastoïdiennes
        i cellule *f pl* mastoidee
        r сосцевидные ячейки *f pl* (*височной кости*)

M112 *e* **masturbation**
        d Masturbation *f*
        f masturbation *f*, manustupration *f*
        i masturbazione *f*
        r мастурбация *f*

M113 *e* **maternity**
        d Mutterschaft *f*

	f	maternité *f*
	i	maternità *f*
	r	материнство *n*
M114	*e*	**maternity hospital**
	d	Entbindungsheim *n*
	f	maternité *f*, maison *f* d'accouchement
	i	casa *f* di maternità, clinica *f* ostetrica
	r	родильный дом *m*
M115	*e*	**maternity leave**
	d	Schwangerschaftsurlaub *m*
	f	congé *m* de maternité
	i	congedo *m* di maternità
	r	отпуск *m* по беременности и родам
M116	*e*	**mattress suture**
	d	Matratzennaht *f*
	f	suture *f* à points de matelassier
	i	sutura *f* da materassaio
	r	матрацный шов *m*
M117	*e*	**maturation**
	d	Reifung *f*
	f	maturation *f*
	i	maturazione *f*
	r	созревание *n*
M118	*e*	**mature neutrophil**
	d	neutrophiler polymorphkerniger Leukozyt *m*
	f	leucocyte *m* neutrophile
	i	granulocito *m*, leucocito *m* neutrofilo polimorfonucleato
	r	сегментированный нейтрофильный гранулоцит *m*, сегментированный нейтрофил *m*
M119	*e*	**mature ovarian follicle**
	d	reifer Ovarialfollikel *m*
	f	follicule *m* ovarien
	i	follicolo *m* ovarico maturo
	r	зрелый яичниковый фолликул *m*
M120	*e*	**maturity**
	d	Reife *f*, Maturität *f*
	f	maturité *f*
	i	maturità *f*
	r	зрелость *f*
M121	*e*	**maxillary antrum**
	d	Kieferhöhle *f*, Highmore-Höhle *f*
	f	antre *m* maxillaire
	i	seno *m* mascellare, antro *m* di Highmore
	r	верхнечелюстная [гайморова] пазуха *f*
M122	*e*	**maxillary gland**
	d	Unterkieferdrüse *f*
	f	glande *f* maxillaire
	i	ghiandola *f* sottomandibolare
	r	подчелюстная железа *f*
M123	*e*	**maxillary sinus** *see* **maxillary antrum**
M124	*e*	**maxillary sinusitis**
	d	Maxillitis *f*, Oberkieferentzündung *f*, Highmoritis *f*
	f	sinusite *f* maxillaire
	i	sinusite *f* mascellare
	r	гайморит *m*, верхнечелюстной синусит *m*
M125	*e*	**maximal dose**
	d	maximale Dosis *f*, Höchstdosis *f*
	f	dose *f* maximum
	i	dose *f* massima
	r	высшая доза *f*
M126	*e*	**maximal permissible dose**
	d	maximal zulässige Dosis *f*
	f	dose *f* maximale admissible
	i	dose *f* massima ammissibile
	r	предельно допустимая доза *f*
M127	*e*	**mean**
	d	durchschnittlich
	f	moyen
	i	medio
	r	средний
M128	*e*	**measles**
	d	Masern *pl*, Morbilli *m pl*, Rotsucht *f*
	f	rougeole *f*
	i	morbillo *m*
	r	корь *f*
M129	*e*	**measure**
	d	Maß *n*
	f	mesure *f*
	i	misura *f*
	r	мера *f*, степень *f*
M130	*e*	**meatotomy**
	d	Meatotomie *f*
	f	méatotomie *f*
	i	meatotomia *f*
	r	меатотомия *f*
M131	*e*	**mechanical ileus**
	d	mechanischer Darmverschluß *m*, mechanischer Ileus *m*
	f	iléus *m* mécanique
	i	ileo *m* meccanico
	r	механическая непроходимость *f* кишечника
M132	*e*	**mechanical jaundice**
	d	mechanischer Ikterus *m*
	f	ictère *m* cholostatique [par obstruction]
	i	ittero *m* da ostruzione
	r	обтурационная [механическая] желтуха *f*
M133	*e*	**mechanical vector**
	d	mechanischer Krankheits(erreger)überträger *m*, mechanischer Vektor *m*
	f	vecteur *m* mécanique

MECHAN(IC)ORECEPTOR

	i	veicolo *m* meccanico d'infezione
	r	механический переносчик *m*
M134	*e*	**mechan(ic)oreceptor**
	d	Mechanorezeptor *m*
	f	mécanorécepteur *m*
	i	meccanorecettore *m*
	r	механо(ре)цептор *m*
M135	*e*	**mechanotherapy**
	d	Mechanotherapie *f*
	f	mécanothérapie *f*
	i	meccanoterapia *f*
	r	механотерапия *f*
M136	*e*	**Meckel's diverticulum**
	d	Meckel-Divertikel *n*
	f	diverticule *m* de Meckel
	i	diverticolo *m* ileale di Meckel
	r	дивертикул *m* подвздошной кишки, меккелев дивертикул *m*
M137	*e*	**meconium**
	d	Mekonium *n*, Kindspech *n*
	f	méconium *m*
	i	meconio *m*
	r	меконий *m*
M138	*e*	**meconium peritonitis**
	d	Mekoniumperitonitis *f*
	f	péritonite *f* méconiale
	i	peritonite *f* da meconio
	r	мекониевый перитонит *m*
M139	*e*	**median line**
	d	Mediallinie *f*
	f	ligne *f* médiane
	i	linea *f* mediana
	r	срединная линия *f*
M140	*e*	**mediastinal emphysema**
	d	Mediastinalemphysem *n*, Pneumomediastinum *n*
	f	emphysème *m* médiastinal
	i	enfisema *m* mediastinico
	r	пневмомедиастинум *m*, медиастинальная эмфизема *f*, эмфизема *f* средостения
M141	*e*	**mediastinal pleura**
	d	Mittelfellpleura *f*
	f	plèvre *f* médiastinale
	i	pleura *f* mediastinica
	r	средостенная [медиастинальная] плевра *f*
M142	*e*	**mediastinotomy**
	d	Mediastinotomie *f*
	f	médiastinotomie *f*
	i	mediastinotomia *f*
	r	медиастинотомия *f*
M143	*e*	**mediastinum**
	d	Mittelfell *n*, Mittelfellraum *m*
	f	médiastin *m*
	i	mediastino *m*
	r	средостение *n*
M144	*e*	**mediate auscultation**
	d	indirekte Auskultation *f*
	f	auscultation *f* médiate
	i	auscultazione *f* mediata [indiretta]
	r	непрямая аускультация *f*
M145	*e*	**mediate percussion**
	d	mittelbare [indirekte] Perkussion *f*; Plessimeterperkussion *f*
	f	percussion *f* médiate
	i	percussione *f* indiretta [mediata]
	r	опосредованная перкуссия *f*
M146	*e*	**mediate transfusion**
	d	indirekte Transfusion *f*
	f	transfusion *f* médiate [indirecte]
	i	trasfusione *f* indiretta
	r	непрямое переливание *n* крови
M147	*e*	**medical care**
	d	medizinische Betreuung *f*
	f	aide *f* médicale
	i	assistenza *f* medica
	r	медицинская помощь *f*
M148	*e*	**medical certificate**
	d	Gesundheitszeugnis *n*
	f	certificat *m* médical
	i	certificato *m* medico
	r	справка *f* о состоянии здоровья
M149	*e*	**medical confidentiality**
	d	ärztliche Schweigepflicht *f*
	f	secret *m* médical
	i	obbligo *m* di tacere *(del medico)*
	r	врачебная тайна *f*
M150	*e*	**medicament**
	d	Medikament *n*, Arznei *f*, Heilmittel *n*
	f	médicament *m*
	i	medicamento *m*, farmaco *m*
	r	лекарство *n*, медикамент *m*, лекарственный препарат *m*
M151	*e*	**medicamental dermatitis**
	d	Arzneimitteldermatitis *f*
	f	dermatite *f* médicamenteuse
	i	dermatite *f* medicamentosa
	r	медикаментозный дерматит *m*
M152	*e*	**medication, medicinal treatment**
	d	medikamentöse Behandlung *f*
	f	médication *f*
	i	medicazione *f*
	r	медикаментозное [лекарственное] лечение *n*
M153	*e*	**medicine**
	d	1. Medizin *f*, Heilkunde *f* 2. innere Medizin *f* 3. Arzneimittel *n*
	f	1. médecine *f* 2. thérapie *f* 3. médicament *m*

	i	1. medicina *f* 2. terapia *f* 3. medicamento *m*
	r	1. медицина *f* 2. терапия *f* 3. лекарство *n*
M154	*e*	**medicine dropper**
	d	Tropfenzähler *m*; Tropfer *m*
	f	compte-gouttes *m*
	i	contagocce *m*
	r	пипетка *f*; капельница *f*
M155	*e*	**Mediterranean anemia**
	d	Cooley-Anämie *f*, Mediterrananämie *f*
	f	anémie *f* méditerranéenne, maladie *f* de Cooley, thalassémie *f* majeure
	i	anemia *f* mediterranea, morbo *m* di Cooley, talassemia *f*
	r	большая талассемия *f*, анемия *f* Кули, средиземноморская анемия *f*
M156	*e*	**Mediterranean fever** *see* **Malta fever**
M157	*e*	**medulla** *see* **marrow**
M158	*e*	**medullary cone**
	d	Rückenmarkkonus *m*
	f	cône *m* médullaire [terminal]
	i	cono *m* midollare
	r	конус *m* спинного мозга
M159	*e*	**medullary membrane**
	d	Endost *n*
	f	endoste *m*
	i	endostio *m*
	r	эндост *m*
M160	*e*	**medullary rays** *pl*
	d	Markstrahlen *m pl* (der Niere)
	f	stries *f pl* médullaires
	i	raggi *m pl* midollari
	r	лучистая часть *f* корковых долек почки, мозговые лучи *m pl*
M161	*e*	**Medusa head**
	d	Medusenhaupt *n*
	f	tête *f* de Méduse
	i	testa *f* di Medusa
	r	голова *f* Медузы
M162	*e*	**megacardia**
	d	Kardiomegalie *f*, Herzvergrößerung *f*
	f	cardiomégalie *f*
	i	cardiomegalia *f*
	r	кардиомегалия *f*
M163	*e*	**megacaryoblast** *see* **megakaryoblast**
M164	*e*	**megacephalia, megacephaly**
	d	Megalozephalie *f*, Makrozephalie *f*
	f	macrocéphalie *f*, mégacéphalie *f*
	i	macrocefalia *f*, megacefalia *f*
	r	макроцефалия *f*, мегацефалия *f*, макрокефалия *f*, мегалокефалия *f*
M165	*e*	**megacolon, megacoly**
	d	Megakolon *n*, Dickdarmvergrößerung *f*
	f	mégacôlon *m*
	i	megacolon *m*
	r	мегаколон *m*
M166	*e*	**megakaryoblast**
	d	Megakaryoblast *m*
	f	mégacaryoblaste *m*
	i	megacarioblasto *m*
	r	мегакариобласт *m*
M167	*e*	**megakaryocyte**
	d	Megakaryozyt *m*
	f	mégacaryocyte *m*
	i	megacariocito *m*
	r	мегакариоцит *m*
M168	*e*	**megaloblast**
	d	Megaloblast *m*
	f	mégaloblaste *m*
	i	megaloblasto *m*
	r	мегалобласт *m*
M169	*e*	**megalocardia** *see* **megacardia**
M170	*e*	**megalocephalia, megalocephaly** *see* **megacephalia**
M171	*e*	**megalocyte**
	d	Megalozyt *m*
	f	mégalocyte *m*
	i	megalocito *m*
	r	мегалоцит *m*
M172	*e*	**megalocytic anemia**
	d	megalozytäre Anämie *f*
	f	anémie *f* mégalocytique
	i	anemia *f* megalocitica
	r	макроцитарная анемия *f*
M173	*e*	**megaloglossia** *see* **macroglossia**
M174	*e*	**megalohepatia**
	d	Hepatomegalie *f*
	f	hépatomégalie *f*
	i	epatomegalia *f*
	r	гепатомегалия *f*
M175	*e*	**megalomania**
	d	Megalomanie *f*, Größenwahn *m*
	f	mégalomanie *f*
	i	megalomania *f*, mania *f* di grandezza
	r	бред *m* величия, мегаломания *f*
M176	*e*	**megalopodia**
	d	Megalopodie *f*, Großfüßigkeit *f*
	f	macropodie *f*
	i	macropodia *f*
	r	макроподия *f*, мегалоподия *f*
M177	*e*	**megalosplenia**
	d	Splenomegalie *f*, Milzvergrößerung *f*
	f	mégalosplénie *f*, splénomégalie *f*
	i	splenomegalia *f*
	r	спленомегалия *f*
M178	*e*	**megarectum**
	d	Megarektum *n*
	f	mégarectum *m*

MEGASIGMOID

	i	megaretto *m*
	r	мегаректум *m*
M179	*e*	**megasigmoid**
	d	Megasigma *n*
	f	mégasigmoïde *m*
	i	megasigma *m*
	r	мегасигма *f*
M180	*e*	**meiosis**
	d	Meiose *f*
	f	méiose *f*
	i	meiosi *f*
	r	мейоз *m*
M181	*e*	**melancholia**
	d	Melancholie *f*, endogene Depression *f*
	f	mélancolie *f*
	i	malinconia *f*
	r	эндогенная депрессия *f*, меланхолия *f*
M182	*e*	**melancholic temperament**
	d	melancholisches Temperament *n*
	f	tempérament *m* mélancolique
	i	temperamento *m* melanconico
	r	меланхолический темперамент *m*
M183	*e*	**melancholy** *see* **melancholia**
M184	*e*	**melanin**
	d	Melanin *n*
	f	mélanine *f*
	i	melanina *f*
	r	меланин *m*
M185	*e*	**melanism** *see* **melanosis**
M186	*e*	**melanoblast**
	d	Melanoblast *m*
	f	mélanoblaste *m*
	i	melanoblasto *m*
	r	меланобласт *m*, меланоэпителиобласт *m*
M187	*e*	**melanocarcinoma** *see* **melanoma**
M188	*e*	**melanocyte**
	d	Melanozyt *m*, Melaninzelle *f*
	f	mélanocyte *m*
	i	melanocito *m*
	r	мелано(эпителио)цит *m*
M189	*e*	**melanocyte stimulating hormone** *see* **melatonin**
M190	*e*	**melanoderma**
	d	Melanodermie *f*, Hautüberpigmentierung *f*
	f	mélanodermie *f*
	i	melanodermia *f*
	r	меланодермия *f*, меланоз *m* кожи
M191	*e*	**melanoepithelioma** *see* **melanoma**
M192	*e*	**melanoleucoderma**
	d	Melanoleukodermie *f*
	f	livédo *m*, leucomélanodermie *f*
	i	melanoleucodermia *f*, cute *f* marmorata
	r	мраморная кожа *f*
M193	*e*	**melanoma**
	d	Melanom *n*, Melanokarzinom *n*, Melanosarkom *n*
	f	mélanome *m*
	i	melanoma *m*
	r	меланома *f*, меланокарцинома *f*, меланосаркома *f*, невокарцинома *f*
M194	*e*	**melanopathy** *see* **melanosis**
M195	*e*	**melanorrhagia, melanorrhea** *see* **melena**
M196	*e*	**melanosarcoma** *see* **melanoma**
M197	*e*	**melanosis**
	d	Melanose *f*, Melanismus *m*
	f	mélanose *f*
	i	melanosi *f*
	r	меланоз *m*, меланизм *m*, меланопатия *f*
M198	*e*	**melanotic cancer, melanotic carcinoma** *see* **melanoma**
M199	*e*	**melanotic pigment** *see* **melanin**
M200	*e*	**melanotic sarcoma** *see* **melanoma**
M201	*e*	**melanuria**
	d	Melanurie *f*
	f	mélanurie *f*
	i	melanuria *f*
	r	меланурия *f*
M202	*e*	**melatonin**
	d	Melatonin *n*, melanozytenstimulierendes Hormon *n*
	f	mélatonine *f*
	i	melatonina *f*
	r	меланоцитостимулирующий гормон *m*, мелатонин *m*
M203	*e*	**melena**
	d	Melaena *f*, Schwarzdurchfall *m*
	f	méléna *m*
	i	melena *f*
	r	мелена *f*, дёгтеобразный стул *m*
M204	*e*	**melioidosis**
	d	Melioidose *f*, Malleoidose *f*, Pseudomalleus *m*
	f	mélioïdose *f*
	i	melioidosi *f*
	r	мелиоидоз *m*, ложный сап *m*
M205	*e*	**melodiotherapy** *see* **musicotherapy**
M206	*e*	**melorheostosis**
	d	Melorheostose *f*, Léri-Syndrom *n*
	f	mélorhéostose *f* (de Léri)

	i	meloreostosi *f*, osteopetrosi *f* di Léri
	r	мелореостоз *m*, болезнь *f* Лери
M207	*e*	**membrane**
	d	Membran *f*
	f	membrane *f*
	i	membrana *f*
	r	мембрана *f*, перепонка *f*, оболочка *f*
M208	*e*	**membrane potential**
	d	Membranpotential *n*, Transmembranpotential *n*
	f	potentiel *m* de membrane
	i	potenziale *m* di membrana
	r	мембранный [трансмембранный] потенциал *m*
M209	*e*	**membranous cataract**
	d	Cataracta *f* membranacea
	f	cataracte *f* membraneuse
	i	cateratta *f* membranace
	r	остаточная [вторичная истинная] катаракта *f*
M210	*e*	**membranous glomerulonephritis**
	d	membranöse Glomerulonephritis *f*
	f	glomérulonéphrite *f* membraneuse
	i	glomerulonefrite *f* (epi)membranosa
	r	мембранозный гломерулонефрит *m*
M211	*e*	**membranous labyrinth**
	d	häutiges Labyrinth *n*
	f	labyrinthe *m* membraneux
	i	labirinto *m* membranoso
	r	перепончатый лабиринт *m*
M212	*e*	**membranous urethra**
	d	Urethra *f* membranacea
	f	urètre *m* membraneux
	i	uretra *f* membranosa
	r	перепончатая часть *f* мочеиспускательного канала
M213	*e*	**memory**
	d	Gedächtnis *n*
	f	mémoire *f*
	i	memoria *f*
	r	память *f*
M214	*e*	**menarche**
	d	Menarche *f*
	f	ménarche *f*
	i	menarca *f*
	r	менархе *n*, первая менструация *f*
M215	*e*	**Mendelian inheritance, Mendel's laws**
	d	Mendel-Erbgang *m*
	f	hérédité *f* mendélienne
	i	mendelismo *m*, eredità *f* mendeliana, legge *f* di Mendel
	r	наследование *n* по законам Менделя
M216	*e*	**Mendel's reflex**
	d	Fußrückenreflex *m*, Mendel-Bechterew-Reflex *m*

MENINGORADICULITIS

	f	réflexe *m* tarso-phalangien [de Mendel-Bechterev]
	i	riflesso *m* di Bechterev-Mendel
	r	рефлекс *m* Бехтерева—Менделя, тыльно-стопный рефлекс *m*
M217	*e*	**Ménière disease, Ménière syndrome**
	d	Ménière-Syndrom *n*
	f	syndrome *m* [vertige *m*] de Ménière
	i	sindrome *f* di Ménière
	r	синдром *m* Меньера
M218	*e*	**meninges** *pl*
	d	Hirnhäute *f pl*
	f	méninges *f pl*
	i	meningi *f pl*
	r	мозговые оболочки *f pl*
M219	*e*	**meningioma**
	d	Meningeom *n*, Meningealtumor *m*, Gehirnhautgeschwulst *f*
	f	méningiome *m*
	i	meningioma *m*
	r	менингиома *f*
M220	*e*	**meningitis**
	d	Meningitis *f*
	f	méningite *f*
	i	meningite *f*
	r	менингит *m*
M221	*e*	**meningocele**
	d	Meningozele *f*
	f	méningocèle *f*
	i	meningocele *m*
	r	менингоцеле *n*
M222	*e*	**meningococcic meningitis**
	d	Meningokokkenmeningitis *f*, epidemische zerebrospinale Meningitis *f*
	f	méningite *f* méningococcique
	i	meningite *f* meningococcica [cerebrospinale epidemica]
	r	менингококковый [эпидемический цереброспинальный] менингит *m*
M223	*e*	**meningoencephalitis**
	d	Meningoenzephalitis *f*
	f	méningo-encéphalite *f*
	i	meningoencefalite *f*
	r	менингоэнцефалит *m*
M224	*e*	**meningoencephalomyelitis**
	d	Meningoenzephalomyelitis *f*
	f	méningo-encéphalomyélite *f*
	i	meningoencefalomielite *f*
	r	менингоэнцефаломиелит *m*
M225	*e*	**meningomyelitis**
	d	Meningomyelitis *f*
	f	méningo-myélite *f*
	i	meningomielite *f*
	r	менингомиелит *m*
M226	*e*	**meningoradiculitis**

MENISCECTOMY

	d	Meningoradikulitis *f*
	f	méningo-radiculite *f*
	i	meningoradicolite *f*
	r	менингорадикулит *m*
M227	*e*	**meniscectomy**
	d	Meniskektomie *f*, Meniskusentfernung *f*
	f	méniscectomie *f*
	i	meniscectomia *f*
	r	менискэктомия *f*
M228	*e*	**meniscocyte**
	d	Meniskozyt *m*, Sichelzelle *f*, Drepanozyt *m*
	f	drépanocyte *m*
	i	drepanocito *m*
	r	дрепаноцит *m*, менискоцит *m*
M229	*e*	**meniscus**
	d	Meniskus *m*, Gelenkscheibe *f*
	f	ménisque *m*
	i	menisco *m*
	r	мениск *m*
M230	*e*	**menopause**
	d	Menopause *f*
	f	ménopause *f*
	i	menopausa *f*
	r	менопауза *f*
M231	*e*	**menorrhagia, menorrhea**
	d	Menorrhagie *f*, Hypermenorrhoe *f*
	f	ménorragie *f*
	i	menorragia *f*
	r	гиперменорея *f*, меноррагия *f*
M232	*e*	**menses** *pl see* **menstruation**
M233	*e*	**menstrual cycle**
	d	Menstrualzyklus *m*, Regelblutungszyklus *m*
	f	cycle *m* menstruel
	i	ciclo *m* mestruale
	r	менструальный цикл *m*
M234	*e*	**menstruation**
	d	Menstruation *f*, monatliche Regelblutung *f*, Monatsblutung *f*, Menses *f*
	f	menstruation *f*
	i	mestruazione *f*
	r	менструация *f*
M235	*e*	**mental aberration**
	d	Geistesstörung *f*
	f	aberration *f* mentale
	i	aberrazione *f* mentale
	r	психическое отклонение *n*
M236	*e*	**mental deficiency**
	d	Intelligenzmangel *m*
	f	déficience *f* mentale
	i	deficienza *f* [ritardo *m*] mentale
	r	умственная отсталость *f*
M237	*e*	**mental fog**
	d	Geistestrübung *f*
	f	obnubilation *f*
	i	obnubilazione *f* [obnubilamento *m*] della coscienza
	r	помрачение *n* [расстройство *n*] сознания
M238	*e*	**mental health**
	d	geistige Gesundheit *f*
	f	santé *f* mentale [d'esprit]
	i	salute *f* mentale [psichica]
	r	психическое здоровье *n*
M239	*e*	**mental retardation**
	d	geistige Retardierung *f*
	f	retardation *f* (mentale)
	i	retardazione *f* mentale
	r	умственная отсталость *f*
M240	*e*	**mercaptan**
	d	Merkaptan *n*
	f	mercaptan *m*
	i	mercaptano *m*, tioalcole *m*
	r	меркаптан *m*, тиоспирт *m*
M241	*e*	**mercurial cachexia, mercurialism**
	d	Merkurialismus *m*, Quecksilbervergiftung *f*
	f	mercurialisme *m*
	i	mercurialismo *m*, idrargirismo *m*
	r	меркуриализм *m*, гидраргиризм *m*
M242	*e*	**merocrine gland**
	d	merokrine Drüse *f*
	f	glande *f* mérocrine
	i	ghiandola *f* merocrina
	r	мерокринная железа *f*
M243	*e*	**mesarteritis**
	d	Mesarteriitis *f*
	f	mésartérite *f*
	i	mesarterite *f*
	r	мезартериит *m*
M244	*e*	**mesencephalon** *see* **midbrain**
M245	*e*	**mesenchymal cell**
	d	Mesenchymzelle *f*
	f	cellule *f* mésenchymale
	i	cellula *f* mesenchimale
	r	мезенхимная клетка *f*, мезенхимоцит *m*
M246	*e*	**mesenchyme**
	d	Mesenchym *n*, embryonales Bindegewebe *n*
	f	mésenchyme *m*
	i	mesenchima *m*
	r	мезенхима *f*
M247	*e*	**mesenteritis**
	d	Mesenteritis *f*, Gekröseentzündung *f*
	f	mésentérite *f*
	i	mesenterite *f*
	r	мезентерит *m*

M248	*e*	**mesentery**
	d	Mesenterium *n*
	f	mésentère *m*
	i	mesentere *m*
	r	брыжейка *f*, мезентерий *m*
M249	*e*	**mesoblast** see **mesoderm**
M250	*e*	**mesocardium**
	d	Mesokard *n*
	f	mésocarde *m*
	i	mesocardio *m*
	r	мезокард *m*
M251	*e*	**mesoderm**
	d	Mesoderm *n*, Mesoblast *m*, mittleres Keimblatt *n*
	f	mésoderme *m*
	i	mesoderma *m*, mesoblasto *m*
	r	мезодерма *f*
M252	*e*	**mesonephric duct**
	d	Urnierengang *m*, Wolff-Gang *m*
	f	canal *m* du mésonéphros
	i	dotto *m* mesonefrico [di Wolff]
	r	проток *m* первичной почки
M253	*e*	**mesothelial cell**
	d	Mesothelzelle *f*
	f	cellule *f* mésothéliale
	i	cellula *f* mesoteliale
	r	мезотелиоцит *m*, мезотелиальная клетка *f*
M254	*e*	**mesothelioma**
	d	Mesotheliom *n*
	f	mésothéliome *m*
	i	mesotelioma *m*
	r	мезотелиома *f*
M255	*e*	**mesothelium**
	d	Mesothel *n*
	f	mésothélium *m*
	i	mesotelio *m*
	r	мезотелий *m*
M256	*e*	**metabiosis**
	d	Metabiose *f*
	f	métabiose *f*
	i	metabiosi *f*
	r	метабиоз *m*
M257	*e*	**metabolic acidosis**
	d	metabolische Acidose *f*, Stoffwechselacidose *f*
	f	acidose *f* métabolique
	i	acidosi *f* metabolica
	r	обменный [метаболический] ацидоз *m*
M258	*e*	**metabolic alkalosis**
	d	metabolische Alkalose *f*
	f	alcalose *f* métabolique
	i	alcalosi *f* metabolica
	r	обменный [метаболический] алкалоз *m*
M259	*e*	**metabolism**
	d	Metabolismus *m*, Stoffwechsel *m*
	f	métabolisme *m*
	i	metabolismo *m*
	r	обмен *m* веществ, метаболизм *m*
M260	*e*	**metabolite**
	d	Metabolit *m*
	f	métabolite *m*
	i	metabolito *m*, metabolita *m*
	r	метаболит *m*
M261	*e*	**metacarpus**
	d	Metakarpus *m*, Mittelhand *f*
	f	métacarpe *m*
	i	metacarpo *m*
	r	пястная кость *f*
M262	*e*	**metamorphopsia**
	d	Metamorphopsie *f*
	f	métamorphopsie *f*
	i	metamorfopsia *f*
	r	метаморфопсия *f*, дисморфопсия *f*
M263	*e*	**metamyelocyte**
	d	Metamyelozyt *m*
	f	métamyélocyte *m*
	i	metamielocito *m*
	r	метамиелоцит *m*, юный гранулоцит *m*
M264	*e*	**metaphase**
	d	Metaphase *f*
	f	métaphase *f*
	i	metafase *f*
	r	метафаза *f*
M265	*e*	**metaphysis**
	d	Metaphyse *f*
	f	métaphyse *f*
	i	metafisi *f*
	r	метафиз *m*
M266	*e*	**metaplasia**
	d	Metaplasie *f*, Gewebeumbildung *f*
	f	métaplasie *f*
	i	metaplasia *f*
	r	метаплазия *f*
M267	*e*	**metastasis**
	d	Metastase *f*, Tochterherd *m*
	f	métastase *f*
	i	metastasi *f*
	r	метастаз *m*
M268	*e*	**metatarsalgia**
	d	Metatarsalgie *f*
	f	métatarsalgie *f*
	i	metatarsalgia *f*
	r	метатарзальная невралгия *f*
M269	*e*	**metatarsophalangeal joint**
	d	Metatarsophalangealgelenk *n*

METATARSUS

        f articulation *f* métatarso-phalangienne
        i articolazione *f* metatarsofalangea
        r плюснефаланговый сустав *m*

M270 *e* **metatarsus**
        d Metatarsus *m*, Mittelfuß *m*
        f métatarse *f*
        i metatarso *m*
        r плюсна *f*

M271 *e* **meteorism**
        d Meteorismus *m*, Darm(auf)blähung *f*
        f météorisme *m*
        i meteorismo *m*
        r метеоризм *m*

M272 *e* **methanol** *see* **methyl alcohol**

M273 *e* **methemoglobin**
        d Methämoglobin *n*
        f méthémoglobine *f*
        i metemoglobina *f*
        r метгемоглобин *m*

M274 *e* **methemoglobinuria**
        d Methämoglobinurie *f*
        f méthémoglobinurie *f*
        i metemoglobinuria *f*
        r метгемоглобинурия *f*

M275 *e* **methionine**
        d Methionin *n*
        f méthionine *f*
        i metionina *f*
        r метионин *m*

M276 *e* **methyl alcohol**
        d Methylalkohol *m*, Methanol *n*
        f alcool *m* méthylique
        i alcol *m* metilico, metanolo *m*
        r метиловый спирт *m*

M277 *e* **metreurynter**
        d Metreurynter *m*, Gebärmutterhalserweiterer *m*
        f métreurynter *m*
        i metreurinter *m*
        r метрейринтер *m*

M278 *e* **metreurysis**
        d Metreuryse *f*
        f métreuryse *f*
        i metreurisi *f*
        r метрейриз *m*

M279 *e* **metritis**
        d Metritis *f*
        f métrite *f*
        i metrite *f*
        r метрит *m*

M280 *e* **metrorrhagia**
        d Metrorrhagie *f*
        f métrorragie *f*
        i metrorragia *f*
        r метроррагия *f*, ациклическое маточное кровотечение *n*

M281 *e* **metrosalpingography**
        d Metrosalpingographie *f*, Hysterosalpingographie *f*
        f métro-salpingographie *f*, hystéro-salpingographie *f*
        i metrosalpingografia *f*, isterosalpingografia *f*
        r метросальпингография *f*, гистеросальпингография *f*

M282 *e* **Meynert-bundle**
        d Meynert-Bündel *n*
        f faisceau *m* de Meynert
        i commessura *f* di Meynert
        r отогнутый пучок *m*, пучок *m* Мейнерта

M283 *e* **microbe**
        d Mikrobe *f*, Mikrobion *n*
        f microbe *m*
        i microbo *m*, microbio *m*
        r микроорганизм *m*, микроб *m*

M284 *e* **microbicide**
        d mikrobizides Mittel *n*
        f microbicide *m*
        i microbicida *m*
        r антимикробное [противомикробное] средство *n*

M285 *e* **microbiology**
        d Mikrobiologie *f*
        f microbiologie *f*
        i microbiologia *f*
        r микробиология *f*

M286 *e* **microcyte**
        d Mikrozyt *m*, kleiner Erythrozyt *m*
        f microcyte *m*
        i microcito *m*
        r микроцит *m*

M287 *e* **microcytosis, microcythemia**
        d Mikrozytose *f*
        f microcytose *f*
        i microcitemia *f*
        r микроцитоз *m*

M288 *e* **microdontism**
        d Mikrodontie *f*
        f microdontisme *m*
        i microdontia *f*, microdontismo *m*
        r микродентизм *m*

M289 *e* **microerythrocyte** *see* **microcyte**

M290 *e* **microglia cell, microgliacyte, microglial cell**
        d Mikrogliazelle *f*
        f cellule *f* microgliale, microgliocyte *m*, macrophage *m* glial
        i microglia *f*, microgliacito *m*

MIDDLE FINGER

	r	глиальный макрофаг *m*, мозговой гистиоцит *m*, клетка *f* Ортеги
M291	e	**micrognathia**
	d	Mikrognathie *f*
	f	micrognathie *f*
	i	micrognazia *f*
	r	микрогнатия *f*
M292	e	**microlith**
	d	Mikrolith *m*
	f	microlithe *m*
	i	microlito *m*
	r	микролит *m*
M293	e	**micromania**
	d	Kleinheitswahn *m*, Nichtigkeitswahn *m*, Mikromanie *f*
	f	micromanie *f*
	i	micromania *f*
	r	микроманический бред *m*, бред *m* самоуничижения
M294	e	**micromastia, micromazia**
	d	Mikromastie *f*
	f	micromastie *f*
	i	micromastia *f*
	r	микромастия *f*
M295	e	**micromelia**
	d	Mikromelie *f*
	f	micromélie *f*
	i	micromelia *f*
	r	микромелия *f*
M296	e	**microorganism**
	d	Mikroorganismus *m*
	f	microorganisme *m*
	i	microrganismo *m*
	r	микроорганизм *m*
M297	e	**microphthalmia, microphthalmos**
	d	Mikrophthalmie *f*, Mikrophthalmus *m*
	f	microphtalmie *f*
	i	microftalmo *m*
	r	микрофтальм *m*, офтальмомикрия *f*
M298	e	**microplasia** see **microsomia**
M299	e	**microscope**
	d	Mikroskop *n*
	f	microscope *m*
	i	microscopio *m*
	r	микроскоп *m*
M300	e	**microscopic field**
	d	Gesichtsfeld *n* bei der Mikroskopie
	f	champ *m* visuel
	i	campo *m* visivo microscopico
	r	поле *n* зрения при микроскопии
M301	e	**microscopic glass**
	d	Objektträger *m*, Objektglas *n*
	f	lamelle *f* (pour microscopie)
	i	tavolino *m* [vetrino *m*] portaoggetti [portapreparati]
	r	предметное стекло *n*

M302	e	**microscopy**
	d	Mikroskopie *f*
	f	microscopie *f*
	i	microscopia *f*
	r	микроскопия *f*
M303	e	**microsome**
	d	Mikrosom *n*
	f	microsome *m*
	i	microsoma *m*
	r	микросома *f*
M304	e	**microsomia**
	d	Mikrosomie *f*
	f	microsomie *f*, nanisme *m*
	i	microsomia *f*, nanismo *m*
	r	карликовость *f*, нанизм *m*
M305	e	**microsurgery**
	d	Mikrochirurgie *f*
	f	microchirurgie *f*
	i	microchirurgia *f*
	r	микрохирургия *f*
M306	e	**microtome**
	d	Mikrotom *n*
	f	microtome *m*
	i	microtomo *m*
	r	микротом *m*
M307	e	**microvilli** *pl*
	d	Mikrozotten *f pl*, Mikrovilli *m pl*
	f	microvillosités *f pl*
	i	microvilli *m pl*
	r	микроворсинки *f pl*
M308	e	**micturition**
	d	Miktion *n*, Harnlassen *n*, Harnen *n*
	f	miction *f*, micturition *f*
	i	minzione *f*
	r	мочеиспускание *n*
M309	e	**midbrain**
	d	Mittelhirn *n*, Mesenzephalon *n*
	f	cerveau *m* moyen, mésencéphale *m*
	i	mesencefalo *m*
	r	средний мозг *m*
M310	e	**mid-diastolic murmur**
	d	mesodiastolisches Herzgeräusch *n*
	f	souffle *m* mésodiastolique
	i	soffio *m* mesodiastolico
	r	мезодиастолический шум *m*
M311	e	**middle ear**
	d	Mittelohr *n*
	f	oreille *f* moyenne
	i	orecchio *m* medio
	r	среднее ухо *n*
M312	e	**middle finger**
	d	Mittelfinger *m*
	f	médius *m*, majeur *m*

325

	i	dito *m* medio		*i*	legg(i)ero, lieve
	r	средний палец *m*		*r*	лёгкий, слабый
M313	*e*	middle lobe syndrome	M324	*e*	miliary aneurysm
	d	Mittellappensyndrom *n*		*d*	Miliaraneurysma *n*
	f	syndrome *m* du lobe médial		*f*	anévrysme *m* miliaire
	i	sindrome *f* del lobo medio		*i*	aneurisma *m* miliare
	r	синдром *m* средней доли		*r*	милиарная [просовидная] аневризма *f*
M314	*e*	middle pharyngeal constrictor	M325	*e*	miliary tuberculosis
	d	mittlerer Schlundschnürer *m*		*d*	Miliartuberkulose *f*
	f	muscle *m* constricteur moyen du pharynx		*f*	tuberculose *f* miliaire
	i	muscolo *m* costrittore medio del faringe		*i*	tubercolosi *f* miliare
	r	подъязычно-глоточная мышца *f*, средний констриктор *m* глотки		*r*	милиарный туберкулёз *m*
			M326	*e*	military medicine
M315	*e*	midgut		*d*	Militärmedizin *f*
	d	Mitteldarm *m*		*f*	médecine *f* militaire
	f	intestin *m* moyen		*i*	medicina *f* militare
	i	intestino *m* medio		*r*	военная медицина *f*
	r	средняя кишка *f*	M327	*e*	milium
M316	*e*	midline *see* median line		*d*	Milium *n*, Milie *f*
				f	milium *m*
M317	*e*	midriff		*i*	milio *m*
	d	Zwerchfell *n*, Diaphragma *n*		*r*	милиум *m*, белый угорь *m*
	f	diaphragme *m*			
	i	diaframma *m*	M328	*e*	milk-alkali syndrome
	r	диафрагма *f*		*d*	Milch-Alkali-Syndrom *n*, Burnett-Syndrom *n*
M318	*e*	midwife		*f*	syndrome *m* de Burnett [du lait et des alcalins]
	d	Hebamme *f*, Geburtshelferin *f*		*i*	sindrome *f* di Burnett [da eccesso di latte ed alcali]
	f	sage-femme *f*, accoucheuse *f*		*r*	синдром *m* Бернетта, молочно-щелочной синдром *m*, синдром *m* пищевой гиперкальциемии
	i	levatrice *f*, ostetrica *f*			
	r	акушерка *f*			
M319	*e*	migraine	M329	*e*	milk crust
	d	Migräne *f*		*d*	Milchborke *f*
	f	migraine *f*		*f*	croûte *f* de lait
	i	emicrania *f*		*i*	crosta *f* lattea
	r	мигрень *f*		*r*	молочный струп *m*
M320	*e*	migrating abscess	M330	*e*	milk cyst
	d	Wanderabszeß *m*		*d*	Milch(gang)zyste *f*, Galaktozele *f*
	f	abcès *m* migrateur		*f*	galactocèle *f*
	i	ascesso *m* migrante		*i*	galattocele *m*, cisti *f* lattea
	r	натёчник *m*, натёчный абсцесс *m*		*r*	галактоцеле *n*, молочная киста *f*
M321	*e*	migration	M331	*e*	milk duct
	d	Migration *f*, Wanderung *f*		*d*	Milchgang *m*
	f	migration *f*		*f*	canal *m* galactophore [lactifère]
	i	migrazione *f*		*i*	dotto *m* galattoforo [lattifero]
	r	миграция *f*, перемещение *n*		*r*	млечный проток *m*
M322	*e*	migratory ophthalmia	M332	*e*	milk fever
	d	sympathische Ophthalmie *f*		*d*	Milchfieber *n*
	f	ophtalmie *f* sympathique [migratrice]		*f*	fièvre *f* de lait
	i	oftalmia *f* simpatica		*i*	febbre *f* da latte
	r	симпатический иридоциклит *m*, симпатическая офтальмия *f*		*r*	молочная лихорадка *f*
M323	*e*	mild	M333	*e*	milkpox
	d	leicht; mild		*d*	Alastrim *f*, Milchpocken *pl*
	f	léger		*f*	alastrim *m*

	i	alastrim *m*
	r	аластрим *m*, белая оспа *f*
M334	*e*	milk scall *see* milk crust
M335	*e*	milk sugar
	d	Laktose *f*, Milchzucker *m*
	f	sucre *m* de lait, lactose *m*
	i	lattosio *m*
	r	лактоза *f*, молочный сахар *m*
M336	*e*	milk tooth
	d	Milchzahn *m*
	f	dent *f* de lait
	i	dente *m* di latte [deciduo]
	r	молочный [выпадающий] зуб *m*
M337	*e*	mill wheel murmur
	d	Mühlradgeräusch *n*
	f	bruit *m* de moulin
	i	soffio *m* a ruota di mulino
	r	шум *m* «мельничного колеса»
M338	*e*	mimetic convulsion
	d	Gesichtskrampf *m*, Gesichtszucken *n*
	f	tic *m* convulsif, spasme *m* facial
	i	tic *m* convulsivo, spasmo *m* mimico
	r	тик *m* лица
M339	*e*	mimetic paralysis
	d	mimetische Paralyse *f*
	f	paralysie *f* mimétique
	i	paralisi *f* mimica
	r	мимический паралич *m*
M340	*e*	mimic convulsion, mimic spasm *see* mimetic convulsion
M341	*e*	mineralocorticoid
	d	Mineralokortikoid *n*
	f	minéralocorticoïde *m*
	i	mineralocorticoide *m*
	r	минералокортикоид *m*, минералокортикоидный гормон *m*
M342	*e*	mineral water
	d	Mineralwasser *n*
	f	eau *f* minérale
	i	acqua *f* minerale
	r	минеральная вода *f*
M343	*e*	mineral-water cure
	d	Brunnenkur *f*
	f	crénothérapie *f*
	i	cura *f* d'acque, crenoterapia *f*
	r	лечение *n* минеральными водами
M344	*e*	miner's anemia
	d	Bergarbeiteranämie *f*, Grubenarbeiteranämie *f*
	f	anémie *f* des mineurs, ankylostomiase *f*
	i	anemia *f* dei minatori, anchilostomiasi *f*
	r	анкилостомная анемия *f*, анемия *f* шахтёров
M345	*e*	miner's elbow
	d	Bergmannsellenbogen *m*
	f	coude *m* de mineur
	i	gomito *m* del minatore
	r	бурсит *m* локтевого сустава
M346	*e*	minimal dose
	d	minimale Dosis *f*
	f	dose *f* minimale
	i	dose *f* minima
	r	пороговая доза *f*
M347	*e*	minimal lethal dose
	d	minimale tödliche Dosis *f*
	f	dose *f* létale minimale
	i	dose *f* minima letale
	r	минимальная смертельная [минимальная летальная] доза *f*
M348	*e*	minor operation, minor surgery
	d	kleiner chirurgischer Eingriff *m*
	f	petite opération *f*
	i	operazione *f* di piccola chirurgia
	r	малая хирургическая операция *f*
M349	*e*	minute output, minute volume
	d	Herzminutenvolumen *n*
	f	débit *m* cardiaque
	i	volume *m* minuto
	r	минутный объём *m* сердца
M350	*e*	miosis
	d	Miosis *f*
	f	miose *f*
	i	miosi *f*
	r	миоз *m*
M351	*e*	miscarriage
	d	Fehlgeburt *f*, Abort *m*
	f	avortement *m* spontané
	i	aborto *m* spontaneo
	r	самопроизвольный аборт *m*, выкидыш *m*
M352	*e*	misdiagnosis
	d	Fehldiagnose *f*
	f	diagnostic *m* incorrect [faux]
	i	diagnosi *f* errata [falsa]
	r	ошибочный диагноз *m*
M353	*e*	mite
	d	Milbe *f*
	f	mite *f*
	i	acaro *m*
	r	клещ *m*
M354	*e*	mitochondrion
	d	Mitochondrie *f*
	f	mitochondrie *f*
	i	mitocondrio *m*
	r	митохондрия *f*
M355	*e*	mitosis
	d	Mitose *f*, Karyokinese *f*, indirekte Zellteilung *f*
	f	mitose *f*

MITOTIC CYCLE

- *i* mitosi *f*
- *r* митоз *m*, кариокинез *m*, митотическое [непрямое] деление *n*

M356 *e* **mitotic cycle**
- *d* mitotischer Zyklus *m*
- *f* cycle *m* mitotique
- *i* ciclo *m* mitotico
- *r* митотический цикл *m*

M357 *e* **mitral incompetence, mitral insufficiency**
- *d* Mitralinsuffizienz *f*
- *f* insuffisance *f* mitrale
- *i* insufficienza *f* mitralica
- *r* недостаточность *f* митрального клапана, митральная недостаточность *f*

M358 *e* **mitral orifice**
- *d* Mitralöffnung *f*, linke atrioventrikuläre Öffnung *f*
- *f* orifice *m* mitral [auriculo-ventriculaire gauche]
- *i* orifizio *m* atrioventricolare sinistro, ostio *m* mitralico [venoso sinistro]
- *r* митральное [левое предсердно-желудочковое, левое атриовентрикулярное] отверстие *n*

M359 *e* **mitral stenosis**
- *d* Mitralstenose *f*
- *f* sténose *f* mitrale
- *i* stenosi *f* mitralica
- *r* стеноз *m* левого атриовентрикулярного отверстия, митральный стеноз *m*

M360 *e* **mitral valve**
- *d* Mitralklappe *f*, Bikuspidalklappe *f*
- *f* valvule *f* mitrale [bicuspide]
- *i* valvola *f* mitrale [bicuspide]
- *r* левый предсердно-желудочковый [левый атриовентрикулярный, митральный, двустворчатый] клапан *m*

M361 *e* **mixed infection**
- *d* Mischinfektion *f*
- *f* infection *f* mixte
- *i* infezione *f* mista
- *r* смешанная [ассоциированная, сочетанная] инфекция *f*

M362 *e* **mixed vaccine**
- *d* Mischimpfstoff *m*
- *f* vaccin *m* polyvalent [mixte]
- *i* vaccino *m* polivalente
- *r* ассоциированная [комбинированная, комплексная] вакцина *f*, поливакцина *f*

M363 *e* **mixture**
- *d* 1. Mischung *f* 2. Mixtur *f*
- *f* 1. mixtion *f* 2. mixture *f*
- *i* 1. miscela *f* 2. mistura *f*
- *r* 1. смесь *f* 2. микстура *f*

M364 *e* **mobility**
- *d* Beweglichkeit *f*, Mobilität *f*
- *f* mobilité *f*
- *i* mobilità *f*
- *r* подвижность *f*, мобильность *f*

M365 *e* **mobilization**
- *d* Mobilisierung *f*
- *f* mobilisation *f*
- *i* mobilizzazione *f*
- *r* мобилизация *f*

M366 *e* **moderate**
- *d* mäßig
- *f* modéré
- *i* moderato
- *r* умеренный

M367 *e* **moist eczema**
- *d* feuchtes [nässendes] Ekzem *n*
- *f* eczéma *m* exsudatif
- *i* eczema *m* umido
- *r* мокнущая экзема *f*

M368 *e* **moist gangrene**
- *d* feuchter Brand *m*
- *f* gangrène *f* humide
- *i* cancrena *f* umida
- *r* влажная гангрена *f*

M369 *e* **moist rale**
- *d* feuchte Rasselgeräusche *n pl*
- *f* râles *m pl* humides
- *i* rantoli *m pl* umidi
- *r* влажные хрипы *m pl*

M370 *e* **molar**
- *d* Molar *m*, Mahlzahn *m*
- *f* molaire *f*
- *i* molare *m*, dente *m* molare
- *r* моляр *m*, большой коренной зуб *m*

M371 *e* **mole**
- *d* 1. Muttermal *n* 2. Mol *n*
- *f* 1. nævus *m* 2. mole *f*, molécule-gramme *f*
- *i* 1. voglia *f*, neo *m* 2. mole *f*, grammomolecola *f*
- *r* 1. родимое пятно *n* 2. грамм-молекула *f*, моль *m*

M372 *e* **molluscum**
- *d* Molluske *f*
- *f* mollusque *m*
- *i* mollusco *m*
- *r* моллюск *m*

M373 *e* **Monakow's fibers** *pl*, **Monakow's tract**
- *d* Monakow-Bündel *n*, Tractus *m* rubrospinalis
- *f* faisceau *m* rubro-spinal de von Monakow

– MONTEZUMA'S REVENGE

    i fascio *m* di Monakow [rubro-spinale]
    r красноядерно-спинномозговой путь *m*, пучок *m* Монакова

M374 *e* **monarthritis**
    d Monarthritis *f*
    f monoarthrite *f*
    i monoartrite *f*
    r моноартрит *m*

M375 *e* **monilethrix** *see* **moniliform hair**

M376 *e* **moniliasis**
    d Moniliasis *f*, tropische Aphthen *f pl*
    f moniliase *f*
    i moniliasi *f*, candidosi *f*
    r кандидоз *m*, монилиаз *m*

M377 *e* **moniliform hair**
    d Spindelhaarkrankheit *f*, Monilethrix *m*
    f monilethrix *m*
    i monilethrix *m*, moniletricosi *f*
    r монилетрикс *m*, монилеформные волосы *m pl*, чёткообразная аплазия *f* волос

M378 *e* **monitoring**
    d Monitoring *n*
    f monitoring *m*
    i monitoraggio *m*
    r мониторинг *m*, наблюдение *n*

M379 *e* **monoamine oxidase**
    d Monoaminoxidase *f*
    f monoamine-oxydase *f*
    i monoaminossidasi *f*
    r моноаминоксидаза *f*

M380 *e* **monoblast**
    d Monoblast *m*
    f monoblaste *m*
    i monoblasto *m*
    r монобласт *m*

M381 *e* **monochorial twins** *pl see* **monovular twins**

M382 *e* **monochromasia, monochromatism**
    d Monochromasie *f*, Einfarbensehen *n*
    f monochromasie *f*
    i monocromatismo *m*
    r ахроматопсия *f*, монохромазия *f*

M383 *e* **monocular diplopia**
    d monokulare Diplopie *f*
    f diplopie *f* monoculaire
    i diplopia *f* monoculare
    r монокулярная диплопия *f*

M384 *e* **monocular strabismus**
    d monokulares [einseitiges] Schielen *n*
    f strabisme *m* monoculaire
    i strabismo *m* monoculare
    r одностороннее [монолатеральное] косоглазие *n*

M385 *e* **monocyte**
    d Monozyt *m*
    f monocyte *f*
    i monocito *m*
    r моноцит *m*

M386 *e* **monocytic leukemia**
    d Monozytenleukämie *f*
    f leucémie *f* à monocytes
    i leucemia *f* monocitica
    r моноцитарный лейкоз *m*

M387 *e* **monocytopenia**
    d Monozytopenie *f*, Monozytenmangel *m*
    f monocytopénie *f*
    i monocitopenia *f*
    r моноцитопения *f*

M388 *e* **monocytosis**
    d Monozytose *f*
    f monocytose *f*
    i monocitosi *f*
    r моноцитоз *m*, моноцитарный лейкоцитоз *m*

M389 *e* **mononucleosis**
    d Mononukleose *f*
    f mononucléose *f*
    i mononucleosi *f*
    r мононуклеоз *m*, моноцитарная ангина *f*

M390 *e* **monopenia** *see* **monocytopenia**

M391 *e* **monoplegia**
    d Monoplegie *f*
    f monoplégie *f*
    i monoplegia *f*
    r моноплегия *f*

M392 *e* **monorchia, monorchidism, monorchism**
    d Monorchie *f*
    f monorchidie *f*
    i monorchide *m*, monorchidismo *m*
    r монорхизм *m*, односторонний анорхизм *m*

M393 *e* **monosaccharide, monose**
    d Monosaccharid *n*, Monose *f*
    f monosaccharide *m*, monose *f*
    i monosaccaride *m*, monosio *m*
    r моносахарид *m*, моноза *f*, простой сахар *m*

M394 *e* **monovular twins** *pl*, **monozygotic twins** *pl*
    d eineiige [monozygote] Zwillinge *m pl*
    f jumeaux *m pl* monozygotes [univitellins, homozygotes]
    i gemelli *m pl* monozigotici [monovulari]
    r однояйцовые [монозиготные] близнецы *m pl*

M395 *e* **Montezuma's revenge**
    d Reisedurchfall *m*

MONTHLY FLUX

	f	diarrhée *f* des voyageurs
	i	diarrea *f* dei viaggiatori
	r	диарея *f* путешественников
M396	*e*	**monthly flux, monthly period, monthly sickness** *see* **menstruation**
M397	*e*	**mood**
	d	Stimmung *f*, Gemütslage *f*, Laune *f*
	f	humeur *f*
	i	umore *m*, disposizione *f* d'animo
	r	настроение *n*, эмоциональное состояние *n*
M398	*e*	**morbidity (rate)**
	d	Morbidität *f*, Erkrankungshäufigkeit *f*
	f	morbidité *f*
	i	tasso *m* di morbilità
	r	уровень *m* заболеваемости
M399	*e*	**morbilli** *see* **measles**
M400	*e*	**Morgagni's cataract**
	d	Morgagni-Katarakt *f*
	f	cataracte *f* laiteuse [de Morgagni]
	i	cateratta *f* di Morgagni
	r	морганиева [молочная] катаракта *f*
M401	*e*	**Morgagni's hydatid**
	d	Morgagni-Hydatide *f*
	f	hydatide *f* de Morgagni
	i	idatide *f* di Morgagni
	r	морганиева гидатида *f*, привесок *m* яичка
M402	*e*	**morgue**
	d	Leichen(schau)haus *n*, Leichenhalle *f*, Totenkammer *f*
	f	morgue *f*
	i	obitorio *m*
	r	морг *m*
M403	*e*	**morphea**
	d	Morphaea *f*, fokale Sklerodermie *f*
	f	morphée *f*, sclérodermie *f* circonscrite
	i	morfea *f*, sclerodermia *f* a placche
	r	очаговая [ограниченная] склеродермия *f*
M404	*e*	**morphinism, morphi(n)omania**
	d	Morphinismus *m*, Morphiumsucht *f*
	f	morphinomanie *f*, morphinisme *m*
	i	morfinismo *m*, morfinomania *f*
	r	морфинизм *m*
M405	*e*	**morphocytology**
	d	Zytomorphologie *f*
	f	cytomorphologie *f*
	i	citomorfologia *f*
	r	цитоморфология *f*
M406	*e*	**morphogenesis**
	d	Morphogenese *f*, Formbildung *f*
	f	morphogenèse *f*
	i	morfogenesi *f*
	r	морфогенез *m*, формообразование *n*
M407	*e*	**morphology**
	d	Morphologie *f*
	f	morphologie *f*
	i	morfologia *f*
	r	морфология *f*
M408	*e*	**mortality (rate)**
	d	Mortalität *f*, Sterblichkeit *f*; Todesrate *f*, Sterblichkeitsziffer *f*
	f	mortalité *f*, index *m* de mortalité
	i	tasso *m* di mortalità
	r	смертность *f*, коэффициент *m* смертности
M409	*e*	**Morton's foot, Morton's neuralgia** *see* **metatarsalgia**
M410	*e*	**mortuary** *see* **morgue**
M411	*e*	**morula**
	d	Morula *f*, Maulbeerkeim *m*
	f	morula *f*
	i	morula *f*
	r	морула *f*
M412	*e*	**mosaic**
	d	Mosaik *n*, Chimäre *f*
	f	mosaïque *f*
	i	mosaico *m*
	r	мозаик *m*, химера *f*
M413	*e*	**mother's mark**
	d	Nävus *m*, Muttermal *n*, Geburtsmal *n*
	f	nævus *m*
	i	voglia *f*, nevo *m*
	r	родимое пятно *n*
M414	*e*	**motility**
	d	Motilität *f*, Beweglichkeit *f*
	f	motilité *f*
	i	motilità *f*
	r	двигательная функция *f*, моторика *f*
M415	*e*	**motion** *see* **movement**
M416	*e*	**motion sickness**
	d	Bewegungskrankheit *f*, Kinetose *f*
	f	mal *m* de train, cinétose *f*
	i	cinetosi *f*
	r	укачивание *n* (*напр. в транспорте*)
M417	*e*	**motivation**
	d	Motivation *f*
	f	motivation *f*
	i	motivazione *f*
	r	мотивация *f*, побуждение *n*
M418	*e*	**motoneuron**
	d	Motoneuron *n*, Bewegungsneuron *n*
	f	motoneurone *f*
	i	motoneurone *m*
	r	мотонейрон *m*, двигательный нейрон *m*
M419	*e*	**motor ataxy**
	d	lokomotorische Ataxie *f*

	f	ataxie *f* locomotrice
	i	atassia *f* locomotoria
	r	локомоторная [динамическая] атаксия *f*
M420	*e*	motor cell *see* motoneuron
M421	*e*	motor decussation
	d	Pyramidenkreuzung *f*
	f	décussation *f* des pyramides, entrecroisement *m* moteur
	i	decussazione *f* delle piramidi
	r	перекрест *m* пирамид, двигательный перекрест *m*
M422	*e*	motor fiber
	d	motorische Nervenfaser *f*
	f	fibre *f* nerveuse motrice
	i	fibra *f* motrice
	r	двигательное нервное волокно *n*
M423	*e*	motor nerve
	d	motorischer Nerv *m*, Bewegungsnerv *m*
	f	nerf *m* moteur
	i	nervo *m* motore
	r	двигательный нерв *m*
M424	*e*	motor tract
	d	kortikospinale Bahn *f*
	f	voie *f* cortico-spinale
	i	via *f* cortico-spinale
	r	кортико-спинальный путь *m*
M425	*e*	mountain sickness
	d	Bergkrankheit *f*, Höhenkrankheit *f*
	f	mal *m* de montagne
	i	mal *m* di montagna
	r	горная болезнь *f*
M426	*e*	mouth
	d	1. Mund *m* 2. Eingangsöffnung *f*
	f	1. bouche *f* 2. orifice *m* d'entrée
	i	1. bocca *f* 2. orifizio *m*, orificio *m*
	r	1. рот *m* 2. входное отверстие *n*
M427	*e*	mouth breathing
	d	Mundatmung *f*
	f	respiration *f* buccale
	i	respirazione *f* boccale
	r	ротовое дыхание *n*
M428	*e*	mouth of womb
	d	Gebärmuttermund *m*
	f	orifice *m* externe du col de l'utérus
	i	orifizio *m* esterno dell'utero
	r	маточный зев *m*, отверстие *n* матки
M429	*e*	mouth slit
	d	Mundöffnung *f*
	f	orifice *m* buccal
	i	rima *f* [fessura *f*] boccale
	r	ротовое отверстие *n*, ротовая щель *f*
M430	*e*	mouth-to-mouth resuscitation, mouth-to-mouth ventilation
	d	Mund-zu-Mund-Beatmung *f*
	f	respiration *f* artificielle de bouche à bouche
	i	respirazione *f* artificiale bocca a bocca
	r	искусственная вентиляция *f* лёгких изо рта в рот
M431	*e*	mouth-to-nose resuscitation, mouth-to-nose ventilation
	d	Mund-zu-Nase-Beatmung *f*
	f	respiration *f* artificielle de bouche à nez
	i	respirazione *f* artificiale bocca-naso
	r	искусственная вентиляция *f* лёгких изо рта в нос
M432	*e*	mouthwash
	d	Gurgelwasser *n*, Mundspülmittel *n*
	f	gargarisme *m*, rinçage *m*
	i	collutorio *m*, gargarismo *m*
	r	полоскание *n*, средство *n* для полоскания
M433	*e*	movable kidney
	d	Wanderniere *f*
	f	rein *m* flottant [mobile]
	i	rene *m* mobile
	r	блуждающая [подвижная] почка *f*
M434	*e*	movement
	d	1. Bewegung *f* 2. Stuhlgang *m*, Defäkation *f*
	f	1. mouvement *m* 2. défécation *f*
	i	1. movimento *m* 2. defecazione *f*
	r	1. движение *n* 2. дефекация *f*
M435	*e*	mucilage
	d	Schleim *m*, Mucilago *f*
	f	mucilage *m*
	i	mucillagine *f*
	r	слизь *f (лекарственная форма)*, слизистый раствор *m*
M436	*e*	mucin
	d	Mucin *n*, Muzin *n*
	f	mucine *f*
	i	mucina *f*
	r	муцин *m*
M437	*e*	mucinosis
	d	Hautmuzinose *f*
	f	mucinose *f* cutanée
	i	mucinosi *f*
	r	муциноз *m* [микседема *f*] кожи
M438	*e*	mucinous carcinoma
	d	muzinöses Karzinom *n*
	f	carcinome *m* mucipare
	i	carcinoma *m* colloide
	r	слизеобразующий [коллоидный, мукоидный, слизистый] рак *m*
M439	*e*	mucinuria
	d	Muzinurie *f*
	f	mucinurie *f*

MUCIPAROUS GLAND

	i	mucinuria *f*
	r	муцинурия *f*
M440	*e*	muciparous gland *see* mucous gland
M441	*e*	**mucocele**
	d	Mukozele *f*, Schleimretentionszyste *f*
	f	mucocèle *f*
	i	mucocele *m*
	r	мукоцеле *n*
M442	*e*	**mucocutaneous leishmaniasis**
	d	Schleimhautleishmaniasis *f*
	f	leishmaniose *f* muco-cutanée
	i	leishmaniosi *f* mucocutanea
	r	кожно-слизистый лейшманиоз *m*
M443	*e*	**mucoid degeneration, mucoid softening**
	d	mukoide Schwellung *f*, mukoide Dystrophie *f*
	f	dégénérescence *f* mucoïde
	i	degenerazione *f* mucoide
	r	мукоидное набухание *n*, мукоидная дистрофия *f*
M444	*e*	**mucopolysaccharide**
	d	Mukopolysaccharid *n*
	f	mucopolysaccharide *m*
	i	mucopolisaccaride *m*
	r	мукополисахарид *m*
M445	*e*	**mucoprotein**
	d	Mukoproteid *n*
	f	mucoprotéide *m*
	i	mucoproteina *f*
	r	мукопротеин *m*
M446	*e*	**mucosa**
	d	Schleimhaut *f*
	f	muqueuse *f*
	i	mucosa *f*, membrana *f* mucosa
	r	слизистая оболочка *f*
M447	*e*	**mucous cell**
	d	Schleimzelle *f*
	f	cellule *f* muqueuse
	i	cellula *f* mucosa
	r	мукоцит *m*, мукоидная [слизистая] клетка *f*
M448	*e*	**mucous gland**
	d	Schleimdrüse *f*
	f	glande *f* muqueuse
	i	ghiandola *f* mucosa
	r	слизистая железа *f*
M449	*e*	mucous membrane *see* mucosa
M450	*e*	**mucoviscidosis**
	d	Mukoviszidose *f*, zystische Pankreasfibrose *f*
	f	mucoviscidose *f*
	i	mucoviscidosi *f*, fibrosi *f* cistica
	r	муковисцидоз *m*, кистозный панкреофиброз *m*
M451	*e*	**mucus**
	d	Schleim *m*
	f	mucus *m*
	i	muco *m*
	r	слизь *f*
M452	*e*	**mud bath**
	d	Moorbad *n*
	f	bain *m* de boue
	i	bagno *m* di fango
	r	грязевая ванна *f*
M453	*e*	**müllerian duct, Müller's duct**
	d	Müller-Gang *m*
	f	canal *m* de Müller
	i	dotto *m* paramesonefrico [di Müller]
	r	парамезонефрический проток *m*, мюллеров канал *m*
M454	*e*	**multangular bone**
	d	Vielecksbein *n*
	f	1. trapèze *m* 2. trapézoïde *m*
	i	1. trapezio *m* 2. trapezoide *m*
	r	1. трапеция *f* (*кость*) 2. трапециевидная кость *f*
M455	*e*	multicuspid tooth *see* molar
M456	*e*	**multifield radiation**
	d	Mehrfeldbestrahlung *f*
	f	irradiation *f* à champs multiples
	i	radiazione *f* a campi molteplici
	r	многозонное облучение *n*
M457	*e*	**multiform**
	d	vielgestaltig
	f	polymorphe
	i	polimorfo
	r	полиморфный
M458	*e*	**multi-infection**
	d	Mischinfektion *f*, Multiinfektion *f*, Merfachinfektion *f*
	f	infection *f* mixte
	i	infezione *f* mista
	r	смешанная [сочетанная, ассоциированная] инфекция *f*
M459	*e*	**multimodality treatment**
	d	multimodale Therapie *f*, Kombinationsbehandlung *f*
	f	thérapie *f* complexe
	i	terapia *f* integrata
	r	комбинированное лечение *n*
M460	*e*	multipartial vaccine *see* multivalent vaccine
M461	*e*	**multiple enchondromatosis**
	d	Dyschondroplasie *f*, Knochenchondromatose *f*, Ollier-Krankheit *f*
	f	dyschondroplasie *f*, maladie *f* d'Ollier
	i	encondromatosi *f*, malattia *f* di Ollier
	r	хондроматоз *m* костей, дисхондроплазия *f*, болезнь *f* Оллье

M462	e	**multiple epiphysial dysplasia**
	d	multiple Epiphysendysplasie *f*
	f	dysplasie *f* épiphysaire multiple
	i	displasia *f* epifisaria multipla
	r	болезнь *f* Фейрбанка, множественная эпифизарная дисплазия *f*
M463	e	**multiple exostoses** *pl*
	d	chondromatöse Dysplasie *f*
	f	chondrodystrophie *f*, chondrodysplasie *f*, exostoses *f pl* ostéo-cartilagineuses multiples
	i	esostosi *f pl* multiple
	r	множественные костно-хрящевые экзостозы *m pl*, деформирующая хондродисплазия *f*, наружный хондроматоз *m* кости
M464	e	**multiple pregnancy**
	d	Mehrfachschwangerschaft *f*
	f	grossesse *f* multiple
	i	gravidanza *f* multipla
	r	многоплодная беременность *f*, многоплодие *n*
M465	e	**multiple sclerosis**
	d	multiple Sklerose *f*
	f	sclérose *f* multiple
	i	sclerosi *f* multipla [a placche]
	r	рассеянный [множественный] склероз *m*
M466	e	**multipolar neuron**
	d	multipolares Neuron *n*
	f	neurone *m* multipolaire
	i	neurone *m* multipolare
	r	мультиполярный нейрон *m*
M467	e	**multivalent vaccine**
	d	polyvalenter Impfstoff *m*
	f	vaccin *m* polyvalent
	i	vaccino *m* polivalente
	r	поливалентная вакцина *f*
M468	e	**mummification**
	d	Mumifikation *f*
	f	momification *f*
	i	mummificazione *f*
	r	мумификация *f*
M469	e	**mummification necrosis**
	d	trockener Brand *m*
	f	gangrène *f* sèche
	i	cancrena *f* secca
	r	сухая гангрена *f*
M470	e	**mumps**
	d	Mumps *m*, Ziegenpeter *m*
	f	parotidite *f* épidémique
	i	orecchioni *m pl*, parotite *f* epidemica
	r	эпидемический паротит *m*, свинка *f*
M471	e	**mural aneurysm**
	d	Herzwandaneurysma *n*
	f	anévrysme *m* du cœur
	i	aneurisma *m* parietale
	r	аневризма *f* сердца
M472	e	**mural thrombus**
	d	wandständiger Thrombus *m*
	f	thrombus *m* pariétal
	i	trombo *m* parietale
	r	пристеночный [париетальный] тромб *m*
M473	e	**murine typhus**
	d	murines [endemisches] Fleckfieber *n*
	f	typhus *m* murin [mexicain]
	i	tifo *m* murino [endemico]
	r	эндемический блошиный тиф *m*, сыпной [крысиный] тиф *m*
M474	e	**murmur**
	d	Geräusch *n*
	f	souffle *m*, murmure *m*, bruit *m*
	i	soffio *m*, murmure *m*
	r	шум *m* (*диагностический признак*)
M475	e	**Murphy drip**
	d	Tropfeneinlauf *m*
	f	lavement *m* goutte-à-goutte
	i	clistere *m* [clisma *m*] di Murphy
	r	капельная клизма *f*
M476	e	**Murrey Valley encephalitis**
	d	Murray-Valley-Enzephalitis *f*
	f	encéphalite *f* australienne
	i	encefalite *f* australiana [della valle di Murrey]
	r	энцефалит *m* долины Муррея, австралийский энцефалит *m*
M477	e	**muscarinism**
	d	Muscarinvergiftung *f*
	f	muscarinisme *m*
	i	muscarinismo *m*
	r	мускаринизм *m*
M478	e	**muscle fascicle**
	d	Muskelbündel *n*
	f	faisceau *m* musculaire
	i	fascio *m* muscolare
	r	мышечный пучок *m*
M479	e	**muscular**
	d	muskulär
	f	musculaire
	i	muscolare
	r	мышечный
M480	e	**muscular dystrophy**
	d	progressive Muskeldystrophie *f*
	f	dystrophie *f* musculaire progressive
	i	distrofia *f* muscolare progressiva
	r	прогрессирующая мышечная дистрофия *f*
M481	e	**muscular fibril**
	d	Myofibrille *f*, Muskelfibrille *f*
	f	myofibrille *f*

MUSCULAR PAIN

	i	miofibrilla *f*
	r	миофибрилла *f*
M482	*e*	muscular pain *see* myalgia
M483	*e*	**muscular sense**
	d	Kinästhesie *f*, Bewegungsempfindung *f*
	f	kinesthésie *f*
	i	mioestesia *f*, sensibilità *f* muscolare
	r	мышечное [мышечно-суставное] чувство *n*, кинестезия *f*
M484	*e*	**muscular system**
	d	Muskelsystem *n*
	f	système *m* musculaire
	i	sistema *m* muscolare
	r	мышечная система *f*
M485	*e*	**musculature**
	d	Muskulatur *f*
	f	musculature *f*
	i	muscolatura *f*
	r	мускулатура *f*
M486	*e*	**musculocutaneous flap**
	d	Hautmuskellappen *m*
	f	greffe *f* musculo-cutanée
	i	lembo *m* muscolocutaneo
	r	кожно-мышечный лоскут *m*
M487	*e*	**music deafness**
	d	Musiktaubheit *f*, sensorische Amusie *f*
	f	amusie *f* sensorielle
	i	sordità *f* tonale
	r	сенсорная амузия *f*, музыкальная глухота *f*
M488	*e*	**musicotherapy**
	d	Musikbehandlung *f*
	f	musicothérapie *f*
	i	musicoterapia *f*
	r	музыкотерапия *f*
M489	*e*	**mustard gas**
	d	Senfgas *n*, Yperit *n*
	f	ypérite *f*, gaz *m* moutarde
	i	iprite *f*, gas *m* mostarda
	r	иприт *m*, горчичный газ *m*
M490	*e*	**mustard plaster**
	d	Senfpflaster *n*
	f	sinapisme *m*
	i	senapismo *m*
	r	горчичник *m*
M491	*e*	**mutagen**
	d	Mutagen *n*
	f	mutagène *m*
	i	mutageno *m*
	r	мутаген *m*
M492	*e*	**mutant**
	d	Mutante *f*
	f	mutant *m*
	i	mutante *m*
	r	мутант *m*
M493	*e*	**mutation**
	d	Mutation *f*, Erbabweichung *f*
	f	mutation *f*
	i	mutazione *f*
	r	мутация *f*
M494	*e*	**mutilation**
	d	Mutilation *f*, Verstümmelung *f*
	f	mutilation *f*
	i	mutilazione *f*
	r	мутиляция *f*, патологическая ампутация *f*
M495	*e*	**myalgia**
	d	Myalgie *f*, Muskelschmerz *m*
	f	myalgie *f*
	i	mialgia *f*
	r	миалгия *f*
M496	*e*	**myasthenia**
	d	Myasthenie *f*
	f	myasthénie *f*
	i	miastenia *f*
	r	миастения *f*
M497	*e*	**myatonia, myatony**
	d	Myatonie *f*, Muskelatonie *f*, Muskelschlaffheit *f*
	f	myatonie *f*, amyotonie *f*
	i	miatonia *f*, mioatonia *f*
	r	миатония *f*, амиотония *f*
M498	*e*	**mycelium**
	d	Myzel *n*, Pilzgeflecht *n*, Pilzlager *n*
	f	mycélium *m*
	i	micelio *m*
	r	мицелий *m*
M499	*e*	mycetoma *see* Madura boil
M500	*e*	**mycobacteria**
	d	Mykobakterium *n*
	f	mycobactérium *m*
	i	micobatterio *m*
	r	микобактерия *f*
M501	*e*	**mycocide**
	d	Antimykotikum *n*, fungizides Mittel *n*
	f	fongicide *m*
	i	fungicida *m*
	r	фунгицид *m*
M502	*e*	**mycodermatitis, mycodermomycosis**
	d	Dermatomykose *f*, Hautpilzkrankheit *f*
	f	dermatomycose *f*
	i	eruzione *f* cutanea micotica
	r	дерматомикоз *m*
M503	*e*	**mycology**
	d	Mykologie *f*, Pilzkunde *f*
	f	mycologie *f*
	i	micologia *f*
	r	микология *f*
M504	*e*	**mycosis**
	d	Mykose *f*
	f	mycose *f*

| | *i* | micosi *f* |
| | *r* | микоз *m* |

M505 *e* mycotic aneurysm
d mykotisches Aneurysma *n*
f anévrysme *m* mycotique
i aneurisma *m* micotico
r микотическая аневризма *f*

M506 *e* mycotic keratitis
d Pilzkeratitis *f*
f kératite *f* mycosique
i cheratomicosi *f*
r грибковый кератит *m*

M507 *e* mycotic stomatitis
d Soor *m*, Schwämmchen *n*
f stomatite *f* crémeuse
i stomatite *f* micotica, mughetto *m*
r кандидозный стоматит *m*, молочница *f*

M508 *e* mydriasis
d Mydriasis *f*, Pupillenerweiterung *f*
f mydriase *f*
i midriasi *f*
r мидриаз *m*

M509 *e* myelencephalitis
d Enzephalomyelitis *f*, Gehirn- und Rückenmarkentzündung *f*
f encéphalo-myélite *f*
i encefalomielite *f*
r энцефаломиелит *m*

M510 *e* myelin
d Myelin *n*
f myéline *f*
i mielina *f*
r миелин *m*

M511 *e* myelinated fiber
d Myelinnervenfaser *f*
f fibre *f* nerveuse myélinique
i fibra *f* mielinica
r нервное волокно *n* с миелиновой оболочкой

M512 *e* myelination, myelinization, myelinogenesis
d Myelinisation *f*, Mark(scheiden)bildung *f*
f myélinisation *f*
i mielinizzazione *f*
r миелинизация *f*

M513 *e* myelin sheath
d Myelinscheide *f*, Markscheide *f*
f gaine *f* de myéline
i guaina *f* di mielina
r миелиновая оболочка *f*

M514 *e* myelitis
d Myelitis *f*, Rückenmarkentzündung *f*
f myélite *f*

i mielite *f*
r миелит *m*

M515 *e* myeloblast
d Myeloblast *m*
f myéloblaste *m*
i mieloblasto *m*
r миелобласт *m*

M516 *e* myeloblastic leukemia
d Myeloblastenleukämie *f*
f myéloblastomatose *f*, leucémie *f* myéloblastique
i leucemia *f* mieloblastica
r миелобластный лейкоз *m*, миелолейкоз *m*

M517 *e* myelocele
d Myelozele *f*, Rückenmarkbruch *m*
f myélocèle *f*
i mielocele *m*
r миелоцеле *n*

M518 *e* myelocyte
d Myelozyt *m*
f myélocyte *m*
i mielocito *m*
r миелоцит *m*

M519 *e* myelocytic leukemia
d myeloische Leukämie *f*
f leucémie *f* myéloïde
i leucemia *f* mieloide
r миелоидный лейкоз *m*, миелолейкоз *m*

M520 *e* myelodysplasia
d Myelodysplasie *f*, Rückenmarkfehlbildung *f*
f myélodysplasie *f*
i mielodisplasia *f*
r миелодисплазия *f*

M521 *e* myeloencephalitis *see* myelencephalitis

M522 *e* myelogenic [myelogenous, myeloid] leukemia *see* myelocytic leukemia

M523 *e* myeloid tissue
d myeloisches Gewebe *n*
f tissu *m* myéloïde
i tessuto *m* mieloide
r миелоидная ткань *f*

M524 *e* myeloleukemia *see* myelocytic leukemia

M525 *e* myeloma
d Myelom *n*
f myélome *m*
i mieloma *m*
r (солитарная) миелома *f*

M526 *e* myelomeningitis
d Myelomeningitis *f*
f méningo-myélite *f*

MYELOPARALYSIS

	i	meningomielite *f*
	r	менингомиелит *m*
M527	e	**myeloparalysis** *see* **myeloplegia**
M528	e	**myelopathy**
	d	Myelopathie *f*, Rückenmarkerkrankung *f*
	f	myélopathie *f*
	i	mielopatia *f*
	r	миелопатия *f*
M529	e	**myeloperoxidase**
	d	Myeloperoxidase *f*
	f	myéloperoxydase *f*
	i	mieloperossidasi *f*
	r	миелопероксидаза *f*
M530	e	**myeloplegia**
	d	Myeloplegie *f*, Rückenmarklähmung *f*
	f	myéloplégie *f*, paralysie *f* spinale
	i	mieloplegia *f*, paralisi *f* spinale
	r	спинальный паралич *m*
M531	e	**myelopoiesis**
	d	Myelopoese *f*
	f	myélopoïèse *f*
	i	mielopoiesi *f*
	r	миелопоэз *m*
M532	e	**myelosis**
	d	Myelose *f*
	f	myélose *f*
	i	mielosi *f*
	r	хронический миелолейкоз *m*, миелоз *m*
M533	e	**myelosyringosis**
	d	Syringomyelie *f*
	f	syringomyélie *f*
	i	siringomielia *f*
	r	сирингомиелия *f*
M534	e	**myiasis**
	d	Myasis *f*, Madenfraß *m*
	f	myase *f*, myiase *f*
	i	miasi *f*
	r	миаз *m*, энтомоз *m*
M535	e	**myoatrophy**
	d	Muskelatrophie *f*
	f	atrophie *f* musculaire
	i	atrofia *f* muscolare
	r	мышечная атрофия *f*
M536	e	**myoblast**
	d	Myoblast *m*
	f	myoblaste *m*
	i	mioblasto *m*
	r	миобласт *m*, саркобласт *m*
M537	e	**myocardial infarction**
	d	Myokardinfarkt *m*, Herzmuskelinfarkt *m*
	f	infarctus *m* du myocarde
	i	infarto *m* del miocardio
	r	инфаркт *m* миокарда
M538	e	**myocardial insufficiency**
	d	Myokardinsuffizienz *f*, Herzmuskelversagen *n*
	f	insuffisance *f* cardiaque
	i	insufficienza *f* cardiaca
	r	сердечная недостаточность *f*
M539	e	**myocardiopathy**
	d	Myokardiopathie *f*, Kardiomyopathie *f*
	f	myocardiopathie *f*
	i	cardiomiopatia *f*
	r	кардиомиопатия *f*
M540	e	**myocardium**
	d	Myokard *n*, Herzmuskel *m*
	f	myocarde *m*
	i	miocardio *m*
	r	миокард *m*, сердечная мышца *f*
M541	e	**myoclonus epilepsy**
	d	Myoklonusepilepsie *f*
	f	épilepsie *f* myoclonique
	i	epilessia *f* mioclonica
	r	миоклонус-эпилепсия *f*, миоклоническая эпилепсия *f*
M542	e	**myocyte**
	d	Myozyt *m*
	f	myocyte *m*
	i	miocito *m*
	r	миоцит *m*
M543	e	**myodegeneration** *f*
	d	Muskeldegeneration *f*, Muskelentartung *f*
	f	dystrophie *f* musculaire
	i	miodegenerazione *f*
	r	миодистрофия *f*, мышечная дистрофия *f*
M544	e	**myodynia** *see* **myalgia**
M545	e	**myodystrophy** *see* **muscular dystrophy**
M546	e	**myofibril**
	d	Muskelfibrille *f*
	f	myofibrille *f*
	i	miofibrilla *f*
	r	миофибрилла *f*
M547	e	**myofibrosis**
	d	Myofibrose *f*
	f	myofibrose *f*
	i	miofibrosi *f*
	r	миосклероз *m*, миофиброз *m*
M548	e	**myoglobinuria**
	d	Myoglobinurie *f*
	f	myoglobinurie *f*
	i	mioglobinuria *f*
	r	миоглобинурия *f*
M549	e	**myogram**
	d	Myogramm *n*, Muskelaktionskurve *f*
	f	myogramme *m*

	i	miogramma *m*
	r	миограмма *f*
M550	*e*	**myograph**
	d	Myograph *m*, Muskelkontraktionsschreiber *m*
	f	myographe *m*
	i	miografo *m*
	r	миограф *m*
M551	*e*	**myolysis**
	d	Myolyse *f*, Muskel(gewebe)auflösung *f*
	f	myolyse *f*
	i	miolisi *f*
	r	мио(цито)лиз *m*
M552	*e*	**myoma**
	d	Myom *n*
	f	myome *m*
	i	mioma *m*
	r	миома *f*
M553	*e*	**myomalacia**
	d	Myomalazie *f*
	f	myomalacie *f*
	i	miomalacia *f*
	r	миомаляция *f*, размягчение *n* мышц
M554	*e*	**myomere**
	d	Myotom *n*, Muskelplatte *f*, Muskelsegment *n*
	f	myomère *m*
	i	miomero *m*
	r	миотом *m*, миомер *m*, мышечный сегмент *m*
M555	*e*	**myometrium**
	d	Myometrium *n*, Gebärmuttermuskulatur *f*
	f	myomètre *m*
	i	miometrio *m*
	r	миометрий *m*
M556	*e*	**myoneuralgia** *see* **myalgia**
M557	*e*	**myoneural junction**
	d	neuromuskuläre Synapse *f*
	f	synapse *f* myoneurale
	i	giunzione *f* neuromuscolare
	r	нервно-мышечный синапс *m*
M558	*e*	**myopathic facies**
	d	myopathisches Gesicht *n*
	f	faciès *m* myopathique
	i	faccia *f* miopatica
	r	миопатическое лицо *n*, лицо *n* сфинкса
M559	*e*	**myopathy**
	d	Myopathie *f*
	f	myopathie *f*
	i	miopatia *f*
	r	миопатия *f*
M560	*e*	**myopia**
	d	Myopie *f*, Kurzsichtigkeit *f*
	f	myopie *f*
	i	miopia *f*
	r	близорукость *f*, миопия *f*
M561	*e*	**myopic astigmatism**
	d	myopischer Astigmatismus *m*
	f	astigmatisme *m* myopique
	i	astigmatismo *m* miopico
	r	миопический астигматизм *m*
M562	*e*	**myoplasty**
	d	Myoplastik *f*, Muskelplastik *f*
	f	myoplastie *f*
	i	mioplastica *f*
	r	мышечная пластика *f*
M563	*e*	**myosalgia** *see* **myalgia**
M564	*e*	**myosarcoma**
	d	Myosarkom *n*
	f	myosarcome *m*
	i	miosarcoma *m*
	r	миосаркома *f*, злокачественная миома *f*
M565	*e*	**myosclerosis** *see* **myofibrosis**
M566	*e*	**myosin**
	d	Myosin *n*
	f	myosine *f*
	i	miosina *f*
	r	миозин *m*
M567	*e*	**myositis**
	d	Myositis *f*, Muskelentzündung *f*
	f	myosite *f*
	i	miosite *f*
	r	миозит *m*
M568	*e*	**myotatic reflex**
	d	Muskeldehnungsreflex *m*
	f	réflexe *m* myotatique
	i	riflesso *m* miotassico
	r	рефлекс *m* растяжения мышцы
M569	*e*	**myotomy**
	d	Myotomie *f*, Muskeldurchschneidung *f*
	f	myotomie *f*
	i	miotomia *f*
	r	миотомия *f*
M570	*e*	**myotonia**
	d	Myotonie *f*, Muskelspannung *f*
	f	myotonie *f*
	i	miotonia *f*
	r	миотония *f*
M571	*e*	**myotonic dystrophy**
	d	myotonische Dystrophie *f*
	f	myotonie *f* atrophique
	i	distrofia *f* miotonica, miotonia *f* atrofica
	r	дистрофическая миотония *f*, миотоническая дистрофия *f*
M572	*e*	**myringectomy**
	d	Myringektomie *f*

	f	myringectomie f
	i	miringectomia f
	r	мирингэктомия f
M573	e	**myringitis**
	d	Myringitis f, Trommelfellentzündung f
	f	myringite f
	i	miringite f
	r	мирингит m
M574	e	**myringotome**
	d	Parazentesenadel f
	f	myringotome m
	i	miringotomo m
	r	парацентезная игла f, мирингoтом m
M575	e	**myringotomy**
	d	Myringotomie f, Trommelfellparazentese f, Trommelfellpunktion f
	f	myringotomie f
	i	miringotomia f
	r	мирингoтoмия f
M576	e	**myxoid degeneration**
	d	mukoide Schwellung f, mukoide Degeneration f
	f	dégénérescence f mucoïde
	i	distrofia f mucoide
	r	мукоидное набухание n, мукоидная дистрофия f
M577	e	**myxoma**
	d	Myxom n, Schleimgewebegeschwulst f
	f	myxome m
	i	mixoma m
	r	миксома f

N

N1	e	**nail**
	d	1. Nagel m, Unguis m 2. Nagel m, Knochenmarknagel m
	f	1. ongle m 2. clou m
	i	1. unghia f 2. chiodo m
	r	1. ноготь m 2. гвоздь m (для остеосинтеза)
N2	e	**nail bed**
	d	Nagelbett n
	f	lit m [matrice f] de l'ongle
	i	letto m ungueale, matrice f dell'unghia
	r	ногтевое ложе n
N3	e	**nail fold** see **nail skin**
N4	e	**nailing**
	d	Nagelung f, Nageln n
	f	ostéosynthèse f par le clou
	i	inchiodamento m, osteosintesi f con chiodo
	r	остеосинтез m при помощи гвоздя
N5	e	**nail pulse**
	d	Fingernagelpuls m
	f	pouls m précapillaire
	i	polso m capillare
	r	прекапиллярный пульс m
N6	e	**nail skin**
	d	Nagelhäutchen n, Eponychium n
	f	éponychium m
	i	eponichio m
	r	надногтевая пластинка f, ногтевая кожица f, эпонихий m
N7	e	**nail wall**
	d	Nagelwall m
	f	bourrelet m de l'ongle
	i	vallo m ungueale
	r	ногтевой валик m
N8	e	**nanism, nanosoma, nanosomia**
	d	Nanismus m, Nanosomie f, Zwergwuchs m
	f	nanisme m
	i	nanismo m
	r	карликовость f, нанизм m
N9	e	**nape**
	d	Nacken m, Genick n, Nucha f
	f	nuque f
	i	nuca f
	r	выя f, задняя часть f шеи
N10	e	**narci(ssi)sm**
	d	Narzißmus m
	f	narcisisme m
	i	narcisismo m
	r	нарциссизм m, аутоэротизм m, аутофилия f
N11	e	**narcolepsy**
	d	Narkolepsie f, Schlafanfall m
	f	narcolepsie f
	i	narcolessia f
	r	нарколепсия f
N12	e	**narcomania**
	d	Narkomanie f, Rauschgiftsucht f
	f	narcomanie f
	i	narcomania f
	r	наркомания f
N13	e	**narcomaniac**
	d	Narkomaner m, Rauschgiftsüchtiger m
	f	narcomane m
	i	narcomane m
	r	наркоман m
N14	e	**narcosis**
	d	Narkose f, Allgemeinbetäubung f
	f	narcose f

	i	narcosi *f*
	r	наркоз *m*, общее обезболивание *n*
N15	e	**narcotic**
	d	1. Narkosemittel *n* 2. Narkotikum *n*, Rauschgift *n*
	f	1. narcotique *m* 2. stupéfiant *m*
	i	1. narcotico *m* 2. stupefacente *m*
	r	1. средство *n* для наркоза 2. наркотик *m*
N16	e	**narcotism**
	d	1. Narkomanie *f* 2. Narkotismus *m*
	f	narcotisme *m*
	i	narcotismo *m*
	r	1. наркомания *f* 2. ступор *m*, вызванный наркотиком
N17	e	**narrow angle glaucoma**
	d	Engwinkelglaukom *n*
	f	glaucome *m* à angle fermé [congestif]
	i	glaucoma *m* ad angolo stretto
	r	закрытоугольная глаукома *f*
N18	e	**nasal**
	d	nasal, Nasen...
	f	nasal
	i	nasale
	r	носовой
N19	e	**nasal calculus**
	d	Rhinolith *m*, Nasenstein *m*
	f	rhinolithe *m*
	i	rinolito *m*
	r	ринолит *m*
N20	e	**nasal duct** *see* **nasolacrimal duct**
N21	e	**nasal ganglion**
	d	Flügelgaumenganglion *n*
	f	ganglion *m* sphénopalatin [de Meckel]
	i	ganglio *m* sfenopalatino [di Meckel]
	r	крылонёбный ганглий *m*
N22	e	**nasal hemorrhage**
	d	Epistaxis *f*, Nasenblutung *f*
	f	épistaxis *f*
	i	epistassi *f*, emorragia *f* nasale
	r	носовое кровотечение *n*
N23	e	**nasal index**
	d	Nasenindex *m*
	f	index *m* nasal
	i	indice *m* nasale
	r	носовой индекс *m*, носовой указатель *m*
N24	e	**nasal pharynx** *see* **nasopharynx**
N25	e	**nasal septum**
	d	Nasenseptum *n*
	f	cloison *f* nasale
	i	setto *m* nasale
	r	перегородка *f* носа
N26	e	**Nasmyth's cuticle**
	d	Nasmyth-Zahnhäutchen *n*
	f	cuticule *f* de Nasmyth [de l'émail]
	i	cuticola *f* di Nasmyth [dello smalto]
	r	насмитова оболочка *f* (зуба)
N27	e	**nasolacrimal duct**
	d	Tränennasengang *m*
	f	canal *m* lacrymo-nasal
	i	canale *m* nasolacrimale
	r	нососле́зный [сле́зно-носовой] проток *m*
N28	e	**nasopharynx**
	d	Nasopharynx *m*, Rhinopharynx *m*, Nasenrachen *m*
	f	nasopharynx *m*, rhinopharynx *m*
	i	rinofaringe *f*
	r	носоглотка *f*
N29	e	**natality**
	d	1. Natalität *f*, Geburtlichkeit *f* 2. Lebendgeburtenziffer *f*
	f	1. natalité *f* 2. coefficient *m* de natalité
	i	1. natalità *f* 2. coefficiente *m* di natalità
	r	1. рождаемость *f* 2. коэффициент *m* рождаемости
N30	e	**natural**
	d	natürlich
	f	naturel, natif
	i	naturale
	r	естественный, природный
N31	e	**natural immunity**
	d	natürliche Immunität *f*, angeborene Resistenz *f*
	f	immunité *f* naturelle [innée]
	i	immunità *f* naturale
	r	естественный [врождённый] иммунитет *m*, естественная резистентность *f*
M32	e	**naturopathy**
	d	Naturheilbehandlung *f*
	f	naturopathie *f*
	i	naturopatia *f*
	r	лечение *n* природными средствами
N33	e	**naupathia**
	d	Bewegungskrankheit *f*, Seekrankheit *f*
	f	naupathie *f*, mal *m* de mer
	i	naupatia *f*, mal *m* di mare
	r	морская болезнь *f*
N34	e	**nausea**
	d	Brechreiz *m*, Übelkeit *f*
	f	nausée *f*
	i	nausea *f*
	r	тошнота *f*
N35	e	**navel**
	d	Nabel *m*, Umbilicus *m*
	f	ombilic *m*
	i	ombelico *m*, bellico *m*
	r	пупок *m*

N36 e near reflex
 d Akkommodationsreflex *m* (der Pupille)
 f réflexe *m* d'accommodation
 i riflesso *m* di accomodazione
 r зрачковая реакция *f* на аккомодацию

N37 e near sight, nearsightedness
 d Kurzsichtigkeit *f*, Myopie *f*
 f myopie *f*
 i miopia *f*
 r близорукость *f*, миопия *f*

N38 e neck
 d 1. Hals *m* 2. Zervix *f*
 f 1. cou *m* 2. col *m*
 i collo *m*
 r 1. шея *f* 2. шейка *f*

N39 e neck of tooth
 d Zahnhals *m*
 f collet *m* de la dent
 i collo *m* del dente
 r шейка *f* зуба

N40 e necrobacillosis
 d Nekrobazillose *f*
 f nécrobacillose *f*
 i necrobacillosi *f*
 r некробациллёз *m*

N41 e necrobiosis
 d Nekrobiose *f*
 f nécrobiose *f*
 i necrobiosi *f*
 r некробиоз *m*

N42 e necrophilia, necrophilism
 d Nekrophilie *f*
 f nécrophilie *f*
 i necrofilia *f*
 r некрофилия *f*

N43 e necrophobia
 d Nekrophobie *f*
 f nécrophobie *f*
 i necrofobia *f*
 r некрофобия *f*

N44 e necropsy, necroscopy
 d Nekropsie *f*, Nekroskopie *f*, Sektion *f*, Obduktion *f*
 f nécropsie *f*, nécroscopie *f*, autopsie *f*
 i necropsia *f*, autopsia *f*
 r вскрытие *n* трупа, секция *f*, аутопсия *f*

N45 e necrosis
 d Nekrose *f*, Gewebeabsterben *n*
 f nécrose *f*
 i necrosi *f*
 r некроз *m*

N46 e necrotizing ulcerative gingivitis
 d ulzerative Gingivitis *f*, ulzerativ-nekrotische Zahnfleischentzündung *f*
 f gingivite *f* ulcéreuse [nécrosante]
 i gengivite *f* ulcero-necrotica
 r язвенный [язвенно-некротический] гингивит *m*

N47 e necrotomy
 d Nekrotomie *f*, Sequestrotomie *f*
 f nécrotomie *f*
 i necrotomia *f*
 r некротомия *f*

N48 e needle
 d Nadel *f*
 f aiguille *f*
 i ago *m*
 r игла *f*

N49 e needle-carrier, needle forceps, needle-holder
 d Nadelhalter *m*
 f porte-aiguille *m*
 i porta-aghi *m*
 r иглодержатель *m*

N50 e negativism
 d Negativismus *m*
 f négativisme *m*
 i negativismo *m*
 r негативизм *m*

N51 e Negri bodies *pl*
 d Negri-Körperchen *n pl*, Tollwuteinschlußkörperchen *n pl*
 f corps *m pl* de Negri
 i corpi *m pl* di Negri
 r тельца *n pl* (Бабеша—)Негри

N52 e Neisser's coccus
 d Gonokokkus *m*
 f gonocoque *m*
 i gonococco *m*
 r гонококк *m*

N53 e Nelaton's fibers *pl*, Nelaton's sphincter
 d Nelaton-Sphinkter *m*
 f sphincter *m* de Nelaton
 i sfintere *m* di Nelaton
 r сфинктер *m* Нелатона

N54 e nemaline myopathy
 d fadenförmige Myopathie *f*
 f myopathie *f* filiforme
 i miopatia *f* filiforme [nemalina]
 r немалиновая [нитеобразная] миопатия *f*

N55 e nematode
 d Nematode *f*, Fadenwurm *m*
 f nématode *m*, némathelminthe *m*
 i nematode *m*
 r нематода *f*

N56 e neocortex

	d	Neokortex *m*, Neopallium *n*
	f	néocortex *m*
	i	neocortex *m*, neopallium *m*
	r	неокортекс *m*, новая кора *f* (головного мозга)
N57	e	neodiathermy
	d	Kurzwellentherapie *f*
	f	néodiathermie *f*, diathermie *f* à ondes courtes
	i	diatermia *f* ad onde corte
	r	коротковолновая диатермия *f*
N58	e	neonatal apoplexy
	d	Neugeborenenapoplexie *f*
	f	apoplexie *f* des nouveau-nés
	i	apoplessia *f* dei neonati
	r	кровоизлияние *n* в мозг у новорождённого
N59	e	neonatal hepatitis
	d	Neugeborenenhepatitis *f*
	f	hépatite *f* des nouveau-nés
	i	epatite *f* neonatale
	r	врождённый [фетальный] гепатит *m*
N60	e	neonatal tetany
	d	Neugeborenentetanie *f*
	f	myotonie *f* congénitale
	i	tetania *f* del neonato
	r	врождённая тетания *f*
N61	e	neonate, neonatus *see* newborn
N62	e	neoplasm
	d	Neubildung *f*; Geschwulst *f*, Tumor *m*
	f	néoplasme *m*
	i	tumore *m*, neoplasia *f*
	r	опухоль *f*, новообразование *n*
N63	e	nephelometry
	d	Nephelometrie *f*
	f	néphélémétrie *f*, néphélométrie *f*
	i	nefelometria *f*
	r	нефелометрия *f*
N64	e	nephrectasia, nephrectasy
	d	Pyelektasie *f*, Nierenbeckenerweiterung *f*
	f	pyélectasie *f*
	i	nefrectasia *f*
	r	пиелэктазия *f*
N65	e	nephrectomy
	d	Nephrektomie *f*, Nierenentfernung *f*
	f	néphrectomie *f*
	i	nefrectomia *f*
	r	нефрэктомия *f*
N66	e	nephritis
	d	Nephritis *f*, Nierenentzündung *f*
	f	néphrite *f*
	i	nefrite *f*
	r	нефрит *m*
N67	e	nephroblastoma
	d	Nephroblastom *n*, Wilms-Tumor *m*
	f	néphroblastome *m*
	i	nefroblastoma *m*, tumore *m* di Wilms
	r	опухоль *f* Вильмса, нефробластома *f*, эмбриональная нефрома *f*
N68	e	nephrocalcinosis
	d	Nephrokalzinose *f*
	f	néphrocalcinose *f*
	i	nefrocalcinosi *f*
	r	нефрокальциноз *m*, тубуломедуллярный литиаз *m*
N69	e	nephrocapsectomy
	d	Nierendekapsulation *f*
	f	décapsulation *f* totale du rein
	i	capsulectomia *f* renale
	r	декапсуляция *f* почки
N70	e	nephrography
	d	Nephrographie *f*, Renographie *f*
	f	néphrographie *f*, rénographie *f*
	i	nefrografia *f*
	r	нефрография *f*, ренография *f*
N71	e	nephrohydrosis
	d	Nephrohydrose *f*, Harnstauungsniere *f*
	f	hydronéphrose *f*
	i	nefroidrosi *f*, idronefrosi *f*
	r	гидронефроз *m*
N72	e	nephrolith
	d	Neprolith *m*, Nierenstein *m*
	f	néphrolithe *m*
	i	nefrolito *m*, calcolo *m* renale
	r	почечный конкремент *m*, почечный камень *m*
N73	e	nephrolithiasis
	d	Nephrolithiasis *f*, Nierensteinleiden *n*
	f	néphrolithiase *f*
	i	nefrolitiasi *f*, calcolosi *f* renale
	r	почечнокаменная болезнь *f*, нефролитиаз *m*
N74	e	nephrolithotomy
	d	Nephrolithotomie *f*, Nierensteinschnitt *m*
	f	néphrolithotomie *f*
	i	nefrolitotomia *f*
	r	нефролитотомия *f*
N75	e	nephrology
	d	Nephrologie *f*, Nierenkunde *f*
	f	néphrologie *f*
	i	nefrologia *f*
	r	нефрология *f*
N76	e	nephron *n*
	d	Nephron *n*
	f	néphron *m*
	i	nefrone *m*
	r	нефрон *m*
N77	e	nephronic loop

NEPHROPEXY

	d	Henle-Schleife f, Nephronschleife f
	f	anse f de Henle
	i	ansa f di Henle
	r	петля f нефрона, петля f Генле

N78   e   **nephropexy**
     d   Nephropexie f, Nierenfixation f
     f   néphropexie f
     i   nefropessia f
     r   нефропексия f

N79   e   **nephroptosis**
     d   Nephroptose f, Nierensenkung f, Senkniere f, Wanderniere f
     f   néphroptose f, rein m flottant [mobile]
     i   nefroptosi f, ptosi f renale
     r   нефроптоз m, подвижная [блуждающая] почка f

N80   e   **nephrorrhaphy** see **nephropexy**

N81   e   **nephrosclerosis**
     d   Nephrosklerose f
     f   néphrosclérose f
     i   nefrosclerosi f
     r   нефросклероз m

N82   e   **nephrosis**
     d   Nephrose f
     f   néphrose f
     i   nefrosi f
     r   нефроз m

N83   e   **nephrotomy**
     d   Nephrotomie f, Nierenschnitt m
     f   néphrotomie f
     i   nefrotomia f
     r   нефротомия f

N84   e   **nephrydrosis** see **nephrohydrosis**

N85   e   **nerve**
     d   Nerv m
     f   nerf m
     i   nervo m
     r   нерв m

N86   e   **nerve block (anesthesia)**
     d   Nervenblockade f, Leitungsanästhesie f
     f   anesthésie f de conduction
     i   blocco m nervoso, anestesia f tronculare
     r   проводниковая анестезия f

N87   e   **nerve cell**
     d   Nervenzelle f, Neurozyt m, Neuron n
     f   cellule f nerveuse, neurone m
     i   cellula f nervosa, neurone m
     r   нейрон m, нервная клетка f

N88   e   **nerve cell body**
     d   Neuronkörper m
     f   corps m du neurone
     i   corpo m del neurone
     r   тело n нейрона

N89   e   **nerve fascicle**
     d   Nerven(faser)bündel n
     f   faisceau m nerveux
     i   fascio m nervoso
     r   нервный пучок m

N90   e   **nerve hillock**
     d   Nervenendplatte f, neuromuskuläre Synapse f
     f   plaque f terminale
     i   placca f motrice
     r   нервно-мышечный синапс m, моторная бляшка f, концевая пластинка f

N91   e   **nerve pain** see **neuralgia**

N92   e   **nerve-point massage**
     d   Punktmassage f
     f   pointillage m, pointillement m
     i   massaggio m cinese
     r   точечный массаж m

N93   e   **nerve trunk**
     d   Nervenstamm m
     f   tronc m du nerf
     i   tronco m nervoso
     r   нервный ствол m

N94   e   **nervous indigestion**
     d   neurogene [nervöse] Dyspepsie f, Magenneurose f
     f   dyspepsie f nerveuse
     i   dispepsia f nervosa
     r   нервная диспепсия f

N95   e   **nervous prostration** see **neurasthenia**

N96   e   **nervous system**
     d   Nervensystem n
     f   système m nerveux
     i   sistema m nervoso
     r   нервная система f

N97   e   **nesidioblastoma**
     d   Inselzellgeschwulst f
     f   nésidioblastome m, insulome m
     i   insulinoma m
     r   инсулома f, незидиобластома f

N98   e   **network**
     d   Netz n
     f   réseau m
     i   rete f
     r   сеть f

N99   e   **nettle rash**
     d   Nesselausschlag m, Urtikaria f
     f   urticaire f
     i   orticaria f
     r   крапивница f

N100   e   **Neumann's cell**
     d   Erythroblast m, Normoblast m

NEUROLOGY

	f	érythroblaste *m*, normoblaste *m*
	i	emazia *f* nucleata, eritroblasto *m*, normoblasto *m*
	r	оксифильный проэритроцит *m*, нормобласт *m*, эритробласт *m*
N101	*e*	neuradynamia *see* neurasthenia
N102	*e*	**neuralgia**
	d	Neuralgie *f*, Nervenschmerz *m*
	f	névralgie *f*, neuralgie *f*
	i	nevralgia *f*
	r	невралгия *f*
N103	*e*	**neurasthenia**
	d	Neurasthenie *f*
	f	neurasthénie *f*
	i	nevrastenia *f*
	r	неврастения *f*
N104	*e*	**neurilemma** *see* neurolemma
N105	*e*	**neurilemmoma**
	d	Neurinom *n*, Neurilemmom *n*, Schwannom *n*
	f	neurinome *m*, neurilemmome *m*
	i	neurilemmoma *m*, neurinoma *m*, schwannoma *m*
	r	невринома *f*, неврилеммома *f*, шваннома *f*
N106	*e*	**neuritis**
	d	Neuritis *f*, Nervenentzündung *f*
	f	névrite *f*
	i	neurite *f*
	r	неврит *m*
N107	*e*	**neuroblast**
	d	Neuroblast *m*
	f	neuroblaste *m*
	i	neuroblasto *m*
	r	нейробласт *m*
N108	*e*	**neurocirculatory asthenia**
	d	neurozirkulatorische Dystonie *f*
	f	asténie *f* neurocirculatoire
	i	astenia *f* neurocircolatoria
	r	нейроциркуляторная дистония *f* [астения *f*]
N109	*e*	**neurocytoma**
	d	Neurozytom *n*
	f	neurocytome *m*
	i	neurocitoma *m*
	r	нейроцитома *f*
N110	*e*	**neurodermatitis**
	d	Neuroderm(at)itis *f*
	f	neurodermite *f*
	i	neurodermite *f*
	r	нейродерм(ат)ит *m*
N111	*e*	**neurodermatosis**
	d	Neurodermatose *f*
	f	neurodermatose *f*
	i	neurodermatosi *f*
	r	нейродерматоз *m*
N112	*e*	**neuroepithelioma**
	d	Neuroepitheliom *n*, neuroepithelialer Tumor *m*
	f	neuro-épithéliome *m*
	i	neuroepitelioma *m*
	r	эпендимома *f*, эпендимоглиома *f*, нейроэпителиома *f*
N113	*e*	**neurofibroma**
	d	Neurofibrom *n*
	f	neurofibrome *m*
	i	neurofibroma *m*
	r	нейрофиброма *f*
N114	*e*	**neurofibromatosis**
	d	Neurofibromatose *f*, Recklinghausen-Krankheit *f*
	f	neurofibromatose *f*
	i	neurofibromatosi *f*, morbo *m* di von Recklinghausen
	r	нейрофиброматоз *m*, болезнь *f* Реклингхаузена
N115	*e*	**neuroglia**
	d	Neuroglia *f*
	f	(névro)glie *f*
	i	neuroglia *f*, nevroglia *f*
	r	(нейро)глия *f*
N116	*e*	**neuroglia cell, neurogliocyte**
	d	Neurogliazelle *f*
	f	cellule *f* névroglique
	i	cellula *f* nevrogliale
	r	глиоцит *m*, (нейро)глиальная клетка *f*
N117	*e*	**neurohypophysis**
	d	Neurohypophyse *f*, Hypophysenhinterlappen *m*
	f	neurohypophyse *f*
	i	neuroipofisi *f*
	r	нейрогипофиз *m*, задняя доля *f* гипофиза
N118	*e*	**neurolemma**
	d	Neurolemm *n*, Neurilemm *n*
	f	neurolemme *m*, neurilemme *m*
	i	nevrilemma *m*, guaina *f* di Schwann
	r	невролемма *f*, неврилемма *f*
N119	*e*	**neuroleptic**
	d	Neuroleptikum *n*
	f	neuroleptique *m*
	i	neurolettico *m*
	r	нейролептическое средство *n*, нейролептик *m*, большой транквилизатор *m*
N120	*e*	**neurology**
	d	Neurologie *f*, Nervenlehre *f*
	f	neurologie *f*
	i	neurologia *f*
	r	неврология *f*

NEUROLYMPH

N121   e   **neurolymph**
      d   Neurolymphe *f*
      f   liquide *m* céphalo-rachidien
      i   liquor *m* cefalorachidiano
      r   спинномозговая [цереброспинальная] жидкость *f*

N122   e   **neurolysis**
      d   1. Nervengewebeauflösung *f* 2. Neurolyse *f*
      f   neurolyse *f*
      i   neurolisi *f*
      r   1. распад *m* нервной ткани 2. невролиз *m*

N123   e   **neuroma**
      d   Neurom *n*
      f   névrome *m*
      i   neuroma *m*
      r   неврома *f*

N124   e   **neuromuscular hypertension**
      d   neuromuskulärer Hypertonus *m*
      f   hypertension *f* neuro-musculaire
      i   ipertensione *f* neuromuscolare
      r   нервно-мышечный гипертонус *m*, нервно-мышечная гипертония *f*

N125   e   **neuromyositis**
      d   Neuromyositis *f*
      f   neuromyosite *f*
      i   neuromiosite *f*
      r   нейромиозит *m*

N126   e   **neuron(e)** see **nerve cell**

N127   e   **neuroparalytic keratitis**
      d   neuroparalytische Keratitis *f*, neuroparalytische Hornhautentzündung *f*
      f   kératite *f* neuroparalytique
      i   cheratite *f* neuroparalitica
      r   нейропаралитический [нейрогенный] кератит *m*

N128   e   **neuropathology**
      d   Neuropathologie *f*
      f   neuropathologie *f*
      i   neuropatologia *f*
      r   невропатология *f*, клиническая невропатология *f*

N129   e   **neuropathy**
      d   Neuropathie *f*
      f   neuropathie *f*
      i   neuropatia *f*
      r   невропатия *f*

N130   e   **neurophysiology**
      d   Neurophysiologie *f*
      f   neurophysiologie *f*
      i   neurofisiologia *f*
      r   нейрофизиология *f*

N131   e   **neuroplasm**
      d   Neuroplasma *n*
      f   neuroplasme *m*
      i   neuroplasma *m*
      r   нейроплазма *f*

N132   e   **neuroschwannoma** see **neurilemmoma**

N133   e   **neurosis**
      d   Neurose *f*
      f   névrose *f*
      i   nevrosi *f*, neurosi *f*
      r   невроз *m*

N134   e   **neurospongioma**
      d   Neurospongiom *n*
      f   neurospongiome *m*
      i   neuroglioma *m*
      r   медуллобластома *f*, нейроспонгиома *f*, эмбриональная нейроглиома *f*

N135   e   **neurosurgery**
      d   Neurochirurgie *f*
      f   neurochirurgie *f*
      i   neurochirurgia *f*
      r   нейрохирургия *f*

N136   e   **neurosyphilis**
      d   Neurolues *f*, Neurosyphilis *f*
      f   neurosyphilis *f*
      i   neurosifilide *f*, neurolue *m*
      r   нейросифилис *m*

N137   e   **neurotic gangrene**
      d   neurotrophischer Brand *m*
      f   gangrène *f* neurotrophique
      i   cancrena *f* nevrotica
      r   нейротрофическая гангрена *f*

N138   e   **neurotomy**
      d   Neurotomie *f*, Nervenschnitt *m*, Nervendurchschneidung *f*
      f   neurotomie *f*
      i   neurotomia *f*
      r   нейротомия *f*

N139   e   **neurotoxin**
      d   Neurotoxin *n*, Nervengift *n*
      f   neurotoxine *f*
      i   neurotossina *f*
      r   нейротоксин *m*

N140   e   **neurotripsy**
      d   Neurotripsie *f*, Nerven(zer)quetschung *f*
      f   neurotripsie *f*
      i   neurotripsia *f*
      r   нейротрипсия *f*

N141   e   **neurotropism, neurotropy**
      d   Nervenaffinität *f*
      f   neurotropisme *m*
      i   neurotropismo *m*
      r   нейротропность *f*

N142   e   **neutral fat**
      d   neutrales Fett *n*

NIEMANN-PICK DISEASE

	f	graisse *f*, glycéride *m*
	i	grasso *m* neutro
	r	нейтральный жир *m*, глицерид *m*
N143	*e*	neutrocyte *see* neutrophil(e)
N144	*e*	neutrocytopenia *see* neutropenia
N145	*e*	neutrocytosis *see* neutrophilia
N146	*e*	**neutropenia**
	d	Neutropenie *f*
	f	neutropénie *f*
	i	neutropenia *f*
	r	нейтропения *f*
N147	*e*	**neutrophil(e)**
	d	Neutrophil *m*, neutrophiler Granulozyt *m*
	f	neutrophile *m*, leucocyte *m* neutrophile
	i	neutrofilo *m*, granulocito *m* neutrofilo
	r	нейтрофильный гранулоцит *m* [лейкоцит *m*], нейтрофил *m*
N148	*e*	**neutrophilia**
	d	Neutrophilie *f*, Neutrozytose *f*
	f	neutrophilie *f*, leucocytose *f* neutrophile
	i	neutrofilia *f*
	r	нейтрофилёз *m*, нейтрофильный лейкоцитоз *m*, нейтрофилия *f*
N149	*e*	**neutrophilic leukemia**
	d	Neutrophilenleukämie *f*
	f	leucémie *f* neutrophile
	i	leucocitosi *f* neutrofila
	r	нейтрофильный лейкоз *m*
N150	*e*	neutrophilic leukocyte *see* neutrophil(e)
N151	*e*	neutrophilopenia *see* neutropenia
N152	*e*	**nevocarcinoma**
	d	Nävuskarzinom *n*
	f	nævocarcinome *m*, mélanocarcinome *m*, mélanome *m*
	i	melanoma *m* maligno, nevocarcinoma *m*
	r	меланома *f*, невокарцинома *f*, меланокарцинома *f*
N153	*e*	**nevus**
	d	Nävus *m*, Geburtsmal *n*, Blutmal *n*, Muttermal *n*
	f	nævus *m*
	i	voglia *f*, nevo *m*
	r	невус *m*, родимое пятно *n*
N154	*e*	**newborn**
	d	Neugeborene *m*
	f	nouveau-né *m*
	i	neonato *m*
	r	новорождённый *m*
N155	*e*	**Newcastle disease**
	d	atypische Geflügelpest *f*
	f	maladie *f* de Newcastle
	i	malattia *f* di Newcastle
	r	ньюкаслская болезнь *f*
N156	*e*	**New World hookworm**
	d	Necator *m* americanus
	f	*Necator americanus*
	i	*Necator americanus*
	r	американский некатор *m*
N157	*e*	**niche**
	d	Nische *f*
	f	niche *f*
	i	nicchia *f*
	r	ниша *f*
N158	*e*	**nicotine**
	d	Nikotin *n*
	f	nicotine *f*
	i	nicotina *f*
	r	никотин *m*
N159	*e*	**nicotinic acid**
	d	Nikotinsäure *f*
	f	acide *m* nicotinique
	i	acido *m* nicotinico
	r	никотиновая кислота *f*
N160	*e*	nictation *see* nictitation
N161	*e*	**nictitating membrane**
	d	Plica *f* semilunaris conjunctivae
	f	membrane *f* nictitante
	i	membrana *f* nittitante
	r	полулунная складка *f* конъюнктивы, мигательная перепонка *f*
N162	*e*	**nictitating spasm**
	d	Lidmuskelkrampf *m*, Blepharoklonus *m*
	f	blépharospasme *m* nictitant [clonique]
	i	spasmo *m* nittitante
	r	клонический блефароспазм *m*, блефаротик *m*
N163	*e*	**nictitation**
	d	Augenblinzeln *n*
	f	nictation *f*
	i	nittitazione *f*
	r	мигание *n*, моргание *n*
N164	*e*	**nidation**
	d	Nidation *f*, Einbettung *f*, Einnistung *f*
	f	nidation *f*, implantation *f*
	i	annidamento *m*, impianto *m*
	r	имплантация *f* зародыша, нидация *f*
N165	*e*	**Niemann-Pick disease**
	d	Niemann-Pick-Krankheit *f*, Sphingomyelinspeicherkrankheit *f*
	f	maladie *f* de Niemann-Pick, sphingomyélinose *f*
	i	malattia *f* di Niemann-Pick, lipidosi *f* sfingomielinica

	r болезнь *f* Нимана—Пика, сфингомиелиноз *m*	
N166	*e* **night blindness**	
	d Nachtblindheit *f*, Hemeralopie *f*	
	f héméralopie *f*, cécité *f* nocturne	
	i cecità *f* notturna	
	r гемералопия *f*, ночная [куриная] слепота *f*	
N167	*e* **nightmare**	
	d Alptraum *m*, Alpdrücken *n*	
	f rêve *m* terrifiant	
	i incubo *m*	
	r кошмарное сновидение *n*	
N168	*e* **night sight, night vision**	
	d Nachtsehen *n*	
	f vision *f* nocturne	
	i visione *f* notturna	
	r ночное зрение *n*	
N169	*e* **night terrors** *pl*	
	d Nachtangst *f*	
	f terreurs *f pl* nocturnes	
	i spavento *m* [terrore *m*] notturno	
	r ночные страхи *m pl*	
N170	*e* **nightwalking**	
	d Nachtwandeln *n*, Schlafwandeln *n*, Somnambulismus *m*	
	f somnambulisme *m*	
	i sonnambulismo *m*	
	r сомнамбулизм *m*, снохождение *n*, лунатизм *m*	
N171	*e* **nihilistic delusion**	
	d Verneinungswahn *m*, nihilistischer Wahn *m*	
	f délire *m* de négation	
	i delirio *m* di negazione, negativismo *m*, sindrome *f* di Cotard	
	r ипохондрический бред *m* Котара, нигилистический бред *m*, нигилистическая парафрения *f*	
N172	*e* **nipple**	
	d 1. Mamilla *f*, Brustwarze *f* 2. Lutscher *m*	
	f 1. mamelon *m* 2. tétine *f*	
	i 1. capezzolo *m* 2. tettarella *f*, ciuccio *m*	
	r 1. сосок *m* молочной железы 2. соска *f*	
N173	*e* **nipple line**	
	d Brustwarzenlinie *f*	
	f ligne *f* mammaire	
	i linea *f* mammillare	
	r срединно-ключичная [сосковая] линия *f*	
N174	*e* **Nissl bodies** *pl*, **Nissl granules** *pl*	
	d Nissl-Schollen *f pl*, chromatophile Schollen *f pl*	
	f corps *m pl* de Nissl	
	i zolle *f pl* [corpi *m pl*, granuli *f pl*] di Nissl	
	r базофильное вещество *n*, хроматофильные глыбки *f pl* Ниссля, зернистость *f* Ниссля	
N175	*e* **nit**	
	d Nisse *f*	
	f lente *f*	
	i lendine *m*	
	r гнида *f*	
N176	*e* **nitrogen balance, nitrogen equilibrium**	
	d Stickstoffgleichgewicht *n*	
	f bilan *m* de l'azote	
	i equilibrio *m* dell'azoto	
	r азотистый баланс *m*, азотистое равновесие *n*	
N177	*e* **nitrometer**	
	d Nitrometer *n*	
	f nitromètre *m*	
	i nitrometro *m*, azotometro *m*	
	r нитрометр *m*	
N178	*e* **nocardiosis**	
	d Nocardiose *f*, Streptotrichose *f*	
	f nocardiose *f*, streptothricose *f*	
	i nocardiosi *f*	
	r нокардиоз *m*, стрептотрихоз *m*	
N179	*e* **noctambulism** *see* **nightwalking**	
N180	*e* **nocturia**	
	d Nykturie *f*, nächtliche Harnausscheidung *f*	
	f nycturie *f*	
	i nicturia *f*	
	r никтурия *f*, ночная полиурия *f*	
N181	*e* **nocturnal amblyopia** *see* **night blindness**	
N182	*e* **nocturnal epilepsy**	
	d Nachtepilepsie *f*	
	f épilepsie *f* nocturne	
	i epilessia *f* notturna	
	r ночная эпилепсия *f*	
N183	*e* **nodal bradycardia**	
	d Knotenbradykardie *f*	
	f bradycardie *f* nodulaire	
	i bradicardia *f* nodale	
	r узловая брадикардия *f*	
N184	*e* **nodal rhythm**	
	d Atrioventrikular-Knotenrhythmus *m*, Nodalherzrhythmus *m*	
	f rythme *m* nodal [aurico-ventriculaire]	
	i ritmo *m* atrioventricolare [nodale]	
	r атриовентрикулярный [нодальный, узловой] ритм *m* сердца	
N185	*e* **node**	
	d Knoten *m*, Nodus *m*	

NORMAL SALINE SOLUTION

- *f* nœud *m*
- *i* nodo *m*
- *r* узел *m*

N186 *e* **nodose ganglion**
- *d* Ganglion *n* nodosum
- *f* ganglion *m* inférieur du nerf vague
- *i* ganglio *m* nodoso
- *r* нижний ганглий *m* блуждающего нерва, узловатый ганглий *m*

N187 *e* **nodular subepidermal fibrosis**
- *d* disseminierte lentikuläre Dermatofibrose *f*
- *f* dermatofibrose *f* lenticulaire disséminée
- *i* dermatofibrosi *f* lenticolare disseminata, fibroma *m* duro
- *r* диссеминированный лентикулярный дерматофиброз *m*, узелковый фиброз *m*

N188 *e* **nodular syphilid**
- *d* knotenförmiges Syphilid *n*
- *f* syphilide *f* nodulaire
- *i* sifilide *f* nodulare
- *r* бугорковый сифилид *m*

N189 *e* **noma**
- *d* Noma *f*, Wangenbrand *m*, Wasserkrebs *m*
- *f* noma *m*
- *i* noma *m*
- *r* нома *f*

N190 *e* **nominal aphasia**
- *d* nominative [amnestische] Aphasie *f*
- *f* aphasie *f* nominale
- *i* anomia *f*, afasia *f* nominale
- *r* амнестическая [номинативная] афазия *f*

N191 *e* **nonbacterial regional lymphadenitis**
- *d* Katzenkratzkrankheit *f*
- *f* maladie *f* des griffures de chat, lymphoréticulose *f* bénigne d'inoculation
- *i* malattia *f* da graffio di gatto, linforeticulosi *f* benigna di inoculazione
- *r* болезнь *f* от кошачьих царапин, фелиноз *m*

N192 *e* **nonbacterial thrombotic endocarditis**
- *d* abakterielle Thromboendokarditis *f*
- *f* endocardite *f* abactérienne thrombosante
- *i* tromboendocardite *f* abatterica
- *r* абактериальный тромбоэндокардит *m*

N193 *e* **noncommunicating hydrocephalus**
- *d* Verschlußhydrozephalie *f*
- *f* hydrocéphalie *f* obstructive
- *i* idrocefalo *m* ostruttivo [non comunicante]
- *r* окклюзионная [закрытая] гидроцефалия *f*

N194 *e* **nonlipid histiocytosis**
- *d* Letterer-Siwe-Krankheit *f*, akute Säuglingsretikulose *f*
- *f* maladie *f* de Letterer-Siwe, histiocytomatose *f*
- *i* malattia *f* di Letterer-Siwe
- *r* болезнь *f* Леттерера—Сиве, нелипоидный ретикулогистиоцитоз *m*

N195 *e* **nonmedullated fiber**
- *d* myelinlose Faser *f*
- *f* fibre *f* amyélinique
- *i* fibra *f* amielinica [amidollare]
- *r* безмиелиновое [безмякотное] нервное волокно *n*

N196 *e* **nonovulational menstruation**
- *d* ovulationslose Menstruation *f*, nonovulatorische Regelblutung *f*
- *f* cycle *m* menstruel anovulaire
- *i* ciclo *m* mestruale anovulatorio
- *r* ановуляторный [монофазный] менструальный цикл *m*

N197 *e* **nonprotein nitrogen**
- *d* eiweißloser Stickstoff *m*, Reststickstoff *m*
- *f* asote *m* résiduel
- *i* azoto *m* residuo
- *r* остаточный [безбелковый, небелковый] азот *m*

N198 *e* **nonviable fetus**
- *d* lebensunfähige Frucht *f*
- *f* fœtus *m* non viable
- *i* feto *m* non vitale
- *r* нежизнеспособный плод *m*

N199 *e* **noradrenaline, norepinephrine**
- *d* Noradrenalin *n*, Norepinephrin *n*
- *f* noradrénaline *f*, norépinéphrine *f*
- *i* noradrenalina *f*, norepinefrina *f*
- *r* норадреналин *m*, норэпинефрин *m*

N200 *e* **norm**
- *d* Norm *f*
- *f* norme *f*
- *i* norma *f*
- *r* норма *f*

N201 *e* **normal**
- *d* normal
- *f* normal
- *i* normale
- *r* нормальный, соответствующий норме

N202 *e* **normal saline solution**
- *d* Normalsalzlösung *f*
- *f* solution *f* isotonique
- *i* soluzione *f* salina normale
- *r* изотонический [физиологический] раствор *m*

NORMERGIA

N203　e　**normergia, normergy**
　　　d　Normergie *f*
　　　f　normergie *f*
　　　i　normoergia *f*
　　　r　нормергия *f*

N204　e　**normoblast** *see* **Neumann's cell**

N205　e　**normochromic anemia**
　　　d　normochrome Anämie *f*
　　　f　anémie *f* normochrome
　　　i　anemia *f* normocromica
　　　r　нормохромная анемия *f*

N206　e　**normocyte, normoerythrocyte**
　　　d　Normozyt *m*, Normalerythrozyt *m*
　　　f　normocyte *f*
　　　i　normocito *m*
　　　r　нормоцит *m*

N207　e　**North Queensland tick typhus**
　　　d　Nord-Queensland-Zeckenbißfieber *n*
　　　f　fièvre *f* à tiques du Queensland
　　　i　tifo *m* da zecche del Queensland
　　　r　австралийский клещевой риккетсиоз *m*, клещевой сыпной тиф *m* Северного Квинсленда

N208　e　**Norway itch, Norwegian scabies**
　　　d　norwegische Krätze *f*
　　　f　gale *f* norvégienne
　　　i　scabbia *f* [rogna *f*] norvegese
　　　r　норвежская чесотка *f*

N209　e　**nose**
　　　d　Nase *f*
　　　f　nez *m*
　　　i　naso *m*
　　　r　нос *m*

N210　e　**nosocomial**
　　　d　nosokomial
　　　f　nosocomial
　　　i　nosocomiale
　　　r　нозокомиальный, внутрибольничный

N211　e　**nosology**
　　　d　Nosologie *f*
　　　f　nosologie *f*
　　　i　nosologia *f*
　　　r　нозология *f*

N212　e　**nosomania**
　　　d　Nosomanie *f*, Krankheitswahn *m*
　　　f　nosomanie *f*
　　　i　nosomania *f*
　　　r　ипохондрический бред *m*, нозомания *f*

N213　e　**nosonomy** *see* **nosology**

N214　e　**nosophobia**
　　　d　Nosophobie *f*, abnorme Krankheitsfurcht *f*
　　　f　nosophobie *f*
　　　i　nosofobia *f*
　　　r　нозофобия *f*, патофобия *f*

N215　e　**nosotaxy** *see* **nosology**

N216　e　**nostalgia**
　　　d　Nostalgie *f*, Heimweh *n*
　　　f　nostalgie *f*
　　　i　nostalgia *f*
　　　r　ностальгия *f*

N217　e　**nostril**
　　　d　Nasenloch *n*, Nasenöffnung *f*
　　　f　narine *f*
　　　i　narice *f*
　　　r　ноздря *f*

N218　e　**notch**
　　　d　Inzisur *f*, Einbuchtung *f*, Einschnitt *m*
　　　f　incisure *f*, échancrue *f*
　　　i　incisura *f*
　　　r　вырезка *f*, выемка *f*, вырез *f*

N219　e　**noxious**
　　　d　schädlich
　　　f　nociceptif
　　　i　nocivo
　　　r　вредный, повреждающий

N220　e　**nuchal line**
　　　d　Nackenlinie *f*
　　　f　ligne *f* nuchale
　　　i　linea *f* nucale
　　　r　выйная линия *f*

N221　e　**nuchal tubercle**
　　　d　vorragender Wirbel *m*, VII Halswirbel *m*
　　　f　vertèbre *f* proéminente
　　　i　vertebra *f* prominente
　　　r　выступающий позвонок *m*, VII шейный позвонок *m*

N222　e　**nuclear**
　　　d　nuklear, Kern...
　　　f　nucléaire
　　　i　nucleare
　　　r　ядерный

N223　e　**nuclear division**
　　　d　Kernteilung *f*
　　　f　division *f* nucléaire
　　　i　divisione *f* nucleare
　　　r　деление *n* ядра

N224　e　**nuclear icterus, nuclear jaundice**
　　　d　Kernikterus *m*
　　　f　ictère *m* nucléaire
　　　i　ittero *m* nucleare di Schmorl
　　　r　ядерная желтуха *f*

N225　e　**nuclear magnetic resonance tomography**
　　　d　NMR-Tomographie *f*
　　　f　tomographie *f* à résonance nucléaire magnétique

	i	tomografia *f* a risonanza nucleare magnetica
	r	магнитно-резонансная томография *f*
N226	*e*	**nuclear medicine**
	d	Nuklearmedizin *f*
	f	médecine *f* nucléaire
	i	medicina *f* nucleare
	r	радионуклидная медицина *f*
N227	*e*	**nuclear membrane**
	d	Kernmembran *f*
	f	membrane *f* nucléaire
	i	membrana *f* nucleare
	r	кариолемма *f*, ядерная оболочка *f*
N228	*e*	**nuclear ophthalmoplegia**
	d	nukleare Ophthalmoplegie *f*, nukleare Augenmuskellähmung *f*
	f	ophtalmoplégie *f* nucléaire
	i	oftalmoplegia *f* nucleare
	r	ядерная офтальмоплегия *f*
N229	*e*	**nuclease**
	d	Nuklease *f*
	f	nucléase *f*
	i	nucleasi *f*
	r	нуклеаза *f*
N230	*e*	**nucleic acid**
	d	Nukleinsäure *f*
	f	acide *m* nucléique
	i	acido *m* nucleico
	r	нуклеиновая кислота *f*
N231	*e*	**nucleohistone**
	d	Nukleohiston *n*
	f	nucléohistone *f*
	i	nucleoistone *m*
	r	нуклеогистон *m*
N232	*e*	**nucleoid**
	d	Nukleoid *n*
	f	nucléoïde *m*
	i	nucleoide *m*
	r	нуклеоид *m*
N233	*e*	**nucleolus**
	d	Nukleolus *m*
	f	nucléole *m*
	i	nucleolo *m*
	r	ядрышко *m*
N234	*e*	**nucleoplasm**
	d	Nukleoplasma *n*, Zellkernplasma *n*, Karyoplasma *n*
	f	nucléoplasme *m*
	i	nucleoplasma *m*
	r	кариоплазма *f*, нуклеоплазма *f*
N235	*e*	**nucleoprotein**
	d	Nukleoprotein *n*, Nukleoproteid *n*
	f	nucléoprotéide *m*, nucléoprotéine *f*
	i	nucleoproteina *f*
	r	нуклеопротеид *m*, нуклеопротеин *m*
N236	*e*	**nucleosidase**
	d	Nukleosidase *f*
	f	nucléosidase *f*
	i	nucleosidasi *f*
	r	нуклеозидаза *f*
N237	*e*	**nucleoside**
	d	Nukleosid *n*
	f	nucléoside *m*
	i	nucleoside *m*
	r	нуклеозид *m*
N238	*e*	**nucleospindle**
	d	Nuklearspindel *f*, Kernspindel *f*
	f	fuseau *m* de division (mitotique), fuseau *m* nucléaire mitotique
	i	fuso *m* nucleare mitotico
	r	веретено *n* деления
N239	*e*	**nucleotide**
	d	Nukleotid *n*
	f	nucléotide *m*
	i	nucleotide *m*
	r	нуклеотид *m*
N240	*e*	**nucleus**
	d	Nukleus *m*, Zellkern *m*, Kern *m*
	f	noyau *m*
	i	nucleo *m*
	r	ядро *n*
N241	*e*	**nucleus of fastigium**
	d	Dachkern *m* des Kleinhirns
	f	noyau *m* du faîte
	i	nucleo *m* del tetto [fastigio]
	r	ядро *n* шатра [купола]
N242	*e*	**numbness**
	d	Erstarrung *f*
	f	engourdissement *m*
	i	torpore *m*
	r	онемение *n* (сочетание анестезии и парестезии)
N243	*e*	**nummular syphilid**
	d	münzenartiges papulöses Syphilid *n*
	f	syphilide *f* nummulaire
	i	sifilide *f* nummulare
	r	монетовидный папулёзный сифилид *m*
N244	*e*	**nurse**
	d	1. medizinische Schwester *f*, Krankenschwester *f* 2. Krankenpflegerin *f* 3. Sanitärin *f*
	f	1. infirmière *f* 2. garde-malade *f* 3. femme *f* de salle
	i	1. infermiera *f* 2. guardamalati *f*, nottante *f* 3. inserviente *f* (di ospedale)
	r	1. медицинская сестра *f* 2. сиделка *f* 3. санитарка *f*, няня *f*
N245	*e*	**nurse cell**
	d	Stützzelle *f* (im Hoden), Sertoli-Zelle *f*
	f	cellule *f* de Sertoli

NURSING

    i cellula *f* di sostegno [di Sertoli]
    r сустентоцит *m*, клетка *f* Сертоли

N246 *e* **nursing**
    d 1. Krankenpflege *f* 2. Kinderpflege *f*
    f 1. soins *m pl* donnés au malade 2. soins *m pl* donnés aux enfants
    i 1. assistenza *f* ai malati 2. cura *f* dei bambini
    r 1. сестринский уход *m (за больными)* 2. уход *m* за детьми

N247 *e* **nutation**
    d Nutation *f*
    f nutation *f*
    i nutazione *f*
    r непроизвольное кивание *n*

N248 *e* **nutmeg liver**
    d Muskatnußleber *f*
    f foie *m* muscade
    i fegato *m* a noce moscata
    r мускатная [застойная] печень *f*

N249 *e* **nutrient**
    d Nährstoff *m*, Nährmittel *n*
    f nutriment *m*
    i sostanza *f* nutriente
    r пищевое вещество *n*, нутриент *m*

N250 *e* **nutrient agar**
    d Fleisch-Pepton-Agar *m*
    f gélose *f* nutritive
    i agar *m* nutritivo
    r мясопептонный агар *m*

N251 *e* **nutrient enema**
    d Nährklistier *n*
    f lavement *m* alimentaire
    i enema *m* nutritivo
    r питательная клизма *f*

N252 *e* **nutrition**
    d Ernährung *f*
    f nutrition *f*
    i nutrizione *f*
    r питание *n*

N253 *e* **nutritional anemia**
    d Nutritivanämie *f*
    f anémie *f* nutritionnelle
    i anemia *f* da carenza alimentare
    r алиментарная [нутритивная] анемия *f*

N254 *e* **nutritional cirrhosis**
    d alimentäre Leberzirrhose *f*
    f cirrhose *f* hépatique alimentaire
    i cirrosi *f* alimentare
    r алиментарный цирроз *m* печени

N255 *e* **nutritional edema**
    d Hungerödem *n*
    f œdème *m* nutritionnel [de dénutrition]
    i edema *m* da fame [da inanizione, carenziale]
    r голодный отёк *m*

N256 *e* **nutritive equilibrium**
    d Ernährungsbalance *f*, Nahrungsmittelgleichgewicht *n*
    f nutrition *f* équilibrée
    i equilibrio *m* nutritivo
    r сбалансированное питание *n*

N257 *e* **nyctalgia**
    d Nyktalgie *f*, Nachtschmerz *m*
    f nyctalgie *f*
    i nictalgia *f*
    r никталгия *f*

N258 *e* **nyctalopia** *see* **night blindness**

N259 *e* **nyctophobia**
    d Nyktophobie *f*, Nachtangst *f*
    f nyctophobie *f*
    i nictofobia *f*, scotofobia *f*
    r никтофобия *f*, скотофобия *f*

N260 *e* **nyctotyphlosis** *see* **night blindness**

N261 *e* **nycturia** *see* **nocturia**

N262 *e* **nymph**
    d Nymphe *f*
    f nymphe *f*
    i ninfa *f*
    r нимфа *f (фаза жизненного цикла клещей)*

N263 *e* **nympha**
    d Nympha *f*, kleine Schamlippe *f*
    f petite lèvre *f*
    i piccolo labbro *m*
    r малая срамная губа *f*

N264 *e* **nymphomania**
    d Nymphomanie *f*, Mannstollheit *f*
    f nymphomanie *f*
    i ninfomania *f*, andromania *f*
    r нимфомания *f*, андромания *f*

N265 *e* **nystagmography**
    d Nystagmographie *f*
    f nystagmographie *f*
    i nistagmografia *f*
    r нистагмография *f*

N266 *e* **nystagmus**
    d Nystagmus *m*, Augenzittern *n*
    f nystagmus *m*
    i nistagmo *m*
    r нистагм *m*

O

O1 *e* **oat cell carcinoma**
    d Haferzellkarzinom *n*, Oat-cell-Karzinom *n*

		épithélioma *m* à cellules en grains d'avoine
	i	carcinoma *m* a grano d'avena
	r	овсяно-клеточный рак *m*
O2	*e*	**obesity**
	d	Obesität *f*, Fettsucht *f*, Adipositas *f*
	f	obésité *f*
	i	obesità *f*
	r	ожирение *n*
O3	*e*	**objective sign, objective symptome**
	d	objektives Symptom *n*, objektives Merkmal *n*
	f	symptôme *m* objectif
	i	segno *m* [sintomo *m*] obiettivo
	r	объективный симптом *m*
O4	*e*	**obligate parasite**
	d	obligater [echter] Schmarotzer *m*
	f	parasite *m* obligatoire
	i	parassita *m* obbligato
	r	облигатный [истинный] паразит *m*
O5	*e*	**obligatory anaerobe**
	d	obligater Anaerobier *m*
	f	anaérobie *m* obligatoire
	i	anaerobio *m* obbligato
	r	облигатный анаэроб *m*
O6	*e*	**oblique fracture**
	d	Schrägbruch *m*
	f	fracture *f* oblique
	i	frattura *f* obliqua
	r	косой перелом *m*
O7	*e*	**obliquity**
	d	Obliquität *f*, Schräglage *f*, Asynklitismus *m*
	f	asynclitisme *m*, obliquité *f*
	i	asinclitismo *m*, obliquità *f*
	r	асинклитизм *m*, косое положение *n* плода
O8	*e*	**obliterating endarteriitis**
	d	obliterierende Endarteriitis *f*
	f	endartérite *f* oblitérante
	i	endoarterite *f* obliterante, morbo *m* di Bürger
	r	облитерирующий эндартериит *m*, болезнь *f* Фридлендера
O9	*e*	**obliteration**
	d	Obliteration *f*, Verödung *f*
	f	oblitération *f*
	i	obliterazione *f*
	r	облитерация *f*, закупорка *f* сосудов
O10	*e*	**obsession**
	d	Obsession *f*
	f	obsession *f*
	i	ossessione *f*
	r	навязчивое состояние *n*, обсессия *f*
O11	*e*	**obstetrical forceps**
	d	Geburtszange *f*, Forceps *m*
	f	forceps *m* obstétrical
	i	forcipe *m* ostetrico
	r	акушерские щипцы *pl*
O12	*e*	**obstetrical hand**
	d	Geburtshelferhand *f*
	f	main *f* d'accoucheur
	i	mano *f* da ostetrico
	r	кисть *f* акушера
O13	*e*	**obstetrician**
	d	Geburtshelfer *m*
	f	accoucheur *m*, obstétricien *m*
	i	ostetrico *m*
	r	акушер *m*
O14	*e*	**obstetrics**
	d	Geburtshilfe *f*, Entbindungskunst *f*
	f	obstétrique *f*
	i	ostetricia *f*
	r	акушерство *n*
O15	*e*	**obstetrist** see **obstetrician**
O16	*e*	**obstipation**
	d	Obstipation *f*, Konstipation *f*, Stuhlverstopfung *f*
	f	constipation *f*
	i	costipazione *f*, stitichezza *f*
	r	запор *m*, обстипация *f*
O17	*e*	**obstruction**
	d	Obstruktion *f*, Verstopfung *f*, Verlegung *f*
	f	obstruction *f*
	i	ostruzione *f*
	r	непроходимость *f*, обструкция *f*, закупорка *f*
O18	*e*	**obstructive emphysema**
	d	obstruktives Emphysem *n*
	f	emphysème *m* obstructif
	i	enfisema *m* polmonare ostruttivo
	r	обструкционная эмфизема *f* лёгких
O19	*e*	**obstructive hydrocephalus**
	d	Verschlußhydrozephalus *m*, geschlossener Hydrozephalus *m*
	f	hydrocéphalie *f* obstructive
	i	idrocefalo *m* ostruttivo
	r	окклюзионная [закрытая] гидроцефалия *f*
O20	*e*	**obstructive jaundice**
	d	Obturationsikterus *m*, Okklusionsikterus *m*, Verschlußikterus *m*
	f	ictère *m* obstructif [par obstruction]
	i	ittero *m* ostruttivo
	r	обтурационная [механическая, обструкционная] желтуха *f*
O21	*e*	**obturation**
	d	Obturation *f*, Verstopfung *f*
	f	obturation *f*
	i	otturazione *f*

OBTURATOR

	r обтурация *f*, закрытие *n* просвета полого органа
O22	*e* obturator *d* Obturator *m* *f* obturateur *m* *i* otturatore *m* *r* обтуратор *m*
O23	*e* obturator hernia *d* Obturatorhernie *f* *f* hernie *f* obturatrice *i* ernia *f* otturatoria *r* запирательная грыжа *f*
O24	*e* obturator membrane *d* Membrana *f* obturatoria *f* membrane *f* obturatrice *i* membrana *f* otturatoria *r* запирательная мембрана *f*, запирательная перепонка *f*
O25	*e* obtusion *d* Obtusion *f* *f* obtusion *f* *i* ottusità *f* *r* снижение *n* чувствительности
O26	*e* occipital lobe *d* Okzipitallappen *m*, Hinterhauptlappen *m* *f* lobe *m* occipital *i* lobo *m* occipitale *r* затылочная доля *f* головного мозга
O27	*e* occlusion *d* Okklusion *f*, Gebißschluß *m* *f* occlusion *f* *i* occlusione *f* dentale *r* окклюзия *f*, смыкание *n* зубов верхней и нижней челюстей
O28	*e* occlusive dressing *d* Okklusionsverband *m* *f* bandage *m* occlusif *i* fasciatura *f* occlusiva *r* окклюзионная повязка *f*
O29	*e* occult blood *d* okkultes Blut *n* *f* sang *m* occulte *i* sangue *m* occulto *r* скрытая кровь *f*
O30	*e* occupational disease *d* Berufskrankheit *f* *f* maladie *f* professionnelle *i* malattia *f* professionale *r* профессиональная болезнь *f*
O31	*e* occupational hygiene *d* Berufshygiene *f* *f* hygiène *f* professionnelle [du travail] *i* igiene *f* professionale *r* профессиональная гигиена *f*, гигиена *f* труда
O32	*e* ochronosis *d* Ochronose *f* *f* ochronose *f* *i* ocronosi *f* *r* охроноз *m*
O33	*e* ocular *d* Okular *n*, Augenlinse *f* *f* oculaire *m* *i* oculare *m* *r* окуляр *m*
O34	*e* ocular hypertelorism *d* Hypertelorismus *m*, Augenwinkelabstandvergrößerung *f* *f* syndrome *m* de Gregg, hypertélorisme *m* oculaire *i* ipertelorismo *m* oculare *r* синдром *m* Грега, наследственный глазной гипертелоризм *m*
O35	*e* ocular myiasis *d* Augenmadenkrankheit *f*, Ophthalmomyiasis *f* *f* ophtalmomyiase *f* *i* oftalmomiasi *f*, oculomiasi *f* *r* офтальмомиаз *m*
O36	*e* ocular paralysis *d* Augenmuskellähmung *f*, Ophthalmoplegie *f* *f* paralysie *f* oculomotrice *i* paralisi *f* oftalmica *r* глазодвигательный паралич *m*
O37	*e* ocular prosthesis *d* Augenprothese *f* *f* prothèse *f* oculaire *i* protesi *f* oculare *r* глазной протез *m*
O38	*e* oculobuccogenital syndrome *d* Behçet-Syndrom *n*, Behçet-Krankheit *f* *f* syndrome *m* de Behçet *i* malattia di Behçet *r* болезнь *f* [синдром *m*] Бехчета
O39	*e* oculocardiac reflex *d* okulo-kardialer Reflex *m*, Bulbus-Druckreflex *m*, Aschner-Reflex *m* *f* réflexe *m* oculo-cardiaque *i* riflesso *m* oculocardiaco *r* глазосердечный рефлекс *m*, рефлекс *m* Ашнера
O40	*e* oculocerebrorenal syndrome *d* okulo-zerebro-renales Syndrom *n*, Lowe-Syndrom *n* *f* syndrome *m* de Lowe, syndrome *m* oculo-cérébro-rénal *i* sindrome *f* di Lowe [oculocerebrorenale] *r* синдром *m* Лоу, окулоцеброренальный синдром *m*

O41 e oculodentodigital dysplasia
    d Augen-Zahn-Finger-Dysplasie f, Meyer-Schwickerath-Syndrom n
    f syndrome m de Meyer-Schwickerath [oculo-dentodigital]
    i sindrome f di Meyer [oculodentodigitale]
    r синдром m Мейер-Швиккерата, глазозубопальцевой синдром m

O42 e oculogyric crisis
    d okulo-gyrische Krise f
    f spasme m oculogyre
    i crisi f oculogira
    r судорога f взора, окулогирный криз m

O43 e oculomotor nerve
    d Okulomotorius m, III Hirnnerv m
    f nerf m moteur oculaire commun
    i nervo m oculomotore
    r глазодвигательный нерв m

O44 e odd chromosome
    d heterotropes Chromosom n
    f chromosome m sexuel, allosome m, hétérochromosome m
    i eterocromosoma m, cromosoma m sessuale
    r гетеротропная [половая] хромосома f, гетеро(хромо)сома f, гоносома f

O45 e odontalgia
    d Odontalgie f, Zahnschmerz m
    f odontalgie f
    i odontalgia f, mal m dei denti
    r одонталгия f, зубная боль f

O46 e odontoblast
    d Odontoblast m
    f odontoblaste m
    i odontoblasto m
    r одонтобласт m

O47 e odontodynia see odontalgia

O48 e odontoid process
    d zahnförmiger Fortsatz m
    f apophyse f odontoïde
    i processo m odontoide
    r зубовидный отросток m

O49 e odontolith
    d Zahnstein m
    f odontolithe m
    i odontolito m
    r зубной камень m

O50 e odontology
    d Odontologie f, Zahnheilkunde f
    f odontologie f
    i odontologia f
    r одонтология f

O51 e odontoma

    d Odontom n
    f odontome m
    i odontoma m
    r одонтома f

O52 e odor
    d Odor m, Geruch m, Duft m
    f odeur f; arome m, parfum m
    i odore m
    r запах m, аромат m

O53 e Oedipus complex
    d Ödipuskomplex m
    f complexe m d'Œdipe
    i complesso m di Edipo
    r эдипов комплекс m

O54 e oil embolism
    d Fettembolie f
    f embolie f graisseuse
    i embolia f grassosa
    r жировая эмболия f

O55 e oil gland
    d Talgdrüse f
    f glande f sébacée
    i ghiandola f sebacea
    r сальная железа f

O56 e oil tumor see oleoma

O57 e ointment
    d Unguentum n, Salbe f
    f onguent m; pommade f, crème f (dermique)
    i unguento m, pomata f
    r мазь f

O58 e old sight
    d Alterssichtigkeit f, Presbyopie f
    f presbyopie f, presbytie f
    i presbiopia f
    r пресбиопия f, старческая дальнозоркость f

O59 e oleoma
    d Oleom n, Oleogranulom n
    f oléome m, oléogranulome m
    i oleoma m
    r инъекционная липогранулёма f, олеома f, олеогранулёма f

O60 e oleothorax
    d Oleothorax m
    f oléothorax m
    i oleotorace m
    r олеоторакс m

O61 e olfaction
    d Geruchssinn m, Geruch m
    f olfaction f
    i olfatto m
    r обоняние n

O62 e olfactometry
    d Olfaktometrie f, Geruchssinnmessung f

	f olfactométrie *f*	
	i olfattometria *f*	
	r ольфактометрия *f*	
O63	*e* **olfactometry anesthesia**	
	d Anosmie *f*	
	f anosmie *f*	
	i anosmia *f*	
	r аносмия *f*	
O64	*e* **olfactory bulb**	
	d Bulbus *m* olfactorius	
	f bulbe *m* olfactif	
	i bulbo *m* olfattivo	
	r обонятельная луковица *f*	
O65	*e* **olfactory lobe**	
	d Geruchssinnhirnlappen *m*	
	f lobe *m* olfactif	
	i lobo *m* olfattivo	
	r обонятельная доля *f* головного мозга	
O66	*e* **olfactory tract**	
	d Riechbahn *f*	
	f pédoncule *m* olfactif	
	i tratto *m* olfattivo	
	r обонятельный тракт *m*	
O67	*e* **olig(h)emia**	
	d Oligämie *f*, Blutvolumenverminderung *f*	
	f oligaimie *f*, oligémie *f*, olighémie *f*	
	i oligoemia *f*	
	r олигемия *f*	
O68	*e* **oligocythemia**	
	d Oligozythämie *f*	
	f oligocythémie *f*	
	i oligocitemia *f*	
	r олигоцитемия *f*	
O69	*e* **oligodendrocyte**	
	d Oligodendrozyt *m*	
	f oligodendrogliocyte *m*	
	i oligodendrocito *m*	
	r олигодендроглиоцит *m*	
O70	*e* **oligodendroglia**	
	d Oligodendroglia *f*	
	f oligodendroglie *f*	
	i oligodendroglia *f*	
	r олигодендроглия *f*, олигоглия *f*	
O71	*e* **oligodendroglia cell** *see* oligodendrocyte	
O72	*e* **oligogene**	
	d Oligogen *n*	
	f oligogène *m*	
	i oligogene *m*	
	r олигоген *m*	
O73	*e* **oligohemia** *see* olig(h)emia	
O74	*e* **oligomenorrhea**	
	d Oligomenorrhoe *f*	
	f oligoménorrhée *f*	
	i oligomenorrea *f*	
	r олигоменорея *f*	
O75	*e* **oligophrenia**	
	d Oligophrenie *f*, Schwachsinn *m*	
	f oligophrénie *f*	
	i oligofrenia *f*, frenastenia *f*	
	r олигофрения *f*, врождённое слабоумие *n*	
O76	*e* **oligopnea**	
	d Oligopnoe *f*	
	f oligopnée *f*	
	i oligopnea *f*, bradipnea *f*	
	r олигопноэ *n*	
O77	*e* **oligopsychia** *see* oligophrenia	
O78	*e* **oligosaccharide**	
	d Oligosaccharid *n*	
	f oligosaccharide *m*	
	i oligosaccaride *m*	
	r олигосахарид *m*	
O79	*e* **oligospermatism, oligospermia**	
	d Oligospermie *f*	
	f oligospermie *f*	
	i oligospermia *f*	
	r олигоспермия *f*, гипоспермия *f*	
O80	*e* **oliguria**	
	d Oligurie *f*, verminderte Harnausscheidung *f*	
	f oligurie *f*	
	i oliguria *f*	
	r олигурия *f*	
O81	*e* **olivocerebellar tract**	
	d Oliven-Kleinhirnbahn *f*	
	f faisceau *m* olivo-cérébelleux de Mingazzini	
	i fascio *m* olivo-cerebellare [di Mingazzini]	
	r оливомозжечковый путь *m*	
O82	*e* **olivospinal tract**	
	d Olivenkern-Rückenmark-Traktus *m*	
	f faisceau *m* olivo-spinal, faisceau *m* triangulaire de Helweg	
	i fascio *m* olivo-spinale	
	r оливоспинномозговой [треугольный, трёхгранный] пучок *m*	
O83	*e* **omarthritis**	
	d Omarthritis *f*, Schultergelenkentzündung *f*	
	f omarthrite *f*	
	i artrite *f* scapolo-omerale	
	r омартрит *m*	
O84	*e* **omentitis**	
	d Netzentzündung *f*	
	f omentite *f*	
	i omentite *f*, epiploite *f*	
	r оментит *m*	

O85 *e* **omentofixation, omentopexy**
  d Omentofixation *f*, Omentopexie *f*, Netzanheftung *f*
  f omentopexie *f*
  i omentopessi *f*
  r оментопексия *f*

O86 *e* **omentovolvulus**
  d Omentovolvulus *m*, Netzverdrehung *f*
  f volvulus *m* de l'épiploon
  i volvolo *m* dell'omento
  r заворот *m* сальника

O87 *e* **omentum**
  d Netz *n*, Omentum *n*
  f épiploon *m*
  i omento *m*
  r сальник *m*

O88 *e* **omphalectomy**
  d Omphalektomie *f*, Nabelausschneidung *f*
  f omphalectomie *f*
  i onfalectomia *f*
  r омфалэктомия *f*

O89 *e* **omphalitis**
  d Omphalitis *f*, Nabelentzündung *f*
  f omphalite *f*
  i onfalite *f*
  r омфалит *m*

O90 *e* **omphalocele**
  d Omphalozele *f*, Nabelhernie *f*, Nabelbruch *m*
  f omphalocèle *f*
  i onfalocele *m*, ernia *f* ombelicale
  r эмбриональная [амниотическая, пуповинная] грыжа *f*, омфалоцеле *n*, грыжа *f* пупочного канатика

O91 *e* **omphalomesenteric duct**
  d Dottergang *m*
  f canal *m* omphalomésentérique
  i dotto *m* onfalomesenterico
  r желточный [желточно-кишечный, пупочно-кишечный] проток *m*

O92 *e* **omphalorrhagia**
  d Omphalorrhagie *f*, Nabelblutung *f*
  f omphalorragie *f*
  i onfalorragia *f*
  r пупочное кровотечение *n*

O93 *e* **omphalotripsy**
  d Omphalotripsie *f*, Nabelschnurabquetschung *f*
  f omphalotripsie *f*
  i onfalotrissi *f*
  r омфалотрипсия *f*

O94 *e* **Omsk hemorrhagic fever**
  d hämorrhagisches Omsk-Fieber *n*, Omsk-Zeckenbißfieber *n*
  f fièvre *f* hémorragique d'Omsk
  i febbre *f* emorragica di Omsk
  r омская геморрагическая лихорадка *f*

O95 *e* **onanism**
  d Onanie *f*, Masturbation *f*, Selbstbefriedigung *f*
  f onanisme *m*, masturbation *f*
  i masturbazione *f*, onanismo *m*
  r онанизм *m*, мастурбация *f*

O96 *e* **onchocerciasis, oncocercosis, oncocerciasis**
  d Onchozerkose *f*
  f onchocercose *f*
  i oncocercosi *f*, oncocerchiasi *f*
  r онхоцеркоз *m*

O97 *e* **oncocyte**
  d Onkozyt *m*, Pyknozyt *m*
  f oncocyte *m*
  i oncocito *m*
  r онкоцит *m*

O98 *e* **oncocytoma**
  d Onkozytom *n*
  f oncocytome *m*
  i oncocitoma *m*
  r онкоцитома *f*; аденолимфома *f*

O99 *e* **oncogenesis**
  d Onkogenese *f*
  f oncogenèse *f*
  i oncogenesi *f*
  r онкогенез *m*, канцерогенез *m*

O100 *e* **oncology**
  d Onkologie *f*, Geschwulstlehre *f*
  f oncologie *f*
  i oncologia *f*
  r онкология *f*

O101 *e* **oneirodynia**
  d Oneirodynie *f*
  f oneirodynie *f*, cauchemar *m*
  i oneirodinia *f*
  r кошмарные сновидения *n pl*, онейродиния *f*

O102 *e* **one-stage operation**
  d einmalige Operationseingriff *m*
  f opération *f* en un temps
  i operazione *f* in uno tempo
  r одномоментная операция *f*

O103 *e* **onkocyte** *see* **oncocyte**

O104 *e* **ontogenesis, ontogeny**
  d Ontogenese *f*
  f ontogenèse *f*
  i ontogenesi *f*
  r онтогенез *m*

O105 *e* **onychogryp(h)osis**
  d Onychogryposis *f*, Krallennägel *m pl*, Nägelverkrümmung *f*
  f onychogryphose *f*

ONYCHOLYSIS

	i	onicogriposi *f*, onicogrifosi *f*
	r	онихогрифоз *m*
O106	*e*	**onycholysis**
	d	Onycholysis *f*, Nagelablösung *f*
	f	onycholyse *f*
	i	onicolisi *f*
	r	онихолиз *m*
O107	*e*	**onychomycosis**
	d	Onychomykosis *f*
	f	onychomycose *f*
	i	onicomicosi *f*
	r	онихомикоз *m*
O108	*e*	**onychophagia, onychophagy**
	d	Onychophagie *f*, Nägelkauen *n*
	f	onychophagie *f*
	i	onicofagia *f*
	r	онихофагия *f*
O109	*e*	**onychorrhexis**
	d	Onychorrhexis *f*, Nagelbrüchigkeit *f*
	f	onychorrhexis *f*
	i	onicoressi *f*
	r	онихорексия *f*
O110	*e*	**onychosis**
	d	Onychie *f*, Onychose *f*, Nagelbettentzündung *f*
	f	onychie *f*, onychose *f*
	i	onicopatia *f*, onicosi *f*
	r	онихия *f*
O111	*e*	**oocyesis** *see* **ovarian pregnancy**
O112	*e*	**oocyte**
	d	Oozyt *m*
	f	ovocyte *m*, oocyte *m*
	i	ovocito *m*, oocita *m*
	r	о(в)оцит *m*
O113	*e*	**oogenesis**
	d	Oogenese *f*, Ovogenese *f*, Eientwicklung *f*
	f	ovogenèse *f*, oogènese *f*
	i	ovogenesi *f*, oogenesi *f*
	r	о(в)огенез *m*
O114	*e*	**oogonium**
	d	Oogonium *n*, Ovogonium *n*, Urei *n*
	f	oogonie *f*, ovogonie *f*
	i	ovogonio *m*, oogonio *m*
	r	о(в)огония *f*
O115	*e*	**oophorectomy**
	d	Oophorektomie *f*, Ovarialektomie *f*, Eierstockentfernung *f*
	f	ovariectomie *f*, oophorectomie *f*
	i	ovariectomia *f*
	r	овариэктомия *f*
O116	*e*	**oophoritis**
	d	Oophoritis *f*, Eierstockentzündung *f*
	f	ovarite *f*, oophorite *f*
	i	ooforite *f*, ovarite *f*
	r	оофорит *m*
O117	*e*	**oothecectomy** *see* **oophorectomy**
O118	*e*	**oothecitis** *see* **oophoritis**
O119	*e*	**opacity**
	d	Trübung *f*
	f	opacité *f*
	i	opacità *f*
	r	помутнение *n*
O120	*e*	**open angle glaucoma**
	d	Weitwinkelglaukom *n*
	f	glaucome *m* à angle ouvert
	i	glaucoma *m* ad angolo aperto
	r	открытоугольная глаукома *f*
O121	*e*	**open chest massage**
	d	intrathorakale [direkte] Herzmassage *f*
	f	massage *m* cardiaque direct
	i	massaggio *m* cardiaco diretto
	r	прямой [непосредственный, открытый] массаж *m* сердца
O122	*e*	**open fracture**
	d	offener Knochenbruch *m*
	f	fracture *f* ouverte
	i	frattura *f* aperta [esposta]
	r	открытый перелом *m*
O123	*e*	**open-heart surgery**
	d	Operation *f* am offenen Herzen
	f	chirurgie *f* à cœur ouvert
	i	intervento *m* chirurgico sul cuore aperto
	r	операция *f* на открытом сердце
O124	*e*	**open pneumothorax**
	d	offener Pneumothorax *m*
	f	pneumothorax *m* ouvert
	i	pneumotorace *m* aperto
	r	открытый пневмоторакс *m*
O125	*e*	**operating scissors**
	d	chirurgische Schere *f*
	f	ciseaux *pl* chirurgicaux
	i	forbici *f pl* da chirurgo
	r	хирургические ножницы *pl*
O126	*e*	**operating table**
	d	Operationstisch *m*
	f	table *f* à [d'] opérations
	i	tavolo *m* operatorio
	r	операционный стол *m*
O127	*e*	**operation**
	d	Operation *f*, chirurgischer Eingriff *m*
	f	opération *f*
	i	operazione *f*, intervento *m* chirurgico
	r	хирургическая операция *f*
O128	*e*	**ophthalmectomy**
	d	Enukleation *f* des Auges, Augapfelenukleation *f*
	f	énucléation *f* du globe oculaire

	i	enucleazione *f* di un occhio
	r	энуклеация *f* глаза
O129	*e*	**ophthalmia**
	d	Ophthalmie *f*, Augenentzündung *f*
	f	ophthalmie *f*
	i	oftalmia *f*, oftalmite *f*
	r	офтальмия *f*
O130	*e*	**ophthalmic ganglion**
	d	Ziliarganglion *n*
	f	ganglion *n* ciliaire
	i	ganglio *m* oftalmico [ciliare]
	r	реничный ганглий *m*
O131	*e*	**ophthalmic migraine**
	d	Augenmigräne *f*
	f	migraine *f* ophtalmique
	i	emicrania *f* oftalmica
	r	мерцательная скотома *f*, глазная мигрень *f*
O132	*e*	**ophthalmitis** see **ophthalmia**
O133	*e*	**ophthalmodynamometry**
	d	Ophthalmodynamometrie *f*
	f	ophtalmodynamométrie *f*
	i	oftalmodinamometria *f*
	r	офтальмодинамометрия *f*
O134	*e*	**ophthalmolith**
	d	Tränenstein *m*, Dakryolith *m*
	f	dacryolithe *m*, calcul *m* lacrymal
	i	dacriolito *m*, oftalmolito *m*
	r	конкремент *m* слёзных путей
O135	*e*	**ophthalmology**
	d	Ophthalmologie *f*, Augenheilkunde *f*
	f	ophtalmologie *f*
	i	oftalmologia *f*
	r	офтальмология *f*
O136	*e*	**ophthalmometer**
	d	Ophthalmometer *n*
	f	ophtalmomètre *m*
	i	oftalmometro *m*
	r	офтальмометр *m*
O137	*e*	**ophthalmometry**
	d	Ophthalmometrie *f*
	f	ophtalmométrie *f*
	i	ophtalmometria *f*
	r	офтальмометрия *f*
O138	*e*	**ophthalmomyiasis** see **ocular myiasis**
O139	*e*	**ophthalmoneuritis**
	d	Sehnervenentzündung *f*
	f	névrite *f* optique
	i	neurite *f* ottica
	r	неврит *m* зрительного нерва
O140	*e*	**ophthalmoparalysis, ophthalmoplegia**
	d	Ophthalmoplegie *f*, Augenmuskellähmung *f*
	f	ophtalmoplégie *f*
	i	oftalmoplegia *f*
	r	офтальмоплегия *f*
O141	*e*	**ophthalmoscopy**
	d	Ophthalmoskopie *f*
	f	ophtalmoscopie *f*
	i	oftalmoscopia *f*
	r	офтальмоскопия *f*
O142	*e*	**ophthalmotonometry**
	d	Ophthalmotonometrie *f*, Augeninnendruckmessung *f*
	f	ophtalmotonométrie *f*
	i	oftalmotonometria *f*
	r	глазная тонометрия *f*, офтальмотонометрия *f*
O143	*e*	**opiate**
	d	Opiat *n*
	f	opiat(e) *m*
	i	oppiaceo *m*, oppioide *m*
	r	опиат *m*
O144	*e*	**opiophagism, opiophagy**
	d	Opiophagie *f*
	f	opiophagie *f*
	i	oppiofagia *f*
	r	опиофагия *f*
O145	*e*	**opisthorchiasis**
	d	Opisthorchiasis *f*
	f	opisthorchiasis *f*
	i	opistorchiasi *f*
	r	описторхоз *m*
O146	*e*	**opium addiction, opiumism**
	d	Opiumsucht *f*
	f	opiomanie *f*
	i	oppiomania *f*
	r	опиомания *f*, опийная наркомания *f*
O147	*e*	**Oppenheim's disease**
	d	Oppenheim-Krankheit *f*, angeborene Myatonie *f*
	f	maladie *f* d'Oppenheim, myatonie *f* congénitale
	i	malattia *f* di Oppenheim, ipotonia *f* muscolare congenita
	r	болезнь *f* Оппенгейма, врождённая миотония *f*
O148	*e*	**opsonic index**
	d	Opsoninindex *m*
	f	index *m* opsonique
	i	indice *m* opsonico
	r	опсонический индекс *m*
O149	*e*	**opsonin**
	d	Opsonin *n*, Bakteriotropin *n*
	f	opsonine *f*
	i	opsonina *f*
	r	опсонин *m*
O150	*e*	**optic axis**
	d	optische Achse *f*, Sehachse *f*
	f	axe *m* optique

OPTIC CHIASM

    i asse *m* ottico
    r зрительная [оптическая] ось *f*

O151 *e* optic chiasm
    d Sehnervenkreuzung *f*
    f chiasma *m* optique
    i chiasma *m* ottico
    r зрительный перекрест *m*, хиазма *f*

O152 *e* optic disk
    d Sehnervenscheibe *f*, Sehnervenpapille *f*
    f papille *f* (optique), disque *m* optique
    i papilla *f* ottica, disco *m* ottico
    r диск *m* зрительного нерва, сосок *m* зрительного нерва

O153 *e* optic neuritis *see* ophthalmoneuritis

O154 *e* optics
    d Optik *f*
    f optique *f*
    i ottica *f*
    r оптика *f*

O155 *e* optic tract
    d Sehbahn *f*
    f bandelette *f* optique
    i tratto *m* ottico
    r зрительный тракт *m*

O156 *e* optokinetic nystagmus
    d optokinetischer Nystagmus *m*, Eisenbahnnystagmus *m*
    f nystagmus *m* optocinétique
    i nistagmo *m* oculocinetico
    r оптокинетический [зрительный] нистагм *m*

O157 *e* optometry
    d Optometrie *f*
    f optométrie *f*
    i optometria *f*
    r оптометрия *f*

O158 *e* optotypes *pl*
    d Optotypen *m pl*, Sehzeichen *n pl*
    f optotypes *m pl*
    i ottotipi *m pl*
    r оптотипы *m pl*

O159 *e* oral pharynx *see* oropharynx

O160 *e* oral phase
    d orale Phase *f*
    f phase *f* orale
    i fase *f* orale
    r оральная фаза *f*

O161 *e* oral resuscitation
    d Mund-zu-Mund-Beatmung *f*
    f respiration *f* artificielle «bouche-à-bouche»
    *i** respirazione *f* artificiale bocca a bocca
    r искусственная вентиляция *f* лёгких изо рта в рот

O162 *e* oral stage *see* oral phase

O163 *e* orbicular muscle
    d Augenringmuskel *m*
    f muscle *m* orbiculaire
    i muscolo *m* orbicolare
    r круговая мышца *f* глаза

O164 *e* orbit
    d Augenhöhle *f*, Orbita *f*
    f orbite *f*
    i orbita *f*
    r глазница *f*, орбита *f*

O165 *e* orbitotomy
    d Orbitotomie *f*, Augenhöhleneröffnung *f*
    f orbitotomie *f*
    i orbitotomia *f*
    r орбитотомия *f*

O166 *e* orchectomy *see* orchiectomy

O167 *e* orchi(d)algia
    d Orchialgie *f*, Hodenschmerz *m*
    f orchialgie *f*
    i orchiodinia *f*
    r орхиалгия *f*

O168 *e* orchidectomy *see* orchiectomy

O169 *e* orchiditis *see* orchitis

O170 *e* orchiectomy
    d Orchi(d)ektomie *f*, Hodenexzision *f*, Hodenentfernung *f*
    f orchi(d)ectomie *f*
    i orchiectomia *f*
    r орхиэктомия *f*

O171 *e* orchiepididymitis
    d Orchoepididymitis *f*, Hoden- und Nebenhodenentzündung *f*
    f orchi-épididymite *f*
    i orchiepididimite *f*
    r орхиэпидидимит *m*

O172 *e* orchiodynia *see* orchialgia

O173 *e* orchiopexy, orchiorrhaphy
    d Orchidopexie *f*, Hodenfixierung *f*, Hodenanheftung *f*
    f orchi(d)opexie *f*
    i orchi(d)opessia *f*
    r орхиопексия *f*, орхидопексия *f*

O174 *e* orchitis
    d Orchitis *f*, Hodenentzündung *f*, Didymitis *f*
    f orchite *f*
    i orchite *f*
    r орхит *m*

O175 *e* orderly
    d Pfleger *m*, Krankenpfleger *m*; Sanitäter *m*
    f infirmier *m*

            i   inserviente *m*
            r   больничный служитель *m*;
                  санитар *m*

O176   *e*   **organ**
        d   Organ *n*
        f   organe *m*
        i   organo *m*
        r   орган *m*

O177   *e*   **organic murmur**
        d   organisches Herzgeräusch *n*
        f   souffle *m* organique
        i   soffio *m* organico (del cuore)
        r   органический шум *m* сердца

O178   *e*   **organic psychosis**
        d   organische Psychose *f*
        f   psychose *f* organique [idiophrénique]
        i   pscicosi *f* organica
        r   органический психоз *m*

O179   *e*   **organism**
        d   Organismus *m*
        f   organisme *m*
        i   organismo *m*
        r   организм *m*

O180   *e*   **organotropy**
        d   Organotropie *f*, Organotropismus *m*
        f   organotropisme *m*
        i   organotropismo *m*
        r   органотропность *f*

O181   *e*   **organ-specific antigen**
        d   organspezifisches Antigen *n*
        f   antigène *m* organique spécifique
        i   antigene *m* organo-specifico
        r   органоспецифический антиген *m*

O182   *e*   **orgasm**
        d   Orgasmus *m*
        f   orgasme *m*
        i   orgasmo *m*
        r   оргазм *m*

O183   *e*   **orienting reflex**
        d   Orientierungsreflex *m*
        f   réflexe *m* d'orientation
        i   riflesso *m* di orientamento
        r   ориентировочный рефлекс *m*

O184   *e*   **orifice**
        d   Öffnung *f*
        f   orifice *m*
        i   orifizio *m*, orificio *m*
        r   отверстие *n*

O185   *e*   **origin**
        d   Origo *f*, Ursprung *m*
        f   origine *f*
        i   origine *f*
        r   начало *n*; причина *f*

O186   *e*   **ornithine**
        d   Ornithin *n*
        f   ornithine *f*
        i   ornitina *f*
        r   орнитин *m*

O187   *e*   **ornithosis**
        d   Ornithose *f*
        f   ornithose *f*
        i   ornitosi *f*
        r   орнитоз *m*

O188   *e*   **oropharynx**
        d   Oropharynx *m*, Mundrachenraum *m*, Mesopharynx *m*
        f   oropharynx *m*, pharynx *m* buccal
        i   orofaringe *f*
        r   ротоглотка *f*, ротовая часть *f* глотки

O189   *e*   **orotic acid**
        d   Orotsäure *f*
        f   acide *m* orotique
        i   acido *m* orotico
        r   оротовая кислота *f*

O190   *e*   **Oroya fever**
        d   Oroyafieber *n*, Peruwarzenkrankheit *f*, Bartonellose *f*
        f   bartonellose *f*, fièvre *f* de l'Oroya
        i   febbre *f* di Oroya, malattia *f* di Carrion
        r   бартонеллёз *m*, лихорадка *f* Ороя

O191   *e*   **orthodontics, orthodontia**
        d   Orthodontie *f*
        f   orthodontie *f*
        i   ortodonzia *f*
        r   ортодонтия *f*

O192   *e*   **orthop(a)edics**
        d   Orthopädie *f*
        f   orthopédie *f*
        i   ortopedia *f*
        r   ортопедия *f*

O193   *e*   **orthophoria**
        d   Orthophorie *f*
        f   orthophorie *f*
        i   ortoforia *f*
        r   ортофория *f*

O194   *e*   **orthopnea**
        d   Orthopnoe *f*
        f   orthopnée *f*
        i   ortopnea *f*
        r   ортопноэ *n*

O195   *e*   **orthoptics**
        d   Orthoptik *f*
        f   orthoptique *f*
        i   ortottica *f*
        r   ортоптика *f*

O196   *e*   **orthostatic albuminuria**
        d   Orthostasealbuminurie *f*
        f   albuminurie *f* orthostatique
        i   albuminuria *f* ortostatica
        r   ортостатическая протеинурия *f*

ORTHOSTATIC HYPOTENSION

O197   e   **orthostatic hypotension**
       d   Orthostasehypotonus *m*, orthostatische Hypotonie *f*
       f   hypotension *f* orthostatique
       i   ipotensione *f* ortostatica
       r   ортостатическая [постуральная] гипотензия *f*

O198   e   **orthotonos, orthotonus**
       d   Orthotonus *m*
       f   orthotonos *m*, orthotonus *m*
       i   ortotono *m*
       r   ортотонус *m*

O199   e   **oscillation**
       d   Oszillation *f*
       f   oscillation *f*
       i   oscillazione *f*
       r   колебания *n pl*, осцилляция *f*

O200   e   **oscillography**
       d   Oszillographie *f*
       f   oscillographie *f*
       i   oscillografia *f*
       r   осциллография *f*

O201   e   **oscillometer**
       d   Oszillometer *n*
       f   oscillomètre *m*
       i   oscillometro *m*
       r   осциллометр *m*

O202   e   **osmesis** *see* **olfaction**

O203   e   **osmidrosis**
       d   Osmidrosis *f*, Bromhidrosis *f*
       f   osmhidrose *f*, brom(h)idrose *f*
       i   osmodrosi *f*, bromidrosi *f*
       r   бромидроз *m*, осмидроз *m*

O204   e   **osmoceptor** *see* **osmoreceptor**

O205   e   **osmometer**
       d   Osmometer *n*
       f   osmomètre *m*
       i   osmometro *m*
       r   осмометр *m*

O206   e   **osmoreceptor**
       d   Osmorezeptor *m*
       f   osmorécepteur *m*
       i   osmorecettore *m*
       r   осмо(ре)цептор *m*

O207   e   **osmotherapy**
       d   Osmotherapie *f*
       f   osmothérapie *f*
       i   osmoterapia *f*
       r   осмотерапия *f*

O208   e   **osmotic pressure**
       d   osmotischer Druck *m*
       f   pression *f* osmotique
       i   pressione *f* osmotica
       r   осмотическое давление *n*

O209   e   **osphresis** *see* **olfaction**

O210   e   **ossein(e)**
       d   Ossein *n*
       f   osséine *f*, collagène *m* de l'os
       i   osseina *f*
       r   оссеин *m*

O211   e   **osseomucoid**
       d   Osseomukoid *n*
       f   osséomucoïde *m*, osséomucoïne *f*
       i   osseomucoide *m*, osteomucoide *m*
       r   оссеомукоид *m*

O212   e   **osseous cell** *see* **osteocyte**

O213   e   **osseous labyrinth**
       d   knöchernes Labyrinth *n*
       f   labyrinthe *m* osseux
       i   labirinto *m* osseo
       r   костный лабиринт *m*

O214   e   **ossification**
       d   Ossifikation *f*, Verknöcherung *f*
       f   ossification *f*
       i   ossificazione *f*
       r   окостенение *n*, оссификация *f*

O215   e   **ossification center**
       d   Ossifikationszentrum *n*
       f   centre *m* d'ossification
       i   centro *m* di ossificazione
       r   точка *f* окостенения, центр *m* окостенения

O216   e   **ostearthritis** *see* **osteoarthritis**

O217   e   **osteitis**
       d   Ostitis *f*, Knochenentzündung *f*
       f   ostéite *f*
       i   osteite *f*
       r   остит *m*

O218   e   **osteoarthritis**
       d   Osteoarthritis *f*
       f   ostéo-arthrite *f*
       i   osteoartrite *f*, osteoartrosi *f*
       r   остеоартрит *m*, остеоартроз *m*

O219   e   **osteoarthrosis** *see* **osteoarthritis**

O220   e   **osteoblast**
       d   Osteoblast *m*, Knochenbildungszelle *f*, Knochenstammzelle *f*
       f   ostéoblaste *m*
       i   osteoblasto *m*
       r   остеобласт *m*

O221   e   **osteochondritis**
       d   Osteochondritis *f*
       f   ostéochondrite *f*
       i   osteocondrite *f*
       r   остеохондрит *m*

O222   e   **osteochondroma**
       d   Osteochondrom *n*
       f   ostéochondrome *m*

OSTEOPERIOSTITIS

	i	osteocondroma *m*
	r	костно-хрящевой экзостоз *m*, остеохондрома *f*
O223	*e*	**osteochondrosis**
	d	Osteochondrose *f*
	f	ostéochondrose *f*
	i	osteocondrosi *f*
	r	остеохондроз *m*
O224	*e*	**osteoclast**
	d	Osteoklast *m*, Knochenzerstörungszelle *f*
	f	ostéoclaste *m*
	i	osteoclasto *m*
	r	остеокласт *m*
O225	*e*	**osteoclastoma**
	d	Osteoklastom *n*, Osteoklastentumor *m*, Riesenzellknochengeschwulst *f*
	f	ostéoclastome *m*, ostéome *m* ostéoïde géant
	i	osteoclastoma *m*, tumore *m* osseo gigantocellulare
	r	остео(бласто)кластома *f*, гигантоклеточная опухоль *f* кости
O226	*e*	**osteocyte**
	d	Osteozyt *m*, Knochenzelle *f*
	f	ostéocyte *m*
	i	osteocito *m*
	r	остеоцит *m*, костная клетка *f*
O227	*e*	**osteodystrophy**
	d	Osteodystrophie *f*
	f	ostéodystrophie *f*
	i	osteodistrofia *f*
	r	остеодистрофия *f*
O228	*e*	**osteofibroma**
	d	Osteofibrom *n*, Fibroosteom *n*
	f	ostéofibrome *m*
	i	osteofibroma *m*
	r	фиброзная остеодисплазия *f*, остеофиброма *f*
O229	*e*	**osteogenesis, osteogeny**
	d	Osteogenese *f*, Knochenbildung *f*
	f	ostéogénie *f*, ostéogénèse *f*
	i	osteogenesi *f*
	r	остеогенез *m*
O230	*e*	**osteoid**
	d	Osteoid *n*, Osteoidgewebe *n*, osteoides Gewebe *n*
	f	ostéoïde *m*
	i	osteoide *m*
	r	остеоид *m*
O231	*e*	**osteoid sarcoma**
	d	Osteoidsarkom *n*
	f	sarcome *m* ostéogénique
	i	sarcoma *m* osteoide
	r	остеоидсаркома *f*
O232	*e*	**osteologia, osteology**
	d	Osteologie *f*, Knochenkunde *f*
	f	ostéologie *f*
	i	osteologia *f*
	r	остеология *f*
O233	*e*	**osteolysis**
	d	Osteolyse *f*
	f	ostéolyse *f*
	i	osteolisi *f*
	r	остеолиз *m*
O234	*e*	**osteoma**
	d	Osteom *n*
	f	ostéome *m*
	i	osteoma *m*
	r	остеома *f*
O235	*e*	**osteomalacia**
	d	Osteomalazie *f*, Knochenerweichung *f*
	f	ostéomalacie *f*
	i	osteomalacia *f*, rachitismo *m*
	r	остеомаляция *f*
O236	*e*	**osteomalacic pelvis**
	d	Beckenosteomalazie *f*
	f	bassin *m* ostéomalacique
	i	bacino *m* osteomalacico
	r	остеомалятический таз *m*
O237	*e*	**osteomyelitis**
	d	Osteomyelitis *f*, Knochenmarkentzündung *f*
	f	ostéomyélite *f*
	i	osteomielite *f*
	r	остеомиелит *m*
O238	*e*	**osteomyelodysplasia**
	d	Osteomyelodysplasie *f*, Osteomyelofibrose *f*, Osteomyelosklerose *f*
	f	ostéomyélofibrose *f*, ostéomyélodysplasie *f*
	i	displasia *f* osteomidollare
	r	остеомиелофиброз *m*, остеомиелодисплазия *f*, остеомиелосклероз *m*
O239	*e*	**osteon(e)**
	d	Osteon *n*
	f	ostéone *f*
	i	osteone *m*
	r	остеон *m*
O240	*e*	**osteonecrosis**
	d	Osteonekrose *f*, Knochennekrose *f*
	f	ostéonécrose *f*
	i	osteonecrosi *f*
	r	остеонекроз *m*
O241	*e*	**osteopathy**
	d	Osteopathie *f*, Knochenkrankheit *f*
	f	ostéopathie *f*
	i	osteopatia *f*
	r	остеопатия *f*
O242	*e*	**osteoperiostitis**

OSTEOPETROSIS

- *d* Osteoperiostitis *f*, Knochen- und Knochenhautentzündung *f*
- *f* ostéopériostite *f*
- *i* osteoperiostite *f*
- *r* остеопериостит *m*

O243 *e* **osteopetrosis**
- *d* Osteopetrosis *f*; Marmorknochenkrankheit *f*
- *f* ostéopétrose *f*
- *i* osteopetrosi *f*; malattia *f* di Albers-Schönberg
- *r* остеопетроз *m*

O244 *e* **osteophage** *see* **osteoclast**

O245 *e* **osteophyma, osteophyte**
- *d* Osteophyt *m*
- *f* ostéophyte *m*
- *i* osteofita *m*
- *r* остеофит *m*, экзофит *m*

O246 *e* **osteoplast** *see* **osteoblast**

O247 *e* **osteoplasty**
- *d* Osteoplastik *f*, Knochenplastik *f*
- *f* ostéoplastie *f*
- *i* osteoplastica *f*
- *r* костная пластика *f*, остеопластика *f*

O248 *e* **osteoporosis**
- *d* Osteoporose *f*, Knochenrarefikation *f*
- *f* ostéoporose *f*
- *i* osteoporosi *f*
- *r* остеопороз *m*, разрежение *n* кости

O249 *e* **osteosclerosis**
- *d* Osteosklerose *f*, Knochensklerose *f*
- *f* ostéosclérose *f*
- *i* osteosclerosi *f*
- *r* остеосклероз *m*, склероз *m* кости

O250 *e* **osteosynthesis**
- *d* Osteosynthese *f*
- *f* ostéosynthèse *f*
- *i* osteosintesi *f*
- *r* остеосинтез *m*

O251 *e* **osteotome**
- *d* Osteotom *n*, Knochenmesser *n*; Knochenmeißel *m*
- *f* ostéotome *m*
- *i* osteotomo *m*
- *r* остеотом *m*

O252 *e* **osteotomy**
- *d* Osteotomie *f*, Knochendurchtrennung *f*
- *f* ostéotomie *f*
- *i* osteotomia *f*
- *r* остеотомия *f*

O253 *e* **ostitis** *see* **osteitis**

O254 *e* **otalgia**
- *d* Otalgie *f*, Ohrenschmerz *m*
- *f* otalgie *f*
- *i* otalgia *f*
- *r* оталгия *f*

O255 *e* **otic vesicle**
- *d* Ohrbläschen *n*
- *f* vésicule *f* auditive [acoustique]
- *i* vescicola *f* otica [auditiva]
- *r* слуховой [статоакустический] пузырёк *m*, статоциста *f*

O256 *e* **otitic meningitis**
- *d* otogene Meningitis *f*
- *f* méningite *f* otogène
- *i* meningite *f* otogena
- *r* отогенный менингит *m*

O257 *e* **otitis**
- *d* Otitis *f*, Ohrenentzündung *f*
- *f* otite *f*
- *i* otite *f*
- *r* отит *m*

O258 *e* **otocerebritis** *see* **otoencephalitis**

O259 *e* **otodynia** *see* **otalgia**

O260 *e* **otoencephalitis**
- *d* otogene Gehirnentzündung *f*
- *f* encéphalite *f* otogène
- *i* encefalite *f* otogena
- *r* отогенный энцефалит *m*

O261 *e* **otolite, otolith**
- *d* Otolith *m*, Statolith *m*
- *f* otolithe *m*
- *i* otolito *m*
- *r* статоконий *m*, отолит *m*

O262 *e* **otolithic membrane**
- *d* Otolithenmembran *f*
- *f* membrane *f* otolithique
- *i* membrana *f* otolitica
- *r* мембрана *f* статоконий, отолитовая мембрана *f*

O263 *e* **otomycosis**
- *d* Otomykose *f*
- *f* otomycose *f*
- *i* otomicosi *f*
- *r* отомикоз *m*

O264 *e* **otopyorrhea**
- *d* Otopyorrhoe *f*, eitriger Ohrausfluß *m*
- *f* otorrhée *f* purulente, otopyorrhée *f*
- *i* otite *f* media purulenta cronica, otorrea *f*
- *r* гноетечение *n* из уха

O265 *e* **otorhinolaryngology**
- *d* Otorhinolaryngologie *f*, Hals-Nasen-Ohrenheilkunde *f*
- *f* otorhinolaryngologie *f*
- *i* otorinolaringologia *f*
- *r* оторинoларингология *f*

O266 *e* **otorrhea** *see* **otopyorrhea**

OVERWORK

O267   *e*   otosclerosis
         d   Otosklerose *f*
         f   otosclérose *f*
         i   otosclerosi *f*
         r   отосклероз *m*

O268   *e*   otoscope
         d   Otoskop *n*, Ohrenspiegel *m*
         f   otoscope *m*
         i   otoscopio *m*
         r   отоскоп *m*

O269   *e*   otoscopy
         d   Otoskopie *f*, Ohrenspiegelung *f*, Trommelfellbesichtigung *f*
         f   otoscopie *f*
         i   otoscopia *f*
         r   отоскопия *f*

O270   *e*   outlet
         d   Ausgang *m*, Ausgangsöffnung *f*
         f   orifice *m* efférent
         i   orifizio *m* di uscita
         r   выходное отверстие *n*

O271   *e*   outpatient
         d   ambulanter Patient *m*
         f   malade *m* ambulatoire
         i   paziente *m* ambulatoriale
         r   амбулаторный больной *m*

O272   *e*   outpatient department
         d   ambulante Einrichtung *f*; Poliklinik *f*
         f   ambulance *f*; polyclinique *f*
         i   policlinico *m*, ambulatorio *m* polispecialistico
         r   амбулатория *f*; поликлиника *f*

O273   *e*   ovalbumin
         d   Ovalbumin *n*
         f   ovalbumine *f*
         i   ovalbumina *f*
         r   овальбумин *m*, яичный альбумин *m*

O274   *e*   oval corpuscle
         d   Tastkörperchen *n*, Meissner-Tastkörperchen *n*
         f   corpuscule *m* du tact [de Meissner]
         i   corpuscolo *m* di Meissner [tattile]
         r   осязательное тельце *m*, тельце *n* Мейсснера

O275   *e*   ovalocyte
         d   Ovalozyt *m*, Elliptozyt *m*
         f   ovalocyte *m*
         i   ovalocito *m*
         r   овалоцит *m*, эллиптоцит *m*

O276   *e*   ovalocytic anemia, ovalocytosis
         d   ovalozytäre Anämie *f*, Ovalozytenanämie *f*, Elliptozytenanämie *f*
         f   ovalocytose *f*, elliptocytose *f*
         i   ovalocitosi *f*, ellittocitosi *f*
         r   овалоцитарная (гемолитическая) анемия *f*

O277   *e*   ovarian cycle
         d   Ovarialzyklus *m*
         f   cycle *m* ovarien
         i   ciclo *m* ovarico
         r   яичниковый [овариальный] цикл *m*

O278   *e*   ovarian cyst
         d   Ovarialzyste *f*, Eierstockzyste *f*
         f   kyste *m* de l'ovaire
         i   cisti *f* ovarica
         r   кистома *f* яичника

O279   *e*   ovarian pregnancy
         d   Ovarialgravidität *f*, Eierstockschwangerschaft *f*
         f   grossesse *f* ovarienne
         i   gravidanza *f* ovarica
         r   яичниковая беременность *f*

O280   *e*   ovarian tube
         d   Ovarialröhre *f*
         f   tube *m* ovarien
         i   tuba *f* ovarica
         r   яйцевая трубка *f*, яйценосный тяж *m*

O281   *e*   ovariectomy, ovariosteresis
         d   Ovarialektomie *f*, Ovarialexstirpation *f*, Eierstockentfernung *f*
         f   ovariectomie *f*
         i   ovariectomia *f*
         r   овариэктомия *f*

O282   *e*   ovariotomy
         d   Ovariotomie *f*, Eierstockschnitt *m*
         f   ovariotomie *f*
         i   ovariotomia *f*
         r   овариотомия *f*

O283   *e*   ovaritis *see* oophoritis

O284   *e*   ovary
         d   Ovarium *n*, Ovar *n*, Eierstock *m*
         f   ovaire *m*
         i   ovario *m*, ovaia *f*
         r   яичник *m*

O285   *e*   overfatigue *see* overwork

O286   *e*   overgrowth
         d   1. Hypertrophie *f* 2. Hyperplasie *f*
         f   1. hypertrophie *f* 2. hyperplasie *f*
         i   1. ipertrofia *f* 2. iperplasia *f*
         r   1. гипертрофия *f* 2. гиперплазия *f*

O287   *e*   overventilation
         d   Hyperventilation *f*, Überbelüftung *f*
         f   hyperventilation *f*
         i   iperpnea *f*, iperventilazione *f* polmonare
         r   гипервентиляция *f*, гиперпноэ *n*

O288   *e*   overwork
         d   Ermüdung *f*, Erschöpfung *f*, Überanstrengung *f*
         f   surmenage *m*

OVOCYTE

	i	esaurimento *m*, spossatezza *f*, stanchezza *f*
	r	переутомление *n*; перенапряжение *n*
O289	*e*	ovocyte *see* oocyte
O290	*e*	ovogenesis *see* oogenesis
O291	*e*	ovomucoid
	d	Ovomukoid *n*
	f	ovomucoïde *m*
	i	ovomucoide *m*
	r	овомукоид *m*
O292	*e*	**ovoplasm**
	d	Ovoplasma *n*
	f	ovoplasma *m*
	i	ovoplasma *m*
	r	о(в)оплазма *f*
O293	*e*	**ovulation**
	d	Ovulation *f*, Follikelsprung *m*
	f	ovulation *f*
	i	ovulazione *f*
	r	овуляция *f*
O294	*e*	**ovum**
	d	Eizelle *f*
	f	ovule *m*
	i	uovo *m*
	r	яйцеклетка *f*
O295	*e*	**oxalate**
	d	Oxalat *n*
	f	oxalate *m*
	i	ossalato *m*
	r	оксалат *m*
O296	*e*	**oxalemia**
	d	Oxalämie *f*
	f	oxalémie *f*
	i	ossalemia *f*
	r	оксалемия *f*
O297	*e*	**oxalic acid**
	d	Oxalsäure *f*
	f	acide *m* oxalique
	i	acido *m* ossalico
	r	щавелевая кислота *f*
O298	*e*	**oxalic acid diathesis**
	d	Oxalämiediathese *f*
	f	diathèse *f* [goutte *f*] oxalique
	i	diatesi *f* ossalica
	r	оксалемический диатез *m*
O299	*e*	**oxaluria**
	d	Oxalurie *f*
	f	oxalurie *f*
	i	ossaluria *f*
	r	оксалурия *f*
O300	*e*	**oxaluric acid**
	d	Oxalursäure *f*
	f	acide *m* oxalurique
	i	acido *m* ossalurico
	r	оксалуровая кислота *f*
O301	*e*	**oxidant**
	d	Oxydationsmittel *n*
	f	oxydant *m*
	i	ossidante *m*
	r	окислитель *m*
O302	*e*	**oxidase**
	d	Oxidase *f*
	f	oxydase *f*
	i	ossidasi *f*
	r	оксидаза *f*
O303	*e*	**oxidation, oxidization**
	d	Oxydation *f*, Oxydierung *f*
	f	oxydation *f*
	i	ossidazione *f*
	r	окисление *n*
O304	*e*	**oxidation-reduction system**
	d	Oxydations-Reduktions-System *n*
	f	système *m* oxydo-réducteur
	i	sistema *m* di ossidoriduzione
	r	окислительно-восстановительная система *f*
O305	*e*	**oxidoreductase**
	d	Oxidoreduktase *f*, Redoxase *f*
	f	oxyréductase *f*
	i	ossidoreduttasi *f*
	r	оксидоредуктаза *f*
O306	*e*	**oximeter**
	d	Oxymeter *n*, Oxyhämometer *n*, Sauerstoffsättigungsmesser *m*
	f	oxymètre *m*
	i	ossimetro *m*
	r	оксигемометр *m*
O307	*e*	**oximetry**
	d	Oxymetrie *f*, Sauerstoffsättigungsmessung *f*
	f	oxymétrie *f*
	i	ossimetria *f*
	r	оксигемометрия *f*
O308	*e*	**oxycephalia, oxycephaly**
	d	Oxyzephalie *f*, Spitzköpfigkeit *f*
	f	oxycéphalie *f*
	i	ossicefalia *f*
	r	акроцефалия *f*, оксицефалия *f*, башенный череп *m*
O309	*e*	**oxygen**
	d	Sauerstoff *m*
	f	oxygène *m*
	i	ossigeno *m*
	r	кислород *m*
O310	*e*	**oxygenated hemoglobin** *see* **oxyhemoglobin**
O311	*e*	**oxygenation**
	d	Oxygenierung *f*
	f	oxygénation *f*

	i	ossigenazione *f*
	r	оксигенация *f*
O312	*e*	**oxygen capacity**
	d	Sauerstoffkapazität *f*, Sauerstoffaufnahmefähigkeit *f*
	f	capacité *f* en oxygène (du sang)
	i	capacità *f* di ossigeno (del sangue)
	r	кислородная ёмкость *f* крови
O313	*e*	**oxygen debt**
	d	Sauerstoffdefizit *n*, Sauerstoffschuld *f*
	f	dette *f* d'oxygène
	i	debito *m* di ossigeno
	r	кислородный долг *m*
O314	*e*	**oxygen deficit**
	d	Sauerstoffmangel *m*, Hypoxie *f*, Sauerstoffinsuffizienz *f*, Sauerstoffhunger *m*
	f	hypoxie *f*
	i	ipossia *f*
	r	кислородная недостаточность *f*, кислородное голодание *n*
O315	*e*	**oxygen tent**
	d	Sauerstoffzelt *n*
	f	tente *f* à oxygène
	i	camera *f* [tenda *f*] ad ossigeno
	r	кислородная палатка *f*
O316	*e*	**oxygen therapy**
	d	Sauerstoffbehandlung *f*
	f	oxygénothérapie *f*
	i	ossigenoterapia *f*
	r	кислородная терапия *f*, оксигенотерапия *f*
O317	*e*	**oxyhemoglobin**
	d	Oxyhämoglobin *n*
	f	oxyhémoglobine *f*
	i	ossiemoglobina *f*
	r	оксигемоглобин *m*, оксигенированный [окисленный] гемоглобин *m*
O318	*e*	**oxyphil(e), oxyphilic leucocyte**
	d	eosinophiler Leukozyt *m*
	f	leucocyte *m* oxyphile, éosinocyte *m*, leucocyte *m* acidophile
	i	ossifilo *m*, granulocito *m* acidofilo [eosinofilo]
	r	эозинофил *m*, ацидофильный [эозинофильный] лейкоцит *m*, ацидофильный гранулоцит *m*
O319	*e*	**oxytocin**
	d	Oxytocin *n*
	f	oxytocine *f*
	i	ossitocina *f*
	r	окситоцин *m*
O320	*e*	**oxyuria, oxyuriasis, oxyuriosis**
	d	Oxyuriasis *f*, Enterobiose *f*
	f	oxyurose *f*
	i	ossiurasi *f*
	r	энтеробиоз *m*, оксиуроз *m*
O321	*e*	**ozena**
	d	Ozaena *f*, Stinknase *f*
	f	ozène *m*
	i	ozena *f*
	r	озена *f*, зловонный насморк *m*
O322	*e*	**ozocerite, ozokerite**
	d	Ozokerit *m*, Bergwachs *m*
	f	ozokérite *f*, ozocérite *f*
	i	ozocerite *f*, ceresina *f*
	r	озокерит *m*
O323	*e*	**ozonator**
	d	Ozonator *m*
	f	ozonateur *m*
	i	ozonizzatore *m*
	r	озонатор *m*

P

P1	*e*	**Pacchionian granulations** *pl*
	d	Pacchioni-Granulationen *f pl*
	f	granulations *f pl* de Pacchioni, villosités *f pl* arachnoïdiennes
	i	corpi *m pl* di Pacchioni, granulazioni *f pl* aracnoidali
	r	арахноидальные [пахионовы] грануляции *f pl*, грануляции *f pl* паутинной оболочки
P2	*e*	**pacemaker**
	d	Herzschrittmacher *m*, Pacemaker *m*
	f	pacemaker *m*
	i	stimolatore *m* cardiaco, pacemaker *m*
	r	водитель *m* ритма, пейсмекер *m*
P3	*e*	**pachyderma, pachydermatosis, pachydermia**
	d	Pachydermie *f*, Dickhäutigkeit *f*, Hautverhärtung *f*
	f	pachydermie *f*
	i	pachidermia *f*
	r	пахидермия *f*
P4	*e*	**pachyglossia**
	d	Pachyglossie *f*, Makroglossie *f*, Zungenvergrößerung *f*
	f	pachyglossie *f*, macroglossie *f*
	i	pachiglossia *f*
	r	макроглоссия *f*, мегалоглоссия *f*
P5	*e*	**pachygyria**
	d	Pachygyrie *f*
	f	pachygyrie *f*
	i	pachigiria *f*, macrogiria *f*
	r	пахигирия *f*
P6	*e*	**pachymeningitis**
	d	Pachymeningitis *f*

PACHYMENINX

	f pachyméningite *f*
	i pachimeningite *f*
	r пахименингит *m*
P7	*e* **pachymeninx**
	d Pachymeninx *f*, harte Hirnhaut *f*
	f dure-mère *f*, pachyméninge *f*
	i dura madre *f*, pachimeninge *f*
	r твёрдая мозговая оболочка *f*, пахименинкс *m*
P8	*e* **pachyonychia, pachyonyxis**
	d Pachyonychie *f*, Nagelplattenverdickung *f*
	f pachyonychie *f*, pachyonyxis *f*
	i pachionichia *f*
	r пахионихия *f*
P9	*e* **pachyperiostitis**
	d entzündliche Periostverdickung *f*
	f pachypériostite *f*
	i pachiperiostite *f*
	r пахипериостит *m*
P10	*e* **pachypleuritis**
	d Pachypleuritis *f*, entzündliche Rippenfellverdickung *f*
	f pachypleurite *f*, pleurésie *f* chronique fibreuse
	i pachipleurite *f*
	r панцирный плеврит *m*, пахиплеврит *m*
P11	*e* **pack**
	d Tampon *m*; Tupfer *m*; Bausch *m*
	f tampon *m*
	i tampone *m*
	r тампон *m*
P12	*e* **packed cell volume**
	d Hämatokritwert *m*, Zellpackungsvolumen *n*
	f hématocrite *m*
	i ematocrito *m*
	r гематокрит *m*
P13	*e* **packer**
	d Kornzange *f*
	f pince *f* à pansement
	i pinza *f* da tamponamento
	r корнцанг *m*
P14	*e* **packing**
	d Tamponierung *f*, Tamponade *f*
	f tamponnement *m*
	i tamponamento *m*, zaffatura *f*
	r тампонада *f*
P15	*e* **Paget's cells** *pl*
	d Paget-Zellen *f pl*
	f cellules *f pl* de Paget
	i cellule *f pl* di Paget
	r клетки *f pl* Педжета
P16	*e* **Paget's disease**
	d Paget-Krankheit *f*
	f maladie *f* de Paget, ostéose *f* pagétique
	i malattia *f* ossea di Paget, osteite *f* deformante
	r деформирующий остоз *m*, болезнь *f* Педжета
P17	*e* **pain**
	d Schmerz *m*
	f douleur *f*
	i dolore *m*, male *m*
	r боль *f*
P18	*e* **painter's colic**
	d Bleikolik *f*
	f colique *f* de plomb [saturnine]
	i colica *f* saturnina
	r свинцовая колика *f*
P19	*e* **palatal nystagmus**
	d Gaumennystagmus *m*
	f nystagmus *m* du voile du palais, myoclonies *f pl* vélo-palatines
	i nistagmo *m* del palato, clono *m* dell'elevatore del palato
	r велопалатинная миоклония *f*, нистагм *m* мягкого нёба
P20	*e* **palate**
	d Gaumen *m*, Palatum *n*
	f palais *m*
	i palato *m*
	r нёбо *n*
P21	*e* **palatine arch** see **pillars of fauces**
P22	*e* **palatine tonsil**
	d Gaumenmandel *f*
	f amygdale *f* palatine
	i amigdala *f*, tonsilla *f* palatina
	r нёбная миндалина *f*
P23	*e* **palatoplasty**
	d Palatoplastik *f*, Gaumenplastik *f*
	f palatoplastie *f*, uranoplastie *f*
	i uranoplastica *f*, palatoplastica *f*
	r уранопластика *f*, палатопластика *f*
P24	*e* **palatoplegia**
	d Palatoplegie *f*, Gaumen(segel)lähmung *f*
	f palatoplégie *f*
	i stafiloplegia *f*
	r паралич *m* мягкого нёба
P25	*e* **palatoschisis**
	d Palatoschisis *f*, Gaumenspalte *f*, Wolfsrachen *m*
	f palatoschisis *f*
	i palatoschisi *f*, gola *f* lupina
	r расщелина *f* нёба, палатосхизис *m*, «волчья пасть» *f*
P26	*e* **pale infarct**
	d anämischer [weißer] Infarkt *m*
	f infarctus *m* anémique [blanc]

PANCREATIC DUCT

	i	infarto *m* bianco
	r	анемический [белый, ишемический] инфаркт *m*
P27	e	**pale thrombus**
	d	weißer Thrombus *m*, Leukozytenthrombus *m*
	f	thrombus *m* blanc
	i	trombo *m* bianco
	r	белый [лейкоцитарный] тромб *m*
P28	e	**paleostriatum** *see* **pallidum**
P29	e	**palikinesia**
	d	Palikinesie *f*
	f	palikinésie *f*, palicinésie *f*
	i	palicinesia *f*
	r	палиликинезия *f*
P30	e	**palilalia, pali(n)phrasia**
	d	Palilalie *f*
	f	palilalie *f*
	i	palilalia *f*
	r	палилалия *f*
P31	e	**pallescence** *see* **pallor**
P32	e	**palliative treatment**
	d	Palliativbehandlung *f*
	f	thérapie *f* palliative
	i	trattamento *m* palliativo
	r	паллиативная терапия *f*, паллиативное лечение *n*
P33	e	**pallidum**
	d	Pallidum *n*
	f	pallidum *m*, paléostriatum *m*
	i	globo *m* pallido, pallido *m*
	r	бледный шар *m*, паллидум *m*, палеостриатум *m*
P34	e	**pallor**
	d	Blässe *f*, Pallor *m*, Bleichheit *f*
	f	pâleur *f*
	i	pallore *m*
	r	бледность *f*
P35	e	**palm**
	d	Hohlhand *f*
	f	paume *f* de la main
	i	palmo *m* (della mano)
	r	ладонь *f*
P36	e	**palmar arch**
	d	Palmarbogen *m*, Hohlhandbogen *m*
	f	arc *m* palmaire
	i	arcata *f* palmare
	r	ладонная дуга *f*
P37	e	**palmar fascia**
	d	Hohlhandaponeurose *f*
	f	aponévrose *f* palmaire
	i	aponeurosi *f* palmare
	r	ладонный апоневроз *m*
P38	e	**palpation**
	d	Palpation *f*, Palpieren *n*, Betasten *n*
	f	palpation *f*
	i	palpazione *f*
	r	пальпация *f*
P39	e	**palpebral commissure**
	d	Palpebrakommissur *f*
	f	commissure *f* palpébrale
	i	commessura *f* palpebrale
	r	спайка *f* век
P40	e	**palpebral fissure**
	d	Lidspalte *f*, Lidritze *f*
	f	fente *f* palpébrale
	i	rima *f* palpebrale
	r	глазная щель *f*
P41	e	**palpebral gland**
	d	Meibom-Drüse *f*
	f	glande *f* de Meibomius
	i	ghiandola *f* tarsale [di Meibom]
	r	железа *f* века, мейбомиева железа *f*
P42	e	**palpitation**
	d	Herzklopfen *n*, Herzjagen *n*
	f	palpitations *f pl*, battements *m pl* cardiaques
	i	palpitazione *f*, cardiopalmo *m*
	r	учащённое сердцебиение *n*
P43	e	**palsy**
	d	Lähmung *f*, Paralyse *f*
	f	paralysie *f*
	i	paralisi *f*
	r	паралич *m*
P44	e	**panarthritis**
	d	Panarthritis *f*
	f	panarthrite *f*
	i	panartrite *f*
	r	панартрит *m*
P45	e	**pancarditis**
	d	Pankarditis *f*, Endomyoperikarditis *f*
	f	pancardite *f*
	i	pancardite *f*
	r	панкардит *m*
P46	e	**pancreas**
	d	Pankreas *n*, Bauchspeicheldrüse *f*
	f	pancréas *m*
	i	pancreas *m*
	r	поджелудочная железа *f*
P47	e	**pancreatectomy**
	d	Pankreatektomie *f*, Pankreasextirpation *f*
	f	pancréatectomie *f*
	i	pancreatectomia *f*
	r	панкреатэктомия *f*
P48	e	**pancreatic duct**
	d	Wirsung-Gang *m*
	f	canal *m* pancréatique
	i	condotto *m* pancreatico [di Wirsung]
	r	проток *m* поджелудочной железы,

вирзунгов [панкреатический] проток *m*

P49 *e* **pancreatic islet**
    d Langerhans-Insel *f*, pankreatische Insel *f*
    f îlot *m* pancréatique [de Langerhans]
    i isola *f* pancreatica [di Langerhans]
    r панкреатический островок *m*, островок *m* Лангерганса

P50 *e* **pancreatitis**
    d Pankreatitis *f*, Bauchspeicheldrüsenentzündung *f*
    f pancréatite *f*
    i pancreatite *f*
    r панкреатит *m*

P51 *e* **pancreatography**
    d Pankreatographie *f*, Pankreas(gang)röntgendarstellung *f*
    f pancréatographie *f*
    i pancreatografia *f*
    r панкреатография *f*

P52 *e* **pancreatolith**
    d Pankreasstein *m*
    f pancréatolithe *m*
    i calcolo *m* pancreatico
    r панкреатический конкремент *m*

P53 *e* **pancreatotomy**
    d Bauchspeicheldrüsenschnitt *m*
    f pancréatotomie *f*
    i pancreatotomia *f*
    r панкреатотомия *f*

P54 *e* **pancytopenia**
    d Pan(hämo)zytopenie *f*
    f pancytopénie *f*
    i pancitopenia *f*
    r пан(гемо)цитопения *f*

P55 *e* **pandemic**
    d 1. Pandemie *f* 2. pandemisch
    f 1. pandémie *f* 2. pandémique
    i 1. pandemia *f* 2. pandemico
    r 1. пандемия *f* 2. пандемический

P56 *e* **panmyelophthysis**
    d Panmyelophthise *f*
    f panmyélophtisie *f*, myélose *f* globale aplastique
    i panmieloftisi *f*
    r панмиелофтиз *m*, аплазия *f* костного мозга

P57 *e* **panniculitis**
    d Pannikulitis *f*, Unterhautfettgewebsentzündung *f*, Zellulitis *f*
    f panniculite *f*
    i pannicolite *f*
    r панникулит *m*, целлюлит *m*

P58 *e* **pannus**
    d Pannus *m*
    f pannus *m*
    i pannus *m*
    r паннус *m*

P59 *e* **panophthalmia, panophthalmitis**
    d Panophthalmie *f*
    f panophtalmie *f*, panophtalmite *f*
    i panoftalmia *f*, panoftalmite *f*
    r панофтальмит *m*

P60 *e* **panosteitis**
    d Panostitis *f*
    f panostéite *f*, ostéomyélite *f*
    i osteomielite *f*
    r остеомиелит *m*, паностит *m*

P61 *e* **panotitis**
    d Panotitis *f*, Mittelohr- und Innenohrentzündung *f*
    f panotite *f*
    i panotite *f*
    r панотит *m*

P62 *e* **panphobia**
    d Panphobie *f*
    f pantophobie *f*
    i pantofobia *f*
    r пан(то)фобия *f*

P63 *e* **panplegia**
    d Panplegie *f*
    f quadriplégie *f*, tétraplégie *f*
    i panplegia *f*
    r тетраплегия *f*, квадриплегия *f*

P64 *e* **pansystolic murmur**
    d pansystolisches Geräusch *n*
    f souffle *m* pansystolique
    i soffio *m* pansistolico
    r пансистолический шум *m*

P65 *e* **pantophobia** *see* **panphobia**

P66 *e* **pantothenic acid**
    d Pantothensäure *f*
    f acide *m* pantothénique
    i acido *m* pantotenico
    r пантотеновая кислота *f*

P67 *e* **papilla**
    d Papille *f*, Warze *f*
    f papille *f*
    i papilla *f*
    r сосок *m*, сосочек *m*

P68 *e* **papilla of Vater**
    d Vater-Papille *f*
    f papille *f* de Vater
    i papilla *f* di Vater
    r фатеров сосок *m*

P69 *e* **papillary carcinoma**
    d papillarer Krebs *m*
    f carcinome *m* papillaire
    i carcinoma *m* papillare

	r	папиллярный [сосочковый] рак *m*, папиллокарцинома *f*
P70	*e*	**papillary cyst**
	d	papillare Ovarialzyste *f*
	f	kyste *m* papillaire de l'ovaire
	i	cisti *f* papillare dell'ovaia
	r	папиллярная кистома *f* [папиллярная киста *f*] яичника
P71	*e*	**papillary layer**
	d	Stratum *n* papillare corii
	f	couche *f* papillaire
	i	strato *m* papillare
	r	сосочковый слой *m* (кожи)
P72	*e*	**papillary muscle**
	d	Papillarmuskel *m*
	f	muscle *m* papillaire, pilier *m* du cœur
	i	muscolo *m* papillare
	r	сосочковая мышца *f*
P73	*e*	**papillary tumor** *see* **papilloma**
P74	*e*	**papillectomy**
	d	Papillektomie *f*, Papillenexstirpation *f*, Papillenentfernung *f*
	f	papillectomie *f*
	i	papillectomia *f*
	r	папиллэктомия *f*
P75	*e*	**papilledema**
	d	Papillenödem *n*, Stauungspapille *f* (des Auges)
	f	papille *f* (optique) de stase
	i	papilledema *m*, papilla *f* da stasi
	r	застойный сосок *m* (зрительного нерва)
P76	*e*	**papillitis**
	d	Papillitis *f*, Papillenentzündung *f*
	f	papillite *f*
	i	papillite *f*, glossite *f*
	r	папиллит *m*
P77	*e*	**papilloma**
	d	Papillom *n*
	f	papillome *m*
	i	papilloma *m*
	r	папиллома *f*
P78	*e*	**papillomatosis**
	d	Papillomatose *f*
	f	papillomatose *f*
	i	papillomatosi *f*
	r	папилломатоз *m*
P79	*e*	**papilloretinitis**
	d	Papilloretinitis *f*, Retinopapillitis *f*
	f	papillorétinite *f*
	i	papilloretinite *f*
	r	ретинопапиллит *m*
P80	*e*	**pappataci fever**
	d	Pappatacifieber *n*, Phlebotomus-Fieber *n*
	f	fièvre *f* à phlébotomes [à pappataci]
	i	febbre *f* da pappataci [da flebotomi]
	r	флеботомная лихорадка *f*, лихорадка *f* паппатачи
P81	*e*	**papular mucinosis**
	d	papulöse Hautmuzinose *f*
	f	mucinose *f* papuleuse cutanée
	i	lichen *m* mixedematoso, mucinosi *f* papulosa
	r	папулёзный муциноз *m* кожи, микседематозный лишай *m*, лихеноидная псевдомикседема *f*
P82	*e*	**papular necrotic tuberculid(e)**
	d	papulös-nekrotische Hauttuberkulose *f*
	f	tuberculose *f* cutanée papulo-necrotique
	i	tuberculide *m* papulare necrotica della pelle
	r	папулонекротический туберкулёз *m* кожи
P83	*e*	**papule**
	d	Papula *f*, Papel *f*, Knötchen *n*
	f	papule *f*
	i	papula *f*
	r	папула *f*, узелок *m*
P84	*e*	**papulosis**
	d	Papulose *f*
	f	papulose *f*
	i	papulosi *f*, papulomatosi *f*
	r	папулёз *m*
P85	*e*	**para-aminobenzoic acid**
	d	Paraaminobenzoesäure *f*
	f	acide *m* para-aminobenzoïque
	i	acido *m* para-aminobenzoico
	r	парааминобензойная кислота *f*
P86	*e*	**para-aortic body**
	d	Zuckerkandl-Organ *n*
	f	paraganglion *m* abdominal [aortique], organe *m* de Zuckerkandl
	i	corpo *m* para-aortico, organo *m* di Zuckerkandl
	r	поясничный аортальный параганглий *m*, орган *m* Цукеркандля
P87	*e*	**para-appendicitis** *see* **periappendicitis**
P88	*e*	**parabiosis**
	d	Parabiose *f*
	f	parabiose *f*
	i	parabiosi *f*
	r	парабиоз *m*
P89	*e*	**parabulia**
	d	Parabulie *f*, krankhafte Willensstörung *f*
	f	paraboulie *f*
	i	parabulia *f*
	r	парабулия *f*

PARACELE

P90   e   **paracele**
       d   laterale Hirnkammer *f*
       f   ventricule *m* latéral
       i   ventricolo *m* cerebrale laterale
       r   боковой желудочек *m* головного мозга

P91   e   **paracentesis**
       d   Parazentese *f*
       f   paracentèse *f*
       i   paracentesi *f*
       r   парацентез *m*

P92   e   **paraceratosis** see **parakeratosis**

P93   e   **paracinesia, paracinesis** see **parakinesia**

P94   e   **paracoele** see **paracele**

P95   e   **paracousis, paracusia, paracusis**
       d   Parakusie *f*
       f   paracousie *f*
       i   paracusia *f*
       r   паракузия *f*

P96   e   **paradoxical pulse**
       d   paradoxer Puls *m*
       f   pouls *m* paradoxal, pouls *m* de Kussmaul
       i   polso *m* paradosso
       r   парадоксальный пульс *m*

P97   e   **paradoxic reflex**
       d   paradoxer Reflex *m*
       f   réflexe *m* paradoxal
       i   riflesso *m* paradosso
       r   парадоксальный рефлекс *m*

P98   e   **paradoxical sleep**
       d   paradoxer Schlaf *m*
       f   sommeil *m* paradoxal
       i   sonno *m* paradosso
       r   быстрый [активированный, парадоксальный] сон *m*

P99   e   **paraffinoma**
       d   Paraffinom *n*
       f   paraffinome *m*
       i   paraffinoma *m*
       r   парафинома *f*

P100   e   **paraganglioma**
       d   Paragangliom *n*, Glomerulozytom *n*
       f   paragangliome *m*
       i   paraganglioma *m*
       r   параганглиома *f*, гломерулоцитома *f*

P101   e   **paragonimiasis**
       d   Paragonimiasis *f*, Paragonimose *f*
       f   paragonimose *f*, paragonimiase *f*
       i   paragonimiasi *f*
       r   парагонимоз *m*

P102   e   **paragraphia**
       d   Paragraphie *f*, Schreibstörung *f*
       f   paragraphie *f*
       i   paragrafia *f*
       r   параграфия *f*

P103   e   **parahemophilia**
       d   Parahämophilie *f*, Owren-Krankheit *f*, Hypoakzelerinämie *f*
       f   parahémophilie *f* (d'Owren)
       i   paraemofilia *f*, sindrome *f* di Owren
       r   болезнь *f* Оврена, парагемофилия *f*, гипоакцелеринемия *f*

P104   e   **parahidrosis** see **paridrosis**

P105   e   **parakeratosis**
       d   Parakeratose *f*, Hautverhornung *f*
       f   parakératose *f*
       i   paracheratosi *f*
       r   паракератоз *m*

P106   e   **parakinesia, parakinesis**
       d   1. Fehlbewegung *f* 2. Parakinesie *f*
       f   parakinésie *f*
       i   paracinesia *f*
       r   1. двигательное нарушение *n* 2. паракинез *m*, паракинезия *f*

P107   e   **parallergy**
       d   Parallergie *f*
       f   parallergie *f*
       i   parallergia *f*
       r   пар(а)аллергия *f*

P108   e   **paralogia, paralogism, paralogy**
       d   Paralogie *f*
       f   paralogie *f*, paralogisme *m*
       i   paralogia *f*, paralogismo *m*
       r   паралогия *f*

P109   e   **paralysis**
       d   Paralyse *f*, Lähmung *f*
       f   paralysie *f*
       i   paralisi *f*
       r   паралич *m*

P110   e   **paralytic ileus**
       d   paralytischer Ileus *m*
       f   iléus *m* paralytique
       i   ileo *m* paralitico
       r   паралитическая непроходимость *f* кишечника

P111   e   **paramesonephric duct**
       d   Müller-Gang *m*
       f   canal *m* de Müller [paramésonéphritique]
       i   canale *m* di Müller, dotto *m* paramesonefrico
       r   парамезонефрический проток *m*, мюллеров канал *m*

P112   e   **parametritis**
       d   Parametritis *f*
       f   paramétrite *f*
       i   parametrite *f*
       r   параметрит *m*

PARASITOLOGY

P113   *e*   **paramimia**
       d   Paramimie *f*, Mimik(ver)fälschung *f*
       f   paramimie *f*
       i   paramimia *f*
       r   парамимия *f*

P114   *e*   **paramnesia**
       d   Paramnesie *f*, Erinnerungsfälschung *f*
       f   paramnésie *f*, «déjà-vu» *m*
       i   paramnesia *f*
       r   парамнезия *f*, псевдомнезия *f*, ложное воспоминание *n*

P115   *e*   **paranephritis**
       d   Paranephritis *f*
       f   paranéphrite *f*, périnéphrite *f*
       i   paranefrite *f*
       r   паранефрит *m*

P116   *e*   **paranoia**
       d   Paranoia *f*
       f   paranoïa *f*
       i   paranoia *f*
       r   паранойя *f*

P117   *e*   **paranoid schizophrenia**
       d   paranoide Schizophrenie *f*
       f   schizophrénie *f* paranoïde
       i   schizofrenia *f* paranoide
       r   паранойяльная шизофрения *f*

P118   *e*   **paraparesis**
       d   Paraparese *f*
       f   paraparésie *f*
       i   paraparesi *f*
       r   парапарез *m*

P119   *e*   **paraphasia**
       d   Paraphasie *f*
       f   paraphasie *f*
       i   parafasia *f*
       r   парафазия *f*

P120   *e*   **paraphimosis**
       d   Paraphimose *f*
       f   paraphimosis *f*
       i   parafimosi *f*
       r   парафимоз *m*

P121   *e*   **paraphrenia**
       d   Paraphrenie *f*
       f   paraphrénie *f*
       i   parafrenia *f*
       r   парафрения *f*

P122   *e*   **paraplegia**
       d   Paraplegie *f*
       f   paraplégie *f*
       i   paraplegia *f*
       r   параплегия *f*

P123   *e*   **parapraxia**
       d   Parapraxie *f*
       f   parapraxie *f*
       i   paraprassia *f*
       r   парапраксия *f*

P124   *e*   **paraproctitis**
       d   Paraproktitis *f*
       f   paraproctite *f*
       i   paraproctite *f*
       r   парапроктит *m*

P125   *e*   **paraprotein**
       d   Paraprotein *n*
       f   paraprotéine *f*
       i   paraproteina *f*
       r   парапротеин *m*

P126   *e*   **parapsoriasis**
       d   Parapsoriasis *f*
       f   parapsoriasis *m*
       i   parapsoriasi *f*
       r   парапсориаз *m*

P127   *e*   **parapsychology**
       d   Parapsychologie *f*
       f   parapsychologie *f*
       i   parapsicologia *f*
       r   парапсихология *f*

P128   *e*   **parasacral anesthesia, parasacral block**
       d   Parasakralanästhesie *f*
       f   anesthésie *f* parasacrée
       i   anestesia *f* parasacrale
       r   парасакральная анестезия *f*

P129   *e*   **paraseptal cartilage**
       d   Cartilago *f* vomeronasalis
       f   cartilage *m* paraseptal [vomérien]
       i   cartilagine *f* vomeronasale
       r   сошниково-носовой хрящ *m*

P130   *e*   **parasite**
       d   Parasit *m*, Schmarotzer *m*
       f   parasite *m*
       i   parassita *m*
       r   паразит *m*

P131   *e*   **parasitic hemoptysis** see **paragonimiasis**

P132   *e*   **parasitic melanoderma**
       d   Vagabundenkrankheit *f*
       f   mélanodermie *f* parasitaire, mélanodermie *f* [maladie *f*] des vagabonds
       i   melanodermia *f* dei vagabondi
       r   паразитарная меланодермия *f*, болезнь *f* бродяг

P133   *e*   **parasitism**
       d   Parasitismus *m*, Schmarotzertum *n*
       f   parasitisme *m*
       i   parassitismo *m*
       r   паразитизм *m*

P134   *e*   **parasitology**
       d   Parasitologie *f*
       f   parasitologie *f*
       i   parassitologia *f*
       r   паразитология *f*

PARASTERNAL HERNIA

P135　e　parasternal hernia
　　　d　vorderer Zwerchfellbruch *m*
　　　f　hernie *f* parasternale
　　　i　ernia *f* parasternale, forame *m* di Morgagni
　　　r　парастернальная [передняя диафрагмальная] грыжа *f*, грыжа *f* Морганьи

P136　e　parasympathetic system
　　　d　parasympathisches Nervensystem *n*
　　　f　système *m* parasympathique
　　　i　sistema *m* nervoso parasimpatico
　　　r　парасимпатическая часть *f* вегетативной нервной системы, парасимпатическая нервная система *f*

P137　e　parasynapsis
　　　d　Parasynapse *f*, Chromosomenkonjugation *f*
　　　f　parasynapsis *f*, parasyndèse *f*
　　　i　parasinapsi *f*
　　　r　парасиндез *m*, парасинапсис *m*

P138　e　parasystole
　　　d　Parasystolie *f*
　　　f　parasystolie *f*
　　　i　parasistolia *f*
　　　r　парасистолия *f*

P139　e　parathormone *see* parathyroid hormone

P140　e　parathymia
　　　d　Parathymie *f*
　　　f　parathymie *f*
　　　i　paratimia *f*
　　　r　паратимия *f*

P141　e　parathyroid gland
　　　d　Parathyreoidea *f*, Nebenschilddrüse *f*, Beischilddrüse *f*, Epithelkörperchen *n*
　　　f　glande *f* parathyroïde
　　　i　ghiandola *f* paratiroide
　　　r　паращитовидная железа *f*

P142　e　parathyroid hormone
　　　d　Parathormon *n*, Nebenschilddrüsenhormon *n*
　　　f　hormone *f* parathyroïdienne, parathormone *f*
　　　i　ormone *m* paratiroide, paratormone *m*
　　　r　паратгормон *m*, паратиреоидный гормон *m*

P143　e　parathyroid insufficiency
　　　d　Hypoparathyreose *f*
　　　f　hypoparathyroïdisme *m*
　　　i　ipoparatiroidismo *m*
　　　r　гипопаратиреоз *m*

P144　e　parathyroid struma
　　　d　Nebenschilddrüsenadenom *n*
　　　f　adénome *m* parathyroïdien
　　　i　adenoma *m* della ghiandola paratiroide
　　　r　аденома *f* паращитовидной железы

P145　e　parathyroidectomia
　　　d　Parathyreoidektomie *f*, Nebenschilddrüsenentfernung *f*
　　　f　parathyroïdectomie *f*
　　　i　paratiroidectomia *f*
　　　r　паратиреоидэктомия *f*

P146　e　paratyphlitis
　　　d　Paratyphlitis *f*
　　　f　paratyphlite *f*
　　　i　paratiflite *f*
　　　r　паратифлит *m*

P147　e　paratyphoid fever
　　　d　Paratyphus *m*
　　　f　paratyphoïde *f*, fièvre *f* paratyphoïde
　　　i　paratifo *m*
　　　r　паратиф *m*

P148　e　paraurethral duct
　　　d　Paraurethraldrüsengang *m*
　　　f　canal *m* para-urétral
　　　i　dotto *m* parauretrale
　　　r　парауретральный проток *m*, ход *m* Скина

P149　e　paravertebral anesthesia, paravertebral block
　　　d　Paravertebralanästhesie *f*
　　　f　anesthésie *f* paravertébrale
　　　i　anestesia *f* paravertebrale
　　　r　паравертебральная анестезия *f*

P150　e　parchment skin
　　　d　Pergamenthaut *f*
　　　f　peau *f* parcheminée
　　　i　cute *f* papiracea
　　　r　пергаментная [атрофическая] кожа *f*

P151　e　parencephalitis
　　　d　Kleinhirnentzündung *f*
　　　f　parencéphalite *f*, inflammation *f* du cervelet
　　　i　parencefalite *f*
　　　r　воспаление *n* мозжечка

P152　e　parenchyma
　　　d　Parenchym *n*
　　　f　parenchyme *m*
　　　i　parenchima *m*
　　　r　паренхима *f*

P153　e　parenchymatous pneumonia
　　　d　parenchymatöse Lungenentzündung *f*
　　　f　pneumonie *f* parenchymateuse
　　　i　polmonite *f* parenchimatosa
　　　r　паренхиматозная пневмония *f*

P154　e　parent cell
　　　d　Mutterzelle *f*

	f	cellule *f* mère
	i	cellula *f* madre
	r	материнская клетка *f*
P155	*e*	**parenteral**
	d	parenteral
	f	parentéral
	i	parenterale
	r	парентеральный
P156	*e*	**paresis**
	d	Parese *f*
	f	parésie *f*
	i	paresi *f*
	r	парез *m*
P157	*e*	**paresthesia**
	d	Parästhesie *f*
	f	paresthésie *f*
	i	parestesia *f*
	r	парестезия *f*
P158	*e*	**paridrosis**
	d	Parahidrosis *f*, Paridrosis *f*
	f	parahidrose *f*
	i	paridrosi *f*
	r	нарушение *n* потоотделения
P159	*e*	**parietal bone**
	d	Scheitelbein *n*
	f	os *m* pariétal
	i	osso *m* parietale
	r	теменная кость *f*
P160	*e*	**parietal cell**
	d	Parietalzelle *f*, Belegzelle *f*
	f	cellule *f* pariétale
	i	cellula *f* parietale
	r	париетальный гландулоцит *m*, обкладочная клетка *f*
P161	*e*	**parietal eminence**
	d	Scheitelhöcker *m*
	f	éminence *f* pariétale
	i	tuberosità *f* parietale
	r	теменной бугор *m*
P162	*e*	**parietal ganglion**
	d	Parietalganglion *n*
	f	ganglion *m* pariétal
	i	ganglio *m* parietale
	r	теменной ганглий *m*
P163	*e*	**parietal gyre**
	d	Scheitelhirnwindung *f*
	f	circonvolution *f* pariétale
	i	giro *m* parietale
	r	теменная извилина *f*
P164	*e*	**parietal hernia**
	d	Richter-Bruch *m*, Richter-Eingeweidebruch *m*
	f	hernie *f* de Richter
	i	ernia *f* parietale
	r	грыжа *f* Рихтера
P165	*e*	**parietal lobe**
	d	Parietallappen *m*, Scheitellappen *m*
	f	lobe *m* pariétal
	i	lobo *m* parietale
	r	теменная доля *f* головного мозга
P166	*e*	**parietal pleura**
	d	parietale Pleura *f*
	f	plèvre *f* pariétale
	i	pleura *f* parietale
	r	пристеночная [париетальная] плевра *f*
P167	*e*	**par(ieto)occipital fissure, parietooccipital sulcus**
	d	Scheitelbein-Hinterhauptbeinrinne *f*
	f	sillon *m* pariéto-occipital
	i	scissura *f* parieto-occipitale
	r	теменно-затылочная борозда *f*
P168	*e*	**parkinsonian mask**
	d	parkinsonsches Maskengesicht *n*
	f	faciès *m* parkinsonien
	i	maschera *f* di Parkinson
	r	маскообразное лицо *n* (*при паркинсонизме*)
P169	*e*	**parkinsonism, Parkinson's disease**
	d	Parkinsonismus *m*, Schüttellähmung *f*
	f	parkinsonisme *m*
	i	parkinsonismo *m*
	r	паркинсонизм *m*, болезнь *f* Паркинсона, дрожательный паралич *m*
P170	*e*	**parodontitis** see **periodontitis**
P171	*e*	**parodontium** see **periodontium**
P172	*e*	**parodynia**
	d	Wehen *f pl*, Geburtswehen *f pl*
	f	douleurs *f pl* (de l'accouchement)
	i	distocia *f*
	r	родовые схватки *f pl*
P173	*e*	**paronychia**
	d	Paronychie *f*
	f	paronychie *f*, périonyxis *m*
	i	paronichia *f*
	r	паронихия *f*, перионихия *f*
P174	*e*	**paroophoron**
	d	Paroophoron *n*, Beieierstock *m*
	f	paroophore *m*
	i	parooforon *m*
	r	околояичник *m*
P175	*e*	**parorchis**
	d	Epididymis *f*, Nebenhoden *m*
	f	épididyme *m*
	i	epididimo *m*
	r	придаток *m* яичка, эпидидимис *m*
P176	*e*	**parosmia, parosphresia**
	d	Parosmie *f*
	f	parosmie *f*

PAROTID DUCT

	i	parosmia *f*
	r	паросмия *f*

P177 *e* parotid duct
  d Ohrspeicheldrüsengang *m*
  f canal *m* parotidien
  i dotto *m* parotideo [di Stenone]
  r проток *m* околоушной железы, околоушной [стенонов] проток *m*

P178 *e* parotid gland
  d Ohrspeicheldrüse *f*, Parotis *f*
  f parotide *f*, glande *f* parotide
  i ghiandola *f* parotide
  r околоушная железа *f*

P179 *e* parotidectomy
  d Parotisexzision *f*
  f parotidectomie *f*
  i parotidectomia *f*
  r паротидэктомия *f*

P180 *e* paroti(di)tis
  d Parotitis *f*, Ohrspeicheldrüsenentzündung *f*
  f parotidite *f*
  i parotite *f*
  r паротит *m*

P181 *e* parovarium
  d Parovarium *n*, Epoophoron *n*
  f parovaire *m*, époophore *m*
  i parovario *m*, epooforon *m*
  r придаток *m* яичника, орган *m* Розенмюллера

P182 *e* paroxysm
  d Paroxysmus *m*
  f paroxysme *m*
  i parossismo *m*
  r пароксизм *m*

P183 *e* paroxysmal tachycardia
  d paroxysmale Tachykardie *f*
  f tachycardie *f* paroxystique
  i tachicardia *f* parossistica
  r пароксизмальная тахикардия *f*

P184 *e* partial antigen
  d Hapten *n*, Teilantigen *n*
  f haptène *m*
  i aptene *m*, antigene *m* parziale
  r гаптен *m*

P185 *e* parturition
  d Geburt *f*
  f accouchement *m*
  i parto *m*
  r роды *pl*

P186 *e* parulis
  d 1. Parulis *f*, Zahngeschwür *n* 2. Parulis *f*, Zahnfleischabszeß *m*
  f parulie *f*, parulis *f*
  i parulide *f*
  r 1. острый одонтогенный периостит *m*, парулис *m*, флюс *m* 2. десневой абсцесс *m*

P187 *e* passive hyperemia
  d passive Hyperämie *f*
  f congestion *f* passive, hyperémie *f* veineuse
  i iperemia *f* passiva venosa
  r венозная [пассивная] гиперемия *f*

P188 *e* passive immunity
  d passive Immunität *f*
  f immunité *f* passive
  i immunità *f* passiva
  r пассивный иммунитет *m*

P189 *e* passive tremor
  d Ruhetremor *m*, Ruhezittern *n*
  f tremblement *m* de repos
  i tremore *m* passivo
  r статическое дрожание *n*, дрожание *n* положения

P190 *e* paste
  d Paste *f*
  f pâte *f*
  i pasta *f*
  r паста *f*

P191 *e* pasteurellosis
  d Pasteurellose *f*
  f pasteurellose *f*
  i pasteurellosi *f*, infezione *f* da Pasteurella
  r пастереллёз *m*, геморрагическая септицемия *f*

P192 *e* pasteurization
  d Pasteurisierung *f*
  f pasteurisation *f*
  i pastorizzazione *f*
  r пастеризация *f*

P193 *e* patch
  d 1. Fleck *m* 2. Plaque *f*
  f 1. tache *f* 2. plaque *f*
  i 1. macchia *f*, chiazza *f* 2. placca *f*, piastra *f*
  r 1. пятно *n* 2. бляшка *f*

P194 *e* patella
  d Patella *f*, Kniescheibe *f*
  f rotule *f*
  i rotula *f*, patella *f*
  r надколенник *m*, надколенная чашечка *f*

P195 *e* patellar reflex
  d Patellar(sehnen)reflex *m*, Kniereflex *m*
  f réflexe *m* rotulien
  i riflesso *m* patellare
  r коленный [пателлярный] рефлекс *m*

P196 *e* patellectomy

         d Kniescheibenentfernung *f*
         f patellectomie *f*
         i patellectomia *f*
         r пателлэктомия *f*

P197 *e* **patent interventricular septum**
         d Kammerseptumdefekt *m*
         f communication *f* interventriculaire
         i malattia *f* di Roger, difetto *m* [pervietà *f*] del setto interventricolare
         r дефект *m* межжелудочковой перегородки

P198 *e* **patent medicine**
         d patentiertes Mittel *n*
         f remède *m* patenté
         i medicamento *m* brevettato
         r патентованное лекарственное средство *n*

P199 *e* **pathoanatomy** *see* **pathologic anatomy**

P200 *e* **pathogen**
         d pathogener Faktor *m*
         f pathogène *m*
         i patogeno *m*
         r патогенный [болезнетворный] фактор *m*

P201 *e* **pathogenesis**
         d Pathogenese *f*, Krankheitsentstehung *f*
         f pathogenèse *f*
         i patogenesi *f*
         r патогенез *m*

P202 *e* **pathogenicity**
         d Pathogenität *f*
         f pathogénicité *f*
         i patogenicità *f*
         r патогенность *f*

P203 *e* **pathognomonic symptom, pathognostic symptom**
         d pathognomonisches Zeichen *n*, krankheitskennzeichendes Symptom *n*
         f symptôme *m* pathognomonique
         i segno *m* patognomonico
         r патогномонический симптом *m*

P204 *e* **pathologic anatomy**
         d pathologische Anatomie *f*
         f anatomie *f* pathologique
         i anatomia *f* patologica
         r патологическая анатомия *f*

P205 *e* **pathologic diagnosis**
         d pathologisch-anatomische Diagnose *f*
         f diagnostic *m* anatomique
         i diagnosi *f* patologica
         r патологоанатомический диагноз *m*

P206 *e* **pathologic retraction ring**
         d Bandl-Kontraktionsring *m*
         f anneau *m* de rétraction [de Bandl]
         i anello *m* di Bandl [di retrazione patologico]
         r контракционное кольцо *n* Бандля

P207 *e* **pathology**
         d Pathologie *f*
         f pathologie *f*
         i patologia *f*
         r патология *f*

P208 *e* **pathomimesis, pathomimicry**
         d Krankheitsnachahmung *f*, Krankheitsvortäuschung *f*
         f pathomimie *f*
         i patomimia *f*, patomimetismo *m*
         r имитация *f* болезни

P209 *e* **pathophobia**
         d Pathophobie *f*, Nosophobie *f*, Krankheitsfurcht *f*
         f pathophobie *f*
         i patofobia *f*
         r нозофобия *f*, патофобия *f*

P210 *e* **pathophysiology**
         d pathologische Physiologie *f*
         f physiopathologie *f*
         i fisiopatologia *f*
         r патофизиология *f*, патологическая физиология *f*

P211 *e* **pathopsychology**
         d Pathopsychologie *f*
         f pathopsychologie *f*
         i patopsicologia *f*
         r патопсихология *f*

P212 *e* **pathway**
         d Nervenleitungsbahn *f*
         f voie *f*, passage *m*
         i via *f* nervosa
         r проводящий путь *m* нервной системы

P213 *e* **patient**
         d Patient *m*
         f malade *m*
         i malato *m*, paziente *m*
         r больной *m*

P214 *e* **patient observation**
         d Patientüberwachung *f*
         f surveillance *f* d'un malade
         i monitoraggio *m* del paziente
         r наблюдение *n* за больным

P215 *e* **patient's consent to surgery**
         d Zustimmung *f* des Patienten zur Operation
         f consentement *m* du malade à l'opération
         i consenso *m* all'operazione
         r согласие *n* больного на операцию

P216 *e* **Pavlow pouch, Pavlow stomach**
         d Pavlow-Magen *m*

PÉAN'S FORCEPS

	f	petit estomac m de Pavlow
	i	piccolo stomaco m di Pavlov
	r	изолированный малый желудочек m Павлова
P217	e	**Péan's forceps**
	d	Péan-Klemme f
	f	pince f de Péan
	i	pinza f di Péan
	r	зажим m Пеана
P218	e	**pearl cyst**
	d	Perlzyste f
	f	kyste m perlé
	i	cisti f perlacea (dell'iride)
	r	жемчужная киста f радужки
P219	e	**pectin**
	d	Pektin n
	f	pectine f
	i	pectina f
	r	пектин m
P220	e	**pectinate line**
	d	Kammlinie f
	f	ligne f ano-rectale
	i	linea f anocutanea
	r	аноректальная [зубчатая, гребешковая] линия f
P221	e	**pectineus**
	d	Kammuskel m
	f	muscle m pectiné
	i	muscolo m pettineo
	r	гребенчатая мышца f
P222	e	**pectoriloquy, pectorophony**
	d	Pektoriloquie f, deutliche Bronchophonie f
	f	pectoriloquie f
	i	pettoriloquia f
	r	пекторилоквия f, усиленная бронхофония f
P223	e	**pederasty**
	d	Päderastie f, Knabenliebe f
	f	pédérastie f
	i	pederastia f
	r	педерастия f
P224	e	**pediatrician**
	d	Pädiater m, Kinderarzt m
	f	pédiatre m
	i	pediatra m
	r	педиатр m
P225	e	**pediatrics, pediatry**
	d	Pädiatrie f, Kinderheilkunde f
	f	pédiatrie f, médecine f infantile
	i	pediatria f
	r	педиатрия f
P226	e	**pediatrist** *see* **pediatrician**
P227	e	**pedicle**
	d	Stiel m
	f	pédicule m
	i	peduncolo m
	r	ножка f
P228	e	**pedicle flap, pedicle graft**
	d	Stiellappen m, gestieltes Hauttransplantat n
	f	greffe f pédiculée
	i	lembo m [innesto m] peduncolato
	r	лоскут m на ножке
P229	e	**pediculation, pediculosis**
	d	Pedikulose f, Läusebefall m
	f	pédiculose f, phtiriase f
	i	pediculosi f, ftiriasi f, infestazione f da pidocchi
	r	вшивость f, педикулёз m, фтириаз m
P230	e	**peeling**
	d	Schälen n, Abschuppung f, Desquamation f
	f	desquamation f
	i	desquamazione f
	r	шелушение n
P231	e	**Pelizaeus-Merzbacher disease**
	d	Pelizaeus-Merzbacher-Krankheit f, sudanophile Leukodystrophie f
	f	maladie f de Pelizaeus-Merzbacher, sclérose f familiale centrolobaire
	i	malattia f di Merzbacher e Pelizaeus
	r	суданофильная лейкодистрофия f, болезнь f Пелицеуса—Мерцбахера
P232	e	**pellagra**
	d	Pellagra n, Nikotinsäureavitaminose f
	f	pellagre f
	i	pellagra f, ipovitaminosi f PP
	r	пеллагра f
P233	e	**pellet**
	d	Pille f, Pilula f; Granulum n
	f	pellet m, granule m
	i	pillola f, granulo m
	r	пилюля f; гранула f
P234	e	**pelvic axis**
	d	Beckenachse f
	f	axe m pelvien
	i	asse m pelvico
	r	ось f таза
P235	e	**pelvic cellulitis** *see* **parametritis**
P236	e	**pelvic diaphragm, pelvic floor**
	d	Beckendiaphragma n, Beckenboden m
	f	diaphragme m pelvien
	i	diaframma m pelvico
	r	тазовое дно n
P237	e	**pelvic girdle**
	d	Beckengürtel m
	f	ceinture f pelvienne

	i	cintura *f* pelvica
	r	тазовый пояс *m*
P238	*e*	pelvic inlet
	d	Beckeneingang *m*
	f	détroit *m* supérieur
	i	stretto *m* superiore della pelvi
	r	тазовый вход *m*, верхняя апертура *f* таза
P239	*e*	pelvic outlet
	d	Beckenausgang *m*
	f	détroit *m* inférieur
	i	stretto *m* inferiore della pelvi
	r	тазовый выход *m*, нижняя апертура *f* таза
P240	*e*	pelvic peritonitis
	d	Pelveoperitonitis *f*, Pelviperitonitis *f*
	f	pelvipéritonite *f*
	i	pelviperitonite *f*
	r	пельвиоперитонит *m*
P241	*e*	pelvic presentation
	d	Beckenendlage *f*
	f	présentation *f* du siège
	i	presentazione *f* pelvica [di podice]
	r	тазовое предлежание *n* плода
P242	*e*	pelvilithotomy *see* pyelolithotomy
P243	*e*	pelvimetry
	d	Pelvimetrie *f*
	f	pelvimétrie *f*
	i	pelvimetria *f*
	r	пельвиметрия *f*
P244	*e*	pelvi(o)peritonitis *see* pelvic peritonitis
P245	*e*	pelvioscopy
	d	Pelviskopie *f*
	f	pelviscopie *f*
	i	pelviscopia *f*
	r	пельвиоскопия *f*
P246	*e*	pelviolithotomy *see* pyelolithotomy
P247	*e*	pelvis
	d	Becken *n*
	f	bassin *m*
	i	bacino *m*, pelvi *f*
	r	таз *m*
P248	*e*	pelviureterography *see* pyelography
P249	*e*	pemphigus
	d	Pemphigus *m*
	f	pemphigus *m*
	i	pemfigo *m*, penfigo *m*
	r	пузырчатка *f*, буллёзный дерматит *m*
P250	*e*	pendular nystagmus
	d	Pendelnystagmus *m*
	f	nystagmus *m* pendulaire
	i	nistagmo *m* pendolare
	r	маятникообразный [качательный, ундулирующий] нистагм *m*
P251	*e*	pendulous abdomen
	d	Hängebauch *m*
	f	ventre *m* en besace
	i	addome *m* pendulo
	r	отвислый живот *m*
P252	*e*	pendulous heart
	d	Tropfenherz *n*
	f	cœur *m* très mobile
	i	cuore *m* sospeso
	r	висячее сердце *n*
P253	*e*	pendulum rhythm
	d	Embryokardie *f*, Pendelrhythmus *m*
	f	rythme *m* fœtal, embryocardie *f*
	i	ritmo *m* pendolare
	r	маятникообразный [эмбриональный] ритм *m* сердца, эмбриокардия *f*
P254	*e*	penectomy
	d	Gliedresektion *f*, Penisamputation *f*
	f	amputation *f* du pénis
	i	penectomia *f*
	r	ампутация *f* полового члена
P255	*e*	penetrance
	d	Penetranz *f*
	f	pénétrance *f*
	i	penetranza *f*
	r	пенетрантность *f* (гена)
P256	*e*	penetrating wound
	d	Penetrationswunde *f*
	f	plaie *f* pénétrante [perforante]
	i	ferita *f* penetrante
	r	проникающее ранение *n*
P257	*e*	penetration
	d	Penetration *f*, Durchdringung *f*, Eindringung *f*
	f	pénétration *f*
	i	penetrazione *f*
	r	пенетрация *f*
P258	*e*	penicillinase
	d	Penizillinase *f*
	f	pénicillinase *f*
	i	penicillinasi *f*
	r	пенициллиназа *f*
P259	*e*	penile reflex
	d	bulbokavernöser Reflex *m*, Penisreflex *m*
	f	réflexe *m* bulbo-caverneux
	i	riflesso *m* bulbocavernoso
	r	бульбокавернозный рефлекс *m*
P260	*e*	penile urethra
	d	Harnröhrenabschnitt *m* im Schwellkörper
	f	urètre *m* spongieux
	i	uretra *f* peniena

	r	губчатая часть *f* мочеиспускательного канала	
P261	*e* *d* *f* *i* *r*	**penoscrotal hypospadias** Penoskrotalhypospadie *f*, Glied-Hodensackhypospadie *f* hypospadias *m* péno-scrotal ipospadia *f* penoscrotale членомошоночная гипоспадия *f*	
P262	*e* *d* *f* *i* *r*	**pentose** Pentose *f* pentose *f* pentosi *f* пентоза *f*	
P263	*e* *d* *f* *i* *r*	**pentosuria** Pentosurie *f* pentosurie *f* pentosuria *f* пентозурия *f*	
P264	*e* *d* *f* *i* *r*	**pepsin** Pepsin *n* pepsine *f* pepsina *f* пепсин *m*	
P265	*e* *d* *f* *i* *r*	**peptic gland** Magenfundusdrüse *f* glande *f* fundique ghiandola *f* peptica [fundica] собственная железа *f* желудка	
P266	*e* *d* *f* *i* *r*	**peptic ulcer** peptisches Geschwür *n* ulcère *m* peptique ulcera *f* peptica пептическая язва *f*	
P267	*e* *d* *f* *i* *r*	**peptidase** Peptidase *f* peptidase *f* peptidasi *f* пептидаза *f*	
P268	*e* *d* *f* *i* *r*	**peptide** Peptid *n* peptide *m* peptide *m* пептид *m*	
P269	*e* *d* *f* *i* *r*	**peptone** Pepton *n* peptone *m* peptone *m* пептон *m*	
P270	*e*	**perambulating ulcer** *see* **phagedenic ulcer**	
P271	*e* *d* *f*	**perception** Sinneswahrnehmung *f*; Wahrnehmung *f*, Perzeption *f* perception *f*	

	i *r*	percezione *f* ощущение *n*; восприятие *n*
P272	*e* *d* *f* *i* *r*	**percolation** Perkolation *f* percolation *f* percolazione *f* перколяция *f*, процеживание *n*
P273	*e* *d* *f* *i* *r*	**percussion** Perkussion *f*, Beklopfen *n*, Anklopfen *n* percussion *f* percussione *f* перкуссия *f*
P274	*e* *d* *f* *i* *r*	**percussion sound** Perkussionston *m* son *m* de la percussion tono *m* percussorio перкуторный звук *m*
P275	*e* *d* *f* *i* *r*	**percutaneous cholangiography** perkutane Cholangiographie *f* cholangiographie *f* percutanée colangiografia *f* percutanea чрескожная холангиография *f*
P276	*e* *d* *f* *i* *r*	**perforating ulcer** perforierendes Geschwür *n* ulcère *m* perforant ulcera *f* perforante перфоративная [перфорирующая] язва *f*
P277	*e* *d* *f* *i* *r*	**perforating wound** Perforationswunde *f* plaie *f* pénétrante [perforante] ferita *f* penetrante сквозное ранение *n*
P278	*e* *d* *f* *i* *r*	**perforation** Perforation *f*, Durchbohrung *f*, Durchlöcherung *f* perforation *f* perforazione *f* перфорация *f*
P279	*e* *d* *f* *i* *r*	**perforator** Perforator *m* perforateur *m* perforatore *m* перфоратор *m*
P280	*e* *d* *f* *i* *r*	**perfusion** Perfusion *f*, Perfundierung *f* perfusion *f* perfusione *f* перфузия *f*
P281	*e* *d* *f* *i* *r*	**periadenitis** Periadenitis *f* périadénite *f* periadenite *f* периаденит *m*
P282	*e*	**periangiocholitis** *see* **pericholangitis**

P283 e periappendicitis
      d Periappendizitis *f*
      f périappendicite *f*
      i periappendicite *f*
      r периаппендицит *m*

P284 e periarterial sympathectomy
      d periarterielle Sympathektomie *f*
      f sympathectomie *f* périartérielle
      i simpatectomia *f* periarteriosa
      r периартериальная симпатэктомия *f*, денервация *f* [денудация *f*] артерии

P285 e periarteritis
      d Periarteriitis *f*
      f périartérite *f*
      i periarterite *f*
      r периартериит *m*

P286 e peribronchitis
      d Peribronchitis *f*
      f péribronchite *f*
      i peribronchite *f*
      r перибронхит *m*

P287 e pericapillary cell
      d Perizyt *m*, Adventitialzelle *f*, Rouget-Zelle *f*
      f péricyte *m*, cellule *f* de Rouget
      i cellula *f* avventiziale [di Rouget], pericito *m*
      r перицит *m*, адвентициальная [периваскулярная] клетка *f*, клетка *f* Руже

P288 e pericardectomy
      d Perikardektomie *f*, Perikardexzision *f*
      f péricardectomie *f*
      i pericardectomia *f*
      r перикардэктомия *f*

P289 e pericardial murmur
      d Perikardreibegeräusch *n*
      f frottement *m* péricardique
      i rumore *m* da sfregamento
      r шум *m* трения перикарда

P290 e pericardicentesis *see* pericardiocentesis

P291 e pericardiectomy *see* pericardectomy

P292 e pericardiocentesis
      d Perikardpunktion *f*, Perikardiozentese *f*, Herzbeutelpunktion *f*
      f péricardiocentèse *f*
      i pericardiocentesi *f*
      r пункция *f* перикарда

P293 e pericardiotomy
      d Perikardiotomie *f*, Herzbeuteleröffnung *f*
      f péricardiotomie *f*
      i pericardiotomia *f*
      r перикард(и)отомия *f*

P294 e pericarditis
      d Perikarditis *f*, Herzbeutelentzündung *f*
      f péricardite *f*
      i pericardite *f*
      r перикардит *m*

P295 e pericardium
      d Perikard *n*, Herzbeutel *m*
      f péricarde *m*
      i pericardio *m*
      r перикард *m*

P296 e pericardotomy *see* pericardiotomy

P297 e pericementitis *see* periodontitis

P298 e pericholangitis
      d Pericholangitis *f*
      f péricholangite *f*
      i pericolangite *f*
      r перихолангит *m*

P299 e perichondritis
      d Perichondritis *f*, Knorpelhautentzündung *f*
      f périchondrite *f*
      i pericondrite *f*
      r перихондрит *m*

P300 e perichondrium
      d Perichondrium *n*, Knorpelhaut *f*
      f périchondre *m*
      i pericondrio *m*
      r надхрящница *f*, перихондрий *m*

P301 e perichoroidal space
      d Perichorioidalraum *m*
      f espace *m* suprachoroïdien
      i spazio *m* pericoroideo [sopracoroideo]
      r перихориоидальное пространство *n*

P302 e pericorpuscular synapse
      d axosomatische Synapse *f*
      f synapse *f* axosomatique
      i sinapsi *f* assosomatica
      r аксосоматический синапс *m*

P303 e pericystitis
      d Perizystitis *f*
      f péricystite *f*
      i pericistite *f*
      r перицистит *m*

P304 e peridentitis *see* periodontitis

P305 e perididymis
      d Hodenscheidenhaut *f*
      f pérididyme *m*
      i tunica *f* albuginea del testicolo
      r влагалищная оболочка *f* яичка

P306 e peridiverticulitis
      d Peridivertikulitis *f*
      f périverticulite *f*
      i periverticolite *f*
      r перидивертикулит *m*

PERIDUODENITIS

P307 e periduodenitis
   d Periduodenitis *f*
   f périduodénite *f*
   i periduodenite *f*
   r перидуоденит *m*

P308 e peridural anesthesia
   d Periduralanästhesie *f*
   f anesthésie *f* épidurale
   i anestesia *f* peridurale
   r эпидуральная [перидуральная] анестезия *f*

P309 e periendothelioma *see* perithelioma

P310 e perilymph
   d Perilymphe *f*, Labyrinthflüssigkeit *f*
   f périlymphe *f*
   i perilinfa *f*
   r перилимфа *f*

P311 e perilymphatic duct
   d Schnecken-Wasserleitung *f*
   f canal *m* périlymphatique
   i acquedotto *m* della coclea, dotto *m* perilinfatico
   r перилимфатический проток *m*, водопровод *m* улитки

P312 e perimeningitis *see* pachymeningitis

P313 e perimetritis
   d Perimetritis *f*, Perimetriumentzündung *f*
   f périmétrite *f*
   i perimetrite *f*
   r периметрит *m*

P314 e perimetrium
   d Perimetrium *n*
   f périmétrium *m*
   i perimetrio *m*
   r периметрий *m*

P315 e perimysium
   d Perimysium *n*, bindgewebige Muskelhülle *f*
   f périmysium *m*
   i perimisio *m*
   r перимизий *m*

P316 e perineal body
   d Centrum *n* tendineum perinei
   f centre *m* tendineux du périnée
   i centro *m* tendineo del perineo, corpo *m* perineale
   r сухожильный центр *m* промежности

P317 e perineal cystotomy
   d Dammzystotomie *f*
   f cystotomie *f* périnéale
   i cistotomia *f* perineale
   r промежностная цистотомия *f*

P318 e perineal lithotomy
   d Dammsteinschnitt *m*
   f lithotomie *f* périnéale
   i litotomia *f* perineale
   r промежностное камнесечение *n*

P319 e perineoplasty
   d Perineoplastik *f*, Dammplastik *f*
   f périnéoplastie *f*
   i perineoplastica *f*
   r перинеопластика *f*

P320 e perineorrhaphy
   d Perineorrhaphie *f*
   f périnéorraphie *f*
   i perineorrafia *f*
   r перинеорафия *f*

P321 e perineostomy
   d Perineostomie *f*
   f périnéostomie *f*, uréthrostomie *f* péronéale
   i perineostomia *f*
   r промежностная уретростомия *f*

P322 e perineotomy
   d Perineotomie *f*, Dammschnitt *m*
   f périnéotomie *f*
   i perineotomia *f*
   r перинеотомия *f*

P323 e perineovaginal fistula
   d Damm-Scheiden-Fistel *f*
   f fistule *f* périnéo-vaginale
   i fistola *f* perineovaginale
   r промежностно-влагалищный свищ *m*

P324 e perinephritis
   d Perinephritis *f*
   f périnéphrite *f*, paranéphrite *f*
   i perinefrite *f*
   r перинефрит *m*

P325 e perineum
   d Perineum *n*, Damm *m*
   f périnée *m*
   i perineo *m*
   r промежность *f*

P326 e perineural analgesia, perineural anesthesia, perineural block
   d Perineuralanästhesie *f*
   f anesthésie *f* périneurale
   i anestesia *f* perineurale
   r периневральная анестезия *f*

P327 e perineurium
   d Perineurium *n*
   f épinèvre *m*, périnèvre *m*
   i perinevrio *m*
   r периневрий *m*

P328 e periodic disease
   d periodische Peritonitis *f*, periodische Mittelmeerkrankheit *f*
   f maladie *f* périodique, péritonite *f*

	i	malattia *f* periodica, febbre *f* mediterranea familiare
	r	периодическая болезнь *f*, периодический [пароксизмальный] перитонит *m*, семейная средиземноморская лихорадка *f*
P329	*e*	**periodic insanity**
	d	manisch-depressive Krankheit *f*, Zyklophrenie *f*
	f	psychose *f* maniaque dépressive
	i	malattia *f* maniaco-depressiva
	r	маниакально-депрессивный психоз *m*, циклофрения *f*
P330	*e*	**periodic peritonitis** *see* **periodic disease**
P331	*e*	**periodontal ligament** *see* **periodontium**
P332	*e*	**periodontal pocket**
	d	Periodontaltasche *f*, Zahnfleischtasche *f*
	f	poche *f* gingivale
	i	tasca *f* periodontale [parodontale]
	r	(зубо)десневой карман *m*
P333	*e*	**periodontitis**
	d	Periodontitis *f*
	f	périodontite *f*
	i	periodontite *f*, parodontite *f*
	r	периодонтит *m*, перицементит *m*, амфодонтит *m*
P334	*e*	**periodontium**
	d	Periodontium *n*
	f	périodonte *m*, membrane *f* périodontale
	i	periodonto *m*
	r	периодонт *m*, периодонтальная связка *f*
P335	*e*	**perionychia, perionyxis** *see* **paronychia**
P336	*e*	**periorbita, periorbital membrane**
	d	Augenhöhlenperiost *n*
	f	périorbite *f*
	i	periorbita *f*
	r	надкостница *f* глазницы
P337	*e*	**periorchitis**
	d	Periorchitis *f*, Hodenscheidenentzündung *f*
	f	périorchite *f*
	i	periorchite *f*
	r	периорхит *m*
P338	*e*	**periost** *see* **periosteum**
P339	*e*	**periosteal reflex**
	d	Periostreflex *m*, Knochenhautreflex *m*
	f	réflexe *m* périosté
	i	riflesso *m* periosteo
	r	периостальный [надкостничный] рефлекс *m*
P340	*e*	**periosteitis** *see* **periostitis**
P341	*e*	**periosteosis**
	d	Periostose *f*
	f	périostose *f*
	i	periostosi *f*
	r	периостоз *m*
P342	*e*	**periosteum**
	d	Periost *n*, Knochenhaut *f*, Beinhaut *f*
	f	périoste *m*
	i	periostio *m*
	r	надкостница *f*, периост *m*
P343	*e*	**periostitis**
	d	Periostitis *f*, Knochenhautentzündung *f*
	f	périostite *f*
	i	periostite *f*
	r	периостит *m*
P344	*e*	**periostosis** *see* **periosteosis**
P345	*e*	**peripheral aneurysm**
	d	Seitenaneurysma *n*
	f	anévrysme *m* latéral [périphérique]
	i	aneurisma *m* laterale
	r	боковая аневризма *f*
P346	*e*	**peripheral nervous system**
	d	peripheres Nervensystem *n*
	f	système *m* nerveux périphérique
	i	sistema *m* nervoso periferico
	r	периферическая нервная система *f*
P347	*e*	**peripheral tabes** *see* **pseudotabes**
P348	*e*	**peripheral vision**
	d	peripheres Sehen *n*
	f	vision *f* périphérique
	i	visione *f* periferica
	r	периферическое зрение *n*
P349	*e*	**periphlebitis**
	d	Periphlebitis *f*
	f	périphlébite *f*
	i	periflebite *f*
	r	перифлебит *m*
P350	*e*	**periproctitis** *see* **paraproctitis**
P351	*e*	**perirectal abscess**
	d	Anorektalabszeß *m*
	f	abcès *m* périrectal
	i	ascesso *m* perirettale
	r	аноректальный абсцесс *m*
P352	*e*	**perirectitis** *see* **paraproctitis**
P353	*e*	**perirenal insufflation**
	d	Pneumoren *n*, perirenale Lufteinblasung *f*
	f	pneumorein *m*

i	pneumorene *m*
r	пневморен *m*, периренальная инсуффляция *f*

P354 *e* **perisigmoiditis**
d Perisigmoiditis *f*
f périsigmoïdite *f*
i perisigmoidite *f*
r перисигмоидит *m*

P355 *e* **perisplenitis**
d Perisplenitis *f*
f périsplénite *f*
i perisplenite *f*
r периспленит *m*

P356 *e* **peristalsis**
d Peristaltik *f*
f péristaltisme *m*
i peristalsi *f*
r перистальтика *f*

P357 *e* **peritendinitis, peritenontitis**
d Peritendinitis *f*
f péritendinite *f*
i peritendinite *f*
r перитендинит *m*

P358 *e* **perithelial cell** *see* **pericapillary cell**

P359 *e* **perithelioma**
d Peritheliom *n*
f péritheliome *m*
i peritelioma *m*
r перицитома *f*, перителиома *f*

P360 *e* **perithelium**
d Perithel *n*
f périthélium *m*
i peritelio *m*
r перителий *m*

P361 *e* **peritoneal cavity**
d Peritonealhöhle *f*, Bauchfellhöhle *f*
f cavité *f* péritonéale
i cavità *f* peritoneale
r полость *f* брюшины

P362 *e* **peritoneoscopy**
d Bauchhöhlenspiegelung *f*, Laparoskopie *f*, Zölioskopie *f*
f péritonéoscopie *f*, cœlioscopie *f*
i peritoneoscopia *f*, laparoscopia *f*
r перитонеоскопия *f*, лапароскопия *f*, целиоскопия *f*

P363 *e* **peritoneum**
d Peritoneum *n*, Bauchfell *n*
f péritoine *m*
i peritoneo *m*
r брюшина *f*

P364 *e* **peritonitis**
d Peritonitis *f*, Bauchfellentzündung *f*
f péritonite *f*

i	peritonite *f*
r	перитонит *m*

P365 *e* **perityphlitis**
d Perityphlitis *f*
f pérityphlite *f*
i peritiflite *f*
r перитифлит *m*

P366 *e* **perivascular space** *see* **perichoroidal space**

P367 *e* **perivisceritis**
d Perivisceritis *f*
f périviscérite *f*
i periviscerite *f*
r перивисцерит *m*

P368 *e* **perlèche**
d Perlèche *f*, Faulecke *f*, Mundwinkelrhagaden *f pl*
f perlèche *f*, pourlèche *f*
i boccarola *f*, perlèche *f*
r заеда *f*, ангулярный хейлит *m*, ангулит *m*, ангулярный стоматит *m*

P369 *e* **permanent filling**
d ständige Zahnfüllung *f*, endgültige Plombe *f*
f plomb *m* permanent
i piombatura *f* permanente
r постоянная пломба *f*

P370 *e* **permanent tooth**
d bleibender Zahn *m*
f dent *f* permanente
i dente *m* permanente
r постоянный зуб *m*

P371 *e* **permeability**
d Permeabilität *f*, Durchlässigkeit *f*
f perméabilité *f*
i permeabilità *f*
r проницаемость *f*

P372 *e* **pernicious anemia**
d perniziöse Anämie *f*, Biermer-Anämie *f*
f anémie *f* pernicieuse
i anemia *f* perniciosa, malattia *f* di Biermer
r пернициозная анемия *f*, болезнь *f* Аддисона — Бирмера

P373 *e* **pernicious malaria**
d perniziöse Malaria *f*
f paludisme *m* à malaria
i malaria *f* perniciosa
r пернициозная малярия *f*

P374 *e* **perone**
d Fibula *f*, Wadenbein *n*
f péroné *m*
i fibula *f*, perone *m*
r малая берцовая кость *f*

P375 *e* **peroneal muscular atrophy**

	d	Charcot-Marie-Krankheit *f*, angeborene neurale Muskelatrophie *f*
	f	amyotrophie *f* péronière de Charcot-Marie-Tooth
	i	atrofia *f* muscolare peroneale, malattia *f* di Charcot-Marie-Tooth
	r	наследственная невральная амиотрофия *f*, амиотрофия *f* Шарко—Мари
P376	e	peroral
	d	peroral
	f	peroral
	i	perorale
	r	пероральный
P377	e	peroxidase
	d	Peroxidase *f*
	f	peroxydase *f*
	i	perossidasi *f*
	r	пероксидаза *f*
P378	e	persecutory delusion
	d	Verfolgungswahn *m*
	f	délire *n* de persécution
	i	delirio *m* [mania *f*] di persecuzione
	r	бред *m* преследования
P379	e	perseveration
	d	Perseveration *f*
	f	persévération *f*
	i	perseveranza *f*
	r	персеверация *f*
P380	e	persistent cloaca
	d	persistierende Kloake *f*
	f	cloaque *m* persistant
	i	cloaca *f* persistente
	r	врождённая [персистирующая] клоака *f*
P381	e	personal hygiene
	d	persönliche [individuelle] Hygiene *f*
	f	hygiène *f* personnelle
	i	igiene *f* personale
	r	личная гигиена *f*
P382	e	personality
	d	Persönlichkeit *f*
	f	personnalité *f*
	i	personalità *f*
	r	личность *f*; индивидуальность *f*
P383	e	personality integration
	d	Persönlichkeitsintegration *f*
	f	intégration *f* de personnalité
	i	integrazione *f* della personalità
	r	психическая интеграция *f*, интеграция *f* личности
P384	e	perspiration
	d	Perspiration *f*
	f	perspiration *f*
	i	sudorazione *f*, perspirazione *f*, diaforesi *f*
	r	потоотделение *n*, перспирация *f*
P385	e	perspiratory gland
	d	Schweißdrüse *f*
	f	glande *f* sudoripare
	i	ghiandola *f* sudoripara [sudorifera]
	r	потовая железа *f*
P386	e	Perthes' disease
	d	juvenile deformierende Osteochondropathie *f* des Hüftgelenkes, Perthes-Krankheit *f*
	f	maladie *f* de Perthes, ostéochondrite *f* déformante infantile
	i	malattia *f* di Perthes, malattia *f* di Perthes-Calvé-Legg
	r	болезнь *f* Пертеса, псевдококсалгия *f*
P387	e	pertubation
	d	Pertubation *f*
	f	insufflation *f* tubaire
	i	pertubazione *f*
	r	пертубация *f*, продувание *n* маточных труб
P388	e	pertussis
	d	Pertussis *f*, Keuchhusten *m*
	f	coqueluche *f*
	i	pertosse *f*
	r	коклюш *m*
P389	e	Peruvian wart
	d	Peruwarze *f*, Bartonellose *f*
	f	bartonellose *f*, verruga *m* peruviana
	i	malattia *f* di Carrion, febbre *f* di Oroya, verruca *f* peruviana, bartonellosi *f*
	r	бартонеллёз *m*, перуанская бородавка *f*, лихорадка *f* Ороя, болезнь *f* Карриона
P390	e	perversion
	d	Perversion *f*
	f	perversion *f*
	i	perversione *f*
	r	извращение *n*
P391	e	perverted appetite
	d	verkehrte Eßlust *f*, Pikazismus *m*, Parorexie *f*
	f	parorexie *f*
	i	picacismo *m*, pica *f*
	r	извращённый аппетит *m*, парорексия *f*, пикацизм *m*
P392	e	pessary, pessulum, pessum
	d	Pessar *n*, Pessarium *n*, Mutterring *m*
	f	pessaire *m*
	i	pessario *m*
	r	пессарий *m*
P393	e	pest *see* plague
P394	e	pesticemia
	d	Pestikämie *f*
	f	peste *f* septicémique

PESTICIDE

	i	setticemia *f* pestosa, peste *f* setticemica
	r	септицемия *f* при чуме
P395	*e*	pesticide
	d	Pestizid *n*
	f	pesticide *m*
	i	pesticida *m*
	r	пестицид *m*
P396	*e*	petechia *see* petechial hemorrhage
P397	*e*	petechial fever
	d	1. hämorrhagische thrombozytopenische Purpura *f* 2. Meningokokkämie *f*
	f	1. purpura *m* thrombocytopénique 2. méningococcémie *f*
	i	1. porpora *f* emorragica trombocitopenica 2. meningococcemia *f*
	r	1. тромбоцитопеническая пурпура *f* 2. менингококкемия *f*
P398	*e*	petechial hemorrhage
	d	Petechialblutung *f*
	f	hémorragie *f* pétéchiale
	i	emorragia *f* petecchiale
	r	петехиальное [точечное] кровоизлияние *n*, петехия *f*
P399	*e*	petit mal
	d	kleiner epileptischer Anfall *m*
	f	petit mal *m*
	i	epilessia *f* minor, piccolo male *m*
	r	малый эпилептический припадок *m*, petit mal
P400	*e*	Petri dish
	d	Petri-Schale *f*
	f	boîte *f* [plaque *f*] de Pétri
	i	capsula *f* di Petri
	r	чашка *f* Петри
P401	*e*	pétrissage
	d	Kneten *n*
	f	pétrissage *m*
	i	impastamento *m*
	r	разминание *n* (*приём массажа*)
P402	*e*	petrosal ganglion *see* petrous ganglion
P403	*e*	petrositis
	d	Petrositis *f*, Felsenbeinentzündung *f*
	f	pétrosite *f*
	i	petrosite *f*
	r	петрозит *m*
P404	*e*	petrous bone
	d	Felsenbeinpyramide *f*
	f	pyramide *f* de l'os temporal
	i	parte *f* petrosa dell'osso temporale, rocca *f* [piramide *f*] petrosa
	r	каменистая часть *f* [пирамида *f*] височной кости
P405	*e*	petrous ganglion
	d	Ganglion *n* petrosum
	f	ganglion *m* pétreux
	i	ganglio *m* petroso
	r	нижний ганглий *m* языкоглоточного нерва, каменистый ганглий *m*
P406	*e*	petrous pyramid *see* petrous bone
P407	*e*	petrous sinus
	d	Felsenbeinhöhle *f*
	f	sinus *m* pétreux
	i	seno *m* petroso
	r	каменистый синус *m*
P408	*e*	Peyer's glands *pl*, Peyer's patches *pl*
	d	Peyer-Platten *f pl*, Peyer-Plaques *n pl*
	f	plaques *f pl* de Peyer
	i	placche *f pl* di Peyer
	r	пейеровы бляшки *f pl*
P409	*e*	Peyronie's disease
	d	Peyronie-Krankheit *f*, Penisinduration *f*
	f	maladie *f* de La Peyronie
	i	malattia *f* di Peyronie
	r	болезнь *f* Пейрони, фибропластическая индурация *f* полового члена
P410	*e*	Pezzer catheter
	d	Pezzer-Katheter *m*
	f	cathéter *m* de Pezzer
	i	catetere *m* di Pezzer
	r	головчатый катетер *m*, катетер *m* Пеццера
P411	*e*	Pfeiffer's bacillus
	d	Pfeiffer-Bazillus *m*
	f	bacille *m* de Pfeiffer
	i	bacillo *m* di Pfeiffer
	r	палочка *f* Пфейффера, палочка *f* инфлюэнцы
P412	*e*	Pfeiffer's disease
	d	Pfeiffer-Drüsenfieber *n*, infektiöse Mononukleose *f*
	f	mononucléose *f* infectieuse, maladie *f* de Pfeiffer
	i	sindrome *f* di Pfeiffer
	r	инфекционный мононуклеоз *m*, болезнь *f* Пфейффера
P413	*e*	phacocyst
	d	Linsenkapsel *f*
	f	capsule *f* du cristallin
	i	capsula *f* del cristallino
	r	капсула *f* хрусталика
P414	*e*	phacolytic glaucoma
	d	phakolytisches Glaukom *n*
	f	glaucome *m* phacolytique
	i	glaucoma *m* facolitico
	r	факолитическая глаукома *f*

PHARMACODYNAMICS

P415 e **phacomalacia**
 d Phakomalazie *f*
 f phacomalacie *f*
 i facomalacia *f*
 r факомаляция *f*

P416 e **phacometachoresis**
 d 1. Luxation *f* der Linse 2. Subluxation *f* der Linse
 f 1. luxation *f* du cistallin 2. subluxation *f* du cristallin
 i lussazione *f* del cristallino
 r 1. вывих *m* хрусталика 2. подвывих *m* хрусталика

P417 e **phacosclerosis**
 d Phakosklerose *f*, Linsensklerose *f*
 f phacosclérose *f*
 i facosclerosi *f*
 r факосклероз *m*

P418 e **phagedenic ulcer**
 d fortschreitendes [phagedänisches] Geschwür *n*
 f ulcère *m* phagédénique
 i ulcera *f* fagedenica
 r фагеденическая [разъедающая] язва *f*

P419 e **phagocyte**
 d Phagozyt *m*, Freßzelle *f*
 f phagocyte *m*
 i fagocito *m*
 r фагоцит *m*

P420 e **phagocytic index**
 d phagozytische Zahl *f*, Phagozytoseindex *m*
 f indice *m* phagocytaire
 i indice *m* fagocitario
 r фагоцитарный показатель *m*

P421 e **phagocytolysis**
 d Phagozytolyse *f*, Phagozytenauflösung *f*
 f phagocytolyse *f*
 i fagocitolisi *f*
 r лизис *m* фагоцитов

P422 e **phagocytosis**
 d Phagozytose *f*
 f phagocytose *f*
 i fagocitosi *f*
 r фагоцитоз *m*

P423 e **phagolysis** see **phagocytolysis**

P424 e **phagomania**
 d Phagomanie *f*, Bulimie *f*
 f phagomanie *f*
 i bulimia *f* psicopatica
 r булимия *f*

P425 e **phalangeal joint**
 d Interphalangealgelenk *n*
 f articulation *f* interphalangienne
 i articolazione *f* interfalangea
 r межфаланговый сустав *m*

P426 e **phalangectomy**
 d Phalanxentfernung *f*
 f phalangectomie *f*
 i falangectomia *f*
 r ампутация *f* фаланги пальца

P427 e **phalangette**
 d Fingerendglied *n*
 f phalangette *f*
 i falangetta *f*
 r дистальная [ногтевая] фаланга *f* пальца руки

P428 e **phalanx**
 d Phalanx *f*
 f phalange *f*
 i falange *f*
 r фаланга *f* пальца

P429 e **phalloplasty**
 d Phalloplastik *f*, Phallusrekonstruktion *f*
 f phaloplastie *f*
 i falloplastica *f*
 r фаллопластика *f*

P430 e **phantom**
 d 1. Phantom *n* 2. Phantasma *n*
 f 1. fantôme *m* 2. phantasme *m*, fantasme *m*
 i 1. manichino *m* 2. fantasma *m*
 r 1. фантом *m* 2. фантазм *m*, зрительная галлюцинация *f*

P431 e **phantom (limb) pain**
 d Phantom(glied)schmerz *m*
 f douleur *f* fantôme
 i dolore *m* da arto fantasma
 r фантомная боль *f*

P432 e **pharmaceutical chemistry**
 d Pharmakochemie *f*
 f pharmacochimie *f*
 i chimica *f* farmaceutica
 r фармацевтическая химия *f*

P433 e **pharmaceutical codex** see **pharmacop(o)eia**

P434 e **pharmaceutics**
 d Pharmazeutik *f*, Arzneimittelkunde *f*
 f pharmacie *f*
 i farmacia *f*
 r фармация *f*

P435 e **pharmaceutist, pharmacist**
 d Pharmazeut *m*; Apotheker *m*
 f pharmacien *m*
 i farmacista *m*
 r фармацевт *m*

P436 e **pharmacodynamics**

PHARMACOGENETICS

	d	Pharmakodynamik *f*
	f	pharmacodynamie *f*
	i	farmacodinamica *f*
	r	фармакодинамика *f*
P437	*e*	**pharmacogenetics**
	d	Pharmakogenetik *f*
	f	pharmacogénétique *f*
	i	farmacogenetica *f*
	r	фармакогенетика *f*
P438	*e*	**pharmacology**
	d	Pharmakologie *f*, Arzneimittellehre *f*
	f	pharmacologie *f*
	i	farmacologia *f*
	r	фармакология *f*
P439	*e*	**pharmacomania**
	d	Pharmakomanie *f*, Arzneimittelsucht *f*
	f	pharmacomanie *f*
	i	farmacomania *f*
	r	фармакомания *f*
P440	*e*	**pharmacophobia**
	d	Arzneifurcht *f*
	f	pharmacophobie *f*
	i	farmacofobia *f*
	r	фармакофобия *f*
P441	*e*	**pharmacop(o)eia**
	d	Pharmakopöe *f*, Arzneibuch *n*
	f	pharmacopée *f*
	i	farmacopea *f*
	r	фармакопея *f*
P442	*e*	**pharmacotherapy**
	d	Pharmakotherapie *f*, Arzneimitteltherapie *f*
	f	pharmacothérapie *f*
	i	farmacoterapia *f*
	r	фармакотерапия *f*
P443	*e*	**pharmacy**
	d	1. Arzneimittelkunde *f* 2. Apotheke *f*
	f	pharmacie *f*
	i	farmacia *f*
	r	1. фармация *f* 2. аптека *f*
P444	*e*	**pharyngalgia**
	d	Pharyngodynie *f*, Schlundschmerz *m*
	f	pharyngalgie *f*
	i	faringodinia *f*
	r	боль *m* в глотке
P445	*e*	**phlegmonous**
	d	phlegmonös
	f	phlegmoneux
	i	flemmonoso
	r	флегмонозный
P446	*e*	**phlyctena**
	d	Phlyktäne *f*
	f	phlyctène *f*
	i	flittena *f*
	r	фликтена *f*
P447	*e*	**phlyctenular conjuctivitis**
	d	phlyktänulöse Konjunktivitis *f*
	f	conjonctivite *f* phlycténulaire
	i	congiuntivite *f* flittenulare
	r	фликтенулёзный [скрофулёзный] конъюнктивит *m*
P448	*e*	**phobia**
	d	Phobie *f*, krankhafte Angst *f*, Zwangsbefürchtung *f*
	f	phobie *f*
	i	fobia *f*
	r	фобия *f*, навязчивый страх *m*
P449	*e*	**phocomelia**
	d	Phokomelie *f*, Robbengliedrigkeit *f*
	f	phocomélie *f*
	i	focomelia *f*
	r	фокомелия *f*
P450	*e*	**phonastheny**
	d	Phonasthenie *f*, Stimmschwäche *f*
	f	phonasthénie *f*
	i	fonastenia *f*
	r	фонастения *f*
P451	*e*	**phonation**
	d	Phonation *f*, Stimmbildung *f*, Lautbildung *f*
	f	phonation *f*
	i	fonazione *f*
	r	голосообразование *n*, фонация *f*
P452	*e*	**phonendoscope**
	d	Phonendoskop *n*, Membranstethoskop *n*, Schlauchhörrohr *n*
	f	phonendoscope *m*
	i	fonendoscopio *m*
	r	фонендоскоп *m*
P453	*e*	**phoniatrics**
	d	Phoniatrie *f*
	f	phoniatrie *f*
	i	foniatria *f*
	r	фониатрия *f*
P454	*e*	**phonocardiogram**
	d	Phonokardiogramm *n*
	f	phonocardiogramme *m*
	i	fonocardiogramma *m*
	r	фонокардиограмма *f*
P455	*e*	**phonophobia**
	d	Phonophobie *f*
	f	phonophobie *f*
	i	fonofobia *f*
	r	акустикофобия *f*, фонофобия *f*
P456	*e*	**phonoreceptor**
	d	Schallrezeptor *m*
	f	phonorécepteur *m*
	i	fonorecettore *m*
	r	слуховой рецептор *m*, фонорецептор *m*

PHOTOSENSITIZATION

P457　e　phosphatase
　　　d　Phosphatase *f*
　　　f　phosphatase *f*
　　　i　fosfatasi *f*
　　　r　фосфатаза *f*

P458　e　phosphate
　　　d　Phosphat *n*
　　　f　phosphate *m*
　　　i　fosfato *m*
　　　r　фосфат *m*

P459　e　phosphaturia
　　　d　Phosphaturie *f*
　　　f　phosphaturie *f*
　　　i　fosfaturia *f*
　　　r　фосфатурия *f*

P460　e　phosphonecrosis
　　　d　Phosphornekrose *f*, Kiefernekrose *f* durch Phosphor
　　　f　phosphonécrose *f*, nécrose *f* phosphorée
　　　i　fosfonecrosi *f*, necrosi *f* fosforica
　　　r　некроз *m* челюсти при отравлении фосфором

P461　e　phosphorilation
　　　d　Phosphorylierung *f*
　　　f　phosphorylation *f*
　　　i　fosforilazione *f*
　　　r　фосфорилирование *n*

P462　e　phosphorism
　　　d　chronische Phosphorvergiftung *f*
　　　f　phosphorisme *m*
　　　i　fosforismo *m*
　　　r　хроническое отравление *n* фосфором

P463　e　phosphuria *see* phosphaturia

P464　e　photesthesia *see* photophobia

P465　e　photism
　　　d　Photisma *n*
　　　f　photisme *m*
　　　i　fotismo *m*
　　　r　фотизма *f*

P466　e　photoceptor
　　　d　Photorezeptor *m*
　　　f　photorécepteur *m*
　　　i　fotorecettore *m*
　　　r　зрительный рецептор *m*, фоторецептор *m*

P467　e　photocoagulation
　　　d　Photokoagulation *f*, Lichtkoagulation *f*
　　　f　photocoagulation *f*
　　　i　fotocoagulazione *f*
　　　r　фотокоагуляция *f*

P468　e　photodermatitis
　　　d　Photodermatitis *f*
　　　f　photodermatite *f*
　　　i　fotodermatite *f*
　　　r　фотодерматит *m*

P469　e　photodermatosis, photodermia
　　　d　Photodermatose *f*, Lichtdermatose *f*
　　　f　photodermatose *f*, dermatose *f* actinique
　　　i　dermatite *f* attinica
　　　r　фотодерматоз *m*, актинодерматоз *m*

P470　e　photoerythema
　　　d　Lichterythem *n*, Sonnenlichterythem *n*
　　　f　érythème *m* solaire
　　　i　eritema *m* solare
　　　r　солнечная [ультрафиолетовая] эритема *f*

P471　e　photogenic epilepsy
　　　d　photogene Epilepsie *f*
　　　f　épilepsie *f* photogénique, épilepsie *f* réflexe visuelle
　　　i　epilessia *f* fotogena
　　　r　1. фотогенная эпилепсия *f*
　　　　　2. рефлекторный зрительный эпилептический припадок *m*

P472　e　photometer
　　　d　Photometer *n*, Lichtstärkemesser *m*
　　　f　photomètre *m*
　　　i　fotometro *m*
　　　r　фотометр *m*

P473　e　photophobia
　　　d　Photophobie *f*, Lichtscheu *f*
　　　f　photophobie *f*
　　　i　fotofobia *f*
　　　r　фотофобия *f*, светобоязнь *f*

P474　e　photopia *see* photopic vision

P475　e　photopic adaptation
　　　d　Lichtadaptation *f*
　　　f　adaptation *f* à la lumière
　　　i　adattamento *m* alla luce
　　　r　световая адаптация *f*

P476　e　photopic vision
　　　d　photopisches Sehen *n*, Tagessehen *n*
　　　f　vision *f* photopique
　　　i　visione *f* fotopica
　　　r　дневное [фотопическое] зрение *n*

P477　e　photoreceptor *see* photoceptor

P478　e　photoretinitis, photoretinopathy
　　　d　Photoretinitis *f*, foveomakuläre Retinitis *f*
　　　f　rétinite *f* solaire
　　　i　fotoretinite *f*
　　　r　солнечный [фовеомакулярный] ретинит *m*

P479　e　photosensitization
　　　d　Photosensibilisierung *f*
　　　f　photosensibilisation *f*

PHOTOTHERAPY

	i fotosensibilizzazione *f*
	r фотосенсибилизация *f*
P480	*e* **phototherapy**
	d Phototherapie *f*, Licht(strahlen)behandlung *f*
	f photothérapie *f*
	i fototerapia *f*
	r светолечение *n*, фототерапия *f*
P481	*e* **phrenasthenia**
	d 1. Zwerchfellatonie *f*
	2. Psychasthenie *f*
	f 1. atonie *f* du diaphragme
	2. psychasthénie *f*
	i 1. frenastenia *f* 2. oligofrenia *f*
	r 1. расслабление *n* диафрагмы
	2. психастения *f*
P482	*e* **phrenectomy, phrenicectomy**
	d Phrenikusresektion *f*, Phrenikusexzision *f*, Phrenikusexhairese *f*
	f phrénicectomie *f*
	i frenicectomia *f*
	r френикоэкзерес *m*
P483	*e* **phreniclasia**
	d Phrenikusquetschung *f*
	f phrénicotripsie *f*
	i frenicofrassi *f*
	r френикотрипсия *f*
P484	*e* **phrenicocostal sinus**
	d Phrenikokostalsinus *m*
	f sinus *m* costo-diaphragmatique
	i recesso *m* costodiaframmatico
	r рёберно-диафрагмальный синус *m*
P485	*e* **phrenicoexeresis, phreniconeurectomy** *see* **phrenectomy**
P486	*e* **phrenicotomy**
	d Phrenikotomie *f*
	f phrénicotomie *f*
	i frenicotomia *f*
	r френикотомия *f*
P487	*e* **phrenicotripsy** *see* **phreniclasia**
P488	*e* **phrenocardia**
	d Phrenokardie *f*
	f phrénocardie *f*
	i frenocardia *f*
	r френокардия *f*
P489	*e* **phrenoplegia**
	d Zwerchfellähmung *f*
	f phrénoplégie *f*
	i paralisi *f* del diaframma, frenoplegia *f*
	r паралич *m* диафрагмы
P490	*e* **phrenospasm**
	d Phrenospasmus *m*
	f cardiospasme *m*, phrénospasme *m*
	i frenospasmo *m*, spasmo *m* del diaframma
	r кардиоспазм *m*, френоспазм *m*
P491	*e* **phrynoderma**
	d Phrynoderm *n*
	f phrynodermie *f*
	i frinoderma *m*, dermatosi *f* secca
	r фринодерма *f*, (авитаминозный) фолликулярный кератоз *m*
P492	*e* **phthisiology**
	d Tuberkuloselehre *f*
	f phtisiologie *f*
	i tisiologia *f*
	r фтизиология *f*
P493	*e* **phthisiotherapeutics, phthisiotherapy**
	d Tuberkulosetherapie *f*, Schwindsuchtbehandlung *f*
	f phtisiothérapie *f*
	i tisioterapia *f*
	r фтизиатрия *f*
P494	*e* **phylogenesis, phylogeny**
	d Phylogenese *f*
	f phylogenèse *f*, phylogénie *f*
	i filogenesi *f*
	r филогенез *m*
P495	*e* **physical fitness**
	d physischer Zustand *m*
	f forme *f* physique
	i alta condizione *f* atletica, forma *f*
	r физическая форма *f*, тренированность *f*
P496	*e* **physician**
	d Arzt *m*
	f médecin *m*
	i medico *m*
	r врач *m*
P497	*e* **physician's assistant**
	d Feldscher *m*
	f aide-médecin *m*
	i infermiere *m* diplomato [professionale]
	r фельдшер *m*
P498	*e* **physiological age**
	d biologisches [physiologisches] Alter *n*
	f âge *m* biologique
	i età *f* biologica [fisiologica]
	r биологический возраст *m*
P499	*e* **physiological saline, physiological salt solution**
	d physiologische Kochsalzlösung *f*
	f solution *f* physiologique salée
	i soluzione *f* isotonica [salina fisiologica]
	r изотонический [физиологический] раствор *m*

PIGMENTATION

P500   *e*   physiologic congestion
       d   Arbeitshyperämie *f*
       f   congestion *f* physiologique
       i   iperemia *f* fisiologica
       r   рабочая [функциональная] гиперемия *f*

P501   *e*   physiologic icterus, physiologic jaundice
       d   physiologischer Neugeborenenikterus *m*
       f   ictère *m* physiologique [des nouveau-nés]
       i   ittero *m* fisiologico dei neonati
       r   физиологическая гипербилирубинемия *f*, желтуха *f* новорождённых

P502   *e*   physiology
       d   Physiologie *f*
       f   physiologie *f*
       i   fisiologia *f*
       r   физиология *f*

P503   *e*   physiotherapy
       d   physikalische Therapie *f*, Physiotherapie *f*
       f   physiothérapie *f*
       i   fisioterapia *f*
       r   физиотерапия *f*

P504   *e*   phytobezoar
       d   Phytobezoar *m*
       f   phytobézoard *m*
       i   fitobezoar *m*
       r   фитобезоар *m*

P505   *e*   phytoncide
       d   Phytonzid *n*
       f   phytoncide *m*
       i   fitoncida *f*
       r   фитонцид *m*

P506   *e*   pia mater
       d   weiche Hirnhaut *f*
       f   pie-mère *f*
       i   meninge *f* molle, pia madre *f*
       r   мягкая мозговая оболочка *f*

P507   *e*   pian
       d   Frambösie *f*
       f   pian *m*
       i   framboesia *f*
       r   фрамбезия *f*

P508   *e*   pica *see* perverted appetite

P509   *e*   Pick's brain atrophy
       d   Pick-Hirnatrophie *f*
       f   maladie *f* d'Arnolde Pick
       i   atrofia *f* di Pick, encefalopatia *f* progressiva ereditaria
       r   болезнь *f* Пика, ограниченная предстарческая атрофия *f* мозга

P510   *e*   Pick's disease
       d   Pick-Pseudoleberzirrhose *f*
       f   pseudo-cirrhose *f* de Pick
       i   malattia *f* di Niemann-Pick
       r   псевдоцирроз *m* печени (Пика)

P511   *e*   Pickwickian syndrome
       d   Pickwick-Syndrom *n*
       f   syndrome *m* de Pickwick
       i   sindrome *f* di Pickwick
       r   пикквикский синдром *m*

P512   *e*   piebald skin
       d   Vitiligo *f*, Scheckhaut *f*
       f   vitiligo *m*, leucodermie *f*
       i   leucomelanodermia *f*
       r   витилиго *n*, пегая кожа *f*

P513   *e*   piedra
       d   Piedra *f*, Trichosporie *f*, Haarknötchenkrankheit *f*
       f   piedra *f*, trichosporie *f* noueuse
       i   piedra *f*, tigna *f* nodosa
       r   трихоспория *f*, пьедра *f*

P514   *e*   piezotherapy
       d   künstlicher Pneumothorax *m*
       f   pneumothorax *m* artificiel
       i   pneumotorace *m* artificiale
       r   искусственный пневмоторакс *m*

P515   *e*   pigeon breast
       d   Hühnerbrust *f*, Kielbrust *f*
       f   thorax *m* en carène [en bréchet]
       i   torace *m* carenato
       r   куриная грудь *f*

P516   *e*   pigment
       d   Pigment *n*
       f   pigment *m*
       i   pigmento *m*
       r   пигмент *m*

P517   *e*   pigmentary glaucoma
       d   Pigmentglaukom *n*
       f   glaucome *m* pigmentaire
       i   glaucoma *m* pigmentario
       r   пигментная глаукома *f*

P518   *e*   pigmentary retinopathy
       d   Pigmentretinopathie *f*
       f   rétinopathie *f* pigmentaire
       i   retinopatia *f* pigmentaria
       r   пигментная дегенерация *f* сетчатки, пигментная ретинопатия *f*

P519   *e*   pigmentary syphilid
       d   pigmentöses Syphilid *n*
       f   collier *m* de Vénus
       i   collare *m* di Venere
       r   сифилитическая лейкодерма *f*, пигментный сифилид *m*

P520   *e*   pigmentation
       d   Pigmentierung *f*
       f   pigmentation *f*

PIGMENTED EPITHELIUM

	i	pigmentazione *f*
	r	пигментация *f*
P521	*e*	**pigmented epithelium**
	d	Pigmentepithel *n*
	f	épithélium *m* pigmenté
	i	epitelio *m* pigmentato
	r	пигментный эпителий *m*
P522	*e*	**pigmentophore**
	d	Chromatophor *n*, Farbzelle *f*
	f	chromatophore *m*
	i	cellula *f* pigmentata, cromoblasto *m*, cromatoforo *m*
	r	хроматофор *m*, пигментофор *m*
P523	*e*	**pile**
	d	Hämorrhoidalknoten *m*
	f	hémorroïde *f*
	i	emorroide *f*
	r	геморроидальный узел *m*
P524	*e*	**piles** *pl*
	d	Hämorrhoiden *f pl*
	f	hémorroïdes *f pl*
	i	emorroidi *f pl*
	r	геморрой *m*
P525	*e*	**pill**
	d	Pille *f*, Pilula *f*
	f	pilule *f*
	i	pillola *f*
	r	пилюля *f*, таблетка *f*
P526	*e*	**pillar cell**
	d	Pfeilerzelle *f*
	f	pilier *m* (de l'organe) de Corti
	i	cellula *f* a pilastro
	r	поддерживающая клетка *f* (спирального органа)
P527	*e*	**pillars** *pl* **of fauces**
	d	Gaumenbogen *m*
	f	pilier *m* du voile du palais
	i	pilastri *m pl* delli fauci
	r	дужка *f* зева, нёбная дужка *f*
P528	*e*	**pilobesoar**
	d	Trichobezoar *m*, Haarknäuel *n*, Haargeschwulst *f*
	f	trichobézoard *m*
	i	tricobezoar *m*, pilobezoar *m*
	r	трихобезоар *m*, волосяная опухоль *f*
P529	*e*	**pilomotor fibers** *pl*
	d	haaraufrichtende Fasern *f pl*
	f	fibres *f pl* pilomotrices
	i	fibre *f pl* pilomotori
	r	пиломоторные волокна *n pl*
P530	*e*	**pilomotor muscle**
	d	Haaraufrichter(muskel) *m*
	f	muscle *m* pilomoteur
	i	muscolo *m* pilomotore
	r	мышца *f*, поднимающая волос
P531	*e*	**pilomotor reflex**
	d	Gänsehautreflex *m*
	f	réflexe *m* pilomoteur
	i	riflesso *m* piloerettore
	r	пиломоторный [волосковый] рефлекс *m*
P532	*e*	**pilonidal sinus**
	d	Pilonidalsinus *m*
	f	sinus *m* pilonidal
	i	seno *m* pilonidale
	r	эпителиальный копчиковый ход *m*
P533	*e*	**pimple**
	d	1. Pickel *m* 2. Acne *f*, Akne *f* 3. Papel *f* 4. Pustel *f*
	f	1. pustule *f* 2. acné *f* 3. papule *f* 4. petite pustule *f*
	i	1. pustola *f*, foruncolo *m* 2. acne *f* volgare 3. papula *f*
	r	1. прыщ *m* 2. угорь *m* 3. папула *f* 4. пустула *f*
P534	*e*	**pin**
	d	Nagel *m*, Knochennagel *m*
	f	épingle *f*, clou *m*
	i	spillo *m*, chiodo *m* (per osteosintesi), spina *f*
	r	гвоздь *m* (для остеосинтеза), штифт *m*
P535	*e*	**pineal body, pineal gland, pineal organ**
	d	Zirbeldrüse *f*, Pinealorgan *n*
	f	glande *f* pinéale, épiphyse *f*
	i	epifisi *f*, corpo *m* pineale
	r	шишковидное тело *n*, пинеальный орган *m*
P536	*e*	**pinealoma**
	d	Pinealom *n*, Pinealozytom *n*
	f	pinéalome *m*
	i	pinealoma *m*
	r	пинеалома *f*, аденома *f* шишковидного тела, пинеоцитома *f*
P537	*e*	**pink disease**
	d	Akrodynie *f*
	f	acrodynie *f*, dermato-polynévrite *f*
	i	acrodinia *f*, malattia *f* di Feer
	r	акродиния *f*, полинейропатическая эритродермия *f*
P538	*e*	**pinkeye**
	d	katarrhalische Konjunktivitis *f*, Koch-Weeks-Konjunktivitis *f*
	f	conjonctivite *f* épidémique aiguë
	i	congiuntivite *f* acuta [epidemica]
	r	острый эпидемический конъюнктивит *m*, конъюнктивит *m* Коха—Уикса
P539	*e*	**Pinkus disease**
	d	Feinknötchenflechte *f*
	f	tumeur *f* de Pinkus
	i	lichen *m* nitidus

PLACENTAL PRESENTATION

- r фиброэпителиальная опухоль *f* Пинкуса

P540
- e **pinna**
- d Ohrmuschel *f*
- f pavillon *m* de l'oreille
- i padiglione *m* dell'orecchio
- r ушная раковина *f*

P541
- e **pinocytosis**
- d Pinozytose *f*, Hydrophagozytose *f*
- f pinocytose *f*
- i pinocitosi *f*
- r пиноцитоз *m*

P542
- e **pinworm**
- d Madenwurm *m*, Pfriemenschwanz *m*, Springwurm *m*
- f oxyure *m* (vermiculaire)
- i ossiuro *m*
- r острица *f*

P543
- e **pipe bone**
- d Röhrenknochen *m*
- f os *m* long
- i osso *m* lungo
- r трубчатая кость *f*

P544
- e **pipet(te)**
- d Pipette *f*
- f pipette *f*
- i pipetta *f*
- r пипетка *f*

P545
- e **piston pulse**
- d schnellender hoher Puls *m*
- f pouls *m* de Corrigan
- i polso *m* di Corrigan
- r пульс *m* Корригена, «щёлкающий» пульс *m*

P546
- e **pit**
- d 1. Grube *f*; Höhle *f* 2. Pockennarbe *f*
- f 1. fossette *f* 2. cicatrice *f* variolée
- i 1. fossetta *f* 2. cicatrice *f* di vaiuolo
- r 1. ямка *f*, углубление *n* 2. послеоспенный рубец *m*, оспина *f*

P547
- e **pituicyte**
- d Pituizyt *m*
- f pituicyte *m*
- i pituicito *m*
- r питуицит *m*

P548
- e **pituitarism**
- d Pituitarismus *m*
- f pituitarisme *m*
- i pituitarismo *m*
- r дисфункция *f* гипофиза

P549
- e **pituitary** *see* **pituitary gland**

P550
- e **pituitary dwarfism**
- d hypophysärer Zwergwuchs *m*
- f nanisme *m* hypophysaire
- i nanismo *m* pituitario [ipofisario]

- r гипофизарная карликовость *f*, гипофизарный инфантилизм *m*

P551
- e **pituitary gland**
- d Hypophyse *f*, Hirnanhangdrüse *f*
- f hypophyse *f*
- i ipofisi *f*
- r гипофиз *m*

P552
- e **pituitary gonadotropic hormone**
- d Gonadotropin *n*, gonadotropes [keimdrüsenstimulierendes] Hormon *n*
- f hormone *f* gonadotrope
- i ormone *m* gonadotropo, gonadotropina *f*
- r гонадотропный гормон *m*, гонадотропин *m*

P553
- e **pituitary infantilism** *see* **pituitary dwarfism**

P554
- e **pityriasis**
- d Pityriasis *f*
- f pityriasis *m*
- i pitiriasi *f*
- r питириаз *m*

P555
- e **pivot joint**
- d Radgelenk *n*
- f articulation *f* trochoïde
- i articolazione *f* trocoide
- r вращательный сустав *m*

P556
- e **placebo**
- d Plazebo *n*
- f placebo *m*
- i placebo *m*
- r плацебо *n*

P557
- e **placenta**
- d Plazenta *f*, Mutterkuchen *m*, Nachgeburt *f*
- f placenta *f*
- i placenta *f*
- r плацента *f*, детское место *n*, послед *m*

P558
- e **placental circulation**
- d Plazentarkreislauf *m*
- f circulation *f* placentaire
- i circolazione *f* placentare
- r плацентарное кровообращение *n*

P559
- e **placental growth hormone**
- d chorionisches laktosomatotropes Hormon *n*
- f hormone *f* lactosomatotrope chorionique
- i gonadotropina *f* corionica
- r хорионический лактосоматотропный гормон *m*

P560
- e **placental presentation**
- d Plazentavorlagerung *f*
- f placenta praevia

PLACENTOMA

	i	presentazione *f* placentare
	r	предлежание *n* плаценты
P561	*e*	**placentoma**
	d	Plazentom *n*, Chorionepitheliom *n*, Choriokarzinom *n*
	f	chorioépithéliome *m*, placentome *m* malin
	i	corioepitelioma *m*, deciduoma *m* maligno
	r	хориокарцинома *f*, хорионэпителиома *f*, плацентома *f*, злокачественная децидуома *f*
P562	*e*	**placode**
	d	Plakode *f*
	f	placode *f*
	i	placode *m*
	r	плакода *f*
P563	*e*	**plague**
	d	1. Pest *f* 2. Seuche *f*, Plage *f*
	f	1. peste *f* 2. épidémie *f*, peste *f*
	i	1. peste *f* bubbonica 2. malattia *f* contagiosa epidemica
	r	1. чума *f* 2. эпидемия *f*, «мор» *m*
P564	*e*	**plague bacillus**
	d	Pestbazillus *m*
	f	bacille *m* pesteux
	i	bacillo *m* pestoso
	r	палочка *f* чумы
P565	*e*	**plague pneumonia** *see* **pneumonic plague**
P566	*e*	**plane joint**
	d	Amphiarthrose *f*
	f	amphiarthrose *f*
	i	anfiartrosi *f*, articolazione *f* piana
	r	плоский сустав *m*, амфиартроз *m*
P567	*e*	**planta**
	d	Fußsohle *f*
	f	plante *f* du pied
	i	pianta *f* del piede
	r	подошва *f* стопы
P568	*e*	**plantar reflex**
	d	Fußsohlenreflex *m*, Plantarreflex *m*
	f	réflexe *m* plantaire
	i	riflesso *m* plantare
	r	подошвенный [плантарный] рефлекс *m*
P569	*e*	**plantar syphilid**
	d	Fußsohlensyphilid *n*
	f	syphilide *f* plantaire
	i	sifilide *f* papulosa, cheratosi *f* sifilitica
	r	папулёзный сифилид *m* подошв, сифилитический кератоз *m*
P570	*e*	**plantar wart**
	d	Fußsohlenwarze *f*
	f	verrue *f* plantaire
	i	verruca *f* plantare
	r	подошвенная [роговая] бородавка *f*
P571	*e*	**plaque**
	d	1. Plaque *f* 2. Thrombozyt *m*, Blutplättchen *n*
	f	1. plaque *f* 2. thrombocyte *m*, plaquette *f*
	i	1. placca *f*, piastra *f* 2. trombocito *m*, piastrina *f*
	r	1. бляшка *f* 2. тромбоцит *m*, кровяная пластинка *f*
P572	*e*	**plasm(a)**
	d	Plasma *n*
	f	plasma *m*
	i	plasma *m*
	r	плазма *f*
P573	*e*	**plasma cell**
	d	Plasmazelle *f*, Plasmozyt *m*
	f	plasmocyte *m*
	i	plasmocito *m*
	r	плазматическая клетка *f*, плазмоцит *m*
P574	*e*	**plasma cell leukemia**
	d	Plasmazellenleukämie *f*
	f	leucémie *f* à plasmocytes
	i	leucemia *f* plasmacellulare
	r	плазмобластный лейкоз *m*
P575	*e*	**plasmacyte** *see* **plasma cell**
P576	*e*	**plasma protrombin conversion factor**
	d	Faktor *m* V
	f	facteur *m* V
	i	fattore *m* V, proaccelerina *f*
	r	фактор *m* V *(свёртывания крови)*
P577	*e*	**plasmin**
	d	Plasmin *n*, Fibrinolysin *n*
	f	plasmine *f*
	i	plasmina *f*, fibrinolisina *f*
	r	плазмин *m*
P578	*e*	**plasminogen**
	d	Plasminogen *n*
	f	plasminogène *m*
	i	plasminogeno *m*, profibrinolisina *f*
	r	плазминоген *m*
P579	*e*	**plasmocyte** *see* **plasma cell**
P580	*e*	**plasmolysis**
	d	Plasmolyse *f*
	f	plasmolyse *f*
	i	plasmolisi *f*
	r	плазмолиз *m*
P581	*e*	**plasmoptysis**
	d	Plasmoptyse *f*
	f	plasmoptysis *f*
	i	plasmaottisi *f*
	r	плазмоптиз *m*
P582	*e*	**plaster**
	d	1. Pflaster *n*, Emplastrum *n* 2. Gips *m*

	f	1. emplâtre *m* 2. plâtre *m*
	i	1. impiastro *m* 2. gesso *m* calcinato
	r	1. пластырь *m* 2. гипс *m*
P583	*e*	**plaster knife**
	d	Gipsmesser *n*
	f	couteau *m* pour bandages plâtrés
	i	coltello *m* per bende gessate
	r	нож *m* для разрезания гипсовых повязок
P584	*e*	**plaster of Paris**
	d	Gips *m*
	f	plâtre *m*
	i	gesso *m* di Parigi
	r	гипс *m*
P585	*e*	**plaster splint**
	d	Gipsschiene *f*
	f	attelle *f* plâtrée
	i	doccia *f* gessata, stecca *f* gessata
	r	гипсовая шина *f*, открытая гипсовая повязка *f*
P586	*e*	**plastic induration**
	d	fibroplastische Induration *f*
	f	induration *f* plastique
	i	induramento *m* plastico
	r	фибропластическая индурация *f*
P587	*e*	**plastic operation**
	d	plastische [rekonstruktive] Operation *f*
	f	opération *f* plastique
	i	operazione *f* plastica
	r	пластическая операция *f*
P588	*e*	**plastics, plastic surgery**
	d	plastische Chirurgie *f*
	f	chirurgie *f* plastique [réparatrice]
	i	chirurgia *f* ricostruttiva [plastica]
	r	восстановительная [пластическая, реконструктивная] хирургия *f*
P589	*e*	**plastocyte** *see* **platelet**
P590	*e*	**plate**
	d	Platte *f*
	f	plaque *f*
	i	piastra *f*, placca *f*
	r	пластинка *f*
P591	*e*	**plateau pulse**
	d	Plateaupuls *m*
	f	pouls *m* lent
	i	polso *m* piccolo e tardo
	r	медленный пульс *m*
P592	*e*	**platelet**
	d	Thrombozyt *m*, Blutplättchen *n*
	f	thrombocyte *m*, plaquette *f*
	i	trombocito *m*, piastrina *f*
	r	тромбоцит *m*, кровяная пластинка *f*
P593	*e*	**platelet cofactor**
	d	Antihämophiliefaktor *m*, antihämophiles Globulin *n* A

PLETHORA

	f	facteur *m* VIII, globuline *f* antihémophilique A
	i	fattore *m* VIII, globulina *f* antiemofilica
	r	фактор *m* VIII (*свёртывания крови*), антигемофильный фактор *m*
P594	*e*	**platelet cofactor II**
	d	antihämophiles Globulin *n* B, Christmas-Faktor *m*
	f	facteur *m* IX, globuline *f* antihémophilique B
	i	fattore *m* Christmas [IX] della coagulazione
	r	фактор *m* IX (*свёртывания крови*), кристмас-фактор *m*
P595	*e*	**platybasia**
	d	Platybasie *f*
	f	platybasie *f*
	i	platibasia *f*
	r	платибазия *f*
P596	*e*	**platypodia**
	d	Plattfüßigkeit *f*
	f	pied *m* plat, platypodie *f*
	i	platipodia *f*
	r	плоскостопие *n*
P597	*e*	**pleiotropia, pleiotropy**
	d	Pleiotropie *m*, Polyphänie *f*
	f	pléiotropie *f*
	i	pleiotropia *f*
	r	плейотропия *f*
P598	*e*	**pleocytosis**
	d	Pleozytose *f*
	f	pléocytose *f*
	i	pleiocitosi *f*
	r	плеоцитоз *m*
P599	*e*	**pleomastia, pleomazia** *see* **polymastia**
P600	*e*	**pleomorphic adenoma**
	d	pleomorphe Geschwulst *f*, Mischgeschwulst *f*
	f	adénome *m* pléomorphe
	i	tumore *m* pleomorfo
	r	смешанная опухоль *f*, фибромиксохондроэпителиома *f*, плеоморфная [смешанная] аденома *f*
P601	*e*	**pleomorphism**
	d	Pleomorphismus *m*, Vielgestaltigkeit *f*
	f	pléomorphisme *m*
	i	pleomorfismo *m*
	r	полиморфизм *m*, плеоморфизм *m*
P602	*e*	**plethora**
	d	Plethora *f*, Blutüberfülle *f*, Hypervolämie *f*
	f	pléthore *f*
	i	pletora *f*, ipervolemia *f*
	r	плетора *f*, гиперволемия *f*

PLETHYSMOGRAPHY

P603   *e*   **plethysmography**
         d   Plethysmographie *f*,
             Volumenschwankungsschreibung *f*
         f   pléthysmographie *f*
         i   pletismografia *f*
         r   плетизмография *f*

P604   *e*   **pleura**
         d   Pleura *f*, Brustfell *n*
         f   plèvre *f*
         i   pleura *f*
         r   плевра *f*

P605   *e*   **pleuracentesis** *see* **pleurocentesis**

P606   *e*   **pleural effusion**
         d   Pleuraerguß *m*
         f   épanchement *m* liquidien de la plèvre
         i   effusione *f* pleurale, versamento *m* pleurico
         r   плевральный выпот *m*

P607   *e*   **pleural pneumonia**
         d   Pleuropneumonie *f*
         f   pleuro-pneumonie *f*
         i   polmonite *f* crupale [lobare, fibrinosa]
         r   крупозная [долевая фибринозная] пневмония *f*, плевропневмония *f*

P608   *e*   **pleural shock**
         d   Pleuraschock *m*
         f   choc *m* pleural
         i   shock *m* pleurale
         r   плевр(опульмон)альный шок *m*

P609   *e*   **pleuralgia** *see* **pleurodynia**

P610   *e*   **pleurectomy**
         d   Pleurektomie *f*, Pleurexstirpation *f*, Brustfellresektion *f*
         f   pleurectomie *f*
         i   pleurectomia *f*
         r   плеврэктомия *f*

P611   *e*   **pleurisy, pleuritis**
         d   Pleuritis *f*, Brustfellentzündung *f*
         f   pleurésie *f*
         i   pleurite *f*
         r   плеврит *m*

P612   *e*   **pleuritic rub**
         d   pleurales Reibegeräusch *n*, Pleurareiben *n*, Brustfellreibegeräusch *n*
         f   frottement *m* pleural
         i   sfregamento *m* pleuritico
         r   шум *m* трения плевры

P613   *e*   **pleurocentesis**
         d   Pleurazentese *f*, Pleurapunktion *f*
         f   pleurocentèse *f*
         i   pleurocentesi *f*
         r   плевроцентез *m*, торакоцентез *m*, плевральная пункция *f*

P614   *e*   **pleurodynia**
         d   Pleuralgie *f*, Pleuraschmerz *m*, Pleurodynie *f*
         f   pleurodynie *f*
         i   pleurodinia *f*
         r   плевралгия *f*, плевродиния *f*

P615   *e*   **pleurolysis**
         d   Pleurolyse *f*
         f   pleurolyse *f*
         i   pleurolisi *f*
         r   плевролиз *m*, экстраплевральная торакокаустика *f*

P616   *e*   **pleuroparietopexy**
         d   Pleuroparietopexie *f*
         f   pleuro-pariétopexie *f*
         i   pleuroparietopessia *f*
         r   плевропариетопексия *f*

P617   *e*   **pleuropericardial murmur**
         d   pleuroperikardiales Geräusch *n*
         f   souffle *m* pleuro-péricardique
         i   soffio *m* pleuropericardico
         r   плевроперикардиальный шум *m*

P618   *e*   **pleuropericarditis**
         d   Pleuroperikarditis *f*
         f   pleuro-péricardite *f*
         i   pleuropericardite *f*
         r   плевроперикардит *m*

P619   *e*   **pleuropneumonia** *see* **pleural pneumonia**

P620   *e*   **pleurotomy**
         d   Pleurotomie *f*, Pleurainzision *f*, Pleura(ein)schnitt *m*, Brustfellinzision *f*
         f   pleurotomie *f*
         i   pleurotomia *f*
         r   плевротомия *f*

P621   *e*   **plexitis**
         d   Plexitis *f*, Plexusentzündung *f*
         f   plexite *f*
         i   plessite *f*
         r   плексит *m*

P622   *e*   **plexus**
         d   Plexus *m*
         f   plexus *m*
         i   plesso *m*
         r   сплетение *n* (*нервное, сосудистое*)

P623   *e*   **plug**
         d   Pfropf *m*
         f   bouchon *m*, tampon *m*
         i   tampone *m*, zaffo *m*
         r   пробка *f*, тампон *m*

P624   *e*   **plugger**
         d   Stopfer *m*
         f   Stopfer *m*
         i   zaffatore *m*, stipatore *m*
         r   штопфер *m*

P625 e **plumbism**
 d chronische Bleivergiftung *f*,
  Bleiintoxikation *f*, Saturnismus *m*
 f saturnisme *m*
 i saturnismo *m*
 r хроническое отравление *n* свинцом

P626 e **plural pregnancy**
 d Mehrlingsschwangerschaft *f*
 f grossesse *f* multiple
 i gravidanza *f* plurima
 r многоплодная беременность *f*,
  многоплодие *n*

P627 e **plus lens**
 d Sammellinse *f*, Pluslinse *f*
 f lentille *f* convergente
 i lente *f* convessa
 r собирательная [положительная]
  линза *f*

P628 e **pneumarthrosis**
 d Pneumarthrose *f*
 f pneumarthrose *f*
 i pneumartrosi *f*
 r пневмартроз *m*

P629 e **pneumathemia**
 d Luftembolie *f*
 f embolie *f* gazeuse
 i pneumatemia *f*, embolia *f* gassosa
 r воздушная эмболия *f*, аэроэмболия *f*

P630 e **pneumatic bone**
 d pneumatischer [lufthaltiger] Knochen
  m, schwammige Knochensubstanz *f*
 f os *m* pneumatique
 i osso *m* pneumatico
 r губчатое вещество *n* кости

P631 e **pneumatinuria** see **pneumaturia**

P632 e **pneumatosis**
 d Pneumatose *f*
 f pneumatose *f*
 i pneumatosi *f*
 r пневматоз *m*

P633 e **pneumatothorax** see **pneumothorax**

P634 e **pneumaturia**
 d Pneumaturie *f*
 f pneumaturie *f*
 i pneumaturia *f*
 r пневматурия *f*

P635 e **pneumectomy** see **pneumonectomy**

P636 e **pneumobacillus**
 d Pneumobazillus *m*,
  Friedländer-Klebsiella *f*
 f pneumobacille *m*
 i *Klebsiella pneuomiae*
 r клебсиелла *f* пневмонии, палочка *f*
  Фридлендера

P637 e **pneumocholecystitis** *f*

 d Pneumocholezystitis *f*
 f pneumocholécystite *f*
 i pneumocolecistite *f*
 r пневмохолецистит *m*

P638 e **pneumococcus**
 d Pneumokokkus *m*
 f pneumocoque *m*
 i pneumococco *m*
 r пневмококк *m*

P639 e **pneumoconiosis**
 d Pneumokoniose *f*,
  Staublungenerkrankung *f*
 f pneumoconiose *f*
 i pneumoconiosi *f*
 r пневмокониоз *m*

P640 e **pneumoderma**
 d Hautemphysem *n*
 f emphysème *m* sous-cutané
 i pneudermia *f*, enfisema *m*
  sottocutaneo
 r подкожная эмфизема *f*

P641 e **pneumoempyema** see
  pyopneumothorax

P642 e **pneumogenic osteoarthropathy** see
  pulmonary osteoarthropathy

P643 e **pneumography**
 d Pneumographie *f*
 f 1. pneumoradiographie *f*,
  thoracographie *f* 2. pneumographie *f*
 i pneumografia *f*
 r 1. рентгенография *f* лёгких
  2. пневмография *f*

P644 e **pneumohemopericardium**
 d Pneumohämoperikard *n*
 f pneumo-hémopéricarde *m*
 i pneumoemopericardio *m*
 r гемопневмоперикард *m*

P645 e **pneumohemothorax**
 d Pneumohämothorax *m*
 f pneumo-hémothorax *m*
 i pneumoemotorace *m*
 r гемопневмоторакс *m*,
  пневмогемоторакс *m*

P646 e **pneumohydrothorax**
 d Pneumohydrothorax *m*
 f pneumo-hydrothorax *m*
 i pneumoidrotorace *m*
 r гидропневмоторакс *m*,
  пневмогидроторакс *m*

P647 e **pneumohypoderma** see
  pneumoderma

P648 e **pneumomelanosis**
 d Pneumomelanose *f*
 f pneumomélanose *f*

PNEUMOMYELOGRAPHY

	i	pneumomelanosi *f*
	r	пневмомеланоз *m*
P649	*e*	**pneumomyelography**
	d	Pneumomyelographie *f*
	f	pneumomyélographie *f*
	i	pneumomielografia *f*
	r	пневмомиелография *f*
P650	*e*	**pneumonectomy**
	d	Lungenresektion *f*, Lungenentfernung *f*
	f	pneumonectomie *f*
	i	pneumectomia *f*
	r	пневм(он)эктомия *f*
P651	*e*	**pneumonia**
	d	Pneumonie *f*, Lungenentzündung *f*
	f	pneumonie *f*
	i	polmonite *f*
	r	пневмония *f*
P652	*e*	**pneumonic plague**
	d	Lungenpest *f*
	f	peste *f* pulmonaire
	i	polmonite *f* pestosa
	r	лёгочная чума *f*
P653	*e*	**pneumonoconiosis** *see* **pneumoconiosis**
P654	*e*	**pneumonomoniliasis**
	d	Lungenmoniliasis *f*
	f	candidose *f* pulmonaire
	i	moniliasi *f* polmonare
	r	кандидоз *m* лёгких
P655	*e*	**pneumonopexy**
	d	Pneumopexie *f*
	f	pneumopexie *f*
	i	pneumopessia *f*
	r	пневмопексия *f*
P656	*e*	**pneumopericardium**
	d	Pneumoperikard *n*
	f	pneumopéricarde *m*
	i	pneumopericardio *m*
	r	пневмоперикард *m*
P657	*e*	**pneumoperitoneum**
	d	Pneumoperitoneum *n*
	f	pneumopéritoine *m*
	i	pneumoperitoneo *m*
	r	пневмоперитонеум *m*
P658	*e*	**pneumopyothorax** *see* **pyopneumothorax**
P659	*e*	**pneumoretroperitoneum**
	d	Pneumoretroperitoneum *n*
	f	pneumorétropéritoine *m*
	i	pneumoretroperitoneo *m*
	r	пневморетроперитонеум *m*
P660	*e*	**pneumoserothorax** *see* **pneumohydrothorax**
P661	*e*	**pneumothorax**
	d	Pneumothorax *m*
	f	pneumothorax *m*
	i	pneumotorace *m*
	r	пневмоторакс *m*
P662	*e*	**pockmark**
	d	Pockennarbe *f*
	f	cicatrice *f* variolée
	i	buttero *m*
	r	послеоспенный рубец *m*, оспина *f*
P663	*e*	**podagra**
	d	Gicht *f*, Podagra *f*
	f	goutte *f*
	i	gotta *f*, podagra *f*
	r	подагра *f*
P664	*e*	**podobromidrosis**
	d	Fußbromhidrosis *f*
	f	brom(h)idrose *f* des pieds
	i	podobromidrosi *f*
	r	бромидроз *m* стоп
P665	*e*	**poikilocyte**
	d	Poikilozyt *m*
	f	poïkilocyte *m*
	i	poichilocito *m*
	r	пойкилоцит *m*
P666	*e*	**poikilocythemia, poikilocytosis**
	d	Poikilozytose *f*
	f	poïkilocytose *f*
	i	poichilocitosi *f*
	r	пойкилоцитоз *m*
P667	*e*	**poikiloderma**
	d	Poikilodermie *f*
	f	poïkilodermie *f*
	i	poichilodermia *f*
	r	пойкилодермия *f*
P668	*e*	**poikilothymia**
	d	Poikilothymie *f*
	f	poïkilothymie *f*
	i	instabilità *f* dell'umore
	r	реактивно-лабильная [пойкилотимическая, лабильная] психопатия *f*, пойкилотимия *f*
P669	*e*	**pointed condyloma, pointed wart**
	d	spitzes Kondylom *n*, Feigwarze *f*
	f	condylome *m* acuminé
	i	condiloma *m* acuminato
	r	остроконечная бородавка *f* [кондилома *f*]
P670	*e*	**poison**
	d	Gift *n*, Toxin *n*
	f	poison *m*
	i	veleno *m*
	r	яд *m*
P671	*e*	**poisoning**
	d	Vergiftung *f*, Intoxikation *f*
	f	empoisonnement *m*

	i	avvelenamento *m*, intossicazione *f*
	r	отравление *n*
P672	*e*	**polar body, polar globule**
	d	Polkörperchen *n*, Polozyt *m*
	f	globule *m* polaire, cellule *f* polaire
	i	globulo *m* polare, corpo *m* polare
	r	полярное [редукционное] тельце *n*
P673	*e*	**polarimeter**
	d	Polarimeter *n*
	f	polarimètre *m*
	i	polarimetro *m*
	r	поляриметр *m*
P674	*e*	**polarizing microscope**
	d	Polarisationsmikroskop *n*
	f	microscope *m* polarisant
	i	microscopio *m* polarizzante
	r	поляризационный микроскоп *m*
P675	*e*	**polio** *see* **poliomyelitis**
P676	*e*	**polioencephalitis**
	d	Polioenzephalitis *f*
	f	polioencéphalite *f*
	i	polioencefalite *f*
	r	полиоэнцефалит *m*
P677	*e*	**poliomyelitis**
	d	Poliomyelitis *f*, spinale Kinderlähmung *f*
	f	poliomyélite *f*
	i	poliomielite *f*
	r	полиомиелит *m*
P678	*e*	**poliovirus**
	d	Poliomyelitisvirus *n*
	f	poliovirus *m*, virus *m* poliomyélitique
	i	poliovirus *m*, virus *m* della poliomielite
	r	вирус *m* полиомиелита, полиовирус *m*
P679	*e*	**pollakiuria**
	d	Pollaki(s)urie *f*, häufiges Harnlassen *n*
	f	pollaki(s)urie *f*
	i	pollachiuria *f*
	r	поллак(и)урия *f*
P680	*e*	**pollenosis** *see* **pollinosis**
P681	*e*	**pollex**
	d	Pollex *m*, Daumen *m*
	f	pouce *m*
	i	pollice *m*
	r	большой [первый] палец *m* (руки)
P682	*e*	**pollinosis**
	d	Pollinose *f*, Pollenkrankheit *f*, Heufieber *n*, Heuschnupfen *m*, Sommerkatarrh *m*
	f	pollinose *f*
	i	pollinosi *f*
	r	поллиноз *m*, сенная лихорадка *f*, сенной насморк *m*
P683	*e*	**pollution**
	d	Pollution *f*, unwillkürlicher Samenerguß *m*
	f	pollution *f*
	i	polluzione *f*
	r	поллюция *f*
P684	*e*	**polocyte** *see* **polar body**
P685	*e*	**polyadenitis**
	d	Polyadenitis *f*
	f	polyadénite *f*
	i	poliadenite *f*
	r	полиаденит *m*
P686	*e*	**polyarteritis**
	d	Polyarteriitis *f*
	f	polyartérite *f*
	i	poliarterite *f*
	r	полиартериит *m*
P687	*e*	**polyarthritis**
	d	Polyarthritis *f*
	f	polyarthrite *f*
	i	poliartrite *f*
	r	полиартрит *m*
P688	*e*	**polyaxial joint**
	d	multiaxiales Gelenk *n*
	f	arthrodie *f*
	i	enartrosi *f*
	r	многоосный сустав *m*
P689	*e*	**polyblast**
	d	Polyblast *m*, freier Makrophag *m*
	f	polyblaste *m*
	i	poliblasto *m*
	r	свободный [амёбоидный] макрофаг *m*, полибласт *m*
P690	*e*	**polycholia**
	d	Polycholie *f*, Hypercholie *f*, Gallenhypersekretion *f*
	f	polycholie *f*
	i	policolia *f*
	r	гиперсекреция *f* жёлчи
P691	*e*	**polychromasia, polychromatia, polychromatophilia, polychromatosis, polychromophilia**
	d	Polychromasie *f*
	f	polychromasie *f*, polychromatophilie *f*
	i	policromasia *f*, policromatofilia *f*
	r	полихромазия *f*, полихроматофилия *f*
P692	*e*	**polyclinic**
	d	Poliklinik *f*
	f	polyclinique *f*
	i	policlinico *m*
	r	поликлиника *f*
P693	*e*	**polycystic disease of kidneys, polycystic kidney**
	d	polyzystische Niere *f*

POLYCYTHEMIA

	f	maladie *f* polykystique des reins, rein *m* polykystique
	i	rene *m* policistico
	r	поликистоз *m* почки, поликистозная почка *f*
P694	*e*	**polycythemia**
	d	Polyzythämie *f*
	f	polycythémie *f*
	i	policitemia *f*, eritrocitosi *f*
	r	эритроцитоз *m*, полицитемия *f*
P695	*e*	**polydactylia, polydactylism, polydactyly**
	d	Polydaktylie *f*
	f	polydactylie *f*, polydactylisme *m*
	i	polidattilia *f*
	r	полидактилия *f*, многопалость *f*, гипердактилия *f*
P696	*e*	**polydipsia**
	d	Polydipsie *f*, gesteigerte [unstillbare] Durst *f*
	f	polydipsie *f*
	i	polidipsia *f*
	r	полидипсия *f*
P697	*e*	**polydystrophic dwarfism**
	d	dystrophischer Zwergwuchs *m*, Typ *m* VI der Mukopolysaccharidose, Lamy-Maroteaux-Syndrom *n*
	f	syndrome *m* de Maroteaux-Lamy, oligophrénie *f* polydystrophique
	i	nanismo *m* polidistrofico, sindrome *f* di Maroteaux-Lamy
	r	полидистрофическая карликовость *f*, мукополисахаридоз *m* VI типа, болезнь *f* Марото—Лами
P698	*e*	**polyesthesia**
	d	Polyästhesie *f*, Mehrfachempfindung *f*
	f	polyesthésie *f*
	i	poliestesia *f*
	r	полиэстезия *f*
P699	*e*	**polyglobulia, polyglobulism** see **polycythemia**
P700	*e*	**polyhidrosis**
	d	Hyperhidrosis *f*, übermäßiges Schwitzen *n*
	f	hyper(h)idrose *f*
	i	iperidrosi *f*
	r	гипергидроз *m*
P701	*e*	**polyhydramnios**
	d	Polyhydramnion *n*, Fruchtwasservermehrung *f*
	f	hydramnios *m*
	i	polidramnios *m*
	r	многоводие *n*, гидрамнион *m*
P702	*e*	**polyleptic fever**
	d	rezidivierendes Fieber *n*
	f	fièvre *f* récurrente
	i	febbre *f* recidiva [iterativa]
	r	рецидивирующая лихорадка *f*
P703	*e*	**polymastia, polymazia**
	d	Polymastie *f*, überzählige Brustdrüsen *f pl*
	f	polymastie *f*
	i	polimastia *f*
	r	полимастия *f*
P704	*e*	**polymorphism**
	d	Polymorphismus *m*
	f	polymorphie *f*, polymorphisme *m*
	i	polimorfismo *m*
	r	полиморфизм *m*
P705	*e*	**polymyalgia**
	d	Polymyalgie *f*
	f	polymyalgie *f*
	i	polimialgia *f*
	r	полимиалгия *f*
P706	*e*	**polymyositis**
	d	Polymyositis *f*
	f	polymyosite *f*
	i	polimiosite *f*
	r	полимиозит *m*
P707	*e*	**polyneuritic psychosis**
	d	polyneuritische Psychose *f*, Korsakoff-Syndrom *n*
	f	psychose *f* de Korsakoff, psychose-polynévrite *f*
	i	psicosi *f* di Korsakoff
	r	корсаковский [полиневритический] психоз *m*
P708	*e*	**polyneuritis**
	d	Polyneuritis *f*
	f	polynévrite *f*
	i	polinevrite *f*
	r	полиневрит *m*
P709	*e*	**polyopia, polyopsia, polyopy**
	d	Polyopie *f*, Mehrfachsehen *n*
	f	polyopie *f*, polyopsie *f*
	i	poliopia *f*
	r	полиопия *f*, полиопсия *f*
P710	*e*	**polyp**
	d	Polyp *m*
	f	polype *m*
	i	polipo *m*
	r	полип *m*
P711	*e*	**polypectomy**
	d	Polypektomie *f*, Polypentfernung *f*
	f	polypectomie *f*
	i	polipectomia *f*
	r	иссечение *n* полипа
P712	*e*	**polypeptide**
	d	Polypeptid *n*
	f	polypeptide *m*
	i	polipeptide *m*
	r	полипептид *m*

P713 e **polyplegia**
  d Mehrfachlähmung *f*
  f polyplégie *f*
  i poliplegia *f*, paralisi *f* multipla
  r множественный паралич *m*

P714 e **polyploidy**
  d Polyploidie *f*
  f polyploïdie *f*
  i poliploidia *f*
  r полиплоидия *f*

P715 e **polypnea**
  d Polypnoe *f*, Tachypnoe *f*
  f polypnée *f*
  i polipnea *f*
  r полипноэ *n*, тахипноэ *n*

P716 e **polypoid adenoma**
  d polypenartiges Adenom *n*
  f adénome *m* polypoïde
  i polipo *m* adenomatoso
  r аденоматозный [железистый] полип *m*, полипоидная аденома *f*

P717 e **polyposis**
  d Polyposis *f*, Polypose *f*
  f polypose *f*
  i poliposi *f*
  r полипоз *m*

P718 e **polypous endocarditis**
  d polypöse Endokarditis *f*
  f endocardite *f* polypeuse
  i endocardite *f* poliposa
  r полипозный эндокардит *m*

P719 e **polysaccharide**
  d Polysaccharid *n*
  f polysaccharide *m*
  i polisaccaride *m*
  r полисахарид *m*

P720 e **polyserositis**
  d Polyserositis *f*
  f polysérosite *f*, polysérite *f*
  i polisierosite *f*, malattia *f* di Concato
  r полисерозит *m*

P721 e **polysialia** see **ptyalism**

P722 e **polysomy**
  d Polysomie *f*
  f polysomie *f*
  i polisomia *f*
  r полисомия *f*

P723 e **polyspermia, polyspermism**
  d Polyspermie *f*
  f polyspermie *f*
  i polispermia *f*
  r полиспермия *f*

P724 e **polythelia**
  d Polythelie *f*
  f polythélie *f*
  i politelia *f*
  r полителия *f*

P725 e **polytrichia, polytrichosis**
  d Polytrichie *f*, übermäßige Behaarung *f*
  f polytrichie *f*, polytrichose *f*
  i politrichia *f*, ipertricosi *f*
  r гипертрихоз *m*, политрихия *f*

P726 e **polyuria**
  d Polyurie *f*
  f polyurie *f*
  i poliuria *f*
  r полиурия *f*

P727 e **polyvalent serum**
  d polyvalentes Serum *n*
  f sérum *m* polyvalent
  i siero *m* polivalente
  r поливалентная иммунная сыворотка *f*

P728 e **polyvalent vaccine**
  d polyvalenter Impfstoff *m*
  f vaccin *m* polyvalent
  i vaccino *m* polivalente
  r поливалентная вакцина *f*

P729 e **pontine angle**
  d Kleinhirnbrückenwinkel *m*
  f angle *m* ponto-cérébelleux
  i angolo *m* pontocerebellare
  r мостомозжечковый угол *m*

P730 e **pool**
  d 1. Blutdepot *n* 2. Pool *m*, Gesamtbestand *m*, Reserve *f*
  f 1. dépôt *m* sanguin 2. réservoir *m*
  i 1. deposito *m* sanguino 2. pool *m*, comunità *f*, massa *f* comune
  r 1. кровяное депо *n* 2. пул *m*, общий фонд *m*, резерв *m*

P731 e **popliteal space**
  d Kniekehle *f*, Kniekehlgrube *f*
  f creux *m* poplité
  i poplite *m*, regione *f* poplitea
  r подколенная ямка *f*

P732 e **poradenolymphitis**
  d inguinale Lymphogranulomatose *f*
  f lymphogranulome *m* vénérien, lymphogranulomatose *f* inguinale
  i linfogranulomatosi *f* inguinale, quarta malattia *f* venerea
  r паховый лимфогранулематоз *m*, четвёртая венерическая болезнь *f*

P733 e **pore**
  d Pore *f*, Porus *m*
  f pore *m*
  i poro *m*
  r пора *f*

P734 e **porencephalia, porencephaly**
  d Porenzephalie *f*

	f	porencéphalie f
	i	porencefalia f
	r	порэнцефалия f
P735	e	pork tapeworm
	d	Schweinebandwurm m, bewaffneter Bandwurm m
	f	tænia m armé
	i	tenia f armata
	r	свиной [вооружённый] цепень m
P736	e	pork worm
	d	Trichine f
	f	trichinella f, trichine f
	i	trichina f
	r	трихинелла f
P737	e	porokeratosis
	d	Porokeratose f, exzentrische Hyperkeratose f
	f	porokératose f
	i	porocheratosi f
	r	порокератоз m, эксцентричный гиперкератоз m
P738	e	porphyria
	d	Porphyrie f
	f	porphyrie f
	i	porfiria f
	r	порфирия f, порфириновая болезнь f
P739	e	porphyrin
	d	Porphyrin n
	f	porphyrine f
	i	porfirina f
	r	порфирин m
P740	e	porphyrinuria, porphyruria
	d	Porphyrinurie f
	f	porphyrinurie f
	i	porfirinuria f
	r	порфиринурия f
P741	e	portacaval shunt
	d	1. portokavaler Shunt m 2. Eck-Fistel f
	f	1. anastomose f porto-cave 2. fistule f d'Eck
	i	1. anastomosi f portocavale 2. fistola f di Eck
	r	1. порто-кавальный анастомоз m 2. фистула f Экка
P742	e	portal circulation
	d	Pfortaderkreislauf m
	f	circulation f portale
	i	circolazione f portale
	r	портальное крвообращение n
P743	e	portal pyemia
	d	eitrige Pylephlebitis f, eitrige Pfortaderentzündung f
	f	pyléphlébite f
	i	pileflebite f
	r	гнойный пилефлебит m
P744	e	portal system
	d	Pfortadersystem n
	f	système m (de la veine) porte
	i	sistema m portale
	r	система f воротной вены, портальная система f
P745	e	portal-systemic encephalopathy
	d	portosystemische Enzephalopathie f, Hepatargie f
	f	encéphalopathie f porto-cave, encéphalopathie f hépatique
	i	encefalopatia f porto-sistemica [porto-cava]
	r	гепатаргия f, печёночная [портосистемная] энцефалопатия f
P746	e	portography
	d	Portographie f, Pfortaderangiographie f
	f	portographie f
	i	portografia f
	r	портография f
P747	e	portosystemic encephalopathy see portal-systemic encephalopathy
P748	e	portovenography see portography
P749	e	position
	d	1. Position f, Lage f, Stellung f 2. Körperhaltung f, Haltung f
	f	1. position f 2. posture f
	i	1. posizione f 2. postura f, posa f, portamento m
	r	1. положение n 2. поза f
P750	e	positive pressure breathing, positive pressure respiration
	d	Überdruckatmung f
	f	respiration f sous pression positivé
	i	respiro m a pressione positiva
	r	дыхание n под избыточным давлением
P751	e	postcentral gyre
	d	hintere Zentralwindung f
	f	circonvolution f pariétale ascendante [postérorolandique]
	i	circonvoluzione f postcentrale
	r	постцентральная извилина f
P752	e	postcholecystectomy syndrome
	d	Postcholezystektomiesyndrom n
	f	syndrome m de post-cholécystectomie
	i	sindrome f postcolecistectomia
	r	(пост)холецистэктомический синдром m
P753	e	postcommissurotomy syndrome
	d	Postkommissurotomiesyndrom n
	f	syndrome m de post-commissurotomie
	i	sindrome f postcommissurotomia
	r	посткомиссуротомный синдром m

P754 e postconcussion neurosis *see* posttraumatic neurosis

P755 e posterior pillar of fauces
d hinterer Gaumenbogen *m*
f pilier *m* postérieur *m* du voile du palais
i arco *m* palatofaringeo
r нёбно-глоточная дужка *f*

P756 e posterior (spinal) sclerosis
d Rückenmarkschwindsucht *f*
f tabès *m* dorsal
i tabe *f* dorsale
r сухотка *f* спинного мозга

P757 e postganglionic neuron
d postganglionäres Neuron *n*
f neurone *m* postganglionnaire
i neurone *m* postgangliare
r постганглионарный нейрон *m*

P758 e postgastrectomy syndrome
d Postgastrektomiesyndrom *n*
f syndrome *m* de post-gastrectomie
i dumping-syndrome *f*
r постгастрорезекционный синдром *m*

P759 e posthemorrhagic anemia
d Blutungsanämie *f*, posthämorrhagische Anämie *f*
f anémie *f* post-hémorragique
i anemia *f* postemorragica
r постгеморрагическая анемия *f*

P760 e posthitis
d Posthitis *f*, Vorhautentzündung *f*, Präputiumentzündung *f*
f posthite *f*
i postite *f*
r постит *m*

P761 e postholith *see* preputial calculus

P762 e posthypnotic suggestion
d posthypnotische Suggestion *f*
f suggestion *f* post-hypnotique
i suggestione *f* postipnotica
r постгипнотическое внушение *n*

P763 e postmortem examination
d Autopsie *f*, Sektion *f*, Leicheneröffnung *f*
f autopsie *f*
i autopsia *f*, esame *m* autoptico
r вскрытие *n* трупа, аутопсия *f*

P764 e postmortem rigidity
d Totenstarre *f*
f rigidité *f* cadavérique
i rigidità *f* cadaverica
r трупное окоченение *n*

P765 e postmortem wart
d Leichenwarze *f*
f tubercule *m* anatomique
i tubercolosi *f* verrucosa
r трупный бугорок *m*, трупная бородавка *f*

P766 e postmyocardial infarction syndrome
d Postinfarktsyndrom *n*
f syndrome *m* post-infarctus du myocarde
i sindrome *f* postinfartuale
r постинфарктный синдром *m*

P767 e postnasal catarrh
d chronische Rhinopharyngitis *f*
f rhinopharyngite *f* chronique
i rinofaringite *f* cronica
r хронический ринофарингит *m*

P768 e postnecrotic cirrhosis
d postnekrotische Leberzirrhose *f*
f cirrhose *f* postnécrotique
i cirrosi *f* postnecrotica
r постнекротический цирроз *m* (печени)

P769 e postoperative course
d postoperativer Verlauf *m*
f évolution *f* post-opératoire (de la maladie)
i decorso *m* postoperatorio (della malattia)
r послеоперационное течение *n* болезни

P770 e postoperative pneumonia
d postoperative Lungenentzündung *f*
f pneumonie *f* post-opératoire
i polmonite *f* postoperatoria
r послеоперационная пневмония *f*

P771 e postpartum psychosis
d postpartale Geistesstörung *f*
f psychose *f* puerpérale
i psicosi *f* post-partum [puerperale]
r послеродовой [пуэрперальный] психоз *m*

P772 e postpharyngeal space
d Retropharyngealraum *m*
f espace *m* rétropharyngien
i spazio *m* retrofaringeo
r заглоточное пространство *n*

P773 e postprandial lipemia
d alimentäre Lipämie *f*
f lipémie *f* alimentaire
i lipemia *f* alimentare
r алиментарная [пищевая] липемия *f*

P774 e postpuberty
d postpubertale Periode *f*
f postpuberté *f*
i postpubertà *f*
r постпубертатный период *m*

P775 e postrenal albuminuria
d falsche [postrenale] Proteinurie *f*

POSTTRAUMATIC DELIRIUM

	f	albuminurie *f* accidentelle, pseudo-albuminurie *f*
	i	pseudoalbuminuria *f*
	r	ложная протеинурия *f*
P776	*e*	**posttraumatic delirium**
	d	posttraumatisches Delirium *n*
	f	délire *m* traumatique
	i	delirio *m* traumatico
	r	посттравматический делирий *m*
P777	*e*	**posttraumatic dementia**
	d	posttraumatischer Schwachsinn *m*
	f	démence *f* traumatique
	i	demenza *f* traumatica
	r	травматическое слабоумие *n*
P778	*e*	**posttraumatic neurosis**
	d	posttraumatische Neurose *f*
	f	névrose *f* traumatique
	i	nevrosi *f* post-traumatica
	r	травматический невроз *m*
P779	*e*	**postural albuminuria**
	d	orthostatische Albuminurie *f*
	f	albuminurie *f* orthostatique
	i	albuminuria *f* ortostatica [posturale]
	r	ортостатическая протеинурия *f*
P780	*e*	**postural hypotension**
	d	orthostatische Blutdrucksenkung *f*
	f	hypotension *f* orthostatique
	i	ipotensione *f* ortostatica [posturale]
	r	ортостатическая [постуральная] гипотензия *f*
P781	*e*	**postural proteinuria** *see* **postural albuminuria**
P782	*e*	**postural reflex**
	d	Haltungsreflex *m*, posturaler Reflex *m*
	f	réflexe *m* de posture
	i	riflesso *m* posturale [di postura]
	r	постуральный [позотонический] рефлекс *m*
P783	*e*	**postural syncope**
	d	orthostatische Ohnmacht *f*
	f	syncope *f* orthostatique
	i	sincope *f* posturale
	r	ортостатический обморок *m*
P784	*e*	**potassemia**
	d	Hyperkaliämie *f*
	f	hyperkaliémie *f*
	i	potassiemia *f*
	r	гиперкалиемия *f*
P785	*e*	**potassium pump**
	d	Kalium-Pumpe *f*
	f	pompe *f* à sodium
	i	pompa *f* sodica
	r	натриево-калиевый насос *m*, натриевая помпа *f*
P786	*e*	**potency, potentia**
	d	Potenz *f*, Zeugungsfähigkeit *f*
	f	puissance *f* sexuelle
	i	potenza *f* sessuale
	r	половая потенция *f*
P787	*e*	**pouch**
	d	Tasche *f*; Sack *m*; Höhle *f*
	f	cul-de-sac *m*
	i	1. tasca *f*; sacca *f* 2. bustina *f* (di farmaco)
	r	карман *m*, мешок *m*, полость *f*
P788	*e*	**pouch of Douglas**
	d	Douglas-Raum *m*
	f	cul-de-sac *m* de Douglas
	i	cavo *m* [tasca *f*] di Douglas
	r	дугласов карман *m*, прямокишечно-маточное углубление *n*
P789	*e*	**poultice**
	d	Kataplasma *n*
	f	cataplasme *m*
	i	fomento *m*, cataplasma *m*
	r	горячий компресс *m*
P790	*e*	**pox**
	d	Pocken *pl*, Blattern *pl*
	f	variole *f*
	i	vaiolo *m*, eruzione *f* papulosa
	r	оспа *f*
P791	*e*	**Pozzi's syndrome**
	d	Pozzi-Syndrom *n*
	f	endométrite *f*
	i	endometrite *f*
	r	эндометрит *m*
P792	*e*	**pragmatamnesia**
	d	Pragmatamnesie *f*
	f	pragmatamnésie *f*
	i	pragmatamnesia *f*
	r	прагматамнезия *f*
P793	*e*	**preanesthetic medication** *see* **premedication**
P794	*e*	**precancer, precancerous lesion**
	d	Präkanzer *m*
	f	précancérose *f*
	i	lesione *f* precancerosa
	r	предрак *m*, предопухолевое состояние *n*
P795	*e*	**precentral gyrus**
	d	vordere Zentralwindung *f*
	f	circonvolution *f* frontale ascendante
	i	circonvoluzione *f* precentrale [frontale ascendente]
	r	прецентральная извилина *f*
P796	*e*	**precipitate delivery**
	d	Sturzgeburt *f*
	f	accouchement *m* précipité
	i	parto *m* precipitato
	r	стремительные роды *pl*
P797	*e*	**precipitation**
	d	Präzipitation *f*
	f	précipitation *f*

PREMATURE INFANT

    i precipitazione *f*
    r преципитация *f*

P798 *e* **precollagenous fiber**
    d Präkollagenfaser *f*
    f fibrille *f* précollagène
    i fibra *f* precollagena
    r преколлагеновое волокно *n*

P799 *e* **precordia**
    d Präkordium *n*, Präkordialgegend *f*, Herzgegend *f*
    f région *f* précordiale
    i regione *f* precordiale
    r прекордиальная область *f*

P800 *e* **precordial lead**
    d Präkordialableitung *f*
    f dérivation *f* précordiale
    i derivazione *f* precordiale
    r грудное отведение *n* ЭКГ

P801 *e* **precordialgia**
    d Präkordialschmerz *m*
    f précordialgie *f*
    i precordialgia *f*
    r загрудинные боли *f pl*

P802 *e* **precorneal film**
    d Präkornealfilm *m*
    f pellicule *f* précornéenne
    i pellicola *f* del corno anteriore dei ventricoli cerebrali
    r прекорнеальная плёнка *f*

P803 *e* **predentin**
    d Prädentin *n*
    f prédentine *f*
    i predentina *f*
    r предентин *m*

P804 *e* **predisposing cause**
    d prädisponierender Faktor *m*
    f facteur *m* prédisposant
    i fattore *m* predisponente
    r предрасполагающий фактор *m*

P805 *e* **predisposition**
    d Prädisposition *f*, Empfänglichkeit *f*
    f prédisposition *f*
    i predisposizione *f*
    r предрасположение *n*

P806 *e* **preeclampsia**
    d Präeklampsie *f*
    f prééclampsie *f*, éclampsisme *m*
    i pre-eclampsia *f*
    r преэклампсия *f*, эклампсизм *m*

P807 *e* **preexcitation syndrome**
    d Präexzitationssyndrom *n*, Wolff-Parkinson-White-Syndrom *n*
    f syndrome *m* de Wolff-Parkinson-White, syndrome *m* d'excitation précoce des ventricules
    i sindrome *f* di Wolff-Parkinson-White [da pre-eccitazione]
    r синдром *m* Вольффа—Паркинсона—Уайта, синдром *m* преждевременного возбуждения желудочков

P808 *e* **prefrontal leukotomy**
    d präfrontale Leukotomie *f*
    f leucotomie *f* préfrontale
    i leucotomia *f* prefrontale
    r (пре)фронтальная лейкотомия *f*

P809 *e* **preganglionic neuron**
    d präganglionäres Neuron *n*
    f neurone *m* préganglionnaire
    i neurone *m* pregangliare
    r преганглионарный нейрон *m*

P810 *e* **pregnancy**
    d Schwangerschaft *f*
    f grossesse *f*
    i gravidanza *f*
    r беременность *f*

P811 *e* **pregnancy gingivitis**
    d Schwangerschaftsgingivitis *f*
    f gingivite *f* des gravides
    i gengivite *f* gravidica
    r гингивит *m* беременных

P812 *e* **pregnant**
    d Schwangere *f*, Gravida *f*
    f grosse *f*, gravide *f*, enceinte *f*
    i gravida *f*, gestante *f*
    r беременная *f*

P813 *e* **prehypophysis**
    d Hypophysenvorderlappen *m*
    f adénohypophyse *f*
    i preipofisi *f*
    r аденогипофиз *m*, передняя доля *f* гипофиза

P814 *e* **prelogical thinking**
    d Infantildenken *n*
    f pensée *f* infantile
    i mentalità *f* prelogica
    r инфантильное [прелогическое, синкретическое] мышление *n*

P815 *e* **premature baby** *see* **premature infant**

P816 *e* **premature beat**
    d Extrasystole *f*
    f extrasystole *f*
    i extrasistole *f*, battito *m* prematuro
    r экстрасистола *f*

P817 *e* **premature birth, premature delivery**
    d Frühgeburt *f*
    f accouchement *m* prématuré
    i parto *m* prematuro
    r преждевременные роды *pl*

P818 *e* **premature infant**
    d frühgeborenes [nichtausgetragenes] Kind *n*

PREMATURE LABOR

	f	prématuré m
	i	prematuro m
	r	недоношенный ребёнок m
P819	e	premature labor see premature birth
P820	e	premature systole see premature beat
P821	e	premaxilla, premaxillary bone
	d	Zwischenkieferknochen m
	f	prémaxillaire m
	i	osso m incisivo
	r	резцовая кость f
P822	e	premedication
	d	Prämedikation f
	f	prémédication f
	i	premedicazione f
	r	премедикация f
P823	e	premenstrual syndrome, premenstrual tension
	d	prämenstruelles Syndrom n
	f	syndrome m prémenstruel
	i	sindrome f premestruale
	r	предменструальный синдром m
P824	e	premolar
	d	Prämolar m, kleiner Backenzahn m
	f	prémolaire f
	i	dente f premolare
	r	премоляр m, малый коренной зуб m
P825	e	premonitary symptom see prodrome
P826	e	preparation
	d	1. Präparat n 2. Vorbereitung f
	f	préparation f
	i	1. preparato m 2. preparazione f
	r	1. препарат m 2. подготовка f
P827	e	prepuce see preputium
P828	e	preputial calculus
	d	Präputialstein m, Vorhautstein m, Smegmolith m
	f	calcul m préputial
	i	calcolo m prepuziale
	r	препуциальный конкремент m [камень m], постолит m
P829	e	preputial gland
	d	Präputialdrüse f, Vorhautdrüse f
	f	glande f préputiale
	i	ghiandola f prepuziale [del prepuzio]
	r	железа f крайней плоти, препуциальная железа f
P830	e	preputium
	d	Vorhaut f, Präputium n
	f	prépuce m
	i	prepuzio m
	r	крайняя плоть f
P831	e	prepyramidal tract
	d	rubrospinale Bahn f, Monakow-Bahn f

	f	faisceau m rubro-spinal
	i	fascio m rubro-spinale
	r	красноядерно-спинномозговой [руброспинальный] путь m
P832	e	presacral anesthesia, presacral block
	d	Präsakralanästhesie f
	f	anesthésie f parasacrée
	i	blocco m presacrale
	r	пресакральная [парасакральная] анестезия f
P833	e	presbyacousia, presbyacusia, presbyacusis
	d	Presbyakusis f, Altersschwerhörigkeit f
	f	presbyacousie f
	i	presbiacusia f
	r	пресбиакузис m, старческая тугоухость f
P834	e	presbyatrics
	d	Geriatrie f, Altersheilkunde f
	f	gériatrie f
	i	geriatria f
	r	гериатрия f, пресбиатрия f
P835	e	presbyophrenia
	d	senile Demenz f, Altersschwachsinn m, Altersdemenz f, Altersblödsinn m
	f	presbyophrénie f
	i	presbiofrenia f, demenza f senile
	r	пресбиофрения f, конфабуляторное старческое слабоумие n
P836	e	presbyopia
	d	Presbyopie f, Altersweitsichtigkeit f
	f	presbyopie f
	i	presbiopia f
	r	пресбиопия f, старческая дальнозоркость f
P837	e	prescription
	d	Rezept n, Arzneivorschrift f
	f	prescription f, ordonnance f
	i	prescrizione f, ricetta f
	r	рецепт m
P838	e	presenile
	d	präsenil
	f	présénile
	i	presenile
	r	пресенильный
P839	e	presenility
	d	Präsenilität f, vorzeitige Alterung f
	f	présénilité f
	i	presenilità f
	r	преждевременное старение n
P840	e	presphygmic interval, presphygmic period
	d	präsphygmische Phase f
	f	période f présphygmique
	i	intervallo m presfigmico
	r	пресфигмический интервал m

PRIMARY COLORS

P841   *e*   **pressoreceptor**
     d   Pressorezeptor *m*, Barorezeptor *m*, Druckrezeptor *m*
     f   barorécepteur *m*, pressorécepteur *m*
     i   pressorecettore *m*, barorecettore *m*
     r   барорецептор *m*, прессорецептор *m*

P842   *e*   **pressure fracture**
     d   Kompressionsfraktur *f*
     f   fracture *f* par compression
     i   frattura *f* da schiacciamento
     r   компрессионный перелом *m*

P843   *e*   **pressure sense**
     d   Barästhesie *f*, Drucksinn *m*
     f   baresthésie *f*
     i   barestesia *f*
     r   барестезия *f*

P844   *e*   **pressure sore**
     d   Dekubitus *m*, Druckbrand *m*, Dekubitalgeschwür *n*
     f   décubitus *m*
     i   ulcera *f* da decubito, decubiti *m pl*
     r   пролежень *m*

P845   *e*   **presynaptic membrane**
     d   präsynaptische Membran *f*
     f   membrane *f* présynaptique
     i   membrana *f* presinaptica
     r   пресинаптическая мембрана *f*

P846   *e*   **presystolic gallop**
     d   präsystolischer Galopprhythmus *m*
     f   bruit *m* de galop présystolique
     i   galoppo *m* atriale [presistolico]
     r   пресистолический ритм *m* галопа

P847   *e*   **presystolic murmur**
     d   präsystolisches Geräusch *n*
     f   souffle *m* présystolique
     i   soffio *m* presistolico
     r   пресистолический шум *m*

P848   *e*   **pretibial fever**
     d   prätibiales Fieber *n*, Fort-Bragg-Fieber *n*
     f   fièvre *f* prétibiale [de Fort Bragg]
     i   febbre *f* pretibiale
     r   претибиальная лихорадка *f*

P849   *e*   **pretibial myxedema**
     d   nodale Hautmuzinose *f*
     f   myxœdème *m* tubéreux
     i   mixedema *m* pretibiale
     r   узловатый муциноз *m* кожи, претибиальная [туберозная нодозная] микседема *f*

P850   *e*   **preventive dose**
     d   Präventivdosis *f*
     f   dose *f* préventive
     i   dose *f* preventiva
     r   профилактическая доза *f*

P851   *e*   **preventive medicine**
     d   Präventivmedizin *f*
     f   médecine *f* préventive
     i   medicina *f* preventiva
     r   профилактическая медицина *f*

P852   *e*   **preventive treatment** *see* **prophylactic treatment**

P853   *e*   **prevertebral ganglia** *pl*
     d   Prävertebralganglien *n pl*
     f   ganglions *m pl* prévertébraux
     i   gangli *m pl* prevertebrali
     r   превертебральные симпатические ганглии *m pl*

P854   *e*   **prevesical space**
     d   Retzius-Raum *m*, prävesikaler Raum *m*
     f   espace *m* prévésical [de Retzius]
     i   spazio *m* prevescicale, cavità *f* di Retzius
     r   залобковое [предпузырное] пространство *n*

P855   *e*   **priapism**
     d   Priapismus *m*
     f   priapisme *m*
     i   priapismo *m*
     r   приапизм *m*

P856   *e*   **prickle cell**
     d   Stachelzelle *f*
     f   cellule *f* à piquants
     i   cellula *f* spinosa
     r   шиповатая клетка *f*

P857   *e*   **primary adhesion**
     d   Primärheilung *f*
     f   cicatrisation *f* par première intention
     i   guarigione *f* per prima intenzione, prima intenzione *f*
     r   заживление *n* первичным натяжением

P858   *e*   **primary amenorrhea**
     d   primäre Amenorrhoe *f*
     f   amenorrhée *f* primaire
     i   amenorrea *f* primaria
     r   первичная аменорея *f*

P859   *e*   **primary atelectasis**
     d   fetale [angeborene] Atelektase *f*
     f   atélectasie *f* congénitale
     i   atelectasia *f* congenita
     r   врождённый ателектаз *m* лёгких

P860   *e*   **primary brain vesicle**
     d   Hirnblase *f*
     f   vésicule *f* cérébrale
     i   vescicola *f* encefalica
     r   мозговой пузырь *m*

P861   *e*   **primary colors** *pl*
     d   Grundfarben *f pl*
     f   couleurs *f pl* fondamentales

PRIMITIVE KNOT

	i	colori *m pl* fondamentali
	r	основные [первичные] цвета *m pl*
P862	e	primitive knot, primitive node
	d	Primitivknoten *m*, Primordialknoten *m*
	f	nœud *m* primitif
	i	nodo *m* primitivo
	r	первичный узелок *m*
P863	e	primordial ovarian follicle
	d	Primordialfollikel *m*
	f	follicule *m* primordial
	i	follicolo *m* ovarico primordiale
	r	примордиальный фолликул *m*
P864	e	principal optic axis
	d	optische Hauptachse *f*
	f	axe *m* optique principal
	i	asse *m* ottico principale
	r	главная оптическая ось *f (глаза)*
P865	e	principal points *pl*
	d	Hauptpunkte *m pl*
	f	points *m pl* principaux
	i	punti *m pl* principali
	r	главные точки *f pl (оптической системы глаза)*
P866	e	Pringle's disease
	d	Pringle-Krankheit *f*, Talgdrüsenadenom *n*
	f	adénome *m* sébacé de Pringle, maladie *f* de Pringle
	i	adenoma *m* sebaceo di Pringle
	r	аденома *f* сальных желёз Прингла
P867	e	privates *pl*
	d	äußere Geschlechtsorgane *n pl*
	f	organes *m pl* génitaux extérieurs
	i	organi *m pl* genitali esterni
	r	наружные половые органы *m pl*
P868	e	proband
	d	Proband *m*, Versuchsperson *f*
	f	proband *m*
	i	probando *m*
	r	пробанд *m*
P869	e	probe
	d	Sonde *f*, Katheter *m*
	f	sonde *f*
	i	sonda *f*, catetere *m*
	r	зонд *m*
P870	e	procedure
	d	1. Prozedur *f*, Heilverfahren *n* 2. Operativverfahren *n*
	f	1. procédure *f* 2. méthode *f* opératoire
	i	1. procedura *f*, intervento *m* 2. metodo *m* operatorio
	r	1. процедура *f* 2. оперативный приём *m*
P871	e	process
	d	1. Vorgang *m*, Ablauf *m* 2. Fortsatz *m*, Processus *m*
	f	1. procès *m*, processus *m* 2. apophyse *f*, prominence *f*
	i	1. processo *m* 2. apofisi *f*
	r	1. процесс *m* 2. отросток *m*, выступ *m*
P872	e	proconvertin
	d	Prokonvertin *n*
	f	proconvertine *f*, facteur *m* delta, facteur *m* VII
	i	proconvertina *f*, fattore *m* VII [stabile]
	r	проконвертин *m*, фактор *m* VII *(свёртывания крови)*
P873	e	proctalgia
	d	Proktalgie *f*, Mastdarmschmerz *m*
	f	proctalgie *f*, proctodynie *f*
	i	proctalgia *f*, proctodinia *f*
	r	проктодиния *f*, прокталгия *f*
P874	e	proctectomy
	d	Proktektomie *f*, Mastdarmentfernung *f*
	f	proctectomie *f*
	i	proctectomia *f*
	r	проктэктомия *f*
P875	e	proctitis
	d	Proktitis *f*, Mastdarmentzündung *f*
	f	proctite *f*
	i	proctite *f*
	r	проктит *m*
P876	e	proctocele
	d	Rektozele *f*, Proktozele *f*, Mastdarmbruch *m*
	f	proctocèle *f*
	i	rettocele *m*, proctocele *m*
	r	ректоцеле *n*, проктоцеле *n*
P877	e	proctocolectomy
	d	Proktokolektomie *f*
	f	proctocolectomie *f*
	i	proctocolectomia *f*
	r	проктоколэктомия *f*
P878	e	proctocolitis
	d	Proktokolitis *f*, Mastdarm- und Dickdarmentzündung *f*
	f	proctocolite *f*
	i	proctocolite *f*
	r	проктоколит *m*
P879	e	proctocolonoscopy
	d	Proktokolonoskopie *f*
	f	proctosigmoïdoscopie *f*
	i	rettosigmoidoscopia *f*, proctocolonscopia *f*
	r	1. колоноскопия *f* 2. ректороманоскопия *f*
P880	e	proctodynia *see* proctalgia
P881	e	proctology
	d	Proktologie *f*
	f	proctologie *f*

PROGNATHISM

- *i* proctologia *f*
- *r* проктология *f*

P882
- *e* **proctoperineoplasty, proctoperineorrhaphy**
- *d* Proktoperineoplastik *f*, Proktoperineorraphie *f*
- *f* proctopérinéoplastie *f*, proctopérinéorrhaphie *f*
- *i* rettoperineorrafia *f*
- *r* проктоперинеопластика *f*, проктоперинеорафия *f*

P883
- *e* **proctopexy**
- *d* Proktopexie *f*, Rektopexie *f*, Mastdarmanheftung *f*
- *f* proctopexie *f*, rectopexie *f*
- *i* proctopessia *f*, rettopessia *f*
- *r* проктопексия *f*

P884
- *e* **proctoplasty**
- *d* Proktoplastik *f*
- *f* proctoplastie *f*
- *i* proctoplastica *f*
- *r* проктопластика *f*

P885
- *e* **proctorrhagia**
- *d* Proktorrhagie *f*, Rektumblutung *f*
- *f* proctorragie *f*
- *i* proctorragia *f*, emorragia *f* rettale
- *r* прокторрагия *f*, анальное кровотечение *n*

P886
- *e* **proctoscope**
- *d* Proktoskop *n*, Rektoskop *n*, Mastdarmspiegel *m*
- *f* proctoscope *m*
- *i* rettoscopio *m*, proctoscopio *m*
- *r* ректоскоп *m*

P887
- *e* **proctoscopy**
- *d* Proktoskopie *f*, Rektoskopie *f*, Mastdarmspiegelung *f*
- *f* proctoscopie *f*, rectoscopie *f*
- *i* rettoscopia *f*, proctoscopia *f*
- *r* ректоскопия *f*, проктоскопия *f*

P888
- *e* **proctosigmoidectomy**
- *d* Proktosigmoidektomie *f*
- *f* proctosigmoïdectomie *f*
- *i* proctosigmoidectomia *f*
- *r* ректосигмоидэктомия *f*

P889
- *e* **proctosigmoiditis**
- *d* Proktosigmoiditis *f*
- *f* recto-sigmoïdite *f*
- *i* proctosigmoidite *f*
- *r* проктосигмоидит *m*

P890
- *e* **proctosigmoidoscopy** *see* **proctocolonoscopy**

P891
- *e* **proctospasm**
- *d* Proktospasmus *m*, Afterkrampf *m*
- *f* proctospasme *m*

- *i* proctospasmo *m*, spasmo *m* rettale
- *r* проктоспазм *m*

P892
- *e* **proctostasis**
- *d* Proktostase *f*
- *f* proctostase *f*
- *i* proctostasi *f*
- *r* проктостаз *m*

P893
- *e* **proctotomy**
- *d* Proktotomie *f*
- *f* proctotomie *f*
- *i* proctotomia *f*
- *r* проктотомия *f*

P894
- *e* **procursive epilepsia**
- *d* prokursiver Epilepsieanfall *m*
- *f* épilepsie *f* procursive
- *i* epilessia *f* procursiva
- *r* прокурсивный эпилептический припадок *m*

P895
- *e* **prodrome**
- *d* Prodrom *n*, Vorbote *m*, Vorläufer *m*
- *f* prodrome *m*
- *i* prodromo *m*
- *r* продром *m*, предвестник *m* болезни

P896
- *e* **productive inflammation** *see* **proliferative inflammation**

P897
- *e* **proenzyme, proferment**
- *d* Proenzym *n*, Proferment *n*
- *f* proenzyme *m*
- *i* proenzima *m*, zimogeno *m*
- *r* профермент *m*, проэнзим *m*

P898
- *e* **professional neurosis**
- *d* Beschäftigungsneurose *f*
- *f* névrose *f* professionnelle
- *i* nevrosi *f* professionale
- *r* профессиональная дискинезия *f*, координаторный невроз *m*

P899
- *e* **profibrinolysin** *see* **plasminogen**

P900
- *e* **progeria**
- *d* Progerie *f*
- *f* progérie *f*, progéria *f*
- *i* progeria *f*, malattia *f* di Hutchinson-Gilford
- *r* прогерия *f*, преждевременное старение *n*

P901
- *e* **progestational hormone, progesterone**
- *d* Progesteron *n*
- *f* progestérone *f*
- *i* progesterone *m*, ormone *m* progestativo
- *r* прогестерон *m*

P902
- *e* **prognathism**
- *d* Prognathie *f*, Oberkiefervorstand *m*
- *f* prognathisme *m*, prognathie *f*
- *i* prognatismo *m*
- *r* прогнатия *f*

407

PROGNOSIS

P903   *e*   **prognosis**
       d   Prognose *f*, Krankheitsvorhersage *f*, Voraussage *f*
       f   prognose *f*
       i   prognosi *f*
       r   прогноз *m*

P904   *e*   **progranulocyte** see **promyelocyte**

P905   *e*   **progressive bulbar paralysis**
       d   progressive Bulbarparalyse *f*
       f   paralysie *f* bulbaire progressive
       i   paralisi *f* bulbare progressiva
       r   прогрессирующий бульбарный паралич *m*

P906   *e*   **progressive choroidal atrophy**
       d   Chorioideremie *f*, Aderhautatrophie *f*
       f   atrophie *f* chorioïdale progressive
       i   atrofia *f* progressiva della coroide
       r   хориоидеремия *f*, прогрессирующая атрофия *f* сосудистой оболочки (глаза)

P907   *e*   **progressive emphysematous necrosis**
       d   Gasbrand *m*, Gasgangrän *f*, Gasödem *n*
       f   gangrène *f* foudroyante [gazeuse]
       i   cancrena *f* gassosa
       r   газовая гангрена *f*

P908   *e*   **progressive lipodystrophy**
       d   progressive Lipodystrophie *f*
       f   lipodystrophie *f* progressive
       i   lipodistrofia *f* progressiva
       r   прогрессирующая липодистрофия *f*

P909   *e*   **progressive muscular atrophy**
       d   Aran-Duchenne-Krankheit *f*, spinale progressive Muskelatrophie *f*
       f   atrophie *f* musculaire progressive, amyotrophie *f* d'Aran-Duchenne
       i   atrofia *f* muscolare progressiva
       r   амиотрофия *f* Арана—Дюшенна

P910   *e*   **progressive pigmentary dermatosis**
       d   Schamberg-Krankheit *f*, progressive retikuläre Hauthämosiderose *f*
       f   dermatose *f* pigmentaire progressive, maladie *f* de Schamberg
       i   dermatosi *f* pigmentaria progressiva, sindrome *f* di Schamberg
       r   прогрессирующий сетчатый гемосидероз *m* кожи, болезнь *f* Шамберга

P911   *e*   **progressive systemic sclerosis**
       d   systemische Sklerodermie *f*
       f   sclérodermie *f* progressive [généralisée]
       i   sclerosi *f* sistemica progressiva
       r   системная склеродермия *f*

P912   *e*   **projection**
       d   Erhöhung *f*, Vorsprung *m*, Vorwölbung *f*
       f   éminence *f*
       i   sporgenza *f*
       r   возвышенность *f*, выступ *m*

P913   *e*   **prolactin**
       d   Prolaktin *n*, luteotropes [laktotropes] Hormon *n*, Laktationshormon *n*
       f   prolactine *f*
       i   prolattina *f*, lattogeno *m*, ormone *m* galattogeno
       r   пролактин *m*

P914   *e*   **prolapse**
       d   Prolaps *m*, Vorfall *m*
       f   prolapsus *m*
       i   prolasso *m*
       r   пролапс *m*, выпадение *n*

P915   *e*   **proliferation**
       d   Proliferation *f*, Wucherung *f*
       f   prolifération *f*
       i   proliferazione *f*
       r   пролиферация *f*

P916   *e*   **proliferative arthritis**
       d   proliferative Gelenkentzündung *f*, proliferative Arthritis *f*
       f   arthrite *f* proliférative
       i   artrite *f* proliferativa
       r   пролиферативный артрит *m*

P917   *e*   **proliferative inflammation**
       d   Proliferativentzündung *f*, produktive Entzündung *f*
       f   inflammation *f* proliférative
       i   infiammazione *f* produttiva
       r   продуктивное [пролиферативное] воспаление *n*

P918   *e*   **proligerous disk, proligerous membrane**
       d   Eihügel *m*
       f   disque *m* épais (proligère)
       i   disco *m* proligero, cumulo *m* ooforo
       r   яйценосный холмик *m*, яйценосный бугорок *m*

P919   *e*   **proline**
       d   Prolin *n*
       f   proline *f*
       i   prolina *f*
       r   пролин *m*

P920   *e*   **prolonged sleep treatment**
       d   Dauerschlafbehandlung *f*, Schlaftherapie *f*
       f   cure *f* de sommeil
       i   terapia *f* da sonno prolungato
       r   терапия *f* сном

P921   *e*   **promontory**
       d   Promontorium *n*, Vorgebirge *n*
       f   promontoire *m*

PROSTAGLANDINS

	i	promontorio *m*
	r	1. мыс *m*, промонторий *m* 2. возвышение *n*, выступ *m*
P922	*e*	**promyelocyte**
	d	Promyelozyt *m*
	f	promyélocyte *m*
	i	promielocito *m*
	r	промиелоцит *m*
P923	*e*	**promyelocytic leukemia**
	d	promyelozytäre Leukämie *f*
	f	leucémie *f* promyélocytaire
	i	leucemia *f* promieloide, promielocitosi *f*
	r	промиелоцитарный лейкоз *m*
P924	*e*	**pronation**
	d	Pronation *f*
	f	pronation *f*
	i	pronazione *f*
	r	пронация *f*
P925	*e*	**pronator**
	d	Pronator *m*
	f	pronateur *m*
	i	pronatore *m*
	r	пронатор *m*
P926	*e*	**pronephros**
	d	Pronephros *m*, Vorniere *f*
	f	pronéphros *m*
	i	pronefro *m*
	r	предпочка *f*, пронефрос *m*
P927	*e*	**propagation**
	d	1. Fortpflanzung *f*, Reproduktion *f* 2. Ausbreitung *f*
	f	1. reproduction *f* 2. propagation *f*
	i	1. riproduzione *f* 2. propagazione *f*
	r	1. размножение *n* 2. распространение *n*
P928	*e*	**prophase**
	d	Prophase *f*
	f	prophase *f*
	i	profase *f* mitotica
	r	профаза *f*
P929	*e*	**prophylactic membrane** *see* **pyogenic membrane**
P930	*e*	**prophylactic treatment**
	d	prophylaktische Behandlung *f*, vorbeugende Therapie *f*; Metaphylaxe *f*
	f	traitement *m* prophylactique [préventif]
	i	trattamento *m* profilattico [preventivo]
	r	противорецидивное лечение *m*; вторичная профилактика *f*
P931	*e*	**prophylaxis**
	d	Prophylaxe *f*, Vorbeugung *f*, Verhütung *f*
	f	prophylaxie *f*
	i	profilassi *f*
	r	профилактика *f*
P932	*e*	**propositus** *see* **proband**
P933	*e*	**proprioceptive reflex**
	d	propriozeptiver Reflex *m*, Eigenreflex *m*
	f	réflexe *m* proprioceptif
	i	riflesso *m* propriocettivo
	r	проприоцептивный рефлекс *m*
P934	*e*	**proprioceptive sense**
	d	propriozeptive [tiefe] Sensibilität *f*
	f	sensibilité *f* proprioceptive
	i	sensibilità *f* propriocettiva [profonda]
	r	проприоцептивная [глубокая] чувствительность *f*
P935	*e*	**proprioceptor**
	d	Propriorezeptor *m*, Interorezeptor *m*
	f	propriorécepteur *m*
	i	propriocettore *m*
	r	проприо(ре)цептор *m*
P936	*e*	**propulsion**
	d	Trippelgang *m*, Propulsion *f*
	f	propulsion *f*
	i	propulsione *f*
	r	пропульсия *f*
P937	*e*	**prosector**
	d	Prosektor *m*
	f	prosecteur *m*
	i	dissettore *m*
	r	прозектор *m*
P938	*e*	**proso(po)plegia**
	d	Proso(po)plegie *f*, Gesichtslähmung *f*
	f	proso(po)plégie *f*, paralysie *f* de Bell [faciale]
	i	paralisi *f* di Bell [facciale]
	r	прозоплегия *f*, паралич *m* Белла
P939	*e*	**prosopospasm**
	d	Prosopospasmus *m*, Gesichts(muskel)krampf *m*
	f	spasme *m* facial
	i	tic *m* facciale
	r	прозопоспазм *m*
P940	*e*	**prosopotocia**
	d	Gesichtslage *f*
	f	présentation *f* de la face
	i	presentazione *f* di faccia
	r	лицевое предлежание *n* плода
P941	*e*	**prospermia**
	d	vorzeitiger Samenerguß *m*, Prospermie *f*
	f	prospermie *f*, éjaculation *f* précoce
	i	eiaculazione *f* precoce
	r	ускоренная эякуляция *f*
P942	*e*	**prostaglandins** *pl*
	d	Prostaglandine *n pl*

PROSTATA

    f prostaglandines *f pl*
    i prostaglandine *f pl*
    r простагландины *m pl*

P943 *e* **prostata, prostate**
    d Prostata *f*, Vorsteherdrüse *f*
    f prostate *f*
    i prostata *f*, ghiandola *f* prostatica
    r предстательная железа *f*, простата *f*

P944 *e* **prostatectomy**
    d Prostatektomie *f*, Vorsteherdrüsenexzision *f*
    f prostatectomie *f*
    i prostatectomia *f*
    r простатэктомия *f*

P945 *e* **prostate gland** *see* **prostata**

P946 *e* **prostatic ducts** *pl*
    d Vorsteherdrüsengänge *m pl*
    f canalicules *m pl* prostatiques
    i dotti *m pl* prostatici
    r предстательные проточки *m pl*, простатические протоки *m pl*

P947 *e* **prostatic urethra**
    d prostatische Harnröhre *f*
    f urètre *m* prostatique
    i uretra *f* prostatica
    r простатическая часть *f* мочеиспускательного канала

P948 *e* **prostatitis**
    d Prostatitis *f*, Prostataentzündung *f*, Vorsteherdrüsenentzündung *f*
    f prostatite *f*
    i prostatite *f*
    r простатит *m*

P949 *e* **prostatolith**
    d Prostatastein *m*, Vorsteherdrüsenstein *m*
    f prostatolithe *m*
    i calcolo *m* prostatico
    r конкремент *m* предстательной железы

P950 *e* **prostatomegaly**
    d Vorsteherdrüsenhypertrophie *f*
    f hypertrophie *f* prostatique
    i ipertrofia *f* prostatica
    r гипертрофия *f* предстательной железы

P951 *e* **prosta(to)tomy**
    d Prostatainzision *f*
    f prostatotomie *f*
    i prostatotomia *f*
    r простатомия *f*

P952 *e* **prostatovesiculectomy**
    d Prostatovesikulektomie *f*
    f prostatovésiculectomie *f*
    i prostatovescicolectomia *f*
    r тотальная [радикальная, расширенная] простатэктомия *f*, простатовезикулэктомия *f*

P953 *e* **prosthesis**
    d Prothese *f*
    f prothèse *f*
    i protesi *f*
    r протез *m*

P954 *e* **prosthetic group**
    d prosthetische Gruppe *f*
    f groupement *m* prosthétique
    i gruppo *m* prostetico
    r простетическая группа *f*

P955 *e* **prosthetics**
    d Prothetik *f*
    f prothèse *f*
    i prostetica *f*
    r протезирование *n*

P956 *e* **prostration**
    d Prostration *f*
    f prostration *f*
    i prostrazione *f*
    r прострация *f*

P957 *e* **protanomaly**
    d Protanomalie *f*
    f protanomalie *f*
    i protanomalia *f*
    r протаномалия *f*

P958 *e* **protanopia**
    d Protanopie *f*
    f protanopie *f*
    i protanopia *f*
    r протанопия *f*

P959 *e* **protease**
    d Protease *f*, proteolytisches Ferment *n*
    f protéase *f*
    i proteasi *f*
    r протеолитический фермент *m*, протеаза *f*

P960 *e* **proteid, protein**
    d 1. Eiweiß *n* 2. Proteid *n* 3. Protein *n*
    f 1. albumine *f* 2. protéide *m* 3. protéine *f*
    i 1. albumina *f* 2. proteide *m* 3. proteina *f*
    r 1. белок *m* 2. протеид *m*, сложный белок *m* 3. протеин *m*, простой белок *m*

P961 *e* **protein metabolism**
    d Eiweißstoffwechsel *m*
    f métabolisme *m* protéinique
    i metabolismo *m* proteico
    r белковый обмен *m*

P962 *e* **proteinase**
    d Proteinase *f*
    f protéinase *f*

PSEUDOCROUP

	i	proteinasi *f*
	r	протеиназа *f*
P963	*e*	**proteinuria**
	d	Proteinurie *f*
	f	protéinurie *f*
	i	proteinuria *f*
	r	протеинурия *f*
P964	*e*	**proteolysis**
	d	Proteolyse *f*, Eiweißspaltung *f*
	f	protéolyse *f*
	i	proteolisi *f*
	r	протеолиз *m*
P965	*e*	**proteolytic enzyme** *see* **protease**
P966	*e*	**proteometabolism** *see* **protein metabolism**
P967	*e*	**prothrombin**
	d	Prothrombin *n*
	f	prothrombine *f*
	i	protrombina *f*
	r	протромбин *m*
P968	*e*	**prothrombin time**
	d	Prothrombinzeit *f*
	f	temps *m* de prothrombine [de Quick]
	i	tempo *m* di protrombina
	r	протромбиновое время *n*
P969	*e*	**prothrombinase**
	d	Prothrombinase *f*
	f	prothrombinase *f*
	i	protrombinasi *f*
	r	протромбиназа *f*
P970	*e*	**prothrombinogen**
	d	Prothrombinogen *n*
	f	prothrombinogène *m*
	i	protrombinogeno *m*
	r	протромбиноген *m*
P971	*e*	**prothrombinopenia**
	d	Prothrombinmangel *m*
	f	hypoprothrombinémie *f*
	i	ipoprotrombinemia *f*
	r	гипопротромбинемия *f*
P972	*e*	**protoplasm**
	d	Protoplasma *n*
	f	protoplasma *m*
	i	protoplasma *m*
	r	протоплазма *f*
P973	*e*	**protoplasmic astrocyte**
	d	plasmatischer Astrozyt *m*
	f	astrocyte *m* plasmatique
	i	astrocito *m* a raggi brevi, cellula *f* protoplasmatica
	r	плазматический [протоплазматический] астроцит *m*
P974	*e*	**protrusion**
	d	Protrusion *f*, Vorwölbung *f*, Vorstülpung *f*
	f	protrusion *f*
	i	protrusione *f*
	r	выбухание *n*, протрузия *f*
P975	*e*	**protrypsin**
	d	Protrypsin *n*, Trypsinogen *n*
	f	trypsinogène *m*
	i	tripsinogeno *m*
	r	трипсиноген *m*
P976	*e*	**psammotherapy**
	d	Psammotherapie *f*, Sandtherapie *f*
	f	psammothérapie *f*
	i	psammoterapia *f*, sabbiatura *f*
	r	псаммотерапия *f*
P977	*e*	**pseudoagglutination**
	d	Scheinagglutination *f*, Pseudoagglutination *f*
	f	pseudo-agglutination *f*
	i	pseudoagglutinazione *f*
	r	псевдоагглютинация *f*
P978	*e*	**pseudoanemia**
	d	(angiospastische) Scheinanämie *f*
	f	pseudo-anémie *f*
	i	pseudoanemia *f*
	r	псевдоанемия *f*
P979	*e*	**pseudoarthrosis**
	d	Pseudoarthrose *f*, Falschgelenk *n*
	f	pseudarthrose *f*
	i	pseudoartrosi *f*
	r	ложный сустав *m*, псевдоартроз *m*
P980	*e*	**pseudoataxia, pseudoataxy** *see* **pseudotabes**
P981	*e*	**pseudoblepsia, pseudobleosis** *see* **pseudopsia**
P982	*e*	**pseudobulbar paralysis**
	d	Pseudobulbärparalyse *f*
	f	paralysie *f* pseudo-bulbaire
	i	paralisi *f* pseudobulbare
	r	псевдобульбарный паралич *m*
P983	*e*	**pseudocast**
	d	Scheinzylinder *m*
	f	cylindroïde *m*
	i	pseudocilindro *m*
	r	цилиндроид *m*
P984	*e*	**pseudocirrhosis**
	d	Pseudoleberzirrhose *f*, Pick-Pseudoleberzirrhose *f*
	f	pseudo-cirrhose *f* de Pick
	i	pseudocirrosi *f*
	r	псевдоцирроз *m* Пика
P985	*e*	**pseudocoxalgia** *see* **Perthes' disease**
P986	*e*	**pseudocroup**
	d	Pseudokrupp *m*
	f	pseudo-croup *m*, laryngite *f* striduleuse

PSEUDOCYST

- *i* pseudocrup *m*
- *r* ложный круп *m*, псевдокруп *m*

P987 *e* **pseudocyst**
- *d* Pseudozyste *f*, Scheinzyste *f*
- *f* pseudokyste *f*
- *i* pseudocisti *f*
- *r* псевдокиста *f*, кистоид *m*

P988 *e* **pseudodementia**
- *d* Pseudodemenz *f*
- *f* pseudodémence *f*
- *i* pseudodemenza *f*
- *r* псевдодеменция *f*

P989 *e* **pseudogeusia**
- *d* Scheingeschmack *m*; Geschmackshalluzination *f*
- *f* pseudogueusie *f*
- *i* pseudogeusia *f*
- *r* вкусовая галлюцинация *f*

P990 *e* **pseudoglanders**
- *d* Melioidose *f*, Malleoidose *f*
- *f* mélioïdose *f*, pseudomorve *f*
- *i* pseudomorva *f*
- *r* мелиодоз *m*, ложный сап *m*

P991 *e* **pseudogout**
- *d* Pseudogicht *f*
- *f* pseudogoutte *f*
- *i* pseudogotta *f*
- *r* псевдоподагра *f*

P992 *e* **pseudohermaphroditism**
- *d* Pseudohermaphroditismus *m*, Scheinzwittertum *n*
- *f* pseudo-hermaphrodisme *m*
- *i* pseudoermafroditismo *m*
- *r* ложный гермафродитизм *m*, псевдогермафродитизм *m*

P993 *e* **pseudohypertrophic muscular atrophy, pseudohypertrophic muscular dystrophy**
- *d* pseudohypertrophische Muskelatrophie *f*
- *f* myopathie *f* pseudo-hypertrophique de Duchenne
- *i* distrofia *f* muscolare pseudoipertrofica di Duchenne
- *r* псевдогипертрофическая миопатия *f*, болезнь *f* Дюшенна

P994 *e* **pseudoicterus, pseudojaundice**
- *d* Scheingelbsucht *f*
- *f* pseudo-ictère *m*
- *i* pseudoittero *m*
- *r* псевдожелтуха *f*, ложная [экзогенная] желтуха *f*

P995 *e* **pseudoluxation**
- *d* Scheinluxation *f*
- *f* subluxation *f*
- *i* pseudolussazione *f*
- *r* подвывих *m*, неполный вывих *m*

P996 *e* **pseudomelanosis**
- *d* Pseudomelanose *f*
- *f* pseudomélanose *f*
- *i* pseudomelanosi *f*
- *r* псевдомеланоз *m*, ложный [трупный] меланоз *m*

P997 *e* **pseudomembranous colic**
- *d* pseudomembranöse Kolik *f*
- *f* colique *f* muqueuse
- *i* colica *f* pseudomembranosa
- *r* слизистая колика *f*

P998 *e* **pseudomembranous colitis**
- *d* pseudomembranöse Kolitis *f*
- *f* colite *f* pseudo-membraneuse
- *i* colite *f* pseudomembranosa
- *r* псевдомембранозный колит *m*

P999 *e* **pseudometaplasia**
- *d* Pseudometaplasie *f*
- *f* pseudométaplasie *f*
- *i* pseudometaplasia *f*
- *r* гистологическая аккомодация *f*, псевдометаплазия *f*

P1000 *e* **pseudomnesia** *see* **paramnesia**

P1001 *e* **pseudomyopia**
- *d* Scheinmyopie *f*, scheinbare Kurzsichtigkeit *f*
- *f* pseudomyopie *f*
- *i* pseudomiopia *f*
- *r* ложная близорукость *f*, псевдомиопия *f*

P1002 *e* **pseudonucleolus**
- *d* Karyosom *n*
- *f* caryosome *m*
- *i* cariosoma *m*
- *r* кариосома *f*

P1003 *e* **pseudoparasite**
- *d* Pseudoparasit *m*, Scheinparasit *m*
- *f* pseudoparasite *m*
- *i* pseudoparassita *m*
- *r* ложный паразит *m*

P1004 *e* **pseudopolyp**
- *d* Pseudopolyp *m*
- *f* pseudo-polype *m*
- *i* pseudopolipo *m*
- *r* псевдополип *m*

P1005 *e* **pseudopregnancy**
- *d* Scheinschwangerschaft *f*
- *f* fausse grossesse *f*
- *i* pseudogravidanza *f*
- *r* ложная [мнимая] беременность *f*

P1006 *e* **pseudopsia**
- *d* 1. Pseudopsie *f*, falsches Sehen *n* 2. visuelle [optische] Halluzination *f*
- *f* 1. pseudoblepsie *f* 2. hallucination *f* visuelle
- *i* pseudopsia *f*, pseudoblepsia *f*

PSYCHOGENIC POLYDIPSIA

	r	1. зрительная иллюзия f 2. зрительная галлюцинация f
P1007	e	**pseudorabies**
	d	Pseudorabies f, Pseudowut f, Aujeszky-Krankheit f
	f	pseudorage f, maladie f d'Aujeszky
	i	pseudorabbia f
	r	болезнь f Ауески, ложное бешенство n
P1008	e	**pseudorickets**
	d	renale Rachitis f
	f	rachitisme m rénal
	i	pseudorachitismo m, rachitismo m renale
	r	почечный рахит m
P1009	e	**pseudosmallpox**
	d	Alastrim f, weiße Pocken pl
	f	alastrim m
	i	alastrim m, variola f minor
	r	аластрим m, белая оспа f
P1010	e	**pseudosmia**
	d	Geruchshalluzination f
	f	pseudosmie f
	i	pseudosmia f
	r	обонятельная галлюцинация f
P1011	e	**pseudotabes**
	d	Pseudotabes f
	f	pseudo-tabès m
	i	pseudotabe f
	r	псевдотабес m
P1012	e	**pseudovariola** see **pseudosmallpox**
P1013	e	**psittacosis**
	d	Psittakose f, Papageienkrankheit f
	f	psittacose f
	i	psittacosi f
	r	пситтакоз m
P1014	e	**psoriasis**
	d	Psoriasis f, Schuppenflechte f, schuppende Hautflechte f
	f	psoriasis m
	i	psoriasi f
	r	псориаз m, чешуйчатый лишай m
P1015	e	**psychalgia**
	d	Psychalgie f
	f	psychalgie f
	i	psicalgia f
	r	психалгия f, психическая невралгия f
P1016	e	**psychanopsia**
	d	optische [visuelle] Agnosie f, Seelenblindheit f
	f	psychanopsie f, cécité f psychique
	i	cecità f psichica, psicanopsia f
	r	зрительная агнозия f, душевная слепота f
P1017	e	**psychasthenia**
	d	Psychasthenie f
	f	psychasthénie f
	i	psicastenia f
	r	психастения f
P1018	e	**psychiatrics** see **psychiatry**
P1019	e	**psychiatrist**
	d	Psychiater m
	f	psychiatre m
	i	psichiatra m
	r	психиатр m
P1020	e	**psychiatry**
	d	Psychiatrie f
	f	psychiatrie f
	i	psichiatria f
	r	психиатрия f
P1021	e	**psychic blindness** see **psychanopsia**
P1022	e	**psychic deafness**
	d	Gehöragnosie f, akustische Agnosie f, psychogene Taubheit f, Seelentaubheit f
	f	surdité f psychique, agnosie f auditive
	i	sordità f mentale
	r	слуховая агнозия f, душевная глухота f
P1023	e	**psychic inertia**
	d	psychische Untätigkeit f, Seelenträgheit f
	f	inertie f psychique
	i	inerzia f psichica
	r	психическая инертность f
P1024	e	**psychic trauma**
	d	psychisches Trauma n
	f	traumatisme m psychique
	i	psichicotrauma m
	r	психическая травма f
P1025	e	**psychoanalysis**
	d	Psychoanalyse f
	f	psych(o)analyse f
	i	psic(o)analisi f
	r	психоанализ m
P1026	e	**psychodrama**
	d	Psychodrama n
	f	psychodrame m
	i	psicodramma m
	r	психодрама m
P1027	e	**psychogalvanic reaction, psychogalvanic reflex**
	d	psychogalvanischer Hautreflex m
	f	réaction f psychogalvanique
	i	riflesso m psicogalvanico
	r	кожно-гальваническая реакция f, кожно-гальванический рефлекс m
P1028	e	**psychogenic polydipsia**
	d	psychogene Polydipsie f

413

	f	polydipsie f psychogène
	i	polidipsia f psicogena
	r	психогенная полидипсия f
P1029	e	**psychological trauma** see psychic trauma
P1030	e	**psychology**
	d	Psychologie f
	f	psychologie f
	i	psicologia f
	r	психология f
P1031	e	**psychomotor epilepsy**
	d	psychomotorische Epilepsie f
	f	épilepsie f psychomotrice
	i	epilessia f psicomotoria
	r	психомоторная эпилепсия f
P1032	e	**psychoneurosis**
	d	Psychoneurose f
	f	psychonévrose f
	i	psiconevrosi f
	r	психоневроз m
P1033	e	**psychoparesis**
	d	Geistesschwäche f
	f	psychoparésie f
	i	psicoparesi f
	r	ослабление n умственных способностей
P1034	e	**psychopath**
	d	Psychopath m
	f	psychopathe m
	i	psicopatico m
	r	психопат m
P1035	e	**psychopathia** see psychopathy
P1036	e	**psychopathic personality** see psychopath
P1037	e	**psychopathology**
	d	Psychopathologie f
	f	psychopathologie f
	i	psicopatologia f
	r	психопатология f
P1038	e	**psychopathy**
	d	Psychopathie f
	f	psychopathie f
	i	psicopatia f
	r	психопатия f
P1039	e	**psychopharmacology**
	d	Psychopharmakologie f
	f	psychopharmacologie f, pharmacopsychiatrie f
	i	psicofarmacologia f
	r	психофармакология f
P1040	e	**psychophysiology**
	d	Psychophysiologie f
	f	psychophysiologie f
	i	psicofisiologia f
	r	психофизиология f
P1041	e	**psychosensory aphasia**
	d	sensorische Aphasie f
	f	aphasie f sensorielle
	i	afasia f psicosensoriale
	r	сенсорная афазия f
P1042	e	**psychosis**
	d	1. Psychose f, Seelenstörung f 2. Geisteskrankheit f
	f	1. psychose f 2. maladie f d'aliénation
	i	psicosi f
	r	1. психоз m 2. психическая болезнь f
P1043	e	**psychotherapeutics, psychotherapy**
	d	Psychotherapie f
	f	psychothérapie f, psychothérapeutique f
	i	psicoterapia f
	r	психотерапия f
P1044	e	**pterygoid depression, pterygoid pit**
	d	Flügelgrube f
	f	fosse f ptérygoïde
	i	fossa f pterigoidea
	r	крыловидная ямка f
P1045	e	**ptomaine, ptomatine**
	d	Ptomain n
	f	ptomaïne f, ptomatine f
	i	ptomaina f
	r	птомаин m, птоматин m
P1046	e	**ptosis**
	d	1. Ptose f, Senkung f 2. Oberlidsenkung f
	f	1. ptose f 2. blépharoptose f
	i	1. ptosi f 2. blefaroptosi f
	r	1. птоз m 2. блефароптоз m
P1047	e	**ptyalism, ptyalorrhea**
	d	Ptyalismus m
	f	ptyalisme m
	i	ptialismo m, scialorrea f
	r	гиперсаливация f, птиализм m
P1048	e	**puberty**
	d	Pubertät f
	f	puberté f
	i	pubertà f
	r	пубертатный возраст m [период m]
P1049	e	**pubic arch**
	d	Schambogen m
	f	arcade f pubienne
	i	arco m pubico
	r	лобковая [лонная] дуга f
P1050	e	**pubic body**
	d	Schambeinkorpus m
	f	corps m d'os pubien
	i	corpo m di osso del pube
	r	тело n лобковой кости
P1051	e	**pubic louse**

	d	Filzlaus *f*
	f	pou *m* du pubis
	i	pidocchio *m* pubico
	r	лобковая вошь *f*
P1052	*e*	**pubic symphysis**
	d	Schambeinfuge *f*, Schambeinsymphyse *f*
	f	symphyse *f* pubienne
	i	sinfisi *f* pubica
	r	лобковый симфиз *m*, лобковое [лонное] сращение *n*, лонное сочленение *n*
P1053	*e*	**pubiotomy**
	d	Pubeotomie *f*, Hebetomie *f*, Hebosteotomie *f*
	f	pubiotomie *f*
	i	pubiotomia *f*
	r	пубитомия *f*, геботомия *f*
P1054	*e*	**public health**
	d	Gesundheitswesen *n*
	f	santé *f* publique
	i	sanità *f* pubblica
	r	здравоохранение *n*
P1055	*e*	**pudental anesthesia, pudental block**
	d	Pudendalanästhesie *f*, Pudendus-Anästhesie *f*
	f	anesthésie *f* ischiorectale
	i	anestesia *f* ischiorettale [della regione pubica]
	r	пудендальная [ишиоректальная] анестезия *f*
P1056	*e*	**puerilism**
	d	Puerilismus *m*
	f	puérilisme *m*
	i	puerilismo *m*
	r	пуэрилизм *m*
P1057	*e*	**puerperal fever**
	d	Puerperalfieber *n*, Wochenbettfieber *n*
	f	septicémie *f* puerpérale
	i	febbre *f* [setticemia *f*] puerperale
	r	послеродовой [пуэрперальный] сепсис *m*
P1058	*e*	**puerperal insanity**
	d	Puerperalpsychose *f*, Wochenbettpsychose *f*
	f	psychose *f* puerpérale
	i	psicosi *f* puerperale
	r	послеродовой [пуэрперальный] психоз *m*
P1059	*e*	**puerperal mastitis**
	d	Laktationsmastitis *f*
	f	mastite *f* puerpérale
	i	mastite *f* puerperale
	r	послеродовой [пуэрперальный] мастит *m*
P1060	*e*	**puerperal phlebitis**
	d	puerperale Phlebitis *f*
	f	phlébite *f* puerpérale
	i	flebite *f* puerperale
	r	белый болевой флебит *m*
P1061	*e*	**puerperal psychosis** *see* **puerperal insanity**
P1062	*e*	**puerperal sepsis, puerperal septicemia** *see* **puerperal fever**
P1063	*e*	**pulmonary acinus**
	d	Lungenazinus *m*
	f	acinus *n* (pulmonaire)
	i	acino *m* polmonare
	r	ацинус *m*, лёгочный мешочек *m*
P1064	*e*	**pulmonary adenomatosis**
	d	Lungenadenomatose *f*
	f	adénomatose *f* des poumons
	i	adenomatosi *f* polmonare
	r	альвеолярно-клеточный рак *m* лёгких, аденоматоз *m* лёгких
P1065	*e*	**pulmonary apoplexy**
	d	Lungeninfarkt *m*
	f	infarctus *m* pulmonaire
	i	infarto *m* polmonare
	r	инфаркт *m* лёгкого
P1066	*e*	**pulmonary circulation**
	d	Lungenkreislauf *m*, kleiner Blutkreislauf *m*
	f	petite circulation *f*, circulation *f* pulmonaire
	i	piccola circolazione *f*, circolazione *f* polmonare
	r	малый круг *m* кровообращения
P1067	*e*	**pulmonary collapse**
	d	Lungenkollaps *m*
	f	collapsus *m* pulmonaire
	i	collasso *m* polmonare
	r	коллапс *m* лёгкого
P1068	*e*	**pulmonary edema**
	d	Lungenödem *n*
	f	œdème *m* pulmonaire
	i	edema *m* polmonare
	r	отёк *m* лёгких
P1069	*e*	**pulmonary emphysema**
	d	Lungenemphysem *n*
	f	emphysème *m* pulmonaire
	i	enfisema *m* polmonare
	r	эмфизема *f* лёгких
P1070	*e*	**pulmonary heart**
	d	Lungenherz *n*
	f	cœur *m* pulmonaire
	i	cuore *m* polmonare
	r	лёгочное сердце *n*
P1071	*e*	**pulmonary hypertension**
	d	pulmonaler Hochdruck *m*
	f	hypertension *f* (artérielle) pulmonaire
	i	ipertensione *f* polmonare

PULMONARY INCOMPETENCE

    r лёгочная гипертензия *f*, гипертензия *f* малого круга кровообращения

P1072 *e* **pulmonary incompetence, pulmonary insufficiency**
    d Pulmonalklappeninsuffizienz *f*
    f insuffisance *f* pulmonaire
    i insufficienza *f* polmonare
    r недостаточность *f* клапана лёгочной артерии

P1073 *e* **pulmonary osteoarthropathy**
    d pulmonale Osteoarthropathie *f*, Marie-Bamberger-Syndrom *n*
    f ostéo-arthropathie *f* hypertrophiante pneumonique de (Pierre) Marie
    i osteoartropatia *f* polmonare, sindrome *f* di Marie
    r лёгочная остеодистрофия *f*, лёгочная гипертрофическая остеопатия *f*, синдром *m* Мари—Бамбергера

P1074 *e* **pulmonary pleura**
    d Lungenfell *n*
    f plèvre *f* viscérale
    i pleura *f* polmonare
    r висцеральная плевра *f*

P1075 *e* **pulmonary pressure**
    d Pulmonalblutdruck *m*
    f pression *f* (artérielle) pulmonaire
    i pressione *f* polmonare
    r кровяное давление *n* в лёгочной артерии

P1076 *e* **pulmonary resistance**
    d Lungen(kreislauf)widerstand *m*, pulmonaler Widerstand *m*
    f résistance *f* pulmonaire
    i resistenza *f* polmonare
    r сопротивление *n* в (системе) лёгочной артерии

P1077 *e* **pulmonary stenosis**
    d Lungenarterienstenose *f*, Pulmonalstenose *f*
    f sténose *f* pulmonaire
    i stenosi *f* polmonare
    r стеноз *m* лёгочной артерии

P1078 *e* **pulmonary tuberculosis**
    d Lungentuberkulose *f*
    f tuberculose *f* pulmonaire
    i tubercolosi *f* polmonare
    r туберкулёз *m* лёгких

P1079 *e* **pulmonary valve**
    d Pulmonalklappe *f*
    f valve *f* du tronc pulmonaire
    i valvola *f* polmonare
    r клапан *m* лёгочной артерии

P1080 *e* **pulmonectomy** *see* **pneumonectomy**

P1081 *e* **pulmonic incompetence** *see* **pulmonary incompetence**

P1082 *e* **pulp**
    d Pulpa *f*
    f pulpe *f*
    i polpa *f*
    r пульпа *f*

P1083 *e* **pulp cavity**
    d Pulpahöhle *f*, Zahn(mark)höhle *f*
    f cavité *f* pulpaire
    i cavità *f* della polpa [pulpare]
    r полость *f* зуба, зубная полость *f*

P1084 *e* **pulpitis**
    d Pulpitis *f*, Pulpaentzündung *f*, Zahnmarkentzündung *f*
    f pulpite *f*
    i polpite *f*
    r пульпит *m*

P1085 *e* **pulp stone**
    d Pulpastein *m*, Dentikel *m*
    f denticule *m*
    i denticolo *m*
    r дентикль *m*

P1086 *e* **pulsation**
    d Pulsation *f*, Pulsieren *n*
    f pulsation *f*
    i pulsazione *f*
    r пульсация *f*

P1087 *e* **pulse**
    d Puls *m*, Sphygmus *m*
    f pouls *m*
    i polso *m*
    r пульс *m*

P1088 *e* **pulse curve**
    d Pulskurve *f*, Sphygmogramm *n*
    f sphygmogramme *m*
    i sfigmogramma *m*
    r сфигмограмма *f*

P1089 *e* **pulse generator**
    d Herzschrittmacher *m*
    f cardiostimulateur *m* de Nathan
    i stimolatore *m* cardiaco artificiale
    r электрокардиостимулятор *m*

P1090 *e* **pulseless disease**
    d Aortenbogensyndrom *n*, Takayasu-Syndrom *n*
    f syndrome *m* de l'arc aortique, maladie *f* [syndrome *m*] de Takayas(h)u
    i sindrome *f* dell'arco aortico, malattia *f* di Takayasu
    r синдром *m* Такаясу, синдром *m* дуги аорты

P1091 *e* **pulse pressure**
    d Pulsdruck *m*
    f pression *f* pulsatile

	i	pressione *f* arteriosa differenziale
	r	пульсовое давление *n*
P1092	*e*	**pulse rate**
	d	Pulsfrequenz *f*
	f	fréquence *f* du pouls
	i	frequenza *f* del polso
	r	частота *f* пульса
P1093	*e*	**pulse wave**
	d	Pulswelle *f*
	f	onde *f* pulsative
	i	onda *f* del polso
	r	пульсовая волна *f*
P1094	*e*	**punch**
	d	Perforator *m*
	f	perforateur *m*
	i	perforatore *m*
	r	перфоратор *m*
P1095	*e*	**punctate**
	d	Punktat *n*
	f	punctate *m*, produit *m* obtenu par ponction
	i	puntato *m*, punteggiato *m*
	r	пунктат *m*
P1096	*e*	**punctate cataract**
	d	Cataracta *f* punctata
	f	cataracte *f* ponctuée
	i	cateratta *f* puntata
	r	дырчатая катаракта *f*
P1097	*e*	**punctate hemorrage**
	d	Punktblutung *f*, Petechien *f pl*
	f	hémorragie *f* ponctuée [pétéchiale]
	i	emorragia *f* petecchiale
	r	петехиальное [точечное] кровоизлияние *n*
P1098	*e*	**punctate keratitis**
	d	Punktkeratitis *f*
	f	kératite *f* ponctuée
	i	cheratite *f* puntata
	r	точечный кератит *m*
P1099	*e*	**puncture**
	d	Punktion *f*, Durchstechung *f*, Parazentese *f*
	f	ponction *f*
	i	puntura *f*
	r	пункция *f*, прокол *m*
P1100	*e*	**puncture biopsy**
	d	Nadelbiopsie *f*
	f	biopsie *f* par ponction, ponction-biopsie *f*
	i	biopsia *f* mediante puntura
	r	пункционная биопсия *f*
P1101	*e*	**puncture wound**
	d	Stechwunde *f*
	f	blessure *f* perforante, coup *m* de pointe

	i	ferita *f* da punta
	r	колотая рана *f*
P1102	*e*	**pupil**
	d	Pupille *f*, Sehloch *n*
	f	pupille *f*
	i	pupilla *f*
	r	зрачок *m*
P1103	*e*	**pupillary distance**
	d	Pupillenabstand *m*
	f	distance *f* interpupillaire
	i	distanza *f* fra i centri delle pupille
	r	расстояние *n* между центрами зрачков
P1104	*e*	**pupillary reflex**
	d	Pupillenreflex *m*
	f	réflexe *m* pupillaire
	i	riflesso *m* pupillare
	r	зрачковая реакция *f*; зрачковый [пупилломоторный] рефлекс *m*
P1105	*e*	**pupillography**
	d	Pupillographie *f*
	f	pupillographie *f*
	i	pupillografia *f*
	r	пупиллография *f*
P1106	*e*	**pupillometer**
	d	Pupillometer *n*
	f	pupillomètre *m*
	i	pupillometro *m*
	r	пупиллометр *m*
P1107	*e*	**pupilloscopy**
	d	Pupilloskopie *f*, Skiaskopie *f*
	f	pupilloscopie *f*, skiascopie *f*
	i	pupilloscopia *f*, retinoscopia *f*
	r	скиаскопия *f*, пупиллоскопия *f*
P1108	*e*	**pure line**
	d	reine Linie *f*
	f	ligne *f* pure
	i	linea *f* pura
	r	чистая [инбредная] линия *f*
P1109	*e*	**purgative, purge**
	d	Purgativum *n*, Abführmittel *n*, Laxans *n*
	f	purgatif *m*, purge *f*
	i	purgante *m*, catartico *m*
	r	слабительное *n*
P1110	*e*	**purin**
	d	Purin *n*
	f	purine *f*
	i	purina *f*
	r	пурин *m*
P1111	*e*	**Purkinje's cell**
	d	Purkinje-Zelle *f*
	f	cellule *f* de Purkinje
	i	cellula *f* di Purkinje [piriforme]
	r	грушевидный нейрон *m*, клетка *f* Пуркинье

PURKINJE'S FIBER

P1112   *e*   **Purkinje's fiber**
         d   Purkinje-Faser *f*
         f   fibre *f* de Purkinje
         i   fibra *f* di Purkinje
         r   проводящий сердечный миоцит *m*, волокно *n* Пуркинье

P1113   *e*   **purpura**
         d   Purpura *f*
         f   purpura *m*
         i   porpora *f*
         r   пурпура *f*

P1114   *e*   **purpurinuria** *see* **porphyrinuria**

P1115   *e*   **purse-string suture**
         d   Tabakbeutelnaht *f*
         f   suture *f* en bourse
         i   sutura *f* a borsa di tabacco
         r   кисетный шов *m*

P1116   *e*   **purulence, purulency**
         d   Eiterung *f*
         f   purulence *f*
         i   purulenza *f*
         r   нагноение *n*

P1117   *e*   **purulent inflammation**
         d   eitrige Entzündung *f*
         f   inflammation *f* purulente
         i   infiammazione *f* purulenta
         r   гнойное воспаление *n*

P1118   *e*   **purulent ophthalmia**
         d   Augenblennorrhoe *f*
         f   blennorrhée *f*, ophtalmie *f* purulente
         i   oftalmite *f* purulenta
         r   бленнорея *f*

P1119   *e*   **purulent pleurisy**
         d   eitrige Brustfellentzündung *f*, Pleuraempyem *n*
         f   pleurésie *f* purulente
         i   pleurite *f* purulenta
         r   гнойный плеврит *m*, эмпиема *f* плевры

P1120   *e*   **pus**
         d   Eiter *m*, Pus *n*
         f   pus *m*
         i   marcia *f*, pus *m*
         r   гной *m*

P1121   *e*   **pus tube**
         d   Pyosalpinx *f*
         f   pyosalpinx *m*, annexite *f* purulente
         i   piosalpinge *f*
         r   пиосальпинкс *m*

P1122   *e*   **pustule**
         d   Pustel *f*, Eiterbläschen *n*
         f   pustule *f*
         i   pustola *f*
         r   пустула *f*, гнойничок *m*

P1123   *e*   **putrefaction**
         d   1. Putreszenz *f*, Fäulnis *f* 2. Faulen *n*
         f   putrescence *f*, putréfaction *f*
         i   putrefazione *f*
         r   1. гнилостный распад *m* 2. гниение *n*

P1124   *e*   **putrid sore throat**
         d   nekrotisierende [ulzero-nekrotische] Angina *f*
         f   angine *f* nécrotique
         i   faringite *f* cancrenosa
         r   некротическая [язвенно-некротическая] ангина *f*

P1125   *e*   **pyarthrosis**
         d   Pyarthrosis *f*, Gelenkvereiterung *f*
         f   arthrite *f* purulente
         i   pioartrosi *f*, piartro *m*
         r   гнойный артрит *m*

P1126   *e*   **pyelectasia**
         d   Pyelektasie *f*, Nierenbeckenerweiterung *f*
         f   pyélectasie *f*
         i   pielectasia *f*
         r   пиелэктазия *f*

P1127   *e*   **pyelitis**
         d   Pyelitis *f*, Nierenbeckenentzündung *f*
         f   pyélite *f*
         i   pielite *f*
         r   пиелит *m*

P1128   *e*   **pyelocystitis**
         d   Pyelozystitis *f*, Zystopyelitis *f*
         f   pyélocystite *f*
         i   cistopielite *f*
         r   пиелоцистит *m*

P1129   *e*   **pyelography**
         d   Pyelographie *f*
         f   pyélographie *f*
         i   pielografia *f*
         r   пиелография *f*

P1130   *e*   **pyelolithotomy**
         d   Pyelolithotomie *f*
         f   pyélolithotomie *f*
         i   pielolitotomia *f*
         r   пиелолитотомия *f*

P1131   *e*   **pyelonephritis**
         d   Pyelonephritis *f*
         f   pyélonéphrite *f*
         i   pielonefrite *f*
         r   пиелонефрит *m*

P1132   *e*   **pyeloplication**
         d   Pyeloplikation *f*
         f   pyéloplication *f*
         i   pieloplicazione *f*
         r   пиелопликация *f*

P1133   *e*   **pyelostomy**
         d   Pyelostomie *f*, Nierenbeckenfistelung *f*
         f   pyélostomie *f*

	i	pielostomia *f*
	r	пиелостомия *f*
P1134	*e*	**pyelotomy**
	d	Pyelotomie *f*, Nierenbeckenschnitt *m*
	f	pyélotomie *f*
	i	pielotomia *f*
	r	пиелотомия *f*
P1135	*e*	**pyemia**
	d	Pyämie *f*
	f	pyémie *f*
	i	piemia *f*
	r	пиемия *f*
P1136	*e*	**pyemic embolism**
	d	bakterielle Embolie *f*
	f	embolie *f* bactérienne
	i	embolo *m* piemico
	r	бактериальная [микотическая] эмболия *f*
P1137	*e*	**pyknosis**
	d	Pyknose *f*
	f	pycnose *f*
	i	picnosi *f*
	r	пикноз *m*
P1138	*e*	**pylephlebectasia**
	d	Pfortaderdilatation *f*
	f	pyléphlébectasie *f*
	i	pileflebectasia *f*
	r	пилефлебэктазия *f*
P1139	*e*	**pylephlebitis**
	d	Pylephlebitis *f*, Pfortaderentzündung *f*
	f	pyléphlébite *f*
	i	pileflebite *f*
	r	пилефлебит *m*, воспаление *n* воротной вены
P1140	*e*	**pyloric incompetence, pyloric insufficiency**
	d	Magenpförtnerinsuffizienz *f*
	f	insuffisance *f* pylorique
	i	insufficienza *f* pilorica
	r	недостаточность *f* привратника желудка
P1141	*e*	**pyloric valve**
	d	Magenpförtnerklappe *f*
	f	valvule *f* pylorique
	i	valvola *f* pilorica
	r	заслонка *f* привратника
P1142	*e*	**pyloroplasty**
	d	Pyloroplastik *f*
	f	pyloroplastie *f*
	i	piloroplastica *f*
	r	пилоропластика *f*
P1143	*e*	**pylorus**
	d	Pylorus *m*, Magenpförtner *m*, Magengang *m*
	f	pylore *m*
	i	piloro *m*
	r	привратник *m*
P1144	*e*	**pyoderma, pyodermatitis, pyodermatosis, pyodermitis**
	d	Pyodermie *f*, Pyodermatose *f*
	f	pyodermite *f*, pyodermie *f*
	i	pioderma *m*, piodermatite *f*, piodermatosi *f*
	r	пиодермия *f*, пиодерматоз *m*, пиодермит *m*
P1145	*e*	**pyogenic infection**
	d	Eiterinfektion *f*, pyogene Infektion *f*
	f	infection *f* purulente
	i	infezione *f* piogen(ic)a
	r	гнойная инфекция *f*
P1146	*e*	**pyogenic membrane**
	d	pyogene Membran *f*
	f	membrane *f* pyogénique
	i	membrana *f* piogen(ic)a
	r	пиогенная мембрана *f*
P1147	*e*	**pyohemothorax**
	d	Pyohämothorax *m*
	f	pyohémothorax *m*
	i	pioemotorace *m*
	r	пиогемоторакс *m*
P1148	*e*	**pyometra**
	d	Pyometra *f*
	f	pyométrie *f*, pyomètre *m*
	i	piometra *f*
	r	пиометра *f*
P1149	*e*	**pyopericardium**
	d	Pyoperikard *n*
	f	pyopéricarde *m*
	i	piopericardio *m*
	r	эмпиема *f* перикарда
P1150	*e*	**pyoperitonitis**
	d	eitrige Bauchfellentzündung *f*
	f	pyopéritonite *f*
	i	pioperitonite *f*
	r	гнойный перитонит *m*
P1151	*e*	**pyopneumothorax**
	d	Pyopneumothorax *m*
	f	pyopneumothorax *m*
	i	piopneumotorace *m*
	r	пиопневмоторакс *m*
P1152	*e*	**pyorrhea**
	d	Pyorrhoe *f*, Eiterfluß *m*
	f	pyorrhée *f*
	i	piorrea *f*
	r	гноетечение *n*, истечение *n* гноя
P1153	*e*	**pyosalpingitis, pyosalpinx**
	d	Pyosalpinx *f*, eitrige Salpingitis *f*
	f	pyosalpinx *m*
	i	piosalpingite *f*, piosalpinge *f*
	r	гнойный сальпингит *m*
P1154	*e*	**pyothorax**

	d	Pyothorax *m*, Pleuraempyem *n*
	f	pyothorax *m*, pleurésie *f* purulente
	i	piotorace *m*
	r	пиоторакс *m*, эмпиема *f* плевры
P1155	e	**pyramid**
	d	Pyramide *f*
	f	pyramide *f*
	i	piramide *f*
	r	пирамида *f*
P1156	e	**pyramidal cell**
	d	Pyramidenzelle *f*
	f	neurone *m* pyramidal
	i	cellula *f* piramidale
	r	пирамидальный [пирамидный] нейрон *m*
P1157	e	**pyramidal decussation**
	d	Pyramidenbahnkreuzung *f*
	f	décussation *f* des pyramides
	i	decussazione *f* delle piramidi
	r	перекрест *m* пирамид, двигательный перекрест *m*
P1158	e	**pyramidal tract**
	d	Pyramidenbahn *f*
	f	faisceau *m* pyramidal
	i	fascio *m* piramidale, via *f* piramidale
	r	пирамидный путь *m*
P1159	e	**pyrexia**
	d	Pyrexie *f*, Fieber *n*
	f	pyrexie *f*, fièvre *f*
	i	piressia *f*, febbre *f*
	r	лихорадка *f*
P1160	e	**pyridoxin, pyridoxine**
	d	Pyridoxin *n*, Vitamin *n* B$_6$
	f	pyridoxine *f*, adermine *f*, vitamine *f* B$_6$
	i	vitamina *f* B$_6$, piridossina *f*
	r	пиридоксин *m*, витамин *m* B$_6$
P1161	e	**pyrogen**
	d	Pyrogen *n*
	f	pyrogène *m*
	i	pirogeno *m*
	r	пирогенное вещество *n*, пироген *m*
P1162	e	**pyromania**
	d	Pyromanie *f*, Brandstiftungstrieb *m*
	f	pyromanie *f*
	i	piromania *f*
	r	пиромания *f*
P1163	e	**pyrosis**
	d	Pyrosis *f*, Sodbrennen *n*
	f	pyrosis *m*
	i	pirosi *f*
	r	изжога *f*
P1164	e	**pyruvic acid**
	d	Brenztraubensäure *f*
	f	acide *m* pyruvique
	i	acido *m* piruvico
	r	пировиноградная кислота *f*
P1165	e	**pyuria**
	d	Pyurie *f*, Eiterharnen *n*
	f	pyurie *f*
	i	piuria *f*
	r	пиурия *f*

Q

Q1	e	**Q fever**
	d	Q-Fieber *n*, Queenslandfieber *n*, Query-Fieber *n*, Balkangrippe *f*
	f	fièvre *f* Q [du Queensland]
	i	febbre *f* Q [del Queensland]
	r	ку-лихорадка *f*
Q2	e	**quack**
	d	Quacksalber *m*, Kurpfuscher *m*
	f	charlatan *m*
	i	ciarlatano *m*, guaritore *m*
	r	шарлатан *m*
Q3	e	**quackery**
	d	Quacksalberei *f*, Kurpfuscherei *f*
	f	charlatanisme *m*
	i	ciarlataneria *f*
	r	шарлатанство *n*
Q4	e	**quadrate lobe**
	d	Lobus *m* quadratus hepatis
	f	lobe *m* carré du foie
	i	lobo *m* quadrilatero
	r	квадратная доля *f* печени
Q5	e	**quadriceps reflex**
	d	Quadrizepsreflex *m*, Patellarreflex *m*
	f	réflexe *m* quadricipital [rotulien, patellaire]
	i	riflesso *m* patellare [del quadricipite femorale]
	r	коленный [пателлярный] рефлекс *m*, рефлекс *m* с четырёхглавой мышцы бедра
Q6	e	**quadriplegia**
	d	Quadriplegie *f*, Tetraplegie *f*
	f	quadriplégie *f*, tétraplégie *f*
	i	tetraplegia *f*
	r	тетраплегия *f*, квадриплегия *f*
Q7	e	**quadruple rhythm**
	d	Quadrupolrhythmus *m*
	f	rythme *m* à quatre temps
	i	ritmo *m* a quattro tempi
	r	четырёхчленный ритм *m* сердца
Q8	e	**quarantine**
	d	Quarantäne *f*
	f	quarantaine *f*

	i	quarantena *f*
	r	карантин *m*
Q9	*e*	quartan malaria
	d	Quartanfieber *n*, Quartana *f*, Viertage(wechsel)fieber *n*
	f	fièvre *f* quarte
	i	febbre *f* quartana
	r	четырёхдневная малярия *f*
Q10	*e*	querulent
	d	Querulant *m*
	f	quérulent *m*
	i	querulante *m*
	r	кверулянт *m*
Q11	*e*	quickening
	d	Kindsbewegung *f*
	f	mouvement *m* du fœtus
	i	movimento *m* fetale
	r	шевеление *n* плода
Q12	*e*	quilted suture
	d	Matratzennaht *f*
	f	suture *f* à points de matelassier
	i	sutura *f* da materassaio
	r	матрацный шов *m*
Q13	*e*	Quincke's disease
	d	Quincke-Ödem *n*, angioneurotisches Ödem *n*
	f	œdème *m* de Quincke [aigu angioneurotique]
	i	edema *m* di Quincke [angioneurotico, acuto circoscritto]
	r	отёк *m* Квинке, ангионевротический отёк *m*
Q14	*e*	Quincke's pulse, Quincke's sign
	d	Fingernagelpuls *m*, Kapillarpuls *m*
	f	pouls *m* [signe *m*] de Quincke
	i	polso *m* capillare
	r	(пре)капиллярный пульс *m*, симптом *m* Квинке
Q15	*e*	quinsy
	d	Peritonsillarabszeß *m*
	f	abcès *m* péritonsillaire
	i	ascesso *m* peritonsillare
	r	перитонзиллярный [околоминдаликовый] абсцесс *m*, ангина *f*

R

R1	*e*	rabbit fever
	d	Tularämie *f*, Kaninchenpest *f*, Hasenpest *f*
	f	tularémie *f*, fièvre *f* de la vallée Pahvant
	i	tularemia *f*
	r	туляремия *f*
R2	*e*	rabbit papilloma
	d	Shope-Kaninchenpapillom *n*
	f	papillome *m* de Shope
	i	papilloma *m* di Shope
	r	папиллома *f* Шоупа
R3	*e*	rabies
	d	Rabies *f*, Lyssa *f*, Tollwut *f*, Wutkrankheit *f*
	f	rage *f*
	i	rabbia *f*
	r	бешенство *n*
R4	*e*	racemose aneurysm
	d	verzweigtes Aneurysma *n*
	f	anévrysme *m* racémeux
	i	aneurisma *m* racemoso
	r	ветвистая аневризма *f*
R5	*e*	rachiotomy
	d	Rachiotomie *f*, Wirbelsäulenkanaleröffnung *f*, Wirbelsäulenschnitt *m*
	f	rachitomie *f*
	i	rachiotomia *f*
	r	рахиотомия *f*, ламинэктомия *f*
R6	*e*	rachitic beads *pl see* rachitic rosary
R7	*e*	rachitic pelvis
	d	rachitisches Becken *n*
	f	bassin *m* rachitique
	i	bacino *m* rachitico
	r	плоскорахитический таз *m*
R8	*e*	rachitic rosary
	d	rachitischer Rosenkranz *m*
	f	chapelet *m* costal [rachidien]
	i	rosario *m* rachitico
	r	рахитические чётки *pl*
R9	*e*	rachitis *see* rickets
R10	*e*	radial reflex
	d	Radiusperiostreflex *m*
	f	réflexe *m* radial
	i	riflesso *m* brachioradiale [periosteo del radio]
	r	лучевой [пястно-лучевой, карпорадиальный] рефлекс *m*
R11	*e*	radiation
	d	Strahlung *f*, Radiation *f*
	f	radiation *f*
	i	radiazione *f*
	r	излучение *n*, радиация *f*
R12	*e*	radiation sickness
	d	Strahlenkrankheit *f*
	f	mal *m* des rayons [des irradiations pénétrantes]
	i	malattia *f* da raggi [d'irradiazione], sindrome *f* da raggi
	r	лучевая болезнь *f*
R13	*e*	radical operation

	d	radikale Operation *f*
	f	opération *f* radicale
	i	intervento *m* [chirurgia *f*] radicale
	r	радикальная хирургическая операция *f*
R14	e	radicotomy *see* rhizotomy
R15	e	**radicular cyst**
	d	Zahnwurzelzyste *f*
	f	kyste *m* radiculo-dentaire
	i	cisti *f* radicolare
	r	корневая зубная киста *f*
R16	e	**radicular syndrome**
	d	Nervenwurzelsyndrom *n*
	f	syndrome *m* radiculaire
	i	sindrome *f* radicolare
	r	корешковый синдром *m*
R17	e	**radiculitis**
	d	Radikulitis *f*, Nervenwurzelentzündung *f*
	f	radiculite *f*
	i	radicolite *f*
	r	радикулит *m*
R18	e	**radiculoneuritis**
	d	Radikuloneuritis *f*
	f	radiculite *f*, névrite *f* radiculaire
	i	radicolonevrite *f*
	r	радикулоневрит *m*
R19	e	**radioactivity**
	d	Radioaktivität *f*
	f	radioactivité *f*
	i	radioattività *f*
	r	радиоактивность *f*
R20	e	**radioautography**
	d	Autoradiographie *f*
	f	autoradiographie *f*
	i	autoradiografia *f*
	r	ауторадиография *f*
R21	e	**radiocarpal joint**
	d	Radiokarpalgelenk *n*
	f	articulation *f* radio-carpienne
	i	articolazione *f* radiocarpica
	r	лучезапястный сустав *m*
R22	e	**radiocinematography**
	d	Radiokinematographie *f*
	f	radiocinématographie *f*
	i	radiocinematografia *f*
	r	рентгенокинематография *f*, кинорентгенография *f*
R23	e	**radiodermatitis, radioepidermitis**
	d	Strahlendermatitis *f*
	f	radiodermite *f*
	i	radiodermatite *f*, radiodermite *f*
	r	радиодерм(ат)ит *m*, лучевой дерматит *m*
R24	e	**radiography**
	d	Radiographie *f*, Röntgenographie *f*
	f	radiographie *f*
	i	radiografia *f*
	r	рентгенография *f*
R25	e	**radioisotope**
	d	Radioisotop *n*
	f	radio-isotope *m*
	i	radioisotopo *m*
	r	радиоизотоп *m*, радиоактивный изотоп *m*
R26	e	**radiologist**
	d	Radiologe *m*
	f	radiologue *m*, radiologiste *m*
	i	radiologo *m*
	r	радиолог *m*
R27	e	**radiology**
	d	Radiologie *f*
	f	radiologie *f*
	i	radiologia *f*
	r	радиология *f*
R28	e	**radiometer**
	d	Radiometer *n*
	f	radiomètre *m*
	i	radiometro *m*
	r	радиометр *m*
R29	e	**radiomimetic**
	d	Radiomimetikum *n*
	f	radiomimétique *m*
	i	radiomimetico *m*
	r	радиомиметическое вещество *n*, радиомиметик *m*
R30	e	**radiopathology**
	d	Strahlenpathologie *f*
	f	radiopathologie *f*
	i	radiopatologia *f*
	r	радиационная патология *f*
R31	e	**radioresistance**
	d	Bestrahlungsunempfindlichkeit *f*
	f	radiorésistance *f*
	i	radioresistenza *f*
	r	радиорезистентность *f*, радиоустойчивость *f*
R32	e	**radiosensitiveness, radiosensitivity**
	d	Bestrahlungsempfindlichkeit *f*
	f	radiosensibilité *f*
	i	radiosensibilità *f*
	r	радиочувствительность *f*
R33	e	**radiosurgery**
	d	Strahlenchirurgie *f*
	f	radiochirurgie *f*
	i	radiochirurgia *f*
	r	радиохирургия *f*
R34	e	**radiotherapy**
	d	Radiotherapie *f*, Strahlenbehandlung *f*
	f	radiothérapie *f*

	i	radioterapia *f*
	r	лучевая терапия *f*, радиотерапия *f*
R35	*e*	rale
	d	Rasselgeräusche *n pl*, Rasseln *n*
	f	râles *m pl*
	i	rantolo *m*
	r	хрипы *m pl*
R36	*e*	Ranvier's node
	d	Ranvier-Schnürring *m*
	f	étranglement *m* [nœud *m*] de Ranvier
	i	anello *m* [nodo *m*] di Ranvier
	r	перехват *m* [насечка *f*] Ранвье, перехват *m* узла
R37	*e*	rape
	d	Notzucht *f*, Vergewaltigung *f*
	f	viol *m*
	i	stupro *m*, violenza *f* carnale
	r	изнасилование *n*
R38	*e*	raphe
	d	Naht *f*, Raphe *f*
	f	suture *f*, raphé *m*
	i	rafe *m*
	r	шов *m*
R39	*e*	raptus
	d	Raptus *m*
	f	raptus *m*
	i	raptus *m*
	r	раптус *m*
R40	*e*	rash
	d	Ausschlag *m*, Exanthem *n*
	f	éruption *f*
	i	eruzione *f* cutanea, rash *m*
	r	сыпь *f*
R41	*e*	raspatory
	d	Raspatorium *n*, Knochenraspel *f*
	f	raspatoire *m*
	i	raschiatoio *m*, raspa *f* chirurgica
	r	распатор *m*
R42	*e*	rat-bite fever
	d	Rattenbißfieber *n*, Sodoku *n*
	f	sodoku *m*, fièvre *f* par morsure de rat
	i	febbre *f* da morso di ratto
	r	лихорадка *f* от укуса крыс, содоку *n*
R43	*e*	Rathke's diverticulum, Rathke's pocket, Rathke's pouch
	d	Rathke-Tasche *f*, Hypophysentasche *f*
	f	poche *f* de Rathke
	i	tasca *f* di Rathke
	r	карман *m* Ратке, гипофизарный карман *m*
R44	*e*	ray
	d	Strahl *m*
	f	rayon *m*
	i	raggio *m*
	r	луч *m*
R45	*e*	ray fungi *pl*
	d	Strahlenpilze *m pl*
	f	actinomycètes *m pl*
	i	funghi *m pl* raggiati
	r	актиномицеты *m pl*, лучистые грибки *m pl*
R46	*e*	ray therapeutics *see* radiotherapy
R47	*e*	Raynaud's disease
	d	Raynaud-Krankheit *f*
	f	maladie *f* de Raynaud
	i	morbo *m* di Raynaud
	r	болезнь *f* Рейно
R48	*e*	reaction
	d	Reaktion *f*
	f	réaction *f*
	i	reazione *f*
	r	реакция *f*
R49	*e*	reaction time
	d	Reaktionszeit *f*
	f	temps *m* de réaction
	i	tempo *m* di reazione
	r	время *f* реакции
R50	*e*	reactivation
	d	Reaktivierung *f*
	f	réactivation *f*
	i	riattivazione *f*
	r	реактивация *f*
R51	*e*	reactivity
	d	Reaktivität *f*, Reaktionsfähigkeit *f*
	f	réactivité *f*
	i	reattività *f*
	r	реактивность *f*
R52	*e*	recalcification
	d	Rekalzifikation *f*, Rekalzifizierung *f*
	f	récalcification *f*
	i	ricalcificazione *f*
	r	рекальцификация *f*
R53	*e*	reception ward
	d	Aufnahmeabteilung *f*
	f	salle *f* de réception des malades
	i	sala *f* d'accettazione
	r	приёмный покой *m*
R54	*e*	receptive aphasia
	d	sensorische Aphasie *f*
	f	aphasie *f* sensorielle [de Wernicke]
	i	afasia *f* ricettiva [sensoriale]
	r	сенсорная афазия *f*
R55	*e*	receptor
	d	Rezeptor *m*
	f	récepteur *m*
	i	ricettore *m*
	r	рецептор *m*
R56	*e*	recess
	d	Recessus *m*, Grube *f*, Vertiefung *f*
	f	fosse *f*, récessus *m*, poche *f*

RECESSIVE GENE

	i	fossa f, recesso m
	r	углубление n, ямка f, карман m
R57	e	recessive gene
	d	rezessives Gen n
	f	gène m récessif
	i	gene m recessivo
	r	рецессивный ген m
R58	e	recessive inheritance
	d	rezessiver Erbgang m
	f	hérédité f récessive
	i	eredità f recessiva
	r	рецессивное наследование n
R59	e	recipient
	d	Rezipient m, Empfänger m
	f	récipient m
	i	ricevente m
	r	реципиент m
R60	e	reciprocal rhythm
	d	reziproker Herzrhythmus m
	f	rythme m réciproque
	i	reciprocanza f
	r	реципрокный ритм m сердца, эхо-ритм m
R61	e	Recklinghausen's disease
	d	Recklinghausen-Krankheit f, generalisierte Neurofibromatose f
	f	maladie f de Recklinghausen, neurofibromatose f
	i	neurofibromatosi f, morbo m di Recklinghausen
	r	нейрофиброматоз m, болезнь f Реклингхаузена
R62	e	reclination
	d	Reklination f
	f	réclinaison f [abaissement m] de la cataracte
	i	reclinazione f
	r	реклинация f (катаракты)
R63	e	recover
	d	genesen
	f	rétablir, guérir
	i	guarire, ristabilirsi
	r	выздоравливать
R64	e	recovery
	d	1. Genesung f, Rekonvaleszenz f 2. Aufwachen n (Narkosestadium)
	f	1. guérison f, rétablissement m 2. réveil m postanesthésique
	i	1. guarigione f, ristabilimento m 2. ricupero m, ritorno m della sensibilità (dopo narcosi)
	r	1. выздоровление n 2. пробуждение n (после наркоза)
R65	e	rectalgia
	d	Proktalgie f, Mastdarmschmerz m
	f	rectalgie f, proctalgie f, proctodynie f
	i	rettalgia f, proctodinia f
	r	проктaлгия f, ректалгия f
R66	e	rectal prolapse
	d	Mastdarmvorfall m
	f	prolapsus m du rectum
	i	prolasso m rettale
	r	выпадение n прямой кишки
R67	e	rectocele
	d	Rektozele f, Proktozele f, Mastdarmvorfall m
	f	rectocèle f, proctocèle f
	i	rettocele m, proctocele m
	r	ректоцеле n, проктоцеле n
R68	e	rectocolitis
	d	Rektokolitis f
	f	rectocolite f
	i	rettocolite f, proctocolite f
	r	ректоколит m
R69	e	rectoperineorrhaphy
	d	Rektoperineorrhaphie f
	f	rectopérinéorraphie f
	i	rettoperineorrafia f
	r	проктоперинеорафия f
R70	e	rectopexy
	d	Rektopexie f, Mastdarmfixation f
	f	rectopexie f
	i	rettopessia f
	r	ректопексия f
R71	e	rectoplasty
	d	Rektumplastik f, Mastdarmplastik f
	f	proctoplastie f, rectoplastie f
	i	proctoplastica f, rettoplastica f
	r	проктопластика f
R72	e	rectoscope
	d	Rektoskop n, Mastdarmspiegel m
	f	rectoscope m
	i	rettoscopio m
	r	ректоскоп m
R73	e	rectoscopy
	d	Rektoskopie f, Mastdarmspiegelung f
	f	rectoscopie f
	i	rettoscopia f
	r	ректоскопия f, проктоскопия f
R74	e	rectosigmoid
	d	Rektsigmoid n
	f	jonction f recto-sigmoïdienne, recto-sigmoïde m
	i	rettosigmoideo m
	r	ректосигмоид m
R75	e	rectosigmoidectomy
	d	Rektsigmoidektomie f
	f	recto-sigmoïdectomie f
	i	rettosigmoidectomia f
	r	ректосигмоидэктомия f
R76	e	rectostomy

REDUCTION

	d	Rektostomie *f*, Mastdarmfistelung *f*
	f	rectostomie *f*
	i	rettostomia *f*
	r	проктостомия *f*
R77	*e*	**rectotomy**
	d	Rektotomie *f*, Mastdarmeröffnung *f*
	f	rectotomie *f*
	i	rettotomia *f*
	r	проктотомия *f*
R78	*e*	**rectourethral fistula**
	d	Rektourethralfistel *f*
	f	fistule *f* recto-urétrale
	i	fistola *f* rettouretrale
	r	уретроректальный [ректоуретральный] свищ *m*
R79	*e*	**rectovaginal fistula**
	d	Rektovaginalfistel *f*
	f	fistule *f* recto-vaginale
	i	fistola *f* rettovaginale
	r	прямокишечно-влагалищный свищ *m*
R80	*e*	**rectovesical fistula**
	d	Rektovesikalfistel *f*
	f	fistule *f* recto-vésicale
	i	fistola *f* rettovescicale
	r	пузырно-прямокишечный свищ *m*
R81	*e*	**rectovestibular fistula**
	d	Rektovestibularfistel *f*
	f	fistule *f* recto-vestibulaire
	i	fistola *f* rettovestibolare
	r	ректовестибулярный свищ *m*
R82	*e*	**rectum**
	d	Rektum *n*, Mastdarm *m*
	f	rectum *m*
	i	retto *m*
	r	прямая кишка *f*
R83	*e*	**recuperation**
	d	1. Genesung *f*, Rekonvaleszenz *f* 2. Wiederherstellung *f*
	f	1. reconvalescence *f*, guérison *f* 2. rétablissement *m*
	i	1. convalescenza *f* 2. ristabilimento *m*, ricuperazione *f*
	r	1. выздоровление *n* 2. восстановление *n* сил
R84	*e*	**recurrence**
	d	Rezidiv *n*, Rückfall *m*
	f	récidive *f*
	i	recidiva *f*, ricorrenza *f*
	r	рецидив *m*
R85	*e*	**recurrent fever**
	d	Rekurrensfieber *n*, Rückfallfieber *n*, Rückfalltyphus *m*
	f	typhus *m* récurrent, fièvre *f* récurrente
	i	febbre *f* ricorrente
	r	возвратный тиф *m*
R86	*e*	**red blindness**
	d	Protanopie *f*, Rotblindheit *f*
	f	protanopie *f*
	i	protanopia *f*
	r	протанопия *f*
R87	*e*	**red blood cell, red corpuscle**
	d	rote Blutzelle *f*, rotes Blutkörperchen *n*, Erythrozyt *m*
	f	érythrocyte *m*
	i	eritrocito *m*, globulo *m* rosso
	r	эритроцит *m*
R88	*e*	**red hepatization, red induration**
	d	rote Hepatisation *f*
	f	hépatisation *f* rouge
	i	indurimento *m* rosso, epatizzazione *f* rossa
	r	красное опеченение *n*
R89	*e*	**red infarct**
	d	roter Infarkt *m*
	f	infarctus *m* rouge [hémorragique]
	i	infarto *m* rosso [emorragico]
	r	геморрагический [красный] инфаркт *m*
R90	*e*	**redox system**
	d	Redoxsystem *n*
	f	potentiel *m* d'oxydo-réduction, potentiel *m* redox
	i	sistema *m* di ossidoriduzione, sistema *m* redox
	r	окислительно-восстановительная система *f*
R91	*e*	**red thrombus**
	d	roter Thrombus *m*, rotes Blutgerinnsel *n*
	f	thrombus *m* rouge
	i	trombo *m* rosso
	r	красный [эритроцитарный] тромб *m*
R92	*e*	**reducible hernia**
	d	reponierbarer Bruch *m*
	f	hernie *f* réductible
	i	ernia *f* riducibile
	r	вправимая грыжа *f*
R93	*e*	**reducing diet**
	d	Reduktionskost *f*, Abmagerungskost *f*
	f	diète *f* réduite
	i	dieta *f* riducente
	r	редуцированная диета *f*
R94	*e*	**reduction**
	d	Reduktion *f*, Reduzierung *f*
	f	réduction *f*
	i	riduzione *f*
	r	1. уменьшение *n*; снижение *n* 2. вправление *n* 3. редукция *f*, восстановление *n*

REDUPLICATION

R95   e   reduplication
   d   Reduplikation *f*, Verdoppelung *f*
   f   réduplication *f*
   i   reduplicazione *f*
   r   редупликация *f*

R96   e   red vision
   d   Rotsehen *n*, Rotsichtigkeit *f*
   f   érythropsie *f*
   i   eritropsia *f*
   r   эритропсия *f*

R97   e   Reed-Sternberg cell
   d   Reed-Sternberg-Zelle *f*, Riesenzelle *f* der Lymphogranulomatose *f*
   f   cellule *f* de Sternberg
   i   cellula *f* gigante di Reed-Sternberg
   r   клетка *f* Березовского—Штернберга [Рида—Штернберга] *(при лимфогранулематозе)*

R98   e   reedy nail
   d   Onychia *f* cristosa longitudinalis
   f   onyxis *m*
   i   onicosi *f*, unghia *f* solcata
   r   гребешковая продольная онихия *f*

R99   e   referential idea
   d   Beziehungswahn *m*
   f   délire *m* de relation
   i   delirio *m* di relazione
   r   бред *m* отношения

R100   e   referred pain
   d   Reperkussionsschmerz *m*
   f   douleur *f* référée
   i   dolore *m* riferito [trasferito]
   r   отражённая [реперкуссионная] боль *f*

R101   e   reflecting ophthalmoscope
   d   Spiegelophthalmoskop *n*
   f   ophtalmoscope *m* à image renversée
   i   oftalmoscopio *m* a riflessione
   r   зеркальный офтальмоскоп *m*

R102   e   reflector
   d   Spiegel *m*
   f   réflecteur *m*
   i   riflettore *m*
   r   рефлектор *m*

R103   e   reflex
   d   Reflex *m*
   f   réflexe *m*
   i   riflesso *m*
   r   рефлекс *m*

R104   e   reflex arc
   d   Reflexbogen *m*
   f   arc *m* réflexe
   i   arco *m* riflesso
   r   рефлекторная дуга *f*

R105   e   reflexogenic zone
   d   reflexogene Zone *f*
   f   zone *f* réflexogène
   i   zona *f* riflessogena
   r   рефлексогенная зона

R106   e   reflexotherapy *see* reflex therapy

R107   e   reflex therapy
   d   Reflextherapie *f*
   f   réflexothérapie *f*
   i   riflessoterapia *f*
   r   рефлексотерапия *f*

R108   e   reflux
   d   Rückfluß *m*
   f   reflux *m*
   i   riflusso *m*, reflusso *m*
   r   рефлюкс *m*

R109   e   refraction
   d   Brechung *f*, Refraktion *f*
   f   réfraction *f*
   i   rifrazione *f*
   r   преломление *n*, рефракция *f*

R110   e   refractometer
   d   Refraktometer *n*, Brech(ungs)zahlmesser *m*
   f   réfractomètre *m*
   i   rifrattometro *m*
   r   рефрактометр *m*

R111   e   refractory period
   d   Refraktärperiode *f*, refraktäre Phase *f*
   f   période *f* réfractaire
   i   periodo *m* refrattario
   r   рефрактерный период *m*

R112   e   refrigeration anesthesia
   d   Unterkühlungsanästhesie *f*
   f   anesthésie *f* par réfrigération
   i   anestesia *f* per refrigerazione
   r   анестезия *f* охлаждением

R113   e   regeneration
   d   Regeneration *f*
   f   régénération *f*
   i   rigenerazione *f*
   r   регенерация *f*

R114   e   regimen
   d   Regime *n*
   f   régime *m*
   i   regime *m*
   r   режим *m*

R115   e   region
   d   Körperregion *f*
   f   région *f*
   i   zona *f*, regione *f*
   r   область *f* тела

R116   e   regional anatomy
   d   topographische Anatomie *f*
   f   anatomie *f* topographique
   i   anatomia *f* topografica
   r   топографическая анатомия *f*

RELATIVE POLYCYTHEMIA

R117   e   regional anesthesia
     d   Regionalanästhesie f, Lokalanästhesie f
     f   anesthésie f régionale
     i   anestesia f regionale
     r   регионарная анестезия f

R118   e   regional enteritis, regional enterocolitis
     d   regionale Enteritis f, Crohn-Krankheit f
     f   iléite f [entérite f] régionale [terminale], maladie f de Crohn
     i   ileocolite f granulomatosa, morbo m di Crohn
     r   болезнь f Крона, гранулематозная болезнь f

R119   e   regional hypothermia
     d   lokale Unterkühlung f
     f   hypothermie f provoquée
     i   ipotermia f locale
     r   локальная искусственная гипотермия f

R120   e   regional perfusion
     d   regionale Perfusion f
     f   perfusion f régionale
     i   perfusione f regionale
     r   регионарная перфузия f, регионарное искусственное кровообращение n

R121   e   regression
     d   1. Regression f, Rückbildung f 2. Rückbildung f
     f   1. régression f 2. atténuation f, affaiblissement m
     i   1. regresso m, regressione f 2. rilassamento m dei sintomi, attenuazione f
     r   1. регресс m, обратное развитие n 2. ослабление n; исчезновение n (симптомов)

R122   e   regular astigmatism
     d   regulärer Astigmatismus m
     f   astigmatisme m régulier
     i   astigmatismo m regolare
     r   правильный астигматизм m

R123   e   regulator gene
     d   Regulatorgen n
     f   gène m régulateur
     i   gene m regolatore
     r   регуляторный ген m, ген-регулятор m

R124   e   regurgitation
     d   Regurgitation f, Rückstrom m
     f   régurgitation f
     i   rigurgito m
     r   регургитация f

R125   e   rehabilitation
     d   Rehabilitation f
     f   réhabilitation f
     i   riabilitazione f
     r   реабилитация f

R126   e   rehydration
     d   Rehydratation f
     f   réhydratation f
     i   reidratazione f
     r   регидратация f

R127   e   reinfection
     d   Reinfektion f, Wiederansteckung f
     f   réinfection f
     i   reinfezione f
     r   реинфекция f, повторная инфекция f

R128   e   reinfection tuberculosis
     d   Reinfektionstuberkulose f
     f   tuberculose f secondaire, réinfection f tuberculeuse
     i   tubercolosi f cronica
     r   вторичный [постпервичный] туберкулёз m

R129   e   reinforcement
     d   Verstärkung f
     f   renforcement m
     i   rinforzo m
     r   усиление n, подкрепление n (условного рефлекса)

R130   e   reinnervation
     d   Reinnervation f, Reinnervierung f
     f   réinnervation f
     i   reinnervazione f
     r   реиннервация f

R131   e   rejection
     d   Rejektion f, Transplantatabstoßung f
     f   rejet m de greffe
     i   rigetto m
     r   отторжение n (трансплантата)

R132   e   rejuvenescence
     d   Verjüngung f
     f   rajeunissement m
     i   ringiovanimento m
     r   омоложение n

R133   e   relapse see recurrence

R134   e   relapsing fever see recurrent fever

R135   e   relative leukocytosis
     d   relative Leukozytose f
     f   leucocytose f relative
     i   leucocitosi f relativa
     r   относительный [перераспределительный] лейкоцитоз m

R136   e   relative polycythemia
     d   relative Polyzythämie f, relative Erythrämie f

RELAXANT

	f	polycythémie f relative
	i	poliglobulia f relativa [falsa]
	r	относительный [ложный] эритроцитоз m, относительная [ложная] полицитемия f
R137	e	**relaxant**
	d	Relaxans n
	f	relaxant m
	i	rilassante m
	r	релаксант m
R138	e	**relaxation**
	d	Relaxation f, Entspannung f
	f	relaxation f
	i	rilassamento m
	r	релаксация f, расслабление n
R139	e	**relief**
	d	Linderung f
	f	affaiblissement m
	i	lenimento m, mitigazione f, rilassamento m, sollievo m
	r	облегчение n, ослабление n
R140	e	**Remak's fiber**
	d	Remak-Faser f, myelinlose Nervenfaser f
	f	fibre f nerveuse amyélinique
	i	fibra f amielinica [di Remak]
	r	безмиелиновое [ремаковское] нервное волокно n
R141	e	**remedy**
	d	Remedium n, Heilmittel n, Arznei f
	f	remède m
	i	rimedio m
	r	лекарство n
R142	e	**remission**
	d	Remission f
	f	rémission f
	i	remissione f
	r	ремиссия f
R143	e	**remittent fever**
	d	remittierendes Fieber n
	f	fièvre f rémittente
	i	febbre f remittente
	r	перемежающаяся [интермиттирующая] лихорадка f
R144	e	**removable denture**
	d	herausnehmbare Zahnprothese f
	f	prothèse f dentaire mobile
	i	protesi f dentaria staccabile
	r	съёмный зубной протез m
R145	e	**renal carcinosarcoma**
	d	Wilms-Tumor m, Nierenadenosarkom n
	f	adénosarcome m embryonnaire du rein, tumeur f de Wilms
	i	tumore m di Wilms, nefroblastoma m
	r	опухоль f Вильмса, аденосаркома f почки, эмбриональная нефрома f
R146	e	**renal cast**
	d	Harnzylinder m
	f	cylindre m urinaire
	i	cilindro m renale [orinario]
	r	мочевой цилиндр m
R147	e	**renal corpuscle**
	d	Nierenkörperchen n, Malpighi-Körperchen n
	f	corpuscule m de Malpighi
	i	corpuscolo m di Malpighi [renale]
	r	почечное [мальпигиево] тельце n
R148	e	**renal cortical adenoma**
	d	Hellzellennierenadenom n
	f	adénome m cortical du rein
	i	adenoma m corticale del reno
	r	светлоклеточная аденома f почки
R149	e	**renal fibrocystic osteosis, renal infantilism**
	d	renale Rachitis f; renaler Zwergwuchs m
	f	rachitisme m rénal; nanisme m rénal
	i	rachitismo m [nanismo m] renale
	r	почечный рахит m, почечная карликовость f
R150	e	**renal pelvis**
	d	Nierenbecken n
	f	bassinet m du rein
	i	bacinetto m [pelvi f] renale
	r	почечная лоханка f
R151	e	**renal rickets** see **renal fibrocystic osteosis**
R152	e	**renal threshold**
	d	Nieren(ausscheidungs)schwelle f
	f	seuil m rénal
	i	soglia f renale
	r	почечный порог m (выведения)
R153	e	**renin**
	d	Renin n
	f	rénine f
	i	renina f
	r	ренин m
R154	e	**renography**
	d	Renographie f, Nephrographie f
	f	rénographie f
	i	renografia f
	r	нефрография f, ренография f
R155	e	**renopathy**
	d	Nephropathie f, Nierenleiden n
	f	rénopathie f, néphropathie f
	i	renopatia f
	r	нефропатия f
R156	e	**reovirus**
	d	Reovirus n
	f	réovirus m
	i	reovirus m
	r	реовирус m

R157 e repellent
 d Repellent n, Abschreckmittel n, Abwehrmittel n
 f repellent m, insectifuge m
 i insettifugo m, repellente m
 r репеллент m

R158 e replacement therapy
 d Substitutionstherapie f
 f traitement m substitutif
 i terapia f sostitutiva
 r заместительная терапия f

R159 e replacement transfusion
 d Austauschbluttransfusion f
 f exsanguino-transfusion f
 i exsanguinotrasfusione f
 r кровезамена f, обменное переливание n крови

R160 e repletion
 d Plethora f, Hypervolämie f
 f pléthore f
 i pletora f, ipervolemia f
 r плетора f, гиперволемия f

R161 e replication see reduplication

R162 e repolarization
 d Repolarisation f
 f repolarisation f
 i repolarizzazione f
 r реполяризация f

R163 e repositioning
 d Reposition f
 f reposition f
 i riposizione f
 r репозиция f

R164 e repressor
 d Repressor m
 f répresseur m
 i repressore m
 r репрессор m

R165 e reproduction
 d Reproduktion f, Fortpflanzung f
 f reproduction f
 i riproduzione f
 r репродукция f

R166 e resection
 d Resektion f, Teilentfernung f
 f résection f
 i resezione f
 r резекция f

R167 e reserve air
 d Reserveexpirationsvolumen n
 f air m de réserve
 i volume m di riserva espiratoria, VRE
 r резервный объём m выдоха

R168 e resident physician
 d Krankenhausarzt m
 f (médecin m) résident m
 i medico m residente
 r врач m, живущий при больнице

R169 e residual capacity
 d Residualkapazität f, Residualvolumen n, Restvolumen n
 f volume m résiduel
 i capacità f residua, volume m residuo
 r остаточный объём m (лёгких)

R170 e residual urine
 d Residualharn m, Restharn m
 f urine f résiduelle
 i urina f residua
 r остаточная моча f

R171 e residual volume see residual capacity

R172 e resistance
 d Resistenz f
 f résistance f
 i resistenza f
 r 1. сопротивление n 2. устойчивость f, сопротивляемость f, резистентность f

R173 e resolution
 d Resolution f
 f résolution f
 i 1. risoluzione f di una malattia 2. risoluzione f ottica
 r 1. разрешение n (воспаления) 2. различительная [разрешающая] способность f (глаза)

R174 e resonance
 d 1. Resonanz f 2. Perkussionston m
 f 1. résonance f 2. son m de la percussion
 i risonanza f
 r 1. резонанс m 2. перкуторный звук m

R175 e resorption
 d Resorption f, Aufnahme f, Aufsaugung f
 f résorption f
 i riassorbimento m
 r резорбция f

R176 e respiration
 d Respiration f, Atmung f, Atem n
 f respiration f
 i respirazione f
 r дыхание n

R177 e respiration rate
 d Atemfrequenz f
 f fréquence f respiratoire
 i frequenza f respiratoria
 r частота f дыхания

R178 e respirator
 d 1. Respirator m 2. Beatmungsgerät n

RESPIRATORY ACIDOSIS

        f   respirateur *m*
        i   respiratore *m*
        r   1. респиратор *m* 2. аппарат *m* искусственной вентиляции лёгких, аппарат *m* искусственного дыхания

R179   *e*   **respiratory acidosis**
        d   respiratorische Acidose *f*
        f   acidose *f* respiratoire
        i   acidosi *f* respiratoria
        r   газовый [дыхательный, респираторный] ацидоз *m*

R180   *e*   **respiratory alkalosis**
        d   respiratorische Alkalose *f*
        f   alcalose *f* respiratoire
        i   alcalosi *f* respiratoria
        r   газовый [дыхательный, респираторный] алкалоз *m*

R181   *e*   **respiratory capacity**
        d   Lungenvitalkapazität *f*
        f   capacité *f* respiratoire
        i   capacità *f* vitale
        r   жизненная ёмкость *f* лёгких

R182   *e*   **respiratory enzyme**
        d   Atmungsenzym *n*
        f   enzyme *m* respiratoire
        i   enzima *m* respiratorio
        r   дыхательный фермент *m*, фермент *m* тканевого дыхания

R183   *e*   **respiratory epithelium**
        d   respiratorisches Epithel *n*
        f   épithélium *m* respiratoire
        i   epitelio *m* respiratorio
        r   респираторный эпителий *m*

R184   *e*   **respiratory insufficiency**
        d   Ateminsuffizienz *f*
        f   insuffisance *f* respiratoire
        i   insufficienza *f* respiratoria
        r   дыхательная недостаточность *f*

R185   *e*   **respiratory metabolism**
        d   respiratorischer Metabolismus *m*
        f   métabolisme *m* respiratoire
        i   metabolismo *m* respiratorio
        r   дыхательный газообмен *m*

R186   *e*   **respiratory quotient**
        d   respiratorischer Quotient *m*
        f   quotient *m* respiratoire
        i   quoziente *m* respiratorio
        r   дыхательный коэффициент *m*

R187   *e*   **respiratory sound**
        d   Atemgeräusch *n*
        f   bruit *m* [murmure *m*] respiratoire
        i   mormorio *m* vescicolare
        r   дыхательный шум *m*

R188   *e*   **respiratory system**
        d   Atmungssystem *n*
        f   système *m* respiratoire
        i   apparato *m* [sistema *m*] respiratorio
        r   дыхательный аппарат *m*, дыхательная система *f*

R189   *e*   **respiratory tract**
        d   Respirationstrakt *m*, Atemwege *m pl*
        f   voies *f pl* respiratoires
        i   vie *f pl* respiratorie
        r   дыхательные пути *m pl*

R190   *e*   **response**
        d   Reaktion *f*
        f   réaction *f*, réponse *f*
        i   reazione *f*, risposta *f*
        r   реакция *f*, ответ *m*

R191   *e*   **rest nitrogen**
        d   Reststickstoff *m*
        f   azote *m* résiduel [restant]
        i   azoto *m* residuo
        r   остаточный [безбелковый, небелковый] азот *m*

R192   *e*   **resuscitation**
        d   Reanimation *f*, Wiederbelebung *f*
        f   réanimation *f*
        i   rianimazione *f*
        r   реанимация *f*, оживление *n* организма

R193   *e*   **retained placenta**
        d   Plazentaretention *f*
        f   rétention *f* placentaire
        i   placenta *f* ritenuta
        r   задержка *f* плаценты

R194   *e*   **retainer**
        d   Klammer *f*
        f   rétenteur *m*
        i   1. ponte *m* dentario 2. morsetto *m*
        r   удерживающий элемент *m* зубного протеза, кламмер *m*

R195   *e*   **retardation**
        d   Retardierung *f*
        f   retardation *f*
        i   ritardo *m*
        r   1. ретардация *f* 2. запаздывание *n*, задержка *f* развития

R196   *e*   **retention**
        d   Retention *f*
        f   rétention *f*
        i   ritenzione *f*
        r   1. задержка *f*, удерживание *n* 2. ретенция *f*

R197   *e*   **retention cyst**
        d   Retentionszyste *f*
        f   kyste *m* par rétention
        i   cisti *f* da ritenzione
        r   ретенционная киста *f*

R198   *e*   **retention jaundice**
        d   Retentionsikterus *m*
        f   ictère *m* obstructif [par obstruction]

	i	ittero *m* colostatico [meccanico, da stasi]
	r	обтурационная [застойная, механическая] желтуха *f*
R199	*e*	**reticular fiber**
	d	Retikulinfaser *f*
	f	fibre *f* de réticuline
	i	fibra *f* reticolare [argentofila]
	r	ретикулярное [ретикулиновое, аргентофильное] волокно *n*
R200	*e*	**reticular formation**
	d	retikuläre Formation *f*
	f	système *m* réticulé
	i	formazione *f* reticolare
	r	ретикулярная формация *f*
R201	*e*	**reticular layer**
	d	retikuläre Hautschicht *f*
	f	couche *f* réticulaire
	i	strato *m* reticolare del derma
	r	сетчатый [ретикулярный] слой *m* дермы
R202	*e*	**reticular substance** *see* **reticular formation**
R203	*e*	**reticular tissue**
	d	retikuläres Bindegewebe *n*
	f	tissu *m* réticulé
	i	tessuto *m* reticolare
	r	ретикулярная соединительная ткань *f*
R204	*e*	**reticulin**
	d	Retikulin *n*
	f	réticuline *f*
	i	reticolina *f*
	r	ретикулин *m*
R205	*e*	**reticulocyte**
	d	Retikulozyt *m*
	f	réticulocyte *m*
	i	reticolocito *m*
	r	ретикулоцит *m*
R206	*e*	**reticuloendothelial cell**
	d	Retikuloendothelzelle *f*
	f	cellule *f* réticulo-endothéliale
	i	cellula *f* reticoloendoteliale
	r	ретикулоэндотелиоцит *m*, ретикулоэндотелиальная клетка *f*
R207	*e*	**reticuloendotheliosis, reticulohistocytosis**
	d	Retikuloendotheliose *f*, Retikulohistiozytose *f*
	f	réticulo-endothéliose *f*
	i	reticoloendoteliosi *f*
	r	злокачественный гистиоцитоз *m*, ретикулоэндотелиоз *m*
R208	*e*	**reticulosis**
	d	1. Retikulose *f* 2. Retikuloendotheliose *f*
	f	1. réticulose *f* 2. réticulo-endothéliose *f*
	i	1. reticolosi *f* 2. reticoloendoteliosi *f*
	r	1. ретикулёз *m* 2. злокачественный гистиоцитоз *m*, ретикулоэндотелиоз *m*
R209	*e*	**reticulum cell sarcoma**
	d	Retikulozellensarkom *n*
	f	réticulosarcome *m*
	i	reticolosarcoma *m*
	r	ретикулосаркома *f*, ретикулоклеточная саркома *f*
R210	*e*	**retiform tissue** *see* **reticular tissue**
R211	*e*	**retina**
	d	Retina *f*, Netzhaut *f*
	f	rétine *f*
	i	retina *f*
	r	сетчатка *f*, сетчатая оболочка *f*
R212	*e*	**retinal detachment**
	d	Retinaablösung *f*, Netzhautabhebung *f*
	f	détachement *m* de la rétine
	i	distacco *m* della retina
	r	отслойка *f* сетчатки
R213	*e*	**retinitis**
	d	Retinitis *f*, Netzhautentzündung *f*
	f	rétinite *f*
	i	retinite *f*
	r	ретинит *m*
R214	*e*	**retinoblastoma**
	d	Retinoblastom *n*, Netzhautneuroepitheliom *n*
	f	rétinoblastome *m*
	i	retinoblastoma *m*
	r	ретинобластома *f*, нейроэпителиома *f* сетчатки
R215	*e*	**retinocerebral angiomatosis**
	d	Hippel-Lindau-Krankheit *f*, zerebroretinale Angiomatose *f*
	f	maladie *f* de von Hippel-Lindau, angiomatose *f* rétinienne
	i	malattia *f* di Hippel, angiomatosi *f* della retina
	r	болезнь *f* Гиппеля—Линдау, цереброретинальный ангиоматоз *m*
R216	*e*	**retinochoroiditis**
	d	Retinochorioiditis *f*, Chorioretinitis *f*
	f	rétinochoroïdite *f*, choriorétinite *f*
	i	retinocoroidite *f*, corioretinite *f*
	r	хориоретинит *m*, ретинохориоидит *m*
R217	*e*	**retinomalacia**
	d	Retinomalazie *f*, Netzhauterweichung *f*
	f	rétinomalacie *f*
	i	retinomalacia *f*
	r	дегенерация *f* сетчатки
R218	*e*	**retinopapillitis**

RETINOPATHY

	d	Retinopapillitis *f*
	f	rétinopapillite *f*
	i	papilloretinite *f*
	r	ретинопапиллит *m*
R219	*e*	**retinopathy**
	d	Retinopathie *f*, Netzhauterkrankung *f*
	f	rétinopathie *f*
	i	retinopatia *f*
	r	ретинопатия *f*
R220	*e*	**retinoscopy**
	d	Retinoskopie *f*, Skiaskopie *f*
	f	rétinoscopie *f*, skiascopie *f*
	i	retinoscopia *f*
	r	скиаскопия *f*
R221	*e*	**retinosis** *see* **retinomalacia**
R222	*e*	**retraction**
	d	1. Retraktion *f*, Zusammenziehung *f* 2. Einziehung *f*
	f	rétraction *f*
	i	1. contrazione *f* 2. ritrazione *f*
	r	1. сокращение *n*, ретракция *f* 2. втяжение *n*
R223	*e*	**retraction syndrome**
	d	Retraktionssyndrom *n*
	f	syndrome *m* de la rétraction (du bulbe oculaire)
	i	ritrazione *f* (del bulbo oculare)
	r	синдром *m* ретракции (глазного яблока)
R224	*e*	**retractor**
	d	Retraktor *m*
	f	rétracteur *m*
	i	divaricatore *m*
	r	ретрактор *m*
R225	*e*	**retrobulbar neuritis**
	d	Retrobulbärneuritis *f*
	f	névrite *f* rétrobulbaire
	i	nevrite *f* retrobulbare
	r	ретробульбарный неврит *m*
R226	*e*	**retroflection, retroflexion**
	d	Retroflexie *f*, Rückwärtsabknickung *f*
	f	rétroflexion *f*
	i	retroflessione *f* (dell'utero)
	r	ретрофлексия *f* [загиб *m*] матки
R227	*e*	**retrogasserian neurectomy, retrogasserian neurotomy**
	d	retrogasserische Neurotomie *f*
	f	neurotomie *f* rétrogassérienne
	i	neurotomia *f* retrogasseriana
	r	тригеминальная радикотомия *f*
R228	*e*	**retrograde amnesia**
	d	retrograde Amnesie *f*
	f	amnésie *f* rétrograde
	i	amnesia *f* retrograda
	r	ретроградная амнезия *f*
R229	*e*	**retromammary mastitis**
	d	retromammärer Abszeß *m*
	f	abcès *m* rétromammaire [périmammaire]
	i	ascesso *m* retromammario
	r	ретромаммарный абсцесс *m*
R230	*e*	**retromandibular**
	d	retromandibular
	f	rétromandibulaire
	i	retromandibolare
	r	позадичелюстной
R231	*e*	**retroperitoneal space**
	d	Retroperitonealraum *m*
	f	espace *m* rétropéritonéal
	i	spazio *m* [cavo *m*] retroperitoneale
	r	забрюшинное [ретроперитонеальное] пространство *n*
R232	*e*	**retropharyngeal abscess**
	d	Retropharyngealabszeß *m*
	f	abcès *m* rétropharyngien
	i	ascesso *m* retrofaringeo
	r	заглоточный абсцесс *m*
R233	*e*	**retropharyngeal space**
	d	Retropharyngealraum *m*
	f	espace *m* rétropharyngien
	i	spazio *m* retrofaringeo
	r	заглоточное [ретрофарингеальное] пространство *n*
R234	*e*	**retropulsion**
	d	Retropulsion *f*
	f	rétropulsion *f*
	i	retropulsione *f*
	r	ретропульсия *f*
R235	*e*	**retrosternal hernia**
	d	Retrosternalbruch *m*
	f	hernie *f* de Morgagni
	i	ernia *f* parasternale [di Morgagni]
	r	парастернальная [передняя диафрагмальная] грыжа *f*, грыжа *f* Морганьи
R236	*e*	**retrosternal struma**
	d	Retrosternalkropf *m*
	f	goître *m* rétrosternal
	i	gozzo *m* retrosternale
	r	загрудинный [внутригрудной] зоб *m*
R237	*e*	**retroversion**
	d	Retroversion *f*
	f	rétroversion *f*
	i	retroversione *f*
	r	ретроверсия *f*
R238	*e*	**return extrasystole**
	d	Rückfallextrasystole *f*
	f	extrasystole *f* rétrograde [réciproque]
	i	extrasistole *f* reciproca
	r	реципрокная экстрасистола *f*

R239   e   **revaccination**
- d   Wiederimpfung *f*
- f   revaccination *f*
- i   rivaccinazione *f*
- r   ревакцинация *f*

R240   e   **revascularization**
- d   Revaskularisation *f*, Revaskularisierung *f*
- f   revascularisation *f*
- i   rivascolarizzazione *f*
- r   реваскуляризация *f*

R241   e   **reversed coarctation**
- d   umgekehrte Aortenbogenkoarktation *f*, Takayasu-Syndrom *n*
- f   syndrome *m* de Takayas(h)u [de l'arc aortique], maladie *f* sans pouls
- i   sindrome *f* dell'arco aortico
- r   синдром *m* Такаясу, инвертированная коарктация *f* аорты, болезнь *f* отсутствия пульса

R242   e   **reversion**
- d   Reversion *f*
- f   réversion *f*
- i   reversione *f*
- r   реверсия *f*

R243   e   **revulsion**
- d   Revulsion *f*
- f   révulsion *f*
- i   revulsione *f*
- r   1. отвод *m* жидкости 2. отвлечение *n*, отвлекающее действие *n* (*напр. лекарств*)

R244   e   **rhabdomyoma**
- d   Rhabdomyom *n*
- f   rhabdomyome *m*
- i   rabdomioma *m*
- r   рабдомиома *f*

R245   e   **rhabdomyosarcoma, rhabdosarcoma**
- d   Rhabdomyosarkom *n*
- f   rhabdomyosarcome *m*
- i   rabdomiosarcoma *m*
- r   рабдомиосаркома *f*, злокачественная рабдомиома *f*, рабдомиобластома *f*

R246   e   **rhagade**
- d   Rhagade *f*, Schrunde *f*
- f   rhagade *f*
- i   ragade *f*
- r   трещина *f* (*напр. кожи*)

R247   e   **rheobase**
- d   Rheobase *f*
- f   rhéobase *f*
- i   reobase *f*
- r   реобаза *f*

R248   e   **rheometry**
- d   Rheometrie *f*
- f   rhéométrie *f*
- i   reometria *f*
- r   реометрия *f*

R249   e   **Rhesus factor**
- d   Rhesus-Faktor *m*
- f   facteur *m* Rh
- i   fattore *m* Rh
- r   резус-фактор *m*, изоантиген *m* системы резус

R250   e   **rheumatic chorea**
- d   rheumatische Chorea *f*
- f   chorée *f* rhumatique
- i   corea *f* reumatica
- r   малая [ревматическая] хорея *f*

R251   e   **rheumatic fever**
- d   rheumatisches Fieber *n*
- f   fièvre *f* rhumatique
- i   febbre *f* reumatica
- r   ревматическая лихорадка *f*, активный ревматизм *m*

R252   e   **rheumatic heart disease**
- d   rheumatische Herz(klappen)erkrankung *f*
- f   vice *m* cardiaque rhumatismal
- i   cardiopatia *f* reumatica
- r   ревматический порок *m* сердца

R253   e   **rheumatism**
- d   Rheumatismus *m*
- f   rhumatisme *m*
- i   reumatismo *m*
- r   ревматизм *m*; ревматическое заболевание *n*

R254   e   **rheumatoid arthritis**
- d   Rheumatoidarthritis *f*
- f   arthrite *f* rhumatoïde
- i   artrite *f* reumatoide
- r   ревматоидный [инфекционный неспецифический] артрит *m*

R255   e   **rheumatologist**
- d   Rheumatologe *m*
- f   rhumatologiste *m*
- i   reumatologo *m*
- r   ревматолог *m*

R256   e   **rhinencephalon**
- d   Riechhirn *n*
- f   rhinencéphalon *m*
- i   rinencefalo *m*
- r   обонятельный мозг *m*

R257   e   **rhinism** *see* **rhinolalia**

R258   e   **rhinitis**
- d   Nasenschleimhautentzündung *f*, Schnupfen *m*
- f   rhinite *f*
- i   rinite *f*
- r   ринит *m*

R259   e   **rhinocleisis** *see* **rhinostenosis**

RHINOLALIA

R260   *e*   **rhinolalia**
         d   Rhinolalie *f*
         f   rhinolalie *f*, rhinophonie *f*
         i   rinolalia *f*
         r   гнусавость *f*, ринолалия *f*, ринофония *f*

R261   *e*   **rhinolith**
         d   Rhinolith *m*, Nasenstein *m*
         f   rhinolithe *m*
         i   rinolito *m*, calcolo *m* nasale
         r   ринолит *m*, носовой конкремент *m*

R262   *e*   **rhinopharyngitis**
         d   Rhinopharyngitis *f*
         f   rhinopharyngite *f*
         i   rinofaringite *f*
         r   назофарингит *m*, ринофарингит *m*

R263   *e*   **rhinopharynx**
         d   Rhinopharynx *m*, Epipharynx *m*, Nasenrachenraum *m*
         f   rhinopharynx *m*
         i   rinofaringe *f*
         r   носоглотка *f*, эпифаринкс *m*

R264   *e*   **rhinophonia** see **rhinolalia**

R265   *e*   **rhinophyma**
         d   Rhinophym *n*, Knollennase *f*, Pfundnase *f*
         f   rhinophyma *m*, acné *m* éléphantiasique
         i   rinofima *m*, naso *m* a proboscide
         r   ринофима *f*, шишковидный нос *m*

R266   *e*   **rhinoplasty**
         d   Nasenplastik *f*
         f   rhinoplastie *f*
         i   rinoplastica *f*
         r   ринопластика *f*

R267   *e*   **rhinorrhea**
         d   Rhinorrhoe *f*
         f   rhinorrhée *f*
         i   rinorrea *f*
         r   ринорея *f*

R268   *e*   **rhinoscopy**
         d   Rhinoskopie *f*, Nasenspiegelung *f*
         f   rhinoscopie *f*
         i   rinoscopia *f*
         r   риноскопия *f*

R269   *e*   **rhinosporidiosis**
         d   Rhinosporidiose *f*
         f   rhinosporidiose *f*
         i   rinosporidiosi *f*
         r   риноспоридиоз *m*

R270   *e*   **rhinostenosis**
         d   Nasenvereng(er)ung *f*
         f   rhinosténose *f*
         i   rinostenosi *f*
         r   сужение *n* носового хода

R271   *e*   **rhinovirus**
         d   Rhinovirus *n*
         f   rhinovirus *m*
         i   rinovirus *m*
         r   риновирус *m*

R272   *e*   **rhizotomy**
         d   Rhizotomie *f*, Nervenwurzeldurchschneidung *f*
         f   rhizotomie *f*
         i   rizotomia *f*
         r   радикотомия *f*, ризотомия *f*

R273   *e*   **rhodopsin**
         d   Rhodopsin *n*, Sehpurpur *m*
         f   rhodopsine *f*
         i   rodopsina *f*, porpora *f* retinica
         r   родопсин *m*, зрительный пурпур *m*

R274   *e*   **rhombencephalon**
         d   Rhombenzephalon *n*, Rautenhirn *n*
         f   rhombencéphale *m*
         i   rombencefalo *m*
         r   ромбовидный мозг *m*

R275   *e*   **rhomboid fossa**
         d   Rautengrube *f*
         f   fosse *f* rhomboïde
         i   fossa *f* romboidale
         r   ромбовидная ямка *f*

R276   *e*   **rhonchus**
         d   Rasseln *n*, Rasselgeräusche *n pl*
         f   rhonchus *m*
         i   ronco *m*
         r   1. хрипы *m pl* 2. хриплое дыхание *n*

R277   *e*   **rhythm**
         d   Rhythmus *m*
         f   rythme *m*
         i   ritmo *m*
         r   ритм *m*

R278   *e*   **rhytidectomy**
         d   Rhytidektomie *f*, Runzelentfernung *f*
         f   rhytidectomie *f*
         i   ritidectomia f
         r   иссечение *n* [удаление *n*] морщин

R279   *e*   **rhytidosis**
         d   Rhytidosis *f*
         f   rhytidose *m*, maladie *f* des rides
         i   ritidosi *f* corneale, raggrinzamento *m*
         r   (преждевременная) морщинистость *f* лица

R280   *e*   **rib**
         d   Rippe *f*
         f   côte *f*
         i   costola *f*
         r   ребро *n*

R281   *e*   **ribbed tongue**
         d   Faltenzunge *f*
         f   langue *f* scrotale

	i	lingua *f* scrotale
	r	складчатый язык *m*
R282	*e*	**ribbon-like keratitis**
	d	Bändchen-Keratitis *f*
	f	kératite *f* en bandelette
	i	cheratite *f* a banda
	r	пучковидный кератит *m*
R283	*e*	**riboflavin**
	d	Riboflavin *n*, Vitamin *n* B$_2$
	f	riboflavine *f*
	i	riboflavina *f*
	r	рибофлавин *m*
R284	*e*	**ribonuclease**
	d	Ribonuklease *f*
	f	ribonucléase *f*
	i	ribonucleasi *f*
	r	рибонуклеаза *f*
R285	*e*	**ribonucleic acid**
	d	Ribonukleinsäure *f*, RNS
	f	acide *m* ribonucléique
	i	acido *m* ribonucleico
	r	рибонуклеиновая кислота *f*, РНК
R286	*e*	**ribose**
	d	Ribose *f*
	f	ribose *m*
	i	ribosio *m*
	r	рибоза *f*
R287	*e*	**ribosome**
	d	Ribosom *n*
	f	ribosome *m*
	i	ribosoma *m*
	r	рибосома *f*
R288	*e*	**rice-water stool**
	d	Reiswasserstuhl *m*
	f	selles *f pl* riziformes
	i	feci *f pl* risiformi
	r	испражнения *n pl* в виде «рисового отвара»
R289	*e*	**rickets**
	d	Rachitis *f*, Englische Krankheit *f*
	f	rachitisme *m*
	i	rachitismo *m*
	r	рахит *m*
R290	*e*	**Rickettsia** *pl*
	d	Rickettsien *f pl*
	f	rickettsies *f pl*
	i	Rickettsia *f pl*
	r	риккетсии *f pl*
R291	*e*	**rickettsiosis**
	d	Rickettsiose *f*, Rickettsienerkrankung *f*
	f	rickettsiose *f*
	i	rickettsiosi *f*
	r	риккетсиоз *m*
R292	*e*	**ridge**
	d	Kamm *m*
	f	crête *f*, bord *m*
	i	bordo *m*, cresta *f*
	r	гребень *m*, край *m*
R293	*e*	**Riga's disease**
	d	sublinguales Fibrogranulom *n*
	f	maladie *f* de Riga, subglossite *f* diphtéroïde
	i	malattia *f* di Riga, ulcera *f* di Fede-Riga, fibroma *m* sublinguale
	r	болезнь *f* Риги, подъязычная фиброгранулёма *f*
R294	*e*	**right-handed**
	d	rechtshändig
	f	droitier
	i	destrimano
	r	праворукий
R295	*e*	**right ventricular failure**
	d	Rechtsherzversagen *n*
	f	insuffisance *f* ventriculaire droite
	i	insufficienza *f* ventricolare destra
	r	правожелудочковая недостаточность *f*
R296	*e*	**rigidity**
	d	Rigidität *f*, Steifheit *f*; Starre *f*
	f	rigidité *f*
	i	rigidità *f*
	r	оцепенение *n*; ригидность *f*
R297	*e*	**Riley-Day syndrome**
	d	Riley-Day-Syndrom *n*
	f	syndrome *m* de Riley-Day
	i	sindrome *f* di Riley-Day
	r	семейная вегетативная дисфункция *f*
R298	*e*	**ring chromosome**
	d	Ringchromosom *n*
	f	chromosome *m* ellipsoïdal [sphéroïdal]
	i	cromosoma *m* anulare
	r	кольцевая хромосома *f*
R299	*e*	**ring finger**
	d	Ringfinger *m*, vierter Finger *m*
	f	doigt *m* annulaire
	i	anulare *m*
	r	безымянный [четвёртый] палец *m* (руки)
R300	*e*	**ring scotoma**
	d	Ringskotom *n*
	f	scotome *m* annulaire
	i	scotoma *m* anulare
	r	кольцевидная скотома *f*
R301	*e*	**ringworm**
	d	Dermatomykose *f*
	f	dermatomycose *f*, dermatophytie *f*
	i	tinea *f*, tricofizia *f*, dermatofitosi *f*
	r	дерматомикоз *m*, дерматофития *f*
R302	*e*	**ripe cataract**
	d	reifer Star *m*

RISK FACTOR

	f	cataracte *f* mûre
	i	cateratta *f* matura
	r	зрелая катаракта *f*
R303	*e*	**risk factor**
	d	Risikofaktor *m*
	f	facteur *m* de risque
	i	fattore *m* di rischio
	r	фактор *m* риска
R304	*e*	**Robinson's disease**
	d	Robinson-Hydradenom *n*
	f	hidradénome *m* de Robinson
	i	idrocistoma *m*
	r	гидраденома *f* [гидроцистома *f*] Робинсона
R305	*e*	**Rocky Mountain spotted fever**
	d	Felsengebirgsfieber *n*, amerikanisches Fleckfieber *n*
	f	fièvre *f* pourprée [tachetée] des Montagnes Rocheuses
	i	febbre *f* maculosa [purpurica] delle Montagne Rocciose
	r	пятнистая лихорадка *f* Скалистых гор
R306	*e*	**rod**
	d	Stäbchenzelle *f*
	f	batonnet *m*
	i	bastoncello *m*
	r	палочка *f* (сетчатки)
R307	*e*	**rod and cone retinal layer**
	d	Stäbchen- und Zäpfchenschicht *f*
	f	couche *f* bacillaire [des cellules en cônes et en bâtonnets]
	i	strato *m* dei coni e dei bastoncelli
	r	слой *m* палочек и колбочек (глаза)
R308	*e*	**rod cell of retina** *see* **rod**
R309	*e*	**rodent cancer, rodent ulcer**
	d	Basaliom *n*
	f	basaliome *m*, épithéliome *m* basocellulaire
	i	carcinoma *m* basocellulare
	r	базалиома *f*, базально-клеточная эпителиома *f*
R310	*e*	**roentgen rays** *pl*
	d	Röntgenstrahlen *m pl*
	f	rayonnement *m* X
	i	raggi *m pl* X [roentgen]
	r	рентгеновское излучение *n*
R311	*e*	**roentgenogram**
	d	Röntgenogramm *n*, Röntgenaufnahme *f*
	f	radiogramme *m*, rœntgenogramme *m*
	i	radiogramma *m*
	r	рентгенограмма *f*
R312	*e*	**roentgenography**
	d	Röntgenographie *f*
	f	radiographie *f*, rœntgenographie *f*
	i	radiografia *f*
	r	рентгенография *f*
R313	*e*	**roentgenology**
	d	Röntgenologie *f*
	f	radiologie *f*
	i	radiologia *f*
	r	рентгенология *f*
R314	*e*	**roentgenometry**
	d	Röntgenstrahlenstärkemessung *f*
	f	radiométrie *f*
	i	roentgenometria *f*
	r	рентгеновская дозиметрия *f*
R315	*e*	**roentgenoscopy**
	d	Röntgenoskopie *f*, Röntgendurchleuchtung *f*
	f	radioscopie *f*, fluoroscopie *f*
	i	radioscopia *f*
	r	рентгеноскопия *f*, флюороскопия *f*
R316	*e*	**roentgenotherapy**
	d	Röntgenstrahlenbehandlung *f*
	f	röntgenthérapie *f*, radiothérapie *f*
	i	roentgenoterapia *f*
	r	рентгенотерапия *f*
R317	*e*	**roetheln** *see* **rubella**
R318	*e*	**Roger's disease**
	d	Roger-Septumdefekt *m*, Roger-Krankheit *f*
	f	maladie *f* de Roger, communication *f* interventriculaire isolée
	i	morbo *m* di Roger
	r	болезнь *f* (Толочинова—)Роже
R319	*e*	**Rolando's fissure**
	d	Rolando-Furche *f*, Mittelfurche *f* der Großhirnkonvexität
	f	sillon *m* central
	i	scissura *f* di Rolando
	r	центральная [роландова] бороздá *f*
R320	*e*	**rombergism, Romberg's sign, Romberg's symptome**
	d	Romberg-Zeichen *n*, Romberg-Phänomen *n*
	f	signe *m* de Romberg
	i	segno *m* di Romberg
	r	симптом *m* [феномен *m*] Ромберга
R321	*e*	**roof**
	d	Dach *n*
	f	toit *m*
	i	tetto *m*
	r	крыша *f*, свод *m*
R322	*e*	**roof nucleus**
	d	Dachkern *m* des Kleinhirns
	f	noyau *m* du toit
	i	nucleo *m* del tetto
	r	ядро *n* шатра (мозжечка), кровельное ядро *n*

R323	e	roof of mouth
	d	Palatum n, Gaumen m, Mundhöhlendach n
	f	palais m
	i	palato m
	r	нёбо n
R324	e	root
	d	Wurzel f, Radix f
	f	racine f
	i	radice f
	r	корень m, корешок m
R325	e	root canal filling
	d	Zahnwurzelfüllung f
	f	plomb m de la racine dentaire
	i	piombaggio m della radice dentaria
	r	корневая пломба f
R326	e	rosacea
	d	Rotfinnen f pl, Kupferfinnen f pl
	f	rosacée f, couperose f
	i	acne f rosacea
	r	розовые [красные] угри m pl
R327	e	rose
	d	Rose f, Erysipel n
	f	érysipèle m, érésipèle m
	i	erisipela f, risipola f
	r	рожа f
R328	e	roseola
	d	Roseola f
	f	roséole f
	i	roseola f, esantema m
	r	розеола f
R329	e	rotary vertigo
	d	Systemschwindel m
	f	vertige m rotatoire
	i	vertigine f rotatoria
	r	системное головокружение n
R330	e	rotatory joint
	d	Rotationsgelenk n, Drehgelenk n
	f	articulation f trochoïde, ginglyme m latéral
	i	articolazione f trocoide
	r	вращательный сустав m
R331	e	rotatory nystagmus
	d	rotatorischer Nystagmus m
	f	nystagmus m rotatoire [giratoire]
	i	nistagmo m rotatorio
	r	ротаторный нистагм m
R332	e	rough-surfaced endoplasmic reticulum
	d	rauhes endoplasmatisches Retikulum n
	f	réticulum m endoplasmique [granulaire]
	i	reticolo m endoplasmatico granulare
	r	гранулярная [зернистая] эндоплазматическая сеть f
R333	e	rouleaux formation
	d	Geldrollenbildung f
	f	pile f de globules rouges
	i	impilamento m dei globuli rossi
	r	«монетные столбики» m pl
R334	e	round cell sarcoma
	d	Rundzellensarkom n
	f	sarcome m à cellules rondes
	i	sarcoma m a cellule rotonde
	r	круглоклеточная саркома f
R335	e	roundworm
	d	Rundwurm m, Nematode f
	f	nématode m
	i	nematelminto m
	r	круглый червь m, нематода f
R336	e	Rous sarcoma
	d	Rous-Sarkom n, klassisches Hühnersarkom n
	f	sarcome m de Rous
	i	sarcoma m di Rous
	r	саркома f Рауса
R337	e	rubella
	d	Rubella f, Rubeola f, Röteln pl
	f	rubéole f
	i	rosolia f, roseola f, rubeola f
	r	краснуха f
R338	e	rubrospinal tract
	d	rubrospinale Bahn f, Monakow-Bündel n
	f	faisceau m rubro-spinal
	i	fascio m rubro-spinale
	r	краснoядерно-спинномозговой [руброспинальный] путь m
R339	e	rudiment
	d	Rudiment n
	f	rudiment m
	i	rudimento m
	r	рудимент m, рудиментарный орган m
R340	e	Ruffini's nerve endings pl
	d	Ruffini-Körperchen n pl
	f	corpuscules m pl de Ruffini
	i	corpuscoli m pl di Ruffini
	r	тельца n pl Руффини
R341	e	rugosity
	d	Faltigkeit f, Runzeligkeit f
	f	rugosité f
	i	rugosità f
	r	складчатость f; морщинистость f
R342	e	rum nose see rhinophyma
R343	e	rump
	d	Gesäß n
	f	fesses f pl
	i	sedere m, natiche f pl
	r	ягодичная область f, ягодицы f pl

R344	*e*	runaround
	d	Paronychie *f*, Nagelbettentzündung *f*
	f	paronychie *f*
	i	paronichia *f*
	r	паронихия *f*
R345	*e*	running fit
	d	Laufepilepsie *f*
	f	épilepsie *f* procursive
	i	epilessia *f* procursiva
	r	прокурсивный эпилептический припадок *m*
R346	*e*	runround *see* runaround
R347	*e*	rupia
	d	Rupia *f*, Rhypia *f*
	f	rupia *m*
	i	rupia *f*
	r	рупия *f*
R348	*e*	rupture
	d	Ruptur *f*, Zerreißung *f*, Zerreißen *n*
	f	rupture *f*
	i	rottura *f*
	r	разрыв *m*
R349	*e*	**Russian spring-summer encephalitis, Russian tick-borne encephalitis**
	d	russische Frühsommerenzephalitis *f*
	f	encéphalite *f* de la taïga, encéphalite *f* verno-estivale russe
	i	encefalite *f* russa primaverile-estiva
	r	весенне-летний клещевой энцефалит *m*, дальневосточный [таёжный] энцефалит *m*
R350	*e*	rusty sputum
	d	rostfarbiger Auswurf *m*
	f	crachat *m* rouillé
	i	sputo *m* [espettorato *m*] rugginoso
	r	ржавая мокрота *f*
R351	*e*	rutidosis *see* rhytidosis

S

S1	*e*	saber shin
	d	Säbelscheidenschienbein *n*
	f	jambe *f* arquée
	i	gamba *f* a sciabola, tibia *f* a lama di sciabola
	r	саблевидная голень *f*
S2	*e*	sac
	d	1. Sack *m* 2. Kapsel *f*
	f	1. sac *m* 2. capsule *f*
	i	1. tasca *f*, sacco *m* 2. capsula *f*
	r	1. мешок *m*, мешочек *m* 2. капсула *f*
S3	*e*	saccadic movement
	d	sakkadierte Bewegung *f*, sakkadierte Augenbewegung *f*
	f	mouvement *m* saccadé
	i	movimento *m* saccadico
	r	саккадическое движение *n* (глаз)
S4	*e*	saccharase
	d	Saccharase *f*
	f	saccharase *f*
	i	saccarasi *f*
	r	сахараза *f*, ß-фруктофуранозидаза *f*
S5	*e*	saccharide
	d	Saccharid *n*
	f	saccharide *m*
	i	saccaride *m*
	r	сахарид *m*
S6	*e*	saccharimeter, saccharometer
	d	Saccharimeter *n*
	f	saccharimètre *m*
	i	saccarimetro *m*
	r	сахариметр *m*
S7	*e*	saccharomycosis
	d	Torulose *f*, Kryptokokkose *f*, europäische Blastomykose *f*
	f	saccharomycose *f*, blastomycose *f* européenne, cryptococcose *f*, torulose *f*
	i	criptococcosi *f*, torulosi *f*, saccaromicosi *f*
	r	криптококкоз *m*, европейский бластомикоз *m*, торулёз *m*, сахаромикоз *m*
S8	*e*	saccharose
	d	Saccharose *f*, Rohrzucker *m*
	f	saccharose *m*
	i	saccarosio *m*
	r	сахароза *f*
S9	*e*	saccharuria
	d	Saccharurie *f*, Glykosurie *f*
	f	glycosurie *f*
	i	saccaruria *f*
	r	гликозурия *f*, гликурия *f*, мелитурия *f*
S10	*e*	sacculated bronchiectasis
	d	sackförmige Bronchiektase *f*
	f	bronchectasie *f* sacciforme [ampullaire]
	i	bronchiettasia *f* sacciforme
	r	мешотчатый бронхоэктаз *m*
S11	*e*	sacculated pleurisy
	d	abgekapselte Pleuritis *f*
	f	pleurésie *f* enkystée
	i	pleurite *f* sacciforme
	r	осумкованный плеврит *m*
S12	*e*	saccule
	d	Säckchen *n*, Täschchen *n*

	f	saccule *m*
	i	sacculo *m*
	r	мешочек *m*
S13	*e*	**sacral anesthesia, sacral block**
	d	Sakralanästhesie *f*, Kaudalanästhesie *f*
	f	anesthésie *f* caudale
	i	anestesia *f* sacrale [caudale]
	r	сакральная [каудальная] анестезия *f*
S14	*e*	**sacralgia**
	d	Sakralgie *f*, Sakrodynie *f*
	f	sacralgie *f*, sacrodynie *f*
	i	sacrodinia *f*, sacralgia *f*
	r	сакродиния *f*
S15	*e*	**sacralization**
	d	Sakralisation *f*
	f	sacralisation *f*
	i	sacralizzazione *f*
	r	сакрализация *f*
S16	*e*	**sacred bone** see **sacrum**
S17	*e*	**sacrococcygeal joint**
	d	Sakrokokzygealgelenk *n*
	f	articulation *f* sacro-coccygienne
	i	articolazione *f* sacrococcigea
	r	крестцово-копчиковое соединение *n*
S18	*e*	**sacrodynia** see **sacralgia**
S19	*e*	**sacroiliac joint**
	d	Sakroiliakalgelenk *n*
	f	articulation *f* sacro-iliaque
	i	articolazione *f* sacroiliaca
	r	крестцово-подвздошный сустав *m*
S20	*e*	**sacroiliitis**
	d	Sakroileitis *f*
	f	sacro-iléite *f*
	i	sacro-ileite *f*
	r	сакроилеит *m*
S21	*e*	**sacrum**
	d	Kreuzbein *n*
	f	sacrum *m*
	i	osso *m* sacro
	r	крестец *m*
S22	*e*	**sactosalpinx**
	d	1. Saktosalpinx *f* 2. Hydrosalpinx *f*
	f	1. sactosalpinx *m* 2. hydrosalpinx *m*, salpingite *f* kystique
	i	sactosalpinge *f*
	r	1. сактосальпинкс *m* 2. гидросальпинкс *m*, водянка *f* маточной трубы
S23	*e*	**saddle back**
	d	Lordose *f*
	f	lordose *f*
	i	lordosi *m*
	r	лордоз *m*
S24	*e*	**saddle head**
	d	Sattelschädel *m*
	f	clinocéphalie *f*
	i	clinocefalia *f*
	r	седловидный череп *m*
S25	*e*	**saddle joint**
	d	Sattelgelenk *n*
	f	articulation *f* en selle
	i	articolazione *f* a sella
	r	седловидный сустав *m*
S26	*e*	**saddle-shaped uterus**
	d	sattelförmige Gebärmutter *f*
	f	utérus *m* arqué
	i	utero *m* ad arcata
	r	седловидная матка *f*
S27	*e*	**sadism**
	d	Sadismus *m*
	f	sadisme *f*
	i	sadismo *m*
	r	садизм *m*, активная алголагния *f*
S28	*e*	**sadomasochism**
	d	Sadomasochismus *m*
	f	sadomasochisme *m*
	i	sadomasochismo *m*
	r	садомазохизм *m*
S29	*e*	**sago spleen**
	d	Sagomilz *f*, Amyloidmilz *f*
	f	rate *f* sagou
	i	milza *f* sagù
	r	саговая селезёнка *f*
S30	*e*	**sailor's skin**
	d	Seemannshaut *f*
	f	peau *f* de marin
	i	pelle *f* del marinaio
	r	ромбовидная кожа *f* шеи, кожа *f* моряка
S31	*e*	**Saint Vitus dance**
	d	Veitstanz *m*
	f	danse *f* de Sain-Vitus
	i	ballo *m* di San Vito, corea *f* minor
	r	малая [ревматическая] хорея *f*, пляска *f* святого Вита
S32	*e*	**salaam spasm**
	d	Salaamkrampf *m*, Nickkrampf *m*
	f	spasme *m* de Salaam [infantile, nictitant]
	i	tic *m* del salaam, spasmo *m* infantile
	r	кивательная судорога *f*, салаамов тик *m*
S33	*e*	**saliva**
	d	Speichel *m*
	f	salive *f*
	i	saliva *f*
	r	слюна *f*
S34	*e*	**saliva pump**
	d	Speichelabsauger *m*
	f	pompe *f* à salive

SALIVARY CALCULUS

    i   pompa *f* salivare
    r   отсасыватель *m* слюны,
          слюноотсос *m*

S35   *e*   **salivary calculus**
    d   Sialolith *m*, Speichelstein *m*
    f   sialolithe *m*, calcul *m* salivaire
    i   calcolo *m* salivare
    r   сиалолит *m*

S36   *e*   **salivary fistula**
    d   Speichelfistel *f*
    f   fistule *f* salivaire
    i   fistola *f* salivare
    r   слюнный свищ *m*

S37   *e*   **salivation** *see* **sialism**

S38   *e*   **salivolithiasis** *see* **siallolithiasis**

S39   *e*   **salmonellosis**
    d   Salmonellose *f*
    f   salmonellose *f*
    i   salmonellosi *f*
    r   сальмонеллёз *m*

S40   *e*   **salpingectomy**
    d   Salpingektomie *f*, Eileiterexzision *f*
    f   salpingectomie *f*
    i   salpingectomia *f*
    r   сальпингэктомия *f*

S41   *e*   **salpingitis**
    d   Salpingitis *f*, Eileiterentzündung *f*
    f   salpingite *f*
    i   salpingite *f*
    r   сальпингит *m*

S42   *e*   **salpingocyesis**
    d   Tubengravidität *f*,
          Eileiterschwangerschaft *f*
    f   grossesse *f* tubaire
    i   salpingociesi *f*, gravidanza *f* tubarica
    r   трубная беременность *f*

S43   *e*   **salpingography**
    d   Salpingographie *f*,
          Eileiterröntgendarstellung *f*
    f   salpingographie *f*
    i   salpingografia *f*
    r   сальпингография *f*

S44   *e*   **salpingo-oophoritis, salpingo-oothecitis**
    d   Salpingooophoritis *f*
    f   salpingo-ovarite *f*, annexite *f*
    i   salpingo-ovarite *f*, annessite *f*
    r   аднексит *m*, сальпингоофорит *m*

S45   *e*   **salpingoscopy**
    d   Salpingoskopie *f*
    f   salpingoscopie *f*
    i   salpingoscopia *f*
    r   сальпингоскопия *f*

S46   *e*   **salpingosto(mato)my**
    d   Salpingostomie *f*, Eileiterfistelung *f*
    f   salpingostomie *f*
    i   salpingostomia *f*
    r   сальпингосто(мато)мия *f*,
          сальпингостоматопластика *f*

S47   *e*   **salpinx**
    d   **1.** Tube *f*, Eileiter *m* **2.** Ohrtrompete *f*
    f   **1.** trompe *f* de Fallope [utérine]
          2. trompe *f* d'Eustache
    i   **1.** tuba *f* uterina, tromba *f* di Fallopio
          2. tuba *f* [tromba *f*] di Eustachio,
          tuba *f* [salpinge *f*] uditiva
    r   **1.** маточная [фаллопиева] труба *f*
          2. слуховая [евстахиева] труба *f*

S48   *e*   **saltation**
    d   Saltation *f*
    f   saltation *f*
    i   saltazione *f*
    r   сальтация *f*

S49   *e*   **saltatory conduction**
    d   saltatorische Erregungsleitung *f*
    f   conduction *f* saltatoire
    i   conduzione *f* saltatoria
    r   сальтаторное [скачкообразное]
          проведение *n* возбуждения

S50   *e*   **saltatory spasm**
    d   saltatorischer Krampf *m*
    f   spasme *m* saltatoire
    i   spasmo *m* saltatorio
    r   сальтаторная [скакательная]
          судорога *f*

S51   *e*   **salt depletion syndrome**
    d   Salzverarmungssyndrom *n*
    f   syndrome *m* de la perte du sel
    i   sindrome *m* da iposodiemia
    r   синдром *m* потери солей, синдром
          m солевого истощения

S52   *e*   **salt edema**
    d   Salzödem *n*, osmotisches Ödem *n*
    f   œdème *m* osmotique
    i   edema *m* salino
    r   осмотический отёк *m*

S53   *e*   **salt fever**
    d   Salzfieber *n*
    f   fièvre *f* de sel
    i   febbre *f* da sale
    r   солевая лихорадка *f*

S54   *e*   **salting out**
    d   Aussalzung *f*
    f   relargage *m*
    i   salificazione *f*
    r   высаливание *n*

S55   *e*   **salubrious climate**
    d   gesundes [günstiges] Klima *n*
    f   climat *m* salubre
    i   clima *m* salubre
    r   здоровый [благоприятный]
          климат *m*

S56	e	saluresis
	d	Salurese *f*
	f	saliurie *f*
	i	saluresi *f*
	r	салиурия *f*, салурия *f*, салурез *m*
S57	e	sanatorium
	d	Sanatorium *n*
	f	sanatorium *m*
	i	sanatorio *m*
	r	санаторий *m*
S58	e	sand flea
	d	Sandfloh *m*
	f	puce *f* pénétrante
	i	pulce *f* penetrante
	r	песчаная [проникающая] блоха *f*
S59	e	sandfly
	d	Sandfliege *f*
	f	moustique *m*
	i	pappataci *m*, flebotomo *m*
	r	москит *m*
S60	e	sandfly fever
	d	Sandfliegenfieber *n*
	f	fièvre *f* à pappataci [à phlébotomes]
	i	febbre *f* da pappataci [da flebotomi, dei tre giorni]
	r	флеботомная [москитная] лихорадка *f*
S61	e	sand treatment
	d	Sandbehandlung *f*
	f	psammothérapie *f*
	i	psammoterapia *f*
	r	псаммотерапия *f*
S62	e	sand tumor
	d	Psammom *n*, Sandgeschwulst *f*
	f	psammome *m*, acervulome *m*
	i	psammoma *f*
	r	псаммома *f*, ацервулома *f*
S63	e	sanguification
	d	Blutbildung *f*, Hämopoese *f*
	f	hématopoïèse *f*, hémopoïèse *f*
	i	emopoiesi *f*
	r	кроветворение *n*, гемопоэз *m*
S64	e	sanguineous cyst
	d	Blutzyste *f*
	f	kyste *f* hématique
	i	cisti *f* ematica
	r	гематоциста *f*, кровяная киста *f*
S65	e	sanitarian
	d	Hygieniker *m*
	f	hygiéniste *f*
	i	1. igienista *m*, *f* 2. ispettore *m* sanitario
	r	1. гигиенист *m* 2. работник *m* санитарно-эпидемиологической службы
S66	e	sanitarium *see* sanatorium
S67	e	sanitation
	d	1. Prophylaxe *f*, Verhütung *f* 2. Gesundheitspflege *f*, Hygiene *f* 3. Sanierung *f*
	f	1. prophylaxie *f* 2. génie *m* sanitaire 3. assainissement *m*
	i	1. igiene *f* pubblica 2. misure *f pl* sanitarie 3. risanamento *m*
	r	1. профилактика *f* 2. санитария *f* 3. оздоровление *n* (*окружающей среды*)
S68	e	sanitization
	d	1. Entgiftung *f* 2. Entkeimung *f*
	f	1. décontamination *f* 2. désinfection *f*
	i	1. disintossicazione *f* 2. disinfezione *f*
	r	1. обезвреживание *n* 2. обеззараживание *n*
S69	e	sanity
	d	Geistesgesundheit *f*
	f	santé *f* mentale
	i	sanità *f* psichica [mentale]
	r	психическое здоровье *m*
S70	e	Santorini's cartilage
	d	Santorini-Knorpel *m*, Hörnchenknorpel *m*
	f	cartilage *m* corniculé [de Santorini]
	i	cartilagine *f* di Santorini [corniculata]
	r	рожковидный [санториниев] хрящ *m*
S71	e	Santorini's duct
	d	akzessorischer Pankreasgang *m*, Santorini-Kanal *m*
	f	canal *m* de Santorini [pancréatique accessoire]
	i	condotto *m* pancreatico accessorio [di Santorini]
	r	добавочный проток *m* поджелудочной железы, санториниев проток *m*
S72	e	saphenous opening
	d	Fossa *f* ovalis
	f	fosse *f* ovale
	i	fossa *f* ovale, iato *m* safeno
	r	овальная ямка *f*, подкожное кольцо *n*
S73	e	saponification
	d	Saponifikation *f*, Verseifung *f*
	f	saponification *f*
	i	saponificazione *f*
	r	омыление *n*, сапонификация *f*
S74	e	saponin
	d	Saponin *n*
	f	saponine *f*
	i	saponina *f*
	r	сапонин *m*
S75	e	sapphism

SAPRODONTIA

	d	lesbische Liebe f, weibliche Homosexualität f
	f	lesbianisme m, lesbisme m, saphisme m
	i	lesbismo m, saffismo m
	r	лесбийская любовь f
S76	e	**saprodontia**
	d	Zahnkaries f
	f	carie f dentaire
	i	carie f dentaria
	r	кариес m зубов
S77	e	**saprophyte**
	d	Saprophyt m
	f	saprophyte m
	i	saprofito m
	r	сапрофит m
S78	e	**sarcina**
	d	Sarzine f
	f	sarcine f
	i	sarcina f
	r	сарцина f
S79	e	**sarcoadenoma**
	d	Adenosarkom n
	f	adénosarcome m
	i	adenosarcoma m
	r	аденосаркома f
S80	e	**sarcoblast**
	d	Myoblast m, Muskelbildungszelle f
	f	sarcoblaste m, myoblaste m
	i	mioblasto m, sarcoblasto m
	r	саркобласт m, миобласт m
S81	e	**sarcocarcinoma**
	d	Karzinosarkom n
	f	carcinosarcome m, épithéliosarcome m
	i	carcinosarcoma m
	r	карциносаркома f, саркокарцинома f
S82	e	**sarcocele**
	d	Sarkozele f
	f	sarcocèle f
	i	sarcocele m
	r	саркома f яичка
S83	e	**sarcocystosis**
	d	Sarkosporidiose f
	f	sarcosporidiose f
	i	sarcocistosi f, sarcosporidiosi f
	r	саркоспоридиоз m, саркоцистоз m
S84	e	**sarcoenchondroma**
	d	Sarkoenchondrom n
	f	chondrosarcome m
	i	condrosarcoma m
	r	хондросаркома f
S85	e	**sarcogenic cell** see **sarcoblast**
S86	e	**sarcoid**
	d	Sarkoid n
	f	sarcoïde f
	i	sarcoide m
	r	саркоид m
S87	e	**sarcoidosis**
	d	Sarkoidose f
	f	sarcoïdose f
	i	sarcoidosi f
	r	саркоидоз m
S88	e	**sarcolemma**
	d	Sarkolemm n
	f	sarcolemme m
	i	sarcolemma m
	r	сарколемма f
S89	e	**sarcoma**
	d	Sarkom n
	f	sarcome m
	i	sarcoma m
	r	саркома f
S90	e	**sarcomatous osteitis**
	d	Myelomkrankheit f, Myelom n
	f	myélomatose f
	i	mielomatosi f
	r	миеломная болезнь f, миеломатоз m
S91	e	**sarcomere**
	d	Sarkomer n
	f	sarcomère m
	i	sarcomero m
	r	саркомер m
S92	e	**sarcoplasma**
	d	Sarkoplasma n, Myoplasma n
	f	sarcoplasme m, sarcoplasma m
	i	sarcoplasma m
	r	саркоплазма f
S93	e	**sarcoplasmic reticulum**
	d	sarkoplasmatisches Netz n
	f	réticulum m sarcoplasmique
	i	reticolo m sarcoplasmatico
	r	саркоплазматическая сеть f
S94	e	**sardonic grin**
	d	sardonisches Lachen n
	f	rire m sardonique
	i	riso m sardonico
	r	сардоническая улыбка f
S95	e	**satanophobia**
	d	Dämonophobie f, Teufelsfurcht f
	f	démonophobie f
	i	demonofobia f
	r	демонофобия f, сатанофобия f
S96	e	**saturation**
	d	Saturation f, Sättigung f
	f	saturation f
	i	saturazione f
	r	насыщение n; сатурация f
S97	e	**saturnine cachexia** see **saturnism**

S98	e	saturnine colic
	d	Bleikolik *f*
	f	colique *f* saturnine [de plomb]
	i	colica *f* saturnina
	r	свинцовая колика *f*
S99	e	saturnism
	d	Saturnismus *m*, Bleivergiftung *f*
	f	saturnisme *m*
	i	saturnismo *m*
	r	сатурнизм *m*
S100	e	satyriasis, satyrism, satyromania
	d	Satyriasis *f*
	f	satyriasis *m*
	i	satiriasi *f*
	r	сатириаз(из) *m*
S101	e	sauriasis
	d	Alligatorhaut *f*, Sauriasis *f*
	f	sauriasis *m*
	i	sauriasi *f*
	r	ихтиоз *m*, сауриаз *m*
S102	e	sauriderma, sauriosis, saurodermia
	d	Warzenmal *n*
	f	nævus *m* hyperkératosique [verruqueux]
	i	nevo *m* verrucoso
	r	ихтиозиформный [веррукозный, гиперкератотический] невус *m*
S103	e	saw
	d	Säge *f*, Knochensäge *f*
	f	scie *f*
	i	sega *f*
	r	хирургическая пила *f*
S104	e	scab
	d	Schorf *m*, Kruste *f*, Borke *f*
	f	escarre, eschare *f*
	i	crosta *f*, escara *f*
	r	струп *m*
S105	e	scabies
	d	Skabies *f*, Krätze *f*
	f	gale *f*
	i	scabbia *f*, rogna *f*
	r	чесотка *f*
S106	e	scald
	d	Verbrühung *f*
	f	échaudure *f*
	i	scottatura *f*, ustione *f*
	r	ожог *m* жидкостью *или* паром
S107	e	scale
	d	1. Hautschuppe *f* 2. Skale *f*
	f	1. écaille *f* 2. échelle *f*
	i	1. squama *f* 2. scala *f*
	r	1. чешуя *f*, чешуйка *f* 2. шкала *f*
S108	e	scalenus-anterior syndrome
	d	Skalenus-anterior-Syndrom *n*
	f	syndrome *m* du scalène antérieur
	i	sindrome *f* dello scaleno antico
	r	синдром *m* передней лестничной мышцы, скаленус-синдром *m*
S109	e	scall
	d	Favus *m*, Erbgrind *m*
	f	favus *m*
	i	favo *m*, tigna *f* favosa
	r	фавус *m*, парша *f*
S110	e	scalp
	d	Skalp *m*, Kopfschwarte *f*, Kopfhaut *f*
	f	scalp *m*, cuir *m* chevelu
	i	cuoio *m* capelluto
	r	скальп *m*
S111	e	scalp avulsion
	d	Skalpierung *f*
	f	scalpement *m*
	i	scalpo *m*
	r	скальпирование *n*
S112	e	scalpel
	d	Skalpell *n*, Operationsmesser *n*
	f	scalpel *m*
	i	bisturi *m*
	r	скальпель *m*
S113	e	scanning
	d	Scanning *n*
	f	scanning *m*
	i	scanning *m*, scansione *f*
	r	сканирование *n*
S114	e	scanning speech
	d	skandierende Sprache *f*
	f	parole *f* scandée
	i	parola *f* scandita
	r	скандированная речь *f*
S115	e	scanty sweat
	d	Anhidrose *f*, fehlende Schweißabsonderung *f*
	f	anhidrose *f*
	i	anidrosi *f*
	r	ангидроз *m*
S116	e	scaphocephalism, scaphocephaly
	d	Kahnköpfigkeit *f*
	f	scaphocéphalie *f*
	i	scafocefalia *f*
	r	скаф(ал)оцефалия *f*, ладьевидный череп *m*
S117	e	scapula
	d	Schulterblatt *n*
	f	omoplate *f*
	i	scapola *f*
	r	лопатка *f*
S118	e	scapular reflex
	d	Schulterblattreflex *m*
	f	réflexe *m* scapulaire
	i	riflesso *m* scapolare
	r	лопаточный рефлекс *m*, скапулопериостальный рефлекс *m* Штейнхаузена

SCAPULOHUMERAL ATROPHY

S119   e   **scapulohumeral atrophy**
         d   Vulpian-Bernhardt-Atrophie *f*, skapulohumeraler Typ *m* der progressiven spinalen Muskelatrophie
         f   atrophie *f* musculaire type Vulpian-Bernhardt
         i   atrofia *f* muscolare progressiva spinale
         r   прогрессирующая миопатия *f* Вюльпиана—Бернгардта

S120   e   **scapulohumeral periarthritis**
         d   skapulohumerale Periarthritis *f*
         f   périarthrite *f* scapulo-humérale, maladie *f* de Duplay
         i   periartrite *f* scapolo-omerale
         r   плечелопаточный периартрит *m*, синдром *m* Дюплея

S121   e   **scapulohumeral reflex**
         d   skapulohumeraler Reflex *m*
         f   réflexe *m* scapulo-huméral
         i   riflesso *m* scapolo-omerale
         r   лопаточно-плечевой рефлекс *m*

S122   e   **scar**
         d   Narbe *f*
         f   cicatrice *f*
         i   cicatrice *f*, sfregio *m*
         r   рубец *m*, шрам *m*

S123   e   **scarf skin**
         d   Epidermis *f*
         f   épiderme *m*
         i   epidermide *f*
         r   эпидермис *m*

S124   e   **scarification**
         d   Skarifizierung *f*, Hautritzung *f*
         f   scarification *f*
         i   scarificazione *f*
         r   скарификация *f*

S125   e   **scarification probe** *see* **scratch test**

S126   e   **scarificator**
         d   Skarifizierungsmesser *n*
         f   scarificateur *m*
         i   scarificatore *m*
         r   скарификатор *m*

S127   e   **scarlatina**
         d   Scharlach *m*
         f   scarlatine *f*
         i   scarlattina *f*
         r   скарлатина *f*

S128   e   **scarlatinella**
         d   Filatow-Dukes-Krankheit *f*, vierte Krankheit *f*
         f   rubéole *f* scarlatiniforme
         i   esantema *m* critico, quarta malattia *f*, rubeola *f* scarlattinosa
         r   скарлатинозная краснуха *f*, четвёртая болезнь *f*, болезнь *f* Филатова—Дьюкса

S129   e   **scarlet fever** *see* **scarlatina**

S130   e   **Scarpa's membrane**
         d   Vorhoffenstermembran *f*
         f   membrane *f* du tympan secondaire
         i   membrana *f* secondaria del timpano
         r   вторичная барабанная перепонка *f*, мембрана *f* круглого окна

S131   e   **scatacratia**
         d   Stuhlinkontinenz *f*
         f   encoprésie *f*
         i   incontinenza *f* fecale
         r   энкопрез *m*, недержание *n* кала

S132   e   **scatemia**
         d   intestinale Toxinämie *f*
         f   stercorémie *f*, scatémie *f*
         i   autointossicazione *f*
         r   кишечная аутоинтоксикация *f*

S133   e   **scatology**
         d   Stuhluntersuchung *f*
         f   scatologie *f*, coprologie *f*
         i   scatologia *f*, coprologia *f*
         r   копрология *f*, исследование *n* кала

S134   e   **scatoma**
         d   Koprom *n*, Kotgeschwulst *f*
         f   fécalome *m*, scatome *m*
         i   scatoma *m*
         r   каловая опухоль *f*

S135   e   **scatophagy**
         d   Koprophagie *f*, Kotessen *n*
         f   coprophagie *f*, scatophagie *f*
         i   scatofagia *f*
         r   копрофагия *f*, скатофагия *f*

S136   e   **scavenger cell**
         d   Phagozyt *m*
         f   phagocyte *m*
         i   fagocito *m*
         r   фагоцит *m*

S137   e   **scavenger enzyme**
         d   Katalase *f*
         f   catalase *f*
         i   catalasi *f*
         r   каталаза *f*

S138   e   **schematic eye**
         d   schematisches Auge *n*
         f   œil *m* schématique
         i   occhio *m* schematico
         r   схематический глаз *m*

S139   e   **Scheuermann's disease**
         d   Scheuermann-Krankheit *f*, juvenile deformierende Osteodystrophie *f*
         f   maladie *f* de Scheuermann, cyphose *f* des apprentis
         i   malattia *f* [morbo *m*] di Scheuermann, cifosi *f* dorsale

	r	болезнь *f* Шейерманна—May, остеохондропатический [подростковый] кифоз *m*
S140	e	**schindylesis**
	d	Schindylese *f*
	f	schindylèse *f*
	i	schindilesi *f*
	r	схиндилёз *m*, шиндилёз *m*
S141	e	**schistocystis**
	d	Blasenextrophie *f*, Blasenspalte *f*
	f	exstrophie *f* vésicale
	i	schistocisti *f*
	r	экстрофия *f* [расщелина *f*] мочевого пузыря
S142	e	**schistocyte**
	d	Schistozyt *m*
	f	schizocyte *m*, schistocyte *m*
	i	schizocito *m*
	r	шизоцит *m*
S143	e	**schistosome**
	d	Schistosoma *n*, Pärchenegel *m*
	f	schistosome *m*
	i	schistosoma *m*
	r	шистосома *f*
S144	e	**schistosome dermatitis**
	d	Schistosomendermatitis *f*
	f	dermatite *f* des nageurs
	i	dermatite *f* da schistosoma
	r	шистосомный [церкариевый] дерматит *m*, зуд *m* купальщиков
S145	e	**schistosomiasis**
	d	Schistosomiasis *f*, Bilharziose *f*
	f	schistosomiase *f*
	i	schistosomiasi *f*, bilharziosi *f*
	r	шистосом(ат)оз *m*
S146	e	**schizocyte** see **schistocyte**
S147	e	**schizogony**
	d	Schizogonie *f*
	f	schizogonie *f*
	i	schizogonia *f*
	r	шизогония *f*, множественное деление *n*
S148	e	**schizont**
	d	Schizont *m*
	f	schizonte *m*
	i	schizonte *m*
	r	шизонт *m*
S149	e	**schizonticide, schizontocide**
	d	Schizontenmittel *n*
	f	schizontocide *m*, schizonticide *m*
	i	schizonticida *m*
	r	шизонтоцидное средство *n*, шизонтоцид *m*
S150	e	**schizonychia**
	d	Nagelaufsplitterung *f*, Onychoschisis *f*
	f	schizonychie *f*, onychoschisis *f*, onychoschizie *f*
	i	schizonichia *f*
	r	онихошизис *m*, шизонихия *f*
S151	e	**schizophasia**
	d	Schizophasie *f*, Sprachzerfahrenheit *f*, Sprachverwirrtheit *f*
	f	schizophasie *f*
	i	schizofasia *f*
	r	шизофазия *f*
S152	e	**schizophrenia**
	d	Schizophrenie *f*
	f	schizophrénie *f*
	i	schizofrenia *f*
	r	шизофрения *f*
S153	e	**schizotrichia**
	d	Haaraufspaltung *f*
	f	schizotrichie *f*
	i	biforcazione *f* dei capelli
	r	расщепление *n* волос
S154	e	**Schlemm's canal**
	d	Schlemm-Kanal *m*
	f	canal *m* de Schlemm
	i	seno *m* venoso della sclera, canale *m* di Schlemm
	r	венозный синус *m* склеры, шлеммов канал *m*
S155	e	**Schmorl's nodule**
	d	Schmorl-Knorpelknötchen *n*
	f	nodule *m* de Schmorl
	i	nodulo *m* [ernia *f*] di Schmorl
	r	грыжа *f* [узелок *m*] Шморля
S156	e	**Schottmüller's bacillus**
	d	Salmonella *f* paratyphi B, Schottmüller-Salmonella *f*
	f	Salmonella paratyphi B, Salmonella schottmuelleri
	i	bacillo *m* di Schottmüller
	r	палочка *f* паратифа B, бактерия *f* Шотмюллера
S157	e	**Schottmüller's disease**
	d	Schottmüller-Krankheit *f*, Paratyphus *m* B
	f	fièvre *f* paratyphoïde, maladie *f* de Schottmüller
	i	paratifo *m* B, malattia *f* di Schottmüller
	r	паратиф *m* B
S158	e	**Schueffner granules** *pl*
	d	Schüffner-Tüpfelung *f*
	f	granulations *f pl* [grains *m pl*] de Schüffner
	i	granuli *m pl* di Schüffner
	r	зёрна *n pl* [зернистость *f*] Шюффнера
S159	e	**schwannoma**

SCHWANN'S CELL

	d	Schwannom *n*, Neurinom *n*, Neurilemmom *n*
	f	schwannome *m*, neurinome *m*
	i	schwannoma *m*
	r	невринома *f*, неврилеммома *f*, шваннома *f*
S160	e	Schwann's cell
	d	Schwann-Zelle *f*
	f	cellule *f* de Schwann
	i	cellula *f* di Schwann
	r	леммоцит *m*, шванновская клетка *f*
S161	e	sciatic hernia
	d	Ischiozele *f*
	f	hernie *f* ischiatique, ischiocèle *f*
	i	ernia *f* ischiatica
	r	седалищная грыжа *f*
S162	e	sciatica
	d	Ischias *f*
	f	névralgie *f* sciatique
	i	nevralgia *f* sciatica
	r	невралгия *f* седалищного нерва
S163	e	scintigram
	d	Szintigramm *n*
	f	scintigramme *m*
	i	scintigramma *m*
	r	сцинтиграмма *f*
S164	e	scintillating scotoma
	d	Szintillationsskotom *n*
	f	scotome *m* scintillant
	i	scotoma *m* scintillante
	r	мерцательная скотома *f*
S165	e	scintillation
	d	Szintillation *f*
	f	scintillation *f*
	i	scintillazione *f*
	r	сцинтилляция *f*
S166	e	scintiphotography
	d	Szintifotographie *f*
	f	scintiphotographie *f*
	i	fotoscintigrafia *f*
	r	сцинтифотография *f*
S167	e	scirrhous cancer, scirrhous carcinoma
	d	szirrhöses Karzinom *n*, Szirrhus *m*, Skirrhus *m*
	f	squirrhe *m*
	i	scirro *m*, carcinoma *m* scirroso [fibroso]
	r	фиброзный рак *m*, скирр *m*
S168	e	scissor legs *pl*
	d	X-Beine *n pl*
	f	genou *m* cagneux, *genu valgum*
	i	gambe *f pl* a X
	r	Х-образные ноги *f pl*
S169	e	scissors
	d	Schere *f*
	f	ciseaux *m pl*
	i	forbici *f pl*
	r	ножницы *pl*
S170	e	scissure
	d	Riß *m*; Spalte *f*
	f	scissure *f*
	i	scissura *f*
	r	расщелина *f*, трещина *f*
S171	e	sclera
	d	Sklera *f*, Lederhaut *f*
	f	sclérotique *f*, sclère *f*
	i	sclera *f*
	r	склера *f*
S172	e	scleradenitis
	d	Skleradenitis *f*
	f	scléradénite *f*
	i	scleradenite *f*
	r	склераденит *m*
S173	e	scleral roll, scleral spur
	d	Skleralsporn *m*
	f	éperon *m* scléral
	i	sperone *m* sclerale
	r	заднее пограничное кольцо *n* Швальбе, склеральная шпора *f*
S174	e	scleral staphyloma
	d	Lederhautstaphylom *n*
	f	staphylome *m* scléral
	i	stafiloma *m* equatoriale
	r	стафилома *f* склеры
S175	e	sclerectasia
	d	Sklerektasie *f*
	f	sclérectasie *f*
	i	sclerectasia *f*
	r	склерэктазия *f*
S176	e	sclerectomy
	d	Sklerektomie *f*
	f	sclérectomie *f*
	i	sclerectomia *f*
	r	склерэктомия *f*
S177	e	scleredema
	d	Sklerödem *n*
	f	sclérœdème *m*
	i	scleredema *m*
	r	склередема *f*
S178	e	sclerema
	d	Sklerem *n*
	f	sclérème *m*
	i	sclerema *m*
	r	склерема *f*
S179	e	scleriasis *see* scleroderma
S180	e	scleritis
	d	Skleritis *f*, Lederhautentzündung *f*
	f	sclérite *f*
	i	sclerite *f*
	r	склерит *m*

S181	e	**sclerocystic disease of ovary**
	d	Stein-Leventhal-Syndrom *n*
	f	syndrome *m* de Stein-Leventhal
	i	sindrome *f* di Stein-Leventhal
	r	синдром *m* Штейна—Левенталя
S182	e	**sclerodactylia, sclerodactyly**
	d	Sklerodaktylie *f*, Fingersklerodermie *f*
	f	sclérodactylie *f*
	i	sclerodattilia *f*
	r	склеродактилия *f*
S183	e	**scleroderma**
	d	Sklerodermie *f*
	f	sclérodermie *f*
	i	sclerodermia *f*
	r	склеродермия *f*
S184	e	**scleromalacia**
	d	Skleromalazie *f*
	f	scléromalacie *f*
	i	scleromalacia *f*
	r	склеромаляция *f*
S185	e	**scleronychia**
	d	Skleronychie *f*
	f	scléronychie *f*
	i	scleronichia *f*
	r	склеронихия *f*, гипертрофированный ноготь *m*
S186	e	**scleroplasty**
	d	Lederhautplastik *f*
	f	scléroplastie *f*
	i	scleroplastica *f*
	r	склеропластика *f*
S187	e	**scleroprotein**
	d	Skleroprotein *n*
	f	scléroprotéine *f*, scléroprotéide *m*
	i	scleroproteina *f*, albuminoide *m*
	r	склеропротеин *m*
S188	e	**sclerosing adenosis**
	d	Fibroadenomatose *f*
	f	fibro-adénomatose *f*
	i	adenosi *f* sclerosante
	r	фиброаденоматоз *m*
S189	e	**sclerosing hemangioma**
	d	sklerosierendes Hämangiom *n*
	f	hémangiome *m* sclérosant
	i	emangioma *m* sclerosante
	r	гистиоцитома *f*, склерозирующая гемангиома *f*, фиброзная гистиоцитома *f*
S190	e	**sclerosing osteitis**
	d	sklerosierende Osteomyelitis *f*
	f	ostéomyélite *f* sclérosante [de Garré]
	i	osteomielite *f* di Garré, osteite *f* condensante
	r	склерозирующий остеомиелит *m*, остеомиелит *m* Гарре
S191	e	**sclerosis**
	d	Sklerose *f*
	f	sclérose *f*
	i	sclerosi *f*
	r	склероз *m*
S192	e	**sclerotic coat** *see* **sclera**
S193	e	**sclerotitis**
	d	Lederhautentzündung *f*
	f	sclérite *f*
	i	sclerite *f*
	r	склерит *m*
S194	e	**sclerotome**
	d	Sklerotom *n*, Lederhautmesser *n*
	f	sclérotome *m*
	i	sclerotomo *m*
	r	склеротом *m*
S195	e	**sclerotomy**
	d	Sklerotomie *f*, Lederhautschnitt *m*
	f	sclérotomie *f*
	i	sclerotomia *f*
	r	склеротомия *f*
S196	e	**scolex**
	d	Skolex *m*
	f	scolex *m*
	i	scolice *f*
	r	сколекс *m*
S197	e	**scoliometer**
	d	Skoliomesser *m*
	f	scoliosomètre *m*
	i	scoliometro *m*
	r	сколиозометр *m*
S198	e	**scoliosis**
	d	Skoliose *f*, seitliche Rückgratverkrümmung *f*
	f	scoliose *f*
	i	scoliosi *f*
	r	сколиоз *m*
S199	e	**scoliotic pelvis**
	d	Skoliosenbecken *n*
	f	bassin *m* scoliotique
	i	bacino *m* scoliotico
	r	сколиотический таз *m*
S200	e	**scoop**
	d	chirurgischer Löffel *m*
	f	curette *f*
	i	cucchiaio *m*
	r	(хирургическая) ложка *f*, кюретка *f*
S201	e	**scopolagnia, scopophilia**
	d	Voyeurismus *m*
	f	scopophilie *f*, voyeurisme *m*
	i	scopofilia *f*, voyeurismo *m*
	r	вуайеризм *m*, скопофилия *f*
S202	e	**scorbutus** *see* **(sea) scurvy**
S203	e	**scoretemia** *see* **scatemia**
S204	e	**Scotch douche**

SCOTOMA

	d	schottische Dusche *f*
	f	douche *f* écossaise
	i	doccia *f* scozzese
	r	шотландский душ *m*
S205	e	**scotoma**
	d	Skotom *n*
	f	scotome *m*
	i	scotoma *m*
	r	скотома *f*
S206	e	**scotometer**
	d	Skotommeßgerät *n*
	f	scotomètre *m*
	i	scotometro *m*
	r	скотометр *m*
S207	e	**scotometry**
	d	Skotometrie *f*
	f	scotométrie *f*
	i	scotometria *f*
	r	скотометрия *f*
S208	e	**scotophobia**
	d	Skotophobie *f*, Dunkelheitsfurcht *f*
	f	scotophobie *f*
	i	scotofobia *f*
	r	никтофобия *f*, скотофобия *f*
S209	e	**scotopic adaptation**
	d	Dunkeladaptation *f*
	f	adaptation *f* à l'obscurité [rétinienne]
	i	adattamento *m* all'oscurità
	r	темновая адаптация *f*
S210	e	**scotopic eye**
	d	skotopisches Auge *n*
	f	œil *m* scotopique
	i	occhio *m* scotopico
	r	глаз *m*, адаптированный к темноте
S211	e	**scotopic vision**
	d	skotopisches Sehen *n*, Nachtsehen *n*
	f	vision *f* scotopique [nocturne]
	i	visione *f* scotopica
	r	скотопическое [ночное] зрение *n*
S212	e	**scratch test**
	d	Ritzungstest *m*
	f	test *m* cutané de scarification
	i	test *m* di scarificazione
	r	скарификационная кожная проба *f*
S213	e	**screen**
	d	Leuchtschirm *m*
	f	écran *m*
	i	schermo *m*
	r	экран *m*
S214	e	**screening**
	d	1. Röntgenoskopie *f* 2. Screening *n*
	f	1. radioscopie *f* 2. screening *m*
	i	1. radiografia *f* 2. depistage *m*, screening *m*, indagine *f* di massa
	r	1. рентгеноскопия *f* 2. скрининг *m*
S215	e	**screw joint**
	d	Schraubengelenk *n*
	f	articulation *f* en vis
	i	articolazione *f* a vite
	r	винтовой сустав *m*
S216	e	**scrivener palsy**
	d	Schreibkrampf *m*
	f	crampe *f* des écrivains
	i	crampo *m* degli scrivani, mogigrafia *f*
	r	писчий спазм *m*
S217	e	**scrofula**
	d	Skrofulose *f*
	f	scrofule *f*, scrofulose *f*
	i	scrofola *f*, scrofulosi *f*
	r	скрофулюс *m*, золотуха *f*
S218	e	**scrofuloderma**
	d	Skrofuloderm *n*, Hauttuberkulose *f*
	f	scrofuloderme *m*
	i	scrofuloderma *m*
	r	скрофулодерма *f*, колликвативный туберкулёз *m* кожи
S219	e	**scrofulophyma**
	d	Warzenhauttuberkulose *f*
	f	scrofulophyma *m*, tuberculose *f* verruqueuse (de la peau)
	i	tubercolosi *f* verrucosa cutanea
	r	бородавчатый туберкулёз *m* кожи
S220	e	**scrofulosis** *see* **scrofula**
S221	e	**scrofulous keratitis**
	d	skrofulöse [phlyktänulöse] Keratitis *f*
	f	kératite *f* scrofuleuse
	i	cheratite *f* flittenulare [scrofolosa]
	r	туберкулёзно-аллергический [скрофулёзный, фликтенулёзный] кератит *m*
S222	e	**scrofulous ophthalmia**
	d	skrofulöse [phlyktänulöse] Konjunktivitis *f*
	f	conjonctivite *f* scrofuleuse
	i	congiuntivite *f* flittenulare [scrofolosa]
	r	туберкулёзно-аллергический [скрофулёзный, фликтенулёзный] конъюнктивит *m*
S223	e	**scroll bone**
	d	Nasenmuschel *f*
	f	cornet *m* nasal
	i	conca *f* nasale
	r	носовая раковина *f*
S224	e	**scrotal hernia**
	d	Skrotalhernie *f*
	f	hernie *f* scrotale
	i	ernia *f* scrotale
	r	пахово-мошоночная грыжа *f*
S225	e	**scrotectomy**
	d	Skrotumresektion *f*
	f	résection *f* scrotale

	i	scrotectomia *f*
	r	резекция *f* мошонки
S226	*e*	**scrotitis**
	d	Hodensackentzündung *f*
	f	inflammation *f* du scrotum
	i	scrotite *f*, oscheite *f*
	r	воспаление *n* мошонки
S227	*e*	**scrotocele** *see* **scrotal hernia**
S228	*e*	**scrotoplasty**
	d	Skrotumplastik *f*, Hodensackplastik *f*
	f	scrotoplastie *f*
	i	scrotoplastica *f*
	r	пластика *f* мошонки
S229	*e*	**scrotum**
	d	Skrotum *n*, Hodensack *m*
	f	scrotum *m*
	i	scroto *m*
	r	мошонка *f*
S230	*e*	**scrub nurse**
	d	Operationsschwester *f*
	f	infirmière *f* de salle d'opération
	i	infermiera *f* della sala operatoria
	r	операционная сестра *f*
S231	*e*	**scrub typhus**
	d	Buschfleckfieber *n*, Tsutsugamushifieber *n*
	f	tsutsugamushi *m*, fièvre *f* fluviale du Japon
	i	tsutsugamushi *m*, febbre *f* fluviale del Giappone
	r	лихорадка *f* цуцугамуши, кустарниковый тиф *m*
S232	*e*	**scull cap**
	d	Schädeldach *n*
	f	voûte *f* crânienne
	i	volta *f* del cranio
	r	свод *m* черепа, черепной свод *m*
S233	*e*	**scurf**
	d	Kopfschuppen *f pl*, Haarschuppen *f pl*
	f	pellicules *f pl*
	i	forfora *f*
	r	перхоть *f*
S234	*e*	**(sea) scurvy**
	d	Skorbut *m*, Scharbock *m*
	f	scorbut *m*
	i	scorbuto *m*
	r	цинга *f*, скорбут *m*
S235	*e*	**seasickness**
	d	Seekrankheit *f*
	f	mal *m* de mer
	i	mal *m* di mare
	r	морская болезнь *f*
S236	*e*	**seatworm**
	d	Madenwurm *m*, Springwurm *m*, Pfriemenschwanz *m*
	f	oxyure *m*
	i	ossiuro *m*
	r	острица *f*
S237	*e*	**sebaceous adenoma**
	d	Talgdrüsenadenom *n*
	f	adénome *m* sébacé
	i	adenoma *m* sebaceo
	r	аденома *f* сальных желёз
S238	*e*	**sebaceous crypt** *see* **sebaceous follicle**
S239	*e*	**sebaceous cyst**
	d	Talgzyste *f*
	f	athérome *m*
	i	ateroma *m*, cisti *f* sebacea
	r	атерома *f*
S240	*e*	**sebaceous flux**
	d	Steatorrhoe *f*, Fettdurchfall *m*, Fettstuhl *m*
	f	stéatorrhée *f*
	i	steatorrea *f*
	r	стеаторея *f*, жирный понос *m*
S241	*e*	**sebaceous follicle, sebaceous gland**
	d	Talgdrüse *f*
	f	glande *f* sébacée
	i	ghiandola *f* sebacea
	r	сальная железа *f*
S242	*e*	**sebaceous horn**
	d	seniles Keratom *n*
	f	kératome *m* sénile
	i	cheratoma *m* sebaceo
	r	старческая [себорейная] кератома *f*
S243	*e*	**sebaceous tumor** *see* **sebaceous cyst**
S244	*e*	**sebiferous gland** *see* **sebaceous follicle**
S245	*e*	**sebocystoma** *see* **sebaceous cyst**
S246	*e*	**sebocystomatosis**
	d	Sebozystomatosis *f*
	f	stéatocystomes *m pl*, sébocystomatose *f*
	i	steatocistoma *m* molteplice
	r	себоцистоматоз *m*, множественная стеатоцистома *f*, стеатоцистоматоз *m*
S247	*e*	**sebolith**
	d	Talgdrüsenstein *m*
	f	sébolithe *m*
	i	sebolito *m*
	r	конкремент *m* сальной железы
S248	*e*	**seborrhagia, seborrhea, seborrheic dermatitis**
	d	Seborrhoe *f*, Talgfluß *m*
	f	séborrhée *f*, stéatose *f*
	i	seborrea *f*
	r	себорея *f*, (гипер)стеатоз *m*

SEBUM

S249   *e*   sebum
       d   Sebum *n*, Talg *m*
       f   sébum *m*
       i   sebo *m*
       r   кожное сало *n*

S250   *e*   secondary adhesion
       d   Sekundärheilung *f*
       f   cicatrisation *f* par deuxième intention
       i   guarigione *f* per seconda intenzione
       r   заживление *n* вторичным натяжением

S251   *e*   secondary dentition
       d   Erwachsenengebiß *n*
       f   dents *f pl* permanentes
       i   dentizione *f* definitiva
       r   постоянные зубы *m pl*

S252   *e*   secondary dextrocardia
       d   sekundäre Dextrokardie *f*, sekundäre Rechtsherzverlagerung *f*
       f   dextrocardie *f* (secondaire)
       i   destrocardia *f* di tipo 4d
       r   декстропозиция *f* сердца

S253   *e*   secondary fracture
       d   Sekundärbruch *m*, Sekundärfraktur *f*, pathologischer Knochenbruch *m*
       f   fracture *f* pathologique
       i   frattura *f* spontanea
       r   патологический перелом *m*

S254   *e*   secondary host
       d   Zwischenwirt *m*
       f   hôte *m* intermédiaire
       i   ospite *m* intermedio [secondario]
       r   промежуточный хозяин *m* (паразита)

S255   *e*   secondary oocyte
       d   sekundärer Oozyt *m*
       f   ovocyte *m* II, ovocyte *m* de deuxième ordre
       i   ovocito *m* secondario
       r   овоцит *m* II порядка

S256   *e*   secondary sex characteristic
       d   Sekundärgeschlechtsmerkmal *n*
       f   caractère *m* sexual secondaire
       i   carattere *m* sessuale secondario
       r   вторичный половой признак *m*

S257   *e*   secondary shock *see* surgical shock

S258   *e*   secondary spermatocyte
       d   Spermatozyt *m* der zweiten Reihe, Präspermatide *f*
       f   spermatocyte *m* de deuxième ordre
       i   spermatocito *m* secondario
       r   сперматоцит *m* II порядка, преспермaтида *f*

S259   *e*   secondary syphilis
       d   Sekundärsyphilis *f*
       f   syphilis *f* secondaire
       i   sifilide *f* secondaria
       r   вторичный сифилис *m*

S260   *e*   secondary tympanic membrane
       d   Membrana *f* tympani secundaria
       f   membrane *f* du tympan secondaire
       i   membrana *f* timpanica secondaria
       r   мембрана *f* круглого окна, вторичная барабанная перепонка *f*

S261   *e*   secretagogue
       d   Sekretagogum *n*, sekretionsförderndes Mittel *n*
       f   sécrétagogue *m*
       i   secretagogo *m*
       r   стимулятор *m* секреции

S262   *e*   secretin
       d   Sekretin *n*
       f   sécrétine *f*
       i   secretina *f*
       r   секретин *m*

S263   *e*   secretion
       d   1. Sekretion *f*, Absonderung *f* 2. Sekret *n*
       f   1. sécrétion *f* 2. secrets *m pl*
       i   1. secrezione *f* 2. secreto *m*
       r   1. секреция *f* 2. секрет *m*

S264   *e*   secretory cyst
       d   Retentionszyste *f*
       f   kyste *m* rétentionnel
       i   cisti *f* di retenzione
       r   ретенционная киста *f*

S265   *e*   section
       d   1. Sektion *f*, Schnitt *m* 2. Schnittoberfläche *f* 3. Schnitt *m* 4. Abgeschnittene *n*
       f   1. section *f*, coupe *f* 2. surface *f* de la section 3. coupe *f* 4. section *f*
       i   1. taglio *m*, recisione *f* 2. sezione *f*
       r   1. разрез *m* 2. поверхность *f* разреза 3. срез *m* 4. отрезанная часть *f*

S266   *e*   sectional roentgenography
       d   Röntgenschichtdarstellung *f*, Tomographie *f*
       f   tomographie *f*
       i   tomografia *f*, radiografia *f* stratificata
       r   томография *f*, послойная рентгенография *f*

S267   *e*   secundines
       d   Nachgeburt *f*, Mutterkuchen *m*, Plazenta *f*
       f   placenta *m*
       i   seconda *f*
       r   послед *m*

S268   *e*   sedation
       d   Sedation *f*, Sedierung *f*, Beruhigung *f*
       f   sédation *f*
       i   sedazione *f*

	r	успокоение n, снятие n возбуждения
S269	e	**sedative**
	d	Sedativum n, Beruhigungsmittel n
	f	sédatif m
	i	sedativo m
	r	седативное [успокаивающее] средство n
S270	e	**sediment**
	d	Sediment n, Bodensatz m, Niederschlag m
	f	sédiment m
	i	sedimento m, residuo m
	r	осадок m
S271	e	**sedimentary cataract**
	d	Morgagni-Katarakt f
	f	cataracte f de Morgagni
	i	cateratta f di Morgagni
	r	морганиева катаракта f
S272	e	**sedimentation**
	d	Sedimentation f, Bodensatzbildung f
	f	sédimentation f
	i	sedimentazione f
	r	седиментация f, оседание n; осаждение n
S273	e	**sedimentation rate**
	d	Blutsenkungsgeschwindigkeit f
	f	vitesse f de sédimentation
	i	velocità f di eritrosedimentazione, VES
	r	скорость f [реакция f] оседания эритроцитов
S274	e	**sedimentator**
	d	Zentrifuge f
	f	centrifugeuse f
	i	centrifuga f
	r	центрифуга f
S275	e	**segment**
	d	Segment n, Segmentum n, Abschnitt m
	f	segment m
	i	segmento m
	r	сегмент m
S276	e	**segmental anesthesia**
	d	Segmentanästhesie f
	f	anesthésie f segmentaire
	i	anestesia f segmentaria
	r	сегментарная анестезия f
S277	e	**segmentation cavity**
	d	Segmentationshöhle f
	f	blastocèle m, blastocœle m
	i	blastocele m
	r	бластоцель f, сегментационная полость f
S278	e	**segmented cell, segmented leukocyte**
	d	segmentierter [segmentkerniger] Leukozyt m
	f	leucocyte m à noyaux segmentés
	i	leucocito m segmentato
	r	сегментоядерный [сегментированный] лейкоцит m
S279	e	**segregation**
	d	Segregation f
	f	ségrégation f
	i	1. separazione f, segmentazione f 2. segregazione f
	r	1. сегрегация f 2. разделение n, сепарация f 3. расщепление n генов
S280	e	**segregator**
	d	Separator m
	f	séparateur m
	i	separatore m
	r	сепаратор m зубов
S281	e	**seismotherapy**
	d	1. Vibrationstherapie f 2. Vibrationsmassage f
	f	1. vibrothérapie f 2. massage m vibratoire
	i	1. vibroterapia f 2. massaggio m vibratorio
	r	1. вибротерапия f 2. вибромассаж m
S282	e	**seizure**
	d	Anfall m
	f	crise f
	i	attacco m
	r	припадок m
S283	e	**selection**
	d	Selektion f, Auslese f, Auswahl f
	f	sélection f
	i	selezione f
	r	отбор m, селекция f
S284	e	**selective arteriography**
	d	selektive Arteriographie f
	f	artériographie f sélective
	i	arteriografia f selettiva
	r	селективная артериография f
S285	e	**selective stain**
	d	Selektivfärbung f
	f	coloration f sélective
	i	colorazione f selettiva
	r	элективная [избирательная] окраска f
S286	e	**self-abuse**
	d	Selbstbefriedigung f
	f	masturbation f
	i	masturbazione f
	r	мастурбация f
S287	e	**self-accusation**
	d	falsche Selbstbezichtigung f
	f	auto-accusation f
	i	autoaccusa f
	r	самооговор m

SELF-HYPNOSIS

S288   *e*   **self-hypnosis**
       d   Eigenhypnose *f*, Autohypnose *f*
       f   autohypnose *f*
       i   autoipnosi *f*
       r   аутогипноз *m*

S289   *e*   **self-infection**
       d   Autoinfektion *f*
       f   auto-infection *f*
       i   autoinfezione *f*
       r   аутоинфекция *f*

S290   *e*   **self-poisoning**
       d   Autointoxikation *f*
       f   auto-intoxication *f*
       i   autointossicazione *f*
       r   **1.** аутоинтоксикация *f* **2.** самоотравление *n* (*случайное или суицидальное*)

S291   *e*   **semantic aphasia**
       d   semantische Aphasie *f*
       f   aphasie *f* sémantique
       i   afasia *f* semantica
       r   семантическая афазия *f*

S292   *e*   **sem(e)iology, sem(e)iotics**
       d   Semiotik *f*, Semiologie *f*
       f   sémiotique *f*, sémiologie *f*
       i   sintomatologia *f*
       r   семиотика *f*, семиология *f*, симптоматология *f*

S293   *e*   **semen**
       d   Semen *f*, Samen *m*, Sperma *n*
       f   sperme *m*
       i   sperma *m*
       r   сперма *f*, семенная жидкость *f*

S294   *e*   **semenuria**
       d   Spermaturie *f*
       f   spermaturie *f*
       i   spermaturia *f*
       r   сперматурия *f*

S295   *e*   **semicircular duct**
       d   Bogengang *m*
       f   canal *m* semi-circulaire
       i   canale *m* semicircolare
       r   полукружный канал *m*

S296   *e*   **semidecussation**
       d   Halbkreuzung *f*
       f   semi-décussation *f*
       i   decussazione *f* parziale
       r   неполный перекрест *m*

S297   *e*   **semilunar bone**
       d   Mondbein *n*
       f   os *m* semi-lunaire
       i   osso *m* semilunare
       r   полулунная кость *f*

S298   *e*   **semilunar ganglion**
       d   Semilunarganglion *n*
       f   ganglion *m* de Gasser
       i   ganglio *m* di Gasser [semilunare]
       r   ганглий *m* тройничного нерва, гассеров ганглий *m*, полулунный ганглий *m*

S299   *e*   **semiluxation** *see* **subluxation**

S300   *e*   **seminal colliculus** *see* **seminal hillock**

S301   *e*   **seminal fluid** *see* **semen**

S302   *e*   **seminal hillock**
       d   Samenhügel *m*
       f   *veru montanum*
       i   collicolo *m* seminale
       r   семенной бугорок *m* [холмик *m*]

S303   *e*   **seminal vesicle**
       d   Samenbläschen *n*
       f   vésicule *f* séminale
       i   vescicola *f* seminale
       r   семенной пузырёк *m*

S304   *e*   **seminiferous epithelium**
       d   seminiferes Epithelium *n*
       f   épithélium *m* spermatogène
       i   epitelio *m* seminifero
       r   сперматогенный эпителий *m*

S305   *e*   **seminiferous tubule**
       d   Samenkanälchen *n*
       f   tubule *m* séminifère
       i   tubulo *m* seminifero
       r   выносящий каналец *m* яичка, семявыносящий каналец *m*

S306   *e*   **seminiferous tubule dysgenesis**
       d   Klinefelter-Reifenstein-Albright-Syndrom *n*
       f   syndrome *m* Klinefelter(-Reifenstein-Albright)
       i   sindrome *m* di Klinefelter
       r   синдром *m* Клайнфелтера, первичный гипогонадизм *m*

S307   *e*   **seminoma**
       d   Seminom *n*, Hodenkarzinom *n*
       f   séminome *m*
       i   seminoma *m*
       r   семинома *f*

S308   *e*   **seminuria** *see* **semenuria**

S309   *e*   **semipermeable membrane**
       d   halbdurchlässige Membran *f*
       f   membrane *f* semi-perméable
       i   membrana *f* semipermeabile
       r   полупроницаемая мембрана *f* [перепонка *f*]

S310   *e*   **Senear-Usher disease**
       d   seborrhoischer Pemphigus *m*, Senear-Usher-Syndrom *n*
       f   pemphigoïde *f* séborrhéique, syndrome *m* de Senear-Usher

SENSITIVITY

	i	pemfigo *m* eritematoso di Senear-Usher
	r	себорейная пузырчатка *f*, синдром *m* Сенира—Ашера
S311	*e*	senescence
	d	Altern *n*, Alterwerden *n*
	f	sénescence *f*, vieillissement *m*
	i	senescenza *f*
	r	старение *n*
S312	*e*	senile degeneration
	d	Altersinvolution *f*
	f	dégénérescence *f* sénile
	i	degenerazione *f* senile
	r	возрастная инволюция *f*
S313	*e*	senile delirium
	d	Alterswahn *m*
	f	délire *m* sénile
	i	delirio *m* senile
	r	старческий делирий *m*, острая пресбиофрения *f*
S314	*e*	senile ectasia
	d	seniles Hämangiom *n*
	f	hémangiome *m* sénile
	i	ectasia *f* senile
	r	сенильная [старческая] гемангиома *f*
S315	*e*	senile elastosis
	d	senile Hautelastose *f*
	f	élastose *f* sénile, élastome *m* diffus
	i	elastosi *f* senile
	r	диффузная эластома *f* кожи, старческий эластоз *m*
S316	*e*	senile gangrene
	d	senile Gangrän *f*, Altersbrand *m*
	f	gangrène *f* sénile
	i	cancrena *f* senile
	r	старческая [марантическая] гангрена *f*
S317	*e*	senile insanity
	d	Altersblödsinn *m*, Altersdemenz *f*
	f	démence *f* sénile
	i	demenza *f* senile
	r	сенильный психоз *m*, старческое слабоумие *n*
S318	*e*	senile keratoma
	d	Greisenwarze *f*
	f	kératome *m* sénile
	i	cheratoma *m* senile
	r	старческая кератома *f* [бородавка *f*], кератопапиллома *f*
S319	*e*	senile nephrosclerosis
	d	Arterionephrosklerose *f*
	f	néphrosclérose *f* sénile
	i	nefrosclerosi *f* arteriosa
	r	артерионефросклероз *m*, атеросклеротический нефросклероз *m*
S320	*e*	senile psychosis *see* senile insanity
S321	*e*	senile wart *see* senile keratoma
S322	*e*	senilism
	d	vorzeitige Alterung *f*
	f	sénilisme *m*
	i	senilismo *m*
	r	преждевременное старение *n*
S323	*e*	senility
	d	Senilität *f*
	f	sénilité *f*, vieillesse *f*
	i	senilità *f*
	r	старость *f*
S324	*e*	sensation
	d	1. Empfindung *f* 2. Sinn *m*
	f	1. sensation *f* 2. sens *m*
	i	1. sensazione *f* 2. senso *m*
	r	1. ощущение *n* 2. чувство *n*
S325	*e*	sense
	d	Sinn *m*
	f	sens *m*
	i	senso *m*
	r	чувство *n*
S326	*e*	sense of equilibrium
	d	Gleichgewichtssinn *m*
	f	sens *m* statique
	i	senso *m* di equilibrio
	r	чувство *n* равновесия
S327	*e*	sense of smell
	d	Geruchssinn *m*
	f	olfaction *f*
	i	odorato *m*, olfatto *m*
	r	обоняние *n*
S328	*e*	sense organs *pl*
	d	Sinnesorgane *n pl*
	f	organes *m pl* sensoriels
	i	organi *m pl* dei sensi
	r	органы *m pl* чувств
S329	*e*	sensibility
	d	Sensibilität *f*, Empfindlichkeit *f*
	f	sensibilité *f*, sens *m*
	i	sensibilità *f*
	r	чувствительность *f*
S330	*e*	sensibilization *see* sensitization
S331	*e*	sensible perspiration
	d	echte Perspiration *f*
	f	perspiration *f* sensible
	i	sudorazione *f* vera
	r	ощутимое потоотделение *n*
S332	*e*	sensitivity
	d	1. Sensitivität *f* 2. Sensitivierung *f*
	f	sensibilité *f*
	i	sensibilità *f*
	r	1. чувствительность *f (к чему-л.)* 2. сенситивность *f*

SENSITIZATION

S333　e　sensitization
　　　d　Sensibilisierung *f*
　　　f　sensibilisation *f*
　　　i　sensibilizzazione *f*
　　　r　сенсибилизация *f*

S334　e　sensitization dermatitis
　　　d　allergische Dermatitis *f*
　　　f　dermatite *f* allergique
　　　i　dermatite *f* allergica
　　　r　аллергический дерматит *m*

S335　e　sensitizing substance
　　　d　sensibilisierende Substanz *f*
　　　f　sensibilisatrice *f*, ambocepteur *m*, corps *m* immunisant
　　　i　anticorpo *m* sensibilizzante
　　　r　сенсибилизирующее вещество *n*

S336　e　sensorimotor nerve
　　　d　sensoriomotorischer Nerv *m*
　　　f　nerf *m* sensitivo-moteur
　　　i　nervo *m* sensorio-motore
　　　r　смешанный нерв *m* (двигательный и чувствительный)

S337　e　sensorineural hearing loss
　　　d　sensorineurale Schwerhörigkeit *f*, sensorineurale Taubheit *f*
　　　f　surdité *f* de perception
　　　i　ipoacusia *f* neurosensoriale
　　　r　перцептивная тугоухость *f*, перцептивная [нейросенсорная] глухота *f*

S338　e　sensory amusia
　　　d　Tontaubheit *f*
　　　f　surdité *f* musicale, amusie *f* sensorielle
　　　i　amusia *f* sensoriale
　　　r　музыкальная глухота *f*, сенсорная амузия *f*

S339　e　sensory cell
　　　d　Sinneszelle *f*
　　　f　neurone *m* afférent
　　　i　cellula *f* sensoriale
　　　r　афферентный [сенсорный] нейрон *m*

S340　e　sensory crossway, sensory decussation
　　　d　sensorische Kreuzung *f*
　　　f　décussation *f* des fibres sensitives
　　　i　decussazione *f* dei lemnischi
　　　r　перекрест *m* чувствительных нервов

S341　e　sensory deprivation
　　　d　sensorische Insuffizienz *f*
　　　f　insuffisance *f* sensorielle
　　　i　insufficienza *f* [deprivazione *f*] sensoriale
　　　r　сенсорная депривация *f* [недостаточность *f*]

S342　e　sensory epilepsy

S343　e　sensory nerve
　　　d　sensorischer Nerv *m*
　　　f　nerf *m* sensoriel [sensitif]
　　　i　nervo *m* sensitivo [sensorio]
　　　r　чувствительный нерв *m*

S344　e　sensory paralysis
　　　d　sensorische Lähmung *f*
　　　f　anesthésie *f*
　　　i　paralisi *f* sensoriale
　　　r　потеря *f* чувствительности, анестезия *f*

　　　d　somatosensorischer Epilepsieanfall *m*
　　　f　épilepsie *f* sensorielle
　　　i　epilessia *f* sensoriale
　　　r　соматосенсорный эпилептический припадок *m*

S345　e　separator
　　　d　Separator *m*
　　　f　séparateur *m*
　　　i　separatore *m*
　　　r　1. сепаратор *m*, сегрегатор *m*
　　　　 2. сепаратор *m* зубов

S346　e　sepsis
　　　d　Sepsis *f*
　　　f　septicémie *f*
　　　i　sepsi *f*
　　　r　сепсис *m*

S347　e　septal cartilage
　　　d　Nasenscheidewandknorpel *m*
　　　f　cartilage *m* septal du nez
　　　i　cartilagine *f* del setto nasale
　　　r　хрящевая часть *f* перегородки носа

S348　e　septic endocarditis
　　　d　septische Endokarditis *f*
　　　f　endocardite *f* septique
　　　i　endocardite *f* settica
　　　r　септический [бородавчато-язвенный] эндокардит *m*

S349　e　septic shock
　　　d　septischer Schock *m*
　　　f　choc *m* septique
　　　i　shock *m* settico
　　　r　инфекционно-токсический шок *m*

S350　e　septicemia
　　　d　Septikämie *f*, Septämie *f*
　　　f　septicémie *f*
　　　i　setticemia *f*
　　　r　септицемия *f*

S351　e　septicemic plague
　　　d　septische Pest *f*
　　　f　peste *f* septicémique
　　　i　peste *f* setticemica
　　　r　септическая форма *f* чумы

S352　e　septicopyemia
　　　d　Septikopyämie *f*
　　　f　septicopyémie *f*

	i	setticopiemia f
	r	септикопиемия f
S353	e	septum
	d	Septum n
	f	septum m, cloison f
	i	setto m
	r	перегородка f
S354	e	sequela
	d	1. Komplikation f
		2. Resterscheinung f
	f	1. complication f 2. séquelle f
	i	1. complicazione f 2. sequela f
	r	1. осложнение n 2. остаточное явление n (болезни)
S355	e	sequestration
	d	Sequestration f
	f	séquestration f
	i	sequestrazione f
	r	секвестрация f
S356	e	sequestrectomy, sequestrotomy
	d	Sequesterentfernung f
	f	séquestrectomie f, séquestrotomie f
	i	sequestrectomia f, sequestrotomia f
	r	секвестрэктомия f, секвестротомия f
S357	e	sequestrum
	d	Sequester m
	f	séquestre m
	i	sequestro m
	r	секвестр m
S358	e	seralbumin see serum albumin
S359	e	serangitis
	d	Kavernitis f, Schwellkörperentzündung f
	f	cavernite f
	i	cavernite f
	r	кавернит m
S360	e	serial roentgenography
	d	Röntgenseriendarstellung f
	f	radiographie f en série
	i	radiografia f seriata
	r	серийная рентгенография f
S361	e	serine
	d	Serin n
	f	sérine f
	i	serina f
	r	серин m
S362	e	seriograph
	d	Serienaufnahmegerät n
	f	sériographe m
	i	seriografo m
	r	сериограф m
S363	e	seriography see serial roentgenography
S364	e	seroalbuminuria see serous albuminuria
S365	e	serocolitis
	d	Perikolitis f
	f	péricolite f
	i	pericolite f
	r	периколит m
S366	e	serodiagnosis
	d	Serumdiagnostik f
	f	sérodiagnostic m
	i	sierodiagnosi f
	r	serодиагностика f
S367	e	serofibrinous pleurisy
	d	serofibrinöse Pleuritis f
	f	pleurésie f sérofibrineuse
	i	pleurite f sierofibrinosa
	r	серозно-фибринозный плеврит m
S368	e	seroimmunity
	d	Serumimmunität f, passive Immunität f
	f	immunité f passive
	i	immunità f passiva
	r	пассивный иммунитет m
S369	e	serology
	d	Serologie f
	f	sérologie f
	i	sierologia f
	r	серология f
S370	e	seromucous gland
	d	seromuköse Drüse f
	f	glande f séro-muqueuse
	i	ghiandola f sieromucosa
	r	серозно-слизистая железа f
S371	e	serosa
	d	Serosa f, seröse Haut f
	f	séreuse f, membrane f séreuse
	i	sierosa f, membrana f sierosa
	r	серозная оболочка f
S372	e	serositis
	d	Serositis f
	f	sérosite f
	i	sierosite f
	r	серозит m
S373	e	serosynovitis see serous synovitis
S374	e	serotherapy
	d	Serotherapie f, Serumbehandlung f
	f	sérothérapie f
	i	sieroterapia f
	r	серотерапия f
S375	e	serotonin
	d	Serotonin n, Enteramin n
	f	sérotonine f
	i	serotonina f
	r	серотонин m
S376	e	serous
	d	serös
	f	1. séreux 2. sérique
	i	sieroso
	r	1. серозный 2. сывороточный

SEROUS ALBUMINURIA

S377   *e*   serous albuminuria
       d   echte Albuminurie *f*
       f   albuminurie *f* rénale [vraie]
       i   albuminuria *f* sierosa
       r   истинная [сывороточная] протеинурия *f*

S378   *e*   serous cyst
       d   Hygrom *n*, Wassergeschwulst *f*
       f   hygrome *m*
       i   igroma *m*
       r   гигрома *f*

S379   *e*   serous gland
       d   seröse Drüse *f*
       f   glande *f* séreuse
       i   ghiandola *f* sierosa
       r   серозная железа *f*

S380   *e*   serous inflammation
       d   seröse Entzündung *f*
       f   inflammation *f* séreuse
       i   infiammazione *f* sierosa
       r   серозное воспаление *n*

S381   *e*   serous membrane *see* serosa

S382   *e*   serous otitis
       d   seröse Otitis *f*, katarrhalische Mittelohrentzündung *f*
       f   otite *f* moyenne catarrhale
       i   otite *f* media catarrale
       r   катаральный средний отит *m*

S383   *e*   serous synovitis
       d   seröse Synovitis *f*, Hydrarthrose *f*
       f   synovite *f* séreuse
       i   sinovite *f* sierosa
       r   серозный синовит *m*, гидрартроз *m*, водянка *f* сустава

S384   *e*   serpent ulcer of cornea
       d   kriechendes Hornhautgeschwür *n*
       f   kératite *f* à hypopyon
       i   ipopion *m*, ulcerazione *f* corneale serpiginosa
       r   ползучая язва *f* роговицы

S385   *e*   serpent worm
       d   Guineawurm *m*
       f   ver *m* de Guinée
       i   verme *m* di Guinea
       r   ришта *f*

S386   *e*   serpiginous keratitis *see* serpent ulcer of cornea

S387   *e*   serpiginous psoriasis
       d   Schlangenlinienpsoriasis *f*
       f   psoriasis *m* serpigineux
       i   psoriasi *f* serpiginosa
       r   змеевидный псориаз *m*

S388   *e*   serpiginous syphilid
       d   serpiginöses Syphilid *n*
       f   syphilide *f* serpigineuse
       i   sifilide *f* serpiginosa
       r   серпигинозный сифилид *m*

S389   *e*   serpiginous ulcer
       d   kriechendes [serpiginöses] Ulkus *n*
       f   ulcère *m* serpigineux
       i   ulcera *f* serpiginosa
       r   ползучая [серпигинозная] язва *f*

S390   *e*   Serratia infection
       d   Serratiose *f*, Serratia-Infektion *f*
       f   serratiose *f*
       i   infezione *f* serrata
       r   серрациоз *m*

S391   *e*   Sertoli cell
       d   Sertoli-Zelle *f*
       f   cellule *f* de Sertoli
       i   cellula *f* di Sertoli [di sostegno]
       r   сустентоцит *m*, клетка *f* Сертоли

S392   *e*   serum
       d   Serum *n*
       f   sérum *m*
       i   siero *m*
       r   1. сыворотка *f* (крови, молока) 2. серозная жидкость *f*

S393   *e*   serum accident
       d   anaphylaktischer Schock *m*
       f   choc *m* anaphylactique
       i   shock *m* da siero [anafilattico]
       r   анафилактический шок *m*

S394   *e*   serum albumin
       d   Serumalbumin *n*
       f   albumine *f* sérique
       i   albumina *f* sierica
       r   сывороточный альбумин *m*

S395   *e*   serum complement fixation reaction
       d   Serum-Komplement-Fixationsreaktion *f*
       f   réaction *f* de fixation du complément au sérum
       i   reazione *f* di fissazione del complemento al siero
       r   реакция *f* фиксации комплемента в сыворотке крови

S396   *e*   serum disease, serum eruption
       d   Serumkrankheit *f*
       f   maladie *f* sérique [du sérum]
       i   malattia *f* da siero
       r   сывороточная болезнь *f*

S397   *e*   serum hepatitis
       d   Serumhepatitis *f*, Hepatitis *f* B
       f   hépatite *f* sérique, hépatite *f* d'inoculation, sérum-hépatite *f*
       i   epatite *f* virale di tipo B
       r   сывороточный [посттрансфузионный, парентеральный] гепатит *m*, гепатит *m* B

S398	e	serum prothrombin conversion accelerator
	d	Antifibrinolysin *n*, Prokonvertin *n*
	f	facteur *m* VII, proconvertine *f*
	i	fattore *m* VII [stabile], proconvertina *f*
	r	антифибринолизин *m*, проконвертин *m*, фактор *m* VII (свёртывания крови)
S399	e	serum reaction
	d	1. Serumkrankheit *f* 2. Serumreaktion *f*
	f	1. maladie *f* sérique [du sérum] 2. réaction *f* sérique [sérologique]
	i	1. malattia *f* da siero 2. reazione *f* sierologica
	r	1. сывороточная болезнь *f* 2. серологическая реакция *f*
S400	e	serum sickness *see* serum disease
S401	e	serum test
	d	Serumreaktion *f*
	f	réaction *f* sérique
	i	reazione *f* da siero
	r	серологическая реакция *f*
S402	e	sesamoid bone
	d	Sesambein *n*
	f	os *m* sésamoïde
	i	osso *m* sesamoide
	r	сесамовидная кость *f*
S403	e	sessile hydatid
	d	ungestielte Hydatide *f*
	f	hydatide *f* sessile de Morgagni
	i	appendice *f* del testicolo, idatide *f* di Morgagni
	r	привесок *m* яичка
S404	e	seven-day fever
	d	Siebentagefieber *n*, Dengue-Fieber *n*
	f	fièvre *f* de sept jours
	i	febbre *f* dei sette giorni
	r	семидневная лихорадка *f*
S405	e	seventh sense
	d	Viszeralsensibilität *f*
	f	sensibilité *f* viscérale
	i	sensibilità *f* viscerale
	r	висцеральная чувствительность *f*
S406	e	seven-year itch *see* scabies
S407	e	sex
	d	Geschlecht *n*
	f	sexe *m*
	i	sesso *m*
	r	пол *m*
S408	e	sex cell
	d	Geschlechtszelle *f*
	f	cellule *f* sexuelle
	i	cellula *f* sessuale
	r	половая клетка *f*, гоноцит *m*

S409	e	sex chromatin
	d	Geschlechtschromatin *n*
	f	chromatine *f* sexuelle
	i	cromatina *f* sessuale, corpo *m* di Barr
	r	половой хроматин *m*
S410	e	sex chromosome
	d	Geschlechtschromosom *n*
	f	chromosome *m* sexuel
	i	cromosoma *m* sessuale
	r	половая хромосома *f*
S411	e	sex chromosome aberration
	d	Geschlechtschromosomenaberration *f*
	f	aberration *f* des chromosomes sexuels
	i	aberrazione *f* dei cromosomi sessuali
	r	аберрация *f* половых хромосом
S412	e	sex deviance *see* sexual deviation
S413	e	sex hormone
	d	Geschlechtshormon *n*
	f	hormone *f* sexuelle
	i	ormone *m* sessuale
	r	половой гормон *m*
S414	e	sex-linked gene
	d	geschlechtsgebundenes Gen *n*
	f	gène *m* lié au sexe
	i	gene *m* legato al sesso
	r	ген *m*, сцепленный с полом
S415	e	sex-linked inheritance
	d	geschlechtsgebundener Erbgang *m*
	f	hérédité *f* liée au sexe
	i	eredità *f* legata al sesso
	r	наследование *n*, сцепленное с полом
S416	e	sexology
	d	Sexologie *f*, Sexuallehre *f*
	f	sexologie *f*
	i	sessuologia *f*
	r	сексология *f*
S417	e	sexual anesthesia
	d	Anaphrodisie *f*, Frigidität *f*
	f	anaphrodisie *f*, frigidité *f*
	i	frigidità *f*
	r	половая холодность *f*, фригидность *f*
S418	e	sexual deviation
	d	sexuelle Perversion *f*
	f	perversion *f* sexuelle
	i	deviazione *f* sessuale
	r	половое извращение *n*; половая девиация *f*
S419	e	sexual generation *see* sexual reproduction
S420	e	sexual gland
	d	Geschlechtsdrüse *f*, Gonade *f*
	f	glande *f* génitale [sexuelle], gonade *f*
	i	ghiandola *f* genitale, gonade *f*
	r	половая железа *f*, гонада *f*

S421	e	sexual infantilism
	d	sexueller Infantilismus m
	f	infantilisme m génital
	i	infantilismo m sessuale
	r	половой [психосексуальный] инфантилизм m
S422	e	sexual intercourse
	d	Geschlechtsverkehr m, Koitus m
	f	coït m
	i	coito m
	r	коитус m, половой акт m, половое сношение n
S423	e	sexual perversion
	d	sexuelle Perversion f
	f	perversion f sexuelle
	i	perversione f sessuale
	r	половое извращение n
S424	e	sexual reproduction
	d	geschlechtliche Reproduktion f
	f	reproduction f sexuée
	i	riproduzione f sessuale
	r	половое размножение n
S425	e	shadow
	d	Achromozyt m
	f	achroma(to)cyte m
	i	acromatocita m
	r	ахромацит m
S426	e	shaft
	d	1. Schaft m 2. Diaphyse f
	f	1. pivot m 2. diaphyse f
	i	1. stelo m, fusto m 2. diafisi f
	r	1. стержень m 2. диафиз m
S427	e	shaft vision
	d	Tubussehvermögen n
	f	vision f tubulaire
	i	visione f tubulare
	r	трубчатое зрение n
S428	e	shaggy pericardium
	d	Zottenperikardium n, Zottenperikarditis f
	f	péricardite f fibrineuse
	i	pericardio m villoso
	r	фибринозный перикардит m
S429	e	shakes pl
	d	1. Zittern n 2. Schüttelfrost m
	f	1. tremblement m 2. frisson m
	i	1. tremore m 2. brivido m
	r	1. дрожание n, дрожь f 2. озноб m
S430	e	shaking palsy
	d	Schüttellähmung f
	f	paralyse f agitante, maladie f de Parkinson
	i	morbo m di Parkinson, paralisi f agitante
	r	дрожательный паралич m, болезнь f Паркинсона
S431	e	sham feeding
	d	Scheinfütterung f
	f	repas m fictif
	i	alimentazione f falsa
	r	мнимое кормление n
S432	e	shank
	d	1. Unterschenkel m 2. Bein n 3. Schienbein n, Tibia f
	f	1. 2. jambe f 3. tibia m
	i	1. stinco m 2. gamba f 3. tibia f
	r	1. голень f 2. нога f 3. большеберцовая кость f
S433	e	shank bone
	d	Schienbein n, Tibia f
	f	tibia m
	i	tibia f
	r	большеберцовая кость f
S434	e	shank fever
	d	Feld(gruben)fieber n, wolhynisches Fieber n
	f	fièvre f des tranchées [de Volhynie]
	i	febbre f delle trincee
	r	окопная [тибиальная] лихорадка f
S435	e	Sharpey's fiber
	d	Sharpey-Faser f
	f	fibre f de Sharpey
	i	fibra f perforante di Sharpey
	r	прободающее [шарпеево] волокно n
S436	e	shawl muscle
	d	Kappenmuskel m
	f	muscle m trapèze
	i	muscolo m trapezio
	r	трапециевидная мышца f
S437	e	shears pl see scissors
S438	e	sheath
	d	1. Hülle f 2. Kapsel f 3. Scheide f
	f	gaine f
	i	guaina f
	r	1. оболочка f 2. капсула f 3. влагалище n
S439	e	sheep-pox
	d	Schafpocken pl
	f	variole f ovine
	i	vaiolo m delle pecore
	r	овина f, оспа f овец
S440	e	shell shock
	d	Kriegsneurose f
	f	névrose f de guerre
	i	nevrosi f di guerra
	r	невроз m военного времени
S441	e	shield
	d	1. Schutzschirm m 2. Strahlen(schutz)schirm m
	f	écran m protecteur
	i	schermo m; scudo m

	r	1. защитный экран *m* 2. радиозащитный экран *m*
S442	e	shift to the left
	d	Linksverschiebung *f*
	f	déviation *f* à gauche
	i	deviazione *f* a sinistra
	r	сдвиг *m* влево
S443	e	shift to the right
	d	Rechtsverschiebung *f*
	f	déviation *f* à droite
	i	deviazione *f* a destra
	r	сдвиг *m* вправо
S444	e	Shiga bacillus
	d	Shiga-Kruse-Bakterie *f*
	f	bacille *m* de Shiga
	i	bacillo *m* di Shiga
	r	дизентерийная бактерия *f* Григорьева—Шиги
S445	e	shigellosis
	d	Bakterienruhr *f*, Dysenterie *f*
	f	dysenterie *f* bacillaire
	i	dissenteria *f* bacillare
	r	(бактериальная) дизентерия *f*
S446	e	shin
	d	1. Unterschenkel *m* 2. Schienbein(vorder)kante *f*
	f	1. jambe *f* 2. partie *f* antérieure de la jambe
	i	1. stinco *m* 2. cresta *f* tibiale
	r	1. голень *f* 2. передний край *m* большеберцовой кости
S447	e	shin bone *see* shank bone
S448	e	shingles
	d	Gürtelrose *f*, Herpes *m* zoster
	f	zona *m*, herpès *m* zoster
	i	herpes *m* zoster
	r	опоясывающий лишай *m*
S449	e	shiver
	d	Zittern *n*, Tremor *m*
	f	tremblement *m*
	i	tremore *m*, brivido *m*
	r	дрожание *n*, тремор *m*
S450	e	shock
	d	1. Stoß *m* 2. Schock *m*
	f	choc *m*
	i	1. urto *m*, scossa *f* 2. shock *m*
	r	1. удар *m* 2. шок *m*
S451	e	shock therapy, shock treatment
	d	Schockbehandlung *f*
	f	thérapie *f* de choc
	i	shockterapia *f*
	r	1. шокотерапия *f* 2. электрошокотерапия *f*, электросудорожная [электрошоковая] терапия *f*
S452	e	shooting pain
	d	einschießender Schmerz *m*
	f	douleur *f* lancinante
	i	dolore *m* lancinante [pungente]
	r	стреляющая боль *f*
S453	e	shortness of breath
	d	Atemnot *f*, Dyspnoe *f*
	f	dyspnée *f*
	i	tachipnea *f*
	r	одышка *f*
S454	e	short sight, shortsightedness
	d	Kurzsichtigkeit *f*, Myopie *f*
	f	myopie *f*
	i	miopia *f*
	r	близорукость *f*, миопия *f*
S455	e	short wave diathermy
	d	Kurzwellendiathermie *f*
	f	diathermie *f* à ondes courtes
	i	diatermia *f* ad onde corte
	r	индуктотермия *f*, коротковолновая диатермия *f*
S456	e	shoulder
	d	Schulter *f*
	f	épaule *f*
	i	spalla *f*
	r	1. плечо *n* 2. плечевая область *f*
S457	e	shoulder blade
	d	Schulterblatt *n*, Skapula *f*
	f	omoplate *f*
	i	scapola *f*
	r	лопатка *f*
S458	e	shoulder girdle
	d	Schultergürtel *m*
	f	ceinture *f* scapulaire
	i	cingolo *m* scapolare
	r	плечевой пояс *m*, пояс *m* верхней конечности
S459	e	shoulder-hand syndrome
	d	Schulter-Hand-Syndrom *n*
	f	syndrome *m* épaule-main
	i	sindrome *f* spalla-mano
	r	плечекистевой синдром *m*
S460	e	shoulder joint
	d	Schultergelenk *n*
	f	articulation *f* scapulo-humérale
	i	articolazione *f* della spalla
	r	плечевой сустав *m*
S461	e	shrunken kidney
	d	Schrumpfniere *f*
	f	rein *m* contracté
	i	rene *m* grinzoso
	r	сморщенная почка *f*
S462	e	shunt
	d	Shunt *m*, Nebenschluß *m*, Kurzschluß *m*

SIALADENITIS

	f	shunt m
	i	shunt m, by-pass m
	r	шунт m
S463	e	**sialadenitis**
	d	Sialadenitis f, Speicheldrüsenentzündung f
	f	sialadénite f
	i	scialadenite f
	r	сиаладенит m
S464	e	**sialagogue**
	d	speicheltreibendes Mittel n
	f	sialagogue m
	i	scialagogo m
	r	средство n, усиливающее слюноотделение
S465	e	**sialism**
	d	Sialorrhoe f, Hypersalivation f
	f	sialisme m
	i	ipersalivazione f, scialorrea f
	r	гиперсаливация f, птиализм m, сиалорея f
S466	e	**sialoadenectomy**
	d	Sial(o)adenektomie f, Speicheldrüsenentfernung f
	f	sialoadénectomie f
	i	scialadenectomia f
	r	сиаладенэктомия f
S467	e	**sialoadenitis** see **sialadenitis**
S468	e	**sialocele**
	d	Ranula f, Fröschleingeschwulst f
	f	ranule f
	i	ranula f, cisti f sublinguale
	r	ранула f, подъязычная ретенционная киста f
S469	e	**sialodochitis**
	d	Speichelgangentzündung f
	f	sialodochite f
	i	scialodochite f
	r	сиалодохит m, воспаление n протока слюнной железы
S470	e	**sialodochoplasty**
	d	Sialodochoplastik f, Speichelgangplastik f
	f	sialodochoplastie f
	i	scialodocoplastica f
	r	пластика f слюнного протока
S471	e	**sialogogue** see **sialagogue**
S472	e	**sialography**
	d	Speicheldrüsenröntgendarstellung f
	f	sialographie f
	i	scialografia f
	r	сиалография f
S473	e	**sialolithiasis**
	d	Sialolithiasis f, Speichelsteinkrankheit f
	f	sialolithiase f
	i	scialolitiasi f
	r	слюнно-каменная болезнь f, сиалолитиаз m
S474	e	**sialorrhea** see **sialism**
S475	e	**sialosyrinx**
	d	Speichelfistel f
	f	fistule f salivaire
	i	fistola f salivare
	r	слюнный свищ m
S476	e	**Siamese twins** pl
	d	siamesische Zwillinge m pl
	f	jumeaux m pl siamois
	i	gemelli m pl siamesi
	r	соединённые [сиамские] близнецы m pl
S477	e	**sibilant rale, sibilus**
	d	pfeifende Rasselgeräusche n pl
	f	râles m pl sibilants
	i	rantolo m sibilante
	r	свистящие хрипы m pl
S478	e	**sicca syndrome**
	d	Gougerot-Houwer-Sjögren-Syndrom n
	f	syndrome m de (Gougerot-Houwer-) Sjögren, xérodermostéose f
	i	cheratocongiuntivite f secca, sindrome f di Sjögren [secca]
	r	синдром m Гужеро—Шегрена, сухой синдром m
S479	e	**sick headache**
	d	Migräne f
	f	migraine f
	i	emicrania f
	r	мигрень f
S480	e	**sickle cell**
	d	Sichelzelle f, Drepanozyt m, Meniskozyt m
	f	drépanocyte m
	i	drepanocito m
	r	дрепаноцит m, менискоцит m
S481	e	**sickle cell anemia**
	d	Sichelzellenanämie f, Drepanozytenanämie f
	f	anémie f drépanocytaire
	i	anemia f drepanocitica
	r	серповидно-клеточная анемия f
S482	e	**sickle cell hemoglobin**
	d	Sichelzellhämoglobin n, Hämoglobin n S
	f	hémoglobine f S
	i	emoglobina f S
	r	гемоглобин m S
S483	e	**sicklemia** see **sickle cell anemia**
S484	e	**sickness**

       d 1. Krankheit *f*, Erkrankung *f*
           2. Übelkeit *f*
       f 1. mal *m*, maladie *f* 2. nausée *f*
       i 1. malattia *f*, male *m* 2. nausea *f*
       r 1. болезнь *f* 2. тошнота *f*

S485 *e* side-effect
       d Nebenwirkung *f*
       f effet *m* secondaire
       i effetto *m* collaterale
       r побочное действие *n*

S486 *e* sideroblast
       d Sideroblast *m*
       f sidéroblaste *m*
       i sideroblasto *m*
       r сидеробласт *m*

S487 *e* siderocyte
       d Siderozyt *m*
       f sidérocyte *m*
       i siderocito *m*
       r сидероцит *m*

S488 *e* siderodromophobia
       d Siderodromophobie *f*, Eisenbahnfurcht *f*
       f sidérodromophobie *f*
       i siderodromofobia *f*
       r сидеродромофобия *f*

S489 *e* sideropenia
       d Sideropenie *f*
       f sidéropénie *f*
       i sideropenia *f*
       r сидеропения *f*

S490 *e* sideropenic dysphagia
       d sideropenische Dysphagie *f*, Plummer-Vinson-Syndrom *n*
       f dysphagie *f* sidéropénique
       i disfagia *f* sideropenica, sindrome *f* di Plummer-Vinson
       r сидеропеническая дисфагия *f*, синдром *m* Пламмера—Винсона

S491 *e* siderosilicosis
       d Siderosilikose *f*
       f sidérosilicose *f*
       i sidero-silicosi *f*
       r сидеросиликоз *m*, силикосидероз *m*

S492 *e* siderosis
       d Siderose *f*, Eisenablagerung *f*
       f sidérose *f*
       i siderosi *f*
       r сидероз *m*

S493 *e* sieve bone
       d Siebbein *n*
       f os *m* ethmoïde
       i osso *m* etmoide
       r решётчатая кость *f*

S494 *e* sigh
       d Seufzer *m*
       f soupir *m*
       i sospiro *m*
       r вздох *m*

S495 *e* sight
       d Sehen *n*
       f vision *f*
       i visione *f*
       r зрение *n*

S496 *e* sigmoid sinus
       d Sinus *m* sigmoideus
       f sinus *m* sygmoïde
       i seno *m* sigmoideo
       r сигмовидный синус *m*

S497 *e* sigmoiditis
       d Sigmoiditis *f*, Sigmaentzündung *f*
       f sigmoïdite *f*
       i sigmoidite *f*
       r сигмоидит *m*

S498 *e* sigmoidoproctostomy, sigmoidorectostomy
       d Sigmoidorektostomie *f*
       f sigmoïdoproctostomie *f*
       i sigmoidorettostomia *f*
       r сигмоидопроктостомия *f*

S499 *e* sigmoidoscope
       d Sigmaspiegel *m*, Romanoskop *n*
       f (recto-)sigmoïdoscope *m*
       i sigmoidoscopio *m*
       r ректороманоскоп *m*, сигмоидоскоп *m*

S500 *e* sigmoidoscopy
       d Sigmoidoskopie *f*, Sigmaspiegelung *f*, Romanoskopie *f*, Rektoromanoskopie *f*
       f sigmoïdoscopie *f*
       i sigmoidoscopia *f*
       r ректороманоскопия *f*, проктосигмоидоскопия *f*

S501 *e* sigmoidostomy
       d Sigmoidostomie *f*, Sigmafistelung *f*, Sigma-Kunstafteranlegung *f*
       f sigmoïdostomie *f*
       i sigmoidostomia *f*
       r сигмостомия *f*

S502 *e* sigmoscope *see* **sigmoidoscope**

S503 *e* sign
       d 1. Anzeichen *n*, Symptom *n*, Merkmal *n* 2. Symbol *n*, Zeichen *n*
       f signe *m*
       i segno *m*
       r 1. симптом *m*, признак *m* 2. символ *m*, знак *m*

S504 *e* sign blindness
       d Zeichenblindheit *f*, Asymbolie *f*
       f asémie *f*, asymbolie *f*
       i asemia *f*, asimbolia *f*
       r асимболия *f*, асимволия *f*

SIGNET RING

S505   *e*   **signet ring**
       d   Trophozoit *m*, Siegelring *m*
       f   trophozoïte *m*
       i   trofozoita *m*
       r   трофозоит *m*

S506   *e*   **signet-ring cell**
       d   1. Siegelringzelle *f*
           2. Kastrationszelle *f*
       f   1. cellule *f* en bague 2. cellule *f* de castration
       i   1. cellula *f* a sigillo 2. cellula *f* da castrazione
       r   1. перстневидная клетка *f* 2. клетка *f* кастрации

S507   *e*   **silicosiderosis** *see* **siderosilicosis**

S508   *e*   **silicosis**
       d   Silikose *f*; Silikatose *f*
       f   silicose *f*; silicatose *f*
       i   silicosi *f*; silicatosi *f*
       r   силикоз *m*; силикатоз *m*

S509   *e*   **silicotuberculosis**
       d   Silikotuberkulose *f*
       f   silicotuberculose *f*
       i   silicotubercolosi *f*
       r   силикотуберкулёз *m*

S510   *e*   **simple blepharitis**
       d   Blepharitis *f* simplex
       f   blépharite *f* simple
       i   blefarite *f* semplice
       r   простой блефарит *m*

S511   *e*   **simple diplopia**
       d   homonyme [einfache] Diplopie *f*
       f   diplopie *f* homonyme
       i   diplopia *f* omonima
       r   одноимённая диплопия *f*

S512   *e*   **simple epithelium**
       d   Einschichtenepithel *n*
       f   épithélium *m* simple
       i   epitelio *m* semplice
       r   однослойный эпителий *m*

S513   *e*   **simple microscope**
       d   Vergrößerungsglas *n*, Lupe *f*
       f   loupe *f*
       i   microscopio *m* semplice, lente *f*
       r   увеличительное стекло *n*, однолинзовая лупа *f*

S514   *e*   **simple obesity**
       d   einfache Fettsucht *f*
       f   obésité *f*
       i   obesità *f* [adiposità *f*] semplice
       r   простое ожирение *n*, тучность *f*

S515   *e*   **simple protein**
       d   einfaches Protein *n*
       f   protéine *f*
       i   proteina *f* semplice
       r   протеин *m*, простой белок *m*

S516   *e*   **simple urethritis**
       d   unspezifische Urethritis *f*, unspezifische Harnröhrenentzündung *f*
       f   urétrite *f* non spécifique
       i   uretrite *f* aspecifica
       r   неспецифический уретрит *m*

S517   *e*   **simulation**
       d   1. Simulation *f*, Vortäuschung *f* 2. Nachahmung *f*
       f   1. simulation *f* 2. imitation *f*
       i   1. simulazione *f* 2. imitazione *f*
       r   1. симуляция *f* 2. имитация *f*

S518   *e*   **simultaneous insanity**
       d   induzierte Psychose *f*
       f   délire *m* induit
       i   delirio *m* indotto
       r   индуцированный психоз *m*

S519   *e*   **sinew**
       d   1. Sehne *f*, Tendo *m* 2. Band *n*, Ligamentum *n*
       f   1. tendon *m* 2. ligament *m*
       i   1. tendine *m* 2. legamento *m*
       r   1. сухожилие *n* 2. связка *f*

S520   *e*   **singer's nodes** *pl*, **singer nodules** *pl*
       d   Sängerknötchen *n pl*
       f   laryngite *f* granuleuse [nodulaire]
       i   noduli *m pl* dei cantanti
       r   узелковый ларингит *m*, певческие узелки *m pl*, узелки *m pl* певцов

S521   *e*   **single microscope** *see* **simple microscope**

S522   *e*   **sinistrality**
       d   Linkshändigkeit *f*
       f   gaucherie *f*
       i   mancinismo *m*
       r   леворукость *f*

S523   *e*   **sinistrogyration, sinistrorotation, sinistrotorsion**
       d   Sinistroversion *f*
       f   sinistroversion *f*
       i   sinistrorotazione *f*
       r   синистроверсия *f*

S524   *e*   **sinoatrial (heart) block**
       d   sinoaurikulärer Block *m*
       f   blocage *m* sino-auriculaire
       i   blocco *m* senoatriale
       r   синоаурикулярная блокада *f*

S525   *e*   **sinoatrial node**
       d   Keith-Flack-Sinusknoten *m*
       f   nœud *m* (sinusal) de Keith et Flack
       i   nodo *m* senoatriale [di Keith e Flack]
       r   синусно-предсердный [синусный] узел *m*, узел *m* Киса—Флека

S526	e	sinoauricular block *see* sinoatrial (heart) block		i	dietetica *f*
				r	диетология *f*, диететика *f*
S527	e	sinography	S540	e	sitomania
	d	Sinusographie *f*		d	Bulimie *f*, Heißhunger *m*
	f	sinusographie *f*		f	sitomanie *f*
	i	esame *m* radiografico di un seno		i	sitomania *f*
	r	синусография *f*		r	сит(и)омания *f*, эстиомания *f*
S528	e	sinuitis *see* sinusitis	S541	e	sitophobia
S529	e	sinus		d	Sitophobie *f*
	d	Sinus *m*		f	sitophobie *f*
	f	sinus *m*		i	sitofobia *f*
	i	seno *m*		r	ситофобия *f*
	r	синус *m*, пазуха *f*	S542	e	sitotherapy
S530	e	sinus arrest *see* sinoatrial block		d	Diätbehandlung *f*
S531	e	sinus barotrauma		f	sitothérapie *f*, diétothérapie *f*
	d	Aerosinusitis *f*, Sinusitis *f* nach einem Barotrauma		i	dietoterapia *f*
				r	диетотерапия *f*
	f	aérosinusite *f*	S543	e	Sjögren syndrome *see* sicca syndrome
	i	aerosinusite *f*			
	r	аэросинусит *m*	S544	e	skatophagy *see* scatophagy
S532	e	sinus block *see* sinoatrial block	S545	e	skein cell
S533	e	sinus rhythm		d	Retikulozyt *m*
	d	Sinus(knoten)rhythmus *m*		f	réticulocyte *m*
	f	rythme *m* sinusal		i	reticolocito *m*
	i	ritmo *m* sinusale		r	ретикулоцит *m*
	r	синусовый [синусный] ритм *m* сердца	S546	e	skeletal muscle
				d	Skelettmuskel *m*
S534	e	sinusitis		f	muscle *m* du squelette
	d	Sinusitis *f*, Nasennebenhöhlenentzündung *f*		i	muscolo *m* scheletrico
				r	скелетная мышца *f*
	f	sinusite *f*	S547	e	skeletal traction
	i	sinusite *f*		d	Skelettzug *m*
	r	синусит *m*, параназальный синусит *m*		f	traction *f* du squelette
				i	trazione *f* di scheletro
S535	e	sirenomelia		r	скелетное вытяжение *n*
	d	Sirenomelie *f*	S548	e	skeleton
	f	sirénomélie *f*, sympodie *f*		d	Skelett *n*, Gerippe *n*
	i	sirenomelia *f*, sinmelia *f*		f	squelette *m*
	r	сиреномелия *f*, симпус *m*		i	scheletro *m*
S536	e	sirup		r	скелет *m*
	d	Sirup *m*	S549	e	skeleton hand
	f	sirop *m*		d	Skeletthand *f*
	i	sciroppo *m*		f	main *f* de squelette
	r	сироп *m*		i	mano *f* di scheletro
S537	e	sismotherapy *see* seismotherapy		r	кисть *f* скелета *(деформация)*
S538	e	sister	S550	e	sken(e)itis
	d	medizinische Schwester *f*, Oberschwester *f*		d	Paraurethritis *f*
				f	para-urétrite *f*
	f	infirmière *f*		i	skenite *f*, parauretrite *f*
	i	infermiera *f*		r	парауретрит *m*
	r	(старшая) медицинская сестра *f*	S551	e	Skene's duct
S539	e	sit(i)ology		d	Skene-Gang *m*, paraurethraler Gang *m*
	d	Ernährungswissenschaft *f*			
	f	diététique *f*		f	conduit *m* para-urétral

	i	condotto *m* parauretrale
	r	параuретральный проток *m*, ход *m* Скина
S552	e	**skeptophylaxis**
	d	Skeptophylaxie *f*
	f	skeptophylaxie *f*
	i	skeptofilassia *f*
	r	скептофилаксия *f*
S553	e	**skiagraphy**
	d	Röntgenographie *f*, Röntgendarstellung *f*
	f	skiagraphie *f*, radiographie *f*
	i	radiografia *f*
	r	рентгенография *f*
S554	e	**skiascopy**
	d	Skiaskopie *f*
	f	skiascopie *f*
	i	retinoscopia *f*, schiascopia *f*
	r	офтальмоскопия *f*, скиаскопия *f*
S555	e	**skin**
	d	Haut *f*
	f	peau *f*
	i	pelle *f*, cute *f*
	r	кожа *f*
S556	e	**skinbound disease**
	d	Sklerodermie *f*
	f	sclérodermie *f*
	i	sclerodermia *f*
	r	склеродермия *f*
S557	e	**skin(-muscle) reflex**
	d	Hautreflex *m*
	f	réflexe *m* cutané
	i	riflesso *m* cutaneo
	r	кожный [поверхностный] рефлекс *m*
S558	e	**skin tag**
	d	1. Hauthorn *n* 2. fibroepitheliales Papillom *n*
	f	1. corne *f* cutanée 2. fibropapillome *m*
	i	1. corno *m* cutaneo 2. fibroma *m* cutaneo, fibropapilloma *m*
	r	1. кожный рог *m* 2. фиброэпителиальная папиллома *f*
S559	e	**skin test**
	d	Hauttest *m*, Kutanprobe *f*
	f	test *m* cutané
	i	test *m* cutaneo
	r	кожная проба *f*
S560	e	**skull**
	d	Schädel *m*, Kranium *n*
	f	crâne *m*
	i	cranio *m*
	r	череп *m*
S561	e	**sleep**
	d	Schlaf *m*
	f	sommeil *m*
	i	sonno *m*
	r	сон *m*
S562	e	**sleep epilepsy**
	d	Schlafepilepsie *f*
	f	hypnolepsie *f*
	i	ipnolessi *f*
	r	гипнолепсия *f*
S563	e	**sleepiness**
	d	Schläfrigkeit *f*
	f	somnolence *f*
	i	sonnolenza *f*
	r	сонливость *f*
S564	e	**sleeping dropsy, sleeping sickness**
	d	afrikanische Schlafkrankheit *f*, Trypanosomiasis *f*
	f	maladie *f* du sommeil, trypanosomiase *f* africaine
	i	tripanosomiasi *f* africana, malattia *f* del sonno
	r	африканский трипаносомоз *m*, сонная болезнь *f*
S565	e	**sleeplessness**
	d	Schlaflosigkeit *f*, Insomnie *f*
	f	insomnie *f*
	i	insonnia *f*
	r	бессонница *f*
S566	e	**sleeptalking** see **somniloquence**
S567	e	**sleepwalking** see **somnambulism**
S568	e	**slide**
	d	Objektträger *m*, Objektglas *n*
	f	lame *f*
	i	vetrino *m*
	r	предметное стекло *n*
S569	e	**sliding hernia**
	d	Gleithernie *f*, Gleitbruch *m*
	f	hernie *f* glissante
	i	ernia *f* da scivolamento [slittamento]
	r	скользящая грыжа *f*
S570	e	**sling**
	d	Tuchschlinge *f*, Armschlinge *f*
	f	écharpe *f*
	i	bendaggio *m* triangolare
	r	1. поддерживающая повязка *f* 2. косыночная повязка *f*
S571	e	**slipped hernia** see **sliding hernia**
S572	e	**slitlamp (microscope)**
	d	Spaltlampe *f*
	f	lampe *f* à fente
	i	lampada *f* a fessura
	r	щелевая лампа *f*
S573	e	**slough**
	d	Schorf *m*
	f	croûte *f*, escarre *f*
	i	crosta *f*, escara *f*
	r	струп *m*

S574 e sloughing phagedena
 d Druckbrand *m*, Wundliegen *n*
 f décubitus *m*
 i ulcera *f* da decubito
 r пролежень *m*

S575 e sloughing ulcer
 d progredientes Geschwür *n*
 f ulcère *m* phagédénique
 i ulcera *f* fagedenica
 r фагеденическая [прогрессирующая] язва *f*

S576 e small bowel, small intestine
 d Dünndarm *m*
 f intestin *m* grêle
 i intestino *m* tenue
 r тонкая кишка *f*, тонкий кишечник *m*

S577 e small pancreas
 d hakenförmiger Fortsatz *m* der Bauchspeicheldrüse
 f pancréas *m* petit [de Winslow]
 i processo *m* uncinato del pancreas
 r крючковидный отросток *m* (поджелудочной железы), винслова [малая поджелудочная] железа *f*

S578 e small pelvis
 d kleines Becken *n*
 f petit bassin *m*
 i piccola pelvi *f*
 r малый таз *m*

S579 e smallpox
 d Pocken *pl*, Blattern *pl*, Variola *f*
 f variole *f*
 i vaiolo *m*
 r (натуральная) оспа *f*

S580 e smear
 d Ausstrich *m*, Abstrich *m*
 f frottis *m*
 i striscio *m*
 r мазок *m*

S581 e smegma
 d Smegma *n*, Vorhauttalg *m*
 f smegma *m*
 i smegma *m*
 r смегма *f*

S582 e smell
 d Geruch *m*
 f odeur *f*
 i odore *m*
 r запах *m*

S583 e smell brain
 d Rhinenzephalon *n*, Riechhirn *n*
 f cerveau *m* olfactif
 i rinencefalo *m*
 r обонятельный мозг *m*

S584 e smog
 d Smog *m*
 f smog *m*
 i smog *m*
 r смог *m*, токсический туман *m*

S585 e smoker's patches, smoker's tongue
 d Raucherleukoplakie *f*
 f leucoplasie *f*, leucokératose *f*
 i leucoplachia *f* della lingua
 r никотиновая лейкоплакия *f*, никотиновый лейкокератоз *m* (языка)

S586 e smooth colony
 d glatte Bakterienkolonie *f*
 f colonie *f* S [lisse]
 i colonia *f* S [batterica liscia]
 r гладкая колония *f*, S-колония *f*

S587 e smooth muscle
 d glatter Muskel *m*
 f muscle *m* lisse
 i muscolo *m* liscio
 r гладкая мышца *f*

S588 e smooth-surfaced endoplasmic reticulum
 d glattes endoplasmatisches Retikulum *n*
 f réticulum *m* endoplasmatique agranulaire
 i reticolo *m* endoplasmatico agranulare
 r агранулярная [незернистая] эндоплазматическая сеть *f*

S589 e smudge cells *pl*
 d Gumprecht-Kernschatten *m pl*
 f corps *m pl* de Gumprecht
 i cellule *f pl* dei canestri, ombre *f pl* di Gumprecht
 r тельца *n pl* Боткина—Гумпрехта, тени *f pl* Гумпрехта

S590 e snap
 d schnappender Ton *m*
 f claquement *m*
 i cricchettio *m*
 r щёлкающий сердечный тон *m*, щелчок *m*

S591 e snap finger
 d schnappender Finger *m*
 f doigt *m* à ressort
 i dito *m* a scatto
 r пружинящие пальцы *m pl*, стенозирующий тендовагинит *m*

S592 e snare
 d Schlinge *f*
 f anse *f*
 i ansa *f*
 r (полипная) петля *f*

S593 e sneeze
 d Niesen *n*

SNEEZING GAS

	f	éternuement *m*
	i	starnuto *m*
	r	чиханье *n*
S594	*e*	**sneezing gas**
	d	Niesgas *n*
	f	sternutatoire *m*
	i	gas *m* starnutatorio
	r	чихательное отравляющее вещество *n*
S595	*e*	**snore**
	d	Schnarchen *n*
	f	ronflement *m*
	i	russamento *m*, ronfio *m*
	r	храп *m*, храпение *n*
S596	*e*	**snow blindness, snow ophthalmia**
	d	Schneeblindheit *f*, Niphablepsis *f*
	f	niphablepsie *f*
	i	ambliopia *f* da neve
	r	снежная офтальмия *f*
S597	*e*	**snuffles**
	d	1. Nasenverlegung *f* 2. Schnaufen *n*
	f	1. rhume *m* de cerveau 2. reniflement *m*
	i	1. catarro *m* nasale 2. soffiamento *m*
	r	1. заложенность *f* носа 2. сопение *n*
S598	*e*	**soap**
	d	Seife *f*
	f	savon *m*
	i	sapone *m*
	r	мыло *n*
S599	*e*	**socialized medicine** *see* **state medicine**
S600	*e*	**socket**
	d	1. Vertiefung *f*; Grube *f* 2. Gelenkpfanne *f*
	f	1. fosse *f*, creux *m* 2. fosse *f* articulaire
	i	1. fossa *f*, cavità *f* 2. cavità *f* articolare
	r	1. углубление *n*, впадина *f* 2. суставная ямка *f*
S601	*e*	**socket joint**
	d	Nußgelenk *n*
	f	énarthrose *f*
	i	articolazione *f* sferoidale, enartrosi *f*
	r	чашеобразный [ореховидный] сустав *m*
S602	*e*	**sodium pump**
	d	Natriumpumpe *f*
	f	pompe *f* à sodium
	i	pompa *f* del sodio
	r	натриевая помпа *f*
S603	*e*	**sodoku**
	d	Sodoku *n*, Rattenbißkrankheit *f*
	f	sodoku *m*
	i	sodoku *m*
	r	содоку *n*
S604	*e*	**sodomy**
	d	Sodomie *f*, Zoophilie *f*
	f	sodomie *f*
	i	sodomia *f*
	r	зоофилия *f*, содомия *f*, скотоложство *n*
S605	*e*	**soft cataract**
	d	weicher Star *m*
	f	cataracte *f* molle
	i	cateratta *f* molle
	r	мягкая катаракта *f*
S606	*e*	**soft chancre**
	d	weicher Schanker *m*
	f	chancre *m* mou
	i	ulcera *f* venerea molle
	r	мягкий шанкр *m*, шанкроид *m*
S607	*e*	**soft diet**
	d	Schonkost *f*
	f	diète *f* protective [légère]
	i	dieta *f* leggera
	r	щадящая диета *f*
S608	*e*	**soft rays** *pl*
	d	Weich(röntgen)strahlung *f*
	f	rayons *m pl* à ondes longues
	i	raggi *m pl* molli
	r	длинноволновое [мягкое] рентгеновское излучение *n*
S609	*e*	**soft sore** *see* **soft chancre**
S610	*e*	**soft wart**
	d	1. fibroepitheliales Papillom *n* 2. weiche Warze *f*
	f	1. papillome *m* fibro-épithélial 2. verrue *f* molle
	i	1. fibropapilloma *m* 2. verruca *f* molle
	r	1. фиброэпителиальная папиллома *f* 2. мягкая бородавка *f*
S611	*e*	**softening**
	d	Malazie *f*, Erweichung *f*
	f	malacie *f*
	i	malacia *f*, rammollimento *m*
	r	маляция *f*, размягчение *n*
S612	*e*	**softening of brain**
	d	Enzephalomalazie *f*, Hirnerweichung *f*
	f	encéphalomalacie *f*
	i	encefalomalacia *f*
	r	энцефаломаляция *f*, размягчение *n* мозга
S613	*e*	**solanine**
	d	Solanin *n*
	f	solanine *f*
	i	solanina *f*
	r	соланин *m*
S614	*e*	**solar dermatitis**

	d	Lichtdermatitis f
	f	dermatite f solaire
	i	dermatite f solare
	r	солнечный дерматит m
S615	e	solar fever
	d	1. Dengue-Fieber n, Siebentagefieber n 2. Sonnenstich m
	f	1. dengue f, fièvre f rouge 2. coup m de soleil
	i	1. dengue f di grado I 2. colpo m di sole
	r	1. денге f 2. солнечный удар m
S616	e	solar plexus
	d	Solarplexus m, Sonnengeflecht n
	f	plexus m solaire
	i	plesso m solare [celiaco]
	r	чревное [солнечное] сплетение n
S617	e	solar retinopathy
	d	Lichtretinopathie f, Sonnenretinopathie f, Solarretinopathie f
	f	rétinite f solaire
	i	retinopatia f solare
	r	солнечный [фовеомакулярный] ретинит m
S618	e	solar therapy, solar treatment
	d	Solartherapie f, Sonnenstrahlenbehandlung f
	f	héliothérapie f
	i	elioterapia f
	r	гелиотерапия f, солнцелечение n
S619	e	soldier's heart
	d	neurozirkulatorische Asthenie f, neurozirkulatorische Dystonie f
	f	cœur m irritable, asthénie f neuro-circulaire
	i	cuore m da soldato, astenia f neurocircolatoria
	r	нейроциркуляторная дистония f, невроз m сердца
S620	e	sole
	d	Fußsohle f
	f	plante f du pied
	i	pianta f del piede
	r	подошва f стопы
S621	e	sole reflex
	d	Fußsohlenreflex m
	f	réflexe m plantaire
	i	riflesso m plantare
	r	подошвенный [плантарный] рефлекс m
S622	e	solid hidradenoma
	d	Hellzellenhydradenom n
	f	hidradénome m à cellules claires
	i	idradenoma m a cellule chiare
	r	светлоклеточная аденома f потовых желёз, светлоклеточная гидраденома f
S623	e	solitary bundle see solitary tract
S624	e	solitary osteocartilaginous exostosis
	d	Osteochondrom n
	f	ostéochondrome m
	i	osteocondroma m
	r	костно-хрящевой экзостоз m, остеохондрома f
S625	e	solitary tapeworm
	d	Schweinebandwurm m
	f	tænia m armé
	i	tenia f solium
	r	вооружённый [свиной] цепень m
S626	e	solitary tract
	d	Solitärbündel n
	f	faisceau m solitaire
	i	fascio m solitario
	r	одиночный путь m, одиночный [солитарный] пучок m
S627	e	solubility
	d	Lösbarkeit f
	f	solubilité f
	i	solubilità f
	r	растворимость f
S628	e	soluble ligature
	d	resorbierbare Ligatur f
	f	ligature f soluble
	i	legatura f solubile
	r	рассасывающаяся лигатура f
S629	e	soma
	d	Soma n
	f	soma m
	i	soma m
	r	сома f
S630	e	soma(ta)sthenia
	d	Ermüdbarkeit f
	f	somasthénie f
	i	astenia f fisica
	r	общая слабость f, утомляемость f
S631	e	somatic antigen
	d	somatisches Antigen n, O-Antigen n
	f	antigène m somatique, antigène m O
	i	antigene m somatico
	r	соматический антиген m, О-антиген m
S632	e	somatic reproduction
	d	vegetative Fortpflanzung f
	f	reproduction f végétative
	i	riproduzione f somatica
	r	вегетативное размножение n
S633	e	somatization
	d	Somatisation f
	f	somatisation f
	i	somatizzazione f
	r	соматизация f
S634	e	somatomegaly
	d	Riesenwuchs m, Gigantismus m

SOMATOPSYCHOSIS

	f	somatomégalie f, macrosomie f, gigantisme m
	i	somatomegalia f, gigantismo m
	r	гигантизм m, макросомия f

S635 e **somatopsychosis**
    d Somatopsychose f
    f somatopsychose f
    i somatopsicosi f
    r соматопсихоз m

S636 e **somatotrop(h)ic hormone, somatotrop(h)in**
    d Somatotropin n, Wachstumshormon n
    f hormone f somatotrope, somatotrophine f
    i ormone m somatotropo [della crescita], somatotropina f
    r соматотропный гормон m, соматотропин m, гормон m роста

S637 e **somite**
    d Somit n, Ursegment n
    f somite m
    i somite f
    r сомит m

S638 e **somnambulic epilepsy**
    d epileptischer Schlafautomatismus m
    f crise f des automatismes psychomoteurs
    i crisi f epilettica di automatismo
    r эпилептический припадок m автоматизма

S639 e **somnambulism**
    d Somnambulismus m, Schlafwandeln n, Nachtwandeln n
    f somnambulisme m
    i sonnambulismo m
    r сомнамбулизм m, снохождение n, лунатизм m

S640 e **somniloquence, somniloquism**
    d Somniloquie f
    f somniloquisme m
    i sonniloquenza f
    r сноговорение n, разговор m во сне

S641 e **somnolence, somnolency** see **sleepiness**

S642 e **soot wart**
    d Schornsteinfegerkrebs m
    f cancer m des ramoneurs
    i verruca f dei spazzacamini
    r рак m трубочистов

S643 e **sopor**
    d Sopor m
    f sopor m, état m soporeux
    i sopore m, stato m soporoso
    r сопор m, сопорозное состояние n

S644 e **sorbite, sorbitol**
    d Sorbit m
    f sorbitol m, sorbite f
    i sorbitolo m
    r сорбит m

S645 e **sorbitose, sorbose**
    d Sorbose f
    f sorbose m
    i sorboso m
    r сорбоза f

S646 e **sore**
    d 1. Geschwür n 2. Wunde f 3. Hautverletzung f 4. schmerzhaft
    f 1. ulcère m, ulcération f 2. plaie f 3. escarre f de décubitus 4. douloureux
    i 1. ulcera f 2. piaga f 3. escara f da decubito 4. dolente
    r 1. язва f 2. рана f 3. нарушение n целостности кожи 4. болезненный

S647 e **sore throat**
    d 1. Angina f, Mandelentzündung f 2. Pharyngitis f 3. Pharynxschmerz m
    f 1. angine f 2. pharyngite f 3. mal m de gorge
    i 1. angina f 2. faringite f 3. mal m di gola
    r 1. ангина f 2. фарингит m 3. боль f в горле [в глотке]

S648 e **souffle**
    d Geräusch n
    f souffle m
    i soffio m
    r («дующий») шум m

S649 e **soul pain**
    d Psychalgie f, Seelenschmerz m
    f psychalgie f
    i psicalgia f
    r психалгия f, психическая невралгия f

S650 e **sound**
    d 1. Schall m, Ton m 2. Geräusch n 3. Sonde f 4. gesund
    f 1. son m 2. bruit m 3. sonde f 4. sain
    i 1.2. suono m 3. sonda f 4. sano
    r 1. звук m 2. шум m 3. зонд m 4. здоровый

S651 e **South American trypanosomiasis**
    d südamerikanische Trypanosomiasis f, Chagas-Krankheit f
    f trypanosomiase f américaine, maladie f de Chagas
    i tripanosomiasi f americana, malattia f di Chagas
    r американский трипаносомоз m, болезнь f Шагаса

S652 e **space**
    d Raum m; Zwischenraum m
    f espace m

	i	spazio *m*
	r	пространство *n*, промежуток *m*

S653   *e*   **space medicine**
      d   Raumfahrtmedizin *f*
      f   médecine *f* cosmonautique
      i   medicina *f* aerospaziale
      r   космическая медицина *f*

S654   *e*   **space sense**
      d   Raumsinn *m*
      f   sens *m* de l'espace
      i   senso *m* del spazio
      r   пространственное чувство *n*

S655   *e*   **sparganosis**
      d   Sparganose *f*, Sparganuminfektion *f*
      f   sparganose *f*
      i   sparganosi *f*
      r   спарганоз *m*

S656   *e*   **spasm**
      d   1. Krampf *m* 2. Zuckungskrampf *m*
      f   1. spasme *m* 2. convulsion *f*, spasme *m*
      i   1. spasmo *m* 2. crampo *m*
      r   1. спазм *m* 2. судорога *f*

S657   *e*   **spasmodic diathesis**
      d   Spasmophilie *f*
      f   diathèse *f* spasmophile [spasmogène]
      i   spasmofilia *f*
      r   спазмофилия *f*

S658   *e*   **spasmodic laryngitis**
      d   Pseudokrupp *m*, akute subglottische Laryngitis *f*
      f   pseudo-croup *m*, laryngite *f* spasmodique [striduleuse]
      i   laringite *f* spastica, pseudocrup *m*
      r   ложный круп *m*, псевдокруп *m*

S659   *e*   **spasmodic torticollis**
      d   spastischer Schiefhals *m*
      f   torticolis *m* spasmodique
      i   torticollo *m* spastico
      r   спастическая кривошея *f*

S660   *e*   **spasmolytic**
      d   Spasmolytikum *n*, krampflösendes Mittel *n*
      f   spasmolytique *m*
      i   spasmolitico *m*
      r   спазмолитическое [антиспазматическое] средство *n*, спазмолитик *m*

S661   *e*   **spasmophilia, spasmophilic diathesis** *see* **spasmodic diathesis**

S662   *e*   **spastic diplegia**
      d   Little-Krankheit *f*, spastische Diplegie *f*
      f   maladie *f* de Little, rigidité *f* spasmodique congénitale des membres
      i   diplegia *f* spastica congenita, malattia *f* di Little
      r   болезнь *f* Литтла, врождённая спастическая диплегия *f*

S663   *e*   **spastic hemiplegia**
      d   spastische Hemiplegie *f*
      f   hémiplégie *f* spasmodique
      i   emiplegia *f* spastica
      r   центральная [спастическая] гемиплегия *f*

S664   *e*   **spasticity**
      d   Spastizität *f*
      f   rigidité *f*
      i   spasticità *f*
      r   ригидность *f*

S665   *e*   **spastic spinal paralysis**
      d   spastische Spinalparalyse *f*
      f   paralyse *f* spasmodique spinale
      i   paralisi *f* spastica spinale
      r   спастический спинальный паралич *m*, болезнь *f* Эрба

S666   *e*   **spatula**
      d   Spatel *m*
      f   spatule *f*
      i   spatola *f*
      r   шпатель *m*

S667   *e*   **special pathology**
      d   spezielle Pathologie *f*
      f   pathologie *f* clinique
      i   patologia *f* clinica
      r   частная патология *f*

S668   *e*   **specialist**
      d   Facharzt *m*
      f   médecin *m* spécialiste
      i   specialista *m*
      r   врач-специалист *m*

S669   *e*   **specialization**
      d   Fachausbildung *f*
      f   spécialisation *f*
      i   specializzazione *f*
      r   специализация *f*

S670   *e*   **specialty**
      d   Fach *n*
      f   spécialité *f*
      i   specialità *f*
      r   специальность *f*

S671   *e*   **species**
      d   1. Spezies *f* 2. Spezies *f*, Teegemisch *n*
      f   1. espèce *f* 2. espèces *f pl*
      i   1. specie *f* 2. spezie *f pl*
      r   1. вид *m* 2. сбор *m* (*трав*)

S672   *e*   **specific cholinesterase**
      d   wahre Cholinesterase *f*, Acetylcholinesterase *f*
      f   acétylcholinestérase *f*
      i   acetilcolinesterasi *f*
      r   ацетилхолинэстераза *f*

SPECIFIC DYNAMIC ACTION

S673   e   specific dynamic action
       d   spezifisch-dynamische Wirkung f
       f   action f dynamique spécifique (des aliments)
       i   azione f dinamico-specifica
       r   специфическое динамическое действие n (пищи)

S674   e   specific gravity
       d   spezifisches Gewicht n
       f   poids m spécifique
       i   peso m specifico
       r   удельный вес m

S675   e   specific serum
       d   Immunserum n
       f   antisérum m
       i   antisiero m
       r   иммунная сыворотка f

S676   e   specific therapeutics, specific therapy, specific treatment
       d   kausale Behandlung f, kausale Therapie f
       f   traitement m étiologique [causal]
       i   trattamento m eziologico [causale]
       r   этиотропная [каузальная] терапия f

S677   e   specificity
       d   Spezifität f
       f   spécificité f
       i   specificità f
       r   специфичность f

S678   e   specimen
       d   1. Probe f 2. Präparat n
       f   1. spécimen m 2. préparation f
       i   1. campione m, pezzo m anatomico 2. preparato m
       r   1. проба f, образец m 2. препарат m

S679   e   spectacles pl
       d   Brille f
       f   lunettes f pl
       i   occhiali m pl
       r   очки pl

S680   e   spectrocolorimeter
       d   Spektrokolorimeter n
       f   spectrocolorimètre m
       i   spettrocolorimetro m
       r   спектро(фото)колориметр m

S681   e   spectrophobia
       d   Spektrophobie f, Angst f vor Spiegeln
       f   spectrophobie f
       i   spettrofobia f
       r   эйзоптрофобия f, спектрофобия f

S682   e   speculum
       d   Spiegel m
       f   spéculum m
       i   specolo m
       r   зеркало n

S683   e   speech
       d   Sprache f
       f   parole f
       i   parola f
       r   речь f

S684   e   speleostomy
       d   Speleostomie f
       f   spéléostomie f, spéléotomie f
       i   cavernostomia f, speleostomia f
       r   кавернотомия f, спелеотомия f

S685   e   sperm see 1. semen 2. spermatozoon

S686   e   spermatic cord
       d   Samenstrang m
       f   cordon m spermatique
       i   cordone m spermatico
       r   семенной канатик m

S687   e   spermatic duct
       d   Samenleiter m
       f   canal m déférent
       i   dotto m deferente
       r   семявыносящий проток m

S688   e   spermatid
       d   Spermatide f
       f   spermatide f
       i   spermatide f
       r   сперматида f

S689   e   spermatocele
       d   Spermatozele f, Samenbruch m
       f   spermatocèle f
       i   spermatocele m
       r   сперматоцеле n

S690   e   spermatocyst
       d   1. Samenblase f 2. Spermatozele f, Samenbruch m
       f   1. vésicule f séminale 2. spermatocèle f
       i   vescicola f seminale
       r   1. семенной пузырёк m 2. сперматоцеле n

S691   e   spermatocystitis
       d   Samenblasenentzündung f
       f   spermatocystite f
       i   spermatocistite f
       r   везикулит m, сперматоцистит m

S692   e   spermatocyte
       d   Spermatozyt m
       f   spermatocyte m
       i   spermatocito m
       r   сперматоцит m

S693   e   spermato(cyto)genesis, spermatogeny
       d   Spermatogenese f, Spermiogenese f, Samenzell(en)entwicklung f
       f   spermatogenèse f, spermatopoïèse f
       i   spermatogenesi f
       r   сперм(ат)огенез m, сперматопоэз m

S694	e	spermatorrhea			r	клиновидно-теменной синус m, синус m малого крыла
	d	Samenfluß m				
	f	spermatorrhée f		S705	e	sphenosis
	i	spermatorrea f			d	Kindeskopfeinstellung f
	r	сперматорея f, истечение n семени			f	engagement m de la tête
					i	sfenosi f
S695	e	spermatozoon			r	вставление n головки плода
	d	Spermatozoon n				
	f	spermatozoïde m		S706	e	spheresthesia
	i	spermatozoo m			d	hysterische Kugel f
	r	сперматозоид m, спермий m			f	globe m hystérique
					i	globo m isterico
S696	e	spermaturia			r	истерический комок m
	d	Spermaturie f				
	f	spermaturie f		S707	e	spherical lens
	i	spermaturia f			d	sphärische Linse f
	r	сперматурия f			f	lentille f sphérique
					i	lente f sferica
S697	e	sperm cell *see* spermatozoon			r	сферическая линза f
S698	e	spermophlebectasia		S708	e	spherocylindrical lens
	d	Erweiterung f der Samenstrangvenen			d	sphärozylindrische Linse f
	f	spermophlébectasie f			f	lentille f sphérocylindrique
	i	spermoflebectazia f			i	lente f sferocilindrica
	r	расширение n вен семенного канатика			r	сфероцилиндрическая [астигматическая] очковая линза f
S699	e	sphacelation, sphacelism		S709	e	spherocyte
	d	1. Gangrän f 2. Nekrose f 3. Nekrotisierung f			d	Sphärozyt m, Kugelzelle f
	f	1. gangrène f 2. nécrose f			f	sphérocyte m
	i	1. gangrena f 2. necrosi f 3. necrotizzazione f			i	sferocito m
	r	1. гангрена f 2. некроз m 3. некротизация f			r	сфероцит m
				S710	e	spherocytic anemia
					d	Sphärozytenanämie f, Kugelzellenanämie f, hereditäre Sphärozytose f
S700	e	sphaceloderma			f	microsphérocytose f, anémie f sphérocytaire
	d	Hautgangrän f			i	anemia f sferocitica, sferocitosi f ereditaria
	f	gangrène f cutanée			r	микросфероцитарная [микроцитарная, сфероцитарная, шаровидно-клеточная] анемия f
	i	gangrena f cutanea				
	r	гангрена f кожи				
S701	e	sphenocephaly				
	d	Sphenozephalie f, Keilschädeligkeit f		S711	e	spheroid joint
	f	sphénocéphalie f			d	Kugelgelenk n
	i	sfenocefalia f			f	arthrodie f, énarthrose f
	r	сфеноцефалия f			i	enartrosi f
					r	шаровидный сустав m, артродия f
S702	e	sphenoidal sinus				
	d	Keilbeinhöhle f		S712	e	spherophakia
	f	sinus m sphénoïdal			d	Sphärophakie f, Kugellinse f
	i	seno m sfenoidale			f	sphérophakie f
	r	клиновидная пазуха f			i	sferofachia f
					r	сферофакия f
S703	e	sphenoiditis				
	d	Keilbeinhöhlenentzündung f		S713	e	spherophakia-brachymorphia syndrome
	f	sphénoïdite f			d	Marchesani-Syndrom n, Dystrophie f mit Brachymorphie
	i	sfenoidite f			f	syndrome m de Marchesani, brachymorphie f avec sphérophakie
	r	сфеноидит m			i	sindrome f di Marchesani
S704	e	sphenoparietal sinus				
	d	Sinus m sphenoparietalis				
	f	sinus m sphéno-pariétal				
	i	seno m sfenoparietale				

SPHINCTER

    r синдром *m* Маркезани, (микро)сферофакия-брахиморфия *f*

S714 *e* sphincter, sphincter muscle
    d Sphinkter *m*, Schließmuskel *m*, Schnürer *m*
    f sphincter *m*
    i sfintere *m*
    r сфинктер *m*

S715 *e* sphincterectomy
    d Schließmuskelentfernung *f*
    f sphinctérectomie *f*
    i sfinterectomia *f*
    r сфинктерэктомия *f*

S716 *e* sphincteritis
    d Schließmuskelentzündung *f*
    f sphinctérite *f*
    i sfinterite *f*
    r сфинктерит *m*

S717 *e* sphincteroplasty
    d Schließmuskelrekonstruktion *f*
    f sphinctéroplastie *f*
    i sfinteroplastica *f*
    r сфинктеропластика *f*

S718 *e* sphincterotomy
    d Schließmuskeldurchtrennung *f*
    f sphinctérotomie *f*
    i sfinterotomia *f*
    r сфинктеротомия *f*

S719 *e* sphingolipidosis
    d Sphingolipidspeicherkrankheit *f*
    f sphingolipidose *f*
    i sfingolipidosi *f*
    r сфинголипидоз *m*

S720 *e* sphingomyelin
    d Sphingomyelin *n*
    f sphingomyéline *f*
    i sfingomielina *f*
    r сфингомиелин *m*

S721 *e* sphingomyelin lipidosis
    d Niemann-Pick-Krankheit *f*, Sphingomyelinose *f*, Phosphatidose *f*
    f maladie *f* de Niemann-Pick, sphingomyélinose *f*
    i lipidosi *f* sfingomielinica, malattia *f* di Niemann-Pick
    r болезнь *f* Ниманна—Пика, сфингомиелиновый липидоз *m*, сфингомиелиноз *m*

S722 *e* sphygmograph
    d Sphygmograph *m*, Pulskurvenschreiber *m*
    f sphygmographe *m*
    i sfigmografo *m*
    r сфигмограф *m*

S723 *e* sphygmography
    d Sphygmographie *f*, Pulskurvenschreibung *f*
    f sphygmographie *f*
    i sfigmografia *f*
    r сфигмография *f*, сфигмоосциллография *f*

S724 *e* sphygmomanometer, sphygmometer
    d Sphygmomanometer *n*, Blutdruckmesser *m*
    f sphygmomanomètre *m*
    i sfigmanometro *m*
    r сфигмоманометр *m*

S725 *e* spica (bandage)
    d Kornährenverband *m*
    f bandage *m* spiciforme
    i bendaggio *m* a spiga
    r колосовидная повязка *f*

S726 *e* spicule
    d Spiculum *n*
    f spicule *f*
    i spicola *f*
    r спикула *f*

S727 *e* spider
    d Spidernävus *m*, Spinnennävus *m*, Spinnenmal *n*
    f hémangiome *m* arachnéen
    i angioma *m* stellato, nevo *m* aracneiforme
    r паукообразная [звездчатая] гемангиома *f*, паукообразный невус *m*

S728 *e* spider fingers *pl*
    d Spinnenfinger *m pl*
    f arachnodactylie *f*
    i aracnodattilia *f*
    r арахнодактилия *f*, паучья кисть *f*

S729 *e* Spigelian hernia
    d Spiegel-Hernie *f*
    f hernie *f* de la ligne semi-lunaire de Spiegel
    i ernia *f* di Spigelio
    r грыжа *f* спигелиевой линии

S730 *e* Spigelius' lobe
    d geschwänzter Leberlappen *m*
    f lobe *m* de Spigel
    i lobo *m* caudato [di Spigelio]
    r хвостатая [спигелиева] доля *f* печени

S731 *e* spike
    d Spike-Potential *n*
    f spike *f*
    i spike *m*
    r спайк *m*, пиковый потенциал *m*

S732 *e* spiloma
    d Nävus *m*, Geburtsmal *n*, Muttermal *n*
    f nævus *m*

SPIRAL ORGAN

	i	nevo *m*
	r	невус *m*, родимое пятно *n*
S733	*e*	spinal apoplexy
	d	Spinalapoplexie *f*
	f	hématorrachis *m*
	i	apoplessia *f* spinale
	r	гематорахис *m*
S734	*e*	spinal bulb
	d	verlängertes Mark *n*
	f	bulbe *m* rachidien
	i	bulbo *m* rachideo
	r	продолговатый мозг *m*
S735	*e*	spinal canal
	d	Wirbensäulenkanal *m*
	f	canal *m* rachidien
	i	canale *m* vertebrale
	r	позвоночный канал *m*
S736	*e*	spinal column
	d	Wirbelsäule *f*, Rückgrat *n*
	f	colonne *f* vertébrale
	i	colonna *f* vertebrale
	r	позвоночник *m*, позвоночный столб *m*
S737	*e*	spinal cord
	d	Rückenmark *n*, Spinalmark *n*
	f	moelle *f* épinière
	i	midollo *m* spinale
	r	спинной мозг *m*
S738	*e*	spinal fluid
	d	Rückenmarkflüssigkeit *f*
	f	liquide *m* céphalo-rachidien
	i	liquido *m* cefalorachidiano [cerebrospinale]
	r	цереброспинальная [спинномозговая] жидкость *f*
S739	*e*	spinal gliosis
	d	Syringomyelie *f*
	f	syringomyélie *f*
	i	siringomielia *f*
	r	сирингомиелия *f*
S740	*e*	spinal puncture, spinal tap
	d	Spinalpunktion *f*
	f	ponction *f* lombaire
	i	puntura *f* lombare
	r	спинномозговая пункция *f*
S741	*e*	spinal tractotomy
	d	Rückenmarknervenbahndurchtrennung *f*, Chordotomie *f*
	f	chordotomie *f*
	i	cordotomia *f*
	r	хордотомия *f*
S742	*e*	spindle
	d	Spindel *f*
	f	fuseau *m* de division [mitotique]
	i	fuso *m*
	r	веретено *n* (деления)
S743	*e*	spindle cataract
	d	Spindelstar *m*
	f	cataracte *f* fusiforme
	i	cateratta *f* fusiforme
	r	веретенообразная катаракта *f*
S744	*e*	spindle cell
	d	Spindelzelle *f*
	f	cellule *f* fusiforme
	i	cellula *f* fusata [fusiforme]
	r	веретеновидный нейрон *m*
S745	*e*	spindle cell sarcoma
	d	Spindelzellsarkom *n*
	f	sarcome *m* fasciculé
	i	sarcoma *m* fusocellulare [a cellule fusate]
	r	веретеноклеточная саркома *f*
S746	*e*	spine
	d	1. Dorn *m* 2. Dornfortsatz *m* 3. Wirbelsäule *f*
	f	1. 2. épine *f* 3. colonne *f* vertébrale
	i	1. spina *f* 2. processo *m* spinoso 3. colonna *f* vertebrale
	r	1. шип *m* 2. ость *f*, остистый отросток *m* 3. позвоночник *m*
S747	*e*	spine cell
	d	Dornzelle *f*
	f	cellule *f* spiniforme
	i	cellula *f* spinosa
	r	шиповатая клетка *f*
S748	*e*	spinocerebellar tract
	d	Kleinhirnseitenstrangbahn *f*
	f	faisceau *m* spino-cérébelleux
	i	fascio *m* spinocerebellare
	r	спиномозжечковый путь *m*
S749	*e*	spino-olivary tract
	d	Rückenmark-Oliverkernbahn *f*
	f	faisceau *m* olivo-spinal
	i	fascio *m* spino-olivare
	r	спинооливный путь *m*
S750	*e*	spinotectal tract
	d	spinotektale Bahn *f*
	f	voie *f* spinotectale
	i	fascio *m* spinotettale
	r	спинопокрышечный [спинотектальный] путь *m*
S751	*e*	spinothalamic tract
	d	Rückenmark-Thalamus-Bahn *f*
	f	faisceau *m* spino-thalamique
	i	fascio *m* spinotalamico
	r	спинoталамический путь *m*
S752	*e*	spiral fracture
	d	Spiralbruch *m*, Torsionsfraktur *f*
	f	fracture *f* en spirale
	i	frattura *f* spirale
	r	спиральный перелом *m*
S753	*e*	spiral organ

SPIRILLUM

	d	Spiralorgan *n*, Cortisches Organ *n*
	f	organe *m* spiral
	i	organo *m* spirale
	r	спиральный [кортиев] орган *m*

S754 e **spirillum**
- d Spirille *f*
- f spirille *m*
- i spirillo *m*
- r спирилла *f*

S755 e **spirit**
- d Alkohol *m*, Spiritus *m*
- f alcool *m*
- i spirito *m*; soluzione *f* alcolica
- r алкоголь *m*, спирт *m*; крепкий спиртной напиток *m*

S756 e **spirochetal icterus**
- d ikterische Leptospirose *f*, Weil-Krankheit *f*, ikterohämorrhagische Leptospirose *f*
- f ictère *m* leptospirosique, maladie *f* de Weil
- i spirochetosi *f* ittero-emorragica, morbo *m* di Weil
- r желтушный лептоспироз *m*, болезнь *f* Васильева—Вейля, лептоспирозная желтуха *f*

S757 e **spirochete**
- d Spirochäte *f*
- f spirochète *m*
- i spirocheta *f*
- r спирохета *f*

S758 e **spirochetosis**
- d Spirochätose *f*
- f spirochétose *f*
- i spirochetosi *f*
- r спирохетоз *m*

S759 e **spirogram**
- d Spirogramm *n*
- f spirogramme *m*
- i spirogramma *m*
- r спирограмма *f*, спирометрическая кривая *f*

S760 e **spirograph**
- d Spirograph *m*, Atmungsschreiber *m*
- f spirographe *m*
- i spirografo *m*
- r спирограф *m*

S761 e **spirometer**
- d Spirometer *n*
- f spiromètre *m*
- i spirometro *m*
- r спирометр *m*

S762 e **spirometry**
- d Spirometrie *f*
- f spirométrie *f*
- i spirometria *f*
- r спирометрия *f*

S763 e **spittle**
- d Speichel *m*
- f salive *f*
- i saliva *f*
- r слюна *f*

S764 e **splanchnesthesia, splanchnesthetic sensibility**
- d Splanchnästhesie *f*
- f sensibilité *f* viscérale
- i sensibilità *f* viscerale
- r висцеральная чувствительность *f*

S765 e **splanchnicectomy**
- d Splanchnektomie *f*
- f splanchnectomie *f*
- i splancnicectomia *f*
- r спланхнэктомия *f*

S766 e **splanchnologia, splanchnology**
- d Splanchnologie *f*, Eingeweidelehre *f*
- f splanchnologie *f*
- i splancnologia *f*
- r спланхнология *f*

S767 e **splanchnomegaly**
- d Splanchnomegalie *f*, Eingeweidevergrößerung *f*
- f splanchnomégalie *f*
- i splancnomegalia *f*
- r спланхномегалия *f*, гигантизм *m* внутренних органов

S768 e **splanchnoptosia, splanchnoptosis**
- d Splanchnoptose *f*, Eingeweidesenkung *f*
- f splanchnoptose *f*, viscéroptose *f*
- i splancnoptosi *f*, visceroptosi *f*
- r спланхноптоз *m*, висцероптоз *m*

S769 e **splanchnotribe**
- d Darmklemme *f*
- f clamp *m* de Bronner
- i splancnotribo *m*
- r кишечный зажим *m*

S770 e **splayfoot**
- d Plattfuß *m*
- f pied *m* plat, platypodie *f*
- i piede *m* piatto
- r плоскостопие *n*

S771 e **spleen**
- d Milz *f*, Lien *m*
- f rate *f*
- i milza *f*, splene *m*
- r селезёнка *f*

S772 e **splenadenoma**
- d Milztumor *m*, Milzgeschwulst *f*
- f splénome *m*, splénocytome *m*
- i splenoma *m*
- r сплен(аден)ома *f*

S773 e **splenalgia**

474

	d	Splenalgie *f*, Splenodynie *f*, Milzschmerz *m*
	f	splénalgie *f*
	i	splenalgia *f*
	r	спленалгия *f*
S774	e	**splenectomy**
	d	Splenektomie *f*, Milzentfernung *f*
	f	splénectomie *f*
	i	splenectomia *f*
	r	спленэктомия *f*
S775	e	**spleneolus** *see* **splenule**
S776	e	**splenhepatomegaly**
	d	Splenohepatomegalie *f*
	f	splénohépatomégalie *f*
	i	splenoepatomegalia *f*
	r	гепатолиенальный [печёночно-селезёночный] синдром *m*, спленогепатомегалия *f*
S777	e	**splenic flexure**
	d	linke Kolonflexur *f*
	f	angle *m* gauche du côlon
	i	flessura *f* sinistra del colon
	r	левый [селезёночный] изгиб *m* ободочной кишки
S778	e	**splenic index**
	d	Milzindex *m*
	f	indice *m* splénique
	i	indice *m* splenico
	r	селезёночный (малярийный) индекс *m*
S779	e	**splenic portal venography**
	d	Splenoportographie *f*
	f	splénoportographie *f*
	i	splenoportografia *f*
	r	спленопортография *f*, селезёночная флебография *f*, рентгенолиенопортография *f*
S780	e	**spleniculus** *see* **splenule**
S781	e	**splenification** *see* **splenization**
S782	e	**splenitis**
	d	Milzentzündung *f*
	f	splénite *f*
	i	splenite *f*
	r	спленит *m*
S783	e	**splenization**
	d	Splenisation *f*
	f	splénisation *f*
	i	splenizzazione *f*
	r	спленизация *f*
S784	e	**splenocyte**
	d	Splenozyt *m*
	f	splénocyte *m*
	i	splenocito *m*
	r	клетка *f* Паппенгейма, спленоцит *m*
S785	e	**splenodynia** *see* **splenalgia**
S786	e	**splenography**
	d	Splenographie *f*, Milzröntgendarstellung *f*
	f	splénographie *f*
	i	splenografia *f*
	r	лиенография *f*
S787	e	**splenokeratosis**
	d	Splenokeratose *f*
	f	splénosclérose *f*
	i	splenosclerosi *f*
	r	уплотнение *n* селезёнки
S788	e	**splenomegaly**
	d	Splenomegalie *f*, Milzvergrößerung *f*
	f	splénomégalie *f*
	i	splenomegalia *f*
	r	спленомегалия *f*, мегалосплення *f*
S789	e	**splenopexy**
	d	Splenopexie *f*, Milzanheftung *f*
	f	splénopexie *f*
	i	splenopessi *f*
	r	спленопексия *f*
S790	e	**splenopneumonia**
	d	Splenopneumonie *f*
	f	splénopneumonie *f*
	i	splenopolmonite *f*
	r	спленопневмония *f*
S791	e	**splenoportography** *see* **splenic portal venography**
S792	e	**splenorrhaphy**
	d	1. Splenorrhaphie *f* 2. Splenopexie *f*
	f	1. splénorrhaphie *f* 2. splénopexie *f*
	i	1. splenorrafia *f* 2. splenopessi *f*
	r	1. спленорафия *f* 2. спленопексия *f*
S793	e	**splenule**
	d	Nebenmilz *f*, akzessorische Milz *f*
	f	rate *f* supplémentaire
	i	milza *f* accessoria
	r	добавочная селезёнка *f*
S794	e	**splint**
	d	Schiene *f*
	f	attelle *f*
	i	stecca *f*
	r	шина *f*
S795	e	**split hand**
	d	Spalthand *f*
	f	main *f* en trident
	i	mano *f* bifida
	r	расщеплённая кисть *f*
S796	e	**split(-skin) graft**
	d	Spalthauttransplantat *n*
	f	greffon *m* de Blair-Brown
	i	innesto *m* di Blair-Brown
	r	кожный трансплантат *m* по Блеру—Брауну
S797	e	**spondylarthritis**

SPONDYLITIS

	d	Spondylarthritis *f*
	f	spondylarthrite *f*
	i	spondiloartrite *f*
	r	спондилоартрит *m*
S798	*e*	**spondylitis**
	d	Spondylitis *f*
	f	spondylite *f*
	i	spondilite *f*
	r	спондилит *m*
S799	*e*	**spondylolisthesis**
	d	Spondylolisthesis *f*, Wirbelgleiten *n*
	f	spondylolisthésis *m*
	i	spondilolistesi *f*
	r	спондилолистез *m*
S800	*e*	**spondylolisthetic pelvis**
	d	spondylolisthetisches Becken *n*
	f	bassin *m* spondylolisthésique
	i	bacino *m* spondilolistesico
	r	спондилолистетический таз *m*
S801	*e*	**spondylolysis**
	d	Spondylolyse *f*
	f	spondylolyse *f*
	i	spondilolisi *f*
	r	спондилолиз *m*
S802	*e*	**spondylopathy**
	d	Spondylopathie *f*
	f	spondylopathie *f*
	i	spondilopatia *f*
	r	спондилопатия *f*
S803	*e*	**spondyloptesis** *see* **spondylolisthesis**
S804	*e*	**spondyloschisis**
	d	Spondyloschisis *f*, Rachischisis *f*, Wirbelspaltung *f*
	f	rachischisis *m*
	i	spina *f* bifida, rachischisi *f*
	r	рахисхизис *m*
S805	*e*	**spondylosis**
	d	Spondylose *f*
	f	spondylose *f*
	i	spondilosi *f*
	r	спондилёз *m*
S806	*e*	**spondylotomy**
	d	1. Spondylotomie *f*, Wirbelschnitt *m* 2. Laminektomie *f*
	f	1. spondylotomie *f* 2. laminectomie *f*
	i	spondilotomia *f*
	r	1. спондилотомия *f* 2. ламинэктомия *f*
S807	*e*	**sponge**
	d	1. Tampon *m* 2. Schwamm *m*
	f	1. tampon *m* 2. éponge *f*
	i	1. tampone *m* di garza 2. spugna *f*
	r	1. тампон *m* 2. губка *f*
S808	*e*	**spongioblast**
	d	Spongioblast *m*
	f	spongioblaste *m*
	i	spongioblasto *m*
	r	спонгиобласт *m*
S809	*e*	**spongioblastoma**
	d	Spongioblastom *n*
	f	spongioblastome *m*
	i	spongioblastoma *m*
	r	спонгиобластома *f*
S810	*e*	**spongiocyte**
	d	1. Gliazelle *f* 2. Spongiozyt *m*
	f	1. gliocyte *m* 2. spongiocyte *m*
	i	1. gliocito *m* 2. spongiocito *m*
	r	1. глиоцит *m* 2. спонгиоцит *m*
S811	*e*	**spongiosis**
	d	Spongiose *f*, Interzellularödem *n*
	f	spongiose *f*
	i	spongiosi *f*
	r	спонгиоз *m*, межклеточный отёк *m*
S812	*e*	**spongy bone**
	d	spongiöser Knochen *m*
	f	os *m* spongieux
	i	osso *m* spugnoso
	r	губчатое вещество *n* кости, губчатая кость *f*
S813	*e*	**spongy urethra**
	d	Pars *f* spongiosa urethrae
	f	urètre *m* spongieux
	i	parte *f* spugnosa dell'uretra maschile
	r	губчатая часть *f* мочеиспускательного канала
S814	*e*	**spontaneous amputation**
	d	Spontanamputation *f*
	f	amputation *f* spontanée
	i	amputazione *f* spontanea [congenita]
	r	1. внутриутробная [врождённая] ампутация *f* 2. спонтанная ампутация *f*, мутиляция *f*
S815	*e*	**spontaneous generation**
	d	Spontanentstehung *f*
	f	génération *f* spontanée
	i	generazione *f* spontanea
	r	самопроизвольное зарождение *n*
S816	*e*	**spontaneous pneumothorax**
	d	Spontanpneumothorax *m*
	f	pneumothorax *m* spontané
	i	pneumotorace *m* spontaneo
	r	спонтанный пневмоторакс *m*
S817	*e*	**spoon**
	d	1. Kürette *f* 2. Löffel *m*
	f	1. curette *f* 2. cuillère *f*
	i	1. curetta *f* 2. cucchiaio *m*
	r	1. (хирургическая) ложка *f*, кюретка *f* 2. ложечка *f*
S818	*e*	**spoon nail**
	d	Löffelnagel *m*, Hohlnagel *m*
	f	koïlonychie *f*, coïlonychie *f*

	i	unghia *f* a cucchiaio, coilonichia *f*
	r	койлонихия *f*, ложкообразный ноготь *m*
S819	*e*	**sporadic**
	d	sporadisch
	f	sporadique
	i	sporadico
	r	спорадический
S820	*e*	**spore**
	d	Spore *f*
	f	spore *f*
	i	spora *f*
	r	спора *f*
S821	*e*	**sporocyst**
	d	Sporozyste *f*
	f	sporocyste *m*
	i	sporocisti *f*
	r	媡спороциста *f*
S822	*e*	**sporogenesis, sporogeny, sporogony**
	d	Sporogenesis *f*, Sporogonie *f*
	f	sporogonie *f*
	i	sporogonia *f*
	r	спорогония *f*
S823	*e*	**sporotrichosis**
	d	Sporotrichose *f*
	f	sporotrichose *f*
	i	sporotricosi *f*
	r	споротрихоз *m*, ринокладиоз *m*
S824	*e*	**sporozoite**
	d	Sporozoit *m*
	f	sporozoïte *m*
	i	sporozoita *f*
	r	спорозоит *m*
S825	*e*	**spot**
	d	Fleck *m*
	f	tache *f*
	i	macchia *f*, macula *f*
	r	пятно *n*
S826	*e*	**spotted sickness**
	d	Pinta *f*, Carate *f*
	f	pinto *m*, pinta *f*
	i	pinta *f*
	r	пинта *f*
S827	*e*	**sprain fracture**
	d	Rißfraktur *f*
	f	fracture *f* par déchirement
	i	frattura *f* da distorsione
	r	отрывной перелом *m*
S828	*e*	**spreading factor**
	d	Verbreitungsfaktor *m*
	f	facteur *m* de diffusion [de Duran Raynals]
	i	fattore *m* di diffusione [di Duran Raynals]
	r	фактор *m* распространения, фактор *m* Дюран-Рейнальса
S829	*e*	**spring catarrh, spring conjunctivitis**
	d	Frühjahrskonjunktivitis *f*
	f	conjonctivite *f* printanière, catarrhe *m* printanier
	i	congiuntivite *f* primaverile
	r	весенний конъюнктивит *m*, весенний катар *m* (глаз)
S830	*e*	**spring finger**
	d	schnellender Finger *m*
	f	doigt *m* à ressort
	i	dito *m* a scatto
	r	пружинящие пальцы *m pl*, стенозирующий тендовагинит *m*
S831	*e*	**sprue**
	d	Sprue *f*
	f	sprue *f*
	i	sprue *m*
	r	спру *m*
S832	*e*	**spur**
	d	Sporn *m*
	f	éperon *m*
	i	sperone *m*
	r	шпора *f*, вырост *m*
S833	*e*	**spurious cast**
	d	falscher Harnzylinder *m*
	f	cylindroïde *m*
	i	cilindroide *m*
	r	цилиндроид *m*
S834	*e*	**spurious pregnancy**
	d	Scheinschwangerschaft *f*
	f	fausse grossesse *f*
	i	pseudogravidanza *f*
	r	ложная [мнимая] беременность *f*
S835	*e*	**sputum**
	d	Auswurf *m*
	f	crachat *m*
	i	espettorato *m*, sputo *m*
	r	мокрота *f*
S836	*e*	**squama** see **scale**
S837	*e*	**squamatization**
	d	schuppige Metaplasie *f*
	f	métaplasie *f* squameuse
	i	metaplasia *f* squamosa
	r	чешуйчатая метаплазия *f*
S838	*e*	**squamous blepharitis**
	d	sqamöse Blepharitis *f*
	f	blépharite *f* squameuse
	i	blefarite *f* squamosa
	r	чешуйчатый блефарит *m*
S839	*e*	**squamous epithelium**
	d	Plattenepithel *n*
	f	épithélium *m* squameux
	i	epitelio *m* squamoso
	r	плоский эпителий *m*
S840	*e*	**squint** see **strabismus**
S841	*e*	**squint angle**

	d	Strabismuswinkel *m*, Schielwinkel *m*
	f	angle *m* de strabisme
	i	angolo *m* di strabismo
	r	угол *m* косоглазия
S842	e	**squinting eye**
	d	Schielauge *n*
	f	œil *m* strabique
	i	occhio *m* strabico
	r	косящий глаз *m*
S843	e	**stab**
	d	Injektion *f*, Einstich *m*, Einspritzung *f*
	f	injection *f*, piqûre *f*
	i	iniezione *f*, puntura *f*
	r	укол *m*; инъекция *f*
S844	e	**stab cell, stab neurophil**
	d	stabkerniger Granulozyt *m*
	f	granulocyte *m* neutrophile bacillonucléaire
	i	granulocito *m* neutrofilo nucleobacillare
	r	палочкоядерный нейтрофильный гранулоцит *m*, палочкоядерный лейкоцит *m*
S845	e	**staccato speech**
	d	Stakkato-Sprache *f*
	f	parole *f* saccadée
	i	staccato *m*
	r	скандированная речь *f*
S846	e	**staff**
	d	1. Leitsonde *f*, Führungssonde *f* 2. Personal *n*
	f	1. conducteur *m* 2. personnel *m*
	i	1. conduttore *m*, guida *f* 2. personale *m*
	r	1. проводник *m* (*инструмент*) 2. штат *m*, персонал *m*
S847	e	**staff cell** *see* **stab cell**
S848	e	**staff nurse**
	d	Krankenschwester *f*
	f	infirmière *f* soignante
	i	infermiera *f* di corsia
	r	палатная медицинская сестра *f*
S849	e	**stage**
	d	1. Stadium *n*, Periode *f* 2. Objekttisch *m*
	f	1. stade *m*, phase *f*, période *f* 2. platine *f*
	i	1. stadio *m*, fase *f*, periodo *m* 2. piatto *m* portaoggetti
	r	1. стадия *f*, фаза *f*, период *m* 2. столик *m* микроскопа
S850	e	**staggers**
	d	Schwindel *m*, Vertigo *f*
	f	vertige *m*
	i	vertigine *f*
	r	головокружение *n*
S851	e	**stagnation**
	d	Stagnation *f*, Stockung *f*, Stauung *f*, Stase *f*
	f	stase *f* (sanguine)
	i	stasi *f* (ematica)
	r	застой *m* (крови)
S852	e	**stain**
	d	1. Farbstoff *m* 2. Färbung *f*
	f	1. colorant *m*, matière *f* [substance *f*] colorante 2. coloration *f*
	i	1. colorante *m* 2. colorazione *f*
	r	1. краситель *m* 2. окраска *f*
S853	e	**staining**
	d	Färbung *f*
	f	coloration *f*
	i	colorazione *f*
	r	окраска *f*
S854	e	**stalk**
	d	Stiel *m*
	f	pédoncule *m*
	i	peduncolo *m*
	r	ножка *f*, стебель *m*
S855	e	**stalked hydatid**
	d	Morgagni-Hydatide *f*, Morgagni-Anhang *m*
	f	hydatide *f* de la trompe utérine
	i	idatide *f* di Morgagni
	r	гидатида *f* маточной трубы, морганиева гидатида *f*
S856	e	**standard deviation**
	d	Standardabweichung *f*, Mittelwertabweichung *f*
	f	écart-type *m*
	i	deviazione *f* standard
	r	среднее (квадратичное) отклонение *n*
S857	e	**standard lead**
	d	Standardableitung *f*, Extremitätenableitung *f*
	f	dérivation *f* de standard
	i	derivazione *f* standard
	r	стандартное [классическое] отведение *n* ЭКГ
S858	e	**standstill**
	d	Stillstand *m*
	f	arrêt *m*, interruption *f*
	i	arresto *m*, interruzione *f*
	r	остановка *f*, прекращение *n* активности
S859	e	**stapedectomy**
	d	Stapedektomie *f*, Steigbügelentfernung *f*
	f	stapédectomie *f*
	i	stapedectomia *f*
	r	стапедэктомия *f*
S860	e	**stapes**
	d	Stapes *m*, Steigbügel *m*
	f	étrier *m*

	i	staffa *f*
	r	стремя *n (среднего уха)*
S861	*e*	**staphylectomy**
	d	Gaumenzäpfchenentfernung *f*
	f	staphylectomie *f*
	i	stafilectomia *f*
	r	ампутация *f* язычка
S862	*e*	**staphyledema**
	d	Gaumenzäpfchenödem *n*
	f	staphylœdème *m*
	i	edema *m* dell'ugola
	r	стафиледема *f*, отёк *m* нёбного язычка
S863	*e*	**staphylitis**
	d	Gaumenzäpfchenentzündung *f*, Uvulitis *f*
	f	staphylite *f*
	i	stafilite *f*
	r	воспаление *n* язычка
S864	*e*	**staphylococcus antitoxin**
	d	Staphylokokkenantitoxin *n*
	f	antitoxine *f* staphylococcique
	i	antitossina *f* stafilococcica
	r	стафилококковый антитоксин *m*
S865	*e*	**staphyloderma**
	d	Staphylokokkenpyodermie *f*
	f	staphylodermie *f*
	i	stafiloderma *m*
	r	стафилодермия *f*, стафилококковая пиодермия *f*
S866	*e*	**staphyloma**
	d	Staphylom *n*
	f	staphylome *m*
	i	stafiloma *m*
	r	стафилома *f*
S867	*e*	**staphyloplasty**
	d	Gaumenplastik *f*
	f	staphyloplastie *f*
	i	stafiloplastica *f*
	r	стафилопластика *f*
S868	*e*	**staphylorrhaphy**
	d	Gaumen(spalten)naht *f*
	f	staphylorrhaphie *f*
	i	stafilorrafia *f*
	r	стафилорафия *f*
S869	*e*	**staphylotomy**
	d	1. Staphylomeröffnung *f* 2. Gaumenzäpfchenschnitt *m*
	f	1. staphylotomie *f* 2. staphylectomie *f*
	i	1. stafilotomia *f* 2. stafilectomia *f*
	r	1. стафилотомия *f* 2. ампутация *f* язычка
S870	*e*	**starch**
	d	Stärke *f*
	f	amidon *m*
	i	amido *m*
	r	крахмал *m*
S871	*e*	**startle reflex**
	d	1. Schreckreaktion *f*, Alarmreflex *m*, Moro-Reflex *m* 2. auro-palpebraler [kochleo-palpebraler] Reflex *m*
	f	1. réflexe *m* de Moro 2. réflexe *m* auro-palpébral [cochléo-palpébral]
	i	reazione *f* da trasalimento
	r	1. рефлекс *m* Моро 2. ауропальпебральный [кохлеопальпебральный] рефлекс *m*
S872	*e*	**starvation**
	d	Fasten *n*; Hungern *n*
	f	jeûne *m*
	i	inedia *f*
	r	голодание *n*
S873	*e*	**stasibasiphobia**
	d	Stasobasophobie *f*
	f	stasobasophobie *f*
	i	stasobasofobia *f*
	r	стазобазофобия *f*
S874	*e*	**stasis**
	d	Stase *f*, Stockung *f*, Stauung *f*
	f	stase *f*
	i	stasi *f*
	r	стаз *m*
S875	*e*	**stasis ulcer**
	d	Stauungsgeschwür *n*, variköses Geschwür *n*
	f	ulcère *m* variqueux [de stase]
	i	ulcera *f* varicosa
	r	варикозная язва *f*
S876	*e*	**state**
	d	Status *m*, Zustand *m*; Beschaffenheit *f*
	f	état *m*
	i	stato *m*; condizione *f*
	r	состояние *n*
S877	*e*	**state medicine**
	d	staatliches Gesundheitswesen *n*
	f	système *m* de la santé publique
	i	sistema *m* di sanità pubblica
	r	государственная система *f* здравоохранения
S878	*e*	**static gangrene**
	d	venöse Gangrän *f*
	f	gangrène *f* veineuse, phlegmasie *f*
	i	gangrena *f* da stasi, flegmasia *f*
	r	венозная гангрена *f*, флегмазия *f*
S879	*e*	**static reflex**
	d	Haltungsreflex *m*
	f	réflexe *m* postural [statique]
	i	riflesso *m* posturale
	r	постуральный [статический] рефлекс *m*

STATIC SENSE

S880   e   static sense *see* sense of equilibrium

S881   e   station test
         d   Romberg-Versuch *m*
         f   signe *m* de Romberg
         i   saggio *m* di Romberg
         r   проба *f* Ромберга

S882   e   stationary cataract
         d   stationärer Star *m*
         f   cataracte *f* stationnaire
         i   cateratta *f* stazionaria
         r   стационарная катаракта *f*

S883   e   stationary phase
         d   Ruhephase *f*
         f   phase *f* stationnaire
         i   fase *f* stazionaria
         r   стационарная фаза *f* (размножения), фаза *f* М-концентрации

S884   e   statoconial membrane
         d   Otolithenmembran *f*
         f   membrane *f* otolithique
         i   membrana *f* degli otoliti
         r   мембрана *f* статоконий, отолитовая мембрана *f*

S885   e   statoconium
         d   Statokonie *f*, Otolith *m*, Statolith *m*
         f   statoconie *f*, otolithe *m*
         i   statolite *m*, statoconio *m*, otolite *m*
         r   статоконий *m*, отолит *m*, статолит *m*

S886   e   statokinetic reflex
         d   statokinetischer Reflex *m*
         f   réflexe *m* statocinétique
         i   riflesso *m* statocinetico
         r   статокинетический рефлекс *m*

S887   e   statolith *see* statoconium

S888   e   statuvolence
         d   Autohypnose *f*, Selbsthypnose *f*
         f   autohypnose *f*
         i   autoipnosi *f*
         r   аутогипноз *m*

S889   e   stauroplegia
         d   gekreuzte Hemiplegie *f*
         f   hémiplégie *f* croisée, stauroplégie *f*
         i   emiplegia *f* controlaterale
         r   перекрёстная гемиплегия *f*

S890   e   steady state
         d   Homöostase *f*
         f   homéostase *f*
         i   omeostasi *f*
         r   устойчивое состояние *n*; гомеостаз *m*

S891   e   steatocystoma *see* sebaceous cyst

S892   e   steatoma
         d   Steatom *n*
         f   stéatome *m*
         i   steatoma *m*
         r   стеатома *f*, жировик *m*, жировая киста *f*

S893   e   steatomatosis *see* sebocystomatosis

S894   e   steatonecrosis
         d   Fettnekrose *f*
         f   stéatonécrose *f*
         i   steatonecrosi *f*
         r   жировой некроз *m*, адипонекроз *m*

S895   e   steatopyga, steatopygia
         d   Steatopygie *f*, Fettsteiß *m*
         f   stéatopygie *f*
         i   steatopigia *f*
         r   стеатопигия *f*

S896   e   steatorrhea
         d   Fettstuhl *m*
         f   stéatorrhée *f*
         i   steatorrea *f*
         r   стеаторея *f*, жирный [масляный] стул *m*

S897   e   steeple skull
         d   Oxyzephalie *f*, Spitzschädeligkeit *f*
         f   acrocéphalie *f*, oxycéphalie *f*
         i   ossicefalia *f*
         r   акроцефалия *f*, акрокрания *f*, оксицефалия *f*, башенный череп *m*

S898   e   Steinert's disease
         d   Dystrophia *f* myotonica, Curschmann-Steinert-Syndrom *n*
         f   myotonie *f* atrophique, maladie *f* de Steinert
         i   distrofia *f* miotonica, malattia *f* di Steinert
         r   дистрофическая миотония *f*, болезнь *f* Штейнерта—Баттена

S899   e   stellate cataract
         d   Nahtkatarakt *f*, Sternkatarakt *f*, Sternstar *m*, Nahtstar *m*
         f   cataracte *f* stellaire
         i   cateratta *f* stellata
         r   звездчатая катаракта *f*, катаракта *f* хрусталикового шва

S900   e   stellate cell
         d   1. Sternzelle *f* 2. Kupffer-Sternzelle *f*
         f   1. neurone *m* multipolaire 2. cellule *f* de Kupffer
         i   1. cellula *f* stellata 2. cellula *f* di Kupffer
         r   1. звездчатый нейрон *m* 2. звездчатый ретикулоэндотелиоцит *m*, клетка *f* Купфера

S901   e   stellate ganglion
         d   Sternganglion *n*
         f   ganglion *m* stellaire [étoilé]
         i   ganglio *m* stellato
         r   звездчатый [шейно-грудной] ганглий *m*

S902 e **stellectomy**
      d Stellektomie *f*
      f stellectomie *f*
      i stellectomia *f*
      r стеллэктомия *f*

S903 e **stem cell**
      d Stammzelle *f*
      f hémocytoblaste *m*
      i cellula *f* staminale
      r стволовая клетка *f* крови

S904 e **stem cell leukemia**
      d Stammzellenleukämie *f*
      f leucémie *f* indifférenciée
      i leucemia *f* a cellule staminali
      r недифференцированный лейкоз *m*

S905 e **stenocardia**
      d Stenokardie *f*
      f sténocardie *f*
      i stenocardia *f*
      r стенокардия *f*

S906 e **stenopeic spectacles** *pl*
      d stenopäische Brille *f*
      f lunettes *f pl* sténopéiques
      i occhiali *m pl* stenopeici
      r стенопические [дырчатые] очки *pl*

S907 e **stenosis**
      d Stenose *f*, Verengung *f*
      f sténose *f*
      i stenosi *f*
      r стеноз *m*, сужение *n*

S908 e **stenostenosis**
      d Parotisgangstenose *f*
      f sténose *f* du canal de Sténon
      i stenosi *f* del dotto parotideo
      r стеноз *m* протока околоушной железы [стенонового протока]

S909 e **Stensen's duct**
      d Parotisgang *m*
      f canal *m* de Sténon
      i dotto *m* parotideo [di Stenone]
      r проток *m* околоушной железы, стенонов проток *m*

S910 e **steppage (gait)**
      d Steppergang *m*
      f steppage *m*
      i andatura *f* steppante, steppage *m*
      r перонеальная [петушиная] походка *f*, степпаж *m*

S911 e **stercobilin**
      d Stercobilin *n*
      f stercobiline *f*
      i stercobilina *f*
      r стеркобилин *m*

S912 e **stercobilinogen**
      d Stercobilinogen *n*
      f stercobilinogène *m*
      i stercobilinogeno *m*
      r стеркобилиноген *m*

S913 e **stercolith**
      d Kotstein *m*, Koprolith *m*
      f coprolithe *m*
      i coprolito *m*
      r каловый камень *m* [конкремент *m*], копролит *m*

S914 e **stercoraceous vomiting**
      d Koterbrechen *n*
      f vomissement *m* fécaloïde
      i vomito *m* fecaloide
      r каловая рвота *f*, копремезис *m*

S915 e **stereoagnosis, stereoanesthesia**
      d Stereoagnosie *f*, Astereognosie *f*
      f astéréognosie *f*, stéréoagnosie *f*
      i stereoagnosia *f*
      r астереогноз *m*

S916 e **stereoencephalometry**
      d Stereoenzephalometrie *f*
      f stéréoencéphalométrie *f*
      i stereoencefalometria *f*
      r стереоэнцефалометрия *f*

S917 e **stereoencephalotomy**
      d Stereoenzephalotomie *f*
      f stéréoencéphalotomie *f*
      i stereoencefalotomia *f*
      r стереотаксическая операция *f*, стереоэнцефалотомия *f*

S918 e **stereognosis**
      d Stereognosie *f*
      f stéréognosie *f*
      i stereognosia *f*
      r стереогнозия *f*

S919 e **stereo-ophthalmoscope**
      d Stereoophthalmoskop *n*
      f stéréoophtalmoscope *m*, ophtalmoscope *m* binoculaire
      i stereo-oftalmoscopio *m*
      r бинокулярный офтальмоскоп *m*

S920 e **stereoporphyrin**
      d Stereoporphyrin *n*
      f coproporphyrine *f*
      i coproporfirina *f*
      r копропорфирин *m*

S921 e **stereopsis** *see* **stereoscopic vision**

S922 e **stereoradiography, stereoroentgenography**
      d Stereoröntgenographie *f*
      f stéréoradiographie *f*
      i stereoradiografia *f*
      r стереорентгенография *f*

S923 e **stereoscope**
      d Stereoskop *n*
      f stéréoscope *m*

STEREOSCOPIC PARALLAX

	i	stereoscopio *m*
	r	стереоскоп *m*
S924	*e*	**stereoscopic parallax**
	d	stereoskopische Parallaxe *f*
	f	parallaxe *f* stéréoscopique
	i	parallasse *f* stereoscopica
	r	бинокулярный параллакс *m*
S925	*e*	**stereoscopic vision**
	d	stereoskopisches Sehen *n*
	f	vision *f* stéréoscopique
	i	visione *f* stereoscopica
	r	стереоскопическое зрение *n*
S926	*e*	**stereotactic [stereotaxic] surgery, stereotaxy**
	d	1. stereotaktische Methode *f*
		2. stereotaktische Operation *f*
	f	1. méthode *f* stéréotaxique, stéréotaxie *f* 2. opération *f* stéréotaxique
	i	1. stereotassi *f* 2. operazione *f* stereotattica
	r	1. стереотаксический метод *m* 2. стереотаксическая операция *f*
S927	*e*	**stereotypy**
	d	Stereotypie *f*
	f	stéréotypie *f*
	i	stereotipia *f*
	r	стереотипия *f*
S928	*e*	**sterile abscess**
	d	aseptischer [keimfreier] Abszeß *m*
	f	abcès *m* stérile
	i	ascesso *m* asettico [sterile]
	r	асептический абсцесс *m*
S929	*e*	**sterility**
	d	1. Unfruchtbarkeit *f* 2. Keimfreiheit *f*
	f	1. infécondité *f* 2. stérilité *f*
	i	1. infecondità *f* 2. sterilità *f*
	r	1. бесплодие *n* 2. стерильность *f*
S930	*e*	**sterilization**
	d	Sterilisation *f*
	f	stérilisation *f*
	i	sterilizzazione *f*
	r	1. стерилизация *f*, обеспложивание *n* 2. половая стерилизация *f*
S931	*e*	**sterilizer**
	d	Sterilisierapparat *m*
	f	stérilisateur *m*
	i	sterilizzatore *m*
	r	стерилизатор *m*
S932	*e*	**sternal puncture**
	d	Sternalpunktion *f*, Sternumpunktion *f*
	f	ponction *f* sternale
	i	puntura *f* sternale
	r	стернальная пункция *f*, пункция *f* грудины
S933	*e*	**sternoclavicular joint**
	d	Brustbein-Schlüsselbein-Gelenk *n*
	f	articulation *f* sterno-claviculaire
	i	articolazione *f* sternoclavicolare
	r	грудиноключичный сустав *m*
S934	*e*	**sternocostal joints** *pl*
	d	Rippen-Brustbeingelenke *n pl*
	f	articulations *f pl* sterno-costales
	i	articolazioni *f pl* sternocostali
	r	грудинорёберные суставы *m pl*
S935	*e*	**sternotomy**
	d	Sternotomie *f*, Brustbeinschnitt *m*
	f	sternotomie *f*
	i	sternotomia *f*
	r	стернотомия *f*
S936	*e*	**sternum**
	d	Sternum *n*, Brustbein *n*
	f	sternum *m*
	i	sterno *m*
	r	грудина *f*
S937	*e*	**sternutation** *see* **sneeze**
S938	*e*	**sternutator** *see* **sneezing gas**
S939	*e*	**steroid**
	d	Steroid *n*
	f	stéroïde *m*
	i	steroide *m*
	r	стероид *m*
S940	*e*	**steroid hormone**
	d	Steroidhormon *n*
	f	hormone *f* stéroïde
	i	ormone *m* steroideo
	r	стероидный гормон *m*
S941	*e*	**sterol**
	d	Sterol *n*
	f	stérol *m*
	i	sterolo *m*
	r	стерин *m*, стерол *m*
S942	*e*	**stertor, stertorous breathing**
	d	Stertor *m*, röchelndes Atmen *n*, rasselndes Atmen *n*
	f	stertor *m*, respiration *f* stertoreuse
	i	stertor *m*, rantolo *m* tracheale
	r	храп *m*, хрипящее [стерторозное] дыхание *n*
S943	*e*	**stethometry**
	d	Thorakometrie *f*, Brustkorbmessung *f*
	f	thoracométrie *f*
	i	toracometria *f*
	r	торакометрия *f*
S944	*e*	**stethoscope**
	d	Stethoskop *n*
	f	stéthoscope *m*
	i	stetoscopio *m*
	r	стетоскоп *m*
S945	*e*	**Stevens-Johnson syndrome**
	d	Stevens-Johnson-Syndrom *n*

	f	syndrome *m* de Stevens-Johnson, érythème *m* polymorphe
	i	sindrome *f* di Stevens-Johnson
	r	синдром *m* Стивенса—Джонсона, злокачественная экссудативная эритема *f*
S946	*e*	**sthenometer**
	d	Dynamometer *n*, Muskelkraftmesser *m*
	f	dynamomètre *m*
	i	dinamometro *m*
	r	динамометр *m*
S947	*e*	**stibialism**
	d	Antimonvergiftung *f*
	f	stibialisme *m*
	i	stibialismo *m*
	r	отравление *n* сурьмой
S948	*e*	**stiff-man syndrome**
	d	Syndrom *n* des «steifen» Menschens
	f	syndrome *m* de l'homme raide [rigide]
	i	sindrome *f* dell'uomo rigido
	r	синдром *m* негнущегося человека
S949	*e*	**stiff neck**
	d	Schiefhals *m*
	f	torticolis *m*
	i	torticollo *m*
	r	кривошея *f*
S950	*e*	**stigma**
	d	1. Kennzeichen *n*, Merkmal *n* 2. Stigma *n*
	f	stigmate *m*
	i	1. stimmate *f pl* 2. stigma *m*
	r	1. стигма *f*, характерный признак *m* 2. знак *m*, клеймо *n*
S951	*e*	**stigma of degeneration**
	d	Degenerationsstigma *n*
	f	stigmate *m* de dégénérescence
	i	stigma *m* di degenerazione
	r	дегенеративная стигма *f*, дегенеративный признак *m*
S952	*e*	**stilet(te)** *see* **style**
S953	*e*	**stillbirth**
	d	Totgeburt *f*
	f	mortinatalité *f*
	i	nascita *f* di un feto morto
	r	мертворождённость *f*
S954	*e*	**stillborn**
	d	Totgeborene *m*
	f	mort-né *m*
	i	nato *m* morto
	r	мертворождённый *m*
S955	*e*	**stimulant**
	d	Stimulans *n*, Anregungsmittel *n*
	f	stimulateur *m*
	i	stimolante *m*, stimolatore *m*
	r	стимулятор *m*
S956	*e*	**stimulation**
	d	Stimulation *f*, Anregung *f*
	f	stimulation *f*
	i	stimolazione *f*
	r	стимуляция *f*
S957	*e*	**stimulator** *see* **stimulant**
S958	*e*	**stimulus**
	d	1. Stimulus *m*, Antrieb *m* 2. Reiz *m*
	f	stimulus *m*, excitant *m*
	i	stimolo *m*
	r	1. стимул *m* 2. раздражитель *m*
S959	*e*	**stimulus threshold**
	d	Reizschwelle *f*
	f	seuil *m* de sensation
	i	soglia *f* di stimolazione
	r	порог *m* ощущения [чувствительности]
S960	*e*	**stimulus word**
	d	Verbalreiz *m*
	f	stimulus *m* de parole
	i	stimolo *m* da parola
	r	словесный раздражитель *m* [стимул *m*]
S961	*e*	**stirrup (bone)** *see* **stapes**
S962	*e*	**stitch**
	d	1. stechender Schmerz *m* 2. Naht *f*
	f	1. douleur *f* lancinante 2. suture *f*
	i	1. fitta *f* 2. sutura *f*
	r	1. колющая боль *f* 2. шов *m*
S963	*e*	**stoma**
	d	Stoma *n*, Mund *m*
	f	stoma *m*
	i	orifizio *m*, stoma *m*
	r	1. небольшое отверстие *n* 2. ротовое отверстие *n* 3. искусственный свищ *m*, стома *f*
S964	*e*	**stomach**
	d	Magen *m*, Stomachus *m*
	f	estomac *m*
	i	stomaco *m*
	r	желудок *m*
S965	*e*	**stomach ache, stomachalgia, stomachodynia**
	d	Magenschmerz *m*
	f	gastralgie *f*
	i	gastralgia *f*
	r	гастралгия *f*, эпигастралгия *f*
S966	*e*	**stomach reefing**
	d	Gastroplikation *f*
	f	gastroplication *f*
	i	gastroplicazione *f*
	r	гастропликация *f*
S967	*e*	**stomach tube**
	d	Magensonde *f*, Magenschlauch *m*
	f	sonde *f* gastrique (de Kussmal)

STOMATALGIA

	i	sonda *f* gastrica
	r	желудочный зонд *m*
S968	*e*	**stomatalgia**
	d	Mundschmerz *m*
	f	stomatalgie *f*, stomatodynie *f*
	i	stomatalgia *f*, stomatodinia *f*
	r	боль *f* в полости рта
S969	*e*	**stomatitis**
	d	Stomatitis *f*, Mundschleimhautentzündung *f*
	f	stomatite *f*
	i	stomatite *f*
	r	стоматит *m*
S970	*e*	**stomatodynia** see **stomatalgia**
S971	*e*	**stomatology**
	d	Stomatologie *f*
	f	stomatologie *f*
	i	stomatologia *f*
	r	стоматология *f*
S972	*e*	**stomatonecrosis, stomatonoma**
	d	Noma *f*, Wangenbrand *m*, Wangenkrebs *m*
	f	noma *m*
	i	noma *m* buccale
	r	нома *f*
S973	*e*	**stone**
	d	Stein *m*, Konkrement *n*
	f	calcul *m*, concrétion *f*
	i	concrezione *f*, calcolo *m*
	r	камень *m*, конкремент *m*
S974	*e*	**stool**
	d	Stuhl *m*, Kot *m*, Fäzes *pl*
	f	selles *f pl*
	i	feci *f pl*
	r	стул *m*, кал *m*
S975	*e*	**storage disease**
	d	Speicherungskrankheit *f*, Thesaurismose *f*
	f	thésaurismose *f*
	i	tesaurismosi *f*
	r	болезнь *f* накопления, тезауризмоз *m*
S976	*e*	**strabismometer**
	d	Strabometer *n*, Schielwinkelmesser *m*
	f	strabomètre *m*
	i	strabismometro *m*
	r	страбометр *m*
S977	*e*	**strabismus**
	d	Strabismus *m*, Schielen *n*
	f	strabisme *m*
	i	strabismo *m*
	r	косоглазие *n*, гетеротропия *f*, страбизм *m*
S978	*e*	**strabometer** see **strabismometer**
S979	*e*	**straight gyre**
	d	Gyrus *m* rectus
	f	gyrus *m* rectus
	i	giro *m* retto
	r	прямая извилина *f*
S980	*e*	**straight tubule**
	d	gerades Nierenkanälchen *n*
	f	tube *m* droit
	i	tubulo *m* retto
	r	прямой каналец *m*
S981	*e*	**strain**
	d	Stamm *m*
	f	souche *f*
	i	ceppo *m* (batterico)
	r	штамм *m*
S982	*e*	**strait jacket**
	d	Zwangsjacke *f*
	f	camisole *f* de force
	i	camicia *f* di forza
	r	смирительная рубашка *f*
S983	*e*	**strangulated hernia**
	d	inkarzerierter Bruch *m*
	f	hernie *f* étranglée
	i	ernia *f* strozzata
	r	ущемлённая грыжа *f*
S984	*e*	**strangulation**
	d	1. Strangulation *f*, Erwürgen *n*, Erdrosselung *f* 2. Inkarzeration *f*
	f	strangulation *f*
	i	strangolamento *m*, strozzamento *m*
	r	1. странгуляция *f*, удушение *n* 2. ущемление *n* (*напр. грыжи*)
S985	*e*	**stratified epithelium**
	d	Schichtepithel *n*
	f	épithélium *m* stratifié
	i	epitelio *m* stratificato [composto]
	r	многослойный эпителий *m*
S986	*e*	**stratified thrombus**
	d	Schichtthrombus *m*
	f	thrombus *m* stratifié
	i	trombo *m* stratificato
	r	слоистый тромб *m*
S987	*e*	**stratigraphy**
	d	Tomographie *f*, Stratigraphie *f*
	f	stratigraphie *f*, tomographie *f*
	i	stratigrafia *f*, tomografia *f*
	r	томография *f*, стратиграфия *f*
S988	*e*	**straw(-bed) itch**
	d	Kornkrätze *f*
	f	gale *f* des céréales
	i	dermatite *f* da cereali
	r	зерновая [соломенная] чесотка *f*
S989	*e*	**strawberry birthmark** see **strawberry mark**
S990	*e*	**strawberry gallbladder**
	d	Himbeerengallenblase *f*

	f	cholestérose *f* vésiculaire
	i	colecisti *f* a fragola
	r	чешуйчатый [медовый, малиновый] жёлчный пузырь *m*
S991	*e*	**strawberry mark, strawberry nevus**
	d	kavernöses Hauthämangiom *n*
	f	hémangiome *m* cutané
	i	angioma *m* tuberoso
	r	гемангиома *f* кожи, сосудистый кавернозный невус *m*, кавернома *f*
S992	*e*	**strawberry tongue**
	d	Erdbeerenzunge *f*
	f	langue *f* framboisée
	i	lingua *f* a fragola [a lampone]
	r	малиновый язык *m*
S993	*e*	**strength**
	d	1. Kraft *f* 2. Intensität *f*
	f	1. force *f* 2. intensité *f*
	i	1. forza *f* 2. intensità *f*
	r	1. сила *f* 2. интенсивность *f*
S994	*e*	**strepticemia, streptococcemia**
	d	Streptokokkämie *f*
	f	streptococcémie *f*
	i	streptococcemia *f*
	r	стрептококкемия *f*
S995	*e*	**streptococcus**
	d	Streptokokkus *m*
	f	streptocoque *m*
	i	streptococco *m*
	r	стрептококк *m*
S996	*e*	**streptoderma**
	d	Streptodermie *f*, Streptokokkenpyodermie *f*
	f	streptodermie *f*, dermatite *f* streptococcique
	i	dermatite *f* streptococcica
	r	стрептодермия *f*, стрептококковая пиодермия *f*
S997	*e*	**streptokinase**
	d	Streptokinase *f*
	f	streptokinase *f*
	i	streptochinasi *f*
	r	стрептокиназа *f*
S998	*e*	**streptolysin**
	d	Streptolysin *n*, Streptokokkenhämolysin *n*
	f	streptolysine *f*
	i	streptolisina *f*
	r	стрептолизин *m*
S999	*e*	**streptosepticemia** *see* **strepticemia**
S1000	*e*	**streptoteichiasis, streptot(h)richosis**
	d	Streptotrichose *f*
	f	streptothricose *f*
	i	streptotricosi *f*
	r	нокардиоз *m*, стрептотрихоз *m*
S1001	*e*	**stress**
	d	Streß *m*
	f	stress *m*
	i	stress *m*
	r	стресс *m*
S1002	*e*	**stretch reflex**
	d	Dehnungsreflex *m*
	f	réflexe *m* myotatique, réflexe *m* d'étirement
	i	riflesso *m* miotassico
	r	рефлекс *m* растяжения
S1003	*e*	**stretcher**
	d	Tragbahre *f*, Bahre *f*
	f	brancard *m*
	i	portantina *f*, lettiga *f*, barella *f*
	r	носилки *pl*
S1004	*e*	**striate body**
	d	Streifenkörper *m*
	f	striatum *m*, corps *m* strié
	i	corpo *m* striato
	r	полосатое тело *n*, стриатум *m*
S1005	*e*	**striate keratitis**
	d	Streifenkeratitis *f*
	f	kératite *f* striée
	i	cheratite *f* striata
	r	полосчатый кератит *m*
S1006	*e*	**striate leuconychia**
	d	Leukonychia *f* striata
	f	leuconychie *f* striée
	i	leuconichia *f* striata
	r	полосовидная лейконихия *f*
S1007	*e*	**striated muscle**
	d	quergestreifter Muskel *m*
	f	muscle *m* strié
	i	muscolo *m* striato
	r	поперечно-полосатая мышца *f*
S1008	*e*	**striatum** *see* **striate body**
S1009	*e*	**strictura**
	d	Striktur *f*, Verengerung *f*
	f	stricture *f*
	i	restringimento *m*
	r	стриктура *f*
S1010	*e*	**stricturotomy**
	d	Strikturdurchtrennung *f*
	f	stricturotomie *f*
	i	stricturotomia *f*
	r	рассечение *n* стриктуры
S1011	*e*	**stridor**
	d	Stridor *m*
	f	stridor *m*
	i	stridore *m*
	r	стридор *m*
S1012	*e*	**stripper's asthma**
	d	Byssinose *f*
	f	byssinose *f*

	i	bissinosi *f*
	r	биссиноз *m*
S1013	*e*	**strobila**
	d	Strobila *f*
	f	strobile *m*
	i	strobilo *m*
	r	стробил *m*
S1014	*e*	**stroboscope**
	d	Stroboskop *n*
	f	stroboscope *m*
	i	stroboscopio *m*
	r	стробоскоп *m*
S1015	*e*	**stroke**
	d	1. Hirnschlag *m* 2. Iktus *m*, Anfall *m*
	f	1. coup *m* 2. crise *f*; attaque *f*
	i	1. colpo *m* 2. ictus *m*, attacco *m*
	r	1. удар *m* 2. припадок *m*, приступ *m*
S1016	*e*	**stroke output, stroke volume**
	d	Schlagvolumen *n*
	f	volume *m* systolique
	i	gittata *f* sistolica
	r	ударный объём *m* сердца
S1017	*e*	**stroma**
	d	Stroma *n*
	f	stroma *m*
	i	stroma *m*
	r	строма *f*
S1018	*e*	**stromal endometriosis**
	d	Stromalendometriose *f*
	f	endométriose *f* stromale
	i	endometriosi *f* stromale
	r	стромальный эндометриоз *m*
S1019	*e*	**stromatolysis**
	d	Stromatolyse *f*
	f	stromatolyse *f*
	i	stromatolisi *f*
	r	стром(ат)олиз *m*
S1020	*e*	**stromatosis** *see* **stromal endometriosis**
S1021	*e*	**strongyloidiasis, strongyloidosis**
	d	Strongyloidosis *f*, Strongyloidiasis *f*
	f	strongyloïdose *f*
	i	strongiloidiasi *f*
	r	стронгилоидоз *m*
S1022	*e*	**strophulus**
	d	Strophulus *m*
	f	strophulus *m*
	i	strofulo *m*
	r	детская почесуха *f*, строфулюс *m*
S1023	*e*	**structural gene**
	d	Strukturgen *n*
	f	gène *m* structural [de structure]
	i	gene *m* strutturale
	r	структурный ген *m*
S1024	*e*	**struma**
	d	Struma *f*, Kropf *m*
	f	strume *f*, goitre *m*
	i	struma *m*, gozzo *m*
	r	зоб *m*, струма *f*
S1025	*e*	**strumectomy**
	d	Strumektomie *f*
	f	strumectomie *f*
	i	strumectomia *f*
	r	струмэктомия *f*
S1026	*e*	**strumitis**
	d	Kropfentzündung *f*
	f	strumite *f*
	i	strumite *f*
	r	струмит *m*
S1027	*e*	**Strümpell's disease**
	d	Bechterew-von-Strümpell-Marie-Krankheit *f*, ankylosierende Spondylarthritis *f*
	f	maladie *f* de Bechterew [type von Strümpell-Marie], spondylarthrite *f* ankylosante
	i	malattia *f* di Strümpell-Bechterew-Marie, spondilite *f* anchilopoietica [anchilosante]
	r	болезнь *f* Бехтерева, анкилозирующий спондилоартрит *m*
S1028	*e*	**stuck finger** *see* **spring finger**
S1029	*e*	**stump**
	d	Stumpf *m*
	f	moignon *m*
	i	moncone *m*
	r	культя *f*
S1030	*e*	**stump hallucination**
	d	Phantomempfindungen *f pl*
	f	sensations *f pl* de fantôme
	i	sensazioni *f pl* da fantasma
	r	фантомные ощущения *n pl*
S1031	*e*	**stupor**
	d	Stupor *m*
	f	stupeur *f*
	i	stupore *m*, stato *m* stuporoso
	r	ступор *m*, ступорозное состояние *n*
S1032	*e*	**Sturge's disease, Sturge-Weber disease, Sturge-Weber syndrome**
	d	Sturge-Weber-Krankheit *f*, enzephalotrigeminale Angiomatose *f*
	f	angiomatose *f* encéphalo-trigéminée de Sturge-Weber-Krabbe
	i	sindrome *f* di Sturge-Weber, angiomatosi *f* encefalotrigeminale
	r	синдром *m* Стерджа—Вебера—Крабе, энцефалотригеминальный ангиоматоз *m*
S1033	*e*	**stuttering**
	d	Stottern *n*

SUBDURAL HEMORRHAGE

	f	bégaiement m
	i	balbuzie f
	r	заикание n
S1034	e	sty
	d	Gerstenkorn n
	f	orgelet m, compère-loriot m
	i	orzaiolo m
	r	ячмень m (на глазу)
S1035	e	style, stylet, stylette
	d	Mandrin m
	f	mandrin m
	i	mandrino m
	r	мандрен m
S1036	e	stype
	d	Tampon m
	f	tampon m
	i	tampone m
	r	тампон m
S1037	e	subacute bacterial endocarditis
	d	subakute bakterielle Endokarditis f
	f	endocardite f septique subaiguë
	i	endocardite f batterica subacuta
	r	подострый [затяжной] септический эндокардит m
S1038	e	subacute granulomatous thyroiditis
	d	subakute granulomatöse Schilddrüsenentzündung f, De Quervain-Thyreoiditis f
	f	thyroïdite f subaiguë de De Quervain
	i	tiroidite f subacuta [di De Quervain]
	r	подострый [гранулематозный гигантоклеточный] тиреоид m, болезнь f Де Кервена
S1039	e	subacute hepatitis
	d	aktive [subakute] Hepatitis f
	f	hépatite f chronique active
	i	epatite f cronica attiva
	r	активный [подострый] гепатит m
S1040	e	subacute nephritis
	d	subakute Glomerulonephritis f
	f	glomérulonéphrite f subaiguë [maligne]
	i	glomerulonefrite f subacuta
	r	подострый [злокачественный] гломерулонефрит m
S1041	e	subarachnoid anesthesia, subarachnoid block
	d	Spinalanästhesie f
	f	anesthésie f sous-arachnoïdienne
	i	anestesia f subaracnoidea
	r	спинномозговая [спинальная, субарахноидальная] анестезия f
S1042	e	subarachnoid cavity, subarachnoid space
	d	Subarachnoidalraum m
	f	espace m sous-arachnoïdien
	i	spazio m sottoaracnoideo
	r	подпаутинное [субарахноидальное] пространство n
S1043	e	subcapital fracture
	d	subkapitaler Femurbruch m
	f	fracture f sous-capitale
	i	frattura f sottocapitata
	r	субкапитальный перелом m
S1044	e	subcapsular cataract
	d	subkapsulärer Star m
	f	cataracte f sous-capsulaire
	i	cateratta f sottocapsulare
	r	субкапсулярная катаракта f
S1045	e	subclinical infection
	d	subklinische [symptomlose] Infektionskrankheit f
	f	infection f inapparente [subclinique]
	i	infezione f subclinica
	r	инаппарантная [бессимптомная, субклиническая] инфекция f
S1046	e	subcommissural organ
	d	subkommissurales Organ n
	f	organe m sous-commissural
	i	organo m subcommessurale
	r	субкомиссур(аль)ный орган m
S1047	e	subcorneal pustular dermatosis
	d	subkorneale Pustulärdermatose f
	f	dermatose f pustuleuse sous-cornée
	i	dermatosi f pustolosa subcorneale
	r	пустулёзный субкорнеальный дерматоз m, субкорнеальный пустулёз m
S1048	e	subcutaneous emphysema
	d	Hautemphysem n
	f	emphysème m sous-cutané
	i	enfisema m sottocutaneo
	r	подкожная эмфизема f
S1049	e	subcutaneous transfusion
	d	Subkutantransfusion f
	f	injection f sous-cutanée
	i	iniezione f sottocutanea
	r	подкожное вливание n
S1050	e	subdiaphragmatic abscess
	d	subphrenischer Abszeß m, subdiaphragmale Eiteransammlung f
	f	abcès m sous-diaphragmatique [sous-phrénique]
	i	ascesso m sottodiaframmatico [subfrenico]
	r	поддиафрагмальный абсцесс m
S1051	e	subdural empyema
	d	subduraler Abszeß m
	f	abcès m sous-dural
	i	ascesso m subdurale
	r	субдуральный абсцесс m
S1052	e	subdural hemorrhage
	d	Subduralblutung f

487

SUBENDOCARDIAL MYOCARDIAL INFARCTION

     f   hémorragie *f* sous-durale
     i   emorragia *f* subdurale
     r   субдуральное кровоизлияние *n*

S1053   *e*   **subendocardial myocardial infarction**
     d   subendokardialer Myokardinfarkt *m*
     f   infarctus *m* sous-endocardiaque
     i   infarto *m* sottoendocardico
     r   субэндокардиальный инфаркт *m* миокарда

S1054   *e*   **subendothelium**
     d   Subendothelialschicht *f*
     f   couche *f* sous-endothéliale
     i   sottoendotelio *m*
     r   субэндотелиальный слой *m*, субэндотелий *m*

S1055   *e*   **subject**
     d   Patient *m*, Kranke *m*
     f   malade *m*, patient *m*
     i   paziente *m*
     r   пациент *m*

S1056   *e*   **subjective sign, subjective symptom**
     d   subjektives Merkmal *n*, subjektives Symptom *n*
     f   symptôme *m* subjectif
     i   segno *m* [sintomo *m*] soggettivo
     r   субъективный симптом *m*

S1057   *e*   **sublimation**
     d   Sublimierung *f*
     f   sublimation *f*
     i   sublimazione *f*
     r   сублимация *f*

S1058   *e*   **subliminal self**
     d   unterbewußtes Ich *n*
     f   subconscience *f*
     i   subconscio *m*
     r   подсознательное Я *n*, подсознание *n*

S1059   *e*   **subliminal stimulus** *see* **subthreshold stimulus**

S1060   *e*   **sublingual cyst**
     d   Unterzungenspeicheldrüsenzyste *f*, Fröschleingeschwulst *f*, Ranula *f*
     f   ranule *f*
     i   cisti *f* sublinguale, ranula *f*
     r   ранула *f*, подъязычная ретенционная киста *f*

S1061   *e*   **sublingual ducts** *pl*
     d   kleine Ausführungsgänge *m pl* der Unterzungenspeicheldrüse
     f   canaux *m pl* de Walther
     i   dotti *m pl* sublinguali
     r   малые подъязычные протоки *m pl*, протоки *m pl* Вальтера

S1062   *e*   **sublinguitis**
     d   Unterzungendrüsenentzündung *f*

     f   inflammation *f* de la glande sublinguale
     i   adenite *f* sublinguale
     r   воспаление *n* подъязычной железы

S1063   *e*   **subluxation**
     d   Subluxation *f*, unvollständige Verrenkung *f*
     f   subluxation *f*
     i   sublussazione *f*
     r   подвывих *m*, неполный вывих *m*

S1064   *e*   **sublymphemia**
     d   relative Lymphozytose *f*
     f   lymphocytose *f* relative
     i   linfocitosi *f* relativa
     r   относительный лимфоцитоз *m*

S1065   *e*   **submandibular duct**
     d   Ausführungsgang *m* der Unterkieferspeicheldrüse
     f   canal *m* de Wharton
     i   dotto *m* sottomandibolare [di Wharton]
     r   поднижнечелюстной [вартонов] проток *m*, проток *m* подчелюстной слюнной железы

S1066   *e*   **submaxilla**
     d   Unterkiefer *m*
     f   mandibule *f*
     i   mandibola *f*
     r   нижняя челюсть *f*

S1067   *e*   **submaxillaritis**
     d   Unterkieferentzündung *f*
     f   sous-maxillite *f*
     i   infiammazione *f* della ghiandola sottomascellare
     r   субмаксиллит *m*

S1068   *e*   **submaxillary ganglion**
     d   Submaxillarganglion *n*
     f   ganglion *m* sous-maxillaire
     i   ganglio *m* sottomandibolare
     r   подчелюстной ганглий *m*

S1069   *e*   **submaxillary gland**
     d   Submaxillardrüse *f*
     f   glande *f* sous-maxillaire
     i   ghiandola *f* sottomandibolare
     r   подчелюстная [поднижнечелюстная] железа *f*

S1070   *e*   **submaxillitis** *see* **submaxillaritis**

S1071   *e*   **submetacentric chromosome**
     d   submetazentrisches Chromosom *n*
     f   chromosome *m* submétacentrique
     i   cromosoma *m* submetacentrico
     r   субметацентрическая хромосома *f*

S1072   *e*   **submucosa**
     d   Submukosa *f*
     f   couche *f* sous-muqueuse

	i	sottomucosa *f*		*r*	надвлагалищная экстирпация *f* матки
	r	подслизистая ткань *f*			

S1073 *e* **submucous resection**
    d submuköse Resektion *f*
    f opération *f* de Killian
    i resezione *f* sottomucosa
    r подслизистая резекция *f* (носовой перегородки)

S1074 *e* **subperiosteal fracture**
    d Grünholz-Fraktur *f*, Subperiostalbruch *m*
    f fracture *f* sous-périostée
    i frattura *f* sottoperiostea
    r поднадкостничный перелом *m*

S1075 *e* **subphrenic abscess** *see* **subdiaphragmatic abscess**

S1076 *e* **substernal struma**
    d Retrosternalkropf *m*
    f goitre *m* endothoracique
    i gozzo *m* sottosternale
    r загрудинный [внутригрудной] зоб *m*

S1077 *e* **substitution**
    d 1. Substitution *f* 2. Restitution *f*, unvollständige Regeneration *f*
    f 1. substitution *f* 2. restitution *f*
    i 1. sostituzione *f* 2. restituzione *f*
    r 1. замещение *n* 2. реституция *f*, неполная регенерация *f*

S1078 *e* **substitution therapy**
    d Substitutionstherapie *f*
    f thérapeutique *f* substitutive
    i terapia *f* sostitutiva
    r заместительная терапия *f*

S1079 *e* **substitution transfusion**
    d Austauschbluttransfusion *f*
    f transfusion *f* d'échange
    i trasfusione *f* di cambio
    r обменное переливание *n* крови, кровезамена *f*

S1080 *e* **subthalamus**
    d Hypothalamus *m*
    f hypothalamus *m*
    i subtalamo *m*
    r гипоталамус *m*

S1081 *e* **subthreshold stimulus**
    d Unterschwellenreiz *m*
    f stimulus *m* subliminal
    i stimolo *m* subliminale
    r подпороговый раздражитель *m*

S1082 *e* **subtotal hysterectomy**
    d subtotale Uterusexstirpation *f*
    f hystérectomie *f* subtotale
    i isterectomia *f* subtotale [sopracervicale]

S1083 *e* **succagogue**
    d safttreibendes [sekretionsförderndes] Mittel *n*
    f moyen *m* stimulant la sécrétion
    i mezzo *m* stimolante la secrezione
    r сокогонное средство *n*

S1084 *e* **succedaneous dentition, succedaneous tooth**
    d bleibender Zahn *m*
    f dent *f* permanente
    i dente *m* definitivo
    r постоянный зуб *m*

S1085 *e* **succenturiate kidney**
    d Nebenniere *f*
    f glande *f* surrénale *f*
    i ghiandola *f* surrenale
    r надпочечник *m*

S1086 *e* **succenturiate placenta**
    d Nebenplazenta *f*, Nebenmutterkuchen *m*
    f placenta *m* accessoire
    i placenta *f* succenturiata [accessoria]
    r добавочная доля *f* плаценты

S1087 *e* **succus**
    d Saft *m*
    f suc *m*
    i succo *m*
    r сок *m*

S1088 *e* **succussion**
    d Erschütterung *f*; Schütteln *n*
    f succussion *f*
    i succussione *f*
    r сотрясение *n*; встряхивание *n*

S1089 *e* **succussion sound**
    d Plätschergeräusch *n*
    f bruit *m* de succussion
    i rumore *m* di succussione
    r шум *m* плеска (Гиппократа)

S1090 *e* **sucking wound**
    d offener Pneumothorax *m*
    f pneumothorax *m* ouvert
    i pneumotorace *m* aperto
    r открытый пневмоторакс *m*

S1091 *e* **suction**
    d Saugen *n*, Ansaugen *n*; Absaugung *f*
    f succion *f*
    i suzione *f*
    r всасывание *n*; сосание *n*; отсасывание *n*; высасывание *n*

S1092 *e* **sudation**
    d Schwitzen *n*
    f sudation *f*
    i sudorazione *f*
    r потоотделение *n*, потение *n*

SUDDEN DEATH

S1093   *e*   sudden death
       d   plötzlicher Tod *m*
       f   mort *f* subite
       i   morte *f* improvvisa
       r   внезапная смерть *f*

S1094   *e*   sudden infant death syndrome
       d   plötzlicher Tod *m* im Kindesalter
       f   mort *m* soudaine du nourrisson
       i   morte *f* subitanea del bambino
       r   синдром *m* внезапной смерти младенцев

S1095   *e*   sudoresis
       d   übermäßiges Schwitzen *n*
       f   sudation *f* profuse
       i   sudorazione *f* profusa
       r   профузное потоотделение *n*

S1096   *e*   sudoriferous duct
       d   Schweißdrüsengang *m*
       f   canal *m* sudorifère
       i   dotto *m* sudoriparo
       r   потовый проток *m*

S1097   *e*   sudoriferous [sudoriparous] gland
       d   Schweißdrüse *f*
       f   glande *f* sudoripare
       i   ghiandola *f* sudoripara
       r   потовая железа *f*

S1098   *e*   sudorrhea
       d   Hyperhidrosis *f*
       f   hyperhidrose *f*
       i   iperidrosi *f*
       r   гипергидроз *m*

S1099   *e*   suffocating gas
       d   Erstickungsgas *n*
       f   gaz *m* asphyxiant
       i   gas *m* asfissiante
       r   газ *m* удушающего действия

S1100   *e*   suffocation
       d   1. Erdrosselung *f*, Erwürgen *n* 2. Erstickung *f*, Asphyxie *f*
       f   suffocation *f*
       i   soffocamento *m*, asfissia *f*
       r   1. удушение *n* 2. удушье *n*

S1101   *e*   suffocative catarrh
       d   Asthma *n*
       f   asthme *m*
       i   asma *f*
       r   астма *f*

S1102   *e*   sugar
       d   Zucker *m*
       f   sucre *m*
       i   zucchero *m*
       r   сахар *m*

S1103   *e*   sugar-icing liver
       d   Zuckergußleber *f*
       f   foie *m* glacé
       i   fegato *m* a zucchero candito
       r   глазурная печень *f*

S1104   *e*   suggestibility
       d   Suggestibilität *f*
       f   suggestibilité *f*
       i   suggestionabilità *f*
       r   внушаемость *f*

S1105   *e*   suggestion
       d   Suggestion *f*
       f   suggestion *f*
       i   suggestione *f*
       r   внушение *n*, суггестия *f*

S1106   *e*   suggestive (psycho)therapy, suggestive therapeutics
       d   Suggestionstherapie *f*
       f   thérapeutique *f* suggestive
       i   psicoterapia *f* suggestiva
       r   суггестивная психотерапия *f*

S1107   *e*   suggillation
       d   Sugillation *f*, Blutunterlaufung *f*
       f   suffusion *f*, ecchymose *f*
       i   ecchimosi *f*, lividura *f*
       r   кровоподтёк *m*, синяк *m*

S1108   *e*   suicide
       d   1. Selbstmord *m* 2. Selbstmörder *m*
       f   1. suicide *m* 2. suicidé *m*
       i   1. suicidio *m* 2. suicida *m*, *f*
       r   1. самоубийство *n* 2. самоубийца *f*, *m*

S1109   *e*   sulcomarginal tract
       d   tektospinaler Trakt *m*
       f   faisceau *m* tecto-spinal
       i   fascio *m* tetto-spinale
       r   покрышечно-спинномозговой [тектоспинальный] путь *m*

S1110   *e*   sulcus
       d   1. Falte *f* 2. Sulcus *m*, Furche *f*, Rinne *f*
       f   1. pli *m* 2. sillon *m*
       i   1. piega *f* 2. solco *m*
       r   1. складка *f* 2. борозда *f*

S1111   *e*   sulfatase
       d   Sulfatase *f*
       f   sulfatase *f*
       i   solfatasi *f*
       r   сульфатаза *f*, сульфоэстераза *f*

S1112   *e*   sulfhemoglobin *see* sulfmethemoglobin

S1113   *e*   sulfhydryl
       d   Sulfhydrylgruppe *f*
       f   sulfhydryle *m*
       i   solfidrile *m*
       r   сульфгидрильная группа *f*

S1114   *e*   sulfmethemoglobin
       d   Sulfhämoglobin *n*

	f	sulfhémoglobine *f*
	i	solfometemoglobina *f*
	r	сульфгемоглобин *m*

S1115 *e* **sullen rabies**
    d Lähmungswut *f*
    f rage *f* paralytique
    i rabbia *f* paralitica
    r паралитическое [«тихое»] бешенство *n*

S1116 *e* **summation of stimuli**
    d Erregungssummation *f*
    f sommation *f* des excitations réflexes
    i sommazione *f* dei stimoli
    r суммация *f* возбуждения

S1117 *e* **summer asthma**
    d Heufieber *n*
    f fièvre *f* des foins, pollinose *f*
    i febbre *f* da fieno, pollinosi *f*
    r поллиноз *m*, сенная лихорадка *f*

S1118 *e* **summer itch**
    d Sommerjucken *n*, Sommerprurigo *f*
    f prurigo *m* estival (de Hutchinson)
    i prurigo *m* estivo
    r летняя [солнечная] почесуха *f*

S1119 *e* **summer rash**
    d Miliaria *f* rubra
    f miliaire *f* rouge
    i miliaria *f* rubra
    r красная [тропическая] потница *f*

S1120 *e* **sunburn**
    d Sonnenbrand *m*
    f érythème *m* solaire
    i eritema *m* solare
    r солнечная эритема *f*

S1121 *e* **sunstroke**
    d Sonnenstich *m*
    f coup *m* de soleil
    i colpo *m* di sole
    r солнечный удар *m*

S1122 *e* **superacidity**
    d Superacidität *f*
    f hyperacidité *f*
    i iperacidità *f*
    r гиперхлоргидрия *f*

S1123 *e* **supercilium**
    d Augenbraue *f*
    f sourcil *m*
    i sopracciglio *m*
    r бровь *f*

S1124 *e* **superego**
    d Superego *n*, Über-Ich *n*
    f super-ego *m*
    i superego *m*
    r супер-эго *m*

S1125 *e* **superexcitation**
    d Übererregung *f*
    f superexcitation *f*
    i ipereccitazione *f*
    r перевозбуждение *n*

S1126 *e* **superficial ectoderm**
    d Oberflächenektoderm *n*
    f ectoderme *n* cutané
    i ectoderma *m* superficiale [epiteliale]
    r кожная эктодерма *f*

S1127 *e* **superficial fascia**
    d Oberflächenfaszie *f*
    f fascia *m* superficiel
    i fascia *f* superficiale
    r поверхностная фасция *f*

S1128 *e* **superficial pustular perifolliculitis**
    d Impetigo *f* Bockhart, Ostiofollikulitis *f*
    f impétigo *m* circumpilaire, impétigo *m* de Bockhart
    i impetigine *f* follicolare di Bockhart
    r стафилококковое импетиго *n*, поверхностный стафилококковый фолликулит *m*, импетиго *m* Боккхарта

S1129 *e* **superinvolution**
    d Superinvolution *f* (der Gebärmutter)
    f superinvolution *f* d'utérus
    i iperinvoluzione *f*
    r суперинволюция *f* матки

S1130 *e* **superior colliculus**
    d oberer Hügel *m* der Vierhügelplatte
    f colliculus *m* supérieur
    i collicolo *m* superiore
    r верхний холмик *m* четверохолмия

S1131 *e* **superior radioulnar joint**
    d oberes Speichenellengelenk *n*
    f articulation *f* radio-cubitale supérieure
    i articolazione *f* radioulnare prossimale
    r проксимальный лучелоктевой сустав *m*

S1132 *e* **superior strait**
    d obere Beckenenge *f*, Beckeneingang *m*
    f détroit *m* supérieur du bassin
    i apertura *f* superiore della pelvi
    r верхняя апертура *f* таза, тазовый вход *m*

S1133 *e* **superior tibiofibular joint**
    d Schien-Wadenbeingelenk *n*
    f articulation *f* péronéo-tibiale supérieure
    i articolazione *f* tibiofibulare superiore
    r большеберцово-малоберцовый сустав *m*

S1134 *e* **supernumerary organ**
    d akzessorisches Organ *n*
    f organe *m* accessoire
    i organo *m* accessorio
    r добавочный орган *m*

SUPERNUMERARY PLACENTA

S1135   e   **supernumerary placenta** *see* succenturiate placenta

S1136   e   **supernutrition**
- d   Überernährung *f*, Überfütterung *f*
- f   suralimentation *f*
- i   ipernutrizione *f*
- r   избыточное питание *n*, переедание *n*

S1137   e   **supination**
- d   Supination *f*, Auswärtsdrehung *f*
- f   supination *f*
- i   supinazione *f*
- r   супинация *f*

S1138   e   **supinator**
- d   Supinator *m*
- f   supinateur *m*
- i   supinatore *m*
- r   супинатор *m (мышца)*

S1139   e   **supinator jerk, supinator reflex**
- d   Radialreflex *m*
- f   réflexe *m* radial
- i   riflesso *m* radiale
- r   лучевой рефлекс *m*

S1140   e   **supplemental air**
- d   expiratorisches Reservevolumen *n*
- f   air *m* de réserve, air *m* supplémentaire
- i   volume *m* di riserva espiratoria, VRE
- r   резервный объём *m* выдоха

S1141   e   **supporting cell**
- d   Stützzelle *f*
- f   cellule *f* de sustentation
- i   cellula *f* di sostegno
- r   поддерживающая клетка *f*

S1142   e   **suppository**
- d   Suppositorium *n*
- f   suppositoire *m*
- i   supposta *f*
- r   суппозиторий *m*, свеча *f*

S1143   e   **suppression**
- d   Suppression *f*
- f   suppression *f*
- i   soppressione *f*
- r   подавление *n*; задержка *f*; ингибиция *f*

S1144   e   **suppuration**
- d   Eiterung *f*
- f   suppuration *f*
- i   suppurazione *f*
- r   нагноение *n*, образование *n* гноя

S1145   e   **suppurative arthritis**
- d   Eiterarthritis *f*, Gelenkempyem *n*
- f   arthrite *f* purulente [suppurée]
- i   artrite *f* suppurativa
- r   гнойный артрит *m*, эмпиема *f* сустава

S1146   e   **suppurative cerebritis**
- d   Großhirnabszeß *m*
- f   abcès *m* cérébral
- i   ascesso *m* cerebrale
- r   абсцесс *m* головного мозга

S1147   e   **suppurative nephritis**
- d   suppurative [eitrige] Nephritis *f*
- f   néphrite *f* suppurée
- i   nefrite *f* suppurativa
- r   апостематозный [гнойничковый] нефрит *m*

S1148   e   **suppurative periodontitis**
- d   1. eitrige [purulente] Periodontitis *f* 2. Alveolarpyorrhoe *f*
- f   1. périodontite *f* suppurée 2. pyorrhée *f* alvéolaire
- i   1. periodontite *f* suppurativa 2. piorrea *f* alveolare
- r   1. гнойно-некротический периодонтит *m* 2. пародонтоз *m*, альвеолярная пиорея *f*

S1149   e   **suppurative pleurisy**
- d   suppurative Pleuritis *f*, eitrige Brustfellentzündung *f*
- f   pleurésie *f* purulente
- i   pleurite *f* purulenta
- r   гнойный плеврит *m*, эмпиема *f* плевры

S1150   e   **supra-arytenoid cartilage**
- d   Hörnchenknorpel *m*
- f   cartilage *m* corniculé
- i   cartilagine *f* corniculata
- r   рожковидный хрящ *m*

S1151   e   **suprachorioidea**
- d   Suprachorioidea *f*
- f   suprachoroïde *f*
- i   lamina *f* sopracoroidea
- r   надсосудистая пластинка *f*, супрахориоидея *f*

S1152   e   **supraclavicular fossa**
- d   Supraklavikulargrube *f*
- f   creux *m* sus-claviculaire
- i   fossa *f* sopraclavicolare
- r   надключичная ямка *f*

S1153   e   **supracondylar fracture**
- d   Suprakondylarfraktur *f*
- f   fracture *f* épicondylaire
- i   frattura *f* sopracondiloidea
- r   надмыщелковый перелом *m*

S1154   e   **supramarginal gyrus**
- d   supramarginale Windung *f*
- f   gyrus *m* supramarginal
- i   giro *m* sopramarginale
- r   надкраевая [огибающая] извилина *f*

S1155   e   **supranuclear paralysis**
- d   Supranuklearlähmung *f*

SURGICAL DIATHERMY

- *f* paralysie *f* supranucléaire [pseudo-bulbaire]
- *i* paralisi *f* sopranucleare
- *r* супрануклеарный [надъядерный] паралич *m*

S1156 *e* supraoptic nucleus
- *d* supraoptischer Kern *m*
- *f* noyau *m* supra-optique
- *i* nucleo *m* sopraottico
- *r* надзрительное ядро *n* (*гипоталамуса*)

S1157 *e* supraorbital reflex
- *d* Supraorbitalreflex *m*
- *f* réflexe *m* sus-orbitaire
- *i* riflesso *m* sovraorbitario
- *r* надбровный [надглазничный] рефлекс *m*

S1158 *e* suprapubic cystotomy
- *d* hoher Blasenschnitt *m*
- *f* épicystotomie *f*
- *i* epicistotomia *f*
- *r* высокая цистотомия *f*, эпицистотомия *f*

S1159 *e* suprapubic lithotomy
- *d* suprapubische Lithotomie *f*
- *f* lithotomie *f* sus-pubienne
- *i* litotomia *f* soprapubica
- *r* надлобковое камнесечение *n*

S1160 *e* suprarenal body, suprarenal capsule
- *d* Nebenniere *f*
- *f* glande *f* surrénale
- *i* ghiandola *f* surrenale
- *r* надпочечник *m*

S1161 *e* suprarenal cortex
- *d* Nebennierenrinde *f*
- *f* cortex *m* surrénal
- *i* corteccia *f* surrenale
- *r* корковое вещество *n* надпочечника, кора *f* надпочечника

S1162 *e* suprarenal gland *see* suprarenal body

S1163 *e* suprarenalectomy
- *d* Adrenalektomie *f*, Nebennierenexstirpation *f*
- *f* adrénalectomie *f*
- *i* adrenalectomia *f*
- *r* адреналэктомия *f*, адренэктомия *f*, супраренэктомия *f*

S1164 *e* suprarene *see* suprarenal body

S1165 *e* supraventricular extrasystole
- *d* supraventrikuläre Extrasystole *f*
- *f* extrasystole *f* supraventriculaire
- *i* extrasistole *f* sopraventricolare
- *r* суправентрикулярная [наджелудочковая] экстрасистола *f*

S1166 *e* supravital stain
- *d* Supravitalfärbung *f*
- *f* coloration *f* supravitale
- *i* colorazione *f* sopravitale
- *r* суправитальная окраска *f*

S1167 *e* sura
- *d* Sura *f*, Wade *f*
- *f* mollet *m*
- *i* polpaccio *m*
- *r* икра *f* (*ноги*)

S1168 *e* surdity
- *d* Taubheit *f*
- *f* surdité *f*
- *i* sordità *f*
- *r* глухота *f*

S1169 *e* surdomute
- *d* Taubstumme *m*
- *f* sourd-muet *m*
- *i* sordomuto *m*
- *r* глухонемой *m*

S1170 *e* surexcitation *see* superexcitation

S1171 *e* surface
- *d* Oberfläche *f*
- *f* surface *f*
- *i* superficie *f*
- *r* поверхность *f*

S1172 *e* surface-active agent
- *d* oberflächenaktive Substanz *f*
- *f* agent *m* tensio-actif
- *i* agente *m* tensioattivo
- *r* поверхностно-активное вещество *n*

S1173 *e* surface tension
- *d* Oberflächenspannung *f*
- *f* tension *f* superficielle
- *i* tensione *f* superficiale
- *r* поверхностное натяжение *n*

S1174 *e* surfactant *see* surface-active agent

S1175 *e* surgeon
- *d* Chirurg *m*
- *f* chirurgien *m*
- *i* chirurgo *m*
- *r* хирург *m*

S1176 *e* surgery
- *d* Chirurgie *f*
- *f* chirurgie *f*
- *i* chirurgia *f*
- *r* хирургия *f*

S1177 *e* surgical abdomen
- *d* akutes Abdomen *n*
- *f* abdomen *m* aigu
- *i* addome *m* acuto
- *r* острый живот *m*

S1178 *e* surgical diathermy
- *d* Diathermokoagulation *f*
- *f* diathermocoagulation *f*

	i	diatermocoagulazione *f*
	r	диатермокоагуляция *f*
S1179	*e*	**surgical diphtheria**
	d	Wunddiphtherie *f*
	f	diphtérie *f* des plaies
	i	difterite *f* di piaga
	r	дифтерия *f* раны
S1180	*e*	**surgical kidney**
	d	eitrige Pyelonephritis *f*
	f	pyélonéphrite *f* purulente
	i	pielonefrite *f* purulenta
	r	гнойный пиелонефрит *m*
S1181	*e*	**surgical shock**
	d	Operationsschock *m*
	f	choc *m* post-opératoire
	i	shock *m* postoperatorio
	r	послеоперационный шок *m*
S1182	*e*	**survival**
	d	Überleben *n*
	f	survie *f*
	i	sopravvivenza *f*
	r	выживание *n*
S1183	*e*	**survival time**
	d	Überlebenszeit *f*
	f	temps *m* de survie
	i	tempo *m* di sopravvivenza
	r	срок *m* [длительность *f*] выживания
S1184	*e*	**susceptibility**
	d	Empfänglichkeit *f*; Empfindlichkeit *f*
	f	susceptibilité *f*
	i	suscettibilità *f*
	r	восприимчивость *f*, чувствительность *f* (*к фактору*)
S1185	*e*	**suspended heart**
	d	Tropfenherz *n*
	f	cœur *m* très mobile
	i	cuore *m* sospeso
	r	висячее сердце *n*
S1186	*e*	**suspension**
	d	1. Abbruch *m* 2. Aufhängen *n* 3. Aufschwemmung *f*, Suspension *f*
	f	suspension *f*
	i	1. interruzione *f* 2. sospensione *f* di un organo 3. sospensione *f*
	r	1. прекращение *n*, отсрочка *f* 2. подвешивание *n* 3. взвесь *f*, суспензия *f*
S1187	*e*	**suspension laryngoscopy**
	d	Schwebelaryngoskopie *f*
	f	laryngoscopie *f* à tête suspendue
	i	laringoscopia *f* in sospensione
	r	подвесная ларингоскопия *f*
S1188	*e*	**suspensory (bandage)**
	d	Suspensorium *n*, Tragebeutel *m*, Tragebinde *f*
	f	suspensoir *m*
	i	sospensorio *m*
	r	поддерживающая повязка *f*, суспензорий *m*
S1189	*e*	**sustentacular cell**
	d	Stützzelle *f*
	f	cellule *f* de sustentation
	i	cellula *f* di sostegno
	r	поддерживающая клетка *f*
S1190	*e*	**Sutton's disease**
	d	Sutton-Krankheit *f*, Sutton-Nävus *m*, perinävische Vitiligo *f*
	f	nævus *m* de Sutton
	i	malattia *f* di Sutton, vitiligine *f* perinevica
	r	невус *m* Саттона, центробежная приобретённая лейкодерма *f*
S1191	*e*	**sutural bone**
	d	Nahtknochen *m*, Nahtbein *n*
	f	os *m* suturé
	i	osso *m* suturale
	r	шовная кость *f*
S1192	*e*	**sutural cataract**
	d	Nahtstar *m*, Sternstar *m*, Sternkatarakt *f*
	f	cataracte *f* stellaire
	i	cateratta *f* suturale
	r	звездчатая катаракта *f*, катаракта *f* хрусталикового шва
S1193	*e*	**suture**
	d	1. Naht *f* 2. Nahtmaterial *n* 3. Nähen *n*
	f	1. suture *f* 2. matériel *m* de suture 3. 4. suturation *f*
	i	1. sutura *f* 2. materiale *m* di sutura 3. suturazione *f*
	r	1. (хирургический) шов *m* 2. шовный материал *m* 3. наложение *n* шва
S1194	*e*	**swab**
	d	Tupfer *m*, Tampon *m*
	f	tampon *m*
	i	tampone *m*, zaffo *m*
	r	тампон *m* (на палочке)
S1195	*e*	**swallowing reflex**
	d	Schluckreflex *m*
	f	réflexe *m* de déglutition
	i	riflesso *m* della deglutizione
	r	глотательный рефлекс *m*
S1196	*e*	**sweat**
	d	Schweiß *m*
	f	sueur *f*
	i	sudore *m*
	r	пот *m*
S1197	*e*	**sweat duct** *see* **sudoriferous duct**
S1198	*e*	**sweat gland** *see* **sudoriferous gland**

S1199 e swelling
 d 1. Geschwulst *f*, Tumor *m*
  2. Schwellung *f*, Anschwellen *n*
 f 1. tuméfaction *f* 2. gonflement *m*
 i 1. gonfiore *m*, tumefazione *f*
  2. edema *m*
 r 1. опухоль *f* 2. набухание *n*

S1200 e Swift's disease
 d Swift-Krankheit *f*
 f acrodynie *f*, maladie *f* de Swift-Feer
 i acrodinia *f*, malattia *f* di Swift
 r акродиния *f*, синдром *m* Свифта

S1201 e swimmer's itch
 d Schwimmerkrätze *f*
 f ankylostomiase *f* [ankylostomose *f*, ankylostomasie *f*] cutanée
 i prurito *m* del nuotatore
 r 1. кожный анкилостомоз *m* 2. шистосомный дерматит *m*; водный кожный зуд *m*

S1202 e swimming pool conjunctivitis
 d Schwimmbadkonjunktivitis *f*
 f conjonctivite *f* type «piscine» [à inclusions]
 i congiuntivite *f* da piscina
 r конъюнктивит *m* с включениями, бассейновый конъюнктивит *m*

S1203 e swine erysipelas
 d Schweinerotlauf *m*, Erysipeloid *n* (de Rosenbach)
 f érysipéloïde *f* (de Rosenbach)
 i erisipeloide *f*, malattia *f* dei porci
 r эризипелоид *m*, рожа *f* свиней

S1204 e swoon *see* syncope

S1205 e sycosis
 d Sykose *f*, Bartflechte *f*
 f sycosis *m*
 i sicosi *f*
 r сикоз *m*

S1206 e syllabic speech *see* staccato speech

S1207 e sylviduct
 d Sylvius-Aquädukt *m*
 f aquéduc *m* de Sylvius
 i acquedotto *m* di Silvio
 r водопровод *m* мозга, сильвиев водопровод *m*

S1208 e symbion, symbiont
 d Symbiont *m*
 f symbionte *m*
 i simbionte *m*
 r симбионт *m*

S1209 e symbiosis
 d Symbiose *f*
 f symbiose *f*
 i simbiosi *f*
 r симбиоз *m*

S1210 e symbiote *see* symbion

S1211 e symblepharon
 d Symblepharon *n*, Lidverwachsung *f*
 f symblépharone *m*
 i simblefaro *m*
 r симблефарон *m*

S1212 e symbolophobia
 d Symbolfurcht *f*
 f symbolophobie *f*
 i simbolofobia *f*
 r симболофобия *f*

S1213 e symmelia *see* sirenomelia

S1214 e symmetric acroasphyxia
 d Raynaud-Krankheit *f*, Akroasphyxie *f*
 f maladie *f* de Raynaud
 i acroasfissia *f*, malattia *f* di Raynaud
 r болезнь *f* Рейно

S1215 e sympath(et)ectomy
 d Sympathektomie *f*, Sympathikusresektion *f*
 f sympathectomie *f*
 i simpaticectomia *f*
 r симпатэктомия *f*, десимпатизация *f*

S1216 e sympathetic nervous system
 d sympathisches Nervensystem *n*
 f système *m* nerveux sympathique
 i sistema *m* nervoso simpatico
 r симпатическая часть *f* вегетативной нервной системы, симпатическая нервная система *f*

S1217 e sympathetic ophthalmia
 d sympathische Ophthalmie *f*
 f ophtalmie *f* sympathique
 i oftalmite *f* simpatica
 r симпатическая офтальмия *f*

S1218 e sympathicectomy *see* sympath(et)ectomy

S1219 e sympathicotonia
 d Sympathikotonie *f*
 f sympathicotonie *f*
 i simpaticotonia *f*
 r симпатикотония *f*

S1220 e sympathicotripsy
 d Sympathikusquetschung *f*
 f sympathicotripsie *f*
 i simpaticotripsia *f*
 r симпатикотрипсия *f*

S1221 e sympathism *see* suggestibility

S1222 e sympathoblastoma, sympathogonioma
 d Sympath(ik)oblastom *n*, Sympath(ik)ogoniom *n*
 f neuroblastome *m*, sympathoblastome *m*, sympathogoniome *m*

SYMPATHOLYTIC AGENT

	i	simpaticoblastoma *m*, simpaticogonioma *m*
	r	нейробластома *f*, симпатобластома *f*, симпатогониома *f*
S1223	*e*	**sympatholytic agent**
	d	Sympathikolytikum *n*
	f	sympatholytique *m*
	i	simpaticolitico *m*
	r	симпатолитическое средство *n*, симпат(ик)олитик *m*
S1224	*e*	**sympathomimetic agent**
	d	sympath(ik)omimetisches Mittel *n*, sympathikostimulierendes Mittel *n*
	f	sympathomimétique *m*
	i	simpaticomimetico *m*
	r	адреномиметическое средство *n*, адреномиметик *m*
S1225	*e*	**symphalangism**
	d	Symphalangismus *m*
	f	1. syndactylie *f* 2. symphalangie *f*, doigts *m pl* de Talbot
	i	sinfalangismo *m*
	r	1. синдактилия *f* 2. ортодактилия *f*, симфалангия *f*
S1226	*e*	**symphysiotomy**
	d	Symphysenschnitt *m*, Schambeinfugendurchtrennung *f*
	f	symphyséotomie *f*
	i	sinfisiotomia *f*
	r	симфизиотомия *f*, лонотомия *f*
S1227	*e*	**symphysis**
	d	1. Schambeinfuge *f*, Symphysis *f* pubica 2. Symphyse *f*, Verwachsung *f*
	f	symphyse *f*
	i	sinfisi *f*
	r	1. симфиз *m* 2. сращение *n*
S1228	*e*	**symplast**
	d	Symplast *m*
	f	symplaste *m*
	i	symplast *m*
	r	симпласт *m*
S1229	*e*	**symptom**
	d	Symptom *n*, Zeichen *n*, Kennzeichen *n*, Merkmal *n*
	f	symptôme *m*, signe *m*
	i	sintomo *m*, segno *m*
	r	симптом *m*
S1230	*e*	**symptomatic impotence**
	d	symptomatische Impotenz *f*
	f	impuissance *f* neuroréceptrice
	i	impotenza *f* sintomatica
	r	нейрорецепторная импотенция *f*
S1231	*e*	**symptomatic therapy**
	d	symptomatische Behandlung *f*
	f	thérapie *f* symptomatique
	i	terapia *f* sintomatica
	r	симптоматическая терапия *f*
S1232	*e*	**symptomatic torticollis**
	d	symptomatischer Schiefhals *m*
	f	torticolis *m* myogène
	i	torcicollo *m* reumatico
	r	мышечная кривошея *f*
S1233	*e*	**symptomatic treatment** *see* **symptomatic therapy**
S1234	*e*	**symptomatology**
	d	Symptomatologie *f*, Symptomenlehre *f*, Semiologie *f*
	f	symptomatologie *f*, sémiotique *f*
	i	sintomatologia *f*, semeiotica *f*
	r	семиотика *f*, симптоматология *f*
S1235	*e*	**sympus**
	d	Sympus *m*
	f	sympus *m*
	i	sinmelo *m*
	r	симпус *m*, сиреномелия *f*
S1236	*e*	**synalgia**
	d	Synalgie *f*
	f	synalgie *f*
	i	sinalgia *f*, dolore *m* riferito [trasferito]
	r	1. стражённая боль *f* 2. иррадиирующая боль *f*
S1237	*e*	**synapse**
	d	Synapse *f*
	f	synapse *m*
	i	sinapsi *m*
	r	синапс *m*
S1238	*e*	**synaptic cleft, synaptic trough**
	d	synaptischer Spalt *m*
	f	fente *f* synaptique
	i	spazio *m* intersinaptico
	r	синаптическая щель *f*
S1239	*e*	**synaptic vesicle**
	d	Synapsenbläschen *n*
	f	vésicule *f* synaptique
	i	vescicola *f* sinaptica
	r	(пре)синаптический пузырёк *m*
S1240	*e*	**synarthrodia, synarthrodial joint, synarthrosis**
	d	Synarthrose *f*
	f	synarthrose *f*
	i	sinartrodia *f*, sinartrosi *f*, articolazione *f* immobile
	r	синартроз *m*
S1241	*e*	**synchilis**
	d	Synchilie *f*, Lippenverwachsung *f*
	f	synchéilie *f*
	i	sinchilia *f*
	r	синхейлия *f*, сращение *n* губ
S1242	*e*	**synchondrosis**
	d	Synchondrose *f*, Knorpelfuge *f*
	f	synchondrose *f*

SYNKINESIS

	i	sincondrosi *f*
	r	синхондроз *m*, хрящевое соединение *n*
S1243	*e*	**syncope**
	d	Synkope *f*, Ohnmacht *f*
	f	syncope *f*
	i	sincope *f*
	r	обморок *m*
S1244	*e*	**syncytium**
	d	Synzytium *n*
	f	syncytium *m*
	i	sincizio *m*
	r	синцитий *m*
S1245	*e*	**syndactylia, syndactylism, syndactyly**
	d	Syndaktylie *f*, Fingerverwachsung *f*, Zehenverwachsung *f*
	f	syndactylie *f*
	i	sindattilia *f*
	r	синдактилия *f*, сращение *n* пальцев
S1246	*e*	**syndesmitis**
	d	Syndesmitis *f*
	f	syndesmite *f*
	i	sindesmite *f*
	r	синдесмит *m*
S1247	*e*	**syndesmoplasty**
	d	Sehnenplastik *f*
	f	syndesmoplastie *f*
	i	sindesmoplastica *f*
	r	сухожильная пластика *f*
S1248	*e*	**syndesmorrhaphy**
	d	Sehnennaht *f*
	f	syndesmorraphie *f*
	i	sindesmorrafia *f*
	r	сухожильный шов *m*
S1249	*e*	**syndesmosis**
	d	Syndesmose *f*
	f	syndesmose *f*
	i	sindesmosi *f*
	r	синдесмоз *m*
S1250	*e*	**syndrome**
	d	Syndrom *n*
	f	syndrome *m*
	i	sindrome *f*
	r	синдром *m*
S1251	*e*	**syndrome of approximate relevant answers**
	d	Ganser-Syndrom *n*
	f	syndrome *m* de Ganser
	i	sindrome *f* di Ganser
	r	синдром *m* Ганзера
S1252	*e*	**synechia**
	d	Synechie *f*, Verklebung *f*
	f	synéchie *f*
	i	sinechia *f*
	r	спайка *f*, синехия *f*
S1253	*e*	**synech(i)otome**
	d	Synechiotom *n*
	f	synéchiotome *m*
	i	sinechiotomo *m*
	r	синехиотом *m*
S1254	*e*	**synech(i)otomy**
	d	Synechiotomie *f*, Synechiendurchtrennung *f*
	f	synéchotomie *f*
	i	sinechiotomia *f*
	r	синехотомия *f*
S1255	*e*	**synergia, synergism** see **synergy**
S1256	*e*	**synergist**
	d	Synergist *m*
	f	synergiste *m*
	i	sostanza *f* sinergica
	r	синергист *m*
S1257	*e*	**synergistic muscles** *pl*
	d	Synergisten *m pl*
	f	synergistes *m pl*
	i	muscoli *m pl* sinergistici
	r	мышцы-синергисты *f pl*
S1258	*e*	**synergy**
	d	Synergie *f*
	f	synergie *f*
	i	sinergia *f*
	r	синергизм *m*, синергия *f*
S1259	*e*	**synesthesia**
	d	Synästhesie *f*
	f	synesthésie *f*
	i	sinestesia *f*
	r	синестезия *f*, соощущения *n pl*
S1260	*e*	**synesthesialgia**
	d	schmerzhafte Mitempfindung *f*
	f	synesthésalgie *f*
	i	sinestesia *f* dolorosa
	r	синестезиалгия *f*
S1261	*e*	**syngeneic (homo)graft**
	d	isogenes Transplantat *n*
	f	isotransplantat *m*
	i	isotrapianto *m*
	r	изотрансплантат *m*
S1262	*e*	**syngenesiotransplantation**
	d	Nahverwandtentransplantation *f*
	f	syngénésioplastie *f*, syngénésiotransplantation *f*
	i	trapianto *m* singenetico
	r	близкородственная трансплантация *f*
S1263	*e*	**syngenesis**
	d	geschlechtliche Vermehrung *f*
	f	syngenèse *f*, syngénésie *f*
	i	riproduzione *f* sessuale
	r	половое размножение *n*
S1264	*e*	**synkinesis**

SYNORCH(ID)ISM

	d Synkinese *f*, Mitbewegung *f*
	f syncinésie *f*
	i sincinesia *f*
	r синкинезия *f*
S1265	*e* **synorch(id)ism**
	d Synorchidie *f*
	f synorchidie *f*
	i sinorchidia *f*
	r синорхидия *f*, сращение *n* яичек
S1266	*e* **synost(e)osis**
	d Synostose *f*
	f synostose *f*
	i sinostosi *f*
	r синостоз *m*
S1267	*e* **synotia**
	d Synotie *f*
	f synotie *f*
	i sinotia *f*
	r синотия *f*
S1268	*e* **synovectomy**
	d Synovialektomie *f*
	f synovectomie *f*
	i sinoviectomia *f*
	r синовэктомия *f*
S1269	*e* **synovia, synovial fluid**
	d Synovialflüssigkeit *f*, Gelenkschmiere *f*, Gelenkflüssigkeit *f*
	f synovie *f*, liquide *m* synovial
	i sinovia *f*, liquido *m* sinoviale
	r синовиальная жидкость *f*, синовия *f*
S1270	*e* **synovial membrane**
	d Synovialmembran *f*, Synovialis *f*, Gelenkinnenhaut *f*
	f membrane *f* synoviale
	i membrana *f* sinoviale
	r синовиальная оболочка *f*
S1271	*e* **synovial sarcoma**
	d Synovialissarkom *n*
	f sarcome *m* synovial
	i sarcoma *m* sinoviale
	r синовиальная саркома *f* [саркоэндотелиома *f*], злокачественная синовиома *f*
S1272	*e* **synovial sheath**
	d Synovialscheide *f*
	f gaine *f* synoviale
	i guaina *f* sinoviale
	r синовиальное влагалище *n*
S1273	*e* **synovial tuft**
	d Synovialzotte *f*
	f villosité *f* synoviale
	i villo *m* sinoviale
	r синовиальная ворсинка *f*
S1274	*e* **synovioma**
	d Synoviom *n*
	f synoviome *m*
	i sinovioma *m*
	r синовиома *f*, синовиальная эндотелиома *f*
S1275	*e* **synovitis**
	d Synovitis *f*, Synovialmembranentzündung *f*
	f synovite *f*
	i sinovite *f*
	r синовит *m*
S1276	*e* **syntactical aphasia**
	d syntaktische Aphasie *f*
	f aphasie *f* syntactique
	i afasia *f* sintattica
	r синтаксическая афазия *f*
S1277	*e* **synthetase**
	d Synthetase *f*
	f synthétase *f*
	i sintetasi *f*
	r лигаза *f*, синтетаза *f*
S1278	*e* **syntrophism**
	d Syntrophismus *m*
	f syntrophie *f*
	i sintrofismo *m*
	r синтрофизм *m*
S1279	*e* **synulosis**
	d Vernarbung *f*
	f cicatrisation *f*
	i cicatrizzazione *f*
	r рубцевание *n*
S1280	*e* **syphilid**
	d Syphilid *n*, syphilitischer Hautausschlag *m*
	f syphilide *f*
	i sifiloderma *m*
	r сифилид *m*
S1281	*e* **syphilis**
	d Syphilis *f*, Lues *f*
	f syphilis *f*, luès *f*
	i sifilide *f*, lue *m*
	r сифилис *m*, люэс *m*
S1282	*e* **syphilitic chancre**
	d syphilitischer [harter] Schanker *m*
	f chancre *m* induré, chancre *m* syphilitique
	i ulcera *f* luetica
	r твёрдый шанкр *m*, первичная сифилома *f*
S1283	*e* **syphilitic leukoderma**
	d syphilitisches Leukoderm *n*
	f leucodermie *f* syphilitique, syphilide *f* pigmentaire
	i leucodermia *f* sifilitica
	r сифилитическая лейкодермия *f*, пигментный сифилид *m*
S1284	*e* **syphiloderm, syphiloderma** see syphilid

S1285	e	**syphiloma**
	d	Syphilom *n*
	f	gomme *f* syphilique, syphilome *m* tertiaire
	i	sifiloma *m*
	r	сифилитическая гумма *f*, третичная сифилома *f*
S1286	e	**syphilophobia**
	d	Syphilisfurcht *f*
	f	syphilophobie *f*
	i	sifilofobia *f*
	r	сифилофобия *f*
S1287	e	**syphilophyma** *see* **syphiloma**
S1288	e	**syrigmus**
	d	Ohrenklingen *n*
	f	tinnitus *m*
	i	tintinnio *m*
	r	звон *m* в ушах
S1289	e	**syringadenoma**
	d	Schweißdrüsenadenom *n*
	f	syringoadénome *m*
	i	siringoadenoma *m*
	r	сирингоаденома *f*
S1290	e	**syringe**
	d	1. Spritze *f* 2. Spritzflasche *f*
	f	1. syringue *f* 2. irrigateur *m*
	i	1. siringa *f* 2. irrigatore *m*
	r	1. шприц *m* 2. спринцовка *f*
S1291	e	**syringectomy**
	d	Syringektomie *f*, Fistel(gang)entfernung *f*
	f	syringectomie *f*
	i	siringectomia *f*
	r	иссечение *n* свища
S1292	e	**syringitis**
	d	Syringitis *f*
	f	eustachite *f*, syringite *f*
	i	siringite *f*
	r	евстахиит *m*, тубоотит *m*
S1293	e	**syringobulbia**
	d	Syringobulbie *f*
	f	syringobulbie *f*
	i	siringobulbia *f*
	r	сирингобульбия *f*
S1294	e	**syringocystadenoma**
	d	Syringozystadenom *n*
	f	syringocystadénome *m*
	i	siringocistadenoma *m*
	r	сирингоцистаденома *f*
S1295	e	**syringocystoma**
	d	Syringokystom *n*
	f	syringocystome *m*
	i	siringocistoma *m*
	r	сирингоцистома *f*
S1296	e	**syringoma**
	d	Syringom *n*
	f	syringome *m*
	i	siringoma *m*
	r	сирингома *f*
S1297	e	**syringomyelia**
	d	Syringomyelie *f*
	f	syringomyélie *f*
	i	siringomielia *f*
	r	сирингомиелия *f*
S1298	e	**syringomyelic dissociation**
	d	syringomyelische Empfindungsdissoziation *f*
	f	dissociation *f* syringomyélique
	i	dissociazione *f* siringomielica
	r	диссоциация *f* чувствительности при сирингомиелии
S1299	e	**syringotomy**
	d	Syringotomie *f*
	f	syringotomie *f*
	i	siringotomia *f*
	r	рассечение *n* свища
S1300	e	**syrinx**
	d	Fistel *f*
	f	fistule *f*
	i	fistola *f*
	r	свищ *m*
S1301	e	**systematic anatomy**
	d	deskriptive Anatomie *f*
	f	anatomie *f* descriptive
	i	anatomia *f* sistematica [descrittiva]
	r	описательная анатомия *f*
S1302	e	**systematic vertigo**
	d	Systemschwindel *m*
	f	vertige *m* systémique
	i	vertigine *f* sistemica
	r	системное головокружение *n*
S1303	e	**systematized delusion**
	d	Wahnsystem *n*
	f	délire *m* systématisé
	i	delirio *m* sistemato
	r	систематизированный бред *m*
S1304	e	**systemic circulation**
	d	großer Blutkreislauf *m*
	f	circulation *f* systémique
	i	circolazione *f* sistemica
	r	большой круг *m* кровообращения
S1305	e	**systemic lupus erythematosus**
	d	Lupus *m* erythematosus systemicus
	f	lupus *m* érythémateux systémique
	i	lupus *m* eritematoso sistemico
	r	системная красная волчанка *f*
S1306	e	**systole**
	d	Systole *f*, Herzzusammenziehung *f*, Herzkontraktion *f*
	f	systole *f*
	i	sistole *f*
	r	систола *f* (сердца)

S1307	e	systolic murmur
	d	Systolengeräusch *n*
	f	souffle *m* systolique
	i	soffio *m* sistolico
	r	систолический шум *m*

S1308	e	systolic pressure
	d	systolischer Blutdruck *m*
	f	pression *f* systolique
	i	pressione *f* sistolica
	r	систолическое давление *n*

T

T1	e	tabby-cat striation *see* tiger(lily) heart

T2	e	tabes, tabes dorsalis *see* tabetic neurosyphilis

T3	e	tabetic crisis
	d	tabetische Krise *f*
	f	crise *f* tabétique
	i	crisi *f* tabetica
	r	табетический криз *m*

T4	e	tabetic dissociation
	d	tabetische Empfindungsdissoziation *f*
	f	dissociation *f* tabétique
	i	dissociazione *f* tabetica della sensibilità
	r	диссоциация *f* чувствительности (*при tabes dorsalis*)

T5	e	tabetic neurosyphilis
	d	Tabes *f* dorsalis, syphilitische Rückenmarkschwindsucht *f*
	f	tabès *m* dorsal, ataxie *f* locomotrice progressive
	i	tabe *f* dorsale
	r	сухотка *f* спинного мозга

T6	e	tablet
	d	Tablette *f*
	f	tablette *f*
	i	compressa *f*
	r	таблетка

T7	e	tachistoscope
	d	Tachystoskop *n*
	f	tachistoscope *m*
	i	tachistoscopio *m*
	r	тахистоскоп *m*

T8	e	tachometer
	d	Tachometer *n*
	f	tachymètre *m*, tachomètre *m*
	i	tachimetro *m*
	r	тахометр *m*

T9	e	tachycardia
	d	Tachykardie *f*, Herzfrequenzbeschleunigung *f*
	f	tachycardie *f*
	i	tachicardia *f*
	r	тахикардия *f*

T10	e	tachylalia, tachylogia
	d	Tachylalie *f*
	f	tachylalie *f*
	i	tachilalia *f*, tachilogia *f*, tachifemia *f*
	r	тахилалия *f*, тахифемия *f*, тахифразия *f*

T11	e	tachyphagia
	d	Tachyphagie *f*
	f	tachyphagie *f*
	i	tachifagia *f*
	r	тахифагия *f*

T12	e	tachyphemia, tachyphrasia *see* tachylalia

T13	e	tachyphylaxis
	d	Tachyphylaxie *f*
	f	tachyphylaxie *f*
	i	tachifilassi *f*
	r	тахифилаксия *f*

T14	e	tachypnea
	d	Tachypnoe *f*
	f	tachypnée *f*
	i	tachipnea *f*, polipnea *f*
	r	тахипноэ *n*, полипноэ *n*

T15	e	tachyrhythmia, tachysistole *see* tachycardia

T16	e	tactile agnosia
	d	taktile Agnosie *f*
	f	agnosie *f* tactile
	i	agnosia *f* tattile
	r	тактильная агнозия *f*

T17	e	tactile disk, tactile meniscus
	d	Merkel-Tastscheibe *f*
	f	ménisque *m* tactile, disque *m* de Merkel
	i	menisco *m* tattile, disco *m* di Merkel
	r	осязательный мениск *m*, диск *m* Меркеля

T18	e	tactile sense, taction
	d	Tastsinn *m*, Berührungsempfindlichkeit *f*
	f	tact *m*, toucher *m*, sensibilité *f* tactile
	i	tatto *m*; sensibilità *f* tattile
	r	осязание *n*; тактильная чувствительность *f*

T19	e	tactometer
	d	taktiles Ästhesiometer *n*, Berührungsempfindungsmesser *m*
	f	esthésiomètre *m*
	i	estesiometro *m*
	r	эстезиометр *m*

T20	*e*	taenia *see* tapeworm
T21	*e*	tailor's muscle
	d	Schneidermuskel *m*
	f	muscle *m* couturier
	i	muscolo *m* sartorio
	r	портняжная мышца *f*
T22	*e*	Takayasu's disease
	d	Takayasu-Syndrom *n*, Aortenbogensyndrom *n*
	f	syndrome *m* [maladie *f*] de Takayas(h)u, maladie *f* sans pouls
	i	sindrome *f* [arterite *f*] di Takayasu, malattia *f* senza polso
	r	синдром *m* Такаясу, синдром *m* дуги аорты
T23	*e*	talalgia
	d	Talalgie *f*, Fersenschmerz *m*
	f	talalgie *f*
	i	talalgia *f*
	r	талалгия *f*
T24	*e*	talc
	d	Talk *m*
	f	talc *m*
	i	talco *m*
	r	тальк *m*
T25	*e*	talcosis
	d	Talkose *f*, Talkstaublungenerkrankung *f*
	f	talcose *f*
	i	talcosi *f*
	r	тальсоз *m*
T26	*e*	talipes
	d	Talipes *m*, Klumpfuß *m*
	f	pied *m* bot
	i	piede *m* talo, talismo *m*
	r	косолапость *f*
T27	*e*	talocalcanean joint
	d	Sprungbein-Fersenbein-Gelenk *n*
	f	articulation *f* astragalo-calcanéenne
	i	articolazione *f* astragalo-calcaneale
	r	таранно-пяточный сустав *m*
T28	*e*	tampon
	d	Tampon *m*
	f	tampon *m*
	i	tampone *m*, zaffo *m*
	r	тампон *m*
T29	*e*	tamponade
	d	Tamponade *f*, Ausstopfen *n*
	f	tamponnade *f*
	i	tamponamento *m*
	r	тампонада *f*
T30	*e*	tannin
	d	Tannin *n*
	f	tannin *m*
	i	tannino *m*
	r	таннин *m*
T31	*e*	tape
	d	Band *n*, Streifen *m*
	f	bande *f*
	i	striscia *f*
	r	лента *f*, полос(к)а *f* (*фасции, сухожилия*)
T32	*e*	tapeworm
	d	Bandwurm *m*, Taenia *f*
	f	ténia *m*
	i	verme *m* solitario, tenia *f*
	r	ленточный червь *m*
T33	*e*	taphophobia
	d	Taphophobie *f*
	f	taphophobie *f*
	i	tafofobia *f*
	r	тафофобия *f*
T34	*e*	tapotement
	d	Tapotement *n*, Klopfmassage *f*
	f	tapotage *m*, tapotement *m*
	i	massaggio *m* percussorio
	r	похлопывание *n*, поколачивание *n* (*приём массажа*)
T35	*e*	tapping
	d	1. Tapotement *n*, Klopfmassage *f* 2. Parazentese *f*
	f	1. tapotage *m*, tapotement *m* 2. paracentèse *f*, ponction *f*
	i	1. massaggio *m* percussorio 2. puntura *f*, paracentesi *f*
	r	1. похлопывание *n*, поколачивание *n* (*приём массажа*) 2. парацентез *m*
T36	*e*	tardy epilepsy
	d	Spätepilepsie *f*
	f	épilepsie *f* tardive
	i	epilessia *f* tardiva
	r	поздняя эпилепсия *f*
T37	*e*	target
	d	1. Schießscheibe *f* 2. Fixationspunkt *m*
	f	1. cible *f* nucléaire 2. point *m* de fixation
	i	1. bersaglio *m*, segno *m* 2. punto *m* di fissazione
	r	1. мишень *f* (*в лучевой терапии*) 2. точка *f* фиксации
T38	*e*	target cell
	d	Targetzelle *f*, Kokardenzelle *f*, Schießscheibenzelle *f*
	f	érythrocyte *m* marqué
	i	leptocito *m*, eritrocito *m* a bersaglio
	r	мишеневидный эритроцит *m*
T39	*e*	target-cell anemia
	d	Cooley-Anämie *f*, Schießscheibenzellanämie *f*, Thalassämie *f*
	f	thalassémie *f* (majeure), maladie *f* de Cooley, anémie *f* érythroblastique

	i	talassemia *f*
	r	талассемия *f*, мишеневидно-клеточная анемия *f*

T40 *e* tarry cyst
 d Teerzyste *f*
 f kyste *m* endométrioïde de l'ovaire, kyste *m* chocolat [goudronneux]
 i cisti *f* picea
 r эндометриоидная кистома *f* яичника, дёгтярная киста *f*

T41 *e* tarry stool
 d Teerstuhl *m*, Schwarzdurchfall *m*
 f mélæna *m*
 i melena *f*
 r дёгтеобразный стул *m*, мелена *f*

T42 *e* tarsal arch
 d Augenlidarterienbogen *m*
 f cercle *m* palpébral
 i arco *m* tarsale
 r артериальная дуга *f* века

T43 *e* tarsal bone
 d Fußwurzelknochen *m*
 f os *m* du tarse
 i osso *m* tarsale
 r кость *f* предплюсны

T44 *e* tarsal cartilage
 d Lidknorpel *m*
 f tarse *m* de la paupière
 i lamina *f* tarsale della palpebra
 r хрящ *m* века, тарзальная пластинка *f*

T45 *e* tarsal gland
 d Tarsusdrüse *f*, Meibom-Drüse *f*
 f glande *f* de Meibomius
 i ghiandola *f* tarsale
 r железа *f* хряща века, тарзальная [мейбомиева] железа *f*

T46 *e* tarsectopia, tarsectopy
 d Fußwurzelteilverrenkung *f*
 f tarsectopie *f*
 i sublussazione *f* del tarso
 r подвывих *m* костей предплюсны

T47 *e* tarsitis
 d Tarsitis *f*
 f tarsite *f*
 i tarsite *f*
 r тарзит *m*

T48 *e* tarsoconjunctival gland *see* tarsal gland

T49 *e* tarsometatarsal joint
 d Fußwurzel-Mittelfuß-Gelenk *n*, Lisfranc-Gelenk *n*
 f articulation *f* tarso-métatarsienne, articulation *f* de Lisfranc
 i articolazione *f* tarsometatarsale
 r предплюсно-плюсневый сустав *m*, сустав Лисфранка

T50 *e* tarsus
 d 1. Fußwurzel *f* 2. Lidknorpel *m*
 f tarse *m*
 i 1. tarso *m* 2. tarso *m* palpebrale
 r 1. предплюсна *f* 2. хрящ *m* века

T51 *e* tartar (of the teeth)
 d Zahnstein *m*
 f tartre *m*
 i tartaro *m* dentario
 r зубной камень *m*

T52 *e* taste
 d Geschmack *m*
 f goût *m*
 i gusto *m*
 r вкус *m*

T53 *e* taste bud, taste bulb
 d Geschmacksknospe *f*
 f bourgeon *m* du goût
 i gemma *f* gustativa
 r вкусовая почка *f*

T54 *e* taste cell
 d Geschmackszelle *f*
 f cellule *f* gustative
 i cellula *f* gustativa
 r вкусовая клетка

T55 *e* taste organ
 d Geschmacksorgan *n*
 f organe *m* de goût
 i organo *m* del gusto
 r орган *m* вкуса

T56 *e* tatooing
 d Tätowierung *f*, Tatauierung *f*
 f tatouage *m*
 i tatuaggio *m*
 r татуировка *f*, татуаж *m*

T57 *e* taurine
 d Taurin *n*
 f taurine *f*
 i taurina *f*
 r таурин *m*

T58 *e* taurocholic acid
 d Taurocholsäure *f*
 f acide *m* taurocholique
 i acido *m* taurocolico
 r таурохолевая кислота *f*

T59 *e* taxon
 d Taxon *n*
 f taxon *m*
 i taxon *m*, unità *f* tassonomica
 r таксон *m*, таксономическая единица *f*

T60 *e* Taylor's disease
 d Taylor-Krankheit *f*
 f acrodermatite *f* chronique atrophiante, érythromélie *f*

i eritromelia *f*, sindrome *f* di Taylor
r идиопатическая диффузная атрофия *f* кожи, болезнь *f* Тейлора

T61 *e* **teacher's node**
 d Sängerknötchen *n*
 f nodule *m* des chanteurs
 i nodulo *m* dei cantanti, cordite *f* nodosa
 r узелок *m* на голосовых связках

T62 *e* **tear**
 d Träne *f*
 f larme *f*
 i lacrima *f*
 r слеза *f*

T63 *e* **tear gas**
 d Tränengas *n*, tränentreibendes Gas *n*
 f gaz *m* lacrymogène
 i gas *m* lacrimogeno
 r отравляющее вещество *n* слезоточивого действия, лакриматор *m*

T64 *e* **tear sac**
 d Tränensack *m*
 f sac *m* lacrymal
 i sacco *m* lacrimale
 r слёзный мешочек *m*

T65 *e* **teardrop fracture**
 d Abrißfraktur *f*
 f fracture *f* par rupture
 i frattura *f* da strappamento
 r отрывной перелом *m*

T66 *e* **teardrop heart**
 d Tropfenherz *n*
 f cœur *m* «en goutte»
 i cuore *m* a goccia
 r капельное сердце *n*

T67 *e* **tectospinal tract**
 d tektospinale Bahn *f*
 f faisceau *m* tecto-spinal
 i fascio *m* tetto-spinale
 r покрышечно-спинномозговой [тектоспинальный] путь *m*

T68 *e* **teeth grinding**
 d Bruxismus *m*, Zähneknirschen *n*
 f bruxisme *m*
 i bruxismo *m*, digrignamento *m* dei denti
 r бруксизм *m*, одонтеризм *m*, скрежетание *n* зубами

T69 *e* **teething**
 d Zahnen *n*, Zahndurchbruch *m*, Dentition *f*
 f dentition *f*, éruption *f* dentaire
 i dentizione *f*
 r прорезывание *n* молочных зубов

T70 *e* **tegmental nucleus**
 d roter Kern *m*
 f noyau *m* rouge
 i nucleo *m* rosso
 r красное ядро *n*

T71 *e* **tegmentum**
 d Tegmentum *n*, Hirnhaube *f*
 f tegmentum *m* pontique
 i calotta *f*, tegmento *m*
 r покрышка *f* (среднего мозга *или* моста мозга)

T72 *e* **tegument**
 d Oberhaut *f*
 f tégument *m*
 i tegumento *m*
 r покров *m* тела, кожный покров *m*

T73 *e* **telangioma**
 d Telangiom *n*
 f angiome simple, télangiome *m*
 i angioma *m* capillare
 r гемангиома *f*

T74 *e* **teleangiectasia, teleangiectasis**
 d Teleangiektasie *f*
 f télangiectasie *f*
 i teleangectasia *f*
 r телеангиэктазия *f*

T75 *e* **teleangiectatic fibroma**
 d Angiofibrom *n*, Gefäßfibrom *n*
 f angiofibrome *m*, angiome *m* fibreux
 i angiofibroma *m*
 r ангиофиброма *f*, телеангиэктатическая фиброма *f*

T76 *e* **teleangiectatic wart**
 d Angiokeratom *n*, Blutwarze *f*
 f angiokératome *m*
 i angiocheratoma *m*
 r ангиокератома *f*

T77 *e* **telecardiography**
 d Fernkardiographie *f*
 f télé(électro)cardiographie *f*
 i telecardiografia *f*
 r телекардиография *f*

T78 *e* **telemetry**
 d Telemetrie *f*, Fernmessung *f*
 f télémétrie *f*
 i telemetria *f*
 r телеметрия *f*, телеметрический контроль *m*

T79 *e* **teleradiography**
 d Teleröntgenographie *f*
 f téléradiographie *f*
 i teleradiografia *f*
 r телерентгенография *f*

T80 *e* **telereceptor**
 d Fernrezeptor *m*
 f téléricepteur *m*
 i telecettore *m*

TELEROENTGENOGRAPHY

	r	дистантный рецептор m, телерецептор m
T81	e	teleroentgenography see teleradiography
T82	e	teleroentgentherapy
	d	Teleröntgentherapie f, Röntgenfernbestrahlung f
	f	téléradiothérapie f
	i	teleroentgenterapia f
	r	телерентгенотерапия f
T83	e	telocentric chromosome
	d	telozentrisches Chromosom n
	f	chromosome m télocentrique
	i	cromosoma m telocentrico
	r	телоцентрическая хромосома f
T84	e	telophase
	d	Telophase f
	f	télophase f
	i	telofase f
	r	телофаза f
T85	e	telophragma
	d	Telophragma n
	f	télophragme m
	i	telofragma m
	r	телофрагма f, линия f T, полоска f Z
T86	e	temperament
	d	Temperament n
	f	tempérament m
	i	temperamento m
	r	темперамент m
T87	e	temperature
	d	Temperatur f
	f	température f
	i	temperatura f
	r	температура f
T88	e	temperature sense see thermoesthesia
T89	e	template ribonucleinic acid
	d	Informationsribonukleinsäure f
	f	acide m ribonucléique messager
	i	acido m ribonucleico messaggero
	r	информационная [матричная] рибонуклеиновая кислота f
T90	e	temple
	d	Schläfe f
	f	tempe f
	i	tempia f
	r	висок m
T91	e	temporal arteritis
	d	Temporalarteriitis f, Riesenzellenarteriitis f
	f	artérite f temporale
	i	arterite f temporale [craniale, a cellule giganti]
	r	гигантоклеточный [гранулематозный, височный] артериит m
T92	e	temporal fossa
	d	Schläfengrube f
	f	fosse f temporale
	i	fossa f temporale
	r	височная ямка f
T93	e	temporal lobe
	d	Gehirnschläfenlappen m
	f	lobe m temporal
	i	lobo m temporale
	r	височная доля f головного мозга
T94	e	temporary callus
	d	vorläufige [provisorische] Knochenschwiele f
	f	cal m provisoire
	i	callo m provvisorio
	r	провизорная костная мозоль f
T95	e	temporary filling
	d	vorläufige Füllung f
	f	plombage m temporaire
	i	otturazione f provvisoria
	r	временная пломба f
T96	e	temporary parasite
	d	temporärer Schmarotzer m
	f	parasite m temporaire
	i	parassita m temporaneo
	r	временный паразит m
T97	e	temporary teeth pl
	d	Milchzähne m pl
	f	dents f pl temporaires
	i	denti m pl decidui
	r	молочные зубы m pl
T98	e	temporomandibular articulation, temporomandibular joint
	d	Kiefergelenk n
	f	articulation f temporo-mandibulaire
	i	articolazione f temporomandibolare
	r	(височно-)нижнечелюстной сустав m
T99	e	temporomandibular syndrome
	d	Mandibulargelenksyndrom n
	f	syndrome m de Costen
	i	sindrome f di Costen, artrosi f temporomandibolare
	r	синдром m Костена, синдром m артроза височно-нижнечелюстного сустава
T100	e	temporopontine tract
	d	Schläfenbein-Brückenbahn f
	f	faisceau m temporo-pontin [de Türck]
	i	fascio m di Türck [temporopontino]
	r	височно-мостовой путь m, пучок m Тюрка
T101	e	tenaculum

	d	scharfes Häckchen *n*
	f	tenaculum *m*
	i	uncino *m*
	r	(острый) крючок *m*
T102	*e*	**tenalgia**
	d	Tenalgie *f*, Sehnenschmerz *m*
	f	ténalgie *f*
	i	tenalgia *f*, dolore *m* tendineo
	r	теналгия *f*, боль *f* в сухожилии
T103	*e*	**tender zone**
	d	Head-Zone *f*
	f	zone *f* de Head
	i	zona *f* di Head
	r	зона *f* (Захарьина—)Геда
T104	*e*	**tendinous arch**
	d	Sehnenbogen *m*
	f	arcade *f* tendineuse
	i	arcata *f* tendinea
	r	сухожильная дуга *f*
T105	*e*	**tendinous intersection**
	d	quere Sehnenstreife *f*
	f	intersection *f* tendineuse
	i	intersezione *f* tendinea
	r	сухожильная перемычка *f*
T106	*e*	**tendolysis**
	d	Tendolyse *f*
	f	ténolyse *f*
	i	tenolisi *f*
	r	тенолиз *m*
T107	*e*	**tendon**
	d	Tendo *m*, Sehne *f*
	f	tendon *m*
	i	tendine *m*
	r	сухожилие *n*
T108	*e*	**tendon reflex**
	d	Sehnenreflex *m*
	f	réflexe *m* tendineux
	i	riflesso *m* tendineo
	r	сухожильный рефлекс *m*
T109	*e*	**tendon sheath**
	d	Sehnenscheide *f*
	f	gaine *f* tendineuse
	i	guaina *f* tendinea
	r	влагалище *n* сухожилия
T110	*e*	**tenectomy**
	d	Tenektomie *f*, Sehnenentfernung *f*
	f	ténectomie *f*
	i	tenectomia *f*
	r	резекция *f* сухожилия
T111	*e*	**tenesmus**
	d	Tenesmus *m*, schmerzhafter Stuhldrang *m*
	f	ténesmes *m pl*
	i	tenesmo *m*
	r	тенезмы *pl*
T112	*e*	**tenia** *see* **tapeworm**
T113	*e*	**teniasis**
	d	Bandwurmbefall *m*
	f	téniase *f*
	i	teniasi *f*
	r	тениоз *m*
T114	*e*	**tennis elbow**
	d	Tennisellenbogen *m*, Ellenbogenepikondylitis *f*
	f	épicondylite *f* humérale
	i	epicondilite *f* omerale
	r	теннисный локоть *m*, лучеплечевой бурсит *m*
T115	*e*	**tenodynia** *see* **tenalgia**
T116	*e*	**tenolysis** *see* **tendolysis**
T117	*e*	**Tenon's capsule, Tenon's membrane**
	d	Tenon-Kapsel *f*
	f	capsule *f* de Tenon
	i	capsula *f* del Tenone, fascia *f* [capsula *f*] del bulbo
	r	тенонова капсула *f*
T118	*e*	**tension pneumothorax**
	d	Spannungspneumothorax *m*
	f	pneumothorax *m* suffocant [à soupape]
	i	pneumotorace *m* iperteso [a valvola]
	r	напряжённый клапанный пневмоторакс *m*
T119	*e*	**tentative diagnosis**
	d	vorläufige Diagnose *f*
	f	diagnostic *m* de probabilité
	i	diagnosi *f* provvisorio
	r	предварительный диагноз *m*
T120	*e*	**teratoblastoma** *see* **teratoid tumor**
T121	*e*	**teratogenesis, teratogeny**
	d	Teratogenese *f*
	f	tératogenèse *f*
	i	teratogenesi *f*
	r	тератогенез *m*
T122	*e*	**teratoid tumor, teratoma**
	d	Teratom *n*
	f	tératome *m*, tumeur *f* tératoïde
	i	teratoma *m*, tumore *m* teratoide
	r	тератома *f*, эмбриоцитома *f*
T123	*e*	**teratosis**
	d	Fehlbildung *f*, Mißbildung *f*
	f	monstruosité *f*
	i	teratosi *f*, mostruosità *f*
	r	уродство *n*
T124	*e*	**terebration**
	d	1. Trepanation *f*, Schädelbohrung *f* 2. bohrender [durchdringender] Schmerz *m*
	f	1. trépanation *f* 2. douleur *f* térébrante

	i	1. trapanazione *f* 2. dolore *m* terebrante
	r	1. трепанация *f* 2. сверлящая боль *f*
T125	*e*	**terminal bronchiole**
	d	Terminalbronchiole *f*
	f	bronchiole *f* terminale
	i	bronchiolo *m* terminale
	r	конечная бронхиола *f*
T126	*e*	**terminal endocarditis**
	d	terminale Endokarditis *f*
	f	endocardite *f* terminale
	i	endocardite *f* terminale
	r	терминальный эндокардит *m*
T127	*e*	**terpene**
	d	Terpen *n*
	f	terpène *m*
	i	terpene m
	r	терпен *m*
T128	*e*	**tertian malaria**
	d	Tertiana *f*, Dreitagefieber *n*
	f	fièvre *f* tierce
	i	malaria *f* terzana
	r	трёхдневная малярия *f*
T129	*e*	**tertiary syphilis**
	d	tertiäre Syphilis *f*
	f	syphilis *f* tertiaire
	i	sifilide *f* terziaria
	r	третичный сифилис *m*
T130	*e*	**tessellated fundus, tessellated retina**
	d	Fundus *m* oculi tabulatus
	f	rétinopathie *f* pigmentaire, rétinite *f* pigmentaire
	i	retinite *f* pigmentosa, fundus *m* a mosaico
	r	паркетное глазное дно *n*
T131	*e*	**test**
	d	Test *m*; Probe *f*; Prüfung *f*
	f	test *m*, épreuve *f*
	i	prova *f*, esame *m*, test *m*
	r	проба *f*, тест *m*, испытание *n*
T132	*e*	**test meal**
	d	Probemahlzeit *f*, Probefrühstück *n*
	f	repas *m* d'épreuve
	i	pasto *m* di prova
	r	пробный завтрак *m*
T133	*e*	**testicle** *see* **testis**
T134	*e*	**testicular cord**
	d	Samenstrang *m*
	f	cordon *m* spermatique
	i	funicolo *m* spermatico
	r	семенной канатик *m*
T135	*e*	**testicular duct**
	d	Samenleiter *m*
	f	canal *m* déférent
	i	dotto *m* deferente
	r	семявыносящий проток *m*
T136	*e*	**testicular feminization syndrome**
	d	testikuläre Feminisierung *f*
	f	féminisation *f* testiculaire
	i	sindrome *f* da femminilizzazione testicolare
	r	синдром *m* тестикулярной феминизации, тестикулярная феминизация *f*
T137	*e*	**testis**
	d	Testis *m*, Hoden *m*, Orchis *m*, Didymus *m*
	f	testicule *m*
	i	testicolo *m*
	r	яичко *n*
T138	*e*	**testosterone**
	d	Testosteron *n*
	f	testostérone *f*
	i	testosterone *m*
	r	тестостерон *m*
T139	*e*	**test tube**
	d	Teströhrchen *n*, Prüfglas *n*, Probierröhrchen *n*
	f	éprouvette *f*
	i	provetta *f*
	r	пробирка *f*
T140	*e*	**test-tube insemination**
	d	künstliche Befruchtung *f*
	f	fécondation *f* artificielle
	i	fertilizzazione *f* in vitro, fecondazione *f* artificiale
	r	искусственное оплодотворение *n*
T141	*e*	**tetanic contraction** *see* **tetanic convulsion**
T142	*e*	**tetanic convulsion**
	d	tonischer Krampf *m*
	f	convulsion *f* tonique
	i	convulsione *f* tetanica
	r	тоническая судорога *f*
T143	*e*	**tetanin** *see* **tetanotoxin**
T144	*e*	**tetanoid paraplegia**
	d	spastische [tetanusartige] Paraplegie *f*
	f	paraplégie *f* spasmodique
	i	paraplegia *f* spastica
	r	спастический парапарез *m*
T145	*e*	**tetanotoxin**
	d	Tetanustoxin *n*
	f	tétanotoxine *f*, tétanine *f*
	i	tossina *f* tetanica
	r	столбнячный токсин *m*
T146	*e*	**tetanus**
	d	1. Tetanus *m*, Wundstarrkrampf *m*, Starrkrampf *m* 2. Tetanus *m*, Muskelkrampf *m*

THERAPEUTICS

  f tétanos *m*
  i tetano *m*
  r 1. столбняк *m* 2. тетанус *m*, тетаническое сокращение *n*

T147 *e* **tetany**
  d Tetanie *f*, Krampfkrankheit *f*
  f tétanie *f*
  i tetania *f*
  r тетания *f*

T148 *e* **tetartanopia, tetartanopsia**
  d Quadrantenhemianopsie *f*
  f tétartanopsie *f*
  i tetartanopsia *f*
  r квадрантная гемианопсия *f*

T149 *e* **tetrad of Fallot**
  d Fallot-Tetralogie *f*
  f tétrade *f* de Fallot
  i tetrade *f* [tetralogia *f*] di Fallot
  r тетрада *f* Фалло

T150 *e* **tetraiodothyronine** *see* **thyroxin(e)**

T151 *e* **tetraplegia**
  d Tetraplegie *f*
  f tétraplégie *f*
  i tetraplegia *f*, quadriplegia *f*
  r тетраплегия *f*, квадриплегия *f*

T152 *e* **text blindness**
  d Wortblindheit *f*, Alexie *f*
  f cécité *f* verbale
  i alessia *f*, cecità *f* verbale
  r вербальная алексия *f*, вербальная слепота *f*

T153 *e* **thalamic brain**
  d Zwischenhirn *n*
  f cerveau *m* intermédiaire, diencéphale *m*
  i diencefalo *m*
  r промежуточный мозг *m*

T154 *e* **thalamic syndrome**
  d Thalamussyndrom *n*
  f syndrome *m* thalamique
  i sindrome *f* talamica [di Déjerine-Roussy]
  r синдром *m* зрительного бугра, таламический синдром *m*, синдром *m* Дежерина—Русси

T155 *e* **thalamocele** *see* **third ventricle**

T156 *e* **thalamotomy**
  d Thalamotomie *f*, Thalamusschnitt *m*
  f thalamotomie *f*
  i talamotomia *f*
  r таламотомия *f*

T157 *e* **thalamus**
  d Thalamus *m*, Sehhügel *m*
  f thalamus *m*

  i talamo *m*
  r таламус *m*, зрительный бугор *m*

T158 *e* **thalass(an)emia** *see* **target-cell anemia**

T159 *e* **thamuria**
  d Pollakisurie *f*, häufiger Harndrang *m*
  f pollakiurie *f*
  i pollachiuria *f*
  r поллакиурия *f*, тамурия *f*

T160 *e* **thanatology**
  d Thanatologie *f*
  f thanatologie *f*
  i tanatologia *f*
  r танатология *f*

T161 *e* **thanatophobia**
  d Thanatophobie *f*, Angst *f* vor dem Tod
  f thanatophobie *f*
  i tanatofobia *f*
  r танатофобия *f*, навязчивый страх *m* смерти

T162 *e* **thecoma**
  d Thekom *n*, Thekazelltumor *m*
  f thécome *m*
  i tecoma *m*
  r текома *f*, текаклеточная опухоль *f*

T163 *e* **thei(ni)sm**
  d Theinvergiftung *f*
  f théisme *m*
  i teismo *m*
  r теизм *m*

T164 *e* **thenar, thenar eminence, thenar prominence**
  d Thenar *m*, Daumenballen *m*
  f thénar *m*
  i tenar *m*
  r возвышение *n* большого пальца, тенар *m*

T165 *e* **therapeutic electrode**
  d aktive Elektrode *f*
  f électrode *f* active
  i elettrodo *m* attivo
  r активный электрод *m*

T166 *e* **therapeutic index**
  d therapeutischer Index *m*
  f index *m* thérapeutique
  i indice *m* terapeutico
  r терапевтический индекс *m*

T167 *e* **therapeutic pneumothorax**
  d therapeutischer Pneumothorax *m*
  f pneumothorax *m* thérapeutique
  i pneumotorace *m* terapeutico
  r лечебный пневмоторакс *m*

T168 *e* **therapeutic ratio** *see* **therapeutic index**

T169 *e* **therapeutics** *see* **therapy**

THERAPEUTIST

T170   *e*   **therapeutist, therapist**
       d   1. Internist *m* 2. Therapeut *m*, behandelnder Arzt *m*
       f   thérapeute *m*
       i   terapeuta *m*
       r   терапевт *m*

T171   *e*   **therapy**
       d   Therapie *f*
       f   thérapie *f*, thérapeutique *f*
       i   terapia *f*
       r   терапия *f*, лечение *n*

T172   *e*   **thermal burn**
       d   Thermalverbrennung *f*
       f   brûlure *f* thermale
       i   bruciatura *f*, ustione *f*
       r   термический ожог *m*

T173   *e*   **thermal sense** *see* **thermoesthesia**

T174   *e*   **thermanalgesia, thermanesthesia**
       d   Thermanästhesie *f*
       f   thermoanesthésie *f*
       i   termoanestesia *f*
       r   терманестезия *f*

T175   *e*   **thermatology** *see* **thermotherapy**

T176   *e*   **thermesthesia** *see* **thermoesthesia**

T177   *e*   **thermic sense** *see* **thermoesthesia**

T178   *e*   **thermocautery**
       d   Thermokaustik *f*
       f   thermocautérisation *f*
       i   termocauterizzazione *f*
       r   термокаустика *f*

T179   *e*   **thermocoagulation**
       d   Thermokoagulation *f*
       f   thermocoagulation *f*
       i   termocoagulazione *f*
       r   термокоагуляция *f*

T180   *e*   **thermocouple**
       d   Thermoelement *n*
       f   thermocouple *m*, couple *m* termoélectrique
       i   termocoppia *f*
       r   термопара *f*, термоэлемент *m*

T181   *e*   **thermoelectric** *see* **thermocouple**

T182   *e*   **thermoesthesia**
       d   Thermästhesie *f*, Temperaturempfindung *f*
       f   thermoesthésie *f*, sensibilité *f* thermique
       i   termoestesia *f*, sensibilità *f* termica
       r   температурная чувствительность *f*

T183   *e*   **thermohyperesthesia**
       d   Temperaturüberempfindlichkeit *f*
       f   thermohyperesthésie *f*
       i   termoiperestesia *f*
       r   термогиперестезия *f*

T184   *e*   **thermohypoesthesia**
       d   Temperaturunterempfindlichkeit *f*
       f   thermohypoesthésie *f*
       i   termoipoestesia *f*
       r   термогипестезия *f*

T185   *e*   **thermojunction** *see* **thermocouple**

T186   *e*   **thermometer**
       d   Thermometer *n*; Fieberthermometer *n*
       f   thermomètre *m*
       i   termometro *m*
       r   термометр *m*

T187   *e*   **thermometry**
       d   Thermometrie *f*; Fiebermessung *f*
       f   thermométrie *f*
       i   termometria *f*
       r   термометрия *f*

T188   *e*   **thermopenetration**
       d   Thermopenetration *f*, Diathermie *f*
       f   diathermie *f*
       i   diatermia *f*
       r   диатермия *f*

T189   *e*   **thermophile**
       d   thermophile Bakterie *f*
       f   bactérie *f* thermophile
       i   batterio *m* termofilo
       r   термофильная бактерия *f*, термофил *m*

T190   *e*   **thermophore**
       d   Thermophor *m*
       f   thermophore *m*
       i   termoforo *m*
       r   термофор *m*

T191   *e*   **thermopile** *see* **thermocouple**

T192   *e*   **thermoreceptor**
       d   Temperaturrezeptor *m*
       f   thermorécepteur *m*
       i   termorecettore *m*
       r   терморецептор *m*, температурный рецептор *m*

T193   *e*   **thermoregulation**
       d   Thermoregulation *f*, Wärmeregulation *f*
       f   thermorégulation *f*
       i   termoregolazione *f*
       r   терморегуляция *f*

T194   *e*   **thermotherapy**
       d   Thermotherapie *f*, Wärmebehandlung *f*
       f   thermothérapie *f*
       i   termoterapia *f*
       r   теплолечение *n*, термотерапия *f*

T195   *e*   **thesaurosis**
       d   Thesaurismose *f*, Speicher(ungs)krankheit *f*
       f   thésaurismose *f*

THREATENED ABORTION

	i	tesaurismosi *f*
	r	болезнь *f* накопления, тезаурисмоз *m*
T196	*e*	**thiamin(e)**
	d	Thiamin *n*, Vitamin *n* B_1, Aneurin *n*
	f	thiamine *f*, vitamine *f* B_1, aneurine *f*
	i	tiamina *f*, vitamina *f* B_1
	r	тиамин *m*, витамин *m* B_1
T197	*e*	**Thiersch's graft, Thiersch's method**
	d	Thiersch-Transplantat *n*
	f	greffe *f* de Thiersch, greffe *f* épidermique
	i	innesto *m* cutaneo secondo Thiersch
	r	кожная пластика *f* по Тиршу
T198	*e*	**thigh**
	d	Oberschenkel *m*, Femur *n*
	f	fémur *m*
	i	femore *m*
	r	бедро *n*
T199	*e*	**thigh bone**
	d	Oberschenkelknochen *m*, Femur *n*
	f	fémur *m*
	i	femore *m*
	r	бедренная кость *f*
T200	*e*	**thigh joint**
	d	Hüftgelenk *n*
	f	articulation *f* coxo-fémorale
	i	articolazione *f* coxofemorale
	r	тазобедренный сустав *m*
T201	*e*	**thinking**
	d	Denken *n*
	f	pensée *f*
	i	pensiero *m*, mentalità *f*
	r	мышление *n*
T202	*e*	**thioalcohol**
	d	Thioalkohol *m*, Merkaptan *n*
	f	mercaptan *m*
	i	tioalcole *m*, mercaptano *m*
	r	меркаптан *m*, тиоспирт *m*
T203	*e*	**thiourea**
	d	Thioharnstoff *m*
	f	thio-urée *f*
	i	tiourea *f*
	r	тиомочевина *f*
T204	*e*	**third tonsil**
	d	Rachenmandel *f*
	f	amygdale *f* pharyngienne
	i	tonsilla *f* faringea
	r	глоточная [третья] миндалина *f*
T205	*e*	**third ventricle**
	d	dritte Hirnkammer *f*
	f	troisième ventricule *m*
	i	terzo ventricolo *m*
	r	третий желудочек *m* (головного мозга)
T206	*e*	**thirst**
	d	Durst *m*
	f	soif *f*
	i	sete *f*
	r	жажда *f*
T207	*e*	**thoracentesis**
	d	Thorakozentese *f*, Brusthöhlenpunktion *f*, Pleurapunktion *f*
	f	thoracentèse *f*
	i	toracentesi *f*
	r	плевроцентез *m*, торакоцентез *m*, плевральная пункция *f*
T208	*e*	**thoracic cage**
	d	Brustkorb *m*
	f	cage *f* thoracique
	i	gabbia *f* toracica
	r	грудная клетка *f*
T209	*e*	**thoracic duct**
	d	Milchbrustgang *m*
	f	canal *m* thoracique
	i	dotto *m* toracico
	r	грудной проток *m*
T210	*e*	**thoracic respiration**
	d	Brustatmung *f*, thorakale Atmung *f*
	f	respiration *f* thoracique
	i	respirazione *f* toracica
	r	грудное дыхание *n*
T211	*e*	**thoracocentesis** *see* thoracentesis
T212	*e*	**thoracograph**
	d	Thorakograph *m*
	f	thoraco(pneumo)graphe *m*
	i	toracografo *m*
	r	торакограф *m*
T213	*e*	**thoracoscopy**
	d	Thorakoskopie *f*
	f	thoracoscopie *f*
	i	toracoscopia *f*
	r	торакоскопия *f*
T214	*e*	**threadworm**
	d	Madenwurm *m*, Springwurm *m*, Pfriemenwurm *m*
	f	oxyure *m* vermiculaire
	i	ossiuro *m*
	r	острица *f*
T215	*e*	**thready pulse**
	d	fadenförmiger Puls *m*
	f	pouls *m* filiforme
	i	polso *m* filiforme
	r	нитевидный пульс *m*
T216	*e*	**threatened abortion**
	d	drohende Fehlgeburt *f*
	f	avortement *m* imminent
	i	aborto *m* imminente
	r	угрожающий аборт *m*

T217 e three day fever
d Dreitagefieber n, Phlebotomus-Fieber n, Pappatacifieber n
f fièvre f de trois jours, fièvre f à pappataci
i febbre f da pappataci [dei tre giorni]
r флеботомная [москитная, трёхдневная] лихорадка f, лихорадка f паппатачи

T218 e threshold
d Schwelle f
f seuil m
i soglia f
r порог m

T219 e threshold of visual sensation
d Sichtschwellenwert m
f seuil m visuel, minimum m visible
i soglia f dello stimolo visivo
r порог m зрительного ощущения

T220 e threshold stimulus
d Schwellenreiz m
f stimulus m liminaire [liminal]
i stimolo m liminale, soglia f di stimolazione
r пороговый раздражитель m

T221 e thrill
d Fremitus m
f frémissement m
i fremito m
r дрожание n (воспринимаемое пальпаторно)

T222 e throat
d Gurgel f
f gorge f
i gola f
r горло n

T223 e throat ring see tonsillar ring

T224 e throbbing
d Pulsation f, Pulsschlag m
f pulsation f
i pulsazione f
r пульсация f

T225 e thrombasthenia
d Thrombasthenie f, Glanzmann-Syndrom n
f thrombasthénie f, maladie f de Glanzmann
i trombastenia f
r болезнь f Гланцманна—Негели, тромбастения f Гланцманна

T226 e thrombectomy
d Thrombektomie f, Blutgerinnselentfernung f
f thrombectomie f
i trombectomia f
r тромбэктомия f

T227 e thrombin
d Thrombin n
f thrombine f
i trombina f
r тромбин m

T228 e thrombocyte
d Thrombozyt m, Blutplättchen n
f thrombocyte m, plaquette f
i trombocito m, piastrina f
r тромбоцит m, кровяная пластинка f

T229 e thrombocytopenia
d Thrombozytopenie f, Blutplättchenmangel m
f thrombocytopénie f
i trombocitopenia f, piastrinopenia f
r тромбоцитопения f, тромбопения f

T230 e thrombocytopenic purpura
d (idiopathische) thrombozytopenische Purpura f
f purpura m thrombocytopénique, purpura m thrombopénique
i porpora f trombocitopenica
r тромбоцитопеническая [геморрагическая] пурпура f

T231 e thrombocytosis
d Thrombozytose f, Thrombozythämie f
f thrombocytose f, thrombocytémie f
i trombocitosi f
r тромбоцитоз m, тромбоцитемия f

T232 e thromboembolism
d Thromboembolie f
f thromboembolie f
i tromboembolia f
r тромбоэмболия f

T233 e thrombokinase see thromboplastin

T234 e thrombopenia see thrombocytopenia

T235 e thrombopenic purpura see thrombocytopenic purpura

T236 e thrombophlebitis
d Thrombophlebitis f
f thrombophlébite f
i tromboflebite f
r тромбофлебит m

T237 e thromboplastin
d Thromboplastin n, Thrombokinase f
f thromboplastine f, thrombokinase f
i tromboplastina f
r тромбопластин m, тромбокиназа f

T238 e thrombosis
d Thrombose f
f thrombose f
i trombosi f
r тромбоз m

T239 e thrombotic microangiopathy see thrombotic thrombocytopenic purpura

THYROID FOLLICLE

T240   e   thrombotic phlegmasia
      d   Leukophlegmasie *f*, Milchphlegmasie *f*
      f   leucophlegmasie *f*
      i   flegmasia *f* alba dolens
      r   белый болевой флебит *m*

T241   e   thrombotic thrombocytopenic purpura
      d   Moschcowitz-Syndrom *n*, thrombotische Mikroangiopathie *f*
      f   purpura *m* thrombocytopénique thrombotique, maladie *f* de Moschcowitz
      i   malattia *f* di Moschcowitz, porpora *f* trombotica trombocitopenica
      r   тромботическая микроангиопатия *f*, болезнь *f* Мошкович

T242   e   thrombus
      d   Thrombus *m*, Blutpfropf *m*
      f   thrombus *m*
      i   trombo *m*
      r   тромб *m*

T243   e   thrush
      d   Soor *m*, Schwämmchen *n*, Stomatomykose *f*
      f   muguet *m*, stomatite *f* crémeuse
      i   moniliasi *f* orale, mughetto *m*
      r   молочница *f*, кандидозный стоматит *m*, стоматомикоз *m*

T244   e   thumb
      d   Daumen *m*, Pollex *m*
      f   pouce *m*
      i   pollice *m*
      r   большой палец *m* кисти

T245   e   thymectomy
      d   Thymektomie *f*, Thymusentfernung *f*
      f   thymectomie *f*
      i   timectomia *f*
      r   тимэктомия *f*

T246   e   thymic alymphoplasia
      d   Thymusaplasie *f*
      f   aplasie *f* du thymus
      i   aplasia *f* del timo
      r   аплазия *f* вилочковой железы

T247   e   thymidine
      d   Thymidin *n*
      f   thymidine *f*
      i   timidina *f*
      r   тимидин *m*

T248   e   thymine
      d   Thymin *n*
      f   thymine *f*
      i   timina *f*
      r   тимин *m*

T249   e   thymitis
      d   Thymitis *f*, Thymusdrüsenentzündung *f*
      f   thymite *f*
      i   timite *f*, infiammazione *f* del timo
      r   воспаление *n* вилочковой железы

T250   e   thymocyte
      d   Thymozyt *m*
      f   thymocyte *m*
      i   timocito *m*
      r   тимоцит *m*

T251   e   thymus (gland)
      d   Thymus *m*, Thymusdrüse *f*
      f   thymus *m*
      i   timo *m*
      r   вилочковая [зобная] железа *f*, тимус *m*

T252   e   thyroadenitis *see* thyroiditis

T253   e   thyrocalcitonin
      d   Thyreokalzitonin *n*
      f   (thyro)calcitonine *f*
      i   tireocalcitonina *f*
      r   (тирео)кальцитонин *m*

T254   e   thyroglossal cyst
      d   Thyreoglossusfistel *f*, Schilddrüsenzungenfistel *f*, mittlere Halsfistel *f*
      f   kyste *m* thyréo-glosse [médian du cou]
      i   cisti *f* tireoglossa
      r   серединная киста *f* шеи

T255   e   thyroglossal duct
      d   Schilddrüsenzungengang *m*
      f   canal *m* thyréo-glosse [de His]
      i   canale *m* tireoglosso
      r   щитовидно-язычный проток *m*, канал *m* Гиса

T256   e   thyroid body *see* thyroid gland

T257   e   thyroid cartilage
      d   Schildknorpel *m*
      f   cartilage *m* thyroïde
      i   cartilagine *f* tiroidea
      r   щитовидный хрящ *m*

T258   e   thyroid crisis
      d   Thyreotoxikose *f*, thyreotoxische Krise *f*
      f   crise *f* thyréotoxique, basedowisme *m* aigu
      i   tempesta *f* tiroidea
      r   тиреотоксический криз *m*

T259   e   thyroid eminence
      d   Adamsapfel *m*
      f   pomme *f* d'Adam
      i   pomo *m* d'Adamo
      r   выступ *m* гортани, адамово яблоко *n*

T260   e   thyroid follicle
      d   Schilddrüsenfollikel *m*
      f   follicule *m* thyroïdien

THYROID GLAND

	i	follicolo *m* tiroideo
	r	фолликул *m* щитовидной железы, тиреоидный фолликул *m*
T261	*e*	**thyroid gland**
	d	Schilddrüse *f*
	f	thyroïde *f*
	i	ghiandola *f* tiroidea
	r	щитовидная железа *f*
T262	*e*	**thyroid hormone**
	d	Schilddrüsenhormon *n*
	f	hormone *f* thyroïdienne
	i	ormone *m* tiroideo
	r	гормон *m* щитовидной железы
T263	*e*	**thyroid insufficiency**
	d	Schilddrüsenunterfunktion *f*, Hypothyreose *f*
	f	hypothyroïdie *f*, hypothyréose *f*
	i	ipotiroidismo *m*
	r	гипотиреоз *m*, гипотиреоидизм *m*
T264	*e*	**thyroid storm** *see* **thyroid crisis**
T265	*e*	**thyroidectomy**
	d	Thyreoidektomie *f*, Schilddrüsenresektion *f*
	f	thyroïdectomie *f*
	i	tiroidectomia *f*
	r	тиреоидэктомия *f*
T266	*e*	**thyroiditis**
	d	Thyreoiditis *f*, Schilddrüsenentzündung *f*
	f	thyroïdite *f*
	i	tiroidite *f*
	r	тиреоидит *m*
T267	*e*	**thyrolingual cyst** *see* **thyroglossal cyst**
T268	*e*	**thyrolingual duct** *see* **thyroglossal duct**
T269	*e*	**thyroprival hypothyroidism**
	d	thyreoprive Schilddrüsenunterfunktion *f*
	f	hypothyroïdie *f* primaire
	i	ipotiroidismo *m* tireoprivo
	r	первичный гипотиреоз *m*
T270	*e*	**thyrotomy**
	d	Thyreotomie *f*
	f	thyrotomie *f*
	i	tirotomia *f*
	r	тиреотомия *f*, рассечение *n* щитовидного хряща
T271	*e*	**thyrotoxic crisis** *see* **thyroid crisis**
T272	*e*	**thyrotoxicosis**
	d	Thyreotoxikose *f*
	f	thyréotoxicose *f*, thyrotoxicose *f*
	i	tireotossicosi *f*
	r	тиреотоксикоз *m*
T273	*e*	**thyrotrop(h)ic hormone, thyrotrop(h)in**
	d	Thyreotropin *n*, schilddrüsenstimulierendes Hormon *n*
	f	hormone *f* thyréotrope, thyrotropine *f*
	i	tireotropina *f*, ormone *m* tireotropo
	r	тиреотропный гормон *m*, тиреотропин *m*
T274	*e*	**thyroxin(e)**
	d	Thyroxin *n*, Tetrajodthyronin *n*
	f	thyroxine *f*
	i	tirossina *f*
	r	тироксин *m*, тетрайодтиронин *m*
T275	*e*	**tibialgia**
	d	Tibialgie *f*, Schienbeinschmerz *m*
	f	tibialgie *f*
	i	tibialgia *f*
	r	боль *f* в большеберцовой кости
T276	*e*	**tibial phenomenon**
	d	Tibialphänomen *n*
	f	phénomène *m* de Strümpell
	i	fenomeno *m* tibiale, segno *m* di Strümpell
	r	тибиальный феномен *m* Штрюмпеля
T277	*e*	**tic**
	d	Tic *m*
	f	tic *m*
	i	tic *m*
	r	тик *m*
T278	*e*	**tick**
	d	Zecke *f*
	f	tique *f*
	i	acaro *m*, zecca *f*
	r	клещ *m*
T279	*e*	**tick fever**
	d	Zeckenfieber *n*
	f	fièvre *f* à tiques
	i	febbre *f* maculosa
	r	клещевая лихорадка *f*
T280	*e*	**tick typhus**
	d	Zeckenrickettsiose *f*
	f	rickettsiose *f* à tiques
	i	tifo *m* da zecche
	r	клещевой риккетсиоз *m*
T281	*e*	**tick-borne ebcephalitis**
	d	Zeckenenzephalitis *f*
	f	encéphalite *f* à tiques [de la taïga]
	i	encefalite *f* da zecche
	r	клещевой энцефалит *m*
T282	*e*	**tic-tac rhytm**
	d	Pendelrhythmus *m*, Embryokardie *f*
	f	rhytme *m* pendulaire, embryocardie *f*
	i	ritmo *m* fetale
	r	маятникообразный [эмбриональный] ритм *m* сердца, эмбриокардия *f*

TOMOGRAPHY

T283   e   tidal air *see* tidal volume

T284   e   tidal respiration
- d   Cheyne-Stokes-Atmung *f*
- f   respiration *f* périodique, respiration *f* de Cheyne-Stokes
- i   respiro *m* di Cheyne-Stokes
- r   дыхание *n* Чейна—Стокса

T285   e   tidal volume
- d   Atmungsvolumen *n*
- f   volume *m* courant
- i   volume *m* corrente
- r   дыхательный объём *m*, глубина *f* дыхания

T286   e   tiger(lily) heart
- d   Tigerherz *n*
- f   cœur *m* tigré
- i   cuore *m* tigrato
- r   тигровое сердце *n*

T287   e   tigroid bodies *pl*
- d   Tigroidsubstanz *f*, Nissl-Körperchen *n pl*
- f   corps *m* tigroïde, corps *m* de Nissl
- i   corpo *m* tigroide, corpuscolo *m* di Nissl
- r   базофильное [тигроидное] вещество *n*

T288   e   tigroid striation *see* tiger(lily) heart

T289   e   Tillaux's disease
- d   fibrozystische Mastopathie *f*
- f   maladie *f* kystique de la mamelle, maladie *f* de Tillaux et Phocas
- i   malattia *f* cistica di Tillaux
- r   кистозно-фиброзная мастопатия *f*

T290   e   tincture
- d   Tinktur *f*
- f   teinture *f*
- i   tintura *f*
- r   настойка *f*

T291   e   tinnitus
- d   Ohrenklingen *n*; Ohrensausen *n*
- f   tinnitus *m*
- i   ronzio *m* auricolare
- r   шум *m* в ушах

T292   e   tip foot
- d   Spitzfuß *m*, Pferdefuß *m*
- f   pied *m* équin
- i   piede *m* di cavallo [equino]
- r   конская стопа *f*

T293   e   tissue
- d   Gewebe *n*
- f   tissu *m*
- i   tessuto *m*
- r   ткань *f*

T294   e   tissue fluid
- d   Gewebeflüssigkeit *f*
- f   liquide *m* de tissu
- i   liquido *m* interstiziale
- r   тканевая жидкость *f*

T295   e   tissue respiration
- d   Gewebsatmung *f*
- f   respiration *f* tissulaire
- i   respirazione *f* tessutale
- r   тканевое дыхание *n*

T296   e   titration
- d   Titrierung *f*, Titration *f*
- f   titrage *m*, titration *f*
- i   titolazione *f*
- r   титрование *n*

T297   e   titubation
- d   schwankender Gang *m*, Stolpern *n*
- f   démarche *f* cérébelleuse, titubation *f*
- i   titubazione *f*
- r   мозжечковая походка *f*, походка *f* пьяного

T298   e   tocodynamograph
- d   Tokodynamograph *m*, Wehen(kurven)schreiber *m*
- f   toco(dynamo)graphe *m*
- i   tocografo *m*
- r   гистерограф *m*, токодинамограф *m*, токограф *m*

T299   e   tocopherol
- d   Tokopherol *n*, Vitamin *n* E
- f   tocophérol *m*, vitamine *f* E
- i   tocoferolo *m*, vitamina *f* E
- r   токоферол *m*, витамин *m* E

T300   e   toe
- d   Zehe *f*
- f   doigt *m* de pied
- i   dito *m* del piede
- r   палец *m* стопы

T301   e   tolerance
- d   Toleranz *f*, Duldsamkeit *f*
- f   tolérance *f*
- i   tolleranza *f*
- r   толерантность, переносимость *f*

T302   e   tolerance dose
- d   maximale Toleranzdosis *f*
- f   dose *f* maximale admissible
- i   dose *f* massima
- r   максимальная переносимая доза *f*

T303   e   tomograph
- d   Tomograph *m*
- f   tomographe *m*
- i   tomografo *m*
- r   томограф *m*

T304   e   tomography
- d   Tomographie *f*, Planigraphie *f*, Stratigraphie *f*
- f   tomographie *f*

TONE

      i tomografia *f*
      r томография *f*, рентгенотомография *f*

T305 *e* **tone**
      d 1. Ton *m* 2. Tonus *m*, Spannung *f*
      f 1. ton *m* 2. tonus *m* musculaire
      i 1. tono *m* 2. tono *m* muscolare
      r 1. тон *m* 2. тонус *m*

T306 *e* **tongue**
      d Zunge *f*
      f langue *f*
      i lingua *f*
      r язык *m*

T307 *e* **tongue bone**
      d Zungenbein *n*
      f os *m* hyoïde
      i osso *m* ioide
      r подъязычная кость *f*

T308 *e* **tongue depressor**
      d Zungenspatel *m*
      f abaisse-langue *m*
      i abbassalingua *f*
      r шпатель *m* для языка

T309 *e* **tongue tie**
      d Ankyloglosson *n*
      f ankyloglossie *f*
      i anchiloglossia *f*
      r анкилоглоссия *f*

T310 *e* **tonic**
      d Tonikum *n*, Kräftigungsmittel *n*
      f tonique *m*
      i tonico *m*
      r тонизирующее средство *n*

T311 *e* **tonic spasm**
      d tonischer Krampf *m*
      f spasme *m* tonique, tonisme *m*
      i spasmo *m* tonico
      r тоническая судорога *f*

T312 *e* **tonography**
      d Tonographie *f*
      f tonographie *f*
      i tonografia *f*
      r тонография *f*

T313 *e* **tonometer**
      d Tonometer *n*
      f tonomètre *m*
      i tonometro *m*
      r тонометр *m*

T314 *e* **tonsil**
      d Tonsille *f*, Mandel *f*
      f tonsille *f*, amygdale *f*
      i tonsilla *f*
      r миндалина *f*

T315 *e* **tonsillar crypt**
      d Mandelkrypte *f*
      f crypte *f* amygdalienne
      i cripta *f* tonsillare
      r крипта *f* миндалины

T316 *e* **tonsillar ring**
      d lymphatischer Rachenring *m*, Waldeyer-Rachenring *m*
      f anneau *m* lymphatique de Waldeyer
      i anello *m* linfatico [di Waldeyer]
      r лимфатическое глоточное [лимфатическое вальдейерово] кольцо *n*

T317 *e* **tonsillectomy**
      d Tonsillektomie *f*, Mandelentfernung *f*
      f tonsillectomie *f*, amygdalectomie *f*
      i tonsillectomia *f*
      r тонзиллэктомия *f*

T318 *e* **tonsillitis**
      d Tonsillitis *f*, Mandelentzündung *f*, Angina *f*
      f tonsillite *f*, amygdalite *f*
      i tonsillite *f*, angina *f*
      r тонзиллит *m*

T319 *e* **tonsillotome**
      d Tonsillotom *n*, Tonsillenmesser *n*
      f tonsillotome *m*, amygdalotome *m*
      i tonsillotomo *m*
      r тонзиллотом *m*

T320 *e* **tonsillotomy**
      d Tonsillotomie *f*
      f tonsillotomie *f*, amygdotomie *f*
      i tonsillotomia *f*
      r тонзиллотомия *f*

T321 *e* **tooth**
      d Zahn *m*, Dens *m*
      f dent *f*
      i dente *m*
      r зуб *m*

T322 *e* **toothache**
      d Zahnschmerz *m*
      f dentalgie *f*
      i mal *m* dei denti, odontalgia *f*
      r зубная боль *f*

T323 *e* **tooth bud, tooth germ**
      d Zahnkeim *m*
      f germe *m* dentaire
      i germe *m* dentario
      r зубной зачаток *m*

T324 *e* **topalgia**
      d Topalgie *f*, örtliche Schmerzempfindung *f*
      f top(o)algie *f*
      i topoalgia *f*
      r топалгия *f*

T325 *e* **topectomy**
      d Topektomie *f*, umschriebene Hirnrindenexzision *f*
      f topectomie *f*

	i	topectomia *f*
	r	топэктомия *f*
T326	*e*	**toper's nose**
	d	Rhinophym *n*, Knollennase *f*, Säufernase *f*, Trinkernase *f*
	f	rhinophyma *m*
	i	rinofima *m*
	r	ринофима *f*, шишковидный [«винный»] нос *m*
T327	*e*	**topesthesia**
	d	Topästhesie *f*
	f	topognosie *f*, topoesthésie *f*
	i	topestesia *f*
	r	чувство *n* локализации, топестезия *f*
T328	*e*	**tophus**
	d	Tophus *m*
	f	tophus *m*
	i	tofo *m*
	r	тофус *m*
T329	*e*	**topognosis** see **topesthesia**
T330	*e*	**topography**
	d	Topographie *f*
	f	topographie *f*
	i	topografia *f*
	r	топография *f*
T331	*e*	**torpor**
	d	Benommenheit *f*
	f	torpeur *f*
	i	torpore *m*
	r	оглушённость *f*, оцепенение *n*
T332	*e*	**torsion**
	d	1., 2. Drehung *f*, Verdrehung *f* 3. Achsendrehung *f*, Torsion *f*
	f	torsion *f*
	i	1. rotazione *f* 2. 3. torsione *f*
	r	1. вращение *n* (*вокруг своей оси*) 2. скручивание *n*, закручивание *n* 3. торсия *f* (*позвонков*)
T333	*e*	**torsion fracture**
	d	Torsionsfraktur *f*, Verdrehungsbruch *m*
	f	fracture *f* par torsion
	i	frattura *f* da torsione
	r	торсионный перелом *m*
T334	*e*	**torsion spasm**
	d	Torsionsspasmus *m*
	f	spasme *m* de torsion
	i	distonìa *f* di torsione
	r	торсионная дистония *f*
T335	*e*	**torso**
	d	Rumpf *m*, Stamm *m*, Truncus *m*
	f	tronc *m*
	i	tronco *m*
	r	туловище *n*

T336	*e*	**torticollis**
	d	Schiefhals *m*
	f	torticolis *m*
	i	torcicollo *m*
	r	кривошея *f*
T337	*e*	**torulosis**
	d	Torulose *f*, Kryptokokkose *f*, europäische Blastomykose *f*
	f	torulose *f*, cryptococcose *f*
	i	torulosi *f*, criptococcosi *f*
	r	криптококкоз *m*, торулёз *m*
T338	*e*	**torus**
	d	Torus *m*, Erhebung *f*
	f	éminence *f*, torus *m*
	i	torus *m*, salienza *f*
	r	возвышение *n*
T339	*e*	**total anesthesia**
	d	totale Anästhesie *f*
	f	anesthésie *f* totale
	i	anestesia *f* totale
	r	потеря *f* всех видов чувствительности
T340	*e*	**total cataract**
	d	totaler Augenstar *m*
	f	cataracte *f* totale
	i	cateratta *f* totale
	r	полная катаракта *f*
T341	*e*	**total hyperopia**
	d	totale Hypermetropie *f*, echte Weitsichtigkeit *f*
	f	hypermétropie *f* totale
	i	iperopia *f* totale
	r	полная [истинная] дальнозоркость *f*
T342	*e*	**total lung capacity**
	d	totale Lungenkapazität *f*
	f	capacité *f* pulmonaire totale
	i	capacità *f* polmonare totale
	r	общая ёмкость *f* лёгких
T343	*e*	**total parenteral nutrition**
	d	totale parenterale Ernährung *f*
	f	nutrition *f* parentérale totale
	i	alimentazione *f* parenterale totale
	r	полное парентеральное питание *n*
T344	*e*	**total peripheral resistance**
	d	allgemeiner [totaler] peripherer Widerstand *m*
	f	résistance *f* périphérique totale
	i	resistenza *f* periferica totale
	r	общее периферическое сопротивление *n* (*сосудов*)
T345	*e*	**total transfusion**
	d	totale [volle] Bluttransfusion *f*
	f	transfusion *f* totale, exsanguino-transfusion *f*
	i	exsanguinotrasfusione *f*
	r	обменное переливание *n* крови, кровезамена *f*

TOUCH

T346 e touch
      d 1. Tastsinn *m*, Tastgefühl *n*
         2. Betasten *n*, Berühren *n*
         3. Palpation *f*, Abfühlen *n*
      f toucher *m*
      i 1. tatto *m* 2. contatto *m*
         3. palpazione *f*
      r 1. осязание *n* 2. прикосновение *n*
         3. ощупывание *n*

T347 e touch corpuscle
      d Tastkörperchen *n*,
         Meissner-Tastkörperchen *n*
      f corpuscule *m* tactile
      i corpuscolo *m* tattile [di Meissner]
      r осязательное тельце *n*

T348 e tourniquet
      d Stauschlauch *m*, Staubinde *f*
      f tourniquet *m*
      i laccio *m* emostatico
      r жгут *m*

T349 e tower skull
      d Turmschädel *m*
      f acrocéphalie *f*
      i acrocefalia *f*, ossicefalia *f*
      r акроцефалия *f*, оксицефалия *f*,
         башенный череп *m*

T350 e toxemia
      d Toxämie *f*, Toxinämie *f*
      f toxémie *f*
      i tossiemia *f*
      r токсемия *f*, токсинемия *f*

T351 e toxemia of pregnancy
      d Schwangerschaftstoxikose *f*
      f toxicose *f* gravidique, gestose *f*
      i tossicosi *f* gravidica
      r токсикоз *m* беременных, гестоз *m*

T352 e toxic insanity
      d Toxinpsychose *f*
      f psychose *f* toxique
      i psicosi *f* tossica
      r интоксикационный психоз *m*

T353 e toxicity
      d Toxizität *f*, Giftigkeit *f*
      f toxicité *f*
      i tossicità *f*
      r токсичность *f*, ядовитость *f*

T354 e toxicoderma, toxicodermatosis
      d Toxidermie *f*
      f toxicodermie *f*, toxidermie *f*
      i tossidermia *f*
      r токсикодермия *f*, токсидермия *f*

T355 e toxicology
      d Toxikologie *f*
      f toxicologie *f*
      i tossicologia *f*
      r токсикология *f*

T356 e toxicomania
      d Toxikomanie *f*, Rauschgiftsucht *f*
      f toxicomanie *f*
      i tossicomania *f*
      r токсикомания *f*

T357 e toxicopathy *see* toxicosis

T358 e toxicophobia
      d Vergiftungsfurcht *f*
      f toxicophobie *f*, toxophobie *f*
      i tossicofobia *f*
      r токсикофобия *f*

T359 e toxicosis
      d Toxikose *f*
      f toxicose *f*
      i tossicosi *f*
      r токсикоз *m*

T360 e toxin
      d Toxin *n*
      f toxine *f*
      i tossina *f*
      r токсин *m*

T361 e toxinemia *see* toxemia

T362 e toxipathy *see* toxicosis

T363 e toxoid
      d Toxoid *n*
      f toxoïde *m*
      i tossoide *m*, anatossina *f*
      r анатоксин *m*, токсоид *m*

T364 e toxonosis *see* toxicosis

T365 e trabecula
      d Trabekel *f*
      f trabécule *f*
      i trabecola *f*
      r трабекула *f*

T366 e trabecular bone
      d Spongiose *f*
      f os *m* spongieux
      i trabecola *f* ossea
      r губчатое вещество *n* кости

T367 e trabecular meshwork, trabecular
         network
      d Trabekulargeflecht *n*,
         Trabekelnetzwerk *n*
      f trabéculum *m* cornéo-scléral
      i rete *f* trabecolare
      r трабекулярная сеть *f*, гребенчатая
         связка *f* радужно-роговичного угла

T368 e trace element
      d Spurenelement *n*
      f élément-trace *m*, micro-élément *m*
      i oligoelemento *m*
      r микроэлемент *m*

T369 e tracer
      d Markierungsatom *n*

TRAGUS

	f atome *m* marqué
	i tracciante *m*
	r меченый атом *m*

T370 *e* trachea
    d Trachea *f*, Luftröhre *f*
    f trachée *f*
    i trachea *f*
    r трахея *f*

T371 *e* tracheal catarrh *see* tracheitis

T372 *e* tracheal fistula
    d Trachealfistel *f*, Luftröhrenfistel *f*
    f fistule *f* trachéale
    i fistola *f* tracheale
    r трахеальный свищ *m*

T373 *e* tracheal tug(ging)
    d Trachealpulsation *f*
    f signe *m* de la trachée, signe *m* d'Oliver-Cardarelli
    i pulsazione *f* della trachea
    r симптом *m* Оливера—Кардарелли

T374 *e* tracheitis
    d Tracheitis *f*, Luftröhrenentzündung *f*
    f trachéite *f*
    i tracheite *f*
    r трахеит *m*

T375 *e* trachelitis
    d Zervizitis *f*
    f cervicite *f*
    i cervicite *f*
    r цервицит *m*

T376 *e* trachelotomy
    d Zervixinzision *f*, Gebärmutterhalsspaltung *f*
    f trachélotomie *f*, cervicotomie *f*
    i trachelotomia *f*, cervicotomia *f*
    r трахелотомия *f*, дисцизия *f* шейки матки

T377 *e* tracheobronchitis
    d Tracheobronchitis *f*
    f trachéobronchite *f*
    i tracheobronchite *f*
    r трахеобронхит *m*

T378 *e* tracheobronchoscopy
    d Tracheobronchoskopie *f*
    f trachéobronchoscopie *f*
    i tracheobroncoscopia *f*
    r трахеобронхоскопия *f*

T379 *e* tracheocele
    d Tracheozele *f*, Luftröhrenbruch *m*
    f trachéocèle *f*
    i tracheocele *m*
    r трахеоцеле *n*, дивертикул *m* трахеи

T380 *e* tracheoscopy
    d Tracheoskopie *f*, Luftröhrenspiegelung *f*
    f trachéoscopie *f*
    i tracheoscopia *f*
    r эндоскопия *f* трахеи

T381 *e* tracheostenosis
    d Tracheostenose *f*, Luftröhreneinengung *f*
    f trachéosténose *f*
    i tracheostenosi *f*
    r трахеостеноз *m*

T382 *e* tracheotomy
    d Tracheotomie *f*, Luftröhrenöffnung *f*
    f trachéotomie *f*
    i tracheotomia *f*
    r трахеотомия *f*

T383 *e* tracheotomy hook
    d Tracheotomiehaken *m*
    f crochet *m* de trachéotomie
    i uncino *m* da tracheotomia
    r трахеотомический крючок *m*

T384 *e* tracheotomy tube
    d Trachealkanüle *f*
    f canule *f* trachéale
    i cannula *f* tracheale
    r трахеотомическая трубка *f* [канюля *f*]

T385 *e* trachoma
    d Trachom *n*, ägyptische Augenkrankheit *f*
    f trachome *m*
    i tracoma *m*
    r трахома *f*

T386 *e* tract
    d 1. Bahn *f* 2. Strang *m*; Bündel *n*
    f 1. tractus *m* 2. faisceau *m*
    i 1. via *f* 2. fascio *m*
    r 1. путь *m* 2. пучок *m*

T387 *e* traction
    d Traktion *f*
    f traction *f*
    i trazione *f*
    r вытяжение *n*; тракция *f*

T388 *e* tractotomy
    d Traktotomie *f*
    f tractotomie *f*
    i trattotomia *f*
    r трактотомия *f*

T389 *e* tragophonia
    d Ägophonie *f*, Tragophonie *f*, Ziegenmeckern *n*
    f égophonie *f*, voix *f* chevrotante
    i egofonia *f*
    r эгофония *f*

T390 *e* tragus
    d Tragus *m*
    f tragus *m*

T391
- *i* trago *m*
- *r* козелок *m* (ушной раковины)

T391
- *e* training machine
- *d* Turngerät *n*
- *f* exerciseur *m*
- *i* attrezzo *m* ginnico
- *r* тренажёр *m*

T392
- *e* trainwheel rhythm
- *d* vierschlägiger Herzrhythmus *m*
- *f* rythme *m* quadrigéminé
- *i* ritmo *m* quadrigemino
- *r* четырёхчленный ритм *m* сердца

T393
- *e* tranquilizer
- *d* Tranquilizer *m*, Beruhigungsmittel *n*, Ataraktikum *n*, Psychosedativum *n*
- *f* tranquillisateur *m*
- *i* sedativo *m*, tranquillante *m*
- *r* транквилизатор *m*, атарактик *m*, атарактическое средство *n*

T394
- *e* transaminase
- *d* Transaminase *f*, Aminotransferase *f*
- *f* transaminase *f*
- *i* transaminasi *f*
- *r* аминотрансфераза *f*, трансаминаза *f*

T395
- *e* transamination
- *d* Transaminierung *f*
- *f* transamination *f*
- *i* transaminazione *f*
- *r* переаминирование *n*, трансаминирование *n*

T396
- *e* transanimation
- *d* Transanimierung *f*
- *f* transanimation *f*
- *i* transanimazione *f*
- *r* оживление *n* (напр. мертворождённого)

T397
- *e* transcervical fracture
- *d* Schenkelhalsbruch *m*
- *f* fracture *f* transcervicale
- *i* frattura *f* transcervicale
- *r* перелом *m* шейки бедра

T398
- *e* transcortical apraxia
- *d* transkortikale Apraxie *f*
- *f* apraxie *f* idéomotrice [transcorticale]
- *i* aprassia *f* transcorticale
- *r* идеокинетическая апраксия *f*

T399
- *e* transection
- *d* Querschnittstrennung *f*
- *f* intersection *f*
- *i* intersezione *f*
- *r* поперечное рассечение *n*, пересечение *n*

T400
- *e* transfer ribonucleinic acid
- *d* Transfer-Ribonukleinsäure *f*
- *f* acide *m* ribonucléique de transfert
- *i* acido *m* ribonucleico di trasporto
- *r* транспортная рибонуклеиновая кислота *f*

T401
- *e* transferase
- *d* Transferase *f*
- *f* transférase *f*
- *i* transferasi *f*
- *r* трансфераза *f*

T402
- *e* transference
- *d* Transfer *m*, Übertragung *f*
- *f* transfert *m*
- *i* transfert *m*, trasferimento *m*
- *r* перенос *m*, трансфер *m*

T403
- *e* transferred ophthalmia
- *d* sympathische Ophthalmie *f*
- *f* ophthalmie *f* sympathique
- *i* oftalmia *f* simpatica
- *r* симпатическая офтальмия *f*

T404
- *e* transferred sensation
- *d* Abbildungsempfindung *f*
- *f* sensation *f* réflexe, sensation *f* référée
- *i* sensazione *f* riferita
- *r* отражённые ощущения *n pl*

T405
- *e* transferrin
- *d* Transferrin *n*
- *f* transferrine *f*
- *i* transferrina *f*
- *r* трансферрин *m*

T406
- *e* transferring enzyme *see* transferase

T407
- *e* transfixion suture
- *d* Durchstichnaht *f*
- *f* suture *f* par transfixion
- *i* sutura *f* per trasfissione
- *r* провизорный гемостатический шов *m*, цепочечный шов *m* Гейденгайна

T408
- *e* transformation
- *d* Transformation *f*, Umwandlung *f*, Umformung *f*
- *f* transformation *f*
- *i* trasformazione *f*
- *r* 1. метаморфоз *m* 2. трансформация *f*

T409
- *e* transfusion
- *d* Transfusion *f*, Blutübertragung *f*
- *f* transfusion *f*
- *i* trasfusione *f*
- *r* переливание *n* крови

T410
- *e* transfusion hepatitis
- *d* Transfusionshepatitis *f*, Hepatitis *f* B
- *f* hépatite *f* sérique [d'inoculation]
- *i* epatite *f* post-trasfusionale [virale di tipo B]
- *r* сывороточный [посттрансфузионный] гепатит *m* B

T411
- *e* transient albuminuria
- *d* transitorische Proteinurie *f*
- *f* albuminurie *f* transitoire

	i	albuminuria *f* transitoria
	r	транзиторная протеинурия *f*
T412	*e*	**transillumination**
	d	Transillumination *f*
	f	transillumination *f*
	i	transilluminazione *f*
	r	трансиллюминация *f*
T413	*e*	**transitional epithelium**
	d	Übergangsepithel *n*
	f	épithélium *m* de transition
	i	epitelio *m* di transizione
	r	переходный эпителий *m*
T414	*e*	**transitory mania**
	d	transitorische Manie *f*, manischer Anfall *m*
	f	folie *f* intermittente
	i	stato *m* maniacale con accessi di breve durata
	r	транзиторная мания *f*
T415	*e*	**translocation**
	d	Translokation *f*
	f	translocation *f*
	i	traslocazione *f*
	r	транслокация *f*
T416	*e*	**translumbar aortography**
	d	paranephrale Aortographie *f*
	f	aortographie *f* translombaire
	i	aortografia *f* translombare
	r	транслюмбальная [паранефральная] аортография *f*
T417	*e*	**transmembrane potential**
	d	Membranpotential *n*
	f	potentiel *m* de membrane
	i	potenziale *m* di membrana
	r	мембранный [трансмембранный] потенциал *m*
T418	*e*	**transmethylation**
	d	Transmethylierung *f*
	f	transméthylation *f*
	i	transmetilazione *f*
	r	трансметилирование *n*, переметилирование *n*
T419	*e*	**transmission**
	d	Transmission *f*, Übertragung *f*
	f	transmission *f*
	i	trasmissione *f*
	r	1. передача *f* инфекции 2. наследственная передача *f* признаков
T420	*e*	**transmural myocardial infarction**
	d	transmuraler Herzinfarkt *m*
	f	infarctus *m* du myocarde transmural
	i	infarto *m* miocardico transmurale
	r	трансмуральный инфаркт *m* миокарда
T421	*e*	**transmutation**
	d	Genenkonversion *f*
	f	transmutation *f*, conversion *f*
	i	trasmutazione *f*
	r	конверсия *f* генов
T422	*e*	**transorbital leukotomy**
	d	transorbitale Leukotomie *f*
	f	leucotomie *f* transorbitale
	i	leucotomia *f* transorbitaria
	r	трансорбитальная лейкотомия *f*
T423	*e*	**transphosphorylation**
	d	Transphosphorylation *f*
	f	transphosphorylation *f*
	i	transfosforilazione *f*
	r	трансфосфорилирование *n*, перефосфорилирование *m*
T424	*e*	**transplant**
	d	Transplantat *n*
	f	transplant *m*, greffe *f*
	i	innesto *m*, trapianto *m*
	r	трансплантат *m*
T425	*e*	**transplantation**
	d	Transplantation *f*, Verpflanzung *f*
	f	transplantation *f*
	i	trapianto *m*
	r	трансплантация *f*
T426	*e*	**transposition**
	d	Transposition, Umstellung *f*
	f	transposition *f*
	i	trasposizione *f*
	r	транспозиция *f*
T427	*e*	**transsexualism**
	d	Transsexualismus *m*
	f	transsexualisme *m*
	i	transessualità *f*
	r	транссексуализм *m*
T428	*e*	**transudation**
	d	Transsudation *f*
	f	transsudation *f*
	i	trasudazione *f*
	r	транссудация *f*
T429	*e*	**transverse colon**
	d	Querkolon *n*
	f	côlon *m* transverse
	i	colon *m* trasverso
	r	поперечная ободочная кишка *f*
T430	*e*	**transversectomy**
	d	Wirbelquerfortsatzentfernung *f*
	f	transversectomie *f*
	i	trasversectomia *f*
	r	резекция *f* поперечного отростка позвонка
T431	*e*	**transverse fornix**
	d	Fornixkommissur *f*
	f	commissure *f* du fornix
	i	commessura *f* del fornice

TRANSVERSE LIE

	r	спайка f свода, гиппокампальная комиссура f
T432	e	transverse lie
	d	Querlage f
	f	présentation f transversale
	i	presentazione f trasversale
	r	поперечное положение n плода
T433	e	transverse myelitis
	d	Querschnittmyelitis f
	f	myélite f transverse
	i	mielite f trasversa
	r	поперечный миелит m
T434	e	transverse presentation see transverse lie
T435	e	transvesti(ti)sm
	d	Transvestitismus m
	f	transvestisme m
	i	transvestitismo m
	r	трансвестизм m
T436	e	trapezium
	d	Trapezium n, Trapezoideum n
	f	trapèze m
	i	trapezio m
	r	трапеция f (кость)
T437	e	trapezoid body
	d	Trapezkörper m
	f	corps m trapézoïde
	i	corpo m trapezoide
	r	трапециевидное тело n
T438	e	trapped placenta
	d	eingeklämmter Mutterkuchen m
	f	placenta m incarcéré
	i	placenta f incarcerata
	r	ущемлённая [инкарцерированная] плацента f
T439	e	Traube's bruit
	d	Traube-Doppelton m
	f	double ton m de Traube
	i	doppio tono m di Traube
	r	двойной тон m Траубе
T440	e	trauma
	d	Trauma n, Verletzung f
	f	trauma m
	i	trauma m
	r	травма f, повреждение n
T441	e	traumatic fever
	d	Wundfieber n
	f	fièvre f traumatique [aseptique]
	i	febbre f traumatica
	r	гнойно-резорбтивная [раневая, токсико-резорбтивная] лихорадка f
T442	e	traumatology
	d	Traumatologie f, Unfall(heil)kunde f
	f	traumatologie f

	i	traumatologia f
	r	травматология f
T443	e	traumatopyra see traumatic fever
T444	e	treatment
	d	1. Behandlung f, Therapie f 2. Krankenpflege f
	f	1. traitement m, thérapie f, thérapeutique f 2. soins m pl
	i	1. trattamento m, terapia f 2. cura f dei malati
	r	1. лечение n, терапия f 2. уход m за больным
T445	e	Treitz's hernia
	d	Treitz-Hernie f, paraduodenaler Bruch m
	f	hernie f de Treitz
	i	ernia f di Treitz [paraduodenale]
	r	парадуоденальная грыжа f, грыжа f Трейтца
T446	e	trematode, trematoid
	d	Trematodum n, Saugwurm m
	f	trématode m
	i	trematode m
	r	трематода f
T447	e	trembling palsy
	d	Schüttellähmung f, Parkinson-Krankheit f
	f	maladie f de Parkinson, paralysie f agitante
	i	morbo m di Parkinson, paralisi f agitante
	r	дрожательный паралич m, болезнь f Паркинсона
T448	e	tremor
	d	Tremor m, Zittern n
	f	trémor m
	i	tremore m
	r	дрожание n, тремор m
T449	e	tremulous iris
	d	Iridodonesis f, Irisschlottern n, Regenbogenhautzittern n
	f	iridodonèse f
	i	iridodonesi f
	r	иридодонез m
T450	e	trench fever
	d	Schützengrabenfieber n, Fünftagefieber n, wolhynisches Fieber n
	f	fièvre f des tranchées, fièvre f de cinq jours, fièvre f de Volhynie
	i	febbre f volinica [delle trincee, quintana]
	r	окопная [волынская, пятидневная пароксизмальная, тибиальная, траншейная] лихорадка f
T451	e	trench foot
	d	Schützengrabenfuß m
	f	pied m de tranchées

TRICHOMYCETOSIS

	i	piede *m* delle trincee
	r	траншейная [окопная] стопа *f*
T452	*e*	trench nephritis
	d	Schützengrabennephritis *f*, Kriegsnephritis *f*
	f	néphrite *f* des tranchées
	i	nefrite *f* delle trincee
	r	окопный [траншейный] нефрит *m*
T453	*e*	trepan *see* trephine
T454	*e*	trepanation, trephination
	d	Trepanation *f*, Schädelbohrung *f*
	f	trépanation *f*
	i	trapanazione *f*
	r	трепанация *f*
T455	*e*	trephine
	d	Trepan *m*, Schädelbohrer *m*
	f	trépan *m*, tréphine *f*
	i	trapano *m*
	r	трепан *m*, трефин *m*
T456	*e*	trepidation *see* tremor
T457	*e*	treponema
	d	Treponema *n*
	f	tréponème *m*
	i	treponema *m*
	r	трепонема *f*
T458	*e*	treponematosis, treponemiasis
	d	Treponematose *f*
	f	tréponématose *f*, tréponémose *f*
	i	treponematosi *f*, treponemiasi *f*
	r	спирохетоз *m*, вызванный трепонемами
T459	*e*	triangular bandage
	d	Dreieckverband *m*
	f	écharpe *f* du bras
	i	fasciatura *f* a fazzoletto
	r	косыночная повязка *f*
T460	*e*	tribadism, tribady
	d	Tribadie *f*; lesbische Liebe *f*
	f	tribadisme *m*
	i	tribadismo *m*
	r	трибадия *f*
T461	*e*	triceps reflex
	d	Trizepsreflex *m*
	f	réflexe *m* tricipital
	i	riflesso *m* del tricipite
	r	разгибательно-локтевой рефлекс *m*, рефлекс *m* с трёхглавой мышцы плеча
T462	*e*	trichiasis
	d	Trichiasis *f*
	f	trichiasis *m*
	i	trichiasi *f*
	r	трихиаз *m*
T463	*e*	trichina, trichina worm, trichinella
	d	Trichine *f*

	f	trichine *f*, *Trichinella*
	i	trichina *f*
	r	трихинелла *f*
T464	*e*	trichinellesis, trichinelliasis, trichiniasis, trichinosis
	d	Trichinose *f*, Trichinellose *f*, Trichinenkrankheit *f*
	f	trichinose *f*
	i	trichinosi *f*
	r	трихинеллёз *m*, трихиноз *m*
T465	*e*	trichobezoar
	d	Trichobezoar *m*, Haargeschwulst *f*
	f	trichobézoard *m*
	i	tricobezoar *m*
	r	трихобезоар *m*, волосяная опухоль *f*
T466	*e*	trichocardia
	d	Zottenherz *n*
	f	trichocardie *f*
	i	cuore *m* villoso
	r	ворсинчатое [волосатое] сердце *n*
T467	*e*	trichoclasia, trichoclasis
	d	Trichoklasie *f*, Haarbrüchigkeit *f*
	f	trichoclasie *f*
	i	tricoclasia *f*, tricorressi *f* nodosa
	r	трихоклазия *f*, трихорексис *m*, хрупкость *f* волос
T468	*e*	trichoesthesia
	d	Haarempfindung *f*
	f	trichoesthésie *f*
	i	tricoestesia *f*
	r	волосковая чувствительность *f*
T469	*e*	trichoglossia
	d	Haarzunge *f*
	f	langue *f* noire villeuse
	i	lingua *f* villosa, tricoglossia *f*
	r	волосатый чёрный язык *m*
T470	*e*	trichoma, trichomatosis
	d	Trichom *n*
	f	trichoma *m*
	i	tricoma *m*, tricomatosi *f*
	r	трихома *f*, колтун *m*
T471	*e*	trichomonas
	d	Trichomonade *f*
	f	*Trichomonas*
	i	Tricomonade *f*
	r	трихомонада *f*
T472	*e*	trichomoniasis
	d	Trichomoniasis *f*, Trichomonose *f*
	f	trichomonase *f*
	i	tricomoniasi *f*
	r	трихомоноз *m*, трихомониаз *m*
T473	*e*	trichomycetosis, trichomycosis
	d	Trichomykose *f*, Haarpilzkrankheit *f*
	f	trichomycose *f*
	i	tricomicosi *f*
	r	трихомикоз *m*

T474	e	**trichophobia**
	d	Trichophobie *f*
	f	trichophobie *f*
	i	tricofobia *f*
	r	трихофобия *f*
T475	e	**trichophytid**
	d	Trichophytid *n*
	f	trichophytide *f*
	i	tricofitide *f*
	r	трихофитид *m*
T476	e	**trichophytin**
	d	Trichophytin *n*
	f	trichophytine *f*
	i	tricofitina *f*
	r	трихофитин *m*
T477	e	**trichophytosis**
	d	Trichophytie *f*, Scherpilzflechte *f*
	f	trichophytie *f*
	i	tricofitosi *f*, tricofizia *f*
	r	трихофития *f*
T478	e	**trichopoliosis**
	d	Haarergrauen *n*
	f	poliose *f*, trichopoliose *f*
	i	poliosi *f*, incanutimento *m*
	r	поседение *n*, трихополиоз *m*
T479	e	**trichorrhexis**
	d	Trichorrhexis *f*, Haarbrüchigkeit *f*
	f	trichorrhexie *f*, trichoptilose *f*
	i	tricorressi *f*
	r	трихорексис *m*
T480	e	**trichosporosis**
	d	Trichosporiose *f*
	f	trichosporie *f*
	i	tricosporosi *f*
	r	трихоспория *f*
T481	e	**trichostrongylosis**
	d	Trichostrongyliasis *f*
	f	trichostrongylose *f*
	i	tricostrongilosi *f*
	r	трихостронгилидоз *m*
T482	e	**trichotillomania**
	d	Trichotillomanie *f*
	f	trichotillomanie *f*
	i	tricotillomania *f*
	r	трихотилломания *f*, трихокриптомания *f*
T483	e	**trichromatopsia**
	d	Trichromasie *f*
	f	trichromatisme *m*, trichromasie *f*
	i	tricromatopsia *f*
	r	трихромазия *f*
T484	e	**trichuriasis**
	d	Trichuriasis *f*, Peitschenwurminfektion *f*
	f	trichocéphalose *f*
	i	tricuriasi *f*
	r	трихоцефалёз *m*, трихиуриаз *m*, трихиуроз *m*
T485	e	**Trichuris**
	d	Peitschenwurm *m*
	f	trichocéphale *m*
	i	tricocefalo *m*
	r	власоглав *m*
T486	e	**tricorn**
	d	Seitenventrikel *m*
	f	ventricule *m* latéral (du cerveau)
	i	ventricolo *m* cerebrale laterale
	r	боковой желудочек *m* головного мозга
T487	e	**tricuspid incompetence, tricuspid insufficiency**
	d	Trikuspidalinsuffizienz *f*
	f	insuffisance *f* tricuspidienne
	i	insufficienza *f* tricuspidale
	r	недостаточность *f* правого предсердно-желудочкового [трикуспидального] клапана
T488	e	**tricuspid orifice**
	d	rechte Atrioventrikularöffnung *f*
	f	orifice *m* tricuspide
	i	orifizio *m* tricuspidale [atrioventricolare destro]
	r	правое предсердно-желудочковое [атриовентрикулярное] отверстие *n*
T489	e	**tricuspid stenosis**
	d	Trikuspidalstenose *f*
	f	sténose *f* tricuspidienne
	i	stenosi *f* tricuspidale
	r	стеноз *m* правого атриовентрикулярного отверстия, трикуспидальный стеноз *m*
T490	e	**tricuspid valve**
	d	Trikuspidalklappe *f*, rechte Atrioventrikularklappe *f*
	f	valvule *f* tricuspide
	i	valvola *f* tricuspide [atrioventricolare destra]
	r	трёхстворчатый [правый предсердно-желудочковый, правый атриовентрикулярный] клапан *m*
T491	e	**trifacial neuralgia** *see* **trigeminal neuralgia**
T492	e	**trigeminal ganglion**
	d	Trigeminusganglion *n*, Gasser-Ganglion *n*
	f	ganglion *m* semi-lunaire (du nerf trijumeau), ganglion *m* de Gasser
	i	ganglio *m* di Gasser [trigeminale]
	r	ганглий *m* тройничного нерва, полулунный ганглий *m*, гассеров узел *m*
T493	e	**trigeminal neuralgia**

TROPHIC GANGRENE

-     *d* Trigeminusneuralgie *f*, Gesichtsneuralgie *f*
-     *f* névralgie *f* essentielle du trijumeau
-     *i* nevralgia *f* del trigemino [trigeminale, facciale]
-     *r* невралгия *f* тройничного нерва, тригеминальная невралгия *f*

T494 *e* **trigeminal rhythm, trigeminy**
-     *d* Trigeminie *f*, Trigeminusrhythmus *m*
-     *f* trigéminisme *m*, rythme *m* trigéminé
-     *i* trigeminismo *m*
-     *r* тригеминия *f*

T495 *e* **trigger finger**
-     *d* springender [federnder] Finger *m*
-     *f* doigt *m* à ressort
-     *i* dito *m* a scatto
-     *r* стенозирующий тендовагинит *m*, пружинящие пальцы *m pl*

T496 *e* **trigger point**
-     *d* Auslöserpunkt *m*
-     *f* point *m* douloureux
-     *i* punto *m* grilletto
-     *r* болевая точка *f*

T497 *e* **trigonocephaly**
-     *d* Trigonozephalie *f*, Dreieckköpfigkeit *f*
-     *f* trigonocéphalie *f*
-     *i* trigonocefalia *f*
-     *r* тригоноцефалия *f*

T498 *e* **trilogy of Fallot**
-     *d* Fallot-Trilogie *f*
-     *f* triade *f* de Fallot
-     *i* trilogia *f* di Fallot
-     *r* триада *f* Фалло

T499 *e* **triphammer pulse**
-     *d* Corrigan-Puls *m*
-     *f* pouls *m* de Corrigan
-     *i* polso *m* di Corrigan
-     *r* пульс *m* Корригена

T500 *e* **triple-hinged wound dilator**
-     *d* dreivalviger Wundspreizer *m*, dreivalviger Wundsperrer *m*
-     *f* écarteur *m*
-     *i* dilatatore *m* a tre battenti
-     *r* трёхстворчатый ранорасширитель *m*

T501 *e* **triple rhythm** *see* **trigeminal rhythm**

T502 *e* **triplegia**
-     *d* Triplegie *f*
-     *f* triplégie *f*
-     *i* triplegia *f*
-     *r* триплегия *f*

T503 *e* **triploid**
-     *d* Triploid *n*
-     *f* triploïde *m*
-     *i* triploide *m*
-     *r* триплоид *m*

T504 *e* **trismus**
-     *d* Trismus *m*, Kaumuskelkrampf *m*
-     *f* trismus *m*
-     *i* trisma *m*
-     *r* тризм *m*

T505 *e* **trisomy D syndrome**
-     *d* Trisomie *f* D
-     *f* trisomie *f* D
-     *i* trisomia *f*
-     *r* трисомия *f* D

T506 *e* **tritanopia**
-     *d* Tritanopie *f*, Blau-Gelb-Blindheit *f*
-     *f* tritanopie *f*
-     *i* tritanopia *f*
-     *r* тританопия *f*

T507 *e* **trituration**
-     *d* Trituration *f*
-     *f* trituration *f*
-     *i* triturazione *f*
-     *r* растирание *n* в порошок

T508 *e* **trocar**
-     *d* Trokar *m*
-     *f* trocart *m*
-     *i* trequarti *m*
-     *r* тро(а)кар *m*

T509 *e* **trochanter**
-     *d* Trochanter *m*, Rollhügel *m*
-     *f* trochanter *m*
-     *i* trocantere *m*
-     *r* вертел *m*

T510 *e* **trochlea**
-     *d* Trochlea *f*, Rolle *f*
-     *f* trochlée *f*
-     *i* troclea *f*
-     *r* блок *m*

T511 *e* **trochlear joint**
-     *d* Rollgelenk *n*
-     *f* ginglyme *m*
-     *i* ginglimo *m*
-     *r* блоковидный сустав *m*

T512 *e* **trochoid joint**
-     *d* Radgelenk *n*
-     *f* articulation *f* trochoïde
-     *i* articolazione *f* trocoide
-     *r* вращательный [цилиндрический] сустав *m*

T513 *e* **trophedema**
-     *d* Trophödem *n*, kongenitales Lymphödem *n*
-     *f* trophœdème *m*
-     *i* trofoedema *m*
-     *r* трофедема *f*

T514 *e* **trophic gangrene**
-     *d* trophische Gangräne *f*
-     *f* gangrène *f* neuropathique

TROPHIC HORMONE

	i	cancrena f trofica
	r	нейротрофическая гангрена f
T515	e	trophic hormone
	d	tropes (stimulierendes) Hypophysenhormon n
	f	hormone m hypophysaire
	i	ormone f trofico dell'ipofisi
	r	тропный гормон m гипофиза
T516	e	trophicity, trophism
	d	Trophik f
	f	trophisme m, trophie f
	i	trofismo m
	r	трофика f
T517	e	trophoblast
	d	Trophoblast m
	f	trophoblaste m
	i	trofoblasto m
	r	трофобласт m
T518	e	trophoblastic lacuna
	d	Trophoblastenlakune f
	f	lac m sanguin maternel
	i	lacuna f trofoblastica
	r	трофобластическая лакуна f
T519	e	trophoneurosis
	d	Trophoneurose f
	f	trophonévrose f
	i	trofoneurosi f
	r	трофоневроз m
T520	e	tropic hormone see trophic hormone
T521	e	tropical bubo
	d	klimatischer Bubo m, venerisches Lymphogranulom n
	f	lymphogranulome m vénérien, lymphogranulomatose f inguinale
	i	linfogranulomatosi f inguinale, quarta malattia f venerea, malattia f di Nicolas-Favre
	r	паховый лимфогранулематоз m, тропический бубон m
T522	e	tropical chlorosis
	d	Ankylostomiasis f, ägyptische Chlorose f
	f	chlorose f d'Egypte, ankylostomiase f, anémie f des mineurs
	i	uncinariosi f, anchilostomiasi f, anemia f dei minatori
	r	тропический [египетский] хлороз m, анкилостомоз m
T523	e	tropical fever
	d	Tropenfieber n
	f	fièvre f tropicale
	i	febbre f tropicale
	r	тропическая малярия f
T524	e	tropical medicine
	d	Tropenmedizin f
	f	médecine f tropicale
	i	medicina f tropicale
	r	тропическая медицина f
T525	e	tropical myositis
	d	Tropenmyositis f, tropische Pyomyositis f
	f	myosite f purulente tropicale
	i	miosite f tropicale
	r	тропический пиомиозит m
T526	e	tropical sore
	d	Orientbeule f, Aleppobeule f, (tropische) Leishmaniose f
	f	leishmaniose f cutanée
	i	bottone m d'Oriente, leishmaniosi f cutanea
	r	кожный лейшманиоз m
T527	e	tropism
	d	Tropismus m
	f	tropisme m
	i	tropismo m
	r	тропизм m
T528	e	true albuminuria
	d	echte Proteinurie f
	f	albuminurie f vraie
	i	albuminuria f vera
	r	истинная протеинурия f
T529	e	true ankylosis
	d	Knochenankylose f
	f	ankylose f vraie
	i	anchilosi f ossea
	r	костный анкилоз m
T530	e	true chancre
	d	harter [syphilitischer] Schanker m
	f	chancre m syphilitique [induré]
	i	ulcera f dura
	r	твёрдый шанкр m
T531	e	true cholinesterase
	d	echte Cholinesterase f
	f	cholinestérase f
	i	acetilcolinesterasi f
	r	ацетилхолинэстераза f, истинная холинэстераза f
T532	e	true conjugate
	d	echte Konjugate f
	f	diamètre m promonto-pubien minimal
	i	coniugata f vera
	r	истинная конъюгата f
T533	e	true glottis
	d	Stimmritze f, Glottis f
	f	glotte f
	i	glottide f
	r	голосовая щель f
T534	e	true pelvis
	d	kleines Becken n
	f	petit bassin m
	i	piccolo bacino m
	r	малый таз m

T535	e	trunk
	d	1. Stamm *m*, Rumpf *m* 2. Stamm *m*
	f	tronc *m*
	i	tronco *m*
	r	1. туловище *n* 2. ствол *m*
T536	e	true twins *pl*
	d	eineiige Zwillinge *m pl*
	f	jumeaux *pl* homozygotes [univitellins]
	i	gemelli *pl* monovulari [monocoriali]
	r	однояйцовые близнецы *m pl*
T537	e	truss
	d	Bruchband *n*
	f	bandage *m* herniaire
	i	cinto *m* erniario
	r	грыжевой бандаж *m*
T538	e	trypanosome
	d	Trypanosoma *f*
	f	trypanosome *m*
	i	tripanosoma *m*
	r	трипаносома *f*
T539	e	trypanosomiasis
	d	Trypanosomiasis *f*, afrikanische Schlafkrankheit *f*, Tsetsekrankheit *f*
	f	trypanosomose *f*
	i	tripanosomiasi *f*
	r	трипаносомоз *m*
T540	e	trypsin
	d	Trypsin *n*
	f	trypsine *f*
	i	tripsina *f*
	r	трипсин *m*
T541	e	trypsinogen, trypsogen
	d	Trypsinogen *n*
	f	trypsinogène *m*
	i	tripsinogeno *m*
	r	трипсиноген *m*
T542	e	tryptamine
	d	Tryptamin *n*
	f	tryptamine *f*
	i	triptamina *f*
	r	триптамин *m*, индолэтиламин *m*
T543	e	tryptophan
	d	Tryptophan *n*
	f	tryptophan(n)e *m*
	i	triptofano *m*
	r	триптофан *m*
T544	e	tsetse fly
	d	Tsetsefliege *f*
	f	tsé-tsé *f*
	i	mosca *f* tse-tse
	r	муха *f* цеце, глоссина *f*
T545	e	tsutsugamushi disease, tsutsugamushi fever
	d	Tsutsugamushifieber *n*, Milbenfleckfieber *n*, japanisches Flußfieber *n*
	f	tsutsugamushi *m*, fièvre *f* fluviale du Japon
	i	tsutsugamushi *f*, febbre *f* fluviale del Giappone
	r	цуцугамуши *f*, клещевой тропический тиф *m*, речная японская лихорадка *f*
T546	e	tubal abortion
	d	Tubarabort *m*, Eileiterabort *m*
	f	avortement *m* tubaire
	i	aborto *m* tubarico
	r	трубный аборт *m*
T547	e	tubal insufflation
	d	Tubendurchblasung *f*, Pertubation *f*
	f	insufflation *f* tubaire
	i	insufflazione *f* tubarica
	r	продувание *n* (маточных) труб, пертубация *f*
T548	e	tubal pregnancy
	d	Tubargravidität *f*
	f	grossesse *f* tubaire
	i	gravidanza *f* tubarica
	r	трубная беременность *f*
T549	e	tube
	d	1. Sonde *f*, Schlauch *m*; Tubus *m* 2. Röhre *f*, Rohr *n*
	f	tube *m*
	i	1. sonda *f* 2. tubo *m*
	r	1. трубка *f* 2. труба *f*
T550	e	tube cast
	d	Harnzylinder *m*
	f	cylindre *m* urinaire
	i	cilindro *m* orinario [renale]
	r	мочевой цилиндр *m*
T551	e	tube graft
	d	Rundstiellappen *m*
	f	greffe *f* de cordonnet
	i	lembo *m* tubolare
	r	стебельчатый лоскут *m*
T552	e	tube tonsil
	d	Tubenmandel *f*
	f	amygdale *f* tubaire
	i	amigdala *f* di Gerlach, tonsilla *f* tubarica
	r	трубная [тубарная] миндалина *f*, миндалина *f* Герлаха
T553	e	tubectomy
	d	Salpingektomie *f*, Tubenresektion *f*, Eileiterentfernung *f*
	f	salpingectomie *f*
	i	salpingectomia *f*
	r	сальпингэктомия *f*
T554	e	tubercle
	d	Tuberkel *m*
	f	tubercule *m*
	i	tubercolo *m*
	r	бугорок *m*

TUBERCLE BACILLUS

T555   e   tubercle bacillus
      d   Tuberkelbazillus *m*, Koch-Bazillus *m*
      f   bacille *m* de Koch, bacille *m* tuberculeux
      i   bacillo *m* di Koch, micobatterio *m* tubercolare
      r   микобактерия *f* туберкулёза, туберкулёзная палочка *f*

T556   e   tubercular syphilid
      d   Knötchensyphilid *n*
      f   syphilide *f* tuberculeuse
      i   sifilide *f* tubercolare, gomma *f* sifilitica
      r   бугорковый сифилид *m*

T557   e   tuberculid
      d   Tuberkulid *n*
      f   tuberculide *f*
      i   tubercolide *f*
      r   туберкулид *m*

T558   e   tuberculin
      d   Tuberkulin *n*
      f   tuberculine *f*
      i   tubercolina *f*
      r   туберкулин *m*

T559   e   tuberculocele
      d   Hodentuberkulose *f*
      f   orchite *f* tuberculeuse
      i   orchite *f* tubercolare
      r   туберкулёзный орхит *m*

T560   e   tuberculoderma
      d   Hauttuberkulose *f*
      f   tuberculose *f* cutanée
      i   tubercoloderma *m*
      r   туберкулёз *m* кожи, туберкулодерма *f*

T561   e   tuberculoma, tuberculome
      d   Tuberkulosegeschwulst *f*, Tuberkulom *n*
      f   tuberculome *m*
      i   tubercoloma *m*
      r   туберкулёма *f*

T562   e   tuberculosis
      d   Tuberkulose *f*
      f   tuberculose *f*
      i   tubercolosi *f*
      r   туберкулёз *m*

T563   e   tuberculous abscess
      d   kalter Abszeß *m*, Tuberkuloseabszeß *m*
      f   abcès *m* froid
      i   ascesso *m* cronico [freddo]
      r   холодный абсцесс *m*

T564   e   tuberculous wart
      d   Warzenhauttuberkulose *f*
      f   tuberculose *f* verruqueuse
      i   tubercolosi *f* verrucosa
      r   бородавчатый туберкулёз *m* кожи

T565   e   tuberosity
      d   Tuberositas *f*, Rauhigkeit *f*
      f   tubérosité *f*
      i   tuberosità *f*
      r   бугристость *f*

T566   e   tuberous sclerosis
      d   tuberöse Hirnsklerose *f*
      f   sclérose *f* tubéreuse
      i   sclerosi *f* tuberosa
      r   туберозный склероз *m*, эпилойя *f*

T567   e   tuboovaritis
      d   Salpingooophoritis *f*, Adnexitis *f*
      f   annexite *f*
      i   annessite *f*, salpingo-ovarite *f*
      r   аднексит *m*, сальпингоофорит *m*

T568   e   tubouterine pregnancy
      d   interstitielle Schwangerschaft *f*
      f   grossesse *f* interstitielle
      i   gravidanza *f* interstiziale
      r   интерстициальная внематочная трубная беременность *f*

T569   e   tubular aneurysm
      d   Zylinderaneurysma *n*
      f   anévrysme *m* cylindrique
      i   aneurisma *m* cilindrico
      r   цилиндрическая аневризма *f*

T570   e   tubular gland
      d   tubuläre Drüse *f*
      f   glande *f* tubuleuse
      i   ghiandola *f* tubolare
      r   трубчатая железа *f*

T571   e   tubular respiration
      d   Bronchialatmung *f*
      f   respiration *f* tubaire [bronchique]
      i   respiro *m* bronchiale
      r   бронхиальное дыхание *n*

T572   e   tubule
      d   Tubulus *m*
      f   tubule *m*
      i   tubulo *m*
      r   каналец *m*, трубочка *f*

T573   e   tubuloacinar gland
      d   tubulo-azinöse Drüse *f*
      f   glande *f* tubulo-acineuse
      i   ghiandola *f* tubulo-acinosa
      r   трубчато-альвеолярная железа *f*

T574   e   Türk's cell, Türk's leukocyte
      d   Türck-Zelle *f*
      f   cellule *f* de Türck
      i   cellula *f* di Türck
      r   клетка *f* Тюрка

T575   e   tularemia
      d   Tularämie *f*, Hasenpest *f*
      f   tularémie *f*
      i   tularemia *f*
      r   туляремия *f*

TYMPANOTOMY

T576　e　tumefaction, tumescence
　　　d　Tumeszenz *f*
　　　f　tuméfaction *f*
　　　i　tumescenza *f*, tumefazione *f*
　　　r　припухлость *f*, припухание *n*, отекание *n*

T577　e　tumor
　　　d　Tumor *m*
　　　f　tumeur *f*
　　　i　tumore *m*
　　　r　опухоль *f*, новообразование *n*, неоплазма *f*

T578　e　tunic
　　　d　Tunika *f*
　　　f　tunique *f*
　　　i　tunica *f*, tonaca *f*
　　　r　оболочка *f*

T579　e　turban tumor
　　　d　Hautzylindrom *n*
　　　f　cylindrome *m* cutané
　　　i　cilindroma *m*
　　　r　цилиндрома *f* кожи, тюрбанная опухоль *f*

T580　e　turgor
　　　d　Turgor *m*
　　　f　turgor *m*
　　　i　turgore *m*
　　　r　тургор *m*

T581　e　Turkish saddle
　　　d　Türkensattel *m*
　　　f　selle *f* turcique
　　　i　sella *f* turcica
　　　r　турецкое седло *n*

T582　e　tussis
　　　d　Husten *m*
　　　f　toux *f*
　　　i　tosse *f*
　　　r　кашель *m*

T583　e　tween-brain
　　　d　Zwischenhirn *n*
　　　f　diencéphale *m*, cerveau *m* intermédiaire
　　　i　diencefalo *m*, cervello *m* intermedio
　　　r　промежуточный [межуточный] мозг *m*

T584　e　twilight state
　　　d　Dämmerzustand *m*
　　　f　état *m* crépusculaire
　　　i　stato *m* crepuscolare
　　　r　сумеречное состояние *n*

T585　e　twilight vision
　　　d　Dämmerungssehen *n*, Zwielichtsehen *n*
　　　f　vision *f* crépusculaire
　　　i　vista *f* crepuscolare
　　　r　сумеречное [мезотическое] зрение *n*

T586　e　twin
　　　d　Zwilling *m*
　　　f　jumeau *m*
　　　i　gemello *m*
　　　r　близнец *m*

T587　e　twin pregnancy
　　　d　Zwillingsschwangerschaft *f*
　　　f　grossesse *f* gémellaire
　　　i　gravidanza *f* gemellare
　　　r　двуплодная беременность *f*

T588　e　two-step exercise test
　　　d　Zweistufenprobe *f*, Master-Test *m*
　　　f　épreuve *f* d'Oppenheimer et Master, épreuve *f* de Master
　　　i　prova *f* di Master
　　　r　(двухступенчатая) проба *f* Мастера

T589　e　tympanectomy
　　　d　Trommelfellexzision *f*
　　　f　tympanectomie *f*
　　　i　timpanectomia *f*
　　　r　иссечение *n* барабанной перепонки

T590　e　tympanic attic
　　　d　Paukenhöhlenkuppel *f*, Kuppelraum *m*
　　　f　attique *f*
　　　i　attico *m*, recesso *m* epitimpanico
　　　r　надбарабанное углубление *n*, аттик *m*

T591　e　tympanic membrane
　　　d　Trommelfell *n*, Paukenfell *n*
　　　f　tympan *m*
　　　i　membrana *f* del timpano, miringe *f*
　　　r　барабанная перепонка *f*

T592　e　tympanicity, tympanism, tympanitic resonance
　　　d　Tympanie *f*, dumpfer trommelartiger Klopfschall *m*
　　　f　son *m* tympanique
　　　i　timpanismo *m*, risonanza *f* timpanica
　　　r　тимпанический перкуторный звук *m*, тимпанит *m*

T593　e　tympanitis
　　　d　Trommelfellentzündung *f*
　　　f　tympanite *f*
　　　i　timpanite *f*
　　　r　мирингит *m*, воспаление *n* барабанной перепонки

T594　e　tympanoplasty
　　　d　Tympanoplastik *f*
　　　f　tympanoplastie *f*
　　　i　timpanoplastica *f*
　　　r　тимпанопластика *f*

T595　e　tympanotomy
　　　d　Trommelfellschnitt *m*, Myringotomie *f*
　　　f　tympanotomie *f*
　　　i　timpanotomia *f*, miringotomia *f*

	r	тимпанотомия f, мирингтомия f, рассечение n барабанной перепонки
T596	e	tympany see tympanicity
T597	e	typhlectasis
	d	Typhlektasie f, Zökumdilatation f, Blinddarmerweiterung f
	f	typhlectasie f
	i	tiflectasia f
	r	тифлэктазия f, расширение n слепой кишки
T598	e	typhlenteritis, typhlitis
	d	Typhlitis f
	f	typhlite f
	i	tiflite f
	r	тифлит m, воспаление n слепой кишки
T599	e	typhlostomy
	d	Typhlostomie f, Zökostomie f, Blinddarmfistelung f
	f	cæcostomie f, typhlostomie f
	i	tiflostomia f
	r	цекостомия f, тифлостомия f, рассечение n слепой кишки
T600	e	typhlotomy
	d	Zökuminzision f, Blinddarmeröffnung f
	f	cæcotomie f, typhlotomie f
	i	tiflotomia f
	r	цекотомия f, тифлотомия f
T601	e	typhoid (fever)
	d	Abdominaltyphus m, Bauchtyphus m, Unterleibtyphus m
	f	fièvre f typhoïde, typhus m abdominal
	i	tifo m addominale, febbre f tifoide, ileotifo m
	r	брюшной тиф m
T602	e	typhus (fever)
	d	Flecktyphus m, Fleckfieber n, Petechialtyphus m, Kriegstyphus m, Hungertyphus m
	f	typhus m pétéchial [exanthématique]
	i	tifo m petecchiale [esantematico]
	r	сыпной (эпидемический) тиф m
T603	e	tyramine
	d	Tyramin n
	f	tyramine f
	i	tiramina f
	r	тирамин m
T604	e	Tyson's glands pl
	d	Tyson-Drüsen f pl, Vorhautdrüsen f pl
	f	glandes f pl préputiales [de Tyson]
	i	ghiandole f pl prepuziali di Tyson
	r	железы f pl крайней плоти, тизоновы [препуциальные] железы f pl

U

U1	e	ubiquitous
	d	ubiquitär
	f	ubiquiste
	i	ubiquitario
	r	убиквитарный, повсеместный (об инфекции)
U2	e	ulatrophia
	d	Ulatrophie f
	f	ulatrophie f
	i	ulatrofia f
	r	атрофия f десны
U3	e	ulcer
	d	Ulkus n, Geschwür n
	f	ulcère m
	i	ulcera f
	r	язва f
U4	e	ulcerated
	d	ulzerös
	f	ulcéreux
	i	ulcerato
	r	язвенный, изъязвлённый
U5	e	ulcerated sore throat
	d	nekrotisierende [ulzerierende] Angina f
	f	angine f ulcéro-nécrotique
	i	angina f ulcero-necrotica
	r	некротическая [язвенно-некротическая] ангина f
U6	e	ulceration
	d	Ulzeration f
	f	ulcération f
	i	ulcerazione f
	r	1. изъязвление n 2. множественные язвы f pl
U7	e	ulcerative blepharitis
	d	ulzeröse Blepharitis f
	f	blépharite f ulcéreuse
	i	blefarite f ulcerativa
	r	язвенный блефарит m
U8	e	ulcerative colitis
	d	ulzerative Kolitis f
	f	colite f ulcéreuse
	i	colite f ulcerosa
	r	неспецифический язвенный колит m
U9	e	ulceromembranous gingivitis
	d	ulzero-membranöse Zahnfleischentzündung f
	f	gingivite f ulcéro-membraneuse
	i	gengivite f ulcero-membranosa
	r	язвенно-мембранозный гингивит m
U10	e	ulerythema
	d	Ulerythema n
	f	ulérythème m

	i	uleritema *m*
	r	рубцующаяся эритема *f*
U11	*e*	**ulitis**
	d	Gingivitis *f*, Zahnfleischentzündung *f*
	f	gingivite *f*, ulite *f*
	i	gengivite *f*, ulite *f*
	r	гингивит *m*
U12	*e*	**ulna**
	d	Elle *f*, Ulna *f*
	f	cubitus *m*
	i	ulna *f*
	r	локтевая кость *f*
U13	*e*	**ulnar**
	d	ulnar
	f	ulnaire, cubital
	i	ulnare
	r	локтевой
U14	*e*	**ulnar reflex**
	d	Karpoulnarreflex *m*, Ellenbogenreflex *m*
	f	réflexe *m* ulnaire
	i	riflesso *m* ulnare
	r	ульнарный [карпоульнарный, кубитальный] рефлекс *m*
U15	*e*	**ulocace**
	d	ulzeröse Gingivitis *f*
	f	gingivite *f* ulcéreuse
	i	gengivite *f* ulcerosa
	r	язвенный гингивит *m*
U16	*e*	**uloncus**
	d	1. Zahnfleischgeschwulst *f* 2. Zahnfleischschwellung *f*
	f	uloncie *f*
	i	uloncia *f*
	r	1. опухоль *f* десны 2. отёк *m* десны
U17	*e*	**ulorrhagia**
	d	Ulorrhagie *f*, Zahnfleischblutung *f*
	f	ulorragie *f*
	i	ulorragia *f*
	r	кровотечение *n* из дёсен
U18	*e*	**ulosis**
	d	Narbenbildung *f*
	f	cicatrisation *f*
	i	cicatrizzazione *f*
	r	рубцевание *n*
U19	*e*	**ulotomy**
	d	Zahnfleischschnitt *m*; Zahnfleischresektion *f*
	f	ulotomie *f*
	i	ulotomia *f*
	r	рассечение *n* десны; иссечение *n* десны
U20	*e*	**ultracentrifuge**
	d	Ultrazentrifuge *f*
	f	ultracentrifugeuse *f*
	i	ultracentrifuga *f*
	r	ультрацентрифуга *f*
U21	*e*	**ultrafilter**
	d	Ultrafilter *n*
	f	ultrafiltre *m*
	i	ultrafiltro *m*
	r	ультрафильтр *m*
U22	*e*	**ultrafiltration**
	d	Ultrafiltrierung *f*
	f	ultrafiltration *f*
	i	ultrafiltrazione *f*
	r	ультрафильтрация *f*
U23	*e*	**ultramicroscope**
	d	Ultramikroskop *n*
	f	ultramicroscope *m*
	i	ultramicroscopio *m*
	r	ультрамикроскоп *m*
U24	*e*	**ultramicrotome**
	d	Ultramikrotom *n*
	f	ultramicrotome *m*
	i	ultramicrotomo *m*
	r	ультрамикротом *m*
U25	*e*	**ultrasonic lithotresis**
	d	Ultraschallsteinzertrümmerung *f*
	f	lithotrite *f* ultrasonique
	i	litotripsia *f* ultrasonica
	r	ультразвуковое камнедробление *n*
U26	*e*	**ultrasonic rays** *pl see* **ultrasound**
U27	*e*	**ultrasound**
	d	Ultraschall *m*
	f	ultrason *m*
	i	ultrasuono *m*
	r	ультразвук *m*
U28	*e*	**ultrastructure**
	d	Ultrastruktur *f*
	f	ultrastructure *f*
	i	ultrastruttura *f*
	r	ультраструктура *f*
U29	*e*	**ultraviolet**
	d	Ultraviolettstrahlung *f*, UV-Strahlung *f*
	f	rayonnement *m* ultraviolet
	i	ultravioletto *m*, radiazione *f* ultravioletta
	r	ультрафиолетовое излучение *n*
U30	*e*	**ultraviolet lamp**
	d	Ultraviolettlampe *f*, Ultraviolettstrahler *m*
	f	lampe *f* à quartz
	i	lampada *f* a raggi ultravioletti
	r	лампа *f* ультрафиолетового излучения, ртутно-кварцевая лампа *f*
U31	*e*	**ultraviolet rays** *see* **ultraviolet**
U32	*e*	**umbilical cord**
	d	Nabelschnur *f*, Nabelstrang *m*
	f	cordon *m* ombilical
	i	cordone *m* ombelicale
	r	пупочный канатик *m*, пуповина *f*

UMBILICAL FISTULA

U33   e   **umbilical fistula**
     d   1. Nabelfistel *f* 2. umbiliko-enterale Fistel *f*
     f   fistule *f* ombilicale
     i   fistola *f* ombelicale
     r   1. врождённый свищ *m* пупка, пупочный свищ *m* 2. кишечно-пупочный свищ *m*

U34   e   **umbilical hernia**
     d   Nabelbruch *m*, Umbilikalhernie *f*
     f   hernie *f* ombilicale
     i   ernia *f* ombelicale
     r   пупочная грыжа *f*

U35   e   **umbilical souffle**
     d   Nabelschnurgeräusch *n*
     f   souffle *m* funiculaire
     i   soffio *m* funicolare
     r   шум *m* пуповины

U36   e   **umbilical vesicle**
     d   Dottersack *m*
     f   vésicule *f* ombilicale, sac *m* vitellin
     i   sacco *m* vitellino
     r   желточный мешок *m*, желточный пузырь *m*

U37   e   **unarmed tapeworm**
     d   Rinderbandwurm *m*
     f   ténia *m* inerme
     i   tenia *f* inerme
     r   невооружённый [бычий] цепень *m*

U38   e   **unciform bone**
     d   Hakenbein *n*
     f   os *m* crochu
     i   osso *m* uncinato
     r   крючковатая [крючковидная] кость *f*

U39   e   **unciform pancreas**
     d   Processus *m* uncinatus
     f   crochet *m* du pancréas, pancréas *m* de Winslow
     i   processo *m* uncinato del pancreas, pancreas *m* di Willis
     r   крючковидный отросток *m*, малая поджелудочная железа *f*

U40   e   **uncinariasis**
     d   Hakenwurmkrankheit *f*, Ankylostomiasis *f*
     f   ankylostomiase *f*, uncinariose *f*
     i   anchilostomiasi *f*, uncinariosi *f*
     r   унцинариоз *m*

U41   e   **uncompensated acidosis**
     d   dekompensierte Acidose *f*
     f   acidose *f* décompensée
     i   acidosi *f* scompensata
     r   некомпенсированный [декомпенсированный] ацидоз *m*

U42   e   **unconditioned reflex**
     d   unbedingter Reflex *m*
     f   réflexe *m* inconditionné
     i   riflesso *m* incondizionato
     r   безусловный рефлекс *m*

U43   e   **unconsciousness**
     d   Bewußtlosigkeit *f*
     f   obnubilation *f*
     i   incoscienza *f*
     r   расстройство *n* [нарушение *n*] сознания

U44   e   **uncontrollable vomiting**
     d   unstillbares Erbrechen *n*
     f   vomissements *m pl* incoercibles
     i   vomito *m* irrefrenabile, iperemesi *f*
     r   неукротимая рвота *f*

U45   e   **uncture** *see* **unguent**

U46   e   **underhorn**
     d   Unterhorn *n*
     f   corne *f* inférieure du ventricule latéral
     i   corno *m* inferiore del ventricolo laterale
     r   нижний рог *m* бокового желудочка

U47   e   **undernutrition**
     d   Unterernährung *f*
     f   dénutrition *f*, subalimentation *f*
     i   iponutrizione *f*, sottoalimentazione *f*
     r   пониженное питание *n*

U48   e   **undulant fever**
     d   undulierendes Fieber *n*
     f   brucellose *f*, fièvre *f* ondulante
     i   febbre *f* ondulante, brucellosi *f*
     r   бруцеллёз *m*, ундулирующая лихорадка *f*

U49   e   **ungual phalanx**
     d   Endphalanx *f*
     f   phalangette *f*, phalange *f* unguéale
     i   falange *f* ungueale [distale]
     r   ногтевая фаланга *f*

U50   e   **unguent**
     d   Unguentum *n*, Salbe *f*
     f   onguent *m*, pommade *f*
     i   unguento *m*
     r   мазь *f*

U51   e   **uniaxial joint**
     d   uniaxiales [einaxiges] Gelenk *n*
     f   jointure *f* uniaxiale
     i   giuntura *f* uniassiale
     r   одноосный сустав *m*

U52   e   **unicellular gland**
     d   einzellige Drüse *f*
     f   glande *f* unicellulaire
     i   ghiandola *f* unicellulare
     r   одноклеточная железа *f*

U53   e   **unilateral anesthesia**
     d   Hemianästhesie *f*, Halbseitenanästhesie *f*
     f   hémianesthésie *f*

	i	emianestesia *f*
	r	гемианестезия *f*
U54	*e*	**uniocular strabismus**
	d	monolaterales [einseitiges] Schielen *n*
	f	strabisme *m* monolatéral [unilatéral]
	i	strabismo *m* monoculare
	r	монолатеральное [одностороннее] косоглазие *n*
U55	*e*	**union**
	d	1. Vereinigung *f* 2. Verwachsung *f*, Zusammenwachsen *n*
	f	1. jonction *f*; liaison *f* 2. adhérence *f*
	i	1. unione *f*, adesione *f* 2. consolidamento *m*
	r	1. соединение *n* 2. сращение *n* (кости, краёв раны)
U56	*e*	**uniovular twins** *pl*
	d	eineiige Zwillinge *m pl*
	f	jumeaux *m pl* uniovulaires
	i	gemelli *m pl* monovulari
	r	одноляйцовые [монозиготные] близнецы *m pl*
U57	*e*	**unipennate muscle**
	d	einfach gefiederter Muskel *m*
	f	muscle *m* unipenne
	i	muscolo *m* unipennato
	r	одноперистая мышца *f*
U58	*e*	**unipolar cell** *see* **unipolar neuron**
U59	*e*	**unipolar lead**
	d	unipolare Ableitung *f* (des EKG)
	f	dérivation *f* unipolaire
	i	derivazione *f* unipolare
	r	однополюсное [монополярное, униполярное] отведение *n* ЭКГ
U60	*e*	**unipolar neuron**
	d	unipolares Neuron *n*
	f	neurone *m* unipolaire
	i	neurone *m* unipolare
	r	униполярный нейрон *m*
U61	*e*	**unit character**
	d	Erbmerkmal *n*
	f	caractère *m* héréditaire
	i	carattere *m* ereditario
	r	наследственный признак *m*
U62	*e*	**uniting duct**
	d	Verbindungsgang *m*
	f	canal *m* de Hensen
	i	canale *m* riuniente
	r	соединяющий проток *m*, проток *m* Гензена
U63	*e*	**univalent antibody**
	d	monovalenter Antikörper *m*
	f	anticorps *m* univalent
	i	anticorpo *m* monovalente
	r	моновалентное [одновалентное] антитело *n*
U64	*e*	**universal donor**
	d	Universalblutspender *m*
	f	donneur *m* universel
	i	donatore *m* universale
	r	универсальный донор *m*
U65	*e*	**unlaminated cortex**
	d	Allokortex *m*
	f	allocortex *m*
	i	allocorteccia *f*
	r	аллокортекс *m*
U66	*e*	**unmedullated [unmyelinated] fiber**
	d	myelinlose Faser *f*
	f	fibre *f* nerveuse amyélinique
	i	fibra *f* amielinica [amidollata]
	r	безмиелиновое [безмякотное, ремаковское] нервное волокно *n*
U67	*e*	**Unna's disease**
	d	Seborrhoe *f*, Talgfluß *m*
	f	séborrhée *f*
	i	seborrea *f*
	r	себорея *f*
U68	*e*	**unrest**
	d	Ruhelosigkeit *f*
	f	angoisse *f*, anxiété *f*
	i	ansietà *f*, agitazione *f*
	r	беспокойство *n*, нервозность *f*
U69	*e*	**unstable hemoglobin**
	d	instabiles Hämoglobin *n*
	f	hémoglobine *f* instable
	i	emoglobina *f* instabile
	r	нестабильный гемоглобин *m*
U70	*e*	**unstriated [unstriped] muscle**
	d	glatter Muskel *m*
	f	muscle *m* lisse
	i	muscolo *m* liscio
	r	гладкая мышца *f*
U71	*e*	**upper jaw**
	d	Oberkiefer *m*, Maxilla *f*
	f	maxillaire *m*
	i	mascella *f*
	r	верхняя челюсть *f*
U72	*e*	**uracil**
	d	Uracil *m*
	f	uracile *m*
	i	uracile *m*
	r	урацил *m*
U73	*e*	**uranism**
	d	Uranismus *m*, männliche Homosexualität *f*
	f	uranisme *m*
	i	uranismo *m*, omosessualità *f* maschile passiva
	r	уранизм *m*
U74	*e*	**uranoschisis, uranoschism**
	d	Uranoschisis *m*, Palatoschisis *f*
	f	uranoschisis *f*, palatoschisis *f*

	i	uranoschisi *f*
	r	расщелина *f* нёба, палатосхизис *m*
U75	e	urate
	d	Urat *n*
	f	urate *m*
	i	urato *m*
	r	урат *m*
U76	e	uraturia
	d	Uraturie *f*
	f	uraturie *f*
	i	uraturia *f*
	r	уратурия *f*
U77	e	urea
	d	Harnstoff *m*
	f	urée *f*
	i	urea *f*
	r	мочевина *f*
U78	e	urea index
	d	Harnstoffindex *m*
	f	constante *f* d'Ambard
	i	costante *f* di Ambard
	r	константа *f* Амбара
U79	e	urea nitrogen
	d	Harnstoffstickstoff *m*
	f	azote *m* uréique
	i	azoto *m* ureico
	r	мочевинный азот *m*
U80	e	ureapoiesis
	d	Harnstoffbildung *f*
	f	uréopoïèse *f*, uréogenèse *f*
	i	ureopoiesi *f*, ureogenesi *f*
	r	образование *n* [синтез *m*] мочевины
U81	e	urease
	d	Urease *f*
	f	uréase *f*
	i	ureasi *f*
	r	уреаза *f*
U82	e	ureide
	d	Ureid *n*
	f	uréide *m*
	i	ureide *f*
	r	уреид *m*
U83	e	uremia
	d	Urämie *f*
	f	urémie *f*
	i	uremia *f*
	r	уремия *f*
U84	e	uremic lung
	d	urämisches Lungenödem *n*, urämische Pneumonie *f*
	f	poumons *m pl* urémiques, œdème *m* pulmonaire urémique
	i	polmoni *m pl* uremici, edema *m* polmonare uremico
	r	уремические лёгкие *n pl*, уремический отёк *m* лёгких
U85	e	uresis *see* urination
U86	e	ureter
	d	Ureter *m*, Harnleiter *m*
	f	uretère *m*
	i	uretere *m*
	r	мочеточник *m*
U87	e	ureteral neocystostome *see* ureteroneocystostomy
U88	e	ureterectasia
	d	Ureterdilatation *f*, Harnleitererweiterung *f*
	f	dilatation *f* d'uretère
	i	ureterectasia *f*, dilatazione *f* dell'uretere
	r	расширение *n* мочеточника
U89	e	ureterectomy
	d	Harnleiterentfernung *f*
	f	urétérectomie *f*
	i	ureterectomia *f*
	r	уретерэктомия *f*, резекция *f* мочеточника
U90	e	ureteritis
	d	Ureteritis *f*, Harnleiterentzündung *f*
	f	urétérite *f*
	i	ureterite *f*
	r	уретерит *m*
U91	e	ureterocystostomy *see* ureteroneocystostomy
U92	e	ureterography
	d	Ureterographie *f*, Harnleiterröntgendarstellung *f*
	f	urétérographie *f*
	i	ureterografia *f*
	r	уретерография *f*
U93	e	ureterolith
	d	Harnleiterkonkrement *n*
	f	urétérolithe *m*, calcul *m* urique
	i	ureterolito *m*
	r	конкремент *m* [камень *m*] мочеточника
U94	e	ureterolithotomy
	d	Ureterolithotomie *f*, Harnleitersteinentfernung *f*
	f	urétérolithotomie *f*
	i	ureterolitotomia *f*
	r	уретеролитотомия *f*
U95	e	ureteroneocystostomy
	d	Ureteroneozystostomie *f*
	f	urétérocystonéostomie *f*, urétérocystostomie *f*
	i	ureteroneocistostomia *f*
	r	уретероцистонеостомия *f*, уретероцистостомия *f*, уретеровезикостомия *f*

U96	e	ureteroplasty
	d	Ureteroplastik *f*, Harnleiterplastik *f*
	f	urétéroplastie *f*
	i	ureteroplastica *f*
	r	пластика *f* мочеточника
U97	e	ureteroproctostomy
	d	Ureteroproktostomie *f*, Harnleiter-Mastdarm-Fistelung *f*
	f	urétérorectostomie *f*
	i	ureteroretto(neo)stomia *f*
	r	уретероректо(нео)стомия *f*
U98	e	ureteropyelography
	d	Ureteropyelographie *f*
	f	urétéropyélographie *f*
	i	ureteropielografia *f*
	r	пиелоуретерография *f*, уретеропиелография *f*
U99	e	ureterorecto(neo)stomy *see* ureteroproctostomy
U100	e	ureterorrhagia
	d	Harnleiterblutung *f*
	f	urétérorragie *f*
	i	ureterorragia *f*
	r	кровотечение *n* из мочеточника
U101	e	ureterorrhaphy
	d	Harnleiternaht *f*
	f	urétérorraphie *f*
	i	ureterorrafia *f*
	r	уретерорафия *f*
U102	e	ureterosigmoidostomy
	d	Ureterosigmoideostomie *f*, Harnleiter-Sigma-Anastomose *f*, Coffey-Mayo-Operation *f*
	f	urétérosigmoïdostomie *f*
	i	ureterosigmoidostomia *f*
	r	уретеросигмо(идо)стомия *f*
U103	e	ureterostenosis
	d	Ureterostenose *f*, Harnleiterstriktur *f*
	f	urétérosténose *f*
	i	stenosi *f* dell'uretere
	r	сужение *n* [стеноз *m*, стриктура *f*] мочеточника
U104	e	ureterostomy
	d	Ureterostomie *f*, Harnleiterfistelung *f*
	f	urétérostomie *f*
	i	ureterostomia *f*
	r	уретерокутанеостомия *f*, кожная уретеростомия *f*
U105	e	ureterotomy
	d	Ureterotomie *f*, Harnleitereröffnung *f*
	f	urétérotomie *f*, incision *f* d'un uretère
	i	ureterotomia *f*
	r	уретеротомия *f*
U106	e	ureterovesicostomy *see* ureteroneocystostomy
U107	e	urethra
	d	Urethra *f*, Harnröhre *f*
	f	urètre *m*
	i	uretra *f*
	r	мочеиспускательный канал *m*, уретра *f*
U108	e	urethral caruncle
	d	Urethrakarunkel *f*
	f	caroncule *f* urétrale
	i	caruncola *f* uretrale
	r	карункул *m* (мочеиспускательного канала)
U109	e	urethral fever
	d	Urethralfieber *n*
	f	fièvre *f* urineuse
	i	febbre *f* uretrale
	r	уретральная [мочевая, катетеризационная] лихорадка *f*
U110	e	urethral gland
	d	Harnröhrenschleimdrüse *f*, Littré-Drüse *f*
	f	glande *f* urétrale, glande *f* de Littré
	i	ghiandola *f* di Littré [uretrale]
	r	(пара)уретральная железа *f*, железа *f* Литтре
U111	e	urethralgia
	d	Urethralgie *f*, Harnröhrenschmerz *m*
	f	urétralgie *f*
	i	uretralgia *f*
	r	боль *f* в мочеиспускательном канале
U112	e	urethrascope *see* urethroscope
U113	e	urethratresia
	d	Harnröhrenatresie *f*
	f	urétratrésie *f*
	i	atresia *f* uretrale
	r	уретратрезия *f*
U114	e	urethremorrhagia
	d	Urethrablutung *f*, Harnröhrenblutung *f*
	f	uréthrorragie *f*
	i	uretrorragia *f*
	r	уретроррагия *f*
U115	e	urethritis
	d	Urethritis *f*, Harnröhrenentzündung *f*
	f	urétrite *f*
	i	uretrite *f*
	r	уретрит *m*
U116	e	urethrocele
	d	Urethrozele *f*, Harnröhrenbruch *m*
	f	urétrocèle *f*
	i	uretrocele *m*
	r	уретроцеле *n*
U117	e	urethrocystitis
	d	Urethrozystitis *f*, Harnröhren- und Blasenentzündung *f*
	f	urétrocystite *f*

URETHRODYNIA

	i	uretrocistite *f*
	r	уретроцистит *m*
U118	*e*	urethrodynia *see* urethralgia
U119	*e*	**urethrography**
	d	Urethrographie *f*, Harnröhrenröntgendarstellung *f*
	f	urétrographie *f*
	i	uretrografia *f*
	r	уретрография *f*
U120	*e*	**urethroplasty**
	d	Urethroplastik *f*, Harnröhrenplastik *f*
	f	urétroplastie *f*
	i	uretroplastica *f*
	r	уретропластика *f*
U121	*e*	urethrorrhagia *see* urethremorrhagia
U122	*e*	**urethroscope**
	d	Urethroskop *n*
	f	urétroscope *m*
	i	uretroscopio *m*
	r	уретроскоп *m*
U123	*e*	**urethroscopy**
	d	Urethroskopie *f*, Harnröhrenspiegelung *f*
	f	urétroscopie *f*
	i	uretroscopia *f*
	r	уретроскопия *f*
U124	*e*	**urethrostenosis**
	d	Urethrostenose *f*, Harnröhrenverengerung *f*
	f	urétrosténose *f*, urétrosténie *f*
	i	stenosi *f* uretrale
	r	уретростеноз *m*
U125	*e*	**urethrostomy**
	d	Urethrostomie *f*, Harnröhrenfistelung *f*
	f	urétrostomie *f*
	i	uretrostomia *f*
	r	уретростомия *f*
U126	*e*	**urethrotome**
	d	Urethrotom *n*, Harnröhrenmesser *n*
	f	urétrotome *m*
	i	uretrotomo *m*
	r	уретротом *m*
U127	*e*	**urethrotomy**
	d	Urethrotomie *f*, Harnröhrenschnitt *m*
	f	urétrotomie *f*
	i	uretrotomia *f*
	r	уретротомия *f*
U128	*e*	**urgent operation**
	d	Notoperation *f*
	f	opération *f* d'urgence
	i	intervento *m* d'urgenza
	r	экстренная операция *f*
U129	*e*	**urhidrosis**
	d	Urhidrosis *f*
	f	ur(h)idrose *f*
	i	uridrosi *f*
	r	ургидроз *m*, выделение *n* мочевины с потом
U130	*e*	**uric acid**
	d	Harnsäure *f*
	f	acide *m* urique
	i	acido *m* urico
	r	мочевая кислота *f*
U131	*e*	**uric acid diathesis**
	d	Harnsäurediathese *f*
	f	diathèse *f* urique
	i	diatesi *f* uratica
	r	мочекислый диатез *m*
U132	*e*	**uri(ca)cidemia**
	d	Urikämie *f*
	f	uricémie *f*
	i	uricacidemia *f*
	r	урикемия *f*
U133	*e*	**uridine**
	d	Uridin *n*
	f	uridine *f*
	i	uridina *f*
	r	уридин *m*
U134	*e*	uridrosis *see* urhidrosis
U135	*e*	**urinal**
	d	Urinal *n*, Harnflasche *f*
	f	urinal *m*
	i	urinale *m*, orinale *m*
	r	мочеприёмник *m*
U136	*e*	**urinalysis**
	d	Urinanalyse *f*, Harnuntersuchung *f*
	f	analyse *f* des urines
	i	analisi *f* delle urine
	r	анализ *m* мочи
U137	*e*	**urinary bladder**
	d	Harnblase *f*
	f	vessie *f*
	i	vescica *f* urinaria
	r	мочевой пузырь *m*
U138	*e*	urinary fever *see* urethral fever
U139	*e*	**urinary fistula**
	d	Harnfistel *f*, Urinfistel *f*
	f	fistule *f* urinaire
	i	fistola *f* urinaria
	r	наружный мочевой свищ *m*
U140	*e*	**urinary meatus**
	d	Harnröhrenmündung *f*
	f	méat *m* urinaire
	i	meato *m* urinario
	r	наружное отверстие *n* мочеиспускательного канала
U141	*e*	**urinary system**
	d	Harn(ausscheidungs)system *n*
	f	appareil *m* urinaire

	i	sistema *m* urinario
	r	мочевой аппарат *m*, мочевая система *f*
U142	*e*	**urinary tract**
	d	Harntrakt *m*, Harnwege *m pl*
	f	voies *f pl* urinaires
	i	vie *f pl* urinarie
	r	мочевые пути *m pl*, мочевыделительная система *f*
U143	*e*	**urination**
	d	Urinieren *n*, Harnen *n*, Harnlassen *n*, Miktion *f*
	f	miction *f*
	i	minzione *f*, orinazione *f*
	r	мочеиспускание *n*
U144	*e*	**urine**
	d	Urin *m*, Harn *m*
	f	urine *f*
	i	urina *f*, orina *f*
	r	моча *f*
U145	*e*	**uriniferous tubule**
	d	Urinkanälchen *n*, Nierentubulus *m*
	f	tube *m* urinifère [urinaire]
	i	tubulo *m* renale [urinifero]
	r	почечный каналец *m*
U146	*e*	**urinometer**
	d	Urinometer *n*
	f	uromètre *m*
	i	urometro *m*
	r	урометр *m*
U147	*e*	**urolith**
	d	Urolith *m*, Harnstein *m*
	f	urolithe *m*
	i	urolito *m*
	r	мочевой конкремент *m* [камень *m*]
U148	*e*	**urolithiasis**
	d	Urolithiasis *f*, Harnsteinleiden *n*
	f	urolithiase *f*
	i	urolitiasi *f*
	r	мочекаменная болезнь *f*, уролитиаз *m*
U149	*e*	**urologist**
	d	Urologe *m*
	f	urologiste *m*
	i	urologo *m*
	r	врач-уролог *m*
U150	*e*	**urology**
	d	Urologie *f*
	f	urologie *f*
	i	urologia *f*
	r	урология *f*
U151	*e*	**urometer** *see* **urinometer**
U152	*e*	**uronephrosis**
	d	Uronephrose *f*, Hydronephrose *f*
	f	uronéphrose *f*
	i	uronefrosi *f*, idronefrosi *f*
	r	гидронефроз *m*, уронефроз *m*
U153	*e*	**uronic acid**
	d	Uronsäure *f*
	f	acide *m* uronique
	i	acido *m* uronico
	r	уроновая кислота *f*
U154	*e*	**uropoiesis**
	d	Uropoese *f*, Harnbildung *f*
	f	uropoïèse *f*
	i	uropoiesi *f*
	r	мочеобразование *n*
U155	*e*	**uroporphyrin**
	d	Uroporphyrin *n*
	f	uroporphyrine *f*
	i	uroporfirina *f*
	r	уропорфирин *m*
U156	*e*	**urosepsis**
	d	Urosepsis *f*
	f	urosepsie *f*
	i	urosepsi *f*
	r	уросепсис *m*
U157	*e*	**urticaria**
	d	Urtikaria *f*, Nesselfieber *n*, Nesselausschlag *m*
	f	urticaire *f*
	i	orticaria *f*
	r	крапивница *f*
U158	*e*	**uterectomy**
	d	Hysterektomie *f*, Gebärmutterentfernung *f*
	f	hystérectomie *f*
	i	isterectomia *f*
	r	экстирпация *f* матки, гистерэктомия *f*
U159	*e*	**uterine inertia**
	d	Wehenschwäche *f*
	f	inertie *f* utérine
	i	inerzia *f* uterina
	r	отсутствие *n* или слабость *f* родовых схваток
U160	*e*	**uterine neck**
	d	Gebärmutterhals *m*
	f	col *m* utérin
	i	collo *m* uterino
	r	шейка *f* матки
U161	*e*	**uterine pessary**
	d	Gebärmutterpessar *n*, Zervixpessar *n*
	f	pessaire *m* (utérin)
	i	pessario *m* uterino
	r	маточный пессарий *m*
U162	*e*	**uterine prolaps**
	d	Uterusprolaps *m*, Gebärmuttervorfall *m*
	f	prolapsus *m* utérin

UTERINE TUBE

      i   prolasso *m* uterino
      r   выпадение *n* матки

U163   *e*   **uterine tube**
      d   Eileiter *m*, Tuba *f* Falloppii
      f   trompe *f* utérine [de Fallope]
      i   tuba *f* uterina, tromba *f* di Fallopio
      r   фаллопиева [маточная] труба *f*

U164   *e*   **uterus**
      d   Uterus *m*, Gebärmutter *f*
      f   utérus *m*
      i   utero *m*
      r   матка *f*

U165   *e*   **uterus contraction**
      d   Uteruskontraktion *f*, Gebärmutterkontraktion *f*
      f   contraction *f* de l'utérus
      i   contrazione *f* uterina
      r   сокращение *n* матки

U166   *e*   **uterus fibromyoma**
      d   Gebärmutterfibromyom *n*
      f   fibromyome *m* de l'utérus
      i   fibromioma *m* dell'utero
      r   фибромиома *f* матки

U167   *e*   **utricle**
      d   1. Utrikulus *m*, Utriculus *m* 2. Utriculus *m* prostaticus
      f   1. utricule *m* 2. utricule *m* prostatique
      i   1. otricolo *m* 2. otricolo *m* prostatico
      r   1. эллиптический мешочек *m*, маточка *f* 2. предстательная маточка *f*

U168   *e*   **uvea**
      d   Uvea *f*
      f   uvée *f*
      i   uvea *f*
      r   сосудистая оболочка *f* глаза, увеальный тракт *m*

U169   *e*   **uveal staphyloma**
      d   Uveastaphylom *n*
      f   staphylome *m* uvéal
      i   stafiloma *m* uveale
      r   выбухание *n* сосудистой оболочки глаза

U170   *e*   **uveitis**
      d   Uveitis *f*
      f   uvéite *f*
      i   uveite *f*
      r   увеит *m*, иридоциклохориоидит *m*

U171   *e*   **uveoparotid fever, uveoparotitis**
      d   Uveoparotitis *f*, Heerfordt-Syndrom *n*
      f   uvéo-parotidite *f*, syndrome *m* de Heerfordt
      i   sindrome *f* di Heerfordt, uveoparotite *f*
      r   увеопаротит *m*, увеопаротидная лихорадка *f*, синдром *m* Хеерфордта

U172   *e*   **uvula**
      d   Uvula *f*, Gaumenzäpfchen *n*, Zäpfchen *n*
      f   uvula *f*
      i   ugola *f*
      r   язычок *m* мягкого нёба

U173   *e*   **uvulectomy**
      d   Uvulektomie *f*, Gaumenzäpfchenentfernung *f*
      f   uvulectomie *f*
      i   uvulectomia *f*
      r   ампутация *f* нёбного язычка

U174   *e*   **uvulitis**
      d   Uvulitis *f*, Gaumenzäpfchenentzündung *f*
      f   uvulite *f*
      i   uvulite *f*
      r   воспаление *n* нёбного язычка

U175   *e*   **uvulotomy**
      d   Uvulotomie *f*, Gaumenzäpfchenschnitt *m*, Staphylotomie *f*
      f   uvulotomie *f*, staphylotomie *f*
      i   uvulotomia *f*, stafilotomia *f*
      r   разрез *m* нёбного язычка

V

V1   *e*   **vaccination**
      d   Vakzination *f*, Impfung *f*
      f   vaccination *f*
      i   vaccinazione *f*
      r   вакцинация *f*

V2   *e*   **vaccine**
      d   Vakzine *f*, Impfstoff *m*
      f   vaccin *m*
      i   vaccino *m*
      r   вакцина *f*

V3   *e*   **vaccinotherapy**
      d   Vakzinotherapie *f*, Vakzinbehandlung *f*
      f   vaccinothérapie *f*
      i   vaccinoterapia *f*
      r   вакцинотерапия *f*

V4   *e*   **vacuolar degeneration**
      d   vakuoläre [hydrophische] Degeneration *f*
      f   dégénérescence *f* vacuolaire
      i   degenerazione *f* vacuolare
      r   водяночная [вакуольная, гидропическая] дистрофия *f*

V5   *e*   **vacuolation**
      d   Vakuolisierung *f*
      f   vacuolisation *f*

VALVE

	i vacuolizzazione *f*
	r вакуолизация *f*
V6	*e* **vacuole**
	d Vakuole *f*
	f vacuole *f*
	i vacuolo *m*
	r вакуоль *f*
V7	*e* **vacuolization** *see* **vacuolation**
V8	*e* **vacuum extractor**
	d Vakuumextraktor *m*
	f ventouse *f* obstétricale, *англ.* vacuum extractor
	i estrattore *m* da suzione, ventosa *f* cefalica
	r вакуум-экстрактор *m*
V9	*e* **vagabond's disease**
	d Vagabundenkrankheit *f*
	f mélanodermie *f* phtiriasique, maladie *f* des vagabonds
	i melanodermia *f* [malattia *f*] dei vagabondi
	r болезнь *f* бродяг
V10	*e* **vagal block**
	d vagosympathischer Block *m*
	f blocage *m* vago-sympathique
	i blocco *m* vagosimpatico
	r вагосимпатическая блокада *f*
V11	*e* **vagina**
	d Vagina *f*, Scheide *f*
	f vagin *m*
	i vagina *f*
	r влагалище *n*
V12	*e* **vaginal hysterectomy**
	d vaginale Hysterektomie *f*
	f hystérectomie *f* vaginale, hystérectomie *f* par voie basse
	i isterectomia *f* transvaginale
	r влагалищная экстирпация *f* матки
V13	*e* **vaginal speculum**
	d Scheidenspekulum *n*, Vaginalspiegel *m*
	f spéculum *m* vaginal
	i specchio *m* vaginale
	r влагалищное зеркало *n*
V14	*e* **vaginapexy** *see* **vaginopexy**
V15	*e* **vaginismus**
	d Vaginismus *m*, Scheidenkrampf *m*
	f vaginisme *m*
	i vaginismo *m*
	r вагинизм *m*, вульвизм *m*, кольпоспазм *m*
V16	*e* **vaginitis**
	d Vaginitis *f*, Kolpitis *f*, Scheidenschleimhautentzündung *f*
	f vaginite *f*, colpite *f*

	i vaginite *f*, colpite *f*
	r кольпит *m*, вагинит *m*
V17	*e* **vaginofixation** *see* **vaginopexy**
V18	*e* **vaginoperineorrhaphy**
	d Vaginoperineorrhaphie *f*, Kolpoperineorrhaphie *f*
	f colpo-périnéorrhaphie *f*, vagino-périnéorrhaphie *f*
	i colpoperineorrafia *f*
	r кольпоперинеопластика *f*, кольпоперинеорафия *f*
V19	*e* **vaginopexy**
	d Vaginopexie *f*, Kolpopexie *f*, Scheidenfixierung *f*
	f vaginopexie *f*, colpopexie *f*
	i colpopessia *f*
	r вагинофиксация *f*, вагинопексия *f*, кольпопексия *f*
V20	*e* **vaginoscopy**
	d Vaginoskopie *f*, Kolposkopie *f*, Scheidenspiegelung *f*
	f vaginoscopie *f*, colposcopie *f*
	i vaginoscopia *f*, colposcopia *f*
	r кольпоскопия *f*, вагиноскопия *f*
V21	*e* **vaginotomy**
	d Vaginotomie *f*, Kolpotomie *f*, Scheidenschnitt *m*
	f vaginotomie *f*, colpotomie *f*
	i vaginotomia *f*, colpotomia *f*
	r кольпотомия *f*
V22	*e* **vagotomy**
	d Vagotomie *f*
	f vagotomie *f*
	i vagotomia *f*
	r ваготомия *f*, перерезка *f* блуждающего нерва
V23	*e* **vagotonia**
	d Vagotonie *f*, Parasympathikotonie *f*
	f vagotonie *f*
	i vagotonia *f*
	r ваготония *f*, парасимпатикотония *f*
V24	*e* **valine**
	d Valin *n*
	f valine *f*
	i valina *f*
	r валин *m*
V25	*e* **Valsalva test**
	d Valsalva-Versuch *m*
	f épreuve *f* de Valsalva
	i prova *f* [esperimento *m*] di Valsalva
	r проба *f* Вальсальвы
V26	*e* **valve**
	d Klappe *f*, Valva *f*
	f valve *f*
	i valvola *f*
	r клапан *m*, заслонка *f*

VALVULAR ENDOCARDITIS

V27   *e*   valvular endocarditis
       d   Klappenendokarditis *f*,
          Klappenentzündung *f*
       f   endocardite *f* valvulaire
       i   endocardite *f* valvolare
       r   клапанный [вальвулярный] эндокардит *m*

V28   *e*   valvular incompetence, valvular insufficiency
       d   Klappeninsuffizienz *f*
       f   insuffisance *f* valvulaire
       i   insufficienza *f* valvolare
       r   недостаточность *f* клапана (сердца)

V29   *e*   valvular pneumothorax
       d   Ventilpneumothorax *m*
       f   pneumothorax *m* à soupape
       i   pneumotorace *m* a valvola
       r   клапанный пневмоторакс *m*

V30   *e*   valvulitis *see* valvular endocarditis

V31   *e*   varicella
       d   Varizellen *f pl*, Windpocken *pl*, Schafpocken *pl*, Wasserpocken *pl*, Spitzpocken *pl*
       f   varicelle *f*
       i   varicella *f*
       r   ветряная оспа *f*

V32   *e*   varicocele
       d   Varikozele *f*, Krampfaderbruch *m* des Samenstranges
       f   varicocèle *f*
       i   varicocele *m*
       r   варикоцеле *n*, варикозное расширение *n* вен семенного канатика

V33   *e*   varicophlebitis
       d   Varikophlebitis *f*, Krampfaderentzündung *f*
       f   phlébite *f* variqueuse
       i   flebite *f* varicosa
       r   воспаление *n* варикозных вен

V34   *e*   varicose ulcer
       d   variköses Geschwür *n*
       f   ulcère *m* variqueux
       i   ulcera *f* varicosa
       r   варикозная язва *f*

V35   *e*   varicosis
       d   Varikosis *f*
       f   varicose *f*, veinectasie *f*
       i   varicosi *f*
       r   варикозное расширение *n* вен, варикоз *m*

V36   *e*   varicotomy
       d   Varizenexzision *f*, Krampfaderentfernung *f*
       f   varicectomie *f*, varicotomie *f*
       i   varicotomia *f*
       r   иссечение *n* варикозных вен

V37   *e*   variegate porphyria
       d   Porphyria *f* variegata
       f   porphyrie *f* cutanée tardive
       i   porfiria *f* variegata [mista]
       r   поздняя порфирия *f* кожи, буллёзный порфирический эпидермолиз *m*

V38   *e*   variola
       d   Variola *f*, Pocken *pl*, Blattern *pl*
       f   variole *f*
       i   vaiolo *m*
       r   (натуральная) оспа *f*

V39   *e*   varioliform syphilid
       d   pockenartiges Syphilid *n*
       f   syphilide *f* varioliforme
       i   sifilide *f* varioliforme
       r   оспенновидный сифилид *m*

V40   *e*   varix
       d   Varize *f*, Krampfader *f*, Venenknoten *m*
       f   varice *f*
       i   varice *f*
       r   варикозный узел *m*

V41   *e*   vascular hemophilia
       d   vaskuläre Hämophilie *f*, Angiohämophilie *f*
       f   angiohémophilie *f*
       i   emofilia *f* vascolare
       r   ангиогемофилия *f*, сосудистая гемофилия *f*

V42   *e*   vascularization
       d   Vaskularisation *f*, Vaskularisierung *f*
       f   vascularisation *f*
       i   vascolarizzazione *f*
       r   васкуляризация *f*

V43   *e*   vascular keratitis
       d   vaskuläre Keratitis *f*, vaskuläre Hornhautentzündung *f*
       f   kératite *f* vasculaire
       i   cheratite *f* vascolare
       r   поверхностный сосудистый кератит *m*

V44   *e*   vascular leiomyoma
       d   vaskuläres Leiomyom *n*, Angiomyom *n*
       f   l(é)iomyome *m* vasculaire
       i   leiomioma *m* vascolare, angiomioma *m*
       r   ангио(лейо)миома *f*, сосудистая лейомиома *f*

V45   *e*   vascular murmur
       d   Gefäßgeräusch *n*
       f   bruit *m* vasculaire
       i   soffio *m* vascolare
       r   сосудистый шум *m*

V46   *e*   vascular network
       d   Gefäßnetz *n*
       f   réseau *m* vasculaire

	i rete *f* vascolare
	r сосудистая сеть *f*
V47	*e* **vascular spider**
	d Spinnennävus *m*, Spidernävus *m*
	f angiome *m* stellaire
	i angioma *m* stellare
	r паукообразная [звездчатая] гемангиома *f*, паукообразный невус *m*
V48	*e* **vasectomy**
	d Vasektomie *f*, Vasoresektion *f*, Samenleiterexstirpation *f*
	f vasectomie *f*
	i vasectomia *f*
	r вазэктомия *f*, иссечение *n* семявыносящего протока
V49	*e* **vasoconstriction**
	d Vasokonstriktion *f*, Gefäßkonstriktion *f*, Gefäßverengerung *f*
	f vasoconstriction *f*
	i vasocostrizione *f*
	r вазоконстрикция *f*
V50	*e* **vasoconstrictor**
	d Vasokonstriktor *m*, Blutgefäßverenger *m*
	f vasoconstricteur *m*
	i vasocostrittore *m*
	r вазоконстриктор *m*; сосудосуживающее средство *n*
V51	*e* **vasodilatation**
	d Vasodilatation *f*, Gefäßerweiterung *f*
	f vasodilatation *f*
	i vasodilatazione *f*
	r вазодилатация *f*, расширение *n* сосудов
V52	*e* **vasodilatator**
	d Vasodilatator *m*, Blutgefäßerweiterer *m*
	f vasodilatateur *m*
	i vasodilatatore *m*
	r сосудорасширяющее средство *n*
V53	*e* **vasoepididymostomy**
	d Vasoepididymostomie *f*, Samenleiter-Nebenhoden-Anastomose *f*
	f vaso-épididymostomie *f*
	i vasoepididimostomia *f*
	r вазоэпидидимостомия *f*
V54	*e* **vasomotor catarrh**
	d vasomotorische [vasospastische] Rhinitis *f*
	f rhinite *f* vasomotrice, rhinite *f* spasmodique
	i rinite *f* spasmodica [vasomotoria]
	r вазомоторный ринит *m*
V55	*e* **vasomotor epilepsy**
	d vasomotorische Epilepsie *f*
	f épilepsie *f* vasomotrice
	i epilessia *f* vasomotoria
	r диэнцефальная [вегетативная] эпилепсия *f*
V56	*e* **vasomotor rhinitis** see **vasomotor catarrh**
V57	*e* **vasoneurosis**
	d Vasoneurose *f*, Gefäßneurose *f*, Angioneurose *f*
	f angionévrose *f*
	i angioneurosi *f*
	r ангионевроз *m*, вазоневроз *m*; вегетативно-сосудистая дистония *f*
V58	*e* **vasopressin**
	d Vasopressin *n*, Adiuretin *n*, adiuretisches Hormon *n*
	f vasopressine *f*
	i vasopressina *f*
	r антидиуретический гормон *m*, вазопрессин *m*, адиуретин *m*
V59	*e* **vasopressin-resistant diabetes**
	d nephrogener Diabetes *m* insipidus, vasopressinresistenter Diabetes *m*
	f diabète *m* insipide néphrogénique
	i diabete *m* insipido nefrogeno
	r почечный несахарный [вазопрессинрезистентный] диабет *m*
V60	*e* **vasopuncture**
	d Vasopunktur *f*, Samenleiterpunktion *f*
	f vasoponction *f*
	i puntura *f* del dotto deferente
	r вазопунктура *f*, пункция *f* семявыносящего протока
V61	*e* **vasoreflex**
	d Blutgefäßreflex *m*
	f réflexe *m* vasculaire
	i riflesso *m* vascolare
	r сосудистый рефлекс *m*
V62	*e* **vasosection** see **vasotomy**
V63	*e* **vasospasm**
	d Vasospasmus *m*, Gefäßkrampf *m*
	f angiospasme *m*, vasospasme *m*
	i vasospasmo *m*, angiospasmo *m*
	r ангиоспазм *m*
V64	*e* **vasotomy**
	d Vasotomie *f*, Samenleiterschnitt *m*
	f vasotomie *f*
	i vasotomia *f*
	r вазотомия *f*, разрез *m* семявыносящего протока
V65	*e* **vasotonia**
	d Gefäßtonus *m*
	f vasotonie *f*, angiotonie *f*
	i vasotonia *f*, angiotonia *f*
	r сосудистый тонус *m*
V66	*e* **vasotripsy**

VATER'S AMPULLA

	d	Gefäßquetschung f
	f	angiotripsie f, vasotripsie f
	i	angiotripsia f
	r	ангиотрипсия f, артериотрипсия f
V67	e	Vater's ampulla
	d	hepatopankreatische Ampulle f, Vater-Ampulle f
	f	ampoule f de Vater
	i	ampolla f di Vater [epatopancreatica]
	r	печёночно-поджелудочная [фатерова] ампула f
V68	e	vault
	d	Gewölbe n, Fornix m
	f	voûte f
	i	volta f
	r	свод m
V69	e	vector
	d	Krankheitsüberträger m
	f	vecteur m
	i	vettore m
	r	переносчик m инфекции
V70	e	vectorcardiogram
	d	Vektor(elektro)kardiogramm n, Herzvektorbild n
	f	vectorcardiogramme m
	i	vettocardiogramma m
	r	вектор(электро)кардиограмма f
V71	e	vectorcardiography
	d	Vektor(elektro)kardiographie f, Herzvektoraufzeichnung f
	f	vectorcardiographie f
	i	vettocardiografia f
	r	вектор(электро)кардиография f
V72	e	vector loop
	d	Vektorschlinge f
	f	anse f du vectorcardiogramme
	i	ansa f del vettocardiogramma
	r	векторная петля f (векторкардиограммы)
V73	e	vegetarianism
	d	Vegetarismus m, Pflanzenkostessen n
	f	végétarisme m
	i	vegetar(ian)ismo m
	r	вегетарианство n
V74	e	vegetation
	d	Vegetation f, Wucherung f
	f	végétation f
	i	vegetazione f
	r	разрастание n, нарост m
V75	e	vegetative endocarditis
	d	verruköse [warzenbildende] Endokarditis f
	f	endocardite f verruqueuse
	i	endocardite f verrucosa
	r	бородавчатый [полипозный] эндокардит m
V76	e	vegetative neurosis
	d	vegetative Dystonie f
	f	dystonie f végétative
	i	distonia f vegetativa
	r	вегетативный невроз m, вегетативная дистония f
V77	e	vegetative system
	d	vegetatives [autonomes] Nervensystem n
	f	système m nerveux végétatif
	i	sistema m nervoso vegetativo
	r	вегетативная [автономная] нервная система f
V78	e	vein
	d	Vena f
	f	veine f
	i	vena f
	r	вена f
V79	e	vein stone
	d	Venenstein m, Phlebolith m
	f	phlébolithe f
	i	flebolito m
	r	флеболит m
V80	e	vena cava
	d	Hohlvene f, Vena f cava
	f	veine f cave
	i	vena f cava
	r	полая вена f
V81	e	venectomy
	d	Venektomie f, Venenexstirpation f, Phlebektomie f
	f	phlébectomie f
	i	flebectomia f
	r	флебэктомия f, венэктомия f
V82	e	venenation
	d	Vergiftung f
	f	intoxication f, empoisonnement m
	i	avvelenamento m, intossicazione f
	r	отравление n
V83	e	venereal disease
	d	Geschlechtskrankheit f, Venerie f
	f	maladie f vénérienne
	i	malattia f venerea
	r	венерическая болезнь f
V84	e	venereal lymphogranuloma
	d	inguinale Lymphogranulomatose f, vierte Geschlechtskrankheit f
	f	lymphogranulomatose f inguinale, quatrième maladie f vénérienne
	i	linfogranuloma m venereo, malattia f di Nicolas-Favre, quarta malattia m
	r	паховый лимфогранулематоз m, четвёртая венерическая болезнь f
V85	e	venereal sore, venereal ulcer
	d	weicher Schanker m
	f	chancre m mou
	i	ulcera f molle [venerea]

	r	мягкий шанкр *m*, шанкроид *m*, венерическая язва *f*
V86	*e*	**venereal wart**
	d	spitzes Kondylom *n*, spitze Feigwarze *f*
	f	condylome *m* acuminé
	i	condiloma *m* acuminato, vegetazione *f* venerea, cresta *f* di gallo
	r	остроконечная бородавка *f* [кондилома *f*], венерическая кондилома *f*
V87	*e*	**venerology**
	d	Venerologie *f*, Geschlechtskrankheitenkunde *f*
	f	vénéréologie *f*
	i	venereologia *f*
	r	венерология *f*
V88	*e*	**venerophobia**
	d	Venerophobie *f*
	f	vénéréophobie *f*
	i	venereofobia *f*
	r	венерофобия *f*
V89	*e*	**venoclysis**
	d	Veneninfusion *f*, intravenöse Infusion *f*
	f	injection *f* intraveineuse, veinoclyse *f*
	i	infusione *f* intravenosa, fleboclisi *f*
	r	внутривенное вливание *n*
V90	*e*	**venofibrosis**
	d	Venenfibrose *f*
	f	phlébofibrose *f*, phlébosclérose *f*
	i	flebofibrosi *f*, flebosclerosi *f*
	r	флебофиброз *m*, флебосклероз *m*
V91	*e*	**venography**
	d	Venographie *f*, Phlebographie *f*, Venenröntgendarstellung *f*
	f	phlébographie *f*
	i	flebografia *f*
	r	флебография *f*, венография *f*
V92	*e*	**veno-occlusive disease of liver**
	d	Lebervenenverschlußsyndrom *n*, Budd-Chiari-Syndrom *n*
	f	maladie *f* de Chiari, thrombose *f* des veines hépatiques
	i	sindrome *f* di Budd-Chiari
	r	веноокклюзионная болезнь *f*, облитерирующий эндофлебит *m* печени
V93	*e*	**venosclerosis** *see* **venofibrosis**
V94	*e*	**venous congestion** *see* **venous hyperemia**
V95	*e*	**venous hum**
	d	Venengeräusch *n*, Drehwürfelgeräusch *n*
	f	souffle *m* veineux, bruit *m* de diable
	i	ronzio *m* venoso
	r	венный шум *m*, шум *m* волчка
V96	*e*	**venous hyperemia**
	d	venöse Blutfülle *f*, passive Hyperämie *f*, Stauungshyperämie *f*
	f	congestion *f* passive, hyperémie *f* veineuse
	i	stasi *f* venosa, iperemia *f* passiva
	r	венозная [пассивная] гиперемия *f*
V97	*e*	**venous murmur** *see* **venous hum**
V98	*e*	**venous pressure**
	d	Venendruck *m*, venöser Blutdruck *m*
	f	pression *f* veineuse
	i	pressione *f* venosa
	r	венозное давление *n*
V99	*e*	**venous pulse**
	d	Venenpuls *m*
	f	pouls *m* veineux
	i	polso *m* venoso
	r	венный пульс *m*
V100	*e*	**ventilation**
	d	1. Ventilation *f*, Belüftung *f* 2. Lungenventilation *f*
	f	1. ventilation *f* 2. respiration *f* pulmonaire
	i	1. ventilazione *f* 2. ventilazione *f* polmonare
	r	1. вентиляция *f* 2. лёгочная вентиляция *f*, вентиляция *f* лёгких
V101	*e*	**ventilation index**
	d	Ventilationsindex *m*
	f	indice *m* de ventilation
	i	indice *m* di ventilazione
	r	вентиляционный индекс *m*
V102	*e*	**ventral column**
	d	Vorderstrang *m* des Rückenmarks
	f	cordon *m* antérieur de la moelle
	i	colonna *f* anteriore
	r	передний столб *m* спинного мозга
V103	*e*	**ventral hernia**
	d	Abdominalhernie *f*, Bauchbruch *m*
	f	hernie *f* abdominale
	i	ernia *f* addominale
	r	грыжа *f* живота
V104	*e*	**ventral root**
	d	vordere Wurzel *f* des Spinalnerves
	f	racine *f* antérieure du nerf rachidien
	i	radice *f* ventrale dei nervi spinali
	r	передний корешок *m* спинномозгового нерва
V105	*e*	**ventricle**
	d	Ventrikel *m*, Kammer *f*
	f	ventricule *m*
	i	ventricolo *m*
	r	желудочек *m*
V106	*e*	**ventricular complex**
	d	Kammerkomplex *m* im EKG, QRS-Komplex *m*

VENTRICULAR EXTRASYSTOLE

   f complexe *m* ventriculaire
   i complesso *m* ventricolare
   r желудочковый комплекс *m* ЭКГ

V107 *e* ventricular extrasystole
   d Ventrikelextrasystole *f*, Herzkammerextrasystole *f*
   f extrasystole *f* ventriculaire
   i extrasistole *f* ventricolare
   r желудочковая экстрасистола *f*

V108 *e* ventricular fibrillation
   d Ventrikelflimmern *n*, Herzkammerflimmern *n*
   f fibrillation *f* ventriculaire
   i fibrillazione *f* ventricolare
   r фибрилляция *f* желудочков

V109 *e* ventricular flutter
   d Ventrikelflattern *n*, Herzkammerflattern *n*
   f tachysystolie *f* ventriculare
   i flutter *m* ventricolare
   r трепетание *n* желудочков

V110 *e* ventricular rhythm
   d Herzkammerrhythmus *m*
   f rythme *m* idioventriculaire
   i ritmo *m* idioventricolare
   r идиовентрикулярный ритм *m* (сердца)

V111 *e* ventricular septal defect
   d Ventrikelseptumdefekt *m*, Herzkammerscheidewanddefekt *m*
   f communication *f* interventriculaire
   i difetto *m* del setto interventricolare
   r дефект *m* межжелудочковой перегородки

V112 *e* ventriculocisternostomy
   d Ventrikulozisternostomie *f*
   f ventriculocisternostomie *f*
   i ventricolocisternostomia *f*
   r вентрикулоцистерностомия *f*

V113 *e* ventriculography
   d Ventrikulographie *f*
   f ventriculographie *f*
   i ventricolografia *f*
   r вентрикулография *f*

V114 *e* ventriculoscopy
   d Ventrikuloskopie *f*, Hirnkammerendoskopie *f*, Hirnkammerspiegelung *f*
   f ventriculoscopie *f*
   i ventricoloscopia *f*
   r вентрикулоскопия *f*

V115 *e* ventriculostomy
   d Ventrikulostomie *f*
   f ventriculostomie *f*
   i ventricolostomia *f*
   r вентрикулостомия *f*

V116 *e* venule
   d Venula *f*
   f veinule *f*
   i venula *f*
   r венула *f*

V117 *e* verbigeration
   d Verbigeration *f*
   f verbigération *f*
   i verbigerazione *f*
   r вербигерация *f*

V118 *e* verdohemoglobin
   d Verdohämoglobin *n*
   f verdohémoglobine *f*, choléglobine *f*
   i verdoemoglobina *f*
   r вердогемоглобин *m*

V119 *e* vergence
   d Vergenz *f*
   f vergence *f*
   i vergenza *f*
   r сочетанные движения *n pl* глаз (зрительные оси которых не параллельны)

V120 *e* vermicular colic
   d Appendikularkolik *f*, Wurmfortsatzkolik *f*
   f colique *f* appendiculaire
   i colica *f* appendicolare
   r аппендикулярная колика *f*

V121 *e* vermiform process
   d Wurmfortsatz *m*
   f appendice *m* vermiculaire
   i appendice *f* vermiforme
   r червеобразный отросток *m*, аппендикс *m*

V122 *e* vermifuge
   d Vermifugum *n*, Anthelmenthikum *n*
   f vermifuge *m*
   i vermifugo *m*, antielmintico *m*
   r противоглистное [антигельминтное] средство *n*, антигельминтик *m*

V123 *e* vermix *see* vermiform process

V124 *e* vernal conjunctivitis
   d Frühjahrskonjunktivitis *f*, Frühjahrskatarrh *m* der Augen
   f catarrhe *m* printanier, conjonctivite *f* printanière
   i congiuntivite *f* [catarro *m*] primaverile
   r весенний конъюнктивит *m*, весенний катар *m*

V125 *e* verruca
   d Warze *f*
   f verrue *f*
   i verruca *f*
   r бородавка *f*

V126 *e* verrucoid nevus
   d Warzenmal *n*

	f	nævus *m* verruqueux
	i	nevo *m* verrucoso
	r	веррукозный [бородавчатый] невус *m*
V127	*e*	verrucous endocarditis see vegetative endocarditis
V128	*e*	verruga see verruca
V129	*e*	version
	d	Wendung *f*
	f	version *f*
	i	versione *f*
	r	поворот *m* плода, акушерский поворот *m*
V130	*e*	vertebra
	d	Vertebra *f*, Wirbel *m*
	f	vertèbre *m*
	i	vertebra *f*
	r	позвонок *m*
V131	*e*	vertebral arch
	d	Vertebralbogen *m*, Wirbelbogen *m*
	f	arc *m* vertébral
	i	arco *m* vertebrale
	r	дуга *f* позвонка
V132	*e*	vertebral canal
	d	Vertebralkanal *m*
	f	canal *m* vertébral
	i	canale *m* vertebrale
	r	позвоночный канал *m*
V133	*e*	vertebral column
	d	Wirbelsäule *f*
	f	colonne *f* vertébrale
	i	colonna *f* vertebrale
	r	позвоночник *m*, позвоночный столб *m*
V134	*e*	vertebral fusion
	d	Wirbelfusion *f*
	f	fusion *f* vertébrale
	i	fusione *f* vertebrale
	r	слияние *n* тел позвонков
V135	*e*	vertebral pulp
	d	Gallertkern *m* (des Intervertebraldiskus)
	f	noyau *m* gélatineux
	i	nucleo *m* polposo
	r	студенистое ядро *n* (межпозвоночного диска)
V136	*e*	vertebral venography
	d	Wirbelvenographie *f*
	f	phlébographie *f* spinale
	i	flebografia *f* spinale
	r	веноспондилография *f*, спинальная флебография *f*
V137	*e*	vertebrobasilar insufficiency
	d	vertebrobasiläre Insuffizienz *f*
	f	insuffisance *f* vertébrobasilaire
	i	insufficienza *f* vertebrobasilare
	r	вертебрально-базилярная недостаточность *f*
V138	*e*	vertex
	d	Vertex *m*, Scheitel *m*
	f	vertex *m*
	i	vertice *m*
	r	темя *n*
V139	*e*	vertex presentation
	d	Scheitellage *f*
	f	présentation *f* du vertex
	i	presentazione *f* di vertice
	r	затылочное [верхушечное] предлежание *n* плода
V140	*e*	vertical nystagmus
	d	Vertikalnystagmus *m*, vertikales Augenzittern *n*
	f	nystagmus *m* vertical
	i	nistagmo *m* verticale
	r	вертикальный нистагм *m*
V141	*e*	vertigo
	d	Vertigo *f*, Schwindel *m*, Schwindelgefühl *n*
	f	vertige *m*
	i	capogiro *m*, vertigine *f*
	r	головокружение *n*
V142	*e*	verumontanum
	d	Samenhügel *m*
	f	crête *f* urétrale
	i	collicolo *m* seminale
	r	семенной холмик *m* [бугорок *m*]
V143	*e*	vesical fistula
	d	Blasenfistel *f*
	f	fistule *f* vésicale
	i	fistola *f* vescicale
	r	мочепузырный свищ *m*
V144	*e*	vesicle
	d	Vesikel *f*, Bläschen *n*
	f	vésicule *f*
	i	vescicola *f*
	r	везикула *f*, пузырёк *m*
V145	*e*	vesicosigmoidostomy
	d	Vesikosigmoidostomie *f*, Blasen-Sigma-Fistelung *f*
	f	cysto-sigmoïdostomie *f*
	i	vescicosigmoidostomia *f*
	r	цистосигмоидостомия *f*
V146	*e*	vesicostomy
	d	Vesikostomie *f*, Harnblasenfistelung *f*
	f	cystostomie *f*
	i	vescicostomia *f*
	r	цистостомия *f*
V147	*e*	vesicotomy
	d	Blasenschnitt *m*, Harnblaseneröffnung *f*
	f	cystotomie *f*

VESICOVAGINAL FISTULA

	i	cistotomia *f*
	r	цистотомия *f*
V148	*e*	**vesicovaginal fistula**
	d	Vesikovaginalfistel *f*, Blasenscheidenfistel *f*
	f	fistule *f* vésico-vaginale
	i	fistola *f* vescicovaginale
	r	пузырно-влагалищный свищ *m*
V149	*e*	**vesicular mole**
	d	Blasenmole *f*
	f	môle *f* vésiculaire
	i	mola *f* vescicolare
	r	пузырный занос *m*
V150	*e*	**vesicular rale**
	d	Krepitation *f*, Knisterrasseln *n*
	f	râles *m pl* vésiculaires
	i	rantolo *m* crepitante
	r	крепитирующие хрипы *m pl*
V151	*e*	**vesicular resonance**
	d	Lungenperkussionston *m*
	f	son *m* pulmonal
	i	suono *m* polmonare
	r	ясный [лёгочный] звук *m*
V152	*e*	**vesicular respiration**
	d	Vesikuläratmen *n*
	f	murmure *m* vésiculaire
	i	murmure *m* vescicolare
	r	везикулярное дыхание *n*
V153	*e*	**vesicular stomatitis**
	d	vesikuläre Stomatitis *f*
	f	stomatite *f* vésiculaire
	i	stomatite *f* vescicolare
	r	везикулярный стоматит *m*
V154	*e*	**vesiculectomy**
	d	Samenbläschenexzision *f*
	f	vésiculectomie *f*
	i	vescicolectomia *f*
	r	везикулэктомия *f*
V155	*e*	**vesiculitis**
	d	Samenbläschenentzündung *f*
	f	vésiculite *f*
	i	vescicolite *f*
	r	везикулит *m*
V156	*e*	**vesiculotympanic resonance**
	d	Korbperkussionsschall *m*
	f	tympanisme *m*
	i	suono *m* timpanico
	r	коробочный перкуторный звук *m*
V157	*e*	**vessel**
	d	Gefäß *n*
	f	vaisseau *m*
	i	vaso *m*
	r	сосуд *m*, проток *m*
V158	*e*	**vestibular ganglion**
	d	Vestibularganglion *n*
	f	ganglion *m* vestibulaire
	i	ganglio *m* vestibolare di Scarpa
	r	преддверный ганглий *m*
V159	*e*	**vestibular nystagmus**
	d	Vestibularnystagmus *m*
	f	nystagmus *m* vestibulaire
	i	nistagmo *m* vestibolare
	r	вестибулярный нистагм *m*
V160	*e*	**vestibulospinal reflex**
	d	vestibulospinaler Reflex *m*
	f	réflexe *m* vestibulo-spinal
	i	riflesso *m* vestibolo-spinale
	r	вестибулоспинальный рефлекс *m*, реакция *f* отклонения
V161	*e*	**vestibulospinal tract**
	d	Tractus *m* vestibulospinalis, vestibulospinales Bündel *n*
	f	faisceau *m* vestibulo-spinal
	i	fascio *m* vestibolo-spinale
	r	преддверно-спинномозговой [вестибулоспинальный] путь *m*
V162	*e*	**vestige**
	d	Vestigium *n*
	f	vestige *m*
	i	vestigio *m*
	r	вестигий *m*, следовой признак *m*
V163	*e*	**viability**
	d	Lebensfähigkeit *f*
	f	viabilité *f*
	i	vitalità *f*
	r	жизнеспособность *f*
V164	*e*	**vibration**
	d	Vibration *f*
	f	vibration *f*
	i	vibrazione *f*
	r	вибрация *f*
V165	*e*	**vibratory massage**
	d	Vibrationsmassage *f*
	f	vibromassage *m*, massage *m* vibratoire
	i	massaggio *m* vibratorio, vibromassaggio *m*
	r	вибромассаж *m*
V166	*e*	**vibratory sense**
	d	Vibrationssinn *m*, Vibrationsempfindung *f*, Pallästhesie *f*
	f	sensibilité *f* vibratoire, pallesthésie *f*
	i	sensibilità *f* vibratoria, pallestesia *f*
	r	вибрационная чувствительность *f*, паллестезия *f*
V167	*e*	**vibrio**
	d	Vibrio *m*
	f	vibrion *m*
	i	vibrione *m*
	r	вибрион *m*
V168	*e*	**vicarious hemorrhage**
	d	vikariierende Blutung *f*

	f	hémorragie f vicariante
	i	emorragia f vicariante
	r	викарное кровотечение n
V169	e	vicarious hypertrophy
	d	vikariierende Hypertrophie f, Ersatzhypertrophie f
	f	hypertrophie f vicariante
	i	ipertrofia f vicariante
	r	викарная [заместительная] гипертрофия f
V170	e	vicious union
	d	Pseudarthrose f, Falschgelenk n
	f	fausse articulation f
	i	falsa articolazione f, pseudoartrosi f
	r	ложный сустав m, псевдоартроз m
V171	e	villous tumor
	d	Zottengeschwulst f
	f	papillome m
	i	papilloma m, tumore m villoso
	r	папиллома f, ворсинчатая (сосочковая) опухоль f
V172	e	villus (pl villi)
	d	Villus m, Zotte f
	f	villosité f
	i	villo m
	r	ворсинка f
V173	e	Vincent's angina, Vincent's gingivitis
	d	Plaut-Vincent-Angina f
	f	angine f de Vincent
	i	angina f di Vincent, gengivite f ulcero-membranosa
	r	ангина f Симановского—Плаута—Венсана, язвенно-плёнчатая ангина f
V174	e	viral dysentery
	d	Virusdurchfall m
	f	diarrhée f virale
	i	dissenteria f virale
	r	вирусная диарея f
V175	e	viral hepatitis
	d	Virushepatitis f, infektiöse Hepatitis f
	f	hépatite f virale, hépatite f à virus
	i	epatite f virale
	r	вирусный гепатит m
V176	e	viremia
	d	Virämie f, Virusämie f
	f	virémie f
	i	viremia f
	r	вирусемия f
V177	e	virgin
	d	Virgo f, Jungfrau f
	f	vierge f
	i	vergine f
	r	девственница f
V178	e	virgin generation
	d	Parthenogenese f, Jungfernzeugung f
	f	parthénogenèse f
	i	partenogenesi f
	r	партеногенез m
V179	e	virginity
	d	Virginität f, Jungfernschaft f, Jungfräulichkeit f
	f	virginité f
	i	verginità f
	r	девственность f
V180	e	virile reflex
	d	bulbokavernöser Reflex m
	f	réflexe m bulbo-caverneux
	i	riflesso m bulbocavernoso
	r	бульбокавернозный рефлекс m
V181	e	virilism
	d	Virilismus m
	f	virilisme m
	i	virilismo m
	r	вирилизм m, маскулинизм m, вирильный синдром m
V182	e	virility
	d	Virilität f, Mannbarkeit f
	f	virilité f
	i	virilità f
	r	репродуктивный возраст m (у мужчины)
V183	e	virilization
	d	Virilisierung f, Vermännlichung f, Maskulinisierung f
	f	virilisation f
	i	virilizzazione f
	r	вирилизация f, маскулинизация f
V184	e	virion
	d	Virion n
	f	virion m
	i	virione m
	r	вирион m
V185	e	virology
	d	Virologie f, Virusologie f
	f	virologie f
	i	virologia f
	r	вирусология f
V186	e	virus
	d	Virus n
	f	virus m
	i	virus m
	r	вирус m
V187	e	virus blockade
	d	Virusinterferenz f
	f	interférence f virale
	i	interferenza f virale
	r	интерференция f вирусов
V188	e	virus keratoconjunctivitis
	d	Viruskeratokonjunktivitis f, virale Keratoaugenbindehautentzündung f

VISCERA

	f	kérato-conjonctivite f épidémique
	i	cheratocongiuntivite f epidemica
	r	эпидемический [аденовирусный] кератоконъюнктивит m
V189	e	viscera pl
	d	Eingeweide n
	f	viscères m pl
	i	visceri m pl
	r	внутренние органы m pl
V190	e	visceral cavity
	d	1. Coelom n, Zölom n, Leibeshöhle f 2. Pleuroperitonealhöhle f
	f	1. cœlome m 2. cavité f viscérale
	i	1. celoma m 2. cavità f viscerale
	r	1. целом m, вторичная полость f 2. полость f тела (брюшинная, плевральная)
V191	e	visceral inversion
	d	spiegelbildliche Eingeweidelage f
	f	inversion f viscérale [splanchnique]
	i	inversione f dei visceri
	r	транспозиция f органов
V192	e	visceral leishmaniasis
	d	viszerale Leishmaniose f, Kala-Azar f, tropische Splenomegalie f
	f	leishmaniose f viscérale, kala-azar m
	i	leishmaniosi f viscerale, kala-azar m
	r	индийский висцеральный лейшманиоз m, кала-азар m
V193	e	visceral ptosis see visceroptosis
T194	e	visceral sense
	d	viszeraler Sinn m, viszerale Empfindlichkeit f
	f	sensibilité f viscérale
	i	sensibilità f viscerale
	r	висцеральная чувствительность f
V195	e	viscerogenic reflex
	d	Viszeralreflex m
	f	réflexe m viscéral
	i	riflesso m viscerogeno
	r	висцеральный рефлекс m
V196	e	visceromegaly
	d	Viszeromegalie f, Splanchnomegalie f
	f	splanchnomégalie f
	i	splancnomegalia f
	r	спланхномегалия f
V197	e	visceromotor reflex
	d	viszerosomatischer Reflex m
	f	réflexe m viscéro-moteur
	i	riflesso m visceromotore
	r	висцеромоторный [висцеросоматический] рефлекс m
V198	e	visceroptosis
	d	Viszeroptose f, Splanchnoptose f
	f	splanchnoptose f, viscéroptose f
	i	splancnoptosi f, visceroptosi f
	r	спланхноптоз m, висцероптоз m
V199	e	viscerosensory reflex
	d	viszerosensorischer Reflex m
	f	réflexe m viscéro-sensitif (de Mackensie)
	i	riflesso m viscerosensoriale
	r	висцеросенсорный рефлекс m
V200	e	viscosimeter
	d	Viskositätsmesser m
	f	viscosimètre m
	i	viscosimetro m
	r	вискозиметр m
V201	e	viscosity
	d	Viskosität f, Zähigkeit f
	f	viscosité f
	i	viscosità f
	r	вязкость f
V202	e	vision
	d	Sehen n
	f	vision f
	i	vista f
	r	зрение n
V203	e	visual acuity
	d	Sehschärfe f
	f	acuité f visuelle
	i	acuità f visiva
	r	острота f зрения
V204	e	visual angle
	d	Sehwinkel m, Gesichtswinkel m
	f	angle m visuel
	i	angolo m visuale
	r	зрительный угол m
V205	e	visual aphasia
	d	Visualaphasie f
	f	aphasie f optique
	i	afasia f visiva
	r	оптическая афазия f
V206	e	visual axis
	d	Sehachse f
	f	axe m visuel
	i	asse m visivo
	r	зрительная линия f [ось f]
V207	e	visual field
	d	Sehfeld n, Gesichtsfeld n
	f	champ m visuel
	i	campo m visivo
	r	поле n зрения
V208	e	visual pigment
	d	Sehpigment n
	f	pigment m visuel
	i	pigmento m visivo
	r	зрительный пигмент m
V209	e	visual purple
	d	Sehpurpur m, Rhodopsin n

	f	pourpre *m* visuel [rétinien]
	i	porpora *f* retinica, rodopsina *f*
	r	родопсин *m*, зрительный пурпур *m*
V210	*e*	**visual threshold**
	d	Visusschwelle *f*
	f	seuil *m* visuel
	i	soglia *f* visuale
	r	порог *m* зрительного ощущения
V211	*e*	**visual-spatial agnosia**
	d	Raumagnosie *f*
	f	agnosie *f* spatiale
	i	agnosia *f* visuo-spaziale
	r	пространственная агнозия *f*
V212	*e*	**vital capacity**
	d	Lungenvitalkapazität *f*
	f	capacité *f* vitale
	i	capacità *f* vitale
	r	жизненная ёмкость *f* лёгких
V213	*e*	**vital center**
	d	lebenswichtiges Nervenzentrum *n*
	f	centre *m* nerveux vital
	i	centro *m* nervoso vitale
	r	жизненно важный нервный центр *m*
V214	*e*	**vital index**
	d	Vitalitätsindex *m*
	f	indice *m* vital
	i	indice *m* vitale
	r	жизненный индекс *m* Покровского
V215	*e*	**vital stain**
	d	Vitalfärbung *f*
	f	coloration *f* vitale
	i	colorazione *f* vitale
	r	витальная [прижизненная] окраска *f*
V216	*e*	**vitamin**
	d	Vitamin *n*
	f	vitamine *f*
	i	vitamina *f*
	r	витамин *m*
V217	*e*	**vitaminology**
	d	Vitaminlehre *f*
	f	vitaminologie *f*
	i	vitaminologia *f*
	r	витаминология *f*
V218	*e*	**vitiligo**
	d	Vitiligo *f*, Scheckhaut *f*
	f	vitiligo *m*, leucodermie *f*
	i	vitiligine *f*
	r	витилиго *n*, пегая кожа *f*
V219	*e*	**vitreous (body)**
	d	Glaskörper *m*
	f	corps *m* vitré
	i	corpo *m* vitreo
	r	стекловидное тело *n*
V220	*e*	**vitreous membrane**
	d	1. Descemet-Membran *f* 2. Glaskörpermembran *f* 3. Basalplatte *f*
	f	1. membrane *f* de Descemet, entocornée *f* 2. hyaloïde *f*, membrane *f* vitrée 3. lame *f* vitrée
	i	1. membrana *f* di Descemet 2. ialoide *m* 3. membrana *f* basale [vitrea]
	r	1. десцеметова оболочка *f*, задняя пограничная пластинка *f* (роговицы) 2. стекловидная мембрана *f* (стекловидного тела) 3. стекловидная [базальная] пластинка *f* (хориоидеи)
V221	*e*	**vitreous table**
	d	Glasplatte *f*
	f	table *f* interne
	i	tavoletta *f* interna
	r	стекловидная пластинка *f*
V222	*e*	**vivarium**
	d	Vivarium *n*
	f	vivarium *m*
	i	vivaio *m*
	r	виварий *m*
V223	*e*	**vivax malaria**
	d	Dreitagefieber *n*
	f	fièvre *f* tierce
	i	febbre *f* terzana
	r	трёхдневная малярия *f*
V224	*e*	**vivification**
	d	Vivifikation *f*, Belebung *f*
	f	vivification *f*
	i	vivificazione *f*, ravvivamento *m*
	r	вивификация *f*, оживление *n* (краёв раны)
V225	*e*	**vivisection**
	d	Vivisektion *f*
	f	vivisection *f*
	i	vivisezione *f*
	r	вивисекция *f*
V226	*e*	**vocal amusia**
	d	motorische Amusie *f*
	f	amusie *f* motrice
	i	amusia *f* motoria
	r	моторная амузия *f*
V227	*e*	**vocal cord**
	d	Stimmband *n*
	f	corde *f* vocale
	i	corda *f* vocale
	r	голосовая связка *f*
V228	*e*	**vocal fold**
	d	Stimmfalte *f*
	f	corde *f* vocale, pli *m* vocal
	i	piega *f* vocale
	r	голосовая складка *f*
V229	*e*	**vocal fremitus**
	d	Stimmfremitus *m*

VOCAL NODULES

	f	vibrations *f pl* vocales
	i	fremito *m* vocale
	r	голосовое дрожание *n*
V230	*e*	vocal nodules *pl*
	d	Stimmbandknötchen *n pl*, Sängerknötchen *n pl*
	f	nodules *m pl* vocaux [des chanteurs]
	i	noduli *m pl* dei cantanti, cordite *f* nodosa, laringite *f* nodulare
	r	певческие узелки *m pl*, узелковый ларингит *m*
V231	*e*	vocal resonance
	d	Bronchophonie *f*
	f	bronchophonie *f*
	i	broncofonia *f*
	r	бронхофония *f*
V232	*e*	vocal shelf *see* vocal cord
V233	*e*	voice
	d	Stimme *f*
	f	voix *f*
	i	voce *f*
	r	голос *m*
V234	*e*	voice of Punch
	d	Ägophonie *f*, Ziegenmeckern *n*
	f	égophonie *f*, voix *f* chevrotante
	i	egofonia *f*
	r	эгофония *f*
V235	*e*	Volhynia fever
	d	wolhynisches Fieber *n*, Fünftageparoxysmalfieber *n*, Schützengrabenfieber *n*
	f	fièvre *f* des tranchées [de Volhynie]
	i	febbre *f* volinica [delle trincee]
	r	окопная [волынская] лихорадка *f*, пароксизмальный риккетсиоз *m*
V236	*e*	volumenometer
	d	Volumenmesser *m*
	f	voluménomètre *m*
	i	volumenometro *m*
	r	волюминометр *m*
V237	*e*	volumetric flask
	d	Meßkolben *m*
	f	fiole *f* jaugée
	i	volumetrico *m* matraccio
	r	мерная колба *f*
V238	*e*	volvulosis
	d	Onchozerkose *f*
	f	onchocercose *f*
	i	oncocercosi *f*
	r	онхоцеркоз *m*
V239	*e*	volvulus
	d	Volvulus *m*, Darmverdrehung *f*, Darmverschlingung *f*
	f	volvulus *m*
	i	volvolo *m*
	r	заворот *m* кишок
V240	*e*	vomer
	d	Vomer *m*, Pflugscharbein *n*
	f	vomer *m*
	i	vomere *m*
	r	сошник *m*
V241	*e*	vomerine cartilage, vomeronasal cartilage
	d	vomeronasaler Knorpel *m*
	f	cartilage *m* vomérien
	i	cartilagine *f* vomeronasale
	r	сошниково-носовой хрящ *m*
V242	*e*	vomit
	d	Erbrochene *n*
	f	vomissement *m*
	i	vomito *m*
	r	рвотная масса *f*
V243	*e*	vomiting
	d	Vomitus *m*, Erbrechen *n*, Emesis *f*
	f	vomissement *m*
	i	vomito *m*
	r	рвота *f*
V244	*e*	vomiting of pregnancy
	d	Schwangerschaftserbrechen *n*
	f	vomissement *m* de la grossesse
	i	vomito *m* gravidico [della gravidanza]
	r	рвота *f* беременных
V245	*e*	vomitive
	d	Brechreizmittel *n*
	f	vomitif *m*, émétique *m*
	i	vomitativo *m*, emetico *n*
	r	рвотное средство *n*
V246	*e*	vomiturition
	d	Würgreiz *m*, Brechreiz *m*
	f	vomiturition *f*
	i	conati *m pl* di vomito
	r	позывы *m pl* на рвоту
V247	*e*	voyerism
	d	Voyeurismus *m*, Skopophilie *f*
	f	voyeurisme *m*, scopophilie *f*
	i	scopofilia *f*, voyerismo *m*
	r	вуайеризм *m*, скопофилия *f*
V248	*e*	vulva
	d	Vulva *f*
	f	vulve *f*
	i	vulva *f*
	r	вульва *f*
V249	*e*	vulvismus *see* vaginismus
V250	*e*	vulvitis
	d	Vulvitis *f*
	f	vulvite *f*
	i	vulvite *f*
	r	вульвит *m*
V251	*e*	vulvovaginal gland
	d	große Vorhofdrüse *f*, Bartholin-Drüse *f*

	f	glande f vulvo-vaginale [de Bartholin]
	i	ghiandola f vestibolare maggiore [di Bartholin]
	r	бартолинова железа f, большая железа f преддверия
V252	e	**vulvovaginitis**
	d	Vulvovaginitis f
	f	vulvo-vaginite f
	i	vulvovaginite f
	r	вульвовагинит m

W

W1	e	**waist of heart**
	d	Herztaille f
	f	taille f cardiaque
	i	vita f
	r	талия f сердца
W2	e	**Waldenström's macroglobulinemia, Waldenström's syndrome**
	d	Waldenström-Makroglobulinämie f
	f	macroglobulinémie f de Waldenström
	i	macroglobulinemia f di Waldenström
	r	болезнь f Вальденстрома
W3	e	**Waldeyer's ring**
	d	Waldeyer-Rachenring m, lymphatischer Rachenring m
	f	anneau m lymphatique de Waldeyer
	i	anello m faringeo [linfatico di Waldeyer]
	r	лимфатическое глоточное [лимфатическое вальдейерово] кольцо n
W4	e	**walking typhoid**
	d	abortiver [ambulatorischer] Typhus m
	f	fièvre f typhoïde
	i	febbre f tifoide ambulatoria
	r	амбулаторный брюшной тиф m
W5	e	**wall**
	d	Wand f
	f	paroi f
	i	parete f
	r	стенка f
W6	e	**walleye**
	d	1. Exotropie f, Auswärtsschielen n 2. Leukom n
	f	1. strabisme m divergent, exotropie f 2. leucome m
	i	1. strabismo m divergente, exotropia f 2. leucoma m
	r	1. расходящееся косоглазие n, экзотропия f 2. бельмо n
W7	e	**wall tooth**

	d	Molar m, Mahlzahn m
	f	molaire f
	i	molare m
	r	моляр m, большой коренной зуб m
W8	e	**Walther's ducts** pl
	d	kleine Ausführungsgänge m pl der Unterzungenspeicheldrüse
	f	canaux m pl de Walther
	i	dotti m pl sottolinguali minori [di Walther]
	r	малые подъязычные протоки m pl, протоки m pl Вальтера
W9	e	**wandering abscess**
	d	Senkungsabszeß m, Wanderabszeß m
	f	abcès m par congestion
	i	ascesso m migrante
	r	натёчник m, натёчный абсцесс m
W10	e	**wandering cell**
	d	Wanderzelle f
	f	cellule f migratrice
	i	cellula f migrante [ameboide]
	r	блуждающая клетка f
W11	e	**wandering erysipelas**
	d	Wanderrose f
	f	érysipèle m erratique
	i	erisipela f migrante
	r	блуждающая [мигрирующая] рожа f
W12	e	**wandering goiter**
	d	Tauchkropf m
	f	goitre m plongeant
	i	gozzo m mobile
	r	скрывающийся [ныряющий] зоб m
W13	e	**wandering kidney**
	d	Wanderniere f
	f	néphroptose f, rein m flottant
	i	rene m mobile
	r	блуждающая [подвижная] почка f
W14	e	**wandering liver**
	d	Hepatoptose f, Lebersenkung f
	f	hépatoptose f
	i	epatoptosi f, fegato m mobile
	r	гепатоптоз m, опущение n печени
W15	e	**wandering rash**
	d	Landkartenzunge f, exfoliative Glossitis f
	f	langue f géographique
	i	lingua f geografica
	r	десквамативный [мигрирующий] глоссит m, «географический» язык m
W16	e	**war dropsy**
	d	Hungerödem n
	f	œdème m de carence [de famine, de dénutrition, d'alimentation]

WAR MEDICINE

	i	edema *m* da fame [da inanizione, carenziale]
	r	алиментарная дистрофия *f*, голодный отёк *m*
W17	*e*	war medicine
	d	Militärmedizin *f*
	f	médecine *f* militaire
	i	medicina *f* militare
	r	военная медицина *f*
W18	*e*	war nephritis
	d	Feld(gruben)nephritis *f*
	f	néphrite *f* de guerre
	i	nefrite *f* delle trincee
	r	окопный [траншейный] нефрит *m*
W19	*e*	war neurosis
	d	Kriegsneurose *f*
	f	névrose *f* de guerre
	i	nevrosi *f* di guerra
	r	невроз *m* военного времени
W20	*e*	ward
	d	Krankenzimmer *n*
	f	salle *f*
	i	corsia *f*
	r	палата *f*
W21	*e*	ward sister
	d	Krankenschwester *f* (im Krankenhaus)
	f	infirmière *f*
	i	infermiera *f*
	r	палатная медицинская сестра *f*
W22	*e*	warm-cold hemolysin
	d	Kältehämolysin *n*, biphasisches Donath-Landsteiner-Hämolysin *n*
	f	hémolysine *f* biphasique de Donath et Landsteiner
	i	emolisina *f* bifase di Donath-Landsteiner
	r	двухфазный гемолизин *m* Доната—Ландштейнера
W23	*e*	wart
	d	Warze *f*
	f	verrue *f*
	i	verruca *f*
	r	бородавка *f*
W24	*e*	warty horn
	d	Hauthorn *n*
	f	corne *f* cutanée
	i	corno *m* cutaneo
	r	кожный рог *m*
W25	*e*	wash
	d	Wasserumschlag *m*
	f	lotion *f*
	i	lozione *f*
	r	примочка *f*
W26	*e*	Wasmann's gland
	d	Fundusdrüse *f*, Pepsindrüse *f*
	f	glande *f* fundique
	i	ghiandola *f* fundica [peptica]
	r	пищеварительная железа *f*
W27	*e*	Wassermann reaction, Wassermann test
	d	Wassermann-Reaktion *f*
	f	réaction *f* de Wassermann
	i	reazione *f* di Wassermann
	r	реакция *f* Вассерманна
W28	*e*	wastes *pl*
	d	1. Ausscheidungsstoff *m*, Exkretionen *f pl* 2. Exkremente *n pl*, Kot *m*
	f	1. excreta *m pl* 2. excréments *m pl*
	i	1. secrezione *f*, secreto *m* 2. escrementi *m pl*, feci *f pl*
	r	1. выделения *n pl* 2. экскременты *m pl*
W29	*e*	wasting palsy, wasting paralysis
	d	progressive spinale Muskelatrophie *f*, Aran-Duchenne-Krankheit *f*
	f	atrophie *f* musculaire progressive spinale type Aran-Duchienne, amyotrophie *f* d'Aran-Duchenne
	i	atrofia *f* muscolare progressiva, malattia *f* di Aran-Duchenne
	r	амиотрофия *f* Арана—Дюшенна
W30	*e*	water-clear cell of parathyroid
	d	Parathyreozyt *m*
	f	cellule *f* parathyroïdienne
	i	cellula *f* principale chiara
	r	паратироцит *m*, паратиреоидная клетка *f*
W31	*e*	water depletion
	d	Wasserverlust *m*, Entwässerung *f*
	f	déshydratation *f*, exsiccose *f*
	i	deplezione *f* idrica
	r	обезвоживание *n*, эксикоз *m*
W32	*e*	water-hammer pulse
	d	Wasserhammerpuls *m*
	f	pouls *m* de Corrigan
	i	polso *m* di Corrigan
	r	пульс *m* Корригена, высокий и скорый пульс *m*
W33	*e*	water itch
	d	1. Hautankylostomiasis *f* 2. Schistosomendermatitis *f*
	f	gale *f* des nageurs, ankylostomiase *f* cutanée
	i	1. anchilostomiasi *f* cutanea 2. dermatite *f* da cercaria
	r	1. анкилостомидоз *m* кожи, водяная [земляная] чесотка *f* 2. шистосомный дерматит *m*, водный кожный зуд *m*
W34	*e*	water pox
	d	Varizellen *f pl*, Windpocken *pl*, Wasserpocken *pl*
	f	varicelle *f*

WEIGHTLESSNESS

	i	varicella *f*
	r	ветряная оспа *f*
W35	*e*	waters *pl*
	d	Fruchtwasser *n*
	f	liquide *m* amniotique
	i	liquido *m* amniotico
	r	плодные воды *f pl*
W36	*e*	water sore *see* water itch
W37	*e*	water wheel murmur
	d	Mühlradgeräusch *n*
	f	bruit *m* de moulin
	i	rumore *m* di mulino
	r	шум *m* мельничного колеса
W38	*e*	Watson-Crick helix
	d	Watson-Crick-Modell *n* der DNA
	f	hélix *m* de Watson-Crick
	i	elica *f* (del DNA) di Watson e Crick
	r	спираль *f* [модель *f* ДНК] Уотсона—Крика
W39	*e*	wax plug
	d	Ohrenschmalzpfropf *m*
	f	bouchon *m* de cérumen
	i	tappo *m* di cerume
	r	серная пробка *f*
W40	*e*	waxy cast
	d	Wachszylinder *m*
	f	cylindre *m* cireux
	i	cilindro *m* cereo
	r	восковидный цилиндр *m*
W41	*e*	waxy fingers *pl*
	d	Akroasphyxie *f*, Raynaud-Symptom *n*
	f	acroasphyxie *f*, asphyxie *f* locale des extrémités
	i	acroasfissia *f*, asfissia *f* locale delle estremità
	r	акроасфиксия *f*, симптом *m* мёртвого пальца
W42	*e*	waxy kidney
	d	Amyloidniere *f*, Wachsniere *f*, Speckniere *f*
	f	amylose *f* rénale, rein *m* lardacé
	i	rene *m* lardaceo [amiloide]
	r	большая сальная [белая амилоидная] почка *f*
W43	*e*	waxy liver
	d	Amyloidleber *f*, Wachsleber *f*
	f	foie *m* amyloïde
	i	fegato *m* amiloide
	r	амилоидная печень *f*
W44	*e*	waxy spleen
	d	Speckmilz *f*, Schinkenmilz *f*
	f	rate *f* lardacée
	i	milza *f* lardacea [amiloide]
	r	сальная [ветчинная] селезёнка *f*
W45	*e*	weaning
	d	Abstillen *n*
	f	ablactation *f*
	i	slattamento *m*, svezzamento *m*
	r	отнятие *n* от груди, прекращение *n* лактации
W46	*e*	web eye
	d	Flügelfell *n*, Pterygium *n*
	f	ptérygion *m*
	i	pterigio *m*
	r	крыловидная плева *f* глаза, птеригий *m*
W47	*e*	webbed fingers *pl*
	d	Syndaktylie *f* der Hände
	f	syndactylie *f* des mains
	i	sindattilia *f* delle mani
	r	синдактилия *f* (на кистях рук)
W48	*e*	webbed toes *pl*
	d	Syndaktylie *f* der Füße
	f	syndactylie *f* des pieds
	i	sindattilia *f* dei piedi
	r	синдактилия *f* (на стопах)
W49	*e*	Wedensky inhibition
	d	Wedensky-Hemmung *f*
	f	inhibition *f* [phénomène *m*] de Wedensky
	i	inibizione *f* [fenomeno *m*] di Wedensky
	r	пессимум *m*, торможение *n* Введенского
W50	*e*	weeping eczema
	d	nässendes Ekzem *n*
	f	eczéma *m* suintant
	i	eczema *m* essudante
	r	мокнущая экзема *f*
W51	*e*	Wegener's granulomatosis
	d	Wegener-Granulomatose *f*
	f	granulomatose *f* de Wagener
	i	granulomatosi *f* di Wagener
	r	гранулематоз *m* Вегенера, неинфекционный некротический гранулематоз *m*
W52	*e*	Weichselbaum's coccus
	d	Meningokokkus *m*
	f	méningocoque *m*
	i	meningococco *m*
	r	менингококк *m*
W53	*e*	weight
	d	Gewicht *n*
	f	poids *m*
	i	peso *m*
	r	вес *m*
W54	*e*	weightlessness
	d	Schwerelosigkeit *f*
	f	impondérabilité *f*
	i	imponderabilità *f*
	r	невесомость *f*

WEIL'S DISEASE

W55   e   Weil's disease
     d   Weil-Krankheit *f*,
        ikterohämorrhagische Leptospirose *f*
     f   leptospirose *f* ictéro-hémorragique,
        maladie *f* de Weil
     i   morbo *m* di Weil, leptospirosi *f*
        itteroemorragica
     r   желтушный лептоспироз *m*, болезнь
        f Вейля

W56   e   wen
     d   Talgzyste *f*, Steatom *n*,
        Talggeschwulst *f*
     f   stéatome *m*, kyste *m* sébacé
     i   steatoma *m*, cisti *f* sebacea
     r   стеатома *f*, жировая киста *f*

W57   e   Wenckebach period
     d   Wenckebach-Periodik *f*
     f   période *f* de (Luciani-)Wenckebach
     i   periodo *m* di (Luciani-)Wenckebach
     r   период *m* (Самойлова—)Венкебаха

W58   e   Wernicke's encephalopathy
     d   Wernicke-Krankheit *f*,
        hämorrhagische Polioenzephalitis *f*
     f   encéphalopathite *f* de Wernicke
     i   encefalopatia *f* [encefalite *f*, sindrome
        f] di Wernicke
     r   геморрагический полиоэнцефалит
        m, болезнь *f* Вернике, синдром *m*
        Гайе—Вернике

W59   e   wet dream
     d   nächtlicher Samenerguß *m*
     f   pollution *f* nocturne
     i   polluzione *f* notturna
     r   ночная поллюция *f*

W60   e   wet nurse
     d   Amme *f*
     f   nourrice *f*
     i   balia *f*, nutrice *f*
     r   кормилица *f*

W61   e   wet pleurisy
     d   exsudative Pleuritis *f*
     f   pleurésie *f* exsudative
     i   pleurite *f* essudativa
     r   выпотной [экссудативный]
        плеврит *m*

W62   e   wet tetter *see* weeping eczema

W63   e   whartonitis
     d   Entzündung *f* des Wharton-Ganges
     f   whartonite *f*, inflammation *f* du canal
        de Wharton
     i   infiammazione *f* del dotto di Wharton
     r   воспаление *n* поднижнечелюстного
        [вартонова] протока

W64   e   Wharton's duct
     d   Wharton-Gang *m*, Ausführungsgang
        m der Unterkieferspeicheldrüse
     f   canal *m* de Wharton
     i   dotto *m* di Wharton
        [sottomandibolare]
     r   поднижнечелюстной [вартонов]
        проток *m*

W65   e   Wharton's jelly
     d   Wharton-Sülze *f*, gallertiges
        Bindegewebe *n*
     f   gelée *f* de Wharton
     i   gelatina *f* di Wharton
     r   вартонов студень *m*

W66   e   wheal
     d   Quaddel *f*, Urtika *f*
     f   urticaire *f*
     i   nodulo *m*, pustola *f*
     r   волдырь *m*

W67   e   Whipple's disease
     d   Whipple-Krankheit *f*, intestinale
        Lipodystrophie *f*
     f   maladie *f* de Whipple, lipodystrophie *f*
        intestinale
     i   malattia *f* di Whipple, lipodistrofia *f*
        intestinale
     r   интестинальная липодистрофия *f*,
        болезнь *f* Уиппла,
        лимфогранулематоз *m* брыжейки

W68   e   whipworm
     d   Trichozephalus *m*, Peitschenwurm *m*
     f   trichocéphale *m*
     i   tricocefalo *m*
     r   власоглав *m*

W69   e   whirlbone
     d   Kniescheibe *f*
     f   rotule *f*
     i   patella *f*, rotula *f*
     r   надколенник *m*

W70   e   whistling rale
     d   pfeifende Rasselgeräusche *n pl*
     f   râles *m pl* sibilants
     i   rantoli *m pl* sibilanti
     r   свистящие хрипы *m pl*

W71   e   white asphyxia
     d   weiße Asphyxie *f*
     f   asphyxie *f* blanche du nouveau-né
     i   asfissia *f* bianca
     r   белая асфиксия *f* (новорождённого)

W72   e   white blood cell, white corpuscle
     d   Leukozyt *m*, weiße Blutzelle *f*
     f   leucocyte *m*
     i   leucocito *m*, globulo *m* bianco
     r   лейкоцит *m*

W73   e   white fiber
     d   Kollagenfaser *f*
     f   fibre *f* collagène
     i   fibra *f* collagena
     r   коллагеновое волокно *n*

W74   e   white infarct

	d	anämischer [weißer] Infarkt *m*
	f	infarctus *m* anémique
	i	infarto *m* bianco [anemico]
	r	анемический [белый, ишемический] инфаркт *m*
W75	*e*	white leg
	d	Leukophlegmasie *f*, Milchreithosenbein *n*
	f	œdème *m* blanc douloureux
	i	flegmasia *f* alba dolens
	r	белый (болевой) флебит *m* голени
W76	*e*	white matter *see* white substance
W77	*e*	white mouth
	d	Soor *m*, Schwämmchen *n*
	f	muguet *m*, stomatite *f* crémeuse
	i	stomatomicosi *f*, mughetto *m*
	r	кандидозный стоматит *m*, молочница *f*
W78	*e*	white of eye
	d	Sklera *f*, Lederhaut *f*
	f	sclérotique *f*
	i	sclera *f*, sclerotica *f*
	r	склера *f*
W79	*e*	white pneumonia
	d	weiße Pneumonie *f*
	f	pneumonie *f* blanche
	i	polmonite *f* bianca
	r	белая пневмония *f*
W80	*e*	white spot disease
	d	Weißfleckenkrankheit *f*
	f	morphée *f* en gouttes
	i	morfea *f* guttata
	r	мелкоочаговая склеродермия *f*
W81	*e*	white substance
	d	weiße Hirnsubstanz *f*
	f	substance *f* blanche
	i	sostanza *f* bianca
	r	белое вещество *n* мозга
W82	*e*	white thrombus
	d	weißer Thrombus *m*
	f	thrombus *m* blanc
	i	trombo *m* bianco
	r	белый [лейкоцитарный] тромб *m*
W83	*e*	whites *pl*
	d	Weißfluß *m*
	f	leucorrhée *f*, fleurs *f pl* blanches
	i	leucorrea *f*, fiori *m pl* bianchi
	r	бели *pl*
W84	*e*	whitlow
	d	Paronychie *f*, Nagelfalzpanaritium *n*
	f	paronychie *f*
	i	patereccio *m*
	r	паронихия *f*, панариций *m* ногтевой фаланги
W85	*e*	whoop
	d	Keuchhusten-Reprise *f*
	f	reprise *f* inspiratoire
	i	laringismo *m* stridulo
	r	коклюшный реприз *m*
W86	*e*	whooping cough
	d	Pertussis *f*, Keuchhusten *m*
	f	coqueluche *f*
	i	tosse *f* convulsa, pertosse *f*
	r	коклюш *m*
W87	*e*	wildfire rash
	d	roter Schweißfriesel *m*, tropische Schweißbläschen *n pl*
	f	miliaire *f* rouge
	i	miliaria *f* rubra, lichen *m* tropicale
	r	красная [тропическая] потница *f*
W88	*e*	willow fracture
	d	Grünholz-Fraktur *f*
	f	fracture *f* en bois vert
	i	frattura *f* a legno verde, infrazione *f*
	r	надлом *m*, перелом *m* по типу ивового прута
W89	*e*	Wilms' tumor
	d	Wilms-Tumor *m*, Nierenadenosarkom *n*
	f	tumeur *f* de Wilms, adénosarcome *m* embryonnaire du rein
	i	tumore *m* [nefroblastoma *m*] di Wilms
	r	опухоль *f* Вильмса, эмбриональная нефрома *f*, нефробластома *f*
W90	*e*	Wilson's disease
	d	Wilson-Krankheit *f*, hepatolentikuläre Degeneration *f*
	f	maladie *f* de Wilson, dégénérescence *f* hépato-lenticulaire
	i	degenerazione *f* epatolenticolare, morbo *m* di Wilson
	r	гепатоцеребральная дистрофия *f*, болезнь *f* Вильсона—Коновалова
W91	*e*	windpipe
	d	Luftröhre *f*, Trachea *f*
	f	trachée *f*
	i	trachea *f*
	r	трахея *f*
W92	*e*	wine spirit
	d	Weingeist *m*
	f	alcool *m* éthylique
	i	spirito *m* di vino, alcol *m* etilico
	r	этиловый [винный] спирт *m*
W93	*e*	wing
	d	Flügel *m*, Ala *f*
	f	aile *f*
	i	ala *f*
	r	крыло *n*
W94	*e*	winged scapula
	d	Flügelskapula *f*
	f	omoplate *f* ailée

WINKING SPASM

	i	scapola *f* alata
	r	крыловидная лопатка *f*
W95	*e*	**winking spasm**
	d	Blinzelspasmus *m*, Zwinkerkrampf *m*
	f	blépharospasme *m* clonique, blépharotic *m*
	i	spasmo *m* nittitante
	r	клонический блефароспазм *m*, блефаротик *m*
W96	*e*	**wink reflex**
	d	Blinzelreflex *m*, Zwinkerreflex *m*
	f	réflexe *m* de clignement [de clignotement]
	i	riflesso *m* di ammiccamento
	r	мигательный рефлекс *m*
W97	*e*	**winter itch**
	d	Frostjucken *n*
	f	prurit *m* hivernal, dermatite *f* hivernale
	i	prurito *m* invernale
	r	зимняя почесуха *f*
W98	*e*	**wiring**
	d	Drahtfixation *f*, Drahtfixierung *f*
	f	ostéosynthèse *f* par le fil de métal
	i	osteosintesi *f* con fili metallici
	r	остеосинтез *m* металлической проволокой
W99	*e*	**Wirsung's duct**
	d	Wirsung-Gang *m*, Pankreashauptausführungsgang *m*
	f	canal *m* de Wirsung
	i	dotto *m* di Wirsung [pancreatico]
	r	проток *m* поджелудочной железы, вирзунгов проток *m*
W100	*e*	**wisdom tooth**
	d	Weisheitszahn *m*, dritter Mahlzahn *m*
	f	dent *f* de sagesse
	i	dente *m* del giudizio
	r	зуб *m* мудрости
W101	*e*	**withdrawal symptoms** *pl*
	d	Entzugssymptom *n*
	f	symptôme *m* d'abstinence
	i	sintomo *m* d'astinenza
	r	абстинентный синдром *m*
W102	*e*	**womb**
	d	Gebärmutter *f*, Uterus *m*
	f	utérus *m*
	i	utero *m*
	r	матка *f*
W103	*e*	**wood alcohol, wood spirit**
	d	Holzspiritus *m*, Holzgeist *m*
	f	alcool *m* méthylique
	i	spirito *m* di legno, alcol *m* metilico
	r	метиловый [древесный] спирт *m*
W104	*e*	**wool-sorter's disease**
	d	Milzbrand *m*
	f	fièvre *f* charbonneuse
	i	carbonchio *m*, antrace *m*, malattia *f* dei cenciaioli
	r	сибирская язва *f*
W105	*e*	**word blindness**
	d	Alexie *f*, Wortblindheit *f*
	f	alexie *f*
	i	alessia *f*
	r	алексия *f*, словесная слепота *f*
W106	*e*	**word deafness**
	d	Worttaubheit *f*, sensorische Aphasie *f*
	f	aphasie *f* corticale sensorielle, surdité *f* verbale
	i	afasia *f* uditiva
	r	корковая сенсорная афазия *f*, словесная глухота *f*
W107	*e*	**word salad**
	d	Wortsalat *m*
	f	salade *f* des mots
	i	schizolalia *f*
	r	словесная окрошка *f*, словесный салат *m*
W108	*e*	**worm**
	d	Wurm *m*
	f	ver *m*
	i	verme *m*
	r	червь *m*
W109	*e*	**wormian bones** *pl*
	d	Nahtknochen *m pl*
	f	os *m pl* wormiens
	i	ossa *f pl* wormiane suturali
	r	шовные [вставочные] кости *f pl*
W110	*e*	**wound**
	d	1. Wunde *f* 2. Verwundung *f*
	f	1. plaie *f*, blessure *f* 2. blessure *f*
	i	1. piaga *f*, ferita *f* 2. ferimento *m*
	r	1. рана *f* 2. ранение *n*
W111	*e*	**wound dehiscence**
	d	Wunddehiszenz *f*
	f	déhiscence *f* de plaie
	i	deiscenza *f* di una ferita
	r	расхождение *n* краёв раны
W112	*e*	**wounded**
	d	Verwundete *m*
	f	blessé *m*
	i	ferito *m*
	r	раненый
W113	*e*	**wrinkle**
	d	1. Falte *f* 2. Runzel *f*
	f	1. pli *m* 2. ride *f*
	i	1. piega *f* 2. ruga *f*, grinza *f*
	r	1. складка *f* 2. морщина *f*
W114	*e*	**wrinkled tongue**
	d	Faltenzunge *f*
	f	langue *f* plicaturée

	i	lingua *f* scrotale [solcata]
	r	складчатый язык *m*
W115	*e*	**Wrisberg's cartilage**
	d	Wrisberg-Knorpel *m*
	f	cartilage *m* cunéiforme [de Wrisberg]
	i	cartilagine *f* cuneiforme di Wrisberg
	r	клиновидный [врисбергов] хрящ *m*
W116	*e*	**wrist**
	d	Handwurzel *f*
	f	carpe *m*
	i	carpo *m*, polso *m*
	r	запястье *n*
W117	*e*	**wrist-drop**
	d	Fallhand *f*
	f	main *f* tombante
	i	mano *f* cadente
	r	падающая кисть *f*
W118	*e*	**wrist joint**
	d	proximales Handgelenk *n*
	f	articulation *f* radio-carpienne
	i	articolazione *f* radiocarpica
	r	лучезапястный сустав *m*
W119	*e*	**writer's cramp**
	d	Schreibkrampf *m*
	f	crampe *f* des écrivains
	i	crampo *m* degli scrivani, grafospasmo *m*
	r	писчий спазм *m*, писчая судорога *f*
W120	*e*	**wrong diagnosis**
	d	Fehldiagnose *f*
	f	diagnostic *m* incorrect
	i	diagnosi *f* erronea [falsa]
	r	ошибочный диагноз *m*
W121	*e*	**wryneck**
	d	Schiefhals *m*
	f	torticolis *m*
	i	torticollo *m*
	r	кривошея *f*

X

X1	*e*	**xanthelasma**
	d	Xanthelasma *n*
	f	xanthélasma *m*
	i	xantelasma *m*
	r	ксантелазма *f*
X2	*e*	**xanthemia**
	d	Xanthämie *f*
	f	xanthémie *f*, caroténémie *f*
	i	carotinemia *f*, carotenemia *f*
	r	ксантемия *f*
X3	*e*	**xanthine**
	d	Xanthin *n*
	f	xanthine *f*
	i	xantina *f*
	r	ксантин *m*
X4	*e*	**xanthine oxidase**
	d	Xanthinoxidase *f*
	f	xanthine-oxydase *f*
	i	xantina *f* ossidasi
	r	ксантиноксидаза *f*, фермент *m* Шардингера
X5	*e*	**xanthinuria**
	d	Xanthinurie *f*
	f	xanthinurie *f*
	i	xantinuria *f*
	r	ксантинурия *f*
X6	*e*	**xanthochromia**
	d	Xanthochromie *f*, Gelbfärbung *f*
	f	xanthochromie *f*
	i	xantocromia *f*
	r	ксантохромия *f*
X7	*e*	**xanthoderma, xanthodermia**
	d	Xanthodermie *f*, Hautgelbfärbung *f*
	f	xanthodermie *f*
	i	xantodermia *f*
	r	ксантодермия *f*, ксантохромия *f* кожи
X8	*e*	**xanthogranuloma**
	d	Xanthogranulom *n*
	f	xanthogranulome *m*
	i	xantogranuloma *m*
	r	ксантогранулёма *f*
X9	*e*	**xanthoma**
	d	Xanthom *n*
	f	xanthome *m*
	i	xantoma *m*
	r	ксантома *f*
X10	*e*	**xanthomatosis**
	d	Xanthomatose *f*
	f	xanthomatose *f*
	i	xantomatosi *f*
	r	ксантоматоз *m*
X11	*e*	**xanthopathy** *see* **xanthochromia**
X12	*e*	**xanthop(s)ia**
	d	Xanthopsie *f*, Gelbsehen *n*
	f	xanthopsie *f*
	i	xantopsia *f*
	r	ксантопсия *f*
X13	*e*	**xanthosis**
	d	Xanthose *f*
	f	xanthosis *m*
	i	xantosi *f*
	r	ксантоз *m*
X14	*e*	**xanthuria** *see* **xanthinuria**
X15	*e*	**xenogeneic graft, xenograft, xenoplastic**
	d	Xenoplastik *f*, Heteroplastik *f*

	f	hétéroplastie *f*
	i	eterotrapianto *m*, xenotrapianto *m*
	r	ксенопластика *f*, гетеропластика *f*
X16	*e*	xenophobia
	d	Xenophobie *f*
	f	xénophobie *f*
	i	xenofobia *f*
	r	ксенофобия *f*
X17	*e*	xeroderma, xerodermia
	d	Xerodermie *f*, Hauttrockenheit *f*
	f	xérodermie *f*, xérose *f*
	i	xeroderma *m*, xerodermia *f*
	r	ксеродермия *f*, ксеродерма *f*, ксероз *m*
X18	*e*	xeroma, xerophthalmia, xerophthalmus
	d	Xerophthalmie *f*, Bindehauttrockenheit *f*
	f	xérophtalmie *f*, ophtalmoxérose *f*
	i	xeroftalmia *f*
	r	ксерофтальмия *f*, офтальмоксероз *m*
X19	*e*	xerosis *see* xeroderma
X20	*e*	xerostomia
	d	Xerostomie *f*, Mundschleimhauttrockenheit *f*
	f	xérostomie *f*
	i	xerostomia *f*
	r	ксеростомия *f*
X21	*e*	xiphisternum
	d	Schwertfortsatz *m*
	f	appendice *m* [processus *m*] xiphoïde
	i	appendice *m* [processo *m*] xifoideo
	r	мечевидный отросток *m*
X22	*e*	x-ray dermatitis
	d	Röntgen(strahlen)dermatitis *f*
	f	dermatite *f* des rayons X
	i	radiodermatite *f*, dermatosi *f* attinica
	r	рентгеновский дерматит *m*
X23	*e*	xylol
	d	Xylol *n*
	f	xylol *m*
	i	xilolo *m*, xilene *m*
	r	ксилол *m*
X24	*e*	xylose
	d	Xylose *f*
	f	xylose *f*
	i	xilosio *m*
	r	ксилоза *f*

Y

Y1	*e*	yawning
	d	Gähnen *n*
	f	bâillement *m*
	i	sbadiglio *m*, sbadigliamento *m*
	r	зевота *f*
Y2	*e*	yaws
	d	Frambösie *f*, Himbeerenkrankheit *f*, Himbeerenpocken *pl*
	f	framboesia *f*, yaws *m*
	i	framboesia *f*, pian *m*
	r	фрамбезия *f*, пиан *m*
Y3	*e*	yeast (fungi *pl*)
	d	Hefe *f*
	f	levure *f*
	i	lievito *m*
	r	дрожжи *pl*
Y4	*e*	yellow body
	d	Gelbkörper *m*
	f	corps *m* jaune
	i	corpo *m* luteo
	r	жёлтое тело *n*
Y5	*e*	yellow cartilage
	d	elastischer Knorpel *m*
	f	cartilage *m* élastique
	i	cartilagine *f* elastica
	r	эластическая хрящевая ткань *f*
Y6	*e*	yellow enzyme
	d	gelbes Ferment *n*, Flavinenzym *n*
	f	flavoprotéine *f*, ferment *m* jaune
	i	fermento *m* giallo, citocromo *m* A
	r	флавопротеид *m*, жёлтый фермент *m*
Y7	*e*	yellow fever
	d	Gelbfieber *n*
	f	fièvre *m* jaune
	i	febbre *f* gialla
	r	жёлтая лихорадка *f*
Y8	*e*	yellow fiber
	d	elastische Faser *f*
	f	fibre *f* élastique
	i	fibra *f* elastica
	r	эластическое волокно *n*
Y9	*e*	yellow spot
	d	gelber Fleck *m*
	f	tache *f* jaune
	i	macchia *f* lutea [retinica]
	r	жёлтое пятно *n*
Y10	*e*	yellow vision
	d	Xanthopsie *f*, Gelbsehen *n*
	f	xanthopsie *f*
	i	xantopsia *f*
	r	ксантопсия *f*
Y11	*e*	yersiniosis
	d	Yersiniose *f*
	f	yersiniose *f*
	i	yersiniosi *f*
	r	иерсиниоз *m*
Y12	*e*	yoke bone

	d	Jochbein n
	f	os m zygomatique
	i	osso m zigomatico
	r	скуловая кость f
Y13	e	yolk
	d	Dotter n, Eidotter n
	f	jaune m d'œuf, vitellus m
	i	tuorlo m, vitello m
	r	желток m
Y14	e	yolk membrane
	d	Oolemm n
	f	membrane f vitelline
	i	membrana f vitellina
	r	оволемма f, желточная оболочка f
Y15	e	yolk sac
	d	Dottersack m
	f	vésicule f ombilicale, sac m vitellin
	i	sacco m vitellino
	r	желточный мешок m, желточный пузырь m

Z

Z1	e	Zeis's gland
	d	Zeis-Drüse f, Augenlidtalgdrüse f
	f	glande f de Zeis
	i	ghiandola f di Zeis
	r	сальная железа f века, железа f Цейса
Z2	e	Zenker's degeneration
	d	Zenker-Muskeldegeneration f, wachsige Entartung f
	f	dégénerescence f cireuse de Zenker
	i	degenerazione f (ialina) di Zenker
	r	восковидный [ценкеровский] некроз m, восковидная [ценкеровская, стекловидная] дистрофия f
Z3	e	Zenker's diverticulum
	d	Zenker-Divertikel n, Ösophagusdivertikel n
	f	diverticule m de Zenker
	i	diverticolo m di Zenker
	r	ценкеровский дивертикул m
Z4	e	Zenker's necrosis see Zenker's degeneration
Z5	e	zero gravity
	d	Schwerelosigkeit f
	f	impondérabilité f
	i	imponderabilità f, gravità f zero
	r	невесомость f, состояние n невесомости
Z6	e	Zinn's membrane

	d	Aufhängeapparat m der Linse
	f	ligament m suspenseur du cristallin, zone f de Zinn
	i	zonula f ciliare [di Zinn], apparato m sospensorio del cristallino
	r	ресничный поясок m, ресничная связка f, циннова связка f
Z7	e	zoanthropy
	d	Zooanthropie f
	f	zoanthropie f
	i	zoantropia f
	r	зооантропия f
Z8	e	zonary placenta
	d	gürtelartige Plazenta f
	f	placenta m zonaire
	i	placenta f zonale
	r	поясообразная плацента f
Z9	e	zooanthroponosis
	d	Zooanthroponose f
	f	zoonose f
	i	zoonosi f
	r	зоо(антропо)ноз m
Z10	e	zoogenic infection see zooanthroponosis
Z11	e	zoogeography
	d	Zoogeographie f
	f	zoogéographie f
	i	zoogeografia f
	r	зоогеография f
Z12	e	zoolagnia
	d	Zooerastie f, erotische Zoophilie f, Sodomie f
	f	zoophilie f, sodomie f
	i	bestialità f, zoolagnia f
	r	зоофилия f, скотоложство n, содомия f
Z13	e	zoonosis see zooanthroponosis
Z14	e	zooparasite
	d	Zooparasit m, Tierparasit m
	f	zooparasite m
	i	zooparassita m
	r	зоопаразит m
Z15	e	zoophobia
	d	Zoophobie f, Tierfurcht f
	f	zoophobie f
	i	zoofobia f
	r	зоофобия f
Z16	e	zoopsia, zooscopy
	d	Zoopsie f, Tiersehen n
	f	zoopsie f
	i	zoopsia f
	r	зоопсия f
Z17	e	zootomy
	d	Zootomie f
	f	anatomie f comparée

ZOSTER

	i	anatomia *f* comparata
	r	сравнительная анатомия *f*
Z18	*e*	**zoster**
	d	Zoster *m*, Gürtelrose *f*
	f	herpès *m* zoster
	i	herpes *m* zoster
	r	опоясывающий лишай *m*
Z19	*e*	**zygocyte** *see* **zygote**
Z20	*e*	**zygodactyly**
	d	Syndaktylie *f*
	f	syndactylie *f*
	i	zigodattilia *f*, sindattilia *f*
	r	синдактилия *f*, сращение *n* пальцев
Z21	*e*	**zygomatic arch**
	d	Jochbogen *m*
	f	arcade *f* zygomatique
	i	arcata *f* zigomatica
	r	скуловая дуга *f*
Z22	*e*	**zygomatic diameter**
	d	Jochbein-Gesichtsdurchmesser *m*
	f	diamètre *m* zygomatique
	i	diametro *m* zigomatico
	r	ширина *f* лица (по скуловым дугам)
Z23	*e*	**zygote**
	d	Zygote *f*
	f	zygote *m*
	i	zigote *m*
	r	зигота *f*
Z24	*e*	**zymogen**
	d	Zymogen *n*, Proferment *n*
	f	proferment *m*, proenzyme *m*
	i	zimogeno *m*, proenzima *m*
	r	профермент *m*
Z25	*e*	**zymology**
	d	Enzymologie *f*, Fermentkunde *f*
	f	enzymologie *f*, zymologie *f*
	i	enzimologia *f*
	r	энзимология *f*

DEUTSCHER INDEX

A

abakterielle Thromboendokarditis N192
Abbauprodukt C211
Abbildung I37
Abbildungsempfindung T404
Abbinden L195
Abblätterung E518
Abbruch S1186
Abderhalden-Fanconi-Syndrom C1342
Abdomen A1, B124
abdominal C272
Abdominalatmung A10
abdominale Hysterektomie H806
Abdominalgravidität A9
Abdominalhernie A6, V103
Abdominalhöhle A4
Abdominalphthise A11
Abdominaltyphus E257, T601
Abdominoskop L67
Abdruck I76
Abduktion A13
Abduktionsmuskel A15
Abduktionsschiene A14
Abduktor A15
Abflußrohr D306
Abfühlen T346
Abführmittel E487, L103, P1109
Abführung C236
abgekapselte Pleuritis E187, S11
Abgeschnittene S265
abgeschwächter Virusimpfstoff A817
abgezehrt C1
Abgliederung E500
Abguß C205
Abhöhren A846
Abhustemittel E539
Ablauf P871
Ableitung L104
Ablenkung D153
Abmagerung E115
Abmagerungskost R93
Abnahme der Krankheitserscheinungen A340
abnehmen D38
abnorme Drehung M52
abnorme Krankheitsfurcht N214

abnorme Pigmentablagerung C577
Abnutzungspigment C588, L234
Abort A17, M351
abortiver Typhus W4
Abrasion C1270, E397
Abrikosow-Tumor A19, G312
Abrißfraktur T65
Absaugung S1091
Abschilferung E518
Abschnitt S275
Abschreckmittel R157
Abschuppung D145, P230
Abschürfung E508
Abschwächung der Virulenz A818
absolute Farbenblindheit C886
absolute Refrakterperiode A22
Absonderung D241, E511, S263
absorbierbare Ligatur A23
absorbierende Watte A24
Absorption A25
Abspreizen A13
absteigende Aorta D140
Abstillen W45
Abstinenz A26
Abstinenzsyndrom A27
Abstrich S580
Absud D33
Abszeß A20
Abteilung für Intensivtherapie I394
abwartende Behandlung E538
Abwärtsschielen H778
Abwehrmittel R157
Abweichung D153
Abzehrung C5, E115
Acariasis A32
Aceton A47
Acetonkörper A48, K47
Acetonurie A49, K48
Acetylcholin A50
Acetylcholinesterase A51, S672
Achalasie A52
Achillessehne A55
Achillessehnenreflex A54
Achillorrhaphie A56
Achlorhydrie A57
achlorhydrische Anämie F1
Achloropsie A58

Achondroplasie A59, C525
achondroplastischer Nanismus A60
achondroplastischer Zwergwuchs A60
achromatische Schwelle A61
Achromatopsie A62, C886
Achromatozyt S425
Achromotrichie A63
Achselfalte A893
Achselgrube A640
Achselhöhle A640
Achsenabweichung A895
Achsendrehung T332
Achsenhyperopie A888
Achsenmyopie A889
Achsenzylinder A899
Achterbinde F141
Achtertourenverband F141
Achylie A64
achylische Chloranämie F1
Acidität A70
Acidose A73
Acidurie A75
Acne A79, P533
Acne vulgaris C865
Adaktylie A124
Adamantinom A125, A342
Adamantoblast A341
Adamantoblastom A125
Adams-Stokes-Syndrom A127
Adamsapfel A126, T259
Adaptation A129
adäquate Kost A164
Addison-Biermer-Anämie A130
Addison-Krankheit A191
Adduktion A132
Adenektomie A133, A144
Adenektopie A134
Adenin A135
Adeninribosid A158
Adenitis A136
Adenoakanthom A137
Adenoepitheliom A141
Adenofibrom A142, F119
Adenohypophyse A143
Adenoide A146
adenoide Vegetationen A146
adenoides Gewebe A147
Adenoiditis A145
Adenokankroid A137
Adenokarzinom A138

ALAKTOFLAVINOSE

Adenokystom A139, C1322
Adenolymphom A149
Adenolymphozele A148
Adenom A150
Adenomatose A151
adenomatöser Kropf A152
Adenomyom A154
Adenomyometritis A155
Adenopathie A156
Adenosarkom A157, S79
Adenosin A158
Adenosindiphosphat A159
Adenosinmonophosphat A160
Adenosintriphosphat A161
Adenosintriphosphorsäure A161
Adenotonsillektomie A162
Adenovirus A163
Adenozyt A140
Aderhaut C557
Aderhautatrophie P906
Aderhautdegeneration C560
Aderhautentzündung C559
Aderlaß B255
Adhäsion A168
adhäsive Entzündung A169
adhäsive Perikarditis A170
Adiastolie A173
Adiponekrose A175
adipose Degeneration F54
Adipositas O2
Adiposurie A179
Adipozele A174
Adipozelle A178
Adipsie A180
Adiuretin A512, V58
adiuretisches Hormon V58
Adnexe A181
Adnexentzündung A182
Adnexitis A182, T567
Adoleszentenwahnsinn A184
Adoleszenz A183
Adrenalektomie A187, S1163
Adrenalin A189
adrenergischer Rezeptor A195
adrenogenitales Syndrom A193
adrenokortikotropes Hormon A192, C1090
Adrenokortikotropin A192
adrenolytisches Mittel A194
Adrenosteron A196
Adsorbens A197
Adsorptionsmittel A197
Adventitia A200
Adventitialhülle A200
Adventitialzelle A201, P287
Adynamie A203
adynamischer Ileus A205
Aeration A206
Aerobier A207
Aeromedizin A884
Aeroneurose A209

Aerophagie A210
Aerophobie A211
Aerosinusitis S531
Aerotherapie A213
Affekt A214
affektiver Tonus E152
afferente Nervenfaser A216
afferenter Nerv A217
Affinität A218
afrikanische Schlafkrankheit S564, T539
afrikanische Trypanosomiasis A219
After A549
Afterfistel A396
Afterkrampf P891
Afterschrunde A395
Afterspiegel A482
Afterspiegelung A483
Agalaktie A223
Agammaglobulinämie A224
agastrische Anämie A225
Agenesie A227
Ageusie A228
Agglutination A229
Agglutinationsthrombus A230
Agglutinin A231
Agglutinogen A232
Aggression A233
Agnathie A235
Agnosie A236
Agonie D26
Agonist A237
agonistischer Muskel A237
Ägophonie E55, T389, V234
Agoraphobie A238, C295
Agrammatismus A239
Agranulozythämie A240
Agranulozytose A240
Agraphie A241, G335
Agrypnie I374
ägyptische Augenkrankheit T385
ägyptische Chlorose E56, T522
ägyptische Hämaturie E57
Agyrie A242
Ahornsirupkrankheit B432, M76
Akanthokeratom A29
Akanthom A30
Akapnie A31
Akinese A257
Akinesie A257
akinetischer Epilepsieanfall A260
Akklimatisation A39
Akkommodation A40
Akkommodationsreflex A41
Akkommodationsreflex der Pupille N36
Akkommodativschielen A42
Akme A78

Akne A79, P533
akneartiges pustulöses Syphilid A80
Aknitis A83
Akorie A84, A85
Akranie A92
Akroarthritis A93
Akroasphyxie A94, D18, S1214, W41
Akrodynie A96, P537
Akromegalie A98
Akromikrie A99
Akromion A100
Akrophobie A101
Akrozephalie A95
Aktin A103
Aktinodermatitis A105
Aktinodermatose A104
Aktinomykose A106
aktive chronische Hepatitis A107
aktive Elektrode A108, T165
aktive Hepatitis S1039
aktive Hyperämie A109, A648
aktive Immunität A110
Akupunktur A111
akustische Agnosie P1022
akute aufsteigende Paralyse A115
akute epidemische Augenbindehautentzündung A116
akute Erythrämie D211
akute Erythroblastose E431
akute gelbe Leberatrophie A122
akute Herzinsuffizienz A117
akute isolierte Myokarditis A118
akute Magenerweiterung G72
akute rheumatische Arthritis A114
akute Säuglingsretikulose N194
akute Strahlenkrankheit A119
akute subglottische Laryngitis S658
akuter Abszeß A113
akuter Bauch A112
akuter Gelenkrheumatismus A114
akuter Skrotalbrand F264
akutes Abdomen A112, S1177
akutes Strahlensyndrom A119
akzessorische Drüse A34
akzessorische Milz L187, S793
akzessorische Nebennieren M81
akzessorische Struma A16
akzessorischer Pankreasgang S71
akzessorisches Chromosom A33
akzessorisches Organ S1134
Ala W93
Alaktoflavinose A636

561

ALANIN

Alanin A261
Alarmreaktion A262
Alarmreflex S871
Alastrim A263, C1247, G223, M333, P1009
Albers-Schönberg-Krankheit A264, M80
Albinismus A265
Albino A266
Albugo A267
Albumin A268
Albumin-Globulin-Quotient A269
albuminoide Degeneration A270
Albuminurie A271
Aldosteron A276
Aldosteronismus A277
Aleppobeule T526
aleukämische Myelose A278
Alexie A280, T152, W105
alimentäre Dystrophie A283, I82
alimentäre Glykosurie A282
alimentäre Leberzirrhose N254
alimentäre Lipämie P773
Alkalämie A290
alkalische Phosphatase A288
alkalisierende Kost B77
Alkaloid A289
Alkalose A290
Alkohol A272, S755
Alkoholdelirium J28
Alkoholintoxikation A274
alkoholische Leberzirrhose G203
alkoholischer Wahn D61
Alkoholisierung A275
Alkoholismus A274
Alkoholpsychose A273
Alkoholrausch I461
Alkoholvergiftung A274
Allantiasis B375
Allantois A291
Allel A292
Allergen A293
Allergie A298
allergisch A294
allergische Dermatitis S334
allergische Enzephalitis H586
allergische Sofortreaktion I44
Allergisierung A296
Allergologie A297
allgemein G135
Allgemeinanästhesie G133
Allgemeinarzt G137
Allgemeinbetäubung N14
allgemeine Körperschwäche H765
allgemeiner peripherer Widerstand T344
allgemeines Adaptationssyndrom G132

Alligatorhaut S101
Allokeratoplastik A301
Allokortex A299, U65
Allopathie A302
Allorhythmie A303
Allosom A304
Allotransplantat A300
Allotransplantation A305
Allotransplantation der Haut D127
Allotriophagie A306
allotrop A307
Alopecia atrophicans C626
Alopezie A308, A803, B33, C37
Alpdrücken N167
Alpha-Strahlung A310
Alpha-Zelle A309
Alptraum N167
Alter A226
alterative Entzündung A311
Altern S311
alternierende Hemianästhesie A312, C1202
alternierende Hemiplegie A313, C1203
alternierende Lähmung A313, C1203
alternierender Puls A314
Alternsforschung G179
Altersblödsinn P835, S317
Altersbrand S316
Altersdemenz P835, S317
Altersheilkunde G169, P834
Altersinvolution S312
Altersmelancholie I504
Alterspigment L234
Altersschwachsinn P835
Altersschwerhörigkeit P833
Alterssichtigkeit O58
Altersstar H32
Alterswahn S313
Altersweitsichtigkeit P836
Alterwerden S311
Alveolarabszeß A317
Alveolarektasie A319
Alveolarpyorrhoe S1148
Alveolarsäckchen A320
Alveolarzellenkarzinom A318
Alveole A254, A323
Alveolenschnitt A322
alveolodentale Zyste A321
Alveolotomie A322
Alymphozytose A324
Amalgam A325
Amastie A326
Amaurose A327
amaurotische Idiotie C352
Ambidextrie A330
Ambivalenz A332
Amblyopie A333
Amboß A550, I107
ambulante Einrichtung O272

ambulanter Patient O271
ambulatorischer Typhus W4
Amelie A339
Ameloblast A341
Ameloblastom A342
Amenorrhoe A343
Amentia A344
amentielles Syndrom A344
amerikanisches Fleckfieber R305
Ametrie A345
Ametropie A346
Amid A347
Amimie A348
Aminoacidämie A350
Aminoacidurie A65, A351
Aminoglukose G259
Aminopeptidase A352
Aminosäure A349
Aminotransferase A353, T394
Amitose A354
Amme W60
Ammoniak A355
Ammoniakspiegelerhöhung im Blut H562
Ammonshornfurche H363
Amnesie A356
amnestische Aphasie N190
amnestisches Syndrom A357
Amnion A359, B25
Amnionhydrorrhoe H359
Amnioninzision A364
Amniorrhexis A361
Amnioruptur A361
amniotisch A362
Amniotomie A364
Amniozentese A358
Amöbe A336
Amöbendysenterie A337
Amöbenruhr A337
Amöbiasis A337
Amok A366
Amoklaufen A366
amorph A367
Ampelotherapie A369, G331
Amphiarthrose A370, G231, P566
amphorisches Atmen A371, B485
Amphotonie A372
Ampulle A373, A374
Amputation A375
Amputation ohne Lappen G381
Amputationsmesser C240
Amusie A376
Amyelie A377
Amylase A378
Amyloidleber L70, W43
Amyloidmilz S29
Amyloidniere A379, W42
Amyloidose A380
Amylopektinose A382
Amyotonie A383

ANTIHYPERTONIKUM

Amyotrophie A385
amyotrophische Lateralsklerose A384
Anabolikum A386
anabolisches Mittel A386
Anabolismus A387
anaerober Mikroorganismus A391
Anaerobier A207, A391
Anakrotie A388
anal A392
Analatresie A393, C1122, I69
Analeptikum A394
Analfissur A395
Analfistel A396
Analgesie A397
Analgetikum A398
Analspiegelung A483
Analyse A401, A734
anämischer Infarkt P26, W74
Anamnese A403
Anaphase A404
Anaphrodisie A405, S417
anaphylaktisch A406
anaphylaktischer Schock S393
Anaphylaxie A407
Anaplasie A408
Anasarka A409
anastigmatisch A410
Anastomose A411, B557
Anastomoseninsuffizienz L109
Anatom A414
Anatomie A415
anatomisch A412
anatomische Tabatière A413
Anatoxin A416
Andersen-Krankheit A382
Androblastom A642
Aneurin T196
Aneurysma dissecans D257
Anfall A815, C1194, F168, S282, S1015
angeboren H289, I83
angeborene aplastische Anämie C939
angeborene Atelektase P859
angeborene erythropoetische Porphyrie C941
angeborene Gliedmaßenverstümmelung E36
angeborene hämolytische Anämie C942
angeborene Hypothyreose I137
angeborene Immunität C944, G142
angeborene Myatonie O147
angeborene neurale Muskelatrophie P375
angeborene Osteopetrosis M80
angeborene Resistenz N31
angeborene Riesenzellenhepatitis G186
angeborene Syphilis C945

angeborener Reflex I84
angeborener zyanotischer Herzfehler C1299
angewachsene Plazenta A167
Angina S647, T318
Angioblastom A421
Angiocholezystitis A424
Angiocholitis A425, C468
Angiofibrom A427, T75
Angiographie A428
Angiohämophilie V41
Angiokardiographie A422, C133
Angiokavernom A423
Angiokeratom A429, T76
Angiolipom A430
Angiolith A431
Angiologie A433
Angiolupoid A434
Angiom A435
Angiomatose A436
Angiomyom V44
Angioneuromyom G248
Angioneurose A438, V57
angioneurotisches Ödem A439, G194, Q13
Angiopathie A440
Angiosarkom A443
Angiospasmus A444
angiospastische Scheinanämie P978
Angiotensin A445, H654
Angst A551, H450
Angst vor Spiegeln S681
Angst vor dem Tod T161
Angstneurose A552
Anhaftung A168
Anhangsgebilde A181
Anhidrose A450, S115
anhidrotische ektodermale Dysplasie A451
anikterische Virushepatitis A453
Aniridie A455
Anisochromasie A456
Anisokorie A457
Anisometropie A459
Anisophorie A460
anisotrop A461
Anisozytose A458
Anklopfen P273
Ankyloblepharon A466
Ankylodaktylie A467
Ankyloglossie A468
Ankyloglosson T309
Ankylose A470
ankylosierende Spondylarthritis A469, B108, M85, S1027
Ankylostoma H437
Ankylostomiasis A471, B453, E56, H438, T522, U40
Ankylotomie A472
Anodontie A475

Anokutanlinie A474
anomale Eßlust C666
Anomalie A476, D153
Anonychie A477
Anophthalmie A478
Anopsie A479
Anorchidie A480
Anorektalabszeß P351
Anorexie A481
Anoskop A482
Anoskopie A483
Anosmie A484, O63
Anosognosie A485
anovulatorisch A486
anovulatorischer Menstruationszyklus A487
Anpassung A129
Anpassungsfähigkeit A128
Anregung S956
Anregungsmittel A394, S955
Ansaugen S1091
Anschwellen S1199
anstecken I142
ansteckender Pemphigus B549
Ansteckfähigkeit C992
Ansteckungskrankheit C871
Antazidum A489
Anteflexion A491
antenatal A494
anterograde Amnesie A495
Anthelminthikum H102, V122
Anthrakose A497, C741
Anthrakosilikose A496
Anthrax A498
Anthropogenese A499
Anthropologie A500
Anthropometrie A501
Antianaphylaxie A502
antiazides Mittel A489
antibakteriell A503, A524
Antibiogramm A504
antibiotika-resistent A506
antibiotika-unempfindlich A506
Antibiotikum A505
anticholinergisches Mittel A509
Anticholinesterase A510
Antidepressivum C1115
antidiuretisches Hormon A512
Antidot A513, C1117
Antiemetikum A493
Antifibrinolysin A529, C1108, S398
Antigen A515
antigen A516
antihämophiles Globulin A P593
antihämophiles Globulin B C564, P594
Antihämophiliefaktor P593
antihämorrhagisches Vitamin A518
antihistaminisch A519
Antihypertonikum H768

ANTIINFLAMMATORISCH

antiinflammatorisch A521
Antikoagulans A511
Antikonzeptionsmittel C999
Antikörper A507
Antikörpermangelsyndrom A508
Antimetabolit A522, C878
Antimetropie A523
antimikrobiell A524
Antimonvergiftung S947
Antimykotikum A525, F314, M501
Antioxydans A526
Antiperistaltik A527
antiphlogistisch A521
Antiplasmin A529
antipyretisch A514
antirabisch A531
antirachitisches Vitamin A532
Antiseptik A534
Antiseptikum A535
Antiserum A536
antiskorbutisches Vitamin A533
antispastisch A537
Antisterilitätsvitamin A539
Antithenar H771
Antithrombin A540
Antithrombotikum A511
Antitoxin A543
Antitoxinserum A542
antitoxisch A541
antitoxisches Serum A542
antiviral A544
Antivirus... A544
Antivirusimmunität A545
antral A546
Antrieb S958
Antrotomie A547
Antrum... A546
Antrum Highmori G163, H355
Anurie A548
Anus A549
Anzeichen S503
Anzeige I113
Anzeiger I114
Anziehung A132
Aorta A553
aortal A554
Aorten... A554
Aortenaneurysma A557
Aortenbifurkations-Syndrom A569
Aortenbogen A558
Aortenbogensyndrom A559, P1090, T22
Aortenbulbus A560
Aortenektasie A555
Aortenerweiterung A555
Aorteninsuffizienz A562
Aortenklappe A566
Aortensinus A564
Aortensklerose A570
Aortenstenose A565

Aortitis A567
Aortographie A568
Apathie A572
apathisch A571
Apepsie A573
Apex A575
Apexpneumonie A589
Aphakie A577
Aphasie A578
Aphonie A579
Aphrodisie A580
Aphthe A581
Aphthen... A583
Aphthenseuche A582, C989
aphthös A583
apikal A585
apikale Periodontitis A588
Apikotomie A590
Aplasie A592
aplastisch A593
Apnoe A594
Apoenzym A597
Apoferment A597
apokrin A595
apokrine Drüse A596
Aponeurose A598
Apophyse A600
Apoplexie A601
Apotheke P443
Apotheker C410, D317, P435
Appendektomie A602
Appendikostomie A604
Appendikularkolik V120
Appendix A605
Appendizitis A603
Apperzeption A606
Appetit A607
Applikator A608
Apraxie A610
Aprosexia A611
Aptyalismus A612
Apyrexie A614
Äquatorialscheibe E390
Äquatorialplatte E390
Arachnidismus A618
Arachnodaktylie A97, A620
arachnoidal A621
Arachnoidea A622
Arachnoiditis A624
Aran-Duchenne-Krankheit C1170, P909, W29
Arbeitshygiene I131
Arbeitshyperämie P500
Arbeitsleistungsmessung E400
Arbeitstherapie E402
Arbeitsunfähigkeit D237
Archenteron G86
Areflexie A630
Areoladrüse A631
Areometer A632
argentaffine Zellen A633, E261
argentophile Zellen A633

Argyll-Robertson-Zeichen A634
Argyrie A635
Argyrose A635
Ariboflavinose A636
Arm A637
Armkopfarterie I194
Armlosigkeit A18
Armnervengeflecht B393
Armplexuslähmung des Neugeborenen B391
Armschlinge S570
Arrhenoblastom A642
Arrhythmie A643
Arsenintoxikation A644
Arsonvalisation D14
Artefakt A695
Arterialblutung A664
Arterialdruck A651
Arterialisation A649
Arterie A646
Arteriektasie A654
Arteriektomie A655
arterielle Hyperämie A648
arterielle Verschlußkrankheit B551
arterieller Blutdruck A651
Arterienentfernung A655
Arterienentzündung A670
Arterienerweiterung A654
Arterienklemme H238
Arterienkontrastdarstellung A656
Arterienrekonstruktion A663
Arteriographie A656
Arteriole A658
Arteriolonephrosklerose A657
Arteriolosklerose A660
Arteriomalazie A661
Arterionephrosklerose A650, S319
Arterioplastik A663
Arteriorrhagie A664
Arteriosklerose A665
arteriosklerotische Nierenschrumpfung A650
arteriosklerotisches Aneurysma A667
Arteriotomie A668
arteriovenöse Fistel A669
Arteritis A670
Arthralgie A673
Arthritis A674
Arthrodese A677
Arthrographie A680
Arthrologie A681
Arthrolyse A682
Arthropathie A683
Arthroplastik A684
Arthrose A686
Arthroskopie A685
Arthrotomie A687
Arthrozentese A676

AUGENLIDEITERUNG

Arthus-Phänomen A688
Artikulation A694, A694
Arznei M150, R141
Arzneibuch P441
Arzneiexanthem D319
Arzneifurcht P440
Arzneimittel D315, M153
Arzneimitteldermatitis M151
Arzneimittelkunde P434, P443
Arzneimittellehre P438
Arzneimittelsucht P439
Arzneimitteltherapie P442
Arzneivorschrift P837
Arzt D288, P496
ärztliche Schweigepflicht M149
Arztzimmer C984
Asbestose A706
Aschner-Reflex O39
Aschoff-Tawara-Knoten A808
Ascorbinsäure A717
Asemie A762
Aseptik A719
aseptisch A720
aseptische Nekrose A721
aseptischer Abszeß S928
asexuell A722
Asialie A612
Askaride A708
Askaridiasis A707
Asparagin A727
Asparaginase A726
Aspergillose A728
Aspermatismus A729
Aspermie A729
Asphyxie A730, S1100
Aspiration A731
Aspirationsapparat A733
Aspirationsbiopsie A732
Aspirator A733
Assimilation A736
assistierte Beatmung A703
assoziative Aphasie A738
Assoziativnervenbahn A737
Ast B431
Astasie A740
Astasie-Abasie A741
Asteatosis A742
Astereognosie A743, S915
Asthenie A744
asthenisch A745
Asthenopie A746
Ästhesiometrie E467
Asthma A747, S1101
asthmatisch A748
astigmatisch A750
Astigmatismus A751
Astroblastom A756
Astrosphäre A760
Astrozyt A757
Astrozytom A758
Asyllabie A761
Asymbolie A762, S504
asymptomatisch A764

asynchroner Elektrokardio-
  stimulator F175
Asynergie A766
Asynklitismus A765, O7
Asystolie A767, C105
Aszites A715
aszitisch A716
ataktischer Gang A772
Ataraktikum T393
Ataraxie A768
Atavismus A769
Ataxie A770
Atelektase A774
Atelie A775
Ateliose A775
Atem R176
Atemfrequenz R177
Atemgeräusch R187
Atemgeräusche B448
Ateminsuffizienz R184
Atemnot D349, S453
Atemstillstand A594
Atemwege A255, R189
Athelie A776
Ätherifikation E466
Atherosklerose A778
atherosklerotisch A779
atherosklerotische Plaque
  A777
Athetose A781
Athrepsie A784
Athymie A785
Athyreose A786
Ätiologie E474
ätiologisch E473
ätiotrop E475
Atlas A787
Atmen B446
Atmung B446, R176
Atmungsenzym R182
Atmungsschreiber S760
Atmungssystem R188
Atmungsverlangsamung B413
Atmungsvolumen T285
Atonie A789
Atopic-Dermatitis A790
Atopie A791
atraumatische Nadel A793
Atresie A794
Atrichie A803
Atrichose A803
atrioseptaler Defekt A800
Atrioventrikular-Knotenrhyth-
  mus N184
Atrioventrikularblock A804
Atrioventrikularbündel A805
atrioventrikuläre Dissoziation
  A806
Atrioventrikularklappe A810
Atrioventrikularknoten A808
Atrioventrikularknotenrhythmus
  A809
Atrium A811

Atrophie A814
atrophische Glossitis H480
atrophische Rhinitis A812
atrophische Zungenentzündung
  H480
Atrophodermie A813
Attacke F168
Attenuierung A818
Attikus A819, H791
atypisch A821
atypische Geflügelpest N155
Ätzmittel C249
Ätzung C250
Audiogramm A823
Audiologie A824
Audiometer A825
Audiometrie A826
auditiv A827
Auerbach-Plexus A833
Aufblähung B284
aufgesprungene Lippen C393
Aufguß I67
Aufhängeapparat der Linse Z6
Aufhängen S1186
Auflösen D216
Auflösung L417
Aufnahme A25, R175
Aufnahmeabteilung R53
Aufsaugung R175
Aufschwemmung S1186
Aufsicht C1009
aufsteigende Aorta A710
aufsteigende Hemiplegie A712
aufsteigende Neuritis A713
aufsteigende Paralyse A714
aufsteigender Grimmdarm
  A711
Aufstoßen B121, E412
Aufwachen R64
Aufwärtsschielen H666
Augapfel B542, E595
Augapfeläquator E392
Augapfelbindehaut B537
Augapfelenukleation O128
Auge E594
Augenbinnendruck I476
Augenblennorrhoe P1118
Augenblinzeln N163
Augenbraue E596, S1123
Augenentzündung O129
Augenheilkunde O135
Augenhintergrund E600
Augenhöhle O164
Augenhöhleneröffnung O165
Augenhöhlenperiost P336
Augenhornhaut C1049
Augeninnendruckmessung
  O142
Augenkammereinblutung H674
Augenkammerwasser A617
Augenlid E602, L183
Augenlidarterienbogen T42
Augenlideiterung B272

AUGENLIDEXZISION

Augenlidexzision B261
Augenlidlähmung B270
Augenlidmuskelkrampf B274
Augenlidnaht B273
Augenlidödem B262, H507
Augenlidschlußreflex E598
Augenlidtalgdrüse Z1
Augenlidverwachsung B277
Augenlinse O33
Augenlinsenäquator E391
Augenmadenkrankheit O35
Augenmigräne O131
Augenmuskellähmung O36, O140
Augenpemphigus C627
Augenprothese O37
Augenringmuskel O163
Augenschlußunfähigkeit L48
Augenvorderkammervereiterung H756
Augenwimper E601
Augenwinkel C60, C864
Augenwinkelabstandvergrößerung C1124, O34
Augen-Zahn-Finger-Dysplasie O41
Augenzittern N266
Aujeszky-Krankheit A834, P1007
Aura A835
Aurantiasis A837
aurikulotemporales Syndrom A844, G392
auro-palpebraler Reflex S871
Aurotherapie A845
ausatmend E543
Ausatmung E542
Ausatmungswiderstand E545
Ausblutung E551
Ausbreitung P927
Ausdehnung E25
Auseinandergehen D278
Außenschmarotzer E30
äußere Atmung E562
äußere Darmfistel E265
äußere Genitalien E561
äußere Geschlechtsorgane E561, P867
äußere Herzmassage E558
äußere Kopfarterie E559
außere Kopfschlagader E559
äußere Wendung E564
äußerer Gehörgang E557
äußeres Keimblatt E29
äußeres Ohr E560
äußerlich E586
Äüßerung M70
Ausflockung F205
Ausfluß E511
Ausforschung E546
Ausführungsgang der Unterkieferspeicheldrüse S1065, W64

Ausgang O270
Ausgangsöffnung O270
ausgeprägte Weitsichtigkeit M71
ausgesprochen M87
Ausheilung H63
Aushöhlung E501
Auskratzung E397
Auskultation A846
auskultatorische Perkussion A847
Auslese S283
Auslöffeln E507
Auslöserpunkt T496
Aussalzung S54
Aussatz L135
Ausschälung E285
ausscheidend E512
Ausscheidung E511
Ausscheidungsgang E513
Ausscheidungsstoff W28
Ausschlag E413, R40
Ausschneidung E504
Aussehen E549
aussetzender Puls I419
Ausspritzungsgang des Samenleiters E59
Ausspülen I529
Ausstopfen T29
Ausstrich S580
Ausstülpung D283, E553
Austauschbluttransfusion E503, R159, S1079
Auswahl S283
Auswärtsdrehung S1137
Auswärtskehrung E37
Auswärtsschielen D280, E536, W6
Auswuchs E510
Auswurf S835
auswurfförderndes Mittel E539
Auszehrung D111, E115
ausziehen E573
Auszug E573
Autismus A849
Autoaggression A850
Autoallergie A850
Autoantigen A852
Autoantikörper A851
Autoerotismus A856
Autohämotherapie A859
Autohypnose S288, S888
Autoimmunisierung A864
Autoimmunität A863
Autoimmunkrankheit A862
Autoinfektion A865, S289
Autoinokulation A866
Autointoxikation A867, E217, S290
Autoklav A853
Autolyse A869
Autolysin A868
autonom A870

autonomes Nervensystem V77
Autophagie A871
autophagozytäre Vakuole C1369
Autophonie A873
Autoplastik A875
Autopsie A876, D258, P763
Autoradiographie R20
Autosit A878
Autosom A879, E477
Autosuggestion A880
Autotransplantat A858
Autovakzine A857
avaskulär A883
Avitaminose A885
Avulsion A887
axiale Neuritis A890, C302
axillar A892
Axis E377
axo-axonische Synapse A896
axodendritische Synapse A897
Axolemm A898
Axon A899
axosomatische Synapse A900, P302
Azephalie A44
azidophiles Hypophysenadenom A71
Azinus A77
Azofarbstoffe A901
Azoospermie A902
Azotämie A903
azotämische Enzephalopathie B122
Azoturie A904
azygisch A905
azygos A905

B

Backe C399
Backenmuskel B528, C401
Bad B96
Bäderbehandlung B41
Bagassose B24
Bahn T386
Bahre S1003
Bakterialembolie I150
Bakteriämie B6
bakteriell B7
bakterielle Embolie P1136
Bakterienangst B17
Bakterienauflösung B15
Bakterienforscher B12
Bakterienfurcht B17
Bakteriengift B20
Bakterienhemmstoff B19
Bakterienhemmung B18
Bakterienkolonie C818

Bakterienkultur C1255
Bakterienruhr B1, S445
Bakteriocholie B10
Bakteriologe B12
Bakteriologie B13
bakteriologisch B11
Bakteriolyse B15
Bakteriolysin B14
Bakteriophage B16
Bakteriophobie B17
Bakteriostase B18
Bakteriostatikum B19
Bakteriotoxin B20
Bakteriotropin B21, O149
Bakteriurie B22
Bakterizid B9
balancierte Kost B27
Balanitis B29
Balanoposthitis B30
Balanorrhagie B31
Balantidiasis B32
Balantidienruhr B32
Balkangrippe Q1
Ballistokardiogramm B35
Ballistokardiographie B36
Ballotement B38
Ballotieren B38
Balneotherapie C1175
Balsam B40
Balsamierung E119
Band C1042, L193, S519, T31
Bandage B44, B191
Bändchen F284
Bändchen-Keratitis F40, R282
Bandkeratitis B46
Bandl-Kontraktionsring C978, P206
Bandwurm C382, T32
Bandwurmbefall T113
Banti-Syndrom B48, H272
Barästhesie B52, P843
Barbiturate B50
Barbiturismus B51
Baritose B53
Barorezeptor B54, P841
Barotherapie A213
Barotitis B55
Barotrauma B56
Barr-Körperchen B57
Bartflechte B49, S1205
Bartholin-Drüse B62, V251
Bartholinitis B61
Bartonellose B63, C191, H225, O190, P389
Barylalie B64
Basalanästhesie B72
Basalganglion B69
Basaliom B67, R309
Basalmembran B70, B382
Basalplatte V220
Basalstoffwechsel B71
Basalzelle B45, B66
Basalzellenepitheliom B67

Basalzellenkarzinom B67
Basalzellenschicht B68
Basedow-Krankheit E532, F178, G341
Basilararterie B78
Basilarmembran B80
Basiothryptor B84
Basisnarkose B72
basophil B88
basophile Granulen B90
basophile Körnchen B90
basophile Leukozytose B87
basophile Pankreasinselzellen B142
basophile Zelle B88
Basophilenleukämie B92
Basophiler B93
basophiler Leukozyt B93
basophiles Hypophysenadenom B89
Basophilie B91
Basophobie B95
Bastard C1197, H494
bathmotrop B97
Bathophobie B98
Bathyanästhesie B100
Bathyästhesie B99
Bauch A1, B124
Bauch... C272
Bauchangina I448
Bauchaorta A2
Bauchatmen D168
Bauchbinde B191
Bauchbruch V103
Bauchfell P363
Bauchfellentzündung P364
Bauchfellhöhle P361
Bauchhöhle A4
Bauchhöhleneröffnung L69
Bauchhöhlenganglion C274
Bauchhöhlenschwangerschaft A9
Bauchhöhlenspiegelung L68, P362
Bauchhöhlentuberkulose A11
Bauchhölengravidität I478
Bauchlinie A8
Bauchschnitt L69
Bauchspeicheldrüse P46
Bauchspeicheldrüsenentzündung P50
Bauchspeicheldrüsenschnitt P53
Bauchtyphus C381, T601
Bauchwandbruch A6
Bauchwassersucht A715
Bauhin-Klappe I23
Baumwollpneumokoniose B558
Baumwollstaublunge B558
Baumwollwatte C1109
Bausch P11
Bazillendysenterie B1
Bazillenruhr B1

BENIGNE LYMPHORETIKULOSE

Bazillus B3
Bazin-Erythem B102
Beatmungsgerät R178
Becherzelle G287
Bechterew-von-Strümpell-Marie-Krankheit B108, M85, S1027
Becken P247
Beckenachse P234
Beckenausgang I154, P239
Beckenboden P236
Beckendiaphragma P236
Beckeneingang P238, S1132
Beckenendlage B451, P241
Beckenendlagegeburt B450
Beckengürtel P237
Beckenosteomalazie O236
Becker-Krankheit B109
bedeckter After C1122
bedingter Reflex A91, C917
bedingter Reiz C918
Bednar-Aphthen B111
befestigte Zwillinge C956
befruchtete Eizelle F94
Befruchtung F70, F93
Begattung C776
beginnende Fehlgeburt I89
Begleitsymptom A36, C911
Behälter C198
behandelnder Arzt A816, T170
Behandlung T444
Behandlungsmethode C1268
Behaviorismus B119
Behçet-Krankheit B120, O38
Behçet-Syndrom B120, O38
beidäugige Sehlinienablenkung B192
Beidhändigkeit A330
beidohrig B190
beidseitig B168
Beieierstock P174
Bein B350, L114, S432
Beinhalter L116
Beinhaut P342
Beischilddrüse P141
Beischlaf C776, I404
Beklopfen P273
Belag F323
Belastungsmessung E400
Belastungsübung E515
Belebung V224
belegte Zunge C745, F324
Belegzelle A67, P160
Beleibtheit C1073
Bell-Lähmung B123, F12
Bell-Manie B122
Belski-Filatow-Zeichen F145
Belüftung V100
Bence-Jones-Eiweißkörper B127
benigne Lymphoretikulose B133

BENOMMENHEIT

Benommenheit T331
beratender Arzt C981
Beratung C982
Bergarbeiteranämie M344
Bergkrankheit H686, M425
Bergmannsellenbogen M345
Bergwachs O322
Beriberi B136
Berlin-Trübung B137
Berloque-Dermatitis B138
Berufshygiene O31
Berufskrankheit O30
Beruhigung S268
Beruhigungsmittel S269, T393
Berühren T346
Berührungsempfindlichkeit T18
Berührungsempfindungsmesser T19
Berührungsüberempfindlichkeit H588
Berylliose B139
Berylliumvergiftung B139
Beschädigung D9, I190
Beschaffenheit S876
Beschäftigungsneurose P898
Beschneidung C655
Beschreibungsanatomie D141
Beschwerde C879
Besnier-Boeck-Schaumann-Krankheit B347
Bestialität B140
bestimmen I12
Bestrahlung I525
Bestrahlungsempfindlichkeit R32
Bestrahlungsunempfindlichkeit R31
beta-adrenergisch B141
Beta-Hirnstromwellen B144
Betasten P38, T346
Beta-Strahlen B143
Beta-Wellen B144
Beta-Zellen des Hypophysenvorderlappens B142
Betel B145
Bett B110
Bettruhe B113
Betz-Riesenpyramidenzellen B147
Beuger F201
bewaffneter Bandwurm P735
Beweglichkeit M364, M414
Bewegung M434
Bewegungsataxie K58
Bewegungsbiomechanik B341
Bewegungsempfindung M483
Bewegungskrankheit M416, N373
bewegungslos A258
Bewegungsnerv M423
Bewegungsneuron M418
Bewegungstremor K59

Bewegungsverlangsamung B408
Bewußtlosigkeit U43
Bewußtsein C967
Bewußtseinsspaltung D300
Bewußtseintrübung C728
Beziehungswahn I9, R99
Bezoar B148
B-Galle B103
Bidaktylie B158
Biegung F199, F202
Bier-Amputation B160
Bierherz B117
Biermer-Anämie B159, P372
Biertrinkerkardiomyopathie B117
Bifokalbrille B162
Bifokallinse B163
Bifurkation B165
Bigeminie B167, C1119
Bigeminusrhythmus B167
Bikonkavlinse B153
Bikonvexlinse B154
Bikuspidalklappe M360
Bikuspidat B156
bilateral B168
Bild I37
Bilharziose B176, S145
biliäre Leberzirrhose B177
Bilirubin B181
Bilirubinämie B182
Bilirubinurie B183
Biliverdin B184, C511
bilobar B185
bimanuelle Untersuchung B187, C954
bimanuelle Wendung B188
binasale Hemianopsie B189
binaural B190
Binde B44
Bindegewebe C965
Bindegewebskrankheit C966
Bindehaut C961
Bindehaut... C962
Bindehautentzündung B258, C964
Bindehautschwellung C417
Bindehauttrockenheit X18
bindgewebige Muskelhülle P315
binokulare Parallaxe B192
Biochemie B197
bioelektrisches Potential B198
Bioflavonoid B199
biogenetische Grundregel B200
biogenetisches Gesetz B200
biologische Halbwertszeit B203
biologische Prüfung B195
biologischer Überträger B204
biologisches Alter P498
Biomechanik B205
Biometrie B206
Biopsie B207
Biorhythmus B208

Biosynthese B209
Biot-Atmung B212
Biotelemetrie B210
Biotest B195
Biotransformation B211
Biotyp B213
Biozönose B196
biphasisches Donath-Landsteiner-Hämolysin W22
bipolare Ableitung B217
bipolare Nervenzelle B216
Bisexualität A331
bisexuell B230
Biß B231, B231
bitemporale Hemianopsie B233
Bitterstoffe B235
Bivalent B236
Bivalentchromosom B236
Bizepsmuskelfaszie B152
Bizipitalmuskel B151
Blähung F191
Bläschen B283, V144
Bläschenausschlag H304
Bläschenfollikel des Eierstocks G305
Blase B243, B283, C1320
Blasen... C1326
Blasen-Sigma-Fistelung V145
Blasenbilharziose E57
Blasendreieck L191
Blasenextrophie S141
Blasenfistel V143
Blasenhernie B244
Blasenmole C1337, H497, V149
Blasenscheidenfistel V148
Blasenschnitt V147
Blasenspalte S141
Blasensteinleiden C1350
Blasenwurm C1332, E16, H499
Blasenwurmbefall C1331
Blässe P34
Blastoderm B248
Blastom B250
Blastomykose B251
Blastophtorie B252
Blastoporus B253
Blastozöle C687
Blastozyste B247
Blastozystenhöhle C687
Blastula B254
Blattern P790, S579, V38
blau B328
Blaublindheit B331
blaue Asphyxie B329
blauer Nävus B333
Blau-Gelb-Blindheit T506
Blausäure H516
Blausäurevergiftung H517
Blausucht des Neugeborenen B330

BRADYARRHYTHMIE

Blei L104
bleibender Zahn P370, S1084
Bleichheit P34
Bleichsucht C453
Bleigummischürze L107
Bleiintoxikation P625
Bleikolik L105, P18, S98
Bleilähmung L106
Bleivergiftung S99
Blennorrhoe B259
Blepharadenitis B260
Blepharektomie B261
Blepharitis B263
Blepharitis simplex S510
Blepharochalasis B265
Blepharoklonus B266, N162
Blepharophimosis B268
Blepharoplastik B269
Blepharoplegie B270
Blepharoptose B271
Blepharopyorrhoe B272
Blepharorrhaphie B273
Blepharospasmus B274
Blepharostat B275
Blepharosynechie B277
Blepharotomie B278
blind B279
Blinddarm B280, C271
Blinddarmanheftung C267
Blinddarmeröffnung T600
Blinddarmerweiterung T597
Blinddarmfistelung T599
blinder Fleck B282
Blindheit B281
Blinzelreflex C637, E598, W96
Blinzelspasmus W95
blitzartig F306
blitzartige Dubini-Chorea E77
Block B285
Blockade B285
Blödsinnigkeit I15
Blount-Syndrom B327
Blut B287
Blut... B324
Blutanalyse B317
Blutausfluß H219
Blutausstrich B313
Blutaustausch E503
Blutbild H201
Blutbildung H216, S63
Blutbildungssystem H137
Blutchlormangel H691
Blutdepot P730
Blutdialyse H190
Blutdruck B309
Blutdruckmesser S724
blutdrucksenkendes Mittel H768
Blutegel H371, L111
Blutegelbefall H370
Bluteindickung H187
Bluterbrechen H119

Bluterguß H132
Blutfülle H584
Blutgefäß B322
Blutgefäßerweiterer V52
Blutgefäßerweiterung H109
Blutgefäßklemme H238
Blutgefäßreflex V61
Blutgefäßsystem B321
Blutgefäßverenger V50
Blutgerinnsel B292
Blutgerinnselentfernung T226
Blutgerinnung B293
Blutgerinnungsfaktor I F115
Blutgerinnungsfaktor IX C564
Blutgeschwulst B518
Blutgift H241
Blutgruppe B300
Blutgruppenantigen B302
Blutgruppenantikörper B301
Blutgruppenbestimmung B303
Blutharnen H143
Blutharnstoffstickstoff B320
Bluthirnschranke B288
Bluthochdruck H655
Bluthusten H218
blutig B324
blutiger Schweiß B325
Blutkapillare B289
Blutkörperchen B291
Blutkörperchenauflösung H204
Blutkörperchenzählung B295
Blutkultur B296
blutleer B304
Blutlehre H130
Blutlipase H202
blutlos A705, B304
blutlose Operation B305
Blutmal N153
Blutnabelbruch H133
Blutoxygenation A206
Blutpfropf T242
Blut-pH-Erhöhung A290
Blutplasma B306
Blutplättchen B307, P571, P592, T228
Blutplättchenmangel T229
Blutprobe B317
Blutsauerstoffverminderung H785
blutsaugend B316
Blutschande I87
Blutschwitzen H121
Blutsenkungsgeschwindigkeit B311, E426, S273
Blutserum B312
Blutspender B299
Blutspucken B314, H218
Blutstäubchen E109
blutstillend A517
Blutstillung H237
Blutstrom B315
Bluttherapie H239
Bluttransfusion B318

Blutüberfülle P602
Blutübertragung B318, T409
Blutung B255, H219
Blutungsanämie P759
Blutungsschock H226
Blutungszeit B256
Blutunterdruck H767
Blutunterlaufung S1107
Blutverdünnung H192
Blutvolumenvermehrung H671
Blutvolumenverminderung O67
Blutvolumenverringerung H782
Blutwallung F213
Blutwarze T76
Blutzelle B291, C1074
Blutzellenvermehrung H581
Blutzuckererhöhung H597
Blutzuckerverringerung H721
Blutzylinder B290
Blutzyste B297, H221, S64
Bockhart-Impetigo B336
Bodensatz S270
Bodensatzbildung S272
Bogengang S295
Bohnenkrankheit F60
bohrender Schmerz T124
Bohrer D310
Bohrmaschine D85
Bolus B349
Borborygmus B365
Borke C1223, S104
Bornholmer-Krankheit B131, B370, D154
bösartige Lentigo M42
bösartige Nephrosklerose M43
bösartiges Adenom M40
bösartiges Lymphom L411
bösartiges Osteoblastoklastom G188
Bösartigkeit M39
Botkin-Krankheit B372, E316, I47
botryoides Sarkom B373, E125
Botulin B374
Botulinum-Toxin B374
Botulinum-Vergiftung B375
Botulismus B375
Botulismus-Antitoxin B376
Bougie B378
Bougierung B380
Bourneville-Syndrom E355
Bowen-Krankheit B387
Bowman-Kapsel B388
Brachialgie B392
Brachialnervenplexus B393
Brachycheilie B396
Brachydaktylie B398
Brachygnathie B399
Brachymetakarpie B400
Brachymorphie B401
Brachyphalangie B402
Brachyzephalie B395
Bradyarrhythmie B404

Bradykardie B406
Bradykinesie B408
Bradylalie B409
Bradypepsie B410
Bradyphrenie B412
Bradypnoe B413
Bradypraxie B414
Bradysphygmie B416
Bradyteleokinese B417
Braille-Schrift B419
branchiogene Fistel B436
branchiogene Zyste B435
branchiogenes Karzinom B437
Brand G52
brandig G53
Brandstiftungstrieb P1162
brasilianische Himbeerkrankheit F259
brasilische Frambösie B553
braune Atrophie B513
braune Lungeninduration B514
Brechkraftgleichheit I560
Brechmittel E143
Brechreiz N34, V246
brechreizhemmendes Mittel A493
Brechreizmittel V245
Brechung R109
Brechungsametropie I109
Brechungszahlmesser R110
Bregma B452
breiter Bandwurm B463
breites Kondylom F186
breites Mutterband B461
Breitspektrumantibiotikum B462
Brennpunkt F218
Brennwert C33
Brenztraubensäure P1164
Bright-Krankheit B458
Brille G222, S679
Brill-Krankheit B459
Brill-Symmers-Krankheit F228, G191
Broca-Aphasie A771, B464
Broca-Gyrus B465
Bromakne B467
Bromhidrosis B466, F101, O203
Bromismus B468
Bromvergiftung B468
Bronchadenitis B469
Bronchialasthma B470
Bronchialatmung B471, T571
Bronchialbaum B476
Bronchialdrüse B473
Bronchialerweiterung B478
Bronchiallymphknotenentzündung B469
Bronchialmuskelkrampf B508
Bronchialmykose B496
Bronchialpilzkrankheit B496
Bronchialstein B472

Bronchialsteinleiden B494
Bronchiektasie B478
Bronchienentzündung B482
Bronchiole B480
Bronchiolitis B481
bronchiolo-alveolares Karzinom B479
Bronchiolus B480
Bronchitis B482
bronchobiliäre Fistel B483
Bronchographie B492
Bronchokandidiasis B484
Bronchokonstriktion B488
Broncholith B472
Broncholithiasis B494
Bronchomoniliasis B484
Bronchoösophagoskopie B490
bronchopankreatische Fistel B497
Bronchophonie B498, V231
Bronchoplastik B499
Bronchopleuralfistel B500
Bronchopneumonie B501
Bronchopulmonallymphknoten B473
Bronchopulmonalsegment B503
bronchopulmonär B502
Bronchorrhoe B505
Bronchoskop B506
Bronchoskopie B507
bronchoskopische Röhre E199
Bronchospasmus B508
Bronchospirographie B509
Bronchospirometrie B510
Bronchostenose B488
Bronchotomie B511
Bronchozele B486
Bronchus B512
Bronchus-Darm-Fistel B487
Bronchuseröffnung B511
Bronchuspilzerkrankung B496
Bronchus-Speiseröhre-Fistel B489
Bronchusspiegelung B507
Bronchuszusammenziehung B488
Brucellin B516
Brucellose B517, M53
Bruch F269, H297
Bruchband T537
Brüchigkeit F270
Bruchlehre H299
Bruchnaht H301
Bruchplastik H300
Bruchsack H298
Bruchschnitt H302
Bruchstück F271
Brückenprothese F274
Brunnenkur M343
Brunner-Drüse B520
Brustamputation B441
Brustatmung T210
Brustbein B442, S936

Brustbein-Schlüsselbein-Gelenk S933
Brustbeinschnitt S935
Brustdrüse B440, M57
Brustdrüsenentfernung M103
Brustdrüsenentzündung M105
Brustdrüsenparenchymentzündung G219
Brustdrüsenvergrößerung M7
Brusternährung B443
Brustfell P604
Brustfellentzündung P611
Brustfellinzision P620
Brustfellreibegeräusch P612
Brustfellresektion P610
Brusthöhlenpunktion T207
Brustkorb C421, T208
Brustkorbatmung C1101
Brustkorbmessung S943
Brustmilch B444
Brustmilchpumpe B445
Brustplastik M61
Bruststillung B443
Brustunterentwicklung H732
Brustwandableitung des EKG C422
Brustwarze N172
Brustwarzenlinie N173
Brustwassersucht H538
Bruxismus T68
BSG E426
Bubo B522
Bubonenpest B523, G220
Bubonuli B525
Bucky-Strahlen B368, G356
Budd-Chiari-Syndrom V92
Bulbärparalyse B538
Bulbärtraktotomie B539
Bulbitis B540
bulbokavernöser Reflex B541, P259, V180
bulböse Bougie B379
Bulbourethraldrüse B543
Bulbus B536
Bulbus jugularis J24
Bulbus olfactorius O64
Bulbusbindehaut B537
Bulbus-Druckreflex O39
Bulimie B544, C1319, H625, L356, P424, S540
bullös B547
bullöses Lungenemphysem B548
Bündel B550, C851, T386
Bürger-Krankheit B551
Burnett-Syndrom M328
Bursa sublingualis F197
Bürstensaum B521
Buschfleckfieber S231
Buschgelbfieber J30
Butyrometer B556, L35
Bypaß B557

Byssinose B558, S1012
Bywaters-Syndrom B559
B-Zellen B142

C

Caissonkrankheit C12, D35, D281
Calcaneus H92
Caput H51
Carate C79, S826
Carboxyhämoglobin C87
Carboxylase C88
Carrion-Krankheit B63, C191, H225
Cartilago vomeronasalis P129
Cataracta coerulea B332
Cataracta membranacea M209
Cataracta punctata P1096
Cataracta zonularis L54
Cellulae mastoideae M111
Cellulae pneumaticae A247
Centrum tendineum perinei P316
Cerclage C336
Ceylonkrankheit B136
C-Galle C264
Chagas-Krankheit S651
Chagom C383
Chalasie f C384
Chalazion C385
Chalikose C387
Chalkose C386
Chalkose der Linse C1030
Chalon C389
Chankroid C391
Charakter C394
Charas I110, M86
Charcot-Marie-Krankheit P375
Cheilitis C404
Cheiloplastik C405, L3
Cheiloschisis C692, H39
Cheilosis C406
Cheirospasmus C407
Chemodectom C412
Chemoprophylaxe C414
Chemorezeptor C415
Chemosis C417
Chemosynthese C418
Chemotaxis C419
chemotherapeutischer Index C420
Cheyne-Stokes-Atmung C424, T284
Chiasma C425
Chiasmasyndrom C426
Chimäre C437, M412
Chiropraxis C442
Chirurg S1175

Chirurgie S1176
chirurgische Schere O125
chirurgischer Eingriff O127
chirurgischer Löffel S200
Chitin C443
Chloasma C444
Chlor C448
Chloranämie C453
Chlorerhöhung im Blut H572
chloriert C446
Chlorkalk C447
Chloroformabusus C449
Chloroleukämie C450
Chloroleukose C450
Chloropenie C451
Chloropsie C452
Chlorose C453
Chlorwasserstoffsäure H515
choanaler Polyp C455
Choanen C454
Cholämie C497
Cholangioenterostomie C460
Cholangiographie C461
Cholangiohepatitis C462, H264
Cholangiokarzinom C459
Cholangiolitis C465
cholangiolitische Leberentzündung C464
cholangiolitische Leberzirrhose C463
Cholangiom C466
Cholangioskopie C467
cholangiozellulärer Krebs C459
Cholangitis A425, C468
Cholat C469
Choledochoduodenostomie C487
Choledocholithiasis C488
Choledochoplastik C489
Choledochostomie C490
Choledochotomie C491
Choledochusinzision C491
Choledochusplastik C489
Choledochus-Zwölffingerdarm-Anastomose C487
Choleglobin B174, C492
Cholekalziferol C470
Cholelith C494
Cholelithiasis C495
Cholemesis C496
Choleperitonitis C498
Cholera C499
Choleravibrio C500
Cholerese C501
cholerisches Temperament B179
Cholerrhagie C502
Cholestase C503
Cholesteatom C504
Cholesteatose C510
Cholesterin C508
Cholesterosis C510

Cholezystangiographie C472
Cholezystektasie C473
Cholezystektomie C474
Cholezystenterostomie C475
Cholezystitis C477
Cholezystoduodenostomie C479
Cholezystogastrostomie C480
Cholezystographie C481
Cholezystokinin C482
Cholezystokolostomie C478
Cholezystopexie C483
Cholezystorrhaphie C484
Cholezystostomie C485
Cholezystotomie C486
Cholin C512
cholinergisch C513
cholinergisches System C515
Cholinesterase C514
Cholinorezeptor C515
chondral C517
Chondrifikation C518
Chondritis C519
Chondroblast C520
Chondroblastom C521
Chondrodysplasie A763
Chondrodystrophie A59, C525
chondroektodermale Dysplasie C526
Chondrofibrom C527
Chondrokalzinose C522
Chondroklast C523
Chondrom C529
Chondromalazie C530
Chondromatose C531
chondromatöse Dysplasie M463
Chondromukoid C532
Chondroplastik C534
Chondrosamin G10
Chondrosarkom C535
Chondrozyt C193, C524
Chopart-Gelenk C536
Chorda C537, C1042
Chordagewebegeschwulst C539
Chorditis C538
Chordom C539
Chordotomie C540, C1043, S741
Chorea C541
Chorea infectiosa I145
Chorea minor I145, J32
choreischer Wahnsinn C542
Choreoathetose C544
Choreomanie C545
Choreophrasie C546
Chorioidea C557
Chorioideremie C558, P906
Chorioiditis C559
Chorioidose C560
Choriokarzinom P561
Choriomeningitis C549
Chorion C550

CHORIONEPITHELIOM

Chorionepitheliom P561
Choriongonadotropin C551
chorionisches laktosomatotropes Hormon P559
Chorionkarzinom C548
Chorionzotten C552
Chorioretinitis C553, R216
Choristie C554
Choristoblastom C555
Choristom C556
Christmas-Faktor C564, P594
Christmas-Krankheit C563
chromaffine Zelle C566
chromaffines System C567
Chromaffinkörper C565
Chromaffinzelle C566
Chromatide C573
Chromatin C574
Chromatin... C568
chromatisch C568
chromatische Aberration C569, C577
Chromatismus C577
Chromatographie C578
Chromatolyse C579
chromatophil C590
chromatophile Schollen N174
Chromatophor C580, P522
Chromatopsie C581
Chromhidrosis C583
Chromoblastomykose C584
Chromogen C587
Chromonema C571
chromophobes Adenom C591
Chromoproteid C592
Chromoprotein C592
Chromosom C594
chromosomal C593
Chromosomeninversion I498
Chromosomenkartierung C595
Chromosomenkonjugation P137
Chromosomensatz C596
Chromozentrum C575, F29
Chromozystoskopie C586
Chronaxie C597
chronisch C598
chronische Bleivergiftung P625
chronische Phosphorvergiftung P462
chronische progressive hereditäre Chorea C607
chronische Rhinopharyngitis P767
chronische staphylogene Bartflechte C603
chronische Verblödung C605
chronischer Alkoholismus C600
chronischer Schwachsinn C605
chronisch-lymphatische Leukämie L391
chronologisches Alter C608
Chronophotographie C609
chronotrop C610

Chrysiasis C611
Chrysotherapie A845, C612
Chylangiom C614
Chylomikron C618
Chyloperikard C619
Chyloperitoneum C620
chylös C622
Chylothorax C621
Chylozele C616
Chylozyste C617
Chylurie G16
Chylus C615
Chymotrypsin C624
Chymotrypsinogen C625
Chymus C623
Cistron C668
Citratzyklus C669
Citronensäurezyklus C669
Citrullin C670
Clearance C684
Click C697
Clonograph C714
Clonorchiasis C715
Clonorchosis C715
Cloquet-Hernie C717
Cochlea C760
Codon C767
Coelom C291, V190
Coffey-Mayo-Operation U102
Colorado-Zeckenfieber C825
Columna C851
Computerdiagnostik C901
Computertomographie C902
Conjugata diagonalis D163
Cooley-Anämie C1027, E423, M155, T39
Coombstest C1028
Cor H71
Cornea C1049
Corrigan-Puls C1077, T499
Corti-Organ A829
Cortisches Organ A87, S753
Cortison C1092
Corti-Zellen C1091
Couveuse C1121
Cowper-Drüse B543
Cowperitis C1126
Crinis H6
Crocidismus C186
Crohn-Krankheit C1196, R118
Crossing-over C1208
Crush-Syndrom B559, C1222
Curling-Ulkus C1273
Curschmann-Steinert-Syndrom S898
Cushing-Krankheit C1278
Cyanid C1295
Cyanokobalamin C1296, E587
Cyanvergiftung H517
Cyanwasserstoffsäure H516
Cytidin C1360
Cytochrom C1362
Cytochromoxidase C1363

D

Dach R321
Dachkern des Kleinhirns N241, R322
Da-Costa-Syndrom E51
Dakryoadenitis D1
Dakryolith D4, O134
Dakryozystitis D2
Daktylogrypose f D5
Daktyloskopie D6
Daltonismus D8
Damm P325
Dämmerungssehen T585
Dämmerzustand T584
Dammplastik P319
Damm-Scheiden-Fistel P323
Dammschnitt P322
Dammsteinschnitt P318
Dammzystotomie H706, P317
Dämonophobie S95
Dämpfung D326
Darling-Krankheit D13
Darm B386, I458, I458
Darmaufblähung M271
Darmbein F180, I34
Darmblähung F191
Darmblutung E275
Darmdrüse L186
Darmdyspepsie I450
Darmeröffnung E280
Darmfistel I451
Darmflora I452
Darmgase F191
Darmklemme S769
Darmkolik G361, I449
Darmkrampf E278
Darmkrypten I453
Darmnaht E276
Darmparese E272
Darmplastik E273
Darmreinigung C236
Darmspiegelung E277
Darmstein E270
Darmverdrehung V239
Darmverschlingung V239
Darmverschluß I32, I456
Darmwurm H101
Darmzotte I457
Dauerschlafbehandlung P920
Daumen P681, T244
Daumenballen T164
De Quervain-Thyreoiditis S1038
Dechlorierung D30
Decke C61
Deckglas C1123
Deckplättchen C1123
Defäkation D40, M434
Defekt D41
Defibrillation D45

DIOXID

Defibrillator D46
defibriniertes Blut D47
deformierende Arthritis A675
Degeneration D51
Degenerationsstigma S951
degenerativ D52
Dehnbarkeit D266
Dehnsonde B378
Dehnung D267
Dehnungsbougie B378
Dehnungsinstrument D213
Dehnungsreflex S1002
Dehydratase H522
Dehydratation D54
Dehydrierung D56
Dehydrogenase D55
Dekalzifikation D27
Dekapsulation D28
Dekokt D33
dekompensierte Acidose U41
Dekompression D34
Dekompressionskrankheit B128, C12, D35
Dekontamination D36
Dekortikation D37
Dekubitalgeschwür P844
Dekubitus B114, P844
delirantes Syndrom D58
Delirium D58
Deltamuskel D63
Demarkation D69
Demarkationslinie L209
Demarkationspotential C1274
Demenz D70
Demineralisation D71
Demyelinisation D74
Dendrit D75
Denervierung D76
Dengue-Fieber B383, D77, S404, S615
Denken T201
Dens T321
Densimetrie D78
dental D79
Dentalgranulom D88
Dentalkaries D82
Dentalpapille D80
Dentikel P1085
Dentin D94
Dentist D96
Dentition D97, T69
Denudation D99
Deontologie D101
Deossifikation D102
Depersonalisation D106
Dephosphorylierung D107
Depigmentierung D108
Depilation D109
Depolarisation D112
Depolarisierung D112
Depression D113
Dercum-Krankheit A176, D115

Derma D116
Dermabrasion D117
dermal D118, D136
Dermatitis D121
Dermatofibrom D124
Dermatoglyphik D125
Dermatologe D128
Dermatologie D129
Dermatolyse D130
Dermatomykose M502, R301
Dermatophyt C1285, D131, E366
Dermatoplastik D132
Dermatose D134
Dermatosklerose D133
Dermatozoonose D135
Dermoid D138
Dermoidzyste D138
Desaminierung D23
Descemet-Membran D139, V220
Descemetocele K25
Desinfektion D246
Desinfektionsmittel D245
Desinfiziens D245
Desinfizierung D246
Desintegration D247
Desintoxikation D248
Desinvagination D249
deskriptive Anatomie S1301
Desmoid D142
Desmosom B455, D143
Desodorans D100
desodorierendes Mittel D100
Desoxycholsäure D103
Desoxyribonuklease D104
Desoxyribonukleinsäure D105
Desquamation D145, P230
desquamative Zahnfleisch- entzündung D146
Destillation D269
destilliertes Wasser D270
Detergens D148
Detoxikation D150
Detumeszenz D151
Deuteranopie A58, G353
deutliche Bronchophonie P222
Deviation D153
Dextran D155
Dextrin D156
Dextrokardie D157
Dextrose D158, G260, G332
Dezidua D31
Di Guglielmo-Erythrämie D211, E431
Diabetes D159
diabetisch D160
diabetische interkapillare Glomerulosklerose K52
Diadochokinese D161
Diagnose D162
Diagnostik D162

Dialyse D164
Dialyseapparat A701, H191
Dialysegerät H191
Diapedese D165
Diaphanoskopie D166
Diaphragma D167, M317
Diaphragmatozele D169
Diaphyse D173, S426
Diarrhoe D174
Diarthrose D176
Diaschisis D177
Diastase D178
Diastema D179
Diaster D181
Diastole D182
diastolischer Blutdruck D184
diastolisches Herzgeräusch D183
diastolisch-systolisches Geräusch C996
Diät D194
Diätbehandlung A284, D198, S542
Diätetik D196
Diätetiker D197
Diathermie D187, E104, T188
Diathermokoagulation D186, S1178
Diathese D188
Diätkunde D196
Diättherapie A284, D198
Dichotomie D189
Dichromasie C821, D190
Dickdarm L72
Dickdarmeröffnung C831
Dickdarmfistel C814
Dickdarmfixation C819
Dickdarmperistaltik C815
Dickdarmresektion C785
Dickdarmschnitt C831
Dickdarmteilentfernung H155
Dickdarmvergrößerung M165
Dickhäutigkeit P3
Dictyoma retinae D192
Didymitis O174
Didymus T137
Dienzephalon I396
Differentialdiagnose D200
Differentialdiagnostik D202
Differenzierung D202
diffus D203
diffuse Bauchfellentzündung D204
diffuse infantile familiäre Hirnsklerose G240
diffuses Aneurysma C968
Diffusion D205
Digestion D207
digestiv D208
dikroter Puls D191
Dilatation D212
Dilatator D213, D213
Dioxid D218

573

DIPEPTID

Dipeptid D220
Dipeptidase D219
Diphtherie D221
Diphtherieanatoxin D223
Diphtheriebakterium D222, K64, L292
Diphtheriebazillus D222, K64, L292
Diphtheriepseudomembran C1215
diphtherisch D224
Diphyllobothriose D225
Diplegie D226
Diplobakterium D227
Diplobazillus D227
Diplokokkus D228
Diplomyelie D229
Diplopie D230
Diplosom D231
Dipsomanie D232
Direktauskultation I45
direkte Bluttransfusion D235
direkte Herzmassage O121
direkte Ophthalmoskopie D233
direkter Astigmatismus A753
Direktperkussion D234, I46
Direkttransfusion D235, I47
Disaccharid D238
Diskus D250
Dislokation D251
Dispersion D254
disseminiert D259
disseminierte lentikuläre Dermatofibrose N187
disseminierte Tuberkulose D261
Dissoziation D263
dissoziiert D262
dissoziierter Nystagmus I98
distal D264
Distichiasis D268
Distomatose D271
Distorsion D272
Diurese D275
Diuretikum D276
divergent D279
Divergenz D278
Divertikel C1253, D283
Divertikulose D282
dizygote Zwillinge D286, F277, H317
DNS D105
Doktor D288
Dolichokolon D289
dominanter Erbgang D292
Dominantgen D290
dominierende Hirnhemisphäre D291
Doppelaxengelenk B149
doppelschlägiger Puls C1119, D191
doppelseitige Lähmung D226
Doppelsexualität A331

doppeltgefiederter Muskel B215
Doppeltsehen D230
Doppeltsichtigkeit D230
Dorn S746
Dornfortsatz S746
Dornzelle S747
dorsal D294
Dorsum-pedis-Reflex B107
Dosieren D295
Dosierung D295
Dosimetrie D299
Dosis D297
Dosisleistung D298
Dotter Y13
Dottergang O91
Dottersack U36, Y15
Douglas-Raum D303, P788
Douglas-Raum-Spiegelung C1254
Down-Krankheit D304
Dragee D305
Drahtfixation W98
Drahtfixierung W98
drahtiger Puls C1044
Drainage D307
Dränage D307
Dränagerohr D306
Drang C899
Drehgelenk R330
Drehung T332
Drehwürfelgeräusch V95
Dreieckköpfigkeit T497
Dreieckverband T459
Dreitagefieber T128, T217, V223
dreivalviger Wundsperrer T500
dreivalviger Wundspreizer T500
Drepanozyt C1179, M228, S480
Drepanozytenanämie S481
Drepanozytose D308
dritte Hirnkammer T205
dritter Mahlzahn W100
Drogenabhängigkeit D316
drohende Fehlgeburt T216
Druckbrand P844, S574
Druckentlastung D34
Druckgeschwür B114
Druckluftkrankheit C12
Druckrezeptor P841
Drucksinn P843
Druckstelle B114
Druckverband C897
Drüse G215
Drüsenentfernung A133
Drüsenepithel G218
Drüsengewebskrebs A138
Drüsenpolyp A153
Drüsenverlagerung A134
Dschungelgelbfieber J30
Dubin-Johnson-Syndrom D324

Ductus Botalli B371
Duft O52
Duktus D325
Duldsamkeit T301
dumpfer trommelartiger Klopfschall T592
Dumping-Syndrom D328, J10
Dunkeladaptation S209
Dunkelfeldmikroskop D12
Dunkelheitsfurcht S208
Dünndarm S576
Dünndarm-Dickdarmentzündung E263
Dünndarmentzündung E258
Dünndarmkatarrh E258
Duodenalbulbus D329
Duodenalpapille B172
Duodenum-Jejunum-Übergang D330
Durchbohrung P278
durchdringender Schmerz T124
Durchdringung P257
Durchfall D174
Durchlässigkeit P371
durchlöcherte Klemme F84
durchlöcherte Polypenzange F84
Durchlöcherung P278
durchschnittlich M127
Durchstechung P1099
Durchstichnaht T407
Durchtrennung D258
Durst T206
Durstlosigkeit A180
Dusche D302
Düseninjektor J19
dynamischer Ileus D333
Dynamometer S946
Dysästhesie D337
Dyschondroplasie A763, M461
Dysenterie D335, S445
Dysenteriebakterie D336
dysenterisch D334
Dysfunktion D338
Dysgeusie D339
Dysgrammatismus A239
Dysmenorrhoe D340
Dysostose D341
Dysostosis cleidocranialis C694, C1148
Dysostosis craniofacialis C1149
Dyspareunie D342
Dyspepsie D343
dyspeptisch D344
Dysphagie D345
Dysphasie D346
Dysphonie D347
Dysplasie D348
Dyspnoe D349, S453
Dystonie D350
Dystopie D351, M51
Dystrophia myotonica S898

Dystrophie D353
Dystrophie mit Brachymorphie S713
dystrophisch D352
dystrophischer Zwergwuchs P697

E

Eburnifikation E12
Echinokokkenblase H496
Echinokokkenzystenöffnung H498
Echinokokkose E15
Echinokokkus E16, H499
Echinokokkuszyste E17
Echographie E18
Echolalie E19
Echophrasie E19
echte Albuminurie S377
echte Cholinesterase T531
echte Konjugate T532
echte Perpiration S331
echte Proteinurie I485, T528
echte Weitsichtigkeit T341
echter Schmarotzer O4
Eck-Fistel P741
Eckzahn C53
Economo-Krankheit E23, L149
EEG E91
efferent E47
efferente motorische Aphasie B464
efferente Nervenfaser E48
Effort-Syndrom E51
Ei E53
Eialbumin E54
Eichel- und Vorhautentzündung B30
Eichelentzündung B29
Eid des Hippokrates H365
Eidotter Y13
Eientwicklung O113
Eierstock O284
Eierstockentfernung O115, O281
Eierstockentzündung O116
Eierstockschnitt O282
Eierstockschwangerschaft O279
Eierstockzyste O278
Eigelenk C928
Eigenblutbehandlung A859
Eigenbluttransfusion A860
Eigengewebetransplantat A858
Eigenhypnose A861, S288
Eigenimmunisierung A864
Eigenimmunität A863
Eigenreflex P933
Eihaut A359
Eihautschnitt A364

Eihautzerreißung A361
Eihügel P918
Eileiter F22, S47, U163
Eileiterabort T546
Eileiterentfernung T553
Eileiterentzündung S41
Eileiterexzision S40
Eileiterfistelung S46
Eileiterhämatom H139
Eileiterröntgendarstellung S43
Eileiterschwangerschaft S42
Einäscherung C1174
Einatmen I376
Einatmung I376
Einäugigkeit C1306
einaxiges Gelenk U51
Einbettung N164
Einblasung I384
Einbuchtung N218
Eindringen I158
Eindringung P257
eineiige Zwillinge E288, I11, M394, T536, U56
einfach gefiederter Muskel U57
einfache Diplopie S511
einfache Fettsucht S514
einfaches Protein S515
Einfarbensehen M382
Einfrierung F281
Eingangsöffnung I191, M426
Eingangspforte der Infektion I144
eingekeilter Bruch I66
eingeklämmter Mutterkuchen T438
eingeklemmte Hernie I85
eingeklemmter Bruch I85
eingesackte Pleuritis E187
eingewachsene Haare B552
eingewachsener Nagel I171
eingewachsenes Haar I170
Eingeweide V189
Eingeweidekrampf E278
Eingeweidelehre S766
Eingeweidesenkung S768
Eingeweidevergrößerung S767
Eingeweidewurm H101
Eingießung I167
Einkapselung E167
Einkoten E186
Einlauf C734, E251
Einmalgebrauchsspritze D256
einmalige Operationseingriff O102
Einnahme I392
Einnistung N164
Einpflanzung I73
Einreibung E126
Einschichtenepithel S512
einschießender Schmerz S452
Einschlußkörperchen I93
Einschlußkörperchenkrankheit C1370

Einschnitt I91, N218
einseitige Gesichtshemiatrophie F9
einseitiges Schielen M384, U54
einspritzen I186
Einspritzung I187, S843
Einstellungsreflex I502
Einstich S843
Einwärtskehrung des Lides E284
Einwärtsschielen C1019, C1206, E462, I426
Einwegspritze D256
Einzelknopfnaht I435
einzellige Drüse U52
Einzelstichnaht I435
Einziehung R222
Eisenablagerung S492
Eisenbahnfurcht S488
Eisenbahnnystagmus O156
Eisenmangelanämie A725, I523
Eiter P1120
Eiterarthritis S1145
Eiterbeule F326
Eiterbläschen P1122
Eiterflechte I71
Eiterfluß P1152
Eitergrind I71
Eiterharnen P1165
Eiterinfektion P1145
Eiterung F95, P1116, S1144
eitrige Bauchfellentzündung P1150
eitrige Brustfellentzündung P1119, S1149
eitrige Entzündung P1117
eitrige Nephritis S1147
eitrige Periodontitis S1148
eitrige Pfortaderentzündung P743
eitrige Pyelonephritis S1180
eitrige Pylephlebitis P743
eitrige Salpingitis P1153
eitriger Ohrausfluß O264
Eiweiß P960
eiweißloser Stickstoff N197
Eiweißspaltung P964
Eiweißstoffwechsel P961
Eizelle E53, O294
Ejakulation E58, E147
Ekchondrom E14
Ekchymose B518
EKG E80
EKG-Extremitätenableitung B217
EKG-Monitor E83
EKG-Schreiber E81
EKG-Sichtgerät E83
EKG-Standardableitung B217
EKG-Überwachungsgerät E83
EKG-Zacke E84

EKLAMPSIE

Eklampsie E20
Ekmnesie E21
Ekstrophie E553
Ektasie E25
Ekthyma E27
Ektoderm E29
Ektokardie E28
Ektoparasit E30
Ektopie D255, E31, M51
ektopischer Rhythmus E33
Ektromelie E36
Ektropium E37
Ekzem E38
ekzematisch E40
Elastase E60
elastische Faser Y8
elastische Hülle E61
elastische Membran E61
elastischer Knorpel Y5
Elastizität E62
Elastom E64
Elastose E65
Eleidin E107
elektrischer Herzschrittmacher E75
Elektroanästhesie E79
Elektrobehandlung E103
Elektroblitzbehandlung F304
Elektrode E88
Elektrodiagnostik E89
Elektrodialyse E90
Elektroenzephalogramm E91
Elektroenzephalographie E92
Elektrokardiogramm E80
Elektrokardiograph E81
Elektrokardiographie E85
elektrokardiographisches Intervall E82
Elektrokaustik E86
Elektrokauterisation G28
Elektrokoagulation E87
Elektrolytentgleisung E94
Elektromyogramm E95
Elektromyographie E96
Elektronarkose E97
Elektronenmikroskop E98
Elektrophorese C218, E99
Elektropyrexie E101
Elektroretinographie E102
Elektroschock E78
Elektrotherapie E103
Elektrotom E105
Elektrotonus E106
Elektroverbrennung E74
Elephantiasis E110, M24
Elfenbein D94
Eliminierung E111
Elle C1249, E68, U12
Ellenbogen E67
Ellenbogen... A417, C1248
Ellenbogenarthritis A418
Ellenbogenepikondylitis T114
Ellenbogengelenk C1251, E70

Ellenbogengrube C1250
Ellenbogenreflex E71, U14
Ellipsoidgelenk C928, E112
Elliptozyt C39, E113, O275
Elliptozytenanämie O276
Ellis-Van Creveld-Syndrom C526
Elongation E114
Emanation E116
Emanationstherapie E117
Emaskulation E118
Embolektomie E120
Embolie E121
Embololalie E122
Embolophrasie E122
Embolus E124
Embolusentfernung E120
Embryo E127
Embryogenese E129
Embryokardie E128, P253, T282
Embryologie E130
embryonal E132
Embryonalanlage E135
embryonales Bindegewebe M246
embryonales Rhabdomyosarkom B373, E125
Embryonalzelle E133
Embryopathie E136
Embryotomie E137
Embryotoxon E138
Emesis V243
Emetikum E143
Eminentia arcuata A629
Eminentia collateralis C799
Emission E147
Emmenagogum E148
Emmetropie E149
Emotion A214, E150
Emotionsschwäche A785
Empfänger R59
Empfänglichkeit P805, S1184
Empfängnis C908
Empfängnisverhütungsmittel C999
Empfindlichkeit S329, S1184
Empfindung F74, S324
Empfindungsmessung E467
Empfindungsstörung D337
Emphysem E153
emphysematös E154
Emphysemthorax B58
Empirismus E157
Emplastrum P582
Empyem E158
Emulsion E160
Enanthem E163
Enarthrose B34, E165
En-bloc-Exstirpation E166
enchondral E206
enchondrale Ossifikation E207
Enchondrom E185

Endarteriitis E189
Endemie E191
endemische Hämaturie E192
endemischer paralytischer Schwindel E322
endemisches Fleckfieber E194, F194, M473
endgültige Plombe P369
Endoaneurysmorrhaphie E196
Endoenzym E215
endogen E216
endogene Depression M181
endogene Toxikose E217
Endokard E203
Endokardfibroelastose E201
Endokardfibrose E201
endokardial E200
Endokarditis E202
Endokranium E208
endokrin E209
Endokrindrüse E210
endokrine Drüse E210
Endokrinologie E212
Endokrinotherapie E213
Endolymphe E218
Endolymphgang E219
Endolysin E221
Endometriose E222
Endometritis E223
Endometrium E224
Endometrium-Heteropathie E222
Endomitose E225
Endomyokarditis E226
Endomyoperikarditis P45
Endoparasit E227
Endopeptidase E228
Endophlebitis E231
Endophthalmitis E232
endoplasmatisches Retikulum E233
Endoskop E234
Endoskopie E236
endoskopische Biopsie E235
Endost E237, M159
Endothelgeschwulst E240
endothelial E238
Endotheliom E240
Endotheliose E241
Endotheliozyt E239
Endothelium E242
Endothelzelle E239
Endotoxin E243
endotracheale Intubation E245, I480
Endotrachealnarkose E244
Endovaskulitis E188
endozervikal E204
Endozervizitis E205
Endphalanx U49
Endplatte E248
Endwirt D49, F155
End-zu-End-Anastomose E249

enges Becken C1001
Englische Krankheit R289
Engwinkelglaukom N17
Enkopresis E186
Enophthalmie E253
Enostose E254
Entaktivierung D16, D36
Entartung D51
Entbindung B221, C432, D62, L4
Entbindungsbett L7
Entbindungsheim L357, M114
Entbindungskunst O14
Entengang G300
enteral E256
Enteramin S375
Enteritis E258
Enterobiasis E260
Enterobiose E260, O320
enterochromaffine Zellen E261
Enteroenterostomie E267
enterogastrischer Reflex E268
Enterokokkus E262
Enterokolitis E263
Enterokolostomie E264
enterokutane Fistel E265
Enterokystom E266
Enterolith E270
Enteron I458
Enteroplastik E273
Enteroptose E274, G227
Enterorrhagie E275
Enterorrhaphie E276
Enteroskopie E277
Enterospasmus E278
Enterostomie E279
Enterotomie E280
Enterotoxin E281
Enterovirus E282
Enterozyste E266
Enterozystom E266
Entfieberung D44
entgiftetes Toxin A416
Entgiftung D150, S68
Enthaarung D109, E348
Enthaarungsmittel D110
Enthaltsamkeit A26
Enthaltung A26
Entkapselung D28
Entkeimung D36, D246, S68
Entkeimungsmittel D245
Entkernung E285
Entleerung E488
Entleerungssyndrom J10
Entmannung C208, E118
Entnervung D76
Entoblast E283
Entoderm E283
Entropium E284
Entspannung R138
Entstehung G139
Entwässerung D54, E552, W31

Entwicklungsanomalie D152
Entzugssymptom W101
entzündliche Periostverdickung P9
entzündliche Rippenfellverdickung P10
Entzündung I161
Entzündung der Extremitätengelenke A93
Entzündung des Wharton-Ganges W63
Entzündungsödem I162
Enukleation E285
Enukleation des Auges O128
Enuresis E286
Enzephalitis E171
Enzephalographie E173
Enzephalomalazie E176, S612
Enzephalomeningitis E177
Enzephalomeningozele E178
Enzephalomyelitis E179, M509
Enzephalomyeloradikulitis E180
Enzephalon... E169
Enzephalopathie C357
Enzephalorrhagie C348, E181
Enzephalose C357
Enzephalotomie E183
enzephalotrigeminale Angiomatose C331, S1032
Enzephalozele C1144, E172
Enzym E290, F86
Enzymaktivität E291
enzymatisch E289
Enzymlehre E293
Enzymologie Z25
Eonismus E294
Eosinopenie E296
Eosinophil A72, E297
eosinophile Leukämie E301
Eosinophilenmangel E296
Eosinophilenvermehrung E298
eosinophiler Granulozyt E297
eosinophiler Leukozyt A72, O318
eosinophiles Adenom E299
eosinophiles Granulom E300
Eosinophilie E298
Ependym E303
Ependymentzündung E306
Ependymitis E306
Ependymom E308
Ependymozyt E304
Ependymzelle E304
Ependymzyste E305
Epheliden F278
Epidemie E313
Epidemiologie E324
epidemiologische Anamnese E323
epidemische Gelbsucht E316, I147

epidemische Keratokonjunktivitis E317
epidemische Parotitis E318
epidemische Pleurodynie B131, B370, D154
epidemische virale Hepatitis B372
epidemische zerebrospinale Meningitis E314, M222
epidemischer Flecktyphus C675
epidemisches Fleckfieber E321
epidemisches hämorrhagisches Fieber H222
epidermal E326
Epidermis C1291, E331, S123
Epidermoidzyste E327
Epidermolysis E334
Epidermomykose E329
Epidermophytie E336
Epididymektomie E337
Epididymis E338, P175
Epididymitis E339
Epididymoorchitis E340
Epiduralanästhesie E341
Epiduralempyem E575
Epiduralraum E342
Epidurographie E343
epigastrisch E344
Epigastrium E346
Epigastrozele E345
Epiglottis E347
Epikanthus E309
Epikard C124, E310
Epikondylitis E312
Epikondylus E311
Epikondylusentzündung E312
Epilation E348
Epilepsie E349
Epilepsieäquivalent E351
epileptiform E352
epileptisch E350
epileptischer Schlafautomatismus S638
Epimysium E356
Epineurium E357
Epipharynx E359, R263
Epiphora E360
Epiphyse E365
Epiphysenknorpel E362
Epiphysenlinie E363
Epiphysenlösung E364
Epiphysennekrose E361
Epiphysenplatte E362
Epiphyseolysis E364
Epiphysis E365
Epiploon E369
Epiplozele E367
Episioplastik E372
Episiotomie E373
Episklera E370
Episkleritis E371
Epispadie E374

EPISTASE

Epistase E375
Epistaxis E376, N22
Epistropheus E377
Epithalamus E378
Epithel... E379
Epithelablösung E334
epithelähnlich E381
epithelartig E381
Epithelgewebe E382
epithelial E379
epithelioid E381
Epithelium E382
Epithelkörperchen P141
Epitympanon E384
epizootisch E385
Eponychium E387, N6
Epoophoron E388, P181
Epulis E389
Equinovarus E396
Erbabweichung M493
Erb-Charcot-Krankheit E398
Erbgrind C1224, F61, H433, S109
erbliche mesenchymale Dysplasie G54
erbliche spinale Muskelatrophie F33
Erblichkeit H293, I182
Erbmerkmal U61
Erbrechen E142, V243
Erbrochene V242
Erbsenbein L127
Erdbeerenzunge S992
Erdessen C613, E9, G166
Erdrosselung S984, S1100
Erektion E399
Erfahrungsheilkunde E157
Erfrierung F297
Ergometrie E400
Ergotherapie E402
Ergotismus E403
Erhebung T338
Erhöhung P912
Erinnerungsfälschung P114
Erinnerungsschwäche H735
Erinnerungsverlust A356
Erkältung C777
Erkrankung D244, S484
Erkrankungshäufigkeit M398
Ermattung E522, F49
Ermüdbarkeit F48, S630
Ermüdung F49, L91, O288
Ernährung A286, F73, N252
Ernährungsbalance N256
Ernährungslehre D196
Ernährungswissenschaft S539
erogen E408
erogene Zone E404
Erosion E405
erosionshervorrufend E406
erosiv E406
erotische Zoophilie Z12
Erotismus E407

Erotomanie E410
Erotophobie E411
Erregbarkeit E505
Erregung E506, I532
Erregungssummation S1116
Ersatzatrophie C876
Ersatzhypertrophie V169
Erscheinung M70
Erschöpfbarkeit F48
Erschöpfung D111, E522, L91, O288
Erschöpfungspsychose E523
Erschöpfungswahn E523
Erschütterung C913, S1088
Erstarrung N242
erste Dentition F160
erste Zahnung F160
Ersthilfe F158
Erstickung A730, S1100
Erstickungsgas S1099
Erstmilch F255
Eruktation B121
Eruption E413
Erwachsene A198
Erwachsenengebiß S251
Erweichung S611
erweiterte Resektion E554
Erweiterung D212, D267, E25
Erweiterung der Samenstrangvenen S698
Erweiterungsmuskel D213
erworbene autoimmune hämolytische Anämie H49
erworbene hämolytische Gelbsucht A88
erworbene Immunität A90
erworbener Reflex A91
erworbenes Immundefektsyndrom A89
Erwürgen S984, S1100
Erysipel E414, R327
Erysipeloid E415, S1203
Erythem E416
erythematös E418
Erythrämie E421
Erythrasma E420
Erythroblast E422, L294, N100
Erythroblastenanämie C1027, E423
Erythroblastose E424
Erythroblastose der Neugeborenen F97
Erythrodermatitis E429
Erythrodermia desquamativa der Neugeborenen L117
Erythrodermie E429
Erythrokeratodermie E430
Erythroleukämie E431
erythroleukämische Myelose E431
Erythroleukomyelose E431
Erythromelalgie E432

Erythromelie E433
Erythron E434
Erythroplasie E436
Erythropoietin E438
erythropoietische Porphyrie E439
Erythropsie E440
Erythropsin E441
Erythrozyt E425, R87
erythrozytär E427
Erythrozyten... E427
Erythrozytenbildung E437
Erythrozytenmangel E428
Erythrozytenparasit H189
Erythrozytensenkungsgeschwindigkeit E426
Erythrozytenvermehrung im Blut H581
Erythrozytopenie E428
Erythrozytopoese E437
Eßlust A607
Esophorie E461
Esotropie C1206, E462
Espundia E463
essentielle Aminosäure E464
essentieller Bluthochdruck E465
ethmoidal E469
Ethmoiditis E472
Euchromatin E476
Euchromosom E477
Eugenik E478
Eunuch C207
Eunuchoid E479
Euphorie E66, E480
europäische Blastomykose C1235, S7, T337
Eustachio-Tube E483
Eustachitis E485
Euthanasie E486
Evagination E489
Evaporation E490
Eventration E491
Eviszeration E493
Evolution E494
Ewing-Sarkom E495
Exanthem E498, R40
exanthematisch E499
Exartikulation E500
Exazerbation E496
Exfoliation E518
exfoliative Dermatitis der Neugeborenen E520
exfoliative Glossitis W15
Exhibitionismus E524
Exhumation E525
Exkavation E501
Exkochleation E507
Exkoriation E508
Exkremente E509, W28
Exkretion D241, E511
Exkretionen W28
Exkretionsdrüse E527

Exkretionsgang E513
exkretorisch E512
Exoenzym E569
exogen E529
exokardiales Geräusch E526
exokrine Drüse E527
Exopeptidase E530
Exophorie E531
Exophthalmus E533
Exostose E534
Exotoxin E535
Exotropie D280, E536, W6
Expektoration E540
Experiment E541
expiratorisch E543
expiratorisches Reservevolumen E544, S1140
Exploration E546
explorative Operation E547
Explosionstrauma B246
expressive Aphasie E550
Expulsion E588
Exsanguination E551
Exsikkose E552
Exstirpation E567
Exsudat E590
Exsudatabsonderung E591
Exsudation E52, E591
exsudative Diathese E592
exsudative Entzündung E593
exsudative Pleuritis W61
Extension E555
Extensormuskel E556
Exterorezeptor E566
exterozeptiv E565
extrachromosomale Vererbung E570
extrakapsuläre Kataraktextraktion E568
Extrakorporalkreislauf E571
extrakranial E572
extrakraniell E572
Extrakt E573
Extraktion E574
extraossales Osteom H326
extraperitoneal E577
extrapleuraler Pneumothorax E578
extrapyramidal E579
Extrasystole E580, P816
extrathorakale Herzmassage E558
Extrauteringravidität E32
Extrauterinschwangerschaft H331
Extravasation E582
extravaskulär E583
extravaskuläre Flüssigkeit E584
extrazelluläres Enzym E569
Extrazellularverdauung I402
Extremität E585, L204

Extremitätenableitung L205, S857
Extrusion E588
Extubation E589
exzentrische Hyperkeratose P737
Exzision E504
Exzitans A394

F

Fach S670
Facharzt S668
Facharzt für innere Medizin I427
Fachausbildung S669
Facies abdominalis H364
fadenförmig F146
fadenförmige Myopathie N54
fadenförmiger Puls F147, T215
Fadenwurm N55
fäkal F63
fäkales Erbrechen F68
Fäkalfistel F64
Fäkalien F69
Fäkalom F67
Fäkalstein C1033, F66
Faktor V P576
Faktor XIII F114
fakultativer Schmarotzer F16
Fall C198
Fallhand C188, D312, W117
Fall-Kontroll-Studie C200
Fallot-Tetralogie F23, T149
Fallot-Trilogie T498
Fallsucht E349
falsche Proteinurie P775
falsche Selbstbezichtigung S287
falsche Stimmritze F27
falsche Zyste A202, F26
falscher Harnzylinder S833
falsches Sehen P1006
Falschgelenk P979, V170
Falte F219, S1110, W113
Faltenzunge F166, G368, R281, W114
Faltigkeit R341
familiäre amaurotische Idiotie A328
familiäre autonome Dysfunktion F31
familiäre hämolytische Anämie C606, I6
Fanconi-Syndrom C939
Fangotherapie F34
Faradisierung F35
Faradotherapie F35

Farb... C568
Färbeindex B310, C279, C824
Farbenaberration C569
Farbenblindheit D8
Farbenhören C822
Farbenmesser C826
Farbenmessung C827
Farbensehen C581
Farbstoff S852
Färbung S852, S853
Farbzelle P522
Faser F106
faserartig F133
faserig F133
Faserkrebs F135
Faseroptik F107
Fasten S872
Faßthorax B58
Faszie F39
Faszienentzündung F42
Faszienschnitt F43
Fasziitis F42
Fasziotomie F43
Faulecke P368
Faulen P1123
Fäulnis P1123
Favid F59
Favismus F60
Favus C1224, F61, H433, S109
Faxensyndrom C729
Fäzes F69, S974
Fazialhemiplegie F10
Fazialisspasmus F13
febril F62
Fecundatio F70
federnder Finger J16, L289, T495
Fehlbewegung P106
Fehlbildung M35, T123
Fehldiagnose M352, W120
Fehlen der Epiphyse A591
Fehlen der Hirnwindungen A242
fehlende Diastole A173
fehlende Schweißabsonderung S115
Fehlfunktion D338, M36
Fehlgeburt A17, M351
Fehllage D351
Fehllagerung D255, E31, M51
Fehlrotation M52
Fehlsichtigkeit A346
Fehlverdauung M32
Feigwarze P669
Feinknötchenflechte P539
Fel B169, G18
Feldgrubenfieber S434
Feldgrubennephritis W18
Feldscher P497
Felsenbeinentzündung P403
Felsenbeinhöhle P407
Felsenbeinpyramide P404

FELSENGEBIRGSFIEBER

Felsengebirgsfieber B240, R305
Feminismus F78
Femoralhernie C1219, F80
Femoralring C1220
Femur F83, F83, T198, T199
Fenestration F85
Fensterungsoperation F85
Ferment E290, F86
Fermentation F87
Fermentierung F87
Fermentkunde Z25
Fernkardiographie T77
Fernmessung T78
Fernrezeptor D265, T80
Ferritin F90
Ferrohäm H144
Ferroprotoporphyrin H144
Ferse H91
Fersenbein C13, H92
Fersenbeinsporn C14
Fersenschmerz T23
Fersensehne A55
fertil F91
Fertilität F92
feststellen I12
fetal F96
fetale Atelektase P859
fetale Erythroblastose F97
fetale Plazenta F98
Fett F45
Fettbruch A174
Fettdurchfall S240
Fettdystrophie F54
Fettembolie F47, O54
Fettgewebe F45, F57
Fettgewebsgeschwulst L243
Fettgewebsnekrose F51
Fettharnen L251
Fettherz C144, F55
Fettkapsel der Niere A177
fettlösbar F52
Fettmetabolismus F50, L246
Fettnekrose A175, S894
Fettsäure F53
Fettsteiß S895
Fettstoffwechsel L246
Fettstuhl F56, S240, S896
Fettsucht O2
Fettzelle A178, F46
Fetus F102
feuchte Rasselgeräusche M369
feuchter Brand M368
feuchtes Ekzem H474, M367
Fiber F106
Fiberbronchoskopie B491
Fiberskop F108
fibrilläre Zuckungen F111
Fibrillation F111
Fibrille F109
Fibrin F112
Fibrinase F114
Fibrinkleber B202, F113

Fibrinogen F115
Fibrinogenmangel F116
Fibrinolyse F118
Fibrinolysin F117, P577
Fibroadenom A142, F119
Fibroadenomatose S188
Fibroblast F120
Fibroelastose F124
fibroepitheliales Papillom S558, S610
Fibrokarzinom F135
Fibrokeratom F125
Fibrolipom F126
Fibrom F127
Fibromatose F128
Fibromyom F129
Fibromyositis F130
Fibroosteom O228
fibroplastische Induration P586
fibrös F133
Fibrosarkom F131
Fibrose F132
fibröse Ankylose F134
fibröse Myositis F296
fibröser Kropf F137
fibröser Polyp F138
fibrozystische Mastopathie F121, T289
Fibula P374
fibular F139
Fieber F103, P1159
Fieberbläschen F104
fieberfrei A613
fieberhaft F62
fieberlos A613
Fieberlosigkeit A614
Fiebermessung T187
fiebersenkend A514
Fieberthermometer C706, T186
Fiedler-Myokarditis A118, F140
Filament F143
Filatow-Dukes-Krankheit F144, S128
filiform F146
Filter F150
Filtrat F152
Filtration F153
filtrierbar F151
Filtrierung F153
Filzlaus C1132, P1051
Finger F156
Fingerabdruckuntersuchung D6
Fingerendglied P427
Fingergliederzwischengelenke I433
Fingerminderzahl H707
Fingernagelpuls N5, Q14
Fingersklerodermie S182
Fingerverkrümmung D5
Fingerverwachsung S1245
Finnenausschlag A79

Fischbandwurmbefall D225
Fischschuppenkrankheit F162, I4
Fissur C690, F163
Fistel F167, S1300
Fistelgangentfernung S1291
Fitness F169
Fixation F170
Fixationsaxe L210
Fixationspunkt T37
fixe Idee F174
Fixierung F170
Flachbecken F190
flache Brust F185
flache Feigwarze F186
flache Hand F188
flache Warze F192
flaches Becken F190
flaches Kondylom F186
flaches papulöses Syphilid F189
Flagellum F176
Flanke F179
Flasche F184
Flatuleszenz F191
Flaumhaare L65
Flavin F193
Flavinenzym Y6
Flechsig-Bahn F195
Flechte L181
Fleck B326, M13, P193, S825
Fleckfieber T602
fleckiges Erythem M15
Flecktyphus T602
Fleischhaut des Hodensacks D15
Fleischmole C169, F198
Fleisch-Pepton-Agar N250
Flexion F199
Flexner-Dysenteriebakterie F200
Flexormuskel F201
Flexur F202
Fliegenlarve M20
Flimmerepithel C641
Flockenlesen C186
Flockung F205
Flügel W93
Flügelfell W46
Flügelgaumenganglion N21
Flügelgrube P1044
Flügelskapula W94
Fluktuation F207
Fluoreszenz F209
Fluoridierung F210
Fluorierung F210
Fluorose F212
Flush F213
Flüssigkeit H475
Flüssigkeitsgleichgewicht F208
fokale Sklerodermie C660, M403

Fokus F218, F218
Follikel F222
Follikelentzündung F233
Follikelepithelzelle F230
Follikelsprung O293
follikelstimulierendes Hormon F223, G35
follikulär F224
follikuläre Eiterflechte F227
follikuläre Hautmuzinose F229
follikuläre Pharyngitis F231
follikuläres Syphilid F232
Follikulitis F233
Follikulom G329
Folsäure F220
Fontanelle F235
Foramen A574, F242
Forceps O11
forcierte Lungenventilation F243
Forel-Bündel F254
forensische Psychiatrie L115
Formbildung M406
Formeldiät E108
Fornix V68
Fornixkommissur T431
Fort-Bragg-Fieber P848
fortlaufende Naht C997
Fortpflanzung P927, R165
Fortsatz P871
fortschreitendes Geschwür P418
Fossa ovalis S72
fötal F96
foveomakuläre Retinitis P478
Fragment F271
Fraktur F269
Frambösie F273, P507, Y2
Frankfurter Horizontale F275
Franklin-Krankheit F276
Fräser F272
Frauenheilkunde G396
Frauensterilität I151
freier Makrophag P689
freies Intervall L328
fremdartiges Eiweiß F251, H316
Fremdeiweiß F251, H316
Fremdkörper F250
Fremdserum F252
Fremitus T221
Frenektomie F283
Frenulum B457, F284
fressende Flechte L346
Freßzelle C190, P419
Friedländer-Bakterie F286
Friedländer-Klebsiella P636
Frigidität F288, S417
frontale Brückenbahn A641, F294
Frontallapen des Gehirns F291
Fröschleingeschwulst F289, S468, S1060

Frostbeule C431
Frostjucken F300, W97
Frucht F102
fruchtbar F91
Fruchtbarkeit F92
Fruchtblase B25
Fruchtlage L185
Fruchtwasser A363, W35
Fruchtwasservermehrung H502, P701
Fruchtzucker F302, L46, L176
Fructose F302, L46, L176
Fructosurie L177
frühgeborenes Kind P818
Frühgeburt P817
Frühjahrskatarrh der Augen V124
Frühjahrskonjunktivitis S829, V124
Frustration F303
FSH G35
Führungssonde S846
Fulguration F304
Füllung F148
Füllungsdefekt F149
fulminant F306
Fumigation F308
Fundus oculi tabulatus T130
Fundusdrüse W26
Fünftagefieber T450
Fünftageparoxysmalfieber V235
Fungizid A525, F314
fungizides Mittel A525, M501
Fungus F317
funikuläre Myelose C855
Funikulitis F320
Funikulus F318
Funikulushydrozele F319
Funktion F309
Funktionalgeräusch F310
funktionelle Residualkapazität der Lungen F311
funktionelle Restluft F311
funktionelles Herzgeräusch I199
Funktionsstörung D338, M36
Furche F163, G366, S1110
Furchensonde G367
Furchenzunge C354, F166, F325
Furcht H450
Fürsorgerin C165
Furunkel B348, F326
Furunkulose F327
Fusion F331
Fusionsniere F328
Fuß F238
Fußbromhidrosis P664
Fußgewölbe A628
Fußklonus F240
Fußlage F241
Fußmykose M19

GALLENGANGSKARZINOM

Fußrückenreflex M216
Fußsohle P567, S620
Fußsohlenreflex P568, S621
Fußsohlensyphilid P569
Fußsohlenwarze P570
Fußwurzel T50
Fußwurzelknochen T43
Fußwurzel-Mittelfuß-Gelenk T49
Fußwurzelteilverrenkung T46
Füttern F73

G

Gabelung B165
Gähnen Y1
Galaktopoese G7
Galaktorrhoe G9, L42
Galaktosämie G13
Galaktosamin G10
Galaktose G11
ß-Galaktosidase L28
Galaktosurie G14
Galaktotherapie G15
Galakturie G16
Galaktozele G3, L30, M330
Galenika G17
galenische Heilmittel G17
galenische Präparate G17
Galle B169, G18
Galleerbrechen C496
Gallenabsonderung C501
Gallenblase C476, G19
Gallenblasenausführungsgang C1329
Gallenblasen-Dickdarm-Fistelung C478
Gallenblasen-Duodenum-Fistelung C479
Gallenblasenentzündung C477
Gallenblasenfixierung C483
Gallenblasen-Kolon-Anastomose C478
Gallenblasen-Magen-Anastomose C480
Gallenblasen-Magen-Fistelung C480
Gallenblasennaht C484
Gallenblasenröntgendarstellung C481
Gallenblasen-Zwölffingerdarm-Anastomose C479
Gallenfarbstoffe B175
Gallenfistel B178
Gallenfluß C502
Gallengang G20
Gallengänge B171
Gallengangseröffnung C491
Gallengangskarzinom C459

581

GALLENGANGSKONTRASTDARSTELLUNG

Gallengangskontrastdarstellung C461
Gallengangstumor C466
Gallengangs-Zwölffingerdarm-Fistelung C487
Gallenhypersekretion P690
Gallenkolik H249
Gallenperitonitis C498
Gallenpigment C471
Gallensäure B170
Gallenstauung C503
Gallenstauungszirrhose B177
Gallenstein C494, G22
Gallensteinileus G24
Gallensteinkolik G23
Gallensteinkrankheit C495
Gallensteinleiden C495
Gallenwegsgeschwulst C466
gallertiges Bindegewebe G126, W65
Gallertkern V135
Gallertkrebs C806
gallige Peritonitis B173
Galopprhythmus C58, G21
Galvanisation G27
galvanische Hautreaktion G26
Galvanokaustik E86, G28
Galvanotaxis G29
Galvanotherapie G30
Gamet G32
Gametogenese G34
Gametozyt G33
Gammaglobulin G36
Gammagraphie G37
Gamma-Strahlung G38
Gamstorp-Syndrom A204
Gang D325, G1
Gangart G1
Gangliektomie G40
Ganglienentzündung G49
Ganglienzelle G45
Ganglioblocker G48
Gangliom G47
Ganglion G44
Ganglion geniculis G147
Ganglion jugularis J25
Ganglion nodosum N186
Ganglion petrosum I152, P405
Ganglionentfernung G40
Ganglioneurom G47
Ganglionitis G49
Ganglioplegikum G48
Gangliosid G51
Gangrän G52, S699
gangränös G53
Ganoblast A341
Gänsehaut G299
Gänsehautreflex P531
Ganser-Syndrom S1251
Gardner-Syndrom G54
Gargoylismus G56, L230
Garré-Osteomyelitis F260
Gärtner-Bazillus G58

Gärung F87
Gärungsdyspepsie F88
Gasabszeß G60
Gasbrand C722, E156, G63, P907
Gasbrandantitoxin G61
Gasembolie G62
Gasgangrän C722, E156, P907
Gasödem C722, E156, G63, P907
Gasphlegmone G63
Gasser-Ganglion G66, T492
Gasser-Ganglion-Ektomie G64
Gasser-Syndrom H206
Gastralgie G67
Gastrektasie B377, G68
Gastrektomie G69
Gastrin G82
Gastritis G83
Gastroduodenitis G91
Gastroduodenoskopie G92
Gastroduodenostomie G93
Gastroenteritis E269, G95
Gastroenteroanastomose G96
Gastroenterokolitis G97
Gastroenterologie G98
gastrogene Dyspepsie G73
Gastrointestinaltrakt A285
Gastrojejunostomie G103
Gastrokardialsyndrom G85
Gastroösophagostomie G100
Gastropexie G106
Gastroplastik G107
Gastroplikation S966
Gastroptose G108
Gastrorrhagie G110
Gastrorrhaphie G111
Gastroskop G113
Gastroskopie G114
Gastrospasmus G115
Gastrostomie G117
Gastrosukkorrhoe G112
Gastrotomie G118
Gastrozele G86
Gastrulation G119
Gattung G162
Gaucher-Krankheit G120
Gaumen P20, R323
Gaumenbogen P527
Gaumenmandel F58, P22
Gaumennystagmus P19
Gaumenplastik P23, S867
Gaumensegellähmung P24
Gaumenspalte C693, P25
Gaumenspaltennaht S868
Gaumenzäpfchen K61, U172
Gaumenzäpfchenentfernung S861, U173
Gaumenzäpfchenentzündung K62, S863, U174
Gaumenzäpfchenödem S862

Gaumenzäpfchenschnitt S869, U175
Gaze G121
Gebärbett L7
Gebärmutter U164, W102
Gebärmutteranheftung H810
Gebärmutteratresie H792
Gebärmutterbruch H802
Gebärmutterentfernung H793, U158
Gebärmutterentzündung H800
Gebärmuttereröffnung H818
Gebärmutterfibromyom U166
Gebärmutterhals U160
Gebärmutterhalsentfernung C377
Gebärmutterhalsentzündung C378
Gebärmutterhalserweiterer H794, M277
Gebärmutterhalserweiterung H795
Gebärmutterhalskanal C372
Gebärmutterhalskonisation C953
Gebärmutterhalsspaltung T376
Gebärmutterkontraktion U165
Gebärmutterkrampf H817
Gebärmutterlosigkeit A345
Gebärmuttermund M428
Gebärmuttermuskulatur M555
Gebärmuttermyom H808
Gebärmuttermyomentfernung H809
Gebärmutterpessar U161
Gebärmutterriß H813
Gebärmutterschleimhaut E224
Gebärmutterschleimhautentzündung E223
Gebärmuttersenkung H812
Gebärmutterspiegel H815
Gebärmutterspiegelung H816
Gebärmuttervorfall U162
Gebiß B231
Gebißschluß O27
Geburt B221, B221, C432, D62, L4, P185
Geburtenkoeffizient B228
Geburtenkontrolle B224
Geburtenregelung B224
Geburtenzahl B228
Geburtlichkeit N29
Geburtsattest B223
Geburtshelfer O13
Geburtshelferhand A43, O12
Geburtshelferin M318
Geburtshilfe O14
Geburtskanal B222
Geburtsmal M413, N153, S732
Geburtstrauma B229
Geburtsverletzung B229
Geburtsweg B222
Geburtswehen L8, P172

GERUCHSÜBEREMPFINDLICHKEIT

Geburtszange O11
Gedächtnis M213
Gedächtnislücke A356
Gee-Heubner-Herter-Krankheit G122
Gefäß V157
Gefäßerweiterung V51
Gefäßfibrom A427, T75
Gefäßgeräusch V45
Gefäßgeschwulst A435
Gefäßinnenhaut I459
Gefäßkonstriktion V49
Gefäßkrampf A444, V63
Gefäßkranz an der Hirnbasis C648
gefäßlos A883
Gefäßnaht A442
Gefäßnetz V46
Gefäßneurose V57
Gefäßplastik A441
Gefäßquetschung V66
Gefäßtonus V65
Gefäßverengerung V49
gefensterte Klemme F84
gefensterte Polypenzange F84
Gefräßigkeit A85
Gefrierschnitt F301
Gefriertrocknung F280, L415
Gefühl F74
Gegenanzeige C1006
Gegengift A513, A543, C1117
Gegeninzision C1116
Gegenöffnung C1116
Gehangst B95
Gehirn B420
Gehirn... C342, E169
Gehirnabszeß B421, C343
Gehirnentzündung E171
Gehirnerschütterung B424, C344
Gehirnerweichung C355
Gehirnhalbkugel H174
Gehirnhautgeschwulst M219
Gehirnhemisphäre C347
Gehirnhernie C324
Gehirnpunktion C325
Gehirnrinde B426
Gehirnschädel B423
Gehirnschläfenlappen T93
Gehirnsklerose C359
Gehirn- und Rückenmarkentzündung M509
Gehirnventrikel C353
Gehirnwindung G399
Gehör H69
Gehör... A827
Gehöragnosie P1022
Gehörgang A831
Gehörhaarzellen A830
Gehörknöchelchen E3
Gehörkunde A824
Geißel F176

Geistesgestörtheit L340
Geistesgesundheit S69
Geisteskrankheit I204, P1042
Geistesschwäche D70, P1033
Geistesstörung D114, M235
Geistestrübung M237
geistige Gesundheit M238
geistige Retardierung M239
gekreuzte Hemiplegie S889
gekreuzte Lähmung G379
gekreuzte Zylinder C1199
Gekröseentzündung M247
Gelatine G123
gelber Fleck Y9
gelbes Ferment Y6
Gelbfärbung X6
Gelbfieber Y7
Gelbkörper Y4
Gelbkörperhormon C1076
Gelbsehen X12, Y10
Gelbsucht I8, J6
gelbsuchtslose Virushepatitis A453
Geldrollenbildung R333
Gelenk A694, D176, J20
Gelenk... A672
Gelenkbluterguß H118
Gelenkbruch A692
Gelenkempyem S1145
Gelenkentzündung A674
Gelenkflüssigkeit S1269
Gelenkhöhle G228
Gelenkinnenhaut S1270
Gelenkinzision A676
Gelenkknorpel A689, D175
Gelenkknorren C929
Gelenkkunde A681
Gelenkmaus J21, L314
Gelenkmeniskus A693
Gelenkpfanne S600
Gelenkplastik A684
Gelenkpunktion A676
Gelenkscheibe A691, M229
Gelenkschmerz A673
Gelenkschmiere S1269
Gelenkvereiterung P1125
Gelenkversteifung A470
Gelenkwassersucht H504
gemeinsamer Leberblasengang C866
gemeinsamer Lebergang C869
Gemütslabilität E151
Gemütslage M397
Gen G130
Genealogie G131
Genenkonversion T421
Genenkopplung G143, L217
generalisiert G135
generalisierte Bauchfellentzündung D204, G136
generalisierte Neurofibromatose R61

generalisierte Sklerodermie H349
Generation G138
Genese R139
genesen R63
Genesende C1016
Genesung C1015, C1268, R64, R83
Genetik G144
genetischer Kode G140
Genick N9
genital G150
Genitalien G154
Genitalkörperchen G151
Genitalstadium G153
Genodermatose G158
Genom G159
Genotyp G160
Genpaar A292
Gentechnologie G141
Gentianaviolett G161
geographische Medizin G165
Geomedizin G165
Geophagie C613, E9, G166
Geotrichose G167
geplante Operation E72
gerades Nierenkanälchen C801, S980
Geräusch B519, M474, S648, S650
Geräusch des gesprungenen Topfes C1134
Gerdy-Grübchen G168
Geriatrie G169, P834
Gerichtsmedizin F256
gerichtsmedizinisches Gutachten I203
Gerichtspsychiatrie F257, L115
Gerinnsel C724
Gerinnung C736
Gerinnungsenzyme C725
Gerinnungsfaktor C737
gerinnungshemmendes Mittel A511
Gerinnungsmittel C735
Gerinnungszeit C727
Gerippe S548
Gerlier-Krankheit G171
Gerlier-Syndrom E322, K84
Germinalaplasie G174
Geroderma G178
Gerontologie G179
Gerontophilie G180
Gerstenkorn H439, S1034
Geruch O52, O61, S582
Geruchshalluzination P1010
Geruchsschwäche H761
Geruchssinn O61, S327
Geruchssinnhirnlappen O65
Geruchssinnmessung O62
Geruchsüberempfindlichkeit H626

GERUCHSUNTEREMPFINDLICHKEIT

Geruchsunterempfindlichkeit H761
Gesamtbestand P730
Gesäß B554, R343
Gesäßbacken B554, C733
Gesäßfalte G269
Gesäßhernie I536
Gesäßmuskel G271
Geschlecht S407
geschlechtlich G150
geschlechtliche Reproduktion S424
geschlechtliche Vermehrung S1263
Geschlechts... G150
Geschlechtschromatin B57, S409
Geschlechtschromosom A304, H310, S410
Geschlechtschromosomenaberration S411
Geschlechtsdrüse G152, S420
geschlechtsgebundener Erbgang S415
geschlechtsgebundenes Gen S414
Geschlechtshormon S413
Geschlechtskrankheit V83
Geschlechtskrankheitenkunde V87
geschlechtslos A722
Geschlechtsorgane G154
Geschlechtstrieb L179
Geschlechtstriebsteigerung A580
Geschlechtsverkehr I404, S422
Geschlechtszelle G32, S408
geschlossene Herzmassage C719, E558
geschlossener Hydrozephalus O19
geschlossener Knochenbruch C720
geschlossenes Trauma C721
Geschmack T52
Geschmackshalluzination P989
Geschmacksknospe T53
Geschmacksorgan T55
Geschmacksstörung D339
Geschmacksüberempfindlichkeit H594
Geschmacksunterempfindlichkeit H719
Geschmackszelle G391, T54
geschwänzter Leberlappen C245, S730
Geschwulst N62, S1199
Geschwulstlehre O100
Geschwür S646, U3
geschwürige Stomatitis C54
Gesicht F4
Gesichts... F7

Gesichtsfeld V207
Gesichtsfeld bei der Mikroskopie M300
Gesichtsfeldmesser C41
Gesichtshemiplegie F10
Gesichtsindex F11
Gesichtskrampf M338
Gesichtslage F6, P940
Gesichtslähmung P938
Gesichtslinie L210
Gesichtsmuskelkrampf P939
Gesichtsnervenkrampf F13
Gesichtsneuralgie F5, T493
Gesichtsschwund F9
Gesichtsspalte F8
Gesichtsstarrkrampf C320, H61
Gesichtswinkel V204
Gesichtszucken M338
gespannter Puls H36
gesteigerte Durst P696
gesteigerte Gedächtnisleistung H619
gesteuerte Blutdrucksenkung I127
gesteuerte Hypotension I127
gestieltes Hauttransplantat P228
gestört M17
gesund H68, S650
gesundes Klima S55
Gesundheit H66
Gesundheitspflege S67
Gesundheitswesen P1054
Gesundheitszeugnis M148
geteilte Dosis D284, F268
getrennt D243
Gewebe T293
Gewebeabsterben N45
Gewebebildung H385
Gewebedifferenzierung H384
Gewebeflüssigkeit T294
Gewebelehre H388
Gewebeumbildung M266
Gewebeunverträglichkeit H387
Geweberverträglichkeit H382
Gewebsatmung I425, T295
Gewebssauerstoffmangel H786
Gewicht W53
Gewohnheit H1
gewöhnliche Warze C870
gewöhnlicher Finnenausschlag A82
Gewölbe V68
Ghon-Herd G183
Giardiasis G195
Gicht G303, P663
Gichtknoten C388
Gierke-Bündel G197
Gießbeckenknorpel A704
Gift P670
Giftigkeit T353
gigantische hypertrophische Gastritis G192

Gigantismus G198, M12, S634
Gilbert-Meulengracht-Krankheit B132, C976, F32, G200
Gilles de la Tourette-Krankheit G202
Gingiva G204, G384
Gingivasulcus G206
Gingivektomie G210
Gingivitis G211, U11
Gingivostomatitis G212
Ginglymus G213, H360
Gipfelbucht A819
Gips G398, P582, P584
Gipsmesser P583
Gipsschiene P585
glandulär-zystische Hyperplasie C1334
glanduläre Hypospadie B28
Glans G221
Glanzmann-Syndrom T225
Glaskörper V219
Glaskörperblutung H213
Glaskörperentzündung H486
Glaskörpermembran H487, V220
Glasplatte V221
glatte Bakterienkolonie S586
glatter Muskel S587, U70
glattes endoplasmatisches Retikulum S588
Glaukom G225
glaukomatöser Ring G226
gleichartig H418
Gleicherbigkeit H430
gleichgerichtete Augenachsenabweichung C958
Gleichgewicht B26
Gleichgewichtssinn S326
Gleichgewichtsstörung I38
Gleichgewichtswiederherstellung E393
gleichgültig A571
Gleichgültigkeit A572
Gleichmut A768
Gleichstrombehandlung G27, G30
Gleitbruch S569
Gleithernie S569
Glénard-Krankheit G227
Gletscherbrand I2
Glia G229
Gliahyperplasie G235
Gliazelle G230, S810
Glied L204
Glied-Hodensackhypospadie P261
Gliedmaße E585
Gliedresektion P254
Glioblastom G232
Glioblastose G234
Gliom G233
Gliomatose G234

GYRUS DENTATUS

Gliose G235
Glisson-Kapsel G236
Globin G238
Globulin G241
Globulinurie G242
Globulus B349
Glomerulonephritis B458, G245
Glomerulosklerose G246
Glomerulozytom P100
Glomeruluskapsel B388
Glomus G247
Glomustumor G248
Glossitis G249
glossopharyngeal G253
Glossoplegie G254
Glossoptosis G255
Glottis G256, T533
Glottiskrampf L84
Glotzauge E533
Glotzaugenkrankheit E532
Glukagon G257
Glukokortikoid G258
Glukosamin G259
Glukose G260, G332
Glukuronsäure G264
Glutamin G267
Glutaminase G266
Glutaminsäure G265
Glutealhernie I536
Glutenin G270
Glutenkrankheit C273
Glutenzöliakie C273
Glykämie G272
Glykogen G277, L269
Glykogenbildung G278
Glykogenie G278
Glykogenolysehemmung H722
Glykogenose G279
Glykogenspeicherkrankheit G279
Glykokoll G273
Glykolyse G280
Glykoproteid G281
Glykoprotein G281
Glykosid G262
Glykosidase G261
Glykosurie G263, S9
Glyzin G273
Glyzinämie G274
Glyzinurie G275
Gnotobiologie G284
Gnotobiot G285
Goldausschlag C611
Goldbehandlung A845, C612
Golgi-Apparat H405
Gonade G152, S420
gonadotropes Hormon P552
Gonadotropin G291, P552
Goniometer G293
Gonokokkus G294, N52
Gonorrhoe B259, G296
gonorrhoische Arthritis G297

Goormaghtigh-Zellen G298
Gorham-Krankheit G301
Gougerot-Houwer-Sjögren-Syndrom S478
Graaf-Follikel G305
Grad D53
graduiert G306
Graefe-Starmesser G307
granulär G311
granuläres endoplasmatisches Retikulum G313
granuläres Neurom A19
Granularschicht der Epidermis G315
Granularzellmyoblastom G312
Granulationsgewebe G318
granulierte Luteinzelle G330
Granulom G325
Granulomatose G326
granulomatöse Entzündung G328
granulomatöse Kolitis G327
granulös G311
Granulosazelltumor G329
Granulozyt G316
Granulozytenleukämie G321
Granulozytopenie G322
Granulozytopoese G323
Granulozytose G324
Granulum G319, P233
Graphologie G334
Graphospasmus G336
Gratiolet-Strahlung G149
graue Hepatisation der Lunge G346
graue Hirnsubstanz G347
grauer Star C221
Gravida P812
Gravidität G182
Greifreflex G337
Greisenhaut G178
Greisenwarze S318
Grenze M82
Grenzmembran B382
Grenzröntgenstrahlung B368
Grenzstrahlen G356
Grenzstrang G39
Grenzzellen B366
Grenzzustand B369
grippaler Infekt C225
Grippe G362, I163
große Alveolarzelle G348
große Vorhofdrüse V251
Größenwahn D66, E537, M175
großer Blutkreislauf G349, S1304
großer chirurgischer Eingriff M23
großer epileptischer Anfall G310, H45
großer Rollhügel G351
großes Becken F30

großes Netz E369, G350
großfollikuläres Lymphoblastom G191
großfollikuläres Lymphom F228
Großfüßigkeit M176
Großgliedrigkeit M8
Großhirn B420
Großhirnabszeß S1146
Großhirnhemisphärenentfernung H175
Großhirnrinde B426
Großköpfigkeit M2
Großzehe G352, H18
Grübchen D217
Grube F262, P546, R56, S600
Grubenarbeiteranämie M344
Grünblindheit G353
Grundfarben P861
grundloses Lachen C6
Grundstoffwechsel B71
Grünholz-Fraktur G355, S1074, W88
Grünsehen C452
Grünsichtigkeit C452
Guanidin G375
Guanin G376
Guanosinphosphorsäure G377
Guarnieri-Einschlußkörperchen G378
Gubler-Hemiplegie G379
Guillotineamputation L208
Guillotinenmesser G380
Guineawurm G382, S385
Gumma G386
Gummiknoten G386
gummöses Syphilid G387
Gumprecht-Kernschatten G388, S589
günstiges Klima S55
Gurgel T222
gurgeln G55
Gurgelwasser M432
gurrendes Darmgeräusch B365
gürtelartige Plazenta Z8
gürtelförmige Hornhauttrübung B46
Gürtelrose S448, Z18
Gürtelschmerz G214
gutartig B129
gutartige aneurysmatische Knochenzyste B130
gutartige Leukozytenvermehrung L163
gutartige Nephrosklerose B134
Gynäkologe G395
Gynäkologie G396
Gynäkomastie G397
Gynandroblastom G394
Gyrus C1024, G399
Gyrus angularis A448
Gyrus dentatus D93

GYRUS OCCIPITOTEMPORALIS MEDIALIS

Gyrus occipitotemporalis medialis L213
Gyrus rectus S979

H

Haar H6
haaraufrichtende Fasern P529
Haaraufrichtermuskel P530
Haaraufspaltung S153
Haarausfall A308
Haarbalg H10
Haarbrüchigkeit T467, T479
Haarbulbus H8
Haarempfindung T468
Haarentfernung E348
Haarentfernungsmittel D110
Haarergrauen T478
Haarfollikel H10
Haargeschwulst H7, P528, T465
Haarhäutchen C1292
Haarknäuel P528
Haarknötchenkrankheit P513
haarlos H11
Haarnävus H15
Haarpapille H13
Haarpilzkrankheit T473
Haarrinde C1079
Haarschuppen S233
Haarvermehrung H661
Haarverminderung H776
Haarzelle des Cortischen Organs A86
Haarzelle des spiralen Organs A86
Haarzellen A830, C1091
Haarzunge T469
Haarzwiebel H8
habituelle Fehlgeburt H3
Hackmassage H4
Haferzellkarzinom O1
Haffkrankheit H5
Hagelkorn C385
Hahnengang H356
Haken H434
Hakenbein H435, U38
hakenförmiger Fortsatz der Bauchspeicheldrüse L145, S577
Hakenwurm H437
Hakenwurmkrankheit A471, H438, U40
halbdurchlässige Membran S309
Halbkreuzung S296
Halbseitenanästhesie H148, U53

Halbseitenataxie H150
Halbseitenatrophie H151
Halbseitenblindheit H149
Halbseitenkopfschmerz H153, H157
Halbseitenlähmung H171
halbseitig H164
halbseitige Kehlkopfentfernung H163
halbseitige Nierenentfernung H167
halbseitige Zungenresektion H159
halbseitiger Epilepsieanfall H158
Halitosis B23
Hallux G352, H18
halluzinations-paranoische Psychose D65
Halluzinose H17
Hals N38
Hals-Nasen-Ohrenheilkunde O265
Halsfistel C373
Halslymphknoten C374
Halslymphknotenentzündung C371
Halsrippe C376
Halsschlagader C174
Halsschlagaderdreieck M37
I Halswirbel A787
VII Halswirbel N221
Haltung P749
Haltungsreflex A820, P782, S879
Häm H144
Hämadsorption H106
Hämagglutination H107
Hämagglutinin H108
Hämangiektasie H109
Hämangioblast H110
Hämangioblastom H111
Hämangioendotheliom H112
Hämangiofibrom H113
Hämangiom H114
Hämangiomatose H115
Hämangioperizytom H116
Hämangiosarkom H117
Hämarthrose H118
Hamartom H19
Hämaskos H208
Hämatemesis H119
Hämatin H122
Hämatokolpos H124
Hämatokrit H125
Hämatokritwert P12
Hämatologe H129
Hämatologie H130
Hämatom H132
Hämatomphalozele H133
Hämatomyelie H134
Hämatophag H135

Hämatopoese H216
Hämatoporphyrin H138
Hämatosalpinx H139
Hämatospermie H235
Hämatoxylin H142
Hämatozele H123
Hämatozyste H221
Hämaturie H143
Hämhidrosis B325, H121
Hammer H21, M47
Hämmerchen M45
Hammerfinger H22, M46
Hammerzehe H24
Hämoalkalimeter H180
Hämobilie H181
Hämoblastose H183
Hämocholezystitis H185
Hämochromatose H186
Hämodialysator A701
Hämodialyse H190
Hämodilution H192
Hämodynamik H193
Hämoglobin H195
Hämoglobin S S482
Hämoglobinämie H196
Hämoglobinometer G239
Hämoglobinopathie H197
Hämoglobinurie H198
hämoglobinurische Nephrose H200
Hämogramm H201
Hämokonien E109
Hämolyse H204
hämolysiertes Blut L50
Hämolysin H203
hämolytisch-urämisches Syndrom H206
hämolytischer Ikterus H205
Hämoperikard H207
Hämoperitoneum H208
Hamophiler H210
Hämophilie H209
Hämophilie B C563
hämophilisch H211
Hämophthalmus H213
Hämopneumoperikard H214
Hämopneumothorax H215
Hämopoese S63
Hämopoetin H217
Hämoptoe H218
Hämoptysis B314
Hämorrhagie H219
hämorrhagisch B324, H220
hämorrhagische Polioenzephalitis W58
hämorrhagische thrombozytopenische Purpura P397
hämorrhagische Vaskulitis A121, H227
hämorrhagischer Infarkt H223
hämorrhagisches Krimfieber C1191

HAUTTROCKENHEIT

hämorrhagisches Omsk-Fieber O94
Hämorrheologie H228
Hämorrhoidalknoten H229, P523
Hämorrhoidalknotenentfernung H230
Hämorrhoidektomie H230
Hämorrhoiden H231, P524
Hämosiderin H233
Hämosiderose H234
Hämosporidiose H236
Hämostase H237
Hämotherapie H239
Hämothorax H240
Hämotoxin H241
Hämozytoblast H188
Hand H25
Handgriff M73
Handlungsunfähigkeit A610, I204
Hand- und Fußkrampf C187
Handwurzel W116
Handwurzel... C183
Hängebauch P251
hängender Tropfen H26
Hansen-Bazillus H30
Hapten P184
Haptoglobin H31
Härchen H6
Harn U144
Harnausscheidung D275
Harnausscheidungssystem U141
Harnbildung U154
Harnblase B243, U137
Harnblasen... C1326
Harnblasenblutung C1354
Harnblasenbruch B244
Harnblasendreieck B245
Harnblasenentzündung C1344
Harnblaseneröffnung V147
Harnblasenexstirpation C1324
Harnblasenfistelung C1358, V146
Harnblasengrund B76
Harnblasenplastik C1352
Harnblasenröntgendarstellung C1348
Harnblasenspiegel C1357
Harnblasen- und Nierenbeckenentzündung C1353
Harnen E144, M308, U143
Harnfistel U139
Harnflasche U135
Harnflut H542
Harngries G340
Harnlassen E144, M308, U143
Harnleiter U86
Harnleiterblutung U100
Harnleiterentfernung U89
Harnleiterentzündung U90

Harnleitereröffnung U105
Harnleitererweiterung U88
Harnleiterfistelung U104
Harnleiterkonkrement U93
Harnleiter-Mastdarm-Fistelung U97
Harnleiternaht U101
Harnleiterplastik U96
Harnleiterröntgendarstellung U92
Harnleiter-Sigma-Anastomose U102
Harnleitersteinentfernung U94
Harnleiterstriktur U103
Harnlosigkeit A548
Harnröhre U107
Harnröhrenabschnitt im Schwellkörper P260
Harnröhrenatresie U113
Harnröhrenblutung U114
Harnröhrenbruch U116
Harnröhrenbulbus B532
Harnröhrenentzündung U115
Harnröhrenfistelung U125
Harnröhrenmesser U126
Harnröhrenmündung U140
Harnröhrenplastik U120
Harnröhrenröntgendarstellung U119
Harnröhrenschleimdrüse U110
Harnröhrenschleimdrüsen L264
Harnröhrenschmerz U111
Harnröhrenschnitt U127
Harnröhrenspiegelung U123
Harnröhren- und Blasenentzündung U117
Harnröhrenverengerung U124
Harnsand G340
Harnsäure U130
Harnsäurediathese L96, U131
Harnstarre I561
Harnstauungsniere N71
Harnstein U147
Harnsteinleiden U148
Harnstoff C80, U77
Harnstoffbildung U80
Harnstoffindex U78
Harnstoffstickstoff U79
Harntrakt U142
harntreibendes Mittel D276
Harnuntersuchung U136
Harnverhaltung I541
Harnwege U142
Harnzylinder C205, C1311, R146, T550
harte Bindegewebsgeschwulst D142
harte Hirnhaut E208, P7
harte Röntgenstrahlen H37
harter Gaumen H34
harter Puls H36
harter Schanker H33, S1282, T530

Haschisch H43, I110, M86
Haschischismus C55
Hasenauge H40
Hasenpest R1, T575
Hasenscharte C692, H39
Hashimoto-Thyreoiditis H42, L363
häufiger Harndrang T159
häufiges Harnlassen P679
Hauptgen M22
Hauptpunkte P865
Hauptschlagader A553
Hauptzelle des Magens C430
Hausfliege H464
Haustra H44
Haut C744, D116, S555
Haut... D118, D136
Hautabschleifung D117
Hautabschürfung E508
Hautankylostomiasis G369, W33
Hautatrophie A813
Hautausschlag E413, E498
Hautautotransplantation D123
Hautblase B283, B545
Häutchen C1291
Hautempfindung D120
Hautemphysem P640, S1048
Hautentzündung D121
Hautfacharzt D128
Hautfibrom D124
Hautgangrän S700
Hautgefühl D120
Hautgelbfärbung X7
Hauthorn C15, C1286, F125, H35, S558, W24
häutiges Labyrinth M211
Hautkrankheitslehre D129
Hautkrebs C48
Hautlappen C1284, F181
Hautmuskel C1287
Hautmuskellappen M486
Hautmuzinose M437
Hautmyasis C1169
Hautpapillen D119
Hautparasitenbefall D135
Hautpilz C1285, D131, E366
Hautpilzkrankheit M502
Hautplastik D132
Hautplastik mittels Epidermalstückchen E330
Hautprobe C1289
Hautreflex C1288, S557
Hautritzung S124
Hautrötung E416
Hautrotz F36
Hautschlaffheit D130
Hautschmarotzertum D135
Hautschuppe S107
Hautschwiele C29
Hauttest S559
Hauttrockenheit X17

HAUTTUBERKULOSE

Hauttuberkulose C1290, S218, T560
Haut- und Schleimhaut-Hyalinose L227
Hautüberpigmentierung M190
Hautverhärtung P3
Hautverhornung P105
Hautverletzung S646
Hautwassersucht A409
Hautzylindrom T579
Haverhill-Fieber H46
Havers-Kanal H47
Havers-Lamella C907
Hayem-Widal-Krankheit H49
Hb H195
Head-Zone H60, T103
Hebamme M318
Hebephrenie H87
Hebermuskel L175
Hebetomie P1053
Hebosteotomie P1053
Hebra-Juckblattern H88
Hebra-Krankheit H88
Hedonismus H90
Heerfordt-Syndrom H93, U171
Hefe Y3
Heftpflaster A171
Hegar-Stift H94
Heilbad H67
heilbar C1263
heilend C1266
Heiler H62
Heilkosttherapie A284
Heilkunde M153
Heilmassage M98
Heilmethode C1268
Heilmittel D315, M150, R141
Heilverfahren P870
Heimweh N216
Heiserkeit H398
heiße Packung F234
heißer Umschlag F234
Heißhunger B544, C1319, L356, S540
hektisches Fieber H89
Held-Bündel H96
Helicotrema H97
Heliopathie H98
Heliose I373
Heliotherapie H99
Helix H100
Helladaptation L199
Hellzellenhydradenom S622
Hellzellennierenadenom R148
Helminthe H101
Helminthiasis H103
Helminthologie H104
Helweg-Bündel H105
Hemeralopie H145, N166
Hemialgie H146
Hemianästhesie H148, U53
Hemianopsie H149

Hemiataxie H150
Hemiatrophie H151
Hemiballismus H152
Hemichorea H154
Hemichromatopsie C823
Hemihepatektomie H160
Hemikolektomie H155
Hemikorporektomie H156
Hemikranie H153, H157
Hemilaminektomie H162
Hemilaryngektomie H163
hemilateral H164
Hemimelie H166
Heminephrektomie H167
Hemiparaplegie H169
Hemiparese H170
Hemiplegie H171
hemiplegischer Gang H172
Hemipyonephrose H173
Hemisphäre H174
Hemisphärektomie H175
Hemisporose H176
Hemistrumektomie H177
Hemisystolie H178
Hemmstoff I185
Hemmung I184
Hemmungsmittel I185
Henle-Band C955
Henle-Drüsen H242
Henle-Schleife H243, N77
Hensen-Gang H244
Hepar L265
Heparin H245
Hepatalgie H246
Hepatargie P745
Hepatektomie H248
Hepatikocholezystoenterostomie H254
Hepatikoduodenostomie H253
Hepatikoenterostomie H254
Hepatikogastrostomie H255
Hepatikojejunostomie H256
Hepatikostomie H257
Hepatikotomie H258
Hepatisation H261
hepatische Kolonflexur H250
Hepatitis H260
Hepatitis A E316, I147
Hepatitis B S397, T410
Hepatocholangioenterostomie H263
Hepatocholangitis H264
Hepatoduodenostomie H266
Hepatographie H269
hepatojugulärer Reflux H270
hepatolentikuläre Degeneration H271, L125, W90
hepatolienale Fibrose H272
Hepatolienographie H273
Hepatolithiasis H275
Hepatologie H276
Hepatom H277
Hepatomegalie H278, M174

hepatopankreatische Ampulle V67
Hepatopexie H281
Hepatoptose H282, W14
Hepatorrhaphie H284
Hepatosplenomegalie H286
Hepatotomie H287
Hepatotoxämie H288
hepatozelluläre Gelbsucht H262
Hepatozyt H265
herausnehmbare Zahnprothese R144
Herd F218
Herdnephritis F217
Herdpneumonie B501
hereditär H289
hereditäre hämorrhagische Teleangiektasie H291
hereditäre Hyperbilirubinämie C976, G200
hereditäre konstitutionelle Hyperbilirubinämie B132
hereditäre Sphärozytose H292, S710
hereditärer konstitutioneller Ikterus F32
Heredität H293
Heredosyphilis C945
Hermaphrodit H295
Hermaphroditismus A331, H296
Hernie H297
Herniologie H299
Hernioplastik H300
Herniorrhaphie H301
Herniotomie H302
Herpes H304
Herpes zoster S448
Herpesfieber H306
Herpeskeratitis H307
Herpesvirus H305
herpetisches Fieber H306
Herz H71
Herz... C101
Herzanfall C102
Herzasthma C106
Herzattacke C102
Herzbeutel H78, P295
Herzbeutelentzündung P294
Herzbeuteleröffnung P293
Herzbeutelpuktion P292
Herzbeutelwassersucht H531
Herzblock H72
Herzdilatation C130
Herzentzündung C164
Herzerschlaffungsphase D182
Herzerweiterung C130
Herzfrequenzbeschleunigung T9
Herzgegend P799
Herzindex C115
Herzinfarkt C116

Herzinnenhaut E203
Herzinsuffizienz C112, H74
Herzjagen H75, P42
Herzkammer C128
Herzkammerextrasystole V107
Herzkammerflattern V109
Herzkammerflimmern V108
Herzkammerrhythmus V110
Herzkammerscheidewanddefekt V111
Herzkatheterisierung C107
Herzklopfen P42
Herzkontraktion S1306
Herzkunde C141
Herzlähmung C152
Herz-Lungen-Koeffizient C155
Herz-Lungen-Maschine H76
Herzmassage C119
Herzminutenvolumen C123, M349
Herzmonitor C120
Herzmuskel C121, M540
Herzmuskelerweichung C142
Herzmuskelinfarkt M537
Herzmuskelkrankheit C145
Herzmuskelnaht C156
Herzmuskelversagen M538
Herzneurose C146
Herzohr A838
Herzpunktion C134
Herzrate H77
Herzruptur C157
Herzschlagverlangsamung B406
Herzschrittmacher P2, P1089
Herzspitzenstoß A586
Herzstillstand C105
Herzstoß C114, H80
Herzstromkurvenzacke E84
Herztaille W1
Herztamponade C127
Herztiefstand C153
Herzton C125, H79
Herzüberwachungsgerät C120
Herzvektoraufzeichnung V71
Herzvektorbild V70
Herzverfettung C144
Herzvergrößerung C143, M162
Herzversagen H74
Herzwandaneurysma C104, M471
Herzzerreißung C157
Herzzusammenziehung S1306
Heterochromatin H308
Heterochromie der Regenbogenhaut H309
Heterochromosom A304, H310
Heterogamie H311
heterogene Antigene H312
Heterokeratoplastik H314
heterologes Serum F252
Heterometropie H318
heteronyme Diplopie H319

heteronyme Hemianopsie H320
Heterophorie E531, H322
Heteroplasie H324
Heteroplastik H327, X15
heteroplastisches Osteom H326
Heterosexualität H328
Heterotopie H330
heterotopischer Rhythmus E33
Heterotransplantat H313
Heterotransplantation D126, H333
Heterotrichosis H334
heterotropes Chromosom H336, O44
Heterotropie H335
Heterozygote H339
Heterozygotie H338
Heubazillus G338, H48
Heubner-Krankheit H340
Heufieber A882, H50, P682, S1117
Heuschnupfen P682
Heustäbchen G338
Hexadaktylie H342
Hexenschuß L329
Hexokinase H343
Hexose H344
Hiatus aorticus A561
Hiatushernie H345
Hibernation H346
Hibernom H347
Hidradenitis H350
Hidrokystom H351
Hidrosis H353
Highmore-Höhle M121
Highmoritis M124
Hiluspneumonie C304
Himbeerengallenblase S990
Himbeerenkrankheit Y2
Himbeerenpocken Y2
Hineindrücken I76
Hinken C676
Hinterbacken B554
hintere Zentralwindung P751
hinterer Gaumenbogen P755
Hinterhauptlappen E195, O26
Hippel-Lindau-Krankheit R215
Hippokrates-Gesicht H364
Hippokrates-Plätschergeräusch H366
Hippus H367
Hirn B420
Hirn... C342, E169
Hirnanhangdrüse P551
Hirnbasis-Hinterhaupt-Knochen B83
Hirnbläschen B422
Hirnblase C322, E170, P860
Hirnblutung C348, E181
Hirnbruch C324, C1144, E172
Hirndekompression C1139
Hirndruckentlastung C1139

Hirnerweichung C355, E176, S612
Hirnhaube T71
Hirnhäute M218
Hirnhernie C349
Hirnkammer C353
Hirnkammerendoskopie V114
Hirnkammerspiegelung V114
Hirnnerv C1142
III Hirnnerv O43
Hirnpunktion C325
Hirnrinde C345
Hirnsand A45, B427
Hirnschädel B423
Hirnschlag S1015
Hirnschreibung E173
Hirnschwellung B429
Hirnsinus C351
Hirnsklerose E182
Hirnstamm B428
Hirnstromwellen B430
Hirntod B425
Hirnwindung C1024, G399
Hirsutismus H368
Hirudin H369
Hirudiniasis H370
Hirudo H371
His-Bündel A805
Histamin H372
Histamin-Kopfschmerz H454
Histidin H373
Histidinämie H374
Histidinurie H375
Histiozyt C674, H376
Histiozytose H378
Histiozytose X H379
Histochemie H381
Histodiagnose H383
Histodifferenzierung H384
Histogenese H385
Histogramm H386
Histoinkompatibilität H387
Histokompatibilität H382
Histologie H388
histologische Diagnose H383
Histon H389
Histopathologie H391
Histoplasmose D13, H392
Historadiographie H393
histotoxische Anoxie H395
histotrop H396
Hitzerötung H462
Hitzeschlag H81
Hitzewallung H462
Hochdruckenzephalopathie H656
Hochdruckretinopathie H657
hochprismatisches Epithel C852
Höchstdosis M125
Hoden T137
Hodenanheftung O173

HODENENTFERNUNG

Hodenentfernung O170
Hodenentzündung O174
Hodenexzision O170
Hodenfixierung O173
Hodenkarzinom S307
Hodensack S229
Hodensackelephantiasis L413
Hodensackentzündung S226
Hodensackgangrän F264
Hodensackplastik S228
Hodenscheidenentzündung P337
Hodenscheidenhaut P305
Hodenschmerz O167
Hodentuberkulose T559
Hoden- und Nebenhodenentzündung O171
Hodenzwischenzelle L178
Hodgkin-Krankheit H399, L399
Hofbauer-Zelle des Chorions H400
Hoffmann-Wellenhof-Bakterium H401
Höhenangst A101, H790
Höhenfurcht A101, H790
Höhenkrankheit A315, H686, M425
hoher Blasenschnitt S1158
Höhle C263, P546, P787
Höhlenbildung C262
Hohlfuß H404
Hohlhand P35
Hohlhandaponeurose P37
Hohlhandbogen P36
Hohlnagel S818
Hohlraum C263
Hohlvene C252, V80
Hohlvenenklappe C253
Höllenstein L342
Holoenzym H407
holokrine Drüse H406
holosystolisches Geräusch H408
Holzgeist W103
Holzkohle C395
Holzspiritus W103
homogametisch H413
homogen H418
Homogenat H414
homogenes Grundplasma H490
Homogenisierung H417
Homokeratoplastik A301, H420
homologe Chromosomen H421
homologes Transplantat H419
Homologie H423
homonyme Diplopie H424, S511
homonyme Hemianopsie H425
Homöopathie H409
Homöostase H410, S890

Homoplastik H427
Homosexualität H428
Homotransplantat A300, H419
Homotransplantation A305
Homotransplantation der Haut D127
Homozygote H431
Homozygotie H430
Homozystinurie H411
Honigwabenlunge H432
Hordeolum H439
Hören H69
horizontales Herz H440
Horizontalhemianopsie A316
Hörminderung H70
Hormon H441
Hormonbehandlung H442
Hormonbildung H443
Hormondrüse E210
Hormonproduktion H443
Hormontherapie H442
Horn H445
Horn... H447
hornartig C1058
Hörnchenknorpel C1060, S70, S1150
Horngeschwulst K33
Hornhautauflösung K32
Hornhautdystrophie C1051
Hornhautektasie K22
Hornhautentzündung C335, K24
Hornhauterweichung K34
Hornhauthernie K25
Hornhautkegel C951
Hornhautkonus K27
Hornhautpilzerkrankung K35
Hornhautplastik C1057
Hornhautrandphlyktäne F40
Hornhautruptur K37
Hornhautstaphylom C1055
Hornhautübertragung C1057, K36
Hornhautzerreißung K37
hornig C1058
Hornschicht H448
Hornschicht der Haut C1059
Hornschichtverdickung K33
Hornsubstanz C334
Horopter H449
Hörprüfung A826
Hörschädigung H70
Hörschärfe A828
Hortega-Zelle H453
Horton-Syndrom H454
Hospital H456
Hospiz H455
Hufeisenniere F328, H452
Hüftbein H361, I195
Hüftgelenk H362, T200
Hüftgelenkentzündung C1129
Hüftgelenkpfanne A46, C1110
Hüftgelenkschmerz C1128

Hühnerbrust C428, K19, P515
Hülle C744, C1223, M74, S438
Hüllenantigen C72
humanes Plazentalaktogen H469
Humeroradialgelenk H472
Humeroulnargelenk H473
Humerus... H470
Humeruskopf H471
Humor H475
Hundebandwurmerkrankung E15
Hundebandwurmfinne H496
Hunger H476
Hungerbehandlung H477
Hungerkachexie I82
Hungern S872
Hungerödem H479, N255, W16
Hungertyphus T602
Hunter-Glossitis H480
Huntington-Chorea C607, H290, H481
Hunt-Neuralgie G148, H482
Hunt-Syndrom G148, H482
Hürthle-Zellen-Adenom H483
Husten C1113, T582
Hustenreflex L74
Hyalin H484
hyaline Degeneration H485
Hyalinose H485
Hyalinzylindergeschwulst C1316
Hyalitis H486
Hyalom H488
Hyalomer H489
Hyaloplasma H490
Hyaluronidase H492
Hyaluronsäure H491
Hybride C1197, H494
Hybridisierung H495
Hydatide H496
Hydatidostomie H498
Hydralazin-Syndrom H501
hydrämisches Ödem H505
Hydramnion H502
Hydranenzephalie H503
Hydrarthrose H504, S383
Hydroblepharon H507
Hydroenzephalozele H506
Hydrogenisierung H518
Hydrokalikose H508
Hydrolabyrinth H520
Hydrolase H521
Hydrolyase H522
Hydrolyse H523
Hydromassage H526
Hydromeningozele H527
Hydromyelie H528
Hydronephrose H529, U152
Hydroperikardium H531
Hydrophagozytose P541

HYPOKAPNIE

Hydrophobie H532
Hydrophthalmus H533
hydropische Degeneration V4
Hydropneumothorax H535
Hydrops der Bauchhöhle A715
Hydrosalpinx H536, S22
Hydrotherapie H537
Hydrothorax H538
Hydroureter H539
Hydroxylase H540
Hydroxynervon H541
Hydrozele H510
Hydrozelenexzision H511
Hydrozephalie H514
hydrozephalische Idiotie H512
Hydrozephalus H514
Hygiene H543, S67
Hygieniker S65
Hygrom H544, S378
Hygrometer H545
hygroskopisch H546
Hymen H548
Hymenalatresie I70
Hymenolepiasis H549
Hymenotomie H550
Hypalgesie H556
Hypästhesie H672
Hyperacidität H557
Hyperakusis H558
Hyperaldosteronismus A277, H559
Hyperalgesie H560
Hyperalgie H560
Hyperämie C946, H584
Hyperaminoacidämie A350
Hyperammonämie H562
Hyperästhesie H588
hyperbare Oxygenierung H564
hyperbare Sauerstoffbehandlung H564
Hyperbilirubinämie H565
Hyperbrachyzephalie H566
Hyperbulie H567
Hyperchlorämie C445, H572
Hyperchlorhydrie H573
Hypercholesterinämie C509, H574
Hypercholie P690
Hyperchromasie H575
hyperchrome Anämie H576
Hyperchromie H575
Hyperchylie H577
Hyperdynamie H582
Hyperemesis H583
Hypererigie H585
Hyperextension H589
Hyperflexion H590
Hypergalaktie H591
Hypergammaglobulinämie H592
Hypergenitalismus H593
Hypergeusie H594
Hyperglykämie H597

Hyperglykosurie H598
Hypergonadismus H599
Hyperhämoglobinämie H600
Hyperhidrosis E502, H601, P700, S1098
Hyperimmunisation H668
Hyperinosämie H603
Hyperinose H603
Hyperinsulinismus H604
Hyperkaliämie H606, P784
hyperkaliämische periodische Lähmung H605
Hyperkalzämie H568
Hyperkalziurie H569
Hyperkapnie H570
Hyperkeratose H607
Hyperketonurie H608
Hyperkinese H609
Hyperkinesie H609
hyperkinetisches Syndrom H610
Hyperkortizismus H579
Hyperleukozytose H611
Hyperlipämie H612
Hypermastie H613
Hypermenorrhoe H615, M231
Hypermetrie H616
Hypermetropie F38, H623, L312
Hypermimie H618
Hypermnesie H619
Hypermotilität H609, H620
hypernephroider Tumor H621
Hypernephrom H621
Hyperopie H623, L312
Hyperorexie H625
Hyperosmie H626
Hyperostose H627
Hyperoxie H628
Hyperparasitismus H629
Hyperparathyreoidismus H630
Hyperperistaltik H631
Hyperphalangismus H632
Hyperphorie H633
Hyperphosphatämie H634
Hyperphosphaturie H635
Hyperpigmentierung C582, H636
Hyperpituitarismus H637
Hyperplasie H638, O286
hyperplastische Entzündung H639
Hyperproteinämie H644
Hyperpyrexie H645
Hyperreflexie H646
Hypersalivation H647, S465
Hypersekretion H648
Hypersensibilität H649
Hypersexualität E410
Hyperspadie E374
Hypersplenismus H652
Hypersteatose H653
Hypertelorismus C1124, O34

Hypertensin H654
Hypertension H655
Hyperthermie H658
Hyperthermiebehandlung F105
Hyperthymie H659
Hyperthyreoidismus H660
Hyperthyreose H660
Hypertonie H655
Hypertrichose H661
Hypertrophie H665, O286
Hypertropie H666
Hyperurikämie H667
Hyperventilation F243, H669, O287
Hypervitaminose H670
Hypervolämie H671, P602, R160
Hyperzementose H571
Hyperzythämie H581
Hyphaema H674
Hyphedonie H673
hypnagoge Halluzinationen H676
Hypnagogum H679
Hypnolepsie H677
Hypnose H678
Hypnoseschlaf H680
Hypoakzelerinämie P103
Hypoalbuminämie H684
Hypoblast H687
Hypobulie H688
Hypochlorämie C451, H691
Hypochlorhydrie H692
Hypochlorurie H693
Hypocholesterinämie H694
Hypocholie H695
Hypochondrie H696
Hypochondrium H698
Hypochondriumreflex H697
Hypochromasie H701
hypochrome Anämie H702
Hypochylie H703
Hypodaktylie H707
Hypodynamie H712
Hypofunktion H714
Hypogalaktie H715
Hypogammaglobulinämie H716
Hypogastrium H717
Hypogenitalismus H718
Hypogeusie H719
Hypoglykämie H721
Hypoglykogenolyse H722
Hypogonadismus H723
hypogonadotroper Hypogonadismus H724
Hypogranulozytose G322
Hypohidrosis H725
Hypoinsulinismus H727
Hypokaliämie H728
hypokaliämische periodische Lähmung H729
Hypokalzämie H689
Hypokapnie H690

HYPOKINESE

Hypokinese H730
Hypokinesie H730
Hypokortizismus H705
Hypomanie H731
Hypomastie H732
Hypomenorrhoe H733
Hypometabolismus H734
Hypomnesie H735
Hypomyotonie H737
Hyponatriämie H738
Hypoparathyreoidismus H739
Hypoparathyreose P143
Hypopharynx H741
Hypophorie H742
Hypophosphatämie H743
Hypophosphaturie H744
Hypophrenie H745
hypophysär H746
hypophysärer Zwergwuchs P550
Hypophyse P551
Hypophysektomie H747
Hypophysenhinterlappen N117
Hypophysentasche R43
Hypophysentfernung H747
Hypophysenüberfunktion H637
Hypophysenunterfunktion H749
Hypophysenvorderlappen A143, P813
Hypopituitarismus H749
Hypoplasie H750
hypoplastische Anämie H751
Hypoproteinämie H753
Hypoprothrombinämie H754
Hypoptyalismus H755
Hypopyon H756
Hypopyongeschwür H757
Hypopyonkeratitis H757
Hyposalivation H755
Hyposekretion H759
Hyposensibilität H760
Hyposmie H761
Hypospadie H762
Hypostase H763
Hyposthenie H765
Hyposthenurie H766
Hypotension H767, H775
Hypotensivum H768
hypothalamische Fettsucht H769
Hypothalamus H770, S1080
Hypothenar H771
Hypothermie H772
Hypothymie H773
Hypothyreoidismus H774
Hypothyreose H774, T263
Hypotonie H767, H775
Hypotrichose H776
Hypotrophie H777
Hypotropie H778
Hypoventilation H780

Hypovitaminose H781
Hypovolämie H782
Hypoxämie H785
Hypoxanthin H784
Hypoxie H786, O314
Hypsistaphylie H788
Hypsizephalie H787
Hypsophobie H790
Hysteratresie H792
Hysterektomie H793, U158
Hystereurynter H794
Hysterie H796
Hysteriepsychose H798
hysterische Blindheit H797
hysterische Kugel S706
hysterischer Anfall H799
hysterischer Halsknäuel G243
hysterogene Zone H804
Hysterographie H805
Hysterokatalepsie H801
Hysterolaparotomie H806
Hysteromanie H807
Hysteromyomektomie H809
Hysteropexie H810
Hysteroptose H812
Hysterorrhexis H813
Hysterosalpingographie H814, M281
Hysteroskop H815
Hysteroskopie H816
Hysterotomie H818
Hysterotrachelorrhaphie H819
Hysterozele H802
Hysterozervikotomie H803
Hystiozytom H377

I

iatrogen I1
Ichthyosis F162, I4
ideatorische Apraxie I10
ideokinetische Apraxie I13
ideomotorische Reaktion I14
idiopathisch I16
idiopathische Hyperbilirubinämie B132, C976
idiopathische Myokarditis F140
idiopathische thrombozytopenische Purpura T230
Idiosynkrasie I18
Idiotie I15
idioventrikulärer Rhythmus I19
ikterische Leptospirose S756
ikterohämorrhagische Leptospirose I7, S756, W55
Ikterus I8, J6
Iktus S1015
Ileitis I21

Ileoproktostomie I26
Ileorektostomie I26
Ileosigmoidostomie I27
Ileostomie I28
Ileotomie I29
Ileotransversostomie I30
Ileozökaleinstülpung I22
Ileozökalklappe I23
Ileozökostomie I24
Ileum I31
Ileumresektion I20
Ileumschnitt I29
Ileus I32
im Blut parasitierende Helminthe B323
Imbeziller I39
Imbezillität I40
Imbibition I41
Immersionssystem I48
Immobilisation I49
immobilisierender Verband F173
Immobilisierung I49
Immunabwehrhemmung I63
Immunantwort I51
Immunisierung I54
Immunität I53
Immunochemie C413
Immunodepressant I64
Immunodiagnostik I56
Immunogen I57
Immunoglobulin G36, I50
Immunologie I59
immunologische Überempfindlichkeit H585
Immunopathologie I60
Immunosensitivität I61
Immunosuppression I63
immunosuppressiv A520
Immunosuppressivum I64
Immunotherapie I65
Immunreaktion I51
Immunserum A536, I52, S675
impakter Zahn I67
impetiginisiertes Ekzem E41
Impetigo I71
Impetigo Bockhart S1128
Impfen I197
Impfstoff V2
Impfung I197, V1
Implantat I72
Implantation I73
Impotenz I75
Impression I76
Impuls I79
inadäquate Kost I81
Inaktivation I80
Inaktivierung D16
Inanition I82
Index I108
indifferente Elektrode C308, D253, I115
Indigestion I116

Indikan I111
Indikanurie I112
Indikation I113
Indikator I114
indirekte Ableitung des EKG I118
indirekte Auskultation M144
indirekte Herzmassage C719, E558
indirekte Ophthalmoskopie I119
indirekte Perkussion M145
indirekte Transfusion I120, M146
indirekte Zellteilung M355
indirekter Bruch I117
indischer Hanf I110, M86
individuelle Hygiene P381
Indol I123
Indoxyl I125
Induktion I129
Induktionsirresein I128
Induration I130
induzierte Psychose S518
induziertes Irresein I128
Infantildenken P814
infantile Pellagra I139
infantile spinale Muskelatrophie I138
infantiles Becken J35
Infantilismus I140
Infarkt I141
Infektion I143
Infektionskrankheit I146
Infektionskrankheitsbeginn I496
infektiöse Hepatitis C227, V175
infektiöse Mononukleose I148, P412
infektiöse virale Hepatitis E316
Infertilität I155
Infestation I156
Infiltrat I157
Infiltration I158
Infiltrationsanästhesie I159
Influenza G362, I163
Influenzabazillus I164
Informationsribonukleinsäure I165, T89
Infrarotstrahlung I166
Infus I167
Infusion I167
Infusionsnarkose I168
Ingestion I169
inguinale Lymphogranulomatose F266, P732, V84
Inguinalhernie I174
Inhalation I179
Inhalationsapparat I181
Inhalationsmittel I178
Inhalationsnarkose I180
Inhalator I181

Inhibition I184
Inhibitor I185
Injektion I187, S843
Injektionspistole J19
Injektor I188
injizieren I186
Inka-Knochen I86
Inkarzeration S984
inkarzerierter Bruch S983
Inkompatibilität I94
inkompletter Bruch I97
Inkontinenz I99
Inkoordination I100
Inkubation I103
Inkubationsperiode I104, L97
Inkubator I105
Innenohr I422
Innenschmarotzer E227
innensekretorisch E209
innere Blutung C905, I423
innere Medizin I424, M153
innerer Leistenring A7
Innervation I193
Inokulation I197
inoperabel I198
Inosinsäure I200
inotrop I201
Insektizid I205
Inselladenom I543
Inselzelle I542
Inselzellgeschwulst N97
Insolation I373
Insomnie I374, S565
Inspektion I375
Inspiration I376
Inspirationskapazität I377
inspiratorischer Reservevolumen I378
instabiles Hämoglobin U69
Instillation I380
Instinkt I381
Instrumentarium I382
Insuffizienz F17, I68, I95, I383
Insufflation I384
Insulin I385
Insulinmangel H727
Insulinschock I387
Insulinüberschuß H604
Insulom I543
Insult I389
intakt I391
Intellekt I393
Intelligenz I393
Intelligenzmangel M236
Intensität S993
Intensivpflegestation I394
Intentionstremor I395
Intentionszittern I395
interdigitale Epidermophytie der Zehen A782
Interferon I406

interkapillare Glomerulosklerose I399
Interkarpalgelenke I401
Interkinese I407
Interkostalneuralgie I403
interkurrente Erkrankung I405
interlobäre Pleuritis I410
Interlobarpleuritis I410
Interlobulargang I409
Intermaxillarknochen I411
Intermediärganglien I413
Intermedin I415
intermittierender juveniler Ikterus B132
intermittierender Schiefhals I420
intermittierendes Fieber I417
intermittierendes Hinken I416
Intern I421
Interneuron I429
Internist I427, T170
Interorezeptor P935
interossäre Faszie I431
Interozeptor I430
Interphalangealgelenk P425
Interphalangealgelenke I433
Interphase I407
interpolierte Extrasystole I434
Intersexualität I437
Interskapulargegend I436
Interstitialzelle I438
interstitielle Eileiterschwangerschaft I442
interstitielle Keratitis I440
interstitielle Pneumonie I441
interstitielle Schwangerschaft T568
interstitielles Emphysem I439
interstitielles Gewebe I443
Intersystole I444
intersystolisches Intervall I444
Intertrigo I445
Intervertebralganglion I447
Interzellularbrücke B455
Interzellularödem S811
Interzellularverdauung I402
intestinal E256
Intestinaldrüse L186
intestinale Lipodystrophie I454, L248, W67
intestinale Motilität I455
intestinale Toxinämie S132
Intestinalstein E270
Intestinum I458
Intima I459
Intoleranz I460
Intoxikation I132, I461, P671
Intraartikularbruch I462
intraatrieller Block I463
intradermales Geburtsmal I472
intraduktaler Krebs I473
intraduktales Papillom I474

intraepidermaler Hautkrebs B387
intraepitheliales Karzinom C96
intrakanalikuläres Fibroadenom I464
intrakardial E200
intrakardiale Ableitung I466
intrakardialer Katheter I465
Intrakranialblutung I470
intrakranieller Druck I471
Intraokulardruck I476
intraossale Osteosynthese I477
intrapsychische Zensur C296
intrathorakale Herzmassage O121
Intratrachealnarkose E244, I479
intrauterines Kontrazeptivum I481
intravenöse Infusion V89
intravenöse Narkose I482
intravenöse Tropfinfusion I483
intravenrikulärer Block I484
Intrazellularflüssigkeit I468
Intrazellularverdauung I467
intrazerebrale Blutung I469
intrazervikal E204
Intubation I487
Intubationstubus I488
Intubator I486
Intubierung des Sylvius-Aquäduktes A616
Intussuszeption I491
Inulin I490
Invagination I491
Invalide C1193, I492
Invalidität D237, I493
Invasion I496
inverser Astigmatismus A752
Inversion I497
Invertase I500
Involution I503
Involutionsdepression I504
Involutionspsychose I505
Inzest I87
Inzidenz I88
Inzision I91
Inzisur N218
Ionisation I509
Iridektomie I510
Iridenkleisis I511
Iridodiagnose I516
Iridodonesis I517, T449
Iridokeratitis C1056
irido-korneale Dysgenesie I514
Iridoparalyse I518
Iridoplegie I518
Iridotomie I519
Iridozyklitis I515
Iris I520
Irisdurchschneidung I519
Irismuskulaturlähmung I518
Irisschlottern T449

Irisschwanken I517
Iritis I521
Irradiation I525
irreponibler Bruch I526
irreversible Reaktion I528
Irrigation I529
Irritabilität I530
irritables Kolon I531
Irritation I532
Irrsinn L340
irrsinnig M17
Ischämie I533, L282
ischämische Herzkrankheit I534
Ischialgie I535
Ischias S162
Ischiopagus I538
Ischiorektalabszeß I539
Ischiozele S161
Ischium I540
Ischurie I541
Isoagglutinin I544
Isoantigen B302, I546
Isoantikörper I545
Isochromosom I547
Isoenzym I549
Isogamet I550
isogenes Transplantat S1261
Isoimmunisation I552
Isoimmunisierung I552
Isokortex I548
Isolation I555
Isoleucin I556
isolieren I553
isolierte Dextrokardie I554
Isomerase I557
Isomerie I558
isometrisch I559
Isometropie I560
Isosthenurie I561
isotonisch I562
Isthmus I564

J

Jacobson-Knorpel J3
Jaktation J4
japanische B-Enzephalitis J5
japanische Schistosomiasis K18
japanisches Flußfieber T545
japanisches Siebentagefieber G199
Jauche I3
jauchiger Eiter I3
Jejunektomie J11
Jejunitis J12
Jejunoileostomie J13
Jejunostomie J14

Jejunumfistelung J14
Jochbein C400, J22, M29, Y12
Jochbein-Gesichtsdurchmesser Z22
Jochbogen Z21
Jod I506
Jodismus I507
Jodopsin I508
Jucken I565
Jugendirresein H87
jugular J23
Jungfernhäutchen H548
Jungfernschaft V179
Jungfernzeugung V178
Jungfrau V177
Jungfräulichkeit V179
Junglingsalter A183
junktionaler Pigmentnävus J29
juvenile Arrhythmie J31
juvenile deformierende Osteochondropathie des Hüftgelenkes P386
juvenile deformierende Osteodystrophie S139
juvenile Osteomalazie J34
juvenile Rheumatoidarthritis J36
juvenile Warze F192
juveniler Diabetes G374
juveniler neutrophiler Granulozyt J33
juveniles Becken J35
juxtaglomerulärer Apparat J38
juxtakortikales Osteosarkom J37
juxtavaskuläre Zellen G298

K

kachektisch C1
kachektisches Ödem C3
Kachexie C5
Kachexieaphthen C2
Kachexieaphthen der Neugeborenen B111
Kaffeesatzerbrechen C773
Kahlköpfigkeit A308, B33, C37
Kahnbauch C167
Kahnköpfigkeit S116
Kaiserschnitt C380
Kaiserschnittentbindung C380
Kakosmie C7, K1
Kala-Azar C4, K2, V192
Kalabarbeule L305
Kalikektasie C26
Kalium-Pumpe P785
Kalkablagerung C21

KATHETERUNG

Kalkaneusbein C13
Kalkmetastase C16
Kallikrein K3
kallös C30
kallöses Geschwür C31
Kalorienäquivalent C32
Kalorimeter C34
Kalorimetrie C35
kalorischer Wert C33
Kälteagglutination C779
Kälteallergie C780
Kälteanästhesie C1227
Kältechirurgie C1231
Kältehämolysin C782, W22
kalter Abszeß C778, T563
Kältetest C783
Kältetherapie C1232
Kälteüberempfindlichkeit H580
Kälteurtikaria C784
Kalziferol C18
Kalzifikation C19
Kalzinose C21
Kalzitonin C22
Kamm C1182, R292
Kammer V105
Kammerbucht F154
Kammerkomplex im EKG V106
Kammerseptumdefekt P197
Kammerwasser A617, I475
Kammerwinkel F154, I513
Kammlinie P220
Kammuskel P221
Kampimeter C41
Kanal C42, C392
Kandidamykose C49
Kandidose C49
Kanikolafieber C50
Kaninchenpest R1
Kankroid C48
Kannabismus C55
Kanthoplastik C59
Kanüle C57
Kanzerogen C90
kanzerogen C92
Kanzerogenese C91
Kanzerophobie C47
Kapillarbronchitis B481
Kapillardurchlässigkeit C64
Kapillare B289, C65
Kapillarerweiterung C62
Kapillarhämangiom C66
Kapillaroskopie C63
Kapillarotoxikose A121
Kapillarpuls C67, Q14
Kaposi-Syndrom K4
Kappe C61
Kappenmuskel C1125, S436
Kapsel C75, S2, S438
Kapselantigen C72
Kapselentzündung C76
Kapselglaukom C74
Kapselschnitt C77

Kapselstar C73
Kapsomer C71
Kapsulotomie C77
Karbamid C80
Karbhämoglobin C81
Karbolsäure C84
Karbunkel C89
Kardia C100
kardial C101
kardiale Leberzirrhose C108
kardiales Ödem C110
Kardialgie C129, C137
Kardiaresektion C131
Kardinalpunkte des Sehsystems C132
Kardiogramm C138
Kardiograph C139
Kardiologe C140
Kardiologie C141
Kardiomalazie C142
Kardiomegalie C143, M162
Kardiomyopathie C145, M539
Kardioneurose C146
Kardiopathie C148
Kardioperikardiopexie C149
Kardiophobie C150
Kardioplastik C151
Kardioplegie C152
Kardioptose C153
kardiopulmonal C154
Kardiorrhexis C157
Kardiosklerose C158
Kardiospasmus C103
Kardiovalvulotomie C160
kardiovaskulär C161
kardiovaskuläres System C162
Kardioversion C163
Karditis C164
Karies C166
Karminativum C168
Karnifikation C170
Karnitin C171
Karotin C172
Karotis C174
Karotis... C173
Karotisdreieck G168, M37
Karotisgabeltumor C176
Karotisganglion C179
karotis-kavernöse Fistel C178
Karotisknötchen C175, I400
Karotiskörper I400
Karotiskörpergeschwulst C176
Karotissinus C180
Karotissinusohnmacht C181
karpal C183
Karpaltunnelsyndrom C185
Karphologie C186
Karpopedalspasmus C187
Karpoptose C188
Karpoulnarreflex U14
Karyogamie K6
Karyogramm K7
Karyokinese K8, M355

Karyolymphe K9
Karyolyse K10
Karyon K11
Karyoplasma K12, N234
Karyorrhexis K13
Karyosom K14, P1002
Karyotyp K16
Karzinogenese C91
Karzinoid C93
Karzinoidsyndrom B237, C94
Karzinom C44, E380
karzinomatös C98
Karzinomatose C97
Karzinosarkom S81
Karzinose C97
Kasein C202
käsige Degeneration C203
käsige Nekrose C203
käsige Pneumonie C204
Kaskadenmagen C197
Kasten C198
Kastoröl C206
Kastrat C207
Kastration C208, E118
Kastrationszelle S506
Kasus C198
Katabolismus C210
Katabolit C211
Katalase C212, S137
Katalepsie C213
Katalysator C215
Katalyse C214
Katamnese C216
Kataphasie C217
Kataplasma C219, P789
Kataplexie C220
Katarakt C221
Katarrh C222
Katarrh der Atemwege C225
katarrhalisch C223
katarrhalische Augenbindehautentzündung C228
katarrhalische Entzündung C222
katarrhalische Konjunktivitis B258, P538
katarrhalische Mittelohrentzündung S382
Katastrophenreaktion C229
Katathermometer K17
Katatonie C230
katatonischer Stupor A259
katatonisches Syndrom C230
Katayamasyndrom K18
Katecholamine C232
Katgut C235
Katgutunterbindung A23
Katharsis C236
Kathepsin C237
Katheter C238, P869
Katheterismus C239
Katheterung C239

595

KATZENJAMMER

Katzenjammer H29
Katzenkratzkrankheit B133, C242, N191
Katzenleberegel C241
Katzenschreisyndrom C231
Kauakt M104
kaudal C243
Kaudalanästhesie C244, S13
Kauen M104
Kaukraftmesser B232
Kaumuskelkraft B234, C423
Kaumuskelkrampf L290, T504
kausale Behandlung C248, S676
kausale Therapie S676
Kausalgie C247
Kauter C251
Kauterisation C250
Kaverne C254
Kavernitis C255, S359
Kavernom C256
kavernös C258
kavernöses Hämangiom A423, C256
kavernöses Hauthämangiom S991
kavernöses Lymphangiom C261
Kavum C263
Kebozephalus C265
Kehldeckel E347
Kehlkopf L89
Kehlkopfausschneidung L78
Kehlkopfentzündung L79
Kehlkopferöffnung L87
Kehlkopfkrampf L84
Kehlkopfkrise C1114, L75
Kehlkopf-Luftröhren-Schnitt L88
Kehlkopfmuskellähmung L81
Kehlkopfrachen H741
Kehlkopfreflex L74
Kehlkopfschnitt L87
Kehlkopfspiegel L82
Kehlkopfspiegelung L83
Kehlkopfstenose L85
Kehlkopftasche L76
Kehlkopfverengerung L85
Keilbeinhöhle S702
Keilbeinhöhlenentzündung S703
Keilknorpel C1258
Keilschädeligkeit S701
Keim E127, G172
Keim... E132
Keimbekämpfungsmittel A535
Keimblase B247
Keimblatt G177
Keimdrüse G152
Keimdrüsenentfernung C208
keimdrüsenstimulierendes Hormon P552
Keimdrüsenüberfunktion H599
Keimdrüsenunterfunktion H723

Keimentwicklungslehre E130
Keimepithel G175
keimfrei A720
keimfreier Abszeß S928
Keimfreiheit S929
Keimhaut B248
Keimlingsentwicklung E129
Keimscheibe D242, E135, G90
Keimschicht G176
Keimschicht der Oberhaut M50
Keimzelle G295
Keith-Flack-Sinusknoten S525
Keloid C408, K20
Kennzeichen S950, S1229
Kenophobie C295
Kephal... C317
Kephalgie C316
Kephalin C323
Kephalindex C318
Kephalometrie C326
Kephalopagus C327, C1154
Kephalotetanus C320
Kephalothorakopagus C328
Kephalotomie C329
Kephalotrib C330
Kephalotripsie C332
Kephalotripter C330
Kephalozele C324
Kephalozentese C325
Kephalversion C321
Kerasin C333
Keratektasie K22
Keratin C334
Keratinisation H446, K23
Keratinisierung C1061
Keratitis C335, K24
Keratoakanthom A29
Keratodermie K28
Keratoglobus K31
Keratoiritis C1056
Keratokegel C951
Keratokonjunktivitis K26
Keratokonus C951, K27
Keratoleukom L166
Keratolyse K32
Keratom K33
Keratomalazie K34
Keratomykose K35
Keratoplastik C1057, K36
Keratose K41
Keratoskleritis K38
Keratoskop K39
Keratoskopie K40
Keratotomie K42
Keratozele K25
Kerion K44
Kern N240
Kern... N222
Kern mit haploidem Chromosomensatz H161
Kernikterus K45, N224
Kernmembran N227
Kernplasma K12

Kernspindel N238
Kernteilung N223
Keton K46
Ketonkörper A48, K47
Ketonurie A49, K48
Ketose K49
Keuchhusten P388, W86
Keuchhusten-Reprise W85
Kiefergelenk T98
Kieferhöhle M121
Kieferlosigkeit A235
Kiefernekrose durch Phosphor P460
Kieferplastik G283
Kiefersperre L290
Kielbrust C428, K19, P515
Kiemenbogen B433
Kiemengangfistel B436
Kiemengangkarzinom B437
Kiemenspalte G201
Kiemenspalten B434
Kimmelstiel-Wilson-Syndrom I399, K52
Kinase K53
Kinästhesie K57, M483
Kinderarzt P224
Kinderheilkunde P225
Kinderpflege N246
Kinderwurm H468
Kindesalter C433
Kindeskopfeinstellung S705
Kindheit C433
kindliche Plazenta C547
Kindsbewegung Q11
Kindspech M137
Kinesiologie K55
Kinesiotherapie K56
kinetischer Tremor K59
Kinetochor C315
Kinetose M416
Kinin K60
Kinn C439
Kinnreflex C441
Kionitis K62
Kissen C1279
Kitzler C710
Kladosporiose C672
Klage C879
Klammer R194
Klappe V26
Klappe der unteren Hohlvene C253, E484
Klappenendokarditis V27
Klappenentzündung V27
Klappeninsuffizienz V28
Klappensegel C1280
Klärwert C684
Klasmatozyt C674
klassische Wendung C857
klassisches Hühnersarkom R336
Klauenseuche F239
Klaustrophobie C677

Klavikularluxation C679
Klebs-Löffler-Bakterie L292
Klebs-Löffler-Bazillus K64
Kleiderlaus B340
Kleidotomie C695
kleine Ausführungsgänge der Unterzungenspeicheldrüse S1061, W8
kleine Bauchspeicheldrüse L145
kleine Schamlippe N263
kleiner Backenzahn P824
kleiner Blutkreislauf P1066
kleiner chirurgischer Eingriff M348
kleiner epileptischer Anfall P399
kleiner Erythrozyt M286
kleiner Rollhügel L146
kleiner Zügel F284
kleines Becken S578, T534
kleines Netz G101, L144
Kleinfinger L263
Kleinfingerballen H771
kleinförmige Abschuppung D50
Kleinheitswahn M293
Kleinhirn C341
Kleinhirnbrückenwinkel C339, P729
Kleinhirnentzündung P151
Kleinhirnseitenstrangbahn S748
Kleinhirnsichel F21
Kleinhirntonsille C338
Kleinkind I135
Kleinkindesalter I134
Klemme C673, F244
Kleptomanie C696, K65
Klimaanpassung A39
klimakterische Hitzewallung C700
Klimakterium C699
klimatischer Bubo C701, T521
Klimatotherapie C702
Klimax C699
Klinefelter-Reifenstein-Albright-Syndrom S306
Klinik C703
klinisch C704
klinische Medizin C705
Klinodaktylie C708
Klinozephalie C707
Klippel-Trenaunay-Syndrom C940
Klistier C734, E251
Klitoris C710
Klitorisentfernung C709
Kloake C711
Klon C712
klonischer Krampf C713
klonischer Lidkrampf B266
Klonus C716
Klopfmassage T34, T35

Klownismus C729
Klumpen B349
Klumpfuß C731, T26
Klumphand C732
Klysma C734, E251
Knabenliebe P223
Kneten P401
Knetmassage K66
Knie K67
Kniearthrotomie G292
Kniegelenk K69
Kniegelenkeröffnung G292
Kniehöcker G146
Kniekehle P731
Kniekehlengrube P731
Kniereflex K71, P195
Kniescheibe K68, P194, W69
Kniescheibenentfernung P196
Knistern C1178
knisternd C1176
Knisterrasselgeräusch C1177
Knisterrasseln C1177, V150
Knöchel M45
Knochen B350
Knochenabszeß B351
Knochenankylose T529
Knochenbildung O229
Knochenbildungszelle O220
Knochenchondromatose M461
Knochendurchtrennung O252
Knochenentzündung O217
Knochenerweichung D102, O235
Knochen-Faßzange B356
Knochenfissur I97
Knochengewebe B350
Knochenhaut P342
Knochenhautentzündung P343
Knochenhautreflex P339
Knochenkrankheit O241
Knochenkrepitation B363
Knochenkunde O232
Knochenmark B357, M88
Knochenmarkentzündung O237
Knochenmarkhöhle B358
Knochenmarknagel N1
Knochenmeißel O251
Knochenmesser O251
Knochennagel P534
Knochennekrose O240
Knochenplastik O247
Knochenrarefikation O248
Knochenraspel R41
Knochenresorption B360
Knochensäge S103
Knochenschwammsubstanz C43
Knochensklerose B361, O249
Knochenstammzelle O220
Knochentransplantat B355
Knochen- und Knochenhautentzündung O242
Knochenzange B354

KOITUS

Knochenzelle B352, O226
Knochenzerstörungszelle O224
knöchernes Labyrinth B364, O213
Knollennase H23, R265, T326
Knorpel C192, G363
knorpelartig C528
Knorpelbildungszelle C520
Knorpelentzündung C519
Knorpelerweichung C530
Knorpelfreßzelle C523
Knorpelfuge S1242
Knorpelgelenk C196
Knorpelgeschwulst C529, E185
Knorpelgewebe C192
Knorpelhaut P300
Knorpelhautentzündung P299
knorpelig C195, C517, C528
Knorpelossifikation E207
Knorpelplastik C534
Knorpelsarkom C535
Knorpelzelle C193, C524
Knospenbildung B531
Knötchen P83
Knötchensyphilid T556
Knoten K74, N185
Knotenbradykardie N183
knotenförmiges Syphilid N188
Knotenrhythmus A809
knötige Tenosynovitis L285
Koagulans C735
Koagulation C736
Koagulationsmittel C735
Koagulationsnekrose C738
Koagulationsthrombus A230
Koagulum C724
Koaleszenz C740
Koarktation C742
Koch-Bazillus K75, T555
Kochlea C760
kochlear C761
kochleo-orbikularer Reflex C764
kochleo-palpebraler Reflex C764, S871
Kochleopalpebralreflex C764
Kochleopupillarreflex C765
Koch-Weeks-Konjunktivitis P538
Koenästhesie C294
Koenzym C770
Kofaktor C771
Koffeinismus C11
Kohabitation C776
Kohlendioxid C85
Kohlenhydrat C83
Kohlenhydratstoffwechsel C82
Kohlenmonoxid C86
Kohlensäuremangel im Blut A31
Kohlenstaublunge B241
Koilonychie C775, K76
Koitus C776, S422

KOJEWNIKOFF-EPILEPSIE

Kojewnikoff-Epilepsie K77
Kokainismus C747
Kokainsucht C747
Kokardenzelle T38
Kokarzinogen C748
Kokke C752
Kokken... C749
Kokkus C752
Kokzidien C750
Kokzidiomykose C751
Kokzyalgie C758
Kokzygodynie C758
Kolben F184
Kolbenfinger C730
Kolektomie C785
Koli-Infektion C788
Kolibakterium C813
Kolik C787, G361
Kolitis C789
Kollagen C790
Kollagenerkrankung C966
Kollagenfaser C792, W73
Kollagenkrankheit C791
Kollagenose C791
Kollaps C793
Kollapsbehandlung C795
Kollapsdelirium C794
Kollateralhyperämie C800
Kollateralkreislauf C798
Kolliquationsnekrose C802
Kollodium C803
Kolloid C804
Kolloidadenom C805
Kolloiddegeneration C807
Kolloidentartung C807
Kolloidkarzinom C806
kolloidoklastischer Schock C809
Kolloidstruma C808
Kolobom C810
Kolon C812
Kolon-Haut-Fistel C811
Kolonoskop C816
Kolonoskopie C817
Kolopexie C819
Koloptose C820
Kolorimeter C826
Kolorimetrie C827
Kolostomie C828
Kolostralkörperchen G2
Kolostralmilch C830, F255
Kolostrum C830
Kolostrum... C829
Kolotomie C831
Kolpeurynter C832
Kolpeuryse C833
Kolpitis C834, V16
Kolpohysterektomie C835
Kolpohysteropexie C836
Kolpomikroskopie C837
Kolpomyomektomie C838
Kolpoperineoplastik C839
Kolpoperineorrhaphie V18

Kolpopexie C840, V19
Kolpoplastik C841
Kolporrhagie C843
Kolporrhaphie C844
Kolporrhexis C845
Kolposkop C846
Kolposkopie C847, V20
Kolpospasmus C848
Kolpostat C849
Kolpotomie C850, V21
Koma C853
komatös C854
Kombinationsbehandlung C856, M459
kombinierte Wendung C857
Komedo C859
Komedokarzinom C860
Kommensalismus C861
Kommissur C864
Kommissurencheilitis C863
Kommunalhygiene C872
kompakte Knochensubstanz C873
Kompatibilität C875
Kompensationshypertrophie C877
Komplement C880
Komplementablenkungsreaktion C882
Komplementärluft C881
Komplementbindung F171, G145
Komplementbindungsreaktion C882
Komplement-Fixationstest C882
kompletter Antikörper C884
Komplex C888
Komplikation C890, S354
komplizierte Fraktur C889
komplizierter Bruch C889
Kompresse C895
Kompression C896
Kompressionsfraktur P842
Konchotom C910
Kondensation C914
Kondensor C915
Konditionierung C919
Kondom C920
Konduktion C922
Konduktor C927
Kondylom C930
Kondylus C929
Konfabulation C934, F3
konfluierende Pocken C935
Kongelation C937, F297
kongenital I83
kongenitale ichthyosiforme Erythrodermie C943
kongenitales Lymphödem T513
Kongestion C946
kongestive Herzinsuffizienz C947

Konglutination C949
königliche Vene B82
Koniokortex K79
Koniose C952, K80
Konjugate C957
Konjugation C960
konjugierte Hyperbilirubinämie D324
konjugiertes Protein C959
Konjunktiva C961
konjunktival C962
Konjunktivalödem C417
Konjunktivitis C964
Konkavglas C903
Konkavkonvexlinse C904
Konkrement C23, C912, S973
konsensuelle Reaktion C969
konservative Behandlung C971
Konsolidierung C973
Konstipation C974, O16
Konstitution C975
konstitutionelle Hyperbilirubinämie C976
Konstriktion C977
konstriktive Perikarditis C979
Konstriktor C980
Konsultation C982
Kontagiosität C992
Kontakt C985
Kontaktdermatitis C986
Kontaktinfektion C987
Kontaktlinse C988
Kontamination C993
Kontinenz C994
Kontraindikation C1006
kontraktil C1002
Kontraktilität C1003
Kontraktion C1004
Kontraktionsfähigkeit C1003
Kontraktur C1005
kontralateral C1007
Kontrazeption C998
Kontrazeptivum C999
Kontrolle C1009
kontrollierte Atmung C1011
kontrollierte Hypotonie C1010
Kontrollversuch C1009
Kontusion B518, C1013
Konus C1014
Konvergenz C1018
Konvergenzmeniskus C1020
Konversion C1021
Konversionshysterie C1022
Konvexlinse C1023
Konvolution C1024
Konvulsion C1025
Konzentration C906
Konzeption C908
Koordination C1029
Koordinationsstörung I100
Kopf C78, H51
Kopfbein C69
Kopfhaar C68

KREBS

Kopfhaartrichophytie B239
Kopfhaut S110
Kopflage C319, H57
Kopflaus H53
Kopfschlagader C174
Kopfschmerz C316, H58
Kopfschuppen D10, S233
Kopfschwarte S110
Kopfspiegel H54
Kopfwendung C321
Koplik-Flecke C858, F145, K81
Koprolalie C1032
Koprolith C1033, F66, S913
Koprom S134
Koprophagie C1034, S135
Koprophrasie C1032
Koproporphyrin C1036
Koprostanol C1037
Koprostase C1038
Koprosterin C1037
Koprosterol C1037
Kopulation C1039
Korallenkatarakt C1041
Korallenkonkrement C1040
Korallenstar C1041
Korallenstein C1040
Korbperkussionsschall V156
Korbzelle B85
Kornährenverband S725
Körnchen C642
Kornea C1049
korneal C1050
Kornealkontaktlinse C1052
Kornealreflex L184
körnig G311
körnige Nierenschrumpfung G314
Kornkrätze S988
Kornzange P13
Koronararterie C1065
Koronararterienthrombose C1070
koronare Herzkrankheit C1066, I534
Koronarinsuffizienz C1068
Koronarklappe C1071
Koronarsinus C1069
Körper B337
Körperbau B344
Körperchen B337, C1074
körpereigenes Antigen A852
Körperflanke F179
Körpergewicht B345
Körperhaltung P749
Körperhöhe H95
Körperhöhle B339
Körperhöhlenspiegelung E236
Körperlänge-Gewichtsindex B346
Körperoberfläche B342
Körperregion R115

Körperschlagader A553
Körpertemperatur B343
Körpertemperaturerhöhung H658
Körperunterkühlung H772
Körperverfassung C975
Körperzustand C975
Korpulenz C1073
korpuskulär C1075
korrespondierende Netzhautpunkte C950
Korsakoff-Psychose C599, K82
Korsakoff-Syndrom A357, P707
Korsett J1
Kortex C1078
kortikal C1080
Kortikalisation C1085
kortikospinal C1087
kortikospinale Bahn M424
Kortikosteroid A190, C1088
Kortikosteron C1089
kosmetisch C1095
kostal C1097
kostale Pleuritis C1100
Kostoklavikularlinie C1103
Kostotom C1104
Kostotomie C1105
kostotransversales Gelenk C1106
kostovertebrales Gelenk C70, C1107
Kot E509, F69, S974, W28
Koterbrechen C1031, F68, S914
Kotessen C1034, S135
Kotfistel F64
Kotgeschwulst S134
kotig F63
Kotstein C1033, F66, S913
Koxalgie C1128
Koxitis C1129
Krabbe-Syndrom G240
Kraft S993
Kräfteverfall C5, H765
Kräftigungsmittel T310
Kraftlosigkeit A203
Krallenfuß C681
Krallenhand C682, G359
Krallennägel O105
Krampf C1135, J15, S656
Krampfader V40
Krampfaderbruch des Samenstranges V32
Krampfaderentfernung C664, V36
Krampfaderentzündung V33
Krampfanfall F168
Krampfbehandlung C1026
Krampfkrankheit T147
krampflösend A537
krampflösendes Mittel S660
kranial C1136

Kranioklasie C1146
Kranioklast C1147
Kraniologie C1150
Kraniomalazie C1151, C1161
kraniometaphysäre Dysplasie C1152
Kraniometrie C326, C1153
Kraniopagus C327, C1154
Kraniopharyngiom C1155
Kranioplastik C1156
Kranioschisis C1158
Kraniosklerose C1159
kraniospinal C1160
Kraniotabes C1151, C1161
Kraniotomie C329, C1162
Kraniozele C1144, E172
kraniozerebral C1145
Kranium C1163, S560
Kranke I35, S1055
Kranke in stationärer Behandlung I202
Krankenhaus H456
Krankenhausarzt H466, R168
Krankenhausaufnahme H457
Krankenhausbett H459
Krankenpflege N246, T444
Krankenpfleger H458, O175
Krankenpflegerin N244
Krankenschwester H460, N244, S848
Krankenschwester im Krankenhaus W21
Krankentasse I494
Krankentransportwagen A335
Krankenwärter H458
Krankenzimmer W20
Krankenzimmerschwester H460
krankhafte Angst P448
krankhafte Willensstörung P89
Krankheit D244, I36, S484
Krankheitsentstehung P201
Krankheitsfurcht P209
Krankheitsgeschichte C201
krankheitskennzeichendes Symptom P203
Krankheitsnachahmung P208
Krankheitsüberträger V69
Krankheitsursachenlehre E474
Krankheitsvorhersage P903
Krankheitsvortäuscher M44
Krankheitsvortäuschung P208
Krankheitswahn N212
Kranznaht C1062
Kranzstar C1067
Krätze A32, I565, S105
Krätzmilbe I566
Krätzmilbenkanal C1259
Krause-Endkolben E190
Kreatin C1165
Kreatinämie C1166
Kreatinin C1167
Kreatinurie C1168
Krebs C44, E380

599

KREBSERZEUGENDER STOFF

krebserzeugender Stoff C90
Krebs-Zyklus C669
kreisförmige Retinopathie C647
kreisförmiger Haarausfall F216
Kreislauf C651
Kreislaufstillstand C653
Kreislaufsystem C654
Kremaster C1172
Kremasterreflex C1173
Kremation C1174
Krenotherapie C1175
Krepitation C1178, V150
krepitierend C1176
Kresol C1181
Kretin C1183
Kretinismus C1184, I137
Kreuzbein S21
Kreuzblutzirkulation C1198
Kreuzdiplopie C1200
Kreuzinfektion C1207
kreuzreagierende Antigene H312
Kreuzreaktion C1210
kriechendes Geschwür C1171
kriechendes Hornhautgeschwür S384
kriechendes Ulkus S389
Kriegsnephritis T452
Kriegsneurose B101, S440, W19
Kriegstyphus T602
Krikoarytaenoidgelenk C1188
Krikotomie C1190
krimineller Abort C1192
Krise C1194, C1194
Kristall C1243
Krokodilhaut C1195
Kropf G289, S1024
Kropfentzündung S1026
Krücke C1225
Krückenlähmung C1226
Krugatmen B485
Krummdarm I31
Krummdarmentzündung I21
Krummdarmeröffnung I29
Krummdarm-Mastdarm-Verbindung I26
Krummdarm-Sigmoideum-Verbindung I27
Krümmung F202
Krupp C1213
Krüppel C1193
kruppöse Bronchitis C1214
kruppöse Pneumonie C1216
Kruste C1223, S104
Kryoästhesie C1228
Kryochirurgie C1231
Kryokauterisation C1229
Kryostat C1230
Kryotherapie C1232
Krypte C1233
Kryptenentzündung C1234
Kryptitis C1234

kryptogene Sepsis C1238
kryptogenetisch C1237
kryptogenetische perniziöse Anämie A130
Kryptokokkose C1235, S7, T337
Kryptokokkus C1236
Kryptomenorrhoe C1240
Kryptophthalmus C1241
Kryptorchismus C1242
kubital A417, C1248
Kugelbakterium C752
Kugelberg-Welander-Krankheit F33
Kugelgelenk S711
kugelige Hornhautvorwölbung K31
Kugellinse S712
Kugelthrombus B39
Kugelzange B546
Kugelzelle S709
Kugelzellenanämie H292, S710
Kuhpocken C1127
Kulchitzky-Zelle K85
Kuldoskopie C1254
Kulturmedium C1256
Kumulativwirkung C1257
Kuhstafter A698
künstlich A696
künstliche Befruchtung T140
künstliche Immunität A700
künstliche Lungenbeatmung A703
künstliche Niere A701, H191
künstlicher Abort I126
künstlicher Herzschrittmacher A702
künstlicher Pneumothorax P514
Kupferfinnen A81, R326
Kupferstar C1030
Kupffer-Sternzelle K86, S900
Kuppelraum H791, T590
Kurare C1264
kurareähnlich C1265
kurativ C1266
Kürettage C1270
Kürette C1271, S817
Kürettierung C1270
Kurpfuscher Q2
Kurpfuscherei C398, Q3
Kurve C1277
Kurzfingrigkeit B398, B402
Kurzkopf B397
Kurzköpfigkeit B395
Kurzlippigkeit B396
Kurzschluß S462
Kurzsichtigkeit M560, N37, S454
Kurzwellendiathermie S455
Kurzwellentherapie N57
Kussmaul-Meier-Syndrom K87
Kussmaul-Puls G357

kutan D118, D136
Kutanprobe C1289, S559
Kutikula C1291
Kutis D116
Küvette C1294
Kwashiorkor I139, K88
Kynophobie C1318
Kyphose K90
Kyphoskoliose K89
Kystom C1351
kystös C1326

L

labiler Diabetes B460
Labilität L2
Labium L221
Laborant L6
Laboratorium L5
Labyrinth L9
Labyrinthaugenzittern L13
Labyrinthektomie L10
Labyrinthentaubheit L12
Labyrinthentfernung L10
Labyrinthentzündung L16
Labyrinthflüssigkeit P310
Labyrinthhydrops E220
Labyrinthinzision L17
Labyrinthnystagmus A836, L13
Labyrinthotomie L17
Labyrinthreflex L14
Labyrinthschwindel L15
Lachgas L101
Lage P749
Lagophthalmie L48
Lagophthalmus H40
Lähmung P43, P109
Lähmungswut S1115
Laktalbumin L27
Laktase L28
Laktation L29
Laktationshormon L40, L352, P913
Laktationsmastitis P1059
Laktodensimeter L38
Laktoflavin L39
Laktogen L40
Laktoglobulin L41
Laktometer G5
Laktorrhoe L42
Laktose L43
Laktosurie L44
Laktotherapie G15
laktotropes Hormon L352, P913
Lambdanaht L51
Lambliasis G195, L52
Lamblienbefall L52
Lamelle L53

Lamina L56
Laminektomie L60, S806
Lamy-Maroteaux-Syndrom P697
Landkartenzunge G164, M77, W15
Landmannshaut F37
Landry-Syndrom A115
Langerhans-Insel L63, P49
Langhans-Riesenzelle L64
Langlebigkeit L308, M1
Längsbruch L309
Längslage des Fetus L310
Lanugohaare L65
Lanze L61
Lanzenmesser L61
Lanzette L61
Lanzettennadel L62
Laparohysterektomie L66
Laparoskop L67
Laparoskopie C276, L68, P362
Laparotomie L69
Läppchen L279
Lappen F181, L275
Lappenamputation F182
Lappenentfernung L276
Lappenexstirpation L276
Lappenpneumonie L273
Lappensklerose L274
Larvizidum L73
Laryngektomie L78
Laryngitis L79
Laryngopharynx H741
Laryngoskop L82
Laryngoskopie L83
Laryngospasmus L84
Laryngostenose L85
Laryngostomie L86
Laryngotomie L87
Laryngotracheotomie L88
Laryngozele L80
Larynx L89
Larynxdiphtherie C1213
Larynxkrise L75
Laser L90
Läsion I68, L143
lateinamerikanische Haut- und Schleimhautleishmaniasis F259
latent L95
latente Infektion C1239
latente Tetanie L98
latenter Abdominaltyphus L99
latentes Auswärtsschielen E531
latentes Höhenschielen H633
latentes Nachuntenschielen H742
latentes Schielen H322
Latenz L94
Latenzperiode L97
Latenzphase L49
laterale Hirnkammer P90

laterale subkutane Armvene B82
Lateralfurche F165
Laufepilepsie R345
Laune M397
Laus L321
Läusebefall L322, P229
Lautbildung P451
Lavage L102
Lävulose F302, L46, L176
Lävulosurie L177
Laxans L103, P1109
Laxativ L103
Leben L192
Lebendgeburtenziffer N29
Lebendimpfstoff L270
Lebendvakzine L270
Lebensalter A226
Lebensfähigkeit V163
lebensunfähige Frucht N198
lebenswichtiges Nervenzentrum V213
Leber L265
Leberatrophie H247
Leberazinus L266
Leberbalken H252
Leberbindegewebskapsel G236
Leberegel L268
Leberentzündung H260
Leberfixation H281
Leberinsuffizienz H251
Leberkolik H249
Lebernaht H284
Leber-Nieren-Syndrom H279
Leberparenchymikterus H262
Leberresektion H248
Leberröntgendarstellung H269
Leberschmerz H246
Leberschnitt H287
Lebersegment H259
Lebersenkung H282, W14
Leberstärke L269
Lebersteinleiden H275
Leberteilentfernung H160
Lebertrabekel H252
Lebertran C766
Lebertumor H277
Lebervenenverschlußsyndrom V92
Lebervergrößerung H278
Leberzelle H265
Leberzirrhose C662
Lederhaut S171, W78
Lederhautentzündung S180, S193
Lederhautmesser S194
Lederhautplastik S186
Lederhautschnitt S195
Lederhautstaphylom S174
Leerdarmentfernung J11
Leerdarmentzündung J12
Leib B337
Leibbinde B191

Leibeshöhle V190
Leibeskorsett J1
Leiche B337, C8, C1072
Leichen... C9
Leichenausgrabung E525
Licheneröffnung A876, P763
Leichenhalle M402
Leichenkälte C436
Leichenschauhaus M402
Leichenstarre C10
Leichenverbrennung C1174
Leichenwarze P765
leicht M323
Leiden A244
Leiner-Krankheit L117
Leinwand L220
Leiomyofibrom L118
Leiomyom L119
Leishmaniasis L120
Leishmaniose L120
Leiste G364
Leistenbruch I174
Leistengegend I175
Leistenhernie B524
Leisten-Hoden-Bruch I177
Leistenkanal I172
Leistenring I176
Leistensichel C955
Leitsonde S846
Leitsystem des Herzens C921
Leitung C922
Leitungsanästhesie C923, N86
Leitungsaphasie C924
Leitungsfähigkeit C926
Lemmozyt L121
Lende L306
Lenden... L330
Lendenflexur der Wirbelsäule L331
Lendenschmerz L329
Lendenwirbel V B81
Lentiginose L129
Lentiglobus L130
Lentigo L131
Lentikonus L130
lentikuläres Syphilid L126
Lepra L135
Leprabakterium H30
Leprabazillus L136
Lepraheim L134
Leprasiedlung L134
Leprazelle L132
Leprom L133
Leprosorium L134
Leptomeningitis L138
Leptospiren L139
Leptospirenerkrankung L141
Leptospirose L141
Leptospirose mit Gelbsucht L140
Leptozyt L137
Leriche-Operation H390
Leriche-Syndrom A569

LÉRI-SYNDROM

Léri-Syndrom M206
Lermoyez-Syndrom L11
lesbische Liebe L142, S75, T460
Lesch-Nyhan-Syndrom H667
Leseunfähigkeit A280
letale Dosis L147
Letalität L148
Lethargie L150
Letterer-Siwe-Krankheit N194
Leuchtschirm S213
Leucin L151
Leucinose B432
Leukämie L154
leukämische Retinopathie L155
leukämoide Reaktion L156
Leukodiapedese L168
Leukokeratose L164
Leukolysis L160
Leukom A267, W6
Leukom der Nägel L167
Leukoma adhärens A165
Leukonychia striata S1006
Leukonychie L167
Leukophlegmasie T240, W75
Leukopoese L170
Leukorrhoe L171
Leukosarkomatose L172
Leukose L154
Leukotrichie L174
Leukozidin L157
Leukozyt L158, W72
Leukozytenausscheidung im Harn L153
Leukozytenbildung L170
Leukozytendifferentialbild D199
Leukozytenthrombus P27
Leukozytenzahlerhöhung H611
Leukozytolyse L160
Leukozytopenie L169
Leukozytose f L163
Leukozyturie L153
Leydig-Zwischenzelle L178
Lezithin L110
Libido L179
Libman-Sacks-Endokarditis A822, L180
Lichen L181
Lichenifikation L182
Lichenifizierung L182
Lichenisation L182
Lichtadaptation P475
Lichtanpassung L199
Lichtbehandlung L201
Lichtdermatitis S614
Lichtdermatose P469
lichte Schicht des Blutklumpens B534
Lichterythem P470
Lichtkoagulation P467
Lichtreflex C932
Lichtretinopathie S617

Lichtscheu P473
Lichtstärkemesser P472
Lichtstrahlenbehandlung P480
Lichtstrahlenkeratokonjunktivitis F183
Lichtstrom L339
Lichtung L336
Lid E602
Liddrüsenentzündung B260
Lidhalter B275
Lidhauterschlaffung B265
Lidknorpel T44, T50
Lidmuskelkrampf N162
Lidrandentzündung B263
Lidrandverwachsung A466
Lidritze P40
Lidschlußreflex C637
Lidschwellung B262
Lidspalte P40
Lidverwachsung S1211
Lidwinkelentzündung A447
Lieberkühn-Krypte L186
Lieberkühn-Krypten I453
Liegeherz H440
Lien S771
Lienitis L189
Lienographie L190
Ligamentopexie L194
Ligamentum L193, S519
Ligatur L196
Lignin L202
Linderung R139
lineare Amputation L208
Linguatuliasis L215
Linimentum L216
linke atrioventrikuläre Öffnung M358
linke Kolonflexur S777
linkshändig L112
Linkshändigkeit M62, S522
Linksherzversagen L113
Linksverschiebung S442
Linolensäure L219
Linolsäure L218
Linse L122
Linse des Auges C1245
linsenartige Dyskeratose B387
Linsenfasern L123
Linsenfehlen A577
Linsenfleck L131
Linsenkapsel C1244, P413
Linsenkern L128
Linsenmeßgerät L124
Linsensklerose P417
Linsenverhärtung H32
Lipämie L223
Lipase L222
Lipid L224
Lipidmetabolismus F50
Lipidose L228
Lipid-Proteinose L227
Lipidspeicherkrankheit L228
Lipidstoffwechsel F50

Lipochondrodystrophie L230
Lipochrom C588, L231
Lipodystrophie L232
Lipofibrom L233
Lipofuszin C588, L234
Lipogranulom L235
Lipogranulomatose L236, L240
lipoide Histiozytose L225
Lipoidnephrose L241
Lipoidose L242
Lipoidpneumonie L226
Lipoinsäure L237
Lipom L243
Lipomatose L244
lipomelanotische Hautretikulose L245
Liponsäure L237
Lipoproteid L249
Lipoprotein L249
Lipozele A174
Lipozelle A178
Lipozyt A178
Lippe L221
Lippendrüse L1
Lippenentzündung C404
Lippenkommissur C864
Lippenplastik C405, L3
Lippenspalte C692, H39
Lippenverwachsung S1241
Lipurie A179, L251
Lisfranc-Gelenk L253, T49
Listeriose L254
Lithiasis L255
Lithoklast L260
Lithopädion L256
Lithotomie L257
Lithotripsie L258
Lithotriptor L260
Little-Krankheit S662
Littré-Drüse U110
Littré-Drüsen L264
Littré-Kolostomie I173
Lividität L271
Loa-loa-Befall L305
Lobärpneumonie L273
Lobärsklerose L274
Lobektomie L276
Lobotomie L277
Lobulus L279
Lobus L275
Lobus quadratus hepatis Q4
Loch F242
Lochbruch B555
Lochien L287
Löffel S817
Löffelnagel S818
Löffler-Endokarditis L293
Logoneurose L298
Logopädie L300
Logopathie L299
Logorrhoe L302
Logotherapie L304
Loiasis L305

Lokalanästhesie L281, R117
lokale Blutleere I533
lokale Sklerodermie C660
lokale Tumorausbreitung L286
lokale Unterkühlung R119
Lokalimmunität L283
Lokalisation L284
Lokalisierung L284
lokomotorische Ataxie L291, M419
Lordose H403, L317, S23
Lordoskoliose L316
lordotische Proteinurie L318
lordotisches Becken L319
Lösbarkeit S627
Lösung L417
Löwenthal-Bündel L295
Lowe-Syndrom O40
Lues S1281
Luftbad A245
Luftembolie A208, P629
Luftfahrtmedizin A884
lufthaltiger Knochen P630
Luftkrankheit A251
Luftröhre T370, W91
Luftröhrenbruch T379
Luftröhreneinengung T381
Luftröhrenentzündung T374
Luftröhrenfistel T372
Luftröhrenöffnung T382
Luftröhrenspiegelung T380
Luft- und Raumfahrtmedizin A212
Luftwege A255
Lumbago L329
lumbal L330
Lumbalisation L332
Lumbalpunktion L333
Lumbus L306
Lumineszenz L337
Luminophor L338
Lunge L343
Lungenadenomatose P1064
Lungenalveolen A247
Lungenanthrakose B241
Lungenarterienstenose P1077
Lungenazinus P1063
Lungenbeatmung von Mund-zu-Mund K63
Lungenbläschen A247, A254
Lungenemphysem P1069
Lungenentfernung P650
Lungenentzündung P651
Lungenfell P1074
Lungenherz P1070
Lungeninfarkt P1065
Lungenkollaps P1067
Lungenkreislauf P1066
Lungenkreislaufwiderstand P1076
Lungenmoniliasis P654
Lungenödem P1068
Lungenperkussionston V151

Lungenpest P652
Lungenresektion P650
Lungensequestration B504
Lungenspitzenentzündung A589
Lungentuberkulose P1078
Lungenüberlüftung H669
Lungenunterbelüftung H780
Lungenventilation V100
Lungenvitalkapazität B447, R181, V212
Lupe L320, S513
lupoide Nephritis L344
lupoide Sykose L345
lupöse Endokarditis L180
Lupus L346
Lupus erythematosus systemicus S1305
Lupus-Endokarditis L180
Lustgas L101
Lutealphase L349
Luteinzelle L350
luteomammatropes Hormon G8
luteotropes Hormon L352, P913
Luteotropin L352
Lutscher N172
Luxation D251, L354
Luxation der Linse P416
Luys-Körper L355
Lymphadenitis L361
Lymphadenographie L362
Lymphadenom L406
Lymphadenomatose L364
Lymphadenose L365
Lymphangiektasie L367
Lymphangiitis L372
Lymphangioendotheliom L369
Lymphangiographie L370, L400
Lymphangiom L371
lymphatischer Rachenring L403, T316, W3
lymphatisches Gewebe A147
lymphatisches System L378
Lymphatismus L381
Lymphausfluß L410
Lymphdrüse L386
Lymphe L359
Lymphfollikel L385
Lymphgefäß L380
Lymphgefäßentzündung L372
Lymphgefäßerweiterung L367
Lymphgewebe L379
Lymphknötchen L385
Lymphknoten L360, L386
Lymphknotenentzündung L361
Lymphknotenröntgendarstellung L362
Lymphnodulus L385
Lymphoblast L387
Lymphoblastenleukämie L388

MAGENGESCHWÜR

Lymphoblastose L389
Lymphödem L384
Lymphoepitheliom L396
Lymphogranulom L398
Lymphogranulomatose H399, L399
Lymphographie L400
Lymphom L406
Lymphomatose L407
Lymphopenie L408
Lymphopoese L409
Lymphorrhagie L410
Lymphorrhoe L410
Lymphosarkom L411
Lymphosarkomatose L412
Lymphozyt L382
lymphozytäre Choriomeningitis L390
Lymphozytenbildung L394, L409
Lymphozytenchoriomeningitis L390
Lymphozytopenie L408
Lymphozytopoese L394
Lymphsystem L378
Lymphurie L414
Lymphzelle L382
Lymphzirkulation L383
Lyophilisierung F280, L415
Lysin L416
Lysis L417
Lysozym L418
Lyssa R3

M

Madelung-Fetthals M18
Madenfraß M534
Madenwurm P542, S236, T214
Madurafuß F316, M19
Maduramykose F316
Magen S964
Magen... G70
Magenantrum G71
Magenatonie G84
Magenausgang P1143
Magenblutung G110
Magenbruch G86
Magen-Darm-Anastomose G96
Magen-Darm-Entzündung E269
Magen-Darm-Fistel G102
Magenerschlaffung G84
Magenerweiterung B377, G68
Magenexstirpation G69
Magenfistelung G117
Magenfundusdrüse A69, F312, G74, P265
Magengeschwür G80

603

Magenhernie G86
Magenkrampf G115
Magen-Leerdarm-Verbindung G103
Magen-Milz-Ligament G116
Magenmund C100
Magenmundachalasie C103
Magenmundkrampf C103
Magenmundplastik C151
Magenneurose N94
Magenpförtner P1143
Magenpförtnerinsuffizienz P1140
Magenpförtnerklappe P1141
Magenplastik G107
Magensaft G76
Magensaftmangel A573
Magensaftüberproduktion H577
Magensaftunterproduktion H703
Magenschlauch S967
Magenschmerz G67, S965
Magenschnitt G118
Magensenkung G108
Magensonde S967
Magenspiegel G113
Magenspiegelung G114
Magenspülung G77
Magentorsion G81
Magenulkus G80
Magenvolvulus G81
Magnetotherapie M21
Mahlzahn C402, M370, W7
Makrocheilie M3
Makroglia M5
Makroglossie M6, P4
Makromelie M8
Makrophag M9
Makropsie M10
Makroskopie M11
Makrosomie G198, M12
Makrozephalie M2, M164
Makrozyt M4
Makula B326
Makuladegeneration M14
Makulasehen C309, D236
Malabsorption M25
Malakoplakie M28
Malaria M30
Malariahämoglobinurie M31
Malariakachexie L207
Malazie S611
Maldigestion M32
Malherbe-Epitheliom M38
Maliasmus E395
Malignität M39
Malleoidose M204, P990
Malleolus M45
Malleus H21, M47
Malnutrition M48
Malpighi-Körperchen M49, R147

Malpighi-Schicht M50
Malrotation M52
Maltafieber M53
Maltose M54
Malzzucker M54
Mamilla N172
Mamma B440
Mammaamputation B441, M103
Mammafibroadenomatose C604
Mammahypertrophie H613, M7
Mammaplastik M61
Mammographie M60
Mammotropin G8
Mandel T314
Mandelentfernung T317
Mandelentzündung S647, T318
Mandelkrypte T315
Mandibulargelenksyndrom T99
Mandibularreflex C441, J8
Mandrin M65, S1035
Mangel D48
Maniacus M68
Manie M67
Manifestation M70
Manipulation M73
manisch-depressive Krankheit P329
manisch-depressive Psychose A215
manisch-depressives Irresein C650, C1307, I418, M69
manischer Anfall T414
Mann M33
Mannbarkeit V182
Mannesschwäche I75
männlich M33
männliche Homosexualität U73
männliches Keimdrüsenhormon M34
männliches Testosteron M34
Mannstollheit H807, N264
Mantoux-Reaktion M75
Marasmus M79
Marchand-Nebennieren M81
Marchesani-Syndrom S713
marginale Gingivitis M83
Marie-Bamberger-Krankheit B43
Marie-Bamberger-Syndrom H663, P1073
Marihuana I110, M86
Markierungsatom T369
Markscheide M513
Markscheidenbildung M512
Markstrahlen der Niere M160
Marmorknochenkrankheit A264, M80, O243
Marseille-Fieber B384, M89
Marsupialisation M90
Martin-Index C155
Masern M128
Maske M91

maskulin M33
Maskulinisierung V183
Masochismus M93
Maß M129
Massage M95
Massagespezialist M96
Masseterreflex J8
Masseur M96
mäßig M366
massive traumatische Osteolyse D240, G301
Mastalgie M108
Mastdarm R82
Mastdarmanheftung P883
Mastdarmbruch P876
Mastdarmentfernung P874
Mastdarmentzündung P875
Mastdarmeröffnung R77
Mastdarmfistelung R76
Mastdarmfixation R70
Mastdarmplastik R71
Mastdarmschmerz P873, R65
Mastdarmspiegel P886, R72
Mastdarmspiegelung P887, R73
Mastdarm- und Dickdarmentzündung P878
Mastdarmvorfall R66, R67
Mastektomie B441, M103
Master-Test T588
Mastitis M105
Mastodynie M108
Mastozyt M102
Mastozytose M107
Masturbation M112, O95
Mastzelle M102
Mastzellenvermehrung M107
Matratzennaht M116, Q12
Maturität M120
Maulbeerkeim M411
Maul- und Klauenseuche A582, C989, E320, F239
Maxilla U71
Maxillitis M124
maximal zulässige Dosis M126
maximale Dosis M125
maximale Toleranzdosis T302
Meatotomie M130
mechanischer Darmverschluß M131
mechanischer Ikterus M132
mechanischer Ileus M131
mechanischer Krankheitserregerüberträger M133
mechanischer Vektor M133
Mechanorezeptor M134
Mechanotherapie M135
Meckel-Divertikel M136
mediale Gelenkscheibe F19
Mediallinie M139
Mediastinalemphysem M140
Mediastinotomie M142

Medikament D315, M150
Medikamentenunempfindlichkeit D320
medikamentöse Behandlung M152
Medinawurm G382
Mediterrananämie M155
Medizin M153
medizinische Betreuung M147
medizinische Schwester N244, S538
medullärer Krebs E174
medulläres Karzinom E174
Medullarkrebs E174
Medusenhaupt C665, M161
Megakaryoblast M166
Megakaryozyt M167
Megakolon M165
Megaloblast M168
Megalomanie D66, E537, M175
Megalopodie M176
Megalozephalie M164
Megalozyt M171
megalozytäre Anämie M172
Megarektum M178
Megasigma M179
Mehrfachempfindung P698
Mehrfachlähmung P713
Mehrfachschwangerschaft M464
Mehrfachsehen P709
Mehrfeldbestrahlung M456
Mehrlingsschwangerschaft P626
Meibom-Drüse P41, T45
Meibomitis B260
Meiose M180
Meißel G302
Meissner-Tastkörperchen O274, T347
Mekonium M137
Mekoniumperitonitis M138
Melaena M203
Melancholie M181
melancholisches Temperament M182
Melanin M184
melaninloses Melanom A338
Melaninzelle M188
Melanismus M197
Melanoblast M186
Melanodermie G354, M190
Melanokarzinom M193
Melanoleukodermie M192
Melanom M193
Melanosarkom M193
Melanose M197
Melanozyt M188
melanozytenstimulierendes Hormon I415, M202
Melanurie M201
Melatonin M202

Melioidose M204, P990
Melorheostose M206
Membran M207
Membrana obturatoria O24
Membrana tympani secundaria S260
membranöse Glomerulonephritis M210
Membranpotential M208, T417
Membranstethoskop P452
Menarche M214
Mendel-Bechterew-Reflex B107, M216
Mendel-Erbgang M215
Mendel-Mantoux-Tuberkulinprobe M75
Ménètrier-Krankheit G192
Ménière-Krankheit E220
Ménière-Syndrom A832, L15, M217
Meningealtumor M219
Meningeom M219
Meningitis M220
Meningoenzephalitis C356, E177, M223
Meningoenzephalomyelitis M224
Meningokokkämie P397
Meningokokkenmeningitis M222
Meningokokkus W52
Meningomyelitis M225
Meningoradikulitis M226
Meningozele M221
Meniskektomie M227
Meniskozyt M228, S480
Meniskus M229
Meniskusentfernung M227
Meniskusglas C904
Menkes-Syndrom B432
Menopause M230
Menorrhagie M231
Menses M234
Menstrualzyklus M233
Menstruation M234
Merfachinfektion M458
Merkaptan M240, T202
Merkel-Tastscheibe T17
Merkmal C394, S503, S950, S1229
Merkurialismus M241
merokrine Drüse M242
Mesangialzelle I398
Mesarteriitis M243
Mesenchym M246
Mesenchymzelle M245
Mesenteritis M247
Mesenterium M248
Mesenzephalon M309
Mesoblast M251
Mesoderm M251
mesodiastolisches Herzgeräusch M310

Mesokard M250
Mesopharynx O188
Mesothel M255
Mesotheliom M254
Mesothelzelle M253
Meßkolben V237
Metabiose M256
metabolische Alkalose M258
metabolische Acidose M257
Metabolismus M259
Metabolit M260
Metakarpus M261
Metamorphopsie M262
Metamyelozyt M263
Metanephros H358
Metaphase M264
Metaphylaxe P930
Metaphyse M265
Metaplasie M266
Metastase M267
Metatarsalgie M268
Metatarsophalangealgelenk M269
Metatarsus M270
Meteorismus M271
Methämoglobin F89, M273
Methämoglobinurie M274
Methanol M276
Methionin M275
Methylalkohol M276
Metreurynter H794, M277
Metreuryse M278
Metritis H800, M279
Metroptose H812
Metrorrhagie M280
Metrosalpingographie M281
Meyer-Schwickerath-Syndrom O41
Meynert-Bündel M282
Migräne H157, M319, S479
Migration M321
migrierendes Geschwür C1171
Mikrobe M283
Mikrobiologie M285
Mikrobion M283
mikrobizides Mittel M284
Mikrochirurgie M305
Mikrodontie M288
Mikrogliazelle H453, M290
Mikrognathie M291
Mikrohalluzinationen L203
Mikrolith M292
Mikromanie M293
Mikromastie M294
Mikromelie M295
Mikroorganismus G172, M296
Mikrophthalmie M297
Mikrophthalmus M297
Mikroskop M299
Mikroskopie M302
Mikrosom M303
Mikrosomie M304

MIKROSPHÄROZYTÄRE HÄMOLYTISCHE ANÄMIE

mikrosphärozytäre hämolytische Anämie C942
Mikrotom H394, M306
Mikrovilli M307
Mikrozotten M307
Mikrozyt M286
Mikrozytose M287
Miktion E144, M308, U143
Milbe M353
Milbenbefall A32
Milbenfleckfieber T545
Milch-Alkali-Syndrom M328
Milchbildung G7
Milchborke M329
Milchbrustgang G6, T209
Milchdrüse M57
Milchfieber M332
Milchfluß G9, L42
Milchgang G6, L33, M331
Milchgangfistel L31
Milchgangsinus L34
Milchgangzyste M330
Milchmesser G5
Milchphlegmasie T240
Milchpocken A263, M333
Milchreithosenbein W75
Milchsaft C615
Milchsäure L32
Milchsekretionssteigerung H591
Milchsekretionsverminderung H715
milchtreibendes Mittel G4, L26
Milchzahn D32, M336
Milchzähne T97
Milchzucker L43, M335
Milchzyste G3, L30
mild M323
milderndes Mittel D73
Miliaraneurysma M324
Miliaria rubra H84, S1119
Miliartuberkulose M325
Milie M327
Militärmedizin M326, W17
Milium M327
Milz S771
Milzanheftung S789
Milzbrand A498, W104
Milzbrandkarbunkel M41
Milzentfernung S774
Milzentzündung L189, S782
Milzextirpation L188
Milzgeschwulst S772
Milzindex S778
Milzröntgendarstellung S786
Milzschmerz S773
Milztumor S772
Milzüberfunktion H652
Milzvergrößerung M177, S788
mimetische Paralyse M339
Mimikverfälschung P113
Mimikverlust A348
Mineralokortikoid M341

Mineralwasser M342
minimale Dosis M346
minimale Erythemdosis E417
minimale tödliche Dosis M347
Minkowski-Chauffard-Gänsslen-Syndrom I6
Minkowski-Chauffard-Krankheit I6
Minkowski-Chauffard-Syndrom C606
Miosis C1047, M350
Mißbildung M35, T123
Mischgeschwulst P600
Mischimpfstoff M362
Mischinfektion M361, M458
Mischling H494
Mischung M363
Miserere C1031, F68
Mitbewegung S1264
Mitchell-Krankheit E432
Mitesser C859
Mitochondrie M354
Mitose K8, M355
mitotischer Zyklus M356
Mitralinsuffizienz M357
Mitralklappe B157, M360
Mitralklappenprolapssyndrom F206
Mitralöffnung M358
Mitralstenose M359
mittelbare Perkussion M145
Mitteldarm M315
Mittelfell M143
Mittelfellpleura M141
Mittelfellraum M143
Mittelfinger M312
Mittelfurche der Großhirnkonvexität R319
Mittelfuß M270
Mittelhand M261
Mittelhandknochenverkürzung B400
Mittelhirn M309
Mittellappensyndrom M313
Mittelmeerzeckenfieber M89
Mittelohr M311
Mittelohr- und Innenohrentzündung P61
Mittelwertabweichung S856
mittlere Halsfistel T254
mittlere Windung des Hinterhaupt-Schläfenlappens F330
mittlerer Schenkelmuskel F81
mittlerer Schlundschnürer H553, M314
mittleres Keimblatt M251
Mixtur M363
Mobilisierung M365
Mobilität M364
Mol M371
Molar C402, M370, W7

Molluske M372
Monakow-Bahn P831
Monakow-Bündel M373, R338
Monarthritis M374
monatliche Regelblutung M234
Monatsblutung M234
Mondbein L341, S297
Mongolenfalte E309
Mongolismus D304
Monilethrix B104, M377
Moniliasis M376
Monitoring M378
Monoaminoxidase M379
Monoblast M380
Monochromasie M382
monokulare Diplopie M383
monokulares Schielen M384
monolaterales Schielen U54
Mononukleose M389
monophasischer Menstruationszyklus A487
Monophthalmie C1306
Monoplegie M391
Monorchie M392
Monosaccharid M393
Monose M393
monovalenter Antikörper U63
monozygote Zwillinge E288, I11, M394
Monozyt M385
Monozytenangina I148
Monozytenleukämie M386
Monozytenmangel M387
Monozytopenie M387
Monozytose M388
Moorbad M452
Morbidität M398
Morbilli M128
Morgagni-Anhang S855
Morgagni-Hydatide M401, S855
Morgagni-Katarakt M400, S271
Moro-Reflex S871
Morphaea M403
Morphinismus M404
Morphiumsucht M404
Morphogenese M406
Morphologie M407
Mortalität D25, M408
Morula M411
Morvan-Krankheit F110
Morvan-Syndrom F110
Mosaik M412
Moschcowitz-Syndrom T241
Motilität M414
Motivation M417
Motoneuron M418
motorische Amusie V226
motorische Aphasie A771, L297
motorische Nervenfaser M422
motorischer Nerv M423

Moulage C205
Mucilago M435
Mucin M436
Müdigkeit F49
Mühlradgeräusch M337, W37
mukoide Degeneration M576
mukoide Dystrophie M443
mukoide Schwellung M443, M576
Mukopolysaccharid M444
Mukoproteid M445
Mukoviszidose F122, M450
Mukozele M441
Mull G121
Müller-Gang G65, M453, P111
multiaxiales Gelenk P688
Multiinfektion M458
multimodale Therapie M459
multiple Epiphysendysplasie M462
multiple Sklerose D260, M465
multiples Angiom A436
multipolares Neuron M466
Mumifikation M468
Mumps E318, M470
Mund M426, S963
Mundatmung M427
Mundhöhlendach R323
Mundöffnung M429
Mundrachenraum O188
Mundschleimhautentzündung S969
Mundschleimhauttrockenheit X20
Mundschmerz S968
Mundspülmittel M432
Mundwinkelentzündung A449
Mundwinkelrhagaden P368
Mund-zu-Mund-Beatmung M430, O161
Mund-zu-Nase-Beatmung M431
münzenartiges papulöses Syphilid N243
murines Fleckfieber M473
Murray-Tal-Enzephalitis A848
Murray-Valley-Enzephalitis M476
Muscarinvergiftung M477
musikalische Aphasie A376
Musikbehandlung M488
Musiktaubheit M487
Muskatnußleber N248
Muskelaktionskurve M549
Muskelaktionsstromkurve E95
Muskelaktionsstromkurvenschreibung E96
Muskelatonie A383, M497
Muskelatrophie A385, M535
Muskelbildungszelle S80
Muskelbinde F39
Muskelbindegewebsentzündung F130

Muskelbündel M478
Muskeldegeneration M543
Muskeldehnungsreflex M568
Muskeldurchschneidung M569
Muskelentartung M543
Muskelentzündung M567
Muskelfibrille M481, M546
Muskelgewebeauflösung M551
Muskelhypotonie H737
Muskelkontraktionsschreiber M550
Muskelkraftmesser S946
Muskelkrampf T146
Muskelplastik M562
Muskelplatte M554
Muskelschlaffheit M497
Muskelschmerz M495
Muskelsegment M554
Muskelspannung M570
Muskelsystem M484
Muskeltonusschwäche H737
Muskelüberdehnung H589
Muskelzucken H2
muskulär M479
Muskulatur M485
Mutagen M491
Mutante M492
Mutation M493
Mutilation M494
Mutterkorn E401
Mutterkornalkaloidvergiftung E403
Mutterkuchen A220, P557, S267
Muttermal B226, M371, M413, N153, S732
Muttermilch B444
Muttermilchpumpe B445
Mutterring P392
Mutterschaft M113
Mutterzelle P154
Muzin M436
muzinöse Alopezie F229
muzinöses Karzinom M438
Muzinurie M439
Myalgie M495
Myasis M534
Myasthenie M496
Myatonie A383, M497
Myatrophie A385
Mydriasis M508
Myelin M510
Myelinisation M512
myelinlose Faser N195, U66
myelinlose Nervenfaser G345, R140
Myelinnervenfaser M511
Myelinscheide M513
Myelitis M514
Myeloblast M515
Myeloblastenleukämie M516
Myelodysplasie M520
myeloische Leukämie M519

myeloisches Gewebe M523
Myelom M525, S90
Myelomeningitis M526
Myelomkrankheit S90
Myelopathie M528
Myeloperoxidase M529
Myeloplegie M530
Myelopoese M531
Myelose M532
Myelozele M517
Myelozyt M518
Mykobakterium M500
Mykologie M503
Mykose M504
mykotisch F313
mykotisches Aneurysma B8, M505
Myoblast M536, S80
Myoblastenmyom A19, G312
Myofibrille M481
Myofibrose M547
Myoglobinurie M548
Myogramm M549
Myograph M550
Myokard C121, M540
Myokardfibrose C158
Myokardinfarkt C116, M537
Myokardinsuffizienz M538
Myokardiopathie M539
Myoklonusepilepsie L47, M541
Myolyse M551
Myom M552
Myomalazie M553
Myometrium M555
Myopathie M559
myopathisches Gesicht M558
Myopie M560, N37, S454
myopischer Astigmatismus M561
Myoplasma S92
Myoplastik M562
Myosarkom M564
Myosin M566
Myositis M567
Myotom M554
Myotomie M569
Myotonie M570
myotonische Dystrophie M571
Myozyt M542
Myringektomie M572
Myringitis M573
Myringotomie M575, T595
Myxom M577
myxomatöser Polyp G125
Myzel M498

N

Nabel B125, N35
Nabelausschneidung O88
Nabelblutung O92

NABELBRUCH

Nabelbruch O90, U34
Nabelentzündung O89
Nabelfistel U33
Nabelhernie O90
Nabelschnur U32
Nabelschnurabquetschung O93
Nabelschnurgeräusch U35
Nabelstrang U32
Nachahmung S517
Nachaußenschielen E531
Nachgeburt A220, P557, S267
Nachniere H358
Nachtangst N169, N259
Nachtblindheit N166
Nachtepilepsie N182
nächtliche Enurese B115
nächtliche Harnausscheidung N180
nächtlicher Samenerguß W59
nächtliches Bettnässen B115, E286
Nachtschmerz N257
Nachtsehen N168, S211
Nachtwandeln N170, S639
Nachwirkung A222
Nacken N9
Nackenlinie N220
Nadel N48
Nadelangst B126
Nadelbiopsie P1100
Nadelfurcht B126
Nadelhalter N49
Nadelstechen A111
Nagel F157, N1, N1, P534
Nagelablösung O106
Nagelaufsplitterung S150
Nagelbett N2
Nagelbettentzündung O110, R344
Nagelbrüchigkeit O109
Nagelfalzpanaritium W84
Nagelfehlen A477
Nagelhäutchen N6
Nägelkauen O108
Nagelmatrix K30
Nageln N4
Nageloberhäutchen E387
Nagelplattenverdickung P8
Nagelung N4
Nägelverkrümmung O105
Nagelwall N7
Nahbestrahlung B403
Nähen S1193
Nährboden C1256
Nähren F73
Nährklistier N251
Nährmittel N249
Nährstoff N249
Nahrung F236
Nahrungsaufnahme I169
Nahrungsmittelgleichgewicht N256
Nahrungsmittelvergiftung F237

Nahrungsration D194
Naht R38, S962, S1193
Nahtbein S1191
Nahtdoppler A420
Nahtkatarakt S899
Nahtknochen A420, S1191, W109
Nahtmaterial S1193
Nahtstar S899, S1192
Nahverwandtentransplantation S1262
Nanismus D332, N8
Nanosomie N8
Narbe C630, S122
Narbenbildung C631, U18
Narbengewebe C630
Narbenkontraktur C628
Narbenniere C629
Narkolepsie G127, N11
Narkomaner N13
Narkomanie N12, N16
Narkose N14
Narkosemittel N15
Narkotikum N15
Narkotismus N16
Narzißmus A856, N10
nasal N18
Nase N209
Nasen... N18
Nasenblutung E376, N22
Nasenbrücke B454
Nasenindex N23
Nasenloch N217
Nasenmuschel S223
Nasennebenhöhle A35, A252
Nasennebenhöhlenentzündung S534
Nasenöffnung N217
Nasenplastik R266
Nasenrachen N28
Nasenrachenraum E359, R263
Nasenscheidewandknorpel S347
Nasenschleimhautentzündung R258
Nasenseptum N25
Nasenspiegelung R268
Nasenstein N19, R261
Nasenverengerung R270
Nasenverlegung S597
Nasmyth-Zahnhäutchen N26
Nasopharynx N28
nässendes Ekzem H474, M367, W50
Natalität N29
Nates C733
Natriumpumpe S602
Naturheilbehandlung M32
natürlich N30
natürliche Immunität N31
natürliche Resistenz G142
Nävus B226, M413, N153, S732

Nävuskarzinom N152
Nebeneierstock E388
Nebenhoden E338, P175
Nebenhodenentzündung E339
Nebenhodenexzision E337
Nebenhoden- und Hodenentzündung E340
Nebenkropf A16
Nebenmilz A37, L187, S793
Nebenmutterkuchen S1086
Nebenniere S1085, S1160
Nebennieren A188
Nebennierenentfernung A187
Nebennierenexstirpation S1163
Nebennniereninsuffizienz A191
Nebennierenrinde A186, S1161
Nebennierenrindenhormon C1084
Nebenplazenta S1086
Nebenreaktion A739
Nebenschilddrüse P141
Nebenschilddrüsenadenom P144
Nebenschilddrüsenentfernung P145
Nebenschilddrüsenhormon P142
Nebenschilddrüsenüberfunktion H630
Nebenschilddrüsenunterfunktion H739
Nebenschluß S462
Nebenwirkung S485
Negativismus N50
Negri-Körperchen N51
Nekrobazillose N40
Nekrobiose N41
Nekrophilie N42
Nekrophobie N43
Nekropsie N44
Nekrose N45, S699
Nekrose der Knochenepiphyse E361
Nekroskopie N44
nekrotisierende Angina P1124, U5
Nekrotisierung S699
Nekrotomie N47
Nelaton-Sphinkter N53
Nematode N55, R335
Neokortex H416, L58, N56
Neopallium H416, L58, N56
Nephelometrie N63
Nephrektomie N65
Nephritis N66
Nephritis mit ausgesprochener Hämaturie H224
Nephroblastom N67
nephrogener Diabetes insipidus V59
Nephrographie N70, R154
Nephrohydrose N71
Nephrokalzinose N68

NISSL-KÖRPERCHEN

Nephrolithiasis N73
Nephrolithotomie N74
Nephrologie N75
Nephron N76
Nephronschleife N77
Nephropathie R155
Nephropexie N78
Nephroptose N79
Nephrose N82
Nephrosklerose N81
Nephrotomie N83
Neprolith N72
Nerv N85
Nervenaffinität N141
Nervenblockade N86
Nervendurchschneidung N138
Nervenendkörperchen E190
Nervenendplatte N90
Nervenentzündung N106
Nervenfaserbündel N89
Nervengewebeauflösung N122
Nervengift N139
Nervenknoten G44
Nervenkreuzung C1212
Nervenlehre N120
Nervenleitungsbahn P212
Nervenschmerz N102
Nervenschnitt N138
Nervenstamm N93
Nervensystem N96
Nervenversorgung I193
Nervenwurzeldurchschneidung R272
Nervenwurzelentzündung R17
Nervenwurzelsyndrom R16
Nervenzelle N87
Nervenzentrum C297
Nervenzerquetschung N140
nervöse Dyspepsie N94
Nervus abducens A12
Nesselausschlag H397, N99, U157
Nesselfieber U157
Netz N98, O87
Netzabtragung E368
Netzanheftung O85
Netzausschneiden E368
Netzbruch E367
Netzentfernung E368
Netzentzündung O84
Netzhaut R211
Netzhautabhebung R212
Netzhautablösung D147
Netzhautaktionsstromaufzeichnung E102
Netzhautentzündung R213
Netzhauterkrankung R219
Netzhauterweichung R217
Netzhautneuroepitheliom R214
Netzhernie E367
Netz- und Aderhautentzündung C553
Netzverdrehung O86

Neubildung N62
Neugeborene N154
Neugeborenenapoplexie N58
Neugeborenenhepatitis N59
Neugeborenenikterus J7
Neugeborenentetanie N60
neurale progressive Muskelatrophie C396
Neuralgie N102
Neurasthenie N103
Neurilemm N118
Neurilemmom N105, S159
Neurinom N105, S159
Neuritis N106
Neuroblast N107
Neurochirurgie N135
Neurodermatitis N110
Neurodermatose N111
neuroepithelialer Tumor N112
Neuroepitheliom E308, N112
Neurofibrom N113
Neurofibromatose N114
neurogene Dyspepsie N94
Neuroglia G229, N115
Neurogliazelle G230, N116
Neurohypophyse N117
Neurolemm N118
Neuroleptikum N119
Neurologie N120
Neurolues N136
Neurolymphe N121
Neurolyse N122
Neurom N123
neuromuskuläre Synapse M557, N90
neuromuskulärer Hypertonus N124
Neuromyositis N125
Neuron N87
Neuronkörper N88
neuroparalytische Hornhautentzündung N127
neuroparalytische Keratitis N127
Neuropathie N129
Neuropathologie N128
Neurophysiologie N130
Neuroplasma N131
Neurose N133
Neurospongiom N134
Neurosyphilis N136
Neurotomie N138
Neurotoxin N139
Neurotripsie N140
neurotrophischer Brand N137
neurozirkulatorische Asthenie S619
neurozirkulatorische Dystonie E51, N108, S619
Neurozyt N87
Neurozytom N109
neutrales Fett N142
Neutropenie N146

Neutrophil N147
Neutrophilenleukämie N149
neutrophiler Granulozyt N147
neutrophiler polymorphkerniger Leukozyt M118
Neutrophilie N148
Neutrozytose N148
nichtausgetragenes Kind P818
nichtchromaffines Paragangliom C412
nichthämolytische Hyperbilirubinämie C976
nichtherausnehmbare Zahnprothese F172
Nichtigkeitswahn M293
Nickkrampf H55, S32
Nidation N164
Niederkunft D62, L4
Niederschlag S270
Niednagel A234, H28
Niemann-Pick-Krankheit L225, N165, S721
Niere K51
Nierenadenosarkom E131, R145, W89
Nierenausscheidungsschwelle R152
Nierenbecken R150
Nierenbeckenentzündung P1127
Nierenbeckenerweiterung N64, P1126
Nierenbeckenfistelung P1133
Nierenbeckenschnitt P1134
Nierendekapsulation N69
Nierenentfernung N65
Nierenentzündung N66
Nierenfixation N78
Nierenglomerulus M49
Nierenkelch C28
Nierenkelcherweiterung C26
Nierenkelchschnitt C27
Nierenknäuelchenkapsel B388
Nierenkörperchen R147
Nierenkunde N75
Nierenleiden R155
Nierenproteinurie I485
Nierenschnitt N83
Nierensenkung N79
Nierenstein N72
Nierensteinleiden N73
Nierensteinschnitt N74
Nierentubulus U145
Niesen S593
Niesgas S594
nihilistischer Wahn D67, N171
Nikotin N158
Nikotinsäure N159
Nikotinsäureavitaminose P232
Niphablepsis S596
Nische N157
Nisse N175
Nissl-Körperchen T287

NISSL-SCHOLLEN

Nissl-Schollen N174
Nitrometer N177
NMR-Tomographie N225
Nocardiose N178
nodale Hautmuzinose P849
Nodalherzrhythmus N184
Nodus N185
Noma N189, S972
nominative Aphasie N190
nonovulatorische Regelblutung N196
Noradrenalin N199
Nord-Queensland-Zeckenbißfieber N207
Norepinephrin N199
Norm N200
normal N201
Normalerythrozyt N206
Normalgeschlechtlichkeit H328
Normalsalzlösung N202
Normergie N203
Normoblast N100
normochrome Anämie N205
Normozyt N206
norwegische Krätze N208
Nosoagnosie A485
nosokomial N210
Nosologie N211
Nosomanie N212
Nosophobie N214, P209
Nostalgie N216
Noteingriff A120
Notfalloperation E141
Nothilfewagen A335
Notoperation U128
Notzucht R37
Nucha N9
Nüchternschmerz H478
nuklear N222
nukleare Augenmuskellähmung N228
nukleare Ophthalmoplegie N228
Nuklearmedizin N226
Nuklearspindel N238
Nuklease N229
Nukleinsäure N230
Nukleohiston N231
Nukleoid N232
Nukleolus N233
Nukleoplasma K12, N234
Nukleoproteid N235
Nukleoprotein N235
Nukleosid N237
Nukleosidase N236
Nukleotid N239
Nukleus K11, N240
Nußgelenk B34, C1111, E165, S601
Nutation N247
Nutritivanämie N253
Nyktalgie N257
Nyktophobie N259

Nykturie N180
Nympha N263
Nymphe N262
Nymphomanie H807, N264
Nystagmographie N265
Nystagmus N266

O

O-Antigen S631
Oat-cell-Karzinom O1
Obduktion A876, D258, N44
Oberarmarterie B390
Oberarmknochen-Ellen-Gelenk H473
Oberarmknochen-Speichen-Gelenk H472
Oberbauch E346
Oberbauchbruch E345
obere Beckenenge S1132
obere Harnröhrenspalte E374
obere Stirnwindung M84
oberer Hügel der Vierhügelplatte S1130
oberes Speichenellengelenk S1131
oberes Sprunggelenk A464
Oberfläche S1171
oberflächenaktive Substanz S1172
Oberflächenektoderm S1126
Oberflächenfaszie S1127
Oberflächenspannung S1173
Oberhaut E331, T72
Oberhaut der Kutis E383
Oberhautablösung E334
Oberkiefer U71
Oberkieferentzündung M124
Oberkiefergrube C51
Oberkieferhöhle G163, H355
Oberkiefervorstand P902
Oberlidhautfalte E309
Oberlidsenkung P1046
Oberschenkel F83, T198
Oberschenkelbruch C1219
Oberschenkelhernie F80
Oberschenkelknochen F83, T199
Oberschwester H56, S538
Obesität O2
Objektglas M301, S568
objektives Merkmal O3
objektives Symptom O3
Objekttisch S849
Objektträger M301, S568
obligater Anaerobier O5
obligater Schmarotzer O4
Obliquität O7
Obliteration O9

obliterierende Arteriitis F287
obliterierende Arteriosklerose A666
obliterierende Endarteriitis O8
obliterierende Kardiomyopathie B109
obliterierende Thrombangiitis B551
Obsession O10
Obstipation C974, O16
Obstruktion O17
obstruktives Emphysem O18
Obturation O21
Obturationsikterus O20
Obturator O22
Obturatorhernie O23
Obtusion O25
Ochronose O32
Ochsenauge H533
Ödem E42, C1283
ödemartige Netzhauttrübung B137
ödematös E43
Ödipuskomplex O53
Odontalgie O45
Odontoblast O46
Odontologie O50
Odontom O51
Odor O52
offener Botallo-Gang A563
offener Knochenbruch O122
offener Pneumothorax O124, S1090
Öffnung A574, F242, O184
Ohnmacht F18, S1243
Ohr E1
Ohr-Augen-Ebene F275
Ohrbläschen O255
Ohrenentzündung O257
Ohrenklingen S1288, T291
Ohrensausen T291
Ohrenschmalz C367, E10
Ohrenschmalzdrüse C369
Ohrenschmalzpfropf I379, W39
Ohrenschmalztaubheit C368
Ohrenschmerz E2, O254
Ohrenspiegel O268
Ohrenspiegelung O269
Ohrhusten E4
Ohrknorpel A839
Ohrkrempe H100
Ohrläppchen E7
Ohrleiste H100
Ohrmuschel P540
Ohrmuschelknorpel C909
Ohrspeicheldrüse P178
Ohrspeicheldrüsenentzündung P180
Ohrspeicheldrüsengang P177
Ohrtrompete E483, S47
Ohrtrompetenentzündung E485
Okklusion B231, O27

Okklusionsikterus O20
Okklusionsverband O28
okkultes Blut O29
ökologisches System E22
Okular E604, O33
okulo-gyrische Krise O42
okulo-kardialer Reflex O39
Okulomotorius O43
okulo-zerebro-renales Syndrom O40
Okzipitallappen O26
Oleogranulom O59
Oleom O59
Oleothorax O60
Olfaktometrie O62
Oligämie H782, O67
Oligodendroglia O70
Oligodendrozyt O69
Oligogen O72
Oligomenorrhoe O74
Oligophrenie F71, O75
Oligopnoe O76
Oligosaccharid O78
Oligosialie H755
Oligospermie O79
Oligotrichie H776
Oligozythämie O68
Oligurie H779, O80
Olivenkern-Rückenmark-Traktus O82
Oliven-Kleinhirnbahn O81
Ollier-Krankheit M461
Ollier-Syndrom A763
Omarthritis O83
Omentektomie E368
Omentofixation O85
Omentokardiopexie C147
Omentopexie O85
Omentovolvulus O86
Omentum E369, O87
Omphalektomie O88
Omphalitis O89
Omphalorrhagie O92
Omphalotripsie O93
Omphalozele O90
Omsk-Zeckenbißfieber O94
Onanie O95
Onchozerkose C743, O96, V238
Oneirodynie O101
Onkogenese O99
Onkologie O100
Onkosphäre H341
onkotisches Ödem H505
Onkozyt O97
Onkozytom O98
Ontogenese O104
Onychia cristosa longitudinalis R98
Onychie O110
Onychogryposis O105
Onycholysis O106
Onychomykosis O107

Onychophagie O108
Onychorrhexis O109
Onychoschisis S150
Onychose O110
Oogenese O113
Oogonium O114
Oolemm Y14
Oophorektomie O115
Oophoritis O116
Oozyt O112
Operation O127
Operation am offenen Herzen O123
Operationsmesser S112
Operationsschock S1181
Operationsschwester S230
Operationstisch O126
operative Fruchtzerstückelung E137
operative Scheidendehnung C833
Operativverfahren P870
Ophthalmie O129
Ophthalmodynamometrie O133
Ophthalmologie O135
Ophthalmometer O136
Ophthalmometrie O137
Ophthalmomyiasis O35
Ophthalmoplegie O36, O140
Ophthalmoskopie O141
Ophthalmotonometrie O142
Opiat O143
Opiophagie O144
Opisthorchiasis O145
Opiumsucht O146
Oppenheim-Krankheit O147
Opsonin O149
Opsoninindex O148
Optik O154
optische Achse O150
optische Agnosie P1016
optische Halluzination P1006
optische Hauptachse P864
optische Isomerie E164
optokinetischer Nystagmus O156
Optometrie O157
Optotypen O158
orale Phase O160
Orbita O164
orbital-aurikuläre Ebene E599
Orbitotomie O165
Orchialgie O167
Orchidektomie O170
Orchidopexie O173
Orchis T137
Orchitis O174
Orchoepididymitis E340, O171
Organ O176
organische Psychose C358, O178
organisches Herzgeräusch O177

Organismus O179
Organotropie O180
Organotropismus O180
organspezifisches Antigen O181
Orgasmus O182
Orientbeule T526
Orientierungsreflex I502, O183
Origo O185
Ormond-Syndrom I17
Ornithin O186
Ornithose O187
Oropharynx O188
Orotsäure O189
Oroyafieber B63, C191, H225, O190
Orthodontie D90, O191
Orthopädie O192
Orthophorie O193
Orthopnoe O194
Orthoptik O195
Orthostasealbuminurie O196
Orthostasehypotonus O197
orthostatische Albuminurie P779
orthostatische Blutdrucksenkung P780
orthostatische Hypotonie O197
orthostatische Ohnmacht P783
Orthotonus O198
örtliche Schmerzausschaltung L281
örtliche Schmerzempfindung T324
Osler-Krankheit H291
Osler-Vaquez-Krankheit E421
Osmidrosis O203
Osmometer O205
Osmorezeptor O206
Osmotherapie O207
osmotischer Druck O208
osmotisches Ödem S52
ösophageal E443
Ösophagektasie E448
Ösophagektomie E449
Ösophagitis E451
Ösophagoenterostomie E453
Ösophagogastrostomie E452
Ösophagoplastik E454
Ösophagoskopie E455
Ösophagospasmus E450
Ösophagostenose E457
Ösophagostomie E458
Ösophagotomie E459
Ösophagus E460
Ösophagusableitung E446
Ösophagusdilatation E448
Ösophagusdivertikel H740, Z3
Ösophagusexzision E449
Ösophagushiatus E445
Ösophagusvarizen E447
Ossein O210
Osseomukoid O211

OSSIFIKATION

Ossifikation O214
Ossifikationszentrum O215
Osteoarthritis O218
Osteoarthrose A686
Osteoblast O220
Osteochondritis O221
Osteochondrom O222, S624
Osteochondrose O223
Osteodystrophie O227
Osteofibrom O228
Osteogenese O229
Osteoid O230
osteoides Gewebe O230
Osteoidgewebe O230
Osteoidsarkom O231
Osteoklast O224
Osteoklastentumor G187, O225
Osteoklastom G187, O225
Osteologie O232
Osteolyse O233
Osteom O234
Osteomalazie O235
Osteomyelitis O237
Osteomyelodysplasie O238
Osteomyelofibrose O238
Osteomyelosklerose O238
Osteon O239
Osteonekrose O240
Osteopathie O241
Osteoperiostitis O242
Osteopetrosis O243
Osteophyt O245
Osteoplastik O247
Osteoporose O248
Osteosklerose B361, O249
Osteosynthese O250
Osteotom O251
Osteotomie O252
Osteozyt B352, O226
Ostiofollikulitis S1128
Ostitis O217
Östrogen E468, F76, F226
östrogenes Hormon E468, F76, F226
Oszillation O199
Oszillographie O200
Oszillometer O201
Otalgie E2, O254
Otitis O257
otogene Gehirnentzündung O260
otogene Meningitis O256
Otolith O261, S885
Otolithen E5
Otolithenmembran O262, S884
Otomykose O263
Otopyorrhoe O264
Otorhinolaryngologie O265
Otosklerose O267
Otoskop O268
Otoskopie O269
Ovalbumin E54, O273

Ovalozyt C39, E113, O275
ovalozytäre Anämie O276
Ovalozytenanämie O276
Ovar O284
Ovarialektomie O115, O281
Ovarialexstirpation O281
Ovarialgravidität O279
Ovarialröhre O280
Ovarialzyklus O277
Ovarialzyste O278
Ovariotomie O282
Ovarium O284
Ovogenese O113
Ovogonium O114
Ovomukoid O291
Ovoplasma O292
Ovulation O293
ovulationslose Menstruation N196
Owren-Krankheit P103
Oxalämie O296
Oxalämiediathese O298
Oxalat O295
Oxalsäure O297
Oxalurie O299
Oxalursäure O300
Oxenherz B385
Oxidase O302
Oxidoreduktase O305
Oxydation O303
Oxydations-Reduktions-System O304
Oxydationsmittel O301
Oxydierung O303
Oxygenierung O311
Oxygenüberschuß H628
Oxyhämoglobin O317
Oxyhämometer O306
Oxymeter O306
Oxymetrie O307
oxyphiles Schilddrüsenadenom H483
Oxytocin O319
Oxyuriasis E260, O320
Oxyzephalie O308, S897
Ozaena O321
Ozokerit O322
Ozonator O323

P

Pacchioni-Granulationen A626, P1
Pacemaker P2
Pachydermie P3
Pachyglossie P4
Pachygyrie P5
Pachymeningitis P6
Pachymeninx P7

Pachyonychie P8
Pachypleuritis P10
Päderastie P223
Pädiater P224
Pädiatrie P225
Paget-Krankheit P16
Paget-Zellen P15
Palatoplastik P23
Palatoplegie P24
Palatoschisis C693, P25, U74
Palatum P20, R323
Palikinesie P29
Palilalie P30
Pallästhesie B362, V166
Palliativbehandlung P32
Pallidum P33
Pallor P34
Palmarbogen P36
Palpation P38, T346
Palpebra L183
Palpebrakommissur P39
Palpieren P38
Paludismus M30
Panarteriitis E229
Panarthritis P44
Pandemie P55
pandemisch P55
Panhämozytopenie P54
Pankarditis E230, P45
Pankreas P46
Pankreasexstirpation P47
Pankreasfibrose F122
Pankreasgangröntgendarstellung P51
Pankreashauptausführungsgang W99
Pankreasinsel L63
Pankreasstein P52
Pankreatektomie P47
pankreatische Insel P49
Pankreatitis P50
Pankreatographie P51
Panmyelophthise P56
Pannikulitis P57
Pannus P58
Panophthalmie P59
Panostitis P60
Panotitis P61
Panphobie P62
Panplegie P63
pansystolisches Geräusch P64
Pantothensäure C427, L267, P66
Panzerherz A639
Panzerkrebs C45
Papageienkrankheit P1013
Papel P83, P533
papillare Ovarialzyste P70
papillarer Krebs P69
Papillarmuskel P72
Papille P67
Papillektomie P74
Papillenentfernung P74

Papillenentzündung P76
Papillenexstirpation P74
Papillenödem P75
Papillenödem des Auges C457
Papillitis P76
Papillom P77
Papillomatose P78
Papilloretinitis P79
Pappatacifieber P80, T217
Papula P83
Papulose P84
papulöse Hautmuzinose C658, P81
papulös-nekrotische Hauttuberkulose P82
Paraaminobenzoesäure P85
Parabiose P88
Parabulie P89
Paradoxalreflex I501
paradoxe Embolie C1201
paradoxer Puls P96
paradoxer Reflex P97
paradoxer Schlaf P98
paraduodenaler Bruch T445
Paraffinom P99
Paragangliom P100
Paraganglion C565
Paragonimiasis P101
Paragonimose P101
Paragraphie P102
Parahämophilie P103
Parahidrosis P158
Parakeratose P105
Parakinesie P106
Parakusie P95
Parallergie P107
Paralogie P108
Paralyse P43, P109
Paralyse des Sprachbildungsapparats L301
paralytischer Ileus A205, P110
Parametritis P112
Paramimie P113
Paramnesie P114
Paranasalissinus A252
paranephrale Aortographie T416
Paranephritis P115
Paranoia P116
paranoide Schizophrenie P117
Paraparese P118
Paraphasie P119
Paraphimose P120
Paraphrenie P121
Paraplegie P122
Parapraxie P123
Paraproktitis P124
Paraprotein P125
Parapsoriasis P126
Parapsychologie P127
Parasakralanästhesie P128
Parasit P130

Parasitismus P133
Parasitologie P134
Parasternallinie C1103
Parästhesie P157
Parasympathikotonie V23
parasympathisches Nervensystem P136
Parasynapse P137
Parasystolie P138
Parathormon P142
Parathymie P140
Parathyreoidea P141
Parathyreoidektomie P145
Parathyreozyt W30
Paratyphlitis P146
Paratyphobazillose B180, G358
Paratyphus P147
Paratyphus B S157
Paraurethraldrüsengang P148
paraurethraler Gang S551
Paraurethritis S550
Paravertebralanästhesie P149
Parazentese P91, P1099, T35
Parazentesenadel M574
Pärchenegel S143
Parenchym P152
parenchymatöse Lungenentzündung P153
parenchymatöse Neuritis A890
parenchymatöser Kropf F225
parenteral P155
Parese P156
Paridrosis P158
parietale Pleura P166
Parietalganglion P162
Parietallappen P165
Parietalzelle P160
Parietalzelle der Magenschleimhaut A67
Parkinsonismus P169
Parkinson-Krankheit T447
parkinsonsches Maskengesicht P168
Paronychie P173, R344, W84
Paroophoron P174
Parorexie C666, P391
Parosmie P176
Parotis P178
Parotisexzision P179
Parotisgang S909
Parotisgangstenose S908
Parotitis P180
Parovarium E388, P181
paroxysmale Tachykardie P183
Paroxysmus P182
Pars spongiosa urethrae S813
Parthenogenese V178
partielle Farbenblindheit C821
Parulis P186
Passagestörung B286
passive Algolagnie M93

passive Hyperämie P187, V96
passive Immunität P188, S368
Paste P190
Pasteurellose P191
Pasteurisierung P192
Pastille L327
Patella K68, P194
Patellarreflex K71, Q5
Patellarsehnenreflex P195
patentiertes Mittel P198
pathogener Faktor P200
Pathogenese P201
Pathogenität P202
pathognomonisches Zeichen P203
Pathologie P207
pathologisch-anatomische Diagnose P205
pathologische Anatomie P204
pathologische Physiologie P210
pathologischer Knochenbruch S253
pathologischer Redefluß L302
Pathophobie P209
Pathopsychologie P211
Patient P213, S1055
Patientüberwachung P214
Paukenfell T591
Paukenhöhlenkuppel A819, T590
Paukenhöhlenkuppelraum E384
Pavlow-Magen P216
Péan-Klemme P217
Pedikulose L322, P229
Pedikulum L321
Peitschenwurm T485, W68
Peitschenwurminfektion T484
Pektin P219
Pektoriloquie P222
Pelizaeus-Merzbacher-Krankheit P231
Pellagra P232
Pelveoperitonitis P240
Pelvimetrie P243
Pelviperitonitis P240
Pelviskopie P245
Pemphigus P249
Pemphigusfieber B549
Pendelnystagmus P250
Pendelrhythmus P253, T282
Pendelrhythmus des Herzens E128, F99
Penetranz P255
Penetration P257
Penetrationswunde P256
Penisamputation P254
Penisinduration F136, P409
Penisreflex P259
Penizillinase P258
Penoskrotalhypospadie P261

PENTOSE

Pentose P262
Pentosurie P263
Pepsin P264
Pepsindrüse W26
Peptid P268
Peptidase P267
peptisches Geschwür P266
Pepton P269
Perforation P278
Perforationswunde P277
Perforator P279, P1094
perforierendes Geschwür P276
Perfundierung P280
Perfusion P280
Pergamenthaut P150
Periadenitis P281
Periapikalgranulom D88
Periappendizitis P283
periarterielle Sympathektomie H390, P284
Periarteriitis P285
periauriculotemporale Hyperhidrosis A844
Peribronchitis P286
Pericholangitis P298
Perichondritis P299
Perichondrium P300
Perichorioidalraum P301
Periderma E383
Peridivertikulitis P306
Periduodenitis P307
Periduralanästhesie E341, P308
Peridurographie E343
Perihepatitis H280
Perikard H78, P295
Perikardektomie P288
Perikardempyem E159
Perikardexzision P288
Perikardiotomie P293
Perikardiozentese P292
Perikarditis P294
Perikardpunktion P292
Perikardreibegeräusch P289
Perikardverwachsung C126
Perikolitis S365
Perilymphe P310
Perimetritis P313
Perimetrium P314
Perimetriumentzündung P313
Perimysium P315
perinävische Vitiligo S1190
perineale Zystotomie H706
Perineoplastik P319
Perineorrhaphie P320
Perineostomie P321
Perineotomie P322
Perinephritis P324
Perineum P325
Perineuralanästhesie P326
Perineurium P327
Periode S849

periodische Mittelmeerkrankheit P328
periodische Peritonitis P328
Periodontaltasche P332
Periodontitis P333
Periodontium P334
Periorchitis P337
Periost P342
Periostitis P343
Periostose P341
Periostreflex F295, P339
periphere Fazialislähmung B123, F12
periphere Taubheit L12
peripheres Nervensystem P346
peripheres Sehen E13, I121, P348
Periphlebitis P349
perirenale Lufteinblasung P353
Perisigmoiditis P354
Perisplenitis P355
Peristaltik P356
Peritendinitis P357
Perithel P360
Peritheliom P359
peritoneales Pseudomyxom G124
Peritonealhöhle P361
Peritoneoskopie C276, L68
Peritoneum P363
Peritonitis P364
Peritonitis bei periodischer Krankheit B135
Peritonsillarabszeß Q15
Perityphlitis P365
perivaskulär C661
Periviszeritis P367
Perizystitis P303
Perizyt A201, P287
Perkolation P272
Perkussion P273
Perkussionskorbschall B389
Perkussionston P274, R174
perkutane Cholangiographie P275
Perlèche P368
Perlgeschwulst C504
Perlzyste P218
Permeabilität P371
perniziöse Anämie B159, P372
perniziöse Malaria F20, P373
Peromelie H166
peroral P376
Peroxidase P377
Perseveration P379
persistierende Kloake P380
persistiesendes Geschwür I124
Personal S846
persönliche Hygiene P381
Persönlichkeit P382
Persönlichkeitsintegration P383
Perspiration P384
Perthes-Krankheit P386

Pertubation P387, T547
Pertussis P388, W86
Peruwarze C191, H225, P389
Peruwarzenkrankheit O190
Perversion P390
Perzeption P271
Pessar P392
Pessarium P392
Pest P563
Pestbazillus P564
Pestikämie P394
Pestizid P395
Petechialblutung P398
Petechialtyphus T602
Petechien P1097
Petri-Schale P400
Petrositis P403
Peyer-Plaques P408
Peyer-Platten P408
Peyronie-Krankheit F136, P409
Pezzer-Katheter P410
Pfaundler-Hurler-Krankheit L230
Pfaundler-Hurler-Syndrom G56
pfeifende Rasselgeräusche S477, W70
Pfeiffer-Bazillus I164, P411
Pfeiffer-Drüsenfieber I148, P412
Pfeilerzelle P526
Pferdeblattern H451
Pferdefuß T292
Pflanzenkostessen V73
Pflaster P582
Pfleger O175
Pflichtassistent I421
Pflugscharbein V240
Pfortaderangiographie P746
Pfortaderdilatation P1138
Pfortaderentzündung P1139
Pfortaderkreislauf P742
Pfortadersystem P744
Pfriemenschwanz P542, S236
Pfriemenwurm T214
Pfropf P623
Pfundnase H23, R265
Phage B16
phagedänisches Geschwür P418
Phagomanie P424
Phagozyt C190, P419, S136
Phagozytenauflösung P421
phagozytische Zahl P420
Phagozytolyse P421
Phagozytose P422
Phagozytoseindex P420
phakolytisches Glaukom P414
Phakomalazie P415
Phakosklerose H32, P417
Phalangenüberzahl H632
Phalanx P428

PLEUROPERIKARDITIS

Phalanxentfernung P426
Phalloplastik P429
Phallusrekonstruktion P429
Phantasma P430
Phantom M72, P430
Phantomempfindungen S1030
Phantomgliedschmerz P431
Pharmakochemie P432
Pharmakodynamik P436
Pharmakogenetik P437
Pharmakologie P438
Pharmakomanie P439
Pharmakopöe P441
Pharmakotherapie P442
Pharmazeut P435
Pharmazeutik P434
Pharyngitis S647
Pharyngodynie P444
Pharynxschmerz S647
Phase D53
Phenol C84
Phiole F184
Phlebektomie V81
Phlebographie V91
Phlebolith V79
Phlebotomus-Fieber P80, T217
phlegmonös P445
Phlyktäne P446
phlyktänulöse Keratitis S221
phlyktänulöse Konjunktivitis P447, S222
Phobie P448
Phokomelie P449
Phonasthenie P450
Phonation P451
Phonendoskop P452
Phoniatrie P453
Phonokardiogramm P454
Phonophobie P455
Phonopsie C822
Phosphat P458
Phosphatase P457
Phosphatidose S721
Phosphaturie P459
Phosphornekrose P460
Phosphorylierung P461
Photisma P465
Photodermatitis P468
Photodermatose P469
photogene Epilepsie P471
Photokoagulation P467
Photometer P472
Photophobie P473
photopisches Sehen C933, P476
Photopsie C1093
Photoretinitis P478
Photorezeptor P466
Photosensibilisierung P479
Phototherapie L201, P480
phototoxische Dermatitis B138
Phrenikokostalsinus P484
Phrenikotomie P486

Phrenikusexhairese P482
Phrenikusexzision P482
Phrenikusquetschung P483
Phrenikusresektion P482
Phrenokardie P488
Phrenospasmus P490
Phrynoderm P491
Phylogenese P494
physikalische Therapie P503
Physiologie P502
physiologische Kochsalzlösung P499
physiologischer Neugeborenenikterus P501
physiologisches Alter P498
Physiotherapie P503
physischer Zustand P495
Phytobezoar P504
Phytonzid P505
Pickel P533
Pick-Hirnatrophie P509
Pick-Krankheit C657
Pick-Pseudoleberzirrhose P510, P984
Pickwick-Syndrom P511
Piedra P513
Pigment P516
pigmentbildender Mikroorganismus C587
Pigmentdermatose C582
Pigmentepithel P521
Pigmentglaukom P517
Pigmentierung P520
Pigmentlosigkeit der Haare A63
pigmentöses Syphilid P519
Pigmentretinopathie P518
Pigmentverlust D108
Pigmentzelle C580
Pikazismus P391
Pille P233, P525
Pilonidalsinus P532
Pilula P233, P525
Pilz F317
Pilzgeflecht M498
Pilzkeratitis M506
Pilzkunde M503
Pilzlager M498
pilztötendes Mittel A525
Pinealom P536
Pinealorgan P535
Pinealozytom P536
Pinozytose C282, P541
Pinta C79, S826
Pipette P544
Pituitarismus P548
Pituizyt P547
Pityriasis P554
Plage P563
Plakode P562
Plangelenk A370
Planigraphie T304
planmäßige Operation E72

plantare Furchenkeratose C1133
Plantarreflex P568
Plaque P193, P571
Plasma P572
plasmatischer Astrozyt G128, P973
Plasmazelle P573
Plasmazellenleukämie P574
Plasmin F117, P577
Plasminogen P578
Plasmolyse P580
Plasmoptyse P581
Plasmozyt P573
plastische Chirurgie P588
plastische Operation P587
Plateaupuls P591
Plätschergeräusch S1089
Platte L56, P590
Platte für Osteosynthese B359
Plattenepithel S839
Plattenepithelkarzinom E332
platter Brustkorb F185
Plattfuß F187, S770
Plattfüßigkeit P596
Platybasie P595
Platypodie F187
Platzangst A238
Plaut-Vincent-Angina V173
Plazebo P556
Plazenta A220, P557, S267
Plazentaretention R193
Plazentarkreislauf P558
Plazentavorlagerung P560
Plazentom P561
Pleiotropie P597
pleomorphe Geschwulst P600
Pleomorphismus P601
Pleozytose P598
Plessimeterperkussion M145
Plethora P602, R160
Plethysmographie P603
Pleura P604
Pleuraeinschnitt P620
Pleuraempyem P1119, P1154
Pleuraerguß P606
Pleurainzision P620
pleurales Reibegeräusch P612
Pleuralgie P614
Pleurapunktion P613, T207
Pleurareiben P612
Pleuraschmerz P614
Pleuraschock P608
Pleurazentese P613
Pleurektomie P610
Pleurexstirpation P610
Pleuritis P611
Pleurodynie P614
Pleurolyse P615
Pleuraparietopexie P616
pleuroperikardiales Geräusch P617
Pleuroperikarditis P618

PLEUROPERITONEALHÖHLE

Pleuroperitonealhöhle V190
Pleuropneumonie P607
Pleurotomie P620
Plexitis P621
Plexus P622
Plexusentzündung P621
Plica semilunaris conjunctivae N161
Plombe F148
plötzlicher Tod S1093
plötzlicher Tod im Kindesalter S1094
Plummer-Vinson-Syndrom S490
Pluslinse P627
Pneumarthrose P628
pneumatischer Knochen P630
Pneumatose P632
Pneumaturie P634
Pneumobazillus P636
Pneumocholezystitis E155, P637
Pneumographie P643
Pneumohämoperikard P644
Pneumohämothorax P645
Pneumohydrothorax P646
Pneumokokkus P638
Pneumokoniose M94, P639
Pneumomediastinum M140
Pneumomelanose P648
Pneumomyelographie P649
Pneumonie P651
Pneumoperikard P656
Pneumoperitoneum P657
Pneumopexie P655
Pneumoren P353
Pneumoretroperitoneum P659
Pneumothorax P661
Pocken P790, S579, V38
pockenartiges Syphilid V39
Pockennarbe P546, P662
Podagra P663
Poikilodermie P667
Poikilothymie P668
Poikilozyt P665
Poikilozytose P666
Polarimeter P673
Polarisationsmikroskop P674
Poliklinik C703, O272, P692
Polioenzephalitis P676
Poliomyelitis P677
Poliomyelitisvirus P678
Polkörperchen P672
Pollakisurie P679, T159
Pollenkrankheit H50, P682
Pollex P681, T244
Pollinose P682
Pollution P683
Polozyt P672
Polyadenitis P685
Polyarteriitis P686
Polyarthritis H402, P687
Polyästhesie P698

Polyblast P689
Polycholie P690
Polychromasie P691
Polydaktylie P695
Polydipsie P696
Polyhydramnion P701
Polymastie H613, P703
Polymorphismus P704
Polymyalgie P705
Polymyositis P706
Polyneuritis P708
polyneuritische Psychose K82, P707
Polyopie P709
Polyp P710
Polypektomie P711
polypenartiges Adenom P716
Polypentfernung P711
Polypeptid P712
Polyphagie H625
Polyphänie P597
Polyploidie P714
Polypnoe P715
Polypose P717
polypöse Endokarditis P718
Polyposis P717
Polysaccharid P719
Polyserositis P720
Polysomie P722
Polyspermie P723
Polythelie P724
Polytrichie P725
Polyurie H542, P726
polyvalenter Impfstoff M467, P728
polyvalentes Serum P727
polyzystische Niere P693
Polyzythämie P694
Pool P730
Pore P733
Porenzephalie P734
Porokeratose P737
Porphyria variegata V37
Porphyrie P738
Porphyrin P739
Porphyrinurie P740
Portiokappe C61
Portographie P746
portokavaler Shunt P741
portosystemische Enzephalopathie P745
Porus P733
Position P749
Postcholezystektomiesyndrom P752
postganglionäres Neuron P757
Postgastrektomiesyndrom P758
posthämorrhagische Anämie P759
Posthitis P760
posthypnotische Suggestion P762

Postinfarktsyndrom P766
Postkommissurotomiesyndrom P753
postnekrotische Leberzirrhose P768
postoperative Lungenentzündung P770
postoperativer Verlauf P769
postpartale Geistesstörung P771
postpubertale Periode P774
postrenale Proteinurie P775
posttraumatische Neurose P778
posttraumatischer Schwachsinn P777
posttraumatisches Delirium P776
posturaler Reflex A820, P782
Potenz P786
Pozzi-Syndrom P791
Prädentin P803
prädisponierender Faktor P804
Prädisposition P805
Präeklampsie P806
Präexzitationssyndrom P807
präfrontale Leukotomie P808
präganglionäres Neuron P809
Pragmatamnesie P792
Präkanzer P794
präkanzeröse Melanose M42
Präkollagenfaser P798
Präkordialableitung P800
Präkordialgegend P799
Präkordialschmerz P801
Präkordium P799
Präkornealfilm P802
Prämedikation P822
prämenstruelles Syndrom P823
Prämolar P824
Prämolarzahn B156
pränatal A494
Präparat P826, S678
präpatellare Bursitis H465
Präputialdrüse P829
Präputialstein P828
Präputium F258, P830
Präputiumentzündung P760
Präsakralanästhesie P832
präsenil P838
Präsenilität P839
Präservativ C920
Präspermatide S258
präsphygmische Phase P840
präsynaptische Membran P845
präsystolischer Galopprhythmus P846
präsystolisches Geräusch L93, P847
prätibiales Fieber F261, P848
Präventivdosis P850
Präventivmedizin P851
Prävertebralganglien P853
prävesikaler Raum P854

PSYCHISCHE ERREGUNG

Präzipitation P797
Prellung C1013
Presbyakusis P833
Presbyopie O58, P836
Pressorezeptor P841
Preßwehen B105
Priapismus P855
primäre Amenorrhoe P858
Primärentoderm H687
Primärheilung F161, H64, I43, P857
Primärverklebung I43
Primitivknoten P862
Primordialfollikel P863
Primordialknoten P862
Primordialzwergwuchs L374
Pringle-Krankheit P866
Proband P868
Probe A734, S678, T131
Probeeinstich E548
Probeexzision B207
Probefrühstück T132
Probemahlzeit T132
Probepunktion E548
Probierröhrchen T139
Processus P871
Processus uncinatus U39
Prodrom A490, P895
produktive Entzündung H639, P917
Proenzym P897
Proferment P897, Z24
Progerie P900
Progesteron C1076, L348, P901
Prognathie P902
Prognose P903
progrediente Bulbarparalyse G250
progredientes Geschwür S575
progressive Bulbarparalyse P905
progressive Lipodystrophie P908
progressive Muskeldystrophie M480
progressive retikuläre Hauthämosiderose P910
progressive spinale Muskelatrophie C1170, W29
Prokonvertin P872, S398
Proktalgie P873, R65
Proktektomie P874
Proktitis P875
Proktokolektomie P877
Proktokolitis P878
Proktokolonoskopie P879
Proktologie P881
Proktoperineoplastik P882
Proktoperineorraphie P882
Proktopexie P883
Proktoplastik P884
Proktorrhagie P885

Proktosigmoidektomie P888
Proktosigmoiditis P889
Proktoskop P886
Proktoskopie P887
Proktospasmus P891
Proktostase P892
Proktotomie P893
Proktozele P876, R67
prokursiver Epilepsieanfall P894
Prolaktin G8, P913
Prolaps P914
Proliferation P915
proliferative Arthritis P916
proliferative Gelenkentzündung P916
Proliferativentzündung P917
Prolin P919
Promontorium P921
Promyelozyt P922
promyelozytäre Leukämie P923
Pronation P924
Pronator P925
Pronephros F253, H52, P926
Prophase P928
prophylaktische Behandlung P930
prophylaktische Massenuntersuchung M99
Prophylaxe P931, S67
Propriorezeptor P935
propriozeptive Sensibilität P934
propriozeptiver Reflex P933
Propulsion P936
Prosektor P937
Prosopalgie F5
Prosopoplegie P938
Prosopospasmus P939
Prospermie P941
Prostaglandine P942
Prostata P943
Prostataentzündung P948
Prostatainzision P951
Prostatastein P949
Prostatektomie P944
prostatische Harnröhre P947
Prostatitis P948
Prostatovesikulektomie P952
prosthetische Gruppe P954
Prostration P956
Protanomalie P957
Protanopie P958, R86
Protease P959
Proteid P960
Protein P960
Proteinase P962
Proteinurie A271, P963
Proteolyse P964
proteolytisches Ferment P959
Prothese P953
Prothetik P955
Prothrombin P967

Prothrombinase P969
Prothrombinmangel P971
Prothrombinogen P970
Prothrombinzeit P968
protodiastolischer Herzstoß D185
protodiastolisches Geräusch E8
Protoplasma C1375, P972
Protrusion P974
Protrypsin P975
provisorische Knochenschwiele T94
provisorischer Harn C1218
proximales Handgelenk C184, W118
Prozedur P870
Prüfglas T139
Prüfung T131
Psammom A432, S62
Psammotherapie P976
Pseudarthrose F28, V170
Pseudoagglutination P977
Pseudoanämie F25
Pseudoarthrose P979
Pseudobulbärparalyse P982
Pseudodemenz P988
Pseudodiphtheriebakterium H401
Pseudogicht P991
Pseudohermaphroditismus P992
pseudohypertrophische Muskelatrophie P993
pseudohypertrophische Muskeldystrophie C434
Pseudokoarktation der Aorta B529
Pseudokrupp C224, P986, S658
Pseudoleberzirrhose P984
Pseudolyssa L419
Pseudomalleus M204
Pseudomelanose P996
Pseudomembran C1215
pseudomembranöse Kolik P997
pseudomembranöse Kolitis P998
Pseudometaplasie P999
Pseudoparasit P1003
Pseudopolyp P1004
Pseudopsie P1006
Pseudorabies L419, P1007
Pseudotabes P1011
Pseudowut A834, P1007
Pseudozyste C1349, F26, P987
Psittakose P1013
Psoriasis P1014
Psychalgie P1015, S649
Psychasthenie P481, P1017
Psychiater P1019
Psychiatrie P1020
psychische Erregung D272

PSYCHISCHE UNTÄTIGKEIT

psychische Untätigkeit P1023
psychisches Trauma P1024
Psychoanalyse A401, P1025
Psychoanalytiker A402
Psychodrama P1026
psychogalvanischer Hautreflex P1027
psychogene Polydipsie P1028
psychogene Taubheit P1022
Psychokatharsis C236
Psychologie P1030
psychomotorische Epilepsie P1031
psychomotorische Reaktion I14
Psychoneurose P1032
Psychopath P1034
Psychopathie P1038
Psychopathologie P1037
Psychopharmakologie P1039
Psychophysiologie P1040
Psychose I204, P1042
Psychosedativum T393
Psychotherapie P1043
Pterygium W46
Ptomain P1045
Ptose P1046
Ptyalismus P1047
Pubeotomie P1053
Pubertät P1048
Pudendalanästhesie P1055
Pudendus-Anästhesie P1055
Puerilismus P1056
puerperale Phlebitis P1060
Puerperalfieber P1057
Puerperalpsychose P1058
Puerperium L358
Puffer B533
Pufferlösung B533
Pulmo L343
Pulmonalblutdruck P1075
pulmonale Osteoarthropathie P1073
pulmonaler Hochdruck P1071
pulmonaler Widerstand P1076
Pulmonalklappe P1079
Pulmonalklappeninsuffizienz P1072
Pulmonalstenose P1077
Pulpa P1082
Pulpaentzündung P1084
Pulpahöhle P1083
Pulpastein P1085
Pulpitis P1084
Puls P1087
Pulsation P1086, T224
Pulsdruck P1091
Pulsfrequenz P1092
Pulsieren P1086
Pulskurve P1088
Pulskurvenschreiber S722
Pulskurvenschreibung A656, S723
pulslose Krankheit A559

Pulsschlag B106, T224
Pulsverlangsamung B416
Pulswelle P1093
Punktat P1095
Punktblutung P1097
Punktion P1099
Punktkeratitis P1098
Punktmassage N92
Pupille P1102
Pupillenabstand P1103
Pupillenerweiterung C1045, M508
Pupillenlosigkeit A84
Pupillenreflex P1104
Pupillenverengung C1047
Pupillographie P1105
Pupillometer P1106
Pupilloskopie P1107
Purgativum E487, P1109
Purin P1110
Purkinje-Faser P1112
Purkinje-Zelle P1111
Purpura P1113
purulente Periodontitis S1148
Pus P1120
Pustel P533, P1122
pustulöse kontagiöse Dermatitis C991
Putreszenz D29, P1123
Pyämie B308, P1135
Pyarthrosis P1125
Pyelektasie N64, P1126
Pyelitis P1127
Pyelographie P1129
Pyelolithotomie P1130
Pyelonephritis P1131
Pyeloplikation P1132
Pyelostomie P1133
Pyelotomie P1134
Pyelozystitis P1128
Pyknose P1137
Pyknozyt O97
Pylephlebitis P1139
Pylorektomie G109
Pyloroplastik P1142
Pylorus P1143
Pylorusresektion G109
Pyodermatose P1144
Pyodermie P1144
pyogene Infektion P1145
pyogene Membran P1146
Pyohämothorax P1147
Pyometra P1148
Pyoperikard P1149
Pyopneumothorax P1151
Pyorrhoe P1152
Pyosalpinx P1121, P1153
Pyothorax P1154
Pyozyaneusbakterie B334
Pyramide P1155
Pyramidenbahn C365, P1158
Pyramidenbahnkreuzung P1157

Pyramidenbahnlähmung C303
Pyramidenkreuzung M421
Pyramidenzelle P1156
Pyrexie P1159
Pyridoxin P1160
Pyrogen P1161
pyrogene Behandlung F105
Pyromanie P1162
Pyrosis B439, H73, P1163
Pyurie P1165

Q

Q-Fieber Q1
QRS-Komplex V106
Quacksalber Q2
Quacksalberei E157, Q3
Quaddel W66
Quadrantenhemianopsie T148
Quadriplegie Q6
Quadrizepsreflex Q5
Quadrupolrhythmus Q7
Quarantäne Q8
Quartana Q9
Quartanfieber Q9
Quecksilbervergiftung M241
Queenslandfieber Q1
quere Sehnenstreife T105
quergestreifter Muskel S1007
Querkolon T429
Querlage T432
Querschnitt C1211
Querschnittmyelitis T433
Querschnittstrennung T399
Querulant Q10
Query-Fieber Q1
Quetschung C1013
Quetschungssyndrom B559, C1222
Quetschungswunde C1012
Quetschverletzung C1221
Quincke-Ödem A439, G194, Q13

R

Rabies R3
Rachenmandel L347, T204
Rachiotomie R5
Rachischisis S804
Rachitis J34, R289
rachitischer Rosenkranz R8
rachitisches Becken R7
Radgelenk P555, T512
Radialreflex S1139

RESERVE

Radiation R11
radikale Operation R13
Radikulitis R17
Radikuloneuritis R18
Radioaktivität R19
Radiographie R24
Radioisotop R25
Radiokarpalgelenk R21
Radiokinematographie R22
Radiologe R26
Radiologie R27
Radiometer R28
Radiomimetikum R29
Radiotherapie R34
Radiusperiostreflex R10
Radix R324
Rand E45, M82
Ranula F289, S468, S1060
Ranvier-Schnürring I428, R36
Raphe R38
Raptus R39
Raspatorium R41
Rasselgeräusche R35, R276
Rasseln R35, R276
rasselndes Atmen S942
Rathke-Tasche R43
Rattenbißfieber R42
Rattenbißkrankheit S603
Rattenrickettsiose E194, F194
Raucherleukoplakie S585
Räucherung F308
rauhes endoplasmatisches
 Retikulum R332
Rauhigkeit T565
Raum S652
Raumagnosie V211
Raumfahrtmedizin S653
Raumsinn S654
Raupendermatitis C233
Raupenhaarophthalmie C234
Rauschgift D315, N15
Rauschgiftsucht D316, N12,
 T356
Rauschgiftsüchtiger N13
Rautengrube R275
Rautenhirn H357, R274
Raynaud-Krankheit R47,
 S1214
Raynaud-Phänomen D18
Raynaud-Symptom W41
Reaktion R48, R190
Reaktionsfähigkeit R51
Reaktionszeit R49
Reaktivierung R50
Reaktivität R51
Reanimation R192
Recessus R56
rechte Atrioventrikularklappe
 T490
rechte Atrioventrikularöffnung
 T488
rechte Kolonflexur H250
rechtshändig R294

Rechtsherzversagen R295
Rechtsverschiebung S443
Recklinghausen-Krankheit
 N114, R61
Redoxase O305
Redoxsystem R90
Reduktion R94
Reduktionskost R93
Reduplikation R95
reduzierte Berührungsemp-
 findlichkeit H672
Reduzierung R94
Reed-Sternberg-Zelle R97
reflektorische Pupillenstarre
 A634
Reflex R103
Reflexbogen R104
Reflexfehlen A630
Reflexlosigkeit A630
reflexogene Zone R105
Reflexsteigerung H646
Reflextherapie R107
refraktäre Phase R111
Refraktärperiode R111
Refraktion R109
Refraktionsgleichheit I560
Refraktionsweitsichtigkeit H624
Refraktometer R110
Regelblutungszyklus M233
Regenbogenhaut I520
Regenbogenhaut-Strahlen-
 körperentzündung I515
Regenbogenhautdiagnose I516
Regenbogenhautentzündung
 I521
Regenbogenhautfehlen A455
Regenbogenhautzittern T449
Regeneration R113
Regime R114
Regionalanästhesie R117
regionale Enteritis C1196,
 R118
regionale Perfusion R120
Regression R121
regulärer Astigmatismus R122
Regulatorgen R123
Regurgitation R124
Rehabilitation R125
Rehydratation R126
Reibegeräusch F285
Reife M120
reifer Ovarialfollikel M119
reifer Star R302
Reifung M117
reine Linie P1108
Reinfektion R127
Reinfektionstuberkulose R128
Reinigungsklistier C683
Reinigungskoeffizient C684
Reinnervation R130
Reinnervierung R130
Reiseapotheke F159

Reisedurchfall M395
Reisesserkrankheit B136
Reiswasserstuhl R288
Reiz S958
Reizbarkeit I530
Reizkolon I531
Reizschwelle S959
Rejektion R131
Rekalzifikation R52
Rekalzifizierung R52
Rekapitulationstheorie B200
Reklination R62
rekonstruktive Operation P587
Rekonvaleszent C1016
Rekonvaleszent-Keimträger
 C1017
Rekonvaleszenz C1015, R64,
 R83
Rektokolitis R68
Rektoperineorrhaphie R69
Rektopexie P883, R70
Rektoromanoskopie S500
Rektosigmoid R74
Rektosigmoidektomie R75
Rektoskop P886, R72
Rektoskopie P887, R73
Rektostomie R76
Rektotomie R77
Rektourethralfistel R78
Rektovaginalfistel R79
Rektovesikalfistel R80
Rektovestibularfistel R81
Rektozele P876, R67
Rektum R82
Rektumblutung P885
Rektumplastik R71
Rekurrensfieber R85
relative Erythrämie R136
relative Leukozytose R135
relative Lymphozytose S1064
relative Polyzythämie R136
Relaxans R137
Relaxation R138
Remak-Faser R140
Remedium R141
Remission R142
remittierendes Fieber R143
Ren K51
renale Rachitis P1008, R149
renaler Zwergwuchs R149
Renin R153
Renographie N70, R154
Reovirus R156
Repellent R157
Reperkussionsschmerz R100
Repolarisation R162
reponierbarer Bruch R92
Reposition R163
Repressor R164
Reproduktion P927, R165
Resektion R166
Reserve P730

RESERVEEXPIRATIONSVOLUMEN

Reserveexpirationsvolumen R167
Residualharn R170
Residualkapazität R169
Residualvolumen R169
Resistenz F44, R172
Resolution R173
Resonanz R174
resorbierbare Ligatur S628
Resorption R175
Respiration R176
Respirationstrakt R189
Respirator R178
respiratorische Acidose R179
respiratorische Alkalose R180
respiratorischer Metabolismus R185
respiratorischer Quotient R186
respiratorisches Epithel R183
Resterscheinung S354
Restharn R170
Restitution S1077
restliches Fruchtwasser H359
Reststickstoff N197, R191
Restvolumen R169
Retardierung R195
Retention R196
Retentionsikterus C458, R198
Retentionsträneнfluß E360
Retentionszyste R197, S264
retikuläre Formation R200
retikuläre Hautschicht R201
retikuläres Bindegewebe R203
retikuläres Stroma L377
Retikulin R204
Retikulinfaser R199
Retikuloendotheliose R207, R208
Retikuloendothelzelle R206
Retikulohistiozytose R207
Retikulose R208
Retikulozellensarkom R209
Retikulozyt R205, S545
Retina R211
Retinaablösung D147, R212
Retinitis R213
Retinoblastom R214
Retinochorioiditis R216
Retinomalazie R217
Retinopapillitis P79, R218
Retinopathie R219
Retinoskopie R220
Retraktion R222
Retraktionssyndrom R223
Retraktor R224
Retrobulbärneuritis R225
Retroflexie R226
retrogasserische Neurotomie R227
retrograde Amnesie R228
retromammärer Abszeß R229
retromandibular R230
retronasaler Polyp C455

Retroperitonealfibrose I17
Retroperitonealraum R231
Retropharyngealabszeß R232
Retropharyngealraum P772, R233
Retropulsion R234
Retrosternalbruch R235
Retrosternalkropf R236, S1076
Retroversion R237
Retzius-Raum P854
Revaskularisation R240
Revaskularisierung R240
Reversion R242
Revulsion R243
Rezept P837
Rezeptor R55
Rezeptorenblockierung B286
rezessiver Erbgang R58
rezessives Gen R57
Rezidiv R84
rezidivierendes Fieber P702
Rezipient R59
reziproker Herzrhythmus R60
Rhabdomyom R244
Rhabdomyosarkom R245
Rhagade F163, R246
Rheobase R247
Rheometrie R248
Rhesus-Faktor R249
rheumatische Chorea R250
rheumatische Herzklappen- erkrankung R252
rheumatisches Fieber B381, R251
Rheumatismus R253
Rheumatoidarthritis R254
Rheumatologe R255
Rhinenzephalon S583
Rhinitis C1094
Rhinolalie R260
Rhinolith N19, R261
Rhinopharyngitis R262
Rhinopharynx E359, N28, R263
Rhinophym H23, R265, T326
Rhinorrhoe R267
Rhinoskopie R268
Rhinosporidiose R269
Rhinovirus R271
Rhizotomie R272
Rhodopsin E441, R273, V209
Rhombenzephalon H357, R274
Rhypia R347
Rhythmus R277
Rhythmusstörung A643
Rhytidektomie R278
Rhytidosis R279
Riboflavin L39, R283
Ribonuklease R284
Ribonukleinsäure R285
Ribose R286
Ribosom R287

Richter-Bruch P164
Richter-Eingeweidebruch P164
Rickettsien R290
Rickettsienerkrankung R291
Rickettsiose R291
Riechbahn O66
Riechhirn R256, S583
Riedel-Struma F137
Riesenfibroadenom G190
Riesenlippen M3
Riesenurtikaria G194
Riesenwuchs G198, M12, S634
Riesenzelle G184
Riesenzelle der Lymphogranulo- matose R97
Riesenzellenarteriitis C1137, T91
Riesenzellengranulom G185
Riesenzellenmyelom G187
Riesenzellensarkom G188
Riesenzellensynoviom L285
riesenzelliges Sehnenscheiden- geschwulst L285
Riesenzellknochengeschwulst O225
Rigidität R296
Riley-Day-Syndrom F31, R297
Rinde C1078, M74
Rindenblindheit C1081
Rindenknochen C1082
Rindenstar C1083
Rinderbandwurm H436, U37
Rinderfinnenbandwurm B116
Ringchromosom R298
Ringfinger R299
Ringknorpel A473, C1189, I96
Ringskotom R300
Rinne S1110
Rippe R280
Rippen... C1097
Rippenatmung C1101
Rippenbogenreflex C1098
Rippen-Brustbeingelenke S934
Rippendurchschneidung C1105
Rippenfell C1099
Rippenfellentzündung C1100
Rippenfellverwachsung A172
Rippenknorpel C1102
Rippenpleura C1099
Rippenschere C1104
Rippenzange C1104
Risikofaktor R303
Riß S170
Rißbruch C688
Rißfraktur S827
Rißwunde L18
Ritzungstest S212
Rizinusöl C206
RNS R285
Robbengliedrigkeit P449

SAMENBLÄSCHEN

Robinson-Hydradenom R304
röchelndes Atmen S942
Roger-Krankheit R318
Roger-Septumdefekt R318
Rohr T549
Röhre T549
Röhrenknochen L307, P543
Rohrzucker S8
Rolando-Furche F164, R319
Rolle T510
Rollgelenk T511
Rollhügel T509
Rollstuhl I495
Romanoskop S499
Romanoskopie S500
Romberg-Phänomen R320
Romberg-Syndrom F9
Romberg-Versuch S881
Romberg-Zeichen R320
Röntgenaufnahme R311
Röntgendarstellung S553
Röntgendurchleuchtung R315
Röntgenfernbestrahlung T82
Röntgenkinematographie C644
Röntgenkontrastdarstellung der Lymphknoten L370
Röntgenkontrastmittel C1008
Röntgenogramm R311
Röntgenographie R24, R312, S553
Röntgenologie R313
Röntgenoskopie R315, S214
Röntgenschichtdarstellung S266
Röntgenseriendarstellung S360
Röntgenstrahlen R310
Röntgenstrahlenbehandlung R316
Röntgenstrahlendermatitis X22
Röntgenstrahlenstärkemessung R314
Röntgenvasokinematographie C643
Rosazea A81
Rose E414, R327
Roseola M15, R328
rostfarbiger Auswurf R350
Rotationsgelenk R330
Rotationsstörung M52
rotatorischer Nystagmus R331
Rotblindheit R86
rote Blutzelle R87
rote Hepatisation R88
Röteln E319, G173, R337
roter Infarkt H223, R89
roter Kern T70
roter Schweißfriesel W87
roter Thrombus R91
rotes Blutgerinnsel R91
rotes Blutkörperchen E425, R87
Rotfinnen A81, R326

Rotlauf E414
Rotsehen E440, R96
Rotsichtigkeit R96
Rotsucht M128
Rotz E395, G216
Rotzbakterium G217
Rouget-Zelle P287
Rous-Sarkom R336
Rubella G173, R337
Rubeola G173, R337
rubrospinale Bahn P831, R338
Rückbildung R121, R121
Rücken B4
Rücken... D294
Rückenmark S737
Rückenmarkbruch M517
Rückenmarkentzündung M514
Rückenmarkerkrankung M528
Rückenmarkfehlbildung M520
Rückenmarkflüssigkeit C363, S738
Rückenmarkkonus M158
Rückenmarklähmung M530
Rückenmarknervenbahndurchtrennung S741
Rückenmark-Oliverkernbahn S749
Rückenmarkschwindsucht P756
Rückenmark-Thalamus-Bahn S751
Rückenmarkverdoppelung D229
Rückfall R84
Rückfallextrasystole R238
Rückfallfieber R85
Rückfalltyphus R85
Rückfluß R108
Rückgrat B5, S736
Rückkopplung F72
Rucknystagmus J17
Rückstrom R124
Rückwärtsabknickung R226
Rudiment R339
Ruffini-Körperchen R340
Ruhelosigkeit U68
Ruhephase S883
Ruhetremor P189
Ruhezittern P189
Ruhigstellung I49
Ruhr D335
Rülpsen E412
Rumpel-Leede-Phänomen L198
Rumpf T335, T535
Rundstiellappen T551
Rundwurm R335
Rundzellensarkom E175, R334
Runzel W113
Runzelentfernung R278
Runzeligkeit R341
Rupia R347
Ruptur R348

russische Frühsommerenzephalitis R349

S

Säbelscheidenschienbein S1
Saccharase S4
Saccharid S5
Saccharimeter S6
Saccharose S8
Saccharurie S9
Sack P787, S2
Säckchen S12
sackförmige Bronchiektase S10
Sadismus S27
Sadomasochismus S28
Saft J26, S1087
Saftlosigkeit A64
safttreibendes Mittel S1083
Säge S103
Sagittalsinus L311
Sagomilz S29
Saite C537, C1042
sakkadierte Augenbewegung S3
sakkadierte Bewegung S3
sakkadiertes Atmen C774
Sakralanästhesie C244, S13
Sakralgie S14
Sakralisation S15
Sakrodynie S14
Sakroileitis S20
Sakroiliakalgelenk S19
Sakrokokzygealgelenk S17
Saktosalpinx S22
Salaamkrampf H55, S32
Salbe O57, U50
Salmonella paratyphi B S156
Salmonellose S39
Salpingektomie S40, T553
Salpingitis S41
Salpingographie S43
Salpingooophoritis S44, T567
Salpingoskopie S45
Salpingostomie S46
Saltation S48
saltatorische Erregungsleitung S49
saltatorischer Krampf S50
Salurese S56
Salzfieber S53
Salzmangeldiät L324
Salzmangelsyndrom L325
Salzödem S52
Salzsäure H515
Salzverarmungssyndrom S51
Samen S293
Samenbläschen S303

SAMENBLÄSCHENENTZÜNDUNG

Samenbläschenentzündung V155
Samenbläschenexzision V154
Samenblase S690
Samenblasenentzündung S691
Samenbruch S689, S690
Samenerguß E58
Samenfluß S694
Samenhügel S302, V142
Samenkanälchen S305
Samenleiter D43, S687, T135
Samenleiter-Nebenhoden-Anastomose V53
Samenleiterexstirpation V48
Samenleiterpunktion V60
Samenleiterschnitt V64
Samenstrang S686, T134
Samenstrangentzündung F320
Samenstranghydrozele F319
Samenzellenentwicklung S693
Sammellinse C1023, P627
Sammelmeniskus C1020
Sanatorium S57
Sandbehandlung S61
Sandfliege S59
Sandfliegenfieber S60
Sandfloh S58
Sandgeschwulst A432, S62
Sandtherapie P976
Sanduhrmagen B186, H463
Sängerknötchen S520, T61, V230
Sanierung S67
Sanitärin N244
Sanitäter H458, O175
Santorini-Kanal S71
Santorini-Knorpel C1060, S70
Saponifikation S73
Saponin S74
Saprophyt S77
sardonisches Lachen C52, S94
Sarkoenchondrom S84
Sarkoid S86
Sarkoidose B347, S87
Sarkolemm S88
Sarkom S89
Sarkomer S91
Sarkoplasma S92
sarkoplasmatisches Netz S93
Sarkosporidiose S83
Sarkozele S82
Sarzine S78
sattelförmige Gebärmutter S26
Sattelgelenk S25
Sattelkopf C707
Sattelschädel S24
Sättigung S96
Saturation S96
Saturnismus P625, S99
Satyriasis S100
Sauerstoff O309
Sauerstoffaufnahmefähigkeit O312

Sauerstoffbehandlung O316
Sauerstoffdefizit O313
Sauerstoffhunger O314
Sauerstoffinsuffizienz O314
Sauerstoffkapazität O312
Sauerstoffmangel O314
Sauerstoffsättigungsmesser O306
Sauerstoffsättigungsmessung O307
Sauerstoffschuld O313
Sauerstoffüberdrucktherapie H564
Sauerstoffzelt O315
Säufernase T326
Saugbiopsie A732
Saugen S1091
Säugling I135
Säuglingsatrophie A784
Saugwurm T446
Säule C851
saure Phosphatase A74
Säure-Basen-Gleichgewicht A66
säurebildend A68
Säuregehalt A70
Sauriasis S101
Scanning S113
Schädel B423, C1163, S560
Schädel... C1136
Schädelbasisbruch B73
Schädelbasisknochen B83
Schädelbohrer T455
Schädelbohrung C1162, T124, T454
Schädelbrecher C1147
Schädeldach S232
Schädeleröffnung C329, C1162
Schädelerweichung C1151, C1161
Schädelgewölbe C36
Schädelgrube C1140
Schädelhyperostose C1159
Schädelindex C318, C1141
Schädelinnendruck I471
Schädelknochennaht C864
Schädellehre C1150
Schädelmessung C1153
Schädelplastik C1156
Schädelpunktion C1157
Schädelquetscher C1147
Schädeltrepanation C1162
Schädelvolumen C1138
Schädelzertrümmerer B84, C330
Schädelzertrümmerung C332
Schädigung I68, I389, L143
schädlich N219
Schafpocken C429, S439, V31
Schaft S426
Schälen P230
Schall S650

Schalleitungstaubheit C925
Schallrezeptor P456
Schaltneuron I429
Schambeinfuge P1052, S1227
Schambeinfugendurchtrennung S1226
Schambeinkorpus P1050
Schambeinsymphyse P1052
Schamberg-Krankheit P910
Schambogen P1049
Schamlippenbändchen F263
Schanker C390
Scharbock S234
scharfes Häckchen T101
Scharlach S127
scharlachähnliche Röteln F144
Scharniergelenk G213, H360
Scharpie L220
Schaum F214
Schaumzelle F215
Scheckhaut P512, V218
Scheibe D250
Scheide S438, V11
Scheidenblutung C843
Scheidendammplastik C839
Scheidendammschnitt E373
Scheidendehner C832
Scheidenentzündung C834
Scheideneröffnung C850
Scheidenfixierung C840, V19
Scheidenkrampf C848, V15
Scheidenmikroskopie C837
Scheidenmyomentfernung C838
Scheidennaht C844
Scheidenprolaps C842
Scheidenriß C845
Scheidenschleimhautentzündung V16
Scheidenschnitt C850, V21
Scheidenspasmus C848
Scheidenspekulum V13
Scheidenspiegel C846
Scheidenspiegelung C847, V20
Scheidenvorfall C842
Scheidenwand D167
Scheidenwiederherstellung C841
Scheinagglutination P977
scheinbare Kurzsichtigkeit P1001
Scheinfütterung S431
Scheingelbsucht P994
Scheingelenk F28
Scheingeschmack P989
Scheinluxation P995
Scheinmyopie P1001
Scheinparasit P1003
Scheinschwangerschaft P1005, S834
Scheinzwittertum P992
Scheinzylinder P983
Scheinzyste P987

SCHULTERBLATT

Scheitel V138
Scheitelbein P159
Scheitelbein-Hinterhauptbeinrinne P167
Scheitelhirnwindung P163
Scheitelhöcker P161
Scheitellage V139
Scheitellappen P165
schematisches Auge S138
Schenkelbruch C717
Schenkelhalsbruch T397
Schere S169
Scherenbeine C1209
Scherpilzflechte T477
Scheuermann-Krankheit S139
Schichtepithel L59, S985
Schichtgerinnsel L57
Schichtstar L54
Schichtthrombus S986
Schieber B112
Schiefhals L326, S949, T336, W121
Schielauge S842
Schielen H335, S977
Schielwinkel S841
Schielwinkelmesser S976
Schienbein S432, S433
Schienbeinschmerz T275
Schienbeinvorderkante S446
Schiene S794
Schien-Wadenbeingelenk S1133
Schießscheibe T37
Schießscheibenzellanämie T39
Schießscheibenzelle T38
Schilddrüse T261
Schilddrüsenentzündung T266
Schilddrüsenfollikel T260
Schilddrüsenhormon T262
Schilddrüsenlosigkeit A786
Schilddrüsenresektion T265
schilddrüsenstimulierendes Hormon T273
Schilddrüsenunterfunktion T263
Schilddrüsenzungenfistel T254
Schilddrüsenzungengang T255
Schildknorpel T257
Schindylese S140
Schinkenmilz L71, W44
Schirmbildaufnahme F211
Schistosoma S143
Schistosomendermatitis S144, W33
Schistosomiasis B176, S145
Schistozyt S142
Schizogonie S147
Schizont S148
Schizontenmittel S149
Schizophasie S151
Schizophrenie S152
Schlaf S561
Schlafanfall N11

Schläfe T90
Schläfenbein-Brückenbahn T100
Schläfengrube T92
Schlafepilepsie S562
schlaffe Haut L315
Schlafkrankheit A219, L149
Schlaflosigkeit I374, S565
Schlafmittel H679
Schläfrigkeit H677, S563
Schlafsucht H651
Schlaftherapie P920
Schlafwandeln N170, S639
Schlagader A646
Schlagaderdruck A651
Schlagadereröffnung A668
Schlagadererweichung A661
Schlagaderwiederherstellung A663
Schlagvolumen S1016
Schlammbehandlung F34
Schlangenlinienpsoriasis S387
Schlauch T549
Schlauchhörrohr P452
Schleife L313
Schleim M435, M451
Schleimdrüse M448
Schleimerbrechen B257
Schleimgewebegeschwulst M577
Schleimhaut M446
Schleimhautausschlag E163
Schleimhautentfernung D72
Schleimhautleishmaniasis M442
Schleimretentionszyste M441
Schleimzelle M447
Schlemm-Kanal S154
Schließmuskel S714
Schließmuskeldurchtrennung S718
Schließmuskelentfernung S715
Schließmuskelentzündung S716
Schließmuskelrekonstruktion S717
Schlinge L313, S592
Schlottergelenk F177
Schluckauf H348
Schluckreflex S1195
Schluckstörung D345
Schlundschmerz P444
Schlüsselbein C797
Schlüsselbeindurchtrennung C695
Schlüsselbeinverrenkung C679
Schmarotzer P130
Schmarotzertum P133
Schmelzorgan E162
Schmerz A53, P17
schmerzhaft S646
schmerzhafte Mitempfindung S1260
schmerzhafter Stuhldrang T111

schmerzloses Geschwür I124
Schmerzüberempfindlichkeit H560
Schmerzunterempfindlichkeit H556
Schmorl-Knorpelknötchen S155
Schnabeltasse I494
schnappender Finger S591
schnappender Ton S590
Schnarchen S595
Schnaufen S597
Schnecke C760
Schnecken... C761
Schneckengang C762
Schneckenloch H97
Schneckentaubheit L12
Schnecken-Wasserleitung P311
Schneeblindheit I2, S596
Schneidermuskel T21
Schneidezahn C1293, I92
schnellender Finger J16, L289, S830
schnellender hoher Puls P545
Schnitt I91, S265, S265
Schnittentbindung C380
Schnittoberfläche S265
Schnittwunde I90
Schnupfen C1094, R258
Schnürer S714
Schock S450
Schockbehandlung S451
Schoenlein-Henoch-Krankheit A121
Schoenlein-Henoch-Syndrom H227
Schokoladenzyste C456
Schonkost S607
Schorf C1223, E442, S104, S573
Schornsteinfegerkrebs C438, S642
schottische Dusche S204
Schottmüller-Krankheit S157
Schottmüller-Salmonella S156
Schrägbruch O6
Schräglage O7
Schraubengelenk C763, S215
Schreckreaktion S871
Schreibkrampf C407, G336, S216, W119
Schreibstörung P102
Schreibunfähigkeit A241, G335
Schröpfen C1261
Schröpfglas C1262
Schröpfkopf C1262
Schrumpfniere C629, C1000, S461
Schrunde F163, R246
Schüffner-Tüpfelung S158
Schulter S456
Schulterblatt S117, S457

Schulterblattreflex S118
Schultergelenk S460
Schultergelenkentzündung O83
Schultergürtel S458
Schulter-Hand-Syndrom S459
schuppende Hautflechte P1014
Schuppenflechte P1014
schuppige Metaplasie S837
Schusterbrust C746
Schußwunde G390
Schüttelfrost C435, S429
Schüttelkrampf C716
Schüttellähmung P169, S430, T447
Schütteln S1088
Schutzbrille G288
Schützengrabenfieber T450, V235
Schützengrabenfuß T451
Schützengrabennephritis T452
Schutzhandschuhe L108
Schutzreflex D42
Schutzschirm S441
Schwäche I160
schwache Regelblutung H733
Schwachsichtigkeit A333
Schwachsinn D70, O75
Schwamm F317, S807
Schwämmchen M507, T243, W77
schwammige Knochensubstanz P630
Schwangere P812
Schwangerschaft G182, P810
Schwangerschaftschloasma M92
Schwangerschaftserbrechen V244
Schwangerschaftsgingivitis P811
Schwangerschaftsretinopathie G342
Schwangerschaftstoxikose T351
Schwangerschaftsurlaub M115
Schwangerschaftsverhütung C998
schwankender Gang T297
Schwannom N105, S159
Schwann-Zelle L121, S160
schwanzwärts C243
Schwarzdurchfall M203, T41
schwarzer Haarzunge H16
schwarzer Star B238
Schwarzwasserfieber B242, H199
Schwebelaryngoskopie S1187
Schweifkern C246
Schweinebandwurm A638, P735, S625
Schweinerotlauf S1203
Schweiß S1196
Schweißabsonderung H353
Schweißdrüse P385, S1097

Schweißdrüsenadenom S1289
Schweißdrüsenentzündung H350
Schweißdrüsengang S1096
Schweißdrüsenzyste H351
Schweißfriesel C1246
Schweißlosigkeit A450
Schwelle T218
Schwellenreiz L206, T220
Schwellkörper C259
Schwellkörperentzündung C255, S359
Schwellung S1199
Schwerelosigkeit W54, Z5
Schwerkettenkrankheit F276, H86
Schwertfortsatz E255, X21
Schwiele C29
schwielig C30
Schwimmbadkonjunktivitis S1202
Schwimmerkrätze S1201
Schwindel D287, G196, S850, V141
Schwindelgefühl V141
Schwindsuchtbehandlung P493
Schwitzen S1092
Schwund A814
Screening M99, S214
Seborrhoe S248, U67
seborrhoischer Pemphigus S310
seborrhoisches Ekzem E39
Sebozystomatosis S246
Sebum S249
Sechsfingrigkeit H342
Sedation S268
Sedativum S269
Sedierung S268
Sediment S270
Sedimentation S272
Seekrankheit N33, S235
Seelenblindheit P1016
Seelenschmerz S649
Seelenstörung P1042
Seelentaubheit P1022
Seelenträgheit P1023
Seemannshaut S30
Segment S275
Segmentanästhesie S276
Segmentationshöhle S277
segmentierter Leukozyt S278
Segmentierung C686
segmentkerniger Leukozyt S278
Segmentum S275
Segregation S279
Sehachse L210, O150, V206
Sehbahn O155
Sehen S495, V202
Sehfeld V207
Sehhügel T157
Sehloch P1102

Sehne S519, T107
Sehnenbogen T104
Sehnenentfernung T110
Sehnennaht S1248
Sehnenplastik S1247
Sehnenreflex J15, T108
Sehnenscheide T109
Sehnenschmerz T102
Sehnervenentzündung O139
Sehnervenkreuzung C425, O151
Sehnervenpapille O152
Sehnervenscheibe O152
Sehpigment V208
Sehpurpur E441, R273, V209
Sehschärfe V203
Sehschwelle L200
Sehstrahlung G149
Sehwinkel V204
Sehzeichen O158
Seife S598
Seitenaneurysma P345
Seitenventrikel L100, T486
seitliche Rückgratverkrümmung S198
Sekret S263
Sekretagogum S261
Sekretin S262
Sekretion D241, S263
sekretionsförderndes Mittel S261, S1083
Sekretionssteigerung H648
Sekretionsverminderung H759
Sektion D258, N44, P763, S265
Sekundärbruch S253
sekundäre Dextrokardie S252
sekundäre Reaktion A739
sekundäre Rechtsherzverlagerung S252
sekundärer Oozyt S255
sekundärer Star A221
Sekundärfraktur S253
Sekundärgeschlechtsmerkmal S256
Sekundärheilung H65, S250
Sekundärsyphilis S259
Selbstbefriedigung O95, S286
Selbsthypnose A861, S888
Selbstmord S1108
Selbstmörder S1108
Selektion S283
selektive Arteriographie S284
Selektivfärbung S285
semantische Aphasie S291
Semen S293
Semilunarganglion S298
seminiferes Epithelium S304
Seminom S307
Semiologie S292, S1234
Semiotik S292
Senear-Usher-Syndrom S310
Senfgas M489

Senfpflaster M490
senile Demenz P835
senile Gangrän S316
senile Hautelastose S315
seniles Hämangiom S314
seniles Keratom S242
Senilität S323
Senkniere N79
Senkung P1046
Senkungsabszeß W9
Senkungsblutfülle H763
sensibilisierende Substanz S335
Sensibilisierung A296, S333
Sensibilität S329
Sensitivierung S332
Sensitivität S332
sensorineurale Schwerhörigkeit S337
sensorineurale Taubheit S337
sensoriomotorischer Nerv S336
sensorische Amusie M487
sensorische Aphasie I77, P1041, R54, W106
sensorische Insuffizienz S341
sensorische Kreuzung S340
sensorische Lähmung S344
sensorischer Nerv A217, S343
separat D243
Separator S280, S345
Sepsis S346
Septämie S350
Septikämie B308, H140, S350
Septikopyämie S352
septische Endokarditis S348
septische Pest S351
septischer Schock S349
septisches Aneurysma B8
Septum S353
Sequester S357
Sequesterentfernung S356
Sequestration S355
Sequestrotomie N47
Serienaufnahmegerät S362
Serin S361
serofibrinöse Pleuritis S367
Serologie S369
seromuköse Drüse S370
serös S376
Serosa S371
seröse Drüse S379
seröse Entzündung S380
seröse Haut S371
seröse Otitis S382
seröse Synovitis S383
Serositis S372
Serotherapie S374
Serotonin S375
serpiginöses Syphilid S388
serpiginöses Ulkus S389
Serratia-Infektion S390
Serratiose S390
Sertoli-Zelle N245, S391
Serum B312, S392

Serumalbumin S394
Serumbehandlung S374
Serumdiagnostik S366
Serumhepatitis S397
Serumimmunität S368
Serum-Komplement-Fixationsreaktion S395
Serumkrankheit S396, S399
Serumreaktion S399, S401
Sesambein S402
Seuche P563
Seufzer S494
Sexologie S416
Sexuallehre S416
sexuell G150
sexuelle Perversion S418, S423
sexueller Infantilismus S421
Sharpey-Faser S435
Shiga-Kruse-Bakterie S444
Shope-Kaninchenpapillom R2
Shunt S462
Sialadenitis S463
Sialoadenektomie S466
Sialodochoplastik S470
Sialolith S35
Sialolithiasis S473
Sialorrhoe S465
siamesische Zwillinge S476
Sichelzelle C1179, M228, S480
Sichelzellenanämie C1180, D308, S481
Sichelzellhämoglobin S482
Sichtschwellenwert T219
Sideroblast S486
Siderodromophobie S488
Sideropenie S489
sideropenische Dysphagie S490
Siderose S492
Siderosilikose S491
Siderozyt S487
siebartig C1186
Siebbein E470, S493
Siebbein... E469
Siebbeinentzündung E472
Siebbeinhöhle E471
Siebentagefieber B383, D77, S404, S615
siebförmig C1186
Siebplatte C1187
Siebtestung M99
Siegelring S505
Siegelringzelle S506
Siemens-Syndrom A451
Sigmaentzündung S497
Sigmafistelung S501
Sigma-Kunstafteranlegung S501
Sigmaspiegel S499
Sigmaspiegelung S500
Sigmoiditis S497
Sigmoidorektostomie S498

Sigmoidoskopie S500
Sigmoidostomie S501
Silbernitrat L342
Silikatose S508
Silikose S508
Silikotuberkulose S509
Simulant M44
Simulation S517
Singultus H348
Sinistroversion S523
Sinn S324, S325
Sinnesorgane S328
Sinneswahrnehmung P271
Sinneszelle S339
sinoaurikulärer Block S524
Sinus S529
Sinus sigmoideus S496
Sinus sphenoparietalis S704
Sinusarrhythmie J31
Sinusitis S534
Sinusitis nach einem Barotrauma S531
Sinusknotenrhythmus S533
Sinusographie S527
Sirenomelie S535
Sirup S536
Sitophobie S541
Sitzbein I540
Skabies A32, I565, S105
Skale S107
Skalenus-anterior-Syndrom S108
Skalp S110
Skalpell K72, S112
Skalpierung S111
skandierende Sprache S114
Skapula S457
skapulohumerale Periarthritis S120
skapulohumeraler Reflex S121
skapulohumeraler Typ der progressiven spinalen Muskelatrophie S119
Skarifizierung S124
Skarifizierungsmesser S126
Skelett S548
Skeletthand S549
Skelettmuskel S546
Skelettzug S547
Skene-Gang S551
Skeptophylaxie S552
Skiaskopie P1107, R220, S554
Skirrhus C602, F135, S167
Sklera S171, W78
Skleradenitis S172
Skleralsporn S173
Skleralstaphylom C1014
Sklerektasie S175
Sklerektomie S176
Sklerem S178
Skleritis S180
Sklerodaktylie S182
Sklerödem S177

SKLERODERMIE

Sklerodermie S183, S556
Sklerokeratitis K38
Skleromalazie S184
Skleronychie S185
Skleroprotein S187
Sklerose S191
sklerosierende Osteomyelitis C916, F260, G57, S190
sklerosierendes Hämangiom S189
Sklerotom S194
Sklerotomie S195
Skolex S196
Skoliomesser S197
Skoliose S198
Skoliosenbecken S199
Skopophilie V247
Skorbut S234
Skotom S205
Skotometrie S207
Skotommeßgerät S206
Skotophobie S208
skotopisches Auge S210
skotopisches Sehen S211
Skrofuloderm S218
Skrofulose S217
skrofulöse Keratitis S221
skrofulöse Konjunktivitis S222
Skrotalhautkarzinom C438
Skrotalhernie S224
Skrotum S229
Skrotumkarzinom C438
Skrotumplastik S228
Skrotumresektion S225
Smegma S581
Smegmolith P828
Smog S584
Sodbrennen B439, C129, G78, H173, P1163
Sodoku R42, S603
Sodomie S604, Z12
Sofortallergie I44
Solanin S613
Solarplexus S616
Solarretinopathie S617
Solartherapie S618
Solitärbündel G197, S626
Soma S629
Somatisation S633
somatisches Antigen S631
Somatopsychose S635
somatosensorischer Epilepsieanfall S342
somatotropes Hormon G373
Somatotropin G373, S636
Somatotyp B344
Somit S637
Sommerjucken S1118
Sommerkatarrh P682
Sommerprurigo S1118
Sommersprossen F278
Somnambulismus N170, S639
Somniloquie S640

Somnolenz H651
Sonde P869, S650, T549
Sonnenbestrahlung I373
Sonnenbrand S1120
Sonnengeflecht C275, S616
Sonnenlichterythem P470
Sonnenretinopathie S617
Sonnenstich I373, S615, S1121
Sonnenstrahlenbehandlung H99, S618
Soor M507, T243, W77
Sopor S643
Sorbit S644
Sorbose S645
Spalte C690, F163, S170
Spalthand C691, L278, S795
Spalthauttransplantat S796
Spaltlampe G383, S572
Spaltlampenmikroskop C1053
Spannung T305
Spannungspneumothorax T118
Sparganose S655
Sparganuminfektion S655
Spasmolytikum S660
spasmolytisch A537
Spasmophilie S657
Spasmus C1135
spastische Diplegie S662
spastische Hemiplegie S663
spastische Paraplegie T144
spastische Spinalparalyse E398, S665
spastischer Schiefhals S659
Spastizität S664
Spätchlorose L92
Spatel S666
Spätepilepsie T36
Speckmilz L71, W44
Speckniere A379, W42
Speibecken C1282
Speichel S33, S763
Speichelabsauger S34
Speicheldrüsenentfernung S466
Speicheldrüsenentzündung S463
Speicheldrüsenröntgendarstellung S472
Speichelfistel S36, S475
Speichelgangentzündung S469
Speichelgangplastik S470
Speichelstein S35
Speichelsteinkrankheit S473
speicheltreibendes Mittel S464
Speicherungskrankheit S975, T195
Speise F236
Speiseröhre E460
Speiseröhren... E443
Speiseröhren-Magen-Anastomose E452
Speiseröhrendivertikel E444
Speiseröhrenentfernung E449
Speiseröhrenentzündung E451

Speiseröhreneröffnung E459
Speiseröhrenerweiterung E448
Speiseröhrenfistelung E458
Speiseröhrenjejunostomie E453
Speiseröhrenkrampf E450
Speiseröhrenspiegelung E455
Speiseröhrenverengerung E457
Spektrokolorimeter S680
Spektrophobie S681
Speleostomie S684
Spender D293
Sperma S293
Spermatide S688
Spermatogenese S693
Spermatozele S689, S690
Spermatozoon S695
Spermatozyt S692
Spermatozyt der zweiten Reihe S258
Spermaturie S294, S696
Spermiogenese S693
spezielle Pathologie S667
Spezies S671
spezifisch-dynamische Wirkung S673
spezifisches Gewicht S674
Spezifität S677
sphärische Linse S707
Sphärophakie S712
sphärozylindrische Linse S708
Sphärozyt S709
Sphärozytenanämie S710
Sphenozephalie S701
Sphingolipidspeicherkrankheit S719
Sphingomyelin S720
Sphingomyelinose S721
Sphingomyelinspeicherkrankheit N165
Sphinkter S714
Sphygmogramm P1088
Sphygmograph S722
Sphygmographie A656, S723
Sphygmomanometer S724
Sphygmus P1087
Spiculum S726
Spidernävus A652, S727, V47
Spiegel R102, S682
Spiegel-Hernie S729
spiegelbildliche Eingeweidelage V191
Spiegelophthalmoskop R101
Spike-Potential S731
Spinalanästhesie S1041
Spinalapoplexie S733
spinale Kinderlähmung P677
spinale progressive Muskelatrophie P909
Spinalganglion I447
Spinalmark S737
Spinalpunktion S740
Spindel S742

spindelförmig F329
Spindelhaarkrankheit B104, M377
Spindelstar S743
Spindelzelle S744
Spindelzellsarkom F41, S745
Spinnenfinger S728
Spinnenfingrigkeit A97, A620
Spinnenmal A652, S727
Spinnennävus A652, S727, V47
spinotektale Bahn S750
Spiralbruch S752
Spirale H100
Spiralorgan A87, S753
Spirille S754
Spiritus S755
Spirochäte S757
Spirochätose S758
Spirogramm S759
Spirograph S760
Spirometer S761
Spirometrie S762
Spitze A575
spitze Feigwarze F142, V86
spitzes Kondylom P669, V86
Spitzfuß E396, T292
Spitzfußgang C1204, E394
Spitzköpfigkeit H787, O308
Spitzpocken V31
Spitzschädel A95
Spitzschädeligkeit S897
Splanchnästhesie S764
Splanchnektomie S765
Splanchnologie S766
Splanchnomegalie S767, V196
Splanchnoptose S768, V198
Splenalgie S773
Splenektomie L188, S774
Splenisation S783
Splenitis L189
Splenodynie S773
Splenographie L190, S786
Splenohepatomegalie S776
Splenokeratose S787
Splenomegalie M177, S788
Splenopexie S789, S792
Splenopneumonie S790
Splenoportographie S779
Splenorrhaphie S792
Splenozyt S784
Splitterbruch C862
Spondylarthritis S797
Spondylitis S798
Spondylolisthesis S799
spondylolisthetisches Becken S800
Spondylolyse S801
Spondylopathie S802
Spondyloschisis S804
Spondylose S805
Spondylotomie S806
Spongioblast S808

Spongioblastom S809
Spongiose S811, T366
spongiöser Knochen S812
Spongiozyt S810
Spontanamputation S814
Spontanentstehung S815
Spontanpneumothorax S816
sporadisch S819
sporadisches Fleckfieber B459
Spore S820
Sporn C15, S832
Sporogenesis S822
Sporogonie S822
Sporotrichose S823
Sporozoit S824
Sporozyste S821
Sportlerherz A783
Sprache S683
Sprachheilbehandlung L304
Sprachheilkunde L300
Sprachkoordinationsstörung D346
Sprachtherapie L304
Sprachverwirrtheit S151
Sprachzerfahrenheit S151
Sprechstunde C983
springende Pupillen H367
springender Finger T495
Springwurm P542, S236, T214
Spritze S1290
Spritzflasche S1290
Sproßpilzerkrankung B251
Sprue S831
Sprungbein A462
Sprungbein-Fersenbein-Gelenk T27
Sprunglappen J27
Spülung I529, L102
Spulwurm A708, L335
Spulwurmkrankheit A707
Spurenelement T368
sqamöse Blepharitis S838
staatliches Gesundheitswesen S877
Stäbchen- und Zäpfchenschicht B2, J2, R307
Stäbchenzelle R306
stabkerniger Granulozyt S844
Stachelzelle P856
Stadium S849
Stagnation S851
Stakkato-Sprache S845
Stamm S981, T335, T535
Stammhirn B428
Stammzelle S903
Stammzellenleukämie E134, S904
Standardableitung S857
Standardabweichung S856
ständige Zahnfüllung P369
ständiges Fieber C995
Stapedektomie S859
Stapes S860

Staphylokokkenantitoxin S864
Staphylokokkenpyodermie S865
Staphylom S866
Staphylomeröffnung S869
Staphylotomie U175
Star G225
Stärke S870
starke Peristaltik M97
Stärkehydrolyse A381
Stärkespaltung A381
Stärkeverdauung A381
starkwirkend H303
Starre R296
Starrkrampf T146
Starstechen C1112
Starstich C1112
Stase S851, S874
Stasobasophobie S873
stationärer Star S882
Stationsschwester C397
statokinetischer Reflex S886
Statokonie S885
Statokonien E5
Statolith O261, S885
Statolithen E5
Status S876
Staubinde T348
Staubkorn C642
Staubkrankheit C952, K80
Staublunge M94
Staublungenerkrankung C952, P639
Stauschlauch T348
Stauung S851, S874
Stauungsgeschwür S875
Stauungshyperämie V96
Stauungsinduration C1300
Stauungsinsuffizienz C947
Stauungsleber C948
Stauungsleberzirrhose C108
Stauungslunge C118
Stauungsniere C1301
Stauungspapille C457
Stauungspapille des Auges P75
Stauungspneumonie H764
Stauungsthrombus M78
Steatom S892, W56
Steatopygie S895
Steatorrhoe F56, S240
stechender Schmerz S962
Stechwunde P1101
Steckbecken B112
Stehltrieb C696, K65
Stehunfähigkeit A740
Steifheit R296
Steigbügel S860
Steigbügelentfernung S859
Steilgaumen H788
Stein C23, C912, S973
Steinkind L256
Steinkrankheit L255
Steinleiden L255

STEIN-LEVENTHAL-SYNDROM

Stein-Leventhal-Syndrom S181
Steinschnitt L257
Steinzertrümmerer L260
Steinzertrümmerung L258
Steißbein C759
Steißbeinfistel C757
Steißbeinganglion C755
Steißbeingelenk C756
Steißbeinglomus C754
Steißbeinschmerz C758
Steißgeburt B450
Steißlage B451
Stellektomie S902
Stellung P749
Stenokardie H80, S905
stenopäische Brille S906
Stenose S907
Steppergang E394, H356, S910
sterben D193
Sterblichkeit D25, M408
Sterblichkeitsziffer D25, M408
Stercobilin S911
Stercobilinogen S912
Stereoagnosie A743, S915
Stereoenzephalometrie S916
Stereoenzephalotomie S917
Stereognosie S918
Stereoophthalmoskop S919
Stereoporphyrin S920
Stereoröntgenographie S922
Stereoskop S923
stereoskopische Parallaxe S924
stereoskopisches Sehen S925
stereotaktische Methode S926
stereotaktische Operation S926
Stereotypie S927
steril B59
Sterilisation S930
Sterilisierapparat S931
Sternalpunktion S932
Sternganglion C379, S901
Sternkatarakt S899, S1192
Sternotomie S935
Sternstar S899, S1192
Sternum B442, S936
Sternumpunktion S932
Sternzelle S900
Steroid S939
Steroidhormon S940
Sterol S941
Stertor S942
Stethoskop S944
Stevens-Johnson-Syndrom S945
Stich B231
Stickstoffgleichgewicht N176
Stiel P227, S854
Stiellappen P228
Stigma S950
Stillstand S858
Stillstellung I49
Stimmband V227

Stimmbandknötchen V230
Stimmbildung P451
Stimmbildungsstörung D347
Stimme V233
Stimmfalte V228
Stimmfremitus V229
Stimmritze G256, T533
Stimmschwäche P450
Stimmung M397
Stimulans S955
Stimulation S956
Stimulus S958
stinkend F100
stinkender Schweiß F101
Stinknase O321
Stirn F249
Stirnbeinhöhlenentzündung F292
Stirnbein-Nasengang F293
Stirnlage B515
Stirnlappen F291
Stirnspiegel H54
Stirnwindung F290
Stockung S851, S874
Stoffwechsel M259
Stoffwechselantagonist A522
Stoffwechselacidose M257
Stoffwechseleinschränkung H734
Stoffwechselendprodukt C211
Stolpern T297
Stoma S963
Stomachus S964
Stomatitis S969
Stomatologie S971
Stomatomykose T243
Stopfer P624
Störung D114, D252, D274, I68
Stoß S450
Stoßnystagmus J17
Stottern L303, S1033
Strabismus H335, S977
Strabismuswinkel S841
Strabometer S976
Strahl R44
Strahlenbehandlung R34
Strahlenchirurgie R33
Strahlendermatitis A105, R23
Strahlendermatose A104
Strahlenkörper C632
Strahlenkrankheit R12
Strahlenpathologie R30
Strahlenpilze R45
Strahlenpilzkrankheit A106
Strahlenschutzschirm S441
Strahlung R11
Strahlungsmessung D299
Strang C537, C1042, F318, T386
Strangulation S984
Stratigraphie S987, T304
Stratum lucidum C685

Stratum papillare corii P71
Strecker E556
Streckmuskel E556
Streichung E50
Streifen T31
Streifenkeratitis S1005
Streifenkörper S1004
Streitsucht L262
Streptodermie S996
Streptokinase S997
Streptokokkämie S994
Streptokokkenhämolysin S998
Streptokokkenpyodermie S996
Streptokokkus S995
Streptolysin S998
Streptotrichose N178, S1000
Streß S1001
Stridor S1011
Striktur S1009
Strikturdurchtrennung S1010
Strobila S1013
Stroboskop S1014
Stroma F274, S1017
Stromalendometriose S1018
Stromatolyse S1019
Stromverbrennung E74
Strongyloidiasis S1021
Strongyloidosis S1021
Strophulus S1022
Strukturgen S1023
Struma G289, S1024
Strumektomie S1025
Strümpell-Bechterew-Krankheit A469
Stufe D53
Stuhl F69, S974
Stuhlentleerung D40
Stuhlgang M434
Stuhlinkontinenz E186, F65, S131
Stuhluntersuchung S133
Stuhlverstopfung C974, O16
stumm D327
stumme Infektion C1239
Stumpf S1029
stumpfer Geburtshaken B335
Stupor S1031
Stupor mit Muskelstarre A259
Sturge-Weber-Krankheit C331, S1032
Sturzgeburt P796
Stuttgarter Hundefieber C50
Stuttgarter Hundeseuche C50
Stützzahn A28
Stützzelle S1141, S1189
Stützzelle im Hoden N245
subakute bakterielle Endokarditis S1037
subakute Glomerulonephritis S1040
subakute granulomatöse Schilddrüsenentzündung S1038

SYPHILID

subakute Hepatitis S1039
subarachnoidaler Raum A625
Subarachnoidalraum S1042
subdiaphragmale Eiteransammlung S1050
Subduralblutung S1052
subduraler Abszeß S1051
subendokardialer Myokardinfarkt S1053
Subendothelialschicht S1054
subjektives Merkmal S1056
subjektives Symptom S1056
subkapitaler Femurbruch S1043
subkapsulärer Star S1044
subklinische Infektionskrankheit S1045
subkommissurales Organ S1046
subkorneale Pustulärdermatose S1047
Subkutaninjektion H709
Subkutankanüle H710
Subkutantransfusion S1049
Subkutis H711
Sublimierung S1057
sublinguales Fibrogranulom R293
Subluxation S1063
Subluxation der Linse P416
Submaxillardrüse S1069
Submaxillarganglion S1068
submetazentrisches Chromosom S1071
Submukosa S1072
submuköse Resektion S1073
Subperiostalbruch S1074
subphrenischer Abszeß S1050
Substitution S1077
Substitutionstherapie R158, S1078
substitutive Atrophie C876
subthalamischer Kern L255
Subtilisbazillus G338, H48
subtotale Uterusexstirpation S1082
Sucht M67
Süchtiger M68
südamerikanische Schleimhautleishmaniasis E463
südamerikanische Trypanosomiasis S651
sudanophile Leukodystrophie P231
Suggestibilität S1104
Suggestion S1105
Suggestionstherapie S1106
Sugillation S1107
Sulcus G366, S1110
Sulcus calcarinus C17
Sulcus hippocampi D92
Sulfatase S1111
Sulfhämoglobin S1114

Sulfhydrylgruppe S1113
Summationseffekt A131
Sumpffieber M30
Superacidität S1122
Superego S1124
Superinvolution der Gebärmutter S1129
Supination S1137
Supinator S1138
Suppositorium S1142
Suppression S1143
suppurative Nephritis S1147
suppurative Pleuritis S1149
Suprachorioidea S1151
Supraklavikulargrube S1152
Suprakondylarfraktur S1153
supramarginale Windung S1154
Supranuklearlähmung S1155
supraoptischer Kern S1156
Supraorbitalreflex S1157
suprapubische Lithotomie H354, S1159
supraventrikuläre Extrasystole S1165
Supravitalfärbung S1166
Sura S1167
Suspension S1186
Suspensorium S1188
Sutton-Krankheit C656, S1190
Sutton-Nävus S1190
Suturalknochen E302
Swift-Krankheit S1200
Sydenham-Chorea J32
Sykose S1205
Sylvius-Aquädukt S1207
Sylvius-Furche F165
Symbiont S1208
Symbiose S1209
Symblepharon S1211
Symbol S503
Symbolfurcht S1212
Sympathektomie S1215
Sympathikoblastom S1222
Sympathikogoniom S1222
Sympathikolytikum S1223
sympathikomimetisches Mittel S1224
sympathikostimulierendes Mittel S1224
Sympathikotonie S1219
Sympathikusganglienkette G39
Sympathikusquetschung S1220
Sympathikusresektion S1215
sympathische Ophthalmie M322, S1217, T403
sympathisches Nervensystem S1216
Symphalangismus S1225
Symphyse S1227
Symphysenschnitt S1226
Symphysis pubica S1227
Symplast S1228

Symptom C394, S503, S1229
symptomatische Behandlung E538, S1231
symptomatische Impotenz S1230
symptomatischer Schiefhals S1232
Symptomatologie S1234
Symptomenlehre S1234
symptomlos A764
symptomlose Infektionskrankheit S1045
Sympus S1235
Synalgie S1236
Synapse S1237
Synapsenbläschen S1239
synaptischer Spalt S1238
Synarthrose S1240
Synästhesie S1259
Synchilie S1241
Synchondrose S1242
Syndaktylie S1245, Z20
Syndaktylie der Füße W48
Syndaktylie der Hände W47
Syndesmitis S1246
Syndesmose S1249
Syndrom S1250
Syndrom des «steifen» Menschens S948
Syndrom des chinesischen Restaurants C440
Syndrom des irritablen Kolons I531
Synechie S1252
Synechiendurchtrennung S1254
Synechiotom S1253
Synechiotomie S1254
Synergie S1258
Synergist S1256
Synergisten S1257
Synkinese S1264
Synkope S1243
Synorchidie S1265
Synostose S1266
Synotie S1267
Synovialektomie S1268
Synovialflüssigkeit S1269
Synovialgelenk D176
Synovialis S1270
Synovialissarkom S1271
Synovialmembran S1270
Synovialmembranentzündung S1275
Synovialscheide S1272
Synovialzotte S1273
Synoviom S1274
Synovitis S1275
syntaktische Aphasie S1276
Synthetase S1277
Syntrophismus S1278
Synzytium S1244
Syphilid S1280

SYPHILIS

Syphilis S1281
Syphilisfurcht S1286
syphilitische Roseola E419
syphilitische Rückenmark-
 schwindsucht T5
syphilitischer Hautausschlag
 S1280
syphilitischer Schanker S1282,
 T530
syphilitisches Leukoderm
 S1283
Syphilom S1285
Syringektomie S1291
Syringitis S1292
Syringobulbie S1293
Syringokystom S1295
Syringom S1296
Syringomyelie M533, S739,
 S1297
syringomyelische Empfindungs-
 dissoziation S1298
Syringotomie S1299
Syringozystadenom S1294
systemische Sklerodermie P911
Systemschwindel R329, S1302
Systole S1306
Systolengeräusch S1307
systolischer Blutdruck S1308
Szintifotographie S166
Szintigramm S163
Szintillation S165
Szintillationsskotom S164
szirrhöser Krebs C602
szirrhöses Karzinom S167
Szirrhus C602, F135, S167

T

Tabakbeutelnaht P1115
Tabes dorsalis T5
tabetische Empfindungsdis-
 soziation T4
tabetische Krise T3
Tablette T6
Tachometer T8
Tachykardie H75, T9
Tachylalie T10
Tachyphagie T11
Tachyphylaxie T13
Tachypnoe P715, T14
Tachystoskop T7
Taenia T32
Tages... D277
Tagesdosis D7
Tagessehen C933, P476
Takayasu-Syndrom A559,
 P1090, R241, T22
taktile Agnosie T16

taktiles Ästhesiometer T19
Talalgie T23
Talg S249
Talgdrüse O55, S241
Talgdrüsenadenom P866, S237
Talgdrüsenstein S247
Talgfluß S248, U67
Talggeschwulst W56
Talgzyste S239, W56
Talipes T26
Talk T24
Talkose T25
Talkstaublungenerkrankung
 T25
Talkum F282
Talus A462
Tampon P11, S807, S1036,
 S1194, T28
Tamponade P14, T29
Tamponierung P14
Tangentialschußwunde G393
Tannin T30
tanzende Kniescheibe F204
Tanzwut C545
Taphophobie T33
Tapotement T34, T35
Targetzelle T38
Tarsitis T47
Tarsusdrüse T45
Täschchen S12
Tasche P787
Taschenapotheke F159
Tastgefühl T346
Tastkörperchen O274, T347
Tastsinn T18, T346
Tatauierung T56
Tätigkeitsverlangsamung B414
Tätowierung T56
taub D20
Taubheit D22, S1168
taubstumm D21
Taubstumme S1169
Taucherkrankheit C12, D35,
 D281
Tauchkropf W12
Taurin T57
Taurocholsäure T58
Taxon T59
Taylor-Krankheit T60
Teegemisch S671
Teerstuhl T41
Teerzyste T40
Tegmentum T71
Teilantigen P184
Teilchen C1074
Teilentfernung R166
Teilung D285
Teilungsspindel C689
tektospinale Bahn T67
tektospinaler Trakt S1109
Telangiom T73
Teleangiektasie T74
Telemetrie T78

Telerezeptor D265
Teleröntgenographie T79
Teleröntgentherapie T82
Telophase T84
Telophragma T85
telozentrisches Chromosom
 T83
Temperament T86
Temperatur T87
Temperaturempfindung T182
Temperaturrezeptor T192
Temperaturüberempfindlichkeit
 T183
Temperaturunterempfindlichkeit
 T184
Temporalarteriitis C1137, T91
temporärer Schmarotzer T96
Tenalgie T102
Tendo S519, T107
Tendolyse T106
Tenektomie T110
Tenesmus T111
Tennisellenbogen T114
Tenon-Kapsel E597, T117
Teratogenese T121
Teratom T122
Terminalbronchiole T125
terminale Endokarditis T126
Terpen T127
Tertiana T128
tertiäre Syphilis T129
Test T131
testikuläre Feminisierung T136
Testis T137
Testosteron T138
Teströhrchen T139
Tetanie T147
Tetanus T146
tetanusartige Paraplegie T144
Tetanustoxin T145
Tetrajodthyronin T274
Tetraplegie Q6, T151
Teufelsfurcht S95
Thalamotomie T156
Thalamus T157
Thalamusschnitt T156
Thalamussyndrom T154
Thalassämie T39
Thanatologie T160
Thanatophobie T161
Theinvergiftung T163
Thekazelltumor T162
Thekom T162
Thenar T164
Therapeut T170
therapeutische Dosis C1267
therapeutischer Index T166
therapeutischer Pneumothorax
 T167
Therapie T171, T444
Thermalverbrennung T172
Thermanästhesie T174
Thermästhesie T182

TRÄNENGAS

Thermoelement T180
Thermokaustik T178
Thermokoagulation T179
thermolabil H82
Thermometer T186
Thermometrie T187
Thermopenetration E104, T188
thermophile Bakterie T189
Thermophor T190
Thermoregulation T193
Thermotherapie T194
Thesaurismose S975, T195
Thiamin T196
Thiersch-Transplantat T197
Thioalkohol T202
Thioharnstoff T203
thorakale Atmung T210
Thorakograph T212
Thorakometrie S943
Thorakoskopie T213
Thorakozentese T207
Thorax C421
Thrombasthenie T225
Thrombektomie T226
Thrombin T227
Thromboembolie T232
Thrombokinase T237
Thrombophlebitis T236
Thromboplastin T237
Thrombose T238
thrombotische Mikroangiopathie T241
Thrombozyt B307, P571, P592, T228
Thrombozythämie T231
Thrombozytopenie T229
Thrombozytose T231
Thrombus B292, C724, T242
Thymektomie T245
Thymidin T247
Thymin T248
Thymitis T249
Thymoleptikum C1115
Thymozyt T250
Thymus T251
Thymusaplasie T246
Thymusdrüse T251
Thymusdrüsenentzündung T249
Thymusentfernung T245
Thymuslosigkeit A785
Thyreoglossusfistel T254
Thyreoidektomie T265
Thyreoiditis T266
Thyreokalzitonin T253
thyreoprive Schilddrüsenunterfunktion T269
Thyreotomie T270
Thyreotoxikose T258, T272
thyreotoxische Krise T258
Thyreotropin T273

Thyroxin T274
Tibia S432, S433
Tibialgie T275
Tibialphänomen T276
Tic H2, J28, T277
tiefe Sensibilität P934
Tiefenanästhesie B100
Tiefenangst B98
Tiefenempfindlichkeit B99
Tiefenfurcht B98
Tiefensensibilität B99
Tierfurcht Z15
Tierparasit Z14
Tiersehen Z16
Tigerherz T286
Tigroidsubstanz T287
Tinktur T290
Titration T296
Titrierung T296
Tochterherd M267
Tod D24
Tod in der Krippe C1185
Todesrate D25, M408
tödliche Dosis L147
Tokodynamograph T298
Tokopherol A539, T299
Toleranz T301
Tollwut R3
Tollwuteinschlußkörperchen N51
Tomograph T303
Tomographie S266, S987, T304
Ton S650, T305
Tonikum T310
tonischer Krampf T142, T311
Tonographie T312
Tonometer T313
Tonsille T314
Tonsillektomie T317
Tonsillenmesser T319
Tonsillitis T318
Tonsillotom T319
Tonsillotomie T320
Tontaubheit S338
Tonus T305
Tonusstörung D350
Topalgie T324
Topästhesie T327
Topektomie T325
Tophus C388, T328
Topographie T330
topographische Anatomie R116
Torsion T332
Torsionsfraktur S752, T333
Torsionsspasmus T334
Torticollis L326
Torulose C1235, S7, T337
Torus T338
tot D17
totale Anästhesie T339
totale Aphasie G237
totale Blindheit A327

totale Bluttransfusion T345
totale Farbenblindheit A62
totale Hypermetropie T341
totale Katarakt C885
totale Lungenkapazität T342
totale parenterale Ernährung T343
totale Prothese F305
totale Taubheit A389
totaler Augenstar T340
totaler peripherer Widerstand T344
totaler Star C885
Totalfasten A21
Totalzahnprothese C887
Totenkammer M402
Totenstarre C10, P764
Totgeborene S954
Totgeburt S953
Totraum D19
Toxämie T350
Toxidermie T354
Toxikologie T355
Toxikomanie T356
Toxikose T359
Toxin P670, T360
Toxinämie T350
Toxinpsychose T352
Toxizität T353
Toxoid T363
Trabekel T365
Trabekelnetzwerk T367
Trabekulargeflecht T367
Trachea T370, W91
Trachealfistel T372
Trachealkanüle T384
Trachealpulsation T373
Tracheitis T374
tracheobronchialer Lymphknoten B473
Tracheobronchitis T377
Tracheobronchoskopie T378
Tracheoskopie T380
Tracheostenose T381
Tracheotomie T382
Tracheotomiehaken T383
Tracheozele T379
Trachom G317, T385
Tractus rubrospinalis M373
Tractus vestibulospinalis V161
Tragbahre S1003
Tragebeutel S1188
Tragebinde S1188
Trägheit I133
Tragophonie T389
Tragus T390
Traktion E555, T387
Traktotomie T388
Träne T62
Tränenbucht L22
Tränendrüsenentzündung D1
Tränengang L20
Tränengas L25, T63

TRÄNENNASENGANG

Tränennasengang N27
Tränensack L23, T64
Tränensackentzündung D2
Tränensackeröffnung D3
Tränensackfistel L21
Tränensackschnitt D3
Tränensackstein D4
Tränensee L22
Tränensekretion L24
Tränenstein O134
Tränenträufeln E360
tränentreibendes Gas T63
Tranquilizer T393
Transaminase A353, T394
Transaminierung T395
Transanimierung T396
Transfer T402
Transferase T401
Transfer-Ribonukleinsäure T400
Transferrin T405
Transformation T408
Transfusion T409
Transfusionshepatitis T410
Transillumination T412
transitorische Manie T414
transitorische Proteinurie T411
transkortikale Apraxie T398
Translokation T415
Transmembranpotential M208
Transmethylierung T418
Transmission T419
transmuraler Herzinfarkt T420
transorbitale Leukotomie T422
Transphosphorylation T423
Transplantat G308, T424
Transplantatabstoßung R131
Transplantatempfänger H461
Transplantation G309, T425
Transposition T426
Transsexualismus T427
Transsudation T428
Transvestitismus E294, T435
Trapezium T436
Trapezkörper T437
Trapezoideum T436
Traube-Doppelton T439
traubenähnliches Sarkom E125
Traubenkur A369, G331
Traubenmole C1337, H497
Traubenpolyp B373
Traubenzucker G260, G332
Trauma I190, I389, T440
traumatische Hysterie H821
Traumatologie T442
Treitz-Hernie T445
Trematodum T446
Tremor S449, T448
Trepan T455
Trepanation T124, T454
Treponema T457
Treponematose T458
Tribadie T460

Trichiasis T462
Trichine P736, T463
Trichinellose T464
Trichinenkrankheit T464
Trichinose T464
Trichobasaliom H12
Trichobezoar H7, P528, T465
Trichoklasie T467
Trichom T470
Trichomonade T471
Trichomoniasis T472
Trichomonose T472
Trichomykose T473
Trichophobie T474
Trichophytid T475
Trichophytie T477
Trichophytiegranulom H664
Trichophytin T476
Trichorrhexis T479
Trichosporie P513
Trichosporiose T480
Trichostrongyliasis T481
Trichotillomanie T482
Trichozephalus W68
Trichromasie T483
Trichterbecken F322
Trichterbrust C746, F321
Trichuriasis T484
Trieb I381
Trigeminie T494
Trigeminusganglion T492
Trigeminusneuralgie E353, F5, T493
Trigeminusrhythmus T494
Trigonozephalie T497
Trigonum nervi hypoglossi H720
Trikuspidalinsuffizienz T487
Trikuspidalklappe T490
Trikuspidalstenose T489
Trinkernase T326
Trinksucht A274
Triplegie T502
Triploid T503
Trippelgang P936
Tripper B259, G296
Trismus L290, T504
Trisomie D T505
Tritanopie A123, B331, T506
Trituration T507
Trizepsreflex E71, T461
Trochanter T509
Trochlea T510
trockene Nekrose C738
trockene Rasselgeräusche D323
trockener Brand D322, M469
Trokar T508
Trommelfell D321, T591
Trommelfellbesichtigung O269
Trommelfellentzündung M573, T593
Trommelfellexzision T589

Trommelfellparazentese M575
Trommelfellpunktion M575
Trommelfellschnitt T595
Trommelschlägelfinger C730
Tropenfieber F20, T523
Tropenmedizin T524
Tropenmyositis T525
tropes stimulierendes Hypophysenhormon T515
Tröpfcheninfektion A246, D314
Tropfen D311
Tropfeneinlauf M475
Tropfenherz D313, H27, P252, S1185, T66
Tropfenzähler M154
Tropfer M154
Trophik T516
trophische Gangräne T514
Trophoblast T517
Trophoblastenlakune T518
Trophödem T513
Trophoneurose T519
Trophozoit S505
tropische Aphthen M376
tropische Leishmaniose T526
tropische Pyomyositis T525
tropische Schweißbläschen W87
tropische Splenomegalie V192
Tropismus T527
trübe Schwellung A270
Trübung O119
Truncus T335
Trunkenheit I132
Trunksucht D232
Trypanosoma T538
Trypanosomiasis S564, T539
Trypsin T540
Trypsinogen P975, T541
Tryptamin T542
Tryptophan T543
Tsetsefliege T544
Tsetsekrankheit T539
Tsutsugamushifieber A256, S231, T545
Tuba Falloppii F22, U163
Tubarabort T546
Tubargravidität T548
Tube S47, T549
Tubendurchblasung T547
Tubengravidität S42
Tubenkatarrh E485
Tubenmandel E482, G170, T552
Tubenresektion T553
Tubentonsille E482
Tuberkel T554
Tuberkelbakterium K75
Tuberkelbazillus T555
Tuberkulid T557
Tuberkulin T558
Tuberkulom T561

UNTERFUNKTION

Tuberkulose T562
Tuberkuloseabszeß T563
Tuberkulosegeschwulst T561
Tuberkuloselehre P492
tuberkulöser Primärherd G183
Tuberkulosetherapie P493
tuberöse Hirnsklerose T566
tuberöse Sklerose E355
Tuberositas T565
tubulär-alveolare Drüse A76
tubuläre Drüse T570
tubulo-azinöse Drüse T573
Tubulus T572
Tubus T549
Tubussehvermögen S427
Tuchschlinge S570
Tularämie D39, R1, T575
Tumeszenz T576
Tumor N62, S1199, T577
Tunika T578
Tunnelanämie E56
Tunnelkrankheit H438
Tupfer P11, S1194
Türck-Zelle T574
Turgor T580
Türkensattel T581
Turmschädel A95, T349
Turmschädeligkeit H787
Turngerät E516, T391
Tympanie T592
Tympanophonie A873
Tympanoplastik T594
Typ YI der Mukopolysaccharidose P697
Typhlektasie T597
Typhlitis T598
Typhlopexie C267
Typhlostomie C269, T599
Typhlotomie C270
Typhusbakterium E11
Tyramin T603
Tyson-Drüsen T604

U

Übelkeit N34, S484
Übelsein M27
Überanstrengung O288
Überbelüftung O287
Überdruckatmung P750
Überdruckkammer für Sauerstoffüberdrucktherapie H563
überempfindlich A294
Überempfindlichkeit H649
Überernährung H561, S1136
Übererregung S1125
Überfütterung S1136
Übergangsepithel T413

Über-Ich S1124
Überimmunisierung H668
Überleben S1182
Überlebenszeit S1183
Überleitung C922
übermäßige Behaarung P725
übermäßiges Schwitzen P700, S1095
Überpigmentierung H636
überreife Katarakt H614
Übersichtigkeit F38, L312
Überträger C189
Übertragung T402, T419
überzählige Brustdrüsen H613, P703
ubiquitär U1
übler Mundgeruch B23
Ulatrophie U2
Ulerythema U10
Ulkus U3
Ulkuskrater C1164
Ulna E68, U12
ulnar U13
Ulorrhagie U17
Ultrafilter U21
Ultrafiltrierung U22
Ultramikroskop U23
Ultramikrotom U24
Ultraschall U27
Ultraschallsteinzertrümmerung U25
Ultrastruktur U28
Ultraviolettlampe U30
Ultraviolettstrahler U30
Ultraviolettstrahlung U29
Ultrazentrifuge U20
Ulzeration U6
ulzerativ-nekrotische Zahnfleischentzündung N46
ulzerative Gingivitis N46
ulzerative Kolitis U8
ulzerierende Angina U5
ulzero-membranöse Zahnfleischentzündung U9
ulzero-nekrotische Angina P1124
ulzerös U4
ulzeröse Blepharitis U7
ulzeröse Gingivitis U15
Umbilicus N35
Umbilikalhernie U34
umbiliko-enterale Fistel U33
Umformung T408
Umgebung E287
Umgebungskreislauf C798
Umgehungsweg B557
umgekehrte Aortenbogenkoarktation R241
Umhüllung M74
Umschlag C895
umschriebene Fettgewebswucherung L244

umschriebene Hirnatrophie C657
umschriebene Hirnrindenexzision T325
umschriebene Peritonitis C659
Umstellung T426
Umwandlung T408
Umweltanpassung A39
unbedingter Reflex I84, U42
Unbeständigkeit L2
unbewaffneter Bandwurm H436
undulierendes Fieber U48
Unempfänglichkeit I390
Unersattlichkeit A85
Unfall A38, C209
Unfallabteilung E140
Unfallheilkunde T442
unfruchtbar B59
Unfruchtbarkeit B60, I151, S929
ungeschlechtlich A722
ungeschlechtliche Fortpflanzung A723
ungestielte Hydatide S403
ungrammatische Ausdrucksweise A239
Unguentum O57, U50
unguinales Panaritium F75
Unguis N1
unheilbar I106
uniaxiales Gelenk U51
unipolare Ableitung des EKG U59
unipolares Neuron U60
Universalblutspender U64
unmittelbares Abklopfen D234
unoperierbar I198
unpaarig A905
unpassende Kost I81
unreifer Star I42
unspezifische Harnröhrenentzündung S516
unspezifische Urethritis S516
unstillbare Durst P696
unstillbares Erbrechen H583, U44
Unterarm F246
Unterbauchgegend H717
Unterbauchregion H717
unterbewußtes Ich S1058
Unterbindung L195
Unterbindungsfaden L196
Unterbindungsnadel L197
unterbrochene Atmung J18
untere Extremität L114
Unterempfindlichkeit H760
Unterentwicklung der Geschlechtsorgane H718
Unterernährung H685, U47
unteres Speichenellengelenk I153
Unterfunktion H714

UNTERHAUTFETTGEWEBSENTZÜNDUNG

Unterhautfettgewebsentzündung P57
Unterhautzellgewebe H711
Unterhorn U46
Unterkiefer L323, M63, S1066
Unterkieferdrüse M122
Unterkieferentzündung S1067
Unterkiefergelenk J9, M64
Unterkieferreflex J8
Unterkühlungsanästhesie R112
Unterleibtyphus T601
Unterrippengegend H698
Unterscheidungsschwelle D201
Unterschenkel L114, S432, S446
Unterschwellenreiz S1081
Untersuchung des Patienten E497
Unterwassermassage H526
Unterzungendrüsenentzündung S1062
Unterzungengeschwulst F289
Unterzungenspeicheldrüsenzyste S1060
Unverträglichkeit I94, I460
unvollständige Fehlgeburt I96
unvollständige Regeneration S1077
unvollständige Verrenkung S1063
unwillkürlicher Samenerguß P683
Unwohlsein A244, D273, I122, M27
Unzurechnungsfähigkeit I527
Uracil U72
Urämie U83
urämische Pneumonie U84
urämisches Lungenödem U84
Uranismus U73
Uranoschisis U74
Urat U75
Uratdiathese G304, L96
Uraturie U76
Urbach-Wiethe-Krankheit L227
Urdarm G86
Urease U81
Urei O114
Ureid U82
Ureter U86
Ureterdilatation U88
Ureteritis U90
Ureterographie U92
Ureterolithotomie U94
Ureteroneozystostomie U95
Ureteroplastik U96
Ureteroproktostomie U97
Ureteropyelographie U98
Ureterosigmoideostomie U102
Ureterostenose U103
Ureterostomie U104
Ureterotomie U105

Urethra U107
Urethra membranacea M212
Urethrablutung U114
Urethrakarunkel U108
Urethralfieber U109
Urethralgie U111
Urethritis U115
Urethrographie U119
Urethroplastik U120
Urethroskop U122
Urethroskopie U123
Urethrostenose U124
Urethrostomie U125
Urethrotom U126
Urethrotomie U127
Urethrozele U116
Urethrozystitis U117
Urgenz E139
Urhidrosis U129
Uridin U133
Urikämie U132
Urin U144
Urinal U135
Urinanalyse U136
Urinfistel U139
Urinieren U143
Urinkanälchen U145
Urinometer U146
Urinzylindroid C1315
Urmund B253
Urnierengang M252
urogenitale Schistosomiasis E57
Urogenitalfistel G156
Urogenitalsystem G157
Urogenitaltrakt G157
Urolith U147
Urolithiasis U148
Urologe U149
Urologie U150
Uronephrose U152
Uronsäure U153
Uropoese U154
Uroporphyrin U155
Urosepsis U156
Ursegment S637
Ursprung O185
Urtika W66
Urtikaria H397, N99, U157
Uterospasmus H817
Uterotomie H818
Uterus U164, W102
Uterusfixation H810
Uteruskontraktion U165
Uterusmyom H808
Uterusprolaps U162
Uterusruptur H813
Uterusumstülpung I499
Utriculus U167
Utriculus prostaticus U167
Utrikulus U167
Uvea U168
Uveastaphylom U169

Uveitis U170
Uveoparotitis H93, U171
UV-Strahlung U29
Uvula U172
Uvulektomie U173
Uvulitis S863, U174
Uvulotomie U175

V

Vagabundenkrankheit P132, V9
Vagina V11
Vaginafixierung C840
vaginale Hysterektomie V12
Vaginalspekulum C846
Vaginalspiegel V13
Vaginismus C848, V15
Vaginitis C834, V16
Vaginoperineorrhaphie V18
Vaginopexie V19
Vaginoskopie C847, V20
Vaginotomie C850, V21
vagosympathischer Block V10
Vagotomie V22
Vagotonie V23
vakuoläre Degeneration V4
Vakuole V6
Vakuolisierung V5
Vakuumextraktor V8
Vakzination V1
Vakzinbehandlung V3
Vakzine V2
Vakzinotherapie V3
Valin V24
Valsalva-Versuch V25
Valva V26
Varicella C429
Varikophlebitis V33
variköses Geschwür G344, S875, V34
Varikosis V35
Varikozele V32
Variola S579, V38
Variola equina H451
Varize V40
Varizellen V31, W34
Varizenexzision V36
Vasektomie V48
vaskuläre Hämophilie V41
vaskuläre Hornhautentzündung V43
vaskuläre Keratitis V43
vaskuläres Leiomyom V44
Vaskularisation V42
Vaskularisierung V42
Vasodilatation V51
Vasodilatator V52
Vasoepididymostomie V53

VERTIGO

Vasokonstriktion V49
Vasokonstriktor V50
vasomotorische Epilepsie V55
vasomotorische Rhinitis V54
Vasoneurose V57
Vasopressin A512, V58
vasopressinresistenter Diabetes V59
Vasopunktur V60
Vasoresektion V48
Vasospasmus V63
vasospastische Rhinitis V54
Vasotomie V64
Vater-Ampulle V67
Vater-Pacini-Lamellenkörperchen L55
Vater-Papille B172, P68
Vegetarismus V73
Vegetation V74
vegetative Dystonie V76
vegetative Fortpflanzung S632
vegetatives Nervensystem V77
Veitstanz S31
Veitstanzbewegungen C543
Vektorelektrokardiogramm V70
Vektorelektrokardiographie V71
Vektorschlinge V72
Vena V78
Vena cava V80
Vena emissaria E146
Venektomie V81
Venendruck V98
Venenexstirpation V81
Venenfibrose V90
Venengeräusch V95
Veneninfusion V89
Veneninnenhautentzündung E231
Venenknoten V40
Venenpuls V99
Venenröntgendarstellung V91
Venenstein V79
Venerie V83
venerisches Granulom G365
venerisches Lymphogranulom T521
Venerologie V87
Venerophobie V88
Venographie V91
venöse Blutfülle V96
venöse Gangrän S878
venöser Blutdruck V98
Ventilation V100
Ventilationsindex V101
Ventilpneumothorax V29
Ventrikel V105
Ventrikelextrasystole V107
Ventrikelflattern V109
Ventrikelflimmern V108
Ventrikelseptumdefekt V111
Ventrikulographie V113
Ventrikuloskopie V114
Ventrikulostomie V115
Ventrikulozisternostomie V112
Venula V116
Verätzung C250
verbale Aphasie A771
Verbalreiz S960
Verband B44, D309
Verbandmaterial D309
Verbandmull G121
verbessern I78
Verbesserung des Allgemeinbefindens A340
Verbigeration V117
Verbindungsgang U62
verborgen L95
verborgene Infektion C1239
verborgene Monatsblutung C1240
Verbreitungsfaktor S828
Verbrühung S106
verdauend D208
Verdauung D207
Verdauungskanal A285, D210
Verdauungssaft J26
Verdauungsstörung D343, I116
Verdauungssystem D209
Verdauungstrakt D210
Verdoglobin C492
Verdohämoglobin B174, V118
Verdoppelung R95
Verdrehung T332
Verdrehungsbruch T333
Verdünnung D216
Verdunstung E490
Vereinigung F331, U55
Vereisung F281
Verengerung S1009
Verengung S907
vererbt H289
vererbte Krankheit I183
Vererbung H293, I182
Vererbungslehre G144
Verfahren zum Nachweis vom Blut im Stuhl H184
Verflüssigungsnekrose C802, L252
Verfolgungswahn D68, P378
Vergenz V119
Vergewaltigung R37
Vergiftung I461, P671, V82
Vergiftungsfurcht T358
vergleichende Anatomie C874
vergrößerter Erythrozyt M4
Vergrößerung E252
Vergrößerungsglas L320, S513
Verhalten B118
Verhärtung I130
Verhornung C1061, H446, K23
Verhütung P931, S67
Verjüngung R132
Verkalkung C19
Verkäsungsnekrose C203
verkehrte Eßlust P391
Verklebung A168, S1252
Verknöcherung O214
Verkrustung I102
verlängertes Mark S734
Verlauf C1120
Verlausung L322
Verlegung O17
verletzen I189
Verletzung D9, I190, I389, L143, T440
Verletzungspotential C1274
Vermännlichung V183
vermehrte Speichelsekretion H647
vermehrte Talgabsonderung H653
vermehrtes Schwitzen E502, H601
Vermifugum V122
verminderte Gallenproduktion H695
verminderte Glykogenspaltung H722
verminderte Harnausscheidung O80
verminderte Leukozytenzahl L169
verminderte Magensäuresekretion H692
vermindertes Schwitzen H725
Vernarbung C631, S1279
Verneinungswahn D67, N171
Verödung O9
Verpflanzung T425
Verrenkung D251, L354
verruköse Endokarditis V75
Verschiebelappen A199
Verschlechterung D149
Verschluß C723
Verschlußhydrozephalie N193
Verschlußhydrozephalus O19
Verschlußikterus O20
Verschwielung C29
Verseifung S73
verspäteter Zahndurchbruch D57
verstärkte Bewegung H620
verstärkte Regelblutung H615
Verstärkung R129
versteckt L95
Verstopfung B286, O17, O21
Verstümmelung M494
Versuch E541
Versuchsperson P868
Vertebra V130
Vertebralbogen V131
Vertebralkanal V132
vertebrobasiläre Insuffizienz V137
Vertex V138
Vertiefung R56, S600
Vertigo D287, S850, V141

VERTIKALES AUGENZITTERN

vertikales Augenzittern V140
Vertikalnystagmus V140
Verunglückte C209
Verunreinigung C993
Verwachsung S1227, U55
Verwandtschaft A218
Verwandtschaftskoeffizient C768
Verweiblichung F79
Verwirrtheit C936
Verworrenheit C936
Verwundete W112
Verwundung W110
verzögerte Geburt B418
verzweigtes Aneurysma R4
Vesikel V144
Vesikosigmoidostomie V145
Vesikostomie V146
Vesikovaginalfistel V148
Vesikuläratmen V152
vesikuläre Stomatitis V153
vesikulose Rickettsiose K50
Vestibularganglion V158
Vestibularnystagmus A836, V159
vestibulospinaler Reflex V160
vestibulospinales Bündel V161
Vestigium V162
Vibration V164
Vibrationsempfindung B362, V166
Vibrationsmassage S281, V165
Vibrationssinn V166
Vibrationstherapie S281
Vibrio V167
Vielecksbein M454
vielgestaltig M457
Vielgestaltigkeit P601
vierschlägiger Herzrhythmus T392
Viertagewechselfieber Q9
vierte Geschlechtskrankheit F266, V84
vierte Krankheit F144, S128
vierter Finger R299
vierter Hirnventrikel F267
vikariierende Blutung V168
vikariierende Hypertrophie V169
vikariierendes Lungenemphysem E26
Villus V172
virale Keratoaugenbindehautentzündung V188
Virämie V176
Virginität V179
Virgo V177
Virilisierung V183
Virilismus V181
Virilität V182
Virion V184
Virologie V185

Virus V186
Virus des erworbenen Immundefektsyndroms H467
Virusämie V176
Virusdurchfall V174
Virushepatitis V175
Virusinterferenz V187
Viruskeratokonjunktivitis V188
Virusologie V185
Viskosität V201
Viskositätsmesser V200
Visualaphasie V205
visuelle Agnosie P1016
visuelle Halluzination P1006
visuelles Gedächtnis E603
Visusschwelle V210
viszerale Empfindlichkeit T194
viszerale Leishmaniose C4, K2, V192
viszeraler Sinn T194
Viszeralreflex V195
Viszeralsensibilität S405
Viszeromegalie V196
Viszeroptose V198
viszerosensorischer Reflex V199
viszerosomatischer Reflex V197
Vitalfärbung V215
Vitalitätsindex V214
Vitamin V216
Vitamin B_1 C1296, T196
Vitamin B_2 L39, R283
Vitamin B_6 P1160
Vitamin B_{12} E587
Vitamin-B_2-Mangel A636
Vitamin C A533
Vitamin D A532, C18
Vitamin D_3 C470
Vitamin E A539, T299
Vitamin K A518
Vitaminlehre V217
Vitaminmangel H781
Vitaminmangelkrankheit A885
Vitaminüberschuß H670
Vitiligo P512, V218
Vivarium V222
Vivifikation V224
Vivisektion V225
Vogelgesicht B220
Volksheilkunde F221
Volksmedizin F221
Volksmediziner H62
volle Bluttransfusion T345
vollendeter Abort C883
Volljährige A198
Vollnarkose G133
vollständige Farbenblindheit C886
vollständiger Antikörper C884
Vollzahnprothese F305
Volumenmesser V236
Volumenschwankungsschreibung P603

Volvulus V239
Vomer V240
vomeronasaler Knorpel V241
Vomitus E142, V243
Voraussage P903
Vorbereitung P826
vorbeugende Therapie P930
Vorbeugung P931
Vorbote A490, P895
Vorderdarm H59
vordere Wurzel des Spinalnerves V104
vordere Zentralwindung P795
vorderer Augenkammerwinkel A446
vorderer Gaumenbogen G252
vorderer Zwerchfellbruch P135
Vorderhirn F247
Vorderstrang des Rückenmarks V102
Vorfall P914
Vorgang P871
Vorgebirge P921
Vorgeschichte A403
Vorhaut F258, P830
Vorhautabtragung C655
Vorhautdrüse P829
Vorhautdrüsen T604
Vorhautentzündung P760
Vorhautstein P828
Vorhauttalg S581
Vorhof A811
Vorhofextrasystole A797
Vorhoffenstermembran S130
Vorhofflattern A799
Vorhofflimmern A798
Vorhofkammerdissoziation A806
Vorhofkomplex A796
Vorhofseptumdefekt A800
Vorhoftachykardie A802
Vorhofton A801
Vorläufer A490, P895
vorläufige Diagnose T119
vorläufige Füllung T95
vorläufige Knochenschwiele T94
Vormilch C830
Vormilch... C829
Vorniere F253, H52, P926
vorragender Wirbel N221
Vorraum des Mundes B527
Vorsprung E145, P912
Vorsteherdrüse P943
Vorsteherdrüsenentzündung P948
Vorsteherdrüsenexzision P944
Vorsteherdrüsengänge P946
Vorsteherdrüsenhypertrophie P950
Vorsteherdrüsenstein P949
Vorstülpung P974
Vortäuschung S517

Vorwölbung E145, P912, P974
vorzeitige Alterung P839, S322
vorzeitiger Samenerguß P941
Voyeurismus S201, V247
Vulpian-Bernhardt-Atrophie S119
Vulva V248
Vulvaplastik E372
Vulvitis V250
Vulvovaginitis V252

W

wachsender Ovarialfollikel G370
wachsige Degeneration G224
wachsige Entartung Z2
Wachsleber W43
Wachsnekrose G224
Wachsniere A379, W42
Wachstum G371
Wachstumsfaktor G372
Wachstumshormon G373, S636
Wachszylinder W40
Wade C24, S1167
Wadenbein C25, P374
Wahn D64, M67
Wahnsinn L340
wahnsinnig M17
Wahnsystem S1303
wahre Cholinesterase S672
Wahrnehmung P271
Waldenström-Makroglobulinämie H596, W2
Waldeyer-Rachenring L403, T316, W3
Waldframbösie B553, F259
Wand W5
Wanderabszeß M320, W9
Wanderlappen J27
Wanderniere F203, M433, N79, W13
Wanderphlyktäne F40
Wanderrose E415, W11
Wanderung M321
Wanderzelle W10
wandständiger Thrombus M472
Wange C399
Wangenbein J22
Wangenbrand N189, S972
Wangendrüse G129
Wangenkrebs S972
Wangenmuskel C401
Warburg-Atmungsenzym C1363
Wärmeautoantikörperanämie H49
Wärmebehandlung T194

warmer Breiumschlag C219
Wärmeregulation T193
Warze P67, V125, W23
warzenbildende Endokarditis V75
Warzenfortsatz M110
Warzenfortsatzeröffnung A547
Warzenfortsatzhöhle M109
Warzenhauttuberkulose S219, T564
Warzenmal S102, V126
Waschmittel D148
Wasserauge H533
Wasserbehandlung H537
Wasserbruch H510
Wasserbruchentfernung H511
Wasserentzug D54
Wassergeschwulst H544, S378
Wasserhammerpuls W32
Wasserhaut A359
Wasserkopf H514
Wasserkrebs N189
wasserlos A452
Wassermann-Reaktion W27
Wasserpocken C429, V31, W34
Wassersackniere H529
Wasserscheu H532
Wasserstoffzahl H519
Wasserstrahlmassage H526
Wassersucht C1283, E42
wassersüchtig E43
Wasserumschlag W25
Wasserverlust W31
Watschelgang G300
Watson-Crick-Modell der DNA W38
Watte C1109
wechselnder Puls A314
Wedensky-Hemmung W49
Wegener-Granulomatose W51
Wehen P172
Wehenkurvenschreiber T298
Wehenschwäche U159
weibliche Homosexualität L142, S75
weibliche Sterilität A788
weiblicher Pseudohermaphroditismus F77
weibliches Keimdrüsenhormon F76, F226
weiche Hirnhaut P506
weiche Warze S610
weicher Schanker C391, S606, V85
weicher Star S605
Weichröntgenstrahlung S608
Weil-Krankheit I7, S756, W55
Weingeist W92
Weintraubenbehandlung A369
Weisheitszahn W100
Weißblutigkeit L154

weiße Asphyxie W71
weiße Blutzelle W72
weiße Hirnsubstanz W81
weiße Pneumonie W79
weiße Pocken A263, P1009
weißer Ausfluß L171
weißer Hornhautfleck A267, L166
weißer Infarkt P26, W74
weißer Thrombus P27, W82
weißes Blutkörperchen L158
Weißfleckenkrankheit W80
Weißfleckigkeit der Nägel L167
Weißfluß W83
Weißpocken C1247, G223
weiterfressendes Geschwür C1171
Weitsichtigkeit F38, H623, L312
Weitwinkelglaukom O120
Weltraumstrahlung C1096
Wenckebach-Periodik W57
Wendung V129
Werdnig-Hoffmann-Krankheit I138
Wernicke-Krankheit W58
Wernicke-Zeichen H168
Wesen männlichen Geschlechts M33
Wharton-Gang W64
Wharton-Sülze W65
Whipple-Krankheit I454, L248, W67
Widerstandsfähigkeit F44
Wiederansteckung R127
Wiederbelebung R192
Wiederherstellung R64, R83
Wiederimpfung R239
Wilms-Tumor E131, N67, R145, W89
Wilson-Brocq-Krankheit E519
Wilson-Elektrode C308
Wilson-Krankheit H271, L125, W90
Wimperhaar E601
Windpocken C429, V31, W34
Windung C1024
Winkelblockglaukom C718
Winkelgelenk H360
Winterjucken F300
Winterprurigo L334
Winterschlaf H346
Wirbel V130
Wirbelbogen V131
Wirbelfusion V134
Wirbelgleiten S799
Wirbelquerfortsatzentfernung T430
Wirbelsäule B5, S736, S746, V133
Wirbelsäulenkanaleröffnung R5
Wirbelsäulenschnitt R5

Wirbelsäulenverkrümmung C1276
Wirbelschnitt S806
Wirbelspaltung S804
Wirbelvenographie V136
Wirbensäulenkanal S735
wirksame Dosis E46
Wirksamkeit E49
Wirsung-Gang P48, W99
Wirt H461
Wirtsorganismus H461
Wochenbett L358
Wochenbettfieber P1057
Wochenbettpsychose P1058
Wochenbettzeit L358
Wochenfluß L287
Wochenflußverhaltung L288
Wolff-Gang M252
Wolff-Parkinson-White-Syndrom P807
Wolfshunger L356
Wolfsrachen C693, P25
wolhynisches Fieber S434, T450, V235
Wollhaare L65
Wortblindheit A280, T152, W105
Wortsalat W107
Wortstummheit E550, L297
Worttaubheit L296, W106
Wrisberg-Knorpel W115
Wucherung E510, P915, V74
Wuchs H95
Wundausschneidung A886
Wunddehiszenz W111
Wunddiphtherie S1179
Wunde I190, S646, W110
Wundfieber T441
Wundliegen S574
Wundrandexzision A886
Wundrose E414
Wundsein I445
Wundstarrkrampf T146
Wundtoilette E386
Würgreiz V246
Wurm W108
Wurmfortsatz A605, V121
Wurmfortsatzkolik V120
Wurmkrankheit H103
Wurmmittel H102
Wurzel R324
Wurzelgranulom A587
Wüstenfieber C751
Wutkrankheit R3

X

Xanthämie X2
Xanthelasma X1
Xanthin X3
Xanthinoxidase X4
Xanthinurie X5
Xanthochromie A837, X6
Xanthodermie X7
Xanthogranulom X8
Xanthom L239, X9
Xanthomatose L240, X10
Xanthomzelle F215
Xanthopsie X12, Y10
Xanthose X13
X-Bein K73
X-Beine C1209, S168
Xenophobie X16
Xenoplastik X15
Xenotransplantat H313
Xenotransplantation D126
Xerodermie X17
Xerophthalmie X18
Xerostomie X20
Xylol X23
Xylose X24

Y

Yersiniose Y11
Yperit M489

Z

Zähigkeit V201
Zählkammer C1118
Zahn T321
Zahn... D79
Zahnarzt D96
Zahnbein D94
Zahnbelag D84
Zahnbohrer D310
Zahnbrücke B454, B456
Zahndurchbruch D97, T69
Zähneknirschen T68
Zahnen T69
Zahnextraktionszange D87
Zahnfistel D86
Zahnfleisch G204, G384
Zahnfleischabszeß G205, G385, P186
Zahnfleischblutung U17
Zahnfleischentfernung G210
Zahnfleischentzündung G211, U11
Zahnfleischfistel G208
Zahnfleischgeschwulst U16
Zahnfleischgranulationsgeschwulst E389
Zahnfleischrand F279
Zahnfleischresektion U19
Zahnfleischschnitt U19
Zahnfleischschwellung G207, U16
Zahnfleischtasche G209, P332
Zahnfleisch- und Mundschleimhautentzündung G212
zahnförmiger Fortsatz O48
Zahngeschwür P186
Zahngranulom A587
Zahnhals D89, N39
Zahnheilkunde O50
Zahnkanälchen D95
Zahnkaries S76
Zahnkarieshöhle an der bukkalen Zahnseite B527
Zahnkeim T323
Zahnkrone C1217
zahnlos E44
Zahnlosigkeit A475
Zahnmarkentzündung P1084
Zahnmarkhöhle P1083
Zahnpapille D80
Zahnprothese A699, D98
Zahnpulpa D91
Zahnschmelz E161
Zahnschmelzbildner A341
Zahnschmerz O45, T322
Zahnstein D81, O49, T51
Zahnung D97
Zahnwurzelfüllung R325
Zahnwurzelspitzenresektion A590
Zahnwurzelzyste R15
Zahnzement D83
Zange F244
Zangengeburt F245
Zäpfchen U172
Zapfen der Netzhaut C931
Zebozephalus C265
Zecke T278
Zeckenenzephalitis T281
Zeckenfieber T279
Zeckenrickettsiose T280
Zehe T300
Zehenminderzahl H707
Zehenverwachsung S1245
Zeichen S503, S1229
Zeichenblindheit S504
Zeigefinger F248
Zeis-Drüse Z1
Zellatmung C286
Zelldiagnostik C1364
Zelle C277
Zelle mit Zeichen der Ballondystrophie B37
Zellenauflösung C1368
Zellenkolonie C818
Zellenlehre C1366
Zellenzym E215
Zellgenetik C1365
Zellgewebsentzündung C289

Zellgift C1380
Zellimmunität C283
Zellinfiltration C287
Zellkern K11, N240
Zellkernauflösung K10
Zellkernmembran K15
Zellkernplasma N234
Zellkultur C280
Zellmembran C285
Zellmorphologie C1372
Zellpackungsvolumen P12
Zellpathologie C288, C1373
Zellplasma C1375
Zellstoff C290
Zellteilung C281, C686
zelluläre Immunität C283
zelluläre Infiltration C287
Zellulitis C289, P57
Zementozyt C293
Zenker-Divertikel H740, Z3
Zenker-Muskeldegeneration G224, Z2
zentrale Lungenentzündung C304
zentrale Neuritis C302
zentrale seröse Netzhautentzündung C305
zentrale Taubheit C346
zentrales Sehen D236
Zentralfurche F164
Zentralhemmung C299
Zentralkörper C278
Zentrallähmung C303
Zentrallappen des Gehirns C300
Zentralnervensystem C301
Zentralsehen C309
zentral- und südamerikanisches Zeckenbißfieber B384
Zentrifuge C311, S274
Zentrifugierung C310
zentrilobuläres Lungenemphysem C312
Zentriol C313
zentroazinäre Zelle C314
Zentromer C315
Zentrosom C278
Zentrum C297
Zephal... C317
zerebellar C337
zerebello-thalamische Bahn C340
Zerebellum C341
zerebral C342, E169
zerebrale Kinderlähmung B227, I136
zerebrale Taubheit C346
Zerebralparalyse C350
Zerebralsklerose E182
zerebromakuläre Degeneration C352
Zerebromalazie C355
Zerebropathie C357

zerebroretinale Angiomatose R215
Zerebrose C360
Zerebrosklerose C359
Zerebrospinalbahn C365
Zerebrospinalflüssigkeit C363
Zerebrospinalmeningitis C362
Zerfall D29, D247
Zergliederung D239
Zermalmungssyndrom C1222
Zerreißen R348
Zerreißung R348
Zerrung D272
Zersetzung D29
Zerstreuungslinse C903
Zerstückelung C686
Zertrümmerungsbruch C862
Zeruloplasmin C366
Zerumen C367, E10
Zeruminaldrüse C369
Zeruminalpfropf I379
zervikal C370
Zervikaldrüse C374
Zervikalkanal C372
Zervikalschwangerschaft C375
Zervix N38
Zervixamputation C377
Zervixentzündung C378
Zervixinzision T376
Zervixkanal C372
Zervixpessar U161
Zervizitis C378, T375
Zestode C382
Zeugungsfähigkeit P786
Zeugungsschwäche I75
Ziegenmeckern E55, T389, V234
Ziegenpeter E318, M470
Ziliarepithel C641
Ziliarganglion C635, O130
Ziliarknorpel C633
Ziliarkörper C632
Ziliarkörperentzündung C1305
Ziliarmuskellähmung C1309
Ziliarrand der Iris C636
Ziliarrand des Lids C636
Ziliarring C634
Ziliarstaphylom C639
Zipfel C1280
Zirbeldrüse E365, P535
Zirkadianrhythmus C646
Zirkular... C652
zirkulär C649
zirkuläres Irresein C650
Zirkulation C651
Zirkumzision C655
zirrhös C663
zirrhotisch C663
zirzinäre Retinitis C647
Zisterne C667
Zittern S429, S449, T448
zökal C266
Zökoplikation C268

ZUSAMMENWACHSEN

Zökostomie C269, T599
Zökotomie C270
Zökum B280, C271
Zökumdilatation T597
Zökumfixation C267
Zökuminzision T600
Zökumraffung C268
Zöliakalganglion C274
Zöliakie G122
Zölioskopie P362
Zölom C291, V190
zölomisch C292
Zonulaapparat C640
Zooanthropie Z7
Zooanthroponose Z9
Zooerastie Z12
Zoogeographie Z11
Zooparasit Z14
Zoophilie S604
Zoophobie Z15
Zoopsie Z16
Zootomie Z17
Zoster Z18
Zotte V172
Zottengeschwulst V171
Zottenhaut C550
Zottenherz H14, T466
Zottenperikarditis S428
Zottenperikardium S428
Zucker S1102
Zuckergußherz C20, F298
Zuckergußleber C1275, F299, I5, S1103
Zuckerkandl-Organ P86
Zuckerrohrstaublungenerkrankung B24
Zuckung C1025, J15
Zuckungskrampf C1025, S656
Zugang A609
Zugangsweg A609
Zunahme I101
Zunge T306
Zungenbändchenexzision F283
Zungenbein H552, L211, T307
Zungenbeinzungenmuskel H551
Zungenbelag F323
Zungenentzündung G249
Zungengrundstruma L212
Zungenlähmung G254
Zungenmandel L214
Zungen-Rachen... G253
Zungenspatel T308
Zungenvergrößerung M6, P4
Zungenwurmbefall L215
Zungenzurücksenken G255
Zusammenballung A229
Zusammendrücken C896
zusammengesetztes Gelenk C893
Zusammensetzung C891
zusammenwachsen C972
Zusammenwachsen U55

ZUSAMMENZIEHUNG

Zusammenziehung C1004, R222
Zusatzdrüse A34
Zusatzsymptom A36
Zustand S876
Zustimmung des Patienten zur Operation P215
Zustimmung zur Operation C970
Zwangsbefürchtung P448
Zwangshandlung C900
Zwangsjacke C40, S982
zweibäuchiger Kiefermuskel D206
zweieiige Zwillinge B194, D286, F277, H317
Zweifarbensichtigkeit D190
Zweifingrigkeit B158
Zweig B431
zweigeschlechtlich B230
zweigeteilt B161
zweigeteilter Uterus B214
zweihornig B155
zweikammerig B150
Zweikopfmuskel B151
zweilappig B185
zweiseitig B168
Zweistärkebrille B162
Zweistufenprobe T588
Zweiteilung B165, D189
zweiter Halswirbel E377
Zwerchfell D167, M317
Zwerchfellähmung P489
Zwerchfellatmung D168
Zwerchfellatonie P481
Zwerchfellbruch D169
Zwerchfellhernie D169, H345
Zwerchfellpleura D170
Zwerchfellpleuritis D171
Zwerchfellsehnenzentrum C307
Zwerg D331
Zwergwuchs D332, N8
Zwiebel B536
Zwielichtsehen T585
Zwilling T586
Zwillingsschwangerschaft B166, T587
Zwinkerkrampf W95
Zwinkerreflex E598, W96
Zwischenhirn B146, I396, T153, T583
Zwischenkieferknochen I411, P821
Zwischenneuron I429
Zwischenraum S652
Zwischenscheitelbein I86
Zwischensystole I444
Zwischenwirbelscheibe I446
Zwischenwirt I412, S254
Zwitter H295
Zwittertum H296
Zwittrigkeit A331, H296
Zwölffingerdarmdrüse B520
Zwölffingerdarm-Leerdarm-Übergang D330
Zyanid C1295
Zyanose C1297, L271
zyanotisch B328, C1298
zyanotische Verhärtung C1300
zyanotisches Kleinkind B330
Zyanurie C1302
Zygote Z23
zyklisch C1304
Zyklitis C1305
Zyklophrenie C650, C1307, M69, P329
Zyklopie C1306
Zykloplegie C1309
Zyklothymie C650, M69
Zyklotomie C1310
Zyklus C1303
Zylinderaneurysma T569
Zylinderbronchiektasie C1312
Zylinderepithel C852, C1313
Zylinderlinse C1311, C1314
Zylindroid C1315
Zylindrom C1316
Zylindrurie C1317
Zymogen Z24
Zynorexie C1319
Zystadenokarzinom C1321
Zystadenom A139, C1322
Zystalgie C1323
Zyste C1320
Zyste des Gärtner-Gangs G59
Zystein C1325
Zystektomie C1324
Zystenakne C1327
Zystenkropf C1333
Zystenniere C1328
Zystenstruma C1333
Zystikotomie C1339
Zystikus C1329
Zystikus-Lithektomie C1338
Zystin C1341
Zystinose C1342
Zystinspeicherkrankheit C1342
Zystinurie C1343
zystisch C1326
zystische Lymphknotenvergrößerung A148
zystische Mastopathie C604
zystische Medionekrose der Aorta C1336
zystische Pankreasfibrose M450
zystischer Polyp C1340
Zystitis C1344
Zystizerkoid C1330
Zystizerkose C1331
Zystizerkus C1332
Zystoadenofibrom C1347
Zystographie C1348
Zystoid C1349, F26
Zystolithiasis C1350
Zystom C1351
Zystoplastik C1352
Zystopyelitis C1353, P1128
Zystorrhaphie C1355
Zystorrhoe C1356
Zystoskop C1357
Zystostomie C1358
Zystotom C1359
Zystozele C1346
Zytodiagnostik C1364
Zytogenetik C1365
Zytolemm C285
Zytologie C1366
Zytolyse C1368
Zytolysin C1367
Zytolysosom C1369
Zytomegalie C1370
Zytomegalievirus C1371
Zytomegalovirus C1371
Zytomorphologie C1372, M405
Zytopathologie C1373
Zytopenie C1374
Zytoplasma C1375
Zytoplasmaeinschluß C284
zytoplasmatische Vererbung C1376
Zytose C1377
zytostatisch C1378
Zytotoxin C1380
zytotoxisches Mittel C1379
Zytotrophoblast C1381

INDEX FRANÇAIS

A

abaisse-langue T308
abaissement de la cataracte R62
abaissement du cristallin C1112
abcès A20
abcès alvéolaire A317
abcès cérébral B421, C343, S1146
abcès chaud A113
abcès par congestion W9
abcès épidural E575
abcès extradural E575
abcès froid C778, T563
abcès gazeux G60
abcès gingival G205, G385
abcès ischiorectal I539
abcès migrateur M320
abcès ossifluent B351
abcès périmammaire R229
abcès périrectal P351
abcès péritonsillaire Q15
abcès rétromammaire R229
abcès rétropharyngien R232
abcès sous-diaphragmatique S1050
abcès sous-dural S1051
abcès sous-phrénique S1050
abcès stérile S928
abdomen A1, B124
abdomen aigu A112, S1177
abdomen scaphoïde C167
abdominal C272
abdominalgie périodique paroxystique bénigne B135
abducteur A15
abduction A13
aberration chromatique C569, C577
aberration des chromosomes sexuels S411
aberration mentale M235
ablactation W45
abord chirurgical A609
abortine B516
about A28
abrachie A18
abrasion E397
absorption A25
abstinence A26
acanthome A30
acapnie A31

acariase A32
accès A815
accès hystérique H799
accident A38, C209
acclimatation A39
accommodation A40
accouchement B221, C432, D62, L4, P185
accouchement au forceps F245
accouchement précipité P796
accouchement prématuré P817
accouchement à la présentation du siège B450
accoucheur O13
accoucheuse M318
accroissement I101
acéphalie A44
acervule A45, B427
acervulome S62
acétabule A46
acétone A47
acétonurie A49, K48
acétylcholine A50
acétylcholinestérase A51, S672
achalasie A52
achalasie du cardia C103
achillorraphie A56
achloroblepsise A58
achondroplasie A59
achromatocyte S425
achromatopsie A62, C886
achromotrichie A63
achylie A64
acide aminé essentiel E464
acide aminé indispensable E464
acide aminoacétique G273
acide ascorbique A717
acide biliaire B170
acide carbolique C84
acide chlorhydrique H515
acide cyanhydrique H516
acide désoxycholique D103
acide désoxyribonucléique D105
acide folique F220
acide glucuronique G264
acide glutamique G265
acide gras F53
acide guanosine-monophosphorique G377
acide guanylique G377

acide hyaluronique H491
acide inosique I200
acide lactique L32
acide linoléique L218
acide linolénique L219
acide lipoïque L237
acide nicotinique N159
acide nucléique N230
acide orotique O189
acide oxalique O297
acide oxalurique O300
acide pantothénique C427, L267, P66
acide para-aminobenzoïque P85
acide phénique C84
acide pyruvique P1164
acide ribonucléique R285
acide ribonucléique messager I165, T89
acide ribonucléique de transfert T400
acide taurocholique T58
acide urique U130
acide uronique U153
acidifère A68
acidité A70
acidose A73
acidose décompensée U41
acidose métabolique M257
acidose respiratoire R179
acidurie A75
acinétique A258
acinus A77
acinus hépatique L266
acinus pulmonaire P1063
acmé A78
acné P533
acné bromique B467
acné confluée C1327
acné éléphantiasique R265
acné rosacée A81
acné rosée A81
acné vulgaire A82, C865
acnés A79
acnitis A83
acorée A84
acorie A85
acrânie A92
acroarthrite A93
acroasphyxie A94, D18, W41

642

acrocéphalie A95, H787, S897, T349
acrodermatite chronique atrophiante T60
acrodynie A96, P537, S1200
acromacrie A97
acromégalie A98
acromicrie A99
acromion A100
acrophobie A101
acte idéomoteur I14
acte de naissance B223
actine A103
actinodermatose A104
actinomycètes R45
actinomycose A106
action dynamique spécifique des aliments S673
action forcée C900
action d'obsession C900
activité enzymatique E291
activité d'enzyme E291
acuité auditive A828
acuité visuelle V203
acupuncture A111
adactylie A124
adamantinome A125, A342
adamantoblaste A341
adaptabilité A128
adaptation A129
adaptation à la lumière L199, P475
adaptation à l'obscurité S209
adaptation rétinienne S209
adduction A132
adénectomie A133, A144
adénectopie A134
adénine A135
adénite A136
adénite cervicale C371
adénoacanthome A137
adénocarcinome A138
adénocyte A140
β-adénocytes basophiles B142
adénoépithéliome A141
adénofibrome A142
adénofibromyxome du sein G190
adénohypophyse A143, P813
adénoïdes A146
adénoïdite A145
adénolymphocèle A148
adénolymphome A149
adénomatose A151
adénomatose des poumons P1064
adénome A150
adénome acidophile A71
adénome à cellules de Hürthle H483
adénome chromophobe C591
adénome colloïde C805
adénome cortical du rein R148

adénome éosinophile de l'hypophyse E299
adénome hypophysaire basophile B89
adénome insulaire du pancréas I543
adénome lymphomateux A149
adénome malin M40
adénome oncocytaire thyroïdien H483
adénome parathyroïdien P144
adénome pléomorphe P600
adénome polypoïde A153, P716
adénome sébacé S237
adénome sébacé de Pringle P866
adénomyome A154
adénomyométrite A155
adénopathie A156
adénosarcome A157, S79
adénosarcome embryonnaire du rein E131, R145, W89
adénosine A158
adénosine-diphosphate A159
adénosine-monophosphate A160
adénosine-triphosphate A161
adénotonsillectomie A162
adénovirus A163
adermine P1160
adhérence U55
adhésion A168
adiastolie A173
adipocèle A174
adiponécrose A175
adipose douloureuse A176, D115
adiposurie A179
adipsie A180
ADN D105
adolescence A183
adrénalectomie A187, S1163
adrénaline A189
adrénocorticotrophine A192
adrénolytique A194
adrénostérone A196
adsorbant A197
adulte A198
adventice A200
adynamie A203
aération A206
aérobie A207
aéroembolisme A208
aéronévrose A209
aérophagie A210
aérophobie A211
aérosinusite S531
aérothérapie A213
affaiblissement R121, R139
affect A214
affinité A218
afflux F213

afflux climatérique C700
agalactie A223
agalaxie A223
agammaglobulinémie A224, A508
âge A226
âge biologique P498
âge chronologique C608
âge critique C699
agénésie A227
agent tensio-actif S1172
ageustie A228
agglutination A229
agglutination froide C779
agglutinine A231
agglutinogène A232
aggression A233
agitation psychique D272
agnathie A235
agnosie A236
agnosie auditive P1022
agnosie spatiale V211
agnosie tactile T16
agonie D26
agoniste A237
agoraphobie A238
agrammatisme A239
agranulocytose A240
agraphie A241, G335
agueusie A228
agyrie A242
aide médicale M147
aide d'urgence E139
aide-médecin P497
aiguille N48
aiguille atraumatique A793
aiguille hypodermique H710
aiguille à ligature L197
aile W93
aine G364
air complémentaire C881
air de réserve C881, R167, S1140
air supplémentaire S1140
aisselle A640
akinésie A257
alanine A261
alastrim A263, C1247, G223, M333, P1009
albinisme A265
albinos A266
albugo A267
albumine A268, P960
albumine sérique S394
albuminurie A271
albuminurie accidentelle P775
albuminurie intrinsèque I485
albuminurie orthostatique O196, P779
albuminurie rénale I485, S377
albuminurie transitoire T411
albuminurie vraie S377, T528
alcaloïde A289

ALCALOSE

alcalose A290
alcalose métabolique M258
alcalose respiratoire R180
alcool A272, S755
alcool éthylique W92
alcool méthylique M276, W103
alcoolisation A275
alcoolisme A274
alcoolisme chronique C600
aldostérone A276
aldostéronisme A277
alexie A280, W105
aliment F236
alimentation A286, F73
alitement B113
allaitement B443
allantiasis B375
allantoïde A291
allèle A292
allélomorphe A292
allergène A293
allergie A298
allergie froide C780
allergie immédiate I44
allergique A294
allergisation A296
allergologie A297
allocortex A299, U65
allogreffe A300
allokératoplastie A301
allopathie A302
allorythmie A303
allosome A304, O44
allotransplantation A305
allotriophagie A306, C666
allotrope A307
alopécie A308, B33, C37
alopécie en aires F216
alopécie atrophique C626
alphabet de Braille B419
alvéole A323
alvéole pulmonaire A254
alvéoles pulmonaires A247
alvéolotomie A322
alymphocytose A324
amalgame A325
amastie A326
amaurose A327
ambidextrie A330
ambivalence A332
amblyopie A333
amblyopie hystérique H797
ambocepteur S335
ambulance A335, O272
amélie A339
amélioration A340
améliorer I78
améloblaste A341
améloblastome A342
aménorrhée A343
aménorrhée primaire P858
amentia A344
amers B235

amétropie A346
amétropie de réfraction I109
amibe A336
amibiase A337
amide A347
amidon S870
amimie A348
aminoacide A349
aminoacidémie A350
aminoacidurie A65, A351
aminopeptidase A352
aminotransférase A353
amitose A354
ammoniac A355
amnésie A356
amnésie antérograde A495
amnésie rétrograde R228
amniocentèse A358
amniorrhexis A361
amnios A359, B25
amniotique A362
amniotomie A364
amok A366
amorphe A367
ampélothérapie A369, G331
amphiarthrose A370, G231, P566
amphotonie A372
ampoule A373, A374
ampoule de Vater V67
amputation A375
amputation de Bier B160
amputation de guillotine L208
amputation à lambeau unique F182
amputation sans lambeaux G381
amputation du pénis P254
amputation spontanée S814
amputation translombaire H156
amusie A376
amusie motrice V226
amusie sensorielle M487, S338
amyélie A377
amygdale T314
amygdale cérébelleuse C338
amygdale linguale L214
amygdale de Luschka L347
amygdale palatine F58, P22
amygdale pharyngienne L347, T204
amygdale tubaire E482, G170, T552
amygdalectomie T317
amygdalite T318
amygdalotome T319
amygdalotome de Sluder-Ballenger G380
amygdotomie T320
amylase A378
amylohydrolyse A381
amyloïdose A380
amylolyse A381

amylose A380
amylose rénale W42
amyotonie A383, M497
amyotrophie A385
amyotrophie d'Aran-Duchenne C1170, P909, W29
amyotrophie péronière de Charcot-Marie-Tooth C396, P375
amyotrophie spinale infantile de Werdnig-Hoffmann I138
anabolisant A386
anabolisme A387
anachlorhydrie A57
anacousie A389
anacrotisme A388
anaérobie A391
anaérobie obligatoire O5
anal A392
analeptique A394
analgésie A397
analgésique A398
analyse A401, A734
analyse du sang B317
analyse des urines U136
anamnèse A403, C201
anamnèse épidémiologique E323
anaphase A404
anaphrodisie A405, F288, S417
anaphylactique A406
anaphylaxie A407
anaplasie A408
anasarque A409
anaspadias E374
anastigmatique A410
anastomose A411, B557
anastomose gastro-intestinale G96
anastomose porto-cave P741
anastomose termino-terminale E249
anatomie A415
anatomie comparée C874, Z17
anatomie descriptive D141, S1301
anatomie pathologique P204
anatomie topographique R116
anatomique A412
anatomiste A414
anatoxine A416
anatoxine diphtérique D223
aconite A418
androblastome A642, G394
anémie achlorhydrique F1
anémie agastrique A225
anémie de Cooley C1027, E423
anémie drépanocytaire C1180, D308, S481
anémie érythroblastique T39

ANTHROPOLOGIE

anémie érythroblastique familiale E423
anémie de Fanconi C939
anémie ferriprive A725, I523
anémie hémolytique congénitale I6
anémie hyperchrome H576
anémie hypochrome H702
anémie hypoplastique H751
anémie locale I533
anémie méditerranéenne M155
anémie mégalocytique M172
anémie des mineurs B453, M344, T522
anémie normochrome N205
anémie nutritionnelle N253
anémie pernicieuse A130, B159, P372
anémie post-hémorragique P759
anémie sidéropénique A725
anémie sphérocytaire S710
anémie à sphérocytes C942
anémique B304
anesthésie S344
anesthésie de base B72
anesthésie caudale C244, S13
anesthésie de conduction C923, N86
anesthésie endotrachéale E244
anesthésie épidurale E341, P308
anesthésie générale G133
anesthésie par infiltration I159
anesthésie par inhalation I180
anesthésie intratrachéale I479
anesthésie intraveineuse I168, I482
anesthésie ischiorectale P1055
anesthésie locale L281
anesthésie locorégionale L281
anesthésie parasacrée P128, P832
anesthésie paravertébrale P149
anesthésie péridurale E341
anesthésie périneurale P326
anesthésie par réfrigération R112
anesthésie régionale R117
anesthésie segmentaire S276
anesthésie sous-arachnoïdienne S1041
anesthésie totale T339
aneurine T196
anévrisme du cœur C104
anévrysme de l'aorte A557
anévrysme artérisclérotique A667
anévrysme bactérien B8
anévrysme du cœur C104, M471
anévrysme cylindrique T569
anévrysme diffus C968

anévrysme disséquant D257
anévrysme latéral P345
anévrysme miliaire M324
anévrysme mycotique M505
anévrysme périphérique P345
anévrysme racémeux R4
angine S647
angine à monocytes I148
angine nécrotique P1124
angine de poitrine H80
angine ulcéro-nécrotique U5
angine de Vincent V173
angioblastome A421
angiocardiographie A422, C133
angiocholécystite A424
angiocholécystographie C472
angiocholite A425, C468
angiofibrome A427, T75
angiographie A428
angiohémophilie V41
angiokératome A429, T76
angiolipome A430
angiolithe A431
angiologie A433
angiolupoïde A434
angiomatose A436
angiomatose céphalotrigéminale C331
angiomatose encéphalotrigéminée de Sturge-Weber-Krabbe S1032
angiomatose rétinienne R215
angiome A435
angiome fibreux T75
angiome simple T73
angiome stellaire V47
angionévrose A438, V57
angiopathie A440
angioplastie A441
angiorraphie A442
angiosarcome A443
angiospasme A444, V63
angiotensine A445, H654
angiotonie V65
angiotripsie V66
angle de la chambre antérieure A446
angle de la chambre antérieure de l'œil F154
angle droit du côloh H250
angle duodéno-jéjunal D330
angle gauche du côlon S777
angle irido-cornéen A446, I513
angle palpébral C60
angle ponto-cérébelleux C339, P729
angle de strabisme S841
angle visuel V204
angoisse U68
angor intestinal I448
anhidrose A450, S115

anhydre A452
anhydride carbonique C85
aniridie A455
anisochromasie A456
anisocorie A457
anisocytose A458
anisométropie A459, H318
anisométropie mixte A523
anisophorie A460
anisotrope A461
ankyloblépharon A466
ankylodactylie A467
ankyloglossie A468, T309
ankylose A470
ankylose fibreuse F134
ankylose vraie T529
ankylostome H437
ankylostomiase A471, B453, E56, H438, M344, T522, U40
ankylostomiase cutanée G369, S1201, W33
ankylostomose A471, H438
ankylostomose cutanée S1201
ankylotomie A472
anneau de Bandl C978, P206
anneau crural C1220
anneau inguinal I176
anneau inguinal interne A7
anneau lymphatique de Waldeyer L403, T316, W3
anneau de rétraction C978, P206
annexes de l'utérus A181
annexite A182, S44, T567
annexite purulente P1121
anodontie A475
anomalie A476, D153
anomalie du développement D152
anonychie A477
anophtalmie A478
anopsie A479
anorchidie A480
anorexie A481
anoscope A482
anoscopie A483
anosmie A484, O63
anosognosie A485
anovulatoire A486
anoxie histotoxique H395
anse L313, S592
anse de Henle H243, N77
anse du vectorcardiogramme V72
antéflexion A491
anténatal A494
anthracose A497, B241, C741
anthracosilicose A496
anthrax A498, C89, M41
anthropogenèse A499
anthropologie A500

645

ANTHROPOMÉTRIE

anthropométrie A501
antiacide A489
antianaphylaxie A502
antibactérien A503, A524
antibiogramme A504
antibiorésistant A506
antibiotique A505
antibiotique de spectre
 d'activité large B462
anticholinergique A509
anticholinestérase A510
anticoagulant A511
anticorps A507
anticorps complet C884
anticorps des groupes sanguins
 B301
anticorps univalent U63
antidépresseur C1115
antidote A513, C1117
antiémétique A493
antigène A515
antigène K C72
antigène O S631
antigène organique spécifique
 O181
antigène somatique S631
antigènes hétérogènes H312
antigénique A516
antihémorragique A517
antihistaminique A519
antiinflammatoire A521
antimétabolite A522, C878
antimétropie A523
antimicrobien A524
antioxydant A526
antipéristaltisme A527
antiplasmine A529
antipyrétique A514
antirabique A531
antisepsie A534
antiseptique A535
antisérum A536, S675
antispasmodique A537
antispastique A537
antithrombine A540
antitoxine A543
antitoxine staphylococcique
 S864
antitoxique A541
antiviral A544
antral A546
antre d'Highmore G163
antre mastoïdien M109
antre maxillaire M121
antre pylorique G71
antrotomie A547
anurie A548
anus A549
anus artificiel A698
anuscope A482
anuscopie A483
anxiété A551, U68
anxiété paroxystique A552

aorte A553
aorte abdominale A2
aorte ascendante A710
aorte descendante D140
aortectasie A555
aortique A554
aortite A567
aortographie A568
aortographie translombaire
 T416
apathie A572
apathique A571
apepsie A573
apex A575
aphakie A577
aphasie A578
aphasie de Broca B464
aphasie de conductibilité A738,
 C924
aphasie de conduction C924
aphasie corticale sensorielle
 W106
aphasie expressive E550
aphasie globale G237
aphasie motrice B464, E550,
 L297
aphasie motrice pure A771
aphasie nominale N190
aphasie optique V205
aphasie sémantique S291
aphasie sensorielle I77, P1041,
 R54
aphasie syntactique S1276
aphasie de Wernicke R54
aphonie A579
aphrodisie A580
aphte A581
aphtes de Bednar B111
aphteux A583
apical A585
apicectomie A590
apicotomie A590
apinéalisme A591
aplasie A592
aplasie germinale G174
aplasie du thymus T246
aplasie d'utérus A345
aplastique A593
apnée A594
apocrine A595
apoenzyme A597
apoferment A597
aponévrose A598
aponévrose palmaire P37
apophysaire A599
apophyse A600, P871
apophyse odontoïde O48
apoplexie A601, I389
apoplexie des nouveau-nés
 N58
apothicaire C410
appareil circulatoire B321,
 C654

appareil circulatoire artificiel
 H76
appareil digestif D209
appareil génital extérieur E561
appareil génito-urinaire G157
appareil de Golgi H405
appareil juxta-glomérulaire J38
appareil urinaire U141
appareil uro-génital G157
appendectomie A602
appendice A605
appendice ensiforme E255
appendice vermiculaire V121
appendice xiphoïde E255, X21
appendicite A603
appendicostomie A604
apperception A606
appétit A607
applicateur A608
application des ventouses
 C1261
apraxie A610
apraxie idéatoire I10
apraxie idéokinétique I13
apraxie idéomotrice I13, T398
apraxie transcorticale T398
aprosexie A611
aptyalisme A612
apyrétique A613
apyrexie A614
aqueduc de Sylvius S1207
arachnidisme A618
arachnodactylie A97, A620,
 S728
arachnoïde A622
arachnoïdien A621
arachnoïdite A624
aranéisme A618
arbre bronchique B476
arc de l'aorte A558
arc branchial B433
arc palmaire P36
arc réflexe R104
arc vertébral V131
arcade pubienne P1049
arcade tendineuse T104
arcade zygomatique Z21
archentéron G88
aréflexie A630
aréomètre A632
argyrie A635
argyrose A635
ariboflavinose A636
arome O52
arrêt S858
arrêt cardiaque C105
arrêt de la circulation C653
arrhénoblastome A642, G394
arsenicisme A644
artéfact A695
artère A646
artère anonyme I194
artère basilaire B78

artère brachiale B390
artère carotide C174
artère carotide externe E559
artère coronaire C1065
artérialisation A649
artériectasie A654
artériectomie A655
artériographie A656
artériographie sélective S284
artériole A658
artériolosclérose A660
artériomalacie A661
artérionéphrosclérose A650
artérioplastie A663
artériorragie A664
artériosclérose A665
artériosclérose oblitérante A666
artériotomie A668
artérite A670
artérite oblitérante F287
artérite temporale C1137, T91
arthralgie A673
arthrite A674
arthrite déformante A675
arthrite gonococcique G297
arthrite proliférative P916
arthrite purulente P1125, S1145
arthrite rhumatoïde R254
arthrite suppurée S1145
arthrocentèse A676
arthrodèse A677
arthrodie P688, S711
arthrographie A680
arthrologie A681
arthrolyse A682
arthropathie A683
arthroplasie A684
arthroplastie A684
arthroscopie A685
arthrose A686
arthrotomie A676, A687
articulaire A672
articulation A694, D176, J20
articulation astragalo-calcanéenne T27
articulation ballante congénitale F177
articulation de Chopart C536
articulation coccygienne C756
articulation composée C893
articulation condylienne C928
articulation costo-transversaire C1106
articulation costo-vertébrale C70, C1107
articulation du coude C1251, E70
articulation du cou-de-pied A464
articulation coxo-fémorale H362, T200

articulation crico-aryténoïdenne C1188
articulation ellipsoïde E112
articulation du genou K69
articulation huméroсubitale H473
articulation huméroradiale H472
articulation interphalangienne P425
articulation de Lisfranc L253, T49
articulation médiotarsienne C536
articulation métatarso-phalangienne M269
articulation péronéo-tibiale supérieure S1133
articulation radio-carpienne C184, W118
articulation radio-cubitale inférieure I153
articulation radio-cubitale supérieure S1131
articulation radio-carpienne R21
articulation sacro-coccygienne S17
articulation sacro-iliaque S19
articulation scapulo-humérale S460
articulation en selle S25
articulation sterno-claviculaire S933
articulation tarso-métatarsienne T49
articulation temporo-mandibulaire J9, M64, T98
articulation tibio-tarsienne A464
articulation trochléenne G213
articulation trochoïde P555, R330, T512
articulation en vis C763, S215
articulations carpiennes I401
articulations interphalangiennes I433
articulations sterno-costales S934
artificiel A696
arythmie A643
arythmie juvénile J31
arythmie sinusale J31
asbestose A706
ascaride A708, L335
ascaridiase A707
ascaridiose A707
ascaris A708
ascite A715
ascite gélatineuse G124
ascitique A716
asémie S504
asepsie A719

aseptique A720
asexuel A722
asote résiduel N197
asparaginase A726
asparagine A727
aspergillose A728
aspermatisme A729
aspermie A729
asphyxie A730
asphyxie blanche du nouveau-né W71
asphyxie bleue du nouveau-né B329
asphyxie locale des extrémités A94, W41
aspirateur A733
aspiration A731
assainissement S67
assimilation A736
astasie A740
astasie-abasie A741
astéatose A742
asténie neurocirculatoire N108
astéréognosie A743, S915
asthénie A744
asthénie neuro-circulaire S619
asthénie neuro-circulatoire E51
asthénique A745
asthénopie A746
asthmatique A748
asthme A747, S1101
asthme bronchique B470
asthme cardiaque C106
astigmatique A750
astigmatisme A751
astigmatisme direct A753
astigmatisme inverse A752
astigmatisme myopique M561
astigmatisme régulier R122
astragale A462
astroblastome A756
astrocyte A757
astrocyte plasmatique P973
astrocyte protoplasmique G128
astrocytome A758
astrosphère A760
asyllabie A761
asymbolie A762, S504
asymétropie A459
asymptomatique A764
asynclitisme A765, O7
asynergie A766
asystolie A767, C105
ataraxie A768
atavisme A769
ataxie A770
ataxie locomotrice K58, L291, M419
ataxie locomotrice progressive T5
atélectasie A774
atélectasie congénitale P859
atélie A775

ATÉLIOSE

atéliose A775
athélie A776
athérome S239
athérosclérose A778
athérosclérose aortique A570
athérosclérotique A779
athétose A781
athrepsie A784
athymie A785
athyréose A786
athyroïdie A786
atlas A787
atocie A788
atome marqué T369
atonie A789
atonie du diaphragme P481
atonie gastrique G84
atopie A791
atrésie A794
atrésie anale A393, I69
atrichie A803
atrichose A803
atrophie A814
atrophie brune B513
atrophie chorioïdale progressive P906
atrophie hépatique H247
atrophie jaune aiguë du foie A122
atrophie musculaire M535
atrophie musculaire progressive C1170, P909
atrophie musculaire progressive spinale type Aran-Duchienne W29
atrophie musculaire spinale héréditaire F33
atrophie musculaire type Vulpian-Bernhardt S119
atrophie substitutive C876
atrophodermie A813
attaque F168, S1015
attelle S794
attelle descendante A14
attelle plâtrée P585
atténuation A818, R121
attique A819, E384, H791, T590
atypique A821
audiogramme A823
audiologie A824
audiomètre A825
audiométrie A826
auditif A827
audition chromatique C822
audition colorée C822
augmentation I101
aura A835
aurantiasis cutis A837
auriculaire L263
auricule cardiaque A838
aurothérapie A845, C612
auscultation A846

auscultation directe I45
auscultation immédiate I45
auscultation médiate M144
autisme A849
auto-accusation S287
auto-agression A850
auto-allergie A850
auto-anticorps A851
auto-antigène A852
auto-immunisation A864
auto-immunité A863
auto-infection A865, S289
auto-inoculation A866
auto-intoxication A867, E217, S290
autoclave A853
auto-érotisme A856
autogreffon A858
autohémothérapie A859
autohémotransfusion A860
autohypnose A861, S288, S888
autolyse A869
autolysine A868
autonomique A870
autophagie A871
autophilie A856
autophonie A873
autoplastie A875
autoplastie cutanée D123
autopsie A876, N44, P763
autoradiographie R20
autosome A879, E477
autosuggestion A880
autotransplantation D123
autovaccin A857
avant-bras F246
avasculaire A883
aveugle B279
avitaminose A885
avivement A886
avortement A17
avortement artificiel I126
avortement complet C883
avortement criminal C1192
avortement habituel H3
avortement imminent T216
avortement incipiens I89
avortement incomplet I96
avortement spontané M351
avortement tubaire T546
avulsion A887
axe de fixation L210
axe optique O150
axe optique principal P864
axe pelvien P234
axe visuel L210, V206
axillaire A892
axis E377
axolemme A898
axon A899
azoospermie A902
azote résiduel R191

azote restant R191
azote uréique U79
azote uréique du sang B320
azotémie A903
azoturie A904
azygos A905

B

bacille B3
bacille diphtérique D222
bacille dysentérique D336
bacille dysentérique de Flexner F200
bacille d'Eberth E11
bacille de Friedländer F286
bacille de Gaertner G58
bacille de Hansen H30, L136
bacille de Hoffmann H401
bacille de Klebs-Löffler K64, L292
bacille de Koch K75, T555
bacille de la lèpre H30
bacille de la morve G217
bacille pesteux P564
bacille de Pfeiffer I164, P411
bacille pyocyanique B334
bacille de Shiga S444
bacille tuberculeux K75, T555
bacille typhique E11
bactéricide B9
bactérie thermophile T189
bactériémie B6
bactérien B7
bactériocholie B10
bactériologie B13
bactériologique B11
bactériologiste B12
bactériolyse B15
bactériolysine B14
bactériophage B16
bactériophobie B17
bactériostase B18
bactériostatique B19
bactériotoxine B20
bactériotropine B21
bactériurie B22
bagassose B24
bâillement Y1
bain B96
bain d'air A245
bain de boue M452
balanite B29
balano-posthite B30
balanorragie B31
balantidiase B32
balantidiose B32
balistocardiogramme B35
balistocardiographie B36

ballonnement B284
ballottement B38
ballottement de la rotule F204
balnéation B41
balnéothérapie B41
bandage B44, B191, D309
bandage compressif C897
bandage contentif F173
bandage herniaire T537
bandage en huit de chiffre F141
bandage immobilisateur F173
bandage occlusif O28
bandage spiciforme S725
bande T31
bandelette optique O155
barbiturates B50
barbiturisme B51
baresthésie B52, P843
barorécepteur B54, P841
barothérapie A213
barotraumatisme B56
barrière hémato-encéphalique B288
bartholinite B61
bartonellose B63, C191, H225, O190, P389
baryglossie B64
barylalie B64
barytose B53
bas âge I134
basaliome B67, R309
basedowisme aigu T258
bas-fond de la vessie B76
basiotribe B84
basocytose B87
basophile B88, B93
basophilie B91
basophobie B95
bassin P247
bassin en entonnoir F322
bassin infantile J35
bassin juvénile J35
bassin lordotique L319
bassin de malade B112
bassin ostéomalacique O236
bassin plat F190
bassin rachitique R7
bassin rétréci C1001
bassin scoliotique S199
bassin spondylolisthésique S800
bassinet du rein R150
bathmotrope B97
bathophobie B98
bathyanesthésie B100
bathyesthésie B99
batonnet R306
battement du pouls B106
battements cardiaques P42
baume B40
bébé I135
bébé bleu B330

bec-de-lièvre C692, H39
bégaiement S1033
béhaviorisme B119
bélonéphobie B126
bénin B129
béquille C1225
béribéri B136
bérylliose B139
bestialité B140
bêta-adrénergique B141
bêta-cellules B142
bêta-ondes B144
bétel B145
bézoard B148
bicorne B155
bidactylie B158
bifide B161
bifurcation B165
bigéminie B167, C1119
bigéminisme B167
bilan B26
bilan de l'azote N176
bilatéral B168
bile B169, G18
bile C C264
bile hépatique C264
B-bile B103
bilharziose B176
bilirubine B181
bilirubinémie B182
bilirubinurie B183
biliverdine B184, C511
bilobé B185
biloculaire B150
binaural B190
biocénose B196
biochimie B197
bioflavonoïde B199
biomécanique B205
biomécanique des mouvements B341
biométrie B206
biopsie B207
biopsie par aspiration A732
biopsie par ponction P1100
biopsie par voie endoscopique E235
biorythme B208
biosynthèse B209
biotélémétrie B210
biotransformation B211
biotype B213
bisexualité A331
bisexué B230
bistouri K72
bistouri électrique E105
bistouri de Graefe G307
bistouri de Liston C240
blastocèle C687, S277
blastocœle S277
blastocyste B247
blastoderme B248
blastodisque D242, E135

blastome B250
blastomycose B251
blastomycose européenne C1235, S7
blastophtorie B252
blastopore B253
blastula B254
blennorrhée B259, P1118
blépharadénite B260
blépharectomie B261
blépharite B263
blépharite angulaire A447
blépharite simple S510
blépharite squameuse S838
blépharite ulcéreuse U7
blépharoblennorrhée B272
blépharochalasis B265
blépharophimosis B268
blépharoplastie B269
blépharoplégie B270
blépharoptose B271, P1046
blépharorraphie B273
blépharospasme B274
blépharospasme clonique B266, N162, W95
blépharospasme nictitant N162
blépharostat B275
blépharosynéchie B277
blépharotic W95
blépharotomie B278
blessé W112
blesser I189
blessure I190, W110, W110
blessure par arme à feu G390
blessure par arme à feu tangentielle G393
blessure par incision I90
blessure perforante P1101
bloc B285
bloc atrio-ventriculaire A804
bloc auriculo-ventriculaire A804
blocage B285
blocage cardiaque H72
blocage intestinal B286
blocage intraauriculaire I463
blocage intraventriculaire I484
blocage à novocaïne B286
blocage sino-auriculaire S524
blocage vago-sympathique V10
boîte de Pétri P400
bol alimentaire B349
bonnet C61
borborygme B365
bord R292
bord du tarse palpébral C636
bordure en brosse B521
bothriocéphale B463
bothriocéphalose D225
botulisme B375
bouche M426
bouchon P623
bouchon de cérumen I379, W39
bouffée de chaleur H462

BOUGIE

bougie B378
bougie de Guyon B379
bougie de Hegar H94
bougirage B380
boule hystérique G243
boulimie B544, C1319, H625, L356
bourgeon du goût T53
bourrelet de l'ongle N7
bourse séreuse sublinguale F197
brachialgie B392
brachycéphalie B395
brachychéilie B396
brachycrânie B397
brachydactylie B398
brachygnathie B399
brachymétacarpie B400
brachymorphie B401
brachymorphie avec sphérophakie S713
brachyphalangie B402
bradyarythmie B404
bradycardie B406
bradycardie nodulaire N183
bradycinésie B408
bradykinésie B408
bradylalie B409
bradypepsie B410
bradyphrénie B412
bradypnée B413
bradypragie B414
bradypraxie B414
bradypsychie B412
bradysphygmie B416
bradytéléokinèse B417
bradytocie B418
brancard S1003
branche B431
bras A637
bregma B452
brise-pierre L260
bromhidrose B466, F101, O203
bromhidrose des pieds P664
bromisme B468
bronche B512
bronchectasie B478
bronchectasie ampullaire S10
bronchectasie cylindrique C1312
bronchectasie sacciforme S10
bronchiole B480
bronchiole terminale T125
bronchiolite B481
bronchite B482
bronchite capillaire B481
bronchite croupale C1214
bronchite mycosique B496
bronchite pseudo-membraneuse C1214
bronchoadénite B469
bronchocèle B486
bronchofibroscopie B491
bronchographie B492

broncholithe B472
broncholithiase B494
bronchomycose B496
broncho-œsophagoscopie B490
bronchophonie B498, V231
bronchoplastie B499
bronchopneumonie B501
broncho-pulmonaire B502
bronchorrhée B505
bronchoscope B506
bronchoscopie B507
bronchospasme B508
bronchospirographie B509
bronchospirométrie B510
bronchosténose B488
bronchotomie B511
brucellose B517, M53, U48
bruit B519, M474, S650
bruit cardiaque C125
bruit du cœur H79
bruit de diable V95
bruit de galop G21
bruit de galop présystolique P846
bruit de galop protodiastolique D185
bruit de moulin M337, W37
bruit de pot fêlé C1134
bruit respiratoire R187
bruit de succussion S1089
bruit vasculaire V45
bruits respiratoires B448
brûlure électrique E74
brûlure thermale T172
bruxisme T68
bubon B522
bubon climatique C701
bubonocèle B524
bubonules B525
bulbe B536
bulbe aortique A560
bulbe duodénal D329
bulbe jugulaire J24
bulbe olfactif O64
bulbe pileux H8
bulbe rachidien S734
bulbe de l'urètre B532
bulbite B540
bulle B283, B545, C1320
bulleux B547
bursite prépatellaire H465
butyromètre B556
byssinose B558, S1012

C

cabinet de consultation C984
cachectique C1
cachexie C5

cachexie paludéenne L207
cacosmie C7, K1
cadavérique C9
cadavre B337, C8, C1072
cæcal C266
cæcopexie C267
cæcoplicature C268
cæcostomie C269, T599
cæcotomie C270, T600
cæcum B280, C271
caféinisme C11
cage thoracique T208
caillot C724
caillot sanguin B292
cailloute C387
caisse C198
cal provisoire T94
calcanéum C13, H92
calciférol C18
calcification C19
calcinose C21
calcitonine C22
calcul C23, C912, S973
calcul biliaire C494, G22
calcul bronchique B472
calcul coralliforme C1040
calcul dendritique C1040
calcul dentaire D81
calcul fécaloïde C1033
calcul lacrymal D4, O134
calcul préputial P828
calcul salivaire S35
calcul urique U93
calice rénal C28
calicectasie C26
calicotomie C27
calleux C30
callosité C29
callus C29
caloricité C33
calorimètre C34
calorimétrie C35
calotte C61
calotte crânienne C36
camisole de force C40, S982
campimètre C41
canal C42, C392, D325
canal artériel B371
canal auditif A831
canal auditif extérieur E557
canal biliaire G20
canal de Botal B371
canal cholédoque C866
canal cystique C1329
canal déférent D43, S687, T135
canal éjaculateur E59
canal endolymphatique E219
canal excréteur E513
canal fronto-nasal F293
canal galactophore G6, L33, M331
canal génital B222

CARTILAGINEUX

canal de Havers H47
canal de Hensen H244, U62
canal hépatique commun C869
canal de His T255
canal inguinal I172
canal interlobulaire I409
canal lacrymal L20
canal lacrymo-nasal N27
canal lactifère M331
canal du mésonéphros M252
canal de Müller G65, M453, P111
canal omphalomésentérique O91
canal pancréatique P48
canal pancréatique accessoire S71
canal paramésonéphritique P111
canal para-urétral P148
canal parotidien P177
canal pelvi-génital B222
canal périlymphatique P311
canal rachidien S735
canal de Santorini S71
canal de Schlemm S154
canal semi-circulaire S295
canal de Sténon S909
canal sudorifère S1096
canal thoracique T209
canal thyréo-glosse T255
canal vertébral V132
canal de Wharton S1065, W64
canal de Wirsung W99
canalicules dentinaires D95
canalicules prostatiques P946
canaux de Walther S1061, W8
cancer C44, E380
cancer branchiogène B437
cancer colloïde C806
cancer en cuirasse C45
cancer encéphaloïde E174
cancer médullaire E174
cancer des ramoneurs C438, S642
cancer squirrheux C602, F135
cancérigène C92
cancérogène C90, C92
cancérophobie C47
cancroïde C48
candidose C49
candidose bronchique B484
candidose pulmonaire P654
canine C53
cannabisme C55
canthoplastie C59
canthus C60
canule C57
canule trachéale T384
capacité crânienne C1138
capacité inspiratoire I377
capacité en oxygène du sang O312

capacité pulmonaire totale T342
capacité pulmonaire vitale B447
capacité résiduelle fonctionnelle F311
capacité respiratoire R181
capacité vitale V212
cape cervicale C61
capillaire C65
capillaire sanguin B289
capillarectasie C62
capillaroscopie C63
capsomère C71
capsule C75, S2
capsule adipeuse du rein A177
capsule de Bowman B388
capsule du cristallin C1244, P413
capsule de Glisson G236
capsule de Tenon E597, T117
capsulite C76
capsulotomie C77
caractère C394
caractère héréditaire U61
caractère sexual secondaire S256
caraté C79
carbamide C80
carbhémoglobine C81
carboxyhémoglobine C87
carboxylase C88
carcinogène C90
carcinogenèse C91
carcinoïde C93
carcinoïdose B237
carcinomateux C98
carcinomatose C97
carcinome C44, E380
carcinome alvéolaire A318
carcinome épidermoïde E332
carcinome intraépitélial C96
carcinome mucipare M438
carcinome papillaire P69
carcinosarcome S81
carcinose C97
cardia C100
cardialgie C129, C137
cardiaque C101
cardiectasie C130
cardiectomie C131
cardiocentèse C134
cardiogramme C138
cardiographe C139
cardiologie C141
cardiologue C140
cardiomalacie C142
cardiomégalie C143, M162
cardiomyopathie C145
cardiomyopathie oblitérante B109
cardiopathie C148
cardio-péricardopexie C149

cardiophobie C150
cardioplastie C151
cardioplégie C152
cardioptose C153
cardio-pulmonaire C154
cardiorrhaphie C156
cardiorrhexie C157
cardiosclérose C158
cardiospasme C103, P490
cardiostimulateur asynchrone F175
cardiostimulateur de Nathan P1089
cardiovalvulotomie C160
cardio-vasculaire C161
cardioversion C163
cardite C164
carie C166
carie dentaire D82, S76
carminatif C168
carnification C170
carnitine C171
caroncule urétrale U108
carotène C172
caroténémie X2
carotide C174
carotidien C173
carotine C172
carotinoïde L231
carpe W116
carphologie C186
carpien C183
carte chromosomique C595
cartilage C192, G363
cartilage articulaire A689, D175
cartilage aryténoïde A704
cartilage auriculaire A839, C909
cartilage de conjugaison E362
cartilage conjugal E362
cartilage corniculé C1060, S70, S1150
cartilage costal C1102
cartilage cricoïde A473, C1189, I196
cartilage cunéiforme C1258, W115
cartilage élastique Y5
cartilage épiphysaire E362
cartilage de Jacobson J3
cartilage de Morgagni C1258
cartilage paraseptal P129
cartilage de Santorini C1060, S70
cartilage septal du nez S347
cartilage thyroïde T257
cartilage vomérien P129, V241
cartilage vomérien de Huschke J3
cartilage de Wrisberg C1258, W115
cartilagineux C195

CARYOCINÈSE

caryocinèse K8
caryogamie K6
caryogramme K7
caryolymphe K9
caryolyse K10
caryon K11
caryoplasme K12
caryorrhexis K13
caryosome K14, P1002
caryothèque K15
caryotype K16
cas C198
caséine C202
castrat C207
castration C208
catabolisme C210
catabolite C211
catalase C212, S137
catalepsie C213
catalyse C214
catalyseur C215
catamnèse C216
cataphasie C217
cataplasme P789
cataplasmes C219
cataplexie C220
cataracte C221
cataracte bleue B332
cataracte capsulaire C73
cataracte complète C885
cataracte coralliforme C1041
cataracte coronaire B332, C1067
cataracte corticale C1083
cataracte fusiforme S743
cataracte hypermûre H614
cataracte immaturée I42
cataracte laiteuse M400
cataracte membraneuse M209
cataracte molle S605
cataracte de Morgagni M400, S271
cataracte mûre R302
cataracte noire B238
cataracte ponctuée P1096
cataracte secondaire A221
cataracte sous-capsulaire S1044
cataracte stationnaire S882
cataracte stellaire S899, S1192
cataracte totale C885, T340
cataracte zonulaire L54
catarrhal C223
catarrhe C222
catarrhe aigu des voies respiratoires C225
catarrhe printanier S829, V124
catathérmomètre K17
catatonie C230
catécholamines C232
catgut C235
cathepsine C237
cathéter C238

cathéter intracardiaque I465
cathéter de Nélaton G367
cathéter de Pezzer P410
cathétérisme C239
cathétérisme cardiaque C107
cauchemar O101
caudal C243
causalgie C247
caustique C249
cautère C251
cautérisation C250
caverne C254
caverneux C258
cavernite C255, S359
cavernome A423, C256
cavitation C262
cavité C263
cavité abdominale A4
cavité articulaire G228
cavité cervicale C372
cavité du corps B339
cavité cotyloïde A46, C1110
cavité dentaire du plan buccal B527
cavité épidurale E342
cavité médullaire B358
cavité péritonéale P361
cavité pulpaire P1083
cavité viscérale V190
cébocéphale C265
cécité B281
cécité corticale C1081
cécité des neiges I2
cécité nocturne N166
cécité psychique P1016
cécité verbale T152
ceinture pelvienne P237
ceinture scapulaire S458
cellule C277
cellule adipeuse A178, F46
cellule alpha A309
cellule en bague S506
cellule de ballon B37
cellule basale B45, B66
cellule basophile B88
cellule bordante A67
cellule caliciforme G287
cellule cartilagineuse C193, C524
cellule cartilagineuse jeune C520
cellule de castration S506
cellule centroacineuse C314
cellule chromaffine C566
cellule chromatophore C580
cellule à corbeille B85
cellule de Corti A86
cellule écumeuse F215
cellule embryonnaire E133
cellule endothéliale E239
cellule épendymaire E304
cellule ethmoïdale E471
cellule en faucille C1179

cellule fusiforme S744
cellule ganglionnaire G45
cellule géante G184
cellule gustative G391, T54
cellule hépatique H265
cellule de Hofbauer H400
cellule de Hortega H453
cellule insulaire I542
cellule interstitielle I438
cellule de Kulchitsky K85
cellule de Kupffer K86, S900
cellule de Langerhans C314
cellule de Langhans L64
cellule lépreuse L132
cellule de Leydig L178
cellule lutéinique L350
cellule mère P154
cellule mésenchymale M245
cellule mésothéliale M253
cellule microgliale M290
cellule migratrice W10
cellule muqueuse M447
cellule nerveuse N87
cellule névroglique N116
cellule osseuse B352
cellule parathyroïdienne W30
cellule pariétale A67, P160
cellule pariétale gastrique C430
cellule à piquants P856
cellule polaire P672
cellule principale gastrique C430
cellule de Purkinje P1111
cellule réticulo-endothéliale R206
cellule de Rouget A201, P287
cellule de Schwann L121, S160
cellule de Sertoli N245, S391
cellule sexuelle S408
cellule spiniforme S747
cellule de Sternberg R97
cellule de sustentation S1141, S1189
cellule de Türck T574
cellule-cible L137
cellules argentaffines A633
cellules argyrophiles A633
cellules de Betz B147
cellules de Corti C1091
cellules entérochromaffines E261
cellules etmoïdales A247
cellules gigantopyramidales B147
cellules de Goormaghtigh G298
cellules limitantes B366
cellules mastoïdiennes M111
cellules de Paget P15
cellulite C289
cellulose C290

652

CHOLINESTÉRASE

cément dentaire D83
cémentocyte C293
cénesthésie C294
cénophobie C295
censure intrapsychique C296
centre C297
centre nerveux C297
centre nerveux vital V213
centre d'ossification O215
centre tendineux du périnée P316
centrifugation C310
centrifugeuse C311, S274
centriole C313
centromère C315
centrosome C278
céphalalgie C316, H58
céphaline C323
céphalique C317
céphalocèle C324
céphalocentèse C325
céphaloméningite C356
céphalométrie C326
céphalopage C327
céphalothoracopage C328
céphalotomie C329, C1162
céphalotribe C330, C1147
céphalotripsie C332
cérasine C333
cerclage C336
cercle artériel du cerveau C648
cercle palpébral T42
cercle de Willis C648
cérébelleux C337
cérébral C342, E169
cérébromalacie C355
cérébrosclérose C359
cérébrose C360
certificat médical M148
cérumen C367, E10
cerveau B420
cerveau antérieur F247
cerveau intermédiaire T153, T583
cerveau moyen M309
cerveau olfactif S583
cervelet C341
cervical C370
cervicectomie C377
cervicite C378, T375
cervicotomie T376
césarienne C380
cestode C382
cétone K46
cétonurie H608, K48
cétose K49
chagome C383
chalasie C384
chalazion C385
chalazodermie D130, L315
chalcose C386
chalcose oculaire C1030
chalicose C387

chalone C389
chambre hyperbarique H563
chambre pulpaire B527
champ visuel M300, V207
champignon F317
champignon des teignes C1285
chancre C390
chancre induré H33, S1282, T530
chancre mou C391, S606, V85
chancre syphilitique S1282, T530
chancrelle C391
chancroïde C391
chapelet costal R8
chapelet rachidien R8
charbon de bois C395
charlatan Q2
charlatanisme C398, Q3
charpie L220
chauve H11
chéilite C404
chéilite commissurale C863
chéilite exfoliatrice C406
chéiloplasie L3
chéiloplastie C405
chéiloschisis C692, H39
chéilosis C406
chéirospasme C407
chéloïde C408, K20
chémodectome C412
chémorécepteur C415
chémosis C417
cheveu C68, H6
cheveu incarné I170
cheveux incarnés B552
chiasma C425
chiasma optique C425, O151
chimère C437
chimioprophylaxie C414
chimiosynthèse C418
chimiotactisme C419
chimiotaxie C419
chiropractie C442
chirurgie S1176
chirurgie à cœur ouvert O123
chirurgie plastique P588
chirurgie réparatrice P588
chirurgien S1175
chitine C443
chloasma C444
chlore C448
chloré C446
chloroformisme C449
chloroformomanie C449
chlorome C450
chloropénie C451
chloropsie C452
chlorose C453
chlorose d'Egypte E56, T522
chlorose tardive L92
chlorure de chaux C447

choanes C454
choc S450
choc anaphylactique S393
choc du cœur A586, H80
choc hémorragique H226
choc insulinique I387
choc pleural P608
choc post-opératoire S1181
choc précordial A586, H80
choc septique S349
cholangiocarcinome C459
cholangio-entérostomie C460
cholangiographie C461
cholangiographie percutanée P275
cholangio-hépatite C462
cholangiolite C464, C465
cholangiome C466
cholangioscopie C467
cholangite A425, C468
cholate C469
cholécalciférol C470
cholécyste C476
cholécystectasie C473
cholécystectomie C474
cholécystite C477
cholécysto-colostomie C478
cholécysto-duodénostomie C479
cholécysto-entérostomie C475
cholécysto-gastrostomie C480
cholécystographie C481
cholécystokinine C482
cholécystopexie C483
cholecystorrhaphie C484
cholécystostomie C485
cholécystotomie C486
cholédocho-duodénostomie C487
cholédocholithiase C488
cholédochoplastie C489
cholédochostomie C490
cholédochotomie C491
choléglobine B174, C492, V118
cholélithiase C495
cholémèse C496
cholémie C497
cholémie simple familiale G200
choléra C499
cholérèse C501
cholerragie C502
choléstase C503
cholestéatome C504
cholestérine C508
cholestérinémie C509
cholestérinose extracellulaire C510
cholestérol C508
cholestérose vésiculaire S990
choline C512
cholinergique C513
cholinestérase C514, T531

653

CHONCHOTOME

chonchotome C910
chondral C517
chondrification C518
chondrite C519
chondroblaste C520
chondroblastome C521
chondrocalcinose C522
chondroclaste C523
chondrocyte C193, C524
chondrodysplasie A763, M463
chondrodystrophie A59, A763, C525, M463
chondroïde C528
chondromalacie C530
chondromatose C531
chondrome C529
chondromucoïde C532
chondromyxome C527
chondroplastie C534
chondrosamine G10
chondrosarcome C535, S84
chordotomie S741
chorée C541
chorée chronique H481
chorée électrique de Dubini E77
chorée fibrillaire de Morvan F110
chorée héréditaire C607, H290, H481
chorée de Huntington C607, H481
chorée mineure des enfants I145, J32
chorée rhumatique R250
chorée rhumatismale J32
chorée de Sydenham I145, J32
chorémanie C545
choréo-athétose C544
choréophrasie C546
choriocarcinome C548
chorioépithéliome P561
chorioméningite C549
chorioméningite lymphocytaire L390
chorion C550
choriorétinite C553, R216
chorista C554
choristoblastome C555
choristome C556
choroïde C557
choroïdérémie C558
choroïdite C559
choroïdose C560
chromatide C573
chromatine C574
chromatine sexuelle B57, S409
chromatinien C568
chromatique C568
chromatisme C577
chromatographie C578
chromatolyse C579
chromatophile C590

chromatophore C580, P522
chromatopsie C581
chromidrose C583
chromoblastomycose C584
chromocentre C575, F29
chromocystoscopie C586
chromogène C587
chromolipoïde C588
chromonème C571
chromoprotéide C592
chromoprotéine C592
chromosome C594
chromosome accessoire A33
chromosome bivalent B236
chromosome ellipsoïdal R298
chromosome hétérotropique H336
chromosome sexuel O44, S410
chromosome sphéroïdal R298
chromosome submétacentrique S1071
chromosome télocentrique T83
chromosomes homologues H421
chromosomique C593
chronaxie C597
chronique C598
chronophotographie C609
chronotrope C610
chrysiase C611
chrysothérapie A845, C612
chylangiome C614
chyle C615
chyleux C622
chylocèle C616
chylomicron C618
chylopéricarde C619
chylopéritoine C620
chylothorax C621
chylurie G16
chyme C623
chymotrypsine C624
chymotrypsinogène C625
cible nucléaire T37
cicatrice C630, S122
cicatrice variolée P546, P662
cicatrisation C631, H63, S1279, U18
cicatrisation par deuxième intention H65, S250
cicatrisation médiate H65
cicatrisation par première intention F161, H64, I43, P857
cil E601
cils auditifs A830
cinéangiographie C643
cinéradiographie C644
cinésiologie K55
cinésithérapie K56
cinétose M416
cinquième circonvolution occipitale L213

circoncision C655
circonvolution C1024, G399
circonvolution de Broca B465
circonvolution frontale F290
circonvolution frontale ascendante P795
circonvolution frontale inférieure B465
circonvolution frontale supérieure M84
circonvolution godronnée D93
circonvolution occipito-temporale médiale F330
circonvolution pariétale P163
circonvolution pariétale ascendante P751
circonvolution postérorolandique P751
circulaire C649
circulation B315, C651
circulation collatérale C798
circulation croisée C1198
circulation extracorporelle E571
circulation lymphatique L383
circulation placentaire P558
circulation portale P742
circulation pulmonaire P1066
circulation systémique S1304
circulatoire C652
cirrhose alcoolique G203
cirrhose biliaire B177
cirrhose cardiaque C108
cirrhose cholangiolitique C463
cirrhose cholostatique B177
cirrhose hépatique C662
cirrhose hépatique alimentaire N254
cirrhose postnécrotique P768
cirrhotique C663
cirsectomie C664
ciseaux S169
ciseaux chirurgicaux O125
cistron C668
citerne C667
citerne du chyle C617
citrulline C670
cladosporiose C672
clamp C673
clamp de Bronner S769
claquement C697, S590
clasmatocyte C674
claudication C676
claudication intermittente I416
claustrophobie C677
clavicotomie C695
clavicule C797
cléarance C684
cléidotomie C695
cleptomanie C696, K65
click C697
climat salubre S55
climatère C699

CONCRÉTION

climatothérapie C702
clinique C703, C704
clinocéphalie C707, S24
clinodactylie C708
clitoridectomie C709
clitoris C710
clivage C686
cloaque C711
cloaque persistant P380
cloison S353
cloison nasale N25
clone C712
clonographe C714
clonorchiase C715
clonus C716
clonus du pied F240
clou N1, P534
clownisme C729
clystère C734, E251
coagulant C735
coagulation C736
coagulation sanguine B293
coalescence C740
coarctation C742
cocaïnisme C747
coccidies C750
coccidioïdomycose C751
coccien C749
coccus C752
coccygodynie C758
coccyx C759
cochléaire C761
cochlée C760
cochléen C761
code génétique G140
codon C767
coefficient de natalité N29
coefficient de parenté C768
cœliakie C273
cœliaque C272
cœlioscopie C276, P362
cœlome C291, V190
cœlomique C292
cœnesthésie C294
coenzyme C770
cœruléoplasmine C366
cœur H71
cœur adipeux F55
cœur d'athlète A783
cœur de bière B117
cœur de bœuf B385
cœur glacé F298
cœur «en goutte» D313, H27, T66
cœur gras C144
cœur d'hypersthénique H440
cœur irritable C146, E51, S619
cœur pulmonaire P1070
cœur tigré T286
cœur très mobile P252, S1185
cœur villeux H14
cofacteur C771

coïlonychie C775, S818
coït C776, I404, S422
col N38
col utérin U160
colécalciférol C470
colectomie C785
colibacille C813
colibacillose C788
colique C787
colique abdominale I449
colique appendiculaire V120
colique biliaire G23, H249
colique hépatique G23, H249
colique intestinale G361
colique muqueuse P997
colique de plomb P18, S98
colique saturnine L105, P18, S98
colite C789
colite granulomateuse G327
colite pseudo-membraneuse P998
colite ulcéreuse U8
collagène C790
collagène de l'os O210
collagénose C791, C966
collapsothérapie C795
collapsus C793
collapsus pulmonaire P1067
colle biologique B202
colle fibrineuse F113
collet de la dent D89, N39
colliculus supérieur S1130
collier de Vénus P519
collodion C803
colloïde C804
colobome C810
côlon C812
côlon ascendant A711
côlon transverse T429
colonie bactérienne C818
colonie cellulaire C818
colonie lisse S586
colonie S S586
colonne C851
colonne vertébrale B5, S736, S746, V133
colonoscope C816
colonoscopie C817
colopathie fonctionelle I531
colopexie C819
coloptose C820
colorant S852
colorants azoïques A901
coloration S852, S853
coloration sélective S285
coloration supravitale S1166
coloration vitale V215
colorimètre C826
colorimétrie C827
colostomie C828
colostomie de Littré I173
colostrum C830, F255

de colostrum C829
colotomie C831
colpeurynter C832
colpite C834, V16
colpocèle C842
colpohystérectomie C835
colpohystéropexie C836
colpomicroscopie C837
colpomyomectomie C838
colpo-périnéoplastie C839
colpo-périnéorrhaphie V18
colpopexie C840, V19
colpoplastie C841
colpoptose C842
colporragie C843
colporraphie C844
colporrhexis C845
colposcope C846
colposcopie C847, V20
colpospasme C848
colpostat C849
colpotomie C850, V21
coma C853
comateux C854
comédocarcinome C860
comédon C859
commensalisme C861
commissure A168, C864
commissure du fornix T431
commissure des lèvres C864
commissure palpébrale P39
commissure des paupières C864
commotion C913
commotion cérébrale B424, C344
commotion de la rétine B137
communication interauriculaire A800
communication interventriculaire P197, V111
communication interventriculaire isolée R318
compatibilité C875
compère-loriot S1034
complément C880
complexe C888
complexe auriculaire A796
complexe de Golgi H405
complexe d'Œdipe O53
complexe primaire G183
complexe ventriculaire V106
complication C890, S354
comportement B118
composé C891
compresse C895
compression C896
comprimé inhalant I178
compte-gouttes M154
compulsion C899
concentration C906
conception C908
concrétion C912, S973

CONDENSATEUR

condensateur C915
condensation C914
conditionnement C919
condom C920
conducteur C927, S846
conductibilité C926
conduction C922, C926
conduction saltatoire S49
conduit D325
conduit auditif extérieur E557
conduit para-urétral S551
conduits biliaires B171
condylarthrose C928
condyle C929
condylome C930
condylome acuminé F142, P669, V86
condylome plat F186
cône C1014
cône lumineux de Wilde C932
cône médullaire M158
cône rétinien C931
cône terminal M158
cône visuel C932
confabulation C934, F3
confusion mentale C936
congé de maternité M115
congélation C937, F281, F297
congénital H289, I83
congestion C946
congestion hypostatique H763
congestion passive P187, V96
congestion physiologique P500
conglutination C949
coniose C952, K80
conisation du col utérin C953
conjonctival C962
conjonctive C961
conjonctive bulbaire B537
conjonctivite C964
conjonctivite catarrhale B258, C228
conjonctivite épidémique aiguë A116, P538
conjonctivite à inclusions S1202
conjonctivite phlycténulaire P447
conjonctivite printanière S829, V124
conjonctivite scrofuleuse S222
conjonctivite type «piscine» S1202
conjugaison C960
connaissance C967
conscience C967
consentement du malade à l'opération C970, P215
consolidation C973
constante d'Ambard U78
constipation C974, O16
constitution B344, C975
constricteur C980

constriction C977
consultant C981
consultation C982
contact C985
contagiosité C992
contamination C993
continence C994
contraceptif C999
contraceptif intra-utérin I481
contraception C998
contractile C1002
contractilité C1003
contraction C1004
contraction de l'utérus U165
contracture C1005
contracture cicatricielle C628
contralatéral C1007
contre-incision C1116
contre-indication C1006
contre-ouverture C1116
contrepoison C1117
contrôle C1009
contusion B518, C1013
convalescence C1015, C1268
convalescent C1016
convergence C1018
conversion C1021, T421
convulsion C1025, S656
convulsion tonique T142
convulsivothérapie E78
coordination C1029
coprolalie C1032
coprolithe C1033, F66, S913
coprologie S133
coprophagie C1034, S135
coproporphyrine C1036, S920
coprostanol C1037
coprostase C1038
coprostérol C1037
copulation C1039, I404
coqueluche P388, W86
corde C537, C1042
corde vocale V227, V228
cordite C538
cordon F318
cordon antérieur de la moelle V102
cordon ombilical U32
cordon spermatique S686, T134
cordotomie C540, C1043
corne H445
corne cutanée C15, C1286, F125, H35, S558, W24
corne inférieure du ventricule latéral U46
corné H447
cornéal C1050
cornée C1049
cornée conique K27
cornée globuleuse K31
cornéen C1050, C1058
cornet nasal S223

corps B337
corps acétoniques A48
corps caverneux C259
corps cétonique K47
corps cétoniques A48
corps chromaffine C565
corps ciliaire C632
corps étranger F250
corps genouillé G146
corps godronné D93
corps de Guarnieri G378
corps de Gumprecht G388, S589
corps immunisant S335
corps jaune Y4
corps de Luys L355
corps de Negri N51
corps du neurone N88
corps de Nissl N174, T287
corps d'os pubien P1050
corps strié S1004
corps tigroïde T287
corps trapézoïde T437
corps vitré V219
corpusculaire C1075
corpuscule B337, C1074
corpuscule de Barr B57
corpuscule de Krause E190
corpuscule de Malpighi R147
corpuscule de Meissner O274
corpuscule du tact O274
corpuscule tactile T347
corpuscule de Vater-Pacini L55
corpuscules génitaux G151
corpuscules de Guarnieri G378
corpuscules de Gumprecht G388
corpuscules de Ruffini R340
corset J1
cortex B426, C1078
cortex cérébral B426, C345
cortex du poil C1079
cortex surrénal A186, S1161
cortical C1080
corticalisation C1085
corticospinal C1087
corticostéroïde A190, C1088
corticostérone C1089
corticosurrénale A186
cortisone C1092
coryza C1094
cosmétique C1095
costal C1097
costectomie C1105
côte R280
côte cervicale C376
cothromboplastine C1108
coton C1109
coton absorbant A24
coton hydrophile A24

cou N38
couche bacillaire R307
couche basale de l'épiderme B68
couche des cellules à cônes et à bâtonnets B2
couche des cellules en cônes et en bâtonnets R307
couche claire du caillot sanguin B534
couche claire de l'épiderme C685
couche cornée H448
couche cornée d'épiderme C1059
couche corticale de l'os C1082
couche germinative G176
couche granuleuse G315
couche de Malpighi G176, M50
couche papillaire P71
couche réticulaire R201
couche sous-endothéliale S1054
couche sous-muqueuse S1072
coude C1249, E67
coude de mineur M345
couleurs fondamentales P861
coup S1015
coup de chaleur H81
coup de pointe P1101
coup de soleil I373, S615, S1121
coupe S265, S265
coupe à la congélation F301
coupérose R326
couple termoélectrique T180
courbe C1277
couronne de la dent C1217
couronne équatoriale E390
cours C1120
coussin C1279
couteau pour bandages plâtrés P583
couvercle C61
couveuse C1121
couvre-objets C1123
cowpérite C1126
coxalgie C1128
coxite C1129
crachat S835
crachat rouillé R350
crachoir C1282
crainte H450
crampe C1135, J15
crampe des écrivains C407, S216, W119
crâne C1163, S560
crâne cérébral B423
crânien C1136
craniocérébral C1145
crânioclasie C1146
crânioclaste C1147

craniologie C1150
craniomalacie C1151
craniométrie C326, C1153
craniopage C327, C1154
craniopharyngiome C1155
cranioplastie C1156
cranioschisis C1158
cranioclérose C1159
craniospinal C1160
craniotabès C1151, C1161
craniotomie C329, C1162
cratère d'ulcère C1164
créatine C1165
créatinémie C1166
créatinine C1167
créatinurie C1168
crémaster C1172
crémation C1174
crème dermique O57
crénothérapie C1175, M343
crépitant C1176
crépitation C1178
crépitation osseuse B363
crésol C1181
crête C1182, R292
crête urétrale V142
crétin C1183
crétinisme C1184, I137
creux S600
creux poplité P731
creux sus-claviculaire S1152
cribriforme C1186
cricotomie C1190
crise A815, C1194, F168, S282, S1015
crise des automatismes psychomoteurs S638
crise cardiaque C102
crise colloïdoclasique C809
crise épileptique acinétique A260
crise épileptique majeure G310
crise de maladie C1194
crise tabétique T3
crise thyréotoxique T258
cristal C1243
cristallin C1245, L122
cristalloïde C1244
crochet H434
crochet mousse B335
crochet du pancréas L145, U39
crochet de trachéotomie T383
crocidisme C186
croissance G371
crossing-over C1208
croup C1213
croup spasmodique C224
croûte C1223, S573
croûte de lait M329
cruor B292
cryanesthésie C1227
cryesthésie C1228

cryochirurgie C1231
cryocoagulation C1229
cryostat C1230
cryothérapie C1232
crypte C1233
crypte amygdalienne T315
crypte intestinale L186
cryptes intestinales I453
cryptite C1234
cryptococcose C1235, S7, T337
cryptogénique C1237
cryptoménorrhée C1240
cryptophtalmie C1241
cryptophthalmos C1241
cryptorchidie C1242
cryptorchidisme C1242
cubital A417, C1248, U13
cubitus C1249, E68, U12
cuillère S817
cuir chevelu S110
cul-de-sac C1253, P787
cul-de-sac de Douglas D303, P788
culdoscopie C1254
culture bactérienne C1255
culture cellulaire C280
curable C1263
curare C1264
curarimimétique C1265
curatif C1266
cure C1268
cure de jeûne H477
cure de sommeil P920
curettage C1270
curette C1271, S200, S817
cutané D118, D136
cuticule C1291
cuticule du cheveu C1292
cuticule de l'émail N26
cuticule de Nasmyth N26
cuvette C1294
cyanocobalamine C1296, E587
cyanose C1297, L271
cyanotique B328, C1298
cyanure C1295
cyanurie C1302
cycle C1303
cycle citrique C669
cycle de Krebs C669
cycle menstruel M233
cycle menstruel anovulaire N196
cycle mitotique M356
cycle ovarien O277
cyclique C1304
cyclite C1305
cyclophrénie C650, C1307
cyclopie C1306
cycloplégie C1309
cyclothymie C650, M69
cyclotomie C1310
cylindre cireux W40

CYLINDRE HÉMATIQUE

cylindre hématique B290
cylindre urinaire C205, R146, T550
cylindres croisés de Jackson C1199
cylindres urinaires C1311
cylindroïde C1315, P983, S833
cylindrome C1316
cylindrome cutané T579
cylindrurie C1317
cynophobie C1318
cynorexie C1319
cyphoscoliose K89
cyphose K90
cyphose des apprentis S139
cystadénocarcinome C1321
cystadénome A139
cystalgie C1323
cystectomie C1324
cystéine C1325
cysticercoïde C1330
cysticercose C1331
cysticerque C1332
cysticolithectomie C1338
cysticotomie C1339
cystine C1341
cystinose C1342
cystinurie C1343
cystique C1326
cystite C1344
cystoadénome C1322
cystocèle C1346
cystodynie C1323
cystofibrome utérin C1347
cystographie C1348
cystolithiase C1350
cystome C1351
cystoplastie C1352
cystopyélite C1353
cystorragie C1354
cystorraphie C1355
cystorrhée C1356
cystoscope C1357
cysto-sigmoïdostomie V145
cystostomie C1358, V146
cystotome C1359
cystotomie V147
cystotomie périnéale H706, P317
cythéromanie H807
cytidine C1360
cytochrome C1362
cytochrome-oxydase C1363
cytodiagnostic C1364
cytogénétique C1365
cytohématimètre C1118
cytologie C1366
cytolyse C1368
cytolysine C1367
cytolysome C1369
cytomégalie C1370
cytomégalovirus C1371

cytomorphologie C1372, M405
cytopathologie C1373
cytopénie C1374
cytoplasme C1375
cytose C1377
cytostatique C1378
cytotoxine C1380
cytotrophoblaste C1381

D

dacryoadénite D1
dacryocystite D2
dacryocystotomie D3
dacryolithe D4, O134
dactylogrypose D5
dactyloscopie D6
daltonisme D8
danse de Sain-Vitus S31
darsonvalisation D14
dartos D15
déanimation B425
débit cardiaque C123, M349
décalcification D27, D102
décapsulation D28
décapsulation totale du rein N69
déchloration D30
décoction D33
décollement de la rétine D147
décompensation cardiaque C112
décomposition D29, D247
décompression D34
décompression crânienne C1139
décontamination D36, S68
décortication D37
décrépitude I160
décubitus B114, P844, S574
décussation C1212
décussation des fibres sensitives S340
décussation des pyramides M421, P1157
dédoublement de conscience D300
défaut D41
défaut du septum interauriculaire A800
défécation D40, M434
défervescence D44
défibrillateur D46
défibrillation D45
défibrillation électrique C163
déficience D48, F17, I68
déficience mentale M236
dégénératif D52
dégénération D51

dégénérescence D51
dégénérescence albumineuse A270
dégénérescence albuminoïde A270
dégénérescence cérébro-maculaire C352
dégénérescence cireuse G224
dégénerescence cireuse de Zenker Z2
dégénérescence colloïde C807
dégénérescence graisseuse F54
dégénérescence graisseuse du cœur C144
dégénérescence hépato-lenticulaire H271, W90
dégénérescence lenticulaire progressive L125
dégénérescence maculaire M14
dégénérescence mucoïde M443, M576
dégénérescence sénile S312
dégénérescence vacuolaire V4
degré D53
déhiscence de plaie W111
«déjà-vu» P114
délire D58, D64
délire aigu alcoolique D61
délire alcoolique J28
délire ambitieux D66
délire de Bell B122
délire de collapsus C794
délire de grandeur D66
délire d'inanition E523
délire induit S518
délire de négation D67, N171
délire de persécution D68, P378
délire de relation I9, R99
délire sénile S313
délire systématisé S1303
délire traumatique P776
deltoïde D63
démarcation D69
démarche G1
démarche ataxique A772
démarche de canard G300
démarche cérébelleuse T297
démarche flasque E394, H356
démarche hémiplégique H172
démence D70, I40
démence chronique C605
démence juvénile A184
démence précoce A184
démence sénile S317
démence traumatique P777
dément M17
déminéralisation D71
demi-vie biologique B203
démonophobie S95
démyélinisation D74
dendrite D75
dénervation D76

dengue B383, D77, S615
densimétrie D78
dent T321
dent canine C53
dent enclavée I67
dent incisive C1293
dent incluse I67
dent lactéale D32
dent de lait D32, M336
dent permanente P370, S1084
dent de sagesse W100
dent temporaire D32
dentaire D79
dental D79
dentalgie T322
denticule P1085
dentine D94
dentition D97, T69
dentition de lait F160
dentition retardée D57
dents permanentes S251
dents temporaires T97
dénudation D99
dénutrition U47
déodorant D100
déontologie D101
dépersonnalisation D106
déphosphorylation D107
dépigmentation D108
dépilation D109, E348
dépilatoire D110
dépistage de masse M99
déplétion D111
dépolarisation D112
dépôt dentaire D84
dépôt sanguin P730
dépression D113
dépression d'involution I504
dépression présénile I504
dérangement D114
dérivation L104
dérivation bipolaire B217
dérivation intracardiaque I466
dérivation des membres L205
dérivation œsophagienne E446
dérivation précordiale P800
dérivation standard I118
dérivation de standard S857
dérivation unipolaire U59
dermabrasion D117
dermatite D121
dermatite actinique A105
dermatite allergique S334
dermatite «breloque» B138
dermatite caterpillaire C233
dermatite de contact C986
dermatite exfoliative généralisée de Wilson-Brocq E519
dermatite exfoliative des nouveau-nés E520
dermatite hivernale W97
dermatite médicamenteuse M151
dermatite des nageurs S144
dermatite pustuleuse contagieuse C991
dermatite des rayons X X22
dermatite solaire S614
dermatite streptococcique S996
dermatite verruqueuse C584
dermatofibrome D124
dermatofibrose lenticulaire disséminée N187
dermatoglyphique D125
dermatologie D129
dermatologiste D128
dermatologue D128
dermatolysie D130
dermatomycose M502, R301
dermatophyte C1285, E366
dermatophytie R301
dermatoplastie D132
dermato-polynévrite P537
dermatosclérose D133
dermatose D134
dermatose actinique P469
dermatose pigmentaire C582
dermatose pigmentaire progressive P910
dermatose pustuleuse sous-cornée S1047
dermatozoonose D135
derme D116
dermique D136
dermoïde D138
dermomyiase C1169
dermophyte D131
désactivation D16
désagrégation D29, D239
désagrégation psychique D239
désamination D23
désarticulation E500
déséquilibre I38
déséquilibre électrolytique E94
déshydratase H522
déshydratation D54, W31
déshydrogénase D55
déshydrogénation D56
désinfectant D245
désinfection D36, D246, S68
désintégration D247
désintoxication D248
désinvagination D249
desmoïde D142
desmosome B455, D143
désodorisant D100
désoxyribonucléase D104
desquamation D145, P230
desquamation furfuracée D50
détaché D243
détachement de la rétine R212
détergent D148
détérioration D149
détérioration mentale D114
détermination du groupe sanguin B303
déterminer I12
détersif D148
détoxication D150
détroit A574
détroit inférieur I154, P239
détroit supérieur P238
détroit supérieur du bassin S1132
dette d'oxygène O313
détubage E589
détumescence D151
deutéranopie A58, G353
à deux cavités B150
à deux chambres B150
déviation D153
déviation axiale A895
déviation de la colonne vertébrale C1276
déviation conjuguée des yeux C958
déviation à droite S443
déviation à gauche S442
déviation du rachis C1276
déviation thoracale d'ECG C422
dextrane D155
dextrine D156
dextrocardie D157
dextrocardie isolée I554
dextrocardie secondaire S252
dextrose D158, G332
diabète D159
diabète insipide néphrogénique V59
diabète juvénile G374
diabète labile B460
diabétique D160
diade B236
diadococinésie D161
diagnose D162
diagnostic D162
diagnostic anatomique P205
diagnostic différentiel D200, D202
diagnostic faux M352
diagnostic histologique H383
diagnostic incorrect M352, W120
diagnostic de probabilité T119
diagnostic par voie d'ordinateur C901
dialyse D164
diamètre promonto-pubien minimal T532
diamètre promonto-rétropubien C957
diamètre promonto-sous-pubien D163
diamètre zygomatique Z22
diapédèse f D165
diaphanoscopie D166
diaphragme D167, M317
diaphragme pelvien P236

DIAPHYSE

diaphyse D173, S426
diarrhée D174
diarrhée graisseuse F56
diarrhée virale V174
diarrhée des voyageurs M395
diarthrose D176
diaschisis D177
diastase D178
diastématomyélie D229
diastème D179
diaster D181
diastole D182
diathermie D187, E104, T188
diathermie à ondes courtes N57, S455
diathermocoagulation D186, S1178
diathèse D188
diathèse exsudative E592
diathèse goutteuse G304, L96
diathèse oxalique O298
diathèse spasmogène S657
diathèse spasmophile S657
diathèse urique G304, L96, U131
dichotomie D189
dichromasie C821
dichromatisme D190
dichromatopsie D190
dictyome D192
diencéphale B146, I396, T153, T583
diète D194
diète absolue A21
diète alcaline B77
diète légère S607
diète protective S607
diète réduite R93
diététicien D197
diététique D196, S539
diététique thérapeutique A284
diététiste D197
diétothérapie D198, S542
différenciation D202
différenciation histologique H384
différentialité des tissus H384
diffus D203
diffusion D205
diffusion locale de la tumeur L286
digestif D208
digestion D207
digestion extracellulaire I402
digestion intracellulaire I467
dilatateur D213
dilatation D212, E252
dilatation aiguë de l'estomac G72
dilatation du cœur C130
dilatation de l'œsophage E448
dilatation d'uretère U88

dilatation vaginale avec un colpeurynter C833
dilution D216
diminuer D38
dioptrimètre L124
dioxyde D218
dipeptidase D219
dipeptide D220
diphtérie D221
diphtérie des plaies S1179
diphtérique D224
diplégie D226
diplobacille D227
diplocoque D228
diplomyélie D229
diplopie D230
diplopie croisée C1200, H319
diplopie hétéronyme C1200, H319
diplopie homonyme H424, S511
diplopie monoculaire M383
diplosome D231
dipsomanie D232
disaccharide D238
discision D258
discoordination I100
dislocation D251, M51
dispersion D254
disque D250
disque articulaire A691
disque embryonnaire E135, G90
disque épais proligère P918
disque germinatif G90
disque intervertébral I446
disque de Merkel T17
disque optique O152
dissection D258, D258
disséminé D259
dissociation D263
dissociation atrio-ventriculaire A806
dissociation syringomyélique S1298
dissociation tabétique T4
dissocié D262
distal D264
distance interpupillaire P1103
distension D267
distichiase D268
distillation D269
distomatose D271
distorsion du ligament D272
diurèse D275
diurétique D276
diurne D277
divergence D278
divergent D279
diverticule C1253, D283
diverticule hypopharyngien H740
diverticule de Meckel M136

diverticule de l'œsophage E444
diverticule de Zenker Z3
diverticulose D282
division C686, D285
division cellulaire C281
division nucléaire N223
division vélo-palatine C693
docteur D288
doigt F156
doigt annulaire R299
doigt en marteau H22, M46
doigt de pied T300
doigt à ressort L289, S591, S830, T495
doigts en baguette de tambour C730
doigts hippocratiques C730
doigts à ressort J16
doigts de Talbot S1225
dolichocôlon D289
donneur D293
donneur du sang B299
donneur universel U64
dorsal D294
dos B4
dosage D295
dose D297
dose effective E46
dose efficace C1267
dose érythémateuse minima E417
dose fractionnée D284, F268
dose létale L147
dose létale minimale M347
dose maximale admissible M126, T302
dose maximum M125
dose minimale M346
dose préventive P850
dose quotidienne D7
dose de rayonnement D298
dosimétrie D299
double conscience D300
double ton de Traube T439
douche D302
douche écossaise S204
douleur A53, P17
douleur cordonale G214
douleur fantôme P431
douleur à jeûne H478
douleur lancinante S452, S962
douleur référée R100
douleur térébrante T124
douleurs de l'accouchement L8, P172
douloureux S646
douve hépatique L208
dragée D305
drainage D307
drépanocyte C1179, M228, S480
drépanocytose C1180, D308

drogue D315
droitier R294
dumping syndrome D328, J10
dure-mère P7
dure-mère crânienne E208
dynamomètre S946
dysautonomie familiale F31
dyschondroplasie M461
dysenterie D335
dysenterie amibienne A337
dysenterie bacillaire B1, S445
dysentérique D334
dysesthésie D337
dysfonction D338
dysfonctionnement D338
dysgénésie mésodermique cornéenne et irienne de Rieger I514
dysgueusie D339
dyskératose lenticulaire et en disques B387
dysménorrhée D340
dysostose D341
dysostose cléido-crânienne C694
dysostose cléido-crânienne héréditaire C1148
dysostose crânio-faciale héréditaire C1149
dyspareunie D342
dyspepsie D343, I116
dyspepsie de fermentation F88
dyspepsie gastrogène G73
dyspepsie intestinale I450
dyspepsie nerveuse N94
dyspepsique D344
dyspeptique D344
dysphagie D345
dysphagie sidéropénique S490
dysphasie D346
dysphonie D347
dysplasie D348
dysplasie chondro-ectodermique C526
dysplasie crânio-métaphysaire C1152
dysplasie ectodermique anhidrotique A451
dysplasie épiphysaire multiple M462
dyspnée D349, S453
dystonie D350
dystonie végétative V76
dystopie D351
dystrophie D353
dystrophie alimentaire A283, I82
dystrophie cornéenne C1051
dystrophie musculaire M543
dystrophie musculaire progressive M480
dystrophique D352

E

eau distillée D270
eau minérale M342
éburnation E12
éburnification E12
écaille S107
écarteur T500
écart-type S856
ecchondrome E14
ecchymose B518, S1107
ECG E80
échancrue N218
écharpe S570
écharpe du bras T459
échaudure S106
échelle S107
échinococcose E15
échinocoque E16, H499
échographie E18
écholalie E19
éclampsie E20
éclampsisme P806
ecmnésie E21
écran S213
écran protecteur S441
écriture de Braille B419
ectasie E25
ecthyma E27
ectoblaste E29
ectocardie E28
ectoderme E29
ectoderme cutané S1126
ectoparasite E30
ectopie D255, E31, M51
ectromélie E36
ectropion E37
écume F214
eczéma E38
eczéma atopique A790
eczéma exsudatif M367
eczéma herpétiforme K4
eczéma humide H474
eczéma impétigineux E41
eczéma séborrhéique E39
eczéma suintant W50
eczémateux E40
édenté E44
effect cumulatif C1257
efférent E47
effet additif A131
effet secondaire S485
efficacité E49
effleurage E50
effusion E52
égophonie E55, T389, V234
éjaculation E58, E147
éjaculation précoce P941
élastase E60
élasticité E62
élastome E64

élastome diffus S315
élastose E65
élastose sénile S315
électroanesthésie E79
électrocardiogramme E80
électrocardiographe E81
électrocardiographie E85
électrochoc E78
électrocoagulation E87
électrode E88
électrode active A108, T165
électrode indifférente D253, I115
électrode de référence C308
électrodiagnostic E89
électrodialyse E90
électroencéphalogramme E91
électroencéphalographie E92
électromyogramme E95
électromyographie E96
électronarcose E97
électrophorèse C218, E99
électropyrexie E101
électrorétinographie E102
électrothérapie E103
électrotonus E106
éléidine E107
élément-trace T368
éléphantiasis E110, M24
élimination E111
elliptocyte C39, E113
elliptocytose O276
élongation E114
élytrorragie C843
élytrorraphie C844
élytrotomie C850
émaciation E115
émail E161
émanation E116
émanothérapie E117
émasculation E118
embaumement E119
embole E124
embolectomie E120
embolie E121
embolie bactérienne I150, P1136
embolie gazeuse G62, P629
embolie graisseuse F47, O54
embolie microbienne I150
embolie paradoxale de Conheim C1201
embololalie E122
embolophrasie E122
embryocardie E128, P253, T282
embryogenèse E129
embryologie E130
embryon E127
embryonnaire E132
embryopathie E136
embryotomie E137
embryotoxon E138

ÉMÉTIQUE

émétique E143, V245
éminence E145, P912, T338
éminence collatérale C799
éminence hypothénar H771
éminence de Meckel C799
éminence pariétale P161
émission E147
emménagogue E148
emmétropie E149
émollient D73
émotion A214, E150
emphysémateux E154
emphysème E153
emphysème compensateur A319
emphysème interstitiel I439
emphysème médiastinal M140
emphysème obstructif O18
emphysème pulmonaire P1069
emphysème pulmonaire bulleux B548
emphysème pulmonaire centrolobulaire C312
emphysème sous-cutané P640, S1048
emphysème vicariant A319, E26
empirisme E157
emplâtre P582
emplâtre adhésif A171
empoisonnement P671, V82
emporte-pièce B354
empyème E158
émulsion E160
énanthème E163
énarthrose B34, C1111, E165, S601, S711
encapsulation E167
enceinte P812
encéphale B420
encéphalite E171
encéphalite allergique H586
encéphalite australienne A848, M476
encéphalite épidémique E23
encéphalite japonaise B J5
encéphalite léthargique E23, L149
encéphalite otogène O260
encéphalite de la taïga R349, T281
encéphalite à tiques T281
encéphalite verno-estivale russe R349
encéphalocèle C349, E172
encéphalographie E173
encéphalomalacie E176, S612
encéphalo-méningocèle E178
encéphalo-myélite E179, M509
encéphalo-myéloradiculite E180
encéphalopathie C357

encéphalopathie hépatique P745
encéphalopathie hypertensive H656
encéphalopathie porto-cave P745
encéphalopathie résiduelle infantile I136
encéphalopathite de Wernicke W58
encéphalorrhagie E181
encéphalotomie E183
enchaînement des gènes G143
enchondrome E185
enclume A550, I107
encoprésie E186, F65, S131
endartérite E189
endartérite de Heubner H340
endartérite oblitérante O8
endémie E191
endoanevrysmorraphie E196
endoblaste E283
endocarde E203
endocardiaque E200
endocardique E200
endocardite E202
endocardite abactérienne thrombosante N192
endocardite de Libman-Sacks A822, L180
endocardite de Löffler L293
endocardite polypeuse P718
endocardite septique S348
endocardite septique subaiguë S1037
endocardite terminale T126
endocardite valvulaire V27
endocardite verruqueuse V75
endocervical E204
endocervicite E205
endochondral E206
endocrine E209
endocrinologie E212
endocrinothérapie E213
endoenzyme E215
endogène E216
endo-intoxication E217
endolymphe E218
endolysine E221
endomètre E224
endométriose E222
endométriose stromale S1018
endométrite E223, P791
endomitose E225
endomyocardite E226
endoparasite E227
endopeptidase E228
endophlébite E231
endophtalmie E232
endophtalmite E232
endoscope E234
endoscopie E236
endoste M159

endosteum E237
endothélial E238
endothéliocyte E239
endothéliome E240
endothéliome osseux E495
endothéliose E241
endothélium E242
endotoxine E243
endovasculite E188
enduit de la langue F323
énergique H303
enfance C433
engagement de la tête S705
engineering génétique G141
engourdissement N242
enivrement I461
enjambement des chromosomes C1208
énophtalmie E253
énostose E254
enrouement H398
entérique E256
entérite E258
entérite régionale R118
entérite terminale R118
entérocolite E263
entérocolostomie E264
entérocoque E262
entéro-entérostomie E267
entérokystome E266
entérolithe E270
entéroplastie E273
entéroptose E274
entérorragie E275
entérorraphie E276
entéroscopie E277
entérospasme E278
entérostomie E279
entérotomie E280
entérotoxine E281
entérovirus E282
entoblaste G177
entocornée V220
entrecroisement moteur M421
entropion E284
énucléation E285
énucléation du globe oculaire O128
énurèse B115, E286
énurésie B115, E286
enveloppe C1223
envie A234, H28
environnement E287
enzyme E290, F86
enzyme respiratoire R182
enzymes du système de la coagulation du sang C725
enzymique E289
enzymologie E293, Z25
éonisme E294
éosinocyte O318
éosinopénie E296
éosinophile A72, E297

ESCARRE DE DÉCUBITUS

éosinophilie E298
épanchement liquidien de la plèvre P606
épaule S456
épendyme E303
épendymite E306
épendymoblastome E308
épendymogliome E308
éperon C15, S832
éperon calcanéen C14
éperon scléral S173
épicanthus E309
épicarde C124, E310
épicondyle E311
épicondylite E312
épicondylite humérale T114
épicystotomie S1158
épidémie E313, P563
épidémiologie E324
épidermatoplastie E330
épiderme C1291, E331, S123
épidermique E326
épidermolyse E334
épidermomycose E329
épidermophytie E336
épidermophytie interdigitale A782
épididyme E338, P175
épididymectomie E337
épididymite E339
épididymo-orchite E340
épidurographie E343
épigastre E346
épigastrique E344
épiglotte E347
épilation E348
épilepsie E349
épilepsie de Kojewnikoff K77
épilepsie myoclonique L47, M541
épilepsie nocturne N182
épilepsie photogénique P471
épilepsie procursive P894, R345
épilepsie psychomotrice P1031
épilepsie réflexe visuelle P471
épilepsie sensorielle S342
épilepsie tardive T36
épilepsie vasomotrice V55
épileptiforme E352
épileptique E350
épiloïa E355
épimysium E356
épine S746
épinèvre E357, P327
épingle P534
épiphora E360
épiphyse E365, P535
épiphyséolyse E364
épiplocèle E367
épiploon O87
épisclérite E371
épisclérotique E370

épisioplastie E372
épisiotomie E373
épispadias E374
épistase E375
épistaxis E376, N22
épistrophée E377
épitélioma cholangiocellulaire C459
épithalamus E378
épithélial E379
épithéliocyte folliculaire F230
épithélioïde E381
épithélioma bronchiolaire B479
épithélioma calcifié de Malherbe M38
épithelioma à cellules en grains d'avoine O1
épithélioma colloïde C806
épithélioma cutané basocellulaire B67
épithélioma de la granulosa G329
épithélioma tubulé I473
épithéliome basocellulaire R309
épithéliosarcome S81
épithélium E382
épithélium cilié C641
épithélium à cils vibratiles C641
épithélium cylindrique C852, C1313
épithélium germinal célomique G175
épithélium glandulaire G218
épithélium pigmenté P521
épithélium respiratoire R183
épithelium simple S512
épithélium spermatogène S304
épithélium squameux S839
épithélium stratifié L59, S985
épithélium de transition T413
épizootique E385
éponge S807
éponychium E387, N6
épophore E388, P181
épreuve T131
épreuve du froid C783
épreuve de Master T588
épreuve d'Oppenheimer et Master T588
épreuve de Valsalva V25
éprouvette T139
épuisement D111, E522
épulide E389
épulie E389
épulis E389
équateur du cristallin E391
équateur du globe oculaire E392
équilibration E393
équilibre B26
équilibre acide-base A66

équilibre acido-basique A66
équilibre hydro-électrolytique F208
équinia E395, H451
équivalent épileptique E351
érection E399
érésipèle E414, R327
ergométrie E400
ergot de seigle E401
ergothérapie E402
ergotisme E403
érogène E408
érosif E406
érosion E405
érotisme E407
érotomanie E410
érotophobie E411
éructation B121, E412
éruption E413, R40
éruption dentaire T69
éruption érythémateuse E416
éruption larvaire C1169
éruption médicamenteuse D319
érysipèle E414, R327
érysipèle erratique E415, W11
érysipéloïde de Rosenbach S1203
érythémateux E418
érythème E416
érythème induré de Bazin B102
érythème polymorphe S945
érythème solaire P470, S1120
érythrasma E420
érythrémie E421
érythroblaste E422, L294, N100
érythroblastose E424
érythroblastose fœtale F97
érythrocytaire E427
érythrocyte E425, R87
érythrocyte falciforme C1179
érythrocyte marqué T38
érythrocytopénie E428
érythrocytopoïèse E437
érythrodermie E429
érythrodermie desquamative des nourrissons L117
érythrodermie ichtyosiforme congénitale de Brocq et Lenglet C943
érythro-kératodermie E430
érythromélalgie E432
érythromélie E433, T60
érythromyélose aiguë D211, E431
érython E434
érythroplasie E436
érythropoïétine E438
érythropsie E440, R96
érytropsine E441
escarre E442, S104, S573
escarre de décubitus S646

eschare E442, S104
ésophorie E461
ésotropie C1206, E462, I426
espace S652
espace épidural E342
espace mort D19
espace prévésical P854
espace rétropéritonéal R231
espace rétropharyngien P772, R233
espace de Retzius P854
espace sous-arachnoïdien A625, S1042
espace suprachoroïdien P301
espèce S671
espèces S671
espundia E463
essai biologique B195
esthésiomètre T19
esthésiométrie E467
estomac S964
estomac biloculaire B186, H463
estomac en cascade C197
étape D53
état S876
état crépusculaire T584
état frontière B369
état soporeux S643
éternuement S593
éthérification E466
ethmoïdal E469
ethmoïde E470
ethmoïdite E472
étiologie E474
étiologique E473
étiotrope E475
étranglement de Ranvier R36
étrier S890
étude cas-témoin C200
euchromatine E476
eugénie E478
eugénique E478
eugénisme E478
eunuchoïde E479
euphorie E66, E480
eustachite E485, S1292
euthanasie E486
évacuation E488
évagination E489
évaporation E490
éventration E491
éviscération E493
évolution E494
évolution post-opératoire de la maladie P769
exacerbation E496
examen bimanuel B187
examen physique I375
exanthémateux E499
exanthématique E499
exanthème E498
excavation E501

excision E504
excitabilité E505, I530
excitant S958
excitation E506, I532
excochléation E507
excoriation E508
excréments E509, F69, W28
excreta W28
excréteur E512
excrétion D241, E511
excrétoire E512
excroissance E510
exercice E515
exerciseur E516, T391
exfoliation E518
exhibitionnisme E524
exhumation E525
exoenzyme E569
exogène E529
exopeptidase E530
exophorie E531
exophtalmie E533
exostose E534
exostoses ostéo-cartilagineuses multiples M463
exotoxine E535
exotropie D280, E536, W6
expectorant E539
expectoration E540
expérience E541
expertise médico-légale I203
expiration E542
expiratoire E543
exploration E497, E546
expression E549
expulsion E588
exsangue A705, B304
exsanguination E551
exsanguino-transfusion E503, R159, T345
exsiccose E552, W31
exstrophie E553
exstrophie vésicale S141
exsudat E590
exsudation E591
extenseur E556
extensibilité D266
extension E555
extérocepteur E566
extéroceptif E565
extirpation E567
extirper E573
extracrânial E572
extraction E574
extraction extracapsulaire de la cataracte E568
extrait E573
extrapéritonéal E577
extrapyramidal E579
extrasystole E580, P816
extrasystole auriculaire A797
extrasystole interpolée I434
extrasystole réciproque R238

extrasystole rétrograde R238
extrasystole supraventriculaire S1165
extrasystole ventriculaire V107
extravasation E582
extravasculaire E583
extrémité E585
extrinsèque E586
extroversion E553
extrusion E588
extubation E589

F

face F4
facial F7
faciès hippocratique H364
faciès myopathique M558
faciès d'oiseau B220
faciès parkinsonien P168
facteur antihémophilique B C564
facteur Christmas C564
facteur de coagulation C737
facteur cocarcinogène C748
facteur de croissance G372
facteur delta C1108, P872
facteur de diffusion S828
facteur de Duran Raynals S828
facteur prédisposant P804
facteur Rh R249
facteur de risque R303
facteur V P576
facteur VII C1108, P872, S398
facteur VIII P593
facteur IX C564, P594
facteur XIII F114
faiblesse I160
faim H476
faisceau B550, C851, T386
faisceau d'Arnold A641
faisceau atrio-ventriculaire A805
faisceau cérébello-thalamique C340
faisceau de Flechsig F195
faisceau fronto-pontin A641, F294
faisceau de Held H96
faisceau de Helweg H105
faisceau de His A805
faisceau lenticulaire de Forel F254
faisceau de Meynert M282
faisceau musculaire M478
faisceau nerveux N89

faisceau olivo-cérébelleux de Mingazzini O81
faisceau olivo-spinal H105, O82, S749
faisceau pyramidal P1158
faisceau rubro-spinal P831
faisceau rubro-spinal de von Monakow M373
faisceau rubro-spinal R338
faisceau solitaire G197, S626
faisceau spino-cérébelleux S748
faisceau spino-thalamique S751
faisceau tecto-spinal S1109, T67
faisceau temporo-pontin T100
faisceau triangulaire de Helweg O82
faisceau de Türck T100
faisceau vestibulo-spinal L295, V161
fantasme P430
fantôme M72, P430
faradisation F35
farcin F36
fascia F39
fascia interosseux I431
fascia du muscle biceps B152
fascia superficiel S1127
fasciotomie F43
fascite F42
fatigabilité F48
fatigue F49
fausse articulation V170
fausse glotte F27
fausse grossesse P1005, S834
fauteuil roulant I495
faux du cervelet F21
faux croup C224
favide F59
favisme F60
favus C1224, F61, H433, S109
fébrile F62
fécal F63
fécalome F67, S134
fécondation F70
fécondation artificielle T140
féminisation F79
féminisation testiculaire T136
féminisme F78
femme de salle N244
fémur F83, T198, T199
fénestration F85
fente C690, F163
fente branchiale G201
fente palpébrale P40
fente synaptique S1238
fentes branchiales B434
ferment F86
ferment jaune Y6
fermentation F87

fermeture C723
ferritine F90
ferrohème H144
fertile F91
fertilisation F93
fertilité F92
fesse B554
fesses C733, R343
fétide F100
feuillet interne E283
fibre F106
fibre amyélinique N195
fibre collagène C792, W73
fibre élastique Y8
fibre nerveuse afférente A216
fibre nerveuse amyélinique G345, R140, U66
fibre nerveuse efférente E48
fibre nerveuse motrice M422
fibre nerveuse myélinique M511
fibre de Purkinje P1112
fibre de réticuline R199
fibre de Sharpey S435
fibres d'association intrahémisphériques A737
fibres cristalliniennes L123
fibres pilomotrices P529
fibreux F133
fibrillation F111
fibrillation auriculaire A798
fibrillation ventriculaire V108
fibrille F109
fibrille précollagène P798
fibrinase F114
fibrine F112
fibrinogène F115
fibrinogénopénie F116
fibrinolyse F118
fibrinolysine F117
fibro-adénomatose S188
fibroadénome A142, F119
fibroadénome géant du sein G190
fibroadénome intracanaliculaire du sein I464
fibroblaste F120
fibro-élastose F124
fibro-élastose endocardique E201
fibrolipome F126
fibromatose F128
fibrome F127
fibromyome F129
fibromyome de l'utérus U166
fibromyosite F130
fibropapillome S558
fibrosarcome F131
fibroscope F108
fibrose F132
fibrose rétropéritonéale chronique idiopathique I17
fibulaire F139

fièvre F103, P1159
fièvre aphteuse A582, C989, E320, F239
fièvre aseptique T441
fièvre automnale G199
fièvre bilieuse hémoglobinurique B242
fièvre boutonneuse méditerranéenne B384, M89
fièvre cachectique C4
fièvre charbonneuse W104
fièvre de cinq jours T450
fièvre continue C995
fièvre fluviale du Japon A256, S231, T545
fièvre des foins A882, H50, S1117
fièvre de Fort Bragg F261, P848
fièvre de Haverhill H46
fièvre hectique H89
fièvre hémorragique H222
fièvre hémorragique de Crimée C1191
fièvre hémorragique d'Omsk O94
fièvre herpétique H306
fièvre intermittente I417
fièvre jaune Y7
fièvre jaune de la jungle J30
fièvre jaune sylvestre J30
fièvre de lait M332
fièvre de Malte M53
fièvre de Marseille B384, M89
fièvre méditerranéenne familiale P328
fièvre par morsure de rat R42
fièvre ondulante U48
fièvre de l'Oroya O190
fièvre à pappataci P80, S60, T217
fièvre paratyphoïde P147, S157
fièvre à phlébotomes P80, S60
fièvre pourprée des Montagnes Rocheuses B240, R305
fièvre prétibiale P848
fièvre Q Q1
fièvre quarte Q9
fièvre du Queensland Q1
fièvre quinine H199
fièvre récurrente P702, R85
fièvre rémittente R143
fièvre rhumatique R251
fièvre rouge B383, D77, S615
fièvre de sel S53
fièvre de sept jours G199, S404
fièvre tachetée des Montagnes Rocheuses R305
fièvre tierce T128, V223
fièvre à tiques T279

FIÈVRE À TIQUES DU COLORADO

fièvre à tiques du Colorado C825
fièvre à tiques du Queensland N207
fièvre des tranchées S434, T450, V235
fièvre traumatique T441
fièvre de trois jours T217
fièvre tropicale F20, T523
fièvre typhoïde C381, T601, W4
fièvre urineuse U109
fièvre de la vallée Pahvant R1
fièvre de Volhynie S434, T450, V235
filament F143, L196
filière pelvi-génitale B222
filiforme F146
filtrable F151
filtrat F152
filtration F153
filtre F150
fiole F184
fiole jaugée V237
fissure C690, F163
fissure anale A395
fissure faciale F8
fistule F167, S1300
fistule anale A396
fistule artérioveineuse A669
fistule biliaire B178
fistule branchiale B436
fistule broncho-colique B487
fistule broncho-hépatique B483
fistule broncho-œsophagienne B489
fistule bronchopancréatique B497
fistule bronchopleurale B500
fistule carotido-caverneuse C178
fistule cervicale C373
fistule colique C814
fistule colique externe C811
fistule d'Eck P741
fistule entérocutanée E265
fistule gastro-intestinale G102
fistule génito-urinaire G156
fistule gingivale D86, G208
fistule intestinale I451
fistule lacrymale L21
fistule mammaire L31
fistule ombilicale U33
fistule périnéo-vaginale P323
fistule recto-urétrale R78
fistule recto-vaginale R79
fistule recto-vésicale R80
fistule recto-vestibulaire R81
fistule salivaire S36, S475
fistule stercorale F64
fistule trachéale T372
fistule urinaire U139
fistule uro-génitale G156
fistule vésicale V143
fistule vésico-vaginale V148
fixation F170
fixation du complément F171, G145
flacon F184
flagelle F176
flanc F179
flatulence F191
flavine F193
flavoprotéine Y6
fléchissement F199
fléchisseur F201
fleurs blanches W83
flexion F199, F202
floculation F205
flore intestinale I452
fluctuation F207
fluoration F210
fluorescence F209
fluorisation F210
fluorographie F211
fluoroscopie R315
fluorose F212
flux lumineux L339
fluxion dentaire G385
fœtal F96
fœtus F102
fœtus non viable N198
fœtus-autosite A878
foie L265
foie amyloïde L70, W43
foie glacé C1275, F299, I5, S1103
foie muscade N248
foie de stase C948
folie intermittente T414
folliculaire F224
follicule F222
follicule de De Graaf G305
follicule lymphatique L385
follicule ovarien G305, M119
follicule ovarien croissant G370
follicule pileux H10
follicule primordial P863
follicule thyroïdien T260
folliculite F233
folliculome G329
fomentation F234
fonction F309
fond d'œil E600
fongicide A525, M501
fongus F317
fontanelle F235
foramen A574
force S993
force des masséters C423
force des muscles masticateurs B234
forceps dental D87
forceps obstétrical O11
forme F169
forme physique P495
formule leucocytaire du sang D199
fosse F262, R56, S600
fosse articulaire S600
fosse canine C51
fosse crânienne C1140
fosse cubitale C1250
fosse de Malgaigne G168
fosse ovale S72
fosse ptérygoïde P1044
fosse rhomboïde R275
fosse temporale T92
fossette D217, P546
fossette coccygienne C757
foudroyant F306
fourchette de la vulve F263
foyer F218
foyer de Ghon G183
fracture F269
fracture articulaire A692
fracture de la base du crâne B73
fracture en bois vert G355, W88
fracture comminutive C862
fracture compliquée C889
fracture par compression P842
fracture par déchirement C688, S827
fracture engrenée I66
fracture épicondylaire S1153
fracture fermée C720
fracture incomplète I97
fracture indirecte I117
fracture intraarticulaire I462
fracture longitudinale L309
fracture oblique O6
fracture ouverte O122
fracture pathologique S253
fracture perforante B555
fracture par rupture C688, T65
fracture sous-capitale S1043
fracture sous-périostée S1074
fracture en spirale S752
fracture par torsion T333
fracture transcervicale T397
fragilité F270
fragment F271
fraise D85, D310, F272
framboesia B553, F259, F273, Y2
frein B457, F284
frémissement T221
frénectomie F283
fréquence cardiaque H77
fréquence du pouls P1092
fréquence respiratoire R177
friction E126
frigidité F288, S417
frisson C435, S429
froidure C431
front F249

GENÈSE

frottement F285
frottement péricardique P289
frottement pleural P612
frottis S580
frottis de sang B313
fructose F302, L46
frustration F303
fulgurant F306
fulguration F304
fulminant F306
fumigation F308
fungicide F314
funicule F318
funiculite F320
furoncle B348, F326
furonculose F327
fuseau de division S742
fuseau de division mitotique N238
fuseau mitotique S742
fuseau nucléaire mitotique N238
fuseau de segmentation C689
fuselé F329
fusiforme F329
fusion F331
fusion vertébrale V134

G

gaine S438
gaine de myéline M513
gaine synoviale S1272
gaine tendineuse T109
galactine L352
galactoblaste G2
galactocèle G3, L30, M330
galactogène G4
galactogogue L26
galactomètre L38
galactopoïèse G7
galactorrhée G9
D-galactosamine G10
galactose G11
galactosémie G13
galactosurie G14
galactothérapie G15
galacturie G16
gale A32, I565, S105
gale des céréales S988
gale des nageurs W33
gale norvégienne N208
galvanisation G27
galvanocautérisation E86, G28
galvanotaxie G29
galvanotaxis G29
galvanothérapie G30
gamète G32
gamétocyte G33

gamétogenèse G34
gamma-globuline G36
gammagraphie G37
gangliectomie G40
ganglion G44
ganglion d'Andersch I152
ganglion basal B69
ganglion de Bock C179
ganglion carotidien C179
ganglion cervico-thoracique C379
ganglion ciliaire C635, O130
ganglion cœliaque C274
ganglion de Corti A829
ganglion étoilé S901
ganglion de Gasser G66, S298, T492
ganglion géniculé G147
ganglion impair C755
ganglion inférieur du nerf glosso-pharyngien I152
ganglion inférieur du nerf vague N186
ganglion jugulaire J25
ganglion lymphatique L360, L386
ganglion de Meckel N21
ganglion pariétal P162
ganglion pétreux P405
ganglion semi-lunaire C274
ganglion semi-lunaire du nerf trijumeau T492
ganglion sous-maxillaire S1068
ganglion sphénopalatin N21
ganglion spinal I447
ganglion stellaire S901
ganglion vestibulaire V158
ganglion de Walther C755
ganglioneurome G47
ganglionite G49
ganglions intermédiaires I413
ganglions prévertébraux P853
gangliopégique G48
ganglioside G51
gangrène G52, S699
gangrène cutanée S700
gangrène foudroyante C722, E156, G63, P907
gangrène de Fournier F264
gangrène gazeuse C722, E156, G63, P907
gangrène humide M368
gangrène neuropathique T514
gangrène neurotrophique N137
gangrène sèche D322, M469
gangrène sénile S316
gangrène veineuse S878
gangréneux G53
gants opaques L108
gants protecteurs L108
garde-malade C165, N244
gargarisme M432
gargoïlisme G56

gargoylisme G56
gassérectomie G64
gastralgie G67, S965
gastrectasie B377, G68
gastrectomie G69
gastrine G82
gastrique G70
gastrite G83
gastrite hypertrophique géante G192
gastrocèle G86
gastroduodénite G91
gastroduodénoscopie G92
gastroduodénostomie G93
gastro-entérite E269, G95
gastro-entéroanastomose G96
gastro-entérocolite G97
gastro-entérologie G98
gastro-jéjunostomie G103
gastropexie G106
gastroplastie G107
gastroplication S966
gastroptose G108
gastro-pylorectomie G109
gastrorragie G110
gastrorraphie G111
gastroscope G113
gastroscopie G114
gastrospasme G115
gastrostomie G117
gastrosuccorrhée G112
gastrotomie G118
gastrulation G119
gaucher L112
gaucherie M62, S522
gaz asphyxiant S1099
gaz carbonique C85
gaz hilarant L101
gaz lacrymogène L25, T63
gaz moutarde M489
gaze G121
gélatine G123
gelée de Wharton W65
gélose nutritive N250
gelure F297
gelure du premier degré C431
gemmation B531
gemmiparité B531
gencive G204, G384
gène G130
gène dominant D290
gène lié au sexe S414
gène majeur M22
gène principal M22
gène récessif R57
gène régulateur R123
gène structural S1023
gène de structure S1023
généalogie G131
généralisé G135
génération G138
génération spontanée S815
genèse G139

667

GÉNÉTIQUE

génétique G144
génie sanitaire S67
génital G150
genitalia G154
génodermatose G158
génome G159
génome chromosomique C596
génothérapie G141
génotype G160
genou K67
genou cagneux C1209, K73, S168
genre G162
géophagie C613, E9, G166
géophagisme C613, E9, G166
géotrichose G167
gériatrie G169, P834
germe G172
germe dentaire T323
gérodermie G178
gérontologie G179
gérontophilie G180
gestose T351
gigantisme G198, M12, S634
gingivectomie G210
gingivite G211, U11
gingivite desquamative D146
gingivite des gravides P811
gingivite marginale M83
gingivite nécrosante N46
gingivite ulcéreuse N46, U15
gingivite ulcéro-membraneuse U9
gingivo-stomatite G212
ginglyme G213, H360, T511
ginglyme latéral R330
gland de la verge G221
glande G215
glande accessoire A34
glande apocrine A596
glande de Bartholin B62, V251
glande bronchique B473
glande de Brunner B520
glande bulbo-urétrale B543
glande cérumineuse C369
glande cervicale C374
glande coccygienne C754
glande de Cowper B543
glande duodénale B520
glande endocrine E210
glande exocrine E527
glande du fond de l'estomac F312
glande fundique A69, G74, P265, W26
glande génitale G152, S420
glande holocrine H406
glande jugale G129
glande labiale L1
glande de Lieberkühn L186
glande de Littré U110
glande lymphatique broncho-pulmonaire B473

glande lymphatique trachéobronchique B473
glande mammaire B440, M57
glande mammaire accessoire A631
glande maxillaire M122
glande de Meibomius P41, T45
glande mérocrine M242
glande muqueuse M448
glande parathyroïde P141
glande parotide P178
glande pinéale P535
glande préputiale P829
glande sébacée O55, S241
glande à sécrétion externe E527
glande séreuse S379
glande séro-muqueuse S370
glande sexuelle G152, S420
glande sous-maxillaire S1069
glande sudoripare P385, S1097
glande surrénale S1085, S1160
glande tubuleuse T570
glande tubulo-acineuse A76, T573
glande tubulo-alvéolaire A76
glande unicellulaire U52
glande urétrale U110
glande vulvo-vaginale V251
glande de Zeis Z1
glandes de Littré L264
glandes préputiales T604
glandes surrénales A188
glandes surrénales accessoires M81
glandes tubuleuses de Henle H242
glandes de Tyson T604
glaucome G225
glaucome à angle fermé C718, N17
glaucome à angle ouvert O120
glaucome capsulaire C74
glaucome congestif C718, N17
glaucome phacolytique P414
glaucome pigmentaire P517
glie G229
glioblastome G232
gliocyte G230, S810
gliomatose G234
gliome G233
gliome à cellules indifférenciées G232
gliose G235
globe hystérique G243, S706
globe oculaire B542, E595
globine G238
globule B349
globule polaire P672
globule sanguin B291
globuline G241

globuline antihémophilique A P593
globuline antihémophilique B P594
globulinurie G242
glomangiome G248
glomérule de Malpighi M49
glomérulonéphrite B458, G245
glomérulonéphrite maligne S1040
glomérulonéphrite membraneuse M210
glomérulonéphrite subaiguë S1040
glomérulosclérose G246
glomérulosclérose diabétique I399
glomérulosclérose intercapillaire K52
glomus G247
glomus carotidien C175, I400
glomus coccygien C754
glossite G249
glossite exfoliative G164
glossite de Hunter H480
glosso-pharyngien G253
glossoplégie G254
glossoptose G255
glotte G256, T533
glucagon G257
glucides C83
glucocorticoïde G258
glucocorticostéroïde G258
glucosamine G259
glucose G260, G332
D-glucose D158
glucosidase G261
glucoside G262
glucosurie G263
glutaminase G266
glutamine G267
gluténine G270
glycémie G272
glycéride N142
glycine G273
glycinémie G274
glycinurie G275
glycocolle G273
glycogène G277, L269
glycogenèse G278
glycogénose G279
glycogénose type IY de Cori A382
glycolyse G280
glycoprotéide G281
glycoprotéine G281
glycosamine G259
glycosurie G263, S9
glycosurie alimentaire A282
gnathodynamomètre B232
gnathoplastie G283
gnotobiologie G284
gnotobiote G285

gnotoxénologie G284
goitre G289, S1024
goitre aberrant A16
goitre colloïde C808
goitre endothoracique S1076
goitre exophtalmique E532, F178, G341
goitre fibreux F137
goitre kysteux C1333
goitre lingual L212
goitre lymphomateux de Hashimoto H42, L363
goitre nodulaire A152
goitre parenchymateux F225
goitre plongeant W12
goître rétrosternal R236
gomme G386
gomme syphilique S1285
gomme syphilitique cutanée G387
gonade G152, S420
gonadotrophine G291
gonadotrophine chorionique C551
gonarthrotomie G292
gonflement S1199
goniomètre G293
gonocoque G294, N52
gonocyte G295
gonorrhée B259, G296
gorge T222
gouge G302
goût T52
goutte D311, G303, P663
goutte oxalique O298
goutte en suspension H26
gradué G306
grain de poussière C642
grains de Schüffner S158
graisse F45, N142
grand bassin F30
grand épiploon E369, G350
grand mal H45
grand trochanter G351
grande caroncule duodénale B172
grande cellule alvéolaire G348
grande chirurgie M23
grande circulation G349
granulation basophile B90
granulations arachnoïdiennes A626
granulations de Pacchioni A626, P1
granulations de Schüffner S158
granule G319, P233
granulé G311
granuleux G311
granulocyte G316
granulocyte acidophile A72, E297
granulocyte basophile B93

granulocyte neutrophile bacillonucléaire S844
granulocyte neutrophile juvénile J33
granulocytopénie G322
granulocytopoïèse G323
granulocytose G324
granulomatose G326
granulomatose de Wagener W51
granulome G325
granulome apical A587, D88
granulome des cellules géantes G185
granulome éosinophile E300
granulome trichophytique H664
granulome vénérien G365
graphologie G334
graphospasme G336
gravelle G340
gravide P812
gravidité G182
greffe F181, G309, T424
greffe de cordonnet T551
greffe cutanée C1284
greffe déplacée A199
greffe dermique C1284
greffe épidermique T197
greffe hétéroplastique H313
greffe migratoire J27
greffe mobile J27
greffe musculo-cutanée M486
greffe osseuse B355
greffe pédiculée P228
greffe de Thiersch T197
greffon F181, G308
greffon de Blair-Brown S796
grenouillette F289
grippe G362, I163
gros intestin L72
gros orteil G352
grosse P812
grossesse G182, P810
grossesse abdominale A9, I478
grossesse cervicale C375
grossesse double B166
grossesse ectopique E32, H331
grossesse extra-utérine E32, H331
grossesse gémellaire B166, T587
grossesse interstitielle T568
grossesse multiple M464, P626
grossesse ovarienne O279
grossesse tubaire S42, T548
grossesse tubaire interstitielle I442
groupe sanguin B300
groupement prosthétique P954
guanidine G375
guanine G376
guérir R63

guérison R64, R83
guérisseur H62
guillotine de Sluder-Ballenger G380
gynécologie G396
gynécologiste G395
gynécologue G395
gynécomastie G397
gypse G398
gyrus angulaire A448
gyrus rectus S979
gyrus supramarginal S1154

H

habitude H1
habitus C975
hachichisme C55
hachure H4
hallucination lilliputienne L203
hallucination visuelle P1006
hallucinations hypnagogiques H676
hallucinose H17
hallux H18
halo glaucomateux G226
hamartome H19
haptène P184
haptoglobine H31
haschisch H43, I110, M86
haut mal H45
hébéphrénie H87
héboïdophrénie H87
hédonisme H90
hélicotrème H97
héliopathie H98
héliothérapie H99, S618
hélix H100
hélix de Watson-Crick W38
helminthe H101
helminthiase H103
helminthologie H104
hémadsorption H106
hémagglutination H107
hémagglutinine H108
hémangiectasie H109
hémangioblaste H110
hémangioblastome H111
hémangioendothéliome H112
hémangiofibrome H113
hémangiomatose H115
hémangiome H114
hémangiome arachnéen S727
hémangiome cutané S991
hémangiome sclérosant S189
hémangiome sénile S314
hémangiopéricytome H116
hémangiosarcome H117
hémarthrose H118

669

HÉMATÉMÈSE

hématémèse H119
hémathidrose B325, H121
hématine H122
hématocèle H123
hématocolpos H124
hématocrite H125, P12
hématocyste B297
hématologie H130
hématologiste H129
hématologue H129
hématome H132
hématomyélie H134
hématophage B316, H135
hématopoïèse H216, S63
hématoporphyrine H138
hématorrachis S733
hématosalpinx H139
hématospermie H235
hématoxyline H142
hématurie H143
hématurie endémique E192
hème H144
héméralopie H145, N166
hémialgie H146
hémianesthésie H148, U53
hémianesthésie alterne A312, C1202
hémianesthésie croisée C1202
hémianopsie H149
hémianopsie binasale B189
hémianopsie bitemporale B233
hémianopsie hétéronyme H320
hémianopsie homonyme H425
hémianopsie horizontale A316
hémianopsie latérale H425
hémiataxie H150
hémiatrophie H151
hémiatrophie faciale progressive de Romberg F9
hémiballisme H152
hémicaryon H161
hémichorée H154
hémichromatopsie C823
hémicolectomie H155
hémicorporectomie H156
hémicrânie H153, H157
hémiépilepsie H158
hémiglossectomie H159
hémihépatectomie H160
hémilaminectomie H162
hémilaryngectomie H163
hémilatéral H164
hémimélie H166
héminéphrectomie H167
hémiparaplégie H169
hémiparésie H170
hémiplégie H171
hémiplégie alterne A313, C1203
hémiplégie ascendante A712
hémiplégie controlatérale S889
hémiplégie croisée G379, S889
hémiplégie faciale F10

hémiplégie spasmodique S663
hémipyonéphrose H173
hémisphère H174
hémisphère cérébral C347
hémisphère dominant D291
hémisphérectomie H175
hémisporose H176
hémistrumectomie H177
hémisystolie H178
hémoalcalimètre H180
hémobilie H181
hémoblastose H183
hémocholécystite H185
hémochromatose H186
hémoconcentration H187
hémoconies E109
hémoculture B296
hémocytoblaste H188, S903
hémocytozoaire H189
hémodialyse H190
hémodialyseur H191
hémodilution H192
hémodynamique H193
hémoglobine H195
hémoglobine instable U69
hémoglobine S S482
hémoglobinémie H196
hémoglobinomètre G239
hémoglobinopathie H197
hémoglobinose H197
hémoglobinurie H198
hémoglobinurie paludéenne M31
hémoglobinurie quinine H199
hémogramme H201
hémolipase H202
hémolyse H204
hémolysine H203
hémolysine biphasique de Donath et Landsteiner C782, W22
hémomètre G239
hémopéricarde H207
hémopéritoine H208
hémophilie H209
hémophilie B C563
hémophilique H210, H211
hémophtalmie H213
hémopneumopéricarde H214
hémopneumothorax H215
hémopoïèse H216, S63
hémopoïétine H217
hémoptysie B314, H218
hémoroïdectomie H230
hémorragie B255, H219
hémorragie cérébrale C348, I389
hémorragie interne C905, I423
hémorragie intestinale E275
hémorragie intracérébrale I469
hémorragie intracrânienne I470
hémorragie pétéchiale P398, P1097

hémorragie ponctuée P1097
hémorragie sous-durale S1052
hémorragie vicariante V168
hémorragique B324, H220
hémorrhéologie H228
hémorroïde H229, P523
hémorroïdes H231, P524
hémosidérine H233
hémosidérose H234
hémosidérose pulmonaire essentielle B514
hémosporidiose H236
hémostase H237
hémostasie H237
hémothérapie H239
hémothorax H240
hémotoxine H241
héparine H245
hépatalgie H246
hépatectomie H248
hépatico-cholécysto-entérostomie H254
hépaticoduodénostomie H253
hépatico-entérostomie H254
hépaticogastrostomie H255
hépaticojéjunostomie H256
hépaticostomie H257
hépaticotomie H258
hépatisation H261
hépatisation grise du poumon G346
hépatisation rouge R88
hépatite H260
hépatite à cellules géantes du nouveau-né G186
hépatite chronique active A107, S1039
hépatite épidémique B372, E316, I147
hépatite infectieuse C227
hépatite d'inoculation S397, T410
hépatite des nouveau-nés N59
hépatite sérique S397, T410
hépatite virale V175
hépatite à virus V175
hépatite à virus anictérique A453
hépatocholangio-entérostomie H263
hépato-cholangite C462, H264
hépatocyte H265
hépato-duodénostomie H266
hépato-entérostomie C460
hépatographie H269
hépato-liénographie H273
hépatolithe C494
hépatologie H276
hépatome H277
hépatomégalie H278, M174
hépatopexie H281
hépatoptose H282, W14

hépatorraphie H284
hépato-splénomégalie H286
hépatotomie H287
hépatotoxémie H288
héréditaire H289
hérédité H293, I182
hérédité cytoplasmique C1376, E570
hérédité dominante D292
hérédité extrachromosomique E570
hérédité liée au sexe S415
hérédité mendélienne M215
hérédité récessive R58
hermaphrodisme A331, H296
hermaphrodite B230, H295
hernie H297
hernie abdominale A6, V103
hernie cérébrale C1144
hernie de Cloquet C717
hernie crurale C1219, F80
hernie diaphragmatique D169, H345
hernie épigastrique E345
hernie étranglée I85, S983
hernie fémorale C1219, F80
hernie glissante S569
hernie hiatale H345
hernie inguinale B524, I174
hernie inguino-scrotale I177
hernie irréductible I526
hernie ischiatique I536, S161
hernie de la ligne semi-lunaire de Spiegel S729
hernie de Morgagni R235
hernie obturatrice O23
hernie ombilicale U34
hernie ombilicale hémorragique H133
hernie parasternale P135
hernie pectinéale C717
hernie réductible R92
hernie de Richter P164
hernie scrotale S224
hernie de Treitz T445
hernie de la vessie B244
herniologie H299
hernioplastie H300
herniorraphie H301
herniotomie H302
héroïque H303
herpès H304
herpès buccal F104
herpès zoster S448, Z18
hétérochromatine H308
hétérochromie H309
hétérochromosome A304, H310, O44
hétérogamie H311
hétérogreffe D126, H313, H333
hétérokératoplastie H314
hétérométropie H318

hétérophorie H322
hétérophtalmie H309
hétéroplasie H324
hétéroplastie H327, X15
hétérosexualité H328
hétérotopie H330
hétérotransplantation D126, H333
hétérotrichie H334
hétérotropie H335
hétérozygose H338
hétérozygotie H339
heures de consultations C983
hexadactylie H342
hexokinase H343
hexose H344
hibernation H346
hibernome H347
hidradénite H350
hidradénome à cellules claires S622
hidradénome de Robinson R304
hidrocystome H351
hidrose H353
hipohidrose H725
hippocratisme digital C730
hippus pupillaire H367
hirsutisme H368
hirudine H369
hirudinée H371
hirudiniase H370
histamine H372
histidine H373
histidinémie H374
histidinurie H375
histiocyte C674, H376
histiocytomatose N194
histiocytose H378
histiocytose lipoïdique essentielle L225
histiocytose X H379
histochimie H381
histocompatibilité H382
histogenèse H385
histogramme H386
histo-incompatibilité H387
histologie H388
histone H389
histopathologie H391
histoplasmose D13, H392
historadiographie H393
histotrope H396
holoenzyme H407
homéopathie H409
homéostase H410, S890
homocystinurie H411
homogamétique H413
homogénate H414
homogène H418
homogénéisation H417
homogreffe A300, H419
homokératoplastie H420

homologie H423
homoplastie H427
homoplastie cutanée D127
homosexualité H428
homozygote H431
homozygotie H430
homozygotisme H430
hôpital H456
hoquet H348
hormone H441
hormone adrénocorticotrope A192, C1090
hormone androgène M34
hormone antidiurétique A512
hormone corticosurrénale C1084
hormone de croissance G373
hormone folliculostimulante F223, G35
hormone galactogène G8
hormone gonadotrope G291, P552
hormone hypophysaire T515
hormone lactogène G8, L40
hormone lactosomatotrope chorionique H469, P559
hormone lutéotrope G8, L352
hormone mélanocytostimulante I415
hormone œstrogène E468, F76, F226
hormone parathyroïdienne P142
hormone sexuelle S413
hormone somatotrope S636
hormone stéroïde S940
hormone thyréotrope T273
hormone thyroïdienne T262
hormonopoïèse H443
hormonothérapie E213, H442
horoptère H449
hospice H455
hospitalisation H457
hôte H461
hôte définitif D49, F155
hôte intermédiaire I412, S254
hôte primaire D49
huile de foie de morue C766
huile de ricin C206
huméral H470
humeur H475, M397
humeur aqueuse A617, I475
hyaline H484
hyalinose H485
hyalite H486
hyaloïde V220
hyalome H488
hyalomère H489
hyaloplasme H490
hyaluronidase H492
hybridation H495
hybride C1197, H494
hydatide H496

HYDATIDE DE MORGAGNI

hydatide de Morgagni M401
hydatide sessile de Morgagni S403
hydatide de la trompe utérine S855
hydatidostomie H498
hydramnios H502, P701
hydranencéphalie H503
hydrarthrose H504
hydrates de carbone C83
hydrencéphalocèle H506
hydrocalycose H508
hydrocèle H510
hydrocèle du cordon F319
hydrocèle funiculaire F319
hydrocélectomie H511
hydrocéphalie H514
hydrocéphalie obstructive N193, O19
hydrocéphalocèle H506
hydrocyanisme H517
hydrogénation H518
hydrolabyrinthe H520
hydrolase H521
hydrolyse H523
hydromassage H526
hydroméningocèle H527
hydromyélie H528
hydronéphrose H529, N71
hydropéricarde H531
hydrophobie H532
hydrophthalmie H533
hydropneumothorax H535
hydrorrhée amniotique H359
hydrosalpinx H536, S22
hydrothérapie H537
hydrothorax H538
hydroxylase H540
hydruretère H539
hydrurie H542
hygiène H543
hygiène industrielle I131
hygiène personnelle P381
hygiène professionnelle O31
hygiène sociale C872
hygiène du travail I131, O31
hygiéniste S65
hygroma H544
hygrome S378
hygromètre H545
hygroscopique H546
hymen H548
hymen imperforé I70
hyménolépidose H549
hyménotomie H550
hyperacidité H557, S1122
hyperacousie H558
hyperacusie H558
hyperaldostéronisme H559
hyperalgésie H560
hyperammoniémie H562
hyperazoturie A904
hyperbilirubinémie H565

hyperbilirubinémie constitutionnelle C976
hyperboulie H567
hyperbrachycéphalie H566
hypercalcémie H568
hypercalciurie H569
hypercapnie H570
hypercémentose H571
hyperchlorémie C445, H572
hyperchlorhydrie H573
hypercholestérinémie H574
hypercholestérolémie H574
hyperchromie H575
hyperchylie H577
hypercinésie H609
hypercorticisme H579
hypercryesthésie H580
hyperdynamie H582
hyperémèse H583
hyperémésie H583
hyperémie C946, H584
hyperémie active A109, A648
hyperémie artérielle A648
hyperémie collatérale C800
hyperémie hypostatique H763
hyperémie veineuse P187, V96
hyperergie H585
hyperesthésie H588
hyperextension H589
hyperflexion H590
hypergalactie H591
hypergammaglobulinémie H592
hypergénitalisme H593
hypergie H760
hyperglycémie H597
hyperglycosurie H598
hypergonadisme H599
hypergueusie H594
hyperhémoglobulinémie H600
hyperhidrose E502, H601, P700, S1098
hyperimmunisation H668
hyperinose H603
hyperinsulinisme H604
hyperkaliémie H606, P784
hyperkératose H607
hyperkinésie H609
hyperleucocytose H611
hyperlipémie H612
hypermastie H613
hyperménorrhée H615
hypermétrie H616
hypermétropie F38, H623, L312
hypermétropie axiale A888
hypermétropie manifeste M71
hypermétropie de réfraction H624
hypermétropie totale T341
hypermimie H618
hypermnésie H619
hypermotilité H609, H620
hypernéphrome H621

hyperoréxie H625
hyperosmie H626
hyperostose H627
hyperoxie H628
hyperparasitisme H629
hyperparathyroïdie H630
hyperparathyroïdisme H630
hyperpéristaltisme H631
hyperphalangie H632
hyperphalangisme H632
hyperphorie H633
hyperphosphatémie H634
hyperphosphaturie H635
hyperpigmentation C582, H636
hyperpituitarisme H637
hyperplasie H638, O286
hyperplasie glandulo-kystique de l'endomètre C1334
hyperprotéinémie H644
hyperpyrexie H645
hyperréflectivité H646
hyperréflexie H646
hypersécrétion H648
hypersensibilité H649
hypersomnie H651
hypersplénie H652
hypersplénisme H652
hypertélorisme oculaire C1124, O34
hypertensine H654
hypertension H655
hypertension artérielle essentielle E465
hypertension artérielle pulmonaire P1071
hypertension neuro-musculaire N124
hyperthermie H658
hyperthymie H659
hyperthyroïdie H660
hyperthyroïdisme H660
hypertrichose H661
hypertrophie H665, O286
hypertrophie compensatrice C877
hypertrophie prostatique P950
hypertrophie vicariante V169
hypertropie H666
hyperuricémie H667
hyperventilation F243, H669, O287
hypervitaminose H670
hypervolémie H671
hypesthésie H672
hyphédonie H673
hyphéma H674
hypnolepsie H677, S562
hypnose H678
hypnotique H679
hypoalbuminémie H684
hypoalgésie H556
hypobaropathie H686

hypoblaste E283, H687
hypoboulie H688
hypocalcémie H689
hypocapnie A31, H690
hypochilie H703
hypochlorémie C451, H691
hypochlorhydrie H692
hypochlorurie H693
hypocholestérolémie H694
hypocholie H695
hypochondrie H696
hypochromie H701
hypocinèse H730
hypocinésie H730
hypocondre H698
hypocorticisme H705
hypocousie H70
hypodactylie H707
hypoderme H711
hypodynamie H712
hypofibrinogénémie F116
hypofonction H714
hypogalactie H715
hypogammaglobulinémie H716
hypogastre H717
hypogénitalisme H718
hypogeusie H719
hypoglycémie H721
hypoglycogénolyse H722
hypogonadisme H723
hypogonadisme hypogonadotropique H724
hypohéma H674
hypo-insulinisme H727
hypokaliémie H728
hypokinèse H730
hypokinésie H730
hypomanie H731
hypomastie H732
hypoménorrhée H733
hypométabolisme H734
hypomnésie H735
hypomyotonie H737
hyponatrémie H738
hypoparathyroïdie H739
hypoparathyroïdisme H739, P143
hypopharynx H741
hypophorie H742
hypophosphatémie H743
hypophosphaturie H744
hypophrénie H745
hypophysaire H746
hypophyse P551
hypophysectomie H747
hypopion H756
hypopituitarisme H749
hypoplasie H750
hypoprotéinémie H753
hypoprothrombinémie H754, P971
hypoptialisme H755

hypopyon H756
hyposalivation H755
hyposécrétion H759
hyposmie H761
hypospadias H762
hypospadias balanique B28
hypospadias péno-scrotal P261
hypostase H763
hyposthénie H765
hyposthénurie H766
hypotension H767
hypotension contrôlée C1010, I127
hypotension orthostatique O197, P780
hypothalamus H770, S1080
hypothermie H772
hypothermie provoquée R119
hypothymie H773
hypothyréose T263
hypothyroïdie T263
hypothyroïdie congénitale I137
hypothyroïdie primaire T269
hypothyroïdisme H774
hypotonie H775
hypotrichose H776
hypotrophie H777
hypotropie H778
hypoventilation H780
hypovitaminose H781
hypovolémie H782
hypoxanthine H784
hypoxémie H785
hypoxie H786, O314
hypoxie histotoxique H395
hypsicéphalie H787
hypsistaphylie H788
hypsophobie H790
hystératrésie H792
hystérectomie H793, U158
hystérectomie subtotale S1082
hystérectomie vaginale V12
hystérectomie par voie basse V12
hystérie H796
hystérie de conversion C1022
hystérie traumatique H821
hystérocatalepsie H801
hystérocèle H802
hystérocervicotomie H803
hystérographie H805
hystérolaparotomie H806
hystéromyome H808
hystéropexie H810
hystéropexie vaginale C836
hystéroptose H812
hystéro-salpingographie H814, M281
hystéroscope H815
hystéroscopie H816
hystérotomie H818
hystérotomie abdominale H806

hystérotrachélorrhaphie H819
hystérotraumatisme H821
hystiocytome H377

I

iatrogène I1
ichor I3
ichtyose F162, I4
ictère I8, J6
ictère cholostatique M132
ictère chronique familial C606
ictère congénital non hémolitique B132
ictère familial congénital de Crigler et Najjar B132
ictère hémolytique H205
ictère hémolytique acquis A88
ictère juvénile intermittent F32
ictère leptospirosique S756
ictère mécanique C458
ictère des nouveau-nés J7, P501
ictère nucléaire K45, N224
ictère obstructif O20, R198
ictère par obstruction M132, O20, R198
ictère parenchymateux H262
ictère physiologique P501
ictus apoplectique A601
ictus laryngé C1114, L75
idée fixe F174
identifier I12
idiogramme K7
idiopathique I16
idiosyncrasie I18
idiotie I15
idiotie amaurotique C352
idiotie amaurotique familiale A328
idiotie hydrocéphalique H512
idiotisme I15
iléite I21
iléite régionale C1196, R118
iléite terminale R118
iléo-cæcostomie I24
iléo-colectomie I20
iléon I31
iléo-proctostomie I26
iléo-rectostomie I26
iléo-sigmoïdostomie I27
iléostomie I28
iléotomie I29
iléo-transversostomie I30
iléum I34
iléus I32
iléus adynamique A205
iléus biliaire G24

ILÉUS DYNAMIQUE

iléus dynamique D333
iléus mécanique M131
iléus paralytique A205, P110
îlot de Langerhans L63, P49
îlot pancréatique L63, P49
image I37
image lacunaire F149
imbécile I39
imbécillité I40
imbibition I41
imitation S517
immobilisation I49
immunisation I54
immunité I53
immunité acquise A90
immunité active A110
immunité antivirale A545
immunité artificielle A700
immunité cellulaire C283
immunité congénitale C944
immunité innée C944, G142, N31
immunité naturelle G142, N31
immunité passive P188, S368
immunité tissulaire L283
immunochimie C413
immunodépresseur A520
immunodiagnostic I56
immunogène I57
immunoglobuline I50
immunologie I59
immunopathologie I60
immunoréaction I51
immunosensibilité I61
immunosuppresseur I64
immunosuppression I63
immunothérapie I65
imperforation de l'anus C1122
impétigo I71
impétigo de Bockhart B336, F227, S1128
impétigo circumpilaire F227, S1128
implant I72
implantation I73, N164
impondérabilité W54, Z5
impotence I75
impression I76
impuissance neuroréceptrice S1230
impulsion I79
impulsion cardiaque C114
inactivation D16, I80
inanition E522, I82
incapacité I204
incapacité de travail D237
inceste I87
incidence I88
incision I91
incision d'un uretère U105
incisive C1293, I92
incisure F163, N218
inclusion cytoplasmique C284

inclusions cytoplasmatiques I93
incompatibilité I94
incontinence I99
incrustation I102
incubateur C1121, I105
incubation I103
incurable I106
index F248, I108
index colorimétrique B310, C824
index facial F11
index de mortalité D25, M408
index nasal N23
index opsonique O148
index thérapeutique T166
indican I111
indicanurie I112
indicateur I114
indication I113
indice I108
indice cardiaque C115
indice cardio-pulmonaire C155
indice céphalique C318
indice chimiothérapique C420
indice crânien C1141
indice phagocytaire P420
indice splénique S778
indice de ventilation V101
indice vital V214
indigestion I116
indisposition A244, I122
indol I123
indoxyle I125
induction I129
induration I130
induration brune essentielle du poumon B514
induration cyanotique C1300
induration plastique P586
induration de stase C1300
inertie I133
inertie psychique P1023
inertie utérine U159
infantilisme I140
infantilisme génital S421
infarctus I141
infarctus anémique P26, W74
infarctus blanc P26
infarctus hémorragique H223, R89
infarctus du myocarde C116, M537
infarctus du myocarde transmural T420
infarctus pulmonaire P1065
infarctus rouge H223, R89
infarctus sous-endocardique S1053
infécond B59
infécondité B60, I151, S929
infecter I142
infection I143
infection par l'air A246

infection par contact direct C987
infection croisée C1207
infection par gouttelettes A246, D314
infection inapparente S1045
infection latente C1239
infection mixte M361, M458
infection purulente P1145
infection subclinique S1045
infertilité I155
infestation I156
infiltrat I157
infiltration I158
infiltration cellulaire C287
infirmier H458, O175
infirmière N244, S538, W21
infirmière en chef H56
infirmière de salle d'opération S230
infirmière soignante C397, H460, S848
inflammation I161
inflammation adhésive A169
inflammation altérative A311
inflammation du canal de Wharton W63
inflammation du cervelet P151
inflammation exsudative E593
inflammation de la glande sublinguale S1062
inflammation granulomateuse G328
inflammation hyperplastique H639
inflammation proliférative P917
inflammation purulente P1117
inflammation du scrotum S226
inflammation séreuse S380
influenza I163
infusion I167
infusion goutte-à-goutte I483
ingestion I169
inhalateur I181
inhalation I179
inhibiteur I185
inhibition I184
inhibition centrale C299
inhibition de Wedensky W49
injecter I186
injecteur I188
injecteur pneumatique sans aiguille J19
injection I167, I187, S843
injection intraveineuse V89
injection sous-cutanée H709, S1049
innervation I193
inoculation I197
inopérable I198
inotrope I201
insanité I204
insecticide I205

insectifuge R157
insolation I373
insomnie I374, S565
inspection I375
inspiration I376
instillation I380
instinct I381
instrumentation I382
insuffisance D48, F17, I68, I95, I383
insuffisance de l'anastomose L109
insuffisance aortique A562
insuffisance cardiaque A117, C112, C947, H74, M538
insuffisance coronaire C1068
insuffisance coronarienne C1068
insuffisance hépatique H251
insuffisance mitrale M357
insuffisance pulmonaire P1072
insuffisance pylorique P1140
insuffisance respiratoire R184
insuffisance sensorielle S341
insuffisance tricuspidienne T487
insuffisance valvulaire V28
insuffisance ventriculaire droite R295
insuffisance ventriculaire gauche L113
insuffisance vertébrobasilaire V137
insufflation I384
insufflation tubaire P387, T547
insuline I385
insulocytes basophiles B142
insulome N97
insusceptibilité I390
intact I391
intégration de personnalité P383
intellect I393
intensité S993
intercinèse I407
interférence virale V187
interféron I406
interkinèse I407
intermédine I415
interne I421
interniste I427
intérocepteur I430
interruption S858
intersection T399
intersection tendineuse T105
intersexualité I437
interstice I443
intertrigo I445
intervalle
    électrocardiographique E82
intervalle intersystolique I444
intervalle lucide L328
intestin B386, I458

intestin antérieur H59
intestin grêle S576
intestin moyen M315
intestinal E256
intima I459
intolérance I460
intoxication I461, V82
intradermoréaction à la tuberculine M75
introducteur I486
intubateur I486
intubation E245, I487
intubation de l'aqueduc de Sylvius A616
intubation intratrachéale I480
intussusception I491
inuline I490
invagination I491
invagination iléocæcale I22
invalide C1193, I492
invalidité D237, I493
invasion I496
inversion I497
inversion des chromosomes I498
inversion splanchnique V191
inversion utérine I499
inversion viscérale V191
invertase I500
involution I503
iode I506
iodisme I507
iodopsine I508
ionisation I509
iridectomie I510
iridencléisis I511
iridocyclite I515
iridodiagnostic I516
iridodonèse I517, T449
iridodonésis I517
iridoplégie I518
iridotomie I519
iris I520
iritis I521
irradiation I525
irradiation à champs multiples M456
irresponsibilité I527
irrigateur S1290
irrigation I529
irritabilité I530
irritation I532
ischémie I533, L282
ischialgie I535
ischiocèle S161
ischiopage I538
ischium I540
ischurie I541
isoagglutinine I544
isoanticorps I545
isoantigène B302, I546
isochromosome I547
isocortex I548

isoenzyme I549
isogamète I550
iso-immunisation I552
isolation I555
isolé D243
isoler I553
isoleucine I556
isomérase I557
isomérie I558
isomérie optique E164
isométrique I559
isométropie I560
isosthénurie I561
isotonique I562
isotransplantat S1261
isthme I564
ivresse I132, I461

J

jactitation J4
jambe L114, S432, S446
jambe arquée S1
jaune d'œuf Y13
jaunisse J6
jéjunectomie J11
jéjunite J12
jéjuno-iléostomie J13
jéjunostomie J14
jeûne S872
jointure J20
jointure biaxiale B149
jointure uniaxiale U51
jonction U55
jonction recto-sigmoïdienne R74
joue C399
jugulaire J23
jumeau T586
jumeaux bivitellins B194, F277, H317
jumeaux conjoints C956
jumeaux dizygotes F277
jumeaux hétérozygotes H317
jumeaux homozygotes E288, I11, M394, T536
jumeaux monozygotes M394
jumeaux siamois S476
jumeaux uniovulaires U56
jumeaux univitellins E288, I11, M394, T536
jumelles dizygotes D286

K

kala-azar C4, K2, V192
kallicréine K3
kénophobie C295

KÉRASINE

kérasine C333
kératectasie K22
kératine C334
kératinisation C1061, H446, K23
kératite C335, K24
kératite en bandelette B46, F40, R282
kératite fasciculaire B46, F40
kératite herpétique H307
kératite à hypopyon H757, S384
kératite interstitielle I440
kératite mycosique M506
kératite neuroparalytique N127
kératite ponctuée P1098
kératite scrofuleuse S221
kératite striée S1005
kératite vasculaire V43
kérato-acantome A29
kératocèle K25
kératocône C951, K27
kératoconjonctivite K26
kératoconjonctivite épidémique E317, V188
kératodermie K28
kératoglobe K31
kérato-iritis C1056
kératolyse K32
kératomalacie K34
kératome K33
kératome sénile S242, S318
kératomycose K35
kératoplastie C1057, K36
kératosclérite K38
kératoscope K39
kératoscopie K40
kératose K41
kératose crevassée du talon C1133
kératotomie K42
kérion K44
kinase K53
kinésiologie K55
kinésithérapie K56
kinesthésie K57, M483
kinine K60
kionite K62
kleptomanie K65
koïlonychie C775, K76, S818
koniocortex K79
kubisagari K84
kwashiorkor I139, K88
kyste C1320
kyste alvéolo-dentaire A321
kyste branchial B435
kyste branchiogène B435
kyste du canal de l'époophore G59
kyste chocolat C456, T40
kyste dermoïde D138
kyste échinococcique E17, H496
kyste endométrioïde de l'ovaire C456, T40
kyste épendymaire E305
kyste épidermique E327
kyste épidermoïde E327
kyste goudronneux T40
kyste hématique H221, S64
kyste hydatique E17, H496
kyste médian du cou T254
kyste osseux solitaire B130
kyste de l'ovaire O278
kyste papillaire de l'ovaire P70
kyste perlé P218
kyste de la poche de Rathke C1155
kyste radiculo-dentaire R15
kyste par rétention R197
kyste rétentionnel S264
kyste sébacé W56
kyste suprasellaire C1155
kyste thyréo-glosse T254
kystique C1326
kystoïde F26

L

labilité L2
labilité affective E151
laborantin L6
laboratoire L5
labrocyte M102
labyrinthe L9
labyrinthe membraneux M211
labyrinthe osseux B364, O213
labyrinthectomie L10
labyrinthite L16
labyrinthotomie L17
lac lacrymal L22
lac sanguin maternel T518
lacrymation L24
lactalbumine L27
lactase L28
lactation L29
lactobutyromètre L35
lactodensimètre G5, L38
lactoflavine L39
lactoglobuline L41
lactorrhée L42
lactose L43, M335
lactosurie L44
lagophtalmie H40, L48
lait colostral F255
lait de femme B444
lambliase G195, L52
lame L56, S568
lame criblée de l'ethmoïde C1187
lame hépatique H252
lame vitrée V220
lamelle L53
lamelle de Havers C907
lamelle pour microscopie M301
laminectomie L60, S806
lampe à fente C1053, G383, S572
lampe à quartz U30
lance L62
lancette L61
langue T306
langue cérébriforme C354
langue chargée C745, F324
langue framboisée S992
langue géographique G164, M77, W15
langue de Hunter H480
langue noire pileuse H16
langue noire villeuse H16, T469
langue plicaturée C354, F166, F325, G368, W114
langue scrotale C354, F166, R281
lanugo L65
laparohystérectomie L66
laparoscope L67
laparoscopie C276, L68
laparotomie L69
laringite striduleuse C224
larme T62
larve de mouche M20
larvicide L73
laryngectomie L78
laryngite L79
laryngite diphtérique C1213
laryngite granuleuse S520
laryngite nodulaire S520
laryngite spasmodique S658
laryngite striduleuse P986, S658
laryngocèle L80
laryngoplégie L81
laryngoscope L82
laryngoscopie L83
laryngoscopie à tête suspendue S1187
laryngospasme L84
laryngosténose L85
laryngostomie L86
laryngotomie L87
laryngotrachéotomie L88
larynx L89
laser L90
lassitude L91
latence L94
latent L95
lavage L102
lavage de l'estomac G77
lavement C734, E251
lavement alimentaire N251
lavement évacuateur C683
lavement goutte-à-goutte M475
laxatif L103

LIT DE L'ONGLE

lécithine L110
léger M323
léiomyofibrome L118
léiomyome L119
leishmaniose L120
leishmaniose cutanée T526
leishmaniose cutanéo-muqueuse E463
leishmaniose muco-cutanée M442
leishmaniose viscérale C4, K2, V192
lemmocyte L121
lente N175
lenticône L130
lentiginose L129
lentiglobe L130
lentigo L131
lentigo malin M42
lentille L122
lentille biconcave B153
lentille biconvexe B154
lentille bifocale B163
lentille concave-convexe C904
lentille de contact C988
lentille convergente C1023, P627
lentille cornéenne C1052
lentille cristalline L122
lentille cylindrique C1311, C1314
lentille divergente C903
lentille sphérique S707
lentille sphérocylindrique S708
lèpre L135
léprome L133
léprose L135
léproserie L134
leptocyte L137
leptoméningite L138
leptospires L139
leptospirose C50, L141
leptospirose ictérigène I7, L140
leptospirose ictéro-hémorragique W55
lesbianisme L142, S75
lesbisme S75
lésion D9, I68, I190, I389, L143
lésion par écrasement C1221
létalité L148
léthargie L150
leucémie L154
leucémie aiguë E134
leucémie basophile B92
leucémie à cellules souches E134
leucémie à éosinophiles E301
leucémie indifférenciée S904
leucémie lymphoïde chronique L391
leucémie à monocytes M386
leucémie myéloblastique M516

leucémie myéloïde M519
leucémie neutrophile N149
leucémie à plasmocytes P574
leucémie promyélocytaire P923
leucine L151
leucocidine L157
leucocyte L158, W72
leucocyte acidophile O318
leucocyte éosinophile A72
leucocyte neutrophile M118, N147
leucocyte à noyaux segmentés S278
leucocyte oxyphile O318
leucocytolyse L160
leucocytose L163
leucocytose neutrophile N148
leucocytose relative R135
leucocyturie L153
leucodermie P512, V218
leucodermie syphilitique S1283
leucodystrophie de Krabbe G240
leucogramme D199
leucokératose L164, S585
leucolyse L160
leucome A267, L166, W6
leucome adhérent A165
leucomélanodermie M192
leuconychie L167
leuconychie striée S1006
leucopédèse L168
leucopénie L169
leucophlegmasie T240
leucoplasie S585
leucopoïèse L170
leucorragie L171
leucorrhée W83
leucosarcomatose L172
leucose aiguë à lymphoblastes L388
leucose myéloïde G321
leucotomie préfrontale P808
leucotomie transorbitale T422
leucotrichie L174
lèvre L221
lèvres gercées C393
lévulose L46, L176
lévulosurie L177
levure Y3
liaison U55
libido L179
lichen L181
lichénification L182
lichénisation L182
ligament L193, S519
ligament gastro-splénique G116
ligament large de l'utérus B461
ligament suspenseur du cristallin Z6
ligature L195, L196
ligature résorbable A23

ligature soluble S628
ligne ano-cutanée A474
ligne ano-rectale P220
ligne blanche A8
ligne de démarcation L209
ligne épiphysaire E363
ligne mammaire N173
ligne médiane M139
ligne nuchale N220
ligne parasternale C1103
ligne pure P1108
lignine L202
limaçon membraneux C762
linguatulose L215
liniment L216
linkage L217
linkage des gènes G143
liomyome L119
liomyome vasculaire V44
lipase L222
lipase du sang H202
lipémie L223
lipémie alimentaire P773
lipide L224
lipidémie L223
lipidose L228
lipocèle A174
lipochondrodystrophie L230
lipochrome C588, L231
lipocyte A178, F46
lipodystrophie L232
lipodystrophie intestinale I454, L248, W67
lipodystrophie progressive P908
lipofibrome L233
lipofuscine C588, L234
lipogranulomatose L236, L240
lipogranulome L235
lipoïdoprotéinose L227
lipoïdose L242
lipomatose L244
lipomatose cervicale symétrique M18
lipome L243
lipoprotéine L249
liposoluble F52
lipurie A179, L251
liquide amniotique A363, H359, W35
liquide céphalo-rachidien C363, N121, S738
liquide extravasculaire E584
liquide intracellulaire I468
liquide synovial S1269
liquide de tissu T294
liquor C363
liséré gingival F279
listérellose L254
listériose L254
lit d'accouchement L7
lit d'hôpital B110, H459
lit de l'ongle N2

677

LITHIASE

lithiase L255
lithiase biliaire C495, H275
lithiase hépatique H275
lithopédion L256
lithotomie L257
lithotomie haute H354
lithotomie périnéale P318
lithotomie sus-pubienne S1159
lithotripsie L258
lithotrite ultrasonique U25
lithotriteur L260
livédo M192
loasis L305
lobe L275
lobe carré du foie Q4
lobe caudé du fois C245
lobe central du cerveau C300
lobe frontal F291
lobe occipital E195, O26
lobe olfactif O65
lobe pariétal P165
lobe de Spigel S730
lobe temporal T93
lobectomie L276
lobotomie L277
lobule L279
lobule lingual L213
lobule de l'oreille E7
localisation L284
lochies L287
lochiométrie L288
logamnésie L296
logonévrose L298
logopathie L299
logopédie L300
logoplégie L301
logorrée L302
logospasme L303
logothérapie L304
loi biogénétique B200
lombaire L330
longévité L308
lordoscoliose L316
lordose H403, L317, S23
lordose lombaire L331
lotion W25
loupe L320, S513
luès S1281
luette K61
lumbago L329
lumbalisation L332
lumière L336
luminescence L337
luminophore L338
lunettes G222, S679
lunettes bifocales B162
lunettes de protection G288
lunettes protectrices G288
lunettes sténopéiques S906
lupus L346
lupus érythémateux systémique S1305
lutéocyte granuleux G330

luxation D251, L354
luxation du cistallin P416
luxation de la clavicule C679
lymphadénite L361
lymphadénite cervicale C371
lymphadénographie L362
lymphadénomatose L364
lymphadénopathie A156
lymphadénose L365
lymphangiectasie L367
lymphangio-endothéliome L369
lymphangiographie L370
lymphangiome L371
lymphangiome caverneux C261
lymphangite L372
lymphatisme L381
lymphe L359
lympho-épithélioma L396
lymphoblaste L387
lymphoblastose L389
lymphocyte L382
lymphocytose relative S1064
lymphœdème L384
lymphogranulomatose L399
lymphogranulomatose inguinale P732, T521, V84
lymphogranulomatose inguinale subaiguë F266
lymphogranulomatose maligne H399
lymphogranulome L398
lymphogranulome vénérien C701, P732, T521
lymphographie L400
lymphomatose L407
lymphome L406
lymphome gigantofolliculaire F228, G191
lymphome malin L411
lymphopénie L408
lymphopoïèse L394, L409
lymphoréticulose bénigne d'inoculation B133, N191
lymphorragie L410
lymphorrhée L410
lymphosarcomatose L412
lymphosarcome L411
lymphoscrotum L413
lymphurie L414
lyophilisation F280, L415
lysine L416
lysine bactériophagique E221
lysis L417
lysozyme L418

M

macrobie L308, M1
macrobiose M1

macrocéphalie M2, M164
macrochéilie M3
macrocyte M4
macroglie M5
macroglobulinémie de Waldenström H596, W2
macroglossie P4
macromastie M7
macromélie M8
macrophage M9
macrophage glial M290
macropodie M176
macropsie M10
macroscopie M11
macrosomatie M12
macrosomie G198, S634
macule B326, M13
maduromycose M19
magnétothérapie M21
main H25
main d'accoucheur A43, O12
main bote C732
main en griffe C682, G359
main plate F188
main de squelette S549
main tombante C188, D312, W117
main en trident C691, L278, S795
maison d'accouchement L357, M114
majeur A198, M312
mal S484
mal de l'air A251
mal de l'altitude A315, H686
mal de Cayenne M24
mal aux cheveux H29
mal de décompression D35
mal de gorge S647
mal des irradiations pénétrantes R12
mal de mer N33, S235
mal de montagne H686, M425
mal des rayons R12
mal de train M416
malabsorption M25
malacie S611
malacoplasie M28
malade I35, P213, S1055
malade ambulatoire O271
malade hospitalisé I202
maladie D244, I36, S484
maladie d'Addison A191
maladie d'Addison-Biermer A130, B159
maladie aiguë des irradiations A119
maladie d'Albers-Schönberg A264, M80
maladie d'aliénation P1042
maladie d'Andersen A382
maladie d'Arnolde Pick P509

maladie d'Aujeszky A834, L419, P1007
maladie auto-immune A862
maladie de Balfour C450
maladie de Banti B48
maladie de Basedow E532, F178, G341
maladie de von Bechterew A469, B108, M85, S1027
maladie de Bell B122
maladie de Besnier-Boeck-Schaumann B347
maladie bleue C1299
maladie de Blount B327
maladie de Bornholm B131
maladie de Botkin B372, E316, I147
maladie de Bouillaud B381
maladie de Bourneville E355
maladie de Bowen B387
maladie de Bright B458
maladie de Brill B459
maladie de Buerger B551
maladie des caissons B128, C12, D281
maladie de Californie C751
maladie de Carrion B63, C191, H225
maladie de Chagas S651
maladie des chaînes lourdes F276, H86
maladie de Chiari V92
maladie de Christmas C563
maladie de Christ-Siemens-Touraine A451
maladie cœliaque C273, G122
maladie du collagène C791, C966
maladie de Cooley C1027, M155, T39
maladie coronarienne C1066, I534
maladie de Crohn C1196, R118
maladie de Cruchet E23, L149
maladie de Cushing C1278
maladie de Darling D13
maladie de Dercum A176, D115
maladie de Di Guglielmo D211, E431
maladie de Duplay S120
maladie de von Economo E23, L149
maladie d'Ellis-Van Creveld C526
maladie des femmes ou hommes sans pouls A559
maladie de Filatow-Dukes F144
maladie de Gamstorp A204
maladie de Gaucher G120
maladie de Gee G122
maladie gélatineuse du péritoine G124
maladie de Gerlier E322, K84
maladie de Gilbert G200
maladie de Gilles de la Tourette G202
maladie de Glanzmann T225
maladie glycogénique G279
maladie de Gorham D240
maladie des griffes de chat B133
maladie des griffures de chat C242, N191
maladie de Günther C941
maladie de Haff H5
maladie de Hayem-Widal H49
maladie hémolytique du nouveau-né F97
maladie héréditaire I183
maladie de von Hippel-Lindau R215
maladie de Hodgkin H399
maladie des inclusions cytomégaliques C1370
maladie infectieuse C871, I146
maladie intercurrente I405
maladie ischémique du cœur C1066, I534
maladie de Katayama K18
maladie de Krabbe G240
maladie de Kussmaul et Meier K87
maladie kystique de la mamelle C604, T289
maladie de La Peyronie P409
maladie de Leiner-Moussous L117
maladie de Letterer-Siwe N194
maladie de Little S662
maladie de Madelung M18
maladie de Ménétrier G192
maladie de Ménière A832, E220
maladie de Minkowski-Chauffard C606, C942, I6
maladie de Moschcowitz T241
maladie de Newcastle N155
maladie de Niemann-Pick L225, N165, S721
maladie d'Ollier A763, M461
maladie d'Oppenheim O147
maladie des os marmoréens A264
maladie de Paget P16
maladie de Parkinson S430, T447
maladie de Pelizaeus-Merzbacher P231
maladie périodique P328
maladie périodique de Reimann B135
maladie de Perthes P386
maladie de Peyronie F136
maladie de Pfeiffer P412
maladie de Pick C657
maladie polykystique des reins P693
maladie sans pouls R241, T22
maladie de Pringle P866
maladie professionnelle O30
maladie de Raynaud D18, R47, S1214
maladie de Recklinghausen R61
maladie des rides R279
maladie de Riga C2, R293
maladie de Ritter E520
maladie de Robles C743
maladie de Roger R318
maladie de Romberg F9
maladie de Schamberg P910
maladie de Scheuermann S139
maladie de Schoenlein-Henoch H227
maladie de Schottmüller S157
maladie sérique S396, S399
maladie du sérum S396, S399
maladie du sommeil A219, S564
maladie de Steinert S898
maladie de Swift-Feer S1200
maladie de Takayas(h)u P1090, T22
maladie de Tillaux et Phocas T289
maladie type von Strümpell-Marie S1027
maladie d'Urbach-Wiethe L227
maladie des urines à odeur du sirop d'érable B432, M76
maladie des vagabonds P132, V9
maladie vénérienne V83
maladie de Weil S756, W55
maladie de Whipple I454, L248, W67
maladie de Wilson H271, L125, W90
malaise A244, D273, M27
malaria M30
malaxation K66
mâle M33, M33
malformation M35
malignité M39
malléole M45
malnutrition M48
malposition M51
malrotation intestinale M52
maltose M54
mamelon N172
mammectomie B441
mammographie M60
mammoplastie M61
mandibule L323, M63, S1066
mandrin M65, S1035

maniaque M68
manie M67
manie de Bell B122
manie de grandeur E537
manifestation M70
manifesté M87
manipulation M73
manœuvre M73
manteau B426
manteau cérébral M74
manustupration M112
marasme M79
marge E45, M82
marge ciliaire C636
marsupialisation M90
marteau H21, M47
masochisme M93
masque M91
masque de grossesse M92
massage M95
massage cardiaque C119
massage cardiaque direct O121
massage cardiaque externe C719, E558
massage cardiaque à thorax fermé C719
massage vibratoire S281, V165
masseur M96
massothérapie M98
mastectomie B441, M103
mastication M104
mastite M105
mastite parenchymateuse G219
mastite puerpérale P1059
mastocyte M102
mastocytose M107
mastodynie M108
mastographie M60
mastoïde M110
mastopathie chronique kystique C604
mastopathie fibro-kystique F121
masturbation M112, O95, S286
matériaux de pansement D309
matériel de suture S1193
maternité L357, M113, M114
matière colorante S852
matité D326
matrice de l'ongle K30, N2
maturation M117
maturité M120
mauvaise haleine B23
maxillaire U71
maxillaire inférieur L323
méat urinaire U140
méatotomie M130
mécanorécepteur M134
mécanothérapie M135
méconium M137
médecin D288, P496
médecin généraliste G137
médecin résident H466, R168

médecin spécialiste S668
médecin traitant A816
médecin-dentiste D96
médecine M153
médecine aéronautique A884
médecine aéronautique et cosmonautique A212
médecine clinique C705
médecine cosmonautique S653
médecine géographique G165
médecine infantile P225
médecine légale F256
médecine militaire M326, W17
médecine nucléaire N226
médecine populaire F221
médecine préventive P851
médecine tropicale T524
médiastin M143
médiastinotomie M142
médicament M150, M153
médication M152
médionécrose idiopathique de l'aorte C1336
médius M312
mégacaryoblaste M166
mégacaryocyte M167
mégacéphalie M164
mégacôlon M165
mégaloblaste M168
mégalocyte M171
mégaloglossie M6
mégalomanie E537, M175
mégalosplénie M177
mégarectum M178
mégasigmoïde M179
méiose M180
mélæna T41
mélancolie M181
mélancolie d'involution I504
mélanine M184
mélanoblaste M186
mélanocarcinome N152
mélanocyte M188
mélanodermie G354, M190
mélanodermie parasitaire P132
mélanodermie phtiriasique V9
mélanodermie des vagabonds P132
mélanome M193, N152
mélanome achromique A338
mélanome amélanique A338
mélanome jonctionnel J29
mélanose M197
mélanurie M201
mélatonine M202
méléna M203
mélioïdose M204, P990
mélitine B516
mélorhéostose de Léri M206
membrane C744, C1223, M207
membrane basale B70, B382
membrane basilaire B80

membrane cellulaire C285
membrane déciduale D31
membrane de Descemet D139, V220
membrane élastique E61
membrane hyaloïde H487
membrane de Jacob J2
membrane nictitante N161
membrane nucléaire K15, N227
membrane obturatrice O24
membrane otolithique O262, S884
membrane périodontale P334
membrane présynaptique P845
membrane pyogénique P1146
membrane semi-perméable S309
membrane séreuse S371
membrane synoviale S1270
membrane du tympan D321
membrane du tympan secondaire S130, S260
membrane vitelline Y14
membrane vitrée V220
membre L204
mémoire M213
mémoire visuelle E603
ménarche M214
méninges M218
méningiome M219
méningite M220
méningite cérébro-spinale épidémique C362, E314
méningite méningococcique M222
méningite otogène O256
méningocèle M221
méningococcémie P397
méningocoque W52
méningo-encéphalite C356, E177, M223
méningo-encéphalomyélite M224
méningo-myélite M225, M526
méningo-radiculite M226
méniscectomie M227
ménisque M229
ménisque articulaire A693
ménisque convergent C1020
ménisque interne F19
ménisque tactile T17
ménopause M230
ménorragie M231
menstruation M234
menstruation anovulaire A487
menton C439
mercaptan M240, T202
mercurialisme M241
mésangiocyte I398
mésartérite M243
mésencéphale M309
mésenchyme M246

MUCUS

mésentère M248
mésentérite M247
mésocarde M250
mésoderme M251
mésothéliome M254
mésothélium M255
mesure M129
métabiose M256
métabolisme M259
métabolisme basal B71
métabolisme glucidique C82
métabolisme des graisses L246
métabolisme lipidique F50, L246
métabolisme protéinique P961
métabolisme respiratoire R185
métabolite M260
métacarpe M261
métamorphopsie M262
métamyélocyte M263
métanéphros H358
métaphase M264
métaphyse M265
métaplasie M266
métaplasie squameuse S837
métastase M267
métastase calcaire C16
métatarsalgie M268
métatarse M270
météorisme F191, M271
méthémoglobine F89, M273
méthémoglobinurie M274
méthionine M275
méthode opératoire P870
méthode stéréotaxique S926
métier de guérisseur E157
métreurynter H794, M277
métreuryse H795, M278
métrite H800, M279
métrocèle H802
métrographie H805
métroptose H812
métrorragie M280
métrorrhexie H813
métro-salpingographie H814, M281
métrotomie H818
micro-élément T368
microbe M283
microbicide M284
microbiologie M285
microburie B22
microchirurgie M305
microcyte M286
microcytose M287
microdontisme M288
microgliocyte H453, M290
micrognathie M291
microlithe M292
micromanie M293
micromastie M294
micromélie M295
microorganisme M296

microphtalmie M297
microscope M299
microscope électronique E98
microscope à fond noir D12
microscope polarisant P674
microscopie M302
microsome M303
microsomie M304
microsphérocytose S710
microtome H394, M306
microvillosités M307
miction E144, M308, U143
micturition M308
migraine H157, M319, S479
migraine ophtalmique O131
migration M321
miliaire rouge H84, S1119, W87
milieu E287
milieu de culture C1256
milium M327
minéralocorticoïde M341
minimum visible T219
miocardie éthylique B117
miose M350
miroir frontal H54
mite M353
mite de la gale I566
mitochondrie M354
mitose K8, M355
mixtion M363
mixture M363
mobilisation M365
mobilité M364
modéré M366
moelle M88
moelle épinière S737
moelle osseuse B357
moignon S1029
molaire C402, M370, W7
mole M371
môle C1337
môle charnue C169, F198
môle hydatiforme H497
môle hydatiforme vésiculaire C1337
môle hydatoïde H497
môle vésiculaire H497, V149
molécule-gramme M371
mollet C24, S1167
mollusque M372
momification M468
mongolisme D304
monilethrix B104, M377
moniliase M376
moniteur cardiaque C120, E83
moniteur électrocardiographique E83
monitoring M378
monoamine-oxydase M379
monoarthrite M374
monoblaste M380
monochromasie M382

monocyte M385
monocytopénie M387
monocytose M388
mononucléose M389
mononucléose infectieuse I148, P412
monoplégie M391
monorchidie M392
monosaccharide M393
monose M393
monoxyde de carbone C86
monstruosité T123
morbidité I88, M398
morgue M402
morphée M403
morphée en gouttes W80
morphinisme M404
morphinomanie M404
morphogenèse M406
morphologie M407
morsure B231
mort D17, D24
mort au berceau C1185
mort cérébrale B425
mort soudaine du nourrisson S1094
mort subite S1093
mortalité D25, M408
mortinatalité S953
mort-né S954
morula M411
morve E395, G216
morve cutanée F36
mosaïque M412
motilité M414
motilité intestinale I455
motivation M417
motoneurone M418
mouche commune H464
moulage C205
mourir D193
moustique S59
mouvement M434
mouvement du fœtus Q11
mouvement saccadé S3
mouvements choréiques C543
moyen M127
moyen stimulant la sécrétion S1083
mucilage M435
mucine M436
mucinose cutanée M437
mucinose folliculaire F229
mucinose papuleuse cutanée P81
mucinurie M439
mucocèle M441
mucoclasie D72
mucopolysaccharide M444
mucoprotéide M445
mucoviscidose F122, M450
mucus M451

muet D327
muguet T243, W77
muqueuse M446
murmure M474
murmure respiratoire R187
murmure vésiculaire V152
muscarinisme M477
muscle biceps B151
muscle bipenné B215
muscle buccinateur B528, C401
muscle constricteur moyen du pharynx H553, M314
muscle couturier T21
muscle crural F81
muscle deltoïde D63
muscle digastrique D206
muscle élévateur L175
muscle fessier G271
muscle hyo-glosse H551
muscle hyo-pharyngien H553
muscle lisse S587, U70
muscle orbiculaire O163
muscle papillaire P72
muscle peaucier C1287
muscle pectiné P221
muscle pilomoteur P530
muscle du squelette S546
muscle strié S1007
muscle superficiel C1287
muscle trapèze C1125, S436
muscle unipenne U57
muscle vaste intermédiaire F81
musculaire M479
musculature M485
musicothérapie M488
mutagène M491
mutant M492
mutation M493
mutilation M494
myalgie M495
myase M534
myasthénie M496
myatonie A383, M497
myatonie congénitale O147
myatonie périodique A204
mycélium M498
mycétome du pied F316
mycobactérium M500
mycologie M503
mycose M504
mycosique F313
mydriase C1045, M508
myéline M510
myélinisation M512
myélite M514
myélite transverse T433
myéloblaste M515
myéloblastomatose M516
myélocèle M517
myélocyte M518
myélodysplasie M520

myélomatose S90
myélome M525
myélopathie M528
myéloperoxydase M529
myéloplégie M530
myélopoïèse M531
myélose M532
myélose aleucémique A278
myélose funiculaire C855
myélose globale aplastique P56
myiase M534
myoblaste M536, S80
myoblastome à cellules granuleuses G312
myocarde C121, M540
myocardiopathie M539
myocardite de Fiedler A118, F140
myocardite idiopathique F140
myoclonies vélo-palatines P19
myoclono-épilepsie L47
myocyte M542
myofibrille M481, M546
myofibrose M547
myoglobinurie M548
myogramme M549
myographe M550
myolyse M551
myomalacie M553
myome M552
myome utérin H808
myomectomie H809
myomère M554
myomètre M555
myopathie M559
myopathie filiforme N54
myopathie pseudo-hypertrophique de Duchenne (de Boulogne) C434, P993
myopie M560, N37, S454
myopie axiale A889
myoplastie M562
myosarcome M564
myosine M566
myosis C1047
myosite M567
myosite fibreuse F296
myosite purulente tropicale T525
myotomie M569
myotonie M570
myotonie atrophique M571, S898
myotonie congénitale N60
myringectomie M572
myringite M573
myringotome M574
myringotomie M575
myxœdème cutané circonscrit prétibial C658
myxœdème tubéreux P849
myxome M577

N

nævocarcinome N152
nævus B226, M371, M413, N153, S732
nævus bleu B333
nævus capillare C66
nævus hyperkératosique S102
nævus intradermique I472
nævus pileux pigmentaire H15
nævus de Sutton C656, S1190
nævus variqueux ostéo-hypertrophique C940
nævus vasculaire aranéen A652
nævus verruqueux S102, V126
nævus de la zone de jonction J29
nain D331
naissance B221
nanisme D332, M304, N8
nanisme achondroplastique A60
nanisme hypophysaire P550
nanisme de Paltauf L374
nanisme primordial L374
nanisme rénal R149
narcissisme N10
narcolepsie G127, N11
narcomane N13
narcomanie D316, N12
narcose G133, N14
narcose de base B72
narcotique N15
narcotisme N16
narine N217
nasal N18
nasopharynx E359, N28
natalité B228, N29
natif N30
naturel N30
naturopathie M32
naupathie N33
nausée N34, S484
nécrobacillose N40
nécrobiose N41
nécrophilie N42
nécrophobie N43
nécropsie A876, N44
nécroscopie N44
nécrose N45, S699
nécrose adipeuse F51
nécrose aseptique A721
nécrose aseptique du condyle d'humérus E361
nécrose caséeuse C203
nécrose de coagulation C738
nécrose colliquative C802
nécrose d'homogénéisation C738
nécrose hyaline de Zenker G224

NUTRITION ÉQUILIBRÉE

nécrose de liquéfaction C802, L252
nécrose phosphorée P460
nécrotomie N47
négativisme N50
némathelminthe N55
nématode N55, R335
néocortex H416, L58, N56
néodiathermie N57
néoplasme N62
néphélémétrie N63
néphélométrie N63
néphrectomie N65
néphrite N66
néphrite en foyers F217
néphrite de guerre W18
néphrite hématurique H224
néphrite lupique L344
néphrite suppurée S1147
néphrite des tranchées T452
néphroblastome N67
néphrocalcinose N68
néphrocirrhose G314
néphrographie N70
néphrolithe N72
néphrolithiase N73
néphrolithotomie N74
néphrologie N75
néphron N76
néphropathie R155
néphropexie N78
néphroptose F203, N79, W13
néphrosclérose C1000, N81
néphrosclérose artériolaire A657
néphrosclérose bénigne B134
néphrosclérose maligne M43
néphrosclérose sénile S319
néphrose N82
néphrose hémoglobinurique H200
néphrose lipoïdique L241
néphrotomie N83
nerf N85
nerf abducens A12
nerf afférent A217
nerf crânien C1142
nerf moteur M423
nerf moteur oculaire commun O43
nerf sensitif S343
nerf sensitivo-moteur S336
nerf sensoriel S343
nésidioblastome N97
neuralgie N102
neurasthénie N103
neurilemme N118
neurilemmome N105
neurinome N105, S159
neuroblaste N107
neuroblastome S1222
neurochirurgie N135
neurocytome N109

neurodermatose N111
neurodermite N110
neuro-épithéliome N112
neurofibromatose N114, R61
neurofibrome N113
neurohypophyse N117
neurolemme N118
neuroleptique N119
neurologie N120
neurolyse N122
neuromyosite N125
neurone N87
neurone afférent S339
neurone bipolaire B216
neurone intercalaire I429
neurone multipolaire M466, S900
neurone postganglionnaire P757
neurone préganglionnaire P809
neurone pyramidal P1156
neurone unipolaire U60
neuropathie N129
neuropathologie N128
neurophysiologie N130
neuroplasme N131
neurospongiome N134
neurosyphilis N136
neurotomie N138
neurotomie rétrogassérienne R227
neurotoxine N139
neurotripsie N140
neurotropisme N141
neutropénie N146
neutrophile N147
neutrophilie N148
névralgie N102
névralgie coccygienne C758
névralgie essentielle du trijumeau E353, F5, T493
névralgie faciale F5
névralgie du ganglion géniculé G148, H482
névralgie de Hunt H482
névralgie intercostale I403
névralgie sciatique S162
névrite N106
névrite ascendante A713
névrite axiale A890, C302
névrite centrale C302
névrite optique O139
névrite radiculaire R18
névrite rétrobulbaire R225
névroglie G229, N115
névrome N123
névrose N133
névrose d'angoisse A552
névrose cardiaque C146, E51
névrose de guerre B101, S440, W19
névrose professionnelle P898
névrose traumatique P778

nez N209
niche N157
nicotine N158
nictation N163
nidation N164
niphablepsie S596
nitrate d'argent L342
nitromètre N177
nocardiose N178
nociceptif N219
nodule des chanteurs T61
nodule de Schmorl S155
nodules des chanteurs V230
nodules vocaux V230
nœud K74, N185
nœud atrio-ventriculaire A808
nœud primitif P862
nœud de Ranvier R36
nœud sinusal de Keith et Flack S525
noma N189, S972
nombre hydrogéné H519
noradrénaline N199
norépinéphrine N199
normal N201
norme N200
normergie N203
normoblaste N100
normocyte N206
nosocomial N210
nosologie N211
nosomanie N212
nosophobie N214
nostalgie N216
notochordome C539
nourrice W60
nouveau-né N154
noyau N240
noyau caudé C246
noyau du faîte N241
noyau gélatineux V135
noyau lenticulaire L128
noyau rouge T70
noyau supra-optique S1156
noyau du toit R322
nucléaire N222
nucléase N229
nucléohistone N231
nucléoïde N232
nucléole N233
nucléoplasme N234
nucléoprotéide N235
nucléoprotéine N235
nucléosidase N236
nucléoside N237
nucléotide N239
numération globulaire B295
nuque N9
nutation N247
nutriment N249
nutrition N252
nutrition équilibrée N256

NUTRITION PARENTÉRALE TOTALE

nutrition parentérale totale T343
nyctalgie N257
nyctophobie N259
nycturie N180
nymphe N262
nymphomanie H807, N264
nystagmographie N265
nystagmus N266
nystagmus dissocié I98
nystagmus giratoire R331
nystagmus labyrinthique A836, L13
nystagmus optocinétique O156
nystagmus pendulaire P250
nystagmus à ressort J17
nystagmus rotatoire R331
nystagmus vertical V140
nystagmus vestibulaire A836, L13, V159
nystagmus du voile du palais P19

O

obésité C1073, O2, S514
obésité hypothalamique H769
obliquité O7
oblitération O9
obnubilation C728, M237, U43
obsession O10
obstétricien O13
obstétrique O14
obstruction O17
obstruction intestinale I456
obturateur O22
obturation O21
obtusion O25
occlusion B231, O27
ochronose O32
oculaire O33
oculaire du microscope E604
odeur O52, S582
odontalgie O45
odontoblaste O46
odontolithe O49
odontologie O50
odontome O51
œdémateux E43
œdème C1283, E42
œdème aigu angioneurotique Q13
œdème d'alimentation W16
œdème angioneurotique A439
œdème blanc douloureux W75
œdème cachectique C3
œdème de Calabar L305
œdème de carence W16
œdème cérébral B429

œdème de dénutrition H479, N255, W16
œdème de famine H479, W16
œdème inflammatoire I162
œdème malin C722
œdème nutritionnel N255
œdème oncotique H505
œdème osmotique S52
œdème de la paupière H507
œdème des paupières B262
œdème pulmonaire P1068
œdème pulmonaire urémique U84
œdème de Quincke A439, G194, Q13
œdèmes cardiaques C110
œil E594
œil schématique S138
œil scotopique S210
œil strabique S842
œsophage E460
œsophagectomie E449
œsophagien E443
œsophagite E451
œsophago-gastrostomie E452, G100
œsophago-jéjunostomie E453
œsophagoplastie E454
œsophagoscopie E455
œsophagospasme E450
œsophagosténose E457
œsophagostomie E458
œsophagotomie E459
œstrogène E468, F76, F226
oléogranulome O59
oléome O59
oléothorax O60
olfaction O61, S327
olfactométrie O62
oligaimie O67
oligémie O67
olighémie O67
oligocythémie O68
oligodendroglie O70
oligodendrogliocyte O69
oligogène O72
oligoménorrhée O74
oligophrénie F71, O75
oligophrénie polydystrophique P697
oligopnée O76
oligoptyalisme H755
oligosaccharide O78
oligospermie O79
oligurie H779, O80
omarthrite O83
ombilic B125, N35
omentite O84
omentocardiopexie C147
omentocèle E367
omentopexie O85
omoplate S117, S457
omoplate ailée W94

omphalectomie O88
omphalite O89
omphalocèle O90
omphalorragie O92
omphalotripsie O93
onanisme O95
onchocercose C743, O96, V238
oncocyte O97
oncocytome O98
oncogenèse O99
oncologie O100
oncosphère H341
onde d'électrocardiogramme E84
onde P A796
onde pulsative P1093
ondes d'électro-encéphalogramme B430
oneirodynie O101
ongle F157, N1
ongle incarné I171
onguent O57, U50
ontogenèse O104
onychie O110
onychogryphose O105
onycholyse O106
onychomycose O107
onychophagie O108
onychorrhexis O109
onychoschisis S150
onychoschizie S150
onychose O110
onyxis R98
oocyte O112
oogenèse O113
oogonie O114
oophorectomie O115
oophorite O116
opacité O119
opération O127
opération d'Alexander-Adams L194
opération césarienne C380
opération exploratrice E547
opération de Killian S1073
opération de Leriche H390
opération non sanglante B305
opération planifiée E72
opération plastique P587
opération radicale R13
opération stéréotaxique S926
opération en un temps O102
opération d'urgence A120, U128
opération urgente E141
ophtalmie catarrhale C228
ophtalmie migratrice M322
ophtalmie noueuse C234
ophtalmie purulente P1118
ophtalmie sympathique M322, S1217
ophtalmodynamométrie O133

ophtalmologie O135
ophtalmomètre O136
ophtalmométrie O137
ophtalmomyiase O35
ophtalmoplégie O140
ophtalmoplégie nucléaire N228
ophtalmoscope binoculaire S919
ophtalmoscope à image renversée R101
ophtalmoscopie O141
ophtalmoscopie directe D233
ophtalmoscopie indirecte I119
ophtalmotonométrie O142
ophtalmoxérose X18
ophthalmie O129
ophthalmie sympathique T403
opiate O143
opiomanie O146
opiophagie O144
opisthorchiasis O145
opsonine O149
optique O154
optique des fibres F107
optométrie O157
optotypes O158
orbe ciliaire C634
orbite O164
orbitotomie O165
orchialgie O167
orchidectomie O170
orchidopexie O173
orchi-épididymite E340, O171
orchite O174
orchite tuberculeuse T559
ordonnance P837
oreille E1
oreille externe E560
oreille interne I422
oreille moyenne M311
oreiller C1279
oreillette A811
oreillons E318
organe O176
organe accessoire S1134
organe de Corti A87
organe de l'émail E162
organe érythrocytaire E434
organe de goût T55
organe sous-commissural S1046
organe spiral S753
organe de Zuckerkandl P86
organes génitaux G154
organes génitaux extérieurs P867
organes sensoriels S328
organisme O179
organotropisme O180
orgasme O182
orgelet H439, S1034
orifice F242, O184
orifice d'admission I191

orifice aortique du diaphragme A561
orifice auriculo-ventriculaire gauche M358
orifice buccal M429
orifice efférent O270
orifice d'entrée M426
orifice externe du col de l'utérus M428
orifice inférieur du bassin I154
orifice mitral M358
orifice œsophagien du diaphragme E445
orifice tricuspide T488
origine O185
origine de la maladie I496
ornithine O186
ornithose O187
oropharynx O188
orteil en marteau H24
orthodontie D90, O191
orthopédie O192
orthophorie O193
orthopnée O194
orthoptique O195
orthotonus O198
os B350
os basioccipital B83
os capitatum C69
os crochu H435, U38
os épactal E302
os ethmoïde S493
os hyoïde H552, L211, T307
os iliaque F180, H361, I34, I195
os de l'Inca I86
os interpariétal I86
os jugal C400
os long L307, P543
os malaire J22, M29
os pariétal P159
os pisiforme L127
os pneumatique P630
os semi-lunaire L341, S297
os sésamoïde S402
os spongieux C43, S812, T366
os suturé S1191
os du tarse T43
os wormiens A420, W109
os zygomatique C400, J22, Y12
oscillation O199
oscillographie O200
oscillomètre O201
osmhidrose B466, O203
osmomètre O205
osmorécepteur O206
osmothérapie O207
osséine O210
osselets de l'oreille E3
osséomucoïde O211
osséomucoïne O211
ossification O214

OTOLITHE

ossification enchondrale E207
ostéite O217
ostéite de Garré C916, G57
ostéo-arthrite O218
ostéo-arthropathie hypertrophiante pneumonique de Pierre Marie H663, P1073
ostéoblaste O220
ostéochondrite O221
ostéochondrite déformante infantile P386
ostéochondrome O222, S624
ostéochondrose O223
ostéoclaste O224
ostéoclastome G187, O225
ostéoclastome malin G188
ostéocyte B352, O226
ostéodystrophie O227
ostéofibrome O228
ostéogenèse O229
ostéogénie O229
ostéoïde O230
ostéologie O232
ostéolyse O233
ostéolyse massive idiopathique D240
ostéomalacie O235
ostéomalacie juvénile J34
ostéome O234
ostéome hétéroplastique H326
ostéome ostéoïde géant O225
ostéomyélite O237, P60
ostéomyélite de Garré C916, F260, G57, S190
ostéomyélite sclérosante S190
ostéomyélodysplasie O238
ostéomyélofibrose O238
ostéone O239
ostéonécrose O240
ostéopathie O241
ostéopériostite O242
ostéopétrose O243
ostéopétrose familiale M80
ostéophyte O245
ostéoplastie O247
ostéoporose O248
ostéosarcome périostéal J37
ostéosclérose B361, O249
ostéose pagétique P16
ostéosynthèse O250
ostéosynthèse par le clou N4
ostéosynthèse par le fil de métal W98
ostéosynthèse intraosseuse I477
ostéotome C1104, O251
ostéotomie O252
otalgie E2, O254
otite O257
otite barotraumatique B55
otite interne L16
otite moyenne catarrhale S382
otolithe O261, S885

OTOLITHES

otolithes E5
otomycose O263
otopyorrhée O264
otorhinolaryngologie O265
otorrhée purulente O264
otosclérose O267
otoscope O268
otoscopie O269
ouate C1109
ouïe H69
ovaire O284
ovalbumine E54, O273
ovalocyte C39, E113, O275
ovalocytose O276
ovariectomie O115, O281
ovariotomie O282
ovarite O116
ovocyte O112
ovocyte de deuxième ordre S255
ovocyte II S255
ovogenèse O113
ovogonie O114
ovomucoïde O291
ovoplasma O292
ovulation O293
ovule E53, F94, O294
oxalate O295
oxalémie O296
oxalurie O299
oxybarothérapie H564
oxycéphalie A95, O308, S897
oxydant O301
oxydase O302
oxydation O303
oxygénation O311
oxygène O309
oxygénothérapie O316
oxyhémoglobine O317
oxymètre O306
oxymétrie O307
oxynervone H541
oxyréductase O305
oxytocine O319
oxyurase E260
oxyure S236
oxyure vermiculaire H468, P542, T214
oxyurose E260, O320
ozène O321
ozocérite O322
ozokérite O322
ozonateur O323

P

pacemaker P2
pacemaker artificiel E75
pachydermie P3
pachyglossie P4
pachygyrie P5
pachyméninge P7
pachyméningite P6
pachyonychie P8
pachyonyxis P8
pachypériostite P9
pachypleurite P10
palais P20, R323
palais dur H34
palatoplastie P23
palatoplégie P24
palatoschisis C693, P25, U74
paléostriatum P33
pâleur P34
palicinésie P29
palikinésie P29
palilalie P30
pallesthésie B362, V166
pallidum P33
palpation P38
palpitations P42
paludisme M30
paludisme à falciparum F20
paludisme à malaria P373
panaris périunguéal F75
panartérite E229
panarthrite P44
pancardite E230, P45
pancréas P46
pancréas accessoire L145
pancréas petit S577
pancréas de Winslow S577, U39
pancréatectomie P47
pancréatite P50
pancréatite fibro-kystique F122
pancréatographie P51
pancréatolithe P52
pancréatotomie P53
pancytopénie P54
pandémie P55
pandémique P55
panmyélophtisie P56
panniculite P57
pannus P58
panophtalmie P59
panophtalmite P59
panostéite P60
panotite P61
pansement B44, D309, L195
pantophobie P62
papille P67
papille dentaire D80
papille optique O152
papille optique de stase P75
papille pileuse H13
papille spirale A87
papille de Vater B172, P68
papillectomie P74
papilles dermiques D119
papillite P76
papillomatose P78
papillome P77, V171
papillome canaliculaire du sein I474
papillome corné F125
papillome fibro-épithélial S610
papillome de Shope R2
papillorétinite P79
papule P83, P533
papulose P84
parabiose P88
paraboulie P89
paracentèse P91, T35
paracousie P95
paraffinome P99
paragangliome P100
paragangliome carotidien C176
paragangliome non chromaffine C412
paraganglion C565
paraganglion abdominal P86
paraganglion aortique P86
paragonimiase P101
paragonimose P101
paragraphie P102
parahémophilie d'Owren P103
parahidrose P158
parakératose P105
parakinésie P106
parallaxe binoculaire B192
parallaxe stéréoscopique S924
parallergie P107
paralogie P108
paralogisme P108
paralyse agitante S430
paralyse spasmodique spinale S665
paralysie P43, P109
paralysie agitante T447
paralysie alterne A313
paralysie ascendante A714
paralysie ascendante aiguë A115
paralysie de Bell F12, P938
paralysie des béquilles C1226
paralysie bulbaire B538
paralysie bulbaire progressive G250, P905
paralysie corticale C350
paralysie faciale P938
paralysie faciale périphérique F12
paralysie hyperkaliémique périodique H605
paralysie infantile cérébrale I136
paralysie de Landry A115
paralysie mimétique M339
paralysie obstétricale B227
paralysie oculomotrice O36
paralysie périodique familiale intermittente H729
paralysie pseudo-bulbaire P982, S1155

PÉRIODE BIOLOGIQUE

paralysie saturnine L106
paralysie spastique C303
paralysie spinale M530
paralysie supranucléaire S1155
paramétrite P112
paramimie P113
paramnésie P114
paranéphrite P115, P324
paranoïa P116
paranoïa querulente processive L262
paraparésie P118
paraphasie P119
paraphimosis P120
paraphrénie P121
paraplégie P122
paraplégie spasmodique T144
paraplégie spasmodique familiale de Strümpell-Lorrain E398
parapraxie P123
paraproctite P124
paraprotéine P125
parapsoriasis P126
parapsychologie P127
parasite P130
parasite facultatif F16
parasite hématozoaire B323
parasite obligatoire O4
parasite temporaire T96
parasitisme P133
parasitologie P134
parasynapsis P137
parasyndèse P137
parasystolie P138
parathormone P142
parathymie P140
parathyroïdectomie P145
paratyphlite P146
paratyphobacillose B180, G358
paratyphoïde P147
para-urétrite S550
paravariole C1247
parencéphalite P151
parenchyme P152
parentéral P155
parésie P156
parésie entérique E272
paresthésie P157
parfum O52
parkinsonisme P169
paroi W5
parole S683
parole saccadée S845
parole scandée S114
paronychie P173, R344, W84
paroophore P174
parorexie C666, P391
parosmie P176
parotide P178
parotidectomie P179
parotidite P180

parotidite épidémique E318, M470
parovaire P181
paroxysme F168, P182
parthénogenèse V178
partie antérieure de la jambe S446
parulie P186
parulis P186
passage P212
pasteurellose P191
pasteurisation P192
pastille L327
pâte P190
patellectomie P196
pathogène P200
pathogenèse P201
pathogénicité P202
pathologie P207
pathologie cellulaire C288
pathologie clinique S667
pathomimie P208
pathophobie P209
pathopsychologie P211
patient S1055
pauls filiforme F147
paume de la main P35
paupière E602, L183
pavillon de l'oreille P540
peau S555
peau ansérine G299
peau de marin S30
peau parcheminée P150
peau de paysan F37
pectine P219
pectoriloquie P222
pédérastie P223
pédiatre P224
pédiatrie P225
pédicule P227
pédiculose L322, P229
pédoncule S854
pédoncule olfactif O66
pellagre P232
pellagre infantile I139
pellet P233
pellicule précornéenne P802
pellicules D10, S233
pélothérapie F34
pelvimétrie P243
pelvipéritonite P240
pelviscopie P245
pélycoscopie C1254
pemphigoïde séborrhéique S310
pemphigus P249
pemphigus aigu fébrile B549
pemphigus oculaire C627
pénétrance P255
pénétration P257
pénicillinase P258
pensée T201
pensée infantile P814

pentose P262
pentosurie P263
pepsine P264
peptidase P267
peptide P268
peptone P269
perception P271
percolation P272
percussion P273
percussion auscultatoire A847
percussion directe D234, I46
percussion immédiate D234, I46
percussion médiate M145
perforateur P279, P1094
perforation P278
perfusion P280
perfusion régionale R120
périadénite P281
périappendicite P283
périartérite P285
périartérite noueuse K87
périarthrite scapulo-humérale S120
péribronchite P286
péricarde H78, P295
péricarde viscéral C124
péricardectomie P288
péricardiocentèse P292
péricardiotomie P293
péricardite P294
péricardite adhésive A170
péricardite calcifiante F298
péricardite calcifiée C20
péricardite calleuse C20
péricardite constrictive A639, C979
péricardite fibrineuse S428
péricardite purulente E159
pericholangite P298
périchondre P300
périchondrite P299
péricolite S365
péricystite P303
péricyte A201, P287
périderme E383
périlidyme P305
péridiverticulite P306
périduodénite P307
périhépatite H280
périlymphe P310
périmétrite P313
périmétrium P314
périmysium P315
périnée P325
périnéoplastie P319
périnéorraphie P320
périnéostomie P321
périnéotomie P322
périnéphrite P115, P324
périnèvre P327
période S849
période biologique B203

PÉRIODE D'INCUBATION

période d'incubation I104, L97
période de latence L97
période de Luciani-Wenckebach W57
période présphygmique P840
période puerpérale L358
période réfractaire R111
période réfractaire absolue A22
périodonte P334
périodontite P333
périodontite apicale A588
périodontite suppurée S1148
périonyx E387
périonyxis P173
périorbite P336
périorchite P337
périoste P342
périostite P343
périostose P341
périostose de Bamberger-Marie B43
périphlébite P349
périsigmoïdite P354
périsplénite P355
péristaltisme C815, M97, P356
péritendinite P357
périthéliome P359
périthélium P360
péritoine P363
péritomie C655
péritonéoscopie P362
péritonite P364
péritonite biliaire B173, C498
péritonite circonscrite C659
péritonite diffuse D204, G136
péritonite généralisée D204, G136
péritonite méconiale M138
péritonite périodique P328
péritonite périodique paroxystique bénigne B135
péritonite totale G136
périclyphlite P365
périvasculaire C661
périviscérite P367
perlèche A449, P368
perméabilité P371
perméabilité capillaire C64
péroné C25, P374
péronéen F139
peroral P376
peroxydase P377
persévération P379
persistance du canal artériel A563
personnalité P382
personnel S846
perspiration P384
perspiration sensible S331
perversion P390
perversion sexuelle S418, S423
pessaire P392

pessaire utérin U161
peste P563, P563
peste bubonique B523, G220
peste de cocar L419
peste pulmonaire P652
peste septicémique P394, S351
pesticide P395
petit bassin S578, T534
petit doigt L263
petit épiploon G101, L144
petit estomac de Pavlow P216
petit mal P399
petit pancréas L145
petit trochanter L146
petite circulation P1066
petite lèvre N263
petite opération M348
petite pustule P533
pétrissage K66, P401
pétrosite P403
phacomalacie P415
phacosclérose H32, P417
phagocyte C190, P419, S136
phagocytolyse P421
phagocytose P422
phagomanie P424
phalange P428
phalange unguéale U49
phalangectomie P426
phalangette P427, U49
phaloplastie P429
phantasme P430
pharmacie P434, P443
pharmacie de poche F159
pharmacie portative F159
pharmacie de voyage F159
pharmacien C410, D317, P435
pharmacochimie P432
pharmacodépendance D316
pharmacodynamie P436
pharmacogénétique P437
pharmacologie P438
pharmacomanie P439
pharmacopée P441
pharmacophobie P440
pharmacopsychiatrie P1039
pharmacothérapie P442
pharyngalgie P444
pharyngite S647
pharyngite granuleuse F231
pharynx buccal O188
phase D53, S849
phase génitale G153
phase de latence L49
phase lutéinique L349
phase orale O160
phase stationnaire S883
phénol C84
phénomène d'Arthus A688
phénomène de Strümpell T276
phénomène de Wedensky W49
phlébectomie V81
phlébite puerpérale P1060

phlébite variqueuse V33
phlébofibrose V90
phlébographie V91
phlébographie spinale V136
phlébolithe V79
phlébosclérose V90
phlegmasie S878
phlegmon gazeux G63
phlegmoneux P445
phlyctène P446
phobie P448
phocomélie P449
phonasthénie P450
phonation P451
phonendoscope P452
phoniatrie P453
phonocardiogramme P454
phonophobie P455
phonopsie C822
phonorécepteur P456
phosphatase P457
phosphatase acide A74
phosphatase alcaline A288
phosphate P458
phosphaturie P459
phosphonécrose P460
phosphorisme P462
phosphorylation P461
photisme P465
photocoagulation P467
photodermatite P468
photodermatose P469
photomètre P472
photoophthalmie F183
photophobie P473
photopsie C1093
photorécepteur P466
photosensibilisation P479
photothérapie L201, P480
phrénicectomie P482
phrénicotomie P486
phrénicotripsie P483
phrénocardie P488
phrénoplégie P489
phrénospasme P490
phrynodermie P491
phtiriase L322, P229
phtisiologie P492
phtisiothérapie P493
phylogenèse P494
phylogénie P494
physiologie P502
physiopathologie P210
physiothérapie P503
phytobézoard P504
phytoncide P505
pian B553, P507
pied F238, L114
pied d'athlète A782
pied bot C731, T26
pied bot varus équin E396
pied creux H404
pied équin T292

pied en griffe C681
pied de Madura F316, M19
pied plat F187, P596, S770
pied de tranchées T451
piedra P513
pie-mère P506
pigment P516
pigment biliaire C471
pigment visuel V208
pigmentation P520
pigments biliaires B175
pile de globules rouges R333
pilier antérieur du voile du palais G252
pilier du cœur P72
pilier de l'organe de Corti P526
pilier postérieur du voile du palais P755
pilier du voile du palais P527
pilule P525
pince C673, F244
pince coupante B356
pince hémostatique H238
pince à pansement P13
pince de Péan P217
pince à polypes fenêtrée F84
pince de Potts F84
pince à séquestre B356
pinéalome P536
pinocytose C282, P541
pinta C79, S826
pinto S826
pipette P544
piqûre B231, S843
pituicyte P547
pituitarisme P548
pityriasis P554
pivot S426
placebo P556
placenta A220, P557, S267
placenta accessoire S1086
placenta accreta A167
placenta chorio-allantoïdien C547
placenta fœtal F98
placenta incarcéré T438
placenta zonaire Z8
placentome malin P561
placode P562
plaie S646, W110
plaie contuse C1012
plaie déchirée L18
plaie par déchirure L18
plaie lacérée L18
plaie pénétrante P256, P277
plaie perforante P256, P277
plainte C879
plan auriculo-orbitaire E599
plan de Francfort E599, F275
plan orbito-auditif E599, F275
plan de Virchow E599
plante du pied P567, S620

plaque P193, P571, P590
plaque athérosclérotique A777
plaque dentaire D84
plaque équatoriale E390
plaque motrice E248
plaque neuro-musculaire E248
plaque pour l'ostéosynthèse B359
plaque de Pétri P400
plaque terminale E248, N90
plaques de Peyer P408
plaquette B307, P571, P592, T228
plasma P572
plasma sanguin B306
plasmine P577
plasminogène P578
plasmocyte P573
plasmolyse P580
plasmoptysis P581
platine S849
plâtre P582, P584
platybasie P595
platypodie F187, P596, S770
pléiotropie P597
pléocytose P598
pléomorphisme P601
pléthore H671, P602, R160
pléthysmographie P603
pleurectomie P610
pleurésie P611
pleurésie chronique fibreuse P10
pleurésie costale C1100
pleurésie diaphragmatique D171
pleurésie enkystée E187, S11
pleurésie exsudative W61
pleurésie interlobaire I410
pleurésie purulente P1119, P1154, S1149
pleurésie sèche A172
pleurésie sèche épidémique B131
pleurésie sérofibrineuse S367
pleurocentèse P613
pleurodynie P614
pleurodynie épidémique B370, D154
pleurolyse P615
pleuro-pariétopexie P616
pleuro-péricardite P618
pleuro-pneumonie P607
pleurotomie P620
plèvre P604
plèvre costale C1099
plèvre diaphragmatique D170
plèvre médiastinale M141
plèvre pariétale C1099, P166
plèvre viscérale P1074
plexite P621
plexite brachiale du nouveau-né B391

plexus P622
plexus d'Auerbach A833
plexus brachial B393
plexus cœliaque C275
plexus solaire C275, S616
pli F219, G366, S1110, W113
pli axillaire A893
pli fessier G269
pli vocal V228
plomb F148, L104
plomb permanent P369
plomb de la racine dentaire R325
plombage temporaire T95
pneumarthrose P628
pneumatose P632
pneumaturie P634
pneumobacille P636
pneumocholécystite E155, P637
pneumoconiose M94, P639
pneumocoque P638
pneumographie P643
pneumo-hémopéricarde P644
pneumo-hémothorax P645
pneumo-hydrothorax P646
pneumomélanose C741, P648
pneumomyélographie P649
pneumonectomie P650
pneumonie P651
pneumonie apicale A589
pneumonie blanche W79
pneumonie caséeuse C204
pneumonie centrale C304
pneumonie crupale C1216
pneumonie focale B501
pneumonie hypostatique H764
pneumonie interstitielle aiguë I441
pneumonie lipidique L226
pneumonie lipoïdique L226
pneumonie lobaire C1216, L273
pneumonie parenchymateuse P153
pneumonie post-opératoire P770
pneumopéricarde P656
pneumopéritoine P657
pneumopexie P655
pneumoradiographie P643
pneumorein P353
pneumorétropéritoine P659
pneumothorax P661
pneumothorax artificiel P514
pneumothorax extrapleural E578
pneumothorax ouvert O124, S1090
pneumothorax à soupape T118, V29
pneumothorax spontané S816
pneumothorax suffocant T118

PNEUMOTHORAX THÉRAPEUTIQUE

pneumothorax thérapeutique T167
poche R56
poche gingivale G209, P332
poche de Rathke R43
podagre G303
poids W53
poids du corps B345
poids spécifique S674
poïkilocyte P665
poïkilocytose P666
poïkilodermie P667
poïkilothymie P668
poil H6
poils auditifs A830
point douloureux T496
point de fixation T37
point de pénétration de l'infection I144
pointillage N92
pointillement N92
points cardinaux de l'œil C132
points correspondants C950
points principaux P865
poison P670
polarimètre P673
polioencéphalite P676
poliomyélite P677
poliose T478
poliovirus P678
pollaki(s)urie P679, T159
pollinose P682, S1117
pollution P683
pollution nocturne W59
polyadénite P685
polyartérite P686
polyarthrite H402, P687
polyarthrite aiguë infantile J36
polyblaste P689
polycholie P690
polychromasie P691
polychromatophilie P691
polyclinique C703, O272, P692
polycythémie E421, H581, P694
polycythémie relative R136
polydactylie P695
polydactylisme P695
polydipsie P696
polydipsie psychogène P1028
polyesthésie P698
polymastie H613, P703
polymorphe M457
polymorphie P704
polymorphisme P704
polymyalgie P705
polymyosite P706
polynévrite P708
polyopie P709
polyopsie P709
polype P710
polype choanal C455

polype fibreux F138
polype kystique C1340
polype myxomateux G125
polype rétronasal C455
polypectomie P711
polypeptide P712
polyphagie A85
polyplégie P713
polyploïdie P714
polypnée P715
polyposc P717
polysaccharide P719
polysérite P720
polysérosite P720
polysomie P722
polyspermie P723
polythélie P724
polytrichie P725
polytrichose P725
polyurie P726
pommade O57, U50
pomme d'Adam A126, T259
pompe à salive S34
pompe à sodium P785, S602
ponction P1099, T35
ponction exploratrice E548
ponction lombaire L333, S740
ponction sous-occipitale C1157
ponction sternale S932
ponction ventriculaire C1157
ponction-biopsie P1100
pont B454, B456, F274
pont intercellulaire B455
pore P733
porencéphalie P734
porokératose P737
porphyrie P738
porphyrie congénitale C941
porphyrie cutanée tardive V37
porphyrie érythropoïétique E439
porphyrine P739
porphyrinurie P740
porte-aiguille N49
porte-jambe L116
porteur de germes C189
portographie P746
position P749
post-action A222
posthite P760
postpuberté P774
posture P749
potentiel bioélectrique B198
potentiel de démarcation C1274
potentiel de lésion C1274
potentiel de membrane M208, T417
potentiel d'oxydo-réduction R90
potentiel redox R90
pou L321
pou du corps B340

pou du pubis C1132, P1051
pou de la tête H53
pouce P681, T244
pouls P1087
pouls alternant A314
pouls capillaire C67
pouls de Corrigan C1077, P545, T499, W32
pouls dicrote D191
pouls dur H36
pouls filiforme T215
pouls de Griesinger-Kussmaul G357
pouls intermittent I419
pouls de Kussmaul P96
pouls lent P591
pouls paradoxal P96
pouls précapillaire N5
pouls de Quincke Q14
pouls tendu C1044
pouls veineux V99
poumon L343
poumon cardiaque C118
poumon en rayon de miel H432
poumons urémiques U84
pourlèche P368
pourpre rétinien E441, V209
pourpre visuel V209
poussière auditive E5
pragmatamnésie P792
précancérose P794
précipitation P797
précordialgie P801
prédentine P803
prédisposition P805
prééclampsie P806
prématuré P818
prémaxillaire I411, P821
prémédication P822
première circonvolution frontale M84
première dentition F160
première enfance I134
premiers soins F158
prémolaire B156, P824
préparation P826, S678
préparations galéniques G17
prépuce F258, P830
presbyacousie P833
presbyophrénie P835
presbyopie O58, P836
presbytie O58
prescription P837
présénile P838
présénilité P839
présentation L185
présentation céphalique C319
présentation droite L310
présentation de la face F6, P940
présentation du front B515
présentation du pied F241

PSYCHOSE CHORÉIQUE

présentation du siège B451, P241
présentation de la tête H57
présentation transversale T432
présentation du vertex V139
préservatif C920
pression artérielle A651, B309
pression artérielle diastolique D184
pression artérielle pulmonaire P1075
pression intracrânienne I471
pression intraoculaire I476
pression osmotique O208
pression pulsatile P1091
pression systolique S1308
pression veineuse V98
pressorécepteur P841
priapisme P855
prise I392
proband P868
problème C879
procédé bimanuel C954
procédure P870
procès P871
processus P871
processus xiphoïde X21
proconvertine C1108, P872, S398
proctalgie P873, R65
proctectomie P874
proctite P875
proctocèle P876, R67
proctocolectomie P877
proctocolite P878
proctodynie P873, R65
proctologie P881
proctopérinéoplastie P882
proctopérinéorraphie P882
proctopexie P883
proctoplastie P884, R71
proctorragie P885
proctoscope P886
proctoscopie P887
proctosigmoïdectomie P888
proctosigmoïdoscopie P879
proctospasme P891
proctostase P892
proctotomie P893
prodrome A490, P895
produit obtenu par ponction P1095
proenzyme P897, Z24
proferment Z24
progéria P900
progérie P900
progestérone C1076, L348, P901
prognathie P902
prognathisme P902
prognose P903
prolactine G8, L40, P913
prolapsus P914

prolapsus du rectum R66
prolapsus utérin U162
prolifération P915
proline P919
prominence P871
promontoire P921
promyélocyte P922
pronateur P925
pronation P924
pronéphros F253, H52, P926
propagation P927
prophase P928
prophylaxie P931, S67
prophylaxie médicamenteuse C414
proportion de taille au poids du corps B346
propriorécepteur P935
propulsion P936
prosecteur P937
prosopoplégie B123, F12, P938
prospermie P941
prostaglandines P942
prostate P943
prostatectomie P944
prostatite P948
prostatolithe P949
prostatotomie P951
prostatovésiculectomie P952
prostration P956
protanomalie P957
protanopie P958, R86
protéase P959
protéide C959, P960
protéinase P962
protéine P960, S515
protéine de Bence-Jones B127
protéine étrangère F251, H316
protéinose lipoïdique L227
protéinurie P963
protéinurie lordotique L318
protéolyse P964
prothèse P953, P955
prothèse dentaire A699, D98
prothèse dentaire complète C887
prothèse dentaire fixe F172
prothèse dentaire mobile R144
prothèse dentaire totale F305
prothèse intercalée B454, B456, F274
prothèse oculaire O37
prothrombinase P969
prothrombine P967
prothrombinogène P970
protoplasma P972
protoxyde d'azote L101
protrusion P974
protubérance E145
prurigo estival de Hutchinson S1118
prurigo de Hebra H88

prurigo hivernal L334
prurit I565
prurit hivernal F300, W97
psammome A432, S62
psammothérapie P976, S61
pseudarthrose F28, P979
pseudo-agglutination P977
pseudo-albuminurie P775
pseudo-anémie F25, P978
pseudo-blepsie P1006
pseudo-cirrhose de Pick P510, P984
pseudo-coarctation aortique B529
pseudo-croup P986, S658
pseudo-démence P988
pseudo-goutte P991
pseudo-gueusie P989
pseudo-hermaphrodisme P992
pseudo-hermaphrodisme féminin F77
pseudo-ictère P994
pseudo-kyste A202, C1349, F26, P987
pseudo-mélanose P996
pseudo-membrane C1215
pseudo-métaplasie P999
pseudo-morve P990
pseudo-myopie P1001
pseudo-parasite P1003
pseudo-pélade de Brocq C626
pseudo-polype P1004
pseudorage A834, L419, P1007
pseudosmie P1010
pseudo-tabès P1011
psilose B33
psittacose P1013
psoriasis P1014
psoriasis serpigineux S387
psychalgie P1015, S649
psychanalyse A401
psychanalyste A402
psychanopsie P1016
psychasthénie P481, P1017
psychiatre P1019
psychiatrie P1020
psychiatrie légale L115
psychiatrie médico-légale F257
psychoanalyse P1025
psychocatharsis C236
psychodrame P1026
psychologie P1030
psychonévrose P1032
psychoparésie P1033
psychopathe P1034
psychopathie P1038
psychopathologie P1037
psychopharmacologie P1039
psychophysiologie P1040
psychose I204, P1042
psychose alcoolique A273
psychose choréique C542

PSYCHOSE HALLUCINATOIRE PARANOÏAQUE

psychose hallucinatoire paranoïaque D65
psychose hystérique H798
psychose idiophrénique O178
psychose induite I128
psychose de Korsakoff C599, K82, P707
psychose maniaque-dépressive A215, C650, I418, M69, P329
psychose organique C358, O178
psychose polynévritique C599
psychose présénile I505
psychose puerpérale P771, P1058
psychose toxique T352
psychose-polynévrite K82, P707
psychothérapeutique P1043
psychothérapie P1043
ptérygion W46
ptomaïne P1045
ptomatine P1045
ptose P1046
ptosis B271
ptyalisme H647, P1047
puberté P1048
pubiotomie P1053
puce pénétrante S58
puérilisme P1056
puerpéralité L358
puissance sexuelle P786
pulpe P1082
pulpe dentaire D91
pulpite P1084
pulsation P1086, T224
punctate P1095
pupille P1102
pupillographie P1105
pupillomètre P1106
pupilloscopie P1107
purgatif E487, P1109
purgation C236
purge P1109
purine P1110
purpura P1113
purpura de Schoenlein-Henoch A121, H227
purpura thrombocytopénique P397, T230
purpura thrombocytopénique thrombotique T241
purpura thrombopénique T230
purulence P1116
pus P1120
pus ichoreux I3
pustule P533, P1122
pustulose vaccinale aiguë K4
pustulose varioliforme K4
putréfaction D29, P1123
putrescence P1123
pycnose P1137

pyélectasie N64, P1126
pyélite P1127
pyélocystite P1128
pyélographie P1129
pyélolithotomie P1130
pyélonéphrite P1131
pyélonéphrite purulente S1180
pyéloplication P1132
pyélostomie P1133
pyélotomie P1134
pyémie B308, P1135
pyléphlébectasie P1138
pyléphlébite P743, P1139
pylore P1143
pyloroplastie P1142
pyodermie P1144
pyodermite P1144
pyohémothorax P1147
pyomètre P1148
pyométrie P1148
pyopéricarde E159, P1149
pyopéricardite E159
pyopéritonite P1150
pyopneumothorax P1151
pyorrhée P1152
pyorrhée alvéolaire S1148
pyosalpinx P1121, P1153
pyothorax P1154
pyramide P1155
pyramide de l'os temporal P404
pyrexie P1159
pyridoxine P1160
pyrogène P1161
pyromanie P1162
pyrosis B439, C129, G78, H73, P1163
pyrothérapie F105
pyurie P1165

Q

quadriplégie P63, Q6
quarantaine Q8
quatrième maladie F144
quatrième maladie vénérienne F266, V84
quatrième ventricule F267
quérulent Q10
quotient albumineux du sérum A269
quotient calorique C32
quotient respiratoire R186

R

rachis B5
rachischisis S804
rachitisme J34, R289

rachitisme rénal P1008, R149
rachitomie R5
racine R324
racine antérieure du nerf rachidien V104
racine du nez B454
radiation R11
radiations optiques de Gratiolet G149
radiculite R17, R18
radioactivité R19
radiochirurgie R33
radiocinématographie C644, R22
radiodermite R23
radiogramme R311
radiographie R24, R312, S553
radiographie en série S360
radio-isotope R25
radiologie R27, R313
radiologiste R26
radiologue R26
radiomètre R28
radiométrie R314
radiomimétique R29
radiopathologie R30
radiorésistance R31
radioscopie R315, S214
radiosensibilité R32
radiothérapie R34, R316
radiothérapie de contact B403
rage R3
rage paralytique S1115
rajeunissement R132
râles R35
râles crépitants C1177
râles humides M369
râles secs D323
râles sibilants S477, W70
râles vésiculaires V150
ramollissement cérébral E176
ranule F289, S468, S1060
raphé R38
raptus R39
raspatoire R41
rate S771
rate accessoire A37
rate lardacée L71, W44
rate sagou S29
rate supplémentaire L187, S793
rayon R44
rayonnement R310
rayonnement bêta B143
rayonnement dur H37
rayonnement ultraviolet U29
rayons alpha A310
rayons bêta B143
rayons de Bucky B368, G356
rayons cosmiques C1096
rayons gamma G38
rayons infrarouges I166
rayons à ondes longues S608

REMÈDE PATENTÉ

rayons-limites B368, G356
réaction R48, R190
réaction d'alarme A262
réaction de catastrophe de K.Goldstein C229
réaction consensuelle à la lumière C969
réaction de Coombs C1028
réaction croiseé C1210
réaction de fixation du complément C882
réaction de fixation du complément au sérum S395
réaction hémiopique de Wernicke H168
réaction immunitaire I51
réaction irréversible I528
réaction leucémoïde L156
réaction de Mantoux M75
réaction psychogalvanique P1027
réaction secondaire A739
réaction sérique S399, S401
réaction sérologique S399
réaction de Wassermann W27
réactivation R50
réactivité R51
réanimation R192
récalcification R52
récepteur R55
récepteur adrénergique A195
récepteur cholinergique C515
récessus R56
récessus épitympanique E384
récidive R84
récipient R59
récipient du transplant H461
réclinaison de la cataracte C1112, R62
reconvalescence R83
reconvalescent C1017
rectalgie R65
rectocèle R67
rectocolite R68
rectopérinéorraphie R69
rectopexie P883, R70
rectoplastie G371
rectoscope R72
rectoscopie P887, R73
recto-sigmoïde R74
recto-sigmoïdectomie R75
recto-sigmoïdite P889
recto-sigmoïdoscope S499
rectostomie R76
rectotomie R77
rectum R82
réduction R94
réduplication R95
réflecteur R102
réflexe R103
réflexe d'accommodation A41, N36
réflexe achiléen A54

réflexe acquis A91
réflexe auriculo-palpébral C764
réflexe auro-palpébral S871
réflexe de von Bechterew-Mendel B107
réflexe bulbo-caverneux B541, P259, V180
réflexe de clignement C637, E598, W96
réflexe de clignotement W96
réflexe cochléo-palpébral C764, S871
réflexe cochléo-pupillaire C765
réflexe conditionné C917
réflexe conditionnel C917
réflexe cornéen L184
réflexe crémastérien C1173
réflexe cutané C1288, S557
réflexe de défense D42
réflexe de déglutition S1195
réflexe entérogastrique E268
réflexe d'étirement S1002
réflexe hypocondrique H697
réflexe idéomoteur I14
réflexe inconditionné I84, U42
réflexe inconditionnel I84
réflexe labyrinthique L14
réflexe laryngé L74
réflexe mandibulaire C441, J8
réflexe de Mendel-Bechterev M216
réflexe de Moro S871
réflexe myotatique M568, S1002
réflexe oculo-cardiaque O39
réflexe d'orientation I502, O183
réflexe oto-pupillaire C765
réflexe paradoxal I501, P97
réflexe patellaire K71, Q5
réflexe périosté F295, P339
réflexe pilomoteur P531
réflexe plantaire P568, S621
réflexe postural S879
réflexe de posture P782
réflexe de préhension G337
réflexe proprioceptif P933
réflexe psycho-galvanique G26
réflexe pupillaire P1104
réflexe quadricipital Q5
réflexe radial R10, S1139
réflexe du rebord costal C1098
réflexe rotulien P195, Q5
réflexe scapulaire S118
réflexe scapulo-huméral S121
réflexe statique A820, S879
réflexe statocinétique S886
réflexe sus-orbitaire S1157
réflexe tarso-phalangien B107, M216
réflexe tendineux J15, T108

réflexe du tendon d'Achille A54
réflexe tricipital E71, T461
réflexe ulnaire U14
réflexe vasculaire V61
réflexe vestibulo-spinal V160
réflexe viscéral V195
réflexe viscéro-moteur V197
réflexe viscéro-sensitif de Mackensie V199
réflexothérapie R107
reflux R108
reflux hépato-jugulaire H270
réfraction R109
réfractomètre R110
refroidissement C777
refroidissement du cadavre C436
régénération R113
régime R114
régime alimentaire A164, D194
régime équilibré B27, E108
régime inadéquat I81
régime de restriction en sel L324
région R115
région épigastrique E346
région inguinale I175
région interscapulaire I436
région lombaire L306
région précordiale P799
régression R121
régulation des naissances B224
régurgitation R124
réhabilitation R125
réhydratation R126
rein K51
rein amyloïde A379
rein artificiel A701, H191
rein cardiaque C1301
rein contracté C629, C1000, S461
rein en fer de cheval F328, H452
rein flottant F203, M433, N79, W13
rein kystique C1328
rein lardacé W42
rein mobile M433, N79
rein polykystique P693
rein de stase C1301
réinfection R127
réinfection tuberculeuse R128
réinnervation R130
rejet de greffe R131
relargage S54
relaxant R137
relaxation R138
remède R141
remède antihelminthique H102
remède cytotoxique C1379
remède hypotensif H768
remède patenté P198

693

RÉMISSION

rémission R142
renforcement R129
reniflement S597
rénine R153
rénographie N70, R154
rénopathie R155
réovirus R156
repas d'épreuve T132
repas fictif S431
repellent R157
repolarisation R162
réponse R190
reposition R163
répresseur R164
reprise inspiratoire W85
reproduction P927, R165
reproduction agame A723
reproduction asexuée A723
reproduction asexuelle A723
reproduction sexuée S424
reproduction végétative S632
réseau N98
réseau vasculaire V46
résection R166
résection en bloc E166
résection de l'épiploon E368
résection étendue E554
résection scrotale S225
réservoir P730
résistance F44, R172
résistance à l'expiration E545
résistance aux médicaments D320
résistance périphérique totale T344
résistance pulmonaire P1076
résolution R173
résonance R174
résonance nucléaire magnétique N225
résorption A25, R175
résorption osseuse B360
respirateur R178
respiration B446, R176
respiration abdominale A10, D168
respiration amphorique A371, B485
respiration artificielle bouche-à-bouche K63, O161
respiration artificielle de bouche à bouche M430
respiration artificielle de bouche à nez M431
respiration de Biot B212
respiration bronchique B471, T571
respiration buccale M427
respiration cellulaire C286
respiration de Cheyne-Stokes C424, T284
respiration contrôlée C1011
respiration costale C1101

respiration diaphragmatique D168
respiration externe E562
respiration intermittente C424
respiration périodique C424, T284
respiration sous pression positive P750
respiration pulmonaire V100
respiration pulmonaire artificielle A703
respiration saccadée C774
respiration stertoreuse S942
respiration syncopale C774, J18
respiration thoracique T210
respiration tissulaire I425, T295
respiration tubaire T571
restitution S1077
rétablir R63
rétablissement R64, R83
retardation R195
retardation mentale M239
réteneur R194
rétention R196
rétention placentaire R193
réticuline R204
réticulocyte R205, S545
réticulo-endothéliose R207, R208
réticulosarcome R209
réticulose R208
réticulose cutanée lipomélanique L245
réticulum endoplasmatique agranulaire S588
réticulum endoplasmique E233, R332
réticulum endoplasmique granulaire G313
réticulum granulaire R332
réticulum sarcoplasmique S93
rétine R211
rétinite R213
rétinite circinée C647
rétinite pigmentaire T130
rétinite solaire P478, S617
rétinoblastome R214
rétinochoroïdite R216
rétinomalacie R217
rétinopapillite R218
rétinopathie R219
rétinopathie angiospastique H657
rétinopathie gravidique G342
rétinopathie hypertonique H657
rétinopathie leucémique L155
rétinopathie pigmentaire P518, T130
rétinopathie séreuse centrale C305

rétinoscopie R220
rétracteur R224
rétraction R222
rétrécissement de l'œsophage E457
rétroaction F72
rétroflexion R226
rétromandibulaire R230
rétropulsion R234
rétroversion R237
revaccination R239
revascularisation R240
rêve terrifiant N167
réveil postanesthésique R64
réversion R242
révulsion R243
rhabdomyome R244
rhabdomyome granulocellulaire G312
rhabdomyosarcome R245
rhagade R246
rhéobase R247
rhéologie du sang H228
rhéométrie R248
rhinencéphalon R256
rhinite C1094, R258
rhinite atrophique A812
rhinite spasmodique V54
rhinite vasomotrice V54
rhinolalie R260
rhinolithe N19, R261
rhinopharyngite R262
rhinopharyngite chronique P767
rhinopharynx E359, N28, R263
rhinophonie R260
rhinophyma H23, R265, T326
rhinoplastie R266
rhinorrhée R267
rhinoscopie R268
rhinosporidiose R269
rhinosténose R270
rhinovirus R271
rhizotomie R272
rhodopsine E441, R273
rhombencéphale H357, R274
rhonchus R276
rhumatisme R253
rhumatisme articulaire aigu A114, B381
rhumatologiste R255
rhume banal C777
rhume de cerveau S597
rhume des foins A882
rhytidectomie R278
rhytidose R279
rhytme pendulaire T282
riboflavine L39, R283
ribonucléase R284
ribose R286
ribosome R287
rickettsies R290

rickettsiose R291
rickettsiose à tiques T280
rickettsiose varicelliforme K50
ride W113
rigidité R296, S664
rigidité cadavérique C10, P764
rigidité spasmodique congénitale des membres S662
rinçage M432
rire sardonique C52, S94
rire spasmodique C6
rœntgénogramme R311
rœntgénographie R312
rœntgenthérapie R316
ronflement S595
rosacée R326
roséole M15, R328
roséole épidémique E319
roséole syphilitique E419
rotule K68, P194, W69
rougeole M128
rubéole E319, G173, R337
rubéole scarlatiniforme F144, S128
rudiment R339
rugosité R341
rupia R347
rupture R348
rupture de la cornée K37
rythme R277
rythme atrio-ventriculaire A809
rythme aurico-ventriculaire N184
rythme auriculo-ventriculaire A809
rythme bigéminé C1119
rythme circadien C646
rythme ectopique E33
rythme fœtal E128, P253
rythme de galop C58
rythme idioventriculaire I19, V110
rythme nodal A809, N184
rythme pendulaire F99
rythme quadrigéminé T392
rythme à quatre temps Q7
rythme réciproque R60
rythme sinusal S533
rythme trigéminé T494

S

sable cérébral A45, B427
sac S2
sac herniaire H298
sac lacrymal L23, T64
sac vitellin U36, Y15
saccharase S4
saccharide S5
saccharimètre S6
saccharomycose S7
saccharose S8
saccule S12
saccule alvéolaire A320
sacralgie S14
sacralisation S15
sacrodynie S14
sacro-iléite S20
sacrum S21
sactosalpinx S22
sadisme S27
sadomasochisme S28
sage-femme M318
saignée B255
sain H68, S650
salade des mots W107
saliurie S56
salive S33, S763
salle W20
salle de réception des malades R53
salmonellose S39
salpingectomie S40, T553
salpingite S41
salpingite kystique S22
salpingographie S43
salpingo-ovarite A182, S44
salpingoscopie S45
salpingostomie S46
saltation S48
s'améliorer I78
sanatorium S57
sang B287
de sang B324
sang défibriné D47
sang laqué L50
sang occulte O29
sangsue L111
sanguin B324
sanguinolent B324
sans cheveux H11
santé H66
santé d'esprit M238
santé mentale M238, S69
santé publique P1054
saphisme S75
saponification S73
saponine S74
saprophyte S77
sarcine S78
sarcoadénome A157
sarcoblaste S80
sarcocèle S82
sarcoïde S86
sarcoïdose B347, S87
sarcolemme S88
sarcome S89
sarcome botryoïde B373, E125
sarcome à cellules rondes R334
sarcome chondroblastique C535
sarcome encéphaloïde E175
sarcome d'Ewing E495
sarcome fasciculé F41, S745
sarcome globocellulaire E175, R334
sarcome myélogène G187
sarcome ostéoclastique G188
sarcome ostéogénique O231
sarcome de Rous R336
sarcome synovial S1271
sarcomère S91
sarcoplasma S92
sarcoplasme S92
sarcosporidiose S83
saturation S96
saturation du sang en oxygène A206
saturnisme P625, S99
satyriasis S100
sauriasis C1195, S101
savon S598
scabies A32
scalp S110
scalpel K72, S112
scalpement S111
scanning S113
scaphocéphalie S116
scarificateur S126
scarification S124
scarlatine S127
scatémie S132
scatologie S133
scatome S134
scatophagie C1034, S135
schindylèse S140
schistocyte S142
schistosome S143
schistosomiase B176, S145
schistosomiase japonaise K18
schistosomiase urogénitale E57
schizocyte S142
schizogonie S147
schizonte S148
schizonticide S149
schizontocide S149
schizonychie S150
schizophasie S151
schizophrénie S152
schizophrénie héboïde H87
schizophrénie paranoïde P117
schizotrichie S153
schwannome S159
scie S103
scintigramme S163
scintillation S165
scintiphotographie S166
scissure F163, G366, S170
scissure calcarine C17
scissure latérale F165
scissure de Sylvius F165
scissurite I410
scléradénite S172
sclère S171
sclérectasie C1014, S175

SCLÉRECTOMIE

sclérectomie S176
sclérème S178
sclérite S180, S193
sclérodactylie S182
sclérodermie S183, S556
sclérodermie circonscrite C660, M403
sclérodermie généralisée H349, P911
sclérodermie progressive P911
sclérœdème S177
scléromalacie S184
scléronychie S185
scléroplastie S186
scléroprotéide S187
scléroprotéine S187
sclérose S191
sclérose cérébrale E182
sclérose combinée de la moelle C855
sclérose des corps caverneux F136
sclérose disséminée D260
sclérose familiale centrolobaire P231
sclérose latérale amyotrophique A384
sclérose lobaire L274
sclérose maligne de Fahr M43
sclérose multiple M465
sclérose tubéreuse E355, T566
sclérotique S171, W78
sclérotome S194
sclérotomie S195
scolex S196
scoliose S198
scoliosomètre S197
scopophilie S201, V247
scorbut S234
scotome S205
scotome absolu B282
scotome annulaire R300
scotome scintillant S164
scotomètre S206
scotométrie S207
scotophobie S208
screening M99, S214
scrofule S217
scrofuloderme S218
scrofulophyma S219
scrofulose S217
scrotoplastie S228
scrotum S229
sébocystomatose S246
sébolithe S247
séborrhée H653, S248, U67
sébum S249
se consolider C972
secret médical M149
sécrétagogue S261
sécrétine S262
sécrétion D241, S263
secrets S263

section S265, S265
section transversale C1211
sédatif S269
sédation S268
sédiment S270
sédimentation S272
se gargariser G55
segment S275
segment du foie H259
segment du poumon B503
segment de Ranvier I428
ségrégation S279
sélection S283
selle turcique T581
selles S974
selles riziformes R288
semi-décussation S296
séminome S307
sémiologie S292
sémiotique S292, S1234
sénescence S311
sénilisme S322
sénilité S323
sens F74, S324, S325, S329
sens cutané D120
sens de l'espace S654
sens statique S326
sensation F74, S324
sensation référée T404
sensation réflexe T404
sensations de fantôme S1030
sensibilisation S333
sensibilisatrice S335
sensibilité S329, S332
sensibilité proprioceptive P934
sensibilité tactile T18
sensibilité thermique T182
sensibilité vibratoire B362, V166
sensibilité viscérale S405, S764, T194
séparateur S280, S345
séparé D243
septicémie B308, H140, S346, S350
septicémie cryptogénétique C1238
septicémie puerpérale P1057
septicopyémie S352
septum S353
séquelle S354
séquestration S355
séquestration pulmonaire B504
séquestre S357
séquestrectomie S356
séquestrotomie S356
séreuse S371
séreux S376
sérine S361
seringue à jeter D256
seringue à usage unique D256
sériographe S362
sérique S376

Serment d'Hippocrate H365
sérodiagnostic S366
sérologie S369
sérosite S372
sérothérapie S374
sérotonine S375
serratiose S390
sérum S392
sérum antibotulique B376
sérum antigangréneux G61
sérum antitoxique A542
sérum hétérologue F252
sérum immun I52
sérum polyvalent P727
sérum sanguin B312
sérum-hépatite S397
service de thérapie intensive I394
service d'urgence E140
seuil T218
seuil achromatique A61
seuil différentiel D201
seuil de discrimination D201
seuil rénal R152
seuil de sensation S959
seuil visuel L200, T219, V210
sexe S407
sexologie S416
shunt B557, S462
sialadénite S463
sialagogue S464
sialisme S465
sialoadénectomie S466
sialodochite S469
sialodochoplastie S470
sialographie S472
sialolithe S35
sialolithiase S473
sialorrhée H647
sidéroblaste S486
sidérocyte S487
sidérodromophobie S488
sidéropénie S489
sidérose S492
sidérosilicose S491
sigmoïdite S497
sigmoïdoproctostomie S498
sigmoïdoscopie S500
sigmoïdostomie S501
signe C394, S503, S1229
signe accessoire A36
signe d'Argyll Robertson A634
signe du garrot L198
signe de Koplik C858
signe d'Oliver-Cardarelli T373
signe de Quincke C67, Q14
signe de Romberg R320, S881
signe du tortillon L198
signe de la trachée T373
silicatose S508
silicose C387, S508
silicotuberculose S509
sillon F163, G366, S1110

SPLÉNOGRAPHIE

sillon central R319
sillon central de l'insula F164
sillon de la gale C1259
sillon gingival G206
sillon de l'hippocampe D92, H363
sillon pariéto-occipital P167
simulateur M44
simulation S517
sinapisme M490
sinistralité M62
sinistroversion S523
sinus S529
sinus accessoire nasal A35
sinus de l'aorte A564
sinus carotidien C180
sinus coronaire C1069
sinus costo-diaphragmatique P484
sinus de la dure-mère C351
sinus galactophore L34
sinus longitudinal L311
sinus maxillaire G163, H355
sinus nasal A252
sinus pétreux P407
sinus pilonidal P532
sinus sphénoïdal S702
sinus sphéno-pariétal S704
sinus sygmoïde S496
sinus de Valsalva A564
sinusite S534
sinusite frontale F292
sinusite maxillaire M124
sinusographie S527
sirénomélie S535
sirop S536
sitomanie S540
sitophobie S541
sitothérapie S542
skeptophylaxie S552
skiagraphie S553
skiascopie P1107, R220, S554
smegma S581
smog S584
sodoku R42, S603
sodomie S604, Z12
soif T206
soins T444
soins donnés aux enfants N246
soins donnés au malade N246
solanine S613
solubilité S627
solution isotonique N202
solution physiologique salée P499
solution tampon B533
soma S629
somasthénie S630
somatisation S633
somatomégalie S634
somatopsychose S635
somatotrophine S636
somatotropine G373

somite S637
sommation des excitations réflexes S1116
sommeil S561
sommeil hypnotique H680
sommeil paradoxal P98
somnambulisme N170, S639
somniloquisme S640
somnolence S563
son S650
son de la percussion P274, R174
son pulmonal V151
son tympanique B389, T592
sonde P869, S650
sonde gastrique de Kussmal S967
sonde de Nélaton G367
sopor S643
sorbite S644
sorbitol S644
sorbose S645
souche S981
souffle M474, S648
souffle diastolique D183
souffle extracardiaque E526
souffle fonctionnel F310, I199
souffle funiculaire U35
souffle holosystolique H408
souffle mésodiastolique M310
souffle organique O177
souffle pansystolique P64
souffle pleuro-péricardique P617
souffle présystolique L93, P847
souffle protodiastolique E8
souffle systolique S1307
souffle systolo-diastolique C996
souffle veineux V95
soupir S494
sourcil E596, S1123
sourd D20
sourd-muet D21, S1169
souris articulaire C194, J21, L314
sous-alimentation H685
sous-maxillite S1067
sparganose S655
spasme C1135, S656, S656
spasme carpo-pédal C187
spasme clonique C713
spasme facial M338, P939
spasme infantile S32
spasme nictitant S32
spasme oculogyre O42
spasme de Salaam S32
spasme saltatoire S50
spasme tonique T311
spasme de torsion T334
spasmolytique A537, S660
spatule S666

spécialisation S669
spécialité S670
spécificité S677
spécimen S678
spectrocolorimètre S680
spectrophobie S681
spéculum S682
spéculum vaginal V13
spéléostomie S684
spéléotomie S684
spermatide S688
spermatocèle S689, S690
spermatocystite S691
spermatocyte S692
spermatocyte de deuxième ordre S258
spermatogenèse S693
spermatopoïèse S693
spermatorrhée S694
spermatozoïde S695
spermaturie S294, S696
sperme S293
spermophlébectasie S698
sphénocéphalie S701
sphénoïdite S703
sphérocyte S709
sphérocytose héréditaire H292
sphérophakie S712
sphincter S714
sphincter de Nelaton N53
sphinctérectomie S715
sphinctérite S716
sphinctéroplastie S717
sphinctérotomie S718
sphingolipidose S719
sphingomyéline S720
sphingomyélinose N165, S721
sphygmogramme P1088
sphygmographe S722
sphygmographie S723
sphygmomanomètre S724
spicule S726
spike S731
spirale H100
spirille S754
spirochète S757
spirochétose S758
spirogramme S759
spirographe S760
spiromètre S761
spirométrie S762
splanchnectomie S765
splanchnologie S766
splanchnomégalie S767, V196
splanchnoptose G227, S768, V198
splénalgie S773
splénectomie L188, S774
splénisation S783
splénite L189, S782
splénocyte S784
splénocytome S772
splénographie L190, S786

SPLÉNOHÉPATOMÉGALIE

splénohépatomégalie S776
splénome S772
splénomégalie M177, S788
splénopexie S789, S792
splénopneumonie S790
splénoportographie S779
splénorrhaphie S792
splénosclérose S787
spondylarthrite S797
spondylarthrite ankylosante A469, B108, M85, S1027
spondylite S798
spondylolisthésis S799
spondylolyse S801
spondylopathie S802
spondylose S805
spondylotomie S806
spongioblaste S808
spongioblastome S809
spongiocyte S810
spongiose S811
sporadique S819
spore S820
sporocyste S821
sporogonie S822
sporotrichose S823
sporozoïte S824
sprue S831
squelette S548
squirrhe C602, F135, S167
stade D53, S849
stapédectomie S859
staphylectomie S861, S869
staphylite S863
staphylodermie S865
staphylœdème S862
staphylome S866
staphylome antérieur C1055
staphylome ciliaire C639
staphylome cornéen C1055
staphylome scléral S174
staphylome uvéal U169
staphyloplastie S867
staphylorraphie S868
staphylotomie S869, U175
stase S874
stase papillaire C457
stase sanguine S851
stasobasophobie S873
station balnéaire H67
station climatique H67
station thermale H67
statoconie S885
statoconies E5
stauroplégie S889
stéatocystomes S246
stéatome S892, W56
stéatonécrose F51, S894
stéatopygie S895
stéatorrhée F56, S240, S896
stéatose F54, S248
stellectomie S902
sténocardie H80, S905

sténose S907
sténose aortique A565
sténose du canal de Sténon S908
sténose mitrale M359
sténose pulmonaire P1077
sténose tricuspidienne T489
steppage C1204, E394, H356, S910
stercobiline S911
stercobilinogène S912
stercorémie S132
stéréoagnosie S915
stéréoencéphalométrie S916
stéréoencephalotomie S917
stéréognosie S918
stéréoophtalmoscope S919
stéréoradiographie S922
stéréoscope S923
stéréotaxie S926
stéréotypie S927
stérile B59
stérilisateur S931
stérilisation S930
stérilité B60, I151, S929
stérilité chez la femme A788
sternotomie S935
sternum B442, S936
sternutatoire S594
stéroïde S939
stérol S941
stertor S942
stéthoscope S944
stibialisme S947
stigmate S950
stigmate de dégénérescence S951
stimulateur S955
stimulateur cardiaque A702, E75
stimulation S956
stimulus S958
stimulus conditionnel C918
stimulus liminaire L206, T220
stimulus liminal L206, T220
stimulus de parole S960
stimulus subliminal S1081
stoma S963
stomatalgie S968
stomatite S969
stomatite angulaire A449
stomatite aphteuse F239
stomatite crémeuse M507, T243, W77
stomatite gangréneuse C54
stomatite nécrotique C54
stomatite vésiculaire V153
stomatodynie S968
stomatologie S971
Stopfer P624
strabisme H335, S977
strabisme accommodatif A42

strabisme convergent C1019, C1206, E462, I426
strabisme déorsumvergent H778
strabisme divergent D280, W6
strabisme monoculaire M384
strabisme monolatéral U54
strabisme sursumvergent H666
strabisme unilatéral U54
strabomètre S976
strangulation S984
stratigraphie S987
streptococcémie S994
streptocoque S995
streptodermie S996
streptokinase S997
streptolysine S998
streptothricose N178, S1000
stress S1001
striatum S1004
stricture S1009
stricturotomie S1010
stridor S1011
stries médullaires M160
strobile S1013
stroboscope S1014
stroma F274, S1017
stroma réticulaire L377
stromatolyse S1019
strongyloïdose S1021
strophulus S1022
strume G289, S1024
strumectomie S1025
strumite S1026
stupéfiant N15
stupeur S1031
stupeur catatonique A259
subalimentation U47
subconscience S1058
subglossite diphtéroïde R293
sublimation S1057
subluxation P995, S1063
subluxation du cristallin P416
substance blanche W81
substance colorante S852
substance de contraste C1008
substance grise G347
substitution S1077
suc J26, S1087
suc gastrique G76, J26
succion S1091
succussion S1088
succussion hippocratique H366
sucre S1102
sucre de lait M335
sudation S1092
sudation profuse S1095
suette miliaire C1246
sueur S1196
suffocation S1100
suffusion B518, S1107
suggestibilité S1104
suggestion S1105

suggestion post-hypnotique P762
suicide S1108
suicidé S1108
sulfatase S1111
sulfhémoglobine S1114
sulfhydryle S1113
super-ego S1124
superexcitation S1125
superinvolution d'utérus S1129
supinateur S1138
supination S1137
support de jambes L116
suppositoire S1142
suppression S1143
suppuration F95, S1144
suprachoroïde S1151
suralimentation H561, S1136
surdité D22, S1168
surdité centrale C346
surdité cérumineuse C368
surdité de conduction C925
surdité labyrinthienne L12
surdité musicale S338
surdité de perception S337
surdité psychique P1022
surdité de transmission C925
surdité verbale W106
surface S1171
surface du corps B342
surface de la section S265
surmenage O288
surveillance d'un malade P214
survie S1182
susceptibilité S1184
suspension S1186
suspensoir S1188
suturation S1193
suture R38, S962, S1193
suture en bourse P1115
suture continue C997
suture coronale C1062
suture du crâne C864
suture lambdoïde L51
suture à points de matelassier M116, Q12
suture à points séparés I435
suture par transfixion T407
sycose lupoïde L345
sycosis B49, S1205
sycosis habituel C603
symbionte S1208
symbiose S1209
symblépharone S1211
symbolophobie S1212
sympathectomie S1215
sympathectomie périartérielle H390, P284
sympathicotonie S1219
sympathicotripsie S1220
sympathoblastome S1222
sympathogoniome S1222
sympatholytique S1223

sympathomimétique S1224
symphalangie S1225
symphyse A168, S1227
symphyse péricardique C126
symphyse pubienne P1052
symphyséotomie S1226
symplaste S1228
sympodie S535
symptomatologie S1234
symptôme C394, S1229
symptôme d'abstinence W101
symptôme concomitant C911
symptôme objectif O3
symptôme pathognomonique P203
symptôme subjectif S1056
sympus S1235
synalgie S1236
synapse S1237
synapse axo-axonale A896
synapse axodendritique A897
synapse axosomatique A900, P302
synapse myoneurale M557
synarthrose S1240
synchéilie S1241
synchondrose C196, S1242
syncinésie S1264
syncope F18, S1243
syncope laryngée C1114, L75
syncope orthostatique P783
syncope vaso-vagotonique C181
syncytium S1244
syndactylie S1225, S1245, Z20
syndactylie des mains W47
syndactylie des pieds W48
syndesmite S1246
syndesmoplastie S1247
syndesmorraphie S1248
syndesmose S1249
syndrome S1250
syndrome d'abstinence A27
syndrome d'Adams-Morgagni-Stokes A127
syndrome adrénogénital A193
syndrome de l'arc aortique P1090, R241
syndrome auriculo-temporal A844, G392
syndrome de Banti H272
syndrome bantien B48
syndrome de Behçet B120, O38
syndrome des béquillards C1226
syndrome de Björk B237
syndrome de Burnett M328
syndrome du canal carpien C185
syndrome carcinoïde C94
syndrome de carence saline L325

syndrome catatonique C230
syndrome de chasse D328, J10
syndrome chiasmatique C426
syndrome du côlon irritable I531
syndrome du corps de Lewis H152
syndrome de Costen T99
syndrome du «cri du chat» C231
syndrome dépressif D113
syndrome de Down D304
syndrome de Dubin-Johnson D324
syndrome d'écrasement C1222
syndrome épaule-main S459
syndrome d'excitation précoce des ventricules P807
syndrome de Fanconi C939
syndrome de Franklin F276
syndrome de Ganser S1251
syndrome de Gardner G54
syndrome de Gasser H206
syndrome gastro-cardiaque G85
syndrome général d'adaptation G132
syndrome de Gerlier G171
syndrome de Gorham G301
syndrome de Gougerot-Houwer-Sjögren S478
syndrome de Gregg O34
syndrome de Heerfordt H93, U171
syndrome hémolytique et urémique H206
syndrome hépato-rénal H279
syndrome de l'homme raide S948
syndrome de Horton H454
syndrome de Hunt G148
syndrome hydralazinique H501
syndrome hypercinétique H610
syndrome hypogonadotropique H724
syndrome d'immunodéficience acquis A89
syndrome d'immunodépression acquis A89
syndrome de Kimmelstiel-Wilson K52
syndrome Klinefelter-Reifenstein-Albright S306
syndrome de Klippel-Trenaunay C940
syndrome de Korsakoff A357
syndrome du lait et des alcalins M328
syndrome de Lejeune C231
syndrome de Leriche A569
syndrome de Lermoyez L11
syndrome de Libman-Sacks A822

SYNDROME DU LOBE MÉDIAL

syndrome du lobe médial M313
syndrome de Lowe O40
syndrome macrofolliculaire de Brill-Symmers F228, G191
syndrome de Marchesani S713
syndrome de Marie-Bamberger H663
syndrome de Maroteaux-Lamy P697
syndrome de Ménière E220, L15, M217
syndrome de Meulengracht F32
syndrome de Meyer-Schwickerath O41
syndrome de Morvan F110
syndrome oculo-cérébro-rénal O40
syndrome oculo-dentodigital O41
syndrome d'Ormond I17
syndrome d'Osler-Rendu H291
syndrome de la perte du sel S51
syndrome de Pickwick P511
syndrome de post-cholécystectomie P752
syndrome de post-commissurotomie P753
syndrome de post-gastrectomie P758
syndrome post-infarctus du myocarde P766
syndrome prémenstruel P823
syndrome du prolapsus des valvules mitrales F206
syndrome radiculaire R16
syndrome du restaurant chinois C440
syndrome de la rétraction du bulbe oculaire R223
syndrome rigide S948
syndrome de Riley-Day F31, R297
syndrome du scalène antérieur S108
syndrome de Senear-Usher S310
syndrome de Stein-Leventhal S181
syndrome de Stevens-Johnson S945
syndrome de Sturge-Weber-Krabbe C331
syndrome de Takayashu A559, P1090, R241, C22
syndrome thalamique T154
syndrome de Whipple I454
syndrome de Wolff-Parkinson-White P807
synéchie S1252
synéchiotome S1253

synéchotomie S1254
synergie S1258
synergiste S1256
synergistes S1257
synesthésalgie S1260
synesthésie S1259
syngenèse S1263
syngénésie S1263
syngénésioplastie S1262
syngénésiotransplantation S1262
synorchidie S1265
synostose S1266
synotie S1267
synovectomie S1268
synovialome bénin L285
synovie S1269
synoviome S1274
synovite S1275
synovite séreuse S383
synthétase S1277
syntrophie S1278
syphilide S1280
syphilide acnéiforme pustuleuse A80
syphilide folliculaire F232
syphilide gommeuse G387
syphilide lenticulaire L126
syphilide nodulaire N188
syphilide nummulaire N243
syphilide papuleuse lenticulaire F189
syphilide pigmentaire S1283
syphilide plantaire P569
syphilide serpigineuse S388
syphilide tuberculeuse T556
syphilide varioliforme V39
syphilis S1281
syphilis congénitale C945
syphilis héréditaire C945
syphilis secondaire S259
syphilis tertiaire T129
syphilome tertiaire S1285
syphilophobie S1286
syringectomie S1291
syringite S1292
syringoadénome S1289
syringobulbie S1293
syringocystadénome S1294
syringocystome S1295
syringome S1296
syringomyélie M533, S739, S1297
syringotomie S1299
syringue S1290
système cardio-vasculaire B321, C162
système chromaffine C567
système de conduction du cœur C921
système écologique E22
système hématopoïétique H137
système d'immersion I48

système lymphatique L378
système musculaire M484
système nerveux N96
système nerveux central C301
système nerveux périphérique P346
système nerveux sympathique S1216
système nerveux végétatif V77
système oxydo-réducteur O304
système parasympathique P136
système respiratoire R188
système réticulé R200
système de la santé publique S877
système de la veine porte P744
systole S1306

T

tabatière anatomique A413
tabès dorsal P756, T5
table interne V221
table à opérations O126
table d'opérations O126
tablette T6
tablier opaque L107
tablier protecteur L107
tache P193, S825
tache jaune Y9
taches de Filatow F145
taches de Koplik F145, K81
taches de rousseur F278
tachistoscope T7
tachomètre T8
tachycardie H75, T9
tachycardie auriculaire A802
tachycardie paroxystique P183
tachylalie T10
tachymètre T8
tachyphagie T11
tachyphylaxie f T13
tachypnée T14
tachysystolie auriculaire A799
tachysystolie ventriculare V109
tact T18
tænia armé A638, P735, S625
tænia inerme B116
taille H95
taille cardiaque W1
talalgie T23
talc F282, T24
talcose T25
talon H91
tampon P11, P623, S807, S1036, S1194, T28
tamponnade C127, T29
tamponnement P14
tamponnement du cœur C127

tannin T30
taphophobie T33
tapotage T34, T35
tapotement T34, T35
tarse T50
tarse palpébral C633
tarse de la paupière T44
tarsectopie T46
tarsite T47
tarsorrhaphie B273
tartre T51
tartre dentaire D81
tatouage T56
taurine T57
taux de natalité B228
taxon T59
tegmentum pontique T71
tégument T72
teigne faveuse H433
teigne favique C1224
teigne tondante trichophytique B239
teinture T290
télangiectasie T74
télangiectasie hémorragique héréditaire H291
télangiome T73
téléélectrocardiographie T77
télémétrie T78
téléradiographie T79
téléradiothérapie T82
télérécepteur D265, T80
télophase T84
télophragme T85
tempe T90
tempérament T86
tempérament cholérique B179
tempérament mélancolique M182
température T87
température du corps B343
temps de coagulation C727
temps d'hémorragie B256
temps de prothrombine P968
temps de Quick P968
temps de réaction R49
temps de survie S1183
tenaculum T101
ténalgie T102
tendon S519, T107
tendon d'Achille A55
tendon central du diaphragme C307
tendon conjoint C955
ténectomie T110
ténesmes T111
ténia T32
ténia inerme U37
téniase T113
ténolyse T106
ténosynovite nodulaire L285
tension superficielle S1173
tente à oxygène O315

tératogenèse f T121
tératome T122
terpène T127
terreurs nocturnes N169
test T131
test cutané C1289, S559
test cutané de scarification S212
test du sang occulte dans les selles H184
testicule T137
testostérone M34, T138
tétanie T147
tétanie latente L98
tétanine T145
tétanos T146
tétanos céphalique de Rose C320, H61
tétanotoxine T145
tétartanopsie T148
tête C78, H51
tête de l'humérus H471
tête de Méduse C665, M161
tétine N172
tétrade de Fallot F23, T149
tétralogie de Fallot F23
tétraplégie P63, Q6, T151
thalamotomie T156
thalamus T157
thalassémie majeure C1027, M155, T39
thanatologie T160
thanatophobie T161
thécome T162
théière pour malades I494
théisme T163
thénar T164
thérapeute I427, T170
thérapeutique T171, T444
thérapeutique substitutive S1078
thérapeutique suggestive S1106
thérapie I424, M153, T171, T444
thérapie de choc S451
thérapie complexe C856, M459
thérapie convulsivante C1026
thérapie palliative P32
thérapie pyrogène F105
thérapie symptomatique S1231
thermoanesthésie T174
thermocautérisation T178
thermocoagulation T179
thermocouple T180
thermoesthésie T182
thermohyperesthésie T183
thermohypoesthésie T184
thermolabile H82
thermomètre T186
thermomètre médical C706
thermométrie T187
thermophore T190
thermorécepteur T192

thermorégulation T193
thermothérapie T194
thésaurismose S975, T195
thiamine T196
thio-urée T203
thoracentèse T207
thoracographie P643
thoracométrie S943
thoracopneumographe T212
thoracoscopie T213
thorax C421
thorax aplati F185
thorax en bréchet C428, K19, P515
thorax en carène C428, K19, P515
thorax de cordonnier C746
thorax en entonnoir C746, F321
thorax en tonneau B58
thrombasthénie T225
thrombectomie T226
thrombine T227
thromboangéite oblitérante B551
thrombocyte B307, P571, P592, T228
thrombocytémie T231
thrombocytopénie T229
thrombocytose T231
thromboembolie T232
thrombokinase T237
thrombophlébite T236
thromboplastine T237
thrombose T238
thrombose coronaire C1070
thrombose des veines hépatiques V92
thrombus C724, T242
thrombus blanc P27, W82
thrombus de coagulation A230
thrombus globulaire B39
thrombus lamellaire L57
thrombus marastique M78
thrombus pariétal M472
thrombus rouge R91
thrombus stratifié S986
thymectomie T245
thymidine T247
thymine T248
thymite T249
thymo-analeptique C1115
thymocyte T250
thymus T251
thyréotoxicose T272
thyrocalcitonine T253
thyroïde T261
thyroïdectomie T265
thyroïdite T266
thyroïdite subaiguë de De Quervain S1038
thyrotomie T270
thyrotoxicose T272

THYROTROPINE

thyrotropine T273
thyroxine T274
tibia S432, S433
tibialgie T275
tic H2, J28, T277
tic convulsif F13, M338
tic de la face F13
tic de Salaam H55
tinnitus S1288, T291
tique T278
tire-balles B546
tire-lait B445
tissu T293
tissu adipeux F45, F57
tissu cicatriciel C630
tissu compact C873
tissu conjonctif C965
tissu gélatineux G126
tissu de granulation G318
tissu interstitiel I443
tissu lymphatique L379
tissu lymphoïde A147
tissu muqueux G126
tissu myéloïde M523
tissu osseux B350
tissu réticulé R203
tissu sous-cutané H711
titrage T296
titration T296
titubation T297
tocodynamographe T298
tocophérol A539, T299
toilette d'une plaie E386
toit R321
tolérance T301
tomographe T303
tomographie S266, S987, T304
tomographie à résonance nucléaire magnétique N225
tomographie par voie d'ordinateur C902
ton T305
ton auriculaire A801
tonique T310
tonisme T311
tonographie T312
tonomètre T313
tonsille T314
tonsille du cervelet C338
tonsillectomie T317
tonsillite T318
tonsillotome T319
tonsillotomie T320
tonus affectif E152
tonus musculaire T305
topectomie T325
tophus C388, T328
topoalgie T324
topoesthésie T327
topognosie T327
topographie T330
torpeur T331
torsion T332

torticolis L326, S949, T336, W121
torticolis myogène S1232
torticolis spasmodique I420, S659
torticolis spastique I420
torulose C1235, S7, T337
torus T338
toucher T18, T346
tourniquet T348
toux C1113, T582
toux auriculaire E4
toxémie T350
toxicité T353
toxicodermie T354
toxicologie T355
toxicomanie T356
toxicophobie T358
toxicose T359
toxicose alimentaire F237
toxicose endogène E217
toxicose gravidique T351
toxicose traumatique B559
toxidermie T354
toxine T360
toxine botulinique B374
toxoïde T363
toxophobie T358
trabécule T365
trabéculum cornéo-scléral T367
trachée T370, W91
trachéite T374
trachélotomie T376
trachéobronchite T377
trachéobronchoscopie T378
trachéocèle T379
trachéoscopie T380
trachéosténose T381
trachéotomie T382
trachome G317, T385
traction T387
traction du squelette S547
tractotomie T388
tractotomie bulbaire B539
tractus T386
tragus T390
traitement T444
traitement causal S676
traitement conservateur C971
traitement étiologique S676
traitement étiotrope C248
traitement préventif P930
traitement prophylactique P930
traitement substitutif R158
traitement symptomatique E538
tranquillisateur T393
transaminase A353, T394
transamination T395
transanimation T396
transférase T401
transferrine T405
transfert T402

transformation T408
transfusion B318, T409
transfusion directe D235, I47
transfusion d'échange E503, S1079
transfusion immédiate I47
transfusion indirecte I120, M146
transfusion médiate M146
transfusion totale E503, T345
transillumination T412
translocation T415
transméthylation T418
transmission T419
transmutation T421
transphosphorylation T423
transplant F181, G308, T424
transplantation G309, T425
transposition T426
transsexualisme T427
transsudation T428
transversectomie T430
transvestisme T435
trapèze M454, T436
trapézoïde M454
trauma I190, T440
trauma fermé C721
traumatisme dû à une explosion B246
traumatisme obstétrical B229
traumatisme psychique P1024
traumatologie T442
travail de l'accouchement B105
travail obstétrique B105
trématode T446
tremblement S429, S449
tremblement intentionnel K59
tremblement de repos P189
trémor T448
tremor intentionnel I395
trépan T455
trépanation C1162, T124, T454
tréphine T455
trépidation épileptoïde C716
tréponématose T458
tréponème T457
tréponémose T458
triade de Fallot T498
triangle carotidien supérieur M37
triangle de Malgaigne M37
tribadisme T460
trichiasis T462
trichine P736, T463
trichinella P736
trichinose T464
trichobasaliome H12
trichobézoard H7, P528, T465
trichocardie T466
trichocéphale T485, W68
trichocéphalose T484
trichoclasie T467

trichoesthésie T468
trichoma T470
trichomonase T472
trichomycose T473
trichophobie T474
trichophytide T475
trichophytie T477
trichophytie du cuir chevelu B239
trichophytine T476
trichopoliose T478
trichoptilose T479
trichorrhexie T479
trichosporie T480
trichosporie noueuse P513
trichostrongylose T481
trichotillomanie T482
trichromasie T483
trichromatisme T483
trigéminisme T494
trigone carotidien G168
trigone de l'hypoglosse H720
trigone de Lieutaud B245, L191
trigonocéphalie T497
triplégie T502
triploïde T503
trismus L290, T504
trismus de l'utérus H817
trisomie D T505
tritanopie A123, B331, T506
tritanopsie A123
trituration T507
trocart T508
trochanter T509
trochlée T510
troisième ventricule T205
trompe d'Eustache E483, S47
trompe de Fallope F22, S47, U163
trompe utérine F22, S47, U163
tronc B337, T335, T535
tronc artériel innominé I194
tronc cérébral B428
tronc du grand sympathique G39
tronc du nerf N93
trophie T516
trophisme T516
trophoblaste T517
trophœdème T513
trophonévrose T519
trophozoïte S505
tropisme T527
trou A574
trouble D252, D274, I68
trouble digestif M32
trouble de la fonction M36
trouble mental L340
trypanosome T538
trypanosomiase africaine A219, S564

trypanosomiase américaine S651
trypanosomose T539
trypsine T540
trypsinogène P975, T541
tryptamine T542
tryptophan(n)e T543
tsé-tsé T544
tsutsugamushi A256, S231, T545
tubage endotrachéal E245
tube T549
tube de Bellini C801
tube digestif A285, D210
tube à drainage D306
tube droit C801, S980
tube endoscopique E199
tube pour intubation I488
tube ovarien O280
tube urinaire U145
tube urinifère U145
tubercule T554
tubercule anatomique P765
tuberculide T557
tuberculine T558
tuberculodermie C1290
tuberculome T561
tuberculose T562
tuberculose abdominale A11
tuberculose cutanée T560
tuberculose cutanée papulo-necrotique P82
tuberculose disséminée D261
tuberculose miliaire M325
tuberculose pulmonaire P1078
tuberculose secondaire R128
tuberculose verruqueuse T564
tuberculose verruqueuse de la peau S219
tubérosité T565
tubule T572
tubule séminifère S305
tularémie D39, R1, T575
tuméfaction E252, S1199, T576
tuméfaction gingivale G207
tumeur T577
tumeur d'Abricossoff A19, G312
tumeur à cellules géantes des os G187
tumeur desmoïde D142
tumeur glomique G248
tumeur de Pinkus P539
tumeur tératoïde T122
tumeur de Wilms E131, R145, W89
tunique C744, C1223, T578
turgor T580
tympan T591
tympanectomie T589
tympanisme B389, V156
tympanite T593

tympanophonie A873
tympanoplastie T594
tympanotomie T595
typhlectasie T597
typhlite T598
typhlopexie C267
typhlostomie C269, T599
typhlotomie C270, T600
typhus abdominal E257, T601
typhus ambulatoire L99
typhus épidémique C675, E321
typhus exanthématique C675, T602
typhus exanthématique endémique B459
typhus exanthémique E321
typhus mexicain E194, F194, M473
typhus murin E194, F194, M473
typhus pétéchial E321, T602
typhus récurrent R85
tyramine T603

U

ubiquiste U1
ulatrophie U2
ulcération S646, U6
ulcère S646, U3
ulcère calleux C31
ulcère chronique indolent I124
ulcère de Curling C1273
ulcère de l'estomac G80
ulcère gastrique G80
ulcère peptique P266
ulcère perforant P276
ulcère phagédénique P418, S575
ulcère serpigineux C1171, S389
ulcère serpigineux de la cornée H757
ulcère de stase S875
ulcère variqueux G344, S875, V34
ulcéreux U4
ulérytème U10
ulite U11
ulnaire U13
uloncie U16
ulorragie U17
ulotomie U19
ultracentrifugeuse U20
ultrafiltration U22
ultrafiltre U21
ultramicroscope U23
ultramicrotome U24

ULTRASON

ultrason U27
ultrastructure U28
uncinariose U40
uracile U72
uranisme U73
uranoplastie P23
uranoschisis U74
urate U75
uraturie U76
uréase U81
urée C80, U77
uréide U82
urémie U83
uréogenèse U80
uréopoïèse U80
uretère U86
urétérectomie U89
urétérite U90
urétérocystonéostomie U95
urétérocystostomie U95
urétérographie U92
urétérohydrose H539
urétérolithe U93
urétérolithotomie U94
urétéroplastie U96
urétéropyélographie U98
urétérorectostomie U97
urétérorragie U100
urétérorraphie U101
urétérosigmoïdostomie U102
urétérosténose U103
urétérostomie U104
urétérotomie U105
uréthrorragie U114
uréthrostomie péronéale P321
urétralgie U111
urétratrésie U113
urètre U107
urètre membraneux M212
urètre prostatique P947
urètre spongieux P260, S813
urétrite U115
urétrite non spécifique S516
urétrocèle U116
urétrocystite U117
urétrographie U119
urétroplastie U120
urétroscope U122
urétroscopie U123
urétrosténie U124
urétrosténose U124
urétrostomie U125
urétrotome U126
urétrotomie U127
urhidrose U129
uricémie U132
uridine U133
urinal U135
urine U144
urine primitive C1218
urine résiduelle R170
urolithe U147
urolithiase U148

urologie U150
urologiste U149
uromètre U146
uronéphrose U152
uropoïèse U154
uroporphyrine U155
urosepsie U156
urticaire B283, H397, N99, U157, W66
urticaire à frigore C784
urticaire géante G194
utéroscope H815
utéroscopie H816
utérotomie H818
utérus U164, W102
utérus arqué S26
utérus didelphe B214
utérus double vrai B214
utricule U167
utricule prostatique U167
uvée U168
uvéite U170
uvéo-parotidite H93, U171
uvula U172
uvulectomie U173
uvulite U174
uvulotomie U175

V

vaccin V2
vaccin mixte M362
vaccin polyvalent M362, M467, P728
vaccin vivant L270
vaccination V1
vaccine C1127
vaccinothérapie V3
vacuole V6
vacuolisation V5
vacuum extractor V8
vagin V11
vaginisme C848, V15
vaginite C834, V16
vagino-périnéorrhaphie V18
vaginopexie V19
vaginoscopie V20
vaginotomie V21
vagotomie V22
vagotonie V23
vaisseau V157
vaisseau lymphatique L380
vaisseau sanguin B322
valeur globulaire C279
valeur hémoglobinique C279
valine V24
valve V26
valve d'Eustache E484

valve du tronc pulmonaire P1079
valvule C1280
valvule aortique A566
valvule atrio-ventriculaire B157, A810
valvule auriculo-ventriculaire A810
valvule de Bauhin I23
valvule bicuspide B157, M360
valvule d'Eustache C253
valvule iléo-cæcale I23
valvule mitrale B157, M360
valvule pylorique P1141
valvule du sinus coronaire C1071
valvule de Thebesius C1071
valvule tricuspide T490
varice V40
varicectomie V36
varicelle C429, V31, W34
varices œsophagiennes E447
varicocèle V32
varicose V35
varicotomie V36
variole P790, S579, V38
variole blanche A263
variole confluente C935
variole ovine S439
vascularisation V42
vasectomie V48
vasoconstricteur V50
vasoconstriction V49
vasodilatateur V52
vasodilatation V51
vaso-épididymostomie V53
vasoponction V60
vasopressine V58
vasospasme V63
vasotomie V64
vasotonie V65
vasotripsie V66
vecteur V69
vecteur biologique B204
vecteur mécanique M133
vectorcardiogramme V70
vectorcardiographie V71
végétarisme V73
végétation V74
veine V78
veine basilique B82
veine cave C252, V80
veine émissaire E146
veinectasie V35
veinoclyse V89
veinule V116
vénéréologie V87
vénéréophobie V88
ventilation V100
ventouse C1262
ventouse obstétricale V8
ventral C272
ventre A1, B124

VULVO-VAGINITE

ventre en besace P251
ventricule V105
ventricule du cerveau C353
ventricule du cœur C128
ventricule laryngé L76
ventricule latéral L100, P90
ventricule latéral du cerveau T486
ventriculocisternostomie V112
ventriculographie V113
ventriculoscopie V114
ventriculostomie V115
ver W108
ver de Guinée G382, S385
verbigération V117
verdoglobine C492
verdohémoglobine V118
vergence V119
vermifuge V122
verrue V125, W23
verrue molle S610
verrue plane juvénile F192
verrue plantaire P570
verrue vulgaire C870
verruga du Pérou C191
verruga peruviana P389
version V129
version bimanuelle B188
version de Braxton-Hicks C857
version céphalique C321
version par manœuvres externes E564
version par manœuvres mixtes C857
vertèbre V130
vertèbre lombaire V B81
vertèbre proéminente N221
vertex V138
vertige D287, G196, S850, V141
vertige labyrinthique L15
vertige de Ménière A832, M217
vertige paralysant E322, G171, K84
vertige rotatoire R329
vertige systémique S1302
vésical C1326
vésiculaire C1326
vésicule B243, C1320, V144
vésicule acoustique O255
vésicule auditive O255
vésicule biliaire C476, G19
vésicule céphalique B422, C322
vésicule cérébrale B422, C322, E170, P860
vésicule ombilicale U36, Y15
vésicule séminale S303, S690
vésicule synaptique S1239
vésiculectomie V154
vésiculeux C1326
vésiculite V155

vessie B243, U137
vestibule de la bouche B527
vestige V162
viabilité V163
vibration V164
vibrations vocales V229
vibrion V167
vibrion cholérique C500
vibromassage V165
vibrothérapie S281
vice cardiaque rhumatismal R252
victime de l'accident C209
vie L192
vieillesse S323
vieillissement S311
vierge V177
VIH H467
villosité V172
villosité intestinale I457
villosité synoviale S1273
villosités arachnoïdiennes P1
villosités choroïdiennes C552
viol R37
violet de gentiane G161
virémie V176
virginité V179
virilisation V183
virilisme V181
virilité V182
virion V184
virologie V185
virus V186
virus herpétique H305
virus de l'immunodéficience humaine H467
virus poliomyélitique P678
virus-vaccin atténué A817
viscères V189
viscéroptose G227, S768, V198
viscosimètre V200
viscosité V201
vision S495, V202
vision centrale C309, D236
vision crépusculaire T585
vision directe D236
vision diurne C933
vision fovéale D236
vision indirecte E13, I121
vision nocturne N168, S211
vision périphérique E13, I121, P348
vision photopique C933, P476
vision scotopique S211
vision stéréoscopique S925
vision tubulaire S427
vitamine V216
vitamine antihémorragique A518
vitamine antirachitique A532
vitamine antiscorbutique A533
vitamine B_1 C1296, T196

vitamine B_2 L39
vitamine B_6 P1160
vitamine B_{12} E587
vitamine C A533
vitamine D A532, C18
vitamine D_3 C470
vitamine E A539, T299
vitamine K A518
vitaminologie V217
vitellus Y13
vitesse sanguine B311
vitesse de sédimentation S273
vitesse de sédimentation globulaire B311, E426
vitiligo P512, V218
vivarium V222
vivification V224
vivisection V225
voie P212
voie cortico-spinale M424
voie pyramidale C365
voie spinotectale S750
voies respiratoires A255, R189
voies urinaires U142
voix V233
voix chevrotante E55, T389, V234
volume courant T285
volume de réserve expiratoire E544
volume de réserve inspiratoire I378
volume résiduel R169
volume systolique S1016
voluménomètre V236
volvulus V239
volvulus de l'épiploon O86
volvulus gastrique G81
vomer V240
vomissement E142, V242, V243
vomissement fécaloïde S914
vomissement de la grossesse V244
vomissement en mare de café C773
vomissement de mucus B257
vomissement noir C773
vomissements fécaloïdes C1031, F68
vomissements incoercibles U44
vomitif E143, V245
vomiturition V246
voûte V68
voûte du crâne C36
voûte crânienne C36, S232
voûte plantaire A628
voyeurisme S201, V247
VSG E426
vulve V248
vulvite V250
vulvo-vaginite V252

W

whartonite W63

X

xanthélasma X1
xanthémie X2
xanthine X3
xanthine-oxydase X4
xanthinurie X5
xanthochromie A837, X6
xanthodermie X7
xanthogranulome X8
xanthomatose L240, X10
xanthome L239, X9
xanthopsie X12, Y10
xanthosis X13
xénophobie X16
xérodermie X17
xérodermostéose S478
xérophtalmie X18
xérose X17
xérostomie X20
xylol X23
xylose X24

Y

yaws Y2
yersiniose Y11
ypérite M489

Z

zoanthropie Z7
zona S448
zone érogène E404
zone de Head H60, T103
zone hystérogène H804
zone réflexogène R105
zone de Zinn Z6
zonule de Zinn C640
zoogéographie Z11
zoonose Z9
zooparasite Z14
zoophilie Z12
zoophobie Z15
zoopsie Z16
zygote Z23
zymologie Z25

INDICE ITALIANO

A

abbassalingua T308
abbassamento dell'utero H812
abduttore A15
abduzione A13
aberrazione cromatica C569, C577
aberrazione dei cromosomi sessuali S411
aberrazione mentale M235
abitudine H1
aborto A17
aborto abituale H3
aborto completo C883
aborto criminoso C1192
aborto imminente T216
aborto incipiente I89
aborto incompleto I96
aborto provocato I126
aborto spontaneo M351
aborto tubarico T546
abrachia A18
abrasione E397
abrasione cutanea D117
abreazione C1270
acalasia A52
acalasia cardiaca C103
acantoma A30
acapnia A31
acariasi A32
acaro M353, T278
acaro della scabbia I566
accesso A815
accidente A38
acclimatazione A39
accomodazione A40
accoppiamento C1119
accoppiamento dei geni G143
accoppiamento sessuale I404
acefalia A44
acervolo B427
acetabolo A46, C1110
acetilcolina A50
acetilcolinesterasi A51, S672, T531
acetone A47
acetonuria A49, K48
achilia A64
achillorrafia A56
acidità A70
acido ascorbico A717
acido biliare B170
acido carbolico C84
acido cianidrico H516
acido cloridrico H515
acido desossicolico D103
acido desossiribonucleico D105
acido fenico C84
acido folico F220
acido glucuronico G264
acido glutamico G265
acido grasso F53
acido guanilico G377
acido ialuronico H491
acido inosinico I200
acido lattico L32
acido linoleico L218
acido linolenico L219
acido lipoico L237
acido nicotinico N159
acido nucleico N230
acido orotico O189
acido ossalico O297
acido ossalurico O300
acido pantotenico C427, L267, P66
acido para-aminobenzoico P85
acido piruvico P1164
acido prussico H516
acido ribonucleico R285
acido ribonucleico messaggero I165, T89
acido ribonucleico di trasporto T400
acido taurocolico T58
acido urico U130
acido uronico U153
acidogeno A68
acidosi A73
acidosi metabolica M257
acidosi respiratoria R179
acidosi scompensata U41
aciduria A75
acinesia A257
acinetico A258
acino A77
acino epatico L266
acino polmonare P1063
acloridria A57
acloropsia A58
acme A78
acne A79
acne bromica B467
acne cistica C1327
acne giovanile A82, C865
acne rosacea A81, R326
acne volgare A82, C865, P533
acnitis A83
acondroplasia A59
acorea A84
acqua distillata D270
acqua minerale M342
acquedotto della coclea P311
acquedotto di Silvio S1207
acrania A92
acroartrite A93
acroasfissia A94, D18, S1214, W41
acrocefalia A95, T349
acrocianosi A94, D18
acrodinia A96, P537, S1200
acrofobia A101
acromatocita S425
acromatopsia A62, C886
acromegalia A98
acromicria A99
acromion A100
acromotrichia A63
ACTH C1090
actina A103
actinomicosi A106
acuità visiva V203
adamantinoma A125, A342
adamantoblasto A341
adamantoblastoma A125
adattabilità A128
adattamento A129
adattamento alla luce L199, P475
adattamento all'oscurità S209
adattilia A124
addome A1
addome acuto A112, S1177
addome a barca C167
addome carenato C167
addome pendulo P251
adduzione A132
adenectomia A133
adenectopia A134
adenina A135
adenite A136
adenite sublinguale S1062
adenoacantoma A137
adenocarcinoma A138
adenocito A140
adenoepitelioma A141
adenofibroma A142

ALLERGICO

adenoidectomia A144
adenoidite A145
adenoipofisi A143
adenolinfocele A148
adenolinfoma A149
adenoma A150
adenoma acidofilo A71
adenoma basofilo B89
adenoma a cellule di Hürthle H483
adenoma cistico C1322
adenoma colloide C805
adenoma corticale del reno R148
adenoma eosinofilo E299
adenoma della ghiandola paratiroide P144
adenoma insulocellulare I543
adenoma ipofisario cromofobo C591
adenoma maligno M40
adenoma polipoide A153
adenoma sebaceo S237
adenoma sebaceo di Pringle P866
adenomatosi A151
adenomatosi polmonare P1064
adenomioma A154
adenomiometrite A155
adenopatia A156
adenosarcoma A157, S79
adenosina A158
adenosina difosfata A159
adenosina monofosfata A160
adenosina trifosfata A161
adenosi sclerosante S188
adenotomo G380
adenotonsillectomia A162
adenovirus A163
aderenza A168
adesione A168, U55
adiastolia A173
adinamia A203
adipocele A174
adipocito A178, F46
adiposi dolorosa A176, D115
adiposità semplice S514
adiposuria A179
adipsia A180
ADN D105
adolescenza A183
adrenalectomia A187, S1163
adrenalina A189
adrenocorticotropina A192
adrenolitico A194
adrenosterone A196
adsorbente A197
adulto A198
aerazione A206
aerobio A207
aeroembolismo A208
aerofagia A210
aerofobia A211

aeronevrosi A209
aerosinusite S531
aeroterapia A213
aerotite media B55
afachia A577
afasia A578
afasia di associazione A738
afasia di Broca A771, B464, L297
afasia di conduzione C924
afasia espressiva E550
afasia globale G237
afasia grafomotoria G335
afasia motoria A771, L297
afasia nominale N190
afasia psicosensoriale P1041
afasia ricettiva R54
afasia semantica S291
afasia sensoriale I77, R54
afasia sintattica S1276
afasia uditiva W106
afasia visiva V205
affetto A214
affezione D244, D274, I36
affinità A218
afflusso F213
afflusso climaterico C700
afonia A579
afta A581
afta epizootica A582, C989, F239
afte di Bednar B111
aftosi cachettica C2
aftoso A583
agalassia A223
agalattia A223
agammaglobulinemia A224, A508
agar nutritivo N250
agenesia A227
agenesia uterina A345
agente tensioattivo S1172
ageusia A228
agglutinazione A229
agglutinazione a freddo C779
agglutinina A231
agglutinogeno A232
aggressione A233
agiria A242
agitazione E506, J4, U68
agitazione psichica D272
agnatia A235
agnosia A236
agnosia tattile T16
agnosia visuo-spaziale V211
ago N48
ago atraumatico A793
ago ipodermico H710
ago da lancetta L62
ago per legatura L197
agobiopsia A732
agonia D26
agonista A237

agopuntura A111
agorafobia A238
agrafia A241
agrammatismo A239
agranulocitosi A240
ala W93
alanina A261
alastrim A263, C1247, G223, M333, P1009
albero bronchiale B476
albinismo A265
albino A266
albumina A268, P960
albumina sierica S394
albuminoide S187
albuminuria A271
albuminuria intrinseca I485
albuminuria lordotica L318
albuminuria ortostatica O196, P779
albuminuria posturale P779
albuminuria sierosa S377
albuminuria transitoria T411
albuminuria vera T528
alcaloide A289
alcalosi A290
alcalosi metabolica M258
alcalosi respiratoria R180
alcol A272
alcol etilico W92
alcol metilico M276, W103
alcole A272
alcolismo A274
alcolismo cronico C600
alcolizzazione A275
alcool A272
alcoolismo A274
aldosterone A276
aldosteronismo A277
alessia A280, T152, W105
alfabeto Braille per ciechi B419
alienazione mentale L340
alimentazione A286, F73
alimentazione falsa S431
alimentazione inadeguata I81
alimentazione parenterale totale T343
alimento F236
alinfocitosi A324
alito cattivo B23
allacciatura L195
allantoide A291
allattamento L29
allattamento al seno B443
alleggerimento A340
allele A292
allelomorfo A292
allergene A293
allergia A298
allergia da esposizione al freddo C780
allergico A294

ALLERGIZZAZIONE

allergizzazione A296
allergologia A297
alleviamento A340
allocorteccia A299, U65
allocortex L58
alloinnesto A305, H419
allopatia A302
alloplasia H324
alloritmia A303
allosoma A304
allotriofagia A306
allotropico A307
alluce G352, H18
allucinazione lillipuziana L203
allucinazioni ipnagogiche H676
allucinosi H17
allungamento E114
alopecia A308, B33
alopecia areata F216
alopecia cicatriziale C626
alta chirurgia M23
alta condizione atletica P495
alta condizione fisica F169
altezza H95
alveoli polmonari A247
alveolo A323
alveolo polmonare A254
alveolotomia A322
amalgama A325
amaricanti B235
amartoma H19
amastia A326
amaurosi A327
ambidestrismo A330
ambiente E287
ambivalenza A332
ambliopia A333
ambliopia isterica H797
ambliopia da neve S596
ambulatorio polispecialistico O272
ameba A336
amebiasi A337
amelia A339
ameloblasto A341
ameloblastoma A125, A342
amenorrea A343
amenorrea apparente C1240
amenorrea primaria P858
amenza A344
ametria A345
ametropia A346
ametropia di rifrazione I109
amide A347
amido S870
amielia A377
amigdala P22
amigdala di Gerlach T552
amigdala palatina F58
amilasi A378
amiloidosi A380
amiloidosi epatica L70
amilolisi A381

amimia A348
aminoacido A349
aminoacido essenziale E464
aminoaciduria A65, A351
aminopeptidasi A352
aminotransferasi A353
amiotonia A383
amiotrofia A385
amiotrofia ereditaria spinale I138
amitosi A354
ammoniaca A355
amnesia A356
amnesia anterograda A495
amnesia retrograda R228
amniocentesi A358
amniorressi A361
amnios A359
amniotico A362
amniotomia A364
amok A366
amorfo A367
ampeloterapia G331
ampolla A373, A374
ampolla epatopancreatica V67
ampolla di Vater V67
amputazione A375
amputazione alla Bier B160
amputazione circolare G381
amputazione congenita S814
amputazione a lembi F182
amputazione senza lembi G381
amputazione a mannaia G381, L208
amputazione spontanea S814
amputazione translombare H156
amusia A376
amusia motoria V226
amusia sensoriale S338
anabolico A386
anabolismo A387
anacrotismo A388
anaerobio A391
anaerobio obbligato O5
anafase A404
anafilassi A407
anafilattico A406
anafrodisia A405
anale A392
analettico A394
analgesia A397
analgesico A398
analisi A401, A734
analisi del sangue B317
analisi delle urine U136
anamnesi A403, C201
anamnesi epidemiologica E323
anaplasia A408
anasarca A409
anastigmatico A410
anastomosi A411
anastomosi artificiale B557

anastomosi portocavale P741
anastomosi termino-terminale E249
anatomia A415
anatomia comparata C874, Z17
anatomia descrittiva D141
anatomia patologica P204
anatomia sistematica S1301
anatomia topografica R116
anatomico A412
anatomista A414
anatossina A416, T363
anatossina difterica D223
anchiloblefaro A466
anchilodattilia A467
anchiloglossia A468, T309
anchilosi A470
anchilosi fibrosa F134
anchilosi ossea T529
anchilostoma duodenale H437
anchilostomiasi A471, B453, E56, H438, M344, T522, U40
anchilostomiasi cutanea G369, W33
anchilotomia A472
anconite A418
andatura G1
andatura atassica A772
andatura emiplegica H172
andatura d'oca G300
andatura steppante C1204, H356, S910
andromania N264
anello di Bandl C978, P206
anello di contrazione C978
anello crurale C1220
anello faringeo W3
anello femorale C1220
anello glaucomatoso G226
anello inguinale I176
anello inguinale interno A7
anello linfatico L403, T316
anello linfatico di Waldeyer W3
anello di Ranvier R36
anello di retrazione patologico P206
anello di Waldeyer L403, T316
anemia acloridrica F1
anemia agastrica A225
anemia aplastica congenita C939
anemia di Biermer B159
anemia da carenza alimentare N253
anemia da carenza di ferro I523
anemia a cellule falciformi D308
anemia clorotica C453

anemia di Cooley C1027
anemia drepanocitica D308, S481
anemia eritroblastica E423
anemia eritroblastica mediterranea C1027
anemia di Faber F1
anemia falciforme C1180
anemia falsa F25
anemia di Fanconi C939
anemia ferripriva A725
anemia di Hayem-Widal H49
anemia ipercromica H576
anemia ipocromica H702
anemia ipoplastica H751
anemia itteroemolitica I6
anemia mediterranea M155
anemia megalocitica M172
anemia dei minatori B453, M344, T522
anemia normocromica N205
anemia perniciosa B159, P372
anemia perniciosa di Addison-Biermer A130
anemia postemorragica P759
anemia sferocitica S710
anestesia basale B72
anestesia caudale S13
anestesia da conduzione C923
anestesia endotracheale E244, I479
anestesia endovenosa I168, I482
anestesia epidurale E341
anestesia generale G133
anestesia per inalazione I180
anestesia per infiltrazione I159
anestesia ischiorettale P1055
anestesia locale L281
anestesia parasacrale P128
anestesia paravertebrale P149
anestesia peridurale P308
anestesia perineurale P326
anestesia per refrigerazione R112
anestesia regionale R117
anestesia della regione pubica P1055
anestesia sacrale C244, S13
anestesia segmentaria S276
anestesia subaracnoidea S1041
anestesia totale T339
anestesia tronculare N86
aneurisma aortico A557
aneurisma arteriosclerotico A667
aneurisma cardiaco C104
aneurisma cilindrico T569
aneurisma diffuso C968
aneurisma dissecante D257
aneurisma laterale P345
aneurisma micotico M505
aneurisma miliare M324

aneurisma di origine batterica B8
aneurisma parietale M471
aneurisma racemoso R4
aneurisma settico B8
anfiartrosi A370, P566
anfotonia A372
angectasia displastica congenita C940
angina S647, T318
angina ulcero-necrotica U5
angina di Vincent V173
angioblastoma A421
angiocardiografia A422
angiocavernoma A423
angiocheratoma A429, T76
angiocolecistite A424
angiocolite A425, C468
angiofibroma A427, T75
angiografia A428
angiografia cardiaca C133
angiolipoma A430
angiolito A431
angiologia A433
angiolupoide A434
angioma A435
angioma aracneiforme A652
angioma capillare T73
angioma stellare V47
angioma stellato S727
angioma tuberoso S991
angiomatosi A436
angiomatosi encefalotrigeminale C331, S1032
angiomatosi della retina R215
angiomioma V44
angioneuromioma G248
angioneurosi A438, V57
angiopatia A440
angioplastica A441
angiorragia A442
angiosarcoma A443
angiospasmo A444, V63
angiotensina A445
angiotonia V65
angiotripsia V66
angolo di filtrazione F154, I513
angolo iridocorneale A446, F154, I513
angolo palpebrale C60
angolo pontocerebellare C339, P729
angolo di strabismo S841
angolo visuale V204
angoscia A551, H450
anidride carbonica C85
anidro A452
anidrosi A450, S115
aniridia A455
anisocitosi A458
anisocoria A457
anisocromasia A456

anisoforia A460
anisogamia H311
anisometropia A459
anisotropo A461
annessi A181
annessi fetali A220
annessite A182, S44, T567
annidamento N164
ano A549
ano imperforato C1122, I69
ano preternaturale A698
anodonzia A475
anoftalmia A478
anomalia A476, D153
anomalia di posizione M51
anomalia dello sviluppo D152
anomia N190
anonichia A477
anopsia A479
anorchidia A480
anorchismo A480
anoressia A481
anoscopia A483
anoscopio A482
anosmia A484, O63
anosognosia A485
anossia istotossica H395
anovulare A486
anovulatorio A486
ansa L313, S592
ansa di Henle H243, N77
ansa del vettocardiogramma V72
ansia A551
ansietà A551, H450, U68
antecedente A490
antiacido A489
antianafilassi A502
antibatterico A503
antibiogramma A504
antibiotici a largo spettro B462
antibiotico A505
antibiotico-resistente A506
anticoagulante A511
anticolinergico A509
anticolinesterasi A510
anticoncezionale C999
anticorpi dei gruppi sanguigni B301
anticorpo A507
anticorpo completo C884
anticorpo monovalente U63
anticorpo sensibilizzante S335
antidoto A513, C1117
antielmintico V122
antiemetico A493
antiemorragico A517
antifebbrile A514
antifecondativo C999
antiflessione A491
antiflogistico A521
antigene A515
antigene capsulare C72

ANTIGENE DEL GRUPPO SANGUIGNO

antigene del gruppo sanguigno B302
antigene K C72
antigene organo-specifico O181
antigene parziale P184
antigene somatico S631
antigeni eterogenetici H312
antigenico A516
antimetabolita A522, C878
antimetropia A523
antimicotico A525
antimicrobico A524
antinfiammatorio A521
antiossidante A526
antiperistalsi A527
antipiretico A514
antiplasmina A529
antirabbico A531
antisepsi A534
antisettico A535
antisiero A536, S675
antispasmolitico A537
antispastico A537
antistaminico A519
antitossico A541
antitossina A543
antitossina stafilococcica S864
antitrombina A540
antivirale A544
antrace W104
antracosi A497, B241, C741
antracosilicosi A496
antrale A546
antro di Highmore G163, H355, M121
antro pilorico G71
antro timpanico M109
antropogenesi A499
antropologia A500
antropometria A501
antrotomia A547
anulare R299
anuria A548
aorta A553
aorta addominale A2
aorta ascendente A710
aorta discendente D140
aortectasia A555
aortico A554
aortite A567
aortografia A568
aortografia translombare T416
apatia A572
apatico A571
apepsia A573
apertura A574, I191
apertura inferiore della pelvi I154
apertura superiore della pelvi S1132
apicale A585
apice A575

apicectomia A590
apinealismo A591
apiressia A614
apiretico A613
aplasia A592
aplasia germinale G174
aplasia del timo T246
aplastico A593
aplestia A85
apnea A594
apocrino A595
apoenzima A597
apofisario A599
apofisi A600, P871
aponeurosi A598
aponeurosi palmare P37
apoplessia A601
apoplessia dei neonati N58
apoplessia spinale S733
apparato circolatorio B321
apparato digerente D209
apparato di Golgi H405
apparato iuxta-glomerulare J38
apparato respiratorio R188
apparato sospensorio del cristallino Z6
apparato urogenitale G157
apparato vascolare C654
appendice del testicolo S403
appendice vermiforme A605, V121
appendice xifoide X21
appendicectomia A602
appendicite A603
appendicostomia A604
appercezione A606
appetito A607
applicatore A608
appoggiogamba L116
approccio A609
aprassia A610
aprassia ideatoria I10
aprassia ideocinetica I13
aprassia transcorticale T398
aprosessia A611
aptene P184
aptialismo A612
aptoglobina H31
aracnodattilia A97, A620, S728
aracnoide A622
aracnoideo A621
aracnoidismo A618
aracnoidite A624
arcata palmare P36
arcata tendinea T104
arcata zigomatica Z21
archenteron G86
arco aortico A558
arco branchiale B433
arco glossopalatino G252
arco palatofaringeo P755
arco del piede A628

arco pubico P1049
arco riflesso R104
arco tarsale T42
arco vertebrale V131
area Celsi F216
area embrionaria G90
areflessia A630
areometro A632
argiria A635
argirosi A635
aria complementare C881
ariboflavinosi A636
aritmia A643
aritmia giovanile J31
aritmia sinusale J31
arrenoblastoma A642
arresto S858
arresto cardiaco C105
arresto circolatorio C653
artefatto A695
arteria A646
arteria anonima I194
arteria basilare B78
arteria brachiale B390
arteria carotide C174
arteria carotide esterna E559
arteria coronaria C1065
arterializzazione A649
arteriectasia A654
arteriectomia A655
arteriografia A656
arteriografia selettiva S284
arteriola A658
arteriolosclerosi A660
arteriomalacia A661
arterioplastica A663
arteriorragia A664
arteriosclerosi A665
arteriosclerosi obliterante A666
arteriosclerosi renale M43
arteriotomia A668
arterite A670
arterite a cellule giganti T91
arterite craniale C1137, T91
arterite di Takayasu T22
arterite temporale C1137, T91
articolare A672
articolazione A694, J20
articolazione dell'anca H362
articolazione astragalo-calcaneale T27
articolazione biassiale B149
articolazione di Chopart C536
articolazione composita C893
articolazione costotrasversaria C1106
articolazione costovertebrale C1107
articolazione coxofemorale T200
articolazione cricoaritenoidea C1188

ATARASSIA

articolazione cubitale C1251, E70
articolazione ellissoidale C928, E112
articolazione del ginocchio K69
articolazione del gomito C1251, E70
articolazione immobile S1240
articolazione intercarpica C184
articolazione interfalangea P425
articolazione lassa F177
articolazione di Lisfranc L253
articolazione mediotarsale C536
articolazione metatarsofalangea M269
articolazione mobile D176
articolazione omeroradiale H472
articolazione omeroulnare H473
articolazione ovoide C928, E112
articolazione piana G231, P566
articolazione radiocarpica R21, W118
articolazione radioulnare distale I153
articolazione radioulnare prossimale S1131
articolazione sacrococcigea C756, S17
articolazione sacroiliaca S19
articolazione a sella S25
articolazione a sfera E165
articolazione sferoidale B34, C1111, S601
articolazione sferoidea E165
articolazione sinoviale D176
articolazione della spalla S460
articolazione sternoclavicolare S933
articolazione tarsometatarsale L253, T49
articolazione temporomandibolare J9, M64, T98
articolazione della testa della costa C70
articolazione tibiofibulare superiore S1133
articolazione tibiotarsica A464
articolazione a troclea C763
articolazione trocoide P555, R330, T512
articolazione a vite S215
articolazioni intercarpici I401
articolazioni interfalangee I433
articolazioni sternocostali S934
artificiale A696
arto L204
artralgia A673
artrite A674
artrite blenorragica G297
artrite deformante A675
artrite della estremità A93
artrite proliferativa P916
artrite reumatoide R254
artrite reumatoide giovanile J36
artrite scapolo-omerale O83
artrite suppurativa S1145
artrocentesi A676
artrodesi A677
artrodia G231
artrografia A680
artrolisi A682
artrolito L314
artrologia A681
artropatia A683
artroplastica A684
artroscopia A685
artrosi A675, A686
artrosi temporomandibolare T99
artrotomia A687
asbestosi A706
ascaride A708, L335
ascaridosi A707
ascella A640
ascellare A892
ascesso A20
ascesso acuto A113
ascesso alveolare A317
ascesso asettico S928
ascesso cerebrale B421, C343, S1146
ascesso cronico T563
ascesso freddo C778, T563
ascesso gassoso G60
ascesso gengivale G205, G385
ascesso ischiorettale I539
ascesso migrante M320, W9
ascesso osseo B351
ascesso perirettale P351
ascesso peritonsillare Q15
ascesso retrofaringeo R232
ascesso retromammario R229
ascesso sottodiaframmatico S1050
ascesso sterile S928
ascesso subdurale S1051
ascesso subfrenico S1050
ascisc H43
ascite A715
ascitico A716
ascoltazione A846
asemia S504
asepsi A719
asessuale A722
asettico A720
asfissia A730, S1100
asfissia bianca W71
asfissia livida B329
asfissia locale L282
asfissia locale delle estremità W41
asillabia A761
asimbolia A762, S504
asinclitismo A765, O7
asinergia A766
asintomatico A764
asistolia A767
asma A747, S1101
asma bronchiale B470
asma cardiaco C106
asmatico A748
asparagina A727
asparaginasi A726
aspergillosi A728
aspermatismo A729
aspermia A729
aspiratore chirurgico A733
aspirazione A731
asportazione in blocco E166
asportazione delle margini di un ferita A886
asportazione della mucosa D72
assaggio biologico B195
asse ottico O150
asse ottico principale P864
asse pelvico P234
asse visivo L210, V206
assenza congenita della coroide C558
assenza del timo A785
assimilazione A736
assistenza ai malati N246
assistenza medica M147
assolemma A898
assone A899
assorbimento A25
astasia A740
astasia-abasia A741
asteatosi A742
astenia A744
astenia fisica S630
astenia neurocircolatoria E51, N108, S619
astenico A745
astenopia A746
astereognosia A743
astigmatico A750
astigmatismo A751
astigmatismo diretto A753
astigmatismo inverso A752
astigmatismo miopico M561
astigmatismo regolare R122
astinenza A26
astragalo A462
astroblastoma A756
astrocito A757
astrocito protoplasmatico G128
astrocito a raggi brevi P973
astrocitoma A758
astrosfera A760
atarassia A768

ATASSIA

atassia A770
atassia dinamica K58
atassia locomotoria L291, M419
atassia motoria K58
atavismo A769
atelectasia A774
atelectasia congenita P859
atelia A775, A776
ateroma S239
aterosclerosi A778
aterosclerotico A779
atetosi A781
atimia A785
atipico A821
atireosi A786
atiroidismo A786
atlante A787
atonia A789
atonia gastrica G84
atopia A791
atrepsia A784
atresia A794
atresia anale A393
atresia della cavità uterina H792
atresia uretrale U113
atretopsia A84
atrichia A803
atrio A811
atrofia A814
atrofia di Aran-Duchenne C1170
atrofia bruna B513
atrofia compensatoria C876
atrofia cutanea A813
atrofia epatica H247
atrofia giallo-acuta del fegato A122
atrofia muscolare A385, M535
atrofia muscolare peroneale C396, P375
atrofia muscolare progressiva C1170, P909, W29
atrofia muscolare progressiva spinale S119
atrofia muscolare spinale familiare F33
atrofia di Pick P509
atrofia progressiva della coroide P906
atrofodermia A813
attacco A815, F168, S282, S1015
attacco cardiaco C102
attacco epilettico H45
attacco isterico H799
attenuazione A818, R121
attico A819, H791, T590
attinodermatite A105
attività enzimatica E291
atto compulsivo C900
attrezzo ginnico E516, T391

audiogramma A823
audiologia A824
audiometria A826
audiometro A825
auditivo A827
aumento E252
aumento accrescimento I101
aura A835
aurantiasi A837
auricola A838
auroterapia A845
auscultazione A846
auscultazione diretta I45
auscultazione immediata I45
auscultazione indiretta M144
auscultazione mediata M144
autismo A849
autoaccusa S287
autoallergia A850
autoambulanza A335
autoanticorpo A851
autoantigene A852
autoclave A853
autoemoterapia A859
autoerotismo A856
autofagia A871
autofonia A873
autoimmunità A850, A863
autoimmunizzazione A864
autoinfezione A865, S289
autoinnesto A858
autoinoculazione A866
autointossicazione A867, E217, S132, S290
autoipnosi S288, S888
autoipnotismo A861
autolisi A869
autolisina A868
autonomo A870
autoplastica A875
autopsia A876, N44, P763
autoradiografia R20
autosita A878
autosoma A879, E477
autosuggestione A880
autotrapianto D123
autotrasfusione A860
avambraccio F246
avascolare A883
avitaminosi A885
avulsione A887
avvelenamento P671, V82
avventizia A200
azione dinamico-specifica S673
azocoloranti A901
azoospermia A902
azotemia A903
azoto residuo N197, R191
azoto ureico U79
azoto ureico del sangue B320
azotometro N177
azoturia A904
azygos A905

B

bacillo B3
bacillo difterico di Löffler D222
bacillo dissenterico D336
bacillo dissenterico di Flexner F200
bacillo di Eberth E11
bacillo da fieno H48
bacillo di Friedländer F286
bacillo di Gärtner G58
bacillo di Hansen H30, L136
bacillo di Hoffmann H401
bacillo influenzale I164
bacillo di Klebs-Löffler K64
bacillo di Koch K75, T555
bacillo di Löffler L292
bacillo della morva G217
bacillo pestoso P564
bacillo di Pfeiffer I164, P411
bacillo di Schottmüller S156
bacillo di Shiga S444
bacillo tifico E11
bacinetto renale R150
bacino P247
bacino giovanile J35
bacino ad imbuto F322
bacino lordotico L319
bacino osteomalacico O236
bacino piatto F190
bacino rachitico R7
bacino ristretto C1001
bacino scoliotico S199
bacino spondilolistesico S800
bagassosi B24
bagno B96
bagno d'aria A245
bagno di fango M452
balanite B29
balanopostite B30
balanorragia B31
balantidiasi B32
balbuzie S1033
balia W60
ballistocardiografia B36
ballistocardiogramma B35
ballo di San Vito S31
ballottamento B38
balneoterapia B41
balsamo B40
bambino blu B330
bambino cianotico B330
barbiturici B50
barbiturismo B51
barella S1003
barestesia B52, P843
barilalia B64
baritosi B53
barocettore B54
barorecettore P841

barotrauma B56
barriera ematoencefalica B288
bartolinite B61
bartonellosi B63, C191, P389
basalioma B67
base della vescica B76
basiotribo B84
basocitosi B87
basofilia B91
basofilo B88
basofobia B95
bastoncello R306
batianestesia B100
batiestesia B99
batmotropo B97
batofobia B98
battericida B9
batterico B7
batteriemia B6
batterio termofilo T189
batteriocolia B10
batteriofago B16
batteriofobia B17
batteriolisi B15
batteriolisina B14
batteriologia B13
batteriologico B11
batteriologo B12
batteriostasi B18
batteriostatico B19
batteriotossina B20
batteriotropina B21
batteriuria B22
battito cardiaco C114
battito del polso B106
battito prematuro P816
behaviorismo B119
bellico N35
belonefobia B126
benda B44
bendaggio B44
bendaggio compressivo C897
bendaggio a spiga S725
bendaggio triangolare S570
benigno B129
beriberi B136
berilliosi B139
bersaglio T37
bestialità B140, Z12
beta-adrenergico B141
betel B145
bezoario B148
bicipite B151
bicorne B155
bidattilia B158
bifido B161
biforcato B161
biforcazione B165
biforcazione dei capelli S153
bigeminismo B167, C1119
bilancio B26
bilancio idrico F208
bilaterale B168

bile B169, G18
bile B B103
bile epatico C264
bilharziosi B176, S145
bilirubina B181
bilirubinemia B182
bilirubinuria B183
biliverdina B184, C511
bilobato B185
biloculare B150
binaurale B190
biocenosi B196
biochimica B197
bioflavonoide B199
biomeccanica B205
biomeccanica dei movimenti B341
biometria f B206
biopsia B207
biopsia per aspirazione A732
biopsia endoscopica E235
biopsia mediante puntura P1100
bioritmo B208
biosintesi B209
biossido D218
biossido di carbonio C85
biotelemetria B210
biotipo B213
biotrasformazione B211
bisessuale B230
bisessualità A331
bissinosi B558, S1012
bisturi K72, L61, S112
bisturi amputante C240
bisturi elettrico E105
bivalente B236
blastocele C687, S277
blastocisti B247
blastoderma B248
blastoftoria B252
blastoma B250
blastomicosi B251
blastoporo B253
blastula B254
blefarectomia B261
blefaredema B262
blefarite B263
blefarite angolare A447
blefarite semplice S510
blefarite squamosa S838
blefarite ulcerativa U7
blefaroadenite B260
blefarocalasia B265
blefaroclono B266
blefarocongiuntivite purulenta B272
blefarofimosi B268
blefaroplastica B269
blefaroplegia B270
blefaroptosi B271, P1046
blefarorrafia B273
blefarosinechia B277

blefarospasmo B274
blefarostato B275
blefarotomia B278
blenoftalmia B258
blenorragia G296
blenorrea B259
blocco B285
blocco atrioventricolare A804
blocco cardiaco H72
blocco endoventricolare I484
blocco intratriale I463
blocco nervoso N86
blocco novocainico B286
blocco presacrale P832
blocco senoatriale S524
blocco vagosimpatico V10
blu B328
bocca M426
boccarola P368
boccinatore B528
bolla B243, B545, C1320
bolloso B547
bolo alimentare B349
bolo isterico G243
bolus B349
borboglio B365
borborigmo B365
bordo R292
borsa sottolinguale F197
borsite prepatellare H465
botriocefalasi D225
botriocefalo B463
botrioterapia A369
bottone d'Oriente T526
botulismo B375
braccio A637
brachialgia B392
brachicefalia B395
brachicheilia B396
brachicrania B397
brachidattilia B398
brachifalangismo B402
brachignatia B399
brachimetacarpia B400
brachimorfia B401
bradiaritmia B404
bradicardia B406
bradicardia nodale N183
bradicinesia B408
bradifrenia B412
bradilalia B409
bradipepsia B410
bradipnea B413, O76
bradipragia B414
bradisfigmia B416
braditeleocinesia B417
branchioma B437
bregma B452
brivido S429, S449
brivido di freddo C435
bromidrosi B466, F101, O203
bromismo B468
bromoderma B467

bronchiettasia B478
bronchiettasia cilindrica C1312
bronchiettasia sacciforme S10
bronchiolite B481
bronchiolo B480
bronchiolo terminale T125
bronchite B482
bronchite crupale C1214
bronco B512
broncocele B486
broncocostrizione B488
broncoesofagoscopia B490
broncofibroscopia B491
broncofonia B498, V231
broncografia B492
broncolitiasi B494
broncomicosi B496
broncoplastica B499
broncopneumonite B501
broncopolmonare B502
broncopolmonite B501
broncorrea B505
broncoscopia B507
broncoscopio B506
broncospasmo B508
broncospirografia B509
broncospirometria B510
broncotomia B511
brucellina B516
brucellosi B517, M53, U48
bruciatura T172
bruscolo C642
bruxismo T68
bubbone B522
bubbonocele B524
bubbonuli B525
bulbite B540
bulbo B536
bulbo aortico A560
bulbo duodenale D329
bulbo giugulare J24
bulbo oculare B542, E595
bulbo olfattivo O64
bulbo pilifero H8
bulbo rachideo S734
bulbo dell'uretra B532
bulimia A85, B544, C1319, H625, L356
bulimia psicopatica P424
bustina di farmaco P787
butirrometro B556
buttero P662
by-pass B557, S462

C

cachessia C5
cachessia malarica L207
cachettico C1

cachinno C6
cacosmia C7, K1
cadavere B337, C8, C1072
cadaverico C9
caffeismo C11
calasia C384
calazio C385
calcagno C13, H91, H92
calciferolo C18
calcificazione C19
calcinosi C21
calcitonina C22
calcolo C23, C912, S973
calcolo biliare C494, G22
calcolo bronchiale B472
calcolo coralliforme C1040
calcolo nasale R261
calcolo pancreatico P52
calcolo prepuziale P828
calcolo prostatico P949
calcolo renale N72
calcolo salivare S35
calcolo a stampo C1040
calcolosi L255
calcolosi renale N73
calcosi C386
calcosi di cristallino C1030
caldana F213, H462
calice renale C28
calicectasia C26
calicosi C387
calicotomia C27
callicreina K3
callo C29
callo provvisorio T94
callosità C29
calloso C30
calone C389
calorimetria C35
calorimetro C34
calotta T71
calvizie C37
calvo H11
camera iperbarica per l'ossigenazione H563
camera ad ossigeno O315
camera di Thoma-Zeiss C1118
camicia di forza C40, S982
campimetro C41
campione S678
campo visivo V207
campo visivo microscopico M300
canale C42, C392
canale alimentare D210
canale cervicale C372
canale frontonasale F293
canale di Havers H47
canale inguinale I172
canale di Müller P111
canale nasolacrimale N27
canale del parto B222
canale riuniente U62

canale di Schlemm S154
canale semicircolare S295
canale tireoglosso T255
canale vertebrale S735, V132
canalicoli della dentina D95
canalicolo lacrimale L20
canapa I110
canapa indica M86
cancerogenesi C91
cancerogenico C92
cancerogeno C90
cancrena G52
cancrena acuta dei genitali F264
cancrena gassosa C722, E156, G63, P907
cancrena nevrotica N137
cancrena secca D322, M469
cancrena senile S316
cancrena trofica T514
cancrena umida M368
cancrenoso G53
cancro C44, E380
cancro a corazza C45
cancro squamocellulare degli spazzacamini C438
cancrofobia C47
cancroide C48
candidiasi C49
candidiosi C49
candidosi M376
candidosi dei bronchi B484
canino C53
cannabismo C55
cannula C57
cannula tracheale T384
canto C60
cantoplastica C59
capacità cranica C1138
capacità inspiratoria I377
capacità di ossigeno del sangue O312
capacità polmonare totale T342
capacità residua R169
capacità residua funzionale F311
capacità vitale R181, V212
capacità vitale respiratoria B447
capelli incarniti B552
capelli moniliformi B104
capello C68, H6
capello incarnato I170
capezzolo N172
capillare sanguigno B289
capillaroscopia C63
capo C78, H51
capo omerale H471
capogiro D287, G196, V141
cappa cervicale anticoncezionale C61
cappello del medico C61
capsomero C71

CATERATTA MATURA

capsula C75, S2
capsula adiposa del rene A177
capsula di Bowman B388
capsula del bulbo T117
capsula del cristallino C1244, P413
capsula fibrosa perivascolare di Glisson G236
capsula di Petri P400
capsula del Telone E597
capsula del Tenone T117
capsulectomia renale N69
capsulite C76
capsulotomia C77
carattere C394
carattere ereditario U61
carattere sessuale secondario S256
carbamide C80
carboemoglobina C81
carboidrati C83
carbonchio A498, W104
carbone di legno C395
carbone vegetale C395
carbossiemoglobina C87
carbossilasi C88
carcinoide C93
carcinoma C44, E380
carcinoma basocellulare B67, R309
carcinoma bronchiolare B479
carcinoma a cellule alveolari A318
carcinoma colloide C806, M438
carcinoma epidermoide E332
carcinoma fibroso C602, F135, S167
carcinoma gelatinoso C806
carcinoma a grano d'avena O1
carcinoma intraduttale I473
carcinoma intraepitelia C96
carcinoma midollare E174
carcinoma papillare P69
carcinoma scirroso C602, F135, S167
carcinoma in situ C96
carcinomatosi C97
carcinomatoso C98
carcinosarcoma S81
carcinosi C97
cardiaco C101
cardialgia C129
cardias C100
cardiectasia C130
cardiectomia C131
cardiocentesi C134
cardiodilatazione C130
cardiodinia C137
cardiofobia C150
cardiografo C139
cardiogramma C138
cardiolipomatosi C144

cardiologia C141
cardiologo C140
cardiomalacia C142
cardiomegalia C143, M162
cardiomiopatia C145, M539
cardionevrosi C146
cardioomentopessia C147
cardiopalmo P42
cardiopatia C148
cardiopatia congenita cianogena C1299
cardiopatia ischemica C1066, I534
cardiopatia reumatica R252
cardiopericardiopessia C149
cardioplastica C151
cardioplegia C152
cardiopolmonare C154
cardioptosi C153, D313
cardiorrafia C156
cardiorressi C157
cardiosclerosi C158
cardiospasmo C103
cardiovascolare C161
cardioversione C163
cardite C164
carenza D48
carfologia C186
carie C166
carie dentale D82
carie dentale della superficie boccale B527
carie dentaria D82, S76
cariocinesi K8
cariogamia K6
cariogramma K7
cariolinfa K9
cariolisi K10
carioplasma K12
cariorressi K13
cariosoma K14, P1002
carioteca K15
cariotipo K16
carminativo C168
carnificazione C170
carnitina C171
carotene C172
carotenemia X2
carotideo C173
carotinemia X2
carotinoide L231
carpale C183
carpo W116
cartilagine C192, G363
cartilagine aritenoide A704
cartilagine articolare A689
cartilagine auricolare A839
cartilagine di coniugazione E362
cartilagine corniculata C1060, S70, S1150
cartilagine costale C1102

cartilagine cricoide A473, C1189, I196
cartilagine cuneiforme C1258
cartilagine cuneiforme di Wrisberg W115
cartilagine diartrodiale D175
cartilagine elastica Y5
cartilagine ensiforme E255
cartilagine epifisaria E362
cartilagine di Jacobson J3
cartilagine dell'orecchio C909
cartilagine di Santorini C1060, S70
cartilagine del setto nasale S347
cartilagine tiroidea T257
cartilagine vomeronasale J3, P129, V241
cartilagine di Wrisberg C1258
cartilagineo C195, C517
caruncola uretrale U108
casa di maternità L357, M114
caseina C202
caso C198
cassa C198
cassetta chirurgica F159
cassetta di pronto soccorso F159
castrato C207
castrazione C208
catabolismo C210
catabolita C211
catafasia C217
cataforesi C218
catalasi C212, S137
catalessia C213
catalessia isterica H801
catalisi C214
catalizzatore C215
catamnesi C216
cataplasma C219, P789
cataplessia C220
catarrale C223
catarro C222
catarro nasale S597
catarro primaverale V124
catarsi C236
catartico P1109
catatermometro di Hill K17
catatonia C230
catecolamine C232
catepsina C237
cateratta C221
cateratta capsulare C73
cateratta cerulea B332
cateratta completa C885
cateratta coralliforme C1041
cateratta coronaria C1067
cateratta corticale C1083
cateratta fusiforme S743
cateratta immatura I42
cateratta ipermatura H614
cateratta matura R302

CATERATTA MEMBRANACEA

cateratta membranacea M209
cateratta molle S605
cateratta di Morgagni M400, S271
cateratta nera B238
cateratta puntata P1096
cateratta secondaria A221
cateratta sottocapsulare S1044
cateratta stazionaria S882
cateratta stellata S899
cateratta suturale S1192
cateratta totale T340
cateratta zonulare L54
catetere C238, P869
catetere intracardiaco I465
catetere di Pezzer P410
cateterizzazione C239
cateterizzazione cardiaca C107
catgut C235
caudale C243
causale E475
causalgia C247
caustico C249
cauterio C251
cauterizzazione C250
cava C252
caverna C254
cavernite C255, S359
cavernite fibrosa F136
cavernoma C256
cavernoso C258
cavernostomia A423, S684
cavità C263, S600
cavità addominale A4
cavità articolare S600
cavità del corpo B339
cavità cotiloidea C1110
cavità glenoidea G228
cavità midollare B358
cavità nasale accessoria A35
cavità orale B527
cavità peritoneale P361
cavità della polpa P1083
cavità pulpare P1083
cavità di Retzius P854
cavità viscerale V190
cavitazione C262
cavo C263
cavo di Douglas D303, P788
cavo retroperitoneale R231
cebocefalo C265
cecale C266
cecità B281
cecità per l'azzurro A123
cecità corticale C1081
cecità da neve I2
cecità notturna N166
cecità psichica P1016
cecità verbale T152
cecopessia C267
cecoplicazione C268
cecostomia C269
cecotomia C270

cefalalgia C316
cefalea H58
cefalico C317
cefalina C323
cefalometria C326
cefalopago C327
cefalotomia C329
cefalotoracopago C328
cefalotribo C330
cefalotripsia C332
celiachia G122
celiaco C272
cellula C277
cellula acida A67
cellula adelomorfa di stomaco C430
cellula adiposa A178, F46
cellula ameboide W10
cellula argentaffine C566
cellula avventiziale A201, P287
cellula balloniforme B37
cellula basale B66
cellula basofila B88
cellula bipolare B216
cellula caliciforme G287
cellula dei canestri B85
cellula cartilaginea C193, C524
cellula da castrazione S506
cellula centroacinosa C314
cellula ciliata A86
cellula cromaffine C566
cellula ematica B291
cellula embrionale E133
cellula enterocromaffine K85
cellula ependimale E304
cellula etmoidale E471
cellula falciforme C1179
cellula follicolare dell'ovaio F230
cellula fusata S744
cellula fusiforme S744
cellula gangliare G45
cellula germinale G295
cellula gialla C566
cellula gigante G184
cellula gigante di Reed-Sternberg R97
cellula gliale G230
cellula gustativa G391, T54
cellula di Hofbauer H400
cellula di Hortega H453
cellula insulare I542
cellula interstiziale I438
cellula ipofisaria alfa A309
cellula K K85
cellula di Kupffer S900
cellula di Langerhans C314
cellula di Langhans L64
cellula leprosa L132
cellula di Leydig L178
cellula luteinica L350

cellula luteinica della granulosa G330
cellula madre P154
cellula mesangiale I398
cellula mesenchimale M245
cellula mesoteliale M253
cellula migrante W10
cellula mucipara G287
cellula mucosa M447
cellula a nastro B45
cellula nervosa N87
cellula nevrogliale N116
cellula ossea B352
cellula parietale A67, P160
cellula pigmentata P522
cellula a pilastro P526
cellula piramidale P1156
cellula piriforme P1111
cellula principale chiara W30
cellula protoplasmatica P973
cellula di Purkinje P1111
cellula reticoloendoteliale R206
cellula di Rouget P287
cellula schiumosa F215
cellula di Schwann S160
cellula sensoriale S339
cellula di Sertoli N245, S391
cellula sessuale S408
cellula a sigillo S506
cellula di sostegno N245, S391, S1141, S1189
cellula spinosa P856, S747
cellula staminale S903
cellula stellata S900
cellula stellata di Kupffer K86
cellula di Türck T574
cellule aeree A247
cellule argentaffini A633
cellule di Bec B147
cellule beta dell'ipofisi B142
cellule beta del pancreas B142
cellule di Betz B147
cellule dei canestri S589
cellule ciliate C1091
cellule confini B366
cellule di Corti C1091
cellule enterocromaffini E261
a cellule falciformi C1180
cellule gigantopiramidali B147
cellule di Goormaghtigh G298
cellule iuxta-glomerulari G298
cellule limiti B366
cellule mastoidee M111
cellule di Paget P15
cellule piramidali giganti B147
cellule sensoriali ciliate A830
cellulite C289
cellulosa C290
celoma C291, V190
celomatico C292
cemento D83
cementocito C293
cenestesia C294

CIRCOLAZIONE CROCIATA

cenofobia C295
censura C296
centrifuga C311, S274
centrifugazione C310
centriolo C313
centro C297
centro nervoso C297
centro nervoso vitale V213
centro di ossificazione O215
centro tendineo del perineo P316
centromero C315
centrosoma C278
ceppo batterico S981
cerasina C333
cerchiaggio C336
cerebellare C337
cerebrale C342
cerebromalacia C355
cerebropatia C357
cerebrosclerosi C359
cerebrosio C360
ceresina O322
cerotto adesivo A171
certificato medico M148
certificato di nascita B223
ceruloplasmina C366
cerume C367, E10
cervelletto C341
cervello B420
cervello anteriore F247
cervello intermedio T583
cervicale C370
cervicectomia C377
cervicite C378, T375
cervicotomia T376
cestode C382
chagoma C383
cheilite C404
cheiloplastica C405, L3
cheiloschisi C692, H39
cheilosi C406
cheirospasmo C407
cheloide C408, K20
chemioprofilassi C414
chemiorecettore C415
chemiosintesi C418
chemiotassi C419
chemiotattismo C419
chemodectoma C412
chemosi C417
cheratectasia K22
cheratina C334
cheratinizzazione C1061, H446, K23
cheratite C335, K24
cheratite a banda R282
cheratite erpetica H307
cheratite fascicolare B46, F40
cheratite flittenulare S221
cheratite interstiziale I440
cheratite neuroparalitica N127
cheratite puntata P1098
cheratite scrofolosa S221
cheratite striata S1005
cheratite vascolare V43
cheratoacantoma A29
cheratocele K25
cheratocongiuntivite K26
cheratocongiuntivite epidemica E317, V188
cheratocongiuntivite secca S478
cheratocono C951, K27
cheratodermia K28
cheratogloblo K31
cheratoipopion H757
cheratoirite C1056
cheratolisi K32
cheratoma H35, K33
cheratoma plantare solcato C1133
cheratoma sebaceo S242
cheratoma senile S318
cheratomalacia K34
cheratomicosi K35, M506
cheratoplastica C1057, K36
cheratoressi K37
cheratosclerite K38
cheratoscopia K40
cheratoscopio K39
cheratosi K28, K41
cheratosi sifilitica P569
cheratotomia K42
chetone K46
chetonuria K48
chetosi K49
chiasma C425
chiasma ottico C425, O151
chiazza P193
chilangioma C614
chilo C615
chilocele C616
chilomicrone C618
chilomicroni E109
chilopericardio C619
chiloperitoneo C620
chiloso C622
chilotorace C621
chiluria G16
chimera C437
chimica farmaceutica P432
chimo C623
chimotripsina C624
chimotripsinogeno C625
chinasi K53
chinina K60
chiodo N1, P534
chionite K62
chiropratica C442
chirurgia S1176
chirurgia elettiva E72
chirurgia in elezione E72
chirurgia plastica P588
chirurgia radicale R13
chirurgia ricostruttiva P588
chirurgo S1175
chitina C443
chiusura C723
cianocobalamina C1296, E587
cianosi C1297
cianotico B328, C1298
cianuria C1302
cianuro C1295
ciarlataneria C398, E157, Q3
ciarlatano Q2
cibo F236
cicatrice C630, S122
cicatrice di vaiuolo P546
cicatrizzazione C631, H63, S1279, U18
ciclico C1304
ciclite C1305
ciclo C1303
ciclo dell'acido citrico C669
ciclo di Krebs C669
ciclo mestruale M233
ciclo mestruale anovulatorio A487, N196
ciclo mitotico M356
ciclo ovarico O277
ciclofrenia C1307
ciclopia C1306
cicloplegia C1309
ciclotimia C650
ciclotomia C1310
cieco B279, C271
cifoscoliosi K89
cifosi K90
cifosi dorsale S139
ciglio E601
cilindri crociati di Jackson C1199
cilindro C205, C1311
cilindro cereo W40
cilindro ematico B290
cilindro orinario R146, T550
cilindro renale R146, T550
cilindroide C1315, S833
cilindroma C1316, T579
cilindruria C1317
cimurro E395, F36, G216
cineangiografia C643
cineradiografia C644
cinesiologia K55
cinesiterapia K56
cinestesia K57
cinetosi M416
cingolo scapolare S458
cinofobia C1318
cinto erniario T537
cintura pelvica P237
circolare C649
circolatorio C652
circolazione C651
circolazione collaterale C798
circolazione crociata C1198

719

CIRCOLAZIONE EXTRACORPOREA

circolazione extracorporea E571
circolazione linfatica L383
circolazione placentare P558
circolazione polmonare P1066
circolazione portale P742
circolazione sistemica S1304
circolo C651
circolo arterioso di Willis C648
circoncisione C655
circonvoluzione C1024, G399
circonvoluzione angolare A448
circonvoluzione di Broca B465
circonvoluzione frontale ascendente P795
circonvoluzione frontale superiore M84
circonvoluzione postcentrale P751
circonvoluzione precentrale P795
circonvoluzione temporo-occipitale laterale F330
cirrosi alcolica G203
cirrosi alimentare N254
cirrosi biliare B177
cirrosi cardiaca C108
cirrosi colangiotica C463
cirrosi colestatica B177
cirrosi epatica C662
cirrosi postnecrotica P768
cirrosi volgare C662
cirrotico C663
cirsectomia C664
cirsonfalo C665
cistalgia C1323
cistectomia C1324
cisteina C1325
cisterna C667
cisterna del chilo C617
cisterna di Pecquet C617
cisti C1320
cisti alveolodentaria A321
cisti aneurismatica di osso B130
cisti branchiale B435
cisti cioccolata dell'ovaio C456
cisti dermoide D138
cisti del dotto dell'epooforon G59
cisti del dotto di Gärtner G59
cisti da echinococco E17
cisti ematica B297, H221, S64
cisti ependimale E305
cisti epidermica E327
cisti falsa F26
cisti idatidea H496
cisti lattea M330
cisti ovarica O278
cisti papillare dell'ovaia P70
cisti perlacea dell'iride P218
cisti picea T40
cisti radicolare R15

cisti di retenzione S264
cisti da ritenzione R197
cisti sebacea S239, W56
cisti sublinguale F289, S468, S1060
cisti tireoglossa T254
cisticerco C1332
cisticercoide C1330
cisticercosi C1331
cistico C1326
cisticolitectomia C1338
cisticotomia C1339
cistifellea C476, G19
cistiforme C1349
cistina C1341
cistinosi C1342
cistinuria C1343
cistite C1344
cistoadenocarcinoma C1321
cistoadenoma A139, C1322
cistocele C1346
cistofibroma C1347
cistografia C1348
cistoide C1349
cistolitiasi C1350
cistoma C1351
cistopielite C1353, P1128
cistoplastica C1352
cistorrafia C1355
cistorragia C1354
cistorrea C1356
cistoscopio C1357
cistostomia C1358
cistotomia V147
cistotomia perineale H706, P317
cistotomo C1359
cistrone C668
citidina C1360
citocromo C1362
citocromo A Y6
citocromossidasi C1363
citodiagnosi C1364
citogenetica C1365
citolisi C1368
citolisina C1367
citolisosoma C1369
citologia C1366
citomegalovirus C1371
citomorfologia C1372, M405
citopatologia C1373
citopenia C1374
citoplasma C1375
citosi C1377
citostatico C1378
citotossico C1379
citotossina C1380
citotrofoblasto C1381
citrullina C670
ciuccio N172
cladosporiosi C672
clasmatocito C674
claudicazione C676

claustrofobia C677
clavicola C797
clearance C684
cleidotomia C695
cleptomania C696, K65
clic C697
clicchettio S590
clima salubre S55
climaterio C699
climatoterapia C702
clinica C703
clinica ostetrica L357, M114
clinico C704
clinocefalia C707, S24
clinodattilia C708
clisma C734, E251
clisma di Murphy M475
clisma di pulizia C683
clistere C734, E251
clistere di Murphy M475
clitoride C710
clitoridectomia C709
clivaggio C686
cloaca C711
cloaca persistente P380
cloasma C444
cloasma gravidico M92
clone C712
clono C716
clono dell'elevatore del palato P19
clono del piede F240
clonografo C714
clonorchiasi C715
cloremia C445
cloro C448
cloroformismo C449
cloroma C450
cloropenia C451
cloropsia C452
clorosi C453
clorosi tardiva L92
clorurato C446
cloruro di calce C447
clownismo C729
coagulante C735
coagulazione C736
coagulazione ematica B293
coagulo C724
coagulo ematico B292
coagulo laminare L57
coalescenza C740
coane C454
coartazione C742
coazione C899
cocainismo C747
cocarcinogeno C748
coccialgia C758
coccico C749
coccidi C750
coccidioidomicosi C751
coccige C759
cocco C752

COMPORTAMENTO

coclea C760
cocleare C761
codice genetico G140
codone C767
coefficiente di natalità N29
coefficiente di parentela C768
coenzima C770
cofattore C771
coilonichia C775, K76, S818
coito C776, I404, S422
colangiocarcinoma C459
colangioenterostomia C460
colangioepatite C462
colangiografia C461, C472
colangiografia percutanea P275
colangiolite C465
colangioma C466
colangioma maligno C459
colangioscopia C467
colangite A425, C468
colasso da calore H81
colato C469
colecalciferolo C470
colecistectasia C473
colecistectomia C474
colecistenterostomia C475
colecisti C476, G19
colecisti a fragola S990
colecistite C477
colecistite enfisematosa E155
colecistochinina C482
colecistocolostomia C478
colecistoduodenostomia C479
colecistogastrostomia C480
colecistografia C481
colecistopessi C483
colecistorrafia C484
colecistostomia C485
colecistotomia C486
colectomia C785
coledoco C866
coledocoduodenostomia C487
coledocolitiasi C488
coledocoplastica C489
coledocostomia C490
coledocotomia C491
coleglobina B174, C492
colelitiasi C495
colemesi C496
colemia C497
colemia familiare G200
coleperitonite C498
colera C499
coleresi C501
colerragia C502
colestasi C503
colesteatoma C504
colesterolemia C509
colesterolo C508
colesterosi C510
colibacillo C813
colibacillosi C788

colica C787
colica appendicolare V120
colica biliare G23
colica epatica H249
colica intestinale G361, I449
colica pseudomembranosa P997
colica saturnina L105, P18, S98
colina C512
colinergico C513
colinesterasi C514
colite C789
colite granulomatosa G327
colite pseudomembranosa P998
colite ulcerosa U8
colla di fibrina umana B202, F113
collageno C790
collagenopatia C791
collante biologico B202, F113
collare di Venere P519
collasso C793
collasso polmonare P1067
collassoterapia C795
colletto del dente D89
collicolo seminale S302, V142
collicolo superiore S1130
collo N38
collo del dente N39
collo di Madelung M18
collo uterino U160
collodio C803
colloide C804
collutorio M432
coloboma C810
colon C812
colon ascendente A711
colon spastico I531
colon trasverso T429
colonia C818
colonia batterica liscia S586
colonia S S586
colonna C851
colonna anteriore V102
colonna vertebrale B5, S736, S746, V133
colopatia mucosa I531
colopessia C819
coloptosi C820
colorante S852
coloranti azoici A901
colorazione S852, S853
colorazione selettiva S285
colorazione sopravitale S1166
colorazione vitale V215
colori fondamentali P861
colorimetria C827
colorimetro C826
coloscopia C817
coloscopio C816
colostomia C828
colostomia inguinale I173

del colostro C829
colostro C830, F255
colotomia C831
colpeurinter C832
colpeurisi C833
colpite C834, V16
colpo S1015
colpo di sole I373, S615, S1121
colpocele C842
colpoisterectomia C835
colpoisteropessia C836
colpomicroscopia C837
colpomiomectomia C838
colpoperineoplastica C839
colpoperineorrafia V18
colpopessia C840, V19
colpoplastica C841
colpoptosi C842
colporrafia C844
colporragia C843
colporressi C845
colposcopia C847, V20
colposcopio C846
colpospasmo C848
colpostat C849
colpotomia C850, V21
coltello K72
coltello per bende gessate P583
coltello di Graefe G307
coltura C1255
coltura cellulare C280
coma C853
comatoso C854
comedocarcinoma C860
comedone C859
commensalismo C861
commessura C864
commessura del cranio C864
commessura del fornice T431
commessura labiale C864
commessura di Meynert M282
commessura palpebrale P39
commessura delle palpebre C864
commettitura dei denti B231
commozione C913
commozione cerebrale B424, C344
commozione della retina B137
compatibilità C875
complemento C880
complesso C888
complesso atriale A796
complesso di Edipo O53
complesso di Golgi H405
complesso sintomatico gastro-cardiaco G85
complesso ventricolare V106
complicanza C890
complicazione C890, S354
comportamento B118

COMPOSTO

composto C891
compressa C895, T6
compressione C896
compulsione C899
comunità P730
conati di vomito V246
conca nasale S223
concentrazione C906
concepimento C908
concezione C908
concotomo C910
concremento C912
concrezione S973
concubito I404
condensatore C915
condensazione C914
condilo C929
condiloma C930
condiloma acuminato F142, P669, V86
condiloma piano F186
condizionamento C919
condizione S876
condom C920
condotti biliari B171
condotti cistici B171
condotto C42, D325
condotto escretorio E513
condotto interlobulare I409
condotto pancreatico P48
condotto pancreatico accessorio S71
condotto parauretrale S551
condotto di Santorini S71
condotto di Wirsung P48
condrale C195, C517
condrificazione C518
condrite C519
condroblasto C520
condroblastoma C521
condrocalcinosi C522
condrocito C193, C524
condroclasto C523
condrodisplasia A763
condrodistrofia A59, C525
condrofibroma C527
condroide C528
condroma C529
condromalacia C530
condromatosi C531
condromucoide C532
condroplastica C534
condrosamina G10
condrosarcoma C535, S84
conduttività C926
conduttore C927, S846
conduzione C922
conduzione saltatoria S49
confabulazione C934, F3
confetto D305
confusione mentale C936
congedo di maternità M115

congelamento C937, F281, F297
congenito I83
congestione C946
congiuntiva C961
congiuntiva bulbare B537
congiuntivale C962
congiuntivite C964
congiuntivite acuta P538
congiuntivite acuta semplice C228
congiuntivite catarrale B258, C228
congiuntivite contagiosa acuta A116
congiuntivite epidemica P538
congiuntivite flittenulare P447, S222
congiuntivite nodosa C234
congiuntivite da piscina S1202
congiuntivite primaverile S829, V124
congiuntivite scrofolosa S222
conglutinazione C949
coniocorteccia K79
coniosi C952, K80
coniugata C957
coniugata diagonale D163
coniugata vera T532
coniugazione C960
conizzazione C953
connettivopatia C966
cono C1014
cono luminoso di Wilde C932
cono midollare M158
cono retinico C931
consenso all'operazione C970, P215
consolidamento C973, U55
consolidarsi C972
consulente C981
consulto C982
conta ematica B295
conta leucocitaria D199
contagio mediante l'aria A246
contagiosità C992
contagocce M154
contaminazione C993
contatto C985, T346
continenza C994
contraccettivo intrauterino I481
contraccezione C998
contrattile C1002
contrattilità C1003
contrattura C1005
contrattura cicatriziale C628
contrazione C1004, R222
contrazione uterina U165
controapertura C1116
controdepressivo C1115
controindicazione C1006
controlaterale C1007
controllo C1009

controllo delle nascite B224
controregolazione F72
contusione B518, C1013, C1221
convalescente C1016
convalescenza C1015, R83
convergenza C1018
conversione C1021
convulsione C1025, F168
convulsione tetanica T142
coordinazione C1029
coperchio C61
coppetta C1262
coppettazione C1261
copremesi C1031
coprofagia C1034
coprolalia C1032
coprolito C1033, F66, S913
coprologia S133
coproporfirina C1036, S920
coprostanolo C1037
coprostasi C1038
coprosterolo C1037
copula I404
copulazione C1039
corda C537, C1042
corda vocale V227
cordite C538
cordite nodosa T61, V230
cordoma C539
cordone C1042
cordone ombelicale U32
cordone spermatico S686
cordotomia C540, C1043, S741
corea C541, J32
corea elettrica E77
corea epidemica C545
corea ereditaria H290
corea fibrillare F110
corea generativa C607
corea di Huntington C607, H290, H481
corea infettiva I145
corea major C545
corea minor S31
corea reumatica R250
corea di Sydenham I145
corectasia C1045
coreoatetosi C544
coreofrasia C546
corestenoma C1047
corinebatterio pseudodifterico H401
corioepitelioma C548, P561
coriomeningite linfocitaria C549, L390
corion C550
corioretinite C553, R216
coristia C554
coristoblastoma C555
coristoma C556
corizza C1094

CROMOBLASTOMICOSI

cornea C1049
corneale C1050
corneificazione H446
corneo C1058, H447
corno H445
corno cutaneo C15, C1286, H35, S558, W24
corno inferiore del ventricolo laterale U46
coroidea C557
coroidite C559
coroidosi C560
corona del dente C1217
coronaropatia C1066
corpi chetonici A48
corpi di Guarnieri G378
corpi inclusi I93
corpi di Negri N51
corpi di Nissl N174
corpi di Pacchioni P1
corpo B337
corpo articolare L314
corpo di Barr B57, S409
corpo cavernoso C259
corpo centrale C278
corpo chetonico K47
corpo ciliare C632
corpo estraneo F250
corpo genicolato G146
corpo libero endoarticolare J21
corpo luteo Y4
corpo del neurone N88
corpo di osso del pube P1050
corpo para-aortico P86
corpo perineale P316
corpo pineale P535
corpo polare P672
corpo striato S1004
corpo tigroide T287
corpo trapezoide T437
corpo vitreo V219
corpulenza C1073
corpuscolare C1075
corpuscoli genitali G151
corpuscoli di Ruffini R340
corpuscolo B337, C1074
corpuscolo lamellato di Pacini L55
corpuscolo di Malpighi R147
corpuscolo di Meissner O274, T347
corpuscolo di Nissl T287
corpuscolo renale R147
corpuscolo tattile O274, T347
corpuscolo terminale E190
corredo cromosomico C596
corrente di demarcazione C1274
corrente sanguigna B315
corsetto J1
corsia W20
corteccia C1078

corteccia cerebrale B426, C345
corteccia eterogenetica L58
corteccia granulare K79
corteccia di pelo C1079
corteccia surrenale A186, S1161
corticale C1080
corticalizzazione C1085
cortice omogenetico H416
corticospinale C1087
corticosteroide C1088
corticosterone C1089
corticotropina C1090
cortisone C1092
coscia F83
coscienza C967
coscienza doppia D300
cosmetico C1095
costa cervicale C376
costale C1097
costante di Ambard U78
costipazione C974, O16
costituzione fisica C975
costola R280
costotomia C1105
costotomo C1104
costrittore C980
costrizione C977
costrizione primaria C315
cotone idrofilo C1109
cotromboplastina C1108
cowperite C1126
coxalgia C1128
coxite C1129
crampo C1135, S656
crampo degli scrivani C407, S216, W119
craniale C1136
cranico C1136
cranio C1163, S560
craniocerebrale C1145
cranioclasia C1146
cranioclasto C1147
craniofaringioma C1155
craniologia C1150
craniomalacia C1151
craniometria C326, C1153
craniopago C327, C1154
cranioplastica C1156
cranioschisi C1158
craniosclerosi C1159
craniospinale C1160
craniotabe C1161
craniotomia C329, C1162
cratere di una ulcera C1164
creatina C1165
creatinemia C1166
creatinina C1167
creatinuria C1168
creeping disease C1169
cremastere C1172
cremazione C1174

crenobalneoterapia C1175
crenoterapia M343
crepitante C1176
crepitazione C1178
crepitio C1178
crepitio osseo B363
crescita G371
cresolo C1181
cresta C1182, R292
cresta di gallo F142, V86
cresta tibiale S446
cretinismo C1184, I137
cretino C1183
cribriforme C1186
cribroso C1186
cricoide C1189
cricotomia C1190
crioanestesia C1227
criocauterio C1229
criochirurgia C1231
crioestesia C1228
criostato C1230
crioterapia C1232
cripta C1233
cripta tonsillare T315
cripte di Galeazzi I453
criptococco C1236
criptococcosi C1235, S7, T337
criptoftalmia C1241
criptoftalmo C1241
criptogenetico C1237
criptogeno C1237
criptomenorrea C1240
criptorchidia C1242
criptorchidismo C1242
crisi A815, C1194
crisi addisoniana A130
crisi epilettica di automatismo S638
crisi oculogira O42
crisi tabetica T3
crisiasi C611
crisodermatosi C611
crisoterapia C612
cristallino C1245, L122
cristallo C1243
cristalloide C1244
crocevia C1212
crocidismo C186
cromatico C568
cromatide C573
cromatidio C573
cromatina C574
cromatina sessuale B57, S409
cromatismo C577
cromatoforo C580, P522
cromatografia C578
cromatolisi C579
cromatopsia C581
cromatosi C582
cromidrosi C583
cromoblasto P522
cromoblastomicosi C584

CROMOCENTRO

cromocentro C575, K14
cromocistoscopia C586
cromofilo C590
cromogeno C587
cromolipide C588
cromomicosi C584
cromonema C571
cromoproteide C592
cromoproteina C592
cromosoma C594
cromosoma anulare R298
cromosoma bivalente B236
cromosoma eterotropico H336
cromosoma sessuale O44, S410
cromosoma submetacentrico S1071
cromosoma telocentrico T83
cromosome omologhi H421
cromosomico C593
cronassia C597
cronico C598
cronofotografia C609
cronotropo C610
crossing-over C1208
crosta C1223, S104, S573
crosta lattea M329
crostaceo C1132
croup C1213
crush-syndrome B559
cubitale A417, C1248
cubito E68
cucchiaio S200, S817
cul-de-sac C1253
cul di sacco C1253
culdoscopia C1254
cumulazione C1257
cumulo ooforo P918
cunicolo C1259
cuoio capelluto S110
cuore H71
cuore adiposo F55
cuore d'atleta A783
cuore da birra B117
cuore bovino B385
cuore a corazza A639, F298
cuore corazzato A639
cuore a goccia D313, T66
cuore irritabile C146
cuore nervoso C146
cuore orizzontale H440
cuore polmonare P1070
cuore da sforzo C146
cuore da soldato S619
cuore sospeso H27, P252, S1185
cuore tigrato T286
cuore villoso H14, T466
cura d'acque M343
cura dei bambini N246
cura causale C248
cura del digiuno H477
cura dei malati T444
curariforme C1265

curaro C1264
curaromimetico C1265
curativo C1266
curetta C1271, S817
curettage C1270
curettaggio C1270
curette C1271
curva C1277
curvatura della spina dorsale C1276
cuscinetto polare J38
cuscino C1279
cuspide C1280
cutaneo D118
cute S555
cute di coccodrillo C1195
cute lassa L315
cute marmorata M192
cute papiracea P150
cuticola C1291
cuticola di Nasmyth N26
cuticola del pelo C1292
cuticola dello smalto N26
cuvetta C1294

D

dacrioadenite D1
dacriocistite D2
dacriocistotomia D3
dacriolito D4, O134
daltonismo D8
danno D9, I190
danza di S. Vito J32
darsonvalizzazione D14
dartos D15
dattilogriposi D5
dattiloscopia D6
deaminazione D23
deattivazione D16
debilitazione I160
debito di ossigeno O313
debolezza H765, I160
decadimento D51
decalcificazione D27
decapsulazione D28
decidua D31
deciduoma maligno P561
declorurazione D30
decompressione D34
decompressione cranica C1139
decontaminazione D36
decorso C1120
decorso postoperatorio della malattia P769
decorticazione D37
decotto D33
decozione D33
decrepitezza I160

decubiti P844
decussazione dei lemnischi S340
decussazione parziale S296
decussazione delle piramidi M421, P1157
defecazione D40, M434
defervescenza D44
defibrillatore D46
defibrillazione D45
deficienza D48, I68
deficienza mentale M236
deficit D41, D48, F17, I383
deficit uditivo H70
definire I12
defosforilazione D107
degenerativo D52
degenerazione D51
degenerazione albuminoide A270
degenerazione caseosa C203
degenerazione colloide C807
degenerazione epatolenticolare H271, W90
degenerazione grassa F54
degenerazione ialina G224
degenerazione lenticolare progressiva L125
degenerazione maculare M14
degenerazione mucoide M443
degenerazione senile S312
degenerazione vacuolare V4
degenerazione di Zenker Z2
deidratasi H522
deidratazione dell'organismo E552
deidrogenasi D55
deidrogenazione D56
deiscenza dell'anastomosi L109
deiscenza di una ferita W111
deliquio F18
delirio D58
delirio alcolico J28
delirio di collasso C794
delirio espansivo E537
delirio di grandezza E537
delirio da inanizione E523
delirio indotto S518
delirio ipocondriaco del Cotard D67
delirio di negazione N171
delirio di persecuzione D68, P378
delirio di relazione I9, R99
delirio senile S313
delirio sensitivo di rapporto I9
delirio sistemato S1303
delirio traumatico P776
delirio tremante D61
deltoide D63
demarcazione D69
demente M17
demenza D70

DICOTOMIA

demenza cronica C605
demenza precoce A184
demenza senile P835, S317
demenza traumatica P777
demielinizzazione D74
demineralizzazione D71
demonofobia S95
demulcente D73
demulgente D73
dendrite D75
denervazione D76
dengue B383, D77
dengue di grado I S615
densimetria D78
dentale D79
dentario D79
dentatura D98
dente T321
dente canino C53
dente deciduo D32, M336
dente definitivo S1084
dente del giudizio W100
dente incisivo C1293, I92
dente di latte D32, M336
dente molare M370
dente permanente P370
dente premolare B156, P824
dente ritenuto I67
dente di sostegno A28
denti decidui T97
denticolo P1085
dentiera D98
dentina D94
dentista D96
dentizione D97, T69
dentizione definitiva S251
dentizione di latte F160
dentizione tardiva D57
denudazione D99
deodorante D100
deontologia D101
deossificazione D102
depersonalizzazione D106
depigmentazione D108
depilatorio D110
depilazione D109, E348
depistage M99, S214
depistaggio M99
deplezione D111
deplezione idrica W31
depolarizzazione D112
deposito sanguino P730
depressione D113
depressione involutiva I504
deprivazione sensoriale S341
derivazione L104
derivazione dell'arto L205
derivazione bipolare B217
derivazione esofagea E446
derivazione indiretta I118
derivazione intracardiaca I466
derivazione precordiale P800
derivazione standard S857

derivazione toracica d'ECG C422
derivazione unipolare U59
derma D116
dermatite D121
dermatite allergica S334
dermatite atopica A790
dermatite attinica A105, P469
dermatite da bergamotto B138
dermatite da cercaria W33
dermatite da cereali S988
dermatite da contatto C986
dermatite esfoliativa E519
dermatite esfoliativa del neonato E520
dermatite invernale L334
dermatite da larve C233
dermatite medicamentosa M151
dermatite da schistosoma S144
dermatite solare S614
dermatite streptococcica S996
dermatite vescicolosa G369
dermatofibrosi lenticolare disseminata N187
dermatofita C1285, D131, E366
dermatofitosi R301
dermatoglifi D125
dermatolisi D130
dermatologia D129
dermatologo D128
dermatoplastica D132
dermatosclerosi D133
dermatosi D134
dermatosi attinica A104, X22
dermatosi pigmentaria progressiva P910
dermatosi pustolosa subcorneale S1047
dermatosi secca P491
dermatozoonosi D135
dermico D118, D136
dermoabrasione D117
dermoide D138
dermotifo benigno M89
descrittiva S1301
desmoide D142
desmosoma B455, D143
desossiribonucleasi D104
desquamazione D145, E518, P230
desquamazione forforosa D50
destrano D155
destrimano R294
destrina D156
destrocardia D157
destrocardia isolata I554
destrocardia di tipo 4d S252
destrosio D158, G332
detergente D148
deterioramento D149
determinare I12

determinazione del gruppo sanguigno B303
detersivo D148
detumescenza D151
deuteranopia G353
deviazione D153
deviazione dell'asse A895
deviazione assiale A895
deviazione coniugata degli occhi C958
deviazione a destra S443
deviazione sessuale S418
deviazione a sinistra S442
deviazione standard S856
D-galattosio C360
diabete D159
diabete alimentare A282
diabete giovanile G374
diabete insipido nefrogeno V59
diabete instabile B460
diabetico D160
diadococinesi D161
diafanoscopia D166
diafisi D173, S426
diaforesi E502, P384
diaframma D167, M317
diaframma pelvico P236
diagnosi D162
diagnosi differenziale D200
diagnosi errata M352
diagnosi erronea W120
diagnosi falsa M352, W120
diagnosi istologica H383
diagnosi per mezzo di una calcolatrice C901
diagnosi patologica P205
diagnosi provvisorio T119
diagnostica D162
diagnostica differenziale D202
dialisi D164
diametro zigomatico Z22
diapedesi D165
diarrea D174
diarrea grassa F56
diarrea dei viaggiatori M395
diartrosi D176
diaschisi D177
diastasi D178
diastema D179
diaster D181
diastole D182
diatermia D187, E104, T188
diatermia ad onde corte N57, S455
diatermocoagulazione D186, S1178
diatesi D188
diatesi essudativa E592
diatesi gottosa G304
diatesi ossalica O298
diatesi uratica U131
diatesi urica G304
dicotomia D189

DICROMASIA

dicromasia C821
dicromatismo D190
dicromatopsia D190
dictioma D192
diencefalo B146, I396, T153, T583
dieta D194
dieta adeguata A164
dieta assoluta H477
dieta di base B77
dieta bilanciata B27, E108
dieta iposodica L324
dieta leggera S607
dieta riducente R93
dietetica D196, S539
dietetica clinica A284
dietista D197
dietologo D197
dietoterapia D198, S542
difetto D41
difetto settale interatriale A800
difetto del setto interventricolare P197, V111
differenziazione D202
diffusione D205
diffuso D203
difillobotriasi D225
difterico D224
difterite D221
difterite di piaga S1179
digerente D208
digestione D207
digestione intercellulare I402
digestione intracellulare I467
digestivo D208
digiunectomia J11
digiunite J12
digiuno assoluto A21
digiunoileostomia J13
digiunostomia J14
digrignamento dei denti T68
dilatatore B378, D213
dilatatore a bulbo B379
dilatatore di Hegar H94
dilatatore a tre battenti T500
dilatatore dell'utero H794
dilatazione B380, D212, E25, E252
dilatazione dell'aorta A555
dilatazione gastrica G72
dilatazione dell'uretere U88
dilatazione dell'utero H795
diluizione D216
diminuire D38
dinamometro S946
dinamometro della forza del morso B232
diossido D218
dipeptidasi D219
dipeptide D220
diplegia D226
diplegia spastica congenita S662

diplobacillo D227
diplococco D228
diplomielia D229
diplopia D230
diplopia crociata H319
diplopia eteronima C1200
diplopia monoculare M383
diplopia omonima H424, S511
diplosoma D231
dipsomania D232
disaccaride D238
disaggregazione D239
disarticolazione E500
disautonomia familiare F31
disco D250
disco articolare A691
disco equatoriale E390
disco germinale E135
disco germinativo E135
disco intervertebrale I446
disco di Merkel T17
disco ottico O152
disco proligero P918
discoblastula D242
discondroplasia A763
disestesia D337
disfagia D345
disfagia sideropenica S490
disfasia D346
disfonia D347
disfunzione D338, I68, M36
disgeusia D339
disidratazione D54
disinfettante D245
disinfezione D246, S68
disintegrazione D29, D247
disintossicazione D150, D248, S68
disinvaginazione D249
dislocazione D255
dismenorrea D340
disostosi D341
disostosi cleidocranica C694, C1148
disostosi craniofacciale C1149
dispareunia D342
dispepsia D343, M32
dispepsia fermentativa F88
dispepsia gastrica G73
dispepsia intestinale I450
dispepsia nervosa N94
dispeptico D344
dispersione D254
displasia D348
displasia condroectodermica C526
displasia craniometafisaria C1152
displasia ectodermica anidrotica A451
displasia epifisaria multipla M462
displasia osteomidollare O238

dispnea D349
disposizione d'animo M397
dissanguamento E551
disseminato D259
dissenteria D335
dissenteria amebica A337
dissenteria bacillare B1, S445
dissenteria virale V174
dissenterico D334
dissettore P937
dissezione D258
dissociato D262
dissociazione D263
dissociazione atrioventricolare A806
dissociazione siringomielica S1298
dissociazione tabetica della sensibilità T4
dissoluzione L417
distacco della retina D147, R212
distale D264
distanza fra i centri delle pupille P1103
distensibilità D266
distensione D267
distichia D268
distillazione D269
distinto D243
distocia P172
distomatosi D271
distomiasi D271
distonia D350
distonia di torsione T334
distonia vegetativa V76
distopia D351
distorsione D272
distrazione D272
distrofia D353
distrofia corneale C1051
distrofia miotonica M571, S898
distrofia mucoide M576
distrofia muscolare progressiva M480
distrofia muscolare pseudoipertrofica C434
distrofia muscolare pseudoipertrofica di Duchenne P993
distrofico D352
disturbo D252, D274, I68
disturbo di una funzione M36
disturbo psichico D114
dita a scatto J16
dito F156
dito a martello M46
dito a martello della mano H22
dito a martello del piede H24
dito medio M312
dito mignolo L263
dito del piede T300

ELASTOSI

dito a scatto L289, S591, S830, T495
diuresi D275
diuretico D276
diurno D277
divaricatore R224
divergente D279
divergenza D278
diverticolo C1253, D283
diverticolo esofageo E444
diverticolo ileale di Meckel M136
diverticolo di Zenker H740, Z3
diverticolosi D282
divisione C686, D285
divisione cellulare C281
divisione nucleare N223
DNAsi D104
doccia D302
doccia gessata P585
doccia scozzese S204
doglie B105, L8
dolente S646
dolicocolon D289
dolore A53, D273, P17
dolore da arto fantasma P431
dolore a cintura G214
dolore da fame H478
dolore lancinante S452
dolore pungente S452
dolore riferito R100, S1236
dolore tendineo T102
dolore terebrante T124
dolore trasferito R100, S1236
donatore D293
donatore di sangue B299
donatore universale U64
doppio tono di Traube T439
dorsale D294
dorso B4
dosaggio D295
dose D297
dose curativa C1267
dose efficace E46
dose eritematosa minima E417
dose frazionaria D284
dose frazionata D284, F268
dose giornaliera D7
dose letale L147
dose massima M125, T302
dose massima ammissibile M126
dose minima M346
dose minima letale M347
dose preventiva P850
dose di radiazione D298
dosimetria D299
dotti prostatici P946
dotti sottolinguali minori W8
dotti sublinguali S1061
dotti di Walther W8
dotto D325
dotto arterioso di Botallo B371

dotto biliare G20
dotto biliare comune C866
dotto cistico C1329
dotto cocleare C762
dotto deferente D43, S687, T135
dotto eiaculatore E59
dotto endolinfatico E219
dotto epatico comune C869
dotto galattoforo G6, L33, M331
dotto interlobulare I409
dotto lattifero L33, M331
dotto mesonefrico M252
dotto di Müller G65, M453
dotto onfalomesenterico O91
dotto pancreatico W99
dotto paramesonefrico M453, P111
dotto parauretrale P148
dotto parotideo P177, S909
dotto perilinfatico P311
dotto sottomandibolare S1065, W64
dotto di Stenone P177, S909
dotto sudoriparo S1096
dotto toracico T209
dotto di Wharton S1065, W64
dotto di Wirsung W99
dotto di Wolff M252
dottore D288
dracunculosi G382
drenaggio D307
drepanocito C1179, M228, S480
drepanocitosi D308
droga D315
dumping-syndrome D328, J10, P758
dura madre P7

E

ebbrezza I132, I461
eburneazione E12
eburnizzazione E12
ECA A107
ecchimosi B518, S1107
eccitabilità E505
eccitazione E506
eccondroma E14
ECG E80
echinococco E16, H499
echinococcosi E15
eclampsia gravidica E20
ecmnesia E21
eco di pentola fessa C1134
ecografia E18
ecolalia E19

ectasia E25
ectasia alveolare A319
ectasia capillare C62
ectasia senile S314
ectima E27
ectima contagioso C991
ectoblasto E29
ectocardia E28
ectoderma E29
ectoderma epiteliale S1126
ectoderma superficiale S1126
ectoparassita E30
ectopia D351, E31
ectopia cardiaca E28
ectopia ghiandolare A134
ectromelia E36
ectropion E37
eczema E38
eczema erpetico K4
eczema essudante W50
eczema impetiginoso E41
eczema umido H474, M367
eczematoso E40
edema C1283, E42, S1199
edema acuto circoscritto Q13
edema angioneurotico A439, G194, Q13
edema cachettico C3
edema cardiaco C110
edema carenziale A283, N255, W16
edema cerebrale B429
edema da fame A283, H479, N255, W16
edema idremico H505
edema da inanizione N255, W16
edema infiammatorio I162
edema della palpebra H507
edema palpebrale B262
edema polmonare P1068
edema polmonare uremico U84
edema di Quincke A439, G194, Q13
edema salino S52
edema dell'ugola S862
edematoso E43
edonismo H90
EEG E91
efelidi F278
efferente E47
effetto collaterale S485
effetto posteriore A222
effetto secondario A222
efficienza E49
effusione pleurale P606
egofonia E55, T389, V234
eiaculazione E58, E147
eiaculazione precoce P941
elastasi E60
elasticità E62
elastoma E64
elastosi E65

ELASTOSI SENILE

elastosi senile S315
elefantiasi E110, M24
elefantiasi scrotale L413
eleidina E107
elettroanestesia E79
elettrocardiografia E85
elettrocardiografo E81
elettrocardiogramma E80
elettrocauterizzazione E86, G28
elettrocoagulazione E87
elettrodiagnosi E89
elettrodialisi E90
elettrodo E88
elettrodo attivo A108, T165
elettrodo centrale C308
elettrodo indifferente D253, I115
elettroencefalografia E92
elettroencefalogramma E91
elettroforesi E99
elettromiografia E96
elettromiogramma E95
elettronarcosi E97
elettropiressia E101
elettroretinografia E102
elettroshock E78
elettroterapia E103
elettrotermia E104
elettrotono E106
elica del DNA di Watson e Crick W38
elice H100
elicotrema H97
eliminazione E111
eliopatia H98
elioterapia H99, S618
ellittocita C39, E113
ellittocitosi O276
elmintagogo H102
elmintiasi H103
elminto H101
elmintologia H104
emaciazione E115
emanazione E116
emangioblasto H110
emangioblastoma H111
emangioendotelioma H112
emangiofibroma H113
emangioma H114
emangioma cavernoso A423, C256
emangioma sclerosante S189
emangiomatosi H115
emangiopericitoma H116
emangiosarcoma H117
emanoterapia E117
emartrosi H118
emasculazione E118
ematemesi H119
ematidrosi B325, H121
ematina H122
ematobio B323

ematocele H123, H221
ematocitometro C1118
ematocolpo H124
ematocrito H125, P12
ematofago H135
ematologia H130
ematologo H129
ematoma H132
ematomielia H134
ematoporfirina H138
ematosalpinge H139
ematossilina H142
ematuria H143
ematuria egiziana E57
ematuria endemica E192
emazia E425
emazia nucleata N100
embolectomia E120
embolia E121
embolia batterica I150
embolia crociata C1201
embolia gassosa G62, P629
embolia grassosa F47, O54
embolo E124
embolo piemico P1136
embolofrasia E122
embololalia E122
embriocardia E128
embriogenesi E129
embriogenia E129
embriologia E130
embrionale E132
embrione E127
embriopatia E136
embriotomia E137
embriotoxon E138
eme H144
emeralopia H145
emergenza E139
emesi E142
emetico E143, V245
emialgia H146
emianestesia H148, U53
emianestesia crociata A312, C1202
emianopia H149
emianopsia binasale B189
emianopsia bitemporale B233
emianopsia eteronima H320
emianopsia omonima H425
emianopsia orizzontale A316
emiatassia H150
emiatrofia H151
emiatrofia facciale F9
emiballismo H152
emicarion H161
emicolectomia H155
emicorea H154
emicorporectomia H156
emicrania H153, H157, M319, S479
emicrania oftalmica O131
emicromatopsia C823

emiepatectomia H160
emiepilessia H158
emiglossectomia H159
emilaminectomia H162
emilaringectomia H163
emimelia H166
eminefrectomia H167
eminenza E145
eminenza arcuata A629
eminenza collaterale C799
eminenza ipotenar H771
emiparaplegia H169
emiparesi H170
emipionefrosi H173
emiplegia H171
emiplegia alterna A313, C1203
emiplegia ascendente A712
emiplegia controlaterale S889
emiplegia crociata G379
emiplegia facciale F10
emiplegia spastica S663
emisferectomia H175
emisfero H174
emisfero cerebrale C347
emisfero del cervello C347
emisfero dominante D291
emisistole H178
emisporosi H176
emissione E147
emistrumectomia H177
emivita biologica B203
emmenagogo E148
emmetropia E149
emoadsorbimento H106
emoagglutinazione H107
emoagglutinina H108
emoalcalimetro H180
emoangiectasia H109
emobilia H181
emoblastosi H183
emocitoblasto H188
emocitometria B295
emocitozoo H189
emocolecistite H185
emocoltura B296
emoconcentrazione H187
emoconi E109
emocromatosi H186
emodialisi H190
emodializzatore H191
emodiluizione H192
emodinamica H193
emofilia H209
emofilia B C563
emofilia vascolare V41
emofiliaco H210, H211
emoftalmo H213
emoglobina H195
emoglobina instabile U69
emoglobina S S482
emoglobinemia H196
emoglobinometro G239
emoglobinopatia H197

emoglobinuria H198
emoglobinuria da malaria B242, M31
emogramma H201
emolipasi H202
emolisi H204
emolisina H203
emolisina bifase di Donath-Landsteiner W22
emolisina a freddo C782
emolliente D73
emometro G239
emopericardio H207
emoperitoneo H208
emopneumopericardio H214
emopneumotorace H215
emopoiesi H216, S63
emopoietina H217
emoreologia H228
emorragia B255, H219
emorragia cerebrale C348
emorragia endocranica I470
emorragia interna I423
emorragia intestinale E275
emorragia intracerebrale I469
emorragia nasale N22
emorragia nascosta C905
emorragia occulta C905, I423
emorragia petecchiale P398, P1097
emorragia rettale P885
emorragia subdurale S1052
emorragia vicariante V168
emorragico B324, H220
emorroide H229, P523
emorroidectomia H230
emorroidi H231, P524
emosiderina H233
emosiderosi H234
emosiderosi del polmone B514
emospermia H235
emosporidiosi H236
emostasi H237
emoterapia H239
emotorace H240
emotossina H241
emottisi B314, H218
emozione A214, E150
empiema E158
empiema epidurale E575
empirismo E157
emulsione E160
enantema E163
enantiomerismo E164
enartrosi E165, P688, S601, S711
encefalico E169
encefalite E171
encefalite allergica H586
encefalite australiana A848, M476
encefalite epidemica E23, L149

encefalite giapponese B J5
encefalite letargica E23, L149
encefalite otogena O260
encefalite russa primaverile-estiva R349
encefalite della valle di Murrey M476
encefalite di Wernicke W58
encefalite da zecche T281
encefalo B420
encefalocele C324, C1144, E172
encefalocentesi C325
encefalografia E173
encefalomalacia C355, E176, S612
encefalomeningite E177
encefalomeningocele E178
encefalomielite E179, M509
encefalomieloradicolite E180
encefalopatia azotemica acuta B122
encefalopatia ipertensiva H656
encefalopatia porto-cava P745
encefalopatia porto-sistemica P745
encefalopatia progressiva ereditaria P509
encefalopatia di Wernicke W58
encefalorragia E181
encefalotomia E183
encondroma E185
encondromatosi M461
encopresi E186
endemia E191
endoaneurismorrafia E196
endoangioite E188
endoarterite E189
endoarterite obliterante F287, O8
endoblasto E283
endocardico E200
endocardio E203
endocardite E202
endocardite batterica subacuta S1037
endocardite di Löffler L293
endocardite di Libman-Sacks A822, L180
endocardite poliposa P718
endocardite settica S348
endocardite terminale T126
endocardite valvolare V27
endocardite verrucosa V75
endocardite verrucosa atipica A822
endocervicale E204
endocervicite E205
endocondrale E206
endocranio E208
endocrino E209
endocrinologia E212
endocrinoterapia E213

endoderma H687
endoenzima E215
endoflebite E231
endoftalmite E232
endogeno E216
endolinfa E218
endolisina E221
endometrio E224
endometriosi E222
endometriosi stromale S1018
endometrite E223, P791
endometrite cervicale E205
endomiocardite E226
endomitosi E225
endoparassita E227
endopeptidasi E228
endoperiarterite E229
endoscopia E236
endoscopio E234
endostio E237, M159
endoteliale E238
endotelio E242
endoteliocito E239
endotelioma E240
endoteliosi E241
endotossina E243
enema nutritivo N251
enfisema E153
enfisema centrolobulare C312
enfisema interstiziale I439
enfisema mediastinico M140
enfisema polmonare P1069
enfisema polmonare bolloso B548
enfisema polmonare ostruttivo O18
enfisema sottocutaneo P640, S1048
enfisema vicariante E26
enfisematoso E154
enoftalmo E253
enostosi E254
enterico E256
enterite E258
entero-enterostomia E267
enteroanastomosi E267
enterobiasi E260
enterocistoma E266
enterococco E262
enterocolite E263
enterocolostomia E264
enterolito E270
enteropatia da glutine C273
enteroplastica E273
enteroptosi E274, G227
enterorrafia E276
enterorragia E275
enteroscopia E277
enterospasmo E278
enterostomia E279
enterotomia E280
enterotossina E281
enterovirus E282

ENTROPION

entropion E284
enucleazione E285
enucleazione di un occhio O128
enuresi B115, E286
enzima E290, F86
enzima endocellulare E215
enzima extracellulare E569
enzima respiratorio R182
enzimatico E289
enzimologia E293, Z25
eosinofilia E298
eosinofilo E297
eosinopenia E296
eparina H245
epatalgi H246
epatectomia H248
epaticodigiunostomia H256
epaticoduodenostomia H253
epaticoenterostomia H254
epaticogastrostomia H255
epaticostomia H257
epaticotomia H258
epatite H260
epatite A B372
epatite colestatica C464
epatite cronica attiva A107, S1039
epatite gigantocellulare G186
epatite infettiva I147
epatite lupoide L344
epatite neonatale N59
epatite post-trasfusionale T410
epatite virale B372, V175
epatite virale anitterica A453
epatite virale di tipo A E316, I147
epatite virale di tipo B S397, T410
epatizzazione H261
epatizzazione grigia G346
epatizzazione rossa R88
epatocito H265
epatocolangioenterostomia H263
epatocolangite H264
epatoduodenostomia H266
epatografia H269
epatolienografia H273
epatologia H276
epatoma H277
epatomegalia H278, M174
epatonefrite H279
epatopatia costituzionale C976
epatoperitonite H280
epatopessia H281
epatoptosi H282, W14
epatorrafia H284
epatosplenomegalia H286
epatotomia H287
epatotossiemia H288
ependima E303
ependimite E306

ependimoma E308
epicanto E309
epicardio C124, E310
epicistotomia S1158
epicondilite E312
epicondilite omerale T114
epicondilo E311
epidemia E313
epidemiologia E324
epidermico D136, E326
epidermide C1291, E331, S123
epidermofizia E336
epidermofizia interdigitale A782
epidermolisi E334
epidermoplastica E330
epididimectomia E337
epididimite E339
epididimo E338, P175
epididimo-orchite E340
epidurografia E343
epifaringe E359
epifisi E365, P535
epifisiolisi E364
epifora E360
epigastrico E344
epigastrio E346
epiglottide E347
epilessia E349
epilessia acinetica A260
epilessia fotogena P471
epilessia minor P399
epilessia mioclonica M541
epilessia notturna N182
epilessia procursiva P894, R345
epilessia psicomotoria P1031
epilessia sensoriale S342
epilessia tardiva T36
epilessia vasomotoria V55
epilettico E350
epilettiforme E352
epiloia E355
epimisio E356
epinevrio E357
epiplocele E367
epiploite O84
epiploon E369
episclera E370
episclerite E371
episioplastica E372
episiotomia E373
epispadia E374
epistasi E375
epistassi E376, N22
epistrofeo E377
epitalamo E378
epiteliale E379
epitelio E382
epitelio cigliato C641
epitelio cilindrico C852, C1313
epitelio composto S985

epitelio ghiandolare G218
epitelio ovarico G175
epitelio pigmentato P521
epitelio respiratorio R183
epitelio seminifero S304
epitelio semplice S512
epitelio squamoso S839
epitelio stratificato L59, S985
epitelio di transizione T413
epitelioide E381
epitelioma basocellulare B67
epitelioma calcifico di Malherbe M38
epitrichio E383
epizootico E385
eponichio E387, N6
epooforon E388, P181
epulide E389
equatore del bulbo oculare E392
equatore del cristallino E391
equilibramento E393
equilibrio acido-base A66
equilibrio acido-basico A66
equilibrio dell'azoto N176
equilibrio nutritivo N256
equivalente calorico C32
equivalente epilettico E351
eredità H293
eredità citoplasmatica E570
eredità dominante D292
eredità extracromosomica E570
eredità legata al sesso S415
eredità mendeliana M215
eredità recessiva R58
ereditarietà I182
ereditarietà citoplasmatica C1376
ereditario H289
erezione E399
ergometria E400
ergot E401
ergoterapia E402
ergotismo E403
erisipela E414, R327
erisipela migrante W11
erisipeloide E415, S1203
eritema E416
eritema da farmaci D319
eritema indurato di Bazin B102
eritema pernio C431
eritema solare P470, S1120
eritematoso E418
eritrasma E420
eritremia E421
eritroblasto E422, L294, N100
eritroblastosi E424
eritroblastosi fetale F97
eritrocheratodermia E430
eritrocitico E427
eritrocito E425, R87
eritrocito a bersaglio T38
eritrocitopenia E428

ETMOIDITE

eritrocitosi H581, P694
eritrodermia E429
eritrodermia di Brocq C943
eritrodermia desquamativa dei neonati L117
eritrodermia ittiosiforme congenita C943
eritroleucemia E431
eritromelalgia E432
eritromelia E433, T60
eritrone E434
eritroplasia E436
eritropoiesi E437
eritropoietina E438
eritropsia E440, R96
ermafroditismo A331, H296
ermafrodito B230, H295
ernia H297
ernia addominale A6, V103
ernia cerebrale C349
ernia crurale C1219, F80
ernia diaframmatica D169
ernia epigastrica E345
ernia epiploica E367
ernia femorale C1219, F80
ernia iatale H345
ernia inguinale I174
ernia inguinoscrotale I177
ernia irriducibile I526
ernia ischiatica I536, S161
ernia di Morgagni R235
ernia ombelicale O90, U34
ernia ombelicale emorragica H133
ernia otturatoria O23
ernia paraduodenale T445
ernia parasternale P135, R235
ernia parietale P164
ernia pettinea di Cloquet C717
ernia riducibile R92
ernia di Schmorl S155
ernia da scivolamento S569
ernia scrotale S224
ernia slittamento S569
ernia di Spigelio S729
ernia strozzata I85, S983
ernia di Treitz T445
ernia della vescica urinaria B244
erniologia H299
ernioplastica H300
erniorrafia H301
erniotomia H302
eroico H303
erosione E405
erosivo E406
erotismo E407
erotofobia E411
erotogeno E408
erotomania A580, E410
erpes H304
erpete labiale F104
eruttazione B121, E412
eruzione E413
eruzione cutanea R40
eruzione cutanea micotica M502
eruzione papulosa P790
eruzione vaioloso C1127
eruzione varicelliforme di Kaposi K4
esacanto H341
esacerbazione E496
esadattilia H342
esaltazione E66
esame E497, I375, T131
esame autoptico P763
esame a due mani B187
esame radiografico di un seno S527
esangue A705
esantema E498, R328
esantema critico S128
esantematoso E499
esaurimento E522, O288
escara E442, S104, S573
escara da decubito S646
escavazione E501, E507
escissione E504
escoriazione E508
escrementi W28
escremento E509
escrescenza E510
escretore E512
escretorio E512
escrezione D241, E511
esercizio fisico E515
esfoliazione E518
esibizionismo E524
esochinasi H343
esoenzima E569
esofagectasia E448
esofagectomia E449
esofageo E443
esofagismo E450
esofagite E451
esofago E460
esofago-digiunostomia E453
esofagogastrostomia E452
esofagoplastica E454
esofagoscopia E455
esofagostomia E458
esofagotomia E459
esoforia E461, E531
esoftalmo E533
esogeno E529
esopeptidasi E530
esoso H344
esostosi E534
esostosi multiple M463
esotossina E535
esotropia C1206, E462, E536, I426
esperimento E541
esperimento di Valsalva V25
espettorante E539
espettorato S835
espettorato rugginoso R350
espettorazione E540
espiratorio E543
espirazione E542
esplorazione E546
espressione E549
espulsione E588
espundia E463
essudato E590
essudazione E591
estensione E555
estensore E556
esterificazione E466
esterocettivo E565
esterocettore E566
estesiometria E467
estesiometro T19
estirpare E573
estirpazione E567
estrarre E573
estratto E573
estrattore da suzione V8
estrazione E574
estrazione extra capsulare E568
estremità E585, L204
estremità superiore A637
estrinseco E586
estrofia E553
estrogeno E468
estroversione E553
estrusione E588
estubazione E589
esumazione E525
età A226
età anagrafica C608
età biologica P498
età cronologica C608
età fisiologica P498
eterocheratoplastica H314
eterocromatina H308
eterocromia H309
eterocromosoma A304, H310, O44
eteroforia H322
eterogamia H311
eteroinfezione C987
eteroinnesto H313
eterometropia H318
eteroplasia H324
eteroplastica H327, H333
eterosessualità H328
eterotopia H330
eterotrapianto H333, X15
eterotricosi H334
eterotropia H335
eterozigosi H338
eterozigote H339
etilismo cronico C600
etmoidale E469
etmoide E470
etmoidite E472

EUCROMATINA

eucromatina E476
euforia E66, E480
eugenetica E478
eugenica E478
eunucoide E479
eutanasia E486
evacuante E487
evacuazione E488
evaginazione E489
evaporazione E490
eviscerazione E493
evoluzione E494
exotropia W6
exsanguinotrasfusione E503, R159, T345
extracranico E572
extraperitoneale E577
extrapiramidale E579
extrasistole E580, P816
extrasistole atriale A797
extrasistole interpolata I434
extrasistole reciproca R238
extrasistole sopraventricolare S1165
extrasistole ventricolare V107
extravascolare E583
eziologia E474
eziologico E473

F

faccia F4
faccia ippocratica H364
faccia miopatica M558
faccia ad uccello B220
facciale F7
facomalacia P415
facosclerosi P417
fagocito C190, P419, S136
fagocitolisi P421
fagocitosi P422
falange P428
falange distale U49
falange ungueale U49
falangectomia P426
falangetta P427
falce cerebellare F21
falce inguinale C955
falloplastica P429
falsa articolazione V170
falso crup C224
fame H476
fangoterapia F34
fantasma P430
faradizzazione F35
farcino E395, F36
faringite S647
faringite cancrenosa P1124
faringite follicolare F231

faringodinia P444
farmacia P434, P443
farmacia portatile F159
farmacista C410, D317, P435
farmaco D315, M150
farmaco ipotensivo H768
farmacodinamica P436
farmacodipendenza D316
farmacofobia P440
farmacogenetica P437
farmacologia P438
farmacomania P439
farmacopea P441
farmacoresistenza D320
farmacoterapia P442
fascia B44, F39
fascia bicipitale B152
fascia del bulbo T117
fascia del bulbo oculare E597
fascia superficiale S1127
fasciatura a fazzoletto T459
fasciatura immobilizzante F173
fasciatura occlusiva O28
fasciatura ad otto F141
fascio B550, C851, T386
fascio di Arnold A641
fascio atrioventricolare A805
fascio cerebello-talamico C340
fascio di Flechsig F195
fascio di Forel F254
fascio frontopontino A641, F294
fascio di Held H96
fascio di His A805
fascio di Löwenthal L295
fascio di Mingazzini O81
fascio di Monakow M373
fascio muscolare M478
fascio nervoso N89
fascio olivo-spinale H105, O82
fascio olivo-cerebellare O81
fascio piramidale P1158
fascio rubro-spinale M373, P831, R338
fascio solitario G197, S626
fascio spinocerebellare S748
fascio spinocerebellare dorsale F195
fascio spino-olivare S749
fascio spinotalamico S751
fascio spinotettale S750
fascio temporopontino T100
fascio tetto-spinale H96, S1109, T67
fascio di Türck T100
fascio vestibolo-spinale L295, V161
fasciotomia F43
fascite F42
fase D53, S849
fase genitale G153
fase di latenza L49
fase luteinica L349

fase orale O160
fase stazionaria S883
fatica F49
faticabilità F48
fattore Christmas C564
fattore Christmas della coagulazione P594
fattore di coagulazione C737
fattore di crescita G372
fattore di diffusione S828
fattore di Duran Raynals S828
fattore estrinseco E587
fattore IX C564
fattore IX della coagulazione P594
fattore predisponente P804
fattore Rh R249
fattore di rischio R303
fattore stabile P872, S398
fattore tromboplastinico plasmatico B C564
fattore V P576
fattore VII C1108, P872, S398
fattore VIII P593
fattore XIII F114
favide F59
favismo F60
favo C89, C1224, F61, H433, S109
febbre F103, P1159
febbre aftosa A582, E320, F239
febbre bottonosa B384
febbre canicolare C50
febbre catarrale C225
febbre cerebrospinale C362
febbre continua C995
febbre emoglobinurica H199
febbre emorragica H222
febbre emorragica di Crimea C1191
febbre emorragica di Omsk O94
febbre erpetica H306
febbre ettica H89
febbre da fieno A882, H50, S1117
febbre da flebotomi P80, S60
febbre fluviale del Giappone A256, S231, T545
febbre di Fort Bragg F261
febbre gialla Y7
febbre gialla della giungla J30
febbre giapponese dei sette giorni G199
febbre di Haverhill H46
febbre intermittente I417
febbre iterativa P702
febbre da latte M332
febbre maculosa T279
febbre maculosa delle Montagne Rocciose B240, R305
febbre di Malta M53

febbre maltese M53
febbre di Marsiglia M89
febbre mediterranea M53
febbre mediterranea familiare P328
febbre melitense M53
febbre da morso di ratto R42
febbre ondulante M53, U48
febbre di Oroya O190, P389
febbre da pappataci P80, S60, T217
febbre pretibiale P848
febbre puerperale P1057
febbre purpurica delle Montagne Rocciose R305
febbre Q Q1
febbre quartana Q9
febbre del Queensland Q1
febbre quintana T450
febbre recidiva P702
febbre remittente R143
febbre reumatica B381, R251
febbre ricorrente R85
febbre rompiossa D77
febbre rossa D77
febbre da sale S53
febbre dei sette giorni S404
febbre terzana V223
febbre tifoide B459, E257, T601
febbre tifoide ambulatoria L99, W4
febbre tifoide biliare B180
febbre traumatica T441
febbre dei tre giorni S60, T217
febbre delle trincee S434, T450, V235
febbre tropicale T523
febbre uretrale U109
febbre volinica T450, V235
febbre da zecche del Colorado C825
febbrile F62
fecale F63
fecaloma F67
feci E509, F69, S974, W28
feci risiformi R288
fecondazione F70
fecondazione artificiale T140
feedback F72
fegato L265
fegato amiloide W43
fegato mobile W14
fegato a noce moscata N248
fegato da stasi C948
fegato a zucchero candito C1275, F299, I5, S1103
femminilizzazione F79
femminismo F78
femore F83, T198, T199
fenolo C84
fenomeno di Argyll Robertson A634

fenomeno di Arthus A688
fenomeno tibiale T276
fenomeno di Wedensky W49
ferimento W110
ferire I189
ferita I190, L143, W110
ferita d'arma da fuoco G390
ferita chiusa C721
ferita contusa B518, C1012, C1221
ferita lacera L18
ferita penetrante P256, P277
ferita da punta P1101
ferita da taglio I90
ferita tangenziale G393
ferito W112
fermentazione F87
fermenti di coagulazione C725
fermento F86
fermento giallo Y6
ferritina F90
ferroemoglobina F89
fertile F91
fertilità F92
fertilizzazione F93
fertilizzazione in vitro T140
fessura C690, F163, G366
fessura boccale M429
fessura branchiale G201
fessura facciale F8
fessurazione C686
fessure branchiali B434
fetale F96
fetido F100
feto F102
feto non vitale N198
fiala A373
fianco F179
fiasca F184
fiasco F184
fiberottica F107
fibra F106
fibra afferente A216
fibra amidollare N195
fibra amidollata U66
fibra amielinica G345, N195, R140, U66
fibra argentofila R199
fibra collagena C792, W73
fibra efferente E48
fibra elastica Y8
fibra mielinica M511
fibra motrice M422
fibra perforante di Sharpey S435
fibra precollagena P798
fibra di Purkinje P1112
fibra di Remak R140
fibra reticolare R199
fibre del cristallino L123
fibre pilomotori P529
fibrilla F109
fibrillazione F111

fibrillazione atriale A798
fibrillazione ventricolare V108
fibrina F112
fibrinasi F114
fibrinogeno F115
fibrinogenopenia F116
fibrinolisi F118
fibrinolisina F117, P577
fibroadenoma A142, F119
fibroadenoma gigantocellulare G190
fibroadenoma intracanalicolare della mammella I464
fibroblasto F120
fibrocheratoma F125
fibrocondroma C527
fibroelastosi F124
fibroelastosi endocardica E201
fibrolipoma F126
fibroma F127
fibroma cutaneo D124, S558
fibroma duro N187
fibroma sublinguale R293
fibromatosi F128
fibromioma F129
fibromioma dell'utero U166
fibromiosite F130
fibropapilloma S558, S610
fibrosarcoma F131
fibroscopio F108
fibrosi F132
fibrosi cistica M450
fibrosi cistica del pancreas F122
fibrosi retroperitoneale idiopatica I17
fibroso F133
fibula C25, P374
fibulare F139
filaccia L220
filamento F143
filariasi cutanea L305
filiforme F146
filo L196
filo di catgut A23
filogenesi P494
filtrabile F151
filtrato F152
filtrazione F153
filtro F150
finestrazione F85
finezza di udito A828
fiori bianchi W83
fisiologia P502
fisiopatologia P210
fisioterapia P503
fissare I12
fissazione F170
fissazione del complemento F171, G145
fissurazione plantare C1133
fistola F167, S1300
fistola anale A396

FISTOLA ARTEROVENOSA

fistola arterovenosa A669
fistola biliare B178
fistola branchiale B436
fistola broncobiliare B483
fistola broncocolica B487
fistola broncoesofagea B489
fistola broncopancreatica B497
fistola broncopleurica B500
fistola carotideocavernosa C178
fistola cervicale C373
fistola del colon C814
fistola di Eck P741
fistola enterocutanea E265
fistola esterna del colon C811
fistola gastrointestinale G102
fistola gengivale D86, G208
fistola intestinale I451
fistola lacrimale L21
fistola lattea L31
fistola ombelicale U33
fistola perineovaginale P323
fistola rettouretrale R78
fistola rettovaginale R79
fistola rettovescicale R80
fistola rettovestibolare R81
fistola salivare S36, S475
fistola stercoracea F64
fistola tracheale T372
fistola urinaria U139
fistola urogenitale G156
fistola vescicale V143
fistola vescicovaginale V148
fitobezoar P504
fitoncida P505
fitta S962
flagello F176
flato B121
flatulenza F191
flavina F193
flebectomia V81
flebite puerperale P1060
flebite varicosa V33
fleboclisi V89
fleboclisi a goccia I483
flebofibrosi V90
flebografia V91
flebografia spinale V136
flebolito V79
flebosclerosi V90
flebotomo S59
flegmasia S878
flegmasia alba dolens T240, W75
flemmonoso P445
flessione F199
flessore F201
flessura F202
flessura destra del colon H250
flessura duodenodigiunale D330
flessura sinistra del colon S777
flittena P446

flocculazione F205
flogosi I161
flora intestinale I452
fluorescenza F209
fluorosi F212
fluorurazione F210
flusso luminoso L339
flutter atriale A799
flutter ventricolare V109
fluttuazione F207
fobia P448
focolaio F218
focomelia P449
folgorazione F304
follia a due I128
follicolare F224
follicolite C1234, F233
follicolite della barba B49
follicolo F222
follicolo di De Graaf G305
follicolo linfatico L385
follicolo ovarico maturo M119
follicolo ovarico primordiale P863
follicolo ovarico in via di accrescimento G370
follicolo pilifero H10
follicolo tiroideo T260
fomentazione F234
fomento P789
fonastenia P450
fonazione P451
fondo dell'occhio E600
fonendoscopio P452
foniatria P453
fonocardiogramma P454
fonofobia P455
fonorecettore P456
fontanella F235
fontanella anteriore B452
forame A574
forame di Morgagni P135
forbici S169
forbici da chirurgo O125
forchetta F263
forcipe F244
forcipe per estrarre i polipi F84
forcipe ostetrico O11
forfora D10, D50, S233
forma F169, P495
formazione reticolare R200
foro F242
foruncolo B348, F326, P533
foruncolosi F327
forza S993
forza dei muscoli masticatori B234, C423
fosfatasi P457
fosfatasi acida A74
fosfatasi alcalina A288
fosfato P458
fosfaturia P459

fosfonecrosi P460
fosforilazione P461
fosforismo P462
fossa F262, R56, S600
fossa canina C51
fossa cranica C1140
fossa cubitale C1250
fossa di Gerdy G168
fossa ovale S72
fossa pterigoidea P1044
fossa romboidale R275
fossa sopraclavicolare S1152
fossa temporale T92
fossa ulnare C1250
fossetta D217, P546
fotismo P465
fotocoagulazione P467
fotodermatite P468
fotofluorografia F211
fotofobia P473
fotoftalmia F183
fotometro P472
fotopsia C1093
fotorecettore P466
fotoretinite P478
fotoscintigrafia S166
fotosensibilizzazione P479
fototerapia L201, P480
fragilità P270
framboesia F273, P507, Y2
framboesia di bosco B553
framboesia del Brasile B553
frammento F271
frattura F269
frattura aperta O122
frattura articolare A692
frattura della base cranica B73
frattura chiusa C720
frattura comminuta C862
frattura complicata C889
frattura da distorsione S827
frattura esposta O122
frattura incompleta I97
frattura incuneata I66
frattura indiretta I117
frattura intrarticolare I462
frattura a legno verde G355, W88
frattura longitudinale L309
frattura obliqua O6
frattura osteocartilaginea C688
frattura perforante B555
frattura da schiacciamento P842
frattura da scollamento C688
frattura sopracondiloidea S1153
frattura sottocapitata S1043
frattura sottoperiostea S1074
frattura spirale S752
frattura spontanea S253
frattura da strappamento T65
frattura da torsione T333

GENE DOMINANTE

frattura transcervicale T397
freddo C777
fremito T221
fremito vocale V229
frenastenia F71, O75, P481
frenicectomia P482
frenicofrassi P483
frenicotomia P486
freno F284
frenocardia P488
frenoplegia P489
frenospasmo P490
frenulectomia F283
frenulo B457, F284
frenulo delle grandi labbra F263
frequenza cardiaca H77
frequenza del polso P1092
frequenza respiratoria R177
fresa F272
frigidità F288, S417
frigoterapia C1232
frinoderma P491
frizione E126
fronte F249
frustrazione F303
fruttosio F302, L46, L176
ftiriasi P229
fulminante F306
fumigazione F308
fundus a mosaico T130
funghi raggiati R45
fungicida F314, M501
fungino F313
fungo F317
funicolite F320
funicolo F318
funicolo spermatico T134
funzione F309
fuoco F218
fusiforme F329
fusione F331
fusione vertebrale V134
fuso S742
fuso nucleare mitotico N238
fuso di segmentazione C689
fusto S426

G

gabbia toracica T208
gabinetto del medico C984
galattagogo G4, L26
galattoblasto G2
galattocele G3, L30, M330
galattogeno G4
galattometro G5
galattopoiesi G7
galattorrea G9, L42

galattosamina G10
galattosemia G13
galattosio G11
galattosuria G14
galattoterapia G15
galatturia G16
galoppo atriale P846
galoppo presistolico P846
galvanizzazione G27
galvanotassi G29
galvanoterapia G30
gamba L114, S432
gamba a sciabola S1
gambe a X C1209, S168
gamete G32
gametocito G33
gametogenesi G34
gammaglobulina G36
gammagrafia G37
gangli intermedi I413
gangli prevertebrali P853
gangliectomia G40
ganglio G44
ganglio di Andersch I152
ganglio della base B69
ganglio di Bock C179
ganglio carotideo C179
ganglio celiaco C274
ganglio cervico-toracico C379
ganglio ciliare C635, O130
ganglio coccigeo C755
ganglio di Gasser G66, S298, T492
ganglio genicolato G147
ganglio giugulare J25
ganglio inferiore del nervo glossofaringeo I152
ganglio di Meckel N21
ganglio nodoso N186
ganglio oftalmico O130
ganglio parietale P162
ganglio petroso I152, P405
ganglio semilunare S298
ganglio sfenopalatino N21
ganglio sottomandibolare S1068
ganglio spinale I447
ganglio spirale della coclea A829
ganglio spirale del Corti A829
ganglio stellato C379, S901
ganglio trigeminale T492
ganglio vestibolare di Scarpa V158
ganglio di Walther C755
ganglioneuroma G47
ganglionite G49
gangliopegico G48
ganglioside G51
gangrena G52, S699
gangrena cutanea S700
gangrena da stasi S878
gangrenoso G53

gargarismo M432
gargarizzare G55
gargoilismo G56
garza G121
gas asfissiante S1099
gas esilarante L101
gas lacrimogeno T63
gas mostarda M489
gas starnutatorio S594
gasserectomia G64
gassoso E154
gastralgia G67, S965
gastrectasia G68
gastrectomia G69
gastrico G70
gastrina G82
gastrite G83
gastrite ipertrofica gigante G192
gastrocele G86
gastrodigiunostomia G103
gastroduodenite G91
gastroduodenoscopia G92
gastroduodenostomia G93
gastroenterite E269, G95
gastroenteroanastomosi G96
gastroenterocolite G97
gastroenterologia G98
gastroesofagostomia G100
gastropessia G106
gastropilorectomia G109
gastroplastica G107
gastroplicazione S966
gastroptosi G108
gastrorrafia G111
gastrorragia G110
gastrorrea G112
gastroscopia G114
gastroscopio G113
gastrospasmo G115
gastrostomia G117
gastrotomia G118
gastrulazione G119
gelatina G123
gelatina di Wharton W65
gelone C431
gemelli bicoriali B194
gemelli biovulari B194, F277, H317
gemelli congiunti C956
gemelli dizigotici B194, D286, H317
gemelli monocoriali T536
gemelli monovulari M394, T536, U56
gemelli monozigotici E288, I11, M394
gemelli siamesi S476
gemello T586
gemma gustativa T53
gemmazione B531
gene G130
gene dominante D290

GENE LEGATO AL SESSO

gene legato al sesso S414
gene maggiore M22
gene recessivo R57
gene regolatore R123
gene strutturale S1023
genealogia G131
generalizzato G135
generazione G138
generazione spontanea S815
genere G162
genesi G139
genetica G144
gengiva G204, G384
gengiva libera F279
gengivectomia G210
gengivite G211, U11
gengivite desquamativa D146
gengivite gravidica P811
gengivite marginale M83
gengivite ulcero-membranosa U9, V173
gengivite ulcero-necrotica N46
gengivite ulcerosa U15
gengivostomatite G212
genitale G150
genitali G154
genitali esterni E561
genodermatosi G158
genoma G159
genotipo G160
geofagia C613, E9, G166
geomedicina G165
geotricosi G167
geriatria G169, P834
germe G172
germe dentario T323
gerodermia G178
gerontofilia G180
gerontologia G179
gesso G398
gesso calcinato P582
gesso di Parigi P584
gestante P812
gestazione G182
ghiandola G215
ghiandola accessoria A34
ghiandola acidofila A69
ghiandola apocrina A596
ghiandola areolare A631
ghiandola di Bartholin B62, V251
ghiandola bronchiale B473
ghiandola di Brunner B520
ghiandola buccale G129
ghiandola bulbouretrale B543
ghiandola ceruminosa C369
ghiandola cervicale dell'utero C374
ghiandola di Cowper B543
ghiandola endocrina E210
ghiandola esocrina E527
ghiandola fundica P265, W26
ghiandola gastrica F312, G74

ghiandola genitale S420
ghiandola intestinale L186
ghiandola labiale L1
ghiandola di Lieberkühn L186
ghiandola di Littré U110
ghiandola mammaria M57
ghiandola di Meibom P41
ghiandola merocrina M242
ghiandola mucosa M448
ghiandola olocrina H406
ghiandola paratiroide P141
ghiandola parotide P178
ghiandola peptica P265, W26
ghiandola prepuziale P829
ghiandola del prepuzio P829
ghiandola prostatica P943
ghiandola sebacea O55, S241
ghiandola sieromucosa S370
ghiandola sierosa S379
ghiandola sottomandibolare M122, S1069
ghiandola sudorifera P385
ghiandola sudoripara P385, S1097
ghiandola surrenale S1085, S1160
ghiandola tarsale P41, T45
ghiandola tiroidea T261
ghiandola tubolare T570
ghiandola tubulo-acinosa A76, T573
ghiandola tubulo-alveolare composta A76
ghiandola unicellulare U52
ghiandola uretrale U110
ghiandola vestibolare maggiore V251
ghiandola di Zeis Z1
ghiandole di Henle H242
ghiandole intestinali I453
ghiandole di Littré L264
ghiandole prepuziali di Tyson T604
ghiandole surrenali A188
ghiandole uretrali L264
giardiasi G195, L52
gigantismo G198, S634
ginandroblastoma G394
ginecologia G396
ginecologo G395
ginecomastia G397
ginglimo C763, H360, T511
ginglimoide G213
ginocchio K67
ginocchio valgo K73
giro G399
giro dentato D93
giro frontale F290
giro linguale L213
giro parietale P163
giro retto S979
giro sopramarginale S1154
gittata cardiaca C123

gittata sistolica S1016
giugulare J23
giuntura J20
giuntura uniassiale U51
giunzione neuromuscolare M557
giuramento d'Ippocrate H365
glabro H11
glande G221
glaucoma G225
glaucoma ad angolo aperto O120
glaucoma ad angolo chiuso C718
glaucoma ad angolo stretto N17
glaucoma capsulare C74
glaucoma facolitico P414
glaucoma pigmentario P517
glia G229
glicemia G272
glicina G273
glicinemia G274
glicinuria G275
glicocorticoide G258
glicogenesi G278
glicogeno G277, L269
glicogenosi A382, G279
glicolisi G280
glicoproteide G281
glicoproteina G281
glicosamina G259
glicosuria G263
glioblastoma G232
gliocito S810
glioma G233
gliomatosi G234
gliosi G235
glissonite C1275
globina G238
globo isterico G243, S706
globo oculare B542, E595
globo pallido P33
globulina G241
globulina antiemofilica P593
globulinuria G242
globulo C1074
globulo bianco L158, W72
globulo polare P672
globulo rosso E425, R87
globulo del sangue B291
glomerulo di Malpighi M49
glomerulonefrite G245
glomerulonefrite epimembranosa M210
glomerulonefrite subacuta S1040
glomerulosclerosi G246
glomerulosclerosi diabetica intercapillare K52
glomerulosclerosi intercapillare I399
glomo G247

glomo carotico I400
glomo carotideo C175
glomo coccigeo C754
glossite G249, P76
glossite esfoliativa marginata G164
glossite atrofica di Hunter H480
glossofaringeo G253
glossoplegia G254
glossoptosi G255
glottide G256, T533
glottide falsa F27
glucagoma I543
glucagone G257
glucosidasi G261
glucoside G262
glucosio G260, G332
glutamina G267
glutaminasi G266
glutenina G270
gluteo G271
gnatoplastica G283
gnotobiosi G284
gnotobiota G285
goccia D311
goccia pendente H26
gola T222
gola lupina P25
gomito E67
gomito del minatore M345
gomitolo terminale di Krause E190
gomma G386
gomma sifilitica G387, T556
gonade S420
gonadotropina G291, P552
gonadotropina corionica C551, P559
gonartrotomia G292
gonfiore B284, S1199
goniometro G293
gonocito G295
gonococco G294, N52
gonorrea B259, G296
gorgolio B365
gotta G303, P663
gotta latente L96
gozzo G289, S1024
gozzo aberrante A16
gozzo adenomatoso A152
gozzo basedowiano F178
gozzo cistico C1333
gozzo colloide C808
gozzo esoftalmico E532
gozzo fibroso F137
gozzo linguale L212
gozzo mobile W12
gozzo parenchimatoso F225
gozzo retrosternale R236
gozzo sottosternale S1076
grado D53
graduato G306

grafologia G334
grafospasmo G336, W119
grammomolecola M371
grande bacino F30
grande cellula alveolare G348
grande circolazione G349
grande male G310, H45
grande omento E369, G350
grande pelvi F30
grande trocantere G351
granulare G311
granulazione basofila B90
granulazioni aracnoidali P1
granuli di Nissl N174
granuli di Schüffner S158
granulo G319, P233
granulo cromaffine C565
granulocita acidofilo E297
granulocita eosinofilo E297
granulocito G316, M118
granulocito acidofilo O318
granulocito eosinofilo O318
granulocito neutrofilo N147
granulocito neutrofilo nucleobacillare S844
granulocitopenia G322
granulocitopoiesi G323
granulocitosi G324
granuloma G325
granuloma apicale A587
granuloma eosinofilo E300
granuloma gigantocellulare G185
granuloma inguinale G365
granuloma leproso L133
granuloma periapicale D88
granuloma tricofitico H664
granulomatosi G326
granulomatosi di Wagener W51
grasso F45
grasso neutro N142
gravida P812
gravidanza G182, P810
gravidanza ectopica C375, E32, H331
gravidanza extrauterina E32
gravidanza extrauterina addominale A9
gravidanza gemellare B166, T587
gravidanza interstiziale I442, T568
gravidanza intramurale I442
gravidanza intraperitoneale I478
gravidanza multipla M464
gravidanza ovarica O279
gravidanza plurima P626
gravidanza tubarica S42, T548
gravità zero Z5
grembiule da piombo L107
grinza W113
grippe G362

gruccia C1225
gruppo prostetico P954
gruppo sanguigno B300
guaina S438
guaina di mielina M513
guaina di Schwann N118
guaina sinoviale S1272
guaina tendinea T109
guancia C399
guanidina G375
guanina G376
guardamalati N244
guaribile C1263
guarigione C1268, R64
guarigione per prima intenzione F161, H64, I43, P857
guarigione per seconda intenzione H65, S250
guarire R63
guaritore H62, Q2
guida S846
gusto T52

H

hashish H43, I110, M86
haustra H44
healer H62
herpes H304
herpes zoster S448, Z18
hippus pupillare H367

I

ialina H484
ialinosi H485
ialite H486
ialoide V220
ialoma cutaneo H488
ialomero H489
ialoplasma H490
ialuronidasi H492
iato aortico A561
iato esofageo E445
iato safeno S72
iatrogeno I1
ibernazione H346
ibernoma H347
ibridizzazione H495
ibrido C1197, H494
icore I3
ictus S1015
idatide H496
idatide di Morgagni M401, S403, S855

IDATIDOSTOMIA

idatidostomia H498
idea fissa F174
idiopatico I16
idiosincrasia I18
idiozia I15
idiozia amaurotica familiare A328
idiozia idrocefalica H512
idradenoma a cellule chiare S622
idramnios H502
idranencefalia H503
idrargirismo M241
idrartro H504
idrartrosi H504
idrocalicosi H508
idrocefalia H514
idrocefalo H514
idrocefalo non comunicante N193
idrocefalo ostruttivo N193, O19
idrocele H510
idrocele funicolare F319
idrocelectomia H511
idrocianismo H517
idrocistoma H351, R304
idroencefalocele H506
idrofagocitosi C282
idrofobia H532
idroftalmo H533
idrogenazione H518
idrolasi H521
idrolisi H523
idromassaggio H526
idromeningocele H527
idromielia H528
idronefrosi H529, N71, U152
idrope endolinfatico E220
idrope labirintico H520
idropericardio H531
idropneumotorace H535
idrorrea amniotica H359
idrosadenite H350
idrosalpinge H536
idrosi H353
idrossilasi H540
idroterapia H537
idrotorace H538
idrouretere H539
idruria H542
ifema H674
igiene H543
igiene del lavoro I131
igiene personale P381
igiene professionale O31
igiene pubblica S67
igiene sociale C872
igienista S65
igroma H544, S378
igrometro H545
igroscopico H546
ileectomia I20

ileite I21
ileo I31, I34
ileo adinamico A205
ileo biliare G24
ileo dinamico D333
ileo intestinale I32
ileo meccanico M131
ileo paralitico A205, P110
ileocecostomia I24
ileocolite granulomatosa C1196, R118
ileoproctostomia I26
ileosigmoidostomia I27
ileostomia I28
ileotifo E257, T601
ileotomia I29
ileotrasversostomia I30
ilio H361, I34
illusione D64
imbalsamazione E119
imbecille I39
imbecillità I40
imbibizione I41
imene H548
imene imperforato I70
imenolepiasi H549
imenotomia H550
imitazione S517
immagine I37
immagine lacunare F149
immersione I48
immobilizzazione I49
immunità I53, I390
immunità acquisita A90
immunità antivirale A545
immunità artificiale A700
immunità attiva A110
immunità cellulare C283
immunità congenita C944
immunità innata C944
immunità locale L283
immunità naturale G142, N31
immunità passiva P188, S368
immunizzazione I54
immunochimica C413
immunodepressivo A520
immunodiagnosi I56
immunogeno I57
immunoglobulina G36, I50
immunologia I59
immunopatologia I60
immunosensibilità I61
immunosoppressione I63
immunosoppressivo I64
immunosoppressore I64
immunoterapia I65
impastamento K66, P401
impetigine I71
impetigine di Bockhart F227
impetigine follicolare di Bockhart B336, S1128
impianto I72, I73, N164
impiastro P582

impiastro adesivo A171
impilamento dei globuli rossi R333
imponderabilità W54, Z5
impotenza I75
impotenza sintomatica S1230
impressione I76
impronta I76
impulso I79
impulso cardiaco C114
inabilità al lavoro D237
inalante I178
inalatore I181
inalazione I179
inanizione I82
inattivazione I80
incanutimento T478
incapacità I204
incapsulamento E167
incesto I87
inchiodamento N4
incidente C209
incidenza I88
incisione I91
incisivo I92
incisura N218
inclusione cellulare C284
inclusioni endonucleari I93
incompatibilità I94
incompetenza I95
incontinenza I99
incontinenza alvina E186, F65
incontinenza fecale E186, F65, S131
incontinenza urinaria E286
incoordinazione I100
incoscienza U43
incrostazione I102
incruento B304
incubatrice C1121, I105
incubazione I103
incubo N167
incudine A550, I107
incurabile I106
indagine di massa S214
indicano I111
indicanuria I112
indicatore I114
indicazione I113
indice F248, I108
indice cardiaco C115
indice cardiopolmonare C155
indice cefalico C318
indice chemioterapico C420
indice colorimetrico C824
indice cranico C1141
indice d'eliminazione C684
indice facciale F11
indice fagocitario P420
indice nasale N23
indice opsonico O148
indice splenico S778
indice terapeutico T166

INTESTINO CIECO

indice di ventilazione V101
indice vitale V214
indigestione I116
indisposizione A244, I122, M27
indolo I123
indossile I125
induramento plastico P586
indurazione I130
indurazione cianotica C1300
indurazione da stasi C1300
indurimento bruno del polmone B514
indurimento rosso R88
induzione I129
inedia S872
inerzia I133
inerzia psichica P1023
inerzia uterina U159
infante I135
infantilismo I140
infantilismo sessuale S421
infanzia C433, I134
infarto I141
infarto anemico W74
infarto bianco P26, W74
infarto cardiaco C116
infarto emorragico H223, R89
infarto miocardico transmurale T420
infarto del miocardio C116, M537
infarto polmonare P1065
infarto rosso H223, R89
infarto sottoendocardico S1053
infecondità B60, I151, S929
infecondo B59
infermiera C165, N244, S538, W21
infermiera capo H56
infermiera di corsia C397, S848
infermiera ospedaliera H460
infermiera della sala operatoria S230
infermiere C165, H458
infermiere diplomato P497
infermiere professionale P497
infertilità I151, I155
infestazione I156
infestazione da pidocchi P229
infettare I142
infezione I143
infezione criptogenetica C1239
infezione crociata C1207
infezione da goccioline D314
infezione mista M361, M458
infezione da Pasteurella P191
infezione piogenica P1145
infezione serrata S390
infezione subclinica S1045
infezione delle vie respiratorie A246

infiammazione I161
infiammazione adesiva A169
infiammazione alterativa A311
infiammazione del dotto di Wharton W63
infiammazione essudativa E593
infiammazione della ghiandola sottomascellare S1067
infiammazione granulomatosa G328
infiammazione iperplastica H639
infiammazione produttiva P917
infiammazione purulenta P1117
infiammazione sierosa S380
infiammazione del timo T249
infiammazione della ugola K62
infiltrato I157
infiltrato cellulare C287
infiltrazione I158
influenza C225, G362, I163
infortunio C209
infrazione G355, W88
infusione I167
infusione intravenosa V89
infuso I167
ingegneria genetica G141
ingestione I169
ingresso I191
inguine G364
inibitore I185
inibizione I184
inibizione centrale C299
inibizione di Wedensky W49
iniettare I186
iniettore I188
iniettore senza ago J19
iniezione I187, S843
iniezione ipodermica H709
iniezione sottocutanea S1049
innervazione I193
innesto F181, G308, T424
innesto autoplastico A858
innesto di Blair-Brown S796
innesto cutaneo eteroplastico D126
innesto cutaneo omoplastico D127
innesto cutaneo secondo Thiersch T197
innesto epidermico E330
innesto migratorio J27
innesto omologo H419
innesto omoplastico A305, H419
innesto osseo B355
innesto peduncolato P228
inoculazione I197
inoperabile I198
inotropo I201
insania I204
inserviente N244, O175

insetticida I205
insettifugo R157
insolazione I373
insonnia I374, S565
inspirazione I376
instabilità dell'umore P668
instillazione I380
insufficienza F17, I383
insufficienza aortica A562
insufficienza cardiaca A117, C112, C947, H74, M538
insufficienza coronarica C1068
insufficienza epatica H251
insufficienza mitralica M357
insufficienza pilorica P1140
insufficienza polmonare P1072
insufficienza respiratoria R184
insufficienza sensoriale S341
insufficienza tricuspidale T487
insufficienza valvolare V28
insufficienza ventricolare destra R295
insufficienza ventricolare sinistra L113
insufficienza vertebrobasilare V137
insufflazione I384
insufflazione tubarica T547
insulina I385
insulinoma I543, N97
insulto I389
insulto al cuore A601
intatto I391
integrazione della personalità P383
intelletto I393
intensità S993
interfase I407
interferenza virale V187
interferone I406
intermedina I415
internista I427
interno I421
interocettore I430
interruzione S858, S1186
intersessualità I437
intersezione T399
intersezione tendinea T105
intersistole I444
intertrigine I445
intervallo elettrocardiografico E82
intervallo lucido L328
intervallo presfigmico P840
intervento P870
intervento chirurgico O127
intervento chirurgico sul cuore aperto O123
intervento radicale R13
intervento d'urgenza U128
intestino B386, I458
intestino anteriore H59
intestino cieco B280

INTESTINO CRASSO

intestino crasso L72
intestino medio M315
intestino tenue S576
intima I459
intolleranza I460
intossicazione I132, I461, P671, V82
intossicazione alcoolica A274
intossicazione alimentare F237
intossicazione da arsenico A644
intradermoreazione di Mantoux M75
introduttore I486
intubatore I486
intubazione I487
intubazione dell'acquedotto di Silvio A616
intubazione endotracheale E245, I480
intussuscezione ileocecale I22
inulina I490
invaginazione I491
invaginazione ileocecale I22
invalidità D237, I493
invalido C1193, I492
invasione I496
invasione locale del tumore L286
inversione I497
inversione cromosomica I498
inversione dell'utero I499
inversione dei visceri V191
invertasi I500
involuzione I503
iodio I506
iodismo I507
iodopsina I508
ionizzazione I509
ionoterapia E99
iperacidità H557, S1122
iperacusia H558
iperaldosteronismo A277, H559
iperalgesia H560
iperalimentazione H561
iperaminoacidemia A350
iperammonemia H562
iperbilirubinemia H565
iperbrachicefalia H566
iperbulia H567
ipercalcemia H568
ipercalciuria H569
ipercapnia H570
ipercementosi H571
ipercheratinizzazione H607
ipercheratosi H607
iperchetonuria H608
iperchilia H577
ipercinesia H609
ipercloremia H572
ipercloridria H573
ipercolesterolemia H574

ipercorticoidismo H579
ipercrioestesia H580
ipercromatosi H575
ipercromia H575
iperdinamismo H582
ipereccitazione S1125
iperemesi H583, U44
iperemia C946, H584
iperemia arteriosa A648
iperemia attiva A109
iperemia collaterale C800
iperemia epatica C948
iperemia fisiologica P500
iperemia passiva V96
iperemia passiva venosa P187
iperemia renale C1301
iperemoglobinemia H600
iperergia H585
iperestensione H589
iperestesia H588
iperfalangismo H632
iperflessione H590
iperforia H633
iperfosfatemia H634
iperfosfaturia H635
ipergalattia H591
ipergammaglobulinemia H592
ipergenitalismo H593
ipergeusia H594
iperglicemia H597
iperglicosuria H598
ipergonadismo H599
iperidrosi E502, H601, P700, S1098
iperinosi H603
iperinsulinismo H604
iperinvoluzione S1129
iperkaliemia H606
iperleucocitosi H611
iperlipemia H612
iperlordosi H403
ipermastia H613
ipermetria H616
ipermetropia F38, H623, L312
ipermetropia assiale A888
ipermetropia di rifrazione H624
ipermimia H618
ipermnesia H619
ipermotilità H620
ipernefroma H621
ipernutrizione S1136
iperopia manifesta M71
iperopia totale T341
iperosmia H626
iperossia H628
iperostosi H627
iperparassitismo H629
iperparatiroidismo H630
iperperistalsi H631
iperpigmentazione H636
iperpiressia H645
iperpituitarismo H637

iperplasia H638, O286
iperplasia cistica C1334
iperpnea O287
iperpotassiemia H606
iperproteinemia H644
iperreflessia H646
ipersalivazione H647, S465
ipersecrezione H648
ipersensibilità H649
ipersensibilità immediata I44
ipersomia M12
ipersonnia H651
ipersplenismo H652
ipertelorismo oculare C1124, O34
ipertensina H654
ipertensione H655
ipertensione essenziale E465
ipertensione neuromuscolare N124
ipertensione polmonare P1071
ipertermia H658
ipertimia H659
ipertiroidismo F178, H660
ipertricosi H661, P725
ipertrofia E252, H665, O286
ipertrofia compensatoria C877
ipertrofia prostatica P950
ipertrofia vicariante V169
ipertropia H666
iperuricemia H667
iperventilazione H669
iperventilazione polmonare O287
ipervitaminosi H670
ipervolemia H671, P602, R160
ipnolessi H677, S562
ipnosi H678
ipoacusia D22, H70
ipoacusia neurosensoriale S337
ipoalbuminemia H684
ipoalgesia H556
ipoalimentazione H685
ipobaropatia H686
ipoblasto H687
ipobulia H688
ipocalcemia H689
ipocapnia H690
ipochilia H703
ipochromia H701
ipocinesia H730
ipocloremia H691
ipocloridria H692
ipocloruria H693
ipocolesterolemia H694
ipocolia H695
ipocondria H696
ipocondrio H698
ipocorticoidismo A191, H705
ipodattilia H707
ipoderma H711
ipodinamismo H712
ipoergia H760

ITTERO EMOLITICO COSTITUZIONALE

ipoestesia sessuale H673
ipofaringe H741
ipofisario H746
ipofisectomia H747
ipofisi P551
ipofisi anteriore A143
ipofisi ghiandolare A143
ipoforia H742
ipofosfatemia H743
ipofosfaturia H744
ipofrenia H745
ipofunzione H714
ipogalattia H715
ipogammaglobulinemia H716
ipogastrio H717
ipogenitalismo H718
ipogeusia H719
ipoglicemia H721
ipoglicogenolisi H722
ipogonadismo H723
ipogonadismo ipogonadotropico H724
ipoidrosi H725
ipoinsulinismo H727
ipokaliemia H728
ipomania H731
ipomastia H732
ipomenorrea H733
ipometabolismo H734
ipomiotonia H737
ipomnesia H735
iponatriemia H738
iponutrizione U47
ipoparatiroidismo H739, P143
ipopion H756, S384
ipopituitarismo H749
ipoplasia H750
ipoproteinemia H753
ipoprotrombinemia H754, P971
iposecrezione H759
iposensibilità H672, H760
iposialia H755
iposmia H761
ipospadia H762
ipospadia balanica B28
ipospadia penoscrotale P261
ipossia H786, O314
ipossiemia H785
ipostasi H763
ipostenia H765
ipostenuria H766
ipostesia H672
ipotalamo H770
ipotenar H771
ipotensione H767
ipotensione controllata C1010
ipotensione dirigibile I127
ipotensione indotta I127
ipotensione ortostatica O197, P780
ipotensione posturale P780
ipotermia H772

ipotermia locale R119
ipotimia H773
ipotiroidismo H774, T263
ipotiroidismo infantile I137
ipotiroidismo tireoprivo T269
ipotonia H775
ipotonia muscolare congenita O147
ipotrichia H776
ipotricosi H776
ipotrofia H777
ipotropia H778
ipoventilazione H780
ipovitaminosi H781
ipovitaminosi PP P232
ipovolemia H782
ipoxantina H784
ippocratismo digitale C730
iprite M489
ipsicefalia H787
ipsistafilia H788
ipsofobia H790
iride I520
iridectomia I510
iridencleisi I511
iridociclite I515
iridodiagnosi I516
iridodonesi I517, T449
iridoplegia I518
iridotomia I519
irite I521
irradiazione I525
irresponsabilità I527
irrigatore S1290
irrigazione I529
irritabilità I530
irritazione I532
irsutismo H368, H661
irudina H369
irudiniasi H370
ischemia I533
ischemia intestinale cronica I448
ischialgia I535
ischio I540
ischiopago I538
iscuria I541
isoagglutinina I544
isoanticorpo I545
isoantigene I546
isocorteccia I548
isocromosoma I547
isoenzima I549
isogamete I550
isoimmunizzazione I552
isola di Langerhans L63, P49
isola pancreatica L63, P49
isolamento I555
isolare I553
isoleucina I556
isomerasi I557
isomerismo I558
isometrico I559

isometropia I560
isostenuria I561
isotonico I562
isotrapianto S1261
ispettore sanitario S65
ispezione I375
istamina H372
isterectomia H793, U158
isterectomia sopracervicale S1082
isterectomia subtotale S1082
isterectomia transvaginale V12
isteria H796
isteria di conversione C1022
isteria traumatica H821
isterocele H802
isterocervicotomia H803
isterografia H805
isterolaparotomia H806
isteromania H807
isteromiomectomia H809
isteropessi H810
isteroptosi H812
isterosalpingografia H814, M281
isteroscopia H816
isteroscopio H815
isterospasmo H817
isterotomia H818
isterotrachelorrafia H819
istidina H373
istidinemia H374
istidinuria H375
istinto I381
istiocito H376
istiocitoma H377
istiocitosi H378
istiocitosi lipidica L225
istiocitosi X H379
istmo I564
istochimica H381
istocompatibilità H382
istodifferenziazione H384
istogenesi H385
istogramma H386
istoincompatibilità H387
istologia H388
istone H389
istopatologia H391
istoplasmosi D13, H392
istoradiografia H393
istotropo H396
ittero I8, J6
ittero catarrale C227
ittero colestatico C458
ittero colostatico R198
ittero congenito non emolitico F32
ittero emolitico H205
ittero emolitico acquisito A88
ittero emolitico congenito C942
ittero emolitico costituzionale C942

ITTERO EPATOCELLULARE

ittero epatocellulare H262
ittero familiare cronico C606
ittero familiare non emolitico B132
ittero fisiologico dei neonati P501
ittero meccanico R198
ittero del neonato J7
ittero nucleare di Schmorl N224
ittero ostruttivo O20
ittero da ostruzione M132
ittero parenchimatoso H262
ittero da stasi R198
ittiosi C1195, F162, I4
itto apicale A586
itto della punta H80

K

kala-azar C4, K2, V192
kerion K44
kernicterus K45
kernittero K45
kwashiorkor K88

L

labbra screpolate C393
labbro L221
labbro leporino C692, H39
labilità L2
labilità emotiva E151
labioschisi C692
labirintectomia L10
labirintite L16
labirinto L9
labirinto membranoso M211
labirinto osseo B364, O213
labirintotomia L17
laboratorio L5
laboratorista L6
laccio L196
laccio emostatico T348
lacrima T62
lacrimazione L24
lacuna trofoblastica T518
lagoftalmia H40
lagoftalmo H40, L48
lago lacrimale L22
lambliasi G195
lamella L53
lamella concentrica C907
lamina L56

lamina basale B70
lamina cribrosa dell'osso etmoidale C1187
lamina epatica H252
lamina sopracoroidea S1151
lamina tarsale della palpebra T44
laminectomia L60
lampada a fessura G383, S572
lampada a raggi ultravioletti U30
lancetta L61
lanugine L65
laparoisterectomia L66
laparoscopia C276, L68, P362
laparoscopio L67
laparotomia L69
laringe L89
laringectomia L78
laringismo stridulo W85
laringite L79
laringite difterica C1213
laringite nodulare V230
laringite spastica S658
laringite stridula C224
laringocele L80
laringoplegia L81
laringoscopia L83
laringoscopia in sospensione S1187
laringoscopio L82
laringospasmo L84
laringostenosi L85
laringostomia L86
laringotomia L87
laringotracheotomia L88
larva della mosca M20
larvicida L73
laser L90
lassativo L103
latente L95
latenza L94
lattagogo L26
lattalbumina L27
lattante I135
lattasi L28
lattazione L29
latte di donna B444
lattobutirometro L35
lattodensimetro L38
lattoflavina L39
lattogeno P913
lattogeno placentare umano H469
lattoglobulina L41
lattosio L43, M335
lattosuria L44
lavaggio L102
lavanda gastrica G77
lebbra L135
lebbrosario L134
lecitina L110
ledere I189

legaccio B191
legamento L193, S519
legamento gastrolienale G116
legamento di Henle C955
legamento largo dell'utero B461
legamentopessi L194
legante B191
legatura L195, L196
legatura solubile S628
legge di Mendel M215
leggiero M323
leiomiofibroma L118
leiomioma L119
leiomioma vascolare V44
leishmaniosi L120
leishmaniosi americana B553
leishmaniosi americana cutanea F259
leishmaniosi americana mucocutanea E463
leishmaniosi brasiliana B553
leishmaniosi cutanea T526
leishmaniosi mucocutanea M442
leishmaniosi viscerale C4, K2, V192
lembo F181
lembo cutaneo C1284
lembo muscolocutaneo M486
lembo peduncolato P228
lembo trasferito A199
lembo tubolare T551
lemmocito L121
lendine N175
lenimento R139
lente L122, S513
lente biconcava B153
lente biconvessa B154
lente bifocale B163
lente cilindrica C1311, C1314
lente concava C903
lente concavo-convessa C904
lente a contatto C988
lente convessa C1023, P627
lente corneale C1052
lente d'ingrandimento L320
lente sferica S707
lente sferocilindrica S708
lenti G222
lentiggine L131
lentiggini F278
lentigginosi L129
lentiglobo L130
lentigo maligna M42
lentometro L124
leproma L133
leptocito L137, T38
leptomeningite L138
leptospire L139
leptospirosi C50, L141
leptospirosi itterica L140

LIQUIDO ENDOCULARE

leptospirosi itteroemorragica I7, W55
lesbianismo L142
lesbismo S75
lesione D9, I190, I389, L143
lesione precancerosa P794
letalità L148
letargia L150
lettiga S1003
letto B110
letto ospedaliero H459
letto di parto L7
letto ungueale N2
leucemia L154
leucemia basofila B92
leucemia a cellule staminali E134, S904
leucemia eosinofila E301
leucemia granulocitica G321
leucemia linfatica acuta L388
leucemia linfocitica cronica L391
leucemia mieloblastica M516
leucemia mieloide M519
leucemia monocitica M386
leucemia plasmacellulare P574
leucemia promieloide P923
leucina L151
leucocheratosi L164
leucocidina L157
leucocito L158, W72
leucocito basofilo B93
leucocito eosinofilo A72
leucocito a nastro B45
leucocito neutrofilo polimorfonucleato M118
leucocito segmentato S278
leucocitolisi L160
leucocitosi L163
leucocitosi neutrofila N149
leucocitosi relativa R135
leucocituria L153
leucodermia sifilitica S1283
leucodistrofia globoide G240
leucoma A267, L166, W6
leucoma aderente A165
leucomelanodermia P512
leuconichia L167
leuconichia striata S1006
leucopedesi L168
leucopenia L169
leucoplachia della lingua S585
leucopoiesi L170
leucorragia L171
leucorrea L171, W83
leucosarcoma L172
leucosarcomatosi L172
leucosi L154
leucotomia prefrontale P808
leucotomia transorbitaria T422
leucotrichia L174
levatrice M318

levulosio L46, L176
levulosuria L177
libido L179
lichen L181
lichen mixedematoso P81
lichen nitidus P539
lichen tropicale W87
lichenificazione L182
licoressia L356
lieve M323
lievito Y3
lignina L202
linea alba A8
linea anocutanea A474, P220
linea di demarcazione L209
linea epifisaria E363
linea mammillare N173
linea mediana M139
linea nucale N220
linea parasternale C1103
linea pura P1108
linea visiva L210
linfa L359
linfadenite L361
linfadenite bronchiale B469
linfadenite cervicale C371
linfadenografia L362
linfadenomatosi L364
linfadenosi L365
linfangectasia L367
linfangioendotelioma L369
linfangiografia L370
linfangioma L371
linfangioma cavernoso C261
linfangite L372
linfatismo L381
linfedema L384
linfoblasto L387
linfoblastosi L389
linfocito L382
linfocitopenia L408
linfocitopoiesi L394
linfocitosi relativa S1064
linfoepitelioma L396
linfoghiandola L386
linfografia L400
linfogranuloma L398
linfogranuloma venereo C701, V84
linfogranulomatosi L399
linfogranulomatosi inguinale F266, P732, T521
linfoma L406
linfoma follicolare F228
linfoma gigantocellulare G191
linfomatosi L407
linfonodo L360, L386
linfonodo bronchiale B473
linfonodo cervicale C374
linfopoiesi L409
linforeticulosi benigna di inoculazione B133, C242, N191

linforragia L410
linforrea L410
linfosarcoma L411
linfosarcomatosi L412
linfuria L414
lingua T306
lingua cerebriforme C354
lingua a fragola S992
lingua geografica G164, M77, W15
lingua a lampone S992
lingua nera pelosa H16
lingua patinata C745
lingua a pliche F166, F325
lingua saburrale F324
lingua scrotale F166, F325, G368, R281, W114
lingua solcata G368, W114
lingua villosa T469
linguaggio esplosivo L303
linimento L216
linkage L217
liofilizzazione F280, L415
lipasi L222
lipasi ematica H202
lipemia L223
lipemia alimentare P773
lipide L224
lipidosi L228
lipidosi glucosilcerebrosidica G120
lipidosi sfingomielinica C352, N165, S721
lipocondrodistrofia L230
lipocromo C588, L231
lipodistrofia L232
lipodistrofia intestinale I454, L248, W67
lipodistrofia progressiva P908
lipofibroma L233
lipofuscina C588, L234
lipogranuloma L235
lipogranulomatosi L236
lipoidosi L228, L242
lipoma L243
lipoma diffuso del collo M18
lipomatosi L244
lipomatosi dolorosa D115
liponecrosi A175
lipoproteina L249
liposolubile F52
lipuria A179, L251
liquido amniotico A363, W35
liquido amniotico posteriore H359
liquido cefalorachidiano C363, S738
liquido cerebrospinale C363, S738
liquido corporeo H475
liquido endoculare I475

LIQUIDO EXTRACELLULARE

liquido extracellulare H475
liquido extravascolare E584
liquido interstiziale T294
liquido intracellulare I468
liquido sinoviale S1269
liquor cefalorachidiano C363, N121
lisi L417
lisina L416
lisozima L418
listeriosi L254
litiasi L255
litiasi intraepatica H275
litopedio L256
litotomia L257
litotomia alta H354
litotomia perineale P318
litotomia soprapubica S1159
litotribo L260
litotripsia L258
litotripsia ultrasonica U25
litotrissia L258
litotritore L260
lividura B518, S1107
livore L271
lobectomia L276
lobo L275
lobo caudato C245, S730
lobo centrale dell'encefalo C300
lobo frontale F291
lobo occipitale E195, O26
lobo olfattivo O65
lobo parietale P165
lobo quadrilatero Q4
lobo di Spigelio C245, S730
lobo temporale T93
lobotomia L277
lobulo L279
lobulo fusiforme F330
lobulo linguale L213
lobulo dell'orecchio E7
localizzazione L284
lochi L287
lochiometria L288
loffa F191
logamnesia L296
logoneurosi L298
logopatia L299
logopedia L300
logoplegia L301
logorrea L302
logoterapia L304
loiasi L305
lombaggine L329
lombare L330
lombarizzazione L332
lombo L306
longevità L308, M1
lordoscoliosi L316
lordosi L317, S23
lordosi lombare L331
lozione W25

lue S1281
lume L336
luminescenza L337
luminoforo L338
lupus L346
lupus eritematoso sistemico S1305
lussazione D251, L354
lussazione della clavicola C679
lussazione del cristallino C1112, P416
lutoterapia F34

M

macchia B326, P193, S825
macchia cieca B282
macchia lutea Y9
macchia retinica Y9
macchie di Filatov F145
macchie di Koplik K81
macchina cardiopolmonare H76
macrocefalia M2, M164
macrocheilia M3
macrocito M4
macrofago M9
macrogiria P5
macroglia M5
macroglobulinemia di Waldenström H596, W2
macroglossia M6
macromastia M7
macromelia M8
macropodia M176
macropsia M10
macroscopia M11
macrosomia M12
macula M13, S825
maduromicosi M19
maggiorenne A198
magnetoterapia M21
mal d'aria A251
mal di California C751
mal dei denti O45, T322
mal di gola S647
mal di mare N33, S235
mal di montagna A315, H686, M425
mal rossino E415
malacia S611
malacoplachia M28
malaria M30
malaria perniciosa P373
malaria terzana T128
malaria terzana maligna F20
malassorbimento M25
malato I35, P213

malattia A244, D244, I36, S484
malattia di Albers-Schönberg A264, M80, O243
malattia delle altitudini H686
malattia di Aran-Duchenne W29
malattia di Aujeszky A834
malattia autoimmune A862
malattia di Bamberger e Marie B43
malattia di Banti B48
malattia di Bechterew B108
malattia di Becker B109
malattia di Behçet B120, O38
malattia di Besnier-Boeck-Schaumann B347
malattia di Biermer P372
malattia di Bornholm B131, B370, D154
malattia di Botkin E316, I147
malattia di Bouchard B377
malattia di Bouillaud B381
malattia di Bowen B387
malattia di Bright B458
malattia di Brill-Symmers G191
malattia di Brill-Zinsser B459
malattia di Carrion B63, C191, H225, O190, P389
malattia dei cassoni B128, C12, D35
malattia delle catene pesanti F276, H86
malattia celiaca C273, G122
malattia dei cenciaioli W104
malattia di Chagas S651
malattia di Charcot-Marie-Tooth P375
malattia di Christmas C563
malattia cistica di Tillaux T289
malattia del collagene C791
malattia di Concato P720
malattia del connettivo C966
malattia contagiosa C871
malattia contagiosa epidemica P563
malattia di Crohn C1196
malattia cronica cistica C604
malattia di Curschmann C1275
malattia di Darling D13
malattia della decompressione B128, C12, D35
malattia di Dercum A176, D115
malattia di Di Guglielmo D211, E431
malattia di Dubini E77
malattia di Erb-Charcot E398
malattia ereditaria I183
malattia di Feer P537
malattia di Filatov-Dukes F144
malattia di Franklin F276

malattia di Gamstorp A204
malattia di Gaucher G120
malattia di Gee G122
malattia di Gerlier E322, G171, K84
malattia di Gierke A382
malattia di Gilbert B132, G200
malattia di Gilles de la Tourette G202
malattia di Gorham G301
malattia da graffio di gatto B133, C242, N191
malattia di Graves E532, G341
malattia di Griesinger G358
malattia di Guillain-Barré A115
malattia di Haff H5
malattia di Heubner H340
malattia di Hippel R215
malattia di Hodgkin H399
malattia di Hutchinson-Gilford P900
malattia ad inclusioni citomegaliche C1370
malattia infettiva I146
malattia intercorrente I405
malattia d'irradiazione R12
malattia di Katayama K18
malattia di Krabbe G240
malattia di Kussmaul K87
malattia di Leiner-Moussous L117
malattia di Letterer-Siwe N194
malattia di Little S662
malattia maniaco-depressiva P329
malattia di Marie H663
malattia di Ménière A832
malattia di Merzbacher e Pelizaeus P231
malattia di Mitchell E432
malattia di Morvan F110
malattia di Moschcowitz T241
malattia di Newcastle N155
malattia di Nicolas-Favre F266, T521, V84
malattia di Niemann-Pick L225, N165, P510, S721
malattia di O.Minkowski e A.-M.-E. Chauffard I6
malattia di Ollier M461
malattia di Oppenheim O147
malattia ossea di Paget P16
malattia periodica P328
malattia di Perthes P386
malattia di Perthes-Calvé-Legg P386
malattia di Peyronie F136, P409
malattia di Pierre-Marie-Strümpell-Bechterew A469
malattia senza polso T22
malattia dei porci S1203

malattia professionale O30
malattia da raggi R12
malattia di Raynaud S1214
malattia di Rendu-Osler H291
malattia di Riga R293
malattia di Roger P197
malattia di Romberg F9
malattia di Rummo C153
malattia di Scheuermann S139
malattia di Schoenlein-Henoch A121, H227
malattia di Schottmüller S157
malattia da siero S396, S399
malattia del sonno A219, S564
malattia di Steinert S898
malattia di Strümpell-Bechterew-Marie S1027
malattia di Strümpell-Marie A469, M85
malattia di Sutton S1190
malattia di Swift S1200
malattia di Takayasu P1090
malattia dei tic multipli G202
malattia trasmissibile C871
malattia di Unverricht L47
malattia di Urbach-Wiethe L227
malattia delle urine a sciroppo d'acero B432, M76
malattia dei vagabondi V9
malattia venerea V83
malattia di Whipple I454, L248, W67
malattia di Wilson H271
male P17, S484
malessere I122, M27
malessere dopo la sbornia H29
malformazione M35
malignità M39
malinconia M181
malinconia involutiva I504
malleolo M45
malnutrizione M48
malposizionamento M51
malrotazione M52
maltosio M54
mammella B440
mammografia M60
mammoplastica M61
mancinismo M62, S522
mancino L112
mandibola L323, M63, S1066
mandrino M65, S1035
mania M67
mania di Bell B122
mania di grandezza M175
mania di persecuzione P378
maniaco M68
manichino M72, P430
manifestazione M70
manifesto M87
manipolazione M73

manipolazione a due mani C954
mano H25
mano ad artiglio C682, G359
mano bifida C691, S795
mano cadente C188, D312, W117
mano fessa L278
mano da ostetrico A43, O12
mano piatta F188
mano di scheletro S549
mano torta C732
manopole da piombo L108
manovra M73
mantello M74
mappatura cromosomica C595
marasma M79
marcia P1120
margine E45, M82
margine ciliare C636
margine del tarso palpebrale C636
marsupializzazione M90
martello H21, M47
mascella U71
maschera M91
maschera di Parkinson P168
maschile M33
maschio M33
masochismo M93
massa comune P730
massaggiatore M96
massaggio M95
massaggio cardiaco C119
massaggio cardiaco diretto O121
massaggio cardiaco esterno C719, E558
massaggio cardiaco a torace chiuso C719
massaggio cinese N92
massaggio a percussione H4
massaggio percussorio T34, T35
massaggio vibratorio S281, V165
massoterapia M98
mastalgia M108
mastcellula M102
mastectomia B441, M103
masticazione M104
mastite M105
mastite parenchimatosa G219
mastite puerperale P1059
mastocito M102
mastocitosi M107
mastodinia M108
mastografia M60
mastopatia cistica F121
mastopatia fibrocistica C604
masturbazione M112, O95, S286
materiale di bendaggio D309

MATERIALE DI SUTURA

materiale di sutura S1193
maternità M113
matraccio F184
matrice dell'unghia N2
matrice ungueale K30
maturazione M117
maturità M120
meato acustico A831
meato acustico esterno E557
meato di Hensen H244
meato urinario U140
meatotomia M130
meccanorecettore M134
meccanoterapia M135
meconio M137
mediastino M143
mediastinotomia M142
medicamento M150, M153
medicamento brevettato P198
medicazione D309, M152
medicina M153
medicina aerea A884
medicina aeronautica ed astronautica A212
medicina aerospaziale S653
medicina clinica C705
medicina interna I424
medicina legale F256
medicina militare M326, W17
medicina nucleare N226
medicina ortodossa A302
medicina popolare F221
medicina preventiva P851
medicina tropicale T524
medicinale D315
medico D288, P496
medico curante A816
medico generico G137
medico residente H466, R168
medio M127
megacarioblasto M166
megacariocito M167
megacefalia M164
megacolon M165
megaloblasto M168
megalocito M4, M171
megalomania D66, M175
megaretto M178
megasigma M179
meiosi M180
melanina M184
melanoblasto M186
melanocito M188
melanodermia G354, M190
melanodermia dei vagabondi P132, V9
melanoleucodermia M192
melanoma M193
melanoma amelanotico A338
melanoma maligno N152
melanosi M197
melanosi di Dubreuilh M42
melanuria M201

melatonina M202
melena M203, T41
melioidosi M204
meloreostosi M206
membrana M207
membrana basale B382, V220
membrana basilare B80
membrana cellulare C285
membrana crupale C1215
membrana di Descemet D139, V220
membrana elastica E61
membrana ialoidea H487
membrana interossea I431
membrana mucosa M446
membrana nittitante N161
membrana nucleare K15, N227
membrana degli otoliti S884
membrana otolitica O262
membrana otturatoria O24
membrana piogenica P1146
membrana plasmatica C285
membrana presinaptica P845
membrana secondaria del timpano S130
membrana semipermeabile S309
membrana sierosa S371
membrana sinoviale S1270
membrana timpanica D321
membrana timpanica secondaria S260
membrana del timpano D321, T591
membrana vitellina Y14
membrana vitrea V220
membro L204
memoria M213
memoria visiva E603
menarca M214
mendelismo M215
meninge molle P506
meningi M218
meningioma M219
meningite M220
meningite cerebrospinale epidemica E314, M222
meningite meningococcica M222
meningite otogena O256
meningocele M221
meningococcemia P397
meningococco W52
meningoencefalite C356, M223
meningoencefalomielite M224
meningomielite M225, M526
meningoradicolite M226
meniscectomia M227
menisco M229
menisco articolare A693
menisco convergente C1020
menisco mediale F19
menisco tattile T17

menopausa M230
menorragia H615, M231
mentalità T201
mentalità prelogica P814
mento C439
mercaptano M240, T202
mercurialismo M241
mesarterite M243
mesencefalo M309
mesenchima M246
mesentere M248
mesenterite M247
mesoblasto M251
mesocardio M250
mesoderma M251
mesotelio M255
mesotelioma M254
mestruazione M234
metabiosi M256
metabolismo M259
metabolismo basale B71
metabolismo dei carboidrati C82
metabolismo dei grassi L246
metabolismo lipidico F50, L246
metabolismo proteico P961
metabolismo respiratorio R185
metabolita M260
metabolito M260
metacarpo M261
metafase M264
metafisi M265
metamielocito M263
metamielocito neutrofilo J33
metamorfopsia M262
metanefro H358
metanolo M276
metaplasia M266
metaplasia squamosa S837
metastasi M267
metastasi calcarea C16
metatarsalgia M268
metatarso M270
metemoglobina M273
metemoglobinuria M274
meteorismo M271
metionina M275
metodo operatorio P870
metodo terapeutico C1268
metreurinter M277
metreurisi M278
metrite H800, M279
metrorragia M280
metrorressi H813
metrosalpingografia M281
mezzo anticoncezionale C999
mezzo antifecondativo C999
mezzo di coltura C1256
mezzo contraccettivo C999
mezzo di contrasto C1008
mezzo stimolante la secrezione S1083
mialgia M495

MORBO DI CROHN

mialgia epidemica B370, D154
miasi M534
miastenia M496
miatonia M497
micelio M498
micetoma del piede F316
micobatterio M500
micobatterio tubercolare T555
micologia M503
micosi M504
micosi epidermica E329
microbicida M284
microbio M283
microbiologia M285
microbo M283
microchirurgia M305
microcitemia M287
microcito M286
microdontia M288
microdontismo M288
microftalmo M297
microglia M290
microgliacito H453, M290
micrognazia M291
microlito M292
micromania M293
micromastia M294
micromelia M295
microrganismo M296
microrganismo anaerobio A391
microscopia M302
microscopio M299
microscopio a campo scuro D12
microscopio elettronico E98
microscopio a lampa a fessura C1053
microscopio polarizzante P674
microscopio semplice S513
microsoma M303
microsomia M304
microtomo H394, M306
microvilli M307
midollo M88
midollo osseo B357
midollo spinale S737
midriasi M508
mielina M510
mielinizzazione M512
mielite M514
mielite trasversa T433
mieloblasto M515
mielocele M517
mielocito M518
mielodisplasia M520
mieloma M525
mielomatosi S90
mielopatia M528
mieloperossidasi M529
mieloplegia M530
mielopoiesi M531
mielosi M532
mielosi aleucemica A278

mielosi eritremica acuta D211
miglioramento A340
migliorare I78
mignatta L111
migrazione M321
miliaria cristallina C1246
miliaria rubra H84, S1119, W87
miliaria sudorale C1246
milio M327
milza S771
milza accessoria A37, L187, S793
milza amiloide W44
milza lardacea L71, W44
milza sagù S29
mineralocorticoide M341
minzione E144, M308, U143
mioatonia M497
mioblasto M536, S80
mioblastoma G312
miocardio C121, M540
miocardite di Fiedler A118
miocardite idiopatica A118
miocardite idiopatica di Fiedler F140
miocito M542
mioclonia elettrica E77
mioclonoepilessia L47
miodegenerazione M543
mioestesia M483
miofibrilla M481, M546
miofibrosi M547
mioglobinuria M548
miografo M550
miogramma M549
miolisi M551
mioma M552
mioma uterino H808
miomalacia M553
miomero M554
miometrio M555
mionecrosi anaerobica C722
miopatia M559
miopatia filiforme N54
miopatia nemalina N54
miopia M560, N37, S454
miopia assiale A889
mioplastica M562
miosarcoma M564
miosi M350
miosina M566
miosite M567
miosite fibrosa F296
miosite tropicale T525
miotomia M569
miotonia M570
miotonia atrofica M571
miringe T591
miringectomia M572
miringite M573
miringotomia M575, T595
miringotomo M574

miscela M363
mistura M363
misura M129
misure sanitarie S67
mitigazione R139
mitocondrio M354
mitosi K8, M355
mixedema circoscritto pretibiale C658
mixedema pretibiale P849
mixoma M577
mobilità M364
mobilizzazione M365
moccio E395
modello C205, I76
moderato M366
mogigrafia S216
mola carnosa C169, F198
mola idatidea H497
mola idatiforme C1337, H497
mola vescicolare H497, V149
molare C402, M370, W7
mole M371
mollusco M372
mollusco sebaceo A29
moncone S1029
mongolismo D304
monilethrix B104, M377
moniletricosi M377
moniliasi M376
moniliasi orale T243
moniliasi polmonare P654
monitoraggio M378
monitoraggio del paziente P214
monitore cardiaco C120
monitore dell'elettrocardiografia E83
monoaminossidasi M379
monoartrite M374
monoblasto M380
monocito M385
monocitopenia M387
monocitosi M388
monocromatismo M382
monolaterale H164
mononucleosi M389
mononucleosi infettiva I148
monoplegia M391
monorchide M392
monorchidismo M392
monosaccaride M393
monosio M393
monosoma A33
morbillo M128
morbo D244
morbo di Banti B48
morbo di Basedow G341
morbo di Brill-Symmers F228
morbo di Bürger B551, O8
morbo celiaco C273
morbo di Cooley M155
morbo di Crohn C1196, R118

MORBO DI CUSHING

morbo di Cushing C1278
morbo di Gierve G279
morbo di Günther C941
morbo di Hodgkin L399
morbo di Parkinson S430, T447
morbo di Pick C657
morbo di Raynaud R47
morbo di Recklinghausen R61
morbo di Roger R318
morbo di Scheuermann S139
morbo di von Recklinghausen N114
morbo di Weil S756, W55
morbo di Wilson L125, W90
morfea M403
morfea guttata W80
morfinismo M404
morfinomania M404
morfogenesi M406
morfologia M407
morfologia cellulare C1372
morire D193
mormorio vescicolare R187
morsetto R194
morsi della fame H478
morso B231
mortalità D25
morte D24
morte cerebrale B425
morte improvvisa S1093
morte improvvisa in culla C1185
morte improvvisa del neonato C1185
morte subitanea del bambino S1094
morto D17
morula M411
morva E395, G216
morva cutanea F36
mosaico C437, M412
mosca comune H464
mosca domestica H464
mosca tse-tse T544
mostruosità T123
motilità M414
motilità intestinale C815, I455
motivazione M417
motoneurone M418
movimento M434
movimento coreico C543
movimento fetale Q11
movimento saccadico S3
mucillagine M435
mucina M436
mucinosi M437
mucinosi follicolare F229
mucinosi papulosa P81
mucinuria M439
muco M451
mucocele M441
mucopolisaccaride M444
mucoproteina M445

mucosa M446
mucoviscidosi F122, M450
mughetto M507, T243, W77
mummificazione M468
murmure M474
murmure vescicolare V152
muscarinismo M477
muscolare M479
muscolatura M485
muscoli sinergistici S1257
muscolo bicipite B151
muscolo bipennato B215
muscolo buccinatore C401
muscolo costrittore C980
muscolo costrittore medio del faringe H553, M314
muscolo cremastere C1172
muscolo cutaneo C1287
muscolo digastrico D206
muscolo elevatore L175
muscolo gluteo G271
muscolo ioglosso H551
muscolo liscio S587, U70
muscolo orbicolare O163
muscolo papillare P72
muscolo pettineo P221
muscolo pilomotore P530
muscolo sartorio T21
muscolo scheletrico S546
muscolo sinergico A237
muscolo striato S1007
muscolo trapezio S436
muscolo trapezoidale C1125
muscolo unipennato U57
muscolo vasto intermedio F81
musicoterapia M488
mutageno M491
mutante M492
mutazione M493
mutilato I492
mutilazione M494
muto D327

N

nanismo D332, M304, N8
nanismo acondroplastico A60
nanismo ipofisario P550
nanismo pituitario P550
nanismo polidistrofico P697
nanismo primordiale L374
nanismo renale R149
nano D331
narcisismo N10
narcolessia G127, H677, N11
narcomane N13
narcomania N12
narcosi N14
narcotico N15

narcotismo N16
narice N217
nasale N18
nascita B221
nascita di un feto morto S953
naso N209
naso a proboscide R265
natalità B228, N29
natiche B554, C733, R343
nato morto S954
naturale N30
naturopatia M32
naupatia N33
nausea N34, S484
necrobacillosi N40
necrobiosi N41
necrofilia N42
necrofobia N43
necropsia N44
necrosi N45, S699
necrosi asettica A721
necrosi asettica del condilo omerale E361
necrosi cistica della tunica media dell'aorta C1336
necrosi da coagulazione C738
necrosi colliquativa C802, L252
necrosi fosforica P460
necrotizzazione S699
necrotomia N47
nefelometria N63
nefrectasia N64
nefrectomia N65
nefrite N66
nefrite ematurica H224
nefrite focale F217
nefrite suppurativa S1147
nefrite delle trincee T452, W18
nefroangiosclerosi B134
nefroblastoma E131, N67, R145
nefroblastoma di Wilms W89
nefrocalcinosi N68
nefrografia N70
nefroidrosi N71
nefrolitiasi N73
nefrolito N72
nefrolitotomia N74
nefrologia N75
nefrone N76
nefropessia N78
nefroptosi N79
nefrosclerosi C629, C1000, N81
nefrosclerosi arteriolare A657
nefrosclerosi arteriosa A650, S319
nefrosclerosi benigna B134
nefrosclerosi maligna M43
nefrosi N82
nefrosi emiglobinurica H200
nefrosi lipoidea L241
nefrotomia N83
negativismo N50, N171

OBESITÀ SEMPLICE

nematelminto R335
nematode N55
neo M371
neo peloso H15
neocortex N56
neonato N154
neopallium N56
neoplasia N62
nervo N85
nervo abducente A12
nervo afferente A217
nervo cranico C1142
nervo motore M423
nervo oculomotore O43
nervo sensitivo S343
nervo sensorio S343
nervo sensorio-motore S336
neurilemmoma N105
neurinoma N105
neurite N106
neurite ascendente A713
neurite assiale C302
neurite centrale C302
neurite ottica O139
neurite parenchimatosa A890
neuroblasto N107
neurochirurgia N135
neurocitoma N109
neurocranio B423
neurodermatosi N111
neurodermite N110
neuroepitelioma N112
neurofibroma N113
neurofibromatosi N114, R61
neurofisiologia N130
neuroglia N115
neuroglioma N134
neuroipofisi N117
neurolettico N119
neurolisi N122
neurologia N120
neurolue N136
neuroma N123
neuroma gangliare G47
neuromiosite N125
neurone N87
neurone bipolare B216
neurone internunciale I429
neurone multipolare M466
neurone postgangliare P757
neurone pregangliare P809
neurone unipolare U60
neuropatia N129
neuropatologia N128
neuroplasma N131
neurosi N133
neurosi d'ansia A552
neurosifilide N136
neurotomia N138
neurotomia retrogasseriana R227
neurotossina N139
neurotripsia N140

neurotropismo N141
neutrofilia N148
neutrofilo N147
neutropenia N146
nevo B226, M413, N153, S732
nevo aracneiforme S727
nevo capillare C66
nevo ceruleo B333
nevo endodermico I472
nevo giunzionale J29
nevo di Sutton C656
nevo verrucoso S102, V126
nevocarcinoma N152
nevralgia N102
nevralgia facciale F5, T493
nevralgia del ganglio genicolato G148
nevralgia intercostale I403
nevralgia di Ramsay Hunt H482
nevralgia sciatica S162
nevralgia trigeminale T493
nevralgia del trigemino E353, F5, T493
nevrastenia N103
nevrilemma N118
nevrite retrobulbare R225
nevroglia G229, N115
nevrosi N133
nevrosi di guerra B101, S440, W19
nevrosi post-traumatica P778
nevrosi professionale P898
nicchia N157
nicotina N158
nictalgia N257
nictofobia N259
nicturia N180
ninfa N262
ninfomania N264
nistagmo N266
nistagmo dissociato I98
nistagmo labirintico A836, L13
nistagmo oculocinetico O156
nistagmo del palato P19
nistagmo pendolare P250
nistagmo rotatorio R331
nistagmo a scosse J17
nistagmo verticale V140
nistagmo vestibolare A836, L13, V159
nistagmografia N265
nitrato d'argento L342
nitrometro N177
nittitazione N163
nocardiosi N178
nocivo N219
nodo K74, N185
nodo di Aschoff-Tawara A808
nodo atrioventricolare A808
nodo di Keith e Flack S525
nodo linfatico broncopolmonare B473

nodo primitivo P862
nodo di Ranvier R36
nodo senoatriale S525
noduli dei cantanti S520, V230
nodulo W66
nodulo dei cantanti T61
nodulo di Ghon G183
nodulo di Schmorl S155
noma N189
noma buccale S972
nona E23
noradrenalina N199
norepinefrina N199
norma N200
normale N201
normoblasto N100
normocito N206
normoergia N203
nosocomiale N210
nosofobia N214
nosologia N211
nosomania N212
nostalgia N216
nottante N244
nuca N9
nucleare N222
nucleasi N229
nucleo N240
nucleo caudato C246
nucleo cellulare K11
nucleo di cromatina C575
nucleo fastigio N241
nucleo lentiforme L128
nucleo di Luys L355
nucleo polposo V135
nucleo rosso T70
nucleo sopraottico S1156
nucleo subtalamico L355
nucleo del tetto N241, R322
nucleoide N232
nucleoistone N231
nucleolo N233
nucleolo falso F29
nucleoplasma K12, N234
nucleoproteina N235
nucleosidasi N236
nucleoside N237
nucleotide N239
numero idrogeno H519
nutazione N247
nutrice W60
nutrizione F73, N252

O

obbligo di tacere M149
obesità C1073, O2
obesità ipotalamica H769
obesità semplice S514

OBITORIO

obitorio M402
obliquità O7
obliterazione O9
obnubilamento della coscienza C728, M237
obnubilazione della coscienza M237
occhiali G222, S679
occhiali bifocali B162
occhiali di protezione G288
occhiali stenopeici S906
occhio E594
occhio schematico S138
occhio scotopico S210
occhio strabico S842
occlusione aortoiliaca A569
occlusione dentale B231, O27
occlusione intestinale I32, I456
ocronosi O32
oculare O33
oculare di microscopio E604
oculomiasi O35
odontalgia O45, T322
odontoblasto O46
odontolito O49
odontologia O50
odontoma O51
odorato S327
odore O52, S582
oftalmia O129
oftalmia simpatica M322, T403
oftalmite O129
oftalmite purulenta P1118
oftalmite simpatica S1217
oftalmodinamometria O133
oftalmolito O134
oftalmologia O135
oftalmometro O136
oftalmomiasi O35
oftalmoplegia O140
oftalmoplegia nucleare N228
oftalmoscopia O141
oftalmoscopia diretta D233
oftalmoscopia indiretta I119
oftalmoscopio a riflessione R101
oftalmotonometria O142
oleoma O59
oleotorace O60
olfatto O61, S327
olfattometria O62
oligocitemia O68
oligocolia H695
oligodendrocito O69
oligodendroglia O70
oligoelemento T368
oligoemia O67
oligofrenia F71, I40, O75, P481
oligogene O72
oligomenorrea O74
oligopnea O76
oligosaccaride O78

oligosialia H755
oligospermia O79
oliguria H779, O80
olio di fegato di merluzzo C766
olio di ricino C206
oloenzima H407
ombelico B125, N35
ombre di Gumprecht G388, S589
omentectomia E368
omentite O84
omento O87
omentopessi O85
omeopatia H409
omeostasi H410, S890
omerale H470
omocheratoplastica A301, H420
omocistinuria H411
omogametico H413
omogenato H414
omogeneo H418
omogenizzazione H417
omoinnesto A300, A305
omologia H423
omoplastica H427
omosessualità H428
omosessualità maschile passiva U73
omotrapianto A300
omozigosi H430
omozigote H431
onanismo O95
oncocerchiasi O96
oncocercosi C743, O96, V238
oncocito O97
oncocitoma O98
oncogenesi C91, O99
oncologia O100
onda elettrocardiografica E84
onda del polso P1093
onde beta B144
onde cerebrali B430
oneirodinia O101
onfalectomia O88
onfalite O89
onfalocele O90
onfalorragia O92
onfalotrissi O93
onicofagia O108
onicogrifosi O105
onicogriposi O105
onicolisi O106
onicomicosi O107
onicopatia O110
onicoressi O109
onicosi O110, R98
ontogenesi O104
oocita O112
ooforite O116
oogenesi O113
oogonio O114

opacità O119
operazione O127
operazione esplorativa E547
operazione incruenta B305
operazione di Leriche H390
operazione di piccola chirurgia M348
operazione plastica P587
operazione stereotattica S926
operazione in uno tempo O102
operazione d'urgenza A120, E141
ophtalmometria O137
opistorchiasi O145
oppiaceo O143
oppiofagia O144
oppioide O143
oppiomania O146
opsonina O149
optometria O157
orbicolo ciliare C634
orbita O164
orbitotomia O165
orchidopessia O173
orchiectomia O170
orchiepididimite O171
orchiodinia O167
orchite O174
orchite tubercolare T559
ore di consultazione C983
orecchio E1
orecchio esterno E560
orecchio interno I422
orecchio medio M311
orecchioni E318, M470
organi genitali G154
organi genitali esterni P867
organi dei sensi S328
organismo O179
organo O176
organo accessorio S1134
organo del Corti A87
organo del gusto T55
organo di Rosenmüller E388
organo dello smalto E162
organo spirale S753
organo subcommessurale S1046
organo di Zuckerkandl P86
organotropismo O180
orgasmo O182
orificio M426, O184
orifizio M426, O184, S963
orifizio atrioventricolare sinistro M358
orifizio atrioventricolare destro T488
orifizio esterno dell'utero M428
orifizio tricuspidale T488
orifizio di uscita O270
origine G139, O185
orina U144
orinale U135
orinazione U143

orletto a spazzola B521
ormone H441
ormone adrenocorticotropo A192, C1090
ormone antidiuretico A512
ormone corticosurrenale A190, C1084
ormone della crescita G373, S636
ormone estrogeno E468
ormone femminile F76
ormone follicolare F226
ormone follicolo-stimolante F223, G35
ormone galattagogo G8
ormone galattogeno P913
ormone gonadotropo G291, P552
ormone lattogeno L40
ormone luteinico L348
ormone luteotropo L352
ormone maschile M34
ormone paratiroide P142
ormone progestativo P901
ormone sessuale S413
ormone somatotropo G373, S636
ormone steroideo S940
ormone stimolante i melanociti I415
ormone tireotropo T273
ormone tiroideo T262
ormone trofico dell'ipofisi T515
ormonogenesi H443
ormonopoiesi H443
ormonoterapia H442
ornitina O186
ornitosi O187
orofaringe O188
orottero H449
orticaria H397, N99, U157
orticaria da freddo C784
ortodonzia D90, O191
ortoforia O193
ortopedia O192
ortopnea O194
ortotono O198
ortottica O195
orzaiolo H439, S1034
oscheite S226
oscillazione O199
oscillografia O200
oscillometro O201
osmodrosi O203
osmometro O205
osmorecettore O206
osmoterapia O207
ospedale H456
ospedalizzazione H457
ospite H461
ospite definitivo D49, F155
ospite intermedio I412, S254
ospite secondario S254

ospizio H455
ossa di Andernach A420
ossa wormiane suturali A420, W109
ossalato O295
ossalemia O296
ossaluria O299
osseina O210
osseomucoide O211
ossessione O10
ossicefalia H787, O308, S897, T349
ossicini dell'udito E3
ossidante O301
ossidasi O302
ossidazione O303
ossido di carbonio C86
ossidoreduttasi O305
ossiemoglobina O317
ossificazione O214
ossificazione endocondrale E207
ossifilo O318
ossigenazione A206, O311
ossigenazione iperbarica H564
ossigeno O309
ossigenoterapia O316
ossimetria O307
ossimetro O306
ossinervone H541
ossitocina O319
ossiurasi O320
ossiuro H468, P542, S236, T214
osso B350
osso dell'anca H361, I195
osso basioccipitale B83
osso capitato C69
osso compatto C873
osso corticale C1082
osso cubitale C1249
osso duro C873
osso epactale E302
osso etmoide S493
osso iliaco F180
osso incisivo I411, P821
osso interparietale I86
osso ioide H552, L211, T307
osso lungo L307, P543
osso malare C400, J22, M29
osso parietale P159
osso pisiforme L127
osso pneumatico P630
osso sacro S21
osso semilunare L341, S297
osso sesamoide S402
osso spugnoso C43, S812
osso suturale E302, S1191
osso tarsale T43
osso ulnare C1249
osso uncinato H435, U38
osso zigomatico C400, J22, M29, Y12

osteite O217
osteite condensante S190
osteite deformante P16
osteoartrite O218
osteoartropatia polmonare P1073
osteoartropatia polmonare ipertrofica H663
osteoartrosi O218
osteoblasto O220
osteocito B352, O226
osteoclasto O224
osteoclastoma O225
osteocondrite O221
osteocondroma O222, S624
osteocondrosi O223
osteodistrofia O227
osteofibroma O228
osteofita O245
osteogenesi O229
osteoide O230
osteolisi O233
osteolisi progressiva G301
osteologia O232
osteoma O234
osteoma eteroplastico H326
osteomalacia O235
osteomalacia giovanile J34
osteomielite O237, P60
osteomielite di Garré C916, G57, S190
osteomielite sclerosante F260
osteomucoide O211
osteone O239
osteonecrosi O240
osteopatia O241
osteoperiostite O242
osteopetrosi A264, M80, O243
osteopetrosi di Léri M206
osteoplastica O247
osteoporosi O248
osteosclerosi B361, C916, O249
osteosintesi O250
osteosintesi con chiodo N4
osteosintesi con fili metallici W98
osteosintesi intraossea I477
osteotomia O252
osteotomo O251
ostetrica M318
ostetricia O14
ostetrico O13
ostio mitralico M358
ostio venoso sinistro M358
ostruzione O17
ostruzione intestinale B286
otalgia E2, O254
otite O257
otite interna L16
otite media catarrale S382
otite media purulenta cronica O264

OTOCONI

otoconi E5
otolite S885
otoliti E5
otolito O261
otomicosi O263
otorinolaringologia O265
otorrea O264
otosclerosi O267
otoscopia O269
otoscopio O268
otricolo U167
otricolo prostatico U167
ottica O154
ottotipi O158
otturatore O22
otturazione F148, O21
otturazione provvisoria T95
ottusità D326, O25
ovaia O284
ovaio G152
ovalbumina E54, O273
ovalocito C39, E113, O275
ovalocitosi O276
ovariectomia O115, O281
ovario O284
ovariotomia O282
ovarite O116
ovatta C1109
ovatta assorbente A24
ovidotto F22
ovocito O112
ovocito secondario S255
ovogenesi O113
ovogonio O114
ovomucoide O291
ovoplasma O292
ovulazione O293
ovulo E53
ozena O321
ozocerite O322
ozonizzatore O323

P

pacemaker A702, E75, P2
pachidermia P3
pachigiria P5
pachiglossia P4
pachimeninge P7
pachimeningite P6
pachionichia P8
pachiperiostite P9
pachipleurite P10
padella B112
padiglione dell'orecchio P540
palato P20, R323
palato duro H34
palatoplastica P23
palatoschisi C693, P25

palicinesia P29
palilalia P30
pallestesia B362, V166
pallido P33
pallio M74
pallore P34
palmo della mano P35
palpazione P38, T346
palpebra E602, L183
palpitazione P42
panartrite H402, P44
pancardite E230, P45
pancia B124
pancitopenia P54
pancreas P46
pancreas di Willis U39
pancreatectomia P47
pancreatite P50
pancreatografia P51
pancreatotomia P53
pandemia P55
pandemico P55
panmieloftisi P56
pannicolite P57
pannus P58
panoftalmia P59
panoftalmite P59
panotite P61
panplegia P63
pantofobia P62
papilla P67
papilla dentaria D80
papilla duodenale maggiore B172
papilla ottica O152
papilla pilifera H13
papilla da stasi C457, P75
papilla di Vater B172, P68
papillectomia P74
papilledema P75
papille dermiche D119
papillite P76
papilloma P77, V171
papilloma intraduttale della mammella I474
papilloma di Shope R2
papillomatosi P78
papilloretinite P79, R218
pappataci S59
papula P83, P533
papulomatosi P84
papulos P84
parabiosi P88
parabulia P89
paracentesi P91, T35
paracheratosi P105
paracinesia P106
paracusia P95
paraemofilia P103
parafasia P119
paraffinoma P99
parafimosi P120
parafrenia P121

paraganglio C565
paraganglioma P100
paraganglioma non cromaffine C412
paragonimiasi P101
paragrafia P102
paralisi P43, P109
paralisi agitante S430, T447
paralisi ascendente A714
paralisi ascendente acuta A115
paralisi di Bell B123, F12, P938
paralisi bulbare B538
paralisi bulbare progressiva G250, P905
paralisi dei cassoni D281
paralisi centrale C303
paralisi cerebrale C350
paralisi cerebrale infantile I136
paralisi crociata C1203
paralisi da decompressione D281
paralisi del diaframma P489
paralisi facciale F12, P938
paralisi da gruccia C1226
paralisi di Gubler G379
paralisi mimica M339
paralisi multipla P713
paralisi del nervo facciale B123
paralisi oftalmica O36
paralisi ostetrica B227
paralisi ostetrica del plesso brachiale B391
paralisi periodica iperkaliemica H605
paralisi periodica ipokaliemica H729
paralisi pseudobulbare P982
paralisi saturnina L106
paralisi sensoriale S344
paralisi sopranucleare S1155
paralisi spastica spinale S665
paralisi spinale M530
paralisi spinale spastica E398
parallasse binoculare B192
parallasse stereoscopica S924
parallergia P107
paralogia P108
paralogismo P108
parametrite P112
paramimia P113
paramnesia P114
paranefrite P115
paranoia P116
paraparesi P118
paraplasma C284
paraplegia P122
paraplegia spastica T144
paraprassia P123
paraproctite P124
paraproteina P125
parapsicologia P127

parapsoriasi P126
parasinapsi P137
parasistolia P138
parassita P130
parassita facoltativo F16
parassita obbligato O4
parassita temporaneo T96
parassitismo P133
parassitologia P134
paratiflite P146
paratifo P147
paratifo B S157
paratimia P140
paratiroidectomia P145
paratormone P142
parauretrite S550
parencefalite P151
parenchima P152
parenterale P155
paresi P156
paresi intestinale E272
parestesia P157
parete W5
paridrosi P158
parkinsonismo P169
parodontite P333
parola S683
parola scandita S114
paronichia P173, R344
parooforon P174
parosmia P176
parossia C666
parossismo F168, P182
parotidectomia P179
parotite P180
parotite epidemica E318, M470
parovaio E388
parovario P181
parte fetale della placenta F98
parte petrosa dell'osso temporale P404
parte spugnosa dell'uretra maschile S813
partenogenesi V178
parto B221, C432, D62, L4, P185
parto mediante forcipe F245
parto precipitato P796
parto prematuro P817
parto nella presentazione podalica B450
parto tardivo B418
parulide P186
passo steppante E394
pasta P190
pasteurellosi P191
pasticca L327
pastiglia L327
pasto di prova T132
pastorizzazione P192
patella K68, P194, W69
patellectomia P196
patereccio F75, W84

patina dentaria D84
patina linguale F323
patofobia P209
patogenesi P201
patogenicità P202
patogeno P200
patologia I36, P207
patologia cellulare C288
patologia clinica S667
patomimetismo P208
patomimia P208
patopsicologia P211
paura A551, H450
paziente P213, S1055
paziente ambulatoriale O271
paziente degente I202
paziente ricoverato I202
pazzia I204
pazzo M17
pectina P219
pederastia P223
pediatra P224
pediatria P225
pediculosi L322, P229
peduncolo P227, S854
peliosi reumatica A121
pellagra P232
pellagra infantile I139
pelle S555
pelle del marinaio F37, S30
pelle d'oca G299
pellicola del corno anteriore dei ventricoli cerebrali P802
pelo H6
pelvi P247
pelvi falsa F30
pelvi renale R150
pelvimetria P243
pelviperitonite P240
pelviscopia P245
pemfigo P249
pemfigo acuto B549
pemfigo cicatriziale C627
pemfigo eritematoso di Senear-Usher S310
pemfigo oculare C627
penectomia P254
penetranza P255
penetrazione P257
penfigo P249
penicillinasi P258
pensiero T201
pentosi P262
pentosuria P263
pepsina P264
peptidasi P267
peptide P268
peptone P269
percezione P271
percolazione P272
percussione P273
percussione auscultata A847
percussione diretta D234, I46

percussione immediata I46
percussione indiretta M145
percussione mediata M145
perforatore P279, P1094
perforazione P278
perfusione P280
perfusione regionale R120
periadenite P281
periappendicite P283
periarterite P285
periarterite nodosa K87
periartrite scapolo-omerale S120
peribronchite P286
pericardectomia P288
pericardio H78, P295
pericardio villoso S428
pericardiocentesi P292
pericardiosinfisi C126
pericardiotomia P293
pericardite P294
pericardite adesiva A170
pericardite calcifica C20, F298
pericardite costrittiva C979
pericistite P303
pericito A201, P287
pericolangite P298
pericolite S365
pericondrio P300
pericondrite P299
periderma E383
peridiverticolite P306
periduodenite P307
periepate G236
periflebite P349
perilinfa P310
perimetrio P314
perimetrite P313
perimisio P315
perinefrite P324
perineo P325
perineoplastica P319
perineorrafia P320
perineostomia P321
perineotomia P322
perinevrio P327
periodo S849
periodo di incubazione I104, L97
periodo di latenza L49, L97
periodo di Luciani-Wenckebach W57
periodo refrattario R111
periodo refrattario assoluto A22
periodontite P333
periodontite apicale A588
periodontite suppurativa S1148
periodonto P334
periorbita P336
periorchite P337
periostio P342
periostite P343

PERIOSTOSI

periostosi P341
perisigmoidite P354
perisplenite P355
peristalsi M97, P356
peritelio P360
peritelioma P359
peritendinite P357
peritiflite P365
peritoneo P363
peritoneoscopia C276, P362
peritonite P364
peritonite biliare B173, C498
peritonite circoscritta C659
peritonite diffusa D204, G136
peritonite generalizzata G136
peritonite da meconio M138
peritonite parossistica familiare benigna B135
perivascolare C661
periviscerite P367
perizia medico-legale I203
perlèche A449, C863, P368
permeabilità P371
permeabilità dei capillari C64
perone C25, P374
peroniero F139
perorale P376
perossidasi P377
perseveranza P379
personale S846
personalità P382
perspirazione P384
pertosse P388, W86
pertubazione P387
perversione P390
perversione sessuale S423
pervietà del forame ovale A563
pervietà del setto interventricolare P197
peso W53
peso del corpo B345
peso specifico S674
pessario P392
pessario uterino U161
peste bubbonica B523, G220, P563
peste setticemica P394, S351
pesticida P395
petrosite P403
petto B440
pettoriloquia P222
pezzo anatomico S678
pia madre P506
piaga S646, W110
pian Y2
piano auricolo-orbitale E599
piano orizzontale di Francoforte F275
piano di Virchow E599
pianta del piede P567, S620
piartro P1125
piastra P193, P571, P590
piastra equatoriale E390

piastrina B307, P571, P592, T228
piastrinopenia T229
piatto portaoggetti S849
pica P391
picacismo C666, P391
piccola circolazione P1066
piccola pelvi S578
piccolo bacino T534
piccolo epiploon L144
piccolo labbro N263
piccolo male P399
piccolo omento G101, L144
piccolo stomaco di Pavlov P216
piccolo trocantere L146
picnosi P1137
pidocchio L321
pidocchio dei capelli H53
pidocchio del pube C1132
pidocchio pubico P1051
pidocchio delle vesti B340
piede F238
piede d'atleta A782
piede di cavallo T292
piede cavo H404
piede equino T292
piede equino-varo C681, C731, E396
piede di Madura F316, M19
piede piatto F187, S770
piede talo T26
piede torto congenito C681
piede delle trincee T451
piedra P513
piega F219, G366, S1110, W113
piega ascellare A893
piega glutea G269
piega vocale V228
pielectasia P1126
pielite P1127
pielografia P1129
pielolitotomia P1130
pielonefrite P1131
pielonefrite purulenta S1180
pieloplicazione P1132
pielostomia P1133
pielotomia P1134
piemia B308, P1135
pigmentazione C582, P520
pigmenti biliari B175
pigmento P516
pigmento biliare C471
pigmento visivo V208
pilastri delli fauci P527
pileflebectasia P1138
pileflebite P743, P1139
pillola P233, P525
pilobezoar P528
piloro P1143
piloroplastica P1142
pinealoma P536

pinocitosi C282, P541
pinta C79, S826
pinza F244
pinza per asportazione dei proiettili B546
pinza chirurgica C673
pinza emostatica H238
pinza emostatica a branche finestrate F84
pinza per estrazioni dentarie D87
pinza ossea B356
pinza ossivora B354
pinza di Péan P217
pinza a sequestro B356
pinza da tamponamento P13
pioartrosi P1125
pioderma P1144
piodermatite P1144
piodermatosi P1144
pioemotorace P1147
piombaggio della radice dentaria R325
piombatura F148
piombatura permanente P369
piombo L104
piometra P1148
piopericardio E159, P1149
pioperitonite P1150
piopneumotorace P1151
piorrea P1152
piorrea alveolare S1148
piosalpinge P1121, P1153
piosalpingite P1153
piotorace P1154
pipetta P544
pipita A234, H28
piramide P1155
piramide petrosa P404
piressia F103, P1159
piretoterapia F105
piridossina P1160
pirogeno P1161
piromania P1162
pirosi B439, C129, H73, P1163
pirosi gastrica G78
pitiriasi P554
pituicito P547
pituitarismo P548
piuria P1165
placca P193, P571, P590
placca aterosclerotica A777
placca dentaria D84
placca embrionaria G90
placca motrice E248, N90
placca per l'osteosintesi B359
placca terminale E248
placche di Peyer P408
placebo P556
placenta P557
placenta accessoria S1086
placenta accreta A167

placenta corioallantoidea C547
placenta fetale C547
placenta incarcerata T438
placenta ritenuta R193
placenta succenturiata S1086
placenta zonale Z8
placode P562
plasma P572
plasma sanguigno B306
plasmaottisi P581
plasmina P577
plasminogeno P578
plasmocito P573
plasmolisi P580
platibasia P595
platipodia P596
pleiocitosi P598
pleiotropia P597
pleomorfismo P601
plesioterapia B403
plessite P621
plesso P622
plesso brachiale B393
plesso celiaco C275, S616
plesso mioenterico di Auerbach A833
plesso solare S616
pletismografia P603
pletora H671, P602, R160
pleura P604
pleura costale C1099
pleura diaframmatica D170
pleura mediastinica M141
pleura parietale P166
pleura polmonare P1074
pleurectomia P610
pleurite P611
pleurite adesiva A172
pleurite costale C1100
pleurite diaframmatica D171
pleurite essudativa W61
pleurite incistata E187
pleurite interlobare I410
pleurite purulenta P1119, S1149
pleurite sacciforme S11
pleurite sierofibrinosa S367
pleurocentesi P613
pleurodinia P614
pleurodinia epidemica B131, D154
pleurolisi P615
pleuroparietopessia P616
pleuropericardite P618
pleurotomia P620
plica F219
plica ascellare A893
pneudermia P640
pneumartrosi P628
pneumatemia P629
pneumatosi P632
pneumaturia P634
pneumectomia P650

pneumococco P638
pneumocolecistite P637
pneumoconiosi M94, P639
pneumoemopericardio P644
pneumoemotorace P645
pneumografia P643
pneumoidrotorace P646
pneumomelanosi P648
pneumomielografia P649
pneumopericardio P656
pneumoperitoneo P657
pneumopessia P655
pneumorene P353
pneumoretroperitoneo P659
pneumotorace P661
pneumotorace aperto O124, S1090
pneumotorace artificiale P514
pneumotorace extrapleurico E578
pneumotorace iperteso T118
pneumotorace spontaneo S816
pneumotorace terapeutico T167
pneumotorace a valvola T118, V29
podagra G303, P663
podobromidrosi P664
poichilocito P665
poichilocitosi P666
poichilodermia P667
polarimetro P673
poliadenite P685
poliambulatorio C703
poliarterite P686
poliartrite P687
poliblasto P689
policitemia H581, P694
policitemia vera E421
policlinico O272, P692
policolia P690
policromasia P691
policromatofilia P691
polidattilia P695
polidipsia P696
polidipsia psicogena P1028
polidramnios P701
poliestesia P698
poliglobulia falsa R136
poliglobulia relativa R136
poligono arterioso di Willis C648
polimastia H613, P703
polimialgia P705
polimiosite P706
polimorfismo P704
polimorfo M457
polinevrite P708
polioencefalite P676
poliomielite P677
poliopia P709
poliosi T478
poliovirus P678
polipectomia P711

polipeptide P712
poliplegia P713
poliploidia P714
polipnea P715, T14
polipo P710
polipo adenomatoso P716
polipo coanale C455
polipo fibroso F138
polipo idatideo C1340
polipo mixomatoso G125
poliposi P717
polisaccaride P719
polisierosite P720
polisomia P722
polispermia P723
politelia P724
politrichia P725
poliuria H542, P726
pollachiuria P679, T159
pollice P681, T244
pollinosi P682, S1117
polluzione P683
polluzione notturna W59
polmone L343
polmone cardiaco C118
polmone a favo d'alveare H432
polmone da stasi C118
polmonite P651
polmonite apicale A589
polmonite bianca W79
polmonite centrale C304
polmonite crupale C1216, P607
polmonite fibrinosa C1216, P607
polmonite interstiziale I441
polmonite ipostatica H764
polmonite lipidica L226
polmonite lobare C1216, L273, P607
polmonite parenchimatosa P153
polmonite pestosa P652
polmonite postoperatoria P770
polmoni uremici U84
polpa P1082
polpa dentaria D91
polpaccio C24, S1167
polpite P1084
polso P1087, W116
polso alternante A314
polso bigemino B167
polso capillare C67, N5, Q14
polso di Corrigan P545, T499, W32
polso dicroto D191
polso duro H36
polso filiforme F147, T215
polso intermittente I419
polso paradosso P96
polso piccolo e tardo P591
polso scoccante di Corrigan C1077

POLSO TESO

polso teso C1044
polso venoso V99
pomata O57
pomo d'Adamo A126, T259
pompa salivare S34
pompa sodica P785
pompa del sodio S602
ponte B454
ponte dentario B456, R194
pool P730
poplite P731
porencefalia P734
porfiria P738
porfiria eritropoietica E439
porfiria eritropoietica congenita C941
porfiria mista V37
porfiria variegata V37
porfirina P739
porfirinuria P740
poro P733
porocefalosi L215
porocheratosi P737
porpora P1113
porpora emorragica trombocitopenica P397
porpora retinica E441, R273, V209
porpora trombocitopenica T230
porpora trombotica trombocitopenica T241
porro C870
porta-aghi N49
portamento P749
portantina S1003
portatore C189
portatore convalescente C1017
portografia P746
posa P749
posizione P749
posizione fetale L185
posizione longitudinale L310
postite P760
posto di pronto soccorso E140
postpubertà P774
postura P749
potassiemia P784
potenza sessuale P786
potenziale bioelettrico B198
potenziale di membrana M208, T417
pragmatamnesia P792
precipitazione P797
precordialgia P801
predentina P803
predisposizione P805
pre-eclampsia P806
preipofisi P813
prematuro P818
premedicazione P822
premolare B156
prenatale A494
preparati galenici G17

preparato P826, S678
preparazione P826
prepuzio F258, P830
presa I392
presbiacusia P833
presbiofrenia P835
presbiopia O58, P836
prescrizione P837
presenile P838
presenilità P839
presentazione cefalica C319, H57
presentazione destra L310
presentazione di faccia F6, P940
presentazione di fronte B515
presentazione pelvica P241
presentazione placentare P560
presentazione podalica B451, F241
presentazione di podice P241
presentazione trasversale T432
presentazione di vertice V139
pressione arteriosa A651
pressione arteriosa differenziale P1091
pressione diastolica D184
pressione ematica B309
pressione endocranica I471
pressione endoculare I476
pressione osmotica O208
pressione polmonare P1075
pressione del sangue B309
pressione sistolica S1308
pressione venosa V98
pressorecettore P841
priapismo P855
prima intenzione I43, P857
primo soccorso F158
privo d'acqua A452
proaccelerina P576
probando P868
procedura P870
processo P871
processo ensiforme E255
processo mastoideo M110
processo odontoide O48
processo spinoso S746
processo uncinato del pancreas L145, S577, U39
processo xifoideo E255, X21
proconvertina P872, S398
proctalgia P873
proctectomia P874
proctite P875
proctocele P876, R67
proctocolectomia P877
proctocolite P878, R68
proctocolonscopia P879
proctodinia P873, R65
proctologia P881
proctopessia P883
proctoplastica P884, R71

proctorragia P885
proctoscopia P887
proctoscopio P886
proctosigmoidectomia P888
proctosigmoidite P889
proctospasmo P891
proctostasi P892
proctotomia P893
prodotti di secrezione D241
prodromo A490, P895
proenteron H59
proenzima P897, Z24
profase mitotica P928
profibrinolisina P578
profilassi P931
profilattico C920
progeria P900
progesterone C1076, L348, P901
prognatismo P902
prognosi P903
prolactina G8
prolasso P914
prolasso rettale R66
prolasso uterino U162
prolattina L40, L352, P913
proliferazione P915
prolina P919
promielocito P922
promielocitosi P923
promontorio P921
pronatore P925
pronazione P924
pronefro F253, H52, P926
pronto soccorso F158
propagazione P927
propriocettore P935
propulsione P936
prosencefalo F247
prostaglandine P942
prostata P943
prostatectomia P944
prostatite P948
prostatotomia P951
prostatovescicolectomia P952
prostetica P955
prostrazione P956
protanomalia P957
protanopia P958, R86
proteasi P959
proteide P960
proteina P960
proteina di Bence-Jones B127
proteina coniugata C959
proteina eterologa F251, H316
proteina semplice S515
proteinasi P962
proteinosi lipidica L227
proteinuria P963
proteolisi P964
protesi P953
protesi dentaria A699, F274
protesi dentaria completa C887

protesi dentaria staccabile R144
protesi dentaria totale F305
protesi oculare O37
protesi odontoiatrica fissa F172
protesi a ponte B454, B456
protoplasma P972
protossido d'azoto L101
protrombina P967
protrombinasi P969
protrombinogeno P970
protrusione P974
protrusione dell'omento E491
protuberanza E145
prova A734, E541, T131
prova di controllo C1009
prova cutanea C1289
prova fredda C783
prova di Master T588
prova di Valsalva V25
provetta T139
prudore I565
prurigine di Hebra H88
prurigo estivo S1118
prurito I565
prurito da freddo F300
prurito invernale L334, W97
prurito del nuotatore S1201
psammoma A432, S62
psammoterapia P976, S61
pscicosi organica O178
pseudoagglutinazione P977
pseudoalbuminuria P775
pseudoanemia P978
pseudoartrosi F28, P979, V170
pseudoblepsia P1006
pseudocilindro P983
pseudocirrosi P984
pseudocisti A202, P987
pseudocoartazione aortica B529
pseudocromestesia C822
pseudocrup P986, S658
pseudodemenza P988
pseudoermafroditismo P992
pseudoermafroditismo femminile F77
pseudogeusia P989
pseudogotta P991
pseudogravidanza P1005, S834
pseudoittero P994
pseudolussazione P995
pseudomelanosi P996
pseudomembrana C1215
pseudometaplasia P999
pseudomiopia P1001
pseudomixoma peritoneale G124
Pseudomonas Aeruginosa B334
pseudomorva P990
pseudoparassita P1003
pseudopolipo P1004

pseudopsia P1006
pseudorabbia A834, L419, P1007
pseudorachitismo P1008
pseudosmia P1010
pseudotabe P1011
psicalgia P1015, S649
psicanalisi A401
psicanalista A402
psicanopsia P1016
psicastenia P1017
psichiatra P1019
psichiatria P1020
psichiatria legale F257, L115
psichicotrauma P1024
psicoanalisi P1025
psicocatarsi C236
psicodramma P1026
psicofarmacologia P1039
psicofisiologia P1040
psicologia P1030
psiconevrosi P1032
psicoparesi P1033
psicopatia P1038
psicopatico P1034
psicopatologia P1037
psicosi P1042
psicosi alcolica A273
psicosi allucinatoria D65
psicosi coreica C542
psicosi da esaurimento E523
psicosi indotta I128
psicosi involutiva I505
psicosi isterica H798
psicosi di Korsakoff C599, K82, P707
psicosi maniaco-depressiva A215, C650, I418, M69
psicosi organica C358
psicosi post-partum P771
psicosi puerperale P771, P1058
psicosi tossica T352
psicoterapia P1043
psicoterapia suggestiva S1106
psittacosi P1013
psoriasi P1014
psoriasi serpiginosa S387
pterigio W46
ptialismo H647, P1047
ptomaina P1045
ptosi P1046
ptosi renale N79
pubertà P1048
pubiotomia P1053
puerilismo P1056
puerperio L358
pulce penetrante S58
pulsazione P1086, T224
pulsazione cardiaca C114
pulsazione della trachea T373
puntato P1095
punteggiato P1095

punti cardinali C132
punti congruenti della retina C950
punti principali P865
punto cieco B282
punto di fissazione T37
punto grilletto T496
punto di penetrazione dell'infezione I144
puntura B231, P1099, S843, T35
puntura del dotto deferente V60
puntura esplorativa E548
puntura lombare L333, S740
puntura sottoccipitale C1157
puntura sternale S932
pupilla P1102
pupillografia P1105
pupillometro P1106
pupilloscopia P1107
purgante E487, P1109
purgazione C236
purina P1110
purulenza P1116
pus P1120
pus icoroso I3
pustola P533, P1122, W66
pustola maligna M41
putrefazione D29, P1123

Q

quadriplegia T151
quarantena Q8
quarta malattia S128, V84
quarta malattia venerea F266, P732, T521
quarto tono cardiaco A801
quarto ventricolo F267
querulante Q10
querulomania L262
quoziente calorico C32
quoziente ematico B310
quoziente di natalità B228
quoziente respiratorio R186

R

rabbia R3
rabbia paralitica S1115
rabdomioma R244
rabdomiosarcoma R245
rabdomiosarcoma embrionale E125

RACHIOTOMIA

rachiotomia R5
rachischisi S804
rachitismo J34, O235, R289
rachitismo renale P1008, R149
radiazione R11
radiazione di Bucky B368
radiazione a campi molteplici M456
radiazione ultravioletta U29
radiazioni beta B143
radice R324
radice del naso B454
radice ventrale dei nervi spinali V104
radicolite R17
radicolonevrite R18
radioattività R19
radiochirurgia R33
radiocinematografia R22
radiodermatite R23, X22
radiodermite R23
radiografia R24, R312, S214, S553
radiografia seriata S360
radiografia stratificata S266
radiogramma R311
radioisotopo R25
radiologia R27, R313
radiologo R26
radiometro R28
radiomimetico R29
radiopatologia R30
radioresistenza R31
radioscopia R315
radiosensibilità R32
radioterapia R34
rafe R38
raffreddamento di cadavere C436
raffreddore C777
ragade R246
ragade anale A395
raggi alfa A310
raggi beta B143
raggi di Bucky B368, G356
raggi cosmici C1096
raggi gamma G38
raggi infrarossi I166
raggi limiti G356
raggi midollari M160
raggi molli S608
raggi roentgen R310
raggi X R310
raggi X duri H37
raggio R44
raggrinzamento R279
rammollimento S611
rammollimento cerebrale E176
ramo B431
rantoli secchi D323
rantoli sibilanti W70
rantoli umidi M369
rantolo B519, R35

rantolo crepitante C1177, V150
rantolo sibilante S477
rantolo tracheale S942
ranula F289, S468, S1060
rapporto A/G A269
rapporto albumina-globulina A269
rapporto peso-altezza B346
raptus R39
raschiamento C1270, E397
raschiatoio R41
raschiatura E397
rash R40
raspa chirurgica R41
raucedine H398
ravvivamento V224
reattività R51
reazione R48, R190
reazione di allarme A262
reazione associativa A739
reazione consensuale C969
reazione crociata C1210
reazione di fissazione del complemento al siero S395
reazione di Goldstein C229
reazione ideomotoria I14
reazione immunitaria I51
reazione irreversibile I528
reazione leucemoide L156
reazione pupillare emiopica H168
reazione da siero S401
reazione sierologica S399
reazione da trasalimento S871
reazione di Wassermann W27
recesso R56
recesso costodiaframmatico P484
recesso epitimpanico A819, E384, H791, T590
recettore adrenergico A195
recettore colinergico C515
recettore dell'innesto H461
recidiva R84
reciprocanza R60
recisione S265
reclinazione R62
reduplicazione R95
reflesso di Bechterew-Mendel B107
reflusso R108
regime R114
regime alimentare A164, D194
regime basico B77
regime dietetico equilibrato E108
regione R115
regione epigastrica E346
regione inguinale I175
regione interscapolare I436
regione lombare L306
regione poplitea P731

regione precordiale P799
regressione R121
regresso R121
reidratazione R126
reinfezione R127
reinnervazione R130
remissione R142
rene K51
rene amiloide A379, W42
rene artificiale A701
rene atrofico C629
rene cistico C1328
rene a ferro di cavallo H452
rene fuso F328
rene gottoso C629
rene grinzo C629, C1000
rene grinzoso S461
rene lardaceo W42
rene mobile F203, M433, W13
rene policistico P693
rene sclerotico G314
renina R153
renografia R154
renopatia R155
reobase R247
reologia del sangue H228
reometria R248
reovirus R156
repellente R157
repolarizzazione R162
repressore R164
resezione R166
resezione allargata E554
resezione sottomucosa S1073
residuo S270
resistenza F44, R172
resistenza espiratoria E545
resistenza periferica totale T344
resistenza polmonare P1076
respiratore R178
respirazione B446, R176
respirazione addominale A10
respirazione anforica A371
respirazione artificiale bocca a bocca K63, M430, O161
respirazione artificiale bocca-naso M431
respirazione boccale M427
respirazione cellulare C286
respirazione costale C1101
respirazione diaframmatica D168
respirazione esterna E562
respirazione forzata F243
respirazione interna I425
respirazione polmonare artificiale A703
respirazione tessutale I425, T295
respirazione toracica T210
respiro anforico B485
respiro di Biot B212

respiro bronchiale B471, T571
respiro di Cheyne-Stokes C424, T284
respiro controllato C1011
respiro interrotto C774, J18
respiro periodico C424
respiro a pressione positiva P750
restituzione S1077
restringimento S1009
retardazione mentale M239
rete N98
rete trabecolare T367
rete vascolare V46
reticolina R204
reticolo endoplasmatico E233
reticolo endoplasmatico agranulare S588
reticolo endoplasmatico granulare G313, R332
reticolo sarcoplasmatico S93
reticolocito R205, S545
reticoloendoteliosi R207, R208
reticoloendoteliosi lipomelanotica L245
reticolosarcoma R209
reticolosi R208
retina R211
retinite R213
retinite leucemica L155
retinite pigmentosa T130
retinoblastoma R214
retinocoroidite R216
retinomalacia R217
retinopatia R219
retinopatia circinata C647
retinopatia gravidica G342
retinopatia ipertensiva H657
retinopatia leucemica L155
retinopatia pigmentaria P518
retinopatia sierosa centrale C305
retinopatia solare S617
retinoscopia P1107, R220, S554
retrazione cicatriziale C628
retroflessione dell'utero R226
retromandibolare R230
retropulsione R234
retroreazione F72
retroversione R237
rettalgia R65
retto R82
rettocele P876, R67
rettocolite R68
rettoperineorrafia P882, R69
rettopessia P883, R70
rettoplastica R71
rettoscopia P887, R73
rettoscopio P886, R72
rettosigmoidectomia R75
rettosigmoideo R74
rettosigmoidoscopia P879

rettostomia R76
rettotomia R77
reumatismo R253
reumatismo articolare acuto A114
reumatologo R255
reversione R242
revulsione R243
riabilitazione R125
rianimazione R192
riassorbimento R175
riassorbimento osseo B360
riattivazione R50
ribelle agli antibiotici A506
riboflavina L39, R283
ribonucleasi R284
ribosio R286
ribosoma R287
ricalcificazione R52
ricerca del sangue occulto nelle feci H184
ricetta P837
ricettore R55
ricevente R59
Rickettsia R290
rickettsiosi R291
rickettsiosi acari K50
ricorrenza R84
ricovero in ospedale H457
ricuperazione R83
ricupero R64
riduzione R94
riflesso J15, R103
riflesso di accomodazione A41, N36
riflesso achilleo A54
riflesso acusticopalpebrale C764
riflesso di ammiccamento W96
riflesso del arco costale C1098
riflesso auricolopalpebrale E598
riflesso di Bechterev-Mendel M216
riflesso brachioradiale R10
riflesso bulbocavernoso B541, P259, V180
riflesso di chiusura degli occhi E598
riflesso ciliare C637
riflesso cocleopupillare C765
riflesso condizionato A91, C917
riflesso congiuntivale C637, L184
riflesso corneale L184
riflesso cremasterico C1173
riflesso cutaneo C1288, S557
riflesso della deglutizione S1195
riflesso di difesa D42
riflesso gastroenterico E268

RINITE

riflesso incondizionato I84, U42
riflesso invertito I501
riflesso investigativo I502
riflesso ipocondriaco H697
riflesso labirintico L14
riflesso laringeo L74
riflesso mandibolare C441, J8
riflesso miotassico M568, S1002
riflesso oculocardiaco O39
riflesso di orientamento I502, O183
riflesso paradosso P97
riflesso patellare K71, P195, Q5
riflesso periosteo F295, P339
riflesso periosteo del radio R10
riflesso piloerettore P531
riflesso plantare P568, S621
riflesso di postura P782
riflesso posturale A820, P782, S879
riflesso di prensione G337
riflesso propriocettivo P933
riflesso psicogalvanico P1027
riflesso pupillare P1104
riflesso del quadricipite femorale Q5
riflesso radiale S1139
riflesso scapolare S118
riflesso scapolo-omerale S121
riflesso sovraorbitario S1157
riflesso statocinetico S886
riflesso tendineo T108
riflesso del tricipite E71, T461
riflesso ulnare U14
riflesso vascolare V61
riflesso vestibolo-spinale V160
riflesso viscerogeno V195
riflesso visceromotore V197
riflesso viscerosensoriale V199
riflessoterapia R107
riflettore R102
riflusso R108
riflusso epatogiugulare H270
rifrattometro R110
rifrazione R109
rigenerazione R113
rigetto R131
rigidità R296
rigidità cadaverica C10, P764
rigurgito R124
rilassamento R138, R139
rilassamento dei sintomi R121
rilassante R137
rima boccale M429
rima palpebrale P40
rimedio R141
rinencefalo R256, S583
rinforzo R129
ringiovanimento R132
rinite R258

759

RINITE ACUTA

rinite acuta C1094
rinite atrofica A812
rinite spasmodica V54
rinite vasomotoria V54
rinofaringe E359, N28, R263
rinofaringite R262
rinofaringite cronica P767
rinofima H23, R265, T326
rinolalia R260
rinolito N19, R261
rinoplastica R266
rinorrea R267
rinoscopia R268
rinosporidiosi R269
rinostenosi R270
rinovirus R271
riposizione R163
riposo a letto B113
riproduzione P927, R165
riproduzione asessuata A723
riproduzione sessuale S424, S1263
riproduzione somatica S632
risanamento S67
risipola R327
riso isterico C6
riso sardonico C52, S94
risoluzione di una malattia R173
risoluzione ottica R173
risonanza R174
risonanza timpanica T592
risposta R190
risposta galvanica cutanea G26
risposta immunitaria I51
ristabilimento R64, R83
ristabilirsi R63
ritardo R195
ritardo mentale M236
ritenzione R196
ritidectomia f R278
ritidosi corneale R279
ritmo R277
ritmo atrioventricolare N184
ritmo bigemino B167
ritmo circadiano C646
ritmo ectopico E33
ritmo fetale E128, T282
ritmo di galoppo C58, G21
ritmo giunzionale A809
ritmo idioventricolare I19, V110
ritmo nodale N184
ritmo pendolare F99, P253
ritmo quadrigemino T392
ritmo a quattro tempi Q7
ritmo sinusale S533
ritorno della sensibilità R64
ritrazione R222
ritrazione del bulbo oculare R223
rivaccinazione R239
rivascolarizzazione R240

rivolgimento a due mani B188
rizotomia R272
RNA messaggero I165
rocca petrosa P404
rodopsina E441, R273, V209
roentgenometria R314
roentgenoterapia R316
rogna S105
rogna norvegese N208
rombencefalo H357, R274
ronco R276
ronfio S595
ronzio auricolare T291
ronzio venoso V95
rosario rachitico R8
roseola E319, M15, R328, R337
roseola sifilitica E419
rosolia E319, G173, R337
rotazione T332
rotazione anomala M52
rottura R348
rotula P194, W69
rotula flottante F204
rubeola E319, R337
rubeola scarlattinosa S128
rudimento R339
ruga W113
rugosità R341
rumore B519
rumore ectocardico E526
rumore a mormorio ippocratico H366
rumore di mulino W37
rumore di pentola fessa C1134
rumore da sfregamento P289
rumore di succussione S1089
rumori respiratori B448
rupia R347
russamento S595
rutto B121

S

sabbia cerebrale A45, B427
sabbiatura P976
sacca P787
saccarasi S4
saccaride S5
saccarimetro S6
saccaromicosi S7
saccarosio S8
saccaruria S9
sacco S2
sacco alveolare A320
sacco amniotico B25
sacco erniario H298
sacco lacrimale L23, T64
sacco vitellino U36, Y15

sacculo S12
sacralgia S14
sacralizzazione S15
sacrodinia S14
sacro-ileite S20
sactosalpinge S22
sadismo S27
sadomasochismo S28
saffismo L142, S75
saggio di Romberg S881
sala d'accettazione R53
salasso B255
salienza T338
salificazione S54
saliva S33, S763
salmonellosi S39
salpinge uditiva S47
salpingectomia S40, T553
salpingite S41
salpingite eustachiana E485
salpingociesi S42
salpingografia S43
salpingo-ovarite S44, T567
salpingoscopia S45
salpingostomia S46
saltazione S48
saluresi S56
salute H66
salute mentale M238
salute psichica M238
sanatorio S57
sangue B287
sangue defibrinato D47
sangue emolizzato L50
sangue occulto O29
sanguigno B324
sanguinolento B324
sanguisuga B316, H371, L111
sanità mentale S69
sanità psichica S69
sanità pubblica P1054
sano H68, S650
sapone S598
saponificazione S73
saponina S74
saprofito S77
sarcina S78
sarcoblasto S80
sarcocele S82
sarcocistosi S83
sarcoide S86
sarcoidosi B347, S87
sarcolemma S88
sarcoma S89
sarcoma botrioide B373
sarcoma a cellule fusate S745
sarcoma a cellule rotonde E175, R334
sarcoma di Ewing E495
sarcoma fusocellulare F41, S745
sarcoma gigantocellulare G188
sarcoma granulocitico C450

sarcoma iuxta-corticale osteogenico J37
sarcoma mieloide C450
sarcoma osteoide O231
sarcoma di Rous R336
sarcoma sinoviale S1271
sarcomero S91
sarcoplasma S92
sarcosporidiosi S83
satiriasi S100
saturazione S96
saturnismo P625, S99
sauriasi S101
sauridermia C1195
sbadigliamento Y1
sbadiglio Y1
sbilancio I38
sbocco di sangue B314
scabbia A32, I565, S105
scabbia norvegese N208
scafocefalia S116
scala S107
scalpo S111
scambio tra cromatidi analoghi C1208
scanning S113
scansione S113
scapola S117, S457
scapola alata W94
scarificatore S126
scarificazione S124
scarlattina S127
scatofagia S135
scatologia S133
scatoma S134
scheletro S548
schermo S213, S441
schiascopia S554
schiena B4
schindilesi S140
schistocisti S141
schistosoma S143
schistosomiasi B176, S145
schistosomiasi giapponese K18
schiuma F214
schizocito S142
schizofasia S151
schizofrenia S152
schizofrenia ebefrenica H87
schizofrenia paranoide P117
schizogonia S147
schizolalia W107
schizonichia S150
schizonte S148
schizonticida S149
schwannoma N105, S159
scialadenectomia S466
scialadenite S463
scialagogo S464
scialodochite S469
scialodocoplastica S470
scialografia S472
scialolitiasi S473

scialorrea P1047, S465
sciatica I535
scintigramma S163
scintillazione S165
sciroppo S536
scirro C602, F135, S167
scissura F163, S170
scissura calcarina C17
scissura centrale F164
scissura laterale F165
scissura parieto-occipitale P167
scissura di Rolando F164, R319
scissura di Sylvius F165
scistosomiasi E192
sclera S171, W78
scleradenite S172
sclerectasia C1014, S175
sclerectomia S176
scleredema S177
sclerema S178
sclerite S180, S193
sclerodattilia S182
sclerodermia D133, S183, S556
sclerodermia circoscritta C660
sclerodermia generalizzata H349
sclerodermia a placche M403
scleromalacia S184
scleronichia S185
scleroplastica S186
scleroproteina S187
sclerosi S191
sclerosi aortica A570
sclerosi cerebrale E182
sclerosi combinata C855
sclerosi di cristallino H32
sclerosi disseminata D260
sclerosi laterale amiotrofica A384
sclerosi lobare L274
sclerosi multipla M465
sclerosi a placche M465
sclerosi sistemica progressiva P911
sclerosi tuberosa E355, T566
sclerotica W78
sclerotomia S195
sclerotomo S194
scolice S196
scoliometro S197
scoliosi S198
scompaginamento D114
scompenso cardiaco C112
scompenso cardiaco acuto A117
scompenso cardiaco congestizio C947
scopofilia S201, V247
scorbuto S234
scorticatura E508
scossa J15, S450

scotofobia N259, S208
scotoma S205
scotoma anulare R300
scotoma scintillante S164
scotometria S207
scotometro S206
scottatura S106
screening S214
scrofola S217
scrofuloderma C1290, S218
scrofulosi S217
scrotectomia S225
scrotite S226
scroto S229
scrotoplastica S228
scudo S441
sdentato E44
sebo S249
sebolito S247
seborrea H653, S248, U67
seborrea eczematoide E39
seconda A220, S267
seconda vertebra cervicale E377
secondine A220
secretagogo S261
secretina S262
secreto S263, W28
secrezione S263, W28
sedativo S269, T393
sedazione S268
sedere R343
sedia a rotelle I495
sedimentazione S272
sedimento S270
sedimento urinario G340
sega S103
segale cornuta E401
segmentazione S279
segmento S275
segmento broncopolmonare B503
segmento epatico H259
segmento internodale I428
segmento di Ranvier I428
segnapassi elettrico E75
segni di Koplik K81
segno C394, S503, S1229, T37
segno di Argyll Robertson A634
segno di Griesinger G357
segno di Koplik C858
segno del laccio L198
segno obiettivo O3
segno patognomonico P203
segno di Romberg R320
segno soggettivo S1056
segno di Strümpell T276
segno di Wernicke H168
segregazione S279
selezione S283
sella turcica T581

SEMEIOTICA

semeiotica S1234
seminoma S307
senapismo M490
senescenza S311
senilismo S322
senilità S323
seno B440, S529
seno aereo A252
seno aortico A564
seno carotideo C180
seno coronario C1069
seno della dura madre C351
seno lattifero L34
seno mascellare G163, H355, M121
seno paranasale A252
seno petroso P407
seno pilonidale C757, P532
seno sagittale L311
seno sfenoidale S702
seno sfenoparietale S704
seno sigmoideo S496
seno venoso della sclera S154
sensazione F74, S324
sensazione riferita T404
sensazioni da fantasma S1030
sensibilità S329, S332
sensibilità cutanea D120
sensibilità muscolare M483
sensibilità profonda P934
sensibilità propriocettiva P934
sensibilità tattile T18
sensibilità termica T182
sensibilità vibratoria V166
sensibilità viscerale S405, S764, T194
sensibilizzazione S333
senso S324, S325
senso di equilibrio S326
senso del spazio S654
sentimento F74
separato D243
separatore S280, S345
separazione S279
sepsi S346
sequela S354
sequestrazione S355
sequestrazione broncopolmonare B504
sequestrectomia S356
sequestro S357
sequestrotomia S356
serina S361
seriografo S362
serotonina S375
sesso S407
sessuologia S416
sete T206
setticemia B308, H140, S350
setticemia criptogenetica C1238
setticemia pestosa P394
setticemia puerperale P1057
setticopiemia S352

setto S353
setto nasale N25
sezione S265
sezione congelata F301
sezione trasversale C1211
sfenocefalia S701
sfenoidite S703
sfenosi S705
sferocito S709
sferocitosi ereditaria H292, S710
sferocitosi eredofamiliare C606
sferofachia S712
sfigmografia S723
sfigmografo S722
sfigmogramma P1088
sfigmomanometro S724
sfingolipidosi S719
sfingomielina S720
sfintere S714
sfintere di Nelaton N53
sfinterectomia S715
sfinterite S716
sfinteroplastica S717
sfinterotomia S718
sfioramento E50
sforzo F49
sfregamento pleuritico P612
sfregio S122
sgorbia G302
shock S450
shock anafilattico S393
shock cardiaco protodiastolico D185
shock colloidoclastico C809
shock elettrico E78
shock emorragico H226
shock insulinico I387
shock ipovolemico H226
shock pleurale P608
shock postoperatorio S1181
shock settico S349
shock da siero S393
shockterapia S451
shunt S462
sicosi S1205
sicosi lupoide L345
sicosi stafilococcica C603
sicosi stafilogena C603
sicosi volgare C603
sideroblasto S486
siderocito S487
siderodromofobia S488
sideropenia S489
siderosi S492
sidero-silicosi S491
siero S392
siero antibotulinico B376
siero antigangrenoso G61
siero antitossico A542
siero eterologo F252
siero immune I52
siero polivalente P727

siero sanguigno B312
sierodiagnosi S366
sierologia S369
sierosa S371
sierosite S372
sieroso S376
sieroterapia S374
sifilide S1281
sifilide congenita C945
sifilide lenticolare F189, L126
sifilide nodulare N188
sifilide nummulare N243
sifilide papulosa P569
sifilide secondaria S259
sifilide serpiginosa S388
sifilide terziaria T129
sifilide tubercolare T556
sifilide varioliforme V39
sifiloderma S1280
sifiloderma follicolare F232
sifiloderma papuloso L126
sifiloderma pustoloso acneiforme A80
sifilofobia S1286
sifiloma S1285
sifiloma duro H33
sifiloma primario C390, H33
sigmoidite S497
sigmoidorettostomia S498
sigmoidoscopia S500
sigmoidoscopio S499
sigmoidostomia S501
silicatosi S508
silicosi S508
silicotubercolosi S509
simbionte S1208
simbiosi S1209
simblefaro S1211
simbolofobia S1212
simpatectomia periarteriale H390
simpatectomia periarteriosa P284
simpaticectomia S1215
simpaticoblastoma S1222
simpaticogonioma S1222
simpaticolitico S1223
simpaticomimetico S1224
simpaticotonia S1219
simpaticotripsia S1220
simulatore M44
simulazione S517
sinalgia S1236
sinapsi S1237
sinapsi assoassonica A896
sinapsi assodendritica A897
sinapsi assosomatica A900, P302
sinartrodia S1240
sinartrosi S1240
sinchilia S1241
sincinesia S1264
sincizio S1244

SIRINGA MONOUSO

sincondrosi C196, S1242
sincope S1243
sincope laringea C1114, L75
sincope posturale P783
sincope del seno carotideo C181
sindattilia S1245, Z20
sindattilia delle mani W47
sindattilia dei piedi W48
sindesmite S1246
sindesmoplastica S1247
sindesmorrafia S1248
sindesmosi S1249
sindrome S1250
sindrome acuta radioattiva A119
sindrome adrenogenitale A193
sindrome amnesica A357
sindrome dell'arco aortico A559, P1090, R241
sindrome da astinenza A27
sindrome auricolotemporale A844, G392
sindrome di Banti H272
sindrome di Björk B237
sindrome di Blount B327
sindrome di Budd-Chiari V92
sindrome di Burnett M328
sindrome di Bywaters B559
sindrome da carcinoide B237, C94
sindrome cardiaca di Adams-Stokes A127
sindrome di Charcot-Marie-Tooth C396
sindrome chiasmatica C426
sindrome citomegalica C1370
sindrome da colon irritabile I531
sindrome di Costen T99
sindrome di Cotard N171
sindrome di Da Costa E51
sindrome di Déjerine-Roussy T154
sindrome di Down D304
sindrome di Dubin-Johnson D324
sindrome da eccesso di latte ed alcali M328
sindrome di Ellis-Van Creveld C526
sindrome emolitico-uremica H206
sindrome da femminilizzazione testicolare T136
sindrome di Frey A844
sindrome di Ganser S1251
sindrome di Gardner G54
sindrome di Gasser H206
sindrome di Gélineau G127
sindrome generale da adattamento G132
sindrome di Gilbert C976

sindrome di Gorham D240
sindrome di Heerfordt H93, U171
sindrome di Horton H454
sindrome di Hurler G56
sindrome idralazinica H501
sindrome da immunodeficienza acquisita A89
sindrome da insufficienza mitralica F206
sindrome ipercinetica H610
sindrome da iposodiemia L325, S51
sindrome di Kimmelstiel-Wilson K52
sindrome di Klinefelter S306
sindrome di Klippel-Trenaunay-Weber C940
sindrome di Kojewnikoff K77
sindrome di Korsakoff A357
sindrome di Lejeune C231
sindrome di Leriche A569
sindrome di Lermoyez L11
sindrome del lobo medio M313
sindrome di Lowe O40
sindrome di Marchesani S713
sindrome di Marfan A97
sindrome di Marie P1073
sindrome di Maroteaux-Lamy P697
sindrome di Ménière E220, L15, M217
sindrome di Meyer O41
sindrome di Morgagni A127
sindrome oculocerebrorenale O40
sindrome oculodentodigitale O41
sindrome di Owren P103
sindrome di Pfeiffer P412
sindrome di Pickwick P511
sindrome di Plummer-Vinson S490
sindrome postcolecistectomia P752
sindrome postcommissurotomia P753
sindrome postgastrectomia D328
sindrome postinfartuale P766
sindrome da pre-eccitazione P807
sindrome premestruale P823
sindrome da radiazioni A119
sindrome radicolare R16
sindrome da raggi R12
sindrome di R. Hunt G148
sindrome di Rieger I514
sindrome di Riley-Day F31, R297
sindrome del ristorante cinese C440
sindrome di Roemheld G85

sindrome dello scaleno antico S108
sindrome di Schamberg P910
sindrome da schiacciamento B559, C1222
sindrome secca S478
sindrome di Sjögren S478
sindrome spalla-mano S459
sindrome di Stein-Leventhal S181
sindrome di Stevens-Johnson S945
sindrome di Sturge-Weber C331, S1032
sindrome di Takayasu T22
sindrome talamica T154
sindrome di Taylor T60
sindrome del tunnel carpale C185
sindrome dell'uomo rigido S948
sindrome di Wernicke W58
sindrome di Wolff-Parkinson-White P807
sinechia S1252
sinechiotomia S1254
sinechiotomo S1253
sinergia S1258
sinergismo A131
sinestesia S1259
sinestesia dolorosa S1260
sinfalangismo S1225
sinfisi S1227
sinfisi pubica P1052
sinfisiotomia S1226
singhiozzo H348
sinistrorotazione S523
sinmelia S535
sinmelo S1235
sinorchidia S1265
sinostosi S1266
sinotia S1267
sinovia S1269
sinoviectomia S1268
sinovioma S1274
sinovite S1275
sinovite sierosa S383
sintetasi S1277
sintomatologia S292, S1234
sintomo C394, S1229
sintomo accessorio A36
sintomo d'astinenza W101
sintomo concomitante C911
sintomo obiettivo O3
sintomo soggettivo C879, S1056
sintrofismo S1278
sinusite S534
sinusite frontale F292
sinusite mascellare M124
sirenomelia S535
siringa S1290
siringa monouso D256

SIRINGA A PERDERE

siringa a perdere D256
siringectomia S1291
siringite S1292
siringoadenoma S1289
siringobulbia S1293
siringocistadenoma S1294
siringocistoma S1295
siringoma S1296
siringomielia M533, S739, S1297
siringotomia S1299
sistema cardiovascolare C162
sistema circolatorio B321
sistema di conduzione del cuore C921
sistema cromaffine C567
sistema ecologico E22
sistema ematopoietico H137
sistema linfatico L378
sistema muscolare M484
sistema nervoso N96
sistema nervoso centrale C301
sistema nervoso parasimpatico P136
sistema nervoso periferico P346
sistema nervoso simpatico S1216
sistema nervoso vegetativo V77
sistema di ossidoriduzione O304, R90
sistema portale P744
sistema redox R90
sistema respiratorio R188
sistema di sanità pubblica S877
sistema urinario U141
sistema urogenitale G157
sistema vascolare C654
sistole S1306
sitofobia S541
sitomania S540
skenite S550
skeptofilassia S552
slattamento W45
smalto E161
smegma S581
smog S584
sodoku S603
sodomia S604
sofferenza D273
soffiamento S597
soffio M474, S648
soffio diastolico D183
soffio fisiologico I199
soffio funicolare U35
soffio funzionale F310
soffio innocente F310
soffio mesodiastolico M310
soffio olosistolico H408
soffio organico del cuore O177
soffio pansistolico P64
soffio pleuropericardico P617
soffio presistolico L93, P847

soffio protodiastolico E8
soffio a ruota di mulino M337
soffio di sfregamento F285
soffio sistolico S1307
soffio sistolodiastolico C996
soffio vascolare V45
soffocamento S1100
soffocazione A730
soglia T218
soglia differenziale D201
soglia renale R152
soglia della sensazione acromatica A61
soglia di stimolazione S959, T220
soglia dello stimolo visivo L200, T219
soglia visuale V210
solanina S613
solco F163, G366, S1110
solco gengivale G206
solco dell'ippocampo D92, H363
solfatasi S1111
solfidrile S1113
solfometemoglobina S1114
sollievo R139
solubilità S627
soluzione alcolica S755
soluzione isotonica P499
soluzione salina fisiologica P499
soluzione salina normale N202
soluzione tampone B533
soma S629
somatizzazione S633
somatomammotropina corionica umana H469
somatomegalia S634
somatopsicosi S635
somatotipo B344
somatotropina G373, S636
somite S637
sommazione dei stimoli S1116
sonda B378, P869, S650, T549
sonda gastrica S967
sonda scanalata G367
sonnambulismo N170, S639
sonnifero H679
sonniloquenza S640
sonno S561
sonno paradosso P98
sonnolenza S563
sopore S643
soppressione S1143
sopracciglio E596, S1123
sopravvivenza S1182
sorbitolo S644
sorboso S645
sordità A389, D22, S1168
sordità centrale C346

sordità cocleare L12
sordità da conduzione C925
sordità labirintica L12
sordità mentale P1022
sordità prodotta dal cerume C368
sordità tonale M487
sordo D20
sordomuto D21, S1169
sospensione S1186
sospensione di un organo S1186
sospensorio S1188
sospiro S494
sostanza bianca W81
sostanza grigia G347
sostanza lacrimogena L25
sostanza nutriente N249
sostanza sinergica S1256
sostituzione S1077
sottoalimentazione U47
sottoendotelio S1054
sottomucosa S1072
sottoslivellamento D113
spalla S456
sparganosi S655
spasmo C1135, S656
spasmo carpopedalico C187
spasmo clonico C713, J15
spasmo del diaframma P490
spasmo esofageo E450
spasmo infantile S32
spasmo intestinale E278
spasmo mimico M338
spasmo nittitante N162, W95
spasmo nutans H55
spasmo rettale P891
spasmo saltatorio S50
spasmo tonico T311
spasmo uterino H817
spasmofilia S657
spasmolitico S660
spasticità S664
spatola S666
spavento notturno N169
spazio S652
spazio aracnoideo A625
spazio di Douglas D303
spazio epidurale E342
spazio intersinaptico S1238
spazio morto D19
spazio pericoroideo P301
spazio peridurale E342
spazio prevescicale P854
spazio retrofaringeo P772, R233
spazio retroperitoneale R231
spazio sopracoroideo P301
spazio sottoaracnoideo S1042
specchio frontale H54
specchio vaginale V13
specialista S668
specialità S670

specializzazione S669
specie S671
specificità S677
specolo S682
speleostomia S684
sperma S293
spermatide S688
spermatocele S689
spermatocistite S691
spermatocito S692
spermatocito secondario S258
spermatogenesi S693
spermatorrea S694
spermatozoo S695
spermaturia S294, S696
spermoflebectazia S698
sperone C15, S832
sperone calcaneale C14
sperone sclerale S173
spettrocolorimetro S680
spettrofobia S681
spezie S671
spicola S726
spider nevo A652
spike S731
spillo P534
spina P534, S746
spina bifida S804
spirale H100
spirillo S754
spirito S755
spirito di legno W103
spirito di vino W92
spirocheta S757
spirochetosi S758
spirochetosi ittero-emorragica S756
spirografo S760
spirogramma S759
spirometria S762
spirometro S761
splancnicectomia S765
splancnologia S766
splancnomegalia S767, V196
splancnoptosi G227, S768, V198
splancnotribo S769
splenalgia S773
splene S771
splenectomia L188, S774
splenite L189, S782
splenizzazione S783
splenocito S784
splenoepatomegalia S776
splenografia L190, S786
splenoma S772
splenomegalia M177, S788
splenomegalia congestizia B48
splenopessi S789, S792
splenopolmonite S790
splenoportografia S779
splenorrafia S792
splenosclerosi S787

spondilite S798
spondilite anchilopoietica S1027
spondilite anchilosante A469, B108, M85, S1027
spondiloartrite S797
spondilolisi S801
spondilolistesi S799
spondilopatia S802
spondilosi S805
spondilotomia S806
spongioblasto S808
spongioblastoma S809
spongiocito S810
spongiosa C43
spongiosi S811
spora S820
sporadico S819
sporgenza P912
sporocisti S821
sporogonia S822
sporotricosi S823
sporozoita S824
spossatezza E522, O288
spostamento D255
sprue S831
spugna S807
sputacchiera C1282
sputo S835
sputo rugginoso R350
squama S107
squilibrio I38
squilibrio elettrolitico E94
staccato S845
stadio D53, S849
staffa S860
stafilectomia S861, S869
stafilite S863
stafiloderma S865
stafiloma S866
stafiloma ciliare C639
stafiloma corneale C1055
stafiloma equatoriale S174
stafiloma uveale U169
stafiloplastica S867
stafiloplegia P24
stafilorrafia S868
stafilotomia S869, U175
stampo C205
stanchezza L91, O288
stapedectomia S859
starnuto S593
stasi S874
stasi ematica S851
stasi venosa V96
stasobasofobia S873
stato S876
stato d'ansia A552
stato ansioso A552
stato di coscienza C967
stato crepuscolare T584
stato di frontiera B369
stato ipnotico H680

stato maniacale con accessi di breve durata T414
stato soporoso S643
stato stuporoso S1031
statoconi E5
statoconio S885
statolite S885
stazione balneare H67
stazione di cura H67
stazione termale H67
steatocistoma molteplice S246
steatoma S892, W56
steatonecrosi F51, S894
steatopigia S895
steatorrea F56, S240, S896
steatosi F54
stecca S794
stecca d'abduzione A14
stecca gessata P585
stellectomia S902
stelo S426
stenocardia H80, S905
stenosi S907
stenosi aortica A565
stenosi del dotto parotideo S908
stenosi esofagea E457
stenosi mitralica M359
stenosi polmonare P1077
stenosi tricuspidale T489
stenosi dell'uretere U103
stenosi uretrale U124
steppage H356, S910
stercobilina S911
stercobilinogeno S912
stereoagnosia A743, S915
stereoencefalometria S916
stereoencefalotomia S917
stereognosia S918
stereo-oftalmoscopio S919
stereoradiografia S922
stereoscopio S923
stereotassi S926
stereotipia S927
sterile B59
sterilità B60, I151, S929
sterilità femminea A788
sterilizzatore S931
sterilizzazione S930
sterno B442, S936
sternotomia S935
steroide S939
sterolo S941
stertor S942
stetoscopio S944
stibialismo S947
stigma S950
stigma di degenerazione S951
stimmate S950
stimolante S955
stimolatore S955
stimolatore asincrono del cuore F175

STIMOLATORE CARDIACO

stimolatore cardiaco P2
stimolatore cardiaco artificiale A702, E75, P1089
stimolazione S956
stimolo S958
stimolo condizionato C918
stimolo liminale L206, T220
stimolo da parola S960
stimolo soglia L206
stimolo subliminale S1081
stinco S432, S446
stipatore P624
stitichezza O16
stoma S963
stomaco S964
stomaco biloculare B186
stomaco a cascata C197
stomaco a clessidra B186, H463
stomatalgia S968
stomatite S969
stomatite aftosa E320, F239
stomatite angolare A449
stomatite micotica M507
stomatite ulcerosa C54
stomatite vescicolare V153
stomatodinia S968
stomatologia S971
stomatomicosi W77
strabismo H335, S977
strabismo da accomodazione A42
strabismo convergente C1019, C1206, E462, I426
strabismo divergente D280, E536, W6
strabismo monoculare M384, U54
strabismometro S976
strangolamento S984
stratigrafia S987
strato dei bastoncelli B2
strato delle cellule basali B68
strato dei coni e dei bastoncelli J2, R307
strato corneo H448
strato corneo dell'epidermide C1059
strato germinativo G177
strato germinativo dell'epidermide G176
strato granuloso G315
strato lucido C685
strato malpighiano M50
strato papillare P71
strato reticolare del derma R201
strato spinoso M50
stravaso E582
streptochinasi S997
streptococcemia S994
streptococco S995
streptolisina S998
streptotricosi S1000
stress S1001
stretto inferiore della pelvi P239
stretto superiore della pelvi P238
stricturotomia S1010
stridore S1011
striscia T31
striscio S580
striscio ematico B313
strobilo S1013
stroboscopio S1014
strofulo S1022
stroma F274, S1017
stroma reticolare L377
stromatolisi S1019
strongiloidiasi S1021
strozzamento S984
struma S1024
struma linfomatoso H42
strumectomia S1025
strumentario I382
strumite S1026
studio caso-controllo C200
stupefacente D315, N15
stupore S1031
stupore catatonico A259
stupro R37
subconscio S1058
sublimazione S1057
sublussazione S1063
sublussazione del tarso T46
subtalamo S1080
succo J26, S1087
succo gastrico G76, J26
succussione S1088
sudorazione P384, S1092
sudorazione profusa S1095
sudorazione vera S331
sudore S1196
suffumigio F308
suggestionabilità S1104
suggestione S1105
suggestione postipnotica P762
suicida S1108
suicidio S1108
suono S650
suono polmonare V151
suono polmonare timpanico B389
suono timpanico V156
superego S1124
superficie S1171
superficie corporea B342
supervaccinazione H668
supinatore S1138
supinazione S1137
supposta S1142
suppurazione F95, S1144
surrenalectomia A187
surreni accessori M81
suscettibilità S1184
sutura S962, S1193
sutura a borsa di tabacco P1115
sutura continua C997
sutura coronale C1062
sutura frontoparietale C1062
sutura intercisa I435
sutura lambdoidea L51
sutura da materassaio M116, Q12
sutura per trasfissione T407
suturazione S1193
suzione S1091
svenimento F18
svezzamento W45
symplast S1228

T

tabacchiera anatomica A413
tabe dorsale P756, T5
tachicardia H75, T9
tachicardia atriale A802
tachicardia parossistica P183
tachifagia T11
tachifemia T10
tachifilassi T13
tachilalia T10
tachilogia T10
tachimetro T8
tachipnea S453, T14
tachistoscopio T7
tafofobia T33
taglio S265
taglio cesareo C380
talalgia T23
talamo T157
talamotomia T156
talassemia M155, T39
talassemia maggiore C1027
talco F282, T24
talcosi T25
talipomano C732
talismo T26
tamponamento P14, T29
tamponamento del cuore C127
tampone P11, P623, S1036, S1194, T28
tampone di garza S807
tanatofobia T161
tanatologia T160
tannino T30
tappo di cerume I379, W39
tarsite T47
tarso T50
tarso palpebrale C633, T50
tartaro dentario D81, T51
tasca P787, S2

TIOALCOLE

tasca di Douglas P788
tasca gengivale G209
tasca parodontale P332
tasca periodontale P332
tasca di Rathke R43
tasso di morbilità M398
tasso di mortalità D25, M408
tasso di natalità B228
tatto T18, T346
tatuaggio T56
taurina T57
tavoletta interna V221
tavolino portaoggetti M301
tavolino portapreparati M301
tavolo operatorio O126
taxon T59
tazza con beccuccio I494
tecoma T162
tegmento T71
tegumento C1223, T72
teismo T163
teleangectasia T74
teleangectasia emorragica ereditaria H291
telecardiografia T77
telecettore T80
telemetria T78
teleradiografia T79
telerecettore D265
teleroentgenterapia T82
telofase T84
telofragma T85
temperamento T86
temperamento bilioso B179
temperamento colerico B179
temperamento melanconico M182
temperatura T87
temperatura corporea B343
tempesta tiroidea T258
tempia T90
tempo di coagulazione C727
tempo di emorragia B256
tempo di latenza L97
tempo di protrombina P968
tempo di reazione R49
tempo di sopravvivenza S1183
tenalgia T102
tenar T164
tenda ad ossigeno O315
tendine S519, T107
tendine di Achille A55
tendine centrale del diaframma C307
tendine congiunto C955
tenectomia T110
tenesmo T111
tenia T32
tenia armata A638, P735
tenia inerme H436, U37
tenia solium A638, S625
teniasi T113
tenolisi T106

tenosinovite nodulare localizzata L285
tensione superficiale S1173
teoria della recapitolazione B200
terapeuta I427, T170
terapia M153, T171, T444
terapia convulsivante C1026
terapia eziotropa C248
terapia geriatrica G169
terapia integrata C856, M459
terapia intensiva I394
terapia sintomatica S1231
terapia da sonno prolungato P920
terapia sostitutiva R158, S1078
teratogenesi T121
teratoma T122
teratosi T123
termoanestesia T174
termocauterizzazione T178
termocoagulazione T179
termocoppia T180
termoestesia T182
termoforo T190
termoiperestesia T183
termoipoestesia T184
termolabile H82
termometria T187
termometro T186
termometro clinico C706
termorecettore T192
termoregolazione T193
termoterapia T194
terpene m T127
terreno C1256
terrore notturno N169
terzo ventricolo T205
tesaurismosi S975, T195
tessuto T293
tessuto adiposo F45, F57
tessuto adiposo sottocutaneo H711
tessuto cicatriziale C630
tessuto connettivo C965
tessuto connettivo mucoso G126
tessuto gelatinoso G126
tessuto di granulazione G318
tessuto interstiziale I443
tessuto linfatico A147, L379
tessuto mieloide M523
tessuto osseo B350
tessuto reticolare R203
test E541, T131
test all'antiglobulina C1028
test di Coombs C1028
test cutaneo C1289, S559
test di fissazione del complemento C882
test di Mantoux M75
test di scarificazione S212
testa C78, H51

testa di Medusa M161
testa del trombo B534
testicolo G152, T137
testosterone M34, T138
tetania T147
tetania latente L98
tetania del neonato N60
tetano T146
tetano cefalico H61
tetano cefalico di Rose C320
tetano incompleto C716
tetartanopsia T148
tetrade di Fallot F23, T149
tetralogia di Fallot F23, T149
tetraplegia Q6, T151
tettarella N172
tetto R321
tiamina T196
tibia S432, S433
tibia a lama di sciabola S1
tibialgia T275
tic H2, J28, T277
tic convulsivo F13, M338
tic facciale F13, P939
tic del salaam S32
ticchio H2
tiflectasia T597
tiflite T598
tiflostomia T599
tiflotomia T600
tifo addominale C381, E257, T601
tifo endemico E194, F194, M473
tifo epidemico E321
tifo esantematico E321, T602
tifo murino E194, F194, M473
tifo petecchiale C675, E321, T602
tifo da zecche T280
tifo da zecche del Queensland N207
tigna favosa C1224, F61, H433, S109
tigna flogistica K44
tigna nodosa P513
tigna tonsurante B239
tigna tricofitica B239
timectomia T245
timidina T247
timina T248
timite T249
timo T251
timocito T250
timpanectomia T589
timpanismo T592
timpanite T593
timpanoplastica T594
timpanotomia T595
tinea R301
tintinnio S1288
tintura T290
tioalcole M240, T202

TIOUREA

tiourea T203
tipo somatico B344
tiralatte B445
tiramina T603
tireocalcitonina T253
tireotossicosi F178, T272
tireotropina T273
tiroidectomia T265
tiroidite T266
tiroidite di De Quervain S1038
tiroidite di Hashimoto H42, L363
tiroidite subacuta S1038
tirossina T274
tirotomia T270
tisiologia P492
tisioterapia P493
Tissucol B202
titolazione T296
titubazione T297
tocoferolo A539, T299
tocografo T298
tofo C388, T328
toilette della ferita E386
tolleranza T301
tomografia S266, S987, T304
tomografia computerizzata C902
tomografia a risonanza nucleare magnetica N225
tomografo T303
tonaca T578
tonico T310
tono T305
tono affettivo E152
tono atriale A801
tono cardiaco C125, H79
tono muscolare T305
tono percussorio P274
tonografia T312
tonometro T313
tonsilla T314
tonsilla del cervelletto C338
tonsilla faringea L347, T204
tonsilla di Gerlach G170
tonsilla linguale L214
tonsilla palatina F58, P22
tonsilla tubarica E482, G170, T552
tonsillectomia T317
tonsillite T318
tonsillotomia T320
tonsillotomo G380, T319
topectomia T325
topestesia T327
topoalgia T324
topografia T330
torace C421
torace a botte B58
torace carenato C428, K19, P515
torace ad imbuto C746, F321
torace tisico F185

toracentesi T207
toracografo T212
toracometria S943
toracoscopia T213
torcicollo L326, S949, T336
torcicollo intermittente I420
torcicollo reumatico S1232
torpore N242, T331
torrente circolatorio B315
torsione T332
torticollo W121
torticollo spastico S659
torulosi S7, T337
torus T338
tosse C1113, T582
tosse auricolare E4
tosse convulsa W86
tossicità T353
tossicofobia T358
tossicologia T355
tossicomania T356
tossicomania da narcotici D316
tossicosi T359
tossicosi gravidica T351
tossidermia T354
tossiemia T350
tossina T360
tossina botulinica B374
tossina tetanica T145
tossoide T363
trabecola T365
trabecola ossea T366
tracciante T369
trachea T370, W91
tracheite T374
trachelotomia T376
tracheobronchite T377
tracheobroncoscopia T378
tracheocele T379
tracheoscopia T380
tracheostenosi T381
tracheotomia T382
tracoma G317, T385
trago T390
tranquillante T393
transaminasi A353, T394
transaminazione T395
transanimazione T396
transessualità T427
transferasi T401
transferrina T405
transfert T402
transfosforilazione T423
transilluminazione T412
transmetilazione T418
transvestitismo T435
trapanazione T124, T454
trapano D310, T455
trapano da dentista D85
trapano odontoiatrico D85
trapezio C1125, M454, T436
trapezoide M454

trapianto G308, G309, T424, T425
trapianto singenetico S1262
trasferimento T402
trasformazione T408
trasfusione T409
trasfusione di cambio S1079
trasfusione diretta D235, I47
trasfusione indiretta I120, M146
trasfusione del sangue B318
traslocazione T415
trasmissione T419
trasmutazione T421
trasposizione T426
trasudazione E52, E582, T428
trasversectomia T430
trattamento T444
trattamento causale S676
trattamento conservativo C971
trattamento eziologico S676
trattamento palliativo P32
trattamento preventivo P930
trattamento profilattico P930
trattamento sintomatico E538
tratto associativo A737
tratto genicolo-calcarino G149
tratto olfattivo O66
tratto ottico O155
trattotomia T388
trattotomia bulbare B539
trauma I190, I389, T440
trauma d'esplosione B246
trauma da parto B229
traumatizzare I189
traumatologia T442
travaso di sangue B518
travata epatica H252
travestitismo E294
trazione E555, T387
trazione di scheletro S547
trematode T446
trematode epatico L268
tremore S429, S449, T448
tremore intenzionale I395, K59
tremore passivo P189
treponema T457
treponematosi T458
treponemiasi T458
trequarti T508
triangolo carotideo M37
triangolo carotideo superiore G168
triangolo di Malgaigne M37
tribadismo L142, T460
trichiasi T462
trichina P736, T463
trichinosi T464
tricobasalioma H12
tricobezoar H7, P528, T465
tricocefalo T485, W68
tricoclasia T467
tricoestesia T468

tricofitide T475
tricofitina T476
tricofitosi T477
tricofizia R301, T477
tricofobia T474
tricoglossia T469
tricoma T470
tricomatosi T470
tricomicosi T473
Tricomonade T471
tricomoniasi T472
tricorressi T479
tricorressi nodosa T467
tricosporosi T480
tricostrongilosi T481
tricotillomania T482
tricromatopsia T483
tricuriasi T484
trigeminismo T494
trigono dell'ipoglosso H720
trigono di Lieutaud B245, L191
trigono vescicale L191
trigonocefalia T497
trilogia di Fallot T498
tripanosoma T538
tripanosomiasi T539
tripanosomiasi africana A219, S564
tripanosomiasi americana S651
triplegia T502
triploide T503
tripsina T540
tripsinogeno P975, T541
triptamina T542
triptofano T543
trisma L290, T504
trisomia T505
tritanopia A123, B331, T506
triturazione T507
trocantere T509
troclea T510
trofismo T516
trofoblasto T517
trofoedema T513
trofoneurosi T519
trofozoita S505
tromba d'Eustachio S47
tromba di Fallopio F22, S47, U163
trombastenia T225
trombectomia T226
trombina T227
trombo B292, C724, T242
trombo bianco B534, P27, W82
trombo da coagulazione A230
trombo marantico M78
trombo a palla B39
trombo parietale M472
trombo rosso R91
trombo stratificato S986

tromboangioite obliterante B551
trombocito B307, P571, P592, T228
trombocitopenia T229
trombocitosi T231
tromboembolia T232
tromboendocardite abatterica N192
tromboflebite T236
tromboplastina T237
trombosi T238
trombosi coronarica C1070
tronco B337, T335, T535
tronco brachiocefalico I194
tronco cerebrale B428
tronco nervoso N93
tronco simpatico G39
tropismo T527
tsutsugamushi A256, S231, T545
tuba di Eustachio E483, S47
tuba ovarica O280
tuba uditiva E483, S47
tuba uterina F22, S47, U163
tubercolide T557
tubercolina T558
tubercolo T554
tubercoloderma T560
tubercoloma T561
tubercolosi T562
tubercolosi addominale A11
tubercolosi cronica R128
tubercolosi disseminata D261
tubercolosi miliare M325
tubercolosi polmonare P1078
tubercolosi polmonare caseosa C204
tubercolosi verrucosa P765, T564
tubercolosi verrucosa cutanea S219
tuberculide papulare necrotica della pelle P82
tuberosità T565
tuberosità parietale P161
tubo T549
tubo digerente A285
tubo digestivo A285
tubo di drenaggio D306
tubo endobronchiale E199
tubo per intubazione I488
tubulo T572
tubulo di Bellini C801
tubulo renale U145
tubulo retto C801, S980
tubulo seminifero S305
tubulo urinifero U145
tularemia D39, R1, T575
tumefazione S1199, T576
tumefazione cerebrale B429
tumefazione gengivale G207
tumescenza T576

ULCERA VENEREA MOLLE

tumore N62, T577
tumore di Abrikossoff A19, G312
tumore a cellule giganti G187
tumore a cellule della granulosa G329
tumore cistico C1351
tumore desmoide D142
tumore gigantocellulare G187
tumore glomico G248
tumore del glomo carotideo C176
tumore osseo gigantocellulare O225
tumore perlaceo C504
tumore pleomorfo P600
tumore della tasca di Rathke C1155
tumore teratoide T122
tumore villoso V171
tumore di Wilms E131, N67, R145, W89
tunica C744, T578
tunica albuginea del testicolo P305
tunica avventizia A200
tunica esterna A200
tuorlo Y13
turgore T580

U

ubiquitario U1
ubriachezza I461
udito H69
ugola K61, U172
ulatrofia U2
ulcera S646, U3
ulcera aftosa C54
ulcera callosa C31
ulcera di Curling C1273
ulcera da decubito B114, P844, S574
ulcera dura T530
ulcera dura indolente I124
ulcera fagedenica P418, S575
ulcera di Fede-Riga R293
ulcera gastrica G80
ulcera luetica C390, C391, S1282
ulcera molle V85
ulcera peptica P266
ulcera perforante P276
ulcera serpiginosa C1171, S389
ulcera varicosa G344, S875, V34
ulcera venerea C391, V85
ulcera venerea molle S606

ULCERATO

ulcerato U4
ulcerazione U6
ulcerazione corneale serpiginosa S384
uleritema U10
ulite U11
ulna E68, U12
ulnare U13
uloncia U16
ulorragia U17
ulotomia U19
ultracentrifuga U20
ultrafiltrazione U22
ultrafiltro U21
ultramicroscopio U23
ultramicrotomo U24
ultrastruttura U28
ultrasuono U27
ultravioletto U29
umore H475, M397
umore acqueo A617
uncinariosi B453, T522, U40
uncino H434, T101
uncino ottuso B335
uncino da tracheotomia T383
unghia F157, N1
unghia a cucchiaio S818
unghia incarnata I171
unghia solcata R98
unguento O57, U50
unilaterale H164
unione U55
unità tassonomica T59
uovo E53, O294
uovo fecondato F94
uracile U72
uranismo U73
uranoplastica P23
uranoschisi U74
urato U75
uraturia U76
urea C80, U77
ureasi U81
ureide U82
uremia U83
ureogenesi U80
ureopoiesi U80
uretere U86
ureterectasia U88
ureterectomia U89
ureterite U90
ureterografia U92
ureterolito U93
ureterolitotomia U94
ureteroneocistostomia U95
ureteropielografia U98
ureteroplastica U96
ureterorettoneostomia U97
ureterorrafia U101
ureterorragia U100
ureterosigmoidostomia U102
ureterostomia U104
ureterotomia U105

uretra U107
uretra membranosa M212
uretra peniena P260
uretra prostatica P947
uretralgia U111
uretrite U115
uretrite aspecifica S516
uretrocele U116
uretrocistite U117
uretrografia U119
uretroplastica U120
uretrorragia U114
uretroscopia U123
uretroscopio U122
uretrostomia U125
uretrotomia U127
uretrotomo U126
urgenza E139
uricacidemia U132
uridina U133
uridrosi U129
urina U144
urina primitiva C1218
urina residua R170
urinale U135
urolitiasi U148
urolito U147
urologia U150
urologo U149
urometro U146
uronefrosi U152
uropoiesi U154
uroporfirina U155
urosepsi U156
urto J15, S450
ustione S106, T172
ustione da elettricità E74
utero U164, W102
utero ad arcata S26
utero biloculare B214
uterocele H802
uvea U168
uveite U170
uveoparotite U171
uvulectomia U173
uvulite U174
uvulotomia U175

V

vaccina vivente L270
vaccinazione V1
vaccino V2
vaccino attenuato A817
vaccino autogeno A857
vaccino polivalente M362, M467, P728
vaccinoterapia V3
vacuolizzazione V5

vacuolo V6
vagina V11
vaginismo V15
vaginite C834, V16
vaginoscopia V20
vaginotomia V21
vagotomia V22
vagotonia V23
vaiolo P790, S579, V38
vaiolo bianco G223
vaiolo confluente C935
vaiolo equino H451
vaiolo minor C1247, G223
vaiolo delle pecore S439
valina V24
vallo ungueale N7
valore calorico C33
valore emoglobinico C279
valore globulare C279
valvola V26
valvola aortica A566
valvola atrioventricolare A810
valvola atrioventricolare destra T490
valvola atrioventricolare sinistra B157
valvola bicuspide B157, M360
valvola di Eustachio C253, E484
valvola ileocecale I23
valvola mitrale M360
valvola pilorica P1141
valvola polmonare P1079
valvola del seno coronario C1071
valvola di Thebesius C1071
valvola tricuspide T490
valvola della vena cava inferiore C253, E484
valvolotomia cardiaca C160
vampata di calore H462
varice V40
varicella C429, V31, W34
varici esofagee E447
varicocele V32
varicosi V35
varicotomia V36
variola minor A263, P1009
vascolarizzazione V42
vasectomia V48
vaso V157
vaso capillare C65
vaso linfatico L380
vaso sanguigno B322
vasocostrittore V50
vasocostrizione V49
vasodilatatore V52
vasodilatazione V51
vasoepididimostomia V53
vasopressina A512, V58
vasospasmo V63
vasotomia V64
vasotonia V65

VOLTA DEL CRANIO

vegetarianismo V73
vegetazione V74
vegetazione venerea V86
vegetazioni adenoidi A146
veicolo C189
veicolo meccanico d'infezione M133
veleno P670
velocità di eritrosedimentazione B311, E426, S273
vena V78
vena basilica B82
vena cava C252, V80
vena emissaria E146
venereofobia V88
venereologia V87
ventilazione V100
ventilazione polmonare V100
ventosa C1262
ventosa cefalica V8
ventre B124
ventricolo V105
ventricolo cerebrale C353
ventricolo cerebrale laterale P90, T486
ventricolo del cuore C128
ventricolo laringeo di Morgagni L76
ventricolo laterale L100
ventricolocisternostomia V112
ventricolografia V113
ventricoloscopia V114
ventricolostomia V115
venula V116
verbigerazione V117
verdoemoglobina V118
verdoglobina C492
vergenza V119
vergine V177
verginità V179
verme W108
verme di Guinea S385
verme di Medina G382
verme solitario T32
vermi migranti C1169
vermifugo H102, V122
verruca V125, W23
verruca molle S610
verruca peruviana P389
verruca piana F192
verruca piatta F192
verruca plantare P570
verruca dei spazzacamini S642
verruca volgare C870
versamento E52
versamento pleurico P606
versione V129
versione bimanuale C857
versione di Braxton-Hicks C857
versione cefalica C321
versione a due mani B188

versione esterna E564
vertebra V130
vertebra basilare B81
vertebra prominente N221
vertice V138
vertigine D287, S850, V141
vertigine epidemica K84
vertigine labirintica L15
vertigine laringea L75
vertigine paralizzante E322, G171, K84
vertigine parossistica L15
vertigine rotatoria R329
vertigine sistemica S1302
vertigini G196
VES B311, E426, S273
vescica B243, C1320
vescica urinaria B243, U137
vescichetta biliare G19
vescicola B283, V144
vescicola auditiva O255
vescicola cefalica C322
vescicola cerebrale B422
vescicola encefalica E170, P860
vescicola otica O255
vescicola seminale S303, S690
vescicola sinaptica S1239
vescicolare C1326
vescicolectomia V154
vescicolite V155
vescicosigmoidostomia V145
vescicostomia V146
vestigio V162
vetrino S568
vetrino coprioggetto C1123
vetrino portaoggetti M301
vetrino portapreparati M301
vettocardiografia V71
vettocardiogramma V70
vettore V69
vettore biologico B204
via T386
via cortico-spinale M424
via nervosa P212
via piramidale C365, P1158
vibrazione V164
vibrione V167
vibrione colerico C500
vibromassaggio V165
vibroterapia S281
vie aeree A255
vie respiratorie A255, R189
vie urinarie U142
villi aracnoidei A626
villi coriali C552
villi corionici C552
villo V172
villo intestinale I457
villo sinoviale S1273
violenza carnale R37
violetto di genziana G161

vipoma I543
viremia V176
virilismo V181
virilità V182
virilizzazione V183
virione V184
virologia V185
virus V186
virus citomegalico C1371
virus erpetico H305
virus dell'immunodeficienza umana H467
virus della poliomielite P678
visceri V189
visceroptosi S768, V198
viscosimetro V200
viscosità V201
visione S495
visione centrale C309, D236
visione diretta D236
visione diurna C933
visione fotopica C933, P476
visione indiretta I121
visione notturna N168
visione periferica E13, I121, P348
visione scotopica S211
visione stereoscopica S925
visione tubulare S427
viso F4
vista V202
vista crepuscolare T585
vita L192, W1
vitalità V163
vitamina V216
vitamina antiemorragica A518
vitamina antirachitica A532
vitamina antiscorbutica A533
vitamina B_1 T196
vitamina B_2 L39
vitamina B_6 P1160
vitamina B_{12} E587
vitamina C A533
vitamina D A532, C18
vitamina D_3 C470
vitamina E A539, T299
vitamina K A518
vitaminologia V217
vitello Y13
vitiligine V218
vitiligine perinevica C656, S1190
vittima dell'accidente C209
vivaio V222
vivificazione V224
vivisezione V225
voce V233
voglia B226, M371, M413, N153
volta V68
volta cranica C36
volta del cranio C36, S232

VOLUME CORRENTE

volume corrente T285
volume minuto M349
volume residuo R169
volume di riserva espiratoria E544, R167, S1140
volume di riserva inspiratoria I378
volumenometro V236
volumetrico matraccio V237
volvolo V239
volvolo intestinale G81
volvolo dell'omento O86
vomere V240
vomitativo V245
vomito E142, V242, V243
vomito biliare C496
vomito caffeario C773
vomito fecaloide C1031, F68, S914
vomito della gravidanza V244
vomito gravidico V244
vomito irrefrenabile U44
vomito di muco B257
voyerismo V247
voyeurismo S201
VRE E544, R167, S1140
vulva V248
vulvite V250
vulvovaginite V252

X

xantelasma X1
xantina X3
xantina ossidasi X4
xantinuria X5
xantocromia X6
xantodermia X7
xantogranuloma X8
xantoma L239, X9
xantomatosi L240, X10
xantopsia X12, Y10
xantosi X13
xenofobia X16
xenotrapianto X15
xeroderma X17
xerodermia X17
xeroftalmia X18
xerostomia X20
xilene X23
xilolo X23
xilosio X24

Y

yersiniosi Y11

Z

zaffatore P624
zaffatura P14
zaffo P623, S1194, T28
zecca T278
zigodattilia Z20
zigomo C400, J22
zigote Z23
zimogeno P897, Z24
zoantropia Z7
zolle di Nissl N174
zona R115
zona erotogena E404
zona di Head H60, T103
zona isterogena H804
zona riflessogena R105
zonula ciliare C640, Z6
zonula di Zinn C640, Z6
zoofobia Z15
zoogeografia Z11
zoolagnia Z12
zoonosi Z9
zooparassita Z14
zoopsia Z16
zoppaggine intermittente I416
zoppia C676
zucchero S1102

РУССКИЙ УКАЗАТЕЛЬ

А

абактериальный тромбоэндокардит N192
абдоминальная гистеротомия H806
абдоминальная гистерэктомия L66
абдоминальная экстирпация матки L66
абдоминальный C272
абдукционная шина A14
абдукция A13
аберрантный зоб A16
аберрация половых хромосом S411
аборт A17
абразия E397
абрахия A18
абсолютный рефрактерный период A22
абсорбция A25
абстинентный синдром A27, W101
абстиненция A26
абсцесс A20
абсцесс головного мозга B421, C343, S1146
абсцесс десны G385
абсцесс кости B351
абсцесс при газовой гангрене G60
авиационная и космическая медицина A212
авиационная медицина A884
авитаминоз A885
авитаминозный фолликулярный кератоз P491
австралийский клещевой риккетсиоз N207
австралийский энцефалит A848, M476
автоклав A853
автономная нервная система V77
автономный A870
авульсия A887
агалактия A223
агаммаглобулинемия A224
агастрическая анемия A225
агглютинационный тромб A230
агглютинация A229
агглютинин A231

агглютиноген A232
агевзия A228
агенезия A227, A592
агирия A242
агнатия A235
агнозия A236
агонист A237
агония D26
агорафобия A238, C295
аграмматизм A239
агранулоцитоз A240
агранулярная эндоплазматическая сеть S588
аграфия A241, G335
агрессия A233
адактилия A124
адамантинома A125, A342
адамантобласт A341
адамантобластома A125
адамово яблоко A126, T259
адаптация A129
адаптивность A128
адаптированный к темноте S210
адвентициальная клетка A201, P287
адвентициальная оболочка A200
адвентиция A200
адгезивное воспаление A169
адгезивный перикардит A170
адгезивный плеврит A172
аддисонова болезнь A191
аддитивный синергизм A131
аддитивный эффект лекарственных веществ A131
аддукция A132
аденин A135
аденит A136
аденоакантома A137
аденовирус A163
аденовирусный кератоконъюнктивит E317, V188
аденогипофиз A143, P813
аденозин A158
аденозиндифосфат A159
аденозиндифосфорная кислота A159
аденозинмонофосфат A160
аденозинмонофосфорная кислота A160
аденозинтрифосфат A161

аденозинтрифосфорная кислота A161
аденоидит A145
аденоиды A146
аденоканкроид A137
аденокарцинома A138
аденолимфома A149, O98
аденома A150
аденома жёлчных путей C466
аденома из клеток Гюртле H483
аденома паращитовидной железы P144
аденома сальных желёз S237
аденома сальных желёз Прингла P866
аденома шишковидного тела P536
аденоматоз A151
аденоматоз лёгких P1064
аденоматозный зоб A152
аденоматозный полип A153, P716
аденомиома A154
аденомиометрит A155
аденопатия A156
аденосаркома A157, S79
аденосаркома почки R145
аденотонзиллэктомия A162
аденофиброма A142, F119
аденоцит A140
аденоэпителиома A141
адентия A475
адиастолия A173
адинамия A203
адипозалгия D115
адипонекроз A175, F51, S894
адипсия A180
адиуретин V58
аднексит A182, S44, T567
адреналин A189
адреналэктомия A187, S1163
адренергический рецептор A195
адреноблокирующее средство A194
адреногенитальный синдром A193
адренокортикостероид A190, C1088
адренокортикотропин A192

АМЁБНАЯ ДИЗЕНТЕРИЯ

адренокортикотропный гормон A192, C1090
адренолитическое средство A194
адреномиметик S1224
адреномиметическое средство S1224
адренорецептор A195
адреностерон A196
адренэктомия A187, S1163
адсорбент A197
адсорбирующее средство A197
азокрасители A901
азооспермия A902
азотистое равновесие N176
азотистый баланс N176
акантома A30
акапния A31
акариаз A32
акинез A257
акинезия A257
акинетический A258
акинетический эпилептический припадок A260
акклиматизация A39
аккомодационное косоглазие A42
аккомодационный рефлекс A41
аккомодация A40
акме A78
акнит A83
акория A84
акрания A92
акроасфиксия A94, D18, W41
акродиния A96, P537, S1200
акрокрания S897
акромегалия A98
акромикрия A99
акромион A100
акрофобия A101
акроцефалия A95, H787, O308, S897, T349
аксиальный неврит A890, C302
аксиллярный A892
аксо-аксональный синапс A896
аксодендритический синапс A897
аксолемма A898
аксон A899
аксосоматический синапс A900, P302
активированный сон P98
активная алголагния S27
активная гиперемия A109, A648
активность фермента E291
активный гепатит S1039
активный иммунитет A110
активный ревматизм B381, R251

активный хронический гепатит A107
активный электрод A108, T165
актин A103
актинический дерматит A105
актинодерматоз A104, P469
актиномикоз A106
актиномицеты R45
акупунктура A111
акустикофобия P455
акушер O13
акушерка M318
акушерские щипцы O11
акушерский крючок B335
акушерский паралич B227
акушерский поворот V129
акушерский поворот на головку C321
акушерство O14
акцессорный симптом A36
аланин A261
аластрим A263, C1247, G223, M333, P1009
алейкемический миелоз A278
алексия A280, W105
алиментарная анемия N253
алиментарная глюкозурия A282
алиментарная дистрофия A283, I82, W16
алиментарная липемия P773
алиментарный цирроз печени N254
алимфоцитоз A324
алкалоз A290
алкалоид A289
алкоголизация A275
алкоголизм A274
алкоголь A272, S755
алкогольное опьянение I461
алкогольное отравление A274
алкогольный делирий D61, J28
алкогольный психоз A273
алкогольный цирроз печени G203
аллантиазис B375
аллантоис A291
аллеломорф A292
аллель A292
аллерген A293
аллергизация A296
аллергическая реакция немедленного типа I44
аллергический A294
аллергический дерматит S334
аллергический энцефалит H586
аллергия A298
аллергология A297

аллокератопластика A301, H420
аллокортекс A299, U65
аллопатия A302
аллопластика H427
аллоритмия A303
аллосома A304
аллотопия D351
аллотрансплантат A300, H419
аллотрансплантация A305
аллотрансплантация кожи D127
аллотриофагия A306
аллотропный A307
алопеция A308, A803, B33, C37
альбинизм A265
альбинос A266
альбумин A268
альбумин-глобулиновый коэффициент A269
альбуминоидное перерождение A270
альбуминурия A271
альвеола A323
альвеола лёгкого A254
альвеолотомия A322
альвеолы лёгкого A247
альвеолярная пиорея S1148
альвеолярно-клеточный рак A318
альвеолярно-клеточный рак лёгких P1064
альвеолярный абсцесс A317
альвеолярный мешочек A320
альдостерон A276
альтеративное воспаление A311
альтернирующая гемианестезия A312, C1202
альтернирующая гемиплегия A313, C1203
альтернирующий паралич A313, C1203
альтернирующий пульс A314
альфа-излучение A310
альфа-клетка A309
амавроз A327
амальгама A325
амастия A326
амбивалентность A332
амбидекстрия A330
амбисексуальность A331, H296
амблиопия A333
амбулатория O272
амбулаторный больной O271
амбулаторный брюшной тиф L99, W4
амёба A336
амёбиаз A337
амёбная дизентерия A337

амёбоидный макрофаг P689
амеланотическая меланома A338
амелия A339
амелобласт A341
амелобластома A125, A342
аменорея A343
аментивный синдром A344
аменция A344
американский некатор N156
американский трипаносомоз S651
аметропия A346
амид A347
амиелия A377
амилаза A378
амилоидная печень L70, W43
амилоидная почка A379
амилоидоз A380
амилопектиноз A382
амимия A348
аминоацидурия A65, A351
аминокислота A349
аминопептидаза A352
аминотрансфераза A353, T394
амиотония A383, M497
амиотрофический латеральный склероз A384
амиотрофия A385
амиотрофия Арана—Дюшенна P909, W29
амиотрофия Шарко—Мари P375
амитоз A354
аммиак A355
амнезия A356
амнестическая афазия N190
амнестический синдром A357
амнион A359, B25
амниональная гидрорея H359
амниотическая грыжа O90
амниотическая оболочка A359
амниотический A362
амниотомия A364
амниоцентез A358
амок A366
аморфный A367
ампелотерапия A369, G331
ампула A373, A374
ампутационный нож C240
ампутация A375
ампутация молочной железы B441, M103
ампутация нёбного язычка U173
ампутация по Биру B160
ампутация полового члена P254
ампутация фаланги пальца P426
ампутация язычка S861, S869

амузия A376
амфиартроз A370, G231, P566
амфодонтит P333
амфорическое дыхание A371, B485
амфотония A372
анаболизм A387
анаболическое средство A386
анакрота A388
аналгезирующее средство A398
аналгезия A397
аналептик A394
аналептическое средство A394
анализ A401, A734
анализ крови B317
анализ мочи U136
анальгетик A398
анальная атрезия A393, I69
анальное кровотечение P885
анальный A392
анамнез A403
анамнез заболевания C201
анаплазия A408
анасарка A409
анастигматический A410
анастомоз A411
анастомоз «конец в конец» E249
анатоксин A416, T363
анатом A414
анатомирование D258
анатомическая табакерка A413
анатомический A412
анатомия A415
анафаза A404
анафилаксия A407
анафилактический A406
анафилактический шок S393
анафродизия A405
анаэроб A391
анаэробный микроорганизм A391
ангидроз A450, S115
ангина Q15, S647
ангина Симановского—Плаута—Венсана V173
ангиобластома A421
ангиогемофилия V41
ангиография A428
ангиокардиография A422, C133
ангиокератома A429, T76
ангиолейомиома V44
ангиолипома A430
ангиолит A431
ангиология A433
ангиолюпоид A434
ангиома A435
ангиоматоз A436

ангионевроз A438, V57
ангионевромиома G248
ангионевротический отёк A439, G194, Q13
ангиопатия A440
ангиопластическая саркома A443
ангиоретикулёма H111
ангиосаркома A443
ангиоспазм A444, V63
ангиоспастическая ретинопатия H657
ангиотензин A445, H654
ангиотрипсия V66
ангиофиброма H113, T75
ангиохолецистит A424
ангиохолит A425, C468
ангулит A449, P368
ангулярный блефарит A447
ангулярный стоматит A449, C863, P368
ангулярный хейлит C863, P368
андробластома A642, G394
андроген M34
андромания H807, N264
аневризма аорты A557
аневризма сердца C104, M471
аневризматическая киста кости B130
анемический инфаркт P26, W74
анемия Кули C1027, E423, M155
анемия Фанкони C939
анемия шахтёров M344
анестезия S344
анестезия охлаждением C1227, R112
анизокория A457
анизометропия A459, H318
анизотропный A461
анизофория A460
анизохромазия A456
анизохромия A456
анизоцитоз A458
аниридия A455
анкилоблефарон A466
анкилоглоссия A468, T309
анкилоз A470
анкилозирующий спондило-артрит A469, B108, M85, S1027
анкилостома H437
анкилостомидоз H438
анкилостомидоз кожи G369, W33
анкилостомная анемия B453, E56, M344
анкилостомоз A471, T522
ановуляторный A486
ановуляторный менструальный цикл A487, N196

АРТЕРИОЛОНЕКРОТИЧЕСКИЙ НЕФРОСКЛЕРОЗ

анодонтия А475
анозогнозия А485
аномалия А476, D153
аномалия развития D152
анонихия А477
анопсия А479
анорексия А481
аноректальная линия А474, Р220
аноректальный абсцесс Р351
анорхизм А480
аноскоп А482
аноскопия А483
аносмия А484, О63
анофтальм А478
антацидное средство А489
антенатальный А494
антероградная амнезия А495
антефлексия А491
антианафилаксия А502
антианемический фактор Е587
антибактериальный А503
антибиограмма А504
антибиотик А505
антибиотик широкого спектра действия В462
антибиотикорезистентный А506
антигельминтик V122
антигельминтное средство V122
антигемофильный фактор Р593
антиген А515
антигенный А516
антигистаминный А519
антигистаминовый А519
антидепрессант С1115
антидиуретический гормон А512, V58
антидот А513, С1117
антикоагулянт А511
антиметаболит А522, С878
антиметропия А523
антимикробное средство М284
антимикробный А524
антиоксидант А526
антиперистальтика А527
антипинеализм А591
антиплазмин А529
антирабический А531
антисептик А535
антисептика А534
антисептическое средство А535
антиспазматический А537
антиспазматическое средство S660
антисыворотка А536
антитело А507
антитоксин А543

антитоксическая сыворотка А542
антитоксический А541
антитромбин А540
антифибринолизин А529, С1108, S398
антихолинергическое средство А509
антихолинэстераза А510
антракоз А497, С741
антракоз лёгких В241
антракосиликоз А496
антральный А546
антральный отдел желудка G71
антропогенез А499
антропология А500
антропометрия А501
антротомия А547
анурия А548
анус А549
аорта А553
аортальная недостаточность А562
аортальное отверстие диафрагмы А561
аортальный А554
аортальный клапан А566
аортальный стеноз А565
аортит А567
аортография А568
аортоподвздошная окклюзия А569
апатичный А571
апатия А572
апепсия А573
апертура А574
апикальный А585
апикотомия А590
апикэктомия А590
апирексия А614
апиретический А613
аплазия А227, А592
аплазия вилочковой железы Т246
аплазия костного мозга Р56
аплазия матки А345
апластический А593
апноэ А594
апокринная железа А596
апокринный А595
апоксемия Н785
апоксия Н786
апоневроз А598
апоневроз двуглавой мышцы плеча В152
апоплексия А601
апостематозный нефрит S1147
апофермент А597
апофиз А600
апофизарный А599
апоэнзим А597

аппарат «искусственная почка» А701
аппарат Ван-Слайка Н180
аппарат Гольджи Н405
аппарат искусственного дыхания R178
аппарат искусственного кровообращения Н76
аппарат искусственной вентиляции лёгких R178
аппендикостомия А604
аппендикс А605, V121
аппендикулярная колика V120
аппендицит А603
аппендэктомия А602
апперцепция А606
аппетит А607
аппликатор А608
апраксия А610
апрозексия А611
аптека Р443
аптекарь С410, D317
аптечка первой помощи F159
аптиализм А612
аранейдизм А618
арахнидизм А618
арахнодактилия А97, А620, S728
арахноидальные грануляции А626, Р1
арахноидальный А621
арахноидит А624
аргентаффинные клетки А633
аргентаффинома С93
аргентофильное волокно R199
аргентофильные клетки А633
аргирия А635
аргироз А635
ареометр А632
арефлексия А630
арибофлавиноз А636
аритмия А643
арковидное нёбо Н788
аромат О52
арренобластома А642, G394
артериализация А649
артериальная гиперемия А109, А648
артериальная дуга века Т42
артериальное давление А651
артериальное кровотечение А664
артериальный круг большого мозга С648
артериальный проток В371
артериит А670
артериовенозный свищ А669
артериография А656
артериола А658
артериолонекротический нефросклероз М43

АРТЕРИОЛОНЕФРОСКЛЕРОЗ

артериолонефросклероз А657, В134
артериолосклероз А660
артериолосклеротический нефросклероз А657, В134
артерионефросклероз А650, S319
артериосклероз А665
артериотомия А668
артериотрипсия V66
артериэктазия А654
артериэктомия А655
артерия А646
артефакт А695
артикуляция А694
артралгия А673
артремфит J21
артрит А674
артрит дистальных отделов конечностей А93
артрит локтевого сустава А418
артрография А680
артродез А677
артродия S711
артролиз А682
артрология А681
артропатия А683
артропластика А684
артроскопия А685
артротомия А676, А687
артротомия коленного сустава G292
архэнтерон G88
асбестоз А706
асексуальный А722
асептика А719
асептический А720
асептический абсцесс S928
асептический некроз А721
асиалия А612
асимболия А762, S504
асимволия S504
асинергия А766
асинклитизм А765, О7
асинхронный электрокардиостимулятор F175
асистолия А767, С105
аскарида А708, L335
аскаридоз А707
аскорбиновая кислота А717
аспарагин А727
аспарагиназа А726
аспергиллёз А728
асперматизм А729
аспермия А729
аспиратор А733
аспирационная биопсия А732
аспирация А731
ассимиляция А736
ассоциативный нейрон I429
ассоциативный нервный путь А737

ассоциированная вакцина М362
ассоциированная инфекция М361, М458
астазия А740
астазия-абазия А741
астеатоз А742
астенический А745
астения А744, N108
астенопия А746
астереогноз А743, S915
астигматизм А751
астигматическая очковая линза S708
астигматический А750
астма А747, S1101
астматический А748
астробластома А756
астроглиальная клетка А757
астроглиоцит А757
астросфера А760
астроцит А757
астроцитарная нейроглия М5
астроцитома А758
асфиксия А730
асцит А715
асцитический А716
атавизм А769
атаксия А770
атактическая походка А772
атараксия А768
атарактик Т393
атарактическое средство Т393
ателектаз А774
ателиоз А775
ателия А775, А776
атерома S239
атеросклероз А778
атеросклероз аорты А570
атеросклеротическая аневризма А667
атеросклеротическая бляшка А777
атеросклеротический А779
атеросклеротический нефросклероз А650, S319
атетоз А781
атимия А785
атимормия А572
атипический А821
атипичный А821
атиреоз А786
атлант А787
атония А789
атония желудка G84
атопический дерматит А790
атопический диатез Е592
атопия А791, D351
атравматическая игла А793
атрезия А794
атрезия заднего прохода С1122
атрезия матки Н792

атрепсия А784
атриовентрикулярная блокада А804
атриовентрикулярная диссоциация А806
атриовентрикулярное отверстие Т488
атриовентрикулярный клапан А810
атриовентрикулярный пучок А805
атриовентрикулярный ритм А809, N184
атриовентрикулярный узел А808
атрихия А803
атрихоз А803
атрофическая алопеция С626
атрофическая кожа Р150
атрофический ринит А812
атрофический хронический акродерматит Е433
атрофия А814
атрофия десны U2
атрофия печени Н247
атрофодермия А813
аттенуация А818
аттик А819, Т590
аудиограмма А823
аудиология А824
аудиометр А825
аудиометрия А826
аура А835
аурантиаз А837
аурикулотемпоральный синдром А844, G392
ауропальпебральный рефлекс С764, S871
ауротерапия А845, С612
аускультативный феномен В519
аускультаторная перкуссия А847
аускультация А846
аутизм А849
аутоагрессия А850
аутоаллергия А850
аутоантиген А852
аутоантитело А851
аутовакцина А857
аутогемотерапия А859
аутогемотрансфузия А860
аутогипноз А861, S288, S888
аутоиммунизация А864
аутоиммунная болезнь А862
аутоиммунная реакция А863
аутоиммунное антитело А851
аутоинокуляция А866
аутоинтоксикация А867, Е217, S290
аутоинфекция А865, S289
аутолиз А869
аутолизин А868

аутолизосома C1369
аутопластика A875
аутопсия A876, N44, P763
ауторадиография R20
аутосома A879, E477
аутосуггестия A880
аутотрансплантат A858
аутотрансплантация кожи D123
аутофагия A871
аутофилия N10
аутофония A873
аутоэротизм A856, N10
ауэрбаховское сплетение A833
афазия A578
афазия Брока A771, B464, L297
афакия A577
афония A579
африканский трипаносомоз A219, S564
афродизия A580, E407
афта A581
афтозная лихорадка C989
афтозный A583
афты Беднара B111
афты новорождённых B111
аффект A214
аффективная адинамия C220
аффективная лабильность E151
аффективный тонус E152
афферентное нервное волокно A216
афферентный нейрон S339
афферентный нерв A217
ахалазия A52
ахалазия кардии C103
ахилия A64
ахиллово сухожилие A55
ахиллов рефлекс A54
ахлоргидрическая анемия F1
ахлоргидрия A57
ахондроплазия A59, C525
ахроматопсия A62, C886, M382
ахромацит S425
ахромотрихия A63
ацервулома S62
ацетилхолин A50
ацетилхолинэстераза A51, S672, T531
ацетон A47
ацетоновое тело K47
ацетонурия A49, K48
ацефалия A44
ацидоз A73
ацидофильная аденома E299
ацидофильная аденома гипофиза A71
ацидофильный гранулоцит A72, E297, O318

ацидофильный инсулоцит A309
ацидофильный лейкоцит A72, O318
ацидурия A75
ациклическое маточное кровотечение M280
ацинус A77, P1063
ацинус печени L266
аэрация A206
аэроб A207
аэроневроз A209
аэроотит B55
аэросинусит S531
аэротерапия A213
аэрофагия A210
аэрофобия A211
аэроэмболия P629

Б

багассоз B24
базалиома B67, R309
базальная клетка B45, B66
базальная мембрана B80
базальная пластинка B70, V220
базальное ядро B69
базально-клеточная эпителиома B67, R309
базально-клеточный рак B67
базальный плеврит D171
базальный рак яичника G329
базальный слой эпидермиса B68
базальный эпидермоцит B66
базедова болезнь E532, F178, G341
базилярная артерия B78
базиотриб B84
базис-наркоз B72
базисный наркоз B72
базофил B93
базофилия B91
базофильная аденома гипофиза B89
базофильная зернистость B90
базофильная клетка B88
базофильное вещество N174, T287
β-базофильные аденоциты B142
базофильные инсулоциты B142
базофильный B88
базофильный гранулоцит B93
базофильный лейкоз B92
базофильный лейкоцит B93
базофильный лейкоцитоз B87

базофобия B95
бактериальная дизентерия B1, S445
бактериальная колония C818
бактериальная эмболия I150, P1136
бактериальный B7
бактериальный токсин B20
бактериемия B6
бактериолиз B15
бактериолизин B14
бактериолог B12
бактериологический B11
бактериология B13
бактериостаз B18
бактериостатик B19
бактериотропин B21
бактериофаг B16
бактериофобия B17
бактериохолия B10
бактериурия B22
бактерицид B9
бактерицидное вещество B9
бактерия Коха K75
бактерия Шотмюллера S156
баланит B29
баланопостит B30
баланоррагия B31
баланс B26
балантидиаз B32
баллистокардиограмма B35
баллистокардиография B36
баллонная клетка B37
баллотирование B38
баллотирование надколенника F204
бальзам B40
бальзамирование E119
бальнеотерапия B41
бандаж B44, B191
барабанная перепонка D321, T591
барабанные пальцы C730
барбитуратизм B51
барбитураты B50
барестезия B52, P843
барилалия B64
баритиноз B53
барокамера для гипербарической оксигенации H563
барооксигенация H564
бароотит B55
барорецептор B54, P841
баротерапия A213
баротравма B56
бартолинит B61
бартолинова железа B62, V251
бартонеллёз B63, C191, H225, O190, P389
бассейновый конъюнктивит S1202
батианестезия B100

БАТИЭСТЕЗИЯ

батиэстезия B99
батмотропный B97
батофобия B98
бауиниева заслонка I23
бацилла B3
бациллярная дизентерия B1
башенный череп A95, O308, S897, T349
бедренная грыжа C1219, F80
бедренная кость F83, T199
бедренное кольцо C1220
бедро F83, T198
безбелковый азот N197, R191
безболевая язва I124
безводный A452
безволосый H11
безжелтушный вирусный гепатит A453
беззубый E44
безмиелиновое нервное волокно G345, N195, R140, U66
безмякотное нервное волокно G345, N195, U66
безоар B148
безусловный рефлекс I84, U42
безыгольный инъектор J19
безымянная артерия I194
безымянная кость I195
безымянный палец R299
белая амилоидная почка W42
белая асфиксия новорождённого W71
белая горячка D61, J28
белая линия живота A8
белая оспа C1247, G223, M333, P1009
белая пневмония W79
бели L171, W83
белковый обмен P961
белое вещество мозга W81
белое опеченение G346
белок P960
белок Бенс-Джонса B127
белонофобия B126
белый болевой флебит P1060, T240
белый болевой флебит голени W175
белый инфаркт P26, W74
белый тромб P27, W82
белый угорь M327
бельмо A267, L166, W6
беременная P812
беременность G182, P810
бери-бери B136
бериллиоз B139
берлиновское помутнение сетчатки B137
бескровная хирургическая операция B305
бескровный A705, B304

беспигментная меланома A338
бесплодие B60, S929
бесплодный B59
беспокойное состояние больного J4
беспокойство U68
бесполое размножение A723
бесполый A722
беспричинный смех C6
бессилие L91
бессимптомная инфекция S1045
бессимптомный A764
бессонница I374, S565
бессосудистый A883
бета-адренергический B141
бета-волны B144
бета-излучение B143
бета-клетки B142
бета-лучи B143
бетель B145
беттолепсия C1114, L75
бешенство R3
бивалент B236
бивалентная хромосома B236
бигеминия B167, C1119
бидактилия B158
билатеральный B168
билиарный перитонит C498
билиарный цирроз B177
биливердин B184, C511
билирубин B181
билирубинемия B182
билирубинурия B183
бильгарциоз B176
бимануальное исследование B187
бимануальный акушерский поворот B188
биназальная гемианопсия B189
бинауральный B190
бинокулярный офтальмоскоп S919
бинокулярный параллакс B192, S924
бинт B44
биогенетический закон B200
биологический возраст P498
биологический клей B202, F113
биологический переносчик B204
биологическое исследование B195
биометрия B206
биомеханика B205
биомеханика движений B341
биопотенциал B198
биопсия B207
биоритм B208
биосинтез B209

биотелеметрия B210
биотип B213
биотовское дыхание B212
биотрансформация B211
биофлавоноид B199
биохимия B197
биоценоз B196
биоэлектрический потенциал B198
биполярное отведение B217
биполярный нейрон B216
бисексуализм H296
бисексуальный B230
биссиноз B558, S1012
битемпоральная гемианопсия B233
бифокальная очковая линза B163
бифокальные очки B162
бифуркация B165
бихевиоризм B119
бицепс B151
благоприятный климат S55
бластодерма B248
бластома B250
бластомикоз B251
бластопор B253
бластофтория B252
бластоцель C687, S277
бластоциста B247
бластула B254
бледность P34
бледный шар P33
бленнорея B259, P1118
блестящий слой эпидермиса C685
блефараденит B260
блефарит B263
блефаропластика B269
блефароплегия B270
блефароптоз B271, P1046
блефарорафия B273
блефароспазм B274
блефаростат B275
блефаротик B266, N162, W95
блефаротомия B278
блефарофимоз B268
блефарохалазис B265
близкородственная трансплантация S1262
близкофокусная лучевая терапия B403
близнец T586
близорукость M560, N37, S454
блок T510
блокада B285
блокада рецепторов B286
блокада сердца H72
блоковидный сустав G213, H360, T511
блошиный эндемический тиф E194, F194

БОЛЬНОЙ ГЕМОФИЛИЕЙ

блуждающая клетка W10
блуждающая почка F203, M433, N79, W13
блуждающая рожа W11
блуждающая фликтена роговицы F40
бляшка P193, P571
бокаловидная клетка G287
боковая аневризма P345
боковая область живота F179
боковой желудочек головного мозга L100, P90, T486
болевая точка T496
болезненная судорога C1135
болезненное безразличие A572
болезненный S646
болезненный липоматоз D115
болезнетворный фактор P200
болезнь D244, I36, S484
болезнь Аддисона—Бирмера A130, B159, P372
болезнь Альберс-Шенберга A264
болезнь Андерсена A382
болезнь Ауески A834, P1007
болезнь Базена B102
болезнь Бека—Бенье—Шауманна B347
болезнь Беккера B109
болезнь Бехтерева A469, B108, M85, S1027
болезнь Бехчета B120, O38
болезнь Бланта B327
болезнь Боткина B372, E316, I147
болезнь Боуэна B387
болезнь Брилла B459
болезнь Брилла—Симмерса F228, G191
болезнь бродяг P132, V9
болезнь Бурневилля E355
болезнь Бушара B377
болезнь Бюргера B551
болезнь Вакеза—Ослера E421
болезнь Вальденстрома W2
болезнь Васильева—Вейля I7, S756
болезнь Вейля W55
болезнь Верднига—Гоффмана I138
болезнь Вернике W58
болезнь Вильсона—Коновалова H271, L125, W90
болезнь Гайема—Видаля A88, H49
болезнь Гамсторп A204
болезнь Гассера H206
болезнь Ги—Гертера—Гейбнера G122

болезнь Гиппеля-Линдау R215
болезнь Гланцманна—Негели T225
болезнь Горхема D240, G301
болезнь Гоше G120
болезнь Грейвса F178
болезнь Дарлинга D13
болезнь Дауна D304
болезнь Де Кервена S1038
болезнь Деркума A176, D115
болезнь Ди Гульельмо D211, E431
болезнь Дюшенна P993
болезнь Иценко—Кушинга C1278
болезнь Карриона C191, H225, P389
болезнь Катаямы K18
болезнь кленового сиропа B432, M76
болезнь кошачьего крика C231
болезнь кошачьих царапин B133
болезнь Краббе—Бенеке G240
болезнь Кристмаса C563
болезнь Крона C1196, R118
болезнь Кугельберга—Веландера F33
болезнь Куссмауля—Мейера K87
болезнь Лейнера—Муссу L117
болезнь Лери M206
болезнь Леттерера—Сиве N194
болезнь Литтла S662
болезнь Марото—Лами P697
болезнь Менетрие G192
болезнь Меньера A832, E220
болезнь Минковского—Шоффара C606, C942, I6
болезнь Митчелла E432
болезнь Морвана F110
болезнь Мошкович T241
болезнь накопления S975, T195
болезнь Ниманна—Пика L225, N165, S721
болезнь Оврена P103
болезнь Оллье A763, M461
болезнь Оппенгейма O147
болезнь Ормонда I17
болезнь от кошачьих царапин C242, N191
болезнь отсутствия пульса A559, R241
болезнь Паркинсона P169, S430, T447
болезнь Педжета P16
болезнь Пейрони F136, P409

болезнь Пелицеуса—Мерцбахера P231
болезнь Пертеса P386
болезнь Пика C657, P509
болезнь Пфейффера P412
болезнь Рейно A94, R47, S1214
болезнь Реклингхаузена N114, R61
болезнь Риги C2, R293
болезнь Риттера E520
болезнь Ромберга F9
болезнь Сокольского—Буйо B381
болезнь Таратынова E300
болезнь Тейлора T60
болезнь Толочинова—Роже R318
болезнь Туретта G202
болезнь тяжёлых цепей F276, H86
болезнь Уиппла I454, L248, W67
болезнь Урбаха—Витте L227
болезнь Фейрбанка M462
болезнь Филатова—Дьюкса F144, S128
болезнь Фридлендера O8
болезнь Хенда—Шюллера—Крисчена H379
болезнь Ходжкина H399
болезнь Шагаса S651
болезнь Шамберга P910
болезнь Шейерманна—Мау S139
болезнь Шенлейна—Геноха A121, H227
болезнь Штейнерта—Баттена S898
болезнь Штрюмпелля—Бехтерева—Мари M85
болезнь Эрба S665
болезнь Эрба—Шарко—Штрюмпелля E398
болезнь Юинга E495
болеутоляющее средство A398
болтающийся сустав F177
боль A53, P17
боль в большеберцовой кости T275
боль в глотке P444, S647
боль в горле S647
боль в мочеиспускательном канале U111
боль в полости рта S968
боль в сухожилии T102
больница H456
больничная койка B110, H459
больничный служитель O175
больной I35, P213
больной гемофилией H210

БОЛЬШАЯ АЛЬВЕОЛЯРНАЯ КЛЕТКА

большая альвеолярная клетка G348
большая вестибулярная железа V251
большая железа преддверия B62, V251
большая сальная почка W42
большая талассемия C1027, E423, M155
большая хирургическая операция M23
большая хорея C545
большеберцовая кость S432, S433
большеберцово-малоберцовый сустав S1133
большой альвеолоцит G348
большой вертел G351
большой коренной зуб C402, M370, W7
большой круг кровообращения G349, S1304
большой палец G352, P681
большой палец кисти T244
большой сальник E369, G350
большой сосочек двенадцатиперстной кишки B172
большой таз F30
большой транквилизатор N119
большой эпилептический припадок G310, H45
бормашина D85
борнхольмская болезнь B370
бородавка S318, V125, W23
бородавчато-язвенный эндокардит S348
бородавчатый невус V126
бородавчатый туберкулёз кожи S219, T564
бородавчатый эндокардит V75
борозда F163, G366, S1110
борозда аммонова рога D92, H363
борозда гиппокампа D92, H363
борозда морского конька D92
бороздчатый подошвенный кератоз C1133
боталлов проток B371
ботриоидная саркома B373, E125
ботриоидный полип B373, E125
ботриоцефалёз D225
ботулизм B375
ботулинический токсин B374
ботулотоксин B374
боуменова капсула B388
бочкообразная грудная клетка B58
боязнь H450

боязнь глубины B98
боязнь ходьбы B95
брадиаритмия B404
брадикардия B406
брадикинезия B408
брадилалия B409
брадипепсия B410
брадипноэ B413
брадипраксия B414
брадисистолическая аритмия B404
брадисфигмия B416
брадителекинезия B417
брадифрения B412
бразильская фрамбезия F259
бразильский кожно-слизистый лейшманиоз E463
брайтова болезнь B458
бранхиогенная аденома A149
бранхиогенная киста B435
бранхиогенный рак B437
бранхиогенный свищ B436
брахиалгия B392
брахигнатия B399
брахидактилия B398
брахикрания B397
брахиметакарпия B400
брахиморфия B401
брахифалангия B402
брахихейлия B396
брахицефалия B395
брегма B452
бред D64
бред величия D66, E537, M175
бред отношения I9, R99
бред преследования D68, P378
бред самоуничижения M293
брелок-дерматит B138
брелоковый дерматит B138
бровь E596, S1123
бродильная диспепсия F88
брожение F87
бромидизм B466, F101, O203
бромидроз стоп P664
бромизм B468
бромистые угри B467
бронх B512
бронхаденит B469
бронхиальная астма B470
бронхиальное дерево B476
бронхиальное дыхание B471, T571
бронхиальный конкремент B472
бронхиола B480
бронхиолит B481
бронхиолоальвеолярный рак B479
бронхит B482
бронхография B492

бронхокишечный свищ B487
бронхолёгочная киста B486
бронхолёгочный B502
бронхолёгочный лимфатический узел B473
бронхолёгочный сегмент B503
бронхолит B472
бронхолитиаз B494
бронхомикоз B496
бронхопанкреатический свищ B497
бронхопечёночный свищ B483
бронхопищеводный свищ B489
бронхопластика B499
бронхоплевральный свищ B500
бронхопневмония B501
бронхорея B505
бронхоскоп B506
бронхоскопическая трубка E199
бронхоспазм B508
бронхоспирография B509
бронхоспирометрия B510
бронхостеноз B488
бронхотомия B511
бронхофиброскопия B491
бронхофония B498, V231
бронхоцеле B486
бронхоэзофагоскопия B490
бронхоэктаз B478
бруксизм T68
бруннерова железа B520
бруцеллёз B517, M53, U48
бруцеллин B516
брыжейка M248
брюшина P363
брюшная аорта A2
брюшная беременность I478
брюшная внематочная беременность A9
брюшная водянка A715
брюшная жаба I448
брюшная полость A4
брюшное дыхание A10, D168
брюшной C272
брюшной тиф C381, E257, T601
брюшнотифозная палочка E11
бубон B522
бубонная чума B523, G220
бубонули B525
бугорковый сифилид N188, T556
бугорок E145, T554, V142
бугристость T565
буж B378
буж Гегара H94
бужирование B380

ВЕРХНЯЯ ЛОБНАЯ ИЗВИЛИНА

булимия B544, C1319, H625, L356, P424
буллёзная эмфизема лёгких B548
буллёзный B547
буллёзный дерматит P249
буллёзный порфирический эпидермолиз V37
бульбарная трактотомия B539
бульбарный паралич B538
бульбит B540
бульбокавернозный рефлекс B541, P259, V180
бульбоуретральная железа B543
бурая атрофия B513
бурая катаракта B238
бурое уплотнение лёгких B514
бурсит локтевого сустава M345
бурый пигмент C588
бутирометр B556, L35
буфер B533
буферный раствор B533
быстрый сон P98
бычий цепень B116, H436, U37
бычье сердце B385

В

вагинизм C848, V15
вагинит V16
вагинопексия V19
вагиноскопия V20
вагинофиксация C840, V19
вагинофиксация матки C836
вагосимпатическая блокада V10
ваготомия V22
ваготомия V23
вазовагальный обморок C181
вазодилатация V51
вазоконстриктор V50
вазоконстрикция V49
вазомоторный ринит V54
вазоневроз V57
вазопрессин A512, V58
вазопрессинрезистентный диабет V59
вазопунктура V60
вазотомия V64
вазоэпидидимостомия V53
вазэктомия V48
вакуолизация V5
вакуоль V6
вакуольная дистрофия V4

вакуум-экстрактор V8
вакцина V2
вакцинация V1
вакцинотерапия V3
валин V24
валинолейцинурия B432, M76
вальвулотомия C160
вальвулярный эндокардит V27
вальгусное искривление коленного сустава K73
ванна B96
варикоз V35
варикозная язва G344, S875, V34
варикозное расширение вен V35
варикозное расширение вен пищевода E447
варикозное расширение вен семенного канатика V32
варикозный узел V40
варикоцеле V32
вариолиформный пустулёз K4
вартонов проток S1065, W64
вартонов студень W65
васкуляризация V42
вата C1109
вдавливание I76
вдох I376
вдувание I384
вдыхание I376
вегетарианство V73
вегетативная дистония V76
вегетативная нервная система V77
вегетативная эпилепсия V55
вегетативное размножение S632
вегетативно-сосудистая дистония A438, V57
вегетативный невроз V76
везикула V144
везикулёзный риккетсиоз K50
везикулит S691, V155
везикулэктомия V154
везикулярное дыхание V152
везикулярный стоматит V153
везикулярный фолликул яичника G305
веко E602, L183
векторная петля векторкардиограммы V72
векторэлектрокардиограмма V70
векторэлектрокардиография V71
велопалатинная миоклония P19
вена V78
венерическая болезнь V83
венерическая гранулёма G365

венерическая кондилома V86
венерическая язва V85
венерология V87
венерофобия V88
венечная артерия C1065
венечная катаракта C1067
венечный синус C1069
венечный шов черепа C1062
венный пульс V99
венный шум V95
венография V91
венозная гангрена S878
венозная гиперемия P187, V96
венозное давление V98
венозный синус склеры S154
веноокклюзионная болезнь V92
веноспондилография V136
вентиляционный индекс V101
вентиляция V100
вентиляция лёгких V100
вентрикулография V113
вентрикулоскопия V114
вентрикулостомия V115
вентрикулоцистерностомия V112
венула V116
венэктомия V81
вербальная алексия T152
вербальная афазия A771, E550
вербальная слепота T152
вербигерация V117
вердогемоглобин B174, C492, V118
веретено деления C689, N238, S742
веретеноклеточная саркома F41, S745
веретенообразная катаракта S743
веретенообразный F329
веррукозный дерматит C584
веррукозный невус S102, V126
вертебрально-базилярная недостаточность V137
вертел T509
вертикальный нистагм V140
вертлужная впадина A46, C1110
верхнечелюстная пазуха G163, H355, M121
верхнечелюстной синусит M124
верхний холмик четверохолмия S1130
верхняя апертура таза P238, S1132
верхняя лобная извилина M84

ВЕРХНЯЯ ЧЕЛЮСТЬ

верхняя челюсть U71
верхушечная пневмония A589
верхушечное предлежание V139
верхушечный периодонтит A588
верхушечный толчок A586
верхушка A575
вес W53
вес тела B345
веселящий газ L101
весенне-летний клещевой энцефалит R349
весенний катар V124
весенний катар глаз S829
весенний конъюнктивит S829, V124
веснушки F278
весоростовой показатель B346
вестибулоспинальный путь V161
вестибулоспинальный рефлекс V160
вестибулярный нистагм V159
вестигий V162
ветвистая аневризма R4
ветвь B431
ветрогонное средство C168
ветряная оспа C429, V31, W34
ветчинная селезёнка L71, W44
вещество L26
взвесь S1186
вздох S494
вздутие B284
взрослый A198
взрывная травма B246
вибрационная чувствительность B362, V166
вибрация V164
вибрион V167
вибромассаж S281, V165
вибротерапия S281
виварий V222
вивисекция V225
вивификация V224
вид S671
визуальное исследование I375
викарная гипертрофия V169
викарная эмфизема A319, E26
викарное кровотечение V168
виллизиев круг C648
вилочковая железа T251
«винный» нос H23, T326
винный спирт W92
виноградный сахар G332
виноградолечение A369, G331
винслова железа S577
винтовой сустав C763, S215

вирзунгов проток P48, W99
вирилизация V183
вирилизм V181
вирильный синдром V181
вирион V184
вирус V186
вирус герпеса H305
вирус иммунодефицита человека H467
вирус полиомиелита P678
вирус СПИДа H467
вирус цитомегалии C1371
вирусемия V176
вирусная диарея V174
вирусный гепатит E316, V175
вирусология V185
вискозиметр V200
висок T90
височная доля головного мозга T93
височная ямка T92
височно-мостовой путь T100
височно-нижнечелюстной сустав M64, T98
височный артериит T91
висцеральная дуга B433
висцеральная плевра P1074
висцеральная чувствительность S405, S764, T194
висцеральный лейшманиоз C4
висцеральный рефлекс V195
висцеромоторный рефлекс V197
висцероптоз G227, S768, V198
висцеросенсорный рефлекс V199
висцеросоматический рефлекс V197
висячая капля H26
висячее сердце C153, H27, P252, S1185
витальная окраска V215
витамин V216
витамин B_1 C1296, T196
витамин B_2 L39
витамин B_6 P1160
витамин B_{12} E587
витамин C A533, A539
витамин D C18, A532
витамин D_3 C470
витамин E A539, T299
витамин K A518
витаминология V217
витилиго P512, V218
вколоченный перелом I66
вкус T52
вкусовая галлюцинация P989
вкусовая гиперестезия H594
вкусовая клетка G391, T54
вкусовая почка T53

влагалище S438, V11
влагалище глазного яблока E597
влагалище сухожилия T109
влагалищная миомэктомия C838
влагалищная оболочка яичка P305
влагалищная экстирпация матки C835, V12
влагалищное зеркало V13
влагалищное кровотечение C843
влажная гангрена M368
влажные хрипы M369
влажный некроз C802, L252
власоглав T485, W68
вливание I67
вливание по капле I380
внебрюшинный E577
внедрение микроорганизма I496
внедряющийся в клетки крови H189
внезапная смерть S1093
внеклеточное переваривание I402
внеклеточный фермент E569
внеклеточный холестериноз C510
внематочная беременность E32, H331
внесосудистый E583
внехромосомная наследственность C1376, E570
внечерепной E572
внечерепной ганглий I152
внешнее дыхание E562
внешний E586
внеядерная наследственность C1376
внутреннее кровотечение C905, I423
внутреннее паховое кольцо A7
внутреннее ухо I422
внутренние органы V189
внутренний отит L16
внутренняя оболочка сосуда I459
внутренняя среда организма H475
внутрибольничный N210
внутривенная холангио-холецистография C472
внутривенная холеграфия C472
внутривенное вливание V89
внутривенный наркоз I168, I482
внутриглазная жидкость A617
внутриглазное давление I476

ВОСХОДЯЩАЯ ОБОДОЧНАЯ КИШКА

внутригрудной зоб R236, S1076
внутрижелудочковая блокада I484
внутриклеточная жидкость I468
внутриклеточное пищеварение I467
внутриклеточные включения I93
внутриклеточный фермент E215
внутрикостный остеосинтез I477
внутриматочное противозачаточное средство I481
внутримозговое кровоизлияние I469
внутриполостное отведение I466
внутрипредсердная блокада I463
внутрипротоковая папиллома молочной железы I474
внутрипротоковый рак I473
внутрипсихическая цензура C296
внутрисердечный E200
внутрисуставной перелом A692, I462
внутриутробная ампутация S814
внутрихрящевой E206
внутричерепное давление I471
внутричерепное кровоизлияние I470
внутришеечный E204
внутриэпителиальный рак C96
внушаемость S1104
внушение S1105
вогнутый ноготь C775, K76
водитель ритма P2
водно-солевой баланс F208
водно-электролитный баланс F208
водный кожный зуд S1201, W33
водобоязнь H532
водолечение H537
водопровод мозга S1207
водопровод улитки P311
водородное число H519
водяная чесотка W33
водянистая влага A617, I475
водянка E42
водянка головного мозга H514
водянка лабиринта H520
водянка маточной трубы S22
водянка мочеточников H539
водянка оболочек яичка H510
водянка семенного канатика F319
водянка сустава H504, S383
водяночная дистрофия V4
военная медицина M326, W17
возбудимость E505
возбуждение E506, I532
возвратный тиф R85
возвышение E145, P921, T338
возвышение большого пальца T164
возвышение мизинца H771
возвышенность P912
воздействие излучением I525
воздержание A26, C994
воздухоносные ячейки костей черепа A247
воздушная ванна A245
воздушная киста гортани L80
воздушная эмболия A208, P629
воздушно-капельная инфекция A246, D314
возраст A226
возрастная инволюция S312
волдырь B283, W66
волны электроэнцефалограммы B430
волокна хрусталика L123
волокнистый F133
волокно F106
волокно Пуркинье P1112
волоконная оптика F107
волоконный эндоскоп F108
волоконце F109
волос C68, H6
волосатое сердце H14, T466
волосатый чёрный язык T469
волосатый язык H16
волосковая клетка A86
волосковая чувствительность T468
волосковые клетки C1091
волосковый рефлекс P531
волосок H6
волосяная опухоль P528, T465
волосяной мешочек H10
волосяной пигментный невус H15
волосяной сосочек H13
волчанка L346
волчаночный нефрит L344
волчаночный эндокардит A822, L180
«волчий голод» H625
«волчья пасть» C693, P25
волынская лихорадка T450, V235
волюминометр V236
вонючий F100
вооружённый цепень A638, P735, S625
вормиева кость E302
вормиевы кости A420
воронкообразная грудная клетка C746, F321
воронкообразный таз F322
ворсинка V172
ворсинки хориона C552
ворсинчатая оболочка C550
ворсинчатая сосочковая опухоль V171
ворсинчатое сердце H14, T466
восковидная дистрофия G224, Z2
восковидный некроз G224, Z2
восковидный цилиндр W40
воспаление I161
воспаление барабанной перепонки T593
воспаление варикозных вен V33
воспаление вартонова протока W63
воспаление вилочковой железы T249
воспаление воротной вены P1139
воспаление голосовых связок C538
воспаление капсулы C76
воспаление куперовых желёз C1126
воспаление мозжечка P151
воспаление мошонки S226
воспаление нёбного язычка K62, U174
воспаление поднижнечелюстного протока W63
воспаление подъязычной железы S1062
воспаление протока слюнной железы S469
воспаление слепой кишки T598
воспаление стекловидного тела H486
воспаление тощей кишки J12
воспаление язычка S863
воспалительный отёк I162
восприимчивость S1184
восприятие P271
восстановительная хирургия P588
восстановление R94
восстановление равновесия E393
восстановление сил R83
восточно-африканский висцеральный лейшманиоз K2
восходящая аорта A710
восходящая ободочная кишка A711

ВОСХОДЯЩИЙ НЕВРИТ

восходящий неврит A713
восходящий паралич A714
восьмиобразная повязка F141
вошь L321
впадина S600
впитывание I41
вправимая грыжа R92
вправление R94
впрыскивание I187
впрыскиватель I188
впрыскивать I186
врач D288, H466, P496, R168
врач общей практики G137
врач-гематолог H129
врач-гинеколог G395
врачебная тайна M149
врач-кардиолог C140
врач-специалист S668
врач-уролог U149
вращательный сустав P555, R330, T512
вращение T332
вредное пространство D19
вредный N219
временная пломба T95
временный паразит T96
время кровотечения B256
время реакции R49
время свёртывания C727
врисбергов хрящ C1258, W115
врождённая ампутация S814
врождённая ангидротическая эктодермальная дисплазия A451
врождённая деформация стопы C731
врождённая ихтиозиформная эритродермия C943
врождённая клоака P380
врождённая миотония O147
врождённая порфирия C941
врождённая спастическая диплегия S662
врождённая тетания N60
врождённое отсутствие собственно сосудистой оболочки глаза C558
врождённое поседение L174
врождённое слабоумие O75
врождённый I83
врождённый ателектаз лёгких P859
врождённый гепатит N59
врождённый гипотиреоз I137
врождённый иммунитет C944, N21
врождённый рефлекс I84
врождённый свищ пупка U33
врождённый системный остеопетроз A264, M80
врождённый сифилис C945

вросшие волосы B552
вросший волос I170
вросший ноготь I171
всасывание A25, S1091
вскрытие D258
вскрытие трупа A876, N44, P763
вспомогательная искусственная вентиляция лёгких A703
вставление головки плода S705
вставочная кость E302
вставочная экстрасистола I434
вставочные кости A420, W109
вставочный нейрон I429
встряхивание S1088
втирание E126
вторичная барабанная перепонка S130, S260
вторичная истинная катаракта M209
вторичная катаракта A221
вторичная полость C291, V190
вторичная почка H358
вторичная профилактика P930
вторичная реакция A739
вторичный гипогонадизм H724
вторичный половой признак S256
вторичный сифилис S259
вторичный туберкулёз R128
второй шейный позвонок E377
втяжение R222
втянутый живот C167
вуайеризм S201, V247
вульва V248
вульвизм V15
вульвит V250
вульвовагинит V252
входное отверстие I191, M426
входные ворота инфекции I144
вшивость L322, P229
выбухание P974
выбухание сосудистой оболочки глаза U169
вывих D251, L354
вывих ключицы C679
вывих хрусталика P416
выводной проток E513
выворот E37, E553
выворот матки I499
выделение D241, E111, E511
выделение мочевины с потом U129

выделения W28
выделительный E512
выделять I553
выдох E542
выдыхательный E543
выемка N218
выживание S1182
вызванный наркотиком N16
вызванный трепонемами T458
выздоравливать R63
выздоравливающий C1016
выздоровление C1015, R64, R83
вызывающее усиливающее менструации E148
вызывающий эрозию E406
выйная линия N220
выкидыш M351
вылущение E285
выносящий каналец яичка S305
выпадающий зуб D32, M336
выпадение P914
выпадение влагалища C842
выпадение матки H812, U162
выпадение прямой кишки R66
выпаривание E490
выпотевание E52
выпотной плеврит W61
выпукло-вогнутая линза C904
выражение лица E549
выраженный M87
вырез N218
вырезка N218
вырост E510, S832
вырывать E573
высаливание S54
высасывание S1091
выскабливание C1270, E397
выслушивание A846
высокая гликозурия H598
высокая цистотомия S1158
высокий и скорый пульс W32
высотная болезнь A315, H686
выступ E145, P871, P912, P921
выступ гортани T259
выступающий позвонок N221
высшая доза M125
высыпание E413
вытеснение E588
вытяжение E114, E555, T387
вытяжка E573
выходное отверстие O270
вычерпывание E507
вычленение E500
выя N9
вязкость V201
вялая кожа D130, L315
вялость L91

Г

гаверсова пластинка C907
гаверсов канал H47
газ удушающего действия S1099
газовая гангрена C722, E156, G63, P907
газовая флегмона G63
газовая эмболия G62
газовый абсцесс G60
газовый алкалоз R180
газовый ацидоз R179
газовый холецистит E155
гайморит M124
гайморова пазуха G163, H355, M121
галактоза C360, G11
галактозамин G10
галактоземия G13
β-галактозидаза L28
галактозурия G14
галактометр G5
галакторея G9, L42
галактотерапия G15
галактоцеле G3, L30, M330
галактурия G16
галеновы препараты G17
галлюцинаторно-параноидный психоз D65
галлюцинаторный синдром H17
галлюциноз H17
гальванизация G27
гальванокаустика E86, G28
гальванотаксис G29
гальванотерапия G30
гамартома H19
гамета G32
гаметогенез G34
гаметоцит G33
гамма-глобулин G36
гаммаграфия G37
гамма-излучение G38
ганглий G44
ганглий коленца G147
ганглий тройничного нерва G66, S298, T492
ганглиоблокирующее средство G48
ганглиозид G51
ганглиозная клетка G45
ганглиома G47
ганглионарная клетка G45
ганглионарная неврома G47
ганглионарная симпатэктомия G40
ганглионеврома G47
ганглионит G49
ганглиэктомия G40
гангрена C52, S699

гангрена кожи S700
гангрена Фурнье F264
гангренозно-язвенный стоматит C54
гангренозный G53
гангренозный стоматит C54
гаптен P184
гаптоглобин H31
гаргоилизм G56, L230
гассеров ганглий S298
гассеров узел G66, T492
гастралгия G67, S965
гастрин G82
гастрит G83
гастрогенная диспепсия G73
гастродуоденит G91
гастродуоденоскопия G92
гастродуоденостомия G93
гастроеюностомия G103
гастрокардиальный синдром G85
гастропексия G106
гастропластика G107
гастропликация S966
гастроптоз G108
гастроскоп G113
гастроскопия G114
гастроспазм G115
гастростомия G117
гастросуккорея G112
гастротомия G118
гастроцеле G86
гастроэзофагостомия E452, G100
гастроэнтерит E269, G95
гастроэнтероанастомоз G96
гастроэнтероколит G97
гастроэнтерология G98
гаструляция G119
гастрэктазия B377, G68
гастрэктомия G69
гаустры H44
гаффская болезнь H5
гашиш H43, I110, M86
гашишизм C55
гвоздь P534
гвоздь для остеосинтеза N1
гебефрения H87
гебоидная шизофрения H87
гебоидофрения H87
геботомия P1053
гедонизм H90
гейбнеровский эндартериит H340
гексоза H344
гексокиназа H343
гектическая лихорадка H89
геликотрема H97
гелиопатия H98
гелиопатология H98
гелиотерапия H99, S618
гельминт H101
гельминтоз H103

гельминтология H104
гем H144
гемагглютинация H107
гемагглютинин H108
гемагглютинирующее антитело H108
гемадсорбция H106
гемангиобласт H110
гемангиобластома H111
гемангиома H114, T73
гемангиома кожи S991
гемангиоматоз H115
гемангиоперицитома H116
гемангиосаркома H117
гемангиофиброма A427, H113
гемангиоэндотелиома H112
гемангиэктазия H109
гемартроз H118
гематемезис H119
гематидроз B325, H121
гематин H122
гематокольпос H124
гематокрит H125, P12
гематоксилин H142
гематология H130
гематома H132
гематомиелия H134
гематопорфирин H138
гематорахис S733
гематосальпинкс H139
гематоспермия H235
гематофаг H135
гематоцеле H123
гематоциста B297, H221, S64
гематоцитометр C1118
гематоэнцефалический барьер B288
гематурический нефрит H224
гематурия H143
гемералопия N166
гемиалгия H146
гемианестезия H148, U53
гемианопическая зрачковая реакция H168
гемианопическая неподвижность зрачков H168
гемианопсия H149
гемиатаксия H150
гемиатрофия H151
гемибаллизм H152
гемигепатэктомия H160
гемиколэктомия H155
гемикорпорэктомия H156
гемикрания H153
гемиламинэктомия H162
гемиларингэктомия H163
гемимелия H166
гeминефрэктомия H167
гемипарез H170
гемипионефроз H173
гемиплегическая походка H172

ГЕМИПЛЕГИЯ

гемиплегия H171
гемиплегия лица F10
гемисистолия H178
гемиспороз H176
гемиструмэктомия H177
гемисферэктомия H175
гемитиреоидэктомия H177
гемихорея H154
гемихроматопсия C823
гемоалкалиметр H180
гемобилия H181
гемобластоз H183
гемоглобин H195
гемоглобин S S482
гемоглобинемия H196
гемоглобиноз H197
гемоглобинометр G239
гемоглобинопатия H197
гемоглобинурийная лихорадка B242, H199
гемоглобинурийный нефроз H200
гемоглобинурия H198
гемограмма H201
гемодиализ H190
гемодиализатор A701, H191
гемодилюция H192
гемодинамика H193
гемокапилляр B289
гемоконии E109
гемокультура B296
гемолиз H204
гемолизин H203
гемолизированная кровь L50
гемолитико-уремический синдром H206
гемолитическая болезнь новорождённых F97
гемолитическая желтуха H205
гемолитическая микросфероцитарная анемия I6
гемоперикард H207
гемоперитонеум H208
гемопневмоперикард H214, P644
гемопневмоторакс H215, P645
гемопоэз H216, S63
гемопоэтин H217
гемопоэтический фактор H217
геморрагическая лихорадка H222
геморрагическая пурпура T230
геморрагическая септицемия P191
геморрагический B324, H220
геморрагический васкулит A121, H227
геморрагический инфаркт H223, R89

геморрагический полиоэнцефалит W58
геморрагический шок H226
геморроидальный узел H229, P523
геморроидэктомия H230
геморрой H231, P524
гемосидерин H233
гемосидероз H234
гемосидероз лёгких B514
гемоспоридиоз H236
гемостаз H237
гемотерапия H239
гемотоксин H241
гемоторакс H240
гемофилический H211
гемофилия H209
гемофилия B C563
гемофтальм H213
гемохолецистит H185
гемохроматоз H186
гемоцитобласт H188
ген G130, S414
генеалогия G131
генез G139
генерализованная склеродермия H349
генерализованный G135
генерализованный лентикулярный меланоз L129
генерализованный перитонит D204, G136
генерация G138
генетика G144
генетический код G140
гениталии G154
генитальная фаза G153
генитальные тельца G151
генитальный G150
генная инженерия G141
генодерматоз G158
геном G159
генотип G160
генрегулятор R123
генцианвиолет G161
генциановый фиолетовый G161
географическая медицина G165
«географический» язык G164, M77, W15
геотрихоз G167
геофагия C613, E9, G166
гепарин H245
гепаталгия H246
гепатаргия P745
гепатизация H261
гепатикогастростомия H255
гепатикодуоденостомия H253
гепатикоеюностомия H256
гепатикостомия H257
гепатикотомия H258

гепатикохолецистоэнтеростомия H254
гепатикоэнтеростомия H254
гепатит H260
гепатит A B372, E316, I147
гепатит B S397
гепатоаденома H277
гепатография H269
гепатодуоденостомия H266
гепатолентикулярная дегенерация H271
гепатолиенальный синдром S776
гепатолиенальный фиброз B48, H272
гепатолиенография H273
гепатолит C494
гепатолитиаз H275
гепатолобэктомия H160
гепатология H276
гепатомегалия H278, M174
гепатонефроз H279
гепатопексия H281
гепатоптоз H282, W14
гепаторафия H284
гепаторенальный синдром H279
гепатоспленомегалия H286
гепатотоксемия H288
гепатотомия H287
гепатохолангиоэнтеростомия H263
гепатохолангит C462, H264
гепатоцеребральная дистрофия H271, L125, W90
гепатоцит H265
гериатрия G169, P834
гермафродит H295
гермафродитизм A331, H296
герминативная аплазия G174
герниология H299
герниопластика H300
герниорафия H301
геродермия G178
геронтология G179
геронтофилия G180
герпес H304
герпес на губе F103
герпетиформная экзема K4
герпетическая лихорадка H306
герпетический кератит H307
гестоз T351
гетерогамия H311
гетерогенные антигены H312
гетерозигота H339
гетерозиготность H338
гетерокератопластика H314
гетерологичная сыворотка F252
гетерометропия A459, H318
гетеронимная гемианопсия H320

ГИПЕРКИНЕТИЧЕСКИЙ СИНДРОМ

гетероплазия H324
гетеропластика H327, X15
гетеросексуальность H328
гетеротопия H330
гетеротопный ритм E33
гетеротрансплантат H313
гетеротрансплантация D126, H333
гетеротрихоз H334
гетеротропия H335, S977
гетеротропная хромосома H336, O44
гетерофильные антигены H312
гетерофория H322
гетерофтальм H309
гетерохроматин H308
гетерохромия радужки H309
гетерохромосома H310, O44
гиалин H484
гиалиновая дистрофия H485
гиалиновое перерождение H485
гиалиноз H485
гиалиноз кожи и слизистых оболочек L227
гиалома H488
гиаломер H489
гиалоплазма H490
гиалуронидаза H492
гиалуроновая кислота H491
гибернация H346
гибернома H347
гибрид C1197, H494
гибридизация H495
гигантизм G198, M12, S634
гигантизм внутренних органов S767
гигантоклеточная гранулёма G185
гигантоклеточная опухоль кости G187, O225
гигантоклеточная опухоль сухожильного влагалища L285
гигантоклеточная саркома G188
гигантоклеточная синовиома L285
гигантоклеточный артериит C1137, T91
гигантоклеточный врождённый гепатит G186
гигантомастия M7
гигантопирамидальные нейроны B147
гигантофолликулярная лимфома F228, G191
гигантская клетка G184
гигантская крапивница G194
гигантская фиброаденома молочной железы G190

гигантские пирамидальные клетки B147
гигантский гипертрофический гастрит G192
гигиена H543
гигиена труда I131, O31
гигиенист S65
гигрома H544, S378
гигрометр H545
гигроскопическая вата A24
гигроскопический H546
гидатида H496
гидатида маточной трубы S855
гидатидная киста E17
гидраденит H350
гидраденома Робинсона R304
гидралазиновая болезнь H501
гидралазиновый синдром H501
гидрамнион H502, P701
гидраргиризм M241
гидрартроз H504, S383
гидремия H192
гидроанэнцефалия H503
гидрогенизация H518
гидроз H353
гидрокаликоз H508
гидрокистома H351
гидроксилаза H540
гидролаза H521
гидролиаза H522
гидролиз H523
гидролиз крахмала A381
гидромассаж H526
гидроменингоцеле H527
гидромиелия H528
гидронефроз H529, N71, U152
гидроперикард H531
гидропическая дистрофия V4
гидропневмоторакс H535, P646
гидросальпинкс H536, S22
гидротерапия H537
гидроторакс H538
гидрофобия H532
гидрофтальм H533
гидроцеле H510
гидроцефалия H514
гидроцефальная идиотия H512
гидроцистома H351
гидроцистома Робинсона R304
гидроэнцефалоцеле H506
гильотинная ампутация G381, L208
гильотинный нож G380
гимен H548
гименолепидоз H549
гименотомия H550

гингивит G211, U11
гингивит беременных P811
гингивостоматит G212
гингивэктомия G210
гинекология G396
гинекомастия G397
гипакузия H70
гипалгезия H556
гипалгия H556
гиперазотемия A903
гиперазотурия A904
гиперакузия H558
гипералгезия H560
гиперальдостеронизм A277, H559
гипераминоацидемия A350
гипераммониемия H562
гиперафродизия E410
гипербарическая оксигенация H564
гипербарооксигенотерапия H564
гипербилирубинемия H565
гипербрахицефалия H566
гипербулия H567
гипервентиляция F243, H669, O287
гипервитаминоз H670
гиперволемия H671, P602, R160
гипергалактия H591
гипергаммаглобулинемия H592
гипергевзия H594
гипергедония H90
гипергенитализм H593
гипергидроз E502, H601, P700, S1098
гипергия H760
гипергликемия H597
гиперглицинемия G274
гипергонадизм H599
гипердактилия P695
гипердинамия H582
гиперемия C946, H584
гиперергия H585, H649
гиперестезия H588
гипериммунизация H668
гиперинoз H603
гиперинсулинизм H604
гиперкалиемический периодический паралич H605
гиперкалиемия H606, P784
гиперкальциемия H568
гиперкальциурия H569
гиперкапния H570
гиперкератоз H607
гиперкератотический невус S102
гиперкинез H609
гиперкинезия H609, H620
гиперкинетический синдром H610

ГИПЕРКОРТИЦИЗМ

гиперкортицизм H579
гиперлейкоцитоз H611
гиперлипемия H612
гипермастия H613
гиперменорея H615, M231
гиперметрия H616
гиперметропия F38, H623, L312
гипермимия H618
гипермнезия H619
гипермотильность H609, H620
гипернефрома H621
гипероксия H628
гиперосмия H626
гиперостоз H627
гиперостоз черепа C1159
гиперпаразитизм H629
гиперпаратиреоз H630
гиперпаратиреоидизм H630
гиперпигментация C582, H636
гиперпирексия H645
гиперпитуитаризм H637
гиперплазия H638, O286
гиперпноэ H669, O287
гиперпротеинемия H644
гиперрефлексия H646
гиперсаливация H647, P1047, S465
гиперсекреторное слезотечение L24
гиперсекреция H648
гиперсекреция жёлчи P690
гиперсомния H651
гиперспленизм H652
гиперспленический синдром H652
гиперстеатоз H653, S248
гипертензин A445, H654
гипертензия H655
гипертензия малого круга кровообращения P1071
гипертермия H645, H658
гипертимия H659
гипертиреодизм H660
гипертиреоз H660
гипертоническая ретинопатия H657
гипертоническая энцефалопатия H656
гипертонический нефросклероз A657, B134
гипертония H655
гипертрихоз H661, P725
гипертропия H666
гипертрофированный ноготь S185
гипертрофия H665, O286
гипертрофия предстательной железы P950
гиперурикемия H667
гиперфалангия H632

гиперфлексия H590
гиперфория H633
гиперфосфатемия H634
гиперфосфатурия H635
гиперхилия H577
гиперхлоргидрия H573, S1122
гиперхлоремия C445, H572
гиперхолестеринемия C509, H574
гиперхромазия H575
гиперхромная анемия H576
гиперцементоз H571
гиперэкстензия H589
гипестезия H672
гипнагогические галлюцинации H676
гипноз H678
гипнолепсия H677, S562
гипнотический сон H680
гипоакцелеринемия P103
гипоальбуминемия H684
гипобулия H688
гиповентиляция H780
гиповитаминоз H781
гиповолемия H782
гипогалактия H715
гипогаммаглобулинемия H716
гипогастральная область H717
гипогастрий H717
гипогевзия H719
гипогедония H673
гипогенезия H750
гипогенитализм H718
гипогидроз H725
гипогликемия H721
гипогонадизм H723
гипогонадотропизм H724
гипогонадотропный синдром H724
гиподактилия H707
гиподерма H711
гиподинамия H712
гипоинсулинизм H727
гипокалиемический периодический семейный паралич H729
гипокалиемия H728
гипокальциемия H689
гипокапния A31, H690
гипокинез H730
гипокинезия H730
гипокортицизм H705
гипоксантин H784
гипоксемия H785
гипоксия H786
гипоманиакальное состояние H731
гипомания H731
гипомастия H732
гипоменорея H733
гипомнезия H735
гипонатриемия H738
гипопаратиреоз H739, P143

гипопион H756
гипопион-кератит H757
гипопитуитаризм H749
гипоплазия H750
гипопластическая анемия H751
гипопротеинемия H753
гипопротромбинемия H754, P971
гипосаливация H755
гипосекреция H759
гипосиалия H755
гипосмия H761
гипоспадия H762
гипоспадия полового члена B28
гипоспермия O79
гипостаз H763
гипостатическая гиперемия H763
гипостатическая пневмония H764
гипостенурия H766
гипоталамическая область H770
гипоталамическое ожирение H769
гипоталамус H770, S1080
гипотенар H771
гипотензивное средство H768
гипотензия H767, H775
гипотермия H772
гипотимия H773
гипотиреоз H774, T263
гипотиреоидизм H774, T263
гипотония H767, H775
гипотония мышц H737
гипотрихия H776
гипотрихоз H776
гипотропия H778
гипотрофия H777
гипофаринкс H741
гипофибриногенемия F116
гипофиз P551
гипофизарная карликовость P550
гипофизарный H746
гипофизарный инфантилизм P550
гипофизарный карман R43
гипофизэктомия H747
гипофория H742
гипофосфатемия H743
гипофосфатурия H744
гипофрения H745
гипофункция H714
гипохилия H703
гипохлоргидрия H692
гипохлоремия C451, H691
гипохлорурия H693
гипохолестеринемия H694
гипохолия H695

ГНУСАВОСТЬ

гипохондральный рефлекс H697
гипохромазия H701
гипохромная анемия H702
гиппокампальная комиссура T431
гиппус H367
гипс G398, P582, P584
гипсистафилия H788
гипсицефалия H787
гипсовая шина P585
гипсофобия H790
гирсутизм H368
гирудин H369
гирудиноз H370
гистамин H372
гистаминовая цефалгия H454
гистерограф T298
гистерография H805
гистеропексия H810
гистероптоз H812
гистерорексис H813
гистеросальпингография H814, M281
гистероскоп H815
гистероскопия H816
гистеротомия H818
гистеротрахелорафия H819
гистероцеле H802
гистерэктомия H793, U158
гистидин H373
гистидинемия H374
гистидинурия H375
гистиоцит H376
гистиоцитоз H378
гистиоцитоз X H379
гистиоцитома H377, S189
гистогенез H385
гистограмма H386
гистологическая аккомодация P999
гистологический диагноз H383
гистология H388
гистон H389
гистопатология H391
гистоплазмоз D13, H392
гисторадиография H393
гистосовместимость H382
гистотоксическая гипоксия H395
гистотропный H396
гистохимия H381
гифедония H673
гифема H674
главная медицинская сестра H56
главная оптическая ось P864
главноклеточная аденома C591
главные точки P865
главный ген M22

главный гландулоцит желудка C430
гладкая колония S586
гладкая мышца S587, U70
глаз E594, S210
глазная мигрень O131
глазная тонометрия O142
глазная щель P40
глазница O164
глазнично-ушная горизонталь E599, F275
глазное дно E600
глазное яблоко B542, E595
глазной гипертелоризм C1124
глазной протез O37
глазодвигательный нерв O43
глазодвигательный паралич O36
глазозубопальцевой синдром O41
глазосердечный рефлекс O39
глазурная печень C1275, F299, I5, S1103
глазурное сердце C20, F298
гландулоцит яичка L178
глаукома G225
глаукоматозное кольцо G226
глиальный макрофаг H453, M290
гликемия G272
гликоген G277, L269
гликогенез G278
гликогеновая болезнь G279
гликогеноз G279
гликогеноз IV типа A382
гликозурия S9
гликокол G273
гликолиз G280
гликопротеид G281
гликопротеин G281
гликофосфаминный диабет C1342
гликурия S9
глиобластома G232
глиоз G235
глиома G233
глиоматоз G234
глиоцит G230, N116, S810
глиссонова капсула G236
глист H101
глицерид N142
глицин G273
глицинурия G275
глобин G238
глобоидно-клеточная лейкодистрофия Краббе G240
глобулин G241
глобулинурия G242
гломерулонефрит B458, G245
гломерулосклероз G246
гломерулоцитома P100
гломус C565, G247

гломусангиома G248
гломусная опухоль G248
глоссина T544
глоссит G249
глоссоплегия G254
глоссоптоз G255
глотательный рефлекс S1195
глоточная миндалина T204
глубина дыхания T285
глубокая чувствительность P934
глутамин G267
глутаминаза G266
глутаминовая кислота G265
глухой D20
глухонемой D21, S1169
глухота D22, S1168
глюкагон G257
глюкоза G260
D-глюкоза D158, G332
глюкозамин G259
глюкозид G262
глюкозидаза G261
глюкозурия G263
глюкокортикоид G258
глюкуроновая кислота G264
глютенин G270
глютеновая болезнь C273
глютеночувствительная целиакия C273
гнатодинамометр B232
гнёздная алопеция F216
гнида N175
гниение D29, P1123
гнилостный гной I3
гнилостный распад P1123
гноетечение P1152
гноетечение из уха O264
гной P1120
гнойная инфекция P1145
гнойничковый нефрит S1147
гнойничок P1122
гнойное воспаление P1117
гнойно-некротический периодонтит S1148
гнойно-резорбтивная лихорадка T441
гнойный артрит P1125, S1145
гнойный блефароконъюнктивит B272
гнойный перикардит E159
гнойный перитонит P1150
гнойный пиелонефрит S1180
гнойный пилефлебит P743
гнойный плеврит P1119, S1149
гнойный сальпингит P1153
гнотобиология G284
гнотобиот G285
гнотобиотика G284
гнотобиотное животное G285
гнусавость R260

ГОЛЕНОСТОПНЫЙ СУСТАВ

голеностопный сустав A464
голень L114, S432, S446
голова H51
голова Медузы C665, M161
головка C78, H51
головка плеча H471
головка полового члена G221
головная боль C316, H58
головная вошь H53
головная почка H52
головное предлежание плода C319, H57
головной C317
головной мозг B420
головной столбняк Розе C320, H61
головокружение D287, G196, S850, V141
головчатая кость C69
головчатый буж B379
головчатый катетер P410
голод H476
голодание S872
голодная боль H478
голодный отёк H479, N255, W16
голокринная железа H406
голос V233
голосовая связка V227
голосовая складка V228
голосовая щель G256, T533
голосовое дрожание V229
голосообразование P451
голофермент H407
голубая катаракта B332
голубой невус B333
гомеопатия H409
гомеостаз H410, S890
гомогаметный H413
гомогенат H414
гомогенетическая кора H416
гомогенизация H417
гомогенный H418
гомозигота H431
гомозиготность H430
гомокератопластика A301, H420
гомологичные хромосомы H421
гомологичный антиген I546
гомология H423
гомонимная гемианопсия H425
гомопластика кожи D127
гомосексуализм H428
гомотрансплантат A300, H419
гомотрансплантация A305
гомоцистинурия H411
гонада G152, S420
гонадотропин G291, P552
гонадотропный гормон G291, P552

гониометр G293
гонококк G294, N52
гонорейный артрит G297
горея B259, G296
гоносома O44
гоноцит G295, S408
горечи B235
горизонтальная гемианопсия A316
горло T222
гормон H441
гормон коры надпочечника C1084
гормон роста G373, S636
гормон щитовидной железы T262
гормональная терапия E213, H442
гормонопоэз H443
гормонотерапия E213, H442
горная болезнь H686, M425
гороптер H449
гороховидная кость L127
гортанная часть глотки H741
гортанное головокружение L75
гортанный желудочек L76
гортанный криз L75
гортань L89
горчичник M490
горчичный газ M489
горькие вещества B235
горячий компресс F234, P789
госпитализация H457
госпиталь H456
государственная система здравоохранения S877
граафов пузырёк G305
градуированный G306
грамм-молекула M371
граница M82
гранула G319, P233
гранулёзный фарингит F231
гранулёзоклеточная опухоль G329
гранулёзолютеиновая клетка G330
гранулёма G325
гранулематоз G326
гранулематоз Вегенера W51
гранулематозная болезнь C1196, R118
гранулематозное воспаление G328
гранулематозный артериит C1137, T91
гранулематозный гигантоклеточный тиреоидит S1038
гранулематозный колит G327
гранулоцит G316
гранулоцитоз G324
гранулоцитопения G322

гранулоцитопоэз G323
гранулярная эндоплазматическая сеть G313, R332
грануляции паутинной оболочки P1
грануляционная ткань G318
грануляция G318
графология G334
графоспазм C407, G336
гребенчатая мышца P221
гребенчатая связка радужнороговичного угла T367
гребень C1182, R292
гребешковая бедренная грыжа C717
гребешковая линия P220
гребешковая продольная онихия R98
гребешок C1182
гриб F317
грибковый F313
грибковый кератит M506
грипп G362, I163
гроздевидная саркома B373, E125
грудина B442, S936
грудиноключичный сустав S933
грудинорёберные суставы S934
грудная железа M57
грудная клетка C421, T208
грудница M105
грудное вскармливание B443
грудное дыхание C1101, T210
грудное молоко B444
грудное отведение ЭКГ C422, P800
грудной проток T209
«грудь сапожника» C746
группа крови B300
групповой антиген B302, I546
групповые антитела крови B301
грушевидный нейрон P1111
грыжа H297
грыжа десцеметовой оболочки K25
грыжа живота A6, V103
грыжа Клоке C717
грыжа матки H802
грыжа Морганьи P135, R235
грыжа мочевого пузыря B244
грыжа пищеводного отверстия H345
грыжа пупочного канатика O90
грыжа Рихтера P164
грыжа сальника E367
грыжа спигелиевой линии S729

ДЕПОЛЯРИЗАЦИЯ

грыжа Трейтца T445
грыжа Шморля S155
грыжевой бандаж T537
грыжевой мешок H298
грыжесечение H302
грязевая ванна M452
грязелечение F34
гуанидин G375
гуаниловая кислота G377
гуанин G376
гуанозинфосфорная кислота G377
губа L221
губка S807
губная железа L1
губчатая кость S812
губчатая часть мочеиспускательного канала P260, S813
губчатое вещество кости C43, P630, S812, T366
гумма G386
гуммозный сифилид G387
гунтеровский глоссит H480
гунтеровский язык H480
гусеничный дерматит C233
«гусиная кожа» G299

Д

давящая повязка C897
дакриоаденит D1
дакриоцистит D2
дактилогрипоз D5
дактилоскопия D6
дальневосточный энцефалит R349
дальнозоркость F38, H623, L312
дальтонизм D8
дарсонвализация D14
двенадцатиперстно-тощекишечный изгиб D330
двигательная функция M414
двигательное нарушение P106
двигательное нервное волокно M422
двигательный нейрон M418
двигательный нерв M423
двигательный перекрест M421, P1157
движение M434
двоение в глазах D230
двойная матка B214
двойной тон Траубе T439
двояковогнутая линза B153
двояковыпуклая линза B154

двубрюшная мышца D206
двуглавая мышца B151
двудольный B185
двуокись D218
двуокись углерода C85
двупалость B158
двуперистая мышца B215
двуплодная беременность B166, T587
двуполостной B150
двуполостной желудок B186, H463
двуполый B230
двуправорукость A330
двурогий B155
двуручное исследование B187, C954
двуручный акушерский поворот B188
двустворчатый клапан B157, M360
двусторонний B168
двусторонний фронтит F292
двухкамерный B150
двухосный сустав B149
двухполюсное отведение ЭКГ B217
двухступенчатая проба Мастера T588
двухфазный гемолизин Доната—Ландштейнера C782, W22
двуяйцовые близнецы B194, D286, F277, H317
девственная плева H548
девственница V177
девственность V179
дегенеративная стигма S951
дегенеративный D52
дегенеративный признак S951
дегенерация D51
дегенерация жёлтого пятна M14
дегенерация сетчатки R217
дегенерация собственно сосудистой оболочки глаза C560
дегенерация хориоидеи C560
дегидратаза H522
дегидратация D54
дегидрирование D56
дегидрогеназа D55
дегидрогенизация D56
дёгтеобразный стул M203, T41
дегтярная киста T40
дезактивация D16
дезаминирование D23
дезинвагинация D249
дезинтеграция D247
дезинтоксикация D150, D248
дезинфектант D245

дезинфекция D246
дезинфицирующее средство D245
дезодорант D100
дезодорирующее средство D100
дезоксирибонуклеаза D104
дезоксирибонуклеиновая кислота D105
дезоксихолевая кислота D103
дейтеранопия A58, G353
декальцинация D27
декальцинация кости D102
декальцификация D27
декапсуляция D28
декапсуляция почки N69
декомпенсированный ацидоз U41
декомпрессионная болезнь B128, C12, D35
декомпрессия D34
деконтаминация D36
декортикация D37
декстран D155
декстрин D156
декстроза D158
декстрокардия D157
декстропозиция сердца S252
делать инъекцию I186
деление D285
деление клеток C281, C686
деление ядра N223
делирий D58
делирий истощения E523
делирий коллапса C794
делириозный синдром D58
дельтовидная мышца D63
демаркационная линия L209
демаркационный потенциал C1274
демаркация D69
деменция D70
демиелинизация D74
деминерализация D71
демонофобия S95
демпинг-синдром D328, J10
демукозация D
денге B383, D77, S615
дендрит D75
денервация D76
денервация артерии P284
денсиметрия D78
дентикль P1085
дентин D94
дентинные канальцы D95
денудация D99
денудация артерии P284
деонтология D101
деперсонализация D106
депигментация D108
депиляторий D110
депиляция D109
деполяризация D112

ДЕПРЕССИВНЫЙ СИНДРОМ

депрессивный синдром D113
депрессия D113
дерма D116
дермабразия D117
дермальный D136
дерматит D121
дерматоглифика D125
дерматоз D134
дерматозооноз D135
дерматолиз Алибера D130
дерматолог D128
дерматология D129
дерматомикоз M502, R301
дерматомицет C1285, D131
дерматопатическая лимфаденопатия L245
дерматосклероз D133
дерматофиброма D124
дерматофит C1285, D131
дерматофития R301
дермоид D138
дермоидная киста D138
дермомиаз C1169
десимпатизация S1215
десквамативная эритродермия новорождённых L117
десквамативный гингивит D146
десквамативный глоссит W15
десквамация D145
десмоид D142
десмоидная опухоль D142
десмоидная фиброма D142
десмосома B455, D143
десна G204, G384
десневая борозда G206
десневой абсцесс G205, P186
десневой край F279
десневой свищ D86, G208
деструирующая аденома M40
десцеметова оболочка D139, V220
десцеметоцеле K25
детергент D148
детская пеллагра I139, K88
детская почесуха S1022
детский возраст C433
детский церебральный паралич I136
детское место P557
детство C433
детумесценция D151
дефекация D40, M434
дефект D41
дефект межжелудочковой перегородки P197, V111
дефект межпредсердной перегородки A800
дефект наполнения F149
дефибриллятор D46
дефибрилляция D45
дефибринированная кровь D47

дефинитивная почка H358
дефинитивный хозяин D49, F155
деформация кисти C732
деформирующая хондродисплазия M463
деформирующий артрит A675
деформирующий остеохондроз большеберцовой кости B327
деформирующий остоз P16
дефосфорилирование D107
дехлорирование D30
децидуальная оболочка D31
диабет D159
диабетический D160
диабетический гломерулосклероз I399
диабетический интеркапиллярный гломерулосклероз K52
диагноз D162
диагностика D162
диагностическая хирургическая операция E547
диагональная конъюгата D163
диадохокинез D161
диализ D164
диапедез D165
диарея D174
диарея путешественников M395
диартроз D176
диастаза D178
диастема D179
диастематомиелия D229
диастер D181
диастола D182
диастолический шум D183
диастолическое артериальное давление D184
диасхиз D177
диатез D188
диатезная почесуха A790
диатермия D187, E104, T188
диатермокоагуляция D186, S1178
диафаноскопия D166
диафиз D173, S426
диафрагма D167, M317
диафрагмальная грыжа D169
диафрагмальная плевра D170
диафрагмальное дыхание A10, D168
диафрагмальный плеврит D171
дивергентный D279
дивергенция D278
дивергирующее косоглазие D280, E536
дивертикул D283
дивертикул пищевода E444

дивертикул подвздошной кишки M136
дивертикул трахеи T379
дивертикулёз D282
дигестивный D208
диета D194
диета с ограничением поваренной соли L324
диететика S539
диетолог D197
диетология D196, S539
диетотерапия A284, D198, S542
дизентерийная бактерия D336
дизентерийная бактерия Григорьева—Шиги S444
дизентерийная бактерия Флекснера F200
дизентерийный D334
дизентерия D335
дизестезия D337
дизиготные близнецы D286, F277, H317
дизостоз D341
дикротический пульс D191
диктиома D192
дилататор D213
дилатация D212
динамическая атаксия K58, L291, M419
динамическая непроходимость кишечника D333
динамическое дрожание K59
динамометр S946
диоксид D218
диоптриметр L124
дипептид D220
дипептидаза D219
дипептид-гидролаза D219
диплегия D226
диплобактерия D227
диплобацилла D227
диплококк D228
дипломиелия D229
диплопия D230
диплосома D231
дипсомания D232
дисахарид D238
дисбаланс I38
дисбаланс электролитов E94
дисгевзия D339
диск D250
диск зрительного нерва O152
диск Меркеля T17
дискоидный чечевицеобразный дискератоз B387
дискоординация I100
дисменорея D340
дисморфопсия M262
диспансерная сестра C165
диспареуния D342
диспепсия D343, I116

диспептический D344
дисперсия D254
дисплазия D348
диссеминированный D259
диссеминированный лентикулярный дерматофиброз N187
диссеминированный туберкулёз D261
диссинергия A766
диссоциация D263
диссоциация чувствительности T4
диссоциация чувствительности при сирингомиелии S1298
диссоциированный D262
диссоциированный нистагм I98
дистальная фаланга P427
дистальный D264
дистальный лучелоктевой сустав I153
дистантный рецептор D265, T80
дистант-рецептор D265
дистиллированная вода D270
дистилляция D269
дистихиаз D268
дистоматоз D271
дистония D350
дистопия D351, M51
дисторсия D272
дистрофическая миотония M571, S898
дистрофический D352
дистрофия D353
дистрофия жёлтого пятна M14
дистрофия роговицы C1051
дисфагия D345
дисфазия D346
дисфония D347
дисфункция D338
дисфункция гипофиза P548
дисхондроплазия A763, M461
дисцизия шейки матки H803, T376
диурез D275
диуретик D276
дифиллоботриоз D225
дифтерийная бактерия D222
дифтерийная палочка D222, K64, L292
дифтерийный D224
дифтерийный анатоксин D223
дифтерия D221
дифтерия раны S1179
дифференциальная диагностика D202
дифференциальный диагноз D200

дифференциальный порог D201
дифференцировка D202
дифференцировка тканей H384
диффузия D205
диффузная аневризма C968
диффузная кератома C1195
диффузная мастопатия C604
диффузная эластома кожи S315
диффузный D203
диффузный инфантильный склероз Краббе G240
диффузный нейродермит A790
диффузный перитонит D204, G136
диффузный токсический зоб E532, F178
дихромазия C821, D190
диэнцефальная эпилепсия V55
диэнцефальное ожирение H769
длинная трубчатая кость L307
длинноволновое рентгеновское излучение S608
длительность выживания S1183
дневная слепота H145
дневное зрение C933, P476
дневной D277
ДНК D105
дно мочевого пузыря B76
добавочная доля плаценты S1086
добавочная железа A34
добавочная селезёнка A37, L187, S793
добавочная хромосома A33
добавочные надпочечники M81
добавочный зоб A16
добавочный орган S1134
добавочный проток поджелудочной железы S71
доброкачественная ретикулёма E300
доброкачественная синовиома L285
доброкачественный B129
доброкачественный лимфоретикулёз B133
доброкачественный нефросклероз B134
доза D297
дозиметрия D299
дозирование D295
доктор D288
долгожительство L308, M1

долголетие L308, M1
долевая пневмония C1216, L273
долевая фибринозная пневмония P607
долихоколон D289
долото G302
долька L275, L279
долька ушной раковины E7
доля L275
доминантное наследование D292
доминантное полушарие D291
доминантный ген D290
донор D293
донор крови B299
дополнительный симптом A36
дорсальный D294
дорсальный спинно-мозжечковый путь F195
доступ A609
драже D305
древесный спирт W103
древесный уголь C395
дренаж D307
дренажная трубка D306
дренирование D307
дрепаноцит C1179, M228, S480
дрепаноцитарная анемия D308
дробление C686
дробная доза D284, F268
дрожание S429, S449, T221, T448
дрожание положения P189
дрожание радужной оболочки I517
дрожательный паралич P169, S430, T447
дрожжи Y3
дрожь S429
дуга аорты A558
дуга позвонка V131
дугласов карман D303, P788
дугласово пространство D303
дугласоскопия C1254
дугообразное возвышение A629
дужка зева P527
дуоденальная железа B520
дуоденоеюнальный изгиб D330
дурной запах изо рта B23
дурно пахнущий F100
душ D302
душевная глухота P1022
душевная слепота P1016
душевнобольной M17
«дующий» шум S648
дырчатая катаракта P1096
дырчатые очки S906
дырчатый перелом B555

ДЫХАНИЕ

дыхание B446, R176
дыхание Биота B212
дыхание под избыточным давлением P750
дыхание Чейна—Стокса C424, T284
дыхательная недостаточность R184
дыхательная система R188
дыхательные пути A255, R189
дыхательные шумы B448
дыхательный алкалоз R180
дыхательный аппарат R188
дыхательный ацидоз R179
дыхательный газообмен R185
дыхательный коэффициент R186
дыхательный объём T285
дыхательный фермент R182
дыхательный фермент Варбурга C1363
дыхательный шум R187

Е

евгеника E478
евнухоид E479
европейский бластомикоз C1235, S7
евстахиева заслонка C253, E484
евстахиева труба E483, S47
евстахиит E485, S1292
египетский хлороз E56, T522
ёмкость вдоха I377
естественная резистентность G142, N31
естественное вскармливание B443
естественный N30
естественный иммунитет N31
еюноилеостомия J13
еюностомия J14
еюнэктомия J11

Ж

жаберная дуга B433
жаберная щель G201
жаберные щели B434
жажда T206
жалоба C879
жаропонижающий A514
жгут T348

жгутик F176
жевание M104
желатин G123
желатина G123
железа G215
железа бронха B473
железа века P41
железа внешней секреции E527
железа внутренней секреции E210
железа крайней плоти P829
железа Литтре U110
железа околососкового кружка A631
железа хряща века T45
железа Цейса Z1
железисто-кистозная гиперплазия C1334
железистый ацинус L266
железистый полип A153, P716
железистый рак A138
железистый эпителий G218
железодефицитная анемия A725, I523
железопорфирин H144
железы Генле H242
железы крайней плоти T604
железы Литтре L264
желобоватый зонд G367
жёлтая дистрофия печени A122
жёлтая лихорадка Y7
жёлтая лихорадка джунглей J30
жёлтое пятно Y9
жёлтое тело Y4
желток Y13
желточная оболочка Y14
желточно-кишечный проток O91
желточный мешок U36, Y15
желточный проток O91
желточный пузырь U36, Y15
желтуха I8, J6
желтуха новорождённых J7, P501
желтушный лептоспироз I7, L140, S756, W55
жёлтый фермент Y6
желудок S964
желудок в виде песочных часов B186, H463
желудочек V105
желудочек головного мозга C353
желудочек гортани L76
желудочек сердца C128
желудочковая экстрасистола V107
желудочковый комплекс ЭКГ V106

желудочная диспепсия G73
желудочное кровотечение G110
желудочно-кишечный свищ G102
желудочно-кишечный тракт A285, D210
желудочно-селезёночная связка G116
желудочно-сердечный синдром G85
желудочный G70
желудочный зонд S967
желудочный секретин G82
желудочный сок G76
желчеотделение C501
жёлчная кислота B170
жёлчная колика G23, H249
жёлчная рвота C496
желчнокаменная болезнь C495
желчнокаменная непроходимость кишечника G24
жёлчные пигменты B175
жёлчные протоки B171
жёлчный камень C494, G22
жёлчный конкремент C494, G22
жёлчный перитонит B173, C498
жёлчный пигмент C471
жёлчный проток G20
жёлчный пузырь C476, G19
жёлчный свищ B178
жёлчный стаз C503
жёлчный тифоид G358
жёлчь B169, G18
жемчужная киста радужки P218
жемчужная опухоль C504
женский половой гормон E468, F76, F226
женский псевдогермафродитизм F77
женское бесплодие A788, I151
жертва несчастного случая C209
жёсткое рентгеновское излучение H37
живая вакцина L270
живот A1, B124
живущий при больнице H466, R168
жизненная ёмкость лёгких B447, R181, V212
жизненно важный нервный центр V213
жизненный индекс Покровского V214
жизнеспособность V163
жизнь L192
жир F45

ЗЕРНИСТОСТЬ ШЮФФНЕРА

жирная кислота F53
«жирное» сердце F55
жирный понос S240
жирный стул S896
жировая дистрофия F54
жировая дистрофия миокарда C144
жировая капсула почки A177
жировая киста S892, W56
жировая клетка A178, F46
жировая ткань F45, F57
жировая эмболия F47, O54
жировик L243, S892
жировой некроз A175, F51, S894
жировой обмен F50, L246
жирорастворимый F52

З

заболеваемость I88
забрюшинное пространство R231
завиток ушной раковины H100
заворот века внутрь E284
заворот желудка G81
заворот кишок V239
заворот сальника O86
загиб матки R226
заглоточное пространство P772, R233
заглоточный абсцесс R232
загрудинные боли P801
загрудинный зоб R236, S1076
загрязнение C993
задержка R196, S1143
задержка мочи I541
задержка плаценты R193
задержка развития R195
заднее пограничное кольцо Швальбе S173
заднепроходный A392
задний проход A549
задняя доля гипофиза N117
задняя пограничная пластинка V220
задняя пограничная пластинка роговицы D139
задняя часть шеи N9
заеда A449, P368
заживление H63
заживление вторичным натяжением H65, S250
заживление первичным натяжением F161, H64, I43, P857
зажим C673, F244

зажим Пеана P217
заикание S1033
закись азота L101
закручивание T332
закрытая гидроцефалия N193, O19
закрытая травма C721
закрытие C723
закрытие просвета полого органа O21
закрытоугольная глаукома C718, N17
закрытый массаж C719, E558
закрытый перелом C720
закупорка B286, O17
закупорка сосудов O9
залобковое пространство P854
заложенность носа S597
замедленные роды B418
заместительная атрофия C876
заместительная гипертрофия V169
заместительная терапия R158, S1078
замещение S1077
замкнутое пространство C1253
замораживание F281
замороженный срез F301
запаздывание R195
запах O52, S582
запирательная грыжа O23
запирательная мембрана O24
запирательная перепонка O24
запоздалое развитие зубов D57
запор C974, O16
запястный C183
запястье W116
заразная болезнь C871
заращённая девственная плева I70
зародыш E127, G172
зародышевый E132
зародышевый диск D242, E135, G90
зародышевый листок G177
зародышевый пласт G177
зародышевый пузырёк B247
зародышевый целомический эпителий G175
засахаренная печень C1275, I5
засахаренные пилюли D305
заслонка V26
заслонка венечного синуса C1071
заслонка нижней полой вены C253, E484
заслонка привратника P1141

застой крови S851
застой лохий в матке L288
застойная желтуха C458, R198
застойная индурация C1300
застойная печень C948, N248
застойная пневмония H764
застойная почка C1301
застойное лёгкое C118
застойный диск зрительного нерва C457
застойный сосок зрительного нерва P75
застойный тромб M78
затылочная доля головного мозга E195, O26
затылочное предлежание V139
затяжной септический эндокардит S1037
заусенец A234
заусеница A234, H28
зачатие C908
зачаток G172
защитные очки G288
защитный рефлекс D42
защитный экран S441
«заячий глаз» H40
заячья губа C692, H39
звездчатая гемангиома A652, S727, V47
звездчатая катаракта S899, S1192
звездчатая эндотелиальная клетка K86
звездчатый ганглий C379, S901
звездчатый нейрон S900
звездчатый ретикуло-эндотелиоцит K86, S900
звон в ушах S1288
звук S650
звук треснувшего горшка C1134
здоровый H68, S650
здоровый климат S55
здоровье H66
здравоохранение P1054
зевота Y1
землеедство E9, G166
земляная чесотка G369, W33
зеркало S682
зеркальный офтальмоскоп R101
зёрна Шюффнера S158
зернистая почка G314
зернистая эндоплазматическая сеть G313, R332
зернисто-клеточная миобластома A19, G312
зернистость Ниссля N174
зернистость Шюффнера S158

ЗЕРНИСТЫЙ

зернистый G311
зернистый лейкоцит G316
зернистый лютеоцит G330
зернистый слой эпидермиса G315
зерновая чесотка S988
зигота Z23
зимняя почесуха F300, L334, W97
зимняя спячка H346
зловонный насморк O321
зловонный пот F101
злокачественная аденома M40
злокачественная гемангиома H117
злокачественная децидуома P561
злокачественная лимфома L411
злокачественная миома M564
злокачественная остеобластокластома G188
злокачественная рабдомиома R245
злокачественная синовиома S1271
злокачественная экссудативная эритема S945
злокачественное лентиго M42
злокачественность M39
злокачественный гистиоцитоз R207, R208
злокачественный гломерулонефрит S1040
злокачественный миокардит A118, F140
злокачественный нефросклероз M43
змеевидный псориаз S387
знак S503, S950
знахарство E157
знахарь H62
зоб G289, S1024
зоб корня языка L212
зоб Хасимото H42, L363
зобная железа T251
золотуха S217
зона Захарьина—Геда H60, T103
зонд P869, S650
зонулярная катаракта L54
зооантропия Z7
зооантропоноз Z9
зоогеография Z11
зоопаразит Z14
зоопсия Z16
зоофилия B140, S604, Z12
зоофобия Z15
зрачковая реакция P1104
зрачковая реакция на аккомодацию N36
зрачковый рефлекс P1104
зрачок P1102

зрелая катаракта R302
зрелость M120
зрелый яичниковый фолликул M119
зрение S495, V202
зреющий яичниковый фолликул G370
зрительная агнозия P1016
зрительная борозда C17
зрительная галлюцинация P430, P1006
зрительная иллюзия P1006
зрительная линия L210, V206
зрительная лучистость G149
зрительная ось O150
зрительная память E603
зрительный бугор T157
зрительный нистагм O156
зрительный образ I37
зрительный перекрест C425, O151
зрительный пигмент V208
зрительный пурпур E441, R273, V209
зрительный рецептор P466
зрительный тракт O155
зрительный угол V204
зуб T321
зуб мудрости W100
зубец ЭКГ E84
зубная боль O45, T322
зубная гранулёма A587, D88
зубная полость P1083
зубная эмаль E161
зубной D79
зубной врач D96
зубной зачаток T323
зубной камень D81, O49, T51
зубной налёт D84
зубной орган E162
зубной протез A699, D98
зубной сосочек D80
зубные канальцы D95
зубовидный отросток O48
зубоврачебные щипцы D87
зубодесневой карман G209, P332
зубчатая извилина D93
зубчатая линия P220
зуд I565
зуд купальщиков S144
зудневая чесотка A32

И

игла N48
игла для подкожных инъекций H710
игла-копьё L62

иглодержатель N49
иглоукалывание A111
идеаторная апраксия I10
идеокинетическая апраксия I13, T398
идеомоторная реакция I14
идеомоторный акт I14
идиовентрикулярный ритм сердца I19, V110
идиограмма K7
идиопатическая диффузная атрофия кожи T60
идиопатический I16
идиопатический миокардит A118, F140
идиосинкразия I18
идиотия I15
иерсиниоз Y11
избирательная окраска S285
избыточная потливость E502
избыточное питание H561, S1136
извержение E147
известковый метастаз C16
извилина большого мозга C1024
извилина Брока B465
извилина мозга G399
извращение P390
извращение вкуса D339
извращённый аппетит C666, P391
изгиб C1024, F202
изжога B439, C129, G78, H73, P1163
излечивание C1268
излечимый C1263
излучение E147, R11
излучение Букки B368, G356
изменение положения тела плода C1021
изнасилование R37
изнеможение E522
изоагглютинин I544
изоантиген B302, I546
изоантиген системы резус R249
изоантитело I545
изображение I37
изогамета I550
изоиммунизация I552
изоиммунное антитело I545
изолейцин I556
изолированная декстрокардия I554
изолированный малый желудочек Павлова P216
изоляция I555
изомераза I557
изомерия I558
изометрический I559
изометропия I560
изостенурия I561

ИНТОКСИКАЦИЯ

изотонический I562
изотонический раствор N202, P499
изотрансплантат S1261
изофермент I549
изохромосома I547
изоэнзим I549
изъязвление U6
изъязвлённый U4
икота H348
икра ноги C24, S1167
илеит I21
илеопроктостомия I26
илеоректостомия I26
илеосигмоидостомия I27
илеостомия I28
илеотомия I29
илеотрансверзостомия I30
илеоцекальная заслонка I23
илеоцекальная инвагинация I22
илеоцекальный клапан I23
илеоцекостомия I24
имбецильность I40
имбецильный I39
имитация S517
имитация болезни P208
иммерсионная система микроскопа I48
иммобилизация I49
иммобилизующая повязка F173
иммунизация I54
иммунитет I53
иммунная сыворотка A536, I52, S675
иммунный ответ I51
иммуноген I57
иммуноглобулин I50
иммунодепрессивное средство I64
иммунодепрессивный A520
иммунодиагностика I56
иммунологическая реакция I51
иммунология I59
иммунопатология I60
иммунотерапия I65
иммунохимия C413
иммуночувствительность I61
импетигинозная экзема E41
импетиго I71
импетиго Бокхарта B336, F227, S1128
имплантат I72
имплантация I73
имплантация зародыша N164
импотенция I75
импульс I79
инактивация D16, I80
инаппарантная инфекция S1045
инбредная линия P1108

инвагинация I491
инвазия I156, I496
инвалид I492
инвалидность D237, I493
инверсия I497
инверсия хромосом I498
инвертаза I500
инвертированная коарктация аорты R241
инволюционная депрессия I504
инволюционный психоз I505
инволюция I503
ингалятор I181
ингаляционное лекарственное средство I178
ингаляционный наркоз I180
ингаляция I179
ингибитор I185
ингибиция S1143
индекс I108
индивидуальность P382
индийский висцеральный лейшманиоз K2, V192
индикан I111
индиканурия I112
индикатор I114
индифферентный электрод D253, I115
индоксил I125
индол I123
индолэтиламин T542
индуктотермия S455
индукция I129
индуративная эритема B102
индуративный туберкулёз кожи B102
индурация I130
индуцированный психоз I128, S518
инертность I133
инерция I133
инжектор I188
инкапсуляция E167
инкарцерированная плацента T438
инклюзионная болезнь C1370
инкреторная железа E210
инкубатор C1121, I105
инкубационный период I104, L97
инкубация I103
иннервация I193
инозиновая кислота I200
инокуляция I197
иноперабельный I198
инородное тело F250
инотропный I201
инсектицид I205
инсектицидное вещество I205
инсоляция I373
инстилляция I380

инстинкт I381
инструментарий I382
инсулин I385
инсулиновый шок I387
инсулома I543, N97
инсулоцит I542
инсульт A601, I389
инсулярная недостаточность H727
инсуффляция I384
интеграция личности P383
интеллект I393
интенсивность S993
интенционное дрожание K59
интенционный тремор I395
интеркапиллярный гломерулосклероз I399
интеркинез I407
интеркуррентная болезнь I405
интермедин I415
интермиттирующая лихорадка I417, R143
интермиттирующий пульс I419
интерн I421
интерорецептор I430
интерполированная экстрасистола I434
интерсексуализм H296
интерсексуальность I437
интерсистолический интервал I444
интерстициальная внематочная трубная беременность T568
интерстициальная клетка I438
интерстициальная пневмония I441
интерстициальная ткань I443
интерстициальная трубная беременность I442
интерстициальная эмфизема лёгких I439
интерстициальный кератит I440
интерстициоцит I438
интертригинозный дерматит I445
интертриго I445
интерфаза I407
интерференция вирусов V187
интерферон I406
интестинальная липодистрофия L248, W67
интестинопластика E273
интестиноскопия E277
интима I459
интоксикационный психоз T352
интоксикация I132, I461

ИНТОКСИКАЦИЯ МЫШЬЯКОМ

интоксикация мышьяком A644
интолерантность I460
интрадермальный невус I472
интраканаликулярная фиброаденома молочной железы I464
интракардиальное отведение I466
интратрахеальная интубация E245, I480
интратрахеальный наркоз I479
интродуктор I486
интубатор I486
интубационная трубка I488
интубация I487
интубация сильвиева водопровода A616
инулин I490
инфантилизм I140
инфантильное мышление P814
инфантильный таз J35
инфаркт I141
инфаркт лёгкого P1065
инфаркт миокарда C116, M537
инфекционная болезнь I146
инфекционно-токсический шок S349
инфекционный бульбарный паралич A834
инфекционный гепатит B372, C227, E316
инфекционный мононуклеоз I148, P412
инфекционный неспецифический артрит R254
инфекционный эпидемический гепатит I147
инфекция I143
инфертильность I155
инфильтрат I157
инфильтративно-нагноительная трихофития K44
инфильтрационная анестезия I159
инфильтрация I158
инфицировать I142
инфлюэнца I163
информационная рибонуклеиновая кислота I165, T89
инфракрасное излучение I166
инцест I87
инъекционная липогранулёма O59
инъекция I187, S843
ионизация I509
ипохондрический бред N212
ипохондрический бред Котара D67, N171

ипохондрический синдром H696
ипохондрия H696
иприт M489
ириденклейзис I511
иридеремия A455
иридодиагностика I516
иридодонез I517, T449
иридоплегия I518
иридотомия I519
иридоциклит I515
иридоциклохориоидит U170
иридэктомия I510
ирит I521
иррадиирующая боль S1236
иррадиирующий неврит A713
ирригация I529, L102
искривление позвоночника C1276
искусственная вентиляция лёгких изо рта в нос M431
искусственная вентиляция лёгких изо рта в рот K63, M430, O161
искусственная гипертермия F105
искусственная гипотензия C1010, I127
искусственная почка H191
искусственное дыхание A703
искусственное кровообращение E571
искусственное оплодотворение T140
искусственный A696
искусственный аборт I126
искусственный водитель ритма A702, E75
искусственный пневмоторакс P514
искусственный свищ S963
испарение E490
испражнения в виде «рисового отвара» R288
испытание T131
иссечение E504
иссечение барабанной перепонки T589
иссечение варикозно расширенного участка вены C664
иссечение варикозных вен V36
иссечение века B261
иссечение ганглия тройничного нерва G64
иссечение гассерова узла G64
иссечение гидроцеле H511
иссечение десны U19
иссечение клитора C709
иссечение краёв раны A886

иссечение морщин R278
иссечение полипа P711
иссечение сальника E368
иссечение свища S1291
иссечение семявыносящего протока V48
исследование E497, E546
исследование кала S133
исследование на скрытую кровь в кале H184
исследование «случай—контроль» C200
исследовательский рефлекс I502
истерическая амблиопия H797
истерический амавроз H797
истерический комок G243, S706
истерический невроз H796
истерический припадок H799
истерический психоз H798
истерический смех C6
истерия H796
истерогенная зона H804
истерокаталепсия H801
истечение гноя P1152
истечение жёлчи C502
истечение семени S694
истинная дальнозоркость T341
истинная конъюгата T532
истинная полицитемия E421
истинная протеинурия I485, S377, T528
истинная стафилома склеры C1014
истинная холинэстераза T531
истинный запой D232
истинный паразит O4
истощение D111, E115, E522
исхудание E115
исчезающая кость D240
исчезновение R121
ихорозный гной I3
ихтиизм B375
ихтиоз C1195, F162, I4, S101
ихтиозиформный дерматоз Брока C943
ихтиозиформный невус S102
ишемическая болезнь C1066, I534
ишемический инфаркт P26, W74
ишемия I533, L282
ишиалгия I535
ишиопаг I538
ишиоректальная анестезия P1055
ишиоректальный абсцесс I539
ишурия I541

Й

йод I506
йодизм I507
йодопсин I508

К

кабинет врача C984
каверна C254
кавернит C255, S359
кавернозная гемангиома A423, C256
кавернозная лимфангиома C261
кавернозное тело C259
кавернозный C258
кавернома A423, C256, S991
кавернообразование C262
кавернотомия S684
казеин C202
казеоз C203
казеозная пневмония C204
казеозный некроз C203
какосмия C7, K1
кал E509, F69, S974
кала-азар K2, V192
калабарская опухоль L305
калека C1193
календарный возраст C608
каликотомия C27
калифорнийская лихорадка C751
каллёзная язва C31
каллёзный C30
калликреин K3
каловая опухоль F67, S134
каловая рвота C1031, F68, S914
каловый F63
каловый камень F66, S913
каловый конкремент C1033, F66, F67
каловый свищ F64
калорийность C33
калориметр C34
калориметрия C35
калорический эквивалент C32
кальциноз C21
кальцитонин C22
кальциферол C18
кальцификация C19
каменистая часть височной кости P404
каменистый ганглий P405
каменистый синус P407

камень C23, C912, C1033, E270, P828, S973, U147
камень мочеточника U93
камерная влага I475
камнедробитель L260
камнедробление L258
камнеобразование L255
камнесечение L257
камнесечение пузырного протока C1338
кампиметр C41
канал C42, C392, D325
канал Гиса T255
канал остеона H47
канал улитки C762
канал шейки матки C372
каналец T572
канатик C1042, F318
кандидамикоз C49
кандидоз C49, M376
кандидоз бронхов B484
кандидоз лёгких P654
кандидозный стоматит M507, T243, W77
канкроид C48
каннабизм C55
К-антиген C72
кантопластика C59
канцероген C90
канцерогенез C91, O99
канцерогенное вещество C90
канцерогенный C92
канцерофобия C47
канюля C57, T384
капельная клизма M475
капельный M154
капельное внутривенное вливание I483
капельное сердце D313, T66
капилляр C65
капиллярная гемангиома кожи C66
капиллярный бронхит B481
капилляроскопия C63
капилляротоксикоз A121, H227
капиллярэктазия C62
капля D311
капсомер C71
капсула C75, S2, S438
капсула почечного клубочка B388
капсула стекловидного тела H487
капсула хрусталика C1244, P413
капсулит C76
капсулотом C1359
капсулотомия C77
капсулярный антиген C72
капсулярная глаукома C74
капсулярная катаракта C73
карантин Q8

карате C79
карбамид C80
карбгемоглобин C81
карбоксигемоглобин C87
карбоксилаза C88
карболовая кислота C84
карбункул C89
кардиалгия C129, C137
кардиальное отверстие C100
кардиальный катетер I465
кардинальные точки C132
кардиоангиография A422, C133
кардиоваскулярный C161
кардиоверсия C163
кардиограмма C138
кардиограф C139
кардиология C141
кардиомегалия C143, M162
кардиомиопатия C145, M539
кардиомонитор C120
кардионевроз C146
кардиопатия C148
кардиоперикардиопексия C149
кардиопластика C151
кардиоплегия C152
кардиопульмональный C154
кардиорафия C156
кардиорексис C157
кардиосклероз C158
кардиоспазм C103, P490
кардиофобия C150
кардит C164
кардиэктазия C130
кардия C100
кариес C166
кариес зуба D82
кариес зубов S76
кариогамия K6
кариограмма K7
кариозная полость на щёчной поверхности зуба B527
кариокинез K8, M355
кариолемма K15, N227
кариолизис K10
кариолимфа K9
кариоплазма K12, N234
кариорексис K13
кариосома P1002
кариотека K15
кариотип K16
карлик D331
карликовость D332, M304, N8
карликовость Пальтауфа L374
карман R56
карман Ратке R43
карнитин C171
карнификация C170
каротидная опухоль C176
каротидная параглиома C176

КАРОТИДНАЯ ХЕМОДЕКТОМА

каротидная хемодектома C412
каротидно-кавернозный свищ C178
каротидный C173
каротидный гломус C175, I400
каротидный синус C180
каротин C172
каротиноид C588, L231
карпальный C183
карпопедальный спазм C187
карпорадиальный рефлекс R10
карпоульнарный рефлекс U14
картирование хромосом C595
карункул U108
карфология C186
карциноид C93
карциноидный синдром B237, C94
карцинома C44, E380
карциноматоз C97
карциноматозный C98
карциносаркома S81
карцинофобия C47
касательное ранение G393
каскадный желудок C197
касторовое масло C206
кастрат C207
кастрация C208
катаболизм C210
катаболит C211
каталаза C212, S137
каталепсия C213
катализ C214
катализатор C215
катамнез C216
катаплазия A408
катаплексия C220
катаракта C221
катаракта хрусталикового шва S899, S1192
катарактальный нож Грефе G307
катаральная желтуха C227
катаральное воспаление C222
катаральный C223
катаральный конъюнктивит B258, C228
катаральный средний отит S382
кататермометр K17
кататонический синдром C230
кататонический ступор A259
кататония C230
катафазия C217
катепсин C237
катетер C238
катетер Пеццера P410

катетеризационная лихорадка U109
катетеризация C239
катетеризация сердца C107
катехоламины C232
каудальная анестезия C244, S13
каудальный C243
каузалгический синдром C247
каузалгия C247
каузальная терапия S676
кахексия C5
кахектическая лихорадка C4
кахектический C1
кахектический отёк C3
качательный нистагм P250
кашель C1113, T582
кашлевой обморок C1114, L75
кашлевой рефлекс L74
квадрантная гемианопсия T148
квадратная доля печени Q4
квадриплегия P63, Q6, T151
квашиоркор I139, K88
кверулянт Q10
кейлон C389
келоид C408, K20
кенофобия C295
керазин C333
кератин C334
кератинизация C1061, H446, K23
кератит C335, K24
кератоакантома A29
кератоглобус K31
кератодермия K28
кератоз K41
кератоирит C1056
кератоконус C951, K27
кератоконъюнктивит K26
кератолиз K32
кератолиз новорождённых E520
кератома K33
кератомаляция K34
кератомикоз K35
кератопапиллома S318
кератопластика C1057, K36
кератосклерит K38
кератоскоп K39
кератоскопия K40
кератотомия K42
кератоцеле K25
кератэктазия K22
кесарево сечение C380
кессонная болезнь B128, C12, D281
кетгут C235
кетоз K49
кетон K46
кетоновое тело K47

кетоновые тела A48
кетонурия A49, H608, K48
кефалин C323
кефалокраниокласт B84
кефалометрия C326
кефалотриб C330
кефалотрипсия C332
кивательная судорога H55, S32
килевидная грудная клетка C428, K19
килевидная грудь C428, K19
киназа K53
кинезитерапия K56
кинестезия K57, M483
кинетическое дрожание K59
кинетохор C315
кинин K60
кининогенин K3
кинорексия C1319, H625
кинорентгенография C644, R22
кинофобия C1318
кисетный шов P1115
кислая фосфатаза A74
кислород O309
кислородная ёмкость крови O312
кислородная недостаточность O314
кислородная палатка O315
кислородная терапия O316
кислородное голодание H786, O314
кислородный долг O313
кислотно-щелочное равновесие A66
кислотность A70
кислотообразующий A68
киста C1320
киста гертнерова хода G59
киста лимфатического узла A148
киста семенного канатика F319
кистовидный полип C1340
кистозная аденома C1322
кистозная почка C1328
кистозно-фиброзная мастопатия F121, T289
кистозный C1326
кистозный зоб C1333
кистозный медионекроз аорты C1336
кистозный панкреофиброз F122, M450
кистозный полип C1340
кистоид A202, C1349, F26, P987
кистома C1351
кистома яичника O278
кисть акушера A43, O12
кисть руки H25

кисть скелета S549
кифоз К90
кифосколиоз К89
кишечная аутоинтоксикация S132
кишечная ворсинка I457
кишечная диспепсия I450
кишечная колика G361, I449
кишечная крипта L186
кишечная липодистрофия I454
кишечная микрофлора I452
кишечная палочка С813
кишечник I458
кишечное кровотечение Е275
кишечно-пупочный свищ U33
кишечные аргентаффиноциты А633, Е261
кишечные газы F191
кишечные крипты I453
кишечный Е256
кишечный аргентаффиноцит К85
кишечный зажим S769
кишечный конкремент Е270
кишечный свищ I451
кишечный шов Е276
кишка В386, I458
кладоспориоз С672
клазматоцит С674
кламмер R194
клапан V26
клапан аорты А566
клапан лёгочной артерии Р1079
клапанный пневмоторакс V29
клапанный эндокардит V27
классический акушерский поворот С857
классическое отведение I118, S857
клаустрофобия С677
клебсиелла пневмонии F286, Р636
клейдокраниальный дизостоз С694
клейдотомия С695
клеймо S950
клептомания С696, К65
клетка С277
клетка Березовского—Штернберга R97
клетка Вирхова L132
клетка кастрации S506
клетка Кащенко—Хофбауэра Н400
клетка Корти А86
клетка крови В291, С1074
клетка Кульчицкого К85
клетка Купфера К86, S900
клетка Лангерганса С314
клетка Лангханса L64
клетка Лейдига L178

клетка Ортеги Н453, М290
клетка Паппенгейма S784
клетка Пуркинье Р1111
клетка Рида—Штернберга R97
клетка Руже Р287
клетка Сертоли N245, S391
клетка Тюрка Т574
клетки Беца В147
клетки Гормагтига G298
клетки Корти С1091
клетки Педжета Р15
клеточная инфильтрация С287
клеточная оболочка С285
клеточная патология С288
клеточное дыхание С286
клеточное ядро К11
клеточный иммунитет С283
клетчатка С290
клещ М353, Т278
клещевая лихорадка Т279
клещевинное масло С206
клещевой риккетсиоз Т280
клещевой сыпной тиф Северного Квинсленда N207
клещевой тропический тиф Т545
клещевой энцефалит Т281
клизма С734, Е251
климакс С699
климактерий С699
климактерические приливы крови С700
климактерический период С699
климатотерапия С702
клиника С703
клиническая медицина С705
клиническая невропатология N128
клинический С704
клиновидная пазуха S702
клиновидно-затылочная кость В83
клиновидно-теменной синус S704
клиновидный хрящ С1258, W115
клинодактилия С708
клиноцефалический череп С707
клиренс С684
клитор С710
клоака С711
клон С712
клоническая судорога С713
клонический блефароспазм В266, N162, W95
клонограф С714
клонорхоз С715
клонус С716
клонус стопы F240

клоунизм С729
клык С53
клыковая ямка С51
ключица С797
ключично-черепной дизостоз С694, С1148
клятва Гиппократа Н365
коагулянт С735
коагуляционный некроз С738
коагуляционный тромб А230
коагуляция С736
коалесценция С740
коарктация С742
когтеобразная стопа С681
когтистая кисть С682, G359
когтистая лапа С682
кодон С767
кожа S555
кожа крестьянина F37
кожа моряка S30
кожевниковская эпилепсия К77
кожная мозоль С29
кожная пластика D132
кожная пластика лоскутами эпидермиса Е330
кожная пластика по Тиршу Т197
кожная проба С1289, S559
кожная уретеростомия U104
кожная чувствительность D120
кожная эктодерма S1126
кожно-гальваническая реакция G26, Р1027
кожно-гальванический рефлекс G26, Р1027
кожное сало S249
кожно-мышечный лоскут М486
кожно-слизистый лейшманиоз М442
кожные сосочки D119
кожный D118, D136
кожный анкилостомоз S1201
кожный лейшманиоз Т526
кожный лоскут С1284
кожный миаз С1169
кожный паразитический грибок Е366
кожный покров Т72
кожный рефлекс С1288, S557
кожный рог С15, С1286, F125, Н35, Н445, S558, W24
кожный сап F36
кожный трансплантат по Блеру—Брауну S796
козелок ушной раковины Т390
коитус С776, S422
койка в стационаре Н459

КОЙЛОНИХИЯ

койлонихия C775, K76, S818
кокаинизм C747
кокаиномания C747
коканцерогенный фактор C748
кокк C752
кокковый C749
коклюш P388, W86
коклюшный реприз W85
коксалгия C1128
коксит C1129
кокцигодиния C758
кокцидии C750
кокцидиоидоз C751
кокцидиоидомикоз C751
колба F184
колбочка сетчатки C931
колебания O199
коленный рефлекс K71, P195, Q5
коленный сустав K69
колено K67
коленчатое тело G146
коли-бактериоз C788
коли-инфекция C788
колика C787
колит C789
коллаген C790
коллагеновое волокно C792, W73
коллагеноз C791, C966
коллапс C793
коллапс лёгкого P1067
коллапсотерапия C795
коллатеральная гиперемия C800
коллатеральное возвышение C799
коллатеральное кровообращение C798
колликвативный туберкулёз кожи S218
колликвационный некроз C802, L252
коллодий C803
коллоид C804
коллоидная аденома C805
коллоидная дистрофия C807
коллоидная киста E305
коллоидный зоб C808
коллоидный рак C806, M438
коллоидокластический шок C809
колобома C810
колония клеток C818
S-колония S586
колоноскоп C816
колоноскопия C817, P879
колопексия C819
колоптоз C820
колорадская клещевая лихорадка C825
колориметр C826

колориметрия C827
колосовидная повязка S725
колостомия C828
колостомия по Литтре I173
колотая рана P1101
колотомия C831
колтун T470
кольпейриз C833
кольпейринтер C832
кольпит C834, V16
кольпомикроскопия C837
кольпопексия C840, V19
кольпоперинеопластика C839, V18
кольпоперинеорафия V18
кольпопоэз C841
кольпорафия C844
кольпорексис C845
кольпоскоп C846
кольпоскопия C847, V20
кольпоспазм C848, V15
кольпостат C849
кольпотомия C850, V21
кольцевая хромосома R298
кольцевидная скотома R300
кольцевидный ретинит C647
кольцевидный хрящ A473
колэктомия C785
колющая боль S962
кома C853
коматозный C854
комбинированная вакцина M362
комбинированное лечение C856, M459
комбинированный наружно-внутренний акушерский поворот C857
комбинированный склероз C855
комедокарцинома C860
комедон C859
комиссура C864
комменсализм C861
комнатная муха H464
компактное вещество кости C873
компенсаторная гипертрофия C877
компенсаторная эмфизема A319, E26
комплекс C888
комплексная вакцина M362
комплемент C880
компресс C895
компрессионный перелом P842
компрессия C896
компьютерная диагностика C901
компьютерная томография C902
конвергенция C1018

конвергирующее косоглазие C1019, C1206, I426
конверсионная истерия C1022
конверсия генов T421
конвульсия C1025
конглютинация C949
конденсация C914
конденсор C915
кондилома C930, F142, P669, V86
кондиционирование C919
кондом C920
кондуктивная глухота C925
конечная бронхиола T125
конечность E585, L204
конизация C953
кониоз C952, K80
кониокортекс K79
коническая роговица C951
конкремент C23, C912, D4, S913, S973
конкремент мочеточника U93
конкремент предстательной железы P949
конкремент сальной железы S247
конкремент слёзных путей O134
консервативное лечение C971
конская стопа E396, T292
консолидация C973
константа Амбара U78
констипация C974
конституция C975
констриктивный перикардит C979
констриктор C980
консультант C981
консультация C982
контагиозная пузырчатка B549
контагиозность C992
контагиозный пустулёзный дерматит C991
контакт C985
контактная инфекция C987
контактная линза C988
контактный дерматит C986
контаминация C993
контейнер C198
континуальная эпилепсия K77
контрактура C1005
контракционное кольцо Бандля P206
контралатеральный C1007
контрапертура C1116
контрацептив C999
контрацепция C998
контролируемая гипотензия C1010, I127
контроль C1009

КРАНИОПЛАСТИКА

контрольный опыт C1009
контузия C1013
конус C1014
конус спинного мозга M158
конфабуляторное старческое слабоумие P835
конфабуляция C934, F3
конхотом C910
концевая пластинка E248, N90
концевое нервное тельце E190
концентрация C906
конъюгата C957
конъюгация C960
конъюнктива C961
конъюнктива глазного яблока B537
конъюнктивальный C962
конъюнктивит C964
конъюнктивит Коха—Уикса P538
конъюнктивит с включениями S1202
координаторный невроз P898
координация C1029
копремезис C1031, S914
копролалия C1032
копролит C1033, F66, F67, S913
копрология S133
копропорфирин C1036, S920
копростаз C1038
копростанол C1037
копростерин C1037
копрофагия C1034, S135
копуляция C1039
копчик C759
копчиковое тельце C754
копчиковый ганглий C755
копчиковый гломус C754
кора M74
кора больших полушарий B426, C345
кора волоса C1079
кора головного мозга B426
кора надпочечника A186, S1161
кора органа C1078
коралловидная катаракта C1041
коралловидный конкремент C1040
корень R324
корешковый синдром R16
корешок R324
корзинчатая клетка B85
корка C1223
корковая катаракта C1083
корковая сенсорная афазия L296, W106
корковая слепота C1081
корковая эпилепсия K77

корковое вещество надпочечника S1161
корковый C1080
корковый паралич C350
кормилица W60
кормление A286, F73
корнеальная контактная линза C1052
корнеальный рефлекс L184
корневая зубная киста R15
корневая пломба R325
корнцанг P13
коробочный перкуторный звук V156
коробочный перкуторный тон B389
коровья оспа C1127
коронарная болезнь C1066, I534
коронарная катаракта C1067
коронарная недостаточность C1068
коронарный синус C1069
коронаротромбоз C1070
коронка зуба C1217
коротковолновая диатермия N57, S455
коротковолновое рентгеновское излучение H37
корпия L220
корпускулярный C1075
корреспондирующие точки сетчатки C950
корсаковский психоз C599, K82, P707
корсаковский синдром A357
кортиев ганглий A829
кортиев орган A87, S753
кортизон C1092
кортикализация C1085
кортикальная катаракта C1083
кортикальный C1080
кортикальный слой кости C1082
кортико-спинальный C1087
кортико-спинальный путь C365, M424
кортикостероидный гормон A190
кортикостерон C1089
корь M128
косметический C1095
космическая медицина S653
космические лучи C1096
космическое излучение C1096
косоглазие H335, S977
косоглазие кверху H666
косоглазие книзу H778
косое положение плода O7
косой перелом O6
косолапость C731, T26

косорукость C732
костная клетка B352, O226
костная крепитация B363
костная пластика O247
костная ткань B350
костно-мозговая полость B358
костно-хрящевой экзостоз O222, S624
костные акушерские щипцы C1147
костные кусачки B354
костные щипцы B356
костный анкилоз T529
костный лабиринт B364, O213
костный мозг B357, M88
костный трансплантат B355
костоабдоминальный рефлекс C1098
костотом C1104
костыль C1225
костыльный паралич C1226
кость B350
кость инков I86
кость предплюсны T43
косыночная повязка S570, T459
косящий глаз S842
кофактор C771
кофеинизм C11
кофермент C770
кохлеарная зрачковая реакция C765
кохлеарный C761
кохлеопальпебральный рефлекс C764, S871
кохлеопупиллярный рефлекс C765
кошачья двуустка C241
кошмарное сновидение N167
кошмарные сновидения O101
коэнзим C770
коэффициент очищения C684
коэффициент родства C768
коэффициент рождаемости B228, N29
коэффициент смертности D25, M408
краевая десна F279
краевой гингивит M83
край E45, M82, R292
край хряща века C636
крайняя плоть F258, P830
краниальный артериит C1137
краниоклазия C1146
краниокласт C1147
краниология C1150
краниометафизарная дисплазия C1152
краниометрия C326, C1153
краниопаг C327, C1154
краниопластика C1156

КРАНИОСКЛЕРОЗ

краниосклероз C1159
краниоспинальный C1160
краниосхизис C1158
краниотабес C1161
краниотомия C329, C1162
краниотрактор C1147
краниофарингиома C1155
краниоцеребральный C1145
крапивница H397, N99, U157
краситель S852
красная потница H84, S1119, W87
красное опеченение R88
красное ядро T70
краснаоядерно-спинномозговой путь M373, P831, R338
краснуха E319, G173, R337
красные угри R326
красный инфаркт H223, R89
красный тромб R91
кратер язвы C1164
крахмал S870
краш-синдром B559, C1222
креатин C1165
креатинемия C1166
креатинин C1167
креатинурия C1168
крезол C1181
кремастер C1172
кремастерный рефлекс C1173
кремастер-рефлекс C1173
кремация C1174
кренотерапия C1175
крепитация C1178
крепитирующие хрипы C1177, V150
крепитирующий C1176
крепкий спиртной напиток S755
кресло-коляска I495
крестец S21
крестцово-копчиковое соединение S17
крестцово-копчиковый сустав C756
крестцово-подвздошный сустав S19
кретин C1183
кретинизм C1184, I137
кривая C1277
кривошея L326, S949, T336, W121
криз C1194
кризис болезни C1194
крикотомия C1190
криминальный аборт C1192
криокаустика C1229
криокоагуляция C1229
криостат C1230
криотерапия C1232
криохирургия C1231
крипта C1233

крипта миндалины T315
криптит C1234
криптогенная инфекция C1239
криптогенный C1237
криптогенный сепсис C1238
криптококк C1236
криптококкоз C1235, S7, T337
криптоменорея C1240
крипторхизм C1242
криптофтальм C1241
кристалл C1243
кристаллическая потница C1246
кристмас-фактор C564, P594
кровавая рвота H119
кровавый пот B325, H121
кровать для рожениц L7
кровезамена E503, R159, S1079, T345
кровельное ядро R322
кровеносная система B321, C654
кровеносный капилляр B289
кровеносный сосуд B322
кровепаразит B323
кроветворение H216, S63
кроветворная система H137
кровоизлияние H219
кровоизлияние в мозг C348, E181
кровоизлияние в мозг у новорождённого N58
кровообращение C651
кровоостанавливающий A517
кровоостанавливающий зажим H238
кровоподтёк B518, S1107
кровопускание B255
кровосмешение I87
кровососущий B316
кровотечение B255, H219
кровотечение из дёсен U17
кровотечение из мочевого пузыря C1354
кровотечение из мочеточника U100
кровоток B315
кровоточащий H220
кровохарканье B314, H218
кровь B287
кровяная киста B297, H221, S64
кровяная пластинка B307, P571, P592, T228
кровянистый B324
кровяное давление B309
кровяное давление в лёгочной артерии P1075
кровяное депо P730
кровяной B324
кровяной свёрток B292

кровяной сгусток B292
кровяной цилиндр B290
кроссинговер C1208
кроссцилиндры C1199
кроцидизм C186
круглоклеточная саркома E175, R334
круглый червь R335
круговая алопеция F216
круговая мышца глаза O163
круговой C649
круговой ретинит C647
круп C1213
крупозная пневмония C1216, P607
крупозный бронхит C1214
крыло W93
крыловидная лопатка W94
крыловидная плева глаза W46
крыловидная ямка P1044
крылонёбный ганглий N21
крымская геморрагическая лихорадка C1191
крысиный риккетсиоз E194, F194
крысиный тиф M473
крыша R321
крышка C61
крючковатая кость H435, U38
крючковидная кость H435, U38
крючковидный отросток U39
крючковидный отросток поджелудочной железы L145, S577
крючок H434
ксантелазма X1
ксантемия X2
ксантин X3
ксантиноксидаза X4
ксантинурия X5
ксантогранулёма X8
ксантодермия X7
ксантоз X13
ксантома L239, X9
ксантоматоз C510, L240, X10
ксантоматозная синовиома L285
ксантомная клетка F215
ксантопсия X12, Y10
ксантофиброма H377
ксантохромия A837, X6
ксантохромия кожи X7
ксенокератопластика H314
ксенопластика H327, X15
ксенотрансплант H313
ксенотрансплантация D126, H333
ксенофобия X16
ксеродерма X17
ксеродермия X17

ЛЕПРОЗНАЯ КЛЕТКА

ксероз X17
ксеростомия X20
ксерофтальмия X18
ксилоза X24
ксилол X23
кубитальный C1248
кубитальный рефлекс U14
кувез C1121
ку-лихорадка Q1
кульдоскопия C1254
культура клеток C280
культура микроорганизма C1255
культя S1029
куперит C1126
куперова железа B543
кураре C1264
курареподобный C1265
куриная грудь C428, K19, P515
куриная слепота N166
курорт H67
кустарниковый тиф S231
кутикула C1291
кутикула волоса C1292
кювета C1294
кюретаж C1270
кюретка C1271, S200, S817

Л

лабильная психопатия P668
лабильность L2
лабильный диабет B460
лабиринт L9
лабиринтит L16
лабиринтная глухота L12
лабиринтный нистагм A836, L13
лабиринтный рефлекс L14
лабиринтопатия A832
лабиринтотомия L17
лабиринтэктомия L10
лаборант L6
лаборатория L5
лаброцит M102
лаваж L102
лагофтальм H40, L48
ладонная дуга P36
ладонный апоневроз P37
ладонь P35
ладьевидный живот C167
ладьевидный череп S116
лазер L90
лаковая кровь L50
лакриматор L25, T63
лакримация L24
лактаза L28
лактальбумин L27
лактация L29
лактоген L40, L352
лактогенный гормон G8
лактоглобулин L41
лактоденсиметр L38
лактоза L43, M335
лактозурия L44
лактофлавин L39
ламбдовидный шов L51
ламинэктомия L60, R5, S806
лампа ультрафиолетового излучения U30
ланцет L61
ланцетная игла L62
лапарогеморрагия H208
лапароскоп L67
лапароскопия C276, L68, P362
лапаротомия L69
ларвицид L73
ларингит L79
ларингоскоп L82
ларингоскопия L83
ларингоспазм L84
ларингостеноз L85
ларингостомия L86
ларинготомия L87
ларинготрахеотомия L88
ларингоцеле L80
ларингэктомия L78
латентная инфекция C1239
латентная фаза L49
латентность L94
латентный L95
латентный период I104, L97
латеральная борозда F165
латеральная подкожная вена руки B82
левое атриовентрикулярное отверстие M358
левое предсердно-желудочковое отверстие M358
левожелудочковая недостаточность L113
леворукий L112
леворукость M62, S522
левулёза L46, L176
левулезурия L177
левый атриовентрикулярный клапан B157, M360
левый изгиб S777
левый предсердно-желудочковый клапан M360
лёгкий M323
лёгкое L343
лёгкое отморожение C431
лёгочная альвеола A254
лёгочная вентиляция V100
лёгочная гипертензия P1071
лёгочная гипертрофическая остеопатия H663, P1073
лёгочная остеодистрофия H663, P1073
лёгочная секвестрация B504
лёгочная чума P652
лёгочное сердце P1070
лёгочный звук V151
лёгочный мешочек P1063
лежачее сердце H440
лейкемическая ретинопатия L155
лейкемия L154
лейкемоидная реакция L156
лейкогенез L170
лейкодиапедез L168
лейкодиерез L160
лейкоз L154
лейкокератоз L164
лейколиз L160
лейкома A267, L166
лейконихия L167
лейкопения L169
лейкопластырь A171
лейкопоэз L170
лейкосаркоматоз Штернберга L172
лейкотрихия L174
лейкоцидин L157
лейкоцит L158, N147, W72
лейкоцитарная формула D199
лейкоцитарный тромб P27, W82
лейкоцитодиерез L160
лейкоцитоз L163
лейкоцитолиз L160
лейкоцитопоэз L170
лейкоцитурия L153
лейомиома L119
лейомиофиброма L118
лейцин L151
лейшманиоз L120
лекарственная зависимость D316
лекарственная сыпь D319
лекарственная устойчивость D320
лекарственное лечение M152
лекарственное средство D315
лекарственный препарат M150
лекарство D315, M150, M153, R141
леммоцит L121, S160
лента T31
лентигиноз L129
лентиглобус L130
лентиго L131
лентикулярный сифилид L126
ленточный червь C382, T32
лепёшка L327
лепра L135
лепрозная клетка L132

807

ЛЕПРОЗНЫЙ БУГОРОК

лепрозный бугорок L133
лепрозорий L134
лепрома L133
лепроматозная гранулёма L133
лептоменингит L138
лептоспироз L141
лептоспироз Нанукайями G199
лептоспирозная желтуха L140, S756
лептоспиры L139
лептоцит L137
лесбийская любовь L142, S75
лесная фрамбезия F259
летальная доза L147
летальность L148
летаргический сон L150
летаргия L150
летняя почесуха S1118
лецитин L110
лечащий врач A816
лечебная доза C1267
лечебная физкультура K56
лечебное голодание H477
лечебное питание A284
лечебный C1266
лечебный массаж M98
лечебный пневмоторакс T167
лечение T171, T444
лечение медицинскими банками C1261
лечение минеральными водами C1175, M343
лечение природными средствами M32
либеркюнова железа L186
либеркюновы крипты I453
либидо L179
лигаза S1277
лигатура L196
лигатурная игла L197
лигирование L195
лигнин L202
лиенит L189
лиенография L190, S786
лизин L416
лизис L417
лизис микробов B15
лизис фагоцитов P421
лизоцим L418
ликвор C363
лимфа L359
лимфаденит L361
лимфаденография L362
лимфаденоз L365
лимфаденоидная ткань A147
лимфаденопатия A156
лимфангиит L372
лимфангиография L370
лимфангиома C614, L371
лимфангиоэндотелиальная саркома L369

лимфангиоэндотелиома L369
лимфангиэктазия L367
лимфангиэктатический отёк L384
лимфатизм L381
лимфатическая железа L386
лимфатическая система L378
лимфатический сосуд L380
лимфатический узел L360, L386
лимфатический фолликул L385
лимфатическое вальдейерово кольцо L403, T316, W3
лимфатическое глоточное кольцо L403, T316, W3
лимфедема L384
лимфоаденоидная ткань L379
лимфобласт L387
лимфобластный лейкоз L388
лимфобластоз L389
лимфогранулёма L398
лимфогранулематоз H399, L399
лимфогранулематоз брыжейки W67
лимфоидное кольцо W3
лимфоидный узелок L385
лимфома L406
лимфоматоз L407
лимфоматозный зоб H42, L363
лимфоматозный тиреоидит H42, L363
лимфообращение L383
лимфопения L408
лимфопоэз L394, L409
лимфорея L410
лимфоррагия L410
лимфосаркома L411
лимфосаркоматоз L412
лимфоцит L382
лимфоцитарный зоб H42
лимфоцитарный хориоменингит L390
лимфоцитообразование L394
лимфоэпителиома L396
лимфурия G16, L414
лингватулёз L215
линза L122
линзометр L124
линимент L216
линия T T85
линия фиксации L210
линолевая кислота L218
линоленовая кислота L219
лиофилизация F280, L415
липаза L222
липаза крови H202
липемия L223
липид L224
липидная дистрофия F54
липидный обмен F50, L246

липидоз L228
липкий пластырь A171
липогранулёма L235
липогранулематоз L236, L240
липогранулематоз брыжейки L248
липодистрофия L232
липоевая кислота L237
липоидная пневмония L226
липоидный гистиоцитоз L225
липоидный нефроз L241
липоидный протеиноз L227
липоидоз L242
липома L243
липоматоз L244
липомеланотический ретикулёз кожи L245
липопротеид L249
липопротеин L249
липофиброма F126, L233
липофусцин C588, L234
липохондродистрофия L230
липохром C588, L231
липоцеле A174
липоцит A178, F46
липурия A179, L251
листереллёз L254
листериоз L254
листовидная опухоль молочной железы G190
литеральная алексия A761
литиаз L255
литопедион L256
литотомия L257
литотрипсия L258
литотриптор L260
лихен L181
лихенизация L182
лихенификация L182
лихеноидная псевдомикседема P81
лихеноидный сифилид F232
лихорадка F103, P1159
лихорадка денге B383, D77
лихорадка Колорадо C825
лихорадка на губе F104
лихорадка Оройя C191, H225, O190, P389
лихорадка от укуса крыс R42
лихорадка паппатачи P80, T217
лихорадка Форта Брегга F261
лихорадка цуцугамуши S231
лихорадочный F62
лицевое предлежание плода F6, P940
лицевой F7
лицевой индекс F11
лицевой столбняк C320, H61
лицо F4
лицо Гиппократа H364
лицо сфинкса M558
личинка мухи M20

МАЛЫЙ ЭПИЛЕПТИЧЕСКИЙ ПРИПАДОК

личная гигиена P381
личность P382
лишай L181
лоаоз L305
лоб F249
лобарная пневмония L273
лобарный склероз L274
лобит L273
лобковая вошь C1132, P1051
лобковая дуга P1049
лобковое сращение P1052
лобковый симфиз P1052
лобная доля головного мозга F291
лобная извилина F290
лобное зеркало H54
лобное предлежание B515
лобно-мостовой путь A641, F294
лобно-носовой канал F293
лобный рефлектор H54
лоботомия L277
лобэктомия L276
логоневроз L298
логопатия L299
логопедия L300
логорея L302
логотерапия L304
лодыжка M45
ложечка S817
ложкообразный ноготь C775, K76, S818
ложная аменорея C1240
ложная беременность P1005, S834
ложная близорукость P1001
ложная голосовая щель F27
ложная желтуха P994
ложная киста A202, C1349, F26
ложная плёнка C1215
ложная полицитемия R136
ложная протеинурия P775
ложнодифтерийная палочка H401
ложное бешенство A834, L419, P1007
ложное воспоминание P114
ложный гермафродитизм P992
ложный круп C224, P986, S658
ложный меланоз P996
ложный паразит P1003
ложный сап M204, P990
ложный сустав F28, P979, V170
ложный эритроцитоз R136
локализация L284
локальная искусственная гипотермия R119
локомоторная атаксия K58, L291, M419

локоть E67
локтевая кость C1249, E68, U12
локтевая ямка C1250
локтевой A417, C1248, U13
локтевой сустав C1251, E70
ломкость F270
лонная дуга P1049
лонное сочленение P1052
лонное сращение P1052
лоноторапия S1226
лопатка S117, S457
лопаточно-плечевой рефлекс S121
лопаточный рефлекс S118
лордоз H403, L317, S23
лордозный таз L319
лордосколиоз L316
лордотическая протеинурия L318
лоскут F181
лоскут на ножке P228
лоскутная ампутация F182
лохии L287
лохиометра L288
луковица B536
луковица аорты A560
луковица внутренней яремной вены J24
луковица волоса H8
луковица двенадцатиперстной кишки D329
луковица мочеиспускательного канала B532
лунатизм N170, S639
лупа L320
луч R44
лучевая болезнь R12
лучевая терапия R34
лучевой дерматит A105, R23
лучевой рефлекс R10, S1139
лучезапястный сустав C184, R21, W118
лучеплечевой бурсит T114
лучи Букки B368, G356
лучистая часть корковых долек почки M160
лучистые грибки R45
льюисово тело L355
люмбаго L329
люмбализация L332
люмбальная пункция L333
люминесценция L337
люминофор L338
люпоидный сикоз L345
лютеиновая клетка L350
лютеиновая фаза L349
лютеотропный гормон G8, L352
лютеоцит L350
люэс S1281
лямблиоз G195, L52
ляпис L342

М

магнитно-резонансная томография N225
магнитотерапия M21
мадуромикоз F316, M19
мадурская стопа F316, M19
мазок S580
мазок крови B313
мазохизм M93
мазь L216, O57, U50
макроглия M5
макроглобулинемическая пурпура Вальденстрема H596
макроглобулинемия Вальденстрема H596
макроглоссия M6, P4
макрокефалия M164
макромастия M7
макромелия M8
макроподия M176
макропсия M10
макроскопия M11
макросомия G198, M12, S634
макрофаг H376, M9
макрофагоцит M9
макрохейлия M3
макроцефалия M2, M164
макроцит M4
макроцитарная анемия M172
максимальная переносимая доза T302
макулодистрофия M14
макулярное зрение C309, D236
малакоплакия M28
малая берцовая кость P374
малая поджелудочная железа L145, S577, U39
малая срамная губа N263
малая хирургическая операция M348
малая хорея I145, J32, R250, S31
малиновый жёлчный пузырь S990
малиновый язык S992
малоберцовая кость C25
малоберцовый F139
малые подъязычные протоки S1061, W8
малый вертел L146
малый коренной зуб B156, P824
малый круг кровообращения P1066
малый сальник G101, L144
малый таз S578, T534
малый эпилептический припадок P399

МАЛЬАБСОРБЦИЯ

мальабсорбция М25
мальпигиев клубочек М49
мальпигиево тельце R147
мальпигиев слой G176, M50
мальротация кишечника М52
мальтийская лихорадка М53
мальтоза М54
малярийная гемоглобинурия М31
малярийная кахексия L207
малярия М30
маляция S611
маляция миокарда С142
маммография М60
мандибулярный рефлекс С441, J8
мандрен М65, S1035
маниакально-депрессивный психоз А215, С650, С1307, I418, М69, Р329
манипуляция М73
манифестация болезни М70
мания М67
мания Белла В122
мантия В426, М74
маньяк М68
маразм М79
марантическая гангрена S316
марантический тромб М78
маргинальный гингивит М83
марихуана М86
марля G121
марсельская лихорадка В384, М89
марсупиализация М90
маска М91
маска Гиппократа Н364
маскообразное лицо Р168
маскулинизация V183
маскулинизм V181
маскулинома А642
масляный стул S896
массаж М95
массаж сердца С119
массажёр М96
массажист М96
массивный травматический остеолиз D240
масталгия М108
мастит М105
мастография М60
мастодиния М108
мастоидотомия А547
мастоцит М102
мастоцитоз М107
мастурбация М112, О95, S286
мастэктомия В441, М103
материнская клетка Р154
материнство М113
матка U164, W102
маточка U167
маточная труба F22, S47, U163

маточный зев М428
маточный пессарий U161
матрацный шов М116, Q12
матрица ногтя К30
матричная рибонуклеиновая кислота I165, Т89
машина скорой помощи А335
маятникообразный нистагм Р250
маятникообразный ритм Р253, Т282
маятникообразный ритм сердца Е128, F99
меатотомия М130
мегакариобласт М166
мегакариоцит М167
мегаколон М165
мегалобласт М168
мегалоглоссия М6, Р4
мегалокефалия М164
мегаломания Е537, М175
мегаломастия М7
мегалоподия М176
мегалоспления S788
мегалоцефалия М2
мегалоцит М171
мегаректум М178
мегасигма М179
мегацефалия М164
медиальная затылочно-височная извилина F330, L213
медиальный мениск коленного сустава F19
медиастинальная плевра М141
медиастинальная эмфизема М140
медиастинотомия М142
медикамент М150
медикаментозная сыпь D319
медикаментозное лечение М152
медикаментозный дерматит М151
медицина М153
медицинская банка С1262
медицинская помощь М147
медицинская сестра N244
медицинская шапочка С61
медицинский максимальный термометр С706
медленный пульс Р591
медная катаракта С1030
медовый жёлчный пузырь S990
медуллобластома N134
медуллобластома клетчатки D192
медуллярный рак Е174
междолевой плеврит I410
междольковый проток I409
межзапястные суставы I401

межклеточный мостик В455
межклеточный отёк S811
межкостная фасция I431
межлопаточная область I436
межпальцевая эпидермофития А782
межпозвоночный ганглий I447
межпозвоночный диск I446
межрёберная невралгия I403
межсонный параганглий С175, I400
межтеменная кость I86
межуточная пневмония I441
межуточная ткань I443
межуточный мозг Т583
межфаланговые суставы I433
межфаланговый сустав Р425
мезангиальная клетка I398
мезангиоцит I398
мезартериит М243
мезентерий М248
мезентерит М247
мезенхима М246
мезенхимная клетка М245
мезенхимоцит М245
мезодерма М251
мезодиастолический шум М310
мезокард М250
мезотелиальная клетка М253
мезотелий М255
мезотелиома М254
мезотелиоцит М253
мезотическое зрение Т585
мейбомиева железа Р41, Т45
мейбомит В260
мейоз М180
меккелев дивертикул М136
меккелево возвышение С799
мекониевый перитонит М138
меконий М137
меланизм М197
меланин М184
меланобласт М186
меланодермия G354, М190
меланоз М197
меланоз кожи М190
меланокарцинома М193, N152
меланома М193, N152
меланопатия М197
меланосаркома М193
меланоформный невус В333
меланоцитостимулирующий гормон I415, М202
меланоэпителиобласт М186
меланоэпителиоцит М188
меланурия М201
меланхолический темперамент М182
меланхолия М181
мелатонин М202

МИНДАЛИНА ГЕРЛАХА

мелена М203, Т41
мелиодоз Р990
мелиоидоз М204
мелитурия S9
мелкоочаговая склеродермия W80
мелореостоз М206
мембрана М207
мембрана Джейкоба J2
мембрана круглого окна S130, S260
мембрана статоконий О262, S884
мембранный потенциал М208, Т417
мембранозный гломерулонефрит М210
менархе М214
менингиома М219
менингит М220
менингококк W52
менингококкемия Р397
менингококковый менингит С362, Е314, М222
менингомиелит М225, М526
менингорадикулит М226
менингоцеле М221
менингоэнцефалит С356, Е177, М223
менингоэнцефаломиелит М224
мениск М229
менискоцит С1179, М228, S480
менискэктомия М227
менопауза М230
меноррагия Н615, М231
менструальный цикл М233
менструация М234
мера М129
меркаптан М240, Т202
меркуриализм М241
мерная колба V237
мерокринная железа М242
мёртвое пространство D19
мертворождённость S953
мертворождённый S954
мёртвый D17
мерцание предсердий А798
мерцательная скотома О131, S164
мерцательный эпителий С641
местная анемия I533
местная анестезия L281
местное распространение опухоли L286
«местный» иммунитет L283
метабиоз М256
метаболизм М259
метаболит М260
метаболический алкалоз М258

метаболический ацидоз М257
метамиелоцит М263
метаморфоз Т408
метаморфопсия М262
метанефрос Н358
метание больного J4
метаплазия М266
метастаз М267
метатарзальная невралгия М268
метафаза М264
метафиз М265
метгемоглобин F89, М273
метгемоглобинурия М274
метеоризм F191, М271
метиловый спирт М276, W103
метилфенол С1181
метионин М275
метод лечения С1268
метрейриз Н795, М278
метрейринтер Н794, М277
метрит Н800, М279
метрография Н805
метроррагия М280
метросальпингография Н814, М281
механическая желтуха С458, М132, О20, R198
механическая непроходимость кишечника М131
механический переносчик М133
механорецептор М134
механотерапия М135
мечевидный отросток Е255, Х21
меченый атом Т369
мешок Р787, S2
мешотчатый бронхоэктаз S10
мешочек S2, S12
миаз М534
миалгия М495
миастения М496
миатония М497
мигание N163
мигательная перепонка N161
мигательный рефлекс С637, Е598, W96
миграция М321
мигрень Н153, Н157, М319, S479
мигрирующая рожа W11
мигрирующий глоссит W15
мигрирующий лоскут J27
мидриаз С1045, М508
миелин М510
миелинизация М512
миелиновая оболочка М513
миелит М514
миелобласт М515
миелобластный лейкоз М516
миелодисплазия М520

миелоз М532
миелоидная опухоль G187
миелоидная ткань М523
миелоидный лейкоз М519
миелолейкоз G321, М516, М519
миеломатоз S90
миеломная болезнь S90
миелопатия М528
миелопероксидаза М529
миелопоэз М531
миелоцеле М517
миелоцит М518
мизинец L263
микобактерия М500
микобактерия туберкулёза К75, Т555
микоз М504
микология М503
микотическая аневризма В8, М505
микотическая эмболия Р1136
микроб М283
микробиология М285
микробная культура С1255
микроворсинки М307
микрогаллюцинации L203
микроглиоцит Н453
микрогнатия М291
микродентизм М288
микролит М292
микроманический бред М293
микромастия М294
микромелия М295
микроорганизм G172, М283, М296
микроптические галлюцинации L203
микроскоп М299
микроскопия М302
микросома М303
микросферофакия-брахиморфия S713
микросфероцитарная анемия С606, С942, Н292, S710
микротом Н394, М306
микрофтальм М297
микрохирургия М305
микроцит М286
микроцитарная анемия S710
микроцитоз М287
микроэлемент Т368
микседема кожи М437
микседематозный лишай Р81
миксома М577
миксоматозный полип G125
микстура М363
милиарная аневризма М324
милиарный туберкулёз М325
милиум М327
мимический паралич М339
миндалина Т314
миндалина Герлаха Т552

МИНДАЛИНА МОЗЖЕЧКА

миндалина мозжечка C338
минералокортикоид M341
минералокортикоидный гормон M341
минеральная вода M342
минимальная летальная доза M347
минимальная смертельная доза M347
минутный объём кровообращения C123
минутный объём сердца M349
миобласт M536, S80
миоглобинурия M548
миограмма M549
миограф M550
миодистрофия M543
миоз C1047, M350
миозин M566
миозит M567
миокард C121, M540
миокардиосклероз C158
миокардит Абрамова—Фидлера F140
миоклоническая эпилепсия M541
миоклонус-эпилепсия L47, M541
миома M552
миома матки H808
миомаляция M553
миомер M554
миометрий M555
миомэктомия H809
миопатическое лицо M558
миопатия M559
миопический астигматизм M561
миопия M560, N37, S454
миосаркома M564
миосклероз M547
миотом M554
миотомия M569
миотоническая дистрофия M571
миотония M570
миофибрилла M481, M546
миофиброз M547
миоцит M542
миоцитолиз M551
миоэпителиоцит B85
мирингит M573, T593
мирингтом M574
мирингтомия M575, T595
мирингэктомия M572
митоз K8, M355
митотический цикл M356
митотическое деление M355
митохондрия M354
митральная недостаточность M357
митральное отверстие M358

митральный клапан B157, M360
митральный стеноз M359
мицелий M498
мишеневидно-клеточная анемия T39
мишеневидный эритроцит T38
мишень T37
младенец I135
младенчество I134
млечная цистерна C617
млечный проток G6, L33, M331
млечный синус L34
млечный сок C615
мнимая беременность P1005, S834
мнимое кормление S431
многоводие H502, P701
многозонное облучение M456
многоосный сустав P688
многопалость P695
многоплодие M464, P626
многоплодная беременность M464, P626
многослойный эпителий L59, S985
множественная стеатоцистома S246
множественная эпифизарная дисплазия M462
множественное деление S147
множественное увеличение лимфатических узлов L364
множественные костно-хрящевые экзостозы M463
множественные язвы U6
множественный паралич P713
множественный склероз D260, M465
мобилизация M365
мобильность M364
модель ДНК Уотсона—Крика W38
мозаик C437, M412
мозговая грыжа E172
мозговидный рак E174
мозговой E169
мозговой гистиоцит M290
мозговой песок A45, B427
мозговой пузырь B422, C322, E170, P860
мозговой череп B423
мозговые лучи M160
мозговые оболочки M218
мозжечковая походка T297
мозжечково-таламический путь C340
мозжечковый C337
мозжечок C341
мозолистый C30

мокнущая экзема H474, M367, W50
мокрота S835
моллюск M372
молниеносная хорея E77
молниеносный F306
молозивное тельце G2
молозивный C829
молозиво C830, F255
молокоотсасыватель B445
молоткообразный палец M46
молоткообразный палец кисти H22
молоткообразный палец стопы H24
молоточек H21, M47
молочная железа B440, M57
молочная катаракта M400
молочная кислота L32
молочная киста G3, L30, M330
молочная лихорадка M332
молочница M507, T243, W77
молочно-щелочной синдром M328
молочные зубы T97
молочный зуб D32, M336
молочный сахар L43, M335
молочный струп M329
моль M371
моляр C402, M370, W7
«монетные столбики» R333
монетовидный папулёзный сифилид N243
монилетрикс B104, M377
монилеформные волосы M377
монилиаз M376
мониторинг M378
моноаминоксидаза M379
моноартрит M374
монобласт M380
моновалентное антитело U63
моноза M393
монозиготные близнецы E288, I11, M394, U56
монокулярная диплопия M383
монолатеральное косоглазие M384, U54
мононуклеоз M389
моноплегия M391
монополярное отведение U59
монорхизм M392
моносахарид M393
монофазный менструальный цикл A487, N196
монохромазия M382
моноцит M385
моноцитарная ангина M389
моноцитарный лейкоз M386
моноцитарный лейкоцитоз M388

моноцитоз M388
моноцитопения M387
«мор» P563
морг M402
моргание N163
морганиева гидатида M401, S855
морганиева катаракта M400, S271
морская болезнь N33, S235
морула M411
морфинизм M404
морфогенез M406
морфология M407
морщина W113
морщинистость R341
москит S59
москитная лихорадка S60, T217
мостовидный зубной протез B454, B456, F274
мостомозжечковый угол C339, P729
мотивация M417
мотонейрон M418
моторика M414
моторика кишечника I455
моторная амузия V226
моторная афазия A771, B464, E550
моторная бляшка N90
моча U144
мочевая кислота U130
мочевая лихорадка U109
мочевая система U141
мочевина C80, U77
мочевинный азот U79
мочевинный азот крови B320
мочевой аппарат U141
мочевой конкремент U147
мочевой песок G340
мочевой пузырь B243, U137
мочевой цилиндр C1311, R146, T550
мочевой цилиндроид C1315
мочевыделительная система U142
мочевые пути U142
мочегонное средство D276
мочеиспускание E144, M308, U143
мочеиспускательный канал U107
мочекаменная болезнь U148
мочекислый диатез G304, L96, U131
мочеобразование U154
мочеполовая система G157
мочеполовой аппарат G157
мочеполовой свищ G156
мочеполовой шистосомоз E57, E192
мочеприёмник U135

мочепузырный C1326
мочепузырный свищ V143
мочепузырный треугольник L191
мочеточник U86
мочка уха E7
мошонка S229
мощность дозы D298
моющее средство D148
мраморная болезнь A264, M80
мраморная кожа M192
мужской M33
мужской половой гормон M34
музыкальная глухота M487, S338
музыкотерапия M488
муковисцидоз F122, M450
мукоидная дистрофия M443, M576
мукоидная клетка M447
мукоидное набухание M443, M576
мукоидный рак C806, M438
мукополисахарид M444
мукополисахаридоз VI типа P697
мукопротеин M445
мукоцеле M441
мукоцит M447
мультиполярный нейрон M466
мумификация M468
мускариинизм M477
мускатная печень N248
мускулатура M485
мутаген M491
мутант M492
мутация M493
мутиляция M494, S814
мутное набухание A270
муха цеце T544
муцин M436
муциноз кожи M437
муцинозная алопеция F229
муцинурия M439
мыло S598
мыс P921
мышечная атрофия M535
мышечная дистрофия M543
мышечная кривошея S1232
мышечная пластика M562
мышечная система M484
мышечное чувство K57, M483
мышечно-кишечное сплетение A833
мышечно-суставное чувство K57, M483
мышечный M479
мышечный пучок M478
мышечный сегмент M554

мышление T201
мышца-агонист A237
мышца, поднимающая волос P530
мышца, поднимающая яичко C1172
мышца-расширитель D213
мышца щеки C401
мышцы-синергисты S1257
мыщелок C929
мюллеров канал M453, P111
мягкая бородавка S610
мягкая катаракта S605
мягкая мозговая оболочка P506
мягкий шанкр C391, S606, V85
мягкое рентгеновское излучение S608
мягчительное средство D73
мясистая оболочка мошонки D15
мясистый занос C169, F198
мясопептонный агар N250

Н

наблюдение M378
наблюдение за больным P214
набор хромосом C596
набухание S1199
набухание головного мозга B429
набухание дёсен G207
набухающая катаракта I42
навязчивая идея F174
навязчивое влечение C899
навязчивое действие C900
навязчивое состояние O10
навязчивый страх P448
навязчивый страх смерти T161
нагноение F95, P1116, S1144
надбарабанное углубление A819, E384, H791, T590
надбровный рефлекс S1157
надвлагалищная экстирпация матки S1082
надглазничный рефлекс S1157
надгортанник E347
наджелудочковая экстрасистола S1165
надзрительное ядро S1156
надключичная ямка S1152
надкожица E383
надколенная чашечка P194
надколенник K68, P194, W69
надкостница P342

НАДКОСТНИЦА ГЛАЗНИЦЫ

надкостница глазницы P336
надкостничный рефлекс P339
надкраевая извилина S1154
надлобковое камнесечение H354, S1159
надлом G355, W88
надмыщелковый перелом S1153
надмыщелок E311
надногтевая пластинка E387, N6
надпочечник S1085, S1160
надпочечники A188
надсосудистая пластинка S1151
надталамическая область E378
надхрящница P300
надчревная грыжа E345
надчревный E344
надчревье E346
надъядерный паралич S1155
назофарингит R262
наковальня A550
наковальня среднего уха I107
налёт на языке F323
наложение шва S1193
наложение шва на мочевой пузырь C1355
нанизм M304, N8
напряжённый клапанный пневмоторакс T118
напряжённый пульс C1044, H36
наркоз G133, N14
нарколепсия G127, N11
наркоман N13
наркомания D316, N12, N16
наркотик D315, N15
народная медицина F221
нарост E510, V74
наружная сонная артерия E559
наружное отверстие мочеиспускательного канала U140
наружное ухо E560
наружные половые органы E561, P867
наружный акушерский поворот E564
наружный кишечный свищ E265
наружный массаж C719, E558
наружный мочевой свищ U139
наружный перимизий E356
наружный свищ толстой кишки C811
наружный слуховой проход E557

наружный хондроматоз кости M463
нарушение D114, D252, D274
нарушение всасывания M25
нарушение пигментации C577
нарушение питания M48
нарушение потоотделения P158
нарушение проходимости B286
нарушение равновесия I38
нарушение сознания U43
нарушение функции M36
нарушение целостности кожи S646
нарциссизм A856, N10
насечка Ранвье R36
наследование S415
наследование по законам Менделя M215
наследственная болезнь I183
наследственная геморрагическая телеангиэктазия H291
наследственная мышечная спинальная проксимальная атрофия F33
наследственная невральная амиотрофия P375
наследственная невральная амиотрофия Шарко—Мари—Тута C396
наследственная передача признаков T419
наследственная прогрессирующая хроническая хорея C607
наследственная спинальная амиотрофия I138
наследственная хорея H290
наследственность H293, I182
наследственный H289
наследственный глазной гипертелоризм O34
наследственный иммунитет C944, G142
наследственный признак U61
насмитова оболочка зуба N26
насморк C777, C1094
настой I167
настойка T290
настроение M397
насыщение S96
насыщение крови кислородом A206
натёчник M320, W9
натёчный абсцесс M320, W9
натриевая помпа P785, S602
натриево-калиевый насос P785
натуральная оспа S579, V38

начавшийся аборт I89
начало O185
начало заболевания I496
неадекватная диета I81
небелковый азот N197, R191
нёбная дужка P527
нёбная миндалина F58, P22
нёбно-глоточная дужка P755
нёбно-язычная дужка G252
нёбный язычок K61
нёбо P20, R323
небольшое отверстие S963
невесомость W54, Z5
невменяемость I527
невокарцинома M193, N152
невооружённый цепень B116, H436, U37
невосприимчивость I390
невправимая грыжа I526
невралгия N102
невралгия седалищного нерва S162
невралгия тройничного нерва E353, F5, T493
неврастения N103
неврилемма N118
неврилеммома N105, S159
невринома N105, S159
неврит N106
неврит зрительного нерва O139
невроз N133
невроз военного времени B101, S440, W19
невроз сердца C146, E51, S619
невроз страха A552
невролемма N118
невролиз N122
неврология N120
неврома N123
невропатия N129
невропатология N128
невус B226, N153, S732
невус Саттона C656, S1190
негативизм N50
недееспособность I204
недержание I99
недержание кала E186, F65, S131
недифференцированный лейкоз S904
недифференцируемый лейкоз E134
недомогание A244, D273, I122, M27
недоношенный ребёнок P818
недостаток D41
недостаточное питание H685
недостаточность D48, F17, I68, I95, I383, S341
недостаточность клапана аорты A562

НЕФРОЗ

недостаточность клапана лёгочной артерии P1072
недостаточность клапана сердца V28
недостаточность коры надпочечников A191
недостаточность митрального клапана M357
недостаточность питания M48
недостаточность правого предсердно-желудочкового клапана T487
недостаточность привратника желудка P1140
недостаточность трикуспидального клапана T487
недостаточный гликогенолиз H722
нежизнеспособный плод N198
незавершённый поворот M52
незаживающая язва I124
незаменимая аминокислота E464
незаращение артериального протока A563
незернистая эндоплазматическая сеть S588
незидиобластома I543, N97
незрелая катаракта I42
неизлечимый I106
неинфекционный некротический гранулематоз W51
нейробласт N107
нейробластома S1222
нейрогенный кератит N127
нейрогипофиз N117
нейроглиальная клетка G230, N116
нейроглия G229, N115
нейродерматит N110
нейродерматоз N111
нейролептик N119
нейролептическое средство N119
нейромиозит N125
нейрон N87
нейропаралитический кератит N127
нейроплазма N131
нейрорецепторная импотенция S1230
нейросенсорная глухота S337
нейросифилис N136
нейроспонгиома N134
нейротоксин N139
нейротомия N138
нейротрипсия N140
нейротропность N141
нейротрофическая гангрена N137, T514

нейрофиброма N113
нейрофиброматоз N114, R61
нейрофизиология N130
нейрохирургия N135
нейроциркуляторная дистония E51, N108, S619
нейроцитома N109
нейроэпителиома N112
нейроэпителиома сетчатки R214
нейтральный жир N142
нейтропения N146
нейтрофил N147
нейтрофилёз N148
нейтрофилия N148
нейтрофильный гранулоцит N147
нейтрофильный лейкоз N149
нейтрофильный лейкоцитоз N148
некомпенсированный ацидоз U41
некоординированность I100
некробациллёз N40
некробиоз N41
некроз N45, S699
некроз челюсти при отравлении фосфором P460
некротизация S699
некротическая ангина P1124, U5
некротомия N47
некрофилия N42
некрофобия N43
нелипоидный ретикулогистиоцитоз N194
немалиновая миопатия N54
нематода N55, R335
немая инфекция C1239
менделевская наследственность C1376
немой D327
необратимая реакция I528
неокортекс H416, L58, N56
неоперабельный I198
неоплазма T577
неотложная операция A120
неотложная помощь E139
неотложная хирургическая операция E141
непарный A905
непарный ганглий C755
непереносимость I460
неперфорированный анус A393, C1122, I69
неповреждённый I391
неподвижный A258
неподходящее питание I81
неполная регенерация S1077
неполный аборт I96
неполный вывих P995, S1063
неполный перекрест S296
неполный перелом I97

непосредственная аускультация I45
непосредственная перкуссия D234, I46
непосредственный массаж O121
неправильное положение D255, M51
непрерывный шов C997
непробо́дённая девственная плева I70
непроизвольное кивание N247
непрорезавшийся зуб I67
непроходимость O17
непроходимость кишечника I32, I456
непрямая аускультация M144
непрямое деление M355
непрямое переливание крови I120, M146
непрямой массаж C719, E558
непрямой перелом I117
нерв N85
нервная диспепсия N94
нервная клетка N87
нервная система N96
нервное волокно с миелиновой оболочкой M511
нервно-мышечная гипертония N124
нервно-мышечный гипертонус N124
нервно-мышечный синапс M557, N90
нервный импульс I79
нервный пучок N89
нервный ствол N93
нервный узел G44
нервный центр C297
нервозность U68
несовместимость I94
неспецифический уретрит S516
неспецифический язвенный колит U8
нестабильный гемоглобин U69
нестиатрия H477
несчастный случай A38, C209
несъёмный зубной протез F172
нетрудоспособность D237
неукротимая рвота H583, U44
неустойчивость L2
нефелометрия N63
нефрит N66
нефробластома N67, W89
нефрография N70, R154
нефроз N82

815

НЕФРОКАЛЬЦИНОЗ

нефрокальциноз N68
нефролитиаз N73
нефролитотомия N74
нефрология N75
нефрон N76
нефропатия R155
нефропексия N78
нефроптоз N79
нефросклероз N81
нефросклероз Фара M43
нефротомия N83
нефроцирроз G314
нефрэктомия N65
нехромаффинная параганглиома C412
нигилистическая парафрения D67, N171
нигилистический бред D67, N171
нидация N164
нижнечелюстной сустав J9, M64
нижний ганглий I152
нижний ганглий блуждающего нерва N186
нижний ганглий языкоглоточного нерва P405
нижний рог бокового желудочка U46
нижняя апертура таза I154, P239
нижняя лобная извилина B465
нижняя челюсть L323, M63, S1066
никотин N158
никотиновая кислота N159
никотиновая лейкоплакия S585
никотиновый лейкокератоз языка S585
никталгия N257
никтофобия N259, S208
никтурия N180
нимфа N262
нимфомания H807, N264
нистагм N266
нистагм мягкого нёба P19
нистагмография N265
нисходящая аорта D140
нитевидное образование F143
нитевидный F146
нитевидный пульс F147, T215
нитеобразная миопатия N54
нитрат серебра L342
нитрометр N177
ниша N157
новая кора H416, L58
новая кора головного мозга I548, N56
новообразование N62, T577
новорождённый N154

новорождённый ребёнок с пороком сердца синего типа B330
нога L114, S432
ногодержатель L116
ноготь F157, N1
ногтевая кожица N6
ногтевая фаланга P427, U49
ногтевое ложе N2
ногтевой валик N7
ногтевой панариций F75
нодальный ритм A809, N184
нодозная офтальмия C234
нож для разрезания гипсовых повязок P583
ножка P227, S854
ножницы S169
ножное предлежание F241
ноздря N217
нозокомиальный N210
нозология N211
нозомания N212
нозофобия N214, P209
нокардиоз N178, S1000
нома N189, S972
номинативная афазия N190
норадреналин N199
норвежская чесотка N208
норма N200
нормальный N201
нормергия N203
нормобласт E422, N100
нормохромная анемия N205
нормоцит N206
норэпинефрин N199
нос N209
носилки S1003
носитель C189
носовая раковина S223
носовая часть глотки E359
носовое кровотечение E376, N22
носовой N18
носовой индекс N23
носовой конкремент R261
носовой указатель N23
носоглотка E359, N28, R263
носоглоточная миндалина L347
носослёзный проток N27
ностальгия N216
ночная полиурия N180
ночная поллюция W59
ночная слепота N166
ночная эпилепсия N182
ночное зрение N168, S211
ночное недержание мочи B115, E286
ночные страхи N169
нуклеаза N229
нуклеиновая кислота N230
нуклеогистон N231
нуклеозид N237

нуклеозидаза N236
нуклеоид N232
нуклеоплазма K12, N234
нуклеопротеид N235
нуклеопротеин N235
нуклеотид N239
нулевой электрод C308
нутриент N249
нутритивная анемия N253
ныряющий зоб W12
ньюкаслская болезнь N155
няня N244

О

О-антиген S631
обезвоживание D54, W31
обезвоживание организма E552
обезвреживание D36, S68
обеззараживание D36, S68
обескровленный B304
обескровливание E551
обеспложивание S930
обкладочная клетка A67, P160
область тела R115
облегчение R139
облигатный анаэроб О5
облигатный паразит О4
облитерация О9
облитерирующая кардиомиопатия B109
облитерирующий атеросклероз A666
облитерирующий тромбангиит B551
облитерирующий эндартериит F287, О8
облитерирующий эндофлебит печени V92
обложенный язык C745, F324
облысение A308, B33, C37
обмен веществ M259
обменное переливание крови E503, R159, S1079, T345
обменный алкалоз M258
обменный ацидоз M257
обморок F18, S1243
ободочная кишка C812
оболочка C744, C1223, M207, S438, T578
обоняние О61, S327
обонятельная галлюцинация P1010
обонятельная доля головного мозга О65
обонятельная луковица О64

обонятельный мозг R256, S583
обонятельный тракт O66
обострение болезни E496
образец S678
образование гноя S1144
образование корочки I102
образование мочевины U80
образование струпа I102
обратная офтальмоскопия I119
обратная связь F72
обратное развитие R121
обратный астигматизм A752
обрезание крайней плоти C655
обсессия O10
обстипация O16
обструкционная желтуха O20
обструкционная эмфизема лёгких O18
обструкция O17
обтуратор O22
обтурационная желтуха C458, M132, O20, R198
обтурация O21
обходной анастомоз B557
общая ёмкость лёгких T342
общая слабость S630
общее обезболивание N14
общее периферическое сопротивление сосудов T344
общее чувство C294
общий адаптационный синдром G132
общий жёлчный проток C866
общий перитонит D204, G136
общий печёночный проток C869
общий фонд P730
объективный симптом O3
объём черепа C1138
обызвествление C19
обызвествлённая эпителиома M38
обыкновенная бородавка C870
обыкновенные угри A82, C865
обыкновенный сикоз B49, C603
овалоцит C39, E113, O275
овалоцитарная гемолитическая анемия O276
овальбумин E54, O273
овальная ямка S72
овариальный цикл O277
овариотомия O282
овариэктомия O115, O281
овина S439
овогенез O113
овогония O114

оволемма Y14
овомукоид O291
овоплазма O292
овоцит O112
овоцит II порядка S255
овсяно-клеточный рак O1
овуляция O293
огибающая извилина S1154
оглушённость T331
огнестрельная рана G390
ограниченная предстарческая атрофия мозга P509
ограниченная склеродермия C660, M403
одиночный A905
одиночный путь G197, S626
одиночный пучок S626
одновалентное антитело U63
одноимённая гемианопсия H425
одноимённая диплопия H424, S511
одноклеточная железа U52
однолинзовая лупа S513
одномоментная операция O102
одноосный сустав U51
одноперистая мышца U57
однополюсное отведение U59
однородный H418
однослойный эпителий S512
одностороннее косоглазие M384, U54
односторонний H164
односторонний анорхизм M392
односторонний восходящий паралич A712
односторонний эпилептический припадок H158
однояйцовые близнецы E288, I11, M394, T536, U56
одонталгия O45
одонтеризм T68
одонтобласт O46
одонтология O50
одонтома O51
одышка D349, S453
оживление T396
оживление краёв раны V224
оживление организма R192
ожирение O2
ожог жидкостью паром S106
ожог электрическим током E74
оздоровление S67
озена O321
озноб C435, S429
озокерит O322
озонатор O323
окисление O303
окисленный гемоглобин O317

ОКУЛЯР

окислитель O301
окислительно-восстановительная система O304, R90
окклюзионная гидроцефалия N193, O19
окклюзионная повязка O28
окклюзия B231, O27
окологрудинная линия C1103
околозубная киста A321
околоминдаликовый абсцесс Q15
околоносовая пазуха A35, A252
околоплодные воды A363, H359
околопочечная клетчатка A177
околосердечная сумка H78
околососудистый C661
околоушная железа P178
околоушно-височный гипергидроз A844, G392
околоушной проток P177
околояичник P174
окончательный хозяин D49, F155
окончатый зажим F84
окопная лихорадка S434, T450, V235
окопная стопа T451
окопный нефрит T452, W18
окостенение O214
окраска S852, S853
окружающая среда E287
оксалат O295
оксалемический диатез O298
оксалемия O296
оксалурия O299
оксалуровая кислота O300
оксибаротерапия H564
оксигемоглобин O317
оксигемометр O306
оксигемометрия O307
оксигенация O311
оксигенированный гемоглобин O317
оксигенотерапия O316
оксид углерода C86
оксидаза O302
оксидоредуктаза O305
оксинервон H541
окситоцин O319
оксиуроз E260, O320
оксифильная аденома щитовидной железы H483
оксифильный проэритроцит N100
оксицефалия A95, H787, O308, S897, T349
окулогирный криз O42
окулоцереброренальный синдром O40
окуляр O33

окуляр микроскопа E604
окуривание F308
олеогранулёма O59
олеома O59
олеопневмония L226
олеоторакс O60
оливомозжечковый путь O81
оливоспинномозговой пучок H105, O82
олигемия H782, O67
олигоген O72
олигоглия O70
олигодендроглиоцит O69
олигодендроглия O70
олигоменорея O74
олигопноэ O76
олигоптиализм H755
олигосахарид O78
олигосиалия H755
олигоспермия O79
олиготрихия H776
олиготрихоз H776
олигофрения F71, O75
олигоцитемия O68
олигурия H779, O80
ольфактометрия O62
омартрит O83
оментит O84
оментокардиопексия C147
оментопексия O85
омозолелость C29
омоложение R132
омская геморрагическая лихорадка O94
омфалит O89
омфалотрипсия O93
омфалоцеле O90
омфалэктомия O88
омыление S73
онанизм O95
онейродиния O101
онемение N242
онихия O110
онихогрифоз O105
онихолиз O106
онихомикоз O107
онихорексия O109
онихофагия O108
онихошизис S150
онкогенез O99
онкология O100
онкосфера H341
онкотический отёк H505
онкоцит O97
онкоцитома O98
онтогенез O104
онхоцеркоз C743, O96, V238
ооспороз H176
оофорит O116
оперативный приём P870
операционная сестра S230
операционный стол O126

операция Александера—Адамса L194
операция Матаса E196
операция на открытом сердце O123
операция по Леришу H390
опечение H261
опиат O143
опийная наркомания O146
опиомания O146
опиофагия O144
описательная анатомия D141, S1301
описторхоз O145
оплодотворение F70, F93
оплодотворённая яйцеклетка F94
опорный зуб A28
опорожнение E488
опосредованная перкуссия M145
опоясывающая боль G214
опоясывающий лишай S448, Z18
определение группы крови B303
определять I12
опрелость I445
опсонин O149
опсонический индекс O148
оптика O154
оптическая афазия V205
оптическая изомерия E164
оптическая ось O150
оптокинетический нистагм O156
оптометрия O157
оптотипы O158
опухание E252
опухолевая киста C1351
опухолевидный гастрит G192
опухоль N62, S1199, T577
опухоль Абрикосова A19, G312
опухоль Вильмса E131, N67, R145, W89
опухоль десны U16
опухоль кармана Ратке C1155
опухоль Шминке L396
опухоль Юинга E495
опущение органов брюшной полости E274
опущение печени W14
опущение сердца C153
опыт E541
опьянение I132
оральная фаза O160
орбита O164
орбитотомия O165
оргазм O182
орган O176
орган вкуса T55

орган Розенмюллера E388, P181
орган Цукеркандля P86
организм O179
органический психоз C358, O178
органический шум сердца O177
органоспецифический антиген O181
органотропность O180
органы чувств S328
ореховидный сустав B34, C1111, E165, S601
ориентировочный рефлекс I502, O183
орнитин O186
орнитоз O187
ороговение C1061, H446, K23
оротовая кислота O189
орошение I529
ортодактилия S1225
ортодонтия D90, O191
ортопедия O192
ортопноэ O194
ортоптика O195
ортостатическая гипотензия O197, P780
ортостатическая протеинурия O196, P779
ортостатический обморок P783
ортотонус O198
ортофория O193
орхиалгия O167
орхидопексия O173
орхиопексия O173
орхит O174
орхиэктомия O170
орхиэпидидимит E340, O171
осадок S270
осаждение S272
осевая близорукость A889
осевая дальнозоркость A888
оседание S272
осёдлый макрофаг C674
осенняя лихорадка G199
осиплость H398
оскольчатый перелом C862
ослабление R121, R139
ослабление памяти H735
ослабление проявлений болезни A340
ослабление слуха H70
ослабление слуха, обусловленное наличием серной пробки C368
ослабление умственных способностей P1033
ослабленная вирусная вакцина A817
осложнение C890, S354

ОТЛОМОК

осложнённый перелом C889
осмидроз O203
осмометр O205
осморецептор O206
осмотерапия O207
осмотический отёк S52
осмотическое давление O208
осмотр I375
основная мембрана B80
основная пластинка B70
основной обмен B71
основные цвета P861
особь мужского пола M33
оспа P790
оспа лошадей H451
оспа овец S439
оспенновидный сифилид V39
оспина P546, P662
оссеин O210
оссеомукоид O211
оссификация O214
оссифицирующая периостальная саркома J37
оссифицирующий периодонтит H571
остановка S858
остановка кровотечения H237
остановка сердца C105
остаточная катаракта M209
остаточная моча R170
остаточное явление S354
остаточный азот N197, R191
остаточный объём лёгких R169
остеоартрит O218
остеоартроз A686, O218
остеобласт O220
остеобластокластома G187, O225
остеогенез O229
остеогипертрофический варикозный невус C940
остеодистрофия O227
остеоид O230
остеоидсаркома O231
остеокласт O224
остеолиз O233
остеология O232
остеома O234
остеомалятический таз O236
остеомаляция O235
остеомиелит O237, P60
остеомиелит Гарре C916, F260, G57, S190
остеомиелодисплазия O238
остеомиелосклероз O238
остеомиелофиброз A278, O238
остеон O239
остеонекроз O240
остеопатия O241
остеопериостит O242

остеопетроз O243
остеопластика O247
остеопороз O248
остеосинтез O250
остеосинтез металлической проволокой W98
остеосинтез при помощи гвоздя N4
остеосклероз B361, O249
остеотом O251
остеотомия O252
остеофиброма O228
остеофит O245
остеохондрит O221
остеохондроз O223
остеохондрома O222, S624
остеохондропатический кифоз S139
остеоцит B352, O226
остистый отросток S746
остит O217
острая жёлтая атрофия печени A122
острая лучевая болезнь A119
острая пресбиофрения S313
острая психотическая азотемическая энцефалопатия B122
острая сердечная недостаточность A117
острая трофическая язва Курлинга C1273
острица H468, P542, S236, T214
островковая клетка I542
островок C300
островок Лангерганса L63, P49
острое расширение желудка G72
острое респираторное заболевание C225
остроконечная бородавка F142, P669, V86
острота зрения V203
острота слуха A828
острый абсцесс A113
острый восходящий паралич A115
острый живот A112, S1177
острый крючок T101
острый лимфолейкоз L388
острый лимфоцитарный менингит Армстронга L390
острый лучевой синдром A119
острый одонтогенный периостит G205, P186
острый ревматический полиартрит A114
острый фибринозный бронхит C1214

острый эпидемический конъюнктивит A116, P538
ость S746
осумкованный плеврит E187, S11
осциллография O200
осциллометр O201
осцилляция O199
ось V206
ось таза P234
ось фиксации L210
осязание T18, T346
осязательное тельце O274, T347
осязательный мениск T17
оталгия E2, O254
отбор S283
отвар D33
отведение A13, L104
отведение ЭКГ с конечностей L205
отверстие A574, F242, O184
отверстие матки M428
ответ R190
отвислый живот P251
отвлекающее действие R243
отвлечение R243
отвод жидкости R243
отводящая мышца A15
отводящая шина A14
отводящий нерв A12
отграниченный перитонит C659
отделение интенсивной терапии I394
отделение мокроты E540
отделение неотложной помощи E140
отдельный D243
отёк E42
отёк век B262
отёк века H507
отёк десны U16
отёк Квинке A439, G194, Q13
отёк кожи C1283
отёк лёгких P1068
отёк нёбного язычка S862
отекание T576
отёчный E43
отит O257
отклонение D153
отклонение электрической оси сердца A895
открытая гипсовая повязка P585
открытоугольная глаукома O120
открытый массаж O121
открытый перелом O122
открытый пневмоторакс O124, S1090
отливка C205
отломок F271

ОТМОРОЖЕНИЕ

отморожение C937, F297
относительная полицитемия R136
относительный лейкоцитоз R135
относительный лимфоцитоз S1064
относительный эритроцитоз R136
отнятие от груди W45
отогенная зрачковая реакция C765
отогенный менингит O256
отогенный энцефалит O260
отогнутый пучок M282
отолит O261, S885
отолитовая мембрана O262, S884
отолиты E5
отомикоз O263
оториноларингология O265
отосклероз O267
отоскоп O268
отоскопия O269
отпадающая оболочка D31
отпуск по беременности и родам M115
отравление I461, P671, V82
отравление синильной кислотой H517
отравление сурьмой S947
отравляющее вещество слезоточивого действия L25, T63
отражённая боль R100, S1236
отражённые ощущения T404
отрезанная часть S265
отрицательная линза C903
отросток P871
отрубевидное шелушение D50
отрывной перелом C688, S827, T65
отрыжка B121, E412
отсасывание S1091
отсасыватель A733
отсасыватель слюны S34
отслойка сетчатки D147, R212
отсрочка S1186
отсутствие вилочковой железы A785
отсутствие жажды A180
отсутствие зрачка A84
отсутствие или слабость родовых схваток U159
отсутствие мочеиспускания A548
отсутствие сосков молочных желёз A776
отсутствие чувства насыщения A85

оттиск I76
отторжение трансплантата R131
отхаркивающее средство E539
офтальмия O129
офтальмодинамометрия O133
офтальмоксероз X18
офтальмология O135
офтальмометр O136
офтальмометрия O137
офтальмомиаз O35
офтальмомикрия M297
офтальмоплегия O140
офтальмоскопия O141, S554
офтальмоскопия в обратном виде I119
офтальмоскопия в прямом виде D233
офтальмотонометрия O142
охлаждение организма H772
охроноз O32
оцепенение R296, T331
очаг F218
очаг Гона G183
очаговая алопеция F216
очаговая пневмония B501
очаговая склеродермия C660, M403
очаговый нефрит F217
очень высокая гемоглобинемия H600
очистительная клизма C683
очищение кишечника C236
очки G222, S679
ошибочный диагноз M352, W120
ощелачивающая диета B77
ощупывание T346
ощутимое потоотделение S331
ощущение F74, P271, S324

П

падающая кисть C188, D312, W117
пазуха S529
пазуха решётчатой кости E471
пазуха твёрдой мозговой оболочки C351
палата W20
палатная медицинская сестра C397, H460, S848, W21
палатопластика P23
палатосхизис P25, U74
палеостриатум P33
II палец кисти F248
палец руки F156
палец стопы T300

I палец стопы H18
паликинезия P29
палилалия P30
паллестезия B362, V166
паллиативная терапия P32
паллиативное лечение P32
паллидум P33
палочка Гансена H30, L136
палочка Гертнера G58
палочка Гофманна H401
палочка инфлюэнцы I164, P411
палочка лепры H30, L136
палочка паратифа B S156
палочка проказы H30, L136
палочка Пфейффера I164, P411
палочка сапа G217
палочка сетчатки R306
палочка Фридлендера F286, P636
палочка чумы P564
палочкоядерный лейкоцит S844
палочкоядерный нейтрофильный гранулоцит S844
пальпация P38
память M213
панариций ногтевой фаланги W84
панартериит E229
панартрит P44
пангемоцитопения P54
пандемический P55
пандемия P55
панкардит E230, P45
панкреатит P50
панкреатический конкремент P52
панкреатический островок L63, P49
панкреатический проток P48
панкреатография P51
панкреатопептидаза E E60
панкреатотомия P53
панкреатэктомия P47
панмиелофтиз P56
панникулит P57
паннус P58
паностит P60
панотит P61
панофтальмит P59
пансистолический шум H408, P64
пантотеновая кислота C427, L267, P66
пантофобия P62
панцирное сердце A639
панцирный плеврит P10
панцирный рак C45
папиллит P76
папиллокарцинома P69
папиллома P77, V171

ПАТЕНТОВАННОЕ ЛЕКАРСТВЕННОЕ СРЕДСТВО

папиллома Шоупа R2
папилломатоз P78
папиллэктомия P74
папиллярная киста яичника P70
папиллярная кистома яичника P70
папиллярная лимфоматозная цистаденома A149
папиллярный рак P69
папула P83, P533
папулёз P84
папулёзный лентикулярный сифилид F189
папулёзный милиарный сифилид F232
папулёзный муциноз кожи P81
папулёзный сифилид подошв P569
папулонекротический туберкулёз кожи A83, P82
парааллергия P107
парааминобензойная кислота P85
парабиоз P88
парабулия P89
паравертебральная анестезия P149
параганглий C565
параганглиома P100
парагемофилия P103
парагонимоз P101
параграфия P102
парадоксальная эмболия C1201
парадоксальный пульс P96
парадоксальный рефлекс I501, P97
парадоксальный сон P98
парадуоденальная грыжа T445
паразит H189, P130
паразитарная меланодермия P132
паразитарный сикоз B49
паразитизм P133
паразитический грибок F317
паразитический червь H101
паразитология P134
паракератоз P105
паракинез P106
паракинезия P106
паракузия P95
паралитическая непроходимость кишечника A205, P110
паралитическое бешенство S1115
паралитическое головокружение G171
паралич P43, P109
паралич аккомодации C1309

паралич артикуляционного аппарата L301
паралич Белла B123, F12, P938
паралич гортани L81
паралич диафрагмы P489
паралич Ландри A115
паралич мягкого нёба P24
паралич одной нижней конечности H169
параллергия P107
паралогия P108
парамезонефрический проток G65, M453, P111
параметрит P112
парамимия P113
парамнезия P114
параназальный синусит S534
паранефральная аортография T416
паранефральная клетчатка A177
паранефрит P115
паранойя P116
паранойяльная шизофрения P117
парапарез P118
параплегия P122
парапраксия P123
парапроктит P124
парапротеин P125
парапсихология P127
парапсориаз P126
парасакральная анестезия P128, P832
парасимпатикотония V23
парасимпатическая нервная система P136
парасимпатическая часть вегетативной нервной системы P136
парасинапсис P137
парасиндез P137
парасистолия P138
парастернальная грыжа P135, R235
парастернальная линия C1103
паратгормон P142
паратимия P140
паратиреоидная клетка W30
паратиреоидный гормон P142
паратиреоидэктомия P145
паратироцит W30
паратиф P147
паратиф B S157
паратифлит P146
паратифобациллёз B180, G358
парауретральная железа U110
парауретральный проток P148, S551

парауретрит S550
парафазия P119
парафимоз P120
парафинома P99
парафрения P121
парацентез P91, T35
парацентезная игла M574
паращитовидная железа P141
парез P156
парез кишечника E272
парентеральный P155
парентеральный гепатит S397
паренхима P152
паренхиматозная желтуха H262
паренхиматозная пневмония P153
паренхиматозный зоб F225
паренхиматозный мастит G219
паренхиматозный неврит A890
парестезия P157
париетальная плевра P166
париетальный гландулоцит A67, P160
париетальный тромб M472
паркетное глазное дно T130
паркинсонизм P169
паровой стерилизатор A853
пародонтоз S1148
пароксизм P182
пароксизмальная тахикардия P183
пароксизмальный перитонит P328
пароксизмальный риккетсиоз V235
паронихия P173, R344, W84
парорексия P391
паросмия P176
паростальная саркома J37
паротидэктомия P179
паротит P180
партеногенез V178
парулис P186
парша C1224, F61, H433, S109
пассивная альголагния M93
пассивная гиперемия P187, V96
пассивный иммунитет P188, S368
паста P190
пастереллёз P191
пастеризация P192
пастилка L327
пателлэктомия P196
пателлярный рефлекс K71, P195, Q5
патентованное лекарственное средство P198

ПАТОГЕНЕЗ

патогенез Р201
патогенность Р202
патогенный фактор Р200
патогномонический симптом Р203
патологическая ампутация М494
патологическая анатомия Р204
патологическая болтливость L302
патологическая физиология Р210
патологический перелом S253
патология Р207
патологоанатомический диагноз Р205
патопсихология Р211
патофизиология Р210
патофобия N214, Р209
паукообразная гемангиома А652, S727, V47
паукообразный невус А652, S727, V47
паутинная оболочка А622
паучья кисть А97, S728
пах G364
пахигирия Р5
пахидермия Р3
пахименингит Р6
пахименинкс Р7
пахионихия Р8
пахионовы грануляции А626, Р1
пахипериостит Р9
пахиплеврит Р10
паховая грыжа I174
паховая канальная грыжа В524
паховая область I175
паховое кольцо I176
пахово-мошоночная грыжа I177, S224
паховый канал I172
паховый лимфогранулематоз С701, F266, Р732, Т521, V84
паховый серп С955
пациент S1055
певческие узелки S520, V230
пегая кожа Р512, V218
педерастия Р223
педиатр Р224
педиатрия Р225
педикулёз L322, Р229
пейеровы бляшки Р408
пейсмекер Р2
пектин Р219
пекторилоквия Р222
пеллагра Р232
пельвиметрия Р243
пельвиоперитонит Р240

пельвиоскопия Р245
пена F214
пенетрантность гена Р255
пенетрация Р257
пенистая клетка F215
пенициллиназа Р258
пентоза Р262
пентозурия Р263
пепсин Р264
пептид Р268
пептидаза Р267
пептическая язва Р266
пептон Р269
первая доврачебная помощь F158
первая менструация М214
первая помощь F158
первичная аменорея Р858
первичная кишка G88
первичная моча С1218
первичная половая клетка G295
первичная сифилома S1282
первичная энтодерма Н687
первичные цвета Р861
первичный гипогонадизм S306
первичный гипотиреоз Т269
первичный рот В253
первичный туберкулёзный аффект G183
первичный узелок Р862
первый палец G352, Р681
пергаментная кожа Р150
переаминирование Т395
переваривание крахмала А381
перевозбуждение S1125
перевязка D309, L195
перевязочный материал D309
перегиб F202
перегородка S353
перегородка носа N25
перегревание организма Н658
передача инфекции Т419
передний корешок спинно-мозгового нерва V104
передний край больше-берцовой кости S446
передний мозг F247
передний столб спинного мозга V102
передняя диафрагмальная грыжа Р135, R235
передняя доля гипофиза А143, Р813
передняя кишка Н59
передняя стафилома С1055
передание Н561, S1136
перезрелая катаракта Н614
перекрёстная гемианестезия С1202

перекрёстная гемиплегия G379, S889
перекрёстная диплопия С1200, Н319
перекрёстная инфекция С1207
перекрёстная реакция С1210
перекрест нервных волокон С1212
перекрест пирамид М421, Р1157
перекрест чувствительных нервов S340
перекрёстное кровообращение С1198
перекрёстно реагирующие антигены Н312
переливание крови В318, Т409
перелом F269
перелом основания черепа В73
перелом по типу зелёной ветки G355
перелом по типу ивового прута W88
перелом шейки бедра Т397
перемежающаяся лихорадка I417, R143
перемежающаяся хромота I416
перемежающийся пульс А314
переметилирование Т418
перемещаемый лоскут А199
перемещение М321
перенапряжение О288
перенос Т402
переносимость Т301
переносица В454
переносчик С189
переносчик инфекции V69
перепонка М207, S309
перепончатая часть мочеиспускательного канала М212
перепончатый лабиринт М211
перераспределительный лейкоцитоз R135
перерезка блуждающего нерва V22
пересадка роговицы С1057, К36
пересечение Т399
переутомление О288
перефосфорилирование Т423
перехват Ранвье I428, R36
перехват узла I428, R36
переходный эпителий Т413
перешеек I564
периаденит Р281
периапикальная гранулёма А587, D88
периаппендицит Р283

периартериальная симпатэктомия H390, P284
периартериит P285
перибронхит P286
периваскулярная клетка P287
периваскулярный C661
перивисцерит P367
перигепатит H280
перидерма E383
перидивертикулит P306
перидуоденит P307
перидуральная анестезия E341, P308
перидурография E343
перикард H78, P295
перикардиотомия P293
перикардит P294
перикардэктомия P288
периколит S365
перилимфа P310
перилимфатичский проток P311
периметрий P314
периметрит P313
перимизий P315
периневральная анестезия P326
периневрий P327
перинеопластика P319
перинеорафия P320
перинеотомия P322
перинефрит P324
период P1048, S849
период биологического полувыведения B203
период Самойлова— Венкебаха W57
периодическая болезнь P328
периодическая семейная болезнь B135
периодический перитонит B135, P328
периодонт P334
периодонтальная связка P334
периодонтит P333
перионихия P173
периорхит P337
периост P342
периостальный рефлекс F295, P339
периостит P343
периостоз P341
периостоз Бамбергера—Мари B43
периренальная инсуффляция P353
перисигмоидит P354
периспленит P355
перистальтика P356
перистальтика толстой кишки C815

перителий P360
перителиома P359
перитендинит P357
перитифлит P365
перитонеоскоп L67
перитонеоскопия C276, L68, P362
перитонзиллярный абсцесс Q15
перитонит P364
периферическая глухота L12
периферическая нервная система P346
периферическое зрение E13, I121, P348
перифлебит P349
перихолангит P298
перихондрий P300
перихондрит P299
перихориоидальное пространство P301
перицементит P333
перицистит P303
перицит A201, P287
перицитома P359
перколяция P272
перкуссия P273
перкуторный звук P274, R174
пернициозная анемия A130, B159, P372
пернициозная малярия P373
пероксидаза P377
перонеальная походка C1204, E394, H356, S910
пероральный P376
персеверация P379
персекуторный бред D68
персистирующая клоака P380
персонал S846
перспирация P384
перстневидная клетка S506
перстневидный хрящ A473, C1189, I196
перстнечерпаловидный сустав C1188
пертубация P387, T547
перуанская бородавка C191, H225, P389
перфоративная язва P276
перфоратор P279, P1094
перфорация P278
перфорирующая язва P276
перфузия P280
перхоть D10, S233
перцептивная глухота S337
перцептивная тугоухость S337
пессарий P392
пессимум W49
пестицид P395
песчаная блоха S58

петехиальное кровоизлияние P398, P1097
петехия P398
петля L313
петля Генле H243, N77
петля нефрона H243, N77
петрозит P403
петушиная походка C1204, E394, H356, S910
печёночная балка H252
печёночная двуустка L268
печёночная желтуха H262
печёночная жёлчь C264
печёночная клетка H265
печёночная колика H249
печёночная недостаточность H251
печёночная энцефалопатия P745
печёночно-поджелудочная ампула V67
печёночно-почечный синдром H279
печёночно-селезёночный синдром S776
печёночно-яремный рефлюкс H270
печёночный изгиб H250
печёночный конкремент C494
печень L265
пещеристая лимфангиома C261
пещеристое тело C259
пещеристый C258
пиан Y2
пивное сердце B117
пигмент P516
пигментация P520
пигментная глаукома P517
пигментная дегенерация сетчатки P518
пигментная ретинопатия P518
пигментный дерматоз C582
пигментный сифилид P519, S1283
пигментный эпителий P521
пигментообразующий микроб C587
пигментофор C580, P522
пиелит P1127
пиелография P1129
пиелолитотомия P1130
пиелонефрит P1131
пиелопликация P1132
пиелостомия P1133
пиелотомия P1134
пиелоуретерография U98
пиелоцистит C1353, P1128
пиелэктазия N64, P1126
пиемия B308, P1135
пикацизм P391

ПИККВИКСКИЙ СИНДРОМ

пикквикский синдром P511
пикноз P1137
пиковый потенциал S731
пилефлебит P1139
пилефлебэктазия P1138
пиломоторные волокна P529
пиломоторный рефлекс P531
пилоропластика P1142
пилорэктомия G109
пилюля P233, P525
пинеалома P536
пинеальный орган P535
пинеоцитома P536
пиноцитоз C282, P541
пинта C79, S826
пинцет H238
пиогемоторакс P1147
пиогенная мембрана P1146
пиодерматоз P1144
пиодермит P1144
пиодермия P1144
пиометра P1148
пиоперикардиум E159
пиопневмоторакс P1151
пиосальпинкс P1121
пиоторакс P1154
пипетка M154, P544
пирамида P1155
пирамида височной кости P404
пирамидальный нейрон P1156
пирамидный нейрон P1156
пирамидный паралич C303
пирамидный путь C365, P1158
пиридоксин P1160
пировиноградная кислота P1164
пироген P1161
пирогенная терапия F105
пирогенное вещество P1161
пиромания P1162
пиротерапия F105
писчая судорога C407, W119
писчий спазм C407, G336, S216, W119
питание A286, F73, N252
питательная клизма N251
питательная среда C1256
питириаз P554
питуицит P547
пиурия P1165
пища F236
пищеварение D207
пищеварительная железа W26
пищеварительная система D209
пищеварительный D208
пищеварительный аппарат D209
пищеварительный сок J26

пищеварительный тракт A285, D210
пищевая липемия P773
пищевод E460
пищеводное отведение ЭКГ E446
пищеводное отверстие диафрагмы E445
пищеводный E443
пищевое вещество N249
пищевое отравление F237
пищевой комок B349
пищевой режим D194
пиявка H371, L111
плазма P572
плазма крови B306
плазматическая клетка P573
плазматическая мембрана C285
плазматический астроцит G128, P973
плазмин F117, P577
плазминоген P578
плазмобластный лейкоз P574
плазмолиз P580
плазмоптиз P581
плазмоцит P573
плакода P562
плановая операция E72
планоцит L137
плантарный рефлекс P568, S621
пластика артерии A663
пластика вульвы E372
пластика губы L3
пластика молочной железы M61
пластика мочеточника U96
пластика мошонки S228
пластика пищевода E454
пластика слюнного протока S470
пластика хряща C534
пластика челюсти G283
пластина для остеосинтеза B359
пластинка H252, L56, P590
пластинка остеона C907
пластинчатое тельце L55
пластинчатый комплекс H405
пластическая операция P587
пластическая хирургия P588
пластырь P582
платибазия P595
платяная вошь B340
плацебо P556
плацента P557
плацентарное кровообращение P558
плацентома P561
плевательница C1282
плевра P604

плевралгия P614
плевральная пункция P613, T207
плевральный выпот P606
плеврит P611
плевродиния P614
плевролиз P615
плевропариетопексия P616
плевроперикардиальный шум P617
плевроперикардит P618
плевропневмония C1216, P607
плевропульмональный шок P608
плевротомия P620
плевроцентез P613, T207
плеврэктомия P610
плейотропия P597
плексит P621
плеоморфизм P601
плеоморфная аденома P600
плеоцитоз P598
плетизмография P603
плетора H671, P602, R160
плечевая артерия B390
плечевая область S456
плечевое сплетение B393
плечевой H470
плечевой пояс S458
плечевой сустав S460
плечеголовной ствол I194
плечекистевой синдром S459
плечелоктевой сустав H473
плечелопаточный периартрит S120
плечелучевой сустав H472
плечо S456
плод F102
плод-аутозит A878
плодная плацента C547, F98
плодные воды W35
плодный F96
плодовитость F92
плодоразрушающая операция E137
пломба F148
плоская бородавка F192
плоская грудная клетка F185
плоская кисть F188
плоская кондилома F186
плоский сустав A370, G231, P566
плоский таз F190
плоский эпителий S839
плоскоклеточный рак E332
плоскорахитический таз R7
плоскостопие F187, P596, S770
площица C1132
плюсна M270
плюснефаланговый сустав M269

ПОКОЛЕНИЕ

пляска святого Вита S31
пневмартроз Р628
пневматоз Р632
пневматурия Р634
пневмогемоторакс Р645
пневмогидроторакс Н535, Р646
пневмография Р643
пневмококк Р638
пневмокониоз М94, Р639
пневмомедиастинум М140
пневмомеланоз Р648
пневмомиелография Р649
пневмония Р651
пневмонэктомия Р650
пневмопексия Р655
пневмоперикард Р656
пневмоперитонеум Р657
пневморен Р353
пневморетроперитонеум Р659
пневмоторакс Р661
пневмохолецистит Е155, Р637
побочная реакция А739
побочное действие S485
побуждение М417
поведение В118
поверхностная фасция S1127
поверхностно-активное вещество S1172
поверхностное натяжение S1173
поверхностный рефлекс S557
поверхностный сосудистый кератит V43
поверхностный стафилококковый фолликулит S1128
поверхностный эпителий яичника G175
поверхность S1171
поверхность разреза S265
поверхность тела В342
поворот плода V129
повредить I189
повреждающий N219
повреждение D9, I68, I190, I389, L143, Т440
повреждение от раздавливания С1221
повсеместный U1
повторная инфекция R127
повышенная кислотность Н557
повышенная чувствительность Н649
повышенная чувствительность к холоду С1228, Н580
повязка В44
поглаживание Е50
поглощение А25, I41
пограничная мембрана В382
пограничное рентгеновское излучение В368, G356

пограничное состояние В369
пограничные клетки В366
пограничный невус J29
подавление I184, S1143
подавление иммунного ответа I63
подагра G303, Р663
подагрический тофус С388
подбородок С439
подбугорное ядро L355
подвесная ларингоскопия S1187
подвешивание S1186
подвздошная кишка I31
подвздошная кость F180, I34
подвижная почка F203, М433, N79, W13
подвижность М364
подвывих Р995, S1063
подвывих костей предплюсны Т46
подвывих хрусталика Р416
подготовка Р826
поддерживающая клетка S1141, S1189
поддерживающая клетка спирального органа Р526
поддерживающая повязка S570, S1188
поддиафрагмальный абсцесс S1050
поджелудочная железа Р46
подкладное судно В112
подковообразная почка F328, Н452
подкожная жировая клетчатка Н711
подкожная инъекция Н709
подкожная мышца С1287
подкожная эмфизема Р640, S1048
подкожное вливание S1049
подкожное кольцо S72
подколенная ямка Р731
подкорковое ядро В69
подкрепление условного рефлекса R129
подмышечная впадина А640
подмышечная складка А893
подмышечный А892
поднадкостничный перелом S1074
поднижнечелюстная железа S1069
поднижнечелюстной проток S1065, W64
поднимающая мышца L175
подострый генерализованный эксфолиативный дерматит Е519
подострый гепатит S1039
подострый гломерулонефрит S1040

подострый септический эндокардит S1037
подострый тиреоидит S1038
подошва стопы Р567, S620
подошвенная бородавка Р570
подошвенный рефлекс Р568, S621
подпаутинное пространство А625, S1042
подпороговый раздражитель S1081
подрёберная область Н698
подростковый кифоз S139
подростковый психоз А184
подслизистая резекция S1073
подслизистая ткань S1072
подсознание S1058
подсознательное Я S1058
подсчёт клеток крови В295
подушка С1279
подчелюстная железа М122, S1069
подчелюстной ганглий S1068
подчревье Н717
подъязычная кость Н552, L211, Т307
подъязычная ретенционная киста F289, S468, S1060
подъязычная сумка F197
подъязычная фиброгранулёма R293
подъязычная ямка Жерди G168
подъязычно-глоточная мышца Н553, М314
подъязычно-язычная мышца Н551
поза Р749
позадичелюстной R230
позвонок V130
позвоночник В5, S736, S746, V133
позвоночный канал S735, V132
позвоночный столб S736, V133
поздний хлороз L92
поздняя порфирия кожи V37
поздняя эпилепсия Т36
позотонический рефлекс Р782
позывы на рвоту V246
поильник I494
пойкилодермия Р667
пойкилотимическая психопатия Р668
пойкилотимия Р668
пойкилоцит Р665
пойкилоцитоз Р666
показание I113
показатель I108
поколачивание Т34, Т35
поколение G138

ПОКРОВНОЕ СТЕКЛО

покровное стекло C1123
покров тела T72
покрышечно-спинномозговой путь S1109, T67
покрышка T71
пол S407
полая вена C252, V80
полая стопа H404
поле зрения V207
поле зрения при микроскопии M300
ползучая эритема E415
ползучая язва C1171, S389
ползучая язва роговицы H757, S384
полиаденит P685
полиартериит P686
полиартрит H402, P687
полибласт P689
поливакцина M362
поливалентная вакцина M467, P728
поливалентная иммунная сыворотка P727
полидактилия P695
полидипсия P696
полидистрофическая карликовость P697
поликистоз почки C1328, P693
поликистозная почка P693
поликлиника C703, O272, P692
полимастия H613, P703
полимиалгия P705
полимиозит P706
полиморфизм P601, P704
полиморфный M457
полиневрит P708
полиневритический психоз K82, P707
полинейропатическая эритродермия P537
полиовирус P678
полиомиелит P677
полиопия P709
полиопсия P709
полиоэнцефалит P676
полип P710
полипептид P712
полиплоидия P714
полипная петля S592
полипноэ P715, T14
полипные окончатые щипцы F84
полипоз P717
полипозный эндокардит P718, V75
полипоидная аденома A153, P716
полисахарид P719
полисерозит P720
полисомия P722

полиспермия P723
полителия P724
политрихия H661, P725
полиурия H542, P726
полифагия A85
полихромазия P691
полихроматофилия P691
полицитемия H581, P694
полиэстезия P698
поллакиурия P679, T159
поллиноз H50, P682, S1117
поллюция P683
полная глухота A389
полная дальнозоркость T341
полная катаракта C885, T340
полная слепота A327
полное антитело C884
полное голодание A21
полное парентеральное питание T343
полный аборт C883
полный зубной протез C887, F305
половая гипестезия H673
половая девиация S418
половая железа G152, S420
половая клетка S408
половая потенция P786
половая стерилизация S930
половая холодность A405, F288, S417
половая хромосома H310, O44, S410
половое бессилие I75
половое влечение L179
половое извращение S418, S423
половое размножение S424, S1263
половое сношение C776, I404, S422
половой G150
половой акт C776, S422
половой гормон S413
половой инфантилизм S421
половой хроматин B57, S409
половые органы G154
положение P749
положение плода L185
положительная линза C1023, P627
положительный мениск C1020
полосатое тело S1004
полоска T31
полоска Z T85
полоскание M432
полоскать горло G55
полосовидная лейконихия S1006
полость C263, C667, P787
полость брюшины P361
полость зуба P1083

полость сосцевидного отростка височной кости M109
полость сустава G228
полость тела B339, V190
полосчатый кератит S1005
полукружный канал S295
полулунная кость L341, S297
полулунная складка конъюнктивы N161
полулунный ганглий S298, T492
полупроницаемая мембрана S309
полушарие H174
полушарие большого мозга C347
поляризационный микроскоп P674
поляриметр P673
полярное тельце P672
помрачение сознания C728, M237
помутнение O119
пониженное питание U47
пониженный обмен веществ H734
понос D174
поперечная ободочная кишка T429
поперечное положение плода T432
поперечное рассечение T399
поперечно-полосатая мышца S1007
поперечный миелит T433
поперечный разрез C1211
поперечный сустав предплюсны C536
пора P733
поражение L143
поражение ударной волной B246
порог T218
порог зрительного ощущения A61, L200, T219, V210
порог ощущения S959
порог различения D201
порог чувствительности S959
пороговая доза M346
пороговый раздражитель L206, T220
порокератоз P737
порок развития M35
порок сердца синего типа C1299
портальная система P744
портальное кровообращение P742
портняжная мышца T21
портография P746
порто-кавальный анастомоз P741

ПРЕДСТАРЧЕСКАЯ ОГРАНИЧЕННАЯ АТРОФИЯ ГОЛОВНОГО МОЗГА

портосистемная энцефалопатия P745
порфирин P739
порфириновая болезнь P738
порфиринурия P740
порфирия P738
порция В жёлчи B103, C264
порэнцефалия P734
поседение T478
послабляющее лекарственное средство L103
послед A220, P557, S267
последействие A222
послеоперационная пневмония P770
послеоперационное течение болезни P769
послеоперационный шок S1181
послеоспенный рубец P546, P662
послеродовой мастит P1059
послеродовой период L358
послеродовой психоз P771, P1058
послеродовой сепсис P1057
послойная рентгенография S266
поствакциональный иммунитет A700
постганглионарный нейрон P757
постгастрорезекционный синдром P758
постгеморрагическая анемия P759
постгипнотическое внушение P762
постельный режим B113
постинфарктный синдром P766
постит P760
посткомиссуротомный синдром P753
постнекротический цирроз печени P768
постолит P828
постоянная лихорадка C995
постоянная пломба P369
постоянные зубы S251
постоянный зуб P370, S1084
постпервичный туберкулёз R128
постпубертатный период P774
посттравматический делирий P776
посттрансфузионный гепатит S397, T410
постуральная гипотензия O197, P780
постуральный рефлекс A820, P782, S879

постхолецистэктомический синдром P752
постцентральная извилина P751
пот S1196
потение S1092
потенциал повреждения C1274
потеря всех видов чувствительности T339
потеря чувствительности S344
потовая железа P385, S1097
потовый проток S1096
потоотделение P384, S1092
потрескавшиеся губы C393
потуги B105
похлопывание T34, T35
похмелье H29
похмельный синдром H29
походка G1
походка пьяного T297
почечная карликовость R149
почечная лоханка R150
почечная протеинурия I485
почечная чашка C28
почечное тельце R147
почечнокаменная болезнь N73
почечно-печёночный синдром H279
почечный камень N72
почечный каналец U145
почечный клубочек M49
почечный конкремент N72
почечный несахарный диабет V59
почечный порог выведения R152
почечный рахит P1008, R149
почка K51
почкование B531
пояс верхней конечности S458
поясница L306
поясничная пункция L333
поясничная L330
поясничный аортальный параганглий P86
поясничный лордоз L331
поясообразная плацента Z8
правило рекапитуляции B200
правильный астигматизм R122
правое предсердно-желудочковое отверстие T488
правожелудочковая недостаточность R295
праворукий R294
правый атриовентрикулярный клапан T490

правый изгиб ободочной кишки H250
правый предсердно-желудочковый клапан T490
прагматамнезия P792
превертебральные симпатические ганглии P853
преганглионарный нейрон P809
предварительный диагноз T119
предвестник болезни A490, P895
преддверие полости рта B527
преддверно-спинномозговой путь H96, V161
преддверно-спинномозговой пучок L295
преддверный ганглий V158
предельно допустимая доза M126
предентин P803
предлежание плаценты P560
предменструальный синдром P823
предметное стекло M301, S568
предопухолевое состояние P794
предплечье F246
предплюсна T50
предплюсне-плюсневые суставы L253
предплюсне-плюсневый сустав T49
предпочка F253, H52, P926
предпузырное пространство P854
предрак P794
предраковый меланоз M42
предрасполагающий фактор P804
предрасположение P805
предсердие A811
предсердная тахикардия A802
предсердная экстрасистола A797
предсердно-желудочковая диссоциация A806
предсердно-желудочковый клапан A810
предсердно-желудочковый пучок A805
предсердно-желудочковый узел A808
предсердный комплекс A796
предсердный тон A801
предстарческая ограниченная атрофия головного мозга C657

ПРЕДСТАРЧЕСКИЙ ПСИХОЗ

предстарческий психоз I505
предстательная железа P943
предстательная маточка U167
предстательные проточки P946
предцентральная извилина P795
преждевременная морщинистость лица R279
преждевременное старение P839, P900, S322
преждевременные роды P817
презерватив C920
прекапиллярный пульс C67, N5, Q14
преколлагеновое волокно P798
прекордиальная область P799
прекорнеальная плёнка P802
прекращение S1186
прекращение активности S858
прекращение кровообращения C653
прекращение лактации W45
прелогическое мышление P814
преломление R109
премедикация P822
премоляр B156, P824
препарат P826, S678
препателлярный бурсит H465
препуциальная железа P829
препуциальные железы T604
препуциальный конкремент P828
прерывистое дыхание C774, J18
прерывистый шов I435
пресакральная анестезия P832
пресбиакузис P833
пресбиатрия P834
пресбиопия O58, P836
пресбиофрения P835
пресенильная депрессия I504
пресенильный P838
пресенильный психоз I505
пресинаптическая мембрана P845
пресинаптический пузырёк S1239
пресистолический ритм галопа P846
пресистолический шум L93, P847
пресперматида S258
прессорецептор P841
пресфигмический интервал P840
претибиальная лихорадка P848

претибиальная микседема C658, P849
префронтальная лейкотомия P808
преципитация P797
преэклампсия P806
приапизм P855
прибор для прижигания C251
приведение A132
привесок яичка M401, S403
прививочный иммунитет A700
привратник P1143
привычка H1
привычный выкидыш H3
придатки матки A181
придаток яичка E338, P175
придаток яичника E388, P181
придаточная пазуха носа A35, A252
приём I392
приём внутрь I169
приёмные часы C983
приёмный покой R53
прижигание C250
прижигающее средство C249
прижизненная окраска V215
признак C394, S503
прикорневая гранулёма A587, D88
прикорневая пневмония C304
прикосновение T346
прикус B231
прилив H462
прилив крови F213
прилипание A168
примордиальный нанизм L374
примордиальный фолликул P863
примочка W25
приобретённая центробежная лейкодерма C656
приобретённый иммунитет A90
приобретённый рефлекс A91
припадок A815, F168, S282, S1015
припарки C219
припухание T576
припухлость E252, T576
природный N30
прирост I101
приросшая плацента A167
приспособление A129
приспособляемость A128
пристеночная плевра P166
пристеночный плеврит C1100
пристеночный тромб M472
приступ A815, F168, S1015
приступ стенокардии H80

притупление D326
причина O185
приют для безнадёжно больных H455
проба S678, T131
проба Вальсальвы V25
проба Ромберга S881
пробанд P868
пробирка T139
пробка P623
пробная пункция E548
пробный завтрак T132
прободающее волокно S435
пробуждение после наркоза R64
проведение C922
проверка C1009
провизор D317
провизорная костная мозоль T94
провизорная моча C1218
провизорный гемостатический шов T407
проводимость C926
проводник C927, S846
проводниковая анестезия C923, N86
проводниковая афазия A738, C924
проводящая система сердца C921
проводящий путь нервной системы P212
проводящий сердечный миоцит P1112
прогерия P900
прогестерон C1076, L348, P901
прогестероновая фаза L349
прогнатия P902
прогноз P903
прогонобластома H19
прогрессирующая атрофия сосудистой оболочки глаза P906
прогрессирующая гемиатрофия лица F9
прогрессирующая лентикулярная дегенерация L125
прогрессирующая липодистрофия P908
прогрессирующая миопатия Вюльпиана—Бернгардта S119
прогрессирующая мышечная атрофия C1170
прогрессирующая мышечная дистрофия M480
прогрессирующая язва S575
прогрессирующий бульбарный паралич G250, P905
прогрессирующий сетчатый гемосидероз кожи P910

ПРОТОПЛАЗМАТИЧЕСКИЙ АСТРОЦИТ

продолговатый мозг S734
продольное положение плода L310
продольный перелом L309
продром A490, P895
продувание маточных труб P387, T547
продукт катаболизма C211
продуктивное воспаление H639, P917
продукция мочевины U84
прозектор P937
прозоплегия P938
прозопоплегия B123
прозопоспазм P939
происхождение G139
проказа L135
прокол P1099
проконвертин P872, S398
проксимальный лучелоктевой сустав S1131
прокталгия P873, R65
проктит P875
проктодиния P873
проктоколит P878
проктоколэктомия P877
проктология P881
проктопексия P883
проктоперинеопластика P882
проктоперинеорафия P882, R69
проктопластика P884, R71
прокторрагия P885
проктосигмоидит P889
проктосигмоидоскопия S500
проктоскопия P887, R73
проктоспазм P891
проктостаз P892
проктостомия R76
проктотомия P893, R77
проктоцеле P876, R67
проктэктомия P874
прокурсивный эпилептический припадок P894, R345
пролактин G8, L40, L352, P913
пролапс P914
пролежень B114, P844, S574
пролин P919
пролиферативное воспаление H639, P917
пролиферативный артрит P916
пролиферация P915
промежностная уретростомия P321
промежностная цистотомия H706, P317
промежностно-влагалищный свищ P323
промежностное камнесечение P318

промежность P325
промежуток S652
промежуточные ганглии I413
промежуточный мозг B146, I396, T153, T583
промежуточный нейрон I429
промежуточный хозяин паразита I412, S254
промиелоцит P922
промиелоцитарный лейкоз P923
промонторий P921
промывание L102
промывание желудка G77
пронатор P925
пронация P924
пронефрос F253, H52, P926
проникающая блоха S58
проникающее ранение P256
проницаемость P371
проницаемость капилляров C64
проприорецептор P935
проприоцептивная чувствительность P934
проприоцептивный рефлекс P933
пропульсия P936
прорезывание зубов D97
прорезывание молочных зубов F160, T69
просвет L336
просовидная аневризма M324
простагландины P942
простата P943
простатит P948
простатическая часть мочеиспускательного канала P947
простатические протоки P946
простатовезикулэктомия P952
простатомия P951
простатэктомия P944
простая бородавка C870
простетическая группа P954
простое ожирение S514
простой белок P960, S515
простой блефарит S510
простой сахар M393
простой сикоз C603
пространственная агнозия V211
пространственное чувство S654
пространство S652
прострация P956
простуда C777
протаномалия P957
протанопия P958, R86
протеаза P959
протез P953

протезирование P955
протеид C959, P960
протеин P960, S515
протеиназа P962
протеинурия A271, P963
протеолиз P964
протеолитический фермент P959
противоботулиническая сыворотка B376
противовирусный A544
противовирусный иммунитет A545
противовоспалительный A521
противогангренозная сыворотка G61
противогельминтное средство H102
противоглистное средство H102, V122
противогрибковое средство A525
противоестественный задний проход A698
противозачаточное средство C999
противозачаточный колпачок C61
противомикробное средство M284
противомикробный A524
противопоказание C1006
противорахитический витамин A532
противорвотное средство A493
противорецидивное лечение P930
противосвёртывающее средство A511
противоцинготный витамин A533
противоядие A513, C1117
протодиастолический сердечный толчок D185
протодиастолический шум E8
проток C42, D325, V157
проток Гензена H244, U62
проток околоушной железы P177, S909
проток первичной почки M252
проток поджелудочной железы P48, W99
проток подчелюстной слюнной железы S1065
проток улитки C762
протоки Вальтера S1061, W8
протоплазма P972
протоплазматический астроцит P973

ПРОТРОМБИН

протромбин P967
протромбиназа P969
протромбиновое время P968
протромбиноген P970
протрузия P974
профаза P928
профермент P897, Z24
профессиональная болезнь O30
профессиональная гигиена I131, O31
профессиональная дискинезия P898
профессиональная судорога C1135
профилактика P931, S67
профилактическая доза P850
профилактическая медицина P851
профузное потоотделение S1095
процедура P870
процеживание P272
процесс P871
проэнзим P897
проявление болезни M70
пружинящие пальцы J16, L289, S591, S830, T495
пруриго Гебры H88
прыщ P533
прямая аускультация I45
прямая извилина S979
прямая кишка R82
прямая офтальмоскопия D233
прямое переливание крови D235, I47
прямой астигматизм A753
прямой каналец S980
прямой массаж O121
прямой почечный каналец C801
прямокишечно-влагалищный свищ R79
прямокишечно-маточное углубление D303, P788
псаммома A432, S62
псаммотерапия P976, S61
псевдоагглютинация P977
псевдоанемия F25, P978
псевдоартроз F28, P979, V170
псевдобульбарный паралич P982
псевдогермафродитизм P992
псевдогипертрофическая миопатия C434, P993
псевдодеменция P988
псевдодифтерийная палочка H401
псевдожелтуха P994
псевдокарциноматозный моллюск A29

псевдокиста P987
псевдокоарктация аорты B529
псевдококсалгия P386
псевдокруп P986, S658
псевдомеланоз P996
псевдомембранозный колит P998
псевдометаплазия P999
псевдомиксома брюшной полости G124
псевдомиопия P1001
псевдомнезия P114
псевдопелада C626
псевдоподагра P991
псевдополип P1004
псевдотабес P1011
псевдоцирроз печени Пика P510, P984
пситтакоз P1013
психалгия P1015, S649
психастения P481, P1017
психиатр P1019
психиатрия P1020
психическая болезнь P1042
психическая двойственность A332
психическая инертность P1023
психическая интеграция P383
психическая невралгия P1015, S649
психическая травма P1024
психически больной M17
психический комплекс C888
психическое возбуждение D272
психическое заболевание I204
психическое здоровье M238, S69
психическое отклонение M235
психическое расстройство D114, L340
психическое расщепление D239
психоанализ A401, P1025
психоаналитик A402
психогальваническая реакция G26
психогенная полидипсия P1028
психогенная слепота H797
психодрама P1026
психоз I204, P1042
психоз истощения E523
психокатарсис C236
психология P1030
психомоторная эпилепсия P1031
психоневроз P1032

психопат P1034
психопатия P1038
психопатология P1037
психосексуальный инфантилизм S421
психотерапия P1043
психофармакология P1039
психофизиология P1040
псориаз P1014
птеригий W46
птиализм H647, P1047, S465
«птичье» лицо B220
птичья лапа C682, G359
птоз P1046
птомаин P1045
птоматин P1045
пубертатный возраст A183, P1048
пубитомия P1053
пудендальная анестезия P1055
пузырёк V144
пузырная жёлчь B103
пузырно-влагалищный свищ V148
пузырно-прямокишечный свищ R80
пузырный C1326
пузырный занос C1337, H497, V149
пузырный проток C1329
пузырчатка P249
пузырчатка глаз C627
пузырь B243, B283, B545, C1320
пул P730
пулевые щипцы B546
пульпа P1082
пульпа зуба D91
пульпит P1084
пульс P1087
пульс Гризингера—Куссмауля G357
пульс Корригена C1077, P545, T499, W32
пульсация P1086, T224
пульсовая волна P1093
пульсовое давление P1091
пунктат P1095
пункционная биопсия P1100
пункция P1099
пункция в полости черепа C1157
пункция головного мозга C325
пункция грудины S932
пункция перикарда P292
пункция семявыносящего протока V60
пункция сердца C134
пункция сустава A676
пупиллография P1105
пупиллометр P1106

РАСПАД НЕРВНОЙ ТКАНИ

пупилломоторный рефлекс P1104
пупиллоскопия P1107
пуповина U32
пуповинная грыжа O90
пупок B125, N35
пупочная грыжа U34
пупочная грыжа, содержащая кровь H133
пупочное кровотечение O92
пупочно-кишечный проток O91
пупочный канатик U32
пупочный свищ U33
пурин P1110
пурпура P1113
пустула P533, P1122
пустулёзный субкорнеальный дерматоз S1047
путридный гной I3
путь T386
пучковидный кератит B46, F40, R282
пучок B550, C851, G197, T386
пучок Арнольда A641
пучок Гельвега H105
пучок Гельда H96, L295
пучок Гиса A805
пучок Грасиоле G149
пучок Левенталя L295
пучок Мейнерта M282
пучок Монакова M373
пучок Тюрка T100
пучок Флексига F195
пучок Фореля F254
пушковые волосы L65
пуэрилизм P1056
пуэрперальный мастит P1059
пуэрперальный период L358
пуэрперальный психоз P771, P1058
пуэрперальный сепсис P1057
пуэрперий L358
пылевидная кора большого мозга K79
пьедра P513
пястная кость M261
пястно-лучевой рефлекс R10
пятидневная пароксизмальная лихорадка T450
пятка H91
пятна Бельского—Филатова—Коплика F145
пятна Филатова F145
пятна Филатова—Коплика C858, K81
пятнистая лихорадка Кью-Гардена K50
пятнистая лихорадка Скалистых гор B240, R305
пятнистая эритема M15
пятно B326, M13, P193, S825
пяточная кость C13, H92
пяточная шпора C14
пяточное сухожилие A55
пятый поясничный позвонок B81

Р

рабдомиобластома R245
рабдомиома R244
рабдомиосаркома R245
работник отдела социального обеспечения C165
работник санитарно-эпидемиологической службы S65
рабочая гиперемия P500
рабочая гипертрофия C877
равновесие B26
радиационная патология R30
радиация R11
радикальная простатэктомия P952
радикальная хирургическая операция R13
радикотомия R272
радикулит R17
радикулоневрит R18
радиоактивность R19
радиоактивный изотоп R25
радиодерматит R23
радиозащитный экран S441
радиоизотоп R25
радиолог R26
радиология R27
радиометр R28
радиомиметик R29
радиомиметическое вещество R29
радионуклидная медицина N226
радиорезистентность R31
радиотерапия R34
радиоустойчивость R31
радиохирургия R33
радиочувствительность R32
радонотерапия E117
радужка I520
радужная оболочка I520
радужно-роговичный угол A446, F154, I513
разбавление D216
разболтанный сустав F177
разведение D216
разгибатель E556
разгибательно-локтевой рефлекс E71, T461
разговор во сне S640
раздвоение B165
раздвоение сознания D300
раздвоенный B161
разделение D239, S279
разделение на две части D189
раздельный D243
раздражение I532
раздражимость I530
раздражитель S958
разжижение крови H192
разлитой перитонит D204, G136
различительная способность R173
разложение D29, D247
разминание K66, P401
размножение P927
размягчение S611
размягчение костей черепа C1151
размягчение миокарда C142
размягчение мозга C355, E176, S612
размягчение мышц M553
размягчение стенок артерии A661
разноимённая гемианопсия H320
разноимённая диплопия C1200, H319
разностный порог D201
разрастание V74
разрежение кости O248
разрез I91, S265
разрез нёбного язычка U175
разрез семявыносящего протока V64
разрешающая способность R173
разрешение R173
разрыв R348
разрыв влагалища C845
разрыв матки H813
разрыв плодных оболочек A361
разрыв роговицы K37
разрыв сердца C157
разъедающая язва P418
рак C44, E380
рак почки H621
рак трубочистов C438, S642
раковый C98
рана S646, W110
раневая лихорадка T441
ранение I190, W110
раненый W112
ранить I189
ранний детский возраст I134
ранний хлороз C453
ранула F289, S468, S1060
раптус R39
распад D247
распад нервной ткани N122

РАСПАТОР

распатор R41
расплавление роговицы K34
распространение P927
рассасывающаяся лигатура A23, S628
рассеивающая линза C903
рассечение D258
рассечение барабанной перепонки T595
рассечение десны U19
рассечение пузырного протока C1339
рассечение ресничного тела C1310
рассечение свища S1299
рассечение слёзного мешка D3
рассечение слепой кишки T599
рассечение стриктуры S1010
рассечение ткани головного мозга E183
рассечение укороченной уздечки языка A472
рассечение щитовидного хряща T270
рассеянный D259
рассеянный склероз D260, M465
расслабление R138
расслабление диафрагмы P481
расслаивающая аневризма D257
расстояние между центрами зрачков P1103
расстройство D114, D252, D274, I68
расстройство пищеварения D343, I116, M32
расстройство сознания M237, U43
растворимость S627
растирание в порошок T507
растущий яичниковый фолликул G370
растяжение D267, D272
растяжимость D266
расходящееся косоглазие D280, E536, W6
расхождение D278
расхождение анастомоза L109
расхождение краёв раны W111
расширение D212, D267, E25, E252
расширение аорты A555
расширение вен семенного канатика S698
расширение желудка G68
расширение лимфатического сосуда L367

расширение мочеточника U88
расширение почечных чашек C26
расширение сердца C130, C143
расширение слепой кишки T597
расширение сосудов V51
расширенная простатэктомия P952
расширенная резекция E554
расширитель D213
расщелина C690, F163, S170
расщелина губы C692, H39
расщелина лица F8
расщелина мочевого пузыря S141
расщелина нёба C693, P25, U74
расщепление волос S153
расщепление генов S279
расщеплённая кисть C691, L278, S795
расщеплённый B161
рахиотомия L60, R5
рахисхизис S804
рахит J34, R289
рахитические чётки R8
рваная рана L18
рвота E142, V243
рвота беременных V244
рвота «кофейной гущей» C773
рвота слизью B257
рвотная масса V242
рвотное средство E143, V245
реабилитация R125
реактивация R50
реактивно-лабильная психопатия P668
реактивность R51
реакция R48, R190
реакция Вассерманна W27
реакция катастрофы C229
реакция Кумбса C1028
реакция Манту M75
реакция оседания эритроцитов E426, S273
реакция отклонения V160
реакция связывания комплемента C882
реакция тревоги A262
реакция фиксации комплемента в сыворотке крови S395
реанимация R192
рёберная плевра C1099
рёберно-диафрагмальный синус P484
рёберно-позвоночный сустав C70, C1107

рёберно-поперечный сустав C1106
рёберные ножницы C1104
рёберный C1097
рёберный рефлекс C1098
рёберный хрящ C1102
ребро R280
ревакцинация R239
реваскуляризация R240
реверсия R242
ревматизм R253
ревматическая лихорадка R251
ревматическая хорея R250, S31
ревматический порок сердца R252
ревматическое заболевание R253
ревматоидный артрит R254
ревматолог R255
регенерация R113
регидратация R126
регионарная анестезия R117
регионарная перфузия R120
регионарное искусственное кровообращение R120
регресс R121
регулирование рождаемости B224
регуляторный ген R123
регуляция C1009
регургитация R124
редукционное тельце P672
редукция R94
редупликация R95
редуцированная диета R93
режим R114
режим питания D194
резаная рана I90
резекция R166
резекция кардиальной части желудка C131
резекция мочеточника U89
резекция мошонки S225
резекция печени H248
резекция подвздошной кишки I20
резекция половины языка H159
резекция поперечного отростка позвонка T430
резекция ребра C1105
резекция сухожилия T110
резекция тощей кишки J11
резерв P730
резервный объём вдоха C881, I378
резервный объём выдоха E544, R167, S1140
резец C1293, I92
резистентность R172
резонанс R174

резорбция R175
резорбция кости B360
резус-фактор R249
резцовая кость I411, P821
реиннервация R130
реинфекция R127
рекальцификация R52
реклинация катаракты C1112, R62
реконвалесцент-бациллоноситель C1017
реконструктивная хирургия P588
ректалгия R65
ректальное зеркало A482
ректовестибулярный свищ R81
ректоколит R68
ректопексия R70
ректороманоскоп S499
ректороманоскопия P879, S500
ректосигмоид R74
ректосигмоидэктомия P888, R75
ректоскоп P886, R72
ректоскопия P887, R73
ректоуретральный свищ R78
ректоцеле P876, R67
релаксант R137
релаксация R138
ремаковское нервное волокно R140, U66
ремиссия R142
ренин R153
ренография N70, R154
рентгеноангиокинематография C643
рентгеновазокардиография A422
рентгеновазокинематография C643
рентгеновская дозиметрия R314
рентгеновский дерматит X22
рентгеновское излучение R310
рентгенограмма R311
рентгенография R24, R312, S553
рентгенография лёгких P643
рентгенозащитные перчатки L108
рентгенокинематография C644, R22
рентгеноконтрастное вещество C1008
рентгенолиенопортография S779
рентгенолимфография L400
рентгенология R313
рентгеноскопия R315, S214
рентгенотерапия R316

рентгенотомография T304
рентгеноцистография C1348
реобаза R247
реовирус R156
реология крови H228
реометрия R248
репеллент R157
реперкуссионная боль R100
репозиция R163
реполяризация R162
репрессор R164
репродуктивный возраст у мужчины V182
репродукция R165
реснитчатый эпителий C641
ресница E601
ресничная связка Z6
ресничное тело C632
ресничный ганглий C635, O130
ресничный край радужки C636
ресничный кружок C634
ресничный поясок C640, Z6
респиратор R178
респираторный алкалоз R180
респираторный ацидоз R179
респираторный эпителий R183
реституция S1077
ретардация R195
ретенированный зуб I67
ретенционная киста R197, S264
ретенционное слезотечение E360
ретенция R196
ретикулёз R208
ретикулин R204
ретикулиновое волокно R199
ретикулоклеточная саркома R209
ретикулосаркома R209
ретикулоцит R205, S545
ретикулоэндотелиальная клетка R206
ретикулоэндотелиоз R207, R208
ретикулоэндотелиоцит R206
ретикулярная соединительная ткань R203
ретикулярная строма L377
ретикулярная формация R200
ретикулярное волокно R199
ретикулярный слой R201
ретинит R213
ретинобластома R214
ретинопапиллит P79, R218
ретинопатия R219
ретинохориоидит C553, R216
ретрактор R224
ретракция R222

ретробульбарный неврит R225
ретроверсия R237
ретроградная амнезия R228
ретромаммарный абсцесс R229
ретроназальная ангина A145
ретроназальный полип C455
ретроперитонеальное пространство R231
ретроперитонеальный фиброз I17
ретропульсия R234
ретрофарингеальное пространство R233
ретрофлексия матки R226
рефлекс R103
рефлекс Ашнера O39
рефлекс Бехтерева—Менделя B107, M216
рефлекс Моро S871
рефлекс растяжения S1002
рефлекс растяжения мышцы M568
рефлекс с трёхглавой мышцы плеча E71, T461
рефлекс с четырёхглавой мышцы бедра Q5
рефлексогенная зона R105
рефлексотерапия R107
рефлектор R102
рефлекторная дуга R104
рефлекторная неподвижность зрачков A634
рефлекторный зрительный эпилептический припадок P471
рефлюкс R108
рефрактерный период R111
рефрактометр R110
рефракционная аметропия I109
рефракционная дальнозоркость H624
рефракция R109
рецепт P837
рецептор R55
рецессивное наследование R58
рецессивный ген R57
рецидив R84
рецидивирующая лихорадка P702
реципиент R59
реципиент трансплантата H461
реципрокная экстрасистола R238
реципрокный ритм сердца R60
речная японская лихорадка T545
речь S683

РЕШЁТЧАТАЯ КОСТЬ

решётчатая кость E470, S493
решётчатая пластинка C1187
решётчатое лёгкое H432
решётчатый C1186, E469
ржавая мокрота R350
рибоза R286
рибонуклеаза R284
рибонуклеиновая кислота R285
рибосома R287
рибофлавин L39, R283
ригидность R296, S664
ризотомия R272
риккетсии R290
риккетсиоз R291
ринит C1094, R258
риновирус R271
ринокладиоз S823
ринолалия R260
ринолит N19, R261
ринопластика R266
ринорея R267
риноскопия R268
риноспоридиоз R269
ринофарингит R262
ринофима H23, R265, T326
ринофония R260
ритм R277
ритм галопа C58, G21
ритмическое сужение и расширение зрачков H367
ришта G382, S385
РНК R285
рог H445
роговая бородавка P570
роговая кератома кожи H35
роговица C1049
роговичная контактная линза C1052
роговичная стафилома C1055
роговичный C1050
роговичный рефлекс L184
роговой C1058, H447
роговой слой H448
роговой слой кожи C1059
род G162
родильный дом L357, M114
родимое пятно B226, M371, M413, N153, S732
родничок F235
родовая травма B229
родовой канал B222
родовой паралич B227
родовые пути B222
родовые схватки L8, P172
родопсин E441, R273, V209
родоразрешение D62
родоразрешение посредством акушерских щипцов F245
родословная G131
роды B221, C432, D62, L4, P185

роды при ягодичном предлежании B450
рожа E414, R327
рожа свиней S1203
рождаемость B228, N29
рождение B221
рожковидный хрящ C1060, S70, S1150
розеола M15, R328
розовые угри A81, R326
роландова борозда F164, R319
ромбовидная кожа шеи F37, S30
ромбовидная ямка R275
ромбовидный мозг H357, R274
рост G371, H95
ростковый слой M50
ростковый слой эпидермиса G176
рот M426
ротаторный нистагм R331
ротовая часть глотки O188
ротовая щель M429
ротовое дыхание M427
ротовое отверстие M429, S963
ротоглотка O188
ртутно-кварцевая лампа U30
рубец C630, S122
рубление H4
руброспинальный путь P831, R338
рубцевание C631, S1279, U18
рубцовая контрактура C628
рубцовая ткань C630
рубцующаяся эритема U10
рудимент R339
рудиментарный орган R339
рука A637
рупия R347
ручной приём M73
рыбий жир C766

С

саблевидная голень S1
сагиттальный синус L311
саговая селезёнка S29
садизм S27
садомазохизм S28
саккадированное дыхание C774
саккадическое движение глаз S3
сакрализация S15
сакральная анестезия C244, S13

сакродиния S14
сакроилеит S20
сактосальпинкс S22
салаамова судорога H55
салаамов тик H55, S32
салиурез S56
салиурия S56
салурия S56
сальмонеллёз S39
сальная железа O55, S241
сальная железа века Z1
сальная селезёнка L71, W44
сальник O87
сальный моллюск A29
сальпингит S41
сальпингография S43
сальпингоофорит A182, T567, S44
сальпингоскопия S45
сальпингостоматомия S46
сальпингостоматопластика S46
сальпингэктомия S40, T553
сальтаторная судорога S50
сальтаторное проведение S49
сальтация S48
самовнушение A861, A880
самооговор S287
самоотравление S290
самопереваривание A869
самопроизвольное зарождение S815
самопроизвольный аборт M351
самоубийство S1108
самоубийца S1108
санаторий S57
санация раны E386
санитар H458, O175
санитария S67
санитарка N244
санитарный транспорт A335
санториниев проток S71
санториниев хрящ C1060, S70
сап E395, G216
сапонин S74
сапонификация S73
сапрофит S77
сардоническая улыбка S94
сардонический смех C52
саркобласт M536, S80
саркоид S86
саркоидоз B347, S87
саркокарцинома S81
сарколемма S88
саркома S89
саркома Рауса R336
саркома Шминке L396
саркома Юинга E495
саркома яичка S82
саркомер S91
саркоплазма S92

СЕПТИЧЕСКИЙ ЭНДОКАРДИТ

саркоплазматическая сеть S93
саркоспоридиоз S83
саркоцистоз S83
саркоэндотелиома S1271
сарцина S78
сатанофобия S95
сатириазис S100
сатурация S96
сатурация крови кислородом A206
сатурнизм S99
сауриаз C1195, S101
сахар S1102
сахараза S4
сахарид S5
сахариметр S6
сахароза S8
сахаромикоз S7
сбалансированное питание B27, N256
сбор S671
сверло D310
сверлящая боль T124
свёртывание C736
свёртывание крови B293
светлоклеточная аденома потовых желёз S622
светлоклеточная аденома почки R148
светлоклеточная гидраденома S622
светлый промежуток L328
светлый слой кровяного сгустка B534
светобоязнь P473
световая адаптация L199, P475
световой конус C932
световой поток L339
световой рефлекс C932
светолечение L201, P480
свеча S1142
свидетельство о рождении B223
свинец L104
свинка E318, M470
свиной цепень A638, P735, S625
свинцовая колика L105, P18, S98
свинцовый защитный фартук L107
свинцовый паралич L106
свистящие хрипы S477, W70
свищ F167, S1300
свищ заднего прохода A396
свищ млечного протока L31
свищ толстой кишки C814
свищ шеи C373
свободная десна F279
свободный макрофаг P689
свод R321, V68

свод стопы A628
свод черепа C36, S232
связка C1042, L193, S519
связка Генле C955
связывание комплемента F171, G145
сгибание F199
сгибатель F201
сгусток C724
сгущение крови H187
сдавление C896
сдавливающий перикардит C979
сдвиг влево S442
сдвиг вправо S443
себорейная кератома S242
себорейная пузырчатка S310
себорейная экзема E39
себорея H653, S248, U67
себоцистоматоз S246
сегмент S275
сегмент лёгкого B503
сегмент печени H259
сегментарная анестезия S276
сегментационная полость S277
сегментированный лейкоцит S278
сегментированный нейтрофил M118
сегментированный нейтрофильный гранулоцит M118
сегментоядерный лейкоцит S278
сегрегатор S345
сегрегация S279
седалищная грыжа I536, S161
седалищная кость I540
седативное средство S269
седиментация S272
седловидная матка S26
седловидный сустав S25
седловидный череп C707, S24
секвестр S357
секвестрация S355
секвестротомия S356
секвестрэктомия S356
секрет S263
секретин S262
секреция D241, S263
секреция молока G7
сексология S416
секция N44
селезёнка S771
селезёночная флебография S779
селезёночный изгиб S777
селезёночный малярийный индекс S778
селективная артериография S284

селекция S283
семантическая афазия S291
семейная амавротическая идиотия A328, C352
семейная вегетативная дисфункция F31, R297
семейная негемолитическая желтуха B132, C976, F32, G200
семейная средиземноморская лихорадка P328
семейная эпизодическая адинамия A204
семенная жидкость S293
семенной бугорок S302
семенной канатик S686, T134
семенной проток D43
семенной пузырёк S303, S690
семенной холмик V142
семидневная лихорадка G199, S404
семинома S307
семиология S292
семиотика S292, S1234
семявыбрасывающий проток E59
семявыносящий каналец S305
семявыносящий проток D43, S687, T135
семяизвергающий проток E59
сенестезия C294
сенильная гемангиома S314
сенильный психоз S317
сенная лихорадка A882, H50, P682, S1117
сенная палочка G338, H48
сенной насморк P682
сенсибилизация A296, S333
сенсибилизирующее вещество S335
сенситивность S332
сенсорная амузия M487, S338
сенсорная афазия I77, P1041, R54
сенсорная депривация S341
сенсорный нейрон S339
сепаратор S345
сепаратор зубов S280, S345
сепарация S279
сепсис S346
септикопиемия S352
септицемия B308, H140, S350
септицемия при чуме P394
септическая аневризма B8
септическая форма чумы S351
септический эндокардит S348

СЕРДЕЧНАЯ АСТМА

сердечная астма C106
сердечная мышца C121, M540
сердечная недостаточность C112, C947, H74, M538
сердечно-лёгочный C154
сердечно-лёгочный коэффициент C155
сердечно-сосудистая система C162
сердечно-сосудистый C161
сердечные отёки C110
сердечный C101
сердечный выброс C123
сердечный индекс C115
сердечный приступ C102
сердечный толчок C114, H80
сердечный цирроз печени C108
сердце H71
сердце астеника D313
серединная киста шеи T254
серийная рентгенография S360
серин S361
сериограф S362
серкляж C336
серная железа C369
серная пробка I379, W39
серодиагностика S366
серое вещество мозга G347
серое опечение G346
серозит S372
серозная железа S379
серозная жидкость S392
серозная оболочка S371
серозное воспаление S380
серозно-слизистая железа S370
серозно-фибринозный плеврит S367
серозный S376
серозный синовит S383
серологическая реакция S399, S401
серология S369
серотерапия S374
серотонин S375
серп мозжечка F21
серпигинозная язва C1171, S389
серпигинозный сифилид S388
серповидно-клеточная анемия C1180, D308, S481
серповидный апоневроз C955
серрациоз S390
сесамовидная кость S402
сестринский уход N246
сетчатая оболочка R211
сетчатка R211
сетчатый C1186
сетчатый слой R201
сеть N98

сжатие C977
сжимающее кольцо Бандля C978
сиаладенит S463
сиаладенэктомия S466
сиалогликолипид G51
сиалография S472
сиалодохит S469
сиалолит S35
сиалолитиаз S473
сиалорея H647, S465
сиамские близнецы S476
сибиреязвенный карбункул M41
сибирская язва A498, W104
сигмовидный синус S496
сигмоидит S497
сигмоидопроктостомия S498
сигмоидоскоп S499
сигмостомия S501
сигнальный раздражитель C918
сиделка C165, N244
сидеробласт S486
сидеродромофобия S488
сидероз S492
сидеропеническая дисфагия S490
сидеропения S489
сидеросиликоз S491
сидерофилия H186
сидероцит S487
сикоз S1205
сила S993
сила жевательных мышц B234, C423
силикатоз S508
силикоантракоз A496
силикоз S508
силикосидероз S491
силикотуберкулёз S509
сильвиева борозда F165
сильвиев водопровод S1207
сильнодействующий H303
симбиоз S1209
симбионт S1208
симблефарон S1211
симболофобия S1212
символ S503
симметричный диффузный липоматоз шеи M18
симпатиколитик S1223
симпатикотония S1219
симпатикотрипсия S1220
симпатическая нервная система S1216
симпатическая офтальмия M322, S1217, T403
симпатическая часть вегетативной нервной системы S1216
симпатический иридоциклит M322

симпатический ствол G39
симпатобластома S1222
симпатогониома S1222
симпатолитическое средство S1223
симпатэктомия S1215
симпласт S1228
симптом C394, S503, S1229
симптом Вернике H168
симптом жгута L198
симптом Квинке C67, Q14
симптом мёртвого пальца W41
симптом мёртвых пальцев A94, D18
симптом Оливера—Кардарелли T373
симптом Ромберга R320
симптом треснувшего горшка C1134
симптоматическая терапия S1231
симптоматическое лечение E538
симптоматология S292, S1234
симпус S535, S1235
симулянт M44
симуляция S517
симфалангия S1225
симфиз S1227
симфизиотомия S1226
синапс S1237
синаптическая щель S1238
синартроз S1240
синдактилия S1225, S1245, W47, W48, Z20
синдесмит S1246
синдесмоз S1249
синдром S1250
синдром Абдергальдена—Фанкони C1342
синдром Адамса—Морганьи—Стокса A127
синдром Антона—Бабинского A485
синдром Аргайлла Робертсона A634
синдром артроза височно-нижнечелюстного сустава T99
синдром Байуотерса B559
синдром Банти B48, H272
синдром Бернетта M328
синдром Бехчета B120, O38
синдром внезапной смерти младенцев S1094
синдром Вольфа—Паркинсона—Уайта P807
синдром Гайе—Вернике W58
синдром Ганзера S1251
синдром Гарднера G54
синдром Гассера H206

СИСТЕМНАЯ СКЛЕРОДЕРМИЯ

синдром Грега O34
синдром Гужеро—Шегрена S478
синдром Дежерина—Русси T154
синдром дефицита антител A508
синдром длительного раздавливания C1222
синдром Дубина—Джонсона D324
синдром дуги аорты A559, P1090, T22
синдром Дюплея S120
синдром Жерлье E322, G171, K84
синдром Жилль де ла Туретта G202
синдром Жильбера—Мейленграхта B132, C976, F32, G200
синдром зрительного бугра T154
синдром Капоши K4
синдром Капоши—Либмана—Сакса A822
синдром карпального канала C185
синдром Киммелстила—Уилсона I399, K52
синдром китайского ресторана C440
синдром Клайнфелтера S306
синдром Клиппеля—Треноне C940
синдром коленчатого ганглия G148, H482
синдром Костена T99
синдром кошачьего крика C231
синдром Лериша A569
синдром Лермуайе L11
синдром Леша—Найхана H667
синдром Лоу O40
синдром льюисова тела H152
синдром Маделунга M18
синдром Мари—Бамбергера H663, P1073
синдром Маркезани S713
синдром Мейер-Швиккерата O41
синдром Меньера L15, M217
синдром Морвана F110
синдром накопления кетоновых тел K49
синдром негнущегося человека S948
синдром Ослера—Рандю H291
синдром передней лестничной мышцы S108
синдром пищевой гиперкальциемии M328
синдром Пламмера—Винсона S490
синдром потери солей L325, S51
синдром Потрие—Воренже L245
синдром преждевременного возбуждения желудочков P807
синдром приобретённого иммунодефицита A89
синдром пролабирования створок митрального клапана F206
синдром раздражённой толстой кишки I531
синдром Райли—Дея F31
синдром ретракции глазного яблока R223
синдром Ригера I514
синдром сбрасывания J10
синдром Свифта S1200
синдром Сенира—Ашера S310
синдром Сименса A451
синдром солевого истощения S51
синдром средней доли M313
синдром Стерджа—Вебера—Краббе C331, S1032
синдром Стивенса—Джонсона S945
синдром Такаясу A559, P1090, R241, T22
синдром тестикулярной феминизации T136
синдром Фанкони C939
синдром Ханта G148, H482
синдром Хеерфордта H93, U171
синдром Хортона H454
синдром Штейна—Левенталя S181
синдром Эллиса—Ван-Кревельда C526
синегнойная палочка B334
синергизм S1258
синергист S1256
синергия S1258
синестезиалгия S1260
синестезия S1259
синехиотом S1253
синехия S1252
синехотомия S1254
синий невус B333
синильная кислота H516
синистроверсия S523
синкинезия S1264
синкретическое мышление P814
синоаурикулярная блокада S524
синовиальная ворсинка S1273
синовиальная жидкость S1269
синовиальная оболочка S1270
синовиальная саркома S1271
синовиальная эндотелиома S1274
синовиальное влагалище S1272
синовиома S1274
синовит S1275
синовия S1269
синовэктомия S1268
синокаротидный обморок C181
синорхидия S1265
синостоз S1266
синотия S1267
синтаксическая афазия S1276
синтез мочевины U80
синтетаза S1277
синтрофизм S1278
синус S529
синус аорты A564
синус малого крыла S704
синус твёрдой мозговой оболочки C351
синусит S534
синусно-предсердный узел S525
синусный ритм S533
синусный узел S525
синусовая аритмия J31
синусовый ритм S533
синусография S527
синхейлия S1241
синхондроз C196, S1242
синцитий S1244
синюшный B328
синяк B518, S1107
синяя асфиксия B329
сиреномелия S535, S1235
сирингоаденома S1289
сирингобульбия S1293
сирингома S1296
сирингомиелия M533, S739, S1297
сирингоцистаденома S1294
сирингоцистома S1295
сироп S536
система воротной вены P744
система кроветворения H137
систематизированный бред S1303
системная болезнь соединительной ткани C791
системная красная волчанка S1305
системная склеродермия P911

СИСТЕМНОЕ ГОЛОВОКРУЖЕНИЕ

системное головокружение R329, S1302
системное заболевание соединительной ткани C966
систола сердца S1306
систолический шум S1307
систолическое давление S1308
систолодиастолический шум C996
ситиомания S540
ситофобия S541
сифилид S1280
сифилис S1281
сифилитическая гумма G387, S1285
сифилитическая лейкодерма P519
сифилитическая лейкодермия S1283
сифилитическая розеола E419
сифилитический кератоз P569
сифилофобия S1286
скакательная судорога S50
скаленус-синдром S108
скальп S110
скальпель K72, S112
скальпирование S111
скандированная речь S114, S845
сканирование S113
скапулопериостальный рефлекс Штейнхаузена S118
скарификатор S126
скарификационная кожная проба S212
скарификация S124
скарлатина S127
скарлатинозная краснуха F144, S128
скатофагия C1034, S135
скафалоцефалия S116
скачкообразное проведение S49
сквозное ранение P277
скелет S548
скелетная мышца S546
скелетное вытяжение S547
скептофилаксия S552
скиаскопия P1107, R220, S554
скирр C602, F135, S167
складка F219, G366, S1110, W113
складчатость R341
складчатый язык C354, F166, F325, G368, R281, W114
склера S171, W78
склераденит S172

склеральная шпора S173
склередема S177
склерема S178
склерит S180, S193
склеродактилия S182
склеродермия S183, S556
склероз S191
склероз головного мозга E182
склероз кости O249
склерозирующая ангиома H113
склерозирующая гемангиома S189
склерозирующий остеомиелит C916, F260, G57, S190
скleromалация S184
склеронихия S185
склеропластика S186
склеропротеин S187
склеротом S194
склеротомия S195
склерэктазия S175
склерэктомия S176
склянка F184
сколекс S196
сколиоз S198
сколиозометр S197
сколиотический таз S199
скользящая грыжа S569
скопофилия S201, V247
скорбут S234
скорость оседания эритроцитов B311, E426, S273
скотоложство B140, S604, Z12
скотома S205
скотометр S206
скотометрия S207
скотопическое зрение S211
скотофобия N259, S208
скрежетание зубами T68
скрещённые цилиндры C1199
скрининг M99, S214
скрофулёзный кератит S221
скрофулёзный конъюнктивит P447, S222
скрофулодерма S218
скрофулюс S217
скручивание C1024, T332
скрывающийся зоб W12
скрытая инфекция C1239
скрытая кровь O29
скрытая тетания L98
скрытое косоглазие H322
скрытый L95
скрытый период I104
скуловая дуга Z21
скуловая кость C400, J22, M29, Y12
слабительное P1109
слабительное средство E487
слабость I160, L91

слабоумие D70, I40
слабоумный I39
слабый M323
следовой признак V162
слеза T62
слёзное озеро L22
слёзно-носовой проток N27
слёзный камень D4
слёзный каналец L20
слёзный мешок L23
слёзный мешочек T64
слепая кишка B280, C271
слепое пятно B282
слепой B279
слепой мешок C1253
слепок I76
слепокишечный C266
слепота B281
сливная оспа C935
сливные обыкновенные угри C1327
слизеобразующий рак C806, M438
слизистая железа M448
слизистая клетка M447
слизистая колика P997
слизистая оболочка M446
слизистые выделения из мочевого пузыря C1356
слизистый рак C806, M438
слизистый раствор M435
слизь M435, M451
слипание A168
слипчивое воспаление A169
слипчивый перикардит A170
слияние F331
слияние тел позвонков V134
словесная глухота L296, W106
словесная окрошка W107
словесная слепота A280, W105
словесный раздражитель S960
словесный салат W107
сложная анизометропия A523
сложный белок C959, P960
сложный сустав C893
слоистая катаракта L54
слоистый тромб L57, S986
слой Лангханса C1381
слой палочек и колбочек B2, J2
слой палочек и колбочек глаза R307
слоновость E110, M24
слоновость мошонки L413
слух H69
слуховая агнозия P1022
слуховая труба E483, S47
слуховой A827
слуховой проход A831

СОШНИКОВО-НОСОВОЙ ХРЯЩ ЯКОБСОНА

слуховой пузырёк O255
слуховой рецептор P456
слуховые волоски A830
слуховые косточки E3
случай C198
слюна S33, S763
слюнно-каменная болезнь S473
слюнный свищ S36, S475
слюноотсос S34
смегма S581
смертельная доза L147
смертность D25, M408
смерть D24
«смерть в колыбели» C1185
смерть мозга B425
смесь C891, M363
смешанная аденома P600
смешанная инфекция M361, M458
смешанная опухоль P600
смешанный нерв S336
смещение E588
смещение органа D255, M51
смирительная рубашка C40, S982
смог S584
сморщенная почка C629, C1000, S461
смыкание C723
смыкание зубов верхней и нижней челюстей O27
снежная офтальмия S596
снежная слепота I2
снижаться D38
снижение R94
снижение температуры тела D44
снижение чувствительности O25
сноговорение S640
снотворное средство H679
снохождение N170, S639
снятие возбуждения S268
собачья лихорадка C50
собачья ямка C51
собирательная линза C1023, P627
собирательный мениск C1020
собственная железа желудка A69, F312, G74, P265
собственно кожа D116
собственно сосудистая оболочка глаза C557
совершеннолетний A198
совместимость C875
согласие больного на операцию P215
согласие на операцию C970
содоку R42, S603
содомия S604, Z12
содружественная реакция C969

содружественные движения глаз C958
соединение C891, U55
соединённые близнецы C956, S476
соединительная ткань C965
соединяющий проток H244, U62
сознание C967
созревание M117
сок J26, S1087
сокогонное средство S1083
сократимость C1003
сократительный C1002
сокращение C1004, R222
сокращение матки U165
соланин S613
солевая лихорадка S53
солитарная миелома M525
солитарный пучок S626
солнечная почесуха S1118
солнечная эритема P470, S1120
солнечное сплетение C275, S616
солнечный дерматит S614
солнечный ретинит P478, S617
солнечный удар I373, S615, S1121
солнцелечение S618
солодовый сахар M54
соломенная чесотка S988
соляная кислота H515
сома S629
соматизация S633
соматический антиген S631
соматопсихоз S635
соматосенсорный эпилептический припадок S342
соматотропин G373, S636
соматотропный гормон G373, S636
сомит S637
сомнамбулизм N170, S639
сомнолентность H651
сон S561
сонливость S563
сонная артерия C174
сонная болезнь A219, S564
сонный ганглий C179
сонный гломус C175, I400
сонный синус C180
сонный треугольник G168, M37
соответствующий норме N201
соощущения S1259
сопение S597
сопор S643
сопорозное состояние S643
соприкосновение C985
сопротивление R172

сопротивление в системе лёгочной артерии P1076
сопротивление выдоху E545
сопротивление дыханию на выдохе E545
сопротивляемость R172
соразмерная рефракция E149
сорбит S644
сорбоза S645
соринка C642
сосание S1091
соска N172
сосковая линия N173
сосок P67
сосок зрительного нерва C457, O152
сосок молочной железы N172
сосочек P67
сосочек волоса H13
сосочки дермы D119
сосочковая мышца P72
сосочковый рак P69
сосочковый слой кожи P71
состояние S876
состояние невесомости Z5
сосуд V157
сосудистая гемофилия V41
сосудистая лейомиома V44
сосудистая оболочка глаза U168
сосудистая опухоль A435
сосудистая пластика A441
сосудистая сеть V46
сосудистый кавернозный невус S991
сосудистый невус H114
сосудистый рефлекс V61
сосудистый тонус V65
сосудистый шов A442
сосудистый шум V45
сосудорасширяющее средство V52
сосудосуживающее средство V50
сосцевидные ячейки M111
сосцевидный отросток M110
сотовое лёгкое H432
сотрясение C913, S1088
сотрясение головного мозга B424, C344
соустье A411
сохранение равновесия E393
социальная гигиена C872
сочетанная инфекция M361, M458
сочетанные движения глаз V119
сочленение J20
сошник V240
сошниково-носовой хрящ P129, V241
сошниково-носовой хрящ Якобсона J3

839

СОЭ B311, E426
спаечный перикардит A170
спазм C1135, S656
спазм матки H817
спазмолитик S660
спазмолитический A537
спазмолитическое средство S660
спазмофилия S657
спайк S731
спайка A168, C864, S1252
спайка век B277, P39
спайка губ C864
спайка свода T431
спарганоз S655
спастическая гемиплегия S663
спастическая кривошея I420, S659
спастическая параплегия Штрюмпелля E398
спастический паралич C303
спастический парапарез T144
спастический спинальный паралич S665
спектрофобия S681
спектрофотоколориметр S680
спелеотомия S684
сперма S293
сперматида S688
сперматогенез S693
сперматогенный эпителий S304
сперматозоид S695
сперматопоэз S693
сперматорея S694
сперматоцеле S689, S690
сперматоцистит S691
сперматоцит S692
сперматоцит II порядка S258
спературия S294, S696
спермий S695
специализация S669
специальность S670
специфический переносчик B204
специфическое динамическое действие пищи S673
специфичность S677
спигелиева доля C245, S730
СПИД A89
спикула S726
спина B4
спинальная анестезия S1041
спинальная флебография V136
спинальный ганглий I447
спинальный паралич M530
спинной D294
спинной мозг S737
спинномозговая анестезия S1041

спинномозговая жидкость C363, N121, S738
спинномозговая пункция S740
спинномозговой ганглий I447
спиномозжечковый путь S748
спинооливный путь S749
спинопокрышечный путь S750
спиноталамический путь S751
спинотектальный путь S750
спираль H100
спираль Уотсона—Крика W38
спиральный ганглий улитки A829
спиральный орган A87, S753
спиральный перелом S752
спирилла S754
спирограмма S759
спирограф S760
спирометр S761
спирометрическая кривая S759
спирометрия S762
спирохета S757
спирохетоз S758, T458
спирт A272, S755
спланхнология S766
спланхномегалия S767, V196
спланхноптоз G227, S768, V198
спланхнэктомия S765
спленаденома S772
спленалгия S773
спленизация S783
спленит L189, S782
спленогепатомегалия S776
спленомегалия M177, S788
спленопексия S789, S792
спленопневмония S790
спленопортография S779
спленорафия S792
спленоцит S784
спленэктомия L188, S774
сплетение P622
спонгиобласт S808
спонгиобластома S809
спонгиоз S811
спонгиоцит S810
спондилёз S805
спондилит S798
спондилоартрит S797
спондилолиз S801
спондилолистез S799
спондилолистетический таз S800
спондилопатия S802
спондилотомия S806
спонтанная ампутация S814
спонтанный пневмоторакс S816

спора S820
спорадический S819
спорадический сыпной тиф B459
спорогония S822
спорозоит S824
споротрихоз S823
спороциста S821
спортивное сердце A783
спорынья E401
спорэндомикоз H176
способность удерживать мочу и кал C994
способный к деторождению F91
справка о состоянии здоровья M148
спринцовка S1290
спру S831
спутанность сознания C936
сравнительная анатомия C874, Z17
срастание глазной щели B268
срастаться C972
сращение A168, S1227, U55
сращение губ S1241
сращение пальцев A467, S1245, Z20
сращение перикарда C126
сращение яичек S1265
сращённое бельмо A165
средиземноморская анемия M155
срединная линия M139
срединно-ключичная линия N173
среднее квадратичное отклонение S856
среднее ухо M311
средний M127
средний констриктор глотки H553, M314
средний мозг M309
средний палец M312
средняя кишка M315
средостение M143
средостенная плевра M141
средство, вызывающее менструации E148
средство для наркоза N15
средство для полоскания M432
средство, усиливающее лактацию G4, L26
средство, усиливающее слюноотделение S464
срез S265
сродство A218
срок выживания S1183
срочная помощь E139
ссадина E508
стадия D53, S849

СУБДИАФРАГМАЛЬНАЯ СТЕНОКАРДИЯ

стаз S874
стазобазофобия S873
стандартное отведение I118, S857
стапедэктомия S859
старение S311
старость S323
старческая гангрена S316
старческая гемангиома S314
старческая дальнозоркость O58, P836
старческая кератома S242, S318
старческая тугоухость P833
старческий делирий S313
старческий эластоз S315
старческое слабоумие S317
старшая медицинская сестра H56, S538
статический рефлекс A820, S879
статическое дрожание P189
статоакустический пузырёк O255
статокинетический рефлекс S886
статоконии E5
статоконий O261, S885
статолит S885
статоциста O255
стафиледема S862
стафилогенный сикоз C603
стафилодермия S865
стафилококковая пиодермия S865
стафилококковое импетиго B336, S1128
стафилококковый антитоксин S864
стафилома S866
стафилома склеры S174
стафилопластика S867
стафилорафия S868
стафилотомия S869
стационарная катаракта S882
стационарная фаза размножения S883
стационарный больной I202
ствол T535
ствол головного мозга B428
стволовая гипоспадия B28
стволовая клетка крови S903
створка клапана сердца C1280
стеатогранулёма L235
стеатома S892, W56
стеатопигия S895
стеаторея F56, S240, S896
стеатоцистоматоз S246
стебель S854
стебельчатый лоскут T551
стекловидная дистрофия G224, Z2

стекловидная мембрана V220
стекловидная пластинка V220, V221
стекловидное тело V219
стеллэктомия S902
стенка W5
стеноз S907
стеноз левого атриовентрикулярного отверстия M359
стеноз лёгочной артерии P1077
стеноз мочеточника U103
стеноз правого атриовентрикулярного отверстия T489
стеноз протока околоушной железы S908
стеноз стенонового протока S908
стеноз устья аорты A565
стенозирующий тендовагинит J16, L289, S591, S830
стенокардия S905
стенонов проток P177, S909
стенопические очки S906
степень D53, M129
степпаж C1204, E394, H356, S910
стереогнозия S918
стереорентгенография S922
стереоскоп S923
стереоскопическое зрение S925
стереотаксическая операция S917, S926
стереотаксический метод S926
стереотипия S927
стереоцилии A830
стереоэнцефалометрия S916
стереоэнцефалотомия S917
стержень S426
стерилизатор S931
стерилизация S930
стерильность S929
стерин S941
стеркобилин S911
стеркобилиноген S912
стернальная пункция S932
стернотомия S935
стероид S939
стероидный гормон S940
стерол S941
стерторозное дыхание S942
стетоскоп S944
стигма S950
стимул S958, S960
стимулятор S955
стимулятор секреции S261
стимуляция S956
стихать D38
столб C851

столбняк T146
столбячный токсин T145
столик микроскопа S849
стома S963
стоматит S969
стоматологический бор D310
стоматология S971
стоматомикоз T243
стопа F238
страбизм H335, S977
страбометр S976
страдающий манией M68
странгуляция S984
стратиграфия S987
страх A551, H450
стреляющая боль S452
стремительные роды P796
стремя S860
стрептобациллярная лихорадка H46
стрептодермия S996
стрептокиназа S997
стрептококк S995
стрептококкемия S994
стрептококковая пиодермия S996
стрептолизин S998
стрептотрихоз N178, S1000
стресс S1001
стриатум S1004
стригущий лишай B239
стридор S1011
структура S1009
структура мочеточника U103
структура пищевода E457
стробил S1013
стробоскоп S1014
строма F274, S1017
стромальный эндометриоз S1018
строматолиз S1019
стронгилоидоз S1021
строфулюс S1022
структурный ген S1023
струма G289, S1024
струма Риделя F137
струмит S1026
струмэктомия S1025
струна C1042
струп C1223, E442, S104, S573
студенистая соединительная ткань G126
студенистое ядро V135
стул S974
ступор N16, S1031
ступорозное состояние S1031
субарахноидальная анестезия S1041
субарахноидальное пространство A625, S1042
субдиафрагмальная стенокардия I448

СУБДУРАЛЬНОЕ КРОВОИЗЛИЯНИЕ

субдуральное кровоизлияние S1052
субдуральный абсцесс S1051
субкапитальный перелом S1043
субкапсулярная катаракта S1044
субклиническая инфекция S1045
субкомиссуральный орган S1046
субкорнеальный пустулёз S1047
сублимация S1057
субмаксиллит S1067
субметацентрическая хромосома S1071
субъективный симптом S1056
субэндокардиальный инфаркт миокарда S1053
субэндокардиальный фиброэластоз E201
субэндотелиальный слой S1054
субэндотелий S1054
суггестивная психотерапия S1106
суггестия S1105
суданофильная лейкодистрофия P231
судебная медицина F256
судебная психиатрия F257, L115
судебно-медицинская экспертиза I203
судорога S656
судорога взора O42
судорожная речь L303
судорожная терапия C1026
судорожное подёргивание J15
судорожный припадок F168
сужение C977, S907
сужение мочеточника U103
сужение носового хода R270
сужение пищевода E457
сульфатаза S1111
сульфгемоглобин S1114
сульфгидрильная группа S1113
сульфоэстераза S1111
сумеречное зрение T585
сумеречное состояние T584
суммация возбуждения S1116
сумочная катаракта C73
суперинволюция матки S1129
супер-эго S1124
супинатор S1138
супинация S1137
суппозиторий S1142
суправентрикулярная экстрасистола S1165

суправитальная окраска S1166
супрануклеарный паралич S1155
супраренэктомия S1163
супрахориоидея S1151
суспензия S1186
суспензорий S1188
сустав A694, D176, J20
сустав Лисфранка L253, T49
суставная мышь C194, J21, L314
суставная ямка S600
суставной A672
суставной диск A691
суставной мениск A693
суставной хрящ A689, D175
сустентоцит N245, S391
суточная доза D7
суточный ритм C646
сутяжная паранойя L262
сухая гангрена D322, M469
сухие хрипы D323
сухожилие S519, T107
сухожильная дуга T104
сухожильная перемычка T105
сухожильная пластика S1247
сухожильный рефлекс J15, T108
сухожильный центр диафрагмы C307
сухожильный центр промежности P316
сухожильный шов S1248
сухой доброкачественный плеврит B131
сухой некроз C738
сухой синдром S478
сухотка спинного мозга P756, T5
сфеноидит S703
сфеноцефалия S701
сферическая линза S707
сферофакия S712
сфероцилиндрическая очковая линза S708
сфероцит S709
сфероцитарная анемия S710
сфигмограмма P1088
сфигмограф S722
сфигмография A656, S723
сфигмоманометр S724
сфигмоосциллография S723
сфинголипидоз S719
сфингомиелин S720
сфингомиелиновый липидоз S721
сфингомиелиноз N165, S721
сфинктер S714
сфинктер Нелатона N53
сфинктерит S716
сфинктеропластика S717

сфинктеротомия S718
сфинктерэктомия S715
схематический глаз S138
схиндилёз S140
сходящееся косоглазие C1019, C1206, E462, I426
сцепление L217
сцепление генов G143
сцепленное с полом S415
сцепленный с полом S414
сцинтиграмма S163
сцинтилляция S165
сцинтифотография S166
счётная камера C1118
сшивание ахиллова сухожилия A56
съёмный зубной протез R144
сыворотка S392
сыворотка крови B312
сывороточная болезнь S396, S399
сывороточная протеинурия S377
сывороточный S376
сывороточный альбумин S394
сывороточный гепатит S397, T410
сыпной тиф M473
сыпной эпидемический тиф E321, T602
сыпь E413, R40

Т

табетический криз T3
таблетка P525, T6
таёжный энцефалит R349
таз P247
тазобедренный сустав H362, T200
тазовая кость H361, I195
тазовое дно P236
тазовое предлежание плода P241
тазовый вход P238, S1132
тазовый выход I154, P239
тазовый пояс P237
таксон T59
таксономическая единица T59
тактильная агнозия T16
тактильная чувствительность T18
талалгия T23
таламический синдром T154
таламотомия T156
таламус T157
талассемия T39

ТИФЛОТОМИЯ

талия сердца W1
тальк F282, T24
талькоз T25
тампон P11, P623, S807, S1036, T28
тампон на палочке S1194
тампонада P14, T29
тампонада сердца C127
тамурия T159
танатология T160
танатофобия T161
таннин T30
таранная кость A462
таранно-пяточный сустав T27
тарзальная железа T45
тарзальная пластинка C633, T44
тарзит T47
тарзорафия B273
татуаж T56
татуировка T56
таурин T57
таурохолевая кислота T58
тафофобия T33
тахикардия H75, T9
тахилалия T10
тахипноэ P715, T14
тахистоскоп T7
тахифагия T11
тахифемия T10
тахифилаксия T13
тахифразия T10
тахометр T8
твёрдая мозговая оболочка E208, P7
твёрдое нёбо H34
твёрдый пульс C1044, H36
твёрдый шанкр H33, S1282, T530
творожистый некроз C203
тебезиев клапан C1071
тезаурисмоз S975, T195
теизм T163
текаклеточная опухоль T162
текома T162
тектоспинальный путь S1109, T67
телеангиэктазия T74
телеангиэктатическая фиброма T75
телекардиография T77
телеметрический контроль T78
телеметрия T78
телерентгенография T79
телерентгенотерапия T82
телерецептор D265, T80
тело B337
тело лобковой кости P1050
тело нейрона N88
телосложение B344, C975
телофаза T84

телофрагма T85
телоцентрическая хромосома T83
тельца Бабеша—Негри N51
тельца Боткина—Гумпрехта G388
тельца Гуарниери G378
тельца Руффини R340
тельце B337, C1074
тельце Барра B57
тельце Боткина—Гумпрехта S589
тельце Мейсснера O274
тельце Фатера—Пачини L55
теменная доля головного мозга P165
теменная извилина P163
теменная кость P159
теменно-затылочная борозда P167
теменной бугор P161
теменной ганглий P162
темновая адаптация S209
темнопольный микроскоп D12
темперамент T86
температура T87
температура тела B343
температурная чувствительность T182
температурный рецептор T192
темя V138
теналгия T102
тенар T164
тенезмы T111
тени Гумпрехта G388, S589
тениоз T113
теннисный локоть T114
тенолиз T106
тенонова капсула E597, T117
тепловой удар H81
теплолечение T194
терапевт I427, T170
терапевтический индекс T166
терапия I424, M153, T171, T444
терапия сном P920
тератогенез T121
тератома T122
терманестезия T174
терминальный эндокардит T126
термический ожог T172
термогиперестезия T183
термогипестезия T184
термокаустика T178
термокаутер C251
термокоагуляция T179
термолабильный H82
термометр T186
термометрия T187

термопара T180
терморегуляция T193
терморецептор T192
термотерапия T194
термофил T189
термофильная бактерия T189
термофор T190
термоэлемент T180
терпен T127
тест T131
тестикулярная феминизация T136
тестостерон M34, T138
тетаническое сокращение T146
тетания T147
тетанус T146
тетрада Фалло F23, T149
тетрайодтиронин T274
тетраплегия P63, Q6, T151
течение C1120
тиамин T196
тибиальная лихорадка S434, T450
тибиальный феномен Штрюмпелля T276
тигровое сердце T286
тигроидное вещество T287
тигролиз C579
тизоновы железы T604
тик H2, J28, T277
тик лица F13, M338
тимидин T247
тимин T248
тимолептическое средство C1115
тимоцит T250
тимпанит T592
тимпанический перкуторный звук T592
тимпанопластика T594
тимпанотомия T595
тимпанофония A873
тимус T251
тимэктомия T245
тиомочевина T203
тиоспирт M240, T202
тирамин T603
тиреоидит T266
тиреоидный фолликул T260
тиреоидэктомия T265
тиреокальцитонин T253
тиреотоксикоз T272
тиреотоксический криз T258
тиреотомия T270
тиреотропин T273
тиреотропный гормон T273
тироксин T274
титрование T296
тифлит T598
тифлопексия C267
тифлостомия C269, T599
тифлотомия C270, T600

ТИФЛЭКТАЗИЯ

тифлэктазия Т597
«тихое» бешенство S1115
тканевая жидкость Т294
тканевая несовместимость Н387
тканевая протеиназа С237
тканевая совместимость Н382
тканевое дыхание I425, Т295
тканевой иммунитет L283
ткань Т293
токограф Т298
токодинамограф Т298
токоферол А539, Т299
токсемия Т350
токсидермия Т354
токсикодермия Т354
токсикоз Т359
токсикоз беременных Т351
токсикология Т355
токсикомания Т356
токсико-резорбтивная лихорадка Т441
токсикофобия Т358
токсин Т360
токсинемия Т350
токсический туман S584
токсичность Т353
токсогравидарная ретинопатия G342
токсоид Т363
толерантность Т301
толстая кишка L72
толчкообразный нистагм J17
томограф Т303
томография S266, S987, Т304
тон В519, Т305
тон сердца С125, Н79
тонзиллит Т318
тонзиллотом Т319
тонзиллотомия Т320
тонзиллэктомия Т317
тонизирующее средство Т310
тоническая судорога Т142, Т311
тонкая кишка S576
тонкая пластинка L53
тонкий кишечник S576
тонкий слой L53
тонография Т312
тонометр Т313
тонус Т305
топалгия Т324
топестезия Т327
топографическая анатомия R116
топография Т330
топэктомия Т325
торакограф Т212
торакометрия S943
торакоскопия Т213
торакоцентез P613, Т207

торможение I184
торможение Введенского W49
торсионная дистония Т334
торсионный перелом Т333
торсия Т332
торулёз С1235, S7, Т337
тотальная афазия G237
тотальная простатэктомия P952
тофус Т328
точечная азбука Брайля В419
точечное кровоизлияние P398, P1097
точечный кератит P1098
точечный массаж N92
точка окостенения О215
точка фиксации Т37
тошнота N34, S484
трабекула Н252, Т365
трабекулярная сеть Т367
травма I190, I389, Т440
травматическая истерия Н821
травматический массивный остеолиз G301
травматический невроз P778
травматический плексит новорождённого В391
травматический токсикоз В559, С1222
травматическое слабоумие P777
травматология Т442
трактотомия Т388
тракция Е555, Т387
транзиторная мания Т414
транзиторная протеинурия Т411
транквилизатор Т393
трансаминаза А353, Т394
трансаминирование Т395
трансвестизм Е294, Т435
трансиллюминация Т412
транслокация Т415
транслюмбальная аортография Т416
транслюмбарная ампутация Н156
трансмембранный потенциал М208, Т417
трансметилирование Т418
трансмуральный инфаркт миокарда Т420
трансорбитальная лейкотомия Т422
трансплантат G308, Т424
трансплантация G309, Т425
транспозиция Т426
транспозиция органов V191
транспортная рибонуклеиновая кислота Т400

транссексуализм Т427
транссудация Е582, Т428
трансфер Т402
трансфераза Т401
трансферрин Т405
трансформация С1021, Т408
трансфосфорилирование Т423
траншейная лихорадка Т450
траншейная стопа Т451
траншейный нефрит Т452, W18
трапециевидная кость М454
трапециевидная мышца С1125, S436
трапециевидное тело Т437
трапеция М454, Т436
трахеальный свищ Т372
трахеит Т374
трахелотомия Н803, Т376
трахелэктомия С377
трахеобронхиальный лимфатический узел В473
трахеобронхит Т377
трахеобронхоскопия В507, Т378
трахеостеноз Т381
трахеотомическая трубка Т384
трахеотомический крючок Т383
трахеотомия Т382
трахеоцеле Т379
трахея Т370, W91
трахома G317, Т385
тревожное беспокойство А551
трематода Т446
тремор S449, Т448
тренажёр Е516, Т391
тренированность F169, P495
трепан Т455
трепанация Т124, Т454
трепанация черепа С1162
трепетание желудочков V109
трепетание предсердий А799
трепонема Т457
третий желудочек головного мозга Т205
третичная сифилома S1285
третичный сифилис Т129
третья миндалина L347, Т204
треугольник Льето В245, L191
треугольник мочевого пузыря В245
треугольник подъязычного нерва Н720
треугольный пучок Н105, О82
трефин Т455
трёхгранный пучок О82

844

УГНЕТЕНИЕ

трёхдневная лихорадка Т217
трёхдневная малярия Т128, V223
трёхстворчатый клапан Т490
трёхстворчатый ранорасширитель Т500
трещина F163, R246, S170
трещина заднего прохода А395
трещина кости I97
триада Фалло Т498
трибадия Т460
тригеминальная невралгия F5, Т493
тригеминальная радикотомия R227
тригеминия Т494
тригоноцефалия Т497
тризм L290, Т504
трикуспидальный стеноз Т489
трипаносома Т538
трипаносомоз Т539
триплегия Т502
триплоид Т503
трипсин Т540
трипсиноген Р975, Т541
триптамин Т542
триптофан Т543
трисомия D Т505
тританопия А123, В331, Т506
трихиаз Т462
трихинелла Р736, Т463
трихинеллёз Т464
трихиноз Т464
трихиуриаз Т484
трихиуроз Т484
трихобазалиома H12
трихобезоар Н7, Р528, Т465
трихоклазия Т467
трихокриптомания Т482
трихома Т470
трихомикоз Т473
трихомонада Т471
трихомониаз Т472
трихомоноз Т472
трихополиоз Т478
трихорексис Т467, Т479
трихоспория Р513, Т480
трихостронгилидоз Т481
трихотилломания Т482
трихофитид Т475
трихофитийная гранулёма Н664
трихофитин Т476
трихофития Т477
трихофития волосистой части головы В239
трихофитоидный фавус волосистой части головы К44
трихофобия Т474

трихоцефалёз Т484
трихромазия Т483
троакар Т508
тромб С724, Т242
тромбастения Гланцманна Т225
тромбин Т227
тромбоз Т238
тромбокиназа Т237
тромбопения Т229
тромбопластин Т237
тромботическая микроангиопатия Т241
тромбофлебит Т236
тромбоцит В307, Р571, Р592, Т228
тромбоцитемия Т231
тромбоцитоз Т231
тромбоцитопеническая пурпура Р397, Т230
тромбоцитопения Т229
тромбоэмболия Т232
тромбэктомия Т226
тропизм Т527
тропическая малярия F20, Т523
тропическая медицина Т524
тропическая потница Н84, S1119, W87
тропическая фрамбезия В553
тропический бубон Т521
тропический пиомиозит Т525
тропический хлороз Т522
тропный гормон гипофиза Т515
трофедема Т513
трофика Т516
трофобласт Т517
трофобластическая лакуна Т518
трофозоит S505
трофоневроз Т519
труба Т549
трубка Т549
трубная беременность S42, Т548
трубная миндалина Е482, G170, Т552
трубный аборт Т546
трубочка Т572
трубчатая железа Т570
трубчатая кость Р543
трубчато-альвеолярная железа А76, Т573
трубчатое зрение S427
трудовая терапия Е402
трудотерапия Е402
труп В337, С8, С1072
трупная бородавка Р765
трупное окоченение С10, Р764
трупное охлаждение С436
трупный С9

трупный бугорок Р765
трупный меланоз Р996
туалет раны Е386
тубарная миндалина Е482, G170, Т552
туберкулёз Т562
туберкулёз кожи С1290, Т560
туберкулёз лёгких Р1078
туберкулёз органов брюшной полости А11
туберкулёзная палочка К75, Т555
туберкулёзно-аллергический кератит S221
туберкулёзно-аллергический конъюнктивит S222
туберкулёзный орхит Т559
туберкулёма Т561
туберкулид Т557
туберкулин Т558
туберкулодерма Т560
туберозная нодозная микседема Р849
туберозный склероз Е355, Т566
тубоотит Е485, S1292
тубуломедуллярный литиаз N68
тугоухость Н70
туловище В337, Т335, Т535
туляремия D39, R1, Т575
тургор Т580
турецкое седло Т581
тучная клетка М102
тучность С1073, S514
тыльно-стопный рефлекс В107, М216
тыльный D294
тюрбанная опухоль Т579

У

убиквитарный U1
увеальный тракт U168
увеит U170
увеличение Е252, I101
увеличительное стекло S513
увеопаротидная лихорадка U171
увеопаротит Н93, U171
углеводный обмен С82
углеводы С83
углекислый газ С85
угловая извилина А448
угломер G293
углубление F262, Р546, R56, S600
угнетение I184

УГОЛ ГЛАЗА

угол глаза C60
угол глазной щели C864
угол косоглазия S841
угол передней камеры F154
угол передней камеры глаза A446
угорь P533
угревидно-пустулёзная бромодерма B467
угревидный пустулёзный сифилид A80
угревидный рак C860
угри A79
угрожающий аборт T216
удаление аденоидов A144
удаление артерии A655
удаление волос E348
удаление единым блоком E166
удаление железы A133
удаление морщин R278
удаление шейки матки C377
удар S450, S1015
удар пульса B106
ударный объём сердца S1016
удвоение спинного мозга D229
удельный вес S674
удерживание R196
удерживающий элемент зубного протеза R194
удлинение E114
удушение S984, S1100
удушье A730, S1100
уздечка B457, F284
уздечка половых губ F263
узел K74, N185
узел Андерша I152
узел Ашоффа—Тавары A808
узел Киса—Флека S525
узелки певцов S520
узелковая офтальмия C234
узелковый ларингит S520, V230
узелковый периартериит K87
узелковый фиброз N187
узелок P83
узелок на голосовых связках T61
узелок Шморля S155
узкий таз C1001
узловатый ганглий N186
узловатый муциноз кожи C658, P849
узловатый тендосиновит L285
узловая брадикардия N183
узловой зоб A152
узловой ритм A809, N184
узловой шов I435
указательный палец F248
укачивание M416
укачивание в самолёте A251

укол S843
укус B231
улитка C760
улитковая глухота L12
улитковый проток C762
улиткозрачковый рефлекс C765
улучшать I78
улучшаться I78
улучшение общего состояния A340
ульнарный рефлекс U14
ультразвук U27
ультразвуковое камнедробление U25
ультрамикроскоп U23
ультрамикротом U24
ультраструктура U28
ультрафильтр U21
ультрафильтрация U22
ультрафиолетовая эритема P470
ультрафиолетовое излучение U29
ультрацентрифуга U20
уменьшаться D38
уменьшение R94
уменьшение припухлости D151
умеренность C994
умеренный M366
умирать D193
умственная отсталость M236, M239
ундулирующая лихорадка U48
ундулирующий нистагм P250
универсальный донор U64
униполярное отведение U59
униполярный нейрон U60
унцинариоз U40
уплотнение I130
уплотнение селезёнки S787
управляемая гипотензия C1010, I127
управляемое дыхание C1011
упругость E62
уранизм U73
уранопластика P23
урат U75
уратурия U76
урацил U72
ургидроз U129
уреаза U81
уреид U82
уремические лёгкие U84
уремический отёк лёгких U84
уремия U83
уретерит U90
уретеровезикостомия U95
уретерография U92

уретерокутанеостомия U104
уретеролитотомия U94
уретеропиелография U98
уретерорафия U101
уретероректонеостомия U97
уретеросигмоидостомия U102
уретеротомия U105
уретероцистонеостомия U95
уретероцистостомия U95
уретерэктомия U89
уретра U107
уретральная лихорадка U109
уретральные железы L264
уретратрезия U113
уретрит U115
уретрография U119
уретропластика U120
уретроректальный свищ R78
уретроррагия U114
уретроскоп U122
уретроскопия U123
уретростеноз U124
уретростомия U125
уретротом U126
уретротомия U127
уретроцеле U116
уретроцистит U117
уридин U133
урикемия U132
уровень заболеваемости M398
уродство T123
уролитиаз U148
урология U150
урометр U146
уронефроз U152
уроновая кислота U153
уропорфирин U155
уросепсис U156
урчание B365
усиление R129
усиление симптомов болезни E496
усиленная бронхофония P222
усиленная перистальтика H631, M97
ускоренная эякуляция P941
условный раздражитель C918
условный рефлекс A91, C917
успокаивающее средство S269
успокоение S268
усталость F49
устанавливать I12
устойчивое состояние S890
устойчивость F44, R172
устойчивый к антибиотикам A506
утиная походка G300
утомление F49
утомляемость F48, S630

ФИЗИЧЕСКОЕ УПРАЖНЕНИЕ

ухо E1
уход за больным T444
уход за детьми N246
ухудшение D149
учащённое сердцебиение P42
ушиб B518, C1013
ушибленная рана C1012
ушивание дефекта стенки желудка G111
ушивание раны кишки E276
ушко предсердия A838
ушная раковина P540
ушная сера C367, E10
ушной кашель E4
ущемление S984
ущемлённая грыжа I85, S983
ущемлённая плацента T438

Ф

фавид F59
фавизм F60
фавозный керион K44
фавус C1224, F61, H433, S109
фаг B16
фагеденическая язва P418, S575
фагоцит C190, P419, S136
фагоцитарный показатель P420
фагоцитоз P422
фаза D53, S849
фаза М-концентрации S883
факолитическая глаукома P414
факомаляция P415
факосклероз H32, P417
фактор I F115
фактор V P576
фактор VII C1108, P872, S398
фактор VIII P593
фактор IX C564, P594
фактор XIII F114
фактор Дюран-Рейнальса S828
фактор распространения S828
фактор риска R303
фактор роста G372
фактор свёртывания C737
факультативный паразит F16
факультативный симптом C911
фаланга пальца P428
фаллопиева труба F22, S47, U163
фаллопластика P429
фантазм P430

фантом M72, P430
фантомная боль P431
фантомные ощущения S1030
фарадизация F35
фарингит S647
фармакогенетика P437
фармакодинамика P436
фармакология P438
фармакомания P439
фармакопея P441
фармакотерапия P442
фармакофобия P440
фармацевт P435
фармацевтическая химия P432
фармация P434, P443
фасциотомия F43
фасцит F42
фасция F39
фасция Пирогова B152
фатерова ампула V67
фатеров сосок B172, P68
фебрильный F62
фекалии F69
фекальный F63
фекальный стрептококк E262
фелиноз C242, N191
фельдшер P497
феминизация F78
феминизм F79
фенестрация F85
фенол C84
феномен Артюса A688
феномен Монакова D177
феномен Ромберга R320
фермент E290, F86
фермент тканевого дыхания R182
фермент Шардингера X4
ферментативное брожение F87
ферментация F87
ферментный E289
ферменты свёртывающей системы крови C725
ферритин F90
фертильность F92
фертильный F91
фетальный F96
фетальный гепатит N59
фибрилла F109
фибриллярное подёргивание F111
фибрилляция F111
фибрилляция желудочков V108
фибрин F112
фибриназа F114
фибриновый клей B202, F113
фибриноген F115
фибринозная пневмония C1216

фибринозный перикардит S428
фибринолиз F118
фибринолизин F117
фиброаденома A142, F119
фиброаденоматоз S188
фиброаденоматоз молочной железы C604
фибробласт F120
фиброз F132
фиброзная гистиоцитома S189
фиброзная оболочка печени G236
фиброзная остеодисплазия O228
фиброзный F133
фиброзный анкилоз F134
фиброзный зоб F137
фиброзный миозит F130, F296
фиброзный периуретерит I17
фиброзный полип F138
фиброзный рак C602, F135, S167
фиброзный тиреоидит F137
фиброкарцинома C602
фиброкератома F125
фибролейомиома L118
фибролипома F126
фиброма F127
фиброма кожи D124
фиброматоз F128
фибромиксохондроэпителиома P600
фибромиома F129
фибромиома матки U166
фибропластическая индурация P586
фибропластическая индурация полового члена F136, P409
фибропластический эндокардит L293
фибросаркома F131
фиброскоп F108
фиброэластический миоэндокардит E201
фиброэластоз F124
фиброэпителиальная опухоль Пинкуса P539
фиброэпителиальная папиллома S558, S610
физиологическая гипербилирубинемия P501
физиологический раствор N202, P499
физиология P502
физиология движений K55
физиотерапия P503
физическая слабость H765
физическая форма P495
физическое упражнение E515

ФИКСАЦИЯ

фиксация F170
фиксирующий корсет J1
филамент F143
филиформный F146
филогенез P494
фильтр F150
фильтрат F152
фильтрация F153
фильтрующийся F151
фистула F167
фистула слёзного мешка L21
фистула Экка P741
фитобезоар P504
фитонцид P505
флавин F193
флавопротеид Y6
флакон F184
флебография V91
флеболит V79
флебосклероз V90
флеботомная лихорадка P80, S60, T217
флебофиброз V90
флебэктомия V81
флегмазия S878
флегмонозный P445
фликтена P446
фликтенулёзный кератит S221
фликтенулёзный конъюнктивит P447, S222
флокуляция F205
флюктуация F207
флюоресценция F209
флюорография F211
флюороз F212
флюороскопия R315
флюс G385, P186
фобия P448
фовеальное зрение C309, D236
фовеомакулярный ретинит P478, S617
фокомелия P449
фокус F218
фолиевая кислота F220
фолликул F222
фолликул волоса H10
фолликул щитовидной железы T260
фолликулит F233
фолликулома G329
фолликулостимулирующий гормон F223, G35
фолликулярная аденома C805
фолликулярная аденома яичника G329
фолликулярное импетиго F227
фолликулярный F224
фолликулярный муциноз кожи F229

фолликулярный эпителиоцит F230
фонастения P450
фонация P451
фонендоскоп P452
фониатрия P453
фонокардиограмма P454
фонопсия C822
фонорецептор P456
фонофобия P455
формообразование M406
фосфат P458
фосфатаза P457
фосфатурия P459
фосфорилирование P461
фотизма P465
фотогенная эпилепсия P471
фотодерматит A105, P468
фотодерматоз A104, P469
фотокоагуляция P467
фотометр P472
фотоофтальмия F183
фотопическое зрение C933, P476
фотопсия C1093
фоторецептор P466
фотосенсибилизация P479
фототерапия L201, P480
фотофобия P473
фотохронометраж C609
фрагмент F271
фрамбезия F273, P507, Y2
франкфуртская горизонталь E599, F275
фреза F272
френикотомия P486
френикотрипсия P483
френикоэкзерес P482
френокардия P488
френоспазм P490
френэктомия F283
фригидность F288, S417
фринодерма P491
фруктоза F302, L46, L176
фруктозурия L177
β-фруктофуранозидаза S4
фрустрация F303
фтизиатрия P493
фтизиология P492
фтириаз P229
фторирование F210
фульгурация F304
фульминантный F306
фумигация F308
фунгицид A525, F314, M501
фундальная железа A69, F312, G74
фуникулит F320
фуникулоцеле F319
фуникулярный миелоз C855
функциональная гиперемия P500

функциональная гипертрофия C877
функциональная кумуляция C1257
функциональная остаточная ёмкость лёгких F311
функциональный шум сердца F310, I199
функция F309
фурункул B348, F326
фурункулёз F327

X

халазион C385
халазия C384
халазодермия D130, L315
халикоз C387
халон C389
халькоз C386
халькоз хрусталика C1030
характер C394
характерный признак S950
хватательный рефлекс G337
хвостатая доля печени C245, S730
хвостатое ядро C246
хвостовой C243
хейверхиллская лихорадка H46
хейлит C404
хейлоз C406
хейлопластика C405, L3
хейлосхизис C692
хемодектома C176
хемоз C417
хеморецептор C415
хемосинтез C418
хемотаксис C419
хиазма C425, O151
хиазмальный синдром C426
хиатальная грыжа H345
хилангиома C614
хилёзная цистерна C617
хилёзный C622
хилёзный асцит C620
хиломикрон C618
хилоперикард C619
хилоперитонеум C620
хилоторакс C621
хилоцеле C616
хилурия G16, L414
хилус C615
химера C437, M412
химиопрофилактика C414
химиотерапевтический индекс C420
химотрипсин C624
химотрипсиноген C625

химус С623
хиропрактика С442
хирург S1175
хирургическая декомпрессия головного мозга С1139
хирургическая ложка S200, S817
хирургическая операция O127
хирургическая пила S103
хирургические ножницы O125
хирургический нож К72
хирургический шов S1193
хирургия S1176
хитин С443
хлоазма С444
хлоазма беременных М92
хлор С448
хлорированный С446
хлористоводородная кислота Н515
хлорлейкемия С450
хлорлейкоз С450
хлорная известь С447
хлорома С450
хлоропсия С452
хлороформомания С449
хоанальный полип С455
хоаны С454
Х-образные ноги С1209, S168
ход Скина Р148, S551
хозяин паразита Н461
холангиогепатит С462, Н264
холангиография С461
холангиокарцинома С459
холангиолит С465
холангиолитический гепатит С464
холангиолитический цирроз печени С463
холангиома С466
холангиоскопия С467
холангиоцеллюлярный рак С459
холангиоэнтеростомия С460
холангит А425, С468
холат С469
холеглобин В174, С492
холедоходуоденостомия С487
холедохолитиаз С488
холедохопластика С489
холедохостомия С490
холедохотомия С491
холекальциферол С470
холелитиаз С495
холемия С497
холера С499
холерез С501
холерический темперамент В179
холерный вибрион С500

холестаз С503
холестатический цирроз В177
холестеатома С504
холестерин С508
холестероз С510
холецистит С477
холецистогастростомия С480
холецистография С481
холецистодуоденостомия С479
холецистокинин С482
холецистоколостомия С478
холецистопексия С483
холецисторафия С484
холецистостомия С485
холецистотомия С486
холецистохолангит А424
холецистэктазия С473
холецистэктомия С474
холецистэнтеростомия С475
холин С512
холинергическая система С515
холинергический С513
холинореактивная структура С515
холинорецептор С515
холинэстераза С514
холмик S302
холодный абсцесс С778, Т563
холодовая агглютинация С779
холодовая аллергия С780
холодовая крапивница С784
холодовая проба С783
холофермент Н407
хондральная остеома Е534
хондрит С519
хондробласт С520
хондробластома С521
хондродистрофическая карликовость А60
хондродистрофия А59, С525
хондрозамин G10
хондрокальциноз С522
хондрокласт С523
хондрома С529
хондромаляция С530
хондроматоз С531
хондроматоз костей А763, М461
хондроматозная остеобластома С521
хондромиксоидная фиброма С527
хондромиксома С527
хондромукоид С532
хондромукопротеид С532
хондроостеодистрофия L230
хондросаркома С535, S84
хондроцит С193, С524

хондроэктодермальная дисплазия С526
хорда С537, С1042
хордома С539
хордотомия С540, С1043, S741
хореический гиперкинез С543
хореический психоз С542
хореоатетоз С544
хореомания С545
хореофразия С546
хорея С541
хорея Гентингтона С607, Н290, Н481
хорея Морвана F110
хориоидеа С557
хориоидеремия С558, Р906
хориоидит С559
хориокарцинома С548, Р561
хориоменингит С549
хорион С550
хорионаденома Н497
хорионический гонадотропин С551
хорионический лактосоматотропный гормон Н469, Р559
хорионэпителиома С548, Р561
хориоретинит С553, R216
хористия С554
хористобластома С555
хористома С556
хорошая физическая форма F169
хоспис Н455
храп S595, S942
храпение S595
хризиаз С611
хризотерапия С612
хриплое дыхание R276
хриплость Н398
хрипы R35, R276
хрипящее дыхание S942
хроматида С573
хроматин С574
хроматиновый С568
хроматическая аберрация С569, С577
хроматический С568
хроматобласт С580
хроматография С578
хроматолиз С579
хроматопсия С581
хроматофильные глыбки Ниссля N174
хроматофор С580, Р522
хромаффинная клетка С566
хромаффинная система С567
хромаффинная ткань С567
хромаффинное тельце С565
хромаффинный С590

ХРОМАФФИНОЦИТ

хромаффиноцит C566
хромидроз C583
хромобластомикоз C584
хромоген C587
хромонема C571
хромопротеид C592
хромосома C594
хромосомный C593
хромота C676
хромофильный C590
хромофобная аденома C591
хромоцентр C575, F29, K14
хромоцистоскопия C586
хронаксия C597
хронический C598
хронический алкоголизм C600
хронический лимфоидный лейкоз L391
хронический лимфолейкоз L391
хронический миелолейкоз M532
хронический ринофарингит P767
хроническое отравление свинцом P625
хроническое отравление фосфором P462
хроническое слабоумие C605
хронотропный C610
хронофотография C609
хрупкость волос T467
хрусталик C1245, L122
хрящ C192, G363
хрящ века C633, T44, T50
хрящ ушной раковины A839, C909
хрящевая клетка C193, C524
хрящевая ткань C192
хрящевая трансформация C518
хрящевая часть перегородки носа S347
хрящевидный C528
хрящевое соединение C196, S1242
хрящевой C195, C517
хрящеподобный C528
хтонофагия C613

Ц

царапина E508
цветной C568
цветной показатель крови B310, C279, C824
цветной слух C822
цветовая слепота A62, C886
цветовое зрение C581
цветовой C568
цебоцефал C265
цекопексия C267
цекопликация C268
цекостомия C269, T599
цекотомия C270, T600
целесообразный режим питания A164
целиакия G122
целиоскопия C276, L68, P362
целитель H62
целлюлит C289, P57
целлюлоза C290
целлюлярная патология C288
целом C291, V190
целомический C292
цельный I391
цемент зуба D83
цементоцит C293
ценкеровская дистрофия Z2
ценкеровский дивертикул H740, Z3
ценкеровский некроз G224, Z2
центр C297
центр окостенения O215
центральная борозда F164, R319
центральная гемиплегия S663
центральная глухота C346
центральная доля головного мозга C300
центральная нервная система C301
центральная пневмония C304
центральная серозная ретинопатия C305
центральная терминаль Уилсона C308
центральное зрение C309, D236
центральное тельце C278
центральное торможение C299
центральный неврит C302
центральный паралич C303
центральный экссудативный ретинит C305
центрилобулярная эмфизема лёгких C312
центриоль C313
центрифуга C311, S274
центрифугирование C310
центроацинозная клетка C314
центробежная приобретённая лейкодерма S1190
центробежное нервное волокно E48
центромера C315
центросома C278
центростремительное нервное волокно A216
центростремительный нерв A217
цепочечный шов Гейденгайна T407
цервикальный C370
цервикальный канал C372
цервицит C378, T375
церебральное ожирение H769
церебральный C342
цереброза C360
церебромакулярная дегенерация C352
церебропатия C357
цереброретинальный ангиоматоз R215
цереброспинальная жидкость C363, N121, S738
цереброспинальный эпидемический менингит E314
церкариевый дерматит S144
церулоплазмин C366
церуминозная железа C369
цестод C382
цефалгия C316
цефалопаг C327, C1154
цефалотомия C329, C1162
цефалоторакопаг C328
цефалоцеле C324
цианид C1295
цианистоводородная кислота H516
цианоз C1297, L271
цианокобаламин C1296, E587
цианотическая индурация C1300
цианотический C1298
цианотичный B328
цианурия C1302
цикл C1303
цикл трикарбоновых кислот C669
циклит C1305
циклический C1304
циклопия C1306
циклоплегия C1309
циклофрения C650, C1307, I418, M69, P329
циклэктомия C1310
цилиарная стафилома склеры C639
цилиарное тело C632
цилиарный кружок C634
цилиндр C205
цилиндрическая аневризма T569
цилиндрическая линза C1311, C1314

цилиндрический бронхоэктаз C1312
цилиндрический сустав T512
цилиндрический эпителий C852, C1313
цилиндроид P983, S833
цилиндрома C1316
цилиндрома кожи T579
цилиндрурия C1317
цинга S234
циннова связка Z6
циркадианный ритм C646
циркадный ритм C646
циркулярный C649
циркулярный психоз C650
циркуляторный C652
цирроз печени C662
цирротический C663
цистаденокарцинома C1321
цистаденома A139, C1322
цистаденофиброма C1347
цисталгия C1323
цистеин C1325
цистерна C667
цистин C1341
цистиноз C1342
цистинурия C1343
цистит C1344
цистицерк C1332
цистицеркоз C1331
цистицеркоид C1330
цистолитиаз C1350
цистома C1351
цистопиелит C1353
цистопластика C1352
цистосигмоидостомия V145
цистоскоп C1357
цистостомия C1358, V146
цистотом C1359
цистотомия V147
цистоцеле C1346
цистрон C668
цистэктомия C1324
цитидин C1360
цитогенетика C1365
цитодиагностика C1364
цитоз C1377
цитолемма C285
цитолиз C1368
цитолизин C1367
цитолизосома C1369
цитологическая диагностика C1364
цитология C1366
цитомегалия C1370
цитоморфология C1372, M405
цитопатология C1373
цитопения C1374
цитоплазма C1375
цитоплазматическая наследственность C1376, E570

цитоплазматическая сеть E233
цитоплазматический матрикс H490
цитоплазматическое включение C284
цитостатический C1378
цитотоксин C1380
цитотоксическое средство C1379
цитотрофобласт C1381
цитохром C1362
цитохромоксидаза C1363
цитруллин C670
цуцугамуши A256, T545

Ч

частица C1074
частная патология S667
частота дыхания R177
частота пульса P1092
частота сердцебиений H77
чашеобразный сустав B34, C1111, S601
чашка Петри P400
человек M68
челюстная киста A321
червеобразный отросток A605, V121
червь W108
череп C1163, S560
черепная ямка C1140
черепно-лицевой дизостоз C1149
черепно-мозговая грыжа C324, C349, C1144
черепно-мозговой C1145
черепно-мозговой нерв C1142
черепной C317, C1136
черепной индекс C318, C1141
черепной нерв C1142
черепной свод S232
чёрная катаракта B238
черноводная лихорадка B242
чёрный угорь C859
«чёрный» язык H16
черпаловидный хрящ A704
чесотка I565, S105
чесоточный клещ I566
чесоточный ход C1259
четвёртая болезнь F144, S128
четвёртая венерическая болезнь F266, P732, V84
четвёртая миндалина L214
четвёртый желудочек головного мозга F267

четвёртый палец R299
четвёртый тон A801
четкообразная аплазия волос B104, M377
четырёхдневная малярия Q9
четырёхчленный ритм сердца Q7, T392
чечевицеобразное ядро L128
чешуйка L53, S107
чешуйчатая метаплазия S837
чешуйчатый блефарит S838
чешуйчатый жёлчный пузырь S990
чешуйчатый лишай P1014
чешуя S107
чистая линия P1108
чиханье S593
чихательное отравляющее вещество S594
членомошоночная гипоспадия P261
чревное сплетение S616
чревный ганглий C274
чревосечение L69
чрезмерное сгибание H590
чрескожная холангиография P275
чувствительность S329, S332
чувствительность к фактору S1184
чувствительный нерв A217, S343
чувство F74, S324, S325
чувство локализации T327
чувство равновесия S326
чувство тревоги A551
чужеродный белок F251, H316
чума P563

Ш

«шагома» C383
шанкр C390
шанкроид C391, S606, V85
шарик B349
шарлатан Q2
шарлатанство C398, Q3
шарнирный сустав G213, H360
шаровидно-клеточная анемия H292, S710
шаровидный сустав S711
шаровидный тромб B39
шарпеево волокно S435
шванновская клетка L121, S160
шваннома N105, S159
шевеление плода Q11

ШЕЕЧНАЯ БЕРЕМЕННОСТЬ

шеечная беременность C375
шеечная железа матки C374
шеечный C370
шейка N38
шейка зуба D89, N39
шейка матки U160
шейно-грудной ганглий C379, S901
шейное ребро C376
шейный C370
шейный лимфаденит C371
шейный лимфатический узел C374
VII шейный позвонок N221
шелушение D145, P230
шестипалость H342
шея N38
шизогония S147
шизонихия S150
шизонт S148
шизонтоцид S149
шизонтоцидное средство S149
шизофазия S151
шизофрения S152
шизоцит S142
шина S794
шиндилёз S140
шип S746
шиповатая клетка P856, S747
ширина лица по скуловым дугам Z22
широкая кондилома F186
широкая промежуточная мышца бедра F81
широкая связка матки B461
широкий лентец B463
шистосома S143
шистосоматоз S145
шистосомный дерматит S144, S1201, W33
шистосомоз B176
шишковидное тело P535
шишковидный нос H23, R265, T326
шкала S107
шлеммов канал S154
шов R38, S962
шов черепа C864
шовная кость E302, S1191
шовные кости W109
шовный материал S1193
шок S450
шоколадная киста C456
шокотерапия S451
шопаров сустав C536
шотландский душ S204
шпатель S666
шпатель для языка T308
шпора C15, S832
шпорная борозда C17
шприц I188, S1290

шприц однократного пользования D256
шприц одноразового пользования D256
шрам S122
штамм S981
штат S846
штифт P534
штопфер P624
штуттгартская лихорадка C50
шум B519, M474, S650
шум волчка V95
шум в ушах T291
шум «мельничного колеса» M337, W37
шум плеска Гиппократа H366, S1089
шум пуповины U35
шум трения F285
шум трения перикарда P289
шум трения плевры P612
шунт B557, S462

Щ

щавелевая кислота O297
щадящая диета S607
щека C399
щелевая лампа C1053, G383, S572
щёлкающий звук C697
«щёлкающий» пульс P545
щёлкающий сердечный тон S590
щелочная фосфатаза A288
щелчок C697, S590
щель C690, F163
щель преддверия F27
щёточная каёмка B521
щёчная железа G129
щёчная мышца B528, C401
щипцы F244
щитовидная железа T261
щитовидно-язычный проток T255
щитовидный хрящ T257

Э

эбурнеация E12
эвагинация E489
эвентрация E491
эвисцерация E493
эволюция E494

эгофония E55, T389, V234
эдектрокардиограмма E80
эдипов комплекс O53
эзотропия C1019, C1206, E462, I426
эзофагит E451
эзофагогастростомия E452, G100
эзофагоеюноанастомия E453
эзофагопластика E454
эзофагоскопия E455
эзофагоспазм E450
эзофагостомия E458
эзофаготомия E459
эзофагофундостомия G100
эзофагэктазия E448
эзофагэктомия E449
эзофория E461
эйзоптрофобия S681
эйтаназия E486
эйфория E66, E480
экватор глаза E392
экватор хрусталика E391
экваториальная пластинка E390
эквина H451
ЭКГ E80
экзантема E498
экзантематозный E499
экзартикуляция E500
экзацербация E496
экзема E38
экзематозный E40
экзерез A887
экзогенная желтуха P994
экзогенный E529
экзокардиальный шум E526
экзокринная железа E527
экзопептидаза E530
экзостоз E534
экзотоксин E535
экзотропия D280, E536, W6
экзофермент E569
экзофит O245
экзофория E531
экзофтальм E533
эклампсизм P806
эклампсия E20
экмнезия E21
экологическая система E22
экосистема E22
экран S213
эксгибиционизм E524
эксгумация E525
эксикоз E552, W31
экскавация E501
экскориация E508
экскохлеация E507
экскременты E509, F69, W28
экскреторный E512
экскреция D241, E111, E511
эксперимент E541
экспираторный E543

ЭМФИЗЕМАТОЗНЫЙ ХОЛЕЦИСТИТ

экспрессивная афазия E550
экссудат E590
экссудативное воспаление E593
экссудативно-катаральный диатез E592, L381
экссудативный плеврит W61
экссудация E52, E591
экстензор E556
экстерорецептор E566
экстероцептивный E565
экстирпация E567
экстирпация желудка G69
экстирпация матки H793, U158
экстраваскулярная жидкость E584
экстраваскулярный E583
экстрагировать E573
экстракапсулярная экстракция катаракты E568
экстракорпоральное кровообращение E571
экстракраниальный E572
экстракт E573
экстракция E574
экстраоссальная остеома H326
экстраперитонеальный E577
экстрапирамидальный E579
экстраплевральная торакокаустика P615
экстраплевральный пневмоторакс E578
экстрасистола E580, P816
экстрахромосомная наследственность E570
экстрацеллюлярный холестериноз L240
экстренная операция U128
экстренная помощь E139
экстренная хирургическая операция E141
экстрофия E553
экстрофия мочевого пузыря S141
экстубация E589
эксфолиативный дерматит K32
эксфолиативный дерматит новорождённых E520
эксфолиация E518
эксцентричный гиперкератоз P737
эксцизия E504
эктазия E25
эктима E27
эктодерма E29
эктопаразит E30
эктопическая беременность E32
эктопическая остеома H326
эктопический зоб A16

эктопический ритм E33
эктопия D255, E31, M51
эктопия железы A134
эктопия сердца E28
эктромелия E36
эктропион E37
эхондрома E14
эластаза E60
эластическая оболочка E61
эластическая псевдоксантома E64
эластическая хрящевая ткань Y5
эластическое волокно Y8
эластичность E62
эластоз E65
эластома кожи E64
элеидин E107
элективная окраска S285
электрическая гипертермия E101
электрическая хорея E77
электроанестезия E79
электрод E88
электродиагностика E89
электродиализ E90
электроимпульсная терапия C163
электрокардиограф E81
электрокардиографический интервал E82
электрокардиографический монитор E83
электрокардиография E85
электрокардиостимулятор A702, E75, P1089
электрокаустика E86, G28
электрокоагуляция E87
электроконвульсивная терапия E78
электролечение E103
электромиограмма E95
электромиография E96
электронаркоз E97
электронный микроскоп E98
электронож E105
электропирексия E101
электроретинография E102
электросудорожная терапия E78, S451
электротерапия E103
электротон E106
электрофорез C218, E99
электрошок E78
электрошоковая терапия S451
электрошокотерапия S451
электроэнцефалограмма E91
электроэнцефалография E92
элементная диета E108
элефантиаз E110, M24
эллипсоидный сустав C928, E112

эллиптический мешочек U167
эллиптоцит O275
эмалевый орган E162
эманация E116
эмаскуляция E118
эмбол E124
эмболия E121
эмболалия E122
эмболофразия E122
эмболэктомия E120
эмбриогенез E129
эмбриокардия E128, F99, P253, T282
эмбриология E130
эмбрион E127
эмбриональная грыжа O90
эмбриональная клетка E133
эмбриональная лейкемия E134
эмбриональная нейроглиома N134
эмбриональная нефрома E131, N67, R145, W89
эмбриональная рабдомиобластома G312
эмбриональная рабдомиосаркома B373, E125
эмбриональное развитие E129
эмбриональный E132
эмбриональный диск G90
эмбриональный ритм P253, T282
эмбриопатия E136
эмбриотоксон E138
эмбриотоция E137
эмбриоцитома T122
ЭМГ E95
эмиссарная вена E146
эмиссия E147
эмметропическая рефракция E149
эмметропия E149
эмоциональная лабильность E151
эмоциональное состояние M397
эмоциональный тонус E152
эмоция A214, E150
эмпиема E158
эмпиема перикарда E159, P1149
эмпиема плевры P1119, P1154, S1149
эмпиема сустава S1145
эмпиризм E157
эмульсия E160
эмфизема E153
эмфизема лёгких P1069
эмфизема средостения M140
эмфизематозный E154
эмфизематозный холецистит E155

ЭНАНТЕМА

энантема Е163
энартроз В34
эндартериит Е189
эндемический блошиный тиф М473
эндемический сыпной тиф Е194
эндемическое паралитическое головокружение Е322, К84
эндемия Е191
эндоаллергия А850
эндоаневризморафия Е196
эндоваскулит Е188
эндогенная депрессия М181
эндогенная интоксикация А867
эндогенная инфекция А865
эндогенная экзема А790
эндогенный Е216
эндокард Е203
эндокардит Е202
эндокардит Леффлера L293
эндокардит Либмана—Сакса А822, L180
эндокринная железа Е210
эндокринный Е209
эндокринология Е212
эндолизин Е221
эндолимфа Е218
эндолимфатический проток Е219
эндометрий Е224
эндометриоз Е222
эндометриоидная гетеротопия Е222
эндометриоидная кистома яичника С456, Т40
эндометрит Е223, Р791
эндомиокардит Е226
эндомитоз Е225
эндопаразит Е227
эндопептидаза Е228
эндоплазматическая сеть Е233
эндоплазматический ретикулюм Е233
эндоскоп Е234
эндоскопическая биопсия Е235
эндоскопия Е236
эндоскопия трахеи Т380
эндост Е237, М159
эндотелиальная клетка Е239
эндотелиальный Е238
эндотелий Е242
эндотелиоз Е241
эндотелиома Е240
эндотелиоцит Е239
эндотоксин Е243
эндотрахеальная анестезия Е244
эндотрахеальная интубация Е245, I480

эндотрахеальный наркоз I479
эндофлебит Е231
эндофтальмит Е232
эндохондральное окостенение Е207
эндохондральный Е206
эндоцервикальный Е204
эндоцервицит Е205
энзим Е290
энзимный Е289
энзимология Е293, Z25
энкопрез Е186, S131
эностоз Е254
энофтальм Е253
энтерит Е258
энтеробиоз Е260, О320
энтеровирус Е282
энтерогастральный рефлекс Е268
энтерокистома Е266
энтерококк Е262
энтероколит Е263
энтероколостомия Е264
энтеролит Е270
энтеропластика Е273
энтерорафия Е276
энтероспазм Е278
энтеростомия Е279
энтеротоксин Е281
энтеротомия Е280
энтероцистома Е266
энтероэнтеростомия Е267
энтобласт Е283
энтодерма Е283
энтомоз М534
энтропион Е284
энуклеация Е285
энуклеация глаза О128
энурез В115, Е286
энхондрома Е185
энцефалит Е171
энцефалит долины Муррея А848, М476
энцефалография Е173
энцефаломаляция С355, Е176, S612
энцефаломенингоцеле Е178
энцефаломиелит Е179, М509
энцефаломиелополирадикулит Е180
энцефалопатия С357
энцефалосклероз С359
энцефалотригеминальный ангиоматоз С331, S1032
энцефалоцеле Е172
эозинопения Е296
эозинофил А72, Е297, О318
эозинофилия Е298
эозинофильная аденома Е299
эозинофильная гранулёма Е300
эозинофильный лейкоз Е301

эозинофильный лейкоцит А72, О318
эозинофильный лейкоцитоз Е298
эонизм Е294
эпендима Е303
эпендимальная глиома Е308
эпендимарная киста Е305
эпендиматит Е306
эпендимная клетка Е304
эпендимный эпителий Е303
эпендимоглиома N112
эпендимома Е308, N112
эпендимоцит Е304
эпигастралгия S965
эпигастральная грыжа Е345
эпигастральная область Е346
эпигастральный Е344
эпигастрий Е346
эпидемиологический анамнез Е323
эпидемиология Е324
эпидемическая плевродиния В131, В370, D154
эпидемический гепатит В372
эпидемический кератоконъюнктивит Е317, V188
эпидемический летаргический энцефалит Экономо Е23, L149
эпидемический паротит Е318, М470
эпидемический сыпной тиф С675
эпидемический цереброспинальный менингит С362, М222
эпидемия Е313, Р563
эпидермальная киста Е327
эпидермальный Е326
эпидермис С1291, Е331, S123
эпидермоидная киста Е327
эпидермоидный рак Е332
эпидермолиз Е334
эпидермомикоз Е329
эпидермофития Е336
эпидидимис Е338, Р175
эпидидимит Е339
эпидидимэктомия Е337
эпидуральная анестезия Е341, Р308
эпидуральное пространство Е342
эпидуральный абсцесс Е575
эпидурография Е343
эпизиотомия Е373
эпизоотический Е385
эпикантус Е309
эпикард С124, Е310
эпикондилит Е312
эпилепсия Е349
эпилептиформный Е352

эпилептический E350
эпилептический припадок автоматизма S638
эпилептический эквивалент E351
эпилептоидный E352
эпилойя E355, T566
эпиляция E348
эпимизий E356
эпиневрий E357
эпинефрэктомия A187
эписклера E370
эписклерит E371
эписпадия E374
эпистаз E375
эпистрофей E377
эпиталамус E378
эпителиальная ткань E382
эпителиальный E379
эпителиальный копчиковый ход C757, P532
эпителий E382
эпителиоидный E381
эпителиома Малерба M38
эпитимпанум E384
эпифаринкс E359, R263
эпифиз E365
эпифизарная линия E363
эпифизарная пластинка E362
эпифизарный хрящ E362
эпифизеолиз E364
эпифизеонекроз E361
эпифора E360
эпицистотомия S1158
эпонихий E387, N6
эпулис E389
эргометрия E400
эрготизм E403
эрекция E399
эризипелоид E415, S1203
эритема E416
эритематозный E418
эритемная доза E417
эритразма E420
эритремия E421
эритробласт E422, L294, N100
эритробластическая анемия C1027, E423
эритробластоз E424
эритробластоз новорождённых F97
эритродермия E429
эритродермия Вильсона—Брока E519
эритрокератодермия E430
эритролейкемия E431
эритролейкоз E431
эритромелалгия E432
эритромелия E433

эритромиелоз D211, E431
эритрон E434
эритроплазия E436
эритропоэтин E438
эритропоэтическая порфирия E439
эритропоэтическая уропорфирия C941
эритропсия E440, R96
эритроцит E425, R87
эритроцитарный E427
эритроцитарный тромб R91
эритроцитоз H581, P694
эритроцитолиз H204
эритроцитопения E428
эритроцитопоэз E437
эрогенная зона E404
эрогенный E408
эрозивный E406
эрозия E405
эротизм A580, E407
эротомания E410
эротофобия E411
эспундия E463
эссенциальная гипертония E465
эссенциальная железодефицитная анемия L92
эстезиометр T19
эстезиометрия E467
эстиомания S540
эстроген E468, F76, F226
эстрогенный гормон E468, F76, F226
этап D53
этерификация E466
этиловый спирт W92
этиологический E473
этиология E474
этиотропная терапия S676
этиотропное лечение C248
этиотропный E475
этмоидальный E469
этмоидит E472
эухроматин E476
эухромосома E477
эффективная доза E46
эффективность E49
эфферентное нервное волокно E48
эфферентный E47
эхинококк E16, H499
эхинококковая киста E17, H496
эхинококкоз E15
эхинококкэктомия H498
эхография E18
эхолалия E19
эхо-ритм R60
эхофразия E19
ЭЭГ E91
эякуляция E58

Ю

ювенильный ревматоидный артрит J36
ювенильный хлороз C453
юксовско-сартланская болезнь H5
юкставаскулярные клетки G298
юкстагломерулярный комплекс J38
юкстакортикальная периостальная саркома J37
юнкциональный невус J29
юношеская бородавка F192
юношеская остеомаляция J34
юношеский возраст A183
юношеский диабет G374
юношеский психоз A184
юношеский таз J35
юный гранулоцит M263
юный нейтрофил J33

Я

явная дальнозоркость M71
ягодицы B554, C733, R343
ягодичная мышца G271
ягодичная область R343
ягодичная складка G269
ягодичное предлежание плода B451
яд P670
ядерная желтуха K45, N224
ядерная оболочка K15, N227
ядерная офтальмоплегия N228
ядерный N222
ядерный магнитный резонанс N225
ядовитость T353
ядро N240
ядро купола N241
ядро с гаплоидным набором хромосом H161
ядро шатра N241
ядро шатра мозжечка R322
ядрышко N233
язва S646, U3
язва желудка G80
язвенная тропическая гранулёма G365
язвенно-мембранозный гингивит U9
язвенно-некротическая ангина P1124, U5
язвенно-некротический гингивит N46

ЯЗВЕННО-ПЛЁНЧАТАЯ АНГИНА

язвенно-плёнчатая ангина V173
язвенный U4
язвенный блефарит U7
язвенный гингивит N46, U15
язвенный стоматит C54
язык T306
языкоглоточный G253
язычная извилина L213
язычная миндалина L214
язычок мягкого нёба U172
яичко T137
яичник O284

яичниковая беременность O279
яичниковый цикл O277
яичный альбумин E54, O273
яйцевая трубка O280
яйцевидный сустав C928
яйцеклетка E53, O294
яйценосный бугорок P918
яйценосный тяж O280
яйценосный холмик P918
яйцо E53
ямка F262, P546, R56
ямочка D217

японский комариный энцефалит J5
японский шистосомоз K18
яремный J23
яремный ганглий J25
ясный звук V151
ятрогенный I1
ячейка C277
ячейка решётчатой кости E471
ячмень H439, S1034
ящик C198
ящур A582, C989, E320, F239